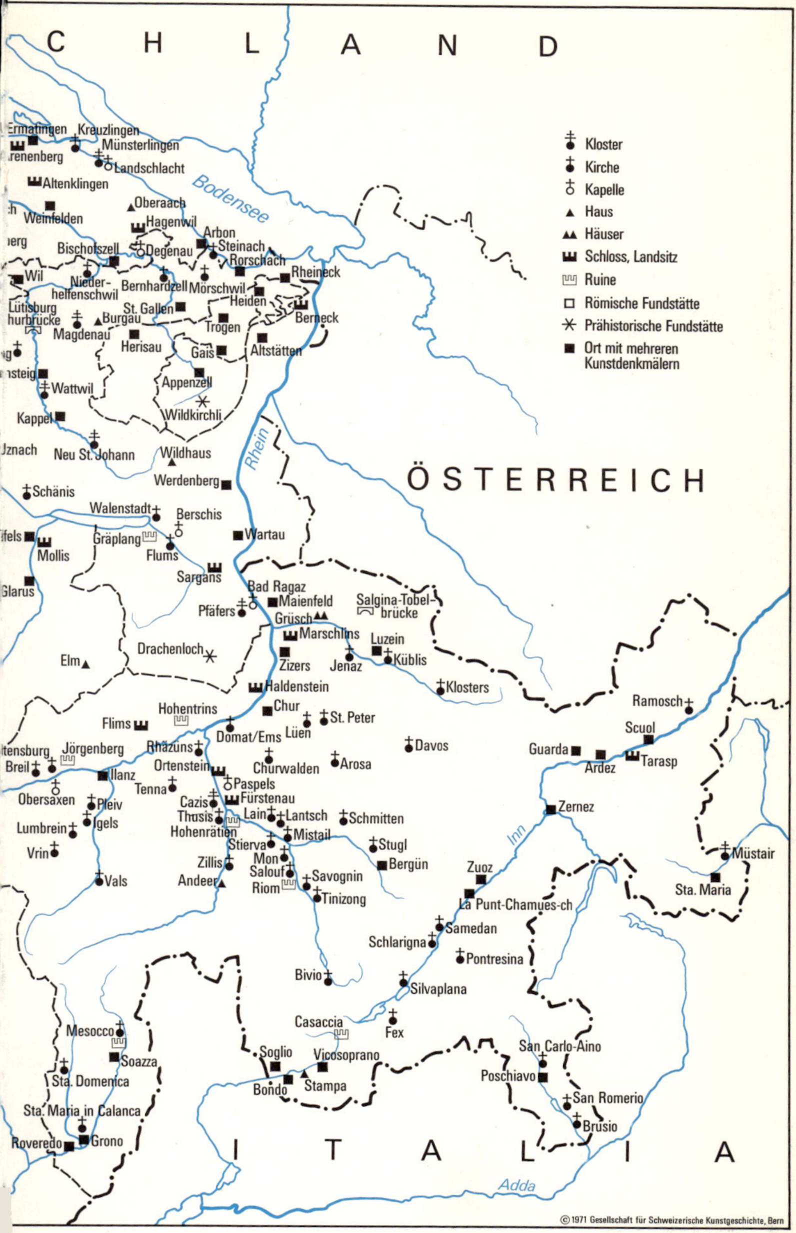

C H L A N D
Kreuzlingen
Münsterlingen
Landschlacht
Altenklingen
Bodensee
Oberaach
Weinfelden
Hagenwil
Arbon
Steinach
Bischofszell
Degenau
Rorschach
Rheineck
Wil
Nieder-helfenschwil
Bernhardzell
Mörschwil
Heiden
Lütisburg
St. Gallen
Berneck
Burgau
Trogen
Magdenau
Herisau
Gais
Altstätten
Wattwil
Appenzell
Wildkirchli
Kappel
Neu St. Johann
Wildhaus
Rhein
Werdenberg
ÖSTERREICH
Schänis
Walenstadt
Berschis
Gräplang
Wartau
Mollis
Flums
Sargans
Bad Ragaz
Maienfeld
Salgina-Tobel-brücke
Pfäfers
Grüsch
Marschlins
Luzein
Drachenloch
Elm
Zizers
Jenaz
Küblis
Klosters
Haldenstein
Hohentrins
Chur
St. Peter
Ramosch
Flims
Domat/Ems
Lüen
Scuol
Jörgenberg
Rhäzüns
Davos
Guarda
Breil
Ilanz
Ortenstein
Churwalden
Arosa
Ardez
Tarasp
Paspels
Tenna
Obersaxen
Pleiv
Cazis
Fürstenau
Zernez
Thusis
Lain
Lantsch
Schmitten
Lumbrein
Igels
Hohenrätien
Mistail
Inn
Vrin
Stierva
Stugl
Müstair
Mon
Zillis
Salouf
Bergün
Vals
Andeer
Savognin
Zuoz
Sta. Maria
Riom
Tinizong
La Punt-Chamues-ch
Samedan
Schlarigna
Pontresina
Bivio
Silvaplana
Mesocco
Casaccia
Fex
Soazza
Soglio
Vicosoprano
San Carlo-Aino
Sta. Domenica
Poschiavo
Bondo
Stampa
San Romerio
Sta. Maria in Calanca
Brusio
Grono
Roveredo
I T A L I A
Adda
Kloster
Kirche
Kapelle
Haus
Häuser
Schloss, Landsitz
Ruine
Römische Fundstätte
Prähistorische Fundstätte
Ort mit mehreren Kunstdenkmälern

68.–
3/79

Kunstführer durch die Schweiz

Begründet von Hans Jenny

6., durchgesehene Auflage
Herausgegeben von
der Gesellschaft für Schweizerische Kunstgeschichte

Band 1 Aargau
Appenzell
Glarus
Graubünden
Luzern
St. Gallen
Schaffhausen
Schwyz
Thurgau
Unterwalden
Uri
Zug
Zürich

Büchler-Verlag Wabern

Herausgeber	HANS R. HAHNLOSER† ALFRED A. SCHMID
Redaktion	Theodor Brunner, Hans Maurer Ingrid Ehrensperger-Katz
Bearbeiter	AARGAU Peter Felder, Emil Maurer
	APPENZELL P. Rainald Fischer, Eugen Steinmann
	GLARUS Theodor Brunner
	GRAUBÜNDEN Bernhard Anderes, Hermann Schöpfer, Alfred Wyss
	LUZERN Adolf Reinle
	ST. GALLEN Bernhard Anderes, Josef Grünenfelder Hans-Martin Gubler, Charlotte Haaga
	SCHAFFHAUSEN Otto Stiefel †, Hans Lieb
	SCHWYZ Theodor Brunner, Willy Keller
	THURGAU Albert Knoepfli
	UNTERWALDEN, URI, ZUG Theodor Brunner, Alois Hediger
	ZÜRICH Hans-Martin Gubler, Hanspeter Rebsamen
Einleitung	Peter Meyer
Kantonseinleitungen	Willy Keller
Register	Ingrid Ehrensperger-Katz
Planzeichnungen	Jost Borleis, A. H. Larsen, Rosmarie Nüesch, Oskar Schaub; Atelier coopératif d'architecture et d'urbanisme Carouge; Kartographisches Büro Frank Weber

© 1971, 6. Auflage 1975. ISBN 3 7170 0115 9
Gesellschaft für Schweizerische Kunstgeschichte, Bern

INHALTSVERZEICHNIS

VORWORT

Mit dem Erscheinen des «Kunstführers der Schweiz» im Jahre 1934 erhielt unser Land ein unverhofftes Geschenk. Hans Jenny, der Verfasser des kleinen Handbuchs, war damals auch in Fachkreisen kaum bekannt. Nur wenige wussten, dass er seit Jahren geduldig und beharrlich Material gesammelt hatte, um in einer Zeit, da sich der politische Horizont bereits verdüsterte, dem Schweizer Sinn und Bedeutung des nationalen Kunsterbes bewusstzumachen. Seither hat sich der «Jenny», der mit seinen vier Auflagen bis zum Ende des Zweiten Weltkriegs auf 24000 Exemplare geklettert war, in breiten Kreisen unseres Volkes Heimatrecht erworben, und Ungezählten erschloss er inzwischen den Zugang zu bekannten und unbekannten Schätzen. Welcher Einsatz hinter dieser Leistung verborgen ist, vermag nur zu ermessen, wer sich den Stand der kunstgeschichtlichen Forschung in der Schweiz zu Beginn der dreissiger Jahre vergegenwärtigt. Das nationale Inventarwerk, seit bald einem halben Jahrhundert Hauptaufgabe der Gesellschaft für Schweizerische Kunstgeschichte, stand noch in den Anfängen; der erste Band von Joseph Gantners breitangelegter «Kunstgeschichte der Schweiz» war noch nicht erschienen, und der internationale kunstgeschichtliche Kongress von 1936 erst sollte zur eigentlichen Entdeckung der Schweiz als Kunstlandschaft führen.

Es gehört zur Tragik jeder Pionierleistung, dass die Nachfolgenden massenhaft in das erschlossene Neuland einströmen und die Spuren des Pfadfinders verwischen, bis nur die Erinnerung an ihn übrigbleibt. Wir fühlen uns deshalb verpflichtet, hier jene Zeilen zu wiederholen, mit denen 1945 in der vierten Auflage des «Kunstführers» die Verdienste des schon am 7. August 1942 verstorbenen Autors gewürdigt wurden.

«Die Schatten schwerer Krankheit lagen über dem Leben des Frühverstorbenen; nachdem ein schweres Leiden überwunden schien, das ihm vordem ein geregeltes Studium verwehrt hatte, raffte ihn eine andere Krankheit gleichsam über Nacht aus dem glücklichen Kreise der Familie. Und dies in dem Augenblick, da das Lebensziel des 48jährigen der Erfüllung nahe schien: seit kurzem bot ihm eine Stellung an der Graphischen Sammlung der Eidgenössischen Technischen Hochschule in Zürich den festen Rückhalt; eben war sein Hauptwerk erschienen: Der Kanton Glarus, ein beschreibender Katalog der gedruckten Landkarten und Pläne, Ortsansichten und Landschaftsbilder von den Anfängen bis 1880 (Frauenfeld 1939), und kurz vor seinem Hinschied hatte ihm unsere Gesellschaft die Denkmälerbeschreibung des geliebten glarnerischen Heimatlandes übertragen.

Als wollte er sich der drohenden Schatten mit einer eigenen Fülle von Licht erwehren, so hat Jenny unablässig Schätze der Kultur zusammengetragen: dem Sammeln von Material, das andern Freude und Belehrung bringen sollte, dienten die erwähnten Werke, galt seine tägliche Arbeit; in freien Stunden erging er sich im Spiel von Orgel und Klavier oder in anregender Diskussion. Auf breitester Basis wirkt er durch seinen „Schweizer Kunstführer“ weiter, eine Pionierarbeit, vor der sich Wissenschafter und

Liebhaber unserer Kunst gleicherweise neigen. Aus mehr als zweitausend teilweise schwer zugänglichen Ortschaften alles zusammenzutragen, was künstlerischer Heimatkunde dienen kann, vor Hunderten von Denkmälern den schwersten Schritt der Erkenntnis tun: den ersten – das bedeutet, zumal für einen Autodidakten, eine ganz bewundernswerte Leistung. Die Durchsicht eines weit zerstreuten Schrifttums, unzählige Unterredungen mit Fachleuten und Lokalforschern geben seinem Werk ein einmaliges Gepräge. Wie leicht hat uns Jenny nicht die Weiterarbeit gemacht, wie einfach erscheint uns heute nicht alle Kritik – und wie unendlich viel Mut und Ausdauer war damals vonnöten, um in fünfzehnjährigem Sammeln und Sichten soviel Neuland zu entdecken!
Eine eigentliche Vorarbeit fehlte. Wohl hatte Prof. Konrad Escher die „Kunstdenkmäler der deutschen Schweiz" in einem knappen Kapitel zusammengefasst; doch musste er sich bezeichnenderweise mit einem höchst bescheidenen Plätzchen im „Anhang" zu Georg Dehios „Handbuch der deutschen Kunstdenkmäler" begnügen. Gerade diese einseitige Abschrankung eines Landesteils beleuchtete das Umfassende von Jennys gesamtschweizerischer Tat. Wohl lagen im einzelnen lokalhistorische Arbeiten vor; doch waren seit den Inventaren eines Johann Rudolf Rahn und Jakob Stammler erst fünf Bände des neuen schweizerischen Kunstdenkmälerwerks erschienen; für die Gesamtheit der alten Schätze unseres Landes gab es weder Überschau noch Massstab. Dieses Labyrinth zerstreuter Denkmäler zum organischen Rundgang geordnet und mit Daten aus dem gesamten Schrifttum versehen zu haben, bleibt Hans Jennys unvergängliches Verdienst.»
Ein schlichter «Kunstführer», welcher nicht wie Jacob Burckhardts «Cicerone» den Anspruch erhebt, als «Anleitung zum Genuss von Kunstwerken» zu dienen, ist dem steten Wandel von Wissenschaft und Denkmälerbestand unterworfen. Eine nochmalige Nachprüfung des Textes vor den Originalen wäre eine Sache von Jahren gewesen. Diese Befürchtung, bereits in der Einleitung zur vierten Auflage ausgesprochen, hat sich nur zu sehr bewahrheitet. Alle Versuche, Aufbau und Wortlaut des Jennyschen Führers wenigstens teilweise zu bewahren, sind gescheitert. Selbst die kompetente Überarbeitung von drei Kantonen für die vierte Auflage (Zürich und Graubünden durch Samuel Guyer, Basel durch Rudolf Kaufmann) musste nun einer vollständigen Neuredaktion weichen. Dies lag zunächst darin, dass die Gesellschaft für Schweizerische Kunstgeschichte inzwischen insgesamt 59 Bände ihres Kunstdenkmälerwerks herausgebracht und damit ein kaum übersehbares Material erstmals zugänglich gemacht hat. Nachdem ein gutes Drittel des Bestandes wissenschaftlich erfasst ist, wurde es notwendig, auch die restlichen Landesteile eingehender zu untersuchen, als dies Hans Jenny bei seinen ersten Bereisungen möglich gewesen war. Dazu kam der ungeahnte Aufschwung, den seit dem Zweiten Weltkrieg auch in der Schweiz die Denkmalpflege und, mit ihr verbunden, die Bauforschung nahm. Über viele Kunstdenkmäler wissen wir heute dadurch besser Bescheid, und Epochen wie das Frühmittelalter, welche zuvor kaum Gegen-

stand eingehenderer Untersuchungen gewesen waren, traten neu ins Licht. Schliesslich hatten Kunstgeschichte und Geschichte ganz allgemein seit dem ersten Erscheinen des «Jenny» ein enormes Material zutage gefördert, das in einer Neuauflage zu verarbeiten war. Demgegenüber mussten, im Gegensatz zu unsern Nachbarländern, in der kriegsverschonten Schweiz keine nennenswerten Verluste und relativ wenig abgewandertes Kunstgut abgeschrieben werden – die Bauten, welche seither der anhaltenden Hochkonjunktur zum Opfer gebracht wurden, fallen viel stärker ins Gewicht. Neuerstandenes, bedeutende architektonische Schöpfungen der Nachkriegszeit waren dafür aufzunehmen, kurz, im Grossen wie im Kleinen galt es Bilanz zu ziehen.

Dies alles führte zu einer Verdoppelung des Werks: der erste Band behandelt nunmehr den Norden und Osten unseres Landes zusammen mit der Zentralschweiz; dem zweiten sind Bern, Basel, Solothurn, die Westschweiz, das Wallis und das Tessin vorbehalten. Diese Ausweitung lässt sich um so eher verantworten, als inzwischen populäre deutsche und französische Führer erschienen sind, welche eiligen Reisenden die bekannteren Denkmäler vermitteln. Grundsätzlich strebt die nunmehr vorliegende Neubearbeitung des ersten Bandes Vollständigkeit an; private Bauten wurden deshalb aufgenommen, auch wenn sie normalerweise nicht besichtigt werden können. Nur bei den Kirchenschätzen, die ja dem Besucher grösstenteils nicht zugänglich sind, drängte sich eine qualitative Auslese auf. Der neue «Jenny» hält damit etwa die Mitte zwischen einem selektiven Reisekunstführer und einem Kurzinventar, vergleichbar am ehesten dem von Georg Dehio vor einem Menschenalter begründeten «Handbuch der deutschen Kunstdenkmäler». Die Kantone wurden neu nach dem Alphabet geordnet, innerhalb ihres Gebietes jedoch das bewährte Routensystem des Reisehandbuchs beibehalten. Auch die Beschreibung der Städte und grösseren Ortschaften folgt Rundgängen, die aus den Nummern der Pläne ersichtlich sind; die Darstellung ist damit praktischer und übersichtlicher geworden. Wertende Schlagzeilen heben aus der Überfülle des Gebotenen die wichtigeren Denkmäler und Baugruppen hervor. Pläne und Abbildungen wurden stark vermehrt und auf ein gutes Verweissystem zwischen Wort und Bild besonderer Wert gelegt. Ein zum Register neu hinzugekommenes Glossar soll vor allem spezifisch schweizerische Fachausdrücke erklären.

Standen Hans Jenny im ganzen etwa vierzig Helfer zur Seite, unter denen er Prof. Dr. Josef Zemp und Dr. Linus Birchler eigens hervorhob, so wuchs ihre Zahl nun über hundert hinaus. Ihnen allen, den auf S. IV aufgeführten wie den vielen ungenannten Mitarbeitern, die an der Revision der einzelnen Kapitel teilhatten, sei der Dank der Gesellschaft ausgesprochen. Vor allem bei den Bearbeitern der «Kunstdenkmäler»-Bände und den aktiven Denkmalpflegern fanden wir nachhaltigste Unterstützung. Prof. Dr. Hans Rudolf Sennhauser sah die Manuskripte hinsichtlich Architektur des Frühmittelalters durch, Dr. Andreas F. A. Morel steuerte wertvolle Ergänzungen über Stukkaturen bei. Mehrere Mitglieder der Wissenschaftlichen Kommission haben sich freundlicherweise für das Lesen der Korrekturen zur

Verfügung gestellt. Bei der Beschaffung der Pläne, die zum grösseren Teil für unsern Führer neu gezeichnet wurden, durften wir anfänglich auf die beratende Hilfe von Prof. Dr. Conrad André Beerli, in der entscheidenden Phase auf diejenige Dr. Hans Maurers zählen. Der Leiter des Archivs für Schweiz. Kunstgeschichte in Basel und Leitende Redaktor der Gesellschaft für Schweizerische Kunstgeschichte, Dr. Ernst Murbach, half bei der Bereitstellung und Auslese der Photographien, von denen viele durch Dr. Bernhard Anderes eigens erstellt wurden. Die redaktionelle Verantwortung lag bis zum 31. Juli 1968 in den Händen von Dr. des. Theodor Brunner. Frau Dr. Ingrid Ehrensperger-Katz unterstützte ihn in seiner Arbeit und erstellte insbesondere die Verzeichnisse und Register. Dr. Hans Maurer, Delegierter des Vorstandes, und Urs Gresly vom Verlag haben sich um die Koordination aller Arbeiten verdient gemacht. Die verantwortliche Leitung des ganzen Unternehmens war von der Gesellschaft der Wissenschaftlichen Kommission und insbesondere deren Präsidenten – von 1960 bis 1963 Prof. Dr. Hans R. Hahnloser, seither Prof. Dr. Alfred A. Schmid – übertragen worden. Während beim Denkmälerwerk die Kantone die kostspielige Bearbeitung finanzieren und die Gesellschaft nur die Drucklegung der Bände übernimmt, musste sie hier, angesichts des gesamtschweizerischen Charakters des Kunstführers, die Last allein tragen. Die hohen Kosten für die Bearbeitung und Revision der Texte sowie jene für Illustration und Druck beanspruchten denn auch zeitweise die Mittel der Gesellschaft in bedrohlichem Ausmass. Der Umstand, dass der Führer nicht nur den 9000 Mitgliedern als Jahresgabe zugute kommt, sondern allen Freunden schweizerischer Kunst und Kultur zugänglich ist, rechtfertigt indessen die grossen Opfer vollauf. Wir haben es der umsichtigen Finanzpolitik unserer Quästoren Dr. h.c. Max Wassmer † und Walter Roesch zu danken, dass diese schwere Belastung erträglich wurde. Wir sind aber auch allen Behörden und Institutionen verpflichtet, welche dem Werk ihre Unterstützung angedeihen liessen, vorab der Bundesfeierspende, der Stiftung Pro Helvetia, den Kantonen Aargau, Appenzell Ausser- und Innerrhoden, Glarus, Graubünden, Luzern, St. Gallen, Schaffhausen, Schwyz, Thurgau, Unterwalden, Uri, Zug und Zürich, welche für den ersten Band Beiträge gesprochen haben, ferner allen jenen Banken, Versicherungsgesellschaften und Industrien, die von Arch. Fritz Lauber für besondere Beitragsleistungen gewonnen wurden und deren Verzeichnis der Leser an anderer Stelle findet.

Der Band bildet einen Markstein unserer Kulturgeschichte: er ermöglicht nicht nur Tausenden, unsere heimischen Schätze aufzuspüren, wo immer sie ihnen nachgehen mögen. Er bietet allen Kunstfreunden eine nahezu vollständige Übersicht über unsern ganzen nationalen Kunstdenkmälerbestand und darüber hinaus den Fachleuten, dem Kunsthistoriker und Denkmalpfleger ein willkommenes Werkzeug bei der Verteidigung des Ererbten und Schützenswerten, das heute wie nie zuvor in seiner Existenz bedroht ist.

Juli 1971 HANS R. HAHNLOSER ALFRED A. SCHMID

VORWORT ZUR 6. AUFLAGE

Die fünfte, vollständig neu bearbeitete Auflage des «Kunstführers durch die Schweiz» stiess auf derartiges Interesse, dass sie in relativ kurzer Zeit vergriffen war. Die von Hans Jenny gewählte Form eines nach Exkursionsrouten geordneten Führers zu den Kunstdenkmälern unseres Landes entspricht offensichtlich auch dem Bedürfnis des heutigen Lesers, um so mehr als er durch ein sorgfältiges Kumulativregister erschlossen und zum Nachschlagewerk gemacht wird.
Korrekturen, Ergänzungen und Nachträge der sechsten Auflage mussten sich verständlicherweise in engen Grenzen halten. Kleinere Versehen sind bei einem lexikographischen Werke dieses Umfanges unvermeidlich; sie wurden berichtigt, soweit sie den Herausgebern zur Kenntnis gelangten. Wir danken unsern Bearbeitern, aber auch allen Lesern und Benützern des Kunstführers, die uns durch freundliche Hinweise die Arbeit erleichterten. Aus kritischen wie wohlwollenden Zuschriften dürfen wir schliessen, dass der «Jenny» nicht nur erworben, sondern auch rege gebraucht wird und dass er mit seinem Wiedererscheinen erneut für viele zum geschätzten Begleiter geworden ist.

September 1974 HANS R. HAHNLOSER ALFRED A. SCHMID

EINLEITUNG

CH = Confoederatio Helvetica: auf lateinisch zeigt jedes schweizerische Auto, dass keine der vier Landessprachen einen Vorrang beansprucht und dass sich alle zur humanistischen Tradition bekennen. Die Schweizerische Eidgenossenschaft ist eine essentiell historisch-politische Einheit, keine ethnische und keine kulturelle, zusammengewachsen im Lauf von sechshundert Jahren aus sich kompliziert überschneidenden Bündnissen und Abhängigkeiten grösserer und kleinerer Stadtstaaten und Talschaften teils gleicher, teils verschiedener Sprache und sehr verschiedener staatsrechtlicher, sozialer und wirtschaftlicher Struktur, einig allein im Willen zu grösstmöglicher Unabhängigkeit von den Territorialherrschaften, von denen sie ursprünglich abhingen. Nie hatte man die Absicht, sich kulturell von den Nachbarn zu unterscheiden. Eine gewisse Distanzierung vom Deutschen Reich ergab sich mit der Zeit von selbst durch das Festhalten aller Bevölkerungsschichten an den regional stark differenzierten alemannischen Dialekten. Obwohl seit dem 19. Jh. ein straff organisierter Bundesstaat an die Stelle des locker gefügten Staatenbundes der Alten Eidgenossenschaft getreten ist, ist die föderalistische Struktur wenigstens im Kulturellen weitgehend erhalten geblieben, mit der diesen Führer betreffenden Folge, dass bei weitem nicht alle wichtigen beweglichen Kunstdenkmäler im Schweizerischen Landesmuseum in Zürich vereinigt sind – sie müssen vielmehr in den verschiedenen Kirchenschätzen und den kantonalen und lokalen Museen aufgesucht werden.

Kein anderes Land hat bei so kleiner Fläche ähnlich verschiedene politische und kulturelle Beziehungen. Das ergab sich aus der geographischen Situation im Quellgebiet der vier grössten Flüsse Europas: des Rheins, der Rhone, des in die Donau mündenden Inns und des in den Po mündenden Tessins. Den Kernlandschaften der Nachbarländer mochten die Alpentäler als entlegene Randgebiete gelten – als Zugänge zu den Alpenpässen nach Italien und der Querverbindung vom Rhein zur Rhone waren sie wichtig. Um sich ihrer Zuverlässigkeit zu versichern, statteten die deutschen Kaiser die Anwohner mit hohen Freiheitsrechten aus, einschliesslich des höchsten, der eigenen Blutgerichtsbarkeit. Ausserdem organisierten und monopolisierten diese Anwohner den Passverkehr mit Reit- und Saumtieren und sorgten für den Unterhalt des Saumpfades. Die Kargheit des Landes zwang von jeher einen Teil seiner Bewohner zur Auswanderung. Das Tessin und das Misox versorgten ganz Oberitalien und Rom mit Bauleuten, einschliesslich der führenden päpstlichen Hofarchitekten, und ganz Deutschland bis Russland mit Stukkatoren und Architekten. Graubündner Zuckerbäcker beherrschten dieses Gewerbe von Venedig bis Sizilien, vor allem aber standen Jahrhunderte hindurch Zehntausende von Schweizern als begehrte Kriegsleute im Dienst fremder Fürsten und der Republik Venedig. Alle nachbarlichen Beziehungen haben ihre Spuren hinterlassen und sind aus dem Bild der Schweiz nicht wegzudenken – sie seien kurz aufgezählt, und zwar an Hand der ehemaligen kirchlichen Zugehörigkeiten, die bis zur Reformation stabil waren, während die politischen von allen dynastischen Zufällen abhingen.

Basel, jahrhundertelang die einzige Universitätsstadt der Schweiz, war die Bischofsstadt des Oberelsass, noch Colmar lag in seiner Diözese. Zürich, der Thurgau gehörten zum Bistum Konstanz und dieses zum Erzbistum Mainz. Es folgen als Nachbarn Vorarlberg und Tirol, dessen westliche Täler dem Bistum Chur unterstanden, das von Karl dem Grossen von der Kirchenprovinz Mailand an die von Mainz übertragen worden war. Die Tessiner Täler gehörten teils zum Bistum Como, teils zum Erzbistum Mailand. Gegen Westen folgt Piemont, vom Wallis durch die höchsten Berge abgegrenzt, in seinen Hochtälern aber von deutschen Walsern besiedelt. Das Bistum Sitten gehörte zur Kirchenprovinz Moutier-en-Tarentaise, Genf zu Vienne, Lausanne erst zu Lyon und später zu Besançon. Politisch reichten die Ambitionen des Herzogs von Savoyen bis tief ins Waadtland, bedrohlich für die Freien Reichsstädte Genf, Freiburg, Bern. Nach dem Zerfall des karolingischen Mittelreichs war die Westschweiz bis zur Aare und Reuss als «Transjuranisches Burgund» ein Teil des Königreichs Burgund mit der Hauptstadt Arles. Dieses fiel nach dem Aussterben seines Königshauses 1032 an Kaiser Konrad II., den Salier, nachdem die nördlichste seiner Städte, Basel, schon 1006 an Heinrich II. übergeben worden war, der sogleich ein neues Münster baute. Die goldene Altartafel daraus steht heute im Musée Cluny in Paris. Das Bistum Basel aber gehörte zur burgundischen Erzdiözese Besançon.

Vorgeschichte. Die Wälle und Gräben vorzeitlicher Fluchtburgen, z.B. auf dem Uetliberg Zürich, sind nur dem Fachmann erkennbar; die Kleinfunde sind auf alle Museen verstreut. Eine verfeinerte Grabungstechnik hat in den jüngsten Jahrzehnten eine gewaltige Menge von Funden und neue Erkenntnisse gezeitigt. Schon seit dem 19. Jh. bekannt sind die altsteinzeitlichen Höhlen «Schweizersbild» und «Kesslerloch» (Kt. Schaffhausen) mit Ritzzeichnungen auf Knochen, das «Drachenloch» bei Vättis (Kt. St. Gallen) mit vielumstrittenen Höhlenbärenknochen. Jungsteinzeitlich die ältesten Ufersiedlungen («Pfahlbauten»), die erste 1853 entdeckt im Zürichsee. Epoche starker Bevölkerungsbewegungen verschiedener Kulturgruppen, bäuerliche Besiedlungen der Alpentäler, z.B. Höhensiedlung Crestaulta bei Surin, Cresta bei Cazis, Mutta bei Fellers (alle Kt. Graubünden). Einfache Schnurkeramik (ohne Töpferscheibe) mit Ritzung, Eindrücken. Tauchfunde neuester Zeit aus dem Zürichsee im Schweizerischen Landesmuseum.

Frühe Bronzezeit, ca. 1800–1600 v. Chr. Starke Erschliessung der Alpen, keine Bevölkerungsbewegung für 400 Jahre oder länger, einräumige Häuser in Ständerbau. Am Ende der *mittleren Bronzezeit,* ca. 1600–1230 v. Chr., wird der bis dahin allein übliche Dolch und die Streitaxt allmählich vom Schwert verdrängt. Hügelgräber. *Spätbronzezeit,* ca. 1230–750. Brandbestattung (Urnenfelder). Massenhafte Ufersiedlungen an allen Seen des Alpenvorlandes, auch Höhensiedlungen, z.B. Sissacherfluh (Kt. Baselland), Kestenberg ob Möriken (Kt. Aargau). Erstes Auftreten des Eisens, des einschneidigen Messers, bis 60 cm lange Gewandnadeln mit «Mohnkopf», Metallsachen und Keramik mit Strichverzierung, ähnlich der griechisch-geometrischen. Umzäunte Dörfer, neben Ständerbau erstmals Strickbau, der die Metallaxt voraussetzt. Hakenpflug, von Rindern gezogen, und Sicheln beweisen Getreidebau. Erstmals ponyartige Pferde, dienen nur als Last- und Zugtier. Klima ähnlich dem heutigen. Erste Festungsbauten: am Wittnauer Horn (Kt. Aargau) ehemals ca. 12 m hoher Wall. Fassung der Heilquelle St. Moritz (Engadiner Museum). Spärliche Reste von Menhirs und Dolmen im Jura, Schalensteine unbestimmten Alters und Zwecks in den Alpen. Das Fehlen eigener Erzlagerstätten setzt für den Metallguss Handelsbeziehungen voraus; erstmals Spezialhandwerker für Metallarbeit. Hängebecken aus dem germanischen Norden in Corcelettes bei Grandson gefunden (Museum Lausanne).

Ältere Eisenzeit (Hallstattzeit), ca. 800–500 v. Chr. Verwendung der Töpferscheibe. Auf Keramik und Metall reiches spiraliges Ornament, z. T. aus der griechisch-archaischen Palmettenornamentik abgeleitet; griechische (tarentinische?) Bronzehydria aus Grächwil (Historisches Museum Bern). Ersten Ranges der Fund von Erstfeld: goldene Halsringe und Armringe (Schweizerisches Landesmuseum); grosse halbkugelige Goldschale von Schlieren (Schweizerisches Landesmuseum). Die ebenfalls von den Kelten getragene *jüngere Eisenzeit*, ca. 500 bis zur römischen Besetzung, heisst «La-Tène-Periode» nach dem reichen Fundort am Ausfluss der Zihl aus dem Neuenburgersee. Elegante Formen, kurvig-fliessendes Ornament, an den «Jugendstil» um 1900 erinnernd. Funde im Schweizerischen Landesmuseum, im Musée Schwab, Biel, im Historischen Museum Neuchâtel usw.

Römische Zeit. Der nach Westen ziehende keltische Stamm der Helvetier wird von Julius Caesar bei Bibracte besiegt (58 v. Chr.), zur Rückkehr gezwungen und als «Confoederaten» dem Reich angegliedert. Bis 15 v. Chr. wird das ganze Gebiet der Schweiz römisch. Bau von Passstrassen (streckenweise erhalten) über den Grossen St. Bernhard, Septimer, Julier, Hauenstein, Pierre-Pertuis usw. Hauptstadt Aventicum (Avenches). Augusta Raurica (Kaiseraugst), grosses Militärlager Vindonissa (Windisch bei Brugg). Anlage von Grenzkastellen, viele Gutsherrschaften (Villen), es werden immer neue ausgegraben, oft unter späteren Kirchen. Bodenmosaiken an Ort und Stelle konserviert in La Boscéaz bei Orbe, Nyon, Massongex, Seeb bei Bülach und Zurzach; ausserdem in den Museen Genf, Bern usw. Vom Ende des 1. Jh. bis zu den Alemanneneinfällen seit 260 ist die Grenze gegen Germanien an die Donau verlegt (etwa fünf Generationen), dann wird sie an den Rhein zurückgenommen. Neue Befestigungen. Beginn der Christianisierung. Um 450 friedliche Ansiedlung der Burgunder in der Westschweiz, Hauptstadt Genf, 480 Erlöschen der Römerherrschaft, seit ca. 500 allmähliche Besiedlung der Nordschweiz und des Mittellandes durch Alemannen – an Hand der Ortsnamen zu verfolgen. Aufrechtstehende Römerbauten sind nicht erhalten. Eine Säule in Avenches; gallo-römische Tempelfundamente in Augst, dort und in Avenches Reste von Theatern und Amphitheatern, ein solches auch in Windisch, ein Theater bei Lenzburg, Fragmente monumentaler Steinbauten in Avenches und im Museum Genf; römische Bäder in Zofingen und Baden – z. T. sichtbare Reste von Kastellen in Basel, Augst, Windisch, Eschenz, Burg gegenüber Stein am Rhein, Oberwinterthur, Irgenhausen (rekonstruiert), Olten, Solothurn, Yverdon.

Neben viel Provinziellem, z.B. bemalter und Sigillatenkeramik und ihren gallischen Nachahmungen in den Museen Unika ersten Ranges: die Goldene Kaiserbüste in Avenches, der Bronzekopf eines Helvetiers und ein Frauenköpfchen im Historischen Museum Bern, ein dreigehörnter, grosser Stierkopf im Valeria-Museum Sitten, Glasgefässe in Locarno und der einzigartige Silberschatz von Kaiseraugst aus der Zeit des Kaisers Julian Apostata (361/363).

Frühchristliche Reste in Chur, Genf und St-Maurice, unter der Kathedrale Lausanne, der Pfarrkirche von Ardon, der spätgotischen Kirche St. Theodul, Sitten, in den Kastellen von Zurzach und Kaiseraugst; als einziger aufrechtstehender Bau, um 500, das Taufhaus (Baptisterium) in Riva S. Vitale (Kt. Tessin).

Aus der *Völkerwanderungszeit* nur Waffen und Schmuck aus Gräbern, die Sitte der Grabbeigaben erlischt im 8. Jh. Burgundische Gürtelschnallen und Fibeln (Gewandnadeln), z.T. in Durchbrucharbeit, auch christliche Symbole, z.B. Daniel zwischen Löwen, stark barbarisiert. Kolossale Gürtelschnallen aus Eisen (bis zu 1 kg) mit Bandgeflecht in Silbertauschierung (Schweizerisches Landesmuseum, Museen Genf, Lausanne, Bern, Freiburg usw.). Goldene Fibeln, rund oder in Form eines Fischchens mit Zellenverglasung; in dieser durch die Goten vermittelten, orientalischen Technik auch das berühmte Tenderigusschreinchen und die Fassung einer antiken Sardonyxvase im Klosterschatz von St-Maurice sowie der Stab des Hl. Germanus in Delsberg und langobardische Goldbleche im Rätischen Museum Chur. Flachrelief-Steinplatten mit Bandgeflecht z. T. wiederverwendet als Altarfronten im Dom von Chur, in Müstair, Disentis, Schänis, je eine Kanzelbrüstung in Romainmôtier und St-Maurice. Der Stil nachwirkend am Portalgewände der Münster von Zürich und Basel, am Schloss von Neuenburg usw.

Frühmittelalterliche Reliquiare usw. in den Kirchenschätzen von St-Maurice, Sitten, Beromünster, Chur. Irische, merowingische, karolingische und jüngere *Handschriften* ersten Ranges in der Stiftsbibliothek St. Gallen, einer der reichsten der Welt, auch Elfenbeinschnitzereien. Die Skriptorien von St. Gallen und der benachbarten Reichenau waren im späteren 9. und im 10. Jh. in der Initialornamentik und figürlichen Buchmalerei führend für ganz Mitteleuropa, in St. Gallen auch das berühmte Unikum eines grossen Pergamentplanes für die Anlage eines Benediktinerklosters mit Kirche und allen zugehörigen Bauten. Handschriften ferner in den Bibliotheken Einsiedeln, Bern, Zürich, Basel, Genf, Pruntrut usw.

Auch die *karolingische Architektur* ist vorzüglich vertreten, wenn auch nur mit Kleinbauten. Eine Besonderheit Rätiens sind geräumige flachgedeckte Saalkirchen mit drei schmalhohen Apsiden in der Ostwand – so Mistail bei Tiefencastel und St. Johann in Müstair, das die bedeutendsten und umfangreichsten aller existierenden karolingischen Wandgemälde enthält, obwohl die Kirche später gewölbt und zur gotischen Hallenkirche umgebaut wurde. (In der wohlerhaltenen Klosteranlage auch romanische Bauten, Stuckarbeiten und Wandgemälde.) Fundamente von Dreiapsidenkirchen ferner in St. Martin und St. Luzi, Chur; Disentis; Pleiv; die grosse Saalkirche Zillis bekam später die figürlich bemalte Holzdecke, die älteste ganz Europas, und einen gotischen Chor.

Altertümliche Gangkrypten mit Altarkammern zur Verehrung von Reliquien unter dem Ost- und dem Westchor der Abteikirche St-Maurice, unter den Ostchören von St. Luzi in Chur, Disentis, Fraumünster Zürich. Fundamente einer dreischiffigen Aussenkrypta wurden vor wenigen Jahrzehnten hinter dem Basler Münster aufgedeckt.

In den Alpentälern, besonders im Schamsertal (Kt. Graubünden) und im Tessin, sind zahlreiche einräumige *Kleinkirchen* erhalten geblieben, wie sie auch im Tiefland neuerdings vielfach durch Grabung festgestellt, aber schon im Mittelalter durch grössere Neubauten ersetzt wurden. Das Schiff ist flachgedeckt, einzig die Apsis gewölbt, gliederungslos bis auf einen Bogenfries entlang dem Dachsaum; das Innere oft ausgemalt, wenigstens die Apsis. S. Nicolao, Giornico, ist ein ländlicher lombardischer Charakterbau ersten Ranges, aus natürlich gebrochenen Granitquadern, ein mächtiger Saal mit offenem Dachstuhl, der Chor bühnenartig erhöht über einer wenig versenkten Säulenkrypta mit vorzüglichen derben Granitkapitellen. Noch rustikaler Sta. Maria di Torello bei Figino. Die kristallhaft-straffen lombardischen Türme bestimmen gleich von Airolo an die tessinische Architekturlandschaft, besonders schön Quinto, Tesserete; oft sind sie neben späteren Kirchenneubauten erhalten geblieben. Dreischiffige Kirchen: S. Vittore in Muralto, S. Biagio in Ravecchia (bei Bellinzona), S. Pietro in Biasca.

Der *Altromanische Stil* (premier style roman), dem die Tessiner Bauten angehören, hat auch in Burgund und in der Westschweiz bedeutende Bauten hinterlassen. Eine ganze Gruppe aus der Zeit der Jahrtausendwende steht am Thunersee, meist einschiffig, aber auch die bedeutenden dreischiffigen Pfeilerbasiliken Schlosskirche Spiez mit eigenartiger Krypta und Amsoldingen mit Hallenkrypta. Barock veränderte ottonische Säulenbasilika mit unversehrter Gangkrypta in Beromünster. Baugeschichtlich wichtig: Romainmôtier als die beste Replik des verschwundenen, ungeheuer folgenreichen Cluny II, ursprünglich flachgedeckt wie die Pfeilerbasiliken Rougemont und St-Imier. Gewölbt ist das Kirchenfragment St-Sulpice bei Ouchy und St-Pierre-de-Clages im Wallis, die imposante Stiftskirche Payerne mit Westvorbau und einem im Detail von Cluny III abhängigen Chor sowie die eindrucksvolle Ruine des Priorats Rüeggisberg. Singulär, mit Beziehungen zu Lyon und der Auvergne St-Jean in Grandson (Kt. Waadt) mit Tonnen- und Halbtonnengewölben über römischen Säulenschäften aus Yverdon. Im Wallis, meist neben jüngeren Kirchen, kraftvolle quadratische Türme mit Bogenfriesen, mit Beziehung zu Aosta, vor der Kathedrale Sitten, weitere in St-Maurice, Orsières, Bourg-St-Pierre, Leuk, Glis, Naters, Visp, verwandte in Stans und Baar.

In der Tradition der in karolingischer bis salischer Zeit erneuerten frühchristlichen *Säulenbasilika* steht das Allerheiligenmünster Schaffhausen, flachgedeckt mit gerade geschlossenem Chor, ein Beispiel ersten Ranges der sogenannten Hirsauer Bauschule; die kleine Klosterkirche Stein am Rhein folgt ausweislich ihrer achteckigen Würfelkapitelle dem Vorbild Konstanz. Säulenbasiliken auch auf der benachbarten Insel Reichenau, Pfeiler in Wagenhausen.

Die Bauten des entwickelten *romanischen Stils* unterscheiden sich von dem vorhin genannten durch ihre ausgeprägten Gliederungen: Bündelpfeiler, abgetreppte Portale und Arkaden, Gewölbe mit Gurtbogen. Burgundisch-romanisch die ältesten Teile der ehemaligen Kathedralen von Lausanne und Genf (mit schönen Kapitellen) und der Valeria, Sitten. Durch seine Emporen mit S. Ambrogio Mailand verwandt (doch schmalere Arkaden und später erhöhtes Mittelschiff) das Grossmünster in Zürich, mit grosser Säulenkrypta. Weitaus am bedeutendsten das Basler Münster, ein Unikum hinsichtlich seines Umgangschores über eigenartiger Krypta, Emporen, soweit überhaupt vergleichbar elsässisch, mit grosser Ausstrahlung ins Elsass, nach Freiburg i. Br., in den Jura, nach Bamberg. Am Nordquerhaus das älteste Figurenportal und die erste Fensterrose des ganzen deutschen Sprachgebietes. Grossartig-rustikal der Dom von Chur mit weitgespannten Arkaden, bedeutenden romanischen Figuren, Kapitellen und reicher Ausstattung aus allen Epochen. Romanisch ferner Neuenburg, Saint-Ursanne, die Kreuzgänge Allerheiligen Schaffhausen, Wagenhausen, Sankt Alban Basel und Grossmünster Zürich mit reichem, grossenteils ergänztem Figurenschmuck. Bedeutende figurale Kapitellplastik im Grossmünster, ferner in Basel, Chur, Genf, Grandson; Stuckplastik in Müstair, Corzoneso, Castro, Fragmente in Disentis. Säulenkrypten ausser den schon genannten in St. Gallen (Otmarskrypta), Muri, Schänis, St-Ursanne, St. Leonhard Basel.

Zwischen Romanik und Gotik stehen die asketisch gliederungsarmen *Zisterzienserkirchen.* In Hauterive und Bonmont sind Arkaden und Tonnengewölbe spitzbogig, die Gesamthaltung trotzdem romanisch. Die *Frühgotik,* in Deutschland überhaupt nicht vertreten, hat in Lausanne die älteste burgundisch-gotische Kathedrale hinterlassen. Das Rosenfenster am Südquerhaus auch in Frankreich ohne Parallele, darin die älteste Farbverglasung der Schweiz (von der kleinen romanischen aus Flums im Schweizerischen Landesmuseum abgesehen). Seltenheitswert hat die ornamentale Bemalung von Architekturteilen hier und im Chor der Valeria Sitten. Die Pfeiler, das sechsteilige Rippengewölbe, das kuppelartige achtteilige Rippengewölbe der Vierung folgen dem Vorbild der Kathedrale Laon in der Picardie. Frühgotisch ferner: Stiftskirche Neuenburg, St-Pierre Genf, Teile der Valeria, St-François Lausanne, Moudon, Lutry sowie die im 17. Jh. barockisierte Zisterzienserkirche Wettingen. Die entwickelte *Kathedralgotik* fehlt – Strassburger Einflüsse in Basel, z. B. am nach dem Erdbeben 1356 rekonstruierten Münsterchor. Hochgotisch: Romont, St-Nicolas Freiburg, vor allem die Fragmente des Westportals am Basler Münster mit herrlichem Wildrosenornament und fröhlichen Engelchen (Originalstücke im Münster-Museum). In der Schweiz einzigartig der Turmchor der Stiftskirche St. Verena in Zurzach.

Seit der Mitte des 13. Jh. bis ins 15. entstehen in allen Städten Kirchen der Dominikaner (Prediger) und Franziskaner (Barfüsser). Diese «*Bettelorden*» pflegen in Opposition zu den reichen Kirchen eine betonte Askese, in der Folge werden auch viele städtische und ländliche Pfarrkirchen nach ihrem Vorbild gebaut. Das Langhaus hat oft eine schlichte Holzdecke wie romanische Bauten, nach den hohen und breiten Seitenschiffen öffnen sich weitgespannte, nur abgefaste Spitzbogenarkaden, die sich ohne Kapitell mit den schlanken runden oder achteckigen Pfeilern verschneiden; in der glatten Hochwand finden nur kleine Fenster Platz. Der einschiffige Chor dagegen ist mit einem zarten Rippennetz gewölbt; in den Kristallfacetten seines polygonalen Schlusses schweben riesige, bis 17 m hohe Fenster; aussen abgetreppte Strebepfeiler an den Kanten. Beispielhaft das königliche Königsfelden mit seinen berühmten Farbenfenstern, ähnlich die Franziskanerkirchen in Freiburg und Luzern, der Predigerchor in Zürich, in Basel St.-Alban-, Barfüsser-, Prediger-, Kartäuser-, St.-Theodor-, Clara-, Klingenthal-Kirche; in Bern Dominikaner. Hier, in St. Leonhard Basel, in der Stadtkirche Aarau u. a. ist der für die Raumwirkung wichtige, sonst meist abgebrochene Lettner erhalten. Gewölbte Langhäuser haben Kappel und das Fraumünster Zürich. Diesem Typus lassen sich viele einschiffige Landkirchen und Kapellen der Spätgotik in der Ostschweiz und in Graubünden anschliessen, mit holzgedecktem Langhaus und stark eingezogenem, polygonal geschlossenem Chor mit zierlichen Netz- oder Sterngewölben – die meisten in den Jahrzehnten um 1500 erbaut von Kärntner Meistern. In grösseren, wie St. Martin Chur, Thusis, Scharans, Stürvis, Lenz, Remüs, Schuls, Poschiavo, hat auch das Langhaus solche Gewölbe. Der Typus der italienischen Minoritenkirche mit offenem Dachstuhl über Schwibbogen hat seine nördlichsten Vertreter in Sta. Maria delle Grazie bei Bellinzona und Sta. Maria degli Angioli in Lugano.

Die *Adelskultur* und die *Mystik* des 14. Jh. haben einige Denkmäler von europäischem Rang hinterlassen, so die Farbenfenster von Königsfelden, Kappel, Frauenfeld-Oberkirch – weitere in Blumenstein und Münchenbuchsee. Eine Maria in St. Katharinental stammt von dem seeschwäbischen Meister, dessen berühmte Jesus-Johannes-Gruppen über mehrere auswärtige Museen zerstreut sind; dazu eine «Maria auf der Lagerstatt» im Museum Frauenfeld, das Heiliggrab in der Magerau, Freiburg, die klagenden Frauen in Ems (Kt. Graubünden), ein Reliquienschrein im Domschatz Chur, Tischgräber mit Figur im Basler Münster, Grabplatte des Ulrich von Regensberg im Schweizerischen Landesmuseum; figurenreiches Kenotaph der Grafen von Neuenburg in der Stiftskirche, eines Grafen von La Sarraz (mit verwesendem Leichnam) in der dortigen früheren Pfarrkirche. Wandgemälde des 14. Jh. z. B. in den Kirchen Oberwinterthur, Oberstammheim, Waltensburg, St. Georg Rhäzüns (Kt. Graubünden), St. Peter Basel, hier auch eine 1962 aufgedeckte Wandnische, deren Ausmalung mit der Malerei der Kunstzentren Avignon und Prag zusammenhängt. Die aus dem zürcherisch-konstanzischen Kreis stammende «Manessische Liederhandschrift», das Hauptdenkmal der deutschen Minnepoesie, wird in Heidelberg aufbe-

wahrt, ein zart illuminiertes Graduale aus St. Katharinental im Schweizerischen Landesmuseum und in Frauenfeld, figürlich bestickte Antependien aus Königsfelden in Bern. Textilien auch in Engelberg, Sarnen, im Gewerbemuseum St. Gallen; Chorgestühle in der Kathedrale und in St-François Lausanne, der Franziskanerkirche und der Magerau von Freiburg, Magdenau bei Flawil, Kappel u.a. Wandmalerei im italienischen Trecento-Stil in den Kirchen Castel S. Pietro in Ravecchia (bei Bellinzona), in vielen Landkirchen auch in Graubünden, z.B. in Bondo (Bergell), Pontresina, S. Sievi in Brigels; in S. Maria in Selva, Locarno, bedeutende Fresken des frühen 15. Jh. Profane Wandmalerei aus Zürich im Schweizerischen Landesmuseum, in Basel am Nadelberg, in Schlössern wie Chillon, Rhäzüns u.a.
Die *Spätgotik* ist in der Schweiz wie in ganz Süddeutschland breit entfaltet. Diese essentiell bürgerliche Epoche ist von den Anfängen der adeligen Früh- und Hochgotik durch die gleiche zeitliche Distanz getrennt wie das Rokoko von der Frührenaissance. Neben dem kulturellen Aufschwung und der Prosperität auch der italienischen und süddeutschen Städte stehen soziale Unrast und ein Verfall der Kirche; diese Turbulenz spiegelt sich in den Künsten. Das Detail wird bis ins Quälende gehäuft, man sucht das Raffinierte und Komplizierte. Schon im späteren 14. Jh. hatte im Masswerk die lodernde und fliessende «Fischblase» die radial strahlenden Lappenkreise usw. verdrängt. Netz- und Sternkonfigurationen treten an die Stelle der schlichten Kreuzrippen, sogar freischwebende Rippen, z.B. im Münster-Kreuzgang Basel. Kurvige, sich durchdringende Rippen auch im Kreuzgang Stein am Rhein, in der Johanneskirche Schaffhausen, der Wasserkirche Zürich; unsymmetrische «Springgewölbe» und Stichbogengewölbe in den Räumen am Kreuzgang Mariaberg Rorschach. Hauptwerke: Münster Bern, St. Oswald Zug, Kathedrale Sitten, Leuk, Orbe, Burgdorf. Einschiffig: Makkabäerkapelle an St-Pierre Genf, St. Theodul Sitten, Wasserkirche Zürich u.a. *Hallenkirchen* (= drei gleichhohe Schiffe): St. Leonhard Basel, Savièse, Burgkirche Raron, Klosterkirche Müstair (Umbau der karolingischen Saalkirche). Durchbrochene Steinhelme finden sich am Basler Münster, in Bern modern nach altem Plan; zierliche Dachreiter am Rathaus und ein Türmchen an der Predigerkirche Basel, reiche Westfassade vor der Kathedrale Lausanne; mächtiger Westturm mit abschliessender Plattform und Fialenkranz St-Nicolas Freiburg; am Berner Münster eines der bedeutendsten spätgotischen Figurenportale, reiche Masswerke und die phantastisch-bewegte «Schultheissenpforte». Überreiches Detail auch am Lettner in Burgdorf und an vielen Kleinarchitekturen: *Sakramentshäuschen* im Dom Chur, St. Wolfgang Cham; *Steinkanzeln und Taufsteine* im Münster und in St. Peter Basel, in Bern, Freiburg usw. *Steinplastik:* Hauptportal Bern, Heiliggrab und Portal St-Nicolas Freiburg, Portal und Strebepfeiler St. Oswald Zug, Ölberg an der Hofkirche Luzern, Grabplastik in Basel, Chur, Sitten, Eglisau usw. Spätgotische *Kreuzgänge* am Basler Münster, in Stein am Rhein, Muri, Mariaberg Rorschach, Paradies bei Schaffhausen usw. Zahlreiche *Schnitzaltäre*, mit z.T. grossen Figuren, bemalt und vergoldet, viele aus Süddeutschland importiert, bedeutendste im Dom Chur und in

Münster (Wallis), ferner Churwalden, Stürvis, Brienz, Brigels, Bivio usw. (Kt. Graubünden), Glis (Kt. Wallis), Franziskaner Freiburg sowie in den meisten Museen, Schweizerisches Landesmuseum, Basel usw. *Chorgestühle* mit reicher figuraler Schnitzerei: Münster von Basel, Freiburg, Chur, Lausanne, Genf, in Romont, Moudon, Hauterive, Estavayer, mit Renaissancedetail im Münster Bern. Holzdecken mit ornamentalem Flachschnitt, oft farbig gefasst im Kloster St. Georgen in Stein am Rhein, einem Juwel spätgotischer Profanarchitektur, in den Beinhäusern St. Oswald und St. Michael Zug, Sarnen, Sursee, in den Zürcher Landkirchen Mönchaltorf, Maur, Dürnten, Mettmenstetten usw. *Gestühle mit Flachschnitt:* Liestal, Zofingen, Spiez. *Geschnitzte Decken und Vertäferungen* auch im Rathaus Zug, Kartause Basel, Supersaxo-Haus Sitten, Schloss Chillon, Oron, Locarno, im Schweizerischen Landesmuseum und andern Museen.

Grosse Entfaltung des *Profanbaus* im 15. und 16. Jh., Ersatz der Holzhäuser in den Städten durch Steinhäuser. Entwicklung des gotischen «Fensterhauses» mit gekoppelten Fenstern, oft mit Erker. Beispiele in allen Städten, besonders Zürich, Basel, Schaffhausen; Rathäuser in Bern, Basel, Liestal, Baden usw. Treppengiebel als Auszeichnung obrigkeitlicher Gebäude. Gotische Portale an Wohnhäusern noch 1662. Pfeilerbrunnen am Weinmarkt in Luzern, am Fischmarkt in Basel.

Das wachsende Interesse an der irdischen Realität begünstigt die *Tafelmalerei* und dringt auch in die kirchliche Kunst ein. Hierin für ganz Deutschland führend Konrad Witz aus Rottweil (Museen von Basel und Genf). Auf seinem Genfer Altar die erste naturgetreue Landschaft der europäischen Malerei, auf dem Altarfragment des Hans Leu im Schweizerischen Landesmuseum eine genaue Darstellung Zürichs; erste Privatporträts. Am bedeutendsten der noch an Ort und Stelle befindliche Hochaltar der Franziskanerkirche in Freiburg, vom ältesten Nelkenmeister. Wandgemäldezyklen mehr erzählenden als monumentalen Stils in vielen Landkirchen, z. B. Oberstammheim, Saanen. Das durch die Siege über Karl den Kühnen von Burgund und im Schwabenkrieg gesteigerte Selbstgefühl der Eidgenossen äussert sich in den illuminierten Chroniken der Tschachtlan (in Zürich) und Diebold Schilling (Bern, Zürich, Luzern) – weniger Kunstwerke als kulturhistorische Dokumente. Das Leben der Kriegsleute findet seine illusionslose Darstellung durch Niklaus Manuel und Urs Graf.

Vorzügliche Farbenfenster von 1441–50 im Münster Bern, ferner in der Kartause Basel, Staufberg, Jegenstorf, Zofingen, Romont, Schloss Pérolles bei Freiburg, Museum Genf usw. Eine schweizerische Spezialität sind die profanen Wappenscheiben, die seit dem Ende des 15. Jh. als Geschenk zwischen Privaten und zwischen Behörden ausgetauscht wurden. Aus der Feudalzeit zahlreiche *Burgen und Schlösser* mit Teilen vom 12. bis 16. Jh. und späteren, z. B. das Visconti-Schloss Locarno, die Burgen von Bellinzona, Chillon, Aigle, Blonay, Vufflens, Champvent, Sitten (Valeria und Tourbillon), Siders, Leuk, Raron, Thun, Spiez, Burgdorf, Lenzburg, Hallwil, Regensberg, Kyburg, Mörsburg, Altenklingen, Reichenau, Ortenstein, Jörgenberg, Misox, Tarasp – viele Ruinen, besonders in Graubünden und im Jura, reizvoll halbländliche Sitze wie das Wasserschloss Hagenwil (Kt. Thurgau) mit Obergeschoss in Fachwerk, das Weiherschlösschen Bottmingen (Kt. Baselland) oder die Johanniterkommende Bubikon (Kt. Zürich).

Die für die Entwicklung der Demokratie so wichtige Autonomie der Städte wird fühlbar in den Resten der alten *Befestigung* und den *Stadttoren*, z.B. in Basel, Schaffhausen, Stein am Rhein, Diessenhofen, Baden, Luzern, Zug, St-Ursanne, Solothurn, Murten, Freiburg – vieles im 19. Jh. abgerissen; oder in den stolzen Rathäusern, Kornhäusern, Zeughäusern der genannten und anderer Städte, z. B. Liestal.

Die Reformation. Im Vorfeld und der entscheidenden Phase der Reformation stand die Schweiz in der Frontlinie der geistigen Auseinandersetzungen. Der Rationalismus der Renaissance bedrohte den Glauben, und schwere Verfallserscheinungen im hohen und überaus zahlreichen niederen Klerus zersetzten die Organisation der römischen Kirche, wogegen die Reformbestrebungen der Konzile von Konstanz (1414–18) und von Basel (1431–47) vergebens ankämpften. So kam es in den geistig und sozial erregten Städten zur Reformation, die keineswegs eine dauernde Spaltung beabsichtigte. In Basel, der einzigen Universitätsstadt der Schweiz, residierte Erasmus von Rotterdam, der grösste Gelehrte seiner Zeit, der hier das Neue Testament auf griechisch drucken liess – ein Pfeiler der Reformation, der er aber persönlich nicht beitrat. In Zürich standen Zwingli und sein Nachfolger Bullinger in lebhafter Korrespondenz mit den deutschen, englischen, ungarischen Protestanten – ihre leidenschaftliche Teilnahme an Staat und Politik kann als typisch schweizerisch gelten im Gegensatz zu dem dynamischen, aber obrigkeitsfrommen Luther. Von grösster Strahlungskraft erwies sich der französische Reformator Calvin, der in Genf eine Theokratie errichten konnte und dessen Lehre den französischen, niederländischen und englisch-amerikanischen Protestantismus geprägt hat.

Die Eidgenossenschaft hätte die konfessionelle Zerklüftung schwerlich überstanden, wenn sich die Glaubensgrenzen mit den Sprachgrenzen gedeckt hätten. Zur Reform aber bekannten sich neben den alemannischen Städten Basel, Zürich, Bern, St. Gallen auch die welschen Genf und Lausanne mit der Waadt, katholisch blieben die deutschsprachigen Urkantone mit Zug, Solothurn, Oberwallis – ebenso das welsche Unterwallis, das sprachlich gemischte Freiburg; das Tessin blieb nach der Austreibung der Locarneser Protestanten katholisch – aber die zu Graubünden gehörenden italienischsprachigen Talschaften Val Bregaglia (Bergell) und – teilweise – Poschiavo sind reformiert. Glarus und Appenzell blieben geteilt, ebenso Graubünden, und nach dem Abklingen der Animositäten diente in manchen Gemeinden eine «Simultankirche» beiden Bekenntnissen zugleich bis ins 20. Jh.

Im 16. Jh. überschieben sich die Stilformen in der Schweiz aufs komplizierteste. Am längsten beherrschen Bauleute aus dem von Walsern besiedelten Val Sesia am Monte Rosa die spätgotischen Stilformen – noch 1573–75 das Netzgewölbe im Berner Münster. Vom gleichen Meister Daniel Heintz die gotische Wendeltreppe im Basler Rathaus – das seit 1535 Renaissanceportale hatte; 1595 das französisch-manieristische Portal des Franz Parregod, 1609 die gotische Hofarkade. Auf die Spätgotik folgt unmittelbar die *Manierismus* genannte Spätphase der Renaissance vor ihrer Wendung zum Barock. Typisch das seltsam düstere Ornament: Kartuschen aus Beschlagwerk, Rollwerk, Knorpelwerk in Stein und an Vertäfelungen und Mobiliar, auch auf Buchtitelseiten und der Umrahmung von Wappenscheiben (Tobias Stimmer, Jost Ammann, Daniel Lindtmayer). Auch Hans Holbeins Schweizer Scheiben mit Schildhaltern und Renaissanceumrahmung. Eine seltsame Verbindung überständiger Gotik mit Manierismus in der Ursulinenkapelle und im Zentralbau der Visitantinerinnen noch 1653–58 in Freiburg.

Die Reformation mit ihrer puritanischen Bilderfeindlichkeit bedeutete ein Unglück für die Künste, das durch die Blüte der bürgerlichen Kultur nicht aufgehoben wurde, während im reformierten Ausland das fürstliche Prunkbedürfnis einen gewissen Ersatz bot. Als Reaktion gegen eine überbordende Bilderverehrung wurden im Bildersturm eine grosse Zahl von Figuren in Stein und Holz (die «Kirchengötzen»), von Altären, Gemälden, Reliquienbehältern usw. vernichtet – aber künstlerisch lebendige Zeiten haben Kunst nie als eigenständigen Wert betrachtet, sondern immer im Zusammenhang mit den andern geistigen Strömungen gesehen. Wandgemälde wurden oft nur übertüncht, so dass sie im 20. Jh. bei abnehmender Bilderfeindlichkeit vielerorts wieder freigelegt werden konnten.

Die ihrer Altäre und Zierden entkleideten Kirchen deckten in den reformierten Gegenden noch lange den Bedarf, während ein durch die Gegenreformation angefachter Baueifer in den katholischen zu dem paradoxen Ergebnis führte, dass in den neugläubigen Gegenden der Ostschweiz und Graubündens die gotischen, sogar romanischen Kirchen das Bild beherrschen, in den altgläubig gebliebenen dagegen barocke Neubauten oder doch Ausstattungen.

Renaissance. Sie ist in den Künsten ein rein italienisches Gewächs, die intellektuelle Entwicklung des Bürgertums und die Erschöpfung der spätgotischen Formenwelt hatten aber überall den Boden dafür vorbereitet. Rein lombardische Frührenaissance gibt es nur im Tessin, das Hauptbeispiel: die Fassade von S. Lorenzo Lugano; ferner: Bellinzona Collegiata, Brissago Madonna del Ponte. *Frührenaissancereliefs* in S. Lorenzo Lugano, Carona, Muralto. Riesiges Wandgemälde von Bernardino Luini (Kreuzigung) in Sta. Maria degli Angioli Lugano; bedeutende Replik von Leonardo da Vincis Abendmahl in Ponte Capriasca, weiteres in Carona, in S. Pellegrino bei Giornico, Sta. Maria delle Grazie Bellinzona. Glasgemälde aus S. Vittore Poschiavo im Schweizerischen Landesmuseum. *Loggien*, von den primitivsten bäuerlichen bis zu klassischen Säulenloggien – in Höfen bis zu vier Geschossen, auch als Laubenstrassen, z. B. in Lugano. Eine Ausstrahlung über die Alpen: der Rittersche Palast (Regierungsgebäude) in Luzern; dreigeschossiger, riesiger Loggienhof am Stockalperpalast in Brig.

Das prinzipiell Neue und die Folgerichtigkeit der Renaissanceformen wird ausserhalb Italiens anfänglich nicht eingesehen. Man dekoriert gotische

Baukörper mit Renaissancedetails, so z.B. Maison des Halles und Haus Marval in Neuenburg. Einzelne Portale, Fensterumrahmungen usw. in Avenches, Auvernier, klassischer, doch unter einer Vorhalle mit Rippengewölbe das Portal am Rathaus Genf; in der Johanneskirche Schaffhausen tragen Frührenaissancekonsolen von 1517 ein gotisches Netzgewölbe. Wichtige kommunale Bauten: Zeughäuser in Luzern, Zug, Solothurn, Schaffhausen, Kornhäuser Luzern und Schaffhausen, Rathäuser Lausanne, Freiburg, Genf, Sitten, Thun, Appenzell, Stein am Rhein, Sursee, Schwyz usw. Am Rathaus Luzern ein riesiges Steildach über einer prächtigen Renaissancefassade. Grosse Giebelhäuser mit Renaissancefassaden und -details, auch der Freulerpalast in Näfels, der Hof in Truns, die Casa Gronda Ilanz, der Stockalperpalast in Brig und viele ländliche Herrensitze, z.B. in Schwyz.

Der in Italien im letzten Drittel des 16.Jh. einsetzende Barock wird in der Schweiz erst gut hundert Jahre später aufgenommen, bis dahin folgt man der manieristischen «Deutschen Renaissance». Renaissancemässig feingliedrig sind die schwarzen Säulen der Kirchen von Stans und Sachseln und noch um 1705 die in St.Peter Zürich – neben barocker Stuckierung. Renaissance auch Altäre im Dom Chur, in Disentis, auch die von Montaigne bewunderten Laufbrunnen mit Figuren in allen Städten, besonders Freiburg und Bern. Bauten: Hofkirche Luzern, Klosterkirche Werthenstein, Loreto-Kapelle Freiburg, Sursee, Kirchturm Zofingen u.a.

Manierismus ersten Ranges Kanzel und Chorgestühl der Franziskanerkirche und Hofkirche Luzern; der Hochaltar der Augustinerkirche St-Maurice in Freiburg, Bischofszell, Neu St.Johann, Menzingen, Schänis, Disentis. Gestühl in Wettingen, Ernen, Valeria Sitten, einzigartig die geistreichen Häupterstühle aus dem Münster im Historischen Museum Basel. Viele Epitaphien, an denen sich die ganze Stilentwicklung ablesen lässt, z. B. im Münsterkreuzgang Basel, Allerheiligen Schaffhausen. Buffets und Vertäferungen in vielen Privathäusern in Graubünden und der Ost- und Zentralschweiz, z. B. Freulerpalast Näfels, in den meisten Museen. Triumphbogenartig architektonisierte, detailüberhäufte Schränke usw. *Fassadenbemalung:* berühmt das Haus zum Ritter in Schaffhausen (von Tobias Stimmer, gut erneuert), der «Weisse Adler» und andere Profanbauten in Stein am Rhein, dort auch Wandmalerei im Festsaal des Klosters St.Georgen. Spätere bemalte Fassaden: Alte Lateinschule Brugg, Hofgut Gümligen, Kloster Fahr bei Zürich. Sgraffitodekoration an vielen Engadinerhäusern. Reichbemalte Winterthurer und Steckborner Kachelöfen. Stadttore und Befestigungen z.B. in Solothurn; das Karlstor in St.Gallen; einzigartig der Munot von Schaffhausen, angelegt nach Dürers Befestigungslehre.

Barock. 1644 wurde in Luzern die in den sperrigen, gedrängten, scharfkantigen Formen des Manierismus erbaute Hofkirche geweiht, 1666 die Jesuitenkirche in den grossen, majestätischen Formen des römischen Barocks mit einem den Chor in ganzer Höhe und Breite abschliessenden, als Teil der Architektur aufgefassten Hochaltar. Auch dieser Barock wird aber über Süddeutschland eingeführt, obwohl zur gleichen Zeit Tessiner Meister in Rom als päpstliche Hofarchitekten an erster Stelle stehen. Domenico Fontana aus Melide (geb. 1543) hatte den Obelisken auf dem Petersplatz aufgestellt, sein Schüler Carlo Maderno das Langhaus und die Vorhalle der Peterskirche gebaut, Francesco Borromini, geboren 1599 in Bissone, schuf S. Carlino alle Quattro Fontane und S. Ivo della Sapienza; der Bernini-Schüler Carlo Fontana gehört im 17. Jh. zu den führenden Meistern in Rom, Baldassare Longhena in Venedig, wo er Sta. Maria della Salute und mehrere Paläste baute. Die karge Heimat konnte ihnen natürlich keine Aufgaben von solcher Bedeutung stellen, immerhin ist der Zentralbau Sta. Croce in Riva S. Vitale ein stattlicher Frühbarockbau, und italienischer Barock erster Hand sind die zahlreichen opulenten Pfarrkirchen des 17. Jh. im Tessin und in den katholischen Talschaften Graubündens. In der Regel einschiffig, kurz, mit wenig ausladenden Querflügeln und Kuppel über Tambour nähern sie sich oft dem Zentralbau; eigentliche Zentralbauten: S. Antonio von Padua in Morcote, Sta. Maria in Poschiavo. Im weitern Castel S. Pietro, Morbio Inferiore, Madonna del Sasso, alle mit herrlichen Stukkaturen mit Engeln und Putten, so auch die Chiesa Nuova Locarno, Madonna d'Ongero bei Carona (bedeutende Fresken), Vira Gambarogno, Comano, Preonzo, Olivone. Auch die Kirchen der Kapuzinermission in Graubünden mit derb-grosszügigen Fassaden sind hier zu nennen, z. B. Tiefencastel, Alvaneu, Savognin, Tinzen, Obervaz, Mons, Sedrun, Roveredo im Misox, Sta. Domenica im Calancatal. Zentralbauten: Rhäzüns, St. Michael Savognin, La Punt, dazu viele Kapellen. Prachtvolle Altäre bis in entlegene Alpkapellen. Im Tessin und den Bündner Tälern viele stattliche Häuser vom kubischen Palazzo-Typus, z. B. Palazzo Riva in Lugano. Die schöne Stuckfassade der Casa Borrani in Ascona erinnert daran, dass ganze Generationenfolgen von Tessiner und besonders auch Misoxer Stukkatoren und Architekten im 18. Jh. in Deutschland, auch in Dänemark und Russland tätig waren. Ein Albertal (Albertalli) baute in Dillingen und Innsbruck, Enrico Zuccalli als Oberarchitekt des Kurfürsten von Bayern Kuppel und Türme der Münchener Theatinerkirche, Giovanni Antonio Viscardi am Schloss Nymphenburg und das Schloss Schleissheim – um nur wenige zu nennen. In der Schweiz ist nur die Domkirche Arlesheim von Misoxern gebaut.

Die betonte Pracht der Barockformen wurde in den puritanisch reformierten Kantonen als ausgesprochen katholisch abgelehnt, dazu kam, dass die Lähmung der kulturellen Aktivität von Deutschland auch auf die Schweiz übergegriffen hatte, obschon diese vom Dreissigjährigen Krieg fast ganz verschont geblieben war und der Westfälische Friede die de facto längst vollzogene Loslösung vom Reich auch staatsrechtlich bestätigt hatte. Dem von der wiedererstarkten Kirche und den absolutistischen Fürstenhöfen getragenen Zeitgeschmack konnte man sich trotzdem nicht entziehen, und so folgte man zögernd, mit Verspätung, gleichsam mit schlechtem Gewissen. Das kurz vor 1700 erbaute Zürcher Rathaus hat im ganzen immer noch Renaissancecharakter, und nur seine schönen Stuckdecken folgen der Modernität der Zeit. Stuckierung auch in St. Peter und der Predigerkirche in Zürich.

Um so grossartiger entfaltet sich dagegen der kirchliche Barock in den katholischen Kantonen. Die Jesuitenkirchen Luzern und Solothurn sind majestätisch in sich ruhende, tonnengewölbte Säle, reich stuckiert, begleitet nicht von Seitenschiffen, sondern von mächtig bis unter das Gewölbe steigenden, mit Pilasterbündeln instrumentierten Wandpfeilern, zwischen die entlang den Seitenwänden Emporenbrücken eingespannt sind; Fenster in den Seitenkapellen unten und über dem mächtigen, verkröpften Kranzgesims in der Gewölbezone, mit Stichkappen in die Tonne einschneidend. Das Querschiff, sofern vorhanden, nicht über die Flanken vorspringend, nur als grösseres Joch ohne Emporen, über der Vierung gelegentlich eine Kuppel auf hohem Tambour, Orgelempore an der Eingangswand. Der Hochaltar als Teil und Blickpunkt der Architektur in farbiger Pracht die ganze Breite und Höhe der östlichen Stirnwand füllend, die Nebenaltäre in gleicher Orientierung an den einspringenden Pfeilern, oder quergestellt an den Wänden dazwischen. Die Pfeiler manchmal in der Längsrichtung von Durchgängen durchbrochen, ohne dass Seitenschiffe entstehen würden. Figurenreiche Deckengemälde scheinen den Raum nach dem Himmel zu öffnen. So in den verschiedensten Varianten die von den Vorarlberger Meistern (Thumb, Beer, Mosbrugger usw.) erbauten Stiftskirchen Rheinau, St. Urban, Disentis, Engelberg, Seedorf, Ursulinen Luzern, Bellelay, die Pfarrkirche Lachen; vereinfacht, die Emporen wie beim Gesù in Rom unter dem Gebälk versteckt, z.B. St-Michel Freiburg. Eine spätbarocke dreischiffige Hallenkirche in Schwyz, Sarnen, viele einschiffige, aber mit reicher Stuckdekoration, z.B. Ruswil (Kt. Luzern), Ringacker bei Leuk, Reckingen (beide Kt. Wallis). Reizvoll ländliche Wallfahrtskapellen, z.T. mit naiv-volkstümlicher Ausmalung, Hergiswald bei Luzern, Maria Licht bei Truns (Kt. Graubünden).

Spätbarock. Der Kirchenbau ist vom 16. Jh. an nicht mehr die stilistisch allein führende Bauaufgabe, er wird zu einem Spezialgebiet neben dem Palastbau. Zu den Glanzleistungen eines ins Volkskunstmässige wuchernden süddeutschen Barocks gehören die Stiftskirchen Einsiedeln und St. Gallen. Der Baukörper selbst, nicht nur seine überschäumende Dekoration ist bewegt, orthogonale Längsräume bauchen sich zu Zentralräumen aus, und diese entleeren sich wieder in Längsräume, Flachkuppeln fliessen ineinander und in Tonnengewölbe. Der Zentralraum von Muri ist durch den genialen Umbau einer romanischen Basilika entstanden; zentralraumartig auch St. Katharinental, reine Zentralräume einige Kirchen und viele Kapellen, z.B. Iddakapelle Fischingen, Bernhardzell, Saas Balen (Kt. Wallis). Pfarr- und kleinere Klosterkirchen meist einschiffig mit stark eingezogenem Chor und drei aufeinander abgestimmten Altären, als Decke ein Spiegelgewölbe, d.h. Flachdecke über breiter Hohlkehle, alles reich, aber locker stuckiert. Im Stuck herrschen bis nach 1700 auch im Profanbau die schweren, gestopften Kränze aus Blumen und Früchten, dann das schmale, durchsichtige Bandwerk des Style régence, zuletzt das wie nur hinskizzierte unsymmetrische Rocaillenornament. Sakraler Mittelpunkt und optischer Hauptakzent sind die gold- und farbenstrotzenden Altäre mit ihren prunkvollen Tabernakeln; im 17. Jh. komplizierte Gebäude aus mageren, scharfen, manieristischen Einzelformen, z.B. Mariä-End- und Heinrichsaltar in der Hofkirche Luzern, Hergiswald, Augustinerkirche Freiburg, Truns; im 18. Jh. majestätische Säulenarchitekturen um riesige Altargemälde – oft wird ihre Konkavität zuoberst zum vollrunden Kreis geschlossen durch eine grosse Krone oder einen Baldachin – so z.B. Rheinau, Siders, Sursee, Arlesheim. An vielen Walliser Altären (vor allem der Meister Ritz und Nachfolger), auch in Graubünden, Bündel gedrehter Säulen nach Berninis Vorbild, umflochten von Weinranken. Zuletzt zerlöst sich der architektonische Aufbau in schaumiges Rocaillenwerk, z.B. Kartause Ittingen. Ornamentale Orgelprospekte und Emporenbrüstungen oft mit musizierenden Putten usw., ausser in den genannten Kirchen in vielen weiteren, z.B. Münster Bern, Franziskaner Freiburg, Reckingen, Naters, Sarnen, Schwyz, Zug, St-Ursanne, Arlesheim. Chorgestühle und Beichtstühle St. Urban, Zurzach, Schwyz, Ittingen – das Äusserste an Ornamentalisierung und Bewegtheit: St. Gallen. Schmiedeiserne, hohe Chorgitter wirken als scheinperspektivische Laubengänge: Hofkirche Luzern, St. Urban, Muri, Rheinau, Einsiedeln usw.; die Gitter in Fischingen und Kreuzlingen in der alten Polychromie wiederhergestellt. Prachtvolle Monstranzen, Reliquiare, Kelche, Kreuze von Luzerner und anderen Goldschmieden in vielen Kirchenschätzen und Museen. Der hervorragendste Saal profaner Bestimmung: die Stiftsbibliothek St. Gallen.

18. Jahrhundert. Wie überall in Europa steht die bürgerliche Architektur und Wohnkultur ganz unter französischem Einfluss – in Genf, Bern und Basel fühlbar stärker als in Zürich. Erheblich dazu beigetragen haben die vielgeschmähten Solddienste: die Offiziere der Schweizerregimenter mussten sich den Lebensformen der adeligen französischen Offiziere anpassen, was die Oberschicht des schweizerischen Bürgertums davor bewahrte, ins Provinzielle abzusinken. Dazu kam der Einfluss der Refugianten nach der Aufhebung des Duldungsedikts von Nantes 1685. Unter dieser geistigen Elite befanden sich die bedeutendsten Finanzleute Frankreichs, die Genf zu einem führenden europäischen Finanzplatz machten in Verbindung mit London, Amsterdam, Paris. Genf erste Grossstadt der Schweiz mit Miethäusern nach Pariser Vorbild. Grosse Stadthäuser «entre cour et jardin», d.h. hufeisenförmig um den Einfahrtshof angelegt, z.B. Häuser an der Rue des Granges und Calvin, Haus Mallet; Basel: Weisses und Blaues Haus usw. Zürich: Meise und Muraltengut; Bern: Erlacherhof – in den Berner und Freiburger Altstadtgassen sind die Fassaden des 18. Jh. vor die älteren Häuser gestellt. Palastartige Stadthäuser: Genf: Hôtel de Saussure; Lausanne: Ancien Hôpital; Neuenburg ebenso; Bern: Burgerspital und Waisenhaus (jetzt Polizeikaserne); Basel: Markgräfler Hof (Bürgerspital); Chur: Bischöflicher Hof; Zürich: Waisenhaus (jetzt Amtshaus). Zahlreiche Schlösser, wie Zizers, Salenegg in Maienfeld. Im 18. Jh. mehr oder weniger schlossartige, freistehende Bauten und Landsitze, vor allem um Genf, z.B. La Grange, Prangins, Coppet, Crans, Creux-de-Genthod; Hauteville (Kt. Waadt) und um Bern: Gümligen, Hindelbank, Oberdiessbach,

Thunstetten; Hôtel du Peyrou Neuenburg; Waldegg bei Solothurn; Wildtsches Haus und Sandgrube in Basel – alles mit reichen Stuckdecken, diese besonders in Zürich und Schaffhausen; Stuckornament locker über eine Fassade verstreut am Haus zum Steinbock in Schaffhausen, etwas schwerfällig in Stein übersetzt an der Meise in Zürich. Zimmer mit gemalten Panneaux (Phantasielandschaften, Chinoiserien usw.) über Holzbrüstung, z.B. im Rechberg in Zürich, Kirschgarten in Basel, Allerheiligenmuseum Schaffhausen. Wie der Stuck, so reagieren auch die wesentlich linear-ornamentalen Kunstschmiedearbeiten auf jede Stilnuance. Hoftore, Balkongitter, Treppengeländer, Fensterkörbe, besonders reiche mit Rokoko-Ornament Rechberg, Sonnenhof, Meise und im Schweizerischen Landesmuseum Zürich, Seehalde Meilen, Rathaus Bischofszell, Häuser an der Rittergasse, Reichensteinerhof, Sandgrube u.a. Basel. Aufwendiges Treppenhaus mit eleganten geschmiedeten Geländern im Zisterzienserkloster Hauterive bei Freiburg. Französisch-klassisch mehrere in Genthod bei Genf, Erlacherhof und Hôtel de Musique Bern, Hôpital Pruntrut. Louis XVI: Kirschgarten Basel, Burghalde Lenzburg. Neue Ofenformen. 1763 Gründung der Porzellanmanufaktur Schooren bei Zürich.

Klassizismus. Der bis ins 19. Jh. massgebende französische Geschmack stellte dem Spätbarock, den man als provinzielle Ausschweifung taxierte, klassische Gehaltenheit entgegen. Das Rokoko-Ornament hatte sich in Frankreich ohnehin stets auf die Dekoration beschränkt, schon vor der Revolution hatte es im Style Louis XVI strengeren, doch immer noch höfisch-festlichen Formen Platz gemacht. So haben auch die westschweizerischen Kirchen vom Ende des 18. Jh. gegenüber den barocken eine gewisse akademische Nüchternheit. St-Pierre Genf bekommt eine französisch-klassische Säulenfassade; Kirchen (reformiert): Fusterie Genf, Temple Yverdon, St-Laurent Lausanne; Hauptwerke: Heiliggeistkirche Bern, Morges. Katholisch: die Fassaden von Notre-Dame und Franziskanerkirche Freiburg. In der deutschen Schweiz halten die katholischen Kirchen am barokken Schema fest, doch wird die Dekoration sparsamer, härter und kälter, so z.B. Willisau, Alpnach, Kerns, Altdorf, Olten usw. Weitaus am wichtigsten die Ursenkathedrale Solothurn, in strengem Weiss über hoher Freitreppe, im Tessin Morbio Inferiore. Am eigenartigsten die reformierten Quer- und Querovalkirchen der Ostschweiz; weiträumig, hell, nüchtern, mit weitgespannten, theaterartigen Emporen, magerem Rokokostuck noch im 19. Jh. z.B. Horgen, Wädenswil, Embrach. *Profanbau Louis XVI:* Hauptwache, Hôtel de Musique, Fassade der ehem. Bibliotheksgalerie Bern, Kirschgarten Basel, Rathaus Winterthur, Baronenhaus Wil, Haus Zellweger Trogen, Muraltengut und Beckenhof Zürich. Brunnen in Bern, Basel (Münsterplatz). Strenger, mondäner Klassizismus *(Empire):* Stadthaus Neuenburg, Palais Eynard und Musée Rath Genf. In der deutschen Schweiz im allgemeinen naiverer Klassizismus in Anlehnung an Weinbrenner (Karlsruhe): Feerhaus und Säulenhaus Aarau, Wacht- und Stadtzollhäuschen St.-Johanns-Tor Basel, St. Gallen-Bruggen, Hauptwache Zürich u.a.; Kirchen und Rathaus Heiden, Kirche Wattwil. Viele Wohnhäuser, schlichter Kubus mit Säulenportikus unter klassischem Giebel, flaches Zeltdach. Ein Nachklang der klassizistischen Diskretion noch in den 1870er Jahren in den französisch getönten Reihenhäusern der Leimenstrasse, Eulerstrasse usw. in Basel. *Spätklassizismus* in der Tradition Schinkels (Berlin): Neumünsterkirche, Alte Kantonsschule Zürich, Altes Museum Basel; romantischer Klassizismus: Domhof, Café Spitz usw. Basel, ehem. Gymnasium (Stiftung Reinhart) Winterthur; an die Münchner Ludwigstrasse erinnernd die alten Teile des Bundeshauses Bern, Altes Zeughaus am Klosterplatz St. Gallen. Wendung zur *Neurenaissance*, noch zurückhaltend, mit Bogenloggien: Villa Bartholoni und Konservatorium Genf, Villa Wesendonck (Rietbergmuseum) Zürich. Nachdrücklicher, schwerer: Municipio Lugano, Collège Latin Neuenburg; wichtigste Beispiele: Sempers Eidgenössisches Polytechnikum (ETH) Zürich und Stadthaus Winterthur; ferner Sonnenbühl, Bahnhof, Kreditanstalt Zürich. Ein Nachklang lombardischen Villenbaus des Spätbarocks in der Villa Ciani (jetzt Museo civico), Lugano. Denkmäler vor allem in Genf: z. B. Rousseau, General Dufour, Helvetia und Genava.

Parallel zum Klassizismus läuft eine schwächere Strömung *romantischer Neugotik*, anfangs englisch gefärbt, denn sie stammte aus England, dann zunehmend nationaler – nach langer Geringschätzung werden heute die Qualitäten der besten Beispiele wieder gewürdigt, z. B. Turmbekrönungen Grossmünster Zürich, St. Elisabethen Basel, katholische Kirche Neuenburg, Leuggern, Unterägeri, Lungern, viele neuerdings purifiziert; in den Altären meist Gemälde von Paul Deschwanden und seiner Schule; Winkelrieddenkmal Stans usw. Nachhaltiger wirkte die englische Rückbesinnung auf den gotischen Profanbau. Die kommerzielle und politische Vorherrschaft und kulturelle Selbstsicherheit Englands zeitigte Nachahmungen englischer Landhäuser in der Ostschweiz und in Zürich (Seefeld). Wichtiger war die von William Morris geführte englische Reformbewegung, die nicht auf Imitation, sondern auf die Wiederbelebung der alten Handwerksgesinnung ausging, in Opposition gegen das damalige, schlechte Industrieprodukt. Nach englisch-gotischem Vorbild befreite sich auch das kontinentale Einzelhaus von der klassizistischen Symmetrie mit ihrer regelmässigen Reihung gleicher Fenster und dem Portal in der Mittelachse. Unter historisierender Oberfläche bereitete sich die moderne Wohnhausarchitektur vor. Ein Beispiel ersten Ranges in Uzwil.

Historismus. Durch das Erlöschen einer bindenden Tradition wurde im letzten Drittel des 19. Jh. die Wahl der jeweiligen Formensprache beliebig, und die Kunstgeschichte hatte alle Epochenstile verfügbar gemacht. Wir nennen aus dem Chaos der Stilnachahmungen: altchristlich: Liebfrauenkirche Zürich; byzantinisch-russisch: die russischen Kirchen Genf und Vevey; maurisch: die Synagogen Genf, Zürich, Endingen; romanisch: Marienkirche Basel, Antoniuskirche Zürich; gotisch: zwei Kirchen Adliswil, zwei Kirchen Gebenstorf; englisch-elisabethanisch: Schule Hirschengraben und Rotes Schloss Zürich; neubarock: katholische Kirchen Frauenfeld, Brugg, Bahnhof St. Gallen, Rückversicherung Zürich, Nationalbank Bern. Demgegenüber propagierte die Heimatschutzbewegung in ihren Anfängen den Anschluss an die regionalen Bauweisen, so entstanden z.B. im Kanton Bern Schulhäuser mit dem gewaltigen Dach des Bauernhauses, im Engadin Hotels, das Engadinermuseum, Bahnhöfe, Kraftwerke, Wohnhäuser mit Engadiner Elementen, um Genf Villen in savoyardischem, im Tessin in lombardischem und toskanischem Stil.

Aus dem Willen, einen durchaus neuen, spezifisch modernen Stil zu kreieren, entstand dank der englischen Reformbewegung in den neunziger Jahren ein «modern style», der sich in Belgien, München, Wien zum «Jugendstil» entwickelte. Das Feld dieser ahistorischen, aus Naturformen abgeleiteten oder abstrakten Formen war das Kunstgewerbe und die Graphik. Die Architektur des *Jugendstils*, ohnehin seine schwächste Seite, ist in der Schweiz fast nur durch provinzielle Missverständnisse an Miethausfassaden in St. Gallen und Zürich vertreten. Sozusagen monumentalisierter Jugendstil sind der Badische Bahnhof Basel (auch die Skulpturen von Carl Burckhardt), die Universität und das Kunsthaus Zürich; Jugendstil mit romanischen Reminiszenzen: Pauluskirche Basel, Kirche Weinfelden. Ein bedeutender Zyklus von Kirchenfenstern in der Kathedrale St-Nicolas Freiburg. Einzelobjekte im Kunstgewerbemuseum Zürich. – Parallel dazu entstanden immer noch Staatsbauten in schwerfällig-pompöser «Bundesrenaissance»: Bundespalast Bern, Bahnhöfe Luzern, Basel, Stadttheater und Tonhalle Zürich, Musée Ariana Genf, viele Postgebäude, Banken usw. Auch mittelalterlich-historisierende Grossbauten wie das Schweizerische Landesmuseum Zürich, das Historische Museum Bern.

Als Reaktion gegen dieses Stilchaos wurde von Karlsruhe ausgehend eine Rückkehr zu biedermeierlichem Klassizismus versucht. Es gibt kaum eine Ortschaft des Mittellandes ohne eine Bankfiliale, ein Schulhaus und einige Fabrikantenvillen in einem Neuklassizismus oder gemässigten Neubarock, mit dem sich im Zug der damals neuen Heimatschutzbewegung auch noch Reminiszenzen an die bernischen Landsitze des 18. Jh. verbinden liessen. Kirche Fluntern, Zürich, mit anschliessendem Quartier im «Palästchenstil», Friedenskirche Bern usw. Die enge Fensterreihung der klassizistischen Nationalbank Zürich weist aber auch schon auf den Skelettbau voraus, ebenso der Block Grieder-Leuenbank trotz gotisierendem Detail.

Baukunst des 20. Jahrhunderts. Seit dem Ende des 18. Jh. entstanden in der Ostschweiz usw. Textilfabriken als sachliche Grossbauten ohne Architekturambitionen. Erst hundert Jahre später wurde erkannt, dass sich vom Fabrikbau her der spezifische Stil des Technischen Zeitalters entwickeln liess. Von Frankreich und Deutschland ausgehend, konnte er sich nach 1918 in der Schweiz ruhiger entfalten, so dass ihre Architektur neben der holländischen damals internationale Beachtung fand. Frühe Glas-Eisen-Skelettbauten Warenhaus Jelmoli und Geschäftshaus Metropol Zürich (vor 1900). Um Basel und Zürich viele kubische Flachdachbauten, vorzügliche Fabriken in Skelettbau, dieser auf den Kirchenbau übertragen: Antonius- und Johanneskirche Basel; Wohnbauten, Siedlungen, z.B. Neubühl bei Zürich, Hangsiedlung Halen bei Bern. Beeinflusst vom französischen Betonklassizismus der Gebrüder Perret, unter Verwendung von vorfabrizierten Elementen, die Freiburger Universitätsbauten (1939–41). Le Corbusier – ursprünglich Charles Edouard Jeanneret – aus La Chaux-de-Fonds baute in der Schweiz nur das Haus für seine Mutter bei Vevey, das Miethaus Maison Clarté in Genf und ein erst postum fertiggewordenes Ausstellungsgebäude im Seefeld Zürich. Seine Wallfahrtskapelle Ronchamp wirkte umwälzend auf den schweizerischen Kirchenbau: seither wetteifern beide Konfessionen, ihre Modernität durch ausgefallene Kirchenbauten zu manifestieren. Kirchliche Farbenfenster und Wandgemälde sind zurzeit die einzigen Gebiete, auf denen auf hohem Niveau noch Allgemeinverständlichkeit gesucht wird. Im Bereich der technischen Bauwerke der Zwischenkriegszeit sind die kühnen, ästhetisch sehr anspruchsvollen Brückenbauten Robert Maillarts zu nennen. Unter den seit dem Zweiten Weltkrieg entstandenen Hochschulbauten sind besonders bemerkenswert der Gebäudekomplex der Hochschule St. Gallen für Wirtschafts- und Sozialwissenschaften von Walter M. Förderer, Rolf G. Otto und Hans Zwimpfer.

An der Peripherie selbst kleinerer Städte und auf freiem Feld entstehen seit den fünfziger Jahren allenthalben Hochhäuser internationalen Typs – imposant z. B. die Riesenkomplexe der Chemischen Industrie in und um Basel, das Sulzer-Hochhaus in Winterthur, die Bauten im Glattal und in Spreitenbach bei Zürich, das Verwaltungsgebäude Nestlé in Vevey usw. Entgegen der integralen Zweckideologie werden kubische Massen wieder aus ästhetischen Gründen aufgegliedert – hervorragend z. B. das Hochhaus zur Palme und der Neubau der Schweizerischen Rückversicherungs-Gesellschaft in Zürich.

Bis ins 16. Jh. war die erst im Werden begriffene Schweiz ein Glied der europäisch-christlichen Kultur wie jedes andere; zusammen mit den deutschen und französischen Freien Städten und den italienischen Communen standen die schweizerischen Städte in der Frontlinie der Zeit, und an den Fortschritten des Wohnungsbaus hatte die Landbevölkerung grösseren Anteil als irgendwo sonst. Dann verschoben sich die Gewichte. Neben dem sich in allen Nachbarstaaten (ausser Venedig) entwickelnden fürstlichen Absolutismus erschienen die trotz Aristokratisierung immer noch relativ demokratischen Regierungs- und Lebensformen des schweizerischen Bürgertums altertümlich und erstarrt. Bei gutem Niveau im Ganzen und abgesehen von den grossen Ausnahmebauten des Spätbarocks hat die Schweiz auf künstlerischem Gebiete im 18. Jh. nichts hervorgebracht, was sich an internationaler Strahlung mit Albrecht v. Haller, Bodmer, Breitinger, Gessner, Lavater, J.-J. Rousseau, Pestalozzi oder Scheuchzer, den Bernoulli, Euler vergleichen liesse.

Die unvergleichliche Blüte des *Bauernhauses* konnte in diesem Führer nicht voll berücksichtigt werden – sie stellt vielleicht eine der grössten und eigenartigsten Leistungen des Landes dar; sie beweist das kulturelle Selbstbewusstsein eines Standes, der anderwärts geringgeschätzt und abgesunken war. Noch stehen in den Bergen hochaltertümliche Blockbauten und im Mittelland stolze Gehöfte von einer nirgends sonst übertroffenen Schönheit und Mannigfaltigkeit – unwiederholbar einer abgeschlossenen Epoche angehörig. Diese Bauten, einige noch unverletzte Dorfbilder, Stadtsilhouetten, wohlerhaltene Altstadtgassen sind das Kostbarste, was die Schweiz sich selbst und ihren Besuchern zu zeigen hat – alles aufs äusserste gefährdet, vieles schon zerstört. Es sind immer noch zu wenige, die sich der Unersetzlichkeit dieser Werte bewusst sind – hoffen wir, dieser Führer trage dazu bei, ihre Zahl zu mehren.

PETER MEYER

KANTON AARGAU

Der Aargau gehört zu den erst 1803 durch die Mediationsverfassung Napoleons I. geschaffenen Kantonen, er ist weder geschichtlich noch kunstgeschichtlich eine einheitliche Region. Die strategisch wichtige Lage am Wassertor des Mittellandes nützten schon die Römer aus, als sie 16/17 n.Chr. das Legionslager Vindonissa auf der Hochterrasse zwischen Aare und Reuss gründeten. Um die Garnison entwickelte sich eine weitgestreute römische Besiedlung mit Landgütern und Villen von Zofingen bis Zurzach, mit Auswertung der Heilquellen von Baden, mit Ziegeleien und Giessereien. Mit dem Rückzug der Römer nach Italien um 400 begann die Eroberung und Besiedelung durch die Alemannen, die im 7.–8.Jh. christianisiert wurden. Für die Entwicklung und Überlieferung von Kunst und Kultur waren zahlreiche Klöster massgebend: das in karolingischer Zeit gegründete Doppelkloster zu St. Verena in Zurzach, das später in ein Chorherrenstift umgewandelt wurde, das um 1027 von Einsiedeln aus besiedelte Benediktinerkloster Muri, das 1227 gestiftete Zisterzienserkloster Wettingen, das 1310–11 auf dem Boden von Vindonissa gegründete Franziskanerkloster Königsfelden und zahlreiche kleinere Stifte. Klöster und Adelsherrschaften prägten die Landschaft des Aargaus im Mittelalter. Im Hochmittelalter waren die Grafen von Lenzburg das mächtigste Herrscherhaus; ihr Erbe traten um 1173 die Kyburger an. Neben diesen strebten die Habsburger derart empor, dass sie schliesslich beider Erbe antraten. Sie vereinigten erstmals das ganze heutige Kantonsgebiet unter ihrer Herrschaft, die sie bis 1415 zu halten vermochten. Durch den Willen der Adelsdynastien sind die zahlreichen Burgen, die vielen Kleinstädte und die Klöster entstanden.

Die Eroberung des Aargaus durch die Eidgenossen im Jahre 1415 zerschnitt die bisherige habsburgische Verwaltungseinheit. Der Unteraargau wurde bernisches Untertanenland (Zofingen, Aarau, Lenzburg, Brugg), an die Luzerner kamen Sursee, Beromünster und Richensee; die Freien Ämter, die Städte Bremgarten und Mellingen und die Grafschaft Baden wurden als Gemeine Herrschaften der eidgenössischen Orte verwaltet, nur das Fricktal blieb noch bei Habsburg-Österreich. Zur Zeit der Reformation führte Bern in seinem Herrschaftsbereich den neuen Glauben ein, während die Innern Orte, die Freien Ämter und Baden beim alten Glauben blieben und im 16.Jh. die katholische Reform von Trient durchsetzten. Kunstgeschichtlich ist das 15.Jh. die Blütezeit spätgotischer Sakralkunst. Nach der Reformation wird der Berner Aargau eine Provinz bernischen Bauens, während in den katholischen Ämtern im 17. und 18.Jh. der Barock zum Teil innerschweizerischer, zum Teil süddeutsch-österreichischer Prägung Kirchen und Ausstattungen schafft. 1803 werden die seit 1415 getrennten Teile des ehemals habsburgischen Aargaus zum eidg. Kanton konstituiert.

***AARAU** (Abb. 1–3)
Einheitliche kyburgische Stadtanlage auf einem Felssporn über der Aare, mit barockisierten bunten Gassenfassaden. Kyburgische Gründung um 1240–50 durch Graf Hartmann IV. oder V., gelangt kurz darauf in den Besitz der Habsburger; von 1415 bis zum Untergang der Alten Eidgenossenschaft unter Berner Verwaltung. Die eindrücklich klar angelegte Stadt wird durch ein Hauptgassenkreuz in vier «Stöcke» aufgeteilt, um welche sich konzentrisch ein Gassenring und eine Häuserzeile legen; ringförmige Erweiterung A. 14. Jh. Im S gliedert sich die offene Vorstadt an, welche 1388 gleich viel Häuser zählt wie die befestigte alte Stadt. Als Hauptort der Helvetischen Republik, 1798, projektiert Aarau ein Verwaltungszentrum in der östlichen Laurenzenvorstadt, welches nur teilweise erbaut wurde. Seit 1803 Hauptort des Kantons Aargau. – *Befestigungen.* Aus der Zeit vor der Stadtgründung stammt das ausserhalb gelegene Schlössli (s. S. 27). Der Verlauf der Ringmauer des 14. Jh. ist noch sichtbar am «Graben» und in der «Halde». Von den Türmen und Toren sind der Turm Rore (s. Rathaus unten), der Obere Turm (s. S. 24) und der Pulverturm (s. S. 24) erhalten.
Ref. Stadtkirche (Ortsplan, 1; Abb. 2). Erb. 1471–78 von Werkmeister Sebastian Gisel; Renov. 1965–66. In der W-Hälfte des nördl. Seitenschiffs Turm von 1442 oder früher, erhöht und mit 2 zierlichen, barock geschweiften Giebelaufsätzen abgeschlossen 1663 von Simon Erismann. An der südl. Aussenmauer und im Turmerdgeschoss Grabplatten 15.–17. Jh. Dreischiffige, flachgedeckte Basilika in der Art spätgot. Bettelordenskirchen, mit 5 weitgespannten Spitzbogenarkaden auf Achteckpfeilern; tiefer, 3seitig geschlossener Chor von Mittelschiffbreite. Durch die 3 Schiffe führender, 7achsiger Lettner mit Netzgewölben, eines der seltenen erhaltenen Beispiele in urspr. Lage; Masswerkbrüstung 1940. Glasgemälde im Chor 1953–54 von Felix Hoffmann, im Langhaus 1969–70 von Roland Guignard. Taufstein mit Masswerkrelief um 1475; kielbogige Sakramentsnische und Sakristeitüre. Prachtvoller spätbarocker Orgelprospekt, der 1728 für die Französische Kirche in Bern geschaffen und 1756 von der bernischen Obrigkeit nach Aarau geschenkt wurde; Rest. 1961–62.

ALTSTADT

Grossenteils gut erhaltene Gassenräume von beeindruckender Geschlossenheit (Abb. 1); die spätgot. 3geschossigen Reihenhäuser des 16.–17. Jh. mit Aufzugsgiebeln über der Dachtraufe wechseln mit 4geschossigen Barockhäusern, deren Kreuzgiebel mit ornamental und figürlich geschnitzten Bügen und gemalter Dachründe den Gassen Farbigkeit und ländliche Geborgenheit verleihen. – **Rathaus** (Ortsplan, 2). Komplexe Anlage mit barockem Giebelrisalit im Blickfang der Rathausgasse. Den ältesten Teil bildet der Turm Rore, Dienstmannenburg aus der Zeit der Stadtgründung um 1250, seit 1515 im Besitz der Stadt, Ausbau zum Rathaus durch 3seitige Ummantelung des Turmes vor 1520. Barockisierung 1762, seitliche Flügelbauten 1822–28 und 1856–57, O-seitige Erweiterung 1952–54 von Karl Kaufmann und Hektor Anliker, Neubau des Mittelrisalits und Gesamtrenov. 1955–57

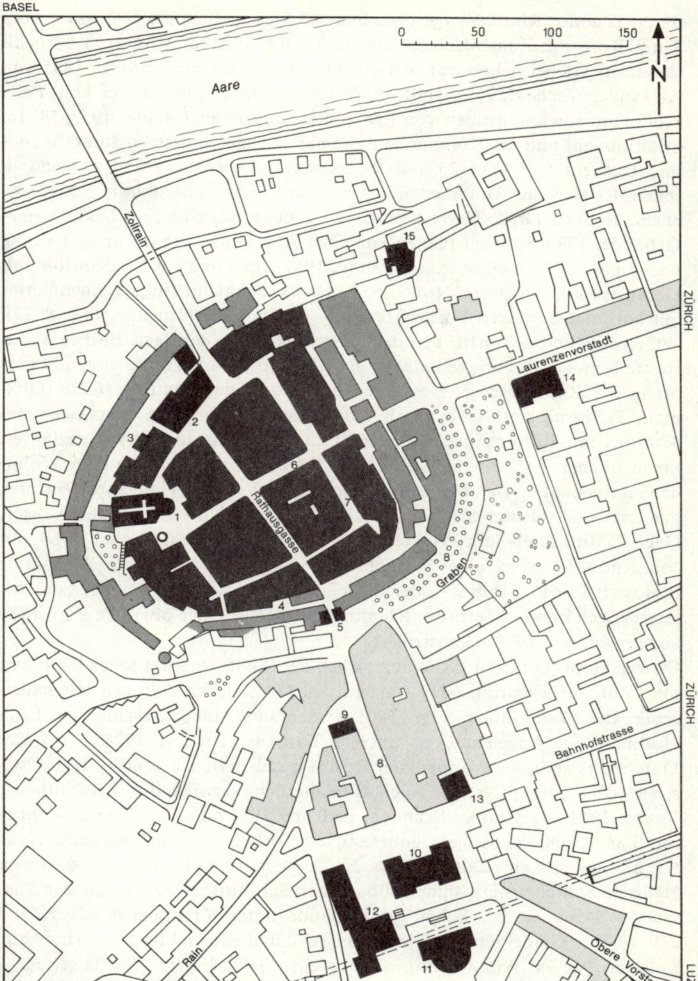

Ortsplan Aarau

1. Ref. Stadtkirche. – 2. Rathaus. – 3. Halde. – 4. Golattenmatt. – 5. Oberer Turm. – 6. Metzgergasse. – 7. Pelzgasse. – 8. Vordere Vorstadt. – 9. Ehem. Saxerhaus. – 10. Kant. Regierungsgebäude. – 11. Grossratsgebäude. – 12. Aargauer Kunsthaus und Kantonsbibliothek. – 13. Obere Mühle. – 14. Amtshaus, ehem. Spital. – 15. Schlössli (Sammlung Alt-Aarau)

durch Theodor Rimli. Viergeschossiger spätklassiz. Bau, die N-Fassade vom Turm Rore mit Zinnengiebeln, die stadtseitige Fassade wird vom barockisierenden Giebel beherrscht. An der O-Ecke, Fährmann, Bronze 1955 von Alexander Zschokke. In Halle und Treppenhaus Glasmalerei von Felix Hoffmann sowie Plastiken von Ernst Suter und Peter Hächler 1957–58. Im Stadtratssaal und im Kommissionszimmer reichgeschnitzte spätgot. Wand- und Deckentäfer* 1519–20, mit Rankenwerk, Fabelwesen und zeitgenössischen Köpfen in Rundmedaillons. – *Adelbändli.* Christkath. Pfarrhaus, ehem. Helferei Nr. 2. Herrschaftliches, bernisch-französisches Dixhuitième-Gebäude, 1784–86 nach Plänen von Carl A. v. Sinner erbaut unter Leitung von Emanuel Zehender; Aussenrenov. 1957. Im Treppenhaus Konsole mit Herkuleskopf. – Häuser Nrn. 1–6, 9, 12–14. Schmalbrüstige Reihenhäuser mit got. und barocken Vorderfronten. – **Stadtkirche** (Ortsplan, 1; s. S. 22). – Gerechtigkeitsbrunnen, auf dem Kirchplatz. Im 8eckigen Becken Balustersäule mit Gerechtigkeitsstatue um 1643 von Hans Henz, urspr. Standort in der Rathausgasse; Rest. 1965 und Kopie der Figur. – *Halde* (Ortsplan, 3), westl. unterhalb der Kirche. Besterhaltener hist. Gassenzug des Kantons mit Bürgerhäusern des 16.–19. Jh. – Haldentor. Urspr. gezinnter, innen offener Torturm M. 14. Jh.; die 3 Obergeschosse heute zum Wohnhaus ausgebaut. – *Golattenmatt* (Ortsplan, 4). Von der Halde aufsteigende, gut erhaltene Altstadtgasse. – Städtisches Altersasyl, ehem. Frauenkloster. Gegr. 1270; mittelalterl. Winkelbau, der östl. Kapellenflügel nach 1784 von Joh. Rud. Meyer in eine Seidenfabrik umgebaut; seit 1852 Altersasyl; Renov. 1955–58. – Pulver- oder Storchenturm, an der S-Ecke der zum Altersasyl gehörenden Terrasse. Rundturm des 16. Jh., der obere Teil um 1870 abgetragen und 1970 rekonstruiert.

Oberer Turm (Ortsplan, 5). Wahrzeichen der Stadt. Quadratischer Unterbau um 1270, zurückspringender Aufbau vor 1531, steiles Zeltdach mit nadelschlankem Glockentürmchen 1580; Aussenrenov. 1966, Grisaille von Felix Hoffmann. – Angelehnt das äussere Torhaus. Umgeb. 1928. Über der Durchfahrt spätgot. Wappentafel Reich-Aarau-Bern um 1500. – Haus zwischen den Toren, Nr. 22. Nachmittelalterlich verwinkeltes Altstadthaus; Renov. 1964. – Kyburger Brunnen. Errichtet 1951 von Max Weber. – Inneres Tor. Dreigeschossiges, unbefestigtes Torhaus. – *Rathausgasse.* Haus Nr. 27, aus spätgot. Zeit. – Haus Nr. 22. Erbaut 1641, mit spätgotischen 3teiligen Staffelfenstern und frühbarocker Sgraffitodekoration an der Fassade. – Haus Nr. 20. Behäbiges Gebäude unter Kreuzgiebel mit Ründe 2. V. 18. Jh.; Giebelbüge in Form von schildhaltenden Löwen. – Haus zur Laterne, Nr. 15. Am wuchtigen Eckpfeiler befand sich das Halseisen. – Eckhaus zum Erker, Nr. 10. Nachgot. Bau 1664–65, umgeb. 1923 und 1946. Untersicht der mächtigen bernischen Giebelründe mit biblischen Motiven u. a. bemalt; nach der Kirchgasse reichskulptierter Barockerker mit Allianzwappen Egglin-Steiger, am rückwärtigen zugehörigen Haus 4teiliges Staffelfenster und Jahrzahl 1664. – *Metzgergasse* (Ortsplan, 6). Feuerwehrmagazin, alte Schaal, im Blickfang des südl. Gassenschenkels. Spätgot. Reihenhaus M. 16. Jh., das Erdgeschoss durch 2 Spitzbogenarkaden geöffnet; barocker Kreuzgiebel mit Ründe E. 17. Jh. – Restaurant zur Waage, Nr. 3. Gut erhaltene nachgot. Fassade aus dem 17. Jh. – Haus Kronengasse Nr. 8. Spätgot. Eckhaus mit reichprofilierten Fenstergewänden und kräftigem Eckpfeiler nach der Pelzgasse. – *Pelzgasse* (Ortsplan, 7). Hunzikerhaus, Nr. 15. Erb. 1721 für Schultheiss Joh. H. Hunziker. Die sorgfältig gegliederte Fassade durch Ladeneinbauten verändert. Qualitätvolle Ausstattung im Régencestil. – Zur Zunftstube, Nr. 19. Als Bürgerhaus erb. E. 17. Jh., Mansartdach mit Dachreiter später; 1804–19 städtisches Rathaus. Die 3achsige Fassade ist durch gesprengte Dreieckgiebel über den 2teiligen Fenstern geschmückt. Allegorische Deckenstukkaturen und -malereien 1723 von Joh. Ulr. Schnetzler. – Milchgasse. Stilles Altstadtgässchen mit teils spätgot. Bestand.

SÜDL. VORSTADT

Am Graben. Haus Nr. 9. Dreigeschossiger Bürgerbau um 1775. – Stadtbibliothek Nr. 15. Vornehm-schlichter Bau um 1780 unter gekrümmtem Walmdach. Der wohlgegliederten Strassenfront ist eine doppelläufige Freitreppe vorgelegt. – Häuser Nrn. 24–36. Nach Brand 1784 Wiederaufbau nach Plänen von Carl A. v. Sinner. – *Hintere Vorstadt.* Haus Nr. 11. Stattliches Gebäude um 1700 unter Satteldach mit Gerschild und Ründe; barock profilierte Fenstergewände. – *Vordere Vorstadt* (Ortsplan, 8). Die Häuser z. T. mit spätgot. Bestand. – **Ehem. Saxerhaus,** Nr. 8 (Ortsplan, 9). Eines der bedeutendsten Bürgerhäuser des Aargaus. An Stelle des 1344 gestifteten Spitals neuerb. 1693; Aussenrenov. 1959–61 unter Wiederherstellung der dekorativen Fassadenmalereien. An städtebaulich hervorragender Stelle behäbiger Kopfbau bernischen Gepräges mit Haupt- und Nebengiebel; noch spätgot. in den Details, frühbarock in der regelmässigen Gliederung. – *Rain.* Häuser Nrn. 18–24. Geschlossene Baugruppe im Stil des 18. Jh. – **Kant. Regierungsgebäude** (Ortsplan, 10). Blickfang der Vorderen Vorstadt als Gegenpol zum Oberen Turm. Der Mitteltrakt, als Wohnhaus erb. 1739, diente später als Gasthaus zum Löwen: 2geschossiges Louis-XV-Haus auf hoher Terrasse, mit giebelbekröntem, 3achsigem Mittelrisalit. 1807 vom Kanton erworben, 1811–24 von Joh. Schneider durch Anfügung zweier querstehender Seitenflügel zum Regierungsgebäude erweitert; Rest. 1952–53. Dreigeschossiger, von durchlaufenden Walmdächern zusammengefasster Baukörper über H-förmigem Grundriss. Im Treppenhaus dekorative und allegorisch-mythologische Stukkaturen und Deckenmalereien 1741 von Joh. Ulr. Schnetzler; Louis-XV-Cheminée und schmiedeisernes Geländer. Im mittleren Sitzungssaal genrehafte Täfermalereien um 1780 aus dem Klostergasthof in Muri. – **Grossratsgebäude** (Ortsplan, 11). Hauptwerk des Klassizismus im Aargau. Erb. 1826–28 von Franz Heinr. Hemmann, in axialer Beziehung zum Regierungsgebäude; Renov. 1961–62. Zweigeschossiger klassiz. Rechtecktrakt unter Walmdach mit Mittelrisalit; an der Rückfront halbrunder Anbau des Parlamentssaales. – Aargauer Kunsthaus und Kantonsbibliothek (s. S. 27; Ortsplan, 12), einheitliche Baugruppe. Erb. 1957–59 von Loepfe, Hänni und Haenggli. – Büstendenkmäler im Park: für Bundesrat

Welti 1902 von Hans Jak. Graf, für Oberst Künzli 1932 von Otto Schilt. – Krematorium. Erb. 1912 von Albert Froelich. – Neue Abdankungshalle. Erb. 1967–68 von Hans Barth und Alphons Zaugg. – Zelglischulhaus. Erb. 1911–12 von Bracher, Widmer und Daxelhofer. – Lehrerseminar. Erb. 1955 von A. und H. Oeschger; Glasmalerei von Max Hunziker. – Gesamtüberbauung Aargauisches Elektrizitätswerk mit Verwaltungshochhaus, Kant. Obergerichtsgebäude und Restaurant Rathausgarten erb. 1967–69 von Keller und Meyer.

BAHNHOFSTRASSE

Obere Mühle (Ortsplan, 13). Im westl. Blickfang der Bahnhofstrasse markanter spätgot.-frühbarocker Bau um 1608 mit Staffelfenstern und seitlichem polygonalem Schneggen; Obergeschoss in Riegelwerk und Satteldach mit Gerschild 1694 erneuert. – Gegenüber: neue Behmenüberbauung auf privatem Grund mit Neueinteilung der Grundstücke. Erb. 1968–70 durch verschiedene Architekten nach einem Entwurf von Moser und Schilling. – Eidg. Turnerheim, Nr. 38. Spätklassiz. Villa M. 19. Jh.; seitliche Erweiterung 1928, Aussenrenov. 1965. – Pestalozzi-Schulhaus. Erb. 1870–74 von Carl Rothpletz. – Ersparniskasse. Neubarockbau 1912 von Robert Curjel und Karl Moser. – Neuklassiz. Postgebäude, am Bahnhofplatz. Erbaut 1914–15 von Wilh. Bracher, Fritz Widmer und Louis M. Daxelhofer. – Neugestaltung des Bahnhofplatzes 1971–73. – Kantons- und Gewerbeschule. Erb. 1894–96 von Robert Curjel und Karl Moser; Erweiterungsbau 1968–70. – Herosé-Stift, ehem. Herzoggut, Bachstrasse Nr. 83. Erb. 1816–19 von Hans Casp. Escher für Joh. Herzog v. Effingen; Geburts- und Wohnhaus von General Hans Herzog. Stattliche Villa im Stil des reifen bürgerlichen Klassizismus; an der Gartenfront säulengestützter Balkon vor giebelbekröntem Mittelrisalit. Dependenzgebäude 1810; engl. Garten. – Gönhardschulhaus, erb. 1951–52 von Hans Hauri.

LAURENZENVORSTADT

Einheitliche klassiz. Wohnhäuserzeile 1798–1825, Torso eines grossgedachten, zentralen Regierungsviertels für die Hauptstadt der Helvetischen Republik (1798); zwischen Tellirain und Bahnhofstrasse projektiert von Joh. Daniel Osterrieth. – Denkmal auf dem Kasinoplatz. Für den Politiker und Schriftsteller Heinrich Zschokke errichtet 1894 von Alfred Lanz. – **Amtshaus,** ehem. Spital (Ortsplan, 14). Repräsentatives Beispiel der bernischen Staatsarchitektur des späten 18. Jh.; erb. 1784–87 von Carl Ahasver v. Sinner. Streng gegliederter, 15achsiger Rechteckbau von 3 Geschossen unter Walmdach. – Bezirksgericht, ehem. Kasino. Streng symmetrischer Rechteckbau von 1831, in der Strassenfront sondern 4 Pilaster grosser Ordnung einen Mittelrisalit aus, der durch ein Dachgeschoss mit Dreieckgiebel abgeschlossen wird; Aussenrenov. 1964. – **Haus zum Schlossgarten,** Nr. 3. Der 3achsige Kernbau, ein Sommerhaus aus dem 3. V. 18. Jh., wird 1792 als Mittelrisalit in das auf 7 Achsen erweiterte Wohnhaus mit Mansartdach einbezogen; der 3geschossige Risalit ist durch Pilastergruppen wechselnder Ordnung und

Höhe interessant gegliedert. Schmiedeisernes Gartenportal wohl von 1749. – Infanteriekaserne. Strenger 4geschossiger Zweckbau mit Eckrisaliten, 1847–49 von Casp. Jos. Jeuch in Formen des Spätklassizismus und der Neurenaissance erbaut. – Altes Zeughaus. Als bernisches Kornhaus erb. 1775. Rechteckbau unter mächtigem Gerschilddach, mit gefugten Eckpilastern und Schlitzfenstern. Über dem Portal Reiterdenkmal für General Hans Herzog, 1911 von Hermann Haller. – **Kath. Pfarrhaus,** sog. Feergut, Nr. 80. Erb. 1795–97 von Joh. Daniel Osterrieth für Joh. Rud. Meyer; umgeb. 1937–39. Herrschaftliches klassiz. Landhaus aus 3geschossigem, 7achsigem Kubus unter geknicktem Walmdach und 2 einwärts versetzten Seitenflügeln an der Gartenseite; die zum Hochrechteck verengte Gartenfassade ist wie eine monumentale Tempelfront aus 6 Pilastern grosser Ordnung unter Dreieckgiebel gebildet. – Haus Sauerländer, Nr. 89. Freistehendes klassiz. Wohn-, heute Verlagshaus, erb. 1831–34 für H.R. Sauerländer. – **Sog. Säulenhaus,** Nr. 107 (Abb. 3). Ein Hauptwerk des Klassizismus im Aargau. Erb. 1838 von Franz Heinr. Hemmann für G. Frey. Zweigeschossiger, symmetrisch gegliederter Rechteckbau unter flachgeneigtem Walmdach mit vorgesetzter, 4säuliger dorischer Tempelfront. – Neubau Kantonsschule, 9stöckiges Hochhaus. Erb. 1967–69 von Hans Barth und Alphons Zaugg. – Kath. Kirche. Erb. 1939–40 von Werner Studer. – Haus Blumenhalde, Küttigerstrasse Nr. 21. Klassiz. Landhaus erb. 1817–18 für den Politiker und Schriftsteller Heinrich Zschokke (1771–1848). – **Schlössli** (Ortsplan, 15). Bestand schon vor der Stadtgründung, wohl 11. Jh. Der erst nachträglich erhöhte Bergfried* ist das kraftvollste Beispiel der Findlingsbauten im Aargau. Palas 13.–14. Jh. sowie jüngere Anbauten. Als Oberst-Emil-Rothpletz-Stiftung 1930 an die Einwohnergemeinde übergegangen, renov. 1931–33, seit 1938 Stadtmuseum «Alt-Aarau». – Zollrain Nrn. 2, 4 und 6. Bauten des 17.–18. Jh. – Primarschulhaus Scheibenschachen, östl. der neuen Aarebrücke. Erb. 1962–63 von Barth, Zaugg und Schenker. Bildet zusammen mit ref. Kirchgemeindehaus, Pfarrhaus und Kindergarten ein Quartierzentrum. – Städtisches Gewerbeschulhaus in der Telli. Erb. 1962–65 von E. Aeschbach. – Schulhausanlage und Sporthalle im Schachen. Erbaut 1969–70 von E. Aeschbach und J. Bachmann. – Schwesternhochhaus des Kantonsspitals. Erb. 1959 von E. Aeschbach.

Museen. Aargauer Kunsthaus (s. S. 25; Ortsplan, 12). Kant. Kunstsammlung. Aargauische und schweiz. Malerei und Plastik des 18.–20. Jh. – Stadtmuseum «Alt-Aarau», im Schlössli (s. oben; Ortsplan, 15). Reichhaltiges Wohnmuseum mit Familiendokumenten; Waffen, Zinnfiguren. – Museum für Natur- und Heimatkunde, Feerstrasse Nr. 17.

WILDEGG–BRUGG–WINDISCH

ERLINSBACH. Ref. Pfarrkirche Obererlinsbach. Einfacher, chorloser Rechtecksaal 1563–65; typologisch interessantes Beispiel des frühen protestantischen Kirchenbaus im Aargau; Vergrösserung und Renov. 1964–65. In der SW-Ecke inkorporierter Turm; das flachgedeckte Innere durch doppellanzettige Masswerkfenster belichtet. Alabasterner Abendmahlstisch um

1675; 2 Berner Standesrundelen 1573 von Heinr. Leu. – Pfarrhaus. Spätgot. Giebelbau 1565; Wappenrelief Bern-Reich 1580.

KÜTTIGEN. Ref. Pfarrkirche auf Kirchberg. Erwähnt 1036; mittelalterl. Turm vor der S-Front des Schiffs. Holztonnengewölbtes Rechteckschiff und flachgedeckter, eingezogener Polygonalchor aus spätgot. Zeit; Verlängerung und Renov. 1956–57. Barocke Ausstattung: 8eckiger Taufstein, ovaler Abendmahlstisch aus Alabaster um 1679, Holzkanzel 1613. Grabplatten, älteste 1454, vorwiegend für Vögte zu Biberstein. – Burgruine Horen, nordwestl. der Kirche auf dem äussersten Hügelsporn. Sitz der Herren v. Kirchberg, erb. nach 1100, zerstört M. 13. Jh.; ausgegraben und konserviert 1957. Durch Wall und Graben geschützter Bergfried mit westl. Torhaus und Wohngebäude. – Ehem. Zollhaus, Nr. 369, an der Staffeleggstrasse. Erb. 1569, renov. 1961. – Ehem. Mühle. Spätgot. Mauerbau von 1608 unter steilem Satteldach. – Schellenbrücke an der alten Staffeleggstrasse. Steinerne Bogenbrücke um 1805–10 nach Plänen von Kantonsbaumeister Joh. Schneider erbaut. – Burgruine Königstein, auf dem östl. Ausläufer des Brunnenbergs. Doppelanlage erb. vor 1278 durch Ritter Jak. v. Kienberg; nach dem Übergang an das Johanniterhaus Biberstein, 1454 fast vollständig zerfallen.

BIBERSTEIN. Schloss. Bis 1335 Burg der Grafen v. Habsburg-Laufenburg; 1535–1798 bernischer Landvogteisitz, Umbauten nach Brand von 1587; seit 1889 Erziehungsheim. Auf hohen Substruktionen und Terrassen unregelmässige, z. T. noch mittelalterl. Anlage unter vielfältig abgewalmtem Dach zusammengefasst.

RUPPERSWIL. Ref. Pfarrkirche, neubarock 1922. Aus der abgebrochenen mittelalterl. Kirche: Taufstein dat. 1684, Wappenscheiben 1643 und 1684 sowie Grabdenkmäler von 1702. – Sodbrunnen östl. der Kirche. – Gasthaus Bären. Schmucker frühklassiz. Landgasthof von 1793 mit bernischer Giebelründe; Aussenrenov. 1964.

AUENSTEIN. Ref. Pfarrkirche. Roman. Anlage, im 14. Jh. (?) mit dem Eingangsturm erbaut; polygonaler, von gestuften Streben eingefasster Chor wohl 15. Jh.; Erweiterung des Schiffs nach S und Holztonne 1651; Renov. innen 1952, aussen 1966. Reizvoll gestaffeltes Äusseres, ländlich schlichter Innenraum. In der Chormitte 8eckiger Taufstein spätes 15. Jh., Kanzel 1651 in der Mitte der O-Wand, Herrenstuhl 1671. Wappenscheiben: 3 im Chor um 1500, Lukas Schwarz zugeschrieben; im Schiff 2 von Hans B. Fisch 1652 und Wappenschildchen Rinach (?) 14. Jh. – Schlössli. Eigentum der Herren v. Rinach, 1389 von den Bernern zerstört; Turmstumpf der ehem. Wasserburg 1858 und 1928–29 aufgestockt und bewohnbar gemacht. – Ehem. Zehntenhaus, Nr. 32. Spätgot. Giebelhaus von 1567.

***WILDEGG** (Abb. 4). Gasthaus Bären. Erb. 1692 für den Schlossherrn Bernhart Effinger; rest. 1968–69. Barocker Mauerbau unter Gerschilddach. An der südwestl. Giebelseite doppelläufige Freitreppe, darüber Balkon, bekrönt von einem gesprengten Dreieckgiebel mit Wappenallianz Effinger-v. Salis. Mächtige Kellergewölbe. – Daneben «Jodquelle», Nr. 178, ehem. Bärenscheune, 18. Jh.; oblonges Ökonomiegebäude. – Haus Laué, Hauptstrasse 211.

Erbaut um 1790 für den Fabrikanten Friedr. Laué. Herrschaftlicher Sitz mit schmiedeisernem Gartenportal und 2 symmetrisch vorgesetzten Eckpavillons. Doppelgeschossiges Wohnhaus unter Mansartdach; Louis-XVI-Ausstattung, 2 Öfen von Andreas II Frey. – Rilliet-Laué-Gut, Mörikerstrasse 176–177. Klassiz. Landhaus, erb. um 1785 für den helvetischen Senator und aargauischen Regierungsrat Joh. Rud. Dolder; Rest. 1964–65. Vornehm-schlichter, symmetrisch angelegter Rechteckbau unter Walmdach, westl. durch einen säulengestützten Zwischentrakt mit dem jüngeren Nebengebäude verbunden. Terrassenförmig gegen die Bünz abfallende Gartenanlage. – Haus Isler, am Schlossberg. Biedermeiervilla um 1825. – Kath. Pfarrkirche St. Antonius. Erb. 1969 von Justus Dahinden. – *Möriken.* Gemeindehaus und Theatersaal. Erb. 1959 von W. Hunziker.

Schloss Wildegg* (Abb. 4). *Barockisierte, hervorragend ausgestattete Wohnburg, Museum.* Wurde vermutlich in der 1. H. 13. Jh. gemeinsam mit der Brunegg als Vorwerk der Habsburg erbaut. Nachdem die habsburgische Feste im 14. und 15. Jh. mehrmals den Besitzer gewechselt hatte, gelangte sie 1484 an den Berner Burger Casp. Effinger von Brugg und blieb fortan über 400 Jahre Wohnsitz der gleichen Familie, von der jede Generation ihren Teil zur Umwandlung der mittelalterl. Burg in einen herrschaftlichen Patriziersitz beigetragen hat. Von der letzten Schlossherrin Julia v. Effinger 1912 der Eidgenossenschaft vererbt, seither vom Landesmuseum als Stiftung von Effinger-Wildegg verwaltet. – Auf einem Ausläufer des Kestenbergs erheben sich als mächtiger Doppelkubus der Bergfried und der bündig angebaute Palas, welcher nach dem Brand von 1552 erhöht und um 1700 mit frühbarocken Rollwerkgiebeln versehen wurde. Talseitig unter einheitlichem Pultdach das im Mittelalter dem Bergfried unregelmässig vorgesetzte ehem. Ökonomiegebäude, an der W-Ecke ein nach 1552 errichteter Vorbau und dazwischen eine barocke Eingangshalle um 1700 mit darüberliegendem Wohngeschoss. Der Weg zum Schloss ist in der Art wehrhafter Burgzugänge gestaffelt. Ein erstes Tor von 1618 öffnet sich in den einstigen äusseren Burghof, mit gemauerter Schlossscheune von 1661, klassiz. Wohnpavillon von 1825 und gotisierender Villa von 1886. Zwischen Obelisken ein Barockportal um 1700, dahinter ausgedehnte barocke Gartenterrassen. Eine breite Freitreppe führt zum oberen Hofteil, wo der Weg auf die Steinbogenbrücke über den Halsgraben abwinkelt. Hinter der Brücke das um 1750 erneuerte Tor zum Zwinger, mit Wappentafel E. 15. Jh.; quer im Zwinger ein weiteres Tor, 1693, mit Allianzwappen Effinger-v. Salis. Pilastergegliederte Eingangshalle mit Loggien um 1700, Ausmalung 1853; in einer Ecke der Schneggenturm von 1558 mit barock gerahmtem Portal. Festsaal und Bibliothek ausgemalt 1664; in der Salisstube gemalte Pariser Tapete von 1796; mehrere Öfen um 1700 und 18. Jh. Beachtliches Mobiliar aus Effingerbesitz und Beständen des Landesmuseums, Sammlung von Familienbildnissen; Wappenscheiben E. 15. bis E. 17. Jh.

HOLDERBANK. Ref. Pfarrkirche. Erb. 1701–02 von Samuel Jenner als Stiftung der Effinger auf Wildegg. Kapellenartiger Saal unter Mansartdach, das über dem 5seitigen O-Schluss abgewalmt ist. Über dem neuroman.

Giebel moderner Dachreiter; das barocke Mittelportal in Ädikulaform mit Effingerwappen im gesprengten Giebel. Im Innern tragen Pilaster ein umlaufendes Gesims, das mit einer Hohlkehle zur flachen Gipsdecke überleitet. Alabasterkanzel 1702; beachtlicher 6eckiger Taufstein um 1475 mit figürlichen und heraldischen Reliefs. An den Chorwänden Gedenktafeln, an den Schiffswänden (urspr. im Chorboden) Grabplatten für Mitglieder der Familie Effinger 17.–18. Jh.

SCHINZNACH BAD. Bad Schinznach. Im 18. Jh. schweiz. Modebad; hier wurde 1761 die Helvetische Gesellschaft gegründet. Die regelmässige, komplexe Anlage ist in mehreren Etappen entstanden und fügt sich harmonisch der Aarelandschaft ein. Älteste Bestandteile sind die beiden Gasthäuser, erb. 1696 und 1703–04 von Samuel Jenner; 2 stattliche Rechteckbauten unter Mansartdach, 1706–08 durch einen 1809 modernisierten Zwischentrakt miteinander verbunden. Der Jennerschen Hauptfassade gegen die Aare wird 1824–27 der halbrunde Ringbau von Hans Conr. Stadler vorgelegt, eine grossförmige, nüchtern-strenge Zweckarchitektur mit Mittel- und Seitenrisaliten. An das Vorderhaus von 1696 schliesst sich seit 1840 das sog. Billardhaus an, das 1873 um den Pavillon du Chemin de Fer erweitert wurde. In der Halle des alten Hauptgebäudes Glasgemälde, Christus und die Ehebrecherin, nach einem Riss von Niklaus Manuel 1527. – Sog. Masséna-Scheune, nordöstl. des Komplexes. Markanter, symmetrisch gegliederter Mauerbau von 1707, mit mächtigen Tennstoren und nördl. Treppengiebel.

HABSBURG. Schloss (Abb. 5). *Titelburg des mächtigen Königs- und Kaiserhauses.* Auf der Grathöhe des Wülpelsberges errichtet 1020 von Graf Radbot und Bischof Werner von Strassburg. Seit dem späteren Mittelalter häufiger Besitzerwechsel, nach 1804 Domäne des Kt. Aargau; Renov. 1947–49. Schon im 13. Jh. als Residenz des aufsteigenden Geschlechtes nicht mehr geeignet, vermag der heutige Baubestand die geschichtliche Bedeutung, welche mit dem Namen verbunden ist, kaum noch widerzuspiegeln. Von der ehem. Doppelanlage wurde die östl. Feste bereits im 16.–17. Jh. aufgegeben. Im W ungegliederter quadratischer Bergfried um 1020 aus grossen rohen Quadern; Zinnen 1866. An der O-Ecke angebauter Palas 12.–13. Jh. mit got. Fenstern. Nordseits ummauerter Hof mit eingestelltem kleinem Turm 15.–16. Jh. Im 1. Stock des Palas spätgot. Stube von 1559; im 2. Stock der um 1913–14 ausgestattete «Rittersaal», mit 2geschossigem Turmofen des 17. Jh. wohl aus Steckborn.

BIRR. Ref. Pfarrkirche. Predigtsaal 1662 von Abraham Dünz an Stelle einer roman. Anlage; Rest. 1971–72. Spätgot. Eingangsturm mit Käsbissen. Kanzel 1664. – Bourbakidenkmal (Friedhof). Gestiftet zur Erinnerung an 22 Soldaten der Bourbakiarmee, entworfen 1899 von Frédéric Auguste Bartholdy, Schöpfer der New-Yorker Freiheitsstatue. – Schulhaus, erb. 1845; an der N-Fassade das gleichzeitige Grabdenkmal für Heinr. Pestalozzi (gest. 1827) von Casp. Jos. Jeuch. – **Neuhof**, Schweiz. Pestalozziheim. Sog. Pestalozzihaus, erb. 1770–71 für Heinr. Pestalozzi nach Plänen von Hans Ulr. Spillmann und David Vogel; die urspr. 1geschossige Anlage nach Brand 1858 2geschossig wiederaufgebaut. Bau des sog. Herrenhauses als Anstaltsgebäude und Armenhaus 1821–22. Klassiz. Kubus mit 2achsigem Mittelrisalit unter Dreieckgiebel und geknicktem Walmdach. Erweiterungsbauten für Landwirtschaft und Gärtnerei erb. 1958, 5 Wohnpavillons für Burschen sowie Wohnbauten für das Personal 1970 von W. Hunziker und F. Widmer. – Fabrikanlage Brown Boveri, Birrfeld. Erb. 1957–65 von R. Rohn, Suter und Suter, zwei Bauetappen. Grossmontagehallen, Fabrik- und Bürobauten. Daneben Wohnsiedlung In den Wyden von Ch. E. Geisendorf und R. Winkler; Punkthäuser und Langhäuser mit 8 Geschossen.

VELTHEIM. Ref. Pfarrkirche. Erb. 1760 über den Grundmauern einer damals abgetragenen, 1950 durch Grabung nachgewiesenen roman. Dreiapsidenbasilika von ca. 1040; Wiederverwendung des im 12.–13. Jh. errichteten Käsbissenturmes vor der W-Front. Einfache, flachgedeckte Saalkirche mit 3seitigem Chorschluss, in den Ausmassen des roman. Mittelschiffs. Spätgot. Taufstein; Kanzel frühes 19. Jh. Zahlreiche interessante Grabdenkmäler des 16.–18. Jh. Unter den Kultgeräten Abendmahlskelche von 1607. Glocke 14. Jh. und 2 von 1415. – Sog. Pfaffenhäuser, Nrn. 79 und 108, westl. der Kirche. Nachgot. Mauerbauten mit Treppengiebeln, um 1650. – **Schloss Wildenstein,** südöstlich des Dorfes. Die doppeltürmige Anlage auf niedrigem Hügelsporn beherrschte mit der gegenüberliegenden Wildegg die Aare-Ebene am Eingang zum Schenkenbergertal. Altkyburgischer, seit M. 13. Jh. habsburgischer Besitz; 1300 erstmals als Eigengut der Herren v. Rinach bezeugt. Nach der bernischen Eroberung 1415 wechselte die Feste im Laufe der Jahrhunderte mehrmals den Besitzer; seit 1928 Alters- und Pflegeheim. Der unregelmässige, teils gezinnte Bering wird von einem Kranz spät- und nachmittelalterl. Wohn- und Ökonomiebauten begleitet, die einen geräumigen Innenhof umstehen; an der SW- und NO-Ecke werden sie von den beiden schlanken Bergfrieden aus dem 14. Jh. überragt. Die verwinkelte aareseitige Gebäudegruppe aus verschiedenen Jahrhunderten birgt die Wohnräume; Barockportal zum 1645 errichteten Rundschneggen. Im malerischen Innenhof (Fassaden renov. 1959) Spätrenaissancebrunnen von 1627.

SCHINZNACH DORF. Ref. Pfarrkirche. An Stelle einer roman. Vorgängerin 1779 durch Antoni Schwarz nach Plänen von Emanuel Zehender errichtet, unter Wiederverwendung des got. Turms an der östl. Giebelfront, der 1650 erhöht und mit barocken Volutengiebeln abgeschlossen wurde; Aussenrenov. 1962. Gestreckter, von Pilastern zwischen hohen Rundbogenfenstern gegliederter Predigtsaal unter flacher, mit Rokokostukkaturen von Antoni Schwarz gezierter Decke. Kanzel 1779 von A. Schwarz. Epitaphien im Chorgeviert für 3 bernische Landvögte auf Kasteln im 18. Jh. – *Erlachkapelle,* an der S-Flanke des Turms, durch einen profilierten Rundbogen nach dem Chor geöffnet. Got. gewölbte, rechteckige Grab- und Memorialkapelle, erb. 1650 für General Joh. Ludw. v. Erlach, Erbauer des Schlosses Kasteln, und seine Gattin Margaretha, geb. v. Erlach; Rest. 1965–70. Zwei figurengeschmückte frühbarocke Prunkdenkmäler mit allegorischem Programm. Zwei Wappenscheiben 1676. – Kirch- und Schulhausbrunnen. Achtecktrog und balusterförmiger Säulenstock, 17. Jh. – Haus Nr. 145, südl. der Kirche. Dreigeschossiger Mauerbau 1677 mit Treppengiebeln und hölzer-

nem Laubenaufgang; Aussenrenov. 1967. – Ehem. Obere Mühle, Nr. 63. Got. Mauerbau unter Satteldach, im 18.–19. Jh. z. T. verändert. – Ehem. Untere Mühle, Nr. 131. Bau mit spätgot. Doppel- und Staffelfenstern. – Ehem. Untervogtei, Nr. 127, nördl. davon. Zweistöckiger Mauerbau 1769 mit geschnitzten Bügen und bernischer Giebelründe. – Ehem. Armenhaus, Nr. 128. Bau des 18. Jh., der benachbarten Untervogtei verwandt.
Museum. Heimatmuseum. Lokale volkskundliche Sammlung.

***OBERFLACHS. Schloss Kasteln*.** *Einheitliche frühbarocke Schlossanlage, als einzige in der Schweiz dem schmuckfreudigen oberrheinischen Typus folgend.* An Stelle der seit 1238 bezeugten habsburgischen Doppelfeste Kasteln-Ruchenstein erbaut 1642–50 unter Leitung von Bernhard Dölling nach Angaben des Bauherrn, Joh. Ludw. v. Erlach, Gouverneur von Breisach; seit 1855 Erziehungsanstalt, 1907 ausgebrannt und teilweise umgebaut, Aussenrenov. 1963. Auf einer hohen, gestuften Gartenterrasse komplexe Anlage aus dem gestaffelten, im Kern mittelalterl. Hauptgebäude und urspr. 3 (das sog. Bernerschloss 1840 abgebrochen) östl. vorgelagerten Nebenbauten, alle in paralleler Firstrichtung. Die aussergewöhnlich reichen Beschlagwerkgiebel mit Voluten, Obelisken und Muscheln bestimmen den Gesamteindruck. Eine beachtliche barocke Toranlage mit rustiziertem Portal, Dreieckgiebel und Maulschartengalerie auf Mâchicoulis führt zum nördl. Schlosshof. Am untern Wirtschaftshof mächtige Scheune mit Wohntrakt und Wappentafel v. Mülinen 1600.

***THALHEIM.** Ref. Pfarrkirche. An das roman. Rechteckschiff wird 1543 oder 1676 der eingezogene niedrigere Rechteckchor von halber Schiffstiefe angefügt, so dass eine Staffelung von 2 ähnlichen Kuben unter Satteldächern entsteht; Renov. 1955–56. Alabastertaufstein 1675, Glasmalereifragment 15. Jh. – Pfarrhaus. Mauerbau von 1731–32 unter geknicktem Gerschilddach mit offenem Fluggespärre; Renov. aussen 1960–61, innen 1965. An der Giebelfront reichskulptierte Wappentafel Bern. – Ehem. Pfarrscheune, Nr. 52. Nach Devis von Emanuel Zehender erb. 1750; umgeb. und renov. 1946. – **Burgruine Schenkenberg*,** auf hohem bewaldetem Hügel nördl. des Dorfes. Umfangreiche mittelalterl. Burganlage, wohl im frühen 13. Jh. von den Habsburgern als östl. Eckpfeiler ihres Burgensystems errichtet. Sitz der gräflichen Schenken v. Schenkenberg, 1460 von den Bernern erobert, seit 1720 dem Zerfall überlassen; eindrucksvollste Ruine im Aargau, von der Aargauischen Vereinigung für Heimatschutz 1918 erworben, 1931–38 und ab 1969 konserviert. Die komplexe, auf Terrassen angelegte und von einer Mauer umringte Burg wird von dem Bergfried auf der Kammhöhe beherrscht. Dieser bildete urspr. mit dem westl. und südl. bündig angefügten Palas einen mächtigen gezinnten Baublock. Gegen W die jüngere Gruppe der Ökonomiegebäude und -höfe mit dem N-Tor und Zwinger sowie weitere Wehr- und Wirtschaftsbauten. An der SO-Ecke erhebt sich auf tieferem Niveau ein fast vollständig erhaltener Rundturm. – Schlossscheune, nördl. der Burg. Stattlicher Mauerbau von 1573 mit steilem Satteldach und westlichem Treppengiebel; teilweise Aussenrenov. 1966–67.

RINIKEN. Burgruine Iberg, ca. 1 km nördl. des Dorfes. Früh aufgegebener ehem. Sitz habsburgischer Dienstleute auf dem äussersten Punkt eines

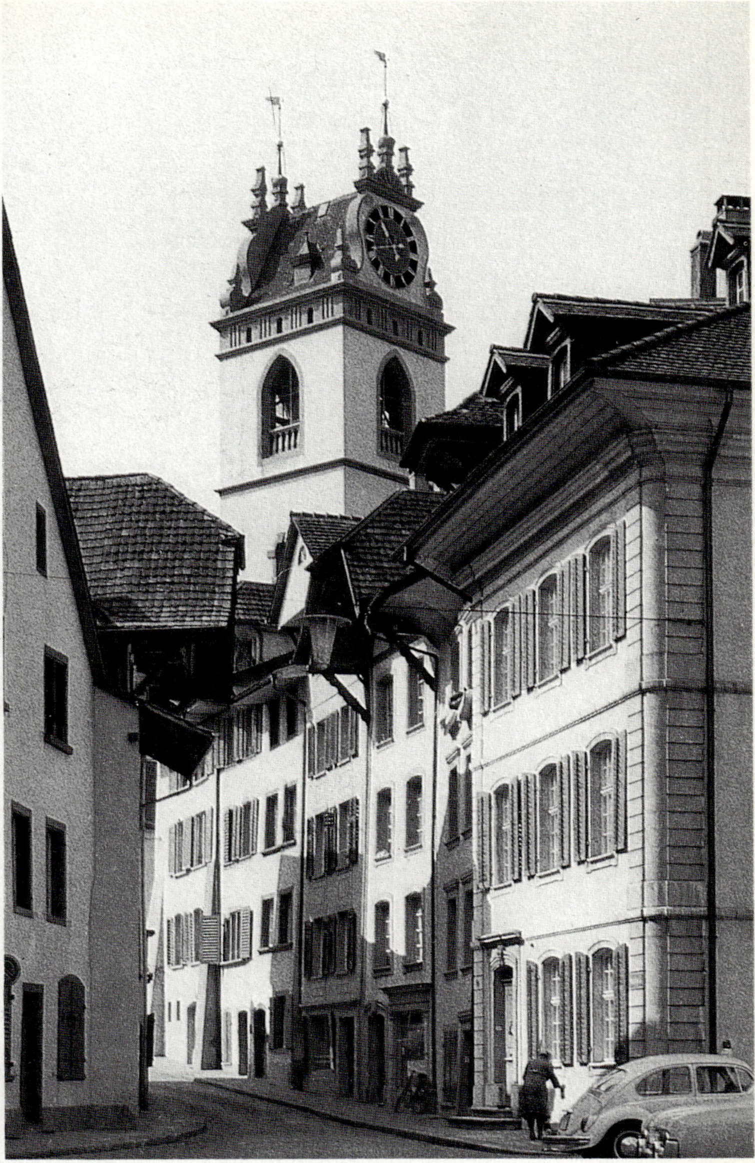

1. **Aarau.** Altstadt, Adelbändli. Rechts christkath. Pfarrhaus, erb. 1784–86. Im Hintergrund die obersten Geschosse des Turmes der ref. Stadtkirche mit den Giebelaufsätzen von 1663 (22–25)

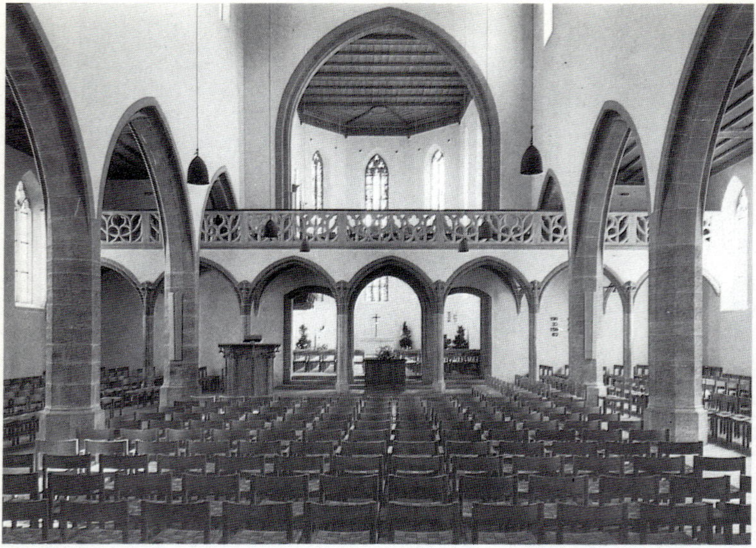

2. **Aarau.** Ref. Stadtkirche. Erb. 1471–78 von Werkmeister Sebastian Gisel. Blick aus dem dreischiffigen, flachgedeckten Langhaus auf den siebenachsigen Lettner und den Chor (22)

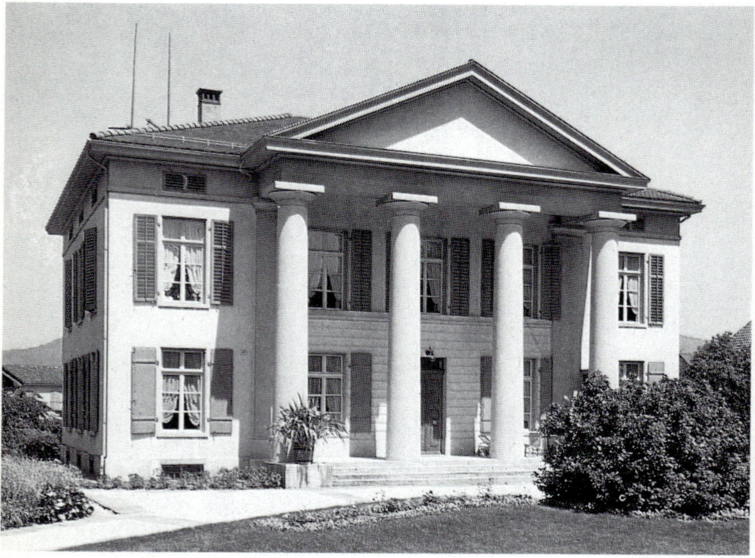

3. **Aarau.** Sog. Säulenhaus. Erb. 1838 von Franz Heinrich Hemmann. Hauptwerk des Klassizismus im Kt. Aargau. Rechteckbau unter Walmdach mit dorischer Tempelfront (27)

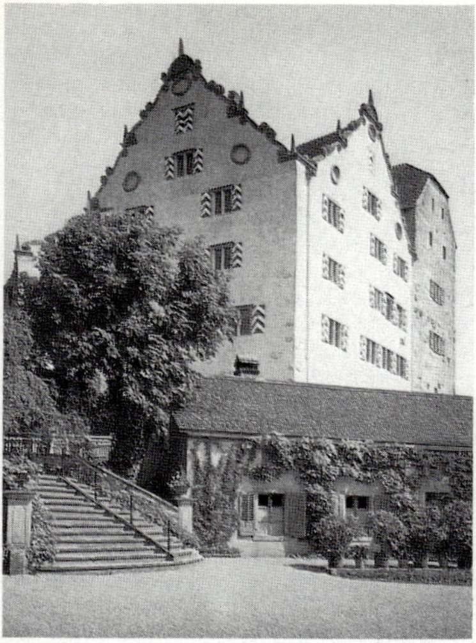

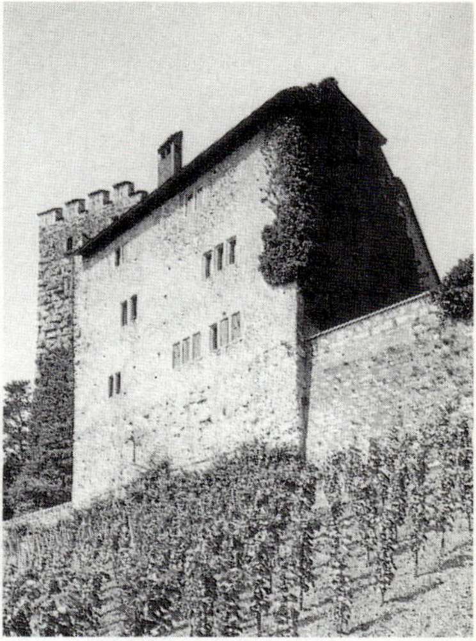

4. **Schloss Wildegg.** Die vermutlich im 13. Jh. erbaute Burg mit Bergfried und bündig angeschlossenem Palas im 17. Jh. barockisiert. Museum mit kostbarer Sammlung (29)

5. **Habsburg.** Schloss. Titelburg des mächtigen König- und Kaiserhauses. Im Hintergrund der quadratische Bergfried der urspr. Anlage um 1020, Zinnen 1866, Palas 12.–13. Jh. (30)

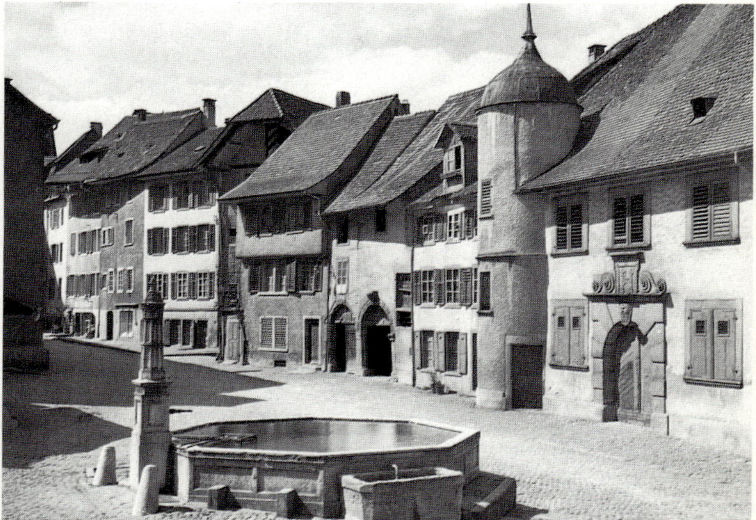

6. **Brugg.** «Hofstatt.» Rechts Heimatmuseum, ehem. Zeughaus 1673; Rundschneggen mit gemauerter welscher Haube. Brunnen mit Polygontrog und neugot. Stock 1848 (34)

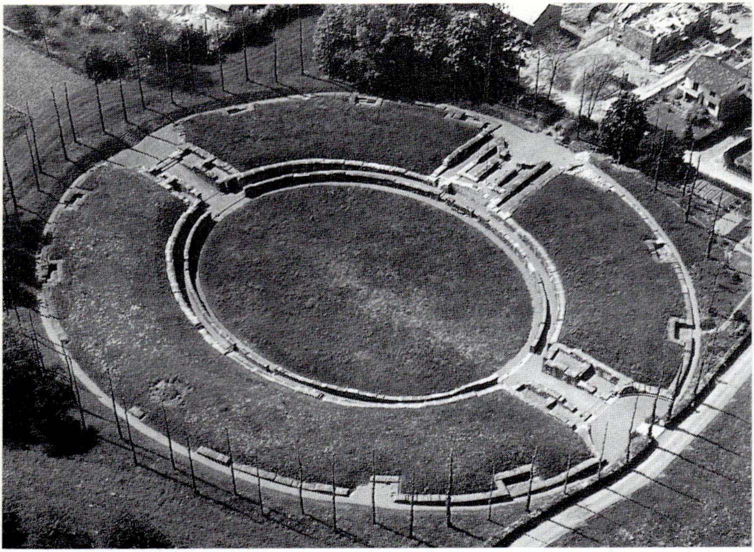

7. **Windisch.** Umfassungsmauern des röm. Amphitheaters Vindonissa, erb. 1. Jh. n. Chr. Die grösste Anlage dieser Art auf Schweizer Boden, mit Platz für ca. 10000 Personen (36)

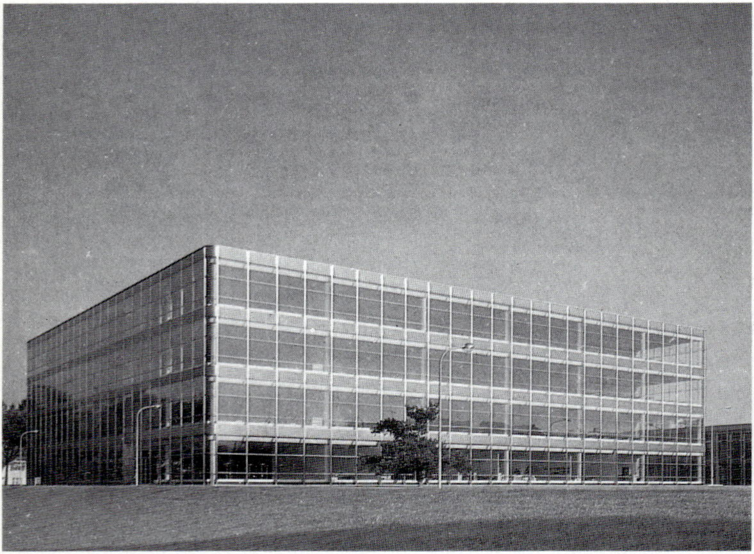

8. **Windisch-Brugg.** Höhere Technische Lehranstalt (HTL). Ansicht des Hauptgebäudes von N. Erb. 1964–66 von Bruno und Fritz Haller. Stahlskelett mit Fachwerkträgern (36)

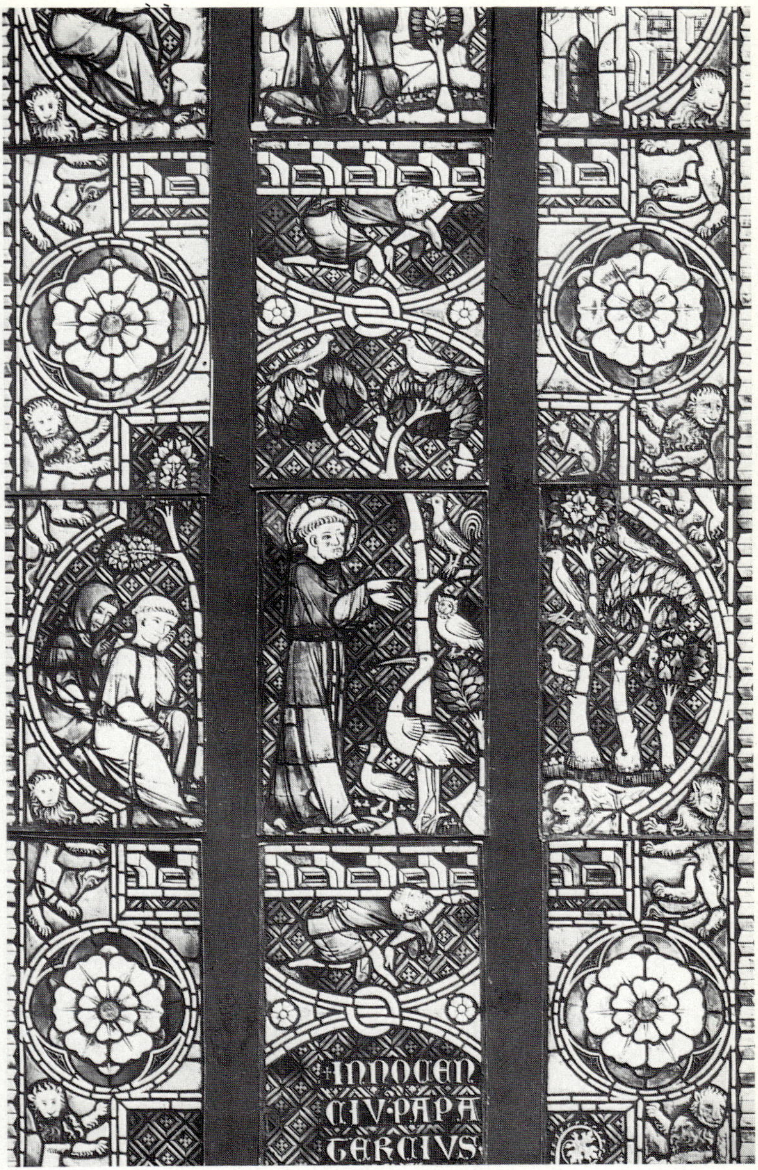

9. **Königsfelden.** Ehem. Klosterkirche. Im Chor höfisch-got. Glasgemäldezyklus von europäischem Rang. Ausschnitt aus dem Fenster 8, Vogelpredigt des Hl. Franziskus. 1325–30 (40)

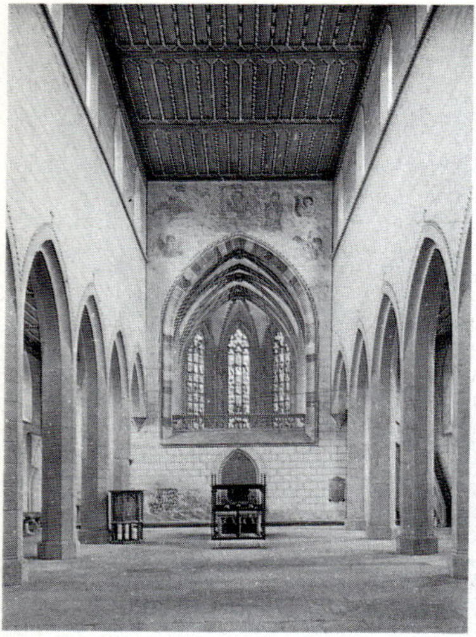

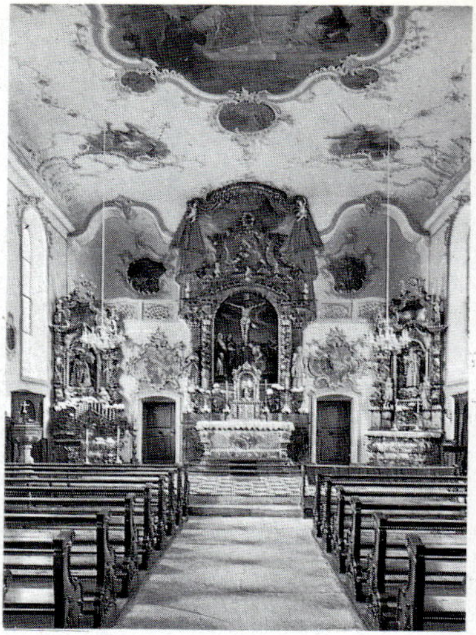

10. **Königsfelden.** Ehem. Klosterkirche. Habsburgische Gedenkstätte und Grablege. Innenraum der Bettelordenskirche und Polygonalchor mit dem Glasgemäldezyklus, 1310–30 (37–41)

11. **Fischbach-Göslikon.** Kath. Pfarrkirche Mariä Himmelfahrt. Neubau 1671. Umgestaltung zum festlichen Rokokosaal 1757–60. Fresken und Stukkaturen von Franz Anton Rebsamen (79)

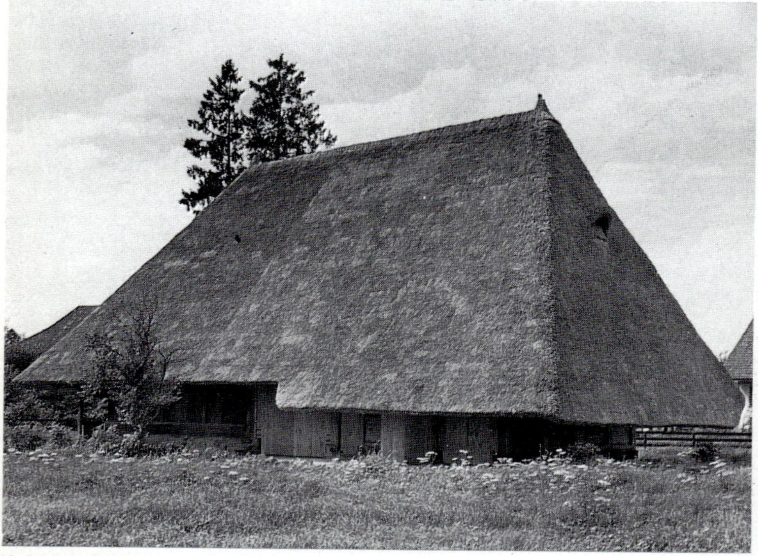

12. **Muhen.** Strohhaus an der Hardstrasse. Repräsentativstes Strohdachhaus der Schweiz. Klassischer aargauischer Strohhaustypus, M. 17. Jh. Nach Brand Wiederaufbau 1962–63 (46)

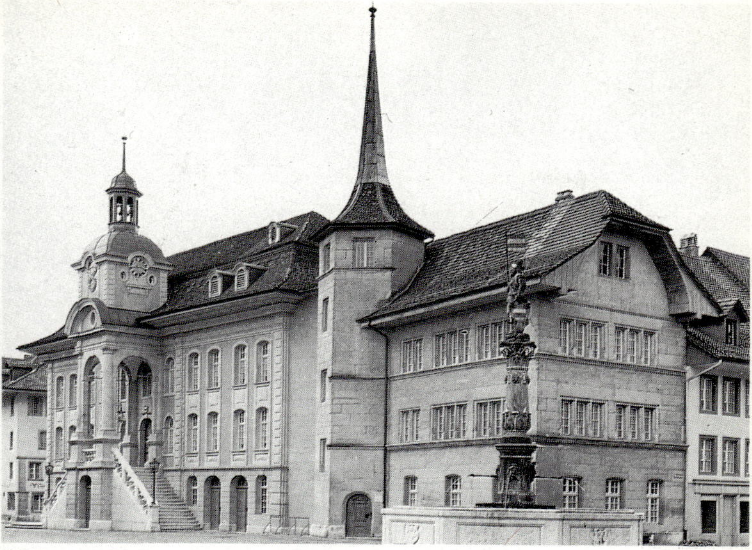

13. **Zofingen.** Rathaus. Spätbarocker Repräsentationsbau 1792–95 von Niklaus Emanuel Ringier. Rechts davon ehem. Metzgernzunfthaus, nachgot. Quaderbau 1602–03 (52f.)

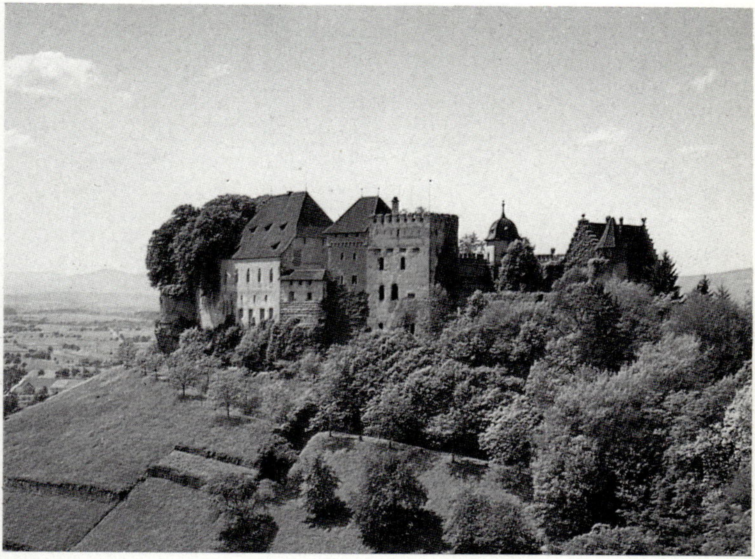

14. **Lenzburg.** Schloss. Ansicht von SO. Von links: Ritterhaus 14. Jh., erneuert 1509; südl. Bergfried mit Palas, vor 1160; östl. Bastion 1642–46, Landvogtei 1460 (57f.)

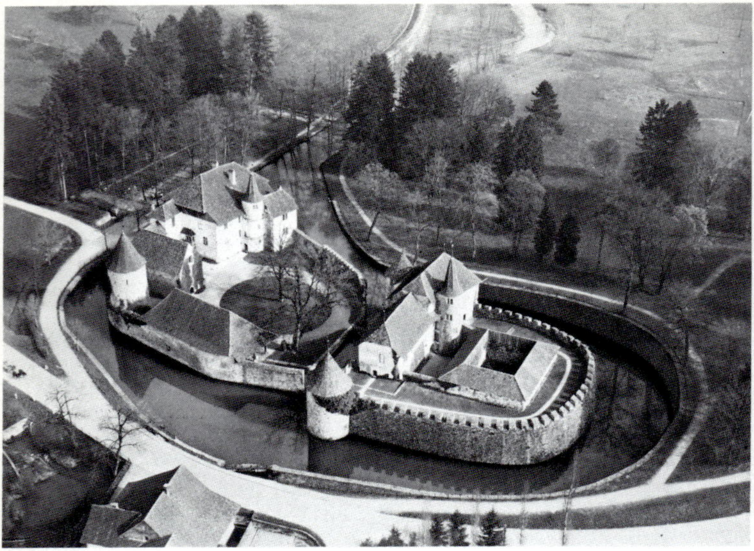

15. **Schloss Hallwil.** Wasserburg auf zwei vom Aabach umflossenen Inseln; heute Wohnmuseum. Komplexe Anlage aus dem 15.–16. Jh. mit vorwiegend spätgot. Wohnbauten (61)

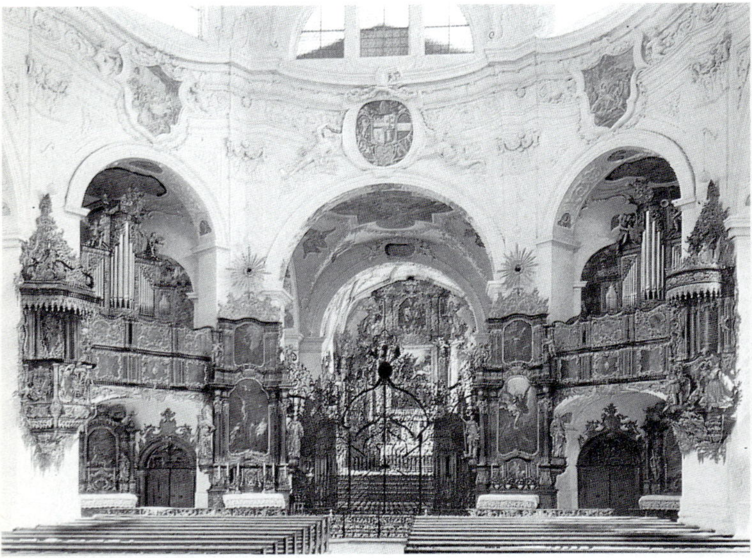

16. **Muri.** Ehem. Benediktinerkloster. Kirche. Barockes Kuppeloktogon mit grossen Thermenfenstern, erb. 1695–97 durch Giovanni Bettini, unter Beizug von Caspar Mosbrugger (66–69)

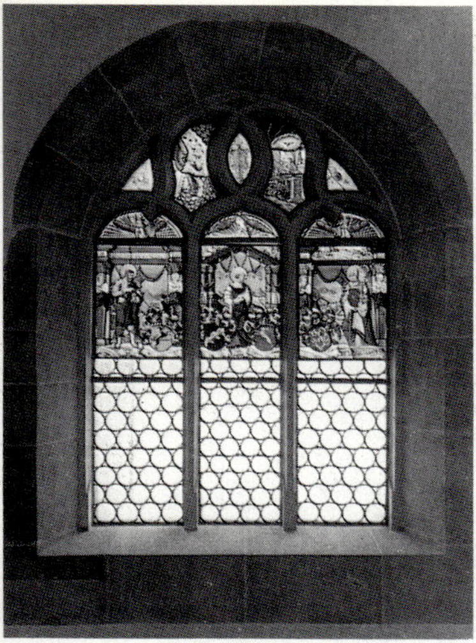

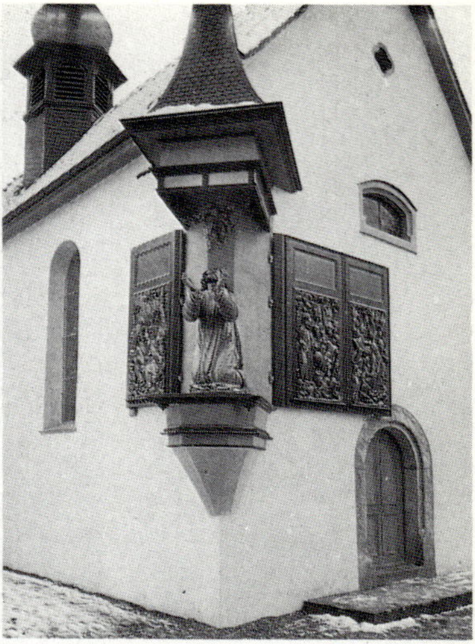

17. Muri. Ehem. Benediktinerkloster. Kreuzgang. Hervorragender Zyklus von Kabinettscheiben, vor allem von Karl v. Egeri, 1554–58, in spätgot. Masswerkfenstern (68)

18. Bremgarten. Kapelle St. Anna. Erkerartiger Baldachinschrein mit plastischer Ölberggruppe und Passionsreliefs an den drei Flügeln, 1646 von Gregor Allhelg (76)

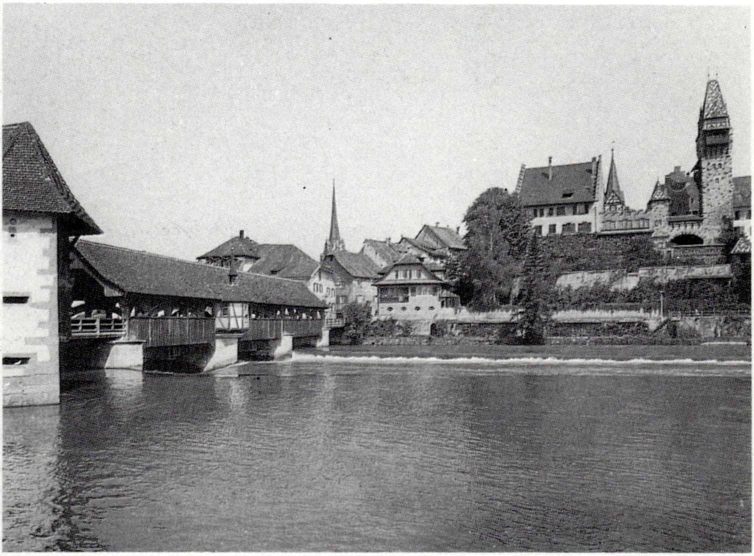

19. Bremgarten. Stadtansicht von S. Reuss mit Brücke: Pfeiler 1544–49, Holzkonstruktion 1953–57 erneuert; Bollhaus um 1500; ehem. Muriamtshof 1540–48, erweitert 1899–1901 (73–77)

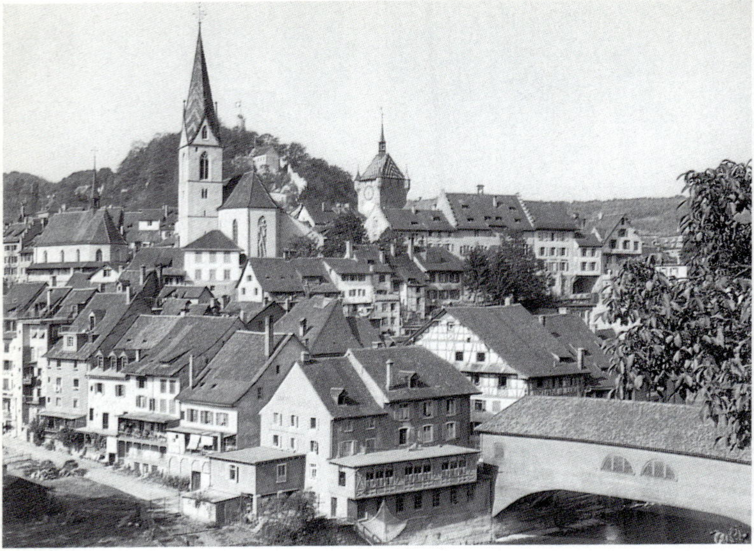

20. **Baden.** Ansicht von O. Von links: spätgot. Sebastianskapelle; Stadtkirche erb. 1457–70 von Rudolf Murer und Conrad Zobrist; Burgruine Stein; Stadttor 15.Jh. (81–83)

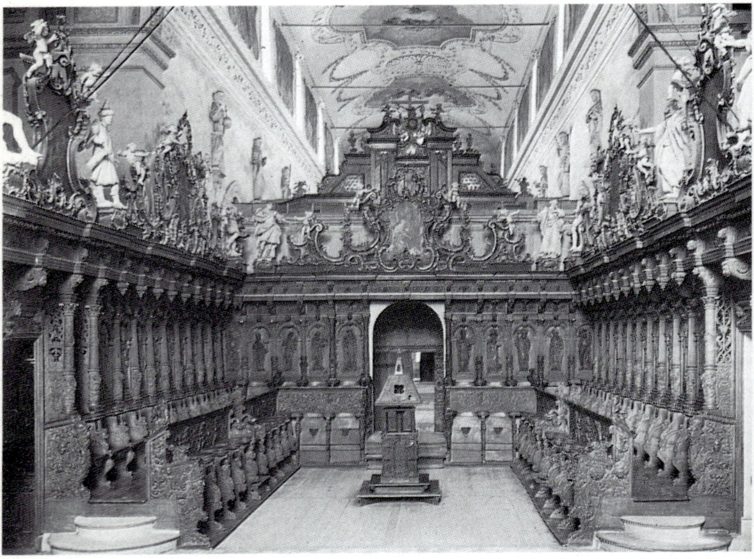

21. **Wettingen.** Ehem. Zisterzienserkloster. Innenraum der Kirche. Chorgestühl 1601–04, auf dem Kranzgesimse Rokoko-Aufsätze, Statuen der acht Seligkeiten 1750 (83–86)

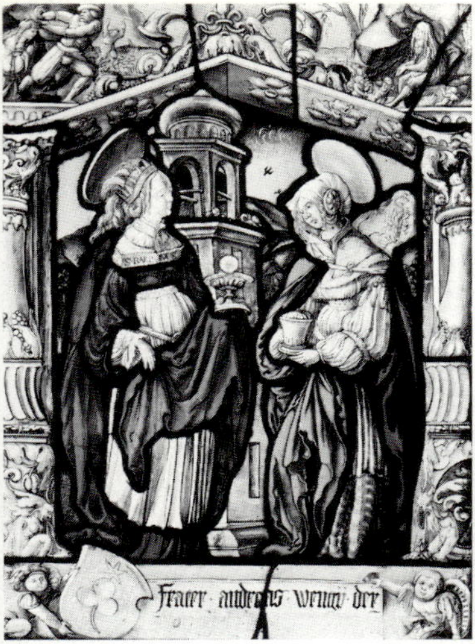

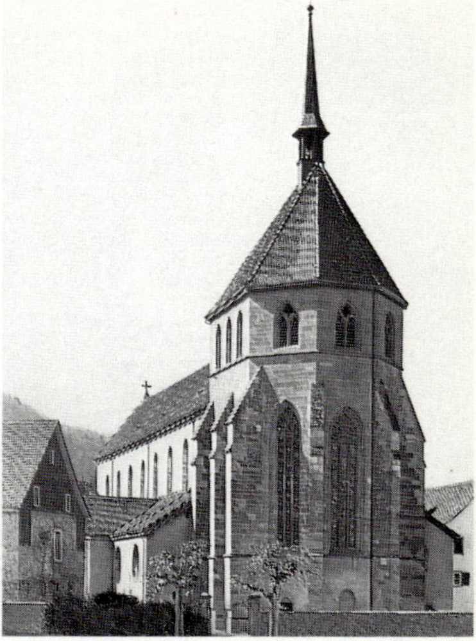

22. **Wettingen.** Ehem. Zisterzienserkloster. Kreuzgang. Reichhaltigster Scheibenzyklus der Schweiz. Renaissancescheibe (1517) Hl. Barbara und Hl. Magdalena, Ausschnitt (85)

23. **Zurzach.** Stiftskirche. Memorialbau über dem Grab der Hl. Verena, Langhaus im Kern 10. Jh. Eigenwilliger got. Turmchor 1294–1347 von Werkmeister Johannes (89 f.)

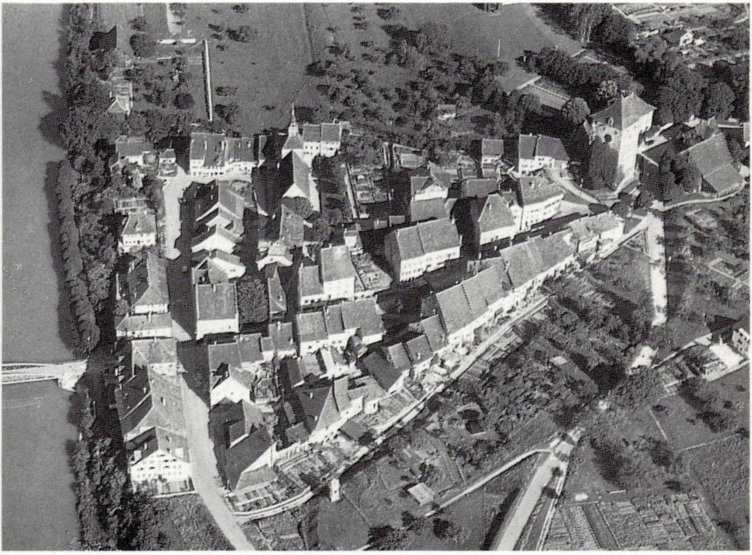

24. **Kaiserstuhl.** Rein erhaltenes dreieckiges Brückenstädtchen am Rhein, gegründet um 1254 durch Lütold VI. v. Regensberg. Rechts oben Oberer Turm 12.–13. Jh. (92 f.)

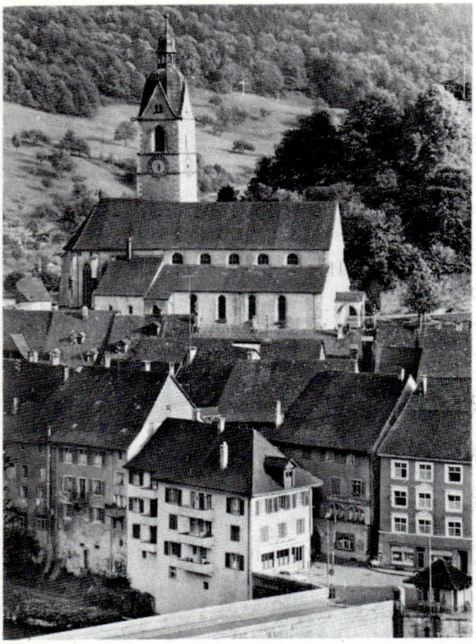

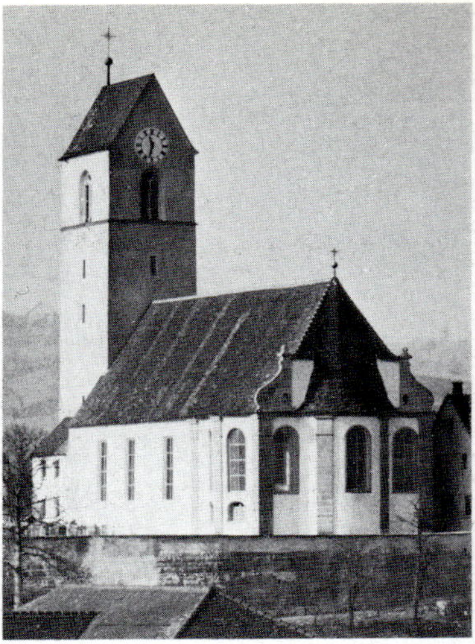

25. **Laufenburg.** Ansicht von N. Um 1207 von Rudolf II. von Habsburg gegründetes Rheinstädtchen. Stadtkirche St. Johannes Baptist 2. H. 15. Jh., Turm 1591–93 (94–96)

26. **Herznach.** Kath. Pfarrkirche St. Nikolaus. Spätgot. Käsbissenturm, Langhaus 1691–92, Chor 1718–19 von Joh. Pfeiffer. Im Innern Stukkaturen von Giovanni Giacomo Neurone (98 f.)

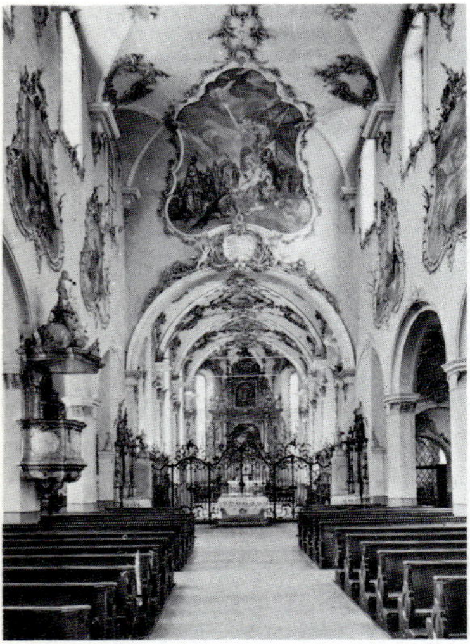

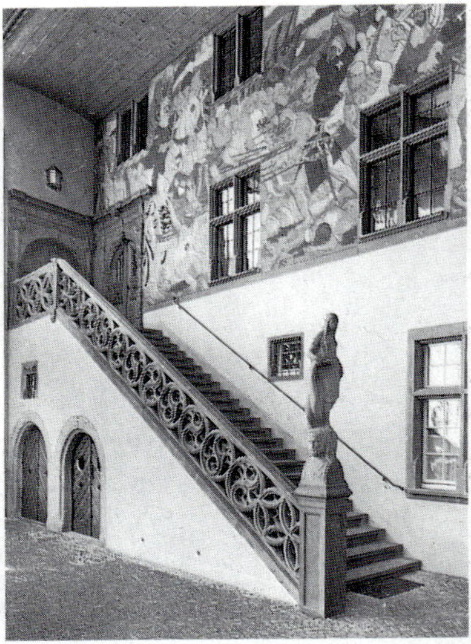

27. **Rheinfelden.** Christkath. Stadtkirche St. Martin. Erb. 1407, Choreinwölbung 1669 durch Ant. Troger, Barockisierung des Innern 1769–71 durch Martin Fröwis und F. F. Bröchin (100 f.)

28. **Rheinfelden.** Rathaus. Erb. 1531 durch Peter Bock und Melchior Erhart, teilweiser Umbau 1908–11. Freitreppe mit Masswerkgeländer im Hof, Wandbilder von Paul Altherr 1910–11 (102)

Ausläufers des Bözbergs. Langgestreckte Anlage mit Bergfried und südl. anschliessenden Wohn- und Wirtschaftsbauten.

***BRUGG** (Abb. 6). *Typische Brückensiedlung.* Bei einem schon in römischer Zeit benutzten Aareübergang gegr. um 1200 durch die Habsburger; Stadtrecht 1284. Entwicklung durch die Konkurrenz zahlreicher naher Kleinstädte behindert. Nach 1415 bernisch, seit 1803 aargauischer Bezirkshauptort; wirtschaftlicher Aufschwung nach 1890. – Glockenförmige Anlage, welche von der geschwungenen, sich vor der Brücke platzartig verbreiternden Hauptgasse zweigeteilt wird; in der westl. Hälfte die geistlichen Gebäude, in der östl. die ehem. obrigkeitlichen Lagerbauten. Am N-Ufer als Brückenkopf die rechteckige, heute stark veränderte Vorstadt. – Von den Stadtburgen und von den 1444 bis ins 16. Jh. und 1636–40 ausgebauten *Befestigungen* sind nur der Schwarze Turm bei der Brücke (s. unten), der Archivturm bei der Kirche (s. S. 34) und der Storchenturm (s. S. 34) am «Eisi»-Platz erhalten sowie in der Vorstadt der Farbturm mit einem Teil der Ringmauer (s. S. 35).
Ref. Stadtkirche (Ortsplan, 3). Als Nikolauskirche um 1220 durch die Habsburger gegründet; vom ersten Bau ist der Turm in der westl. vorbeiführenden Stadtmauer erhalten. Kirche in mehreren Etappen zwischen 1479 und 1518 umgebaut; barocker Umbau und Neubau des Chors 1734–40. Renov. innen 1954–55, aussen 1959–60. Langhaus und Chor unter gemeinsamem Satteldach zusammengefasst. Vor der W-Front frühgot. Wehrturm, das Glockengeschoss mit Masswerkfenstern und Satteldach 1501. Dreischiffige, flachgedeckte Stufenhalle mit weiten spitzbogigen Pfeilerarkaden, die breiten östl. Pfeiler sind Stirnwände ehem. Seitenkapellen. Dreiseitig geschlossener Chor in Breite des Mittelschiffs, mit diesem von durchlaufender Decke zusammengefasst; hochbarocke Stukkaturen von Hans Jak. Schärrer und Casp. Stiller. Bemerkenswert einheitliche Chorausstattung von 1641–42 im Knorpel- und Rollwerkstil: Abendmahlstisch, Taufstein, Kanzel und Pfarrstuhl sind mit Ausnahme des eichenen Schalldeckels aus hellem Muschelkalk.
Altstadt. **Schwarzer Turm** (Ortsplan, 1). Als Schutz des Aareübergangs zeitlich vor der Stadt errichtet. Schlanker quadratischer Turm, Unterteil aus Bossenquadern mit Kantenschlag 2. H. 12. Jh., Aufbau mit Erker und Walmdach 1535–36. In der N-Mauer frühroman. Bogenfeld und sog. Hunnenkopf (Spolien) eingemauert. – Ehem. Rathaus, an der S- und W-Seite des Schwarzen Turmes. Neuerb. 1579 als spätgot. Giebelhaus mit regelmässigen Kreuzstockfenstern; Schneggen in der SW-Ecke. In der hintern Ratsstube Fensterpfosten von 1579 und Täfer aus dem frühen 17. Jh. – Rathausbrunnen. Anlage mit Säulenstock 1557–63 von Anton Wyg, Achtecktrog 1824, Statue der Justitia 1928 von Eduard Spörri. – Haus Rathausplatz Nr. 4. In Formen der Spätgotik und Spätrenaissance errichtet, 17. Jh. – *Spiegelgasse.* Städtisches Bürgerasyl. Gutproportionierter, kubisch schlichter Zweckbau von 1747–50. – Wandbrunnen. Vierecktrog dat. 1696 mit 2 spiegelgleichen Wappen Bruggs. – Haus Nr. 9, ehem. Färberei. Einfacher nachgot. Steinbau um 1600; Aussenrenov. 1959–60. – **Ehem. Lateinschule** (Ortsplan, 2). Rechtwinklig zur Kirche, entlang der Stadtmauer erbaut. Der spätgot. Bau der ehem. Provisorei mit Schneggen an der W-Front und der Barocktrakt von 1638–40 sind unter

grossem Gerschilddach vereinigt. In der 3geschossigen östl. Hauptfront vorwiegend von Dreieckgiebeln bekrönte Zwillingsfenster; rechteckiges Portal mit Beschlagwerkmotiven und Inschriftkartusche, eichener Türflügel mit Schmiedeisenimitation von Hans Jak. Vischmann. Die Fassadenmalerei 1640 von Rud. Schwerter, ein selten erhaltenes Beispiel humanistischer Monumentalmalerei, zeigt Rustikamuster, Fensterrahmung mit Rollwerk und Fruchtgehänge, Kartuschen und in den Scheinnischen die Gestalten der Theologie und der 7 freien Künste. – **Ref. Stadtkirche** (Ortsplan, 3; s. S. 33). – Archivturm (Ortsplan, 4). Dreiviertelrundbau, als Artilleriewerk errichtet 1558–64. – Ehem. bernische Landschreiberei, Kirchgasse Nr. 7. Gebäudegeviert um Innenhof mit Schneggen 1605–06; Spätrenaissance-Wappentafel. Haus Kirchgasse Nr. 8. Spätgot. Fassade. – Storchenturm (Ortsplan, 5), am «Eisi»-Platz. Halbrunder Eckturm 1558–64, Abschluss verändert.

Hauptgasse. Haus Nr. 21. Reichstes Bürgerhaus der Altstadt erb. um 1750–60. Vierachsiger Eckbau mit Stichbogenfenstern; Rokokostuckdecken, bemalter Turmofen wohl 2. V. 18. Jh. – Zum Scharfen Eck, Nr. 23. Régencestuckdecke von 1739. – Zum Pfauen, Nr. 30. Eckhaus mit spätgot. Fassade gegen die Hauptgasse und zwei Spätbarockportalen um 1760 zur Untern Hofstatt; Régencestuckdecke. – Haus Nr. 39. Sterbehaus Joh. Heinr. Pestalozzis (gest. 1827). – Zum Adler, Nr. 44. Im nachgot. Vorderhof des 17. Jh. reichprofilierte Fenstergewände und rundbogige Kellertüre mit Allianzwappen im Scheitel. – Doppelhaus zum Roten Bären, Nr. 48. Die beiden got. Schmalbauten um 1740–50 hinter einer regelmässigen 6achsigen Rokokofassade zusammengefasst. Im Innern 2 spätgot. Balkendecken und eine Rokokostuckdecke; Steckborner Ofen zwischen 1741 und 1754 von Daniel und Heinr. Meyer, Aarauer Kastenofen 1768 von H. Fischer. – **«Hofstatt»** (Abb. 6). Der einzige Platz der Altstadt ist von drei ehemals obrigkeitlichen Lagerbauten umstanden. – Heimatmuseum, ehem. Zeughaus (Ortsplan, 6). Barocker Kopfbau von 1673 mit Gerschilddach; Renov. 1958–59. In der Platzfront runder Schneggen mit gemauerter welscher Haube und wappengeschmücktes Rustikaportal. – Ehem. bernisches Salzhaus (Ortsplan, 7). An Stelle der habsburgischen Stadtresidenz erb. 1732. Mächtiger 9achsiger Zweckbau mit stumpfwinklig gebrochener östl. Schmalfront über der Aareböschung und abgetrepptem W-Giebel; S-Mauer, urspr. zugleich Wehrmauer, nur durch Luftschlitze geöffnet. – Städt. Verwaltungsgebäude, ehem. Kornhaus. Ungegliederter, 3stöckiger Rechteckblock von 1701; umgeb. 1927.

Aussenbezirke. Kath. Kirche. Neubarockbau 1907 von Adolf Gaudy. – **Stadthaus** (Ortsplan, 8). Reichstes Bürgerhaus von Brugg, erb. 1748–49 für Joh. Jak. Fröhlich; seit 1909 Stadthaus, Aussenrenov. 1959. Zweigeschossiges quadratisches Landhaus unter hohem Mansartdach; die symmetrischen 5achsigen Fronten durch Stichbogenfenster und ionisierende Eckpilaster gegliedert. Im Innern phantasievolle Rokokostukkaturen und 3 bemalte Steckborner Öfen aus der Bauzeit. Zwei 1geschossige klassiz. Ökonomiegebäude an der Gartenseite. – Vindonissa-Museum, Museumsstrasse Nr. 1 (Ortsplan, 9). Erb. 1911–12 von Alb. Froelich. – Schilplin-Haus, westl. des «Eisi»-Platzes. Spätbarockes Landhaus von 1810 mit Mansartdach. – Schulzentrum

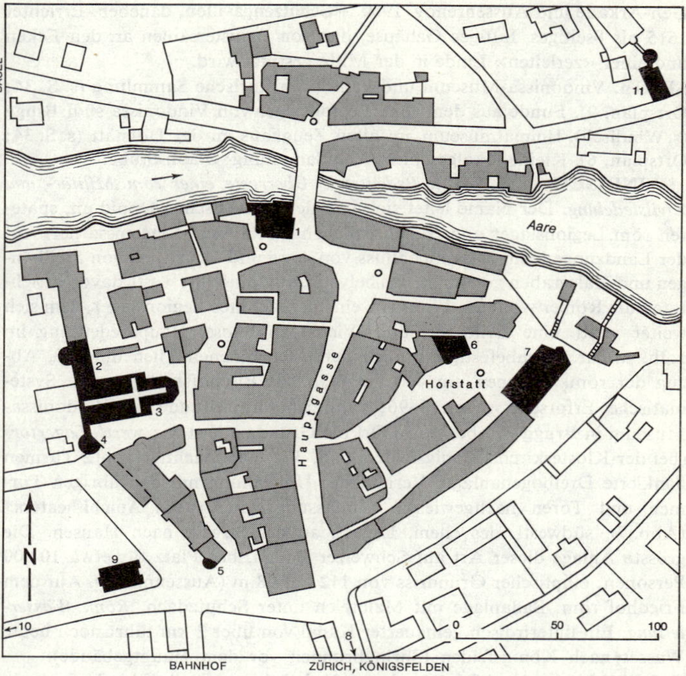

Ortsplan Brugg

1. Schwarzer Turm. – 2. Ehem. Lateinschule. – 3. Ref. Stadtkirche. – 4. Archivturm. – 5. Storchenturm. – 6. Heimatmuseum, ehem. Zeughaus. – 7. Ehem. bernisches Salzhaus. – 8. Stadthaus. – 9. Vindonissa-Museum. – 10. Schlösschen Altenburg. – 11. Ehem. Schützenhaus

mit Turnanlagen. Stapfer-Schulhaus. Erb. 1911 von Albert Froelich. – Freudenstein-Schulhaus und Turnhallen. Erb. 1956 von C. Froelich. – Schützenbrunnen. Zierlicher Schalenbrunnen mit säulenartigem Mittelpfosten, 1603 in Spätrenaissanceformen errichtet. – Masswerkbrüstung vom ehem. Obertorturm, 1574. – Sog. Rösslibrunnen. Halbkreisförmiger Empirewandbrunnen von 1838. – **Schlösschen Altenburg** (Ortsplan, 10). Im Aareknie, an Stelle eines spätröm. Flusskastells um 375, das spätgot. Turmhaus mit Treppengiebeln wohl 16. Jh. An der W-Seite ist die 7 m hohe und urspr. 5 m starke röm. Mauer, die höchste erhaltene in der Schweiz, einbezogen. Als Jugendherberge ausgeb. 1940–43. – Haus östl. des Schlösschens. Spätgot. Giebelbau von 1570. – Hallwylschulhaus. Erb. 1968 von Walter M. Förderer und Hans Zwimpfer. – *Vorstadt*, auf dem nördl. Ufer. – Farbturm. Dreiviertelrunder Eckturm im NW 1522–25; anschliessend Stadtmauer mit Wehrlaube. – Ehem. Schützenhaus (Ortsplan, 11). Schlichter Rechteckbau von 1764–65; Ausbruch einer

Geh-Arkade und Aussenrenov. 1960. – **Schützenpavillon,** daneben. Errichtet 1615 als 8seitiges, luftiges Gehäuse, das von Balustersäulen an den Ecken und einer «zerleiten» Linde in der Mitte gestützt wird.

Museen. Vindonissa-Museum und kant. prähistorische Sammlung (s. S. 34; Ortsplan, 9). Funde aus dem röm. Legionslager von Vindonissa südl. Brugg (s. Windisch). Heimatmuseum, im alten Zeughaus an der Hofstatt (s. S. 34; Ortsplan, 6). Kleine lokalgeschichtliche Sammlung; Stäbli-Stube.

WINDISCH** (Abb. 7–10). *Bedeutende Überreste einer röm. Militär- und Zivilsiedelung.* Der Name leitet sich von dem helvetischen Oppidum, späteren röm. Legionslager und frühchristlichen Bischofssitz **Vindonissa** her. Auf der Landzunge beim Zusammenfluss von Aare und Reuss lag, von Steilhängen und Halsgraben geschützt, das helvetische Oppidum; westl. davon errichteten die Römer wohl um 17 n. Chr. ein ausgedehntes Legionslager, dem sich weiter westl. eine zivile Siedlung (Vicus) anschloss. Hauptbedeutung im 1. Jh. n. Chr.; Neubefestigung nach den Alemanneneinfällen um 260, Abzug der röm. Truppen um 400, im 6. Jh. als Bischofssitz genannt. Systematische Erforschung seit 1896; zahlreiche Einzelfunde im Vindonissa-Museum in Brugg (s. oben). Am Ort die Grundmauern des *westl. Lagertors* (bei der Klosterkirche Königsfelden, s. S. 37), eine mächtige von 2 Türmen flankierte Dreibogenanlage; Verlauf der Umwallung mit den übrigen Türmen und Toren nachgewiesen. Umfassungsmauern des **Amphitheaters (Abb. 7), südwestl. des ehem. Lagers, an der Strasse nach Hausen. Die grösste Anlage dieser Art auf Schweizer Boden, bot Platz für etwa 10 000 Personen; elliptischer Grundriss von 112 auf 98 m (Aussenmasse). Auf dem Friedhof röm. Badanlage mit Malereien unter Schutzdach. *Röm. Wasserleitung.* Ein unterirdisch gemauerter Kanal von über 2 km führt noch heute Wasser nach Königsfelden (Springbrunnen vor dem Hauptgebäude).

Ref. Pfarrkirche. Nachfolgerin einer frühchristlichen Bischofskirche; neuerb. um 1300 als stattliche frühgot. Saalkirche mit flachgedecktem, von dekorativ umrahmten Schlitzfenstern erhelltem Schiff. Quadratischer, kreuzgewölbter Chor und nördl. angefügter Turm um 1400, letzterer 1642 erhöht und mit einer barocken Zwiebelhaube bekrönt. Im Winkel zwischen Turm und Chor der nach N und O vorspringende spätgot. Sakristeianbau. Renov. 1964–67. Im Chor bemerkenswerte gotische Wand- und Deckenfresken um 1400 mit Darstellungen des Titelheiligen Martin, der Evangelistensymbole u. a. Schmucke Holzkanzel 1665; interessante Barockepitaphien 17.–18. Jh. In der Sakristei Spolie mit Bauinschrift eines Bischofs Ursinos 8.–9. Jh. – Kath. Pfarrkirche St. Maria. Erb. 1965 von E. R. Lanners und R. Wahlen. – Schulhaus Dohlenzelg. Erb. 1956–57 von Hänni und Haenggli. – Höhere Technische Lehranstalt (Abb. 8). Erb. 1964–66 von Bruno und Fritz Haller. Stahlskelett mit Fachwerkträgern, Aussenhaut aus Chromnickelstahl und Verbundglas. – Kantonale Psychiatrische Heilanstalt, Schwesternhaus. Erb. 1963–64 von Barth, Zaugg und Schenker. Elfgeschossiges Hochhaus mit 3eckförmigem Grundriss, gegenüber HTL. – Erweiterungsbauten der Heilanstalt. Erb. 1967–69 von W. Blattner, H. E. Schenker und H. Brunner, 2-, 3- und 4geschossige Pavillons, alle mit Innenhof.

Ehem. Kloster Königsfelden* (Abb. 9, 10). *Die Klosterkirche gehört zu den Hauptwerken der Bettelordensarchitektur in der Schweiz; sie birgt einen höfisch-got. Glasgemäldezyklus von europäischem Rang.* Als habsburgische Gedenkstätte und Grablege unweit ihrer Stammfeste gestiftet 1310 von Königin Elisabeth, Witwe des deutschen Königs Albrecht I., der an dieser Stelle am 1. Mai 1308 von seinem Neffen Johann von Schwaben wegen hauspolitischen Zwists ermordet wurde. Doppelkloster, von Franziskanern, denen die Seelsorge oblag, und von Klarissinnen aus Söflingen bei Ulm besiedelt. Nach

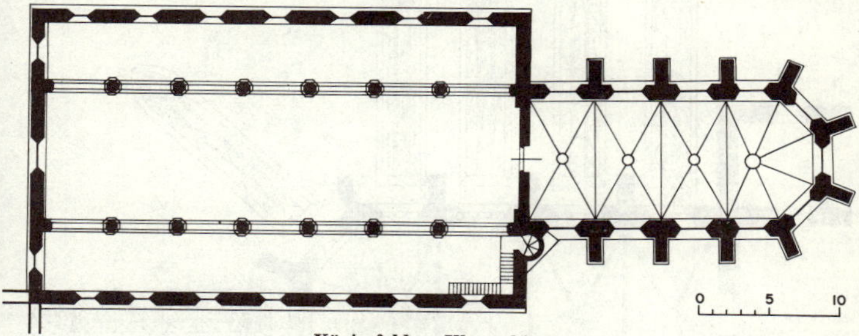

Königsfelden. Klosterkirche

dem Hinschied der Gründerin 1313 betreute ihre Tochter Agnes, die früh verwitwete Gattin des Ungarnkönigs Andreas II., von 1317 bis zu ihrem Tod 1364 die habsburgische Stiftung. Sie war eine kluge Vorsteherin des vornehmen Nonnenstiftes, das unter ihrer tatkräftigen Führung seine Blütezeit erlebte. Nach der Eroberung des Aargaus durch die Berner 1415 ging die Verbindung des Konvents mit dem Stifterhaus verloren. In der Folgezeit zunehmender sittlicher Verfall, der 1528 zur Selbstauflösung des Klosters führte. Der reiche Kirchenschatz wanderte grossenteils in die Münz; Reste im Historischen Museum Bern erhalten. Die Klostergebäude wurden zum Verwaltungssitz der bernischen Landvogtei Königsfelden ausgebaut. Seit 1804 dienen sie als kant. psychiatrische Klinik, wobei die Hälfte des beachtlichen Baukomplexes 1868–72 dem Anstaltsneubau weichen musste.

Klosterkirche. Typus der im frühen 14. Jh. in der oberdeutschen Provinz gebräuchlichen Bettelordenskirchen. Grundsteinlegung 1310 durch Königin Elisabeth, Weihe des Langhauses durch den Bischof von Strassburg 1320, Weihe des vom Werkmeister von Bern erbauten Chores 1330; Bau und architekturgebundene Ausstattung sind als einheitliches Werk zwischen 1310 und 1330 entstanden. Unter Bern wird nur der Chor für den Gottesdienst benützt, während im Schiff 1777 nach Entfernung von Lettner und Nonnenempore ein 4stöckiges Kornhaus eingerichtet wurde. Renov. 1891–1900. Dreischiffige, 7achsige, flachgedeckte Basilika ohne Querschiff und gewölbter, mittelschiffbreiter Langchor mit $^5/_8$-Schluss unter einheitlichem Satteldach mit nadelschlankem, rekonstruiertem Dachreiter. Schlanke, den basilikalen Querschnitt widerspiegelnde W-Fassade; die Portalzone mit 3 spitzbogigen Eingängen ist durch ein Sohlbankgesims ausgeschieden, auf dem zwischen den kleinen, nach aussen gerückten Seitenfenstern das 12 m hohe, 3lanzettige Mittelfenster emporwächst. Darüber eine kleine Giebelrosette. In der Längsansicht kontrastiert das kahle, langgestreckte Schiff, in welchem je sieben Hoch- und Seitenschiffenster auf durchgezogenen Sohlbankgesimsen sitzen, mit dem aufstrebenden, durch Masswerk und Streben reichgegliederten Chor. Auf dem ca. 4 m hohen Chorsockel, dessen Gesims um

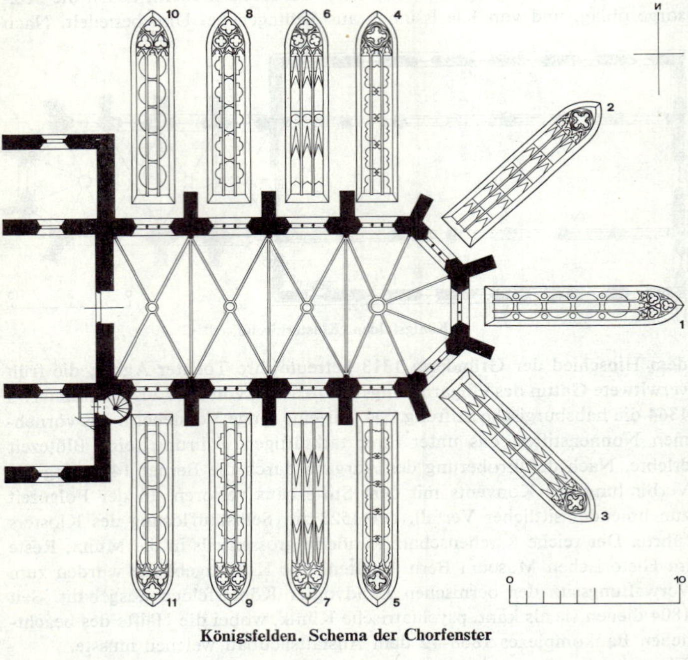

Königsfelden. Schema der Chorfenster

die kräftigen 3stufigen Strebepfeiler verkröpft ist, erheben sich elf 3lanzettige Spitzbogenfenster, deren feindifferenziertes reifes Rayonnantmasswerk einander paarig entspricht; Füllungen 1897–1900 ersetzt, die Originale zwischen den Strebepfeilern am Boden aufgestellt. Im S-Winkel zwischen Schiff und Chor, auf trompenartiger Gesimsdiagonale Rundschneggen mit urspr. Aufgang zum Dachstock. Auch im *Innern* kontrastiert das kastenartige Schiff, in dem kämpferlose Achteckpfeiler mit gekehlten Spitzbogen die hohen kahlen Oberwände tragen, mit dem feingliedrigen, von farbigem Licht erfüllten Chor. Das östl. Schiffsjoch ist tiefer und enthielt urspr. den Lettner. Über der ehem. Lettnerrückwand öffnet sich fensterartig der spitze, stark eingezogene Chorbogen, darüber eine hohe Wandzone mit Malereien zweier Epochen um 1400 und 2. V. 15. Jh.: Darstellung des Pantokrators zwischen

Maria und Johannes als Fürbittern und der Evangelistensymbole. Die Wände des Schiffs mit roter Fugenmalerei nach originalen Spuren ergänzt 1892. Der zum Altarhaus hin 2mal erhöhte Chorboden ist mit eichblattgeschmückten, braun-schwarz glasierten Tonfliesen ausgelegt. In den von einem scharfkantigen Horizontalband abgeschlossenen Chorsockel sind die gekehlten Spitzbogen zweier Türen, der Piscina und der Zelebrantensitze eingelassen, letztere mit eingeblendetem Masswerk. Dreigliedrige Dienste (präzise Birnstäbe) unter der Sohlbank auf Spornkonsolen ansetzend, nur im Altarhaus bis zum Boden durchlaufend, gehen kämpferlos in die Rippen der Kreuzgewölbe über, welche in skulptierten Schlusssteinen zusammenlaufen. Der östliche Schlussstein zeigt den Pantokrator sowie an den Seiten das Reichswappen und die Inschrift REX ALBERTUS; die 3 westl., blattgeschmückten Schlusssteine haben an den Seiten folgende Wappen: Reichsadler, Habsburger-Löwe, Bindenschild und Ungarnkreuz. Die 11 Masswerkfenster, welche die Schildwände fast ganz auflösen, bergen einen grossartigen *Glasgemäldezyklus** (Abb. 9). *Er gehört zu den reifsten und kühnsten Leistungen der europäischen Glasmalerei des 14. Jh.* Wie die erhaltenen Donatorenbilder am Fuss von 5 Fenstern beweisen, haben die Kinder des ermordeten Königs Albrecht den Zyklus gestiftet, zweifellos unter Leitung von Königin Agnes. Aus den Heirats- und Todesdaten der Stifter ergibt sich, dass die Chorfenster als einheitliche Schöpfung von 1325–30 entstanden sind. Schwere Hagelschäden haben auf der S-Seite Teile, aber kein Fenster gänzlich zerstört; etwa ein Viertel der Gläser neu, ein weiteres Viertel überarbeitet. Renov. 1896–1900, wobei die Lücken durch neue Ornamente ersetzt wurden.

SCHEMA

1. Passion Christi. Im Mittelfenster und als geistige und formale Mitte des ganzen Zyklus die Kreuzigung, begleitet von Geisselung, Beweinung (zugleich Kreuzabnahme) und Grablegung.
2. Menschwerdung Christi. Von unten nach oben: Verkündigung an Maria, Verkündigung an einen Hirten und Geburt Christi, Anbetung der Hl. Drei Könige, Darbringung im Tempel und Taufe Christi.
3. Erscheinungen Christi nach seinem Tode. Auferstehung, Noli me tangere, Christus und Thomas, Himmelfahrt und Pfingsten.
4. Aus dem Leben Johannes' d. T. und der Hl. Katharina. Die Hl. Elisabeth v. Thüringen zwischen dem Stifterpaar Albrecht II. v. Österreich und Johanna v. Pfirt (Heirat 1324), Verkündigung an Zacharias, Enthauptung des Täufers; Katharina wird von der Marter errettet und Enthauptung der Heiligen.
5. Aus dem Leben des Apostels Paulus, fragmentarisch erhalten. Der junge Saulus bei der Steinigung des Hl. Stephanus, Bekehrung des Saulus, Enthauptung des Paulus; Tod Mariä, zu ergänzen Marienkrönung.
6. Sechs Apostel. Stifter Heinrich v. Österreich, gest. 1327; darüber Thomas, Paulus und Jakobus major, oben Judas, Matthäus und Simon; dazwischen die Propheten Habakuk, Zacharias und Jesaias.
7. Sechs Apostel. Jakobus minor, Petrus, Bartholomäus, oben Philippus, Johannes und Andreas; z.T. von 1900.

8. Aus dem Leben des Hl. Franziskus. Stifter Herzog Otto v. Österreich und (nicht erhalten) Elisabeth v. Bayern, Heirat 1325; der Hl. Franziskus sagt sich von seinem Vater los, Bestätigung der Ordensregel durch Papst Innozenz III., Vogelpredigt (Abb. 9), Stigmatisation und Tod.
9. Aus dem Leben des Hl. Nikolaus. Stifter Herzog Rudolf v. Lothringen; Auferweckung der 3 getöteten Schüler, Ausstattung der 3 verarmten Jungfrauen, Artemiswunder, Stratelatenwunder.
10. Aus dem Leben der Hl. Anna. Verkündigung der Geburt Mariä, Begegnung an der Goldenen Pforte, Geburt Mariä, Tempelgang und Anna selbdritt zwischen den Hl. Laurentius und Christophorus.
11. Aus dem Leben der Hl. Klara. Stifter Leopold I. v. Österreich, gest. 1326, und Katharina v. Savoyen; die Hl. Klara empfängt die geweihte Palme, sie lässt sich vom Hl. Franziskus die Haare abschneiden und wird eingekleidet; die Heilige widersetzt sich dem Versuch ihrer Angehörigen, sie zurückzuholen; ihr Gebet für die Rettung ihres Klosters vor den Sarazenen.

Das ikonographische Programm ist hier wie selten vollständig überschaubar; es untersteht der Leitidee der «imitatio Christi», wobei franziskanisches Gedankengut und habsburgische Lieblingsheilige gleichermassen zu Ehren kommen. Dem einheitlichen ikonographischen entspricht ein künstlerischer Gesamtplan; der leitende Meister ist offensichtlich mit den modernsten Wagnissen der zeitgenössischen Malerei vertraut. Tabernakel- und Medaillonsfenster wechseln. In der Komposition werden grossfigurige, lesbare Erzählungen bevorzugt, die über das trennende Sprossenwerk durch Unter- oder Überschneidungen hinausgreifen. Möbelhafte Bauwerke nach Vorbildern des frühen Trecento beginnen den Bildraum nach der Tiefe perspektivisch auszuweiten. Die Glasmalereien von Königsfelden sind ein Höhepunkt höfischer Hochgotik, überragend durch ihre künstlerische Qualität und klassische Formgesinnung. Die Werkstatt ist urkundlich nicht zu lokalisieren; stilistische Vergleiche weisen auf den Oberrhein mit dem Schwerpunkt Strassburg. In den Langhausfenstern nur noch Fragmente einer urspr. vollständigen Farbverglasung: Kniende Fürsten, König Rudolf v. Böhmen und Herzog Albrecht II. v. Österreich, Überreste der in Fürbitte das Mausoleum umgebenden Familie König Albrechts, um 1360; Christus-Johannes-Gruppe, Gethsemane-Christus und Ornamentfelder mit Blattmustern um 1330. Die spätgot. Kanzel 6seitig mit Masswerkbrüstung zählt zu den seltenen beweglichen Holzmöbeln dieser Gattung.

Grabdenkmäler. Im östl. Drittel des Schiffs befindet sich das ehem. habsburgische Erbbegräbnis, eine rechteckige, tonnengewölbte Gruft, zu der 9 Stufen hinabführen. Darüber erhebt sich der Kenotaph, um 1320, dessen schwarzer Marmorkorpus mit weissem Marmormasswerk aus Spolien von Vindonissa belegt ist; Rest. 1960. Ringsum eine barocke Holzschranke von 1600 mit den Namen der urspr. hier bestatteten 11 Mitglieder des Hauses Habsburg, die 1770 auf Begehren Kaiserin Maria Theresias nach St. Blasien überführt und seit 1807 in St. Paul in Kärnten beigesetzt sind. In den Seitenschiffen Tischgräber und an die Wände versetzte Grabplatten: für Caecilie v. Rinach, Witwe des bei Sempach gefallenen Albrecht v. Mülinen, gest. 1410;

Agnes v. Habsburg-Laufenburg, gest. 1352; Ritter Wolfhart I. v. Brandis, gest. 1371, sowie für 7 1386 bei Sempach gefallene Ritter. Seit dem 15. Jh. Grabmäler bernischer Hofmeister und ihrer Angehörigen, u. a. Tischgrab für Joh. Bernh. v. Muralt, gest. 1680. Grabplatte für Herzog Heinrich v. Rohan, gest. 1638 in Königsfelden, beigesetzt in Genf. Memorientafel für Herzog Leopold III. und die Sempacher Ritter, 1692 nach einem ehem. Wandgemälde im Chor.

Ehem. Klostergebäude. An die Kirche schloss sich beidseits je ein Gebäudegeviert mit Hof. Nördl. der Kirche ist als einziger Überrest des Klarissinnenklosters das ehem. *Archiv- oder Schatzgewölbe* von 1310–12 erhalten. Zweijochiger, kreuzgewölbter Rechteckraum, mit 2 Nischen an der Langseite; die massigen Birnstabrippen laufen in polychromierten Blattschlusssteinen zusammen. An den Längswänden Malereien mit den schematisch aufgereihten, knienden Gestalten der 27 Ritter, die 1386 in der Schlacht bei Sempach mit Herzog Leopold III. fielen und in Königsfelden beigesetzt wurden; zugehörige Inschriften und Wappen. Die Originalmalerei vom E. 14. Jh. von Maximilian Wischack 1533–34 erneuert; Rest. 1952. Von dem ehem. Franziskanerkloster südl. der Kirche mit Kreuzganggeviert und westl. anschliessendem kleinem Wirtschaftshof sind stark veränderte Teile erhalten. – *Ehem. Hofmeisterei.* Der 5teilige, spätgot. Trakt beim Brunnen zeigt in reizvoller Staffelung einen polygonalen Schneggen von 1599 mit Spätrenaissanceportal von 1669, flankiert von je 2 Giebelhäusern mit frei ausgewogenen Reihenfenstern; Renov. 1947–49. Wirtschaftsbauten nahmen in freier Ordnung den W-Teil des Klosterareals ein, das von einer hohen Mauer mit Torturm wie eine mittelalterl. Kleinstadt umgeben war. Neue Anstalt, nordwestl. der Altbauten. Stattlicher spätklassizistischer Bau von schlossähnlichem Aussehen, 1868–72 von Carl Rothpletz.

MÜLLIGEN. Ehem. Mühle, erwähnt 1273. In unberührter Reusslandschaft gelegener spätgot. Mauerbau mit Treppengiebel und Satteldach.

GEBENSTORF. Ref. Pfarrkirche. Neugot. Anlage, erb. 1889–91 von Paul Reber; Rest. 1969–70.

UMIKEN. Ref. Pfarrkirche. Langgestrecktes roman. und got. Schiff, Polygonalchor 1521 und 1770 in gleicher Breite, axialer Eingangsturm nach 1488; Aussenrenov. 1953. Das flachgedeckte Innere rest. 1968–69; spätgot. Taufstein. – Pfarrhaus. Erb. 1752–55 vermutlich nach Plänen von Giov. Gaspare Bagnato; Renov. 1960–62. Stattlicher spätbarocker Pfarrhof mit wappengeschmücktem Portal und Gerschilddach. – Pfarrscheune. Schmucker Mauerbau von 1760, der zusammen mit dem Pfarrhaus einen Innenhof umschliesst; Renovation und Ausbau für die Kirchgemeinde 1961–62. – Dorfbrunnen. Derber balusterförmiger Spätrenaissancestock von 1597.

VILLNACHERN. Ehem. Untervogtei. Spätgot. Giebelhaus von 1578 mit Staffelfenstern und skulptiertem Berner Wappen.

UNTERBÖZBERG. Ref. Pfarrkirche. Zwanglos gefügte Baugruppe von eindrücklicher Geschlossenheit. Die unregelmässige, kubisch ausgewogene Kirche besteht aus dem roman., in got. Zeit nach W verlängerten Schiff, dem im S fluchtenden, im N um die Breite des ehem. Turms eingezogenen Polygonalchor von 1483 und der gleichzeitigen südl. Seitenkapelle; westlich davor der auf die Chorachse bezogene Eingangsturm von 1834 mit Käsbissen in Firstrichtung des Schiffs. Aussenrenov. 1962. Spätgot. Sakramentshäuschen 1483. Spätgot. Abendmahlskelch 15. oder 16. Jh. Moderne farbige Chorverglasung von Roland Guignard. – Pfarrhaus. Nachgot. Giebelbau 1664–65 mit gekehlten Reihenfenstern; Renov. 1951.

MÖNTHAL. Ref. Pfarrkirche. Flachgedecktes roman.-frühgot. Rechteckschiff; gewölbter, gerade geschlossener Chor um 1480, dessen Pultdach sich an den nördlich in gleicher Flucht stehenden älteren got. Käsbissenturm anlehnt; Innenrenov. 1957–58. Spätgot. Taufstein, Kanzel 1613, barocke Chorrichtersitze. Im Chorfenster Rundscheibe 1590 mit Lamm Gottes und Wappen der Ratsherren von Brugg; in den Schiffenstern Wappen von 1660.

REMIGEN. Kirche. Chorloser Rechtecksaal 11.–12. Jh., vergrössert Mitte 15. Jh.; spätgot. Käsbissenturm vor der W-Front, bündig mit der N-Mauer. Renov. 1957–58 und moderner Innenausbau mit Glasmalereien von Willy Kaufmann. Wandmalereifragment um 1460 mit einer Szene aus der Petruslegende. – Ehem. Zehntenhaus, Nr. 91. Spätgot. Mauerbau mit Treppengiebeln und Staffelfenstern; Aussenrenov. 1958.

STILLI. Schulhaus, ehem. Gasthaus Bären. Gutgegliederter klassiz. Rechteckbau 1830–40 mit frontseitiger Säulenhalle und gekrümmtem Walmdach.

VILLIGEN. Ehem. Kirche. Diente als Kuratkapelle der Pfarrei Rein. Im 19. Jh. profaniert, danach stark verwahrlost; Renov. 1961–65. Roman.-frühgot. Saal und gleichbreiter stämmiger spätgot. Chorturm unter Giebeldach. Turmuhr 1535 von Lorenz Liechti. – Schmiedebrunnen, an der südl. Hauptstrassengabel. Dat. 1583, mit balusterförmigem, ornamentiertem Spätrenaissancestock und jüngerem profiliertem Achtecktrog. – Halseisenbrunnen, an der nördl. Hauptstrassengabel. Ähnlich dem Schmiedebrunnen, dat. 158(?); Trog 1967 kopiert.

MANDACH. Ref. Pfarrkirche. Rechtecksaal mit Eingangsturm, 11. Jh., 1518, 1667 und 1732. Spätgot. Fresko mit Ölbergdarstellung um 1520, freigelegt und rest. 1962–63. – Ruine Wessenberg, westl. Mandach. Vor 1207 errichteter Stammsitz der Freien v. Wessenberg. Langgestreckte Gratburg mit Halsgraben; seit dem 15. Jh. zerfallen.

WYNEN- UND SUHRENTAL–AARBURG–ZOFINGEN

BUCHS. Ref. Pfarrkirche. Erb. 1949–50 von A. und H. Oeschger. – Kath. Pfarrkirche St. Johannes. Erb. 1965–67 von Hanns A. Brütsch. – Speicher beim Haus Nr. 94. Blockbau des 17. Jh., mit herumgeführter Obergeschosslaube. – Speicher beim Haus Nr. 119. Ständerbau des 18. Jh.

SUHR. Ref. Pfarrkirche, auf freiem Hügelsporn. Urpfarrei der Gegend und Mutterkirche von Aarau, deren 1956 festgestellte älteste Anlage aus vorkaroling. Zeit über einem helveto-römischen Vierecktempel errichtet war; unter Kippboden im Chor sichtbare, konservierte Mauerreste. Der heutige einheitliche Neubau von 1495 ist eine flachgedeckte spätgot. Saalkirche mit eingezogenem, masswerkgeschmücktem Chor und nördl. Käsbissenturm. Renov. 1956–57, gleichzeitig Chorfenster von Felix Hoffmann. Fragment eines Dreikönigsfensters 2.H. 14.Jh. Spätgot. Taufstein 1495. – Gasthaus Kreuz. Stattlicher, 1686 veränderter Mauerbau mit Fachwerkgiebel, dekorativ bemalter Ründe und traufseitigem, spitzbehelmtem Schneggen von 1610; Aussenrenov. 1967. – Kath. Pfarrkirche Heilig-Geist. Erb. 1960 von Hanns A. Brütsch. – Gasthaus Bären. Gutproportionierter Barockbau von 1773 unter Gerschilddach. – Salzhof, westl. Möbel-Pfister. Spätgot. Mauerbau von 1576 mit südl. Treppenturm, um 1700 barockisiert; Aussenrenov. 1952. Die Ründe des Gerschilddachs ist durch originelle Zierbüge in Form von Karyatiden gestützt. Zugehöriges Ökonomiegebäude, Nr. 51, östl. davon; Aussenrenov. 1957–58. – Haus Kyburz, Nr. 279, an der Aarauerstrasse. Gutes nachgot. Giebelhaus von 1600 mit Staffel- und Reihenfenstern; Renov. 1952–53 und Ausbau für Gemeindezwecke, u.a. Heimatmuseum. – Haus Gysi, Nr. 156, an der Kirchgasse, ehem. Schulhaus. Mauerbau unter Krüppelwalmdach, dat. 1633 und 1837. – Haus Wildi, Nr. 89, an der Bernstrasse. Ländlicher Barockbau unter Krüppelwalmdach 1786. – Wynahof, Nr. 86, östl. des Dorfes. Bürgerlich geprägtes Louis-XVI-Wohnhaus E.18.Jh. mit angebauter Scheune unter durchlaufendem Walmdach. – Wynabrücke, am östl. Dorfausgang. Gemauerte Bogenkonstruktion 1770. **Museum.** Heimatmuseum, im Kyburzhaus. Kleine lokalgeschichtliche Sammlung; interessante Kollektion von Möbelbeschlägen und Türklopfern des 15.–18.Jh.

***GRÄNICHEN. Ref. Pfarrkirche*.** Der Neubau 1661–63 von Abraham Dünz ist *ein Hauptwerk des protestantischen Kirchenbaus im Aargau.* Chorloser Rechtecksaal mit Eckstreben, westl. Eingangsturm und östl. abgewalmtem Satteldach. Während sämtliche Fenster nachgot. Masswerk aufweisen, sind die Uhrgiebel des Turms barock geschweift und mit Voluten und Obelisken geziert. Alabasterkanzel in der Mitte der O-Wand und barocker Taufstein mit geflügelten Engelsköpfen 1663. Fünf Wappenscheiben 1663–66 von Hans Ulr. II Fisch. – Ehem. Beinhaus. Zweigeschossiger Rechteckbau mit Satteldach 15.–16.Jh. – Pfarrhaus. Behäbiger Putzbau unter Gerschilddach 1580, barockisiert 1719, die Giebelründen 1908. – Sog. **Vogtshaus,** Nr. 111. Gehört zu den besten nachgot. Profanbauten des Aargaus. Als bernische Untervogtei erb. 1674. Dreigeschossiger Mauerbau mit akzentreichen, asymmetrisch gegliederten Fronten unter gekrümmtem Gerschilddach mit Giebellaube. – Speicher bei der landwirtschaftlichen Schule Liebegg. Ständerbau von 1752 mit herumgeführter Obergeschosslaube; von Murgenthal hierher versetzt und renov. 1956. – **Schloss Liebegg.** Habsburgische Lehensburg; seit 1946 aargauischer Staatsbesitz. Die ehem. Doppelburg vom 16.–19.Jh. durch Neubauten ersetzt: an Stelle der sog. alten Burg auf dem höchsten Geländepunkt das spätgot. Wohnhaus von 1561–62 mit steilem Walmdach und Rundschneggen; 1907 stark erneuert. An Stelle der sog. neuen Burg im S Ökonomiegebäude von 1617–18 und klassiz. Wohntrakt von 1817 mit rundbogigen Hofarkaden. An der östl. Stützmauer des Gartens Grabplatten des 18.Jh.

TEUFENTHAL. Gasthaus zur Herberge. Schmucker Landgasthof von 1795 mit Louis-XVI-Fassadendekoration unter Walmdach; an der südl. Schmalseite quergestellter spätklassiz. Saalbau; rückseitige Erweiterung und

Aussenrenov. 1967–68. – Haus Bruder, Nr. 95. Zweigeschossiger Putzbau von 1797, gegliedert durch Stichbogenfenster mit reichskulptierten Schlusssteinen. Am nordseitigen Portal volkskunstartiger Reliefschmuck. – Speicher beim Gratzihof, östl. des Dorfes. Ständerbau mit ringsumgeführter Obergeschosslaube; Renov. 1950.
Schloss Trostburg, nördl. des Dorfes auf demselben Hügelzug wie Schloss Liebegg (s. Gränichen S. 43). Stammsitz der seit 1241 bezeugten Ritter v. Trostberg. Nach mehrfachem Besitzerwechsel seit dem frühen 17. Jh. zerfallen; heute Privatbesitz. Von der mittelalterl. Anlage sind einzig das 1494 unter Hans v. Hallwil, dem Helden von Murten, erbaute und seit 1932 renovierte Wohnhaus im Bereich der Vorburg samt dem nordöstl. anschliessenden jüngeren Flügel erhalten. Turmähnlicher, aussen gerundeter Mauerbau unter Steildach; spätgot. Fenstersäule und Wappentafel. Östl. davon Überreste des Bergfrieds.

DÜRRENÄSCH. Walti-Haus, Nr. 49, ehem. Untervogtei. Spätgot. Steinbau 1591 mit z.T. alter Fenstergliederung; Aussenrenov. 1967. – Speicher, Nr. 52. Ständerbau des 18. Jh. mit ringsumgeführter Obergeschosslaube. – Ölmühle, südl. des Dorfes. Erb. 1794; die guterhaltene technische Anlage 1965–67 als Demonstrationsobjekt wiederhergestellt.

***UNTERKULM. Ref. Pfarrkirche.** Schlichte mittelalterliche Landkirche, erwähnt 1045; Renov. 1967–68. Romanisches, mehrfach umgebautes, flachgedecktes Rechteckschiff, in dessen SO-Ecke der kraftvolle Glockenturm leicht einspringt; er ist eine reizvolle Kombination mittelalterl. Baustile: auf dem roman., in frühgot. Zeit erhöhten lapidaren Unterbau sitzt das spätgot. Glockengeschoss mit Masswerkschallöffnungen und einem steilen Käsbissen. Der eingezogene quadratische Chor von ca. 1300 ist mit einem mächtigen Kreuzgewölbe gedeckt. Er birgt einen 1967 freigelegten *Freskenzyklus** aus dem frühen 14. Jh., der dank seiner hervorragenden künstlerischen Qualität den ersten Platz unter den mittelalterl. Wandmalereien im Aargau einnimmt. Er zeigt in geschmeidigem Figurenstil und prägnanter Bildkomposition eine fragmentarische Apostelfolge an den Seitenwänden, die Hl. Martin und Fridolin an der Stirnwand, Majestas Domini, Weltenrichter, Gnadenstuhl und Marienkrönung in den Gewölbezwickeln; neben Einflüssen des höfischen Stils der Hochgotik ist die spätroman.-frühgot. Formtradition noch spürbar. Wenig jüngeres Kreuzigungsfresko in Wandnische des Chorbogens. Wappen- und Figurenscheiben: 2 von 1579, 2 von 1598, eine 1610 und 2 von H. B. Fisch 1643. Frühgot. Taufstein 14. Jh.; Kanzel 17. Jh. Grabplatte für Hugo v. Hallwil, gest. 1587; Epitaph 1696. – Gemeindehaus. Klassiz. Rechteckbau unter flachgeneigtem Walmdach, erb. um 1800 als Wohnhaus. – Sog. Statthalterhaus, ehem. Untervogtei an der Böhlerstrasse. Unter Verwendung eines älteren Wohnturms erb. im frühen 17. Jh., mit got. Fenstergruppen; Aussenrenov. 1960. – Landhaus Lindenhof, Nr. 97. Erb. 1778, mit korbbogigen Fenstergewänden, rückseitiger Laube, geschweiften Bügen, Ründe und Gerschilddach.

OBERKULM. Mühle, Nr. 218, im Untersteg. Mauerbau 1827, unter Gerschilddach mit Ründe. – **Speicher,** Nr. 106, im Obersteg. Letzter aargauischer Strohspeicher. Doppelgeschossiger Blockbau mit strohgedecktem Walmdach, 16. Jh.; Rest. 1959.

GONTENSCHWIL. Ref. Pfarrkirche. In spätgot. Schema neuerb. 1622, renov. 1958–59: Schiff und leicht eingezogener Polygonalchor unter gemeinsamem Dach mit Gerschild über dem W-Giebel. Vor der N-Flanke spätgot. Turm unter steilem Satteldach. Kanzel und Taufstein 1826; Wappenscheibenzyklus 1622 von Hans Ulr. I Fisch. – Bauernhaus Nr. 112. Urspr. strohgedecktes Hochstudhaus von 1789. – Speicher, Nr. 267, an der Kesslergasse. Zweigeschossiger Ständerbau von 1770, seitlicher Anbau 1815. – *Unterdorf.* Gasthaus Löwen. Stattlicher Landgasthof um 1800. – Bauernhaus Nr. 10. Stockhaus von 1775–80 mit reichgeschnitzter Türeinfassung. – Bauernhaus Nr. 11. Mauerbau 1782 mit verputztem Fachwerk; hübsche Rokokotür.

ZETZWIL. Alte Mühle, Nr. 97. Origineller Putzbau unter Gerschilddach, um 1790; an der symmetrischen Vorderfassade korbbogige Doppelarkade mit eingezogener, kreuzgewölbter Vorhalle. – Kinderheim Schürmatt. Erb. 1965–67 von K. Fehlmann.

LEIMBACH. Strohhaus, Nr. 17, auf dem Seeberg. Guterhaltener Hochstudbau in reizvoller landschaftlicher Situation; Neubedachung 1967.

REINACH. Ref. Pfarrkirche. Erster Kirchenbau nach der Reformation auf bernischem Hoheitsgebiet, 1529. Flachgedeckte Saalkirche mit quadratischem Turmchor; 1776 nach W verlängert, polygonale Vorhalle und neubarocker Turmabschluss anlässlich der Renov. 1904–05. – **Zum Schneggen,** ehem. Untervogtei, Hauptstrasse 53. Wichtigstes Bauwerk im Ortsbild; 3geschossiges, nachgot. Giebelhaus von 1604–05 mit axial vorgesetztem, polygonalem Schneggen, der das steile Satteldach um ein Geschoss überragt und in einen geschweiften Nadelhelm ausläuft. – Haus zum vorderen Schneggen, der Untervogtei schräg gegenüber. Einfacher, um 1800 erneuerter Putzbau mit spitzbehelmtem, polygonalem Treppenturm von 1688.

MENZIKEN. Ref. Pfarrkirche. Neugot. Bau 1889 von Arch. Ammann; Ausmalung von Jean I Renggli. – Kath. Pfarrkirche. Erb. 1906–07 von Paul Siegwart, 1972–73 durch Umbau und Erweiterung stark verändert. – Wespihaus, Nr. 87. Erb. um 1820 von Jost Kopp. Klassiz. Bürgerhaus mit flachem Walmdach und turmartig vorgesetzter Gartenloggia. – Aluminiumhochhaus. Erb. 1960 von Hans Hauri.

OBERENTFELDEN. Ref. Pfarrkirche. *Hauptwerk der reformierten Kirchenarchitektur des 19. Jh. im Aargau.* Erb. 1864–66 von Ferdinand Stadler unter teilweiser Wiederverwendung des Glockenturms von 1602; Renov. 1964–65. Geräumige spätklassiz.-neuroman. Anlage von klaren Proportionen, bestehend aus der 3schiffigen, flachgedeckten Pfeilerbasilika und kleinem Polygonalchor. Zwei Wappenscheiben von 1603. – Ehem. Untervogtei, Nr. 151, an der Bernstrasse. Wohnhaus 1778 unter Gerschilddach, südseits mit Ründe und geschnitzten Bügen. – Mühle, Nr. 124. Erb. 1594, im 18. Jh. verändert; behäbiger Mauerbau unter schwerem Gerschilddach mit Giebelründe. – Gasthaus Engel. Schmiedeisernes Rokokotavernenschild.

MUHEN** (Abb. 12). *Untermuhen.* Sog. Schlössli, Nr. 44, an der Suhre. Nachgotischer Mauerbau unter Satteldach 1619–24 mit längsseitigem Rundschneggen unter Spitzhelm. – Gasthaus Bären. Stattliche Anlage 1829 aus Gasthof und parallel gestellter Scheune, die durch niedrige Zwischenbauten mit Toreinfahrten verbunden sind und zusammen einen quadratischen Wirtschaftshof umschliessen. – **Strohhaus, Nr. 49 (Abb. 12), an der Hardstrasse. *Repräsentativstes Strohdachhaus der Schweiz* und wichtigstes hist. Bauernhaus des Kantons, das bis in alle Einzelheiten die Wesensmerkmale des im 16. Jh. ausgebildeten klassischen Aargauer Strohhaustypus vereinigt. Ständerbau M. 17. Jh. mit gemauertem Stock unter mächtigem, von 4 Hochstüden gestütztem Walmdach. Wiederaufbau nach Brandschaden 1962–63 und Einrichtung zum bäuerlichen Wohnmuseum; Eigentum der Aargauischen Vereinigung für Heimatschutz. – Bauernhaus Nr. 58, an der Suhrgasse. Bürgerlich geprägter Dixhuitième-Wohnteil und Scheune unter durchlaufendem Mansartdach. – Ref. Pfarrkirche. Erb. 1961 von Hans Hauri.

SCHÖFTLAND. Der Dorfkern mit Kirche, Pfarrhaus und Schloss bildet eine geschlossene Baugruppe. – **Ref. Pfarrkirche.** Stattliche got.-barocke Anlage, der bereits ein frühmittelalterl. Gotteshaus (7. Jh.) vorangegangen ist, wie die Grabungen anlässlich der Renov. 1964–65 gezeigt haben. Der heutige, 3seitig geschlossene Chor mit variationsreichem Fenstermasswerk und der nördl. angefügte, markante spätgot. Käsbissenturm erb. 1506. Das 1682 erneuerte Schiff bildet mit dem Chor durch die gemeinsame Bedachung und die durchgehende Felderdecke eine untrennbare Einheit. Glasgemälde 1953 von Felix Hoffmann. Alabasterkanzel und -taufstein 1683. Zwei Standesscheiben Bern um 1520; 1 Wappenscheibe 1521, 7 von 1683. Grabdenkmäler für Mitglieder der Familie v. May 18.–19. Jh. – Pfarrhaus, nördl. der Kirche. Neuerb. 1731 als Berner Stock unter steilem Walmdach; Renov. 1967. Über dem N-Eingang Wappendreiergruppe in Rollwerkkartuschen. Wandbild 1932 von Heinr. Danioth. – **Schloss**, südl. der Kirche, Sitz der Gemeindeverwaltung. Erb. 1660 für Wolfg. v. Mülinen-v. May; Renov. 1954–55. Dreigeschossiger, nachgot.-frühbarocker Baukörper unter Gerschilddach mit rundem, spitzbehelmtem Treppenturm und 2geschossigem Quertrakt an der südl. Längsfront. Täfer und Decken in Formen der Spätrenaissance. Östl. des Schlosses axial angelegter Vorhof, das Gartenportal von 2 klassiz. Torbauten, den sog. Wachthäusern flankiert. An der S-Seite des Hofs säulengestütztes Gartenhaus, an der gegenüberliegenden Stützmauer gegen den höheren Kirchhof Überreste von profanen Wandmalereien um 1600. Im Hof Glocken 1. H. 14. Jh. und 1506. – Gasthaus Ochsen, östl. der Kirche. Einfacher frühklassiz. Walmdachbau 1780 von Carl A. v. Sinner. – Sog. Salzpeterhaus, Nr. 129, an der Luzernerstrasse. Nachgot. Bau von 1641. – Haus Nr. 141, an der Picardiestrasse. Schlichter klassiz. Bau 1811 mit elegantem Mansartdach und westl. angefügter Scheune. – Kath. Kapelle. Erb. 1931 von Adolf Studer.

SCHLOSSRUED. Schloss Rued. Stammsitz eines 1155 erstmals bezeugten Edelgeschlechtes, der nach wechselvollen Besitzverhältnissen 1520 an die Familie v. May gelangt, in deren Händen er bis 1861 verbleibt; Privatbesitz. Das heutige Schloss nach Brand neuerb. 1792–96 von Carl A. v. Sinner für Carl Friedr. v. May. Auf einer das Rueder Tal überragenden Hügelkuppe

4geschossiger frühklassiz. Bau im Berner Landhausstil mit hohem Walmdach und turmartig vorspringendem Mittelrisalit. – Burg Altrued, auf einer Kuppe der südl. Talseite, gegenüber dem heutigen Schloss. Grundmauern eines frühverlassenen, rechteckigen Wehrturms. – Gasthaus Storchen, ehem. Kornhaus. Stattlicher nachgot. Mauerbau des 17. Jh. mit Ründe und Gerschilddach; Umbau 1843–44, Aussenrenov. 1954. – Ehem. Schlossmühle, Nr. 27. Dem «Storchen» sehr ähnliches, parallel zu ihm gestelltes Gebäude von 1658; modernisiert.

KIRCHRUED. Ref. Pfarrkirche. Alte Talkirche; roman. Langhaus aus dem 12.–13. Jh., 1682 barockisiert; der schwach eingezogene Polygonalchor um 1500. Aussenrenov. 1964–65, gleichzeitig Emporen- und Orgelerneuerung. Originelle Régencesonnenuhr (Kopie). Taufstein 1. V. 16. Jh., Kanzel und Chorgestühl um 1600. Vier Wappenscheiben v. May um 1535, 1651, 1684 und 1709. Grabplatte 1360 für Margaretha v. Rinach, Gemahlin des Markwart v. Ruoda; Epitaphien im Chor für Mitglieder der Familie v. May 16. und 18. Jh.

KIRCHLEERAU. Ref. Pfarrkirche. Roman. Saalkirchlein, der gleichbreite got. Polygonalchor mit nördl. angebautem Käsbissenturm 1595 von Antoni Stab; Vorhalle 1936–37. Kanzel um 1600. Zwei Wappenscheiben um 1498 von Lukas Schwarz, 4 weitere 1599 dem Josua Balduin zugeschrieben und eine von 1651. – Ehem. Untervogtei. Nachgot. Mauerbau dat. 1663, unter Krüppelwalmdach mit vorkragender, verschalter Giebellaube.

STAFFELBACH. Ehem. Zehntenhaus, Nr. 8, an der Strasse nach Kirchleerau. Behäbiger, 1692 und 1759 als bernisches Kornhaus errichteter Mauerbau mit kräftigen Eckpfeilern und gekrümmtem Gerschilddach; Aussenrenov. 1959–61. Bei der nordwestl. Hausecke mittelalterl. Gebäudekern, vielleicht ein ehem. Wohnturm. – Mühle, Nr. 26. Nachgot. Bau 1677 mit Eckstrebepfeilern und asymmetrischen Fenstergruppen; erweitert 1945. – Haus Nr. 53, im Bühl. Zweigeschossiger Berner Stock 1776 unter geknicktem Walmdach. – Haus Nr. 69. Erb. 1794, mit Krüppelwalmdach. – Bauernhäuser Nrn. 49 und 82. Letzteres mit Wappenrelief Dätwyler und Jahreszahl 1827. – *Wittwil*. Ehem. Schulhaus, Nr. 137. Symmetrisch gegliederter Putzbau von 1783 mit Gerschilddach. – Post, Nr. 123. Zweigeschossiges Bürgerhaus von 1785 unter Gerschilddach mit Giebelründe. – Kornspeicher, Nr. 131, westl. davon. Ständerbau von 1705 mit ringsumgeführter Laube und Steckwalm. – Haus Nr. 125. Mauerbau unter Satteldach dat. 1782. – Speicher, Nr. 127. Am Eingang dat. 1562. – Haus Nr. 135, im alten Dorfkern. Putzbau von 1732 unter Gerschilddach mit offener, reichgezimmerter Giebellaube.

MOOSLEERAU. Haus Nr. 9, vermutlich ehem. Untervogtei. Spätgot. Mauerbau 1557 mit 2seitiger Laube; erneuert 1849.

REITNAU. Ref. Pfarrkirche. Neuerb. 1522 als spätgot. Saalkirche, mit eingezogenem, tiefem Polygonalchor und neuroman. Frontturm von 1900. An der N-Seite Mauerreste der roman. Anlage; ausgegraben und konserviert 1948. Sechs bedeutende Figuren- und Standesscheiben (Kloster Schänis, Bern, Luzern) in Renaissanceformen, 1522 von Jak. Meyer und Niklaus Herport. Kanzel um 1600, Taufstein 1699. – Gasthaus Bären. Behäbiger Landgasthof von 1821 mit Stichbogenfenstern und bernischer Giebelründe; Aussenrenov. 1963.

KÖLLIKEN. Ref. Pfarrkirche. Saalbau mit eingezogenem Polygonalchor und N-Turm erb. 1507; neugot. renov. 1865–67, nach N und W erweitert 1920. – Pfarrhaus. Neuerb. 1573 und 1736. Putzbau unter Gerschilddach mit Ründe und geschnitzten Bügen. – **Gasthaus Bären.** Gutproportionierter Landgasthof von 1777 unter mächtigem Gerschilddach mit Ründe; Aussenrenov. 1956. An der strassenseitigen Giebelfront Eingangsportal über Freitreppe und Balkon mit reichgeschmiedetem Brüstungsgitter. – **Strohhaus Suter-Kasper,** Nr. 33, an der Hubelstrasse. Ständerbau von 1800, ein vorzügliches Beispiel des «monumentalen Typus»; Bedachung rest. 1961 ff. Speicher, daneben. Dreigeschossiger Ständerbau mit Doppellaube, dat. 1749. – Strohhaus Suter-Suter, Nr. 92. Hochstudhaus, 1803–04, späte Ausprägung des klassischen Typus; Bedachung rest. 1958 ff. – Haus Bindschedler, Nr. 192, im Oberdorf. Kleines klassiz. Berner Landhaus unter Walmdach 1801 mit rückseitiger Laube auf Holzsäulen.

UERKHEIM. Ref. Pfarrkirche. Vermutlich roman., 1673 und 1828 renoviertes Rechteckschiff, Polygonalchor in gleicher Breite von 1520; Gesamtrest. 1968–69. Der Chor ist mit seinen sorgfältig gearbeiteten 2lanzettigen Masswerkfenstern, den pflanzlich und ornamental verzierten Runddiensten und den gekehlten Rippen des Netzgewölbes ein Hauptwerk der spätgot. Steinmetzkunst im Aargau. Spätgot. Wandtabernakel und Taufstein. Fünf schöne Renaissancescheiben um 1520 von Hans Funk. – Pfarrhaus, am Fuss des Kirchhügels. Berner Stock unter Walmdach 1747, aufgestockt 1787.

***AARBURG.** Froburgische Kleinstadt am Aare-Engpass zu Füssen der gleichnamigen Burg. Keilförmig zwischen Burgfelsen und Fluss eingepasste Anlage aus 3 Häuserzeilen um einen Platz. Nach dem Stadtbrand von 1840 abweichender Wiederaufbau ohne die schmale Nordflanke mit den Hauptbefestigungen. Im S des Burgfelsens die seit dem Mittelalter bestehende, nie befestigte Vorstadt entlang der Aare.

Schloss und Festung*. *Imposanter, auf schmalem, langem Felsrücken malerisch gestaffelter Gebäudekomplex, der zusammen mit der Altstadt einen der schönsten Architekturprospekte des Landes darstellt.* Erb. seit dem 11. Jh. durch die Grafen v. Froburg, seit 1299 habsburgisch; 1415–1798 bernischer Landvogteisitz, seit 1804 aargauischer Staatsbesitz, heute Erziehungsanstalt. Zum dominierenden hochmittelalterl. Kernbau gehören Bergfried und Palas; spätgot.-frühbarocke Erweiterung im S mit polygonalem Schneggen 1621. Nach dem Bauernkrieg, seit 1659 unter Simon Erismann Ausbau zu einer der strategischen Artilleriefestungen Berns, die den gesamten Bergrücken bedeckt; Rest. 1956–57. – **Ref. Pfarrkirche,** am Aufstieg zur Festung. Ehem. Burgkapelle, seit 1484 Pfarrkirche; nach Brand neuerb. 1842–45 von Joh. Jak. Heimlicher, Umbau im Innern 1939. Stattliche neugot. Saalkirche mit repräsentativer Doppelturmfassade. – Pfarrhaus. Bernischer Barockbau von 1726; im Erdgeschoss ehem. Stadttor. Gasthof zur alten Post, in der Achse des Burgfelsens an der Aare. Komplexe Anlage aus got. Kernbau mit Treppengiebel und aareseitigem Vorgebäude; stadtseitiger Erweiterungsbau von 1840 an Stelle des alten Torwegs. –

Stadtplatz. Brunnen. Beschlagwerkverzierte Säule mit Affenmasken 1660; Rest. 1960. – Rathaus. Klassiz. Reihenhaus von 1828 mit doppelläufiger Freitreppe. – Haus Scheurmann, Nr. 145, heute Heimatmuseum. Bernischer Barockbau von 1750 mit fein instrumentierter, 3achsiger Hausteinfassade. – *Vorstadt.* Mühle, Nr. 321. Heutige Gestalt mit Satteldach und Ründe 1731. – Doppelhaus Nrn. 216–17, Hofmattstrasse. Gestreckter bernischer Louis-XVI-Bau um 1790 mit breit vorkragendem Walmdach.

Museum. Heimatmuseum. Kleine lokalgeschichtliche Sammlung.

OFTRINGEN. Bauernhaus Nr. 250. Stattliches Doppelhaus in Ständerkonstruktion mit Hochstüden unter Satteldach; interessante konstruktive Einzelheiten. – *Kreuzstrasse.* Sparkasse, Nr. 14. Als Bauernhaus erb. 1800–01, umgeb. 1930. – Gasthaus Traube. Einfacher klassiz. Bau mit flachem Walmdach. – **Burgruine Hintere Wartburg** (Vordere Wartburg oder Wartburg-Säli s. Kt. Solothurn, Band 2). Sitz der froburgischen Dienstmannen v. Ifenthal, seit 1379 im Besitz der Ritter v. Hallwil, 1415 von den Bernern verbrannt, 1966–67 ausgegraben und konserviert; Funde im Hist. Museum Olten. Hervorragendes Beispiel einer mittelalterl. Höhenburg. Der mächtige, an der nördl. Stirnseite abgerundete Wohnturm E. 12. Jh.; der grosse, südl. anschliessende Bering vor M. 13. Jh.

ROTHRIST. Bis 1889 hiess die Gemeinde Niederwil. – Ref. Pfarrkirche. Erb. 1714 von Abraham II Dünz als einfache tonnengewölbte Saalkirche mit polygonalem Schluss; vor der westl. Giebelfront neuroman. Turm von 1899. Kanzel und Taufstein 1714–15; gleichzeitig 8 Wappenscheiben und Standesscheibe Bern von Andreas Fueter. – Pfarrhaus. Ländliches Dixhuitième-Gebäude von 1714 mit Gerschilddach; Renov. 1958–66. – Haus Dr. Güttinger, Nr. 234, an der Hauptstrasse. Herrschaftliches klassiz. Bürgerhaus, 3geschossiger Kubus unter gekrümmtem Walmdach. – *Fleckenhausen.* Kornspeicher, Nr. 55. Kleiner, rittlings über dem Hardbach errichteter Ständerbau von 1769; Rest. 1958.

MURGENTHAL-GLASHÜTTEN. Ref. Pfarrkirche, 1964 von B. Huber. – Oberst-Künzli-Haus, Moosmatt. Spätklassiz. Landsitz; Rest. 1971–72.

BRITTNAU. Ref. Pfarrkirche. Nach Brand neuerb. zwischen 1547 und 1585, verlängert 1641; Renov. 1967–69. Saalkirche mit Masswerkfenstern und 3seitig geschlossenem Chor, an seiner N-Seite hoher Käsbissenturm. Kelchförmiger Taufstein 1576 mit verschiedenen Meisterzeichen u. a. von Antoni Frymund und Antoni Stab; Kanzel und Chorstühle 1641, Wappenscheiben um 1520 und 1702. – Mühle, Nr. 64. Erb. 1603 von Antoni Stab. Behäbiger Steinbau mit bernischer Giebelründe und polygonalem Schneggen an der Traufseite. – Haus Nr. 70, an der Strählgasse. Klassiz. bernisches Landhaus unter Mansartdach 1808. – Speicher, Nr. 128, im Ausserdorf. Ständerbau 1752 mit umgeführter Obergeschosslaube.

STRENGELBACH. Ref. Pfarrkirche. Erb. 1968 von Dubach und Gloor. Plastik, 4 Evangelistensymbole, von Peter Hächler.

VORDEMWALD. Ref. Pfarrkirche. Erb. 1949 von H. Hübscher.

***ZOFINGEN** (Abb. 13). *Vielfältiges offenes Stadtbild; der hochmittelalterlichen Anlage sind gute Einzelbauten der Spätgotik und des Barocks eingefügt.*

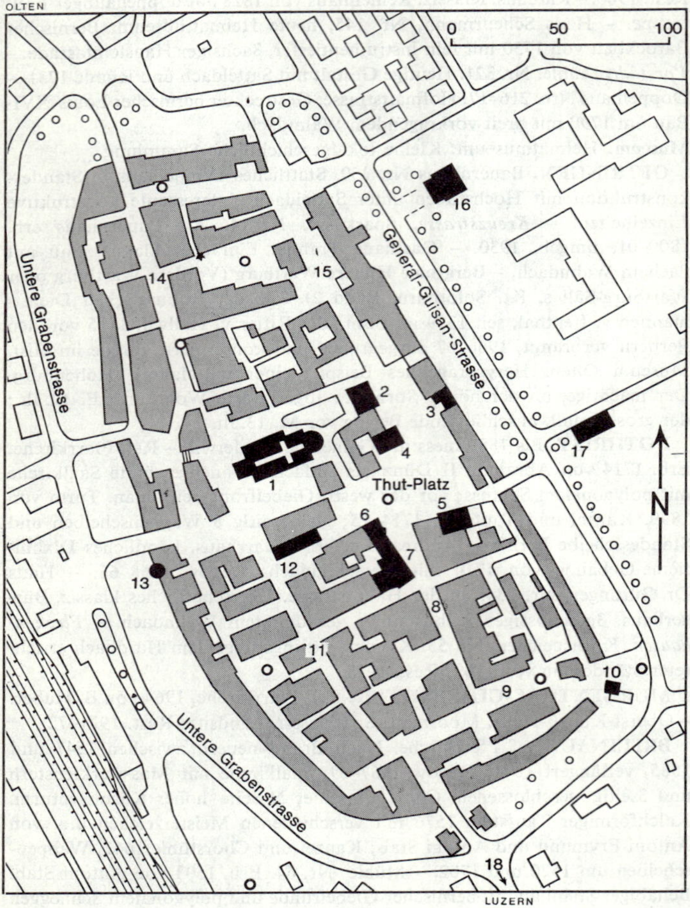

Ortsplan Zofingen

1. Ref. Stadtkirche. – 2. Ehem. Lateinschule, Stadtbibliothek. – 3. Ehem. Stiftsschaffnerei, heute Kirchgemeindehaus. – 4. Neuhaus, heute Schweiz. Bankverein. – 5. Ehem. Helferei. – 6. Ehem. Metzgernzunfthaus. – 7. Rathaus. – 8. Rathausgasse. – 9. Gerbergasse. – 10. Pulverturm. – 11. Vordere Hauptgasse. – 12. Markthalle. – 13. Folter- oder Strecketurm. – 14. Unterstadt, Vordere Hauptgasse. – 15. Hintere Hauptgasse. – 16. Städt. Museum. – 17. Ehem. Schützenhaus. – 18. Sog. Römerbad

Froburgische Gründung vor 1200, wohl gleichzeitig Umwandlung der vorhandenen, ehemals lenzburgischen Eigenkirche und Mutterpfarrei der Gegend in ein Chorherrenstift. Von 1415–1798 bernisch, seit 1803 aargauischer Bezirkshauptort. Einheitliche Anlage in Form eines unregelmässigen Rechtecks um den vorstädtischen Kirch- bzw. Stiftsbezirk in der kurzen Achse; südl. davon die Ober-, nördl. die Unterstadt. Die Lage der beiden Tore in der westl. Hälfte der Schmalseiten geht wohl auf die Zeit des Wiederaufbaus nach dem Brand von 1396 zurück; dazwischen, parallel zur westl. Langseite die Vordere Hauptgasse als wichtigste Verkehrsader. Keine Erweiterungen vor dem 18. Jh., als mit dem wirtschaftlichen Aufschwung Landhäuser vor den Toren entstanden; die Wohn- und Industriebebauung seit dem 19. Jh. ist sauber von der Altstadt getrennt, im O Zone der neuen öffentlichen Bauten. Die heutige Altstadt bietet einen vielfältigen Wechsel von engen Gassen- und offenen Platzprospekten; einheitliche Bauweise mit Kreuzgiebeln vor allem in der Unterstadt, in der Oberstadt Konzentration der öffentlichen Gebäude. Der Verlauf der vorwiegend 1361–63 ausgebauten Stadtbefestigung spiegelt sich heute in Grabengärten und Promenaden; aufrechterhalten sind von den einst zahlreichen Türmen nur 3 (s. S. 52, 53, 54), dazu ein Stück Wehrmauer (s. S. 53).

Ehem. Stiftsbezirk. **Ref. Stadtkirche*** (Ortsplan, 1). Als Stiftskirche St. Mauritius neuerb. im späten 12. Jh., Um- und Anbauten im 14.–15. Jh.; Chorneubau 1513–17 von Meister Steffan (wohl Ritzensdorfer), ausgeführt von Steffan Ruotschmann; Turmbau 1646–49 wohl nach Entwurf von Antoni Tierstein, Verstärkung der Fundamente 1655; Renov. 1911–12, des Turms 1928–29. Am Aussenbau weist die Vielfalt der Baukörper auf die Entstehung in mehreren Etappen hin, relative Einheitlichkeit nur in den Masswerkfenstern; die S-Seite zeigt noch roman. Gliederung, an der N-Seite sind alle Bauteile unter einem Schleppdach zusammengefasst. Überragender spätgot. Chor mit abgeschrägten Strebepfeilern, beidseits von doppelgeschossigen Sakristeien begleitet. Der Eingangsturm im W ist ein barocker Quaderbau mit Masswerkfenstern, volutengesäumten Uhrgiebeln, gestelzter Haube und spitzer Laterne; im Erdgeschoss, in der W-Mauer der Kirche frühroman. Türumrahmung mit Kerbschnittornamenten. Roman. 3schiffiges Langhaus mit Vierung und nicht vortretendem Querschiff; die 3 urspr. rundbogigen Mittelschiffarkaden auf Viereckpfeilern mit Kämpferprofil sind an der N-Seite 1324 durch 4 schlanke Spitzbogen auf Achteckpfeilern ersetzt worden. Gipsdecken von 1732 mit sparsamen Régencestukkaturen. Das nördl. Seitenschiff wird von 5 rippengewölbten Kapellen von 1483–85 und 1517 begleitet. Beim Bau des spätgot. Chors wurde unter dem W-Teil die 1911–12 wieder freigelegte 3schiffige roman. Hallenkrypta zugeschüttet. Chor von 2 annähernd quadratischen Jochen mit $^3/_8$-Schluss, 3teiligen Masswerkfenstern und kompliziertem Sterngewölbe auf feinprofilierten Diensten. Zu den netzgewölbten Sakristeien führen Türen, deren Rahmung aus sich durchdringenden Rundstäben besteht. – *Glasmalerei**. Im mittleren Chorfenster 12 Bildfelder aus einem hervorragenden Christuszyklus, mit Kreuzigung, Grablegung, Auferstehung und Fragmenten bekrönender Baldachine; elsässisch beeinflusst, um 1400. Drei Renaissancefigurenscheiben 1518 von Hans Funk und 3 gleichzeitige wohl aus der Werkstatt des Niklaus Herport. *Wandmalerei.* In der nördl. Sakristei, heute Taufkapelle, Kreuzigungsbild mit Stifter Göldlin 1518 von einem Meister B.S.; im N-Teil der Krypta sehr fragmentarisch erhaltene Darstellungen aus dem Leben Christi und Marterszenen 1. H. 14. Jh. Kanzel 1630–31 von Lienhard Jüppli mit reichgeschnitztem polygonalem Korb; Schalldeckel 1573. Taufstein 1651 von Jak. Berger; Abendmahlstisch 1. H. 17. Jh. Dreiteiliger spätgot. Chorstuhl um 1518 mit reichen ornamentalen und figürlichen Flachschnitzereien. Barockgrabmäler des 18. Jh. für Schultheissen, Stiftsschaffner und Pfarrer, urspr. in der Leichenhalle hinter der Schützenmatte, seit 1872 an den Wänden des Chors und der Seitenkapellen. An der O-Wand des südl. Seitenschiffs Erinnerungstafel 1706 wohl von Hans Jak. Langhans. Neugot. Orgel und W-Empore 1845.

Ehem. Lateinschule, Stadtbibliothek (Ortsplan, 2). Erb. 1600–02 von Antoni Stab; Rest. 1971–74. Dreigeschossiger, durch Eckstreben verankerter nachgot. Zweckbau mit schön verteilten 2- und 3teiligen Fenstern auf Gurtgesimsen; darüber Satteldach mit Gerschildern und an der Stirnseite Ründe auf geschnitzten Bügen. – Pfarrhäuser Nrn. 513–14, an der Hintern Hauptgasse. Hinter Ziergärten symmetrisch angelegte Zwillingshäuser 1747 von Beat Ringier. – Ehem. Stiftsschaffnerei, heute Kirchgemeindehaus (Ortsplan, 3). Polygonaler Schneggen 1595 mit Renaissanceportal, das frei aufragende oberste Geschoss und die Barockhaube von 1675; Rest. 1958. Er steht gelenkartig zwischen den 2 bündig an die Ringmauer gebauten, verschieden tiefen Baukörpern; der nördl. Bau 1957 von Walter Hunziker.

Oberstadt. Thutplatz, angeblich an Stelle des ehem. Herrenhofs der Grafen v. Froburg, heutige Platzanlage 1799. – Niklaus-Thut-Brunnen, mit Figur des Stadthelden, des in der Schlacht bei Sempach gefallenen Zofinger Schultheissen Niklaus Thut. Als Stiftung der schweizerischen Studentenverbindung Zofingia erstellt 1893–94, an Stelle des Gerechtigkeitsbrunnens von 1590 (Figur von Hans Dub in der Historischen Sammlung). – **Neuhaus** (Ortsplan, 4), heute Schweiz. Bankverein. Das künstlerisch bedeutendste Bürgerhaus der Stadt beherrscht mit seiner plastisch reich geschmückten Hauptfassade den Thutplatz. Erb. 1770 von Joh. Jak. Ringier für den Kaufmann F.F. Seelmatter-Senn; Aussenrenov. 1956–58. An 3 Seiten freistehender, 3geschossiger Baukörper unter elegant geschweiftem Mansartdach. Fünfachsige, von gequaderten Ecklisenen gerahmte Fassade, deren Mitte durch einen schwach vortretenden Risalit mit bekrönendem Ochsenauge und Rundgiebel akzentuiert ist. – Ehem. Wachthaus. Eingeschossiger Bau von 1799, dessen schweres Mansartdach über die toskanische Kolonnade vorgezogen ist. – Münzturm, nördl. davon. An der Innenseite völlig verbauter Halbrundturm mit Schlüsselscharten, wohl 1447. – Ehem. Helferei, Nr. 156 (Ortsplan, 5). Erb. 1598–99 von Antoni Stab; Aussenrenovation 1954. Wohlgegliederte, 3geschossige nachgot. Häuserfront mit Fenstergruppen auf durchgehenden Kaffgesimsen; über dem Eingang obrigkeitlicher Doppelschild. – Nachbarhaus Nr. 157. Barockbau mit reichgegliederter Hausteinfassade 1740; Aussenrenov. 1954. – **Ehem. Metzgernzunfthaus** (Ortsplan, 6; Abb. 13).

Kopfbau der Rathausgasse am Thutplatz. Gutes Beispiel nachgot. Profanbaukunst 1602–03. Quaderbau mit kantig vortretendem Schneggen unter geschweiftem Spitzhelm; die Zweier- und Dreiergruppen der schön profilierten Fenster sitzen in den beiden Obergeschossen auf durchlaufenden Kaffgesimsen.

Rathaus* (Ortsplan, 7; Abb. 13). *Ein Hauptwerk der schweiz. Profanarchitektur im 18. Jh.; unter den aargauischen Munizipiumsbauten der späteste und anspruchsvollste.* Erb. 1792–95 nach Plänen von Nikl. Emanuel Ringier; Renov. 1965–68. Durch perspektivische Schrägwirkung erscheint das 3geschossige, unter einem wuchtigen Mansartdach ruhende Gebäude in die Gesamtanlage des Thutplatzes einbezogen. Die 11achsige Schaufront ist durch eine doppelläufige Freitreppe ausgezeichnet, welche von einem offenen Baldachinvorbau unter geschweifter Viereckkuppel mit 8eckiger Laterne bekrönt wird. Dieser prätentiöse Mittelteil ist eingebunden in die 4achsigen, von gefugten Lisenen gerahmten Seitenstücke mit Stichbogenfenstern auf einem sockelartigen Erdgeschoss. Die Schmalseite nach der Engelgasse ist bündig an den spätgot. Archivturm von 1482 angebaut; daneben die Weibelwohnung, ein doppelgeschossiger Mauerriegelbau von 1606. An der Rückfront des Rathauses ein geschlossener Innenhof mit Brunnen von 1720. Im Innern Louis-XVI-Ausstattung mit Stukkaturen von Franz Georg Rust und geschnitzten Türen von Joh. Lang und Jak. Müller. – *Rathausgasse* (Ortsplan, 8). Haus Nr. 159. Barockfassade um 1675 mit stark plastischen Fensterumrahmungen, Kreuzgiebel und bemalter Ründe. – Gasthaus Rebstock, Nr. 222. Erb. um 1600 wohl von Antoni Stab; Aussenrenov. 1958. – Sog. Schweizerhaus, Nr. 169. Erb. 1794 vom Architekten des Rathauses, Niklaus Emanuel Ringier. Schlichtes viergeschossiges Dixhuitième-Gebäude unter Mansartdach. Louis-XVI-Ausstattung aus der Bauzeit; in den Sälen der obersten Geschosse Panoramatapeten: klassiz. Landschaft, französisch um 1825, «Vues du Brésil» 1829 aus Rixheim. – Schweizerbrunnen. Neuerstellt 1852–56. – *Gerbergasse* (Ortsplan, 9). Die Einmündung der Rathausgasse wird von 3 Häusern mit offenen Giebellauben flankiert: an der W-Ecke Haus zum schwarzen Möhren. Als Handelshaus erb. 1598; 3geschossiger, durch Strebepfeiler verankerter Bau, mit weit vorspringendem Giebel unter steilem, abgewalmtem Satteldach. – Haus Nr. 191, erb. um 1800. – *Ringmauergasse*, an der O-Flanke der Oberstadt. – Klösterli, Nr. 183. Neuerb. um 1730 in der Art eines Landhauses mit ummauertem Garten; das schmiedeiserne Portal von 1784. Louis-XV-Ausstattung aus der Bauzeit, u.a. Leinwandtapeten; Kachelofen 1783 von Peter Gnehm. – Pulverturm (Ortsplan, 10). Rechteckiger Sandsteinquaderbau von 1361–63; urspr. mit offenen Zinnen, heute unter Zeltdach.

Vordere Hauptgasse (Ortsplan, 11). Klassiz. Amtshäuschen, am südl. Stadteingang. Zwei einander zugewendete Bauten von 1847. – Stück der inneren Stadtmauer. Errichtet 1361–63 östl. vom ehem. Oberen Tor; an der Innenseite sind die Häuser der Letzigasse angebaut. – Haus Nr. 284. Fassade im Übergangsstil von Gotik zu Renaissance A. 17. Jh. – Nachbarhaus Nr. 285. Neuerb. 1913 als Nachbildung des früheren Baubestandes von 1607. – Haus

Nr. 209. Fassade mit 3teiligen spätgot. Staffelfenstern. – St. Urbanhof, Nr. 213. Besitz des Klosters St. Urban von 1265–1848. Winkelförmige Anlage aus dem 13. Jh., vergrössert und aufgestockt 1625, mit Rundgiebeldach und rückseitigem polygonalem Schneggen. Stark umgebaut 1895–97, wobei die zahlreichen, in urspr. Disposition erhaltenen sog. St.-Urban-Backsteine des 13. Jh. ins Museum verbracht oder maskiert wurden. – Ehem. Waisenhaus, Nr. 231. Stattliches Eckhaus gegenüber dem St. Urbanhof; spätgot. Fenstergewände und -pfeiler sowie Balkendecke. – Nachbarhaus Nr. 251, an der Engelgasse. Unverfälschte spätgot. Fassade. – Ehem. Stadtkanzlei, Nr. 255, rahmt mit der gegenüberliegenden Markthalle das N-Ende der Gasse gegen den Stiftsbezirk. Dreiseitig freistehender Barockbau um 1700 mit dicht befensterter Hauptfassade; originelle Steinimitation eines Ständerbaus, unter Mansartgiebeldach. – **Markthalle** (Ortsplan, 12), ehem. Schaal und Tuchlaube, spätere Bibliothek. Langgestreckter 2geschossiger Neubau von 1726; die flachgedeckte, in Rundbogenarkaden geöffnete Erdgeschosshalle und das Obergeschoss mit schlanken Doppelfenstern sind durch kräftige Horizontalgliederung voneinander abgesetzt, darüber vorkragendes gekrümmtes Walmdach. Einziger Schmuck der ruhigen 8achsigen Längsfront ist die Rollwerkkartusche mit dem Zofinger Wappen; an der östl. Schmalseite Freitreppe zum Obergeschoss, daselbst Saal mit Régencestuckdecke von 1732. – Haus zum grossen Bären, Nrn. 236–37, an der Marktgasse. Zwei 1739–41 zum Handelshaus vereinigte Gebäude; das nördl. von 1599. – Folter- oder Strecketurm (Ortsplan, 13), beim modernen westl. Stadteingang. Halbrunder, in ein Warenhaus einbezogener Quaderbau mit Zinnenkranz um 1360. *Unterstadt. Vordere Hauptgasse* (Ortsplan, 14), von ländlichem Gepräge, die Fassaden grossenteils im 18. Jh. verändert. – Gasthaus Raben. Erster Bau 13. Jh., spätgot. Bestand am Hinterhaus, heutige Fassade mit Ründe 18. Jh. – Rabenbrunnen. Neuerstellt 1858–62. – Haus Nr. 443, gegenüber. Spätgot. Eckhaus mit Dixhuitième-Fassade; Aussenrenov. 1957. – Ehem. Ackerleute-Zunfthaus, Nrn. 298–99. Neuerb. 1798. – Gasthaus Ochsen. Mehrfach, bes. 1607 umgebaute got. Anlage mit festlicher klassiz. Fassade vom E. 18. Jh. – Ochsenbrunnen, in der Bärengasse. Vasenbekrönter Säulenstock neuerstellt 1819, Längstrog 1848. – Engelbrunnen, auf dem Lindenplatz. Erneuert 1818 und 1862, am heutigen Standort seit 1865. – *Hintere Hauptgasse* (Ortsplan, 15). **Sennenhof.** Erb. 1732 für den Seidenfabrikanten und Schultheissen Joh. Adam Senn; Renov. 1951–57 und 1970. Das stattlichste Bürgerhaus Zofingens besteht aus zwei parallelen Gebäudetrakten mit Rundgiebeldächern, welche einen rechteckigen, brunnengeschmückten Hof umschliessen, der nach der Gasse durch einen 3jochigen Bogengang von 1753, rückwärts durch Nebengebäude abgeschlossen wird. In den ruhigen, symmetrisch durchgebildeten Fassaden Régencefenstergitter. Saal mit gemalter Landschaftstapete M. 18. Jh.

Ausserhalb der ehemaligen Ringmauer. Denkmal der Studentenverbindung Zofingia, am nördl. Stadteingang. Errichtet 1919; 2 einander zugewendete Löwen auf Brunnensockeln von Müller und Freitag sowie Hans Markwalder. – Ehem. Siechenhaus, an der Aarburgerstrasse. Spätgot. Fachwerkbau um

1600, wohl von Antoni Stab. – Kath. Kirche. Erb. 1930 von Adolf Gaudy; Glasmalereien von Aug. Wanner. – Städt. Museum (s. unten; Ortsplan, 16). Beachtlicher Neurenaissancebau 1901–02 von Emil Vogt. – Schulhaus, an der östl. Grabenpromenade. Grosszügiger Hufeisenbau von 1876–77. – Bezirksschulhaus. Pavillonanlage erb. 1956–58 von Roland Rohn. – **Ehem. Schützenhaus** (Ortsplan, 17). Freistehender, gutproportionierter Rechteckbau von 1813 in späten Louis-XVI-Formen, unter gekrümmtem Walmdach; die Mitte der 6achsigen Hauptfassade ist durch einen risalitartig wirkenden Doppeleingang unter Balkon ausgezeichnet. Im Obergeschoss Louis-XVI-Festsaal. Vor der westlichen Schmalseite Brunnen von 1819. – Landhaus Pomern, Nr. 105, an der Bottensteinerstrasse unweit des südl. Stadtausgangs. Originelle Anlage von 1739 über E-förmigem Grundriss, wobei die drei Quertrakte von eingeschweiften Mansartdächern überhöht sind; die Rückfront ist an eine grosse Scheune angebaut. – Landhaus Hirzenberg, Nr. 111, unterhalb des Heiternplatzes. Grosszügige, hauptsächlich 1786 entstandene Gesamtanlage, mit behäbigem, 1813 erneuertem Wohnhaus unter Gerschilddach, Ökonomie, Wirtschaftshof und Ziergarten. Schönes schmiedeisernes Gartenportal in Rokokoformen. – Altersheim Rosenberg. Erb. 1963–65 von A. Doebeli. Grundriss auf der Basis eines Dreieckrasters. – Sog. Römerbad, im S der Stadt (Ortsplan, 18). Fundamente einer grossen röm. Portikusvilla; die zwei Mosaikböden unter klassiz. Schutzbauten von 1830 konserviert.

Burgruine Bottenstein, oberhalb Bottenwil. Wohl Gründung des 13. Jh.; vielleicht Eigengut der Freiherren v. Aarburg. Die bereits 1460 zerfallene Feste wurde 1949 ausgegraben und konserviert; Bergfried und westl. Palas.

Museum. Städt. Museum (s. oben; Ortsplan, 16). In der historischen Sammlung ur- und frühgeschichtliche Funde, Waffen, Glasgemälde, St.-Urban-Backsteine, Möbel, Münzen; Künstlerbuch des Schweiz. Künstlervereins (1806 ff.).

LENZBURG–MURI–BREMGARTEN

***LENZBURG** (Abb. 14). *Bildhafter Ausdruck der mittelalterlichen Zusammengehörigkeit von Stadt und Burg.* Gründung der Kyburger um 1240, Stadtbrand 1491; im 17. Jh. rege öffentliche Bautätigkeit, nach 1744 Erweiterung um die Aavorstadt im SW. Hufeisenförmige, durch 2 Hauptgassen T-förmig gegliederte Stadtanlage. Die Rathausgasse als zentrale Längsachse hat keinen direkten Stadtausgang, die Tore lagen an der westlichen Querachse der Kirchgasse. Im Mittelpunkt der Anlage steht das Rathaus, während die Kirche sekundär und exzentrisch in der NW-Ecke liegt. Ausserhalb der Siedlung und erhöht gelegen das Schloss, eine der bedeutendsten Dynastenburgen der Schweiz.

Ref. Stadtkirche. Erst 1565 Lostrennung von der Mutterkirche Staufen. Beim erweiterten Neubau 1667–68 der heutigen chorlosen prot. Saalkirche mit Eckstreben kam der ältere Käsbissenturm, 1601–02 von Antoni Frymund, in die Mitte der O-Seite zu stehen; Renov. 1950–51. Aussenbau in kraftvollen Frühbarockformen; im Innern Flachdecke über Hohlkehle mit

Rokokostukkaturen, teils noch von Bandornamenten durchsetzt, 1760 von Jakob Meusburger. Über dem S-Eingang Wappentafel des Magistrats von Lenzburg aus der Zeit des Kirchenbaus. Barocke Ausstattung: Kanzel 1641, einige Gestühle um 1668, Abendmahlstisch um 1670, Taufstein 1763 von Joh. Friedr. Funk; Orgel von Joh. Conr. Speissegger, Emporenbrüstung 1762. An der N-Wand 3 Epitaphien für bernische Offiziere, gefallen 1712 in der Schlacht bei Villmergen; weitere Grabdenkmäler des 16.–18. Jh. für bernische Landvögte auf Lenzburg.

Altstadt. Die Bürgerhäuser sind schlichte Traufenhäuser, meist mit provinzbernischen Dixhuitième-Fronten. **Rathaus.** Nach einheitlichem Plan in zwei Etappen erb. 1677 und 1692 von Samuel Hämmerli und Michael Meyer; erneuert 1939–41, Aussenrenov. 1965. In der Mitte der Rathausgasse, der südl. Häuserzeile bündig eingefügte 3teilige Barockfassade. Ihr Hauptakzent ist der risalitartig vortretende Mittelturm mit volutenverzierten Uhrgiebeln und eleganter Laternenhaube; beidseits, in den etwas unterschiedlich breiten Fassadenhälften 3mal 3 hohe, von Segmentgiebeln zusammengefasste Doppelfenster. Im Sitzungszimmer Rixheimer Tapeten von 1815. – Rathausbrunnen. Gerippte Ovalschale mit zentralem Stock 1827. – Ehem. Amtshaus, an der östl. Rathausgasse. Spätklassiz. Bau 1845 mit offener, von dorischen Säulen gestützter Erdgeschosshalle. – Klausbrunnen, auf dem Metzgplatz. Achteckiger Trog und exzentrischer Stock mit Kandelabersäule und Pannerträger, 1572 von Ant. Wyg, rest. 1965. – **Gasthaus Krone,** im NO der Altstadt. Um 1760–70 werden ältere Häuser zu dem stattlichen, allseits freistehenden Dixhuitième-Gebäude mit Gerschilddach zusammengefasst. An der Giebelfront figürlich geschnitzte Büge und schönes Tavernenschild. Stuckdecke von 1764 und 2 Rokokokachelöfen wohl von Andreas I Frey. Renov. 1967–70. – Kronenplatzbrunnen, 1859. – Kirchgassbrunnen, 18. und 19. Jh. – **Spittel,** heute Stadtbibliothek, beim ehem. Untertor am S-Ende der Kirchgasse. Neuerb. 1792 als Eckhaus unter Gerschilddach, renov. 1965. Ausgewogene, symmetrische Gassenfront in Übergangsformen vom Barock zum Klassizismus. – Klassiz. Spittelbrunnen E. 18. Jh.

Ausserhalb des ehem. Mauerrings. Seit dem 18. Jh. sind hier eine Reihe von Bürgerhäusern entstanden, welche zu den bedeutendsten Zeugnissen der aargauischen Profanarchitektur zählen. – *Aavorstadt.* Nach Erweiterung des alten Burgernziels 1745 vor dem Untern Tor, im SW der Stadt entstanden. – Filiale der Schweiz. Volksbank, Nr. 1. Palastähnliches, spätklassiz. Bauwerk um 1840 mit turmartigem, die Strasse beherrschendem Eckkubus; Renov. 1964. – **Berufsschulhaus,** Nr. 2. Als Handelshaus, das grösste des Kantons, erb. 1759–60 für Markus Hünerwadel. Viergeschossiger Kubus zu 8 Achsen, wovon in der Gassenfront die beiden mittleren von gefugten Lisenen zusammengefasst werden, darüber breitovale Ründe unter Gerschilddach. – Haus Nr. 8. Erb. 1787–88, mit symmetrischer Vorderfront. Renov. 1967–70. – **Heimatmuseum,** ehem. Landgericht. Gemauerter Unterbau und leicht vorkragender Fachwerk-Oberbau mit geschweiften Zierhölzern 2. H. 17. Jh. Infolge der Strassenkorrektur 1856 ist das Bauwerk stark versenkt. An der abgeschrägten Gebäudeecke schöner polygonaler Erker mit bemalten Füllungen. – Brunnen gegenüber. Ovalschale und Kandelabersäule 18. Jh. – Biedermeierbrunnen auf der Aabachbrücke, 1840. – Obere Mühle, am Aabach. Nachgot. Mauerbau von 1683 mit halbrundem Schneggen; heute in ein Industriegebäude einbezogen. – *Bleicherain.* **Haus Müller,** Nr. 7. Bedeutendes frühklassiz. Bürgerhaus erb. 1785 von Carl A. v. Sinner für Gottlieb Hünerwadel; Aussenrenov. 1962. Dreigeschossiger, streng symmetrisch gegliederter Baukörper von 7 auf 5 Achsen unter geschweiftem Walmdach. Die östl. Schaufront, deren Mitte durch Portalumrahmung und Balkon betont ist, steht auf terrassiertem Garten mit repräsentativer Freitreppenanlage; die rückwärtige Längsfront ist durch einen kräftigen Portalrisalit ausgezeichnet. Schlichte Innenräume Louis XVI. Vorzügliche Öfen von Joh. Jak. Fischer und Jak. Frey aus der Bauzeit. – Haus Nr. 6. Erb. um 1800, mit säulengestützter Terrasse. – Haus im Hof, Grabenweg 4. Erb. 1780 in spätbarock-klassiz. Formen; der O-Seite ist ein älterer Trakt vorgelagert. – Haus Schlossgasse, Nr. 2. Erb. um 1770–80. – *Burghaldenstrasse.* **Baugruppe Burghalde,** Nrn. 21–23. Altes Haus, 3geschossiger nachgotischer Mauerbau von 1628, mit Staffelfenstern, Fachwerkgiebel und seitlichem halbrundem Schneggen. Im rückwärtigen Saal sehr qualitätvolle hochbarocke Stuckdecke von 1710 in der Art des Diego Carlone mit z. T. vollplastischen figürlichen Darstellungen. Auf der obern Gartenterrasse, quer zum Altbau, das Neue Haus. Erb. 1794 nach Plänen von Joh. Rud. Dolder für J. J. Bär; Renov. 1967. Streng symmetrische, frühklassiz. Anlage mit Louis-XVI-Ausstattung. Reiches schmiedeisernes Gartenportal um 1794. – Haus Sonnenberg, Nr. 50, ehem. Landweibelei. Landhaus um 1770 im bernischen Stil. – Brünggelbrunnen, um 1790. – *Steinbrüchliweg.* Haus Nr. 1. Erb. um 1768, z. T. mit Rokoko-Ausstattung. – Sog. Pavillon, Nr. 6. Klassiz. Sommerhaus mit Gartensaal. – *Schützenmattstrasse.* Haus Nr. 6. Klassiz. Wohngebäude mit knappem Mittelrisalit über doppelter Terrasse und 2facher Freitreppenanlage. Louis-XVI-Ausstattung. – Dreihäuserfolge der «Witwen-Vorstadt»: **Villa Alice,** Nr. 3, erb. 1837–38 für Margaritha Fischer-Ryschgasser; zum Alice-Hünerwadel-Heim umgeb. 1949. Freundliches Biedermeierhaus mit spitzgiebligem Mittelrisalit und flachgeneigtem Walmdach. – Rosenhaus, Nr. 5. Erb. 1840 für Catharina Hünerwadel-Tobler, mit halbrundem Anbau an der Rückfront. – Villa Malaga, Nr. 7. Erb. 1840 für Luise Meyer-Rohr. – Brunnen, 1840. – Sog. Försterhaus, Sandweg Nr. 14. Mit spitzgiebligem Mittelrisalit und Mansartdach erb. um 1800.

Goffischlössli. Vermutlich als Jagdschlösschen erb. 1644; hohes nachgot. Gebäude unter Satteldach mit seitlichem halbrundem Schneggen. – Trotte, Nr. 270. Mauerbau von 1645; Renov. 1964–65. – Gexi, nordöstl. der Stadt. Zweigeschossiger Pavillon, vermutlich als Jagdschlösschen erb. 1779; modern erweitert. – Südl. der Autobahn Zürich–Bern Überreste eines antiken Theaters mit halbrunden Zuschauerrängen, zum röm. Vicus gehörig; 1970 konserviert.

Schloss Lenzburg* (Abb. 14). *Eine der grössten und markantesten Höhenburgen der Schweiz.* Herrschaftszentrum der Grafen v. Lenzburg 1036–1173, als deren Erbe, der Stauferkaiser Friedrich Barbarossa, um 1173 auf Lenzburg weilt, regionales Verwaltungszentrum der Grafen v. Habsburg 1273–1415; bernischer Landvogteisitz 1433 bzw. 1442–1798. Im 19. Jh. zunächst aargauische Domäne, dann Privatbesitz; berühmte Schlossbewohner waren u.a. der Schriftsteller Frank Wedekind und der Polarforscher Lincoln Ellsworth. Erwerbung des Schlosses 1956 durch den Kt. Aargau und die Gem. Lenzburg, seither Sitz der Kant. Historischen Sammlung und des Philipp-Albert-Stapfer-Hauses, in dem die Stiftungen Pro Argovia, Pro Helvetia, Schloss Lenzburg und die Neue Helvetische Gesellschaft «eine aargauische und schweiz. Stätte der menschlichen Begegnung und der geistigen Auseinandersetzung» geschaffen haben. Renov. 1893 ff. und seit 1956; antiquarische Neuausstattung. – Auf einer Stadt und Landschaft beherrschenden Felskuppe ovale, mauerumringte Gesamtanlage mit lose zusammenhängenden Wehr- und Wohnbauten in der östl. Hälfte. Der Zugang zum Burghof führt im N durch 3 Toranlagen. Das zwingerähnliche äussere Tor von 1625, mit Wappen Bern-Reich und des Landvogts Peter Bucher, ist ein Teil des Ausbauprojektes von Valentin Friedrich im Dreissigjährigen Krieg. Zweigeschossiges unteres Torhaus, 1761–62 zur Wächterwohnung umgebaut. Oberes Torhaus, unter Verwendung des sog. Hauses Aarburg erb. 1595–96, mit Fallbrücke und Wappentafel Bern-Reich von Antoni Frymund. Daneben der nördl. Bergfried, der seit dem Umbau 1718–20 mit den angrenzenden Bauten zusammengefasst ist. Er enthielt die urspr. Toranlage und geht wie der gegenüberliegende südl. Bergfried mit Palas auf die Zeit vor 1160 zurück. Nördl. Wohnhaus von 1672–74, im Winkel rustizierte Fassade 1731–32 mit Wappen des Landvogts Daniel Stürler. Landvogtei; Kernbau von 1460, ein spätgot. Wohnhaus mit Treppengiebeln; hofseitiger 5eckiger Treppenturm 1630 von Stoffel Pfeutti, mit Barockportal unter gesprengtem Giebel; nach der Ringmauer Schneggen von 1646. Östl. Bastion, erb. 1642–46 nach Plänen von Niklaus Willading und Joh. G. Werdmüller, der Uhrturm über Zinnenkranz 1659, Zwiebelhaube 1760. Der markanteste Teil der Baugruppe ist das Ritter- oder Herzogenhaus, ein 2geschossiger, von Masswerkfenstern gegliederter Rechteckbau unter Gerschilddach aus dem 14. Jh., erneuert 1509 mit grossem Rittersaal. Gegenüber sog. Berner- oder Philipp-Albert-Stapfer-Haus aus dem 17.–18. Jh.

Museen. Heimatmuseum, in der Aavorstadt (s. S. 56). Urgeschichtliche und röm. Funde; kirchliche und Rechtsaltertümer; Lenzburger Fayencen, Zinn. – Kant. Historische Sammlung, im Schloss (s. oben). St.-Urban-Backsteine, mittelalterl. Holz- und Steinplastiken, Mobiliar, Rechtsaltertümer, Zinn, Gold usw.; kunst- und kulturgeschichtliche Wechselausstellungen.

NIEDERLENZ. Ref. Pfarrkirche. Erb. 1949 von Hans Hauri. – Ehem. Zehntenhaus und Untervogtei, Dorfplatz Nrn. 33 und 37–39. Komplexe Anlage der nachreformatorischen Königsfelder Stiftsschaffnerei, bestehend aus dem später z.T. veränderten Zehntenhaus im W, der parallel gestellten Untervogtei von 1574 im O und dem 1749 eingefügten Zwischentrakt. – Ehem. Zehntenhaus des Schlosses Lenzburg, Dorfplatz Nr. 104. Steilgiebliger Mauerbau unter Satteldach 15. Jh.; Renov. um 1700. – Ehem. Mühle, Nr. 97. Inschrifttafeln aus der Zeit der Umbauten 1575 und 1826; W-Teil

1852. Auf dem Mühlemätteli wappen- und figurengeschmückte Mahlgangsteine des 16. Jh.

AMMERSWIL. Ref. Pfarrkirche. Bildet mit dem ehem. Schulhaus und dem geschlossenen Pfarrhof eine zusammengehörige Baugruppe. Spätroman. Saalkirche 2. H. 13. Jh., um den 4seitig geschlossenen Chor 1640 erweitert; Renov. aussen 1948, innen 1958–59. Vor der nördl. Hälfte der W-Front Käsbissenturm mit spitzbogigen Schallöffnungen E. 15. Jh., die Glocken 1498–99 datiert; im Erdgeschoss Vorhalle, urspr. Zugang von S, seit Anbau der Leistkammer 1640 von N. Wandmalereifragment des frühen 14. Jh. Geschnitzte Kanzel und Schalldeckel 1640 von Franz Struss, Taufstein und Bestuhlung 1770, Grabdenkmäler 18. Jh. – Pfarrhaus. Erb. 1783 von Carl A. v. Sinner; Aussenrenov. 1962. Klassiz. Berner Landhaus, das mit den Wirtschaftsgebäuden einen rechteckigen Hof umsteht. – Pfrundspeicher, westl. des Pfarrhauses. Zweigeschossiger Ständerbau 1685 mit ringsumgeführter, überdachter Laube; Renov. 1963. Schönstes aargauisches Beispiel dieses im Bern- und Luzernbiet heimischen Speichertypus.

***STAUFEN. Ref. Pfarrkirche Staufberg*.** Auf einer weithin dominierenden Hügelkuppe gelegen, bildet die einheitliche Baugruppe von Kirche, Pfarr- und Sigristenhaus das geistliche Gegenstück zum benachbarten Schloss Lenzburg. Die ehem. Nikolauskirche ist eine der ersten Stiftungen der Grafen v. Lenzburg. Der vorroman. Gründungsbau wurde in mittelalterl. Zeit mindestens 3mal erweitert. Das roman.-got. Schiff geht an der S-Seite ohne Einzug in den tiefen, 3seitig geschlossenen Chor von 1419–20 über; im nördl. Winkel zwischen Schiff und Chor roman. Turm mit jüngerem Oberbau; Aussenrenov. 1957. Neue Flachdecke und Innenrenov. 1893. In den 3 Masswerkfenstern des Chorschlusses *vorzügliche Glasmalereien des späten weichen Stils** um 1420; in volkstümlicher Erzählfreude und Farbigkeit sind Szenen aus der Kindheit Christi, die Kreuzigung und Heilige dargestellt; Zyklus urspr. umfangreicher. In der N-Wand des Chores Sakramentsnische E. 15. Jh. Taufstein 1770. Üppig geschnitzte, polychrome Barockkanzel von 1720, rest. 1963. Zahlreiche interessante Grabdenkmäler des 17.–19. Jh. – Pfarrhaus, westl. der Kirche. Spätgot. Wohnhaus unter steilem Satteldach mit niedrigem Scheunenanbau; im 17.–18. Jh. mehrfach umgebaut, Aussenrenov. 1965–67. – Sigristenhaus, nördl. der Kirche. Steilgiebliger got. Mauerbau, 1513 als Beinhaus errichtet, nach 1586 zum Sigristenhaus umgebaut; Renov. 1965–67. – Wasch- und Brunnenhaus, zwischen Kirche und Pfarrhaus. Erb. im 17.–18. Jh., mit Tretrad zum Aufwinden des Wasserkessels; Renov. 1967. – Dorfbrunnen, sog. Affenbrunnen. Rechtecktrog mit derbem Säulenstock 1601 von Antoni Wyg; Aufsatzfigur modern.

SEON. Ref. Pfarrkirche. Um- und Neubau 1708; Turm 1856 von Daniel Gloor, Spitzhelm 1899, rest. 1969. Epitaphien Schlatter und Graviseth 18. Jh. – Ehem. Untere Mühle, Nr. 193, am Aabach. Nachgot. Mauerbau von 1600 mit Staffelfenstern und halbrundem Schneggen, das Mansartdach 18. Jh.; Aussenrenov. 1967. Im Dachgeschoss Festsaal mit qualitätvoller Régencestuckdecke. – Haus Nr. 277. Steinrelief mit Wappenpyramide von 1608. – *Retterswil.* Ehem. Meierhof, Nr. 312. Spätgot. Mauerbau A. 16. Jh. – Hallstättische Grabhügel im Fornholz und Niederholz. Erforscht und konserviert 1931–32.

EGLISWIL. Ref. Pfarrkirche. Roman. Saalkirche wohl 11.Jh., um 1400 und nach Brand um 1500 got. verändert; Käsbissenturm vor der W-Front 1583. Kelchförmiger, 8eckiger Taufstein 1614, aus der alten Kirche Seengen; Kanzel und der eigene Taufstein 1702. – Haus zum Sonnenberg, ehem. Untervogtei. Nachgot. Steinbau von 1694; über der frei ausgewogenen Giebelfront mächtige, von Bügen gestützte Ründe.

LEUTWIL. Ref. Pfarrkirche. Roman. Saalbau, 1615 nach W verlängert, Polygonalchor und S-Turm 1897; Renov. 1963. Wandmalereien: In den Rundbogenöffnungen der N-Wand u.a. Opfer Kains und Abels 13.Jh.; an der S-Wand Passionszyklus, Hl.Christophorus und Klatschweiber aus 2 Perioden des 14.–15.Jh.

SCHAFISHEIM. Ref. Kirche. Als kleine Kapelle erb. vor 1360, 3seitig geschlossenes Chörlein und westl. Giebelfront mit desaxiertem Käsbissenturm 1498; N-Anbau und Renov. 1956–58. – **Schloss.** Erb. wohl im 15.Jh. als Wohn- und Jagdsitz für die Herren v. Baldegg; 1605–06 Anbau des Schneggenturms und Umgestaltung des Innern unter Hans Friedr. v. Hallwil; Renov. 1964–67, Privatbesitz. Pittoresker, schmal hochragender got. Mauerbau mit vorkragendem Dachgeschoss unter geknicktem Walmdach und Rundschneggen unter Spitzhelm im N. Barocke Wappentafel Hallwil-Breitenlandenberg. Wohnausstattung z.T. 17.–18.Jh., u.a. Öfen von Balthasar Fischer und Andreas I Frey. – Haus Urech im «Guet», Nr. 6, ehem. Brütelhaus. Spätbarockes, zweigeschossiges Landhaus unter Mansartdach 1783, von differenzierter architektonischer Gestaltung. – Neuhaus, Nr. 2, nördl. des Dorfes. Erb. um 1750–60 für den Indiennefabrikanten Etienne Brütel; Aussenrenov. 1955–58. Stattliches Dixhuitième-Landhaus von 3 auf 7 Fensterachsen unter geknicktem Walmdach. Im ehem. Sommer- und Wintersaal beachtliche Ausstattung mit Rokokostuckdecke, Wachstuchtapete, bemalten Kachelöfen von Balthasar Fischer u.a. – Ökonomiegebäude, Nr. 3. Zugehöriger schmucker Riegelbau um 1750–60 mit Gerschilddach und heraldisch bemalter Giebelründe; Aussenrenov. 1950.

BIRRWIL. Ref. Pfarrkirche. Von der roman.-got. Anlage ist der quadratische Chor erhalten, über dem im 16.Jh. der spätgot. Käsbissenturm errichtet wird. Nördl. parallel zur alten Kirche Neubau von 1689: Predigtsaal mit 3seitigem Schluss unter flacher Decke mit qualitätvollen Rokokostukkaturen der Vorarlberger Schule; Taufstein und Kanzel aus der Bauzeit. Zwei Wappenscheiben 1640 und 1689. – Pfarrhaus, erb. E. 18.Jh.

BONISWIL. Ehem. Mühle, Nrn. 152–54, beim Bahnhof. Gestaffeltes ländliches Gebäude von 1770–73.

BEINWIL. Ref. Pfarrkirche. Erb. 1956 von A. Meili. – Kath. Pfarrkirche. Erb. 1964 von Hanns A. Brütsch.

***SEENGEN. Ref. Pfarrkirche.** Erb. 1820–21 von Jost Kopp; Umgestaltung des Turmhelms 1946. Längsachteckige, innen ovale prot. Querkirche (vgl. Meisterschwanden S. 62) mit schlankem Turm in der Mitte der nördl. Längsfront. Das Innere von kühler Festlichkeit, mit 3seitig herumgeführter

Empore, birgt die originale klassiz. Ausstattung: Taufstein und Kanzel in der kurzen Achse, Kanzel vom Turm aus zugänglich. Renov. 1969–70. – Pfarrhaus. Neuerb. 1742 als 2geschossiger, symmetrisch gegliederter Rechteckbau unter Satteldach. Das Portal über der Freitreppe ist bekrönt von einer Wappengruppe in Rollwerkkartuschen. – Originelles Gartenhäuschen mit kegelförmigem Strohdach; Rest. 1956. – Pfarrbrunnen, 1758 von Bonaventura Schmid. – Ehem. Untervogtei, Nr. 101, sog. Haus zum Burgturm. Got. Mauerbau, an einer Fenstergruppe mit ornamentiertem Pfeiler dat. 1578. Den südwestl. Keller und den darüber liegenden Erdgeschossraum umschliessen die Mauern eines mittelalterl. Wohnturms, der vermutlich zu dem vor 1440 durch Rudolf IV. v. Hallwil erbauten «hinteren Haus» gehörte. – Herzighaus, Nr. 115. Ländliches Giebelhaus, das im W-Teil einen mittelalterl. Wohnturm enthält, wahrscheinlich das ehem. «vordere Haus» der Herren v. Hallwil. Spätgot. Erweiterung; an der S-Seite Rundbogen mit Jahrzahl 1696. – Neuhaus, Nr. 278, an der Strasse nach Brestenberg. Als Trotte erb. 1682, zum Wohnhaus umgeb. 1804. Gedenktafel für den Dichter Jos. Viktor v. Scheffel.

Schloss Brestenberg, heute Hotel, an der Strasse nach Meisterschwanden. Nachgot.-frühbarockes Herrenhaus 1625 mit wuchtigem Gerschilddach und hofseitigem Rundschneggen unter Kegeldach; an der O-Seite Saalbau von 1845, hofseitiger Erweiterungsbau von 1911–12; Aussenrenov. 1963. Über dem Eingang der Gartenseite Allianzwappen des Bauherrn Hans Rud. v. Hallwil. An der N-Seite des Schlosshofs, mit schmiedeisernem Portal, stattliches Ökonomiegebäude von 1710. Im Schloss Fenstersäulen aus der Bauzeit und eine Régencestuckdecke.

Schloss Hallwil* (Abb. 15). *Eine der imposantesten Wasserburgen der Schweiz,* in noch unberührter landschaftlicher Situation. Die einzige aargauische Burg, welche seit ihrer Gründung im 12. Jh. (?) in Händen ein und desselben Geschlechtes, der Herren von Hallwil, verblieben ist; 1925 Errichtung der Hallwilstiftung. Archäologische Erforschung und Renov. 1904–16, unter Entfernung neugot. Zutaten von 1871–74; seit 1962 Ausbau zum Wohnmuseum. Komplexe Anlage auf 2 vom Aabach umflossenen Inseln unweit des Hallwilersees. Ursprünge auf der hufeisenförmigen, durch künstlichen Graben entstandenen und durch eine gezinnte Mauer geschützten Hinteren Insel: rechteckiger Bergfried 12. Jh. oder früher, vor 1820 teilweise abgetragen; östl. davon das in mehreren Etappen errichtete Wohnhaus, das den hochmittelalterl. Palas enthält und von den beiden spitzbehelmten Rundbauten des Archiv- und Verliesturms aus der M. 15. Jh. flankiert wird. Eine Zugbrücke verbindet mit der seit A. 13. Jh. ummauerten Vorderen Insel, welche besonders im O und N von einem Kranz vorwiegend spätgot. Bauten gesäumt wird: das Torhaus des 13. Jh. bei der steinernen Festlandbrücke wird vom Wohnhaus mit Erker von 1578 und Rundschneggen von 1582 und dem Kornhaus von 1521–23 flankiert; nördl. davon der Efeuturm aus dem 13. Jh. und anschliessend die 1916 wiederhergestellten Stallungen. Steinzeitwerkstätte. An der NW-Ecke Fundamente der ehem. Burgkapelle.

Museum. Schloss Hallwil.

MEISTERSCHWANDEN. Ref. Pfarrkirche. Erb. 1819–20 von Jost Kopp. Klassiz., 8eckige Querkirche mit frontalem Haubenturm (vgl. Seengen S. 60); ovaler, pilastergegliederter Innenraum mit Spiegelgewölbe und hufeisenförmiger Empore. Kanzel, vom Turm aus zugänglich, und Taufstein aus der Bauzeit. – Villa Fischer-Weber. Neubarockbau 1897 von Friedr. Thiersch, München. – Sog. Statthalterhaus, Nr. 183, in Tennwil. Langgestreckter Holzständerbau des 18. Jh.; Renov. 1957.

FAHRWANGEN. Brunnenanlage auf dem Richtplatz. Errichtet 1928 unter Wiederverwendung eines Brunnenstocks von 1714. Daneben 3 wappengeschmückte Grenzsteine von 1598, 1703 und 1735.

OTHMARSINGEN. Ref. Pfarrkirche. Erbaut 1675 durch Michel Meyer unter Aufsicht des bernischen Werkmeisters Abraham I Dünz. Prot. Längsraum in Form eines gestreckten Zwölfecks; urspr. mit Dachreiter, seit 1895 mit Turm an der nördl. Breitfront. In der Hauptachse reichskulptierte Sandsteinkanzel mit schmiedeisernem Treppengeländer 1675 von Abraham Dünz; Marmortaufstein 1730. – Ehem. Mühle, Nr. 112, am rechten Bünzufer. Spätgot. Giebelhaus von 1554 (?); Aussenrenov. 1958. – Ehem. Gasthaus Rössli, heute chemische Fabrik. Gutproportionierter, spätklassiz. Baukubus von 4 Geschossen unter Walmdach; Aussenrenov. 1966. – Sog. Urechhaus, Nr. 128, am linken Bünzufer. Klassiz. Bürgerhaus E. 18. Jh. von Carl A. v. Sinner.

BRUNEGG. Schloss. Wohl im 13. Jh. gemeinsam mit Wildegg als Vorwerk der Burg Habsburg errichtet; Privatbesitz. Auf steil aufragendem Felsgrat Rest von Bergfried und Palas, seit 1805 unter einheitlichem Dach vereinigt. Die Ökonomiegebäude um den östl. Burghof haben teils erneuerten mittelalterl. Bestand; nach S 3stufige Gartenterrasse des 19. Jh.

DOTTIKON. Kath. Pfarrkirche St. Johannes Bapt. Erb. 1862 von Robert Moser, vollständiger Umbau 1962–64 von Peter Deucher. Barocker Kruzifix. – Klassiz. Pfarrhaus, erb. 1863. – Tieffurt-Mühle, südwestl. des Dorfes. Urspr. zum Muri-Dinghof gehörig, 1344/51 von Königsfelden erworben. Heutiger Bau unter Satteldach mit gebrochener Berner Ründe 1803.

HÄGGLINGEN. Kath. Pfarrkirche St. Michael. Erwähnt 1036, vom Neubau zwischen 1457 und 1466 ist der quadratische Turmchor, heute Sakristei, mit steilem Käsbissen erhalten; nördl. davon Bau einer Saalkirche mit eingezogenem Polygonalchor 1739–42 von Franz Xaver Widerkehr, Verlängerung nach W 1831–32. Aussenrenov. 1971–72. Deckengemälde 1924 von Georg Troxler. Drei zierliche Barockaltäre und Kanzel 1741–42 von Jos. Mosbrugger; Hochaltargemälde 1743 von Jak. Carl Stauder. Empiretaufstein 1799. Sakristeitür um 1650. Im Turmerdgeschoss spätgot. Freskenzyklus um 1480–90, freigelegt 1951: Abendmahl, Gethsemane, Apostelfolge u. a.; Sakramentshäuschen 1572. Im Kirchenschatz u. a. Régence-Empire-Monstranz um 1720 von Hans Jak. Läublin und 1800–01 von Franz Xaver Weissenbach. – Pfarrhaus. Erb. 1744, mit Stiftswappen von Beromünster.

ANGLIKON. Kapelle St. Wendelin, erb. 1748.

WOHLEN. Kath. Pfarrkirche St. Leonhard. Ein aargauisches Hauptwerk der klassiz. Sakralarchitektur und wichtiges Beispiel einer Kirche nach dem Innerschweizer Bauschema der Singer und Purtschert. Das ernste, tempelartige Bauwerk 1804–07 von Niklaus Purtschert errichtet; Aussenrenovation 1958, Innenrest. 1969–70. Über Freitreppe monumentale, pilastergegliederte Hauptfassade mit straffem Dreieckgiebel und inkorporierter Vorhalle. Am Chorhaupt kleiner axialer Turm aus spätgot. Zeit; neubarocker Oberbau 1880. Weiträumiges, tonnengewölbtes Langhaus mit Nischenüberleitung zum eingezogenen Chor, der von Sakristeien und doppelgeschossigen Oratorien flankiert wird. Wandgliederung durch ionische Pilaster mit Gebälkstücken, dazwischen Stichbogen- und in den Schildwänden Rundfenster. Sparsame Stukkaturen im Louis-XVI-Stil, vermutlich von Joh. Jos. Mosbrugger; Deckengemälde von Leonard Isler. Klassiz. Ausstattung: Altäre von Felix Ant. Hediger mit Bildern von Xaver Hecht. Taufstein 1844 von Michael Huttle. Im Kirchenschatz vorwiegend barocke Goldschmiedearbeiten u.a. von Franz Michael Merkel (?), Hans Rohr und Casp. Xaver Stippeldey. – Pfarrhaus. Schlichter 3geschossiger Putzbau von 1759 unter gekrümmtem Walmdach; vergrössert 1838 und 1961–62. – Emanuel-Isler-Haus, Kirchplatz 2. Herrschaftliches, symmetrisch angelegtes Bürgerhaus von 1819 mit schmalem, spitzgiebligem Mittelrisalit und hohem Walmdach. Zugehöriges spätklassiz. Gartenhaus. – Kapelle St. Anna, an der Badener Landstrasse. Spätgot. Bau von 1513–14 mit beidseits um Mauerstärke vorspringendem Polygonalchörlein. Spätgot. Flügelaltärchen um 1510, vermutlich luzernisch; Aussenbilder von Ludwig Dub dat. 1600. – Primarschule und Schwimmbad Bünzmatt, nördl. der Strasse Zürich–Bern. Erb. 1964 von Dolf Schnebli. – Alterswohn- und Pfarrheim Bifang. Erb. 1966–68 von R., Chr. und P. Beriger.

VILLMERGEN. In der Umgebung fanden 1656 und 1712 entscheidende Schlachten zwischen kath. und prot. Orten statt. – **Kath. Pfarrkirche St. Peter und Paul.** Repräsentatives Werk der Neugotik. Auf einer Geländeterrasse zu Füssen des alten Kirchhügels erb. 1863–66 von Wilh. Keller, der auch die Ausstattung entworfen hat. Stattliche, nach S gerichtete Hallenkirche mit 3schiffigem, kreuzrippengewölbtem Langhaus und Polygonalchor von Mittelschiffbreite unter durchgezogenem First. An der östl. Chorflanke eleganter Turm mit Spitzhelm. Zierliche neugot. Altäre mit Bildern von Paul Deschwanden. Dekorative Ausmalung 1909. Im reichen Kirchenschatz u.a. spätgot. Vortragekreuz frühes 15. Jh., Spätrenaissanceziborium um 1620 von Nikl. Wickart, Rauchfass und Schiffchen um 1680 von Joh. Melchior Brandenberg II und prunkvolle Sonnenmonstranz 1790 von Hans Rohr. – Nothelferkapelle, ehem. Beinhaus. Erb. 1697 an der NO-Ecke der vormals gezinnten Ringmauer des alten Kirchhofs; Renov. 1961–62. Flachgedecktes Schiff und 3seitig geschlossenes Altarhaus; hochbarockes Deckengemälde der Himmelfahrt Mariä. Barocke Plastiken. – Kaplanei Unserer Lieben Frau, Nr. 237, im Mitteldorf. Würfelförmiger Mauerbau des 17. Jh. unter Krüppelwalmdach; heraldisches Relief von 1551. – Haus Leuppi, Nr. 189, an der Bahnhofstrasse. Kleiner nachgot. Mischbau des 17. Jh. unter Gerschilddach. – Ehrenkaplanei St. Michael, Nr. 72, im Oberdorf. Klassiz. Rechteckbau von 1808. – Ehem. Vogtshaus «Zur Arche», Nr. 17, im «Himmelrich». Doppelhaus von 1693; teilweise Aussenrenov. 1956. Mächtiger Ständerbau unter

Krüppelwalmdach, urspr. mit geflammten Fensterläden. – Bauernhaus «auf der Halde», Nr. 306. Ständerbau von 1763 mit Querflügel. Am geriegelten, von Klebdächern unterteilten Schaugiebel bäurisch-derbe figürliche Bemalung. – Kochhaus, Nr. 308, an der Halde. Nachgot. Mauerbau des 17. Jh. mit vorkragendem Fachwerkgiebel und wappengeschmücktem, 1629 datiertem Reihenfenster; Aussenrenov. 1953. Westl. Scheune unter abgewalmtem Satteldach 1795. – Gasthaus Rössli. Relief mit Königsfelder Wappen 1685. – *Hembrunn*, 2 km nördl. des Dorfes. – Wirtschaft Hembrunn, ehem. Landsitz der Familie Zurlauben. Prächtiger, rein konstruktiver Fachwerkbau von 1636 mit Klebdächern und Krüppelwalm; Aussenrenov. 1954. An der NW-Ecke Unterbau eines mittelalterl. Wohnturms.

***HILFIKON. Schloss.** Stammburg eines gleichnamigen, um 1290 bezeugten Rittergeschlechts; heute Privatbesitz. Trapezförmig ummauerte Anlage mit zentral gelegenem Hauptbau, freistehender Kapelle an der SW-Flanke und kleinen Rundtürmen an den S- und O-Ecken. Inmitten des rechteckigen, um 1650–60 erneuerten Schlossgebäudes ragt noch der mittelalterl. Bergfried mit Dachaufbau von 1764 empor. Im Innern bemerkenswerte oberitalienische Frühbarock-Stuckdecken M. 17. Jh. **Schlosskapelle*.** Die langgestreckte Anlage um 1750 neuerbaut; Rest. 1955–60. Vorkirche, Schiff und gleichbreiter Polygonalchor; reizvolles Barockinterieur. Der ausgezeichnete, vom Chorbogen gerahmte Rokoko-Altar mit lebensgrosser Kreuzigungsgruppe von Joh. Bapt. Babel steht optisch in unmittelbarer Beziehung zum zartfarbigen Chordeckengemälde, einer vielfigurigen Himmelsszene von Franz Ant. Rebsamen 1752. Im Chor Nachbildung des Hl. Grabes von Jerusalem, um 1753, ein kleiner, flachgedeckter Memorialbau mit säulengestützter Kuppellaterne; in der Kammer ein vorzüglicher Heiliggrabchristus von J. B. Babel. Im Kapellenschatz u. a. Rokokosonnenmonstranz um 1753 von Jos. Ignaz Saler. – Speicher, südöstl. des Schlosses. Zierlicher Ständerbau von 1773. – Speicher, beim Lindenhof. Ständerbau von 1762, von Bettwil hierher transferiert 1966.

SARMENSTORF. Kath. Pfarrkirche Hl. Kreuz. Langhaus erb. 1778–80 von Vitus Rey, eingezogener Rechteckchor mit seitlichen Sakristeien und axialem Haubenturm 1784–86 von Jak. Singer; Aussenrest. 1965–66. Festliche spätbarocke Saalkirche im Innerschweizer Bauschema der Singer und Purtschert. Späte Rokokostukkaturen und bemerkenswerte Deckengemälde, im geräumigen Schiff von Jos. Ignaz Weiss, im Chor von Jos. Keller. Wuchtiger Hochaltar mit Stuckplastiken 1785 von Joh. Bapt. Babel. Seitenaltäre, Kanzel und Taufstein klassiz., Gestühl spätbarock. In der Sakristei u. a. sog. Einsiedler Monstranz 1699; silberne Muttergottesstatuette um 1700 von Joh. Basil Rüssi; Barock- und Rokokokelche. – Beinhauskapelle, nördl. der Kirche. Erb. 1780, rest. 1965–66. Allegorisches Deckenfresko, reichgeschnitzter Barockaltar von 1685 und volkskundlich bemerkenswertes Epitaph der Zwyer v. Evibach 1723. – Pfarrhaus. Erb. 1744–45 von Paul Rey. Dreigeschossiger, würfelförmiger Bau unter geknicktem Krüppelwalmdach mit einfachen Klebdächern und wuchtigen Mittellukarnen. Getäferte Räume und eingebaute Buffets. – Gasthaus zum Wilden Mann, erb. 1669, mit frühbarockem Zierportal; verändert 1943. – Sog. Baschihaus, Nr. 136, am südl. Dorfausgang. Bürgerlich geprägtes Bauernhaus um 1770–80 mit scheinarchitektonischer und dekorativer Bemalung; Aussenrest. 1951. – Speicher, Nr. 159, an der Landstrasse. Erb. 1673 von Meister Ulr. Frei. Zweigeschossiger, spitzgiebliger Ständerbau mit ringsumgeführter Laube unter Steckwalm. – Kapelle St. Wendelin, an der Strasse nach Büttikon, mit angebauter Einsiedelei 1746–47 erneuert; Rest. 1953. Rokoko-Altar 1751 von Franz Reidel. Angelsachsensarkophag 1658, vor erratischem Felsblock (vermutlich heidnischer Opferstein) mit got.-barocker Kreuzigungsgruppe. Apostelfiguren von Simon Bachmann aus Muri. – Jungsteinzeitliche Grabhügel, östl. des Dorfes im Zigiholz. – Röm. Portikusvilla, südöstl. des Dorfes im Murimooshau. Konservierte Mauerreste mit Eckrisaliten 1. Jh. n. Chr.

BETTWIL. Kath. Pfarrkirche St. Joseph. Intime spätbarocke Landkirche 1788–89 von Franz Jos. Rey, in Anlehnung an die Pfarrkirche Sarmenstorf, mit qualitätvollen Rokokostukkaturen und Deckengemälden von Jos. Ant. Messmer; Gesamtrest. 1972–73. – Friedhofkreuz dat. 1664. – Pfarrhaus. Erb. 1764; im Treppenhaus originell bemalte Rokokodekorationen. – Haus Nr. 89 A, am oberen Weg nach Schongau. Typisches Freiämter Bauernhaus, Blockständerbau 18. Jh. mit Klebdächern und rot-weiss geflammten Schiebeläden. – Bildstöcke: Im Garten des Hauses Nr. 89 von 1694; Dorfmitte 1655; nordöstl. der Kirche 1740. – Wegkreuze: Im Oberdorf 1652; bei der Mühle 1733; Dorfbrunnen 1717 und 1752.

KALLERN. *Oberniesenberg.* Muttergotteskapelle. Erb. 1962 von Hanns A. Brütsch; Muttergottesstatue 18. Jh. – *Unterniesenberg.* Bauernhaus Keller, urspr. angeblich Jagdhaus des Klosters Muri. Im gemauerten Erdgeschoss Fenstersäule von 1594; im 2. Obergeschoss Inschriften aus dem 17. Jh.

UEZWIL. Dorfkapelle. Ländlicher Barockbau 1766–67 von Maurermeister Caspar Koch; Aussenrenov. 1962. Klassiz. Altärchen von Joh. Jos. Mosbrugger mit Altarbild von Jos. Seelenmayer 1838.

BÜTTIKON. Kapelle St. Johannes Bapt. Barocke Dorfkapelle 1695–96, mit eingezogenem Polygonalchor, Zwiebelhauben-Dachreiter und Vorzeichen; Innenrenov. 1955. Hochaltarbild 1697 von Franz Jos. Strebel. Spätgot. Mondsichelmadonna um 1470, barocke Statuen der beiden Hl. Johannes und Kruzifix E. 17. Jh. – **Kochhaus,** Nr. 26. Originellstes und repräsentativstes Freiämter Bauernhaus. Erb. 1791; reiche dekorative Bemalung mit geflammten Fensterläden und Zierfeldern. – Haus Nr. 15 A. Tor von 1673.

WALTENSCHWIL. Kath. Pfarrkirche St. Nikolaus. Erb. 1837–39 von Joh. Keusch. Klassiz. Saalkirche; tonnengewölbtes Schiff mit inkorporierter Vorhalle und konkav eingezogenem, korbbogig geschlossenem Chor, unter gemeinsamem First. Über der nischengegliederten Giebelfassade verschindelter Glockenturm. Altäre mit vorzüglichen Barockstatuen, angeblich aus Muri, sowie Kanzel und Taufstein von den Gebrüdern Huttle. Gesamtrenov. 1970–71. – Friedhofkreuz, östl. der zum Schulhaus umgebauten alten Kirche. Reich skulptiert, 17. Jh. – Kapelle Mariahilf, beim westl. Dorfausgang. Zierlicher neugot. Bau um 1860; Renov. 1964. – Haus zur Burg, Nr. 28. Stattliches klassiz. Bürgerhaus 1809 unter Mansartdach. – *Büelis-*

acker. Wegkapelle. Erb. wohl im 17. Jh., zur Erinnerung an die hier erschlagenen seligen drei Angelsachsen.

BÜNZEN. Kath. Pfarrkirche St. Georg. Interessantes Beispiel des Historismus. Weiträumige neugot. Saalkirche (die älteste im Freiamt) mit schlankem Frontturm, neuerb. 1860–61 von Casp. Jos. Jeuch. Relief der Hl. Anna selbdritt um 1510 über dem Haupteingang. – Freienhof, westl. der Kirche. Klassiz. Bürgerhaus von 1807. – Kapelle im Winkel oder Beinhaus, erb. 1749. – Wegkreuz beim Hirschen dat. 1691. – St. Annakapelle, an der Strasse nach Waldhäusern. Neubyzant. Bau. – Rütihof, westl. der Strasse nach Waldhäusern. Klassiz. Fabrikantenhaus von 1835–37. – *Waldhäusern*. Sog. Fähnrichhaus, Nr. 207. Mit Fachwerkgiebeln und Klebdächern, erb. 1668. – Wegkreuz im Dorf, 1682. – Wegkreuz gegen Bünzen, 1780.

BESENBÜREN. Dorfbrunnen. Trog 1832, seit 1963 mit dem Wegkreuz von 1635 verbunden. – Speicher, in der Nähe des Schulhauses, E. 18. Jh.

BOSWIL. Alte Pfarrkirche St. Pankraz. Ehem. wehrhafte Kirchenburg, reizvolle Gesamtanlage mit spätgot. Turm. Neubau des Schiffs 1664, des Chors 1696; Stuckierung 1774 durch Andreas Tschanet, Wolfgang Tschanet und Jos. Ant. Berchtold. Profaniert 1913, seit 1953 Musik- und Vortragssaal der Stiftung «Alte Kirche Boswil»; Rest. 1963–65. – Beinhaus. Neuerb. 1718, mit Kapelle St. Odilo im Obergeschoss. – Ehem. Pfarrhaus, heute Künstlerheim. Ansehnliches Dixhuitième-Gebäude unter Gerschilddach, erb. 1753. – Neue kath. Pfarrkirche. Im Kathedralstil erb. 1888–90 von Wilh. J. Tugginer. – Haus Nr. 225, östl. der neuen Kirche. Im Garten Statue des Hl. Martin M. 17. Jh. von Gregor Allhelg, ehem. Brunnenfigur aus dem Kloster Muri. – Gasthaus zum Sternen. Schmucker Fachwerkbau von 1639. – Gegenüber Wegkreuz von 1829. – Wegkreuze: An der Abzweigung zur alten Kirche von 1612; im Oberdorf von 1676; im Gländ 1664. – Kapelle Salve Regina, im Oberdorf. Rokoko-Altärchen und spätgot. Plastiken. – Kapelle St. Martin, an der Strasse nach Kallern. Erb. 1670–76, rest. 1963; aus der Klosterkirche Muri der wohl 1681 entstandene Barockaltar von Joh. Bapt. Wickart und das eisengeschmiedete Chorgitter aus dem 17. Jh. und 1746; gemaltes Antependium 1764 von Caspar Wolf. – Sentenhof, zwischen Boswil und Muri. Werkstattgebäude 1540, Wohnhaus 1759.

MURI. Ehem. Benediktinerkloster (Abb. 16, 17). *Bedeutende Klosteranlage; die mittelalterliche Kirche ausgezeichnet barockisiert; im Kreuzgang hervorragende Renaissanceglasgemälde.* Gegründet 1027 durch Ita v. Lothringen, Gemahlin des Grafen Radbot v. Habsburg, und Bischof Wernher v. Strassburg. Besiedlung mit Mönchen von Einsiedeln. 1064 Weihe der Klosterkirche. 1082 Klosterreform. M. 13. Jh. Osterspiel von Muri, das älteste Schauspiel in deutscher Sprache. 1300 Klosterbrand. Im Sempacherkrieg, 1386, Verwüstung der Klostergebäude durch die Eidgenossen. Nach Brandschatzung durch die Berner im Kappelerkrieg, 1531, Wiederherstellung unter Abt Laurenz v. Heidegg (1508–49). Neue Blüte in der Gegenreformation, namentlich unter Joh. Christoph v. Grüth (1549–1564), Jodocus Singisen (1569–1644) und Plazidus Zurlauben (1684–1723), dem ersten Fürstabt. Gerold II Meyer (1776–1810) plante umfassende Neubauten, welche infolge der Französischen Revolution nur teilweise zur Ausführung gelangten. 1841 Klosteraufhebung. 1845 Übersiedlung des Konvents nach Gries bei Bozen (Tirol). Klosterbrand 1889. – *Kirche.* Während sich der strenge, kubisch klar gegliederte Aussenbau als eine eindrückliche Formsymbiose verschiedener Stile darbietet, dominieren im zentrierten Innern hochbarockes Raumemp-

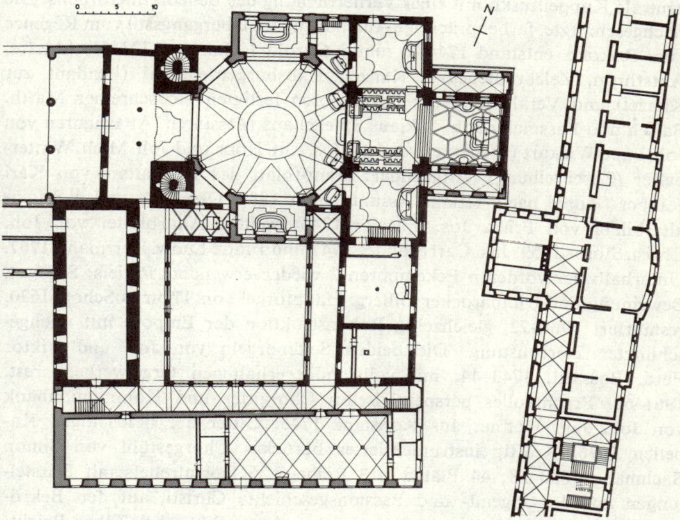

Frühromanisch (1027–64) bzw. 16. und A. 17. Jh.
1685 ff. Modern bzw. 1790–98 und nach Brand von 1889 verändert

Muri. Klosteranlage

finden und spätbarocke Ausstattungsfreude. Der heutigen komplexen Anlage liegt eine 3schiffige roman. Basilika zugrunde mit quadratischem Chor über Krypta, Querhaus und den beiden W-Türmen. Die 3schiffige Hallenkrypta wird überdeckt von spätgot. ausgemalten Kreuzgratgewölben und Quergurten über Säulen mit Würfelkapitellen; sie öffnet sich in 2 Durchgängen nach der Vierung (jetzt vermauert). Roman. Aussengliederung am Giebel des nördl. Querschiffs und am Oberbau des SW-Turms. Bis zur Barockisierung keine wesentlichen Neubauten, lediglich um 1510 Einziehung des ausgemalten Netzgewölbes im Chor und 1558 Hochbau des NW-Turms samt den beiden frontseitigen Spitzhelmen. 1695–97 lässt Fürstabt Plazidus Zurlauben das Langhaus durch Giov. Bettini, unter Beiziehung von Bruder Casp. Mosbrugger, umbauen: Beseitigung der Arkaden und Einbau eines ungleichseitigen, 25 m hohen Kuppeloktogons mit konzentrischen Dreieckemporen an den 4 Ecken und beidseits als Widerlager angefügten, tonnengewölbten Seitenkapellen (nördl. Leontius-, südl. Benediktskapelle), die wie das Kuppelgewölbe von grossen Thermenfenstern erhellt werden (Abb. 16). Letzte Aussen- und Innenrenovation 1953–57 bzw. 1929–34 und 1961 ff. – *Innenraum**. *Die Ausstattung ist ein Hauptwerk des Barocks in der Schweiz.* Lebendige, die Raumstruktur wesentlich auszeichnende Stukkaturen von Giovanni Bettini. Hellfarbige, tafelbildähnliche Deckenmalereien von Francesco Ant. Giorgioli 1696–97 in straffer ikonologischer Anordnung um das zentrale Kuppelfresko mit einer Verherrlichung des Benediktinerordens. Die reichgeschnitzte, farbenprächtige Ausstattung im Übergangsstil vom Régence zum Rokoko entstand 1744 ff. unter Gerold I Haimb (1723–51); Altäre, Abtsthron, Zelebrantensitze, Kanzel, Habsburgerdenkmal (Pendant zur Kanzel) und Verkleidung der Eckemporen fertigten Hofschreiner Matth. Baisch und Fassmaler Joh. Niklaus Spiegel aus Messkirch. Altarfiguren von Joh. Bapt. Wickart (wiederverwendet), Jos. Ant. Hops und Joh. Mich. Winterhalter (Zuschreibung). Altarbilder: Hauptblatt des Hochaltars von Karl Rauber (Kopie nach Tizians Assunta), um 1889, Oberblatt und 4 Seitenaltarbilder von Franz Jos. Spiegler 1746; weitere Altarblätter von Joh. Christ. Storer 1659, Jak. Carl Stauder 1747 und Franz Ludw. Herrmann 1767. Unterhalb der vorderen Eckemporen 2 wiederverwendete Reliefs: Spätgot. Beweinung und frühbarocker Ölberg. Hauptorgel von Thomas Schott 1630, restauriert 1968–72, gleichzeitig Rekonstruktion der Empore mit reichgeschnitzter Zierbrüstung. Die beiden Seitenorgeln von Jos. und Viktor Ferd. Bossard, 1743–44, mit vollständig erhaltenen Orgelwerken; rest. 1961–62. Prachtvolles perspektivisches Chorgitter und Kommunionbank von Joh. Jak. Hoffner aus Konstanz 1746. Gitter der beidseitigen Kapellen 1696. Kräftig instrumentiertes barockes Chorgestühl von Simon Bachmann 1650–58; 44 Plätze in 3 Reihen, 26 Dorsalreliefs mit Darstellungen aus der Jugend- und Passionsgeschichte Christi, auf den Bekrönungsgesimsen 26 Heiligenstatuen. In der ehem. Bibliothek (über Beichtkirche) figürliche Stukkaturen von Pietro Neurone 1701. – *Klostergebäude*. Vom Gründungsbau hat sich – ausser einer roman. Fenstersäule im O-Flügel des Kreuzgangs – nichts Sichtbares erhalten. Die ältesten Bestandteile gehören zu den Um- und Erweiterungsbauten unter Laurenz v. Heidegg; sie gruppieren sich um den 1534–35 von ihm errichteten und durch Christoph v. Grüth (1549–64) mit Glasgemälden ausgestatteten Kreuzgang südseits der Kirche (Eingang von der Beichtkirche her). Der Kreuzgang-N-Flügel wurde beim Kirchenumbau von 1695–97 zur Hälfte zerstört bzw. in eine Loretokapelle umgebaut, seit 1971 Familiengruft des Hauses Habsburg. 1953–57 Restauration der 3 verbliebenen Kreuzgangflügel mit phantasievollen spätgotischen Masswerkfenstern. Gleichzeitig Wiederaufstellung des nach der Säkularisierung entfernten *Glasgemäldezyklus**. *Eine der hervorragendsten Leistungen der schweiz. Renaissanceglasmalerei* (Abb. 17). Die 19 dreilanzettigen Masswerkfenster und 57 Kabinettscheiben zur Hauptsache 1554–58 von Karl v. Egeri aus Zürich, unter Mitwirkung von Niklaus Bluntschli. W-Flügel: Wappenscheiben befreundeter Ordenshäuser und Privater mit biblischen und profanen Darstellungen im Masswerk. S-Flügel: Wappenscheiben benachbarter Städte, befreundeter Abteien, ausländischer

Gesandter und Privater, im Masswerk biblische und heraldische Sujets. O-Flügel: Wappenscheiben von 7 eidg. Ständen und Szenen aus dem Marienleben. Hier Zugang zur spätbarock ausgestatteten Sakristei (ehem. Kapitelsaal) und zum *Klostermuseum*, u.a. Silbertabernakel von J.P. Staffelbach und J.G. Ott 1701–04. Im S-Flügel (1. Stock) barock getäferter «Handwerkersaal» (ehem. Winterrefektorium): Küchler-Ofen, bemalt von Casp. Wolf, 1762; Rest. 1967–68. Abt Zurlauben erneuerte nach 1685 den S- und W-Flügel des Konventsgebäudes und 1692 den westl. anschliessenden Gebäudetrakt. Das riesenhafte, 1789 begonnene, infolge der französischen Invasion 1798 unterbrochene Neubauprojekt des Donaueschinger Hofarchitekten Valentin Lehmann wurde zur Hälfte ausgeführt: 220 m langer, schlossartiger O-Trakt (heute Pflegeanstalt) und rechtwinklig anstossender S-Flügel mit Eck- und Mittelpavillons (Verwaltung und Bezirksschule). O-Trakt 1889 z.T. ausgebrannt und mit vereinfachtem Dachstuhl wiederhergestellt. – Pfarrkirche St. Goar. Neubau 1935–36 von W. Bosshart, unter Wiederverwendung des frühbarocken Chors von 1640–46 und des 1583 erb. Turms. Im S-Nebenschiff ausgezeichnete spätgot. Kreuzigungsgruppe. – Leontiusbrunnen, 1681 von J.B. Wickart.

BUTTWIL. Kapelle St. Jakobus Major. Erbaut 1666, Erweiterung und Modernisierung 1949–50. Statuen der Hl. Laurentius und Mauritius 1680 aus der Pfarrkirche Muri; Kruzifix aus der Bauzeit.

GELTWIL. Wegkapelle. Maria und Johannes um 1520.

ARISTAU. Kath. Pfarrkirche St. Wendelin. Erb. 1942 von Jos. Oswald; in der Sakristei u.a. Kruzifix um 1580–90 sowie Kelche um 1620 und 1796. – Kapelle St. Johannes Bapt. und Ev. Erb. 1521, Datum sowie Wappen Muri und Abt Laurenz v. Heidegg über dem spätgot. profilierten W-Portal; Türflügel 1670. Vergrösserung der Kapelle und Altar von Hans Jost I Müller 1734. Gesamtrest. 1972. – Restaurant Aristau. An Stelle einer Burg, würfelförmiger Baukubus unter Mansartdach 1797. – Wegkreuz in Birri, 1809, erneuert 1952. – *Althäusern.* Landhaus Kapf des Klosters Muri. Erneuert 1736, mit Wappen von Fürstabt Gerold I Haimb über dem Portal.

MERENSCHWAND. Kath. Pfarrkirche St. Vitus. Spätgot. Polygonalchor neuerb. zwischen 1497 und 1507 von einem Meister aus dem Umkreis des Hans Felder, mit Strebepfeilern, Masswerkfenstern, Netzgewölbe und skulptierten Schlusssteinen. An seiner N-Seite roman. Turm, Abschluss 1897–99; gleichzeitig Bau des 3schiffigen neugot. Langhauses von Aug. Hardegger. Auf dem nördl. Seitenaltar vorzügliche spätgot. Pietà um 1500; Reliquienstatue des Hl. Vinzenz mit silberner Paraderüstung 1688 von Joh. Melchior I (oder II) Brandenberg. Im Kirchenschatz u. a. Ziborium und Kelch um 1663 von Joh. Casp. Schlee in Beromünster und Kelch um 1700 von Hans Georg Ohnsorg. – Kaplanei. An Stelle eines spätgot. Gebäudes neuerb. 1773–74 von Vitus Rey; Renov. 1961–62. Freundlicher 3geschossiger Rechteckbau unter Walmdach mit dekorativ bemalten Fensterläden. Neun ehem. Altargemälde, u.a. Christus an der Geisselsäule um 1650 in der Art des Joh. Christoph Storer. – Friedhofkreuz, von 1698. – **Gasthaus Schwanen.** Schönster Zierfachwerkbau im Aargau. O-Teil 16.–17. Jh., schmalerer W-Teil und gemeinsames Satteldach mit 2 grossen Lukarnen unter Zwerchgiebeln 1681; Renov. 1957. An der überaus reich instrumentierten W-Partie erkerartig vorkragende Obergeschossfenster mit Pilastereinfassungen. – Gedenkstein für den berühmten Schwanenwirt und Politiker Heinrich Fischer (1790–1861). – Dorfbrunnen. Dat. 1702, Muttergottesstatue 1950 von Emma Burkart. – *Hagnau.* Kapelle St. Wendelin. Gestiftet um 1600, neuerb. 1780; Ausmalung und Renov. 1960. – *Unterrüti.* Maria-Hilf-Kapelle, neugot., 1868. Schönes Holzrelief der Schutzmantelmadonna E. 16. Jh., vermutlich von Heinr. Dieffolt aus Feldkirch. – Bauernhaus Nr. 265. Holzständerbau mit Fachwerkgiebeln und Klebdächern 18. Jh. – Davor Wegkreuz von 1734.

MÜHLAU. Kath. Pfarrkirche St. Anna. Erb. 1852–53 von Jos. Lechleitner; Sakristei-Erweiterung und Innenrenov. 1966. Ein später Nachfahre des Singer-Purtschert-Schemas mit klassiz. Ausstattung; gute Altargemälde 1865–66 von Jos. Balmer. Kruzifix A. 16. Jh. – Friedhofkreuz, reichskulptiert, 1704. – Dorfbrunnen, 1750. – Gasthaus Storchen. Beachtlicher Bau von 1731 mit gemauertem Unterteil, geriegeltem Oberbau, Klebdächern und Krüppelwalmdach.

***BEINWIL** (Freiamt). Kath. Pfarrkirche St. Peter und Paul. Weiträumige Saalkirche mit kräftig eingezogenem, gerade geschlossenem Hochchor über 3schiffiger Krypta, 1619–20 von Viktor Martin, markanter nachgot.-frühbarocker Haubenturm 1645. Im 1797–98 erneuerten Schiff Louis-XVI-Stukkierung und spätbarocke Deckenbilder von Jos. Ant. und Joh. Nepomuk Messmer. In der Krypta kleines spätgot. Chorgestühl, Rokoko-Altärchen 1752, Sarkophag des Lokalheiligen Burkhard 1784. – Vor der Kirche Burkhardsbrunnen von 1757. – *Horben*, im SW auf dem Lindenberg. **Schloss Horben*.** Erb. 1700–01 durch Abt Plazidus Zurlauben als Erholungsheim des Klosters Muri, unter Abt Bonaventura II Bucher (1757–76) umgebaut; heute Privatbesitz. Stattliches Herrenhaus mit Gerschilddach und Kuppeltürmchen. Vorzügliche Rokokostukkaturen und Tapetenmalereien von Caspar Wolf um 1762. – Schlosskapelle St. Wendelin. Erb. 1730; Régence-Rokoko-Altar 1745 von Matthäus Baisch. – *Wallenschwil.* Kapelle St. Laurentius. Erb. 1745 von Paul Rey; Rest. 1963. Barockaltar um 1730 von Hans Jost I Müller aus Muri. – Wegkreuz an der Landstrasse Muri–Sins, errichtet 1709.

AUW. Kath. Pfarrkirche St. Nikolaus. Als Saalkirche erb. 1705; das Polygon des eingezogenen, von Nebenräumen begleiteten Chors tritt erkerartig vor die östl. Giebelfront. Vorhalle auf toskanischen Säulenpaaren 1718; seitlicher Turm mit Glockenhaube 1749–50 von Lorenz Rey. Deckengemälde, Stationenbilder und die ehem. Seitenaltargemälde (im Turm) 1795 von Jos. Ant. Messmer; gleichzeitig Stuckdekoration, Kanzel und Altäre. Taufstein 1638; Kreuzigungsgruppe wohl 1705. Im Kirchenschatz u. a. barocke Goldschmiedearbeiten. – Alte Mühle, Nr. 56. Stattlicher Ständerbau 1766 mit Krüppelwalmdach und Klebdächern. – Wegkreuz, nördl. der Mühle, dat. 1711. – Bauernhaus Nr. 79 AB. Innerschweizer Typus mit altertümlichem Tätschdach. – Gasthaus Hirschen. Kunstvoll geschmiedetes Rokokowirtsschild von 1798; Rest. 1960. – *Rüstenschwil.* Kapelle St. Joseph. Spätbarocke Wallfahrtskapelle, erb. 1755; Aussenrenov. 1965–66. Von qualitätvollen

Stukkaturen gerahmte reizvolle Deckengemälde 1792 von Jos. Keller. – Speicher, Nr. 214 A. Turmartiger Blockbau von 1618. – Wegkreuz, 1775.

SINS. Kath. Pfarrkirche Mariä Geburt. Erb. 1745–53, das Langhaus von Paul Rey, der Chor nach Reys leicht abgeändertem Projekt von Niklaus Hurschler; Rest. 1964–67. Stattliche Saalkirche mit langgestrecktem, 1795 verlängertem Schiff und eingezogenem Polygonalchor. An der N-Seite des Chors mächtiger Glockenturm mit spätgot. Unterbau von 1493 und spitzbehelmtem Oberbau von 1626. Der pilastergegliederte, flachgewölbte Innenraum zeichnet sich durch dezente Festlichkeit aus. 1795 Louis-XVI-Stukkaturen und architekturperspektivische Deckenfresken von Jos. Ant. Messmer. Klassiz. Ausstattung 1826–28, der Hochaltar von den Brüdern Huttle, Seitenaltäre und Kanzel von Jost Pfister. Polychromes spätgot. Sakramentshäuschen. Im Kirchenschatz u.a. nachgot.-frühbarocke Turmmonstranz 1635 von Melchior Eschenbacher. – Skulptiertes Friedhofskreuz von 1616 und 1796. – Gedeckte Holzbrücke. Auf Pfeilern von 1640 neuerb. 1809 von Jos. Ritter; nach teilweiser Zerstörung im Sonderbundskrieg 1847 die östl. Hälfte nach Plan von Ferd. Stadler wiederaufgeb. 1852 durch Joh. Schalcher. – Gemeindehaus. Als Pfarrhaus südl. der Kirche erb. 1726 von P. Adelhelm Luidl und Paul Rey; Umbau zum Gemeindehaus 1953–55. Palastartiger, 3geschossiger Barockbau mit mächtigem Krüppelwalmdach und Zwerchgiebeln. *Meienberg.* An Stelle eines im Sempacherkrieg 1386 von den Eidgenossen zerstörten Städtchens. **Ehem. Amtshaus.** Mischbau von 1575 mit dekorativ bemalter Holzwerkfassade von 1765 und seitlichem Pranger; Aussenrest. 1953. In das Haus inkorporierter mittelalterl. Wohnturm, wohl aus der Zeit vor Zerstörung des Städtchens. – Kapelle St. Eligius. Einfacher Bau um 1553, verändert im 18. und 19. Jh. Klassiz. Altärchen mit Figuren um 1670 und um 1750. – *Oberalikon.* Kapelle St. Jost und Antonius von Padua. Dorfkapelle von 1755 mit ausstuckiertem Schiff, kräftig eingezogenem Chorbogen, 3seitig schliessendem Chörlein und hübschem Barockaltärchen. – *Holderstock.* Kapelle St. Andreas. Hofkapelle mit zwiebelförmigem Dachreiter erb. 1665; Rest. 1959–67. Zwei spätgot. Plastiken E. 15. Jh. – *Aettenschwil.* Kapelle St. Verena. Erb. 1574 von Melchior Bartmann, fast gänzlicher Neubau 1686. Das Innere z.T. neu ausgestattet 1796–97, Bild des Hochaltars und Kreuzwegstationen von Jos. Ant. Messmer; Altarstatuen 1726–27. – *Fenkrieden.* Kapelle St. Wendelin. Einheitlicher klassiz. Bau von 1844; in Nische des Hochaltars Statue des Hl. Wendelin 17. Jh. – *Gerenschwil.* Kapelle Vierzehn Nothelfer. Einfacher Barockbau 18. Jh. mit Holzaltärchen. – Speicher, Nr. 9. Altertümlicher, doppelgeschossiger Blockbau 17. Jh.

OBERRÜTI. Kath. Pfarrkirche St. Rupert. Neuerb. 1864–65 von Ludw. Metternich aus Mainz. Neugot. Anlage; rechteckiges Schiff mit inkorporierter Vorhalle und eingezogenem Polygonalchor, spätgot. N-Turm, vor 1584. Im Kirchenschatz u.a. Sonnenmonstranz 1788 von Franz Michael Spillmann und Vortragekreuze M. 15. Jh. und E. 17. Jh.

DIETWIL. Kath. Pfarrkirche Hl. Jakobus d. Ä. und Barbara. Neubau 1780–81 von Vitus Rey. Schmucke spätbarock-frühklassiz. Saalkirche nach dem Bauschema der Singer und Purtschert; Schaft des haubenbekrönten N-

Turms spätgot. Im Langhaus und im eingezogenen Chor flache Stichkappentonnen auf Pilastern; späte Rokokostukkaturen, illusionistische Deckenfresken von Jos. Ant. Schuler. Altäre und Kanzel von den Brüdern Scharpf, Altarbilder 1867–68 von Jos. Balmer. In der Sakristei u.a. Zuger Sonnenmonstranz 1699 von Hans Georg Ohnsorg; Zuger Rokokokelch um 1760 von Fidel Brandenberg. – Beinhauskapelle St. Antonius. Erb. 1780, rest. 1970. – Pfarrhaus. Erb. 1821 von Joh. Keusch.

ABTWIL. Kath. Pfarrkirche St. Germanus. Neuerb. 1740–42, als ländliche Saalkirche mit eingezogenem Polygonalchor; Turm in der Chorachse 1877, Vorzeichen über Säulen. Deckenbild 1888 von Jos. Balmer. Klassiz. Ausstattung; Altargemälde 1840 von Michael Föhn. Neben dem Hochaltar barocke Statuen der Hl. Andreas und Bernhard um 1670–80, Joh. Bapt. Wickart zugeschrieben. Ehem. Hochaltarbild der Maria vom Guten Rat um 1780. Aussenrenov. 1969–70. Im Kirchenschatz u.a. Vortragekreuz M. 15. Jh. und Zuger Sonnenmonstranz 1764 von Carl Franz Frey. – Pfarrhaus, erb. 1748.

JONEN. Kath. Pfarrkirche St. Franz Xaver. Erb. 1804–08, neubarocker Glockenturm und Chorneubau 1910 von Wilh. Hanauer; Innenrenov. 1964–65. Ländliche Barockaltäre 1815–17 von Niklaus Häfliger mit Bildern von Joh. Casp. Moos. Got. Kruzifix, der später eingesetzte Kopf um 1600; Auferstehungschristus um 1650, spätbarocke Muttergottes 2. H. 18. Jh. – Friedhofkreuz. Volkskundlich interessante Arbeit von 1849. – Haus Nr. 77, ehem. Taverne zur Muttergottes. Blockhafter, symmetrischer Neubau in Stein 1815. – **Wallfahrtskapelle Jonental,** in romantischer Waldeinsamkeit. Neuerb. 1734–36 von Hans Georg Urban; Renov. aussen 1955–56, innen 1963–64. Originelle kreuzförmige Anlage mit 3seitig schliessendem Chor und Querflügeln, in den Winkeln dazwischen Sakristeianbauten im Viertelskreis; über dem Firstkreuz 6seitiger Dachreiter. Toskanisches Vorzeichen vor dem 3jochigen, durch Ochsenaugen über Rundbogenfenstern belichteten Schiff. Das tonnengewölbte Innere ist dekorativ ausgemalt mit einfachen Régencemotiven, die als tektonisch-dekoratives Gerüst die gesamte Raumschale gleichmässig gliedern. Konzentrisch angeordnete, spätbarocke Stuckmarmoraltäre; das Gnadenbild auf dem Hochaltar ist eine spätgot. Madonnenstatue um 1530; Seitenaltargemälde 1843 von Joh. Füglistaller. – Pilgerbrunnen. Rechtecktrog 1735, toskanischer Säulenstock 17. Jh.

UNTERLUNKHOFEN. *Bedeutendste Hallstatt-Nekropole der Schweiz,* im Bärhau östl. des Dorfes. – Grundmauern der Kapelle St. Nikolaus, am rechten Reussufer, gegenüber dem Frauenkloster Hermetschwil. Neuerb. 1584; Fundamente 1953 freigelegt und konserviert.

OBERLUNKHOFEN. Kath. Pfarrkirche St. Leodegar. Mutterkirche des Kelleramtes, erwähnt 1185. Neuerb. 1685 als Saalkirche mit eingezogenem Polygonalchor, an dessen S-Seite der roman. Turm des 12. Jh. beibehalten wurde; spätklassiz. Laternenhaube 1848 von Joh. Keusch. Symmetrisch zum Turm Anbau der 2geschossigen Sakristei 1777 von Vitus Rey, der gleichzeitig das Schiff um eine Achse verlängerte; Aussenrenov. 1963–64. An der flachen, auf Wandkonsolen ruhenden Stichkappentonne Rokokostukkaturen 1778 von Lucius Gambs; Deckengemälde von 1891. Rötlich-graue Stuckmarmoraltäre, die seitlichen Nischenretabel übereck gestellt, 1777–78 von Lorenz Schmid; Statuen z.T. von den ältern Retabeln, 1685 von Joh. Bapt. Wickart; feingestaltete Rokokostatue des Hl. Urban um 1777 aus dem Umkreis des Joh. Georg Dirr. Elegante Kanzel am Übergang vom Rokoko zum Louis XVI, ebenfalls von Schmid. Chorgestühl 1778; spätbarockes Triumphbogenkruzifix. Im Kirchenschatz zahlreiche Goldschmiedearbeiten des 17.–18. Jh. – Friedhofkreuz. Ein volkskundlich interessantes Werk von 1746 mit Totenleuchte. – Hof Hagenbuch, ehem. Kellerhof. Erneuert 1738. – Bildstöcklein südl. davon. Reichskulptiert 1684; rest. 1960. – Burgruine, nördl. des Dorfes. Stammsitz eines früh nach Zürich abgewanderten Ministerialengeschlechtes, dessen Vertreter das Meieramt von Lunkhofen innehatten. Fundamente der Burg mit kleinem Rechteckturm und trapezförmigem Palas 1933–34 freigelegt und konserviert.

OBERWIL. Kath. Pfarrkirche St. Michael. Spätgot.-ländliche Saalkirche erb. um 1502–04, mit eingezogenem, gewölbtem Polygonalchor; an der SO-Ecke des Schiffs roman. Glockenturm mit Käsbissen. Barockisierung 1672–73 von Hans Heinr. Schmidt; Renov. 1842, Innenrenov. 1968. Aus einfachen Kuben harmonisch zusammengesetzter Baukörper. Spätklassiz. Altäre 1842 und 1882; altertümliche Holzkanzel 1673, frühbarocker Taufstein. Plastiken: Kruzifix A. 17. Jh., barocke Kreuzigungsgruppe um 1670–80, gleichzeitig thronende Madonna von Joh. Bapt. Wickart. Im Kirchenschatz Goldschmiedearbeiten, vorwiegend 18. Jh.

ZUFIKON. Kath. Pfarrkirche St. Martin. Neuerb. 1865–68 von Carl Rothpletz. Neuroman. Bau nach dem Typus der spätbarock-klassiz. Saalkirche mit straffer, spitzgiebliger Hauptfassade, inkorporierter Vorhalle, pilastergegliedertem Schiff und eingezogenem Polygonalchor. Aussenrenov. 1970–71. Kleiner mittelalterl. Käsbissenturm an der N-Seite des Chors beibehalten. Kelchförmiger Taufstein 17. Jh. Im Kirchenschatz u.a. schönes Vortragekreuz 3. V. 15. Jh., spätgot.-frühbarocke Turmmonstranz, Sonnenmonstranz 1769–71 von Franz Christoph Mäderl und Kelch um 1730 von Franz Seb. Bucher. – *Oberdorf.* Ehem. Zehntenscheune des Klosters Muri, Nr. 9. Mächtiger Fachwerkbau mit Rautengiebeln. – *Unterdorf.* Ehem. Trotte des Klosters Hermetschwil, Nr. 92. Heraldisches Relief von 1720. – Wegkreuz in Stigelen. Aussergewöhnlich reich skulptiert 1694.
Ehem. Einsiedelei St. Antonius zu Emaus, westl. der Zufiker Allmend. Seit 1450 als «Kochskappel» bezeugt; seit 1955 Kapuzinerhospiz. Heutige Anlage mit Kapelle und nördl. Klausnerhaus um 1660–70, stark umgeb. 1937. Drei volkstümlich-barocke Bildzyklen, Ölmalerei auf Tannenholz 1676–77, rest. 1963: Lebensgeschichten der Hl. Antonius Eremit an der nördl. Schiffswand, Antonius von Padua im Hospiz und Niklaus von Flüe im Brunnenhof südl. der Kapelle. – Wehranlage oder Fliehburg, in den Buechholderen. Überreste eines ausgedehnten vorchristlichen Befestigungssystems, das im hohen Mittelalter wiederbenutzt wurde.

***BREMGARTEN** (Abb. 18, 19). *Guterhaltene mittelalterliche Kleinstadt mit bemerkenswerten Kunstdenkmälern.* Vor 1140 erstmals erwähnt, 1256 Verlei-

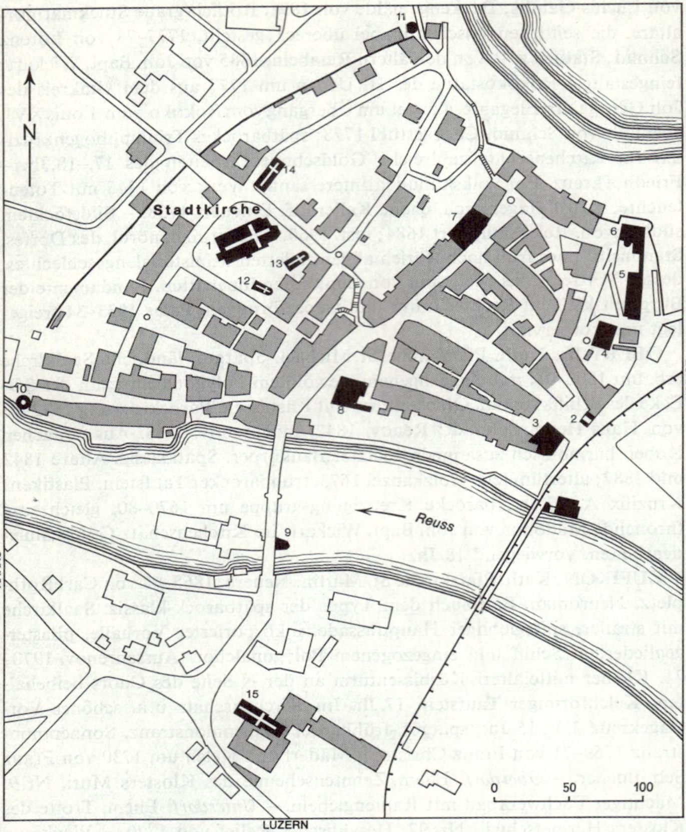

Ortsplan Bremgarten

1. Kath. Stadtkirche St. Nikolaus. – 2. Spittelturm. – 3. Placid-Weissenbach-Haus. – 4. Ehem. Zeughaus. – 5. Schellenhaus. – 6. Sog. Schlössli. – 7. Rathaus. – 8. Ehem. Muri-Amtshof. – 9. Reussbrücke. – 10. Hexenturm. – 11. Hermansturm. – 12. Kapelle St. Anna. – 13. Muttergotteskapelle. – 14. Ehem. Frauenkloster und Kapelle St. Klara. 15. Ehem. Kapuzinerkloster

hung des Stadtrechts durch Rudolf v. Habsburg. Im 14. und 15. Jh. Bildung eines eigenen Territoriums. Eroberung durch die Eidgenossen im Zürichkrieg 1443. Seit 1803 aargauischer Bezirkshauptort. – In weitgezogener Schlinge des Reusslaufs planmässig um 1200 angelegte Oberstadt mit axialem Gassenmarkt; Unterstadt M. 13. Jh., mit malerischem Kirchhof. Von den mittelalterlichen Befestigungen sind neben intakten Teilstücken der ehem. Ringmauer erhalten der Spittel- und Katzenturm in der Oberstadt, der Hexen- und Hermansturm in der Unterstadt sowie das Bollhaus vor der Reussbrücke. **Kath. Stadtkirche St. Nikolaus** (Ortsplan, 1). Erstmals erwähnt 1252, Turm 1343, Chor wohl nach 1382. Umbauten und Erweiterung um das nördl. Seitenschiff zwischen 1427 und 1487, Sakristeianbau 1575, Erhöhung des Turms um die obere Glockenstube und Spitzhelm 1742–43; Renov. aussen 1929, innen 1934. – Inmitten eines rechteckigen Kirchhofplatzes gelegener spätgot. Bau, bestehend aus einem 2schiffigen Langhaus, 3seitig schliessendem Chor und mächtigem N-Turm, an den die 2geschossige Sakristei mit Schneggen angebaut ist; klassiz. Hauptportal und Vorzeichen 1804 von Franz Jos. (?) Rey. Das hallenartige Innere ist durch einen spitzen Chorbogen und gegen das Seitenschiff durch 3 Spitzbogenarkaden unterteilt; Orgelempore von 1788, Holzfelderdecken 1934. – *Ausstattung.* Barocker Hochaltar 1700 mit Bildern von Franz Carl Stauder. Klassiz.-neugot. Chorgestühl 1820 von Felix Ant. Hediger. Im Hauptschiff 4 Stuckmarmoraltäre 1779–80 von Lorenz Schmid mit Bildern von Franz L. Herrmann. Geschnitzte Spätrenaissancekanzel um 1630. Lebensgrosser spätgot. Chorbogenkruzifix. An der ersten Schiffsarkade kleines Madonnenfresko M. 15. Jh. Im Seitenschiff 3 Rokoko-Altäre um 1760 mit Bildern von Jos. Ant. Schuler, frühbarocke Schreinfigur des Hl. Synesius und 4 Statuen 1653 von Gregor Allhelg. – *Reichhaltiger Kirchenschatz* im Pfarrhaus (s. S. 77).

Oberstadt. Östl. Stadtteil auf einem Moränenplateau, mit 3 strahlenförmig vom Spittelturm (Stadttor) ausgehenden Längsgassen und Querverbindungen. Die zentrale Marktgasse leitet den Verkehr in den steil nach S abfallenden «Bogen» und zur Reussbrücke. – **Spittelturm** (Ortsplan, 2). Das Wahrzeichen Bremgartens, erb. 1556–59 von Albrecht Murer. Schlanker, rechteckiger Torturm mit pittoreskem Dachaufbau. Über der Durchfahrt reichskulptierte Renaissancewappentafel, astronomische Turmuhr. – Placid-Weissenbach-Haus (Ortsplan, 3). Erb. 1636 und 1760, originelles Zierportal. Im «Runden Saal» vorzügliche Rokokostuckdecke. Drei Kuppelöfen 1761 von Michael Leonz Küchler, virtuos bemalt von Caspar Wolf. – Am Reussufer: Meiss- oder Katzenturm, südöstl. Eckpunkt der Reussletzi, 1415. – Daneben Altes Schützenhaus von 1570, 1907 teilweise umgebaut. – Ehem. Kaufhaus, gegenüber Spittelturm. Erb. um 1570–80, die Erdgeschossarkaden wiederhergestellt 1959. – Ehem. Zeughaus (Ortsplan, 4). Erb. 1640–41 von Jak. Martin, mit frühbarockem Rustikaportal. – Daneben Brunnen 1560–70 von Hans Murer. – Schellenhaus (Ortsplan, 5). Ehem. Zehntenhaus des städtischen Spitals, langgestrecktes Ökonomiegebäude von 1635. – Sog. Schlössli (Ortsplan, 6). Auf den Grundmauern einer feudalzeitlichen Anlage erb. 1641, renov. 1967–68. Markantes nachgot.-frühbarockes Bürgerhaus mit gestaffeltem Baukörper und polygonalem Schneggen. – Renaissancebrunnen in der Schlossergasse, 1567 von Hans Murer. – Rathaus (Ortsplan, 7). Klassiz. Erneuerung 1817 durch Fidel Leimbacher, 1912 aufgestockt. Im Gerichtssaal, ehem. Ratsstube, Empirewandtäfer und bemalter Kuppelofen von Michael Leonz Küchler 1777. Im Büro des Gerichtspräsidenten Rixheimer Tapete. Im Stadtratssaal spätgot. Leuchterweibchen, Glasgemälde 1959 von Felix Hoffmann. – Gasthaus zur Sonne. Erb. 1623, mit Holzerker und frühbarockem Madonnenfresko. Wandtäfer und Kassettendecke. – **Ehem. Muri-Amtshof** (Ortsplan, 8), oberhalb der Brücke, markanter Hauptakzent der Reussuferfront. Spätgot. Mauerbau mit Treppengiebeln 1540–48, Schneggenturm 1583–84; neugot. Erweiterung 1899–1901 von Richard Michel, heute Privatbesitz. Mächtiger Zehntenkeller. In der Eingangshalle und im Treppenhaus got. Netz- bzw. Sterngewölbe von Hans Dub. Im sog. Fürstensaal eine reichskulptierte Fenstersäule 1547. Bemalter Kuppelofen 1767 von Michael Leonz Küchler. Reizvolle barock ausgemalte Hauskapelle, bemerkenswerter Schnitzaltar 1642 von Niklaus Geisler. – Ehem. Landschreiberei, am Bogen Nr. 172. Getäferte Gerichtsstube 17. Jh. – **Reussbrücke** (Ortsplan, 9; Abb. 19). Charakteristisches Element des westl. Stadtprospektes. Vier gemauerte Pfeiler von 1544–49, die Holzkonstruktion der gedeckten Brücke 1953–57 erneuert. Der 3. Pfeiler trägt 2 erkerartige Fachwerkkapellchen, von denen die östl. Agathakapelle mit Dachreiter ein frühbarockes Altärchen aus dem 3. V. 17. Jh. mit Statue der Schutzheiligen enthält; in der westl. Nepomukkapelle eine vortreffliche spätbarocke Statue des Brückenheiligen. – Bollhaus, an der O-Seite der Brücke. Zur Verstärkung des südl. Brückenkopfs erb. um 1500.

Unterstadt. Gegen das wenig überbaute Feld in der Reussschlinge durch eine grossenteils erhaltene Stadtmauer geschützt; am Flussufer im S der runde Hexenturm aus dem 14. Jh. (Ortsplan, 10), im N der gleichfalls runde Hermansturm von 1407 (Ortsplan, 11). Im Zentrum der Unterstadt der ehem. Kirchhof, die einzige grössere Platzanlage der Stadt, mit Stadtkirche, ehem. Klösterchen St. Klara, Kapellen, Pfrundhäusern und weiteren geistlichen Bauten. – **Stadtkirche,** s. S. 75. – **Kapelle St. Anna** (Ortsplan, 12). Das ehem. Beinhaus erbaut 1487, verlängert 1645–46; seit 1957 Taufkapelle. Kleiner schmucker Bau mit polygonalem Schluss und Dachreiter. An der NO-Ecke als schweiz. Unikum ein erkerartiger *Baldachinschrein** mit plastischer Ölberggruppe und an den 3 Flügeln Passionsreliefs 1646 von Gregor Allhelg (Abb. 18). Altar 1655, Taufstein um 1650–60 von Gregor Allhelg. – **Muttergotteskapelle** (Ortsplan, 13). Erb. vor 1409, verlängert 1608, barockisiert 1757. Schmaler hochwandiger Bau mit polygonalem Schluss und Dachreiter, in Querrichtung zur Annakapelle, mit der sie durch eine offene Begräbnishalle verbunden ist; nachgot. Spitzbogenportal von 1608. Im Innern spätgot. Freskenzyklus mit über 30 heilsgeschichtlichen Szenen und Darstellungen aus Heiligenlegenden. Rokoko-Altar mit Einsiedler Madonna 1767 von Joh. Bapt. Babel. Nachgot. Chorgitter um 1608, auf dem nachträglich angebrachten Rankenaufsatz eine frühbarocke Kreuzigungsgruppe aus der Werkstatt Allhelg. – Friedhofkreuz, 1623 von Viktor Martin. – Organistenhaus, zwischen den beiden Kapellen. Origineller, nachgot.-frühbarocker Fachwerkbau von 1639, der als malerischer Akzent hinter der Begräbnishalle emporragt. – Ehem. Ehrenkaplanei, Nr. 234, östl. der Pfarrkirche. Freistehender frühbarocker Fachwerkbau mit Zierriegel und dekorativ bemalten Dachuntersichten; Rest. 1970–71. – Renaissancebrunnen in der Schulgasse, 1568 von Hans Murer. – Pfarrhaus, Nr. 259, an der N-Seite des Kirchhofplatzes.

Spätgot. Mauerbau, 1738 von Arbogast Rey renoviert und um den rückseitigen Treppenhausanbau erweitert. Im Obergeschoss spätgot. Holzfelderdecke mit heraldischem Rundmedaillon. Im *Kirchenschatzmuseum* u.a. Bronzekandelaber 2. H. 12.Jh.; Wettersegenkreuz um 1500; Ziborien E. 15. und M. 16.Jh.; nachgot. Silberstatuette der Muttergottes E. 16.Jh.; holzgeschnitzte silbergefasste Reliquiare um 1653, aus der Werkstatt von Gregor Allhelg; viele Kelche aus dem 17. und 18.Jh., 4 Monstranzen A. 18.Jh. bis 1824; Reliquiar des Hl. Synesius 1753, Rokokoschrein; 2 Paar silbergetriebene Augsburger Reliquiare mit ausdrucksvollen Heiligenbüsten 1781–86. – Daneben Pfarrhelferhaus. Spätgot. Bau mit Staffelgiebel; Rest. 1952–53. – **Ehem. Frauenkloster und Kapelle St. Klara** (Ortsplan, 14). Gründung eines Beginenhauses 1377, ab 1406 Tertianerinnenkloster; 1798 von der helvetischen Regierung aufgehoben. Die Kapelle, erb. 1625 von Hieronymus Kuster, umgestaltet 1687–88 von Kilian Stauffer; Rest. 1964–67. Nachgot.-frühbarocker Saal, neuer Dachreiter 1754. Im Innern marmorierte, gebrochene Holzfelderdecke. Spätrenaissance-Hochaltar von 1627 mit ausgezeichnetem Bild der Verkündigung an Maria, vielleicht von einem niederländischen Meister; Tabernakel dat. 1655. Frühbarocke Nebenaltäre 1687–88, Stuckmarmorsäulen 1734. Auf dem Deckenunterzug eine Kreuzigungsgruppe um 1630. – Ehem. Kaplaneigebäude St. Anna, Nr. 249, an der W-Seite des Platzes. Kleines Reihenhaus 17.Jh., vorkragende Obergeschosse mit Zierriegelfassade. – Sog. «Neubau», heute Zivilschutz-Kaserne. Das ehem. städtische Lagerhaus, erb. 1687; Renov. 1971. Davor Brunnen 1570 von Hans Murer. – Haus Nr. 181, Reussgasse. Dixhuitième-Gebäude mit Zierportal von 1641. – Haus Nr. 232, Schenkgasse. Schmucker Zierriegelbau 18.Jh.; Rest. 1949. Beispiel eines ländlich-barocken Bürgerhauses. *Südlich der Reussbrücke.* **Ehem. Kapuzinerkloster** (Ortsplan, 15). Berufung der Kapuziner 1617, Klosteraufhebung 1841; seit 1889 Kinderheim St. Josef. Eine der besterhaltenen Kapuzinerkirchen der Schweiz, erb. 1618–21 von Viktor Martin; Rest. 1965–68. Saalkirche mit eingezogenem Langchor, der durch die Altarwand in einen inneren und äusseren Chor unterteilt ist. Im Schiff gebrochene Holzfelderdecke, in den Chören grätige Kreuzgewölbe. Hochaltar 1784 von Joh. Beck, Bild der Kreuzabnahme 1621. Nebenaltäre um 1750–60, vermutlich von Vinzenz Schmid. Reichgeschnitztes Chorgitter; am Chorbogen Kreuzigungsgruppe um 1620 von Bartholomäus Cades. – Ehem. Siechenhaus, weiter westl. über dem Reussufer. Rein konstruktiver Riegelbau von 1654, eines der stilvollsten ländlichen Profangebäude des Freiamts. – Geniekaserne, am Reussbogen. Erb. 1966–69 von Rudolf und Esther Guyer und Manuel Pauli, vollständig vorfabriziert.

WIDEN. Wallfahrtskapelle St. Antonius, auf dem Hasenberg. Neuerb. 1843, mit spätklassiz. Altar.

RUDOLFSTETTEN-FRIEDLISBERG. Kath. Christ-Königs-Kirche. Anstelle einer barocken Kapelle erb. 1962–64 von Hermann Baur; Plastiken 17.–19.Jh. – Geplantes Ortszentrum mit kath. Pfarrkirche, Schul- und Turnanlagen, Gelände für spätere Erweiterungen; entstandene Bauten 1960–64 von W. Baur und Hafner und Wiederkehr.

EGGENWIL. Kath. Pfarrkirche St. Laurentius. Ländlicher Bau auf steiler Hügelkuppe, erwähnt 1140. Entstehungszeit des Schiffs ungewiss, 1870–74 nach W verlängert; an seiner N-Seite mittelalterl. Käsbissenturm, renov. 1959; Polygonalchor in gleicher Breite 1683. Spätklassiz. Ausstattung 1871–74 von Jos. Mosbrugger und Paul Deschwanden. Im Kirchenschatz u.a. Zuger Kelche um 1630–40 von Hans Melchior Eschenbacher und 1685 von Hans Georg Ohnsorg; frühbarockes Vortragekreuz. – Pfarrhaus, erb. 1748–49 von Paul Rey. – Friedhofkreuz dat. 1687.

BERIKON. Kath. Pfarrkirche St. Mauritius. Neugot. Bau 1856 von Casp. Jos. Jeuch. – Haus Nr. 121. Stattlicher Riegelbau von 1794; Beispiel des Zürcher Weinbauernhauses auf aargauischem Boden.

BELLIKON. Kath. Pfarrkirche St. Joseph. Neuroman. Bau 1854–55 von Casp. Jos. Jeuch. – Schloss. Spätgot. Herrenhaus mit Schneggen und Treppengiebeln; Kapelle 1676. Renov. 1908–12 und 1955.

KÜNTEN. Kath. Pfarrkirche. Erb. 1965 von W. Moser.

REMETSCHWIL. Wegkreuz, zwischen Oberrohrdorf und Busslingen. Errichtet 1692, mit got. Kruzifix.

BERGDIETIKON. Burgruine Kindhausen, am östl. Hang des Heitersbergs. Rundturmanlage mit rechteckigem Palas, 13. Jh.; freigelegt und konserviert 1934–36. – Ref. Pfarrkirche. Erb. 1960 von Zschokke und Riklin.

OBERROHRDORF. Kath. Pfarrkirche St. Martin. Neubau 1939–40 von W. Meyer und A. Gerster, unter Wiederverwendung des got. Turms, des reichgeschnitzten Spätrenaissanceportals von 1638 und der barock-klassiz. Ausstattung mit Altarfiguren von Gregor Allhelg 1675.

HERMETSCHWIL. Ehem. Benediktinerinnenkloster mit Pfarrkirche. Der Konvent E. 12. Jh. von Muri hieher verlegt; Klosteraufhebung 1841 bzw. 1876, heute Erziehungsheim. Vielgestaltiger, von einer Ringmauer umschlossener Gebäudekomplex über dem Reussufer. – Die *Kirche* neuerb. 1603–05, nach W verlängert um 1659. Schmales Laienschiff und gerade schliessender Nonnenchor unter durchlaufendem Satteldach mit haubenbekröntem Dachreiter. Frühbarocker Hochaltar 1657–69 von Gregor Allhelg. Spätgot. Chorgestühl, 1628 erweitert. Im Chorbogen nachgot. Kreuzigungsgruppe von 1603. In der Sakristei u.a. spätgot. Turmmonstranz und Vortragekreuz, beide um 1532–40; weitere Kultgeräte 17.–19. Jh.; Paramente. – Nothelferkapelle, ehem. Beinhaus von 1732. Verschiedene Plastiken, u.a. Nachbildung des Gnadenbilds in der Wieskirche (Oberbayern) 1766 von Jos. Zimmermann. In der O-Wand got. Grabplatte des Conrad v. Lauffohr (gest. 1333). – *Konventgebäude.* Südseits der Kirche, erb. 1624–25 von Viktor Martin. Schlichtes Gebäudegeviert mit Kreuzgang in hübschem Fachwerkinnenhof; am W-Flügel nach aussen vorgebauter 6eckiger Archivturm von 1673. Getäfertes Refektorium mit Ofen 1791 von Heinrich Bleuler. Hauskapelle 1657. Im Äbtissinnenzimmer Renaissancetäfer und ein Küchler-Ofen von 1764. In verschiedenen Räumen teils bemerkenswerte Kunstwerke des 14.–19. Jh., u.a. Christus-Johannes-Gruppe um 1320–30. – Auf dem Klosterhof Marienbrunnen von 1634, Statue erneuert E. 19. Jh. – Ehem. Klosterspeicher, an der SO-Seite des Hofs. Spätgot. Mauerbau von 1569; Renov.

1958. – Ehem. Gasthaus. Erb. 1634, durch gedeckte Galerie mit dem Konventgebäude verbunden. – Einsiedlerkapelle, in der S-Ecke des Klosterareals. Kleiner Rechteckbau 1727 gestiftet; Barockaltärchen, gedrechseltes Stabgitter um 1669.

FISCHBACH-GÖSLIKON. Kath. Pfarrkirche Mariä Himmelfahrt (Abb. 11). Neubau 1671, Umgestaltung des Innern zum festlichen Rokokosaal 1757–60; Renovation 1963–69. Schlichter Aussenbau mit Turm auf dem östl. Firstende. Rechteckiger, pilastergegliederter Einheitsraum mit origineller, in den Dreierrhythmus der Altargruppe einbezogener Lettnerempore. Ausgezeichnete polychrome Stukkaturen und brillante Fresken von Franz Ant. Rebsamen. In die Rokokokonzeption einbezogenes Hochaltarretabel von 1672 mit altem Altarbild und Statuen von Gregor Allhelg; ebenfalls aus alter Ausstattung der geschnitzte Kanzelkorb von 1682 und der Taufstein von 1674. – Kapelle St. Rochus. Erb. 1709, erweitert 1731; Rest. 1951–55. – Pfarrhaus. Nachgot. Mauerbau 16.–17. Jh., aufgestockt 1845; Rest. 1951. – Sog. Haus zum Rittersaal, in Fischbach. Erb. 17.–18. Jh., rein konstruktiver Fachwerkbau mit farbig geflammten Falläden; Aussenrest. 1955.

NIEDERWIL. Kath. Pfarrkirche St. Martin. Innerhalb eines römischen Gutshofes errichtet, 1045 erstmals erwähnt. Neubau 1690–91; flachgedecktes Schiff und quadratischer Chor mit axialem Haubenturm von eigenwilliger Gestalt; Sakristeianbau und Aussenrenov. 1961. Ausstattung barock, Altarbilder 1695 von Joh. Georg Widerkehr.
Gnadenthal. **Ehem. Zisterzienserinnenkloster,** am linken Reussufer. Gründung M. 13. Jh.; aufgehoben 1876, seit 1894 Pflegeanstalt. Die unregelmässige Klosteranlage ist zur Hauptsache ein Werk des 17. Jh., stark umgebaut. Trapezförmiges Gebäudegeviert, das an den beiden Langseiten vom abgewinkelten W-Trakt und der Kirche flankiert wird. Die Kirche 1687 verlängert und barockisiert; schmales, tonnengewölbtes Schiff und gleichbreiter Polygonalchor. Gestaffelte Altargruppe 1748 von Franz Xaver Widerkehr, elegante, spätbarocke Aufbauten mit z. T. frühbarocken Bildwerken. Reichgeschnitzte Barockkanzel mit Evangelistenfiguren. Auf der Nonnenempore zierlicher Louis-XVI-Orgelprospekt. Im Kirchenschatz u. a. Régencesonnenmonstranz 1730–40 von Franz Ignaz Fassbind; Barockkelch 1664 von Peter Wanger. – Kreuzgang mit gekehlten Zwillingsfenstern, 1616, einen ländlich-malerischen Innenhof umschliessend. Im Refektorium (renov. 1961–62) geschnitzte got. Balkendecke um 1470 und barocke Türeinfassungen. Stattliches Gästehaus mit 2 Architekturportalen von 1693.
Nesselnbach. Kapelle Hl. Kreuz, erb. 1958 von H. Gübelin.

TÄGERIG. Die nach dem Brand von 1838 entstandenen Biedermeierbauten bestimmen das Dorfbild. – Kath. Pfarrkirche St. Antonius Eremita und St. Wendelin. Erb. 1843–46 vermutlich nach Plänen von Casp. Jos. Jeuch; Sakristeianbau und Innenrenov. 1963–64, Aussenrenov. 1970. Spätklassiz. Saalkirche mit polygonalem Chorraum und 1909 axial angefügtem neubarokkem Glockenturm. Drei doppelgeschossige Säulenaltäre, Empirekanzel und urnenförmiger Taufstein aus Stuckmarmor um 1845 von Michael Huttle. – *Büschikon.* Kapelle. Kleiner Rechteckbau 17. Jh.; davor Wegkreuz von 1668.

WOHLENSCHWIL. Kath. Pfarrkirche St. Leodegar. Neuroman. Bau 1908–09 von Wilh. Hector. – Alte Kirche. Einfache, 1653–54 erbaute und 1743 barockisierte Saalkirche, mit gleichbreitem Polygonalchor und seitlichem Käsbissenturm. Renov. 1952–53, seit 1957 Bauernmuseum. – Ehem. Pfarrhaus, Nr. 17. Nachgot. Giebelbau von 1651; Aussenrenov. 1955. – Ehem. Mühle, Nr. 9. Vortrefflicher, rein konstruktiver Fachwerkbau von 1582 mit frei ausgewogenen Fronten und steilem Krüppelwalmdach; Aussenrenov. 1955. **Museum.** Bauernmuseum, in der alten Dorfkirche. Vom Schweiz. Museum für Volkskunde in Basel eingerichtet.

MELLINGEN. Malerisches Landstädtchen am Reussufer, gegr. um 1240 durch die Grafen v. Kyburg. Schlanke längsovale Anlage, die in der kurzen Achse von dem breiten Markt zwischen Brücken- und Lenzburgertor zweigeteilt wird; geschlossene Randbebauung, lockere Innenzone. Alte Häuserzeilen und Reste der mittelalterl. Befestigung. – Kath. Pfarrkirche St. Johannes Baptist, an der S-Spitze der Stadt. Von der mittelalterl. Anlage ist der Chorturm von 1523 mit Käsbissen erhalten. Frühbarocke Saalkirche 1675 mit gewölbtem Polygonalchor und 1830 klassiz. umgestaltetem Schiff; Aussenrenov. 1959–61, Innenrest. 1970–72. Frühbarockes Chorgestühl, spätklassiz. Altäre und Kanzel; Kabinettscheibenzyklus des 17. Jh. Im gewölbten Erdgeschoss des heute freistehenden Turms Taufkapelle mit spätgot. Fresken und Sakramentshäuschen von 1583. – Schloss Iberg, neben der Kirche. In die Zeit vor der Stadtgründung zurückreichender, fester Sitz der Herren v. Iberg, seit dem 14. Jh. im Besitz der Segesser, 1644–1731 Filialkomturei des Ordenshauses Beuggen. Die heutige Anlage ist ein 1633 restaurierter got. Mauerbau mit Krüppelwalmdach und rundum Schneggen; Kielbogenportal 1578 und skulptierte Fenstersäulen. – Reusstor, bei der Brücke. Spätgot. Torhaus, verbreitert 1928. – Rathaus, südl. anschliessend. Kleiner Mauerbau mit Treppengiebeln, Kreuz- und Staffelfenstern, erneuert 1536; Aussenrenov. 1967. – Hexenturm, an der N-Spitze der Stadtmauer. Mittelalterl. Rundturm; Kegeldach 1950 rekonstruiert. – Lenzburgertor oder Zeitturm, am westl. Stadteingang. Schlanker, rechteckiger Turm 1544–47 mit zierlichem Glockenträger und vorgesetztem Torhaus; nach S erweitert und renov. 1952–53. – Kapelle St. Antonius, ausserhalb des Tores an der Abzweigung nach Bremgarten. Erb. 1736 von Georg Abt. Schmucker Barockbau mit säulengestütztem Vorzeichen, Haubentürmchen und figurengeschmücktem Altartabernakel von Franz Xaver Widerkehr. **Museum.** Historische Sammlung, im Zeitturm.

FISLISBACH. Kath. Pfarrkirche St. Agatha. Stattliche spätklassiz. Saalkirche, nach der innerschweiz. Bautradition der Singer und Purtschert errichtet 1828 von Fidel Obrist. Schlanker Turm mit Spitzhelm nördl. des Chores. Stukkaturen von Joh. Jos. Mosbrugger und Michael Huttle, der auch die Altäre und die Kanzel geschaffen hat. Innenrenov. 1969–70.

BIRMENSTORF. Kath. Pfarrkirche St. Leodegar. Neuerb. 1934–35 von Anton Higi. – Friedhofskapelle. Roman. Rechteckchor der ehem. Pfarrkirche, mit 1937 freigelegtem spätgot. Freskenzyklus von 1440: Propheten, Apostel, die Hl. Leodegar, Georg, Martin u. a. – Dorfbrunnen dat. 1570.

BADEN–WETTINGEN–ZURZACH

***BADEN** (Abb. 20). *Mittelalterliche Stadt in pittoresker landschaftlicher Situation. Berühmter Bäderort, dessen Schwefelquellen in der Limmatbiegung schon zur Römerzeit bekannt waren.* Zahlreiche Einzelfunde aus Grabungen im Ortsmuseum (s. S. 82). Planmässige Stadtgründung wohl im 13. Jh. unter österreichischer Herrschaft, in Anlehnung an ein älteres kirchliches Zentrum und an den befestigten «Stein». 1415 Übergang an die Acht Alten Orte, im 2. Villmergerkrieg 1712 an die ref. Stände; während der Helvetik (1798–1803) Hauptstadt des Kantons Baden, seither Bezirkshauptort. Von den mittelalterl. Befestigungen sind ausser einem Stück des Wehrgangs das Stadttor (s. unten) und die Burgruine Stein (s. S. 82) erhalten.

Kath. Stadtkirche Mariä Himmelfahrt und Hl. Damian, von 1624–1875 Chorherrenstift. Die heutige Kirche erb. 1457–60 von Rudolf Murer und Conrad Zobrist, Sakristei-Anbau 1511. Barockisierungen 1613–17 und 1696–97; klassiz. Umgestaltung des Innern 1813 und 29 durch Joh. Jos. Mosbrugger; Innenrenov. 1967–68. Spätgot. Anlage mit basilikalem 3schiffigem Langhaus und 3seitig geschlossenem Chor; S-Turm bis zum 3. Geschoss wahrscheinlich 1364, Oberbau 1489–91 von Martin Grülich. An der N-Front Ölberggruppe in loggienartigem Renaissancegehäuse 1624 von Bartholomäus Cades, rest. 1964–65. Giebelmosaik 1937 von Paul Bodmer, gleichzeitig am Chor monumentales Christophorusrelief von Walter Squarise. Innen an den Hochschiffwänden Stukkaturen 1696–97 von Giovanni Bettini, gleichzeitig Prophetenbildnisse von Francesco Antonio Giorgioli; klassiz. Stuckdecken 1813–14 von Joh. Jos. Mosbrugger. Vorzügliche Hochaltarblätter und Passionsbilder 1612–17 von Renward Forer; Altäre und Kanzel 1813–14 von Mosbrugger, gleichzeitig Seitenaltarblätter von Joh. Casp. Moos und Jos. Ant. Messmer. *Kirchenschatzmuseum* (obere Sakristei): u.a. grosse spätgot. Turmmonstranz 1477; Statuette des Hl. Jakobus d. Ä. 1512; Vortragekreuz 1. H. 14. Jh.; Altarkreuz um 1500; mehrere Plastiken und Brustreliquiare des 17. Jh. – Sebastianskapelle, ehem. Beinhaus. Doppelgeschossige spätgot. Anlage mit 3seitigem Schluss und Dachreiter. Krypta mit Gurten- und Rippengewölbe 1480–81; 2 Brüstungsfragmente des 1813 abgetragenen spätgot. Kirchenlettners. Obere Kapelle (jetzt Vortragssaal) um 1505; spätgot. Fresko der Gregorsmesse; Gemälde, ehem. Hochaltarbild der Kapuzinerkirche um 1654. – An der Sebastianskapelle Teile des mittelalterl. Wehrgangs.

Stadthaus, vielgestaltiger Gebäudekomplex; Aussenrenov. 1969. Der dominierende spätgot. Mittelbau mit Staffelfenstern und Treppengiebel birgt den 1497 erneuerten und 1914 renov. *Tagsatzungssaal**, worin 1421–1712 eine grosse Zahl der gemeineidgenössischen Tagsatzungen abgehalten wurde; geschnitzte Balkendecke und skulptierte Fenstersäule, Kopien der 1501 hier angebrachten Standesscheiben von Lukas Zeiner. Nach S anschliessend das ehem. Zeughaus mit wappengeschmücktem Rustikaportal von 1614 und das Kanzleigebäude von 1706 mit getrepptem Frontgiebel. Am N-Flügel das ehem. Baldingerhaus aus dem 18. Jh. – **Stadttor.** Markanter spätgot. Torturm, Unterbau bis zum 4. Geschoss 1441–48 von Rudolf Murer, Oberbau mit 4 Ecktürmchen und zierlichem Dachreiter 1481–83 von Martin Grülich.

Dach mit farbig glasierten Ziegeln; Rest. 1925–26. – Löwenbrunnen, vor der Torausfahrt an der Weiten Gasse. Klassiz. Beckenbrunnen, Löwe 1918 von Hans Trudel. – Haus zur Rose, Weite Gasse 23. Spätgot. Bau; Rest. 1960–61. – Bernerhaus, Nr. 13. Barockbau mit kräftig instrumentierter, streng axialer Gassenfront 1678. – Haus Kappeler, Obere Gasse Nr. 13. Schmuckes spätgot. Bürgerhaus 16. Jh.; Rest. 1964–65. – Hotel zum Wilden Mann, Nr. 31. Dreiteiliges nachgot. Reihenhaus um 1600. Im 17. und 18. Jh. bevorzugtes Absteigequartier der französischen und kaiserlichen Gesandten. – Haus zum Paradies, Cordulaplatz. Behäbiger Kopfbau E. 17. Jh. und 1756; Aussenrest. 1966. Im Innern 3 bemerkenswerte frühbarocke Täferstuben mit Kassettendecken. – Stadtschulhaus, südl. vor der Altstadt. Schlichter spätklassiz. Rechteckbau mit beidseitigen Querflügeln 1865 von Robert Moser. Vor der Hauptfront klassiz. Brunnen mit hohem Obelisk. Auf dem Schulhausplatz Tänzergruppe, Bronze 1930 von Hans Trudel. – Hochbrücke über die Limmat, erb. 1924–26 von Bolliger. – Hotel zur Krone, Kronengasse Nr. 2, im untern Teil der Altstadt. Stattlicher Kopfbau 17. Jh. mit geriegeltem Dachgeschoss. – Kornhaus, am Limmatufer. Eindrucksvoller spätgot. Mauerbau von 1511 mit Staffelgiebel. Ausbau zum Jugendhaus 1962–65. – Gedeckte Holzbrücke über die Limmat zum Landvogteischloss, erb. 1809 von Blasius Baltenschweiler. – **Landvogteischloss.** Im Kern ein mittelalterl. Bergfried, umschlossen von einem pittoresken burgartigen Mauerbau mit steilen Treppengiebeln, 1487–90 von Jak. Hegnauer; am spitzbehelmten Schneggenturm ein reichskulptiertes Spätrenaissanceportal von 1580, erneuert 1956–57; N-Flügel 1733. Wandmalereien 1492 und 17. Jh. Historische Sammlung.

Burgruine Stein, oberhalb der Altstadt auf felsigem Hügelsporn. Die ausgedehnte ehem. Wehranlage war lenzburgische Herrschaftsburg, unter Habsburg-Österreich wichtiger Amtssitz; zerstört 1415. Ausbau zum Bollwerk 1658–70 auf Veranlassung der kath. Orte; nach dem 2. Villmergerkrieg (1712) von den Zürchern und Bernern geschleift. Am östl. Eckpunkt der Anlage mittelalterl. Kapelle St. Nikolaus.

Nördl. der Altstadt. Bäderbezirk: Am Theaterplatz Bronzestatue eines Flügelmenschen 1929 von Hans Trudel. – Apotheke Münzel, Badstrasse Nr. 5. Jugendwerk des bekannten Badener Architekten Caspar Jos. Jeuch 1837. Feingegliederte spätklassiz. Vorderfassade. – **Ref. Pfarrkirche.** Erb. 1714 von Matthias Vogel. Dezent stuckierte, pilastergegliederte Saalkirche mit 3seitigem Chorschluss und eingestelltem Frontkuppelturm. – Haus zum Schwert, heute Filiale der Kantonalbank, Badstrasse Nr. 47. Erb. 1790–91, repräsentatives Dixhuitième-Landhaus mit Mansartdach; Inneres z. T. umgeb. 1928, Aussenrest. 1967. – Postgebäude, Parkstrasse. Erb. 1930–31 von Hans Moser. – Verwaltungsgebäude der Nordostschweiz. Kraftwerke, Parkstrasse Nr. 23. Erb. 1928–29 von Gebrüder Pfister, erweitert 1960–62. – Kursaal. Neurenaissancebau 1872–75 von Robert Moser, mit 2geschossigem Hauptsaal; Umbau 1931–32. – Kurtheater. Erb. 1950–52 von Lisbeth Sachs. – Gemeinschaftshaus Martinsberg, Wiesenstrasse. Für die Brown Boveri & Cie. AG erb. 1952–53 von Armin Meili. – Wallfahrtskapelle Maria Wil, im Kappelerhof, Bruggerstrasse Nr. 142. Ausserhalb der Stadt gelegener Spätbarockbau,

1764–66 von Franz Ant. Schwarz. Rokoko-Altäre und -stukkaturen von Joh. Christ. Scharpf. – *Bäderbezirk.* Heilstätte zum Schiff, Badstrasse Nr. 58. Kubisch klar gegliederter klassiz. Bau um 1830. An der limmatseitigen Schaufront turmartige Eckpavillons und giebelbesetzter Mittelrisalit. – Hotel Ochsen, Nr. 66, got. bis klassiz. Reizvolle klassiz. Dependance, deren Architektur bis in kleinste Einzelheiten sorgfältig durchgearbeitet ist. – Hotel Bären, Nr. 68. Fassade gegen die Parkstrasse von 1881. – Dreikönigskapelle. Neugot. Bau von 1882. – Hotel zur Blume, Kurplatz Nr. 4. Markanter hist. Gasthof im Herzen des geschlossenen Bäderbezirks, erb. 1846 von Casp. Jos. Jeuch. – Hotel Verenahof, Kurplatz Nr. 1. Spätklassiz. Bau 1846 von Casp. Jos. Jeuch; im Innern 2 edel proportionierte Säulenhöfe. – Thermalschwimmbad, erb. 1964 von O. Glaus und R. Lienhard. Reste der röm. Thermenanlage. – Limmathof, Limmatpromenade Nr. 28. Erb. 1833–34; am dazugehörigen Nebenbau Nr. 29 Wirtsschild zum Goldenen Schlüssel 18. Jh. – Tränenbrunnen an der Limmatpromenade, 1918 von Hans Trudel. – Kantonsschule Baden, auf dem rechten Limmatufer. Erb. 1962–64 von Bruno und Fritz Haller.

Museum. Historische Sammlung, im Landvogteischloss (s. S. 82).

ENNETBADEN. Kath. Pfarrkirche St. Michael. In steiler Hanglage gestaffelter Betonbau 1961–65 von Hermann Baur. Beim Aufstieg frühbarocke Michaelstatue von Gregor Allhelg 1668, von der 1966 abgebrochenen Vorgängerkapelle. In der Hauptkirche vortrefflicher spätroman. Altarkruzifix (Eisenkreuz) E. 14. Jh., zugekauft. In der Unterkirche ehem. Altarbild aus der alten Kapelle 1740 von Meinrad Keller. Eichenportal zur Hauptkirche von René Küng; im Chorraum Wandteppich von Ferd. Gehr. – Sog. Schlösschen. Spätgot. Mauerbau mit Schneggenturm, Umbau E. 18. Jh. mit neuen Fensterfronten und Mansartdach. – Spitaltrotte. Nach Brand 1962 in reduzierter Form wiederaufgeb. 1965, unter Verwendung des hist. Dachstuhls der Wettinger Schartentrotte. Rechteckbau unter Walmdach.

WETTINGEN. Ehem. Zisterzienserkloster (Abb. 21, 22). *Besterhaltenes Zisterzienserkloster in der Schweiz, das von der Gesamtanlage des 13. Jh. fast alle Elemente bewahrt hat; in der Kirche prachtvolle Spätrenaissance- und Rokoko-Ausstattung, im Kreuzgang ungewöhnlich reichhaltiger Scheibenzyklus.* Gestiftet 1227 als Tochtergründung von Salem durch Heinr. v. Rapperswil, angeblich für die glückliche Errettung aus Seenot während einer Jerusalemfahrt; besonders begünstigt durch die Grafen v. Rapperswil, Kyburg und Habsburg. Kirche geweiht 1256, Weihe der ausgebauten Abtei 1294. Erste Blütezeit bis M. 14. Jh., nachher Rückgang wegen Kriegsschäden und Zwistigkeiten innerhalb des Konvents. Nach Klosterbrand 1507 Neuweihe der Kirche 1517. Infolge der Reformation 1529 vorübergehend aufgehoben, erholte sich das Kloster allmählich wieder und gelangte unter Abt Peter II Schmid (1594–1633) zu neuer Blüte. Klosteraufhebung 1841, Übersiedlung des Konvents nach Mehrerau bei Bregenz (Österreich). Seit 1847 Lehrerseminar.

Klosteranlage. Den strengen Bauvorschriften des Ordens folgend, nimmt das Quadrat des Kreuzgangs die Mitte ein, an seiner N-Seite schliesst die Kirche an, im O Sakristei und Kapitelsaal mit Dormitorium (Obergeschoss), im S

Sommerrefektorium, flankiert von Küche und Calefactorium, im W Keller und Schuppen (1883 abgebrochen). An dieses Geviert aus dem 13. Jh. legt sich ostseits ein zweiter, teils mittelalterl., teils um 1600 entstandener Hof. Seine N-Flanke besteht aus dem Parlatorium mit Krankenzimmer, Bibliothek und Noviziatur in den Obergeschossen und der aus der Gründungszeit stammenden Marienkapelle; im O-Flügel weitere Küche, Winterrefektorium und im 2. Geschoss Abtswohnung; im S-Trakt Vorratsräume und Gastzimmer. Rings um diese Anlage Handwerker- und Ökonomiegebäude (stark verändert). Östl. des in einem Flussbogen der Limmat gelegenen Klosters gedeckte Holzbrücke von 1818.

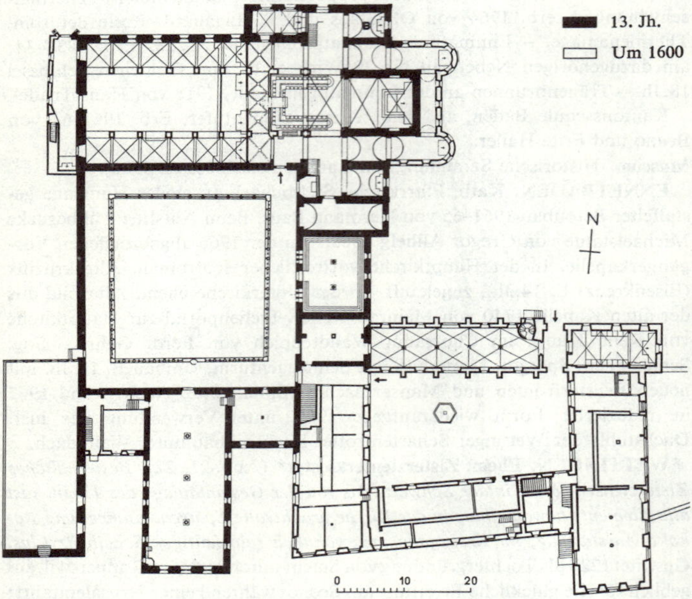

Wettingen. Klosteranlage

Klosterkirche. Das Mauergefüge des 1256 geweihten frühgot. Gründungsbaus hat sich unter dem Prachtgewand der Spätrenaissance- und Rokoko-Ausstattung weitgehend erhalten. Dem frühzisterziensischen Typus gemäss zeigt die 3schiffige Pfeilerbasilika ein 8jochiges, urspr. flachgedecktes Langhaus mit Spitzbogenarkaden, ein schmales Querschiff und einen rechteckigen Chor, flankiert von je 2 kürzeren, gerade geschlossenen und mit Spitztonnen überdeckten Seitenkapellen. Den Chorumgang liess erst Abt Peter II Schmid um 1600 anlegen, indem man für Prozessionen die beiden inneren Chorkapellen nach O verlängerte und hinter dem Chor eine Querverbindung schuf. Gleichzeitig wurden Chor und Vierung erhöht und eingewölbt, die Fenster vergrössert und das um 2 Joche nach dem Schiff verlängerte Presbyterium durch einen Retrochorus mit gewölbtem Lettner abgeschlossen. Unter Abt Peter III Kälin (1745–62) Rokoko-Ausstattung, W-Empore und Vorhalle mit statuengeschmücktem seitlichem Hauptportal von 1760; letzteres 1950 durch Kopie ersetzt. Im Gegensatz zur herben Schlichtheit des Aussenbaus prunkvoller, festlich gestimmter Innenraum. Stukkaturen mit szenischen Reliefs (Chor) und lebensgrossen Einzelfiguren (Seitenkapellen, Quer- und Langhaus) von Ant. und Pietro Castello und Francesco Martiano aus Lugano sowie Ulr. Oeri aus Zürich, um 1606. – 50plätziges *Chorgestühl** (Abb. 21) mit hervorragenden Spätrenaissanceschnitzereien von einem (nicht identifizierbaren) Meister Hans Jakob unter Mitarbeit von Bartholomäus Cades aus Baden und einem Monogrammisten J.G., 1601–04. Phantasievolle Ornamentik. An den Dorsalwänden Heiligenreliefs. Auf dem Kranzgesimse Rokoko-Aufsätze und allegorische Statuen der 8 Seligkeiten um 1750. – Ausgezeichnete Rokoko-Ausstattung von süddeutschen Meistern um 1752: Hochaltar, kühn um das grosse spätgot. Chorfenster (Gegenlicht!) herumgebaut; Abtsthron und Zelebrantensitze; Altäre der äusseren Kapellen (seit 1960 rest.); Lettnerverkleidung mit 4 Altären und Orgelprospekt; Kanzel und Gegenkanzel; an den Pfeilern 8 Ölbilder (Marienleben), unter der Empore 2 Darstellungen der Gründungsgeschichte des Klosters, im Fenstergaden Wandmalereien (Neues Testament), in den Seitenschiffen Dekkenmalereien (Glaubensbekenntnis), an den Seitenschiffswänden 2 Zeremonienbilder (Überführung der Reliquien der Hl. Marianus und Getulius 1652 und Zentenarfeier 1752). Deckenbilder im Mittelschiff von Alois Keller 1833. – Mehrere Grabdenkmäler, u.a. Steinsarkophag des Hauses Habsburg-Laufenburg in der Laienkirche. – Im Winkel zwischen nördl. Querflügel und Langhaus 1265 gestiftete Dreifaltigkeitskapelle mit Ausstattung von 1713; Tischgräber des Walter v. Tegerfelden (gest. 1254) und seiner Tochter Ita v. Klingen.

Klostergebäude. Im Herzen der seit 1950 planmässig renovierten Anlage der *Kreuzgang.* N-Arm mit 12 rundbogigen Säulenarkaden und 4lanzettigem Masswerk wohl 3.V.13.Jh. Die 3 übrigen Flügel nach dem Brand von 1507 spätgotisch erneuert. *Glasgemälde** (Abb. 22). *Reichhaltigster Scheibenzyklus der Schweiz.* 1. Spätroman. Masswerkfüllungen im N-Arm, um 1280. 2. Wappenscheiben der eidg. Stände und Gönner des Klosters im N- und W-Arm, 1517–22, wovon 4 Scheiben des Basler Meisters Anton Glaser Holbein nahestehen. 3. Wappen- und Figurenscheiben von Wettinger Äbten, befreundeten Klöstern und Gönnern, 1550–83, im W-Flügel; Standesscheiben der 13 Alten Orte von Jos. Murer aus Zürich, 1579, im O-Arm. 4. Serie von Figurenscheiben befreundeter Klöster und Geistlicher von Hans Ulr. Fisch aus Aarau u.a., 1619–36, im N-Arm; Zyklus mit Szenen aus dem Marienleben von Christoph Brandenberg aus Zug, 1623, im S-Flügel. An den Wänden Stuckfiguren der Wettinger Äbte und Ordensheiligen A. 17. Jh., ferner auf Stein gemalter Christuszyklus von dem 1954 wiederentdeckten Renaissancelettner, um 1600. – Nach dem östl. Kreuzgangflügel öffnet sich der säulengestützte roman. *Kapitelsaal* in einem Spitzbogentor und 2 3teiligen Bogengruppen. Nördl. davon Kapelle mit got. Fresken, 14. Jh., 1955 rest. – Im S-Flügel Sommerrefektorium, 2schiffiger roman. Rechtecksaal, 1598–1601 umgebaut, 1958–61 als Sing- und Theatersaal hergerichtet; reichgeschnitzte Lesekanzel 1601, heraldische Wandmalereien 1649. – Nördl. des Abthofs *Parlatorium*, 2schiffige, kreuzgewölbte Renaissancesäulenhalle von 1599–1600 (Aufenthaltsraum des Seminars); 1957–58 rest.; darüber gleichartige, 1967–68 rest. Halle (Bibliothek). – Östl. davon die um 1227 als erstes Oratorium entstandene *Marienkapelle*, geweiht 1256, unter Abt Niklaus Göldlin 1682 barockisiert. Wuchtiger Säulenaltar, 1962 restauriert. Grosser Steinsarkophag für die beiden letzten Grafen v. Kyburg, Hartmann d. Ä. (gest. 1264) und Hartmann d. J. (gest. 1263), Tischgrab des Johann v. Tengen-Wartenfels (gest. 1381). – In der Abtwohnung (Obergeschoss O-Hof) getäferte Spätrenaissance-Interieurs: Winterabtei, 1602–22, mit Rokoko-Ofen von Jakob Rusterholz, 1762–63; Abtskapelle mit Luganeser Stukkaturen A. 17. Jh.; Sommerabtei 1651 mit Rokoko-Ofen 1770 von Michael L. Küchler. *Wettingen Dorf.* Kath. Pfarrkirche St. Sebastian. Neuroman. Bau 1894–95 von Karl Moser. In der Vorhalle römische Inschrift 1. Jh. n. Chr. Altarfiguren Madonna und St. Sebastian 16. Jh., italienisch. – Pfarrhaus. Erb. 1824; gutproportionierter, symmetrisch angelegter Rechteckbau unter Walmdach. – Rathaus. Erb. 1958–59 von K. Dietiker und Hans E. Näf. – Kath. Kirche St. Antonius. Erb. 1954 von Karl Higi. – Kapelle an der Otelfingerstrasse. Kleiner Barockbau 1660, mit vorgezogenem, säulengestütztem Dach und zwiebelbekröntem Dachreiter. – Haus Bifangstrasse Nr. 1. Repräsentatives Beispiel eines Zürcher Weinbauernhauses, 17. Jh. Langgestreckter Riegelbau mit Doppelscheune unter mächtigem Gerschilddach; der Wohnteil durch Zierfachwerk und eine gedrechselte Giebellaube hervorgehoben.

NEUENHOF. Kath. Pfarrkirche St. Joseph. Neuroman. Bau 1887–88 von Wilh. Hanauer.

KILLWANGEN. Kath. Pfarrkirche Hl. Bruder Klaus. Erb. 1952 von Alois Moser.

SPREITENBACH. Kath. Pfarrkirche St. Cosmas und Damian. Neugot. Bau 1903–04 von Wilh. Hector. – Speicher, Nr. 44. Turmartig hochragender Mauerbau von 1587. – Erstes schweiz. Shopping Center, März 1970 in Betrieb genommen.

WÜRENLOS. Kath. Pfarrkirche St. Antonius. Erb. 1936–37 von Alois Moser. – Alte Pfarrkirche, jetzt kath. Vereinshaus. Spätgot. Neubau 1517 mit Sakramentshäuschen von 1520. Markanter mittelalterl. Turm mit kraftvoller Zwiebelhaube von 1770. – Pfarrhaus. Erb. 1783–86 von Joh. Grubenmann. Gutproportionierter spätbarocker Putzbau mit Stichbogenfenstern, Zierlukarne und gekrümmtem Walmdach. – Zehntenspeicher des Klosters Wettingen, Nr. 48. Mauerbau von 1661. – Bickgut, Nr. 131, beim südöstl. Dorfausgang. Herrschaftliches Herbsthaus des Klosters Wettingen, erbaut unter Abt Sebastian Steinegger (1768–1807). – *Oetlikon.* Ehem. Mühle. Erb. 1637–38 unter Abt Christoph II Bachmann von Wettingen; Renov. 1953–54. Nachgot. Mauerbau mit Zwillings- und Reihenfenstern, polygonaler Schneggenturm.

***FAHR. Benediktinerinnenkloster*.** *Repräsentative klösterliche Gesamtanlage mit festlicher Barockkirche.* 1130 Schenkung des Besitzes «Vare» durch Freiherrn Lütold v. Regensberg an das Kloster Einsiedeln unter der Bedingung, dass dieses hier ein Kloster baue (noch heute besitzt Einsiedeln Hoheitsrechte). Seit Zuteilung an den Aargau durch die Mediation 1803 ist Fahr eine Enklave auf zürcherischem Gebiet. – *Klosterkirche.* Erneuert 1743–46; haubenbekrönter Turm von 1689. Originelles Raumgebilde von unbekannter Hand; 3jochiges tonnengewölbtes Schiff mit Nonnenempore, kurzer segmentbogig ausspringender Querraum und rechteckiger Chor. Ausstattung und vollständige Ausmalung 1745–46: Virtuose Wandmalereien der Luganesen Giuseppe und Gian Antonio Torricelli, zartfarbige, von krausem Ornamentwerk durchsetzte Scheinarchitekturen mit Heiligengestalten; wohl von den gleichen Malern die 1897 erneuerten Deckenbilder; die Malerei an der Nonnenempore von Franz Ant. Rebsamen. Altäre und Kanzel von Antonio und Giovanni Maria Rossi; Hochaltarbild von Carlo Bibuquius aus Mailand. Auf der Emporenbrüstung bemerkenswerte Statuen der Hl. Benedikt und Scholastika von Jos. Ant. Feuchtmayer. An der nördl. Kirchenfassade und an den beidseits anschliessenden Gebäudefronten ikonologisch einzigartige scheinarchitektonisch-figürliche Fresken der Brüder Torricelli; Rest. 1965–69. – *Konventsgebäude.* Die mit der Kirche ein Gebäudegeviert bildenden 3 Konventsflügel erb. 1689–1701 von Caspar Mosbrugger und dessen Bruder Johann; nordöstl. davon Propsteiflügel 1730–34 von Paul Rey. Mehrere hist. Räume, u.a. barock getäferter Konventsaal, rest. 1963; Einsiedler-Kapelle. Im Konventsgarten 2 bemerkenswerte lebensgrosse Heiligenfiguren um 1750 von Joh. Bapt. Babel. – *Kapelle St. Anna,* beim Klostertor. Erb. 1. H. 14. Jh., mit quadratischem Chor und Fresken eines Malers Colinus; Grabplatte mit Regensberger Wappen. – Gasthaus zu den zwei Raben, erb. 1679. – Klostermühle. Behäbiger Mauerbau von 1833; Aussenrest. 1962.

OBERSIGGENTHAL. *Kirchdorf.* Kath. Pfarrkirche St. Peter und Paul. Saalkirche von 1678, verlängert 1887; mittelalterl. Turm. – Pfarrhaus. Herrschaftlicher Bau, 1769 von Franz Jos. Salzmann, mit wappengeschmücktem Rokokoportal und mächtigem Mansartdach; Aussenrenov. 1967–68. – Ehem. Pfarrscheune, nördl. davon. Steilgiebliger got. Mauerbau. – *Nussbaumen.* Alte Kirche St. Maria. Erb. 1949 von Alois Moser; ausser Gebrauch. – Kath. Pfarrkirche Liebfrauen. Erb. 1966–67 von Ernest Brantschen und Alfons Weisser.

TURGI. Kath. Christkönigskirche. Erb. 1959 von Ferd. Pfammater und W. Rieger. – Ref. Pfarrkirche. Erb. 1960 von Dubach und Gloor.

UNTERSIGGENTHAL. Kath. Pfarrkirche Herz Jesu. Erbaut 1953 von Alois Moser. – Ref. Pfarrkirche. Erb. 1965 von G. Siegenthaler. – Burgruine Freudenau, am rechten Limmatufer bei der Einmündung in die Aare. Unterbau eines mächtigen mauerumringten Rechteckturms, der 1251 erstmals erwähnt wird und als Sicherung des Flussübergangs bei Stilli diente. Wegen Einsturzgefahr im 19. Jh. z.T. abgetragen.

WÜRENLINGEN. Kath. Pfarrkirche St. Michael. Saalkirche erb. 1739, verlängert 1825; Turm 1896. Spätbarocke Ausstattung von 1786. – Schutzengelkapelle, an der Römerstrasse. Erb. 1695, mit ländlicher Barockausstattung. – Davor Wegkreuz von 1677. – *Beznau-Döttingen.* Erstes Atomkraftwerk der Schweiz, 1969 in Betrieb gesetzt, erb. durch die Nordostschweiz. Kraftwerke.

OBEREHRENDINGEN. Kath. Pfarrkirche St. Blasius, erb. 1829–31.

UNTEREHRENDINGEN. Kapelle St. Agatha. Mittelalterl., stark veränderter Bau; Altarbild 1627 und 3 spätgot. Plastiken.

SCHNEISINGEN. Kath. Pfarrkirche St. Nikolaus. Der spätgot. Bau 1664 und 1924 verlängert; Turm 1865. – Kapelle St. Antonius, in Mittelschneisingen. Ländlicher Barockbau von 1667. – Sog. Schlössli, Nr. 56. Einfaches, z. T. verändertes Landhaus, um 1696; in 2 Zimmern Stukkaturen von Giov. Bettini und Deckengemälde von Francesco Ant. Giorgioli. – Bauernhaus, Nr. 43. Rein konstruktiver Riegelbau des 18. Jh.

LENGNAU. Aufgrund eines eidg. Tagsatzungsbeschlusses 1737 waren Lengnau und Endingen 2 bevorzugte jüdische Niederlassungsorte. – Kath. Pfarrkirche St. Martin. Der mittelalterl. Bau 1652 verlängert. Barocke Altargruppe und qualitätvolle Kanzel von Hans Freitag. – Friedhofkreuz mit Kruzifix 1685. – Synagoge. Klassiz.-neugot. Rechteckbau mit straff instrumentierter Giebelfront 1845 von Ferd. Stadler. – Im Vogelsang. Barocke Kapelle, daneben Wegkreuz von 1708.

ENDINGEN (vgl. Lengnau). Synagoge. Erb. 1845 von Casp. Jos. Jeuch in klassiz.-maurischem Stil. – Judenfriedhof, an der Hauptstrasse nach Lengnau. Pittoreske Gesamtanlage mit Grabsteinen des 18. und 19. Jh.

UNTERENDINGEN. Kath. Pfarrkirche St. Georg, 1839 v. Fidel Obrist.

TEGERFELDEN. Ref. Pfarrkirche. Neuerb. um 1663; Kabinettscheiben 1663–66. – Pfarrhaus. Erneuert 1968; barockes Spruchrelief. – Kapelle St. Sebastian. Erb. 1664; Dachreiter 1964 erneuert. Zierliches neugot. Altärchen und Barockplastiken aus dem Umkreis des Hans Ulr. Räber. – Daneben reichskulptiertes Steinkreuz 1698, rest. 1958. – Sog. Gerichtshaus, Nr. 151. Dreigeschossiger nachgot. Mauerbau mit akzentreicher Vorderfassade. – Burgruine, auf einem steil zur Surb abfallenden Hügelsporn westl. des Dorfes. Ehem. Sitz der schon 1113 bezeugten Herren v. Tegerfelden; nach dem Königsmord von Windisch 1308 zerstört. Die umfangreiche Anlage mit dem noch als Mauerzahn emporragenden Turm, dem Palas, den Nebengebäuden und der Ringmauer 1948–58 und 1963–64 z. T. ausgegraben und konserviert.

DÖTTINGEN. Zentrum mit kath. Pfarrkirche. Erb. 1961 von Hermann Baur; Friedhof, Schulen mit Turnanlagen auf der Anhöhe «im Bogen», Bauten 1956–66 von Barth, Zaugg und W. Hunziker. – Wegkreuz beim südl. Dorfausgang, 1707.

KLINGNAU. Durch Ulrich v. Klingen 1239 gegründetes Städtchen, bestehend aus einer beidseits von Häuserzeilen gesäumten Durchgangsstrasse, die sich platzartig um die in ihrer Mitte gelegene Pfarrkirche weitet. An der nordwestl. Stadteinfahrt Bergfried der Ritter v. Klingen; Überreste des mittelalterl. Mauerrings, S-Abschnitt 1961 konserviert.

Kath. Pfarrkirche St. Katharina. Spätgot. Polygonalchor mit Masswerkfenstern geweiht 1491, an seiner N-Seite mittelalterl. Turm mit Käsbissenoberbau von 1587; Neubau des Schiffs 1968–69 durch Hanns A. Brütsch. Reichskulptiertes Sakramentshäuschen von 1483; got. Chorgestühl. Guter barokker Hochaltar 1703–04 mit z.T. wiederverwendeten spätgot. Figuren. Ausgezeichnete Katharinenstatue des 18. Jh. Im Kirchenschatz got. Turmmonstranz von 1508. – Unterer Stadtbrunnen, auf dem Strassenplatz vor der Kirche. Spätklassiz. dat. 1860. – Oberer Stadtbrunnen, auf dem Strassenplatz hinter der Kirche. Renaissancesäulenstock renov. 1962–63, gleichzeitig Erneuerung des 6eckigen Troges von 1763. – **Schloss.** Komplexe Anlage mit hochmittelalterl. Bergfried, der in Zusammenhang mit der Stadtgründung von den Rittern v. Klingen errichtet wurde; später, bis 1269, Sitz des Minnesängers Walter v. Klingen, darauf Sitz konstanzischer Vögte. Erweiterungsbau 1582. Umfassende Restaurierung und Einrichtung eines schweiz. Fischereimuseums ist geplant. – Ehem. Amtshaus, Hauptstrasse Nr. 124. Als Verwaltungssitz des Chorherrenstiftes Zurzach erb. 1641, renov. 1701. Einfacher frühbarocker Mauerbau mit Aufzugslukarne und Staffelgiebeln. – Haus Geissberger, Nr. 126. Spätgot. Reihenhaus; Aussenrest. 1955.

Ehem. Propstei, Schulhaus, in der Unterstadt. Das ehem. Propsteigebäude des Klosters St. Blasien erbaut 1746–53 von Giovanni Gaspare Bagnato. Vornehm-schlichtes, schlossartiges Gebäude unter gekrümmtem Walmdach mit einem wappengeschmückten spitzgiebeligen Mittelrisalit und Seitenrisaliten. Den oblongen, 4geschossigen Baukörper von 15 × 5 Achsen gliedern regelmässig verteilte Rechteckfenster, Lisenen und ein ringsumlaufender Zwischengurt über dem ersten Obergeschoss. Eisengeschmiedete Fenstergitter und Treppengeländer. – Ehem. Propsteischeune. Mächtiger Mauerbau unter knappem Satteldach 17. Jh.; Umbau für Schulzwecke und Rest. 1959. – Kaiserlicher Gottesacker, nördl. des Städtchens. Begräbnisstätte von 3000 österreichischen Soldaten, welche 1814 in Klingnau als Opfer einer Seuche gestorben sind; Denkmal. – **Loretokapelle,** in idyllischer Lage auf dem Achenberg. Turmgeschmückte «Casa Santa» und kleiner abgesetzter Vorbau, 1660–62; Rest. 1964–66. Im veränderten Innern originelle Ausmalung nach dem Vorbild in Loreto.

KOBLENZ. Kath. Pfarrkirche St. Verena. Erb. 1959 von Otto Sperisen; spätbarocke Verenastatue. – Römerwarte, östl. des Dorfes über dem Rheinufer. Errichtet im 4. Jh. n. Chr.; konserviert 1932.

***ZURZACH** (Abb. 23). *Berühmter alter Messe- und Wallfahrtsort.* Wahrscheinlich keltische Gründung; in römischer Zeit «Tenedo». Im 9. Jh. Klostergründung am Grab der röm. Heiligen St. Verena, die angeblich 325 hierher eingewandert war. Als Wallfahrtszentrum und durch seine günstige Verkehrslage wurde Zurzach seit dem Spätmittelalter einer der bedeutendsten Messeorte im oberdeutschen Raum. Das einheitliche Ortsbild hauptsächlich im 18. und 19. Jh. geprägt, mit 2 breiten geschlossenen Strassenzügen, die beim Rathaus rechtwinklig zusammentreffen.

Stiftskirche* (Abb. 23). *Ihr Turmchor, als Memorialbau über dem Grab der Hl. Verena errichtet, ist eines der eigenwilligsten gotischen Architekturwerke der Schweiz.* Wallfahrtsheiligtum zu Ehren der Thebäerheiligen Verena. Um

800 mit einem Benediktinerkloster und vor 1265 mit einem 1876 aufgehobenen Chorherrenstift verbunden. Renov. 1966ff. Die 1733–34 von Giovanni Gaspare Bagnato dezent barockisierte Anlage bildet eine grossartige bauliche Antithese zwischen dem basilikalen Langhaus des 10. Jh. und dem um 1294–1347 durch Werkmeister Johannes erbauten got. Turmchor. An der W-Seite des kastenhaften, mittels Hochoval- und Rundbogenfenstern ge-

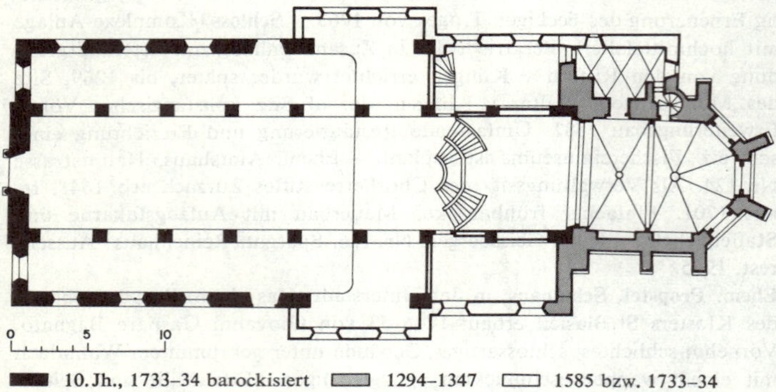

Zurzach. Stiftskirche

gliederten Langhauses erhebt sich eine einfache, barock instrumentierte Schaufront mit Volutengiebeln, an der O-Seite der straff emporragende, 3geschossige Turmchor mit geometrischen Masswerkfenstern, gestuften Streben (1468 z.T. erneuert), Kaffgesimsen und spitzbehelmtem Dachreiter. Nördl. des Chors Sakristeianbau von 1585 und 1627 erneuerte Wendeltreppe. *Inneres.* Im 3schiffigen Langhaus gedrungene roman. Pfeilerarkaden, Wandpilaster und flache Gipstonne mit Régencestukkaturen von Hannibal Schnell. Vor den beiden vorderen Mittelschiffsjochen führt eine reizvolle Aufgangstreppe von 1733 in den erhöhten Psallierchor. Anschliessend got. Chor mit schlanken Wanddiensten und birnförmig profilierten Kreuzrippen- und Fächergewölben im $^5/_8$-Schluss. Ausmalung des Chorgewölbes 1565 von Urs v. Aegeri aus Baden. Barocke Ausstattung: Altäre und Chorgestühl von Jak. Glanz aus Waldshut 1733 und 1742–43; der Hochaltar wirkungsvoll in die Chorarchitektur hineinkomponiert, mit Plastiken von Casp. Jos. Widerkehr und Bildern von Jak. Carl Stauder. Kanzel 1693, umgestaltet 1733–34; perspektivisches Chorgitter. Bilderzyklus der Hl. Verena 1630–31 von Melchior Letter; Zyklus des Hl. Nepomuk 1730. Am Kreuzaltar eingemauerter Wappenstein Ungarn-Österreich der Stifterin Königin Agnes, vom ehem. got. Lettner. Ferner im Chor beschädigter steinerner Zelebrantensitz mit origineller Polychromierung, um 1340 von «Bruder Johannes de Mellikon». – *Got. Krypta.* Zugang von aussen ebenerdig oder durch den 1733 erstellten, von der Mitte der Chortreppe aus ostwärts verlaufenden Gang. Dreischiffige Halle mit kraftvollen Rundpfeilern, gekehlten

Rippen und reichskulptierten Schlusssteinen. Auf dem Verenasarkophag Relieffigur von 1613, vielleicht Kopie eines gallo-röm. Frauengrabsteins. – *Sakristei.* Bemerkenswerter *Kirchenschatz**, u.a. Armreliquiar der Hl. Verena und Vortragekreuz aus Bergkristall, beide A. 14.Jh.; Reliquienschrein der Hl. Verena um 1510; Armreliquiar des Hl. Ursus 1474.

Sog. Obere Kirche, neben der Stiftskirche. Die profanierte ehem. Pfarrkirche St. Maria in heutiger Anlage erb. 1517–18; seit Innenrenov. 1944 Saal für kulturelle Veranstaltungen, Aussenrenov. 1963–64. Einschiffiges Langhaus und eingezogener Polygonalchor über kryptaähnlicher Gruft (Beinhaus); ausstuckiert 1763 durch Lucius Gambs. Überreste spätgot. Wandmalereien. An der N-Front monumentaler Kruzifixus E. 15.Jh.; beim Haupteingang röm. Grabplatte 1.Jh. n. Chr. – Daneben ehem. Propstei, jetzt Schulhaus. Erb. 1773 von Franz Ant. Schwarz, als 3geschossiger Winkelbau unter flachgeneigtem Walmdach. Zur Hauptstrasse pilastergegliederte Schaufront mit übergiebeltem Mittelteil; an den Fensterstürzen derbe Rocaillen und groteske Masken von Franz Ludw. Wind. – An der Hauptstrasse charakteristische Messehäuser mit peristylartigen Hinterhöfen 17.–18.Jh., u.a.: **Gasthaus zur Waag.** Besterhaltenes Zurzacher Messehaus, erb. 1679, stark erneuert. Gassenseits erhebt sich ein 3geschossiger Putzbau (Wirtschaft und Speisesaal) mit sorgfältig gegliederten Fronten und Staffelgiebeln. Rückseits schliesst sich der Messehof an, der umsäumt wird vom doppelgeschossigen Hinterhaus (Warengewölbe und Schlafkammern) mit ringsumgeführter säulengestützter Holzlaube. – Rotes Haus, Nrn. 274–75. Spätbarockes Messehaus mit erhaltenem Hinterhof; Aussenrenov. 1961. – Vor dem Gasthaus Sternen (Wirtsschild) der Sternenbrunnen von 1807 mit Stock und 8eckigem Trog. – Rathaus, Hauptstrasse nördl. der Stiftskirche. In alten Formen erneuert 1964–67; wiederverwendete spätgot. Balkendecke mit ornamentalen Schnitzereien. – Haus zum Apfelbaum, Nr. 52. Geburtshaus von Kunstmaler Albert Welti (1862–1912); schlichter Reihenbau mit Hinterhof. – Haus zum Kindli, Nr. 11. Markantes nachgot. Bürgerhaus von 1624, im Blickfang der oberen Hauptstrasse. – **Ref. Pfarrkirche,** an der Schwertgasse. Erb. 1717 von Matth. Vogel; Innenrenov. 1960–61. *Entwicklungsgeschichtlich wichtiges Werk des protestantischen Kirchenbaus in der Schweiz.* Achteckige Queranlage mit frontalem Zwiebelturm. Im Innern theaterähnliche 3seitige Empore; Akanthusstuckdecke und Orgel von Franz Jos. Bossard 1820. – Ref. Pfarrhaus, Nr. 153. Freundliches Biedermeierhaus um 1840 mit spitzgiebeligem Mittelrisalit und rückseitiger Säulenhalle; Aussenrenov. 1961. – Gasthaus zum Schwert, Nr. 154. Stattliches Dixhuitième-Haus unter Mansartdach mit klassiz. Tavernenschild; Aussenrenov. 1963. – Haus Nr. 149, mit Barockportal von Franz Ludw. Wind, vom 1876 abgetragenen Schloss Schwarzwasserstelz am Rhein hierher versetzt.

Römisches Kastell mit frühchristlicher Kirche auf Kirchlibuck. Über dem Rheinufer beim römischen Brückenort Tenedo (Name keltisch) oder «Forum Tiberii» Doppelkastell, davon grössere Mauerteile erhalten. In der südwestl. Kastellecke Fundamente und Umfassungsmauern einer frühchristlichen Kirche aus dem späten 5. Jh., mit Apside und Taufbecken. Ausgrabung und

Konservierung 1903–05 und 1954–55; Funde im Ortsmuseum. – Kapelle St. Verena und Mauritius. Mittelalterl. Anlage mit rechteckigem Chor, barokkisiert. Ländlicher Barockaltar und Bilderzyklus der Hl. Verena von Joh. Melchior Waldkirch, 17. Jh. – Westl. des Kirchlibuck in der «Hafen-Vorstadt» Zurzachs: ehem. Fahrhaus, Nr. 130, Haus zur Glocke, Nr. 127, beide 17. Jh. **Museum.** Bezirksmuseum, Hauptstrasse Nr. 77. Ur- und frühgeschichtliche Funde, Dokumentation zur Zurzacher Messe.

BÖBIKON. Kapelle. Bau des 18. Jh. mit schmuckem Dachreiter unter zwiebelförmiger Haube. – Burgruine, westl. des Dorfes. Kleinburg des 12. Jh.; freigelegt und konserviert 1949.

MELLIKON. Schlösschen, Nrn. 29–30. Spätgot. Mauerbau von 1561. An der S-Seite Schlosskapelle, gestiftet 1645 von der Familie v. Roll; Barockaltärchen.

RÜMIKON. Röm. Warte, 4. Jh. n. Chr., 1947 konserviert.

WISLIKOFEN. Ehem. Propstei, mit Pfarrkirche. Gestiftet 1113 vom Benediktinerkloster St. Blasien. Propsteigebäude und Pfarrkirche St. Oswald mit angebautem Pfarrhaus unter Propst Gottfried Arnold v. Spirigen 1690–92 durch Baumeister Heinrich aus Waldshut errichtet. Kubisch schlichter Winkelbau mit hofseitigem, polygonalem Schneggen und repräsentativer, von grossen Ovalfenstern gegliederter Kirchenfront um 1730, wahrscheinlich nach Plänen von Giovanni Gaspare Bagnato. Hochaltar 1644 und spätgot. Taufstein. – *Mellstorf.* Kapelle St. Sebastian und St. Fridolin. Erb. 1684; origineller barocker Schnitzaltar E. 17. Jh. mit Reliefs der Rosenkranzgeheimnisse von Joh. Friedr. Buol, angeblich aus der Schlosskapelle Schwarzwasserstelz.

FISIBACH. Dorfkapelle. Erb. im 17. Jh.; Renov. 1795 und 1962. Frühbarocke Chorfresken um 1630–40 mit den Hl. Franziskus, Joseph, Christophorus und Sebastian. Zierliches Rokoko-Altärchen. – Gasthaus Rössli. Behäbiger Bau des 18. Jh. unter Walmdach. – Mühle. Fachwerkbau des 17. Jh.

***KAISERSTUHL** (Abb. 24). *Rein erhaltenes dreieckiges Brückenstädtchen am Rheinhang.* Gegr. um 1254 durch Lütold VI. v. Regensberg, nach 1294 bischöflich konstanzisch; seit dem 15. Jh. wird Kaiserstuhl zum politischen und militärischen Brückenkopf der Eidgenossenschaft. Die Stadtanlage ist T-förmig gegliedert durch die steile Hauptgasse und die flussparallele Rheingasse. Den nordseitigen Brückenkopf auf dem deutschen Ufer bildet die markgräfliche Burg Röteln. – *Befestigungen.* Der Verlauf der Mauer, von der einige Teile aufrecht stehen, ist genau sichtbar. Von den verstärkenden Türmen ist der runde Storchenturm im W und der Stumpf des östl. Eckturms am Ufer, der sog. Wörndliturm, erhalten, sowie der strategisch wichtigste Obere Turm.

Kath. Pfarrkirche St. Katharina. Mittelalterlicher gewölbter Chorturm, urspr. Wohnturm. Schiff mit nachroman. W-Portal erb. um 1500, erweitert 1609; Barockisierung und Deckengemälde 1755. Spätgotisches masswerkverziertes Sakramentshäuschen um 1500; Stadtscheibe 1599. Geschnitzte Rokokokanzel mit den Evangelisten und dem Guten Hirten sowie die Bankwangen 1756 von Franz Ludw. Wind. Neugot. Altäre und Empore 1845–48. In der Sakristei: Turmmonstranz 1634, Prozessionskreuz 1630, Silberbüsten Christi und Mariä 1700 von Hans Georg Ohnsorg. – Städtisches Bürgerspital, gegenüber der Kirche. Gestiftet 1484; neuerb. 1778. Über dem Eingangsportal des schlichten Zweckbaus bewegte Reliefdarstellung der Muttergottes als Beschützerin der Bedürftigen sowie das Stadtwappen von Franz Ludw. Wind. – **Oberer Turm,** an der obern Spitze des Befestigungsdreiecks. Zeitlich vor der Stadt, im 12.–13. Jh. durch die Freiherren v. Kaiserstuhl erbaut; Renov. 1955. Mächtiger quadratischer Wehrbau aus Sichtmauerwerk mit mittelalterl. Holzeinbauten und gewalmtem Satteldach. – Haus zur Linde, daneben. Herrschaftliches Landhaus mit rückseitiger Parkanlage erb. 1764 für Jos. Moritz Buol; nach der Plünderung durch die Franzosen 1799 verwahrlost; Renov. 1912–18. Länglicher, ausgewogener Baukörper unter einem eleganten Walmdach. Reichskulptierte Rokokowappenkartusche über dem Eingang und figurengeschmückte Treppenhausbalustrade von Franz Ludw. Wind. Rokokostuckdecken; von den beiden Turmöfen ist einer von Daniel Heinr. Meyer in Steckborn, 1767. – Friedhofskapelle, südl. ausserhalb der Stadt. Spätgot., 3seitig geschlossener Saal mit Dachreiter. Im Altärchen spätgot.-barocke Pietà.

Hauptstrasse. Widderplatzbrunnen. Auf der 3eckigen Erweiterung der Hauptstrasse 8eckiges, reliefgeschmücktes Becken frühes 17. Jh. und Rokokobalusterstock 1781 von Franz Ludw. Wind. – Gasthof zur Krone. Spätgot. Giebelbau um 1550–60, im 18. Jh. z.T. erneuert; Aussenrenov. 1965. Klassiz. Tavernenschild. – Gemeindehaus, Nr. 72. Stattlicher nachgot. Mauerbau des 17. Jh. In der Stadtkanzlei figurengeschmückter Schultheissenstab von 1636 und ausgezeichneter silbergetriebener Ananaspokal von 1671. – **Ehem. Amtshaus des Klosters St. Blasien,** Ecke Rheingasse. Eindrückliche spätgot. Profanarchitektur von 1562–64. Straffer Winkelbau, dessen breite abgetreppte Doppelgiebelfront die untere Stadteinfahrt beherrscht. Wappenrelief des Abtes Caspar I Müller von St. Blasien 1563. Im Innern Renaissanceportal um 1562. – *Rheingasse.* **Mayenfisch- oder Marschallhaus.** Französische Dreiflügelanlage «entre cour et jardin», begonnen 1764 für den Marschall Joh. Jak. Mayenfisch; Aussenrenov. 1956. Vornehmer 3geschossiger Bau, gegliedert von Quaderlisenen und Stichbogenfenstern mit rocaille- und maskengeschmückten Schlusssteinen. Rokokotreppenhaus mit Stuckdecke. – Schulhaus, ehem. Rathaus. Spätgot. Giebelbau, an den Rundbogenportalen im Erdgeschoss dat. 1617. An der Fassade Stadtwappen in üppiger Rokokokartusche um 1760 von Franz Ludw. Wind. – Zollhaus, bei der Rheinbrücke. Der ehem. Pfarrhof ist ein Bürgerhaus des 18. Jh. mit Stichbogenfenstern und profilierten Bänken; das elegante Rokokoportal 1772 von Franz Ludw. Wind. – Restaurant zur Post. Propyläenartiges Gegenstück zum Zollhaus. – Rheinbrücke. Sog. Lällenkönig und Nepomukstatue 1752 von Franz Ludw. Wind. Am ersten Brückenpfeiler Wappenrelief des Landvogts Ludw. Tschudi, 1592.

LAUFENBURG–FRICK–RHEINFELDEN

BÖTTSTEIN. Schloss. Nach 1607 durch die Urner Familie v. Roll erbautes behäbiges Herrenhaus, das mit den vorgelagerten Nebengebäuden und der Schlosskapelle einen Innenhof mit Brunnen umschliesst. – **Schlosskapelle**

St. Antonius. Erb. 1615–17 als einfacher, von Strebepfeilern gegliederter Baukubus mit markanter Zweiturmfront. Im 3jochigen, tonnengewölbten Raum prunkvolle Ausstattung in der Art italienischer Barockkirchen. Vortreffliche polychrome, z. T. figürliche Stukkaturen und sattfarbige Deckengemälde von unbekannten oberitalienischen Meistern; Seitenaltäre nach 1674. – Mühle, Nr. 25. Erb. 1607, mit angeblich grösstem Wasserrad Europas (Durchmesser 10,7 m). – Ölmühle, Nr. 24. Erb. im 18. Jh., guterhaltene technische Anlage; Renov. 1967.

LEUGGERN. Kath. Pfarrkirche St. Peter und Paul. Erb. 1851–53 von Caspar Jos. Jeuch; purifizierend renov. 1964–66. Neugot. Hallenkirche von kathedralartigen Ausmassen mit 3schiffigem, gewölbtem Langhaus, polygonalem Chor und kantig-sprödem Frontturm. – Bezirksspital, ehem. Johanniterkommende. Wappengeschmücktes Torhaus von 1592, renov. 1961. – Friedhof. Bildhäuschen mit Beweinungsrelief um 1870 von Franz Sales Amlehn. Klassiz. Grabmal für Joh. Martin Schmid von Bellikon, Obervogt zu Klingnau (1756–1829). – *Gippingen.* Kapelle, erb. 1669–73. – *Hettenschwil.* Kapelle St. Sebastian. Erb. 1642; barocke Ausstattung 18. Jh.

LEIBSTADT. Kath. Pfarrkirche St. Fridolin. Erb. 1887–91 von Hans Baumann. – *Bernau.* Loretokapelle. Als Schloss- und Begräbniskapelle erb. 1672, neben dem 1846 abgebrannten Von-Rollschen Familiensitz; Renov. 1955–56. Die schmucke, reich ausgestattete Anlage, unterteilt in einen Vorraum und die «Casa Santa», ist ein gutes Beispiel dieses Kapellentyps.

METTAU. Kath. Pfarrkirche St. Remigius. Erb. 1773–75 von Joh. Schnopp aus Schnifis im Vorarlberg; Aussenrenov. 1959. Bemerkenswerte spätbarocke Saalkirche mit 4jochigem Schiff und polygonalem, von Rundbogen- und Vierpassfenstern erhelltem Chor; frontaler nachgot. Käsbissenturm von 1670. Qualitätvolle einheitliche Rokoko-Ausstattung; Stukkaturen von Lucius Gambs und Deckenbilder von Franz Fidel Bröchin.

WIL. Kapelle St. Wendelin. Erb. 1697. Rokoko-Ausstattung mit feinen Stukkaturen und reizvollem Altar um 1760–70; Vesperbild 15. Jh.

SULZ. Kath. Pfarrkirche St. Peter und Paul. Erb. 1870 von Casp. Jos. Jeuch. Sebastiansstatue 18. Jh., rest. 1963. – *Rheinsulz.* Kapelle St. Margaretha. Erste Kirche der Talschaft 11. Jh., um das Altarhaus 1602 verlängert; Aussenrenov. 1961–62. Roman. Freskorest 1928 freigelegt. – *Leidikon.* Kapelle St. Nikolaus. Kleiner schmucker Barockbau von 1753 mit Rokoko-Altärchen, Stukkaturen und Deckenfresken von «F. J. Trendlin».

***LAUFENBURG** (Abb. 25). *Die nach dem Burgberg gestaffelte Brückensiedlung gehört zu den schönsten Kleinstadtprospekten des Kantons.* Habsburgische Gründung durch Rudolf II. um 1207. Städtische Brückenköpfe beidseits des Rheins an der Stromschnelle des «Laufen» (aufgestaut 1908). Gross-Laufenburg nimmt im Flussknie eine etwa 3eckige Halbinsel ein, die an der Basis von der Marktgasse durchzogen wird und landeinwärts durch den Burghügel abgeschirmt ist. Auf halber Höhe ein Kranz öffentlicher Gebäude: Stadtkirche, Gerichtsgebäude, Pfarrhaus und Zeughaus. Die Wasenvorstadt rheinabwärts vor 1270 ummauert. – *Befestigungen.* Von der einst mächtigen Feste der Habsburger auf dem Hügel, wohl an Stelle eines römischen Wachtturms, ist nur der Bergfried aus dem 12. Jh. erhalten; er dominiert als Wahrzeichen der Stadt weithin die Landschaft. Daneben Teile der zur Stadt hinabführenden Wehrmauern. Östl. der Kirche befindet sich der halbrunde Pulverturm als Bestandteil des unterirdischen Flankenwerks, wohl aus dem 15. Jh. Von den urspr. zahlreichen Türmen und Toren der Ringmauer stehen der Schwertlis- und Wasenturm sowie das Wasentürmchen noch aufrecht.

Kath. Stadtkirche St. Johannes Baptist. Wahrscheinlich vor der Stadtgründung durch das Kloster Säckingen gestiftet. Neubau aus der 2. H. 15. Jh., im Innern renov. 1604 ff., 1750–53 barockisiert. Dem Vorbild der Bettelordenskirchen folgend: 3schiffige, flachgedeckte Basilika mit Spitzbogenarkaden; gewölbter, von abgestuften Strebepfeilern und reichen Masswerkfenstern gegliederter Polygonalchor mit $^5/_8$-Schluss, schlanker S-Turm von 1591–93, welsche Haube 1653. Rudimentäres Querhaus durch östl. Ausweitung der Seitenschiffe bis auf die Flucht des Turmes bzw. der symmetrisch angelegten Sakristei. Im festlichen *Kirchenraum* Rokokostukkaturen von Hans Michael Hennevogel und illusionistische Deckengemälde von Ant. Morath mit Darstellungen der Evangelisten und Apostel sowie Szenen aus dem Leben des Kirchenpatrons, der Hl. Secunda und des Hl. Franz Xaver. Wirkungsvoll ins Gegenlicht gesetzter Hochaltar 3. V. 18. Jh.; spätbarocke Chororgel 1779, rest. 1964–66. An die Stelle des um 1670 abgetragenen Lettners sind das perspektivische Chorgitter 1672 von Baschi (Sebastian) Hirt und 5 Altäre getreten: auf dem Kreuzaltar Schmerzensmaria M. 18. Jh. und 6 Leuchter 1773–75 von Casp. Xaver Stippeldey in Augsburg; der Katharinenaltar von 1672, der Secunda-Altar von 1666 mit dem Fridolinsschrein von 1661 und der Sebastiansaltar von 1671 werden Hans Ulr. Räber zugeschrieben; dem Typ des 2geschossigen portalartigen Barockretabels folgt auch der 1702 entstandene Immaculata-Altar. Kanzel 1752; Taufstein frühes 16. Jh.; Ölberggruppe 18. Jh. Unter der Empore Renaissancegestühl 1574 von Heinr. Fischer; Rokokobankwangen. Zahlreiche, teils sehr gute Grabdenkmäler des 17.–18. Jh. In der Turmkapelle Spätrenaissanceausmalung wohl von 1604. In der netzgewölbten Sakristei u. a. Augsburger Sonnenmonstranz und Altarleuchter sowie 2 Silberbüsten vom E. 17. Jh.; Kelche spätes 16. Jh. aus Konstanz und 1777–79 aus Augsburg. – **Beinhauskapelle,** unter dem nördl. Seitenschiff. Innenrenov. 1963–64. Kassettendecke und Gestühlswangen mit Beschlagwerkmustern 17. Jh. Schnitzaltar 1727 von Hans Freitag, mit dem selten dargestellten Tod des Hl. Joseph; Epitaph des Bürgermeisters und wohl Altarstifters Jos. Bösch, 1723. – Nepomukstatue auf dem Kirchhof. Urspr. auf der Rheinbrücke errichtet im 18. Jh.

Herrengasse. Got. und barocke Reihenhäuser. – Haus Nr. 108. Geburtshaus des Komponisten Hermann Suter (1870–1926); Renov. 1964–65. – **Gerichtsgebäude.** Erb. 1525, barockisiert 1771; Aussenrenov. 1956–57. Hochragendes Gebäude unter Walmdach mit Stichbogenfenstern, Ziergiebel und Glockentürmchen. Am östl. Treppenhausanbau feingemeisseltes spätgot. Wappenportal, in Kopie erneuert 1957. Im Gerichtssaal zarte Rokokostukkaturen von Lucius Gambs und Louis-XVI-Kuppelofen 1774 von Joh. und Philipp

Durst sowie österreichische Herrscherbildnisse des 18. Jh. Im Anwaltszimmer ähnliche Stuckdecke und Aarauer Ofen 1817 mit Malereien von J. H. Egli. – Pfarrhaus. Vornehmer, regelmässig befensterter Bau unter mächtigem Walmdach 1738 von Giovanni Gaspare Bagnato; Renov. 1958–59. – Wasentürmchen. Kleiner got. Turmbau zu Füssen des Schlossberges; Renov. 1961. – Zeughaus. Rechteckbau, wohl frühes 17. Jh. – **Wasenturm,** an der Strasse nach Basel. Rechteckiger Torbau unter Zeltdach mit Glockentürmchen; Renov. 1953–54. Die Masswerkbrüstung an der Stadtseite und das in Kopie erneuerte Spätrenaissance-Wappenrelief dat. 1581. Im Durchgang Sgraffito 1957 von I. Weber. – Obere Wasengasse. Haus Nr. 62. Origineller 3seitiger Erker als Mittelteil eines Staffelfensters, 1612. – Haus Nr. 91. Beschlagwerkverzierter Strebepfeiler von 1622. – Haus Nr. 93. Frühbarockportal mit Wappenkartusche 1673. – Brunnen auf dem Wasenplatz. Zwölfeckiger Trog mit Stadtwappen 1766, Balusterstock wohl 1573. – Schwertlisturm, an der S-Ecke der Wasenvorstadt. Schlanker quadratischer Wehrbau unter Zeltdach mit got. und barocken Scharten; daneben Teil der Stadtmauer.

Marktgasse. Brunnen in Häusernische. Achtecktrog 1775, Stock 1865. – Haus Nr. 162. Renaissanceportal von 1564. – Brunnen auf dem Marktplatz. Trog 1827, Rokokosäule 1773. – Gasthaus zum Meerfräulein, an der Fischgasse. Erb. 1643, später z. T. verändert; Aussenrenov. 1965–66. Got. Gassenfassade mit Verkaufsgewölbe und 3teiligen Stichbogenfenstern. Barocker Kastenofen 1734, blau bemalt mit Burgen und Wappen. – Laufenplatzbrunnen. Trog 1763, Renaissancebalustersäule 1573. – Rathaus. Spätgot. Kopfbau mit Staffelfenstern, als Spital erb. um 1600; Giebelfront mit Erker anlässlich des Umbaus zum Rathaus 1912–13 erneuert. Die Masswerkfenster bezeichnen die Lage der ehem. Spitalkapelle, deren Portal und Chorbogen mit Renaissance-Ornamentik um 1600 geziert sind. – Neue Rheinbrücke, 1910. – Hohkreuzkapelle, ausserhalb der Stadt. Qualitätvolle nachgot. Kreuzigungsgruppe. – Krankenhaus, ehem. Kapuzinerkloster östl. der Stadt. Erb. 1652–60; 2jochige Kapelle, renov. 1929. Im Hof Epitaph für Josias Graf v. Rantzau, gest. 1703. Muttergottesfigur um 1610–20 der Br. Fischer.

KAISTEN. Kath. Pfarrkirche St. Michael, auf einer Anhöhe über dem Dorf. Schlichte Saalkirche mit frontalem Haubenturm 1716–17; Sakristeierweiterung und Aussenrenov. 1965–66. Bemerkenswerte Barockkanzel von Hans Freitag; frühklassiz. Stuckmarmoraltäre von Joh. Friedr. Vollmar. – Burgruine 12.–13. Jh.

STEIN. Kath. Pfarrkirche St. Christina, erb. 1823. – **Brücke.** Lange gedeckte Holzbrücke über den Rhein nach Säckingen, erstmals erwähnt 1270; mit Steinpfeilern versehen 1570–80 und nach 1799 z. T. neuerbaut. – Gasthaus Adler. Tavernenschild 18. Jh. – Wegkreuze, beim nördl. und westl. Dorfausgang. Gestiftet 1600 durch die Herren v. Schönau; das eine der beiden gleichzeitigen Kreuze mit naturalistischem, das andere mit streng stilisiertem Kruzifixus.

MÜNCHWILEN. Kapelle St. Ursula, am östl. Dorfausgang. Ehem. mittelalterl. Einsiedelei, woran der Name des Dorfes noch erinnert. Langgestreckter Rechteckbau mit Einsiedlerhaus, renov. 1718–19 und 1963. In der

N-Fassade reichskulptiertes roman. Fenstergewände. Schöner Barockaltar, Bild von Franz Theodor Kraus.

EIKEN. Kath. Pfarrkirche St. Vinzenz. Neuroman. Bau 1873 von Robert Moser.

OESCHGEN. Kath. Pfarrkirche St. Kosmas und Damian. Neuerb. 1911–12; Altäre 18. Jh. Skulptierte Wappentafel Schönau-Klageneck 1699. – Schlösschen. Sitz der Herren v. Schönau, die 1475–1798 die Gerichtsherrschaft Oeschgen innehatten; jetzt Gemeindehaus. An Stelle einer ältern Anlage neuerb. 1597–98, renov. 1690, im 19. Jh. z. T. verändert. Kubisch schlichter nachgot. Mauerbau unter knappem Krüppelwalmdach. An der westl. Traufseite polygonaler, spitzbehelmter Schneggen mit Kielbogenportal; Rest. 1969 ff. – Bildhäuschen bei der Hauptstrasse, westl. des Dorfes. Errichtet um 1730 mit Nepomukstatue; Rest. 1967–68.

***FRICK. Kath. Pfarrkirche St. Peter und Paul.** An Stelle einer mittelalterl. Kirchenburg auf Hügelkuppe. Heutige Anlage 1716, mit frontalem Haubenturm über mittelalterl. Unterbau, Schiff und Chor unter Mansartdächern. Langhaus mit stuckierter Flachtonne, querschiffartige Seitenflügel und kuppelgewölbtes Chorpolygon; Deckengemälde M. 19. Jh. Prunkvoller Hochaltar, angeblich Geschenk der Kaiserin Maria Theresia. In den Seitenflügeln Frühbarockaltäre. – **Friedhofskapelle.** Nachgot. Giebelbau 16. Jh., ehem. doppelgeschossig; Rest. 1966–67. Ausgezeichnete lebensgrosse *Kreuzigungsgruppe** von den Brüdern Heinr. und Melchior Fischer, ein Hauptwerk der Barockplastik im Aargau (vom Kirchhof hierher transferiert). – Ehemalige Schaffnerei der Kommende Beuggen, Nr. 218. Ansehnliches Dixhuitième-Gebäude mit oblongem, 3geschossigem Kubus und gekrümmtem Walmdach.

GIPF-OBERFRICK. Alte Pfarrkirche. Barocker Hochaltar und vorzügliche spätgot. Statue der Hl. Anna selbdritt um 1480. – **Burgruine Thierstein,** in prachtvoller Höhenlage. Ehem. Stammsitz der Grafen v. Thierstein, vom 11.–15. Jh. bewohnt, danach zerfallen. Die Überreste der ausgedehnten, in 3 Terrassen angelegten Burg wurden 1934–35 und 1965–66 ausgegraben und konserviert.

***WITTNAU.** Kath. Pfarrkirche St. Martin. Chor 15. Jh., Langhaus und Frontturm 1864–65; Inneres 1953 von Alois Moser modernisiert, Glasfenster von Willy Helbling. Monumentales spätgot. Kruzifix und Martinsfigur 15. Jh. – Wegkapelle, nordwestl. des Dorfes. Spätgot. Plastiken A. 16. Jh. – *Spätbronzezeitliche und hallstättische Befestigungsanlagen** auf dem Wittnauerhorn. «Eines der wichtigsten sichtbaren Denkmäler der schweiz. Ur- und Frühgeschichte» (E. Vogt). – Burgruine Homberg, nördl. des Dorfes. Anfänge im 11. Jh.; Stammfeste der Grafen v. Homberg, nach deren Aussterben 1223 Übergang an die Habsburger und Froburger. Durch Erdbeben 1356 zerstört, notdürftig wiederaufgebaut und 1534 letztmals erwähnt. Spärliche Mauerreste einer 3eckförmigen Gratburg.

WÖLFLINSWIL. Kath. Pfarrkirche St. Mauritius. Neuerb. 1821 von Fidel Obrist, unter Verwendung des mittelalterl. Turms.

HORNUSSEN. *Typisches einheitliches Juradorf* mit gemauerten Giebelhäusern des 16.–19. Jh. – Kath. Pfarrkirche St. Joseph. In burgartiger Höhenlage ländlich schlichter Barockbau von 1710–12, der in vorbildlicher Weise den klassisch-fricktalischen Kirchentypus mit axialem Frontturm repräsentiert; Aussenrenov. 1961. – Ehem. Säckinger Amtshaus, Nr. 37. Mächtiges Fricktaler Giebelhaus von 1595 mit Kaffgesimsen und Staffelfenstern. – Weitere spätgot. Häuser: Nrn. 46, 70, 112 und 114. – Gasthaus Schwert. Qualitätvolle Rokokostuckdecke, um 1760, Joh. Michael Hennevogel zugeschrieben. Die Eckkartuschen rahmen in Öl gemalte Darstellungen der 4 Elemente; Rest. 1957.

BÖZEN. Ref. Pfarrkirche. Neuerb. 1667 als Saalkirche mit 3seitigem Schluss und Dachreiter über der westl. Giebelfront. Kanzel 1668 von Hans Leupin. Glasfenster 1961 von Felix Hoffmann.

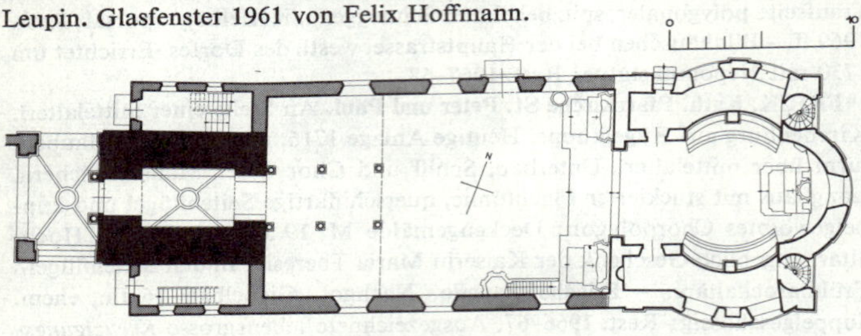

Mittelalterlich 1691–92 1718–19

Herznach. Kath. Pfarrkirche St. Nikolaus

HERZNACH. Kath. Pfarrkirche St. Nikolaus (Abb. 26). *Inmitten eines mauerumringten Kirchhofs auf aussichtsreichem Hügel gelegene Kirche, deren Chor eine der köstlichsten Raumschöpfungen des schweiz. Spätbarocks ist.* Neubau des Langhauses 1691–92, im Anschluss an den spätgot. Käsbissenturm, Neubau des Chors 1718–19 von Joh. Pfeiffer (Baumeister und vermutlich auch Planentwerfer); Aussenrest. 1957, Innenrest. 1969–71. Geschlossene Anlage mit konvex ausschwingenden Chorseiten und flach vorgewölbter O-Partie. An der W-Seite des von Treppenhäusern flankierten Frontturms Vorzeichen mit Hauptportal von 1691–92, in der Portalädikula eine Statue des Kirchenpatrons. Saalförmiges, flachgedecktes Langhaus mit Stukkaturen 1694 von Giovanni Giacomo Neurone, kleine Deckenbilder und über dem Chorbogen ein Kranz von 15 Rundmedaillons mit Kreuzwegbildern. Der doppelschalige, längsovale Chor ist seitlich von gangartigen Sakristeien begleitet, über denen sich die Emporenarkaden in den Kernraum öffnen; architekturperspektivische Ausmalung der Chorkuppel um 1732 von Joh. Adam Wieland und Francesco Ant. Giorgioli: Szenen aus dem Leben des Hl. Nikolaus. Hochaltar 1732 von Hans Freitag, 3teiliges Nischenretabel mit qualitätvollem plastischem Schmuck. An den Rokokoseitenaltären wiederverwendete Bilder 1712 von Franz Theodor Kraus. Prunkvolle Kanzel mit üppigem Régencedekor um 1732 von Hans Freitag. – Ehem. Beinhaus. Got. Giebelbau aus dem 16. Jh.; Rest. 1971. Ausdrucksvolle Kreuzigungsgruppe von 1706, aus dem ehemaligen Bildhäuschen. –

Pfarrhaus. Nachgot. Giebelbau mit kirchhofseitigem Rundschneggen von 1625, umgestaltet 1690; Rest. 1961–62. – Sog. Birihaus, Nr. 93. Got. Mauerbau mit Staffelgiebeln. – Verenakapelle, an der Strasse gegen Ueken. Eine der ältesten Kultstätten der Zurzacher Heiligen. Roman. Saal, umgestaltet 1516; Rest. 1951–52.

DENSBÜREN. Ref. Pfarrkirche. Saalbau von 1550–60 mit 3seitig geschlossenem Chor und spitzhelmigem Dachreiter; Aussenrenov. 1964–65. Frühbarocke Kanzel und Taufstein sowie 2 Wappenscheiben von Gottfried Stadler 1663. – Pfarrhaus, ehem. Untervogtshaus. Nachgot. Giebelbau von 1641 mit Wappentafel über der rundbogigen Haustür; Renov. 1955–56. – Burgruine Urgiz, nordöstl. des Dorfes. Eine der eigenartigsten Burganlagen des Aargaus. Wahrscheinlich im 13. Jh. durch die Ritter v. Uriols errichtet, durch Erdbeben 1356 zerstört. Der Bergfried auf dem Felskopf wird von einer halbkreisförmigen Ringmauer mit Rundturm gesichert.

MÖHLIN. Christkath. Pfarrkirche St. Leodegar. Neuerb. 1607 als flachgedeckte Saalkirche mit desaxiertem Polygonalchor; Renov. innen 1954, aussen 1967–68. Mittelalterl. Turm neben dem Chor, Oberbau 1765. Deckenmalereien 1751, freigelegt 1954. Reiche Schnitzaltäre 17.–18. Jh., qualitätvolle Rokokokanzel, ausdrucksvolle Kreuzigungsgruppe. – Kath. Pfarrkirche. Erb. 1939 von Hermann Baur. – Ehem. Untere Mühle, Nrn. 51–52, an der Hauptstrasse. Gemauertes nachgot. Giebelhaus 1588 mit rückseits rechtwinklig angefügter mächtiger Doppelscheune. – Haus Nr. 287, an der Hauptstrasse. Wappenrelief 1613. – Ehem. Obere Mühle, Nr. 358, am Kymweg. Herrschaftliches spätklassiz. Bürgerhaus; Sitz des fricktalischen Wirtschaftspioniers Joh. Urban Kym (1805–89). – Kapelle St. Wendelin, an der Abzweigung nach Zeiningen. Erb. 1688. – *Riburg.* Kapelle St. Fridolin. Schöner ländlicher Kleinbau von lapidarer Gestaltung 1711–19; Renov. 1967–68. – Röm. Warte im Bürkli, am Rheinufer. Erb. im 4. Jh. n. Chr.

ZEININGEN. Kath. Pfarrkirche St. Agatha. Erb. 1768–69 von Jak. Brogly, verlängert 1930–31. Spätbarocke Saalkirche mit eingezogenem Polygonalchor; die moderne W-Partie spröd und unmassstäblich. Qualitätvolle Rokoko-Ausstattung mit virtuosen Wand- und Deckenmalereien und prunkvollem Hochaltar. – Missionskreuz von 1776, südl. der Kirche. – Gasthaus Traube. Louis-XVI-Wirtsschild um 1800.

ZUZGEN. Christkath. Pfarrkirche St. Georg. Erb. 1737–39 nach Plänen von Giovanni Gaspare Bagnato; Renov. 1967–68. Farbenfrohe spätbarocke Dorfkirche mit frontalem, haubenbesetztem Dachreiter, weitem, spiegelgewölbtem Schiff, eingezogenem Polygonalchor und beidseitigen Sakristei-Anbauten. Schwungvolle Deckenfresken. Hochaltar 1739 mit Bildern von Hans Negele aus Waldshut; feine Rokokoseitenaltäre 1775 aus der Werkstatt des Matthias Faller, Bilder in der Art des Ant. Morath. Chororgel 1767 von Joh. Hug aus Freiburg. – Pfarrspeicher, Nr. 92, südwestl. der Kirche. Würfelförmiger Mauerbau von 1723; Aussenrenov. 1959–60.

HELLIKON. Kapelle St. Wendelin. Erb. im 16. Jh.; ausgezeichnete spätgot. Plastiken, rest. 1959. – Kapelle St. Sebastian, erb. im 17.–18. Jh. – Mühle, Nr. 99. Typisches Fricktaler Giebelhaus von 1815.

WEGENSTETTEN. Kath. Pfarrkirche St. Michael. Erb. nach 1741 von Giovanni Gaspare Bagnato, unter Wiederverwendung des spätgot. Frontturms von 1487. Geräumiges Schiff, das beidseits des eingezogenen Chorbogens in flachen Rundnischen zum querovalen Chor überleitet. Régencestuckdecke und gute Rokoko-Ausstattung um 1760.

WALLBACH. Christkath. Kapelle St. Sebastian. Kleiner Barockbau von 1698 mit haubenbesetztem Dachreiter und schmuckem Säulenaltärchen; Renov. 1956. – Röm. Warte in der Stelli, nördl. des Dorfes. Erb. im 4. Jh. n. Chr., konserviert 1951–55.

MUMPF. Kath. Pfarrkirche St. Martin. Neuerb. 17. Jh.; Frontturm 1541; 6eckiger Kuppelraum 1956–57 von Alois Moser. – Altes Pfarrhaus, Nr. 46. Schlichter klassiz. Bau von 1812. – Friedhofkreuz, 18. Jh.

OBERMUMPF. Christkath. Pfarrkirche St. Peter und Paul. Spätbarocker Neubau von 1738 mit seitlichem Käsbissenturm von 1494 auf römischen Grundmauern; Renov. 1966–67. Régencestukkaturen und gute Rokoko-Ausstattung.

SCHUPFART. Kath. Pfarrkirche St. Leodegar. Einfache Saalkirche 1796–1802, mit klassiz. Altären von Joh. Friedr. Vollmar und zierlicher Barockorgel. – Haus Nr. 51. Spätbarocke Nepomukstatue 18. Jh. – Burghügel Herrain, nördl. des Dorfes. Kegelförmiger, künstlich aufgeschütteter Hügel, wohl Überrest einer Wehranlage aus der Frühzeit des mittelalterl. Burgenbaus, 9. oder 10. Jh.

***RHEINFELDEN** (Abb. 27, 28). *Altes Städtchen mit mittelalterl. Wehrbauten und malerischen Gassenbildern.* Die wohl an Stelle einer röm. Grenzbefestigung entstandene Ufersiedlung entwickelte sich in Zusammenhang mit der um 930 erwähnten, auf einer Rheininsel gelegenen Burg Stein der Grafen v. Rheinfelden. Stadtgründung um 1130 durch die Zähringer, nach deren Aussterben 1218 mit Unterbrüchen bis 1798 freie Reichsstadt. Durch die Mediationsakte 1803 kommt Rheinfelden mit dem Fricktal als Teil des neugeschaffenen Kt. Aargau an die Eidgenossenschaft. – *Befestigung.* Von der mittelalterl. Stadtmauer ist ein intakter Teil an der O-Flanke zwischen dem Obertorturm und dem Storchennest- oder Kupferturm erhalten, am Rheinufer der Messer- oder Diebsturm.

Christkath. Stadtkirche St. Martin* (Ortsplan, 1; Abb. 27). Nachweisbar 1146 durch den Aufenthalt Bernhards v. Clairvaux; 1228–1870 Chorherrenstift. Heutige Anlage nach 1407 in Anlehnung an oberrheinische Bettelordenskirchen erbaut; Choreinwölbung 1669 durch Ant. Troger, Barockisierung des Innern 1769–71. Dreischiffige spätgot. Pfeilerbasilika mit 5jochigem Laienhaus und 3seitig schliessendem Langchor; an der südl. Chorseite Sakristei-Anbau von 1478 und in Anschluss an das Seitenschiff gleichbreite Frauenkapelle von 1607; mächtiger N-Turm. Einfaches roman. W-Portal vom älteren Bau, im 1770 erneuerten Vorzeichen 2 spätgot. Königsfiguren. Stimmungsvoller Raum von gedämpfter Festlichkeit. Rokokostukkaturen von Martin Fröwis und illusionistische Wand- und Deckengemälde von Franz Fidel Bröchin 1769–70. Grosser Spätrenaissance-Hochaltar 1607 von den Brüdern H. und M. Fischer, Altarbild mit Geburt Christi wahrscheinl.

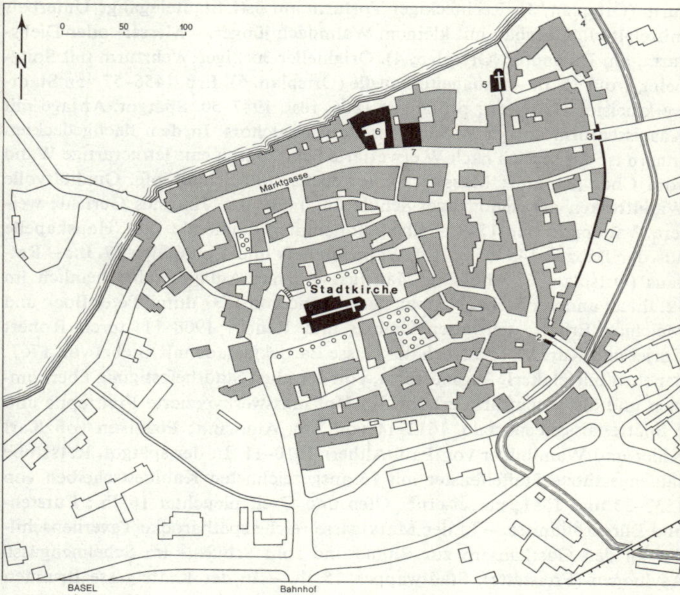

Ortsplan Rheinfelden

1. Christkath. Stadtkirche St. Martin. – 2. Obertorturm. – 3. Storchennest- oder Kupferturm. – 4. Messer- oder Diebsturm. – 5. Johanniterkapelle. – 6. Rathaus. – 7. Fricktaler Museum

von Hans Bock. Seitenaltäre, Kanzel und Chorgestühl 18. Jh., Rokokochorgitter von Jak. Pflüeger. Im südl. Nebenschiff Bild des Hl. Fidelis 1746 von Pompeo Batoni aus Wien; am O-Ende des Schiffs Taufkapelle mit Taufstein von 1607, hinter dem Gitter aus dem 15. Jh. die Frauenkapelle mit Marienaltar. Mehrere Grabdenkmäler, u.a. Grabplatte des Sebastian Truchsess v. Rheinfelden (gest. 1511/13); vollplastisches Figurengrabmal des Hans Friedrich Schnewli v. Landeck (gest. 1550). Im bemerkenswerten *Kirchenschatz** 2 got. Holzfiguren E. 14. Jh.; got. Astkreuz M. 14. Jh.; Augsburger Silberarbeiten von 1698, weitere 1758 von Jos. Ignaz Saler; Paramente.

Obertorturm (Ortsplan, 2). Schlanker Rechteckturm am südl. Stadteingang; Unterbau mittelalterl., Oberbau mit Zeltdach und Glockentürmchen 17. Jh. – Gasthof zum Goldenen Adler, am Obertorplatz. Repräsentativer, 1726–70 errichteter Bau mit behäbigem Mansartdach, elegantem Rokokoportal und klassiz. Tavernenschild; Aussenrenov. 1961. Im 1. Stock Saal mit bemerkenswerten Rokokostukkaturen. – Albrechtsbrunnen, auf dem Albrechtsplatz. Auf reichskulptiertem Renaissancestock überlebensgrosses Standbild eines Bannerträgers 1542 von Valentin Gessler. – Storchennest- oder Kupferturm (Ortsplan, 3). Rechteckiger Torturm am östl. Stadteingang; Unterbau mittelalterl., Oberbau mit kleinem Walmdach jünger. – Messer- oder Diebsturm, am Rheinufer (Ortsplan, 4). Origineller 3eckiger Wehrturm mit Spitzhelm, wohl 15. Jh. – **Johanniterkapelle** (Ortsplan, 5). Erb. 1456–57 von Stadtwerkmeister Hermann; profaniert 1806, rest. 1947–50. Spätgot. Anlage mit Käsbissenturm an der W-Seite des Polygonalchors. In dem flachgedeckten Innern ist das seitlich nach W erweiterte Schiff durch eine lettnerartige Wand vom Chor getrennt; Masswerk-Chorfenster und Schalltöpfe. Qualitätvolle Wandfresken der Schongauer-Schule um 1490, u.a. Jüngstes Gericht; weitere Wandmalereien 1549. – Ehem. Johanniterkommende. Got. Hauskapelle aus der Bauzeit 1457; im Hof Wappenreliefs und Epitaphien 17. Jh. – **Rathaus** (Ortsplan, 6; Abb. 28), Marktgasse. Erste Anlage wahrscheinlich im 12. Jh. an anderer Stelle. Neubau nach Brand von 1531 durch Peter Bock und Melchior Erhart; teilweiser Umbau und Renov. 1908–11 durch Robert Curjel und Karl Moser. Nach der Gasse Barockfassade mit Giebel von 1767; daneben mittelalterl. Rathausturm, von der alten Stadtbefestigung übernommen und als Wachtturm erhöht. Im Hof masswerkverzierte Freitreppe und 2 Spätrenaissanceportale, 1612–14 von Joh. Ammann; Plastiken von Karl Killer und Wandbilder von Paul Altherr 1910–11. In der spätgot. Ratsstube säulengestützte Staffelfenster mit 16 ausgezeichneten Kabinettscheiben von 1532–33 und 1581; gusşeiserner Ofen und Greifenleuchter 16. Jh.; Fürsten- und Bürgerbildnisse. – In der Marktgasse reiche spätbarocke Tavernenschilder an den Gasthäusern zur Blume und zum Schiff. – Im Schelmengässli Asylbogen (Freistätte), Stadtwappen 15. Jh. – In der Kuttelgasse Brunnen von 1778 mit Ovalschale und vasenbekröntem Stock. – Hugenfeldhaus, Bezirksschule an der Bahnhofstrasse. Mittelalterl. Bau, in spätklassiz. Formen umgeb. 1859–61 durch Casp. Jos. Jeuch. Im Vestibül spätgot. Zierportale. – Haus Bahnhofstrasse Nr. 7. Barockes Madonnenfresko, rest. 1961. – Spyserhaus, Hauptwachplatz Nr. 4. Vornehm-schlichter Dixhuitième-Bau mit Architekturportal; Régencestuckdecke. – Ehem. Kapuzinerkirche, Kapuzinergasse. Erb. 1657, nach 1804 profaniert. – Ehem. Stiftsscheune, heute christkath. Kirchgemeindehaus, Propsteigasse. Breitbehäbiger Mauerbau unter Mansartdach M. 18. Jh.; Umbau und Renov. 1964–66. Steinerne got. Königsstatue aus einer Anbetungsgruppe und bemerkenswertes Martinsrelief um 1460–70. – Gottesackerkapelle, östl. der Altstadt. Einfacher Memorialbau von 1740; Renov. 1967–70. Schwungvolles Barockaltärchen, Bild signiert J. Herschi. Daneben Beinhäuschen 17. Jh.; Renov. 1967–68. – Kath. Pfarrkirche St. Josef. Erb. 1950 von Alois Moser. Hervorragende Anna-selbdritt-Statue um 1500. – Brauerei Feldschlösschen. Riesenhaftes Gebäude im Burgenstil, 1874–76. – Pavillonschule im «Robersten». Erb. 1968 von R. Frei und E. Moser, frühes vorfabriziertes System.

Museum. Fricktaler Museum, Marktgasse Nr. 12 (Ortsplan, 7). Regionalhistorische Sammlung.

MAGDEN. Christkath. Pfarrkirche St. Martin, in prächtiger Höhenlage. Nachgot. Neubau 1620, unter Wiederverwendung des mittelalterl. Käsbissenturms; Aussenrenov. 1963. Im barockisierten Innern Rokoko-Altäre aus der

Kapuzinerkirche Rheinfelden. – Christkath. Pfarrhaus. Schlichter Kubus unter Walmdach von 1740. – Ehem. Mühle, Nr. 192. Got. Giebelhaus mit Zwillings- und Staffelfenstern. – Haus Nr. 75. Madonnenfresko von 1718, rest. 1957. – *Iglingen*, an der Strasse nach Wintersingen. Kapelle St. Nikolaus. Spätgot. Bau um 1470 mit reichen Masswerkfenstern und reliefgeschmücktem Sakramentshäuschen; Renov. 1946. – Pächterhaus der Christoph-Merianschen Stiftung, gegenüber der Kapelle. Symmetrisch gegliedertes Biedermeierhaus mit rückseitiger Holzlaube.

OLSBERG. Ehem. Zisterzienserinnenkloster. Gestiftet um 1236, adeliges Damenstift 1790–1806, seit 1840 Erziehungsanstalt. – **Ehem. Stiftskirche, heute Christkath. Pfarrkirche.** Nach dem Klosterbrand von 1427 Neubau einer geräumigen, 1434 geweihten Saalkirche unter Wiederverwendung der S-Mauer der spätroman. Vorgängerin; Rest. 1968 ff. Langgestreckter, von 2lanzettigen Masswerkfenstern gegliederter Bau mit 3seitigem Chorschluss und durchlaufendem Satteldach. An der W-Seite straffe, haubenbekrönte Turmfassade von 1760–61. Das Innere, ein steiler Kastenraum, im 17.–18. Jh. barockisiert: prunkvolle, kulissenartig gestaffelte Altargruppe; reichgeschnitzter Tabernakel und Figuren um 1720 von Hans Freitag aus Rheinfelden. Eingebaute Nonnenempore über Arkaden. – *Anstaltsgebäude*, ehem. Kloster- bzw. Stiftsgebäude, südl. der Kirche. Mittelalterl. Anlage, im 17. Jh. teilweise erneuert; Aussenrest. 1966–67. Schlichter Dreiflügelbau unter ringsumlaufender, abgewalmter Bedachung; quadratischer Innenhof. Kreuzgang unter wappengeschmückten Rippengewölben von 1572. Refektorium 1684. – Scheune, Nr. 8, westl. der Anstalt. Gemauerter Giebelbau 18. Jh.

***KAISERAUGST.** Ehem. röm. **Castrum rauracense,** vermutlich unter Diocletian um 300 n. Chr. als Nachfolgesiedlung der Römerstadt Augusta Rauracorum (Baselaugst, s. Band 2) errichtet; trapezförmiger Grundriss von ca. 36000 m² Fläche. Wichtige Grabungsstätte. Grössere Partien der Kastellmauer seit 1951 freigelegt und konserviert. – **Christkath. Pfarrkirche St. Gallus.** Unter der heutigen Anlage wesentlich grössere frühchristliche Bischofskirche mit mächtiger halbrunder Apside und seitlichen Annexen; nördl. davon Baptisterium E. 4. Jh.; Grundmauern 1964–65 freigelegt und konserviert. Der heutige Bau ist eine barock ausgestattete Saalkirche von 1749 mit got. Rechteckchor und spätroman. Turm. Im Chor spätgotischer Freskenzyklus mit Szenen aus dem Marienleben und der Galluslegende um 1460 aus dem Umkreis des Konrad Witz; freigelegt 1960–61. – Gasthaus Adler. Empiretavernenschild A. 19. Jh.

KANTON APPENZELL

Der Name Appenzell (1071 Abbacella) bezeichnete ursprünglich die Ortschaft mit dem äbtischen Meierhof und der Pfarrkirche an der Sitter, erst seit dem Ende des 14. Jh. das heutige Kantonsgebiet. Durch Funde von Steinwerkzeugen in der Wildkirchlihöhle ist das erste Auftreten des Menschen während der letzten Eiszeit (um 30 000 v. Chr.) erwiesen. Die übrigen vorgeschichtlichen Perioden haben sozusagen keine Funde hinterlassen. Erst im 7. Jh. n. Chr. setzte die Besiedelung des Appenzellerlandes ein, zunächst durch freie Alemannen im Hinterland, dann durch Gotteshausleute des Klosters St. Gallen, welches durch die Schenkung Waltrams um 719 in den Besitz des Arboner Forstes kam. Unter Friedrich Barbarossa gelangte die Vogtei über den st.-gallischen Klosterbesitz im 12. Jh. ans Reich. Ansätze zu genossenschaftlicher Bauernfreiheit finden sich schon kurz nach 1200 in der von Abt Ulrich VI von Sax nach Vorbildern im Bleniotal und in der Leventina geschaffenen Einteilung des Amtes Appenzell in Rhoden (Steuerbezirke und militärische Einheiten). Der Gegensatz der bäuerlichen Freiheitsbewegung und der äbtischen Restaurationspolitik Kunos von Stoffeln (1379–1411) führte zum Zusammenschluss der kleinen Gemeinwesen zum Land Appenzell 1378 und zur bewaffneten Auseinandersetzung in den Appenzeller Freiheitskriegen (Schlachten von Vögelinsegg 1403 und Stoss 1405). Seit 1403 mit Schwyz, seit 1411 mit sieben Orten ausser Bern verbündet, vermochte Appenzell 1452 eine Verbesserung des Bündnisses und 1513 die Aufnahme als dreizehnter Ort der Alten Eidgenossenschaft zu erreichen. Mittelalterliche Denkmäler sind nur in Appenzell, Herisau, Hundwil, Urnäsch, Trogen und Wonnenstein erhalten. Die meisten Pfarreien lösten sich erst im Lauf des 15. Jh. von den st.-gallischen Mutterpfarreien ab. Die spätmittelalterlichen Kirchen wurden grösstenteils durch Neubauten des 17. und 18. Jh. ersetzt.

In der Reformation blieben die sechs innern Rhoden beim alten Glauben, die sechs äusseren nahmen die evangelische Lehre an. Die Verschärfung der konfessionellen Gegensätze führte 1597 zur Landteilung in das katholische Innerrhoden mit dem alten Hauptort Appenzell und in das protestantische Ausserrhoden, wo die Landsgemeinde abwechslungsweise in Hundwil und Trogen tagt und Herisau das Verwaltungszentrum wurde. Der Aufschwung der Handweberei in Ausserrhoden seit dem 17. Jh. führte zu steigendem Wohlstand, von welchem stattliche Bürgerhäuser mit malerischen Giebeln und repräsentative Steinbauten rivalisierender Patriziergeschlechter zeugen. Im vorherrschend bäuerlich gebliebenen Innerrhoden äusserte sich barocke Baufreudigkeit in der Errichtung neuer Pfarrkirchen, Klöster und Kapellen. 1559 und 1560 vernichteten Feuersbrünste die beiden grössten Dörfer Herisau und Appenzell. Beim Wiederaufbau entstanden einige bedeutende Profanbauten in Renaissanceformen, aber spätgotischer Struktur.

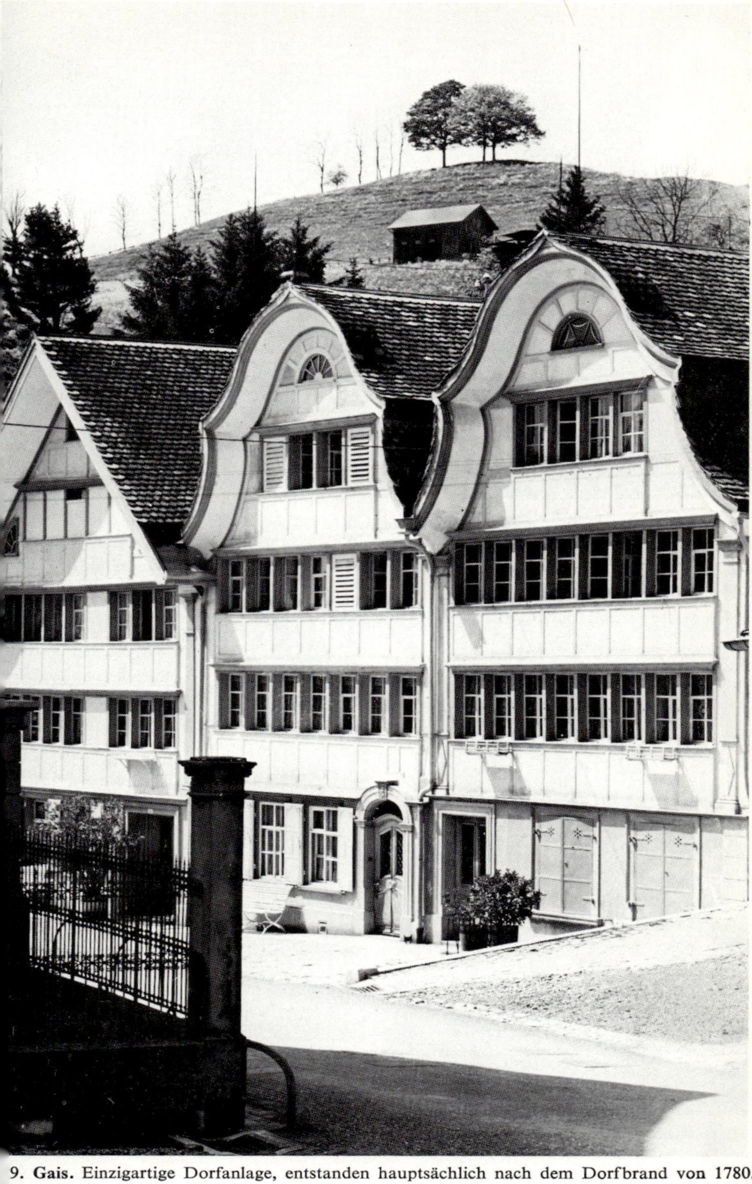

9. **Gais.** Einzigartige Dorfanlage, entstanden hauptsächlich nach dem Dorfbrand von 1780. 'ypische Appenzellerhäuser mit Satteldächern und geschweiften Giebeln (111)

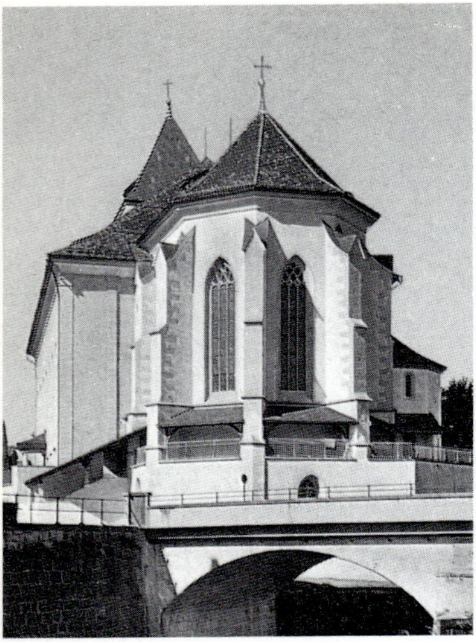

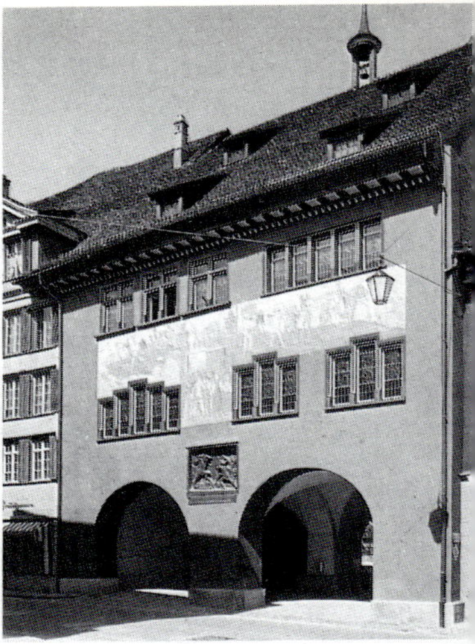

30. **Appenzell.** Kath. Pfarrkirche St. Mauritius. Chor mit gedecktem Umgang und Turm un
1513, Langhaus 1823 von Enoch Breitenmoser. Im Vordergrund Sitterbrücke (107f.)

31. **Appenzell.** Rathaus. Erb. 1561–63 von Hans Bilchenfelder. Relief: Denkmal für Uli Rotac
von Valentin Mettler 1905, Fresken von August Schmid 1928 (108)

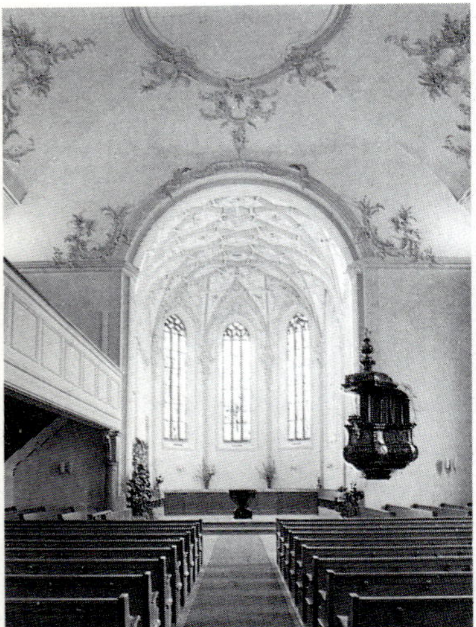

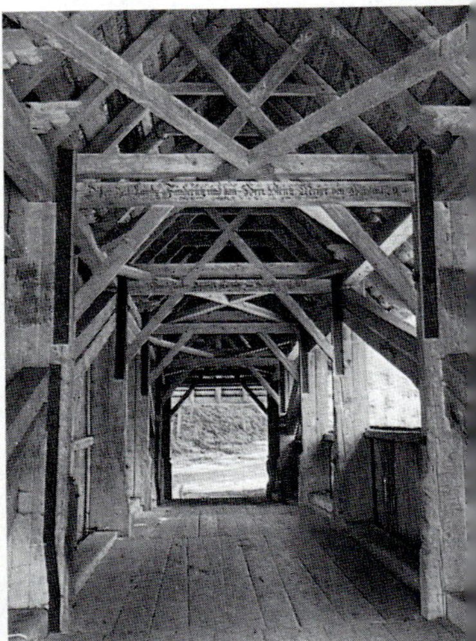

32. **Herisau.** Ref. Kirche St. Laurentius. Spätgot. Landkirche erb. 1516–20 von Lorenz Rede
Spätgot. Langhaus, neu gewölbt, ausstuckiert und Kanzel 1782 von Andreas Mosbrugger (10

33. **Weiler Schwänberg bei Herisau.** Gedeckte Holzbrücke über das Wyssenbachtobel. Er
1782 nach Inschrift von Johann Knellwolf (106)

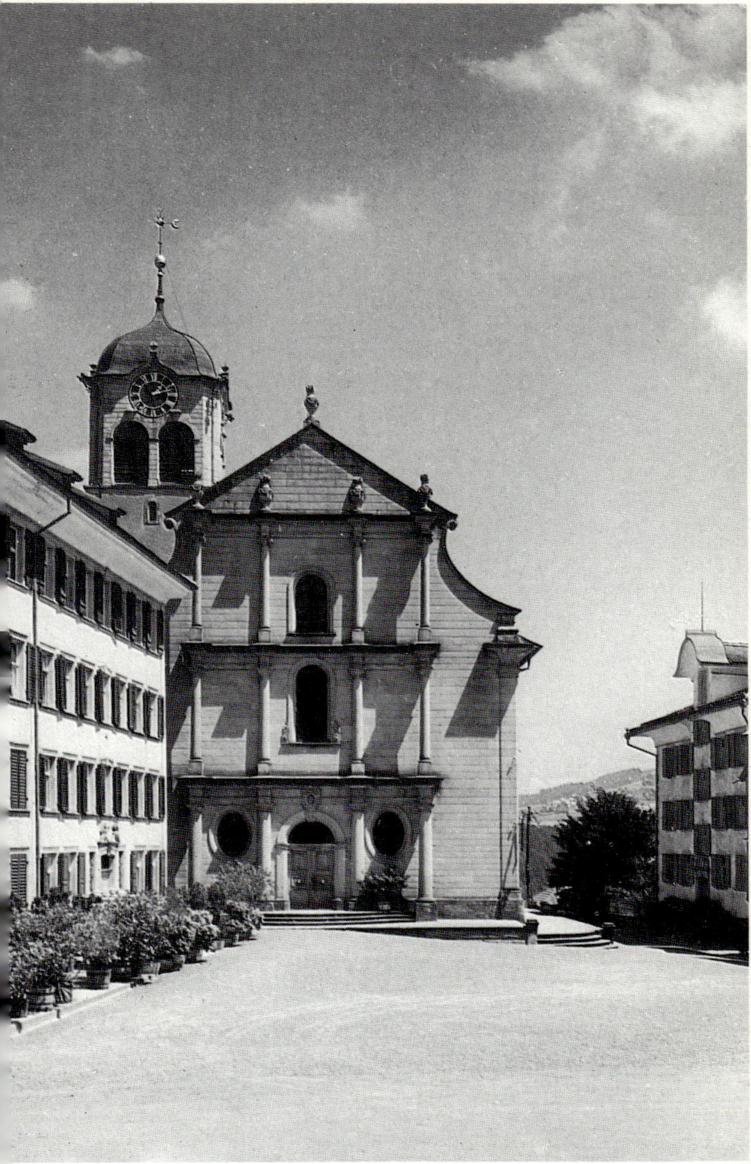

4. **Trogen.** Dorf- und Landsgemeindeplatz mit ref. Pfarrkirche. Letztere erb. 1779–81 von ohann Ulrich Grubenmann, klassiz. Turm mit welscher Haube (112)

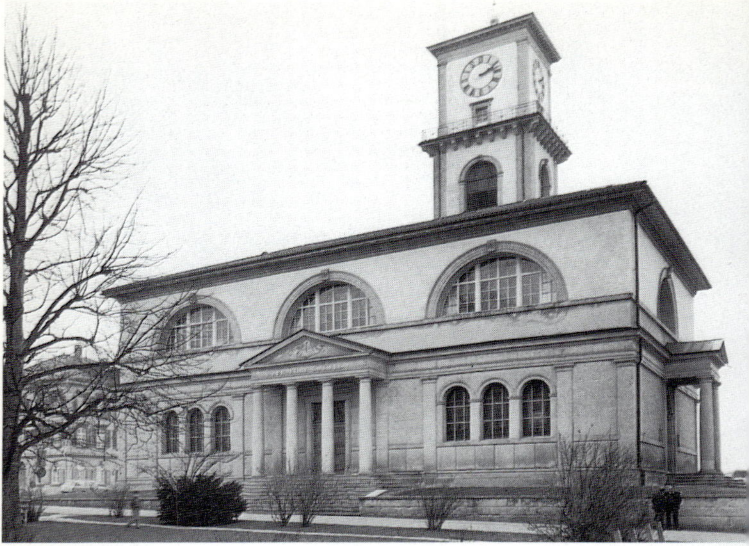

35. **Heiden.** Ref. Kirche. Erb. 1839–40 von Felix Wilhelm Kubly. Nach Brand Wiederaufba
1937–38. Rechteckbau, mit Säulenportikus und Turm in der Mittelachse der Rückseite (113

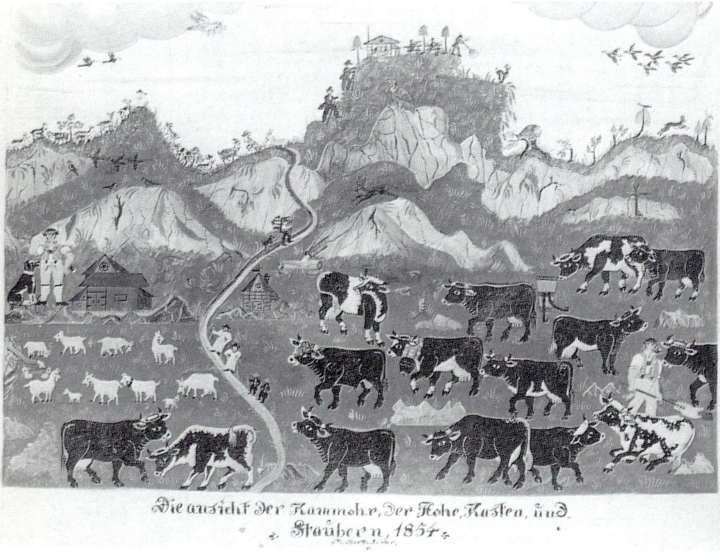

36. **Bartholomäus Lämmler** (1809–65). «Viehweide unter Kamor, Hohem Kasten und Staubern
(1854), ein charakteristisches Beispiel der Appenzeller Bauernmalerei (Kunstmuseum St. Galler

HERISAU–APPENZELL–TEUFEN

HERISAU. Ref. Kirche St. Laurentius (Abb. 32). Erstmals genannt 907, früheste Kirchengründung und bedeutendstes Baudenkmal des Kantons. Als typische spätgot. Landkirche neuerb. 1516–20 vom Konstanzer Münsterbaumeister Lorenz Reder. Turmschaft bis zur Glockenstube 14.Jh., die vermauerten Schallfenster wahrscheinlich nach dem Brand von 1559. Auf-

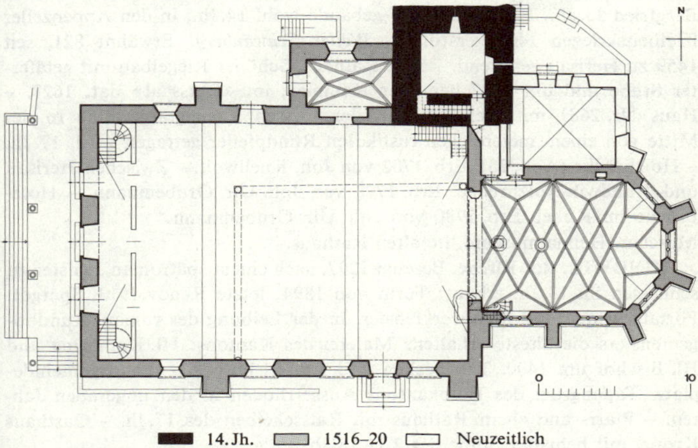

Herisau. Ref. Kirche St. Laurentius

bau der heutigen Glockenstube und des Turmhelms 1741 durch Johannes Grubenmann, wobei für den Helm das Material des bisherigen von 1606 teilweise wiederverwendet wurde. Grosse Glocke 1756 von Franz A. Grieshaber, 1807 aus Salmansweiler übernommen. Spätgot. Langhaus, neu gewölbt und mit Rokokostukkaturen prächtig geschmückt 1782 durch Andreas Mosbrugger; von demselben die Kanzel und die blühenden Rocailledekorationen des eingezogenen Polygonalchores, welche auf höchst originelle Art mit dem spätgot. Netzgewölbe kombiniert sind. Eine von 2 Türen dat. 1518; spätgot. Wandtabernakel. An der N-Seite eine spätgot. Seitenkapelle, sog. «Schwätzchörli», jetzt Taufkapelle. Im Chor und in der Taufkapelle Glasgemälde von Köbi Lämmler, anlässlich der Restauration 1959–60. – Kath. Kirche St. Peter und Paul. Erb. 1937 von Wilhelm Meyer. Apsisgemälde 1939–40 von Augustin Bächtiger. – Schöne Bürgerhäuser, vornehmlich des 18.Jh., mit Treppentürmen, Mansartdächern und geschweiften Frontgiebeln. Kirchplatz Nrn. 1–2, Doppelhaus Walser. Erb. 1779; Nr. 6, Zur Rose; Nr. 12, Haus Wetter, beide 1737 erbaut und mit Régencestukkaturen ausgestattet; Postgasse Nr. 5, Zum Baumgarten. – Malerische Gruppe appenzellischer Holzhäuser, z.T. mit geschweiften Giebeln, vor allem in der Schmiedgasse, im Spittel und in der Bachstrasse. –

Ehem. Zeughaus. Erb. 1836 von J.K. Bischofberger nach Plänen von Felix Wilh. Kubly. – Altes Realschulhaus. Schöner spätklassiz. Bau, 1867–68 von D. Oertle. – Regierungsgebäude. Erb. 1912–14. Im Kantonsratssaal lükkenlose Porträtreihe der Landammänner seit 1597; Wappenscheiben des 16. und 17. Jh. – Altes Rathaus. Erb. 1827; jetzt Heimatmuseum. – Burgruine Rosenberg, nördl. Herisau. Wohl im 13. Jh. erbaut, in den Appenzeller Freiheitskriegen 1403 zerstört. – Burgruine Rosenburg, westl. Herisau. Bergfried 13. Jh., Hofmauer und -gebäude wohl 14. Jh., in den Appenzeller Freiheitskriegen 1403 zerstört. – *Weiler Schwänberg*. Erwähnt 821, seit 1459 zu Herisau gehörend. – Sog. Rathaus. Schöner Riegelbau mit getäferter Stube und um 1682 bemalter Kammer; im «Ratssaal» dat. 1627. – Haus Nr. 2681 mit 2schiffigem Keller, dessen Kreuzgratgewölbe in der Mitte von einem meterdicken rustikalen Rundpfeiler getragen wird, 17. Jh. – Holzbrücke (Abb. 33). Erb. 1782 von Joh. Knellwolf. – Zwischen Herisau und Hundwil Holzbrücke. Erb. 1778 von Joh. Ulr. Grubenmann. – Holzbrücke im Kubel. Erb. 1780 von Joh. Ulr. Grubenmann.

Museum. Heimatmuseum, im alten Rathaus.

HUNDWIL. Ref. Kirche. Bezeugt 1297, nach einem spätroman. Fenster zu schliessen im 13. Jh. erbaut; Turm von 1894; letzte Renov. 1913. Spätgot. Portalgewände und Masswerkfenster. In der Leibung des roman. Rundbogenfensters die älteste erhaltene Malerei des Kantons: Hl. Katharina und Hl. Bischof um 1400. Taufbecken und Kanzel barock. – Landsgemeindeplatz. Tagungsort des Halbkantons Ausserrhoden in den ungeraden Jahren. – Pfarr- und ehem. Rathaus mit Ratsscheiben des 17. Jh. – Gasthaus Krone, mit bemalter Stube der 2. H. 18. Jh.

STEIN. Ref. Kirche. Erb. 1749 von Joh. Jak. und Hans Ulr. Grubenmann; Renov. 1832 durch Enoch Breitenmoser, 1938 und 1969. Charakteristisch für den Architekten die gotisierende Gestalt des Turmhelms und des eingezogenen 3seitig geschlossenen Chors. Klassiz. Seitenportale 1832, Stukkaturen, Kanzel und Taufstein aus Stuckmarmor 1832–33 von Gebhard Mosbrugger. – Gedeckte Holzbrücke in Zweibruggen, 1787 von H. J. Altherr erbaut. – Kleinere Brücke älter.

WALDSTATT. Ref. Kirche. Erb. 1720. Turmerhöhung und fast vollständiger Neubau der Kirche 1874. Verlängerung nach W und Neuausstattung 1934–35. – Pfarrhaus. Erb. 1720; letzte Renov. 1959–60. – Dorfbrunnen. Grosses quadratisches Becken 1965 von Otto Rausch; Reliefs mit Motiven aus dem Dorfleben.

SCHWELLBRUNN. Ref. Kirche. Erb. 1648; vergrössert und neu ausgestattet 1877. – Reizendes, im Anschluss an den Kirchenbau entstandenes Strassendorf des 17.–18. Jh. mit Fabrikantenhäusern von 1780–1800. In den weitzerstreuten Aussenbezirken z.T. prächtige Bauernhäuser des 17. und 18. Jh. (Brisig, Dietenberg, Hintere und Vordere Au, Vorder Sonder).

SCHÖNENGRUND. Ref. Kirche. Erb. 1720 von Maurermeister Laurenz Koller von Teufen und Zimmermeister David Jäger von Urnäsch; barokker Taufstein dat. 1720 von Laurenz Koller. Letzte Innenrenov. 1909, letzte Aussenrenov. 1956.

URNÄSCH. Ref. Kirche. Erb. kurz vor 1417. Wiederherstellung nach dem Dorfbrand vom 19. Dezember 1641 mit noch jetzt bestehendem, interessantem Dachstuhl von Matthäus Brül. Gestaltung des Äussern 1867–68, des Innern 1941–42. Turmerhöhung mit neuem Glockengeschoss und Helm 1866–67. Der schlichte Bau säumt zusammen mit schmucken getäferten Strickhäusern des 17.–18. Jh. den rechteckigen *Dorfplatz.* – Im Gemeinderatssaal Fahne mit Appenzeller Bär und St. Philippus A. 15. Jh., vermutlich Urnäscher Rhodsfahne.

JAKOBSBAD. Kapuzinerinnenkloster Leiden Christi, gestiftet 1851. In der Kirche barocke Pietà des 17. Jh., Kreuzweg 1931 von Joh. Hugentobler.

GONTEN. Kath. Kirche St. Verena, neugot. erb. 1863; Renov. 1971–72. Barockes Gnadenbild Maria Trost M. 17. Jh. In der Sakristei wertvolles Prozessionskreuz von 1595, mit Kruzifix um 1320.

***APPENZELL** (Abb. 30, 31, 36). *Eigenartige, z. T. bunt bemalte Holzhäuser verleihen dem ländlichsten der Kantonshauptorte einen heiteren Charakter.* Die Dorfanlage im wesentlichen nach dem Brand von 1560 entstanden.

Kath. Pfarrkirche St. Mauritius* (Ortsplan, 1; Abb. 30). Stattliche Landkirche, steil über dem Ufer der Sitter. Erster Kirchenbau 1068 unter Abt Norpert von St. Gallen. Turm, Chor und Krypta um 1513, teilweise nach Brand von 1560. Langhaus 1823 von Enoch Breitenmoser; Rest. 1970–71. Der massige Turm mit Zeltdach asymmetrisch zur Kirchenachse an der W-Front; gewölbter Durchgang und Schallfenster 16. Jh., Wandbild des Landespatrons St. Mauritius 1925 von Joh. Hugentobler. Breites Schiff unter Walmdach, Vorzeichen mit toskanischen Säulen, 4 Portale. Der eingezogene Polygonalchor mit abgetreppten Strebepfeilern ist auf hohem Unterbau um einen gedeckten Umgang zurückgesetzt. Im Unterbau die von aussen zugängliche Krypta. – *Inneres.* Klassiz. Langhaus mit Doppelempore, durch Rundbogenfenster und Pilaster in rascher Folge gegliedert; neubarocke Deckengemälde 1891 von Franz Vettiger. Zu beiden Seiten des spätgot. Chorbogens Gruppen der von den Appenzellern eroberten Banner, Wandbilder an Stelle der einst hier als Trophäen aufgehängten Originale. Im abgewinkelten spätgot. Chor Masswerkfenster und Netzgewölbe mit figürlichen Schlusssteinen. Wand- und Gewölbemalereien des 16. (Casp. Hagenbuch d. J.), 17. (Moritz Girtanner) und 18. Jh. (Carl Ant. Eugster), u. a. Pestbild mit Dorfansicht. Reichgeschnitzter manieristischer Hochaltar in der Art der Zürn 1622 von Bartholomäus Cades, Altarblätter von Dietrich Meuss, Tabernakel um 1770. Spätgot. Wandtabernakel; Ewig-Licht-Ampel im Stil Louis XVI; neugot. Chorgestühl mit guter Schnitzarbeit 1907. Im Schiff Seitenaltäre mit Bildern von Severin Benz 1891; klassiz. Kanzel sowie Taufstein und Beichtstühle 1823. – *Sakristei.* Monstranz von Michael Brendlin um 1650–60, Übergang von der Turm- zur Strahlenform; Ziborium von Hans Rothpletz 1648; Augsburger Rauchfass um 1605–10; einige gute Barockkelche. – *Krypta.* Zweischiffiger spätgot. Raum mit glatten Achteckpfeilern. Kreuzrippengewölbe über Maskenkonsolen. Hölzerne Empore nach Original von 1521 kopiert. Kreuzigungsgruppe von Joh. Ryssi, Kruzifix 1580, Maria und Johannes 1608. Altarkreuz mit Röhren-

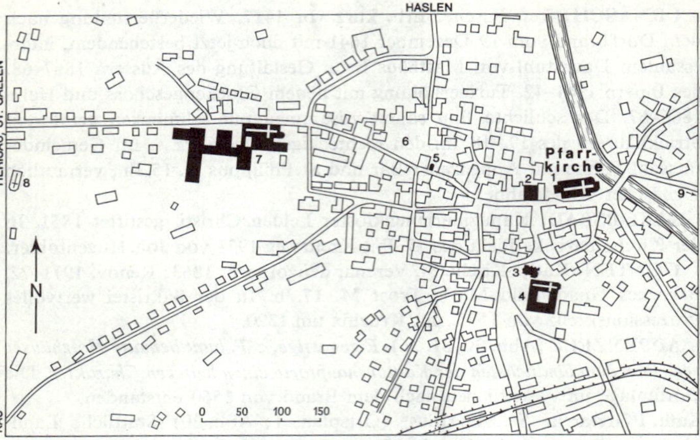

Ortsplan Appenzell

1. Kath. Pfarrkirche St. Mauritius. – 2. Rathaus. – 3. Sog. Schloss. – 4. Kapuzinerinnenkloster Maria der Engel. – 5. Kreuzkapelle. – 6. Landsgemeindeplatz. – 7. Kapuzinerkloster Mariä Lichtmess. – 8. Kapelle St. Antonius in Rinkenbach. – 9. Bleiche

balken E. 15. Jh. Glasgemälde mit den Kapellenpatronen St. Eligius und Stephan, anlässlich der Renov. 1953 von Joh. Hugentobler. – *Hauptgasse*. Malerische Holzbauten über steinernem Erdgeschoss mit mehrfach geschweiften bzw. gebrochenen Giebeln und bemalten Fassaden, entstanden nach dem Dorfbrand 1560, später mehrfach umgebaut. Beachtenswert u.a. an der S-Seite die Häuser «Kreuz» (Nr. 242) und «Raben» (Nr. 238); an der N-Seite die Häuser Nrn. 223–228, an der Drogerie Dobler Fassadenmalerei von Joh. Hugentobler 1932. Mehrere hübsche Empirewirtshausschilder. – **Rathaus*** (Ortsplan, 2; Abb. 31). Nach Dorfbrand neuerb. 1561–63 von Hans Bilchenfelder; Innenrenov. 1960. Noch spätgot. Bau mit durchgehender Bogenlaube, Staffelfenstern, steilem Satteldach und Dachreiter. An der Fassade Denkmal für Uli Rotach, den Helden in der Schlacht am Stoss (1405), von Valentin Mettler 1905. Fassadenfresken von Aug. Schmid 1928, darstellend Auszug der Appenzeller und Heimkehr vom Sieg am Stoss, Landsgemeinde. Im Treppenhaus ein Tafelgemälde der Schlacht am Stoss 1570 von Caspar Hagenbuch d. J.; Landammännerporträts des 16.–18. Jh. In beiden Ratssälen bedeutende Wandgemäldezyklen mit allegorischen und biblischen Darstellungen von Caspar Hagenbuch d. J. 1567. Im kleinen Ratssaal 22 Standesscheiben, gestiftet anlässlich des Kantonsjubiläums 1963, ferner 2 Landsgemeindeschwerter des 16. Jh. mit Rokokoverzierungen von 1760 an Parierstangen und Griffen. Im grossen Ratssaal Spätrenaissancetäfer, Wappenrad 1650, Kabinettscheiben des 16.–17. Jh. In den oberen Stockwerken Sammlung des Hist. Vereins. – Landeskanzlei.

Erb. 1914 von Adolf Gaudy; neuer Flügel 1954 von Hans Burkard. Im Landesarchiv ältestes Missale der Pfarrkirche, 12. Jh., mit Buchschmuck aus dem Umkreis der Hirsauer Reform; Taufbuch 1570 mit Titelminiatur von Caspar Hagenbuch d. J., silbernes Landbuch 1586 mit Miniaturen von Jak. Girtanner; 5 silberne Pokale 16.–17. Jh. – *Kreuzkapelle* (Ortsplan, 5). Neubau 1561, geweiht 1590, Portal 1787. Glasgemäldezyklus von Ferd. Gehr, anlässlich der Renov. 1963–65. – Hof, Nrn. 140–143. Stattliche Patrizierhäuser vom E. 16. Jh., an Stelle des ehem. äbtischen Meierhofs; Nr. 142 mit Wandmalereifragmenten von Caspar Hagenbuch d. J. um 1570; an Nr. 143 frühbarockes Portal von 1668. – **Landsgemeindeplatz** (Ortsplan, 6). Ehem. Tagungsort des ganzen Landes, seit 1597 des Halbkantons Innerrhoden. Grosszügige Platzanlage um alte Gerichtslinde, in eigenwilligem Wechsel von hohen und niederen Bauten unregelmässig begrenzt. – Ref. Kirche. Erb. 1908–09 durch La Roche und Stähelin. – Haus Ebneter-Kölbener, Nr. 183. Klassiz. Erweiterung eines spätgot. Kerns. Im Erdgeschoss Saal mit vorzüglich erhaltenen Wandmalereien (8 Tugenden) um 1580 von Caspar Hagenbuch d. J. – **Kapuzinerkloster Mariä Lichtmess**, am W-Rand des Ortes (Ortsplan, 7). Gegründet 1586–87; Neubau der Kirche 1688, das Kloster neuerb. 1925 von Hans Burkard. In der Kirche frühbarocke Knorpelstilaltäre. Am Hochaltar hervorragendes Bild der Kreuzabnahme 1605 vom Mailänder Manieristen Giulio C. Proccaccini. Rechter Seitenaltar, gutes italienisches Bild um 1610–20, Madonna mit Franziskus und Karl Borromeo; linker Seitenaltar, Mariä Lichtmess, 1935 von Joh. Hugentobler. Kreuzweg 1935 von Karl Glauner. Im innern Chor Retabel im Rollwerk- und Beschlagwerkstil um 1605. Bild des Hl. Laurentius von Brindisi 1783 von Joh. Melchior Wyrsch. Sakristei: Monstranz von Jos. Gassmann 1744–78; Ziborium von Fidel F. Ramsperg, vor 1688. – Kollegium St. Antonius. Erb. 1907–08 von Aug. Hardegger, zuletzt erweitert 1958–60. In der Studentenkapelle Altarwandgemälde von Jost Blöchliger. – **Sog. Schloss**, südl. der Hauptgasse (Ortsplan, 3). Erb. 1563–70 für den Arzt Antoni Löw. Repräsentatives Patrizierhaus mit Kreuzgiebel, rundem Treppenturm und toskanischer Säulenhalle; Struktur spätgot., Detailformen Renaissance. – **Kapuzinerinnenkloster Maria der Engel** (Ortsplan, 4). Kirche erb. 1618–22 durch die Misoxer Meister Giovanni «Altern» und Andrea Toscano; Rest. 1966–67. Schlichter Spätrenaissancebau unter durchlaufendem First, mit originellem rundem Dachreiter. Spätestgot. Tür- und Fenstergewände von Caspar Gruber 1619. Schiff und erhöhter Chor mit kassettierter Tonne. Dekorative Malereien an der Stirnwand des Chores 1620. Frühbarocker Kruzifix aus dem Zürn-Kreis um 1620–30; Holzstatue St. Martin um 1500, Schule des Jakob Russ. Ehemaliges Hochaltarbild Mariä Himmelfahrt von Dietrich Meuss 1619. In der Sakristei Monstranz und Messkännchen mit Platte 1. H. 18. Jh. von Joh. Michael II Ernst. Die Klostergebäude erb. 1679–82 von Jost Mosbrugger und Christ. Zünd nach Modell des Pater Marquard Imfeld. – Kapelle St. Antonius in Rinkenbach (Ortsplan, 8). Erb. 1661; frühbarocker Hochaltar 1666, Kanzel von 1673 im Knorpelstil, Seitenaltäre 18. Jh. – *Nördl. Appenzell.* In Mettlen Holzbrücke über die Sitter um 1766. – Kapelle St. Karl auf der Steig. Erb. 1620, mit kielbogigen Fenstern. An der gewalmten Kassettendecke Gemälde der Rosenkranzgeheimnisse 1590, der Dreifaltigkeit 18. Jh. An der Rückwand grosses Tafelbild 1625, Szenen aus dem Leben des Hl. Karl Borromeo. – Bildstock St. Verena. Holztafel mit Katharina von Alexandrien und Johannes d. T. um 1590 von Jak. Girtanner. – In Lank 2 gedeckte Holzbrücken von 1844. – Haus Antonelis. Vermutlich befestigter Hof der Meier von Appenzell, 13. Jh. – Burgruine Clanx. Vor 1219 erbaut unter Abt Ulrich VI von St. Gallen aus dem Geschlecht der Freiherren von Sax-Misox. Endgültig zerstört 1402; Ausgrabung 1949. – *Nordöstl. Appenzell.* Lourdeskapelle. Als Leprosenkapelle St. Martin geweiht 1612. – Krankenhaus. In der Kapelle Glasmalerei 1962 von Ferd. Gehr. – Bleiche (Ortsplan, 9). Erb. im 16. Jh. als Wohnhaus des Bleichermeisters der appenzellischen Leinwandgesellschaft; Fassadenmalereien von 1804. – *Südöstl. von Appenzell.* Kapelle St. Anna, bei der Haggenbrücke. Erb. im 17. Jh.; Portal 1767, wohl gleichzeitig das Rokoko-Altärchen. – Wegkapelle Franziska Romana auf dem Rechbühl. Erb. im 17. Jh.; Renov. 1872. Altärchen mit Antependium 1766. Alabasterstatuette Madonna mit Kind, Kopie der Madonna von Trapani; 2 spätgot. Apostelbüsten. – Kapelle Maria in Sonnenhalb. Gestiftet 1796, Neubau 1861. In Nische über dem Vorzeichen sitzender Christus aus einer Krönung Mariä, spätgot. Plastik um 1500. Altar in ländlich verspätetem Barock mit got. Pietà um 1400, gute Plastik des weichen Stils, ehem. in der Kreuzkapelle.

Museum. Sammlung des Historischen Vereins, im Rathaus (s. S. 108).

STEINEGG. Kapelle St. Magdalena. Geweiht 1590, eigenwillig umgestaltet 1946 von Joh. Hugentobler.

BRÜLISAU. Kath. Pfarrkirche St. Sebastian. Kapelle erwähnt 1478; Neubau von Klemens Steiner 1879. Prozessionskreuz um 1500. – Plattenbödeli, Bergkapelle Mariä Heimsuchung. Erb. 1939 von Joh. Hugentobler.

SCHWENDE. Kath. Pfarrkirche St. Martin. An Stelle einer Kapelle, die 1623 auf der Burgstelle Schwende (angeblich Rachenstein) errichtet wurde. Neubau 1928–29 von Adolf Gaudy. In die Landschaft gut eingefügte Kirche in Verbindung von neubarocken und jugendstilhaften Formen. Fenster von Aug. Wanner aus der Bauzeit. Prozessionskreuz um 1500 mit Reliefs um 1320. – Wegkapelle Hinteres Bild. An Stelle der spätgot. Allerheiligenkapelle neuerb. 1838. Ländliche Kreuzigungsgruppe um 1440; spätgot. Plastik St. Anna selbdritt um 1520. – Wallfahrtskapelle Unsere Liebe Frau im Ahorn. Erb. 1937 von Joh. Hugentobler. Das Gnadenbild eine bäuerliche Arbeit wahrscheinlich aus dem 17. Jh.

WILDKIRCHLI. Sagenumwobene Felsenhöhlen mit Einsiedelei, in pittoresker Lage in der Äscherwand. *Eine der ältesten Siedlungsstätten der Schweiz.* Prähist. Funde aus der Altsteinzeit. Die Einsiedelei gegr. 1658, eingegangen 1853. Eremitenhäuschen (heute Gasthaus), in der Altarhöhle ein Rokokoretabel aus der 2. H. 18. Jh., Glockentürmchen 19. Jh. In der Romantik ein vielbesuchter und -besungener Ort, 1854 von Jos. Viktor v. Scheffel einige Tage bewohnt.

MEGLISALP. Bergkapelle. Erb. 1904–05 von Aug. Hardegger.

EGGERSTANDEN. Kath. Filialkirche St. Joseph. Neubau 1902 von Aug. Hardegger abgerissen 1971. Madonna am linken Seitenaltar M. 17. Jh.

SCHLATT. Kath. Filialkirche St. Joseph. Neubarocker Bau 1911 von Aug. Hardegger. Kanzel mit Evangelistenbildern 18. Jh.

HASLEN. Kath. Pfarrkirche Maria Hilf. Neubau in neuroman. Formen 1901 von Aug. Hardegger. Gnadenbild Maria Hilf um 1650, Kopie der Passauer Madonna. Monstranz um 1720–30; Prozessionskreuz um 1650–80. – Pfarrhaus. Einige Barockstatuen aus der früheren Kirche von 1649.

***GAIS** (Abb. 29). *Einzigartige Dorfanlage von repräsentativen Steinbauten und Reihen typischer Appenzeller Holzhäuser mit z.T. reizvoll geschwungenen Giebeln.* Entstanden hauptsächlich nach dem Dorfbrand von 1780, wohl unter Mitwirkung des Gaiser Baumeisters Conr. Joh. Langenegger.
Ref. Kirche. Erb. 1781–82 gemäss Vertrag mit Hans Jak. Haltiner, durch seinen Sohn Hans Ulrich (Initialen im Chorscheitel). Stukkaturen; Kanzel 1782 von Isaak Hug, Frauenfeld. – Pfarrhaus. Erb. 1781–82 von Joh. Klee, Speicher. – Ehem. Gasthaus Ochsen. Erb. nach 1796 vielleicht von Conr. Joh. Langenegger; mit Haubenturm. – **Haus des Ratsherrn Gruber,** jetzt Brenner. Dat. 1783, Conr. Joh. Langenegger zugeschrieben. Prächtiger freistehender Bau mit geschweiftem Mansartdach und hohem geschwungenem Fassadengiebel über dem Mittelfeld; die beiden Obergeschosse durch Riesenpilaster gegliedert.

STOSS. Schlachtkapelle. Zur Erinnerung an den Sieg der Appenzeller 1405 über ein österreichisches Heer. Erb. im 15. Jh.; für Gottesdienste im Freien zu einer offenen Kapelle umgestaltet 1955 von Joh. Hugentobler. Von demselben das Mosaik des Hl. Mauritius.

BÜHLER. Ref. Kirche. Erb. 1723 von Lorenz Koller und Jak. Grubenmann. Der Turm neugeb. 1828; S-Portal und Chorbogen von 1813. Anlässlich der Renovation von 1953 neue Orgel und Kanzel. – Hauptstrasse Nrn. 40–41: Bürgerhäuser; erb. im 18. Jh., mit schmiedeisernen Gittern. – Nr. 142: Türmlihaus; erb. 1780–90. – Ehem. Rathaus von Trogen. Erbaut 1598; nach Bühler versetzt 1842.

TEUFEN. Ref. Kirche. Neuerbaut 1776–78 von Joh. Ulr. Grubenmann. Rokokostukkaturen 1777, Peter Ant. Mosbrugger zugeschrieben; Innenrenov. 1959–60. – **Pfarrhaus.** Das schöne Appenzeller Holzhaus erbaut im 18. Jh. als Wohnsitz des Baumeisters und Brückenbauers Joh. Ulr. Grubenmann (1709–83). – Gemeindehaus 1837–38, daneben Schulhaus 1837–40 nach Plänen von Felix Wilh. Kubly erbaut. – Zahlreiche ehem. Fabrikantenhäuser, u. a. Nrn. 168 und 169. Aneinandergebaute Strickhäuser mit Mansartgiebeldächern und durch ionische Pilaster gegliedertem Fronttäfer, Hans Ulr. Grubenmann zugeschrieben. – Haus Nr. 220. Gestrickt und getäfert, mit Walmdach und dreieckigen Quergiebeln an Front und Rückseite. In dem eleganten Rokoko- bzw. Louis-XVI-Portal Datum 1796. – Nr. 242. Erb. 1782 mit 2 doppelt geschweiften Quergiebeln an der Front. – Im W Kloster Wonnenstein, Kapuzinerinnenkloster Mariä Rosengarten. Als Beginenhaus gegr. vor 1379; Annahme der Kapuzinerinnenreform um 1590. Neubau des Klosters und der Kirche 1687. Anlässlich der Renov. 1929

Kirchenraum stark verändert, ebenfalls die einem Mosbrugger zugeschriebenen Rokokostukkaturen. Altäre von 1902, unter Verwendung frühbarokker Teile. Klassiz. Emporengitter. Spätgot. Pietà. Kirchenschatz mit guten barocken Stücken, teilweise aus dem Kloster Fischingen.

TROGEN–HEIDEN

SPEICHER. Ref. Kirche. Neuerb. 1808–10 von Conr. Joh. Langenegger, angeblich nach Entwurf von Joh. C. Tobler. Unter Walmdach ein quergestellter klassiz. Rechteckbau mit abgeschrägten Ecken; an der rückseitigen Mittelachse ein Haubenturm. – Haus zum Anker, Nr. 194. Erb. 1808 von Conr. Joh. Langenegger; kielbogiger Frontgiebel. – Haus Zürcher, Nr. 61. Erb. 1747, mit Régenceportal.

VÖGELINSEGG. Schlachtdenkmal. Errichtet 1903 zur Erinnerung an den Sieg der Appenzeller über ein äbtisch-sanktgallisches Heer 1403.

***TROGEN** (Abb. 34). **Dorf- und Landsgemeindeplatz*.** *Einzigartig durch das Zusammenwirken von herrschaftlichen Steinbauten mit typisch appenzellischen Holzhäusern und der frühklassiz. Kirchenfassade mit Turm.* Der ehemalige Hauptort von Ausserrhoden verdankt sein herrschaftliches Gepräge der Familiendynastie der Zellweger, die vom 17.–19. Jh. dem Lande in den höchsten Ämtern dienten und vorab im 18. Jh. durch weltweiten Leinwandhandel die materielle Voraussetzung zu ihrer ungewöhnlichen Bautätigkeit schufen. – **Ref. Pfarrkirche.** Neuerbaut 1779–81 von Joh. Ulr. Grubenmann; schlechte Innenrenov. 1878. Fassade im Übergangsstil vom Rokoko zum Klassizismus mit vorgeblendeter 3geschossiger Säulenarchitektur. Klassiz. Turm mit kielbogiger Haube; älteste Glocke des Kantons von 1465. In der Kirche noch reine Rokokostukkaturen und Kanzel aus Stuckmarmor 1781 von Andreas Mosbrugger; aus gleicher Zeit die für eine ref. Kirche ungewohnte Deckenmalerei. – Am Dorfplatz die ehem. Privathäuser der Zellweger-Familien: Grosses Doppelhaus. Der urspr. 2geschossige, 1747 erbaute Hausteil Nr. 5 wurde 1788 beim Bau des Hauses Nr. 6 mit diesem in Einklang gebracht und durch ein gemeinsames Walmdach verbunden. Im zweiten Stock von Nr. 5 Régencestukkaturen und im 3. Stock (ehem. Mansartgeschoss) Stuck im Übergangsstil von Régence zu Rokoko um 1747. – Haus Nr. 4, östl. der Kirche. Erb. 1760; mit hervorragenden Stuckplafonds am Übergang von Rokoko zu Klassizismus 1783 in der Art der Mosbrugger. – Hotel Krone. Erb. 1727, renov. 1955. Hölzernes Giebelhaus auf Quadersockel mit Erkertürmchen und Klebdächern über den Fensterreihen. Rokokobemalung und Portal von 1767. In einem Zimmer bemaltes Täfer wohl 1767. – **Rathaus.** Für Jak. Zellweger erb. 1802–05 von Conr. Joh. Langenegger, seit 1841 Rathaus. Klassiz. Palast mit streng gegliederten Haupt- und Seitenfronten, Attikageschoss und Walmdach. Prächtiger, 2geschossiger Fest- und Bibliothekssaal (jetzt Obergericht), durch mehrfarbige Wandsäulen aus Stuckmarmor gegliedert und durch eine umlaufende Galerie unterteilt; unten ausgezeichnete Standesscheiben von 1601, in der Galerie beachtliche Porträtfolge von Landammännern, u.a. von Leonhard Tanner. – **Pfarr- und Gemeindehaus.** Als Familiensitz für Jak. Zellweger erb. 1765. Monumentaler Bau aus Quadersteinen, die 7achsige Front bereits in klassiz. Strenge, aber noch mit Mittelrisalit und Dreieckgiebel im Walmdach. In Korridor, Treppenhaus und 15 Wohnräumen hervorragende Rokokostukkaturen, wohl von einem Mosbrugger gegen 1770; baugeschichtlich aufschlussreiches Stuckrelief mit Darstellung einer Landsgemeinde und der alten spätgot. Kirche 1769–70. – Kantonsbibliothek; enthält u.a. Inkunabeln und wertvolle Bilderhandschriften. – Gegenüber der Kirche grosses Appenzeller Holzhaus aus dem 17.Jh. – Südöstl. darüber ein Holzhaus, erb. 1805–10 für Zeugherrn Tobler, nach dem Vorbild des Rathauses. – Haus Zellweger-Gessner, westl. des Dorfplatzes. Erb. 1802 von Conr. Joh. Langenegger für den Geschichtsschreiber und Philanthropen Joh. Caspar Zellweger-Gessner (1768–1855). Fünfseitiger Flügelbau mit Binnenhof in schlichten klassizistischen Formen. – Sonnenhof, östlich des Dorfplatzes. Erbaut 1761, spätbarockes Mansarthaus. – Doppelhaus Nrn. 116–117, in den Niedern, laut Datum und verschlungenem Monogramm «MJVGB» in einer Supraporte des spätbarocken Doppelportals 1763 von Joh. Ulr. Grubenmann; im Hausteil Nr. 116 klassiz. Stukkaturen gegen 1790, Peter Ant. Mosbrugger zugeschrieben. – Türmlihaus, um 1790. – Zeughaus. Klassiz. Bau mit Mansartdach; am skulptierten Schlussstein des Portals dat. 1824. – Im Oberdorf malerische alte Dorfstrasse. – Siedlung «Pestalozzidorf», an der Strasse nach Bühler. Gegründet zugunsten von Kriegswaisen verschiedener Nationen. Die appenzellischen Holzhäuser erbaut 1946ff. von Hans Fischer; das moderne Schulhaus 1959–60 von Max Graf.

WALD. Ref. Kirche, erb. 1686–87. Empore mit schöner Balusterbrüstung, die frühbarocke Holzkanzel mit Intarsien dat. 1686, Orgel von 1935; Rest. 1969. – Gasthaus Schäfli. Am Portalgewände dat. 1811.

REHETOBEL. Ref. Kirche. Nach dem Dorfbrand von 1890 neuerbaut bis 1892, an Stelle einer Barockkirche von Jak. Grubenmann; Innenrenov. 1959–60. – Im erhaltenen Dorfkern schöne Holzhäuser des 18.Jh. – Gedeckte Holzbrücke in der obern Ach, 1739 von Meister Ulrich und seinen Söhnen Jak., Ulr. und Hans Ulr. Grubenmann, Vettern der z.T. gleichnamigen bekannteren Brücken- und Kirchenbauer. – Gedeckte Brücke in der untern Ach (Achmüli), neuerb. 1701.

***HEIDEN. Dorfplatz.** *Schöne rechteckige Anlage mit Kirche und schlichten Biedermeierhäusern unter niederen Walmdächern;* nach dem Dorfbrand von 1838 einheitlich angelegt. – **Ref. Kirche** (Abb. 35). Neuerb. 1839–40 von Felix Wilh. Kubly; nach Brand Wiederaufbau 1937–38, mit veränderter Richtung des Innenraumes. Unter niederem Walmdach ein quergestellter Rechteckbau, dessen Fassaden durch ein linear wirkendes Gebälk mit Attika in 2 Geschosszonen gegliedert werden. An der Haupt- und den beiden Schmalfronten toskanischer Säulenportikus über Freitreppen. Der Turm in der Mittelachse der Rückseite, mit umlaufendem Balkon und niederem Zeltdach. – **Rathaus,** gegenüber der Kirche. An der Fassade dat. 1840; Renov. 1956. Schöner Biedermeierbau mit je einer archivoltierten Türe in den 7 Fassadenachsen; die 3 mittleren Achsen durch eine Freitreppe und durch einen Dreieckgiebel im niederen Walmdach ausgezeichnet. – Kath. Kirche. Erb. 1963 von Alois und Walter Moser. – Kursaal. Erb. 1956–57 von Otto Glaus.

Museum. Sammlung des Antiquarischen Vereins, im Postgebäude.

GRUB. Ref. Kirche. Neuerb. 1752 von Jak. Grubenmann; Renov. 1943 und 1952. Aus der Kirche von 1472 (?) das 1691 datierte Taufbecken. Kanzelkorpus von 1691, Schalldeckel dat. 1752. – Pfarrhaus. Erb. 1786 von Jak. Kriemler, Grub; doppelt geschweifter Giebel und schönes Portal. – Haus Nr. 50. Erb. 1765 für Ratsherrn Hans Casp. Schläpfer, 1797 im Louis-XVI-Stil neu bemalt; Renov. 1969–70. Über gequadertem Erdgeschoss mit rundbogigem Sandsteinportal errichteter Strickbau. Besonders an der Giebelfassade durch Malerei und gesägte Zierbretter dekorativ belebt. Über balustradengesäumter Freitreppe und Balkon 2 Landschaften und die 4 Jahreszeiten.

WIENACHT-TOBEL. Kath. Kapelle Hl. Bruder Klaus. Erb. 1963 von Th. Niess.

WOLFHALDEN. Ref. Kirche. Erb. 1652; Innenrenov. 1939–40. Käsbissen-Frontturm; klassiz. Empore. – Haus zur Blume, erb. 2. H. 18. Jh.

WALZENHAUSEN. Ref. Kirche. Erbaut 1638; Innenrenov. 1962–63. – Südl. **Frauenkloster Grimmenstein.** Als Beginenhaus 1378 erwähnt, 1424 an die heutige Stelle verlegt; 1602 Annahme der Kapuzinerinnenreform. Neubau Kirche und Kloster 1724; Renov. 1955. In der Kirche vorzügliche Knorpelstilaltäre von 1668. Kirchenschatz mit barocken Stücken, teilweise aus dem ehem. Kloster Fischingen. Im Klosterbau Stukkaturen von 1724.

OBEREGG. Innerrhodische Exklave. Kath. Pfarrkirche Maria zum Schnee. Neubau 1870–71 von Karl Reichlin; Renov. 1971. Untergeschoss des Turmes 17. Jh. In der Vorhalle zwei Altarblätter um 1820. Statuen 17. Jh. Monstranz um 1660. – Kapelle St. Anton. Erwähnt 1451, letzter Neubau 1931. – Kapelle St. Anna im Eschenmoos. Schlichter Barockbau, 1677 geweiht. – Kapelle St. Karl Borromeo, in Büriswilen. Barockes Äusseres mit 8eckigem Zwiebeltürmchen 17. Jh. – Kapelle St. Karl Borromeo und Allerseelen im Kapf, erb. 1877.

REUTE. Ref. Kirche, erb. 1687–88. Taufstein dat. 1687. Kanzel und Empore dat. 1688, jene durch Initialen signiert von Ulr. Bänziger und Joh. Rohner, diese von Jak. Eugster (Ögster), Trogen. Bemalte Felder- und Kastendecke (sog. Himmel) dat. 1706.

KANTON GLARUS

Aus prähistorischer Zeit sind aus dem Glarnerland wenig Funde bekannt. Die Römerstrasse von Maienfeld über Lacus Rivanus (Walensee) nach Winterthur streifte das damals von einer rätisch-keltischen Mischbevölkerung bewohnte Gebiet. Im 6. Jahrhundert begannen die Alemannen einzuwandern, die romanische Sprache zog sich langsam zurück, Ende des 11. Jh. war die Germanisierung abgeschlossen. Im Hochmittelalter war das Frauenkloster Säckingen am Hochrhein der wichtigste Grundherr des Landes. Von dort stammt auch der Landespatron St. Fridolin, welcher noch heute Siegel und Landesfahne schmückt. Die Reichsvogtei über Glarus kam über die Herren von Kyburg 1264 an die Habsburger. In den Auseinandersetzungen mit Habsburg wurde Glarus 1352 von den Waldstätten und Zürich erobert und in ihren Bund aufgenommen. In der Schlacht von Näfels 1388 wehrten die Glarner mit den Schwyzern einen habsburgischen Wiedereroberungsversuch siegreich ab. Glarus bildete sich zu einer Landsgemeindedemokratie aus, die als solche bis in die Gegenwart blüht.

Huldrych Zwingli, 1506–16 Leutpriester von Glarus, begleitete die Glarner als Feldprediger auf den mailändischen Feldzügen. Seine reformatorischen Ideen fanden nach 1519 von Zürich aus in Glarus bald grossen Anhang; eine Minderheit blieb beim alten Glauben, ihr Zentrum bildete sich in der Zeit der katholischen Reform in Näfels, wo 1677 ein Kapuzinerkloster errichtet wurde. Die konfessionellen Spannungen führten schliesslich 1683 zu getrennter Landesverwaltung mit gesonderten Landsgemeinden bis 1836. Der Alten Eidgenossenschaft schenkte Glarus mit dem Historiker Gilg Tschudy (1507–72) den «Vater der schweizerischen Geschichtsschreibung». Der Glarner Humanist Heinrich Loriti von Mollis, genannt Glareanus (1484–1563), lehrte an den Universitäten Basel und Freiburg i. Br. als Gräkist und Latinist und als grösster Kenner der Musiklehre seiner Zeit. Caspar Freuler, Gardeoberst Ludwigs XIII. von Frankreich, baute 1646–47 in Näfels einen grossartigen Spätrenaissancepalast. Anfang des 18. Jh. hielt die Industrie dank der zahlreichen Wasserkräfte Einzug im Bergtal, vor allem als Baumwollspinnerei und Tuchdruckerei. Die neue Verdienstmöglichkeit verdrängte allmählich die Reisläuferei. 1798 stellte sich Glarus an die Seite der Innern Orte zum fruchtlosen Abwehrkampf gegen die Franzosen. In der Helvetik wurde es zum Kanton «Linth» geschlagen. 1807–16 gelang die Entsumpfung der Linthebene durch den Bau des Linth-Escher-Kanals vom Walensee zum Zürichsee. Die Tagsatzung leistete Hilfe zu diesem ersten Nationalwerk. Die Wirtschaftskrisen des 19. Jh. erzwangen eine grosse Auswanderung (Gründung von New Glaris in Wisconsin, USA). Weitere Katastrophen trafen das kleine Land mit dem Brand von Glarus 1861 und dem Bergsturz von Elm 1881. Im 20. Jh. holte Glarus mächtig auf und entwickelte sich zum meistindustrialisierten Bergkanton der Schweiz.

***GLARUS** (Abb. 37, 38)
Rasterförmige Stadtanlage mit breiten Strassenzügen und einheitlich wirkenden Häuserfronten; bedeutendste städtebauliche Neuschöpfung des 19. Jh. in der Schweiz. Der Ort entstand im Hochmittelalter aus dem Zusammenschluss von 2 Ansiedlungen, die sich um den Meierhof des Klosters Säckingen und um die alte Pfarrkirche St. Fridolin und Hilarius gebildet haben. Seit 1419 Hauptort der Talschaft. Der alte Stadtkern mit fast allen öffentlichen Bauten 1861 durch Brand vernichtet; Wiederaufbau 1861–63 nach Planung von Bernhard Simon und Joh. Casp. Wolff. Im neuen Quartier historisierende, vorwiegend neuklassiz. Bauten; in den vom Brand verschonten Aussenquartieren einige gute Häuser besonders aus dem E. 18. und A. 19. Jh. erhalten.

Ref. Stadtkirche* (Ortsplan, 1; Abb. 37). Roman. Vorgängerkirche St. Fridolin und Hilarius an Stelle des heutigen Gerichtshauses, seit der Reformation paritāt., durch Brand zerstört 1861. Neubau westl. des Stadtkerns 1864–66 nach Plan von Ferd. Stadler, nach Brand wiederaufgeb. 1940–41; ref. Pfarrkirche seit 1964. Dreischiffige Basilika mit Querhaus, Chorpolygon und 2 Fassadentürmen unter schönen Laternenspitzhelmen (Geläute von Jak. Keller), Neurenaissance in Verbindung mit neuroman. Formen. Das Innere neu gestaltet nach Brand 1940 durch Daniel Aebli, gleichzeitig 3 Glasgemälde im Chor von Aug. Wanner. Nach Auflösung des paritāt. Verhältnisses 1964 dem ref. Gottesdienst angepasst, Abendmahlstisch von Peter Meister. Im südl. Seitenschiff Grabplatte von 1566 mit Wappen Ludw. Tschudis v. Gutenberg und Jost Tschudis v. Capuol, aus der alten Kirche. Reicher Kirchenschatz seit 1964 in der kath. Pfarrkirche (s. S. 118).

Spielhofplatz (Ortsplan, 2). Repräsentative Platzanlage im nördl. Stadtteil, einheitlich geplant nach 1861. Hinter Grünanlagen an der O-Seite das Gerichtshaus, gegenüber eine geschlossene Reihe von Bürgerhäusern; an der südl. Schmalseite die Kantonsschule, als nördl. Pendant das ehem. Haus Heer. – **Gerichtshaus.** Erb. 1864 von Joh. Casp. Wolff, an Stelle der alten Stadtkirche; Rest. 1968–70. Breitgelagerter neuklassiz. Bau mit überhöhtem Mittelrisalit unter Walmdach; seitlich freistehende Pavillons. Enthält die Landesbibliothek mit der Büchersammlung des helvetischen Regierungsstatthalters Joh. Jak. Heussi (Bilten) aus dem 18. Jh. – Kantonsschule. Als Sekundarschulgebäude in Neurenaissanceformen erb. 1872 von Joh. Caspar Wolff; O-Flügel 1933 von Daniel Aebli. In der Aula Fresken 1917 von Alex. Soldenhoff. – Ehem. Haus Heer. Monumentales Wohnhaus, 1862 von Joh. Jak. Breitinger für Bundesrat Dr. J. Heer; heute öffentlicher Besitz. – **Rathaus** (Ortsplan, 3). Erb. 1862–65 von Bernh. Simon. Als Dominante des geräumigen Rathausplatzes eine 9achsige Hauptfront, Sockel- und 2 Hauptgeschosse unter niederem Walmdach; 3achsiger Mittelrisalit mit flachem

Ortsplan Glarus

1. Ref. Stadtkirche. – 2. Spielhofplatz. – 3. Rathaus. – 4. Gemeindehaus. – 5. Kunsthaus. – 6. Haus Brunner, Abläschstrasse Nr. 78. – 7. Landsgemeindeplatz. – 8. Haus Brunner im Sand. – 9. Haus Leuzinger. – 10. Haus in der Wies. – 11. Iselihaus. – 12. Kath. Burgkapelle St. Michael

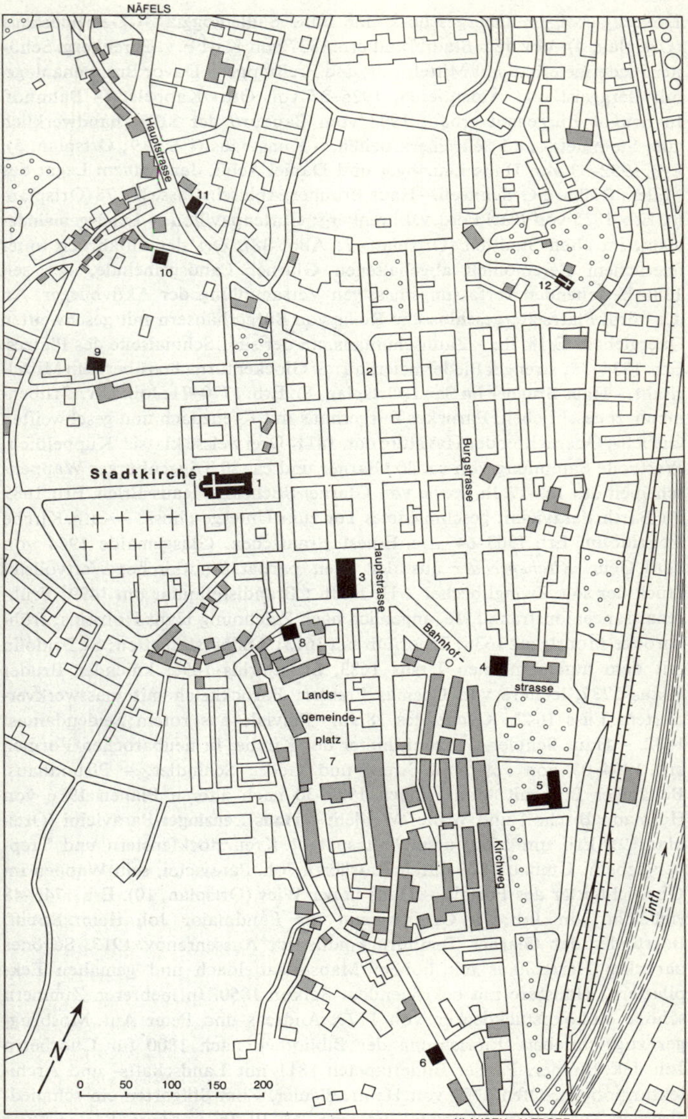

Ortsplan Glarus

Dreieckgiebel, im Obergeschoss eine hohe Säulenloggia. – **Gemeindehaus** (Ortsplan, 4). Vor dem Stadtbrand erb. 1837 von Karl F. v. Ehrenberg. Schöner Biedermeierbau mit Mittelrisalit und Freitreppe. – Davor Brunnenanlage, mit Berggeist und Alpentieren, 1926–27 von Otto Kappeler. – Bahnhof. In neugot. Burgenstil erbaut 1903 vom Baubüro der SBB; handwerklich gute Steinmetz- und Schreinerarbeiten. – Kunsthaus (s. S. 119; Ortsplan, 5). Erb. 1952–53 von Hans Leuzinger und Daniel Aebli, dank einem Legat des Malers Richard G. Schneeli. – Haus Brunner, Abläschstrasse Nr. 78 (Ortsplan, 6). Erb. 1835 von Karl Ferd. v. Ehrenberg; Gartenpavillon. – **Landsgemeindeplatz,** im alten Stadtteil (Ortsplan, 7; Abb. 38). Ort der alljährlich unter feierlichem Zeremoniell abgehaltenen Glarner Landsgemeinde, der seit 1386 bestehenden verfassungsmässigen Versammlung der Aktivbürger. An der nördl. Platzseite geschlossene Reihe von Bürgerhäusern mit geschweiften Quergiebeln E. 18. Jh. – Zaunschulhaus, an der südl. Schmalseite des Platzes. Erb. 1834–35; strenger Biedermeierbau mit Glockentürmchen über dem Mittelrisalit. – **Haus Brunner im Sand** (Ortsplan, 8). Erb. 1770–71, Joh. Ulr. Grubenmann zugeschrieben. Barockes Bürgerhaus mit Kreuzdach und geschweiften Giebeln; Oberlichter der Haustüre dat. 1811. Drei weisse klassiz. Kuppelöfen. Wertvolle Sammlung von ca. 80 Glarner und ca. 20 Toggenburger Wappenscheiben des 16.–17. Jh. sowie von Glarner Stichen. – Haus Erlen. Erb. 1689 für Barth. Paravicini; geschmiedetes Tor zum Untergeschoss. – Kath. Kirche St. Fridolin. Erb. 1963–64 von Ernest Brantschen. Glasgemälde 1964 von Ferd. Gehr. *Kirchenschatz* aus der alten parität. Stadtkirche: Wertvollstes Stück der sog. Zwinglibecher 2. H. 14. Jh.; Brandisreliquiar um 1499; Frührenaissancemonstranz 1516, angeblich nach Zeichnung Hans Holbeins; frühbarocke Monstranz 1636; Ziborium um 1613; 3 Silberstatuetten: St. Fridolin mit dem auferstandenen Ursus 1683, St. Hilarius 1696, kniender Bruder Klaus 1737, letztere von Cosmas Freuler; Barockkelch mit masswerkverziertem Fuss 1642, Kelche des 18. Jh.; Pluviale aus rotem Seidendamast 1632. – Haus Schuler-Ganzoni, hinter der Kirche. In neubarocken Formen erb. 1904–05 von Joh. Rud. Streiff und Georg Schindler. – Pfrundhaus. Behäbiger Bau mit Mansartdach 1928–30 nach älteren Plänen 1916 von Hermann Bischoff und Walter Weideli. – **Haus Leuzinger**-Paravicini (Ortsplan, 9). Erb. um 1560, urspr. mit spätgot. Kreuzstockfenstern und Treppengiebeln. Umbau 1811 durch Ratsherrn Joh. Paravicini, sein Wappen im Oberlichtgitter des Portals. – **Haus in der Wies** (Ortsplan, 10). Erb. 1746–48 vielleicht von Joh. Ulr. Grubenmann für Landmajor Joh. Heinr. Streiff, Begründer der Glarner Textildruckindustrie; Aussenrenov. 1913. Schönes barockes Herrenhaus mit hohem Mansartsatteldach und gemalten Eckpilastern; Haustüre mit bekrönendem Balkon 1850. In mehreren Zimmern schöne Rokokostuckdecken von 1773, Andreas und Peter Ant. Mosbrugger zugeschrieben. Einrichtung der Bibliothek nach 1800 für Chorherrn Joh. Jak. Blumer, Pariser Bildertapeten 1811 mit Landschafts- und Architekturmotiven. Ofen 1771 von Heinr. Bleuler. Zum Stilgarten ein schmiedeisernes Tor mit z. T. neugot. Formen, M. 19. Jh. – Haus Kleine Wies gegenüber. Erbaut 1826; klassiz. Gartenportal um 1780–90, vom ehem.

Tschudihof. – Iselihaus (Ortsplan, 11), Landstrasse. Erb. 1560; heutiges Aussehen mit Mansartsatteldach um 1800. Markantes hohes Haus in städtebaulich wichtiger Lage bei der Einfahrt ins Stadtzentrum. – Häuser Herrenweg und Haglen. Biedermeierbauten 1835 von Carl Ferd. v. Ehrenberg. – Zeughaus. Erstes historistisches Gebäude in Glarus, 1846 von Felix Wilh. Kubly. – Spital. Ältester Bauteil 1880–81 von Paul Reber, Erweiterung und W-Pavillon 1922–27 von Hans Leuzinger mit Paul Truniger, Personalhäuser 1951–53 von Jak. Zweifel. Grosse Neu- und Umbauten mit terrassenförmigem Schwesternhaus 1962–68, u.a. von Jak. Zweifel und Heinr. Strickler. – Kindergarten im Spielhof. Erb. 1933–34 von Hans Leuzinger. – **Kath. Burgkapelle St. Michael** (Ortsplan, 12). In malerischer Lage auf dem Burghügel neuerb. 1762. Auf roman. Unterbau ein 8eckiger Turmabschluss mit Kuppelhaube.

Museum. Kunsthaus (s. S. 118; Ortsplan, 5). Schweizer Kunst des 19.–20. Jh. Werke von Richard G. Schneeli (1872–1944), Kunsthistoriker, Jurist, Maler und Stifter des Kunsthauses. Modell des alten Glarus von Hans Leuzinger. Naturwissenschaftliche Sammlungen.

GLARNER WALENSEEUFER–LINTHAL–SERNFTAL

MÜHLEHORN. Ref. Kirche. Erb. 1760–61 von Joh. Ulr. Grubenmann. – **Hammerschmiede** (Abb. 44), in der Meerenbachschlucht nahe der Hauptstrasse. Interessanter Zeuge aus der Frühzeit der industriellen Eisenbearbeitung, 2. H. 18. Jh.; Renov. 1966. Einziges in der Schweiz erhaltenes und funktionierendes Werk mit 3 Hämmern, durch Wasserrad betrieben.

OBSTALDEN. Ref. Kirche. Turm und Kernbau des Schiffs mittelalterl.; nach W erweitert 1836, gleichzeitig Turm um ein Geschoss erhöht und mit Satteldach geschlossen. Freskenzyklus des frühen 14. Jh.; freigelegt 1937.

FILZBACH. Am Dorfeingang Mauerreste einer röm. Warte, im «Voremwald». Turmartiges Wachthaus mit einseitig angelehnter ovaler Hofmauer; aus frühaugusteischer Zeit, E. 1. Jh. v. Chr. Ausgegraben 1959.

BILTEN. Ref. Kirche. Erb. 1607, verändert um 1900; mit niedrigem Käsbissenturm. Schöne Holzkanzel aus der Bauzeit. – **Herrenhaus Milt,** am Berghang. Erb. 1608 für Kirchenvogt Heinr. Elsiner, genannt Milt. Im Dachgeschoss Ehrenstube von 1616–18 mit hervorragenden Spätrenaissance-Einlegearbeiten in Täfer, Buffet und Kassettendecke. – Oberhalb Miltsches «Ritterhaus». Malerischer Giebelbau von 1638.

NIEDERURNEN. Ref. Kirche. Erstmals gen. 1521, umgeb. 1659. Spätgot. Anlage mit 3seitig geschlossenem Chor; seitlicher Turm mit Spitzhelm 1864. Aussen Grabtafel für den 1678 im Walensee ertrunkenen Berner Patrizier Joh. Ant. Tillier. – Gemeindesaal. In prächtiger Lage oberhalb des Dorfes erb. 1955–56 von Hans Leuzinger. Sechseckiger Bau mit Satteldach; vorgelagerte Aussichtsterrasse und Treppe zum Schulhaus. – Verwaltungsbau der Eternit AG. Erbaut 1945–55 und 1964–65 von Werner M. Moser und Max E. Haefeli.

OBERURNEN. Kath. Pfarrkirche St. Georg. Erb. 1867–68 v. Karl Reichlin. Gute Spätbiedermeieraltäre mit Bildern von Paul Deschwanden. – Dreifaltigkeitskapelle. Spätgot. Anlage von 1592. – Ruine Vorburg, nördl. über dem Dorf. Im 14. Jh. Sitz der Edelknechte v. Uranen, Lehensleute des Klosters Säckingen.

***NÄFELS** (Abb. 40–42). Bei Näfels 1388 Befreiungsschlacht der Glarner gegen Österreich (s. Schlachtkapelle). In der Gegenreformation Zentrum der kath. Minderheit von Glarus, 1683–1836 Tagungsort kath. Landsgemeinden.

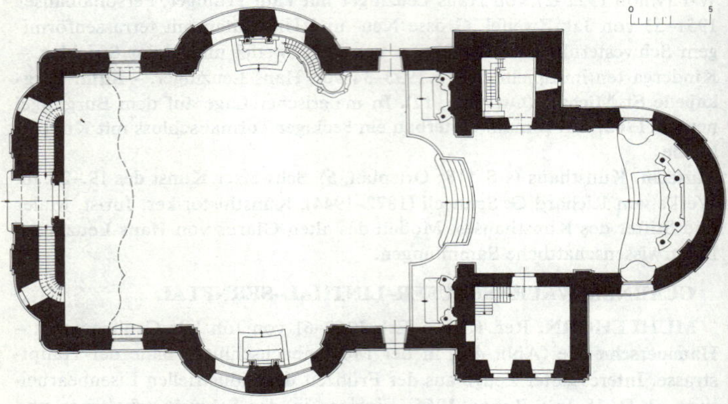

Näfels. Kath. Pfarrkirche St. Fridolin und Hilarius

Pfarrkirche St. Fridolin und Hilarius* (Abb. 40). Stattlicher Spätbarockbau 1778–81 von Jak. Singer, eine Abwandlung seines Kirchenbaus von Schwyz; Aussenrest. 1956–57. Durch Kolossalpilaster gegliederter Baukörper unter Satteldach, das über dem Chorrund abgewalmt ist. Die 3achsige Fassade mit Rundbogenfenstern ist im Mittelfeld leicht vorgewölbt, an den Kanten abgerundet; sie schliesst in einem konkav anlaufenden Frontispiz mit 3 bekrönenden Statuen. An den Längsseiten je ein vorgewölbter Risalit mit gebrochenem Giebel, Thermenfenstern über 2 hohen Rundbogenfenstern. Seitlich des eingezogenen Chores in 2. Querachse ein Sakristeirisalit und gegenüber der entsprechend vorstehende N-Turm mit geschweiften Uhrgiebeln und Haube. Das einschiffige Langhaus erhält durch die Ausbuchtung des mittleren von 3 Jochen einen zentralen Charakter; im Chorjoch öffnet sich die S-Wand über der Sakristei zu einer Empore. Wandgliederung durch ionische Pilaster, über denen das Gebälk ein weitgespanntes Tonnengewölbe mit Stichkappen und Gurtbogen trägt. Deckenfresken von Otto Haberer, anlässlich der Innenrenov. 1915–18. Schöne Rokoko-Altäre und Kanzel aus Stuckmarmor; Hochaltargemälde von Joh. Melchior Wyrsch 1781, nach einem Weihnachtsbild von Murillo. – Schlachtkapelle, hinter der Pfarrkirche. Gedenkstein neben dem Eingang dat. 1613. Im Chor spätgot. Madonna, im Schiff u. a. Wandbilder der in der Schlacht erbeuteten Banner.

Freulerpalast* (Abb. 41). *Einer der imposantesten Herrensitze des 17. Jh. in der Schweiz, der traditionelle Bauformen mit italienischen und süddeutschen*

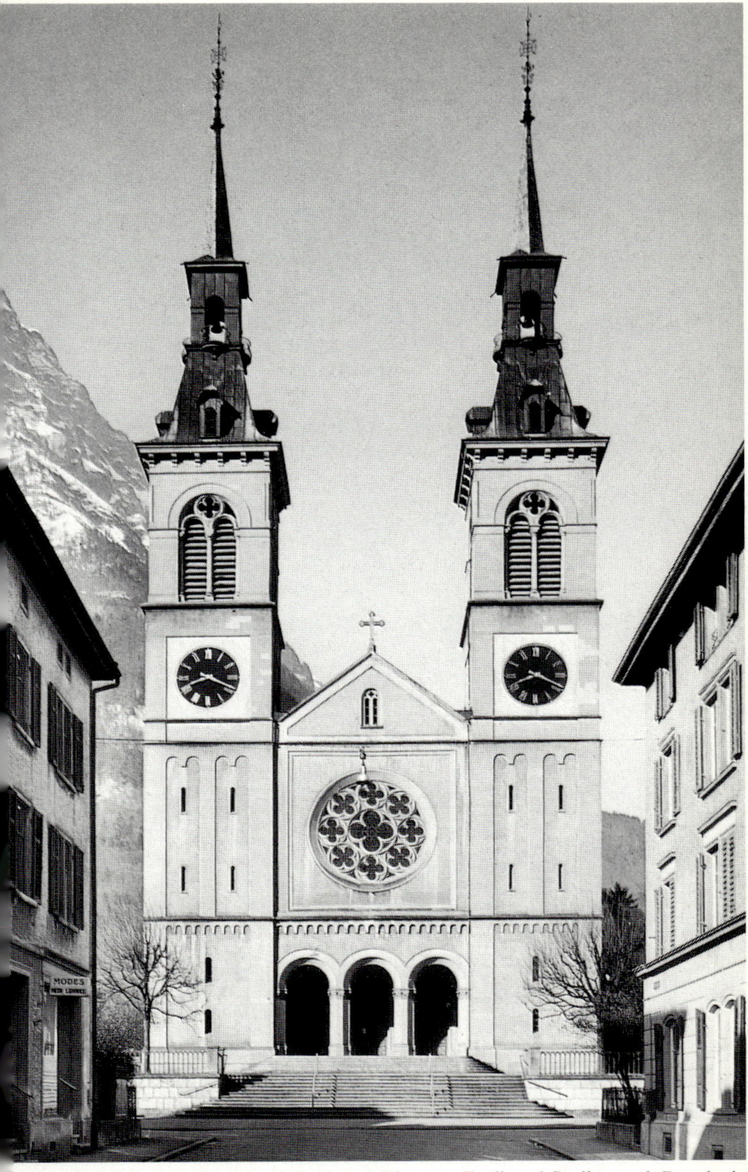

'. **Glarus.** Ref. Stadtkirche. Erb. 1864–66 nach Plan von Ferdinand Stadler, nach Brand wie-
eraufgeb. 1940–41. Dreischiffige Basilika mit Querhaus, Chorpolygon und zwei Türmen (116)

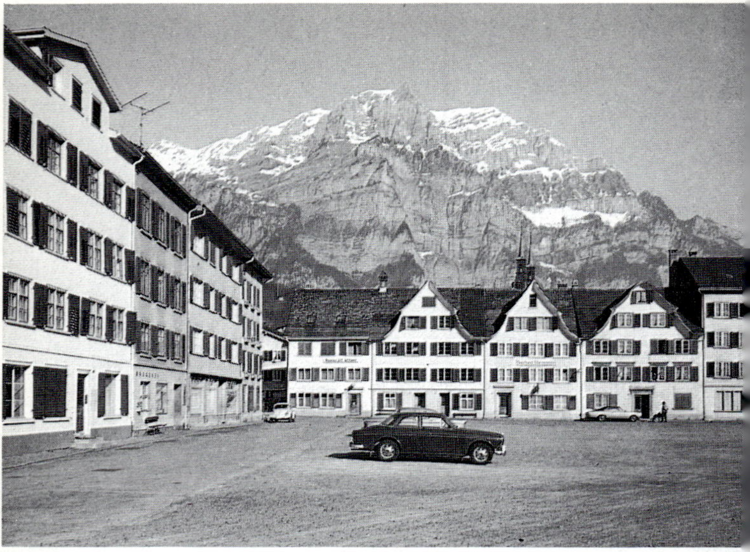

38. **Glarus.** Landsgemeindeplatz, im alten Stadtteil. An der nördl. Platzseite geschlossene Rei
typischer Ostschweizer Bürgerhäuser des 18. Jh. mit geschweiften Giebeln (118)

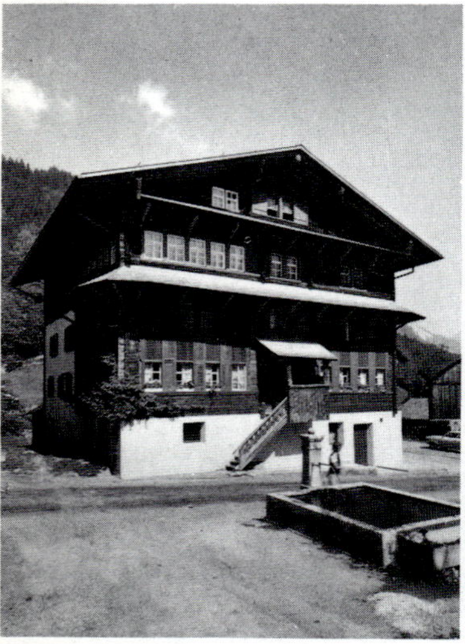

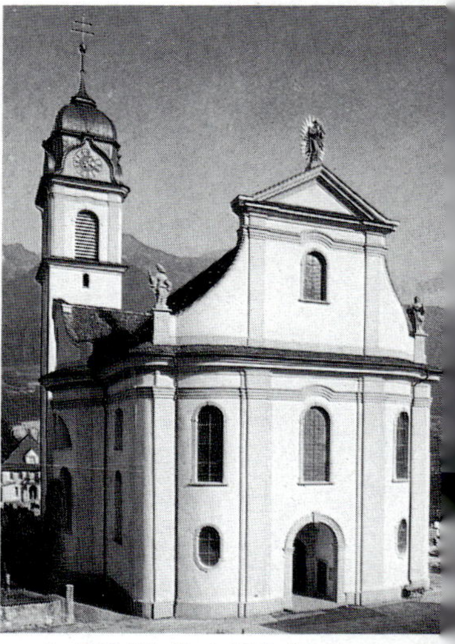

39. **Elm.** Grosshaus. Charakteristisches Holzhaus, erb. 1585–86; Rest. 1968. Im Innern reic
gestaltete Stube mit Intarsien und eine wertvolle theologische Bibliothek (124)

40. **Näfels.** Kath. Pfarrkirche St. Fridolin und Hilarius. Spätbarockbau 1778–81 von Jak
Singer. Einschiffiges Langhaus, dreiachsige, leicht gewölbte Fassade, N-Turm mit Haube (12

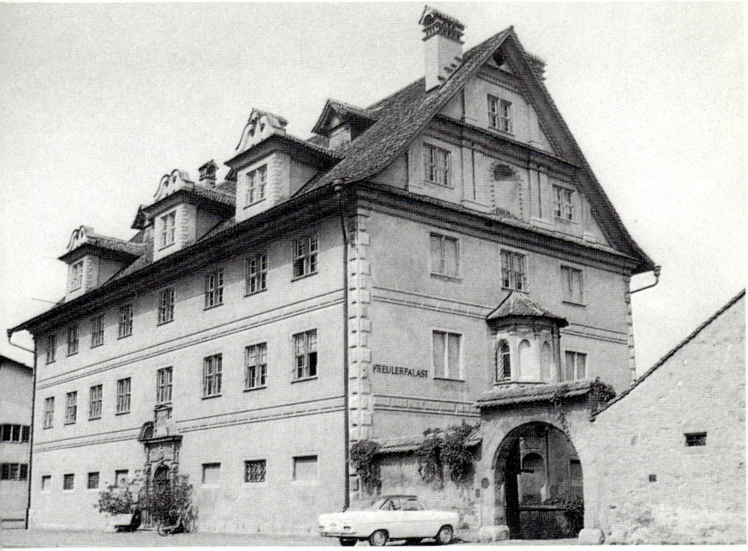

41. Näfels. Freulerpalast. Ansicht von S. Einer der imposantesten Herrensitze des 17. Jh. in der Schweiz. Erb. 1645–47 unter Leitung von Hans Fries; prunkvolles Renaissanceportal (120f.)

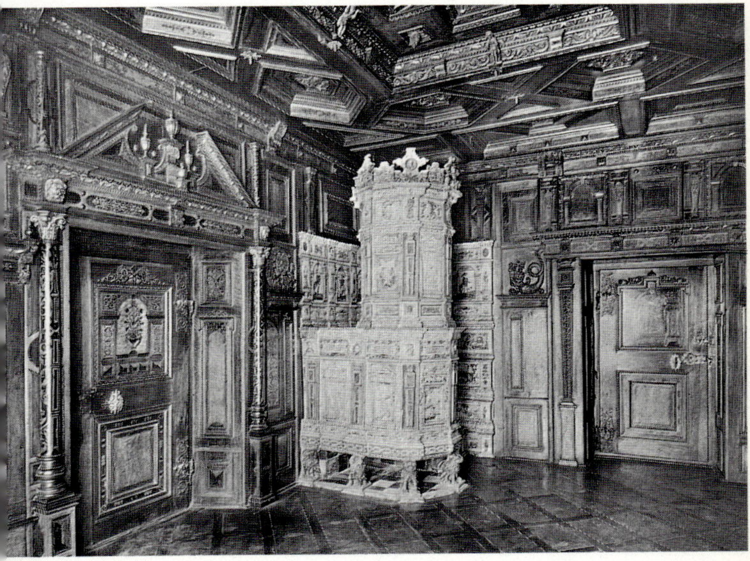

42. Näfels. Freulerpalast. Prunkzimmer im Hauptgeschoss. Kunstvolles Täferwerk, reichgestaltete Kassettendecke und Turmofen 1646 von Johann Heinrich Pfau (121)

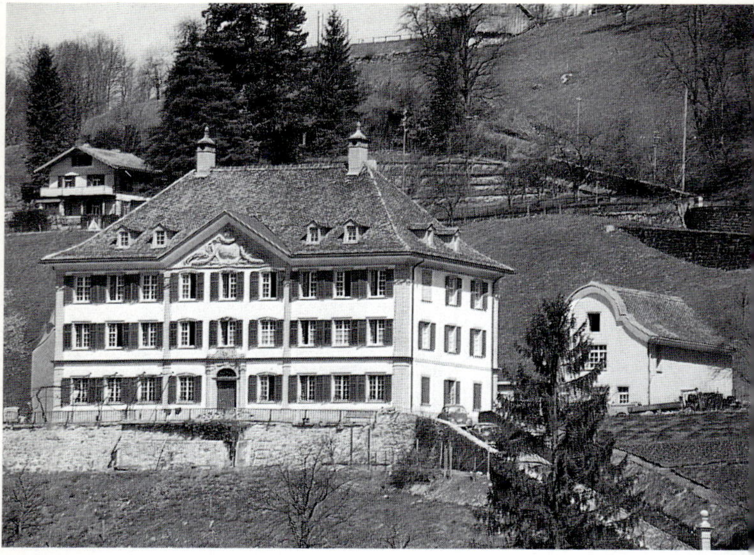

43. Mollis. Ehem. Herrenhaus Haltli, heute Erziehungsanstalt, an der Strasse nach dem Ke renzerberg. Ansicht von N. Erb. 1772–84 nach Plänen des Bauherrn Conrad Schindler (122

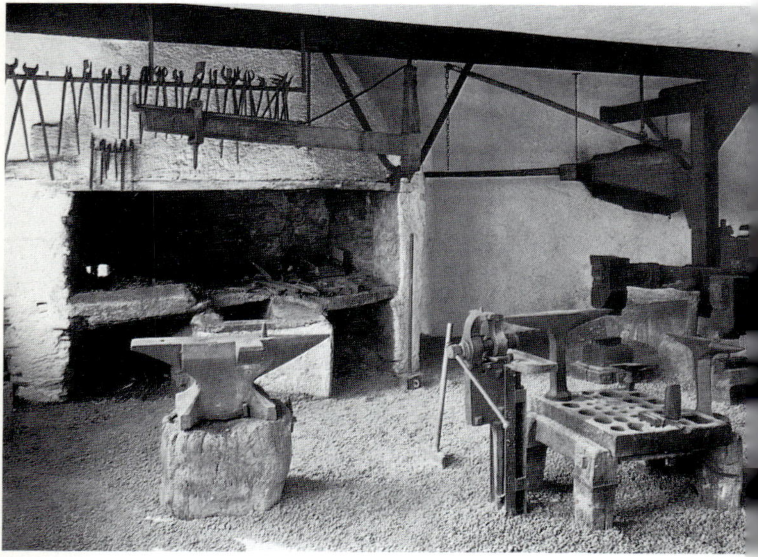

44. Mühlehorn. Hammerschmiede. Zeuge aus der Frühzeit der industriellen Eisenbearbeitur 2. H. 18. Jh. Werk mit drei Hämmern (rechts aussen), durch Wasserrad betrieben (119)

Renaissance-Elementen verbindet; frühbarocke Ausstattung. Erbaut 1645–47 unter Leitung von Hans Fries, vielleicht nach Entwurf des Bauherrn Caspar Freuler, Gardeoberst in französischen Diensten; Rest. 1937–42. Museum des Landes Glarus (s. S. 122). Rechtwinklige Anlage, bestehend aus Wohnpalast und rückseitigem Gesindeflügel, im Satteldach auf beiden Seiten drei hohe Mansartfenster mit Volutengiebeln. Flächige Fronten mit gequaderten Ecklisenen und ähnlich behandelten Gesimsbändern, zwischen denen die 3 Geschosse durch Kreuzstockfenster belichtet werden. Die Giebelfronten sind im Oberteil durch Pilasterordnungen zwischen Klebdächern gegliedert; an der südl. Schmalfront ein grosser polygonaler Erker, der den Chor der Hauskapelle birgt. Die Hauptfront von 8 Fensterachsen ist in asymmetrischer Lage durch ein prunkvolles Renaissanceportal aus Marmor ausgezeichnet. Portalrahmung mit Hermenpilastern, deren weibliche Figuren die Embleme Caspar Freulers und seiner beiden Frauen tragen; über dem Sprenggiebel das Wappen des Bauherrn und Schrifttafel, dat. 1646. Neben dem Portal alter Sattelstein. – *Inneres* (Abb. 42). Prunkvoll ausgestattete Räume mit Täfer, Kassettendecken, Intarsien, eingelegten Böden und Prunköfen. In der Achse zwischen Haupt- und Gartenportal geräumiger Flur mit Sandsteinportalen. Gewölbter Erdgeschossaal nach dem Vorbild der italienischen Sala terrena; reicher Stuck mit allegorischer Darstellung der 4 Kardinaltugenden, zwei 2. H. 17. Jh. Prächtige Treppenanlage bis zum Obergeschoss 2läufig, mit steinernen Masswerkbrüstungen in Formen der Spätgotik und Renaissance; im Obergeschoss und am Treppenlauf zum Dachgeschoss holzgeschnitztes Geländer. Hauptgeschoss: Reichstuckierte Palastkapelle, darin Altarbild Geburt Christi 1. H. 17. Jh.; 2 schmiedeiserne Armleuchter. Zwei Prunkzimmer mit kunstvollem Täferwerk und Kassettendecken, eine Tür dat. 1647; je ein prachtvoller Turmofen mit Darstellungen aus dem Alten Testament 1646 von Joh. Heinr. Pfau; Renaissanceschrank 1619. Getäfertes Vorzimmer und Festsaal mit vorzüglicher Kassettendecke. Im Obergeschoss weitere gut ausgestattete Räume. Im 2. Obergeschoss des Seitenflügels sog. Bachmannsaal mit Régencestuckdecke. Museum in den Obergeschossen.

Haus Höfli, gegenüber Freulerpalast. Täferzimmer von 1557. – Schlachtdenkmal. Gedrungener Obelisk auf hohem Sockel 1888 von Alfred Romang. Zum Gedenken an den glänzenden Sieg eines Glarner Volksaufgebots 1388 über das mehrfach überlegene Heer Herzog Albrechts III. von Österreich, der die Niederlage seines Bruders bei Sempach (1386) zu rächen und eine Erneuerung des annullierten Bündnisses zwischen Glarus und den Eidgenossen (1352) zu verhindern suchte. Der Schlachtverlauf ist durch 11, teilweise alte Gedenksteine bei der Letzi und südwestl. von Näfels gekennzeichnet; Ziel der alljährlichen kant. Gedächtnisfahrt. – Letzi, nördl. von Näfels. Reste einer mittelalterl. Talsperre. – Haus an der Letz. Schönes Giebelhaus mit Kassettendecke 17. Jh. – Waisenhaus, an der Letz. Erb. 1604; Aussenrest. 1962–63. Wohnsitz von Niklaus Ant. v. Bachmann, eidg. General 1815. – Rothus. S-Flügel erb. um 1750, N-Flügel und Mittelturm mit Treppenhaus 1777. Im Mansartgeschoss Festsaal mit guten Rokokostukkaturen an Wänden und Plafond 1777. Ofen mit Legende des Hl. Fridolin 1746 von Caspar und Joh. Jos. Ruostaller. – Haus Landammann Hauser, Hauptstrasse. Über dem Portal Rokoko-Allianzwappen Hauser-Reding um 1760. – Kapuzinerkloster Maria-Burg. Erb. 1675–79; an Stelle der 1352 zerstörten Burg der österreichischen Vögte. – Maschinenfabrik Netstal AG. Erste Bauetappe 1962–63 von Paul Waltensbuhl.

Museum. Im Freulerpalast. Bedeutende historische Sammlung. Dokumente zur Glarner Stoffdruckindustrie 18.–20. Jh., Druckstube im Dachgeschoss.

MOLLIS (Abb. 43). Ref. Kirche. Erb. 1761 von Joh. Ulr. Grubenmann; mehrmals umgebaut. Bergwärts vorgestellter Turm mit Spitzhelm. Im Chor Gedenktafel für die in der Schlacht bei Näfels 1388 Gefallenen, errichtet in den 30er Jahren des 19. Jh. nach Entwurf von Karl Ferd. v. Ehrenberg. – Zwickihaus, Kreuzgasse. Erb. 1621; Renov. 1931. Giebelhaus in der Art eines spätgot. Fensterhauses. – Dekanenhaus. Erb. um 1700; Täferstube. – Erziehungsanstalt, **ehem. Herrenhaus Haltli** (Abb. 43), an der Strasse nach dem Kerenzerberg. Erb. 1772–84 nach Plänen des Bauherrn Conrad Schindler, rest. 1968–69. Dreigeschossiges Hauptgebäude unter Walmdach, flankiert von Ökonomiegebäuden mit geschweiften Giebeln. Über dem Mittelrisalit der S-Front ein wappengeschmückter klassizistischer Giebel. Im Innern gute Louis-XV- und Louis-XVI-Stukkaturen. – Haus Hof. Erb. 1786–87 von Conrad Schindler. – Fabrikhof. Erb. um 1760–61, vielleicht von Joh. Jak. Grubenmann für Fridolin Streiff.

NETSTAL. Ref. Kirche. Erb. 1811–13; Renov. 1933. Nachbarocker 8seitiger Querbau mit Kuppelturm an der Kanzelseite; Emporen an den Schmalseiten. – Primarschulhaus. Auf einer Anhöhe neben der Kirche erb. 1958–59 von Jak. Zweifel und Willi Marti. Zwei Glasbilder von Max Truninger. – Kath. Kirche Dreikönige. Erb. 1933–34 von Otto Willi. Aus der alten Kirche Glarus spätgot. Holzstatuen St. Fridolin und Hilarius, um 1500. Älteste Glocke des Kantons von 1420. – Haus an der Hauptstrasse. Nachgot. Portal dat. 1662. – Rothaus. Holzbau mit Schindelschirm 1777. – Stählihaus, oberhalb des Dorfes. Schöner Riegelbau von 1728. – Haus Martina. Erb. 1855–56 von Georg Leuzinger.

GLARUS. Kantonshauptort (s. S. 116).

ENNENDA. Ref. Kirche. Erb. 1760–61 von Jak. Messmer; Renov. 1966–67. Auf dem Frontturm mit Haupteingang ein Spitzhelm mit geschweiften Wimpergen. An den Gewölben des Langhauses und des eingezogenen Polygonalchors Stukkaturen in der Art der Mosbrugger. – Gute Bürgerhäuser östl. und nördl. der Kirche: Doppelhaus Sunnezyt, erb. 1780–82. – Haus am Bach. Erb. 1811, mit Walmdach. – Am Kirchweg schöne geschlossene Häuserreihe mit geschweiften Quergiebeln 1. H. 19. Jh. – Bergwärts alter bäuerlicher Dorfteil. – Haus Burgstein. Erb. nach 1860 von Georg Leuzinger; Umbau 1962.

MITLÖDI. Ref. Kirche. Erb. 1725; Spitzhelm des Turmes 1752 von Joh. Ulr. Grubenmann. – Klassiz. Schulhaus. Als Privathaus erb. 1829–30 für Ratsherrn Wild. – Textildruckerei, am Flussufer. Erb. 1858 und 1880, letzte Erweiterung 1920. Typischer Fabrikbau aus der Zeit der Glarner Industrialisierung; charakteristischer «Tröckniturm», ein freistehender Turm mit vorkragendem Obergeschoss, an dem die bedruckten Stoffbahnen zum Trocknen aufgehängt wurden. – **Schönenbergerhaus,** oberhalb des Dorfes. Eines der ältesten Bürgerhäuser des Kantons, vielleicht 16. Jh.; Rest. 1966 und 1970. Fachwerkbau mit Klebdächern; reiche dekorative Fassadenmalerei angeblich vom Bündner Hans Ardüser 1595 (?).

SCHWANDEN. Ref. Kirche. Erster Bau 1349, davon erhalten die unteren Geschosse des Chorturmes mit gekuppelten roman. Schallfenstern. Schiff unter Verwendung alter Mauerteile neuerb. 1753 durch Jak. und Joh. Ulr. Grubenmann, gleichzeitig Erhöhung des Turmes um Glockengeschoss und Spitzhelm. Erweiterung nach W und Innenrenov. 1950 von Hans Leuzinger und Jak. Speich. In der gedeckten Vorhalle eingemauertes Fragment eines spätgot. Sakramentshäuschens; Kirchentüre, mit geschnitzten Wappen der zur Gemeinde gehörenden Ortschaften, 1950 von Werner Müller. Im eingezogenen Turmchor Reste der bemalten Holzdecke des Grubenmann-Baus von 1753; Glasbild 1971 von Christian Oehler. Taufstein mit Evangelistensymbolen 1950 von Werner Müller. – Kath. Kirche. Neugot. Bau 1894–95 von Aug. Hardegger. – Pulverturm. Erb. 1756, rest. 1952–53; Ortsmuseum. – Oberes Pfarrhaus. Barockes Doppelhaus mit Mansartdach; Renov. 1931. – Biedermeierhäuser der Familie Blumer im Thon, an der Strasse nach Schwändi. – Gemeindehaus. Für Konsul Jenny erb. 1856–57; zum Gemeindehaus umgeb. 1932. – Im Park Gedenkstein für den Staatsmann Eduard Blumer (1848–1926), an der Stelle, wo einst sein Haus stand. – Wohnhäuser an der Thonerstrasse. Erb. 1963 von Jak. Zweifel und Willi Marti. – Brunnen beim Grundschulhaus 1956 von Arnold d'Altri.
Museum. Ortsmuseum, im Pulverturm.

ZUSINGEN. Stüssihaus. Nach Tradition Stammhaus des Zürcher Bürgermeisters Rudolf Stüssi (1414–43). Täferzimmer 1. H. 17. Jh.

NIDFURN. Stammhäuser der Magistraten-, Kaufherren- und Fabrikantenfamilie Blumer, stattliche Holz- und Massivbauten. – Haus zur Bleiche. Sechsgeschossiger Bau von 1686.

LUCHSINGEN. Ref. Kirche. Erb. 1752, Turm 1802. – Hof. Erb. 1853–54 von Hilarius Knobel d. Ä.

HÄTZINGEN. Heftische Häuser. Baugruppe mit Haus Flora, um 1840.

DORNHAUS-DIESBACH. Haus Sunnezyt. Erb. 1773 von Jak. Messmer für Landseckelmeister Adam Schiesser; Aussenrenov. 1966. Dach mit geschweiften Quergiebeln. Gute Rokokostuckdecken von Peter Ant. und Andreas Mosbrugger, teils mit unterlegtem Spiegelglas. Ofen 1773 von Heinr. Bleuler. – Haus Im Feld. Erb. 1866–67.

BETSCHWANDEN. Ref. Kirche. Erstmals erwähnt 1370, mehrmals umgebaut; Renov. 1952. Nach S gerichtete mittelalterl. Anlage mit Turmchor. Am Käsbissenturm gekuppelte roman. Schallöffnungen, im Schiff roman. Rundbogenfenster nachgewiesen; die heutigen Stichbogenfenster im 18. Jh. ausgebrochen. An der Emporenbrüstung Rest einer spätgot. Holzdecke 1487 von Peter Wisdanner; Holzkanzel 1619. – Marglen, am jenseitigen Steilhang. Malerische Gruppe altglarnerischer Bauernhäuser 2. H. 17. Jh.

BRAUNWALD. Ref. Kirche. Im Turm der 1904 erbauten Kirche eine spätgot. Glocke aus Betschwanden E. 15. Jh. – Ref. Bergkirche. Erb. 1962–64 von Oskar Bitterli. Der landschaftlichen Situation gut angepasste Anlage mit freistehendem Turm; Turmhahn von Robert Lienhard. Sechseckiger Raum; Decke, Abendmahlstisch und Kanzel aus Lärchenholz. – Ortstockhaus, auf Braunwald-Oberstaffel. Erb. 1931 von Hans Leuzinger; fragwürdige Vergrösserung in neuerer Zeit. – Grünhornhütte, im Tödigebiet. Erb. 1863, erste Hütte des Schweiz. Alpenclubs.

RÜTI. Schöne alte Brücke, Bauzeit unbekannt.

LINTHAL. Ref. Kirche. Erb. 1782, Frontturm mit Spitzhelm. – Ehem. Kirchturm. Mit der alten Kirche erb. um 1283. Im Turmchor Sakramentshäuschen; Notdach. – Kath. Kirche, im Seggen. Erb. 1906–07 von Aug. Hardegger. – Haus des Staatsmannes Esajas Zweifel (1827–1904); Hausspruch 1814. – Biedermeierhäuser bei der ref. Kirche und bei der Talstation der Braunwaldbahn. – Bergschulhaus im Auen. Holzbau 1958–59 von Jak. Zweifel und Willi Marti.

ENGI, im Sernftal. Schöne alte Steinbrücke vor dem westl. Dorfeingang, 2 verschieden weite Joche über den Sernf; Bauzeit unbekannt.

MATT. Ref. Kirche. Erster Bau 1261, davon der mächtige Turm und die Mauern des Langhauses erhalten; Umbau 1758. Im Schiff spätgot. Holzdecke, geschnitzt und bemalt 1497 von Peter Wisdanner. Grosse Glocke mit feinem Renaissancedekor 1597 von Peter VI Füssli. – Schönes Holzhaus, ob der Strasse nach Elm, erb. 1807.

ELM (Abb. 39). Ein grosser Teil des Dorfes 1881 durch Bergsturz verschüttet. – **Ref. Kirche.** Einzige rein spätgot. Kirche des Kantons, vermutlich E. 15. Jh.; teilweise renov. 1966–67. Käsbissenturm seitlich des 3seitig geschlossenen, rippengewölbten Chores. Im Schiff spätgot. Holzdecke 1562 von Lorenz Davor. Geschnitzte Kanzel von 1615, bezeichnet M(eister) N L. – Friedhof. Heraldische Grabtafel für Bannherrn Hans Elmer, schöner Bronzeguss 1603 von Peter VI Füssli. Gedenkstein für die Opfer des Bergsturzes von 1881. – **Grosshaus** (Abb. 39). Holzbau von 1585–86; Restauration 1968. Im N-Teil reichgestaltete Stube mit Einlegearbeiten. Beachtliche theologische Bibliothek 16.–18. Jh. – Sog. Suworowhaus. Steinbau von 1748; hier übernachtete 1799 der russische General Suworow vor dem Übergang über den Panixerpass. – Zentnerhaus. Doppelhaus, in Holz erbaut 1799. – Schöne Bauernhäuser am Talweg nach Hintersteinibach. – Schulhaus. Erb. 1962 von Daniel und Werner Aebli und Bernhard Hösli; Wandbildrelief 1962 von Rosmarie Winteler.

KANTON GRAUBÜNDEN

Graubünden, schon in vorhistorischer Zeit besiedelt, wurde 15 v. Chr. von den Römern unterworfen und bildete in spätrömischer Zeit das Kerngebiet der Raetia prima mit dem Sitz der Verwaltung in Chur, wo 451 Asinio als erster Bischof urkundlich bezeugt wird. Aus der romanisierten rätisch-keltischen Sprache entwickelte sich die romanische, die, im Nordwesten durch die alemannische zurückgedrängt, sich in den Tälern des Engadins, des Oberhalbsteins und des Bündner Oberlandes zu halten vermochte. Im Frankenreich bildete Graubünden als Churrätien einen halbsouveränen Kirchenstaat. Karl der Grosse führte die fränkische Gauverfassung ein, an die karolingische Renaissance erinnern die Monumentalmalereien im Kloster Müstair/Münster. Im 10. Jh. ging Rätien ans Deutsche Reich über, unter Ausbildung eines bischöflichen Feudalstaates. Als klösterliche Lehensherrschaften erlangten Disentis am Lukmanierpass und Pfäfers an der Walenseeroute grosse Bedeutung. In der Kathedrale von Chur und der gemalten Decke von Zillis hinterliess die Romanik ihre eindrücklichsten Spuren. Im Hochmittelalter entstanden kleine Adelsherrschaften wie die der Freiherren von Vaz, Rhäzüns, Belmont, Sax-Misox, Werdenberg-Sargans und Matsch, deren Burgen bis heute die Landschaften Graubündens prägen. Demokratische Elemente bildeten die Markgenossenschaften, die Gemeinden der Freien am Schamserberg und zu Laax, die durch einwandernde Deutschwalliser gegründeten freien Walsergemeinden Rheinwald, Davos, Langwies, Safien, Vals, Avers u. a. Die politische Macht lag bei den Gerichtsgemeinden, die sich zur Sicherung des Landfriedens angesichts des Zerfalls der Reichsgewalt zu Bünden zusammenschlossen. Die wichtigsten waren der Gotteshausbund (1367), der Obere oder Graue Bund (1395 und 1424) und der Zehngerichtebund (1436), die sich zum «Freistaat der Drei Bünde» verbanden. Der Bundesbrief von 1524 bildete bis 1798 die geltende Verfassung. Die Bedrohung durch Habsburg-Österreich führte zu Bundesverträgen mit der Eidgenossenschaft 1497 und 1498, mit deren Hilfe sich Graubünden 1499 im Schwabenkrieg gegen Kaiser Maximilian siegreich behauptete. Es folgten der Kauf der Herrschaft Maienfeld 1509 und die gemeinsame Eroberung des Veltlins 1512 zur Sicherung der Wege nach Italien. Den Streit um den Glauben suchten die Ilanzer Artikel von 1524 und 1526 zu regeln.

Die Pässe Graubündens brachten den zunftmässig organisierten Transportverbänden, den Porten, Brot und Verdienst, sie verstrickten das Land aber auch in die grosse Politik und machten es während des Dreissigjährigen Krieges und des Spanischen Erbfolgekrieges zum Spielball der Mächte Habsburg-Österreich, Venedig, Mailand-Spanien und Frankreich. In den Bündner Wirren war das Land wiederholt von Auflösung bedroht. In der Französischen Revolution ging das Veltlin verloren, das von Parteien zerrissene Land wurde der Helvetischen Republik einverleibt und 1803 durch Napoleon in der Mediationsakte als Kanton der Eidgenossenschaft angeschlossen. Die Autonomie der Gerichtsgemeinden, erwachsen aus der geo-

graphischen Unterteilung des Landes in über hundert Täler, wurde in den kantonalen Verfassungen von 1854, 1880 und 1894 zugunsten eines vereinheitlichten Kantons abgebaut und dafür die reine Demokratie mit Volksinitiative und vermehrter staatlicher Schul- und Wohlfahrtspflege ausgebaut. Das 19. Jh. sah den Bau der ersten Alpenstrassen und einer eigenen Staatsbahn, der Rhätischen Bahn. Im 20. Jh. entwickelten sich weite Gebiete Graubündens (Davos, Arosa, St. Moritz, Schuls-Tarasp u. a.) dank der grandiosen Landschaft zu weltweit begehrten Zielen des Tourismus. Die Ausbeutung der reichen Wasserkräfte Graubündens brachte den befruchtenden Anschluss an die schweizerische Industrie und Wirtschaft.
Während die spätgotische Kunst Schwabens in zahlreichen herrlichen Schnitzaltären in die Täler Graubündens Eingang fand, schuf der Barock, von Süden beginnend, Kirchenbauten im Misox und Puschlav über das Oberhalbstein nach dem Bündner Oberland und dem Lugnez. Die Herrenhäuser des 17.–18. Jh. dokumentieren den Anteil Graubündens an den Erträgen der fremden Dienste, so u. a. die Salis-Paläste in Soglio und die Planta-Häuser im Engadin. Eine Frucht der Aufklärung waren zahlreiche Schulgründungen des 18. Jh. in ehemaligen Schlössern (Haldenstein, Marschlins, Jenins, Reichenau).

***CHUR** (Abb. 45–51)

Die röm. Siedlung «Curia» lag auf der linken Seite der Plessur; auf einer Anhöhe am rechten Ufer errichteten die Römer vermutlich erst im 4. Jh. ein Kastell. Aus dem Kastell entstand der heutige Hof (s. S. 135), die Residenz der 451 erstmals genannten Churer Bischöfe. Von der mittelalterl. Befestigung des Hofes haben sich 2 Türme erhalten: Der Marsöl (s. S. 136) an der NO-Ecke und der Torturm (s. S. 135) mit der Hofkellerei. Die mittelalterl. Stadt am Fuss des Hofes entwickelte sich als Warenumschlagsplatz und als Ausgangspunkt für die Passübergänge nach Italien. Sie erhielt im 13. Jh. eine Befestigung, von der noch das Obertor (s. S. 138), der Torbogen des Schanfiggertörleins, der Pulverturm (s. S. 138), der Karlihof- und der Sennhofturm sowie geringe Teile der Ringmauer und 2 namenlose Turmschalen stehen. Im 15. Jh. löste sich die Stadt von der bischöflichen Oberherrschaft, 1532 war sie bereits protestantisch; der Hof bildete seither und bis 1854 eine politische und konfessionelle Enklave. Seit 1803 ist Chur die Hauptstadt des Kt. Graubünden.

Kathedrale St. Mariä Himmelfahrt* (Ortsplan, 7; Abb. 45–50). *Wuchtiger, spätromanischer Raum mit hervorragender Bauplastik und reicher Ausstattung, welche von karoling. Zeit bis zum Barock reicht; bedeutender Kirchenschatz.* Bei den Ausgrabungen von 1921 wurden Reste zweier Vorgängerbauten entdeckt. Eine kleinere Apsis gehört wahrscheinlich zur Kathedrale des 5. Jh., eine grössere zur Kirche des Bischofs Tello (gest. um 773), von der auch Fragmente der marmornen Chorschrankenreliefs erhalten geblieben sind (s. S. 130, 131). Der heutige Bau wurde wohl unter dem Zisterzienserbischof Adalgott (1151–60) begonnen, Chorweihe 1178, Kreuzaltar 1208, die Schlussweihe 1272 unter Bischof Heinrich v. Montfort. Anbau der Lauren-

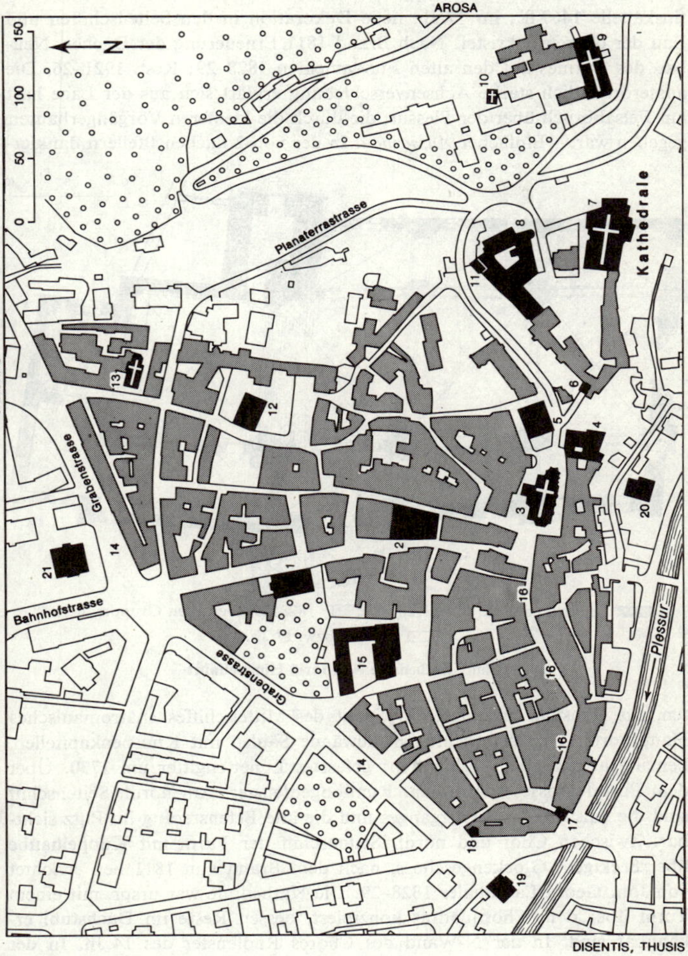

Ortsplan Chur

1. Altes Gebäu. – 2. Rathaus. – 3. Ref. Pfarrkirche St. Martin. – 4. Oberer Spaniöl. – 5. Rätisches Museum, ehem. Haus Buol. – 6. Torturm. – 7. Kathedrale (Dom). – 8. Bischöfliches Schloss. – 9. Kirche St. Luzi. – 10. Ehem. Kirche St. Stephan. – 11. Marsölturm. – 12. Graues Haus oder Neues Gebäu. – 13. Ref. Pfarrkirche St. Regula. – 14. Grabenstrasse. – 15. Ehem. Predigerkloster St. Nicolai. – 16. Obere Gasse. – 17. Obertor. – 18. Pulverturm. – 19. Haus zum Brunnengarten. – 20. Haus Schwartz auf dem Sand. – 21. Kunsthaus

tiuskapelle 1467 ff.; im 17. Jh. neue Dekoration in den Seitenschiffen und Bau der oberen Sakristei. Nach Brand 1811 Erneuerung der Dächer, Neubau des Turmes auf den alten Fundamenten 1828–29; Rest. 1921–26. Die ausserordentlich starke Achsenverschiebung erklärt sich aus der Lage hart am Felsabbruch über der Plessur, die durch die kleineren Vorgängerbauten gegeben war. – Einfacher *Aussenbau.* In der von 2 flachen Pfeilern flankier-

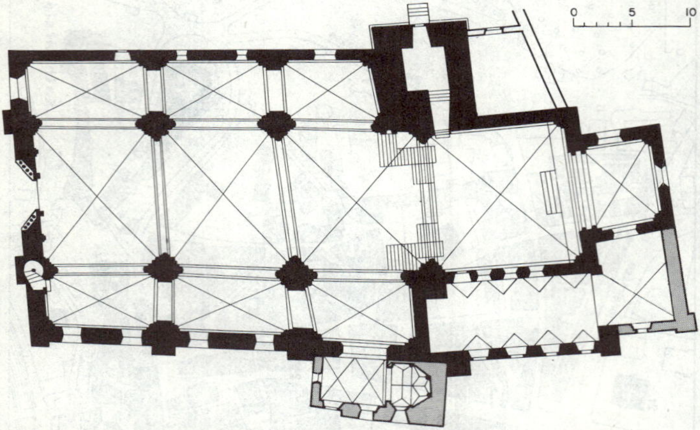

Spätromanisch, 12.–13. Jh. 1828–29 über alten Grundmauern
1467 ff. bzw. 17. Jh.

Chur. Kathedrale St. Mariä Himmelfahrt

ten, aus Haustein errichteten W-Front des Mittelschiffes spätromanisches Hauptportal; vor dem schrägen Gewände Säulen mit Knospenkapitellen, bemalte abgetreppte Archivolten; gefasstes Lünettengitter um 1730. Über dem Portal grosses spätroman. Rundbogenfenster. Am nördl. Seitenschiff sind die Ansätze des Kreuzganges und die alte Befensterung im Putz sichtbar. Zwischen Chor und nördl. Seitenschiff der Turm mit Kuppelhaube über 8eckigem Glockengeschoss, nach dem Brand von 1811 neu errichtet von Joh. Georg Landthaler 1828–29. Die Kathedrale war urspr. mit einem Turm über dem Chorquadrat konzipiert, dessen Reste im Dachstuhl erkennbar sind. In der N-Wand des Chores Radfenster des 14. Jh. In der S-Wand eine Gruppe aus 3 Fenstern, 1921–24 im urspr. Sinn wieder hergestellt. Darunter erhebt sich das 2geschossige Sakristeigebäude. In der NO-Ecke des Chores Löwenskulptur A. 13. Jh. An der O-Wand des Altarhauses Wandbildfragment mit Darstellung der Kreuzigung 14. Jh., darüber die urspr. Dachlinie (bis 1811) sichtbar. – *Inneres* (Abb. 50). Die basilikale Anlage über auffallend unregelmässigem Grundriss besteht aus dem Langhaus mit 3 dem Quadrat angenäherten Jochen im Mittelschiff und schmalen Seitenschiffen, dem stark erhöhten, über seitliche steile Treppen zugänglichen Chor und dem eingezogenen, gerade geschlossenen Altarhaus. Auf Bündelpfeilern schwere überhöhte Kreuzgewölbe mit rechteckigen Rippen. Vom O-Joch des südl. Seitenschiffes Zugang zur Laurentiuskapelle mit eigenem netzgewölbtem Polygonalchörlein, dat. 1467 an der nördl. Schräge, 1491 am Sakramentshäuschen, 1544 über dem Chorbogen. – *Krypten.* Unter Chor und Altarhaus, gegen das Schiff hin in ganzer Breite mit einem flachen Bogen geöffnet, der die 2 Treppenabgänge überspannt. Vordere Krypta mit ungewöhnlich flachem Kreuzrippengewölbe, die Kreuzung der breiten Bandrippen mit einer Achteckstütze über geducktem Löwenreiter unterstellt; dahinter unter dem Altarhaus 2schiffiger Raum, dessen 4 Kreuzgratgewölbe auf 2 gedrungenen Säulen abgestützt sind. Régencestuckdekoration 1730 auf rosa und grünem Grund. Die hintere Krypta ist durch ein Gitter des frühen 16. Jh. mit diagonal gestellten Stäben abgetrennt. – *Bauplastik.* In der hinteren Krypta Würfel-, Blatt- und Figurenkapitelle mit Masken aus der 2. H. 12. Jh. Die Kapitelle des Altarhauses (Abb. 46) und des Chores werden dem nach einem von ihm geschaffenen Kapitell am Chorbogen genannten Danielmeister zugeschrieben und zeigen u.a. von O nach W 4 Karyatidenengel mit Ritter (Altarhaus), die Hl. Familie zusammen mit Eva und die Anbetung der Könige (am Bogen zwischen Chor und Altarhaus), am Chorbogen Symbolisierung der Bedrohung des Menschen durch das Böse und Daniel in der Löwengrube mit Habakuk und Cyrus. Im Schiff, an den Arkaden und in der Gewölbezone weitere Figurenkapitelle eines zweiten Meisters aus derselben Werkstatt, z.B. König Salomon im nördl. Obergaden. Gegen W und in den Seitenschiffen vegetabile Formen, vor allem Knospenkapitelle, auf den Kämpferplatten Kymatien, Wellenranken u.a. An den Pfeilerbasen Eckknollen mit Blatt- und Tiermotiven 1. H. 13. Jh. Am Eingang zur Krypta 4 einzigartige *Apostelsäulen** (Abb. 47) auf Löwenpostamenten und mit Karyatidenkapitellen A. 13. Jh. von einem Pulpitum (Lettnerkanzel über dem Kreuzaltar) am Kryptenbogen; heutige Aufstellung 1921. Zur gleichen Werkstatt gehören die bereits erwähnte Stütze im Zentrum der vorderen Krypta, ferner die Löwenkonsolen über den Chortreppen und verschiedenenorts versetzte Gesimsnischen mit Zierstab und Perlschnur. Die roman. Bauplastik ist mit norditalienischen und provenzalischen Werken in Verbindung zu bringen. – Neben der linken Chortreppe *spätgot. Sakramentshäuschen*, wohl das reichste und harmonischste Werk dieser Art in der Schweiz; in Sandstein gehauen von Meister Claus aus Feldkirch, dat. 1484, mit 2 Engelsfiguren sowie Statuen Marias, der Diözesanheiligen Luzius und Florinus sowie der Apostel Peter und Paul in der fialenbesetzten Bekrönung. An der O-Wand, hinter dem Hochaltar, spätgot. Wandsarkophag über Konsolen, zur Aufnahme von Reliquien. – *Wandmalerei.* Im W-Joch des nördl. Seitenschiffes (jetzt Taufkapelle) Anbetung der Drei Könige und Heiligen sowie Kreuzigung mit den klagenden Frauen, ein Hauptwerk des Waltensburger Meisters 2. V. 14. Jh.; übrige Darstellungen mit Weltgericht, Wappen und Heiligen 1. H. 15. Jh. Renaissancemalerei in der Laurentiuskapelle 1546. Die Seitenschiffgewölbe im 17. Jh. in 2 Etappen bemalt, die mittleren Joche wohl von Joh. Christoph Guserer (gest. 1707). Im westlichsten Joch der S-Seite Stuckdekoration und Wandbild mit Christus und Petrus auf dem Meer nach dem Emailbild im Domschatz. Dekorationen in der Luziuskapelle (hinter der Betloge) 1.V. 17.Jh. – *Glasmalerei.* Grosses W-Fenster, 1884 von den Parisern Claudius Lavergne und Sohn; die meisten anderen nach Entwürfen von Albin Schweri um 1926. – *Ausstattung.* Im W-Joch des nördl. Seitenschiffes (Taufkapelle) Katharinenaltar. Beachtliches spätgot. Flügelretabel mit gemaltem Mittelbild und Standflügeln 1926 rekonstruiert, Stifterwappen des Bischofs Heinrich v. Höwen (1491–1505, gest. 1509); weist Beziehungen zu Dürers Holzschnitten auf. Taufstein 1612, Aufsatz E. 17. Jh. Im mittleren Joch Schnitzaltar von 1511 mit 3teiligem Figurenschrein, St. Luzius geweiht, gemaltes Antependium mit Abendmahl um 1480; durch die Gottfried-Keller-Stiftung aus der ehem. Klosterkirche Churwalden erworben. Im O-Joch Herz-Jesu-Altar, errichtet 1652, die seitlichen Figuren Erasmus Kern aus Feldkirch zugeschrieben, Altarblatt von Felix Baumhauer 1926. An der nördlichen Hochschiffwand des O-Joches bischöfliche Betloge auf gestuftem Unterbau mit Frührenaissancemalerei in Camaïeutechnik 1517, an der Brüstung Anbetung der Könige; Régenceholzgitter um 1730. Kanzel aus rötlichem Stuckmarmor 1733 von Meister Joseph. Auf der linken Chortreppe unterer Bischofsstuhl 1926 aus got. Fragmenten zusammengesetzt, Werkstatt des Jak. Russ um 1490; 2reihiges Chorgestühl M. 15. Jh., aus dem Schiff in den Chor versetzt 1845; Dorsalien mit feinem Masswerk; die Statuen in den Wangen der Hochsitze stammen von einem ältern Gestühl aus der 1. H. 14. Jh. Bischofsthron 1883–84. Am Bogen vor dem Altarhaus manieristischer Kruzifixus E. 16. Jh. – *Hochaltar** (Abb. 45). *Der bedeutendste und schönste Schnitzaltar der schweizerischen Spätgotik.* Roman. Altartisch mit von Säulen umgebenem Stipes von 1178, zu dem Spolien der ersten Kirchen verarbeitet worden sind: u. a. Mensa mit einfachem Rand, karoling. Säulen und Marmorfragmente mit Flechtband. Jak. Russ von Ravensburg errichtete darauf 1486–92 das Schnitzwerk; Fassung und Malerei von einem Meister Michel, vielleicht aus der Malerwerkstatt des Hans Huber aus Feldkirch. Predella vorn und hinten mit insgesamt 6 Reliefs der Passion Christi. Im Schrein thronende Muttergottes, von Engeln umgeben, zwischen den Diözesanheiligen Luzius, Emerita, Ursula und Florinus; auf den Innenseiten der Flügel Reliefs der St.-Galler Klosterpatrone Gallus und Otmar sowie der Patrone von Disentis, Sigisbert und Plazidus. Auf den Flügelrückseiten sind die Geburt Christi und die Anbetung der Könige gemalt. An der Rückseite des Schreines vollplastische, vielfigurige Kreuzigungsdarstellung. Im Gesprenge u. a. Marienkrönung, Apostel und Dreifaltigkeit mit Maria und Johannes d. T. als Fürbitter. – St.-Fidelis-Altar in der hintern Krypta. Im Altarblock sind die 1921 gefundenen karoling. Marmorplatten eingesetzt. Vor der Reliquiennische für den Hl. Fidelis von Sigmaringen Gitter E. 15. Jh., vom Wandsarkophag hinter dem Hochaltar. Als Aufsatz ein kleiner kielbogiger Flügelaltar mit den gemalten Darstellungen der Marienkrönung, Verkündigung und Heilige, M. 15. Jh. – Im O-Joch des südl. Seitenschiffes Altar

St. Plazidus und Sigisbert, errichtet 1646; Abendmahlsbild vermutlich von Georg Wilh. Graesner 1647; die spätgot. Statuen der Patrone 1490–1500 vermutlich von Jak. Russ. – Über dem Eingang zur Laurentiuskapelle Votivbild der Familie v. Mont-Cabalzar mit Kreuztragung um 1610. Im Durchgang eine Pietà aus der Werkstatt des Jak. Russ um 1490. In der Kapelle Laurentiusaltar. Die in Front und Kerzenstufen eingesetzten karoling. Marmorplatten zeigen 3strähniges Flechtband, Rosetten, Weinranken und Trauben sowie auf der Mittelplatte des Stipes 2 Löwen zu beiden Seiten des Kreuzes. Altaraufsatz dat. 1545, gestiftet von Bischof Luzius Iter; in graziösem Frührenaissancerahmen Anbetung der Könige im Mittelbild, seitlich und in der Predella 7 Szenen aus dem Leben des Heiligen, im Aufsatz Salome mit dem Haupt Johannes' d.T. Die Malerei zeigt Verbindungen zur Donauschule. – Im mittleren Joch des südl. Seitenschiffes Josephsaltar von 1657. Im W-Joch Rosenkranzaltar, Stuckretabel von 1653, Altarblatt mit der Hl. Familie von Joh. Rud. Sturn. In der Sakristei (umgestaltet 1964) Spätrenaissanceretabel mit Kreuzigungsbild von G. Dreher 1606; Predella mit Grablegung von Franciscus Schorno 1684. – Zahlreiche *Grabdenkmäler* vor allem des 17. und 18. Jh.: u. a. vor dem Portal, am südl. anschliessenden Haus 2 Standplatten mit Figur des Dekans Albero v. Montfort 1311 und mit Wappen Flums 1313. Beachtlicher Sarkophag des Bischofs Ortlieb v. Brandis (gest. 1491) von Jak. Russ in rotem Marmor 1485 mit Liegefigur des Bischofs. An der W-Wand nördl. des Portals Epitaph des Bischofs Thomas v. Planta mit Halbfigur (gest. 1565). Rechts davon im Seitenschiff einfache Grabplatte des Jürg Jenatsch, Graubündner Politiker und Offizier im Dreissigjährigen Krieg (1596–1639). Barockepitaphien meist in schwarzem Marmor u. a. für Bischof Ulrich VI v. Mont (gest. 1692), Paul Buol (gest. 1697), Bischof Ulrich VII v. Federspiel (gest. 1728), Gg. Anton v. Rost (gest. 1738) (O-Joch des N-Seitenschiffes, oben). Klassiz. Epitaphien für Bischof Dionys v. Rost (gest. 1793) in schwarzem, die allegorischen Gestalten des Todes und der trauernden Kirche in weissem Marmor; für Joh. Anton de Buol (gest. 1797) und Bischof Carolus Rudolf de Buol (gest. 1833). Vor dem Hauptportal neuroman. Epitaph des Weihbischofs Alb. v. Haller (gest. 1858).

*Dommuseum**. An der S-Seite des Chores, unter der Sakristei; Stücke des Kirchenschatzes auch in der Sakristei und im bischöflichen Schloss. Aus der ausserordentlich reichen Sammlung kirchlicher Kunst seien erwähnt: Spätantiker Reliquiensarkophag aus weissem Marmor und Arzneikästchen aus Elfenbein mit Relief des Äskulap, beide aus dem Hochaltar. Sog. Simsonstoff, ostchristl. oder ägyptisch 6.–7. Jh. Silbernes Reliquienkästchen A. 5. Jh., Reliquienbüchse aus Hirschhorn 7.–8. Jh., frühmittelalterl. Marmorreliquienbehälter und kleiner Kruzifix aus Zinn um 600 aus St. Lorenz zu Paspels. Fragment eines Fussbodenmosaiks aus dem Chor von St. Stephan um 500. Karoling. Bursenreliquiar 8. Jh.; vergoldetes Kupferblech über Holzkern, mit Steinbesatz, Flechtbandornamentik und Wellenranken, an den Schmalseiten Riemengeschlinge mit Kreuz zwischen Drachenköpfen sowie Vögel am Lebensbaum. Elfenbeinkästchen mit Wellenbändern und

Tiermotiven, wohl 11. Jh. Kreuzfuss aus Bronze E. 11.–A. 12. Jh. (Abb. 49) mit den 4 Evangelisten, denen die 4 Paradiesesflüsse zugeordnet sind, darüber der aus dem Sarg aufsteigende Adam zwischen 2 Engeln; signiert Azzo. Ziselierte Tropfschalen von roman. Leuchtern 12. Jh. Turnustafel aus Kastanienholz mit Tiermotiven in geschnitzten Ranken, Blattborten und Lamm Gottes 12. Jh. Evangeliar M. 12. Jh. Reliquienschrein des Hl. Luzius dat. 1252; urspr. in Hausform, später in halbe Dachtruhe umgearbeitet, aus getriebenem vergoldetem Kupferblech auf Holz, in den fein ziselierten Rundbogenarkaden Kreuzigung und Heilige. Grosses Triumphkreuz in getriebenem Silberblech, eine italienische Arbeit um 1200. Elfenbeinerner Bischofsstab um 1200, zugehörige Krümme aus Holz A. 14. Jh. Holzstatue eines thronenden Bischofs A. 13. Jh. Aus got. Zeit: Vorzüglicher getriebener Reliquienschrein in Hausform, wohl Konstanzer Arbeit A. 14. Jh., später umgearbeitet; Kupfer vergoldet mit thronendem Christus, Aposteln und Heiligen unter Dreipassarkaden, in den Zwickeln Bergkristalle. Reliquienschrein, Holz mit gemalten Brustbildern der Hl. Luzius und Emerita, um 1430. Spanisch-arabisches Elfenbeinkästchen mit reichen silbervergoldeten Beschlägen aus dem 14. Jh. Kapselostensorium, Kupfer vergoldet, 2. H. 14. Jh. Hostienkästchen in Kapellenform, aus Kupferblech vergoldet, um 1500. Grosse, reiche Turmmonstranz aus Silber, mit rechteckigem Hostienbehälter und vergoldeten Figürchen in den Fialen, um 1510. Zahlreiche Stand- und Vortragekreuze, u. a. Wettersegenkreuz, Silber vergoldet, 2. V. 15. Jh. Kreuzigungsgruppe aus Alabaster 2. H. 16. Jh. Reliquienbüsten, Silber vergoldet, der Hl. Florinus A. 14. Jh., Ursula 1407, Emerita 1. Drittel 15. Jh., des Hl. Plazidus (Abb. 48) um 1450, Luzius 1499. Kusstafel mit Perlmutterrelief der Kreuzigung in silbervergoldetem Rahmen M. 15. Jh. Pontificale mit Kanonbild und Initialen um 1550. Messgewand aus islamisch-ägyptischem Stoff des 14. Jh. und gesticktem Besatz um 1500. Muttergottesstatue aus Holz, schwäbisch um 1490. Drei Statuen 1505 von Ivo Strigel aus San Vittore. Tafel mit der Grablegung Christi um 1450–60. Hausaltärchen mit Flügeln, niederländisch E. 15. Jh. Kelche aus der späten Gotik bis ins 18. Jh., besonders reich das um 1720 für Bischof Ulr. v. Federspiel gearbeitete Augsburger Werk von Joh. David Saler (gest. 1724). Barock: Halbfigur der Muttergottes aus Silber, am Sockel dat. 1600. Krümme mit Muttergottes, Silber vergoldet, A. 17. Jh. Vier silbergefasste Glasreliquiare 17. Jh. Miniaturmalerei auf Lapislazuli mit Christus und dem versinkenden Petrus auf dem Meer, Vorbild des Blattes des Josephaltares und des Wandbildes im W-Joch des S-Seitenschiffes. Lederantependium um 1700; gestickte Messgewänder und Antependium 18. Jh.

ALTSTADT UND HOF

Poststrasse. Strassenanlage des 19. Jh. – **Altes Gebäu**, Nr. 14 (Ortsplan, 1). Eines der bedeutendsten Herrschaftshäuser des Kantons, jetzt Gerichtsgebäude. Erb. 1727–30 für Envoyé Peter v. Salis-Soglio. Vornehmer, regelmässiger Rechteckbau mit 3 Geschossen unter Walmdach; zentrale 2läufige Treppenanlage mit Holzbalustergeländer. Ausgezeichneter Régencestuck;

Deckengemälde von Gian Pietro Ligari aus Sondrio. Chinesisches Zimmer und mit Landschaften bemaltes Täfer in Camaïeutechnik. Reduzierte Rekonstruktion der barocken Gartenanlage. – Haus zur Glocke, Nr. 24. Am Dreieckerker dat. 1609. Absteigequartier des französischen Herzogs und Hugenottenführers Rohan. – Haus Salis, Casinoplatz Nr. 7. Portal mit Engelsköpfen und Traubenranken um 1675. Fenstergitter; Wappenstein Salis 1723. – Steinbockbrunnen. Errichtet 1912 von Wilh. Schwerzmann. – Rathausgasse Nr. 1, Haus des Stadtschreibers Otto v. Schwartz. Erb. um 1680–87, mit Allianzwappen Schwartz-Davaz über schönem, behauenem Portalgewände; 3geschossiger Eckerker mit Kuppeltürmchen. Vorzügliche Täferzimmer; Turmofen 1700 von David Pfau. – **Rathaus** (Ortsplan, 2). Zusammengewachsen aus drei spätmittelalterlichen Baukörpern, beachtliches Dach auf Trapezgrundriss mit steigendem First und Dachreiter um 1560. Im Erdgeschoss des Mittelteils offene Halle mit Kreuzgratgewölben auf 4 runden steinernen Stützen um 1540; hohes spitzbogiges Fenster mit Fischblasenmasswerk um 1490, von der ehem. Heiliggeistkapelle stammend. An der O-Front Portal mit Holztür; im Bogenfeld stilisierte Basilisken und Stadtwappen dat. 1525. Im Obergeschoss grosse Halle ehem. mit offenem Dachstuhl. Im Ratssaal Balkendecke dat. 1494, mit geschnitzten schlusssteinartigen Medaillons; in den Fensternischen geschraubte Stützen; Turmofen von Daniel Meyer 1734; Türgewände von 1546. In der Bürgerratsstube eine Fensternische mit Kandelabersäulen von Paul Gering dat. 1590; ausgezeichnetes Renaissancetäfer mit Bildintarsien, am Zinnbecken dat. 1583, aus dem Haus Menhardt, hierher versetzt 1892; Prachtofen von Hans Heinr. I Pfau 1632. Im Zivilstandsamt Gewölbestukkaturen um 1730. In der Stadtkasse Turmofen von Daniel Meyer 1753 aus der Pfisternzunft. Im angeschlossenen Haus Reichsgasse Nr. 60, von der Halle aus zugänglich, vorzügliche Wandmalereien von 1548 mit Einhorn, Urteil des Daniel und Fragment mit Tod der Lukrezia; rest. 1963. – Ehem. Landesarchiv, an das Rathaus anstossend. Nach der Poststrasse grosszügige Wappenmalerei der Drei Bünde um 1760. – *Reichsgasse.* Massnerhäuser, zwischen Landesarchiv und Mühleplatz. Aus verschiedenen Bauten zusammengesetzt. Auf die Reichsgasse 3achsiges Haus mit 2geschossigem, von Zwiebelhaube gedecktem Erker, darunter bossenbesetztes Portal. Im Innern Stuckdecken um 1700. – Hotel Freieck, Nr. 50. Dreieckerker dat. 1577. – Haus zur Linde, Nr. 55. Erb. im 16. Jh., später umgebaut. Régencestuckdecken um 1730–35; 2 bemalte Kuppelöfen 1763. – Nr. 57, Geburtshaus der Malerin Angelika Kauffmann. – Ehem. Haus Brandis, Nr. 65. Erb. 1480, umgeb. 1657–71. Wappenstein Scandolera; got. Hauptstube im 2. Obergeschoss. – Ehem. Haus Ragatzer, Nr. 71. Erb. A. 16. Jh., umgeb. 1580 und 1667. Schmales 5geschossiges Haus mit spätgot. Fensterdispositionen und Krüppelwalmdach; 2seitiger Erker am 1. Obergeschoss dat. 1667. Spätgot. Erkerstube mit Frührenaissance-Fenstersäule. Im Hausgang eiserner Laden von der Fassade. – *Rabengasse.* Haus zum Raben, Nr. 4. Charakteristisches spätgot. Churerhaus, erb. im 1. V. 16. Jh., ausgeb. 1585; got. Stuben. – Ehem. Haus Pestalozza, Nr. 6. Erb. E. 16. Jh. An der Fassade frühbarocke

Grisailledekorationen, rest. 1968; reiche schmiedeiserne Ladentür frühes 17.Jh. In einem Raum des 3.Stocks 44 Porträts auf Leinwand 2.H.17.Jh. **Ref.Pfarrkirche St.Martin** (Ortsplan, 3). Bei den Ausgrabungen 1917 Nachweis einer karoling. Saalkirche mit drei Apsiden, in der Breite des heutigen Hauptschiffes. Nach dem Stadtbrand von 1464 Verlängerung um ein Joch nach O und Neubau des Chores von Meister Stefan Klain, vollendet 1473, Einwölbung des Schiffes 1491. Das Seitenschiff an der N-Seite entstand aus einem Annex der älteren Kirche. Turmbau bis 1509, Wächterstube 1534; Renov. 1917–19, gleichzeitig neue Vorhalle, Orgel im Chor, neue Fenster an der S-Wand des Schiffs, neues S-Fenster im Chor und neuer Turmabschluss mit Spitzhelm. Vierjochiges Hauptschiff mit nördlichem Seitenschiff, polygonaler Chor. Der Aussenbau zeigt an der S-Seite des Langhauses karoling. Blendarkaden und spätgot. Strebepfeiler, am Chor 3eckige Streben. Turm an der N-Seite des Schiffes mit sternförmigem Rippengewölbe im Erdgeschoss; an der W-Front des Turmes spätgot. Relief des Hl.Martin zu Pferd, Werkstatt des Jak.Russ. Das Netzgewölbe des Langhauses ruht auf keilförmig vorspringenden Wandvorlagen mit Diensten, an einem Schlussstein dat. 1491; das Sterngewölbe im Chor auf Wanddiensten dat. 1473. Emporen im N und W 17.Jh. Drei farbige Glasfenster 1917–19 von Augusto Giacometti. Holzkanzel 1558; Taufstein 1685. Reste eines bedeutenden Chorgestühls aus der Werkstatt des Jak. Russ 1490–1550, figürliche Verzierungen an den Sitzknäufen und Figuren an den Wangen; urspr. Standort unbekannt. – Martinsbrunnen. Im wesentlichen von 1716. Becken mit Darstellungen des Tierkreises von Joh. Wanckmüller; Statue nach Original im Rät. Museum kopiert 1909–10 von Alex. Bianchi. – Martinsplatz, Nr.8. Zwei heute zusammengefasste Häuser. Auf den Martinsplatz Dreieckerker von einem abgebrochenen Haus hierher versetzt; auf die Kirchgasse ehem. Haus Reydt, erb. im 16.Jh., mit 3geschossigem 3seitigem Erker und muschelbekröntem Fenster im Erdgeschoss dat. 1546. – *Kirchgasse.* Ehem. Haus Menhardt, Nr.2. Spätgot. Bürgerhaus erbaut nach dem Brand von 1575. Im 3.Stock steinerne Kreuzstöcke, Fensterbänder durch Gesimse verbunden; spitzbogiges Portal dat. 1575 mit Blattrosetten in den Zwickeln. – Bärenloch, Nr.6. Altstadtwinkel und Durchgang zur Plessur. – Antistitium, Nr.12. Ehem. Hof des Klosters Disentis, seit 1557 Antistitium, heute Pfarrhaus. Viergeschossiger, eher breiter Bau mit Krüppelwalmdach, aus älteren Baukörpern um 1480–90 zusammengefügt. Spätgot. Prunkstube mit flachgewölbter Bälkchendecke und Masswerkschnitzereien im 2.Stock. Zwei einfachere Kammern und Rest eines grossen Saales mit Holzstützen. An der S-Seite Turmschale der mittelalterl. Stadtbefestigung. – Schneiderzunft, Nr.14. Dreigeschossiges traufständiges Haus, erb. A.16.Jh. Flacher 3seitiger Erker 1602, Zunftstube um 1680, Türgericht 1634. – **Oberer Spaniöl** (Ortsplan, 4). Erb. 1635–40 für Carl v.Salis-Grüsch. Erster freistehender Bürgersitz der Stadt, mit unterteiltem, leicht geschweiftem Frontgiebel und Arkaden im Hof. Halbsäulenflankiertes Portal mit gesprengtem Giebel, Dreieckerker, Täferzimmer um 1645, Turmofen und Stuckdecke M.18.Jh. – **Rätisches Museum, ehem.**

Haus Buol (s. S. 139; Ortsplan, 5). Stattlicher Herrensitz mit Kreuzfirst, erb. 1675–80 für Oberst und Landammann Paul Buol.

Bischöflicher Hof. Torturm (Ortsplan, 6; jetzt Hofkellerei). Eine Treppe führt von der Kirchgasse zum tonnengewölbten Tordurchlass mit Bossenquadern. Mauerbestand des 3geschossigen Turmes roman., mit spätgot. Reihenfenstern, Zeltdach um 1640 und Wappen 1933. Im Innern 2 Stuben mit geschraubten Fenstersäulen dat. 1522; in der Trinkstube unten eine gewölbte Bälkchendecke (Täfer neu); die obere Stube flachgedeckt mit Rippennetz. – Hofplatz. Dreieckige Anlage, die Bauten der N- und S-Seite im wesentlichen nach dem Brand von 1811 erneuert. – Dompropstei, Nr. 11. Erb. 1546; Renov. 1855–56. Zweiseitiger Erker. Im Gang 2 spätgot. Türgerichte und heraldische Wandmalerei des 17. Jh. – Domdekanat, Nr. 12. Umschliesst die spätgot. urspr. freistehende Hieronymuskapelle, mit 3jochigem, reichprofiliertem Netzgewölbe. – Marienbrunnen. Figur 1951 von Hans v. Matt. – **Kathedrale*** (Ortsplan, 7), in der SO-Ecke des Platzes (s. S. 126). – **Bischöfliches Schloss** (Ortsplan, 8; Abb. 51) in der NO-Ecke. Unregelmässiger Gebäudekomplex um einen kleinen Innenhof. Unter Verwendung mittelalterl. Bestandes neuerbaut unter Bischof Johannes VI v. Flugi (1636–61) und Bischof Ulrich VI v. Mont (1661–92), z. T. von Baumeister Domenico Barbe. Zweite, den Charakter wesentlich bestimmende Bauperiode unter Bischof Jos. Benedikt v. Rost (1728–54); unter ihm entstanden W-Fassade, Treppenhaus sowie sämtliche Stukkaturen. Vor dem W-Trakt, als Schaufront gegen den Hofplatz, die 3achsige *Eingangsfassade* von 1732–33. Die äusseren Achsen durch reiche Portale, rahmende Kompositpilaster grosser Ordnung und Dreieckgiebel ausgezeichnet, über der schmaleren Mittelachse lukarnenartiger Aufsatz; Portale und Fenster von Verdachungen und Kartuschen aus Stuck bekrönt, alles in 4 Ockertönen gefasst; in den Oberlichtern der Tore gute schmiedeiserne Gitter. Hinter der Front die prachtvolle, monumentale Treppenanlage von 1732–33; hier auch die reichsten Stuckdekorationen des Schlosses und von den besten Régencestukkaturen der Schweiz, von Meister Joseph um 1733. S-Flügel: Nach dem Innenhof sog. Silbergewölbe, Wappen des Bischofs Heinrich v. Höwen um 1500. Dem langen N-Flügel dient die mittelalterl. Ringmauer z. T. als Aussenwand, an der NO-Ecke ist der Marsölturm (s. S. 136) dem Neubau des 17. Jh. einbezogen. Im 1. Obergeschoss dieses Turmes Bibliothek, sternförmige Kassettendecke mit Intarsien, um 1640. Im 2. Obergeschoss Kapelle mit hervorragendem Stuck und Ausstattung um 1730, renoviert 1968–69. Im W-Teil des N-Traktes der 2geschossige Rittersaal mit Galerie und reichgegliederter Felderdecke von 1663. Holzskulpturen, Trauernde aus einer Kreuzigung, schwäbisch um 1510. In fast allen übrigen Räumen Régencestuckdecken von Meister Joseph. Drei Turmöfen von Joh. Casp. bzw. Joh. Ruostaller 1750–53. – Ehem. Domcustorei, Nr. 20. Erb. 1829–30 von Joh. Georg Landthaler.

Kirche St. Luzi* (Ortsplan, 9). *Für die Schweiz einzigartige Beispiele einer karolingischen Ringkrypta und eines 3schiffigen spätroman. Hochchors*. Erb. 1. H. 8. Jh., vermutlich für die Reliquien des Hl. Luzius. Übernahme durch die Prämonstratenser um 1140; anschliessend Umbau und Erweiterung nach W, geweiht 1295. Nach Brand von 1811 der Chorturm abgetragen und 2 Geschosse für das Priesterseminar aufgebaut, neuer Turm 1937; Rest. 1951–52. Flachgedecktes Langhaus mit karoling. Mauerwerk im östl. Teil der S-Wand; im O-Joch Reste von roman. Wandpfeilern, übrige Pfeiler des ehem. Gewölbes um 1500. Der über Seitentreppen zugängliche Hochchor besteht aus einem Vorchor, dem 3schiffigen Chor und einem rechteckigen Altarhaus. Am Boden der Grundriss des alten karoling. Dreiapsidenchores markiert. Spätgot. Schnitzaltar um 1520, aus dem Beinhaus in Cunter; Pietà 2.H. 14.Jh.; Glasfenster und Stationen 1952 von Hans Baumhauer. – *Krypta.* Eine Mitteltreppe führt in die roman. Vorkrypta hinab, die durch 3 Arkaden gegen das Schiff geöffnet und durch 4 Rundpfeiler mit erneuerten Würfelkapitellen in 6 kreuzgratgewölbte Joche unterteilt ist. Zu beiden Seiten leiten einige Stufen zur tonnengewölbten karoling. Ringkrypta empor. Im mehrfach gebrochenen Halbkreisgang öffnet sie sich in ihrem Scheitel mit einem Stollen nach W zur zentral gelegenen Confessio (Heiligengrab und Grabaltar), nach O zur Gruftkammer des Emeritagrabes.

Ehem. Kirche St. Stephan* (Ortsplan, 10). *Reste einer frühchristlichen Grabanlage mit darüber erbauter Saalkirche.* Die Grabstätte wohl der Bischöfe von Chur gegen 500 angelegt; eine frühchristliche Saalkirche mit Apsis, Priesterbank, nördl. und südl. Annexen A.6.Jh. wurde anlässlich der Grabungen 1955–57 nachgewiesen. Reste des zugehörigen, 1851 aufgefundenen Bodenmosaiks im Dommuseum (s.S.131) und im Rätischen Museum (s.S.134). Das Hypogäum besteht aus einem rechteckigen Raum mit Vorhalle und Resten einer Tonnenwölbung; im Boden regelmässige Gräberanlage, in der Vorhalle ein einfacher spätantiker Sarkophag. An den Seitenwänden dekorative Malerei mit Marmorinkrustations-Nachbildungen in geometrischer Aufteilung, darüber Weinranken und Tauben. An der Schildwand eine apsidiolenförmige Nische, darin Reste eines später angebrachten Mosaiks mit den Paradiesesströmen; unter der Bodenplatte Reliquiengrab; beidseits der Nische Bildfragmente von je drei schreitenden Aposteln. – Brunnen, bei der Kantonsschule; Figuren Chiron und Achilles 1958 von Alex. Zschokke. – **Marsölturm** (Ortsplan, 11). Nordöstl. Eckpfeiler der Hofbefestigung, ins bischöfliche Schloss einbezogen. Der 4geschossige Turm wohl schon im 11.Jh. erbaut; Zeltdach um 1635–40. – *Süsswinkelgasse.* Unterer Spaniöl, Nr. 20. Älteste Teile got., umgeb. 1654. Im Innern Sala terrena mit Akanthusborten am Gewölbe, an der Schildwand Wappen Pestalozza und Salis. Got. Täferstube und Stuckdecke mit mythologischen Szenen um 1560. – Rotes Haus, Nr. 15. Portal mit Salis-Wappen um 1650. – Schuhmacherzunft, Nr. 7. Erb. um 1510, gleichzeitiges Kielbogenportal; erneuert nach dem Brand von 1574. – *Reichsgasse.* **Graues Haus oder Neues Gebäu** (Ortsplan, 12). Das heutige Regierungsgebäude, erb. 1751–52 von Joh. Grubenmann für Oberst Andreas v. Salis-Soglio. Ungegliederter 4geschossiger Bau unter Walmdach mit lukarnenartigem Giebel an der S-Seite. An der Schmalseite gegen die Reichsgasse durch säulengerahmtes Portal und Steinbalkon betont. Im 1. Stock Täferzimmer. In den Korridoren und den Zimmern des 2. Stockes Stuckdekoration. Grosser 2geschossiger Saal mit reichem stuckiertem Gewölbe und venezianischem Leuchter; prunkvolles Zimmer mit bemaltem Täfer, Landschaften auf versilbertem Grund mit grüner Lüsterung gefasst. – Regierungsplatz. Nach einem Brand 1829 angelegt; Vazeroldenkmal, zur Erinnerung an den Zusammenschluss der Drei Bünde 1471, aufgestellt 1881–82. – Capolsches Haus (Planaterra), Nr. 25. Aus einer ehem. Stadtburg entstanden, mit polygonalem Treppenturm, Reihenfenstern und 3seitigem Erker von 1533. Teile der Innenausstattung von 1680. – **Ref. Pfarrkirche St. Regula** (Ortsplan, 13). Spätgot. Bau, errichtet vor 1494–1500 von Balth. Bilgeri aus Feldkirch; an Stelle zweier Vorgänger, von denen der ältere, ein Saal mit gerade hintermauerter Apsis, auf karoling. Zeit zurückgeht. Turm und urspr. Sakristei an der N-Seite des Chors, ersterer in den untern Teilen vorgot. Einschiffiges Langhaus mit Netzgewölbe auf Wandvorlagen und Diensten. Im polygonalen Chor präzis gearbeitete 2stufige Rippen in Sternform mit reichen Schlusssteinen; 2 Dienste ruhen auf à jour gearbeiteten Blattkonsolen. An der N-Wand des Schiffes Kreuzigungsbild von 1504. Ausstattung neu; Rest. 1967–68. – Donna-Lupa-Brunnen, beim Untertor. Errichtet 1905 von Architekt J. Haller und Bildhauer Adolf Meyer, zu Ehren einer tapferen Bündnerin. – *Grabenstrasse* (Ortsplan, 14). Theater und Grossratssaal, ehem. Zeughaus. Erb. 1861 von Joh. Ludwig, umgeb. 1959. Im Grossratssaal Wandbild 1960 von Alois Carigiet. – Naturhistorisches Museum (s. S. 139). Erb. 1927–29 von den Gebr. Sulser. Im Obergeschoss Wandbild mit 3 Landschaften aus dem Schweiz. Nationalpark 1929 von Giov. Giacometti. – Kunsthaus, ehem. Villa Planta (s. S. 139; Ortsplan, 21). Erb. 1874–76 von Joh. Ludwig. Zweigeschossiger Säulenportikus vor dem Gartensaal mit guter Dekorationsmalerei. Zweigeschossiger Lichthof mit byzantinischer Kuppel; am Garteneingang zwei Figuren von Otto Kappeler 1943–44. – Verwaltungsgebäude der Rhätischen Bahn, Bahnhofstrasse Nr. 25, hinter dem Kunsthaus. Erb. 1907–12 von Nicolaus Hartmann; dekorative Plastik von Otto Weber und Otto Kappeler. – Kantonalbank, Ecke Poststrasse. Erb. 1909–11 von Otto Schäfer und Martin Risch. – Hauptpost, Nr. 20. Erb. 1902–04 von Th. Gohl und Jean Béguin in schweren Neurenaissanceformen, mit Kuppel über Eckrondell. Zwei dekorative figürliche Plastiken von James Vibert; Sgraffitodekoration 1904 von Otto Haberer. – Kant. Verwaltung, Nr. 30. Erb. 1877 von Joh. Ludwig für die Kantonalbank und den Grossen Rat. – Fontanadenkmal. Zur Erinnerung an die Schlacht an der Calven 1499, Bronze 1903 von Richard Kissling. – **Ehem. Predigerkloster St. Nicolai** (Ortsplan, 15), am Kornhausplatz. Seit 1658 profaniert. Gegen W offenes Gebäudeviereck. Im S-Flügel Baukörper der ehem. Kirche, mit nachträglich aufgesetzten Treppengiebeln; getäferte Zunftstube der Pfister um 1680. Gegen den Kornhausplatz Amtshaus von David Lindenmeier 1827–32. Ehem. Konventsgebäude im N- und O-Flügel, als Schulhäuser im wesentlichen neuerbaut 1809–12 von Stadtbaumeister Paulus Christ. Klassiz. Fassadenanlage, hübsches Seitenportal. – Geschäftshaus am Kornhausplatz mit Fassadenmalerei 1955 von Alois Carigiet. – Herrengasse Nr. 7. Stattliches 4geschossiges Haus mit Walmdach, erb. 1819 von Joh. Georg Landthaler.

Obere Gasse (Ortsplan, 16). Typische Altstadtgasse mit schmalen, giebelständigen Häusern. – **Obertor** (Ortsplan, 17), bei der Plessurbrücke. Gehörte zur Stadtbefestigung aus der 1. H. 13. Jh. Über rundbogigem Durchlass nach oben sich verjüngender Bau mit Satteldach und Dachreiter, Rückseite in verputzter Riegelkonstruktion. – **Pulverturm** (Ortsplan, 18), an der Grabenstrasse. Teil der ältesten Stadtbefestigung, unregelmässiger 4ekkiger Grundriss, Mauern der 4 Geschosse aus unregelmässigen Flusssteinen. – **Haus zum Brunnengarten** (Ortsplan, 19). Spätklassiz. Bau 1848 von Martin Hatz, beeinflusst durch Palladio-Villen. Fassade mit 2geschossigem Säulenportikus unter Dreieckgiebel. – Stadtgarten, ehem. Scalettafriedhof. Eingang Grabenstrasse Nr. 34 und Nr. 38. An der Umfassungsmauer wappengeschmückte Epitaphien von 1558–1861. Büstendenkmal für den Dichter Joh. Gaudenz v. Salis-Seewis (1762–1834).

AUSSENQUARTIERE

Plessurpromenade. Kleiner Türligarten, Bodmerstrasse Nr. 2. Erbaut 2. H. 17. Jh. für die Familie Raschèr. – Grosser Türligarten, Nr. 4. Stattliches 3geschossiges Haus mit gotisierenden Fenstern und Dreieckerker, erb. 1606 für Joh. Simeon de Florin. – **Haus Schwartz auf dem Sand** (Ortsplan, 20), Jochstrasse Nr. 16. Erb. für Bürgermeister Otto v. Schwartz um 1700. Gutproportionierter 2geschossiger Bau mit reichen Stuckdekorationen im Innern. Turmofen von David Pfau 1. Drittel 18. Jh. – Seminargebäude. Erb. 1964 von Andreas Liesch. – Haus v. Salis auf dem Sand, Nr. 35. Erb. 1818. – Krematorium, am Eingang zur Plessurschlucht. Erb. 1922 von Nicolaus Hartmann & Cie. Im Innern Wandnischenbild von Giovanni Giacometti 1929. – Salis-Häuschen, Kälberweidweg Nr. 38. Erb. 1. H. 17. Jh., erhöht 1680 durch einen stuckierten Saal. – *Masanserstrasse*. Landsitzartiges Salis-Hüsli, Nrn. 35–39. Hufeisenförmige Anlage, im wesentlichen von 1770. – Stuppis-Haus, Nr. 45. Erbaut 1660, erweitert 1. H. 18. Jh. und 1817. Täferstube des 18. Jh. – Altersheim, Nr. 55, ehem. Rigahaus. Erb. 1810 vermutlich von Paulus Christ, Dach verändert 1859. – Kath. Heiligkreuzkirche. Erb. 1967–69 von Walter M. Förderer. – Gutshof Kante, Nr. 20. Erb. um 1700; erhalten hat sich das Gartenhäuschen mit 8eckigem Oberbau, das wohl nach dem Brand des Gutes 1850–60 erneuert wurde. – Ref. Filialkirche in Masans. Urspr. zu einem Leprosenhaus gehörig, wohl im 13. Jh. errichtet, um 1500 umgebaut; Rest. 1936. Im gerade geschlossenen Chor stark beschädigte spätgot. Wandmalerei um 1500: Kirchenväter, Apostel, Heilige, Geburt Christi, Anbetung und Kluge Jungfrauen. – Roter Turm, Roterturmstrasse Nr. 31. Churer Weinberghaus, erb. 1. Drittel 18. Jh. – Quaderschulhaus, an der Loestrasse. Erb. 1913–14 von Otto Schäfer und Martin Risch, mit dekorativen Bildhauereien von Wilh. Schwerzmann. – Ref. Commanderkirche, Sennensteinstrasse/Ringstrasse. Erb. 1957 von Cyrill v. Planta. – Kath. Erlöserkirche, Tödistrasse. Erb.

1935 von Walther Sulser, dekoratives Fassadenbild 1942 von Karl Peterli. **Museen.** Dommuseum (s. S. 131). – Rätisches Museum (s. S. 134; Ortsplan, 5). Prähistorische, röm. und frühmittelalterl. Ausgrabungen aus Chur und dem übrigen Kanton; Burgenfunde. Kulturgeschichtliche und volkskundliche Objekte aus Graubünden. Kirchliche Kunst. Totentanzbilder aus dem bischöflichen Schloss, nach Holbein 1543. – Kunsthaus (s. S. 137; Ortsplan, 21). Bedeutende Sammlung von Bündner Malerei des 18.–20. Jh. – Naturhistorisches und Nationalparkmuseum (s. S. 137).

RHEINTAL: ZIZERS–LANDQUART–MAIENFELD

***HALDENSTEIN.** Ref. Kirche. Als St. Gereonskirche erwähnt M. 12. Jh. Neuerb. 1732; Renov. 1923. Dreiseitig geschlossener Saalbau unter hohem Walmdach, Vorzeichen. An der NW-Ecke schlanker mittelalterl. Turm mit Achteckgeschoss und Zwiebelhaube von 1732. Über ungegliedertem Raum Holzdecke mit profilierten Leisten 1764–65. Polygonale Holzkanzel aus der Bauzeit; im Seitenraum des Vorzeichens spätgot. Taufstein. Zwei Buckelbecher 1. Drittel 17. Jh. Auf dem Friedhof Grabtafeln des 17. und 18. Jh., vornehmlich der Familie v. Schauenstein. – **Schloss Neu-Haldenstein*.** Erb. 1544–48 für den französischen Gesandten Joh. Jak. Castion als Residenz und Kaserne für Söldner. Grosszügig ausgebaut und um ein Stockwerk erhöht 1731–35 unter Gubert v. Salis-Maienfeld. Sitz des Erziehungsinstitutes Philanthropin 1763–71; heute Stiftung. Unregelmässige Rechteckanlage mit Binnenhof, Flügel urspr. einbündig, zur Zeit des Philanthropins Anbau der in den Hof auskragenden Korridore. An der Talseite grosse Gartenterrasse auf hoher Stützmauer mit runden Ecktürmen und Zinnen. Am Hauptportal Wappen und Initialen des Bauherrn dat. 1544, darüber Wappen Frankreichs und Orden des Hl. Michael. Im 1. Obergeschoss prächtige Tür mit Intarsien um 1548, die skulptierte Wappenbekrönung 1545. Im gewölbten Saal über der südl. Einfahrt Kamin, dat. 1545, mit Allianzwappen Castion-Raitnau und Wappen Frankreichs. Aus der Bauetappe 1731–32 Régencestuckdecke und Kamin mit Venus und Amor im stuckierten Aufsatz. Im Festsaal Rokokostukkaturen mit den Initialen des Schlossherrn Joh. Luzius v. Salis im Deckenmedaillon, in den Ecken Ansichten des Schlosses Haldenstein und der umliegenden Burgen; die beiden Kamine aus Stucco lustro vermutlich gleichzeitig mit den Stukkaturen um 1775. – Burgruine Haldenstein, auf Felskopf oberhalb des Schlosses. Erwähnt 1260 als Sitz der Herren v. Haldenstein, Dienstleute des Bischofs von Chur. Untere Geschosse 12. Jh., Aufbau und Erweiterung 1299 unter Joh. v. Vaz, bewohnt bis E. 17. Jh.; teilweise abgestürzt 1769–71. – Höhlenburg Grottenstein, in den Felsbändern. Geschichte unbekannt. Vor der Höhle Reste der Frontmauer mit Hocheinstieg. – Ruine Lichtenstein, auf steiler Felswand weiter nördl. Erwähnt im 12. Jh., nach Aussterben der Herren v. Lichtenstein im 14. Jh. Besitz der Herren v. Haldenstein; 1572 als verfallen bezeichnet. Reste von Turm, Palas und Bering erhalten.

TRIMMIS. Kath. Pfarrkirche St. Carpophorus. Erwähnt in der 2. H. 8. Jh.; Chorneubau M. 14. Jh., Gewölbe und Fensterdisposition im Schiff wohl nach dem Brand von 1764; Verlängerung des Schiffs und Renov. 1966–67. An der N-Seite des Schiffs spätgot. (?) Turm mit Achteckgeschoss und Zwiebelhaube sowie Sakristei mit Flachtonne. Zweijochiges Langhaus mit Kreuzgratgewölben; im eingezogenen, polygonal geschlossenen Chor got. Rippengewölbe auf halbrunden Diensten mit würfelförmigen, eingekerbten Kapitellen. Ausstattung 1764, Kanzel und Seitenaltäre 1966 entfernt. Drei Kelche E. 17. Jh. – Ref. Pfarrkirche. Als St. Leonhardkirche erwähnt 2. H. 12. Jh., Chor erb. M. 14. Jh., nach dem Dorfbrand von 1764 Erhöhung des roman. Turms und Anlage des W-Eingangs mit Vorzeichen. Rechteckschiff und 3seitig geschlossener Chor in gleicher Breite unter einheitlichem, über dem Chor abgewalmtem Satteldach, an der N-Seite Turm mit Achteckgeschoss und Zwiebel. Im Schiff neue Holzdecke, im Chor Rippengewölbe über halbrunden Diensten mit Basen und Kapitellen; Nische des ehem. Sakramentshäuschens mit Rautengitter. Taufstein, Kanzel und ehem. Orgelstuhl beim Chorbogen 1764; W-Empore von 1764 durch Seitenempore 1794 vergrössert. An der Aussenwand des Chores Grabsteine 18. Jh. Rest. 1965–66. – Burgruine Oberruchenberg, auf steilem Felsvorsprung südl. des Dorfes. Sitz der 1232 erwähnten Herren v. Ruchenberg, im 16. Jh. schon unbewohnt; Reste von Turm und Palas. – Burgruine Alt-Aspermont, auf vorspringender Felsnase nördl. Trimmis. Stammsitz der Herren v. Aspermont, erwähnt 1275, bereits 1526 unbewohnt; geringe Reste eines Turms und einer Zisterne.

UNTERVAZ. Kath. Pfarrkirche St. Laurentius. Erwähnt 831; neuerb. 1848, Renovationen 1913 und 1971. Turm mit Achteckaufsatz und Zwiebelhaube von 1725. Vorhalle 1971 angebaut. Das saalartig weite Schiff und der eingezogene Polygonalchor 1971 im Innern erneuert. Vom spätgot. Hochaltar Muttergottesstatue in barocker Fassung, teilweise ergänzt und rest. 1965, ferner Reliefs der Hl. Barbara und Maria Magdalena um 1500. – Ref. Kirche. Erb. 1696–1700. Turm mit 8eckigem Spitzhelm über Wimpergen; das Innere 1970 erneuert, wobei die Empore von 1833 entfernt wurde. Kanzel 1700, 8eckiger Taufstein 1721. Zwei gute Abendmahlsbecher E. 16. Jh. und 1. H. 17. Jh. Grabtafeln in Stelenform 18. Jh.
Burgruine Rappenstein, in Felsspalt am Hang des Cosenztobels, südwestl. des Dorfes. Typ der reinen Höhlenburg, bei der nur die Front aus Mauerwerk besteht. Keine urkundlichen Nachweise, angelegt vermutlich um 1200; im 16. Jh. bereits Ruine. – Burgruine Neuenburg, auf Felsvorsprung südöstl. des Dorfes. Gründung vermutlich im 14. Jh. durch die Herren v. Neuenburg; in Verfall 1577. Ruine eines 4geschossigen Palas; im Hof Zisterne.

ZIZERS (Abb. 52). **Kath. Pfarrkirche St. Peter und Paul.** Erwähnt 955. Die Ausgrabungen von 1963–65 deckten einen kleinen frühmittelalterlichen Saalraum mit aussen gerade geschlossener Apsis auf, ferner das Schiff der roman. Anlage, deren Chor im Untergeschoss des heutigen Turmes erhalten ist. Heutige Kirche erb. im 15. Jh., quer zum Vorgängerbau; Anbau der Rosenkranzkapelle E. 17. Jh. Nach Dorfbrand 1767 neue Gipsdecke und Ausstattung, gleichzeitig Turmaufbau und Sakristei; bei der Rest. 1963–65 neues Vorzeichen und Empore. Nach S gerichtete Anlage aus 4jochigem Schiff und eingezogenem, polygonal geschlossenem Chor, letzterer mit abgetreppten Strebepfeilern. An der O-Seite die Rosenkranzkapelle, deren 3seitiger Schluss zwischen dem Turm und der Sakristei hervortritt. An der Portalfront anschliessend der barocke Turm mit geschweifter Haube, im roman. Unterbau der ehem. Turmchor mit verlaufendem Kreuzgratgewölbe über groben Kämpfersteinen, das roman. Fenster und die farbige Fassung des 18. Jh. 1965 rekonstruiert. Der Kirchenraum macht mit seinen vielfarbigen Rokokodekorationen einen fröhlichen Eindruck. Im Schiff Pilastergliederung und flachgewölbte Gipsdecke mit Stichkappen, im Chor Tonnengewölbe auf Konsolen, in der Rosenkranzkapelle Pilaster zwischen Blendbogen und auf einem Kranzgesims mit Zahnfries und Eierstab eine Tonne. Deckenbilder 1770 von Joh. Ant. Schneller. Die einheitlich wirkende Ausstattung anlässlich des Wiederaufbaus von 1767: Hochaltar mit freistehender Mensa (Tabernakel 1965), schräggestellte konkave Seitenaltäre; Kapellenaltar und Kanzelkorpus aus Stuckmarmor. Allianzwappen des Stifterpaares Heinrich v. Salis-Zizers und Maria Bessler v. Wattingen am Gebälk des Rosenkranzaltares und am Chorgestühl. Sechseckiger Taufstein aus rotem Marmor dat. 1769; geschnitzte barocke Bankwangen. Chorbogenkruzifix und Missionskreuz aus dem 18. Jh. Grabtafeln 17.–19. Jh. Wertvoller *Kirchenschatz*, u.a. prachtvolle Sonnenmonstranz des 18. Jh. von Joh. Hübner aus Augsburg; Zuger Kelch um 1700; Vortragekreuz um 1600, Zutaten um 1760. – Ref. Pfarrkirche. Als St. Andreaskirche erwähnt 1340, für den ref. Gottesdienst eingerichtet 1644, Erhöhung des Turms 1698, Verlängerung von Chor und Schiff unter einheitlichem Satteldach 1711; Renov. 1935. Breites Langhaus und schmaler, aus der Achse verschobener Rechteckchor, der seitlich von abgeschrägten Nebenräumen begleitet ist. Der mittelalterl. Turm in die nördl. Längsfront einbezogen, Spitzhelm über geschweiften Giebeln 1698. Unter dem neuen Vorzeichen rundbogiges Hauptportal von 1711, skulptiertes Gewände mit Blattrosetten und geschnitzte Türflügel. Im Innern Spiegelgewölbe mit Stichkappen, an der N-Seite Oculi, an der S-Seite Stichbogenfenster. Barockkanzel 1711 mit reichen Schnitzereien; Taufstein nach spätgot. Modell kopiert 1953. – **Unteres Schloss** (Abb. 52), heute St. Johannes-Stift. In neubarockem Garten mit Mauer und Torhäuschen, zwei Bauten des 17. Jh., errichtet für Familie v. Salis-Zizers; seit 1899 Erholungsheim für Geistliche. Das nördl. «Stammhaus» erb. um 1620 für Santiago-Ritter Rud. Andreas v. Salis. Dreigeschossiger Rechteckbau mit einem asymmetrisch angebauten Treppenturm. Das eigentliche «Untere Schloss» erb. 1670–72 und 1680–87 (Rohbau) im französischen Schlossbauschema nach Plänen des elsässischen Baumeisters Cléber und von einheimischen Bauleuten für Marschall Rud. v. Salis. Rechteckbau mit Erdgeschossarkaden und talseitig oval ausgebuchteter Mittelpartie, auf der sich ein polygonaler, 3geschossiger Turm mit Kuppelhaube über das Walmdach erhebt. An der Hofseite Allianzwappen Salis-Schauenstein 1664, für projektierten Neubau. Im Mittelteil ein Gartensaal, darüber der durch 2 Geschosse reichende, als Kapelle eingerichtete ehem. Festsaal. Täferzimmer mit Kassetten- und Felderdecken, ein Kamin dat. 1692. – **Oberes Schloss.** Intimes herrschaftliches Landhaus mit Nebenbauten und Einfahrt in schöne Hofanlage. Erb. wohl vor 1694 für

Baron Simon v. Salis, Neuausstattung um 1725 und 1790–1800; Besitz des Bistums Chur seit 1947. Dreigeschossiger Baukubus mit Freitreppe, am Mezzaningeschoss unter dem hohen Walmdach aufgehängte leichte Balkone; an der Fassade illusionistische Architekturmalerei. Treppenhaus und Korridore um 1750 grosszügig ausgemalt, mit biblischen Motiven in Architekturrahmen; später übermalt. Im «Saal» und in der Bibliothek vorzügliche Régencestukkaturen um 1725; in 2 weiteren Räumen weisslackierte Täfer E. 18. Jh. mit geschnitzten Louis-XVI-Motiven. Zwei buntbemalte Steckborner Öfen 1722 und um 1730. – Kinderheim, ehem. Haus Marin, im nördl. Dorfteil. Breitgelagertes Haus mit Walmdach, Umbau und Treppenhaus 18. Jh.; Prunkstube mit geschnitzter Kassettendecke E. 17. Jh. – Burgruine Friedau, am W-Rand des Dorfes. Als Zentrum der bischöflichen Herrschaft erb. M. 13. Jh., in Besitz des Hochgerichts der 5 Dörfer seit 1649, ausgebrannt 1880. Ruine eines quadratischen Wohnturms.

***IGIS. Ref. Kirche.** Erwähnt um 1300, ehem. Patrozinium St. Thomas. Erweiterung des roman. Schiffes nach S und Neubau des got. Chores 1486 vermutlich von Steffan Klain; bei der Renov. 1821 Entfernung des Rippengewölbes und Anbau des nördl. Emporenaufgangs; anlässlich der Renov. 1921 Neubau des Turms in alten Formen, Erneuerung von Vorzeichen und Empore, ferner Rekonstruktion der N-Wand unter Erhaltung der Wandbilder. Rechteckiges Schiff mit N-Turm, am eingezogenen 3seitig geschlossenen Chor dekorative Dreikantstreben. An der nördlichen Schiffswand spätgot. Wandmalereien 1. H. 15. Jh.: Passionszyklus und Schutzmantelmadonna mit Engeln. Kanzel mit Reliefschnitzereien dat. 1681, gotisierender Taufstein wohl 2. H. 17. Jh. Orgelprospekt aus Seewis, mit Rokoko-Ornamenten und Wappen v. Salis 1770 von Joh. Holtzhey. Im Chor Epitaphe der v. Salis-Marschlins, u. a. des Feldmarschalls Ulysses v. Salis (1594–1674). Unter den Abendmahlsgeräten 2 Buckelbecher 1. H. 17. Jh. – Sog. Grosshaus. Erb. 1592 für Rudolf Dolf, aufgestockt und mit Krüppelwalmdach gedeckt E. 17. Jh. Am Portal ein Hauszeichen in Wappenschild. Täferzimmer mit Kassettendecke M. 17. Jh., hier wie im Raum nebenan Fenstersäulen mit Dolf-Wappen, die eine dat. 1593. – Burgruine Falkenstein, auf steilem Felskopf über dem Dorf. Vermutlich von den in der Nachbarschaft nachgewiesenen Ministerialen Falkenstein v. Goldach im 12. Jh. erbaut, erwähnt 1338. Ruine eines Palas mit Bering.

Schloss Marschlins*, in der Ebene nordöstl. Igis. Rechteckige Burganlage mit Ecktürmen und Wassergräben, bemerkenswerte Barockausstattung. Unter Lehenshoheit der Bischöfe von Chur vermutlich von den Herren v. Vaz erb. M. 13. Jh. Nach Brand neuerb. 1462 durch Ulrich v. Brandis, Neubau von 3 Wohnflügeln 1633 ff. durch Marschall Ulysses v. Salis, des S-Flügels vor dem Einzug der Erziehungsanstalt Philanthropin 1771, obere Bauteile des S-Flügels erneuert 1793. Tiefgreifende Renovation 1905, gleichzeitig SO-Turm um das vorkragende Obergeschoss erhöht. Rechteckige Anlage mit runden Ecktürmen, von denen 3 gegen den Binnenhof geöffnet sind, an der W-Front triumphbogenartige Portalanlage. Aus der Gründungszeit die Türme und die nördlichen Mauerpartien des O-Traktes erhalten, der ehem.

Wassergraben spätestens im 17.Jh. zugeschüttet. Im Innern drei prächtig ausgestattete Räume: Sog. «Marschallstübli» nach 1633, reichgeschnitztes Täfer mit Intarsien und eingelegte Kassettendecke, Turmofen von 1638 aus der Werkstatt Pfau, Kabinettscheibe von 1674 mit Allianzwappen Heinrich Hirzel-Yolanda v. Salis. «Offiziersstube» 1638, eingelegtes Volltäfer aus Arvenholz und Kassettendecke mit Salis-Wappen im Mittelfeld, Steckborner Ofen 1. H. 18. Jh. Das «Goldene Stübli» im NO-Turm besonders reich ausgestattet um 1670; die Füllungen des geschnitzten Täfers bemalt, u.a. mit Darstellungen der Schlachten, an denen der Marschall beteiligt war. Auf den Deckenkassetten die Sonne, 43 Sternbilder und die 4 Winde. In anderen Räumen zugekaufte Täfer, Öfen und Bilder; wertvolle Sammlung gotischer Skulpturen. In der Schlosskapelle 4 Rundscheiben M. 17. Jh. mit Evangelistenbildern. Im Hof eine Kanone des Schweizerregiments v. Salis, dat. 1676, mit Salis-Wappen. – Sog. Schlössli, westl. des ehem. Burggrabens. Als Kavaliershaus erb. um 1770 von Minister Ulysses v. Salis.

LANDQUART. Ref. Pfarrkirche. Erb. 1925 von Otto Schäfer und Martin Risch. – Kath. Kirche St. Fidelis. Erb. 1908 von O. Schäfer und M. Risch. – Nördl. des Ortes Schanzenstern des Lagers von Herzog Rohan 1635.

MASTRILS. Ref. Kirche. Erb. 1613–14 von Daniel Hitz; Renov. 1956, Neuausstattung. Kleine nachgot. Anlage mit eingezogenem, polygonal geschlossenem Chor, darüber Dachreiter mit Spitzhelm. Chorgewölbe mit aus Stuck gezogenen, gestelzten Rippen in unregelmässiger Sternfiguration; im Schiff neue Holzdecke. An der W-Wand Empore. Taufstein von 1613 oder früher, polygonale Kanzel 1. V. 19. Jh. – Kath. Pfarrkirche St. Antonius von Padua. Erb. 1686–88, erweitert und neu ausgestattet 1932–33. Guter barocker Taufstein aus schwarzem Marmor, auf dem Deckel geschnitzte Gruppe der Taufe Christi.

MALANS. Gut erhaltenes Ortsbild aus der Zeit nach dem Dorfbrand von 1648, mit behäbigen Bürger- und Patrizierhäusern. – **Ref. Pfarrkirche.** Ehem. St. Cassianskirche neuerb. vor 1469, Erweiterung um Vorhalle mit Empore 2. H. 17. Jh., Stukkaturen und neue Fensterdisposition 1773; Renov. 1920. In schöner Friedhofanlage von 1880 die spätgot. Kirche mit 2jochigem Schiff und eingezogenem, 3seitig geschlossenem Chor; N-Turm mit gekuppelten Rundbogenfenstern, das oberste Geschoss mit dem aus 4 Giebeln wachsenden Spitzhelm vermutlich im 17. Jh. aufgebaut. Eingang durch gewölbte Vorhalle mit 2 Emporenstiegen, an der W-Wand Marmorepitaphe der Familie Planta 17.–A. 18. Jh. Im Innern Rokokostukkaturen am Kreuzrippengewölbe, das im Schiff auf Konsolen, im Chor auf Runddiensten ruht. Am spitzen Chorbogen Fragment einer spätgot. Wandmalerei: Kluge Jungfrau als Brustbild. Im Chor Glasgemälde 1931 von Jak. Gubler. An der W-Wand der Vorhalle 6 Marmorepitaphe mit Wappen Planta und Salis. Geschnitzte Kanzel mit Schalldeckel um 1670; Taufstein, dat. 1670, mit Planta-Wappen und Inschrift; Chororgel 1931. Sog. Nürnberger Schüssel, eine spätgot. Taufschüssel aus Messing mit Darstellung des Sündenfalls. – Rathaus. Das ehem. Privathaus von der Gemeinde erworben nach 1622 (?), ausgebrannt 1684. Einfacher Bau mit Freitreppe ins Hochparterre. In der

Ratsstube gutes Täfer und reiche Kassettendecke um 1685 mit gemalten Familienwappen; Turmofen 1690 von David Pfau, umgeben von Schmiedeisengitter. – **Ehem. Planta-Häuser.** Geschlossener Familiensitz des 17.Jh., die 3 Wohnbauten und Wirtschaftsgebäude um einen Hof gruppiert. Charakteristische Bündner Herrenhäuser, deren massiver Baukubus durch Rundbogenportal und darüber liegenden schmiedeisernen Balkon akzentuiert ist. Das untere Haus (heute Hartmann) erb. 1630 für Bundeslandammann Ambrosius v. Planta-Wildenberg. Täferzimmer um 1685 mit Kassettendecke und Allianzwappen Planta-Salis; Zimmer mit Nussbaumtäfer und Wappen Planta-Buol; buntbemalter Turmofen M. 18.Jh., vermutlich Steckborner Arbeit. Das mittlere Haus (heute Heldstab) erb. 2.H. 17.Jh. In der Saletta gute Régencestukkaturen um 1730–40; stattlicher Kamin um 1686. Das obere Haus (heute Konsum) dat. 1686. Täferzimmer aus der Bauzeit; Ofen um 1789 von Melchior Feldmann, Näfels. Das Meierhaus erb. E.18.Jh., mit Mansartdach und geschweiftem Giebel. – Haus Amstein. Erb. 1686, umgeb. A. 19.Jh. Würfelförmiger Ofen 1814 von Joh. Bleuler. – Haus zum Grünen Turm, genannt nach der ehem. grünen Zwiebelhaube des Flankenturms. Neuerb. nach 1622 für den Dreibündegeneral Rud. v. Salis. Erneuerung nach Brand von 1684. Vorzügliches Täfer mit Kassettendecke um 1685, Turmofen mit Kachelsitz von David Pfau datiert 1688. Im NO-Zimmer des 1. Stocks starb 1834 der Dichter und Staatsmann Joh. Gaudenz v. Salis-Seewis. – Ehem. Haus Guler v. Wynegg (Besitz Wegelin). Erb. nach 1684 für die Familie Guler. Gutes Täfer mit Reliefschnitzerei und Kassettendecke mit Guler-Wappen um 1685. – Haus Schmid, heute Studach. Der O-Teil erb. 1686 angeblich für die Familie v. Salis, der W-Trakt nach 1750 für E. Schmid, General in holländischen Diensten. Langgestreckter Bau unter Walmdach. Geschnitztes Täfer von 1686; grosse Arvenstube, Ofen um 1740 vermutlich aus Vorarlberg; kleiner Saal um 1740 mit reicher Stuckdecke und gutem Kaminaufsatz. – Gasthaus zur Krone. Erb. E. 17.Jh., umgeb. 1802 für Rud. Pitschi. Kuppelofen 2.H. 18.Jh. – Haus Durrer, ehem. Pestalozzi. Erb. um 1740. Flache Stuckdecken um 1740–50, diejenige im kleinen Saal besonders reich mit Putten und Emblemen. – Weinberghäuschen Plan da Ditsch. Erb. M. 18.Jh. für die Familie Walser aus Seewis. Auf dem malerischen Haus ein Dachreiter mit Zwiebelhaube.

Schloss Bothmar, über dem Dorf. In barocker Gartenanlage ein zu verschiedenen Zeiten entstandener Baukomplex von reizvoller Silhouette mit schönen spätbarocken Interieurs. Seit 1760 Familienbesitz der Salis-Seewis. Der Mitteltrakt erb. von der Familie Beeli 1.H. 16.Jh., Ausbau nach 1575. Die Seitentrakte und der Turm unter den Salis-Maienfeld erb. 1716, 1739 und 1751–53, Innenausbau bis 1770. Im grossen Saal (2. Oberstock des Südflügels) stuckiertes und bemaltes Muldengewölbe um 1740, gleichzeitig der Kamin aus rotem Marmor mit stuckiertem Rauchfang. Boudoir mit Wachstuchtapete um 1740. In anderen Räumen Täfer von 1580 und 1700; Stuckdecken von 1740–50; mehrere ausgezeichnete Öfen mit Barock- und Rokokodekor, u.a. von David Pfau (dat. 1690) und Ferd. Bolser (1760); viele Gemälde, u.a. 2 gute Bildnisse von J.G. v. Salis-Seewis und Katharina v. Salis-

Seewis von Pietro Uberti (1762). – Burgruine Wynegg, nördl. des Dorfes ob dem Buchwald. Sitz der M. 13. Jh. erstmals erwähnten Herren v. Wynegg. Als bischöfliches Lehen um 1300 in Besitz der Herren v. Vaz, nach 1338 der Grafen v. Toggenburg. Neu ausgebaut E. 16. Jh. von Andreas v. Salis; seit 1700 zerfallen. Ruine eines Wohnhauses aus 3 Bauetappen. – Burgruine Klingenhorn, östl. Wynegg. Im 13. Jh. Sitz der Ministerialenfamilie v. Klingenhorn; 1497 als Ruine bezeichnet. Reste von Turm und Bering.

JENINS. Ref. Kirche. Erwähnt 1209; durch Grabungen 1957–58 eine frühmittelalterl. Saalkirche mit halbrunder, gerade hintermauerter Apsis nachgewiesen. Heutige Kirche an Stelle eines roman. Vorgängerbaues; Chor und Sakristei erb. 1470, Neubau des flachgedeckten Langhauses unter Verwendung der teils roman. Längswände 1745, gleichzeitig der 8seitige Turmaufsatz mit Zwiebelhaube; Anbau des Vorzeichens 1. H. 19. Jh.; Innenrenov. 1957–58. Aus der Achse verschobener, 3seitig geschlossener Chor mit Kreuzrippengewölbe; neben der N-seitigen Sakristei der zur Hälfte ins Langhaus hineinragende frühroman. Turm. Der Taufstein auf Balusterfuss sowie schmucklose Kanzel mit Schalldeckel um 1745. Bemerkenswerte Grabsteine des 17.–19. Jh. Unter den Abendmahlsgeräten 4 gute Becher aus der 1. H. 17. Jh. – Oberes Sprecher-Haus (Kellenberger). Für Oberst Salomon Sprecher v. Bernegg erb. 2. H. 17. Jh., neu ausgestattet nach dem Dorfbrand von 1745: Kleiner «Salon» mit Stuckdecke und Wachstuchtapete mit Chinoiserien; Arvenstube mit Steckborner Ofen. – Unteres Sprecher-Haus. Ausgeb. um 1700, Baukubus unter Walmdach. Ausstattung nach 1745: Einfache Bandelwerkstukkaturen, Täfer mit wulstigen Profilen, eiserner Empire-Ofen. – Haus Oberst v. Salis. Neubau 1745; gleichzeitig ein Turmofen. – Burgruine Neu-Aspermont, östl. des Dorfes. Die Herren v. Aspermont 1120 erwähnt, Burg und Herrschaft vermutlich bis 1347 in ihrem Besitz. Übernahme durch die Drei Bünde 1536; die Burg seit E. 17. Jh. zerfallen. Imposante Ruine mit 7geschossigem Turm, grosser 2teiliger Palas und Bering.

***MAIENFELD.** Alte Stadtanlage mit Schloss und mehreren bemerkenswerten Bürgerhäusern. An Stelle der römischen Brückenstation «Magia» am alten Flusslauf des Rheins entwickelte sich Maienfeld aus dem 831 genannten Königshof «curtis lupinis». Der im Hochmittelalter befestigte Stützpunkt an der alten Strassengabelung von Chur nach Zürich und über die St. Luzisteig nach Bregenz wird 1434 als Stadt erwähnt. Die heute noch gut erkennbare ovale Anlage der mittelalterl. Stadt war von einem Mauerring mit 3 Tortürmen (1861 abgetragen) umschlossen und im S durch die ausserhalb gelegene, mit eigenem Bering versehene Burg geschützt; im N bestand schon im 15. Jh. eine offene Vorstadt. Nach schweren Bränden 1622 und 1720 entstanden bedeutende Bürger- und Patrizierhäuser, die mit der Burg und der Kirche das heutige Ortsbild bestimmen.

Ref. Pfarrkirche. Als Filialkirche von St. Luzisteig 831 erwähnt, Patrozinium St. Amandus 1105 belegt; seit E. 15. Jh. Pfarrkirche. Nach dem Stadtbrand unter Verwendung älterer Bauteile neuerb. 1720–24; anlässlich der Renov. 1931 Vorzeichen und Freitreppe. Einzige Querkirche Graubündens: Chorlose, langrechteckige, flach gedeckte Saalkirche unter Walmdach, S-Turm mit 8eckigem Aufbau und Zwiebelhaube; Régencestuckdecke 1724 von Joh. Schmid. Ausstattung aus der Bauzeit: Taufstein (Abendmahlstisch) auf dem Schnittpunkt des Längs- und Querganges aus schwarzem Marmor dat. 1721; an der Längswand neben der urspr. für die Orgel vorgesehenen Nische kassettierte Kanzel mit Schalldeckel von Jak. Schorsch. Grosse Flügelorgel dat. 1725 von Matthäus Abbrederis (1879 umgebaut), auf originaler Empore an der östl. Schmalseite. Gutes klassiz. Epitaph für den 1810 gefallenen Joh. Rud. Gugelberg v. Moos, Hauptmann in russischen Diensten.

Rathaus. Got. Wohnhaus, durch die Gemeinde angekauft 1447, zur heutigen Gestalt umgebaut 1589; Turmabschluss 1923. Dreigeschossiger Bau mit Treppenturm, über dem Portal gehauenes Stadtwappen dat. 1593; Fassadenmalerei 1930 von Ernst Thommen. Getäferte Ratsstube nach 1720, Steckborner Turmofen 1724 von Daniel Meyer. – **Haus Brügger,** südl. der Kirche. Kernbau von 1594 im 1680 umgebauten N-Flügel, abgewinkelter Haupttrakt erb. 1643 für Oberst Ritter Andreas Brügger; tiefgreifende Erneuerung nach Stadtbrand 1720. Anlässlich der Renov. 1871 Umgestaltung des Einganges und des Treppenhauses sowie Vermauerung der Arkaden gegen den Stadtplatz. Herrschaftlicher Wohnsitz mit turmartigen Eckrisaliten gegen den ehem. Stadtgraben, seit 1806 in Besitz der Sprecher v. Bernegg. Getäfertes «Versailler Zimmer» von 1720, mit französischen Grisaillen bemalt 1750. Im Saal des nordöstl. Risalits gute Stukkaturen 1728 von Joh. Schmid. Buntbemalter Steckborner Ofen 1741 von Daniel und Heinr. Meyer, zwei weitere Steckborner Öfen mit Allianzwappen um 1740 und 1749. Wappenscheibe der Sprecher v. Bernegg 1643, aus dem Rathaus Davos. – **Schloss Brandis.** Ehem. bedeutender Feudalsitz, mit hochgot. Wandmalereien profanen Inhalts. Älteste Burganlage vielleicht 10. Jh., ab 1220 Besitz der Herren v. Vaz, 1338–1436 der Grafen v. Toggenburg, welche die Burg erweiterten und stark befestigten. Von den Freiherren v. Brandis 1509 an die Drei Bünde verkauft, die hier eine Landvogtei einrichteten. Die 1499 durch die Eidgenossen, 1642 durch die Österreicher niedergebrannte und darauf wiederaufgebaute Burg wurde im 18. Jh. dem Verfall überlassen, teils abgetragen oder im 19. Jh. umgebaut. Selbständige, von Mauern und Graben umzogene Feste am Rand der ehem. Stadtbefestigung. Erhalten sind der Wohnturm aus der 2. H. 13. Jh. und jenseits des ehem. Hofes das sog. Neue Schloss um 1465; 1971 als Wohnhaus ausgebaut. Von der ehemaligen Ringmauer sind noch Bruchstücke erhalten. Im zweitobersten Turmgeschoss, dem alten Wohnstock, bedeutende *Wandmalereien** um 1320, Frühwerk des Meisters von Waltensburg: Szenen aus der Dietrichsage, dem Leben Simsons sowie Wirtshausepisoden; im Nebenraum Wanddekoration mit marmorartigen Quadermotiven. – Haus Enderlin v. Montzwick «im Winkel», urspr. Churwaldner Klosterhof. Stattliches Doppelhaus mit zwei Treppentürmen in mauerumschlossenem Hof. Das untere Haus erb. im 16. Jh. für Stadtvogt Dürig Enderlin v. Montzwick, rest. 1964–65; das obere Haus A. 17. Jh. Gute Régencestukkaturen um 1720–30. Steckborner Turmofen mit Allianzwappen, 1749 von Daniel und Heinr. Meyer. – Marschallhaus, so genannt nach dem Besitzer des 18. Jh., Feldmarschall Carl Ulysses v. Salis. Erb. für Oberst Andreas Brügger 1632–33, nach 1664 neu ausgebaut; Rest. 1962. Strenger 3geschossiger Kubus mit schlankem Flankenturm, Satteldach und Säulenportal. In der linken Sala terrena Renaissancestuck von 1650, in der rechten und in den Korridoren gute Bandelwerk- und Rocaillestukkaturen um 1740; stuckierter Kaminaufsatz um 1665 mit Allianzwappen Salis-Gugelberg. Zwei reiche Täferstuben, die «Prunkstube» um 1664 aus 4 Holzarten; 2 Turmöfen von Pfau 1664 ff. – Haus Kuoni-Stäger. Erb. nach 1771; meergrüner klassiz. Ofen. – Salis-Haus. Vor dem ehem. Lindauer Tor erb. M. 17. Jh. Einfache Täfer und Stuck um 1750; bunter Turmofen um 1760 von Joh. Ulr. v. der Mur, aus Berneck. – Haus Kuoni, hinter dem Salis-Haus. Über dem Portal Wappenstein, vielleicht vom Marschallhaus, mit Allianz Salis-Gugelberg um 1660. Korridorgewölbe mit Rokokostuck um 1760–70; buntbemalter Turmofen vermutlich aus der Werkstatt Meyer, Steckborn, um 1740 und dunkelblauer Kuppelofen M. 18. Jh. – Haus Kunz-Schnell. Nach 1622 erbaut, 1635 Wohnung des Hugenottenführers und französischen Gesandten bei den Bünden, Herzog Rohan, später der Ärztin, Schriftstellerin und Vorläuferin der Frauenbewegung Hortensia v. Gugelberg (1659–1715). Täferstube mit ländlich ornamentaler Rokokomalerei. – Haus Valentin in der «Vorstadt». Gewölbter kleiner Gartensaal mit Stukkatur und Allianzwappen Enderlin-Brügger um 1750. Turmofen mit Wappen Enderlin v. Montzwick 1717 von Heinr. Pfau.

Schloss Salenegg, eines der reizvollsten Herrenhäuser Graubündens, in den Weinbergen über dem Städtchen. Erb. 1604 für Vespasian v. Salis, seit 1654 in Besitz der Gugelberg v. Moos, mehrmals erweitert im 17. und 18. Jh., zuletzt 1782–84. Langgestreckte 3geschossige Anlage mit rückseitig angebautem Treppenhaus und Turm an der SO-Ecke. Im Gartensaal gemalte Wappen dat. 1640; in der Grossen Stube eine reiche Kassettendecke nach 1654, Turmofen 1638 von David Pfau. Sog. Blumensaal um 1784 mit graziösen Rocaillen und Stuckprospekten von Maienfeld, den umliegenden Dörfern und Burgen. Im Treppenhaus zierliche Rokoko-Schmiedeisengitter, über dem obersten Absatz Kuppel mit Stuckdekorationen um 1784 in Rokoko- und Louis-XVI-Motiven. Turmöfen von David und Heinr. Pfau dat. 1638 und 1659; Steckborner Kuppelofen 1784 von Joh. C. Haussmann; weisser zylindrischer Louis-XVI-Ofen. Kabinettscheibe mit Wappen Gugelberg v. Moos um 1610; kunstvolles Prunkschwert des Ritters Hans Lutzi v. Gugelberg dat. 1616.

St. Luzisteig. Urspr. kleine Siedlung auf der Höhe des gleichnamigen Passes, über den eine Römerstrasse von den Alpenpässen nach Brigantium (Bregenz) und im Mittelalter die «Deutsche Strasse» nach Oberitalien führte. Der strategisch wichtige Pass seit unbekannter Zeit durch starke Befestigungsanlagen geschützt, davon mittelalterl. Reste erhalten. – **Kirche St. Luzius,** auf der Passhöhe. Mutterkirche der alten Gesamtgemeinde Maienfeld-Fläsch, erwähnt 831; ein karoling. Saalbau mit halbrunder Apsis und Annex ausgegraben 1944–46 und durch Steinplatten gekennzeichnet. Die heutige Kirche grossenteils vor der Neuweihe 1457 erbaut, quer zum Vorgängerbau um 1300, von dem der Turmunterbau, der westl. Teil des Schiffs als Beinhaus und die nördl. Langseite in der Giebelfront übernommen wurden; aus nachreformatorischer Zeit (1694?) der Treppengiebel und der vorkragende Turmaufbau; Rest. 1944–46. Spätgot. Anlage mit abgetreppten Streben am eingezogenen Polygonalchor. Im Innern ist die roman. N-Wand durch eine Blendmauer mit ausgesparten Nischen verstärkt, weitere Nischen in vermauerten Durchgängen; flache Holzdecke im Schiff 1909. Hinter spitzem Chorbogen der leicht abgewinkelte Chor mit spätgot. Masswerkfenstern und Netzgewölben in Rauten- und Sternfiguration auf Spitzkonsolen. Wandmalereien aus 2 Perioden: In den Mauernischen der N-Wand Bildfragmente zum Neuen Testament 1.V. 14.Jh., im Turm Fragmente aus gleicher Zeit; um 1457 das Jüngste Gericht an der N-Wand, ferner Fragmente zur Luziuslegende an der westl. Langseite. – «Heidi-Brunnen», im Steigwald. Zur Erinnerung an die Kinderschriftstellerin Johanna Spyri (1829–1901), deren berühmte Geschichte «Heidi» in dieser Gegend spielt. – Festungsbauten, nördl. unterhalb der Passhöhe. Erb. 1831–37, verstärkt 1850–60 unter General Dufour, später mehrmals erweitert. Strassentor, Rest einer 1703 vom Zürcher Festungsbaumeister Caspar Werdmüller errichteten Wehranlage. – Reste einer mittelalterl. Talsperre aus grossen Steinblöcken; erwähnt 1499, als der Pass im Schwabenkrieg umkämpft wurde (weitere Kämpfe im 30jährigen Krieg 1620–22 und in der Revolutionszeit 1799). – Sog. Mörderburg, auf einem Felssporn links über dem Tal. Die ehem. Burg der Herren v. Grafenberg in unbekannter Zeit zum Schutz der Passstrasse erbaut, vermutlich Stammburg des Minnesängers Wirt v. Grafenberg; zeitweise vielleicht Sitz von Raubrittern, was die Bezeichnung «Mörderburg» erklären könnte. Erhalten ein 16 m hoher Rest des Palas.

FLÄSCH. Ref. Kirche. Erwähnt 1480, Turmaufbau mit Zwiebelhaube wohl 17.Jh., Schiff vergrössert 1783; Rest. 1962–63, gleichzeitig flache Holzdecke im Langhaus. Hinter rundem Chorbogen ein spätgot. Turmchor mit Wandmalereien aus der 2.H. 15.Jh.: Am Kreuzgratgewölbe die Evangelistensymbole; an den Wänden Heilige, Apostel, Szenen aus dem Neuen Testament und Legenden; bei der Sakramentsnische 2 anbetende Engel. Einfache Holzkanzel 18.Jh., übrige Ausstattung neu. – Sog. Grosses Haus. Erb. 1750; über dem Portal Adank-Wappen. Einfache, gute Täfer. – Für die Gegend ungewohnte traufständige Reihenhäuser.

PRÄTTIGAU: GRÜSCH–KLOSTERS–DAVOS

VALZEINA. Ref. Kirche. Erwähnt 1512, Neubau 2.V. 19.Jh.; Renov. 1957. S-Turm auf vermutlich frühmittelalterlicher, aussen flachgeschlossener Apsis aufgestockt 1499 (?), später erhöht. Nüchterner, rechteckiger Saal, Kanzel und Taufstein 1840.

SEEWIS. Ref. Kirche. Als St. Lorenzkirche erwähnt 1483, Neubau des Chores und Umbau des Schiffs um 1487, Verlängerung des Schiffs um Turmbreite und Einwölbung 1756–58; Renov. 1924. Turm an der NW-Ecke, untere Geschosse um 1300, die beiden oberen mit Rundbogenfenstern vermutlich 1487, neuer Spitzhelm über Wimpergen 1645. Chor und Schiff mit

Vierkantstreben und geböschtem Sockel, am leicht eingezogenen Chor gekehltes Dachgesims, begleitet von gemaltem got. Fries aus Fischblasen und Dreipässen. Im Schlussstein des W-Portals Wappen des Gerichts Seewis 1758; an der S-Wand Epitaph für den Dichter und Bundeslandammann Joh. Gaudenz v. Salis-Seewis (1762–1834). Im 1schiffigen Langhaus über viereckigen Vorlagen Stichkappentonne mit Stukkaturen 1758 von Hans G. Ludwig aus Bayern; im S Stichbogenfenster, im N Ochsenaugen. Im Chor Netzgewölbe auf Runddiensten und masswerklose Spitzbogenfenster. Kanzel und Schalldeckel mit geschweiften Bügeln, guten Rokokoschnitzereien und aufgemaltem Salis-Wappen 1758. Taufstein 1758. – Gemeindehaus, ehem. Schloss Salis. Erb. 1630 für Dietegen v. Salis, erneuert 1690; nach Dorfbrand von 1863 wiederhergestellt. Massiger Bau mit Kreuzfirst und urspr. 2 Fronttürmen. Im Erdgeschoss 2 Kamine von 1690.
Pardisla. Kath. Pfarrkirche St. Joseph und Fidelis. In neuroman. Stil erb. 1897–99 von Karl Moser; Renov. 1963. – Burgruine Fracstein, im Engpass der Klus. Höhlenburg, vermutlich E. 12. Jh. unter den Grafen v. Montfort angelegt, seit dem 15. Jh. verfallen. Dreigeschossiger Palas unter überhängenden Felsen und Reste der Sperrmauer zwischen Palasfront und Fluss.
Burgruine Solavers. Vermutlich frühmittelalterliche Kirchenburg, wohl im 11. Jh. von den Grafen v. Bregenz zur Feudalburg ausgebaut. Nach mehrfachem Besitzerwechsel zuletzt österreichisch, seit dem 15. Jh. zerfallen. Reste einer langen bergseitigen Quermauer mit 2 Toren und Teile des Palas erhalten. Von der 1487 als Pfarrkirche von Seewis erwähnten, seit der Reformation unbenützten Liebfrauenkirche stehen noch Teile des Langhauses aus dem 13. Jh. aufrecht mit 2 Lanzettfenstern in der S-Wand, sowie Reste des leicht ausgeschiedenen Polygonalchors aus dem 15. Jh.
Schmitten. Ref. Kirche. Als Filialkirche von Seewis erb. 1696. Kleiner Rechtecksaal mit Krüppelwalmdach und Dachreiter unter Zwiebelhaube. Holzkanzel 1696.

GRÜSCH (Abb. 56). Ref. Kirche. 1720 als Saal mit 3seitigem Schluss erbaut; gedeckter Stiegeneingang. Der abseits stehende Turm mit Spitzhelm vermutlich 15. Jh., von der 1495 erwähnten Vorgängerkirche St. Jodocus. Holzkanzel von 1679, übrige Ausstattung sowie Empore und Holzdecke anlässlich der Rest. 1956. Gute Abendmahlsgeräte 16.–19. Jh. – **Herrenhäuser,** ehem. Besitz der Familien v. Salis und Ott, akzentuieren das Dorfbild. Sog. Haus zum Rosengarten. Erbaut M. 17. Jh. für Jakobus Ott, erweitert um 1680, renov. um 1738 und 1968–69. Gute Gitter um 1740 an Freitreppe und Balkon. Täfer um 1680, weitere Täfer und Stuckdecken um 1740; grüner Ofen M. 17. Jh. – Gasthaus zur Krone. Stattliches Haus, 1676 für Bundeslandammann Ulr. Enderli-Davatz erbaut, unter Einbeziehung eines älteren Gebäudes. Salis-Besitz 1698–1849, seither Gasthaus; Rest. der Fassade 1965–66. Treppenturm mit Zwiebelhaube, steiles Satteldach mit reichem Sparrenwerk. Saletta mit späten Frühbarockstukkaturen, im Obergeschoss gutes Täfer um 1680 mit Reliefschnitzerei und Kassettendecke mit Allianzwappen Davatz-Ott. Im Korridor aufgestellt das Mittelfeld der Gartenhausdecke E. 17. Jh. mit aufgemalter Jakobsleiter. – Pfrundhaus. Erbaut 1699 von Freiherrn Hercules v. Salis. Über dem im Prättigau ungewohnten Walmdach 8eckiges Türmchen mit Zwiebel. Im Korridor dekorative Türumrahmungen mit gemalten Atlanten. – Hohes Haus. Erb. 1590 von Ritter Hercules v. Salis, Haupt der venezianischen Partei. Das stattlichste der 3 Salis-Häuser von Grüsch. Massiger Kubus unter steilem Satteldach mit Sparrenwerk. Stukkaturen in der Saletta und Täferzimmer aus der Zeit des Innenausbaus 2. H. 17. Jh. Weitere Täfer 1730; 3 Steckborner Turmöfen um 1750.

FANAS. Ref. Kirche. Fundamentreste der 1483 erwähnten Kirche am O-Ende des Dorfes. Heutige Saalkirche mit Zwiebelturm an der talwärts blickenden Langseite 1754–55; Renov. 1924. Rechteckiger Saal, überwölbt von Tonne mit 3 Stichkappen. Am Portal Wappen Fanas; Taufstein und Teile der Kanzel 1755. Got. Kelch M. 15. Jh. – Pfarrhaus, ehem. Sprecher-Haus. Doppelwohnhaus 1677 teils gemauert, teils gestrickt, an der Front Inschrift des Bauherrn Statthalter Jak. Sprecher und Datum der Renov. 1705. Lauben an beiden Traufseiten; die Räume im Unterbau gewölbt.

SCHIERS (Abb. 53). **Ref. Kirche St. Johann.** Mutterkirche des Prättigaus, erwähnt 1101. Älteste Anlagen 1956 im Pfarrgarten ausgegraben, Grundriss mit Steinplatten markiert: 1. Über röm. Kalkofen, inmitten eines christlichen Friedhofs, kleiner Rechtecksaal mit Annexen, 5.–6. Jh. 2. Etwas nördl. davon Rechtecksaal mit ausgeschiedener Halbkreisapside, nördl. Annex und Vorhalle, 5. Jh. oder jünger. Neubau 1519–22, Wiederherstellungsarbeiten 1641 und 1767; neue Fenster nach Brandschaden 1768. Schiffsdecke aus Holz und Empore anlässlich der Renov. 1926. Langhaus und Polygonalchor mit Aussenstreben; Turm an der N-Seite des Chors 1522, erhöht 1768, Haube 1926; Aussenrest. 1971. Im 3jochigen Chor Netzgewölbe auf Vorlagen; Stichbogenfenster 1768. Kanzel und kronenförmiger Schalldeckel mit Bügeln um 1768, neugot. Taufstein. Kelche 1. H. 14. Jh. und 1671. – Salginabrücke, ca. 3 km nordöstl. Schiers (Abb. 53). Erb. 1929–30 von Robert Maillart. – *Schuders.* Ref. Kirche. Als Annenkapelle erb. 1508; Renov. 1929. Das Äussere der spätgot. Anlage durch Schindeldeckung von Satteldach und Dachreiter, Vorzeichen und W-Giebel charakterisiert. Im Schiff gebrochene Holzdecke mit bunten Ornamentmalereien, im eingezogenen Polygonalchor Netzgewölbe (ohne Schildbogen und Schlusssteine) auf zugespitzten Anfängern. Fragment der spätgot. Ausmalung, ein Stifter in weltlicher Tracht (hinter einem Türchen im neuen Täfer). Kanzel 17. Jh.

FURNA. Ref. Kirche. Spätgot. Anlage um 1490, Turm an der N-Seite des eingezogenen Chores jünger; Renov. 1860 und 1957. Im Schiff neue Holzdecke und Empore, im Polygonalchor Sterngewölbe auf Runddiensten. Als Abendmahlsgefäss 2 profane Becher in Pokalform um 1590 und 1. V. 17. Jh.

JENAZ (Abb. 54). Dorf mit guten Holzbauten vom Prättigauer Typus. **Ref. Kirche.** Als Petruskirche erwähnt 1. H. 12. Jh., Chorneubau 1483, Umbau des Schiffs 1485; Renov. 1837 und 1956. Roman. Turm an der S-Seite des Schiffs, erhöht 1485 mit gezimmerter Glockenstube und Spitzhelm; östl. anschliessend die in 2 Etappen gewölbte Sakristei. Am eingezogenen Polygonalchor Dreikantstreben. Im Schiff neue Holztonne, Fenster an der N-

Seite; im 2jochigen Chor auf Runddiensten Sterngewölbe mit 2 schildchengezierten Schlusssteinen. Profilierter Wandtabernakel und Sakristeitür mit Meisterinitialen v.g. und Datum 1483; Ausstattung 1956. – Schlössli, am Kirchweg. Erb. 1822 für Christian Luzi; seltene klassiz. Arventäfer und 2 graue Fayence-Öfen. – Haus Valär-Rieder. Erb. 1728 von Christ. und Hans Berdill. – Haus Saluz. Am Holzwerk dat. 1566. – Haus Valär, am Platz. Erb. 1728, erweitert 1746. Besonders stattliches Haus des Prättigauer Typs.

FIDERIS. Ref. Kirche. Ehem. Galluskirche, neuerb. 1461; Rest. 1938. Turm an der NO-Ecke des Schiffs vor 1461, polygonales Obergeschoss und Zwiebelhaube 1740. Einschiffiges Langhaus, Teile der Schiffsmauer vorgot., flache Holzdecke 1938. Der 2jochige Chor nur an der S-Seite eingezogen; auf halbrunden Diensten spätgot. Netzgewölbe mit Schlusssteinen, in den Seitenwänden je 2 stichbogige Nischen. Wandmalereien um 1460: Gnadenstuhl, die Hl. Johannes d. T., Erasmus und Gallus vor Landschaft mit bewehrter Stadt; Tod Mariä. Taufstein um 1460, Holzkanzel 1628; Orgel, Gestühl und Brusttäfer um 1830. Grabsteine 17. Jh. an der Friedhofmauer. – Haus Gujan. Im W-Trakt vermutlich roman. Baubestand. Neubau 2. H. 17. Jh.; gleichzeitiges Buffet. – Haus Planta. Erb. 1566 für Conradin v. Planta-Wildenberg; zur Badwirtschaft umgeb. 1820. Zylindrischer Empire-Ofen. – Gasthof, ehem. Haus Bühler. Ausbau 2. H. 17. Jh., Täfer um 1746, Öfen 18. Jh., Porträtreihe des Biedermeiers. – Post, ehem. Haus Valär. SW-Trakt erb. um 1640, Erweiterung nach NO 2. H. 18. Jh. Im Erdgeschoss schöne Täferstube von 1644 mit Intarsien, reichem Buffet von 1696 und zugekauftem Ofen aus grünen Kacheln E. 16. Jh.; Steckborner Ofen E. 18. Jh., Rokokokamin; gute Möbel des 17.–19. Jh. – Haus Donau, wegen des got. Glockentürmchens «Zithus» genannt. Ausbau vermutlich 2. H. 17. Jh.; Buffet E. 17. Jh., spätgot. Truhe. – Burgruine Strahlegg, östl. beim gleichnamigen Weiler. Als Besitz der Streiff erwähnt 1403. Zweigeschossiger Turm, Reste von Wohnhaus und Bering.

LUZEIN. Ref. Kirche, in Hanglage. Als Besitz des Klosters Churwalden erwähnt 1222; Neubau 1487 von Steffan Klain; Renov. 1930. Am eingezogenen 3seitig geschlossenen Chor Dreikantstreben mit darüber umlaufendem Gesims; N-Turm mit Sakristei im Erdgeschoss, Schallfenstern mit Fischblasenmasswerk und niedrigem Achteckhelm. Im spitzbogigen Haupteingang geschnitzte Türe um 1670, Kopie nach Original im Rätischen Museum, Chur. Im 1schiffigen Langhaus polygonale Bretterdecke von 1487 mit Schablonenmalerei, an der S-Seite 2 Spitzbogenfenster; im Chor auf Halbrunddiensten Netzgewölbe in Sternform, die beiden Schlusssteine bemalt mit Haupt Christi und Wappen v. Matsch. Meisterinschrift im Schild der O-Wand, 3 Steinmetzzeichen auf der Trennungsrippe. Wandmalerei zwischen 1487 und 1496: In den Gewölbefeldern des Chores die Evangelisten mit ihren Symbolen, im Schiff Hl. Georg mit Drachen. Taufstein um 1487, Becken ergänzt; Kanzel mit Schnitzereien 1694; Orgel mit Rokokoschnitzereien dat. 1791, umgeb. 1900. An der Friedhofmauer Grabsteine des späten 16. und 17. Jh. – Haus Am Platz, bei der Kirche. Früher Prättigauer Typ. Erb. 1. H. 16. Jh.; Stube mit Malereien, dat. 1591, in der Art des Hans

Ardüser. – Die 8 **Häuser der Familie Sprecher v. Bernegg,** eine glückliche Mischung bäuerlicher und aristokratischer Bauweise, geben dem Dorf sein besonderes Gepräge. Sprecher-Haus. Erb. um 1650 für Landammann Joh. Sprecher v. Bernegg, bis heute im Besitz der Familie. Das bedeutendste der Sprecher-Häuser, Um- und Ausbau im 18. Jh.; Renov. 1903. Wohlabgewogene Gruppierung von Haupt- und Nebengebäuden; Torvorbau auf glatten Säulen. Nussbaumtäfer um 1708. – «Gross-Haus», oberhalb des Sprecher-Hauses. Erbaut 1658 für Joh. Sprecher v. Bernegg, ausgeb. 1730, Abbruch des Frontturms 1839. Kubus mit Satteldach; Türvorbau mit kassettierter Tür von 1658. Im Erdgeschoss Täferstube, Ofen M. 18. Jh. – Haus Putzi, unterhalb der genannten Häuser. Erb. um 1700 für die Familie v. Sprecher. – Haus Salzgeber, ehem. Sprecher-Haus im Tomis. Neugestaltet M. 18. Jh.; langgestreckter Bau mit Frontgiebel.

Putz, Weiler westl. Luzein. Burgruine Castels. Sitz der Herrschaft Castels, seit 1496 österreichisch; in den Bündner Wirren 1622 zerstört, 1649 geschleift. Ruine eines Wehrturms vermutlich 12. Jh.; Reste des Berings. – *Pany*. Ref. Kirche. Chor 1705; Schiff und Turm nach Brand neuerb. 1909.

ST. ANTÖNIEN. Typische Walsersiedlung mit locker gestreuten Wohnstätten, die sich fast nur am Platz bei der Kirche zu einer dichteren Gruppe vereinigen; Holzbauten des 17.–19. Jh. – **Ref. Kirche.** Neubau von Schiff und Chor sowie Erhöhung des Turms 1493 vollendet; Rest. 1953. Polygonalchor mit Dreikantstreben; an seiner N-Seite Turm 14. Jh., Obergeschoss mit spitzem Achteckhelm über Wimpergen 1493. Im 1913 erneuerten Vorzeichen Türe von 1810. Spitzbogiger Haupteingang, Türflügel mit spätgot. Teilen neu zusammengestellt. Im Schiff stichbogige spätgot. Holztonne mit ornamentalen Malereien und Flachschnitzereien, in der S-Wand 2 einfache Masswerkfenster, in der N-Wand Sakristeitür. Hinter dem spitzen Chorbogen eingezogener Chor mit Sterngewölbe auf Runddiensten und 4 Fenster mit einfachem Fischblasenmasswerk sowie spitzbogiger Türe zum Turm. Spätgot. Taufstein (Kopie), Holzkanzel 1643, Chortäfer und Empore 17.–18. Jh., Orgel 1. Drittel 18. Jh.

KÜBLIS. Ref. Kirche (Abb. 55). Wiederaufbau der ehem. St. Nikolauskirche vermutlich 1472 vollendet, Neubau des Chores 1487, Einwölbung des Schiffes 1491 von Steffan Klain (Inschrift am Gewölbe); Renov. 1921 und 1956. Eingezogener Polygonalchor mit Dreikantstreben, an seiner N-Seite spätgot. Turm mit Spitzhelm über Wimpergen. Unter Vorzeichen von 1921 spätgot. Spitzbogenportal, gerahmt von 2 Grabsteinen der Sprecher v. Bernegg 17. Jh. Im urspr. flachgedeckten 1schiffigen Langhaus 3jochiges Rautengewölbe auf Innenstreben und Runddiensten mit Schildbogen, 3 bemalte Schlusssteine und Baumeisterinschrift. Im 2½jochigen Chor Sterngewölbe auf Runddiensten, die zwei skulptierten Schlusssteine zeigen Rosette und österreichischen Bindenschild. Das Fischblasenmasswerk aller Fenster 1921 erneuert, gleichzeitig Glasgemälde (die 12 Apostel) von Augusto Giacometti im Chor. In der S-Wand rundbogige Lavabonische, in der N-Wand profilierte Sakramentsnische, Viereckfenster und Türe zum Turm, die andere Spitzbogentüre zur ehem. Sakristei im Erdgeschoss des Turms. Neben dem spitzen Chorbogen spätgotische Wandmalerei: links Verkündigungsengel, gegenüber nur Jahrzahl 1491 erhalten. Spätgot. Taufstein in Becherform, Holzkanzel 1641; Kelch 1642. – Sog. Schlössli. Erb. 1642 für Durig Enderli v. Montzwick, erweitert 1687, O-Trakt im 19. Jh. umgebaut; Rest. 1960. Reiche Täfer um 1690. – Sprecher-Haus, in der Klus. Erb. 1666 für Andreas Sprecher v. Bernegg; grosse Täferstube, gewölbte Korridore und Erdgeschossräume, darunter grosse Sala terrena. – Burgruine Kapfenstein oder Ober-Sansch, nördl. Küblis am linken Rand der Schanielaschlucht. Seit M. 13. Jh. Besitz der Herren v. Kapfenstein, später der v. Vaz und v. Toggenburg; vermutlich im 15. Jh. aufgegeben. Reste der Umfassungsmauern.

CONTERS. Ref. Kirche. Neubau des Chors 1516; Einwölbung des einschiffigen Langhauses und neue Fenster 1518, gleichzeitig wohl auch der Turmbau; Renov. 1931. An der N-Seite des eingezogenen Polygonalchores niedriger Turm mit gezimmerter Glockenstube und 8eckigem Spitzhelm von 1630. Gedrungener Innenraum: Im Schiff tief herabgezogenes Netzgewölbe über teils konischen, teils in Schraubenform endenden Dienstenstümpfen; im Chor ähnliches Gewölbe in Sternfiguration mit Schildbogen. Kabinettscheibe St. Magdalena um 1516. Schmucke Holzkanzel dat. 1688 auf gemauertem Fuss.

SAAS. Ref. Kirche. Ehemalige St. Lorenzkirche erwähnt 1290. Neubau A. 16. Jh., Schiff 1735 ausgebrannt; Rest. 1936. Überhöhter polygonaler Chor mit 4 abgesetzten Dreikantstreben; an seiner N-Seite got. Turm mit 8eckigem Obergeschoss und kuppelartiger Haube von 1735. Spitzbogiger W-Eingang. Im 1schiffigen Langhaus polygonale Holzdecke und 2 S-Fenster von 1735. Im eingezogenen spätgot. Chor Fenster mit Fischblasenmasswerk und 3jochiges Netzgewölbe mit sternförmigen Figurationen und 2 Schlusssteinen; die Rippen und Schildbogen wachsen aus zugespitzten Anfängern. In der N-Wand Türen zur Turmtreppe und zur Sakristei im Erdgeschoss des Turmes. Achteckiger Taufstein um 1500 (?) mit profiliertem Fuss. Kanzel auf gemauertem Fuss und Schalldeckel, Bestuhlung und Empore 1735. – Gute Holzbauten aus den Jahrzehnten nach dem Dorfbrand 1735. – Gasthaus Rathaus. Steinbau um 1720–30; gewölbte Erdgeschossräume, im 1. Stock Arventäfer und Stuckdecken um 1730.

KLOSTERS. Gründung einer Prämonstratenserpropstei zwischen 1208 und 1222; Auflösung 1528. Ansiedlung von Walsern seit dem 14. Jh. – **Ref. Kirche,** ehem. Klosterkirche. Vom Gründungsbau des 13. Jh. der Turm erhalten; Neubau 1493 durch die Meister Andreas (Bühler?) und Jan, nach Brand im Prättigauerkrieg wiederhergestellt bis 1634, Neubau des 1schiffigen Langhauses 1723 von P. Walser; Renov. 1922. N-Turm zwischen 1208 und 1222 erbaut, mit gekuppelten Schallfenstern und Zeltdach; östl. davon Sakristei 1493 mit Sterngewölbe. Vorhalle mit Orgelnische 1922, gleichzeitig neue Fenster in der S-Wand des Schiffs und Polygonholzdecke. In der W-Wand Kreisfenster mit Fischblasenmasswerk wohl 1493. Hinter spitzem Chorbogen stark eingezogener 3jochiger Polygonalchor mit sternförmigem Netzgewölbe, dessen Rippen aus zugespitzten Anfängern wachsen. In den 3 Masswerkfenstern Glasgemälde, Josephs Traum, 1928 von Augusto Giacometti. Wandmalerei nach 1493: Im Chorgewölbe Majestas Domini und 2 Engel, Abraham und Moses, Könige und Propheten sowie die Evangelisten mit ihren Symbolen, die 4 Kirchenväter und die Apostel; an der S-Wand Pfingstbild, Fragment eines grösseren Zyklus. Abendmahlstisch aus schwarzem Marmor dat. 1779. Geschnitzte Kanzel 1633 auf gemauertem Fuss, Stiegentürchen 1766, Schalldeckel 1775. Chortäfer 1634, 1636 und 1703, urspr. Fronten der Gestühle; Emporenbrüstungen um 1634. – Kath. Kirche St. Joseph. Erb. 1963–64 von Willy Schuchter; Skulpturen von Jos. Rickenbacher. In der Kapelle Marienstatue 15. Jh. – Sog. Doktorhaus. Erb. um 1680 für Landammann Marty Jeuch, seit 1859 im Besitz der Gemeinde. Grundriss nach Prättigauer Schema. In den Täferstuben des Obergeschosses 2 Buffets um 1680. – Nuttlihüsli, an der Strasse nach Monbiel. Kleines Prättigauerhaus; der gestrickte Wohntrakt 1565 vermutlich für Christian Nuttli erbaut, 1668 umgebaut.

Museum. Heimatkundliche Sammlung, im Nuttlihüsli.

Serneus, nordwestl. Klosters. Ref. Kirche. Erwähnt 1480; Renovation und Stichkappengewölbe im Polygonalchor 1718; Umbau des Schiffs anlässlich der Renovation 1929, gleichzeitig Erhöhung des Turms. Holzkanzel 1674, die Empore und Bankwangen 17. Jh. Kelche 2. H. 14. Jh., 1677 und 1787. – Zahlreiche Bauernhäuser aus der Zeit nach dem Dorfbrand von 1740. – Haus Florin. Stattlicher Bau mit Freitreppe 1743, von der Familie Marugg errichtet. Auf gemauertem Unterbau und Küchentrakt 3 Wohngeschosse in Zapfenstrick; Täfer um 1740. Der Korridor in Firstrichtung, in der Mitte, abweichend vom Prättigauer Schema.

DAVOS. Die Gemeinde umfasst die ganze Talschaft, welche mit verstreuten Einzelhöfen nach Walserart besiedelt ist. Entwicklung des Fremdenorts seit etwa 1865 längs der Talstrasse; Denkmal für Dr. Alexander Spengler, der die Heilwirkung des Klimas erkannte und Davos dadurch zum weltberühmten Kurort gemacht hat.

Davos Dorf. **Ref. Kirche,** urspr. St. Theodul geweiht. Neubau 1514 unter Verwendung des Chorturms von einem Vorgängerbau aus dem 14. Jh., Turmaufbau mit Zwiebelhaube 1. H. 18. Jh.; Anbau des südl. Seitenschiffs und Strassendurchgang 1913; Renov. 1952. Im 4jochigen 1schiffigen Langhaus Rautengewölbe auf zugespitzten Anfängern; hinter dem fast runden hohen Chorbogen der eingezogene Polygonalchor mit Sterngewölbe auf masken- und schildchenverzierten Konsolen. Wandtabernakel mit Kielbogen, Kreuzblumen und Krabben. Kanzel und Schalldeckel 1. H. 18. Jh., Kanzelfuss neu. Übrige Ausstattung und Empore 1913. Im ehem. Turmchor beachtliche spätgot. Fresken E. 15. Jh., rest. 1895; alpine Mischung italienischer und süddeutscher Stilelemente: Seitlich des Chorbogens Opfer Kains und Abels, gegenüber Marienkrönung und Heilige, an den Seitenwänden die Apostel in illusionistisch gemalten Nischen, am teilweise zerstörten Gewölbe Christus in der Mandorla. – Kath. Kirche Herz Jesu. Erb. 1915 von Nicolaus Hartmann, Ausstattung von J. Stärk aus Nürnberg. – Hotel Seehof. Ehem. grosses Sprecher-Haus, völlig umgebaut; 2 Steckborner Öfen von 1769 und 1772. – Altes Pfrundhaus, jetzt Heimatmuseum. Nach

Engadiner Schema ausgeb. M. 17. Jh. für die Familie Jenatsch. Im Erdgeschoss nachgot. Decke, am Türsturz dat. 1653; gute Täfer und Buffet dat. 1653. Stuck in der Saletta um 1760. Kassettendecke aus dem oberen Haus Jenatsch dat. 1639. – Kath. Kirche St. Johann Bapt. In erhöhter Lage erb. 1892 von Aug. Hardegger.

Museum. Heimatmuseum, im alten Pfrundhaus.

Davos Platz. **Ref. Pfarrkirche,** urspr. St. Johann Bapt. geweiht. Von einem Vorgängerbau nach 1280 der kleine N-Turm, mit gezimmerter Glockenstube und Achteckhelm wohl von 1481. Der mächtige Eingangsturm vor der alten W-Front erb. 1481, über den Wimpergen ein sehr hoher geschraubter Achteckhelm von 1588. Neubau des Chores nach 1500, des heutigen 3schiffigen Langhauses 1909–10; Renov. 1941. Das Äussere wird durch die Neubauten von 1909–10 bestimmt, die auch den unteren Teil des W-Turmes umfassen. Im eingezogenen spätgot. Polygonalchor ein Sterngewölbe mit zugespitzten Anfängern. Reicher Wandtabernakel mit Krabben, Fialen und Kreuzblume, eisernes Türchen in Durchbrucharbeit. Glasgemälde 1928 von Augusto Giacometti, Paradiesesdarstellung. An der Leibung des Chorbogens gemaltes Jenatsch-Wappen 1666. Geschnitzte Kanzel 1719. In der Vorhalle Grabtafeln des 17. Jh. – **Rathaus.** Neubau zwischen 1559 und 1564 von Hans Ardüser, Vater des Malers; durchgreifende Umbauten zwischen 1881 und 1912 sowie 1930. Vom alten Bestand die «Grosse Stube», Repräsentationsraum des Zehngerichtenbundes; darin Arventäfer, Decke mit profilierten Tragbalken auf Unterzug über eingelegter Mittelsäule, selbständige prunkvolle Türrahmung; «Grosser Ofen» 1564, am 2geschossigen, 8eckigen Aufbau die Wappen der 13 Alten Orte, vermutlich österreichischer Herkunft, renov. 1879. Kabinettscheiben vorwiegend 1564 gestiftet, bei Renovation 1901 teilweise stark ergänzt. Im Korridor Türgericht vom älteren Rathaus mit Meisterzeichen um 1500, ferner Meisterschilde des Hans Ardüser und des Zimmermanns (?), von der Fassade versetzt. – Gasthaus Alte Post, neben der Kirche. Geht auf das 1550 erbaute Stammhaus der Sprecher zurück; nachgot. Balkendecke. – Buolsches Schlössli, auf der Oberwies. Erb. M. 16. Jh., in neuerer Zeit völlig umgebaut. In der «Grafenstube» gutes Täfer und Kassettendecke dat. 1727 mit Wappen Jenatsch-Buol. – Alexanderhaus. Als Sanatorium erb. 1907 von Otto Pfleghard, Max Haefeli und Robert Maillart. – Sport- und Kongresszentrum, im Kurpark. Erb. 1963–65 von Ernst Gisel. Gutgegliederter Baukomplex.

Laret. Ref. Kirche. Kleiner Bau mit Dachreiter von 1793, gleichzeitig Kanzel und Empore; Renov. 1932. – *Sertig.* Ref. Kirche, erb. 1699. Kleiner gedrungener Chorturm mit gezimmerter Glockenstube und gebrochenem Achteckhelm; Eingang in der südl. Längsseite. Im Schiff Leistendecke mit Unterzug auf Holzpfeiler, im Chor Längstonne. Die gemalten Rollwerkrahmen der Fenster 1702; schmucklose Kanzel um 1700. – *Frauenkirch.* **Ref. Kirche.** Erwähnt 1466, erneuert 2. H. 15. Jh., 1603 und 1926. Auf dem polygonalen Turmchor liegt unvermittelt die quadratische gezimmerte Glockenstube mit gebrochenem Achteckhelm. Die bergseitige Schmalfront des Schiffs als Lawinenbrecher ausgebildet und innen 3seitig geschlossen;

Eingang in der südl. Langseite. Holzdecke im Schiff 1603, Tonnengewölbe im Chor 2.H. 15.Jh. Geschnitzte Kanzel 1745, Orgelempore 17.Jh., buntbemalte Flügelorgel 1823 von Georg Hammer aus Schiers. – *Wildboden.* Gedenkstätte für den bedeutenden expressionistischen Maler Ernst Ludwig Kirchner, der von 1923 bis zu seinem Tode 1938 hier wohnte. – *Glaris.* Ref. Kirche. Erb. M. 14.Jh. (?), erhöht und eingewölbt 1613, Fenster und N-Eingang 1682 verändert; Renov. 1928. Über dem eingezogenen Turmchor offene Glockenstube mit gebrochenem Achteckhelm; über dem S-Eingang in den Verputz gedrückte Initiale von 1613. Beide tonnengewölbten Raumteile zeigen im Grundriss leicht verschobene Rechtecke; runder Chorbogen. Spitzgiebelige Wandnische im Chor, Holztürchen mit got. Beschlägen. Holzkanzel mit Schnitzereien 1728; auf Empore 3teilige Flügelorgel mit Rokokodekor 1832 von Georg Hammer. – *Monstein.* Ehem. ref. Kirche. Dient seit dem Bau der neuen Kirche 1869 als Spritzenhaus. Kleine tonnengewölbte Turmchoranlage 1668–70, Turm A. 18.Jh. erhöht.

SCHANFIGG: ST. PETER–AROSA

MALADERS. Ref. Kirche. Erwähnt M. 12.Jh.; Renov. 1938. N-Turm mit gekuppelten Rundbogenfenstern vielleicht 14.Jh., Achteckhelm jünger; daneben Sakristei. Im 2jochigen Rechteckschiff des 12.Jh. (?) Kreuzgratgewölbe mit Gurtbogen; Emporen 18.Jh. Hinter spitzem Chorbogen Polygonalchor nach 1500 mit Netzgewölbe auf Runddiensten; Sakramentsnische mit Gittertürchen. Taufstein M. 17.Jh., Holzkanzel dat. 1750, Chororgel mit 3teiligem Prospekt M. 18.Jh. Abendmahlsbecher 2.H. 16.Jh., urspr. profaner Stauf.

CALFREISEN. Burgruine Bernegg, am S-Rand des Dorfes. Ehem. Sitz der Herren v. Calfreisen; im 16.Jh. aufgegeben. Reste eines vermutlich im 12.Jh. erbauten Wohnturms.

CASTIEL. Ref. Pfarrkirche. Spätgot. Anlage in beherrschender Lage am Fuss des ehem. Burghügels. Erwähnt 1132, Neubau nach 1510; Renov. 1907. Mit Streben verstärktes Schiff und eingezogener, 3seitig geschlossener Chor; Turm an der NO-Ecke des Schiffs vom Chor abgerückt, erhöht vielleicht im 18.Jh., mit spitzem gebrochenem Achteckhelm. In der O-Wand des Chores Kreisfenster, darunter ein verblasstes spätgot. Christophorusbild und ein österreichischer Bindenschild. Dreijochiges Schiff mit teils vorgot. Mauerwerk, Rautengewölbe auf Runddiensten; hinter spitzem Chorbogen 2jochiger Chor mit Sterngewölbe auf zugespitzten Anfängern. Neben der Tür zur ehem. tonnengewölbten Sakristei spätgot. Sakramentsnische mit Gittertürchen. Holzkanzel mit Schalldeckel dat. 1656. – Podestà-Haus. Einziges bemerkenswertes Bürgerhaus des Schanfigg. Erb. 1619 für Podestà und Landammann Ant. Schmidt, beschädigt 1622; Renov. 1946–47. Trapezförmiger Grundriss mit halbrundem Treppenturm in der Frontmitte; Fenstersäule 1619, einfache Täfer 1626.

LÜEN. Ref. Kirche. Erb. 1084, St. Zeno geweiht; Renov. 1926. Nach SO gerichteter Einheitsraum von unregelmässig rechteckigem Grundriss; Tonnengewölbe und Stichbogenfenster vermutlich 17.Jh. An der N-Seite freistehender mittelalterl. Turm, Glockengeschoss und Spitzhelm 19. Jh. Beachtliche *Wandmalereien* M. 14. Jh. aus der Werkstatt des sog. Waltensburger Meisters: An der östl. Schmalseite fast lebensgrosse Darstellung der Apostel, 2 Figuren durch Fensterausbruch zerstört; an den Langseiten Zyklus aus dem Leben Christi, in 2 Bildstreifen fortlaufend ohne Szenentrennung dargestellt; die Streifen sind von Blatt- und Rosettenborten eingefasst, der obere durch den Tonneneinbau zur Hälfte zerstört. Sakramentsnische wohl 15. Jh., Holzkanzel auf gemauertem Fuss dat. 1776.

ST. PETER. Ref. Pfarrkirche St. Peter. Erwähnt 831, ehem. Talkirche des Schanfigg. Teile der Schiffsmauern stammen von einem frühmittelalterl. Bau, dessen Apsis anlässlich der Renov. 1922 nachgewiesen wurde. Leicht eingezogener, verstrebter Polygonalchor vermutlich A. 15. Jh. Schräg vor der W-Front freistehender hochmittelalterl. Turm, Glockengeschoss und Zeltdach 15. Jh., 2 Glocken 14. Jh.; 1922 durch eine Vorhalle mit der Kirche verbunden. Im Schiff spätgot. trapezförmige Holzdecke mit Flachschnitzereien und gemaltem österreichischem Bindenschild, nicht vor 1479. Hinter dem niedrigen spitzen Chorbogen 2jochiger, kreuzgewölbter Chor mit unmittelbar aus der Wand aufsteigenden Rippen; Sakramentsnische mit Eisengitter. Wandmalerei kurz nach 1500: Umrahmung des Wandtabernakels in Form eines spätgot. Schnitzaltars; ähnlich die Malerei südl. des Chorbogens, worunter urspr. die Mensa des Seitenaltars stand. Glasfenster 1926 von Giuseppe Scartezzini. Spätgot. Taufstein in Becherform; gute Holzkanzel mit Schalldeckel dat. 1727, Vorstandssitz dat. 1656. Dreiteiliger Orgelprospekt mit Rocailleschnitzereien dat. 1782, verändert 1922.

MOLINIS. Ref. Kirche. Erb. zwischen 1440 und 1509, erwähnt 1509; Renov. 1957. Polygonalchor mit Gratgewölbe neuerb. wohl 1699. Mittelalterl. Turm mit neugot. Glockenstube. Holzkanzel um 1720–30.

PEIST. Ref. Kirche. Erwähnt 1478, Neubau 1876–77 unter Wiederverwendung got. Mauerwerks; Renov. innen 1924, aussen 1965. Turm 15. Jh., Zwiebelhaube über Achteckgeschoss 1876–77. Ausstattung 1924.

LANGWIES. Kirchdorf der von Walsern besiedelten Seitentäler. – **Ref. Kirche.** Stiftung 1384, aus dieser Zeit Turm und Langhausmauern; Neubau des Chores 1477, Einwölbung von Schiff und Chor 1488 durch Steffan Klain unter Mitarbeit von Andreas Bühler; Rest. 1917. Schiff mit Vierkantstreben und eingezogener Polygonalchor mit Dreikantstreben unter durchgehendem hohem Satteldach; an der N-Seite tonnengewölbte Sakristei und Turm, die vorkragende, offene Glockenstube aus Holz und der Achteckhelm wohl E. 15. Jh. Im Schiff 3jochiges Rautengewölbe auf Vorlagen mit Runddiensten, dazwischen spitzbogige Flachnischen, in den chorseitigen Ecken schildchenverzierte Gewölbeanfänger. Fenstergewände 1917 nach den Chorfenstern rekonstruiert. Hinter spitzem Chorbogen 2jochiger Chor mit Sterngewölbe auf zugespitzten Anfängern; im S Kreisfenster. Wandmalerei wohl kurz nach 1385, stark beschädigt: An der N-Wand von den Gewölbevorlagen überschnitten Bildstreifen mit der Passion Christi und Bossenquaderimitation. Rechts vom Chorbogen die Hl. Katharina mit Weiheinschrift und nicht mehr lesbarem Wappen dat. 1488; von demselben

Künstler die Malereien auf den Schlusssteinen des Schiffs. Spätgot. Taufstein, Deckel 1751; Holzkanzel mit Schalldeckel dat. 1751; Gestühl 18. Jh.; Orgel 1897, mit Teilen eines Rokokogehäuses.

AROSA. Durch Walser von Davos her A. 14. Jh. besiedelt, erwähnt 1336. Die urspr. nur über einen Saumpfad erreichbare, im 19. Jh. nahezu ausgestorbene Berggemeinde erlebte mit Eröffnung der Strasse nach Langwies 1890 einen raschen Aufschwung zum international bekannten Kurort und Sportzentrum. Langgezogener Ort mit Hotelquartier unten an den beiden Seen, alter Dorfteil mit mittelalterl. Kirche oben am W-Hang. – **Alte ref. Pfarrkirche,** heute Begräbniskapelle. Inmitten des Kirchhofs malerisch gelegener Bau von 1492–93. Vor dem Schiff ein origineller Glockenturm mit Haupteingang; auf abgeschrägtem Sockelgeschoss eine offene Glockenstube aus Holz und Spitzhelm. Im nahezu quadratischen Schiff leicht polygonale Holzdecke mit gemalter und geschnitzter Ornamentik, am Schriftband dat. 1493, daneben Wappen Österreichs und des Bischofs Heinr. v. Hewen. Nur die Rundbogenfenster urspr. Eingezogener fast quadratischer Chor mit Kreuzgratgewölbe auf zugespitzten Konsolen; Sakramentsnische mit Steinfries und Gittertürchen aus der Bauzeit. Liebenswürdige Schreinorgel mit Malereien um 1770, Orgel selbst etwas früher. Übrige Ausstattung 1922. – Ref. Kirche. Erb. 1907 von Albert Gysler. – Kath. Kirche Mariä Himmelfahrt. Erb. 1935–36 von Walther Sulser. Kreuzigungsgruppe 1936 von Alfons Magg. – Sanatorium Altein, jetzt Sporthotel. Erbaut 1914–16 von Otto Schäfer und Martin Risch; Plastik am Erker von Wilh. Schwerzmann, Figurenreliefs im Gesellschaftssaal von Otto Kappeler. **Museum**: Schanfigger Heimatmuseum, im Egga-Haus in Innerarosa.

CHURWALDEN–LENZERHEIDE–LANTSCH–VAZ

PRADEN. Ref. Kirche. Erb. um 1630–40, Trennung von Tschiertschen 1655. Rechteckiger Einheitsraum, an der östl. Schmalseite Turm, dessen gezimmertes Glockengeschoss und das Zeltdach aus einer spätern Bauetappe stammen. Abendmahlstisch und Kanzel um 1730–40, Sinnsprüche 1776. Rokoko-Orgel 2. H. 18. Jh., auf den provinziell bemalten Flügeln König David und Posaunenengel.

TSCHIERTSCHEN. Ref. Kirche. Erwähnt 1405; Chorgewölbe wohl A. 15. Jh., Turm letztes V. 15. Jh.; Renov. 1897. Got. Anlage mit Rechteckschiff und eingezogenem Quadratchor; am südl. Choreinzug unverputzter Turm mit rundbogigen Schallfenstern und Zeltdach. An der nördl. Aussenwand des Schiffs Fragment eines spätgot. Kreuzigungsgemäldes E. 15. Jh., mit den Hl. Maria, Johannes, Sebastian und Jakobus (?). Im Schiff Stichbogentonne anstelle einer ehem. Flachdecke, im Chor kuppelartiges Kreuzrippengewölbe auf zugespitzten Anfängern. Abendmahlstisch und Kanzel um 1739, Rokoko-Orgel 2. Drittel 18. Jh. Spätgot. Kelch E. 15. Jh., Taufschale mit Relief des Hl. Georg um 1520. Glocke 1490 von Hans Brisinger.

MALIX. Ref. Kirche. Mittelalterliche Gründung, erwähnt 1508; Neubau von Chor und Sakristei sowie Erhöhung des Turms 1515; Renov. 1883 und A. 20. Jh. Spätgot. Anlage mit eingezogenem, 3seitig geschlossenem Chor und N-Turm, der von Wimpergen und 8eckigem Pyramidenhelm bekrönt wird. Im Schiff 2jochiges asymmetrisches Netzgewölbe über einem Paar Innenstreben und Wanddiensten, die in den O-Ecken zu Stümpfen verkürzt sind. Im Chor verspieltes, rein dekoratives Netzgewölbe auf zugespitzten Anfängern, die nach O hin kürzer werden. Der halbrunde Taufstein mit polygonaler Kredenzkonsole um 1400. Zwei Grabtafeln 17. Jh. Kelche A. 14. Jh. und um 1500, Taufschüssel mit getriebenem Hirsch 16. Jh. – Burgruine Strassberg, südl. des Dorfs. Sitz des vazischen Ministerialengeschlechts v. Strassberg, im 15. Jh. abwechselnd mit andern Dynasten in Händen Österreichs, im Schwabenkrieg 1499 von den Bündnern zerstört. Erhalten sind der 4geschossige Turm und die NW-Front des Palas mit gekuppelten roman. Rundbogenfenstern sowie geringe Reste des Berings.

CHURWALDEN. Ehem. Prämonstratenserkloster.** Gegr. um 1140, erwähnt 1191/96, zur Abtei erhoben 1446; nach der Reformation innerer und äusserer Zerfall, vom 17. Jh. bis 1803 durch Administratoren aus dem Kloster Roggenburg in Bayern verwaltet, danach von St. Luzi in Chur; seit 1877 eigene kath. Pfarrei. **Ehem. Klosterkirche St. Maria und Michael, von 1646–1967 von beiden Konfessionen benutzt, seither katholisch. Die erste Klosterkirche stand unweit der Brücke über die Rabiusa; Verlegung an den heutigen Standort M. 13. Jh., abgebrannt 1472, Neubau unter Wiederverwendung der Umfassungsmauern: Chor 1477, Schiff 1502, Turm 1511; Restauration und Grabung 1969 ff. Die gedrungene Anlage besteht aus einer 3schiffigen, gestuften Halle, dem quadratischen ehemaligen Mönchschor und dem 3seitig geschlossenen Altarhaus, wobei die ganze Chorpartie die Breite des Mittelschiffs aufweist. Die neugestalteten Kapellen, welche den Mönchschor seitlich begleiten, sind Rudimente der ehem. bis zum Altarhaus durchgehenden und mit Apsiden geschlossenen Seitenschiffe. Der spätgot. Neubau übernahm also ein romanisches Bauschema, das mit der Kathedrale Chur verwandt ist. Über dem ganzen Bau einheitliches Satteldach. An der N-Seite des Schiffs unverputzter Turm 1511 mit Zeltdach. An der S-Seite Gräberreihe, vielleicht Grablege der Freiherren v. Vaz. Seitlich des profilierten W-Portals eingemauerte roman. Kapitellspolie mit 2 Köpfen; S-Eingang mit Vorzeichen. Im 2jochigen Langhaus ruhen Netzgewölbe auf Wanddiensten, auf dem westl. Schlussstein Klosterwappen, Lettner mit 3 Arkaden und, auf der Vorderseite, Reste einer Darstellung des Jüngsten Gerichts; am Chorbogen Steinmetzzeichen und Jahrzahl 1502. Im ehem. Mönchschor auf Wanddiensten Rautengewölbe mit Schildbogen, im Altarhaus 2jochiges Sterngewölbe; Fenster erneuert. Spätgot. Sakramentsnische mit Holzauskleidung und Bemalung. – *Bedeutende Ausstattung.* Grosser spätgot. Flügelaltar dat. 1477, die Schnitzereien von Ulm her beeinflusst, die Tafeln oberrheinisch. Im Schrein thronende Muttergottes zwischen den Hl. Emerita und Augustinus, Magdalena (?) und Luzius; auf den beidseits bemalten Flügeln innen Verkündigung und Geburt Christi, aussen Heimsuchung sowie die Hl. Laurentius und Johannes d. T., auf der bemalten Predella Christus und die Apostel sowie die Klosterwappen; in der Bekrönung Kreuzigungsgruppe und die Hl. Paulus, Margaretha und zwei Engel, darüber Erzengel Michael; auf der bemalten Rückwand des Schreins Tod Mariä mit Stifter Abt Ludwig von Lindau, auf der Predella die Kirchenväter. In der kreuzgewölbten Josephskapelle an neuem Altar 2 spätgot. gemalte Flügel um 1511 mit den Hl. Antonius Abt und Florinus. Fragment des spätgot. Katharinenaltars, unter leerem Schrein bemalte Predella mit Heiligen. Ausdrucksvoller Kruzifix um 1475; in einem Wandtabernakel Leidenschristus um 1500. Über dem Eingang zur erneuerten Marienkapelle Vesperbild 1.V. 15.Jh., am modernen Altar 2 spätgot. Figuren der Apostelfürsten E. 15.Jh. In der Sakristei spätgot. Buffet um 1500 mit blinden Masswerkfüllungen. Augsburger Kelche um 1725 von Ludw. Schneider und E. 18.Jh.; Kaseln 18.Jh. Im Schiff Taufstein 1623. – Ehem. **Abtgebäude.** Ein turmartiger 4geschossiger Bau mit Treppengiebel über der N-Seite. Beachtliches Renaissancebildnis des Abtes Gebhart Vitler (?) um 1511. – Ref. Kirche. Erb. 1967 von Theodor Hartmann.

PARPAN. Ref. Kirche. Erb. nach 1489, neuer Chor und Einwölbung des Schiffs um 1510–20, Neubau des Turms 1633; Renov. 1916. Spätgot. Anlage mit eingezogenem, dreiseitig geschlossenem Chor. Der ungegliederte Turm mit Zeltdach steht abseits an einem kleinen Hügel im W der Kirche. Im Schiff 3jochiges Rautengewölbe auf Innenstreben und Diensten; die beiden unorganisch in der S-Wand sitzenden Masswerkfenster verraten, dass das Gewölbe nachträglich eingezogen wurde. Im Chor 2jochiges Sterngewölbe auf Konsolen; Sakramentsnische in der N-Wand mit Durchsteckgitterchen. Taufstein um 1517, mit Wappenschildchen Marmels (?); polygonale Kanzel 1695 mit architektonischer Gliederung und Reliefschnitzereien. Zahlreiche gute Grabtafeln zwischen 1596 und 1765, vorwiegend für die Familie Buol. – **Schlössli.** Erb. M. 16.Jh. für die Familie Hartmann v. Hartmannis, seit 1603 im Besitz der Buol und von ihnen ausgebaut; Privatbesitz. Gutproportionierter 3geschossiger Rechteckbau mit Kreuzfirst und bekrönendem Zwiebeltürmchen, querverlaufenden Korridoren und Treppenrisalit an der Gartenseite. Die got. profilierten Einzel- und Zwillingsfenster sind mit gemalten Giebelarchitekturen bekrönt; schmiedeisernes Balkongeländer im Mittelgeschoss. Alle Wohnräume reich getäfert. In der SW-Ecke des 1. Stocks Kassettendecke 1631 mit Wappen des Joh. Ant. Buol und der Prudentia Ries, balusterförmige Fensterstütze, Turmofen 1.H. 17.Jh. aus grünen Reliefkacheln; im SO-Zimmer des 2. Stocks Täfer und Kassettendecke 1611 mit Allianzwappen des Joh. Ant. Buol und der Magdalena v. Valär, Buffet 1661, grüner Turmofen M.17.Jh. mit zylindrischem Aufbau und Kranzkacheln; in der SW-Stube dekorative Wandmalereien 1591 von Hans Ardüser: Salome, die Erschaffung der Welt und in Medaillons die Porträts der Auftraggeber Oberst Hartmann v. Hartmannis und seiner Frau Anna v. Planta.

LENZERHEIDE. Alte Kirche S. Carlo. Erb. 1884, profaniert. – Neue kath. Kirche. Erb. in den dreissiger Jahren.

***LANTSCH (LENZ). Alte kath. Pfarrkirche St. Maria*,** in einsamer, beherrschender Lage auf einer Anhöhe westlich des Dorfes. Erwähnt 831; Turm erb. im 12. Jh.; Neubau des Chors, Einwölbung des Schiffs und neue

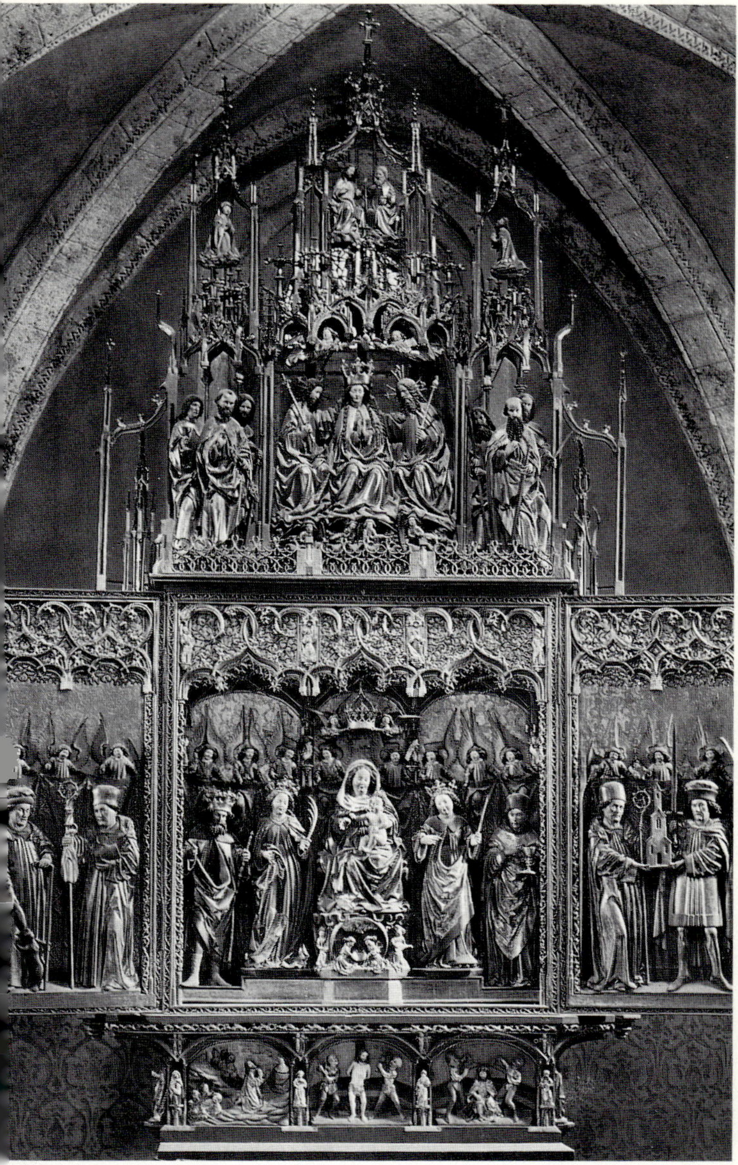

Chur. Kathedrale. Hochaltar. Der bedeutendste und schönste Schnitzaltar der schweiz. ıtgotik. Roman. Altartisch von 1178, Schnitzwerk 1486–92 von Jakob Russ (130)

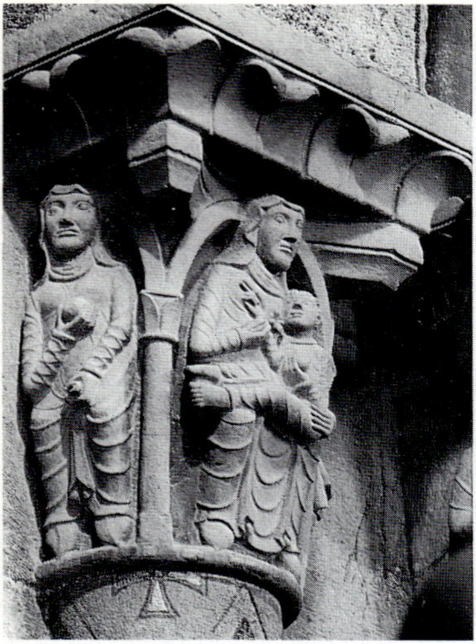

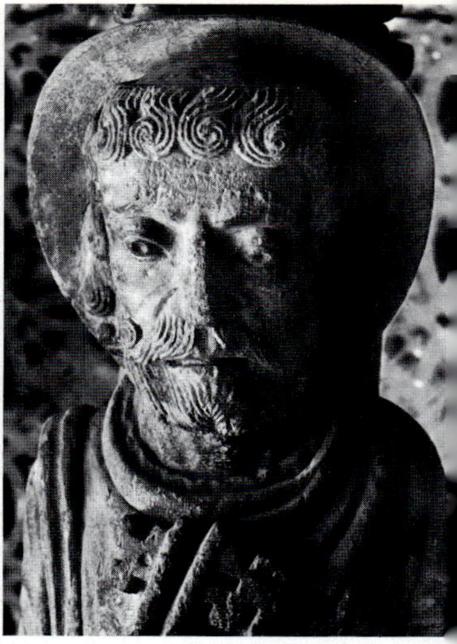

46. Chur. Kathedrale. Kapitell am «kleinen Chorbogen». Links sitzende weibliche Gest daneben thronende Muttergottes mit segnendem Christuskind, 1210–20 (129)

47. Chur. Kathedrale. Petrus. Apostelsäule auf Löwenpostament (Detail), am W-Eingang Krypta, von einem Pulpitum am Kryptenbogen. A. 13. Jh. (129)

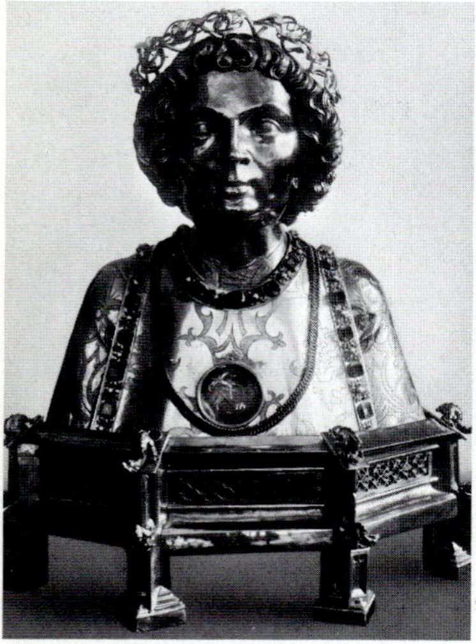

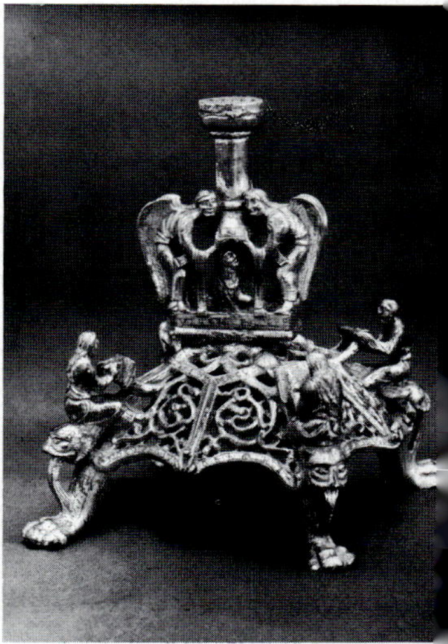

48. Chur. Dommuseum. Reliquien. Büste des Hl. Plazidus. Silber vergoldet; Höhe 61 cm. mutlich süddeutsche Arbeit 2. Drittel 15. Jh. Goldene Kette wohl 17. Jh. (131 f.)

49. Chur. Dommuseum. Roman. Kreuzfuss aus Bronze. Die vier Evangelisten mit den P diesesflüssen, oben Adam zwischen zwei Engeln. Signiert Azzo. E. 11. Jh. (131 f.)

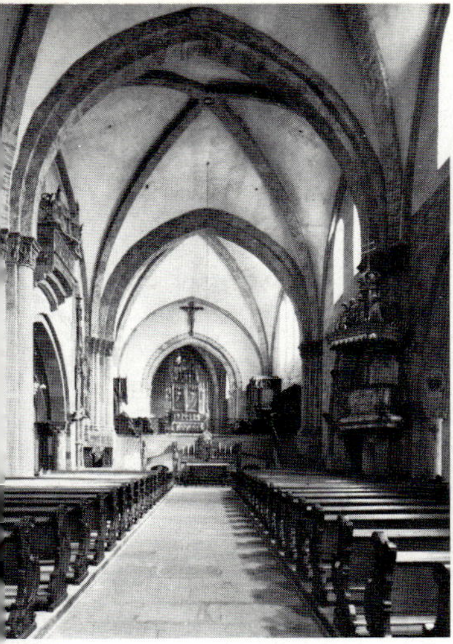

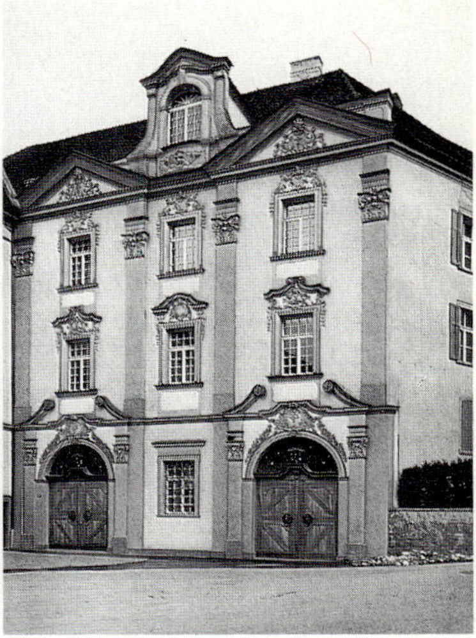

Chur. Kathedrale. Innenraum. Blick auf Altarhaus, Chor, den Zugang zur vorderen und
ıteren Krypta und auf die Kanzel (1733). Chorweihe 1178, Schlussweihe 1272 (128–131)

Chur. Bischöfliches Schloss. Dreiachsige W-Fassade mit rahmenden Kompositpilastern
rosser Ordnung» und reichen Portalen; Mittelteil mit geschweiftem Aufsatz. 1732–33 (135)

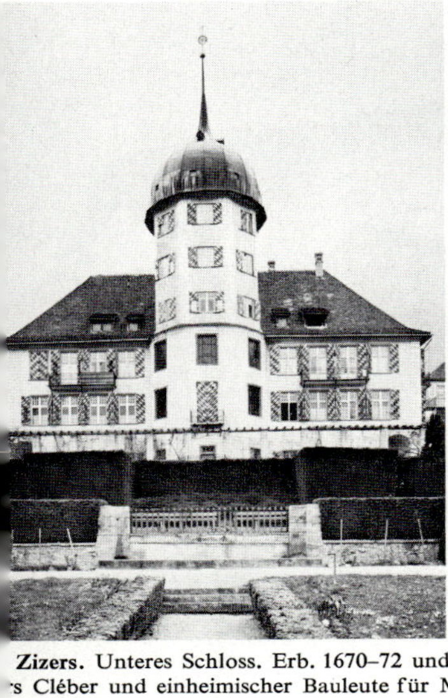

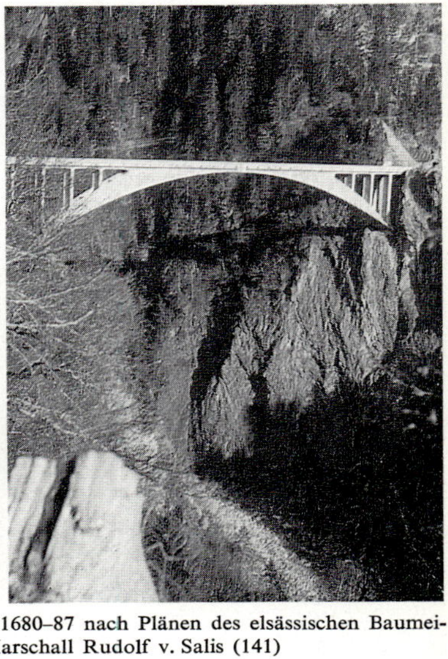

Zizers. Unteres Schloss. Erb. 1670–72 und 1680–87 nach Plänen des elsässischen Baumei-
's Cléber und einheimischer Bauleute für Marschall Rudolf v. Salis (141)

Schiers. Salginabrücke. Erb. 1929–30 von Robert Maillart. Dreigelenkbogen, als Kasten-
ger ausgebildet. Gesamtlänge 132 m, mit einer Stützweite von 90 m (150)

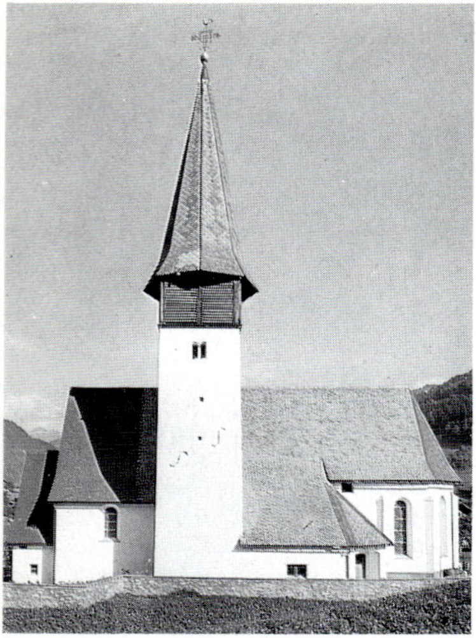

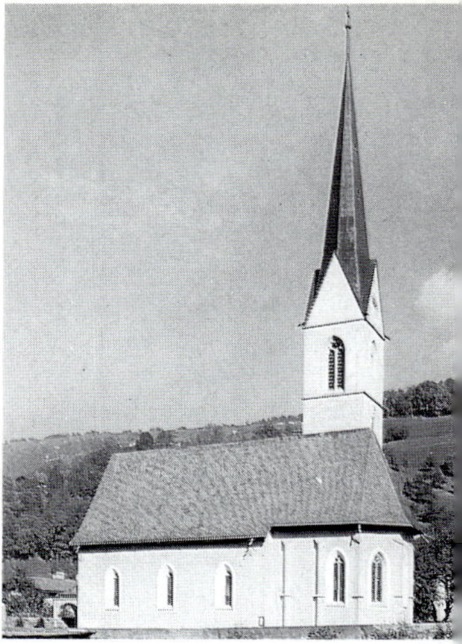

54. **Jenaz.** Ref. Kirche. Ansicht von S. Chorneubau 1483, Umbau des roman. Schiffs 14
roman. Turm erhöht 1485, mit gezimmerter Glockenstube und Spitzhelm (150f.)

55. **Küblis.** Ref. Kirche. Ansicht von S. Wiederaufbau des Schiffs vermutlich 1472 vollend
Neubau des Chors 1487. Spätgot. Turm auf der N-Seite des Polygonalchors (152f.)

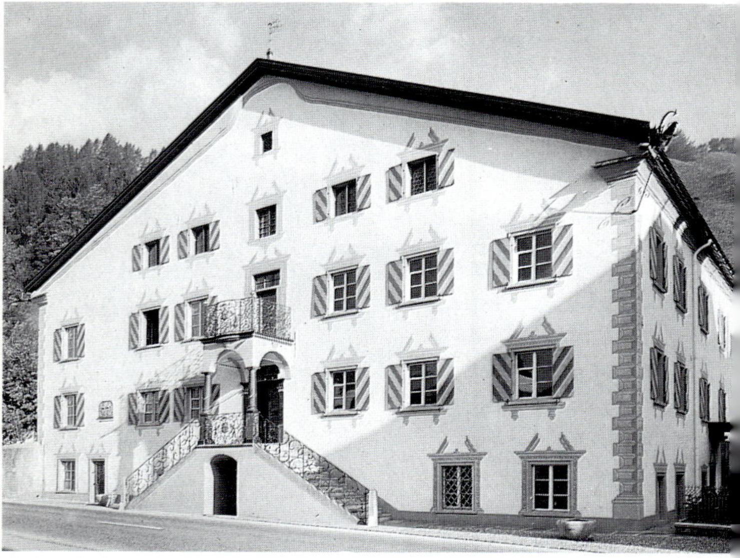

56. **Grüsch.** Sog. Haus zum Rosengarten. Erb. M.17.Jh. für Jakobus Ott, erweitert um 16
Doppelwohnhaus. Gitter an doppelläufiger Freitreppe und Balkon um 1740 (149)

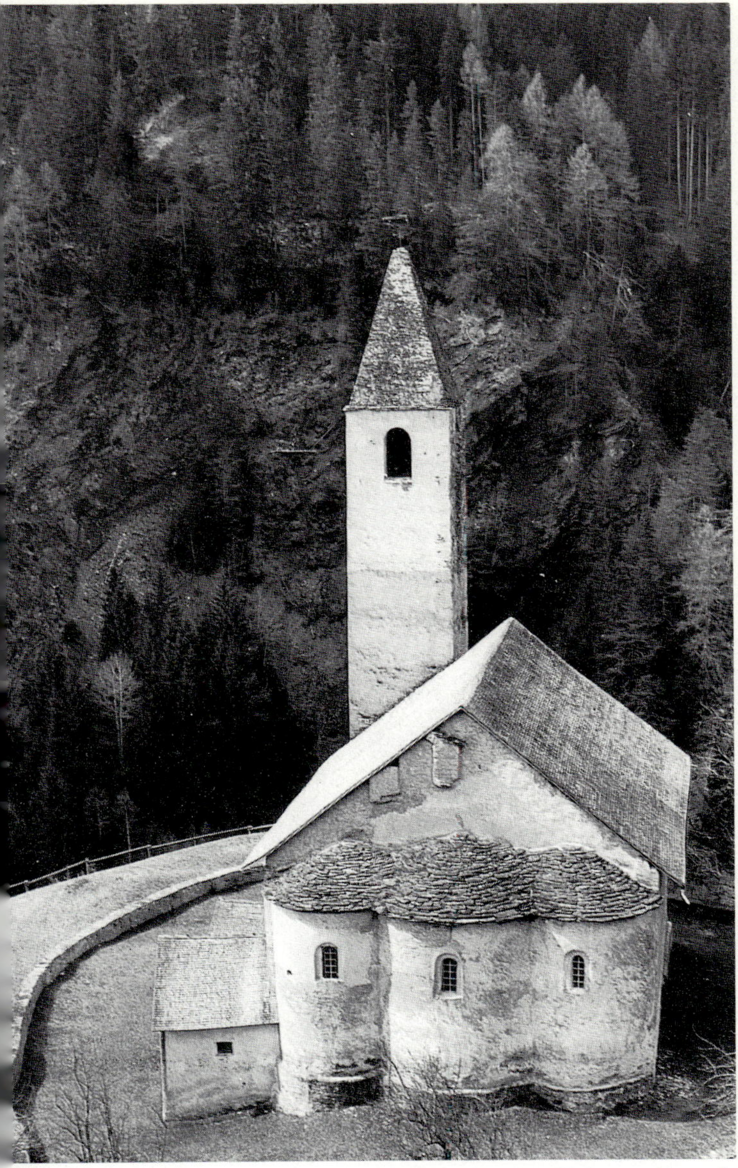

Mistail. Kirche St. Peter. Die älteste und besterhaltene karoling. Kirche vom Typus des schen Dreiapsidensaales, 2. H. 8. Jh. Turm und Sakristei vor 1397 (163f.)

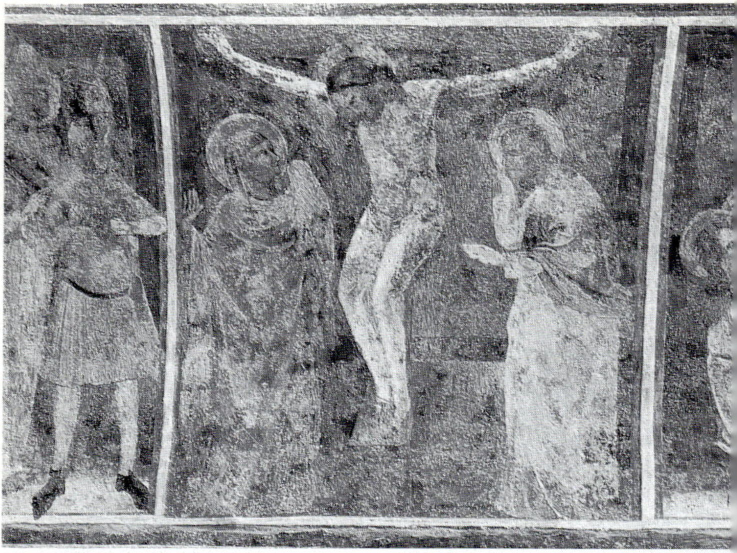

58. Stugl (Stuls), bei Bergün. Ref. Kirche. Got. Wandmalereien im Schiff, vermutlich um 13
oder 2. H. 14. Jh. Ausschnitt, westl. Schildwand: Christus am Kreuz, Maria und Johannes (1

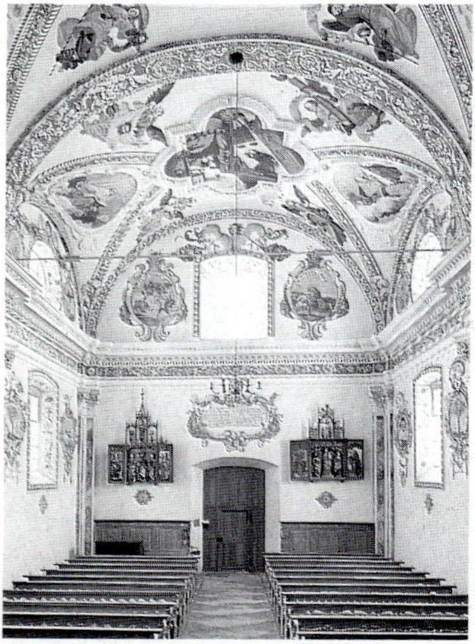

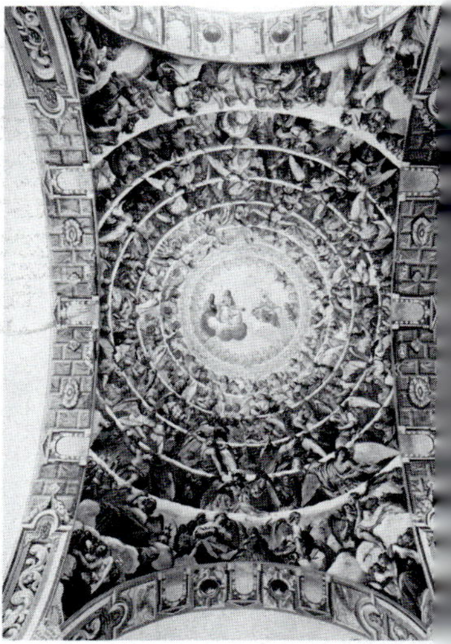

59. Obervaz-Lain. Kath. Filialkirche St. Luzius. Inneres. Erb. 1678–80. Im Schiff Tonne in z
Jochen mit Stichkappen. Zwei kleine schwäbische Flügelaltäre um 1509 und 1520 (162 f.)

60. Savognin. Alte kath. Pfarrkirche St. Martin. Neubau geweiht 1677. Monumentale Kup
malerei 1681, signiert Carlo Nuvolone: Darstellung des Paradieses (173 f.)

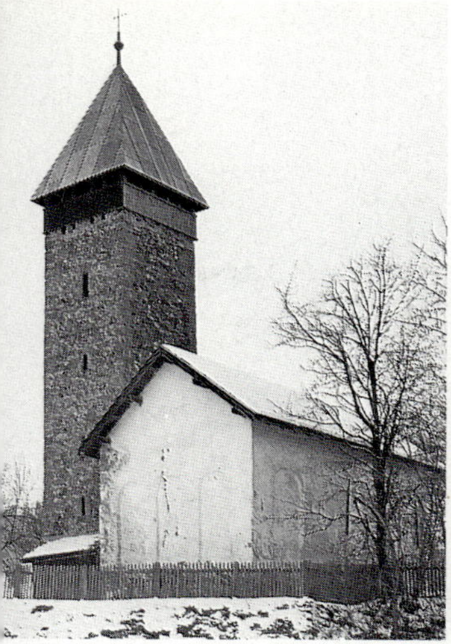

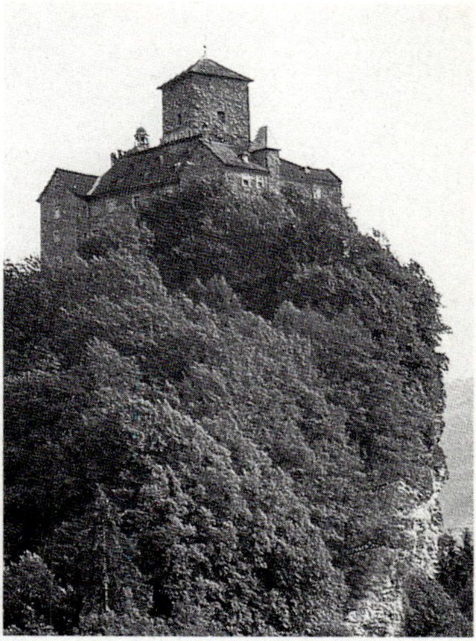

Cazis. Alte kath. Pfarrkirche St. Martin. Vielleicht frühmittelalterliche Gründung. W- und Vand gehören zur urspr. Anlage, O-Wand jünger, S-Wand spätmittelalterlich (180)

Rothenbrunnen. Schloss Ortenstein. Um 1250 erbaut durch die Herren v. Vaz. Bergfried hmittelalterlich, N- und O-Trakt vielleicht nach 1451, westl. Anbau wohl 1582 (183)

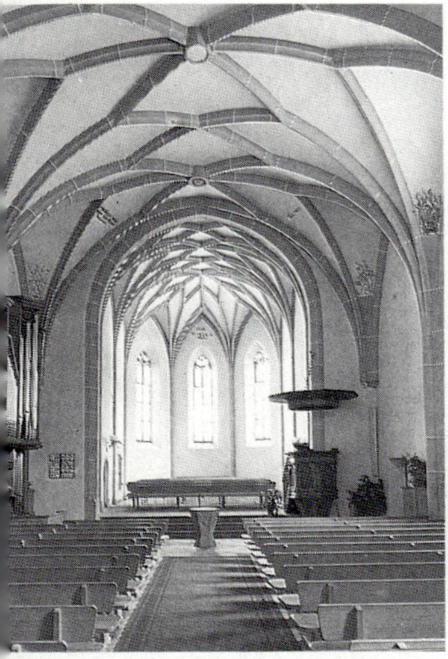

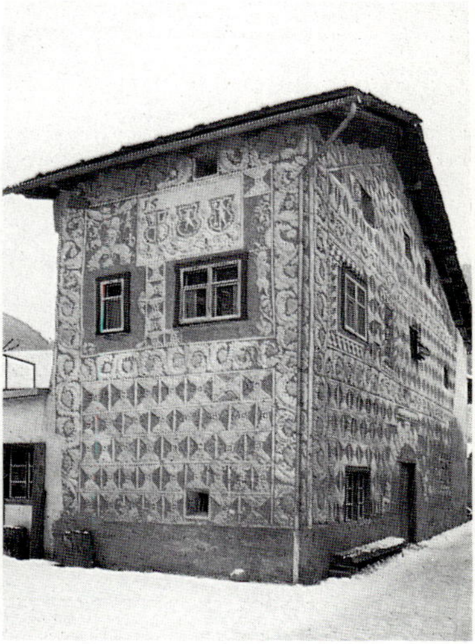

Thusis. Ref. Kirche. Inneres. Erb. 1506 von Andreas Bühler. Einheitlich spätgot. Anlage eingezogenem strebenbesetztem Polygonalchor; Kanzel mit Schalldeckel 1628 (181)

Andeer. Haus Pedrun. Erb. 1501. Prachtvolles Beispiel einer für mehrere Bündner Talschaf- typischen Sgraffitodekoration, vermutlich in der 2. H. 16. Jh. entstanden (195)

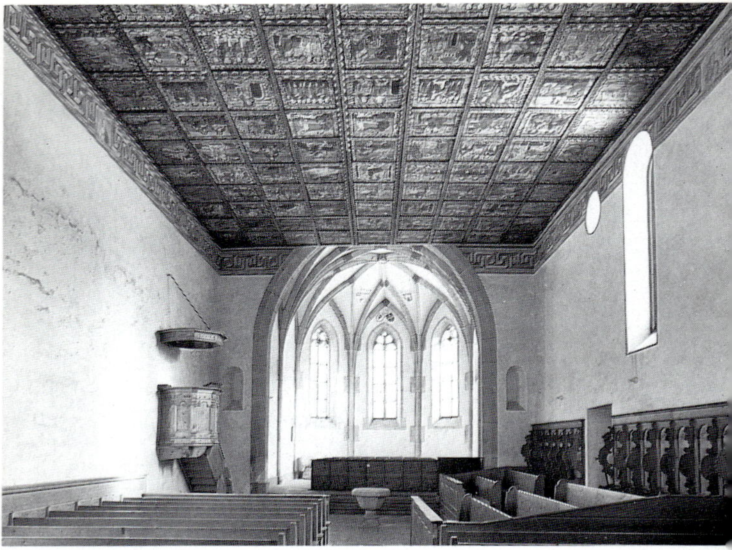

65. **Zillis.** Ref. Kirche St. Martin. Inneres. Schiff um 1130; Bilderdecke um 1160, rest. 1939-
Spätgot. Polygonalchor 1509 von Andreas Bühler. Kanzel 1647, Gestühl um 1730 (189–192)

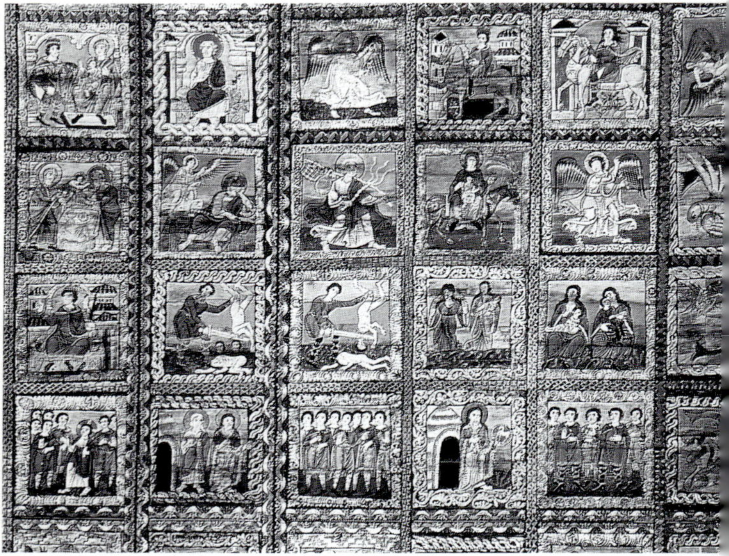

66. **Zillis.** Ref. Kirche St. Martin. Ausschnitt aus der ältesten figürlich bemalten, fast vollstä
erhaltenen Holzdecke der abendländischen Kunst; insgesamt 153 Einzelfelder (190)

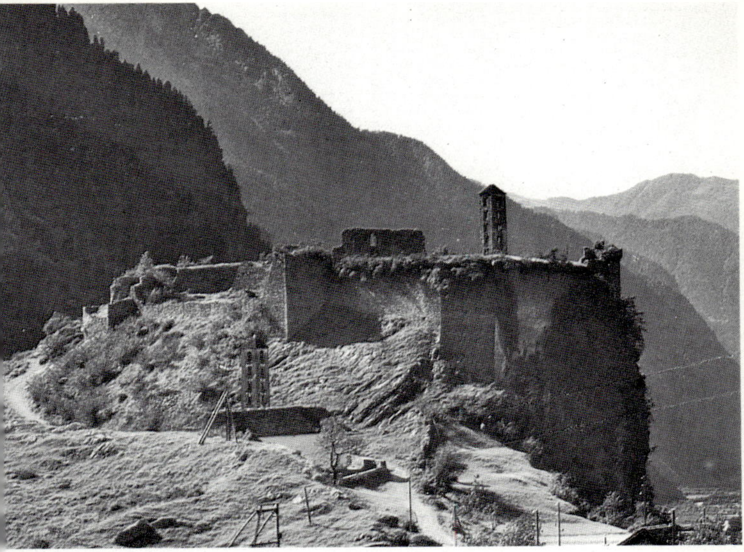

'. **Mesocco.** Castello. Bedeutendste Burganlage Graubündens. Frühmittelalterl. Volksburg mit genem Gotteshaus, ausgeb. im 11.–12. Jh. Schleifung im 16. Jh. (200)

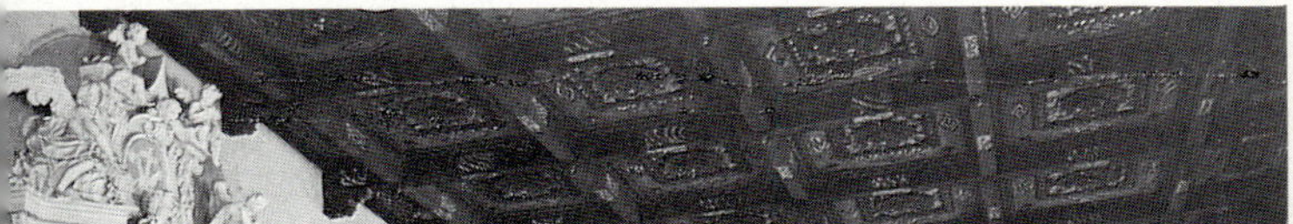

. **Sta. Maria di Calanca.** Kath. Pfarrkirche S. Maria Assunta. Inneres. Im Schiff Renaissance-ssettendecke um 1606, im Chor polychromer Stuck 1628 von Alessandro Gorla (210f.)

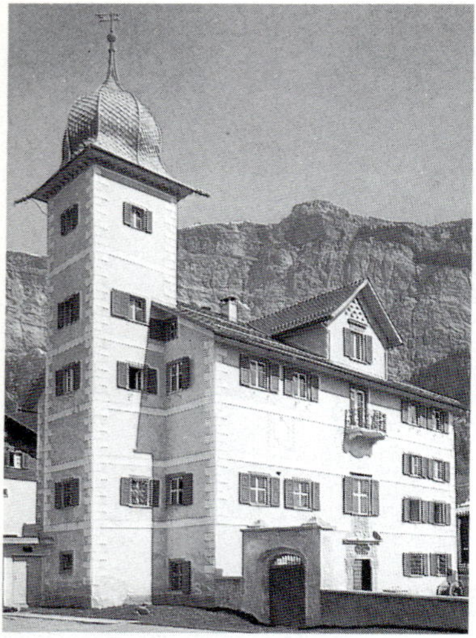

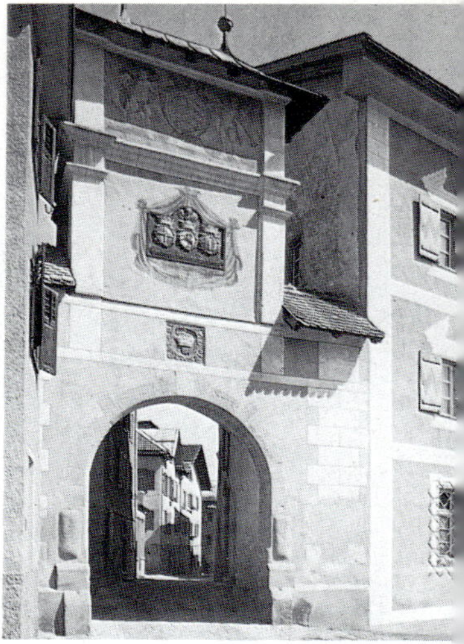

69. **Flims (Flem).** Schlössli, heute Gemeindehaus. Erb. 1682 für Johann Gaudenz v. Capol, Ob geschoss ausgeb. um 1730. Westl. Wohnturm. Ausstattung aus verschiedenen Perioden (216)

70. **Ilanz.** Oberes Tor. Erdgeschoss mit Rundbogen 1513 von Peter Stachius; Oberbau dur Johann Gaudenz Schmid von Grüneck. Wappen der Stadt und der Drei Bünde (234)

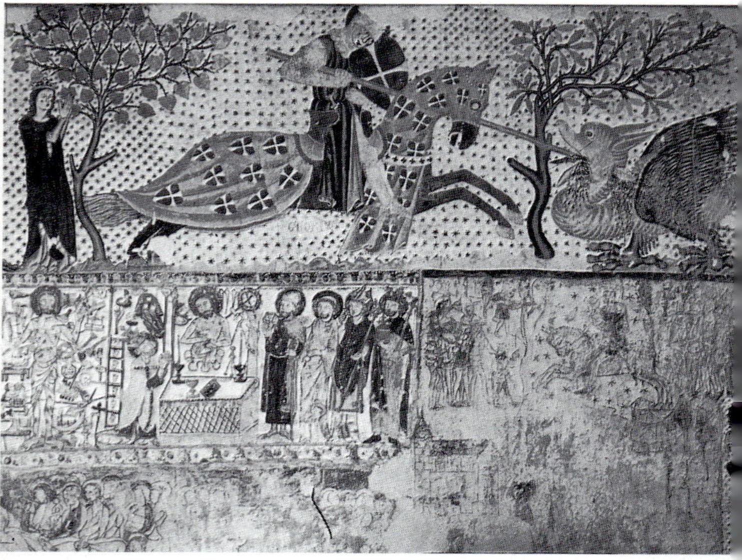

71. **Rhäzüns.** Kirche St. Georg. Reichstes Beispiel eines vollständig ausgemalten mittelalt lichen Kirchenraumes in der Schweiz. N-Wand: Drachenkampf des Hl. Georg 2. H. 14. Jh. (23

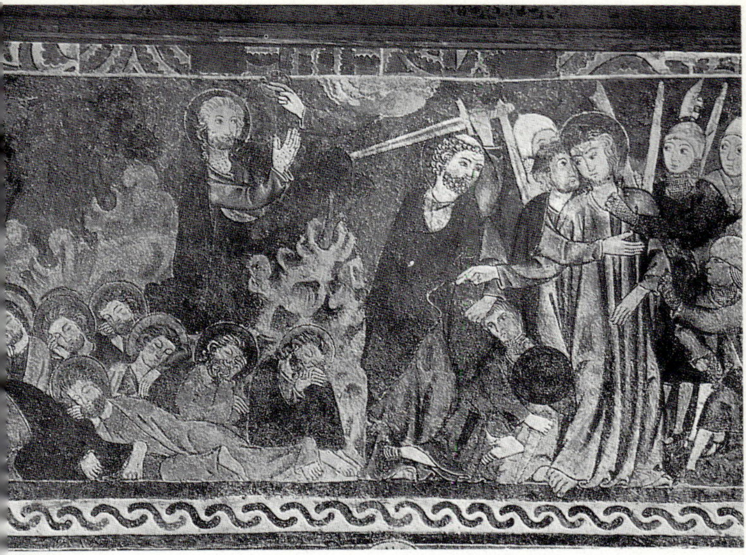

2. Waltensburg (Vuorz). Ref. Kirche. Fresken an der N-Wand des Schiffs: aus der Passion hristi Gethsemane und Gefangennahme. Sog. Waltensburger Meister, um 1340 (221f.)

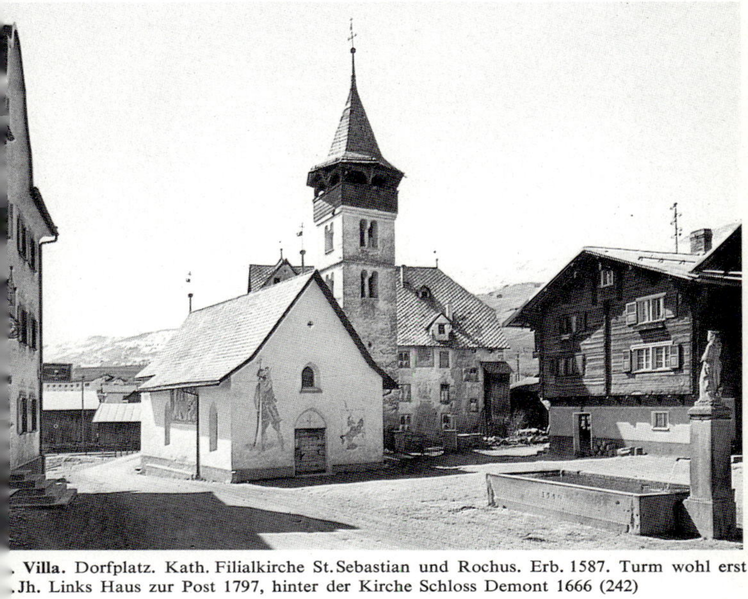

. Villa. Dorfplatz. Kath. Filialkirche St. Sebastian und Rochus. Erb. 1587. Turm wohl erst .Jh. Links Haus zur Post 1797, hinter der Kirche Schloss Demont 1666 (242)

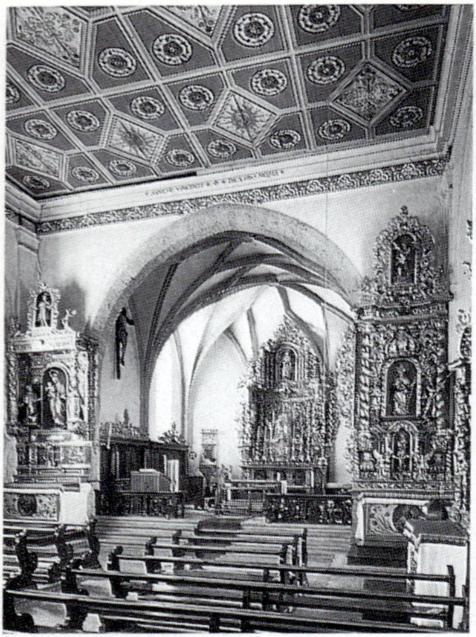

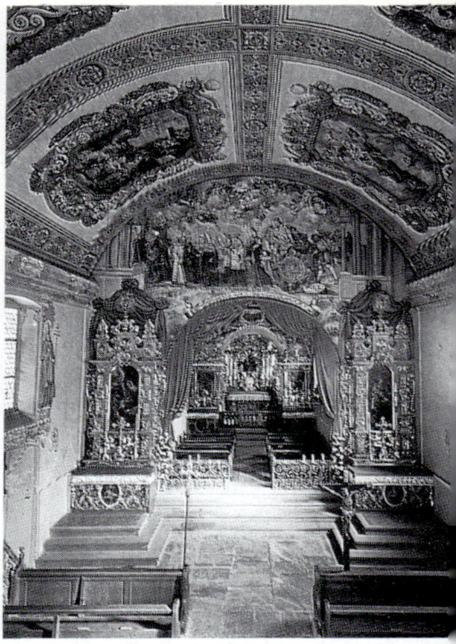

74. **Villa-Pleiv.** Kath. Pfarrkirche St. Vincentius. Flachgedecktes Schiff 1661, gewölbter Ch um 1500. Reichgeschnitzter Choraltar 1726 von Johann Ritz; Seitenaltäre 1694, 1734 (241

75. **Trun (Truns).** Wallfahrtskirche St. Maria Licht in Acladira. Chor und Vorchor 1663– Schiff 1682–83. Ausmalung des Schiffes und Vorchores 1687–90 durch Fridolin Eggert (226

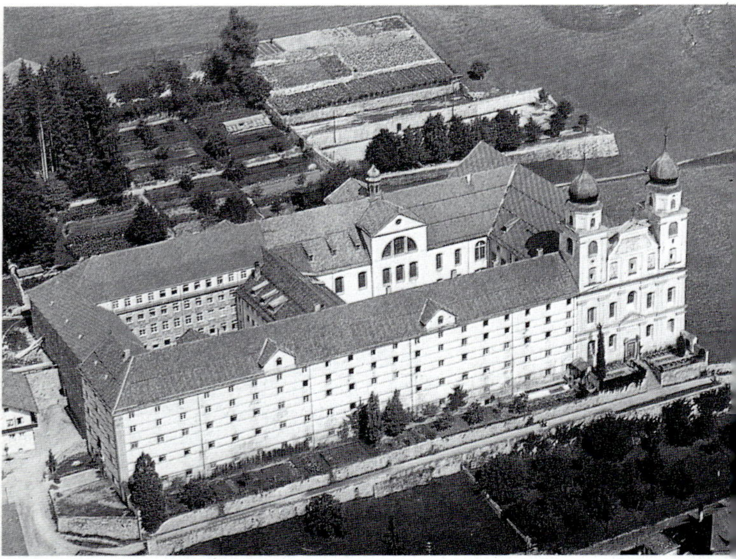

76. **Disentis (Mustèr).** Benediktinerkloster St. Martin. Fluglansicht von S. Klosterkirche Zweiturmfassade wohl nach Projekt von Caspar Mosbrugger, Rohbau 1704 vollendet (249–2

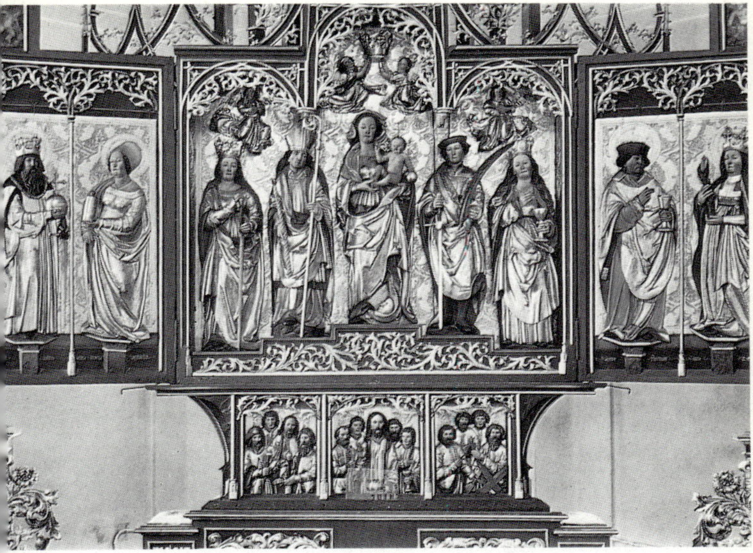

'7. **Tinizong (Tinzen).** Kath. Pfarrkirche St. Blasius. Spätgot. Flügelaltar. Malerei signiert von 'örg Kändel aus Biberach 1512; rest. 1925. Barocker Unterbau um 1710 (175f.)

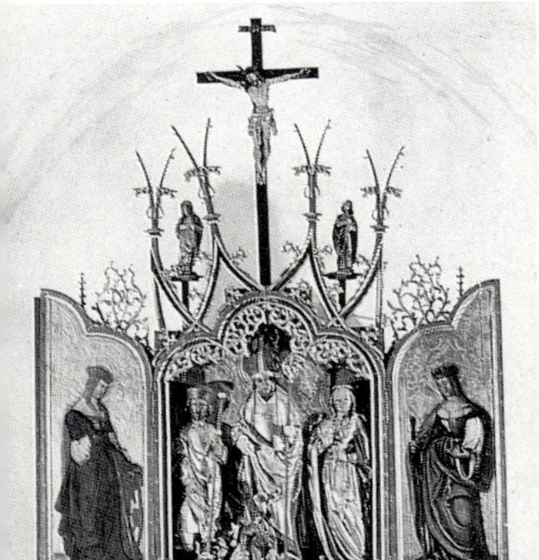

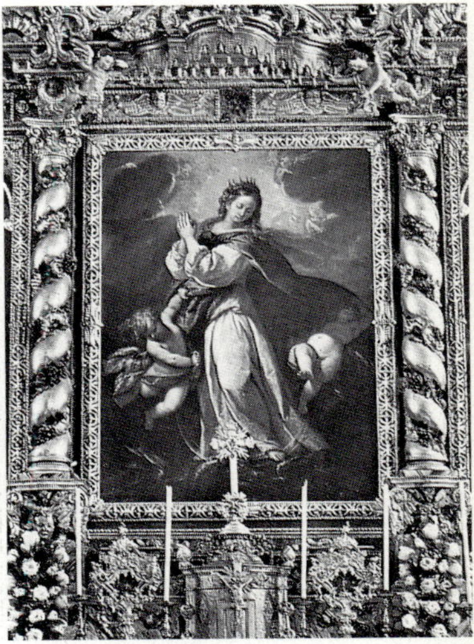

'8. **Breil (Brigels).** Kirche St. Martin. Spätgot. Flügelaltar von 1518. Süddeutsche Werkstatt. m kleeblattförmig abgeschlossenen Schrein Schnitzfiguren, Flügel und Rückseite bemalt (223)

'9. **Disentis-Acletta.** Kapelle St. Maria. Hauptgemälde des dreiteiligen Choraltars (um 1670–80): 'laria im Zustand der «Immaculata conceptio» von Carlo F. Nuvolone, um 1655 (254)

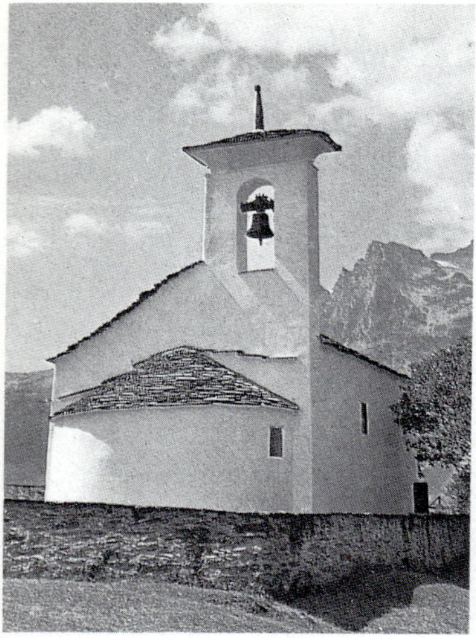

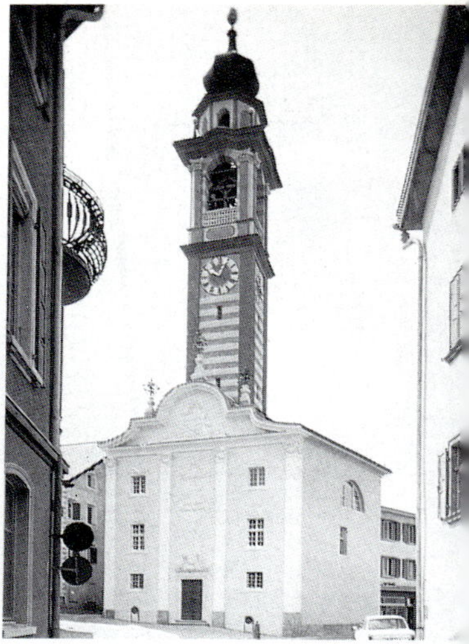

80. **Fex-Crasta.** Ref. Kirche. Roman. Kapelle mit halbrunder Apsis; Glockenjoch über de O-Giebel 17.–18. Jh. Im Innern (Apsis) Wandgemälde E. 15. Jh. (259)

81. **Samedan (Samaden).** Ref. Kirche. Kubischer Barockbau über trapezförmigem Grundris um 1682, Umbau 1760; Campanile 1771 von Antonio Gironimo (263f.)

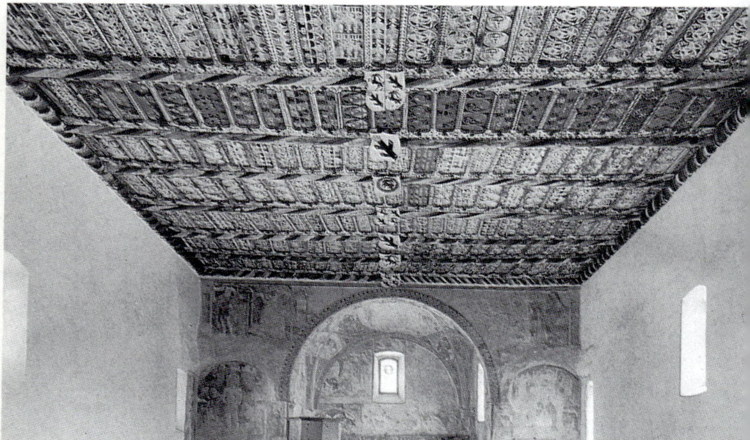

82. **Schlarigna (Celerina).** Ref. Kirche S. Gian, südl. des Dorfes. Gegründet 11.–12. Jh. Ei wölbung des Chors und Leistendecke mit Schablonenmalerei 1478; Wappenschilde (261f.)

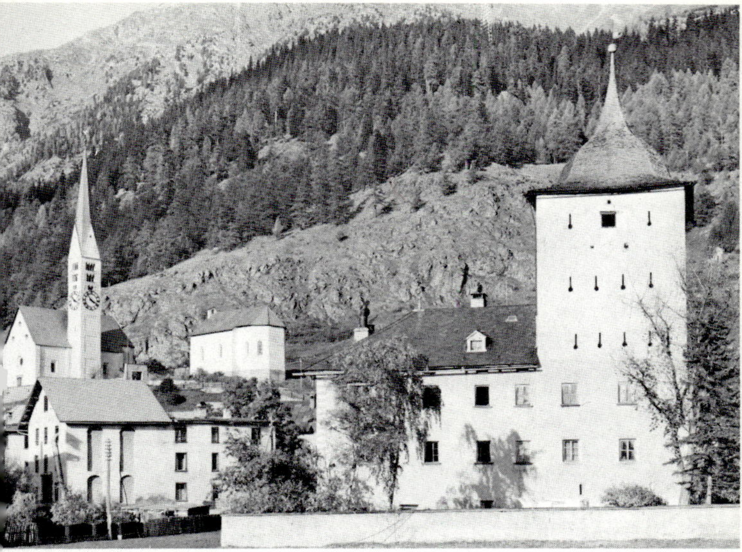

3. **Zernez.** Schloss Wildenberg, wiederhergestellt und ausgebaut um 1650 und 2.H.18.Jh. Im intergrund ref. Kirche, neuerb. 1607–09; im Innern reiche frühbarocke Stukkaturen (270f.)

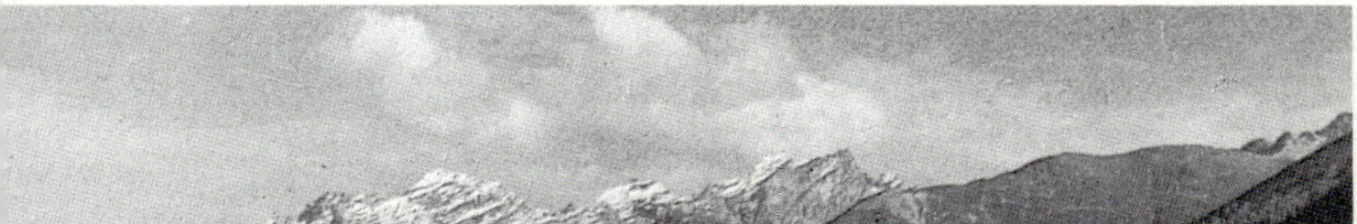

. **Guarda.** Ansicht von N. Eines der charaktervollsten, besterhaltenen Ortsbilder der Schweiz. stematisch wiederhergestellt 1939–45 unter der Leitung von J.U.Könz (272f.)

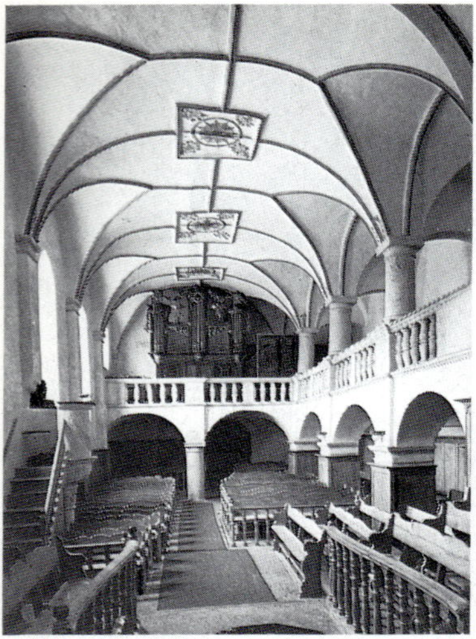

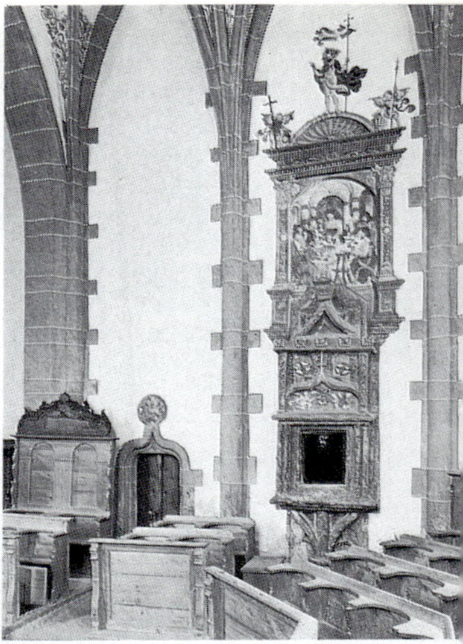

85. **Ardez**. Ref. Kirche. Erste ref. Emporenkirche der Schweiz. Neubau 1576–77 unter Verwen dung älterer Schiffsmauern. Loggienartige Emporen mit Renaissancebalustraden (273 f.)

86. **Ramosch (Remüs)**. Ref. Kirche St. Florinus. Schönster Wandtabernakel des Engadins m gemalter Frührenaissancebekrönung. Kirche 1522 erbaut von Bernhard von Poschiavo (278 f.

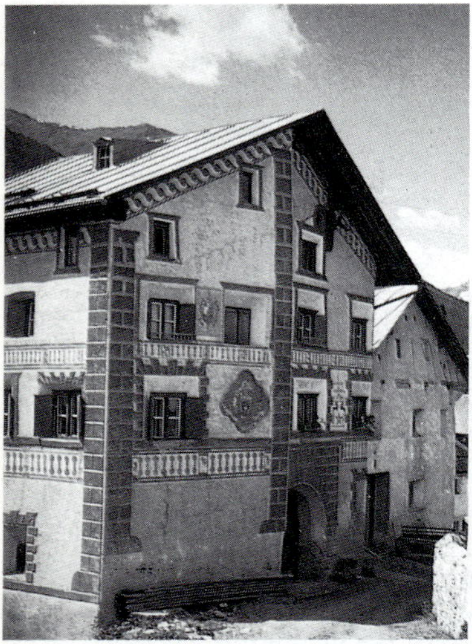

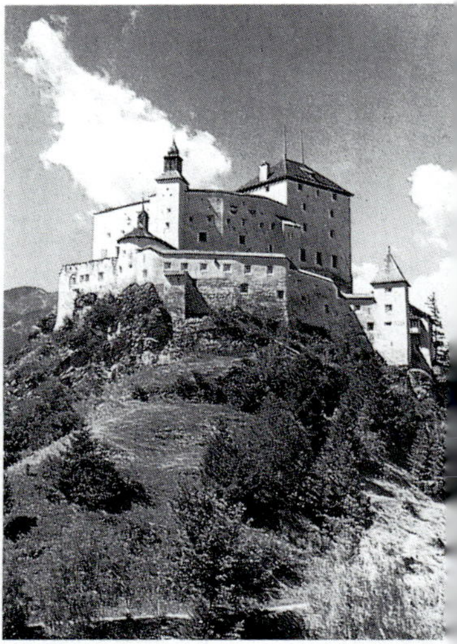

87. **Ardez**. Charakteristisches Unterengadiner Dorf. Im Vordergrund Haus Nr. 119, erb. 16 Sgraffitodekoration 1731 und 1845, mit Wappen Clalgüna (274)

88. **Tarasp**. Schloss. Eine der imposantesten Burgen der Alpentäler, in beherrschender Höhe lage. Bergfried und N-Trakt hochmittelalterlich, Burgweg und Pulverturm 1. H. 18. Jh. (276)

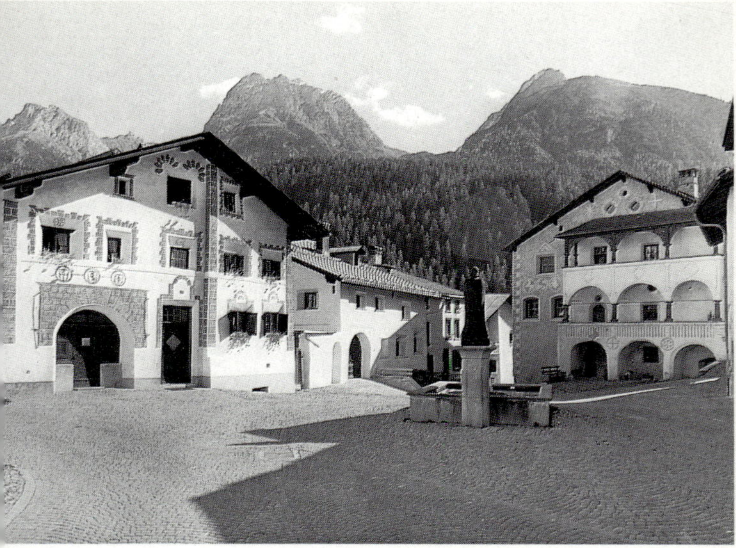

Scuol (Schuls). Dorfplatz Unterschuls. Rechts: sog. Kloster, heute Unterengadiner Museum, Kern A. 16. Jh., Ausbau 1702–04. Links: Haus Nr. 120, erb. 1693 (275)

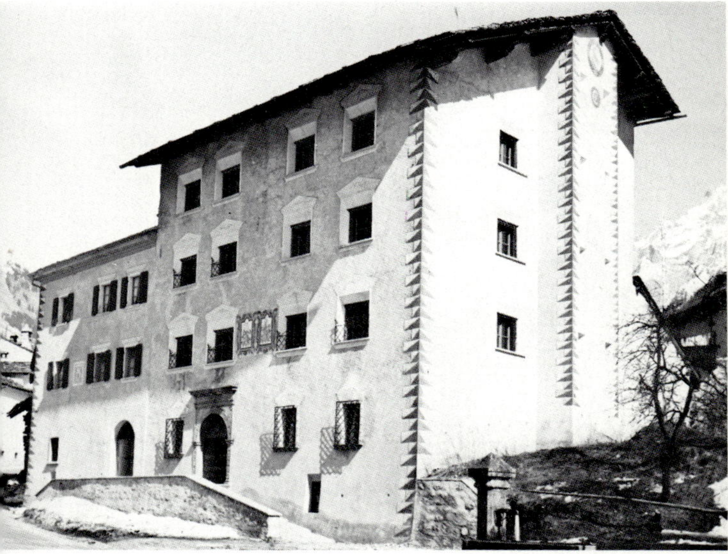

Stampa. Ciäsa Granda, heute Talmuseum. Erb. 1581 durch Giovanni della Stampa. Ostbau vielleicht 1712. Rundbogenportal in Rechteckrahmung mit Ornamentbändern (283 f.)

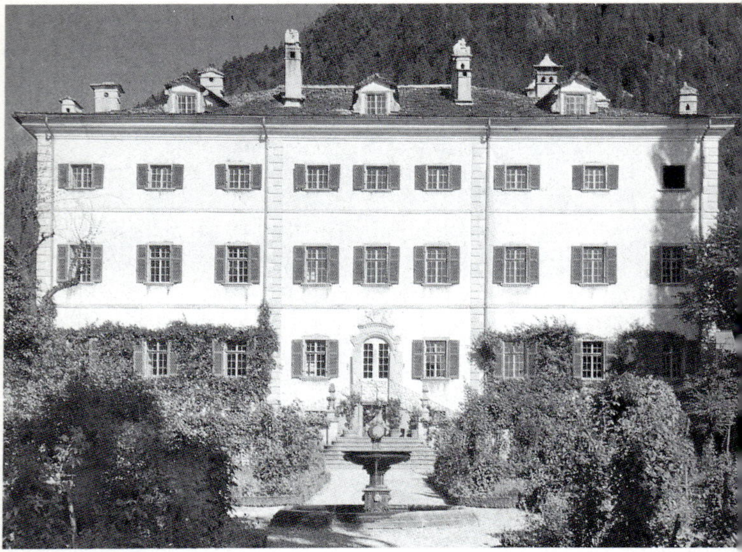

91. Bondo. Palazzo Salis. Gartenfront. Schönster Herrschaftsbau im Bergell. 1765–74 erba
von Pietro Martocco und Martino Martinojo für Graf Hieronymus v. Salis-Soglio (285f.)

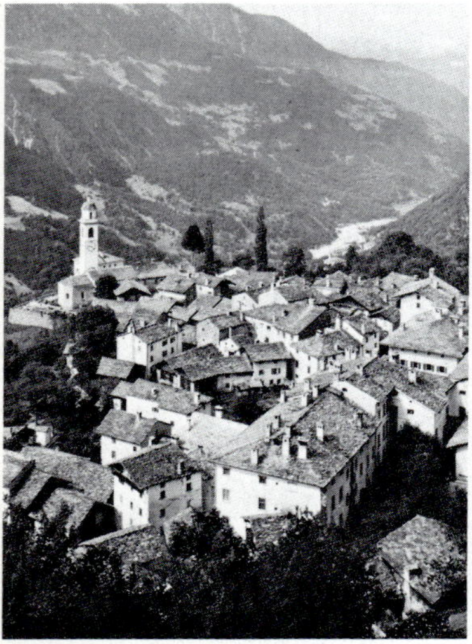

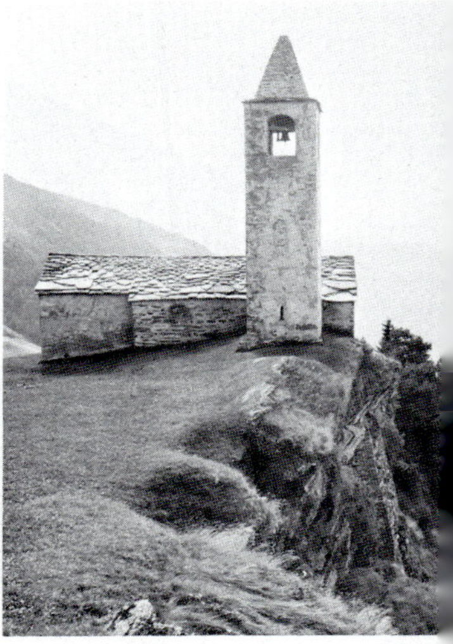

92. **Soglio.** Geschlossene Dorfanlage, von barocken Palazzi der hier beheimateten Fam
v. Salis geprägt. Ref. Kirche, barock, im Kern wohl romanisch, Turmerhöhung 1753 (286–28

93. **Brusio.** Kirche S. Romerio, über dem Puschlaversee. Rechteckschiff vielleicht 11. Jh., C
wohl spätmittelalterlich, Vorhalle wohl 1659, Turm, neben der Kirche, 1. V. 16. Jh. (296)

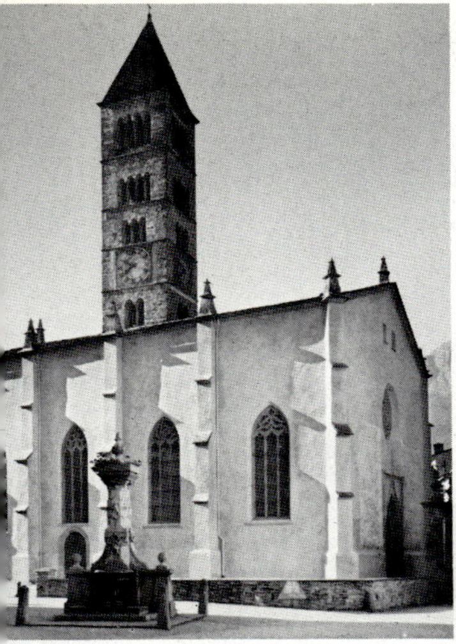

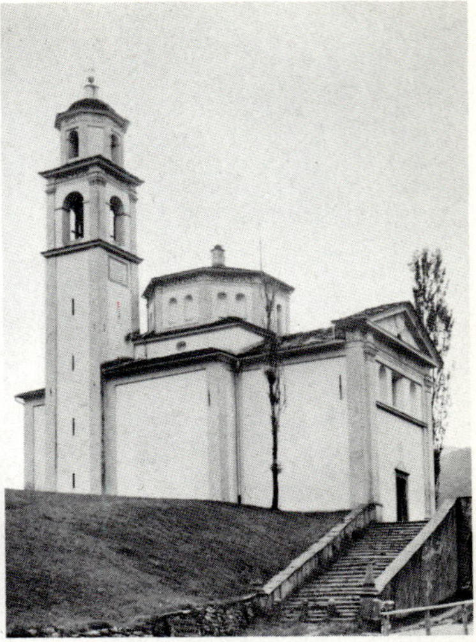

. **Poschiavo.** Stiftskirche S. Vittore. Turm 13. Jh., spätgot. Langhaus 1503 von Sebold Westolf rlängert und eingewölbt. Neubau des Chores 1497 von Andreas Bühler (290)

. **Poschiavo.** Kath. Kirche S. Maria Assunta, südl. des Dorfes. Schönster Barockbau des schlavs. Chor neuerb. 1692, Schiff, Turm und Seitenkapellen 1708–09 (292 f.)

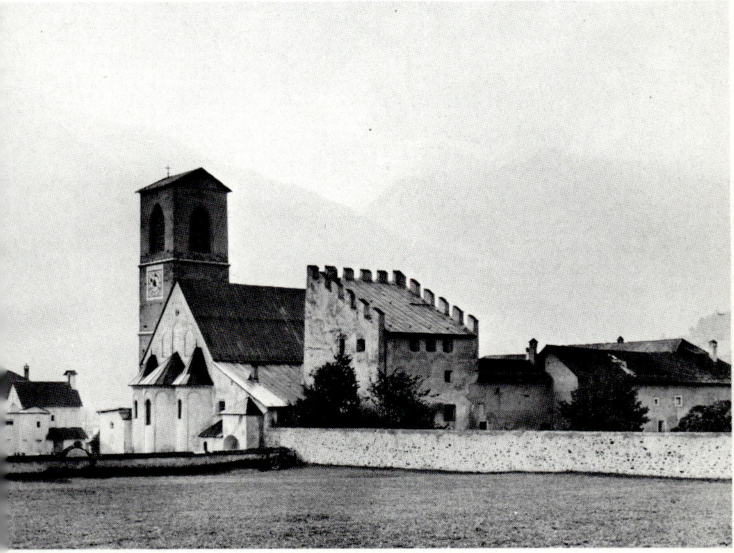

Müstair (Münster). Benediktinerinnenkloster St. Johannes Baptist. Ansicht der Klosterche von SO. Bedeutendster Kirchenbau vor der Jahrtausendwende in der Schweiz (299–307)

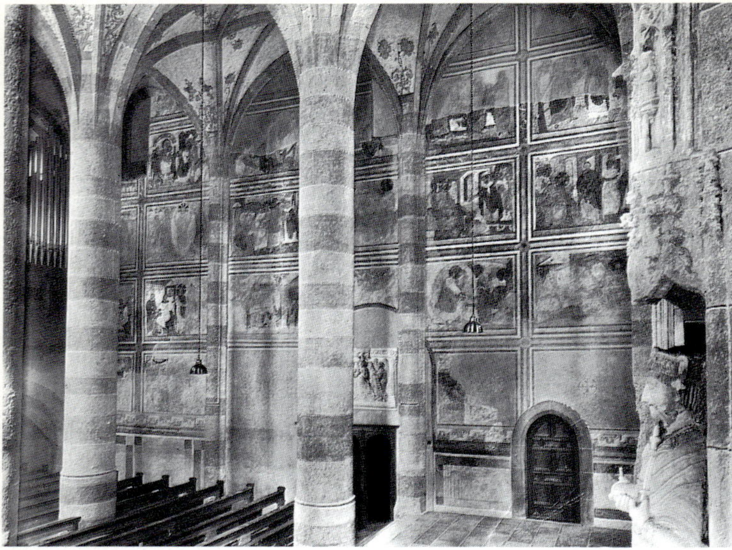

97. Müstair (Münster). Klosterkirche. Innenraum, N-Wand. Kirche erb. E. 8. Jh., Ausbau z dreischiffigen Hallenkirche 1489–92. Einzigartiger Zyklus karoling. Wandmalereien (299–3

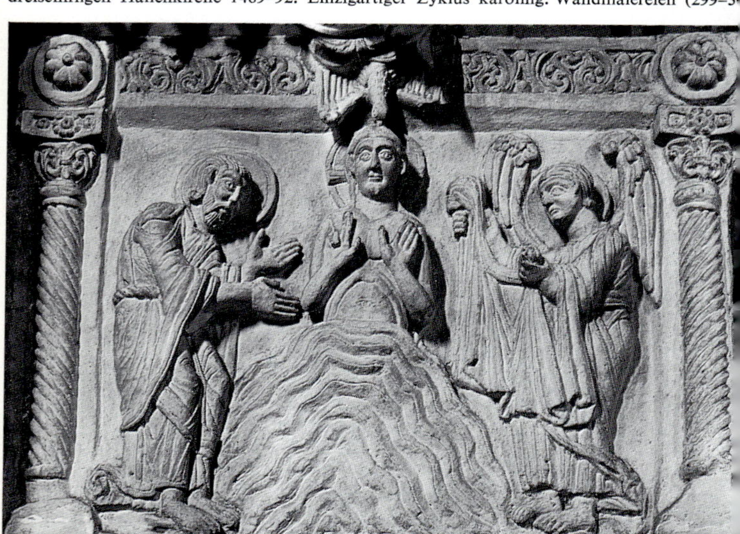

98. Müstair (Münster). Klosterkirche. N-Wand, Stuckrelief der Taufe Christi, vielleicht 1087 (Neuweihe des Hochaltars), mit deutlichen Anklängen an karoling. Kunst (305)

Fensterdisposition 1504–05 durch Petrus von Bamberg, kurz darauf Bau von Sakristei und Beinhaus; Renov. 1911–14, heute Begräbniskirche. In schöner Friedhofanlage einschiffiges Langhaus mit knappen Strebepfeilern und dreiseitig geschlossenem, etwas höherem Chor, beide unter schiefergedeckten Satteldächern. Der ungegliederte roman. Turm an der S-Seite mit gekuppelten Schallfenstern unmittelbar unter dem plattenbelegten Zeltdach; drei Glocken 15. Jh. Am Chor verblasstes Christophorusbild, wohl 16. Jh. In der W-Front kielbogiges Portal, links davon das nach S geöffnete, tonnengewölbte Beinhaus. Das Mauerwerk des Schiffs ist, wie das hochgelegene Schlitzfenster in der S-Wand zeigt, grösstenteils roman. bzw. vorromanisch; auf Runddiensten ein spätgot. Netzrippengewölbe von drei Jochen in Rautenfiguration, Schlussstein mit Meisterzeichen in Wappenschild. Hinter dem spitzen Chorbogen eingezogener zweijochiger Chor mit kompliziertem Netzgewölbe auf Runddiensten, Schlusssteine mit Schildchen. Unter dem Kreisfenster in der Stirnwand Bauinschrift von 1505. Polygonal vorkragendes Sakramentshäuschen mit Zinnenabschluss dat. 1504. In der S-Wand Sakristeitür mit Sturz über Kragkonsolen, darüber Kielbogen. – *Wandmalerei.* An der Eingangswand Hl. Christophorus mit Spuren eines Stifters A. 14. Jh.; rechts daneben Reste einer Anbetung der Könige und Heilige M. 14. Jh.; an der S-Wand des Schiffs Fragmente eines biblischen Zyklus in 3 Bildstreifen: Schöpfungsgeschichte, Kindheits- und Leidensgeschichte Christi, vom Meister von Rhäzüns 2. H. 14. Jh. – *Spätgot. Flügelaltar* datiert 1479: In dem Rechteckschrein Maria zwischen den Hl. Florinus und Katharina, Barbara und Nikolaus; auf den bemalten Flügeln innen die Hl. Georg und Antonius Abt, Johannes d. T. und Luzius (zu Füssen des letzteren 3 Wappen, die ihn als legendären König von Britannien ausweisen), aussen Verkündigung und Heimsuchung; auf der Predella gemalter Pergamentzettel mit Entstehungsinschrift und Signatur h. h. (Hans Huber); im Gesprenge Kreuzigungsgruppe mit 2 Aposteln, wohl aus einem andern Altarwerk, darüber Erbärmdebild; auf der Schreinrückseite Gethsemane. Zwei Seitenaltäre in derber Spätrenaissance dat. 1640. Chorbogenkruzifix um 1475. – Auf dem Friedhof schmiedeiserne Grabkreuze.

Neue kath. Pfarrkirche St. Antonius von Padua. Anlage mit Querschiff und Turm in der SO-Ecke zwischen 1656 und 1663; Langhaus neuerb. 1857, neue Glockenstube 1879–80. Querhausaltäre M. 18. Jh., Hauptfiguren neu. Altäre im Schiff um 1863, das nördl. Altarbild älter. Kreuzwegstationen 1744. Vortragekreuz und Kelch mit ersetzter Kuppa 1. H. 16. Jh.; Sonnenmonstranz mit Trauben und Ähren um 1740; Augsburger Kelch mit Régencedekor von Dominikus Saler (gest. 1718). – Haus Beeli v. Belfort. Massiger 4geschossiger Bau von 1694, mit Sgraffiti; Stube mit Kassettendecke und Wappen des Bauherrn. – Haus Nr. 10. Fassadenmalerei 18. Jh., Flucht nach Ägypten. – Haus Nr. 11. Fassadenmalerei 2. H. 16. Jh., Brustbilder von 4 Aposteln und Anna selbdritt, signiert J. M. – Haus Nr. 13. Einst Wohnsitz des Bündner Malers und Chronisten Hans Ardüser (1557–1618). Gemalte Fensterumrahmungen dat. 1601, mit Palmetten und Zinnenmuster sowie Wappen der Drei Bünde. – Kapelle St. Cassian, an der Strasse nach

Lenzerheide. Zwei wohl frühmittelalterliche Vorgängerbauten an der gegenüberliegenden Strassenseite ausgegraben und ihre Grundrisse durch Steinplatten markiert; Apsidenräume, der jüngere mit Einzug. Heutige Kapelle aus vorgot. Zeit, mit Glockenjoch über dem O-Giebel des Schiffs, rundem Chorbogen und einem Rundbogenfensterchen an der S-Seite, 1855 durch grössere Fensterausbrüche ergänzt. Umbau wahrscheinlich vor der Neuweihe 1513: Kielbogenportal zwischen Betfenstern, Kreuzrippengewölbe im 2jochigen Schiff und Sterngewölbe im eingezogenen Rechteckchor. Rest. zuletzt 1960–62. Einfacher Altaraufsatz E. 18. Jh., mit Bild des 17. Jh.; alte Balkensitze.

***VAZ (OBERVAZ)** (Abb. 59). Die Gemeinde mit ihren zahlreichen Weilern war der Kernbesitz der Herren v. Vaz, einstmals mächtigstes Geschlecht in Churrätien. – *Zorten.* Kath. Pfarrkirche St. Donatus. Erwähnt 831; neuerb. 1874–75. Spätroman. Turmschaft mit Achteckgeschoss und Kuppelhaube aus der 2. H. 17. Jh. Neugot. Hochaltar mit Bild 1875 von Paul Deschwanden; Seitenaltäre 1689 und 1692, neu zusammengestellt 1889. Statue der thronenden Muttergottes, schwäbisch A. 15. Jh., renoviert 1955; spätgot. Marien- und Johannesfigur A. 16. Jh. Weihwasserbecken aus Serpentin mit Allianzwappen dat. 1628.

Muldain. Kath. Filialkirche St. Johann Bapt. Neuerb. 1673–76, ausgemaltes Vorzeichen 1720. Nach N gerichtetes Schiff und eingezogener Rechteckchor; an der O-Seite Kapelle, Turm mit gebrochenem Spitzhelm und Sakristei. Im Innern auf Pilastern zwischen Flachnischen umlaufendes Gebälk, das im Schiff ein Tonnen-, im Chor ein Kreuzgewölbe trägt; Belichtung in der Gewölbezone und Betfenster neben dem Portal. Im Chor gute Stukkaturen von G. und G. Broggio aus Roveredo; handwerkliche Deckenmalereien. Klassiz. Hochaltarretabel E. 18. Jh., Altarbild 1718. Auf dem Marienaltar virtuos geschnitzter Nischenrahmen um 1720 mit Akanthus und Engelsköpfen. In der Seitenkapelle Stuckretabel mit 2 Säulen; Altarbild der Stigmatisation des Hl. Franziskus, italienisch um 1675. Aus der Bauzeit die Holzkanzel mit Freisäulen und kronenförmiger Schalldeckel mit Volutenbügeln, ferner das einfache Chorgestühl. Gute Gemälde: Predigt des Täufers 1. H. 17. Jh. und Hl. Joseph A. 18. Jh. – Gasthaus Junkerhaus. Erb. 1694 für Obervogt Remigius Deflorin. Aussen Sgraffiti, im Innern gute Täfer und Kassettendecke mit Allianzwappen.

Lain. **Kath. Filialkirche St. Luzius*** (Abb. 59). Ländlich barocke Kirche von 1678–80, mit vorzüglicher Ausstattung; Rest. 1961–62. Nach NW gerichtetes zweijochiges Schiff und eingezogener Rechteckchor, dieser flankiert von der Sakristei und dem vermutlich mittelalterl. Turm mit jüngerem gebrochenem Spitzhelm. Bemalte Fassade mit Dreieckgiebel und Barockportal. Im Innern auf bunt marmorierten Kompositpilastern umlaufendes Gebälk; Rechteckfenster in der Wandzone, Thermenfenster und Ochsenaugen in den Stichkappen des Tonnengewölbes. Vorzügliche Stukkaturen italienischer Art auf das Chorgewölbe konzentriert, vermutlich von den Broggio. Malereien mit neutestamentlichen, legendären und symbolischen Motiven überspannen alle Gewölbe und Wandflächen, Bauinschrift an der S-Wand.

Spätrenaissance-Hochaltar um 1680, mit einfachem Säulenpaar; gleichzeitig die beiden Seitenaltäre. Prachtvolle geschnitzte und eingelegte Rechteckkanzel um 1680 mit Freisäulen und Schalldeckel mit Volutenaufsatz; gleichzeitig das reichgeschnitzte Chorgestühl und der Priestersitz. Bänke mit Volutenwangen um 1700. Zwei kleine *spätgot. Flügelaltäre* zu seiten des Eingangs: Links Rechteckschrein mit Maria zwischen den Hl. Luzi und Emerita, auf den bemalten Flügeln innen die Hl. Petrus und Paulus, aussen die Verkündigung, im Gesprenge Kreuzigungsgruppe, schwäbisch datiert 1509; rechts in ähnlichem Schrein die Hl. Sebastian, Barbara und Katharina, auf den Flügeln innen Reliefs der Hl. Ursula und Dorothea, aussen Gemälde der Hl. Margareta und Maria Magdalena, in der Bekrönung der Auferstandene zwischen Engeln, schwäbisch um 1520. Ehem. Predellenfront neben der Kanzel, Frührenaissance um 1520. – Capella pleuna, am alten Schynweg. Holzfiguren: Thronender Bischof 1. Drittel 14. Jh. oder spätere Kopie, Johannes Bapt. um 1520. Bemalte Altarflügel um 1500.

Solis, jenseits der Albula. – Wallfahrtskirche Mariä Heimsuchung und St. Felix. Erb. 1687–88, nach Legende durch einen Kapuzinerpater in Erfüllung des Auftrags eines Engelchores. Turm mit Kuppelhaube und Sakristei später; Renov. E. 19. Jh. Langhaus mit Tonne, Flachchor mit Kreuzrippengewölbe; die Apsidiole 1882 ausgebrochen. Zwei Seitenaltäre um 1690, das rechte Altarblatt 1853. Glocke E. 15. Jh.

ALBULATAL: MISTAIL–TIEFENCASTEL–FILISUR–BERGÜN

ALVASCHEIN. Kath. Pfarrkirche St. Joseph. Erb. 1653–55, linke Seitenkapelle um 1740; Renov. des Turms 1918, der Kirche 1925. Kreuzförmiger Grundriss erst durch Anbau der nördl. Kapelle symmetrisch zur südlichen entstanden; Chor flankiert von Sakristei und Turm mit Kuppelhelm über Achteckgeschoss. Die Tonnen der Seitenkapellen unterbrechen das umlaufende Gebälk; Fenster in den Gewölbeschilden und in der W-Wand der Kapellen. Hochaltarbild, Ruhe auf der Flucht, von Joh. Rud. Sturn aus der Bauzeit; der prachtvolle Rahmen und die Oberteile der Seitenschreine mit den Statuen der Hl. Anna und Joachim um 1740. In den Seitenkapellen Altaraufsätze mit 3 Säulenpaaren dat. 1740; der südliche mit älteren Teilen. Verschiedene barocke Heiligenfiguren. Ausgezeichnetes ital. Skapulierbild A. 18. Jh. Kanzel mit gebauchtem Korpus um 1850. Im Beinhaus barockes Kreuz. Friedhofanlage mit 2 gemauerten Eingängen 1679. – Haus Nr. 40. Fassadenmalerei dat. 1580.

MISTAIL. Kirche St. Peter (Abb. 57). *Karolingische Kirche in einsamer Lage über der Albulaschlucht, erbaut 2. H. 8. Jh., die älteste und besterhaltene Anlage vom Typus des rätischen Dreiapsidensaales.* Ursprünglich Frauenkloster Wapitinis, erstmals erwähnt 926, aufgelöst zwischen 1098 und 1150. Durch Grabungen 1968–69 mehrere Vorgängerbauten nördl. und südl. der jetzigen Anlage nachgewiesen, ferner nördl. Konventgebäude und südl. ein Memorialbau (konserviert). Turm und Sakristei vor der Neuweihe 1397, Beinhaus aus unbekannter Bauzeit; Rest. 1967 ff. Breiter Saal mit 3 hufeisenförmigen Apsiden, von denen die mittlere etwas breiter ist; eine 4.

Apside eines N-Annexes in den Grundmauern 1943 nachgewiesen. Am O-Giebel des Schiffs, über den Schieferdächern der Apsiden, sind Reste eines mittelalterl. Glockenjochs zu erkennen. Unter den Apsiskalotten je 1, in der S- und W-Wand je 2 hochliegende Rundbogenfensterchen. Rundbogiger W-Eingang neben dem ungegliederten Turm barock, an der Stelle des karoling.; in der N-Wand rundbogige Tür. Flache Leistendecke dat. 1640, mittels geschnitzten Ankers am Dachstuhl aufgehängt. – *Wandmalereien.* In der Mittelapside Fresken von oberitalienischem Charakter, wohl um 1397, übergangen M.15.Jh. In der Kalotte Christus Pantokrator, umgeben von 4 Engeln mit Lesepulten (= Evangelisten) und den Evangelistensymbolen; darunter im 1.Streifen die Apostel, im 2. der Hl. Georg mit dem Drachen, Georg als junger Ritter und Epiphanie. Bedeutende Wandmalereien im Schiff: Kleine Fragmente aus karoling.Zeit, verwandt mit den Fresken von Müstair, u.a. an der W-Wand Reste eines Jüngsten Gerichts. An der N-Wand überdies Heilige M.15.Jh.: Christophorus, Petrus, Antonius Eremita. Drei Altäre um 1690 mit Altarbildern von Augustino Ridolfi; Seitenteile des Hochaltars 19.Jh., Tabernakel 2.H.17.Jh. Kanzel in verspätetem Frühbarock um 1690. Gutes Gemälde der Hl.Ursula M.17.Jh.

TIEFENCASTEL (CASTI). Als befestigte Siedlung mit Königshof erwähnt 831. Eine der ersten Pfarreien des Tals; in der Gegenreformation Stützpunkt der Kapuzinermission. Dorfbrand 1890. – **Kath. Pfarrkirche St.Stephan.** Stattliche Barockkirche auf einem Felsklotz zwischen Albula und Julia. Erwähnt 1343; seit dem 14.Jh. Pfarrkirche anstelle der 831 erwähnten St.Ambrosiuskirche in der Matte. Neuerbaut und ausgestattet 1650ff. von Misoxer Meistern, Weihe 1660. Beim Dorfbrand 1890 beschädigt; Renov. 1931 und 1957. Kreuzförmige nach W gerichtete Anlage mit 3seitig geschlossenem Chor zwischen N-Turm und jüngerem Sakristeianbau. Zweigeschossige Fassade mit überhöhtem Giebelfeld und barocker Portalarchitektur, Malerei 1931; seitlich begleitet von je einem Kirchhofportal. An der S-Front Kruzifix aus der 2.H. 17.Jh.; Grabtafel dat. 1696, mit Allianzwappen Bevelaqua-Scarpatetti. Im Innern auf Kompositpilastern umlaufendes Gebälk, welches in den querschiffartigen Seitenkapellen Quertonnen, im Altarhaus eine Halbkuppel und sonst Kreuzgratgewölbe trägt; Fenster in der Gewölbezone. Gute Stukkaturen von den Misoxern Giov. und Simone Giuliano sowie Giov.Zuccalli, schlecht rest. 1931; Malereien von Giulio Andreola (Andreotto). Auf dem Hochaltar von Engeln getragener, vergoldeter Tabernakel in Form eines 2geschossigen Polygonaltempels 1655 von Meister Caspar aus Tirol; Seitenaltäre neben dem Chorbogen dat. 1725, Kapellenaltäre wohl jünger. Chorgestühl 2.H. 17.Jh., darauf annähernd lebensgrosse, ungefasste Statuen um 1700, Apostel und 2 trauernde Frauen, aus der Friedhofskapelle. Rechteckkanzel und Schalldeckel, gute und reiche Spätrenaissancearbeit aus der Bauzeit von Ant. Tini. Taufbecken 2.H.17.Jh. mit 8eckigem Holzgestell und pyramidenförmigem Aufsatz. Zwei Gemälde in Schnitzrahmen 1.H. 18.Jh. und 2 Bilder von Paul Deschwanden dat. 1878. Monstranz von italienischem Typus mit Glaszylinder dat. 1688.

SURAVA. Kath. Pfarrkirche St. Georg. Geweiht 1611, vermutlich E. 17. Jh. das Schiff erhöht und der Turm verändert; Renov. innen 1924, aussen 1931. Schiff mit eingezogenem Flachchor, Turm mit achteckigem Spitzhelm über Wimpergen. Die schmächtige Eingangsfront durch 1geschossige Flankenmauern mit Durchgängen optisch verbreitert. Im Innern auf Pilastern umlaufendes, reich profiliertes Gebälk; Fenster in den Gewölbeschilden. Malerei E. 17. Jh. Gutes Hochaltarretabel 2. H. 18. Jh., aus 2 gedrehten Säulenpaaren mit Kompositkapitellen, konkavem Gebälk und überhöhtem Mittelteil; Altarbild M. 17. Jh., Statuen um 1700, Tabernakel neu. Seitenaltäre dat. 1662, Tabernakel rechts 2. H. 17. Jh., links Rokoko; Antependien um 1720. Spätrenaissance-Rechteckkanzel mit Schalldeckel. Statuen beidseits des Chorbogens um 1700. Augsburger Kelch von Dominikus Saler (gest. 1718).

***BRIENZ (BRINZAULS). Kath. Pfarrkirche St. Calixtus.** Die 831 erstmals erwähnte Kirche nach Neubau geweiht 1519; neue Gewölbe anlässlich der Wiederherstellung nach dem Dorfbrand von 1874; Renov. 1930. Nach N gerichtete spätgot. Anlage mit eingezogenem Polygonalchor zwischen alter und im O moderner Sakristei; Turm mit jüngerem 8eckigem Obergeschoss und niedriger Kuppelhaube. Im Schiff Reste von Wandbildern der Hl. Calixtus und Luzius 1736 von Franz X. Bayer. Meisterhaft geschnitzter *spätgot. Flügelaltar**, schwäbisch, wohl kurz vor 1519, von gleicher Hand wie der Altar von Bivio: Im kleeblattförmig geschlossenen Schrein auf gestuften Postamenten Marienstatue zwischen den Figuren der Hl. Calixtus und Katharina, Barbara und Sebastian; an den Flügeln Reliefs der Hl. Luzius und Johannes d. T., Florinus und Nikolaus; in der segmentförmig überhöhten Predella die Halbfiguren Christi und seiner Jünger in Relief; im malerisch dichten Gesprenge Hl. Anna selbdritt zwischen 4 Heiligen, darüber Kreuzigungsgruppe; auf den bemalten Rückseiten der Flügel Anbetung der Hirten und der Könige; neben dem Altar Statuen der Hl. Georg und Mauritius. Zwei Seitenaltäre von 1709, der rechte mit Wappen a Porta im Aufsatz und Gemälde aus der 1. H. 17. Jh. Am Chorbogen Kopie des Innsbrucker Maria-Hilf-Bildes von Lukas Cranach, reicher Laubwerkrahmen um 1720. – **Burgruine Belfort.** Imposante Anlage auf schmalem Felsrücken zwischen 2 Tobeln an der Strasse nach Alvaneu. Von den Herren v. Belfort als Mittelpunkt ihrer Herrschaft erb. wohl im 12. Jh., Ausbau durch die Herren v. Vaz um 1200, später in mehreren Etappen erweitert; nach verschiedenen Besitzerwechseln zuletzt österreichisch, deshalb im Schwabenkrieg 1499 erstürmt und ausgebrannt. Um einen Binnenhof gruppierte Anlage mit 2 Türmen, Wohngebäuden, Wehrmauer und Zwinger; gesichert 1937.

ALVANEU (ALVAGNI). Kath. Pfarrkirche Mariä Geburt. Die erhöht gelegene Barockkirche mit vorzüglicher Ausstattung bildet mit dem etwa gleichzeitigen Pfarrhaus eine geschlossene Baugruppe. Erwähnt 1290, urspr. St. Mauritius geweiht; vom spätgot. Neubau von 1495 an Stelle des Vorplatzes der Turm erhalten, rechtwinklig dazu heutige Kirche von 1697, spitzer Turmhelm mit Wimpergen 1698. Nach N gerichtete Anlage, deren erstes Langhausjoch von Turm und polygonaler Taufkapelle, die beiden folgenden von gerade geschlossenen Seitenkapellen begleitet sind; eingezogener Polygonalchor zwischen Sakristeien, im Untergeschoss der westl. das Beinhaus. Zweigeschossige Giebelfassade mit Säulenportal und Emporenfenster in der Mittel-, Bildnischen in den Nebenachsen. Im Innern tragen Doppelpilaster ein umlaufendes Gebälk, über dem sich in den Stichkappen des Tonnengewölbes Segmentbogenfenster öffnen; in den bis zum Gebälk reichenden Seitenkapellen Quertonnen und Thermenfenster. Gute Stukkaturen, vorwiegend in den Kapellen, und bunte handwerkliche Malereien aus der Bauzeit. Der *Hochaltar* bewahrt in guter barocker Säulenrahmung (um 1697) das hervorragende Schnitzwerk eines spätgotischen Flügelaltars, schwäbisch um 1500–10 in der Art Jörg Syrlins d.J.: Unten der ehem. Schrein mit Marienstatue zwischen den Hl. Mauritius und Magdalena, Ursula und Johannes d.T.; oben die Innenseiten der ehem. Flügel mit Reliefs Anbetung der Könige und Marienkrönung; an der Rahmung verteilt die Halbfiguren der Apostel aus der Predella; in der Bekrönung eine Kreuzigungsgruppe; an der Rückseite spätgot. Gemälde von Hans Huber: Verkündigung, Weihnacht und Jüngstes Gericht. Prachtvoller Tabernakel um 1697, in Form eines zweigeschossigen Kuppeltempels mit Freisäulen und Figurennischen. Altarumgang durch reichgeschnitzte Türen um 1725 geschlossen. In den Kapellen 4 schöne Seitenaltäre von 1725–35 mit guten Figuren (Rosenkranzmadonna neu); an den Antependien und an einem Rahmen hervorragend geschnitztes Akanthuswerk. Chorgestühl E. 17.Jh.; gebauchter Kanzelkorb mit Voluten 1630, verändert 1845. Geschweifte Emporenbrüstung mit ländlich heiteren Malereien; auf der jüngeren Orgel 3 Figuren um 1750. Im Kirchenschatz u.a. got. Monstranz E. 14.Jh., heute Reliquiar; Augsburger Sonnenmonstranz mit Ähren, Trauben und Engelsköpfen 2.H.18.Jh. von Franz Ant. Gutwein. – Pfarrhaus. Erb. E.17.Jh., mit Walmdach.

Alvaneu Bad. Kath. Filialkirche Hl.Dreifaltigkeit, ehem. St.Sebastian und Rochus. Zur Pestzeit 1629–30 erbaut, grösserer Neubau des Schiffs 1853–54; Renov. 1956. Kleine Anlage aus Schiff mit neuer Holzdecke und eingezogenem 2jochigem Rechteckchor mit Kreuzgratgewölben, an seiner N-Seite Turm mit vorkragendem Glockengeschoss unter Spitzhelm mit Wimpergen. Drei Altäre mit vergoldeten Säulenretabeln um 1680; Hochaltarbild der Marienkrönung mit den Pestheiligen, dat. 1634 und signiert vom Brixener Meister Joh.Jak.Greutter.

SCHMITTEN (FERRERA). Ende 13.Jh. Zuwanderung von Walsern; bis ins 17.Jh. Betrieb eines Eisenbergwerks. – **Kirchhügel,** südl. des Dorfes. Dominierende sakrale Baugruppe auf künstlich abgeplatteter Anhöhe; urspr. wohl Kirchenburg. In länglicher Umfriedung die frühmittelalterliche Kapelle St. Luzius und in gleicher Achse die spätgotische Pfarrkirche Allerheiligen; am Zugangsweg von W Kreuzwegkapellen 1761. – *Kapelle St.Luzius.* Seit E. 15.Jh. Totenkapelle und Beinhaus. Vermutlich vor 1000 erbaut; Umgestaltung der Fenster und Leistendecke 1703, neues Vorzeichen anlässlich der Rest.1964–65. Kleine Anlage mit halbrunder Apsis, drei gemauerte Altarmensen. Unter der Decke Reste eines gemalten roman. Mäanderfrieses. Got. Wandmalereien wohl noch 14. Jh.: In der Apsiskalotte Majestas Domini, darunter der Kirchenpatron inmitten der Apostel; neben dem Apsisbogen Schutzmantelmadonna und Hl. Michael als Seelenwäger; an den Schiffswänden Szenen aus dem Leben Christi. – *Kath. Pfarrkirche Allerheiligen.* Zwischen 1470 und 1490 erbaut, mit mächtigem westl. Frontturm; erhöht und barockisiert 1706; Renov. 1913–15, Rest. 1967–69. Dreijochiges Schiff und leicht eingezogener Polygonalchor unter einheitlichem Satteldach; 2 kreuzgewölbte Sakristeien. Eingangsturm mit 2,4 m starken Erdgeschossmauern, der Spitzhelm über Wimpergen vermutlich um 1480. Im Innern Lisenengliederung zwischen Stichbogenfenstern, über dem Gebälk ein Tonnengewölbe mit Stichkappen. Anlässlich der jüngsten Restaurierung Freilegung barocker Wandmalereien von Carolus Josephus Camoletus aus Novara. Hochaltar 1711, Altarbild der Trinität mit Stifterwappen dat. 1700, von Joh. Bergmann; Tabernakel in Form eines 2geschossigen Tempels E. 17. Jh., geschnitztes Antependium um 1730. Der linke Seitenaltar E. 17. Jh., Gemälde der Anna selbdritt M. 17. Jh.; rechter Seitenaltar mit Nische und Medaillons der Rosenkranzgeheimnisse um 1710. Kanzel 1649. – Pfarrhaus. Am Fuss des Hügels erb. 1707.

WIESEN (TEIN). Ref. Kirche. Erbaut zwischen 1490 und 1499, Turm vielleicht 1553; Renov. 1705 und 1904. Turm links neben dem Chor mit steilem Zeltdach. Eingangstür von 1770 mit schönem Stossriegel. Im Schiff buntbemalte spätgot. Flachdecke mit geschnitzten Rosetten und Schildchen; nahe dem Chor 2 grössere Schilde, eines mit Wappen Beeli v. Belfort. Im eingezogenen Polygonalchor hinter spitzem Chorbogen Netzrippengewölbe mit Schlusssteinen auf zugespitzten Anfängern. Holzkanzel dat. 1722. Orgelempore im Chor mit Brüstung 1774; gleichzeitig schöner 5teiliger Orgelprospekt von Joh. Algeuer mit Rokokoschnitzereien und in der Bekrönung Wappen des Stifters Commissari Ant. H. Sprecher v. Bernegg. Zwei got. Kelche 2. H. 14. Jh. und E. 15. Jh.
Jenisberg (Gemeinde Filisur), jenseits des Landwassers. – Ref. Kirche. Altertümlicher kleiner Bau von 1681, Turm wohl 18. Jh. Schiff mit flacher Leistendecke und Chor mit Kreuzgratgewölbe, beide nahezu quadratisch; runder Chorbogen. Holzkanzel 1681.

FILISUR. Malerisches Strassendorf mit reichdekorierten Häusern engadinischen Gepräges. – **Ref. Kirche.** Mittelalterl. Anlage vor Neuweihe 1495 nach W verlängert und Chor neuerbaut, gleichzeitig Turm erhöht und mit Spitzhelm gedeckt; Gewölbe des Langhauses 16. oder 17. Jh; Rest. 1956. Im zweijochigen Schiff Kreuzgewölbe auf runden Diensten, die an den Ecken zu Stümpfen verkürzt sind; hinter spitzem Chorbogen eingezogener Polygonalchor mit Netzrippengewölbe auf Dienstenstümpfen. Sakramentsnische mit Masswerkgiebel und Schmiedeisentüre. Wandmalerei italienischer Art um 1500: An der Chorbogenwand Verkündigung, Taufe Christi und Schmerzensmann, an der S-Wand des Schiffs Christus am Ölberg, die Hl. Barbara und Sebastian und darüber das bischöfliche Wappen. Spätgot. Taufstein; Kanzel mit Schnitzereien dat. 1746; Empore sowie Reste eines

Täfers E. 18. Jh. – *Dorfstrasse.* Stilvolle Giebelhäuser, vorwiegend aus dem 17. und 18. Jh., mit Rundbogeneinfahrten zum Sulèr, originellen Erkern, tiefliegenden Fenstern und schmiedeisernen Fensterkörben sowie Eckquaderung und Fenstereinrahmungen in Sgraffito. – Haus Nr. 92. Erb. 1667, erneuert 1752. Tiroler Laube unter dem Giebel, gute Gitter. Sulèr und Korridor getrennt, beide quer zum First. Täferzimmer aus der Bauzeit, Buffet mit Intarsien und Kassettendecke. – Haus Lorenz. Unter Verwendung älterer Bauteile erb. E. 18. Jh. Einspringender Oberbau mit Walmdach; gute Gitter. Täferstube E. 18. Jh. mit profilierter Decke und Nussbaumbuffet. – Doppelhaus Nr. 16. Erb. 1729; Fassade rest. 1959. Gute Sgraffiti, prächtige Sulèrtüre von 1735 und geschnitzte Rokokofensterleibungen. Täferstube dat. 1788, Nussbaumbuffet mit Wappen Schmid. – Haus Nr. 29. Viergeschossige Giebelfront von 1663, in Louis-XVI-Formen neu bemalt 1820. Gutes schmiedeisernes Balkongitter E. 18. Jh. – Haus Nr. 19. Bäuerliches Doppelwohnhaus von 1672; eigenartige Fassade mit grossen Rundbogennischen in der Mittelachse als Umrahmung der beiden Sulèrportale. – Burgruine Greifenstein, in den Felsen oberhalb des Dorfes. Vermutlich A. 12. Jh. als Sitz eines gleichnamigen Geschlechts erbaut; verlassen im 16. Jh., unter Dach bis 1840. Ruine eines 3geschossigen Palas mit Hauskapelle und Wehrmauern.

***BERGÜN (BRAVUOGN)** (Abb. 58). Im Mittelalter wichtige Station an der Albulastrasse und Bergbauzentrum; engadinisch geprägtes Dorfbild. – **Ref. Kirche.** Erbaut 1188, neuer Chor, Schiffsdecke und Turmhelm um 1500; Renov. 1891 und 1930. An der S-Seite des Schiffs schöner roman. Turm mit einfachen und gekuppelten Rundbogenfenstern; Teilsäulchen mit attischen Basen und Würfelkapitellen. Achteckiger Spitzhelm über Wimpergen; ein verblasstes Christophorusbild 15. Jh. Über dem rundbogigen W-Portal 2läufiger Emporenaufgang. Im roman. Schiff spätgot. Flachdecke mit sehr reich geschnitzter und schablonierter Ornamentierung, auf den Holzschilden Monogramm Christi und bischöfliches Wappen. Hinter spitzem Chorbogen spätgot. Polygonalchor mit 2jochigem Rippengewölbe auf zugespitzten Anfängern. Fresken von einem oberitalienischen oder Südtiroler Meister um 1500, stark rest. 1930: Beidseits des Chorbogens Verkündigung; an den Schiffswänden Passionszyklus und die Apostel, über den Fenstern das apokalyptische Lamm und Monogramm Christi; Bildfelder der O- und S-Wand durch Borten aus Akanthusmotiven zwischen Rosettenmedaillons gerahmt; als oberer Abschluss von W- und N-Wand friesartige Frührenaissanceborte aus Laub- und Fruchtgirlanden zwischen zwölf Medaillons mit Prophetenköpfen. Polygonale Kanzel dat. 1735, Schalldeckel mit Intarsien; Emporenbrüstung 1744; Grabtafel für Peter Jecklin v. Hohenems, gest. 1619; übrige Ausstattung 1930. – Kath. Filialkirche St. Maria. Erb. 1958; gleichzeitig ein ausgezeichnetes Glasgemälde, vier Seraphine, von Ferd. Gehr. – Sog. Platzturm. Vermutlich als Meierturm erbaut E. 12. Jh.; durch vorspringendes Obergeschoss mit barocker Haube A. 17. Jh. zum Glockenturm umgestaltet. – Haus Nr. 67. Erb. um 1740 für die Prädikantenfamilie Juvalta. Oberstube mit gutem Täfer und Kassettendecke mit eingelegtem Allianzwappen Juvalta-Dusch. – **Haus Nr. 114,** im obern Dorf. Ausbau 1641, Renov. 1784–87 und 1959. An der schönen Giebelfront Erker und Fenster mit geschnitzten Pfosten um 1641; Rokokofassadenmalerei dat. 1786, gleichzeitig Türe und Fenstergitter. Täferzimmer von 1641 und 1784. – Haus Nr. 124. Freitreppen- und Balkongeländer 18. Jh. Täferstube mit Unterzugsdecke; Engadiner Buffet dat. 1795 mit Allianzwappen Cloetta-Olgiati. – Hotel Aela, ehem. Salis-Haus. Wappenstein des Bundeslandammanns Gubert v. Salis dat. 1713.

Latsch. Bergdorf engadinischer Prägung. – Ref. Kirche. Bescheidener Neubau 1652, in altertümlichen Formen; Renov. 1946. Turm mit 8eckigem Spitzhelm. Kreuzgratgewölbe im Schiff und im 3seitig geschlossenen Chor. Holzkanzel 1652; Chorbestuhlung 1779; Grabplatte für Pfarrer Joh. Guidon, gest. 1802.

Stugl (Stuls). **Ref. Kirche** (Abb. 58). *Hervorragende gotische Wandmalereien unter deutlichem Einfluss giottesker Kunst.* Mittelalterlicher Bau spätestens um 1300; Rest. 1955. Kleine Anlage in nahezu kreisrundem Friedhof; 2seitig geschlossener, nach O trapezoid verengter Chor um 1500, dahinter verschalter Aufstieg zum Chorturm, welcher vermutlich A. 17. Jh. aufgebaut wurde. An der nördl. Längsfront Reste von *Wandmalereien*:* Hl. Christophorus und der ehem. Kirchenpatron Johannes d. T. um 1300; Drachenkampf des Hl. Georg etwas jünger, von derselben Hand wie die Malereien des Innern. Im Schiff ein Tonnengewölbe mit qualitätvollen Bildern, vermutlich um 1350 oder 2. H. 14. Jh.: Im mittleren Streifen Christus in der Mandorla mit den Evangelistensymbolen sowie die 4 Kirchenväter; in den beiden seitlichen Streifen und an der westl. Schildwand Grablegung Mariä, Taufe Christi, Abendmahl und 5 Szenen der Passion. Guter got. Kelch 2. H. 14. Jh.

OBERHALBSTEIN: MON–SAVOGNIN–BIVIO

MON (MONS). Alte kath. Pfarrkirche St. Cosmas und Damian, auf einer Geländeterrasse unterhalb des Dorfes. Vor- oder frühroman. Anlage, erwähnt E. 13. Jh., neugeweiht 1351; Restauration 1937. Massiger Turm an der W-Front der Kirche E. 14. Jh., in der ehem. Glockenstube gekuppelte, auf 3 Seiten vermauerte Rundbogenfenster; jetziges spätgot. Glockengeschoss und Zeltdach M. 15. Jh.; ein verblasstes Christophorusbild vielleicht 2. H. 15. Jh. Im rechteckigen, sich in die Tiefe verjüngenden Saal flache Balkendecke; halbrunde, gewölbte Apsis mit spätgotischer Sakramentsnische. Wandmalereien in zwei Schichten 1937 abgedeckt. 1. In der Art des sog. Rhäzünser Meisters 2. H. 14. Jh.: An der S-Wand Geburt Christi und Verkündigung an die Hirten, an der N-Wand Einzug Christi in Jerusalem, Gethsemane, Gefangennahme und Reste einer Grablegung; 2. Malereien 2. H. 15. Jh. aus dem lombardischen Kunstkreis, vielleicht von Christoforo und Nicolao da Seregno: In der Apsis Apostelreihe, in der Sakramentsnische Architekturmalerei und 2 Engel, über dem südl. Seitenaltar 3 weibliche Heilige, an der S-Wand männliche Heilige, rechts des grössern Fensters Damian mit Pillenkästchen und chirurgischem Instrument; Blumenmuster in den Fensterleibungen 2.H. 17.Jh. Auf den 3 Blockaltären got. Figuren: Hl. Sebastian, 2 Statuen des Hl. Cosmas und Pietà (barockisiert) 2.H. 15.Jh., weibliche Statuette E. 14.Jh. Runde Kirchhofmauer mit stichbogigem Portal. – **Kath. Pfarrkirche St. Franziskus.** Erb. 1643–48 von Giulio Rigaja aus Roveredo, geweiht 1663; Turm und Kirchendach durch Blitzschlag beschädigt 1911, Renov. 1915 und 1942. Ungegliederter, talwärts gerichteter Barockbau mit gestrecktem eingezogenem Chorpolygon. Am Schiff N-Turm mit Laternenkuppel von 1911, im Winkel zwischen Chor und Turm Sakristei unter Schleppdach. Im Innern Blendarkaden zwischen Pilastern, darauf umlaufendes, kräftig profiliertes und von einem Stuckfries verziertes Gebälk; Tonnengewölbe mit Stichkappen. Belichtung hauptsächlich in der südl. Wandzone. Gute Wandgemälde im Chor um 1660 von Joh. Rud. Sturn (?): An der N-Wand, von Stuckrahmen eingefasst, Marter des Hl. Cosmas und Immakulata (Wappen Bossi), an der S-Wand Rosenkranzmadonna, im Gewölbe Szenen aus dem Leben des Hl. Franziskus (übermalt). Barocker Hochaltar um 1660, umgestaltet 1739, Altarbild mit Madonna und den Hl. Franziskus und Sebastian 1637, reicher Tabernakel 1669; Seitenaltäre um 1660, Giebelfiguren um 1740, links eine neue Marienstatue, rechts Gemälde gestiftet 1740 von Pfarrer Franz Damian Gallin. Die rechteckige Kanzel, das Taufbecken sowie das Chortäfer M. 17.Jh. Orgel 1712, auf den bemalten Flügeln Orpheus und Apollo. Augsburger Barockkelch mit Email um 1700 von Ludwig Schneider. – Pfarrhaus. Erb. 1659. Stattlicher Bau mit steilem Krüppelwalmdach in Querstellung zum Kirchenvorplatz. Gewölbte Korridore. – Haus Nr. 4. Erb. 1747 für Franz Damian Gallin. Gewölbte Korridore in Firstrichtung. Kassettendecken mit geschnitzten Wappen Gallin. – Haus Nr. 45. Ländliche Fassadenmalerei 1726: St. Georg, Steinbock, Hahn und Hase.

***STIERVA (STÜRVIS). Kath. Pfarrkirche St. Maria Magdalena*.** Ausgezeichneter spätgotischer Bau mit den kompliziertesten Rippengewölben und einem der besten spätgotischen Altäre Graubündens. Erwähnt 831; neuerb. 1520–21 von Lorenz Höltzli aus Innsbruck; Renov. 1813–14 und 1922–24 (Ausmalung). Ungegliederte Anlage mit eingezogenem Chorpolygon, an der N-Seite des Schiffs mittelalterl. Turm mit gekuppelten Rundbogenfenstern in der ehem. Glockenstube, barocker Aufsatz mit Zeltdach letztes Drittel 17.Jh. In beiden Raumteilen Rautengewölbe über Diensten, welche aus zylindrischen Basen aufwachsen und kapitellartige Verdickungen zeigen; im Schiff 2 reliefierte Schlusssteine mit 3 sich kreuzenden Fischen als Symbol der Trinität und 6zackigem Stern. In der N-Wand des Chores reichprofiliertes Sakristeiportal und spätgot. Tür mit Flachschnitzfriesen. *Spätgot. Flügelaltar**, auf Schriftband dat. 1504, aus Ulmer Werkstatt, bis zur Reformation angeblich in Scharans. Rechteckig überhöhter Schrein mit 3 Figuren, auf gestuftem Postament Maria zwischen den Hl. Luzius und Florinus, an den innern Seitenwänden 2 Büsten, vermutlich die Porträts von Schnitzer und Maler; auf den Flügeln je 2 Reliefs mit Szenen aus dem Marienleben, in den Giebelfeldern Propheten; Predella heute leer; im Gesprenge Heilige und Erbärmdebild; seitlich des Schreins Statuetten

Juliana und Hl. Königin; auf der bemalten Rückseite des Schreins Jüngstes Gericht, auf der Predella Schweisstuch und auf den Flügelrückseiten Heilige. Tabernakel um 1660 in Form eines 2geschossigen Tempels, eines der reichsten und besten Werke dieses Typus in Graubünden. Übereck gestellte Seitenaltäre 2.H. 17.Jh., Figuren links modern und rechts A. 19.Jh., hier älterer Tabernakel um 1625. Rechteckige Kanzel M. 17.Jh.; 8eckiges Taufbekken aus Holz mit pyramidenförmigem Aufsatz dat. 1644. Orgel von 1813 auf neuer Empore. Rokokomonstranz 1.H. 18.Jh. – Bewohnter Burgturm, westl. der Kirche. Sitz der Herren v. Stürvis, erb. um 1200, erwähnt 1312. Drei Geschosse, Hocheingang im 2. Geschoss; vorkragende Konsolen zum Aufhängen des Klebdachs. Innen neu ausgebaut, Zugang aus dem anstossenden Wohnhaus.

***SALOUF (SALUX). Kath. Pfarrkirche St. Georg.** Erwähnt 1290; Chor neuerbaut 1498, das 3jochige Schiff 1501 eingewölbt von Peter v. Bamberg (Steinmetzzeichen am 4. N-Dienst), Rosenkranzkapelle 1615, Schiff um ein Joch nach W verlängert 1880; Renov. 1927 und seit 1966. Die Lage ausserhalb des Dorfes ist typisch für eine alte Pfarrkirche. An der S-Seite des Schiffs roman. Turm mit gekuppelten Rundbogenfenstern im ehemaligen Glockengeschoss und spätgot. aufgestockter Glockenstube. Wimpergen und Spitzhelm. Die Mauern des Langhauses wohl hochmittelalterlich, W-Joch und Vorzeichen 1880. Den Strebepfeilern am Schiff entsprechen im Innern spätgot. Sterngewölbe über halbrunden Diensten; im 3seitig geschlossenen, eingezogenen Chor 2jochiges Sterngewölbe auf zugespitzten Anfängern, z.T. mit Schildchen. An der N-Wand des Schiffs vom Gewölbe überschnittene, 1968 abgedeckte Malereien E. 14.Jh. mit z.T. gestirntem Hintergrund: Szenen aus dem Leben Jesu, oben Geburt Christi bis Flucht nach Ägypten, unten Ölberg bis Kreuzabnahme, horizontale Trennung der beiden Streifen durch ein Ornamentband mit Wellenranken. Marienzyklus um 1630 im Kreuzgewölbe der Rosenkranzkapelle. *Spätgot. Flügelaltar** um 1500, aus der Ulmer Werkstatt des Jörg Syrlin d. J.: Im Schrein Muttergottes zwischen den Hl. Georg und Katharina, Barbara und Mauritius, auf den Flügeln Reliefs des Drachenkampfes und der Enthauptung des Hl. Georg; auf Vorder- und Rückseite der Predella zusammen 6 Passionsszenen; im Gesprenge Kreuzigungsgruppe; auf den bemalten Aussenseiten der Flügel Geburt Christi und Anbetung der Könige, auf den Standflügeln die Hl. Dorothea und Nikolaus sowie Ursula und Luzius, auf der Rückseite des Schreins Jüngstes Gericht. Auf dem nördl. Seitenaltar neu zusammengesetztes kleines Retabel mit dem Hl. Rochus und 2 weiteren spätgot. Figuren sowie bemalten Flügeln um 1520. Auf dem südl. Seitenaltar barokker Tabernakel in Tempelform um 1660. Kelch M. 14.Jh. – **Ehem. Kapuzinerhospiz** im Dorf, heute Pfarrwohnung. Erb. nach 1726, westl. Anbau um 1830. Die beiden Obergeschosse des O-Traktes ruhen auf Zahnschnittkonsolen. Im Erdgeschoss Kapelle, renov. 1950. Querrechteckiger Raum mit sich verjüngender Halbrundapsis, darin Kuppelgewölbe mit radialen Gurten. Barockaltärchen mit Bild der Schutzmantelmadonna um 1700, aus der Pfarrkirche. In der Pfarrwohnung oberitalienisches Muttergottesgemälde

A. 17. Jh., spätgot. Kruzifix E. 15. Jh. und Figuren der Hl. Johannes Nepomuk und Fidelis von Sigmaringen um 1730–40. – **Haus Nr. 36.** Nischenfigur der thronenden Muttergottes 2. H. 13. Jh., neu gefasst. – Haus Nr. 28. Reste von Dekorationsmalereien des 17. Jh.

Del, Weiler an der Strasse nach Mon. – Kapelle St. Rochus. Geweiht 1595, heutiges 2jochiges Schiff mit Kreuzgewölbe sowie der Turm an der N-Seite des alten Chores angeb. vor 1638. Den Kern der urspr. Anlage bilden der 3seitig geschlossene, fächergewölbte Chor und der tonnengewölbte Vorchor (ehem. Schiff). Wandmalereien: Im Vorchor Christus, Maria, die Apostel und die Pestheiligen, 1638 gestiftet von Landvogt Casp. Freisch; im Schiff Gemälde aus der 1. H. 18. Jh. Choraltar mit Gemälde 1736 von Franz X. Bayer, Seitenaltäre 1711. An der S-Wand ehem. Altargemälde A. 17. Jh. mit den Pestheiligen, Rochus und Sebastian. – *Ziteil* (2434 m ü. M.). Wallfahrtskirche St. Mariä Heimsuchung. Erbaut an der Stelle, wo dem Hirtenknaben Giatgen Dietegen de Marmels 1580 die Muttergottes erschienen ist. Neubau 1959 von Venantius Meissen; Skulpturen von Albert Wider.

RIOM (REAMS). Kath. Pfarrkirche St. Laurentius. Wohl älteste Talkirche, erwähnt 831; vollständiger Neubau 1677, beim Dorfbrand 1864 teilweise zerstört, renoviert 1926, Innenrest. 1955–56. Barocke Anlage mit N-Turm (Helm 1865) zwischen dem schwach vortretenden Querschiff und dem 3seitig geschlossenen Chor; Fassade durch Pilaster, Lisenen und kräftige Gebälke in 6 Felder und Dreieckgiebel geteilt. Im tonnengewölbten Innern auf ionisierenden Pilastern umlaufendes Gebälk; Stichbogenfenster in der Wandzone, Oculi und Thermenfenster in den Stichkappen. Choraltar, stattliches, konvex geschwungenes Retabel mit reichem Mittelaufsatz 1768, vielleicht von Joh. Dietler, gestiftet laut Wappen von Abt Hieronymus Brunner von Mariastein (1765–1804), urspr. in der ehem. Pfarrkirche Büsserach (SO); Gemälde mit dem Triumph des Hl. Petrus und Oberblatt mit dem Hl. Hieronymus, letzteres signiert von Joh. Melchior Wyrsch. Stuckaltäre im Querschiff von 1677, Muttergottesstatue links und Altarbild rechts modern; stark erneuerte Rokokokanzel. – **Burgruine,** unterhalb des Dorfes. Erbaut durch die Freiherren von Wangen (Südtirol), seit 1258 Sitz des bischöflichen Landvogts, mehrmals den Herren v. Marmels verpfändet; Tagungsort der Landsgemeinde, erst seit dem 19. Jh. in Zerfall; konserviert 1936. Stattliche Anlage mit rechteckigem 3geschossigem Palas und an der westl. Schmalseite angebautem Turm unter Zeltdach. Reste des Berings.

PARSONZ (PRÄSANZ). Kath. Pfarrkirche St. Nikolaus. Barocker Neubau am heutigen Platz, geweiht 1663. Hangwärts, d. h. nach SW gerichtetes 2jochiges Schiff flankiert von chornahen Seitenkapellen, tiefer Polygonalchor begleitet von Sakristei und Turm mit 8eckigem Aufsatz, geschweifter Haube und Laterne. Im Innern Kreuzgratgewölbe auf Pilastern, Gebälk nur im Chor und den Kapellen umlaufend; Taufnische 18. Jh. Choraltar 2. H. 17. Jh. mit baldachinartigem Aufbau, Tabernakel und Figuren, darunter bemerkenswerte Maria-Orans-Darstellung; das durchbrochene Laubwerk und die Draperie um 1750. Kapellenaltäre 2. H. 17. Jh., gleichzeitig polygonale Kanzel mit Freisäulen und plastischem Dekor; reiches Chorge-

stühl um 1660 mit architektonischer Gliederung. – Pfarrhaus. Darin verbaut die 1475 genannte und 1522 geweihte ehem. Kapelle. Die Fundamente des Campanile zeichnen sich an der NO-Front ab.
Salaschigns. Kapelle St. Bartholomäus. Erwähnt 1508, urspr. am S-Rand des Tobels; Neubau an der jetzigen Stelle geweiht 1595, renov. 1662, Turm erb. 1665. Sakristei an der S-Seite mit Kreuzgratgewölbe. Niedriger Bau mit quadratischem kreuzgewölbtem Chor von 1595, im rechteckigen Schiff Leistendecke um 1660. Ländliche Malereien im Chor und die Ausstattung um 1662, im Choraltar Figur des Hl. Bartholomäus um 1510.

CUNTER (CONTERS). Kath. Pfarrkirche St. Karl Borromeo. Erwähnt 1392, Neubau geweiht 1677. Fünfjochiger Barockbau mit 2 chornahen Seitenkapellen und polygonaler Taufkapelle in der S-Wand des 1. Jochs; eingezogener, 3seitig geschlossener Chor flankiert von Sakristei und N-Turm. Im Innern auf Pilastern mit umlaufendem Gebälk Tonnengewölbe mit Stichkappen und Gurtbogen; 2 Fenstergeschosse im S, gemalte Oberlichter an der N-Seite. Gesamte Ausstattung um 1677: Am Choraltar 1720 Rankenwerk angesetzt, Altarbild neu, das urspr. mit Maria sowie den Hl. Karl Borromeo und Franziskus hinter dem Altar; im Frontispiz Gottvater. Nördl. Altargemälde gestiftet von Luzius Scarpatetti; am südl. Seitenaltar Reiterstatuetten der Hl. Martin und Georg M. 17. Jh.; Muttergottesaltar an der S-Wand des Schiffs mit gedrehten Säulen und Bekleidungsfigur; rechteckige Kanzel mit architektonischer Gliederung. Grosse Kreuzwegstationen 18. Jh., Chorbogenkruzifix 1. H. 17. Jh., Prozessionskreuz 1727. Got. Kelch E. 15. Jh., Barockkelch um 1720 mit Wappen de Latour; Kaseln 1691 und 1769. – Pfarrhaus. Erbaut von Joh. Netzer aus Schruns; geschnitzte Arventäfer und Buffet dat. 1759. – Scarpatetti-Häuser, unter- und oberhalb der Strasse. Das eine erbaut nach Brand 1821, das andere nach dem Dorfbrand von 1793.
Burvagn (Burwein). Kapelle St. Valentin. Geweiht 1583, neuerb. 1662–63, renov. 1747. Barockbau mit eingezogenem Viereckchor, Kreuzgratgewölben und nischenartigen Seitenkapellen. Zwei Altäre und Kanzel um 1662.

***SAVOGNIN** (Abb. 60). Ehem. bedeutender Umschlagplatz an der Septimerroute. Drei Siedlungskerne mit je einer Kirche: An der Strasse Son Mitgel, jenseits der Gelgia Sot-Curt und Sur-Curt. – **Alte kath. Pfarrkirche St. Martin*,** in Sur-Curt (Abb. 60). *Einer der besten barocken Innenräume Graubündens.* Erwähnt 1370, Neubau geweiht 1677, rest. 1959–60. Nach W gerichtete Anlage mit Lisenen und Traufbändern am Aussenbau. In der SO-Ecke barocker Turm mit kuppeliger Haube; in die NO-Ecke eingebaut der roman. Turm des 12. Jh., Rundbogenöffnungen im Dachraum und an der Rückseite des überhöhten Fassadengiebels sichtbar. Portal dat. 1677. Festlicher Innenraum in Kreuzform mit verbreiterten Seitenarmen und 3seitig geschlossenem Chor; auf Pilastern umlaufendes Gebälk mit Tonnengewölben und überkuppelter Vierung, Fenster in den Gewölbeschilden. Monumentale *Kuppelmalerei** 1681 mit Darstellung des Paradieses in sieben Kreisen, auf den Gurtbändern die Tore zum Himmlischen Jerusalem (Schriftbänder), am nördl. Gurtbogen signiert Carlo Nuvolone, genannt

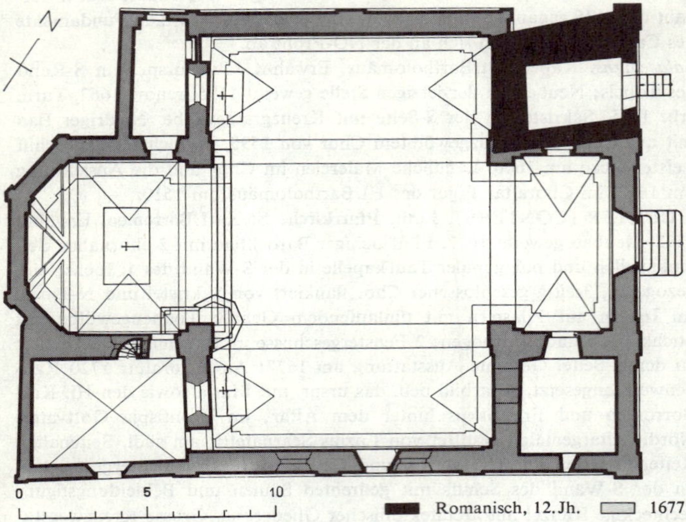

Savognin. Alte kath. Pfarrkirche St. Martin

Panfilo. Über den urspr. Seitenaltären Wandgemälde in Stuckrahmen von gleicher Hand: links Gnadenbild Mariä und Heilige, rechts Kreuzigung. Zweigeschossiger Choraltar 1738 mit gedrehten Säulen, oben spätgot. Figuren der Hl. Martin (Nische), Barbara und Dorothea um 1485. Geschnitzte, buntbemalte Polygonalkanzel um 1677. Auf der Zugstange des Chorbogens frühgot. Kruzifix um 1350. Glocke von Hans Brisinger 1478. – **Kath. Pfarrkirche Mariä Empfängnis,** in Sot-Curt. Erb. 1632–41, geweiht 1643, rest. 1941. Ungegliederte Barockanlage von gotisierendem Äusserem, mit eingezogenem gestrecktem Polygonalchor; im nördl. Choreinzug Turm mit Wimpergen und Spitzhelm, Schallfenster in Blenden mit 3gliedrigen Rundbogen nach roman. Vorbild. Fassade mit Steilgiebel 1941 wiederhergestellt; Portal dat. 1649. Im 3jochigen Schiff Kreuzgewölbe auf Pilastern ohne Gebälk, im Chor Tonne mit Stichkappen, Fenster in der Wandzone. Mit Ausnahme der Kapellen vollständig ausgemalt 1663: An den Schiffswänden Propheten und Könige sowie Szenen aus dem Marienleben, im Gewölbe Schmerzen und Freuden Mariä, im Chor 4 Patriarchen, Immakulata und marianische Symbole sowie Paradies; Fensterumrahmungen und Blumenranken. Schöner konkaver Choraltar mit bewegtem Umriss um 1750, in der prächtig gerahmten Nische Immakulatafigur E. 17. Jh.; auf den seitlichen Reliquienschreinen die Hl. Petrus und Paulus, spätgot. Bildwerke um 1485. Seitenaltäre um 1750; Kapellenaltäre mit Figuren um 1650, Architekturteilen um 1680 sowie Dekordetails und Antependien mit Fenstern um 1700–10. Rechteckige Kanzel um 1640; Gestühlswangen um 1710. – Sog. Haus Amilcar. Turmartiger Bau mit gemauertem Untergeschoss dat. 1638, in Riegeltechnik aufgeführte Obergeschosse mit steilem Krüppelwalmdach wohl 18. Jh. – **Kath. Kirche St. Michael,** in Son Mitgel. Neubau von 1663 an Stelle einer wohl frühmittelalterl. Saalkirche mit Apsis, die einen qualitätvollen Margarethenzyklus aus der Zeit um 1400 barg; Rest. 1963–65. Barocker Zentralbau mit oktogonalem Schiff, rechteckigen Seitenkapellen und 3seitig geschlossenem Chor, aussen durch Lisenen und Traufbänder gegliedert. Turm in der NO-Ecke zwischen Chor und Schiff im Unterbau wohl roman., die gekuppelten Schallfenster vermauert; Glockengeschoss und Spitzhelm über Wimpergen barock. Im Schiff auf Pilastern mit verkröpftem umlaufendem Gebälk, Kuppelgewölbe mit Stichkappen, Gurten und Laterne, gemalte Blindfenster in den Gewölbeschilden; tonnengewölbte Seitenkapellen mit grossen Thermenfenstern, im Chor Tonnengewölbe mit Stichkappen. Sängerempore über Eingang neu. Bunte Wand- und Deckenmalereien aus der Bauzeit: Im Schiffsgewölbe die Evangelisten und Kirchenväter, im Chor Jüngstes Gericht, links Zug durchs Rote Meer, rechts Befreiung Petri, in den Kapellen Verherrlichung der Hl. Franziskus und Katharina. Choraltar, dat. 1693, in architektonischem Rahmen mit Karyatiden und gebrochenem Giebel grosses Gemälde des Hl. Michael als Sieger über den Teufel; Seitenaltäre aus Stuck 1694, das Rosenkranzbild des westl. Altars signiert von einem Kapuzinermaler Carolus Joseph aus Novara. In der Wandzone rechts vom Chorbogen polygonale Nische mit Taufstein aus rotem Marmor; gegenüber rechteckige Kanzel mit Freisäulen um 1693. Über der Zugstange des Chorbogens ein frühgot. Kruzifix um 1350. Stuhlwangen um 1700. Vorzüglicher venezianischer Glasleuchter A. 19. Jh. – Pfarrhaus. Prozessionskreuz um 1375 und Ölgemälde der Verzückung des Hl. Franziskus nach Morazzone um 1600. – Haus Peterelli, an der Hauptstrasse. Ausgeb. 1751–57 für Luzi Plazi v. Peterelli, Hauptmann in österreichischen Diensten. Breites, nur 2 Wohngeschosse umfassendes Haus mit Querkorridor und Treppenturm mit Zwiebelhaube. Im Volutengiebel des Portals Wappen des Bauherrn.

*TINIZONG (TINZEN). **Kath. Pfarrkirche St. Blasius** (Abb. 77). Erwähnt 1180; Neubau 1643–63 von Paolo Torello aus Carona; Renov. 1764, 1917, Äusseres, Hochaltar 1963–66. Nach SW gerichtete Barockanlage mit 3seitig geschlossenem eingezogenem Chor; die Seitenkapellen öffnen sich nach dem mittleren der 3 Schiffsjoche, die polygonale Taufkapelle in der N-Wand des 1. Jochs; der Turm an der N-Seite des Schiffs ist im Unterbau mittelalterlich, Glockengeschoss und farbig bemalter 8seitiger Aufsatz 1671. In der Fassade 3teilige Fenstergruppe und 3 Wandbilder um 1663: Muttergottes mit den Hl. Antonius und Franziskus, darunter die Hl. Blasius und Florinus, Luzius und Pankratius. Portal dat. 1647. Im Schiff auf Wandvorlagen und umlaufendem Gebälk Tonnengewölbe mit Stichkappen und Gurtbogen. Italienische Stukkaturen um 1663 auf den Chor konzentriert, am Chorbogen Verkündigungsgruppe und Kapuzinerwappen; im Chorgewölbe Stuckkartuschen mit 5 gemalten Szenen aus dem Leben des Hl. Blasius sowie Abendmahl, Stigmatisation des Hl. Franziskus und Hl. Pankratius. *Spätgot. Flügelaltar**, Malerei signiert von Jörg Kändel aus Biberach 1512, rest. 1925: Im Schrein Muttergottes zwischen den Hl. Katharina und Blasius, Pankratius und Barbara, auf den Flügeln Reliefffiguren von vier Heiligen, in der Predella Christus und die Apostel, im Gesprenge Christus mit Maria und Johannes; auf den bemalten Aussenseiten der Flügel Beweinung und Grablegung mit Anklängen an Dürers «Grosse Passion», auf der Vorderseite der Standflügel je 1 Heiligenpaar, auf der Rückseite 2 weibliche Heilige, auf der Schreinrückseite Jüngstes Gericht, auf der Predella Schweisstuch; barocker Unterbau um 1710. Seitenaltäre links um 1760, rechts um 1730, Antependien um 1760; Rosenkranzaltar um 1760 in Form eines Pavillons mit reichbewegtem Rokokoschnitzwerk, Marienstatue modern; südlicher Kapellenaltar und Kanzel 2. H. 19. Jh. Orgel und Empore um 1820. Spätgot. Kelch um 1500, 2 Reliquienbüsten der Hl. Luzius und Blasius E. 17. Jh., Reliquienkreuz 18. Jh. In der Kirche aufbewahrt ein roman. Kruzifix M. 12. Jh. und ein spätgot. Kruzifix M. 15. Jh. – Pfarrhaus. Am Äussern Gnadenbild der thronenden Muttergottes um 1420, Fassung schlecht erneuert.

RONA (ROFFNA). Kath. Pfarrkirche St. Anton und Leonhard. Geweiht 1444; Neubau geweiht 1663, renov. 1932 und 1965–66. Tonnengewölbter Barockbau mit eingezogenem Rechteckchor und einer südl. Seitenkapelle. Choraltar um 1760, Seitenaltar um 1660 mit neuer Figur. Bemerkenswerte Orgel mit Wappen der Äbtissin Dorothea de Albertis (1666–86), 1884 aus der Klosterkirche Müstair erworben, desgleichen die Emporenbrüstung, urspr. Kanzel von Müstair, mit reicher Schnitzarbeit und dem Wappen der Äbtissin Augustina Troger (1733–47).

MULEGNS (MÜHLEN). Kath. Pfarrkirche St. Gaudentius und Franziskus, in ummauertem Friedhof am Ufer der Gelgia. Erwähnt 1520, Neubau geweiht 1643, renov. laut Inschrift 1762, 1815, 1866 und 1923. Tonnengewölbter Bau mit 3seitigem Chorschluss und querschiffartigen Seitenkapellen; Kapelle Mater dolorosa, ehem. Beinhaus südl. neben der Fassade. Nördl. des Chors ungegliederter Turmschaft, Glockenstube mit 8ekkigem Aufsatz und niederer Haube 1666 aufgesetzt. Choraltar 1727, tempelförmiger Tabernakel um 1700; Kapellenaltäre 1742.

Tga (Val da Faller). Kapelle St. Mariä Heimsuchung. Tonnengewölbter Barockbau mit eingezogenem Chorrechteck, umgeb. 1797. Altar um 1760 mit gutem Heimsuchungsgemälde.

SUR. Kath. Pfarrkirche St. Katharina. Erwähnt 1510, Neubau geweiht 1663, renov. 1772 (Portal), 1956 und 1962. Tonnengewölbter Barockbau mit quadratischem Chor und S-Kapelle, der N-Turm im Unterbau mittelalterl., die Sakristei südl. des Chors von 1787. Choraltar um 1663, gleichzeitig Kapellenaltar mit gutem Gemälde des Jüngsten Gerichts, Rocaillen um 1760; Seitenaltäre um 1700, Madonna zugekauft. – Pfarrhaus. Täferstube um 1760. Spätgot. Figur des Hl. Jakob um 1510.

Alp Flix. Kapelle St. Plazidus und Rochus. Neuerb. M. 17. Jh., wohl im 18. Jh. durch schmaleren Anbau nach W verlängert. Langgezogener Bau mit quadratischem Chor, östl. davon in gleicher Flucht angebaute Pfarrwohnung, mit Glockenjoch auf dem O-Giebel. Die Tonnengewölbe nur im alten Schiffsteil mit Gurtbogen auf Vorlagen. Altar um 1660. – *Furnatsch.* Wegkapelle, auf einem Felsblock bei der Brücke. Fragment einer Altarbekrönung um 1515 mit Statuette des Hl. Rochus. – Turmruine Spliatsch. Ein Werner v. Splüdatsch erwähnt 1160; im Besitz der Herren v. Marmels 15. und 16. Jh. Guterhaltener ehem. Wohnturm mit Hocheinstieg im 2. Geschoss; ehem. Zeltdach oder gezimmertes Obergeschoss.

MARMORERA (MARMELS). Ort genannt 831. Die urspr. Siedlung in der Talsohle liegt unter dem 1954 aufgefüllten Stausee. – Neue Kapelle. Erb. 1963–64 von Ant. Guetg. Mosaikwand mit Szenen aus dem Leben des Hl. Florinus von Joh. Jak. Zemp. Barockaltärchen um 1700, aus den Seitenaltären der ehem. Pfarrkirche zusammengestellt; Muttergottesstatue zugekauft. – Burgruine Marmels. Kühne Felsenburg über dem W-Ufer des Stausees. Von Ulr. v. Tarasp 1160 dem Churer Bischof Adelgott geschenkt, später Allodialbesitz der Herren v. Marmels, welche als churische Ministerialen eine bedeutende Rolle spielten; seit E. 16. Jh. zerfallen. Die in einer Felsnische gelegene Burg bestand aus einem Wohnbau und einer nördl. angebauten 2geschossigen Kapelle mit Pfarrwohnung.

***BIVIO (BEIVA). Kath. Pfarrkirche St. Gallus.** Erwähnt 1459, neugeweiht 1518, N-Kapelle erb. im 17. Jh., W-Turm 1688 (urspr. Turm an der N-Seite des Schiffs), Sakristei 1700; Bodenniveau wegen Wasserdrucks erhöht 1871, rest. 1955. Im 2jochigen Schiff spätgot. Kreuzgratgewölbe (italienischer Einfluss?) über 2 mittleren Vorlagen, im Chor Tonne mit Stichkappen. Deckenmalerei um 1900. *Spätgot. Flügelaltar** am Übergang zur Renaissance, von gleicher Hand wie der Altar von Brienz um 1518 aus der späten Strigel-Werkstatt: Im Schrein Muttergottes zwischen den Hl. Gallus und Margareta, Barbara und Sebastian; auf den Flügeln Reliefs der Hl. Blasius (?) und Nikolaus, Johannes und Florinus; in der Predella Christus und die Apostel; in der Bekrönung Anna selbdritt begleitet von den Hl. Ursula und Magdalena, Katharina und Rochus (das erhaltene Gesprenge wegen des erhöhten Bodens weggelassen) sowie hinter den Flügeln von den Statuetten der Hl. Georg und Michael auf Fialen (neu zusammengestellt); auf den bemalten Aussenseiten der Flügel Anbetung der Könige und der Hirten, auf der Rückseite des Schreins Jüngstes Gericht; Unterbau des Altars 17. Jh. Seitlich des Chorbogens Altärchen und Tabernakel E. 17. Jh. Polygonale Kanzel mit Freisäulen, am Schalldeckel dat. 1643. Glocke 1490 von Hans Brisinger. – Im Pfarrhaus spätgot. Muttergottesstatue um 1460. – Ref. Kirche. Erb. um 1660–70, der Turm mit 2 Glockengeschossen und kuppeligem Abschluss neben der W-Front. Dreijochiger Predigtsaal mit umlaufendem Gebälk auf Wandvorlagen, Kreuzgewölbe mit Gurtbogen; in den Schmalfronten Vierblattfenster. Neue Ausstattung.

Julierpasshöhe. Zwei beidseits der Strasse aufgestellte Reste von Säulenschäften aus Speckstein, welche an den bereits von den Römern benutzten Alpenübergang erinnern.

HINTERRHEIN

1. DOMLESCHG: CAZIS–THUSIS–HEINZENBERG

***CAZIS** (Abb. 61). **Frauenkloster St. Peter und Paul.** Angeblich im 8.Jh. von einem Churer Bischof Victor gegründet, erwähnt 940. Ursprüngl. freiweltliches Kanonissenstift, seit 1156 der Regel des Hl. Augustinus unterstellt, seit 1647 von Dominikanerinnen besetzt. – Die *Pfarr- und Klosterkirche* (Regionalplan, 1; s.S. 179) ist nach St. Martin in Chur die grösste spätgot. Kirche Graubündens, neuerb. 1504 von Andreas Bühler. Der Brand von 1768 zerstörte das ganze Kloster und brachte das Schiffsgewölbe der Kirche zum Einsturz, Neuweihe 1772; Renov. 1827 und 1939. Turm neuerb. 1871. Über dem W-Portal Dedikationsgemälde dat. 1504: Petrus im päpstlichen Ornat, daneben Paulus und kniend die Bauherrin Äbtissin Margareta v. Raitnau (1456–1508), mit dem gevierten Wappen des Klosters (Andreaskreuz) und Reitnau (Kugel); stark übermalt 1933. Vierjochiges Schiff mit barocken Kreuzgewölben auf Vorlagen, welche wahrscheinlich die Dienste des ehemaligen Rippengewölbes maskieren. Im W-Joch gemauerte Empore auf dreiteiliger Arkadenstellung und Kreuzgewölben, als Nonnenchor benützt. Hinter dem wohl nachträglich erweiterten Chorbogen langgestreckter, 3seitig geschlossener Chor mit 3jochigem Sterngewölbe auf Vorlagen und Runddiensten. Über der einfachen Sakramentsnische ein Wandgemälde um 1504, als spätgot. Altaraufsatz konzipiert: Abendmahl mit Wappen Reitnau und Mannalese als typologische Bilder zur Eucharistie, im Gesprenge Ecce homo; gleichzeitig das Gemälde in drei Streifen an der S-Wand: Unten Petronella, legendäre Tochter des Hl. Petrus, und die Kirchenväter; darüber die Hl. Petrus und Paulus, vor ihnen die Klostergründer, Bischof Victor und Bischof Paschalis von Chur mit Victors Mutter Episcopina und die kniende Bauherrin; im obersten Streifen Martyrium der Apostelfürsten. Stuckmarmoraltäre und -kanzel um 1770. Hinter dem Choraltar bemalter Schrein von 1609 mit den Gebeinen des legendären Lokalmärtyrers Victor aus Tomils, welche 1496 nach Cazis übergeführt worden sind. – Das *Klostergebäude* besteht aus einem alten abgetreppten Längsbau aus der Zeit um 1770 und dem neuen Querflügel 1930 von Erwin Schenker. In der Hauskapelle Gemälde 1931 von Albert Schenker; frühgot. Muttergottesstatue A. 14.Jh. – **Kapelle St. Wendelin,** am Dorfplatz (Regionalplan, 2; s.S. 179). Erwähnt 1493; Aussenrest. 1956. Die roman. Kapelle ist einer Häusergruppe angegliedert. Einfache Saalkirche mit halbrunder Apsis, die

Regionalplan Domleschg

1. Cazis, Pfarr- und Klosterkirche. – 2. Cazis, Kapelle St. Wendelin. – 3. Cazis, Alte Pfarrkirche St. Martin. – 4. Präz, Ref. Kirche. – 5. Thusis, Ref. Kirche. – 6. Thusis, Schlössli. – 7. Masein, Ref. Kirche. – 8. Flerden, Ref. Kirche. – 9. Rothenbrunnen, Haus Tscharner. – 10. Schloss Ortenstein. – 11. Tumegl, Kath. Pfarrkirche Mariä Krönung. – 12. Paspels, Kapelle St. Lorenz. – 13. Burgruine Alt-Sins. – 14. Burgruine Neu-Sins. – 15. Dusch, Kapelle St. Maria Magdalena. – 16. Dusch, Haus Buol. – 17. Schloss Rietberg. – 18. Almens, Kath. Pfarrkirche St. Andreas. – 19. Fürstenau, Unteres Schloss. – 20. Fürstenau, Oberes, ehem. Schauenstein-Schloss. – 21. Scharans, Ref. Kirche. – 22. Scharans, Haus Gees. – 23. Sils, sog. Palazzo. – 24. Schloss Baldenstein. – 25. Begräbniskapelle St. Cassian. – 26. Burg Ehrenfels. – 27. Burgruine Hoch-Rialt oder Hohenrätien

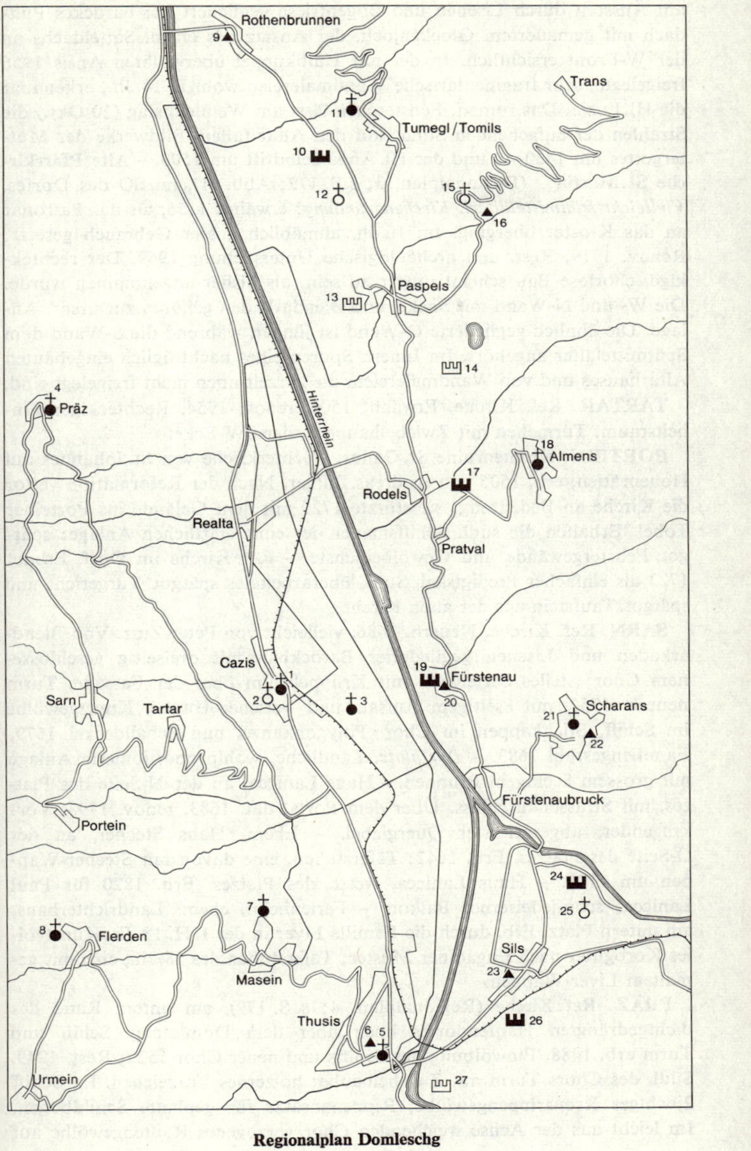

Regionalplan Domleschg

am Äussern durch Lisenen und Bogenfriese gegliedert ist; barockes Pultdach mit gemauertem Glockenjoch, der Ansatz des ehem. Satteldachs an der W-Front ersichtlich. In der mit Halbkuppel überwölbten Apsis 1956 freigelegte, sehr fragmentarische Wandmalereien wohl E. 14. Jh., erkennbar die Hl. Luzia. Das roman. Fensterchen lässt am Wendelinstag (20. Okt.) die Strahlen der aufgehenden Sonne auf den Altar fallen. Bildwerke der Muttergottes um 1430–40 und der Hl. Anna selbdritt um 1500. – **Alte Pfarrkirche St. Martin*** (Regionalplan, 3; s. S. 179; Abb. 61), im SO des Dorfes. *Vielleicht frühmittelalterl. Kirchengründung;* erwähnt 1156, als das Patronat an das Kloster überging. Im 16. Jh. allmählich ausser Gebrauch gesetzt; Renov. 1919, Rest. und archäologische Untersuchung 1969. Der rechteckige, chorlose Bau scheint jünger zu sein, als bisher angenommen wurde. Die W- und N-Wand mit Sockel und Blendarkaden gehören zur urspr. Anlage. Die ähnlich gegliederte O-Wand ist jünger, während die S-Wand dem Spätmittelalter angehört. Im Innern Spuren eines nachträglich eingebauten Altarhauses und von Wandmalereien, die zurzeit noch nicht freigelegt sind.

TARTAR. Ref. Kirche. Erwähnt 1505, renov. 1954. Rechteckiger Einheitsraum, Türmchen mit Zwiebelhaube in der SW-Ecke.

PORTEIN. Kirchenruine St. Gallus. Tochterkirche von St. Johannes auf Hohenrätien, erb. 1505 von Andreas Bühler. Nach der Reformation verlor die Kirche an Bedeutung; sie stürzte 1720 mit dem Gelände ins Porteiner Tobel. Erhalten die südl. Schiffsmauer der einst stattlichen Anlage; spätgot. Fenstergewände und Gewölbedienste. – Ref. Kirche im Dorf. Erbaut 1723 als einfacher Predigtsaal. Stark überarbeitetes spätgot. Türgericht und spätgot. Taufstein aus der alten Kirche.

SARN. Ref. Kirche. Neuerb. 1686, vielleicht von Peter Zurr. Von Blendarkaden und Lisenen gegliederter Barockbau mit dreiseitig geschlossenem Chor; steiles Satteldach mit Krüppelwalm über der Fassade. Turm neuerb. 1757, mit 8seitigem Aufsatz und welscher Haube. Kreuzgewölbe im Schiff, Stichkappen im Chor. Polygonkanzel und Schalldeckel 1679, Familiengestühl 1683. – *Dorfplatz.* Ländliche, wohlproportionierte Anlage mit grossem 8eckigem Brunnen. – Haus Lanicca, an der N-Seite des Platzes, mit Strassendurchlass. Über dem Portal dat. 1683, renov. 1793. Vorkragender, abgespriesster Quergiebel. – Ehem. Haus Stecher, an der O-Seite des Platzes. Erb. 1642; Täferstuben, eine davon mit Stecher-Wappen um 1700. – Haus Lanicca, westl. des Platzes. Erb. 1820 für Paul Lanicca; schmiedeiserner Balkon. – Ferienheim, ehem. Landrichterhaus, am untern Platz. Erb. durch die Familie Liver in der 1. H. 18. Jh. Kunstvolles Korbgitter nach Engadiner Muster; Täferstuben des 18. Jh., eine mit gemaltem Liver-Wappen.

PRÄZ. Ref. Kirche (Regionalplan, 4; s. S. 179), am untern Rand des dichtgedrängten Haufendorfes hoch über dem Domleschg. Schiff und Turm erb. 1488, Einwölbung des Schiffs und neuer Chor 1522; Rest. 1949. Südl. des Chors Turm mit Zwiebelhaube; hölzernes Vorzeichen. Im Schiff 2jochiges Kreuzrippengewölbe, Rippenansätze für geplante Schildbögen. Im leicht aus der Achse weichenden Chor verzogenes Rautengewölbe auf ungleich hoch ansetzenden Anfängern. In der S-Wand vermauertes Pförtchen mit kielbogigem Sturz. Spätgot. Taufstein mit gedrehtem Schaft und rundlicher, ins Achteck übergehender Schale mit eingeschriebenen Schildchen. Einfaches Familiengestühl 1752. – Zahlreiche Häuser des 17. und 18. Jh., mit Dekorationsmalereien. – Haus neben der Kirche. Dat. 1796, mit ländlich naiven Malereien und roman. Sprüchen. – Haus Nr. 40. Erb. 1675, bemalt 1801. – Burgruine Heinzenberg. Gegr. im 13. oder 14. Jh., aufgegeben im 16. Jh. Reste eines 6eckigen, im untern Teil innen 4eckigen Turms und eines späteren Wohngebäudes.

THUSIS** (Abb. 63). Langgestrecktes Strassendorf. Die 1473 eröffnete, 1738–39 durch neue Brückenschläge verbesserte Fahrstrasse durch die Via Mala zum Splügen und San Bernardino bestimmten Thusis zum wichtigsten Umschlagplatz an dieser N-S-Verbindung. Zahlreiche Brände, der letzte 1845, verheerten das Dorf. – **Ref. Kirche (Regionalplan, 5; s. S. 179; Abb. 63). Erb. 1506 von Andreas Bühler aus Gmünd in Kärnten, wohnhaft in Thusis; Renov. 1792, 1814, 1905 und 1956. Die einheitlich spätgot. Anlage mit eingezogenem, strebenbesetztem Polygonalchor ist Bühlers bestes Werk. Der nördl. an den Chor gebaute Turm erhielt nach dem Brand von 1727 einen 8eckigen Aufsatz mit Zwiebelhaube. Profiliertes spätgot. W-Portal mit Türflügeln von 1829. Im Schiff 4jochiges Sterngewölbe auf Runddiensten vor Wandvorlagen und 2 S-Fenster mit 3teiligem Masswerk; im Gewölbe Baumeisterinschrift und Datum. Der Chor erhebt sich über einem gewölbten, nur von aussen zugänglichen Untergeschoss, heute Gemeindearchiv; er ist mit einem feinmaschigen Netzgewölbe von 2 ½ Jochen gedeckt, das aussen – selten bei Bühler – durch dünne Dreikantstreben abgefangen wird. Archivnische 1701; polygonale Kanzel mit Schalldeckel 1628. – Kath. Pfarrkirche. Erb. 1965–66 von Otto Capeder; Ausstattung von Georg Malin. – Haus Nr. 150, sog. Krone. Erb. 1634 für Christoph Rosenroll, ausgebrannt 1845. Portal mit rustizierten Bogensteinen und Wappen Rosenroll; gewölbte Eingangshalle, stuckierte Saletta. – Moderner Brunnen, zur Erinnerung an die 1473 eröffnete Via Mala errichtet. Gusseiserne Löwenplastik 1952–53 von Gian Pedretti. – Schlössli, nordwestl. des Dorfes (Regionalplan, 6; s. S. 179). Erb. 1670 für Silvester v. Rosenroll, ausgeb. nach Brand 1727; Rest. 1966. Würfelförmiger Bau mit Volutengiebeln, N-Turm mit Eckstreben; über dem S-Eingang Allianzwappen Rosenroll-v. Salis, Täferzimmer nach 1727. – Das *Neudorf* entstand nach dem Dorfbrand 1845 im rechten Winkel zum alten, hangwärts liegenden Siedlungskern. Locker angeordnete Baukuben spätklassiz. Gepräges mit südländischem Einschlag. Bemerkenswertes Beispiel einer grosszügigen Strassenplanung des 19. Jh. – Ruine Obertagstein, südl. Thusis auf einem Felsklotz am Beverinhang. Urkundlich nicht erwähnt; Mauerreste eines 5geschossigen Wehrbaus.

MASEIN. Ref. Kirche, nördl. des Dorfes (Regionalplan, 7; s. S. 179). Spätgot. Anlage mit S-Turm, erb. 1501 von Andreas Bühler; Renov. im 18. Jh. und zuletzt 1953. Im Schiff flache Felderdecke des 17. Jh.; im 2jochigen Chor Sterngewölbe auf schildchenverzierten Anfängern, Steinmetzzeichen. Archivnische dat. 1723; reiche Barockkanzel 2.H.17.Jh., Schalldeckel 1747. – Haus Nrn. 5–6. Erb. 1728 durch Mathis Deflorin; 2 malerische S-Giebel. – Schloss Untertagstein. Gegr. um 1200 durch die Herren v. Masein, nach 1322 mehrfacher Besitzerwechsel. Herrschaftlich ausgeb. 1706 für Joh. Gaudenz Capol von Flims. Seit 1898 im Besitz der Planta; 1899 durch Brand stark beschädigt, danach historisierend renoviert. Verbauter Wehrturm um 1200. An der W-Front Wappenstein Capol-Schorsch. Gartenanlage mit Ecktürmchen von 1706. – Burgstelle Schauenstein, über dem Porteiner Tobel. Sitz eines churischen Ministerialengeschlechts; Fundamentreste.

FLERDEN. Ref. Kirche, nördlich über dem Dorf (Regionalplan, 8; s.S. 179). Erwähnt 1466, Chor neuerb. um 1500; Rest. 1956. Das Schiff gehört zu einer um 1300 erstellten roman. Anlage, deren halbrunde Apsis ausgegraben wurde. Wenig jünger ist der Turm mit vermauerten Zwillingsfenstern vor der N-Ecke der W-Front; gezimmerte Glockenstube spätmittelalterl. Im eingezogenen, 3seitig geschlossenen Chor 2jochiges Rautengewölbe auf Dreivierteldiensten. An der nördl. Schiffswand Rest einer einst umfangreichen, aber schlecht erhaltenen Wandmalerei um 1300: Engel in Orantenstellung mit 2 Begleitpersonen.

URMEIN. Ref. Kirche. Einfacher Barockbau 1720–22 mit Zwiebelturm; Renov. 1955. Im kreuzgrat- und fächergewölbten Innenraum Polygonkanzel von 1722 mit Intarsien.

TSCHAPPINA. Weitgestreute Walsersiedlung mit gestrickten Holzbauten. Einzige völlig deutschsprachige Gemeinde am Heinzenberg. – Ref. Kirche. Spätmittelalterliche Anlage mit eingezogenem, sich verjüngendem Chor neben niedrigem Turm mit Pyramidendach; Renov. 1956. Tonnengewölbe mit Stichkappen vermutlich 2.H. 16.Jh., nur im Schiff auf Vorlagen und Diensten. Becherförmiger Taufstein 16.Jh.; polygonale Kanzel mit Architekturgliederung, Schalldeckel dat. 1678.

2. DOMLESCHG: ROTHENBRUNNEN–PASPELS–ALMENS–SILS

***ROTHENBRUNNEN** (Abb. 62). Ref. Kirche. Rechteckiger Predigtsaal 1741, mit flacher Felderdecke und Kanzel; Rest. 1955. – **Haus Tscharner,** Nr. 10 (Regionalplan, 9; s. S. 179). Zweigeschossiger spätgotischer Bau 1546, aufgestockt 1851, rest. 1964. Im Scheitel des spitzbogigen Portals Wappen Capol 1546. Originelle Wandmalereien 1584 von Hans Ardüser, im Auftrag der Familie Tscharner: Abendmahl, Georg mit Drachen, Adam und Eva, Trompeter auf dem Rücken eines Elefanten. – Gasthaus Traube. Über dem Portal Wappenstein Kieni dat. 1725. – Burgruine Nieder-Juvalta. Erwähnt 1149 als Besitz der Herren v. Juvalta (Name von iugum altum = hohes Joch). In der Schamser Fehde 1451 zerstört, danach wiederaufgebaut; wohl im 16.Jh. aufgegeben. Auf vorspringender Felsnase Mauerzahn eines urspr. 5geschossigen Turms. Der zugehörige Hof lag am Fuss des Felsens bei der alten rechtsufrigen Landstrasse. – Burgruine Ober-Juvalta. Die jüngere der beiden Burgen, im 14.Jh. Besitz der Rietberg, 1352 der Landenberg, seit 1410 des Bischofs von Chur; im 16.Jh. aufgegeben. Dreigeschossiger Bergfried, ehem. mit Zeltdach; südl. und westl. Anbau. Am Fuss ehem. Hof, wohl als Vorwerk ausgebaut.

Schloss Ortenstein* (Regionalplan, 10; s. S. 179; Abb. 62). *Ausgezeichnetes Beispiel einer organisch ausgebauten Burg mit zentralem Turm.* Die in kühner Lage auf steil abfallendem Felsen um 1250 erbaute Burg ist eine Gründung der Herren v. Vaz, erwähnt 1309. 1337 im Besitz der Werdenberg-Sargans, brannte 1451 nieder, kam 1464 an die Waldenburg, 1523 an Ludwig Tschudi, Bruder des Historikers; seit M. 16. Jh. Wohnsitz der Travers, seit 1860 der v. Juvalta bzw. v. Tscharner. Zugang über den südl. Hof. Der hochmittelalterl. Bergfried mit Eckquadern und Zeltdach zeigte urspr. wohl einen Zinnenkranz; Balkenlöcher eines ehem. Pultdaches. Westl. Anbau wohl 1582, Datum über einem Turmportal; N- und O-Trakt vielleicht nach 1451; Hoffront mit barockem Glockenturm um 1720–30. Innenausbau vor allem um 1628 und 1720–30. Spätgot. Kapelle um 1500 mit sternförmigem Gewölbe, wohl von Andreas Bühler. Im Raum neben der heutigen Bibliothek stuckierter Kamin um 1720 mit Wappen Travers-Salis, im W-Trakt ein Kamin mit gleicher Allianz in Scagliolatechnik, Stuckdecken um 1740; im «Jägerzimmer» italienische Panneaux des 18. Jh. Mobiliar um 1840 verschleudert. Bedeutende nach 1860 zugekaufte Ausstattung: Louis-XVI-Treppenhaus in einem ehem. offenen Höfchen; «Ilanzer Zimmer» mit reichem Täfer aus der Casa Gronda in Ilanz, unter dem Plafond Dekorationsmalerei um 1628; bunter Turmofen 1659 vielleicht von David Pfau; 2 blaubemalte Öfen 1770, einer aus der Steckborner Werkstatt Meyer. Gemälde 17. Jh.: Susanna im Bade nach einem verschollenen Bild von Rubens und Hl. Familie aus Schloss Paspels. – Kapelle St. Victor, am Fuss des Burgfelsens. An der Stelle des Martyriums des legendären Tomilser Priesters Victor, dessen Reliquien 1496 nach Cazis überführt wurden. Neuerb. 1643, renov. 1752 und 1870. Bescheidene Kapelle mit querrechteckigem tonnengewölbtem Schiff und flachgeschlossenem Chor mit halbem Klostergewölbe. Altargemälde nach 1716 mit Darstellung der Kapelle und des Schlosses Ortenstein. – **Kapelle St. Lorenz** (Sogn Luregn) s. Paspels S. 184.

TUMEGL (TOMILS). Kath. Pfarrkirche Mariä Krönung (Regionalplan, 11; s. S. 179). Erwähnt 1454, Neubau geweiht 1486, renov. 1678; Rest. innen 1921, aussen 1964–65. Spätgot. Bau mit eingezogenem, 3seitig geschlossenem Chor; älterer Turm an der S-Seite des Schiffs, der Spitzhelm vermutlich von 1678. Reste eines kolossalen Christophorusbildes 15. Jh. S-Eingang 1673 mit rosettenverziertem Gewände, W-Portal 1678; daneben roman. Säulenspolie mit Würfelkapitell. Im 3jochigen Schiff Kreuzrippengewölbe mit Schildbögen auf Vorlagen, im Chor 2jochiges Sterngewölbe auf zugespitzten Anfängern. Wandmalereien 1597: An der N-Wand Jüngstes Gericht, biblischer Zyklus und bemerkenswertes Mauritiusgemälde mit Darstellung von Tomils und Schloss Ortenstein. Im O-Joch der N-Wand Rest einer spätgot. Malschicht um 1490 mit Darstellung der Hl. Sippe. *Spätgot. Flügelaltar* 1490, rekonstruiert 1921. Die Malerei signiert «hh», wohl Hans Huber von Feldkirch, seitlich der Predella die Wappen des Stifterpaares Jörg v. Werdenberg-Sargans und Barbara v. Sonnenberg: Im

Schrein vollplastische Marienkrönung und beide Johannes; auf den Flügeln Reliefs der Verkündigung, Heimsuchung, Geburt Christi und Epiphanie; auf den Aussenseiten gemalte Heiligenpaare, auf der Rückseite der Predella die 4 Kirchenväter. Seitenaltäre und Kanzel 1678. Spätgot. Taufstein mit granatapfelförmiger Schale, Grabmal des Joh. Simon Travers v. Ortenstein (gest. 1715). – Haus Nr. 39, bei der Kirche. Wappenstein 1726 des Tomilser Pfarrers Joh. de Candrian. – Haus Nr. 11. Erb. 1543, Portal dat. 1603

SCHEID. Ref. Kirche. Erwähnt 1447; Chor neuerb. 1523, Schiff eingewölbt 1525, Übernahme durch die Protestanten 1612; Renov. 1930. Turm an der N-Ecke der W-Front im untern Teil romanisch, mit Rest eines Rundbogenfrieses und vermauerten Rundbogenfenstern. Obergeschoss wohl 1524. Im Schiff Kreuzrippengewölbe auf Diensten; im Chor Sterngewölbe auf zugespitzten Anfängern, Steinmetzzeichen eines unbekannten Baumeisters (nicht Steffan Klain, wie Renovationsinschrift besagt). Moderne Kanzel mit Schalldeckel von 1588; zugemauerter Wandtabernakel mit zinnenförmigem Abschluss und 8eckiger Taufstein 1. H. 16. Jh.

FELDIS (VEULDEN). Ref. Kirche. Genannt 1397, Chor umgebaut und Schiff verlängert 1497 oder 1508; Renov. 1674 und 1940. Turm mit gekuppelten Rundbogenfenstern wohl 13. Jh., geschweifte Barockhaube 1774. Das Schiff ist durch starke Vorlagen mit halbrunden Gurtbogen in 2 Joche geteilt; Kreuzrippen-, im polygonal schliessenden Chor Fächergewölbe über zugespitzten Anfängern. Polygonkanzel mit Schuppenpilastern um 1700; einfaches Chorgestühl 17. Jh. Got. Kelch frühes 14. Jh.

PASPELS. Kapelle St. Lorenz, in alter Fluchtburg nördlich des Dorfes über Felsabsturz (Regionalplan, 12; s. S. 179). Mutterkirche der östl. Talseite; erwähnt 1246, als sie dem Kloster Churwalden übereignet wurde; sie verliert im Spätmittelalter den Rang einer Pfarrkirche zugunsten von Tomils. Renov. 1957. Spätroman. Eingangsturm 13. Jh. südl. des 1. Joches, mit gekuppelten Rundbogenfenstern und Zeltdach. Im 3jochigen flachgedeckten Schiff Blendarkaden mit gestuften Wandvorlagen und Ansätzen für Gewölbe, die, wie die Grabung 1957 nachwies, zu einer 2schiffigen Hallenkirche des 11.–12. Jh. gehörten. An Stelle der zugehörigen halbrunden Apsis entsteht A. 13. Jh. der heutige querrechteckige Chor; gleichzeitig Ausbruch der Gewölbe. Im Altarraum und an der Chorbogenwand *spätromanische Wandmalereien* A. 13. Jh.: Majestas Domini mit den Evangelistensymbolen und den Aposteln; in der Fensterleibung Opfer Kains und Abels; in der Sockelzone (stark zerstört) Hl. Drei Könige und Leben des Hl. Laurentius; am Chorbogen kaum deutbare Spuren. Unter dem O-Fenster des Chores gemauerter *Kastenaltar* mit weisser Marmorplatte, die zu einem Tischaltar des 5.–6. Jh. gehörte, der urspr. in einer noch nicht lokalisierten, aber in der Nähe anzunehmenden frühmittelalterl. Kirche stand; im Marmorsepulkrum fanden sich Textilfragmente, ein Silberreliquiar (wohl 5. Jh.), eine Reliquienbüchse aus Hirschhorn (8. Jh.) und ein Holzkästchen, die zusammen mit einem in der N-Ecke gefundenen Zinnkruzifix (um 600) im Churer Dommuseum ausgestellt sind.

Kath. Pfarrkirche St. Johannes Bapt. Gegr. 1662; Neubau 1847, im rechten Winkel zur Barockanlage, wobei das alte Schiff zum Chor und der alte Chor zur Sakristei umgestaltet wurden; Renov. 1923 und 1962. Choraltar mit gutem oberitalienischem Gemälde 1662; Rosenkranzaltar E. 17. Jh. aus Compadials; der rechte Seitenaltar E. 17. Jh. aus Truns, Marienstatue neu, Giebelbild M. 17. Jh. aus Trans. – Pfarrhaus. Stattlicher Bau von 1610. – Schloss Paspels. Erb. um 1695 für Joh. Viktor Travers v. Ortenstein, vollständig umgeb. um 1730, umgestaltet 1892–93. Freitreppe mit Geländer um 1710; Treppenhaus und Täferzimmer mit Régencemalereien um 1730. Im Oberstock Supraporten aus Stuck um 1760. Porträts der Familie v. Salis-Soglio, u. a. des Anton v. Salis, gemalt 1757 von Angelika Kauffmann. – Burgruine Alt-Sins, westl. des Dorfes (Regionalplan, 13; s. S. 179). Erb. um 1200; nach dem Aussterben der Herren v. Vaz im Besitz der v. Werdenberg-Sargans; nach Zerstörung 1451 wieder aufgebaut; wohl im 16. Jh. aufgegeben. Rest eines Turms mit Aborterker, anschliessende Mauer in der Technik des «opus spicatum». – Burgruine Neu-Sins (Canova), südöstl. des Dorfes (Regionalplan, 14; s. S. 179). Gründung der Herren v. Vaz wohl 2. H. 13. Jh., Besitzerwechsel wie auf Alt-Sins. Hälfte der Schale des runden Wohnturms und Reste des Berings. – Gutshof Canova. Hervorragendes Renaissancegemälde Maria mit Kind und Johannesknaben aus der Leonardo-Schule.

Dusch. **Kapelle St. Maria Magdalena,** an der Strasse nach Trans (Regionalplan, 15; s. S. 179). Ehem. Besitz des Prämonstratenserklosters Churwalden. Nach der Reformation unbenützt, seit 1677 der kath. Pfarrei Paspels zugehörig. Roman. Saalkirche mit halbrunder, sehr niedriger Apsis. Hervorragende *frühgotische Wandmalereien* des sog. Waltensburger Meisters 2. V. 14. Jh., abgedeckt und rest. 1940: An der N-Wand Auferweckung des Lazarus, Magdalena im Haus des Simeon (Typus des Abendmahls), Ermahnung des Fürstenpaares von Massilia durch Magdalena, kniender Prämonstratensermönch als Stifter, Speisung der Hl. Eremitin in einer der 7 Gebetsstunden, Tod der Heiligen (Fragment); Borten von Weinlaub und Akanthus. – Haus Buol (Regionalplan, 16; s. S. 179). Erb. 1664 für Ulrich v. Buol. Breitbehäbiger Bau über trapezförmigem Grundriss; Mittelkorridor in der Längsachse. Täfer im 1. Stock 1664.

TRANS. Ref. Kirche. Ehem. Churwaldner Besitz. Neuerb. 1518, renov. 1604 und 1932. Turm mit offenem Glockenstuhl und Zeltdach. Im Schiff neue Leistendecke; 3seitig geschlossener Chor mit Sterngewölbe auf zugespitzten Anfängern. Moderne Ausstattung.

RODELS. Kath. Pfarrkirche St. Christophorus und Jakobus d. Ä. Erwähnt M. 12. Jh., Umbau des Schiffs um 1520; Renov. 1846. Sehr schlanker roman. Turm mit gekuppelten Rundbogenfenstern und eleganter Zwiebelhaube von 1725. W-Portal 1721 mit ornamentiertem Steingewände und geschnitzten Türflügeln. Im Schiff polygonale Holzdecke, im Chor Barockgewölbe; heutige Fenster E. 19. Jh., vermauertes spätgot. Spitzbogenfenster in der N-Wand. Ländlich ungelenke Deckengemälde und Bilder an der Emporenbrüstung, wohl 18. Jh. Im neuen Choraltar Tabernakel aus Obervaz, 1688 von Hilarius Sigron. Seitenaltäre 1727; Rechteckkanzel 1642. –

Haus Jecklin. Erb. 1598; über dem Portal Wappentafel Jecklin um 1700, Balkongitter 18. Jh. In der Saletta des Erdgeschosses Stuckwappen Planta-Jecklin E. 17. Jh. – Haus von Blumenthal. Urspr. Besitz der Travers, ausgeb. um 1680 für H. H. Planta und A. 18. Jh. für Joh. Ulrich v. Blumenthal und dessen Witwe. Im 1. Geschoss Täferzimmer um 1680 mit geschnitztem Türgewände, weitere Täfer von 1730 und 1780.

PRATVAL. Burgruine Hasensprung, westl. des Dorfes. Gründung wohl durch die Herren v. Vaz, zerstört in der Schamser Fehde 1451. Erhalten ein Mauerwinkel des Bergfrieds. – **Schloss Rietberg** (Regionalplan, 17; s. S. 179), auf schroffem Felsen über einem Nebenarm des Hinterrheins. Erb. vielleicht E. 12. Jh. durch die Herren v. Rietberg, 1352 im Besitz des Bischofs von Chur, 1380 der v. Juvalta, in der Folge häufiger Besitzerwechsel. Teilung 1617 zwischen Hercules v. Salis und Pompejus v. Planta, der hier 1621 von Jürg Jenatsch ermordet wurde. Heute Besitz der Familie v. Planta-Casparis. Mittelalterl. Bergfried mit nördl. dem Geländesturz entlanglaufender Gebäudegruppe. Turm mit Eckquadern, an Stelle der vermauerten Zinnen Rundfenster und Zeltdach. Der Ausbau erfolgte im 17. und A. 18. Jh. Im Sturz einer vermauerten Türrahmung Allianzwappen 1601 mit Initialen des Joh. Planta v. Wildenberg und der Dorothea Jecklin v. Hoch-Rialt. Über dem Eingang Wappen des Ant. v. Salis und der Maria Corai 1652. Stukkaturen des «Rittersaals» um 1715: Supraporte über dem Eingang, darin Medaillon mit Reliefbild Kaiser Rudolfs II.; Kamin mit Stuckwappen des Joh. Ant. v. Buol und der Emilie v. Schauenstein; beidseits in 2 Muschelnischen eine männliche und eine weibliche Figur. Im W-Trakt Täferstube und reichgeschnitzter Wandschrank aus dem letzten Drittel des 17. Jh. Im Hof runder Zisternenturm, wohl 17. Jh., mit Schlüssellochscharten.

ALMENS. Kath. Pfarrkirche St. Andreas (Regionalplan, 18; s. S. 179). Erwähnt 1410; Umbau vor 1497, Neubau 1694 im rechten Winkel zur alten Anlage, Turm erbaut 1702; Renovation 1908. Barockanlage mit zweigeschossiger Fassadengliederung. An der Sakristei (W-Partie des Schiffs der spätgot. Anlage) gute Wandmalereien, rest. 1946: An der Aussenfront Bilder von 1497 mit den Hl. Christophorus, Georg und Andreas in einem Masswerkbaldachin sowie Wappen des Bischofs Heinrich VI von Höwen, an der S-Wand Votivbild um 1600 mit Margareta (?) und Luzius als Fürbitter bei Maria (für die Geburt eines Kindes?); im Innern Rest einer Weltgerichtsdarstellung A. 17. Jh. Im Schiff Kreuzgratgewölbe, im Chor Tonne mit Stichkappen; in beiden Raumteilen 2 Fenstergeschosse. Choraltar A. 18. Jh. aus Lumbrein, umgeb. 1909; Seitenaltäre um 1710. Spätgot. Taufstein in die Wand eingemauert. – Ref. Kirche. Barockbau 1694 auf Kosten des Bischofs von Chur gegen Überlassung der Andreaskirche an die Katholiken; Rest. 1946. Über dem Portal Salis-Wappen und Baudatum; im Innern Kreuzgewölbe auf massigen Vorlagen, die aussen als Lisenen in Erscheinung treten.

FÜRSTENAU. Ehem. Miniaturstädtchen auf einem Felssporn über dem Rhein. Bischöflicher Meiersitz 1257, von Bischof Heinrich v. Montfort

1272 zur Feste ausgebaut, 1354 als «oppidum» genannt und mit Stadtrechten ausgestattet; durch Feuersbrunst 1742 zerstört und mit dörflichem Charakter wiederaufgebaut. Das Oval des ehem. Städtchens wird im N und W durch die Fluchten der beiden Schlösser markiert. – **Unteres Schloss** (Regionalplan, 19; s.S. 179). Als Wehrbau der Churer Bischöfe errichtet 1272, erweitert 1635, neuerb. 1709–11 von Battista Perdotti im Auftrag von Bischof Ulrich VII Federspiel, nach dem Brand von 1742 wiederaufgebaut unter Benedikt v. Rost; 1855 als Kostgeberei für Minderjährige eingerichtet von Pater Theodosius Florentini; Umbauten 1876 und 1896 durch die Familie Planta. Jetzt im Besitz der Emser Werke. Etappenweise zusammengewachsener Längsbau über einem trapezförmigen Grundriss, mit durchgezogenem Satteldach. In der NO-Ecke, in den Baukomplex einbezogen, der leicht risalitierte Bergfried. Rustikaportal mit (neuem) Planta-Wappen. Der Festsaal nimmt die Höhe zweier Geschosse ein, Stuckwappen v. Rost um 1750; weitere Stuckdecken des Rokokos im 2. und 3. Obergeschoss. – **Oberes, ehem. Schauenstein-Schloss** (Regionalplan, 20; s. S. 179). Neuerbaut 1667–69 für die Vettern Schauenstein v. Ehrenfels, Lehensträger der Bischöfe von Chur. Nach dem Stadtbrand 1742 nur der östl. Flügel wieder herrschaftlich ausgestattet. Seit 1768 im Besitz der v. Planta, heute der Emser Werke. Winkelförmiger Grundriss; im Osten Rustikaportal 1676 mit Flachreliefs und den Initialen des Joh. R. und der Margareta v. Schauenstein. Über dem S-Portal Allianzwappen 1667 des Rudolf v. Schauenstein und der Emilie Molina. Treppenhaus mit skulptiertem Säulenpaar, Türgewände 1695 mit Schauenstein-Wappen. Im O-Flügel Saal mit gemalten Landschaftspanneaux nach 1742, Biedermeier-Stuckdecke wohl 1862. Im Erdgeschoss Steckborner Ofen 1729 von Daniel Meyer aus der Churer Schneidernzunft. Gartenanlage, jenseits der Strasse fortgesetzt. – Haus Stoffel, am Eingang des Städtchens. Mittelalterl. Bau, umgestaltet 1549 (Datum über dem N-Eingang) und nach dem Brand von 1742. Im Keller (nach S über Tag) nachträglich unterteilter Raum mit Wandmalereien: Szenen einer Hirschjagd, letztes Drittel 14. Jh.; Bauer mit Bär kämpfend E. 16. Jh. – **Ref. Kirche,** östl. des Städtchens. Erwähnt 1354; die Umfassungsmauern des Chors und des östl. Schiffs gehen wohl auf den got. Bestand zurück. Verlängerung und Einwölbung des Schiffs mit Kreuzgratgewölben 1715, gleichzeitig Chortonne und vermutlich Neubau des Turms; Renovationsinschrift mit den Initialen des Baumeisters J.D. und des Zimmermanns J.F. sowie des damaligen Bauvogts Andreas Nauli. Kanzel 1715, übrige Ausstattung anlässlich der Renov. 1923–25.

SCHARANS. Ref. Kirche (Regionalplan, 21; s.S. 179). Neuerb. 1489–90 von Steffan Klain (Chor) und Andreas Bühler (Schiff); Rest. 1954. Roman. Turm mit gekuppelten, z.T. vermauerten Rundbogenfenstern und Blendbogenfriesen; offener Glockenstuhl und Zeltdach aus spätgot. Zeit. Im Schiff 4jochiges Rautengewölbe ohne Gurtentrennung auf gekehlten Vorlagen mit halbrunden Diensten; im Chor Netzgewölbe auf zugespitzten Anfängern, im blinden Kielbogen des spätgot. Wandtabernakels Inschrift: «Meister Steffan». Roman. Taufstein in Form zweier Halbkugeln; Schalldeckel der

Kanzel E. 17. Jh. An der südl. Chorwand Grabmal für Viola Ursula Planta-Jecklin (gestorben 1662). – **Haus Gees,** Nrn. 36–37 (Regionalplan, 22; s. S. 179). Erb. um 1540 an Stelle eines bischöflichen Meierhofes. In der N-Wand des obern Gebäudes Reste des Turms. An der Fassade Renaissancemalereien 1605 von Hans Ardüser: Rollwerk und Blumengewinde, Tiere und Putten, Wappen der Drei Bünde und Gees. Im 1. Obergeschoss Täfer mit got. Inschrift und arabischen Ziffern dat. 1543; im 2. Obergeschoss Täfer und Fenstersäule von 1602. Das ostwärts angebaute Haus 1615. – Haus Nr. 77. Stattlicher Längsbau mit spätgot. Portal und Fenstergruppen; Täferzimmer. – Zahlreiche bemerkenswerte Wohnbauten, u. a.: Nr. 88, erb. 1633; Nr. 123, erb. 1682, mit Wendeltreppe und 2 Täfern vom E. 17. Jh.; Nr. 133, Baudaten 1619 und 1628, Haustür 1673; Nr. 48, mit Fassadenmalereien 1668: Fensterumrahmungen und Architekturmotive sowie Wappen der Drei Bünde.

***SILS i. D. (SEGLIAS).** Ref. Kirche. Erb. 1619, Turm 1700, Chorneubau 1776; Wiederherstellung nach dem Dorfbrand von 1887. Im Schiff gedrückte Zwillingsgewölbe auf gekehlten Vorlagen mit umlaufendem Gebälk, über dem die Fenster sitzen; der Polygonalchor innen leicht eingezogen. – **Sog. Palazzo** (Regionalplan, 23; s. S. 179), jetzt Pfarr- und Gemeindehaus. Bedeutendster Herrschaftsbau im Domleschg. Errichtet um 1740 für Conradin Donatz (1688–1750), Generalmajor in piemontesischen Diensten. Querrechteckiger 2 ½geschossiger Bau von strenger Achsensymmetrie, hohes Walmdach mit Giebellukarnen. Die Mittelachsen betont durch hohe, korbbogig geschlossene Portale sowie Balkongitter und Volutenzwerchgiebel; rustizierte Ecklisenen. In der Querachse Gartensaal und gewölbtes Vestibül mit Stichkappen, seitlich davon hinter toskanischen Säulenpaaren das Treppenhaus. In zahlreichen Räumen massige Stuckprofile nach geometrischen Mustern. An der S-Seite abgetreppte Gartenanlage mit 2 Eckpavillons nach italienischem Vorbild. – Haus Salis, an der Strassengabelung ins Albulatal. Der spätgot. Bau 1739 umgestaltet.

Begräbniskapelle St. Cassian (Regionalplan, 25; s. S. 179), in einsamer Hügellage östl. Sils. Bis zum Bau der Kirche im Dorf 1619 Pfarrkirche; Ausstattung und Renov. 1923–25. Schwer datierbarer, wohl mittelalterl. Bau mit quadratischem Schiff und querrechteckigem, aus der Achse verschobenem Chor; steinsichtig verputzt (pietra rasa). Westl. angebauter Turm mit erneuertem Zeltdach; der Mauervorsprung an der NW-Ecke des Schiffs ist offenbar der Rest eines älteren Turms. Im Schiff flache Leistendecke, im Chor Tonnengewölbe. – **Schloss Baldenstein** (Regionalplan, 24; s. S. 179), nördl. des Dorfes hart über der Albula. Erb. um 1200 durch die Herren gleichen Namens, erwähnt 1289; im Besitz der Ueberkastel 1349, der Ruinelli 1562, der Rosenroll 1627, der Salis-Sils 1739 und seit 1782 der Conrad. Durch Brand 1877 schwer beschädigt und zeitgemäss wiederaufgebaut. Mittelalterl. Bergfried, Zinnen 1877. Die nordwestl. anschliessenden Wohnbauten stammen im Kern aus dem 16. und 17. Jh., der turmartige Risalit erhielt 1877 einen Zinnengiebel. Im Erdgeschoss neben dem Turm gewölbter Saal ausgestattet im 3. V. 17. Jh., mit Deckengemälden in Stuckrahmen (Allegorien, Elemente und Gestirne) sowie Kamin mit geschuppten Balusterwangen, bekrönt von 2 Putten, welche das Allianzwappen Rosenroll-Ruinelli halten. Im 1. Obergeschoss Täferzimmer mit Buffet von 1677; bemalter Turmofen um 1670 aus der Werkstatt Pfau. – Burgruine Campell (Campi), auf einem Felssporn talaufwärts. Erb. um 1200 durch die Herren gleichen Namens. Seit 1418 als bischöfliches Lehen meist im Besitz der Schauenstein-Ehrenfels; im 18. Jh. aufgegeben. Sechsgeschossiger Wohnturm mit Zinnen, ehem. von Zeltdach abgeschlossen; Palas wohl im 13. Jh. angebaut. Nördl. ausserhalb des Berings Zisterne. – Burg Ehrenfels, südl. über Sils (Regionalplan, 26; s. S. 179). Erwähnt 1257, im Besitz der Schauenstein seit 1320, als Ruine erwähnt 1742; nach 1934 Wiederherstellung als Jugendherberge. Viergeschossiger Bergfried, doppelter Bering mit Zinnen. Anschliessendes Wohngebäude wohl erst aus dem 16. Jh., jetzt zum grössten Teil erneuert. – **Burgruine Hoch-Rialt oder Hohenrätien*** (Regionalplan, 27; s. S. 179), auf schwer zugänglichem Felskopf über dem östl. Taleingang zur Via Mala. Eine der bedeutendsten Kirchenburgen in Graubünden. Prähist. Funde; Feudalburg der Herren von Rialt, urkundlich nicht erwähnt, schon 1410 «zerbrochen». Ruine der ehem. Pfarrkirche St. Johannes, bis 1505 (Bau der Pfarrkirche St. Gallus in Portein) einzige Taufkirche für das Gebiet am Heinzenberg, nach der Reformation aufgegeben; alter Besitz des Klosters Cazis. Saalkirche mit rechteckigem, ehemals kreuzgewölbtem Chor kaum vor dem 14. Jh. erbaut. Mauerstück links des Chorbogens mit schmalem Rundbogenfenster wohl Rest einer älteren Anlage. Campanile mit rundbogigen Schallöffnungen. Im S und N ehem. bewohnbare Türme. Im W des Plateaus innere Burg: Wohngebäude und 4geschossiger roman. Turm mit eingetieftem Kamin im 3. Geschoss, der von 2 Säulchen mit Würfelkapitellen flankiert ist; flaschenförmiger Rauchabzug; Aborterker. Der äussere Bering umschloss fast das ganze Plateau mit Ausnahme eines W-Abschnitts.

MUTTEN. Drei Weiler zwischen 1390 und 1870 m ü. M. – *Untermutten.* Ref. Kirche. Erwähnt 1520, neuerb. 1583–85; Renov. 1941. Bescheidener kreuzgewölbter Saalbau mit trapezförmigem Schluss. Jüngerer Turm mit später aufgesetztem Glockengeschoss unter Zeltdach; Glocken 1587 und 1722. – *Obermutten.* Ref. Kirche. Seltener Holzbau von 1718; Dachreiter und Renov. 1930. Schmucklose Anlage mit eingezogenem Polygonalchor, Flachdecke und trapezförmigem Chorbogen. Kanzel 1718, Orgel 1807.

ZILLIS–AVERS–SPLÜGEN

ZILLIS. Ref. Kirche St. Martin (Abb. 65, 66). *Älteste figürlich bemalte, fast vollständig erhaltene Holzdecke der abendländischen Kunst.* Mutterkirche des Schams, Rheinwald und Avers, 831 erwähnt, 940 von Kaiser Otto I. dem Bistum Chur geschenkt, 1357 dem Domkapitel einverleibt; Reformation 1530–35. Grabungen haben 1938–40 eine frühchristliche, auf röm. Kulturschicht gelegene Kirche nachgewiesen, die um 500 wohl durch den Ausbau eines profanen Gebäudes entstanden war; ihre eingeschriebene Exedra wurde um 800 abgetragen und durch eine karoling. O-Partie mit 3 hufeisenförmigen Apsiden im «churrätischen Schema» ersetzt. Von einem roman. Neubau um 1130 in Quaderwerk sind das Schiff und der S-Turm erhalten, der kleine Rechteckchor musste 1509 einem spätgot. Polygonalchor von Andreas Bühler weichen. Neuer Dachstuhl 1547; Gesamtrest. 1938–40, gleichzeitig die Bilderdecke sinngemäss neu zusammengefügt. *Äusseres.* Langrechteckiges Schiff und leicht eingezogener Chor mit grossen Masswerkfenstern; der S-seitig angebaute schlanke Turm durch Blenden mit Rundbogenfriesen gegliedert und in den beiden obersten Geschossen durch gekuppelte Rundbogenfenster geöffnet; gebrochener Spitzhelm 1677. Von den roman. Langhausfenstern sind die beiden Oculi in der Giebelfront und dasjenige über dem S-Eingang original, während das Rundbogenfenster in der Giebelfront und 2 weitere in der S-Wand nach Baubefund rekonstruiert, aber zur besseren Belichtung vergrössert wurden; die nördl. Langseite ist nicht befenstert. An der W-Wand kolossales Christophorusbild um 1300. – *Inneres.* Das roman. Schiff und der spätgot. Chor sind durch einen spitzen Chorbogen geschieden, dessen Überschneidung durch die Schiffsdecke vermuten lässt, dass 1509 auch ein Neubau des Langhauses geplant war; seitlich des Chorbogens vermauerte roman. Rundbogenfensterchen. Im lichtdurchfluteten Chor tragen halbrunde Dienste ein 2jochiges Sterngewölbe mit den Monogrammen Christi und Mariä an den beiden Schlusssteinen; in den östl. Gewölbekappen Signatur des Baumeisters Andreas Bühler 1509 und Wappen des damaligen Pfarrers Sebastian Castelmur, am Chorschluss Wappen des Bistums Chur und des Oberen Bundes. Spätgot. Wandtabernakel mit Blendmasswerk. Im Schiff *roman. Felderdecke** (Abb. 66) um 1160, rest. 1939–40, gleichzeitig sinngemäss neu zusammengefügt. Einzigartige Bilderfolge aus insgesamt 153 ornamental gerahmten, buntbemalten Einzelfeldern. Die Randbilder (13 davon neu) zeigen eine Wasserzone, auf welcher amphibische Fabelwesen als Sinnbilder des Chaos erscheinen, dazwischen 3 Felder mit Fischern und Andeutung der Errettung der Getauften; in den Ecken die 4 Engel der Apokalypse mit geschwungenen Tuben, als Personifikationen der Winde. Die streifenweise von O nach W zu lesenden Binnenfelder zeigen, eingeleitet von alttestamentlichen Königen, der Synagoge und der Ecclesia, in breiter Erzählung das neutestamentliche Heilsgeschehen bis zur Dornenkrönung Christi und ganz zuletzt Szenen aus dem Leben des Kirchenpatrons St. Martin. Der graphisch ornamentale Stil der Decke und die Typisierung erinnern an zeitgenössische Buchmalerei. Hauptmeister und Geselle, letzterer erkennbar an der zaghafteren, flaueren Strichführung, sind allem Anschein nach Räter. Der Decke entlang gemalter roman. Wandfries mit Mäanderband und Sibyllenbüsten. Bemalter roman. Taufstein mit kugeliger Schale; Polygonkanzel 1647, an der S-Wand einfaches Gestühl um 1730. Zwei venezianische Kelche um 1690.

SCHEMA

Die heutige Anordnung kann nach neuesten Forschungen nicht als die ursprüngliche betrachtet werden.

1–48. *Die Randbilder.* Die äusseren Reihen der Wand entlang angeordnet. In den 4 Eckfeldern Engel mit Tuben als Personifikationen der 4 Winde

Süden

1	2	3	4	5	6	7	8	9
48	49	50	51	52	53	54	55	10
47	56	57	58	59	60	61	62	11
46	63	64	65	66	67	68	69	12
45	70	71	72	73	74	75	76	13
44	77	78	79	80	81	82	83	14
43	84	85	86	87	88	89	90	15
42	91	92	93	94	95	96	97	16
41	98	99	100	101	102	103	104	17
40	105	106	107	108	109	110	111	18
39	112	113	114	115	116	117	118	19
38	119	120	121	122	123	124	125	20
37	126	127	128	129	130	131	132	21
(36)	133	134	135	136	137	138	139	(22)
(35)	140	141	142	143	144	145	146	(23)
(34)	147	148	149	150	151	152	153	(24)
(33)	32	(31)	(30)	(29)	(28)	(27)	26	(25)

Norden

Westen

(1, 9, 25, 33). Dazwischen auf durchgehender Wellenzone Fabelwesen mit Fischschwänzen und Nereiden mit Instrumenten als Sinnbilder des Bösen, Dämonischen und Verführerischen. In diese roman. Tiersymbolik eingefügt 3 Fischerszenen, vielleicht bezugnehmend auf die Jonasgeschichte (10, 11, 12).

49–55. *Der innere Zyklus* (49–153). Zeilenmässig von links nach rechts zu lesen. Könige David, Salomon, Rehabeam (49–51), Synagoge und Ecclesia (52, 53), Verkündigung an Maria (54, 55).

56–62. Josephs Zweifel (56, 57), Heimsuchungsgruppe Maria und Elisabeth (58), Verkündigung an die Hirten (59), Geburt Christi (60–62).

63–69. Ein Engel führt den Zug der Hl. Drei Könige (63–66), Die Hl. Drei Könige vor Herodes mit den 3 wartenden Pferden (67–69).

70–76. Die Anbetung des Christuskindes durch die Hl. Drei Könige (70–73), Vom Engel wiederum angeführt die Hl. Drei Könige auf dem Heimweg (74–76).

77–83. Hl. Drei Könige (77), Mariä Reinigungsopfer (78), Darstellung im Tempel (79), Josephs Traum (80), Flucht nach Ägypten (81–83).

84–90. Die Hl. Familie (84), Die Schergen erhalten von Herodes den Befehl, die Kinder zu töten (85, 86), Der bethlehemitische Kindermord (87–90).

91–97. Der Jesusknabe belebt die tönernen Vögel (91), Der 12jährige Jesus im Tempel (92, 93), Johannes predigt in der Wüste (94–97).

98–104. Taufe Christi am Jordan (98), Versuchung Christi durch den Teufel (99–101), 2 dienende Engel und Christus (102), Hochzeit zu Kana (103, 104).

105–111. Christus und der Hauptmann von Kapernaum (105), Christus heilt Kranke (106), den Besessenen von Gerasa (108), die Kananiterin (109), den Krüppel am Teiche Bethesda (110, 111).

112–118. Heilung eines Krüppels (112), Auferweckung des Lazarus (113–115), Christus und die Samariterin (116), Christus lehrt in der Schule von Nazareth (117–118).

119–125. Christus und die Kinder (119), Aussendung der Apostel (120–122), Verklärung: Christus zwischen Moses und Elias, 3 Apostel kniend (123–125).

126–132. Einzug in Jerusalem mit Zachäus auf dem Baum und Palmzweige streuenden Männern (126–130), Tempelreinigung (131, 132).

133–139. Verrat des Judas, Auftrag und Auszahlung (133, 134), Fusswaschung (135), Abendmahl (136, 137), Christus am Ölberg (138, 139).

140–146. Gefangennahme Christi mit Petrus und Malchus, Judaskuss (140–143), Christus vor Pilatus (144), Verspottung und Dornenkrönung (145, 146). – Abbruch der Passion.

147–153. Szenen aus dem Leben des Hl. Martin: der Heilige mit Pferd und Bettler (147, 148), Hilarius weiht St. Martin (149), der Hl. Martin erweckt einen Toten (150), der Teufel erscheint dem Hl. Martin in Königsgestalt (151–153).

Haus Nr. 96, südl. der Kirche. Erb. 1693 durch die Familie Marchion. Gewölbte Korridore, Täferstuben 1643, 1693 und 18. Jh.; Ofen mit Kacheln um 1670 von Heinr. Pfau. – Rathaus. Portal und Halle um 1600. – Haus

Nr. 28, Apostelofen um 1670 aus der Werkstatt Pfau, angeblich aus Schloss Baldenstein. – Konsum. Reste einer Aussenbemalung E.16.Jh.

REISCHEN. Ref. Kirche, Filiale von Zillis. Erb. 1709; Renov. 1938. Dreiseitiger, in den Hang eingegrabener Chor, Turm an der N-Seite mit 8eckigem Spitzhelm. Neue Ausstattung. – Burgruine Haselstein, oberhalb des Dörfchens. Urspr. wohl Sitz der Herren v. Reischen (Rexno), erwähnt 1275. Mauerreste eines trapezförmigen Wohngebäudes. – Burgruine Tur, gegenüber Haselstein. Urkundlich nicht erwähnt. Erhalten 3 Geschosse eines Turms wohl aus dem 12.Jh.

DONATH. Ref. Kirche. Erwähnt 1463, verlängert wohl 1688; Renov. 1947. Turm nach Einsturz 1718 neugebaut. Lange, sehr niedrig erscheinende Anlage; im Schiff neue Flachdecke aus Holz, im Chor Tonnengewölbe mit Stichkappen 17.Jh. Taufstein 1740 mit 8eckiger Schale, Polygonkanzel 1689 mit Schuppenpilastern, am Gestühl von 1729 gemaltes Wappen Marchion. Zwei Kelche um 1700. – **Ehem. Marchion-Haus,** im äussern Dorfteil Turvasch. Erb. 1680, umgestaltet 1716 für Landammann Christian Marchion. Architektursgraffiti aus der Bauzeit; Wappen Marchion über der Haustür 1716. An den Fenstern der Mittelachse Schmiedeisengitter. – Ehem. Marchion-Haus, im Dorfteil Curscheglias. Erb. 1672, umgeb. 1728; Täferstuben.

PATZEN-FARDÜN. Ref. Kirche, in Fardün. Gestiftet 1407, Chor erweitert 1517 von Georg Murer aus Chur; Rest. 1966. An der N-Seite des Chors ungegliederter Turm 1407 (?). Flachgedecktes Schiff; im Chor Sterngewölbe auf Diensten, einfache Masswerkfenster, Sakramentsnische. Reste von Wandmalereien: An der N-Seite des Schiffes St. Michael, Anbetung der Könige, fragliches Bild in oberitalienischer Art und an der S-Seite 5 Heilige unter Baldachinen (?, Florinus, Luzius, Emerita und Barbara) 1.H. 15.Jh., wohl von einem süddeutschen Meister.

LOHN. Ref. Kirche, in beherrschender aussichtsreicher Berglage. Spätgot. Bau von 1460–1500, an Stelle einer 1954 nachgewiesenen roman. Anlage mit Rundapsis (im Typus von Casti und Clugin s. S. 194). Renov. 1719 und laut Inschrift 1832, zuletzt 1953–54. Reizvoll gegliederte Kirche mit Glockenturm an der S-Seite und aufgesetztem Chorturm unter Zeltdach, alle Bauteile durch Steinplatten gedeckt. Im Schiff eine flache Holzdecke, Fensterformen wohl 1719. Im eingezogenen Polygonalchor Rippengewölbe in Fächerform. Ein Wandtabernakel mit kielbogigem Abschluss; roman. (?) Taufstein in Halbkugelform; Kanzel mit Intarsien 1837. Im spätgot. Turm Glocken um 1300 und 1479.

MATHON. Ref. Kirche. Tonnengewölbter Barockraum um 1728; Renov. 1934. Polygonale Kanzel 1728; Abendmahlstisch 1729 von Bartly Schmidt, gleichzeitig das Gestühl in bäuerlich skurrilen Formen. Barockorgel 1690 von Matthäus Abbrederis aus Rankweil, 1822 aus Surava zugekauft und 1825 in ländlichen Formen reich bemalt. – Ehem. Pfarrkirche St. Antonius, Ruine unterhalb des Dorfes. Aufrecht stehen noch der Turm mit auskragendem, wohl spätgot. Glockengeschoss, ferner die Umfassungmauern des roman. Schiffs und des spätgot., gerade geschlossenen Chors mit Tonnenwölbung. Spärliche Reste got. Wandmalereien. Die 1956 durchgeführte Grabung legte die halbrunde vorroman. Apsis frei. In der Aufschüttung des Chors fanden sich zahlreiche Fragmente einer expressiven vorroman. Wandmalerei, die im Rätischen Museum in Chur ausgestellt werden sollen.

WERGENSTEIN. Ref. Kirche. Im Kern wohl roman. Bau, erwähnt 1538; Renov. 1930. Spätgot. Turm anscheinend 1820 erhöht; quadratischer Chor mit spätgot. Kreuzrippengewölbe. Polygonkanzel 1807.

CASTI. Ref. Kirche. Besonders rein erhaltene roman. Saalkirche des 12. Jh.; Rest. 1971. Urspr. wohl Kirchenburg. An der halbrunden Apsis Blendbogenfries mit kleinen Konsolen; südl. angebauter Turm mit jüngerem Glockengeschoss. Neben dem Apsisbogen Fragment eines aufgemalten Verkündigungsengels um 1350 vom sog. Waltensburger Meister, oben durch die heutige Decke beschnitten, wonach urspr. ein offener Dachstuhl anzunehmen ist. Glocken von ca. 1300 und 1484.

CLUGIN. Ref. Kirche. Kleiner roman. Bau, mit bedeutenden frühgot. Wandmalereien des sog. Waltensburger Meisters; Rest. 1944 und 1949–52. Rechteckiges Schiff und halbrunde Apsis mit 2 um 1350 vermauerten Fenstern. S-Turm zwischen Schiff und Chor, der in der Spätgotik (?) ein auskragendes Glockengeschoss erhielt; die roman. Schallfenster vermauert. *Wandmalereien* von 3 verschiedenen Künstlern: 1. Waltensburger Meister um 1350: In der Apsis die 12 Apostel, darüber in der Kalotte Majestas Domini mit den Evangelistensymbolen; illusionistische Profilierung des Apsisbogens wie in St. Georg zu Rhäzüns; links neben der Apsis Engel der Verkündigung und Hl. Bischof; an der nördl. Schiffswand 2 Märtyrer. 2. Sog. Rhäzünser Meister nach 1350: An der N-Wand Vorzeichnung einer vielleicht nie ausgeführten Epiphaniedarstellung (vom Barockfenster teilweise zerstört) und Christophorus. 3. Meister um 1400: An der südlichen Schiffswand Hl. Georg und Kreuzigungsgruppe. – Burgruine Cagliatscha. Urkundlich nicht erwähnt; 5 Geschosse der SO-Wand des Turms erhalten, 12. oder 13. Jh.

PIGNIA. Ref. Kirche. Erwähnt 1518. Turm 2. H. 15. Jh., erhöht und mit geschweifter Haube abgeschlossen 1803. Im rechteckigen, vielleicht noch roman. Schiff neuere Stichbogentonne; hinter dem nachträglich rundbogig erhöhten Chorbogen quadratischer Chor wohl 2. H. 15. Jh. mit Kreuzrippengewölbe. – Haus Nr. 25. Erb. 1620; architektonische Fassadenmalerei und Sprüche von 1796. – Haus am S-Eingang des Dorfes. Dat. 1694; Sprüche in romanischer, deutscher, lateinischer und hebräischer Sprache.

ANDEER (Abb. 64). Gut erhaltenes Dorf mit mehreren bedeutenden Profanbauten. – **Ref. Kirche,** über dem nördl. Dorfeingang. Erwähnt 1419; stattlicher Barockbau 1673; Rest. 1964. Im Scheitel des 3seitig geschlossenen Chors Turm der Vorgängerkirche um 1584, mit 8eckigem Aufsatz und Zwiebelhaube von 1827. Daneben aufgestellte Glocke 1490 von Hans Brisinger aus Feldkirch. Im Schiff Tonnengewölbe mit Stichkappen auf Vorlagen, im Chor auf Kämpfern. Chorbogen mit Quaderbemalung sowie Daten und Inschriften zur Baugeschichte. Achteckiger spätgot. Taufstein um 1580 mit stern- und schildförmigen Profilen. Polygonkanzel mit Intarsien 1677 von M. J.W. Klassizistische Grabplatten für zwei Mitglieder der Familie Schorsch. – Kath. Fatimakirche. Erb. um 1963 von Venantius Maissen in Chur. – Eingangsbogen über der Strasse beim Hotel Fravi. Errichtet wohl 1818–21 anlässlich des Ausbaus der Splügenstrasse; jetzt modern umgestaltet. – Haus Nr. 2. Wappenstein Risch 1682. – Haus Nrn. 26–27. Wappen de Nicca 1697. – Schlössli. Erb. E. 18. Jh. von der Familie Clopat; kubischer Bau mit Treppenturm unter Zwiebelhaube und geschweiftem Türsturz. – **Haus Pedrun** (Abb. 64). Prächtiges Beispiel einer reichen, das ganze Haus überspannenden Sgraffitodekoration, wie sie für einige Talschaften des Kantons typisch ist. Der Bau stammt laut Datum über dem Portal von 1501. Die Sgraffiti mit Wappen der Drei Bünde und unvollständiger Jahreszahl 15.. sind vermutlich erst in der 2. H. 16. Jh. entstanden; sie zeigen Blattspiralen mit Trauben, Diamantquaderimitation, geometrische Muster sowie Tiere und menschliche Figuren. – Haus Nr. 83. Im angebauten Schopf übertünchte, teilweise durchschimmernde Gewölbemalereien mit profanen Themen um 1600, wohl von Hans Ardüser. – **Haus Capol,** am S-Ausgang des Dorfes. Erb. für Landammann Hans v. Capol, der als ref. Podestà in Tirano dem Veltliner Mord von 1620 zum Opfer fiel. Bemerkenswerte Renaissance-Frühbarock-Ausstattung: Im 1. Obergeschoss reiche Täferzimmer mit architektonischer Wandgliederung, Kassettendecken, Kredenznische; schwarzer Turmofen mit allegorischen Reliefs um 1700, angeblich aus dem sanktgallischen Rheintal. Im 2. Obergeschoss weiter Saal mit Kassettendecke, im Mittelfeld Allianzwappen des Bauherrn und der Katharina Mattli 1612. Derb-originelle Wandmalereien 1614 von Hans Ardüser: Architekturformen, Allegorien, exotische und einheimische Tiere sowie biblische Szenen. – Ruine Bärenburg. Im 13. Jh. Sitz gleichnamiger Ministerialen der Freiherren von Vaz. Durch die Talleute 1450 zerstört; geringe Mauerreste erhalten.

AUSSERFERRERA. Der Name hängt mit den Eisenerzvorkommen zusammen, welche wohl seit frühester Zeit, systematisch seit dem 16. Jh. ausgebeutet wurden. Ruinen der Bergbausiedlung des 19. Jh. über dem Averser Rhein. – Ref. Kirche, über dem Dorf. Erb. vielleicht im 15. Jh., eingewölbt wohl 1718; Renov. 1954. Turm mit 8seitigem Aufsatz. – *Cresta*, hoch über dem Tal. Ref. Filialkirche. Gedrungene roman. Anlage um 1200 mit halbrunder Apsis. Massiger Turm, obere Teile mit Satteldach wohl E. 15. Jh. Flachdecke im Schiff und Ausstattung 1925.

INNERFERRERA. Ref. Kirche. Neubau 1834 von Peter Lamalta gestiftet; Renov. 1939. Rechteckiger Predigtsaal mit Gipstonne und Polygonkanzel. Älterer Turm mit oktogonalem Aufsatz und Zwiebelhaube von 1834.

AVERS-CRESTA. Höchstgelegenes Pfarrdorf der Schweiz (1949 m ü. M.); die Einzelhofsiedlung ist charakteristisch für die seit 1377 hier nachweisbaren Walser. – Ref. Kirche, am Hang östl. Cresta. Im Kern wohl spätroman., umgeb. 1764, rest. 1944. Barocker Turm an der N-Seite mit 2 Glockengeschossen und 4seitiger Haube; ein älterer Campanile stand an der S-Seite. Dreiseitig geschlossener, nach O sich verjüngender Raum mit Tonnengewölben auf umlaufendem Sims. An der westl. Innenwand spätgot. Gemälde 1. H. 15. Jh., mit den Hl. Georg und Christophorus. Vier Glocken 15.–16. Jh. – Haus Nr. 123. Bau mit Schartenfenstern vom Engadiner Typus. Über dem Portal Wappen des Theodosius Fümm 1739. – Haus Nr. 124. Prunkstube 1649. – Talaufwärts die typischen Walsersiedlungen *Am Bach* und *Juppa*, mit gestrickten Holzhäusern über gemauerten Sockeln. – Potestatshaus, vor Juf (2046 m ü. M.). Erb. 1664 für Augustin Strub, Podestà in Teglio. Der talseitige Trakt wie ein Engadinerhaus mit Mauern verblendet, der rückwärtige gemauert; architektonische Sgraffiti. Täfer von 1665 und 1696.

SUFERS. Urspr. oberste Siedlung am Hinterrhein, worauf der roman. Name Sur (= oben) hinweist. – Ref. Kirche, im Dorf über dem neuen Stausee. Erwähnt 831 als Eigentum des Klosters Pfäfers. Bescheidener Barockbau 1618–25 mit geradem Chorschluss; Renov. 1925. N-Turm mit Aufbau 17. Jh. Flache Holzdecke im Schiff, Kreuzgewölbe im Chor. Polygonkanzel 1752; mittelalterl. Taufstein.

SPLÜGEN. Behäbiges Haufendorf beidseits des Sustenbachs, an der Abzweigung der Splügenstrasse. Erwähnt 831 als Pfäferser Besitz «cella in speluca». Dorfbrand 1716. – **Ref. Kirche.** Neuerbaut 1687–89 von Peter Zurr; Renov. 1932. Stattliche, quer zum Hang errichtete Barockkirche mit Blendarkaden. Turm mit welscher Haube, Rustikaportal mit Säulenpaar und gesprengtem Giebel dat. 1689. Im Innern flaches Tonnengewölbe auf Wandvorlagen bzw. Halbsäulen, nur im 4jochigen Schiff mit Gurten (Zugstangen von 1815); über dem ringsumlaufenden Gebälk Rundfenster, welche je einem Stichbogenfenster zugeordnet sind. Taufstein mit gerippter Schale um 1689; reiche Familiengestühle 1629 (Chor) und 1690. Zahlreiche Epitaphien 17.–19. Jh., meist für die Angehörigen der Splügener Familie Schorsch. – Hotel Bodenhaus, am untern Dorfplatz. Erb. 1722 für Joh. Paul Zoya, seit 1822 Hotel; Renov. 1966. Mächtiger, italienisch beeinflusster Bau von 3 Geschossen und Mezzanin mit Ochsenaugen, darüber Walmdach. Hausteinportal mit polygonalem Sturz. – Haus Nr. 21, am Kirchweg. Wappenstein Schorsch 1624. – Haus Nr. 58, jenseits der obern Brücke. Erb. 1717–19 für Christoffel v. Schorsch. Im Risalit das Treppenhaus mit gutem Schmiedeisengitter; Täfer um 1720. – **Schul- und Gemeindehaus.** Als Wohnhaus erb. 1716 für Joh. Paul v. Schorsch. Treppenturm mit schmiedeisernen Treppengeländern; gewölbte Korridore. Im Erdgeschoss Deckenmedaillons mit mythologischen Malereien. Im 1. Obergeschoss ausgezeichneter Régencestuck mit mythologischen und allegorischen Darstellungen. – Ruine «Zur Burg», östl. des Dorfes. Wohl Gründung der Herren v. Vaz 2. H. 13. Jh.; im 14. Jh. bischöfliches Lehen. Rechteckiger 3geschossiger Wehrbau mit nördl. anschliessendem Hof; steinsichtiger Putz (pietra rasa).

MEDELS. Ref. Kirche. Ländlich schmuckloser Bau mit S-Turm von 1706. Kanzel 1708.

NUFENEN. Ref. Kirche. Bescheidener Barockbau 1643, mit N-Turm unter Zwiebelhaube; Renov. 1924. Im Schiff flache Gipsdecke, im gerade geschlossenen Chor Kreuzgratgewölbe. Polygonale Kanzel 1643, Stuhl im Chor 1644; balusterförmiger Taufstein 17. Jh. – Rotes Haus, Nr. 11. Erb.

im 17. Jh., umgebaut von der Familie Hösli im 18. Jh. Im 1. Geschoss getäferte Stuben 1710 und 1760. Daneben kleiner terrassierter Garten. – Sog. Schloss, Nr. 26. Erb. 1715; Täferzimmer.

HINTERRHEIN. Ref. Kirche. Urspr. Eigenkirche der Herren v. Sax, 1219 dem Gotteshaus San Vittore im Misox übertragen; wohl seit E. 13. Jh. eigene Pfarrei. Turm neuerb. im 16. oder 17. Jh.; Schiff erneuert 1812–13; Renov. 1925. Rechteckiger Chor wohl 14. Jh., mit Kreuzgewölbe, dessen Schub aussen von Eckstreben aufgefangen wird; am Schiff Lisenengliederung. Im Vorbau des Schiffs biedermeierliches Grabmal für Sigmund v. Müller von Zofingen (1770–1832). Vor der W-Front der ehem. Taufstein, in Halbkugelform. Kanzel 1813; Familiengestühle 1705 und 1813. Glocken aus dem 13. Jh., von 1488 und 1714. – Landbrugg, alter Rheinübergang zum San Bernardino. Erb. 1692 von Peter Zurr; Renov. 1696, wiederhergestellt 1935. Zwei Bogen über 6eckigem Mittelpfeiler.

MISOX: S. BERNARDINO–MESOCCO–ROVEREDO

S. BERNARDINO. *Hospiz*, 2063 m ü. M. Kubisches Steinhaus italienischen Gepräges, erb. um 1820, als die Strasse des seit der Römerzeit benutzten Passüberganges von Richard Lanicca neu angelegt wurde. – *Dorf.* **Kapelle S. Bernardino.** Erb. um 1450 unmittelbar nach der Heiligsprechung des Kirchenpatrons, eingewölbt vermutlich im 17. Jh., nach W verlängert 1. H. 18. Jh.; Renov. 1932. Kubisch gegliederter Bau mit leicht eingezogenem, quadratischem Chor. An der N-Seite des Schiffs niedriger Turm mit Zeltdach, an der S-Seite Sakristei. Leicht ausgreifender W-Teil des Schiffs mit flacher, dekorativ bemalter Holzdecke; im O-Teil des Schiffs Tonne, im Chor Kreuzgewölbe. An der südl. Innenwand stark übermalte Figuren der Hl. Sebastian und Bernardino um 1460; übrige Malerei 1932. – Kath. Kirche S. Bernardino. Stattlicher Rundbau 1867 in Anlehnung an S. Carlo in Mailand. Im Innern auf Wandpilastern umlaufendes Gebälk mit Tambourkuppel; 4 Nischen für 3 Altäre und das Portal. – *Pian S. Giacomo.* Kapelle. Erwähnt 1419, umgestaltet um 1683; Rest. 1961. Einfacher Längsbau mit gemauertem Glockenjoch über dem Chorbogen; im Schiff Flachdecke, im eingezogenen Quadratchor Kreuzgewölbe. Neue Ausstattung.

MESOCCO** (Abb. 67). Mehrere Siedlungskomplexe umfassendes Dorf mit einzelnen markanten Häusern des 16.–17. Jh. Erst nach dem Ausbau der Passstrasse 1821 Entwicklung zum Strassendorf. – **Kath. Pfarrkirche SS. Pietro e Paolo, in aussichtsreicher Höhenlage im Ortsteil Cremo. Erwähnt 1219, nach Verleihung der Pfarrechte 1611 weitgehend erneuert: Anbau der südl. Seitenkapelle 1611, Neubau des Chors 1626, Umgestaltung des Schiffs 1638, nördl. Seitenkapelle 1773–83. Anlässlich der Rest. 1959 durch Grabungen eine wohl im 13. Jh. erbaute Saalkirche mit 2 Apsiden nachgewiesen, von der die Eckpartien beim heutigen Chorbogen erhalten sind. Die heutige Kirche präsentiert sich als ungegliederter Barockbau mit geradem Chorschluss und polygonal schliessenden Kapellenflügeln. Im Winkel zwischen dem Längsbau und der N-Kapelle ein schlanker Turm mit mittelalterlichem Unterbau, der Aufbau mit 2 Glockengeschossen 1. H. 17. Jh.,

Zwiebelhaube um 1720–30. Portal mit Sprenggiebel und Wappen Toscano dat. 1638. Im Schiff eine Balkendecke von 1459, unter der von Arkaden getragenen Empore ein Zwillingsgewölbe. Der nur innen leicht eingezogene Chor ist mit süddeutschen Régencestukkaturen und Bildreliefs ausgestattet: Am Kreuzgewölbe die Evangelisten und Szenen aus der Geschichte des Apostelfürsten, an der N-Wand das Abendmahl; am Chorbogen Verkündigungsgruppe. Hinter den Seitenaltären spätgot. Wandbilder 3.V. 15. Jh., vielleicht von Magister Lombardus aus Lugano: In der N-Ecke Apostel Mathias (?), darüber Engel einer Verkündigung, Inschrift der 7 Gaben des Hl. Geistes; an der Schiffswand thronende Muttergottes und an der Gegenseite Gnadenstuhl. Weitere Malereien in der S-Ecke und in einer seitlichen Apsidiole A. 16. Jh.: Schmerzensmann, die Hl. Sebastian, Katharina und Barbara. Geburt Christi, Hl. Priester und Büstenmedaillon. Hochaltar aus Stuck um 1720, mit Gemälde der Befreiung Petri um 1680; Seitenaltäre aus Stuck um 1620–30, in Form einer Ädikula. Chorgestühl mit geschraubten Dorsalsäulen um 1680. In den Seitenkapellen Stichkappentonnen, Altäre aus der M. 19. Jh.; in der N-Kapelle Gemälde der Muttergottes mit S. Carlo von Antonio de Rastellini. Gerippter Taufstein aus weissem Marmor um 1610–20. Gemälde der Dornenkrönung 1610. In der Sakristei Breslauer Monstranz 1717, reicher Barockkelch A. 18. Jh. und voller Ornat um 1730.

Hauptstrasse. Caserma, Nr. 75. Vielleicht als Werbekaserne der Trivulzio erb. um 1500, später im Besitz der à Marca. Ungegliederter Längsbau mit Holzlauben in den Obergeschossen. Fassadengemälde der Muttergottes 1666. Im 1. Obergeschoss 2 Zwillingsfenster mit Stützsäulen A. 16. Jh. – Casa di Maggiorasca oder oberes à Marca-Haus, Nr. 93. Erb. 1597, vermutlich für Giovanni à Marca; am Treppenpfeiler Umbaudatum 1792. Dreiachsiger kubischer Bau mit rundbogigem Rustikaportal und bekrönenden Balkonbalustern. In der NO-Ecke des 1. Obergeschosses Täferstube mit flacher Bogengliederung und Kassettendecke; Kabinettscheibe mit Wappen à Marca 1587. Im 2. Obergeschoss sog. Karl-Borromeo-Zimmer, darin Himmelbett mit Allianzwappen des Giovanni à Marca (gest. 1592). – Unteres à Marca-Haus. Erb. 1668 wohl durch Hauptmann Carlo à Marca, nach O erweitert M. 18. Jh. Kubischer Bau mit streng symmetrischer Fensterordnung. An einem Specksteinofen des Obergeschosses Wappen à Marca 1689; italienische Empirekommode mit Landschaftsintarsien. Barokker Deckelbecher vom Augsburger Cornelius Poppe (gest. 1723), ein weiterer vermutlich von Jak. Pfaff (gest. 1708) aus Nürnberg.

Kath. Kirche S. Rocco. Erbaut wohl A. 16. Jh., seit 1668 Kapuzinerhospiz. Aufbau der beiden vordern Kapellen 1671, Verlängerung des Schiffs und hintere Seitenkapellen um 1720–30; Renov. 1935. Nach N gerichteter, ungegliederter Barockbau mit 4jochigem Langhaus, 2 Paar symmetrisch angelegten Seitenkapellen und leicht eingezogenem Altarhaus; der halbrund geschlossene Mönchschor aus neuerer Zeit. An der westl. Langseite Turm mit 8eckigem Aufsatz und niedrigem Pyramidendach. An der Mauer des Vorplatzes Wandgemälde 1959 von Mario Gilardi. Im Schiff grätige Gipsgewölbe, im Chor gemauertes Kreuzgewölbe mit stark übermalten Deckenbildern von Francesco Antonio Giorgioli: Hl. Dreifaltigkeit mit Heiligen sowie Szenen aus dem Leben des Hl. Rochus. Sämtliche Altäre aus Stuck: Hochaltar um 1700 mit Säulengruppe und Segmentbogen, bekrönt von Kapuzineremblemen; Gemälde der Muttergottes zwischen den Hl. Rochus und Antonius 1677. Die Altäre in den vordern querschiffartigen Kapellen 1673–74 von Giulio Broggio; in den hintern Kapellen Régence-Altäre, links in Glaskasten Beweinungsgruppe, darüber in Stuckdraperie Gemälde um 1720 mit dem Hl. Felix von Cantalice. In der Sakristei altes Altarbild 1639 von Mathis Chefeler.

Anzone. Kapelle S. Lucio. Erb. A. 18.Jh. als Einheitsraum mit grätigem Kreuzgewölbe. Altarbild 1779. – *Cebbia.* Mehrere kubische Häuser in einer Geländemulde rechts der Moesa. – Kapelle S. Giovanni Nepomuceno. Einfacher Barockbau 1716 mit eingezogenem quadratischem Chor; Fassade erneuert und Turm erhöht 1930. Flache Holzdecke im Schiff, Tonne im Chor. – *Andergia.* Unberührter Flecken links der Moesa. – Kapelle S. Giuseppe. Neuerb. 1929 anstelle einer mittelalterl. Anlage. – *Doira.* Kapelle S. Filippo Neri. Gegründet 1679–84 von Taddeo Bolzoni, Propst in S. Vittore. Schlichter Barockbau mit leicht eingezogenem, flach geschlossenem Chor und gemauertem Glockenjoch über der Fassade. Holzdecke im Schiff, Tonne im Chor. Gemälde der Muttergottes E. 17. Jh.

Kath. Kirche S. Maria del Castello*, unterhalb der Burg. In der ehemaligen Pfarrkirche bemerkenswerte spätgot. Wandgemälde. Wohl an Stelle einer frühmittelalterlichen Anlage neuerb. um 1100 (?), Verlängerung des Schiffs nach O (erkennbar an einer Baufuge) und Neubau des Chors 1627 von Giovanni Battista Viscardi, gleichzeitig neue Fenster; Renov. 1923. Ungegliederter Rechtecksaal und eingezogener Polygonalchor mit Ecklisenen; an der S-Seite des Schiffs 6geschossiger roman. Turm mit Rundbogenfriesen zwischen Ecklisenen und gekuppelten Rundbogenfenstern in den obern 4 Geschossen, Zeltdach. An der S-Seite des Turms got. Arkosolgrab A. 14. Jh. mit Johanniterkreuz im Scheitelstein, später als Beinhaus verwendet. An der Fassade monumentales Christophorusbild um 1459. Im Schiff Leistendecke vielleicht 1627, bemalt 1727 von Johannes Sepp; im Chor Kreuzgewölbe, Stukkaturen mit Medaillenreliefs und Régence-Ornamenten um 1720. – *Wandgemälde.* An der nördl. Schiffswand 3 Bilderstreifen von 1459, vielleicht von den Seregnesen Christoforo und Nicolao: Oben Passionsszenen in synchronischer Darstellung, nur Kreuzigungsbild durch einen Rahmen ausgeschieden; in der Mitte Georgs Drachenkampf, Mantelteilung des Hl. Martin, Erzengel Michael als Seelenwäger und die Hl. Bernardino, Stephanus, Antonius Abt, Petrus als Papst und Luzia sowie Epiphanie; unten 12 Monatsbilder mit derb realistischen Alltagsszenen. An der S-Wand Fragment eines Abendmahls um 1570–80. Hochaltar aus Stuck wohl 1. H. 19. Jh., mit Muttergottesbild 1634 von Mathis Chefeler. Chorgestühl mit gewellten Pilastern um 1730. Neben dem Chorbogen Dreikönigs- und Johannesaltar um 1630–40, links Epiphaniebild, vielleicht ebenfalls von Chefeler, rechts Taufe im Jordan; stuckierte Antependien mit Putten und Emblemen, die sich auf die Altarpatrone beziehen. An der S-Wand Kreuzaltar mit direkt auf die Wand gemaltem Bild der Muttergottes und der Hl. Katharina von Siena, 2. H. 16. Jh.; Retabel 18. Jh. Kanzel mit Intarsienranken 1730.

Castello Mesocco* (Abb. 67). *Bedeutendste Burganlage Graubündens und eine der grössten Festen in der Schweiz* (Poeschel), in beherrschender Lage auf einem von der Moesa im Bogen umflossenen Felsklotz. Frühmittelalterl. Volksburg mit eigenem Gotteshaus, systematisch ausgeb. im 11. und 12. Jh. unter den Herren v. Sax. Nach Verkauf an die mailändische Familie Trivulzio 1489 unter Druck der Drei Bünde 1525 Räumung der Burg und planmässige Schleifung, der Bergfried erst 1835 durch Blitzschlag zerstört; Bestand gesichert 1925–26. Drei Wehrabschnitte: Vorwerk mit der Kirche S. Maria, nur wenige Mauerreste erhalten. Grosser Burghof entlang der Plateaukante von einer durch 5 verschiedenartige Türme verstärkten Mauer umzogen. An seiner SW-Seite die «Rocca», selbständiges, bewehrtes Gebäudeviereck mit Bergfried, Palas, Nebengebäuden und Zisterne; teilweise erhalten. – **Kirchenruine S. Carpoforo,** nördl. des Palas. Erwähnt 1219, Umfassungsmauern erhalten: Kleiner Saal 11. Jh., mit hufeisenförmiger Apsis, welche flach hintermauert ist; an der O-Wand Lisenen, die urspr. wohl mit 3 Bogen geschlossen waren. Von der Vorgängerkirche des 8. Jh. oder früher ist das Fundament der nördl. Schiffswand sichtbar. Der Campanile, wohl 11. Jh., steht in Achsendrehung frei in der Nähe der NW-Ecke des Schiffs: Unterbau mit Blendfeldern und 3teiligen Rundbogenfriesen, in den 5 Obergeschossen gekuppelte Rundbogenfenster, stumpfes Zeltdach.

SOAZZA. Stattliches Haufendorf auf einer Geländeterrasse nordwestl. der Moesa, geprägt von kubischen Steinbauten mit gewalmten Steinplattendächern. – **Kath. Pfarrkirche S. Martino.** Die südöstl. des Dorfes erhöht gelegene Kirche mit stolzem Glockenturm und Beinhaus ist durch einen grosszügig angelegten Treppenweg mit der am Hügelfuss gelegenen Kapelle Madonna Addolorata (s. S. 201) verbunden, mit der sie eine reizvolle Gruppe bildet. Der 1219 erwähnte, urspr. 2schiffige Bau wurde 1639 zur frühbarocken Saalkirche mit erweitertem Polygonalchor umgestaltet, gleichzeitig der Anbau der Seitenkapellen an den W-Teil des Langhauses und Aufbau des N-Turmes mit 2 Glockengeschossen und 8seitigem Kuppelaufsatz; Rest. 1957 und 1966 (Turm). In der einfachen Fassade ist die kleinere mittelalterl. Giebelfront mit Renaissancewandbild enthalten. Das Bild zeigt unter einer Girlande mit Datum 1503 zwei Medaillons mit Daniel und Jakob, den Hl. Johannes Bapt. sowie unter Arkaden die Muttergottes und den Hl. Christophorus; im unteren Bildstreifen die Hl. Antonius Abt, Bernhard, Bernardino und eine Verkündigung. Im Schiff eine ornamental bemalte Balkendecke des 17. Jh., im Chor Kreuz- und Fächergewölbe mit figürlichem und dekorativem Stuck auf farbig getupftem Grund um 1650, wohl von einem Misoxer Meister. Gleichzeitig Ölbilder der 4 Kirchenväter in den Gewölbeschilden und der Apostel unter dem Gebälk. Über dem Chorbogen die Propheten Isaias und Jeremias aus Stuck. Choraltar ohne

Aufbau, aber mit Expositorium in Form eines Tempels, an der Abschlusswand Bild des Kirchenpatrons um 1760–70. Am Choreingang 2 Wandleuchter um 1710–20, eine Serie silberner Bischofsbüsten. Seitenaltäre aus Stuck von gleicher Hand wie die Chorstukkaturen; am nördl. Seitenaltar Gemälde 1645 von Georg Wilh. Gräsner und Scagliolaplatte mit Pelikan 1730–40 von Giuseppe Pancaldi, auf der Gegenseite Heilung eines Besessenen durch S. Giulio. In den Kapellen illusionistisch bemalte Gewölbe. Rechteckige Kanzel mit Reliefs des Kirchenpatrons und der Evangelisten, am Schalldeckel Wappen des Giovanni Martino Bianco 1722. – Beinhaus. Arkadenöffnungen, barocke Fassaden- und Deckenmalereien um 1700. – **Kapelle Madonna Addolorata.** Erb. 1751; Renov. 1896. Dreiseitig geschlossener Barockbau mit toskanischer Vorhalle, durch welche der Kirchweg führt; am Kreuzgewölbe stuckiertes Laubwerk und Dreipassmedaillons mit Darstellungen aus dem Leben Mariä. Originelles 3seitiges Türmchen mit Pilastergliederung, über dem Zusammenstoss von Schiff, Chor und Sakristei. Die von einer Hängekuppel und Kalotte überwölbten Raumteile sind kaum durch den Chorbogen getrennt, so dass eine einheitliche Raumwirkung entsteht. In den Ecken gestufte Wandpilaster; bescheidener Stuck und Wandbilder mit Darstellung der Schmerzen Mariä. Auf dem Choraltar verglaste Nische mit Figur der Schmerzensmutter, in der Mensa Grabchristus. Gemälde S. Giulio 1756.

Kath. Kirche S. Rocco, im Dorf. Neubau 1633, die Seitenkapellen vielleicht 1656; Renov. 1937. Barocker Längsbau mit eingezogenem Rechteckchor, Stichbogenfenstern und Lünetten. Neben der Fassade S-Turm mit achtseitigem, von einer Steilpyramide bekröntem Aufsatz. Im Schiff Balkendecke 1937, im kreuzgewölbten Chor reiche Stuckdekorationen M. 17. Jh. von gleicher Hand wie in der Pfarrkirche S. Martino; auf der Archivolte des Chorbogens stuckierte Figuren der Hl. Dominikus und Katharina. Zweisäuliger Hochaltar aus Stuck mit gesprengtem Segmentbogengiebel, begleitet von den Figuren der Hl. Rochus und Sebastian; um die Nische Bildchen der Rosenkranzgeheimnisse, Muttergottesfigur modern; Rokokotabernakel aus Marmor, Altarfront in Scagliola. Die Seitenaltäre mit stuckverzierten Gemälden des Hl. Joseph und der Immakulata, überhöht von grossen Medaillongemälden der Geburt und des Todes Mariä 1686 von Francesco Antonio Giorgioli. In den tonnengewölbten, trapezförmigen Seitenkapellen Stukkaturen und Bilderfolgen aus dem Leben der Hl. Antonius Eremita und Antonius von Padua (links) sowie Karl Borromeo (rechts). Stuckierte Altäre um 1650, links Figur des Hl. Antonius Abt in verglaster Nische, rechts Kreuzigungsgemälde mit den Hl. Franziskus und Karl Borromeo; hier auch tabernakelartiges Gehäuse um 1750 mit Muttergottesstatuette, offenbar Kopie eines Gnadenbildes des 13. Jh.; Altarfronten aus Marmor um 1750. Polygonale Kanzel mit Pilastergliederung um 1725. Ölgemälde über der Empore um 1650, wohl von Georg Wilh. Gräsner. – Offene Wegkapelle, an der Strasse nach Mesocco, erb. 1735. – **Ospizio,** in idyllischer Lage über dem Dorf. Das heutige Pfarrhaus als Missionsstation der Kapuziner nach 1639 erbaut. Kubisches Gebäude mit gemauertem Glockenjoch, im Innern flache Decken und einfache Ausstattung. In einer Nische des malerischen Hofeingangs und in den Nischen an der Innenseite der Gartenmauer Wandgemälde um 1686 von Francesco Antonio Giorgioli: Das Jesuskind übergibt dem Hl. Franziskus einen Kreuzesnagel und dem Hl. Antonius eine Lilie, Passionsszenen; Rest. 1951. Hauskapelle 19. Jh. – Palazzo à Marca. Erb. 1642 vielleicht unter Carlo à Marca aus Mesocco, unter Verwendung älterer Bauteile; Renov. 1809 und 1931–39. Kubisch erscheinendes, aber aus 2 Baukörpern zusammengewachsenes Steinhaus mit 3 Achsen weit auseinander liegender Einzelfenster. Im Portalgiebel Wappen Ferrari 1809. Bemalte Täferdecke um 1700. Südl. des Hauses terrassierter Garten mit Pavillon. – Gemauerte Bogenbrücke über die Moesa.

CABBIOLO. Kapelle S. Nicolao, Filiale von Lostallo. Geweiht 1611; Rest. 1962–63. Schlichter Längsbau mit eingezogenem Rechteckchor; an der N-Seite des Schiffs Turm mit Pyramidenhelm. Wandmalerei um 1611: An der S-Seite Madonna zwischen den Hl. Nikolaus und Maria Magdalena, an der Fassade Christophorus und giebelförmige Borte, welche auf ein ehem. Vorzeichen hinweist; illusionistische Portalrahmung A. 18. Jh. Im Schiff neue Holzdecke, im Chor Kreuzgewölbe mit Barockstukkaturen und Malereien 1676, letztere von Nicolao Giuliani: In den Gewölbeschilden Christus mit Maria und Mariä Verkündigung, in den Kartuschen Szenen zum Thema der Skapulierverehrung. Drei Stuckaltäre um 1676; am Choraltar Gemälde einer Kreuzabnahme von Joh. Hermann Wiwernitz nach Rubens, auf der Epistelseite Kreuzigungsbild 1645 von Joh. Rudolf Sturn. Taufstein 1648, rechteckige Kanzel 1733, einzelne Gemälde M. 18. Jh. Spätgot. Vortragekreuz um 1470–80.

LOSTALLO. Kath. Pfarrkirche S. Giorgio, in beherrschender Lage über dem Dorf. Erwähnt 1219; Chor und Turm neugebaut sowie Schiff erhöht und verlängert 1639–56; Rest. 1939–41. Barocker Längsbau mit eingezogenem, 3seitig geschlossenem Chor und 2 Seitenkapellen ungleicher Grösse. Am nördl. Choreinzug Turm mit einfachem Pyramidendach. Neues Hauptportal. Im Schiff Balkendecke 1656, mit freigelegter dekorativer Originalbemalung. Originelle illusionistische Wandmalerei um 1670–80 mit Draperien und Architekturszenerie; am Chorbogen hineinkomponierte Verkündigungsgruppe aus Stuck. Das polygonale Chorhaupt durch eine Wand abgetrennt; im Kreuzgewölbe Stukkaturen um 1670–80 mit Puttenkaryatiden und Kartuschen, Gewölbemalerei zum Teil neu. Ädikula-Altäre aus Stuck um 1670; seitlich des Choraltars bemalte Stuckfiguren der Hl. Franziskus und Luzius, in der Nische des nördl. Kapellenaltars Statue einer schwarzen Madonna von Loreto, auf der Gegenseite Hl. Antonius von Padua um 1660–70. In der nördl. Schiffswand hufeisenförmige Nische mit Taufstein um 1650. Kanzel und Beichtstuhl zu einem kastenartigen Möbel kombiniert, um 1700, mit dekorativen Füllungen und Pilastern, die Puttenkaryatiden personifizieren Reue und Liebe. Ölgemälde eines Kapuzinerheiligen, 1738 von Giovanni Battista Calcia, genannt «il Genovese». Monstranz um 1710, Augsburger Kelch 1716–19 von Franz Ignaz Berthold, Rauchfass um

1650; beachtliche Prozessionsfahne 1611 mit beidseitiger Bemalung, Muttergottes und Hl. Georg. – **Kapelle S. Carlo Borromeo.** Geweiht 1633, Turm 2. H. 17. Jh.; Rest. 1959. Schmuckloser Bau mit eingezogenem Rechteckchor und N-Turm mit niedrigem 8seitigem Aufsatz. Im Schiff neue Holzdecke, im Chor stuckfreies Kreuzgewölbe mit illusionistischen Malereien um 1686 von Francesco Antonio Giorgioli: Über einer reichgeschwungenen Scheinbrüstung mit Puttenkaryatiden, Mariensymbolen und Darstellungen aus den Rosenkranzgeheimnissen öffnet sich der Himmel und zeigt das Bild der Rosenkranzübergabe. Ädikula-Altäre aus Stuck, im Chor mit Bildchen der Rosenkranzgeheimnisse, Muttergottesstatue und Kapuzineremblemen. Seitlich des Chorbogens Statuen der Hl. Dominikus und Karl Borromeo. Glocke 1432, wohl aus der Pfarrkirche. – Kapelle Madonna d'Aquinata, an der Strasse nach Cabbiolo. Offene Wegkapelle gestiftet 1704, mit Kopie des Gnadenbildes von Einsiedeln.

SORTE. Kapelle S. Maria Assunta. Geweiht 1611, Sakristei 1656; Rest. um 1960. Kleiner Bau mit quadratischem Chor und vorgezogenem, als Vorhalle ausgebildetem Satteldach, das auf 2 plumpen Säulen mit würfelförmigen Kapitellen ruht. Im offenen Glockenjoch Glocken von 1526 und 1675. An der Fassade ein Wandgemälde in giebelförmiger Anordnung um 1611, vom gleichen Meister wie in Cabbiolo (s. S. 202): Mariä Himmelfahrt, rechts kniende Frauen mit Hl. Margaretha, links Hl. Georg. Flachgedecktes Schiff; im Chor Tonne mit Stichkappen, darin Stukkaturen um 1670 und in den Kartuschen Gemälde aus einem Marienzyklus. Stuckaltäre um 1670, am Choraltar gemaltes Régencefrontale. An den Schiffswänden 2 breitformatige Ölgemälde 2. H. 17. Jh., Geburt und Himmelfahrt Mariä.

NORANTOLA. Kapelle S. Lucio. Kleiner Bau in malerischer Hügellage über dem Dorf. Neubau geweiht 1633; Renov. 1935 und 1955. Im fast quadratischen Schiff neue Balkendecke von 1955, am Chorbogen Stukkaturen um 1660–70, im quadratischen Chor Kreuzgewölbe. Seitlich des barocken Choraltars gemalte spätgotische Altarflügel um 1510 mit den Hl. Sebastian und Rochus sowie weiblichen Heiligen auf den Innenseiten. – Burg Norantola. Gegr. im 12. oder 13. Jh., erwähnt 1344 als Besitz der Herren v. Sax, 1480 Besitz der Trivulzio, zerstört 1483 von Graf Joh. Peter v. Sax. Erhalten sind der Bering mit Schwalbenschwanzzinnen und Wehrgang in der Mauerdicke sowie die N-Hälfte des Palas mit Hocheingang.

CAMA. Kath. Pfarrkirche S. Maurizio. Erwähnt 1219; Neubau des Chors und Verlängerung des Schiffs (?) wohl vor 1611, die Seitenkapelle und der Turm um 1656–62, Einwölbung des Schiffs um 1860; Renov. 1936. Nach W gerichteter Barockbau mit sich in die Tiefe leicht verbreiterndem Schiff und quadratischem, innen schwach eingezogenem Chor. An der N-Seite Turm mit 2 Glockengeschossen und 8seitigem Aufsatz mit Pyramidenhelm. Im Schiff Tonnengewölbe; chornahe Seitenkapellen ohne Querschiffcharakter; am Chorbogen Stukkaturen um 1660; im Chor Kreuzgewölbe mit neuer (?) Stuckimitation. Dreiteiliger Choraltar aus Stuck um 1660–70 mit bekrönendem Segmentgiebel und Ädikulafigur des Hl. Luzius, seitlich begleitet von den Hl. Franziskus und Antonius. In der linken Seitenkapelle Stuckaltar um 1700 in Triumphbogenform mit gedrehten Säulen. In der Taufnische marmorner Taufstein um 1660 mit gerippter Schale und Balusterfuss. Glocken 1400 und 1662. – Steinbrücke, erb. 1504 unter den Trivulzio.

LEGGIA. Kath. Kirche SS. Bernardo e Antonio, Filiale von Cama. Neubau geweiht 1513, umgestaltet 1610, Gewölbe wohl nach 1686. Ungegliederter Längsbau mit kreuzgewölbter Vorhalle und fast quadratischem, leicht eingezogenem Chor. Im nördl. Choreinzug spätmittelalterl. Turm mit Lisenen und Rundbogenfriesen in der Art roman. Vorbilder; barocke Laternenbekrönung. Im 2jochigen Schiff Kreuzgewölbe auf gestuften Vorlagen mit umlaufendem Gebälk; Lünettenfenster. Im Kreuzgewölbe des Chors pralle Barockstukkaturen und gemalte Evangelistenmedaillons; an den Längswänden über den Gemälden des 19. Jh. Stuckkartuschen mit Grisaillen 1686 von Francesco Antonio Giorgioli. Gute Stuckaltäre in Säulenrahmung mit gesprengten Segmentgiebeln um 1680–85. Taufstein mit 8eckigem Holzaufbau 2. H. 17. Jh. – **Kapelle S. Remigio,** an der östl. Bergflanke. Erwähnt 1219; im 17. Jh. Fenster erneuert und Eckquader gemalt. Hoch- oder vielleicht frühmittelalterl. Saalkirchlein mit halbkreisförmiger, in den Hang gebauter Apsis. Im Schiff Bretterdecke; Altarschrein M. 17. Jh. mit Gemälde der Taufe Chlodwigs durch den Hl. Remigius.

VERDABBIO. Kath. Pfarrkirche S. Pietro. Neubau des Chors 1631–32, des Schiffs 1668; Schiff eingewölbt 1855. Barocke Anlage mit eingezogenem, fast quadratischem Chor; an der N-Seite des Schiffs Kapelle und Turm, dieser in den untern Teilen vor 1668, rundbogige Schallöffnungen und Zeltdach um 1668. Im Schiff korbbogige Gipstonne, im Chor Kreuzgewölbe. Choraltar aus Stuck A. 18. Jh. mit vorgestellten gewundenen Säulen auf halbfigurigen Atlanten, über dem Gebälk Draperiebekrönung; Kreuzigungsgemälde um 1650. Seitenaltäre um 1683, das Gemälde links mit den Hl. Peregrinus, Carlo und Luzius wohl von Mathis Chefeler. Taufstein 1592 mit 8eckigem Holzaufbau; balusterförmiges Weihwasserbecken 1631. Spätgotisches Vortragekreuz, italienisch, E. 15. Jh.; Vortragekreuz um 1760–70. – Kapelle S. Madonna Addolorata. Gestiftet um 1710, renov. 1802 und 1931. Barockbau mit Halbrundchor in gleicher Breite und flacher Holzdecke. In der Chorwand 3 Nischen mit Holzfiguren der Hl. Sebastian, Klara von Assisi und Pietà, wohl noch 17. Jh., aber 1745 von Plazidus Dinze aus Babenhausen gefasst. – *Valdorto.* Kapelle S. Maria Immacolata. Erb. um 1710, mit eingezogenem, gerade geschlossenem Chor und flacher Decke; Stuckaltar.

GRONO. Strassendorf am Eingang zum Calancatal. – **Kath. Pfarrkirche S. Clemente,** über dem Dorf an der Strasse nach Sta. Maria. Erwähnt 1219; Chor neuerb. nach 1633, wobei ein Mauerrest des Vorgängerchors an der N-Seite sichtbar blieb, Schiff erhöht und verlängert 1666; Renov. 1935. Langgestreckter Bau mit leicht eingezogenem Rechteckchor und gefluchteter Sakristei. An der N-Seite des Schiffs roman. Turm mit Blendnischen und Rundbogenfriesen in 3 Geschossen sowie barocken Schallöffnungen und Zeltdach; gegenüber an der S-Seite Kapelle. An der südl. Aussenwand Reste spätgot. Wandmalerei; an der Fassade Gemälde des 18. Jh. mit Sonnenuhr und Sensenmann mit Sanduhr. Im Schiff dekorativ bemalte Balkendecke nach 1684; Empore auf 3achsiger Arkade. Im Chor Tonne mit Stichkappen, in barocken Stuckfeldern Deckengemälde um 1685–90: Verklärung des Hl. Clemens mit den Hl. Franziskus und Philippus Neri sowie Evangelisten; an den Wänden Kirchenlehrer Augustinus, Bonaventura, Thomas von Aquin und Hieronymus. Drei Rokoko-Altäre E. 18. Jh., wie die Schranken davor aus farbigem Marmor. Am Choraltar ein Immakulatagemälde um 1685; über den seitlichen Nischen mit Büstenreliquiaren Embleme des Hl. Papstes Clemens und der Kapuziner. Stuckaltar in der Seitenkapelle um 1685. Taufstein in Form eines Wandbrunnens E. 18. Jh. Grosse Apostelgemälde A. 18. Jh.; Grabtafeln 17. und 19. Jh. In der Sakristei Regensburger Monstranz 1689 von Meister A. H.; Augsburger Reliquiar des Kirchenpatrons 1753–55.

Dorfplatz S. Bernardino. Malerische Anlage, die durch die Kapelle S. Rocco abgeschnürt wird. – **Kapelle SS. Rocco e Sebastiano.** Erb. 1615 von Pietro Zaffo und Pietro Maffe unter Wiederverwendung des Chors der Vorgängerkapelle S. Bernardino, Anbau der Sakristei 1690, neue Innenausstattung und Turm (?) 1715. Rest. 1968–69. Gut ins Platzbild komponierte Barockkapelle mit Rechteckchor in gleicher Breite und einer Sakristei am Chorabschluss. Der Turm mit Flachnischen im untern Teil und Pilastergliederung im Glockengeschoss steht in der SW-Ecke des Schiffs. Im Schiff Stichbogentonne, im Chor Kreuzgewölbe mit barocken Stukkaturen aus 2 Phasen. Deckengemälde und Gemälde im Chorbogen sowie die Bildtafeln im stukkierten Hochaltar um 1715, sehr wahrscheinlich von Joh. Balthasar Steiner, der ein Bild mit der Darstellung des Hl. Felix von Cantalice an der S-Wand signiert hat. Seitenaltäre in Ädikulaform um 1715. – Casa di Sacco, am Platz. Erb. um 1660 wahrscheinlich für Hauptmann Piero de Sacco, renov. 1725. Kubischer Bau mit 5 Fensterachsen und Balkon. In der Saletta des Erdgeschosses Kamin mit Sacco-Wappen um 1660. Täfer und Kassettendecken aus der Bauzeit. – **Palazzo Togni.** Stattlicher Bau von 1721, mit gewölbtem Korridor und grossen Räumen. Bemerkenswerte Stuckdecken mit dekorativem Rahmenwerk, mit Nixen, Putten und mythologischen Szenen. Im Saal des Obergeschosses gemaltes Deckenfeld mit Joseph und Potiphar sowie Eckmedaillons. Specksteinofen 1722.

Kapelle S. Girolamo, am S-Rand des Dorfes. Erb. vor 1605, vergrössert vielleicht A. 18. Jh. Flachgedecktes Schiff und eingezogener Rechteckchor mit Quertonne. Stukkaturen um 1710–20, Gemälde des Hl. Hieronymus E. 17. Jh. – Casa Schenoni, am W-Eingang des Dorfes. Erb. 1710; Stuckplafond um 1720, ähnlich wie im Palazzo Togni. Sonst modernisiert. – **Torre Fiorenzana.** Vielleicht urspr. Sitz der Herren v. Grono, seit 1314 in Händen der Herren v. Sax. Fünfgeschossiger, noch bewohnter Turm mit Satteldach und Zinnenbekrönung. Ehem. Hocheinstieg im dritten Geschoss; Kragsteine für ehem. Holzlauben an der S- und O-Wand.

***ROVEREDO.** Der aus verschiedenen Siedlungskernen bestehende Hauptort des Misox erhielt seine Bedeutung als Ausgangspunkt des einst viel begangenen Joriopasses zum Comersee und als Marktplatz, an welchen noch «Portici» (Bogengänge) erinnern. – **Kath. Kirche S. Antonio Abate,** am rechten Ufer der Moesa. Erwähnt 1419; Verlängerung um die ehem. Vorhalle vor 1632, Turm 1647–48 von Giulio Rigaia und Giacomo Rampino, Seitenkapelle 1733 von Domenico Tini; Renov. 1938. Ungegliederter Längsbau mit eingezogenem, fast quadratischem Chor, an dessen NO-Ecke der barocke Turm mit Zeltdach steht. An der S-Front 5seitige Kapelle mit anschliessendem Sakristeirechteck. Im Schiff schwere Balkendecke, im Chor Spiegelgewölbe, in der Kapelle Fächergewölbe. Wandgemälde: An der N-Wand westlich des Seiteneingangs ein Fragment 2. H. 14. Jh., weibliche Heilige in giottesker Trecentomalerei; am S-Pfeiler des Chorbogens S. Rocco 1520; an der N-Wand Abendmahl nach Leonardo E. 16. Jh., übermalt 1937 von Jeanne Bonalini, von der auch das Gemälde des Wunderbaren Fischzugs an der Gegenseite stammt. Stuckaltäre um 1690–1700; am Hochaltar Gemälde mit dem Hl. Antonius und Auferstehungschristus 1743 von Alfieri Matteo Ferrario, am nördl. Seitenaltar Matthäusbild 1693 von Pietro Toscano, am südl. Altar S. Gottardo 1692 von Nicolao Giuliani; Antependien in Scagliolatechnik 1748 und 1774 von Giuseppe Maria Pancaldi. Régencekanzel 1733. In der Kapelle zierliche Régencestukkaturen und pilasterflankierte Nische für das plastische Gnadenbild der Muttergottes vom Berge Carmel 1733, seitlich 2 Gemälde von 1733. – Haus Nr. 37, bei S. Antonio. Erb. M. 17. Jh. Hoffront mit Säulenarkaden; im 1. Obergeschoss 3 Täferzimmer mit Kassettendecken. – Casa Console, in *Campasc.* Oblonger Turmbau mit 2 ebenerdigen Rundbogenportalen und einem Hocheinstieg. Vielleicht ehem. Sitz eines Meiers des Stiftes S. Vittore. – Torre di Beffeno, im gleichnamigen Dorfteil. Turmruine wohl 12. Jh.

Der Marktplatz und die Piazzetta della Grida waren das mittelalterl. Handelszentrum des Tales. – Haus des Giovanni Pietro Mazio. Für den Podestà von Tirano erb. 1568. – Casa della Grida (Gerichtshaus), mit Halseisen. – Casa Zuccalli, Nr. 179. Geburtshaus des Baumeisters Gaspare Zuccalli, der in der 2. H. 17. Jh. am kurbayerischen Hof wirkte. Diamantiertes Rundbogenportal und übertünchte Sgraffiti. – Ehem. Palazzo Trivulzio, am linken Ufer der Moesa. Erwähnt 1275, urspr. Sitz der Herren v. Sax, ausgebaut unter Gian Giacomo Trivulzio um 1480–90. Von der vielgerühmten Wasserburg sind nur wenige Reste erhalten.

Kath. Pfarrkirche S. Giulio*. Erwähnt 1219; Neubau des Chors um 1300, Turm vor 1430, Kapellen vielleicht E. 15. Jh., Verlängerung des Schiffs vor 1643; Rest. 1945. Grosser mittelalterl. Bau mit eingezogenem, roman.-got. Chorpolygon, chornahen Seitenkapellen und 2geschossigem N-Annex. An der S-Seite postroman. Turm mit Flachnischen und Rundbogenfriesen in den obersten 3 Geschossen. Am Chor Rundbogenfriese zwischen Lisenen, an der südl. Schiffswand vermauerter Eingang mit roh behauenen Gewändesteinen. Pilastergerahmtes Giebelportal 1643. Im Langhaus Balkendecke, an der N-Seite die Taufkapelle und darüber das Oratorium der Sakramentsbruderschaft, das sich mit 2 Arkaden auf eine Galerie öffnet. Im Chor Kreuzfächergewölbe auf kleinen Spitzkonsolen. – *Wandmalerei.* Einheitliche Renaissance-Ausmalung des Chors 1545 von Hieronymus Gorla, im nördl. Wandschild die lateinischen Kirchenväter und S. Giulio, an der Abschlusswand Schmerzensmann, an der südl. Schrägwand die Hl. Barbara und Antonius; im Gewölbe Majestas Domini, im Chorbogen Propheten, an der Chorbogenwand Verkündigung, darüber Renaissancefries in Grisaille. An der S-Wand des Schiffs Fragment einer Sebastiansdarstellung 1479 von Christoforo da Seregno. Zwei 1945 entdeckte Fensterchen in der südl. und nördl. Schiffswand zeigen Malereien vom A. 14. Jh. mit frühgot. Spiralranken bzw. Quadermalerei. – *Ausstattung*. Auf dem Hochaltar tempelförmiger Barocktabernakel; 2 Kerzenstöcke mit Puttenträgern um 1650. Die Seitenaltäre sind aus Stuck, um 1630, mit halbfigurigen Karyatiden, in der Nische links spätgot. Muttergottesstatue aus der Strigel-Werkstatt um 1500; rechts Gemälde der Schutzmantelmadonna um 1630–40 von Mathis Chefeler, Antependium in Stucco lustro um 1740–50. In den Tonnengewölben der Kapellen Barockstukkaturen, Stuckaltäre 1634 von Domenico Pacciorini. An der Galeriebrüstung des Oratoriums 26 Bildszenen zum Thema der Sakramentsverehrung 1690 von Nicolao Giuliani. Apostelserie 2. H. 17. Jh.; Gemälde der Hl. Walburga um 1750; Grabtafeln 17. Jh. In der Sakristei Augsburger Monstranz, gestiftet vermutlich 1692 von Balthasar v. Salis; Augsburger Barockkelch um 1700. – Beinhaus, in der SW-Ecke des ehem. Friedhofs. Kubischer Barockbau mit Kreuzgewölbe. – Palazzo Comacio. Erb. um 1670 für Tomaso Comacio. Stattlicher Viereckbau mit 4 turmartigen Eckrisaliten und Galerien.

Kapelle S. Fedele. Erwähnt 1419; umgeb. 1639–83 in verschiedenen Bauetappen, wobei die Achse um 180° gedreht wurde; profaniert 1912, rest. 1945. Tonnengewölbter Bau mit eingezogenem quadratischem Chor. In der W-Front Portal mit rundbogigem Steingewände 1548, vom Altbau übernommen. Im Chor Stukkaturen um 1640; Stuckaltäre um 1670–80. Wandbild des Abendmahls um 1540 nach Leonardo (abgenommen).

Kath. Kirche Madonna del Ponte chiuso*, jetzt auch S. Anna. Stattlicher Barockbau von ausgewogenen Proportionen, typologisch einer der interessantesten im Misox. Die Kirche bildet zusammen mit der Steinbogenbrücke und dem Pilgerhaus eine malerische Baugruppe am Eingang zur Traversagnaschlucht. Neubau geweiht 1656 und ausgestattet bis E. 17. Jh., Baumeister vielleicht Giovanni Serro, der auch in Kempten, St. Gallen und Pfäfers arbeitete; Renov. 1941. Barocker, von flachen Lisenen und architektonischen Sgraffiti geschmückter Längsbau mit eingezogenem Rechteckchor. Im nördl. Choreingang Turm mit Schallöffnungen in den obersten 3 Geschossen und Zeltdach. Ein vorzügliches, vom Altbau übernommenes Renaissanceportal 1604 mit kannelierten Pilastern, im gesprengten Giebel Putten, darüber Nische mit einer Immakulatafigur 1691–92 von Simone Giuliani. Das 3jochige kreuzgewölbte Schiff mit eingezogenen Strebepfeilern, welche tonnengewölbte, durch Pforten miteinander verbundene Seitenkapellen ausscheiden, stellt einen frühen Typus des Wandpfeilerschemas dar, das vor allem die Vorarlberger Baumeister (zuerst in Zusammenarbeit mit Misoxer Architekten) weiterentwickelten. Gestufte Pilaster tragen ein allseits umlaufendes Gebälk, darüber Lünettenfenster. Im kreuzgewölbten

Chor Rokokostukkaturen 1731 von Rocco Pisone, mit Medaillongemälde der Himmelfahrt Mariä von Giuseppe Chicherio; die Wandbilder anscheinend erst 1851 von Giovanni Andriazzi. In den Kapellen praller Barockstuck E. 17. Jh., im Schiff gemalte Scheinstukkaturen 1851–52. – *Ausstattung.* Hochaltar 1731 von Rocco Pisone mit elegantem Stuckretabel, das in die Wandgliederung eingebunden ist; Immakulatagemälde von Giuseppe Chicherio, klassiz. Schrein 1815 für den Leib des Katakombenheiligen Doreto; Chorgestühl um 1695; polygonale Kanzel 1680, mit tabernakelartigem Aufbau; Chorbogenkruzifix um 1700. N-Kapellen: In der Josephskapelle klassiz. Altar 1815 mit Gemälde der Rückkehr der Hl. Familie aus Ägypten nach Peter Paul Rubens; an der Rückwand Gemälde der Vermählung Mariä um 1670–80 von Franz Georg Herrmann d. Ä., an der linken Seitenwand Hl. Familie um 1700; am Gewölbe Verkündigung, Traum Josephs und Flucht nach Ägypten. In der Luziuskapelle reicher Stuckaltar mit gewundenen Säulenpaaren und Gemälde 1694 von Pietro Toscano, im Gewölbe 3 Szenen aus dem Leben des Hl. Luzius. Thomaskapelle mit Stuckaltar und Bild des Ungläubigen Thomas, 1700 von Nicolao de Giuliani. S-Kapellen: In der Kapelle der Madonna von Loreto stuckgerahmte Apsidiole des Altbaus mit Wandgemälde des Gnadenbildes kurz vor 1524; am Gewölbe Christi Geburt sowie Mariä Himmelfahrt und Krönung, an den Wänden Mariä Geburt und Heimsuchung um 1660. In der Kapelle St. Franziskus Stuckaltar mit moderner Annastatue; in Muschelnischen Gemälde um 1700 der Hl. Johannes und Luzius (?) und im Gewölbe Szenen aus dem Leben des Hl. Franziskus. In der Kapelle St. Antonius von Padua Altar mit Gemälde des Titelheiligen um 1700, gleichzeitig Stigmatisation des Hl. Franziskus an der linken Seitenwand und Szenen aus dem Leben des Hl. Antonius im Gewölbe. – Torre di Boggian. Hochwarte in beherrschender Lage über dem O-Eingang der Traversagnaschlucht. Viergeschossiger Turm und Reste eines Berings.

Kapelle S. Rocco, in herrlicher Lage über Carasole am nördlichen Talhang. Erwähnt 1481, umgeb. wohl 1549 und im 17. Jh. Ungegliederter Bau mit flachgedecktem Schiff und quadratischem kreuzgratgewölbtem Chor. An der S-Seite des Chors Turm mit rundbogigen Schallöffnungen und Zeltdach. Stuckaltar 1756 von Carlo Papa, mit spätgot. Figuren der Schutzmantelmadonna und der Hl. Rochus und Sebastian, um 1512 aus der Werkstatt des Ivo Strigel. Glocke 1640 mit Abguss eines Muttergottesmedaillons von Antonio Abbondio d. J. um 1560–70.

S. VITTORE. Stiftskirche SS. Giovanni e Vittore. Hauptkirche der Mesolcina und des Calancatals, verbunden mit einem Chorherrenstift. Hochmittelalterl. Gründung erwähnt 1219; als Hallenkirche erb. im 13. Jh., Hauptportal 1498, Seitenschiffe gewölbt 1512, Erhöhung des Mittelschiffs 1713 von Bernardo Ferrario; Renov. 1931. Dreischiffige Pfeilerbasilika mit eingezogenem, 3seitig geschlossenem Chor; an der S-Seite roman. Turm mit Blendbogenfriesen, Glockengeschoss und Pyramidenhelm wohl 17. Jh. Am Aussenbau Lisenengliederung entsprechend den 3 Schiffsjochen und Bogenfriese unter den Traufen der Seitenschiffe und des Chors. An der S-Wand monumentales Christophorusbild 1521, unterer Teil ergänzt 1931. Über dem 1498 datierten Portal nachgot. Zwillingsfenster mit Renaissance-Ornamenten 1615 von Giov. Andrioli. Innenraum barockisiert 1731, stuckiert 1830, verändert 1931. – *Ausstattung*. Hochaltar 1805; Chorgestühle um 1700; Glasgemälde 1931 und 1954 von Aug. Wanner. Stuckaltäre seitlich des Chorbogens 1643, links von Giovanni Battista Recia, rechts von Giovanni Zuccali, mit Marienfigur 1870. An der Wand rechts das ehem. Altarbild mit der Steinigung des Hl. Stephanus von Bernardo Serodine nach Giulio Romano. Über dem Altar links im Schiff ein auf die Wand gemaltes Frührenaissanceretabel von 1498, sehr stark übermalt 1931; Altar gegenüber 1832. Reichgeschnitzte polygonale Kanzel 1728. An der Arkadenempore zwei Wandgemälde der Titelheiligen 1632; Brüstungsgemälde um 1660 zum Thema der Sakramentsverehrung und der Rosenkranzgeheimnisse; 2 Engelstatuetten um 1510–20. Abgelöstes Wandgemälde mit eindrucksvoller Darstellung des Hl. Luzius um 1450, aus der Kapelle S. Lucio. Grabplatte 1270 für einen Herrn v. Sax, 4 weitere Grabplatten zwischen 1513 und 1555. – Pfarrhaus. Erb. 2. H. 17. Jh. Beachtliches Gemälde mit der Darstellung des Gastmahls des Herodes, niederländisch 1. H. 17. Jh. – **Palazzo Viscardi,** Talmuseum neben der Stiftskirche (s. S. 210). Neuerb. um 1680–90 von Giov. Ant. Viscardi, der seit 1685 kurfürstlicher Oberbaumeister in Bayern war; Rest. 1948. Stattlicher Rechteckbau mit gewölbtem Treppenhaus. Über dem Portal got. Fenster E. 15. Jh. aus dem Palazzo Trivulzio in Roveredo. – Casa dei torri. Winkelförmiger Bau 17.–18. Jh., mit querovalen Fenstern unter der Traufe. Burgartige Torpartie mit flankierenden Segmenttürmen; an der Gartenseite Pfeilerarkaden.

Kapelle S. Lucio. Die kleine, in der Häusergruppe des Dorfteils Pala versteckte Anlage besteht aus einer fast quadratischen Kapelle und einem an der SO-Ecke vorspringenden Rundbau, welcher erhöht auf einem Felsblock steht. Dieser merkwürdige, an ein Baptisterium gemahnende Bauteil stammt offensichtlich aus karolingischer Zeit, worauf die flachen, einmal gestuften rundbogigen Blendarkaden am Aussenbau und die hochsitzenden Fensterchen hinweisen. Möglicherweise handelt es sich um einen Baurest der Urkirche. Im offenen Glockenjoch über dem Eingang zum Rundbau Glocke um 1200, signiert von einem Vivianus Stemadius. Die flachgedeckte Kapelle wohl erst im 17. Jh. entstanden, gleichzeitig der ionische Stuckaltar auf dem anstehenden Fels. – Kapelle S. Croce, südl. des Dorfes. Der spätmittelalterl. Gründungsbau ist als heutiger Chor erhalten, sein rechteckiges Chörlein bildet nun eine Seitenkapelle an der N-Seite. Anbau des barocken Schiffs anscheinend in Querrichtung 1653, wohl wenig später die gemauerte Vorhalle mit Rundbogenöffnungen. Am barocken Aussenbau Lisenengliederung, innen eine flache Holzdecke und im eingezogenen Chorquadrat ein Kreuzgewölbe; in der fensterlosen N-Kapelle Reste got. Wandbilder. – Cà del Gerbo. Ehem. Zollhaus, nahe der Tessiner Grenze. Erb. A. 17. Jh., mit zwei Loggiengeschossen. – Torre di Pala, oberhalb des Dorfs. Ehem. Sitz der Herren v. Sax. Fünfgeschossiger Turm mit gezinnten Giebeln, Ruine des Wohngebäudes durch eine Felsspalte getrennt.

Museum. Museo Moesano, im Palazzo Viscardi (s. S. 209). Kleines, aber reichhaltiges Talmuseum, vor allem spätgot. Plastik und Goldschmiedekunst.

MONTICELLO. Kapelle S. Maria della Neve. Geweiht 1513, Neubau des Schiffs 1621–26 von Bartolomeo Viscardi, Chor erhöht und eingewölbt 1647, Turm 1808–09; Renov. 1957. Nach W gerichtete Barockkirche mit schmalem Rechteckchor und S-Turm, an den Schiffswänden Lisenen und Rundbogenfriese in Nachahmung romanischer Vorbilder (wohl Stiftskirche S. Vittore). Im flachgedeckten Schiff und im kreuzgewölbten Chor Stukkaturen um 1656, wahrscheinlich von Giovanni Battista Recia; Deckengemälde 1957. An der S-Wand des Chors Wandgemälde der Madonna von Loreto um 1524. Drei Stuckaltäre 1683–84 von Pietro Giuliani; auf dem südl. Seitenaltar got. Muttergottesstatue, süddeutsch 2. H. 14. Jh. Polygonale Kanzel 17. Jh. mit Schuppenpilastern und Kruzifix. Augsburger Kelch 1666.

CALANCATAL: STA. MARIA DI CALANCA–STA. DOMENICA

CASTANEDA. In Dorfnähe archäologisch nachgewiesene Siedlung der Eisenzeit 500–250 v. Chr.; Bodenfunde teilweise im Schulhaus. – Kath. Pfarrkirche S. Stefano. Erwähnt 1544, Umbau geweiht 1633; Renov. 1932. Schmuckloser Barockbau mit eingezogenem Chorquadrat. Turm mit Zeltdach an der Eingangsseite. Im Schiff neue Kassettendecke, im Chor Kreuzgewölbe. Über dem Choraltar Gemälde mit Christus als Salvator 1636 von Mathis Chefeler; auf der Mensa 2geschossiger Tabernakel in Tempelform 2. H. 17. Jh. – Wegkapelle, am alten Pfad nach Sta. Maria. Kleiner Arkadenbau 1768 mit gemalter Scheinarchitektur.

STA. MARIA DI CALANCA. Katholische Pfarrkirche S. Maria Assunta (Abb. 68). *In nachmittelalterlicher Zeit kostbar ausgestattete Kirche in unvergleichlicher Aussichtslage.* Mutterkirche der Talschaft, aber formell erst zwischen 1520 und 1546 vom Pfarrsprengel S. Vittore gelöst. Erwähnt 1212, Chor neuerb. 1385 oder 1416, Schiff verlängert 1606; Rest. 1954–58. Langgestreckter, sich in die Tiefe verbreiternder Bau mit eingezogenem Chorquadrat und Chorsakristei; am Chor Blendbogenfriese. Im N-Einzug des Chores got. Turm mit Blendnischen und Spitzbogenfriesen, 8seitiger Aufsatz und Pyramidenhelm barock. Toskanische Vorhalle 2. H. 17. Jh.; rundbogiges Steinportal 1606 von Giovanni Andriolo, flankiert von archaischen Hermenpilastern, welche als Jesaias und Sibylla persica bezeichnet sind. – *Inneres.* Im Schiff reichbemalte Renaissancekassettendecke um 1606 mit hochplastischen Rosetten. Im Chor Kreuzgewölbe mit polychromer Stuckornamentik und gemalten Medaillons 1628 von Alessandro Gorla: Mariä Krönung und Evangelisten, im Chorbogen Passionsszenen sowie von Putten gehaltene Wappen Calanca, Grauer Bund, Grono und S. Vittore; in den Gewölbeschilden links Triptychon mit Mariä Himmelfahrt, Traum Josephs und Flucht nach Ägypten, rechts über der Fensterlünette Rosenkranzgeheimnisse; das Gemälde an der Abschlusswand um 1888 von Michele Carmine. Reste spätgot. Wandgemälde E. 15. Jh. neben der Kanzel und gegenüber an der S-Wand, Abendmahl und Himmelfahrt Mariä. Dreiachsige Empore über Kreuzgewölben 1618 von Giovanni Andriolo; darüber Wandgemälde 1727 von Agostino Duso: Geburt und Tod Mariä sowie Tod Josephs. – *Ausstattung:* Auf dem Choraltar pavillonartiger Aufsatz mit bekleideter Muttergottesstatue 1724 sowie Rokokotabernakel und Expositorium (der ehem. hier aufgestellte spätgot. Schnitzaltar 1512 von Ivo Strigel befindet sich jetzt im Historischen Museum Basel). Seitenaltäre unter stuckierten Arkadenbaldachinen, die 1646 von Georg Wilh. Gräsner ausgemalt wurden; auf dem Kreuzaltar links geschweiftes Rokokogehäuse mit Kruzifix A. 18. Jh.; als Aufbau des Rosenkranzaltars rechts ein 3teiliger Halbtempel um 1665, darin spätgot. Figuren der Muttergottes und der Hl. Sebastian und Rochus, um 1512 aus der Strigel-Werkstatt, umrahmt von den Rosenkranzmysterien. An der N-Wand Franziskusaltar mit schwerem Stuckaufbau 1684, daneben spätklassiz. Säulenretabel 1851. An der S-Seite Holzretabel in süddeutschen Formen mit Gemälde der Auferwekkung des Lazarus, 1644 von Georg Wilh. Gräsner, Allianzwappen des Lazarus de Molina und der Margaretha von Schauenstein. Régencestuckaltar mit Figur des Hl. Antonius, 1734 von G. D. Waser, mit dem Wappen des Antonio Pregaldini. Rechteckige Kanzel 1650 mit posaunenblasenden Engeln und Kapuzineremblemen, darunter bemalte Doppeltreppe für die Karfreitagsliturgie. Drei grossformatige Gemälde von Georg Wilh. Gräsner: Schlacht bei Lepanto 1649, Pestbild 1651 und Erteilung des Portiuncula-Ablasses 1653. Bild des Hl. Michael 2. H. 17. Jh., nach einem verschollenen Gemälde Raffaels oder Peruginos. Apostelserie um 1680. – *Sakristei.* Monstranz und Kelch 2. H. 17. Jh.; 2 Régence-Ampeln; 4 Standleuchter um 1680; Reliquiare um 1670; getriebenes Antependium um 1730–40; Paramente 18. Jh. – Beinhaus. Loggiaartiges Bauwerk 2. H. 17. Jh. mit 2jochigem Kreuzgewölbe. – Haus Nr. 5, unterhalb der Kirchentreppe. Fassadengemälde E. 15. Jh.: Muttergottes in tabernakelförmigem Gehäuse. – **Torre di Sta. Maria,** auf dem Plateau über der Kirche. Urkundlich nicht erwähnt, aber wohl ein Glied der Talbefestigung unter den Herren v. Sax, 13.–14. Jh. Fünfeckiger, im Innern rechteckiger Turm mit Treppenanlage in der Mauerdicke. Kamine mit kegelförmiger Haube, ringsumlaufende Steinbänke und Schachtaborte. Oben eine Wehrplatte mit Wasserrinnen, ehem. Zinnenabschluss.

BUSENO. Stille Häusergruppe über dem rechten Ufer der Calancasca. **Kath. Pfarrkirche SS. Pietro e Antonio Abate.** Geweiht 1483, umgeb. 1776 von Giuseppe Pelini; Renov. 1928. Kreuzförmige Barockanlage mit langem Halbrundchor in gleicher Breite, Pilastergliederung. Der in der Fassade stehende Turm mit Zeltdach tritt über die östl. Langseite vor. Das Innere zeigt eine Kolossalordnung mit reichverkröpftem Gebälk, über dem sich im Schiff Kreuzgewölbe, im Chor eine Pendentifkuppel und über den Seitenarmen Quertonnen entwickeln. Neuer Choraltar mit marmorierter Mensa E. 18. Jh., Seitenaltäre aus Holz um 1660. Gemälde mit Christi Geburt um 1770 und Chorbogenkruzifix um 1700. Salzburger Kelch um 1650; Barockkelch 1721; spätgot. Vortragekreuz vom italienischen Typus E. 15. Jh. – Drei kleine Barockkapellen am Fusspfad nach Monti di S. Carlo. – Kapelle S. Carlo Borromeo. Nach S gerichteter Barockbau von 1630 mit eingezogenem Rechteckchor; über dem N-Giebel doppeltes Glockenjoch. Wandmalereien E. 17. Jh. am Chorbogen und im Chorgewölbe. Über dem Altar Gemälde um 1635 von Mathis Chefeler.

ARVIGO. Kath. Pfarrkirche S. Lorenzo. Erwähnt 1453, umgeb. M. 17. Jh.; Renovation 1935. Nach Norden gerichteter Bau mit eingezogenem, querrechteckigem Chor und anschliessender Sakristei; an der W-Seite 5geschossiger Turm mit Rundbogenfriesen zwischen den Ecklisenen, das Zeltdach neu. W-Kapelle 1888 erneuert. Im Schiff neue Kassettendecke, im Chor Kreuzgratgewölbe mit Stukkaturen und ausgemalten Kartuschen um 1656. Am Chorschluss Wandgemälde um 1918 von Giuseppe Bonalini. Auf dem Hochaltar 2geschossiger Tabernakel um 1670–80, über den Seitenaltären 2 Gemälde der Kreuzigung und der thronenden Muttergottes mit Heiligen 1635 von Mathis Chefeler. Ölgemälde um 1650 mit dem Martyrium des Hl. Laurentius. Spätgot. Zylindermonstranz A. 16. Jh., barockes Vortragekreuz 1671, 2 Leuchterengel 2. H. 17. Jh. – Kapelle Madonna Addolorata, südl. unterhalb der Pfarrkirche. Barockbau 1700 mit halbrundem Chorschluss; Wandmalereien und Ausstattung 1934. – Kapelle S. Giovanni Nepomuceno, jenseits der gemauerten Bogenbrücke. Einräumiger Gewölbebau um 1710–20 mit 3seitigem Chorschluss.

BRAGGIO. Höchstgelegene Gemeinde des Calancatales (1313 m ü. M.). – Kath. Pfarrkirche S. Bartolomeo. Erwähnt 1611, Neubau geweiht 1701, wobei der alte Chor als N-Kapelle Verwendung fand. Kubischer Bau mit eingezogenem Rechteckchor. Der barocke Turm mit Zeltdach wächst aus der Baumasse beim Zusammenstoss von Kapelle und Schiff. – Kapelle Madonna Addolorata. Erb. 1822, Chor 1928, ausgemalt 1933.

LANDARENCA. Kath. Pfarrkirche SS. Bernardo e Nicolao. Erbaut 1626 an Stelle eines roman. Apsidensaales, dessen Altar unter dem heutigen Stipes noch erhalten ist; Rest. 1969–70. Schlichter Bau mit eingezogenem Rechteckchor und neuer Holzdecke im Schiff. Der Hochaltar 1626, Seitenaltäre wohl 1683, alle aus polychromiertem Stuck. – Kapelle S. Gottardo. Neuerb. 1732 von Giacomo Franchino. Kubischer, innen 3seitig geschlossener Bau mit Bretterdecke.

SELMA. An den östl. Talhang gebettete Siedlung mit typologisch interessanten, an Walser-Bautraditionen gemahnenden Holzbauten und Ställen in Stricktechnik. – **Kath. Pfarrkirche SS. Giacomo e Pietro.** Geweiht 1582, nach Zerstörung durch eine Lawine neuerb. 1662–67 von Giovanni Maria Regesono; Rest. 1965. Barocker Saalbau mit eingezogenem Rechteckchor; an der N-Seite des Schiffs spätmittelalterl. Turm mit 1662–67 errichteten Glockengeschossen. Im Schiff Kassettendecke von 1937, im Chor Kreuzgewölbe; am Chorbogen Stuckkartuschen und Rosetten, seitlich Verkündigungsgruppe. Die Ädikula-Altäre um 1667 mit Ausnahme der Granitsäulen des Choraltars aus Stuck; tempelförmiger Tabernakel. Rechteckige Kanzel 1614, gleichzeitig Taufbecken mit 8eckigem Holzaufbau; Kreuzwegstationen 18. Jh. Luzerner Barockmonstranz 1725 von Wilh. Schindler.
Kapelle Nostra Signora di Einsiedeln, oberhalb des Dorfs. Neuerb. 1927. – Kapelle S. Antonio di Padova. Einräumiges tonnengewölbtes Bethaus 1716

mit gemauertem Glockenjoch; korbbogiges Portal mit Holzgitter; ländlich dekorative Wandmalereien. – Kapelle S. Rocco al Ponte. Erb. wohl E. 16. Jh.; Ausmalung und Renov. 1928. Im Schiff Balkendecke, im eingezogenen quadratischen Chor Kreuzgewölbe.

CAUCO. Malerisches Haufendorf in der Talsohle. – **Kath. Pfarrkirche S. Antonio Abate.** Geweiht 1497, Schiff verlängert vor 1656, N-Kapelle 1660, Turm 1683; Renov. 1922. Flachgedecktes Rechteckschiff mit verhältnismässig hohem N-Turm und ungleich grossen, polygonalen Seitenkapellen. Schwach eingezogener, quadratischer Chor mit Hängekuppel und dahinter liegender, 3seitig geschlossener Sakristei. Auf der Mensa des Choraltars Tabernakel in Tempelform, dahinter Kreuzigungsgruppe um 1660 in rundbogiger Nische. In der N-Kapelle süddeutsche Muttergottesstatue M. 17. Jh.; über dem Altar der S-Kapelle Kreuzigungsgemälde 1654 von Martinus Gerinus, begleitet von 2 barocken Figuren 2. H. 17. Jh., Hl. Antonius Abt und Johannes Nepomuk (?). Gemälde 1. H. 17. Jh. mit der Muttergottes zwischen den Hl. Antonius und Anna selbdritt; Anbetung der Könige 1678 von F. Lindacher. – Beinhaus. Loggiaartiger Bau 2. H. 17. Jh., mit Zwillingsgewölben und Wandgemälden.
Bodio. Kapelle S. Madonna di Loreto. Bildet zusammen mit dem Haus gegenüber, das ländliche Barockmalereien des 18. Jh. aufweist, eine malerische Gruppe. Kleiner Bau 1650 mit eingezogenem kreuzgewölbtem Rechteckchor und gemauertem Glockenjoch; Bemalung 1929. – *Lasciallo.* **Kapelle S. Antonio di Padova.** Erb. um 1620. Im Schiff Bretterdecke; im quadratischen Chor Kreuzgewölbe mit reichen Barockstukkaturen um 1660–70, gleichzeitig 4säuliger Altar mit Figur des Titelheiligen. – *Masciadino.* Kapelle S. Anna. Ungegliederter Bau A. 16. Jh., mit flachgedecktem Schiff und eingezogenem kreuzgewölbtem Chorquadrat. Über der Fassade 2teiliges Glockenjoch. Auf dem Altar Muttergottesstatue 1. H. 17. Jh.

***STA. DOMENICA. Kath. Pfarrkirche S. Domenica*.** *Durch ihre ausgeglichenen Proportionen eine der schönsten Barockkirchen des Kt. Graubünden* (Poeschel). Neubau 1664–72 von Giovanni Maria (Giovanni Serro ?); Rest. 1961–64. Nach N gerichteter Längsbau mit Lisenen und Thermenfenstern; im Anschluss an den eingezogenen Rechteckchor eine kleine Sakristei, urspr. Chor der 1414 geweihten Vorgängerkirche. Neben der Sakristei W-Turm mit mittelalterl. Unterbau, 2 barocken Glockengeschossen und Zeltdach. Im 3jochigen Schiff Kapellenpaare zwischen kräftigen Wandvorlagen mit Pilastern, welche ein umlaufendes, stark verkröpftes Gebälk tragen; Tonnengewölbe im Schiff und im Chor, mit Thermenfenstern in den Stichkappen. Im Chor polychrome Stukkaturen und in Dekkenmedaillons Bilder der Evangelisten und der Dreifaltigkeit, gemalt um 1676 wohl von Francesco Antonio Giorgioli. In den Kapellennischen an den Gewölbetonnen sehr dichte und qualitätvolle Stukkaturen 1674–79 von Giovanni Broggio, in den Stuckrahmen Bilder in thematischer Beziehung zu den Altarpatronen (bemerkenswert diejenigen hinten rechts von Giorgioli). – *Ausstattung.* Reichgeschnitzter Hochaltar 1679 in Form einer Ädikula mit Paaren von Knabenatlanten; italienisches Gemälde mit Gnadenstuhl M. 17. Jh., Tabernakel 1679. Der Priester- und der Levitensitz mit Kapuzinerheiligen bemalt von Giorgioli; Chorgestühl 1681. Rechteckige Kanzel mit Schalldeckel 1677, Schuppenpilaster und Reliefschnitzereien. In den Kapellen, links: Altar S. Domenica mit Stuckaufbau und moderner Figur; Altar St. Petrus Martyr, im Stuckaufsatz geschraubte Säulen und Gemälde des Titelheiligen 1685 von Pietro Ghezzi, von gleicher Hand Bild desselben Heiligen als Schutzherr. Rechts: Rosenkranzaltar mit geschnitztem Gehäuse um 1675–80; Franziskusbilder 1681. Im hinteren Schiffsjoch eine 3achsige Säulenempore, mit ländlich bemalter Kastenorgel. Holzverschalter Taufbrunnen mit polygonalem Aufsatz 1582. Zahlreiche Gemälde 17.–18. Jh. Spätgot. Vortragekreuz italienischer Art E. 15. Jh. – Beinhaus, mit Barockaltärchen und Fragmenten von barocken Wandmalereien. – Kapelle Madonna Addolorata, südl. des Dorfs jenseits der Calancasca. Kleiner Bau wohl 2. H. 17. Jh. mit origineller Vorhalle auf Rundpfeilern; Glockenjoch über der rechten Giebelschräge. Im Schiff dekorativ bemalte Holzdecke, im eingezogenen Rechteckchor Tonnengewölbe. Über dem Altar Pietà um 1700.

AUGIO. Kath. Pfarrkirche SS. Giuseppe e Antonio di Padova. Erb. vor 1683, umgeb. 1784; Vorhalle und Renov. 1934. Ungegliederter Barockbau mit eingezogenem, 3seitig geschlossenem Chor; Turm im unteren Teil von 1683, Glockengeschosse und Zeltdach 1784. Über dem rechten Seitenaltar Immakulatastatue 1759. Im Schiff ehem. Gemälde und Figuren des Choraltars von 1684. – Kapelle S. Rocco al Tarco, am N-Rand des Dorfs. Flachgedeckter barocker Neubau 1733 mit tonnengewölbtem Chor von gleicher Breite. Über dem Altar Pestkruzifix 17. Jh.; 2 Ölgemälde 1675 und 1678.

ROSSA. Oberstes ganzjährig bewohntes Dorf im Calancatal mit schützenswertem Ortsbild. – **Kath. Pfarrkirche S. Bernardo.** Neubau geweiht 1656; vollständig umgeb. 1682–84 von Giovanni Nittola, Vorhalle 1693 von Carlo und Giovanni Mutallo und Giovanni Domenico Furnia; Renov. 1933. Über dem Dorf thronende Barockkirche mit eingezogenem quadratischem Chor und chornahen Seitenkapellen mit Querschiffcharakter. Über dem 3achsigen Säulenportikus liegt als Empore das Oratorium der Sakramentsbruderschaft. An der N-Seite des Schiffs Turm, die untern Geschosse mit Blendnischen vor 1656, Glockengeschosse und Zeltdach 1682. In Schiff und Chor Kreuzgewölbe auf Pilastern mit umlaufendem Gebälk. Im Chorgewölbe Stukkaturen 1687 von Pietro Giuliani, Kartuschen übermalt 1933. Einheitliche Stuckaltäre um 1687: Am Choraltar Rosenkranzgemälde um 1685 von Pietro Giuliani; reichgeschnitzter Tabernakel in Form eines 2geschossigen Tempels mit zahlreichen Statuetten. Kapellenaltäre quer zur Kirchenachse, in den Nischen Holzstatuen des Hl. Antonius mit Kapuzineremblemen und der Madonna del Carmine. Von einem ehem. Seitenaltar 3 verglaste Gehäuse mit ländlichen Figuren von 1755, Schmerzensmutter, Geisselheiland und Grabchristus. Rechteckige Kanzel 1685–90; Weihwasserbecken 1609. Klassiz. Münchner Monstranz von Peter Steissel (gest. 1813). – Gewölbtes Beinhaus, 17. Jh. – Kapelle S. Carlo, jenseits der Calancasca. Neuerb. 1684–91 von Giovanni Pedrone, Carlo Mutallo und Giovanni Domenico Furnia. Flachgedeckter Bau mit kreuzgewölbtem Rechteckchor. Über dem Choraltar Bild der Muttergottes mit S. Carlo und Francesco um 1685 von Francesco Antonio Giorgioli; 2 Gemälde 1674 und 1685. – Kapelle S. Maria Maddalena al Calvario, taleinwärts in beherrschender Hügellage. Flachgedeckte Barockkapelle mit gewölbtem, fast quadratischem Chor, geweiht 1691. – Kapelle auf Pra da Laura. Erb. 1885. – *Valbella.* Kapelle S. Maria della Neve. Flachgedeckter Barockbau um 1683 mit tonnengewölbtem Chorrechteck.

VORDERRHEIN

1. NÖRDL. TALSEITE: FLIMS–WALTENSBURG–BREIL–TRUN

FELSBERG. Ref. Kirche. Erwähnt 1305; neuerb. 1505 von Andreas Bühler, Schiff verlängert 1700, Turm erhöht 1858; Renov. 1911, erneute Verlängerung des Schiffs und Innenrenov. 1950. Gedeckter Aufstieg zur Kirche. Im Schiff flache Holztonne von 1950. Im spätgot. Chor 2jochiges Sterngewölbe auf Dreivierteldiensten, Fenster mit Fischblasenmasswerk, quadratischer Wandtabernakel mit kräftigem Rahmenprofil; aufgemaltes Steinmetzzeichen. Polygonale Kanzel 1. H. 17. Jh.

TAMINS (TUMEIN). Ref. Kirche. In beherrschender Lage mit weithin sichtbarer Turmnadel. Neuerb. 1494, Schiff verlängert 1840, neugot. Turm an der S-Seite 1899 von Emanuel Tscharner, Innenrenov. mit Erhöhung des Schiffs 1920; flache Holztonne. Im Chor kapriziöses Rippengewölbe aus Tuffstein über prismatischen Konsolen, als asymmetrischer, auf zwei Joche verteilter Stern ausgebildet. Polygonale Kanzel 1730. Glasgemälde im Chor 1923 von Ernst Rinderspacher. – **Schloss Reichenau,** am alten Rheinübergang. Urspr. zur Herrschaft Hohentrins gehörig, neuerbaut im 17. Jh. durch die bischöfliche Ministerialenfamilie Schauenstein, umgestaltet 1775, teilweise neugeb. 1819 für Ulrich v. Planta. Der 3geschossige Hauptbau der klassiz. Anlage leicht risaliert und mit Dreieckgiebel und Türmchen überhöht; französische Gartenanlage im W. Der O-Flügel mit Kapelle geht im wesentlichen auf den Umbau von 1775 zurück, darin Saal mit Rokokostuck und Wohnzimmer des nachmaligen französischen Königs Louis-Philippe, das er als Lehrer unter dem Namen Monsieur Chabos bewohnte. Im Erdgeschoss des Haupthauses blaubemalter Ofen um 1750 von Joh. Caspar und Joh. Jos. Ruostaller von Lachen. – Schloss Bass-v. Tscharner, neubarock, 1906–07 von Fritz Stehlin; Gartenanlage von 1790 teilweise erhalten.

TRIN (TRINS). Ref. Kirche.** Neuerbaut 1491, unter Wiederverwendung eines älteren Bestandes; Renov. 1888, Innenrenov. 1959. Einheitlich spätgot. Anlage; im eingezogenen, polygonal geschlossenen Chor kompliziertes Netzrippengewölbe, das sich im 3jochigen Schiff etwas einfacher fortsetzt. Aufgemaltes Steinmetzzeichen eines unbekannten Meisters. Spätgot. Turmportal und Türgewände zur ehem. Sakristei an der N-Seite. Kanzel um 1680 mit zierlichen Reliefschnitzereien. Nördl. der Kirche stattliche Häusergruppe, 16.–18. Jh., gemauert und gestrickt. – Haus Calonder. Täferstube M. 17. Jh. – Wehrturm, auf dem Hügel Canaschal östl. der Kirche. Vierekkiger Bau wohl 12. Jh., ehem. mit einem 2. Turm an der O-Seite des Hügels verbunden; diente als Vorwerk der Burg Hohentrins. – **Ehem. Kirchenburg Hohentrins auf Crap Sogn Parcazi, einem steilen Felsklotz im W des Dorfes. Nach der Überlieferung um 750 von Pippin erbaut, Feudalburg seit dem Hochmittelalter, 1470 ausgebrannt und aufgegeben; ausgegraben 1931, Ruinen 1964 gesichert. Fundamente der ersten Pankratiuskirche um 500 (?), mit eingezogener Apsis und nördl. Annex, welcher vielleicht als Baptisterium diente; darüber wenig grössere, wohl vorroman. Anlage in gleicher Form, aber mit Zungenmauern am Ansatz der Apsis, die aussen Reste von Blendbogen zeigt. Hochmittelalterl. Wehr- und Wohnbauten im S und W, im N Zisterne.

FLIMS (FLEM) (Abb. 69). **Ref. Kirche.** Erwähnt im 9. Jh. als Besitz des Klosters Pfäfers; neuerb. 1512 von Andreas Bühler; Rest. 1955. Turm vor der W-Front, untere Geschosse roman., barocker Aufbau 1704, doppelte Zwiebelhaube wohl 1779. Im Schiff Dienste und Schildbogen der ehem. 4 spätgot. Gewölbejoche, heute flache Holztonne; im Chor 2jochiges Sterngewölbe. Polygonale Kanzel 1645 mit Intarsien und Reliefschnitzereien, der Schalldeckel von 1705 signiert IN. Grabtafeln der Familie Capol 17.–18. Jh. – Kath. Kirche St. Josef, Waldhaus. Gotisierende Anlage 1936 von Alfons Furger. – **Schlössli** (Abb. 69), Gemeindehaus. Erb. 1682 für Joh. Gaudenz v. Capol, Obergeschoss ausgeb. um 1730, N-Anbau und S-Giebel 19. Jh.; Rest. 1959. Kubischer 4stöckiger Bau mit westl. Wohnturm und südl. vorgelagertem Gartengeviert. Rustiziertes S-Portal 1682 mit Allianzwappen des Bauherrn. Aus der Bauzeit gewölbte Korridore, im Erdgeschoss mit stuckierten Spiegeln, im 1. Stock mit Rippen und Rosetten; gleichzeitig die Täferstuben mit teils barocker Ausstattung. Im 2. Stock Rokoko-Ausstattung um 1730 für Capols Schwiegersohn Herkules Dietrich v. Salis-Seewis: Im Rittersaal und im anschliessenden Raum Régencestuck mit den Allegorien der Jahreszeiten und griech. Göttern, umgeben von den 4 Elementen; 2 Steckborner Öfen von 1750. – Haus Capol, Nr. 111. Im Herrenzimmer des 1. Stockes got. Fensterstützen mit Inschriften von 1528 und 1534. – Haus Capol, Nr. 113. Erb. um 1520 für Ammann Wolf v. Capol. In der Stube spätgot. Balkendecke mit Lilienenden und skulptierten Schilden, Wappen Capol und Lombris. Reichgeschnitztes Buffet um 1650 mit Initialen des Martin Beeli v. Belfort und der Margareta v. Capol. – Hotel Bellevue. Über dem Eingang des Neubaus Wappen des Rigett v. Capol 1577. – Alte Post, Nr. 190, im unteren Waldhaus. Schöner Strickbau mit Tätschdach; an der gemauerten SO-Seite ländliche Malereien 1588 mit Monogramm des Bauherrn oder Baumeisters Plasch Malías und Wappen der Drei Bünde.

FIDAZ. Ref. Kirche, Filiale von Flims. Grundriss der im 9. Jh. erwähnten Kirche nachgewiesen. Neubau in roman. Zeit; Renov. 1925–26. Einapsidensaal, Aussengliederung der Apsis 11. Jh. (?) mit Blendbogenpaaren zwischen Lisenen, darüber Rollband. Ungegliederter Turm vor der W-Front 13. Jh., im ehem. Glockengeschoss gekuppelte Rundbogenfenster mit Mittelstütze, darüber offene, wohl spätmittelalterl. Glockenstube mit

8seitigem Spitzhelm. Innenausstattung 1926. – Casa Martin Pign. Teilweise aufgemauerter Strickbau E. 16. Jh. An der N-Seite auskragender Backofen. – Burgstelle Belmont, auf Felsklotz oberhalb Mulins. Als Sitz der Herren v. Belmont erwähnt 1139, im Spätmittelalter verlassen; ausgegraben 1936. Spärliche Fundamentreste.

LAAX (LAGS). Kath. Pfarrkirche St. Otmar und Gallus. Neuerbaut 1675–78 von Domenico Barbieri aus Roveredo; Rest. 1962–63. Stattliche Barockanlage mit eingezogenem, flachgeschlossenem Chor; am Chorscheitel Turm mit 2geschossiger Glockenstube und geschweifter Haube. Am Aussenbau der Kirche Blendbogen und Sgraffiti, im Innern Kreuzgratgewölbe auf Pilastern mit durchlaufendem Gebälk. Zwei Lichtgeschosse: unter dem Gebälk Stichbogenfenster (aussen hochrechteckig), in den Gewölbeschilden Oculi. Choraltar 1708 mit Gemälde von Joh. Beromayer; nördl. Seitenaltar mit Rosenkranzbild 1688 von Fridolin Eggert, südl. Seitenaltar 1764 von Plazidus Schmid. Polygonalkanzel und Chorgestühl 1677. Im Chor ein Gemälde der Schutzmantelmadonna mit den Geheimnissen des Rosenkranzes A. 17. Jh. Taufsteinaufsatz um 1710 aus der Werkstatt Ritz. Grabplatten des 18.–19. Jh. – Beinhaus, erb. 1685. – Mesmerhaus. Regelmässiger Strickbau 1837, mit Pfettenköpfen, die als Drachen ausgebildet sind. – Haus Nr. 60. Steinbau mit spätgot. Fensterordnung; inneres Portal mit Montalta-Wappen dat. 1644. – Haus Nr. 37. Erb. 1788 für Joh. Ant. Arpagaus. Reiche Rokokotäferstube. – Sog. Casa liunga. Erb. 1609 und 1615–16 für Wolf v. Montalta. Dreieckerker mit Allianzwappen des Bauherrn. – Haus Nr. 17. Erb. A. 17. Jh., erneuert nach einem Dorfbrand 1874. Am Dreieckerker Wappen Toggenburg, wohl A. 18. Jh. eingefügt.

Kapelle St. Jakob, am Weg nach Sagens. Vermutlich 1503 von einem Jan Clau Pitschen gebaut. – Kapelle St. Nikolaus, an der Strasse nach Flims. Erb. vor 1624, später verändert. Über dem Portal Stifterplatte von 1503 aus der Kapelle St. Jakob. – Kapelle St. Sebastian, an der alten Strasse nach Ilanz. Kreuzgratgewölbter Rechtecksaal um 1520; einfacher Altar um 1700. – Burgstelle Lagenberg. Urspr. zur habsburgischen Grafschaft Laax gehörig, erwähnt 1303, zerstört 1323 durch Donat v. Vaz. Mauerreste.

FELLERS (FALERA). Alte kath. Pfarrkirche St. Remigius, südl. des Dorfes auf prachtvoller Aussichtsterrasse. Altpfarrei, erwähnt 765; Turm 13. Jh., Chor neuerb. 1480–90, Vorhalle und Beinhaus M. 17. Jh.; Renov. 1935–36. An die SW-Ecke des Schiffs anschliessend roman. Turm, unverputzt, mit 2–3fach gekuppelten Rundbogenfenstern, überhöht von Rollfriesen und Zeltdach. Eingezogener 3seitig geschlossener Chor mit wenig höherem First. Im Schiff trapezförmige Leistendecke, im Chor 2jochiges, auf Konsolen ruhendes Sterngewölbe; Wandtabernakel mit Masswerkbekrönung. Wandmalereien im Chor aus drei Epochen: Hl. Jodokus neben dem Sakramentshäuschen E. 14. Jh.; 4 Medaillons mit Halbfiguren E. 16. Jh.; reiche Gesamtausmalung dat. 1623 und signiert AHP (?), in den Gewölbezwickeln musizierende Engel und Blütenranken, an den Wänden Gethsemane, Ecce homo, Kreuzigung und Himmelfahrt sowie gotisierende

Rahmenarchitektur des Wandtabernakels mit den Hl. Remigius und Augustinus. An der nördlichen Schiffswand monumentales Abendmahlsgemälde A. 17. Jh., italienisch beeinflusst. Über dem Chorbogen Verkündigungsgruppe aus Stuck M. 17. Jh. Choraltar von Jodok Ritz um 1738, Rokoko-Antependium; Seitenaltäre aus Stuck Mitte 17. Jh., der linke mit Rosenkranzmedaillons um 1720, der rechte mit Rokoko-Einbauten um 1760; über dem Taufstein spätgot. Täuferfigur. Im Sturz der Turmtüre Fragment einer Grabplatte mit Wappen der Rink 14. Jh. – Neue Pfarrkirche Herz Jesu. Erb. 1903 von Aug. Hardegger. – Ruine Wildenberg, südwestl. unterhalb des Dorfes. Ehem. Burg der Herren v. Wildenberg, seit dem 14. Jh. im Besitz der Grafen v. Werdenberg-Heiligenberg. Im 16. Jh. wohl schon Ruine. Nur in der Anlage erkennbar.

SAGOGN (SAGENS). Kath. Pfarrkirche Mariä Himmelfahrt. Vollständiger Umbau der Kirche 1639–40 wohl durch einen Tessiner oder Misoxer Baumeister; Renov. 1899. Barocke Anlage mit Querhaus und Kapellen östl. an den Kreuzarmen, vor dem nördl. niederes Beinhaus. Zwischen Schiff und nördl. Querhaus mächtiger got. Turm erb. 1449, mit Spitzbogenfriesen, gezimmerter Glockenstube und gebrochenem Achteckhelm; südl. des Langhauses barocke Marienkapelle. Das Schiff und die Queräume sind einzig über den 3 Eingängen durch Thermenfenster belichtet. Wandgliederung durch Pilaster, über denen das reichgeschmückte Gebälk ein Tonnengewölbe trägt; Kreuzgewölbe im Chor. Decken- und Wandmalereien 1639 von Giov. Batt. Macholino: Im Schiffsgewölbe 9 Bilder der Passion und Himmelfahrt Christi in Stuckrahmen; an den Wänden Beweinung mit Wappen Montalta, Christus in der Vorhölle mit Inschrift und Wappen des Kanonikus Christian Cabalzar, Hl. Familie und Hl. Martin; im nördl. Querhaus Leben des Hl. Karl Borromeo, im südl. marianische Andachtsbilder, hier auch Fragmente spätgot. Malereien; in der Vierung Immakulata, Taufe im Jordan und Versuchung; im Chor Evangelisten, Heilige und Jugend Christi. Choraltar und Stuckaltäre in den Querarmen um 1640; seitl. des Chorbogens reichgeschnitzte Rokoko-Altäre. Polygonale Kanzel 1626; Familiengestühl um 1670 mit geschnitzten Wappen v. Mont und Castelli, Bankwangen 18. Jh. – Ref. Kirche. Erb. 1743 von Jak. Krättli; Renov. 1933. Rechteckiger flachgedeckter Predigtsaal mit Zwiebeltürmchen. Rokoko-Orgel 1772. – *Dorfteil Vigt Dado.* **Haus Castelli.** Der turmartige O-Trakt geht anscheinend auf den um 1400 genannten Meierhof Aspermont zurück, um 1539 ausgebaut für Hans v. Jochberg. Das westl. Wohnhaus um 1670 angebaut durch Jos. Ludw. Castelli. Der Wohnturm laut Wappenstein über dem Portal von Petrus Antonius Castelli um 1720 ausgebaut; Balkon dat. 1722. Täferstube und Türe mit Intarsien dat. 1672. Sog. Donna-Verena-Zimmer mit Kopftäfer. – Frühmittelalterl. Kirchenanlage Bregl de Haida, wohl die 765 erwähnte Columbanskirche. Ausgegraben 1965 und sichtbar gemacht. Rechteckiger Saal mit N-Annex (5. Jh.), karoling. Apsis in Hufeisenform. – Auf dem Hügel von Schiedberg grosse, bis in spätantike Zeit zurückreichende Burganlage, im Spätmittelalter aufgegeben; 1968 ausgegraben.

SCHLEUIS (SCHLUEIN). Kath. Pfarrkirche St. Peter. Neuerbaut 1715, renov. 1928. Von Lisenen gegliederter Barockbau mit Seitenkapellen am vordersten der 3 Schiffsjoche und Turm am Scheitel des eingezogenen Polygonalchors; Fassade durch Pilaster und Gesimse gegliedert. Tonnengewölbter Innenraum mit Pilastern und umlaufendem Gebälk; darunter Rechteckfenster, darüber in den Wandschilden der Stichkappen Rundfenster, in den Seitenkapellen Lünettenfenster. Deckenmedaillons 1715 von Jakob Soliva. Choraltar mit Altarblatt von Judas Thaddäus Sichelbein, Kapellenaltäre und polygonale Kanzel mit Reliefschnitzereien sowie Kruzifix im Chor um 1715; Seitenaltäre und Reliquienschreine seitlich des Choraltars um 1750. – Haus Cangina, Nr. 97. Spätgot. Steinbau dat. 1560. Im 2. Stock spätgot. Decke mit Kleeblattmotiv. – Haus Nr. 61. Erb. 1770; rustikale Grisaillemalereien.

RUSCHEIN. Kath. Pfarrkirche St. Georg. Erwähnt 831 als Besitz des Klosters Pfäfers; Turm 13. Jh., spätgot. Chor 1496 von Andreas Bühler, Schiff 1902; Innenrest. 1965. Im Chor 2jochiges Sterngewölbe auf Konsolen und Baumeisterinschrift. Stark erneuerte Malereien 17. Jh.: Apostelfiguren und Heiligenpaare, Anna selbdritt mit Joachim (spätgot.?). An die S-Wand versetzter quadratischer Wandtabernakel. Kanzelbrüstung 1629, zu Ambo umgearbeitet. Spätgot. Holzfigur des Hl. Georg E. 15. Jh.; Kruzifix 17. Jh. Grabmal Ottos v. Toggenburg (gest. 1796) und der Johanna Franziska Montalta. Übrige Ausstattung modern. – Marienkapelle. Ländlich barocke Malereien von 1643. – **Antoniuskapelle.** Erb. um 1680 als 6eckiger Zentralbau in malerischer Miniaturausführung, geschweifte Kuppel und Laterne. – Kapelle St. Valentin, im O des Dorfes. Erb. 1730; Régence-Altärchen. – Burgruine Frauenberg. Im 13. Jh. Besitz der Herren v. Frauenberg, im 14. Jh. der Grafen v. Werdenberg. Aufgehendes Mauerwerk eines rechteckigen Gebäudes.

LADIR. Kath. Pfarrkirche St. Zeno. Beherrschende Lage ausserhalb des Dorfes. Als Pfäferser Besitz erwähnt 831, Neubau 1705, Frontturm 1900; Chor rest. 1961. Bis 1900 erhob sich südl. des Chores ein roman. Turm, heute bis auf Traufhöhe des Chordaches abgetragen. Einfacher Barocksaal mit Tonnen- und Kreuzgewölbe. Rundfenster über schmucklosem Gebälk. Im Chor 1961 aufgedeckte, ländlich barocke Wandmalereien: Dekoratives um 1705, Figürliches 1732 von Joh. Sepp. Altäre um 1710, Choraltar erweitert um 1760; polygonale Kanzel um 1680, reliefgeschnitzter Taufbeckenschrank um 1700.

SCHNAUS. Häusergruppe abseits der Strasse. – **Ref. Kirche.** Neuerbaut 1514–20; Rest. 1937. Vorgot.(?) Saal mit 3seitig geschlossenem Chor in gleicher Breite; an dessen N-Seite Turm mit gezimmerter Glockenstube und Zeltdach. Nach S geöffnete Vorhalle; im Chor Sterngewölbe auf Konsolen, Wandtabernakel mit Masswerkbekrönung. Ausstattung modern.

RUEUN (RUIS). Kath. Pfarrkirche St. Andreas. Erwähnt 831; Turm 12. Jh., Neubau geweiht 1633, um ein Joch verlängert und renov. 1949. Von Streben eingefasste Barockanlage mit eingezogenem quadratischem Chor und moderner Säulenvorhalle; Grabplatte 1666 mit Allianzwappen

Deflorin-v. Salis. Im nördlichen Choreinzug unverputzter roman. Turm mit 2–3fach gekuppelten Rundbogenfenstern, die von Blendnischen mit Bogenfriesen eingefasst werden; heutiges Glockengeschoss und Zeltdach wohl später aufgesetzt. Zwei Sakristeien rechts und links vom Chor. Im 4jochigen Schiff tragen Pilaster ein umlaufendes Gebälk und darüber ein Tonnengewölbe mit Gurten; im Chor Kreuzgewölbe mit Stuckrahmen und Kartuschen. Wandmalereien um 1633, über einer roman. Schicht: Im Chor 10 stuckgerahmte Szenen aus dem Leben des Hl. Andreas, an den Pilastern und Fensterleibungen des Schiffs sowie im Gewölbe der nördl. Sakristei dekorative Weinranken. Barocke Stuckaltäre um 1633; Choraltar mit Himmelfahrt Mariä; Tabernakel in Tempelform, Antependium um 1850–60. Altarblatt des nördl. Seitenaltares 1635 von Giov. Batt. Macholino. Am Chorbogen Kruzifix 17. Jh. In der Sakristei derbes, aber ausdrucksstarkes Vesperbild A. 16. Jh., spätgot. Turmmonstranz 16. Jh. – Beinhaus. Spätgot. Portal und Masswerkoculus. Antependium mit Totenköpfen in einheimischem Stoffdruck. – Antoniuskapelle. Erb. um 1690, renov. 1949. Ländliche Malereien M. 19. Jh. Altärchen mit Gemälde 1694 von Fridolin Eggert. – Oberes Deflorin-Haus. Erb. um 1612 für Joh. Simeon Deflorin d. Ä., umgeb. 1670; in neuerer Zeit aufgestockt. Portal mit Wappenstein Deflorin-Cabalzar 1679. Im 2. Stock Türgericht 1612 mit Wappen Deflorin-Capol. Zwei Täferstuben um 1670. – Unteres Deflorin-Haus (Casa alva). Laut Wappenstein 1662 erbaut für Joh. Simeon Deflorin d. J.

Gula. Kapelle St. Maria Magdalena, über dem Val de Siat. Erbaut wohl A. 17. Jh., gewölbt um 1643. Turm mit gekuppelten Schallfenstern nach roman. Vorbild, wohl erst 16. Jh. Gewölbemalereien mit Szenen aus dem Leben der Hl. Magdalena und schöner Barockaltar mit Kreuzigungsgemälde 1643. – **Kapelle St. Nikolaus,** unterhalb Rueun. Erb. 1406, erneuert A. 16. Jh., Decke 1582; Rest. 1962. Eigenwilliger Bau mit eingezogenem 3seitig geschlossenem Chor. Steiles durchgehendes Satteldach, wodurch auch im O eine ungewöhnliche Giebelfront entsteht; gezimmertes Glockenjoch. Zwei spätgot. Statuen der Hl. Nikolaus und Florinus. – **Kapelle St. Franziskus,** an der Strasse nach Panix. Erb. 1642; Renov. 1950. Breites Schiff und quadratischer Chor mit Tonnengewölbe. Im Chorgewölbe Reste einer Bemalung um 1642. Altarbild 1642 von Ottavio Amigoni, Brescia.

SIAT (SETH). Kath. Pfarrkirche St. Florinus. Spätbarocker Neubau geweiht 1744; Renov. 1897, Turm mit Zwiebelhaube 1924. Im Schiff und im eingezogenen Rechteckchor unter umlaufendem Gebälk Stichbogenfenster, in den Stichkappen der Tonnengewölbe Rundfenster. Im Chor Régencestuck, die Medaillons übermalt. Hochaltar 1755 von Plazidus Schmid; Seitenaltäre 1749.

Kirche St. Luzius, ausserhalb des Dorfes. An Stelle der 832 erwähnten Pfarrkirche neuerb. 1656, nach S gerichtet und im rechten Winkel zur alten Anlage; Renov. 1858 und 1921. Ungegliederter Längsbau mit geradem Chorschluss. An der W-Seite des Chores roman. Turm mit gekuppelten Rundbogenfenstern, Obergeschosse mit Wimpergen und Pyramidenhelm später aufgesetzt. Der querrechteckige Chor war das Schiff der geosteten

Vorgängerkirche (11. Jh.?), der ehem. Chor abgetragen. Ländliche Wandmalereien um 1660 mit lebensgrossen Apostelfiguren. Einfacher Choraltar 17. Jh., östl. Seitenaltar 1702 mit Rosenkranzmedaillons 1627 von Hans Jak. Greuter; westl. Seitenaltar um 1660 mit Kopie des Bildes von Guido Reni in S. Maria in Vallicella in Rom, darstellend die Erscheinung der Muttergottes vor Philipp Neri. – Kapelle St. Ambrosius. Wohl hochmittelalterl. Bau mit eingezogenem, trapezförmigem Chörlein. Im Schiff an Stelle einer barocken (?) Wölbung neuere Holztonne. Altarbild des Titelheiligen 17. Jh. – Burgruine Friberg. Erwähnt 1255 als Sitz der Herren dieses Namens. Übergang an die Herren v. Vaz 1330, an die v. Rhäzüns 1343. Seit dem 16. Jh. in Zerfall, ein Mauerzahn von 2 Geschossen erhalten.

PIGNIU (PANIX). Kath. Pfarrkirche St. Valentin. Vielleicht erb. 1465, erneuert 1522, Chorwölbung mit Stichkappen um 1600, Sakristei im Chorscheitel nach 1643, Gipsdecke im Schiff 18. oder 19. Jh.; Ausstattung E. 19. Jh. Einfache Anlage mit eingezogenem, 3seitig geschlossenem Chor und unverputztem Turm mit Zeltdach nördl. vor der Fassade, in dieser Rundfenster mit Masswerk. – Kapelle der Schmerzhaften Muttergottes, am Weg nach Ruis. Barockbau 1735 geweiht, mit quadratischem Chor, malerischem Dachreiter und Tonnengewölbe. Ländliche Malereien 1776. Barockes Altärchen, mit gemalter Predella A. 16. Jh. von einem vor 1643 aus Filisur erworbenen Schnitzaltar.

WALTENSBURG (VUORZ). Ref. Kirche (Abb. 72). *Die Wandmalereien des sog. Waltensburger Meisters zählen zu den besten Werken frühgot. Malerei in der Schweiz.* Erb. um 1100, Chor vor 1451 eingewölbt, spätgot. Umgestaltung um 1510–20, neue Schiffsdecke 1711; Rest. 1932–34. Rechteckiger Saal mit eingezogenem quadratischem Chor. An der NW-Ecke roman. Turm 12. Jh. mit gekuppelten Rundbogenfenstern und wuchtiger barocker Zwiebelhaube; daneben offene gezimmerte Vorhalle unter gleichem Dach wie die Kirche. Spätgot. Malereien um 1450–51, an der W-Front Schweisstuch Christi und an der S-Seite des Chores sog. Feiertagschristus, ein Schmerzensmann mit den Handwerksgeräten, deren Gebrauch am Sonntag verboten ist. Im Schiff flache Felderdecke 1711 mit schablonierten Ornamenten, in der S-Wand ein roman. und ein spätgot. Fenster. Am nördl. Fuss des runden Chorbogens tritt der Fels zutage. Im Chor spätgot. Portal zur nördl. Sakristei (heute Archivraum), daneben spätgot. Wandtabernakel mit Blendmasswerk und Zinnenabschluss; roman. Rundbogenfenster im Scheitel, in der S-Wand Fenster mit Fischblasenmasswerk. Got. Taufstein mit barockem Deckel; polygonale Kanzel 1672. *Wandmalerei*:* Auf allen Innenwänden sowie Einzelbilder am Aussenbau aus 3 Perioden, entdeckt 1932, von Übermalungen befreit 1970. Die ältesten Gemälde um 1340 im Schiff vom sog. Waltensburger Meister, einem höfisch geschulten Maler der oberrheinischen Frühgotik. Seine Figuren heben sich vor blauem Grund ab und tragen ockergelbe, rote und olivgrüne Gewänder; Christus ist immer grau gekleidet. An der N-Wand eindrucksvolle Passionsgeschichte in 2 von horizontalen Ornamentbändern gerahmten Registern, nur das Abendmahl ausgeschieden; anschliessend Ein-

zelfiguren, oben die Hl. Luzius, Florinus, Jakobus d. Ä. und unbekannter Heiliger, unten Martyrium des Hl. Sebastian und ungedeutete Szene; am Chorbogen links Sebastian und Fragment, rechts die Apostel Johannes und Thomas (Rest eines Apostelzyklus); im östl. Abschnitt der S-Wand die Hl. Konrad und Ambrosius. Ein zweiter Meister malte wohl wenig später einen Margaretenzyklus an die westl. Aussenwand (wieder zugetüncht). Von der 3. Etappe um 1450–51 stammen die linearen Malereien des ausgehenden «weichen» Stils am Aussenbau und im Chor: In der obern Zone der N- und S-Wand weibliche Heilige, die Apostel und Stephanus; unten Taufe Christi, Gefangennahme des Täufers und Tanz der Salome; an der O-Wand (verdeckt durch die Orgel) Enthauptung des Täufers, Gastmahl des Herodes, Verkündigung und Heimsuchung; an der S-Wand Geburt Christi (Rest gestört durch das spätgot. Fenster); an der Innenseite des Chorbogens Jüngstes Gericht, in der Leibung weibliche Heilige (Katharina ?), Laurentius, Desiderius (?), Wappen Rhäzüns, Elisabeth, Wendelin und Leodegar. An der S-Wand 1970 freigelegte Malereien: Versuchung des Hl. Antonius 2. H. 14. Jh. und Gnadenstuhl M. 15. Jh.
Haus Nrn. 53–54. Strickbau 1797. – Haus Nr. 89. An der N-Fassade Reste von Wandmalereien dat. 1573 mit Wappen der Drei Bünde und Rhäzüns, 2 Greifen und 3köpfige Hydra; Rest. 1955. – Haus Nr. 96. Spätgot. Steinbau; Türgericht mit Wappen 1580 des Gregorius v. Sax und der Maria de Munt, Steinmetzzeichen von Paulus Gering. – **Burgruine Jörgenberg***, östl. des Dorfes. Frühmittelalterl. Kirchenburg und Feudalsitz der Herrschaft Jörgenberg, erwähnt 765 und 831, um 1300 im Besitz der Herren v. Friberg, 1337 der Rhäzüns, 1472 des Klosters Disentis, im 17. Jh. zerfallen; 1932 gesichert. Mauerreste der ehem. Pfarrkirche St. Georg: Breiter Saal 11. Jh., eingezogene, hufeisenförmige Apsis, vielleicht 8. Jh.; an der NO-Ecke des Schiffs schlanker roman. Glockenturm 11. Jh. mit Blendbögen. Mächtiger Bergfried 12. Jh. mit roman. Rundbogenfenstern in den 2 obersten Geschossen. Dem unregelmässigen Bering entlang Ruinen kleinerer Bauten. Im W der Burg 2 kleine Rundpfeiler des ehem. Galgens. – Burgruine Grünenfels, am N-Rand des Dorfes. Erwähnt E. 13. Jh. als Sitz der Herren gleichen Namens, 1378 im Besitz der Rhäzüns, im 15. Jh. zerfallen. Eckpartie eines Turmes erhalten. – Ruine Kropfenstein, in der Felswand unterhalb der Strasse nach Brigels. Kühnste Bündner Höhlenburg, um 1200. Vor der Felsgrotte 3geschossige Seitenwände aufrecht. – Ruine Vogelberg, an der Strasse nach Andiast. Rest eines Turmes.

ANDIAST (ANDEST). Kath. Pfarrkirche St. Julitta und Quiricus. Erb. 1707, geweiht 1716; Verlängerung nach W und Renov. 1939. Einfacher lisenengegliederter Barockbau mit eingezogenem, 3seitig geschlossenem Chor; im Scheitel, leicht aus der Achse nach N verschoben, roman. Turm wohl 11. Jh., die beiden oberen Geschosse mit Blendbogen vermutlich 13. Jh., Glockenstube aus Holz und 8eckiger Helm spätmittelalterl. Tonnengewölbter Raum mit Stichkappen für Ochsenaugen, welche über dem ringsumlaufenden Gebälk sitzen, leere Medaillons. Choraltar 1669–70 von Joh. Baptist Wickart, aus der ehem. Pfarrkirche Boswil (AG); Antependium,

Altarblatt und bekrönende Figur nicht zugehörig. Seitenaltäre 1709 unter Verwendung älterer Teile, als Bekrönung des südl. Altars eine spätgot. Sebastiansstatue. Chorbogenkruzifix um 1700, Orgelgehäuse um 1770. – Antoniuskapelle, im westl. Dorfteil. Erb. im 18. Jh. – Wegkapellen.

***BREIL (BRIGELS)** (Abb. 78). **Kath. Pfarrkirche St. Maria.** Frühmittelalterl. Kirchengründung, als Pfarrkirche erwähnt 1185, niedergebrannt 1392. Spätgot. Neubau um 1486, Brandschaden 1493; Neubau des Schiffs 1963 von Georg Berther. W-Turm in den untern Geschossen roman., auskragendes Glockengeschoss mit spätgot. Schallfenstern aus Tuffstein, Zwiebelhelm 1784; ein grosses Christophorusgemälde M. 14. Jh., unten ergänzt. Modernes, sich nach W verbreiterndes Schiff mit eigenwilliger Lichtführung durch die gitterartig aufgelöste S-Wand. Spätgot. Chor um 1486 mit Sterngewölbe; an der N-Wand Gethsemane-Darstellung um 1600, an den Schrägen Grisaillen 2. H. 17. Jh. mit Petrus- und Paulusfigur. Schöner Choraltar 1738 von dem Bildhauer Jodok Ritz aus Selkingen; südl. Seitenaltar 1734, in der Altarnische spätgot. weibliche Heiligenfigur; Altar beim Taufstein (ehem. nördl. Seitenaltar) und Kanzel 1746. Vom ehem. Chorgestühl um 1670 fanden die Renaissancedorsalien Wiederverwendung. An der S-Wand des Schiffs 5 spätgot. Bildwerke E. 15. Jh. Die 4 Apostelreliefs von 1486 an der Emporenbrüstung stammen von der Predella des Strigel-Altars in St. Sievi (s. unten). Kruzifix 2. H. 17. Jh. an der N-Wand. – **Kirche St. Martin.** Wohl roman. Anlage, bestehend aus sich verjüngendem Chor und unregelmässigem Rechtecksaal, in dessen SW-Ecke der Turm eingezogen ist; Helm 1736. Am Turmschaft Bild des Hl. Christophorus, nach 1930 von Paul Stöckli. Im Schiff spätgot. Holzdecke mit flachgeschnitzten Friesen und Rahmenbrettern, in der Mittelrosette Wappen des Grauen Bundes; im Chor Tonnengewölbe. Spätgot. Wandmalereien um 1515 von einem Tessiner oder Lombarden: Im Chor St. Martin, am Chorbogen Muttergottes mit den Hl. Jost, Antonius Eremita und Magdalena (teilweise übertüncht). Hervorragend erhaltener *spätgot. Flügelaltar** (Abb. 78) von 1518, süddeutsche Werkstatt: Das in Übergangsformen zur Renaissance geschaffene Werk enthält im graziösen, kleeblattförmig abgeschlossenen Schrein die Schnitzfiguren der Hl. Martin, Jodokus und Lucia; auf den gemalten Flügeln innen 2 weibliche Heilige, aussen Anbetung der Könige, auf den Standflügeln 4 männliche Heilige; in der Predella Figurenrelief mit Hl. Nikolaus, Antonius Eremita und einer weiblichen Heiligen, gerahmt von den gemalten Halbfiguren der Hl. Johannes d. T. und Jakobus d. Ä.; im lockeren Gesprenge Kreuzigungsgruppe; auf der bemalten Rückseite Gethsemane und unten das Schweisstuch Christi.

Wallfahrtskirche St. Sievi (Eusebius), nördl. über dem Dorf. Kirche einer ehem. Fluchtburg, erwähnt 1185; Renov. 1927. Chorloser Rechtecksaal, der bis zur O-Wand des in der NW-Ecke stehenden Turmes frühmittelalterl. sein könnte. Viergeschossiger Turm um 1100, mit Lisenen, Blendbogenpaaren und gekuppelten Schallfenstern. Verlängerung des Schiffs nach W spätestens 14. Jh., gleichzeitig das Christophorusbild an der südl. Aussenwand. Im Innern spätgot. Wandmalereien von derselben Hand wie die Bilder der

3. Etappe in Waltensburg, dat. 1451 an der Leibung des östl. Mittelfensters; freigelegt 1928: An der O-Wand und der östl. Partie der S-Wand Apostel und Heilige unter Baldachinen, in der Sockelzone Gegenüberstellung von Lebenden und Toten. Das grosse Fresko der Epiphanie an der S-Wand um 1450–60 von Christoforo und Nicolao da Seregno. *Spätgot. Schnitzaltar* 1486 von Ivo Strigel, aus der Pfarrkirche. Erhalten der Schrein mit den Figuren der Muttergottes, begleitet von den Hl. Wolfgang und Sebastian, Antonius und Leonhard; auf der bemalten Rückseite Jüngstes Gericht mit Maria und Johannes als Fürbitter. An der S-Wand Flügelaltar 1633 von Hans Jak. Greutter mit gemalten Szenen aus dem Leben des Kirchenpatrons. An der N-Wand als Täfer zusammengesetzte Rückwände und Brüstungen eines Gestühls des 17. Jh. Nachmittelalterl. (?) monumentaler Kruzifix nach roman. Vorbild; gemalte Apostelserie 18. Jh. – Am Aufstieg zur Kirche ein Bildstock und Kapelle St. Georg mit hübschem Rokoko-Altärchen von 1776. – **Kapelle St. Jakob,** am W-Ausgang des Dorfes. Erb. 1514, verlängert 1697. Dreiseitig geschlossener Saal mit Dachreiter und einem spätgot. Masswerkfenster in der südl. Schrägwand des Chors; übrige Fenster später. An der S-Wand Wandmalereien eines lombardischen Meisters um 1514: Innen Kreuzigung, aussen Ecce homo mit Leidenswerkzeugen, die Hl. Jost, Jakobus d. Ä., Sebastian und Christophorus. Schöne spätgot. Leistendecke mit flachgeschnitzten Querfriesen, über dem Altar Masswerkrosette, Wappen Disentis, Jahrzahl 1514 und Meistername Hans Zinsler; in der westl. Verlängerung von 1697 Schnitzereien durch Malerei imitiert. An der N-Wand ungelenke Kreuzigungsdarstellung um 1514. – Burgstelle Marmarola, am O-Rand des Dorfes. Fundamente eines Turmes.

DARDIN. Kath. Pfarrkirche St. Sebastian. Erb. um 1696 durch die Brüder Carli, Gieri und Giusep Baroggi, geweiht 1716; Renov. 1916, Vorhalle 1925, Neubau der Sakristei und teilweise Innenrenov. 1963. Nach SW gerichteter Barockbau mit tiefem 3seitig geschlossenem Chor und Turm mit Zwiebelhaube in der südl. Fassadenflucht. Im Innern trägt das umlaufende Gebälk ein Tonnengewölbe mit Stichkappen, darin Oculi. Choraltar und nördl. Seitenaltar um 1660–80, südl. Seitenaltar um 1710, Chorgestühl 1709. Ausdrucksvoller Chorbogenkruzifix M. 17. Jh. nach älterem Vorbild, ein zweiter Kruzifix ebenfalls 17. Jh. Teile des ehemaligen Kanzelkorpus 2. H. 17. Jh., jetzt an Lesepult und Taufstein angebracht.

Capeder. Kapelle der Schmerzhaften Muttergottes. Wohl von den Brüdern Baroggi erb. 1732, verlängert 1874; Rest. 1961. Einfacher tonnengewölbter Bau mit Lünettenfenstern. Barockaltar mit Pietàgemälde, Régence-Antependium, 2 Reliquienschreine um 1760. – *Casut.* Kapelle St. Josef. Gestiftet 1772 von Statthalter Ant. Carigiet. Gewölbter, flach geschlossener Bau mit graziösem Rokoko-Altärchen. – *Pugaus.* Kapelle St. Nikolaus. Gewölbter Neubau 1708–10 mit flach geschlossenem, nischenartigem Chörlein und gezimmertem Vorbau, überhöht von Dachreiter. In der Vorhalle Aussenaltar mit Rest eines Dreifaltigkeitsbildes auf Holz 17. Jh. Gewölbemalereien 1710, mit Hl. Dreifaltigkeit im Schiff und Jüngstem Gericht im Chor. Im barocken Altar hochgot. Holzfigur des Hl. Nikolaus M. 14. Jh.

DANIS (TAVANASA). Kath. Pfarrkirche Hl. Dreifaltigkeit. Neubau geweiht 1656, Umbau des Turms und Neubau des Schiffs 1959 von Georg Berther. An den 3seitigen Chor mit N-Turm fügt sich das moderne, seitlich ausgebuchtete Schiff mit Wabenfenstern an. Im Barockchor auf Pilastern umlaufendes Gebälk, darunter Lünettenfenster, in den Gewölbeschilden Oculi. Am Chorbogen und im Gewölbe guter, weiss gefasster Stuck italienischer Art. Mailändisches Altargemälde in Grautönen um 1660 mit Marienkrönung, Franziskus, Bonaventura und anderen Heiligen; Tabernakel in Tempelform. – Antoniuskapelle, nördl. der Kirche. Querrechteckiger Bau von 1724, bestehend aus der eigentlichen Kapelle mit Zwillingsgewölben und dem östl. anschliessenden Beinhaus. Eine westl. Flügelmauer täuscht eine noch breitere Anlage vor. Ländlich ornamentale Wandmalereien, in der Kapelle Leben des Hl. Antonius. Barockaltar 1724 mit Bildwerk des Titelheiligen.

SCHLANS. Kath. Pfarrkirche St. Georg. Erwähnt 1185; neuerb. 1671 unter Wiederverwendung der W-Mauer eines älteren Schiffs; Renov. 1904. Ungegliederter W-Turm 11. Jh., vorkragende gezimmerte Glockenstube mit 8eckigem, wohl spätmittelalterl. Spitzhelm. Wandmalerei an der S-Seite des Turms letztes V. 14. Jh.: sog. Feiertagschristus, darüber Gregorsmesse, vom Dach der Vorhalle verdeckt. An der W-Front des Schiffs Epiphaniebild und Fragment eines Drachenkampfs des Hl. Georg, lombardisch um 1515. Im Innern Tonnengewölbe über umlaufendem Gebälk, nur im Chor mit Lisenen. Barocker Choraltar um 1671, überarbeitet um 1760; darin aufgestellt spätgot. Bildwerke um 1470–80: Hl. Sebastian, Scholastika, Muttergottes und Hl. Georg; Seitenaltäre 1675. Im Kirchenschatz u. a. 2 spätgot. Monstranzen um 1450 und A. 16. Jh. – Kapelle St. Maria zum Schnee, über dem Dorf. Erb. 1683, mit Blendbogen am 3seitigen Chor und an der Fassade, sonst Lisenen. Im Innern zwischen Pilastern stichbogige Blendnischen, darüber umlaufendes Gebälk, das im Schiff eine Holztonne, im Chor Kreuzgewölbe trägt. Altar um 1680, Gemälde neu. – Burgruine Schlans, neben der Kapelle in beherrschender Lage. Die Herren des Namens genannt 1220, ausgestorben in der 2. H. 13. Jh. Dreigeschossiger Turm mit sorgfältig gefügten Bossenquadern, Hocheingang im 3. Stock (als Abschluss ist ein gezimmerter Wohngaden anzunehmen).

TRUN (TRUNS)** (Abb. 75). Historisch bedeutsam durch den am 16. März 1424 gegründeten Grauen oder Oberen Bund. – **Kath. Pfarrkirche St. Martin.** Weitgehend neuerbaut 1662 an Stelle einer 765 erwähnten Kirche, im rechten Winkel zu einem 1272 neugeweihten Vorgängerbau. Vom mittelalterl. Bestand erhalten der roman. Turm mit gekuppelten Schallfenstern (Wimperge und Spitzhelm vielleicht barock), die südl. anschliessende Sakristei und der urspr. gerade geschlossene Chor und darunter das Beinhaus. Nach S gerichteter Barockbau mit eingezogenem, 3seitig geschlossenem Chor, aussen durch Pilaster und Blendbogen gegliedert. Gliederung des Innern durch Wandvorlagen, dazwischen Stichbogenfenster; über dem umlaufenden Gebälk Kreuzgewölbe mit Gurtbogen im Schiff und Rundfenstern in den Gewölbeschilden. Im 3. Joch, vor dem Chorbogen, rundbogige, aussen nicht in Erscheinung tretende Kapellennischen mit hochplastischen, teils figürlichen Stukkaturen italienischer Art und ländlichen Wandmalereien. Prunkvoller Hochaltar mit gleichzeitigem Tabernakel um 1660, umgeb. und bereichert 1766; Altarbild um 1660 vom gleichen Meister wie in Danis, in vorherrschenden Grautönen dargestellt die Hl. Sigisbert und Plazidus, dahinter Luzius, Florinus und Martin. Die Seiten- und Kapellenaltäre aus Stuck um 1660; am östl. Seitenaltar bemerkenswertes Gemälde der Muttergottes mit den beiden Johannes, wohl venezianisch; am westl. Altar Rosenkranzbild 1691 von Fridolin Eggert. Chorgestühl um 1660, polygonale Kanzel 1662, Kruzifix am Chorbogen M. 16. Jh. Taufstein in Kelchform, vielleicht 14. Jh. In der Sakristei u. a. Augsburger Monstranz E. 17. Jh. von Ludw. Schneider, ferner Marienstatuette unter Rokokobaldachin um 1750. – **Kapelle St. Anna.** Neubau geweiht 1704; Renov. 1924. Schmucker Barockbau mit eingezogenem Chorpolygon. Die toskanische Vorhalle urspr. wohl nicht geplant, weil sie die Blendbogen überschneidet, welche die Kirche rundum gliedern. In der Vorhalle Wandgemälde 1924 von Otto Baumberger: Gründung 1424 und letzte Erneuerung des Grauen Bundes 1778. Im Innern zwischen Pilastern rundbogige Blendarkaden mit Stichbogenfenstern; über dem Gebälk in den Stichkappen des Tonnengewölbes Ochsenaugen. Gemalte Deckenmedaillons und Verkündigungsdarstellung über dem Chorbogen um 1700, wohl von Fridolin Eggert, stark aufgefrischt. Choraltar mit Gemälde von Eggert und Kanzel um 1704; Seitenaltäre 1717 mit Gemälden von Jak. Soliva. Chorbogenkreuz A. 16. Jh., Bankwangen 18. Jh. – Neben der Kapelle stand der Ahorn, unter welchem der Graue Bund gegründet und am St.-Jörgen-Tag die Bundesversammlungen abgehalten wurden; der heutige Baum von einem Schössling aufgezogen. – **Wallfahrtskirche St. Maria Licht (Abb. 75). Vielleicht an Stelle einer vorgeschichtlichen Kultstätte erb. 1663, geweiht 1672; Anbau des heutigen Schiffs 1682–83 durch Christian Nigg und Carolus Decurtins, wobei das bisherige Schiff als Vorchor erhalten blieb; Turm mit Wimpergen und Spitzhelm 1688 an der N-Seite des Vorchors angebaut; Renov. 1930–44 und nach Brand 1948. Im Schiff mächtige Holztonne, in allen Raumteilen reiche Ausmalung 1687–90 von Fridolin Eggert (nach Brand rekonstruiert) mit Szenen aus dem Marienleben, u. a. ikonographisch bemerkenswertes Bild der Muttergottes, deren Mitwirkung am Erlösungswerk Christi durch das Zusammenfliessen ihrer Milch mit dem Blute ihres Sohnes symbolisiert wird. Im Vorchor die ehem. Fenster zu Mauernischen geschlossen und durch hochbarocken Stuck oder Stuckimitation gerahmt, darin Bilder der Hl. Gertrud und Mechtild. Reiche Stukkaturen am Chorgewölbe. Hochaltar 1740–50 von Plazidus Schmid, Gnadenbild 1933 ersetzt; Seitenaltäre im Vorchor um 1670, im Schiff um 1683, sämtliche Gemälde von Fridolin Eggert. Kanzel 1684. Unter der Empore neues Fegefeuerbild von Gertrud Januszewski. Karfreitagskruzifix wohl 2. H. 17. Jh., naturalistische Modellierung nach spätgot. Vorbild. Grösster Bestand an Votivbildern in Graubünden, 1664–19. Jh. In neuer Seitenkapelle ehem. Choraltarbild Mariä Heimsuchung um 1662 nach Albertinelli, vom gleichen Meister wie die

Altarbilder in St. Martin Truns und Danis. Über dem Eingang Hl. Familie um 1650, aus Morissen.

Disentiser Hof*. Ehem. Sitz der Bundesversammlungen und Wohnung des Abtes, weitgehend neuerb. 1674–79 unter Abt Adalbert II de Medell; nach 1859 Privatbesitz, seit 1932 Heimatmuseum. Dreistöckiger kubischer Giebelbau mit Dachreiter unter Zwiebelhaube. Architekturteile, u. a. Türgerichte 1588, vom Vorgängerbau übernommen. Kreuzförmige Korridoranlage; im 1. Stock Täferstuben von 1697. Im 2. Stock sog. Abtstube mit reichem Täfer, 1683 vom Disentiser Bruder Peter Soler, in der Kassettendecke Wappen des Abtes Adalbert de Medell; Specksteinofen mit Wappen des Abtes Columban Sozzi (1764–85). **Gerichtssaal des Grauen Bundes** mit den gemalten Wappen der Landrichter seit 1424; Deckengemälde um 1700 von Fridolin Eggert: Im Mittelfeld Gründung des Oberen Bundes (1424), in den Eckmedaillons Allegorien der Weisheit, Mässigkeit, Stärke und Gerechtigkeit, ferner die Wappen der Drei Bünde, des Abtes Adalbert de Medell (1655–96) und Adalbert Defuns (1696–1716) sowie der Gründer des Bundes; darum herum ein Schwarm von Putten. Im S-Giebel des Dachgeschosses Apolloniakapelle mit bemalten Kreuzgewölben; Altar 1683 von Bruder Peter Soler, mit 2 spätgot. Figuren. – Haus Casanova. Erb. 1769 für Landammann Jak. Casanova, sein Wappen über dem Portal. Breiter Giebelbau über leicht trapezförmigem Grundriss, an der N-Front flankiert von 2 Zwiebeltürmchen. An einem Specksteinofen von 1794 Wappen des Jak. Chr. Casanova und der Maria B. Berther. Im 2. Stock Täferstuben. – Haus Caprez. Zwei Täferstuben 2. H. 18. Jh. – Strickbauten am «Platz».

Darvella. Kapelle St. Josef. Erb. 1676, geweiht 1683. Barockbau mit malerischem zwiebelgekröntem Dachreiter; gezimmerte Vorhalle mit Gewölbemalerei um 1810–20. Die Tonnengewölbe im Innern derb dekorativ ausgemalt 1702 von Joh. Jak. Rieg. Das Altargemälde um 1653 ist eine Replik desjenigen von Joh. Rudolf Sturn am Rosenkranzaltar in der Churer Kathedrale. – *Cartatscha.* Kapelle St. Valentin. Erb. 1706; Renov. 1931. Wandmalereien sowie Rosenkranzbild des Stuckaltars 1706 von Joh. Jak. Rieg. – Burgruine Cartatscha. Turm um 1100, teils aus geschichteten Bossenquadern; einst wohl bekrönender Holzgaden. – Ruine Friberg, an der Strasse nach Schlans. Erwähnt 1249; Stützpunkt der Disentiser Territorialherrschaft und Sitz eines Ministerialen. Ein 4geschossiger Mauerzahn 1911 eingestürzt. – *Campliun.* **Kapelle St. Katharina.** Geweiht 1592, Neuweihe 1672; Rest. 1943. Tonnengewölbter Barocksaal mit Vorhalle und 3seitigem Chorschluss. Wandgemälde im Schiff 1612 von Hans Jak. Greutter: An der N-Wand Apostelreihe mit Christus, an der S-Wand Ecce homo, Hl. Michael, Immakulata, die Hl. Katharina und Antonius Eremita, an der W-Wand Hl. Plazidus mit Wappen Disentis und Hl. Sebastian. Choraltar um 1750–60 mit Figur der Hl. Katharina; Seitenaltäre um 1672, am südl. spätgot. Plastik der thronenden Muttergottes, um 1492 wohl von Jak. Russ.

Museum. Museum Sursilvan, im Disentiser Hof (s. oben). Kleine kulturhistorische Sammlung des Bündner Oberlandes. Möblierte Interieurs, besonders reiche Bestände von Hausrat und Handwerksgeräten.

2. SÜDL. TALSEITE: RHÄZÜNS–ILANZ–DISENTIS

***DOMAT-EMS. Alte kath. Pfarrkirche St. Johannes Bapt.*.** Hochgelegene spätgot. Baugruppe mit dominierendem Turm; bemerkenswerte Ausstattung. Urspr. befestigte Kirchenanlage erwähnt 1. H. 12. Jh., aus dieser Zeit der urspr. Wehrzwecken dienende Turm; Neubau des Chors 1504, des Schiffs 1515, Vorhalle 1703; Rest. innen 1946–47, aussen 1960. Offene Vorhalle mit unregelmässig gerundeter W-Front, wohl über den Fundamenten des ehem. Berings. Roman. W-Turm mit 2 m starken Mauern und Schiessscharten, die Zwillingsöffnungen im Glockengeschoss wohl 1695. Spitzhelm über Wimpergen und tonnengewölbter Durchgang zum Schiff vermutlich spätgot. Im Durchgang Vespergruppe A. 15. Jh., aus einem Bildstock im Dorf. Im Schiff 4jochiges Rautengewölbe auf Wanddiensten, unbekanntes Steinmetzzeichen an der Gewölbekonsole der SW-Ecke. Im erhöhten Polygonalchor Rautengewölbe auf zugespitzten Anfängern; im kryptaartigen Untergeschoss Sakristei, Zugang vom Schiff über Mitteltreppe. Wandmalereien nach 1515: Dekorationsmalerei im Chorgewölbe, Wappen der Herren v. Marmels (bis 1553 auf Schloss Rhäzüns) am Fuss des Chorbogens und Reste eines Passionszyklus an der nördl. Schiffswand. Wandgemälde 1689 vielleicht von Fridolin Eggert: Hl. Johannes Ev. bei der Kanzel und 2 Engel über dem Chorbogen. – *Ausstattung.* Bedeutender *spätgot. Flügelaltar** dat. 1504 aus dem Umkreis des Jörg Syrlin d. J., neuer Unterbau und Rest. 1947: Im Schrein Hl. Johannes d. T., begleitet von den Hl. Katharina und Florinus, Ulrich und Dorothea; auf den Flügelreliefs Taufe Christi und Enthauptung des Täufers; auf den bemalten Rückseiten Jüngstes Gericht, Gethsemane sowie die Hl. Luzius und Emerita; im Gesprenge die Hl. Anna selbdritt, Petrus und Franziskus. An der nördl. Chorwand Gnadenbild der thronenden Muttergottes 2. H. 14. Jh. Gestühl um 1670. Barocke Seitenaltäre in Ädikulaform 1686–87; im nördl. Altar Muttergottesstatue um 1504, in der Sockelnische des südl. Altars Grabchristus um 1515. An der N-Wand spätgot. Figurenreliefs um 1515: Mutter Anna, Maria unterrichtend, Magdalena, Barbara und 2 Bischöfe; auf der Gegenseite ehem. Chorbogengruppe, 1674 von Ignazius und Joh. Bin aus Feldkirch. Am Chorbogen jetzt ein spätgot. Kruzifix. Polygonalkanzel 1676. In der Sakristei Johannesschüssel aus Holz um 1515. – **Marienkapelle,** im Chorscheitel der Pfarrkirche. Dreiseitig eingezogenes Chörlein um 1700, Schiff mit 3seitig vorgezogener W-Front 1782. Im Altar Pietà 2. H. 17. Jh. – Nördl. davon **Heiliggrabkapelle*.** Als Beinhaus erb. 1693; Renov. 1948. Hervorragende frühgot. Heiliggrabgruppe E. 13. Jh., mit Christus und 2 klagenden Frauen; Hl. Michael 2. H. 17. Jh.

Kath. Pfarrkirche Mariä Himmelfahrt. Erb. 1730–39 vom Lombarden Giovanni Batt. Berna, Brandschäden 1776 und 1800; Neugestaltung des Innern und Ausstattung 1903, Rest. 1960. Von Streben gegliederte Spätbarockkirche mit schwach eingezogenem Polygonalchor; Fassade mit ionisierender Instrumentierung; an der N-Seite des Schiffs Turm mit welscher Haube. Im Schiff ion. Pilaster mit verkröpftem Gebälk, darüber Stichkappentonne mit Gurten, im Chor Pendentifkuppel aus Gips von 1822; stichbogige Fenster in der Wand-, querovale in der Gewölbezone. Deckengemälde 1903 von Gottfried Schiller und Friedr. Boller. Doppelempore und Chorgestühl um 1730. In der Sakristei spätgot. Auferstehungschristus um 1510 und Reste der 1800 verbrannten Barockausstattung. Augsburger Monstranz und Ziborium 1687. – Ref. Kirche. Erbaut 1965 von Thomas Domenik. Übereckgestellter kubischer Bau in guter Harmonie mit der Bergkulisse. – **Kapelle St. Peter,** erste Pfarrkirche von Ems. Karoling. Rechtecksaal um 800, mit hufeisenförmiger, gerade hintermauerter Apsis; Fenster, Leistendecke und Chortürmchen 1698, gleichzeitig Wand- und Deckenmalerei von Fridolin Eggert mit Szenen aus dem Leben des Hl. Petrus. Régence-Altärchen um 1720, Schlüsselübergabe im Giebel um 1698; gleichzeitig 6 Apostelstatuetten an der Schiffswand. Figur des Hl. Johannes d. T. aus dem 1. V. 14. Jh. – Kapelle St. Antonius, auf dem ehem. Burghügel. Erb. 1725, gleichzeitig 2 Altäre. – Burg Ems. Geringe Fundamentreste der in der 1. H. 13. Jh. durch die Herren v. Belmont erstellten Anlage.

BONADUZ. Kath. Pfarrkirche Mariä Himmelfahrt. Neuerbaut 1494, Turm 1. H. 17. Jh.; beim Dorfbrand 1908 beschädigt, 1924 basilikaler Neubau des Schiffs durch die Gebr. Sulser, Wandmalereien 1928 von Arnold Nüscheler. Spätgot. Chor mit Sterngewölbe auf zugespitzten Anfängern; Bodenniveau beim Neubau des Schiffs abgesenkt. Deckenmalereien mit weiblichen Heiligen und Ranken um 1620–30, rest. 1925; rechts des Chorbogens Rest eines spätgot. Epiphaniebildes dat. 1494. Tempelförmiger Tabernakel M. 17. Jh., flankierende Figuren 2. H. 18. Jh. Am Chorbogen spätgot. Kruzifix um 1522 aus Rhäzüns, südl. des Chorbogens barocke Muttergottesstatue um 1640, Anna selbdritt 1735. – Kapelle St. Magnus, erb. 1773. – Burgruine Wackenau, im NW des Dorfes. Urkundlich nicht erwähnt. Reste einer Schildmauer und der W-Flucht des Wohngebäudes.

***RHÄZÜNS** (Abb. 71). **Neue kath. Pfarrkirche St. Mariä Geburt.** Erb. 1697, geweiht 1701 laut kopierter Bauinschrift in der Taufnische, urspr. hinter der Orgel; Rest. 1946, 1968 und 1974. Achteckiger Zentralbau mit gerade geschlossenen Seitenkapellen und nördl. angefügtem, 3seitig geschlossenem Chor. An der östl. Langseite des Chors Turm mit 8seitigem Obergeschoss und welscher Haube. Breite 2geschossige Giebelfassade mit modern ausgemalten Nischen in den äusseren der 3 Achsen; rustikal skulptiertes Portal dat. 1719. Im Innern auf Pilastern umlaufendes Gebälk, darüber im Schiff Kuppel mit Stichkappen, im Chor Tonnengewölbe; Thermenfenster in den Schildwänden der Kapellen, Stichbogenfenster im Chor und über dem Eingang. Choraltar 1703, vielleicht von Franz Pisli und Peter Zimmermann, über dem Rosenkranzgemälde ein österreichischer Bindenschild. In den Nischen der 1946 zugemauerten Chorfenster Figuren der Apostelfürsten M. 17. Jh. Kapellenaltäre als Pendants gearbeitet, Josephsaltar von 1708 signiert Candinas (?) Job und Joh. Bergmeyer. Michaelsaltar um 1708 von Hans Jak. Mayer. Taufstein aus schwarzem Marmor um 1700; polygonale Kanzel mit aufgelegtem Schnitzwerk nach 1700. An den Langseiten des Chors Gemälde um 1700 in venezianischer Art, Mariä Krönung und Heimsuchung; an der Schrägseite Gemälde Johannes Nepomuk um 1720, in durchbrochenem Holzrahmen Medaillons mit Szenen aus dem Leben des Heiligen und Wappen des österreichischen Administrators auf Schloss Rhäzüns, Joh. Bapt. Wenser und Maria E. S. v. Eberhard. Geschnitzte Bankwangen um 1700. Grabtafeln für die kaiserlichen Administratoren Ägidius Gwenth (gest. 1726) und Ant. Mart. Hinderegger (gest. 1777). In der Sakristei Augsburger Barockkelch um 1700. – Kapelle St. Apollonia, hinter der Kirche. Gestiftet 1721 von Joh. Bapt. Wenser. Rest. 1974. Im Vergleich zur Pfarrkirche Umkehrung der Grundrissgestaltung: Überkuppelter oktogonaler Chorraum mit Laterne, kreuzgratgewölbtes Schiff. Über dem Eingang gemaltes Wappen des Stifters, darüber die Hl. Apollonia. – **Ehem. Pfarrkirche St. Paul,** westlich des Dorfes. Umgestaltung einer früh- oder hochmittelalterlichen Anlage E. 15. Jh. durch räumliche Verschmelzung des alten Chörleins (Giebelplatten aussen sichtbar) mit der spätestens 2. H. 14. Jh. seitlich angebauten Grabkapelle der Herren v. Rhäzüns (?) zu einem nun doppelt so breiten Rechteckchor, gleichzeitig Verlängerung des Schiffes. Der N-Turm im 14. Jh. unter Verwendung älteren Materials erbaut, in den gekuppelten Fenstern Säulchen mit Würfelkapitellen, gezimmertes Obergeschoss und 8seitiger Spitzhelm. Beinhaus an der W-Front wohl nachmittelalterl., mit offener Vorhalle kombiniert; Sakristei-Anbau 1683. An der Aussenwand des Chores Bild des Hl. Christophorus 2. V. 14. Jh. Im Innern Wandmalereien aus 5 Etappen: 1. An der S-Wand des Chores Reste lebensgrosser Einzelfiguren 2. V. 14. Jh., wohl vom Waltensburger Meister. 2. Vier Ritter mit Rhäzünser Wappen und Rest eines Auferstehungschristus (?) A. 15. Jh. 3. An der O-Wand die Hl. Agnes, Petrus, Paulus und Barbara A. 16. Jh. 4. An der N-Wand des Schiffs neutestamentliche Szenen E. 16. Jh. mit Verkündigung, Heimsuchung, Weihnacht, Beschneidung, dem 12jährigen Christus im Tempel (?), Gethsemane, Geisselung und Dornenkrönung. 5. An O- und N-Wand des Chors, an S- und W-Wand des Schiffs sowie an der Decke und beiden Seiten des Chorbogens figürliche, heraldische und ornamentale Darstellungen, signiert Chaluri und dat. 1647. Choraltar 17. Jh., mit spätgot. Paulusfigur A. 16. Jh.; Seitenaltäre 17. Jh. Im Chor 8 ausgetretene Bodenepitaphien 16.–18. Jh. Kanzel laut Inschrift 1625 von Anton Gion und Melchior Hart. Empore A. 18. Jh. aus der neuen Pfarrkirche.

Kirche St. Georg* (Abb. 71). *Reichstes Beispiel eines vollständig ausgemalten mittelalterl. Kirchenraums in der Schweiz.* Einsam auf einem bewaldeten Hügel über dem Hinterrhein gelegen. Das Patrozinium geht auf die lokale Legende zurück, nach welcher der Hl. Georg Graubünden M. 4. Jh. missioniert und an dieser Stelle mit dem Pferd den Rhein übersprungen habe, um den heidnischen Verfolgern zu entkommen. Altpfarrei, erwähnt 960; durch Grabungen anlässlich der Rest. 1961–63 Nachweis einer karoling. Saalkirche mit gestelzter Apsis und ummauertem, offenem (?) Vorhof. Heutige Anlage bestehend aus roman. Schiff mit Flachdecke und querrechteckigem got. Chor aus dem frühen 14. Jh. mit Kreuzrippengewölbe. Turm an der S-Seite des Chores vielleicht 14. Jh., erhöht im 16. Jh. Bildfragmente an der S-Wand von Chor und Schiff 1. H. 16. Jh., Christophorus und Drachenkampf des Hl. Georg. Im Schiff neue Decke 1731 von Jak. Moron, gleichzeitig neue Stichbogenfenster. Flügelaltar eines süddeutschen Meisters dat. 1522, aus dem 1546 reformiert gewordenen Tamins: Im Schrein Muttergottes zwischen den Hl. Johannes Bapt. und Georg, Felix (nicht zugehörig) und Martin; an den Flügeln innen Reliefs der Hl. Katharina (?) und Dorothea, Laurentius und Jakobus d. Ä., an den bemalten Aussenseiten Epiphanie; an der Rückseite des Schreins Jüngstes Gericht. Aus Balken gefügte altertümliche Bänke ohne Rückenstütze. Bedeutende *hochgot. Wandmalereien** von 2 Künstlern. Die älteren im Chor und am Chorbogen um 1350 vom Waltensburger Meister, die jüngeren an den Schiffswänden 2. H. 14. Jh. vom sog. Rhäzünser Meister. – *Chor*. Die Rippen illusionistisch zur Vortäuschung reicher Profile farbig bemalt. In den Gewölbekappen Blattranken zwischen 4 grossen Medaillons mit Engeln als Evangelisten, auf dem Schlussstein Antlitz Christi; in den 3 Gewölbeschilden Verkündigung (flankiert von Fuchs und Storch der Äsop-Fabel), Kreuzigung und Marienkrönung; unter kräftigem Wandfries die Anbetung der Könige, Apostelreihe und Stifterpaar mit Rhäzünser Wappen; in der Fensterleibung die Hl. Oswald und Niklaus; Sockeldraperie. – *Chorbogenwand*. Der Bogen wie die Gewölberippen des Chors illusionistisch gefasst, an der Wand 3 Bilderstreifen mit ikonographisch interessanten ineinanderfliessenden Szenen der Wunder und Leiden des Hl. Georg: Rechts oben zeigt König Dadianus dem Heiligen die Marterinstrumente Rad und Kessel, darunter Gefangennahme und daneben Wunder des Hl. Georg, der aus dem Haus einer armen barmherzigen Witwe Zweige spriessen lässt; im untersten Streifen wird ihm das verkrüppelte Kind der Witwe vorgeführt; links oben wird Königin Alexandria nach ihrem Bekenntnis zum Christentum an den Haaren aufgehängt, gepeitscht und darauf enthauptet, während der für sie bittende Hl. Georg in einen Kessel mit siedendem Blei gesetzt wird; im mittleren Bildstreifen lässt Zauberer Athanasios einen Dämon aus einem zerberstenden Stier steigen, der Heilige wird gerädert, im unteren Streifen aufgehängt und geschunden, rechts des Chorbogens enthauptet; unter der Georgslegende links Schutzmantelmadonna mit kniendem Stifter und 2 Frauen unter dem Wappen Rhäzüns, rechts Johannes d. T.; an der N-Wand Darstellung des Drachenkampfes. – *Schiff*. An den Längswänden und an der W-Wand 3 Streifen von Einzelbildern aus der 2. H. 14. Jh., in denen sich der sog. Rhäzünser Meister durch seine lineare und volkstümliche Darstellungsweise in der Art einer Armenbibel von der aristokratisch verfeinerten Kunst des Waltensburger Meisters unterscheidet. In freier Folge streng voneinander geschiedene Szenen aus dem Alten und Neuen Testament, an der N-Wand zusätzlich Andachtsbilder: Oben der Hl. Nikolaus mit den 3 Jungfrauen, unten Feiertagschristus, lokale Legende vom Sprung des Hl. Georg über den Rhein, Tod und Bestattung der Muttergottes.

Schloss Rhäzüns*. *Ehem. Stammsitz des mächtigsten Bündner Geschlechts im Mittelalter, mit origineller Ausstattung*. Burg erwähnt 1288, kommt nach Aussterben der Rhäzüns 1458 erbweise an die Grafen v. Werdenberg-Sargans, v. Zollern und v. Marmels. Seit 1497 unter Pfandinhabern in habsburgischem Besitz. An Frankreich abgetreten 1809, Graubünden zugesprochen 1815, übergeben 1819; heute Privatbesitz. Langgestreckte 3eckige Anlage über dem Steilufer des Hinterrheins; nur an der W-Flanke Wohngebäude, die durch einen natürlichen Graben vom Plateau abgeschnitten sind. Auf den mittelalterl. Bestand gehen der W-Turm (ein runder O-Turm verschwunden) und die Anlage des O-Traktes zurück. Ausbau dieser beiden Bauteile um 1400, W-Trakt und Treppenhaus als Verbindungsglied zum W-Turm erb. um 1592, Erweiterung des W-Turms über tiefer Nische um 1589, Kapellflügel und Wächterhäuschen beim Tor um 1700, gleichzeitig vielleicht Erhöhung der Ringmauer. Bau der Nepomukkapelle 1770 westl. der (modernen) Brücke zum Tor. Über dem Torbogen skulptiertes Wappen Rhäzüns E. 14. Jh. Am W-Turm aussen friesartige Wandmalerei einer Bärenhatz E. 14. Jh., darüber Fensterrahmungen E. 16. Jh. mit Wappen der Planta, Stampa, Sprecher und Schauenstein. – *Inneres.* Im «Rittersaal» Dekorationsmalereien 1589, signiert Hans Ardüser: Fries von 8 beschrifteten Wappen, Ranken, Rollwerk und Tiere; Lautenspielerin mit Sinnspruch 1612 von anderer Hand. Im «Planta-Zimmer» Täfer, Türrahmungen und Kassettendecke 1596, kleiner gusseiserner Ofen mit Reichsinsignien 1727. Mitteltrakt: Im 1. Stock würfelförmig gemauerter Ofen, im 3. Stock Türrahmen und Decke um 1700. O-Trakt: Im Untergeschoss Gefängnis, eine Zelle mit primitiven Malereien wohl von einem Häftling; im 3. Geschoss Raum mit seltenen Darstellungen aus der Tristansage E. 14. Jh. «Blaues Zimmer» mit Kassettendecke des 17. Jh. und Leinwandtapeten im Stil Louis XVI, blauer Turmofen um 1700. Türen mit Portalarchitektur aus Holz und eine Leistendecke E. 17. Jh. Kapellflügel: Kapelle mit kreuzgratgewölbtem Schiff und halbkreisförmigem Chor; Stuckaltar um 1700. Im Raum darüber Deckenmalerei nach 1700 mit Kronos, Ares und Hermes.

VERSAM. Ref. Kirche. Erb. 1634; Achsendrehung nach N und Erweiterung durch den heutigen Chor laut Inschrift am Chorbogen 1710 von Stoffel Bieler aus Bonaduz, gleichzeitig Turmerhöhung; Renov. aussen 1922, innen 1937. Die urspr. Anlage war ein geosteter Saal mit kreuzgratgewölbtem Turmchor (noch erhalten). Schmuckloses Schiff mit trapezförmiger Holzdecke, im Chor Tonnengewölbe mit Stichkappen. Kanzel 1710; bemalte Rokoko-Orgel 1789 von Pankraz Keyser aus St. Margrethen, gestiftet von Jakob Gredig.

SAFIENTAL

***TENNA.** Hochgelegene Walsersiedlung. – **Ref. Kirche.** Besitzt für Graubünden einzigartige Wandmalereien um 1400. Erb. im 14. Jh. Verlängerung des Schiffs und Neubau des Chors 1504, neue Fenster 1733; Rest. 1957. An das lange, extrem niedrige Schiff fügt sich ein hochaufragender Polygonalchor mit S-Turm, der got. gefaste Zwillingsöffnungen und einen 8eckigen Spitzhelm zeigt. Im Schiff spätgot. Leistendecke mit flachgeschnitzten und gemalten Ornamenten, an der östl. Quergurte dat. 1504, im westl. verlängerten Abschnitt Datum 1733. Im Chor Sterngewölbe auf Wanddiensten und spätgot. Wandtabernakel mit Rahmenprofil. Im Schiff 1957 entdeckte

*Wandmalereien**, vorwiegend in Grün- und Gelbtönen und von altertümlicher, aber eindrücklicher Formensprache, wohl nicht vor 1400: An der N-Wand Passionszyklus über 2 Streifen in gleichmässig gerahmten Feldern, an der S-Wand Epiphanie und Hl. Bischof (gestört durch neue Fenster), in der Sockelzone Draperie. Polygonale Kanzel 1669, Taufstein um 1400.

SAFIEN. Ref. Kirche, in Neukirch. Anspruchsloser Bau 1697–98 mit eingezogenem, 3seitig geschlossenem Chor und Turm mit 8eckigem Spitzhelm; gleichzeitig schmucklose Ausstattung. – **Ref. Kirche,** in Safien Platz, am Eingang zur Carnusaschlucht. Pfarrei wohl kurz nach der Walsereinwanderung M. 14. Jh. gegründet. Neubau 1510 von Andreas Bühler im Auftrag der Patronatsherrin Klara v. Reitnau, Äbtissin von Cazis; Erneuerung 1757 und nach Brand 1886, letzte Rest. 1958. Spätgot. Anlage mit eingezogenem, 3seitig geschlossenem Chor. Der an die S-Seite gebaute Turm gehört im Unterbau einer nur wenig kleineren roman. (?) Vorgängerkirche mit querrechteckigem Chor an, deren Fundamente 1958 aufgedeckt wurden; gezimmertes Glockengeschoss und Spitzhelm spätgot. Im Innern Rauten- und Sterngewölbe auf Wanddiensten; in den Schlusssteinen von W nach O unbekanntes Wappen, Wappen Reitnau (Kugel) und des Grauen Bundes (durchgezogenes Kreuz) sowie Monogramm Christi. Kugeliger, ins Achteck übergehender Taufstein um 1510, polygonale Kanzel 1690; Empore 1757. – Talkirch, ref. Filialkirche. Geweiht 1441, Chor neuerb. 1503, Umbau und Vorhalle 1757; Rest. 1956. Gedrungener Bau mit abgesetzter gemauerter Vorhalle und 3seitig geschlossenem, schwach eingezogenem Chor; S-Turm mit Zeltdach. Im Schiff trapezförmige Leistendecke, im Chor kuppeliges Gewölbe mit ornamentalen Grisaillemalereien, beide 1757. Taufstein um 1503, Kanzel und Pfarrstuhl 1789, Empore 1712. Spätgot. Glocken 1454 und 1457.

VALENDAS. Ref. Kirche. Erwähnt 1384, Umbau und Chorneubau 1481; Renov. 1912 und 1931. Flachgedecktes Schiff mit 3seitig geschlossenem, eingezogenem Chor; an der S-Seite roman. Turm mit Spitzhelm von 1481(?). In den östl. Schiffsecken beidseits des Chorbogens Maueransätze des vorgot. Langhauses. Im Chor 2jochiges Sterngewölbe auf Konsolen. Achteckiger Taufstein 15. Jh., Kanzel 1740; bäuerlich bemalte Rokoko-Orgel mit Wappen Marchion und Schmid v. Grüneck. – Grosser Dorfbrunnen 1760, auf dem Brunnenstock plastische Halbfigur einer Wasserjungfer nach Original im Rätischen Museum Chur. – Daneben Graues Haus. Wappenstein Casutt-Finer 1663. – Oberes Marchion-Haus, Nr. 83. Erb. 1710; im 2. Stock Stuckdecke mit Allianzwappen Marchion-Schmid. – Rotes Haus, Nr. 70. Türeinfassung mit Blattwerkskulptur um 1700; später eingesetzter Wappenstein Marchion. – Zahlreiche gemauerte Bürgerhäuser des 17. Jh., z. T. in sehr schlechtem Zustand. – Burgruine Valendas, westl. des Dorfes. Stammsitz der Herren v. Valendas, erwähnt 1258, im 16. Jh. zerfallen. Erhaltene W-Mauer des 5eckigen Palas.

CASTRISCH (KÄSTRIS). Ref. Kirche. An Stelle einer 831 erwähnten Kirche neuerb. im 12.–13. Jh., Chor E. 15. Jh., nachmittelalterl. Verlängerung des Schiffes; Rest. 1956. Der roman. Turm an der N-Seite durch Rundbogenfriese zwischen Lisenen gegliedert, die 1–3teiligen rundbogigen Schallöffnungen wohl im 14.Jh. ausgebrochen; Zwiebelhaube 18.Jh. Die zugehörige roman. Kirche ist in der O-Partie des heutigen Schiffs erhalten, ihre ehem. Apsis und der karoling. Gründungsbau durch Grabungen 1957 nachgewiesen. Der heutige quadratische Chor vom E. 15.Jh. ist gleich breit wie das Schiff und rippengewölbt; im Schiff moderne Kassettendecke. Spätgot. 8eckiger Taufstein, Gestühl 1729, Polygonalkanzel 18.Jh. Got. Grabplatte des Grafen Joh. v. Sax 1427. Glocken 1376 und 1399. – Ruine der Kirchenburg Kästris, östl. des Dorfes. Wohl 765 erwähnt, Besitz der Herren v. Kästris im 12. und 13.Jh., dann der Belmont, der Rhäzüns und der v. Sax; im 16.Jh. zerfallen. Ehem. Kirche und Feudalburg nur in Fundamentresten erhalten.

***ILANZ** (Abb. 70). Die oberste Stadt am Rhein liegt beim Schnittpunkt der rechts- und linksufrigen Talstrasse am Eingang zum Lugnez. Erwähnt 765, als Stadt genannt 1289, zuerst unter bischöflicher Vogtei, dann derjenigen der Belmont und seit 1400 der v. Sax. Seit dem Zusammenschluss des Grauen oder Obern Bundes 1424 turnusgemäss jedes 3. Jahr Tagsatzungsort. Nach den Ilanzer Artikeln 1526 Übertritt zur Reformation. Zur Zeit des Bündner Freistaates spielen die Ilanzer Familien Schmid v. Grüneck und v. Castelberg eine führende Rolle in der Politik. – *Anlage und Befestigung.* Den Kern der mittelalterl. Stadt bildete der Grosshof der Viktoriden, der 765 dem Kloster Disentis geschenkt wird (an der Stelle des ref. Pfarrhauses). Der Umriss der alten Stadt in Form eines unregelmässigen Fünfecks ist an den erhaltenen Mauerzügen im W und SW zu erkennen. Das Quartier um St. Margarethen mit dem Burgturm dürfte einen eigenen bewehrten Burgbezirk gebildet haben. Aussenquartier St. Nikolaus am linken Rheinufer. Schäden während der Fehde Ulrich Walters v. Belmont mit dem Grafen v. Werdenberg 1352 und durch den Stadtbrand 1483. Wiederaufbau der Stadtmauern um 1513, mit Hilfe der Städte Zürich und Bern 1715–17 grosszügig ausgebaut; an der SO-Ecke Erkertürmchen 1715 über Kragkonsolen mit Zwiebelhaube; Rest. 1958. – **Oberes Tor** (Abb. 70). Erdgeschoss mit Rundbogen laut Inschrift erb. 1513 von Peter Stachius. Am 2geschossigen Oberbau mit Walmdach an der Innenseite eine Inschrifttafel, die besagt, dass Joh. Gaudenz Schmid v. Grüneck diesen Bau zu Ehren der Zürcher und Berner errichten liess. Wappenstein Capol und v. Salis. An der Aussenseite Wappen der Stadt und der Drei Bünde. – Sog. Rotes Tor. Ungegliederter Bau mit geschweiften Giebeln 1715–17.

Ref. Pfarrkirche. An Stelle eines 765 erwähnten Gründungsbaues und einer St. Margarethenkirche von 1288. Nach Brand neuerb. 1483 und geweiht 1500; Rest. 1943. Einheitlich spätgot. Anlage mit eingezogenem Polygonalchor und Masswerkfenstern. Gewölbe 1518 von 2 Meistern (Zeichen über dem Chorbogen), im Schiff Rautengewölbe auf Runddiensten, im Chor kompliziertes, die Joche verwischendes Netzgewölbe auf z.T. schildchenverzierten Anfängern. Im Schiff gute Gewölbemalereien um 1518: Rankenwerk mit Renaissancemotiven, wie Vasen, Füllhörnern und Fratzen; im

Mittelfeld die 4 Evangelisten, in den Zwickeln der Stichkappen Todesbilder, bemerkenswert die Darstellung Tod und Frau am Schachbrett und Tod in der Rolle des Richters. Got. Taufstein mit 8eckiger Schale wohl 14. Jh.; polygonale Kanzel 1669; Familienstühle 1653, 1666 und 1732. Im Chor Orgelempore um 1700; Orgelprospekt, reichverziertes Mittelstück um 1760. – Freistehender Turm mit Krüppelwalmdach, ehem. Wohn- und Wehrturm der mittelalterl. Burganlage, seit 1438 Campanile. – **Haus Schmid.** Zwei Bautrakte verschiedener Entstehungszeit: Der an das Obere Tor anstossende, im Kern got. Bau, erworben 1594 von Landrichter Hans Jak. Schmid v. Grüneck. Unter ihm entstand der westl. Renaissancevorbau mit regelmässigen, von Sgraffitorahmen geschmückten Fenstern. Das Rustikaportal an der Stadtseite geht auf seinen Sohn Joh. Jak. Schmid zurück, der um 1670 den schlank aufsteigenden, leicht nach O abgewinkelten S-Flügel baute. Hier bemerkenswerter Festsaal mit stuckiertem Muldengewölbe, im Spiegel Wappen des Erbauers und der Anna Schorsch, 1673. – **Casa Gronda.** Erb. 1677 von Joh. Ant. Schmid v. Grüneck; Rest. 1938. Kubischer Bau unter Satteldach, Quergiebel zur Gasse und Turm mit Zwiebelhaube an der W-Langseite. Reiche Verwendung ornamentaler Barockreliefs vor allem am 2geschossigen Erker der NO-Ecke und am Rustikaportal, im gesprengten Giebel Wappenstein des Erbauers und seiner Frau Dorothea Planta v. Wildenberg. Im querverlaufenden Korridor des Erdgeschosses hochbarocke Stukkaturen italienischen Gepräges aus der Erbauungszeit mit Karyatiden und Putten. Im Saal der NO-Ecke dekorativer Stuck um 1682 mit Putten, Kartuschen und Fruchtkränzen, von gleicher Hand wie im «Schlössli» in Flims. - Caprez-Haus, jetzt Geronimi. Erb. 1624 für Pankraz v. Caprez; Reliefschmuck eines Bogenfensters dat. 1699. Zwei Täferstuben von 1625 und 1698, in der letztern reichgeschnitztes Buffet 1699. – Haus Nr. 159. Ornamentaler Reliefschmuck um 1700. – Haus Nr. 152. Portal 1710, mit gesprengtem Giebel und Allianzwappen Casutt-Fagineus. – Haus Nr. 113. Reliefs an Tür und Fenstern um 1700. – Haus Nr. 69. Reste einer Grisaillebemalung mit Monatsbildern 1. H. 17. Jh. – Gartenhaus, nördl. der Altstadt. Erb. 1710 für Joh. Gaudenz und Christoffel Schmid v. Grüneck; Rest. 1941. Kreuzfirst mit geschweiften Giebeln; Architektursgraffiti. – Kath. Pfarrkirche Mariä Himmelfahrt. Erb. 1879 von Ferd. Näscher; Rest. 1954. Choraltar im Stil des Rokokos, aus Ruis, Tabernakel 1683, aus Siat, Seitenaltäre 1744, aus der Klosterkirche Müstair. – **Ehem. Pfarrkirche St. Martin,** über der Stadt an der Strasse ins Lugnez. Eine 765 und 831 erwähnte Kirche um 1000 durch eine kreuzförmige Anlage ersetzt (Säulenschäfte von den ehem. Querhausarkaden beidseits des Friedhoftores), erweitert 1448 zur heutigen quadratischen Anlage, 1662–63 Einbau eines Beinhauses unter dem Chor und neue Fensterordnung; Grabungen und Restaurierung 1951. Spätgot. Anlage mit abgestuften Satteldächern über dem querrechteckigen Schiff, dem breiten Chor mit seitlichen Kapellen und der ebenfalls querrechteckigen, aus der O-Flucht vorspringenden Altarnische. In die NW-Ecke eingebaut der 1448 erhöhte Turm, im unverputzten Mauerwerk Flachnischen mit masswerkartiger Bekrönung, gezimmerte offene Glockenstube und Zeltdach. An der westl. Turmwand Malereifragmente in 2 Schichten, beide wohl 1. H. 14. Jh.: Ungewöhnliche Verkündigung mit Gottvater und Taube des Hl. Geistes, begleitet von einem König mit Lilienzepter (Jost?) und einem Medaillon mit Königsporträt; darüber Fragment zweier Heiliger. An der nördl. Schiffswand Kreuzigung und Ölbergszene 1. H. 14. Jh. Im Schiff flachgedeckte Leistendecke 17. Jh., im Chor Sterngewölbe von 1448 auf Konsolen. Die kreuzgratgewölbten Seitenkapellen vielleicht vor der Neuweihe um 1500 angefügt, ebenso die Altarnische, von der eine Treppe ins tonnengewölbte Beinhaus hinabführt. An der Chorwand und der N-Wand des Schiffes Reste von 2 Malschichten, die eine M. 14. Jh. (Waltensburger Meister?), die andere 15. Jh. Zahlreiche Grabplatten 17.–18. Jh. – Burgruine Grüneck, über dem linken Rheinufer. Vermutlich im 12. Jh. erbaut, im 16. Jh. bereits Ruine. Erhalten W- und NW-Wand eines turmartigen Palas von 5eckigem Grundriss.

LUGNEZ: SEVGEIN–CAMUNS

SEVGEIN (SEEWIS). Kath. Pfarrkirche St. Thomas. Neubau 1687–91; Rest. und archäologische Untersuchung 1969. Vier Vorgängerkirchen festgestellt. Der Chor der heutigen Barockanlage gehört einem got. (oder vorgot.) Schiff an. Am Chorscheitel der als Sakristei verwendete spätgot. Chor vom 1491 geweihten Vorgängerbau, mit Sterngewölbe. N-Turm im Unterbau wohl 14. Jh., Glockengeschoss und Spitzhelm 1706. In 6 Kompartimente aufgeteilte Giebelfassade, Portal mit toskanischen Säulen und Volutengiebel. Im Innern umlaufendes Gebälk auf ionisierenden Pilastern. An den Wänden und im Gewölbe aufgemalte Heilige um 1700(?). In den Chorfenstern 3 Kabinettscheiben 1731. Hochaltar A. 18. Jh., seitliche Aufbauten um 1730, Rokokotabernakel um 1750; Chorgestühl und 4eckige Kanzel 1696. In den Seitenkapellen Barockstuck, über den Lünettenfenstern Putten mit dem Wappen Bertogg (nördl.) und Cabalzar (südl.); auf Leinwand gemalte Szenen aus der Legende des Hl. Antonius von Padua und Rosenkranzgeheimnisse; Altäre aus Stuck um 1694. Vor dem nördl. Seitenaltar Grabplatten des Pfarrers Ulrich Bertogg, datierbar 1699, und des Joh. Cabalzar (gest. 1664). In der Sakristei Glarner Kelch 1756. Im Turm 2 Glocken aus dem 14. Jh. und eine dritte 1733 von Christian Schmid aus Bregenz. – Haus Cadalbert. Erb. 1790 von Joh. Christian Nuttli; Rest. 1965–66. Kubischer Bau mit Mansartdach; doppelt geschweifter Giebel über dem Portal. Dekorative Rokokomalereien am Äussern. In der untern Stube Täfer mit radförmig eingeteilter Decke.

Wallfahrtskapelle zum Hl. Grab. Erb. 1679, verlängert 1736, Erhöhung der Schiffsmauern und Verkürzung des Chors 1774 durch Giov. Ant. Baroggi aus Dardin. Nach W gerichtete Barockkirche mit eingezogenem, flachgeschlossenem Chor. Im Innern über umlaufendem Gebälk Tonnen- und Kreuzgewölbe; Viereckfenster und Oculi. Choraltar um 1775, Pietà um 1680; südl. Seitenaltar 1770–80, nördl. um 1680. An der N-Wand des Chores Heiliggrabnische mit ländlich barocken Figuren des 17. Jh.

RIEIN. Ref. Kirche. Erwähnt 831; Chor neuerb. E. 15. Jh., beim Dorfbrand 1879 schwer beschädigt; Renov. 1926. Roman. Turm mit gekuppelten Rundbogenfenstern, Zwiebelhaube 1881. Saal mit Gipsdecke von 1880; 3seitig geschlossener spätgot. Chor mit Sterngewölbe auf zugespitzten Anfängern.

PITASCH. Ref. Kirche. Gegr. zwischen 831 und 960; heutige Anlage M. 12. Jh., Turm vor der W-Front nachmittelalterl., Zwiebelhaube 18. Jh. Rechtecksaal mit halbrunder Apsis, die aussen durch je 2 Blendbogen zwischen Lisenen mit vorgelegten Halbsäulen gegliedert ist. Der Apsisbogen im Innern zeigt einen Falz; in der Kalotte Wandmalereien A. 15. Jh., entdeckt 1920, wieder zugetüncht, doch teilweise durchschimmernd: Christus in der Mandorla, umgeben von den 4 Evangelistensymbolen, Apostelreihe, kluge und törichte Jungfrauen. Massiger Taufstein A. 15. Jh., die Schale vom Achteck ins Rund übergehend; polygonale Kanzel 1686. Übrige Ausstattung 1921.

DUVIN. Ref. Kirche. Erwähnt 1345, umgestaltet 1501, Neubau des Chores wohl 17. Jh.; Renov. 1954. Roman. Turm 11.–12. Jh. mit gekuppelten Schallfenstern, das oberste Geschoss wohl 13. Jh., barocke Zwiebelhaube. Flachgedecktes roman.(?) Schiff; im gleichbreiten, mit Streben verstärkten Polygonalchor kuppeliges Gewölbe von 1954 an Stelle eines barocken Kreuzgewölbes. Spätgot. Sakramentsnische mit bekrönendem Masswerk; Kanzel 1684.

CAMUNS. Kath. Pfarrkirche St. Johannes Ev. Erb. 1597, Neubau des Schiffs 1696 im rechten Winkel zur alten Anlage, wobei das ehem. Langhaus als Chor und der ehem. Chor als Sakristei verwendet wurde. Tonnengewölbter Barockraum mit Seitenkapellen und quadratischem Chor. Neben dem Chor Turm von 1696 mit Spitzhelm über Wimpergen. Wandmalereien A. 17. Jh.: An der Stirnwand (ehem. Schiff) und an der N-Wand des Chors (urspr. Chorbogenwand) Rest eines Apostelzyklus; in der gratgewölbten Sakristei (ehem. Chor) Christus, begleitet von Matthias und Maria. Barocke Deckenmalereien im Schiff 1696 signiert Joh. Jak. Rieg. Choraltar um 1700, Tabernakel 1725; Altäre in den Seitenkapellen um 1710–20, mit neuen Statuen des Hl. Antonius von Padua und der Muttergottes.

VALSER TAL: UORS–VALS

UORS (FURTH). Kapelle St. Karl Borromeo. Mittelalterlich(?) flachgedeckter Saal, der sich verjüngende Polygonalchor mit Fächergewölbe 1616; Renov. 1926. Bemerkenswerte Wandgemälde; der Chor vollständig ausgemalt 1616 von Hans Jak. Greutter aus Brixen, volle Signatur im Chorbogenscheitel: An den Wänden Abendmahl und Gethsemane, im Gewölbe die Evangelisten, Kirchenväter und Renaissance-Ornamente, am Chorbogen 12 Propheten, an der Chorbogenwand Verkündigung; an der N-Wand des Schiffs von anderer Hand 21 Bilder aus dem Leben des Hl. Karl Borromeo M. 17. Jh. Choraltar mit Altarblatt 1643 von Georg Wilh. Gräsner aus Konstanz.

SURCASTI (OBERKASTELS). Kath. Pfarrkirche St. Laurentius, in beherrschender Lage auf dem Felssporn zwischen dem Glenner und dem Valser Rhein. Ursprünglich Kirchenburg der um 1430 ausgestorbenen Herren v. Oberkastels; davon erhalten der im 12. Jh. erbaute massige Turm aus sorgfältig geschichtetem Mauerwerk mit Eckbossen und Hocheinstieg im 3. Geschoss, Walmdach 18. Jh. Die Kirche nach Neubau geweiht 1520, barocke Umgestaltung und Anbau der Seitenkapellen wohl 1774. In den Ecken zwischen Chor und Kapellen das Beinhaus und Sakristei. Im Schiff stichbogiges barockes Tonnengewölbe; im spätgot. Polygonalchor 2jochiges Sterngewölbe auf Wanddiensten, vielleicht von Andreas Bühler; spätgot. Wandtabernakel mit Rahmenprofilen. Choraltar 1685; Seitenaltäre um 1660, umgestaltet im 18. Jh.; Kanzel 1674. Am Chorbogen spätgot. Kruzifix, seitlich Relief um 1515 mit 2 weiblichen Heiligen. – Kapelle St. Joseph, im Dorf. Erb. 1689, verlängert 1928, nach Brand rest. 1948. Turm mit Zwiebelhaube aus der Bauzeit. Im Schiff Kreuzgratgewölbe, im eingezogenen Polygonalchor Tonne. Dekorative Wand- und Deckenmalerei 1724, an der Innenseite des Chorbogens signiert Jak. Soliva aus Truns. Altäre 1694, Gemälde links von Fridolin Eggert, rechts von Sigisbert Frey.

TERSNAUS. Kath. Pfarrkirche St. Apollinaris und Maria Magdalena. Geweiht um 1478, neuerb. 1672; Renov. 1915. Lisenengegliederter Barockbau mit eingezogenem 3seitig geschlossenem Chor; in der NW-Ecke kleines Türmchen. Im Schiff zwischen gestuften Pilastern stichbogige Flachnischen, das darüber umlaufende Gebälk trägt ein Tonnengewölbe mit Gurten, im Chor Kreuzgewölbe. An der N-Wand Sakramentsnische um 1478 mit Masswerkblenden und -bekrönung, darüber Wandmalerei 1625 mit Christus und den Hl. Philippus und Bartholomäus. Altäre im Knorpelstil um 1672, am Choraltar seitliche Reliquienschreine und Figuren der Kirchenpatrone 18. Jh. Lederantependium A. 18. Jh. Ziborium 1669 und Augsburger Kelche um 1670 wohl von Georg Wilh. Fesenmeier. – Kapelle St. Katharina, an der Strasse nach Vals. Kleiner Barockbau 1789, in ähnlichen Formen wie die Pfarrkirche; Renov. 1911. Im Altaraufsatz Gemälde um 1720.

ST. MARTIN. Kath. Kirche St. Martin, Filiale von Tersnaus. Geweiht 1497, Umbau 1695. Inkorporierter Turm auf Schiff und Chor abgestützt. Im Schiff Tonnengewölbe, im eingezogenen Polygonalchor Kreuzgewölbe auf umlaufendem Gebälk. Ländliche barocke Wandmalereien 1767, im Schiff Apostelreihe, im Chor die Hl. Magdalena und Martin. Hochaltar 1698, Seitenaltäre 1704; auf dem nördl. Altar spätgot. Vespergruppe A. 16. Jh. Am Chorbogen Kruzifix um 1500. Kanzel um 1700. – *Mont.* Kapelle St. Sebastian. Hoch über dem Tal gelegener kleiner Barockbau M. 17. Jh. mit eingezogenem Rechteckchor und Glockenjoch über dem Chorbogen. – *Travisasch.* Kapelle St. Antonius von Padua. Dreiseitig geschlossener Bau von 1690 mit gezimmertem Giebel und Dachreiter. Im Innern Tonnengewölbe auf umlaufendem Gebälk; Altar um 1670. – *Bucarischuna.* Kapelle St. Anna. Erb. 1756, mit Glockenjoch und Altarnische. Stuckaltar mit eingerollten Voluten.

***VALS.** Der Name bezeichnet urspr. das ganze Tal des Valser Rheins, das seit dem 14. Jh. durch Walser vom Rheinwald her besiedelt wurde. –

Camp. **Wallfahrtskapelle Mariä Schmerzen.** Schlanker nach S gerichteter Barockbau von 1692 mit quadratischem Chor und westl. anschliessender Kapelle, letztere überhöht von Turm mit Achteckaufsatz und Zwiebelhaube. Im 1965 restaurierten Innern auf Pilastern umlaufendes Gebälk, darüber im 2jochigen Schiff Tonnengewölbe mit Stichkappen, in Chor und Kapelle Kreuzgewölbe. In den Gewölbeschilden der Kapelle 4passförmige Fenster. Stuckaltäre um 1692 mit gedrehten Säulen und geöffneten Volutengiebeln; im Choraltar Kopie des Gnadenbildes von Pötsch in Ungarn (Original im Stephansdom in Wien); Altargemälde in der Kapelle 1750. Votivtafeln, u.a. vom Trunser Maler Jak. Soliva 1738 und vom Briger Bildschnitzer Ant. Sigristen 1739. Reizvolle Rokoko-Empore mit 3 Wallfahrtsbildern 1710, 1716 und 1717. – Kapelle St. Nikolaus, nördl. von Camp. Ehem. in Verbindung mit einer Talsperre. Erb. im 15. Jh.; Renov. 1731 und 1923. Der chorlose Rechteckbau steht, getragen von einem rustikalen Bogen, über einem Geländeeinschnitt des alten Weges nach Vals. Einwölbung und Choraltar M. 17. Jh. – *Soladüra*, westl. Camp. Kapelle St. Johann Bapt. Die heutige Kapelle aus dem 19. Jh.(?) steht unweit der Ruinen der von einer Lawine verschütteten Kapelle des 17. Jh. Origineller Spätrenaissance-Altar mit Figurenschmuck um 1640–50.

Vals Platz. **Kath. Pfarrkirche St. Peter und Paul*.** Erb. E. 15. Jh., Neubau 1646 im rechten Winkel zur alten Kirche, wobei der gewölbte got. Chor (Rippen weggeschlagen) als O-Kapelle wiederverwendet wurde (freigelegte Masswerkfenster), 1688 Anbau der westl. Antoniuskapelle; Rest. 1964. Stattlicher, nach S gerichteter Barockbau mit 3seitig geschlossenem, eingezogenem Chor. Mittelalterl. Turm zwischen Schiff und altem Chor mit barocker, 2geschossiger Glockenstube, Uhrgeschoss und Zeltdach 1923; moderne Vorhalle. In Schiff und Chor Kreuzgratgewölbe auf Pilastern mit Gebälkstücken. Gewölbemalereien 1923 von Jos. Heimgartner, eingestimmt 1964. – *Ausstattung.* Festlicher Choraltar um 1740 von Antoni Sigristen, tempelförmiger Tabernakel mit Abendmahlsfiguren; Spätrenaissance-Seitenaltäre um 1647. Kanzel und Chorgestühl M. 17. Jh. O-Kapelle: Nepomukaltar mit vorzüglichen Rokokobildwerken von Ant. Sigristen um 1740. *Spätgot. Flügelaltar* A. 16. Jh. aus dem Werkstattkreis des Jörg Syrlin d. J.; 1964 neu zusammengesetzt: Im (neuen) Gehäuse Maria zwischen den Hl. Petrus und Sebastian, Johannes d. T. und Paulus; auf den Flügeln Relieffiguren der Hl. Antonius Eremit und Jakobus d. Ä., Mauritius und Luzius; auf der Rückseite gemalte Epiphaniedarstellung. An der Längswand der Kapelle spätgot. Pietà. Über dem Eingangsbogen zur Kapelle bemerkenswerter frühgot. Kruzifix 2. H. 14. Jh. In der um 1688 gut stuckierten Antoniuskapelle Pendentifkuppel; in den Kartuschen der Gewölbezwickel gemalte Evangelisten, auf den eingelassenen Wandbildern Fischpredigt des Hl. Antonius und Anbetung der Hirten. Im Stuckretabel Altarblatt 1923 von Jos. Heimgartner. Grobgehauener got. Taufstein, mit baldachinförmigem Aufsatz um 1650. An der Emporenbrüstung Stationenbilder und Heiligengemälde um 1760. Augsburger Monstranz und Kelch um 1680 wohl von Hans Franz Fesenmeier, 2 Augsburger Kelche 1687 und um 1680, letzterer vielleicht von Johannes Scheppich. – Harmonischer Dorfplatz vor der Kirche, umstanden von gestrickten, typisch walserischen Holzbauten des 17.–19. Jh.

Museum. Gandahus, ehem. im Weiler Leis. Volkskundliche Sammlung der Walser-Bauernkultur, gegr. 1945.

Valé. Kreuzkapelle. Erb. 1677; Rest. 1966. Kleiner tonnengewölbter Bau mit quadratischem Schiff und eingezogenem, 3seitig geschlossenem Chor. Nachgot. Flügelaltärchen 1597: Im Schrein Muttergottes mit dem Hl. Martin und Antonius Eremita, darüber Auferstehungschristus, Predella und Flügel bemalt. In durchbrochenem Barockrahmen Statue der Hl. Anna selbdritt um 1500, aus der Pfarrkirche Vals; Kruzifix um 1520–30. – *Peilertal.* Kapelle St. Michael. Chorloser Bau mit Stichbogengewölbe um 1700. – *Leis,* südwestl. Valé. Kapelle St. Jakob. Erb. um 1600–10, Umbau 2. H. 17. Jh.(?); Gewölbemalerei 17. Jh. Choraltar 1689; aufgehängtes bemaltes Flügelaltärchen 1626 aus der Werkstatt des Hans Jak. Greutter. – *Frund,* nördl. des Staudammes von Zervreila. Kapelle St. Anna. Tonnengewölbter Bau 1754 mit Glockenjoch über dem Eingang. Altarnische und Stuckaltar. – *Zervreila,* über dem Stausee. Kapelle St. Bartholomäus. Erb. 1957 von Walther Sulser an Stelle der im Stausee versunkenen Barockkapelle. Graziöser Altar um 1730–40.

LUGNEZ: LUVEN–VRIN

LUVEN (LUVIS). Ref. Pfarrkirche. Erwähnt 765 und 831; spätgot. Neu- oder Umbau um 1510–20, Verlängerung des Schiffs nach O und Neubau des Chors 17. oder 18. Jh.; Renov. 1937. Roman. Turm vor der W-Front mit gekuppelten Schallfenstern 12. Jh., barocke Zwiebelhaube. In Schiff und Chor Tonnengewölbe, 2 spätgot. Masswerkfenster im Schiff. Klobiger 8eckiger Taufstein 14. Jh., innen gerundet. Kanzel und Baldachingestühl der Familie Dalbert 1774. Übrige Ausstattung modern. – Haus am Dorfplatz. Vierteiliger gestrickter Längsbau auf gemauertem Sockel mit Durchgangsbogen, östl. Hälfte wohl noch 16. Jh. – Burgruine Castelberg, südöstl. unterhalb des Dorfes. Viergeschossiger Bergfried um 1200. Die Familie v. Castelberg übersiedelte im 14. Jh. nach Ilanz, seither verlassen.

CUMBELS. Kath. Pfarrkirche St. Stephan. Erb. A. 16. Jh., barocke Verlängerung nach O und W 1689; Renov. 1903–07. Stattlicher Längsbau, bestehend aus dem integrierten spätgot. Schiff mit barockem W-Joch und Seitenkapellen, dem eingezogenen spätgot. Chor (jetzt Vorchor) mit N-Turm sowie dem quadratischen Barockchor, der in der Breite des Schiffs auslädt; gefluchtete Sakristei am Chorabschluss. An den barocken Bauteilen Lisenen und Architektursgraffiti von 1689. Im Schiff Tonnengewölbe durch Gurten getrennt, im Chor mit Stichkappen. Die beiden nach 1689 erbauten Seitenkapellen öffnen sich unter dem umlaufenden Gebälk nach den östl. Schiffsjochen. Wandmalereien 2. H. 16. Jh.: An der N-Wand 10 Szenen aus dem Marienleben und 3 Apostel; am Chorbogen Anna selbdritt und weibliche Heilige; an der S-Wand Reste eines Schlachtengemäldes und einer Anbetung. Hochaltar 1763 von Joh. Trubmann, Seitenaltäre um 1710–20. Polygonale Rokokokanzel; architektonisch gegliedertes Chorgestühl um 1690. Paramente 18. Jh. – Zweigeschossiges Beinhaus, die Fassadenmalerei dat. 1818. – **Kapelle St. Mauritius,** im SW des Dorfes. Der Gründung nach vielleicht älteste Kirche im Lugnez, erwähnt 831, neuerb. 1716; Renov. 1935. Tonnengewölbter Barockbau mit 3seitig geschlossenem, eingezogenem Chor. Kräftige Gliederung am Aussenbau, Fassade in 6 Kompartimente eingeteilt. An der N-Seite des Chors Turm mit Spitzhelm. Choraltar 1717. Von einem älteren Altar um 1610 vermutlich von Hans Jak. Greutter das Gemälde im Giebel des Hochaltars mit dem Hl. Mauritius und seinen Gefährten sowie das Bild der Muttergottes mit den Hl. Stephanus und Vincentius. – Porclas oder Frauentor, westl. der Kapelle. So genannt, weil in der Lugnezerfehde die Frauen hier die Truppen der Grafen v. Werdenberg und v. Montfort vertrieben haben sollen. Spitzbogiger Durchlass 14. Jh., ehem. zu einer Letzi an der Talschaftsgrenze gehörig.

PEIDEN. Kath. Pfarrkirche Hl. Dreifaltigkeit. Erbaut A. 18. Jh., nach dem Brand 1896 renoviert. Ausstattung um 1700. – Kath. Filialkirche St. Luzius, bei der Brücke im Bad. Erwähnt 1345, Chor und Turm neuerb. um 1510. An das vielleicht noch roman. Rechteckschiff mit flacher Leistendecke des 17. Jh. schliesst sich ein eingezogener, 3seitig geschlossener Chor, darin 2jochiges Sterngewölbe auf zugespitzten Anfängern. Der Choraltar A. 18. Jh., nördl. Seitenaltar um 1730, südl. Seitenaltar 1666.

MORISSEN. Kath. Pfarrkirche St. Jakobus und Philippus. Neubau 1867–68. Choraltar um 1720, Tabernakel um 1680, Altarbild 1869 von Paul Deschwanden; neben den Säulen 2 spätgot. Figuren um 1500: Hl. Johannes d. T. und Jakobus d. Ä. Seitenaltäre um 1709, Gemälde M. 17. Jh. Polygonale Kanzel 1706 mit dichter Reliefschnitzerei. – Beinhaus. Zwei bemalte Flügel eines spätgot. Schreinaltars um 1520. – Kapelle St. Karl Borromeo, am O-Hang des Piz Mundaun. Barockbau 2. H. 17. Jh. mit eingezogenem Rechteckchor. Kunstlose Wandmalereien aus der Bauzeit.

***VILLA** (Abb. 73). **Kath. Pfarrkirche St. Vincentius*,** in *Pleiv* (Abb. 74) südöstlich des Dorfes. Mutterkirche der Talschaft, 831 erwähnt; von einer karolingischen Saalkirche 3 fast gleich grosse Apsiden 1911 ausgegraben und im Boden östl. des heutigen Schiffs sichtbar gemacht. Um 1500 Niederlegung der Apsiden und Bau eines gewölbten Chors mit Vierkantstreben an der W-Seite, 1661 Neubau des Schiffs über den karolingischen Grundmauern; Renov. 1930. Nördlich der Eingangsfront freistehender roman. Turm um 1100, das oberste Geschoss umgeb. um 1500, 8eckiger Spitzhelm. An der S-Seite des Chors Sakristei mit giebelbekrönter Nische, darin Barockmalereien. Vor der O-Fassade polygonaler Taufstein E. 13. Jh. Im Schiff flache Leistendecke von 1661 mit rechteckigen und rhombischen Feldern, im Chor auf Runddiensten 2jochiges Sterngewölbe mit 8eckigen Schlusssteinen. Fenster mit Fischblasenmasswerk; Wandtabernakel aus Tuffstein mit Blendmasswerk und Zinnenbekrönung. Zweigeschossiger, reichgeschnitzter *Choraltar* 1726 von Joh. Ritz, Tabernakel um 1640. An der N-Wand bemalter Renaissance-Altar um 1613 vielleicht von Hans Jak. Greutter. Chorgestühl um 1650, die bekrönenden Drachen 1694. An der südl. Chorwand spätgot. Kruzifix um 1500. Südl. Seitenaltar 1694 in Form einer Ädikula über Konsolen, der nördl. Seitenaltar 1734 von Joh. Sepp; polygonale Kanzel 1674. An der N-Wand des Schiffs St.-Annen-Altar 1763 von Joh. Trubmann. Kolossalbild der Schlacht bei Lepanto 1630 von Giov. Batt. Macholino. Barockkelch um 1660 und Paramente 18. Jh. – **Kath. Filialkirche St. Sebastian und Rochus,** im Dorf. Erb. 1587, geweiht 1592; verlängert und renov. 1939–40. Turm neben der Fassade wohl erst 17. Jh. mit gekuppelten Fenstern und gezimmertem Glockengeschoss. Fassadengemälde 1940 von Alois Carigiet. Im eingezogenen, 3seitig geschlossenen Chor Netzgewölbe mit dünnen Rippen über Kämpfern. Flügelaltar, laut Inschrift 1601 gemalt von Hans Ardüser im Auftrag des Landeshauptmanns Gallus v. Mont. Vorzügliches Wandgemälde italienischen Gepräges M. 15. Jh. mit dem Hl. Antonius Erem., abgelöstes Fragment aus dem Haus Nr. 20. Am Chorbogen 3 Tafelgemälde 1. H. 17. Jh., ikonographisch bemerkenswert die Darstellung der Immakulata. Der Wappenzyklus 1592 an der nördl. Schiffswand ist ein Rest der 1885 zugetünchten Ausmalung von Hans Ardüser, der an der südl. Aussenseite ein Gemälde mit Maria und den Pestheiligen mit vollem Namen signierte. – Rechteckiger geschlossener Dorfplatz. – Haus zur Post. Erb. 1797 für Christian Ulr. v. Mont. Kubischer Bau mit geschweiftem Giebel und Zeltdach mit bekrönendem Kuppeltürmchen. – Schloss Demont. Neuerb. 1666 für Margareta v. Schauenstein, Witwe des Melchior v. Mont. Hohes Satteldach und Krüppelwalm deutscher Art, Turm an der SO-Ecke.

***IGELS (DEGEN). Kath. Pfarrkirche St. Mariä Himmelfahrt.** Erwähnt 831, Neubau geweiht 1504; Renov. 1906. Einheitlich spätgot. Bau mit eingezogenem, strebenbesetztem Chorpolygon und Turm an der SO-Ecke des Schiffs; moderner Turmabschluss von Georg Berther; Sakristei barock. Vor der W-Front alter spätroman.(?) Taufstein mit Rundschale über Ringwulst; spätgot. profiliertes Hauptportal. Im Schiff und Chor Rautengewölbe auf Runddiensten. Wandmalereien an der südl. Chorwand in zwei Schichten 1568 und 1624: Thronende Muttergottes zwischen den Hl. Luzius und Florinus und kniender Priester mit datierter Inschrift; darüber Marienkrönung, die Wappen Jochberg und Capol sowie Darstellung des 12jährigen Jesus im Tempel, 1624 von Hans Jak. Greutter. *Spätgot. Flügelaltar**, dat. 1520, schwäbisch: Im kleeblattförmig geschlossenen Schrein nur die beiden äussersten Figuren der Hl. Katharina und Ursula alt; auf den Flügelreliefs die Hl. Luzius und Barbara sowie Martin und Dorothea; in der Predella Christus mit den Aposteln; im Gesprenge Muttergottes mit den Hl. Mauritius und Antonius, darüber Kreuzigungsgruppe; auf den bemalten Rückseiten des Schreins Gethsemane, der Predella Schweisstuch mit den Hl. Luzius und Florinus, der Flügel Mariä Verkündigung; die Standflügel zeigen die Hl. Emerita, Agatha, Lorenz und Leonhard. Chorgestühl und Pietà 2. H. 17. Jh. Gute Seitenaltäre 1. H. 18. Jh. aus der Werkstatt Ritz; polygonale Kanzel 1693. Im Kirchenschatz frühgot. Vortragekreuz M. 14. Jh., Kelch um 1710–20, Messgewänder 18. Jh. – Pfarrhaus. Erb. 1696 unter Pfarrer Ant. Arpagaus. Im erkerartigen Türmchen des Giebels

Kapelle mit Stuckaltärchen aus der Bauzeit. – Kapelle St. Viktor (Sogn Vetger), südl. des Dorfs. Erwähnt 831, Neubau geweiht 1704. Barockbau mit eingezogenem, 3seitig geschlossenem Chor; Tonnengewölbe auf umlaufendem Stuckgebälk. Choraltar um 1704, mit Gemälde um 1630 in der Art des Hans Jak. Greutter, ein weiteres Bild von gleicher Hand. Glocken um 1200 und M. 14. Jh. – **Kapelle St. Sebastian.** Malerischer Bau inmitten sanfter Weiden, südwestl. des Dorfes. Die vielleicht E. 13. Jh. errichtete Kirche erfuhr 1494 eine spätgot. Umgestaltung, wobei der Chor neugebaut und das Schiff erhöht wurden; Renov. 1911. Am eingezogenen, 3seitig geschlossenen Chor Eckstreben, ebenso an der W-Fassade. Turm an der S-Seite des Schiffs 14. Jh., die Mittelstützen der gekuppelten Fenster got. gefast; als Abschluss Rundbogenfries und barocke Zwiebelhaube. Im Schiff flache Leistendecke, Kopie nach Original 1495. Im Chor übermaltes Rautengewölbe auf stumpfen Anfängern. – *Ausstattung.* Drei vorzüglich aufeinander abgestimmte Schnitzaltäre von Antoni Sigristen um 1741: Im barocken Choraltar Teile eines beachtlichen spätgot. Schnitzaltars, laut Signatur am Sockel des Schreins 1506 von Ivo Strigel; im Schrein Muttergottes zwischen den Hl. Johannes d. T. und Sebastian, Georg und Rochus; in der Predella Christus und die Apostel; im Giebel die ehem. Flügel mit Reliefs der Hl. Magdalena und Verena, Katharina und Barbara; auf der Rückseite des Schreins Gethsemanebild. Zweigeschossige Seitenaltäre in reicher Schnitzarbeit, südl. Altarblatt um 1630 mit Pestdarstellung. Fünf Gemälde um 1630 von Hans Jak. Greutter.

Rumein. Kapelle St. Antonius von Padua. Erbaut 1669–70, geweiht 1672, Turm an der N-Wand des Chores nachträglich angebaut; Rest. 1953. Kleiner Barockbau mit eingezogenem Polygonalchor; im Innern Blenden zwischen Wandvorlagen mit umlaufendem Gebälk, darüber Kreuz- bzw. Tonnengewölbe. Wandmalerei 1696 von Joh. Christoph Guserer: Hl. Michael als Seelenwäger und Teufelsbezwinger sowie Rosenkranzbild. Choraltar um 1669, Seitenaltäre aus Stuck wohl 1696.

Vattiz. Kapelle St. Nikolaus und Valentin. Origineller Zentralbau um 1700; nach Brandbeschädigung renov. 1931. Gestreckte Achteckanlage mit geschweiftem Dach; 6eckiger Turm an der N-Seite 1931 gekürzt. Auf Wandvorlagen umlaufendes Gebälk, darüber Muldengewölbe. Stuckaltar um 1700.

VIGENS (VIGNOGN). Kath. Pfarrkirche St. Florinus. Neubau um 1500; Verlängerung des Schiffs um ein Joch nach W, Erneuerung der Fenstermasswerke und Renov. 1906, Rest. 1967. Vollständig mit Sterngewölben gedeckte spätgot. Kirche, ähnlich derjenigen in Igels (s. S. 242), aber mit Strebepfeilern auch am Schiff. Turm an der S-Seite des eingezogenen Polygonalchors, mit gezimmerter Glockenstube und 8eckigem Helm. Im Chor Wandmalerei dat. 1595: Hl. Matthäus, Madonna in Wolkenkranz, Gnadenstuhl sowie die Hl. Florinus, Markus und Johannes. *Spätgot. Flügelaltar* von 1516 signiert Jörg Kändel von Biberach, urspr. in der Pfarrkirche Platta: Im Gehäuse mit kleeblattförmigem Schluss gute vollplastische Muttergottes und etwas steife Relieffiguren anbetender Heiliger in entwickeltem Parallelfaltenstil, desgleichen auf den Flügeln; Predellarelief mit Halbfiguren Christi und der Apostel; auf den bemalten Rückseiten der Flügel Verkündigung und Heimsuchung, auf der Predella Schweisstuch gehalten von den Hl. Petrus und Paulus. Spätgot. Pestkreuz. Reste einer got. Holzkanzel, seit 1967 als Ambo verwendet. – Kapelle St. Gaudentius. Neuerb. 1648 anstelle einer 1345 erwähnten Kapelle, die etwas südlicher lag; Renov. 1923. In Schiff und eingezogenem Rechteckchor Tonnengewölbe auf Wandvorlagen mit Gebälk. Altar um 1700; auf der Empore von 1790 Rokoko-Orgel aus der Pfarrkirche. – Haus Casanova. Würfelförmiger Bau 1779 mit Mansartdach und S-Giebel; Malerei 1836.

LUMBREIN. Kath. Pfarrkirche St. Martin. Erwähnt 1345, neuerb. 1646; Rest. 1969–70. Schlanker, talwärts nach S gerichteter Barockbau mit eingezogenem, 3seitig geschlossenem Chor, unter diesem gewölbtes Beinhaus. Turm an der O-Seite des Schiffs, die 2geschossige Glockenstube mit Zwiebelhaube 1654. Im Innern Kreuzgewölbe auf Pilastern; am Chorbogen Stukkaturen italienischen Gepräges. An der W-Wand 1969 abgedecktes Gemälde eines Jüngsten Gerichts 1694 von Nicolao Giuliani von Roveredo. Im Gewölbe dekorative und figürliche Malerei 1661 von Joh. Rud. Sturn. Guter 2geschossiger Hochaltar 1741–43, vielleicht von Ant. Sigristen, Gemälde 17. Jh.; tempelförmiger Tabernakel um 1700, darüber Elfenbeinkruzifix um 1750; seitliche Reliquienetageren um 1740. Seitenaltäre aus Stuck um 1647, Holzanfügungen später. Immakulatafigur von Erasmus Kern, M. 17. Jh., aus dem Rosenkranzaltar. Taufstein in Becherform A. 15. Jh. Im Kirchenschatz u. a. Prager Kelch 1580, got. Vortragekreuz 2. H. 14. Jh., Kelche 17. Jh. und 1782. – Kapelle Mariä Schmerzen, erb. 1844. *Spätgot. Flügelaltar* in der Art des Ivo Strigel, dat. 1490, rest. 1967; urspr. in der Pfarrkirche, dann in Sontg Andriu. Im Schrein Muttergottes, Johannes d. T. und Martin, auf den bemalten Flügeln Magdalena und Barbara, Dorothea und Margaretha, hinten Deesis. Beachtlich die spätgot. Marmorierung. – Schloss, unterhalb der Pfarrkirche. Vermutlich A. 13. Jh. von den Herren v. Lumbrein erbaut, im Besitz der Familie Capol seit A. 16. Jh.; noch bewohnt. Der südl. Teil des Turmes nach teilweiser Zerstörung in Stricktechnik neuaufgeführt.

Kapelle St. Rochus, westl. des Dorfes. Erb. 1628–29; Rest. 1967. Im ehem. Pestfriedhof kleiner gewölbter Barockbau mit 3seitig geschlossenem Chor und Dachreiter mit Zwiebelhaube. Altarbild um 1630 von Hans Jak. Greutter. – *Sontg Andriu.* **Kapelle St. Andreas.** Barockbau um 1660. Rechteckschiff mit N-Turm unter Kuppelhaube und quadratischer Chor. Der kreuzgewölbte Innenraum vollständig ausgemalt 1695 von Joh. Christoph Guserer aus Dingolfing: An der nördl. Chorwand die Hl. Plazidus und Sigisbert mit einer Darstellung des Klosters Disentis vor dem Neubau, im Gewölbe Kirchenväter, am Chorbogen Mariä Verkündigung, im Schiffsgewölbe Passionsszenen, an den Wänden die 12 Apostel. Choraltar um 1750; 2 Figuren der Hl. Katharina und Barbara in den seitlichen Nischen gehören zu einem Altar von 1475. Seitenaltäre mit üppigen Akanthusrahmen um 1720. – *Surin*, auf der rechten Talseite. Kapelle St. Nikolaus. Erwähnt 1599, neuerb. 1695; Renovation 1928. Turm mit zeltförmigem Plattendach; im Schiff Tonnengewölbe, im 3seitig geschlossenen Chor Kreuzgewölbe. Choraltar um 1700, bereichert um 1770. S-Seite: Flügelaltärchen A. 17. Jh., aus der Kapelle Silgin; N-Seite: Flügelaltärchen mit Schreinfiguren und gemalten Flügeln 1. H. 17. Jh. Polygonkanzel A. 17. Jh., mit Pilasterhermen und Evangelistenfiguren. – *Silgin.* **Kapelle St. Sebastian.** Vielleicht im 16. Jh. erbaut, umgestaltet 1643; Renov. 1928 und 1961. Ungegliederter Barockbau mit annähernd quadratischem Schiff und eingezogenem, flach geschlossenem Chor, Dachreiter mit Zwiebelhelm; neue Vorhalle von Georg Berther. Fassadenmalerei 2. H. 18. Jh.: Ecce homo, Immakulata, Hl. Georg und andere Heilige. Im flachgedeckten Schiff und kreuzgewölbten Chor Wandmalereien 2. H. 17. Jh.: An den Schiffswänden Apostelreihe mit Artikeln des Credo; am Chorbogen Rosenkranzgeheimnisse in Medaillons und die Hl. Katharina und Dominikus; im Chor die Hl. Antonius von Padua, Paulus, Ursula und Franziskus, im Gewölbe die Evangelisten. An der Schiffsdecke Bemalung des frühen 18. Jh. Graziöser Rokoko-Altar 1785; kleine Orgel.

VRIN. Geschlossenes Haufendorf mit braungebrannten Holzhäusern. **Kath. Pfarrkirche Mariä Geburt und Johannes Bapt.** Geweiht 1695 nach Neubau von Antonio Beroggio aus Roveredo. Eindrucksvoller Barockbau mit querschiffartigen Seitenkapellen und schwach eingezogenem, 3seitig geschlossenem Chor; Campanile mit 2 Glockengeschossen und geschweiftem Helm. An der N-Seite polygonales Beinhaus mit 3reihigem Fries aus Totenschädeln unter dem Dachansatz; innen Kruzifix um 1700. Die 3achsige Fassade durch Lisenen und vertiefte Felder in 2 Geschossen kräftig gegliedert. Im Innern tragen Pilaster ein reichprofiliertes, umlaufendes Gebälk, auf dem ein Tonnengewölbe mit Gurten und Stichkappen ruht; runde Oberlichter, in den Kapellen Lünettenfenster. Der pralle Stuck italienischen Gepräges konzentriert sich auf die Kapellengewölbe; am Chorbogen stuckierte Verkündigungsgruppe, im Scheitel Kartusche mit Datum 1693; Deckenmalerei 1919. Zweigeschossiger Hochaltar 1710, wohl von Joh. Ritz; Chorgestühl um 1700. Die Seiten- und Kapellenaltäre aus Stuck E. 17. Jh.; in letztern Reste spätgot. Altarwerke: In der N-Kapelle schwäbisches Vesperbild um 1504, in der S-Kapelle Predella eines Altars aus der Strigel-Werkstatt, von dem sich weitere Figuren in der Kapelle in Puzzatsch (s. unten) erhalten haben. Achteckiger Taufstein 15. Jh.; architektonisch gegliederte Polygonalkanzel 1709; Orgelprospekt um 1800 (Werk neu). Im Kirchenschatz u. a. got. Kelch 15. Jh., Vortragekreuz um 1400, 2 Messgewänder 18. Jh.

Cons. Kapelle Hl. Dreifaltigkeit. Erb. 1740; Renov. 1903, Rest. 1967. Tonnengewölbter Barockbau mit eingezogenem, 3seitig geschlossenem Chor und Turm mit Spitzhelm über der südl. Schiffsecke. Altar um 1740, mit gewundenen Säulen und Figuren der Hl. Joachim, Anna und Maria, Antonius Eremit und Georg; Régence-Antependium und Rokokotabernakel. – *Tagmanada.* Kapelle St. Joseph. Geweiht 1717. Altar- und Lederantependium 1717. – *Puzzatsch.* Kapelle St. Valentin. Neubau geweiht 1643, Umgestaltung 1744, Turm um 1950. Barockkapelle mit eingezogenem Polygonalchor; das umlaufende Gebälk trug urspr. auch im Schiff ein Gewölbe, heutige ländlich bemalte Flachdecke 1744. Ausstattung 1731; im linken

Seitenaltar spätgot. Muttergottesstatue, über dem Choraltar Figuren der Hl. Johannes d.T. und Theodul, alle 3 Bildwerke vom ehem. Choraltar der Pfarrkirche in Vrin, Strigel-Werkstatt um 1500. – *Vanescha*, im Glogner Tal, Kapelle St. Johannes und Paulus. Barockbau 1684, mit Glockenjoch auf der Übermauerung des Chorbogens. Schiff flachgedeckt, im eingezogenen, fast quadratischen Chor ein Tonnengewölbe mit Stichkappen; Altärchen aus der Bauzeit.

FLOND. Ref. Kirche. Erb. 1713; Renov. 1881 und 1934. Auf einem Felsen anspruchsloser Barockbau mit 3seitig geschlossenem, eingezogenem Chor. Im Schiff Holztonne, im Chor Tonnengewölbe mit Stichkappen; am Chorbogen Gemälde 1934 von L. Meissen. Polygonkanzel 1713.

SURCUOLM (NEUKIRCH). Kath. Pfarrkirche St. Georg. Neubau geweiht 1604, umgeb. 1856. Tonnengewölbter Bau mit quadratischem Chor und Kuppelturm. Hochaltar M. 18. Jh., Figuren und Tabernakel um 1680, Altarblatt von Dominik Annen 1874; Marienaltar links 1718 (Figur neu), Magdalenenaltar rechts 1740. Im Beinhaus manieristischer Kruzifix A. 17. Jh.

OBERSAXEN (SURSAISSA). Das ursprünglich roman. Gebiet ist vielleicht schon seit dem 12. Jh. von Walsern besiedelt. Die Gemeinde besteht aus zahlreichen, auf der Hochterrasse südl. des Vorderrheins verstreuten Weilern und Einzelhöfen; typische Siedlungsform der Walser. – *Valata.* Kapelle St. Anna. Gestiftet um 1600; Rest. 1963. Am Rand der Bergterrasse stehender Bau mit gerade schliessendem, sich leicht verjüngendem Chor und offenem Dachreiter. Tonnengewölbe; einziges Fenster an der S-Seite des Chors. Im Barockaltärchen um 1700 interessantes Gemälde M. 17. Jh. mit Anna selbdritt, Muttergottes und Rochus. – *Egga (Largera).* Kapelle St. Anton von Padua. Neubau 1707, geweiht 1716. Barockbau mit eingezogenem, 3seitig geschlossenem Chor und später angebautem Turm. Fassade mit Lisenen und Gesimsen, im Innern Tonnengewölbe. Altäre um 1716; in den beiden Seitenaltären Blätter von Joh. Sepp, im Choraltar Gemälde von Joh. Jak. Rieg, der auch die Gewölbemedaillons gemalt haben dürfte. – Burgruine Moregg, zwischen 2 Tobeln östl. der Kapelle. Erb. vielleicht um 1200, später im Besitz der Herren v. Rhäzüns. Namhafte Reste des Berings und eines Turms. – *Affeier (Vivèr).* Kapelle Mariä Heimsuchung. Chorloser Bau 1626, mit polygonaler Leistendecke; Renov. 1964. Altar um 1700 und altertümliche Beweinungsgruppe; Altarblatt und weiteres Gemälde 1668 von Nicolao Giuliani aus Roveredo. – *Platenga.* Kapelle Hl. Drei Könige. Barockbau 1695; Saal mit Holztonne und gerade geschlossener kreuzgewölbter Chor, der sich in die Tiefe verjüngt. Wandmalerei 1704 von Joh. Jak. Rieg (stark übermalt). Choraltar um 1700; bescheidenes Renaissanceretabel 1593 aus einer Vorgängerkapelle. – *Misanenga.* Kapelle St. Jakob. Erb. 1617; Innenrenov. 1952. Einfacher Saal mit Walmdecke; frühbarockes Altärchen mit Gemälde 1679 von Joh. Christoph Guserer. – *Miraniga.* Kapelle St. Sebastian. Laut Inschrift erb. 1705; Rest. 1966. Saal mit Holztonne und 3seitig geschlossenem, eingezogenem Chor. Wandmalereien 1705 von Joh. Jak. Rieg. Altarblatt 1688 von Fridolin Eggert, Rahmen um

1750. – *Meierhof.* Kath. Pfarrkirche St. Peter und Paul. Erwähnt 831; neuerb. 1904 von Balthasar Decurtins. Von einem Vorgängerbau stammt der roman. Turm mit Blendbogen und gekuppelten Schallfenstern; 8eckiger Spitzhelm über Wimpergen 1689. Neuroman. Kirche mit neubyzant. Ausstattung. In der Sakristei thronende Muttergottes um 1400, zwei gotische Kelche 2.H.15.Jh. – **Kapelle St. Georg.** Erbaut Anfang 17.Jh., in neuester Zeit renoviert. Qualitätvoller *spätgot. Flügelaltar* der Strigel-Werkstatt um 1489, aus der Pfarrkirche. Im Schrein Muttergottes zwischen den Hl. Katharina und Magdalena, auf den bemalten Flügeln Hl. Barbara und Margaretha sowie die beiden Johannes. – Kapelle St. Joseph, westl. Meierhof. Neuerb. 1862. – *Ganterdun.* Kapelle St. Valentin. Erb. vor 1643; Altar um 1670. – *St. Martin.* **Kath. Filialkirche.** Chor neuerb. um 1500, Schiff verlängert 1874; Rest. 1959. Im Chorscheitel barocker Turm 1768 mit Zwiebelhaube. Im Schiff stichbogige Gipstonne, im spätgot. Chorpolygon Sterngewölbe aus Tuff auf schildchen- und fratzenverzierten Anfängern. Choraltar um 1740, Tabernakel um 1760; Rosenkranzaltar um 1720 (Pietà modern); nördl. Altar um 1720–40, Régence-Antependien. Kanzel um 1770, Kruzifix am Chorbogen 17.Jh. – *Bellaua.* Kapelle St. Johannes Baptista. Vermutlich im 18.Jh. erbaut. – *Axenstein.* Kapelle St. Ignatius. Neubau an Stelle der 1938 durch einen Felssturz zerstörten roman. Kapelle. – Burgruine Saxenstein, nördl. von Axenstein. Vielleicht im 11.Jh. gegründet. Reste eines Turms mit Hocheingang durch schöne Rundbogentüre im 2. Geschoss. – Burgruine Schwarzenstein, am Nordrand der Obersaxener Terrasse über steiler Felswand. Erb. im 12.Jh., erwähnt 1289 als Rhäzünser Besitz. Mauerreste einer ehem. bedeutenden Anlage.

ZIGNAU (RINGGENBERG). Kath. Kirche St. Jakob und Christophorus, Filiale von Truns. Der Barockbau von 1713 durch eine Rüfe zerstört 1927, Neubau von Alfons Furger im Stil der Spätgotik. Choraltar aus der alten Kirche um 1713, Tabernakel um 1760; Seitenaltäre um 1670; Polygonkanzel um 1713. – Burgruine Ringgenberg, südl. des Dorfes. Erb. 2.H. 13.Jh. als Grenzfeste des Klosters Disentis; Sitz der Ministerialen v. Ringgenberg. Vier Geschosse des ehem. Wohnturms sowie Reste von Bering und Zwinger erhalten. – *Alp Nadels.* Kapelle St. Brigitta. Erb. 1734; Renov. 1934. Urspr. tonnengewölbter Bau, heute mit Holzdecken in Schiff und eingezogenem Polygonalchor. Hinter dem einfachen Holzaltar ehem. Altar aus Stuck mit Giebelvoluten.

SOMVIX–DISENTIS

RABIUS. Kath. Pfarrkirche Mariä Geburt. Neubau 1928 durch Adolf Gaudy, von Vorgängerbauten die westl. Längswand von 1669 und der Turm nach 1886; Rest. 1965. Deckenbilder und Glasgemälde 1929 von Aug. Meinrad Bächtiger. Drei Altäre um 1687; am Choraltar Immakulatagemälde von Fridolin Eggert, in Anlehnung an dasjenige in Acletta. Rokokanzel um 1760–70. – *Campieschas.* Kapelle St. Michael. Laut Datum an der Fassade erb. 1669. Dreiseitig geschlossener Einheitsraum mit Tonnengewölbe; aussen am Schiff stichbogige Flachnischen. Figürliche Malereien.

– Kapelle St. Nikolaus, im W des Dorfes. Erb. wohl E. 17. Jh.; Renov. 1930. Spätgot. Figur des Hl. Nikolaus A. 16. Jh.

SOMVIX (SUMVITG). Kath. Pfarrkirche St. Johannes Bapt. Neubau 1633, Turm 1670; Wiederherstellung nach Brand 1785, wobei die östl. Seitenkapellen neu hinzukamen; Neugestaltung der W-Partie und der Fenster 1938. N-Turm mit 2geschossigem Glockenhaus, geschweiften Giebeln und hochgezogener Zwiebelhaube. Im Schiff Gipstonne mit Stichkappen über einfachem Gesims, Stuck 1938. Drei Altäre um 1785, Teile der architektonischen Elemente um 1720; Rokokokanzel 1785. In den Seitenkapellen Beichtstühle aus Relikten der ehem. Altäre. In der zum Barockbestand gehörenden N-Kapelle als Reliquienvitrine ausgebildeter Rokoko-Altar um 1785, mit zwei spätgotischen Büstenreliquiaren um 1500. Zwei hölzerne Chorleuchter um 1670–80. Chorbogenkruzifix M. 16. Jh. – **Maissen-Haus,** Nr. 20. Erb. 1570 für Landrichter Gilli Maissen; Rest. 1965–66. Ländliche Fassadenmalereien und Dekorationen E. 16. Jh., in der Art des Hans Ardüser: Wappen des Hochgerichts Cadi, der Drei Bünde und darüber des Bauherrn, ausserdem die Hl. Martin, Michael und Georg; Fahnenträger und Gleichnis des Lazarus wohl 17. Jh. O-Anbau gemauert und gestrickt, wohl 18. Jh. – Haus Nr. 59. Neubau 1673 für Clau Maissen; Wappentafel. – Haus Schmidt. Erb. 1767 für Landschreiber Schmidt. Auf gemauertem Sockelgeschoss Strickbau mit Tätschdach; Sprüche in deutscher Sprache. Klebdächer und Portalgiebel 1820. Getäferte Stube, zeitweilig als Gerichtssaal verwendet.

Sogn Benedetg. **Kapelle St. Benedikt.** Gegründet wohl vor 1000, wie die hufeisenförmige Apsis einer ausgegrabenen Vorgängerkirche annehmen lässt. Neuerbaut 2. H. 13. Jh., gleichzeitig Begründung einer Beginenniederlassung ohne klösterliche Bindung; Chor neuerb. 1522; Renov. 1934 und 1957. Kleiner malerischer Bau mit einem ausladenden, 3seitig geschlossenen Chor und seitlichem Lawinenbrecher. Barocke Holztonne im Schiff, Sterngewölbe auf Konsolen im Chor. An der W-Wand 2 durch das Portal getrennte Darstellungen des Jüngsten Gerichts: Himmel und Hölle, oberitalienisch um 1430–40; an der S-Wand Rest eines Epiphaniebildes M. 15. Jh. Über dem Chorbogen barocke Darstellung 1670 der Erteilung der Benediktinerregel durch den Ordensgründer. Altar um 1670, spätgot. Figuren der Hl. Sebastian und Rochus um 1515 aus Platta.

SURREIN. Kath. Pfarrkirche St. Plazidus. Neubau geweiht 1695, heutiges Schiff 1950–51. Die nach S gerichtete Chorpartie setzt sich aus dem ehem. Schiff und dem eingezogenen, 3seitig geschlossenen Chor zusammen, an den sich westl. der Turm lehnt. An den alten Raumteilen Tonnengewölbe mit Stichkappen auf ion. Pilastern mit umlaufendem Gebälk. Dekorative und figürliche Gewölbemalerei 1696–97 von Joh. Jak. Rieg. Im barokken Choraltar spätgot. Muttergottesstatue (Kopf neu), 2geschossiger Tabernakel in Tempelform. – *Reits.* Kapelle St. Nikolaus. Erb. 1716; Rest. 1966. Dreiseitig geschlossener, von 4 Streben eingefasster Bau mit Holztonne im Schiff und gemauerter Tonne im Chor; offener Dachreiter. Im Chor dekorative und figürliche Ausmalung aus der Bauzeit; der Altar 2. H. 17. Jh.

VAL SOMVIX. *Val.* Kapelle St. Paul. Neubau geweiht 1643, umgebaut 1695; Renov. 1889 und 1937. An der Fassade Reste barocker Bemalung mit Rosenkranzmedaillons. Rechtecksaal mit flacher Decke. Auf dem Altar 3 ländliche Figuren um 1643. – *Tenigerbad.* Kapelle St. Maria zum Schnee. Tonnengewölbter Bau 1674 mit eingezogenem, 3seitig geschlossenem Chor. Origineller Dachreiter auf einzigem Mittelpfosten. Altarblatt 1696 von Joh. Jak. Rieg. – *Run.* Kapelle St. Anton, neuerb. 1897.

COMPADIALS. Kapelle St. Joseph, Filiale von Somvix. Erb. 1641; verlängert und rest. 1955. Zweijochiger, von Streben eingefasster Barockbau mit eingezogenem, 3seitig geschlossenem Chor und neuem, schmalerem Eingangsjoch. Tonnengewölbe über Vorlagen und umlaufendem Gebälk; Gewölbemalereien um 1700. Choraltar mit Bild der Hl. Familie um 1700 und bemaltem Antependium. An der N-Wand barockes Reliquienkästchen in Tempelform, begleitet von 2 spätgot. Bischofsfiguren 1. H. 16. Jh. Chorstühle mit gemalten und geschnitzten Ornamenten um 1650. Seitenaltäre im Knorpelstil um 1670–80, links spätgot. Muttergottesstatue A. 16. Jh. – *Laus.* Kapelle St. Laurentius und Sebastian. Neubau 1695, mit eingezogenem tonnengewölbtem Rechteckchor; am Schiff aussen und innen (unter Gipstonne) Blendbogen. Drei Altäre um 1695, Anbauten am Choraltar um 1770.

DISLA. Kapelle St. Luzius. Charakteristischster Vertreter unter den Zentralbauten im Vorderrheintal (vgl. Rhäzüns, Ruschein und Vattiz); Rest. 1960. Die 1716 geweihte Kapelle besteht aus einem oktogonalen, von Lisenen gegliederten Schiff und dem rechteckigen, innen 3seitig geschlossenen Chor mit in der Achse angebauter Sakristei; über beiden Raumteilen einheitliches polygonales Kuppeldach mit offenem Dachreiter. Architektonisch gerahmtes Portal in der Hauptachse. Im Innern auf Pilastern umlaufendes Gebälk, das im Oktogon eine Kuppel mit Stichkappen, im Altarhaus ein Tonnengewölbe trägt; Ausmalung 1695 von Joh. Christoph Guserer. Altar M. 17. Jh.; am Chorbogen Pestkruzifix A. 18. Jh. – *Madernal.* Kapelle St. Sigisbert. Gewölbter Bau vor 1637 mit flachgeschlossener Altarnische; Tafelretabel von 1637. – *Pardomat.* Kapelle St. Antonius Eremita. Kreuzgewölbte Kapelle 1718 mit flach geschlossenem Chor. Barockaltar um 1720 mit den Rosenkranzgeheimnissen und Muttergottesgemälde.

CAVARDIRAS. Kath. Kirche St. Antonius von Padua, Filiale von Disentis. Neuerb. 1689, Turm etwas später; Renov. 1931. Zweijochiger Barockbau mit eingezogenem, 3seitig geschlossenem Chor; Turm an der S-Seite des Chors mit Wimpergen und Pyramidenhelm. Wölbung und Stukkaturen 1931. Choraltar um 1690, das obere Gemälde von Sigisbert Frey, seitliche Aufbauten für Reliquien um 1760–70, Tabernakel um 1720 von Peter Soler. Linker Seitenaltar um 1690, rechter Altar um 1720 mit moderner Figur; Antependien und Kanzel um 1740–60.

***DISENTIS (MUSTÈR)** (Abb. 76, 79). **Benediktinerkloster St. Martin*.** *Wichtigstes Kloster in Graubünden, dessen grosszügige Barockanlage mit zwei Kuppeltürmen das Tal beherrscht.* Durch Bischof Ursizinus von Chur gegründet um 750 über den Gräbern der Hl. Eremiten Sigisbert und Plazidus, die sich um 700 aus dem Kloster Luxeuil hieher in «Desertina» (Disentis) zurückgezogen hatten. Nach Zerstörung des Klosters 940 durch die Sarazenen wiederaufgebaut mit Unterstützung der Sachsenkaiser, die zur Sicherung des Lukmanierpasses eine weite territoriale Entfaltung förderten. Es entstand ein reichsunmittelbarer Klosterstaat, der das ganze Oberland umfasste und sich anfänglich auch auf das Urserental jenseits des Oberalps, ja bis nach Oberitalien erstreckte. Nach den Reformationswirren erstarkte das Kloster erneut unter den Äbten Christian v. Castelberg (1566–1584) und vor allem unter Augustin Stöcklin (1634–1641). Am 6. Mai 1799 brannten französische Truppen Kloster und Dorf nieder, ein weiterer Klosterbrand erfolgte 1846. Angliederung eines humanistischen Gymnasiums 1881. – *Frühmittelalterliche Anlagen.* Die ersten 3 Kirchen St. Maria, St. Martin und in der Mitte St. Peter standen nebeneinander auf dem Grund des heutigen Klosterhofs und der modernen Marienkirche. Die 3 Apsiden der alten Marienkirche wurden 1895–99 von Aug. Hardegger als Krypta in die neue Marienkirche einbezogen. Grabungen 1906–07 ermittelten in der ehem. Martinskirche einen Querstollen mit bienenkorbförmigem Rundbau, der als Reliquienkrypta des Hl. Plazidus interpretiert wird und zu einer älteren Kirche gehört haben muss (nicht zugänglich). Das einzige Fensterchen des an prähist. Rundgräber erinnernden Baues lässt das Sonnenlicht um den 11. Juli, das Fest des Hl. Plazidus, am längsten hereinscheinen. Die roh herausgehauene Kammer am Ende des Stollens ist wohl ein Grab. Im Schutt des Klosterhofs fanden sich zahlreiche figürliche und ornamentale, teilweise farbig bemalte Stuckfragmente aus dem 7.–8. Jh., die zu den ältesten in der Schweiz gefundenen Zeugnissen dieser Kunstgattung gehören; im Klostermuseum.

Klosterkirche St. Martin. Unter Abt Adalbert III de Funs (1696–1712) neuerbaut wohl nach einem Projekt von Casp. Mosbrugger, Rohbau vollendet 1704. Der Brand von 1799 brachte das vorderste Chorgewölbe zum Einsturz, wodurch der Choraltar zerstört wurde. Durchgreifende Renov. 1914 im Chor und 1925–26 im Schiff. Der geschlossene, von Lisenen gegliederte Rechteckblock der Klosterkirche steht quer zum Hang und nimmt die O-Seite des breitrechteckigen Klostergevierts ein. Die nach S dem Tal zugewandte *Zweiturmfassade* wird durch Gesimse in 2 Hauptgeschosse und ein den Türmen zugeordnetes Giebelgeschoss unterteilt. Toskanische Pilaster gliedern die Hauptgeschosse in 5 Achsen, in denen stichbogige Fenster sitzen. Achteckige Aufsätze mit «welschen» Hauben bekrönen die streng in die Fassade gebundenen Türme. In den Flachnischen des Giebelgeschosses gemaltes Schutzmantelbild sowie die Hl. Martin und Georg. Säulenportal mit offenem Segmentgiebel. Der von einer Stichkappentonne mit Gurtbogen überdeckte *Innenraum* verkörpert das sog. Vorarlberger Wandpfeilersystem mit bis zum Altarhaus ringsumlaufenden Emporen in rhythmisierter Jochfolge. Das Eingangsjoch und die 3 Schiffsjoche gehen in ein breiteres, infolge der zurückspringenden Emporen und der abgeschrägten Chorbogenpfeiler als Querschiff empfundenes Joch über, an das der 5 Stufen höhere Vorchor und das wiederum 5 Stufen höhere, von Sakristeien begleitete Altarhaus anschliessen. Die 2geschossigen Wandnischen sind durch Gänge untereinander verbunden; im Erdgeschoss kreuzgewölbte Seitenkapellen, über den Emporen Quertonnen. Belichtung durch stichbogige Fenster in 2 Geschossen und runde Oberlichter. Deckengemälde von Fritz Kunz, im Chor 1914, im Schiff 1925; einzig in den Gewölben der Seitenkapellen noch acht einfarbige Medaillons aus der Bauzeit von Francesco

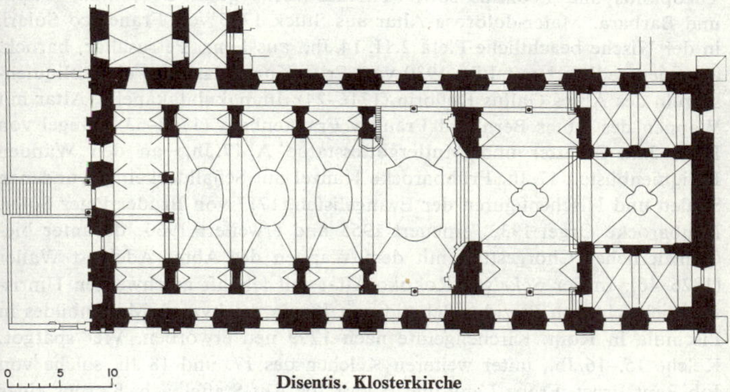

Disentis. Klosterkirche

Antonio Giorgioli. Von den alten Wessobrunner Stukkaturen blieben die Kompositkapitelle und Gebälkstücke der Wandpfeiler, die Verkündigungsgruppe am Chorbogen, die Ranken über den oberen Fenstern und die gesamte Dekoration der Kapellen erhalten. – *Ausstattung*. Régencechorgitter vom Disentiser Bruder Jos. Bäz (gest. 1737), in Anlehnung an das Gitter in Einsiedeln. Zehn Altäre des 16.–18. Jh.: Frühbarocker Hochaltar 1655 mit Bild der Kreuzabnahme von Joh. Selpelius; angekauft 1888 aus Geyersberg in Niederbayern. Am Chorbogen rechts Plazidusaltar aus der Werkstatt des Joh. Ritz, mit Wappen des Abtes Plazidus Zurlauben aus Muri, Gemälde der Enthauptung des Titelheiligen 1710 von Giorgioli; Barocktabernakel aus Cazis. Als Pendant dazu links der Benediktaltar aus der Werkstatt Ritz, Bild des Titelheiligen 1710 von Franz Carl Stauder d. Ä., gestiftet von Abt Gerold II Zurlauben von Rheinau; Tabernakel aus Eschenbach (LU). Die Altäre in den beiden Seitenkapellen nächst dem Querschiff aus der alten Kirche übernommen: rechts *Michaelsaltar**, eines der feinsten und reichsten Werke der Frührenaissance, gestiftet 1572 von Sebastian v. Castelberg. Im Aufbau noch ein spätgot. Flügelaltar, doch mit unbeweglichen Flügeln und Renaissance-Umrahmung; Bilder von Moritz und Jörg Frosch nach Stichen von Dürer und Aldegrever: Muttergottes in der Strahlenmandorla, zu ihren Füssen der Stifter und sein Sohn Johannes, auf den Flügeln Taufe Christi, die Hl. Sebastian, Matthias, Katharina, Elisabeth und Magdalena, in der Predella Barbara vor Landschaft, im Aufsatz Dreifaltigkeit; auf den Rückseiten Grisaillen der Evangelisten und Apostelfürsten; Bekrönungswappen und Antependium 1910. Links Katharinenaltar, als Gegenstück geschaffen 1652; Gemälde von Georg Wilh. Gräsner, das Leben der Hl. Sigisbert und Plazidus; Predella 1910. Josephsaltar, mit elegantem Akanthusrahmen um 1712 und ikonographisch ungewöhnlichem Bild der Hl. Sippe, 1701 von Casp. Wolfgang Muos. Theophilusaltar, Pendant zum Josephsaltar, Gemälde um 1673 mit den Katakombenheiligen Theophilus und Leontius sowie Thomas von Aquin, Columban, Gallus und Barbara. Mater-dolorosa-Altar aus Stuck 1735 von Francesco Solari, in der Nische beachtliche Pietà 2. H. 14. Jh., aus Lenz. Petrusaltar, barock, aber neu redigiert mit Bild 1930 von Fritz Kunz, darunter ein Reliquienschrein des Abtes Gallus Deflorin (1716–24). Immakulatakapelle. Altar mit Wappen des Abtes Bernhard Frank v. Frankenberg (1742–63), Flügel von Hans Jak. Greutter und Muttergottesstatue A. 17. Jh.; an den Wänden Reliquienbüsten 17. Jh. Frühbarocke Kanzel mit Schalldeckel, gewundenen Säulen und Nischenfiguren der Evangelisten, 1717 von Bruder Peter Soler. Neubarocke Orgel 1933, erneuert 1955 und erweitert 1960; darunter biedermeierliches Chorgestühl mit dem Wappen des Abtes Adelgott Waller (1826–46). In der *Sakristei* Rokoko-Altar mit lebhaft geschweiften Umrissen, vielleicht von Plazidus Schmid, mit Kopie des byzant. Marienbildes in Piscinula in Rom. Kirchengeräte nach 1799 neu erworben. Vier spätgot. Kelche 15.–16. Jh., unter weiteren Kelchen des 17. und 18. Jh. solche von Joh. Bapt. Ernst, Franz Lang und Georg Jos. Ant. Staffelbach. Korpus eines roman. Vortragekreuzes 1. H. 12. Jh.; got. Vortragekreuz um 1400; Abtsstab 1611 aus dem Kloster Münsterlingen; Paramente 17.–18. Jh.

Klostergebäude. Der S-Flügel und ein westlicher Querflügel neuerb. 1683–95 unter Abt Adalbert II de Medell, ausgebrannt 1799 und 1846, Neubau der Marienkirche im NO-Flügel, W-Flügel und Umbauten 1895–99 von Aug. Hardegger, NW-Trakt (Kollegium) 1937–40 von Walther Sulser. Das urspr. Projekt, das 2 aneinandergereihte Baugevierte vorsah, blieb für die spätern Neubauten bestimmend, so dass heute das Kloster äusserlich den Intentionen des barocken Bauherrn entspricht. Nur das Mansartdach des zwanzigachsigen S-Flügels wurde nach dem Brand von 1846 als 5. Geschoss ausgebaut. Das Innere des Klosters weitgehend durch den grosszügigen Umbau Aug. Hardeggers bestimmt; bemerkenswert besonders die längs der Kirche angelegte Rosenkranzstiege (eine Imitation der Scala regia in Rom), die Marienkirche und der Kapitelsaal. Refektorium mit Arventäfer und Kassettendecke 1949 von Bruder Theodor Stäuble nach Plänen von Venantius Maissen; Glasgemälde 1947–52 von Giuseppe Scartezzini; Leuchter von Bruder Markus Moser. In der ebenfalls von Maissen neugestalteten Äbtekapelle spätgot. geschnitzter Flügelaltar um 1520, Werkstattkreis des Jörg Kändel, aus der Kapelle St. Agatha. – *Klostermuseum**. Frühmittelalterl. Stuckfragmente aus dem Klosterbezirk. Einzigartige Sammlung mittelalterl. Plastik aus Graubünden, u. a. thronende Madonnen 12.–14. Jh. aus Oberkastels und Brigels sowie aus der Marienkapelle auf dem Lukmanier. Kruzifixe, u. a. aus Lumbrein M. 14. Jh., Vesperbild aus Rodels um 1420, Heiligenfiguren aus Cazis E. 14. Jh. und Obervaz A. 15. Jh., Büstenreliquiar aus Sedrun um 1400 und zahlreiche Bildwerke der Spätgotik; frühgot. Kelch aus Mons 1.H. 14.Jh. Bemerkenswerte Textiliensammlung, darunter eine Mitra aus dem späten 14.Jh. Volkskundliche Geräte.

Kath. Pfarrkirche St. Johannes Baptist*. *Eine der grössten Barockkirchen Graubündens mit dem ältesten von Ivo Strigel signierten Schnitzaltar.* Erwähnt 1261; neugeb. 1640–43, Brandschaden beim Franzoseneinfall 1799; Renov. 1927–28. Dreijochiges nach SW gerichtetes Schiff mit Seitenkapellen und eingezogenem, von Streben eingefasstem Polygonalchor. Der im Kern vielleicht ins 11.Jh. zurückreichende Turm steht nördl. in der Flucht der Fassade, barockisiert 1667, Zwiebelkuppel wohl nach 1799. Gewölbte Vorhalle mit Beinhaus; im gesprengten Portalgiebel die Figur des Täufers. Im tonnengewölbten Innern Wandgliederung durch Pilaster und umlaufendes Gebälk, das im Chor von nachgot. Masswerkfenstern unterbrochen wird; niedere Spitzbogenfenster auch im Schiff. Unter dem Gebälk öffnen sich rundbogige Arkaden zu den chornahen Seitenkapellen, welche durch kleine Fensterpaare mit Masswerk belichtet sind. Barockstukkaturen über den Kapelleneingängen M. 17.Jh., gleichzeitig die Verkündigungsgruppe über dem Chorbogen. Hochaltar 1810 von Plazi Schmid, umgestaltet 1941; Tabernakel aus Brienz um 1660. Seitenaltäre mit barocken Elementen, neu zusammengestellt nach 1799. Kapellenaltäre aus Stuck um 1640. In der N-Kapelle *spätgot. Flügelaltar** 1489 von Ivo Strigel: Im Schrein Muttergottes, zu ihrer Linken die Hl. Sebastian und Johannes, zur Rechten Hl. Magdalena und Hl. Petrus, auf den Flügeln links die Hl. Katharina und Ursula, rechts Barbara und Margaretha, in der Predella Christus und die Apostel; die Malereien der Rückseiten Bernhard Strigel zugeschrieben, auf den Flügeln Heiligenpaare, auf dem Schrein Jüngstes Gericht. Kanzel und Chorgestühl um 1800. Im Chor Figuren der Hl. Rochus und Sebastian E. 16.Jh. In der Sakristei 2 Holzstatuetten M.16.Jh.; spätgot. Monstranz aus Lumbrein um 1500, Augsburger Kelch 1749–51.

Kapelle St. Plazidus, am O-Rand des Dorfes. Der Tradition nach gegr. im 8.–9.Jh. an der Stelle des Martyriums des Hl. Plazidus; durch Grabungen 1923 eine karoling. Saalkirche mit halbrunder, gerade hintermauerter Apsis nachgewiesen. Barocker Neubau 1655 von Domenico Barbieri aus Roveredo. Nach N gerichtete, 3jochige Anlage mit eingezogenem, 3seitig geschlossenem Chor und niedrigem Chorscheitelturm. An Aussen- und Innenwänden stichbogige Blendarkaden, darüber im Innern durchlaufendes Gebälk und Kreuzgewölbe; Stichbogenfenster und Oculi. In der O-Wand des 1. Jochs würfelförmige Öffnung nach Art eines Sepulcrums, wohl in Erinnerung an die hier sich ehem. öffnende Apsis des Altbaus. In den Flachnischen Malereien vor 1690: Enthauptung des Titelheiligen und Sturz des Tyrannen Victor von der Rheinbrücke. Hochaltar 2.H. 17.Jh., neu redigiert im 18.Jh. Seitenaltäre aus Stuck um 1655, mit Gemälden der Stigmatisation des Hl. Franziskus und des Traums des Hl. Joseph in stilistischer Abhängigkeit von Pier Francesco Morazzone. Rechteckige Kanzel um 1800. Renaissancekelch 1565. – **Kapelle St. Agatha*,** in einsamer Lage über dem Rhein. Erb. im 12.Jh., umgeb. 1420, neue S-Fenster 17.Jh. Ungegliederter Rechteckbau mit 3 gerade hintermauerten Rundbogennischen in der Art des karoling. Dreiapsidenschemas. Der in Mauerverband stehende N-Turm in gleicher Flucht mit der Stirnwand des Chors; Glockengeschoss mit gekuppelten Rundbogenfenstern und Zeltdach wohl 1420. Je 1 (vermauertes) roman. Fenster in den Apsidennischen und 2 Rundfenster zu Seiten der Mittelapsis. Im Saalraum got. Leistendecke. *Wandbilder*, bedeutende Werke aus 4 Etappen: 1. Um 1430–40 der schlecht erhaltene Zyklus aus dem Leben der Hl. Agatha an der N-Wand, süddeutsch. 2. Um 1450 Bilder von den Lombarden Christoforo und Nicolao da Seregno, Majestas Domini in der mittleren und Krönung Mariä in der rechten Apsis, zwischen den Apsiden die Hl. Plazidus und Ulrich unter Medaillons mit Propheten, an der S-Wand eine Hl. Agatha, grosse Epiphaniedarstellung und Schutzmantelmadonna. 3. Um 1616 von Hans Jak. Greutter die Verkündigung in der linken Apsis. 4. Über den Bildern der N-Wand Malereireste 1707 von Jak. v. Somvix. Renaissanceflügelaltar 1616 von Hans Jak. Greutter, urspr. Hauptaltar, heute an der S-Wand. Auf der Mensa des mittleren Altars Rokokonische mit der Hl. Agatha 1708; auf dem S-Altar zugehörige Muttergottes um 1616.

Acletta. **Kapelle St. Maria** (Abb. 79). Von Pilastern und Gesimsen gegliederter Barockbau von 1670, mit 2jochigem Schiff, 2 östlichen Seitenkapellen und leicht eingezogenem Chorquadrat; offener Dachreiter. Innen ionisierende Pilaster und Kreuzgewölbe über umlaufendem Gebälk; in den Seitenkapellen Tonnengewölbe mit massigem Stuck italienischen Gepräges. Malereien an Gewölbe und Fries 1731 von Joh. Jak. Rieg. Prunkvoller 3teiliger *Choraltar** um 1670–80, mit Rokokozierat bereichert um 1760–70; Hauptgemälde mit Darstellung der Immakulata um 1655 von Carlo Francesco Nuvolone nach Murillo, das bedeutendste Barockbild in Graubünden; das Gemälde der Hl. Familie im Aufsatz und die seitlichen Altarblätter mit den Hl. Franziskus und Bonaventura stammen vom Vorgängeraltar von 1657. Seitenaltäre aus Stuck mit italienischen Gemälden der Hl. Anna und der Heimsuchung Mariä. Links des Chorbogens Bild der Hl. Veronika 1605 von G. Dreher. Runde Rokokokanzel um 1760, Chorgestühl um 1670.

Funs. Kapelle St. Katharina. Erbaut 1704 von Martin Huonder. Barocker Einheitsraum mit Holztonne anstelle des ehem. Steingewölbes. Über dem Altar Figur der Hl. Katharina 1708 von Joh. Ritz.

Museum. Bedeutendes Klostermuseum (s. S. 252).

TAVETSCH (TUJETSCH)

SEGNAS. Kapelle St. Sebastian und Rochus. Gegründet vielleicht in der 1. H. 17. Jh., umgeb. um 1675–80; verlängert und renov. 1922. Tonnengewölbter Barockbau mit eingezogenem, 3seitig geschlossenem Chor und offenem Dachreiter. Hochaltar 1678 mit Erinnerungsschrift an die Pest von 1638. Seitenaltäre 1683, links mit einem Muttergottesgemälde um 1620 von Hans Jak. Greutter. Pestkruzifix um 1700. – *Cuoz.* Kapelle St. Jakob d. Ä. Einräumige Barockkapelle geweiht 1643, mit neugot. Decke. Kleiner Flügelaltar um 1610 im Stil Hans Jak. Greutters.

MOMPÉ-TUJETSCH. Kapelle St. Nikolaus und Silvester. Neuerb. um 1760. Von Lisenen und Traufbändern gegliederter Barockbau mit 3seitig geschlossenem, eingezogenem Chor und offenem Dachreiter. Im gesprengten Portalgiebel Nische mit Figur des Hauptpatrons. Im Schiff neueres Kreuzgewölbe, im Chor Tonne. Choraltar aus der Pfarrkirche Disentis neu aufgestellt 1767, Altarblatt 1713 von Sigisbert Frey, Reliquienaufbauten um 1770. Seitenaltäre 1646. An der S-Wand Fragmente eines Altars A. 17. Jh.

***SEDRUN. Kath. Pfarrkirche St. Vigilius*.** Erwähnt 1205, Neubau von Schiff und Chor 1691; Renov. 1934. Stattlicher, von Lisenen gegliederter Barockbau mit querschiffartigen Kapellen und eingezogenem, 3seitig geschlossenem Chor, der von Sängerloge und Taufnische begleitet wird. Unverputzter roman. Turm in der NW-Ecke der Vorhalle, vom Schiff abstehend; im 2. Geschoss Blendnischen mit Rundbogenfriesen an allen 4 Seiten; gekuppelte Schallfenster; Wimperge und Pyramidenhelm 1617. In der kreuzgewölbten, von zwei Querarmen begleiteten Vorhalle Totenaltar M. 17. Jh. mit Kreuz und den Figuren der Hl. Dominikus und Katharina. Hier aufgestellte Glocke 1628 von Joh. Baptist Ernst. Säulenportal mit dicht reliefierter Holztüre um 1692. Im Innern auf Pilastern mit umlaufendem Gebälk Tonnengewölbe mit Stichkappen; mittleres Schiffsjoch schmaler als die übrigen. Neue Stukkaturen. – *Ausstattung.* Prunkvoller *Hochaltar* mit gewundenen Säulengruppen 1702 von Joh. Ritz, origineller Tabernakel mit Abendmahlsfiguren in offenem Tempel; Altarblatt 1703 von Sigisbert Frey; über den seitl. Durchgängen Reliquienaufbauten. Die Seitenaltäre ebenfalls aus der Werkstatt Ritz. In der N-Kapelle Stuckaltar um 1691 mit Rokokovorbauten. In der S-Kapelle spätgot. Flügelaltar um 1515; im Schrein Muttergottes, zu ihrer Rechten die Hl. Vigilius und Sebastian, zur Linken Hl. Bischof und Luzius, auf den Flügeln links die Hl. Barbara und Katharina, rechts Ursula und Brigitta, in der (neuen) Predella Christus und die Apostel; Rückseiten von Flügeln und Schrein bemalt mit Darstellungen der Epiphanie und des Ölbergs. – Judenkapelle, am O-Rand des Dorfs. Erb. 1836, renov. um 1960. An der Front gemaltes Vesperbild; im Schiff Holztonne, im Chor Kreuzgewölbe. Holzgruppe der Kreuztragung von Balthasar Andreoli, Kopie 1836 nach einem Bildwerk vom E. 17. Jh. am Pilgerweg über den Haggen nach Einsiedeln (vielleicht identisch mit der sich heute im Färisacher bei Schwyz befindenden Gruppe).

Bugnai. Kapelle St. Joseph. Dreiseitig geschlossene Barockkapelle von 1744 mit Gipstonne von 1903. Schmucker Barockaltar mit gewundenen Säulen und 3 Figurennischen, überhöht von einem Gemälde der Hl. Familie um 1744. – *Surrein.* Kapelle St. Antonius von Padua. Neuerb. 1927, rest. 1948. Ländlicher Barockaltar um 1679, mit Gemälde 1948 von August Wanner. Seitenaltäre um 1700, das südl. Gemälde des Hl. Joseph von Johannes Sepp. – *Cavorgia.* Kapelle St. Luzius. Neubau 1658; verlängert und renov. 1934. Barockbau mit eingezogenem, 2seitigem Chor; Portikus 1934. Anmutiger Régence-Altar um 1720–30, Immakulata um 1710–20. Am Chorbogen Wandgemälde 1934 von R. Stöckli. – *Camischolas.* **Kapelle St. Anna.** Tonnengewölbter Barockbau 1658, mit 3seitig geschlossenem Chor. Spätgot.

Flügelaltar von 1515 mit neuem Schrein von 1916: Muttergottes zwischen den Hl. Konrad und Nikolaus, auf den Flügeln Georg und Magdalena, in der Bekrönung Ecce homo zwischen Maria und Johannes; an den bemalten Aussenseiten die Hl. Katharina und Ursula; auf der Mensa spätgot. Statue der Hl. Anna selbdritt. – *Zarcuns.* Kapelle Maria zum Schnee. Tonnengewölbter Barockbau 1672, mit eingezogenem Polygonalchor; Renov. 1960. In den Stichkappen und Gewölbemedaillons Szenen aus dem Marienleben, hinten Erscheinung Mariä vor Johannes von Giuf im Jahre 1622. Altäre A. 18. Jh., das Gemälde links 1679 gestiftet.

RUERAS. Kapelle St. Jakob d. Ä. und Christoph. Neubau 1730. Turm 1928, Schiff verlängert und renov. 1938. Im Innern ein umlaufendes Gebälk auf Vorlagen, das Tonnengewölbe dem Polygon des eingezogenen Chores angepasst, stichbogige Fenster und Lünetten. Choraltar mit seitlichen Reliquienbaldachinen 2. H. 17. Jh., Tabernakel 1938. Reichbewegte Rokokoseitenaltäre mit Nischenfiguren, links Kopie der Pariser Muttergottes vom Siege 1848. Im Chorbogen Kruzifix 17. Jh. Got. Vortragekreuz A. 14. Jh. Glocke 1490. – *Giuf.* Kapelle St. Sebastian. Ländlicher Bau des 17. Jh.; im Schiff Holztonne, im 3seitig geschlossenen Chor gewalmte Holzdecke. Altar M. 18. Jh. – Burgruine Pontaningen. Erwähnt 1252. Erhalten 2 Geschosse eines Turms, Reste des Berings und eines weiteren Gebäudes.

SELVA. Nach Dorfbrand 1949 die ganze Siedlung neu aufgebaut nach Plänen von Venantius Maissen. – Kapelle St. Johannes Ev. und Valentin. Geweiht 1630; Neubau 1949 von Venantius Maissen. Ländlich moderner Bau mit gewölbten Holzdecken. Spätgot. Muttergottesstatuette A. 16. Jh. in modernem Strahlenkranz. – Kapelle St. Brigida, an der Strasse nach Rueras. Kleine gewölbte Kapelle von 1736 mit eingezogenem, 3seitig geschlossenem Chor. Altar mit Gemälden 1738 von Joh. Carl Brandenberg, darstellend St. Brigitta und Johannes Nepomuk, im Giebel Mariahilfbild.

TSCHAMUT. Oberste Siedlung im Tavetsch (1667 m ü. M.). – **Kapelle St. Nikolaus.** Erb. um 1500, umgeb. vor 1658; Renov. 1933. Spätgot. Rechtecksaal mit barockem, unregelmässigem Polygonalchor. Im Schiff spätgot., teilweise erneuerte Leistendecke mit zentraler Masswerkrosette. Wandgemälde Hl. Johannes M. 16. Jh. rechts vom Chorbogen; an der S-Wand Darstellung aus der Legende der Hl. Karl Borromeo und Paulus um 1658, gleichzeitig in den Gewölbeschilden des Chors Szenen aus dem Leben des Titelheiligen. Altärchen mit Muttergottesstatue um 1710 von Joh. Ritz. An der N-Wand spätgot. Nikolausstatue um 1500.

MEDEL

MOMPÉ-MEDEL. Kapelle St. Valentin, am alten Weg zum Lukmanier. Tonnengewölbter Barockbau 1647 mit 3seitigem Chorschluss, innen Pilastergliederung und Gebälk. Choraltar 2. H. 17. Jh., Statuen der Hl. Katharina und Anna selbdritt A. 17. Jh., Statuette der Immakulata um 1710 von Joh. Ritz. Seitlich des Chorbogens Teile eines spätgot. Flügelaltars um 1510–20: Im Schrein Muttergottes zwischen den Hl. Plazidus und Sigisbert(?), Hl. Mönch und Antonius Abt; an der Rückseite Bild der Beweinung;

an den Flügeln aussen Geburt Christi und Epiphanie, innen Reliefs der Hl. Katharina und Sebastian, Martin und Margaretha. – Burgstelle Caschlatsch. Ehem. Ministerialenburg von Disentis. Grundzüge einer trapezförmigen Anlage mit Wohnturm, wohl 13. Jh.

CURAGLIA. Kath. Kirche St. Nikolaus, Filiale von Platta. Neubau 1667, verlängert 1903 und verbreitert um 1950. Die zur 3schiffigen Pfeilerbasilika erweiterte Kirche schliesst mit einem eingezogenen Polygonalchor und Chorscheitelturm, der 1929 erhöht wurde. Im Chorgewölbe barocke Malereien: Krönung Mariä, Evangelisten und Engel. Guter spätgot. Choraltar um 1520–30, neu redigiert 1906–07; im Schrein Muttergottes zwischen Nikolaus und weiblicher Heiligen, auf den bemalten Flügeln innen die Hl. Barbara und Katharina, aussen Verkündigung. – Haus Nr. 3. Fassadengemälde 1510 mit Kreuzigungsgruppe zwischen den Hl. Katharina und Luzius, signiert Antonius de Tradate; Rest. 1958. – *Soliva.* Kapelle St. Peter in vinculis. Vielleicht um 1609 erbaut (Glockendatum); Renov. 1937–38. Flachgewölbter rechteckiger Einheitsraum. Altargemälde 1686 von Joh. Christoph Guserer: die Befreiung Petri aus dem Gefängnis. – *Biscuolm.* Kapelle St. Barbara und Brigitta. Erwähnt 1658; Renov. 1938. Tonnengewölbter Bau mit 3seitigem Schluss. Choraltar mit Gemälde der Muttergottes zwischen den Hl. Barbara und Brigitta um 1610–20 aus der Werkstatt des Hans Jak. Greutter. Auf dem linken Seitenaltar spätgot. Figur der Hl. Anna selbdritt 1. H. 16. Jh., auf der Gegenseite Immakulata 1. H. 18. Jh.

MUTSCHNENGIA. Kapelle St. Sebastian. Neubau 1610, mit eingezogenem Rechteckchor; Renov. 1926–27. Vollständig ausgemalt um 1730 von Joh. Jak. Rieg. Bemerkenswerter nachgot. Choraltar 1605 von Hans Jak. Greutter: Im Schrein vollplastische Kreuzigungsgruppe, an den Flügeln Passionsreliefs und an den bemalten Aussenseiten die 4 Kirchenväter; über dem Schrein St. Martin A. 16. Jh. Zwei Ölgemälde 17. Jh., die Hl. Hieronymus und Magdalena.

PLATTA. Kath. Pfarrkirche St. Martin. Mutterkirche des Medels, erwähnt 1338. Unverputzter roman. Turm mit Rechteckblenden und gekuppelten Schallfenstern, die 3teiligen Fenster des 2. Schallgeschosses erst 13.–14. Jh. Neubau der 3jochigen Barockanlage 1744, mit eingezogenem 3seitig geschlossenem Chor, davor 2 nischenartige Seitenkapellen; Rest. 1953–54. Vom Vorgängerbau 1505–06 die südl. Schiffswand, mit Malereien wohl von Antonius de Tradate um 1510, aussen Christophorus, innen Rest einer Epiphanie. Der Raum zwischen Stichbogenfenstern durch Pilaster gegliedert, über dem Gebälk Oculi, durchgehendes Tonnengewölbe mit Stichkappen und Gurten. Im Chorgewölbe Rokokostukkaturen, teilweise neu. Reichgegliederter, schwungvoller Rokoko-Altar um 1760, die ähnlichen Seitenaltäre vielleicht schon um 1744.
Pali, jenseits des Medelser Rheins: Kapelle St. Joseph. Tonnengewölbter Barockbau E. 17. Jh., mit eingezogenem Rechteckchor. Ausmalung A. 18. Jh.: Marienszenen und Heilige. Ländlicher Altar aus der Bauzeit.
Pardé. Kapelle St. Rochus. Tonnengewölbter Rechteckraum, geweiht 1592. In der Ecke des Chores ungedeutete Mauerblöcke, die mit einem Sockel

verbunden sind. Altar mit Rokoko-Antependium um 1760, Statuette des Hl. Sebastian um 1600. – *Fuorns*. Kapelle Mariä Himmelfahrt. Erwähnt 1658, umgeb. vor 1683. Kleiner Barockbau mit schwach eingezogenem Polygonalchor und Stichbogentonne. – *Acla*. **Kapelle St. Jakobus d.Ä.** Neubau mit halbrunder Apsis 1850. Spätgot. Flügelaltar um 1510–20 aus der Pfarrkirche in Platta; rest. um 1960: Im kleeblattförmig geschlossenen Schrein Muttergottes, begleitet links von den Hl. Florinus und Martin, rechts von Luzius und Sebastian; an den Flügeln links Nikolaus und Plazidus(?), rechts Katharina und Barbara; auf den bemalten Aussenseiten Geburt Christi und Epiphanie, auf der Rückwand Beweinung; über dem Schrein barocke Jakobsstatue. – *S. Gions*. Kapelle. Flachgedeckter Einheitsraum, vielleicht noch mittelalterl. Spätgot. Kruzifix um 1510–20. – *Sogn Gagl*, jenseits des Rheins. **Kapelle St. Gallus.** Erwähnt 1261; Renov. 1929. Kleiner rechteckiger Einheitsraum mit flacher Holzdecke, vielleicht noch 11.–12. Jh. An der Abschlusswand frühgot. Wandmalereien italienischen Gepräges wohl 1. H. 14. Jh.: Abendmahl und neben der Sakramentsnische Hl. Bischof und Margaretha. Blockaltar um 1584, bäuerliche Bildwerke der Hl. Andreas und Gallus 1. H. 17. Jh.

Lukmanier. Kapelle St. Maria. Burghafter Bau 1966–67 von Jos. Rieser, anstelle einer Kapelle des 16. Jh., die am alten Lukmanierweg stand, und einer älteren, bereits 1374 gegründeten Kapelle am Flussufer, deren Fundamente ausgegraben wurden; beide Gotteshäuser jetzt im Stausee versunken. Die anlässlich des Abbruchs abgelösten Wandbilder um 1577 befinden sich jetzt z. T. in der neuen Kapelle, z. T. im Klostermuseum Disentis; von hervorragender Qualität.

ENGADIN UND SAMNAUN

OBERENGADIN: MALOJA–ST. MORITZ–PONTRESINA–ZUOZ

MALOJA. Auf dem Friedhof Grabmal des bedeutenden Malers Giovann Segantini, der 1894 bis zu seinem Tode 1899 in Maloja wohnte; sein Atelie erhalten. – Hotel Palace. Erb. 1882–84 von Jules Rau, Brüssel. Gigantische Hotelbau über E-förmigem Grundriss im Stil italienischer Renaissance. – *Isola* (Gemeinde Stampa, Bergell). **Haus Gadina.** Als stattliches Sommerhau erb. um 1672 vermutlich durch Landeshauptmann Augustin Gadina d Torriani (gest. 1680), äusserlich verändert. In den gewölbten Räumen de untern Wohngeschosses interessante italienische Wandmalereien 1687 mi Szenen aus den «Metamorphosen» von Ovid: Urteil des Paris, Orpheus un die Tiere, die Zauberin Circe, Diana und Aktäon, Sturz der Juno, Neugebur der Menschen aus den Steinen des Deukalion u. a., im Deckenspiegel de Sala Wappen Gadina, am Kamin Malersignatur G.S. p(inxit) 1687. An de Wänden des Ganges Wandbilder eines andern italienischen Meisters Darstellungen des Harlekins und anderer Gestalten der Commedia dell'arte Im Obergeschoss Täferstube und zeitgemässe Möblierung; originelles Kaster bett um 1660–70 mit Allianzwappen Gadina-Pestalozzi. – *Grevasalva*. über dem N-Ufer des Silsersees. Altertümliche Häusergruppe in Bergelle Mischbauweise von Stein und Holz. Jetzt Sommersiedlung.

SILS i.E. (SEGL). Ref.Kirche St.Lorenz, in Sils Baselgia (= basilica). Alte Pfarrkirche, erwähnt 1356; Chor eingewölbt E. 17.Jh. Im Kern wohl mittelalterl. Anlage mit breitem Rechtecksaal und leicht nach S abgewinkeltem, eingezogenem Quadratchor. Im N-Einzug des Chors ungegliederter Turm mit gemauertem Kegeldach. Im Schiff neue Holzdecke, im Chor Kreuzgewölbe. Polygonale Kanzel 2.H.17.Jh. mit architektonischer Gliederung, übrige Ausstattung modern. Grabtafeln 18. und 19.Jh. Barockkelch 2.H.17.Jh. (Chiavenna?). – **Haus Castelmur.** Erb. wohl M.17.Jh. als stattliches Doppelhaus mit Freitreppe und eigener Scheuneneinfahrt, neu ausgestattet um 1800. Tonnengewölbter Sulèr, Täferstuben. – Ehem. Post. Kubischer Bau 1793 mit Freitreppe und Dreieckerker. – Hotel Margna. Erb. 1817, später umgebaut. Balkon und Auffahrtsrampe mit klassiz. Geländer.
Ref.Kirche, in Sils Maria (= maioria, Meierhof). Erwähnt 1496; Neubau 1597, Erhöhung des Turms um 1665, umgestaltet 1764 (Datum am Portal); Renov. 1909–10. Rechteckiger Saal mit moderner Flachdecke. An der nördl. Schmalseite Turm mit 8eckigem Aufsatz und Kuppelhaube. Polygonale Kanzel 1764, Schalldeckel dat. 1836. – Haus Curtin, Nr. 76. Kubischer Bau von 1822, hinten biedermeierliche Gartenanlage. – Pension Andreola. Schmiedeisernes Balkongitter 1742 (Baujahr des Hauses). – Hotel Waldhaus. Erb. 1909–10 von Karl Koller.
Museum. Nietzsche-Haus, kleine Sammlung mit Erinnerungsstücken an den Aufenthalt Nietzsches in Sils.
Fex-Crasta, Val Fex. **Ref. Kirche** (Abb. 80). Roman. Kapelle mit halbrunder gewölbter Apsis. Leistendecke, Fenster 17.Jh.; Renov. 1939, Rest. 1967–71. Über der nördl. Hälfte des O-Giebels aufgemauertes Glockenjoch mit Dachkehle 17.–18.Jh. In der Apsis künstlerisch bemerkenswerte Wandgemälde E.15.Jh.: Majestas Domini, darunter Apostelreihe mit Anna selbdritt in der Mitte. Kanzel 1721, Empore 1665.

SILVAPLANA. Passdorf am Anstieg zum Julier. – **Ref. Kirche.** Erwähnt 1356; Chor neuerb. 1491 von Steffan Klain, Schiff eingewölbt und Turm erhöht E. 15.Jh.; Rundbogenfenster 1873; Einbau von Empore und Vorzeichen 1906. Strebenlose spätgot. Anlage mit eingezogenem Chorpolygon. Vor der S-Ecke der Fassade schlanker Turm, der Unterbau mit teilweise vermauerten Rundbogenfenstern spätromanisch, die heutigen Glockengeschosse spätgot., Spitzhelm 1906. Im Schiff 2jochiges Gewölbe (Komposition aus Sternen und Kreuzen) auf Vorlagen, wobei hier die Rippen auf 3 separaten Konsolen auslaufen; im Chor 2jochiges Sterngewölbe auf Dienstenstümpfen. An der N-Wand des Schiffs spätgot. Wandgemälde um 1490: Thronende Anna selbdritt, Hl. Magdalena und Sturz eines Reiters mit Muttergotteserscheinung (Votivbild?) sowie unbekanntes Sternwappen. Spätgot. Taufstein mit 8eckiger Schale und Granatapfelnodus. Polygonale Kanzel um 1740. Italienischer Abendmahlskelch M. 16.Jh. Von den Grabmälern des 18.Jh. bemerkenswert jenes aus schwarzem Marmor unter der Kanzel für Pfarrer Lukas Bansi (gest. 1792).
Surlej. Ruine der Kapelle St.Nikolaus. Neuerb. 1757, aufgegeben im 19.Jh. Dreiseitig geschlossener Sakralraum ohne Choreinzug.

CHAMPFÈR (CAMPFER). Ref. Kirche. Erb. 1521, eingewölbt im 16. oder 17. Jh.; Turm 1878, Renovation 1904. Anspruchsloser Bau mit eingezogenem Polygonalchor und Kreuzgratgewölben. Drei Glasgemälde um 1920–30 von Ernst Rinderspacher.

ST. MORITZ (SAN MUREZZAN). Die schon in der Bronzezeit gefasste Quelle war im Mittelalter Wallfahrtsort, doch bedingte im 19. Jh. nicht das Badewesen den Aufstieg zum Weltkurort, sondern die Begeisterung für Gebirge und Wintersport. Städtische Erweiterung des alten Dorfkerns. Zahlreiche Hotelpaläste des späten 19. und frühen 20. Jh. – *St. Moritz Dorf.* **Der schiefe Turm.** Campanile der ehem. ref. Kirche St. Mauritius, eine der 3 Altpfarreien des Oberengadins. Erwähnt 1139, abgebrochen 1856 (Chor) und 1893 (Schiff). Der seit dem 19. Jh. aus dem Lot geratene, 1928 gesicherte Turm besitzt an der N-Seite noch die roman. Blendnischen mit Bogenfriesen aus dem frühen 13. Jh., die übrigen Blendnischen barockisiert, die Stützen der vermauerten roman. Schallöffnungen im Innern sichtbar; heutige Glockenstube und 8seitiger Aufsatz mit Kuppelhaube 1672. An der Friedhofmauer 8 Grabplatten 18.–19. Jh. – Ref. Kirche. Erb. 1785–87, neugot. Turm 1896–97 von Chiodera und Tschudy; vollständig umgeb. und vergrössert 1932 von Nicolaus Hartmann, wobei nur Teile der S-Wand und des Chors erhalten blieben. – Kath. Kirche St. Mauritius. Erb. 1866–67 von Ferd. Näscher, verlängert 1910. Altarbild von Paul Deschwanden. – Mauritiusbrunnen auf dem Dorfplatz, errichtet 1910, von Wilh. Schwerzmann. – Palace-Hotel. Erb. 1892–94 von Chiodera und Tschudy. – Carlton-Hotel. Erb. 1912–13 von Koch und Seiler. – Suvretta-Haus, westl. der Siedlung. Erb. 1911–12 von Karl Koller. Daneben kath. Kapelle Regina pacis, erb. 1929. – Weitere Hotels und Privathäuser im Engadiner Stil um 1900 von Nicolaus Hartmann. – *St. Moritz Bad.* Evang. Badkirche, ehem. englische Kirche. Erb. E. 19. Jh.; 10eckiger Taufstein um 1500 aus der alten Mauritiuskirche. – Kath. Kirche St. Karl. Erb. 1885–86 von Nicolaus Hartmann d. Ä. neue Innengestaltung des Chors 1965–66 von Albert Schilling. Basilikale Anlage in lombardischer Romanik. – Ref. Kirche, ehem. französisch-calvinistische Kirche. Neugot. Bau E. 19. Jh. von Nicolaus Hartmann. – Kurhaus. Erb. 1854, seither mehrfach erweitert.

Museen. Engadiner Museum (Museum engiadinais), an der Badstrasse Museumsbau im Engadiner Stil mit originalen Bauteilen aus Celerina errichtet 1906 von Nicolaus Hartmann in Anlehnung an das sog. Kloster in Schuls. Bedeutende kulturhistorische und volkskundliche Sammlung de[s] Engadins. Zahlreiche sehr beachtliche möblierte Täferzimmer 16.–18. Jh. – Segantini-Museum, Suvrettastrasse. Gegr. 1908; Werke des Malers Giov[anni] Segantini (1858–99), u. a. sein Hauptwerk: das grosse Triptychon Werden, Sein, Vergehen.

***SCHLARIGNA (CELERINA)** (Abb. 82). **Ref. Kirche.** Erb. kurz nach 1669 Barocker, aussen durch Lisenen gegliederter Längsbau. Dreijochiges Langhaus mit eingezogenem, 3seitig geschlossenem Chor und aus der Achse gerücktem Chorscheitelturm, der von einem 8eckigen Aufsatz mit Kuppelhaube bekrönt wird. Portal mit ion. Säulenpaar und aufgelöster Verdachung 1718

Im feierlichen Innenraum Pilaster mit ionischen Kapitellen, durchlaufendes Gebälk, darüber Tonnengewölbe, im Schiff mit Stichkappen. Stichbogige Fenster, im Schiff über, im Chor unter dem Gebälk. Stuckmedaillons im Gewölbe; an der W-Wand Salis-Wappen. Beachtlicher spätgot. Taufstein aus Tuff 1.V. 16.Jh. mit einem Kranz von Schilden und gedrehtem Schaftring. Polygonale Kanzel, im Fries dat. 1669, mit architektonischer Gliederung, Intarsien und kassettiertem Schalldeckel. Pfarrstuhl 18.Jh.; Familienstuhl des Joh. v. Salis 1645. – Haus Secchi. Erb. 1643; Renov. 1928. Giebelbau mit Sgraffiti, Sulèrportal an der Traufseite und Holztüre mit Sternmuster; 2 Dreieckerker an der Giebelfront. – Haus Nr. 36, vormals Monsch, jetzt Zindel. Erb. M. 17.Jh., mit 5seitigem Erker über Kragsteinen. Täfer im Erkerzimmer dat. 1660. – Haus Steinrisser. Ländlich-klassiz. Bau von 1827 mit 2läufiger Freitreppe, Balkon und Mezzaningeschoss.

Crasta. Ref. Kirche St. Maria. Erwähnt 1501; Einwölbung 16. und 17.Jh. Kreuzgratgewölbter Bau mit 2jochigem Schiff und eingezogenem Polygonalchor. Ausstattung anlässlich der Renov. 1937. Roman.-got. Turm vor der Eingangsfront 14.Jh. mit Blendnischen, gekuppelten Schallfenstern und Zeltdach. – Kath. Kirche. Erb. 1939; Arvenholztäfer. – **Chesa Frizzoni.** Erb. um 1845 von Joh. Badrutt für den Confiseur Christoph Frizzoni. Der italienisch inspirierte, präzis formierte Bau mit übergiebeltem Gartenrisalit, Blendarkaden, rustizierten Ecklisenen und ausgeschiedenem Mezzaningeschoss wurde offenbar vom Bauherrn mitgeprägt, der in Turin Konditoreigeschäfte betrieb. – Haus Küderli, vormals Lorsa. Erb. 1829 von Joh. Badrutt für Constant Peter Nuttly, Inhaber einer Konditorei in Marseille; Renov. 1960. Fünfachsiger kubischer Bau mit Zeltdach, Freitreppe und Balkon in der Mittelachse.

Ref. Kirche S. Gian* (Abb. 82), südl. von Celerina, in idyllischer Hügellage. Urspr. Pfarrkirche, gegr. im 11.–12.Jh., erwähnt 1320; Verlängerung des Schiffs gegen W, Neubau des grossen Turms und Einwölbung des Chors 1478 von Guglielmo de Ponzoni von Plurs, seit 1670 Begräbniskirche, grosser Turm 1682 durch Blitzschlag beschädigt; Bestand gesichert 1900; Renov. 1909. Verhältnismässig langes Schiff und eingezogener quadratischer Chor, an den sich nördl. die dachlose Ruine des grossen Turms mit gekuppelten Fenstern anschliesst. Der kleine roman. Turm (11.–12.Jh.) mit gekuppelten Rundbogenfenstern und Zeltdach steht an der N-Seite der Fassade. Über dem Scheitel des profilierten Tuffsteinportals Inschriftstein des Baumeisters. Über dem Schiff liegt eine flache Leistendecke von 1478 aus Tragbalken und geschraubten Lagerbalken; dekorative Schablonenmalerei mit reichen Mustern von Masswerken, Zirkelrosetten und Adlern. Auf den Unterzügen Wappenschilde Brandis, Bischof Ortlieb v. Brandis (1458–1491) und der Steinbock des Gotteshausbundes. Bedeutende, leider stark retouchierte *Wandgemälde* von einem italienischen Meister E. 15.Jh.: In der durch gemalte Frührenaissance-Arkaden aufgeteilten und durch einen Sockel aus schwarz-weissen Diamantbuckeln horizontal abgeschlossenen Wandzone des Chors Apostelreihe (durch die Epitaphien teilweise zerstört) und über der kielbogigen Sakramentsnische Ecce homo; in den Wandschilden teilweise erhaltener Zyklus aus dem Leben des Kirchenpatrons: Heimsuchung, Geburt des Johannes, der Täufer in der Wüste und die Taufe im Jordan; im Gewölbe spärliche Reste einer Majestas Domini mit den 4 Evangelistensymbolen und Kirchenvätern, in den untern Zwickeln Fragmente von Putten und Löwen; an der Chorbogenleibung 12 Prophetenbüsten, an der Chorbogenwand Verkündigung, begleitet von den Hl. Johannes d.T. und Ev.; darunter als ehem. Altargemälde links Hl. Sebastian mit den Hl. Margaretha und Barbara in flügelartigen Feldern, rechts Muttergottes und im seitlichen Feld Hieronymus. An der südl. Chorwand Fragment eines Hl. Mauritius (?) mit unbekanntem Wappen 1.H. 15.Jh., Grabtafeln 17.–18.Jh. für Pfarrherren sowie für die Familien Frizzoni und v. Salis.

***PONTRESINA (PUNTRASCHIGNA).** Das alte Strassendorf am nördl. Fuss des Berninapasses entwickelte sich seit der Jahrhundertwende zu einem der wichtigsten Fremdenplätze im Engadin. Zahlreiche Grosshotels.

Ref. Begräbniskirche St. Maria, über dem Dorf. Alte Pfarrkirche, erwähnt erst 1450, renov. 1909, 1919 und 1960–70. Nachroman. Bau mit flachgedecktem, fast quadratischem Saal und gewölbter Halbrundapsis. In der SW-Ecke roman. Turm, vielleicht 12.Jh., mit Blendbogennischen und gekuppelten Rundbogenfenstern, das oberste Geschoss samt Zeltdach im 18.Jh. umgestaltet. Der Turm gehörte zu einer Vorgängerkirche, von der sich die W- und N-Wand sowie ein Mauerstück der S-Wand (im Innern sichtbar) erhalten haben; die nachroman. Vergrösserung erfolgte also nach S und O. Über dem S-Portal Wandgemälde um 1495: Thronende Muttergottes, begleitet vom Hl. Petrus und einem Hl. Bischof, darüber Hl. Georg, den Drachen tötend. Die Leisten der spätgot. Holzdecke sind mit geometrischen Mustern bemalt; auf der runden Mittelplatte Steinbock des Gotteshausbundes und Datum 1497. An allen Wänden ikonographisch und stilistisch bedeutsame *Malereien** aus 2 Epochen: 1. Spätroman. Schicht um 1200 (?) an der zum Altbau gehörenden W-Wand: Epiphanie, Taufe im Jordan Abendmahl und Gefangennahme Christi, fragmentarisch, aber von hervorragender Qualität. 2. Die Malereien vom E. 15.Jh. umziehen den ganzen Innenraum und stammen von der gleichen (italienischen) Hand wie in S. Gian Schlarigna (s.S.261): In der Apsis über Stoffgehängen die 12 Apostel, Schmerzensmann, Majestas Domini mit den vier Evangelistensymbolen und den vie abendländischen Kirchenvätern; an der Leibung des Apsisbogens zwöl Prophetenbüsten unter Rundbogen; an der O-Wand zu seiten des Chorbogens Verkündigung, links Maria Magdalena, unten je ein Muttergottesbild. Entlang der Schiffsdecke 25 Szenen aus dem Neuen Testament, unterteilt durch Säulen; darunter an der S-Wand Gnadenstuhl dat. 1495, Jüngste Gericht und Hl. Michael mit dem Drachen. An der W- und N-Wand ausführlicher Zyklus der Magdalenenlegende auf 2 Streifen verteilt; die Szene der W-Wand werden zurzeit abgelöst und an die N-Wand übertragen, da si die roman. Schicht verdecken. Ausstattung erneuert. Im Boden der Apsi Grabtafeln, meist 18.Jh. – **Ref. Kirche,** im Dorf. Erb. 1640, nach dem Dorbrand 1718 Neueindeckung 1720–21. Barocker Längsbau mit Satteldach un eingezogenem Polygonalchor, ähnlich wie in Schlarigna (s. S. 260), Turı jedoch in der Chorachse mit geschnürter Zwiebelhaube um 1720. Im Innern Tonnengewölbe mit Stichkappen auf Pilasterordnung, das Gebälk von den Fenstern im S unterbrochen; Stuckmedaillons im Gewölbe. Spätgot. Taufstein aus der Kirche St. Maria 1. V. 16. Jh., ähnlich wie in Schlarigna. Polygonale Kanzel um 1650 mit Pilastern, Intarsien und kassettiertem Schalldeckel. Mailändische Glocke 1521 mit spätgot. Reliefs. – Kath. Kirche Hl. Geist. Als Notkirche erb. 1924, umgeb. und mit einem Chor versehen 1955–56 von R. Strässle. – Ehem. Heiliggeistkapelle, im Dorfteil San Spiert. Erb. um 1490; wiederentdeckt 1941 im Keller des Hauses an der Abzweigung zum Spaniola-Turm. Erhalten sind die Umfassungsmauern des Schiffs in stark verbautem Zustand. Ungedeutete, sehr fragmentarische Wandgemälde E. 15. Jh. – **Burgturm Spaniola,** bei der Kirche St. Maria. Erb. im 12. Jh. unter den Herren v. Pontresina, aufgegeben wohl E. 14. Jh. Fünfeckiger Wohnturm mit Hocheinstieg, Aborterker und Zinnenbekrönung. Im Dorf einige Engadinerhäuser, darunter die 1967 restaurierte Chesa Deluon.

***SAMEDAN (SAMADEN)** (Abb. 81). Stattliches Dorf mit typischen Engadinerhäusern. – **Ref. Begräbniskirche St. Peter.** Ehemals Pfarrkirche, eine der 3 alten Hauptkirchen des Oberengadins, erwähnt 1139. Neubau des Chors 1491 von Steffan Klain und des Schiffs 1492 von Andreas Bühler; Renov. 1917. Die spätgot. Kirche über dem heutigen Dorf lag an der alten Talstrasse. Der sie ursprünglich umgebende Siedlungsteil ist verschwunden. Das Schiff und der eingezogene Polygonalchor unter einheitlichem Satteldach. An der N-Ecke der Fassade unverputzter roman. Turm um 1100, mit 3 Geschossen gekuppelter Rundbogenfenster, gezimmertes Glockengeschoss mit Zeltdach wohl erst 18. Jh. Im Schiff mit nur 2 S-Fenstern 3jochiges Sterngewölbe auf Runddiensten, die in den O-Ecken zu Stümpfen verkürzt sind; in einem Gewölbefeld Steinmetzzeichen und Namen des Andreas Bühler. Im Chor 2jochiges Sterngewölbe auf zugespitzten Anfängern; in den Schlusssteinen Schilde mit dem Schlüssel Petri und dem Steinbock des Gotteshausbundes, im Schild der Abschlusswand Zeichen des Steffan Klain. Wandtabernakel mit Rahmenprofilen, bekrönendem Kielbogen und Masswerk sowie Steinmetzzeichen des Andreas Bühler. Spätgot. Taufstein mit geflochtenem Schaftring; gemauerte Kanzel 1655. An der W-Wand Reste einer alten Bestuhlung 17. Jh. mit Wappen der Familien Planta und Salis sowie Unbekannt. In Chor- und Schiffboden 33 Grabplatten 17.–18. Jh., die meisten für die Familien Planta und Salis.

Ref. Kirche* (Abb. 81), im Dorf. *Geistreiche Grundriss-, Raum- und Fassadengestaltung machen aus dem relativ bescheidenen Bau eine der graziösesten ref. Predigtkirchen.* Erb. um 1682 an Stelle einer ältern, in den Mauern der heutigen Anlage teilweise erhaltenen St. Antoniuskapelle; Umbau 1760, Turm 1771 von Antonio Gironimo; Rest. 1965. Kubischer Barockbau über trapezförmigem Grundriss, der sich aus der Ecklage zwischen 2 divergierenden Gassen ergab. In der östl. Gassenflucht Campanile von ungewöhnlicher Höhe: auf rustiziertem Unterbau und Glockengeschoss mit ion. Pilastergliederung geschweiftes Kranzgesims und 8eckiger Aufsatz mit eingeschnürter Zwiebelhaube. Farbige Bemalung 1965 erneuert. Die durch

Monumentalpilaster in 3 Kompartimente aufgeteilte *Fassade* (rekonstruiert 1965) wird belebt von einem architektonisch gegliederten Portal mit Volutengiebel und einem geschweiften Giebel mit eingezogener Ründe, bekrönt von 3 schmiedeisernen Sträussen. Stuck an den Fenstern 1897, im Giebel 1932. Der heitere, polychrome *Innenraum*, belichtet durch 4eckige Fenster und Lünetten, überspannt von einem Schirmgewölbe auf umlaufendem Gebälk,

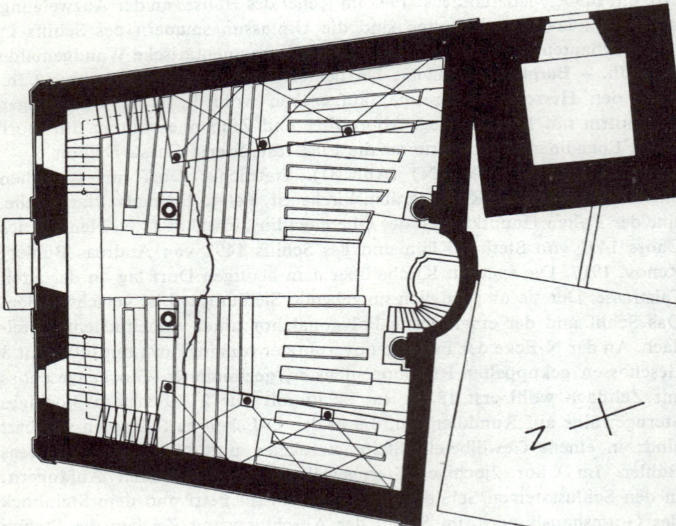

Samedan. Ref. Kirche

wird auf 3 Seiten begleitet von Steinemporen auf Säulen. An der schmaleren Eingangsseite Orgelempore mit geschweifter Brüstung und Rokoko-Orgel in Form einer Pilasterädikula mit aufgelöster Verdachung, gestiftet 1772 von Jacob Fretschini. An der gegenüberliegenden Front Apsidiole für die Rokokokanzel, gerahmt von einem kolossalen ion. Säulenpaar in Stucco lustro, darauf Puttenkaryatiden als Gebälkträger. Abendmahlstisch, wohl italienisch um 1700, mit 6teiligem, à jour gearbeitetem Fuss und virtuosen Intarsien mit Sonne, Mond und Weltkugel, Adam und Eva sowie der ehernen Schlange. Reste spätgot. Wandmalereien 1965 abgelöst. – Kath. Pfarrkirche Natursteinbau 1932. – **Planta-Haus,** am Plazett. Urspr. Stammsitz der Familie v. Salis-Samedan. N-Flügel ausgeb. um 1595, S-Trakt 1760; Rest. 1944–45 nach Beschädigung durch Bombenabwurf; jetzt Sitz der Planta-Stiftung mit rätoroman. Bibliothek. Breites Doppelhaus mit gartenseitigem

Mittelgiebel. An der O-Front Salis-Wappen E. 16. Jh. Zwei Korridore; im Erdgeschoss Täfer mit blaugetönten Landschaftsmalereien 1760 von Joh. Petraz aus Sondrio, in der NW-Ecke getäferte Prunkstube mit Schnitzereien 1723, aus Sent; buntbemalter Turmofen um 1678, vielleicht von Hans Heinr. Graf, aus dem ehem. Frauenkloster Tänikon, welches 1850 in den Besitz der Landammännin Nina v. Planta übergegangen war. Zwei weitere Steckborner Rokoko-Öfen möglicherweise ebenfalls aus Tänikon. – **Haus Krone.** Erb. um 1650 durch Landeshauptmann Joh. v. Salis. Im 1. Obergeschoss sehr reiche Täferstube mit Intarsien und applizierten Ornamenten 1652, Allianzwappen des Bauherrn und der Anna Jenatsch. – **Gemeindehaus.** Ehem. Planta-Haus, erb. 1750. Fünfachsiger Bau mit Zeltdach und betonter Mittelachse, Freitreppe und Rundbogenportal, Balkon. In den Gängen und im Treppenhaus sowie im Kanzleizimmer zierliche Rokokostukkaturen, im Sitzungszimmer bemaltes Rokokotäfer. – Haus Nr. 143. Erb. 1594 von Joh. Bufrun; über der Sulèrtüre Wappenstein Cortini mit Inschrift 1615. – Haus Nr. 148. Erb. 1660 durch die Familie Juvalta; kreuzgewölbter Sulèr. – Haus Pianto, Nr. 159, jetzt «Central». Erb. 1624 durch die Familie Planta. Breiter Sulèr mit Stichbogentonne und Stuckmedaillons. – Gefängnisturm. Ehem. Wohnturm, wahrscheinlich im 12. Jh. durch die Herren v. Samedan erbaut. Urspr. 4 Geschosse mit Hocheinstieg, heute Satteldach.

BEVER. Ref. Kirche. Erwähnt 1370; Neubau unter Verwendung älterer Teile 1665–67 von Giov. Caserin und Francesco Pancera, Turm 1669–73; Rest. 1966–68. Rechteckiger, durch Lisenen gegliederter Barockbau mit Walmdach. An der N-Seite der Fassade Turm mit 8eckigem Obergeschoss und Laternenzwiebel. Polychromie 1968 rekonstruiert. Portal und W-Wand der Vorgängerkirche mit Resten von Wandgemälden E. 14.–A. 15. Jh., rest. 1968: Drachenkampf des Hl. Georg und qualitätvolle Sinopien eines Hl. Christophorus. Im Innern ein 4eckiger, chorloser Einheitsraum, 2jochiges Tonnengewölbe auf Pilastern mit durchlaufendem Gebälk. Augsburger Abendmahlskelch 1. V. 17. Jh. – Im reizvollen Strassenbild: Haus Weisses Kreuz. Erb. 1770. Vor der Giebelfront doppelläufige Freitreppe mit Schmiedeeisengitter, Rundbogenportal und Balkon architektonisch zusammengefasst. – Haus Gritti. Erb. 1786 durch die Familie Gritti, ähnlich wie das vorhergehende Haus Weisses Kreuz, aber mit klassiz. Gittern. – Orlandi-Haus, am N-Ende des Dorfes. Mächtiger Bau 1810 mit 4 Geschossen und 5 Fensterachsen.

LA PUNT-CHAMUES-CH (PONTE CAMPOVASTO). Ref. Kirche, in *La Punt.* Erb. 1680, renov. 1801. Malerischer Barockbau mit eingezogenem Chorpolygon, über welchem sich eine 8eckige, aussen mit gebrochenem Pyramidendach verkleidete, innen nicht sichtbare Kuppel mit bekrönendem Zwiebeltürmchen entwickelt. Daneben Treppenspindel in rundem Gehäuse. An der Fassade toskanische Pilaster grosser Ordnung und Portal mit aufgelöster Segmentverdachung. Im Schiff sind die Ecken abgeschrägt, so dass ein langgestrecktes Oktogon entsteht. Über Pilastern mit umlaufendem Gebälk Muldengewölbe, im Chor dem Polygon angepasste Tonne; Stuckmedaillons mit Akanthusranken. Belichtung durch 4eckige Fenster unter dem Gebälk.

Gemauerte Kanzel, auf Konsolen aus der Mauer kragend. – Haus Nrn. 19–20, vormals Poult, am W-Eingang des Dorfes. Typisches Engadinerhaus um 1740, mit breitem Sulèr. – Haus Steinbock, Nrn. 18–18a. Erb. 1623 für Andreas Bernardi-Albertini, ausgeb. um 1635, Umbau in neuester Zeit. Im Obergeschoss Alkovenzimmer und Täferstube 1635 mit Initialen des Duri Gees v. Albertini und der Ursula Raschèr. – Haus Nr. 15. Erb. 1758 durch Conradin Pirani. Balkongitter an der Strassenfront; 2stöckige Halle in den obern Geschossen. – Albertini-Häuser, Nrn. 1–3, an der Ausmündung der Albulastrasse. Vorderes Haus mit geschweiftem Giebel 1728; das dahinter liegende Pächterhaus erb. 1665 durch Jak. Albertini. Engadiner Gitter aus Zuoz. – Haus Nr. 12. Erb. 1595 durch Andreas v. Albertini. – **Casa Mereda,** Nr. 22, vormals Rödel, jenseits des Inns. Erb. 1642 für Hauptmann Ulr. Albertini. Herrschaftlicher Längsbau mit westl. Wohnteil und östl. Heutenne unter gemeinsamem Satteldach, Zinnen auf den Giebeln. Hervorragende *Innenausstattung.* Im Erdgeschoss gewölbte Saletta mit Wappenstammbaum des Ehepaars Joh. Baptist Albertini und der Lucrezia Planta, um 1730–40. Im Obergeschoss Täferzimmer um 1650 mit architektonischer Gliederung und Kassettendecke, daneben Kammer mit Intarsienschrank. – Ferienheim Sandoz, Nrn. 24–25. Erb. um 1600, zum Doppelhaus ausgeb. 1694 durch Jak. Albertini. Sulèr mit profilierten Gräten. Gute Täfer 1635; Nussbaumsekretär 1807.

Chamues-ch (Camogask). **Ref. Kirche.** Erwähnt 1370; Neubau 1505 von Bernhard von Poschiavo; Renov. 1789, der Turm 1967. Anlage aus Schiff mit abgetreppten Strebepfeilern und eingezogenem, innen 3seitig, aussen gerade schliessendem Chorrechteck, offenbar die Umfassungsmauern des roman. Chors. Seitlich vor der W-Front sehr schlanker, im Unterbau roman. Turm, Glockengeschosse, Wimperge und Pyramidenhelm um 1500. Spätgotisches Rundbogenportal mit begleitendem Schachbrettband nach roman. Muster, im Scheitel Monogramm Christi; kassettierte Türflügel um 1505. Im Schiff 4jochiges Netzgewölbe auf runden Wanddiensten mit Baumeisterinschrift, im Chor 2jochiges Netzgewölbe, dessen Rippen direkt aus der Wand wachsen. Taufstein um 1505; polygonale Kanzel 1651 mit Pilastern und Intarsienfüllungen. Drei Kelche um 1400, A. 16. Jh. und um 1540. Grabtafeln 17.–18. Jh., meist für Angehörige der Familie Albertini.

MADULAIN. Ref. Kirche. Erb. 1510, renov. 1923 und 1963. Kleine spätgotische Anlage mit schwach eingezogenem, quadratischem Chor; an der N-Seite barockisierter Turm mit gekuppelten Schallfenstern, Obergeschoss und Zwiebelhaube 1745. Im Innern 2 Kreuzrippengewölbe. Polygonale Kanzel 1666, Predigerstuhl 1651; im Chor moderne Scheibe von Jan Casty. Churer Abendmahlsbecher 1623. – Haus Romedi. Dreigeschossiger Bau um 1790 mit klassiz. Freitreppe und Balkon. Geschlossener Garten mit geschweiftem Tor. – Burgruine Guardaval. Burg erb. 1251 unter Bischof Volkhard von Neuenburg, 1377 als Lehen an die Planta übergegangen, aufgegeben E. 15. Jh. Ruine eines Bergfrieds mit Bering und Fundamenten eines Wohnhauses.

***ZUOZ.** Hauptort des Oberengadins. Alte bischöfliche Domäne. Urkundlich schon im karolingischen Urbar als Ort einer Taverne aufgeführt. Im

Laufe des 13.–14. Jh. an die Familienherrschaft der Planta übergegangen. Niedergebrannt im Schwabenkrieg 1499. Geburtsort des Humanisten und roman. Dichters Gian Travers (1483–1563). Das stattliche Haufendorf weist eine grosse Zahl bemerkenswerter Patrizier- und Bauernhäuser auf, die oft einem ehem. Wohnturm angegliedert sind. Die wichtigsten Bauten gruppieren sich um den zentral gelegenen Dorfplatz oder in dessen Nähe an kleineren Plätzen.

Ref. Kirche. Eine der 3 alten Pfarrkirchen des Oberengadins. Erwähnt 1139; neuer Chor, Einwölbung des Schiffs und Erhöhung des Turms um 1 Stockwerk 1507, wahrscheinlich von Bernhard von Poschiavo; Renov. 1911 und 1918. Bau von spätgot. Gepräge mit leicht nach S abgewinkeltem Polygonalchor, umschlossen von gestuften Strebepfeilern. An den roman. Umfassungsmauern des Schiffs gedrückte Spitzbogenfriese aus dem 13. Jh. Im nördl. Choreinzug sehr schlanker Turm, am roman. Unterbau Blendnischen mit Rundbogenfriesen und gekuppelte Rundbogenfenster, die beiden obern Geschosse mit grossen Schallöffnungen 1507 und E. 16. Jh., Wimperge und Pyramidenhelm 19. Jh. An der Fassade spätgot. Medaillon mit Monogramm Christi und profiliertes Spitzbogenportal aus Tuff. Grabtafeln des 17. Jh., meist für die Familien Planta, Juvalta und Travers. Im *Innern* des 4jochigen Schiffs Netzgewölbe auf Wanddiensten, reliefierte Schlusssteine; Empore 1912. Im 3seitig geschlossenen Chor 2jochiges Sterngewölbe über verkürzten Wanddiensten, Turmschaft an der N-Seite des Chorbogens in den Raum hereinragend. Spätgot. Wandtabernakel mit pyramidenförmigem Aufsatz; Abendmahlstisch 17. Jh., polygonale Kanzel auf gemauertem Sockel. Glasgemälde von Augusto Giacometti 1929 und 1933 sowie von Jan Casty um 1957. Im Schiff gemalte Wappen Planta und Juvalta, die Allianz Jecklin-Planta dat. 1700. Die Grabplatten im Kircheninnern stark ausgetreten. Abendmahlsgeräte: Konstanzer Deckelpokal um 1680–90 von Heinr. Eglof, Augsburger Deckelbecher E. 16. Jh., 2 schöne getriebene Silberplatten und Taufschale mit Wappen Jecklin um 1700. – **Kath. Kapelle St. Katharina.** Erwähnt 1446, Neubau unter Verwendung der alten Schiffsmauern 1509–10; Rest. 1950–53. Ungegliederter Bau mit eingezogenem Polygonalchor und niedrigem Turm unter Spitzhelm vor der Fassade. Im Schiff 3jochiges Kreuzrippengewölbe, im Chor 2jochiges Sterngewölbe auf Konsolen, Empore modern. Gutes Altargemälde 2. H. 17. Jh. aus Parma mit Erscheinung der Muttergottes vor Philipp Neri. Im Oculus hinten Glasgemälde 1957 von Jan Casty. – **Profanierte Kapelle St. Sebastian.** Erb. im 13. Jh., erwähnt erst 1472. Flachgedecktes quadratisches Schiff und eingezogener, ebenfalls quadratischer Chor mit Kreuzgewölbe. Roman. Portal mit begleitendem Schachbrettfries. Im Chor über älterer Schicht Reste spätgot. Wandgemälde eines süddeutschen Meisters E. 15. Jh.: die Hl. Sebastian und Antonius Abt, in Halbfigur Maria, von Engeln gekrönt, Kirchenväter, Majestas Domini und Brustbilder Christi und der Apostel.

Hauptplatz. **Oberes Planta-Haus,** Nr. 28. Erb. E. 16. Jh. für Conradin Planta, sein Wappen über dem S-Portal zum Cuort; umgestaltet im 17. und 18. Jh., zuletzt durchgreifend 1918–20. Breites Haus unter Satteldach; über dem

Sulèrportal Wappenstein Planta-Raschèr 1648, an der S-Seite polygonaler Erker. Im Obergeschoss Täferzimmer mit Wappen des Bauherrn 1588; im Korridor dekorative Wandmalereien 2. H. 16. Jh. mit Szenen aus der Passion Christi und dem Alten Testament. Rokokostukkaturen um 1760, Steckborner Rokoko-Ofen um 1750; eine spätgot. und eine 1667 datierte Truhe. – **Unteres Planta-Haus,** unter gleichem First, aber mit einem querverlaufenden Sulèr. Umgebaut 1760. Die malerische Freitreppe mit schwungvoller Rokokobrüstung aus Granit führt zu dem Rundbogenportal mit geschweiftem Aufsatz im 1. Obergeschoss. Zwei Rokokostufenöfen, der eine mit polychromen Reliefs, der andere blau bemalt und signiert von Joseph Häggacher 1776. – Dorfturm, durch Arkaden mit dem untern Planta-Haus verbunden. Mittelalterl. Sitz der Planta, nach der Zerstörung im Schwabenkrieg wiederaufgeb. 1555, umgestaltet 1902. – **Weisses Kreuz (Crusch Alva),** Nr. 26. Erb. 1570, umgestaltet 1735; Renov. 1909–10 und 1962. Gemalter Wappenfries 1570: Hochgericht Oberengadin, Drei Bünde, 13 Orte und Familien Salis, Planta und Juvalta, darüber lateinische Sprüche. – Albertini-Häuser, Nr. 24. Erb. 1565 und 1613. – Haus Nr. 11. Laut Wappenstein über dem klassiz. Balkon erb. 1551 für Peter Raschèr und Anna Travers, die Eltern des Churer Bischofs Peter II Raschèr. – Chesa Giuvalta, Nr. 16. Erb. 1571, renov. 1964. Architektonische Sgraffiti. – Haus Nr. 144, östl. der Kirche. Wohnhaus des Humanisten Gian Travers, erb. 1542; Renov. 1932. Die Steinverblendung des gestrickten Hauses ruht über Kragkonsolen; Sgraffiti. Täferstube 1548 und Turmofen. – Haus Nr. 31, ehem. Schucan. Breites Doppelhaus mit 2 Sulèreingängen 1564. Täferstuben um 1750. – Haus Nr. 33. Erb. 1651 durch Peter Planta, umgeb. um 1740. Freitreppe und Balkon; Rokokostukkaturen und Täferstuben. – **Haus Poult,** am Plazzet. Erbaut unter Joh. Baptist v. Planta (gest. 1757), weiterer Ausbau durch 2 Brüder Poult bis 1766. Kubisch gegliederter Bau mit zurückspringendem, einen Hof ausscheidendem Mitteltrakt, der einen mittelalterl. Wohnturm einschliesst und mit einem graziösen Giebelaufsatz bekrönt wird. An der Rückseite des S-Trakts Backofen als selbständiger Anbau. Im Innern Täferstuben und Rokokostukkaturen; Ausstattung 17.–19. Jh. – Innbrücke. Erste, 1901 nach dem System Robert Maillarts erbaute Brücke mit Dreigelenkbogen und Kastenquerschnitt. – *Dorfteil Somvih.* Haus Nr. 119. Typischer Vertreter des Engadiner Bauernhauses mit grossem Flur (Sulèr), Heutenne (Talvà), Stube (Stüva), Küche (Chadafö) und Vorratshaus (Chamineda). In der Stube Arventäfer und gemauerter Ofen 18. Jh.

S-CHANF. Ref. Kirche. Erwähnt 1450, neuerb. 1493; Renov. 1904 und 1927. Strebenloser Bau mit eingezogenem Polygonalchor, an den sich nördl. der im Unterbau mittelalterl. (14. Jh.), um 1493 erhöhte Turm anschliesst, Spitzhelm erst 1890. Im Schiff 3jochiges Rautengewölbe auf Runddiensten, vorne auf 4eckigen Vorlagen und hinten auf Dienstenstümpfen, von denen der eine in einer Maske endet. Im Chor 2jochiges Sterngewölbe auf teils schildchenverzierten Anfängern. Origineller Wandtabernakel um 1493 unter einem baldachinartig vorspringenden Kielbogen mit Kreuzblume. Gemauerte polygonale Kanzel E. 17. Jh., Predigerstuhl 1691. Grabtafeln an der

Friedhofmauer für Angehörige der Familie Perini; die übrigen Platten im Kircheninnern 17.–18. Jh., ausgetreten. – Haus Nr. 55. Dat. 1735, renov. 1945. Geometrische Sgraffiti. – Haus Nr. 47. Ehem. Perini-Haus, verbreitert im 18. Jh.; Sulèrtüre 1654 und Wahlspruch. Profilierte Täfer um 1730. – Haus Nr. 44. Laut Allianzwappen erb. 1616 für Peter Perini. Neubau A. 18. Jh. im rechten Winkel längs der Strasse; hier gute Täferzimmer. Sgraffiti 1911. – Haus Nr. 36. Erb. 1580. Fenster und Türe mit Putzrustika, prachtvolles Sulèrportal. – **Haus Nr. 29.** Erb. 1662 unter der Familie Perini; Renov. 1954. Sgraffiti mit Meerjungfrau und Drachen. Sulèrtüre mit Türklopfer in Drachenform, prismatischer Erker. Vorzügliche Innenausstattung: Prunkstube mit Intarsien, architektonischen Türgerichten und Buffet, in der Kassettendecke Wappen Perini-Planta; im Erkerzimmer gemalte Familienallianzen A. 18. Jh.

SUSAUNA. Chapella. Ruine der Kirche St. Ulrich und Nikolaus mit ehem. Hospiz, am Eingang zum Val Susauna. Erwähnt E. 13. Jh.; Neubau des Chors 1524, in Abgang seit dem 17. Jh. Erhalten haben sich die Umfassungsmauern des 3seitig geschlossenen Längsraumes ohne Choreinzug. Roman. Turm des 12. Jh. an der W-Fassade, Glockenstube und Zeltdach renov. 1933. Ehem. Hospizgebäude (zurzeit Lagerräume). Roman. Anlage, der nachträglich erhöhte N-Teil mit Spitzbogenportal wohl aus got. Zeit; im quadratischen Eckbau eine spätgot. Stube. – Ref. Kirche, im Dorf. Dreiseitig geschlossener Einheitsraum 1696 mit grätigen Kreuzgewölben auf Vorlagen. Kahler Turm seitlich in der Giebelfront mit gezimmerter Glockenstube. An der Chorwand Wappen des Vikars Conradin Perini 1696; die Chorgestühle 1700, Predigerstuhl 1724. Augsburger Abendmahlsbecher 2. H. 16. Jh.

CINUOS-CHEL (CINUSKEL). Ref. Kirche. Erb. 1615, renoviert 1692. Kleiner Bau mit 2jochigem Schiff und eingezogenem, 3seitig geschlossenem Chor, an dessen N-Seite der schlanke Turm mit einem Spitzhelm über Wimpergen. Im Innern Tonnengewölbe mit Stichkappen. Abendmahlstisch 1657; würfelförmige, auf 4 Füssen stehende Kanzel mit Flachschnitzereien 1634; Bestuhlung 1723. Fünf Grabplatten 17.–18. Jh. – Haus Nr. 258. Laut Datum erb. 1594, renov. 1938. Breiter Giebelbau mit abgesetzter Front. Erlesene Sgraffitodekorationen: Über dem Sulèrbogen 2 Schildchen mit Reitern, Quaderimitation, Ornamentbänder mit Meerungeheuern und im Giebel Lilienwappen (Gilli?), gehalten von einem Steinbock. – Haus Nr. 262. Erb. 1659 durch Andrea Capon, gleichzeitig Sgraffiti mit Drachen und Meerjungfrau, Vasen mit Sträussen und Architekturrahmen. – Haus Nr. 266. Erb. 1611 von Jachiam Maschal, gleichzeitig die Sgraffiti, eine Borte mit verschlungenen Delphinen. – Haus Nr. 265. Backofen und übertünchte Sgraffiti 17. Jh.

UNTERENGADIN: ZERNEZ–SCHULS

BRAIL. Ref. Kirche. Erb. 1415, Chor und Schiffsgewölbe wohl M. 17. Jh. Kleiner 2jochiger Bau mit Streben an der S-Seite und trapezförmigem Chorschluss ohne Einzug; Turm nördlich des Schiffs. Rippenlose Kreuzgewölbe auf gestuften Wandpfeilern; an der N-Wand Baudatum 1415. Ausstattung M. 17. Jh., an Stelle des ehem. Wandtabernakels Schränkchen von 1724.

ZERNEZ (Abb. 83). Dorfbrand 1872; die darnach aufgebauten Dorfteile sind geprägt von einheitlich biedermeierlichen Häusern mit flachen Dächern im ital. Typus. – **Ref. Kirche,** in beherrschender Lage. Erwähnt E. 13. Jh.; Neubau 1607–09. Stattliche Anlage aus 3jochigem Langhaus und eingezogenem Polygonalchor. An der S-Seite hoher roman. Turm mit Blendbogenfriesen im Unterbau und 3 Geschossen gekuppelter Rundbogenöffnungen in Zwei-, Drei- und Vierteilung, hoher Spitzhelm und Wimperge wohl 1607. In Schiff und Chor Tonnengewölbe mit tief einschneidenden Stichkappen auf Kompositpilastern mit reichprofiliertem Gebälk, das von den rechteckigen Fenstern unterbrochen wird. Ausserordentlich reiche Frühbarockstukkaturen dat. 1609 auf farbigem Grund, entlang der architektonischen Linien, nur im Chor auf die Gewölbekappen ausgedehnt: In den Gewölbescheiteln hängende Zapfen, sonst Lilienbüschel, Trauben, Akanthusranken, Panisken und Puttenhermen, im Chor Wappen des Grauen Bundes und des Gotteshausbundes; im Scheitel des Chorbogens Wappenkartusche des Stifters Ritter Rudolf v. Planta 1609. Chorempore wohl 1741 auf Balusterpfeiler mit durchbrochener Barockbrüstung, darüber Régenceholzgitter; 3teiliger Orgelprospekt um 1741. Polygonale Kanzel auf Balusterfuss 1607; steinerner Abendmahlstisch 1725; Gestühl und Predigersitz 1793. Im Chor- und Schiffboden insgesamt 21 Grabplatten des 17.–18. Jh., meist für Angehörige der Familie Planta-Wildenberg, an der S-Wand des Chors Epitaph für Joh. Heinr. Planta (gest. 1700). Kelch M. 17. Jh., Augsburger Taufkanne Louis XVI. – **Kapelle St. Sebastian,** bei der Pfarrkirche. Wohl mittelalterl. Gründung, Chor und Schiffsgewölbe 1490, seit 1643 profaniert; rest. und dem Kultus zurückgegeben 1950. Im Rechteckschiff 2jochiges Kreuzrippengewölbe auf Vorlagen, im eingezogenen, 3seitig geschlossenen Chor 2jochiges Sterngewölbe auf schildchenverzierten Anfängern. *Spätgotische Wandmalerei* im Chor, 1515 von einem Tiroler (?) Meister: An der N-Wand Anna selbdritt, Sebastian und Hl. Fahnenträger (Georg mit Wappen, Variante des Grauen Bundes?), an den Schrägseiten die Kirchenväter und die Apostel sowie Wappen Chur und des Bischofs Paul Ziegler (1509–41), an der Abschlusswand Muttergottes, von Engeln umgeben, darunter Jahrzahl 1515, an der S-Wand die Hl. Barbara, Katharina und Margaretha sowie die Hl. Rochus, Christophorus und Kreuzigungsgruppe, teilweise in Arkadenrahmung. – Kath. Kirche St. Antonius. Erbaut um 1920–30, Wandgemälde 1931 und 1933.

Schloss Wildenberg. Ehemaliger Sitz der Herren v. Wildenberg, erwähnt um 1280/90, im 14. Jh. bischöflicher Besitz, von etwa 1400–1850 Stammburg der Planta v. Wildenberg. Zerstört 1618, wiederhergestellt um 1620–30, ausgeb. um 1650 und vor allem in der 2. H. 18. Jh. Winkelförmige Anlage mit Eckturm, Mauereinfriedung mit entsprechendem Eckpavillon. Über dem rustizierten Hofportal Allianzwappen um 1650 des Hartmann v. Planta und der Flandrina v. Planta. Der Eckturm ist im Unterbau wohl mittelalterlich, die

Obergeschosse mit Schlüsselscharten um 1630, die geschweifte Spitzhaube im 18. Jh. aufgesetzt. Am östlichen Herrschaftsflügel Freitreppe mit Balusterbrüstung, Korbgitter und Balkon um 1760; Wappentafel des Joh. Planta v. Steinsberg und der Maria Jecklin 1649, vielleicht urspr. am W-Flügel. Grosszügiges Treppenhaus und geräumige Halle im Obergeschoss, Ausstattung Louis XVI. – Moorenturm. Erb. wohl im 12. Jh., Sitz der Familie Moor bis 1570; im 17. Jh. aufgestockt, in jüngster Zeit äusserlich restauriert, innen als Ferienwohnung umgestaltet. Wohnturm mit ehem. Hocheinstieg, neues Zeltdach. – **Haus Filli,** Nr. 145. Erb. 1657, rest. 1965. Geometrische Sgraffiti und gemalte Wappen der Drei Bünde. Im Erkerzimmer Täfer und Kassettendecke 1777. – Haus Nr. 146. Erb. 1613, renov. 1951. Sgraffiti und Sulèrtüre. – Haus Nr. 141. Erb. 1568, später erhöht. Sgraffiti. – Haus Nr. 48. Erb. 1629. Täferzimmer mit Rankenornamenten und radialer Decke 1654. – Weitere bemerkenswerte Häuser, meist 17. Jh.: Nrn. 133, 130, 127 und 25. **Museum.** Nationalpark-Museum.

SUSCH (SÜS). Ref. Kirche. Neubau um 1515; renov. und ursprüngliche Fenstereinteilung rekonstruiert 1933. Strebenlose spätgotische Anlage mit eingezogenem Polygonalchor, an dessen N-Seite ein ungegliederter roman. Turm mit erneuerten Schallfenstern und Zeltdach steht. Rundbogiges Portal von ca. 1780. In beiden Raumteilen ein 3- bzw. 2jochiges Sterngewölbe auf geschraubten Anfängern, von denen im N-Teil des Schiffs einer als Tierkopf ausgebildet ist; im Chor Schlussstein mit Christushaupt. An der S-Wand des Chors Fragmente eines Wandgemäldes um 1515. Polygonale Kanzel um 1790; Bibelkästchen 1770; Chorstühle um 1770. Beachtliche Orgelempore im Chor um 1770 mit graziösen Putten und Rocaillen sowie à jour geschnitztem Brüstungsgitter, gleichzeitig das Orgelgehäuse mit Davidstatue. Einfache W-Empore um 1790. Grabplatten 17.–18. Jh. für die Planta und Moor. – Planta-Wohnturm. Rest. 1968. Urspr. wohl 5geschossig mit Wehrgang, jetzt neu ausgebaut mit neuen Fensterausbrüchen. Barocke Zwiebelhaube. – Kath. Kirche. Erb. um 1900. – Gefängnisturm. Ehem. Wohnturm vielleicht der Herren v. Süs, erwähnt 1161. Spuren eines Aborterkers und eines auskragenden Backofens. – Ruine Fortezza, auf dem Hügel Chaschinas. Reste einer sternförmigen Feste, 1635 von Herzog Rohan errichtet. – Häusergruppe vor der Brücke 17. Jh., mit Sulèrtüren. Das kleine Haus jenseits der Brücke (jetzt Armenhaus) gilt als Geburtshaus des Historikers Ulrich Campell. – Ehem. Richtstätte, am rechten Ufer des Inns nahe der Gemeindegrenze gegen Zernez, heute Giustizia genannt. Zwei gemauerte konische Pfeiler.

***LAVIN. Ref. Kirche.** Erb. um 1500, renov. 1935, Chor rest. 1955–56. Ungegliederter Bau mit eingezogenem, 3seitig geschlossenem Chor und N-Turm mit neuem Zeltdach. Im Schiff moderne Holzdecke, im Chor ein rippenloses Gewölbe mit spitzbogigen Kappen. Der Chor vollständig von *Wandmalereien** überzogen, wohl von einem oberitalienischen Meister um 1500: Am Chorbogen Verkündigung; darunter als Altarbild links St. Georg zwischen 2 Heiligen und rechts der Hl. Antonius Abt zwischen den Hl. Sebastian und Barbara; an der Leibung des Chorbogens Brustbilder der

Propheten, an der Innenseite Kluge und Törichte Jungfrauen; an den Chorwänden unten Apostelreihe, darüber Szenen aus dem Leben des Hl. Georg, an der N-Wand Ecce homo über vermauerter Sakramentsnische, an der O-Wand Schweisstuch der Veronika, in den Spitzen der S-Fenster die Wappen der Bischöfe Ortlieb v. Brandis (1458–91) und Heinrich v. Höwen (1491–1505); in den entsprechenden Wandschilden Renaissancegrisaillen; am Gewölbe Majestas Domini mit 3 zusammengefügten Köpfen (Trivultus) als Dreifaltigkeitssymbol, umgeben von den Evangelistensymbolen, den Evangelisten und den 4 lateinischen Kirchenvätern an Schreibpulten, auf den Gewölbeanfängern Engel, darüber im westl. Chorjoch Symbole der 4 Elemente. Kanzel mit gebauchtem Korpus und Bestuhlung E. 18. Jh.; Abendmahlstisch mit einer Intarsienplatte 1667 von Töni Zanet. Grabplatten 17.–18. Jh. Im Chor aufgestellt Glocke 1469 des Tessiners Hans Heri Isen. – Chasa del Giardin, Nrn. 40–41, am W-Eingang des Dorfs. Erb. 1682, umgeb. 1813. Klassiz. Gartenanlage mit schmiedeisernem Hoftor und Initialen des Bauherrn N. J. Bonorand. – Haus Nr. 46. Erb. 1722 für Florin Conrad und Katharina Bonorand. Ausgewogene Sgraffiti, originell geschnitzte Büge am Vordach und im Giebel. – Weitere Häuser mit Sgraffitoschmuck aus der 2. H. 17. Jh.: Nrn. 32, 29 und 42. – *Gonda*, östl. des Dorfs. Ruine einer Kapelle. Roman. Saal mit halbrunder Apsis. Kapelle 1578 von einer Lawine zerstört.

GIARSUN. Ref. Kirche. Mittelalterl. Gründung; Erhöhung des Dachs und neues Glockenjoch 17. Jh., neue Schiffsdecke A. 19. Jh.; Renov. 1922. Flachgedeckte Saalkirche mit halbrunder gewölbter Apsis Anfang 13. Jh. Barockes Glockenjoch über der Fassade, rechts vom First. Portal 1922. – Haus hinter der Kirche. Erb. 1606, rest. 1966. Gute Sgraffiti. – Haus Nr. 128. Sgraffiti und Buntmalerei, Wappen des Erbauers Stephan Giatminun; Rest. 1967. – **Prähist. Steinwall,** oberhalb des Weilers. 9 m hoch und 120 m lang.

***GUARDA** (Abb. 84). *Eines der charaktervollsten und besterhaltenen Ortsbilder der Schweiz.* Die hochgelegenen Häuser der «Warte» (Warda-guarda) an der alten Durchgangsstrasse über dem nördlichen Talhang haben fast alle ländlichen Charakter und wirken durch ihre malerische Gruppierung und eigenwillige Gliederung der Baumasse. Bemerkenswert sind die dekorativen Sgraffiti, welche selten sonst so zahlreich angetroffen werden, ferner die roman. Sprüche und Inschriften und die Wappensteine. Das Dorf erfuhr eine systematische Wiederherstellung in den Jahren 1939–45 unter der Leitung von Architekt Joh. Ulr. Könz.

Ref. Kirche. Erb. 1483, Erweiterung des Chors vielleicht um 1494, Erneuerung der Schiffsdecke 18. Jh.; Renov. 1828 und 1933. Ungegliederter Bau mit leicht nach N abgewinkeltem Polygonalchor. In der nordöstl. Schiffsecke der Turm mit rundbogigen Schallfenstern und Spitzhelm über Wimpergen. Im Schiff gewalmte Leistendecke, im Chor Kreuzgewölbe; die Fenster 1933 erneuert. Portal 1828, ebenso die geschweifte Empore, die Bestuhlung, das Brusttäfer und die Kanzel mit gebauchtem Korpus. Zwei Kelche M. 17. Jh. und um 1700. – Haus Nr. 94. Erb. 1775, renov. 1935. Dekorationsmalereien. –

Haus Nr. 88. Erb. 1771, mit Architektursgraffiti. – Haus Nrn. 86–87. Sehr langes Doppelhaus mit dazwischenliegendem Holzstall. Erneuert 1725 durch Parsfal Stupaun; Renov. 1941–42. Sehr reiche und dekorative Sgraffiti. – Haus Nr. 79. Erb. 1648, renov. 1942. Sgraffiti und Wappen Bart. – Haus Nr. 74. Erb. 1706, renov. 1943. Wappenstein Ander-Bart 1705; Erker mit geschnitzten Fensterrahmen. – Haus Nr. 68. Erb. 1645, ausgeb. unter der Familie Planta um 1800. – Haus Nr. 67. Erb. 1706 für die Familie Ander, renov. 1931. – Haus Nr. 66. An der Fassade dieses mehrmals veränderten Hauses 2 steigende Steinböcke in Sgraffito 1577, darüber Rest eines spätgot. Wandgemäldes um 1500. – Haus Nr. 61. Erb. 1.H. 17. Jh., renov. 1938; Sgraffiti. – Haus Nr. 56. Erb. 1728; bunte Fensterumrahmungen. – Haus Nr. 57. Erb. 1641 unter Clagvogt Torel, renov. 1944. Grossflächige Buntmalerei. – Haus Nr. 55. Aufgemalte Barockdrolerien, renov. 1931. – Haus Nr. 54. Erb. 1682 unter der Familie Bart, renov. 1937. Erneuerte Sgraffiti mit Wappen Bart. – **Haus Nr. 50,** am SW-Rand des Dorfes. Altertümliches Sgraffitohaus, wohl noch 16. Jh.; Rest. 1945. – Haus Nr. 51. Erb. 1646 durch Nuot Ton Giachian und Dumeng Ton Giachian, renov. 1940. – Haus Nr. 47. Renov. 1940; Rokokobalkon. – **Haus Nr. 46.** Stammhaus der Familie Bart. Wappenstein Joan und Ursula Bart, ein 2. Wappenstein Bart-Könz 1682 mit nachträglich eingehauenen Initialen IB 1704 GB; Erker. – Hotel Meisser, ehem. Planta-Haus. Umgestaltet 1893. Im Obergeschoss Täferstube um 1720 mit Deckenmedaillon Planta-Jenatsch. – Haus Nr. 43, jetzt Hoteldependance. Erb. 1705 durch Jakob Könz. Sulèrportal mit gesparrten Gevierten. – Haus Nr. 41, jetzt Hoteldependance. Erb. 1659. – Haus Nr. 40. Schöner Wappenstein Bart-Saluz 1703. – **Haus Jecklin,** Nr. 34. Erb. 1. V. 17. Jh., Ausbau im 18. Jh. und 1815; Renov. 1935. Klassiz. Fenstergitter. Erdgeschosserker, Wappen der Drei Bünde. Im Obergeschoss Täferstuben 18. Jh. – Haus Nr. 33. Wappenstein Cavori 1731. – **Haus Nr. 25.** Erb. 1717 für Jon B. Könz, umgestaltet unter seinen Söhnen; Renov. 1941. Besonders reiche Sgraffiti mit Blumen- und Blattranken. – *Bos-cha:* Haus Villeta, Nr. 220. Erb. um 1830, mit skurril geschweiftem Giebel.

ARDEZ** (Abb. 85, 87). Charakteristisches Beispiel einer Unterengadiner Siedlung mit schönen alten Häusern. – **Ref. Kirche (Abb. 85). *Die erste ref. Emporenkirche der Schweiz, in Verbindung von Spätgotik mit schweren ländlichen Renaissanceformen.* Neubau 1576–77 unter Verwendung älterer Schiffsmauern und des Turmes von 1445; Veränderung der südl. Schiffsfenster 1878; Rest. 1948. Zweischiffiges Langhaus mit Hauptschiff in Chorbreite und nördl. angefügtem unbefenstertem Seitenschiff; an der südl. Seitenfront und am unregelmässig 3seitig geschlossenen Chor abgetreppte Strebepfeiler. Hauptportal 1931 erneuert. Grabtafeln 17. und 18. Jh. Das 4jochige Langhaus ist im W-Joch und im Seitenschiff durch loggienartige Emporen mit schweren Renaissancebalustraden unterteilt, ihre flachbogigen Arkaden ruhen auf der Schmalseite auf einer toskanischen Säule und an der Längsseite auf massigen Pfeilern; Emporenaufstieg in der NW-Ecke über eine Treppenspindel in runder Schale. Pilaster an der südl. Fensterwand und toskanische Säulen auf der gegenüberliegenden Empore tragen ein Tonnengewölbe mit Stichkappen

und – in Erinnerung an got. Rippenkonstruktionen – einfachem Gratmuster, in den Seitenräumen Kreuzgratgewölbe. Der 2jochige Polygonalchor in der Verlängerung des Hauptschiffes, mit 2 Fenstern und einem unregelmässigen Netzgratgewölbe; der hochgelegene Turmeingang an der N-Seite bezeichnet das Niveau des alten Chors. Kanzel 1577, auf Fuss mit Akanthuskapitell ein zylindrischer Korpus; Gestühl 1789; Empire-Orgel 1814. Churer Kelch 1676, grosse Schnabelstize 1699.
Haus Nr. 66. Erb. 1603, umgestaltet um 1810. Mittelachse durch eine klassiz. Architekturmalerei betont, die bis in den geschweiften Giebel durchgeht; hier Balkon über Wappen Vonzun von 1678. – Haus Nrn. 82–83. Erb. 1669 unter der Familie Vonzun, renov. 1964. Architektonische Sgraffiti. – Haus Nr. 119 (Abb. 87). Erb. 1610; Dekoration 1731 und 1845 mit Wappen Clalgüna. – Haus Nr. 111. Erb. 1660, renov. 1961. Sgraffiti. – **Haus Nrn. 99–100.** Erb. 1647 unter Dumeng Clalgüna und seinen Söhnen Luzi und Jon, erhöht 1756; Renov. 1929. Zweigeschossiger prismatischer Erker mit Allianzwappen des Bauherrn; originelle, aber stark erneuerte Fassadenmalerei 1647 mit Adam und Eva sowie teppichartig ausgebreiteten Weinranken; die Architekturrahmen und die Soldatengruppe über dem Sulèr 1707. – **Haus Stupaun,** Nr. 132. Erb. 1616 für Jak. und Joan Uors Swizer, umgeb. 1676; Renov. 1965. Putzrahmen und Sgraffiti. – Haus Nr. 120. Erb. 1642 unter Joh. Planta, umgestaltet 1756. Klassiz. Fenstergitter, Täferstuben. – **Haus Nr. 135.** Erb. 1591–92, renov. 1964. Erdgeschosserker und gute Renaissancesgraffiti mit Putten und Drachenfries aus der Bauzeit, Wappenstein 1629 der Brüder Rudolf und Joh. Ant. Planta. – Planta-Häuser, Nrn. 140–41. Treppengiebelbau von 1605, Umbau 1967. – **Haus Nr. 155.** Malerisch gegliedertes Eckhaus mit asymmetrischem Giebel, Sgraffiti und Wappenstein Jacob Simon Könz 1676. – Haus Nrn. 82–83. Erb. 1669, renov. 1964. – Haus Nr. 84. Klassiz. Bau um 1820–30, Pilaster und Lisenen. – Haus Nr. 125. Erb. 1605, renov. 1701 und 1952. Gut erneuerte Sgraffiti. – Haus Nr. 129. Erb. 1680 durch die Brüder Vonzun; gemalte Wappen. – Kreisgefängnis, am S-Rand des Dorfes. Ehem. Wohnturm der Vonzun, urspr. 5 1räumige Geschosse mit Sitznischen. – **Burgruine Steinsberg,** östl. des Dorfes. Gegr. im 12. Jh., seit 1209 in bischöflichem Besitz, 1499 von den Österreichern zerstört. Auf ausgedehntem Burgareal in beherrschender Hügellage Bergfried mit Hocheinstieg und Reste der Umfassungsmauern mit Aborterker, ferner Ruine der ehem. **Luziuskapelle,** roman. Saal mit halbrunder Apsis. – Kath. Kirche Mariä Himmelfahrt, am O-Rand des Dorfes. Erb. 1868–70. – *Sur En.* **Ref. Filialkirche.** Vermutlich im frühen 13. Jh. erbaut, Turm wohl 17. Jh.; Renov. 1684, 1756 und 1863. Ungegliederte roman. Saalkirche mit halbrunder gewölbter Apsis. Niedriger Turm mit 8eckigem Pyramidenhelm in der NW-Ecke des Schiffs. – Haus gegenüber der Kirche. Ländliche Malereien, renov. 1966.

FTAN (FETAN). Mehrmals von Bränden heimgesucht, zuletzt 1885. – **Ref. Kirche.** Erwähnt 1492, nach Zerstörung durch Dorfbrand 1622 wiederaufgeb. 1633–34 von Hans Span; Renov. 1950. Der von Streben eingefasste Bau schliesst mit einem eingezogenen 3seitigen, leicht nach S abgewinkelten

Polygonalchor; Grabplatte für Peter Saluz 1650. Im 1schiffigen Langhaus glatte Tonne, Ansatz der ehem. flachen Decke an der Chorbogenwand sichtbar; im Chor Gewölbe mit Stichkappen; über dem Chorbogen Baumeisterinschrift. Bibelkästchen um 1680; Kanzel und Gestühlswangen um 1800; Grabtafel für Landammann Joh. Peter Schmid v. Grüneck 1819. Der *Turm* steht frei auf einem Felsen nördl. der Kirche; der Unterbau wohl spätmittelalterl., die Obergeschosse 1660 und die welsche Haube 1795 von Jos. Sigeli. – **Haus Nr. 84,** im westl. Dorfteil. Erb. 1674 unter Pfarrer Jak. Ant. Vulpius (gest. 1706), zusammen mit Pfarrer Jak. Dorta, Übersetzer der Bibel ins Ladinische (1679); Rest. 1966. Abgesetzte Giebelfront, hölzerne Freitreppe zum Hocheingang über dem Sulèr, Erker und Quadersgraffiti.

SCUOL (SCHULS) (Abb. 89). *Oberschuls.* Dorfstrasse mit stattlichen Engadinerhäusern. – **Haus Nr. 356.** Erb. laut Wappen und Inschrift 1613 durch Duri Rea à Porta, umgestaltet 1640. Loggienartiger Treppenaufgang. – **Haus Nr. 362.** Erb. 1679; Ausbau 1750, mit schmiedeisernem Rokokobalkon. Im Obergeschoss Halle mit Stuckdecke; Täferstube mit Wappen Wieland. – Bemerkenswerte Häuser meist 17. Jh.: Nrn. 371, 356 und 365. *Unterschuls.* **Ref. Kirche.** Neubau 1516 von Bernhard v. Poschiavo, Turm erhöht 1564; Renov. 1971. Spätgot., durch abgetreppte Streben gegliederte Kirche mit eingezogenem, 3seitig geschlossenem Polygonalchor. S-Turm im Unterbau roman., Wimperge und Spitzhelm 1564. Profilierte Portale an der W- und S-Seite. Im Schiff 4jochiges, im Chor 2jochiges Sterngewölbe auf Wanddiensten; gute Masswerkfenster. Im 1. westl. Joch 3achsige Steinempore mit kräftiger spätgot. Masswerkbrüstung; Orgel 1792 von Joh. Heinr. Giezendanner. Kanzel mit flammenförmigem Masswerk 1516. Got. Kelch M. 15. Jh., profaner Becher 1662. **Sog. Kloster,** Nr. 66a. Im Kern vielleicht A. 16. Jh., Ausbau wohl nach 1622 und 1702–04. Malerische Platzfront (Abb. 89) mit 2 gemauerten und einer gezimmerten Laube von 1704, die dem Bau den Namen «Kloster» gaben. Im 1. Stock Täferstube 1702. Heute Museum. – Haus Nr. 65. Erb. 1696; auskragender Backofen. – Haus Nr. 89. Klassiz. Bau um 1830. – Haus Nr. 90. Erb. im 17. Jh., mit Malereien von 1806. – Haus Nr. 122. Wappen à Porta, klassiz. Balkon und Erker. – Haus Nr. 120. Erb. 1693, mit Wappen Rauch-Wieland. – **Haus Nr. 124.** Erb. 1670, rest. 1966. Malerisch geschweifter Giebel A. 19. Jh., in der Art derjenigen in Sent (s. S. 277). – Brückenturm. Erb. vor 1572, erneuert 1661. Rundbogiger Durchlass, darüber Wächterstube. **Museum.** Unterengadiner Museum, im sog. Kloster (s. oben). Kleine kulturhistorische Sammlung.

S-charl. Verträumter Flecken in einsamer Lage auf 1810 m ü. M. im Val S-charl; ehem. Bergbauzentrum (Silbergruben). – **Ref. Filialkirche.** Roman. Saalbau aus dem 11.–12. Jh. mit halbrunder gewölbter Apsis; Renov. 1515, 1734 und 1949. Über der Eingangsfront moderner Dachreiter mit Zeltdach. Im Schiff neue Flachdecke (19. Jh.); Wohltäterinschriften 17. Jh. – Knappenhaus, Nr. 569. Dreistöckiger Steinbau von 1824. Rokokotruhe aus Arvenholz.

***TARASP** (Abb. 88). Das Gemeindegebiet rechts des Inns war bis 1803 eine österreichische Enklave; seit dem 19. Jh. Entwicklung zum Kurort. – *Fontana.* **Kath. Kirche Hl. Dreifaltigkeit,** Neubau im rechten Winkel zur

Vorgängerkirche 1674–78 von Blasius Ploirer aus Mals; Aussenrenov. 1947. Ungegliederter, nach N gerichteter Barockbau mit schwach eingezogenem quadratischem Rechteckchor und 2 chornahen Seitenkapellen. Der Turm mit Zeltdach und die anschliessende unregelmässig 3seitig schliessende Sakristei an der östl. Langseite stammen vom ersten Kirchenbau 1567. Im Schiff 4jochiges Tonnengewölbe mit Stichkappen, unterteilt von Gurten, die über gestuften Pilastern mit umlaufendem Gebälk aufsteigen; im Chor und in den Kapellen Kreuzgewölbe. Im Untergeschoss des Chors Antoniuskapelle. Der Choraltar mit gewundenem Säulenpaar, Tabernakel und geschnitztem Antependium 3.V.17.Jh.; die Seitenaltäre und Kanzel 1743, Figuren von 1901. Sakristeialtar um 1678 mit ländlichem Gemälde der Epiphanie 1573. Übrige Ausstattung 1901. – **Pfarrhaus.** Erb. 1674 durch Rudolf Pazeller mit Treppengiebel im W. Portal 1716; Wandmalerei mit Mariä Verkündigung 1.H. 18.Jh. – **Haus Nr. 20.** An der O-Fassade Architekturmalerei 1.H. 18.Jh. und gleichzeitiges Bild der Hl. Sippe, welches über 2 Geschosse reicht.

Schloss Tarasp* (Abb. 88). *Eine der imposantesten Burgen der Alpentäler, in unvergleichlicher, das Tal beherrschender Lage.* Gegr. vermutlich im 11.Jh. von den Herren v.Tarasp, die um 1095 erwähnt werden; nach 1273 im Besitz der Herren v.Matsch, seit 1464 im Besitz Österreichs, das Engadiner Familien damit belehnt; 1803 dem Kt. Graubünden überlassen, 1900 an Privat verkauft. Das zerfallende Schloss 1907–16 durch Walter Türcke und Robert Kosenbach gesichert und umgestaltet. Seit 1916 im Besitz des Grossherzogs v. Hessen; als Burgenmuseum zugänglich. – *Anlage.* Der Hauptbau wird durch den im 17.Jh. spiralförmig angelegten Burgweg erreicht, der vom untern Tor bis zum Vorhof von einer Schildmauer begleitet und durch das Tor beim Wächterhaus und das Kapellentor von 1624 in 3 Wehrabschnitte unterteilt wird. Der breite, nur wenig überragende Bergfried in der NW-Ecke, der N-Trakt, der Campanile und die Kapelle gehören noch weitgehend dem Hochmittelalter an, während die südl. Wohnbauten im 16. und 17.Jh. neu- oder ausgebaut wurden. Die Neubefestigung des Burgwegs samt Pulverturm 1.Drittel 18.Jh. Charakteristisch sind die nach innen abgeschrägten Pultdächer des Palas, welche das Regenwasser der Hofzisterne zuführen. Die halbrund geschlossene *romanische Kapelle*, welche im O über die Ringmauer erkerartig vorspringt, weist im 4eckigen, sich nach W leicht verjüngenden Schiff eine neue Holzdecke und in der Apsis eine ebenfalls erneuerte Gewölbekalotte auf. Wandmalereien 1915 stark retouchiert: An der O-Wand spätgot. Halbfiguren von 4 Heiligen und Verkündigung; im Schiff Apostelfiguren um 1600. Campanile hinter der Kapelle in der O-Ecke des Palas mit roman. Zwillingsfensterchen und barockem Zwiebeldach. An der N-Front aufgemalter Wappenschild Österreichs 1624, ein weiterer Bindenschild über dem Eingang zum S-Flügel; die übrigen Wappen erneuert. Das *Schlossinnere* sehr stark verändert und die Räume völlig neu ausgestattet. Drei bemerkenswerte Täferstuben aus dem Salis-Haus in Promontogno 1539, der Casa Olgiati in Poschiavo 1692 und dem Frauenkloster Cazis 1704. Phantasievolles Privatmuseum mit Kunstwerken verschiedener Herkunft, vor allem umfangreiche Sammlung von Schweizer Kabinettscheiben, meist 17.Jh.

Vulpera. Internationaler Kurort mit berühmten Heilquellen. – Kath. Kapelle St. Johann Baptist. Erb. 1826 als Saal mit 3seitigem Chorschluss. – Hotel Waldhaus. Erb. 1895–97 von Nicolaus Hartmann d.Ä. – Schweizerhof. Erb. 1898–1900 von Karl Koller, erweitert 1913.

SENT. Stattliches Haufendorf mit reizvollen baulichen Besonderheiten; mehrmals von Bränden heimgesucht, am schwersten 1823, zuletzt 1921. – **Ref. Kirche.** Mittelalterliche Gründung, neuerb. 1496 von Andreas Bühler, neugot. Turm 1899 von Nicolaus Hartmann d.Ä.; Rest. 1957–58. Schöner spätgot. Bau mit abgetreppten Strebepfeilern am Schiff und am eingezogenen Polygonalchor. Im Schiff 4jochiges, im Chor 2jochiges Sterngewölbe auf Wanddiensten; in den Gewölbezwickeln spätgot. Rankenmalereien. Drei Chorfenster mit Fischblasenmasswerk und je eines in den Langseiten des Schiffs. Im Chor Baumeisterinschrift und Steinmetzzeichen. Spätgotischer Wandtabernakel mit Stabprofilen, Blendmasswerk und Zinnenbekrönung. Die polygonale Kanzel mit Flachschnittdekor von 1712, aus der abgebrochenen Sebastianskapelle in Samedan. Ungefüges Taufbecken auf 3 Füssen, wohl roman. – **Kirchenruine St. Peter.** Urspr. bewehrte Anlage auf einem Felsen über dem westl. Dorfteil. Erwähnt vielleicht 930; neuerb. im 12. Jh., wohl seit dem 17. Jh. nicht mehr benützt. Umfassungsmauern einer roman. Saalkirche mit halbrunder Apsis (in Quaderkonstruktion), deren Gewölbekalotte über einem Hausteinwulst aufsteigt. Spuren von Quattrocentomalereien. An der N-Seite vollständig erhaltener Turm: Auf kahlem Unterbau 2 Geschosse mit Blendnischen und Rundbogenfriesen, darüber gekuppelte Rundbogenfenster und im obersten Geschoss je eine Rundbogenöffnung, Zeltdach. Daneben Fundament eines grossen quadratischen Wehrturmes und Reste des Berings, vielleicht 11. Jh.

An den Dorfplätzen Sala, Platz, Curtin und Saglina malerische Häusergruppen: Im Kern mehrheitlich aus dem 16. und 17. Jh. stammende Bauten, deren heutiger Charakter meist durch die Umbauten nach dem verheerenden Dorfbrand von 1823 bestimmt wurde; rokokoartige, kapriziös geschweifte «Senter Giebel», streng in die Mittelachse komponierte Balkone, rahmende Pilaster und Lisenen sowie da und dort Architekturmalereien. – Ehem. Haus Gianom, Nr. 223. Erb. 1823, renov. 1935. Tor aus der Achse verschoben, Balkone und Giebel. – **Haus Nr. 71.** Erb. 1828 für die Familie Defila. Gutproportionierte klassiz. Fassaden mit ion. Pilastern; Balkone. Im Erdgeschoss Täferstuben mit Wappen Defila-Lansel 1854 und gemauerter Turmofen. – Haus Nr. 69. Erb. 1697 unter Joh. Augustin. Prismatischer Erker mit geschnitzten Fensterrahmen. – **Haus Augustin,** Nr. 41a. Erb. 1828 durch Mastral Not. J. Vital, Erdgeschoss umgestaltet. Mächtiger Bau mit Balkon, «Senter Giebel» und einem für das Engadin fremden Mansartdach. Täferstuben 1827, Rokokotüren. – **Haus Nr. 142.** Laut Wappenstein erb. 1632 für Conradin Schmid v. Grüneck. Gewölbte Mittelkorridore, im Erdgeschoss Täferstube. – Haus Nr. 147, mit Treppenloggia. – **Chasa dals spus,** Nr. 15. Umgeb. 1823, renov. 1938. Reizvolle Fassade mit 2 Erdgeschosserkern und geschweiftem Giebel mit Balkon; originelle Malerei mit einem Brautpaar. – Post, Nr. 134. Ungewöhnlicher Eckerker mit gemauerten

Zwiebelbekrönungen. – Haus Nr. 222. Erbaut 1709 durch Joh. Stupaun. Fenster mit Stuckbekrönungen in aufgelösten Giebeln. Gewölbte Korridore, Täferzimmer 1710.

Grusch. Früher wichtiger Umschlagplatz für den Handel mit dem Tirol. – Haus Vital. Umgeb. 1801 unter Mastral Ans Not Ans, Initialen am Geländer der Freitreppe; Umbau 1825. «Senter Giebel», bemalte Fensterläden. – Post, sog. Rotes Haus. Erb. E. 18. Jh. für einen holländischen Soldaten, vollendet durch Plasch Zonder. Zwei gewölbte Korridore, wovon der eine als Stapelplatz diente; doppelte Treppe.

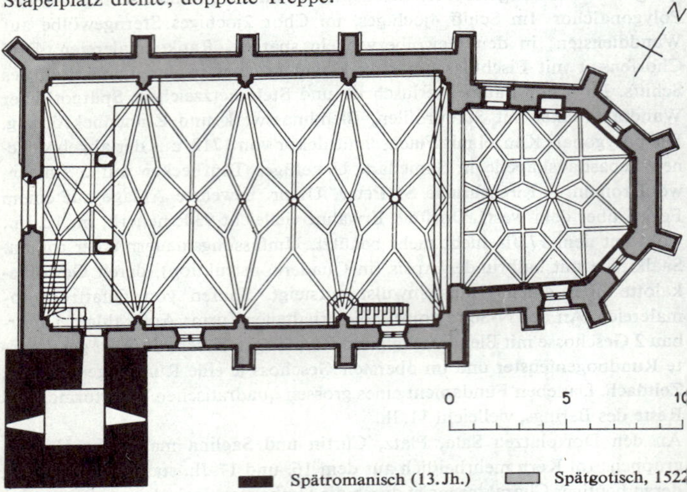

Ramosch. Ref. Kirche St. Florinus

RAMOSCH (REMÜS). Ref. Kirche St. Florinus (Abb. 86). *Vorzügliche spätgot. Anlage mit dem schönsten Wandtabernakel des Engadins.* Eine der ältesten Pfarreien des Tals, erwähnt 930. Kirche zerstört 1499, neuerb. 1522 von Bernhard von Poschiavo; Renov. um 1750 von Jak. Joh. Walser, Innenrenov. 1907–08. Die 1966–67 durchgeführte Grabung legte den Grundriss der Vorgängerkirche frei, welche offenbar bis 1499 bestanden hat: Karoling. Dreiapsidensaal mit einer Vorhalle sowie N- und S-Annexen. Die spätgot. Kirche übernahm ungefähr die Dimensionen der alten Anlage, weshalb das Schiff breiter und der eingezogene Polygonalchor gedrungener erscheinen als bei den übrigen Bauten der Spätgotik. Südl. der Fassade unverputzter, in sauberen Steinlagen errichteter Turm wohl 13. Jh., die obersten 2 Geschosse jünger, Zeltdach 1926. Rund um den Aussenbau abgetreppte Strebepfeiler, rundbogiges Hauptportal mit blindem Kielbogen. Im Schiff vierjochiges, im Chor zweijochiges Sterngewölbe auf Wanddiensten mit bemalten Schlusssteinen: Brustbild des Hl. Florinus, Haupt Christi, Rosen u.a. In den Gewölbezwickeln Ranken- und Blumenmalereien, im Chorgewölbe Wappen der Familie Moor 1522. Dreiachsige Empore im W-Joch mit Masswerkbrüstung über stichbogigen Arkaden; Louis-XVI-Orgel. Spätgot. Wandtabernakel mit gemalter Frührenaissancebekrönung, bestehend aus einer Ädikula, die eine Abendmahlsdarstellung nach Dürer umschliesst, darüber der triumphierende Christus, begleitet von 2 Engeln mit Marterwerkzeugen. Polygonale Steinkanzel mit flammenförmigem Masswerk 1522, Schalldeckel 1706. Gestühle spätgot.; Dreisitz mit Flachschnitzereien und Wappen des Gotteshausbundes und Obern Bundes (?) sowie der Familie Scher; weitere Familienstühle 1670, 1679 und 1701. Grabtafeln 17.–19. Jh. – **Burgruine Tschanüff,** am Eingang des Val Sinestra. Eine der imposantesten Ruinen Graubündens. Erb. 1256 durch Nannes v. Remüs, im Lehensbesitz der Matsch 1367, Verkauf an den Bischof von Chur 1394, in Kriegswirren mehrmals zerstört, aber erst nach 1780 aufgegeben. Stattliche, um einen Hof geordnete Anlage aus Bergfried mit Hocheinstieg im 4. Geschoss, massiven Eckpylonen gegen W und Wohngebäuden. – Turmruine Serviezel, östl. des Dorfs am linken Innufer. Ehem. wohl Besitz der Herren v. Remüs. Fundamente eines turmartigen Gebäudes auf einem Felsklotz.

VNÀ (MANAS). Ref. Kirche. Urspr. roman. Anlage mit Apsis; neuer Chor, Vorhalle und Einwölbung 1671; Renov. 1963–64. Kleiner ungegliederter Bau mit polygonalem, nur an der S-Seite eingezogenem Chor, der durch eine Schräge dem Schiff angeschlossen ist. Vor der Fassade Vorhalle und spätmittelalterl. (?) Turm mit erneuerten Schallfenstern und Zeltdach. Im Innern gotisierende Gewölbe mit unregelmässiger sternförmiger Gratfiguration. Ländlich dekorative Ausmalung um 1800. An der S-Wand spätgotisches Wandgemälde um 1500: Thronende Muttergottes mit den Hl. Bartholomäus und Sebastian. Über der Vorhalle öffnet sich eine Empore mit origineller Brüstung 1727; Arkaden mit Pilastern auf Sockeln, Gesims, Fries und bekrönender Eierstab, geschmückt mit flachen Rankenreliefs, Rosetten und Masken. Polygonale Kanzel 1728. – **Haus Nr. 162.** Rankenmalereien und roman. Inschrift 1777; Renov. 1963. – Haus Nr. 152. Erker und biedermeierliche Fensterumrahmungen 1831.

TSCHLIN (SCHLEINS). Ref. Kirche. Mittelalterliche Gründung, unter Wiederverwendung der Schiffsmauern neuerb. 1515, vielleicht von Bernhard von Poschiavo; Rest. 1959–60. Spätgot., durch dünne Dreikantstreben gegliederter Bau mit nach N gerichtetem Polygonalchor, der nur an der westl. Langseite eingezogen ist. Gegenüber an der O-Seite roman. Turm unter Zeltdach mit Blendnischen, Rundbogenfriesen sowie 2- und 3teiligen Schallfenstern. Spätgot. profiliertes Portal in der südl. Schmalfront. Im Schiff 3jochiges, im Chor 2jochiges Sterngewölbe auf Halbrunddiensten mit Schildbogen; ornamentale Gewölbemalerei 1805. *Spätgot. Wandgemälde* A. 16. Jh.: An der S-Wand des Chors Maria Magdalena von Engeln getragen, gegenüber Hl. Bischof (Blasius?); an der O-Wand des Schiffs in der Art eines geschlossenen Flügelaltars die Hl. Sebastian und Blasius (?), darüber Hl. Jakobus; im Chorbogenscheitel Schweisstuch der Veronika, an der W-Wand des Schiffs Szenen aus dem Leben des Hl. Blasius in hochrechteckigen Feldern, in den Wandschilden Nereidenpaare und Vasen im Stil der Frührenaissance. Polygonale Kanzel 1709 mit Architekturgliederung und Schnitzdekor. An der Abschlusswand des Chors Rokokobibelschrank um 1760; Empore mit Balusterbrüstung 1668. – Vor der Kirche ein Brunnen, errichtet 1960 zur Erinnerung an die Donna Lupa, Heldin im Schwabenkrieg 1499. – Ehem. Pfarrkirche St. Johannes Baptista. Mittelalterl. Gründung, erwähnt 1498, neuer Glockenturm an der Kirchenfront 1768 von Anastasius Pfeyffer; Kirche beim Dorfbrand 1856 zerstört, nur der Turm wiederhergestellt. Barocker Campanile mit geschweifter Haube von 1856, got. Gesimsspolien vom Vorgängerturm.

Strada. Ref. Kirche. Erbaut wahrscheinlich M. 18. Jh. Einfacher, ländlicher, von Lisenen gegliederter Barockbau mit schwach eingezogenem Chor und Frontturm. Tonnengewölbe im Schiff, Halbkuppel im leicht eingezogenen Chor. Buntbemalte polygonale Kanzel 18. Jh. – Ehem. **Kirche St. Nikolaus,** jenseits des Inns. Erb. im 12. Jh., Einwölbung 1718; seit dem 19. Jh. als Bauernhaus eingerichtet. Roman. Anlage mit gewölbter Rundapsis. An der W-Front unverputzter Turm mit gekuppelten Schallfenstern und Zeltdach; an seiner W-Seite stark beschädigte Wandgemälde um 1500: Hl. Christophorus und Antonius Abt sowie Wappen à Porta (?) und Matsch. Im jetzt verbauten ehem. Schiff 2jochiges Tonnengewölbe mit Stichkappen.

Martina-Martinsbruck. Ref. Kirche. Erbaut 1707, renov. 1876 und 1937. Lisenenbesetzter Barockbau mit 3seitig geschlossenem, eingezogenem Chor und S-Turm mit Zwiebelhaube. Über Schiff und Chor Tonnengewölbe, Kanzel und Empore von 1707. – Kath. Kirche Hl. Florinus. Geweiht 1902. – **Haus,** am W-Eingang des Dorfs. Stattlicher Bau mit polygonalem Erker und Eckrisalit, Sgraffiti 16.–17. Jh.; Rest. 1961.

SAMNAUN

Abgeschlossenes Bergtal, das bis 1905 nur mit Österreich eine Strassenverbindung hatte. – *Compatsch.* **Kath. Pfarrkirche St. Jakob.** Erb. um 1500, Gewölbe erneuert um 1760–80, Schiff verlängert und Einbau einer Doppelempore 1847; in mehreren Etappen renov. 2. H. 19. Jh. Spätgot., von Dreikantstreben eingefasste Anlage mit eingezogenem Polygonalchor. First über Chor, Schiff und Schiffsverlängerung gestaffelt. Im nördlichen Choreinzug spätgot. Turm mit kreuzgewölbter Sakristei und rundbogigen Schallfenstern. In Schiff und Chor Tonnengewölbe mit Stichkappen auf sparsam mit Rocaillen stuckierten Lisenen. Seitenaltäre und Kanzel um 1770, Choraltar 1877; 3 Altarbilder 1856 von Paul Deschwanden. Pestkreuz um 1680, Prozessionsmadonna 2. H. 17. Jh. – *Laret.* Kapelle St. Joseph. Erb. 1811; Altar in verspätetem Rokoko. – *Plan.* Kapelle St. Andreas. Erb. wohl im 18. Jh., renov. 1813. – *Ravaisch.* Kapelle St. Karl Borromeo. Erb. E. 18. Jh.; am Altar 2 Rokokostatuen der Hl. Antonius und Bruno (?) M. 18. Jh. – *Samnaun.* **Kapelle Maria Hilf.** Mittelalterl. Bau, umgestaltet um 1500; Renov. 1887. Roman. Anlage mit trapezförmigem Chorschluss, an den W-Ecken des Schiffs Lisenen als Reste roman. Blendarkaden. An Chor und Langseiten spätgot. Dreikantstreben; Dachreiter 1887. Im Innern Kreuzgewölbe und

Halbkuppel. Altärchen 2.H. 17.Jh. mit Kopie des Innsbrucker Gnadenbilds Maria Hilf; Statuen der Hl. Johannes Ev. und Jakobus d.Ä. 1.H. 17.Jh. Über dem Eingang ländlicher Kruzifix mit Leidenswerkzeugen 17.Jh. – Kapelle St.Niklaus v.Flüe. Erb. 1964 von Otto Oeschger.

BERGELL (VAL BREGAGLIA): CASACCIA–VICOSOPRANO–SOGLIO–CASTASEGNA

CASACCIA. Vereinigungspunkt der im Mittelalter wichtigen Septimerroute und der Maloja-Julier-Strasse. Dorf wiederholt durch Rüfen zerstört. – **Ruine der Wallfahrtskirche S.Gaudenzio,** nördl. oberhalb des Dorfes. Der Hl. Gaudentius, gebürtig von Vercelli, war nach der Lokallegende Missionar des Bergells und erlitt hier den Märtyrertod (4.Jh.). Die Kirche als Besitz des Klosters Pfäfers 831 erwähnt; neuerbaut 1514–18 vielleicht von Bernhard von Poschiavo; Bildersturm 1551, Begräbniskirche bis 1739, seither in Zerfall; Bestand 1925 gesichert. Die Umfassungsmauern mit spätgot. Masswerkfenstern einer ungegliederten, turmlosen Anlage mit eingezogenem und 3seitig abgeschlossenem Chor erhalten. Vor der Eingangsfront lag eine gewölbte Vorhalle; in der W-Front profiliertes, in die Tiefe gestaffeltes Portal mit überkreuzten Stabenden und Masswerkrosette. An den abgeschrägten Innenstreben im 4jochigen Schiff und den Dreiviertelsäulen im Chor die Ansätze eines sternförmigen (?) Gewölbes erhalten; am Boden 2 nicht mehr situierbare Schlusssteine mit Rosette und Tartsche. Im Chor Sakramentsnische und Wandsarkophag auf Konsolen; Pilgerkritzeleien. Im W der Kirche Fundamentreste des ehem. Beinhauses, der Pfarrwohnung und des Hospizes; an der S-Seite des Chors Fundamente einer Sakristei. – **Ref.Kirche,** im Dorf. Talwärts gerichteter Barockbau 1742 mit 5seitigem Chorhaupt auf den Grundmauern des durch eine Rüfe verschütteten Vorgängerbaus von 1522. An der nordwestl. Schmalseite Turm mit Pyramidenhelm 1815. Der unter dem heutigen Schiffsniveau liegende Raum wurde eingewölbt und als 3teilige Gruftkammer verwendet; Einstiege im Schiffsboden. Im 3jochigen Schiff und im Chor auf Pilastern umlaufendes Gebälk, das Kreuzgewölbe mit Gurtbogen bzw. ein Fächergewölbe trägt; Fenster in den Gewölbeschilden. Polygonale Kanzel um 1742; schwarzes Marmorepitaph für Petrus und Anna v.Salis, gest. 1688 bzw. 1674. – Sog. **Convento,** ehem. Hospiz oberhalb des Dorfes. Erb. um 1520 als Ersatz für das alte Hospiz bei S.Gaudenzio. Breites Gebäude unter Satteldach, dessen Erdgeschoss im Schutt der Rüfe von 1740 steckt. Fragment des Fassadengemäldes eines italienischen Meisters um 1520: Muttergottes und Hl. Jodokus vor einer pilasterflankierten Nische mit Grotesken. Im jetzigen Erdgeschoss spätgot. Täfer mit Flachschnitzereien. – **Casa Gadina.** Erb. 1594 für Gian Zambra (?) Prevost, sein Sternwappen mit Initialen über dem Kellerportal; unter der Familie v.Salis nach O erweitert um 1660, nach 1690 im Besitz der Familie Gadina. Hochaufragendes Gebäude mit 4geschossigem W-Trakt von 1594 und dem nur 3geschossigen, aber unter gleichem First liegenden, leicht abgewinkelten O-Flügel von ca. 1660. Im letzteren eine repräsentative Sala terrena mit Muldengewölbe, Stuckwappen v. Salis und Barockausstattung; geschnitzte Türe, offener Kamin mit stuckierten Putten. In den Obergeschossen reiche Täferstuben mit akanthusgeschnitzten Türrahmen und Buffets. – Hotel Stampa. Kubischer Bau mit Mezzaningeschoss; im 2. Stock Täfer 1734 mit Allianzwappen des Bauherrn Rudolf v. Stampa. – Haus Nr. 16. Würfelförmiger Bau mit Mezzanin und liegenden Oculi sowie klassiz. Fenstergittern und Balkonen. – Burgruine Turraccia, auf Moränenterrasse westl. des Dorfes. Wohl bischöflicher Befestigungsbau des 12. Jh. zur Sicherung der Septimerroute; ein Mauerwinkel aufrecht.

VICOSOPRANO. Urspr. Hauptort des ganzen Val Bregaglia, das sich bereits im Frühmittelalter Churrätien anschloss und seit dem 14. Jh. eine praktisch selbständige Gerichtsgemeinde bildet; heute ist der Kreis Bergell in 6 Gemeinden eingeteilt. Einzige rein prot. Talschaft italienischer Sprache. Für das ganze Tal sind die gemauerten, steinplattenbedeckten Bauernhäuser charakteristisch. – In Vicosoprano selbst charaktervolle Bürgerbauten mit Sgraffitodekorationen, errichtet vor allem für die Familien v. Castelmur und v. Prevosti. – **Alte ref. Kirche S. Cassiano,** in erhöhter Lage jenseits der Maira. Laut einem nicht mehr vorhandenen Datumsstein erb. um 1003, erwähnt 1355, Umbau geweiht 1491, Einwölbung 17. Jh. (1679?); Renov. 1864. Ungegliederter Bau mit eingezogenem, 3seitig geschlossenem Chor. Der freistehende Turm an der N-Seite des Schiffs im Kern romanisch (vermauerte Rundbogenfenster), Erhöhung samt Faltdach 1679, die rundbogigen Schallfenster 1864. Dreijochiges Schiff mit unregelmässigen Umfassungsmauern (11. Jh.?) und Kreuzgewölben über Gebälkstücken; barocke W-Empore auf Säulenpaar und barockes Gewölbe. Polygonale Kanzel 1680. Auf dem Friedhof Grabplatten des 15. und 16. Jh. – **Ref. Kirche S. Trinità,** im Dorf. Einzige in nachreformatorischer Zeit gegründete evang. Kirche Graubündens, die einen Titel trägt. Erb. 1758–61, möglicherweise von G. Solari. Turmloser Barockbau mit lisenengegliedertem Schiff und 3seitigem Chorhaupt; profiliertes Granitportal mit Segmentbogengiebel. Im Innern liegen zwischen gestuften Lisenen stuckgerahmte Fenster, welche das Gebälk unterbrechen; darüber im 3jochigen Schiff Kreuz-, im Chor Fächergewölbe. Abendmahlstisch 1760 mit geschweiftem Sockel aus mehrfarbigem Marmor von Baldassare Calvasino aus Varenna; gleichzeitig graziöse Rokokokanzel mit geschnitzten Rocaillen und Bandelwerkmalereien von J. Robustiano Cassina aus Como. – *Dorfplatz.* Brunnen von 1880. – **Rathaus.** Erb. 1583; in jüngster Zeit innen und aussen restauriert. An der einfachen Fassade Sgraffiti mit den Allegorien der Gerechtigkeit und der Mässigkeit. Über dem Rundbogenportal ein Wappenstein, dat. 1583, mit einem Steinbock, dem Hoheitszeichen des Talgerichts. Prangerstein mit Halseisen; vergitterte Fenster. – Sog. **Senwelenturm,** vom Rathaus teilweise umschlossen. Viergeschossiger Rundturm als bischöfliche Feste erb. im 13. Jh., gehörte wohl den Herren v. Castelmur zu Lehen; als Gefängnis eingerichtet 1583. – Pfarrhaus, an das Rathaus angebaut. Am Rundbogenportal dat. 1522. – Haus Corona, Nr. 81. Wappenstein Castelmur um 1540. Im 1. Stock Stube mit Balkendecke und architektonischer Türrahmung, am Specksteinaufsatz des gemauerten Ofens Allianzwappen Castelmur-Prevosti; im zweiten Stock

Täfer um 1700. – Haus Nr. 88. Erb. 1546 für Jak. Martin Prevosti; Rest. 1963. Portal 1546 mit geradem Sturz über Kragsteinen, darüber gleichzeitiger Wappenstein Prevosti (Praepositi). – **Haus Nr. 89.** Erb. um 1554; über dem Eingang gemaltes Wappen Prevosti 1595. Sgraffitoreste von 1554: Allianzwappen Prevosti-Prevosti, darüber Namen Viget; Palmetten und Füllhörner mit Blumen, oben Datum und Initialen VMFV PREVOS. Angebauter Speicher 1775 mit Baumeisterinschrift. – Haus Nr. 92. Erb. 1537 für Nikolaus da Minusi v. Castelmur, laut Inschriften erneuert 1568 und 1580. Über dem Tor Wappenstein des Bartholomäus v. Castelmur. – Haus Nr. 90. Erb. 1769 durch Agostino Vasalli. Daneben spätmittelalterl. Familienturm der Familie v. Salis; 6geschossiger Bau mit Eckquadern, Zeltdach und altem Hocheinstieg mit Salis-Wappen um 1700. – Haus Nr. 70. Erb. 1515 durch die Familie Prevosti; im 2. Stock spätgot. Stube mit gewölbter Decke. Daneben Hausruine mit got. Kragsturz. – **Haus Nr. 41,** östl. des Rathauses. Originelle Sgraffiti dat. 1577: Zweikampf und Laute schlagender Jüngling mit Windspiel, Wappen Prevosti und der Drei Bünde; deutsche und italienische Sprüche. – Haus Nr. 46. Erb. 1687; Arventäfer mit Kassettendecke, architektonische Türrahmung, Buffet und Truhe um 1700. – Ehem. Haus Martini; beim südl. Dorfeingang. Stattlicher Bau mit engadinischem Einschlag, Sgraffitoschmuck (Wellenband, Steinbock); am Oculus dat. 1585. – Brücke über die Maira. Ansteigende Fahrbahn über einem gemauerten Bogen, dat. 1543. – Reste eines Viereckbaus im Wald östl. des Dorfes. Urspr. bischöflicher Meierhof. – Ehem. Galgen, am alten Talweg im W. Zwei gemauerte Rundpfeiler. – Kath. Pfarrkirche S. Gaudenzio. Neugot. Bau A. 20. Jh., in Nachahmung der in Ruine stehenden Wallfahrtskirche S. Gaudenzio in Casaccia (s. S. 281).

STAMPA-BORGONOVO. Enges Strassendorf mit teils sehr alten, meist datierten Speichern des 16.–17. Jh. in Rundholzkonstruktion. – **Haus Nr. 61.** Erb. 1668 durch Gioan Baldini di Molin. Hervorragendes, völlig unverfälschtes Zeugnis der Bergeller Wohnkultur. Kleines Gebäude unter vorkragendem Pfettendach mit geschrägten Fensterleibungen nach Engadiner Muster und architektonischen Sgraffiti mit Steinbock von 1668. Die Sgraffiti an der Gartenseite sind Kopien nach denjenigen am Haus Nr. 41 in Vicosoprano, 1914 ausgeführt von Augusto Giacometti. Im 1. Obergeschoss reiches Täferzimmer in architektonischer Gliederung, über der Türe voller Name des Bauherrn. Im 2. Stock einfachere Täferstuben; gemauerte Öfen. Reiche Ausstattung. – Haus Nr. 19. Erb. 1783; Portal mit geschweiftem Sturz und Wappenkartusche Santi. – Ref. Kirche S. Giorgio, am westl. Dorfausgang. Erwähnt 1327; neuerb. 1694. Zweijochiger, lisenengerahmter Barockbau mit eingezogenem Rechteckchor; S-Turm mit 8seitigem Aufsatz und Spitzhaube. Kreuz- und Muldengewölbe auf Pilastern mit umlaufendem Gebälk; Fenster in den Gewölbeschilden. Im Choroculus Glasgemälde 1935 von Augusto Giacometti. Abendmahlstisch mit Marmorfuss um 1760. Polygonale Kanzel mit Intarsienfriesen um 1695.

STAMPA. Ciäsa Granda (Abb. 90), heute Talmuseum. Erb. 1581 durch Giovanni della Stampa, der O-Anbau vielleicht 1712; Rest. 1953. Stolzer

4geschossiger Bau mit westl. Abortrisalit. Fassade mit geschrägten Fensterleibungen im Engadiner Schema, Quaderecken in Sgraffito sowie zwischen den Fenstern im 2. Stock in Rollwerkrahmen Wappen Stampa und Unbekannt; asymmetrisch angeordnetes Rundbogenportal in Rechteckrahmung mit rosettenverzierten Ornamentbändern, im Architrav Name des Bauherrn. Wendeltreppe und einfach getäferte Stuben aus der Bauzeit. – Brücke über die Maira. Aus 2 gemauerten Bogen, laut Inschrifttafel 1699 im Auftrag des Niklaus v. Salis errichtet. – Spätrömisches Wannengrab (masso avello), westl. von Stampa in einem Granitblock dicht an Strasse und Fluss. Grab eines hohen Beamten, im Volksmund «fossa» genannt.

Museum. Talmuseum, in der Ciäsa Granda. Kulturhistorische Sammlung; Arbeiten der aus Stampa gebürtigen Augusto (Maler) und Alberto (Bildhauer) Giacometti.

STAMPA-COLTURA. Ref. Kirche S. Pietro, in einsamer Lage westlich des Weilers. Lisenengegliederter, zweijochiger barocker Neubau 1743 mit rechteckigem eingezogenem Chor und S-Turm, fast identisch mit der Kirche S. Giorgio in Stampa-Borgonovo. Die Grundmauern des Schiffs gehören anscheinend einem Vorgängerbau von 1518 an. W-Portal mit Granitgewände 1743. Altartisch aus grünem Stein 1743, polygonale Kanzel 2. H. 17. Jh. mit Beschlagwerkornamenten und Intarsien. Im Chor ein Marmorepitaph Redolfi-Stampa 1742 und Ölgemälde 1915 von Augusto Giacometti. – **Palazzo Castelmur.** Erbaut durch Baron Giovanni de Castelmur (1800–71), einen grossen Wohltäter des Bergells; von einer Bergeller Stiftung 1962 gekauft und zugänglich gemacht. Der neugot. Backsteinbau nach italienisch-maurischem Vorbild ist ein Fremdling in der Landschaft; er umschliesst ein älteres, ins 18. Jh. zurückreichendes Haus. Das Äussere ist charakterisiert durch flankierende Ecktürme, Pechnasen und geschlitzte Zinnenkränze. Bemerkenswerte Innenräume des 19. Jh.: Wand- und Deckenmalereien, Tapeten und Mobiliar im Geschmack des Rokokos und des Biedermeiers. Die Zimmer des Altbaus mit Bohlenwänden und einfachen Felderdecken. – Haus Nr. 200. Erb. 1781, mit Architekturmalereien. – Casa Redolfi, heute Agostino Lorenzo Stampa. Erb. um 1670; Täferzimmer mit architektonischer Türrahmung und Buffet. – Casa Motti, Nr. 210, im obern Dorfteil. Altertümliches Haus mit Sgraffitokreuz, vielleicht ehem. bischöflicher Hof. Zwei Truhen 17. Jh.

PROMONTOGNO. Sog. Porta, Felsriegel, welcher das obere vom untern Bergell trennt; lange Zeit die Grenze zwischen den Bistümern Chur und Como. Auf der untersten Felsterrasse ehem. römische Siedlung «murus», ausgegraben 1923–25, sowie alter Weg mit Durchlass (porta). Der Tunneldurchstich für die neue Strasse erst 1859. – **Burg Castelmur,** mit Talsperre und Kirche, im Volksmund «Müraia» genannt. Als «castellum ad Bergalliam» 831 erwähnt, wiederholt Streitobjekt zwischen Chur und Chiavenna. Seit 1160 im Besitz der churischen Ministerialen Castelmur, seit dem 16. Jh. in Zerfall. Reste einer Mauer über 3 Geländestufen. Auf der obersten Terrasse 5geschossiger Turm mit ehem. Wehrgang und Bering, erb. um 1300. – **Ref. Kirche Nossa Donna,** in der Senke südl. des Turms. Mutterkirche des ganzen

Bergells, erwähnt 988; seit dem 16. Jh. ausser Gebrauch; 1863 wieder instand gestellt durch Baron Giovanni de Castelmur, der hier in einer Gruft beigesetzt wurde. Romanische, 1863 erhöhte Saalkirche mit halbrunder Apsis. Campanile italienischen Gepräges um 1100 mit gekuppelten Rundbogenfenstern zwischen Blenden, verbunden mit Rundbogenfriesen. Walzenförmiger Taufstein mit Rundschale 11. Jh.
Dorf, am W-Hang des Felsriegels. Es besteht aus verblendeten Strickbauten mit typischen Giebelbalkonen, Fensterumrahmungen in Sgraffito und Hausinschriften. – Haus Nr. 171. Laut Datum über der Türe erb. 1531. – Sog. Crotti. An der Strasse nach Bondo, umgeben von Kastanienbäumen. Kleine kubische Bauten (crotti), mit Vorraum zum Felsenkeller und einem darüberliegenden Gemach.

BONDO** (Abb. 91). Geschlossenes Dorfbild. – **Ref. Kirche S. Martino. *Roman. Bau mit bedeutenden Frührenaissancemalereien eines italienischen Meisters.* Geweiht 1250; Einwölbung und neue Fenster- und Türdisposition im 17. Jh., Sakristei 1687 von Pier Paolo Vergerio, Renovation laut Datum über dem Portal 1763; Rest. 1960–61. Sehr hoher roman. Turm mit gekuppelten Schallfenstern, oberstes Geschoss mit Zeltdach E. 15. Jh. Romanische Saalkirche mit weitgespannter Halbkreisapsis; das Schiff im 17. Jh. durch Vorlagen in 2 kreuzgewölbte Joche geteilt. *Wandmalereien* eines italienischen Meisters um 1480–90: An der W-Front die Hl. Christophorus, Martin, Johannes Ev., Jakobus d. Ä., Antonius Eremita und Wappen des Bischofs Ortlieb v. Brandis (1458–91); an der südl. Schiffswand (vom spätern Gewölbepfeiler überschnitten) Abendmahl; an der Apsiswand Jahrzahl der Einwölbung 1617 und teilweise verdeckte Verkündigung, am Bogen Wappen Brandis, Propheten und Lamm Gottes; in der Apsiskalotte Majestas Domini, umgeben von den Evangelistensymbolen sowie Johannes und Maria (Deesis), Rosettenornamente und Masswerkfriese, Sockeldraperie. Abendmahlstisch aus gelbem und rotem Marmor um 1760, wohl vom gleichen Meister wie in Vicosoprano. Zinnkannen 1519. – Pfarrhaus. An der W-Seite eingemauerter Wandtabernakel 15. Jh., als Fensterrahmen benützt. – Palazzo Scartezzini, am Platz. Erbaut 1763 durch die Familie Curtin. Kubischer Bau mit Mezzaningeschoss, in der betonten Mittelachse profiliertes Portal mit geschweiftem Sturz und Balkongeländer. Gewölbte Korridore, Rokokosalon mit bemaltem Brüstungstäfer und Türe, Tapeten. Am Kamin Allianzwappen Curtin-Buol dat. 1766. – Haus Nr. 36, an einem kleinen, geschlossenen Platz im südl. Dorfteil. Laut Inschrift erb. 1597 für Gian Stanta di Bolzan. – Nachbarhaus. Inschrift des Bauherrn Andrea Stanta di Bolgian 1616. – Haus Nr. 38. Tiefliegende Fenster nach Engadiner Art und Sgraffiti dat. 1616. – Haus Nr. 68 (Passini). Am Rundbogenportal 3 Fratzenreliefs dat. 1522. – **Palazzo Salis*** (Abb. 91). Schönster Herrschaftsbau im Bergell. Erb. 1765–74 von Pietro Martocco und Martino Martinojo für den bündnerischen Gesandten Graf Hieronymus v. Salis-Soglio, vermählt mit der Gräfin Mary Fane aus dem Haus der Earl of Westmoreland. Noch heute von einem englischen Zweig der Familie v. Salis bewohnt. Breiter, von Quaderlisenen in 3 Abschnitte zu je 3 Achsen geteilter Baukörper mit 2

Hauptgeschossen, einem Mezzanin und einem Kellergeschoss, niedriges gewalmtes Dach mit 3 gartenseitigen Lukarnen. In der Mittelachse beider Fassaden Portale mit profilierten Graniteinfassungen, Volutengiebeln und Wappenkartuschen. An der W-Seite geometrische Gartenanlage mit Springbrunnen in der Mitte; symmetrische Freitreppe mit Zwischenpodesten. Das aufwendige Treppenhaus liegt in der Mitte der Hofseite, äusserlich erkennbar durch die querovalen Oberlichter in den Hauptgeschossen; einfache Treppenläufe mit Balustergeländer, durch Pfeiler und Rundbogen nach den schmalen Längskorridoren geöffnet. Tektonische Raumgliederung: die Repräsentationsräume in der Mitte (3 Achsen), die Aufenthaltsräume seitlich (2 Achsen) und 1achsige Eckkabinette. Die sparsamen Rokokostukkaturen des Comasken Domenico Spinelli sind vermischt mit frühen Louis-XVI-Motiven wie ionischen Pilastern, Girlanden, Trophäen, Tuchgehängen u.a. Im «japanischen Kabinett» gemalte Chinoiserien; 2 Räume mit heimischer Arventäferung; Panneaux, Stofftapeten. Im Speisezimmer manganbemalter Kuppelofen um 1770 aus einer Zürcher Werkstatt, in einem Schlafzimmer stuckierter Kuppelofen mit 3 Adlern; eine aus Chiavenna (?) stammende Kaminumrahmung 1.H. 17.Jh. mit Wappen Pestalozzi. Wohlabgestimmtes Mobiliar. Zahlreiche Bildnisse, bemerkenswert dasjenige der Lady Rachel Fane, Countess of Bath (gest. 1680), Anthonis van Dyck (1599–1641) zugeschrieben; ein Sapphobild und ein Selbstporträt der Churer Malerin Angelika Kauffmann (1741–1807), 2 Mädchenköpfe von Jean Baptiste Greuze (1725–1805) und eine Hl. Katharina, vielleicht von Bernardino Luini (1475–1533). – Haus, südl. neben dem Salis-Palast. Erb. 1690 durch die Scartezzini, 1779 vom Kaiserlichen Geheimen Rat Baptist v. Salis gekauft und ausgebaut.

***SOGLIO** (Abb. 92). Hochgelegenes Dorf über dichtem Kastanienhain, «ein zusammengeschobener Haufen grauer Würfel» (Poeschel). Bedeutende Palazzi der hier beheimateten einflussreichen Familie v. Salis. – **Ref. Kirche.** Erwähnt 1354; Schiffsmauern und Turmunterbau mit vermauerten Rundbogenfenstern wohl roman., Chor vielleicht 1506; Einwölbung, Turmerhöhung und Ausstattung 1753. Die Kirche hat heute barocken Charakter; 2jochiges Schiff mit eingezogenem, 3seitig geschlossenem Chor und schlanker Turm unter haubenbekröntem 8seitigem Aufsatz; lisenengegliederte Giebelfassade mit Volutenportal 1753 in profilierter Granitumrahmung. Die Kreuzgewölbe mit Gurtbogen ruhen im Schiff auf gestuften Vorlagen mit umlaufendem, in Schweifungen hochgezogenem Gebälk; Rechteckfenster auf verschiedenem Niveau, im 1. Schiffsjoch in der Gewölbezone. Sparsamer Rokokostuck, über dem Chorbogen Auge Gottes in Kartusche. Abendmahlstisch mit achteckiger Platte und Balusterfuss; Rokokokanzel mit geschweiftem Schalldeckel; Wandgestühl mit kannelierten Pilastern. Ädikulaförmige Wandepitaphien in schwarzem, teils rot gerahmtem Marmor: Im Chor für die Familie v. Salis 16.–17. Jh., an der N-Wand des Schiffs Gugelberg v. Moos 1672 und Planta 1681, an der S-Wand v. Salis 1620 und Pestalozzi 1645. Abendmahlskelche 1754 und Taufgeschirr 1753–55 vom Augsburger Goldschmied Jak. Philipp Drentwett.

Salis-Paläste*. Kulissenhaft vor die Berglehne gestellte, betont repräsentative Bauten italienischen Gepräges, dominiert von der Casa Battista, der Casa Max und dem in der Tiefe dazwischen liegenden Stallazzo. – **Casa alta,** am W-Rand des Platzes. Hoher unscheinbarer Bau 1524, umgeb. 1680 durch Landeshauptmann Ant. v. Salis. Im getäferten Wohnzimmer gemauerter Turmofen 17. Jh. mit runden Vertiefungen. – **Casa Battista,** heute Hotel. Laut einem Datum an der Hofseite 1701 für Commissari Baptist v. Salis erbaut unter Berücksichtigung eines ältern Baus in der SW-Ecke. Die ungegliederte, von Quaderecken gerahmte Fassade gewinnt durch die Rhythmisierung der Geschosse und der Fensterachsen barocke Spannung. Die Mittelachse herausgehoben durch das Pilasterportal mit Segmentgiebel und Salis-Wappen sowie die zu Paaren zusammengefügten Mittelfenster, im 2. Obergeschoss 2 Balusterbalkone, darüber wieder Salis-Wappen; Mezzaningeschoss unter der Dachtraufe. Gewölbte Eingangshalle, nach N verlegtes toskanisches Treppenhaus und im Zentrum der obersten Stockwerke 2geschossige Halle mit Balustergalerie. Stuck, Ausmalung und Tapeten gehören meist dem Stil Louis XVI an; bemerkenswert sind die stuckierten Medaillons mit Antiken- und Zeitgenossenporträts: Alexander, Homer, Aristoteles, Friedrich d. Grosse, Kaiser Joseph II., William Pitt d. Ä. u. a. Im 1. Stock klassiz. Turmofen mit Vasenbekrönung. Hochbarocke Prunkbetten und Buffets. Reizvoller terrassierter Garten. – **Stallazzo,** Stallgebäude. Erb. um 1696 zusammen mit der Casa Max. Zweieinhalbgeschossiger Bau mit Rustikaportal und Korbgitter in der Mittelachse; an der Mauer sechs stilisierte Marmormasken mit Ringen zum Anbinden der Pferde. – **Casa Max,** genannt nach dem letzten Besitzer der Familie v. Salis, Bundespräsident Rudolf Max v. Salis (1785–1847). Als östl. Hofbegrenzung unter Verwendung älteren Bestandes erb. 1696 durch die Brüder Friedr. Ant. R. und Andreas v. Salis; 1843 verkauft und Ausstattung verschleudert. An der Hofseite rundbogiges Rustikaportal mit Salis-Wappen und Balkongitter. Im 2. Obergeschoss hoher, ins Mezzanin hineinreichender Saal mit Muldengewölbe, der aussen nicht angedeutet ist; italienisches Gemälde mit David um 1650–80. Täferzimmer mit Supraportenmalereien. Im Parterre und in der obern Eckstube blaubemalte Steckborner Öfen M. 18. Jh. von Daniel und Heinr. Meyer. – **Casa Antonio.** Erb. um 1740 wahrscheinlich für Landeshauptmann Ant. v. Salis d. J., vollendet von Commissari Ant. v. Salis (1760–1831). Das 4geschossige Gebäude liegt östl. in gleicher Flucht mit der Casa Max. Siebenachsige Fassade mit flacher Lisenengliederung, in der Hauptachse das Portal mit geschweiftem Sturz und darüber ein Balkon. Gartenfassade mit dominierender Fenstergruppe aus Rundbogenöffnungen und rahmenden Oculi für das Treppenhaus, das sich über eine Freitreppe auf den terrassierten Garten öffnet. – Casa Menni, gegenüber Casa Max. Ebenfalls ein ehemaliges Salis-Haus, 2. H. 17. Jh. – **Casa Gubert,** am O-Rand des Dorfes. Erb. 1554–73 für Hauptmann Dietegen v. Salis. Im 1. Obergeschoss Renaissancetäfer von 1574 und Kassettendecke. Im 2. Obergeschoss Täferstube mit Inschrift des Gubert und der Dorothea v. Salis 1629, gleichzeitig architektonische Türrahmung, Kassettendecke und grüner Renaissanceturmofen mit allegorischen Reliefkacheln. – Salis-Garten, am W-Ende des Dorfes in aussichtsreicher Lage. Pavillon um 1750.

CASTASEGNA. Alte Kirche S. Gian. Roman. (?) Rechteckschiff und fast ebenso langer, wohl 1421 entstandener Chor mit 3seitigem Schluss; den Hinweis auf 2 verschiedene Bauetappen gibt ein Einsprung in der N-Wand. Erhöhung der Schiffsmauern und 2jochiges Kreuzgewölbe vielleicht 16. Jh., Tonne mit Stichkappen im Chor wohl 1834 erneuert. Das urspr. als Schule dienende Profangeschoss 1834 aufgesetzt. Polygonale Kanzel 1761. Grabmäler 17.–18. Jh. im Chor und an der Fassade: Castelmur, Maffei, Spargnapani, Stampa, Pestalozzi. – **Neue ref. Kirche.** Erb. 1658–60 von Francesco Panzera und den Brüdern Giov. und Giov. Batt. Casanno. Der Turm an der S-Seite 1675 von Pietro Bolla aus Lugano, mit Schallfenstern in Viereckblenden, Altan und 8seitigem, kuppelbekröntem Aufsatz. Lisenengegliederter Barockbau mit schwach eingezogenem, 3seitig geschlossenem Chor. Im 3jochigen Schiff auf Pilastern verkröpftes, auch im Chor umlaufendes Gebälk, darüber Tonnengewölbe mit Gurten und Stichkappen; stichbogige Fenster in den Gewölbekappen. Taufstein aus Granit 1664, am Balusterfuss Wappen des Churers Fritz Frei, Commissari in Chiavenna; polygonale Kanzel um 1660 mit qualitätvollen Intarsien. Gestühl an der N-Wand um 1660 mit Triglyphenfries und Applikationsdekor sowie Wappen des Augusto Gadina de Torriani, daneben Wappen Frei; Gestühlfragment unter der Kanzel mit Inschrift 1664 des Rhätus Sprecher v. Bernegg, von 1663–65 Podestà von Plurs. Zahlreiche Grabtafeln 17.–18. Jh. an den Wänden und im Boden: Pestalozzi, Gadina, Pellizari, Gianotti, Capol, Sprecher, Schmid v. Grüneck u. a. – Spargnapani-Haus, jetzt Consumo. Stark profiliertes Granitgewände 1730. – Haus Nr. 59. Wappenstein Gianotti 1656. – Ruine Caslac (Castellazzo), nördl. des Dorfes. Rest eines 3geschossigen Herrschaftshauses (?) ohne Burgcharakter; urspr. vielleicht Dorfkastell.

PUSCHLAV (POSCHIAVO): S. CARLO-AINO–POSCHIAVO–BRUSIO

***S. CARLO-AINO. Kath. Pfarrkirche S. Carlo Borromeo.** Nachgotisch-frühbarocke Anlage 1613, geweiht 1624, südliche Seitenkapelle 1636, Passionskapelle 1638 gestiftet von Priester Domenico Mengotti, nördl. Seitenkapelle erb. 1740; Verlängerung des Schiffs 1937, Erhebung zur Pfarrkirche 1941. Turm 1616 mit klarer Geschosseinteilung und gekuppelten Schallfenstern, die Eckquaderimitation und Dachform von 1910. Im 4jochigen Langhaus (1. Joch 1937) und dem eingezogenen, 3seitig geschlossenen Chor ein umlaufendes Gebälk auf Wandvorlagen, darüber im Schiff Kreuzgewölbe mit Gurtbogen. Bemerkenswert ist die einheitliche Ausstattung von Altären und Schranken aus schwarzem und rotem Marmor. Choraltar: Retabel an der Chorscheitelwand aufgebaut aus Stuckrahmen und Altarblatt um 1680, Hl. Carlo Borromeo vor Christus und Maria; auf dem davor freistehenden Altar von 1765 pavillonartiger Aufbau von 1808 mit neuer Figur, über den seitlichen Portalen des Altarumgangs Büsten um 1640 und Hl. Nikolaus sowie 2 Leuchterengel um 1680. Gemalte Rückfronten des Chorgestühls

2.H.17.Jh. In der südlichen Seitenkapelle Stukkaturen 2.H.17.Jh., in den Medaillons Taufe Chlodwigs, S.Rocco u.a.; Altar 1793, Figur der Schmerzensmutter 1802 von Giorgio di Giorgi aus dem Val d'Intelvi. In der NW-Kapelle Régencestuck, in den ovalen Medaillons Votivbilder von Puschlaver Familien; Altar S.Francesco di Paola um 1740. Rechteckige Renaissancekanzel 1622, mit Beichtstuhl kombiniert; neuer Taufstein mit tempelförmigem Aufbau um 1700. An der neuen Empore Apostelbilder 2.H. 17.Jh. Die polygonale *Passionskapelle* von 1638 mit 6teiliger Kuppel liegt an der N-Seite des 4.Jochs und ist vom Schiff durch den Heiliggrabaltar von 1760 abgetrennt. Die *Wand- und Deckengemälde** eines italienischen Künstlers M. 17.Jh. sind zusammen mit Nuvolones Fresken in St. Martin zu Savognin (s.S. 173) das beste Werk des lombardischen Kunstkreises dieser Epoche in Graubünden; Rest. 1938. Die Kapelle nahm urspr. nur die etwas bäurischen Bildwerke der Passion auf, deren 2, Ölberg und Geisselung, vom Maler später in die Nischenbilder einbezogen wurden. Die Wandgemälde waren also nicht mit dem Kapellenbau geplant, worauf auch 2 vermauerte Oberlichter (aussen noch sichtbar) hinweisen. Die Passionsszenen sind ohne chronologische Abfolge in die Wandnischen und Gewölbeschilde gemalt. Auf dem Eingangsbogen Isaias und David, an den Wandpfeilern die Hl. Hieronymus, Petrus, Nikodemus, Joseph v.Arimathia, Magdalena und ein römischer Hauptmann, im Gewölbe 6 Engel mit Leidenswerkzeugen. Die Perspektive der Illusionsmalereien ist auf den Beschauer am Eingang der Kapelle komponiert, so dass der Engel mit dem Kreuz in kühner Verkürzung gegeben ist. Hinter dem Altar plastische Beweinungsgruppe aus der Figurenfolge der Passion um 1638, zu der anscheinend auch die Kreuzigungsgruppe unter dem Chorbogen gehörte. – Pfarrhaus, über Torbogen mit Strassendurchlass. Als Hospiz erb. 1622. – Palazzo Dorizzi, südl. der Kirche. Erb. 1772 für Bernardo Dorizzi. Kubischer Bau mit T-förmigen Korridoren, Arventäfer.

Pedemonte. Kapelle SS.Angeli Custodi. Erb. 1686, Turm 1756; Renov. 1941. Barockbau mit fast quadratischem Chor, Fassade durch Lisenen gegliedert; im Innern auf Pilastern Tonnen- und Kreuzgewölbe mit Gurtbogen. Schutzengelbild 1686, gestiftet von Bürgermeister Bernardo Massella. – *Pisciadello*. Unberührter Weiler auf einem verträumten Maiensäss. – Kapelle S.Giacomo. Erb. vielleicht im 15.Jh. mit quadratischem, eingezogenem Chor, eingewölbt wohl im 18.Jh.; Turm 1930. Vier spätgot. Bildwerke der Hl. Anna selbdritt, Petrus, Johannes und Stephanus. – *Sassal Masone*, Alp südwestl. des Lago Bianco. Der Name bezieht sich auf eine Gruppe von Rundbauten, deren konisch aufgeschichtetes Mauerwerk eine Art Bienenkorb mit falschem Gewölbe bildet. Sie dienen heute zur Aufbewahrung der Milch und finden sich an verschiedenen Orten im Puschlav. Dem Typus nach gehen sie auf prähist. Wohnbauten zurück, ähnlich den «trulli» in Apulien und den «boris» in der Provence.

***POSCHIAVO** (Abb. 94, 95). Hauptort des Puschlavs, urspr. einzige, die ganze Talschaft umfassende Gemeinde und Pfarrei; bedeutender Umschlagplatz an der Berninaroute. Besiedlung im Frühmittelalter von S her, als «Post Clave» unter dem Bistum Como erwähnt 824. Die Gründung der politischen Gemeinde erfolgte in der 1. H. 13. Jh. Die weltliche Herrschaft lag von 1350–1406 bei den Visconti von Mailand und bis 1494 beim Bischof von Chur; danach war Poschiavo als Mitglied des Gotteshausbundes unabhängig. Reformation 1547, gewaltsame Rekatholisierung nach dem Veltliner und Puschlaver Mord 1620 und 1623, wobei sich aber eine reformierte Minderheit halten konnte. Im Gegensatz zum Veltlin blieb das Puschlav der Schweiz nach den Revolutionswirren 1799 erhalten. – Im langgestreckten Borgo, dessen Mitte die Piazza comunale, ein saalartiger wohlproportionierter Platzraum italienischen Gepräges, bildet, stehen in lockerer Gruppierung massiv gemauerte Bürgerhäuser, grossenteils mit flachgewalmten Steinplattendächern. Viele weisen Natursteinportale und 2flügelige, grobgezimmerte Tore mit Schubriegeln auf. Die Bauten des 18. und vor allem des 19. Jh. zeichnen sich durch symmetrische, auf die Mitte komponierte Fensterachsen, Mezzaningeschosse und bauplastischen Schmuck aus.

Stiftskirche S. Vittore* (Abb. 94). Vermutlich im Frühmittelalter gegründet, Turm erb. im 13. Jh., Neubau des Chores 1497 von Andreas Bühler, Verlängerung und Einwölbung des Schiffs 1503 von Sebold Westolf; Barockisierung des Innenraums um 1653, puritanische Ausräumung und Renovation im Sinne der Neugotik 1902–04. Spätgot. Anlage mit abgetreppten Aussenstreben unter Fialen am Langhaus und eingezogenem, 3seitig geschlossenem Chor; Schiffsmauern wohl hochmittelalterlich. An der S-Seite des Schiffs hoher romanischer Turm 1. H. 13. Jh. mit 2–4fach gekuppelten Rundbogenöffnungen, oberstes Geschoss mit Kreuzbogenfries und Zeltdach wohl spätgotisch. Profiliertes W-Portal 1503 mit blindem Kielbogen und Rechteckrahmung nach italienischen Vorbildern; vortreffliche Barocktüre mit figürlichen Schnitzereien um 1700. Darüber ein Rundfenster mit Windrosette in Masswerk. – *Inneres.* Zur Einwölbung des unregelmässigen, sich nach O verjüngenden Langhauses Einbau von Wandvorlagen; diese schliessen in Spitzbogen und wirken z. T. kapellenartig (maximale Tiefe an der N-Seite 2 m), ihre Stirnseiten umschreiben ein winkelrichtiges Rechteck, wodurch eine symmetrische Gewölbefiguration ermöglicht wird. Sie zeigt in 4 Jochen (das westl. von 1503) Rautenformen, deren Rippen auf Konsolen ruhen. Die Schlusssteine sind mit Pfau, Steinbock, Wappen Poschiavo (gekreuzte Schlüssel) und Rosette geziert; Bauinschrift am Chorbogen. Im Chor 2jochiges Sterngewölbe auf Dienstenstümpfen, die in Köpfen und Blattrosetten enden, Schlusssteine mit Haupt Christi und Sonne. Zweiteilige Masswerkfenster im Chor, 3teilige im Schiff. Fragment einer Ausmalung um 1520 an der Schiffswand beim nördl. Seitenaltar: Muttergottes, Schrift neu. Neugot. Ausstattung von Theodor Schnell aus Ravensburg. An den Flügelaussenseiten des Choraltars spätgot. Figurenreliefs aus dem südl. Alpengebiet um 1500: Links Bartholomäus, Hl. Papst (Sixtus?) und Rochus, rechts Hl. Bischof, Konrad (?) und Martin. Barocker Taufstein um 1700 mit tempelförmigem Aufsatz. In der Sakristei u. a. Augsburger Monstranz 167[illegible] von Joh. Baptist Ernst. – **Oratorio S. Anna,** südl. der Stiftskirche. Erwähn[illegible] 1439, neuerb. 1732 als Kapelle der Sakramentsbruderschaft. Von Häusern flankierter Längsbau aus Vorhalle und 3 überkuppelten Raumeinheiten in sinkender Kadenz: Quadratisches Schiff, querrechteckiges Altarhaus und quadratischer, leicht eingezogener Retrochor. Vorhalle als Beinhaus verwendet, die 3 toskanischen Säulenarkaden durch schöne, feingliedrige Régencegitter geschlossen. In Schiff und Altarhaus tragen übereck gestellte Pilaster ein reichprofiliertes, geschwungenes Gebälk. Illusionistische Malerei um 1770, übermalt 1879: In der Schiffskuppel Anbetung des apokalyptischen Lammes, in der elliptischen Altarhauswölbung Elias vom Engel mit Speise versehen und Christus in Emmaus; im Chor Gewölbemalerei mit den Weltteilen 1810 von Carlo Peirani aus Turin. Der Altar, um 1770, trennt den Chor lettnerartig ab. – **Klosterkapelle S. Maria Presentata,** östl. der Stiftskirche. Gründung des Frauenklosters 1629, Augustinerregel um 1680. Dislokation im Gange (s. S. 293). Kapelle letztes Drittel 17. Jh. mit Ausnahme der einfachen Strassenfront von Konventstrakten umschlossen. Der Raum von insgesamt 3 kreuzgratgewölbten Jochen verjüngt sich gegen den gerade geschlossenen Chor; im Chorjoch Akanthusstuck. Bemerkenswerte Kanzel 2. H. 17. Jh. mit reicher Ajourschnitzerei und Statuetten. Altarbild Mariä Tempelgang um 1650. Augsburger Kelch mit Emailmalerei 1683 von Hans Franz Fesenmeier. Der Turm über dem Klostergebäude um 1680–90, zierliche Zwiebelhaube 2. H. 18. Jh. Im untern Vorplatz Lavabo von 1682, 3 Becken in Muschelform. – Ref. Kirche, nördl. des Rathauses. Erb. 1642–49; Renov. 1930. Hoher Turm nördl. in der Flucht der Fassade, 8eckiger Aufsatz mit Haube und Laterne 1677–85. Im 4jochigen Barockraum Tonnengewölbe mit Stichkappen; Fenster über dem Hauptgesims. Polygonale Kanzel 1649 mit Ranken und Reliefs, Schalldeckel 1665.

Rathaus mit ehem. Wehrturm, an der Piazza. Urspr. wohl Sitz der Familie Olzate, als Rathaus wahrscheinlich 1548 eingerichtet, Datum auf einem Eckstein des Turms; historisierende Neugestaltung 1911. Baukomplex mit italienischem Einschlag: Vom mittelalterl., vermutlich roman. Bestand wohl die Umfassungsmauern mit vermauerten Rundbogenfenstern sowie der Turm aus geschichtetem Bruchsteinmauerwerk und Eckbossen, ehem. wohl 4geschossig mit Wehrgang, erhöht 1668; Spitzbogenportal 1911. Im 1. Stock Saal für die Gemeindeversammlungen und Täferstube 1. H. 17. Jh. – **Hotel Albrici.** Erb. 1682 für Bernardo Massella; seit 1848 Hotel. Breitbehäbiger Bau mit polygonalem Türsturz, der Wappenstein Massella (Mohrenkopf) urspr. über dem Portal. Tonnengewölbte Querkorridore mit allegorischen Deckenmedaillons aus der Bauzeit. Im Erdgeschoss Marmorkamin 1682 mit Massella-Wappen. Im 1. Stock «Sibyllensaal» mit Brüstungstäfer und Felderdecke, architektonisch gerahmte Tür mit Allianzwappen Massella-Gaudenzi, Spiegel um 1710 mit überreichem Akanthusrahmen, zwölf Gemälde mit Sibyllendarstellungen um 1700. Im ganzen Haus zahlreiche Porträts und Blumenstücke holländischer Provenienz. – Casa Marchesi, Nr. 234. Reichgeschnitzte Kassettendecke 17. Jh., möglicherweise aus Oberitalien. – Casa Fanconi, Nr. 231. Zwei Intarsientruhen 1590 und 1661. – Haus Nr. 230. Wappenstein Massella 1822. – **Casa Mengotti,** künftiges Museum, jenseits des Flusses Poschiavino im Ortsteil Surcà. Breitgelagerter Bau, der S-Trakt um 1655, der N-Trakt A. 18. Jh., der W-Anbau vermutlich ebenfalls 18. Jh.

An der S-Fassade 3 turmartige, den neueren W-Trakt einbindende Risalite. An der Strassenseite 2 Rustikaportale mit gesprengten Giebeln, im südl. Mengotti-Wappen, dazwischen gewölbte Durchfahrt. Unveränderte Innendisposition. Gemalte Gewölbemedaillons mit Allegorien 2. H. 17. Jh. In beiden Gebäudeteilen des Längstraktes Täferstuben E. 17. und A. 18. Jh., Erkerstube mit Türrahmung und Sprenggiebel. Hauskapelle im N-Trakt erb. A. 18. Jh. wohl von einem Pfarrer der Familie Mengotti. Altarbild der Muttergottes mit den Hl. Lorenz und Johannes Nepomuk sowie Serie von Heiligenbildern um 1710 in geschnitzten Rahmen. – **Landolfi-Häuser,** südl. der Piazza. Nr. 130, Wappenstein des Ant. Landolfo 1565. Nr. 153, Wappenstein des Rodolfo Landolfo um 1565; gewölbte Saletta mit Frührenaissancemalereien M. 16. Jh., bestehend aus Ranken, Girlanden, Grotesken und dem Wappen Landolfo. – Kantonalbankfiliale. Rustikaportal mit Wappen Gaudenzi 1653. – Haus Nr. 206. Wappenstein Olgiati 17. Jh. – Casa Paravicini, Nr. 207. Im 1. Stock Muttergottesfresko 1511, abgedeckt 1940. – Casa Olgiati, Nr. 216. Im 1. Stock Türeinfassung E. 17. Jh. aus Stuck mit geschweiftem Giebel und Engelsköpfchen. Im 2. Geschoss Täferstube um 1692. – **Spaniolenviertel,** am S-Rand von Poschiavo. Erb. um 1830 von einer Gruppe nach Spanien emigrierter und wieder heimgekehrter Puschlaver Bürger. Farbenfrohe Häuserzeile mit teils polygonal ausgreifenden Fassaden, die maurisch-biedermeierliche Stilkomponenten aufweisen.

Kapelle S. Rocco, an der Strasse nach S. Maria Assunta. Kreuzgewölbter Rechtecksaal wohl 1516; im eingezogenen Polygonalchor ein rippenloses Sterngewölbe; Rest. 1941. Neben dem Eingang ein Wandgemälde 1516 mit S. Rocco. Altargemälde um 1600, Hl. Rochus mit Muschel und den gekreuzten Schlüsseln von Poschiavo. – **Kath. Kirche S. Maria Assunta*** (Abb. 95). Schönster Barockbau des Puschlavs, in malerisch freier Lage südl. ausserhalb von Poschiavo. Erwähnt 1209; Chor neuerb. 1692, Schiff und Seitenkapellen 1708–09, Chor wegen schlechter Fundamentierung erneuert 1711; Rest. 1939–40. Die Kirche steht auf einer künstlich vorgezogenen Terrasse, unter welcher die ehem. Hauptstrasse nach Le Prese durchführt. Die Anlage aus 3 quadratischen Raumeinheiten mit Seitenkapellen wirkt dank dem dominierenden Vierungstambour wie ein Zentralbau. Südl. des flachgeschlossenen Chores Sakristei, nördl. Turm mit 8seitigem Aufsatz und Haube. Aussengliederung durch Lisenen und Traufbänder, die Giebelfassade von Pilastern grosser Ordnung flankiert; rund um den oktogonalen Tambour mit Zeltdach und Laterne über dem Vierungskubus sechzehn Muschelnischen. Festlicher *Innenraum.* Tonnengewölbtes Schiff, überkuppelte Vierung und kreuzgratgewölbter Chor; die Gewölbe ruhen auf ionisierenden Pilastern mit ringsumlaufendem Gebälk, über dem die Fenster sitzen. Illusionistische Kuppelgemälde 1719 von Giov. Prina aus Como, darstellend die Himmelfahrt Mariä mit der Hl. Dreifaltigkeit und Engelchören; in den Kartuschen der Scheinarchitektur 4 Szenen aus dem Alten Testament, die durch Beischriften aus der Lauretanischen Litanei als Typologie auf Maria gekennzeichnet sind: Mardochai führt Esther in das Haus des Königs Ahasver (?), Rebecca am Brunnen, Esther vor König Ahasver, Judith enthauptet Holofernes. Hochaltar mit tempelartigem Aufbau, laut Inschrift 1720 von Giovanni Batt. Parino. Gemälde: Hinter dem Choraltar Himmelfahrt Mariä 1652 von Carlo Marni; an den Chorwänden Himmelfahrt Christi und Mariä, Pfingsten und Verklärung 2.H.17.Jh.; Votivbilder 17.–18.Jh. In der nördlichen *Seitenkapelle* Ensemble von Stukkaturen und Altar um 1700: Altar mit atlantenartigen Halbfiguren exotischen Typs, aufgelösten Giebelvoluten und Mengotti-Wappen auf dem Architrav, der Mittelteil zeigt unter Glas ein Kruzifix des 17. Jh. vor gemalter Gruppe; an den Seitenwänden der Kapelle Porträts der beiden Bauherren Giov. Ant. und Francesco Mengotti. An der Rückwand der S-Kapelle Stuckdekoration um 1700 aus Voluten und hängenden Tüchern; Holzretabel um 1720 mit geschraubten Säulen und geschnitztem Giebel, Altargemälde der Vermählung Mariä mit den Wappen Massella und Gaudenzi. Rechteckige Kanzel, hervorragendes Renaissancewerk eines Veltliner Meisters (?) um 1634, aus der Stiftskirche: Architektonisch gegliederter Korpus, in den Muschelnischen Figuren der Hl. Jakobus, Hieronymus, Petrus, Nikolaus, Viktor, Martin (?) und Sixtus; plastisch ornamentale Schnitzereien; Schalldeckel wegen Raummangels deponiert. Figuren der Hl. Katharina von Siena und des Hl. Dominikus 1.H. 17.Jh., der Maria Assunta 2.H.17.Jh. – Neues Frauenkloster. Erb. 1969–70, in beeinträchtigender Nachbarschaft zur Kirche. – Schulhaus. Kubisch gegliederter Betonbau 1968–69 von Flurin Andry.

Kapelle S. Pietro, am westl. Talhang. Früh- oder hochmittelalterl. Saalkirche mit parabolischer Apsis, vor welcher ein gewölbtes Altarjoch liegt, das nach Bauuntersuchung zum urspr. Plan gehört; Rest. 1961–62. Im Schiff offener Dachstuhl, roman. Fenster rekonstruiert. In der Apsis tüchtige, farbintensive Malereien eines oberitalienischen Meisters 1538: Beweinung Christi durch Heilige, Ornamentband mit Renaissancemotiven, seitlich die Wappen des Gotteshausbundes (Steinbock) und des Obern Bundes (Kreuz); am Apsisbogen Medaillons mit Gottvater, den Evangelisten sowie den Hl. Georg und Viktor; südl. des Altars Muttergottes mit Stifterinschrift 1538. – Burgstelle Olzate, südwestl. S. Pietro, ca. 300 m über der Talsohle. Erb. in der 2.H.14.Jh. durch die Visconti von Mailand, den Olzate (Olgiati) zu Lehen übertragen, 1406 von den Talleuten gestürmt und geschleift. Fundamentreste eines Turms. – *Cologna.* Kath. Kirche S. Antonio di Padova. Kleiner Barockbau 1665 mit quadratischem Chor und Seitenkapellen; Renov. 1920. Turm 1672 mit 8eckigem Aufsatz und Kuppelhaube. Zweijochiges Tonnengewölbe im Schiff und Kreuzgewölbe im Chor auf umlaufendem Sims. Choraltar in Scheinarchitektur gemalt (stark erneuert), Bild 1761 von Joh. Telscr. Südaltar mit Rosenkranzbild; Engelchen mit Vorhang. Votivbilder.

Museum. Museo Valligiano Poschiavino. Gegr. 1950, z. Z. im Rathausgebäude, später in der Casa Mengotti. Regionalgeschichtliche Sammlung (s. S. 291).

S. ANTONIO (Campiglione). Kath. Kirche S. Antonio di Padova. Als profaniert erwähnt 1589; Turm erb. 1688. Umbau und Erhöhung des Schiffs 1711; Renov. 1889 und um 1950–60. Einfache Barockanlage aus 3jochigem tonnengewölbtem Schiff und quadratischem Chor. Am Choraltar Dreifaltigkeitsgemälde in Stuckrahmen M. 17. Jh.; Antoniusbild 1602 von Giov.

Costa aus Grosio, übermalt. – Haus westl. der Kirche. Wappentafel Badilatti 1650. – Haus Nr. 607. Wappen Badilatti 1659. – Haus Nr. 659, im südl. Corti. Wappenstein Menghini 1647. – Burgstelle Pedenale, südwestl. von S. Antonio. Durch die bischöflichen Lehensträger v. Matsch A. 13. Jh. erbaut zur Sicherung ihres Talbesitzes; zerstört E. 14. Jh., nachdem die Visconti aus Mailand von Poschiavo Besitz ergriffen hatten.

Sumotti. Kapelle S. Vincenzo Ferrerio. Einem Bauernhof angebaute Rechteckkapelle, wohl aus dem 18. Jh.; Altargemälde mit dem Hl. Dominikus 1708. – *Alp Selva.* Kapelle S. Sebastiano, auf prachtvoller Aussichtsterrasse gelegen. Beim Umbau der roman. Kapelle um 1700 wurde ein quadratischer Chor an der N-Flanke des ehem. geosteten Kirchleins errichtet. Urspr. Bau mit O-Apsis samt O-Giebel und Glockenjoch sowie W-Portal im heutigen Schiff verbaut und ablesbar. Offener Dachstuhl. Altargemälde St. Sebastian und Muttergottesfigur M. 17. Jh.; Chorbogenkruzifix 17. Jh. – Ref. Kirche, auf der benachbarten Hügelkuppe. Flachgedeckter Saal 1676 mit 3seitigem Chorschluss und 4eckiger Kanzel. – Trullo, Rundbau aus Trockenmauerwerk (vgl. S. 289).

PRADA. Kath. Kirche S. Bernardo. Erwähnt 1589; neuerbaut 1681, geweiht 1697; Renov. 1935 und 1965. Lisenengegliederter Barockbau mit eingezogenem Rechteckchor, am mittleren der 3 Schiffsjoche Seitenkapellen, an der N-Seite des Chores Turm mit oktogonalem Aufsatz und niederer Kuppel. Im Innern Pilaster mit kräftig profiliertem, umlaufendem Gebälk, darüber Kreuzgewölbe mit Gurtbogen. Belichtung urspr. nur in der Gewölbezone, Fenster in Chor und Fassade 1875. In den nördl. Blindfenstern der Gewölbeschilde barocke Prophetenbilder, gestiftet 1687 von Bernardo Massella; Deckenbilder neu oder stark übermalt 1935 von P. Togni. Choraltar mit Gemälde der Vision des Hl. Bernhard nach Murillo, gestiftet um 1650 von Bernardo Gaudenzi. Seitenaltar um 1703 mit neuer Figur, auf dem südl. Seitenaltar Tod Josephs 1662. Taufstein um 1695 mit Wappen Marchesi und ornamental plastischem Aufbau. Viereckige Kanzel um 1670–80 mit Figürchen in Muschelnischen. – *Annunziata* (Fanchini). Kapelle S. Annunziata. Erb. 1640 im Auftrag der Familie Fanchino; Rest. 1966. Zweijochiger gewölbter Barockbau mit quadratischem Chor. Am Aussenbau Pilastergliederung, Glockenjoch über dem gesprengten Giebel der Fassade. Stukkaturen und Stuckaltar aus der Bauzeit. In einer Nische der N-Seite Wandmalerei M. 17. Jh.: Geburt Christi und Anbetung der Hirten. – Kaplaneihaus. Nördl. an die Kapelle angebaut und unter gleiches Dach gebracht 1654. In der Strassenfront 2geschossiger Polygonalerker. – Haus Nr. 670. Im Erdgeschoss gewölbte Saletta mit Allianzwappen Costa-Laqua, gemalten Allegorien der Jahreszeiten und Genreszenen M. 18. Jh. – Haus Nr. 674. Wappenstein Laqua 1659.

LE PRESE. Kath. Pfarrkirche S. Francesco. Umgeb. 1681; Neubau 1939 im rechten Winkel zur ehem. geosteten Anlage. Turm 1681 mit oktogonalem Tambour. Zwei Gemälde 2. H. 17. Jh.: Stigmatisation des Hl. Franziskus italienischer Herkunft; Hl. Dreifaltigkeit. Kelch um 1550.

Pagnoncini. Kapelle S. Giovanni. Erbaut M. 17. Jh., verlängert im 18. Jh. Kleiner gewölbter Barockbau mit gerade geschlossenem Chorhaupt und

Turm über der NO-Ecke des Schiffs; S-Kapelle des 2. Jochs aus der Bauzeit, Lourdes-Kapelle des 1. Jochs ehemals Getreidespeicher, zum Sakralraum umgeb. 1907. Über dem Choraltar Gemälde des Hl. Johannes 1. H. 18. Jh., Schutzengelbild A. 19. Jh. von Domenico Faletti. – *Cantone.* Kapelle S. Maria Natività. Bescheidene Barockanlage 1680 mit Zeltdachturm neben dem quadratischen Chor; Renov. 1912. Altargemälde Mariä Geburt, gestiftet 1664 von Marco Aurelio Gaudenzi. – Haus Nr. 770. Wandmalereien 1771 mit Joseph und Maria.

MIRALAGO (früher Meschino). Kapelle S. Gottardo, am untern Seeende. Zweijochiger Barockbau 1682 mit gerade geschlossenem Chor, Turm mit 8seitigem Aufsatz und Bekrönung.

***BRUSIO** (Abb. 93). Hauptort des untern Tals; erwirbt innerhalb der Gesamtgemeinde Poschiavo schon früh eine relative Selbständigkeit; seit 1501 eigene Pfarrei. – **Kath. Pfarrkirche S. Carlo Borromeo.** Erwähnt 1439, neuerb. 1617, renov. 1932 und 1967–68. Nach W gerichtete, frühbarocke Anlage mit gerade geschlossenem, eingezogenem Chor; Turm mit niederem Zeltdach im Chorscheitel. Die gestuften Strebepfeiler und die nach aussen leicht zugespitzten Oberlichter sind spätgotische Relikte. Portal dat. 1617; Fassadengemälde des Gekreuzigten mit Carlo Borromeo und Maria 2. H. 18. Jh. Im 4jochigen Innern Pilaster mit stuckierten Kompositkapitellen und umlaufendem Gebälk, darüber Tonnengewölbe. Das 3. Joch ist flankiert von niederen Seitenkapellen mit Lünettenfenstern. Ausmalung 1932. Stukkaturen 2. H. 18. Jh. auf die Kapellen beschränkt. Tabernakelaltar um 1660–70 in Form eines 2geschossigen Tempels, darauf 4 silbergefasste Reliquienbüsten. Seitenaltäre aus Stucco lustro; 2 Altargemälde 1661 angeblich von Carlo Marni aus Bormio, im N-Altar St. Agatha besucht Petrus im Gefängnis und Mariä Himmelfahrt, das ehem. Seitenaltargemälde jetzt im Chor. Rechteckige Kanzel M. 17. Jh. mit Volutenhermen und Schalldeckel mit geschnitztem Laubwerk; Taufstein aus Granit um 1620–30. – Pfarrhaus, erb. 1695. – Schulhaus. Erb. 1961–63 von Bruno Giacometti; landschaftlich gut eingefügt. – **Ref. Kirche.** Erb. 1645, umgeb. 1727; Rest. 1964. Dreijochiger, 3seitig geschlossener Längsbau ohne Choreinzug. Fünfgeschossiger Turm mit gekuppelten, rundbogigen Schallöffnungen und Spitzbogenfriesen zwischen Lisenen, der 8seitige Aufsatz mit Laterne. Im Innern auf Pilastern umlaufendes Gebälk, Fenster unter den Stichkappen des Tonnengewölbes. Am Gurtband zum Chorjoch Datum 1727. Stattliche Rokoko-Orgel 1786 auf schön geschnitzter Empore im Chor, im Volutengiebel des altarartigen Gehäuses Davidfigur mit Harfe. Polygonale Kanzel 1727 mit nachträglichem Rokokozierat. Augsburger Deckelbecher vielleicht von Joh. Bapt. Weinet (gest. 1648), aber erst 1665 gewidmet. In der Friedhofmauer zahlreiche Grabplatten 17.–18. Jh. für Angehörige der ref. Familien Sprecher, Planta, Schorsch, Besta, Buol u. a. – Pfarrhaus. Klassiz. Kuppelofen um 1790, aus dem nahen Weiler Zalende. – **Casa Comunale.** Erb. im 17. Jh., neu ausgestattet um 1710 durch die Familie Marlianico, seit 1899 Rathaus. In der jetzigen Ratsstube originelle Felderdecke um 1730–40 mit geschnitztem Mittelmedaillon und hängender Rosette; im Archivraum Stuckwappen um

1710 des Michele Marlianico und der Katharina v. Planta. – Casa Misani. Erb. 1732 für Gaudenzio Misani; gewölbte Korridore. Im 1. Geschoss 2 Täferzimmer; im einen Wappen Misani (Phönix) umgeben von Laubwerk. – Haus Nr. 63. Allianzwappen Trippi-Paravicini 1606.

Cavaione. Kapelle S. Croce. Erb. 1777 laut Stiftergemälde in der Sakristei durch Kanonikus Tersarius aus Tirano. Flachgedecktes Schiff und quadratischer kreuzgewölbter Chor. Turm mit Zwiebelhaube von 1925. An der nördl. Langseite angebaute Priesterwohnung. – *Motta*. Kapelle S. Sepolcro. Gestiftet 1766 vom Priester Dom. Beltrami; Renov. 1936. Glockenjoch über der Giebelfassade. Im Rechteckschiff ehem. tiefer gelegenes Tonnengewölbe; Altarnische.

Kirche S. Romerio* (San Rumedi) (Abb. 93). In grossartiger Lage auf jäh abfallender Felsterrasse 900 m über dem Puschlaversee. Erwähnt 1055, die dazugehörige Kongregation (Männer und Frauen) nimmt 1154 die Augustinerregel an, 1517 dem Gotteshaus S. Maria in Tirano inkorporiert. Nur die Kirche erhalten; Rest. 1951–52. Rechteckschiff mit Schlitzfenstern in der S-Wand möglicherweise noch 11. Jh. Quadratischer Chor wohl spätmittelalterl., ebenso der unregelmässig polygonale Annex an der S-Seite des Schiffs, urspr. wohl Kapelle, später Beinhaus; hier Wandgemälde mit S. Antonio Eremita 1. V. 16. Jh.; aus gleicher Zeit der Turm auf erhöhtem Niveau an der N-Seite mit einfachen rundbogigen Schallöffnungen und Plattenpyramide. Offene gemauerte Vorhalle wohl 1659, in gleicher Flucht mit Annex und O-Wand des Schiffs. Einheitliches, schwachgeneigtes, mit Steinplatten gedecktes Dach über allen Bauteilen. Schiffsboden aus unregelmässigen Steinplatten; Stufen zum Turmeingang teils über anstehendem Felsen; offener Dachstuhl. Im Chor barockes Kreuzgewölbe von 1659, die Pfeiler in den O-Ecken sind Überreste des spätgot. Gewölbes. Altar um 1659 mit Gemälde A. 19. Jh. von Domenico Faletti. Im W des Schiffs wurde 1951 die verschüttete «Unterkirche» mit Zwillingsgewölbe freigelegt, deren O-Wand der anstehende Felsen bildet.

Viano. Kath. Kirche SS. Maria e Elisabetta. Gewölbter Bau von 1680 mit flachgeschlossenem Chorhaupt und angebautem Hospiz. Barocker Altar um 1700, ergänzt 1744; aus der ehem. Pfarrkirche Marmorera. – *Campascio*. Kapelle S. Antonio di Padova, in malerischer Lage östl. über dem Dorf. Unter dem Titel S. Agata erwähnt 1439; barocker Neubau 1735 mit lisenengegliederter, geschweifter Fassade und Turm mit oktogonalem Aufsatz an der N-Seite des Chors. Im Schiff und der jüngern S-Kapelle Tonnengewölbe, im quadratischen Chor Kreuzgewölbe. Am Choraltar Gemälde der Muttergottes mit Kapuzinerheiligen, am Seitenaltar Martyrium der Hl. Eurosia.

CAMPOCOLOGNO. Kath. Kirche S. Famiglia. Neubau 1910 in neuroman.-byzant. Stil.

MÜNSTERTAL: STA. MARIA–MÜSTAIR

TSCHIERV. Ref. Kirche. Erb. um 1465–70, erhöht und eingewölbt im 17. Jh.; Renov. 1782 (Datum über dem Portal), zuletzt 1951. Ungegliederter spätgot. Bau mit trapezförmigem Chor ohne Einzug, wie er im Münstertal üblich ist. An der N-Seite des Schiffs der Turm mit modernem Zeltdach, unter dem Glockengeschoss vermauerte spätgot. Schallöffnungen. In der W-Front rundes Masswerkfenster, sonst leere Spitzbogenfenster. Im Innern Tonne mit Stichkappen über Vorlagen, Kämpfergesimse mit Zahnschnittmuster 17. Jh. Abendmahlstisch auf Balusterfuss M. 17. Jh. Predigerstuhl mit Wappen Gross 1781. Architektonisch gegliederte Emporenbrüstung M. 17. Jh.; kleine Orgel um 1800. – Haus Nr. 17, gegenüber der Kirche. Ländliche Fassadendekoration, die Architektursgraffiti von 1733, Buntmalerei 1812. – Haus Nr. 52. An der Hausecke 2geschossiger, vom Boden auf gemauerter Polygonalerker aus dem 17. Jh. – *Chasuras.* Haus Nr. 47. Sgraffiti 1. H. 17. Jh., Wellenbänder und primitive Kleinornamente.

FULDERA. Ref. Kirche. Erb. 1708, renov. 1790; letzte Rest. 1960. Turm an der N-Seite, erhöht 1937 um den 8eckigen Aufsatz mit Zwiebel. Im Schiff 2jochiges Kreuzgewölbe, im trapezförmigen Chor Tonne mit Stichkappen. Abendmahlstisch mit volutenförmigen Füssen, die Intarsien der 8eckigen Nussbaumplatte signiert ICZ.

LÜ. Ref. Kirche. Nach SW gerichteter spätgot. Bau mit trapezförmigem Chor, wahrscheinlich im 17. Jh. neu eingewölbt; Renov. um 1960. Turm an der N-Seite des Schiffs, Glockengeschoss und Zeltdach erneuert um 1900. Das 2jochige Kreuzgewölbe im Schiff wegen alten S-Fensters unregelmässig eingezogen; im Chor Tonne mit Stichkappen. Moderne Ausstattung, mit Ausnahme eines Frieses an der Kanzel mit den Initialen TG dat. 1717. Venezianischer Abendmahlskelch um 1680–1700. – Haus Nr. 34. Sgraffitodekorationen 1. H. 17. Jh.

VALCHAVA. Ref. Kirche. Erwähnt 1460, eingewölbt im 17. Jh. (?); Aussenrest. 1956. Spätgot. Anlage mit trapezförmigem Chorschluss. Turm an der S-Seite des Schiffs; Glockengeschosse, Aufsatz und stark eingeschnürte Zwiebel 2. H. 18. Jh. Spitzbogiges Tuffsteinportal. Kreuzgrat- und Stichkappengewölbe. Abendmahlstisch 1745; Barockorgel 1. H. 18. Jh., auf den gemalten Flügeln David und Engel. Grabplatte im Chorboden 1812 (?), wahrscheinlich für Thomas Melcher und Eva v. Planta; Renaissance-Epitaph aus weissem Marmor an der Friedhofsmauer 2. H. 16. Jh. für Freiherrn Hendl v. Goldrain, Herkunft unbekannt. – Kath. Kirche. Erbaut 1896. Glasgemälde um 1930–40 von Aug. Wanner. Augsburger Rokokokelch 1757–59 von Franz Christoph Mäderl, aus dem Kloster Müstair; neugotische Monstranz 1895 mit Kleinodien des 16. Jh. – **Gemeindehaus,** Nr. 17. Erb. im 17. Jh. vielleicht durch die Familie Capol; Renov. 1724, Datum über der Freitreppe und im Dachstuhl. Zweigeschossiger Polygonalerker mit 3gliedrigen Fenstergruppen, aufgemalte Wappen der Drei Bünde und Wappen Capol, putzgerahmte Fenster. – Haus Nr. 21. Erb. um 1800 für Podestà Thomas Melcher. Dreigeschossiges Wohnhaus und angeglichenes Stallgebäude unter Walmdach; schmiedeiserner Balkon.
Museum. Sog. Chasa Jaura, 18. Jh.; Renov. 1973. Talmuseum.

STA. MARIA. Stattliches Strassendorf mit behäbigen, weiss getünchten Häusern im Typus des Unterengadins; Toreinfahrten mit verzogenen Bögen, Fensterumrahmungen aus Putzquadern oder gelb bemalt. Dorfbrand 1774. – **Ref. Kirche.** Neubau 1492 von Andreas Bühler; nach der

Reformation in Simultangebrauch bis 1838, rest. 1933. Ungegliederte spätgot. Anlage mit eingezogenem, 3seitig geschlossenem Chor. An der S-Seite des Schiffs hoher Turm mit steilem Pyramidenhelm über Wimpergen, 2 Glockengeschosse mit 3gliedrigen Rundbogenfenstern unter Wiederverwendung roman. Bauteile, errichtet um 1400 (?). An der nordöstl. Aussenwand des Chors monumentales Christophorusgemälde 1513 von einem Südtiroler Meister, an der W-Front Christus am Ölberg von gleicher Hand. Vorhalle 1933; doppeltgekehltes spitzbogiges Tuffsteinportal. Im Schiff zweijochiges Rautengewölbe mit Baumeisterinschrift, im Chor zweijochiges Sterngewölbe mit Schlusssteinen, darauf Rosette und Haupt Christi. Die sorgfältig behauenen Rippen der beiden Gewölbe wachsen aus zugespitzten Anfängern. Masswerkfenster im Chor und in der N-Wand des Schiffs, von den 2 höher sitzenden S-Fenstern ist das westl. neu. An den Wänden von Schiff und Chor insgesamt 7 gemalte Halbfiguren der Apostel über bewegten Schriftbändern, kurz nach 1492 von einem deutschen Meister. Abendmahlstisch aus Tuffstein in nachgot. Form wohl 1643, 8eckige Deckplatte aus Nussbaum mit reichen Intarsien vom Monogrammisten ICZ 1716. Polygonale Kanzel 1649; Predigerstuhl mit eingelegtem Stupan-Wappen 1779. Architektonisch gegliederte Empore mit schabloniertem Muster in der Art von Flachschnitzereien, signiert Thomas Stupan 1653. Zahlreiche, heraldisch und ikonographisch bemerkenswerte *Grabtafeln* an der W-Front und an der Friedhofsmauer 17.–19. Jh. – Haus am östl. Dorfeingang. An der Fassade Wappen der Drei Bünde in Buntmalerei, bezeichnet «Peter Peter Pingera 1761». – **Haus Nr. 50.** Laut Inschrift umgeb. 1671 für Dominikus Ritter, renov. 1966. Im Innern fragmentarische Wandmalereien E. 17. Jh., mit Bildnissen Kaiser Josephs I. und seiner Gemahlin sowie des Prinzen Eugen v. Savoyen als Sieger über die Türken; in einem gewölbten Gemach Darstellung eines Truppenaufmarsches vor 2 Feldherrenzelten. Täferstube mit Inschrift des Bauherrn und seiner Gemahlin Anna Bass 1680. – Haus Nr. 70. Ehem. Besitz der Familie Caratsch. Balkon aus Stabeisen und Täferstuben E. 18. Jh. Gute Ausstattung: Sekretär mit Wappen des Simon Caratsch 1814, Truhe mit Allianzwappen Salis-Planta 1583, Bettstellen 1680 und 1781. – Hotel Piz Umbrail. In der Gaststube Intarsienwappen Pinggera 1830. – Haus Nr. 40, ehem. Webstube. Eingangshalle mit Kreuzgewölben und Gurtbögen über rundem Mittelpfeiler, am Gewölbe Datum 1538 (?). Stuckdecken mit dünnen Akanthusranken um 1720, im 1. Stock mit wohl später eingefügtem Wappen Moggi, im 2. Stock mit Allianzwappen Capol-Planta. – Haus Nr. 23. Rokoko-Arventäfer um 1780 mit geschnitztem Deckenwappen Caratsch. – **Hotel Chasa Capol.** Erwähnt 1199. Urspr. Propstei des Klosters Müstair. NO-Anbau mit Kapelle, ehem. Hospiz. Vorderhaus Sitz der adligen Familie de Capol. Wappen des Podestà Oswald v. Capol (1651) über dem Portal. Ausgeb. 1677 durch Sebastian v. Capol-Planta. Krüppelwalmdächer sowie Medaillonfenster in den Giebeln nach dem Dorfbrand 1774. In neuester Zeit renoviert. Wohlproportionierter Baukubus, über dem NO-Anbau Dachreiter mit Zwiebelkuppel. Täferzimmer. Sorgfältig abgestimmte Ausstattung.

MÜSTAIR (MÜNSTER). Benediktinerinnenkloster St. Johannes Baptist (Abb. 96–98). *Turmbewehrte Baugruppe aus 11 Jahrhunderten; bedeutendster Kirchenbau vor der Jahrtausendwende in der Schweiz, mit einzigartigen Wandgemälden aus der Zeit Karls des Grossen und bemerkenswerter Ausstattung.* Urspr. Männerkonvent des Benediktinerordens, nach der Tradition von Karl d. Grossen gegr. um 780–90. Erwähnt A. 9. Jh. unter dem Namen Tuberis, der als Taufers bzw. Tubre nachmals auf das benachbarte südtirolische Grenzdorf überging. Karl der Dicke überlässt das Kloster 881 dem Bischof von Chur gegen churisches Besitztum im Elsass. Seit 1163 als Frauenkloster mit Äbtissin nachweisbar, im 13. Jh. erneuter Aufschwung in Zusammenhang mit einem Hostienwunder (Heiligblutreliquie), Krisenzeiten während der Reformation und zur Zeit des Franzoseneinfalls 1799; seit 1819 nur noch Priorat. – Die am O-Ende des Dorfes gelegene Baugruppe besteht aus 2 vor der W-Front der Kirche nebeneinander liegenden Klosterhöfen und einem westl. Vorhof, der trapezförmig von Mauern, Tortürmen und Ökonomiegebäuden umschlossen wird. Charakteristisch sind die 3 spätgot. Türme mit Pultdächern und Zinnen.

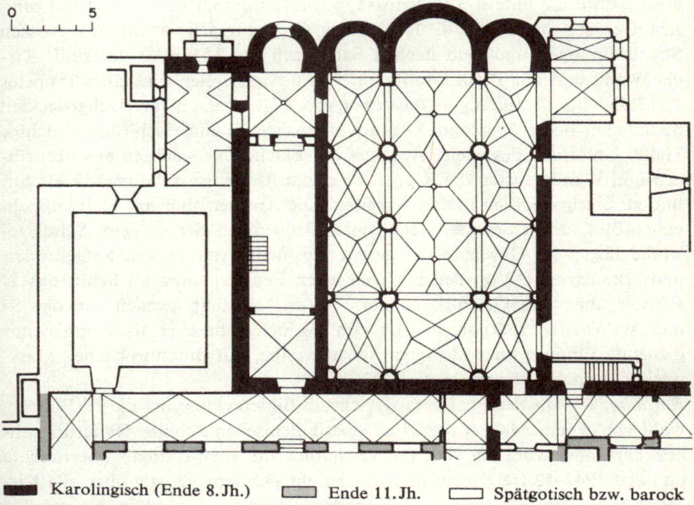

Müstair. Klosterkirche

Klosterkirche. Grösste Dreiapsidenkirche im «churrätischen Schema», ein Bautyp, der in Graubünden vielerorts durch Grabungen nachgewiesen ist, von dem aber ausser in Mistail nur hier aufgehendes Mauerwerk aus der Zeit vor der Jahrtausendwende Zeugnis gibt. Erb. im ausgehenden 8. Jh., Neuweihe nach Brandbeschädigung laut Inschrift in der Mittelapsis 1087.

Ausbau zur 3schiffigen Hallenkirche 1489–92; Brandschaden des Daches während des Schwabenkrieges 1499, neu geweiht 1502. Neubau der Heiligblutkapelle 1758; Ausbruch von neugot. Spitzbogenfenstern in den Apsiden und in der S- und W-Wand 1878–79. Restaurierung und Abdeckung der karoling. und roman. Fresken 1947–52 unter Leitung von Linus Birchler und Walther Sulser. – *Aussenbau.* Gestelzte halbrunde Mittelapsis flankiert von 2 leicht zurücktretenden hufeisenförmigen Seitenapsiden; darüber, im urspr. flacher geneigten Giebel der O-Wand 3 rundbogige Blenden. Eine 4. sehr niedrige Apsis gehörte einem nördlichen, die ganze Länge des Schiffs einnehmenden, heute unterteilten Annexraum an, dem an der S-Seite ein identischer, durch Grabung nachgewiesener Raum mit Apsis entsprach (heute Heiligblutkapelle). Diese Annexräume, von welchen je ein rundbogiger Durchgang ins Kircheninnere führte, hatten liturgische, im einzelnen aber noch nicht abgeklärte Funktion. Der ganze Aussenbau ist durch sehr flache, rundbogig geschlossene Blenden gegliedert, die an den Schiffswänden wegen der ehem. seitenschiffähnlichen Anbauten erst auf einer gewissen Höhe ansetzen. Reste des ehem. Traufgesimses an den Apsiden und an der N-Seite erhalten. An der S-Seite spätmittelalterl. 4geschossiger Turm, die untern 3 Geschosse in sorgfältiger Quadertechnik mit offenen Gerüstlöchern wohl E. 15. Jh., das Glockengeschoss mit den grossen Schallöffnungen und dem flachen Satteldach um 1557. An der südl. Kirchenwand und am Turm Grabtafeln von 6 Äbtissinnen und eines Propstes A. 17. Jh. bis A. 19. Jh. – *Inneres* (Abb. 97). Den urspr. flachgedeckten Saal teilen heute 3 spätgot. Rundpfeilerpaare in eine 3schiffige, 4jochige Halle. Unterhalb des ehem. Ansatzes der Flachdecke wachsen aus Freistützen und Wanddiensten die Rippen zu einem Rautengewölbe im Mittelschiff und zu Sterngewölben in den Abseiten. Die Apsiden sind mit Halbkuppeln eingewölbt, deren Scheitel wenig unter demjenigen der spätgot. Schiffsgewölbe liegt; die Gewände der urspr. Apsidenfenster in situ aufgefunden und rekonstruiert. Von den hochgelegenen Fensterpaaren im Schiff das 2. Fenster über dem Gewölbe an der N-Wand sichtbar gemacht; in den S- und W-Wänden spätgot. Fenster. Im W-Joch ruht eine als Nonnenchor dienende Empore über 3teiligem Sterngewölbe, mit durchbrochener Masswerkbrüstung in Steinguss von 1492.

*Karoling. Wandmalerei**. Umfangreichster Bilderzyklus aus dieser Epoche, wohl von einem Meister aus einer oberitalienischen Schule; Datierung ungesichert, aber wohl um 800. Die vermutlich um 1498 erstmals übertünchte und erst 1947–52 freigelegte Bemalung zieht sich teppichartig über alle Kirchenwände. Die Bildszenen sind an den Langhauswänden in ein straffes Rahmensystem von liegenden Rechtecken (ursprünglich 82 Felder), an der W-Wand und in den Apsiden auf Streifen komponiert. Die Malerei wurde aufgrund einer Vorzeichnung in roten Strichen al fresco angelegt, die Deckfarben, Modellierung und Lichter nachträglich in pastosen Temperafarben al secco aufgetragen. Der Erhaltungszustand ist unterschiedlich, an der N-Wand verhältnismässig gut. Allerdings ist die oberste Malschicht durch Übermalungen beeinträchtigt, abgeblättert oder an der spätern Tüncheschicht haften geblieben. Die in weisser Schrift gemalten Bildlegenden (tituli) sind bis auf Reste verschwunden. Vorherrschend sind die Rottöne, erweitert durch Ocker, Grün, Violett, Purpur und Blau. Die Farben, vor allem Zinnober und Bleiweiss, teilweise schwarz oxydiert. Die Bilder sind sichere, spannungsreiche Kompositionen mit einfachen Architekturkulissen. Bemerkenswert ist das antikisierende Dekorationssystem, das aus zierlich ornamentierten, von Bändern umschlungenen Stäben, Perlschnüren und perspektivischem Kästchenmäander besteht. Ein die ganze Kirche umziehender Bildstreifen mit Davidszenen über dem jetzigen Gewölbe und von diesem wellenförmig angeschnitten wurde 1908–09 abgelöst und ins Schweiz. Landesmuseum übergeführt. Der christologische Zyklus ist von der S- zur N-Wand in Streifen von links nach rechts zu lesen. An der W-Wand eine dynamisch angeordnete Darstellung des Jüngsten Gerichts; die älteste bekannte monumentale Gestaltung dieses Themas, welches später in hoch- und spätmittelalterlicher Zeit eine ausserordentliche Verbreitung gefunden hat.

SCHEMA (Nrn. 1–8, 13–82: s. S. 302, 303, Nrn. 9–12, 83–91: s. S. 304)

Die mit * versehenen Felder befinden sich im Schweiz. Landesmuseum in Zürich.
*1. Selbstmord Sauls (?). 2–7. Nicht erhalten. *8. David reitet nach Hebron (?). *9. Kampf Davids mit den Philistern. *10. Zug der Bundeslade nach Jerusalem. *11. Verspottung Davids durch Michal. *12. David und Nathan? (David und Uria?). *13. Weib von Thekoa bittet David um Gnade für Absalom. *14. Joab führt Absalom vor König David. *15. Absalom schmeichelt dem Volk. *16. Absalom lässt sich zum König ausrufen. *17. Davids Flucht (?) (Auszug Davids gegen Absalom?). *18. Ritt Davids in die Schlacht. *19. Absaloms Tod. *20. David erhält die Nachricht von Absaloms Tod. 21. Verkündigung (?). 22–28. Nicht erhalten. 29. Rückkehr der Drei Könige. 30. Darstellung im Tempel. 31. Traum Josephs mit dem die Flucht befehlenden Engel; in der Fensterleibung ein zierlicher Vogelfries. 32. Flucht nach Ägypten. 33. Kindermord. 34. Christus unter den Schriftgelehrten. 35. Auffindung im Tempel (?). 36. Predigt des Johannes. 37. Christus begegnet Johannes d. T. 38. Taufe Christi im Jordan. 39–41. Nicht erhalten (41 nur wenige Farbspuren). 42. Auferweckung des Lazarus (?). 43. Wunder Christi im Kreise der Apostel. 44. Heilung des Knechtes des Hauptmanns. 45. Heilung der beiden Blinden. 46. Heilung des Taubstummen. 47. Brotvermehrung. 48. Verklärung Christi auf Tabor (späterer Ausbruch des Fensters für den Winterchor). 49. Heilung des blutflüssigen Weibes. 50. Sturm auf dem Meer (wunderbarer Fischzug?). 51. Jesus und die Kinder. 52. Christus und die Ehebrecherin. 53. Nur Fragmente erhalten. 54. Erweckung des Jünglings von Naim (?). 55–57. Nicht erhalten. 58. Fragment eines thronenden Mannes. 59. Abendmahl. 60. Fusswaschung. 61. Christus am Ölberg. 62. Judaskuss und Gefangennahme. 63. Christus vor Hannas und Kaiphas. 64. Christus vor Pilatus. 65/66. Kreuzigung. 67. Abstieg Christi in die Vorhölle. 68. Auferstehung Christi (Engel am Grabe). 69–72. Nicht erhal-

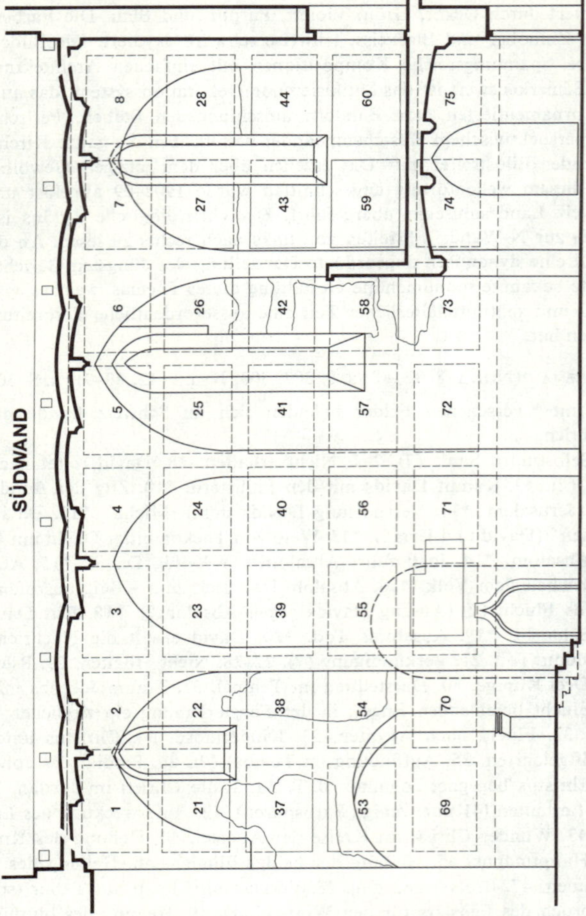

Müstair. Klosterkirche. Schema der Wandmalereien

ten. 73. Fragment unbestimmbaren Themas. 74–77. Nicht erhalten. 78. Gekreuzigter (Petrus? Andreas?). 79. Fragment unbestimmbaren Themas. 80–82. Nicht erhalten. *83. Himmelfahrt Christi. 84. Jüngstes Gericht. 85. Christus als Pantokrator (Majestas Domini). 86. Szenen aus der Geschichte des Kirchenpatrons Johannes d. T. 87. Gesetzesübergabe an Petrus und Paulus.

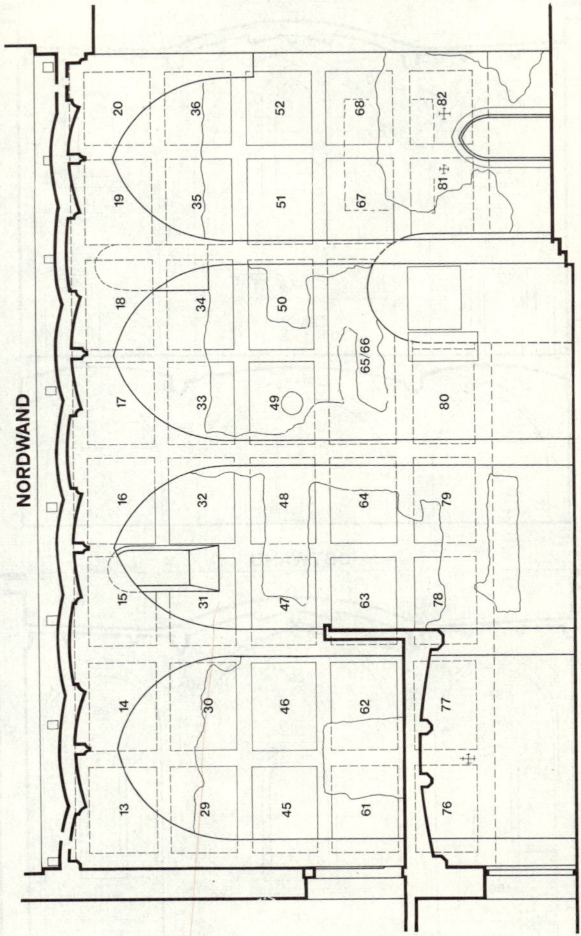

Müstair. Klosterkirche. Schema der Wandmalereien

88. Szenen aus der Geschichte der Apostel Petrus und Paulus. 89. Gemmenkreuz mit Rundbildern: in der Mitte Christus, rechts und links Petrus und Paulus, oben Engel, unten Maria (Ecclesia?), darunter die Evangelistensymbole. 90. Szenen aus der Geschichte des Erzmärtyrers Stephanus. 91. Gemalte Stoffgehänge.

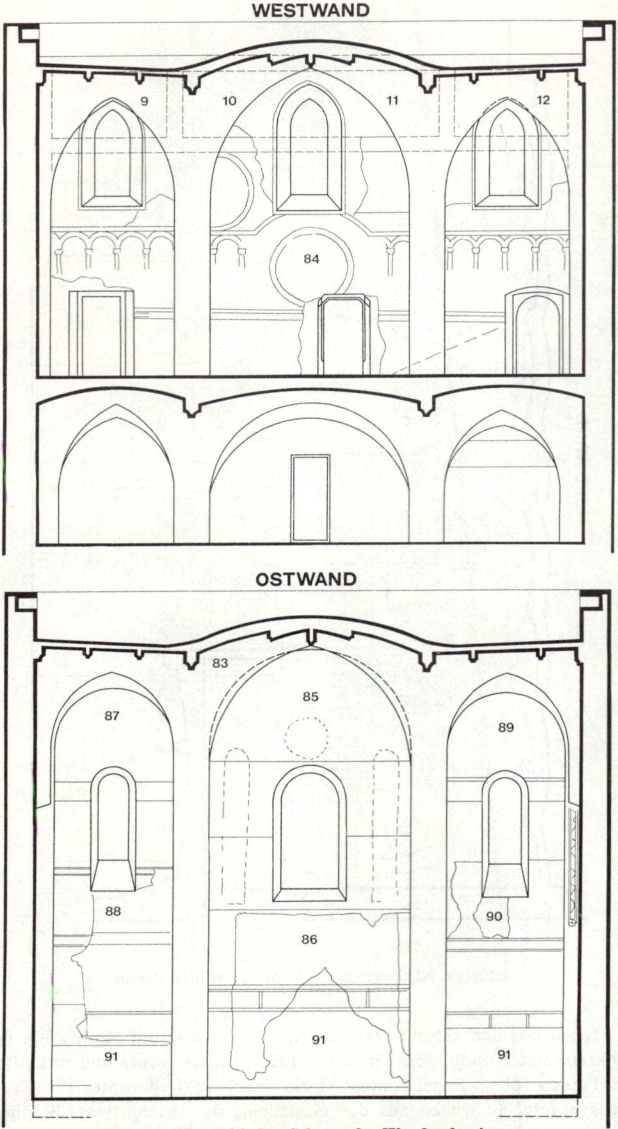

Müstair. Klosterkirche. Schema der Wandmalereien

Die über den karoling. liegenden *roman. Malereien** aus dem 3. V. 12. Jh. sind von vortrefflicher Qualität und ausgezeichnet erhalten. Überlängte und stelzbeinige Figuren mit kleinen Köpfen und manierierter Gestik finden sich ähnlich im benachbarten Mariaberg und in anderen hochmittelalterl. Freskenzyklen des Südtirols.

Spätgot. Wandmalerei. Die gesamte Gewölbemalerei ist kurz nach dem spätgotischen Umbau von 1492 entstanden. In den Zwickeln Rankenwerk und Blüten, in der mittleren Gewölbekappe 8 aufgemalte Stifterwappen mit lateinischen Inschriften, ein Wappen für Karl d. Grossen (fundator et edificator primus).

Ausstattung. Plastische *Hochaltargruppe*, «eines der besten frühbarocken Bildwerke Graubündens» (Poeschel). Altar um 1630; neu zusammengestellt: Im Schrein Rosenkranzübergabe an Ordensleute, umgeben von den Reliefs der Rosenkranzgeheimnisse. Spätgot. Sakramentsnische. Lebensgrosses *Bildwerk Karls d. Grossen** aus Stuck, vielleicht um 1165 (Heiligsprechung), unter einem spätgot. Baldachin von 1488; Hände und Reichsapfel spätgot. ergänzt. An der N-Wand Stuckrelief der *Taufe Christi** (Abb. 98) mit deutlichen Anklängen an karoling. Kunst, vielleicht um 1087 (Neuweihe des Hochaltars). Beide Stuckplastiken, namentlich das Standbild, werden neuerdings auch in karoling. Zeit datiert. Auf der Nonnenempore Chorgestühl von 1690 und roman. Madonna M. 13. Jh. In der um 1758 neuerbauten Heiligblutkapelle Rokoko-Altar von 1767 mit dem 1838 aus Sta. Maria hierher gebrachten Gnadenbild der Immakulata, wohl 1621. Als Antependium *karoling. Marmorplatte*. Zusammen mit den Reliefs in Chur und Schänis das schönste Beispiel karoling. Flechtwerkplatten in der Schweiz.* Ehem. wohl Bestandteil einer Altarschranke, 3strähniges Flechtwerk in quadratischer Aufteilung als Weinstock. Hinter dem Altar radial angelegter Akanthusstuck 1935 von Georg Malin. In den Fenstern Glasgemälde von Aug. Wanner um 1935. – *Kirchenschatz.* U. a. Augsburger Monstranzen von Dominikus Saler um 1700 und vom Monogrammisten I. L. um 1690; Kelche 17.–18. Jh.

Konventgebäude. Die Anlage des heutigen Klosters im W der Kirche geht anscheinend auf den Neubau nach dem Brand von 1079 zurück, karoling. Gebäude im S nachgewiesen und im N vermutet. Bauliche Erneuerung im Spätmittelalter, vor allem unter Angelina v. Planta (1479–1510) und Barbara v. Castelmur (1511–29): Türme, Einwölbung des Kreuzgangs, Anlage der obern Stockwerke, Ausbau des N-Flügels. Weitgehender Innenausbau im 17.–18. Jh.: Bischofswohnung unter Äbtissin Ursula III Karl v. Hohenbalken (1639–66), Errichtung von Schlafzellen im S-Turm unter Dorothea Albertis (1666–86), Obergeschoss im südl. Klosterhof unter Luzia Franziska Quadri (1687–1710), Neubau der Abtei und des Refektoriums unter Maria Angelina Katharina Hermanin v. Reichenfeld (1747–79). Neubau des Quertraktes mit Refektorium zwischen den beiden Klosterhöfen 1877, Errichtung des Töchterpensionates an der S-Seite 1892, Umbau des W-Traktes am südl. Hof 1904. – Sog. Planta-Turm an der N-Seite der Kirche sowie nördl. und südl. Torturm spätgot., die beiden letzten über roman.

Kern; Rest. 1955–58. An der Strassenseite des S-Turms Figuren der Immakulata, der Hl. Scholastika und Benedikt um 1676; Wandbild eines dudelsackpfeifenden Esels und eines Jünglings aus dem Motivkreis der Verkehrten Welt, A. 16. Jh. Im Innern des Turms Täferzimmer der Äbtissin Dorothea Albertis von 1676 mit Wappen der Bauherrin in der Kassettendecke sowie den Wappen Rosenberg, Quadri, Dosch und Scarpatetti. W-Trakt mit malerischem Polygonalerker und Freitreppe. – **Doppelkapelle St. Ulrich und Nikolaus,** im W-Flügel der Klausur, möglicherweise 1087 oder vorher errichtet, Einwölbung erst um 1626. Der ungegliederte quadratische Chor der Unterkapelle und der halbrunde Chor mit rundbogigen Blenden der Oberkirche ragen in den Klausurhof vor. Unten die Ulrichskapelle, mit Kreuzgratgewölbe im Schiff; im Chor *Gewölbestukkaturen**, qualitätvolle Arbeiten des Hochmittelalters oder – wie z. T. neuerdings in Zusammenhang mit Cividale und Brescia angenommen wird – der karoling. Epoche, Engelreliefs (wohl Evangelistensymbole) und antikisierende Ornamentbänder aus Akanthus, Trauben und Palmetten. In der Nikolauskapelle grätiges Kreuzgewölbe im Schiff, Halbkuppel im Chor; einfacher Barockaltar 2. H. 17. Jh. Neben der Ulrichskapelle im sog. Norbertsaal Fragmente eines roman. Wandgemäldes mit Passionsszenen, wohl 2. H. 12. Jh. – *Bischofswohnung*, im gleichen Trakt. Im Vorsaal zum Fürstenzimmer Wandmalereien von 1659: Wappen von Äbtissinnen mit ihren Namenspatroninnen, an der N-Wand Karl d. Grosse zwischen den Wappen Österreich und Tirol, an der O-Wand Wappen des Bischofs Joh. Flugi v. Aspermont (1636–61); 2 spätgot. Holzreliefs der Verkündigung und der Heimsuchung um 1520 in der Art des Jörg Kändel. Im Fürstenzimmer Wappen der Äbtissin Ursula III Karl v. Hohenbalken 1642. Schrank mit Schuppenpilastern; buntglasierter Turmofen tirolisch M. 17. Jh.; Truhen und Kleinmöbel 16.–17. Jh. Im N-Raum beim Fürstenzimmer karoling. Spolien mit Flechtbandornamenten, ferner abgelöste roman. Wandgemälde der Apsiden um 1160–80 (provisorisch aufgestellt). In verschiedenen Räumen verteilt zahlreiche Einzelfiguren 15.–18. Jh., u. a. Enthauptung des Johannes vom ehem. Choraltar um 1630; Muttergottes A. 15. Jh. – Im W-Trakt des S-Hofes Zimmer der Katharina Hermanin 1751, Malereien 1787 im Stil Louis XVI. Im N-Trakt des N-Hofes spätgot. Zimmer der Barbara v. Castelmur von 1512, mit Blindmasswerk und Flachschnitzereien, Unterzugsdecke mit profilierten Balken.

Heiligkreuzkapelle*. *Einzige noch erhaltene roman. Kreuzkonchenanlage in der Schweiz.* Erb. südl. der Kirche um 1160, erwähnt um 1167, beschädigt 1499, wiederhergestellt 1520, Unterteilung in eine Doppelkapelle wohl erst um 1700; Renov. zuletzt 1931. Malerischer Bau mit hufeisenförmigen Konchen über kleeblattförmigem Grundriss. Aussengliederung durch rundbogige Blenden, Imitation der Klosterkirche, hier aber tiefer und schmaler. Gemauertes Glockenjoch über der W-Front. Nachmittelalterl. Portale; ein nicht mehr benützter Eingang an der N-Seite führte zur ehem. Empore. Spätgotische Felderdecke dat. 1520 mit reizvollen Flachschnitzereien aus Akanthus, geometrischen Formen und Narrenkopf mit Schellenkappe.

Dorf. Kapuzinerhospiz. Hoher ungegliederter Giebelbau, an der Strasse westl. des Klosters. Gegr. 1709 von Kapuzinern aus der Provinz Brescia, welche seit 1696 die Seelsorge in Müstair übernommen hatten. Kapelle St. Maria von Caravaggio im Erdgeschoss, rechteckiger Raum mit Altarnische. Im modernisierten Choraltar Plastiken nach dem Wallfahrtsbild der Madonna von Caravaggio (Brescia), Schutzengelbild um 1760; Gemälde der Hl. Sebastian und Magdalena, italienisch 17. Jh. – Chasa Chalavaina, Nr. 24 (heute Dépendance des Hotels Münsterhof). Der Hausname in Erinnerung an die Schlacht am Calven 1499, wo die Bündner unter Führung Benedikt Fontanas ein österreichisches Heer besiegten. Im Kern mittelalterl. Bau (Lichtscharten im südl. Keller), Umbau um 1500, Rest. 1965. Behäbiges Giebelhaus mit Altan und offenem Dachstuhl. Im Erdgeschoss flachgeschnitzte Supraporte mit Wappen Hermanin um 1500. Am Aufgang zum 1. Stock eingeritztes Wappen Hermanin 1593. An der Innenwand des Altans spätgot. Wandgemälde mit der Muttergottes und dem Hl. Rochus, italienisch um 1467. – Haus Nr. 55. Spätgot. Fassadenbilder dat. 1467, mit Muttergottes zwischen den Hl. Jakobus und Sebastian sowie Kreuzigung; stark übermalt. – Salis-Haus, Nr. 86, im Oberdorf. Erbaut um 1690 für Joh. P. v. Salis und Katharina Hocheisen (Marmortafel). Täferzimmer aus der Bauzeit. – Kapelle St. Sebastian, im Oberdorf. Erb. 1510, Turm vielleicht 1726, Gewölbe erneuert 1876; Renov. 1924. Nach S gerichteter spätgot. Bau mit eingezogenem, 3seitig geschlossenem Chor. Turm mit Zeltdach an der Eingangsseite. Ehem. Portal an der östl. Langseite, jetzt vermauert. Spätgot. Wandmalereien, z. T. unter dem heutigen Bodenniveau, das durch eine Rüfe erhöht wurde: Hl. Christophorus und die Pestheiligen Rochus und Sebastian, um 1513 vom gleichen Meister wie das Christophorusbild in Sta. Maria. Barockaltar E. 18. Jh.

KANTON LUZERN

Das Gebiet des Kantons Luzern ist uralte, bis in die Altsteinzeit zurückreichende Siedlungszone. Spuren römischer Besiedlung finden sich im Seetal. Die Stadt Luzern ging hervor aus dem schon um 750 bestehenden Kloster «Luceria» an der Stelle des heutigen Stifts im Hof, das 840 unter die Oberherrschaft des Klosters Murbach im Elsass kam. Markt- und Stadtgründung um 1170–80. Murbach verkaufte 1291 die Stadt an König Rudolf von Habsburg, Luzern wurde österreichische Landstadt. 1332 schloss es den Bund mit den Urkantonen. Die Territorialpolitik des jungen Stadtstaates führte zum Sempacherkrieg von 1386. Durch Bündnisse, Kauf und Eroberung schuf sich die Stadt zwischen 1380 und 1415 ein Untertanenland, das heutige Kantonsgebiet. Im 16.–17. Jh. nahm das republikanische Staatswesen aristokratische Züge an. Trotz zahlreicher Sympathien luzernischer Humanisten drang die Reformation nicht durch. In der Zeit der konfessionellen Trennung war Luzern der Vorort der katholischen Orte und Sitz des päpstlichen Nuntius. 1653 wurde eine Erhebung der Bauern gegen das städtische Regiment blutig niedergeworfen. Im Ersten Villmergerkrieg waren Luzern und die katholischen Orte 1656 siegreich, im Zweiten Villmergerkrieg 1712 unterlagen sie. 1798 brach das aristokratische Regiment zusammen. Luzern beherbergte für einige Zeit die obersten Behörden der Helvetischen Republik. Nach der Mediation (1803–14) brachte die Restauration 1814–30 die Aristokraten wieder an die Regierung. Auf eine Periode liberaler Repräsentativdemokratie von 1830–41 folgte eine betont konfessionelle konservative und demokratische Staatsführung unter Konstantin Siegwart-Müller und Josef Leu von Ebersol. Die radikalen Freischarenzüge von 1844–45 führten zur Schutzvereinigung der konservativen Kantone, dem sogenannten Sonderbund, den Luzern bis zur Niederlage von 1847 anführte. Auf eine liberale Regierung von 1848–71 folgte der konservative Sieg von 1871; neue Kantonsverfassung 1875.

Der wirtschaftliche Aufstieg der Stadt Luzern im Mittelalter gründete auf der Verkehrslage am Ausfluss des Sees, der zum Gotthardpass und zum Brünig führte, und über Reuss und Aare zu den oberrheinischen Handelsmessen. Luzern wurde deshalb früh Sitz italienischer Kaufleute und Bankiers. Seit dem Ende des 18. Jh. entwickelte sich die Stadt zu einem internationalen Fremdenverkehrsort. Im 19.–20. Jh. baute sich in den Vororten eine ansehnliche Industrie auf, während die Landschaft ihren vorwiegend bäuerlichen Charakter wahrte.

Früh- und hochmittelalterliche Kulturzentren waren Luzern, Beromünster und St. Urban. Die Renaissance trat kraftvoll und mit stark italienischem Einschlag auf: Ritterscher Palast, Rathaus, Hofkirche mit Hallen in Luzern, Kloster Werthenstein. Das Siedlungsbild des Kantons wurde entscheidend im Barock geprägt (Jesuitenkollegium und Jesuitenkirche, Mariahilfkirche in Luzern, Wallfahrtskirchen Hergiswald und St. Jost in Blatten, Kirche und Kloster St. Urban). Luzern und Sursee waren im 16.–18. Jh. Zentren der Goldschmiedekunst und Glasmalerei.

***LUZERN** (Abb. 99–114)

Nördlicher Ausgangspunkt des Gotthardpasses und historischer Vorort der katholischen Schweiz. Am Ausfluss des Vierwaldstättersees gelegene Brükkenstadt, deren reicher Denkmälerbestand aus Spätmittelalter, Renaissance und Barock eine einzigartige Synthese von einheimischer Tradition und italienischen Einflüssen darstellt. Älteste Siedlung ist das M. 8. Jh. nachweisbare, vor 840 in den Besitz des Klosters Murbach im Elsass gelangte Kloster Im Hof auf einer niedrigen Erhebung über dem nördl. Seeufer. An Stelle eines Fischerdorfs in einiger Entfernung westl. des Klosters entstand ca. 400 Jahre später die Stadt; gegr. um 1178 durch Konrad v. Eschenbach, Abt von Murbach, und seinen Bruder, Propst von Luzern, an der engsten, nächst dem See gelegenen Stelle der Reuss. Kloster und Stadt 1291 an Habsburg verkauft; 1332 Beitritt zum Bund der Waldstätte und allmähliche Loslösung von Österreich, 1417 Reichsfreiheit. Durch Eroberung und Kauf kommt 1380–1415 das heutige Kantonsgebiet als Untertanenland an die Stadt. Im 16. Jh. entwickelt sich eine patrizische Regierungsform, die sich bis E. 18. Jh. hält. In der Gegenreformation (1577 Berufung der Jesuiten, 1583 der Kapuziner, 1579 Errichtung der päpstlichen Nuntiatur) wird Luzern zum Vorort der katholischen Schweiz. Für die wirtschaftliche Entwicklung ist seit dem 13. Jh. die Lage am Gotthardweg entscheidend. Durch Handel, Kriegsdienste und kirchliche Beziehungen ist Luzern eng mit Italien verbunden, was sich in seiner Kunst mehrfach äussert; fremde Kriegsdienste bringen vor allem auch französische Einflüsse. 1798–99 helvetische Hauptstadt. Im 19. Jh. wird Luzern eines der ersten Zentren des Fremdenverkehrs in Europa.

Anlage und Befestigung. Beidseits der 1168 erstmals erwähnten Reussbrücke, über welche die Strasse zum Gotthardpass führte, entwickelt sich zur Sicherung des Flussüberganges die in ihren Grundzügen erhaltene Stadtanlage. Die mittelalterl. Stadt ist in Holz gebaut, erst im Verlauf des 16.–17. Jh. werden Bauten aus Stein allgemein üblich. Im 19. Jh. Bemalung zahlreicher Bürgerhäuser. Vom inneren Befestigungsgürtel der «Grossstadt» auf dem N-Ufer (Schwanenplatz–Grendelstrasse–Grabenstrasse–Löwengraben) sind nur der barockisierte Mühlentorturm (s. S. 318) und ein Rundturm am Zur-Gilgen-Haus (s. S. 314) erhalten. Der äussere Gürtel, die **Museggmauer*** (s. S. 320) auf dem Hügelgrat nördl. der «Grossstadt» bildet mit ihren neun Türmen die Krone des Stadtbildes. Von der Befestigung des linksufrigen Brückenkopfes, der «Kleinstadt», sind die stark verbauten Türme an der Jesuitensakristei (s. S. 324) und am Obergericht (s. S. 328) erhalten. – Zu den besonderen Merkmalen des mittelalterl. Luzern gehört sein Brückenreichtum. Verkehrsweg war die einzig befahrbare Reussbrücke (s. S. 318); dazu kamen als Wehrgänge in Fortsetzung der Befestigung über die Reuss drei gedeckte Holzbrücken. Die **Kapellbrücke*** (s. S. 314) verbindet die obern Stadtteile und schützte gegen Angriffe vom See her, während die **Spreuerbrücke** (s. S. 321) die Lücke zwischen der innern rechtsufrigen Befestigung und dem 2. Mauergürtel der «Kleinstadt» im W schloss. Die ehem. Hofbrücke verband durch die seichte Seebucht die Stadt mit dem Kloster und

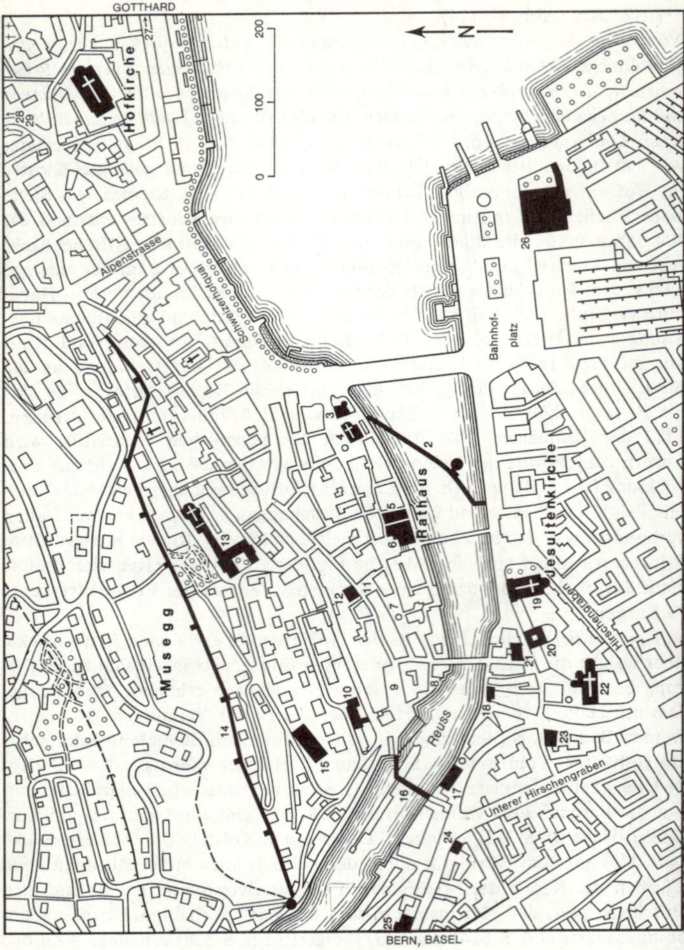

Ortsplan Luzern

1. Hofkirche St. Leodegar und Mauritius. – 2. Kapellbrücke. – 3. Haus zur Gilgen. – 4. Peterskapelle. – 5. Haus Am Rhyn. – 6. Rathaus. – 7. Weinmarkt. – 8. Häusergruppe im Zöpfli. – 9. Mühlenplatz. – 10. Casino der «Herren zu Schützen». – 11. Hirschenplatz. – 12. Göldlin-Haus. – 13. Ehem. Ursulinenkloster Maria Hilf. – 14. Museggmauer. – 15. Ehem. Korn- und Salzmagazin. – 16. Spreuerbrücke. – 17. Zeughaus. – 18. Korporationsgebäude. – 19. Jesuitenkirche St. Franz Xaver. – 20. Ritterscher Palast, kant. Regierungsgebäude. – 21. Staatsarchiv. – 22. Ehem. Franziskanerkirche St. Maria in der Au. – 23. Fideikommisshaus Segesser v. Brunegg. – 24. Anderallmend-Haus. – 25. Waisenhaus. – 26. Kunst- und Kongresshaus. – 27. Verkehrshaus der Schweiz. – 28. Löwendenkmal. – 29. Kapuzinerkloster auf dem Wesemlin

schützte den Uferweg. Durch Seeaufschüttung entstand an ihrer Stelle ab 1834 ein neues Hotelquartier mit Quai (s. S. 331).

STIFT IM HOF

Hofkirche St. Leodegar und Mauritius* (Ortsplan, 1; Abb. 99–101). *Eine der grössten und am reichsten ausgestatteten Kirchen der deutschen Spätrenaissance.* Urspr. Kirche des im 8. Jh. gegründeten Benediktinerklosters, das 1455 weltliches Chorherrenstift wurde; Bau der in den Türmen erhaltenen spätgot. Kirchenfront 1506–16, Brand der roman. Pfeilerbasilika 1633. Die heutige Stifts- und Pfarrkirche 1633–39 vom Jesuitenbruder Jak. Kurrer aus Ingolstadt z. T. auf den alten Grundmauern neuerbaut, gleichzeitig Rekonstruktion der Turmhelme, Bauplastik von Niklaus Geisler aus Schweinfurt; Aussenrest. 1909–15. – *Äusseres.* Nahezu rechteckige Anlage auf einer Anhöhe am See, von einer toskanischen Säulenhalle in der Art eines südländischen Camposanto rings umschlossen. Aufgang zum Kirchenbezirk über eine breite Freitreppe, welche zwischen Chorherrenhäusern emporführt und im oberen Teil von kulissenartig vorgezogenen Hallentrakten begrenzt wird. Die W-Front von den beiden spätgot. Glockentürmen mit Masswerk-Schallfenstern und hohen, geschweiften Spitzhelmen flankiert. Zwischen den Türmen eine schmale, feingliedrige, flach rustizierte Renaissancefassade, die in Wiederholung der roman. und got. Konzeption Vorhalle und hochgelegene Michaelskapelle birgt. Über dem triumphbogenartigen Eingang ein Relief mit Luzerner Standeswappen und den Kirchenpatronen als Schildhaltern. Am 3achsigen Obergeschoss ist die Michaelskapelle durch eine zentrale Nischenstatue des Erzengels nach aussen gekennzeichnet, darüber ein gotisierendes Rosettenfenster und in den Seitenachsen hohe Rundbogenfenster mit nachgot. Masswerk zwischen kannelierten Pilastern. Den Abschluss bildet seit 1788 ein schwer lastender Uhrgiebel, anstelle des urspr. Pultdaches. Unten am N-Turm derbe Ölberggruppe um 1512–16; ebenfalls von der alten Kirchenfront die 5 spätgot. Apostelstatuen in der kreuzgratgewölbten Vorhalle; Figur des Hl. Clemens 17. Jh. Prächtiges manieristisches Hauptportal mit bekrönender Nischenstatue der Muttergottes; an den geschnitzten Türflügeln die Kirchenpatrone St. Leodegar, Mauritius und oben Beat, wie die übrigen Kirchentüren innen reich beschlagen. – *Inneres.* Dreischiffige Pfeilerbasilika ohne Querhaus, das 5jochige Mittelschiff nur durch einen etwas kräftigeren Gewölbegurt vom gleichbreiten, halbrund geschlossenen Chor abgesetzt; in Verlängerung der Seitenschiffe je eine Sakristei mit darüberliegenden Oratorien. Auf den Schlusssteinkonsolen der Arkaden überlebensgrosse Apostelfiguren von Niklaus Geisler. Die in Sepiatönen bemalten Kreuzgratgewölbe im Hauptschiff und im Chor ruhen auf einem kräftigen Gebälk; in den Hochwänden kleine Rundbogenfenster, in den Seitenschiffen einfache Masswerkfenster. Die gedämpfte Belichtung, das Quaderwerk der struktiven Glieder und die hohen Proportionen erinnern an mittelalterl. Kirchenräume, während der nur angedeutete Übergang vom Mittelschiff zum Chor (Raumverschmelzung) und die Horizontalteilung durch das lebhaft verkröpfte Gebälk bereits in den

Barock weisen. – *Ausstattung.* Hervorragendes Chorgitter 1641–43 vom Konstanzer Stadtschlosser Joh. Reifel, ältestes Beispiel eines perspektivischen Gitters. Das Mobiliar im manieristischen Stil der Spätrenaissance hauptsächlich von Niklaus Geisler. Der *Hochaltar* wurde gestiftet vom päpstlichen Nuntius Ranutius Scotti, nach einem röm. Riss begonnen 1633

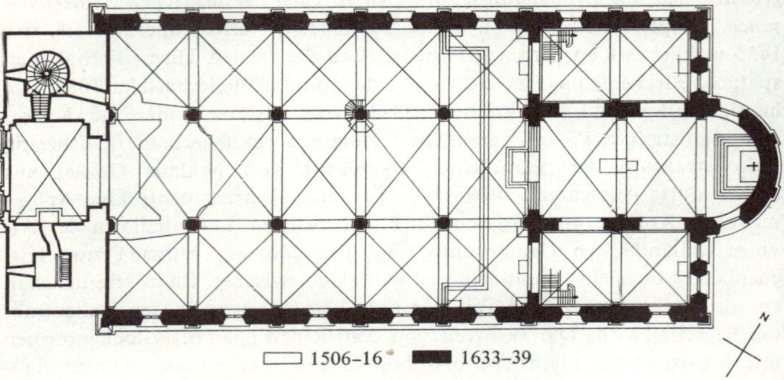

Luzern. Hofkirche St. Leodegar und Mauritius

von Georg Guggenwyl, vollendet 1634 von Niklaus Geisler; strenges Retabel aus schwarzem Stanserhornstein, ausgezeichnetes manieristisch-barokkes Altarbild mit Ölbergszene von Giovanni Lanfranco, spätere Altarstatuen der Kirchenpatrone 1763 von Joh. Bapt. Babel. Im Auszug Alabasterhalbfigur Gottvaters. Zugehörig an der Wand ein Bildnisrelief Papst Urbans VIII, dessen Wappen (Barberini) sich in der Altarbekrönung findet; als Pendant gegenüber das Wappen des Nuntius Scotti. Reich mit Figuren ausgestattetes Chorgestühl 1639–42 von Niklaus Geisler; 2 Doppelreihen mit Heiligenreliefs an den Rückwänden und bekrönenden Wappenkartuschen, in der Mitte je ein aufgesetztes Baldachingehäuse mit feinfühligen Figuren der Verkündigung Mariä. Vor dem Chorgitter der sarkophagförmige Kreuzaltar von 1742–45, in Scagliolatechnik wie die Mensen der meisten Seitenaltäre, darüber ein spätgot. Kruzifix aus dem A. 16. Jh. Die 10 reichgeschnitzten Seitenaltäre aus der Bauzeit sind fast ganz in Gold gefasst und in unterschiedlichen Aufbauten mit Figuren von Niklaus Geisler und Hans Ulr. Räber besetzt, Altargemälde z. T. von Casp. Meglinger und Matteo Preti; spätere Antependien mit schönen Stuckmarmorintarsien 1742–45 von Jos. Businger. Im Schrein des Mariä-End-Altars im nördl. Seitenschiff eine hervorragende *spätgot. Figurengruppe** (Abb. 100) des Marientodes (alte Fassung der Köpfe), nach einem Stich von Martin Schongauer wahrscheinlich von Jörg Wild, A. 16. Jh.; im entsprechenden Altar der S-Seite gotisierende Pietà und Beweinungsgruppe um 1640. Ungefasste Holzkanzel mit Evangelistenstatuen am polygonalen Korb und bekrönender Christusfigur auf der Kuppellaterne des grossen Schalldeckels. Älteste systematische Bestuhlung einer kath. Kirche in der Schweiz, mit abgetrennten Ratsherrenplätzen und üppigem Wangendekor. Kreuzweggemälde 1639–62, noch nicht nach dem üblichen Kanon. Über der 1826 und 1942 erweiterten W-Empore Hauptorgel 1643–50 mit monumentalem ungefasstem Prospekt von Niklaus Geisler, dessen Namensvetter Hans Geisler aus Salzburg das berühmte Werk baute, erweitert im 19. Jh. von Fr. Haas; rest. 1972–73. In den Seitenschiffen an der Emporenwand je ein niederländisch beeinflusstes ganzfiguriges Bildnis von Casp. Meglinger 1639, im S-Schiff der Architekt Jak. Kurrer S.J. mit Plan und Kirchenmodell, im N-Schiff der Baudirektor Ludwig Meyer. Taufstein in edler Kelchform aus schwarzem Stanserhornstein 1635–36 von Niklaus Geisler, ein häufig wiederholtes und abgewandeltes Vorbild; Schmiedeisengitter der Taufnische in altertümlichem Knotenwerk 1641 von Christoph Kaltpach. Von der Vorhalle aus zugänglich die hinter der Orgel gelegene Michaelskapelle, dort Engelsaltar von Hans Ulr. Räber 1648. Reicher *Stiftsschatz* (s. S. 333), u.a.: Sog. Eschenbacher Plenar, ein goldgetriebener roman. Buchdeckel, gestiftet um 1175 von Propst Ulr. v. Eschenbach, mit Renaissanceborte von 1589; Eschenbacher Kreuz, das 1171 gestiftete Kreuz vollständig erneuert 1482; unter den zahlreichen Kelchen, meist 17. und 18. Jh., besonders zu beachten der sog. Burgunderkelch (Abb. 101), Kupa mit roman. Evangelistensymbolen in seltener Granulationstechnik wohl süditalienisch um 1200, Schaft und Fuss 14. Jh., aus der Lagerkapelle Karls d. Kühnen 1476 bei Murten erbeutet; kleines got. Reliquiar E. 15. Jh. Silberne Prozessionsfiguren: Madonna 1655–57 von Hans Georg Krauer d. Ä., St. Josef um 1685 von Franz Ludw. Hartmann, St. Franz Xaver 1747 von Jos. Gassmann, alles Luzerner Arbeiten; vom Augsburger Jos. Ignaz Saler die Figuren St. Johannes Nepomuk von 1754–55 und St. Leodegar 1756, Hl. Bruder Klaus 1771 von Fidel Brandenberg in Zug, Sockel Augsburg von Franz Thaddäus Lang. Grosse Sammlung von Paramenten des 17. und 18. Jh.

Stiftsbezirk. Der im W über die grosse Treppenanlage und im O durch das wappengeschmückte Zinggentor zugängliche Kirchhof ist von einem 1639–41 vollendeten Arkadengang mit zierlichen toskanischen Säulen umschlossen, der mit dem Pfarrhaus ein unregelmässiges Fünfeck bildet. Im nördl. Platzteil ein steinernes Friedhofkreuz 1772 von Franz Schäfferle, Kopie 1961 von Leopold Häfliger. In den Säulenhallen Grabmäler aristokratischer Familien aus dem 18. und 19. Jh., im N-Flügel Eingang zum ausserhalb gelegenen Beinhaus. – **Beinhauskapelle St. Leonhard.** Erb. um 1480, Dachreiter 1581; im Polygonalchor mit Masswerkfenstern ein spätgot. Fächergewölbe mit heraldischem Schlussstein, dekorative Malerei von 1624 modern erneuert, Altar 1813. Dahinter in der Fensterleibung barocke Muttergottesbüste 2. H. 17. Jh. – Die Stiftshäuser sind als Einzelbauten um die Kirche geordnet: Pfarrhaus, in der SW-Ecke des Kirchhofs. Spätgot. Neubau 1594, mehrere Räume im Rokokostil ausgestattet; an der Fassade Statue des Hl. Leodegar 1964 von Aug. Blaesi. – **Propstei,** hinter einem Louis-XVI-Gartenportal an der N-Seite des Kirchhofs. Neuerb. 1535, in frühklassiz. Formen umgestaltet 1792–94 durch Jos. Singer. – Zwei barocke Stiftshäuser am unteren Teil der E. 19. Jh. in heutiger Form angelegten

Kirchentreppe: An der N-Seite der Peyersche Chorhof von 1695 mit Zwerchgiebel; gegenüber der niedrigere Zur-Mühle-Chorhof von 1711. – Marienbrunnen 17. Jh., mehrmals erneuert. – **Pfrund- oder sog. Rothenburgerhaus*** (Abb. 99), am Fusse des Kirchhügels. *Got. Blockbau um 1500, ältestes als Ganzes erhaltenes bürgerliches Holzhaus der Schweiz;* Rest. 1967–69; Wohnhaus des Chronisten Diebold Schilling (ca. 1460–1520).

ALTSTADT RECHTS DER REUSS

Die ungefähr rechteckige Stadtanlage ist von parallelen Längsgassen durchzogen, welche von zahlreichen, teils durch Auskernung entstandenen Plätzen unterbrochen sind. – **Kapellbrücke*** (Ortsplan, 2; Abb. 107). *Älteste, wenn auch wiederholt erneuerte Holzbrücke Europas mit reicher Bilderfolge und Wasserturm.* Genannt nach der Peterskapelle, von der aus die Brücke mehrfach abgewinkelt den Fluss in schrägem Lauf überquert, um die rechts- und linksufrigen Stadtbefestigungen zu verbinden. Erb. um 1300, im 19. Jh. anlässlich der Anlage der Quais beidseits verkürzt. Mit der Brücke verbunden der um 1300 erbaute **Wasserturm,** Wahrzeichen der Stadt, von edler Achteckform mit hölzernem Obergeschoss und Pyramidendach, einst Gefängnis, Archiv und Hort des Staatsschatzes. Der *Bilderzyklus** auf 3eckigen Tafeln im offenen Dachstuhl der Brücke ist angeregt durch den biblischen Zyklus der Hofbrücke (s. S. 309). Begonnen 1614 von Hans Heinr. Wägmann im manieristischen Stil der Spätrenaissance, zeigt er Begebenheiten aus der luzernischen und schweiz. Geschichte sowie Szenen aus dem Leben der Stadtpatrone Leodegar und Mauritius. Die erklärenden Verse sind von dem gelehrten Stadtschreiber Renward Cysat verfasst. Von den urspr. 158 Bildern sind noch 147 auf der Brücke bewahrt; Rest. zuletzt 1945 ff. Da je 2 Tafeln mit dem Rücken gegeneinander gehängt sind, ist die Geschichte vom linken zum rechten Ufer und wieder zurück zu lesen.

Haus zur Gilgen (Ortsplan, 3). Grösstes gotisches Wohnhaus der Stadt. Mit Rundturm, dem sog. Bagharzturm, ehem. Eckturm der Stadtbefestigung, nach Brand neuerb. 1507–10. Seit M. 16. Jh. im Besitz der Familie zur Gilgen. Mit Ausnahme des Turms aussen und innen barockisiert 1731–32. Über dem N-Portal von Hermenkaryatiden flankierter Aufbau mit Wappen. Den Turm umziehender gusseiserner Balkon 1836. Neubarockes Gartenportal gegen den Quai 1899. Im Turm Hauskapelle mit Masswerkfenstern, die Grisaillemalereien um 1525. Im Turmobergeschoss älteste am Ort erhaltene Privatbibliothek der Schweiz, der Grundstock M. 16. Jh.; Grisaillemalereien mit Darstellung der Planeten und der zehn Lebensalter, freie Kopie nach der Holzschnittserie von Hans Burgkmair d. Ä. um 1510. Ausstattung vorwiegend 18. Jh.; zahlreiche Familienbildnisse A. 16.–19. Jh. – **Peterskapelle,** im Volksmund Kapellkirche (Ortsplan, 4). Älteste Kirche innerhalb der Stadtmauern; Kapelle des Fischerdorfs Luzern, zur Zeit der Stadtgründung 1178 erstmals erwähnt. Der heutige Bau aus Teilen des 12.–18. Jh.; letzte Renov. 1965. Got. Turm mit barocker Bekrönung von 1670. Am Schiff nüchterne, für die Régence typische Rechteckfenster von 1740 und Portal 1747 von Hans Georg Urban. An der S-Seite vorzügliches

Alabasterrelief Christus am Ölberg, schwäbisch um 1513; unten rechts 2 Allianzschilde (heute Wappen Fleckenstein-Meyer, 17.Jh., urspr. Stiftung des Schultheissen Jak. v. Hertenstein). An der N-Seite Hl. Christophorus, Gemälde 1931 von Eduard Renggli. Fast quadratisches holztonnengewölbtes Schiff mit Régencestuck und -empore; kleiner Altarraum. Klassiz. Altäre mit frühen Gemälden 1840–41 von Paul Deschwanden. In Nischen der Längswände weiss gefasste Holzplastiken 1746 von Ant. Schlegel: Barbara, Katharina, Muttergottes. Überlebensgrosser hochgot. Kruzifix M. 14.Jh., ehemals im Chorbogen, heute SW-Ecke des Schiffs. An der Emporenbrüstung Arbedo-Gedenkwappen (Luzern-Uri) 2.H. 16.Jh., neu gefasst. Orgel 1746. Taufstein 1838. Gemälde St. Joseph und Schutzengel von Jak. Carl Stauder M. 18.Jh. Zahlreiche Kultgeräte 16.–19.Jh.

Kapellplatz. Im Mittelalter teilweise Friedhof; heutige Form durch Abbruch des Sustgebäudes im 19.Jh. entstanden. – An Stelle des heutigen Warenhauses ABM stand bis 1828 das von Hans Holbein Vater und Sohn vollständig ausgemalte spätgot. Hertensteinhaus. – Fritschibrunnen. In Neurenaissanceformen errichtet 1918 von Aug. Am Rhyn. – Balthasarhaus, Nr. 7, jetzt Willmann-Stiftung (zugänglich). Erb. 1509, im 19. und 20.Jh. mehrfach verändert; an der Fassade got. Engelsfigur. Im 1. Stock barockes Prunktäferzimmer um 1690 mit Pfau-Ofen; Rokokoraum mit Ofen 1750 von Ant. Rümely. – Engelbergerhaus, Nr. 2, heute Zelger. Gehörte ehem. dem Kloster Engelberg, neuerb. 1532, barock umgestaltet 1769 von Vitus Rey. Stichbogiges Portal mit verkröpftem Segmentbogengiebel und geschnitzter Tür gegen den Kapellplatz. Im Innern u.a. 2 Öfen 1772 und 1776 von Michael Leonz Küchler. – Haus Schwytzer von Buonas, Nr. 3. Louis-XVI-Bau mit streng symmetrischer Fassade 1789–93 von Jos. Singer. Gleichartige Front gegen den Fluss. – Haus Kapellgasse Nr. 13. Fassade M. 16.Jh., im Erdgeschoss verändert. – **Haus Furrengasse Nr. 3.** Alte Stadtschreiberei, Gassenfront 16.Jh., Eingang mit profiliertem Kielbogenrahmen, über dem Blendkielbogen des Rechteckfensters stilisierte Delphine. – Haus Nr. 4. Steinbau des 16.Jh., am polygonalen Treppenturm Brunnen mit klassiz. Nische. – Cloos-Haus, Nr. 15, erb. 1551, mehrfach umgestaltet. Got. Wendeltreppe im Innern, Schlussstein mit Wappen Cloos-v. Bürglen, heute über der Haustüre eingemauert. – **Haus Am Rhyn,** Nr. 21 (Ortsplan, 5). Seit 1946 im Besitz der Stadt, teilweise Rest. 1957. Vorderhaus gegen die Gasse nach dem Erwerb durch Walthard Am Rhyn neuerbaut 1616–18. Kleiner, dem Ritterschen Palast nacheifernder Renaissancepalazzo. Festsaal 1618 mit Kassettendecke und dekorativer Wandmalerei im Groteskenstil, vielleicht von Hans Jak. Wysshaupt. Der durch eine viergeschossige Loggienbrücke verbundene Teil gegen die Reuss auf Arkaden des 16.Jh. wurde 1785–86 von Jos. Singer im Louis-XVI-Stil umgeformt. Im Innern Louis-XVI- und Empire-Ausstattung sowie bemerkenswerte Stuckdecke von 1715.

Rathausquai. Angelegt 1898–99, gesäumt von einer geschlossenen Häuserfront aus vorwiegend traufständigen Amts-, Gesellschafts- und Privatbauten. Durchgehende Arkadenreihe vom Am-Rhyn-Haus bis zum Hotel des Balances, seit dem 14.Jh. als Ort des öffentlichen Marktes nachgewiesen. –

Rathaus* (Ortsplan, 6; Abb. 108, 109). *Eines der bedeutendsten Rathäuser der Schweiz, ein oberitalienischer Renaissancebau von altertümlichem Charakter.* Unter Beibehaltung des mittelalterl. Turmes erb. 1602–04 vom Prismeller Ant. Isenmann mit z. T. mailändischen Steinmetzen; Innenrest. 1956–57. Blockhafter Baukörper von 2 Hauptgeschossen, auf denen das nach heimischer Bauweise steile abgewalmte Dach mit Lukarnen und bäuerlicher Giebelründe ruht. An der unteren Hangfront gegen die Reuss öffnet sich ein Rustikasockelgeschoss zwischen Eckstützen in acht Marktarkaden. An der westl. Giebelseite führt eine Stiege von der ehem. Schifflände zum Kornmarkt. Dort an der oberen Rathausfront der mittelalterliche Turm, 1505 als Wachtturm erhöht, 1618–19 die Renaissancehaube und Dacherker aufgebaut. Neben dem Turm ein vorstehender Treppenpavillon mit reichgerahmtem Hauptportal (Allegorien der Gerechtigkeit und Mässigkeit); innen eine offene Wendeltreppe, die von den in got. Steinmetzkunst erfahrenen Prismeller Bauleuten nach mittelalterlicher Manier um 3 durchstossende Rundpfeiler gewunden wurde. Im Hauptgeschoss eine urspr. als Kaufhaus dienende 4schiffige Pfeiler- und Säulenhalle, heute Historisches Museum (s. S. 333). Im Obergeschoss eine stattliche Folge von *Prunkräumen.* Schultheissensaal (Abb. 109): Im Stil Louis XVI neugestaltet 1785, mit Täferwerk und Stuckdecke von Lorenz Schmid; mächtiger weisser Ofen von Andreas Dolder; Schultheissenzyklus ab 1474, nach authentischen Bildern kopiert von Lorenz Schmid; Bilder mit Szenen zur Schweizergeschichte und Rettung Karls IX. in Meaux 1567 durch Ludw. Pfyffer von Jak. Businger und Jos. Reinhard. Grosser Rats- und Gerichtssaal: Prachtvolles Täfer und Kassettendecke 1604–05 von Georg Forster und Simon Kupp; allegorische Wandmalerei 1785 von Jos. Keller; Ofen 1784 von Andreas Dolder; auf den Zweck des Raumes bezogene Gemälde: Gesetzgebung des Moses 1785 von Joh. Melchior Wyrsch, Urteil Salomonis 1787 von Jos. Reinhard. Vorzimmer: Prunkvolles Renaissancetäfer mit komplizierter Gliederung und Kassettendecke, dat. 1606, von den Meistern des Ratssaals; schlichter Dolder-Ofen. Anschliessender Raum: Einfaches Täfer wohl einheimischer Meister; Ofen 1731. In den beiden Vestibülen Renaissanceportale. Neue Kanzlei neben dem Turm: Barocke Einrichtung 1698 in der Art einer Klosterbibliothek; tessinische Stukkaturen und Deckengemälde (u. a. Allegorie Luzerns, Ratsversammlung in Sagunt, Deukalion und Pyrrha schaffen eine neue Menschheit) von Hans Georg Krauer, das mittlere signiert JR Morrini; zierliche geschnitzte Galerie und Archivgehäuse von Heinr. Müller; 2 Gitter gegen die alte Kanzlei im Turm 1698 von Michael Wagenbach und 1760 von Jak. Dub. Alte Kanzlei im Turm: Gotisches Sterngewölbe und Schlussstein mit Standeswappen von 1485; Einrichtung mit Archivschränken E. 16. Jh. durch den Chronisten Renward Cysat.

Kornmarkt. Fast quadratischer kleiner Platz, erstmals erwähnt 1361. – Balthasarhaus, Nr. 12. Erb. 1551, barockisiert. Portal um 1730, neuerdings nach dem Werchlaubengässli versetzt. – Gasthaus zum Storchen, Nr. 9. In der Gaststube spätgotische Balkendecke 1. H. 16. Jh. – Haus Nr. 6, zum «Raben» gehörig. Got. Haus M. 16. Jh. mit Durchgang zum Brandgässli

Im 1. Stock Wandgemälde Christus am Ölberg und Vertreibung der Händler von 1565 sowie got. Fenstersäule. – Ehem. Pfisternzunft, Nr. 4. Über 2schiffiger, nach Reuss und Eggstiege geöffneter Arkadenhalle erb. 1573–78 von Ant. Rot und den Brüdern Ruffiner aus dem Val Sesia; 1910 aufgestockt und mit historisierenden Fassadenmalereien versehen. Spätgot. Reihenfenster. – Häuser «unter der Egg» (Hotel Raben und Schiff). Über der 2schiffigen, nach dem Fluss offenen Markthalle einheitlich erb. 1595 von Ant. Isenmann. Nach dem Brand von 1833 in der urspr. Gestalt, nur um ein Geschoss höher wiederaufgebaut. – **Ehem. Zunfthaus zu Schneidern.** Neuerb. 1551–52 von Jak. Wyss und Steinmetz Peter Buntzet. An der SO-Ecke Nischenplastik Johannes d. T. A. 16. Jh. (Kopie), früher am Haus Hirschenplatz Nr. 1. In der gewölbten Erdgeschosshalle skulptierte Gewölbekonsolen und Schlusssteine. Profiliertes Kielbogenportal mit Wappenkartuschen an der N-Seite. Marienfigur M. 17. Jh., vom ehem. Spitalbrunnen. – Hotel des Balances, ehem. Haus der Safranzunft. An Stelle des ältesten luzernischen Rathauses erb. 1586–89. Erhält 1832 mit dem anstossenden Haus zu Schützen eine gemeinsame klassiz. Fassade gegen die Reuss; gleichzeitig Arkaden vermauert. N-Front mit Neurenaissancemotiven bemalt 1893 von Seraphin Weingartner.

Wein- oder Fischmarkt (Ortsplan, 7; Abb. 110). Hauptplatz der Stadt, erwähnt um 1300. Markt- und öffentlicher Gerichtsort. Seit 1480 Schauplatz der berühmten Luzerner Mysterienspiele, die von zwei bürgerlichen Spielgemeinschaften organisiert werden und Staatsfeste des Gemeinwesens sind. Nach 1616 übernehmen die Jesuiten die Spielleitung in der theaterfreudigen Stadt; ihre geistlichen Tragödien und geschichtlichen Schauspiele sind von internationalem Rang. Als Festspielbühne wird der Weinmarkt nach 1638 zunächst von verschiedenen Lokalitäten und schliesslich vom Jesuitenkollegium abgelöst. – Weinmarktbrunnen. Errichtet 1481 ff. von Conrad Lux; Kopie nach Original im Ritterschen Palast (s. S. 325). – Pfyfferhaus, Nr. 5 (heute Bell). Erb. M. 16. Jh. Dekorative Fassadenmalerei um 1720. Hofseits spätgot. Wendeltreppe. Im Erdgeschoss des Hinterhauses urspr. Hauskapelle mit 2 Kreuzrippengewölben, um 1555. – Ehem. Metzgernzunfthaus, Nr. 3. Neuerb. 1529–33, mit Durchgang zur Schneidernzunft (s. oben). Fassade mit Neurenaissancemalerei und Aushängeschild umgestaltet E. 19. Jh. – Haus zur Sonne, Nrn. 19–20. Abschluss der östl. Schmalseite des Platzes. Bei den berühmten Osterspielen (s. oben) diente die Fassade als «Himmel». Wandgemälde, Hochzeit zu Kana, 1928 von Eduard Renggli. – Ehemaliges Gerichtshaus und Brotschol (öffentliches Verkaufsgewölbe für Brot), Nr. 17. Erb. 1489, in Kopie erneuert und um ein Geschoss erhöht 1961–62. – Haus Nr. 11. Wandgemälde, Bundesschwur, 1956 von Hugo Bachmann. – Haus Nr. 8. Breiter Bau 1788 von Jos. Singer.

Restaurant Stadt München, ehem. Klauser-Haus. Erb. A. 16. Jh., barock umgeb. 1778 von Jak. Singer. In der N-Front nach dem Metzgerrainli in Zweitversetzung 4 Renaissance-Fensterbekrönungen, Muschellünetten mit Fabelwesen, A. 16. Jh.; im Erdgeschoss 2 Räume mit got. Netzgewölben. Gegen die Reuss Louis-XVI-Fassade mit ion. Pilastern grosser Ordnung und Dreieckgiebel. – Balthasar-Haus, neben der Reussbrücke. Riegelbau von 1658, Fassaden am Neubau 1969–71 rekonstruiert. – Reussbrücke. Urspr. einzige befahrbare Brücke, an der engsten Stelle des Seeabflusses. Erwähnt 1168, heutiger Eisenbau von der Firma Bell 1877–78. – **Häusergruppe im Zöpfli** (Ortsplan, 8), unterhalb der Reussbrücke. Malerische, gut erhaltene Baugruppe. Sonnenberghaus, 1787: Viergeschossiger, verputzter Riegelbau auf Mauern und Pfeilern über dem Wasser. Flussfront mit abgewalmtem Giebelfeld durch Grisaillemalereien geschmückt. Reichgeschnitztes doppeltüriges Hauptportal gegen die Brücke. – Ronca-Haus, im Zöpfli Nr. 3. Neuerb. 1777, mit qualitätvollen Schreiner-, Stukkateur- und Malerarbeiten des späten Rokokos. – Haus Schwytzer v. Buonas (jetzt Sautier), im Zöpfli Nr. 2. Erb. um 1682. Ausstattung 17.–18. Jh. – Kramgasse Nrn. 7–9. Got. Häuser des 16. Jh., mit Aufzuggiebel. In Nr. 7 Wandtresor mit Renaissancedekor.

Mühlenplatz (Ortsplan, 9). Im Spätmittelalter durch die Niederlegung einer Häuserzeile zwischen den beiden Mühlegassen geschaffen. – Rüttimannhaus, Nr. 1. Im Empirestil neugestaltet A. 19. Jh. für den Schultheissen Vinzenz Rüttimann. Von breiten quadrierten Lisenen eingefasste 5achsige Fassade mit leicht risalitiertem Mittelteil unter Dreieckgiebel. – Haus Nr. 5. Gotisch, mit den alten Gewänden neu aufgebaute Fassade; schönes Kielbogenportal dat. 1574. – Hartmannhaus, Nr. 6. Spätgot. Steinhaus, umgeb. und renov. 1948. Wohnhaus der bedeutendsten Luzerner Barockbildhauer des 17. Jh.: Hans Ulr. Räber und Michael Hartmann. – Brunnen an der Reuss, urspr. auf dem Hirschenplatz. Becken 1772. Viergeschossiger Stock mit einem pagodenförmigen Abschluss und reichen Rokoko-Ornamenten 1755–56 von Ant. Schlegel. – **Ehem. Münz,** Nr. 9. Würfelförmiger Barockbau unter Walmdach, 1702–03 nach Plan von Bauherrn Jost Leonz Pfyffer v. Wyher. Umbau und spätbarockes Portal mit allegorischer Bekrönung 1784–85 von Jos. Singer. Im Erdgeschoss verändert 1964. – Daneben das Mühlentor mit Durchgang zum Löwengraben. Ältestes erhaltenes Bauwerk der Luzerner Befestigung, urspr. Teil des inneren Rings, erwähnt 1314. Verbunden mit dem östl. anstossenden, im wesentlichen 1681 errichteten Bau unter Treppengiebel. – Nrn. 13 und 14. Fassaden beim Neubau des Warenhauses ABM rekonstruiert. – **Casino der «Herren zu Schützen»,** am Löwengraben (Ortsplan, 10). Der Hauptbau mit Seitenrisaliten ist das ehemalige Pfyffersche Sommerhaus von 1719. Östl. anschliessender Saalbau 1807–08 von Jos. Singer mit feingliedrigen klassiz. Fassaden und schlichtem Empirefestsaal. Überdeckter Zugang vom Graben mit Louis-XVI-Portal.

Rössligasse. Ehem. «Rössli», Nr. 20. Im Mittelalter bedeutendster Gasthof der Stadt, jetzt Warenhaus. Neubau 1947 mit Relief von Aug. Blaesi und Wandgemälde von Alfred Schmidiger. – Ratzenhofer-Haus, Nr. 16. Renaissancebau 1632, 1971 erneuert; einziges Bürgerhaus mit unverputzter Quaderfassade. – Ehem. Schwesternhaus, Nr. 14. Für den Frauenkonvent von St. Anna eingerichtet 1597; neuerb. 1732 und als päpstliche Nuntiatur verpachtet. Profanierte got. Kapelle am Löwengraben mit neugot. Gewölbe um 1826. – Haus v. Moos, Nr. 12, heute Kunstgewerbeschule. Vorderhaus von 1570 mit Portal M. 18. Jh. An der Hoffront Kopien von 2 im Haus befindlichen vorzüglichen got. Holzskulpturen, Madonna und Hl. Stephanus, M. 15. Jh. – Gasthaus Adler, Nr. 2. Vorderhaus im wesentlichen M. 16. Jh.; Türbekrönung mit Adlerrelief dat. 1786. Aushängeschild A. 19. Jh. – Von-Laufen-Haus, Nr. 1, an der Ecke zum Hirschenplatz. Kielbogiger N-Eingang dat. 1557. Neugot. ausgestattete Platzfront mit Malereien von Seraphin Weingartner; unter dem modernen Erker üppiges Renaissancekapitell um 1520, wohl von einer Brunnensäule.

Hirschenplatz (Ortsplan, 11). Entstanden um 1550 durch Abbruch zweier Häuser am W-Ende der Weggisgasse. Trotz der 4 einmündenden Gassen geschlossene Anlage. – Pfyffer-Haus, Nr. 1. Portal nach dem Platz 1613. Wandbild, Maria mit Kind, von Hans Erni. – Gasthaus Hirschen, Nr. 2. Reiches, schmiedeisernes, vergoldetes Tavernenschild 1760–70 von Jak. Dub. – **Göldlin-Haus,** Nr. 12 (Ortsplan, 12). Erb. 1524–25, gotische Fassade mit Erkern, der linke neu. In Gang und Hof die ersten Renaissanceportale Luzerns, dat. 1524. Der Hof mit 3seitiger, 4geschossiger toskanischer Loggienanlage, nach dem Vorbild des Ritterschen Palastes um 1600. Got. Wendeltreppe mit Spiralspindel. Im Salon des 2. Geschosses prachtvoller Winterthurer Turmofen von Ludwig Pfau d. Ä. 1. Drittel 17. Jh.

Sternenplatz. Als Platz «unter den Bäumen» genannt 1314. – Gasthaus Stadtkeller. Viergeschossiges Steinhaus mit unregelmässigen profilierten Fenstergruppen um 1600; polygonales Erkertürmchen. – Ehemalige Schule, Nr. 2. Erb. 1809, Gitter des Hofportals 1811 vom Schlosser Thut. – Häuser Nrn. 4–5. Louis-XVI-Portal um 1765 vom Neubau Jos. Singers. – Haus Nr. 7. Erbaut E. 18. Jh., mit frühklassiz. Vorzeichen. – Haus Hans-Holbein-Gasse Nr. 4. Régenceportale. – Ehemalige Schule im Äussern Weggis, Wagenbachgasse Nr. 3. Bemerkenswertes Rokokowappenrelief von 1768. – Pfyffer v. Wyher-Haus, Hertensteinstrasse Nr. 28. Schlanker turmartiger Bau 1685–86 mit Satteldach auf geschnitzten Bügen. – Ehem. Giesshütte, später Kaserne, beim Dächliturm (s. S. 320). Portal mit Luzerner Schild 1632. – Amtsgerichtsgebäude, Grabenstrasse Nr. 2. Dreigeschossiger, 7achsiger Bau 1715 mit Zwerchhaus; Umbauten 1845 und später. Schmiedeisernes Tor samt Postamenten vom ehem. Hirschenpark, 1783 von Jak. oder Wilh. Dub.

Mariahilfgasse. Cysathaus, Nr. 7. Stark erneuertes Wohnhaus, erb. 1578 für den Chronisten, Gelehrten und Spieldichter Renward Cysat (1545–1614). – **Ehem. Ursulinenkloster Maria Hilf** (Ortsplan, 13). Berufung der Ursulinen 1659; ihre Mädchenschulen sind das Gegenstück zu den Knabenschulen der Jesuiten. Bau des Klosters 1676–81 von Bruder Heinr. Mayer, Vollender der Jesuitenkirche. Als eidg. Regierungsgebäude benützt 1798–99. Konvent wiederhergestellt 1843, aufgehoben 1847. – *Kirche*. Für die Gegend fremdartiger, durch 3 Fenstergeschosse und Lisenen gegliederter Aussenbau mit bizarrer Chorpartie: runde Apsis mit ringförmigem Umgang, querhausähnliche Kapellen in Form von Rundtürmen mit Kuppelhauben, beeinflusst vom bayerisch-böhmischen Barock. Entwicklungsgeschichtlich wichtiger Innenraum zwischen der Luzerner und der Solothurner Jesuitenkirche, welche das sog. Vorarlberger Schema vorwegnimmt. Wandpfeilersystem ohne durchgehendes Gesims mit Emporen, die fast bis zur Höhe des Mittelraums hinaufreichen, so dass im Gegensatz zur Jesuitenkirche keine basilikale, sondern eine hallenartige Raumwirkung entsteht. Kein Stuck; urspr. ganz weiss, dekorative Ausmalung von 1843. Gitter unter der Empore 1766 von Jak. Dub. Da die Kirche 1798 als eidg. Parlamentssaal umgestaltet wurde, ist die Ausstattung klassizistisch: Altäre 1815, Kanzel 1825. Urspr. Hochaltarbild 1680 von Casp. Wolfgang Muos. Gemälde 17.–19. Jh., Johanneshaupt mit Reliquien M. 17. Jh. von Hans Ulr. Räber. Kultgeräte 17.–19. Jh. Unter den Paramenten 3 Antependien und Messgewand, reich bestickt von Schwester Anna Maria Marzohl (gest. 1712). – *Kloster- und Mädchenschulgebäude*, westl. in gleicher Breite an die Kirche anschliessend. In gebrochener S-Form dem Hang angepasst, mit schlichten Fensterreihen. An zwei Stellen turmartig erhöht. – Museggschulhaus. Neurenaissancebau 1877–78 von Jos. Bühlmann. – Christkath. Kirche, an der Museggstrasse. Erster altkath. Neubau in der Schweiz 1891 von Othmar Schnyder; Architektur an altchristliche und Renaissanceformen anlehnend. Apsisgemälde von Eduard Renggli aus der Bauzeit; klassiz. Tabernakel aus der ehem. kath. Kirche Aarau.

Museggmauer* (Ortsplan, 14). *Eine der besterhaltenen und längsten Wehrmauern der Schweiz von 870 m Länge mit 9 Türmen.* Als Ganzes entstanden um 1400. Dreibogiges Tor für die Museggstrasse ausgebrochen 1876; Wappenstein Kopie nach Original im Rathausmuseum. Alle Türme, mit Ausnahme des Nölliturms, sind über rechteckigem Grundriss errichtet, stehen vor der Mauer und waren ursprünglich Schalentürme mit Innenausbau aus Holz und als Abschluss Zinnenkranz mit versenktem Pultdach; im Verlauf der Jahrhunderte individuell umgestaltet: Dächliturm, Schale gegen die Stadt geschlossen 1728, mit Pyramidendach. Allenwindenturm, geschlossen vor 1546, über Rundbogenfries Zinnen mit direkt aufruhendem Pyramidendach. Pulverturm, im Unterteil älter als die Gesamtanlage, Pyramidendach zwischen 1513 und 1546. **Schirmerturm** und Tor, als einziger Turm öffentlich zugänglich: Torweg mit Balkendecke; Wappenstein vom ehem. Äussern Weggistor, Kopie nach Original im Rathausmuseum; Mauritiusfigur von Anton Schlegel 1743 vom ehem. Baseltor; oben umlaufender Rundbogenfries, an der N-Seite mit Konsolen urspr. für einen Erker; auf dem Zinnenkranz niederes Pyramidendach. Zeitturm, erste Uhr um 1408, Glocke 1788; Bemalung (Zifferblatt, Standeswappen und Wildmänner) letztmals 1939 erneuert. Heuturm, explodiert und neuerb. 1701, komplizierter Dachaufbau wohl 1768. Lueginsland, mit Wächtersitz, hat als einziger die offene Schalenform bewahrt; Spitzhelm von 1768 mit Erkertürmchen, durch Sonneneinwirkung verdreht. Männliturm, bereits im 15. Jh. geschlossen, hat seitdem seine Form mit versenktem Pultdach innerhalb der Mauerkrone; benannt nach dem Männchen auf dem westlichen der 2 vorkragenden Erkertürmchen, Figur des Geharnischten aus Eisenblech, M. 15. Jh., in Teilen erneuert. Nölliturm, Endpunkt der Mauer an der Reuss; Rundturm 1513 in sorgfältigem Quaderwerk; Durchfahrt mit neugotischen Wappentafeln 1900–01. –

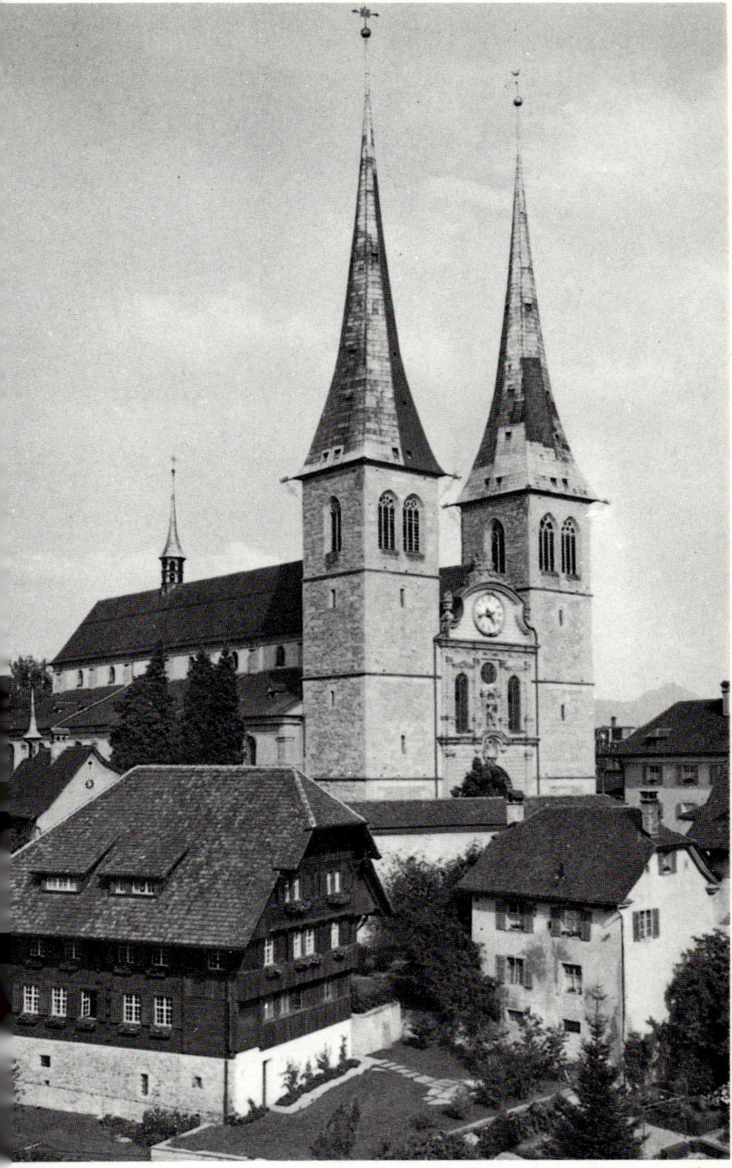

Luzern. Hofkirche St. Leodegar und Mauritius. 1633–39 von Jakob Kurrer neuerbaut; Turmuntergeschosse 1506–16. Sog. Rothenburgerhaus, got. Blockbau um 1500 (311–314)

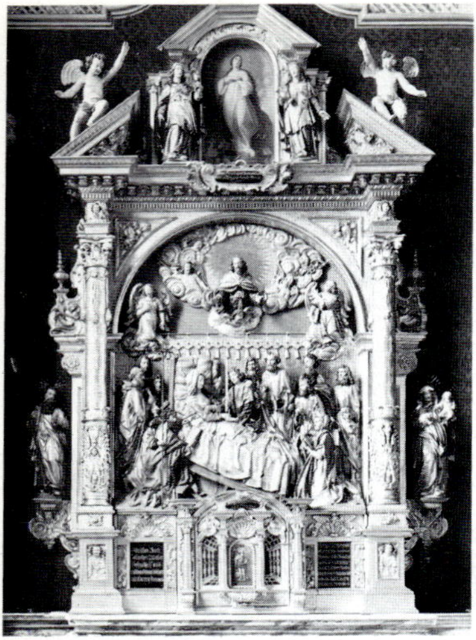

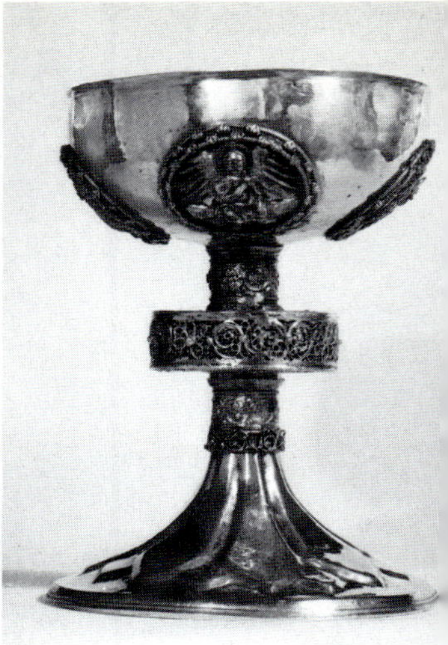

100. **Luzern.** Hofkirche St. Leodegar und Mauritius. Nördl. Seitenschiff: Mariä-End-Altar spätgot. Figurengruppe des Marientodes wahrscheinlich von Jörg Wild, A. 16 Jh. (312)

101. **Luzern.** Hofkirche St. Leodegar und Mauritius. Stiftsschatz. Sog. Burgunderkelch, K mit Evangelistensymbolen in Granulationstechnik, wohl süditalienisch, um 1200 (313)

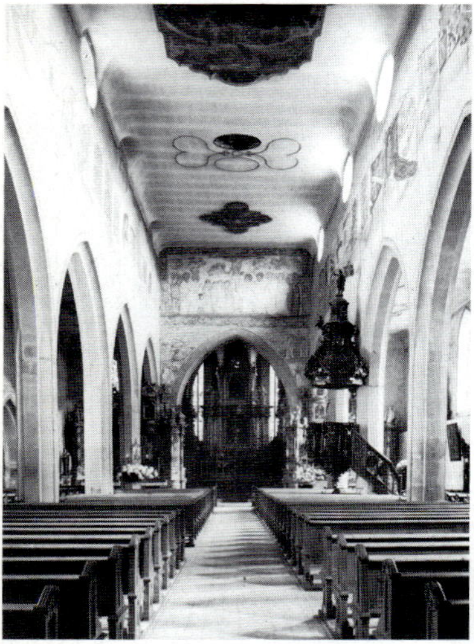

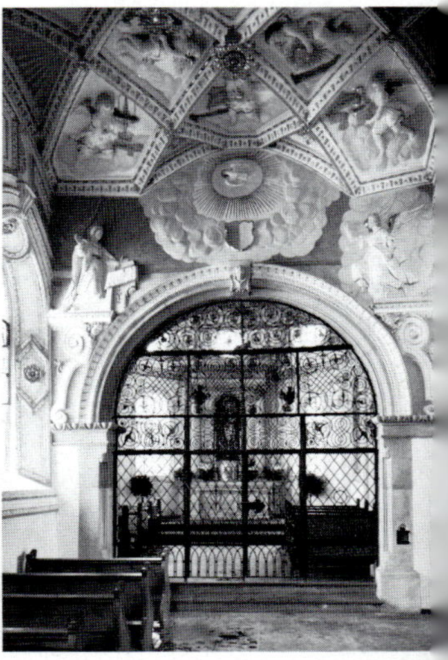

102. **Luzern.** Ehem. Franziskanerkirche St. Maria in der Au, kath. Pfarrkirche. Erb. um 1 80, Barockisierung des Innern 1733–36; manieristische Kanzel 1628 von Niklaus Geisler (326-

103. **Luzern.** Ehem. Franziskanerkirche St. Maria in der Au. Antoniuschörlein. 1656–58 Plan von Niklaus Geisler, Wessobrunner Stuck 1673, Gitter von Christoph Gretter (327)

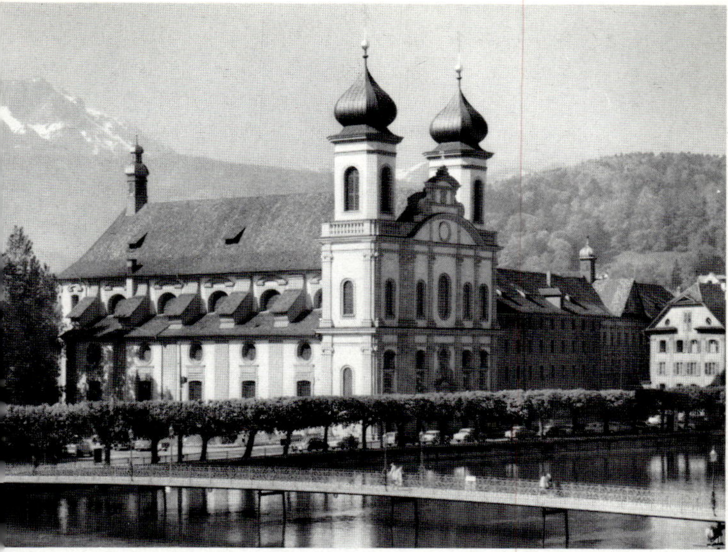

Luzern. Jesuitenkirche St. Franz Xaver. Der erste grosse barocke Kirchenbau in der Schweiz. 1666–69 unter Leitung von Pater Christoph Vogler, Turmaufsätze 1893 (322–324)

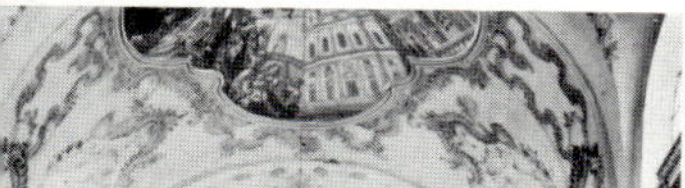

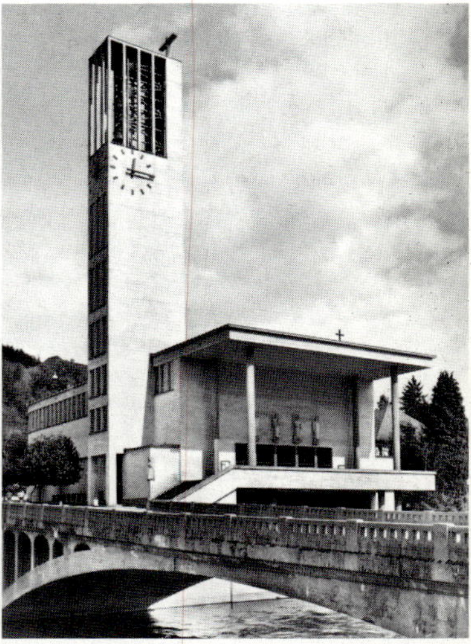

Luzern. Jesuitenkirche St. Franz Xaver. Inneres. Weiträumige Emporenbasilika. Hochaltar –82 aus rotem Stuckmarmor mit Gemälde von Francesco Innocente Torriani (323f.)

Luzern. Kath. St. Karlikirche, am rechten Reussufer. Erste Betonkirche der Innerschweiz, –34 von Fritz Metzger. Im Innern Wandbilder und Glasgemälde von Hans Stocker (333)

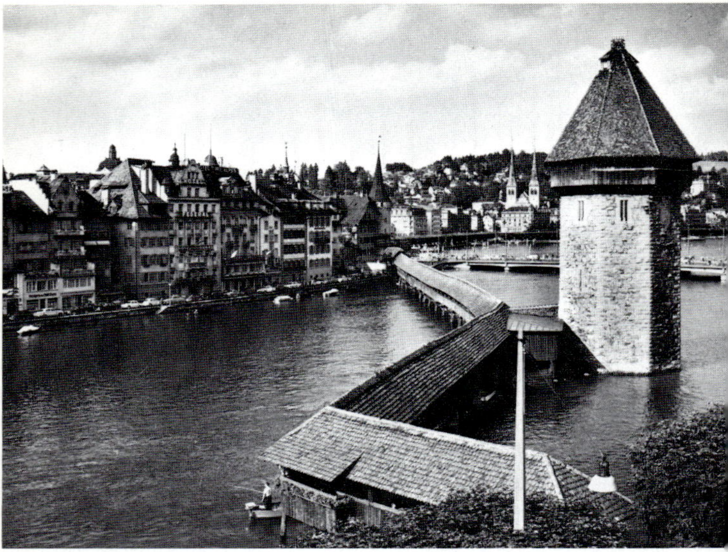

107. **Luzern**. Kapellbrücke. Älteste, wenn auch oft erneuerte Holzbrücke Europas mit rei historischer Bilderfolge (1614) und Wasserturm; um 1300 erbaut (314)

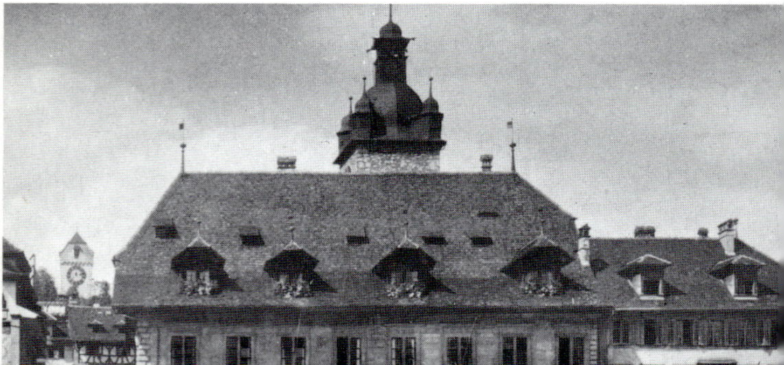

108. **Luzern**. Rathaus. Eines der bedeutendsten Rathäuser der Schweiz. 1602–04 vom Prism Baumeister Anton Isenmann in oberitalienischen Renaissanceformen erbaut (316)

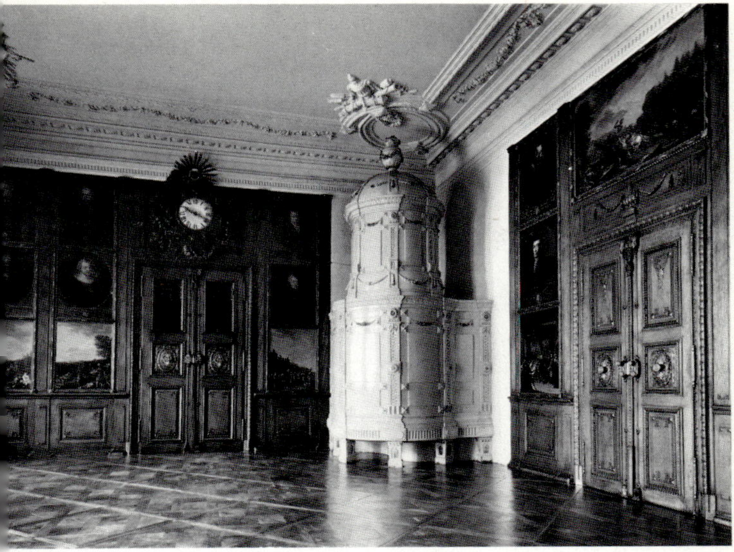

. **Luzern.** Rathaus. Schultheissen- oder Tagsatzungssaal. Im Stil Louis XVI 1782 neu ge-
tet, mit Täferwerk und Stuckdecke von Lorenz Schmid; Ofen von Andreas Dolder (316)

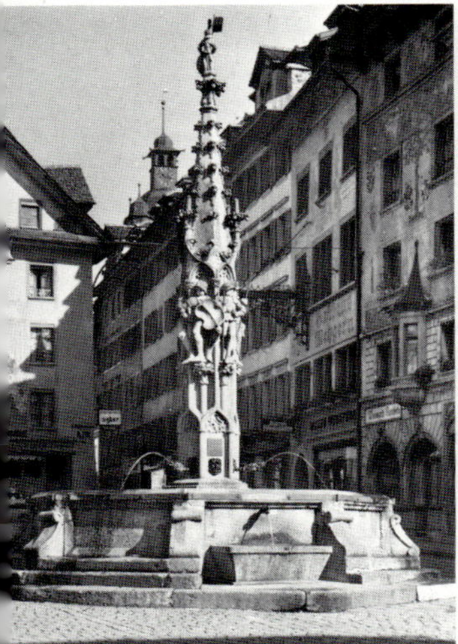

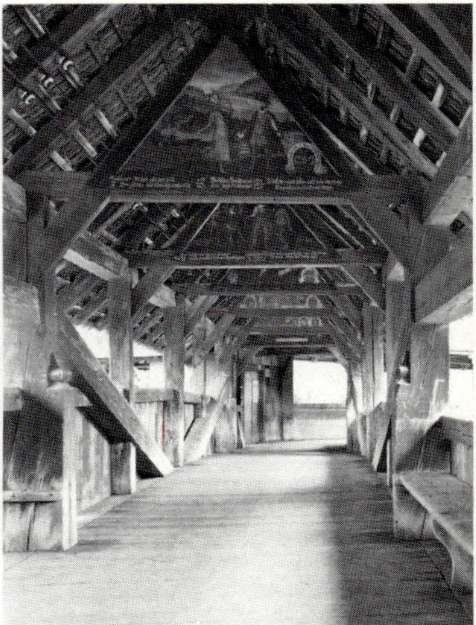

Luzern. Wein- oder Fischmarkt. Hauptplatz der Stadt, seit 1480 Schauplatz der Luzerner
sterienspiele. Weinmarktbrunnen (Kopie) 1481 von Conrad Lux (317)

. **Luzern.** Spreuerbrücke. Erwähnt 1300–10, A. 15. Jh. und 1566 bzw. 1591 erneuert. Bilder-
us (Darstellung des Totentanzes in dreieckigen Tafeln) 1626–35 von Caspar Meglinger (321)

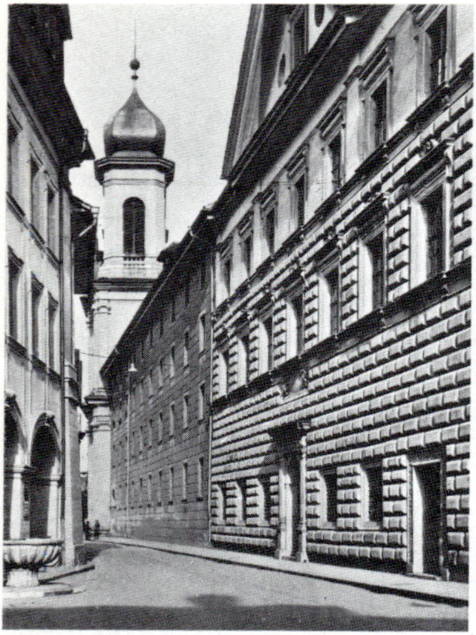

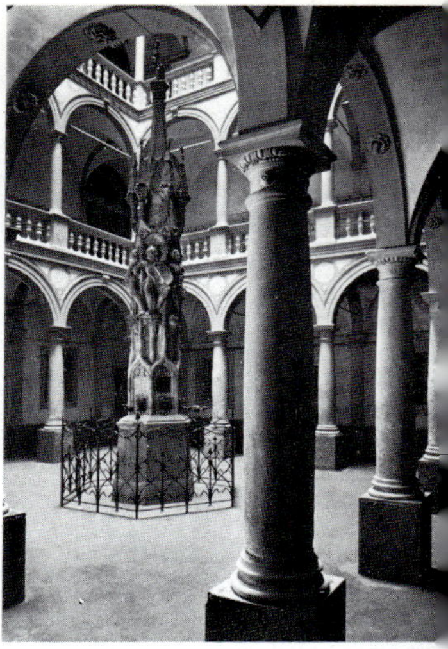

112. **Luzern.** Ritterscher Palast, kant. Regierungsgebäude. Die italienischen Frührenaissa
formen sind ein Unikum nördl. der Alpen. Erste Bauperiode 1556–61, 1574 vollendet (324–

113. **Luzern.** Ritterscher Palast, kant. Regierungsgebäude. Innenhof mit dem Originalstock
Weinmarktbrunnens (1481). Drei Arkadengänge mit toskanischen Säulen (325f.)

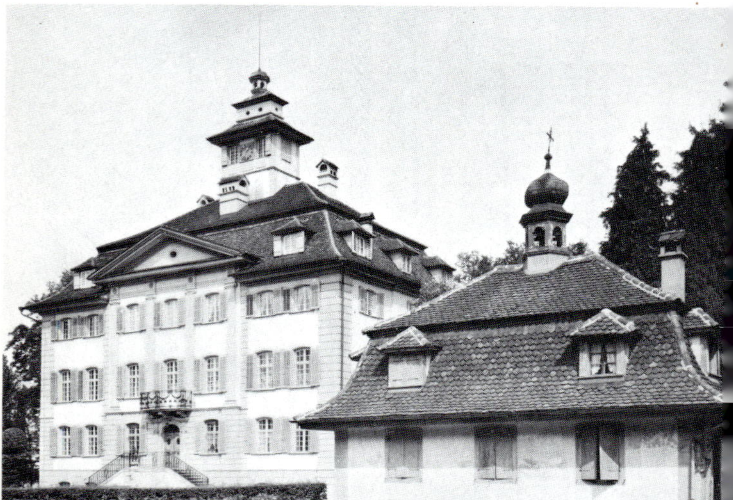

114. **Luzern.** Himmelrich. Eines der schönsten Herrenhäuser der Innerschweiz. Blockh
Rokokobau mit krönendem Observatoriumspavillon. Erb. 1772 wohl von Jakob Singer (

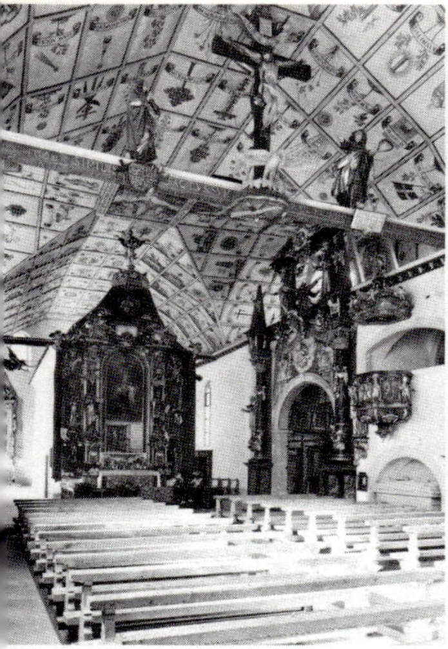

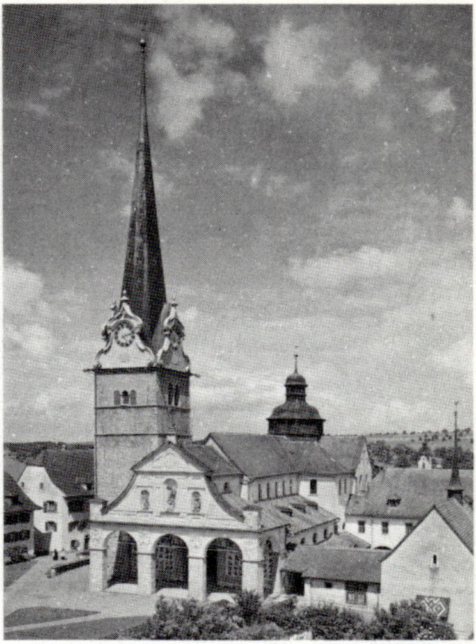

Hergiswald. Wallfahrtskirche Maria Loreto. Neubau 1651–62. An der polygonalen Holz-
ne 306 Bildfelder mit gemalten Mariensymbolen von Caspar Meglinger (334–336)

Beromünster. Chorherrenstift St. Michael. Grundbestand der Säulenbasilika um 1030,
muntergeschosse 13. Jh., Spitzhelm und Uhrengiebel 1706, Portalvorhalle 1691–93 (350–355)

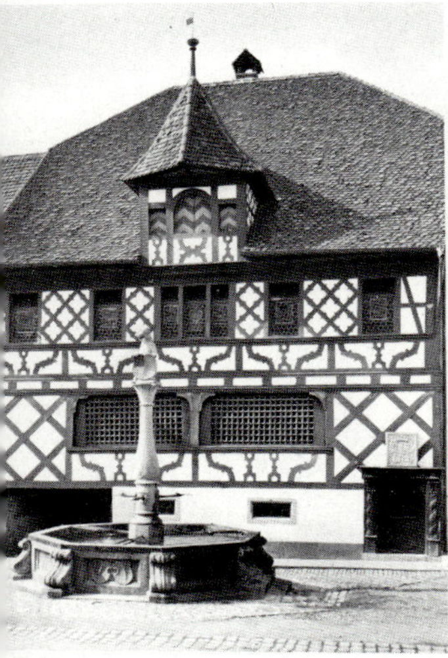

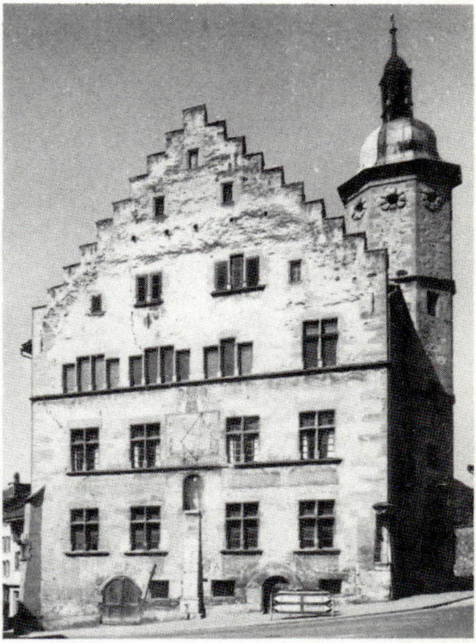

Sempach. Rathaus. Zierlicher Riegelbau in der Strassenflucht, erb. im 17. Jh. Über dem
gang von 1737 Standeswappen mit Datum 1794. Brunnen 17. Jh. (357)

Sursee. Rathaus. Eines der bedeutendsten Rathäuser der Schweiz. Neuerb. 1539–45 vom
neller Jakob Zum Steg. Freistehender Kubus mit zwei Treppengiebeln (365f.)

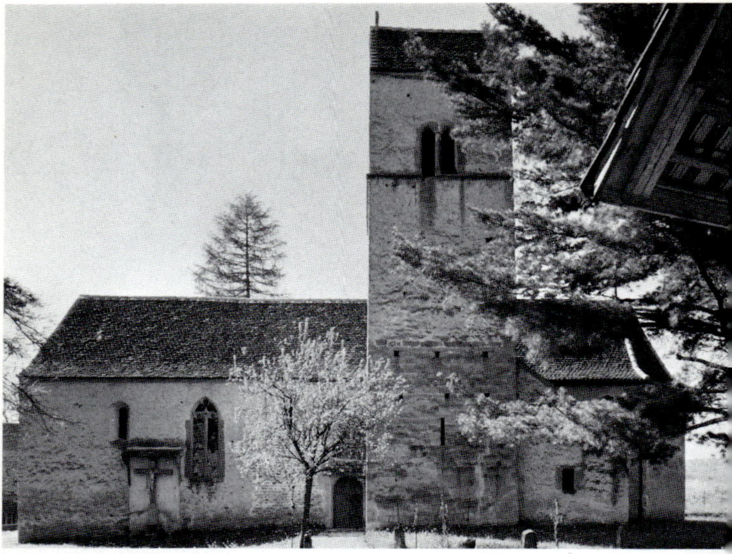

119. **Kirchbühl.** Kath. Kirche St. Martin. Erb. um 1000, das Schiff in der 1. H. 13. Jh. verlän
und erhöht, gleichzeitig Turmbau. Chor 1585. Wandmalereien aus drei Perioden (358f.)

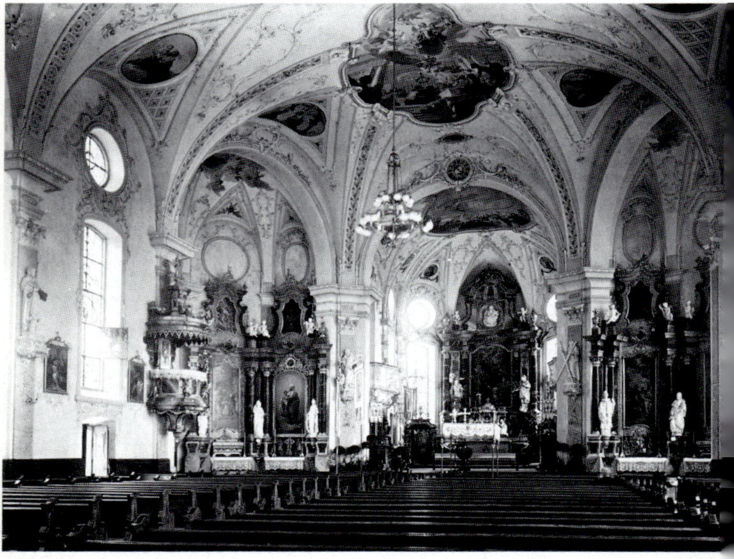

120. **Ruswil.** Kath. Kirche St. Mauritius. Erb. 1781–83 durch Niklaus und Jakob Purtsc
Reifste Ausformung des Luzerner Landkirchenschemas der Singer und Purtschert (370–372

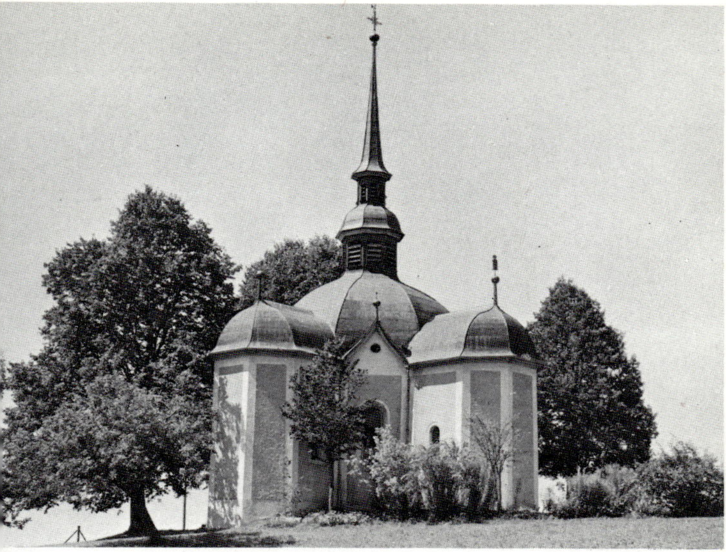

Buttisholz. Wallfahrtskapelle St. Ottilien, südöstl. des Dorfes. Reizvoller barocker Zentral-
auf freiem Hügel. Erb. 1690 vom Baudilettanten Jost Melchior Zur Gilgen (374 f.)

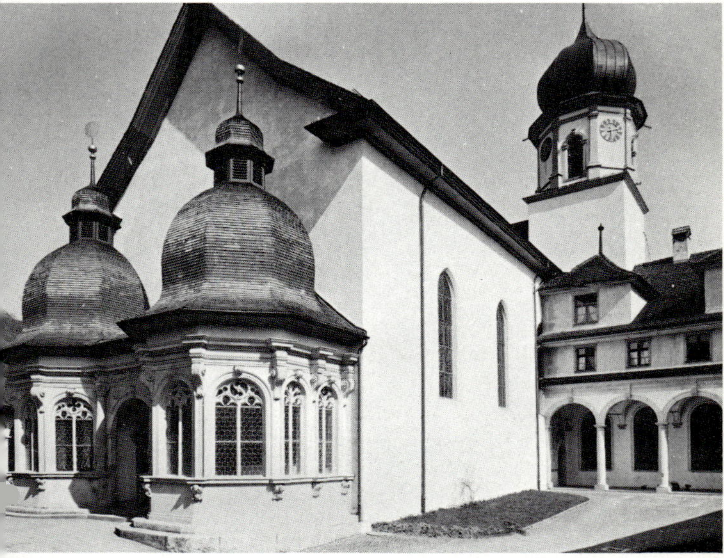

Werthenstein. Wallfahrtskirche und ehem. Franziskanerkloster. Kirche 1608–13 von Anton
mann. Eingangskapellen 1621, Klostergebäude und Kreuzgang 1635–36 (382–384)

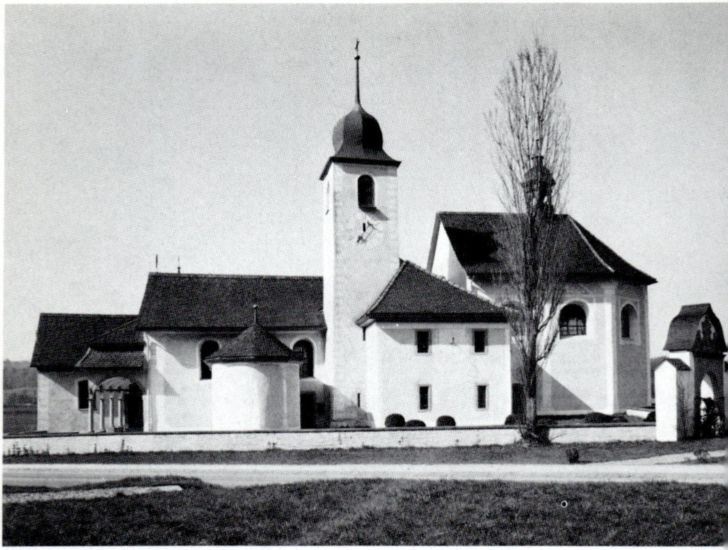

123. Blatten. Wallfahrtskirche St. Jost. O-Teil des Schiffs und Turmunterbau um 1380, V
längerung von Schiff und Chor 1495–1520, Vorzeichen 1703–08, Beichthaus 1757 (380 f.)

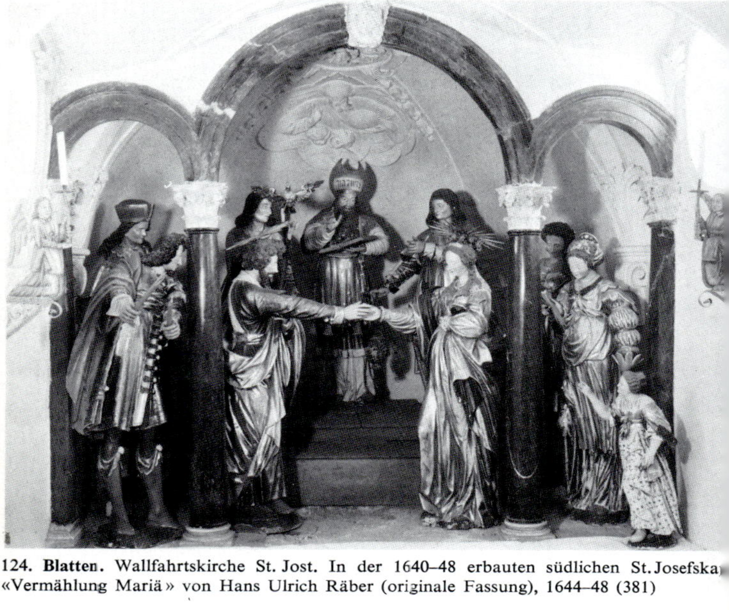

124. Blatten. Wallfahrtskirche St. Jost. In der 1640–48 erbauten südlichen St. Josefska
«Vermählung Mariä» von Hans Ulrich Räber (originale Fassung), 1644–48 (381)

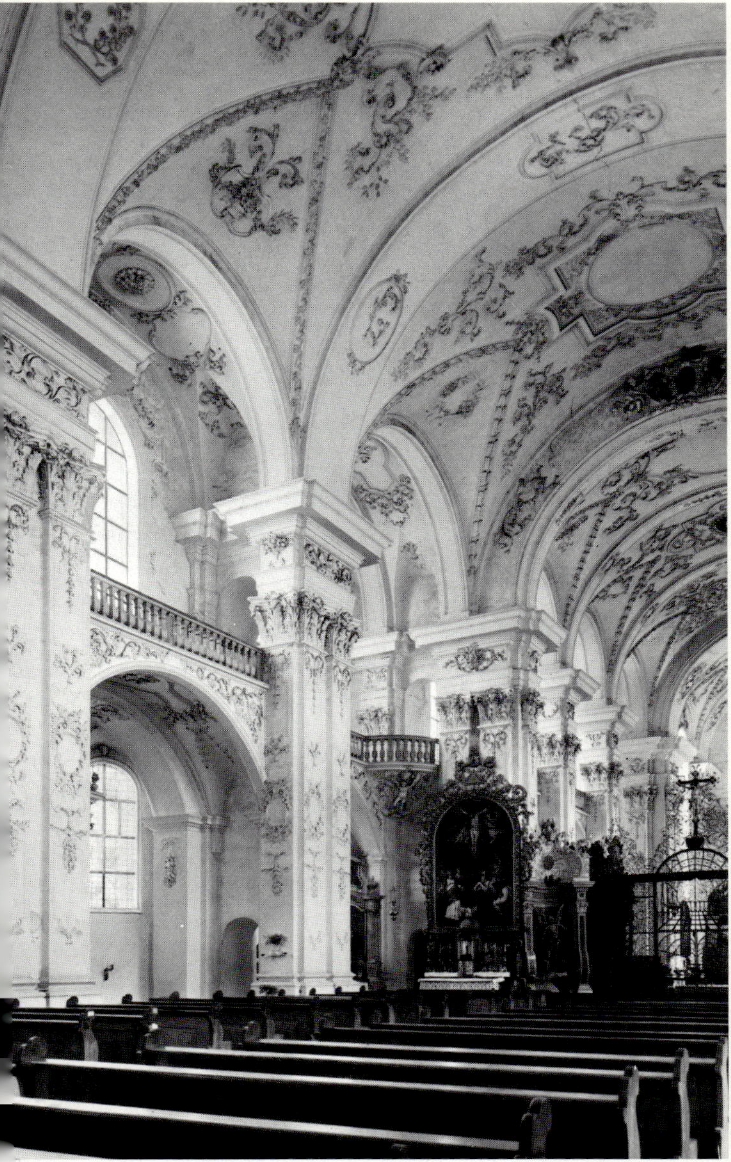

St. Urban. Ehem. Zisterzienserkloster. Die Klosterkirche, erb. 1711–15 von Franz Beer, : die reifste Ausformung des longitudinalen Vorarlberger Schemas dar (396–399)

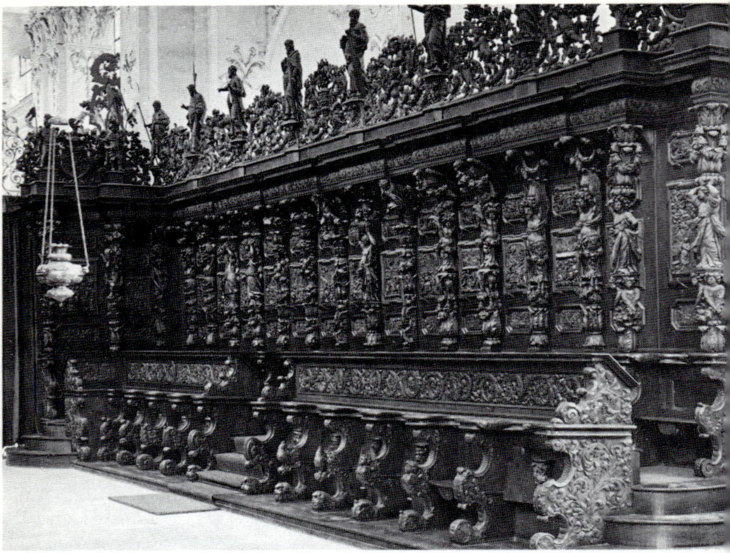

126. St. Urban. Ehem. Klosterkirche. Chorgestühl, eines der reichsten barocken Schnitzwe zweireihig, mit je 16 Hoch- und je 10 Vordersitzen, 1701–07 von drei Hauptmeistern (398)

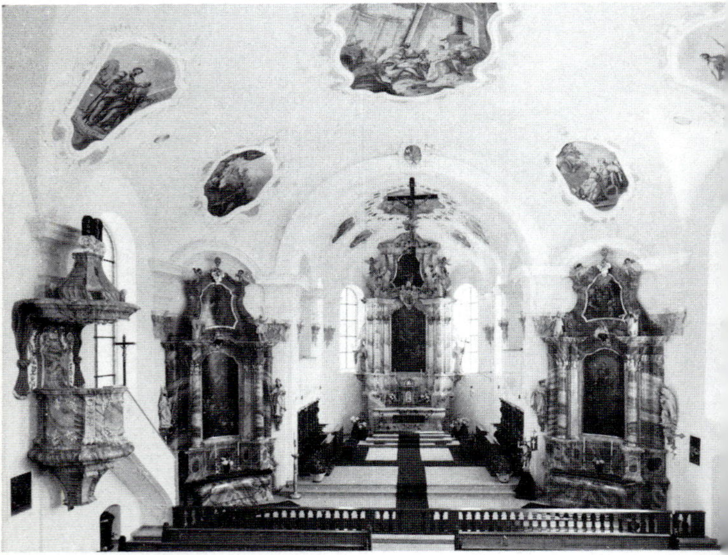

127. Luthern. Kath. Pfarrkirche St. Ulrich. Erb. 1752–53 von Jakob Singer. Erste und eine reichsten Rokokokirchen des Singer-Purtschert-Schemas im Kt. Luzern (394f.)

Museggkapelle. In der Form des 17. Jh. neu errichtet 1953. – **Ehem. Korn- und Salzmagazin** (Ortsplan, 15), am westl. Musegghang. Über der Spreuerbrücke dominierender, gewaltiger frühbarocker Nutzbau von 1685–86, noch dem Schema der got. Zeughaus- und Magazinbauten verpflichtet. Langrechteckiges Gebäude mit 4 Voll- und 3 Dachgeschossen, in allen ungeteilte 3schiffige Holzpfeilerhallen. An der N- und W-Seite rundbogige Portale; rechteckige Fenster.

ALTSTADT LINKS DER REUSS

Urspr. 3eckige Anlage zwischen Hirschengraben und Burgerstrasse, im Mittelalter 2mal nach NW erweitert, bis zum Baseltor bei der Sentikirche. Anlage der Quais östl. der Jesuitenkirche 1833–38, teils durch breite Aufschüttungen. Akzente der Uferpartie bilden von O nach W: Stadttheater, Jesuitenkirche mit Kollegium (Regierungsgebäude), unterhalb der Reussbrücke das Pfyffersche Stipendihaus, das Korporationsgebäude und das Zeughaus.

Spreuerbrücke (Ortsplan, 16; Abb. 111). So genannt, weil man nur von hier aus Spreue und Laub in den Fluss werfen durfte. Erwähnt 1300–10, gegen 1408 erneuert; quer zum Fluss liegende südl. Partie erneuert 1566 und 1710–19, schräge nördliche Partie, der einst die Stadtmühlen vorgelagert waren, 1803 von Jos. Ritter erneuert mit grossem Hängebogen von 25,8 m Spannweite. Das Giebelfeld gegen den Mühlenplatz mit Urne geschmückt. Dreiseitig geschlossene Brückenkapelle aus Riegelwerk mit geschweiftem Spitzhelm und Kruzifix 16. Jh.; Neurenaissancewand gegen das Innere 1890. *Bilderzyklus**. Der jüngste der drei luzernischen Brückenbilderzyklen (s. S. 314 und 331), gemalt 1626–35 von Casp. Meglinger. Von den urspr. 65 3eckigen Tafeln des Totentanzes sind 46 am Ort, die übrigen in Museen und Magazinen der Stadt erhalten. Die Darstellung des Totentanzes in standes- und berufsgeschichtlich interessanten Szenen ist von der niederländischen Malerei und Stichen Callots angeregt. – Kaserne, an der Spreuerbrücke. Im Stil der Münchner Romantik erb. 1861–62 von Gustav Mossdorf. Hufeisenförmige Anlage mit Hof zum Fluss. Im Zuge einer städtebaulichen Sanierung im Frühjahr 1971 gesprengt; erhalten blieb die kreuzgewölbte Halle des sogenannten Herrenkellers von 1569–70, als Zugang zur Brücke. – **Zeughaus** (Ortsplan, 17), an der Pfistergasse. Spätgotischer Nutzbau von 1567. An der N-Front gemaltes Standeswappen von 1568, übrige Fassadenmalerei 1926 von Eduard Renggli. In allen 3 Geschossen nicht unterteilte Säle mit je 3 Mittelstützen. Türen mit gotischen Beschlägen. Waffensammlung. – Zeughausbrunnen. Becken 1739; Säule und als Bekrönung ein Wildmann 1678 (Kopie). – **Feer-Haus,** «im Höfli». Zum spätbarocken Palais mit gleichzeitiger Ausstattung umgeb. M. 18. Jh. Fünfachsige Fassade (Reusssteg, Nr. 11) mit Quaderlisenen an den Ecken und Pilastern grosser Ordnung unter Dreieckgiebel, wohl von Jak. Singer. – Haus Reusssteg Nr. 10. Um- oder Neubau 1786 von Jos. Singer, mit Louis-XVI-Fassade. – Restaurant Reusssteg, ehem. Heinserlin-Haus. Viergeschossiger spätgot. Steinbau von 1606 mit Eckerker, welcher in Luzern eine Ausnahme darstellt. – **Korporationsgebäude** (Ortsplan, 18). Ehem. Patriziersitz der Familie Sonnenberg, aus 2 ältern Häusern umgebaut und vorzüglich eingerichtet 1670–73. Flussfront (Reusssteg, Nr. 7) im Stil Louis XIII mit Zwerchgiebel über dem 4achsigen Hauptteil; Zutaten von 1842 und 1895; Rest. 1960–61. Vestibül mit Stuck von Michael Schmutzer. Im 1. Stock Spätrenaissance-Täferzimmer 1674 von Melchior Erb aus Solothurn. Öfen 1610 und 1. H. 18. Jh. Im 2. Stock barocker Festsaal mit Fensterpfeilern in Hermenform und 2flügliger Türe im Knorpelstil. Im anschliessenden Kabinett reiche Stuckdecke mit reizenden Meerjungfrauen, im Mittelfeld schlafender Kupido; vorzügliche Arbeit mit vollplastischen Details von Michael Schmutzer. Fenstergitter des 18. Jh. von den Reussmühlen. Museggpanorama, Aquarell um 1820–25 von Franz Schmid; umfasst den ganzen Horizont vom Pulverturm aus gesehen, Gesamtlänge 3,40 m. – Pfyffersches Stipendihaus. Schlossartiger spätgot. Bau M. 16. Jh. mit Klebdach, 3geschossigen Eckerkern und Treppenturm. – Reussbrücke (s. S. 318). – Haus Krongasse Nr. 6. Erb. 1548; im 1. Stock getäferter und ausgemalter Régenceraum.

Ehem. Jesuitenkollegium. Älteste Niederlassung der Jesuiten in der Schweiz. Nach Stiftung des Kollegiums 1577 beziehen sie den ehemaligen Ritterschen Palast (s. S. 324); 1578 Stiftung eines Gymnasiums (s. S. 326); Weihe kleinerer Hauskirchen 1578 und 1591. Bau der Kirche St. Franz Xaver 1666–69 (s. unten). Die Luzerner Jesuiten sind bis zur Aufhebung des Ordens 1773 von grosser Bedeutung nicht nur für die Stadt, sondern auch für ein weites Ausstrahlungsgebiet zwischen Rhein und Rhone. Ihre Tätigkeit richtet sich neben Schulunterricht und Reform des religiösen Lebens auf die Pflege barocker Kultur durch bedeutende Bauten und die Übernahme der alten Luzerner Theatertradition (s. S. 317). – **Jesuitenkirche St. Franz Xaver*** (Ortsplan, 19; Abb. 104, 105). *Der erste grosse barocke Kirchenbau in der Schweiz mit dem lapidarsten und monumentalsten Innenraum.* Erb. 1666–69 wohl nach Plan eines frühen Vorarlbergers (Michael Beer oder Michael Thumb am wahrscheinlichsten) unter Leitung von Pater Christoph Vogler, der an der Planung mitbeteiligt war. Errichtung der bis dahin nicht ausgeführten Turmaufsätze 1893 von Heinr. Viktor v. Segesser, ohne Kenntnis der alten Pläne. Aussenrest. 1951–58, gleichzeitig erfolgte die Abänderung des Giebels im Sinne des Fassadenplans von ca. 1672. – *Äusseres.* Nach S gerichteter basilikaler Baukörper mit farblich differenzierter Doppelturmfassade gegen den Fluss und Dachreiter über dem Chorrund; an den Längsfronten ragen die zwischen den Kapellen eingezogenen Strebepfeiler über die Pultdächer hinaus. Die Fassade ist zwischen den Turmachsen leicht vorgestuft und durch eine 2geschossige Pilasterordnung in 5 Achsen gegliedert über dem Mittelstück ein unterteilter Segmentgiebel, seitlich davon die beiden neubarocken Turmaufsätze mit Zwiebelhauben von 1893. Reich Fassadendekoration des Erdgeschosses 1672–73 nach Entwurf von Bruder Heinr. Mayer, über dem mittleren der renaissancemässig gereihten Portale die Nischenstatue des Kirchenpatrons, über den beiden anschliessenden je eine Ädikula mit Löwen als Schildhalter des Luzerner Wappens aussen Schrifttafeln. – *Inneres.* Weiträumige helle Emporenbasilika, fre nach den Vorbildern der Jesuitenkirchen von Rom und München. Das 4jochige Schiff und der gleichbreite Chor mit halbrundem Schluss bilden einen imposanten Einheitsraum, gegen den sich in 3seitiger Folge die Arkaden der Vorhalle, der tiefen Seitenkapellen und des darüber bis in den Chorraum geführten Emporenumgangs öffnen. Die paarweise vor die Wandpfeiler gestellten Riesenpilaster tragen ein verkröpftes Gebälk, das gleichmässig

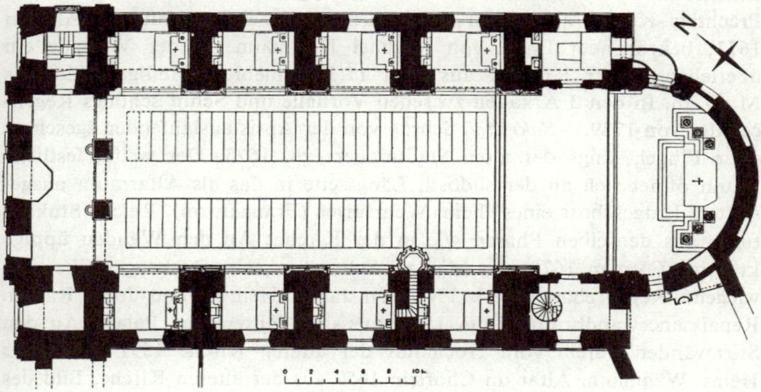

Luzern. Jesuitenkirche St. Franz Xaver

den ganzen Raum umzieht und an der Rückseite die 2geschossige Empore abschliesst. Die einheitlich bis zur Apsiskalotte geführte Gewölbetonne mit Gurtbogen und Stichkappen lässt durch die breiten Rundbogenfenster helles Oberlicht eindringen. In den Seitenkapellen (ausser in der Aloysiuskapelle, 2. links) sind die urspr. Stukkaturen mit üppigen Blatt- und Früchteformen gut erhalten, 1672–73 nach Entwurf Br. Heinr. Mayers vom Wessobrunner Trupp Michael Schmutzers. Das Gewölbe in leichten Rokokoformen von geringerer, aber dekorativer Qualität neu stuckiert 1749 durch die Wessobrunner Jak. Heilratt und Jos. Rauch; gleichzeitig die Deckengemälde von Giuseppe und Giovanni Torricelli, von der Apsis zum Eingang folgende Szenen: Franz Xaver tauft Heiden, Franz Xavers Tod, Triumph des Heiligen, sein Wirken als Lehrer, der Heilige vor der Madonna, Franz Xavers Verklärung. Die Bilder der Aloysiuskapelle 1751 von Jak. Carl Stauder. – *Ausstattung*. Einheitlich nach Entwürfen von Bruder Heinr. Mayer, ausgeführt 1676–82 von Christoph Brack. Der auf den ganzen Raum bezogene Hochaltar aus rotem Stuckmarmor ist in seiner gigantischen Grösse mehr Monument als Retabel; Altarbild 1681 von Francesco Innoc. Torriani, Glorie des Hl. Franz Xaver mit Stifter Eustach v. Sonnenberg; bekrönende Figuren Peter und Paul von Michael Hartmann; grosser Tabernakel nach italienischer Art als Kuppelbau. Die Nebenaltäre in zurückhaltender Ädikulaform wiederholen vereinfacht den Hochaltar; Bilder 1673–75 von verschiedenen Malern, so von Carl Niklaus Pfleger (Drei Könige, Hl. Josef und

Ignatius); Stuckmarmorantependien um 1730–40. Auf dem Bruder-Klausen-Altar (2. rechts) eine realistische Figur von 1617 mit dem originalen Eremitenrock des Heiligen bekleidet, in der Predella sein Stock. Auf dem Josefs- und Karl-Borromeo-Altar (3. rechts und links) je eine silbergetriebene vornehme Heiligenbüste des Polykarp und Karl Borromeo, 1716 von Beat Jos. Schumacher, reich bekleidet. Auf dem Ignatiusaltar (4. links) architektonisches Reliquiar 1722 vom Augsburger Meister Franz Ant. Betle. Prächtige Kanzel aus rotem Stuckmarmor, gemeinsam mit den Altären 1677; bekrönender Engel von Michael Hartmann. In der Vorhalle ein überlebensgrosser Kruzifix aus dem 17. Jh.; mehrere Heiligenbilder bis M. 17. Jh. In den 3 Arkaden zwischen Vorhalle und Schiff schönes Régencegitter von 1739. – *Sakristei.* Schräg von der Apsis auslaufender 2geschossiger Flügel, längs der alten Stadtmauer erb. 1673. Der weite, festliche Raum öffnet sich an der südöstl. Längsseite in das als Altarraum ausgestattete Erdgeschoss eines ehem. Wehrturms (Frauenturm). Reiche Stukkaturen aus denselben Phasen wie in der Kirche: An den Wänden üppige krautige Formen 1675 von Michael Schmutzer; am Deckengewölbe vorwiegend Régencebandelwerk 1748 von Jakob Heilratt und Josef Rauch. Renaissancewandbrunnen um 1560, aus dem Ritterschen Palast. An den Stirnwänden Tafeln vom Hochaltar der älteren Kirche 1591 von Hans Heinr. Wägmann. Altar im Chörlein 1657 aus der älteren Kirche, Bild des Hl. Karl Borromeo, Stifterwappen des Nuntius Federigo Borromeo, Neffe des Heiligen; sehr schönes Antependium mit Stuckmarmorintarsien wohl um 1675. Im Kirchenschatz Werke luzernischer und augsburgischer Goldschmiedekunst des 17.–18. Jh.; zahlreiche Paramente.

Ritterscher Palast, kant. Regierungsgebäude* (Ortsplan, 20; Abb. 112, 113). *Dem Stil der florentinischen Frührenaissance verpflichteter Bau mit strenger Rustikafassade und toskanischem Säulenhof.* Von tessinischen Künstlern entworfen und ausgeführt; ein kunsthist. Unikum nördlich der Alpen, welches die engen Beziehungen Luzerns zum Süden dokumentiert; in den Details Vorbild für das Rathaus und für zahlreiche Bürgerhäuser der Stadt. Als Wohnpalast für Schultheiss Lux Ritter entworfen von Domenico de Ponte in Lugano, 1. Bauperiode 1556 bis um 1561 unter Leitung des Luganesen Joh. Petrus del Grilio; Bauplastik wohl von Joh. Lynzo (genannt Motschon) aus Trient. Nach dem Tod des Bauherrn von der Stadt übernommen, von ihr 1573–74 vollendet und 1577 den Jesuiten als Wohnung geschenkt. Der westl. Annex 1695 an Stelle der alten Jesuitenkirche erbaut östl. Annex bis zur heutigen Kirche 1756. Nach Aufhebung des Kollegiums 1773 Professorenkonvikt, seit 1804 Regierungsgebäude. Klassiz. Anbau des Grossratssaales an der Rückseite 1841–43 durch Melchior Berri Säulengerahmtes Rundbogenportal an der S-Seite des Halbrunds; da Obergeschoss mit toskanischer Pilastergliederung, grossen Rundbogenfenstern und abschliessendem Gebälk. Innenrenov. 1961–62. – *Fassade.* Wuchtige 3geschossige Strassenfront von 7 Achsen, das hohe Sockelgeschoss und das 1. Stockwerk durch geglättete Bossen kraftvoll gequadert; heutige Gestalt des glatten Aufbaus wohl von 1775, durch Lisenen in 3 Fenstergrup pen gegliedert, über der mittleren Dreiergruppe ein Spitzgiebel mit Dachreiter. Rundbogiges Renaissanceportal, gerahmt von kannelierten Pilastern und kräftigem Gebälk mit Triglyphenfries; darüber rechteckige Wappentafel – die Wappen in der Helvetik ausgemeisselt – und seitlich je zwei vergitterte quadratische Fenster. In den Obergeschossen wird die Horizontale durch Gesimse betont, die um die Konsolen der Fenstergewände verkröpft

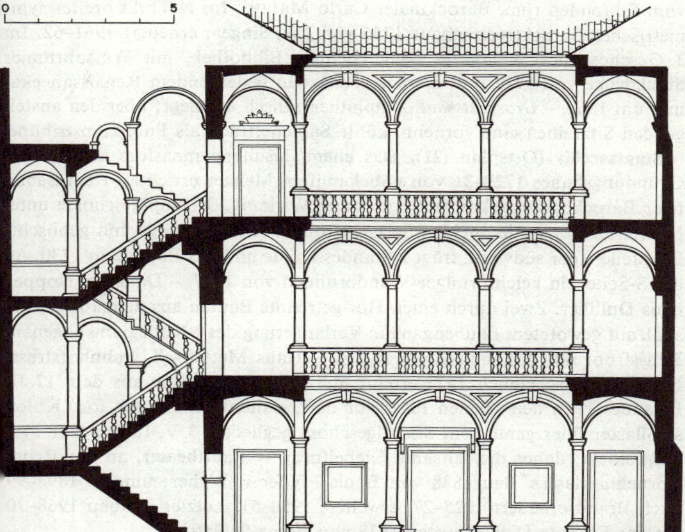

Luzern. Ritterscher Palast, kant. Regierungsgebäude

ind. Nach oben werden die Rechteckfenster von Gesimsen abgedeckt, die benfalls auf Konsolen ruhen und über denen im Quaderwerk feingearbeitete Reliefs ausgespart sind, welche Delphine, Füllhörner und Vasen zeien. Schlichte Seitenflügel ohne bauplastischen Schmuck. – *Innenhof.* Der rspr. nicht gedeckte quadratische Hof ist in 3 Geschossen von Arkadenängen mit toskanischen Säulen und Balusterbrüstungen umzogen, die in rem feingliedrigen Aufbau heiteres Renaissancegefühl ausdrücken. Prächg dekorierte Portale. In der Hofmitte das Original des Weinmarktbrunens (s. S. 317), der, 1481 von Conrad Lux aus Basel neu errichtet, 1903 ieher versetzt wurde. Der fialenförmige Brunnenstock ist auf Blattkonson von 6 geharnischten Kriegern in spielerisch bewegtem Stil tänzelnd umanden, die rahmenden Arkaden in den Spitzbogen sind mit Astwerk gellt; Oberteil im Régencestil ergänzt 1738–39 von Hans Georg Urban; bekrönende Figur des Hl. Mauritius 1481. In der NO-Ecke eine zweiläufige Renaissancetreppe, reichdekorierte Portale. Gemälde in Hof und Treppenhaus: Totentanz um 1615 von Jak. v. Wyl, eindrückliches Werk der luzernischen Spätrenaissance unter oberitalienischem Einfluss, 7 grosse Ölgemälde mit der Standesfolge, das sechste u.a. mit dem Selbstbildnis des Malers. Vision des Hl. Ignatius 1657 von Joh. Christoph Storer, Hochaltarbild der älteren Jesuitenkirche. Flucht nach Ägypten und Hl. Philipp Neri, 1668–70 vom führenden röm. Barockmaler Carlo Maratti. Im N-Trakt breites symmetrisches Barocktreppenhaus 1756 von Jak. Singer; erneuert 1961–62. Im 3. Geschoss des W-Traktes Saal, ehemals Bibliothek, mit Wessobrunner Stuckdecke von 1717 und hierher versetztem bedeutendem Renaissancekamin um 1560. – *Grossratssaal.* Amphitheatralisch angelegt; über den ansteigenden Sitzreihen eine vornehm-kühle Säulenestrade als Publikumstribüne. – **Staatsarchiv** (Ortsplan, 21). Das ehem. Jesuitengymnasium anstelle des Gründungsbaues 1729–31 von unbekanntem Meister errichtet. Repräsentativer Barockbau von kraftvoll kubischer Wirkung, 3 Hauptgeschosse unter Mansartdach. An den beiden Strassenfronten Arkadengänge und geböschte Eckpfeiler; der südwestl. trägt 2 Standesschilde und das Baudatum 1730. An der S-Seite ein kelchförmiger Wandbrunnen von 1737. – Daneben Doppelhaus Dulliker. Zwei durch einen Hof getrennte Bauten aus dem 16. Jh., der südl. auf gewölbtem Laubengang in Verlängerung des «Kollegiumsbogens»; Reussfront mit got. Fenstergewänden. – Haus Mettenwyl, Bahnhofstrasse Nr. 12. Wahrscheinlich 1573 erbaut, die südl. Riegellaube aus dem 17. Jh. Fassade gegen den kleinen Platz vor der Jesuitenkirche durch ion. Kolossalpilaster über genutetem Sockelgeschoss gegliedert 3. V. 18. Jh.; vor 1792 aufgestockt, daher die seltsame Giebelform. – Stadttheater, an der Reuss Vornehm-klassiz. Bau 1838 von Louis Pfyffer v. Wyher; umgeb. 1898–99 nach Brand erneuert 1925–27, erweitert 1950–51. Letzter Umbau 1968–70 An der Fassade Dichterbüsten 1838 von Franz Schlatt.

Ehemalige Franziskanerkirche St. Maria in der Au, heute Pfarrkirche (Ortsplan, 22; Abb. 102, 103). Gründung des Klosters M. 13. Jh., aufgehoben 1838. Kirchenbau um 1270–80, Arkaden im Schiff und Fenster erneuert 1551–63, Kapell-Anbauten 1433, 1626 und 1656. Barockisierung des Innern 1733–36; 1897 Innen-, 1935 Aussenrestaurierung. Langgestreckter Bau nach franziskanischem Schema mit Dachreiter auf dem leicht erhöhten strebenbesetzten Chor; durch Kapellenannexe mit Dachreiter und Laternenkuppe gegen den nördlichen Platz malerisch bereichert. An der W-Seite de alten Antoniuskapelle Holzstatuen von Maria, Franz von Assisi und Antonius von Padua 17. Jh. Über Haupt- und N-Portal Fresken 1952 vo Aug. Frey. – *Innenraum.* Dreischiffige, flachgedeckte Pfeilerbasilika mit spätgotischen Masswerkfenstern und kreuzrippengewölbtem Chor. Die weiten gekehlten kapitellosen Arkaden in spätgotischer Zeit unter Beibehaltung der Hochschiffwand eingezogen. Im 18. Jh. die frühgotischen Obergadenfenster durch querovale Oculi ersetzt. An den flachen barocken Stuckdecke grosse Bandelmotive. W-Empore 1733–36. Hinter dem niedrigen Chorbogen des 13. Jh. schlanker frühgot. Chor mit Kreuzrippengewölbe auf meh teiligen, seltsam geformten Konsolen; die Schlusssteine nicht nur in der Untersicht, sondern auch seitlich mit Bildwerken, Agnus Dei, Segenshand und ausdrucksvollen Köpfen, geschmückt. Wandmalerei: Am Chorbogen ein teppichartiges, figurenreiches Wandbild um 1420–40: Kreuzigung mit den drei Marien, Aposteln und Franziskanerheiligen; in den Zwickeln vier Engel, Gabriel in der Verkündigungsszene, Raphael mit Tobias und Sarah, Michael, den Drachen tötend, und Cherub mit Rauchfass. Im Chor aufgemalte graue Quaderung und Radfenster über dem Chorbogen 13. Jh. An den Hochschiffwänden 42 Fahnen, 1625–26 von Hans Ulr. Wägmann und Jak. Wysshaupt anstelle der entsprechenden hier einst aufgesteckten eroberten Originalbanner aus dem 14.–16. Jh. gemalt. Deckengemälde, grosse Glorie des Hl. Franziskus, Standeswappen mit Allegorien, Glaube, Hoffnung, Liebe, 1733 von Hans Georg Hunkeler aus Altishofen, Schüler Carlo Marattis in Rom. Neugot. Glasgemälde nach Entwürfen von Jos. und Alois Balmer. – *Ausstattung*. Die Altäre in Stuckmarmor 1733–37 mit Intarsienantependien stammen vom Vorarlberger Franziskanerbruder Marian Mosbrugger: besonders der Hochaltar und die den Raum verklammernden Zwillingsaltäre beidseits des Chorbogens sind kraftvoll durchgeformt; im Hochaltar eingesetzt Renward Forers Gemälde Anbetung der Hirten und Mariä Himmelfahrt, aus dem Altar von 1606. Frühbarockes Chorgestühl 1647–51 vom Surseer Casp. Tüfel; die hervorragenden Statuen der Franziskanerheiligen, berühmt vor allem der Hl. Ludwig als Louis XIII, in den bekrönenden Pavillons von Hans Ulr. Räber. Auf dem Gestühl Chororgel um 1650. Chorgitter im Régencestil 1734 von Ägidius Lindegger. – *Kanzel*. Reichste manieristische Kanzel der Schweiz* 1628 von Niklaus Geisler aus Schweinfurt, sein erstes Hauptwerk in Luzern (vgl. Hofkirche, S. 312), mit tragendem Engel, 7 Tugendallegorien und Säulen mit Büsten von Kirchenlehrern an der Brüstung, üppigem Schalldeckel mit Franziskanerheiligen und dem auferstandenen Christus als Abschluss. Hauptorgel 1652, zweigeteilt 1931. – Reichgeschmückte *Kapellengruppe*. Die ehem. Antonius von Padua-Kapelle von 1433–34, mit Netzgewölbe von 1512, öffnet sich mit 2 Arkaden gegen die O-Joche des nördl. Seitenschiffs; 1626 durch das dreiseitig geschlossene Marienchörlein nach Osten verlängert. Beide Räume damals von tessinischen Meistern reich stuckiert, an den Wänden farbig gefasste Stuckplastiken der Hl. Sippe, an den Gewölben, unter Verkleidung der got. Rippen, Putten mit marianischen Symbolen, über dem Chorbogen Mariä Verkündigung. Schönes Gitter mit Knotenmotiven und Stammbaum Jesse 1626 von Adam Christen. Klassizistischer Altar 1870 nach Entwurf des Malers Robert Zünd. Scheiben 1955–59 von Eduard Renggli; Taufstein von Aug. Blaesi. Antoniuschörlein (Abb. 103) mit Laternenkuppelchen, nordwärts angefügt 1656–58 nach dem Plan des Bildhauers Niklaus Geisler; Gitter von Christoph Gretter. Üppige Ausstuckierung 1673 durch die an der Jesuitenkirche tätigen Wessobrunner unter der Leitung von Michael Schmutzer. Altar und Grabmäler um 1730–40 von Bruder Marian Mosbrugger. – Kirche und Kapellen bergen zudem eine Reihe von Epitaphien des 17. und 18. Jh. – Ehem. *Klostergebäude*, zwischen Kirche und Stadtmauer mit doppeltem Kreuzgang. Umgebaut erhalten der O-Flügel, heute Pfarrhaus; an seiner W-Seite Wandelgang mit Pultdach über toskanischen Säulen, 1833–34. Im ehem. Kapitelsaal, heute Sakristei, 2 frühgot. Masswerkfenster um 1270–80. S-Flügel, im 19. Jh. zum Obergericht umgebaut, darin Rest eines Turms der Stadtbefestigung, jetzt Treppenhaus. – Brunnen mit kopierter Marienfigur von 1651.

Franziskanerplatz, nördl. der Kirche. Als Barfüssergasse erwähnt 1361. – Alte Häuserzeile an der W-Seite, 17. Jh. – Häuser Nrn. 6–9. Relativ einheitlich erb. 2. H. 18. Jh. – Gasthaus Weisser Wind, Nr. 11. Spätgot. Bau um 1550. Stuckmadonna um 1626 vom Meister der Marienkapelle in der Franziskanerkirche. – Gasthaus Schlüssel, Nr. 12. Spätgot. Steinhaus; Renaissancetürsturz dat. 1545. Herberge des Kardinals Karl Borromeo 1570; Jesuitenkollegium 1574–78. – **Liebenau-Haus,** heute zweites Pfarrhaus, Nr. 14. Erb. um 1550. Zwei Türen mit Kielbogenblenden, rundbogiges Hofportal; die Terrasse neuzeitlich. Die unregelmässig verteilten Fenster mit gemalten Grisaillerahmen im Renaissancestil um 1600. Wendeltreppe direkt hinter der Fassade. Zahlreiche got. Türgerichte. Täferstube mit eingebautem Buffet 2. H. 17. Jh.; Régencesalon mit Cheminée und qualitätvoller Stuckdecke. – Barfüsserbrunnen. Erwähnt 1519, Becken 1739; Säule mit Figur des Hl. Franziskus 1684–85, Kopie nach Original im Rathausmuseum. – Kantonsschule. Neurenaissancebau 1891–95 von Heinr. Viktor v. Segesser nach Eugen Meyer. – **Finanzdepartement, ehem. Kantonsbibliothek.** Spätklassizistischer Bau 1846–49 von Joh. Seidl; für das kantonale Finanzdepartement umgeb. 1951, Durchbruch einer Fussgängerpassage an der N-Seite. Freistehender Baukörper, dessen 4 gleichlange Fronten durch je einen schwach betonten, 3achsigen Mittelrisalit und über dem gequaderten Sockel durch toskanische Riesenpilaster gegliedert sind; Treppenhaus mit kleinem Säulenhof.

Münzgasse. Malerischer kleiner Platz zwischen der ehem. Kantonsbibliothek und der Reuss, hinter dem Korporationsgebäude und dem Pfyfferschen Stipendihaus (s. S. 322). – Singerhaus, Nr. 6. Schlichter Barockbau, 1758 von Jak. Singer als Wohnhaus für sich erbaut. Der geschweifte, verkröpfte Giebel des breiten Portals über toskanischen Pilastern. Aufstockung von 3 auf 5 Geschosse und Ladenvorbau an der W-Seite A. 20. Jh. – Sandhaus, Nr. 8. Portal dat. 1724. – Clooshaus, heute Suidtersche Apotheke, Bahnhofstrasse Nr. 21. Erb. 1536, an der Hausecke Männerfratze. Neugot. Umbau 1906. Wappenstein vom ehem. Baseltor dat. 1480. – **Fideikommisshau Segesser v. Brunegg** (Ortsplan, 23). Eindrückliches Rokokopalais, erbau 1751–52 von Hans Georg Urban. Allseits freistehender Würfel von 7 auf 5 Achsen, an der Hauptfassade Risalit unter Dreieckgiebel und für Luzern typische, auf hohen Sockeln gestelzte Pilasterordnung. Die stichbogigen Fenster des 3achsigen Mittelteils mit Rocaillen geschmückt. Im Zentrum gedrückt ovales Vestibül, davon kreuzförmig ausgehende Korridore. Ausstattung aus der Bauzeit; zahlreiche Familienbildnisse. Hinterhaus 178 von Jak. Singer. – Haus Burgerstrasse Nr. 18. Erb. E. 18. Jh., durch Staffel giebel vom südl. Gasthaus getrennt. – *Pfistergasse*. Hauptteil der inneren

Vorstadt, 1300–10 als Vorstadt an dem Krienbach genannt. – Haus Nr. 1. Erb. im 17. Jh. mit kreuz- und tonnengewölbten Räumen; das Äussere 1822–23 und modern. – Castoreohaus, Nr. 15. Erb. um 1735. – Häuser Nrn. 16–18, vgl. Feer-Haus Reusssteg (s. S. 321). – Kaserne und Zeughaus (s. S. 321).

Anderallmend-Haus (Ortsplan, 24). Stattlichster Riegelbau der Innerschweiz, um 1679; das Erdgeschoss wurde 1941 umgebaut. Viergeschossiges Haus unter abgewalmtem Satteldach mit Zwerchgiebel, Dachuntersichten bemalt. Riegelwerk reich mit Voluten, Pilastern und Eierstäben verziert; Balkon mit Holzbalustrade. – **Waisenhaus,** Kinderheim der Ortsbürgergemeinde (Ortsplan, 25). Repräsentatives klassiz. Palais unter mächtigem Walmdach mit dor. Giebelrisalit und gerundeten Ecklisenen 1808–11 von Jos. Singer. – **Ehem. Siechenhaus St. Jakob an der Senti,** Baselstrasse. Erwähnt 1312. Kirche erb. 1662, ihre Hauptfassade und die symmetrischen Wohntrakte 1817–19 von Jos. Singer in schlichtem Empirestil. Kirchenrest. 1965–66. Inneres mit einfacher, renaissancemässiger Tonne. Hochaltar 1755, Nebenaltäre um 1819, mit guten romantischen Bildern, Antonius Eremita und Magdalena. Chorgitter 1728, Kruzifix um 1660. Auf dem Franz-Xaver-Deckenbild im Schiff Originalfassadenplan der Jesuitenkirche 1666. Kultgeräte 17.–18. Jh. – Schützenhaus, Schützenstrasse Nr. 4. Neuerb. 1756 von Hans Georg Urban, seit 1891 Lagerhaus. – Krienbachschulhaus, Burgerstrasse Nr. 24. Spätklassiz. Bau von 1857.

AUSSENQUARTIERE

Pilatusstrasse. An Stelle der ersten Bahnlinie angelegt, mit Grossbauten der Jahrhundertwende. – Nationalbank. Neu-Empire-Bau 1923–24 von Hermann Herter. Brunnenfigur in der Seidenhofstrasse 1929 von Hermann Haller. – Buobenmattbrunnen, Hirschmattstrasse. Becken 1730–40, auf dem Stock Putten an einem Ziehbrunnen spielend E. 18. Jh.; Kopie 1923. – Zentralbibliothek, südl. an der Sempacherstrasse. Erb. 1949–51 von Otto Dreyer, mit Fassadenplastik von Aug. Blaesi und im Hof Figur eines Lesenden von Albert Schilling. – Ref. Lukaskirche. Betonbau 1935 von Moeri und Krebs mit Freitreppe und offenem Frontturm. Glasgemäldezyklus von Louis Moilliet.

Obergrundstrasse, vor dem ehem. Kriensertor. Schon im Mittelalter besiedelt; im 18. Jh. entstehen beidseits eine Reihe von stattlichen Landsitzen, heute ein wichtiger Verkehrsweg. – Städtische Verwaltung, ehem. **Bürgerspital zum Hl. Geist,** Nr. 1. Vor dem ehem. Kriensertor neuerb. 1654–60, bis 1905 benutzt. Die fast ganz erhaltenen Spitaltrakte bilden eine klosterähnliche symmetrische Anlage. Hauptfront im W 1783–84 von Jos. Singer durch Mittelrisalit mit wappengeschmücktem Dreieckgiebel und Louis-XVI-Portale bereichert. Kapelle im hintern Trakt profaniert. Über dem N-Eingang hofseitig Gedenktafel für Heinr. v. Fleckenstein 1657. – **Ehem. Spitalmühle,** südwestl. des Pilatusplatzes. Zierlicher 2stöckiger Riegelbau mit steinernem Erdgeschoss 1676; ausladendes abgewalmtes Satteldach auf geschnitzten Bügen. – Grundhof, Nrn. 9–13. Klassiz. Dreiergruppe; zurückversetzter Hauptbau mit Freitreppe, Portal und Balkon 1818–21 von Louis Pfyffer v. Wyher; Hauptraumgruppe im 1. Stock. Nebenbauten 1836; 1848–74 päpstliche Nuntiatur. – Brandversicherungsgebäude, Nr. 19. Fassadenplastik, Feuerbläser, 1955 von Franco Annoni. – Gewerbeschule, Heimbachweg Nr. 12. Bronzefigur des Hl. Georg 1960 von Rolf Brem. – Landgut Bruchmatt, heute Schwesternhaus. Erb. 2. V. 18. Jh., Umbau und Gartenhaus um 1820. – Im Lindengarten Tellbrunnen, Figur 1912 von Hugo Siegwart. – **Himmelrich***, Nr. 61 (Abb. 114). *Eines der schönsten Herrenhäuser der Innerschweiz.* Erb. 1772 wohl von Jak. Singer unter Mitplanung des Bauherrn Franz Plazidus Schumacher. Blockhaft geschlossener, hoher Rokokobau mit bekrönendem Observatoriumspavillon für den naturwissenschaftlich interessierten Bauherrn. Der Mittelrisalit nach 1823 durch klassiz. Pilasterordnung verändert. Nebenpavillons und Gartenanlage sowie Ausstattung aus der Bauzeit.

Kath. Pauluskirche, zwischen Obergrundstrasse und Moosmattstrasse. Erb. 1911–12 von Karl Moser, eines seiner Hauptwerke, aus einer schöpferischen Verschmelzung von Neugotik und Jugendstil gewachsen, mit dominierendem Frontturm, englischem Quaderwerk und Masswerkfenstern. Im Innern 3schiffige Halle, in grüner Ornamentierung ausgemalt. Chorwandbild 1912 von Paul-Théophile Robert. – **Schloss Steinhof,** Steinhofstrasse. Grösster barocker Profanbau des Kantons, heute Pflegeheim. Erb. 1759 für Marschall Joh. Thüring v. Sonnenberg nach eigenen Plänen, Einrichtung bis 1777. Würfelförmiger Hauptbau mit 4 turmartigen Eckrisaliten. Repräsentatives Treppenhaus und Sommeresszimmer im Stil Louis XVI. Rückwärts hufeisenförmige, 1924–26 in Kopie erneuerte Ökonomietrakte. Garten und Zufahrtsallee z. T. in alter Form erhalten. – Haus Voltastr. Nr. 7. Riegelbau 1681. – Schulhaus Hubelmatt. Bronzeplastik, Fadenspiel, 1957 von Rolf Brem. – Neue Kaserne, auf der Allmend. Erb. 1935 von Armin Meili. *Südöstl. Stadtteile.* Landsitz Geissenstein. Auf schroffem Felsen unter Verwendung älterer Teile erb. 1755–56 von Hans Georg Urban. Einfacher rechteckiger Bau von 3 Geschossen unter Walmdach. Im O-Teil Kapelle von 1623 verbaut. – Schulhaus Geissenstein. Plastikgruppe, Knabe mit Kalb, 1956 von Roland Beetschen. – Kantonsschule Tribschen. 1964–66 von H. Eggstein u. a. – Langensandstrasse: Kapelle am Rain. Erb. 1654, vergrössert 1874; 2 Gemälde von Franz Carl Stauder 1. V. 18. Jh. – Wohnhochhaus und Einkaufszentrum Schönbühl. Erb. 1967 von Alvar Aalto und Alfred Roth. – Kath. Kirche St. Antonius, auf Tribschen. Erb. 1952–53 von Alois Anselm, mit Glasgemälden und Chorwandteppich von Paul Stöckli Altar von Alois Michael Grossert. Werktagskapelle mit Glasgemälden von Pater Karl Stadler. – Landhaus Tribschen, heute Richard-Wagner Museum (s. S. 333). Auf einer Landzunge am See. Mittelalterl. Sitz, um 1800 klassiz. neu gestaltet. 1866–72 Wohnsitz des Komponisten Richard Wagner *Seeufer.* Es zeigt das Bild einer modernen, von der Fremdenindustrie geprägten City, welche der westwärts am Fluss folgenden Altstadt vorgelagert ist. – Bahnhof. Neubarockbau 1893–96 von Paul Adolphe Tièche 1971 durch Grossbrand weitgehend zerstört. – Bahnhofplatz, mit Schiff landebrücken. In den Anlagen Wagenbachbrunnen 1934 von Armin Meili. – Kunst- und Kongresshaus, mit Kunstmuseum (s. S. 333; Ortsplan, 26). Erb. 1930–33 von Armin Meili; 2 Rossebändiger, Bronzegruppen von Hugo Siegwart, und Liegende, Bronzeplastik von Roland Duss. – «Inseli», Parkanlage am See. Schwingergruppe 1910 von Hugo Siegwart. – Hauptpostgebäude. Neurenaissancebau 1886–87 von Gustav Gull. Fassadenfiguren von Albert Lanz. – Seebrücke, 1935–36. – *Schweizerhofquai.* Durch den im 19. Jh. einsetzenden Fremdenstrom, vorwiegend aus England, entsteht das Bedürfnis nach Hotelbauten und Promenadenanlagen. Das erste Projekt dieser Art wird durch Aufschüttung der Bucht bei der alten Hofbrücke verwirklicht. Diese wird 1834, 1844 und 1854 in Etappen von W nach O abgetragen und ihr biblischer Bilderzyklus magaziniert. Gleichzeitig entsteht der Fahr- und Promenadenquai, landseits von Hotelbauten gesäumt: Hotel Schwanen, erb. 1834–35. – Hotel Schweizerhof. Ruhiger klassiz. Bau 1845–46 von Melchior Berri; Nebengebäude 1854–55 von Jos. Plazidus Segesser; Zutaten 2. H. 19. Jh. Grosser Saal mit korinthischen Säulen und pompejanischen Wandmalereien von Leonhard Zeugherr 1865. – Nördl. davon ref. Matthäuskirche. Erb. 1860–61 von Ferd. Stadler; neugot. 3schiffiger Bau, unter dem Eindruck einer englischen Reise entstanden, im Innern wiederholt verändert. – Verwaltungsgebäude der Gotthardbahn. Gutes Beispiel der Neurenaissance. Erb. 1886–88 von Gustav Mossdorf. – *Nationalquai.* Hotel National. In herrschaftlichen französischen Formen des 17. Jh. erb. von Heinr. Viktor v. Segesser 1869. – Kursaal. Erb. 1882 vom Franzosen Hugonnet, erweitert 1911–12 und 1956–57. – Dahinter Englische Kirche. Neugot. Bau von 1898–99. – Denkmal für Carl Spitteler 1940 von Roland Duss. – Büste des Dichters Arnold Ott von Fritz Huf. – Unter-Wartenfluh. Erb. im 17. Jh.; freistehende Kapelle geweiht 1676. – Ehem. Jesuitenhof Ober-Seeburg. Hauptbau von 1729, die symmetrischen klassiz. Nebenbauten 1809 als Florettspinnerei entstanden.

Aussenquartiere des rechten Ufers von O nach W. Vorder-Seeburg, runder Wachtturm Luzerns gegen den See 13. Jh. auf bewaldetem Hügel über dem Ufer. – Verkehrshaus der Schweiz (s. S. 333; Ortsplan, 27). Erb. 1956–59 von Otto Dreyer und Jean Huber, 2. Bauetappe 1967–69 von Hans U. Gübelin. Bronzeplastik, Trommler, 1957 von Rolf Brem. – Schlössli, an der Halde. Erstes patrizisches Landhaus in der Umgebung Luzerns. Spätgot. Steinhaus des 16. Jh. mit seitlichem polygonalem Turm. – Frauenkloster St. Anna, auf dem Gerlisberg. Anstelle des Klosters im Bruch erb. 1902–03 von Heinr. Viktor v. Segesser. Unzugängliche Kunstgüter aus dem alten Kloster: u. a. lebensgrosser Kruzifix um 1430–40, vorzügliches got. Flügelaltärchen um 1520, Gemälde 17. Jh., Hinterglasbilder des 18. Jh., teilweise von Anna Barbara ab Esch; Gemäldezyklus von 29 Scheiben aus dem Kreuzgang, mit Ausnahme der beiden jüngsten aus der M. 17. Jh., 1619–24 von Jak. Wägmann; Goldschmiedearbeiten des 17. und 18. Jh., 2 gewirkte Antependien mit Szenen aus der Kindheit Christi dat. 1598. – Landgut Lindenfeld, Adligenswilerstrasse Nr. 39. Umgeb. 1834–36 von Louis Pfyffer v. Wyher. Einfacher rechteckiger Bau mit Walmdach. – Landsitz Hitzlisberg, Dreilindenstrasse Nr. 50. Erb. 1730–40 für den Gelehrten Franz Urs Balthasar. – Herrenhaus Dorenbach. Genannt 1446; neugestaltet M. 18. Jh. Die völlig getäferten Räume sind nach französischen Ornamentstichen im Stil der Régence und des Louis XV ausgemalt. – Landgut Lützelmatt, bei Dorenbach. Im wesentlichen aus dem 18. Jh. – Landsitz Utenberg, heute Trachtenmuseum (s. S. 333). Erb. 1758 von Jak. Singer, die äussern Achsen des Herrenhauses sind risalitartig um ein Stockwerk höhergeführt, über den 3 mittleren Achsen eine Mansarde. – Landsitz Dietschiberg. Mauern 16. Jh., heutige Gestalt M. 18. Jh. Querrechteckiger 2geschossiger Bau, das Treppenhaus springt als Mittelrisalit gegen O vor; aus dem flachen Walmdach erhebt sich ein kreuzförmiger Dachstock. Freistehende rechteckige Kapelle 17. Jh. mit Dachreiter. – **Landhaus Ober-Löchli,** Adligenswilerstrasse. Besterhaltener Luzerner Landsitz aus der M. 18. Jh., errichtet um 1754 für Ludwig Pfyffer v. Altishofen. Im 1. und 2. Stock eine Enfilade von 5 Räumen mit bemalten Täfern und Tapeten. – Hof Unter-Löchli. Ausgemalte (1. H. 16. Jh.) Wegkapelle, 1507.

Schweiz. Unfallversicherung. Erb. 1914–16 von Gebr. Pfister. Fassadenmalerei von Emil Cardinaux, Wandmalerei im Innern 1931 von Paul Bodmer. Neubau 1968 von Max Ziegler. – **Panorama** am Löwenplatz. Vorzügliches Beispiel eines realistischen Rundgemäldes 1889 von Edouard Castres unter Mitarbeit u. a. von Ferdinand Hodler. Darstellung des Grenzübertritts der Bourbaki-Armee im Deutsch-Französischen Krieg 1870–71. – **Löwendenkmal** (Ortsplan, 28). Ältestes erhaltenes figürliches Denkmal der Schweiz. Zur Erinnerung an den Tod der Schweizergarde beim Tuileriensturm 1792 errichtet auf Initiative des Obersten Carl Pfyffer v. Altishofen. Nach einem Modell des Dänen Bertel Thorwaldsen 1821 von Lukas Ahorn aus Konstanz in die natürliche Felswand eines ehem. Steinbruchs gehauen. Länge des Löwen ca. 9 m, Inschrift: HELVETIORUM FIDEI AC VIRTUTI. – Dazugehörige Gedenkkapelle, urspr. in einem einsamen englischen Garten gelegen. Zierlicher klassiz. Kuppelbau 1819 mit offenem Glockenjoch. – Landhaus Kreuzmatt, Löwenterrasse Nr. 2. Erb. um 1793, um 1800 im Besitz von Carl Pfyffer v. Altishofen. – Gletschergarten (s. S. 333). – **Kapuzinerkloster auf dem Wesemlin** (Ortsplan, 29). Niederlassung des Ordens 1583, seit A. 17. Jh. Sitz des schweiz. Provinzials. Der spätgot. *Kirche* dient die ehem. Wallfahrtskapelle U. L. Frau von 1556 als Chor. Schiff 1584–88, begonnen von Hans Gabaran, Netzgewölbe von Ant. Isenmann (Erbauer des Rathauses). Über dem Portal barock bewegte Madonna 1584–87 von Joh. Dub. Im Schiff Empore mit toskanischen Arkaden und got. Gewölben; als Brüstung ein Holzrelief 1589 von Christoffel Huber mit Darstellung der Krönung Mariä und der Familie des Stifters Casp. Pfyffer. Glasgemälde aus der Franziskanerkirche, 1502 und um 1520, teils stark ergänzt; am besten die Stigmatisation des Hl. Franziskus. Hochaltar 17. Jh. mit stark umgeschnitztem got. Gnadenbild; Nebenaltäre 1753. – *Klostergebäude.* Rechteckige Gesamtanlage mit der Kirche an der N-Seite. Der Kreuzgang von 1585 ff. mit verglasten toskanischen Pfeilerarkaden von welschen Meistern. Am Brunnenpavillon kraftvolle steinerne Madonna um 1480. Übrige Gebäude von franziskanischer Schlichtheit. Beachtliche Bibliotheksbestände. – Kapelle im Wesemlinwäldli. Erb. A. 18. Jh.

Kath. St. Josefskirche, im Maihofquartier. Erb. 1940 von Otto Dreyer; ungeteilter Saal mit nebenschiffartigen Gängen, Altarbaldachin von Ant. und Sr. Augustine Flüeler, Rundfenster von Ant. Flüeler, Kanzel und Tabernakelplastik von Albert Schilling, Stationen von Aug. Blaesi. Taufkapelle mit Deckengemälde und Scheiben von Ferd. Gehr, Altar 1947–48 von Albert Schilling. – Brambergschlössli, Bramberghöhe Nr. 4. Erb. 1675 für Jost Leonz Pfyffer v. Wyher, mit Gartensaal.

Kath. St. Karlikirche (Abb. 106). Erste Betonkirche der Innerschweiz, erbaut 1932–34 von Fritz Metzger. Monumentale Vorhalle über dem Fluss, mit Evangelistenfiguren von Aug. Blaesi. Flachgedeckte Halle, deren schlanke Pfeiler nach Art der französischen Kathedralgotik der Rundung der Apsis folgen. Wandbilder und Glasgemälde von Hans Stocker, Fayencerelief des Antoniusaltars von Paul Speck, Wandteppich der Unterkirche von Erna Schillig. – Alte Kapelle St. Karli, um 1630. Tonnengewölbtes Rechteckschiff, 3seitiger Chor ausgemalt um 1650. Chorgitter um 1630. Altarblatt 1775 von Jos. Reinhart. – Pulvermagazin, in der Friedhofsanlage Friedental. Erb. 1701.

Museen. Kunstmuseum (s. S. 331; Ortsplan, 26). Gemälde und Plastik der Innerschweiz vom Mittelalter bis zur Neuzeit. Moderne schweiz. und europäische Malerei. – Historisches Museum, im Rathaus (s. S. 316; Ortsplan, 6). Enthält u. a. bedeutende Waffensammlung. – Stiftsschatz (s. S. 313). – Panorama am Löwenplatz (s. S. 332). – Schweiz. Trachten- und Heimatmuseum, auf Utenberg (s. S. 332). – Richard-Wagner-Museum, auf Tribschen (s. S. 330). Autographen des Komponisten und Sammlung alter Musikinstrumente. – Naturhistorisches Museum, mit bedeutender prähistorischer Sammlung, zurzeit magaziniert. – Gletschergarten (s. S. 332), mit geologischer und heimatkundlicher Sammlung. – Verkehrshaus der Schweiz (s. S. 331; Ortsplan, 27). Sammlung für Transportmittel und Verkehrstechnik; Planetarium. – Schweiz. Museum für Brot und Gebäck, Rigistrasse Nr. 28.

SÜDL. VON LUZERN

HORW. Kath. Kirche St. Maria. Erb. 1813–15 von Jos. Singer; Verlängerung nach W mit Vorzeichen und Renov. 1940 durch P. A. Furger. Klassiz. Anlage mit eingezogenem, 3seitig geschlossenem Chor zwischen schlankem N-Turm und 2geschossiger Sakristei. Das Innere durch Doppelpilaster in 4 Joche geschieden, die über dem hohen Gebälk von flachen Hängekuppeln überwölbt sind. Ehem. Deckengemälde von Xaver Hecht übermalt 1890 von Jos. Balmer. Hochaltar und diagonal gestellte Seitenaltäre aus der Bauzeit von Joh. Jos. Mosbrugger, Altarbilder von Casp. Muos, Casp. Bellinger, Xaver Hecht. Kanzel und Taufstein von Joh. Jos. Mosbrugger, Stationenbilder von Alois Niederberger. In der Taufkapelle spätgot. Pietà in moderner Fassung. Kirchenschatz: Spätgot. Turmmonstranz um 1500; spätgot. Vortragekreuz 2. Drittel 15. Jh. Reliefs an den Kreuzenden 13.

oder 14. Jh.; Vortragekreuz 17. Jh., an der Rückseite aufgesetzte spätgot. Muttergottes unter Baldachin; Prozessionsbüste der thronenden Muttergottes 17. Jh.; Kelche E. 17. und 18. Jh. – In Winkel. Kapelle Hl. Drei Könige. Einfacher Neubau von 1648 mit 3seitigem Chorschluss und offenem Dachreiter; Renov. 1924, gleichzeitig die gebrochene Holztonne. Über dem Chorbogen kleine Marienstatue M. 16. Jh.; Chorgitter mit bekrönendem Aufsatz 2. H. 17. Jh. Im neugot. Altarschrein Muttergottes A. 16. Jh., die Hl. Jakobus und Nikolaus wohl M. 17. Jh.

KRIENS. Kath. Kirche St. Gallus und Otmar. Schiff 1685, Querhaus und Chor 1890 von Heinr. Viktor v. Segesser. Die unteren Stockwerke des W-Turms 13. oder A. 14. Jh., Aufbau anlässlich der Kirchenrenov. 1937–39 von Otto Zeier. Am Giebel Plattenmosaik, Pietà, 1938 von Joh. Hugentobler; in der Vorhalle Sgraffiti 1938 von Werner Hartmann. Im Langhaus Tonnengewölbe mit Gurten auf Wandpfeilern; Deckengemälde im Querschiff 1890 von Jos. Balmer. Gute Barockaltäre, Kanzel und Einzelplastiken 2. H. 17. Jh., Antependien mit Stuckmarmorintarsien um 1740–50; Stationen E. 18. Jh. von Joh. Melchior Wyrsch. In der Sakristei u. a. 2 spätgot. Turmmonstranzen A. 16. Jh.; geschnitztes Büstenreliquiar Hl. Bischof E. 14. Jh.; Prozessionsbüsten 17. Jh. – Kirche Hl. Bruder Klaus. Erb. 1953 von Otto Dreyer. Glasgemälde im Chor von Eduard Renggli; Altarzubehör von Ant. Flüeler; Stationen als Wirkteppich nach Entwurf von Paul Stöckli. – Ref. Kirche, erb. 1939–40. – Schloss Schauensee, am Hang über dem Dorf. Frühgeschichte der Burg und erste Bewohner unbekannt; Rundturm 13. Jh., Palas 1595 und 1750 umgebaut. Jetzt Besitz der Gemeinde Kriens. – Gedeckte Holzbrücke am Weg nach Hergiswald 1791 von Jos. Ritter.

HERGISWALD. Wallfahrtskirche Maria Loreto (Abb. 115). *Das eigenwilligste, phantasievollste Bauwerk des frühen innerschweizerischen Barocks, auf einsamer Waldwiese am Hang des Pilatus.* An Stelle einer Einsiedelei mit Kapelle von 1503 entstand 1621 eine grössere Kapelle, die teilweise im heutigen Bau erhalten ist. Neubau 1651–62 nach Plänen des Kapuzinerpaters und Baudilettanten Ludw. v. Wyl; Rest. 1915–35. Nach N gerichteter Längsbau mit 3seitig geschlossenen Seitenkapellen in der Querachse und einer trapezförmigen Kapelle an der nördl. Schmalfront; in der Kreuzung der Walmdächer ein hölzernes Laternentürmchen mit Zwiebelhaube, begleitet von 3 offenen Dachreitern mit bekrönenden Heiligenfiguren aus bemaltem Eisenblech. Das *Innere* ist im Gegensatz zum schlichten Aussenbau von traumhaft phantastischer Wirkung. Auf den ungegliederten Wänden eine zeltartige polygonale Holztonne, die in den Querarmen über die weniger hohen Seitenkapellen gespannt ist und damit den zentralraumartigen Charakter der Anlage betont; in den 306 Deckenfeldern und in 17 Feldern der Emporenbrüstung einfach gemalte Mariensymbole von Casp. Meglinger. Konzentration der dekorativen Elemente auf die Kreuzung der Längs- und Querräume; im Eingang zum «Chorflügel» der Hochaltar, vor den beiden Seitenkapellen prachtvolle Portalarchitekturen in der Art barocker Festdekorationen. Barocker Hochaltar um 1652 wohl von Hans Ulr. Räber, stark aufgelöstes Retabel mit Figuren der Hl. Sippe und oben der Engel, welche nach der Legende das Haus der Hl. Familie von Nazareth nach Loreto trugen (Nachbildung hinter dem Altar, s. unten); in der Predella geschnitztes Relief der Wochenstube der Hl. Anna, darüber das bei Loretokapellen übliche «Fenster der Verkündigung», Altarbild 1855–57 frei nach dem urspr. Verkündigungsbild gemalt von Xaver Schwegler. Die Portale vor den Seitenkapellen von Hans Ulr. Räber, mit flankierenden korinth. Säulen, reicher plastischer Dekoration und leichten Aufsätzen: Am linken Portal zur Felixkapelle seitlich die Statuen der Hl. Ursus und Viktor, oben Wappen v. Sonnenberg zwischen den Hl. Johannes Bapt. und Franz von Assisi, im Aufsatz der Hl. Antonius, dem die Muttergottes das Jesuskind in die Arme gelegt hat. Den Eingang zur Sakramentskapelle bildet der übernommene Chorbogen der Kapelle von 1621–22; gleichzeitig das ebenfalls integrierte gefasste Stuckrelief Mariä Verkündigung. Am Portal die Hl. Karl Borromeo und Franz Xaver, oben Verkündigungsgruppe und Wappen der Pfyffer-Wyher, im Aufsatz seitlich die Hl. Bonaventura und Bernhardin, dazwischen der Hl. Franz von Assisi, der kniend die Stigmatisationsstrahlen empfängt, die in Form von Wollschnüren von einem Kruzifix im Schiff ausgehen. Dieser doppelseitige Kruzifix auf einem Querbalken im Gewölbe zeigt an der dem Hl. Franz zugewendeten Seite den Seraphischen Christus (mit Flügeln), unten am Kreuzstamm den Pelikan und an der Gegenseite einen Adler als Christussymbole; seitlich die ausdrucksvollen Figuren von Maria und Johannes. Kanzel mit reichem Figurenschmuck um 1660–70 von Hans Wilh. Tüfel; darunter das Grabmal des ersten Waldbruders Hans Wagner (gest. 1516), Tumba mit Liegefigur von 1622. Auf der Empore kleine Orgel mit graziösem Prospekt um 1743. – *Loretokapelle*, hinter dem Hochaltar. Die frei in der Kirche stehende Kapelle mit nach N abgewalmtem Ziegeldach ist eine mass- und formgetreue Nachbildung der «Casa Santa» von Loreto, deren legendäre Überführung von Nazareth nach Loreto auf einer Tafel an der O-Wand dargestellt und beschrieben ist. Im Innern Reproduktion der fragmentarischen Wandgemälde aus dem E. 13.–E. 15. Jh. in Loreto. Ein Holzgitter mit seitlichen Türen unterteilt die Kapelle in einen vorderen Altarraum mit Figuren der Hl. Familie und Gottvaters und den hinteren Raum; darin der sog. Santo Camino und in einer gerahmten Nische das Gnadenbild; Pietà 16. Jh., zwischen Muttergottes und Johannes aus dem 17. Jh.; über dem Beichtstuhl sitzende Muttergottes mit Jesuskind und Johannes 3. V. 17. Jh. Hinter der Loretokapelle an der N-Wand der Kirche 2 Renaissancenebenaltäre um 1620. Im sog. Chörlein der Antonius-von-Padua-Altar von Hans Ulr. Räber, zwischen gewundenen Säulen ein geschnitztes Altarbild, Maria erscheint den Hl. Antonius und Felix. – *Felixkapelle*, links. Tonnengewölbe, Stichkappen und Fensterleibungen sind mit barocken Symbolen ausgemalt von Heinr. Wägmann um 1650–60. Prachtvoller Altar 1651–56 von Hans Ulr. Räber mit Wappen des Stifters Fürst Franz v. Sonnenberg. Das sprühende barocke Altarwerk gibt in über 140 kleinen und einigen grossen Figuren sowie in Flachreliefs eine Darstellung des Weltgerichtes, mit zentraler Statue des von Engeln begleiteten Katakombenheiligen Felix und seitlichen Statuen der Hl. Franziskus und Ludwig als Fürbitter; Antependium mit Triumph des Todes über den Totengräber (kopiert), links Fegfeuer, rechts Hölle, in der Predella die Auferstehung der Toten, die in der Tiefe einer Säulenhalle vom Seelenwäger Michael empfangen werden; in den Windungen der Retabelsäulen links Aufstieg der Guten zu einem auf dem Gebälk sitzenden Engel mit Siegespalme, rechts Fall der von einem Engel gestürzten Bösen; als Aufsatz das von den Apostelfürsten bewachte offene Himmelstor, seitlich davon Engel des Jüngsten Gerichts; abschliessend Christus als Weltenrichter zwischen Maria und Johannes Bapt. Reliquienschrein des Hl. Felix M. 17. Jh., erneuert 1932; Schrein aus Schildpatt mit Sichtfenster, Engelsfigürchen und bekrönender Muttergottes. – *Sakramentskapelle*, rechts. Ältester Bauteil, urspr. das Chörlein des got. Vorgängerbaues von 1504; Ausmalung um 1650–60 von Heinr. Wägmann. Stuckaltar in blühenden Rokokoformen 1760, zwischen je 2 Säulen eine Muschelnische mit Madonnenstatue, darüber Stifterwappen der Segesser-Am Rhyn; oben in einer Oculusöffnung eine schwebende Heiliggeisttaube. – *Sakristei*. An einem Sakristeischrank befestigt eine gute Halbfigur des segnenden Gottvaters um 1500; Vortragekreuz, dat. 1591, mit Medaillons wohl aus dem 17. Jh.; Reliquienmonstranz in Baumform 1642 mit Madonnenstatuette; Augsburger Strahlenmonstranz 1755–57; Kelche und weitere Altargeräte A. 17.–19. Jh.

SCHWARZENBERG. Kath. Kirche St. Wendelin. Klassiz. Bau 1833 von Jost Weibel und Franz Jak. Bucher. – *Eigenthal*. Marienkapelle. Neubau 1517, Vergrösserung 1584, letzte Neugestaltung 1753; Renov. 1920. Einfacher Bau mit unregelmässigem Chörlein, geschlossenem hölzernem Vorzeichen und Dachreiter mit Zwiebelhaube. Innen Rokokostukkaturen 1753 von Franz Xaver Buosinger, gleichzeitig das interessante Deckenbild, Vertreibung der Hexen aus dem Eigental bei einer Viehseuche, von Jak. Carl Stauder. Schöner Hochaltar M. 18. Jh., am Antependium Stuckintarsien; Seitenaltäre M. 17. Jh. An den Längswänden des Schiffs je ein reicher Rokokostuckrahmen, darin Hl. Josef aus dem 18. Jh. und gegenüber eine holzgeschnitzte spätgot. Halbfigur der Muttergottes vom A. 16. Jh. – *Bemmeralp*. Marienkapelle, neuerbaut 1927. Im Barockaltärchen zwei geschnitzte Figuren aus dem 17. Jh.

NORDÖSTL. VON LUZERN UND SEEAUFWÄRTS

EBIKON. Kath. Kirche St. Maria. Erbaut 1790 von Jos. Singer, 1926–27 von Adolf Gaudy verlängert und im Langhaus querschiffartig erweitert. Letzte Renov. 1969. In urspr. Form erhalten der nach dem Singer-Schema ansetzende Chor, der N-Turm mit Zwiebelhaube und die Sakristei. Am Chorgewölbe klassiz. Stukkaturen, Deckengemälde Mariä Himmelfahrt und Krönung 1792 von Jos. Ant. Messmer. Drei Rokoko-Altäre und Kanzel vielleicht von Joh. Jos. Mosbrugger, heute rot marmoriert und vergoldet; vor den Predellen der Seitenaltäre Skulpturen des 17. Jh., Pietà und Büste der Muttergottes. Im Triumphbogen ein Kruzifixus des 18. Jh., darunter auf Podesten 2 Leuchterengel 2. H. 17. Jh. Im Chor auf 2 eleganten

Konsoltischchen von etwa 1730 je eine spätgot. Figur eines musizierenden Engels 1.H. 15.Jh. Grabplatte des Lokalheiligen St. Diobald mit archaisierender Liegefigur von 1656. Anlässlich des modernen Umbaus ein Bild von Aug. Meinrad Bächtiger, Kreuzweg von Aug. Wanner und Scheiben von Albin Schweri. – Sakristei. Figürlich bestickter Hostienbehälter aus Seide 14.Jh.; Vortragekreuz um 1400 mit qualitätvollen Medaillons z.T. in Grubenschmelz, Korpus A. 16.Jh.; spätgot. Vortragekreuz mit edelgeformtem Korpus 2.H. 15.Jh.; Luzerner Monstranz in got. Turmform 2.H. 17.Jh.; Kelche und weitere Altargeräte 17. und 18.Jh. – Beinhaus. Im rund geschlossenen Chor ein Barockaltärchen 17.Jh., Altarbild der 14 Nothelfer 2.H. 17.Jh. – Kapelle St. Anna. Einfacher Bau von 1668 mit Vorzeichen und Dachreiter. Barockaltärchen mit Figur der Hl. Anna selbdritt aus der Bauzeit. Klassiz. Chorgitter aus Holz A. 19.Jh.; Gemälde 2.H. 17. und 18.Jh. – Landsitz Hünenberg, oberhalb der Strasse nach Luzern. Zierlicher Bau mit Eckrisaliten und Pavillons 1759 von Jak. Singer. Der nordöstl. Pavillon bildet das Chörlein einer kleinen Kapelle, darin Barockaltar mit spätgot. Pietà aus dem E. 15.Jh.; Relief eines Apostels um 1500, Erbärmdebild 18.Jh. – *Rathausen.* Ehem. Zisterzienserinnenkloster, heute Kinderheim. Gründung 1245, Neubau 1588–92; Klosteraufhebung 1848. Nach Grossbrand 1903 auf den alten Umfassungsmauern wieder aufgebaut. Die Kirche beim Wiederaufbau durch Streben gestützt; innen Stukkaturen in Neurokokoformen. Rokoko-Altäre und Kanzel 1754 aus dem ehemaligen Bruchkloster Luzern, Hochaltarfiguren M. 17.Jh. Kreuzgang mit Brunnenhäuschen 1591 von Anthoni Meyer, Renaissance-Anlage mit moderner Gipsdecke. Vom alten Kloster u.a. ein roman. Doppelfenster und die versetzte spätgot. Klosterpforte. Ausserhalb der Klostermauer mit Hofportal das ehem. Amtshaus mit offenem Laubengang im Erdgeschoss, Riegelwerk in den Obergeschossen und hohes Walmdach.

BUCHRAIN. Kath. Kirche St. Agatha und Jakob. Neubau 1748, erweitert 1932–33 durch Adolf Gaudy. Klassiz. Ausstattung um 1840, die kleinen Statuen auf den Seitenaltären 17.Jh.; Bilder der Nebenaltäre 1851 von Paul Deschwanden. – Beinhaus. Im flachgedeckten Innern barocke Wandmalereien 18.Jh. zum Thema Tod und Mensch, renov. 1925; über der Mensa eine auf Holz gemalte Pietà 17.Jh. – Pfarrhaus. Stattlicher Holzbau um 1700, aus der bäuerlichen Architektur entwickelt; einst Sommersitz der Luzerner Stiftspröpste. – Im Ortskern einige besonders schöne Bauernhäuser, gewettete Blockbauten aus dem 18.Jh.

PERLEN. Kath. Kirche St. Josef, erb. 1938. Umfangreicher Wandbilderzyklus der Passion 1942–43 von Pietro Chiesa. Vortragekreuz 15.Jh.

DIERIKON. Kapelle Dreifaltigkeit und St. Jakob. Neubau 1862 von Wilh. Keller. – *Götzental.* Landsitz Götzental, als Junkersitz für Hauptmann Jost Pfyffer erb. 1584, Kapelle geweiht 1662. Auf hohem unverputztem Erdgeschoss 2 Obergeschosse im Blockverband, Klebdächer und an der S-Seite eine offene Laube; Krüppelwalmdach. Im Erdgeschoss eine weite Halle mit reichbemalter got. Balkendecke, in den Obergeschossen Täferstuben mit Balkendecken und Buffets aus der Bauzeit; dekorativ ausgemalte Schlafzimmer 3.V. 17.Jh. Freistehende Kapelle mit Vorzeichen und Dachreiter; im Rokoko-Altärchen eine Immakulatastatue.

ROOT. Kath. Kirche St. Martin. Neubau 1707–08, Umbau 1819–20 durch Franz Jos. Rey, Verlängerung 1886–87 durch Wilh. Keller; Renov. 1931 mit gleichzeitiger Vorhalle. Einfacher Bau mit eingezogenem, 3seitig geschlossenem Chor, der Turm nach 1908 erhöht. Im flachgedeckten Schiff und im gewölbten Chor klassiz. Stuckdekorationen, Deckenbild 1931 von Aug. Meinrad Bächtiger. Hochaltar 1676, Seitenaltäre wohl nach 1710, Madonnenstatue des Marienaltars A. 17. Jh. aus der ehem. Spitalkirche Luzern; Kanzel 2.H. 17.Jh. Kirchenschatz: Altarkreuz mit Korpus des 16.Jh., Ornamente 17.Jh., Sockel um 1700; Augsburger Strahlenmonstranz um 1770; weitere Altargeräte und Paramente 17.–1.H. 19.Jh. – Beinhaus. Mit der Kirche neuerb. 1707–11. Renaissance-Altärchen um 1620. Got. Altarschrein mit Figuren dat. 1517. – Pfarrhaus. Völlig umgeb. im 18.Jh.; über gemauertem Erdgeschoss ein 2stöckiger Ständerbau mit Mansartdach.

HONAU. Kapelle St. Eligius. Neubau 1647, Renov. 1836. Dreiseitig geschlossene Anlage mit schönem Vorzeichen und Dachreiter. Im flachgewölbten Raum 3 figurenreiche Spätrenaissance-Altäre aus der Bauzeit, Werkstatt des Niklaus Geisler. Über dem Chorbogen spätgotischer Kruzifix E. 16.Jh.; Stationenbilder 17. oder 18.Jh.

MEIERSKAPPEL. Kirche Mariä Himmelfahrt. Spätgot. Anlage, stark umgeb. 1683–84, Neugestaltung und Verlängerung um 2 Joche 1872–74, gleichzeitig Umbau des Turmes von 1440; Renov. 1960, neuer Turmhelm und Kopie der alten Sgraffito-Umrahmungen der Schiffs- und Chorfenster. Einschiffiges Langhaus mit Vorzeichen, der weniger hohe eingezogene Polygonalchor wird vom N-Turm und der 1960 neuerbauten zweigeschossigen Sakristei flankiert. Stichkappentonne im Schiff und Rippengewölbe im Chor von 1683–84 (Ansätze der spätgotischen Gewölberippen sichtbar); Stuckierung und Deckengemälde von 1872–74. Spätklassiz. Hochaltar aus Stuckmarmor 1840–43 von Joh. Jos. Mosbrugger, Bild 1874 von Paul Deschwanden, Altarkreuz mit silbergetriebenem Korpus E. 17.Jh. Seitenaltäre und Kanzel 1834 von Meinrad Birchler; auf dem linken Seitenaltar feine spätgot. Pietà um 1500. Taufstein um 1684 mit geschnitzter Taufe Christi auf dem Deckel. In den vorderen Schiffsfenstern 6 Wappenscheiben von 1684. In der Sakristei u.a. schönes spätgot. Vortragekreuz mit feingliedrigem Korpus auf Astkreuz und rückseitigen Reliefs etwa M. 15.Jh., die Medaillons an der Vorderseite 18.Jh.; Einsiedler Strahlenmonstranz in Régenceformen von Jos. Ant. Fuchs; Zuger Kelch mit reichem Régencedekor von Joh. Martin Wetzstein. – Beinhaus. Im einfachen Bau von 1871 ein spätgot. Kruzifix um 1520–30; aus dem 17.Jh. holzgeschnitzte Prozessionsbüsten der Hl. Anna und Barbara, ferner 2 Leuchterengel. – Einige charakteristische Luzerner Bauernhäuser, so die stattliche Vorderspicht um 1790, Hinterspicht 1765, Käppelihof 1801.

UDLIGENSWIL. Kath. Kirche St. Oswald. Erb. 1966 von Aug. Boyer. In der Sakristei u.a. Luzerner Turmmonstranz 1.H. 17.Jh.; Rokokovortragekreuz M. 18.Jh; Augsburger Rokokokelch 1807.

ADLIGENSWIL. Kath. Kirche St. Martin. Neubau 1825–27 von Franz und Jos. Händle; Rest. 1971. Langhaus mit eingezogener Vorhalle, eingezogener, polygonaler Chor zwischen Turm und 2geschossiger Sakristei. Im Innern sparsame Stuckierung, Deckengemälde 1927 von Georg Troxler jun. Klassiz. Altäre mit Bildern von Kasp. Moos und am linken Seitenaltar von Joh. Villiger. Chorgestühl und Bankwangen sind zierliche Biedermeierarbeiten mit ländlich geschnitzten Appliken. Im Langhaus 2 spätbarocke Büsten der Hl. Martin und Theodul. Monstranz um 1680. – *Dottenberg*. Kapelle St. Jodokus. Zierlicher neugot. Bau, 1863 von Wilh. Keller.

MEGGEN. Kath. Kirche St. Gallus und Magdalena. Neubau 1776 von Jak. Singer; Renov. 1923. Langhaus mit Vorzeichen, eingezogener Chor zwischen N-Turm und 2geschossiger Sakristei. Schiff und Chor im Innern nach dem Schema der Luzerner Landkirchen des 18. Jh. verschliffen; auf Pilastern flache Tonnengewölbe mit Stichkappen. Stuckierung bestehend aus Louis-XVI-Girlanden; Deckengemälde 1815 von Jos. Ant. Messmer. Anbetung der Könige und Bergpredigt. Gute Rokoko-Altäre mit Statuen aus der Bauzeit, Bild des Hochaltars 1780 von Jos. Keller, Seitenaltarbilder 1868 von Paul Deschwanden; auf dem Tabernakel qualitätvolle Kreuzigungsgruppe wohl von 1699. Im Triumphbogen geschnitzter Kruzifix 16. Jh. In der Sakristei u.a. spätgot. Vortragekreuz 15. Jh. mit Evangelistenmedaillons; Luzerner Régencemonstranz 1. Drittel 18. Jh. von Wilhelm Schindler; weitere Altargeräte und Paramente 16.–A. 19. Jh. – Kath. Pfarrkirche. Erb. von Franz Füeg 1964–66.

Vordermeggen, Altstaad. Kapelle Unserer Lieben Frau auf der Platte. Geweiht 1520, Dachreiter 1641, Verlängerung um die 3. Fensterachse 1751, Vorzeichen 1834; letzte Renov. 1941. Rechteckige Anlage mit $^5/_{10}$-Schluss, das flachgedeckte Innere durch einen Chorbogen unterteilt. An der N-Wand Fragmente von Wandgemälden um 1600, in der Mitte die Hl. Sippe oder Darstellung im Tempel, seitlich Heilige. Régence-Altärchen, die wohl ältere Muttergottesstatue vielleicht 1699. Holzstatue St. Anna selbdritt 17. oder 18. Jh. Drei Gemälde E. 17. Jh., ein weiteres dat. 1773. – Burgruine Neuhabsburg. Erbaut um 1240 durch Rudolf III. v. Habsburg, im Krieg der Waldstätte und Luzerns gegen Österreich 1352 zerstört. – Schlossvilla Neuhabsburg, auf dem südl. Teil des Burghügels. Erb. 1868–71, romantische Burganlage in spielerischer Neugotik. – Heiligenhäuschen St. Niklaus, auf einem Inselchen nahe bei Meggenhorn. Erstmals erwähnt 1433. Einfacher kleiner Bau mit grosser Fensteröffnung an der S-Seite, die den vorüberfahrenden Schiffern den Blick auf eine überlebensgrosse Statue des Hl. Niklaus von Myra (Patron der Seefahrer) aus dem A. 14. Jh. freigibt. – Schloss Meggenhorn. Bis ins 16. Jh. Besitz des Chorherrenstiftes Luzern; tiefgreifender Umbau und Erweiterung in Formen der Neurenaissance 1886–99 von Heinr. Viktor v. Segesser, von demselben die freistehende neugot. Kapelle 1888. Im Herrenzimmer ein reichbemalter Pfau-Ofen von 1660. – Villa Altstaad. Schlichter neubarocker Bau 1867 von Joh. Jak. Stehlin d. J.

GREPPEN, am S-Ufer der Küssnachter Bucht. – Kath. Kirche St. Wendelin. Erb. 1645–47 wohl von Moritz Salebacher. Einschiffiges Langhaus und eingezogener Polygonalchor unter gleichem First, an der W-Front ein schönes Vorzeichen mit 3 hohen Arkadensäulen; N-Turm mit Spitzhelm nach dem Vorbild der Luzerner Hofkirche. Das Innere in klassiz. Formen umgestaltet 1804, Tonnengewölbe mit Stichkappen. Deckengemälde wohl von Jos. Ant. Messmer, Abendmahl und Leben des Hl. Wendelin. Hochaltar geweiht 1647, ein reiches Werk des frühbarocken Knorpelstils; in der Mitte die Muttergottes, umgeben von geschnitzten Rosenkranzmedaillons. Seitenaltäre 1831 von Joh. Jos. Mosbrugger mit Bildern 1832 von Leodegar Ronca; auf dem rechten Seitenaltar Reliquienschrein eines Katakombenheiligen, auf dem linken der Hl. Wendelin 1.H. 19.Jh. Im Triumphbogen Kruzifix aus der Bauzeit; darunter Muttergottesbild in reichgeschnitztem Rokokorahmen. Klassiz. Kanzel 1819 von Marzell Müller. In der Sakristei u.a. got. Vortragekreuz 15.Jh., mit Korpus aus dem 14.Jh.; Zuger Monstranz um 1680 von Melchior Maria Müller.

WEGGIS. Kath. Kirche St. Maria. Neubau 1886–88 von Wilh. Keller, unter Verwendung des roman. Turmes mit got. Glockengeschoss von 1559. Das Innere durch Renovation 1965–66 von Josef Wey stark verändert. Hochaltar 1687 von den Brüdern Städelin aus Arth, mit z.T. stark überarbeiteten got. Figuren: Mittelgruppe einer Krönung Mariä 1.H. 16.Jh., Petrus wohl gleichzeitig, aber von anderer Hand, Johannes Bapt. um 1430. Seitenaltäre 1841 von Marzell Müller, in verglasten Reliquienschreinen die Katakombenheiligen Justus und Benignus. Originelle Ampel in Form eines Schiffes 1.H. 19.Jh. Lebensgrosser ehem. Chorbogenkruzifixus und ein Auferstehungschristus M. 17.Jh. aus der Werkstatt Hans Ulr. Räbers. In der Sakristei u.a. Vortragekreuz um 1680; Kelch mit reichem Régencedekor um 1740 von Bernhard Ant. Studer. – **Kapelle Allerheiligen,** im Unterdorf. Erb. 1623, letzte Renov. 1923. Einfacher Bau mit Vorzeichen und Dachreiter, Sakristei im Scheitel des leicht eingezogenen Chores. Im Schiff eine 1923 rekonstruierte Holztonne, im Chor Kreuzgratgewölbe. Spätrenaissance-Wandmalereien 1642: An der Rückwand oben Fürbitte der Heiligen für die armen Seelen, neben der Türe links die 12 Apostel, rechts 7 Heilige; über dem Chorbogen an der Schiffseite die Verehrung des Lammes Gottes, an der Chorseite Mariä Verkündigung; im Chor Engel, z.T. mit Leidenswerkzeugen; Spitzbogenfenster ornamental ausgemalt. Spätklassiz. Altäre A. 19. Jh. mit Bildern aus der 2.H. 19.Jh.; im Schiff eine Holzstatue St. Wendelin A. 19.Jh. – Junkerhaus. Herrschaftlicher Sommersitz um 1700, einst in Besitz der Hertenstein, Fleckenstein und Pfyffer; Renov. 1924. – Hotel du Lac. Früher Hoteltyp, guter klassiz. Bau von 1838; Umbau 1851 und 1869. – Ref. Kirche. Neuklassiz. Bau 1918–19 von Karl Indermühle.

Kapelle Heiligkreuz, am Rigiweg unterhalb Felsentor. Spätgot. Anlage verändert 1778–79; Renov. 1936–37. Im Innern an der flachen Tonne 2 Dekkenbilder aus dem 18.Jh. Klassiz. Altärchen mit spätgot. Holzstatue der Gottesmutter. Über dem Chorbogen ein Bild des Gekreuzigten in reichgeschnitztem Barockrahmen; beidseits des Bogens hochovale Gemälde der Verkündigung, Wende 18. zum 19.Jh.

VITZNAU. Erst seit 1866 auf dem Landweg zugänglich, rasche Entwicklung seit Eröffnung der Rigibahn 1871. – **Kath. Kirche St. Hieronymus.** Klassiz. Neubau 1839–43 durch Jos. Weibel nach dem Singer-Purtschert-Schema der Luzerner Landkirchen; Renov. innen 1955–56, aussen 1962. Breites Langhaus mit eingezogener Vorhalle, der schmale Chor innen rund, aussen 3seitig geschlossen. Aus dem Choreinzug vortretender N-Turm mit geschweiften Uhrgiebeln und Laternenkuppel, in symmetrischer Lage gegenüber ein 2geschossiger Sakristeianbau. Fassade mit geschweiftem Frontispiz, über den 3 Arkaden je eine rundbogige Nische mit Statue. Im Innern Wandgliederung durch ion. Pilaster, die im 3jochigen Schiff paarweise gestellt sind. Tonnengewölbe mit Gurten und Stichkappen. In den seitlichen Chorwänden öffnen sich Loggien in kleine Balkone. Deckenbild der Verklärung Christi 1842 von Ant. Bütler nach Raffael, am Chorgewölbe kleines Ovalbild mit Allegorie von Glaube, Hoffnung und Liebe. Spätklassiz. Altäre und Kanzel aus der Bauzeit, Altarbilder 1843 von Ant. Bütler; auf dem linken Seitenaltar Statue der Muttergottes um 1600, auf dem rechten Altar Büste des Hl. Hieronymus um 1650 von Hans Ulr. Räber. Im Schiff vortreffliches Ölbild der Pietà, bolognesisch A. 17. Jh.; Bild des Hl. Franz Xaver, der durch den Hl. Hieronymus geheilt wird, 2. H. 17. Jh.; neben dem Haupteingang Statue des Hl. Franz Xaver M. 18. Jh. In der Sakristei spätgot. Vortragekreuz 15. Jh.; Zuger Kelch 3. V. 18. Jh. von Fidel Brandenberg; weitere Altargeräte 17. und 18. Jh.

RIGI KALTBAD. Kapelle St. Michael. Neubau 1779 durch Jak. Singer; Renov. 1810 und seither. Nach W gerichteter Bau mit eingezogenem Chörlein, Dachreiter mit Haube. Im Schiff flache Tonne mit Stichkappen und einfachen Stukkaturen, Schiff und kreuzgratgewölbter Chor durch Rundungen verschliffen. Altäre aus der Bauzeit, am Hochaltar eine spätgot. Madonna E. 15. Jh., Bilder der Seitenaltäre 1861 von Theodor Deschwanden. Zierliches Chorgitter aus Holz in Louis-XVI-Formen, schwarz gestrichen. Im Triumphbogen ein Kruzifix aus dem 16. oder 17. Jh. Glasfenster modern. – Ref. Bergkirche. Erb. 1964 von Ernst Gisel. – Rigi Klösterli, s. Kt. Schwyz. – Kapelle Heiligkreuz am Fussweg nach Weggis, s. S. 340.

LUZERNER SEETAL: EMMEN–HITZKIRCH–SCHONGAU

EMMEN. Kath. Kirche St. Mauritius. Neubau 1828 von Fidel Obrist; Renov. 1951. Vierjochiges Langhaus und eingezogener Chor zwischen dem N-Turm und der Sakristei, an allen Fronten Pilastergliederung. Der weite Raum durch flache Tonnen mit Stichkappen überwölbt, an den Chorseiten gebauchte Emporenbrüstungen. Spätbarocker Hochaltar mit Baldachin auf 2 Säulenpaaren, Statuen 1731; alle Altarbilder 1831 von Casp. A. Menteler. Eine offene Laube führt zur Barockkanzel. Taufstein nach dem Vorbild in der Luzerner Hofkirche, die Kartuschen auf dem Holzdeckel 17. Jh. In der Sakristei u. a. nachgot. Turmmonstranz, frühbarocker Fuss 2. H. 17. Jh. von Joh. Casp. Schlee. Einige Holzplastiken M. 17.–E. 18. Jh. – Friedhofskapelle St. Michael. Einfacher Neubau 1745 mit Zwiebeltürmchen. – Kath. Kirche St. Maria. Zentralbau 1958 von Alois Moser. Marienbrunnen im

Vorhof von Gottlieb Ulmi; Altar, Altarkreuz und Antoniusfigur von Xaver Ruckstuhl. – Altersheim. Erb. 1961–62 von Hans Stäger. An der Altarwand der Hauskapelle gute Figurenreliefs der 8 Seligkeiten 1961 von Aug. Blaesi. – Schulhaus Gersag. Erb. 1953 von Carl Mossdorf. Fassadenrelief von Roland Duss, Tierplastik von Max Weiss, Mosaik von Alfred Sidler. – Flugplatz. Fliegerdenkmal 1947 von Roland Duss.

INWIL. Kath. Kirche St. Peter und Paul. Neubau 1777–78 von Jak. Singer; 1923–24 nach W verlängert. Einfacher Aussenbau ohne die urspr. Gliederung, der 3seitig geschlossene Chor im Einzug flankiert von 2geschossiger Sakristei und Turm mit geschweiften Giebeln und Haube. Im Innern sind Schiff und Chor durch Rundnischen verschliffen, Pilaster tragen auf Gebälkstücken gedrückte Stichkappentonnen mit Rokokostukkaturen. An den beiden Chorseiten geschweifte Loggienbrüstungen mit Rundbildern 1778 von Jos. Reinhard; Deckenbilder 1877–78 von Jos. Balmer. Gute Altäre und Kanzel aus der Bauzeit; am Hochaltar 2 klassiz. Statuen zwischen freistehenden Retabelsäulen, am rechten Seitenaltar Reliquienschrein eines Katakombenheiligen mit bemaltem Deckel, am linken Altar Schreindeckel mit Tod des Hl. Josef in Halbfiguren. Chorgestühl vielleicht etwas älter als die Kirche. In der Sakristei u. a. ein frühbarocker Reliquienschrein aus Holz um 1670 mit goldgefassten Skulpturen. Altargeräte 17. und 18. Jh. – Beinhaus. Neubau 1676 mit Zwiebeltürmchen. Altar dat. 1676, Altarbild darstellend die Hilfe an die armen Seelen durch gute Werke; got. Kruzifix 2. V. 15. Jh. – Kapelle St. Katharina, südl. der Strasse nach Gisikon. Schlichter Längsbau 1659 mit 3seitigem Schluss, Vorzeichen und Dachreiter; Renov. 1937. Hochaltar vor gemalter Baldachindraperie 1660, got. Kruzifixus; auf den Nebenaltären got. Figuren 1504, links St. Anna selbdritt, rechts Pietà. Im Chorbogen frühbarocker Kruzifix. – Südl. Inwil Stätte der ehem. Burg und Stadt Eschenbach, infolge der Ermordung König Albrechts 1308 in der Blutrache gegen die Eschenbacher zerstört 1309; keine sichtbaren Reste.

***ESCHENBACH. Zisterzienserinnenkloster.** *Mit ansehnlichem Kirchenschatz.* Gegründet 1285 durch die Freiherren v. Eschenbach an Stelle der heutigen Katharinenkapelle bei Inwil, nach auf den Königsmord erfolgter Zerstörung der benachbarten Stadt Eschenbach 1309 hieher verlegt; Annahme der Zisterzienserregel 1588. Haupttrakt mit Konvents- und Abteigebäude neuerb. 1584, das nach N abgewinkelte Kapitelhaus mit südl. anschliessendem Renaissancekreuzgang und die alte Kirche an der S-Seite 1625–26, Gästehaus mit der Schmalseite an den östl. Kreuzgangflügel angeb. 1683. Erweiterung nach W um einen 2. Kreuzgang und die davor an der Strasse stehende neue Klosterkirche 1909–12 durch Aug. Hardegger, gleichzeitig die alte Kirche (s. Pfarrkirche) weitgehend neuerbaut. In den nicht zugänglichen Klosterbauten gute Skulpturen des 15.–18. Jh., im neuen Kreuzgang 10 Wappen- und Figurenscheiben von 1559–60. – *Klosterkirche.* Neubarocker Kuppelbau, Hauptportal in der als Schauseite gestalteten Längsfront. Im Kirchenschatz sog. Stifterkelch* mit reicher Emailmalerei 1340–50, einer der schönsten hochgot. Kelche der Schweiz; spätgot. Äbtissinnenstab um 1588–90 von Jost I Hartmann, in der bewegt dekorierten Krümme Statuetten der Madonna und an der Gegenseite des Hl. Bernhard; Barockmonstranz um 1700 von Ferd. Schlee. – Pfarrkirche Herz Jesu. An Stelle der alten Kloster- und Pfarrkirche neuerb. 1909–12 von Aug. Hardegger, unter Verwendung des alten Chorhauptes von 1625–26 und des mittelalterl. N-Turmes. Neubarocke Säulenbasilika mit aufwendiger Fassade und 2türmiger Choranlage. Aus der Bauzeit Deckengemälde von Georges Troxler, 5 Marmoraltäre von Hermann Adler, Kanzel und Taufstein von Luigi Piffaretti. Auf Altären und an den Wänden Statuen des 17. Jh. aus der Vorgängerkirche. In der Sakristei Augsburger Rokokomonstranz 3. V. 18. Jh.; weitere Kultgeräte 16.–19. Jh. Neben der Kirche aufgestellt der alte Renaissancetaufstein M. 17. Jh. Kleines Beinhaus nördl. des Chores erb. 1885.

BALLWIL. Kath. Kirche St. Margaretha. Unter Wiederverwendung des Turmes von 1815 neuerb. 1847–49 von Joh. Seidl, erstes Beispiel des romantischen Münchner Historismus in der Innerschweiz; Renov. 1907. Auf dem Hochaltar eine barocke Kreuzigungsgruppe wohl von 1711; auf den Seitenaltären nazarenisch überarbeitete Barockfiguren, die barocke Madonna auf dem Marienaltar in neuerer Zeit zugekauft. In der Sakristei spätgot. Statue eines Benediktinerheiligen A. 16. Jh. – Kapelle St. Antonius, in Gibelflüh. Erb. 1682, Neubau des Schiffes 1791, Dachreiter 1804; Renov. aussen 1954, innen 1957. Auf dem Hochaltar thronende Madonna 1. H. 17. Jh., seitlich des Chorbogens Figuren St. Anna selbdritt und Katharina um 1680.

HOCHDORF. Kath. Kirche St. Martin. Neubau 1757–58 von Jak. Singer, unter Verwendung des Turmes von 1455 mit vielleicht älteren Teilen; Rest. 1939–40, gleichzeitig Verlängerung nach W mit Fassade nach altem Vorbild. Die Barockkirche bildet mit dem got. Beinhaus und dem got. Pfarrhaus beidseits der hohen Freitreppe zur Fassade eine eindrückliche Baugruppe. Die Fassade mit eingezogener Vorhalle und Pilastergliederung ist auf geschweiftem Frontispiz durch Statuen bekrönt, an ihrer S-Seite der got. Turm mit Spitzhelm. Typische Singer-Anlage mit querschiffartiger Erweiterung des Langhauses und diagonal gerichteten Altarnischen als Überleitung zum rund geschlossenen Chor. Wandgliederung durch Pilaster und umlaufendes Gesims, über dem sich die Stichkappen des Tonnengewölbes zu Thermenfenstern öffnen. In eleganten Rokokostukkaturen illusionistische Deckengemälde von Jos. Ignaz Weiss (Übermalungen 1950), im Chor St. Michael und in Nebenspiegeln die 4 Evangelisten, im Schiff vorne St. Martin, im grossen Mittelfeld Himmelfahrt Mariä und über der Empore der taufende Franz Xaver, in Nebenbildern Szenen aus dem Leben des Hl. Franz Xaver. Hinten im Schiff an der Turmwand Reste eines spätgot. Freskenzyklus, wohl 2. H. 16. Jh. Guter Hochaltar 1764–65 von Jak. Mosbrugger mit Plastiken von Joh. Bapt. Babel und Gemälden von Joh. Melchior Wyrsch; Nebenaltäre und Kanzel (1772) aus Stuckmarmor. Chorgestühl von 1679 teilweise in Kopie erneuert. In der N-Kapelle eine Prozessionsmadonna um 1660 von Hans Ulr. Räber; an der südl. Schiffswand frühbarocke Pietà um 1650 oder 2. H. 17. Jh.; unter der Empore Kruzifix mit Maria und Johannes 17. Jh. Taufstein in Kelchform um 1760, auf dem Deckel geschnitzte Bekrönung mit Taufe Christi. Kirchenschatz: u.a. spätgot. Vortragekreuz E. 16. Jh.; Barockmonstranz 2. H. 17. Jh. von Joh. Casp. Schlee; Zuger Rokokokelch von Fidel Brandenberg; Kerzenengel und Prozessionsfiguren 2. H. 17. Jh. bis Wende zum 18. Jh.; Paramente. In den Gräberhallen Gemäldezyklus 1932–33 von Augustin M. Bächtiger. – Beinhaus. Spätgot. Bau mit Dachreiter, geweiht 1576. Das Obergeschoss renov. 1962, darin eine bemerkenswerte spätgot. Gruppe der Krönung Mariä A. 16. Jh. – Pfarrhaus. Spätgot. Treppengiebelbau 1534 von Hans Murer, Klebdächer anlässlich der Aussenrenov. 1958. – *Urswil.* Kapelle der Unschuldigen Kinder, östl. des Dorfes auf ehem. Gerichtshügel mit Linde. Einfache Anlage von 1565, vergrössert und umgeb. 1820. Klassiz. Altäre 1858; Chorbogenkruzifix und ländliche Pietà barock. – *Baldegg.* Mädcheninstitut. An Stelle der 1236 erwähnten Burg Baldegg, die nach Gründung des Instituts 1830 nach und nach abgetragen wurde. Institutskirche erb. 1939 von Stadler und Wilhelm; aus der ehem. Burgkapelle eine seltene got. Holzfigur des Schmerzensmannes M. 14. Jh., ferner barocke Pietà 2. H. 17. Jh.

HOHENRAIN. Ehem. Johanniterkomturei. Eindrücklich auf einer Hügelkuppe gelegene Ordensburg, gegr. um 1180. Erhaltene mittelalterliche Bauten im wesentlichen um 1300 und 14. Jh., Neubau der Kirche 1694; tiefgreifende Umbauten im 18. und 19. Jh. Aufhebung 1806, seit 1847 Taubstummenanstalt; neugotische Anstaltskapelle und Schulhaus 1904–06. Eine Ringmauer mit Rundturm in der NW-Ecke und angebautem ehem. Wächterhaus umschliesst 3 parallel zueinander liegende Trakte. Im N das 3geschossige Torhaus mit 2 Holzlauben an der Innenseite, in östl. Verlängerung das Pfarrhaus. In der Mitte die Kirche und in westl. Verlängerung das sog. Moserhaus als Verbindung zum gleichzeitig um 1300 erbauten Wohnturm «Roten», der im hölzernen Obergaden eine got. Täferstube mit gewölbter Balkendecke aus dem 15. Jh. enthält. Im W der 1845–47 umgebaute Haupttrakt aus dem 14. Jh. mit spätgot. Wappenrelief von 1522 und barockem Treppenhaus. – *Kirche.* Barockbau mit spätgot. Käsbissenturm von 1550 an der N-Seite. Das schmale Schiff weitet sich vor dem rundgeschlossenen Chor querschiffartig in nahezu halbrunde Seitenkapellen; Stukkierung 1899–1900; Rest. 1970–72. Gute Rokoko-Altäre, die Seitenaltäre vermutlich von Joh. Bapt. Babel um 1774, Kanzel gleichzeitig. Auf den Beichtstühlen je eine Statue wohl von Hans Wilh. Tüfel, vielleicht aus der alten Ausstattung von 1694, später weiss gefasst. – *Ottenhusen,* an der Strasse nach Ballwil. Kapelle St. Johann Bapt. Neubau 1813, Rest. 1957. Hochaltar in Louis-XVI-Formen aus der Bauzeit, im Mittelschrein Madonnenstatue M. 17. Jh., in der Predella spätgot. Johanneshaupt E. 15. Jh.

KLEINWANGEN. Kath. Kirche St. Georg. Geweiht 1731, Verlängerung nach W und Turm 1897, gleichzeitig Deckenbilder von Franz Vettiger und Neurokokostukkaturen. Altarstatuen aus der alten Ausstattung von 1731, spätgot. Pietà A. 16. Jh. Renaissancekanzel um 1600 mit geschnitzten Reliefs an der Brüstung. In der Sakristei u.a. Vortragekreuz M. 16. Jh.

Régencemonstranz nach 1736 von Wilh. Schindler. – Marienkapelle, beim ehem. Bad Ibenmoos. Erb. 1590, vergrössert und barockisiert 1734. Im Innern 5fach gebrochene Feldertonne aus Holz, 1954 erneuert. Rokoko-Altar aus Stuckmarmor um 1780.

LIELI. Kapelle St. Wendelin. Erb. um 1590, Barockisierung und Neubau des Chores 1732, Umgestaltung 1790; Rest. 1958. Einfache Anlage mit querrechteckigem Chor und anschliessender Sakristei, Dachreiter. Im Innern kräftig profilierte Felderdecken von 1732. Zierlicher hölzerner Rokoko-Altar blau marmoriert, ältere Madonnenstatue und übrige Altarfiguren 1. H. 17. Jh. Im runden Chorbogen barocke Kreuzigungsgruppe. Wendelinszyklus auf 12 Holztafeln gemalt 1684 von Casp. Wolfgang Muos, überarbeitet 1892 durch Joh. Amberg, Stationen M. 18. Jh.; als 15. Bild die Kreuzauffindung; 2 weitere Gemälde E. 18. Jh. – Burgruine Lieli, sog. Nünegg. Im 13. Jh. Sitz der Herren v. Lieli, 1386 durch die Luzerner zerstört.

GELFINGEN. Schloss Heidegg. Mächtiger Bergfried in erhöhter Lage, erb. im 11. oder 12. Jh. für die lenzburgischen, später habsburgischen Herren v. Heidegg. Zum barocken Landedelsitz umgestaltet 1618, Aufbau von 3 Wohngeschossen und Anbau des Treppenturms an der O-Seite; Ausstattung 2. H. 17. Jh. oder um 1700; seit 1950 in Besitz des Kantons Luzern. Der hohe Schlossturm mit Walmdach ist von 2 Zinnenmauern umgürtet, von denen die äussere um die im N freistehende Kapelle und das Pächterhaus führt. Im Hauptbau mehrere original ausgestattete Wohnräume, im obersten Geschoss schöner Festsaal um 1690 mit tessinischen Stukkaturen, allegorische Deckengemälde, Francesco Ant. Giorgioli zugeschrieben. Die Schlosskapelle St. Karl Borromeo 1597 erwähnt, mehrfach umgestaltet; Ausstattung grossenteils 18. Jh.

Museum. Heimatmuseum Seetal, im Schloss Heidegg.

HITZKIRCH. Kirche St. Pankratius. Erb. 1679–80 durch den Baudilettanten Kaplan Jeremias Schmid, bis 1806 auch Kirche der Deutschordenskommende. Der vom mittelalterl. Vorgängerbau übernommene N-Turm 1784 durch Francesco Ant. Bagnato erhöht und mit barocker Kuppel bekrönt, die Kirche 1914–17 um ein westl. Querhaus mit neubarocker Portalfront verlängert. Auf einer Terrasse gelegener Frühbarockbau, dessen Schiff durch eine Querwand mit Triumphbogen vom rechteckigen Chor getrennt ist; im Chor eingezogene Sakristeiräume, über denen sich Seitenemporen durch grosse Rundbogen ins Altarhaus öffnen. Zurückhaltende Stukkaturen wohl von der Wessobrunner Truppe des Michael Schmutzer: Im Schiff Pilaster, an den weissgestrichenen Holzdecken geometrisch geordnete Wulstrahmen, am Ansatz der Chordecke neun Stuckkartuschen mit Wappen von Ordensrittern. Neben den hohen Rundbogenfenstern im Schiff weissgefasste Statuen der 12 Apostel und von 4 weiteren Heiligen. Drei Altäre aus der Bauzeit, die Retabel in Form von 2geschossigen Ädikulen mit seitlichen Statuen. Am Hochaltar ein Kreuzigungsbild 1814 von Jos. Bucher, dahinter gutes Wechselbild um 1770–80 mit Darstellung des Todes eines reumütigen Sünders; beide Bilder lassen sich in den Dachboden emporziehen, so dass die mehrfach abgestufte Kulisse eines 1876 von

Joh. Geisshüsler gemalten Heiligen Grabes sichtbar wird. Gemälde der Seitenaltäre 1.H. 19.Jh. von Leodegar Ronca; auf dem rechten Seitenaltar qualitätvolle spätgotische Skulpturengruppe einer Grablegung Christi um 1430–40 aus Basel; auf dem linken Altar spätgot. Madonna um 1500. Reichdekorierte Kanzel aus der Bauzeit mit Rokokozutaten. Im Kirchenschatz u.a. Turmmonstranz A. 16.Jh., mit späterem Hostienbehälter; barocke Strahlenmonstranz und Vortragekreuz von Joh. Melchior II Brandenberg; 2 Prozessionsstatuen aus Silber, Madonna um 1700 von Othmar Dangel, St. Joseph um 1740 von Hans Georg Jos. Staffelbach; 2 barocke Prozessionsfiguren um 1740, Holz versilbert und vergoldet. – Auf dem Friedhof spätgot. Kreuzigungsgruppe 2.V. 16.Jh. – **Ehem. Deutschordenskommende.** Gründung um 1236, aufgehoben 1806, seit 1868 kant. Lehrerseminar. Die heutige Anlage an Stelle der ehem. Ordensburg und in Anschluss an den Kirchenchor erbaut ab 1744 von Giovanni Gaspare Bagnato. In dominierender Lage über dem Dorf gelegenes Baugeviert, dessen oberer Flügel 1935–36 als Schulhaus neuerbaut wurde. Lange schlichte Fronten, deren gequaderte Ecklisenen über ein Sockel- und 2 Hauptgeschosse reichen. Das monumentale Portal mit gefugtem Gewände öffnet sich an der S-Seite in einer 3achsigen Mittelpartie, die durch seitliche Quaderlisenen und einen Dreieckgiebel ausgezeichnet ist, im Giebelfeld eine Wappenkomposition mit Wappen des Hoch- und Deutschmeisters Kurfürst Klemens August. Im Hof ein 8eckiger Brunnen von 1786, Brunnenröhren und Masken von Ant. Brandenberg gegossen. Über der Toreinfahrt im 2. Stock des S-Flügels der Festsaal mit hervorragenden Régencestukkaturen von 1745; weitere stuckierte Räume.

RICHENSEE. Von den Kyburgern 1237 gegründetes ehem. Burgstädtchen, ab 1264 habsburgisch; nach Übergabe an die Eidgenossen im Sempacherkrieg 1386 von den Habsburgern zurückerobert und niedergebrannt, die Besatzung erschlagen; seither Dorf. – Turmruine. Wohl im 11.Jh. von den Lenzburgern errichtete Vogtsburg, die im 13.Jh. Zentrum des später mit ihr zerstörten Städtchens wurde. Mächtiger Rechteckbau aus urtümlichem Megalithmauerwerk. – Kapelle St. Laurentius. Vielleicht im 17.Jh. erbaut, mit 3seitigem Schluss und Zwiebeltürmchen. Holzaltar mit Intarsien und 3 barocken Statuen.

ERMENSEE. Kapelle St. Jakob. Spätgot. Bau 1605 mit unausgeschiedenem Polygonalchor; Dachreiter 19.Jh., Vorzeichen 1906. Über dem Eingang bemaltes Steinrelief der Krönung Mariä dat. 1614. Im neuen Altarschrein eine Kreuzigungsgruppe von 1608. Acht bemalte Relieftafeln um 1600, Legende von 2 Jakobspilgern (während Vater und Sohn schlafen, verbirgt der Wirt einen Pokal in ihrer Tasche, um sie nach ihrer Abreise zu verleumden; nachdem der Sohn zum Tode verurteilt wurde, betet der Vater in Santiago am Altar des Hl. Jakobus um Hilfe; auf der Heimreise findet er den Sohn noch lebend am Galgen; der Wirt wird durch ein Wunder entlarvt und zur Richtstätte geführt).

MÜSWANGEN. Kath. Kirche Mariä Himmelfahrt. Kleine einfache Anlage von 1669; neubarocke Fassade und Dachreiter 19.Jh. Marmorierter

Holzaltar mit zentraler Marienstatue in Wolkenkranz und vier weiteren Barockstatuen.

AESCH. Kath. Kirche St. Lucia. Neubau des Chors ab 1791 von Martin Elgus, gleichzeitig Verlängerung und Umgestaltung des mittelalterl. Schiffs; N-Turm 1908, Innenrenov. 1935. Im Innern zurückhaltend verteilte Rokokostukkaturen, Kartuschen am Chorbogen und über den Fenstern. Hochaltar aus der Bauzeit mit Bild der Hl. Lucia 1797 von Moritz Meyer, Altarstatuen 17. Jh. von Hans Ulr. Räber (Johannes Bapt.) und Hans Wilh. Tüfel (Joseph). Nebenaltäre 1796 aus älteren Retabeln umgearbeitet, qualitätvolle Bilder um 1600, Oberbilder 18. Jh. In der Sakristei 2 frühbarocke Kelche von Niklaus Probstatt und Franz Chr. Mädel; klassiz.-spätbarocke Strahlenmonstranz 19. Jh. von Christian Frener. – Pfarrhaus. Holzbau 1776, in der Art eines Bauernhauses mit umlaufendem Klebdach. – Trotte. Für das Kloster Muri A. 17. Jh. errichteter Steinbau mit hohem Satteldach; über dem Tor Wappenstein des Bauherrn Abt Joh. J. Singeisen. – Wegkreuz im Dorf an der Landstrasse, dat. 1799.

SCHONGAU. Neue kath. Kirche Mariä Himmelfahrt. In barocken Formen erb. 1923–24 von Arthur Betschon. Wand- und Deckenbilder von Jos. Heimgartner, Altäre von Karl Weidmann, Altarbilder von Ludw. Glötzle. – **Alte kath. Kirche St. Maria und Ulrich,** in Oberschongau. Erb. um 1500, Neugestaltung und Verlängerung des Schiffs 1700 durch Jeremias Schmid; durch Grabungen anlässlich der Rest. 1951 eine röm. Villa und roman. Gründungsbau nachgewiesen. Barockisierte Anlage mit Vorzeichen und eingezogenem Chorquadrat, an der nördl. Chorseite got. Turm mit barokkem Glockengeschoss und verschindelter Zwiebelhaube. Schlichter Raum mit Täferdecke und rundem Triumphbogen; hinter dem Hochaltar spätgot. Sakramentshäuschen. Hochaltar von 1700 mit zugekauftem Bild aus dem 17. Jh., Madonnenstatue und 2 Heilige um 1630, neben dem Altar weissgefasste Statuen der Apostelfürsten von 1700. Seitenaltäre mit Hauptbildern von Jak. Fleischlin und Oberbildern von anderer Hand um 1700. Gute Barockkanzel mit kuppelförmigem Schalldeckel. Im Chorbogen eine Kreuzigungsgruppe um 1630; im Schiff barocke Statuen St. Antonius von Padua und St. Christophorus. In der Sakristei spätgot. Kruzifix aus Holz wohl 2. H. 16. Jh.; Altargeräte 17. und 18. Jh. – Ehem. Pfarrhaus, südl. der alten Kirche. Erb. 1609, Umformung des Daches im 18. Jh. Im 1. Stock grosse Stube mit heraldisch verzierter Decke, Wappen der Stiftsmitglieder von Beromünster zwischen 1704 und 1707. – *Rüedikon.* Kapelle. Einfacher Bau aus unbekannter Zeit mit eingezogenem 3seitig geschlossenem Chor; Eingang dat. 1822. Barockaltar um 1700 mit Statuen um 1600 und Marienbild von 1820. Im Chorbogen spätgot. Kruzifix A. 16. Jh.

NÖRDL. LUZERN: NEUDORF–BEROMÜNSTER

ROTHENBURG. Ehem. Städtchen um 1230 bei einer wohl älteren Burg gegründet von den mächtigen Freiherren v. Rothenburg, ab 1290 habsburgischer Vogteisitz; zerstört 1386 durch die Luzerner, seither Dorf. Auf einer Felszunge zwischen steilen Bachtobeln gelegener Ort mit z. T. regelmässig geordneten Häusern aus dem 18. und 19.Jh. Zufahrt von O über gedeckte Holzbrücke auf hohen Steinpfeilern, neuerb. 1715–17 von Joh. Bossard. – Kath. Kirche St. Barbara und Pelagius. Unter Verwendung älterer Teile neuerb. 1933–34 von Alban Gerster. Chorturm in Erinnerung an die ehem. Burg von bergfriedartiger Grösse: im nördl. Vorraum got. Grabplatte der Herren v. Rothenburg 13.Jh. Im Innern Wandbilder von Aug. Meinrad Bächtiger aus der Bauzeit. An den Nebenschiffswänden 2 spätgot. Altarschreine mit je 3 Figuren um 1500, in einem 3., neuen Schrein eine barocke zwischen 2 spätgot. Statuen, im 4. Schrein spätgot. Kruzifix; unter weiteren Skulpturen bemerkenswerte Madonnenstatue um 1650 auf dem Marienaltar. In der Sakristei barocke Kultgeräte und Paramente.

BERTISWIL. Kirche St. Maria, einst Pfarr-, heute Friedhofskirche von Rothenburg. Langhaus mit roman. Fensterchen in der S-Wand grossenteils 12.Jh., verlängert 1908; mächtiger N-Turm mit steilem Käsbissen um 1504, eingezogener Polygonalchor 1520 geweiht. Im Schiff eine gebrochene Holztonne, neue Empore auf hieher versetzten Renaissancesäulen. Im erhöhten Chor ein tief ansetzendes Rippengewölbe mit Luzerner Wappen an einem der drei Schlusssteine; Freskenzyklus, Christus und die Apostel, 16. Jh. Reichdekorierter Barockaltar dat. 1688, zwischen gewundenen Retabelsäulen eine Pietà, hinter ihr eine teils vollplastisch geschnitzte Ansicht von Jerusalem; kuppelförmiger Tabernakel, seitlich davon spätgot. Reliefs um 1520 mit den 14 Nothelfern. Die Seitenaltäre um 1700 ebenfalls reich geschnitzt, mit bemalten Reliquienschreinen in Tabernakelform. Chorgestühl aus der Spätrenaissance, das linke der beiden etwa gleichzeitigen dat. 1651; Renov. 1909. Auferstehungschristus M. 17.Jh., Madonna 2.H. 17.Jh. Im Kirchenschatz qualitätvolles spätgot. Vortragekreuz M. 15.Jh. mit Medaillons M. 17.Jh.; weitere Kultgeräte E. 16.–E. 18.Jh. – Beinhaus. Am Eingang dat. 1713; innen lebensgrosser Kruzifix M. 19.Jh.

RAIN. Kath. Kirche St.Jakob. Neuerb. 1853–54 nach Plan von Ant. Blum; Renov. 1951. Letzte spätbarocke Anlage nach dem Schema der Singer und Purtschert in klassiz. Formen. Das vordere Langhausjoch zum Querhaus ausgeweitet, dieses nach aussen mit dem N-Turm und gegenüber mit der Sakristei kombiniert. Im Innern ion. Pilastergliederung und flache Stichkappentonnen. Stukkaturen wohl von Jos. Mosbrugger, Deckenbilder von Ant. Bütler. Spätklassiz. Altäre aus schwarzem Stuckmarmor von Jos. Mosbrugger, gute Altarbilder von Paul Deschwanden.

HILDISRIEDEN. Kath. Kirche St. Maria. Erb. 1902–04 von Aug. Hardegger, neugot. Glasgemälde und Wandbilder von Alois Balmer. An der nördl. Schiffswand eine eindrückliche frühbarocke Pietàgruppe M. 17.Jh., Gnadenbild aus der alten Wallfahrtskirche. In der Sakristei u.a. ein qualitätvoll graviertes spätgot. Vortragekreuz 2.H. 15.Jh., Kruzifixus 18.Jh. – Kapelle St. Anna bei der Tanne. Dreiseitig geschlossener Bau mit spitzem Dachreiter, geweiht 1585, Vorzeichen 1699; Renov. 1962. Im nicht unterteilten Raum eine neugot. Holztonne. Reich mit Figuren besetztes Altärchen M. 17.Jh.; an den Seitenwänden 2 gotisierende Frühbarockstatuen;

im hinteren Raumteil 2 Ölbilder mit Zyklus St. Anna und St. Georg. – Kapelle St. Maria, in Schopfen. Frühbarockes Altärchen 2. V. 17. Jh. mit got. Muttergottes 2. H. 14. Jh. – Kapelle Herrgottseigelobt, bei Gundolingen. Am Eingang Datum 1764 und 2 Wappen; bescheidener Barockaltar mit Marienbild.

HERLISBERG. Kapelle Mariä Opferung. Bau oder Umbau 1838, mit Vorzeichen. Am klassiz. Altar ein neues Relief von Mariä Tempelgang. Madonnenstatue 2. H. 17. Jh. – Burgruine Oberreinach. Erb. im 13. Jh. für die einst mächtigen Herren v. Reinach, in den Vorkämpfen des Sempacherkrieges 1386 durch die Luzerner zerstört.

NEUDORF. Kath. Kirche St. Agatha, mit ausgezeichneter Barockausstattung. Neubau 1677–78, unter Wiederverwendung des gotischen Turmes; Rest. 1971–72. Nach N gerichtete Anlage mit eingezogenem, 3seitig geschlossenem Chor. Frontturm mit offener Portalhalle, Eckquadern, grossen Zifferblättern und im 19. Jh. erneuerter Kuppelhaube mit Laterne; an der südl. Fassade Wandbild 1929 von Alfred Schmidiger. Rundbogiges Portal mit reichgeschnitzten Flügeln von 1677. Im einfachen Innern vorzügliche Ausstattung aus der Bauzeit: Hochaltar von Heinr. Morel, Seitenaltäre von Hans Wilh. Tüfel, Altarbilder von Jak. Fleischlin; auf dem linken Nebenaltar Statue des Hl. Bruder Klaus, 17. Jh. Prachtvoll geschnitztes Chorgestühl von Beat Jak. Isack, die 17 Statuen in den Muschelnischen der Rückwand wohl von Michael Hartmann: Christus, Maria, 12 Apostel und weitere Heilige. Spätgot. Chorbogen-Kruzifix. Der Kanzelkorb durch Hermenpilaster gegliedert, dazwischen Statuetten der Evangelisten von Michael Hartmann. Später Glasgemäldezyklus mit 18 Wappenscheiben, 1677–78 von David Bucher. In der Sakristei verschiedene Kultgeräte 17.–19. Jh. – Beinhaus. Einfacher Neubau von 1777. Steinernes Retabel von 1633 aus der Stiftskirche Beromünster, mit Renaissance-Tafelbild der Kreuzigung Christi M. 16. Jh. – Pfarrhaus. Im Mauerwerk spätgotisch, Umbau E. 18. Jh.; an einem wiederverwendeten Kielbogen-Türsturz Datum 1565.

GORMUND. Wallfahrtskapelle Maria Mitleiden. Chor 1509, Neubau des Schiffs 1612; Renov. 1924. Malerisch auf umfriedeter Hügelkuppe gelegener Bau von noch stark got. Gepräge. Eine Freitreppe führt zu einer geschlossenen Vorhalle empor, an die sich das Schiff mit spitzem Dachreiter und im O der kleine eingezogene Polygonalchor anschliessen. An der Giebelfront eine gotisierende Marienstatue auf Konsole mit Stifterwappen und Datum 1612; in der S-Wand 3 Oculi, sonst Spitzbogenfenster; nachgot. Hauptportal. Im Innern qualitätvolle Wandmalereien 1614–15, die Fenster durch Scheinarchitekturen gerahmt, in den Leibungen reiche Spätrenaissancedekorationen und Stifterwappen; im Chor rechts 2 Wandbilder Mariä Himmelfahrt und Mariä Krönung in Architekturrahmung, links kniender Stifter vor Madonna. An der flachen Schiffsdecke Rokokostukkaturen und Bild der Immakulata M. 18. Jh., gleichzeitig die Verkündigung über dem runden Chorbogen; Chordecke neu bemalt 1924. Auf dem Hochaltar Kruzifix und Figur der Schmerzensmutter um 1615 von Melchior und Heinr. Fischer, Johannesstatue neu; auf dem Tabernakel frühbarocke Statuette des Auferstandenen M. 17. Jh. In den Chorfenstern 2 analoge Kabinettscheiben, die eine dat. 1613. Seitenaltäre mit Rokokoretabeln 1743–44; auf den Predellen gute Skulpturen vielleicht von Heinr. Morel, rechts Pietàgruppe, links Mutter der 7 Schmerzen. Über dem Chorbogen Halbfigur Gottvaters mit Taube des Hl. Geistes, aus der Bauzeit. Statuen im Schiff 1744, unter der Empore A. 17. Jh.; Bild des Hl. Bruder Klaus dat. 1631; Exvotos ab 1632. Auf der Empore 6 barocke Brustbilder weiblicher Heiliger 2. H. 17. Jh., die beiden seitlichen Heiligenbilder 1731. In der Sakristei schönes Renaissanceziborium 1629 von Hans Bernhard Wägmann; Rokokokelch von Joh. Fechter in Basel; weitere Kultgeräte und Paramente 17. und 18. Jh.; 2 Rokokostatuetten. – Kaplanei. Südl. des Kirchenhügels gelegener Blockbau von 1627, aus dem Luzerner Bauernhaus entwickelt. Ein kurzer Laubengang führt vom Obergeschoss zum Kirchhof, wo er in einem Renaissanceportal mündet, am Türsturz Wappenrelief Beromünster zwischen Maria und St. Georg.

***BEROMÜNSTER** (Abb. 116). Am Fusse eines Hügels gelegener Marktflecken mit zentraler Hauptstrasse, am obern Ende überragt von der Baugruppe des alten Chorherrenstifts mit der barocken Kuppel der Kirche und dem mächtigen Glockenturm; zu ihr bildet die Pfarrkirche am unteren Ortsende eine Antithese. – **Kath. Pfarrkirche St. Stefan.** An Stelle einer 1036 genannten Vorgängerin neuerb. 1623 von Viktor Martin, Umgestaltung in Rokokoformen 1757–58; Renov. 1924–25. Vierjochiges Schiff und eingezogener Chor mit 3seitigem Schluss und Dachreiter, an der N-Seite got. Turm mit barockem Helm und geschweiften Uhrgiebeln von 1696, daneben die aus dem Schiff vortretende St. Klementina-Kapelle. Vorzeichen 1788 von Joh. Georg Müller, mit frontispizartigem Aufbau, dessen Dreieckgiebel mit einer Statue des Kirchenpatrons bekrönt ist; im Vorzeichen spätbarocke Gewölbebilder von Jos. Ant. Messmer. Im Innern z. T. ergänzte Rokokostukkaturen; Wand- und Deckenbilder 1903. Klassiz. Hochaltar von 1841 und etwas reichere Seitenaltäre; auf dem linken Seitenaltar frühbarocke Pietà M. 17. Jh., auf dem rechten Altar Rokokobüste des Hl. Aloisius M. 18. Jh. Renaissancekanzelkorb aus der Bauzeit mit Beinintarsien, Muschelnischen mit Statuen der Evangelisten besetzt. Glasgemäldezyklus 1625 von Heinr. Tschupp, im Chor 6 Wappenscheiben, im Schiff 12 Scheiben zur Vita des Hl. Stefan. In der Seitenkapelle ein in mehreren Schichten aufgebauter Altar mit nazarenischem Bild der Hl. Klementina; auf dem Taufstein jüngerer Rokokodeckel mit reizvoller Gruppe der Taufe Jesu. In der Sakristei spätgot. Brustreliquiar des Hl. Stefan dat. 1498; weitere Kultgeräte 17. und 18. Jh. – *Hauptstrasse.* Die bereits um 1600 in gleicher Ortslage bestehende, als Marktplatz angelegte Strasse wurde nach dem Brand von 1764 verbreitert und in geraden Fluchten durch 3geschossige Häuser geschlossen, deren barocke Schaufronten städtischen Charakter zeigen. Am oberen Strassenende führt eine Treppe zwischen 2 eng nebeneinander stehenden Häusern zum Stiftshügel empor. Rechts der Treppe die 1737 von Hans Georg Urban erbaute ehem. Fleischschol und Stiftsschule, die mit ihrer einfachen Barockfront die Schmalseite der Platzstrasse bildet. Davor ein 6eckiger Brunnen mit Renaissancesäule von 1586 und moderner Bronzestatue St. Michael 1958 von Max Weber. Links neben der Treppe der ehem. Stiftskeller, ein spätgot. Bau des 16. Jh. mit steilem Satteldach. – Gasthaus Hirschen, in der nach S abbiegenden Seitengasse. Das ehem. Amtshaus des Stiftes neuerb. 1536 von Hans Murer und Hans Riner. Wuchtiger spätgot. Treppengiebelbau mit Staffelfenstern, über dem spitzbogigen Eingang ein Wappenrelief. Gaststube mit Beschlagwerk-Supraporten und einer reich mit Blattwerk gezierten Balusterfenstersäule. – Weiter hinten in der Gasse mehrere Stiftshäuser, davor Marienbrunnen mit Becken von 1765 und moderner Figur. – **Sog. Schloss,** heute Heimatmuseum (s. S. 355), im nördl. Ortsteil. Mittelalterl. Wohnturm, vielleicht 1. H. 14. Jh. für einen Zweig der Truchsessen v. Wolhusen erbaut; im 15. Jh. Druckerei des Helias Helie, der hier 1470 den ältesten datierten Schweizer Druck herausgab; Rest. 1937–40. Auf 2 gemauerten Turmgeschossen ein vorkragendes 3. Geschoss in Holzverschalung, auf dem das abgewalmte Satteldach ruht; verschiedene Anbauten, zum Teil in Riegelwerk.

Chorherrenstift St. Michael* (Abb. 116). *In erhöhter Lage inmitten von Stiftshäusern gelegene Basilika, deren frühromanische Anlage mit Krypta in reichem Rokoko ausgestattet ist; im Stiftsschatz Werke von europäischer Bedeutung.* Gründung spätestens im 10. Jh. als Mausoleum der Aargaugrafen und in Rechtsnachfolge der Grafen v. Lenzburg. Um 1030 Bau der im Mauerwerk bestehenden Säulenbasilika, der Turm im 13. Jh. in das nördl. Seitenschiff eingebaut. Erster barocker Umbau 1691–93 nach Plan von Jeremias Schmid, Verlängerung nach W durch Portalvorhalle, Vierungskuppel und Anbau der Chororgelemporen. 1773–75 das Innere durch Rokokostukkaturen und Deckengemälde umgestaltet und teilweise neu ausgestattet. Renov. 1900–03. – *Äusseres.* Im Aussenbau sind das basilikale Langhaus, das kaum vortretende Querschiff und die 3 direkt angeschlossenen Apsiden als wesentliche Teile der frühroman. Anlage wirksam geblieben; von den urspr. Detailformen treten nur noch die Blendbogenfelder am Querhaus zutage. Der massige roman. Turm mit spätgot. Glockenstube von 1560 und barockem Spitzhelm über geschweiften Uhrgiebeln von 1706 beherrscht die Silhouette, die durch die 8eckige Vierungskuppel mit geschweifter Haube und Laterne einen barocken Akzent erhält. Im W öffnet sich die niedere Platzfassade in 3 grossen Pfeilerarkaden zur Portalvorhalle, das einfach gegliederte Obergeschoss mit 3 Figurennischen ist zwischen flach geschwungenen Anläufen durch einen Dreieckgiebel geschlossen. In der Vorhalle frühbarockes Hauptportal mit tessinisch stuckierter Rahmenarchitektur, seitlich davon kleinere Portale mit bekrönenden Wappenkartuschen. An der S-Seite des Langhauses der Kreuzgang, dem in der SW-Ecke die Galluskapelle angebaut ist (s. unten). – *Inneres.* Der Raum lässt unter seiner malerischen Rokokoverkleidung und zufolge der Unterteilung durch Gitter und Vermauerung der Arkaden hinter dem Chorgestühl die in ihm verborgene strenge otton. Basilika nicht mehr ahnen. Ein dunkler Vorraum unter der Orgelempore öffnet sich in das von 4 Arkadenpaaren unterteilte

3schiffige Langhaus. Der erhöhte Klerikerchor, hinter teppichartig gemustertem Frühbarockgitter von 1695, ist durch 4 hohe Rundbogen nach allen Richtungen ausgeschieden; die seitlichen Bogen öffnen sich über dem Chorgestühl in Nebenemporen, unter welchen die Seitenschiffe auf dem Niveau des Langhauses durchlaufen. Der wiederum erhöhte 3. Raum mit

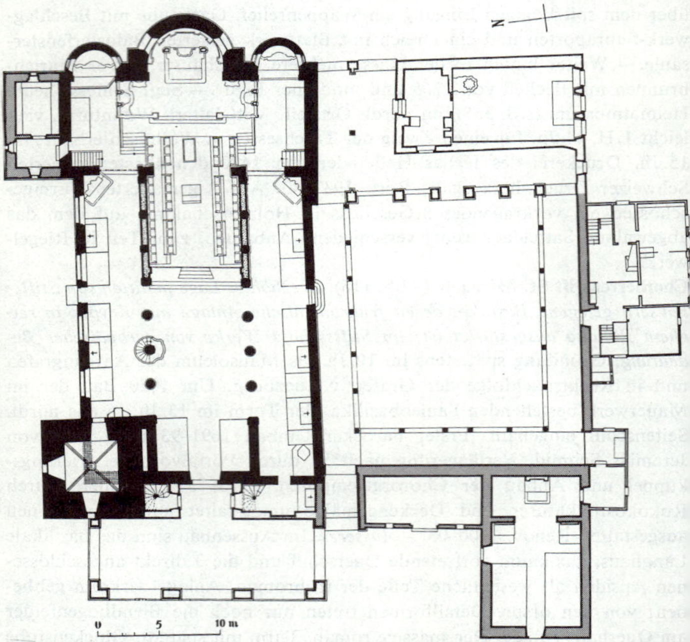

Um 1030, barock umgeb.; Turm spätroman. Gotisch 2. H. 17. Jh.

Beromünster. Chorherrenstift St. Michael

Hauptapsis wird durch die hohe 8eckige Tambourkuppel belichtet, ihre seitlichen Bogen öffnen sich in die Querhausarme mit Nebenapsiden; Gitter zu den Nebenschiffen 1610 von Jak. Suter. Zum malerischen Raumbild mit seinen Niveaudifferenzen, Durchblicken und Gittern gehören die Chortreppen von 1608 mit got. Masswerkbrüstungen sowie die Sakristeitreppen von 1633, eine got., die andere Renaissance. In allen Räumen qualitätvolle Rokokostukkaturen von Martin Fröwis 1773–75, lebhafte züngelnde Formen; nur in den marmorierten Säulen kündet sich der Frühklassizismus an. Spätbarocke Deckenbilder von Jos. Ignaz Weiss, am Schiffsgewölbe die Himmelfahrt, in der Kuppel Krönung Mariä; die Bilder unter der Orgelempore 1902 von Georges Troxler frei nach den Originalen rekonstruiert. –

Ausstattung. Altäre aus Stuckmarmor um 1775 von Lorenz Schmid. Der grosse Hochaltar mit Figuren von gleicher Hand enthält ein gleichzeitiges Bild des Hl. Michael von Jos. Ignaz Weiss nach Guido Reni; Bilder der Seitenaltäre aus den älteren Retabeln 1693 von Joh. Brandenberg; auf dem Altar der rechten Apsis eine Madonnenstatue 1611 von den Brüdern Fischer. Priestersitze auf dem Chorpodest um 1775 von Lorenz Schmid, hervorragende Stuckmarmorwerke von höfischer Eleganz, offene Aufbauten in der Art von Gartenarchitekturen. Auf schwungvollen Podesten beidseits der Hauptapsis weisse Stuckfiguren der Grafen Bero und Ulrich v. Lenzburg als «Stifter» von Beromünster, beide von Schmid. Im Chor Kenotaph der Stifterfamilie: über einem die Gebeine bergenden Gelass eine Grundplatte mit tragenden Löwen von 1608, Tischplatte mit reichem Relief des Lenzburger Wappens 1469, hölzerne Schutzplatte mit geschnitztem Beschlägornament 1608 von den Brüdern Fischer. Das Chorgestühl 1606–10 von den Brüdern Melchior und Heinrich Fischer, unter Verwendung angefangener Teile von Christoph Fünffe und mit Zutaten 1694 von Michael Hartmann: Reiches Schnitzwerk in Spätrenaissanceformen, die Rückwände architektonisch spannungslos durch dekorative Pilaster gegliedert, denen die Halbfiguren von Erzengeln, Propheten, Evangelisten, Kirchenvätern sowie die Hl. Bruder Klaus und Karl Borromeo aufgesetzt sind; zwischen der Gliederung rundbogige Felder mit Szenen aus dem Leben Jesu in 26 geschnitzten Reliefs, 10 davon nach einer Kupferstichfolge des Niederländers Heinr. Goltzius; auf verkröpftem Gebälk 10 freiplastische Engel unter nachgot. Baldachinen, die Statuen des Salvators und der Muttergottes von Christoph Fünffe. Kanzel von Lorenz Schmid, eine meisterhaft komponierte Stuckmarmorarbeit in elegantem Rokoko; auf geschweiftem und drapiertem Schalldeckel ein Posaunenengel über Evangelistensymbolen. Hauptorgel um 1775, Chororgeln um 1692 und 18. Jh., letztere in blauer Marmorierung gefasst. Im nördl. Seitenschiff manieristisches Ölbild, St. Michael als Seelenwäger, 1609 von Jak. v. Wyl. Im südl. Seitenschiff Ölbild der Krönung Mariä, Wende zum 18. Jh.; Taufstein aus Marmor 1778 mit Figurengruppe der Taufe Christi auf holzgeschnitztem vergoldetem Deckel. Am W-Ende des südl. Seitenschiffs Eingang in kleine Kapelle von 1692, darin got. Pietàgruppe aus der 2. H. 17. Jh. – *Frühroman. Krypta.* Durch 2 Treppen von den Querhausflügeln zugängliche Anlage A. 11. Jh., die eine Mittelform zwischen Gang- und Hallenkrypta darstellt. Drei tonnengewölbte Parallelstollen sind an beiden Enden durch niedere Querstollen verbunden, die Zwischenwände öffnen sich zu Doppelfenstern, in die kurze Säulen mit primitiven Kapitellen (Blattwerk und Teufelsfratzen) eingestellt sind. Der breitere Mittelstollen ist durch eine Altarnische ausgeweitet, darin der 1107 geweihte Tischaltar mit Nebenstützen von 1936. Zwei spätgot. Statuen, Madonna mit Apfel und Hl. Magdalena, E. 15. Jh.

Kirchenschatz. Eine der wichtigsten und vielseitigsten Sammlungen von Kultgeräten in der Schweiz, mit hervorragenden Werken aus dem Früh- und Hochmittelalter bis zum Rokoko.* Warnebert-Reliquiar aus dem 7. Jh. mit Stifterinschrift am Boden, Tier- und Pflanzendekor; 2 Elfenbeinreliefs der Apostelfürsten um 800, an den Buchdeckeln eines Antiphonars aus der 1.H. 13.Jh.; Elfenbeinrelief an einem Buchdeckel des 13.Jh. mit Büsten von Propheten, Heiligen und in der Mitte Christus; romanischer Kruzifix mit Grubenschmelz und Relieffigur des gekreuzigten Christkönigs, Limoges M. 13.Jh.; hervorragendes Vortragekreuz E. 13.Jh. mit Lilienenden, edler Christusgestalt in schwebender Haltung und Grubenschmelzmedaillons der Evangelisten in Vierpässen, das ganze Kreuz in dichtem Blattwerk mit 91 Edelsteinen und 3 älteren Gemmen besetzt; silberner Buchdeckel* eines Evangelistars mit Edelsteinen und Grubenschmelzen A. 14.Jh., einer der schönsten got. Buchdeckel überhaupt; Statuette des Hl. Christophorus um 1470–80, ausgezeichnete spätgot. Silberschmiedearbeit. Reiche Sammlung von früh- und hochmittelalterlichen Reliquienstoffen, z.T. mit Ornamenten und Tiermustern; Fragment eines Paraments 11.–12.Jh. mit gestickter Figur des Hl. Paulus. Aus nachmittelalterl. Zeit u.a. Pedellstab mit Silberstatuette des Hl. Michael, Augsburg 1629 von Jeremias Michel; Nautiluspokal aus Köln um 1680 von Andreas Pauli oder Ant. Putzfeld; grosses Altarkreuz 1642 aus Augsburg; unter 39 Kelchen des 17. und 18.Jh. prächtige Rokoko-Arbeiten von Ferd. Schlee, Joh. Georg Krauer und Fidel Brandenberg; Messgewänder und Antependien 17. und 18.Jh.

Kreuzgang und Anbauten. Der einfache Kreuzgang an der S-Seite der Kirche neuerbaut 1.H.17 Jh., Epitaphien aus dem 17.–19.Jh.; Gemälde der Gründungslegende 1595 mit Darstellung der wohl frühmittelalterl. Peterskapelle (einst vor der W-Front der Stiftskirche); beim Eingang zur Kapitelstube spätgot. Wappenstein Lütishofen 1470. – Kapitelhaus, an der O-Seite des Kreuzgangs. Weitgehend neuerb. 2.H. 17.Jh. Aussen überlebensgrosser Kruzifix, 2.V. 17.Jh., mit Begleitfiguren vielleicht um 1670 von Michael Hartmann. Kapitelstube mit vielfältig aufgeteilter Kassettendecke und reichem Steckborner Ofen 1735 von Daniel Meyer. Im älteren N-Teil des Obergeschosses kleine Sakristei von 1629–31 mit Kassettendecke und gleichzeitiger Ausstattung, grosse Sakristei 1679. – Galluskapelle, südl. der Kirchenfassade im Anschluss an die SW-Ecke des Kreuzgangs. Gestiftet 1297, Umbau und Ausstattung 1638–42. Einfacher Rechteckbau mit Dachreiter, das Innere durch Chorbogenwand unterteilt. In Schiff und Chor flache Holzdecken, deren Felder vorzüglich mit schweiz. Heiligen bemalt sind. Drei Altäre mit Figuren 1641–43, Altarbilder von Casp. Meglinger. An den Schiffswänden Marienzyklus um 1642; Chorbogenkreuz M. 17.Jh. – *Stiftshäuser.* Die 35 Wohnhäuser der Chorherren und Kapläne aus dem 16.–18.Jh. stehen teils in Reihen, teils frei gruppiert auf dem Kirchhügel entsprechend der von einem Mönchskloster sich unterscheidenden freieren Verfassung eines weltlichen Chorherrenstiftes. Die meisten wurden im 18.Jh. dem Zeitgeschmack angepasst. Vorwiegend schlichte, gestelzte Bauten mit abgewalmtem Satteldach; in Vorräumen, Gängen und Gartensälen oft höchst lebendig wirkende Ziegelböden aus der Stiftsziegelei. – *Propstei* westl. der Kirche. Erb. 1783–84 von Jos. Purtschert; Aussenrenov. 1951 Repräsentatives 3geschossiges Spätbarockpalais mit seitlichen Risaliten und Mansartdach; im S-Risalit das mittelalterliche Propsteigebäude. An de

Ecken gemalte Quaderlisenen, die 3 Mittelachsen mit Hauptportal durch Pilaster und Dreieckgiebel ausgezeichnet. Vor der Hauptfront ein ummauerter Garten mit Louis-XVI-Gittertor. Im schlicht ausgebauten Innern die Stiftsbibliothek: Handschriften aus dem 12.–17. Jh.; unter den Inkunabeln das 1470 von Helias Helie in Beromünster gedruckte theologische Wörterbuch, der älteste datierte Schweizer Druck. – *Kustorei*, nördl. neben der Propstei. Bau des 16. oder 17. Jh., völlig umgeb. 1784 durch Jos. Purtschert. Dreigeschossiges Barockpalais unter Mansartdach; über dem Erdgeschoss mit rustizierten Blendarkaden ist die mittlere der 5 Fassadenachsen durch ion. Pilaster und durch einen Halbkreisgiebel ausgezeichnet, die seitlichen Lisenen und die gequaderten Ecklisenen auf die Putzwand gemalt. Ein Vorplatz in der Mitte durch ein schönes Louis-XVI-Portalgitter, seitlich durch einfache Portalarchitekturen geschlossen. Im Garten ein Brunnen mit Obelisk 1788. – Stiftskapelle und Fleischschol beim Treppenabstieg zur Hauptstrasse.

Kapelle Hl. Familie, auf dem Burgermoos an der Strasse nach Neudorf. Neubau 1652, Erweiterung 1660 und 1689. Schlichter Aussenbau mit Dachreiter auf dem eingezogenen Polygonalchor, im Vorzeichen 2 Stifterwappen von 1660. Im Innern pastose Rokokostukkaturen von Conr. Rüscher, gleichzeitige Bilder am Chorgewölbe, an der flachen Schiffsdecke und an der Emporenbrüstung. Figurenreiche Altäre in prunkvollem Frühbarock, Hochaltar 1661, Seitenaltäre 1684. In den beiden Chorfenstern 2 Wappenscheiben dat. 1689 und 1690.

Museum. Heimatmuseum, im sog. Schloss (s. S. 351).

GUNZWIL. Bestehend aus mehreren Weilern rund um Beromünster Kapelle St. Theobald, sog. Leopolden-Kapelle. Erb. 1581, stark verunstaltet 1868 und später. Spätgot. Altartafel aus der Bauzeit, Kreuzigungsgruppe und unten Kreuztragung. – *Huben.* Kapelle St. Maria, an Bauernhaus angebaut. Auf dem Altar 2 spätgot. Halbfiguren der Hl. Nikolaus und Gallus A. 16. Jh.; in Mauernische eine Renaissancemadonna um 1600. – *Bühl.* Kapelle Hl. Dreifaltigkeit. Der einfache Bau birgt eine ungewöhnliche, kostbare gotische Figur eines Heiliggrabchristus aus der Mitte des 14. Jh. – *Tann.* Kapelle St. Karl Borromeo. Am Türsturz Datum 1644, Renov. 1795; Dachreiter und Vorzeichen 19. Jh. Altar aus der Bauzeit mit 4 guten Heiligenstatuen auf seitlichen Konsolen, qualitätvolles Altarbild von Joh. Melchior Wyrsch dat. 1764. An den Seitenwänden 12 Ölbilder mit Szenen aus dem Leben und Kult des Titelheiligen.

MENZIKEN, Kanton Aargau, s. S. 45.

PFEFFIKON. Kath. Kirche St. Mauritius. Auf röm. Ruinenfeld und wohl an Stelle einer frühmittelalterlichen Gründungskirche neuerb. ab 1524. Barockisierung nach 1770 durch Jos. Purtschert; Aussenrenov. 1957. Vierjochiges Langhaus mit 3arkadigem Vorzeichen von 1745, auf dem eingezogenen Polygonalchor ein Dachreiter mit Zwiebelhaube. An der N-Seite got. Turm mit Masswerkfenstern, die steilen Uhrgiebel und der hohe Spitzhelm 19. Jh. Im Innern Deckengemälde 1895 von Alois Balmer. Frühbarocker Hochaltar mit gleichzeitigen Statuen und Hauptbild aus dem 19. Jh.; klassiz. Seitenaltäre von 1840 mit aufgesetzten Statuen des 17. Jh. und Bildern aus der M. 18. Jh. Chorgestühl von 1691, in Medaillons gemalte Stifterwappen von Beromünsterer Chorherren. Kanzel wohl um 1680; Chorbogenkreuz mit lebensgrossem, frühbarockem Korpus. In der Sakristei u.a. Rokokokelch 1754 von Georg Jos. Ant. Staffelbach. – Beinhaus. Zweigeschossiger Bau von 1505, Dachreiter 19. Jh. Das Erdgeschoss öffnet sich unter Klebdach in einen Rundbogen mit Brüstungen neben dem schmalen Eingang. Im Innern Kreuzgratgewölbe; frühbarocke Pietà M. 17. Jh., an den Wänden gemalte Medaillons der Rosenkranzgeheimnisse 18. Jh.

SCHWARZENBACH. Kath. Kirche St. Peter und Paul. Neubau 1680–81 von Thomas Martin. Schlichter Bau mit einem eleganten Dachreiter auf dem 3seitig geschlossenen Chor. Hochaltar mit fein bewegtem Rokokoretabel und Statuen der Titelheiligen; spätbarocke Seitenaltäre mit den Originalgemälden, wohl um 1820. Frühbarocke Kanzel mit Statuetten der 4 Evangelisten 2. H. 17. Jh. In der Sakristei u.a. Sonnenmonstranz nach 1738 von Hans Georg Staffelbach. – Beinhaus. Spätgot. Bau, im Innern Todesembleme in Grisaillemalerei um 1680.

SEMPACH–KIRCHBÜHL–BÜRON–WINIKON

***SEMPACH** (Abb. 117). *Berühmtes historisches Städtchen in alter Anlage mit teilweise erhaltenen Wehrbauten.* Gründung der Habsburger um 1220 zur Kontrolle der alten Gotthardroute, die bis A. 19. Jh. längs des Seeufers und durch das Städtchen führte. Anschluss an Luzern 1386 im Sempacherkrieg, in dem die Eidgenossen nahe den Stadtmauern einen entscheidenden Sieg über ein habsburgisch-österreichisches Heer erfochten. – *Anlage.* Das bis zur Absenkung des Sees 1806 direkt am Ufer gelegene Städtchen wird von der Hauptgasse und einer Parallelgasse durchzogen, welche sich vor der nördl. Ausfahrt in einem weiten Platz mit beherrschender Kirchenfassade vereinen. Von den Wehranlagen sind grosse Teile der meist eingebauten Mauer, der sog. Hexenturm in der SO-Ecke und das Luzernertor in der südl. Ausfahrt erhalten.

Kath. Kirche St. Stefan. Anstelle einer bereits 1275 erwähnten Stadtkirche neuerb. 1827–29 von Jos. Händle, der das spätbarocke Singer-Purtschert-Schema in klassiz. Ausformung übernahm; Rest. aussen 1960–61, innen 1967–69. Eine breite Freitreppe führt auf eine niedere Terrasse mit Balusterbrüstung, auf der sich die durch Riesenpilaster 3achsig gegliederte Fassade mit eingezogener Portalvorhalle, Figurennischen und geschweiftem Frontispiz erhebt. Die Längsfronten sind durch die aus dem Choreinzug vortretende Sakristei und in symmetrischer Lage durch den schlanken N-Turm mit Zwiebelhaube und Laterne akzentuiert. Im Innern leitet das weiträumige Langhaus durch Abrundungen zum halbrund geschlossenen Chor über, in den sich seitliche Emporen öffnen. Zwischen den bis in die Stichkappen reichenden Rundbogenfenstern tragen Pilaster die Gurtbögen der Tonnengewölbe. An der Eingangsseite eine in 2 Geschossen grosszügig angelegte Orgelempore auf 4 Säulen. Strenge klassiz. Altäre aus schwarzem Stuckmarmor, die ovale Kanzel reicher geschmückt. In der Sakristei got.

Turmmonstranz um 1450 mit etwas älterer Madonnenstatuette; Augsburger Sonnenmonstranz um 1700 von Hans Jak. Wild; weitere Kultgeräte und Paramente 17.–A. 19. Jh. – Schlachtdenkmal vor der Kirche. Errichtet 1886 zur Säkularfeier der Schlacht bei Sempach 1386, Löwe auf hoher Säule, von Urs Eggenschwiler. – **Rathaus*** (Abb. 117). Auf den Mauerresten eines vielleicht vor der Stadtgründung bestehenden Wehrturmes erbaut, heutige Form 17. Jh.; Rest. 1942–44. Zierlicher Riegelbau in der Strassenflucht mit niederem Sockelgeschoss, 2 Fachwerkgeschossen und abgewalmtem Satteldach, das in der Mittelachse durch einen Dachaufzug (vielleicht von 1886) unterbrochen wird. Eingang rechts aussen mit geschnitzter Umrahmung von 1737, der eine Relieftafel des Standeswappens mit Datum 1794 aufgesetzt ist. Das einst als Tuchlaube dienende 1. Obergeschoss durch 2 Breitfenster mit Holzgittern geöffnet. In der Ratsstube im 2. Obergeschoss 9 Standesscheiben, dat. 1621–39, von Jak. Wägmann. Im Rathausschatz sieben silberne Renaissancetrinkgefässe 1. H. 17. Jh.; Weibelschild M. 17. Jh.; Weibelstab mit Rokokoknauf von Bernhard Leodegar Studer. – Brunnen vor dem Rathaus. Achteckiges Becken mit Volutenstützen 17. Jh., auf Balustersäule ein Löwe als Schildhalter des Luzerner Wappens, nach Original von 1555 erneuert. – Luzernertor. Schlanker Torturm des 16. Jh. Durchgang mit barocken Rundbogen; die an der Stadtseite urspr. offenen 4 Obergeschosse im 17. oder 18. Jh. zugemauert. – Alte Leutpriesterei, unterhalb des Luzernertors. Burgartiger got. Wohnturm, dessen S-Seite einen Teil der Stadtmauer bildet; 3 Hauptgeschosse mit Fenstern aus dem 18. und 19. Jh.; Renov. 1954. – Hexenturm, oberhalb des Luzernertors. Im 13. Jh. als südöstl. Eckbefestigung der Stadtmauer erbaut; Rest. 1936. Mächtiger Rechteckbau mit Zinnenkranz, an der W-Seite got. Masswerk-Doppelfenster 14. Jh. – Kreuzkapelle, vor der Stadt beim Luzernertor. Erb. 1629, Aussenrenov. 1948. Dreiseitig geschlossener Bau mit Vorzeichen und spitzem Dachreiter; das Innere durch runden Chorbogen unterteilt, neugot. Holzdecken um 1900. Altäre aus der Bauzeit; auf dem rechten Seitenaltar spätgot. Madonna um 1500, sonst frühbarocke Altarstatuen. Got. Kruzifix um 1500 und kleine Pietà aus dem 18. Jh.

Schlachtkapelle St. Jakob, an der Strasse nach Hildisrieden. Zur Erinnerung an den entscheidenden Sieg der Eidgenossen 1386 über ein überlegenes habsburgisch-österreichisches Heer, dessen schwerfällige Reiterei sich im welligen Gelände nicht entfalten konnte (Opfertod Arnolds v. Winkelried seit 1425 überliefert). Der Sieg sicherte den Bestand der Eidgenossenschaft, brachte ihr bedeutenden Gebietszuwachs und besiegelte den Niedergang der habsburgischen Macht in den Vorderen Landen. Die Gedenkkapelle nach Tradition an der Stelle erbaut, wo Herzog Leopold von Österreich gefallen war, bereits 1387 geweiht; in unbekannter Zeit vergrössert und mehrmals verändert. Spätgot. Bau mit spitzem Dachreiter und Chorpolygon, dem sich ein kleiner Sakristeiraum anfügt; zierliche toskanische Arkadenvorhalle 18. Jh. Das Innere durch runden Chorbogen unterteilt, in beiden Raumteilen Masswerkfenster und neugot. Holztonne. An der nördl. Schiffswand grosses Schlachtenbild nach Hans Rud. Manuel 1551, mehrmals übermalt. Gegenüber Namensliste der gefallenen Eidgenossen, anschliessend und an der W-Wand sich fortsetzend die Wappen der gefallenen österreichischen Ritter. Malereien an den Schildwänden und im Chor 1576–77; an der Eingangsseite Madonna zwischen St. Jakobus d. Ä. mit kleiner Stifterfigur und rechts St. Cyrillus (Tagesheiliger der Schlacht); an der Chorbogenwand Hl. Dreifaltigkeit zwischen Herzog Leopold mit seinem Heerführer Ochsenstein und rechts dem Luzerner Schultheissen Petermann v. Gundoldingen als Führer der Eidgenossen mit Arnold v. Winkelried; im Chor Bilder der von den Eidgenossen eroberten Banner. Frühbarocker Hochaltar mit Bildern und Statuen dat. 1641; Seitenaltäre mit guten Renaissanceretabeln E. 16. Jh. In der Sakristei spätgot. Altartafel 2. V. 16. Jh. – Beinhaus. Vielleicht 1429 erbaut zur Sammlung der auf dem Schlachtfeld gefundenen Gebeine; schlichter Neubau mit Fenstertüre 1594, Gitter neu. Im Innern qualitätvolle spätgot. Pietà A. 16. Jh.

KIRCHBÜHL. Kirche St. Martin (Abb. 119). *Malerisch auf einer Hügel-
kuppe über dem See gelegene Mutterkirche von Sempach mit Wandmalereien
im roman. Schiff und im got. Chor.* Über den Fundamenten einer röm. Villa
und eines frühmittelalterl. Meierturms erb. um 1000, das Schiff in der
1. H. 13. Jh. verlängert und erhöht, gleichzeitig Turmanbau, der Chor neu
errichtet 1585; Grabungen anlässlich der letzten Rest. 1951–58. In um-
mauertem Friedhof gelegener Längsbau mit gleich breitem, leicht abgewin-
keltem Polygonalchor. Käsbissenturm mit sorgfältig gemauertem roman
Erdgeschoss, über dem das jüngere Obergeschoss durch ein Gurtgesims
vom Glockengeschoss aus dem E. 15. Jh. abgesetzt ist. Links neben dem
Turm ein freigelegtes Mauerstück der um 1000 erbauten Schiffswand
kleine roman. Rundbogenfenster 13. Jh., das Masswerkfenster des Schiff
wie diejenigen des Chors 16. Jh. An der Schmalfront über dem Spitzbogen
portal spätgot. Malerei des Schweisstuches der Veronika. Das Innere durch
got. Chorbogenwand unterteilt, im Schiff eine erneuerte Holzdecke, im er
höhten Chor ein auf Wanddiensten ruhendes Kreuzrippengewölbe mit
Schlusssteinen, von denen der vordere die Halbfigur des Erlösers (sog. Er
bärmdebild) zeigt. – *Wandmalereien*, aus 3 Perioden: An den Schiffswänden
gut erhaltene Umrissvorzeichnungen einer Bilderfolge aus dem E. 13. Jh.
im lyrisch verhaltenen Stil der höfischen Hochgotik. Dargestellt sind u. a.
Gruppen von Heiligen, die sich mit edler Gebärde den an der Eingangs
wand thronenden Christus und Maria nähern, ferner St. Michael als Seelen
wäger über einer grotesken Höllendarstellung, die riesige Gestalt des ritter
lich aufgefassten St. Christophorus, Weihnachts- und Passionsszenen, de
Tod als Schnitter und die Legende von der Begegnung der 3 Lebenden m
den 3 Toten; weitere Bilder ungedeutet. Von der Übermalung des 15. Jh
einige Fragmente erhalten. Aus der 3. Periode um 1583 die Ausmalung de
Chors, an den Wänden die 12 Apostel, am Gewölbe die Kirchenväter un
Evangelistensymbole, über dem Chorbogen Mariä Verkündigung. – *Au
stattung*. Drei spätgot. Schreinaltäre A. 16. Jh. mit original gefassten Figure
Im Hochaltarschrein die Hl. Barbara und Maria Magdalena, die Mitte
figur des Hl. Martin und die Seitenflügel sind Zutaten von 1582. Im rechte

Seitenaltar qualitätvolle Kreuzigungsgruppe vielleicht von Jörg Keller, Standflügel mit den Ritterheiligen Moritz und Ursus dat. 1515, an der Predella das Schweisstuch der Veronika. Im linken Seitenaltar Pietà in Rosenkranz zwischen den Hl. Antonius Erem. und Odilia (?), an der Predella vorzügliches Erbärmdebild. Chorbogenkreuz A. 16. Jh. – Beinhaus. Malerischer Quadratbau neben dem Kirchhoftor, geweiht 1575. Wandbild Christus am Ölberg. Der Altar aus verschiedenen Teilen zusammengesetzt, Mittelstück mit Kreuzigung nach italienischem Renaissancevorbild, die Seitenflügel laut Inschrift 1582 gestiftet, etwa gleichzeitig die Predella. Vor dem Beinhaus gotisierende Totenleuchte mit spätem Datum 1727.

EICH. Kath. Kirche St. Laurentius. In aussichtsreicher Lage über dem See neuerb. 1807–08 von den Brüdern Jos. und Franz Händle, klassiz. Ausformung des Singer-Purtschert-Schemas. Die Fassade durch Riesenpilaster 3achsig gegliedert, mit Figurennischen über den Arkaden zur eingezogenen Portalvorhalle und im Frontispiz; der N-Turm symmetrisch zur 2geschossigen Sakristei aus dem Choreingang vortretend. Das weiträumige Innere mit schrägen Überleitungen vom Langhaus zum Chor wird durch marmorierte, im Schiff paarweise gestellte Pilaster gegliedert, auf denen Gebälkstücke eine zurückhaltend stuckierte Gurttonne mit Stichkappen tragen. Die Deckenbilder von Jos. Ant. Messmer steigern die Festlichkeit des Raumes, im Chor das Abendmahl, im Schiff die wunderbare Brotvermehrung. Über dem Hochaltar ein neuzeitliches Wandbild anstelle eines Retabels; einfache klassiz. Seitenaltäre, Kanzel aus grauem Stuckmarmor mit vergoldeten Reliefs. Kreuzigungsgruppe im Chorbogen 2. H. 17. Jh.; spätgot. Pietà im Schiff um 1530, überarbeitet.

SCHENKON. Kapelle St. Antonius von Padua, westl. des Dorfes. Einfache Anlage mit Vorzeichen und Dachreiter, geweiht 1693; Rest. 1961–62, gleichzeitig die gebrochene Holztonne und der Chorbogen mit Diagonalgitter. Im Chorpolygon barocke Kreuzigungsgruppe aus der Bauzeit, das Haupt Christi wohl im 19. Jh. ersetzt; seitlich die Statuen St. Johann Bapt. mit ersetztem Haupt und St. Stephan, beide A. 16. Jh. Im Schiff spätgot. Madonna M. 15. Jh., barock überarbeitet. – Wegkapelle St. Appolonia, oberhalb des Dorfes. Holzskulptur der Pietà um 1430. – Burgruine. Erwähnt 1302 als Sitz der Herren v. Schenkon, nach dem Sempacherkrieg zerstört 1388. Von der einst ausgedehnten Anlage wenige Reste erhalten.

GEUENSEE. Kath. Kirche St. Nikolaus. Erbaut 1935–36 von Adolf Gaudy; manieristischer Kruzifixus E. 16. Jh. – **Kapelle St. Nikolaus.** Noch stark got. wirkender Bau von 1576; Rest. 1951–52. Das nahezu quadratische Schiff mit spitzem Dachreiter überragt den eingezogenen Chor mit Sakristeipolygon. Im Schiff eine Täferdecke mit zentralem Ölbild der Hl. Nikolaus und Wendelin. Wandmalereien aus 3 Perioden: Um 1576 Wandbilder der Madonna und St. Verena sowie die von der Chorbogenwand abgelöste und auf Leinwand an die Eingangsseite übertragene Darstellung des Weltgerichts; um 1630 die Stifterkartuschen und Inschriftfelder; aus der 1. H. 17. Jh. die Bilder der Ranfteremiten Bruder Klaus (untere Hälfte erhalten) und Bruder Konrad, ferner die phantasievolle Ausmalung der

Fenstergewände und des Chorbogens. Frühbarocke Altäre in lebhafter Originalfassung 2.V. 17.Jh.; der Hauptaltar mit Rokokoreliquienschrein in Predellaform ist von 2 Heiligenstatuen auf Wandkonsolen begleitet, im rechten Nebenaltar eine gotisierende Pietà aus der M. 17.Jh. von Reliefmedaillons mit den Rosenkranzgeheimnissen umgeben, der linke Nebenaltar trägt auf dem Gebälk reizvoll bewegte Engelstatuetten. An den seitlichen Chorwänden Statuen der Hl. Barbara und Sebastian 17.Jh. Im Schiff frühbarockes Täferwerk mit 12teiligem Bilderzyklus St. Nikolaus 2.V. 18.Jh. An der Emporenbrüstung 15 Tafelbilder M. 18.Jh., die Apostel, Christus, Maria und Josef. – Wegkapelle im Dorf. Enthält eine spätgot. Figur des Hl. Nikolaus um 1520. – *Krumbach.* Kapelle St. Wendelin. Neubau geweiht 1576, der Turm wohl im 17.Jh. an das Chorpolygon angebaut. Im barockisierten Innern Deckenbilder 1795 von Joh. Amberg, mehrmals überarbeitet. Frühbarocker Hochaltar mit Hauptbild der Pietà in italienischer Art 17.Jh., seitlich über den Eingängen zur Turmsakristei gotisierende Statuen 2.H. 17.Jh. An den Längswänden 18teiliger Bilderzyklus St. Wendelin von 1726, die Kreuzigungsgruppe an der Eingangsseite M. 18.Jh.

BÜRON. Kath. Kirche St. Gallus. Umbau des mittelalterl. Polygonalchors und schlichter Neubau des Schiffs 1640; Giebelfassade mit eingezogener Vorhalle, Dachreiter. Im Chor ein Kreuzgewölbe, dessen Gurtbogen auf Konsolen mit Renaissancebüsten ruht. Der prunkvolle Hochaltar aus der Bauzeit ist ein frühes Beispiel des Knorpelstils mit 2 qualitätvollen Statuen von einem got. Altarwerk um 1500; bescheidene klassiz. Seitenaltäre A. 19.Jh. mit barocken Statuen. Chorgestühl in Renaissanceformen um 1620–27. Im Chorbogen ein spätgot. Kruzifix um 1500. Klassiz. Kanzel mit vergoldeten Reliefs A. 19.Jh.; Taufstein mit figürlich geschmücktem Deckel M. 17.Jh. In der Sakristei reiche Monstranz in schweren Régenceformen um 1720; weitere Kultgeräte 17. und 18.Jh., u.a. von Hans Georg Staffelbach. – Pfarrhaus. Got. Steinbau von 1584, barocker Umbau M. oder 2.H. 18.Jh.

RICKENBACH. Kath. Kirche St. Margaretha. Neubau 1957–58 von Fritz Metzger, gleichzeitig der alte Turm aus dem 15.Jh. modern geschlossen. Ein Posaunenengel in Zementguss von Alois Michael Grossert; Chorwandmosaik und Fenster von Paul Stöckli. – Beinhaus. Dreiseitig geschlossener Bau mit Dachreiter, an spitzbogiger Türe dat. 1534. Frühbarocker Altar aus der Zeit der Neuweihe 1676 mit guter spätgot. Statue der Muttergottes um 1500, von gleicher Hand 3 Nebenfiguren, eine 4. Figur um 1676.

TRIENGEN. Kath. Kirche St. Laurentius. Neubau 1786–87 durch Jak. Singer, vollendet durch Jos. Singer; Renov. ab 1960. Schlichter Bau im Singer-Purtschert-Schema mit eingezogenem Chor zwischen N-Turm und Sakristei; Giebelfront mit Arkadenvorhalle. Im Schiff runde Überleitung zum Chor, die Gurtgewölbe von Pilastern und Gesimsstücken getragen. Frühklassiz. Altäre, die Seitenaltäre noch unter dem Einfluss des Rokokos; Altarbilder von Niklaus Fischer aus Triengen. Im Schiff frühbarocke Kreuzigungsgruppe 2.H. 17.Jh. In der Sakristei Kultusgeräte des 17. und 18.Jh., u.a. Sonnenmonstranz von Hans Peter Staffelbach. – *Wellnau.* Kapelle Hl. Kreuz

Nachgot. Bau von 1639; auf dem fast quadratischen Schiff ein Dachreiter mit elegantem Spitzhelm. Im rechteckigen Chörlein Altar aus der Bauzeit, Altarbild der Kreuzigung und mit Darstellung der Entstehungsgeschichte der Kapelle (Holzfäller finden in gespaltenem Baumstamm ein steinernes Kreuz). Kanzel mit Schnitzereien dat. 1633, vom gleichen Meister die Getäfer der Längswände; Chorbogenkreuz frühbarock.

WINIKON. Kirche Mariä Himmelfahrt, in beherrschender Lage über dem Dorf. Neubau 1699–1702, Umgestaltung des Kircheninnern zur Zeit des Rokokos, Turm neuerb. 1794 durch Niklaus Purtschert. Schiff und 3seitig geschlossener Chor mit Dachreiter, im Choreingang die Sakristei und gegenüber ein kleines Beinhaus. Der schlanke Turm mit geschweiften Uhrgiebeln und Zwiebelhaube ist der einfachen Giebelfront links aussen vorgebaut, nach rechts anschliessend ein 2achsiges Vorzeichen. Im Innern tief heruntergezogene Tonnengewölbe mit stark einschneidenden Stichkappen und Gurtbögen, die im Schiff von marmorierten Wandpfeilern getragen werden. Getönte Rokokostukkaturen überspinnen die Gewölbeteile in der Form von zart gerahmten Kartuschen; in den beiden Deckenspiegeln des Schiffs neuzeitliche Gemälde Mariä Krönung und Verkündigung von Georges Troxler. Zweigeschossige Empore mit geschweiften und stuckierten Brüstungen, das Obergeschoss in 2 Loggien geschieden, zwischen denen die Orgel aufsteigt. Unter der Empore älteres Turmportal, die feine Renaissancerahmung dat. 1586. – *Ausstattung.* Die elfenbeinfarbenen Stuckaltäre mit den urspr. Gemälden und Statuen aus der Mitte 18. Jh. sind Musterbeispiele für die tektonische Auflösung im Rokoko; der zwischen 2 Säulenpaaren und im Oberstück durchbrochene Hochaltar und die leicht aufgebauten Seitenaltäre steigern die heitere Festlichkeit des Raumes. Das Chorgestühl aus verschiedenen Teilen ist wohl vom alten Klostergestühl St. Urban zusammengesetzt, an den spätgot. Sitzreihen und Hochwangen des 16. Jh. Menschen- und Tierköpfe sowie freiplastisch geschnitzte Figuren eines knienden Bauernpaares in schläfriger Haltung, die Renaissancerückwände durch Hermenpilaster mit Halbfiguren von Erzengeln, Propheten und Heiligen gegliedert, frühbarocke Aufsätze mit Wappenkartuschen zwischen grossen Delphinen. Prächtige Kanzel 2. H. 17. Jh. mit Statuetten zwischen den Ecksäulen des Korbes und des kuppelförmigen Schalldeckels. Vorzügliches spätgot. Chorbogenkreuz 2. V. 16. Jh. In den Chor- und Schiffsfenstern 13 Wappenscheiben 1702–05 von Hans Jak. Bucher, die 14. Scheibe in Kopie ersetzt. Die qualitätvollen Stationenbilder signiert Jak. Gütiger 1785. Auf dem Taufstein um 1700 ein vergoldeter Holzdeckel in Gestalt eines durchbrochenen Baldachins. In der Sakristei nachgot. Turmmonstranz mit drei Statuetten unter Fialenbaldachinen 2. V. 17. Jh. von Joh. Casp. Schlee; Vortragekreuze 17. Jh. und Barockkelche 18. Jh.

NEUENKIRCH–SURSEE–REIDEN

NEUENKIRCH. Kath. Pfarrkirche St. Ulrich. Neuerb. 1939 von Alban Gerster; Turm erneuert 1671, Abschluss 1811. Gute Stuckmarmoraltäre und -kanzel von 1765. Thronende Muttergottes und zwei Leuchterengel

2. H. 17. Jh., ehem. Chorbogenkreuz M. 18. Jh. Im Kirchenschatz u. a. spätgot. Turmmonstranz 2. H. 16. Jh.; Rokokomonstranz 1774; Luzerner Wettersegenmonstranz nach 1738 von Hans Georg Jos. Staffelbach; Rokokokelch von Georg Jos. Ant. Staffelbach; Augsburger Kelch 1769–71 von Franz Ant. Gutwein; silbergetriebene Halbfigur des Hl. Sebastian A. 18. Jh. von Hans Peter Staffelbach. – Hof Unterlindig, ca. 3 km westl. An der Scheunenwand Kruzifix M. 14. Jh.

Adelwil. **Wallfahrtskapelle St. Gallus und Einbeth.** Als Filialkirche von Kirchbühl-Sempach genannt 1366–71; Übertragung der St.-Einbeth-Reliquien 1624 aus Strassburg, wonach eine bedeutende Wallfahrt einsetzt. Spätgotischer Neubau mit schwach eingezogenem Polygonalchor, jüngerem Vorzeichen und verändertem Dachreiter; Sakristei-Anbau 1914; Rest. 1934. Im Schiff neue Holzfelderdecke; an der Leibung des Chorbogens gemalte Halbfiguren der 14 Nothelfer, der Madonna und des Hl. Magnus um 1600. Über dem Chorbogen und über den Seitenaltären hölzerne, farbig gefasste Halbfiguren der vierzehn Nothelfer in ovalen Rahmen 1752. Hochaltar um 1620–30, Gemälde der Himmelfahrt Mariä von Casp. Meglinger nach Bernardo Strozzi, seitlich 2 spätgot. Figuren der Kirchenpatrone 2. V. 16. Jh.; an den Wänden auf Holz gemalte Wappenkartuschen. Die Seitenaltäre um 1620–30 zeigen an Stelle eines Bildes 4passförmige Vertiefungen mit den Statuen der Kirchenpatrone; Chorbogenkreuz M. 17. Jh. Zwei Ölgemälde des Erlösers und Mariä um 1630 als ganzfigurige Repräsentationsbilder vor offener Landschaft. Legendenzyklen der Hl. Gallus und Einbeth um 1634 vermutlich von Casp. Meglinger: sie bestehen aus fast quadratischen Tafeln, die in 2mal 3 grossen Rahmen zu Gruppen zusammengefasst sind; unter der vordern Gruppe 2 Darstellungen zeitgenössischer liturgischer Feiern von 1752. Frühbarocker Kelch von Joh. Casp. Schlee in Beromünster, Zuger Reliquienmonstranz von Franz Ant. Spillmann (1705–83), Vortragekreuz M. 17. Jh. Zwei got. Glocken. – Wegkapelle Rümlikon, im O. Frühbarockaltärchen mit Gemälde von 1666; Holzplastiken: Hl. Barbara A. 16. Jh., Madonna 1. H. 17. Jh., Halbfigur Gottvaters und Hl. Christophorus M. 17. Jh.

Schloss Wartensee, am obern Ende des Sempachersees. Besitz der Habsburger, die damit die Inhaber der Seevogtei belehnten; diente, wie der Name sagt, zur Aufsicht über Schifferei und Fischerei auf dem Sempachersee; zerstört 1386. Der Luzerner Schultheiss Peter Zukäs erbaute 1524 das neue Schloss; Aussenrenov. 1955. Got. Steinhaus mit Treppengiebel und unregelmässig verteilten Fenstern; Riegelanbau im S mit polygonal vortretendem Erkerturm 1594, gleichzeitig der 3seitig vorspringende Erker im N. Dekorativ gezinnte Umfassungsmauer mit Toreinfahrt und Kapelle, darin Frühbarockaltar 1619 von Ludw. Dub (Maler) und Wendelinus (Schnitzer).

NOTTWIL. Kath. Pfarrkirche St. Mariä Himmelfahrt. Neugotischer Bau 1868–71 von Wilh. Keller. Aus der alten Kirche spätgot. Pietà um 1500. Im Kirchenschatz u. a. Augsburger Monstranz 1767–69 von Joh. Ignaz Casp. Bertold; Régence-Wettersegenmonstranz von Bernhard Leodegar Studer in Luzern; spätgot. Kelch von Ambros Schnyder (gest. vor 1639) in Sursee; Barockkelch 1704 von Hans Jost Fleischlin. – *Hupprächtigen.* Wegkapelle. Erb. 1747; Marienkrönung mit Wappen Hüsler, frische Bauernmalerei des 18.Jh. – Im zugehörigen Bauernhaus Buffet 1773 und Kruzifix 18.Jh. – *Gattwil.* Kapelle St.Anna. Erb. 1574, Datum am Spitzbogenportal; Renov. 1931. Altar 1.H. 18.Jh., seitlich spätgot. Relieffiguren der Hl. Maria Magdalena und Johannes Bapt. um 1574 von einem ehem. Flügelaltar; auf der Mensa frühbarocke Pietà M. 17.Jh.

Schloss Tannenfels, nördl. über dem Weiler. Von der Letzten der Familie v. Tannenfels wird die Burg 1348 an den Deutschritterorden verkauft, der hier eine Komturei einrichtet; zerstört 1386, vom Orden 1668 verkauft. Hans Casp. Mayr v. Baldegg erbaute 1688 das neue Schloss wohl z.T. unter Verwendung mittelalterl. Mauerwerks. Schlichter 2geschossiger Rechteckbau im Stil der Luzerner Landhäuser unter flachem Walmdach mit einem breiten Dachfenster an jeder Seite. Der bergwärts angebaute Turm von 1912 birgt im Erdgeschoss die Kapelle. Rokoko-Antependium aus der alten Schlosskapelle. Im grossen Saal des Schlosses Rokokostuckdecke aus der Zeit der Renov. 1752.

Ei. Kapelle, südl. der Strasse nach Sursee. Renaissance-Altar 1606, thronende Madonna M. 17.Jh., Rest. 1961. – *St.Margarethen.* **Kapelle.** Ehem. Pfarrkirche St.Margaretha erwähnt 1275, Um- oder Neubau 1479; Renov. 1936. Rechteckbau mit schlankem Dachreiter auf hohem Satteldach. Das Innere um 1700 durch flach korbbogigen, die ganze Breite einnehmenden Triumphbogen in Schiff und Altarraum geschieden; dieser innen abgerundet und von einem halbovalen Muldengewölbe mit Stichkappen gedeckt, wodurch der Eindruck eines querovalen Zentralraums entsteht. Altar um 1700; spätgot. Chorbogenkruzifix. Glocken um 1400 und 1486.

OBERKIRCH. Kath. Pfarrkirche St. Pankratius. Erb. 1967–68 von Fritz Metzger, errichtet anstelle der 1687 erbauten alten Kirche, deren Erhaltung gefährdet ist. Im Kirchenschatz eine Monstranz 2.V. 18.Jh. von Bernhard Ant. Studer; Surseer Kelche von Zacharias Schnyder (1624–86) und um 1690 von Hans Peter Staffelbach; Frühbarockkelch von Hans Jak. Probstatt in Luzern; Vortragekreuz M. 17.Jh.; eine Glocke 14.Jh. – Beinhaus. Dreiseitig geschlossener Raum mit bescheidenem Barockaltar. – Originelle Wegkapelle, bei der Station. Dreiseitig geschlossenes got. Kapellchen des 16.Jh. mit pyramidenförmigem Schindeldach; Rest. 1961–62. Altarförmiger Aufbau 19.Jh., Bekleidungsmadonna 18.Jh., buntgefasste Holzplastiken 17.Jh.

***SURSEE** (Abb. 118). *Malerisches Landstädtchen mit vorzüglich erhaltenen Gassenbildern.* Kyburgische Stadtgründung M. 13.Jh., erwähnt 1256; seit 1415 luzernisch. Entwicklung durch die Lage an der Gotthardstrasse begünstigt; im 17.–18.Jh. Zentrum der Goldschmiedekunst. Nach dem letzten der zahlreichen Grossbrände 1734 Wiederaufbau durch Hans Georg Urban und Lorenz Rey, Werkmeister in Luzern. Die Stadt bildet ungefähr ein Rechteck, doch sind die Strassenzüge mit Ausnahme der breiten, am Rathaus sich gabelnden Hauptgasse unregelmässig, was wohl z.T. durch das Vorhandensein einer älteren Siedlung in der Gegend des Kirchhügels bedingt ist. Das heutige Gassenbild durch zahlreiche Gasthausschilder des 18.Jh.

bereichert. Von der Befestigung sind nur das Untertor gegen Basel (s. S. 366) sowie südl. davon der Hexenturm (s. S. 366) erhalten.

Kath. Pfarrkirche St. Georg. Seltenes Beispiel eines Spätrenaissance-Kirchenbaus in der Schweiz. Erb. 1638–41 von Jak. Berger. Dreischiffige Basilika und gotisierend 3seitig geschlossener Chor; N-Turm vom Vorgängerbau 1461 übernommen, 1726 von Heinr. Probstatt erhöht und mit der heutigen Laternenhaube neu gestaltet. Der strenge Renaissanceraum mit toskanischen Säulenarkaden, querovalen Obergadenfenstern und flachen Holzdecken wird 1752–53 von Vitus Rey im Sinne des Rokokos mit Stuckgewölben umgestaltet; Verlust der straffen Proportionen durch Verlängerung und Verbreiterung 1935–36. Elegante Rokokostukkaturen, in den Deckenspiegeln Gemälde von 1877–78; auf den Schlusssteinkonsolen der Arkaden lebensgrosse Engel mit den Leidenswerkzeugen 2. H. 17. Jh., gleichzeitig die Kreuzigungsgruppe im Chorbogen. Bedeutender Hochaltar mit Baldachinretabel im Stil des frühen italienischen Klassizismus 1776–77 von Carlo Andrea Galetti, mit gleichzeitigen monumentalen Figuren von Joh. Bapt. Babel, Gemälde der Himmelfahrt Mariä von Paul Deschwanden um 1877. Die äussern Seitenaltäre um 1640 mit Gemälden von 1877–78; die innern Rokoko-Altäre 1759–60 von Christian Scharpf, mit Nebenfiguren von 1640. Stuckmarmorkanzel 1810, Kreuzwegstationen 1752–53, Bankwangen mit Rokokoschnitzereien, frühbarockes Chorgestühl. In der 1935–36 nördl. des Turms angebauten Taufkapelle Taufstein um 1640 aus schwarzem Stanser Marmor in Form eines Renaissancekelchs; got. Triptychon E. 15. Jh., die vorzügliche Darstellung der Kreuzigungsgruppe vor weiter Gebirgslandschaft ist von der oberrheinischen Graphik beeinflusst; Kruzifix A. 16. Jh. mit Originalfassung. – *Kirchenschatz.* Neben einigen Kultgeräten aus fremden Werkstätten besitzt die Kirche vor allem Werke aus Sursee, wo sich im 17. Jh. ein bedeutendes Zentrum der Goldschmiedekunst entwickelt hatte, das im 18. Jh. unter dem Hauptmeister Hans Georg Staffelbach einen hohen künstlerischen Rang einnahm: Von Ambros Schnyder (gest. vor 1639) ein Vortragekreuz 1635; von Zacharias Schnyder (1624–86) ein Renaissancekelch; von Joh. Casp. Schlee (in Sursee 1637–45) drei reichdekorierte Renaissancekelche um 1641–45; von Ferdinand Schlee (1641–81) ein Wettersegenkreuz; von Marx Lantzrein (gest. 1701) 2 Kelche, mehrere Platten und Kännchen, 6 Leuchter um 1677; von Hans Peter Staffelbach (1657–1736) reiche Barockmonstranz um 1700, 3 Kelche in Louis-XIV-Formen, 4 Altarvasen und Ampeln; von Hans Georg Jos. Staffelbach (1695–ca. 1775) 2 Leuchter 1767, wohl auch von ihm ein Ziborium; von Georg Jos. Staffelbach (1722–98) eine silbergetriebene Halbfigur des Hl. Josef 1751. Aus fremden Werkstätten u. a. eine spätgot. Turmmonstranz 1523 von den Luzernern Heinr. und Melchior v. Moos; silbergetriebene Büsten der Hl. Georg und Irenäus 1653–54 von einem Oltener Meister; silbergetriebene Halbfigur der Muttergottes 1653 von Hans Georg Krauer in Luzern; Einsiedler Rokokokelch von Jos. Ant. Curiger; 2 Augsburger Rokokokelche, der eine 1755–57 wohl von Philipp Casp. Scheppich. Paramente vorwiegend aus dem 18. Jh., einige aus dem Kloster St. Urban. –

Beinhauskapelle St. Martin. Zweigeschossiger Neubau 1495–97 mit polygonalem Schluss und rundbogigen Fenstern mit Masswerknasen; Renov. 1935–36. An der S-Fassade Grabmal des Schultheissen Casp. Schnyder v. Wartensee (gest. 1629) und mittelalterl. Grabplatte von 1567. Im Untergeschoss rekonstruierte got. Holzdecke, Kruzifix M. 15. Jh. und ikonographisch interessante Pietà 1. H. 17. Jh. Im obern Raum Holzdecke 1497 mit Masswerkborten und grosser Signatur des Basler Tischmachers Ulr. Bruder. Barockaltar 1673–75 von Hans Wilh. Tüfel mit Gemälde von Ludw. Schnider. – An der Kirchhofmauer Denkmal für den bedeutenden Goldschmied Hans Peter Staffelbach (1657–1736), Relief 1956 von Aug. Blaesi.

Murihof, einer der beiden klösterlichen Verwaltungsbauten nördl. der Kirche. Das ehem. feste Haus der Herren zu Sursee (Lenzburger, Kyburger, Habsburger) gelangt 1399 an das Kloster Muri. Viergeschossiger turmförmiger Neubau 1707–10 unter Abt Plazidus Zurlauben, sein Wappen über dem Türgewände. Festsaal im 3. Stock mit massvollem Reichtum ausgestattet um 1780–90: Wand- und Deckenstukkaturen in Louis-XVI-Formen, das ovale Deckengemälde von Jos. Ant. Messmer zeigt in illusionistischer Barockarchitektur Christus, von den Pharisäern über den Zinsgroschen befragt. Weisser Turmofen um 1785–90 wohl von Andreas Dolder. – St. Urban-Hof. Bauplatz in der NO-Ecke der Stadtbefestigung 1256 von Graf Hartmann v. Kyburg dem Kloster geschenkt. Heutiger viergeschossiger Hauptbau und niederer westl. Anbau mit Treppenturm M. 16. Jh.; Innenausbau z. T. um 1619, etwa gleichzeitig die Wandmalereien mit Wappen der Äbte von St. Urban im ehem. Festsaal, heute Estrich. Künftiger Sitz des Ortsmuseums, mit bemerkenswerten prähistorischen Funden, Waffen und Holzskulpturen des Mittelalters und der Barockzeit. – Pfrundhäuser am Herrenrain, westl. des Theaters. Niklauspfründe 16.–17. Jh., die 3 andern 18. Jh.; an der Johannespfründe Wappenrelief des Abtes Fridolin Kopp von Muri (1751–57), über der profilierten Tür der Marienpfründe Wappen des Abtes Gerold Haimb von Muri (1723–51). – Pfarrhaus, westl. der Kirche. Neuerb. 1753 von Vitus Rey. – St. Katharina-Pfrundhaus. Neuerb. 1755 von Vitus Rey.

Rathaus* (Abb. 118). *Eines der bedeutendsten Rathäuser der Schweiz.* Erwähnt 1363, neuerb. 1539–45 vom Prismeller Jak. Zum Steg. Im Verhältnis zur damaligen Einwohnerzahl von ca. 1000 Seelen ausserordentlich monumental konzipiert. An hervorragender Stelle im Stadtbild freistehender Kubus mit 2 Treppengiebeln; vor der W-Ecke Rundturm des Baus von 1482, in der Mitte der N-Front polygonal vortretender Treppenturm, barock erhöht 1634. Befensterung hauptsächlich durch grosse regelmässige Kreuzstöcke sowie im obersten Vollgeschoss Gruppen von Staffelfenstern, welche die grosse und kleine Ratsstube bezeichnen. Über dem mittleren Strebepfeiler der Platzfront St.-Georgs-Statue, ehem. Brunnenfigur von 1596; darüber Sonnenuhr von 1789, Renov. 1934. Im östl. Eckpfeiler steinerne Baldachinnische, der einzige erhaltene Pranger in der Schweiz, noch im 18. Jh. gebraucht. Portal zum Treppenturm mit aussergewöhnlich kräftigen Masswerkdurchdringungen; darüber Relief 1482 des Hl. Georg als

Stadtpatron und Schildhalter, wohl vom älteren Rathaus. – *Inneres.* Elegante, spiralförmig offene Wendeltreppe bis ins 4. Geschoss. Das 1. und 2. Geschoss urspr. je eine als Kaufhaus dienende Halle mit Holzpfeilern. Der grosse Ratssaal im 3. Geschoss in altem Zustand mit got. Fenstersäulen erhalten, Rest. 1923–24: Reichprofilierte Kassettendecke 1647–51 von Hans Wilh. Tüfel, Wandtäfer 1654 von Casp. Tüfel, Grisaillemalereien in den Fensterleibungen M. 17. Jh.; Steintresor um 1540 mit Blendkielbogen und Eisentür hinter dem verschiebbaren Täfer der O-Seite; Rokoko-Ofen um 1770 von Michael Leonz Küchler; 4 Scheiben zwischen 1598 und 1618, zugekauft, dazu eine Reihe moderner Scheibenstiftungen anlässlich des Stadtjubiläums 1956. Im Korridor Gemälde des 18. Jh. und Hinterglasbilder vom Surseer Joh. Peter Ab Esch (1666–1731); über dem Eingang zum Ratssaal Holzrelief M. 17. Jh. mit dem Hl. Georg als Drachentöter, zugekauft. In der kleinen Ratsstube got. Fenstersäule von interessanter kubischer Durchdringung. Im Treppenturm Ratsglöcklein 1635. Gesamtrest. seit 1969 in Vorbereitung.

Haus Beck*, gegenüber dem Rathaus. Die Renaissance-Bürgerhausfassade lehnt sich an deutsche Vorbilder an, in Details vom Luzerner Rathaus beeinflusst; zählt zu den reizvollsten der Innerschweiz. Erbaut 1631 für den Schultheissen Ludw. Schnyder v. Wartensee, über einer schmalen und einer doppelt so breiten Hofstatt, die in der Fassade separat behandelt sind. Hauptgebäude unter Quergiebel mit Krüppelwalm, im Erdgeschoss asymmetrisch gelegenes Portal, die 3 Obergeschosse in symmetrisch geordnete Fenstergruppen aufgelöst, die auf verkröpften Gebälken mit antikisierenden Köpfen ruhen. Die Gewände der Türen und Fenster sind reich mit dekorativer Steinmetzarbeit im Stil der Spätrenaissance geziert. Im 1. Stock Täferraum mit Kassettendecke und Renaissancefenstersäule aus der Bauzeit; Ofen 1740. Von der Ausstattung des grossen Saals im 3. Stock sind die Stukkaturen um 1690 in der Wandzone über dem ehem. Täfer erhalten. – Ehem. Gasthaus zur Krone. Neben dem Aushängeschild des 18. Jh. Muttergottesstatue um 1650–60 von Hans Wilh. Tüfel. – Marienbrunnen. Nach alten Fragmenten 1923 rekonstruiert. – Ehem. Gasthaus Storchen, Unterstadt Nr. 47. Erb. M. 16. Jh., erneuert nach Brand 1734. – Baseltor, am W-Ende der Hauptgasse. Neu errichtet 1674 von Thomas Martin; Pyramidendach mit 4 steinernen Giebeln, barocker Wappenstein. – **Schützenhaus.** An das Baseltor 1674 angebaut. Über dem Stadtgraben als Schützenstand dienende offene Pfeilerhalle, die das Obergeschoss aus dekorativem Riegelwerk und das Walmdach trägt. Im getäferten Gesellschaftssaal Wappen der Schützenmeister seit 1679. – Dieb- oder Hexenturm, übereck vor der SW-Ecke der ehem. Stadtmauer. Fensterloser Bruchsteinbau 1682–83 neu errichtet; Renov. 1922.

Kapelle Hl. Kreuz. Westl. vor dem Tor errichteter Bau von 1619, der den alten Gerichtskreis markiert. Einfache Anlage mit Dachreiter, Vorzeichen 1880. An der Fassade Denkmal für den 1653 hier hingerichteten Bauernführer Christian Schibi 1953 von Paul Amlehn jun.; Barockaltar 18. Jh.; Barockkelch von Hans Peter Staffelbach, Régence-Wettersegenmonstranz von Jak. Schwörmann in Sursee. – Bürgerheim. Das 3geschossige klassiz. Haus geht auf den Umbau 1818–19 von Joh. Weber zurück. – Ref. Kirche. In schlicht historisierenden ländlichen Formen erb. 1912–13 von Heinr. Meili. – Friedhofskapelle Maria Dägerstein. Dreiseitig schliessender Bau von 1439, Vorhalle 1836–40; Renov. 1951. Ovalmedaillons der 14 Nothelfer 1675 von Ludw. Schnyder, erneuert 1785. Auf dem Spätrokoko-Altar spätgot. Pietà 2.H. 15.Jh. – **Kapuzinerkloster,** an der Strasse nach Aarau. Als Stiftung des Schultheissen Michael Schnyder erb. 1606–08, Gesamtumbau 1704, Renovation der Kirche und Umbau des Klosters 1936–37. Die Kirche aus Rechteckschiff und eingezogenem, gerade schliessendem Chor nimmt die N-Flanke des geschlossenen Klostergevierts ein. Im modernisierten Innern 3 nach Kapuzinerbrauch braungefasste Altäre von 1704 mit den Stifterwappen der Äbte Jos. Zur Gilgen in St. Urban, Bonifaz Tschupp in Pfäfers und Plazidus Zurlauben in Muri; Hochaltargemälde mit dem Hl. Michael 1763 von Joh. Melchior Wyrsch, Seitenaltarbilder von Paul Deschwanden. Renaissancechorgitter um 1640, aus der Pfarrkirche. Die Holzflügel zwischen dem inneren und äusseren Chor wurden 1795 bemalt von Joh. Amberg. Ölgemälde im Mönchschor: Geisselung, Dornenkrönung und Beweinung 2.H. 17.Jh.; Hl. Ludwig und Stigmatisation des Hl. Franziskus wohl 1.H. 18.Jh. Monstranz um 1705 von Joh. Peter Staffelbach, 7 Kelche des 17.–18.Jh., einer von Marx Lantzrein, einer vielleicht von Ferd. Schlee. Schlichter Kreuzgang in Holzkonstruktion, verglast; auf 34 Tafeln Franziskuszyklus gegen 1620 von Beat Jak. Bachmann. Im Refektorium und den Gängen Ölgemälde des 17. und 18.Jh., u.a. von Joh. Melchior Wyrsch. Vor der Kirche hohes, reichdekoriertes Renaissancekreuz, 1628 beim Tod des Klosterstifters errichtet. – Landhaus Schlottermilch. Verputzter Riegelbau von 1679.

Wallfahrtskirche Mariazell, über der N-Spitze des Sees. Erwähnt 1353, auf der Anhöhe neuerbaut 1657; Renov. 1949. Schlichtes Rechteckschiff mit gleichbreitem Vorzeichen und gleichhohem, eingezogenem Polygonalchor, darauf Dachreiter mit Laternenkuppel. An der O-Seite Madonnenbild, in Kopie erneuert 1949 von Kasp. Hermann. Im Schiff flache Felderdecke, mit marianischen Symbolen nach barocken Vorbildern neu bemalt 1851 von Ant. Amberg. Drei bedeutende figurenreiche Altäre um 1666 von Hans Wilh. Tüfel, gefasst von Franz Zink; sie zeigen, von oberitalienischen Monte-Sacro-Gruppen beeinflusst, statt Altargemälden bühnenartige Stuben mit den vollplastischen Gruppen der Geburt Mariä, der Verkündigung und des Marientodes. Von derselben Hand die Kreuzigungsgruppe im Chorbogen, die Pietà an der N-Wand wohl gleichzeitig; weitere Skulpturen 2.H. 17.Jh. und Halbfigur des Hl. Josef, Holzmodell 1751 von Hans Georg Jos. Staffelbach für die Silberplastik in der Pfarrkirche. Gitter und Kanzel anlässlich der Renov. 1809. – Kaplanenhaus, hinter dem Chor. Erb. 1753. – Zellkapelle, an der Landstrasse unterhalb Mariazell. Heiligenhäuschen mit gekuppelten Rundbogenöffnungen in romanischen Formen, dat. 1602. Handwerkliche Bilder auf Holz 1.H. 19.Jh. – **Fundamente einer frühmittelalterl. Kirche,** auf einer Landzunge unterhalb des Hügels von Mariazell im ehem. Dorfbann von Oberkirch. Einst Mutterkirche der Gegend, erb. im 10.Jh. oder früher, vor 1036 beim Steigen des Seespiegels wohl planmässig abgetragen und durch die «ecclesia superior» (s. Oberkirch S. 363) ersetzt; Seeabsenkung 1806, Ausgrabung der Fundamente 1941 inmitten einer neolithischen Ufersiedlung. Gestreckter einschiffiger Längsbau, an den sich querschiffartige Nebenräume legen, die wie der Mittelchor nach O mit halbkreisförmigen Apsiden schliessen; in der westl. Hälfte Querriegel, der eine Schranke getragen haben könnte.

Museen. Heimatmuseum, im St. Urban-Hof. Lokalgeschichtliche Sammlung (s. S. 365). – Museum der Schweizer Kapuzinerprovinz, im Kloster (s. S. 367). Bedeutende Dokumentation zur Geschichte der Kapuziner in der Schweiz.

MAUENSEE. Schloss, in prächtiger Lage auf der Insel im gleichnamigen See, über eiserne Brücke (19. Jh.) zugänglich. Burg erwähnt 1275, gemeinsamer Besitz der Grafen v. Habsburg und der Freiherren v. Grünenberg, 1388 durch die Eidgenossen zerstört. An Stelle der Ruine kubisch straffer nachgot. Bau, errichtet 1605–08 für den Surseer Schultheissen Michael Schnyder. Haupteingang an der O-Seite dat. 1700, gleichzeitig fragmentarisch erhaltene Ausmalung im Innern; Treppengeländer mit spätgot. Fischblasenmasswerk aus der Bauzeit. – Kapelle St. Eligius. Von der Insel 1823 ins Dorf verlegt, neuerb. 1850; Renov. 1936.

KNUTWIL. Kath. Pfarrkirche St. Stephan und Bartholomäus. Erwähnt 1245, auf einem das Suhrental dominierenden Hügel neuerb. 1821–26 von Jos. Singer. Das nach NW gerichtete Schiff und die Hälfte des Chors mit den flankierenden Sakristeiräumen bilden einen geschlossenen Baukörper unter einheitlichem Dach, aus dem nur das 3seitige Chorhaupt und der axial angefügte Turm hervorstehen. Giebelfront von 4 dor. Kolossalpilastern gegliedert, die ein hohes Gebälk tragen, das sich rings um die Kirche fortsetzt. Der Innenraum steht ausserhalb des Singer-Purtschert-Schemas und ist stark französisch beeinflusst: 3schiffige Halle mit monumentalen ion. Säulen, die ein vielfältig profiliertes Gebälk tragen, das sich wie die flache Mittelschiffdecke im Chor fortsetzt und über dem Altar herumgeführt ist; Flachdecken der Seitenschiffe etwas niedriger. Strenge klassiz. Ausstattung aus der Bauzeit. Spätgot. Pietà E. 15. Jh., weitere Skulpturen 17.–18. Jh. Unter den Kultgeräten Surseer Monstranz von Hans Georg Jos. Staffelbach, Surseer Barockkelch von Georg Irene Beck, Luzerner Régencekelch von Beat Jos. Schumacher, Spätrokokokelch von Peter Egydi Dangel in Beromünster. – Ehem. Zehntscheune. Steinbau 1756 mit Wappenrelief des Abtes Augustin Müller von St. Urban. – *St. Erhard.* Kapelle St. Erhard. Neuerb. 1625; neugot. Ausstattung und 3 Plastiken 17.–A. 19. Jh.

BUCHS. Kapelle St. Andreas, in burgartiger Lage auf einem Hügel. Vom Um- oder Neubau 1608 stammen das Schiff mit breitem Vorzeichen, der Dachreiter auf dem Polygonalchor und die dahinter angebaute quadratische Sakristei. Im ungeteilten Innern Flachdecke, Neurenaissancedekorationen. Hochaltar um 1700, Wallfahrtsaltar der Hl. Notburga im Stil Louis XVI, beide Altargemälde 1905. Barocker Kruzifix um 1700; Kopie des

Innsbrucker Gnadenbildes und der Maria vom Guten Rat M. 18. Jh. Zwei spätgot. Leuchter 14.–15. Jh.

UFFIKON. Erwähnt 893. – Kath. Pfarrkirche St. Jakobus d. Ä. Neuerb. 1869 von Wilh. Keller in neuroman.-neugot. Formen. Goldschmiedearbeiten vorwiegend 18. Jh. – Heiligenhäuschen, nördl. der Landstrasse. Dat. 1615, Pietà um 1600.

DAGMERSELLEN. Ausgesprochenes Strassendorf an der alten Gotthardroute. – **Kath. Pfarrkirche St. Laurentius.** Bildet mit Pfarrhaus und Schule eine Baugruppe etwas abseits der Hauptstrasse. Neuerb. 1818–21 von Jos. und Franz Händle; eingreifende Renov. 1898 durch Aug. Hardegger, Innenrenov. 1953. Unter gleichem First 4jochiges Schiff und eingezogener Polygonalchor, der vom N-Turm und der 3geschossigen Sakristei flankiert wird. In der durch Kolossalpilaster gegliederten Fassade öffnen sich die 3 Portale der inkorporierten Vorhalle, über jedem eine Statuennische und ein Rundfenster bzw. Hufeisennische; durchlaufendes Klebdach, über dem der spitze Dreieckgiebel aufsteigt, der wiederum von einem Klebdach unterteilt ist. Im Innern korbbogige Tonnen auf ion. Pilastern mit Gebälkstücken, nur in der gerundeten Überleitung vom Schiff zum Chorbogen durchgehendes, verkröpftes Gebälk. Stukkaturen von 1835 noch mit Rokoko-Elementen; Deckengemälde 1898 von Franz Vettiger und Georges Troxler. Altäre noch von barockem Charakter, 1835 von Niklaus Häfliger; Hochaltargemälde von Joh. Bucher, Seitenaltarbilder 1837 von Ant. Amberg. Kanzel 1827 von Jos. Pius Koller. Unter den Bildern und Plastiken des 16.–19. Jh. spätgot. Kruzifix um 1500; Auferstehungschristus, vorzügliche Statuette wohl 2. V. 17. Jh.; 3 Prozessionsstatuen 18. Jh. Unter den Kultgeräten Kelch M. 17. Jh. von Joh. Casp. Schlee und Rauchfass 1844 von J. H. Mauderly. – Pfarrhaus. Als Schulhaus erb. 1805. – Schulhaus. Klassiz. Bau von 1833, erhöht 1851. – Stattliche Gasthöfe entlang der Hauptstrasse, 18.–19. Jh. – Siebenschläferkapelle, südlich der Landstrasse. Erb. vor 1678. Frühbarocker Altar M. 17. Jh., anstelle des Bildes Relief der Kapellenpatrone, der Hl. Sieben Schläfer; Erbärmdebild A. 16. Jh. – Alte Mühle, am O-Rand des Dorfes. Wohnhaus, an der Kellertüre dat. 1763; in der ehem. Stampfe spätgot. kielbogiges Hausteinportal, am zugehörigen Wappenrelief dat. 1613. – Kapelle, auf dem Kreuzberg im N. Spätgot. Madonna um 1470.

REIDEN. Kath. Pfarrkirche St. Bartholomäus und St. Johannes Bapt. Erwähnt 1271, neuerb. 1793–95 von Niklaus Purtschert nach Plan von Jos. Singer, infolge der Kriegszeit ohne Stuck und Gemälde bescheiden ausgestattet; Renov. innen 1936, aussen 1952. Fünfjochiges Schiff mit inkorporierter Vorhalle, der 3seitig schliessende Chor im Einzug flankiert vom Turm mit geschweiften Giebeln und Spitzhelm und von der 3geschossigen Sakristei. Fassadengliederung durch dor. Riesenpilaster, in den 3 Achsen je ein Portal und eine Figurennische (Statuen 1954 von Alois Peyer), der geschweifte Frontispiz mit Obelisken besetzt. Im Innern Wandgliederung durch ion. Pilaster mit Gebälkstücken, auf denen eine korbbogige Tonne mit Stichkappen ruht. Überleitung vom Langhaus zum Chor durch diagonal gerichtete Altarseiten. Deckengemälde 1915 von Georges Troxler, Glasgemälde 1936 von Aug. Wanner. Hochaltar und Kanzel 1799 sowie Seitenaltäre 1803 von Joh. Moser; nazarenische Altargemälde. Chororgel A. 18. Jh., aus Kloster Gnadenthal 1796 erworben; klassizistischer Taufstein 19. Jh. Kruzifix neben der Kanzel 17.–18. Jh., weitere Plastiken 16.–18. Jh. Stationenbilder 1802 von Ulr. Fischer. In der Sakristei u.a. schöne Surseer Barockmonstranz von Hans Peter Staffelbach; Luzerner Wettersegenkreuz A. 19. Jh. von Georg Jos. Schnyder; Barockkelche u.a. von Hans Casp. Schlee und Franz Ludw. Staffelbach; Zuger Rauchfass und Schiffchen von Hans Georg Ohnsorg (1654–1725). – **Ehem. Johanniterkommende,** auf dem Hügel über der Pfarrkirche. Gegr. um 1280, aufgehoben 1803; heutige bauliche Erscheinung 16.–18. Jh. Die beiden stumpfwinklig zueinander liegenden Gebäude sind durch eine hohe Ringmauer mit Burgtor verbunden, über letzterem Wappentafel mit Wildmännern von 1531. Der nördl. Bau dient seit 1807 als Pfarrhaus. Im Erdgeschoss Wandtresor mit Wappenschilden dat. 1550; 2läufige Barocktreppe; im Obergeschoss trapezförmiger Festsaal mit got. Leistendecke 16. Jh. und frühbarocken Grisaillerahmen um die stichbogigen Fensternischen, imposanter Ofen 1701 von Friedr. Klentzy in Solothurn. Einzelne Gemälde und Plastiken des 17.–19. Jh. – Ref. Kirche. Erb. 1937 von Armin Meili. – Haus Zimmerli, an der Vordergasse. Heiligtumsnische mit reichgeschnitztem Altarmodell dat. 1752 und zahlreichen Heiligenstatuetten verschiedener Herkunft. – *Reidermoos.* Kapelle St. Anna. Barockbau mit Dachreiter; der Altar 2. H. 17. Jh., qualitätvoller Rokokokruzifix M. 18. Jh.

WIKON. Ehem. Burg Wikon, heute Mädcheninstitut Marienberg auf steilem, bewaldetem Querriegel im Wiggertal. Angeblich für die 1173 ausgestorbenen Grafen v. Lenzburg erbaut, nach mehrmaligem Besitzerwechsel 1476 an die Stadt Luzern verkauft; Sitz luzernischer Landvögte ab 1485 bis zur teilweisen Zerstörung 1798 durch das Landvolk. Gründung des Mädcheninstituts nach 1890. Die meisten Institutsgebäude neuerbaut 1956–58, unter Belassung des von ihnen umschlossenen Bergfrieds der ehem. Burg, darin mittelalterl. Wendeltreppe und Reste eines Cheminées 14. Jh. Neben dem Eingang zur Kapelle Wappenstein 1638 des Vogts Joh. Ch. Cloos, weiterer Wappenstein 1634 im Chorbogen. Am Rokoko-Altar Wappen des Landvogts Jost Rüttimann (1774–78), in der Hauptnische ikonographisch höchst seltene stehende Pietà um 1400; spätgot. Kruzifix

RUSWIL–BUTTISHOLZ–ETTISWIL–ALTISHOFEN

HELLBÜHL. Kirche St. Wendelin. Neubau 1832 von Jos. und Franz Händle; anlässlich der Rest. 1962–63 Verlängerung um eine Achse und Rekonstruktion der alten Fassade durch Jos. Wey. Festlicher nachbarocker Raum mit klassiz. Ausstattung von 1836.

RUSWIL. Kath. Kirche St. Mauritius (Abb. 120). *Eine der monumentalsten spätbarocken Dorfkirchen der Schweiz, in reifster Ausformung des Singer-Purtschert-Schemas.* Neubau 1781–83 von Niklaus und Jak. Purtschert. Turm mit gebauchter Haube und Laterne nach Entwurf von Jak. Singer

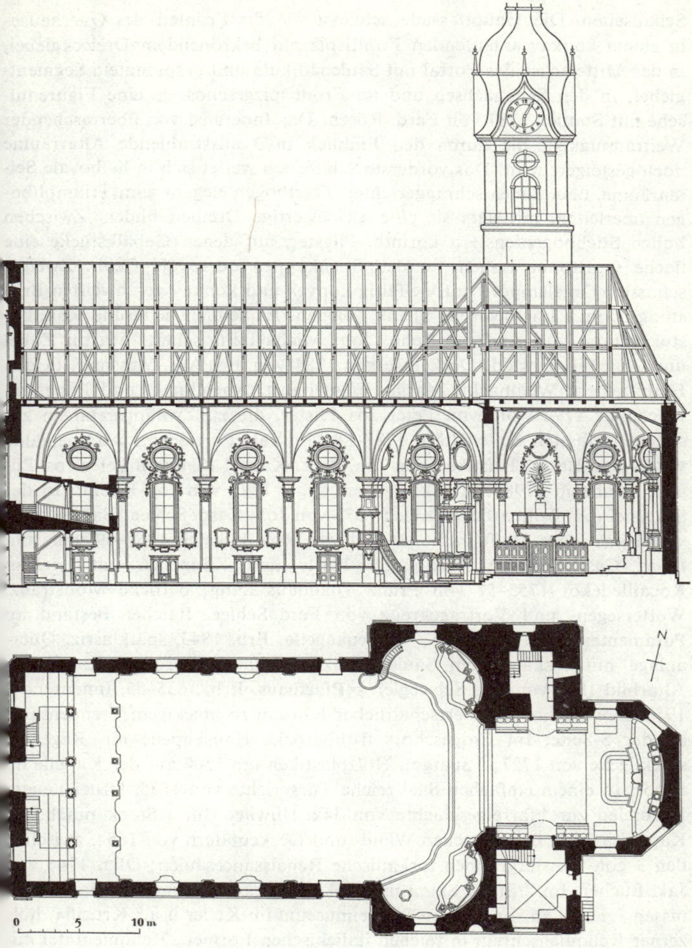

Ruswil. Kath. Kirche St. Mauritius

Der Aussenbau ist an allen Fronten des 5jochigen Schiffs, des schmalen, seitig schliessenden Chors und der Nebenbauten durch toskanische Pilater aus dunklem Naturstein gegliedert, auf denen ein umlaufendes Gebälk uht. Kapellenartige Ausweitungen des vorderen Schiffsjochs bilden zusamnen mit dem Unterbau des aus dem Choreinzug vorstehenden N-Turms zw. mit der gegenüberliegenden Sakristei ein Querhaus mit einheitlichen

Schauseiten. Die Hauptfassade schliesst wie die Fronten des Querhauses in einem konkav anlaufenden Frontispiz mit bekrönendem Dreieckgiebel, in der Mittelachse das Portal mit Säulenädikula und gesprengtem Segmentgiebel, in den Seitenachsen und im Frontispizgeschoss je eine Figurennische mit Statuen 1787 von Ferd. Rösch. Das Innere ist von überraschender Weiträumigkeit, die durch den Einblick in 3 ausstrahlende Altarräume noch gesteigert wird. Das vorderste Schiffsjoch weitet sich in halbovale Seitenräume, über denen schräggerichtete Gurtbogen elegant zum Triumphbogen überleiten, mit dem sie eine gleichwertige Dreiheit bilden. Zwischen hohen Stichbogenfenstern korinth. Pilaster, auf denen Gebälkstücke eine flache Gurttonne tragen; in den Stichkappen querovale Oculi. Zweigeschossige Orgelempore mit vielfältig konvex und konkav geschweiften Brüstungen, im Chor beidseits kleine Loggien. Einheitlich hellgrüne Rokokostukkaturen von Andreas Rehn, Joh. Michael Purtschert, Martin Zobel und Ant. Finsterwald. Deckenfresken 1784 von Jos. Ant. Messmer, in den Hauptfeldern Weihnacht, Mariä Himmelfahrt, Abendmahl und Pfingsten. Hochaltar 1792 wohl von Peter Jos. Pfister, die zu Zwillingsretabeln zusammengefassten Seitenaltäre 1787–88 von Jak. Purtschert; Altargemälde von Xaver Hecht, Plastiken von Joh. Beck. Kanzel 1790 von Peter Jos. Pfister, Taufstein 1798 von Jak. Bucher, Orgel 1797 von Jos. Rabini. In der Sakristei u.a. frühbarocker Kelch 1673 von Joh. Casp. Schlee; Barockkelch von Hans Peter Staffelbach; Augsburger Rokokokelch 1767–69 von Joh. Ignaz Casp. Bertold; Augsburger Platte und Kännchen mit reichem Rocailledekor 1755–57 von Franz Thaddäus Lang; barocke Monstranz, Wettersegen- und Vortragekreuz von Ferd. Schlee. Reicher Bestand an Paramenten, 1.H. 15.–19.Jh. – **Totenkapelle.** Erb. 1843, spätklassiz. Queranlage mit toskanischem Säulenportikus. Altar mit Teilen des 17.Jh., Altarbild 1846 von Jak. Schwegler. – **Pfarrhaus.** Erb. 1635–55, Innenrenov. 1958. Dreigeschossiger herrschaftlicher Bau mit rechteckigem Treppenturm an der S-Seite. Im Erdgeschoss frühbarocke Hauskapelle mit Régencestuckdecke von 1727; 3 spätgot. Holzplastiken um 1500 aus der Kapelle im Moos. In einem einfachen Saal reiche Türgerichte von 1635, ferner neuere Malereien zur Pfarreigeschichte von Jak. Huwiler. Im 1. Stock prächtiger Kapitelsaal mit frühbarocken Wand- und Deckentäfern von 1654, zwischen den 3 got. Fenstergruppen toskanische Renaissancesäulen; Ofen 1746 von Jak. Bucher. Im 2. Stock Salon mit Rokokostuckdecke und Theologenbildnissen 1.H. 19.Jh. Im kleinen Pfarreimuseum im Keller u.a.: Kruzifix, hölzerner Reliquienschrein in reichen italienischen Formen, Reliquientafel mit Silberreliefs wohl vom Augsburger Joh. Miller und silbergetriebene Halbfigur des Hl. Mauritius M. 17.Jh.; Holzbüsten der Apostel Petrus und Paulus 2.H. 17.Jh. von Michael Hartmann. – Dorfplatz von kleinstädtischem Charakter, am Fuss des Kirchhügels. – St. Mauritius-Brunnen. Achteckiges Becken und korinthische Säule A.18.Jh., Figur 1955 in Kopie erneuert. – Spätklassiz. Bauten um 1850–60.

Östl. Umgebung. Bürgerheim, nördl. der Strasse nach Hellbühl. Grosser klassiz. Bau von 1840; in der Hauskapelle frühbarocke Pietà M. 17.Jh. –

Neumühle, südl. der Strasse. Klassiz. Herrenhaus, mit St.-Niklaus-Kapelle. – Wegkapelle Bergen, erneuert 1870. Zwei spätgot. Holzstatuen, Gemälde 17. Jh. – *Sigigen.* Kath. Bruder Klaus-Kirche. Erb. 1950 von Alois Steiner; Wandbilder von Willy Huwiler. – Kapelle St. Anna, im Hapfig. Erneuert 1656, renov. 1856. Dreiseitig schliessender Bau mit Vorzeichen und Dachreiter. Barockaltar; Kruzifix 2. H. 17. Jh., Gemälde 18. Jh. – Speicher, in der Nähe der Kapelle. 1727 für Adam Schmidli errichtet, mit reichen Schnitzereien. – Speicher in Ziswil, dat. 1722. – Kapelle St. Anna, am Herweg (Herrenweg). In malerischer Lage erb. 1614, mit eingezogenem Rechteckchor, Vorzeichen und Dachreiter; Renov. 1928. Altar 1699; handwerkliche Bilder 17.–18. Jh. – *Hunkelen.* Kapelle Hl. Dreifaltigkeit. Mit rundem Schluss und Dachreiter erb. 1576. Im tonnengewölbten Innern Altar um 1700, das Altargemälde 1702 von Sebastian Düring, Renov. 1826 von Joh. Amberg. – *Buchholz,* westl. Ruswil. **Kapelle St. Gallus und Erasmus.** Neubau von 1662 mit eingezogenem, 3seitig geschlossenem Chor, auf dem der spitze Dachreiter sitzt. Rundbogiges Renaissanceportal mit Volutenschlussstein dat. 1660, darüber neugot. Radfenster 1867; Wandgemälde der Muttergottes 1931 von Hans Zürcher. Im Schiff bemalte Felderdecke, im Chor Stichkappentonne mit gelb getönten, ornamentalen Malereien; von gleicher Art sind die 1931 renovierten Wandgemälde im Schiff mit lebensgrossen Heiligengestalten, Fruchtgehängen und ornamentalen Rahmungen der rundbogigen Fenster- und Türgewände. Gute Altäre aus der Bauzeit, wohl der Surseer Bildschnitzerfamilie Tüfel zuzuschreiben; Hochaltargemälde 1828 von Joh. Bernhard Amberg. – Landgerichtskapelle, südl. des Weilers. An Stelle einer alten Gerichtsstätte erbaut, mit Gemälde der Marienkrönung 2. H. 17. Jh.

Rüediswil. **Kapelle St. Jost.** Erb. 1639–44, mit eingezogenem Polygonalchor und Dachreiter; Verlängerung nach W und Renov. 1936, gleichzeitig die Wand- und Deckenfresken von Jak. Huwiler und Sohn. Vorzüglicher frühbarocker Hochaltar um 1644 mit den Statuen der Hl. Jost, Sebastian und Rochus; Seitenaltäre gleichzeitig. – Schwärzikapelle. Dreiseitig schliessender Bau von 1645 (oder 1745?) mit gebrochener Holztonne im Schiff. Barockaltar, das Gemälde nach Inschrift von 1507, kopiert 1822 von Joh. Amberg. – **Kapelle St. Ulrich,** nordwestl. Rüediswil. Schlichter spätgot. Neubau 1591–93 mit eingezogenem Polygonalchor und spitzem Dachreiter; Renov. E. 19. Jh. Frühbarocker Hochaltar um 1664, auf dem Altargemälde Ansicht der Kirche St. Ulrich und Afra in Augsburg, als Hintergrund für die beiden Heiligen. Die Seitenaltäre sind seltene Beispiele von Renaissanceretabeln und stammen wohl von 1593: Im Marienaltar dominiert die Statue der Muttergottes, auf dem Hauptgesims kleine Figuren der Hl. Urban und Rochus um 1500; der Nikolausaltar, urspr. vielleicht Hochaltar, hat einen straffen 2geschossigen Aufbau mit Säulen und Figurennischen, darin im Hauptgeschoss die Figuren der Hl. Andreas, Nikolaus und Antonius Eremita, im Obergeschoss die Hl. Barbara und Verena, in der Predella 2 qualitätvolle spätgot. Reliefs mit den 14 Nothelfern. Neben dem Chorbogen barocke Holzfiguren der Verkündigung; im Chor Schrank von

1690 und Chorstuhl 1.H. 17.Jh. Got. Kelch um 1500, Barockkelch von Othmar Dangel in Beromünster.

***BUTTISHOLZ** (Abb. 121). Erwähnt 1036; nach Ortsbrand 1861 regelmässige spätklassiz. Neuanlage mit stark isolierten Häusern. **Kath. Pfarrkirche St. Verena,** bildet mit Beinhaus und Pfarrhaus eine reizvolle Baugruppe. Neuerb. 1746, Umbau 1914. Das Schiff urspr. 3achsig, der eingezogene Polygonalchor flankiert von 2geschossiger Sakristei und N-Turm mit stark geschweifter Laternenkuppel; im W querschiffartiger Anbau mit S-Portal 1914. Im tonnengewölbten Innenraum weisser Stuck in altertümlichen Formen um 1750 vom Vorarlberger Jos. Meusburger; an der Chorbogenwand Gemälde der Verkündigung 1871 von Jost Troxler. In der nördl. Chorwand eines der letzten Sakramentshäuschen, in Renaissanceformen, dat. 1616; wohl gleichzeitig die Türe zum Turm und zur Sakristei. Drei Altäre M. 18.Jh. von Jos. Meusburger, die Haupt- und je 2 Oberbilder 19.Jh. Chorgestühl und Schiffsbestuhlung um 1750, gleichzeitig die eigenwillige Kanzel von Jos. Meusburger. Spätgot. Statue der Hl. Ottilie 2.H. 15.Jh., Pietà A. 16.Jh., Hl. Sebastian 1649 aus Buchsbaum, hölzerner Reliquienschrein in reichsten Architekturformen Mitte 17. Jh., weitere Skulpturen 17.–18.Jh. Surseer Monstranz, 2 Kelche und Rauchfass von Franz Jak. Züll y (1757–1838); Platte und Kännchen von Hans Georg Ott (1667–1745) in Schaffhausen. – Pfarrhaus. Querbau unter Walmdach mit symmetrischen Fensterreihen 1743 von Jak. Bossert, Cassian Budmiger und Hans Jörg Frei. – *Beinhaus*, gleichsam Torhaus zur Kirchenanlage. Erwähnt 1632, bauliche Veränderungen gleichzeitig mit der Pfarrkirche. Dreiseitig geschlossene Kapelle mit Stichbogenfenstern und Dachreiter. In der als Durchgang zum Kirchhof dienenden Vorhalle eine Kreuzigungsgruppe 17.–18.Jh. Im nüchternen Innenraum 2 ehem. Altargemälde aus der Pfarrkirche 1761 von Jos. Ignaz Weiss. – Gasthaus zum Hirschen. Erb. 1827 und nach Brand 1861. – **Schloss,** am östl. Dorfrand. Erb. 1570 für Leopold Feer, Um- und Neubauten 1.H. 18.Jh.; seit 1747 Fideikommiss der Familie Pfyffer-Feer. Spätgot. 4geschossiger Steinbau mit Treppenhausrisalit aus dem 18.Jh. an der Rückfront. Gartensaal mit Régencestuckdecke um 1730–40; im 1. Stock vertäferter Salon mit got. Relikten und barocker Dekorationsmalerei; zahlreiche Familienbildnisse.

Wallfahrtskapelle St. Ottilien* (Abb. 121). Reizvoller barocker Zentralbau auf freiem Hügel südöstl. des Dorfes. Gründung um 1260 wohl durch die Habsburger; Neubau 1690 vom aristokratischen Baudilettanten Jost Melchior Zur Gilgen. Reiner Zentralbau bestehend aus 8eckigem Hauptraum und 4 kurzen, 3seitig gerundeten Kreuzarmen, deren geschweifte Kupferdächer in eine gedrückte Kuppel mit doppelter Laterne und Spitzhelm einschneiden; der westl. Kreuzarm als Vorzeichen durch 3 rundbogige Eingänge geöffnet. Im Innern Rokokostukkaturen um 1746 von Jos. Meusburger, im Scheitel der geschlossenen Kuppel eine Kartusche mit farbiger Reliefansicht der Kapelle. Seitlich des Eingangs führen hölzerne Treppenflügel zu der über dem Vorzeichen gelegenen kleinen Empore empor. Die 3 Altarräume mit Tonnengewölbe sind durch schmiedeiserne Gitter geschlossen. Frühbarocker Hochaltar mit Statue der Hl. Odilia aus der Bauzeit, seitlich barockisierte spätgot. Statuen der Hl. Katharina und Jost um 1500, bemaltes Antependium 1803; einfache klassiz. Seitenaltäre. Stationen M. 18. Jh.; unter den Votivbildern eines von 1698 mit der 16köpfigen Stifterfamilie Bostert. Frühbarockkelch von Joh. Casp. Schlee. – *Soppensee.* Wegkapelle. Altartafel 17. Jh., auf der Mensa qualitätvolle spätgot. Statue der Hl. Anna selbdritt, vor 1500.

GROSSWANGEN. Kath. Pfarrkirche St. Konrad. Als 3schiffige neugot. Pfeilerhalle neuerb. 1863–66 von Wilh. Keller. Aus der alten Kirche: Sakramentshäuschen mit Blendmasswerk E. 15. Jh.; spätgot. Pietà A. 16. Jh.; stehende Muttergottes, ehem. Hauptfigur des Hochaltars 1. H. 17. Jh.; weitere Plastiken 16.–18. Jh. Unter den Kultgeräten: Sonnenmonstranz um 1720–30; Luzerner Renaissancekelch von Hans Bernhard Wägmann; Platten und Kännchen von Mauritz Frey (1675–1738) in Beromünster und von Franz Jak. Zülly in Sursee; Vortragekreuz von Othmar Dangel (1658–1719) in Beromünster. – Schlössli. Mauerteile des spätgot. 3geschossigen Steinhauses im Umbau von 1889 erhalten.
Stettenbach, südl. Grosswangen. Kapelle St. Antonius Eremita. Erb. 1932–33 von Otto Dreyer. – *Oberroth*, östl. Grosswangen. **Kapelle St. Gallus und Otmar.** Als selbständige Pfarrei erwähnt 1275; Neubau 1690, mit Dachreiter über dem 3seitig geschlossenen Chor. Bedeutender, plastisch durchgestalteter Spätrenaissance-Hochaltar um 1630–40 mit 3 vorzüglichen Figuren von einem ältern Altar um 1500: zarte stehende Madonna im Hauptfeld, in den seitlichen Muschelnischen die Hl. Gallus und Otmar. Seitenaltäre 2. H. 17. Jh., Kanzel mit Rokokozierden, Kommunionbank und Empore aus Melchthal (OW). Zwei spätgot. Altarflügel 3. V. 15. Jh. mit 4 stehenden Heiligen vor freier Landschaft. Chorbogenkreuz 2. H. 17. Jh. aus der Kirche Grosswangen. Glocke dat. 1398. – *Oberdorf.* Kapelle Jesus, Maria und Josef. Gestiftet 1679, neuerb. 1828. Dreiseitig geschlossener Bau mit Dachreiter, die kleinen Rundbogenfenster mit got. Profilen vom ältern Bau. Frühbarocke Figurengruppe der Hl. Familie kombiniert mit der Hl. Dreifaltigkeit um 1680. Handwerkliche Holzstatuetten 18. Jh. – *Sigerswil.* Offene Wegkapelle, 1788. – Daneben Speicher, dat. 1678. – Zerfallenes Kapellchen, südwestl. Sigerswil. Dat. 1619, mit Resten dekorativer Fassadenmalerei; Holztonne mit Rokokomalerei. Altar A. 17. Jh., Renov. 1781. – *Innerdorf.* Kapelle St. Anna, auf freiem Feld. Gestiftet 1570, neuerb. 1929 von Josef Arnet. Vier Tafelbilder um 1647 aus der St. Antoniuskapelle in Stettenbach. Statue der Hl. Anna selbdritt 2. H. 15. Jh.; spätgot. Altar aus heterogenen Stücken, zugekauft.

ETTISWIL. Kath. Pfarrkirche St. Maria und St. Stefan. Vermutlich nach Entwurf von Jak. Singer neuerb. 1769–71 von Jak. Purtschert, unter Verwendung des got. Turmunterbaus aus dem 14. Jh. und des aussen 3seitig ummauerten Chores um 1650; Rest. 1956–57. An der W-Front zierliche Vorhalle auf 3 toskanischen Arkaden, im Frontispiz Nischenfiguren der Hl. Antonius von Padua, Karl Borromeo und Franz Xaver, im Bekrönungsdreieck eine moderne Kopie des Einsiedler Gnadenbildes. Einer der schönsten Rokokoräume des Kantons, festlich belebt durch die aus rein weissen Stukkaturen leuchtenden Deckengemälde und 3 kostbare Altäre aus lebhaft buntem Stuckmarmor. Das weiträumige Schiff mit 2geschossiger Empore ist zwischen Pilastern durch hohe Fenster belichtet, die über die Gebälkstücke in die Stichkappen des Tonnengewölbes emporreichen. Im stark überhöhten, rund geschlossenen Chor, zu dem Nischen im Viertelkreis überleiten, ein durchgeführtes Gebälk, über dem 2 Ochsenaugen eine obere Lichtzone schaffen. Die von Cölestin Birchler in warmen Farben gemalten Deckenbilder zeigen in den 4 Schiffsjochen Szenen aus dem Marienleben, im Chor das Abendmahl; die Kirchenväter an der Emporenbrüstung ebenfalls von Birchler. Der Hochaltar und die diagonal gestellten Seitenaltäre unter Einfluss des Dominikus Zimmermann geschaffen von Peter Jos. und Bruder Ant. Pfister, weisse Altarstatuen der Seitenaltäre von Joh. Bapt. Babel. Der Hochaltar zeigt seit der Rest. anstelle des verlorenen Altarbildes einen eindrucksvollen, Joh. Bapt. Babel zugeschriebenen Kruzifix; in den Seitenaltären Statuen links der Muttergottes 1.H. 17.Jh., rechts des Hl. Josef um 1700. Um die Mittelnische des Hochaltars Medaillons mit den Geheimnissen des Rosenkranzes von Conr. Wenger. Klassiz. Kanzel 1. Drittel 19.Jh., Gitter am Treppenaufgang 18.Jh.; kelchförmiger Taufstein aus schwarzem Stanserhornstein 1641. Chorgestühl um 1665 aus Rickenbach, Wangen der Schiffsbänke 1771; Plastiken 17.Jh. In der Sakristei u.a. spätgot. Luzerner Kelch um 1581–89 von Rochus Rooter, Renaissancekelch vielleicht vom Augsburger Lencker, Barockkelche von Hans Georg Ohnsorg, Hans Peter Staffelbach und Fidel Brandenberg, 2 frühklassizistische Kelche von Joh. Ignaz Casp. Bertold; Platten und Kännchen von Fidel Brandenberg, weitere 1779–81 bzw. 1781–83 von Joh. Ignaz Casp. Bertold; reiche Zuger Rokokomonstranz von Fidel Brandenberg; 2 spätgot. Vortragekreuze 2. H. 15. Jh., ein weiteres in prunkvollen frühbarocken Formen; Kaseln 18.Jh. – **Beinhauskapelle.** Baubestand M. 17.Jh., Neuweihen 1684 und 1742; Rest. 1961–62. Auf dem 3seitig geschlossenen Bau 2pfostiger Dachreiter mit Zwiebelhaube; im Innern flache Holzdecke wohl 1684, in Grisailletechnik bemalt mit 26 Sinnbildern der Vergänglichkeit. Schwarz mit Silber gefasster Renaissance-Altar von seltener Form, um 1600, mit Relief der Heimsuchung Mariä in der Predella; in der Mittelnische spätgotische Pietà von inniger Ausdruckskraft A. 16.Jh. – **Ehem. Pfarrhaus.** Neuerb. 1780, mit Wappenrelief des Einsiedler Abtes Beat Küttel; Rest. 1964–66, jetzt Privatbesitz. An der Rückfront vortretendes 2läufiges Treppenhaus; im 2. Stock Saal mit 2 symmetrischen Louis-XVI-Cheminées, darüber Bildnisse der Einsiedler Äbte Marian Müller und Beat Küttel.

Sakramentskapelle, am N-Rand des Dorfes. Zur Sühne für einen Hostienraub erb. 1450–52, mit gleichzeitiger Ausstattung; Rest. 1946–47. Schiff und eingezogener, strebenbesetzter Polygonalchor unter gemeinsamem First mit barockem Dachreiter; im Schiff je 3 hochliegende Spitzbogenfenster mit Nasen, in der Achse nächst dem Chor und im Chor selbst 2lanzettige Masswerkfenster. Reiches got. Türbeschläg am Hauptportal, darüber

Relieftafel mit Bauinschrift; die seitlichen Fenster und die handwerklichen Malereien unter dem Vordach aus barocker Zeit. Im Innern got. Holzdecke mit Masswerkborten und Schablonenmalerei, an der S-Wand in 4 Reihen angeordneter Bilderzyklus der Entstehungsgeschichte der Kapelle; Pilgerinschriften und -zeichen seit dem 15. Jh. Hinter spitzem Triumphbogen der um 6 Stufen erhöhte Chor über der Fundstätte der Hostie; die Rippen des Fächergewölbes ruhen auf skulptierten Wandkonsolen, der Schlussstein mit Lamm Gottes geziert. An der N-Wand das reichste Sakramentshäuschen des Kantons mit Blendmasswerk und rosettenverziertem Gittertürchen. Daneben in kraftvoll profiliertem Rahmen das schlanke Portal zur 2geschossigen Sakristei. Altar rekonstruiert unter Verwendung der Flügel vom E. 15. Jh., deren Aussenseiten die Verkündigung Mariä aus dem Umkreis der Nelkenmeistergruppe zeigen; die Innenseiten nach Anstückung 2. H. 16. Jh. mit kulturhistorisch interessanten Szenen aus der Entstehungsgeschichte der Kapelle bemalt; im Schrein spätgot. Figuren, Maria und Johannes um 1500 aus Luthern, Kruzifix 17.–18. Jh. zugekauft. Im Schiff spätgot. Statuen der Hl. Nikolaus und Ottilie (?), Kruzifix 2. H. 17. Jh., Madonna 17.–18. Jh. Unter den Kultgeräten Vortragekreuz M. 15. Jh., Augsburger Kelch 1776–79 von Franz Thaddäus Lang, Empire-Wettersegenmonstranz vom Surseer Franz Zülly. – Kapelle St. Anna, Nebenheiligtum südl. der Sakramentskapelle. Erwähnt 1590; offener frühbarocker Neubau mit elegantem Zwiebelhelm-Dachreiter. Altar um 1660–80 von Hans Wilh. Tüfel.

Ehem. Wasserschloss Wyher, südl. der Strasse nach Grosswangen. Burg erwähnt 1304, ab 1493 Besitz der Familie Feer, von 1588 bis 1837 der Familie Pfyffer. Baugruppe von hohem malerischem Reiz trotz Trockenlegung des Teiches. Von der quadratischen Umfassungsmauer ist die nördl. Hälfte mit 2 der einst 4 runden Ecktürme erhalten sowie der z. T. in Riegelwerk aufgeführte Ökonomie- und Dienertrakt entlang der W-Mauer. Der exzentrisch ins Geviert gestellte Hauptbau ist ein schlichtes got. Steinhaus von 3 Geschossen mit steilem Satteldach, unter Verwendung älterer Teile erb. um 1510, Umbauten 1590, 1667 und 1741. Brand 1963. Der vernachlässigte Bau soll ab 1975 restauriert werden. Reste alter Ausstattung. Zugehöriges Bauernhaus von 1772 mit Scheune und Speicher. – **Schlosskapelle,** malerisch am Hügelrand gelegen. Erb. 1592 unter dem «Schweizerkönig» Ludwig Pfyffer. Der 3seitig geschlossene got. Bau mit Fischblasenmasswerk in den Fenstern trägt einen 2pfostigen Dachreiter und wird durch ein Vorzeichen auf schlanken toskanischen Steinsäulen betreten. Frühbarockaltar 1660 mit Gemälde der Hl. Familie, Engelsstatuetten wohl von Hans Ulr. Räber; 5 Tafelbilder mit Darstellung einzelner Heiligen um 1660. Surseer Kelch von Marx Lantzrein.

ALBERSWIL. Burgruine und Schloss Kasteln. Die hochmittelalterl. Burg im Besitz der Lenzburger und ihrer Erben, der Kyburger und Habsburger; im Bauernkrieg 1653 zerstört bis auf die Umfassungsmauern des roman. Bergfrieds, mit reicher Befensterung aus verschiedenen Perioden. Das barocke **Landschlösschen** am O-Hang erb. 1682 für Heinr. v. Sonnenberg, noch heute Fideikommiss derselben Familie. Zweigeschossiger, durch Flügelrisalite T-förmiger Bau mit 2 Gartenpavillons vor der Front; die Mitte der 7achsigen Schauseite betont durch einen Aufbau im allseitig abgewalmten Dach, das in den Risalitwinkeln ausgeschnitten ist. Rechteckige Gartenmauer mit quadratischen Pavillons und Ökonomietrakt entlang der bergseitigen Mauer. Ausstattung z.T. aus der Bauzeit; in der Hauskapelle Rokoko-Altar aus Stuckmarmor; zahlreiche Bildnisse von Mitgliedern der Familie Sonnenberg.

Kapelle St. Blasius, auf dem Hügel Burgrain. Frühbarocker, noch gotischer schlanker Neubau von 1682 mit zwiebelbekröntem Dachreiter; Vorhalle 19.Jh. Über dem noch got. profilierten Portal Wappenstein des St.-Urbaner Abtes Carl Dulliker 1682. Im Schiff und im eingezogenen Polygonalchor flache Kassettendecken. Im Schiff beidseits 2 und im Chor je eine hohe Blendnische mit Segmentbogen und grossem querovalem Fenster, in den Schrägen des Chores je ein Rundfenster. Die 3 Altäre aus der Bauzeit mit Gemälden wohl von Jak. Fleischlin, Hochaltarbild 19.Jh.; über den Durchgängen in der Retabelwand got. Statuen der Hl. Blasius und Urban um 1514. Renaissancechorgestühl um 1682, Chorbogenkruzifix A. 16.Jh. Kelch M. 17.Jh. von Joh. Casp. Schlee.

SCHÖTZ. Kath. Pfarrkirche St. Mauritius. In neuroman. Formen erb. 1876 von Wilh. Keller. Stationenbilder 18.Jh. und Plastiken aus der Wallfahrtskapelle. – **Wallfahrtskapelle St. Mauritius und Stefan,** am südl. Dorfrand. Bei der 1357 erwähnten Kapelle wird 1489 ein Friedhof ausgegraben, die Gebeine hält man für Überreste einer Gruppe thebäischer Märtyrer. Neubau 1660 in noch gotisierend schlanken Proportionen, mit spitzem Dachreiter; Renov. 1924–26. Im Schiff und im eingezogenen Chor flache Felderdecken mit Malerei von 1661 und dem Wappen des päpstlichen Nuntius Friedr. Borromeo. Der 3seitige Chorschluss ist durch eine Quermauer abgetrennt und dient als Sakristei. Festlicher frühbarocker Hochaltar um 1660 mit Statuennische, üppigem Knorpelwerk an den Seitenwangen und gemalter Draperie im Hintergrund; Seitenaltäre M. 18.Jh. Chorgestühl mit geschuppten Hermenpilastern um 1660. Auf der Empore 5 m grosser ehem. Chorbogenkruzifix 2.H. 17.Jh. – Drei Wegkapellen in der Umgebung, wohl 17.Jh. – *Buttenberg.* Hof Hunkeler. Blockbau 1750.

Museum. Wiggertaler Heimatmuseum. Kleine lokalgeschichtliche Sammlung; beachtenswerte Funde aus den prähistorischen Seeufersiedlungen im Wauwilermoos.

KOTTWIL. Sog. Siebenschläfer-Kapelle. Heiligenhäuschen mit klassiz. Terrakottagruppe der Hl. Sieben Schläfer, 2.V. 19.Jh. Barockplastiken wohl aus der Kirche Ettiswil, u.a.: Christus an der Geisselsäule, qualitätvolle Arbeit um 1700; Hl. Jakobus d.Ä. M. 17.Jh. aus der Werkstatt des Hans Ulr. Räber.

WAUWIL. Kapelle St. Wendelin. Erb. 1737, umgeb. 1828–30. An der Decke appliziertes Gemälde der 14 Hl. Nothelfer 18.Jh. Ländlicher Rokoko-Altar M. 18.Jh. mit Statuen der Hl. Magdalena und Franz Xaver M. 17.Jh.; Gemälde nazarenisch. Stationenbilder in Rokokoformen signiert

Anton Amberg 1829. Neben dem Chorbogen gemalte Medaillons 18.Jh. und hochbarocke Pietà um 1700.

EGOLZWIL. Kath. Pfarrkirche Herz Jesu. Neugot. Bau 1895–96 von Aug. Hardegger, an Stelle einer mittelalterl. Kapelle. – Wegkapelle, an der Strasse nach Nebikon. Hochbarocke Prozessionsmadonna Maria vom Siege, welche hier ausnahmsweise sitzend dargestellt ist.

ALTISHOFEN. Gut erhaltenes hist. Ortsbild, beherrscht von Kirche und Schloss. – **Kath. Pfarrkirche St. Martin.** Von einem Vorgängerbau erhalten der spätroman. Turm aus dem A. 13.Jh. mit Dreiergruppen von Schallfenstern, deren Spitzbogen auf je 2 Säulchen mit spätroman. oder frühgot. Kapitellen ruhen; unter steilem Zeltdach an 2 Turmseiten buntbemalte Skulpturen, Widderkopf, Bär (?) und Männerfratze; im Erdgeschoss der heute als Sakristei dienende ehem. Turmchor mit Kreuzgewölbe auf Wandvorlagen. Die heutige Kirche neuerb. 1771–72 von Jak. Singer; Innenrenov. 1935. Unter dem Vorzeichen einfaches Hauptportal mit bekrönendem Luzerner Wappen und reichgeschnitzten Türflügeln. Das 4jochige Langhaus mit 2geschossiger Empore leitet durch flache Rundnischen zum Chor über, der innen rund, aussen 3seitig geschlossen ist. Die Rokokostukkaturen wohl 1901–02 ergänzt. Deckenbilder nach Entwürfen von Paul Deschwanden 1871 durch Jost Troxler ausgeführt. Hochaltar in Form eines schlanken Ziboriums mit Wolkenbaldachin, gleich wie die diagonalgestellten Seitenaltäre, Kanzel, Chorgestühl und Beichtstühle aus der Bauzeit; das Hochaltargemälde ist eine Kopie des 18.Jh. nach Correggios Madonna mit Hieronymus und Magdalena, Seitenaltarbilder 1858. Am Chorbogen überlebensgrosser Kruzifix wohl 17.Jh. Büste des Bischofs von Basel, Eugen Lachat, welcher im Kulturkampf 1873 in Altishofen im Exil weilte, 1887 von Cesare Berra. In der Sakristei Kultgeräte und Paramente aus dem 15.–19.Jh., u.a. eine prächtige spätgot. Turmmonstranz mit Statuetten des Hl. Martin und der Verkündigung, um 1500, neugot. rest. 1874; daran appliziert Renaissancebrosche, wohl Weihegeschenk des «Schweizerkönigs» Ludw. Pfyffer. – Auf dem Friedhof grosses Steinkreuz mit reichem Renaissancedekor dat. 1636. – **Schloss,** erb. 1575–77 für den «Schweizerkönig» Oberst Ludwig Pfyffer; seit 1862 Armenasyl. Hohes spätgot. Steinhaus mit polygonalem Treppenturm; über dem rechteckigen, profilierten Turmportal Wappenrelief Pfyffer-Segesser. Bedeutende, vorzüglich erhaltene Täferräume aus der Bauzeit, ganz im Stil der Renaissance: im 1. Stock Prunkstube mit antikischer Fenstersäule und entwicklungsgeschichtlich sehr wichtigem Ofen mit Puttenkranz von Martin Knüsel, dat. 1577. Im 2. Stock Festsaal mit eingelegtem Kopftäfer und Kassettendecke sowie dekorativen Groteskmalereien in den stichbogigen Fensternischen; Cheminée um 1700. Stube um 1700 in hochbarockem Stil neu vertäfert mit Intarsien; die Holzdecke mit Flachschnitzerei imitiert Stuckplafonds. – Ökonomietrakt, parallel zum Hauptbau. Langgezogener 2geschossiger Bau um 1575. – Pächterhaus, südl. unterhalb des Schlossbezirks. Riegelbau dat. 1671. Ehem. Gasthaus, unterhalb der Stützmauer des Kirchhofs. Erb. um 1800 mit Doppeltreppe. – Gasthaus Löwen. Erb. E. 18. Jh. Gaststube mit Nussbaumtäfer im Louis-XVI-Stil; Bruderschaftsstatue des Hl. Sebastian Ende 17. Jh. – Mariahilfkapelle, nördl. des Dorfes. Quadratische Wegkapelle dat. 1785. Spätgot. Madonna mit Kind A. 16. Jh., aus der Pfarrkirche.

BLATTEN–WERTHENSTEIN–ENTLEBUCH–SCHÜPFHEIM

LITTAU. Kath. Pfarrkirche St. Theodul, am Ort einer merowingischen Begräbnisstätte und einer frühmittelalterl. Kirche. Die 3schiffige Halle mit Turmchor neuerb. 1938–41 von Otto Dreyer, gleichzeitig Wandbilder im Chor von Aug. Frey und Glasgemälde im Schiff von Ant. Flüeler. Aus der alten Kirche Renaissancechorgestühl E. 16. Jh.; Kruzifix 2. Drittel 16. Jh., Muttergottes und Hl. Johannes 1. H. 17. Jh.; Statuen der Hl. Theodul und Jakobus Maj. A. 16. Jh. In der Sakristei u. a. Augsburger Kelch um 1700 von Joh. Fassnacht, Vortragekreuz um 1730, Prozessionsbüsten und Reliquiare 17.–18. Jh. Glocken 1400, 1405, 1614 und 1673. – Haus Roelli, bei der Fluhmühle. Als Speicher errichtet 1696. – Staffeln, Bauernhaus. Im Giebel thronende Muttergottes A. 15. Jh. – *Reussbühl.* Kath. Pfarrkirche St. Philipp Neri. Neuroman. Bau 1899–1902 von Wilh. Hanauer; aus der alten Kapelle ehem. Altargemälde 1668–70 von Carlo Maratti, in Kopien von Xaver Hecht 1809 erhalten. Luzerner Goldschmiedearbeiten vorwiegend 17. Jh.

BLATTEN. Wallfahrtskirche St. Jost (Abb. 123, 124). *Malerisch wirkende Baugruppe aus verschiedenen Perioden mit vorzüglicher Kirchenausstattung aus Barock und Rokoko.* Als Votivbau eines vor Räubern erretteten Wallfahrers gestiftet 1370, geweiht 1391; vom Gründungsbau erhalten der O-Teil des Schiffs und der Turm. Verlängerung des Schiffs und Neubau des Chors 1495–1520, Erhöhung des Turms und Anbau der Kapellenflügel 1640–48, Neugestaltung des Vorzeichens mit Mansartdach 1703–08, Neubau des Beichthauses 1757; Gesamtrest. 1959–61. – Niederes Kirchenschiff, von dem in der westlichen Hälfte 2 tiefe, schmale Kapellenflügel mit rundem Schluss ausgehen; an der S-Seite einfacher Turm und anschliessend die nur in einer Ecke mit dem Chor verbundene Sakristei. Der 3seitig geschlossene Chor mit Dachreiter ist etwas breiter als das Schiff und stark überhöht. Das Beichthaus links neben dem Vorzeichen ist schräg zur Hauptachse lose mit dem nördl. Kapellenflügel verbunden, Dachreiter. Barocke Sgraffiti an den Chor- und Kapellenfronten anlässlich der Gesamtrest. erneuert. – *Inneres.* Im Schiff flaches Tonnengewölbe, im Chor Stichkappentonne auf Pilastern; ländlich bunte Rokokostukkaturen 1751–52 von Franz Xaver Buosinger, gleichzeitig Deckengemälde im Schiff von Sebastian Schilling nach Entwurf von Joh. Jak. Frey: St. Jost als Fürbitter Luzerns, westl. die 3 theologischen Tugenden, östl. die 3 Erzengel. Das Deckengemälde der Kreuzauffindung im Chor 1756 von Jak. Carl Stauder. Chorgitter 1639, Kapellengitter 1645–48. Prunkvoller Hochaltar um 1680 von Michael Hartmann aus Oberbayern, in der Mittelnische des vergoldeten Retabels hervorragende Pietàgruppe mit Engeln, in den Seitennischen Engel mit Leidenswerkzeugen, im Aufsatz Maria Magdalena; Antependium 1746–47, Tabernakel 1752. An den Chorwänden die Hl. Sippe in 6 Einzelbüsten und an den Pilastern 4 neugefasste Holzstatuen der Kirchenväter, gleichzeitig mit dem Altar und vom gleichen Meister. Beidseits des Hochaltars Reliquienschreine von 1707. Schräggestellte Seitenaltäre aus schwarzem Stuckmarmor 1746–47, die älteren Engelstatuen in den Aufsätzen aus der Werkstatt des Michael Hartmann. An den Schiffswänden und an den Brüstungen der 2geschossigen Empore 27 Tafelbilder aus dem Leben des Hl. Jost, 1640–41 aus der Werkstatt des Casp. Meglinger, renoviert 1703–08; hinter den Tafeln an den Wänden Reste eines Jostzyklus um 1600. Renaissanceholzkanzel 1631 mit Plastiken und Akanthusdekor von 1703–08. Gemälde der Kreuztragung 1. H. 17. Jh.; Votivbilder seit 1558. – *Seitenkapellen.* Schmale Räume mit tiefen Stichkappentonnen auf Konsolen, weisse Stukkaturen von 1703–08. Hinter den Altarmensen reiche Figurengruppen in der Art oberitalienischer Monte-Sacro-Gruppen 1644–48 von Hans Ulr. Räber; in der Heiliggrab-Kapelle links eine Grablegung mit oder in Anlehnung an ältere Plastiken; in der St. Josefs-Kapelle rechts Vermählung Mariä (Abb. 124) in drei rahmenden Arkaden, die original gefassten Figuren ganz im festlich-heiteren, theatralischen Stil des Meisters. – *Beichthaus.* Im Erdgeschoss eine Remise, im Obergeschoss der Beichtraum. Buntbemalter, ländlicher Rokoko-Altar; alte got. Steinkanzel aus der Kirche. – *Sakristei.* Renaissancetäfer und -mobiliar im unteren Raum von 1634, im oberen Raum von 1642. Spätgot. Vortragekreuz 15. Jh.; reichdekorierter Becher dat. 1642; silbergetriebene Figur des Hl. Jost um 1700 von Franz Ludw. Hartmann; weitere Kultgeräte und 18 Kaseln 17. und 18. Jh. – *Kaplanei*, jenseits der Strasse. Vollendet 1658, in der Art eines Luzerner Bauernhauses; Rest. 1966–67. In 3 Räumen insgesamt 20 Kabinettscheiben mit allegorischen Szenen, dat. 1656 und 1657. – Renggbrücke, zwischen Blatten und Littau. Erneuert 1688, mit Fratzen an den Streben der Brükkenportale.

MALTERS. Kath. Pfarrkirche St. Martin. Neubau 1833–35 von Fidel Obrist, Renov. des Äussern 1927–29, des Turms 1935. Durch toskanische Pilaster gegliederter klassiz. Bau, bestehend aus einschiffigem Langhaus mit inkorporierter Vorhalle und eingezogenem Chor mit segmentbogigem Schluss, seitlich des Chors der Turm mit Nadelhelm 1935 und 3geschossige Sakristei. In den Fassadennischen noch spätbarock empfundene Tonfiguren von Michael Achermann. Weiter Raum mit kühn gespanntem Gewölbe; Deckengemälde und Verkündigungsbild über dem Triumphbogen 1888–89 von Georges Troxler. In der Sakristei barocke Goldschmiedearbeiten von Bernhard Ant. Studer und Fidel Brandenberg sowie aus Augsburger Werkstätten; ein Kelch von 1591; Reliquienschrein M. 17. Jh.; Votivtafel 1740. – Pfarrhaus. Erb. 1656, 2läufiges Treppenhaus 1725, Umbau und Renov. 1941. Im 1. Stock Kassettendecke von 1659. – Kapelle St. Ida. Einfacher Bau mit Dachreiter 1641, neue Fenster 1899, Bemalung des Innern 1913. Barockaltärchen aus der Bauzeit. – Ennigerkapelle. Spätgot. Statue der Muttergottes und ländliche Barockstatuen der Apostelfürsten.

SCHACHEN. Kapelle Herz-Jesu. Neuerb. 1924; als Vorzeichen dient das ehemalige Brückentor der 1785 von Jos. Ritter erbauten Emmenbrücke bei Reussbühl, mit geschnitzten Zierden aus der 1.H.19.Jh. – Gasthaus Rössli. Unter grossem geschweiftem Giebel eine geschnitzte Freiplastik des Hl. Martin aus dem A. 19.Jh. als Wirtshausschild. – Zahnwehkäppeli, beim Hof Rothenfluh westl. Schachen. Statue der Hl. Ottilie 2.V. 15.Jh., Hl. Bischof 16.Jh., Hl. Eligius 17.Jh.

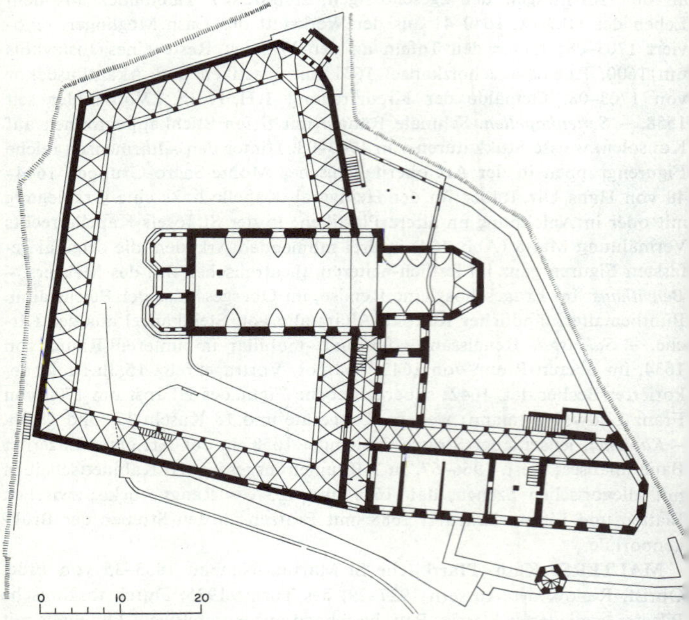

Werthenstein. Klosteranlage

***WERTHENSTEIN. Wallfahrtskirche und ehemaliges Franziskanerkloster** (Abb. 122). *Auf einem Felsen hoch über der Emme gelegene Klosteranlage mit imposantem Kreuzgang, der zu den bedeutendsten Werken der schweiz Renaissance-Architektur zählt.* Die erste Kapelle an alter Burgstelle ent stand an dem Ort, wo um 1500 ein Goldwäscher eine Vision hatte. Nach dem 1529 das im Bildersturm gerettete Gnadenbild aus dem zerstörten ber nischen Wallfahrtsort Freibach (bei Gondiswil) hierher übertragen wurde erhielt Werthenstein eine zunehmende Bedeutung als Marienheiligtum. Ba der heutigen Kirche 1608–13 durch Ant. Isenmann, der beiden Eingangska pellen und der St. Wendelinskapelle 1621 nach Plänen eines unbekannte Baumeisters durch Steinmetz Ulr. Traber. Gründung eines Klosters 1630 anschliessend Errichtung des Klostergebäudes bis 1636 und des Kreuz gangs 1635–36 durch Ulr. Traber nach einem Modell, das der Bildhaue Niklaus Geisler nach einer Idee des Guardians Christophorus Ebert ge schaffen hatte; Übergabe an die Luzerner Franziskaner 1636, Aufhebung des Konvents 1838; Rest. 1953–1974. Man erreicht den Klosterhügel über eine 1710 errichtete gedeckte Holzbrücke, durchschreitet das niedrige Tor der burgartig hohen Umfassungsmauer und steht überrascht im rings von toskanischen Bogenstellungen umschlossenen *Kirchplatz*. Die als Kreuzgang dienenden Arkadenhallen um die unregelmässig trapezförmige Platzanlage übertreffen die etwas spätere, verwandte Anlage der Luzerner Hofkirche durch die räumliche Wirkung der 45 rundbogigen Säulenarkaden und durch die Feinheit ihrer Proportionen. An der Rückwand der kreuzgratgewölbten Hallen, in rundbogigen Nischen 50 schlecht erhaltene und 1925–31 schlecht renovierte Gemälde mit meist neutestamentlichen Themen, 1779 von Jos. Reinhart, an Stelle der urspr. Fresken von Casp. Meglinger; über einem Portal der Hl. Michael im Kampf mit dem Teufel, Relief des 17. Jh. In der O-Ecke des Kreuzgangs die erkerartig über dem Abgrund stehende Schürpfen- oder St. Wendelinskapelle, gestiftet vom Luzerner Schultheissen Ludw. Schürpf vor 1623, ein lichtes Gehäuse mit Renaissancefassade und Masswerkfenstern; hölzerner Régence-Altar mit 2 spätgot. Statuen der Hl. Barbara und Katharina. – **Wallfahrts- und Pfarrkirche Unserer Lieben Frau,** ehem. Klosterkirche. Einfache, nach SO gerichtete nachgot. Anlage, deren einschiffiges Langhaus vom Kirchplatz umschlossen wird und diesen etwa zweiteilt. Im südl. Einzug des Polygonalchors barocker Turm, für ein Franziskanerkloster vorschriftswidrig als Wahrzeichen des Wallfahrtsortes erb. 1687–92 wohl von Bruder Ulr. Beer, mit 8eckigem Glockengeschoss und Zwiebelkuppel. Rundbogige Seitenportale mit geschnitzten Türflügeln führen von den Arkadengängen in den chornahen Teil des Langhauses. An der Hauptfront unter welschen Hauben 2 pavillonartige, barock-got. *Eingangskapellen**, die 3seitig vortreten und durch 5 Rundbogenfenster mit Fischblasenmasswerk geöffnet sind; sie gehören zu den originellsten Werken nachmittelalterl. Architektur in der Schweiz. In beiden Kapellen reiche Schnitzaltäre A. 17. Jh. im Stil der deutschen Spätrenaissance, wahrscheinlich nicht urspr. für Werthenstein geschaffen; das Hauptbild zeigt in der nördl. Kapelle Heilige und Selige des Kartäuserordens, in der südl. Kapelle den Ölberg mit Christus im Kampf gegen den Tod. Zwischen den beiden Kapellen eine offene Vorhalle, deren reichdekorierter, säulenflankierter Eingang durch einen hohen Aufsatz mit 3 Wappenreliefs der Stifterfamilie Pfyffer bekrönt ist; in der Vorhalle die beiden seitlichen Kapellenportale mit gesprengten Dreieckgiebeln und das spitzbogige Kirchenportal. Das Langhaus, nach Erneuerung wegen des 1826 eingestürzten Gewölbes von kahler Wirkung; Rest. 1972–73. Barocke Seitenaltäre aus Döttingen, links das Gnadenbild, eine spätgot. Pietà um 1520, vermutl. um 1617 barock überarbeitet; rechts Darstellung im Tempel M. 18. Jh. Frühbarocke Kanzel 1664 aus Rickenbach; an den Seitenwänden je 2 grosse Wandbilder der 4 Kirchenväter dat. 1696; Kreuzweg-Medaillons A. 19. Jh. Orgelprospekt 1829 von Franz J. Bossard. Rest. dekorative Malereien in den Fensterleibungen, Gewölbe mit ornamentalen Felderteilungen, dem Chor angeglichen.

Im Chor die urspr. Tonne mit Stichkappen erhalten, 1613 mit Kassettenfeldern und Grotesken im Renaissancestil reich ausgemalt von Hans Jak. Wysshaupt. Der Hochaltar 1768 aus schwarzem und wachsgelbem Stuckmarmor ist ein bedeutendes, unter Einfluss von Dominikus Zimmermann geschaffenes Werk des Bruders Ant. Pfister; der starken Auflösung der Retabelarchitektur entspricht das Zusammenfliessen von Haupt- und Oberbild, Mariä Himmelfahrt dat. 1768 von Conr. Wenger. Renaissancechorgestühl 1621 von Fridli Jeger. Dreisitz und Kredenztisch vor je einem an die Wand stuckierten Vorhang 18. Jh. In der alten *Sakristei* im Erdgeschoss des Turms Muschelnische M. 17. Jh., in der westl. anschliessenden neuen Sakristei Wandschränke, Felderdecke und Altar um 1635. Unter den Goldschmiedearbeiten Schiffchen zwischen 1608 und 1635; «Pfeilreliquiar» um 1630 von Joh. Bernhard Wägmann; Luzerner Strahlenmonstranz und ein Kruzifix um 1700; Messkännchen, Platte und Kelch um 1700 sowie Wettersegenkreuz nach 1738 von Hans Georg Staffelbach; weitere barocke Arbeiten von Jos. Gassmann, Hans Georg Krauer, Franz Jak. Zülly, Jost Michael Suter, Franz Michael Spillmann und Joh. Jebenz. Kaseln 17.–1. H. 19. Jh.; Holzschnitzarbeiten 17. und 18. Jh. – **Ehem. Klostergebäude.** Hoher 2flügliger Bau von 1631–36 mit geschlossenem Arkadengang an der Hofseite des nach SO langgestreckten Haupttrakts; zurückgesetztes Dachgeschoss mit Giebelvorbauten und abgewalmten Dächern. Vor der Aussenfront ein 6ekkiger Pavillon mit Wendeltreppe zum tiefer gelegenen Garten. In der Pfarrwohnung Prozessionsfahne um 1630 mit Darstellung des Kircheninnern und der Übergabe der Kirche durch einen Vertreter der Stadt Luzern an einen Franziskanerbruder; ferner Votivbilder und Gemälde des 16. und 17. Jh. sowie Aquarelle mit der Ansicht von Werthenstein 1773. – Kapelle auf dem Grossstein, südwestl. Werthenstein. Bau Barockaltärchen 1669.

WOLHUSEN. Im Mittelalter Marktflecken, der beidseits des Tales von Burgen beherrscht wurde, von denen geringe Reste erhalten sind. – Kath. Pfarrkirche St. Andreas. Im Stil der Münchner Romantik erb. 1879–81 von Wilh. Keller; Rest. 1966–67. Aus der alten, 1654 geweihten Kirche der kraftvolle frühbarocke Hochaltar 1664 von Hans Wilh. Tüfel; gleichzeitig Chorgestühl und Kanzel. Nebenaltäre ca. 1662 aus der abgebrochenen Kirche in Rickenbach. Barocke Goldschmiedearbeiten u. a. von Othmar Dangel, Jos. Gassmann, Joh. Georg Krauer d. Ä. und Franz Niklaus Studer. – Pfarrhaus. Erb. 1659, umgestaltet 1781; meergrüner Ofen 1753 von Jak. Buocher. – **Beinhauskapelle.** Erb. 1661, mit gleichzeitigem, eigenwilligem Wandbildzyklus des Totentanzes mit eingesetzten Schädeln. – Ref. Kirche. Erb. 1924–25 von Armin Meili, Ausmalung von Aug. Babberger. – *Wolhusen-Markt*, Gemeinde Werthenstein. Kapelle zum Hl. Kreuz. Am heutigen Ort neuerb. wohl 1687; auf dem Holzgrund des Türaufsatzes Darstellung der Heiligkreuzlegende. Umbau und Altar 1836; Altargemälde von Joh. Bucher dat. 1842. – *Steinhusen.* Kapelle St. Anna. Erb. 1661, umgeb. im 19. Jh. Altarplastiken aus der Bauzeit, Kreuzwegstationen 2. H. 18. Jh.

DOPPLESCHWAND. Kath. Pfarrkirche St. Nikolaus. Neuerb. 1860–62 von Wilh. Keller in Formen der Neugotik. In der Sakristei u. a. Barockkelche, Holzplastiken vorwiegend aus dem 17. Jh. und hölzerner Reliquienschrein 17. Jh. mit Muschelnischen an allen vier Seiten, darin die Evangelisten. – Ehem. Kapfenburg, über dem Zusammenfluss von Emme und Fontanne. Sitz der Ministerialenfamilie v. Kapfenberg, seit dem 15. Jh. verfallen, Mauerreste der tiefer gelegenen Vorburg sichtbar.

ROMOOS. Kath. Pfarrkirche St. Maria Magdalena, in beherrschender Lage über dem Fontannental. Erwähnt 1084, neuerb. 1693–94 unter Verwendung got. Teile, verlängert 1773–90 nach Plänen von Niklaus Purtschert; Renovation 1938–39. Umfassungsmauern des 3seitig geschlossenen Chörleins frühgot.; Turm mit gekuppelten Schallfenstern im südl. Choreinzug 12. Jh., Haube wohl um 1693. Unter dem aus 3 Seiten eines Sechsecks gebildeten Vorzeichen rundbogiges Hauptportal, flankiert von Betfenstern. Im Langhaus Stichkappentonne auf Pilastern mit Gebälkstücken. Hochaltar und nördl. Seitenaltar um 1640, Statuen des Hl. Oswald und eines Hl. Bischofs im Hochaltar 1. H. 16. Jh., Muttergottes im linken Seitenaltar E. 16. Jh.; südl. Seitenaltar um 1693. Kanzel um 1740 mit Louis-XVI-Zutaten; barocke Stationenbilder. – Beinhaus. Barockaltärchen 1660 mit Predella A. 17. Jh., darstellend die Grablegung Christi. – Pfarrhaus. Gewetterter Holzbau nach 1708 mit Klebdächern und Spitzwalm. – Fontannenbrücke, an der Strasse nach Doppleschwand. Gedeckte Holzbogenbrücke 1839–41 von Bapt. Hunkeler.

Bramboden, ca. 6 km südwestl. Kath. Pfarrkirche St. Antonius. Erb. 1918; Luzerner Kelch zwischen 1656 und 1684 von Joh. Rud. Einholzer.

ENTLEBUCH. Kath. Pfarrkirche St. Martin. Gegr. wohl um 900 durch die Freiherren v. Wolhusen; Neubau 1776–80 begonnen von Meister Bienz, vollendet von Niklaus Purtschert; Rest. 1967–70. An der N-Seite des Chors quadratischer Turm, Wende 13.–14. Jh. Festlicher Rokokosaal mit Verschleifungen zum eingezogenen, halbrund geschlossenen Chor; Wandpfeiler mit Kompositkapitellen und Gebälkstücken tragen die Stichkappentonne. Farbiger Rokokostuck von Hans Michel Purtschert; die Deckengemälde 1779 von Jos. Reinhart zeigen im Schiff Anbetung der Hirten, Auferstehung und Apostelzyklus, im Chor die Kirchenväter; Kreuzweg ebenfalls von Jos. Reinhart. Rokoko-Altäre aus Stuck von Hans Michel Purtschert. Hochaltar mit zugekauftem italienischem Kreuzigungsbild; die Seitenaltäre 1861 umgestaltet, gleichzeitig die Gemälde von Paul Deschwanden; die Kreuzigungsgruppen in den Nischen der Seitenaltäre 1933 von Hans v. Matt. Stuckmarmorkanzel von Joh. Jak. Purtschert, gleich wie Beichtstühle, Chorgestühl und Kirchenbänke aus der Bauzeit. Taufstein 1887 von Jos. Vetter. In der Sakristei u. a. Wettersegenmonstranz E. 16. Jh. von Casp. Meyer, umgearbeitet 1716; Barockmonstranz von Hans Peter Staffelbach, Goldschmiedearbeiten von Ferd. Schlee, Marx Lantzrein und Franz Ludw. Staffelbach; hölzerne Bruderschaftskerzenhalter 2. H. 17. Jh. Kapelle auf Egg, südöstl. Entlebuch. Neuerb. 1694; Renaissance-Altärchen. – *Finsterwald.* Kath. Pfarrkirche Herz Jesu. Erb. 1938–39 von Gisbert Meyer, Wandgemälde 1942 von Alfred Schmidiger; Muttergottesstatue 18. Jh. – Muttergotteskapelle auf Brüdernalp, weiter Entlen aufwärts.

Schlichte Bergkapelle 2. H. 16. Jh., an Stelle einer bis 1469 nachgewiesenen Eremitengemeinschaft. Renaissance-Altärchen; 3 spätgot. Holzstatuen um 1500 der Muttergottes sowie der Hl. Nikolaus und Antonius. – Wegkapelle bei Graben, an der Strasse nach Wolhusen. Geschnitzte Anbetungsgruppe 1. H. 16. Jh. – Kapelle Oberhüsern, nordwestl. Entlebuch. Malerisch gelegener kleiner Bau von 1809.

HASLE. Pfarrkirche St. Stephanus und Laurentius. Grundmauern des Chors und die unteren Turmgeschosse wohl 15. Jh.; Um- und Neubauten 18. Jh. und 1904–05. Hochaltar um 1680, umgeformt 1787; Nebenaltäre und Kanzel 1787. Barocke Goldschmiedearbeiten u. a. von Joh. Ignaz Ohnsorg, Franz Jak. Zülly und Franz Christoph Mäderl. – **Beinhaus.** Erb. 1574, erneuert 1687; Rest. 1908–09. Reizvoller kleiner Bau mit 3seitigem Schluss, Dachreiter und breit überdachtem Vorzeichen, durch das der Zugang zur Kirche emporführt; im Vorzeichen Fragment des spätgot. Sakramentshäuschens aus der alten Kirche, dat 1495. Im Innern eine mehrfach gebrochene Holztonne von 1687 mit Blechrosetten in den farbigen Feldern. Wandbilder eines kulturhist. interessanten Totentanzes wohl nach 1687 von Joh. Jak. Fleischlin: Auf schwarz aufgemalten Barockkonsolen mit Stifternamen stehen die überlebensgrossen Gestalten von Land- und Dorfleuten, von Papst und Kaiser (Leopold I.), deren Dialog mit dem sie umtänzelnden Tod an die Wand geschrieben ist. Altar 1687 mit Gemälde und Antependium von Joh. Jak. Fleischlin, die seitlichen Statuen der Kirchenpatrone um 1500. – Gasthof Engel. Aushängeschild mit vollplastisch geschnitzter und vergoldeter Engelsfigur aus der 2. H. 17. Jh. – *Ennetegg* Kapelle St. Peter und Paul. Vermutlich 1683 erbaut. Barockaltärchen 17. Jh. mit neuerem Bild der 14 Nothelfer. Über dem Altar Relief der 12 Apostel um 1500, urspr. Predella eines grösseren Altars. Über der Tür spätgot. Holzbild der Hl. Anna selbdritt A. 16. Jh. – *Heiligkreuz*, südl. Hasle. **Wallfahrtskirche Heiligkreuz.** An Stelle einer 1344 gegründeten Eremitensiedlung von «Gottesfreunden», die einem bedeutenden Kreis von Mystikern angehörten; um 1470 Rückkehr der Eremiten ins Mutterkloster St. Urban. Neubau der Kapelle 1593 geweiht; Beichtkapelle und Turm 1753 von Jak. Singer. Rechteckiges Schiff mit seitlichen Eingängen in einem querhausartigen W-Teil, dem die nahezu quadratische Beichtkapelle vorgebaut ist. An der S-Seite des eingezogenen Polygonalchors der Turm mit schwerer Haube und anschliessend die mit dem Chorschluss bündig Sakristei. Im Schiff eine flache Tonne mit leeren Rokokostuckrahmen, im Chor reichere Rokokostukkaturen und Deckenbild Allerheiligen von Jak. Carl Stauder. Gute Stuckmarmoraltäre und Kanzel von 1753, Altarbilder von Jak. Carl Stauder. Kunstvolles Chorgitter 1593, Aufsatz 1755; Kreuzigungsgruppe im Triumphbogen 16. Jh. An den Langhauswänden je 4 hochrechteckige Bilder 1681–82, mit Szenen der Kreuzauffindung und der Legende des Stiers von Arras. Steingerahmter Sakristeischrank um 1600; barocke Goldschmiedearbeiten u. a. von Jos. Gassmann, Joh. Rud. Einhorzer, Beat Jos. Schumacher und Hans Peter Staffelbach. Im Beichthaus Beichtstühle und ein Altärchen aus dem 18. Jh.

SCHÜPFHEIM. Nach Dorfbrand 1829 einheitlich geplanter Wiederaufbau. **Kath. Pfarrkirche St. Johannes und Paulus,** auf einer Terrasse über dem Dorf. Neubau 1804–08 von Niklaus Purtschert, der in diesem seinem letzten Werk frühklassiz. Formen übernahm. Durch Pilaster gegliederter Aussenbau mit korbbogigem Chorschluss und seitlichen Risaliten, welche die querschiffartigen Ausweitungen des vorderen Schiffsjochs mit dem Turmunterbau bzw. mit der gegenüberliegenden Sakristei zusammenfassen. Dreiachsige W-Fassade mit Figurennischen über den Eingängen zur inkorporierten Vorhalle und im geschweiften Frontispiz, in den Nischen der Seitenachsen ältere Statuen der Hl. Johannes und Paulus vom ehem. Hochaltar der Luzerner Mariahilfkirche 1680 von Michael Hartmann. Im Innern weitet sich das 5. Schiffsjoch in diagonal gerichtete, halbovale Nebenräume, deren Gurtbogen zum eingezogenen Chor überleiten und mit dem Triumphbogen eine gleichwertige Dreiheit bilden. An den seitlichen Chorwänden geschweifte Balkone, die Brüstungen der 2geschossigen Empore ebenfalls geschweift. Zurückhaltende Stuckierung von Joh. Jos. Mosbrugger; Deckenfresken von Xaver Hecht: Abendmahl, Jüngstes Gericht und Fusswaschung Christi durch Magdalena; von Xaver Hecht auch die Stationenbilder. Altäre von Peter Jos. und Sohn Jost Pfister, Gemälde von Xaver Hecht; auf dem Kreuzaltar monumentaler Kruzifix von 1641. Taufsteine und Kanzel wie die Stuckstatuen der Apostel an den Wänden aus der Bauzeit. In der Sakristei u.a. barocke Goldschmiedearbeiten von Franz Beck, Joh. Ignaz Casp. Bertold, Jos. Gassmann, Wilh. Schindler und Joh. Carl Burger; holzgeschnitzte Heiligenbüsten 17.–18. Jh., truhenförmiger Reliquienschrein um 1700. – **Kapuzinerkloster auf dem Bühl,** nördl. des Dorfes. Gegr. 1654; schlichte, den Ordensregeln entsprechende Anlage erbaut 1655–59 von Bruder Probus Heine; teilweise abgebrannt 1847, Renov. 1890–1901, Umbau des Klosters 1920. Kirche unter Magazinierung eines grossen Teils der barocken Ausstattung von 1657–60 renov. 1956 durch Pater Thaddäus Vonarburg und Architekt Aug. Boyer. Kirchentür mit Relief der Stigmatisation des Hl. Franziskus E. 18. Jh. Hochaltargemälde, Hl. Karl Borromeo bei den Pestkranken 1716 von Sebastian Düring; Kanzel und Gestühl 1. H. 19. Jh.; «Elendskreuz» an der nördl. Langhauswand 16. Jh., Kreuzigungsgruppen im Triumphbogen und im innern Chor 18. Jh. In der Sakristei u.a. Goldschmiedearbeiten des Barocks. In den Klosterräumen Holzplastiken und Gemälde 16.–18. Jh.

Kapelle St. Wolfgang, am S-Rand des Dorfes. Erwähnt 1523, heutiger Bau mit 3seitigem Schluss wohl im wesentlichen von 1696. Drei holzgeschnitzte Barockaltäre 1696, Triumphbogenkruzifix 16. Jh., Statuen der Evangelisten im Chor 17. Jh. – Speicher im Unterlindenbühl, erb. 1522. – **Kapelle St. Joseph,** in einsamer Lage 3 km westl. über Schüpfheim. Erb. 1680, erweitert 1790–95. Nördl. des eingezogenen, 3seitig geschlossenen Chores 2stöckige Sakristei mit zwiebelbekröntem Glockentürmchen; unter der offenen Vorhalle segmentbogige Tür zum tonnengewölbten Innern. Reizvolle ländliche Zopfaltäre, wie die Kanzel um 1790; Altarplastik 17. Jh., Hochaltargemälde von Paul Deschwanden. Im Triumphbogen eine Kreuzigungsgruppe

17. Jh.; volkstümliche Stationenbilder um 1700. Glasscheibe mit Wappen der Stifterfamilie Felder 1. H. 17. Jh. und 1780. Luzerner Barockkelch von Franz Niklaus Studer. – Kapelle St. Niklaus, im Klusstalden an der Strasse nach Flühli. Geweiht 1500; 3seitig geschlossener Neubau mit Vorzeichen 1833, über der 2stöckigen Sakristei im Chorscheitel hölzerner Turm mit Spitzhelm. Altar und Kanzel 1833, 2 primitive spätgot. Holzstatuen.

FLÜHLI. Kath. Pfarrkirche St. Josef. Erb. 1781–82, Turm 1822 von Joh. Limmacher, W-Empore und Renovation 1891–94, 2geschossige Sakristei 1914–18. Typ der Luzerner Landkirche des ausgehenden 18. Jh. Altäre 17. Jh., umgeformt 1783; spätgot. Statue des Hl. Antonius Eremita. Renaissancekanzel 17. Jh., aus der Stiftskirche Beromünster. Monstranz vom Luzerner Jost I Hartmann (gest. 1569), durch Rokokozutaten bereichert. – Pfarrhaus. Erb. 1781–82, umgeb. 1899. – Kapelle St. Loi (St. Eligius), im Heidigsgaden. Erwähnt 1645, neuerb. 1920; 3 barocke Holzplastiken.

SÖRENBERG. Kath. Kirche St. Maria. Neubau 1824 von Jos. Händle; Renov. 1927. Schlichter Bau in der Art spätklassiz. Luzerner Landkirchen mit giebelbekröntem Glockenturm. Altar in Louis-XVI-Formen des 19. Jh., darauf das Gnadenbild der Muttergottes, eine mehrfach überarbeitete Statue des 14. Jh. Seitenaltäre, Kanzel und Chorbogenkruzifix aus der Bauzeit. Monstranz und Kelche 17. und 18. Jh., Kasel 1674. – Doppelwohnhaus des Franz Vogel; erb. 1798. – Speicher auf der Alp Witmoos, erb. 1662.

ESCHOLZMATT. Kath. Pfarrkirche St. Jakob. Neubau 1892–94 von Aug. Hardegger, unter Wiederverwendung der alten Turmuntergeschosse aus got. Zeit; Aussenrenov. 1936. Ausgezeichnete neugot. Hallenkirche mit 3schiffigem Langhaus und polygonalem O-Chor. Der N-Turm im Anschluss an eine querschiffartige Ausweitung des westl. Schiffsjochs; auf schlanker Glockenstube ein hoher Spitzhelm. Gute neugot. Ausstattung. In der Sakristei spätgot. Turmmonstranz mit 3 Statuetten A. 16. Jh.; barocke Goldschmiedearbeiten von Jost Michael Suter, Joh. Georg Krauer d. Ä., Joh. Alois Süffer und Joh. Carl Burger; 2 Vortragekreuze des 17. Jh. in der Kirche. – Kapelle St. Katharina. Dreiseitig geschlossener Saalbau von 1646–47. Frühbarocker Altar, Kreuzigungsgruppe im Chorbogen und mehrere Gemälde aus dem 17. Jh. – Gasthaus Löwen. Bernisch beeinflusster Holzbau, umgeb. 1767 und A. 19. Jh. – Gasthaus Krone; erb. 1826. – Schwandgut. Tätschhaus von 1578. – Sog. Junkernhaus, auf Grabhof erb. 1621.

Kapelle St. Anna, auf dem Schwendelberg westl. des Dorfes. Chor von 1613, Schiff mit Vorzeichen und altem Portal neuerb. 1932. Auf dem holzgeschnitzten Barockaltar das Gnadenbild. Beidseits des Chorbogens Statuen der Muttergottes und des Hl. Johannes E. 15. Jh.; Chorgitter M. 18. Jh. Auf Holz gemalter Zyklus von 12 Bildern aus dem Leben der Hl. Anna 17. Jh. – Knubel-Käppeli, an der Strasse nach Schüpfheim. Dat. 1541; reizvolles Altärchen in bäurischen Renaissanceformen. – Kapelle von Michlschwand, nordöstl. Escholzmatt. Heutiger Bau und Renaissance-Altärchen 17. Jh. – *Wiggen.* Dreikönigskapelle. Dat. 1599; Zopfaltärchen, die hoch ovalen Bilder der Hl. Magdalena und Petrus wohl gleichzeitig.

MARBACH. Kath. Pfarrkirche St. Nikolaus. In Neurenaissanceformen erb. 1872, unter Verwendung des alten Turmunterbaus und des Polygonalchors mit Triumphbogen von 1690; Vergrösserung und Renov. 1924. Seitenaltäre M. 17. Jh. mit Barockstatuen; 6 Bruderschaftskerzenhalter 17. Jh. Neben dem Haupteingang Statue der Hl. Katharina A. 16. Jh. In der Gruftkapelle eine Pietà aus dem 17. Jh. In der Sakristei Vortragekreuz dat. 1607, Medaillons an den Kleeblattenden z. T. aus dem 15. Jh.; Monstranz um 1670 von Joh. Casp. Schlee; Barockkelche u. a. von Joh. Casp. Schlee und Bernhard Ant. Studer; Kasel mit Chinoiserien 3. V. 17. Jh. – Kapelle Niederluegen. Erb. 1912; Holzplastik eines thronenden Bischofs 14. Jh., ein weiterer Bischof und die Hl. Eligius und Barbara 15. Jh., Kruzifix 16. Jh.

MENZNAU–WILLISAU–LUTHERN

MENZNAU. Kath. Pfarrkirche St. Johannes d. T. Romantisch-klassiz. Neubau 1891 von Joh. Meyer. Hochaltar 1677 von Hans Wilh. Tüfel, im Obergeschoss Statuen der Hl. Barbara und Katharina um 1500, Gemälde und Tabernakel neu. Linker Seitenaltar 1628–35, qualitätvolle Arbeit der Spätrenaissance mit manieristisch beschwingten Statuen; in der Predella Pietà A. 16. Jh. Rechter Seitenaltar 1757 dem gegenüberstehenden nachgearbeitet; Gemälde St. Theodul 1755 von Jak. Carl Stauder. Reiche Renaissancekanzel mit Treppe um 1630, frühbarocke Rückwand und Schalldeckel 1663 von Hans Wilh. Tüfel. Taufstein 17. Jh. Auf einer Wandkonsole ein statuettenbesetzter, hausförmiger Reliquienschrein aus Holz mit Knorpelwerk um 1630. Barocke Goldschmiedearbeiten u. a. von Hans Peter und Georg Jos. Ant. Staffelbach sowie von Joh. Melchior II Brandenberg.
Geiss. **Kath. Pfarrkirche St. Jakobus d. Ä.** Auf einem kleinen Hügel inmitten des Friedhofs gelegen, bildet sie mit den Pfrundgebäuden eine malerische Baugruppe. Chor mit N-Turm von einem Um- oder Neubau von 1644–47, Schiff 1783; Seitenschiffe und Verlängerung nach W 1951–52 von Aug. Boyer. Rokokoraum mit grün getönten Stukkaturen, die Deckengemälde 1786 von Jos. Ant. Messmer zeigen im Schiff Himmelfahrt Mariä und Verkündigung, im Chor (hinter hohem und schlankem Triumphbogen) Christus in Emmaus. Kanzel und 3 graue Stuckmarmoraltäre um 1786 in Rokokoformen, Hochaltargemälde von Jos. Ant. Messmer; hinter dem Hochaltar got. Nische mit Relief des Christushauptes. Stationenbilder um 1783. Im Erdgeschoss des Turms, ehem. Sakristei, Wandtresor mit Gittertür, wohl urspr. Sakramentshäuschen der 1581 geweihten Kirche. Sakramentsmonstranz in spätgot. Turmform 1612; barocke Goldschmiedearbeiten u. a. von Joh. Casp. Schlee, Georg Ignaz Bauer, Jos. Ant. Staffelbach und Franz Jak. Zülly; Messgewänder 18. Jh. – *Menzberg*, ca. 7 km südwestl. Menznau. Kath. Pfarrkirche St. Theodul. Klassiz. Neubau 1825 von Jos. Händle; Altargemälde 1843, frühe Werke von Paul Deschwanden.
***WILLISAU.** Gegr. gegen 1278 wohl durch das lokale Adelsgeschlecht der Hasenburger zu Füssen ihrer Burg; in den Guglerkriegen 1375 verbrannt. Die letzte adlige Eigentümerin, Gräfin Maha v. Neuenburg, verkaufte 1407 nach den Katastrophen des Sempacherkrieges Stadt und Herr-

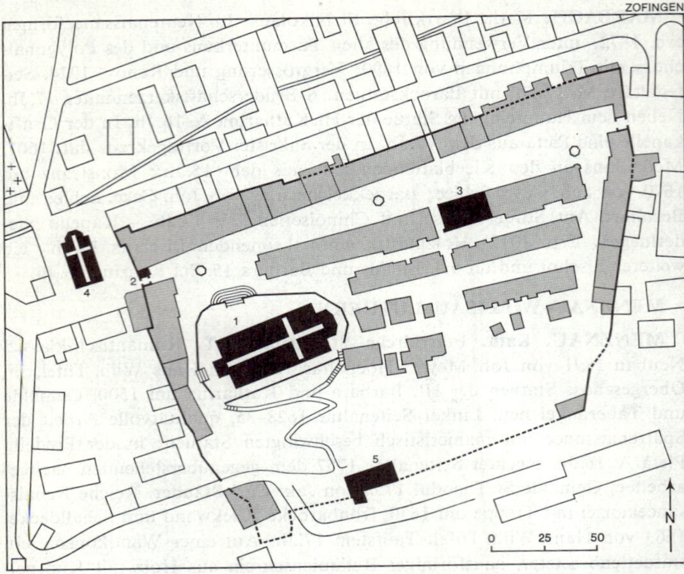

Ortsplan Willisau

1. Kath. Pfarrkirche St. Peter und Paul. – 2. Obertor. – 3. Ehem. Kaufhaus. – 4. Wallfahrtskapelle Heiligblut. – 5. Ehem. Landvogteischloss, heute Gemeinde- und Schulhau[s]

schaft Willisau an Luzern; Brand 1471. Die heutige Stadt ist im wesentlichen auf der alten Disposition nach dem Stadtbrand von 1704 entstanden. Sie bildet ein west-östl. zwischen Bach und Schlosshügel gelagertes Rechteck. Die breite, zwischen den beiden Toren parallel zur N-Flanke verlaufend[e] Marktgasse erweitert sich im W zu Füssen der Kirche zu einem Platz, während sich die südl. Parallelgassen gegen den Kirchhügel totlaufen. Von de[r] Befestigung sind Teile der Ringmauer und einer der beiden Tortürme, da[s] Obertor (s. S. 391), erhalten.

Kath. Pfarrkirche St. Peter und Paul (Ortsplan, 1). Wohl frühmittelalterlich[e] Gründung; Turm A. 13. Jh., erhöht 1647. Neubau der Kirche 1804–10 vo[n] Jos. Purtschert; Glockenturm über dem Chor und Renov. 1928–29. De[r] Turm mit säulengerahmten, teils gekuppelten Schallöffnungen und barok[ker] Kuppelhaube birgt im Erdgeschoss die klassiz. veränderte Vorhalle m[it] rekonstruiertem Kreuzgewölbe auf roman. Eckdiensten mit Würfelkapite[l]len; zur Kirche führt das schmale roman. Stufenportal mit stilisierte[m] Blattfries in der Kämpferzone. Der leuchtend helle klassiz. *Innenraum* b[e]steht aus der 3schiffigen, 4jochigen Pfeilerhalle und dem eingezogenen, vo[n] hohen Loggien flankierten Polygonalchor; alle Raumkompartimente sin[d] von böhmischen Kappen überwölbt. Unter dem von Pilastern getragene[n] umlaufenden Gebälk der Aussenwände Paare von Stichbogenfenstern, da über je ein Halbrundfenster. Weisse, seit 1929 teils vergoldete klassiz. Stukkaturen von Joh. Jos. Mosbrugger; die spätbarock-klassiz. Deckenfresken von Xaver Hecht zeigen in den Hauptbildern, beginnend im Chor: Abendmahl, Christus zeichnet Petrus aus, Christus vertreibt die Wechsler, Bekehrung des Saulus, in den Seitenschiffen alttestamentliche Vorbilder für den Opfertod Christi und die Auferstehung. – *Ausstattung* aus der Bauzeit: Altäre von David Doret mit Gemälden von Xaver Hecht z.T. nach italienischen Meistern; Kanzel von Joh. Jos. Mosbrugger; von verschiedenen Meistern Chorgestühl, Beichtstühle, Taufstein und Orgel. Aus der alten Kirche: monumentale, individuell charakterisierte Apostelfiguren 1693 von Michael Hartmann; Kreuzweg 1755 von Jak. Carl Stauder; alter Taufstein 1649 von Hans Wind. Spätgot. Kreuzigungsgruppe, Christus und die beiden Schächer A. 16. Jh. Im *Kirchenschatz* u.a. zwei got. Armreliquiare E. 15. Jh. und wohl um 1630; got. Kelch 1. H. 16. Jh. mit barocken Zutaten 1659 von Zacharias Schnyder; Spätrenaissanceplatte mit Kännchen 1598 von Jak. Troger in Luzern, frühes Beispiel dieser Art von Messeservice; nachgot. Sakramentsmonstranz in Turmform und Vortragekreuz um 1630, barocke Sakramentsmonstranz in Sonnenform 1718 von Hans Peter Staffelbach; monstranzähnliches Heiligblutreliquiar 1670 von Marx Lantzrein; ferner barocke Goldschmiedearbeiten von Joh. Ignaz Casp. Bertold, Christoph Krämer, Hans Georg Ohnsorg, Ferd. und Joh. Casp. Schlee, Hans Peter Staffelbach sowie Bernhard Ant. und Bernhard Leodegar Studer. – Pfarrhaus, an der westl. Stadtmauer gegenüber dem Kirchturm. Got. Brandmauern mit Treppengiebeln, Längsfronten und Ausbau wohl M. 18. Jh. von einem der Singer oder Purtschert. – Sigristenhaus, weiter oberhalb. Spätgot. Bau des 15. oder 16. Jh.

Hauptgasse. Grosszügig breiter, 250 m langer Gassenraum von beeindrukkender Geschlossenheit, urspr. an beiden Enden durch Tortürme abgeriegelt. Erhalten das 1551 erbaute Obertor (Ortsplan, 2) im W, mit geschweiftem, steilem Walmdach; Bemalung zuletzt 1903 erneuert. Drei aus der Achse gegen S verschobene Brunnen rhythmisieren den Gassenzug. Errichtet um 600, die 7eckigen Becken 1957 durch Gottlieb Kreiliger erneuert; auf den äulen moderne Figuren von 1964–65: Hl. Petrus von Eugen Häfelfinger, Il. Paulus von Rolf Brem und Madonna von Franco Annoni. – **Ehem. Kaufhaus** (Ortsplan, 3), in der Mitte der südl. Häuserzeile. Strenger altertümlicher Barockbau, unter Verwendung der got. Brandmauern mit Treppengiebeln errichtet um 1720. Im 2. Obergeschoss Theatersaal um 1800, der Vorhang von Xaver Hecht bemalt mit Apollo und musizierenden Putten, us dem ehem. Kloster St. Urban. – Gasthaus Sonne. Tavernenschild A. 8. Jh. – **Wallfahrtskapelle Heiligblut** (Ortsplan, 4), vor dem Obertor. Sühneeiligtum für eine Lästerung der Wunden Christi Anno 1392. An Stelle iner mittelalterl. Kapelle neuerb. 1674–75; Rest. 1938–40. Noch stark der enaissance verpflichteter stattlicher Bau mit offener toskanischer Vorhalle, er Chor von 2geschossigen Sakristeien flankiert. In der Giebelfront und den Langseiten je 3 Rundbogenfenster, in den Schrägen des Chores Oculi; uf dem 6eckigen Dachreiter Laternenkuppel mit Spitzhelm. Im Schiff 5fach gebrochene Holztonne mit rechteckigen Feldern, welche 1854 von Ant. Amberg mit biblischen Szenen bemalt wurden; frühbarockes Triumphkreuz. Nach dem leicht erhöhten, eingezogenen Polygonalchor öffnen sich die Oratorien mittels rundbogiger Doppelarkaden auf steinernen Brüstungsbänken. Die grüngetönte Bemalung aus der Bauzeit zeigt dekorative Formen und religiöse Allegorien. Drei figurenreiche, schwarz gefasste Frühbarockaltäre, das Hochaltargemälde, Geisselung Christi, dat. 1678. Acht grossformatige Tafeln von 1684 mit Darstellung der Gründungslegende. – Ehem. Haus Suppiger, gegenüber der Kapelle. Spätbarock-klassiz. Bau von 6 auf 2 Achsen, unter Walmdach mit Zwerchhaus über der Hauptfassade. – Ref. Kirche. Erb. 1955 von Hans Roost.

Ehem. Landvogteischloss* (Ortsplan, 5), heute Gemeinde- und Schulhaus auf dem Hügel über der Stadt; erb. an Stelle der wohl nach 1386 zerfallenen Burg der Hasenburger. Der Turm gehörte zur Ringmauer um 1400, die hier nach dem Vorbild der Luzerner Musegg den Steilhügel hinter der Stadt umschloss. Bau des Landvogteischlosses 1690–95 als symmetrischer, 3geschossiger Rechteckkörper mit paarweise angeordneten geraden Fenstern; die Längsfronten in der Mitte des Walmdachs durch je ein Zwerchhaus überhöht, so dass ein Kreuzfirst entsteht. Der ehem. Befestigungsturm als Treppenhaus eingerichtet, 2läufiger Aufgang mit üppiger holzgeschnitzter Brüstung. Im Erdgeschoss Gerichtssaal mit temperamentvollen, z.T. figürlichen Stukkaturen von Giacomo und Pietro Neuroni sowie 3 Deckenfresken mit allegorischen Darstellungen von Francesco Ant. Giorgioli 1695. In der anschliessenden Kanzlei Wessobrunner Stuck um 1695 mit Rosenranken, die das Gewölbe überspinnen. Im obern Gang Deckenstuck der Brüder Neuroni, an den Wänden der Legendenzyklus von 1638 aus der ältern Heiligblutkapelle. Im Raum der Stadtkanzlei aufwendige Täfer und Kassettendecke A. 18. Jh.; gleichzeitig blau dekorierter Küchler-Ofen mit bekrönenden Vasen, welche mit Blumensträussen aus Fayence gefüllt sind. Weitere Täferräume des 18. Jh.; Hängefigur des Hl. Petrus 17. Jh.

Kapelle St. Niklaus auf dem Berg, südöstl. Willisau am Rand eines Steilhügels. An alter Burgstelle erbaut, erwähnt 1411. Schiff, Rechteckchor und Dachreiter mit geschweiftem Spitzhelm 15. Jh.; Inneres nach Blitzschlag 1848 erneuert. Spätgot. Chorbogenkruzifix 1. Drittel 16. Jh.; Allerheiligenbild 1763 von Joh. Melchior Wyrsch; weitere vorwiegend barocke Gemälde und Plastiken stark übermalt. Älteste Glocke des Kantons A. 13. Jh. – Kapelle St. Jakob auf Bösegg. Neuerb. 1949 von Otto Dreyer. Hl. Katharina um 1520–30 und Pietà M. 17. Jh.; volkstümliche Gemälde 18. Jh.

HERGISWIL. Kath. Pfarrkirche St. Johannes d. T. Neuerb. 1840–42 von Rudolf Hürsch; Renov. 1903, teilweiser Neubau des Turms 1920. Die klassiz. Anlage ist eine Abwandlung des Singer-Purtschert-Schemas ins Sachliche und Geradlinige. Klassiz. Stukkaturen; nazarenische Deckengemälde 1844 von Ant. Bütler. Gute schwarz-graue Stuckmarmoraltäre mit Gemälden 1844 von Joh. Bucher; gleichzeitig die Kanzel. Chorgestühl 1842, vielleicht unter Verwendung von Teilen aus dem 17. Jh. Vor den Pilastern barocke Statuen, urspr. meist Prozessionsfiguren. In der Sakristei u.a. rei che Sakramentsmonstranz in Renaissanceformen 1629, Vortragekreuz 2.H. 17.Jh., Kelch um 1700 von Hans Peter Staffelbach. – Pfarrhaus, erb. 1789. – Gasthaus Kreuz. Stattliches Gebäude aus der 1. H. 19.Jh. mit je 2 nebeneinanderliegenden Zwerchhäusern an den Breitseiten und durchgezogenem Klebdach an den Giebelfronten; schmiedeisernes Aushängeschild. – Haus Nr. 234. Klassizistisches Portal. – Hölzerne Wegkapelle, an der Talstrasse in Hintersagen. Originelles, speicherähnliches Gebilde 18.–19.Jh. Tafelbilder Ende 16.Jh. – Gehöft Opfersei, östl. davon. Speicher 1756; Bildstock mit bäurischer Pietà 17.Jh. – Kapelle St. Joder (St. Theodul), südöstl. Hergiswil. Stark modernisierter Bau mit schlichtem Barockaltar. – Heiligenhäuschen auf Honegg. Dat. 1540 und 1926; Nachbildung der Einsiedler Madonna.

GETTNAU. Kath. Pfarrkirche St.Theresia. Erb. 1932–33 von Jos. Steiner. – Kapelle St.Nikolaus und Anna. Spätgot. Bau des 15.Jh. mit 3seitigem Schluss; auf dem Dachreiter eleganter, nadelschlanker Spitzhelm. Hochaltar 2.H. 17.Jh. Gute frühbarocke Statuen der Hl. Joachim und Joseph um 1660. Goldschmiedearbeiten u.a. von Niklaus Wikart und Joh. Casp. Schlee. – Pfarrhaus. Spätgotische Statuen der Hl. Wendelin und Nikolaus M. 15.Jh. und der Muttergottes; Auferstehungschristus M. 17.Jh. Rundscheibe letztes Drittel 15.Jh. aus dem Chorfenster der Kapelle, die Darstellung der Geburt Christi zeigt Einflüsse des Meisters E.S.

OHMSTAL. Ehem. Einsiedelei mit Kapelle Mariä Opferung, am Hang gegen Niederwil. Erb. 1841–42, mit gleichzeitiger Ausstattung. Kelch 17.Jh. von Zacharias Schnyder.

ZELL. Kath. Pfarrkirche St.Martin. Genannt 1275; neuerb. 1801–03 von Jos. Purtschert, Umbau der W-Partie 1900; Rest. 1965–68. Nördl. des Chors Turm von 1606 mit Spitzhelm 1673 auf geschweiften Wimperggiebeln. Im urspr. 4jochigen Schiff tragen paarweise angeordnete ionische Pilaster mit Gebälkstücken eine korbbogige Tonne. Die Deckenfresken von Jos. Ant. Messmer zeigen die Hl. Maria Magdalena als Büsserin, die Predigt des Hl. Martin, Fusswaschung durch Maria Magdalena und im Chor das Abendmahl. Kanzel und Altäre aus grauem und schwarzem Stuckmarmor von den Brüdern Pfister; Marmortaufstein von David Doret. Auferstehungschristus wohl 1690. Unter den Kultgeräten spätgot. Vortragekreuz M. 15.Jh. mit Medaillons des 13.–14.Jh.; Goldschmiedearbeiten u.a. von Moritz Frey, Beat Jos. Schumacher, Hans Peter Staffelbach und Franz Jak. Zülly und aus Augsburg. – **Pfarrhaus,** in burgartiger Lage über der Kirche. Herrschaftlicher, 3geschossiger Bau 1683, mit leicht abgewalmtem Satteldach. In den Ecken der vorgezogenen Gartenmauer quadratische, übereck gestellte Pavillons. Statue der Hl. Maria Magdalena A. 16.Jh., frühbarocke Pietà und Kruzifix 2. H. 17.Jh., ländlicher Kruzifix wohl 18.Jh.; Bildnisse 18.–19.Jh. – *Hüswil.* Stattlicher Getreidespeicher 1769.

UFHUSEN. Kath. Pfarrkirche St. Johannes Bapt. und Katharina. Die 1275 erwähnte Kirche ist an alter Burgstelle errichtet; neuerb. 1780 von Jak. Singer, renov. 1863–64. Ungegliederter Aussenbau, Dachreiter mit Zwiebelhaube. Im Innern leitet das Schiff mit Nischen zum Chorbogen über; Wandgliederung durch Pilaster mit Gebälkstücken, welche in Schiff und Chor gestelzte Tonnen tragen. Wand- und Deckengemälde 1889 von Jost Troxler und 1921 von Georges Troxler. Späte Rokoko-Altäre und -kanzel; Hauptgemälde der Taufe Christi von Jos. Reinhart aus der Bauzeit, die Statuen der Kirchenpatrone E. 19. Jh. von Franz Sales Amlehn; Gemälde des linken Seitenaltars, Vermählung der Hl. Katharina, 1786 von Jos. Ant. Heymann. Hinter dem Hochaltar Nische für die Stiftergebeine, auf dem schlichten Gitter Inschrift von 1646; darunter roman. ehem. Schlussstein mit Agnus Dei, nach der lokalen Tradition als Stier von Arras interpretiert. Im Chor, neu versetzt, das ehemalige Sakramentshäuschen A. 16. Jh. Unter den Plastiken Chorbogenkruzifix um 1780, Madonnenstatue E. 15. Jh., St. Sebastian als Schützenheiliger E. 17. Jh., kleine Statue des Auferstandenen 1692 von Hans Wilh. Tüfel. Vortragekreuz M. 15. Jh.; barocke und klassizistische Goldschmiedearbeiten unter anderem von Georg Irene Beck und Joh. Balthasar Bossard. – Kapelle, im SO zwischen Lochmühle und Rufswil. Dat. 1725; primitives Gemälde mit Marienkrönung und Ansicht von Ufhusen wohl A. 19. Jh. Spätgot. Statuen der Hl. Barbara und Katharina A. 16. Jh., aus der Pfarrkirche.

LUTHERN. Kath. Pfarrkirche St. Ulrich (Abb. 127). Erste und eine der reichsten Rokokokirchen des Singer-Purtschert-Schemas im Kanton Luzern. Neuerbaut 1752–53 von Jak. Singer unter Mitwirkung von Joh. Jos. Purtschert; Renov. 1964–66. Dem Schiff mit hohen Rundbogenfenstern ist ein originelles Vorzeichen mit Walmdach angefügt; der eingezogene, 3seitig geschlossene Chor wird im N vom zwiebelbekrönten Turm, im S von der 2geschossigen Sakristei begleitet. Der tonnengewölbte Innenraum zeigt erstmals im Kanton Luzern als Grundelement des Singer-Purtschert-Schemas die nischenförmige Überleitung vom Schiff zum Chor und die Chorempore; Wandgliederung durch Pilaster mit Rocaillekapitellen und Gebälkstücken. Die fast ausschliesslich aus Rocaillen zusammengesetzten Stukkaturen von Jos. Meusburger konzentrieren sich auf die Gewölbe. Die Dekkengemälde, vielleicht aus der Werkstatt des Jak. Carl Stauder, zeigen im Schiff Anbetung der Könige, Jüngstes Gericht, ungeklärte Tafelszene und in den Nebenbildern die Apostel sowie den Tod der Muttergottes und des Hl. Joseph; im Chor, der vom Kloster St. Urban finanziert wurde, das die Kollatur besass, ist ein zisterziensisches Programm ausgebreitet mit dem Hl. Bernhard von Clairvaux im Hauptbild, umgeben von den Wappen der damaligen Konventualen des Klosters; Rokokostuckaltäre und -kanzel von Jos. Meusburger; das Hochaltargemälde, wohl von 1768, ist ein sog. Guttodbild mit Maria als Fürbitterin bei der Hl. Dreifaltigkeit. Schwarzer Marmortaufstein 18. Jh.; Chorbogenkruzifix, Chorgestühl und Bankwangen aus der Bauzeit. Unter den Plastiken Statue des Hl. Ulrich M. 15. Jh., des Täufers und des Hl. Wendelin sowie Kruzifix 2. H. 15. Jh.; Büstenreliquiar eines Hl. Bischofs um 1500; Hl. Christophorus um 1600 nach gotischem Vorbild; Madonna dat. 1642; Christus an der Geisselsäule, kraftvolle frühbarocke Gestalt 2. H. 17. Jh.; Kruzifixus in der Sakristei 2. V. 17. Jh.; Pietà 2. H. 17. Jh.; Prozessionsbüsten des 18. Jh. Unter den Kultgeräten Renaissancekelch und -ziborium um 1600 sowie barocke Arbeiten u.a. von Marx Lantzrein, Hans Peter Staffelbach und Franz Jak. Zülly. Sog. St.-Ulrichs-Messgewand, zur Segnung kranker Pilger, 14.Jh.; 10 Kaseln 17.–19.Jh., Glocken 14.Jh., 1495, 1581 und 1789. – Pfarrhaus. Dreigeschossiger Kubus 1781 nach Plan von Jak. Singer, rekonstruiert 1970. Porträts von Pfarrherren und Äbten zu St. Urban 17.–18.Jh.; 2 Heiligenbilder von Jos. Reinhart. – Zehntspeicher. Steinbau 1753 von Joh. Jos. Purtschert; Rest. 1970. – Gemeindehaus. Zweigeschossiger Riegelbau von 7 auf 7 Fensterachsen A. 19.Jh. – Gasthäuser Sonne und Krone. Bernisch beeinflusste Bauten von 1787. – Ehem. Burg Waldsberg, auf dem «Schlosshubel». Erwähnt 1278 als Besitz des Werner von Affoltern im Emmental, wohl im 15.Jh. zerfallen; überwachsene Mauerreste. – Kapelle im Grund, unterhalb Luthern. Kleiner Bau mit 3seitigem Schluss; Renov. 1760. Frühbarocker Altar dat. 1642; Darstellung der Gründungslegende.

Luthernbad. Kath. Muttergottes-Kirche, ehem. Wallfahrtskapelle. Neuerb. 1949 von Aug. Boyer; gleichzeitiges Gnadenbild von Hans v. Matt. Relief des Marientodes aus der Gründungskapelle von 1584. Gemalte Wallfahrtsgeschichte 1833 von «Vinzenz von Laufen». Kelche 1620 von Ambrosius Schnyder und 1683 von Hans Peter Staffelbach. – Kapelle Maria Heilbronn, südl. des Weilers. Spätgot. Gnadenbild, angeblich in der Reformation aus dem Kt. Bern gerettet; frühbarocke Statuetten 2. H. 17. Jh.

FISCHBACH–ST. URBAN–PFAFFNAU–RICHENTHAL

FISCHBACH. Kapelle St. Aper. Neu- oder Umbau 1609; Rest. 1961–62. Kurzes Schiff und eingezogener, 3seitig geschlossener Chor unter gleichem First, darauf 4eckiger Dachreiter mit Nadelhelm; breites toskanisches Vorzeichen unter Walmdach. Ländlicher Wandgemäldezyklus von 1609 mit biblischen Darstellungen. Drei Barockaltäre in der urspr. bunten Fassung von 1684, Gemälde gleichzeitig; Renaissancechorgestühl. Got. Figurengruppe, Madonna mit den Hl. Aper und Ulrich, 2. H. 15.Jh.

GROSSDIETWIL. Kath. Pfarrkirche St.Johannes Bapt. Eine der ältesten Pfarreien des Kantons. Neubau der Kirche 1880–81 von Wilh. Keller im Stil der Münchner Romantik; roman. Turm 1315, heutiges Glockengeschoss und 8seitiger Spitzhelm wohl 18.Jh. Gemälde mit den Hl. Johannes d.T. und Dionysius, wohl Hauptblatt des 1676 geweihten Hochaltars; Disputationsbild zum Abendmahlsstreit 2.H. 17.Jh. Statuen der Madonna und zweier Hl. Bischöfe wohl 1676. Vortragekreuz um 1600, unter Verwendung eines 1498 umgearbeiteten Reliquienkreuzes; barocke Goldschmiedearbeiten u.a. von Mauritz Frey, Ferd. Schlee und Beat Jos. Schumacher. Älteste Glocken 1369, eine 1621 von Peter Füssli. – Kaplaneihaus, dat. 1765. – **Gasthaus Löwen.** Bernisch beeinflusster Holzbau von 1810. Zweigeschossiger Kubus von 7 auf 7 Fensterachsen, alle 4 Fronten unter mächtigen Giebeln mit verschalter Ründe. Schmiedeisernes Aushängeschild in Empireformen. Bildnisse von St.-Urbaner Äbten 17.–18.Jh.

ALTBÜRON. Kapelle St. Antonius von Padua. Neuerb. 1683, Dachreiter und neues Vorzeichen. Hochaltar von strenger architektonischer Form aus der Bauzeit mit qualitätvollem Gemälde des Titelheiligen. Seitenaltäre 1692 von Michael Hartmann, aus der Stiftskirche Beromünster; in den üppigen Akanthusrahmen wohl die Gemälde der urspr. Kapellenaltäre. Spätrenaissance-Chorgestühl; frühbarocke Pietà M. 17. Jh. Erinnerungsbild an eine Episode des 2. Villmergerkrieges 1712. – Ehem. Burg Altbüron. Das gleichnamige Geschlecht erwähnt 1130, nach dessen Aussterben ab 1250 von den Herren v. Balm bewohnt. Beim Rachezug gegen die Königsmörder von Windisch, zu denen Rud. v. Balm gehörte, 1309 zerstört. Geringe Mauerreste einer ovalen Anlage mit 4eckigem Turm im Zentrum. Grosse Funde von St.-Urban-Backsteinen aus der 2. H. 13. Jh.

EBERSECKEN. Von 1274–1594 Sitz eines Zisterzienserinnenklosters. – Kapelle St. Katharina. Wohl am Ort der ehem. Klosterkirche erb. 1705, geweiht 1731. In Schiff und eingezogenem Polygonalchor flache Felderdekken. Beidseits des runden Triumphbogens Verkündigung Mariä 1887 von Jost Troxler. Altar von 1662 mit Gemälde des 19. Jh.; Reliquientafeln mit Gemälden 17. Jh. – Kapelle St. Antonius Eremita, am Weg nach Ohmstal. Bau und Gemälde 1787. – Kleine Kapelle beim Gehöft Warlosen, dat. 1822.

ROGGLISWIL. Kapelle St. Wendelin. Der spätgot. Bau von 1555 wurde 1908 durch einen neugot. ersetzt. – Gasthaus Ochsen. Klassiz. 2geschossiger Kubus von 1805 mit Mansartdach.

St. URBAN** (Gemeinde Pfaffnau). **Ehem. Zisterzienserkloster (Abb. 125, 126). *Eine der bedeutendsten barocken Klosteranlagen der Schweiz, deren Kirche die vollkommenste Ausformung des rein longitudinalen Vorarlberger Schemas darstellt; einzigartiges, prachtvoll geschnitztes barockes Chorgestühl.* Klostergründung 1194 durch die lokalen Freiherren v. Langenstein, besiedelt von der oberelsässischen Abtei Lützel. Neubau zu Beginn der 1. Blütezeit, die von 1250–1375 währte; berühmte Ziegelmanufaktur 1255–80, Export von reichprofilierten, durch Model verzierten Backsteinen für Architekturrahmungen. Nach Zerstörung durch die Gugler 1375 Wiederaufbau des Klosters, dessen politische und kulturelle Weiterentwicklung durch das Kräftedreieck Bern, Solothurn und Luzern bestimmt wurde. Zweite Blütezeit im 17. und 18. Jh., grossenteils unter der Regierung von luzernischen und solothurnischen Patriziern. Das heutige barocke Kloster errichtet 1711 durch den Vorarlberger Franz Beer, dem nach seinem Tode 1726 sein Sohn Joh. Michael Beer als Bauleiter folgte: Kirche 1711–15, Kustorei 1716, Klostergeviert 1721–33; Bau der Orangerie 1777–80 durch Jak. und Niklaus Purtschert. Klosteraufhebung 1848 durch den luzernischen Staat, seit 1873 Heil- und Pflegeanstalt. – *Kirche*, an der N-Flanke des Baugevierts. Doppelturmfassade nach dem Vorbild des Salzburger Doms, durch den farblichen Kontrast zwischen den weissen Putzflächen und der grauen Hausteingliederung von strenger, lapidarer Wirkung. Die beiden Türme mit Galerien auf dem obersten Geschoss, zurückgesetzten Achtecktambouren und satten Zitronenkuppeln sind dem Baukörper seitlich angefügt und steigern durch ihre Lage die monumentale Grösse der Schaufront. Toskanische Riesenpilaster gliedern die beiden Hauptgeschosszonen in 7 Achsen von ungleicher Breite, ein hohes Gebälk mit metallener Dedikationsinschrift trägt auf einer Attika einen altertümlichen, renaissancemässigen Frontispiz. Auszeichnung der drei mittleren Achsen durch eine Freitreppe und durch rundbogige Eingänge zur inkorporierten Portalvorhalle, sonst Fenster und Nischen in wechselnder Folge. Schlichte Längsfronten; in einer Nische des Chorhaupts Steinfigur des Hl. Ulrich, von der 1690 erbau-

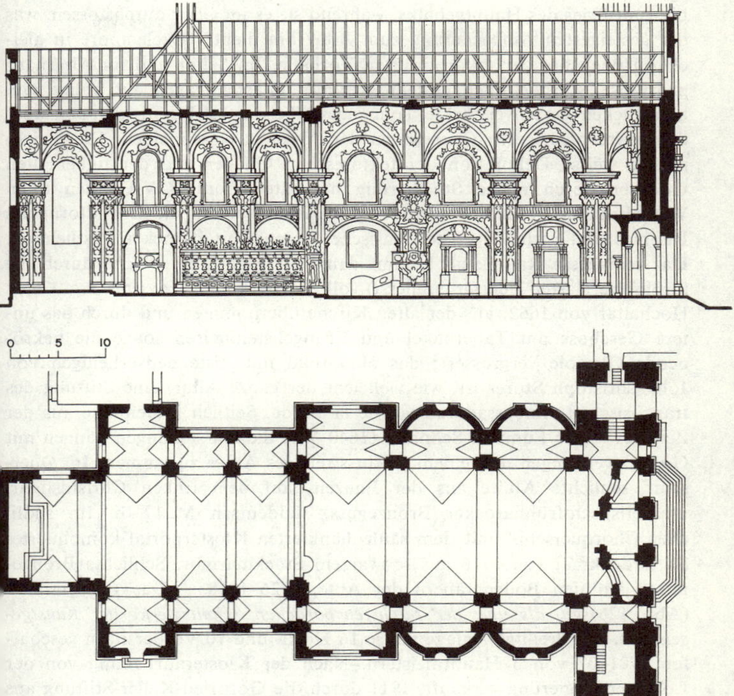

St. Urban. Klosterkirche

ten und 1711 wieder abgetragenen Ulrichskapelle. – *Inneres.* Im Vergleich zu anderen schweiz. Kirchen des Vorarlberger Schemas (Rheinau, Disentis, Bellelay) ist hier die geschmeidigste Komposition in der Raumabfolge und im gegenseitigen Durchstossen von Wandpfeiler- und Emporensystem erreicht. Grundriss in Form eines Doppelkreuzes mit einer querhausartigen Erweiterung des 4. Langhausjochs und des 3. Chorjochs. Stufenweise abnehmende Höhe und Breite vom Schiff zum Chor und von diesem zum eingezogenen Altarhaus, das nach zisterziensischem und Vorarlberger Brauch gerade geschlossen ist. Die Wandpfeiler sind im Erd- und im Emporengeschoss zu Durchgängen geöffnet; von den dazwischenliegenden Seitenräumen sind die Kapellenpaare des 2. und 3. Schiffsjochs durch 1geschossige, im flachen Bogen geschlossene Apsiden ausgeweitet, wodurch erstmals in der deutschen Schweiz die italienische Aufstellungsart der Altäre parallel zur Längsachse der Kirche möglich wurde. Die brückenartig hinter den Wandpfeilerstirnen durchgeführten Seitenemporen weichen in den Querhäusern elegant zurück; die verbindenden Durchlässe reichen im Schiff nur bis zum Fries des Hauptgebälks, während sie es im Chor durchstossen, was der gesteigerten Auflockerung zum Altar hin dient; Orgelempore in gleicher Höhe über der inkorporierten Vorhalle. Im Schiff und im Altarhaus paarweise, sonst einfach gestellte korinth. Pilaster tragen auf hohen Gebälkstücken gurtenverstärkte Tonnengewölbe, in welche Stichkappen über den etwas niedrigeren Quertonnen der Abseiten einschneiden. Die gleichmässig weisse Dekoration der tektonischen Glieder und der unbemalten Gewölbe durch reiche Stuckierung in späten Louis-XIV-Formen (dem Wessobrunner Franz Schmutzer zugeschrieben) betont die Grundform des Raumes und verbindet zisterziensische Strenge mit barocker Festlichkeit. Das reinweisse Raumkleid kommt dank der Lichtfülle, welche durch die farblos verglasten Fenster einfliesst, voll zur Wirkung. – *Ausstattung. Chor:* Hochaltar von 1662, aus der alten Kirche übernommen und durch das untere Geschoss mit Tabernakel und Evangelistenfiguren sowie die bekrönende Gloriole vergrössert; das Hauptbild mit Zisterzienserheiligen von Joh. Christoph Storer ist, wie vielleicht der ganze Altar, eine Stiftung des französischen Ambassadors Jean de la Barde. Seitlich 2 Gemälde aus der Zeit des Abtes Edmund Schnider (1640–77); die Darstellungen hängen mit Gütererwerbungen und einem Rechtsstreit des Abtes zusammen. Im Querschiff schlichte Altäre aus der Bauzeit, auf dem linken Christusfigur, manieristisch-frühbarocker Bronzeguss, süddeutsch M. 17. Jh. Im südlichen Chorquerschiff mit dem säulenflankierten Klosterportal kombiniertes Stifterdenkmal von 1716 aus schwarzem Stuckmarmor. Schlichte Bronzetafeln auf den Bodengräbern der Äbte, 1726–1848. – Das *Chorgestühl** (Abb. 126) *gilt als eines der reichsten barocken Schnitzwerke der Kunstgeschichte.* Die 2reihige Anlage mit je 16 Hoch- und 10 Vordersitzen geschaffen 1701–07 von 3 Hauptmeistern. Nach der Klosteraufhebung von der Luzerner Regierung verkauft, 1911 durch die Gottfried-Keller-Stiftung aus dem schottischen Schloss Dupplin Castle zurückerworben. Den künstlerisch bedeutendsten Teil bilden die aus pflanzlichen Motiven aufgebauten Säulen von Peter Fröhlicher aus Solothurn mit antikischen und christlichen Figurenmotiven (Korbträger, Hermen, Engel, Putten, Bildnisbüsten, Adler). Die Reliefs der Dorsalwand von Viktor Wüest aus Sursee sind mit starker plastischer Begabung frei und lebhaft nach Stichwerken geschaffen, die Szenen zum Alten Testament nach der Augsburger Bilderbibel des Joh. Kraus von 1702, diejenigen zum Neuen Testament nach dem 1596 zu Antwerpen erschienenen Werk der Brüder Wierix, Joh. Collaerts und Carl Mallarys; auf einigen Reliefs Ansichten des alten Klosters, so in der Darstellung der Marienkrönung in der südl. Reihe links aussen. Als Bekrönung des Gestühls Figuren der 12 Apostel, Christus und Maria von Urs Füeg. Chorgitter um 1715 von Bruder Rochus Frey aus Spiralranken mit scheinperspektivischer, rundbogig geschlossener Mittelpartie, als Bekrönung farbig gefasste, hölzerne Kreuzigungsgruppe, von Filigranranken umspielt; seitlich kulissenartige Nischen mit überlebensgrosser Verkündigungsgruppe M. 18. Jh. – *Laienschiff*. Die Altäre neben dem Chorgitter, in der typischen Rahmenform um 1700, stammen aus der Bauzeit; Gemälde der Kreuzigung von Jak. Carl Stauder, das der Segnung mit dem Ulrichsmessgewand von einem Maler Widerkehr. Kleine Rokoko-Altäre in den Querhausarmen, im nördl. älteres Gemälde der Muttergottes mit Wappen des Abtes Edmund Schnider 1668–69 von Joh. Christoph Storer, im südl. die Hl. Anna und Joachim mit Maria von Joh. Lienhard Rachel. Weiss und golden gefasste hölzerne Rokokokanzel um 1751–60, gestiftet von Abt Augustin Müller, dessen Namenspatron den Schalldeckel krönt, umgeben von Putten mit den Attributen der 3 andern Kirchenväter. Die hellen Altäre in den 4 Kapellennischen des Langhauses sind einzeln zwischen 1720 und 1784 entstanden; am Josefsaltar Gemälde 1720 von Jak. Carl Stauder und Rokokoschrein von 1754; im Altar gegenüber Gemälde Mariä Ende und Hl. Dreifaltigkeit in der Art des Jak. Carl Stauder. Rokoko- und Louis-XVI-Beichtstühle; volkstümliche Kreuzwegstationen signiert C. A. und dat. 1750. Orgel von 1716–21 mit bedeutendem Werk des Zugers Jos. Bossart; im Giebel formen Pfeifen das Wappenbild des Bauherrn Abt Malachias Glutz, ein 3faches Kreuz. Die innere Rahmung des Hauptportals aus Stuckmarmor mit grünlichen korinth. Säulen und rötlichem geschweiftem Giebel; die Reliefs der Türflügel von den gleichen Händen wie das Chorgestühl geschnitzt. In der Vorhalle Christus als Schmerzensmann und Maria als Schmerzensmutter um 1600. – *Kirchenschatz*. Nur wenige Stücke am Ort erhalten, so Augsburger Kelche u. a. von Bartholomäus Heuglin und Jos. Wilh. Gutwein; mehrere Arbeiten von Hans Peter Staffelbach und Renaissance-Altarkreuz um 1600. Die gesamte Leuchterausstattung der Barockkirche aus Gelbguss von Urs Jaus in Solothurn; monumentaler Osterleuchter, gleichfalls aus Gelbguss, mit seitlichen Ampeln 1719 wohl aus gleicher Werkstatt. Messgewänder 17.–18. Jh.

Ehem. Klostergebäude. Die 3geschossigen Konventsflügel von 1721–33 bilden mit der Kirche an der N-Flanke ein langgestrecktes Baugeviert, in dem 2 Höfe durch einen Zwischentrakt geschieden sind. Die südl. Schaufront mit breitem, überhöhtem Mittelrisalit wird durch 4geschossige Eckpavillons über das Baugeviert erweitert. Die westl. Hauptfront zwischen dem vorstehenden Pavillon an der SW-Ecke und der zurückliegenden Kirchenfassade am entgegengesetzten Ende ist im Mittelrisalit durch ein schönes Säulenportal und flankierende Fenster mit bandierten Gewänden (urspr. Seitenportale) ausgezeichnet. Hinter dem Risalit das in den Zwischentrakt eingebaute Treppenhaus von H-förmiger Anlage; hölzerne Balustergeländer 1739 von Jak. Dörflinger, feine Régencedecke. Der O-Trakt wird nahe beim Kirchenchor durch den in Querrichtung vorstehenden Kustoreiflügel und am andern Ende durch den südöstl. Eckpavillon eingefasst, er enthält ein 2. grosses Treppenhaus. Alle Trakte an den Hofseiten durch lange Korridore miteinander verbunden, darin Stukkaturen aus 3 Perioden in Formen des späten Louis XIV bis Rokoko. – *Bibliothek*, im Obergeschoss des Kustoreiflügels. Büchergestelle verkleiden tiefe Wandpfeiler, die eine Stichkappentonne tragen; Stukkaturen von gleicher Hand wie in der Kirche. Eine 3seitig umlaufende Galerie ruht auf phantasievoll geschnitzten Holzstützen, ab 1719 von Peter Fröhlicher, mit Allegorien der 4 Elemente, der 4 Jahreszeiten und der 4 Weltteile. Über dem reichgerahmten Portal ein Ovalbild des Abtes Malachias Glutz 1718 von Jak. Carl Stauder. – *Festsaal*, im obersten Geschoss des S-Traktes. Der grosse Raum von 1721–28 (Renov. 1964–66) unterbricht das Gangsystem und wird so an beiden Langseiten durch grosse Fenster belichtet. Die feinen Rokokostukkaturen 1749–51 vom Vorarlberger Jos. Meusburger und seinen Gesellen; Wandpilaster, Deckenspiegel und Cheminées teilweise mit Stuckmarmor gestaltet. Als Supraporten 4 Tierstücke 1769 von Melchior Roos; daneben 4 Gemälde mit biblischen Szenen 1691 von Jak. Carl Stauder. Empirekronleuchter aus Messing, Pariser Arbeit um 1820–30; Bestuhlung Louis XV und XVI.

Nebengebäude. Südl. Torhaus mit den beidseits nach N anschliessenden Flügeln nach Planprospekt des Franz Beer erb. 1730–60, um 1800 klassiz. verändert; nordwestl. davon ehem. Mühle und Bäckerei 1.H. 18.Jh. – *Orangerie*. Innerhalb der barocken Gartenarchitektur der Schweiz gehört sie zu den stattlichsten Bauten. Erb. 1778–80 von Jak. und Niklaus Purtschert, mit dahinterliegendem Werkstatt- und Käsereitrakt als Fortsetzung des südl. Tor- und Remisenhauses. Querovaler Mittelpavillon, den nach N eine konvexe Pilasterfassade mit Giebel heraushebt, in den 3 Achsen heute vermauerte Portale; Stuckreliefs ungedeuteten Inhalts, im Dreieckgiebel Kartusche mit Wappen des Abtes Benedikt Pfyffer (1768–81). – Vor der Kirchenfassade leicht ansteigender Platz, im W und N umgeben von 3geschossigen Bauten um 1680–82 teils auf älteren Mauern: Weiberhaus, an der Fassade gegen die Kirche Wappen Cîteaux und Abt Carl Dulliker (1677–87); im Pfarrhaus u. a. grossformatiges Gemälde mit Apotheose des Abtes Robert Balthasar und Widmung zum Gründungsjubiläum 1748 (man hielt 1148 für das Gründungsdatum); freistehendes Kanzlerhaus, Riegelbau mit 3teiligen got. Fenstern im Erdgeschoss und Wappen des Abtes Carl Dulliker. – Im Friedhof nördl. der Kirche steinerner Kruzifix des Abtes Seb. Seemann (1534–51). – An der O-Spitze der alten Umfassungsmauer Rundturm, einzig erhaltenes Bauwerk der mittelalterl. Klosteranlage. – Murhof, ca. 400 m nordöstl. des Klosters. Wohnhaus, breitgelagerter Louis-XVI-Bau von 1790. Zugehörige Stallung von beachtlichen Ausmassen 18.Jh., nach Brand 1906 verändert. – Klassiz. Zollhaus, bei der Rothbrücke. An der Kantonsgrenze errichtet 1838.

PFAFFNAU. Erwähnt 893; Wohnsitz der Baumeisterfamilie Purtschert. **Kath. Pfarrkirche St. Vincentius.** Neuerb. 1810–12 von Niklaus Purtschert nach verändertem Plan von Jos. Purtschert; Renov. innen 1925, aussen 1955. Auf einem vom Dorf umschlossenen Hügel gelegen, zeigt der Aussenbau die Merkmale des Singer-Purtschert-Schemas. Turm mit Spitzhelm über Dreieckgiebeln, nach Blitzschlag 1881 wiederhergestellt. Dreiachsige, durch dor. Pilaster und 2 Klebdächer gegliederte Giebelfront. Klassiz. 3schiffige Halle von überraschender Monumentalität. Das Langhaus durch Verdoppelung der Fenster und die Pendentifkuppel im 2. Joch (gegenüber böhmischen Kappen im 1. und 3. Joch) zentriert. Die 4 Freipfeiler sind mit ion. Pilastern und Gebälkstücken belegt, welche der Wandgliederung entsprechen. Durch alle 3 Schiffe durchgeführte Orgelempore auf inkorporierter Vorhalle. Sparsamer Stuck, vorwiegend Hängegirlanden, 1812 von Joh. Jos. Mosbrugger; die gleichzeitigen Deckenfresken von Xaver Hecht zeigen von W nach O: Schlüsselübergabe an Petrus, Pfingsten, Himmelfahrt Christi, Dreifaltigkeit. Hochaltar 1907; stattliche Nebenaltäre 1812 von Jost Pfister mit Gemälden von Xaver Hecht; Orgel und Kanzel aus der Bauzeit. Nachgot. Armreliquiar des Hl. Vinzenz 1626 von Ambrosius Schnyder; Renaissancevortragekreuz 1590; barocke Goldschmiedearbeiten u. a. von Joh. Casp. Schlee und Michael Mayer. – **Pfarrhaus.** Einer der bedeutendsten Profanbauten des 18. Jh. im Kanton Luzern, von bernischer Architektur beeinflusst. Unter Abt Augustin Müller erb. 1764–65 als Sommerresidenz der Äbte von St. Urban, nach Plan Beat Ringiers durch die Familie Purtschert. Querrechteckiges, symmetrisches Rokokopalais unter hohem, von Lukarnen belebtem Mansartdach; an beiden Breitseiten Mittelrisalit mit Dreieckgiebel, darin Stuckdekor aus Rocaillen, Blütengehängen und Wappenkartusche. Im Gartensaal Bildnisse von St.-Urbaner Äbten; im Saal darüber Louis-XVI-Dekoration und blau-weisser Ofen um 1765. – Zehntenhaus. Erb. 1750 vielleicht von Joh. Jos. Purtschert, mit volkstümlich skulptierter Portalbekrönung und abgewalmtem Satteldach. – Beinhaus. Über dem rundbogigen Eingang dat. 1687. – Kapelle, an der Strasse nach Reiden. Statue der Hl. Anna selbdritt A. 16. Jh.

LANGNAU. Kath. Kirche St. Maria. Umbau der 1599 geweihten Kapelle 1669–70. Dreijochiges Schiff und 3seitig geschlossener Chor mit schwerem Dachreiter über quadratischem Grundriss; vor der von Rundfenstern belebten W-Front breites Vorzeichen auf toskanischen Säulen. Türumrahmung der Sakristei 1599. Deckenbild 1913 von Jean Danner; Glasgemälde 1930 von Aug. Wanner. Hochaltar wohl 1870; Gemälde des linken Seitenaltars mit Wappen des St.-Urbaner Abtes Carl Dulliker dat. 1683 und signiert IGWC; Gemälde des rechten Seitenaltars signiert Franz Widerkehr. Chorgestühl und Chorbogenkreuz 1668. In der Sakristei Renaissancebuffet und -schrank 1668. Kelch um 1653–63 von Joh. Casp. Schlee; Kelch, Ziborium sowie Platte mit Kännchen 1713–15 von Othmar Dangel.

RICHENTHAL. Kath. Pfarrkirche St. Cäcilia. Erwähnt 1036; Schiff neuerbaut 1803–07 von Niklaus Purtschert, Chor 1804 von Jos. Purtschert; Renov. 1951. Typische Kirche des Singer-Purtschert-Schemas; die Sakristei südl. des Chors ist der Rest des mittelalterl. Chorturms. Dreiachsige Eingangsfront mit einfachem Frontispiz über Klebdach; inkorporierte Vorhalle. Wandgliederung im Innern aus ion. Pilastern mit Gebälkstücken. Die Deckenfresken 1806 von Xaver Hecht zeigen die Hl. Cäcilie vor dem Richter und 2 Szenen aus dem Leben des Hl. Antonius Eremita, im Chor

Abendmahl. Drei Altäre aus der Bauzeit mit Oberblättern von Xaver Hecht, die Hauptgemälde 1879. Kanzel, Chorgestühl und Taufstein stammen wie die Stationenbilder von Xaver Hecht aus der Bauzeit. Auf der Empore Fahnenbilder 1784 von Jos. Kauffmann; auf Konsolen im Schiff barocke Prozessionsfiguren. Barocke und klassizistische Goldschmiedearbeiten u.a. von Othmar Dangel, Ferd. Schlee, Joh. Casp. Schlee und Franz Jak. Züll y. – Pfarrhaus. Erb. 1753–55, mit abgewalmtem Satteldach und Klebdächlein im Giebel. – Neugot. Kapelle, beim Kurhaus. Grossformatiges Altarbild M. 18. Jh. – Getreidespeicher im «Gugger». Errichtet 1736, mit naiver Malerei und reichem Schnitzwerk. – *Eberdingen.* Kapelle mit kraftvollem Frühbarockretabel M. 17. Jh.

KANTON ST. GALLEN

Der Kanton St. Gallen gehört zu den Kantonen, welche 1803 durch die Mediationsverfassung Napoleons geschaffen wurden; er bildet weder geschichtlich noch kunstgeschichtlich eine Einheit. Stadt und Kanton St. Gallen erhielten ihren Namen von der Gründung des Hl. Gallus, welche unter Abt Otmar 747–48 die Benediktinerregel annahm, im 9. Jh. eine erste Blütezeit in Wissenschaft und Kunst erlebte (Ratpert, Tutilo, Notker der Stammler und Notker der Deutsche), nach der Ritterzeit aber in Verfall geriet. Die Abtei wurde 1451 zugewandter Ort der Eidgenossenschaft. Abt Ulrich Rösch (1463–91) reorganisierte den spätmittelalterlichen Klosterstaat als geistliches Fürstentum, das die Wirren der Glaubensspaltung überstand und die wirtschaftliche Grundlage bot für die Blüte des Stifts in der Barockzeit (im 18. Jh. Bau der neuen Klosterkirche und der berühmten Stiftsbibliothek). Die Französische Revolution vertrieb den Konvent. 1805 wurde das Stift durch den Grossen Rat des Kantons St. Gallen mit Zustimmung Napoleons aufgehoben. 1823 wurde aus dem fürstäbtischen Offizialat das Bistum St. Gallen geschaffen.

Aus der Siedlung der Handwerker und Dienstleute um das Kloster erwuchs die Stadt St. Gallen, die 1180 reichsfrei wurde und sich vom Kloster zu lösen begann. Mit den Appenzellern wandte sie sich 1403–08 gegen das Stift. 1454 verbündete sich die Stadt mit sechs eidgenössischen Orten. Unter dem humanistisch hochgebildeten Bürgermeister Vadian (Joachim von Watt) nahm sie die Reformation Zwinglis an. Seit dem 14.–15. Jh. war die Stadt ein bedeutender Sitz von Leinwandindustrie und -handel. Im 19. und 20. Jh. erlebte sie als Stickereizentrum wirtschaftliche Höhen und Tiefen, bedingt durch die Schwankungen der Mode und als Auswirkungen internationaler Ereignisse. 1899 wurde die Handelshochschule gegründet, die 1963 zur Hochschule St. Gallen für Wirtschafts- und Sozialwissenschaften erweitert wurde.

Das Gebiet des Kantons St. Gallen setzt sich zusammen aus dem alten Stiftsgebiet (Fürstenland und Toggenburg), dem Gebiet einiger eidgenössischer Landvogteien (Rheintal, Sax, Gams, Werdenberg, Wartau, Sargans, Gaster und Uznach) und der Stadt Rapperswil, welche 1803 nach dem Vorschlag von Carl Müller-Friedberg vereinigt und von Napoleon als Kanton bestätigt wurden. Die kulturellen Zentren des Gebietes waren das Kloster St. Gallen im Norden und das Kloster Pfäfers im Süden im Sarganserland auf ursprünglich rätischem Boden. Am Anfang stand in St. Gallen die irische Mönchskultur und dann die karolingische Renaissance, deren reiche schriftliche Zeugnisse die Stiftsbibliothek St. Gallen aufbewahrt. In der Gotik zeigt sich die Verflechtung St. Gallens mit dem schwäbischen Bodenseeraum. Die Renaissance fand ihren besten Ausdruck in Bürgerhäusern der Stadt. Aus Schwaben und Bayern wogen im 18. Jh. die Wellen des Barockstils durch Kirchen und Kapellen des ganzen Gebietes.

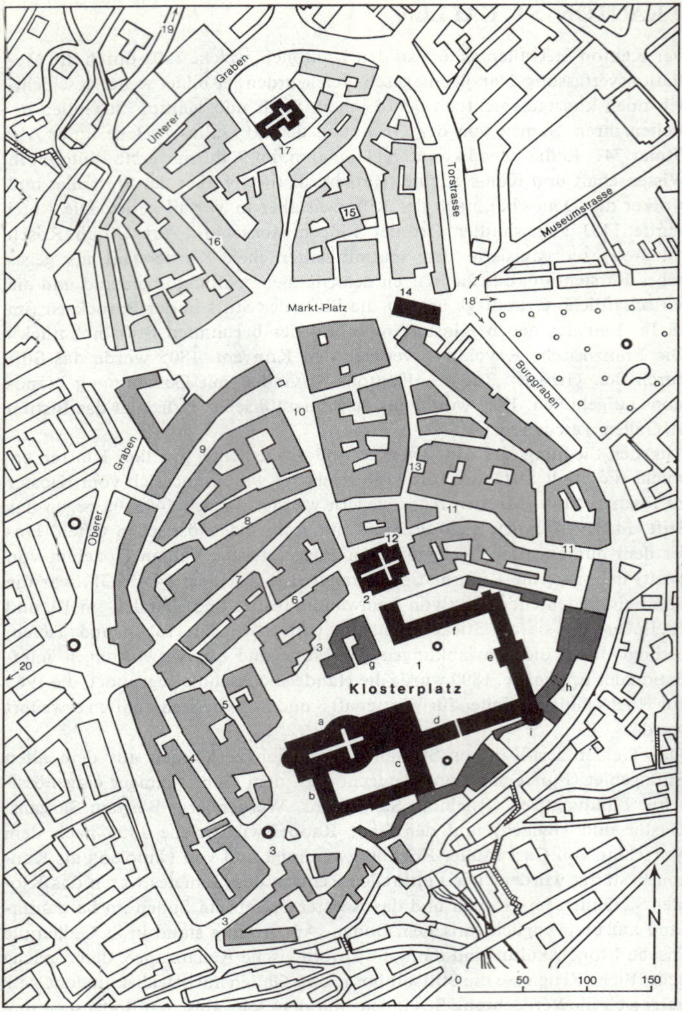

Ortsplan St. Gallen

***ST. GALLEN** (Abb. 128–135)

Wirtschaftszentrum der Ostschweiz. Der hist. Kern mit konzentrischem Gassensystem, an dessen S-Seite sich die weit ausgreifende ehem. Klosteranlage befindet, wird von einer modernen Handelsstadt umschlossen, die noch stark durch Bauten der Gründerzeit geprägt ist. Die Entwicklung der Stadt ist eng mit der Geschichte des Gallusklosters verbunden. Zuerst entstand nördlich der Abtei eine offene Niederlassung von Gotteshausleuten. Nach dem Ungarneinfall 926 legte Abt Anno (953–54) einen grossen Mauerring an, der vielleicht schon damals den Umfang der Altstadt besass. 1170 tritt St. Gallen als Stadt mit Marktrecht urkundlich in Erscheinung. Wirtschaftliche Grundlage waren das Leinwandgewerbe und der damit verbundene Handel. Im Spätmittelalter vermochte sich die Stadt von der äbtlichen Herrschaft freizumachen. Ihre Bündnispolitik schwankte zwischen Habsburg und der Eidgenossenschaft. 1454 schloss sie mit sechs der Alten Orte – es fehlten Uri und Unterwalden – einen Ewigen Bund. Die Reformation, propagiert vom Humanisten Joachim v. Watt (Vadian), fand 1524 Eingang, was zur völligen Entfremdung mit dem Kloster führte. In den Religionskriegen verhielt sich die Stadt im Gegensatz zum Kloster neutral. 1803 wurde St. Gallen die Hauptstadt des neukonstituierten gleichnamigen Kantons. Die Umstellung von der Leinwandweberei zur mechanischen Stickerei gegen Ende des 18. Jh. hatte zur Folge, dass die als Bleichen in Anspruch genommenen ebenen Flächen ausserhalb des Mauerrings für die Überbauung freigegeben wurden. Zwischen 1808 und 1879 fielen Stadtmauer, Türme und 8 der insgesamt 9 Tore der Spitzhacke zum Opfer. Die konjunkturelle Entwicklung der Textilindustrie hatte in der 2. H. 19. Jh. eine stürmische bauliche Entwicklung zur Folge, die in östl. und westl. Richtung vordrang und 1918 zur Eingemeindung von Tablat (St. Fiden, Heiligkreuz) und Straubenzell (Bruggen, Winkeln) führte. Die damals 77 000 Einwohner zählende Stadt erlitt in der Krise der Stickerei-Industrie einen gewaltigen Bevölkerungsverlust, der erst in neuester Zeit wettgemacht wurde. – *Charakterisierung.* Die in Schalen nördl. um das Kloster gewachsene Altstadt macht auf dem Plan und im Luftbild einen geschlossenen Eindruck. In der langgezogenen Agglomeration, die im 19. Jh. eine systematische, aber keineswegs langweilige Ordnung erhielt, nimmt die Altstadt noch immer die sammelnde und bergende Mitte ein. Die Gefahr der Auflösung von aussen scheint gebannt, aber die Zersetzung von innen nimmt bedrohliche Formen an, weil immer mehr Alt-

Ortsplan St. Gallen

1. Stift St. Gallus und Otmar, ehem. fürstliche Benediktinerabtei: a Kathedrale; b Stiftsbibliothek; c Dekanatsflügel; d Hofflügel (alte Pfalz); e Regierungsgebäude (neue Pfalz); f Zeughaus; g Kinder- oder Schutzengelkapelle; h Karlstor; i Rundturm. – 2. Ref. Kirche St. Laurenzen. – 3. Gallusstrasse–Gallusplatz. – 4. Webergasse. – 5. Bankgasse. – 6. Schmiedgasse. – 7. Multergasse. – 8. Hinterlauben. – 9. Neugasse. – 10. Marktgasse. – 11. Spisergasse. – 12. Turmgasse. – 13. Kugelgasse. – 14. Am Bohl. – 15. Ehem. Dominikanerinnenkloster St. Katharina. – 16. Metzgergasse. – 17. St. Magnihalden. – 18. Östl. Vorstadt. – 19. Hochschule für Wirtschafts- und Sozialwissenschaften. – 20. Leonhardstrasse–Hauptbahnhof

stadthäuser durch massstablose Neubauten ersetzt werden (Warenhäuser!). Die mit Ausnahme der Klosterkirche an Sakralbauten arme Altstadt weist eine stattliche Zahl augenfälliger Profanbauten auf. Was wäre St. Gallen ohne die malerischen Erker, Ausdruck bürgerlichen Selbstbewusstseins der reichen Kaufmannsstadt! Im 19. Jh. sorgten die vorzüglichen Architekten Felix Wilh. Kubly (1802–72) und Joh. Christoph Kunkler (1813–98) für klassiz. Tradition. An der Schwelle zum 20. Jh. dominierte ein qualitätvoller Jugendstil, dessen Bauten zum festen Bestand der St.-Galler Architektur zählen.

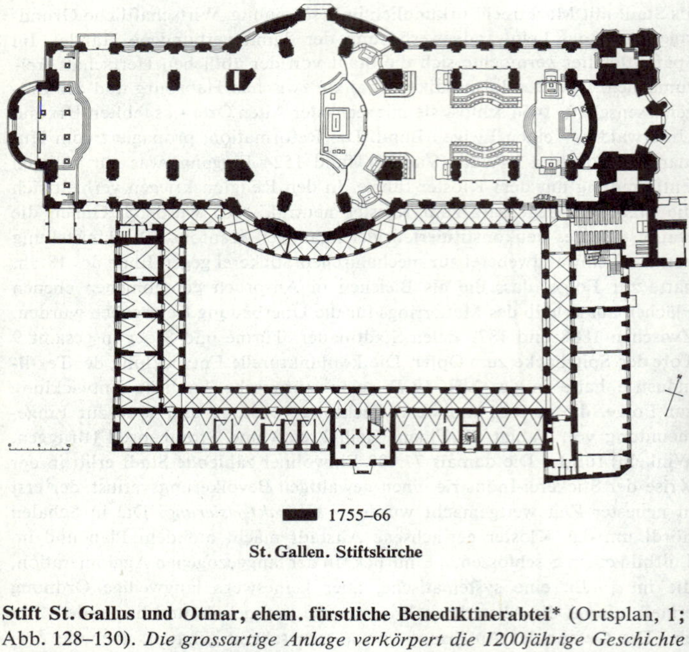

1755–66

St. Gallen. Stiftskirche

Stift St. Gallus und Otmar, ehem. fürstliche Benediktinerabtei* (Ortsplan, 1; Abb. 128–130). *Die grossartige Anlage verkörpert die 1200jährige Geschichte eines Klosters, das in seiner Frühzeit ein Brennpunkt abendländischer Wissenschaft und Kultur war und noch kurz vor seiner Aufhebung den Triumph barocker Architektur feierte. Stiftskirche, Klosterplatz und Stiftsbibliothek besitzen europäischen Rang. – Geschichte.* Die Gründung geht auf den irischen Wandermönch Gallus zurück, der sich 612 von seinem Lehrer Columban trennte und im Steinachtal Zelle und Bethaus baute. Die Gallus-Siedlung erhielt im Jahre 747 vom einheimischen Priester und ersten Abt Otmar (gest. 759) die Regel des Hl. Benedikt. Das Kloster, anfänglich bedrängt von den Bischöfen von Konstanz, erlebte dank kaiserlichem Schutz und zahlreichen Vergabungen eine frühe Blüte. Schule und Schreibstube genossen unter den Äbten Gozbert (816–37), Grimalt (841–72), Hartmut (872–83), Salomon (890–920) und Ulrich (984–90) europäischen Ruf. Namen wie Notker der Stammler (gest. 912), Tuotilo (gest. nach 912), Ekkehard I (gest. 973), Notker Balbeo (gest. 1022) und Ekkehard IV (gest. 1060) sind aus der abendländischen Kulturgeschichte nicht wegzudenken. Im Hochmittelalter, als sich die Äbte immer mehr in die Reichspolitik verstrickten, begann der Abstieg. Kriegerische Auseinandersetzungen mit den Habsburgern und rebellischen Untertanen, vor allem die Appenzellerkriege, liessen das Stiftsgut dahinschwinden. Erst unter Abt Ulrich Rösch (1463–91) erhielt das Kloster seine innere und äussere Festigkeit zurück. Die von ihm geplante Verlegung der Abtei nach Mariaberg-Rorschach (s. S. 466) wurde 1489 durch die Stadt gewaltsam verhindert (Klosterbruch). Die Reformation griff dank dem Sieg der Katholiken bei Kappel wenig in die Machtverhältnisse ein, obwohl die Stadt und weite Teile des äbtischen Gebietes zum neuen Glauben übergetreten waren. Unter Abt Gallus Alt (1654–87) erreichte der Mitgliederbestand des Klosters die Höchstzahl 70. Der Toggenburgerkrieg von 1712 brachte einen kurzfristigen Rückschlag. Seit der M. 18. Jh. äusserte sich die Prosperität nicht nur im Neubau des Klosters, sondern auch in zahlreichen barocken Landkirchen im Fürstenland und Toggenburg. Die Revolutionswirren setzten der Territorialherrschaft des Abtes ein jähes Ende, und am 8. Mai 1805 beschloss der Grosse Rat des jungen Kantons St. Gallen die Aufhebung des Klosters. 1836 wurde St. Gallen Sitz eines Bischofs, womit die Kirche in den Rang einer Kathedrale erhoben wurde. – *Baugeschichte.* Die von Gallus und Otmar errichteten Bauten erfuhren im 9. Jh. unter den Äbten Gozbert und Grimalt eine grosszügige Erweiterung. Statt einer einzigen Kirche, wie sie der in der Stiftsbibliothek bewahrte karoling. Klosterplan vorsieht, entstanden drei getrennte Heiligtümer: das östliche, 837 geweihte Gallusmünster, die westliche Otmarskirche und die dazwischen gelegene Vorhalle mit der obergeschossigen Michaelskapelle, die zusammen mit der Otmarskirche 867 konsekriert wurde. Die erhaltene W-Krypta mit den Reliquien des Hl. Otmar ist seit Abt Immo (976–89) bezeugt. Die Beschädigung der Kirche beim Stadtbrand 1418 hatte zur Folge, dass man an Stelle des O-Chors eine 3schiffige Hallenanlage errichtete, die 1483 vollendet wurde. 1623–28 wurden zwecks Verlängerung der Galluskirche die Vorhalle niedergelegt und die Otmarskirche erneuert. Da weitgehend die alten Umfassungsmauern Verwendung fanden, entbehrte der Bau auch jetzt einer räumlichen Einheit. Seit dem frühen 18. Jh. trug man sich deshalb mit dem Gedanken eines Neubaus. Erste Pläne, 1721 vom Einsiedler Klosterbruder Casp. Mosbrugger angefertigt, blieben unberücksichtigt. Abt Coelestin Gugger von Staudach (1746–67) berief Architekten wie Giovanni Gaspare Bagnato, Peter Thumb und Joh. Michael Beer von Bleichten, die 1749–51 Entwürfe zu einer neuen Kirche vorlegten. Peter Thumb erhielt 1755 den Auftrag, Langhaus und Rotunde an den gotischen Chor zu bauen. Bereits ein Jahr später war der Rohbau vollendet. Die künstlerische Ausstattung stand unter Leitung von Christian Wenzinger, dem der Maler Jos. Wannenmacher und die Stukkateure Joh. Georg und Matthias Gigl aus

Wessobrunn zur Seite standen. 1760 waren die Arbeiten beendet. Im Frühjahr 1761 wurde auch der Chor niedergerissen und durch einen Neubau unter Leitung von Joh. Michael Beer von Bildstein ersetzt. Die bereits auf Plänen Bagnatos vorgebildete Zweiturmfassade wurde von Beer, Bruder Gabriel Loser und Jos. Ant. Feuchtmayer ausgeführt. Für die Innenausstattung wurde ausser Wannenmacher und den Gigl auch Feuchtmayer verpflichtet, dem man die Bildhauerarbeiten übertrug. Nach rund 10 Jahren war die künstlerische Ausschmückung beendet mit Ausnahme der Kanzel (1786) und des Hochaltars, der erst nach der Aufhebung des Klosters 1808–10 von Jos. Simon Mosbrugger errichtet wurde. Schon kurz nach Vollendung der Kirche boten die statischen Verhältnisse Grund zu Besorgnis. Im 19. Jh. waren denn auch in dem zur Hauptkirche des Kantons erklärten Gotteshaus zahlreiche Reparaturen nötig, die immer auch Übermalungen und Änderungen im Farbklima zur Folge hatten. 1961–67 wurden statische Sicherungsmassnahmen und eine umfassende Restaurierung durchgeführt, die den Innenraum wieder in der urspr. Farbigkeit erstrahlen liess. Gleichzeitig erfolgten archäologische Untersuchungen, die die schriftliche Überlieferung der Bauetappen weitgehend bestätigten. Zahlreiche Spolien, darunter eine Reihe karoling. Kapitelle, aber auch kostbare Werkstücke aus der Regierungszeit von Abt Otmar Cunz (1564–77), die Casp. Lindenmann zuzuschreiben sind, werden in einem Lapidarium Aufstellung finden (zurzeit Provisorium). – *Beschreibung*. Die *Stiftskirche* ist ein langgestreckter Bau von rechteckigem Grundriss mit östl. Doppelturmfassade, querschiffartig heraustretender Mittelrotunde unter Mansartdach und apsidial geschlossenem W-Chor. Die dominierende *Fassade* mit den konkaven Turmachsen und der konvexen Mittelpartie in Rorschacher Sandstein kaschiert den östl. Chorabschluss. Die gebündelten Pilaster und die verkröpften Gesimse der 3geschossigen Türme sowie der von kolossalen Halbsäulen hochgedrückte Altan der Zwischenzone geben der Fassade eine plastische Dynamik, die im Giebelrelief und in den Laternenkuppeln der Türme spielerisch ausklingt. Die Marienkrönung von Jos. Ant. Feuchtmayer und die beiden Figuren der Hl. Mauritius und Desiderius 1844 von Joh. Jak. Oechslin sind freie Nachschöpfungen von Alfons Magg (1934). Der übrige Aussenbau mit den insgesamt 16 Achsen rundbogig geschlossener Fenster ist verhältnismässig nüchtern instrumentiert. An den Fassaden der Rotunde Nischenfiguren: An der N-Seite Petrus, Paulus, Gallus und Otmar, an der S-Seite Benedikt, Magnus, Eusebius und Notker; in den Volutengiebeln Wappenreliefs des Bauherrn Abt Coelestin Gugger von Staudach und Hl. Gallus mit Bär, alles von Christian Wenzinger. Im Giebel der W-Fassade Immakulatafigur, ebenfalls von Wenzinger. Der *Innenraum* präsentiert sich als doppelchörige Wandpfeileranlage ohne Emporen mit zentraler Kuppel. Unter dem W-Chor frühmittelalterliche, dem Hl. Otmar geweihte Hallenkrypta, 1964–66 in alter Form wiederhergestellt; Grablege der Bischöfe von St. Gallen. Die Kreuzgewölbe ruhen auf 4 Säulen mit Polsterkapitellen. Die im Grundriss ähnliche O-Krypta erhielt ihre jetzige Form 1767. Chor und Schiff entsprechen sich symmetrisch mit je 3 Jochen und werden in der dominierenden Rotunde zusammengefasst. Die Wandpfeiler sind durch hochgezogene Rundbogenöffnungen aufgeschnitten, so dass sie optisch wie Freistützen wirken; lediglich die Zwischenpfeiler des Kuppelraums weisen niedrige Durchgänge auf. Tragende und lastende Bauteile sind durch das Gebälk klar getrennt. In den Mittelschiffjochen sind, von Gurten geschieden, Hängekuppeln eingespannt, in den seitlichen Kompartimenten Quertonnen. Über dem Zentralraum ruht eine kreisrunde Pendentivkuppel auf 8 Pfeilern, seitlich umschlossen von den Kalotten des Umgangs. Die *Stukkaturen* der Brüder Gigl sind klar geordnet und überspielen nirgends die architektonischen Linien. Während die Wände und Pilaster weiss gehalten sind, beginnt in der Gewölbezone ein ungewohnt buntes Farbenspiel: kupfergrüne Stukkaturen, lachsrote Gründe, rot-gelb damaszierte Gurtbogen, lehmfarbene Girlanden und violette Rahmenprofile. Die figürlichen Stuckgruppen in der Rotunde sind Werke von Christian Wenzinger. In den Kuppelzwickeln Allegorien der Tugenden, an den Pfeilern Reliefs mit Szenen aus dem Leben des Hl. Gallus. In den *Gewölben* hängt ein rauchiger, gewitterdräuender Himmel, der von Heiligen bevölkert wird. Jos. Wannenmacher hat nicht wie üblich al fresco gemalt, sondern eine Temperatechnik auf Bolusgrund verwendet. Im Chor vereinigen sich Evangelisten, Apostel, Kirchenlehrer und Propheten mit Engeln und Erzengeln in der Verehrung der Namen Gottes und Christi, der Eucharistie und des Lammes Gottes (Isaias 9, 6). In der grossen Kuppel künden auf spiraligen Wolkenbändern heilige Männer und Frauen, nach den 8 Seligpreisungen eingeteilt, die Ankunft des Weltenrichters. In den Nebenkuppeln erscheinen einzelne Heilige und röm. Märtyrer. Im östl. Schiffsjoch tritt der Hl. Gallus als Fürbitter der Klöster St. Gallen, St. Johann im Thurtal und Rorschach auf. Im Mitteljoch Verherrlichung des Hl. Otmar und hinten Glorie der Unbefleckten Empfängnis Mariä; in der westl. Apsiskalotte Engel- und Mönchschor mit der Hl. Cäcilia an der Orgel. Das kunstreiche, 2mal konvex geschwungene *Chorgitter* ist das Werk 1771 von Jos. Mayer nach einem Entwurf von Franz Ant. Dirr. Es trägt das Wappen des Abtes Beda Angehrn. Der klassizistische *Hochaltar*, 1808–10 von Jos. Simon Mosbrugger, führt die Architektur des Raumes weiter. Altarblatt Mariä Himmelfahrt 1645, röm., vielleicht von Giovanni Lanfranco; das Fresko in der Apsiskalotte 1810 von Jos. Keller. Die 6 Stuckretabel der *Seitenaltäre* sind verhältnismässig klein; Johannes- und Notkeraltar im Chor 1769 von Jos. Ant. Feuchtmayer; Otmar- und Kreuzaltar, Marien- und Gallusaltar in der Rotunde 1769–71 von Fidel Sporer, Bronzereliefs an den Antependien 1772 von Franz Ant. Dirr; Immakulatabild am Marienaltar 1691 von Stefano Legnani; beim Gallusaltar frühmittelalterl. «Glocke des Hl. Gallus». Das 3reihige, konkav geschwungene *Doppelchorgestühl* ist das letzte und grossartigste Werk Jos. Ant. Feuchtmayers. Es entstand 1763–68 in Zusammenarbeit mit Joh. Georg und Franz Ant. Dirr, Bruder Gabriel Loser (Intarsien) und Jos. Stälzer (Fassung). Auf 10 grossen Dorsalreliefs wird das Leben des Hl. Benedikt dargestellt. Dahinter Chororgeln 1768–70 von Viktor Ferd. und Jos. Bossart aus Zug, Engel von Franz Ant. Dirr. An den Chorpfeilern der

Rotunde 2 Louis-XVI-Epitaphe für die Äbte Coelestin Sfondrati (gest. 1696) und Coelestin Gugger v. Staudach (gest. 1767). *Kanzel* mit reichem Figurenschmuck und Brüstungsreliefs mit Szenen aus dem Leben der 4 Hauptheiligen des Klosters 1786 von Franz Ant. Dirr. In den Seitenschiffen des Langhauses und der Rotunde 16 *Beichtstühle* von vorzüglicher Qualität 1761–63 von Jos. Ant. Feuchtmayer und Joh. Georg Dirr; in den Bekrönungen Reliefs mit Themen, die auf das Bussakrament Bezug nehmen. Im W-Chor klassiz. Säulenempore 1810 von Jos. Simon Mosbrugger. Orgel 1967, Prospekt in barockem Stil mit ältern Teilen. Das Mobiliar von Fidel Sporer (Bankdocken), Bruder Gabriel Loser und Bruder Thaddäus Kuster. – *Kirchenschatz.* «Reiche» Monstranz mit graviertem Cabochon 1. H. 16. Jh. und einfache Monstranz, beide 1781–83 von Jos. Ant. Seethaler; eine weitere Monstranz um 1720–30 von Joh. Joachim Lutz d. Ä. oder d. J., 2 spätgot. Turmziborien 1505 und A. 16. Jh.; Kelche: 1577 von Joh. Renner, um 1630 aus Rapperswil, um 1615–30 von Philipp Jak. Benner, um 1650 aus Augsburg, 1674–80 von Hans Franz Fesenmayer, um 1710 von Thomas Pröll, um 1689 und um 1705 von Joh. Ludw. Wieland, 1691 von Casp. Riss, 1693 von Jos. Wieland, 1. V. 18. Jh. von Ludw. Schneider, 1720–22 und 1750 von Franz Ant. Bertold, 1. V. 18. Jh. von Joh. Engelbrecht, um 1730 von Georg Herkomer, 1735 von Beat J. Schumacher, 1738 von Franz Thaddäus Lang, 1750 von Joh. Wilh. Gutwein, 1764 und 1765–67 von Joh. Ignaz Bertold, 1774 von Franz Ant. Büsel, 1777 von Jos. Ant. Seethaler und 1780 von einem Curiger aus Einsiedeln; reicher Bestand an Messkännchen und Platten 17.–18. Jh.; Kreuze um 1500, 1585 von Joh. Renner, 1. V. 17. Jh., 1623 von Hans Jak. Bayr, 1633, 1654 und 1783–85 von Jos. Ant. Seethaler; Otmars-Reliquiar und Reliquienhörner um 1500, Reliquienmonstranz 1604 von Hans Jak. Bayr, 2 Reliquienaltärchen 1737–39 von Franz Thaddäus Lang; Paxtafeln 1510 und 18. Jh.; Gallusschale E. 15. Jh.; Abtsstab 17. Jh. mit antiken Kameen; reiche Paramente 17.–18. Jh.

Stiftsgebäude. Der heterogene mittelalterliche Gebäudekomplex wurde im 17. Jh. neu organisiert und 1755–69 grosszügig erweitert und vereinheitlicht. Vom alten Bestand hat sich der mittelalterl. *Rundturm* an der SO-Ecke des Hofflügels und das damit in Verbindung stehende *Karlstor* erhalten. Dieses Tor diente als Direktverbindung des Klosters mit der Landschaft, ohne dass Stadtboden betreten werden musste. Der Name rührt daher, dass der Hl. Karl Borromeo am 26. August 1570 als erster Gast hindurchgeschritten sein soll. An der Aussenseite des ungegliederten und unverputzten Viereckbaus grosses Renaissancerelief 1570 von Baltus von Salmannsweiler (Salem). Das Wappen des Abtes Otmar Cunz (1564–77) wird von den Klosterpatronen Gallus und Otmar flankiert; in der Bekrönung Kreuzigungsgruppe und Wappen des Papstes Pius IV Medici (gest. 1565) und des Reichs; am Fuss Bildhauerporträt mit Initialen BS.

*Stiftsbibliothek** (Abb. 130). Im W-Trakt des südl. Klosterkarrees, welchen man über die Podesttreppe im S-Flügel erreicht. Einzigartiger Bestand an Handschriften (s. S. 423). Architekten waren Peter Thumb Vater und Sohn 1758–59. Der rechteckige über 2 Stockwerke reichende Bibliothekssaal wird von sehr flachen Stichbogengewölben überspannt, in die 5 Paare von Kappen schneiden. Eine Holzgalerie umschwingt in bewegten Kurven die nach innen verlegten Strebepfeiler und teilt den Raum in 2 Geschosse. Alle Wände sind von Bücherregalen bedeckt. Die Deckengemälde 1762–63 von Jos. Wannenmacher verherrlichen die Rechtgläubigkeit, wie sie die Konzile von Nicäa 325, Konstantinopel 381, Ephesus 431 und Chalcedon 451 festgelegt haben. In den Kartuschen je 4 griechische und lateinische Kirchenlehrer, dazu die Benediktiner Beda und Anselm. Die Stukkaturen stammen von den Brüdern Joh. Georg und Matthias Gigl; das Holzwerk von Gabriel Loser, Thaddäus Kuster und Paul Wuocherer, alles Klosterbrüder. Beachtlich vor allem das eingelegte Fussbodenmuster. In den Nischen über den Pilasterkapitellen stehen Putten von Fidel Sporer oder Franz Ant. Dirr, welche durch ihre Attribute Wissenschaften und Künste verkörpern. Im Manuskriptensaal stuckiertes Tonnengewölbe mit Stichkappen und Wandschränke mit reichen Intarsien der gleichen Werkstatt. – Der *O-Trakt* des Klausurgevierts geht im Unterbau auf Abt Gallus Alt 1674 zurück. Sein Wappen prangt in der Wand über dem rustizierten O-Portal; die Inschrift in der Portalbekrönung 1809. Im Erdgeschoss Herz-Jesu-Kapelle mit stuckierter Flachtonne 1764–65 von Matthias Gigl, rest. 1957. Im Treppenhaus Rokokofiguren der Apostel von Franz Ant. Dirr aus der abgebrochenen Kirche St. Gallen-Bruggen. – Der *Hofflügel* (Alte Pfalz) östl. des S-Turms wurde unter Abt Gallus Alt 1674 von Daniel Glattburger ausgebaut. Eine von Abt Beda geplante Erhöhung unterblieb. Der westliche Teil dient heute als Bischofswohnung. – *Kapelle St. Gallus.* Im Erdgeschoss westl. des Durchgangs zum Brunnenhof. Geweiht 1666, rest. 1957–58. Der schmucklose Viereckraum nimmt einen Bilderzyklus um 1666 mit Szenen aus dem Leben des Hl. Gallus auf, der Joh. Sebastian Herrsche zugeschrieben wird. – Darüber die *Hof- (heute Bischofs-)kapelle*, geweiht 1671, rest. 1957–58. Weiss übermalte, wie Stuck wirkende Kassettendecke mit runden polygonalen Bildfeldern, die Szenen aus dem Leben der St.-Galler Heiligen enthalten. Im 3. Geschoss, dort, wo der Treppenturm angeordnet ist, befindet sich ein *Festraum* mit reichen Stukkaturen, 1730 vielleicht von Egid Quirin Asam. Das runde, auf Leinwand gemalte Deckenbild zeigt die Hl. Gallus und Otmar sowie Desiderius und Mauritius. Östl. des Treppenhauses liegt die *Tafelstube* mit Stukkaturen 1753 von Andreas Bentele und seinen Brüdern. Das Brusttäfer ist mit Stucco lustro überzogen. Die *neue Pfalz*, heute Regierungsgebäude, erb. 1767–69 von Ferd. Beer, wird dominiert vom Mittelrisalit mit Pilasterinstrumentierung, Mansartdach und Durchgang. Über dem Torbogen klassiz. Kartusche mit Gründungsjahr des Kantons St. Gallen 1803. Im südl. Gang des Staatsarchivs biedermeierliche Schweizer Ansichten um 1830 von David Alois Schmid. Der ehem. Thronsaal, heute Sitzungssaal, wurde 1880 seines künstlerischen Schmucks (Fresken von Jos. Ant. Pullacher) beraubt und vollständig umgebaut. Die Gebäude am N-Rand des Klosterareals entstanden 1838–44 nach Plänen von Felix Wilh. Kubly. Das langgestreckte, von Bauten der Münchner Ludwigsstrasse beeinflusste *Zeughaus* im Stil der florentinischen Frührenaissance ist ein bemerkenswertes Beispiel historischer Architektur. Es ergänzt die Anlage im barocken Sinn zum Dreiflügelbau. – Die *Kinderkapelle* ist ein 2geschossiger Baukubus unter Walmdach, der an der S-Fassade einen übergiebelten Mittelrisalit und Portikus aufnimmt. Inneres 1970 stark verändert; Abbruch der Empore. Ausstattung (Schutzengelbild von Paul Deschwanden) magaziniert.

INNENSTADT

Ref. Kirche St. Laurenzen (Ortsplan, 2). Die heutige Kirche ist ein bemerkenswertes Konglomerat spät- und neugotischer Stilelemente. Gründung M. 12. Jh., als Pfarrkirche erwähnt 1235; Neubau begonnen 1413 von Joh. Murer, weitergeführt von Michel von Safoy (Savoie), Werkmeister in Salem, geweiht 1422; nördl. Emporentrakt 1. H. 16. Jh. (wohl nachreformatorisch), südl. Emporenanbau 1577 von Conr. Gmünder; im Sinn der Neugotik umgeb. 1851 von Christoph Kunkler nach Plänen von Joh. Georg Müller (gest. 1849) unter Mitarbeit von Ferd. Stadler; Rest. 1964–67 (Turm) und 1967ff. Die einem Rechteck eingeschriebene 3schiffige Pfeilerbasilika mit 1schiffigem Chor, welcher durch den N-Turm und die südl. Seitenschiffverlängerung flankiert wird, geht auf den Neubau von 1413–22 zurück. Die nachgot. zweigeschossigen Längstrakte, bestehend aus dem Arkadengeschoss und den nach innen kommunizierenden Emporen, nehmen nur die 5 östlichen der insgesamt 6 Fensterachsen des Schiffs ein; ihre 4 Joche liegen einzeln unter Querfirsten. W-Fassade, Portale, Fenster und die sehr reiche Turmbekrönung sind neugot. An den westl. Strebepfeilern Statuen 1850 von Joh. Jak. Oechslin. Der flachgedeckte, durch keinen Chorbogen unterteilte Innenraum ist neugot. ausgestattet. Die Pfeiler der einfach gekehlten Spitzbogenarkaden haben gekappte Ecken sowie spätgot. profilierte Kapitelle und Basen. Auffallend ist die Unregelmässigkeit, mit welcher sich die Emporen zu den Seitenschiffen öffnen: an der N-Seite in 5, an der S-Seite in 6 Bogen, die weder hier noch dort mit den Fensterachsen übereinstimmen. Holzbrüstungen mit nachgot. (oder z. T. neugot.?) Masswerk.

Gallusstrasse–Gallusplatz (Ortsplan, 3). Zur alten Post, Nr. 4. Fachwerkbau mit Fenstererker, rest. 1968. – **Stadthaus,** Nr. 14, ehem. Grosses oder Halbes Haus genannt. An der Stelle einer ehemaligen Johanneskapelle als Handelshaus erb. 1589 für Hans Schlumpf, seit 1867 im Besitz der Bürgergemeinde. Viergeschossiger Renaissancesteinbau mit je einem südl. und östl. Annex; die geschweiften Giebelbekrönungen 18. Jh. In der 5achsigen S-Front rundbogiges Rustikaportal zwischen runden Seitenlichtern; rundbogige Einzelfenster mit plastischen Umrahmungen. Im Keller und im Erdgeschoss Kreuzgratgewölbe; im Vorraum ein grosses Wappenrelief der Stadt St. Gallen 1485, vom ehem. Irertor. Wendeltreppe in runder Mauerschale; die heutige Haupttreppe 1889. Im Büro des Bürgerratspräsidenten Renaissancetäfer um 1660; im 2. Stock Bürgerratssaal mit Täfer 2. H. 18. Jh., Kassettendecke M. 17. Jh. Im 3. Stock reichgegliedertes Holzportal mit Architekturrahmung und Appliken dat. 1657; im Saal gleichzeitige Kassettendecke von Daniel Mader. – Zum Engelkopf, Nr. 16. Kaufmännisches Direktorium, erb. 1823–26 nach Plänen von Hans Conr. Stadler, renov. 1968. Klassiz. Bau mit elegantem, im Halbkreis angelegtem Treppenhaus. Dachausbauten jünger. – Zur Rose, Nr. 18. Umgebaut 1596 für die Familie Studer. Breitgelagerter spätgot. Bau mit Zwillingsfenstern. Steinerker mit nachgot. Blindmasswerk. Im Vorraum 3 Eisentüren, Intarsienportal M. 17. Jh. – Blaues Haus, Nr. 20 (Leobuchhandlung). Neuerbaut wohl nach 1574; Rest. 1971. Fachwerkbau mit 2 polygonalen 2geschossigen Erkertürmchen an den Ecken der S-Seite. – **Zum Greif,** Nr. 22. Geschnitzter Barockerker (Abb. 131) um 1680 mit Löwen, Putten, Laubwerk und Knorpelornamenten sowie vier Szenen aus dem Alten Testament nach der Bilderbibel von Matthäus Merian, nämlich Jakobs Kampf mit dem Engel, Elias, von Raben gespeist, Jonas unter dem Kürbisbaum und Tobias mit dem Engel. – **Zum Grünen Hof,** Nr. 26. Erb. 1606 für Casp. Schlumpf. Halbrunder Steinerker mit männlicher Trägerbüste und den Bildhauerinitialen ABB (Balthasar Bürgisser?). – Sonnenhof, Nr. 28. Erb. 1606, Fenster erneuert. Zweigeschossiges polygonales Erkertürmchen. – Gallusbrunnen, mit Figur des Stadtpatrons 1936 von Rud. Seitter. – **Zur Linde,** Nr. 29 (Abb. 132). Der charaktervolle Bohlenständerbau um 1576 aufgestockt und konstruktiv der Riegelbauweise angeglichen. Sehr gut rest. 1968. Im 3. Stock Vorkamin mit Reliefplatte 1576. – Haus Nr. 30. Holzerker mit 2 Puttenreliefs dat. 1672. – **Zur Wahrheit,** Nr. 32. Korbbogiges Portal 1615, Erker wohl 2. H. 17. Jh. Im Erdgeschoss profiliert kreuzgratgewölbter Gang um 1600; an der Stirn der Scheidwände des Treppenhauses polygonale Stützen. Im Erkerzimmer Fenstersäule in Kandelaberform; im 2. Stock Täfer um 1670–80. – Zur Jägerei, Nr. 34. Spätmittelalterl. Grundbestand, Anbau und 3geschossiger Erker um 1756. – Zum Ölblatt, Nr. 37. Spätgot. Riegelbau, verputzt. In der Wohnstube spätgot. Balkendecke mit Herzblatt- und Scheibenverzierungen.

Webergasse (Ortsplan, 4). **Zur grünen Tür,** Nr. 8. Vollständiger Umbau 1787 für Joh. Binder. Viergeschossige Gassenfassade mit 7 Fensterachsen, wovon die 3 mittleren unter einem Dreieckgiebel zusammengefasst sind; gequaderte Ecklisenen und schmale Gesimse. An den Fenstern und im Giebel stuckierte Girlanden und Zweige im Stil Louis XVI. Erdgeschoss modern verändert. Fünfgeschossige Gartenfront mit nur 5 Fensterachsen. – Zum Felsen, Nr. 19. Zweigeschossiger Holzerker 1709 auf Konsolen mit 2 Türkenköpfen und weiblicher Büste. – Zum Schwanen, Nr. 23. Geschnitztes Wirtshauszeichen um 1800 in Form eines Schwans. – Zur Dattelpalme, Nr. 24. Im S-Giebel dat. 1594, Umbau 2. H. 18. Jh. Im Parterre Eisentüre um 1600 zu einem ehem. Lagerraum.

Bankgasse (Ortsplan, 5). Schweiz. Nationalbank, Nr. 1. Neuerb. 1845–47 von Ambrosius Schlatter nach Plänen von Cäsar Gonzenbach, umgeb. und erweitert 1902 und 1940–41. – **Haus Nr. 7.** Erb. 1578 für Daniel Studer, umgeb. 1615. Zweigeschossiger Fachwerkbau auf gemauertem Erdgeschoss, rechteckiger Eckerker mit 8seitigem Obergeschoss und Kuppeldach. Rundbogiges Portal dat. 1578 und 1615, dahinter Vorraum mit Kugelsteinpflaster und Kreuzgewölbe mit breiten Rippen und reliefiertem Schlussstein.

Schmiedgasse (Ortsplan, 6). Zum Zitronenbaum, Nr. 1. Viereckiger Holzerker um 1680–90 mit Löwenkopfkonsolen und reichprofiliertem Kranzgesims. – **Haus zum Pelikan,** Nr. 15. Zweigeschossiger prächtiger Holzerker mit 3teiligen Fensterfronten, erb. 1707 für David Huber. Zwei hölzerne Stützen in Form männlicher Halbfiguren mit ausgebreiteten Armen und 2 haifischartige Konsolen mit auffliegenden Adlern tragen den viereckigen Erker; an den Brüstungen, gerahmt von Cherubim und Masken, 4 Reliefs mit Tiergespannen, welche die damals bekannten 4 Erdteile symbolisieren, im Mittelfeld je eine Rosette, als Bekrönung ein Pelikan. – Zum Bäumli, Nr. 18. Schmiedeiserner Empire-Aushänger. Im 1. Obergeschoss spätgot. Balkendecke mit Kerbschnitzereien. – **Zur Stärke,** Nr. 21. Neuerb. 1619 für Christoph Studer, renov. 1953. Schmaler 4stöckiger Bau, massiv gemauert mit Ausnahme des obersten Fachwerkgeschosses; 4eckiger 3geschossiger Eckerker aus Stein über geschweiften Konsolen, an der Brüstung des 1. Geschosses Beschlagwerkornamente 1619 von Meister ME, wohl Melchior Eberhard. Unterste Erkerstube mit Täfer und Felderdecke. – Zum Trauben, Nr. 28. Vollständig umgeb. E. 19. Jh.; am Nebengebäude Holzerker auf geschweiften Konsolen 1. H. 17. Jh. – Zum Goldenen Leuen, ehem. National, Nr. 30. Markantes Doppelhaus mit dekorativem Fachwerk, rest. 1969. An der Ecke Löwenkopf 1670, das Wahrzeichen der Zollikoferschen Handelsgesellschaft. – *Multergasse* (Ortsplan, 7). Zahlreiche Erker des späten 19. Jh. und des Jugendstils charakterisieren diese Gasse. – **Zum Rebstock,** Nr. 6. Erb. um 1666 für Casp. Kunz, Fassade erneuert 1793. Holzerker mit reliefierter Traubenranke, neuer Fuss. An der N-Seite des Hauses Rundbogenportal mit flachgeschnitzter Türe und schmiedeisernem Türklopfer um 1666. Tonnengewölbter Korridor. Wandtresor mit verzierter Eisentüre und Allianzwappen des Bauherrn und der Juditha Högger. – Haus Nr. 20. Im 1. Stock spätgot. Balkendecke mit gekerbtem Dekor. – Hotel Schiff, Nr. 26. Weitgehend neuerb. E. 19. Jh. an Stelle dreier Häuser. Viereckiger Steinerker vielleicht um 1596, Brüstungsfüllung mit barockem Fruchtgehänge E. 17. Jh.

Hinterlauben (Ortsplan, 8). Der besterhaltene Gassenraum in St. Gallen. **Haus Nr. 6.** Got. Grundbestand, neuerb. 1581 für Jak. Ramsauer; um ein Geschoss erhöht 1902; Rest. 1946. Korbbogiges Portal mit Vasenbekrönungen E. 18. Jh. Im 1. Obergeschoss siebenteilige Fenstergruppe um 1580, deren Mittelachse ein im Grundriss trapezförmiger Steinerker einnimmt; an den Brüstungen Masswerk und Laubverzierungen, Muschelbekrönung. In der Erkerstube 3 stichbogige Fensternischen, die mittlere in Erkerbreite abgestützt von 2 Kandelabersäulen. – **Zum Goldenen Apfel,** Nr. 8. Geburtshaus des Reformators Vadian. Neuerb. 1775 für Michael Schlatter. Wohlproportionierter 3geschossiger Spätbarockbau von 5 Fensterachsen mit Mansartdach. Erdgeschoss und Rahmenlisenen rustiziert, pilastergerahmtes Korbbogenportal mit Volutenbekrönung und Kartusche mit Hausemblem sowie Rokokotüre mit schmiedeisernem Oberlichtgitter. Reizvolle Treppenanlage mit schmiedeisernem Geländer. In den Obergeschossen vorzügliche Rokokostuckdecken mit reichem Mittelspiegel und von Kartuschen gerahmten Phantasielandschaften und Emblemen in den Kehlen. In 2 Räumen des 2. Stocks Rokokomalereien mit Hinweisen auf Leben und Tätigkeit des

Erbauers, rest. 1961; 2 Kuppelöfen. – **Im Tiefen Keller,** Nr. 10. Wohnhaus des Joachim v. Watt (Vadian); neuerb. wohl um 1554 unter seinem Schwiegersohn Laurenz Zollikofer. Zweigeschossiger 4eckiger Steinerker dat. 1608 mit Fischblasenrosetten und Beschlagwerkornamenten an den Brüstungen. In der Erkerstube des 1. Obergeschosses Balustersäule 1666; Wandtresor dat. 1556. In der NW-Ecke des 2. Obergeschosses Stube mit spätgot. Balkendecke. – **Hexenburg,** Nr. 12. Stattlicher 4stöckiger Eckbau nach 1596 mit polygonalem und rundem Eckturm sowie 2geschossigem Steinerker an der W-Fassade. – *Neugasse* (Ortsplan, 9). Haus Nr. 16. Im 1. Stock Renaissancemalereien auf einer Bohlenwand E. 16. Jh.: Spiralranken in Vasen, Tiere und eine Szene mit Joseph und seinen Brüdern. – Zur Treue, Nrn. 49–51 und Haus Nr. 55. Kraftvolle Jugendstilbauten 1909 und 1904.

Marktgasse (Ortsplan, 10). Bronzedenkmal mit Figur des St.-Galler Reformators Joachim v. Watt, genannt Vadianus (1484–1551); errichtet 1904 von Richard Kissling. – Zum Granatapfel, Nr. 15. Viereckiger, reichgeschnitzter Holzerker nach 1676. – Haus Nr. 17. Rechteckiger Holzerker auf Löwenkonsolen, wohl von gleicher Hand wie der Erker des Hauses Nr. 15. – Unterer Schneggen, Nr. 19. Holzerker um 1689 mit 3 Frontfenstern sowie geschnitzten Brüstungen und Pfosten. – **Kleine Engelburg,** Nr. 18. Dreiachsiges Rokokohaus mit Fassadenstukkaturen um 1760, in den Kartuschen Figuren des Hermes und der Fortuna. – Grosse Engelburg, Nr. 20. Umgeb. 1790, aufgestockt 1873. Klassiz. Bau mit ion. Fassadenpilastern.

Spisergasse (Ortsplan, 11). Zur Gerechtigkeit, Nr. 3. Zweistöckiger 4eckiger Holzerker um 1700 mit Brüstungsrelief der Justitia in stacheligem Akanthuswerk. – Engelapotheke, Nr. 5. Zweistöckiger Erker, 1904 erneuert nach Zeichnungen von Salomon Schlatter. – **Zur Flasche,** Nr. 11. Erb. 1509, umgestaltet im 17. Jh.; Einbau einer Arkade und Renov. 1946. Spätgot. Gassenfront mit Biedermeiererker um 1830–40. Eingangshalle mit mächtigem Rundpfeiler. Im NW-Raum ornamentierte Balkendecke mit Unterzug und Stütze dat. 1660; in der N-Wand 2teilige Arkade mit 8eckiger Stütze. Im hintern Gewölberaum Tresortüre mit Rosetten und Beschlägen um 1660–70. In der Erkerstube 2 geschraubte Fensterstützen. – Zum Bären, Nr. 13. Erb. 1554 für Jak. Rainsperg; Steinerker 1708 mit Akanthusblattwerk und Fratzenkonsolen, an der Brüstung 3 speerbewaffnete Bären. In der Erkerstube 2 Kandelabersäulen 1555 und 1594. – Bärenbrunnen. Bronzegruppe, Kind und Hund, 1957 von Karl Geiser. – Haus Nrn. 15–17. Spätklassiz. 4geschossiger Bau mit architektonischer Fassadengliederung. – Zum Sternen, Nr. 19. Viereckiger Erker auf Maskenkonsolen 1699, neueres Brüstungsrelief 1765. – Zum Vögeli, Nr. 25. Steinerker 1625 von Meister MF. – Zum Blauen Himmel, Nr. 30. Holzerker 1717. Im 1. Stock got. Balkendecke, im 2. Stock Rokokostukkaturen 1768. – Zum liegenden Hirsch, Nr. 41. Neuerb. 1964–65; vom Altbau übernommen Steinerker 1717 mit gutem Brüstungsrelief eines Hirsches und gewölbte Balkendecke mit nachgotischen Schnitzornamenten. – **Schlössli,** Nr. 42 (Abb. 133). Sitz der Familie Zollikofer, neuerb. 1586–90 für Laurenz Zollikofer, wohl von Matthäus Höbel, dem Baumeister von Altenklingen; Rest. 1968–69. Schlossähnlicher Kopfbau mit halbrunden, über dem Erdgeschoss ansetzenden Ecktürmen an der S- und O-Fassade sowie 2 2geschossigen Steinerkern über abgetreppten Konsolen an der O-Front. Im Erdgeschoss 3teiliges Kreuzgewölbe mit rechteckigen Rippen. Im Treppenhaus dekorative Ausmalung; an den Eingängen zu den Etagen Halbsäulen mit ionisierenden Kapitellen. Im südöstl. Erkerzimmer des 2. Stocks gelb-grün gerauteter Keramikboden mit blau auf Weiss gemalten Friesplatten und Wappen Zollikofer-Zilli 1593 (Kopie, Original jetzt im alten Rathaus Balgach); an den Wänden Damastmalerei und Tugenddarstellungen (Köpfe ergänzt). Zwischen dem 2. und 3. Stock Holzportal 1589. Im 3. Stock Saal mit Kassettendecke um 1590 und Renaissancewandmalereien.

Turmgasse (Ortsplan, 12). **Handelshaus,** Nr. 1. Stattliches Eckhaus, erbaut 1585 für Daniel Schlumpf. Die Fassade zur Marktgasse zurückversetzt und neuer Steinerker um 1900. Zur Turmgasse profiliertes Spitzbogenportal und Steinerker 1641 mit Beschlagwerkornamenten und Drachenköpfen als Wasserspeiern. Im Keller und Parterre Kreuzgewölbe auf zentralem Pfeiler; Wendeltreppe in gemauerter Rundschale. Im O-Raum des 1. Stocks Balustersäule 1586. – **Hinter dem Turm,** Nr. 6. Dreigeschossiger Fachwerkbau 1523 mit verputzten Bohlenwänden; Rest. 1967. Oberstes Geschoss abgezimmert und vorkragend. Stube mit spätgot. Balkendecke. – Zum Freieck, Nr. 7. Neubau nach Brand 1788, umgeb. 1904. Aus dieser Zeit 2 Eckerkerchen. – *Kugelgasse* (Ortsplan, 13). **Zur Kugel,** Nr. 8. Zweigeschossiger 4eckiger Holzerker mit drei Frontfenstern, erb. um 1690 für Jak. Schlappritzi. Die Konsolen sind als Atlantenfiguren ausgebildet und zeigen in der Mitte Herakles, seitlich 2 Sklaven; in den Brüstungsfeldern Reliefs des Hl. Jakobus als Pilger und einer röm. gewandeten Gestalt mit Reichsapfel, in der Mitte Weltkugel; oben Masken und Adler, der einen Granatapfel aufpickt. – **Zum Schwanen,** Nr. 10. Zweigeschossiger Prunkerker mit reichen Schnitzereien um 1590. Konsolen als Schwan und fischschwänzige Meermänner ausgebildet; auf den Brüstungsreliefs unten Putten auf Schwänen und Delphin reitend, oben Szenen aus der Poseidon- und Alpheusmythologie. – Frauenarbeitsschule, Nr. 19. Als Schule gestiftet 1581 von Michael Sailer und erbaut von Wolfgang Fögeli. Über dem W-Portal Sailer-Wappen. Im S-Teil grosse Stube mit Balkendecke und 2 got. profilierten Unterzügen auf 8eckigen Pfeilern.

IRERVORSTADT

Am Bohl (Ortsplan, 14). **Kaufhaus oder Waaghaus.** Zweigeschossiger Längsbau 1584 unter Satteldach mit Treppengiebeln; Rest. 1962–63. Dachreiter und Mondphasenuhr an der W-Front, vom abgebrochenen Rathaus. In der durch Arkaden geöffneten Erdgeschosshalle Balkendecke mit mächtigem Unterzug auf Steinpfeilern, am hintersten Arkadenpfeiler vor der Treppe Steinmetzzeichen des Wolfgang Fögeli und Datum 1584. Im Obergeschoss neue Sitzungssäle für das Stadtparlament. – Bankhaus Wegelin. Neuerb. 1799 an der Stelle des Gesellschaftshauses zum Notenstein. Dreigeschossiger Mansartdachbau mit quergestelltem Dachgiebel. – Altes Stadttheater. Erbaut

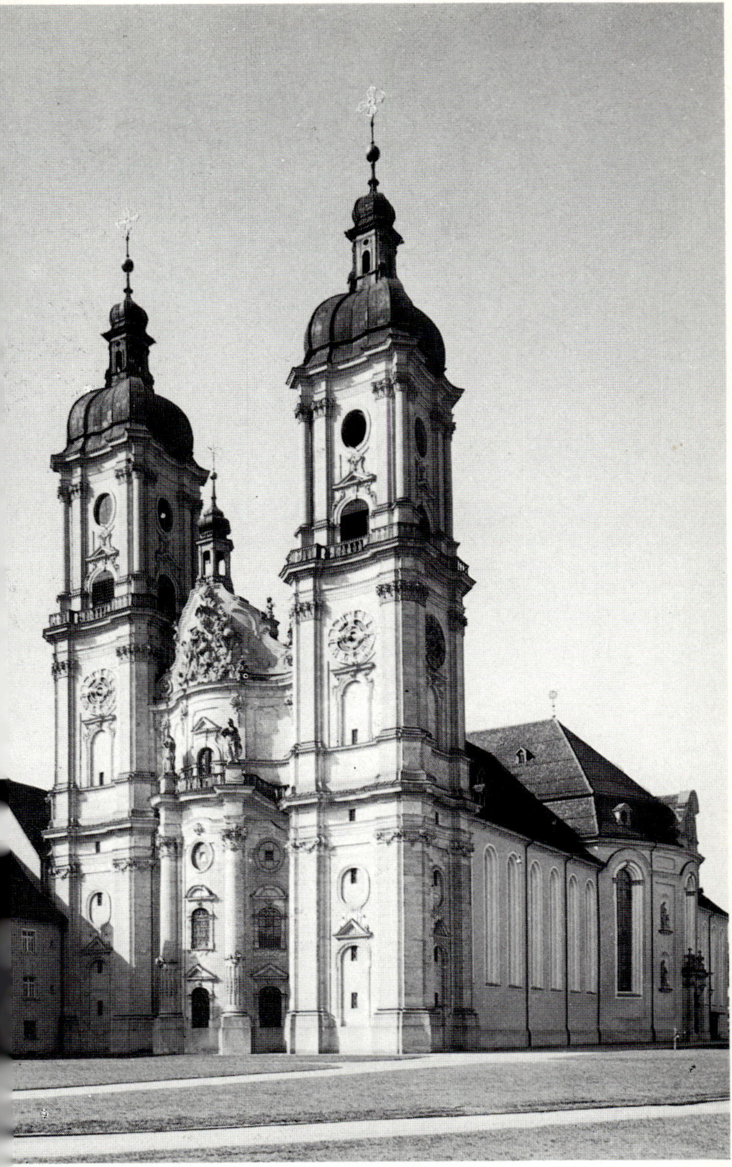

St. Gallen. Stiftskirche St. Gallus und Otmar. Schiff und Rotunde 1755–60 von P. Thumb,
r und Turmfassade 1761–64 von J. M. Beer, G. Looser und J. A. Feuchtmayer (406–412)

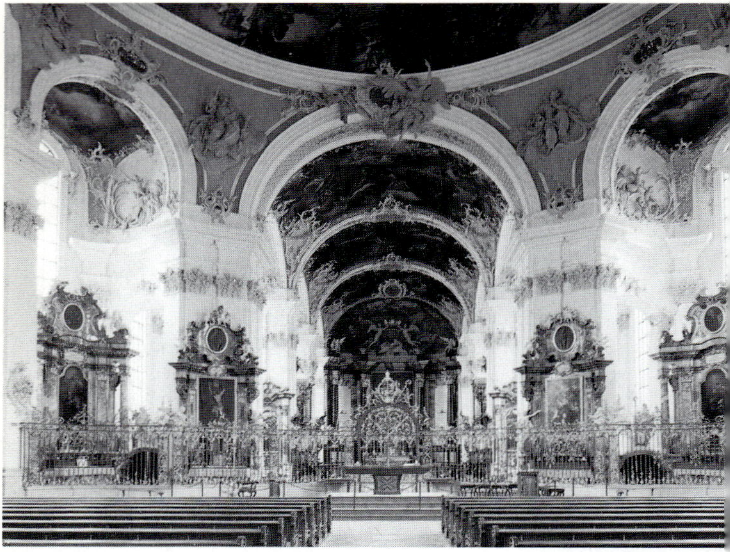

129. St. Gallen. Stiftskirche. Inneres. Deckengemälde von Joseph Wannenmacher, Stukkat
der Brüder Gigl, Gitter 1771 von Joseph Mayer, Seitenaltäre 1769–71 (408–410)

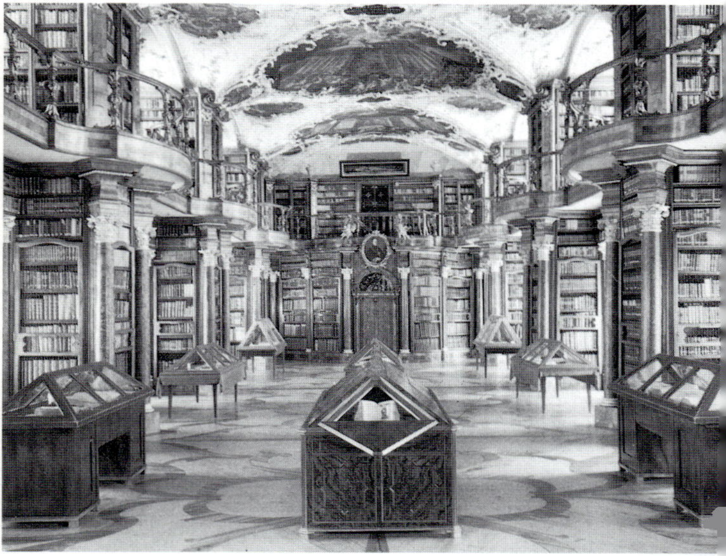

130. St. Gallen. Stiftsbibliothek. Erb. 1758–59 von Vater und Sohn Peter Thumb. Holz
von G. Looser, Th. Kuster und P. Wuocherer. Einzigartiger Bestand an Handschriften (4

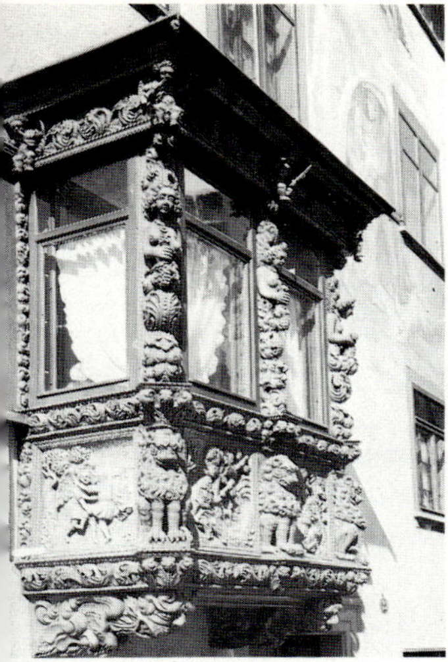

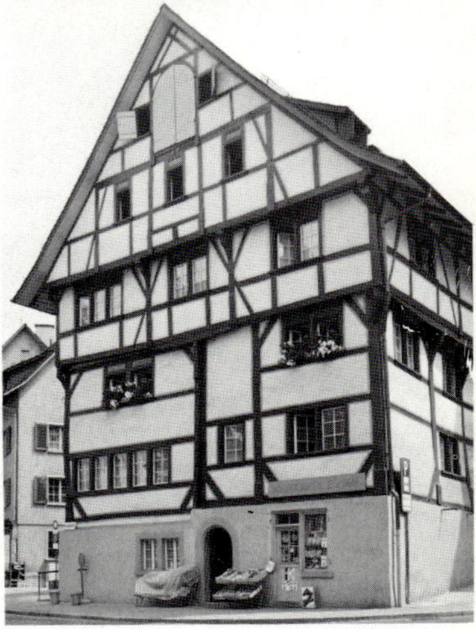

St. Gallen. Haus zum Greif. Reichgeschnitzter Barockerker um 1680 mit Löwen, Putten, owerk und Knorpelornamenten sowie Szenen aus dem Alten Testament (413)

St. Gallen. Haus zur Linde. Charaktervoller Bohlenständerbau auf gemauertem Sockel- hoss, um 1576 aufgestockt und konstruktiv der Riegelbauweise angeglichen (413)

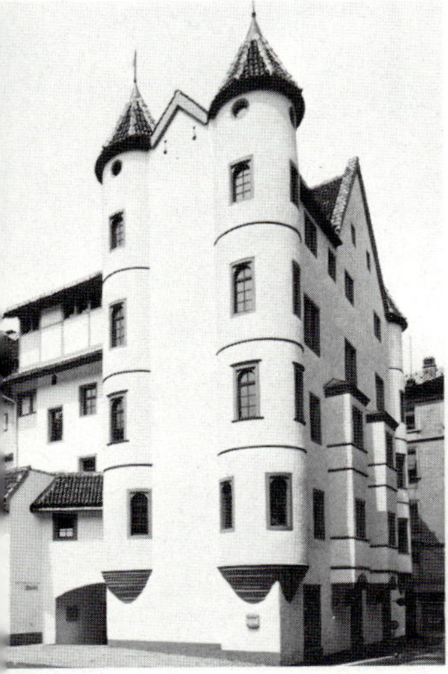

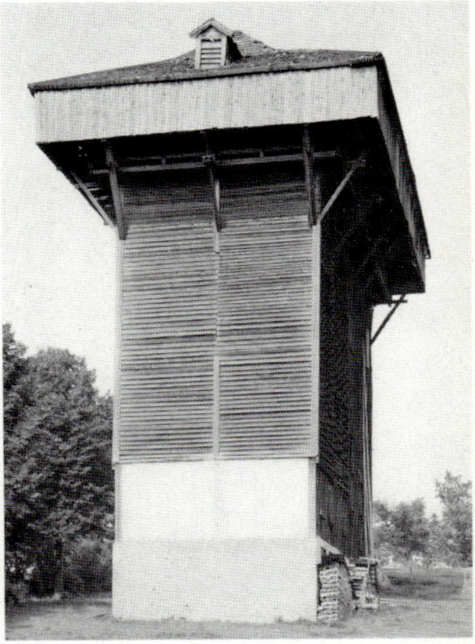

St. Gallen. Schlössli. Herrschaftlicher Bau mit halbrunden Ecktürmen und zweigeschossi- Steinerkern. 1586–90 für Laurenz Zollikofer wohl von Matthäus Höbel errichtet (415f.)

St. Gallen-Schönenwegen. Tröckneturm. Für die Färberei-Industrie A. 19. Jh. als Trock- sanlage erbauter Holzturm mit vorkragendem Obergaden und Walmdach (421)

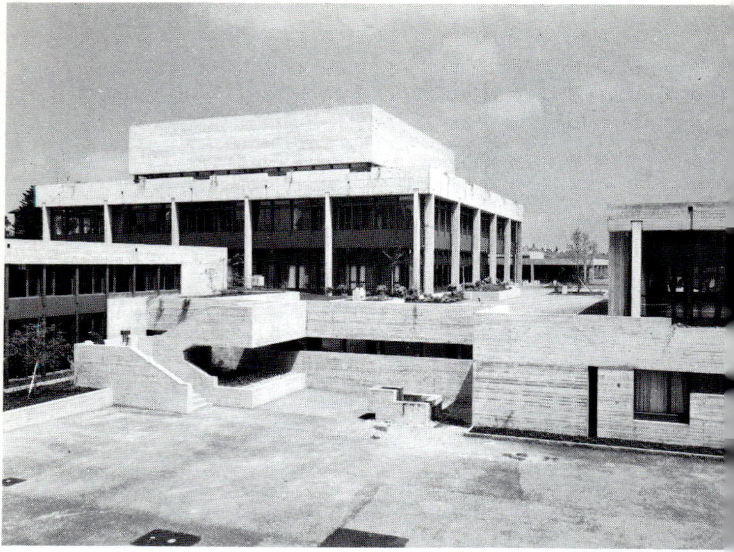

135. St. Gallen-Rosenberg. Hochschule für Wirtschafts- und Sozialwissenschaften, Hauptgebä
mit Bibliothek. Erb. 1960–63 von Förderer, Otto und Zwimpfer (420)

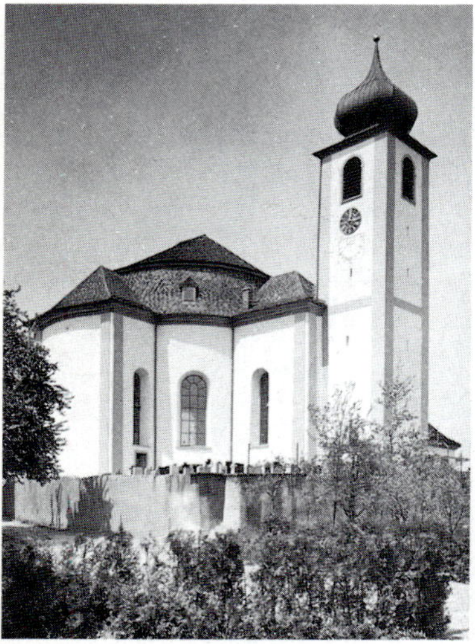

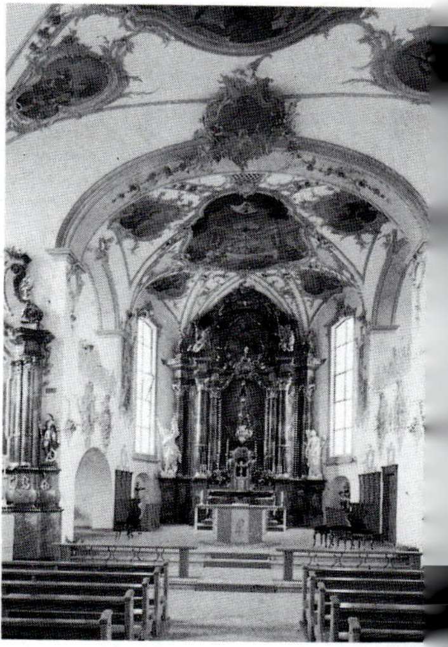

136. Bernhardzell. Kath. Pfarrkirche St. Johannes Baptist. Erb. 1776–78 von Johann Ferdi
Beer. Kreuzkuppel-Zentralbau mit Mansartdach. Turm von der Vorgängerkirche (424–426)

137. Niederbüren. Kath. Pfarrkirche St. Michael. Erb. 1761–62 von Johann Michael Beer
Bildstein. Hochaltar der Brüder Gigl, Deckengemälde von Franz Ludwig Herrmann (4

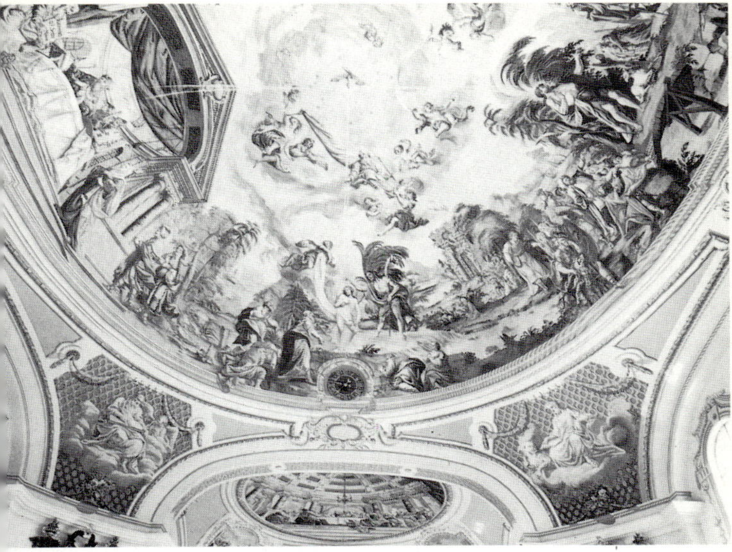

. **Niederhelfenschwil.** Kath. Pfarrkirche St. Johann Baptist. Erb. 1786–87 von Laienbruder
ıl Wuocherer; Kuppelmalerei von Josef Anton Pullacher (429 f.)

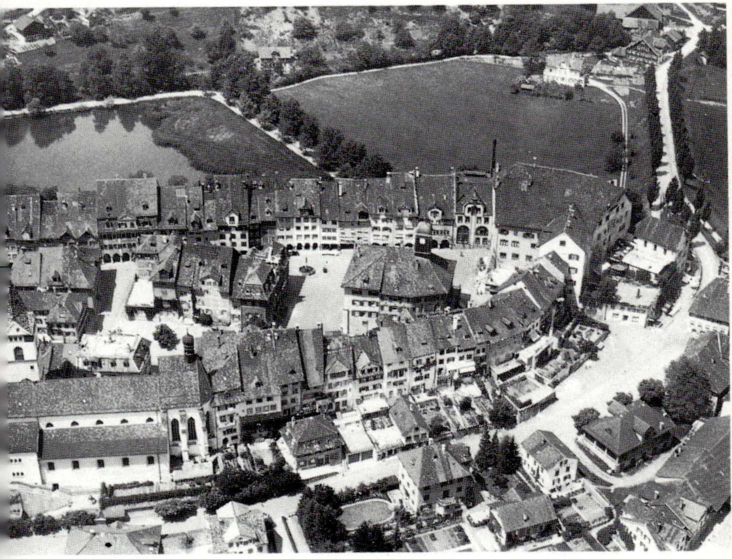

Wil. Die besterhaltene Kleinstadt der Ostschweiz. Luftansicht der oberen Altstadt mit
ʳrkirche, Hof (rechts aussen) und Baronenhaus (Mitte, freistehend) (431–437)

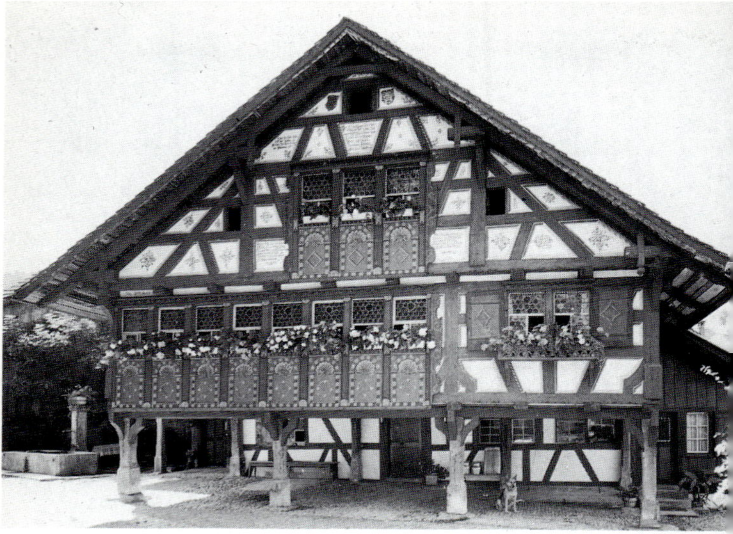

140. **Flawil-Burgau.** Ehem. Rathaus. Eine der ältesten und schönsten Fachwerkbauten Kt. St. Gallen. Erb. 1639 als Riegelhaus unter Ammann Peter Moosberger (438)

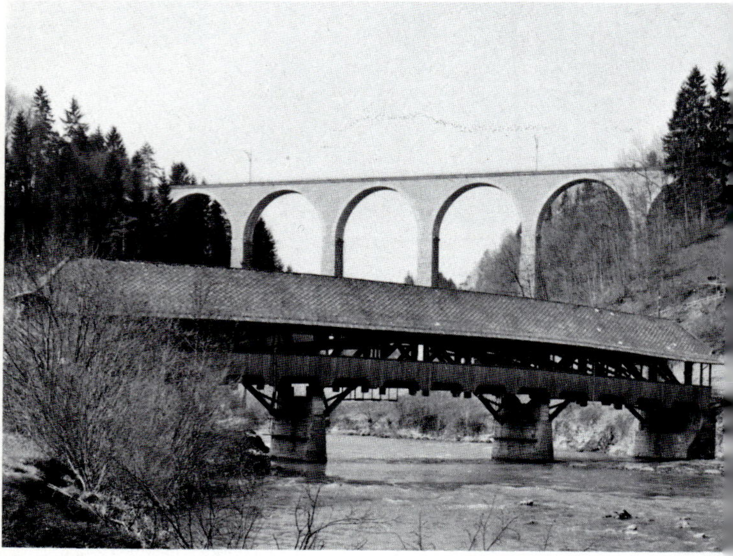

141. **Lütisburg.** Gedeckte Holzbrücke über die Thur, südl. des Dorfes. Errichtet 1790 von hann Ulrich Haltiner. Bahnviadukt 1947 (445)

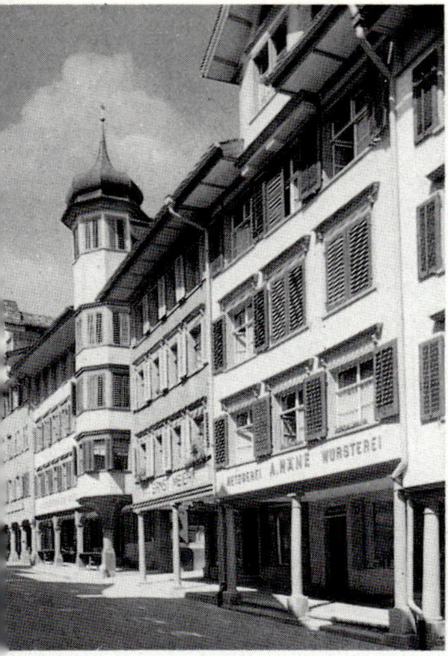 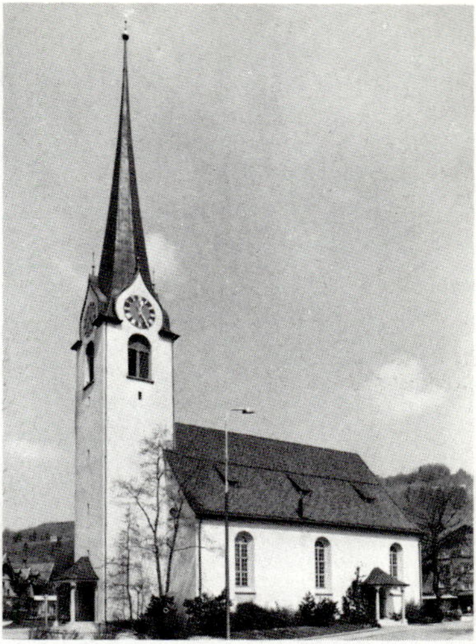

Lichtensteig. Guterhaltenes Landstädtchen, gegründet um 1200 durch die Herren v. Tog-
urg. Hauptgasse, östl. Häuserreihe mit Lauben, umgestaltet 2. H. 18. Jh. (447–449)

Ebnat. Ref. Kirche. Dreiseitig geschlossene Saalkirche mit von Wimpergen und Spitzhelm öntem Frontturm, 1726 von Johann Ulrich Grubenmann erbaut (453)

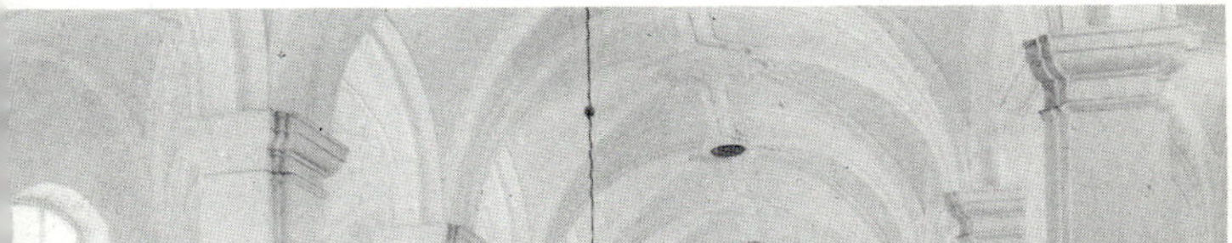

Neu St. Johann. Kath. Pfarrkirche. Erb. 1641–44 von Alberto Barbieri, vollendet 1680. Kirche ist ein wichtiges Bindeglied zwischen gotischer und barocker Architektur (454f.)

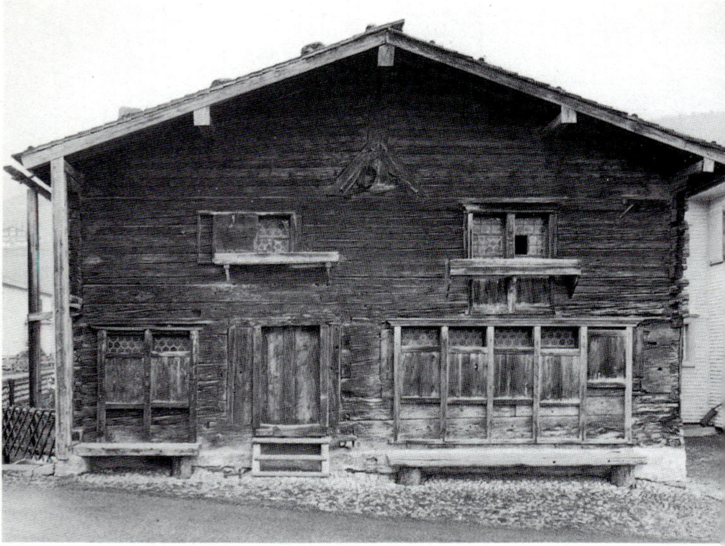

145. **Wildhaus.** Zwingli-Haus. Eines der ältesten Holzhäuser in der Schweiz. Geburtshaus Reformators Ulrich Zwingli (1484–1531). Giebelbau mit Tätschdach, Ziehläden (457)

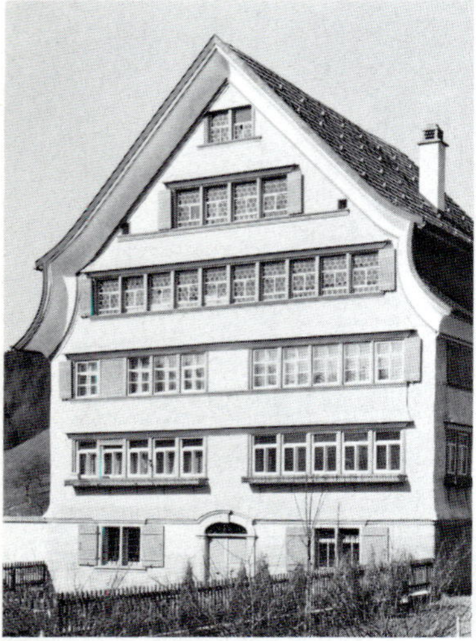

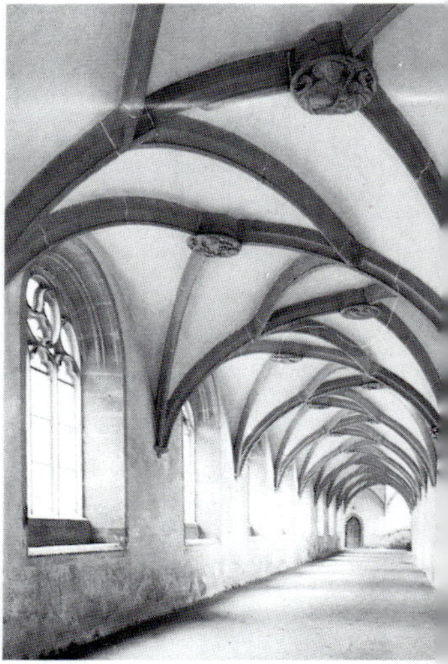

146. **Eggersriet.** Spätbarockes Pfarrhaus, erb. 1796, mit Mansartdach und reicher Durchfe rung, in der Art der ausserrhodischen Patrizierhäuser der Grubenmann (462)

147. **Rorschach.** Ehem. Benediktinerkloster Mariaberg, seit 1864 kant. Seminar. Südl. spä scher Kreuzgangarm, erb. 1519 unter Abt Franz Gaisberg von St. Gallen (466 f.)

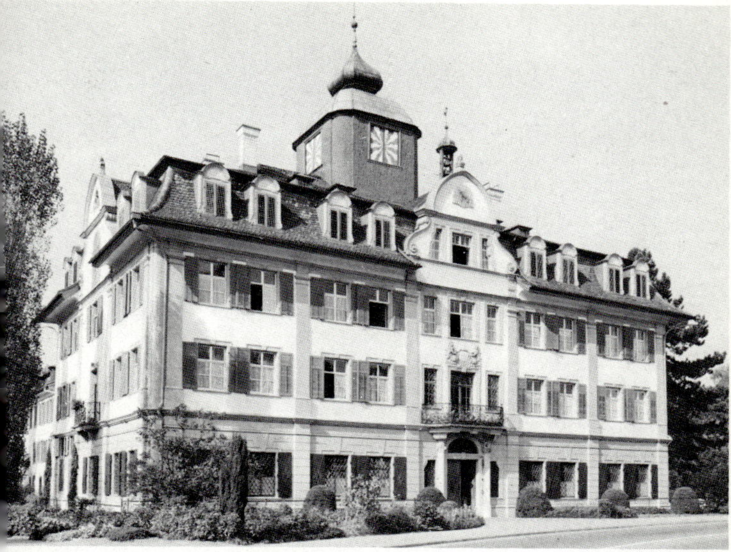

. Rheineck. Löwenhof. Einer der schönsten barocken Profanbauten der Ostschweiz, mit
sszügiger Innendisposition. Erb. 1746–48 für den Kaufmann Giovanni Heer (470f.)

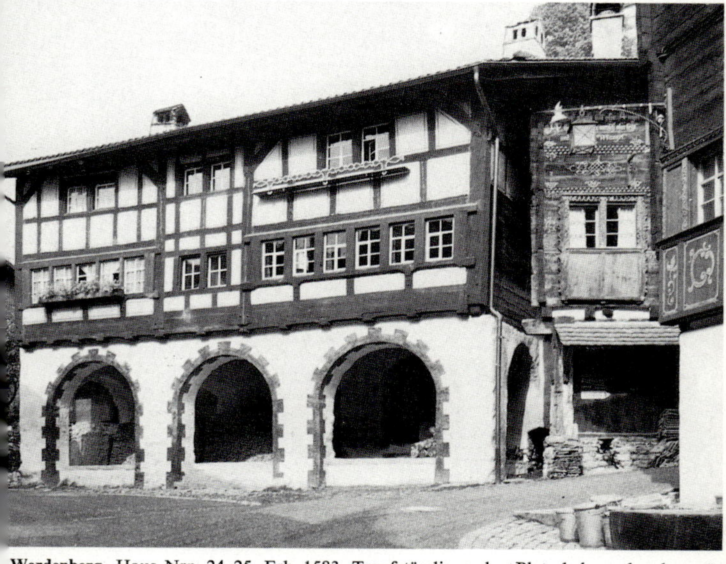

Werdenberg. Haus Nrn. 24–25. Erb. 1583. Traufständiger, den Platz beherrschender spät-
Ständerbau über drei gemauerten Arkaden; fünf- und sechsteilige Fensterwagen (485)

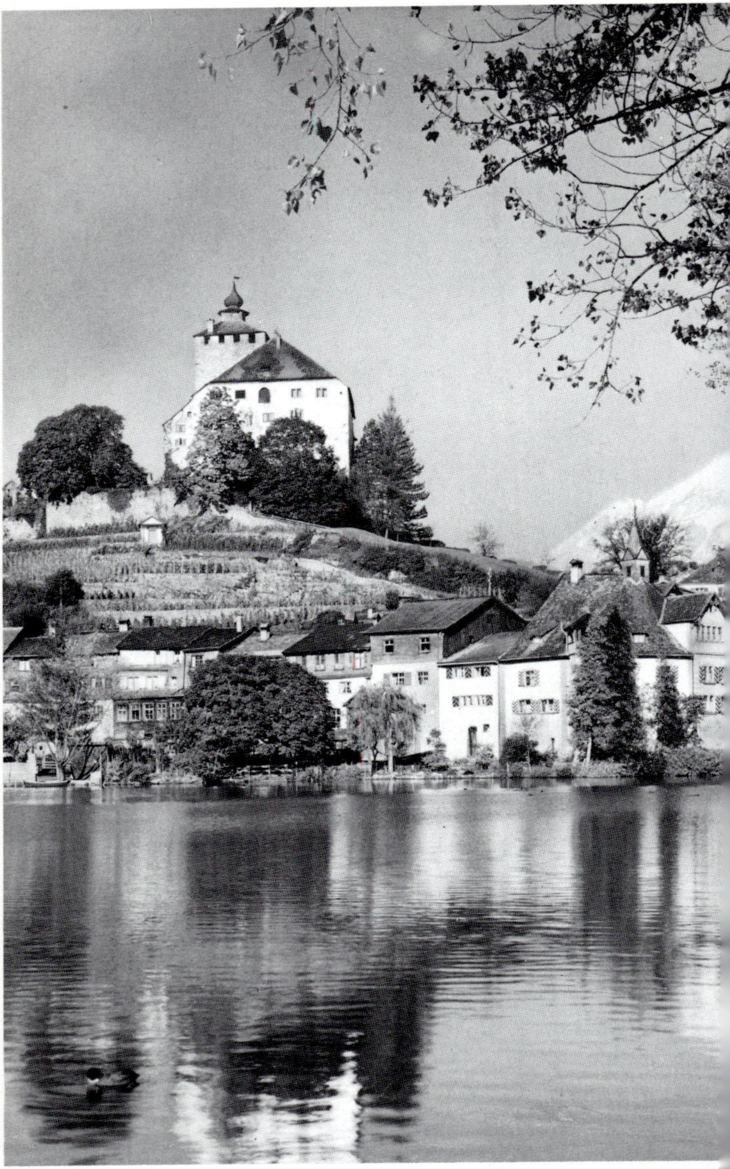

150. **Werdenberg.** Besterhaltene und älteste Holzbausiedlung der Schweiz, mit Schloss (B
fried 12.–13. Jh., Palas A. 15. Jh.). Sanierung und Restaurierung seit 1960 (485 f.)

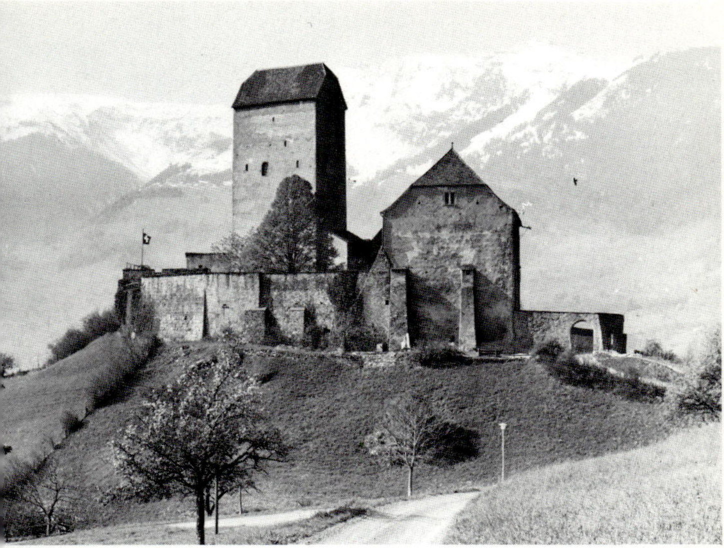

Sargans. Schloss. Stammsitz der Grafen v.Werdenberg-Sargans. Bergfried hochmittelalter-mit Krüppelwalmdach A.17.Jh., Palas A.16.Jh. umgebaut (489f.)

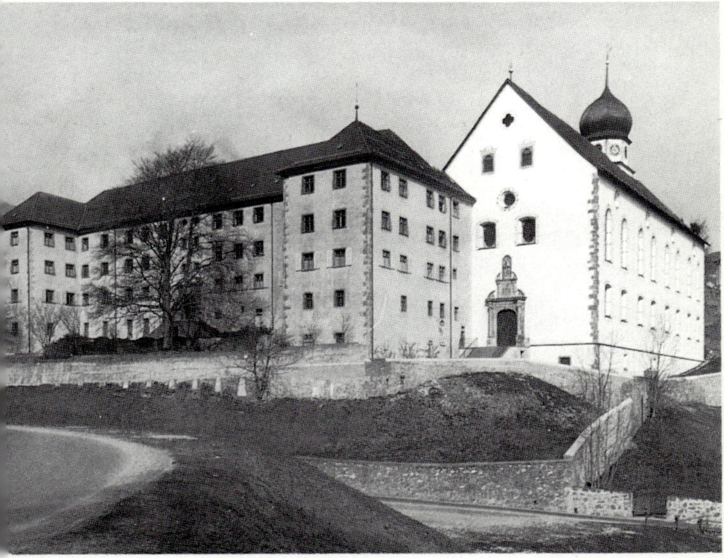

Pfäfers. Ehem. Benediktinerabtei. Frühbarocke Kirche, erb. ab 1688. Inneres: Wand-ersystem mit Grundriss und Jocheinteilung der Vorarlberger Bauten (492 f.)

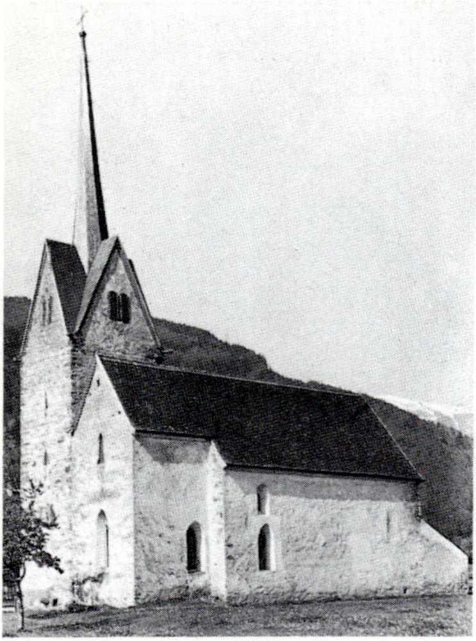

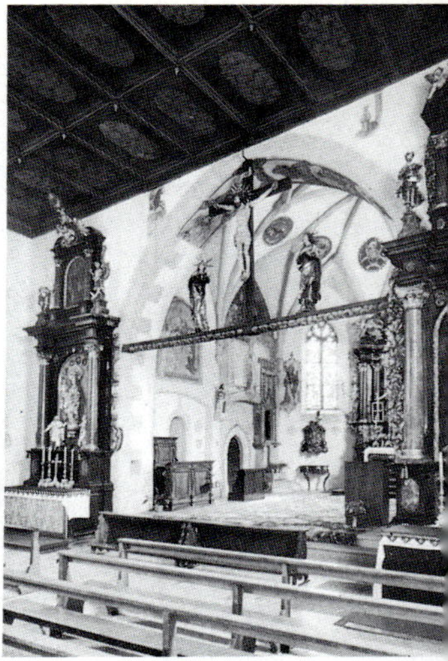

153. **Bad Ragaz.** Kapelle St. Leonhard, an der Strasse nach Sargans. Neuerb. 1410–12, T
etwas jünger. Ausmalung des Chors 1414–18, wohl von einem Südtiroler (491 f.)

154. **Flums.** Kath. Kirche St. Justus. Spätgot. polygonaler Chor mit Sakramentshäuschen 1
Ausmalung des Chors zwischen 1452 und 1490; Kruzifix um 1600; barocke Seitenaltäre (5

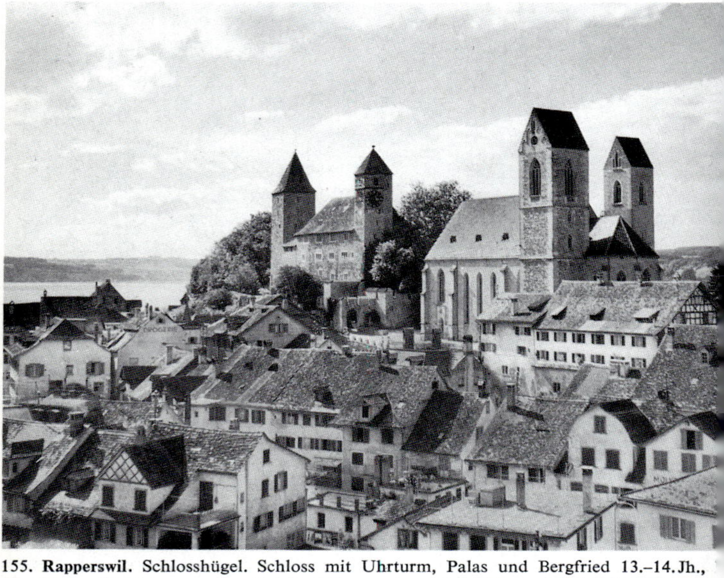

155. **Rapperswil.** Schlosshügel. Schloss mit Uhrturm, Palas und Bergfried 13.–14. Jh.,
Pfarrkirche St. Johannes mit mittelalterl. Turmpaar und Schiff von 1883 (520–525)

1857 von Joh. Christoph Kunkler, erweitert 1909 von Wendelin Heene; seit 1967 ausser Gebrauch; abgebrochen 1971. – **Ehem. Dominikanerinnenkloster St. Katharina** (Ortsplan, 15). Gegründet 1228, seit 1268 unter der Regel des Hl. Dominikus; Kreuzgang neuerb. 1504–07 unter Leitung von Heinr. Schradi. Aufhebung des Klosters 1528; die dem katholischen Glauben treu gebliebenen Nonnen fanden 1607 eine neue Heimstätte in Wil (s. S. 435). Kirche 1685 umgebaut von Joh. Spengler und als ref. Gotteshaus wiederbenutzt; Umbauten 1884, Kreuzgang renov. 1952; Renovation der ganzen Anlage geplant. Vom ehem. Kloster sind heute noch die lange ungegliederte Rechteckkirche, der südl. anstossende Kreuzgang über verschobenem Rechteckgrundriss und der S-Trakt erhalten. – *Kirche.* Mauerbestand grossenteils aus der Zeit vor der Neuweihe 1368; in der W-Front vermauertes Bogenpaar. Im Innern neuer flacher Gipsplafond, die 4eckigen Fenster wohl von 1685; auf der östl. der Schmalseitenemporen Orgel um 1800. Fragmente des spätgot. Chorgestühls 1512. Im *Kreuzgang* quadratische Kreuzrippengewölbe, die im O-Flügel beidseits auf Diensten aufliegen, in den andern Armen an der Innenseite auf Konsolen ruhen. Beachtenswert die schmalen Gewölbefelder, welche die Asymmetrie der Anlage ausgleichen. Im W-Arm 2 zugemauerte 3gliedrige Fenster mit Nasenbogen, ehem. zum Kapitelsaal gehörig. S-Flügel für Zwecke der Schule und der Vadianischen Bibliothek umgeb. 1614–15. In der SW-Ecke des Kreuzgangs Treppenturm von 1614; am obersten Podest Platte mit Baumeisterinschrift für Lorenz Kunkler und Heinr. Steheli. Ein 2. Rundturm in der Ecke der Gegenseite jetzt leer.

Metzgergasse (Ortsplan, 16). **Zum Goldenen Schäfli,** Nr. 5. Ehem. Zunfthaus der Metzger, einziges erhaltenes Zunfthaus der Stadt. Erb. nach 1484; vom 2. Obergeschoss an neu aufgeführt 1629. In der Wirtsstube spätgot. Balkendecke mit Scheiben- und Herzblattdekor. – *St. Magnihalden* (Ortsplan, 17). Gruppe von 3 schmalbrüstigen Fachwerkhäusern des 16. Jh.; Rest. 1964. – Wiboradabrunnen, Plastik 1928 von Jos. Büsser. – **Ref. Pfarrkirche St. Mangen.** Gegründet 898 durch Abt Salomon, der auch Bischof von Konstanz war, zu Ehren des St.-Galler Mönchs Magnus (gest. um 750). Beim Ungarneinfall 926 erlitt die Hl. Wiborada, die sich 916 in einer der Kirche angebauten Zelle eingeschlossen hatte, den Märtyrertod. In ihrer Nachfolge sind bis ins Spätmittelalter Inklusen nachgewiesen. Neubau der Kirche um 1100, Turmbau 1505; Renov. 1839 und 1946. Die durch archäologische Untersuchung 1946 nachgewiesene karoling. Anlage bestand aus einem quadratischen Zentralraum mit eingezogenen flachen Kreuzarmen. In gleicher Achse, doch von grösseren Ausmassen, wurde der kreuzförmige frühroman. Neubau errichtet, dessen tieferer W-Arm 1657 die heutige Ausdehnung erhielt. An seiner -Seite steht der spätgot. Turm mit Glockengeschoss 1568 von Wolfgang Vögeli, dessen skulptiertes Porträt das südl. Schallfenster schmückt; Pyramidenhelm 1731. Im flachgedeckten, ungegliederten Innenraum rundbogige Fenster von 1839. In der N-Wand des Altarhauses Guckloch einer ehem. hier angebauten Klause, ein 2. solches Fenster in der W-Wand des südl. Querschiffs. Architektonisch gegliederte Barockkanzel 1658. In der Sakristei nachgot. Taufstein mit reichem Blindmasswerk 1601.

AUSSERHALB DER EHEM. RINGMAUER

Östl. Vorstadt (Ortsplan, 18). **Haus zur Hechel,** heute sog. Kantiheim, Burggraben Nr. 5. Erbaut 1611 für Anna Schlappritzi; Rest. 1961. Dekorativer Fachwerkbau auf gemauertem Erdgeschoss. An der Strassenfront 2stöckiger, an die südliche Ecke verschobener Erker über rundbogigem Portal. An der Rückseite polygonaler Treppenturm. – **Kantonsschule.** Erbaut 1851–56 von Felix Wilh. Kubly, Ergänzungsbauten 1962–64 von Glaus und Stadlin. Hufeisenförmige Anlage mit Mittel- und Eckrisaliten. – Soldatendenkmal. Im Park errichtet 1920 von Aug. Wanner. – **Neues Stadttheater.** Kubisch gestaffelter Sichtbetonbau. Erb. 1966–67 von der Architektengemeinschaft Fred Cramer, Werner Jaray, Claude Paillard und Peter Leemann. – Tonhalle. Erb. 1907 von Jul. Kunkler. – **Altes Museum** (s. S. 424). Erb. 1877 von Joh. Christoph Kunkler, Fassadenplastik von Robert Dorer. – Neues oder Historisches Museum (s. S. 424). Erb. 1916–21 von Otto Bridler, Lebrecht Völki und Karl Adolf Lang. Im Binnenhof Brunnen von Wilh. Meier. – Pavillon Nr. 47 a, im Stadtpark. Klassiz. Bau 1812 mit toskanischem Portikus und Giebel; an der S-Seite halbrund vorspringendes Untergeschoss. – Neptunbrunnen, im Ententeich. Kopie der ehem. barocken Brunnenfigur vor dem Hotel Hecht, 1925 von Wilh. Meier. – Denkmal für den Naturwissenschafter Bernhard Wartmann (1830–1902). Errichtet um 1910 von Henri Gysbert Geene. – *Museumstrasse.* Einheitlicher Komplex guter spätklassiz. Wohnbauten. – *Notkerstrasse.* Verkehrsschule, Nr. 20. Ehem. Handelshochschule erb. 1910–12 von Karl Adolf Lang. – Stadtbibliothek Vadiana, Nr. 22. Erb. 1905–07 von Karl Mossdorf. – Hadwigschulhaus, Nr. 27. Erb. 1905–0[illegible] von Robert Curjel und Karl Moser. – Volksbad, Volksbadstrasse Nr. 4[illegible] Erb. 1907 von A. Pfeiffer, Plastiken von Henri Gysbert Geene.

Rorschacherstrasse. Altersheim Singenberg, Nr. 80. Erbaut 1902–04 von Friolet. – Bürgerspital, Nr. 92. Erb. 1840–45 von Joh. Christoph Kunkler. – **Ref. Linsebühlkirche,** südl. des Bürgerspitals. Reichgestalteter Neurenaissancebau aus Tuff und Jurakalk 1897 von Armin Stöcklin. Portalplastiken von Aug. Bösch. Quadratischer Predigtraum. – Kantonsspital, Nr. 95. Haus 1865–67 von Bernhard Simon; Hochhaus der Chirurgischen Klinik 1960 von Paul Trüdinger. In der kath. Spitalkapelle Glasgemälde 1965 von Walter Burger, span. Bekleidungsmadonna wohl 16. Jh.

St. Fiden. **Post,** Nr. 107. Ehem. äbtisches Amts- und Schützenhaus, erb. 176[illegible] von Joh. Ferd. Beer; 1798 Verwaltungsgebäude des Kantons Säntis. Stattlicher 3geschossiger Längsbau mit Mansartdach und Eckpilastern. – **Kath. Pfarrkirche St. Fides.** Erwähnt 1225; nordöstl. der alten Anlage neuerb. 1777 von Joh. Ferd. Beer, Verlängerung des Schiffs um 1 Joch und Rest. 1954–55 durch Hans Burkard. Stattliche Barockkirche mit 2 Fensterachsen umfassenden Querschiffrisaliten und eingezogenem 3seitig geschlossenem Chor; in allen Bauteilen 2 Geschosse von Rundbogenfenstern, die oberen um die Hälfte niedriger. Am Chorscheitel der Turm mit Spitzhelm von 1874, verändert 1954. Im Innern eine flache Voutendecke mit Stichkappen. Deckengemälde 1778 von Antoni Dick: im Chor Hl. Fides als Glaubensbekennerin vor dem röm. Statthalter Dacianus, im Querschiff Enthauptung der Heilige im Langhaus Folterung auf dem Rost und Erhöhung der Hl. Fides; reiche Rokokostukkaturen von Peter Ant. Mosbrugger. Fünf Rokoko-Altäre: Hochaltar 1784 von Ant. Dirr mit Wappen des Abtes Beda Angehrn und Altarblatt 1889 von Severin Benz; Gemälde der beiden äussern Seitenaltäre von Paul Deschwanden, eines dat. 1853; in den Nischen der innern Altäre Rokokofiguren aus dem Kunsthandel. – *Kirchenschatz.* Kelche E. 17. Jh., 1707 von Joh. Zeckel, 1751–53 von Franz Thaddäus Lang, 1761–63 wahrscheinlich von Joh. Carl Ignaz Stippeldey, 1767–69 von Jos. Ant. Seethaler und 1777–79 von Joh. Casp. Bertold. Vortragekreuz um 1708 von Joh. Dumeisen; Versehkreuz um 1830 von Carl Amadäus Spillman; 4 Altarstatuetten um 1755–60 vielleicht von Christian Wenzinger. – Haus Greithstrasse Nr. 17 («Schlössli»), nördl. der Kirche. Giebelbau mit Turm und bekrönender Zwiebelhaube wohl 2. H. 17. Jh.; zeitweilig Sitz des äbtischen Landvogts. – **Dörflibrunnen,** an der Einmündung der Oststrasse in die Rorschacherstrasse. Jugendstilbrunnen 1914 von Wilh. Schwerzmann für die Landesausstellung in Bern. – **Sog. Beda-Haus,** Grossackerstrasse Nr. 7. Kehrgiebelhaus 1765 mit Mansartdach; Rest. 1965. Reste einer gemalten Rokokofenster- und -türbekrönung (Neptun). – Ref. Kirche und Kirchgemeindehaus Grossacker. Erb. 1955–56 von Paul Trüdinger, Turm 1959. Saulusplastik 1965 von Wilh. Meier. – *Neudorf.* **Kath. Pfarrkirche St. Maria.** Stattlicher Neubarockbau 1913 von Adolf Gaudy, ausgemalt von Fritz Kunz, Fenster von Richard Nüscheler. – Kurhaus Oberwaid. Kath. Kapelle 1961 von Hans Burkard. Wandgemälde von Jost Blöchliger.

Kapuzinerinnenkloster Notkersegg, Speicherstrasse. Als Beginensamnung gegründet 1381, seit 1602 Kapuzinerinnenkloster. Neubau der Anlage 1666 etwas unterhalb des alten Standorts, Kirche geweiht 1671, Wiederherstellung von Kirche und Kloster nach Brand 1718; Kirche renov. 1933, Kloster teilweise modern umgestaltet und renov. 1967 von Hans Morant. An das südl. gerichtete Gotteshaus schliessen östl. das 3geschossige Klausurgeviert unter Satteldach und die Ökonomiegebäude an. Die *Kirche* besteht aus Laienschiff mit eingezogenem Quadratchor und dem Nonnenoratorium, das in Fortsetzung des Altarhauses dreiseitig schliesst, wobei das Polygon über das Klostergeviert hinausragt. Zwei Dachreiter mit Zwiebelhelmen. W-Portal dat. 1719. Im Schiff flache Gipsdecke mit Gemälden der Verehrung des Altarsakramentes und der vier alttestamentlichen Opfer, 1884 von Egid Federle, im Chor Kreuzgewölbe; qualitätvolle Rokokostukkaturen um 1780. Drei Altäre um 1720; am Hochaltar Gemälde der Immakulata (Kopie des Bildes am Marienaltar in der Stiftskirche) und Wappen des Abtes Jos. v. Rudolfi; am Seitenaltar links Tod Josephs, 1722 signiert F. Laucad (?), davor Muttergottes 1. H. 17. Jh., aus der Einsiedlerkapelle im Klostergarten; rechts Gemälde des Hl. Antonius vor der Muttergottes um 1700, davor Gnadenbild des Hl. Antonius vor 1644 mit 6 Seitenbildchen aus dem Leben des Heiligen wohl A. 18. Jh. Hinten 14 Votivbildchen seit 1721. Im Nonnenoratorium Kreuzgewölbe; Barockaltar E. 17. Jh. In der Sakristei: Monstranz des Monogrammisten IH, Ziborium um 1620–30 von Elias Beck, Kelche 1601 vom Monogrammisten ST, um 1670 von Joachim Wieland, um 1670 von Franz Högger; Messkännchen und Platten u.a. um 1670–80 von Ulr. Zwickl. – *Konventsgebäude.* Im Konventssaal 2 4eckige grüne Kachelöfen 1719 von Paulus Sauter. Im Klausurgang roman. Kruzifix E. 12. Jh., aus dem Stift. Beim Treppenaufgang zur Kirche Klausurmauer mit Rundbogenportal und Totenkopfrelief dat. 1671, laut Vertrag erbaut von Jak. Graubner.

Langgasse–Heiligkreuz. **Ref. Pfarrkirche.** Jugendstilbau 1913 von Curjel und Moser. Wandgemälde von Karl Liner. – **Kath. Wallfahrtskirche Heiligkreuz.** Erb. 1771–72 von Sebastian Dürr an der Stelle eines Gnadenkreuzes; erweitert 1777 von Joh. Ferd. Beer; Renov. 1879 und 1960 durch Hans Burkard. Saalkirche mit Querschiff und gefluchtetem, 3seitig geschlossenem Chor, an dessen Scheitel der Turm mit Zwiebelhaube steht. Das Querschiff geht nicht auf den urspr. Plan zurück, sondern ergab sich erst 1777 durch Anbau zweier quadratischer Seitenkapellen. An der W-Front Säulenvorhalle. Im Innern flache Holzdecke 1960; stichbogige Fenster. Hochaltar 1960 mit Reliefs von Otto Rausch, darüber Gnadenkreuz 1. H. 17. Jh. Zwei Figuren der Hl. Antonius und Franziskus M. 17. Jh.; in einer Nische der N-Kapelle Pietà 14. Jh. (?). Kleine Auswahl der insgesamt 149 Exvotos, nach 1749. In der Sakristei: Monstranz 1787, Kelche um 1770 von Franz Michael Spillmann, 1761–63 von Emanuel Drentwett und 1775–77 von Jos. Ant. Seethaler; Altarkreuz 2. H. 16. Jh. – Kath. Pfarrkirche Hl. Dreifaltigkeit. Erb. 1949–50 nach Plänen von Joh. Scheier. Ausmalung von Walter Burger, Glasgemälde von Albert Schenker und August Wanner; Fresko in Taufkapelle von Hans Stocker. Kleiner Kirchenschatz. – *Rotmonten.* Ref. Kirche. Erb. 196[illegible] von Danzeisen und Voser. – Kath. Kirche. Erb. 1968–69 von Müller und Facincani. Fenster von Ferdinand Gehr.

Rosenberg. **Hochschule für Wirtschafts- und Sozialwissenschaften** (Ortsplan 19; Abb. 135). Baugruppe in Sichtbeton 1960–63 von Walter M. Förderer, Rolf G. Otto und Hans Zwimpfer. Konsequent nach den Prinzipien moderner Architektur ausgeführte «Cité universitaire». Strebenverspanntes Hauptgebäude mit fensterlosem Attikageschoss für die Bibliothek. Ausstattung: Bleirelief von Etienne Hajdu, Keramikfries von Joan Mirò, Plastik von Hans Arp, Mobile von Alexander Calder, Wandteppich von Pierre Soulages, Wandgemälde von Antonio Tapiès, Frauenstatue von Alberto Giacometti, Wandbild von Sam Francis, Tafelbilder von Ferd. Gehr und Max Gubler. In der Aula Farbfenster, Wandteppich und Deckenrelief von Coghuf (Ernst Stocker). Vor dem Institutsgebäude eine Aluminiumplastik von Umberto Mastroianni, im Innern Messingrelief von Zoltan Kemeny. Im Studentenheim Metallplastik von Walter Bodmer. Im Technologietrakt Mosaik von Georges Braque. Im paritätischen Andachtsraum Messingrelief von Otto Müller. In den Anlagen Betonplastik von Alicia Penalba, Brunnenplastik von François Stahly, Amazone von Carl Burckhardt.

Sog. Fehrsches Schlössli, jetzt Altersheim, Höhenweg Nr. 50. Stark veränderter und verputzter Fachwerkbau des 16. Jh. mit Eckerkern.

Rosenbergstrasse. **Zum Greifenacker,** Nr. 76. Erb. A. 17. Jh. für die Familie Zollikofer. Ungegliederter Walmdachbau auf gemauertem Erdgeschoss mit zwei stufenweise vorkragenden Obergeschossen in Riegelwerk. Im ersten

Obergeschoss Renaissancestuckdecken in Nachahmung von Kassetten- und Felderdecken 1. V. 17. Jh.; Allianzwappen Zollikofer-Schlumpf. Treppenhaus mit klassiz. Holzgeländer. – **Zum Lindenhof,** Nr. 125. Neuerb. M. 18. Jh. für Joh. Zollikofer. Barockes Landhaus mit Gartenanlage, Lusthäuschen und Ökonomiegebäude. Im Mittelzimmer des 2. Obergeschosses vortreffliche Rokokostuckdecke um 1770 mit dem Allianzwappen des Joh. Binder und der Cleopha Gonzenbach. Einfachere Stuckdecken im Eckzimmer und im Saal. Reste ehem. Tapetenmalereien um 1840 wohl von David A. Schmid.

Lachen–Vonwil. Kaserne, Zeughaus und Reithalle, auf der Kreuzbleiche. Erb. um 1880 von Emil Kessler. – Zum Altvater, heute Frauenaltersheim Rosenfeld, Rosenfeldweg Nr. 2. Als Landhaus erb. 1783 unter Abt Beda Angehrn. Zweigeschossiger Mansartdachbau, das Portal mit schmiedeisernem Oberlichtgitter dat. 1783; neuer Wappenstein. – Ehem. Landsitz der Abtei, Feldlistrasse Nr. 13. Erb. M. 18. Jh. mit gemauertem Erdgeschoss und Fachwerkobergeschossen. Als Kern turmartig emporragender Bau in der SW-Ecke. Im Scheitel des Portals abgeschroteter Rokokowappenschild. – **Kapelle Maria Einsiedeln,** bei Schönenwegen. Erb. 1770 von Joh. Ferd. Beer. Barockkapelle mit eingezogenem, 3seitig geschlossenem Chor, über dem ein Dachreiter mit Zwiebelkuppel sitzt. Im Innern stichbogige Gipsdecke mit Stichkappen. Kopie des Einsiedler Gnadenbildes um 1770. – **Tröckneturm** (Abb. 134). Holzturm mit vorkragendem Obergaden und Walmdach, als Trocknungsanlage erb. A. 19. Jh. für die Färberei-Industrie. – **Kath. Pfarrkirche St. Otmar.** Neugot. basilikale Querschiffanlage 1905–07 von Aug. Hardegger; Renovation 1966–67. Hochaltar von Joh. Nepomuk Neumann, Seitenaltäre von Karl Glauner. – Ref. St. Leonhardskirche. Neugot. Bau 1885–87 von Ferd. Wachter und Joh. Vollmer.

Leonhardstrasse–Hauptbahnhof (Ortsplan, 20). **Broderbrunnen.** Neubarocke gegossene Nymphengruppe über zwei Brunnenschalen, gestiftet 1894 von H. Broder, erstellt von Aug. Bösch. – Globus. Warenhaus, erb. 1913–14 von Höllmüller und Hänny. – Globusbrunnen 1941 von Wilh. Meier. – Schweiz. Bankverein. Neurenaissancebau 1890–92 von Forster und Wendelin Heene. – Kantonalbank, Ecke Schützengasse. Erb. 1884–86 von Theodor Gohl, nach Entwürfen von Bruno Schmitz. – **Geschäftshaus Oceanic,** Nr. 20. Jugendstilbau mit gewellter Fassade 1907–08 von Otto Pfleghard und Max Haefeli, Reliefs von Aug. Bösch. – Bankgesellschaft, Nr. 24. Erb. 1909 von Curjel und Moser. – Helvetia Feuer, Nr. 25. Neurenaissancebau von Joh. Christoph und Jul. Kunkler 1876–78. – Merkatorium, Nr. 32. Erb. 1915–16 von Ernst Hänny. – Volksbank, Nr. 33. Erb. 1907–08 von Otto Pfleghard und Max Haefeli. – **Hauptpost.** Massiger Quaderbau mit Uhrturm 1910–14 von Otto Pfleghard und Max Haefeli. – **Hauptbahnhof.** Erb. 1911–14 von A. v. Seenger. – Rathaus, ehem. Postgebäude. Erb. 1885–87 von Hirsbrunner und Baumgartner.

St. Georgen. **Kath. Pfarrkirche Herz Jesu.** Eine Kirche St. Georg gegründet wohl um 900; Neubau in Form einer Basilika 1930 von Joh. Scheier. An der Chorwand Gemälde 1957 von Hans Stocker, unter Mitwirkung von Walter Burger und Roland Mahler; Stationengemälde und Glasmalereien von

Albert Schenker. Wiederverwendete Skulpturen aus der alten Kirche: In der Taufkapelle die Hl. Johannes und Paulus A. 16. Jh. sowie Kruzifix 3. V. 17. Jh., an der O-Wand des Schiffs die Hl. Joseph und Anna selbdritt um 1671, in der Wiboradakapelle unter dem Chor Wandgemälde von Ferd. Gehr; Immakulata um 1740, Kruzifix 1. H. 17. Jh. sowie Gemälde der Geisselung Christi um 1600, der Schmerzensmutter, gestiftet 1659 von Balthasar Schlumpf, und der Kreuztragung um 1700. – *Kirchenschatz.* Armleuchter mit Georgs Drachenkampf 2. H. 16. Jh.; Vortragekreuz, erneuert 1691 von Franz Högger; Kelche 16.–18. Jh.; Deckelbecher mit Wappen des Abtes Jos. v. Rudolfi (1717–40); Monstranz 1751–53 von Franz Ignaz Bertold; Ziborium 1759–61 von Joh. Georg Jaser; 2 Messgewänder 18. Jh. **Priesterseminar, ehem. Frauenkloster St. Wiborada.** In der Nähe der Kirche St. Georgen treten seit dem 10. Jh., beginnend mit der Hl. Wiborada, Inklusen auf. Im 15. Jh. Beginenklösterlein, seit dem 17. Jh. unter Benediktinerregel. Aufhebung des Klosters 1834. Umgebaut 1960 von Willy Schregenberger. Hauptgebäude parallel zur heutigen Pfarrkirche, im rechten Winkel vorgelagert ehem. «Portnerhaus» und Wirtschaftsgebäude. Hauskapelle im ersten Obergeschoss: Portal mit holzgeschnitztem Akanthusrahmen und Voluten A. 18. Jh., seitlich die Figuren der Hl. Ignatius und Franz Xaver 2. H. 17. Jh., zugekauft. Ausstattung und Glasgemälde 1960 von Albert Wider. In der Sakristei 2 Figuren der Hl. Johannes und Magdalena um 1700. Im Lesesaal 2 Gemälde der Hl. Wiborada und Scholastika um 1760. Im Essaal 2 Gemälde mit weiblichen Heiligen um 1600, Figuren der Hl. Joachim und Anna (?) 2. H. 17. Jh. Kasten 1662, aus dem Pfarrhaus Altstätten; Gemälde eines Hl. Bischofs (Augustin?) 17. Jh., signiert Crespi, aus dem Stiftsgebäude. Im Korridor Hl. Nepomuk (?) 2. H. 17. Jh. – Ref. Kirchgemeindehaus. Erb. 1947 von Heinr. Riek. – Ehem. Landhaus, Buchstrasse Nr. 35. Bau mit Treppenturm unter niedriger Haube, wohl 17. Jh.; im O-Teil Keller mit Tonnengewölbe. – Falkenburg, Falkenburgstrasse Nr. 45. Stark veränderter nachmittelalterl. Burgsitz mit gemauertem Parterre und vorkragendem, verputztem Riegelgeschoss. Kreuzfirst, Quergiebel und Fensterdisposition 19. Jh.
Bruggen-Haggen (ehemals Gemeinde Straubenzell, eingemeindet 1918). – **Kath. Pfarrkirche St. Martin.** Erwähnt 1219; Neubau 1936 von Erwin Schenker an Stelle der Barockkirche von Joh. Ferd. Beer. Vor dem Haupteingang Reiterstandbild von Jos. Büsser; im Vorraum Bronzeplatte für Joh. Viktor v. Thurn-Valsassina (gest. 1773). Am Aussenbau 5 überarbeitete Grabmäler des 18. und frühen 19. Jh. Plastiken am Choraltar 1936 von Jos. Büsser entfernt 1969. Glasgemälde von Joh. Hugentobler und Aug. Wanner, Dekkenbilder von Albert Schenker; Wandmalerei Taufkapelle von Ferd. Gehr Régencemonstranz vom Monogrammisten DRI, Empiremonstranz und Kelch 1826 von Joh. Jak. Müller, weitere Kelche 1659 vielleicht von Ferd. Schönfeld um 1700 von Fidel Fortunat Ramsperg; spätgot. Vortragekreuz 2. H. 15. Jh Vortragekreuz um 1700 von Jos. Wieland. – Ref. Pfarrkirche. Kreuzförmige Anlage mit seitlichem Spitzturm 1903–06 von Curjel und Moser; Renov. 196[illegible] von Max Künzler. Geschnitzte Kanzel 1966 von Max Benziger. – **Haggenschlössli,** Haggenstrasse Nr. 94. Erbaut. 1642–44 für Joh. Boppart; nörd-

Anbau A. 20. Jh.; Renov. 1935 und 1969. Barocker Herrensitz mit Satteldach. W-Risalit und südöstl. Eckerker; Inschrifttafel des Bauherrn im Giebelfeld. Rundbogiges Kellerportal dat. 1642. Über dem Haupteingang ins Hochparterre Allianzwappen Boppart-Bossart 1663. In der Vorhalle bemalte Kassettendecke mit Darstellung der Kreuzigung; Buffet 1669, wohl gleichzeitig barocke Täferstube. Im 1. Stock getäferte Erkerstube 2. H. 17. Jh. – **Kapelle St. Wolfgang,** südwestl. des Haggenschlösslis. Kleine Frühbarockkapelle, umgeb. 1572 und 1644, mit abgesetzter Vorhalle und 3seitig geschlossenem, leicht eingezogenem Chor; Renov. 1947. Nachgot. Türgewände wohl 1572. Barockaltar mit Figuren der Hl. Wolfgang und Ulrich 1647. Zelebrantensitz und Paramentenschrank 1648. Barockkelch um 1700 von Jos. Wieland. – Bauernhaus, Oberstrasse Nr. 291. Erb. 1684.

Sitterbrücken. Gruppe von verkehrs- und baugeschichtlich interessanten Flussübergängen. In Zweibruggen: *Holzbrücke* über den Wattbach. Altertüml. Konstruktion 17. Jh. (?). – Sitterbrücke. Laut Inschrift erb. 1783 von Hansjörg Altherr von Speicher. – Hoch darüber zartgliedrige *Brücke in Eisenkonstruktion* für Leichtverkehr, erb. um 1900 von Ingenieur Dick. – *Holzbrücke* über die Urnäsch, bei der Einmündung in die Sitter. Erb. 1780 von Hans Ulr. Grubenmann. – Gedeckte *Holzbogenbrücke* im Kubel, über die Sitter, erb. 1811. – *Brücke* der Bodensee-Toggenburg-Bahn. Imposante Stein-Eisen-Konstruktion 1912. – *Kräzernbrücke,* auf der Talsohle. Steinbrücke, erb. 1807–11 von Hans Ulr. Haltiner. Am O-Zugang Zollhäuschen mit Säulenportikus, Quergiebel und Dachreiter, wohl vom gleichen Baumeister. – *SBB-Brücke.* Massiver Betonbau mit Natursteinverkleidung, neuerb. 1925–26. – *Fürstenlandbrücke.* Elegante Einbogenbrücke 1937–40 von Charles Chopard und S. Brunner. – *Autobahnbrücke,* im Bau.

Kräzernstrasse–Winkeln. **Ehem. Papiermühle,** Nr. 79. Neuerbaut 1604 von Abt Bernhard II Müller; Renov. 1955. Turmartiger Satteldachbau mit gemauertem Erdgeschoss und 2 vorkragenden Fachwerkgeschossen, teilweise verputzt. An der östl. Giebelfront Wappenstein des Bauherrn. – **Kapelle St. Barbara,** im Bild. Neuerb. 1666 in Erinnerung an die verlorene Schlacht des Abtes Ulrich VI gegen Bischof Wernher von Konstanz 1208; Rest. 1966. Kleiner, von toskanischen Pilastern gegliederter Barockbau mit Dachreiter auf dem 3seitig geschlossenen Chor, der nur innen einen Einzug aufweist. Massive Arkadenvorhalle auf toskanischen Pfeilern unter Pultdach. Im Schiff Tonnengewölbe und Lünettenfenster, im Chor Kreuzgewölbe und Rundbogenfenster. Statue der Hl. Barbara 17. Jh. Rapperswiler Kelch E. 17. Jh. von Hans Adam Ruch. – Wirtschaft zum Bild. Ständerbau des 18. Jh. mit Zugläden und gekehlten Klebdächern; Renov. 1967. – **Kath. Pfarrkirche St. Nikolaus von Flüe,** in Winkeln. Zeltförmig aufgespannter Betonbau 1959 von Ernest Brantschen und Alfons Weisser; Glasgemälde von Ferd. Gehr, Karl Tschirky, Walter Burger und Heinr. Stäubli, Tabernakel von Jos. Tannheimer. In der Taufkapelle Muttergottes in roman. Stil, zugekauft. – Ref. Kirchgemeindehaus mit Turm. Erb. 1962 von Max Künzler.

Museen. *Stiftsbibliothek**, Klosterhof (s. S. 410; Ortsplan, 1). *Eine der bedeutendsten Handschriftensammlungen der Welt* mit über 2000 Bänden, vor allem aus karoling. Zeit. Besonders kostbar 15 irische Manuskripte 7.–12. Jh., Folchart-Psalter und Goldener Psalter (um 864–72), Evangelium Longum mit Elfenbeintafeln von Tuotilo um 900, 19 reichilluminierte Renaissancecodices; rund 1700 Wiegen- und Frühdrucke. St.-Galler Klosterplan um 820. Wechselausstellungen im prachtvollen Bibliothekssaal von 1758. – *Altes Museum* (s. S. 418). Beachtliche Gemäldesammlung mit vorwiegend schweiz., aber auch deutschen und französischen Meistern des 19. und 20. Jh.; graphische Sammlung. Wechselausstellungen. – *Neues oder Historisches Museum* (s. S. 418). Bedeutende kant. Sammlung: Dokumentation zur Topographie der Stadt St. Gallen; Zunftaltertümer, Münzen und Siegel. Kirchliche Kunst 14.–18. Jh. Sehr reiche Sammlung von Schweizer Kabinettscheiben, zahlreiche bürgerliche und ländliche Interieurs, Beutestücke aus den Burgunderkriegen. Ethnographische Sammlung, vor allem asiatisches Kunstgewerbe. – *Industrie- und Gewerbemuseum*, Vadianstrasse Nr. 2. Bedeutende Textilsammlung, vor allem europäische Stickereien und Spitzen des 16.–19. Jh.

FÜRSTENLAND WESTL. DER SITTER

GAISERWALD. Grosse Gemeinde ohne gleichnamige Ortschaft. – *Abtwil.* Kath. Pfarrkirche St. Joseph. Neuerb. 1904–05 von Aug. Hardegger; Aussenrenov. 1940. Neugot. Hallenkirche mit schmalen Seitenschiffen und angedeutetem Querschiff. Neugot. Ausstattung. – Ref. Kirche. Erb. 1957 von Gebr. Hunziker. – *St. Josefen.* Kapelle. Neuerb. 1962 von Walter Heeb, an Stelle einer Barockkirche. Kleiner Saal mit einseitig eingezogenem Chörlein und ummauertem Vorhof. – Haus Nr. 198. Erb. 1681; Riegelwerk wohl 19. Jh. – Burgstelle Alt-Meldegg, über dem Tüfenbachtobel. Ein Hermann v. Meldegg erwähnt 1312. Grabenumzogener Hügel mit Senkung auf der Kuppe. – Alte Holzbrücke über die Sitter. Erb. 1779 von Joh. Ulr. und Andreas Thaddäus Schefer von Rotmonten. – *Engelburg.* Kath. Pfarrkirche zu den Hl. Schutzengeln. Erb. 1768 von Joh. Ferd. Beer; Rest. 1971–72. Einfacher Barocksaal mit gefluchtetem Polygonalchor und Turm an der Stirnfront. Im Schiff barocker Deckenspiegel rekonstruiert, im Chor Leinwand-Deckengemälde der Himmelfahrt Mariä von unbekannter Hand. Drei Rokoko-Altäre 1779 von Franz Ant. Dirr, aus der alten Pfarrkirche Bütschwil; am Hochaltar Epiphaniegemälde 1797 von Jos. Ant. Messmer, Tabernakel zugekauft, tirolisch. Altarblätter spanisch und süddeutsch, zugekauft. An der N-Wand Maria und Johannes A. 17. Jh., Kruzifix zugekauft.– Pfarrhaus. Altar um 1700, aus der ehem. Annakapelle. – Ref. Kirche. Erb. 1941–42 von Ernst Hänny.

BERNHARDZELL. Kath. Pfarrkirche St. Johannes Baptist (Abb. 136). *Einer der wenigen reinen Zentralbauten der Schweiz* (Birchler). Pfarrkirche gegr. 1548, neuerbaut 1776–78 von Joh. Ferd. Beer; Rest. 1954–55. Kreuzkuppelkirche mit Mansartdach über dem kreisförmigen Kuppelraum und Walmdächern über den Seitenarmen. Konvexe Fronten, am Chorscheitel leicht aus der Achse verschobener, von der Vorgängerkirche übernommener Turm mit Zwiebelkuppel. Lisenengliederung und Blindfelder an der Kirche und am Turm; halbrund geschlossene Fenster. Grossartiger Innen raum mit dominierender Kuppel und gedrückten Tonnen in den Seitenarmen. Im Eingangsarm zweigeschossige Empore. Monumentales *Deckengemälde* 1778 von Franz Ludw. Herrmann: Vier figurenreiche Szenen in exotischer Landschaft sind am untern Kuppelrand angeordnet, während sich zur Mitte der Himmel öffnet und Gottvater, umgeben von Engeln, die Taube des Hl. Geistes aussendet. Die Ikonographie ist nicht ohne weiteres ersichtlich, auch wenn zur Erklärung Verse aus dem Psalm 28 beigegeben sind. Ausgangspunkt sind die Figuren über der Chorbogenuhr, welche das Alte und das

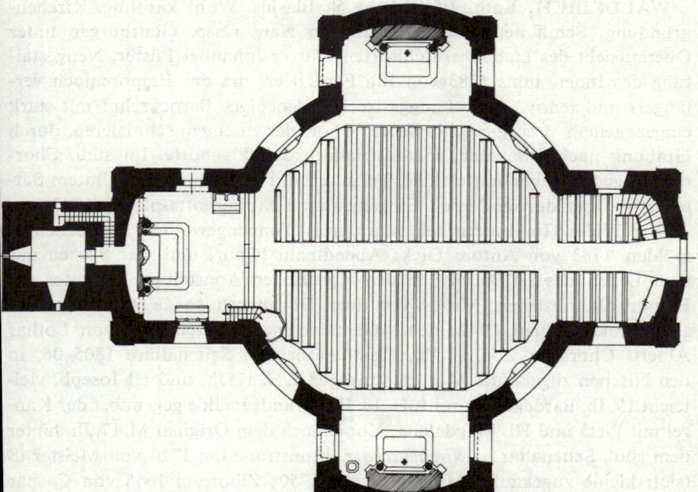

Bernhardzell. Kath. Pfarrkirche St. Johannes Baptist

Neue Testament in typologischer Gegenüberstellung verkörpern: Hoherpriester mit siebenarmigem Leuchter und Frau mit Kreuz und Kelch als Personifikation der Kirche; gegenüber vertreten das Einhorn (Symbol der Reinheit) und das Lamm (Symbol für Christus) den Alten und den Neuen Bund. Der Taufe Christi im Jordan entspricht die Szene, bei der die Heilskraft des Wassers zum Ausdruck kommt: Heilserfüllung – Heilserwartung. Die beiden andern Bilder zeigen auf der einen Seite die gehorsamen Zuhörer des Johannes, verkörpert durch Soldaten und Zöllner, die sich der Gewalttat enthalten und ihre Forderungen mässigen, auf der andern Seite die sich auflehnenden Hohenpriester. Das überall in Erscheinung tretende Wasser weist allgemein auf die Taufe hin. In den Gewölben der Querarme sind 4 Szenen aus dem Leben des Hl. Johannes dargestellt: Mariä Heimsuchung, Geburt des Johannes, Predigt des Täufers und Enthauptung. Die Stukkaturen am untern Rand der Kuppel und an den Wänden von Peter Anton Mosbrugger. Hochaltar von Franz Ant. Dirr mit Wappen des Abtes Beda Angehrn, Altarblatt neu, Oberblatt von Jak. Jos. Müller; die Bilder der Seitenaltäre von Jos. Ant. Eugster, gute Statuen von unbekannter Hand (Joh. Wirtensohn?), Stationenbilder von F. L. Herrmann. In der Sakristei: Augsburger Monstranz um 1723–35 von Franz Ant. Bertle; Augsburger Kelch 1747–49 vom Monogrammisten AD (Abraham Drentwett?), St.-Galler Kelch um 1680–90 von Hans Casp. Anhorn; Messkännchen und Platte um 1680–90 von Georg Reischle; Bischofszeller Vortragekreuz 2. H. 17. Jh. von Wolffriedrich Zwinger, ein älteres Kreuz 1. H. 17. Jh.

WALDKIRCH. Kath. Pfarrkirche St. Blasius. Wohl karoling. Kirchengründung; Schiff neuerbaut 1720–22 von Hans Casp. Glattburger, unter Oberaufsicht des Liebhaberarchitekten Pfarrer Johannes Pfister, Neugestaltung des Innenraums 1783 von Joh. Ferd. Beer; um das Emporenjoch verlängert und renov. 1942. Langgestrecktes 5jochiges Barockschiff mit stark eingezogenem, 3seitig geschlossenem Chor, der zu einem schmaleren, durch Grabung nachgewiesenen, spätmittelalterl. Schiff gehörte. Im südl. Chorеinzug gedrungener mittelalterl. Turm, erhöht 1943 mit abgewalmtem Satteldach. Über der modernen Eingangspartie Muttergottesplastik 1942 von Albert Wider. Im Innern reichstuckiertes Tonnengewölbe mit Deckengemälden 1783 von Antoni Dick: Abendmahl (Chor) und vier Szenen aus dem Leben des Hl. Blasius; in den Kartuschen Apostelfiguren; unter der Empore Jakobsleiter, Moses vor dem Dornbusch sowie Abraham und Isaak, rekonstruiert 1942; neues Gemälde im Gewölbe 1942 von Lothar Albert. Choraltar 2. H. 17. Jh., Plastik erneuert; Seitenaltäre 1805–06, in den Nischen zugekaufte Muttergottesfigur 2. H. 17. Jh. und Hl. Joseph, vielleicht 19. Jh. Barocke Kanzel 1. H. 18. Jh.; Wandgemälde gegenüber der Kanzel mit Pietà und Hl. Magdalena, Kopie nach dem Original M. 17. Jh. hinter dem südl. Seitenaltar. – *Kirchenschatz.* Monstranz um 1720 von Meister iS (sic); kleine zugekaufte Monstranz um 1750; Ziborium 1665 von Caspar Dietrich; Kelche um 1680–1700 von Lorenz Bachmann und 1787–89 von Jos. Ant. Seethaler; Vortragekreuz 1682. – Antoniuskapelle, auf dem Friedhof. Erb. wohl 2. H. 18. Jh. Heiligenstatuen verschiedener Herkunft: Maria und Johannes 2. H. 16. Jh., Gallus und Christophorus 1. H. 17. Jh., Antonius 2. H. 17. Jh. – **Restaurant Kreuz.** Riegelhaus, erb. 1688 unter Benjamin Burgstaler; Rest. 1965. – *Obergrimm.* Neugot. Kapelle, erb. um 1900.

ANDWIL. Kath. Pfarrkirche St. Otmar. Erb. 1731–32 von Pfarrer und Architekt Joh. Pfister; um das Eingangsjoch verlängert und renov. 1932–33 durch Albert Rimli. Vierjochiger Barockbau mit eingezogenem, 3seitig geschlossenem Chor; am Chorscheitel Turm mit 8seitigem Aufsatz und Zwiebelhelm. Im Innern erneuerte Gewölbe und neubarocke Stukkaturen; Deckengemälde 1933 von Richard Holzner aus München. Drei Rokoko-Altäre mit neuen Gemälden, das Hochaltargemälde des Hl. Otmar jetzt an der südl. Chorwand. In der Sakristei: Monstranz, Wettersegen und Kelch um 1670–80 von Jos. Ant. Seethaler; weitere Kelche 1635 von Meister FS M. 17. Jh. und 1720–30. – **Ehem. Gasthaus Hirschen,** östl. der Kirche. Erb. 1732 durch Joh. Grütter (gest. 1763); Renov. 1961. Stattlicher Kreuzgiebel bau mit dekorativem Sichtfachwerk. Herrschaftliche Innenräume; in einem Schlafgemach ländliche Rokokomalereien. – Kapelle St. Margaretha, südl. des Dorfs. Erwähnt 1522, vollständig umgeb. 1860. Kleiner rechteckiger Saal mit flacher Holzdecke.

GOSSAU. Stattliches Strassendorf, in jüngster Zeit stark mit Neubauten durchsetzt. – **Kath. Pfarrkirche St. Andreas.** Mutterkirche eines grossen, Herisau und Hundwil umfassenden Gebietes, erwähnt 824; nach Brand neuerb. 1638 von Michael Scheitlin, abermals neuerbaut nach Brand 1732 von Jak. Grubenmann; Verlängerung um 1 Joch nach W und Renov. 1925 durch Karl Zöllig. Grosse Anlage mit Querschiff und gestuftem Chor; im ersten nördl. Choreinzug Turm mit erneuertem Obergeschoss. Im Innern mächtige Kreuzgewölbe, in der Vierung ovale Hängekuppel mit Gemälde 1925 von August Meinrad Bächtiger. Drei Barockaltäre mit Gemälden E. 19. Jh.; 2 weitere Seitenaltäre im Querschiff 1927–28 mit Gemälden von Gebhard Fugel und Felix Baumhauer; Glasgemälde von Baumhauer und Aug. Wanner. In der Sakristei: Barockmonstranz E. 17. Jh. von Meister HIW; Kelche um 1700 von Lorenz Bachmann und 18. Jh.; Kreuzpartikelmonstranz um 1700 (später bereichert); Vortragekreuze um 1600 und 2. H. 18. Jh. – Kath. Jugendkirche. Erb. 1890–91 von Aug. Hardegger. Neugot. 3schiffige Hallenkirche, O-Partie über kleeblattförmigem Grundriss. – Ref. Kirche. Zentralbau 1899–1900 von Otto Pfleghard und Max Haefeli. – *Oberdorf.* Kath. Filialkirche, erb. 1969–70 von Baumgartner und Bächtold. – **Schloss Oberberg.** Erb. M. 13. Jh. unter Abt Berchtold v. Falkenstein, bewohnt von den Herren v. Oberberg, seit 1380 von den Edlen v. Andwil; nach Zerstörung im Appenzellerkrieg 1406 wieder aufgebaut, 1491–1798 äbtischer Vogteisitz; ausgebrannt 1955, rest. 1955–58. Kubischer Bau mit gewalmtem Satteldach; südöstl. Mauerwerk hochmittelalterl., das übrige meist spätgot. Im Erdgeschoss moderne Kapelle: an der Chorwand Muttergottes M. 17. Jh., über dem Chorbogen Kreuzigungsgruppe 17. Jh. (Kruzifix zugekauft), Ecce homo A. 16. Jh., Hl. Rochus 1. H. 17. Jh., Anna selbdritt um 1600; Gemälde, Lukas, die Madonna malend, um 1700. Neue Glasgemälde von Aug. Meinrad Bächtiger.

NIEDERWIL. Kath. Pfarrkirche St. Eusebius. Erb. 1731; nach Brand erneuert 1873, umgestaltet 1957–58 durch Albert Bayer. Barocker Grundbestand mit eingezogenem Polygonalchor; im nördl. Choreinzug Turm mit modernem Pyramidenhelm. Im Innern flache Holzdecke mit Dekorationsmalereien 1958 von Albert Schenker; an der Chorwand zugekaufte Kreuzigungsgruppe: Johannes und Maria 1. H. 17. Jh., Kruzifix 14. Jh. In einer Nische der Westwand Pietà 2. H. 17. Jh. In der Sakristei: Stark erneuerte spätgot. Muttergottes; Monstranzen um 1770–80 von Jos. Ant. Seethaler und um 1750 von Franz Wieland; Kelche 17. Jh., um 1720–30 vielleicht von Jos. Ignaz Saler, und um 1800.

OBERBÜREN. Kath. Pfarrkirche St. Ulrich. Erwähnt 905; neuerbaut 1858–62 von Felix Wilh. Kubly, wobei der alte Turm als Angelpunkt diente und die Kirchenachse von O nach S gedreht wurde; Aussenrenov. 1901–02, Inneres umgestaltet 1925–26. Fünfachsiges Schiff mit eingezogenem, 5seitigem Chor und Sakristei im Chorscheitel. An der westl. Längsseite mittelalterl. Turm mit 8seitigem Obergeschoss und Zwiebelkuppel aus dem Spätbarock. Inneres erneuert: Deckengemälde 1925 von Aug. Meinrad Bächtiger. Kanzel 1684, übrige Ausstattung neu. In der ehem. Turmsakristei (heute Taufkapelle) Pietà 2. H. 17. Jh. Im Kirchenschatz Monstranz und Ziborium um 1680–1700 von Meister EB (Beer ?); Messgewand 1664. – Sog. Grosses Haus, westl. der Kirche. Kubischer Bau 1807 mit klassiz. Portal. Im Innern Täfer und Stukkaturen 1. H. 19. Jh. Gewölbter Keller wohl älter. – Schülerheim Thurhof. Als Wirts- und Zollhaus an der Brücke erb. 1778 von Joh. Ferd. Beer. Zweigeschossiger Bau mit Mansartdach; am W-Portal Wappen des Bauherrn Abt Beda Angehrn. Asymmetrisch polygonale Kapelle 1964 von Jos. Paul Scherrer; Wandmalereien von Ferd. Gehr. *Glattburg.* **Benediktinerinnenkloster St. Gallusberg.** Ehemaliger Stammsitz der Schenken v. Landegg, erwähnt 1167, nach 1492 im Besitz der Schenken v. Castell, seit dem 17. Jh. äbtisches Eigentum. Das 1760 in Libingen gegründete Benediktinerinnenkloster übersiedelt 1781 nach Glattburg; nördl. des alten Schlosses werden Kirche und ein Wohnflügel erbaut von Simon Schratt (gest. 1781) und seinem Bruder Georg unter der Oberaufsicht des Laienbruders Paul Wuocherer; Kirche innen renov. 1937, aussen 1957. Der auf einem Plateau über dem steilen N-Ufer der Thur gelegene Baukomplex setzt sich aus dem geosteten Kirchenflügel, einem Quertrakt und dem ehem. Schlossgebäude an der S-Flanke zusammen. Kirche und Gästehaus erheben sich über rechteckigem Grundriss und sind von einem gemeinsamen Dach mit Dachreiter unter Zwiebelhaube gedeckt. Die *Kirche* gliedert sich in einen Emporenraum für die Klosterfrauen, einen etwas tieferen oktogonalen Kuppelraum für die Laien und ein querrechteckiges Chorjoch. Kuppelgemälde 1781 vom Allgäuer Franz Ant. Weiss: Anbetung des Kreuzes durch Heilige und himmlische Chöre (Bezugnahme auf die Ewige Anbetung), im Chor Medaillon mit Gottvater. Drei prachtvolle Rokoko-Altäre mit ersten Anzeichen des Louis-XVI-Stils, fertiggestellt 1784; in den Nischen der Seitenaltäre Figuren der Immakulata und des Hl. Joseph. Als Bildhauer wird Johannes Wirtensohn genannt. Über den auf beiden Seiten des Hochaltars befindlichen, reich gerahmten Portalen Aufsätze mit Gemälden der Hl. Benedikt und Scholastika von Franz Ant. Weiss; darüber Reliefs mit dem Hl. Gallus und dem Wappen des Abtes Beda Angehrn, der Bauherr und Visitator des Klosters war. Im Kirchenschatz Monstranz 1775–77 von Meister HIW «im Kleeblatt»; Kelche 1685–1700 von Joh. Zeckel und 1779–81 von Meister ICB. – Die *Klostergebäude* einheitlich unter Walmdächern. An der S-Seite des Schlossbaus Portal mit Wappen des Abtes Pius Reher (1630–54). Der ehem. Rittersaal dient als Konventssaal; schwere Eichentische und Stabellen. Muttergottesstatue 1. H. 18. Jh., nach dem Maria-Hilf-Gemälde von Lukas Cranach in Innsbruck.

NIEDERBÜREN. Kath. Pfarrkirche St. Michael (Abb. 137). Erwähnt 1266, neuerb. 1761–62 von Joh. Michael Beer von Bildstein; Restauration 1960. Stattliche Barockanlage mit eingezogenem gerundetem Chor; Seitenrisalite mit je 3 Fensterachsen, von denen 2 auf das Querschiff und je 1 auf die dem Chor angegliederten Emporenräume mit Sakristei und Taufkapelle entfallen. Am Chorscheitel Turm mit Aufsatz, dessen Ecken beschnitten sind, und Laternenkuppel. Im Innern gedrücktes Tonnengewölbe mit Stichkappen; Stukkaturen der Gigl-Werkstatt. Gute Deckengemälde 1762 von Franz Ludw. Herrmann: Im Chor Abendmahl und die 4 Evangelisten, in der Taufkapelle Hl. Idda, im Schiff Michael als Teufelsbezwinger, Geburt Christi und Schutzengelbild, unter der Empore Tempelaustreibung; an den Wänden Tempelgang Mariä, Verkündigung, Kreuzigung, die Hl. Katharina und Barbara. Kreuzwegstationen von Jak. Jos. Müller aus der Bauzeit. Hochaltar aus der Gigl-Werkstatt, eine Stiftung von Abt Beda Angehrn 1769, gleichzeitig Seitenaltäre und Kanzel, Gemälde erneuert. Im Emporenraum über der Taufkapelle Rokokotragaltärchen mit Bild des Hl. Franz Xaver (?), Pietà 2. H. 17. Jh. Kirchenschatz: Monstranz um 1720–30 von Thomas Pröll, Ziborium von Elias Beck (erwähnt 1613–39), Kelche 4. V. 17. Jh. von Wolffriedrich Zwinger und um 1730 von einem Meister AGR; Vortragekreuz von Joh. Ludw. Wieland (gest. 1709). – Haus Nr. 91. Laut Inschrift an der Türe erb. 1730 durch Moritz Hug. Vertäferter Strickbau mit Giebel in dekorativem Fachwerk. – *Cholbrunnen.* Haus Nr. 384. Sehr breites verschindeltes Giebelhaus von 1728 mit Dachreiter; Renov. 1892. Im Giebel aufgemalt die Drei Eidgenossen.

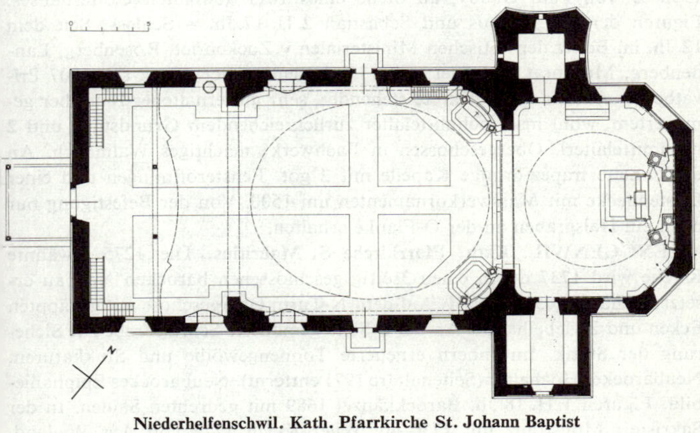

Niederhelfenschwil. Kath. Pfarrkirche St. Johann Baptist

NIEDERHELFENSCHWIL. Katholische Pfarrkirche St. Johann Baptist (Abb. 138). Erwähnt 903; neuerb. 1786–87 von Paul Wuocherer; Rest. innen 1942–43, aussen 1967. Von Blendarkaden gegliederte fünfachsige Barockkirche mit eingezogenem Polygonalchor, der N-Turm in Sichtquaderwerk aus Tuff wird von einer Laternenkuppel bekrönt. Das durchgezogene Satteldach ist über der Fassade gewalmt. Festlicher Innenraum mit dominierendem, drei Fensterachsen umfassendem Kuppelgewölbe, dessen

Pendentifs auf geschrägten Pfeilern ruhen. Im 2achsigen Emporenraum Spiegelgewölbe, im Chor Stichkappen und Spiegel; gedrückter Chor- und Emporenbogen. Keine Stukkaturen, aber grossartiges Kuppelgemälde von Jos. Ant. Büellacher (Pullacher): 4 Szenen aus dem Leben des Hl. Johannes d. T., Beschneidung, Predigt am Jordan, Taufe Christi und Enthauptung des Täufers; in den Zwickeln Grisaillen der 4 Evangelisten, an den Wänden die Hl. Gallus, Otmar, Notker und Eusebius; im Chorgewölbe Abendmahl, darunter 4 typologische Szenen auf das Messopfer: Opfer des Melchisedek, Mannaregen, Schaubrote und Elias; an den Wänden die Hl. Nepomuk und Antonius; dekoratives Beiwerk im Stil Louis XVI. Der Emporenraum hat das Deckengemälde zu unbestimmter Zeit verloren. Rokoko-Altäre und Kanzel von Johannes Wirtensohn, Hochaltargemälde 1. H. 17. Jh. An der S-Wand des Schiffs Kruzifix um 1680–90; unter der Empore 2 Figürchen E. 17. Jh., jetzt als Hl. Rupertus und Nikolaus interpretiert. Neue Orgel. *Kirchenschatz.* Spätgot. Gussmonstranz in Turmform E. 15. Jh.; Monstranz von Franz Wieland (gest. 1788); Ziborium 16. Jh. mit Wappen der Schenk v. Castell; Kelche vielleicht von Hans Jak. Schönfeld, gestiftet von Abt Pius Reher (1630–54), um 1700 von Fidel Fortunat Ramsperg und 1793–95 von Casp. Xaver Stippeldey; 2 Vortragekreuze 17. Jh.

ZUCKENRIET. Hof erwähnt 782. – Kath. Kapelle St. Georg. Neuerb. 1958–59 von Paul Gaudy, an Stelle eines 1611 geweihten Gotteshauses. Figuren der Hl. Rochus und Sebastian 2. H. 17. Jh. – **Schloss.** Seit dem 12. Jh. im Besitz der äbtischen Ministerialen v. Zuckenriet, Rosenberg, Landenberg, Muntprat und Giel; seit 1730 Eigentum der Abtei, seit 1807 Privatbesitz. Auf einer Hügelkrete stehender, sehr gut erhaltener Bau über gemauertem, wohl ins Hochmittelalter zurückreichendem Grundstock und 2 nachmittelalterl. Obergeschossen in Fachwerk; mächtiges Walmdach. An der O-Seite trapezförmige Kapelle mit 2 got. Fensteröffnungen und einer Leistendecke mit Masswerkornamenten um 1500. Von der Befestigung nur noch ein Halsgraben an der O-Flanke erhalten.

LENGGENWIL. Kath. Pfarrkirche St. Mauritius. Die 1275 erwähnte Kirche wird 1737 durch einen 3seitig geschlossenen barocken Neubau ersetzt; Renov. 1905 und 1971. Auf dem N-Turm Obergeschoss mit gekappten Ecken und Zwiebelhaube. An der S-Seite gemauerte Schrägstrebe zur Sicherung der Statik. Im Innern erneuerte Tonnengewölbe und Stukkaturen. Neubarocker Hochaltar (Seitenaltäre 1971 entfernt). Neubarockes Epiphaniebild, Figuren 1. H. 18. Jh. Barockkanzel 1689 mit gedrehten Säulen. In der Sakristei: Monstranz um 1730–40, Wiler Kelch 1722 von Ant. Wieland, Augsburger Kelch E. 18. Jh. von Casp. Xaver Stippeldey, Vortragekreuz 1645.

ZUZWIL. Kath. Pfarrkirche St. Joseph. Gegr. 1661, neuerb. 1802, neues Schiff und Renov. 1933. Der heute eingezogene Polygonalchor war zum alten Schiff gefluchtet. An der N-Seite des Chors Turm mit neuer Zwiebelhaube. Im neuen Schiff ein gestelztes Tonnengewölbe mit Stichkappen, schmale Arkadengänge; neue Stukkaturen. Im Chor kuppeliges Stichkappengewölbe mit Deckengemälde Mariä Krönung, gerahmt von Louis-XVI-Stukkaturen. Am Eingang zur ehem. Turmsakristei Jahrzahl 1661. Klassiz.

Altäre und Kanzel sowie Chorgestühl; Seitenblätter von Jos. Ant. Messmer um 1800. Im Scheitel des nördl. Seitengangs Statue der Mutter Anna mit Maria um 1670–80. In der Sakristei: Rokokokreuz mit Magdalena um 1770; Monstranzen um 1780, vielleicht von Gall Jos. Blum, und um 1680 von Georg Reischle; Ziborium um 1655–60 von Joh. Wieland d. J.; Kelche 1661 von Joachim Wieland d. Ä. und um 1680–1700 von Joh. Ludw. Wieland; 2 Vortragekreuze 17. Jh. – Zehnten-Haus. Strickbau auf gemauertem Sockel; vertäferte Giebelfront mit Rocaillebemalung. Stube dat. 1732.

ZÜBERWANGEN. Kath. Pfarrkirche St. Maria Magdalena. Als Filialkapelle von Wil erwähnt im 15. Jh., zur Pfarrkirche erhoben 1775; Erweiterung 1783, wobei an die spätgot. Kapelle westl. ein breiteres Schiff angebaut wurde; innere Umgestaltung 1832–33, Rest. 1964–65. Barockes Schiff mit gewalmtem Dach, stark eingezogener, gerade geschlossener Chor und Sakristei in gleicher Breite. Der nördl. an den Chor gebaute Turm weist auf der Höhe des ehem. Glockengeschosses Schallöffnungen mit Masswerk auf; Pyramidendach nach dem Brand nach 1848. Im Schiff Spiegeldecke mit Stichkappen, im Chor Tonnengewölbe. Stuckierte Biedermeierrosette, am Chorbogen stuckierte Reliefs mit Darstellungen der Hl. Magdalena und des Hl. Augustinus. Originelle Biedermeierkanzel 1833 von Maximin Wirthenson. Klassiz. Hochaltar aus Wertbühl (TG), umgeb. 1863; Seitenaltäre aus der fürstäbtischen Kapelle im Hof Wil. In der Sakristei: Rokokomonstranz um 1770; Kelch um 1660–70 von Joachim Wieland d. J.

***WIL** (Abb. 139). *Die besterhaltene Kleinstadt der Ostschweiz, mit bemerkenswerten kirchlichen und profanen Bauwerken.* Eine Siedlung Wil erwähnt 754; Stadtgründung in der 2. H. 12. Jh. durch die Herren v. Toggenburg. Nach dem Brudermord im Hause Toggenburg übergibt Diethelm II. die Stadt 1226 dem Kloster St. Gallen. Durch habsburgische Truppen belagert und zerstört 1292, worauf die Wiler ins habsburgische Konkurrenzstädtchen Schwarzenbach jenseits der Thur ziehen. Rückkehr nach Wil 1301. Bis 1798 teilte die Stadt die Geschicke des Gallusklosters, seit 1803 Bezirkshauptort. – *Stadtanlage.* Die auf einem Hügel mitten in der Talsohle thronende Altstadt besteht aus einem spitzovalen Häuserring und einer innern Häuserzeile, fast identisch mit der Anlage des Toggenburger Städtchens Uznach. Seit dem 14. Jh. Ausdehnung ins flache Gelände nach S und O, abgeriegelt durch das Untere oder Toggenburger Tor und im O durch das äussere Obere Tor, später Kapuzinertor, umschlossen von einem Graben und einer teilweise noch heute sichtbaren O-Mauer. Mauer und Tore um 1835 geschleift. Erhalten hat sich nur das Obere oder Schnetztor beim «Hof». Ausdehnung im 19. Jh. entlang der neuen Bahnhofstrasse. – Charakteristisch für Wil sind der burghafte Häuserring, die engen, steil ansteigenden Gassen mit den schmalbrüstigen Bürgerhäusern, die an der nördl. Marktgasse auf malerischen Lauben ruhen, und die zahlreichen Portale und Türen des 18. und 19. Jh. Die leichteren Fachwerkbauten, deren Riegelwerk zurzeit vielenorts wieder freigelegt wird, sind in der Regel gerade abgestützt, während die massiv gemauerten Häuser auf Arkaden ruhen. Die Fensterformen im 19. Jh. meist verändert.

Kath. Pfarrkirche St. Nikolaus. Urspr. Kapelle, erwähnt 1333; zur Pfarrkirche erhoben A. 15. Jh. Neubau des Chors 1429 und des Schiffs seit 1478 unter Steinmetz Bernhard; neugot. Umgestaltung 1866, Verlängerung des Langhauses und neuer Turm sowie Erneuerung des Innenraumes 1933–34 durch Erwin Schenker und Paul Truniger. Die 3schiffige spätgot. Anlage schliesst mit einem eingezogenen Polygonalchor, der von gestuften Streben eingefasst wird und über den First des Schiffs aufragt, bekrönt von einem polygonalen Dachreiter mit barocker Zwiebelhaube von 1729. Moderne Eingangspartie mit nördl. Eckturm, nach Vorbild des ehem. Frontturms. Bronzetüre mit Reliefdarstellungen u.a. aus dem Leben des Hl. Nikolaus 1933 von Jos. Büsser, Mosaik von Karl Peterli. Im Innern der Pfeilerbasilika trennen Spitzbogenarkaden mit 8eckigen Kämpferprofilen das flachgedeckte Mittelschiff von den kreuzgewölbten Seitenschiffen, deren Rippen auf Konsolen ansetzen. Die niedrigen Gadenfenster spitzbogig, die übrigen Fenster stichbogig. Im Chor 2jochiges Sterngewölbe auf Wanddiensten und 3teilige Fenster mit Fischblasenmasswerk. Spätgot. Portal zur ehem. Sakristei (jetzt Taufkapelle) mit reichen Stabprofilen. In grosser stichbogiger Nische das spätgot. Sakramentshäuschen, bekrönt von elegantem Blindmasswerk in Fischblasenform und den Wappenschildern der Stadt Wil, seitlich begleitet von gemalten Figuren der Hl. Petrus, Paulus, Johannes sowie Melchisedek. Im Wandschild Darstellung der 7 Sakramente, der Kreuzigung und der Verkündigung, alles datierbar 1601–03 und einem Kasp. Knus zugeschrieben. Im 2. und 4. Joch weibliche Heilige in Blütenranken sowie 3 Szenen aus dem Leben des Hl. Benedikt um 1600; im hintersten Joch monumentale Darstellung des Hl. Christophorus E. 15. Jh.; an den Pfeilern des südl. Seitenschiffs 2 Jakobusdarstellungen mit Stifterfiguren, um 1510 und 1520–30. Deckengemälde im Schiff 1933 von Albert Schenker, gleichzeitig dekorative Ausmalung von Joh. Hugentobler und Glasgemälde von Aug. Wanner. In der Taufkapelle Rosenkranzgemälde 1. H. 17. Jh., Chorgestühl 1682. Übrige Ausstattung 1933. – *Kirchenschatz.* Schaffhauser Monstranz 1727 von Hans Jak. Läublin; Turmmonstranz um 1630 von Philipp Jak. Benner; Ziborien um 1620 von Leonhard Schütz und um 1742 von Franz Wieland; Kelche 1629 und um 1630 von Joh. Riggenschwiler, um 1630 von Joachim Wieland d. Ä. und 1669 von Joachim Wieland d. J., 1674–80 von Georg Wilh. oder Joh. Franz Fesenmeier, 1722 von Joh. Michael Zeckel, 1723–35 von Franz Thaddäus Lang, 1733 von Joh. Casp. Lutz, 1771–73 von Georg Ignaz Baur, 1779–81 von Joh. Casp. Ignaz Bertold, um 1630 von Christoph Laminit, um 1724 von Thomas Pröll und Meister GIM; Vortrage- und Stangenkreuze, meist aus Wiler Werkstätten 17.–18. Jh.; Silberstatue Muttergottes 1690 von Joh. Ludwig Wieland; Silberbüsten St. Joseph und Joachim 1763 von Franz Wieland, St. Nikolaus, Agatha und Pankratius 1775–77 von Jos. Ant. Seethaler, St. Elisabeth 1785–87 von Franz Ant. Gutwein.

Goldener Boden oder Hofplatz und Marktgasse. **Der «Hof».** Als Burg gegründet in der 2. H. 12. Jh. durch die Herren v. Toggenburg. 1226–1798 mit kurzen Unterbrüchen im Besitz des Klosters St. Gallen, ausgebaut durch

Abt Ulrich VIII Rösch (1463–91), Diethelm Blarer v. Wartensee (1530–64), Otmar Kunz (1564–77) und Joachim Opser (1577–94); seit 1810 Privatbesitz, renov. 1964. Im 3. Geschoss Ortsmuseum (s. S. 437). Das Städtchen bekrönender Bau mit mächtigem Krüppelwalmdach. Südl. angebaut das sog. Haus zur Toggenburg E. 15. Jh., ehem. Sitz des Klosterstatthalters. Östl. des Hauptbaus «Roter Gatter», ehem. Gesindehaus von 1540. Mauerhafte W-Front und feingliedrig durchfensterte S-Fassade. Beim rundbogigen Portal Wappentafel 1566. – *Inneres.* In Erdgeschoss und Keller, wo heute die Brauerei untergebracht ist, mächtige Tonnengewölbe mit Stichkappen. Im Treppenhaus Baudaten 1677, 1691 und 1692. Im 1. Geschoss Flur mit barockem Stuckkranz an der Decke um 1700; Gaststube, urspr. Fürstensaal, mit erneuertem Täfer und Régencestuckdecke um 1730 sowie blauem Kuppelofen. Im sog. Gartensaal spätgot. Wandgemälde 1479 von Hans Haggenberg: Fürstabt Ulrich Rösch verleiht dem Grafen v. Hohenberg das Schenkenamt, und der Herzog v. Schwaben, Truchsess des Abtes, überreicht dem Edlen v. Bichelsee den Lehensbrief für das Erbtruchsessamt. Äbtestube: dem spätgot. Aussenportal mit Renaissancebekrönung entspricht im Innern eine Renaissanceholzrahmung; spätgot. Bohlenbalkendecke und stichbogige Fensternischen, abgestützt von einer Renaissancefenstersäule in Balusterform, darüber Wappenrelief des Abtes Otmar; in den Stichbögen Rankenmalereien und 2 allegorische Gestalten; Steckborner Stufenofen 18. Jh.; Türrahmen im Knorpelstil um 1670, in neuerer Zeit hierher versetzt. Im 2. Obergeschoss Gemächer des Abtes Otmar: Zwei steinerne spätgot. Portale mit Renaissancewappen, das eine zerstört, das andere von 2 Engelchen bekrönt, welche die Fürstenkrone darüber halten; Fenstersäule in Kandelaberform, darüber Abtwappen, am Postament Antikenporträt. Im Salon freigelegte Bohlenwand mit zierlicher Rankenmalerei 2. H. 16. Jh., Régencestukkaturen. Im 3. Geschoss ein gemaltes Régencezimmer, weisser Kastenofen mit Goldfassung. In der Äbtekapelle Flachtonne mit Stichkappen über Wandpilastern und Sims; schwerer Barockstuck um 1700. Mächtiger spätgot. Kehlbalken-Dachstuhl aus der Zeit des Abtes Ulrich Rösch. – **Haus zur Toggenburg,** erreichbar über die vorgebaute Plattform. Verbindungsbau zum Stadttor erbaut E. 15. Jh. Schlafgaden in Fachwerk, Fenster biedermeierlich vergrössert. Spätgot. Portal 1. H. 16. Jh. mit sich kreuzenden Stabprofilen, Jahrzahl 1693 später angebracht. Im 2. Stock gemalte Wappenfriese mit Namen der Teilnehmer am Konzil von Konstanz, darunter Ranken und Wildleute, wahrscheinlich von Hans Haggenberg, um 1480. – **Gerichtshaus,** Nr. 86. Erb. 1607; Renov. 1930. Gemauertes Reihenhaus auf Rundpfeilerarkaden mit 2 Geschossen regelmässiger Staffelfenster. In der Vorhalle des 1. Stocks Balkendecke und blattverzierter Balusterpfeiler mit Wiler Wappen und Initialen HR 1607. Gerichtssaal mit 3 Fensternischen, an den 2 Fensterstützen die Stadtwappen; in den Leibungen gemalte Renaissancemedaillons mit allegorischen Frauengestalten, 2 Gesellschaftsscheiben 1606 von Hans Melchior Schmitter, genannt Hug. Architektonisch gegliederter Renaissanceschrank mit Intarsien und durchbrochener Bekrönung 1612, vielleicht von Hans Thüring. Reiches Täfer im Knorpelstil um 1660–80, aus dem 1854 abgebrochenen Rathaus gegenüber dem Platz. Gusseiserner Stufenofen 1608 mit biblischen und antiken Reliefs. – **Baronenhaus.** Bedeutendster Herrschaftsbau des Klassizismus im Kanton St.Gallen. Erb. 1795 unter Reichsvogt und Baron Jos.Pankraz Grüebler (1737–1803); Rest. 1955, heute im Besitz der Ortsbürgergemeinde. Grosser 4geschossiger Bau mit Walmdach und bekrönendem, von einer Haube geschlossenem Turm. In Angleichung an das spätgot. Nachbarhaus Anker ruht die Platzfront auf einer wuchtigen Pfeilerarkade; reichgeschnitzte Türe mit Todessymbolen. An der O-Seite rustizierter Terrassenvorbau mit Pilastergliederung. Über dem Rundbogenportal des Erdgeschosses repräsentatives, plastisch gerahmtes Terrassenportal, schmiedeisernes Altangeländer. Gemalte Fensterumrahmungen mit Porträts römischer Imperatoren um 1795 von Jos. Keller. Im Sitzungszimmer des Erdgeschosses ein Kastenofen und zwei Wiler Glasgemälde 1618. Treppenhaus mit steifem Louis-XVI-Geländer, an den Decken klassiz. Stukkaturen mit Trophäen verschiedener Berufsgattungen. Im 2.Geschoss Zimmerflucht mit kostbarem Intarsientäfer, bekrönt von geschnitzten Figürchen; 2 weisse Kuppelöfen. Zwei Lesekabinette mit illusionistischer Grisaillemalerei von Jos. Keller. Im 3. Geschoss Intarsientäfer, weisser Kuppelofen mit blaugemalten Genreszenen 1797, blauer Kuppelofen mit grauen Pilastern. – Amtmännerhaus, Nr. 84. Residenz des Vertreters der 4 Schirmorte: Schwyz, Glarus, Luzern und Zürich 1479–1798. Kassettendecke 17.Jh. – Ehem. Gasthof Sternen. Im 1. Stock flachgewölbte spätgot. Bohlenbalkendecke 1490 (?) mit Lilienenden und geschnitzten Rosetten. – Rathaus, Nr. 58. Erb. um 1785 für die Familie Morell, seit 1882 im Besitz der Politischen Gemeinde. Der breite Barockbau mit Mansartdach über 6jochigen Pfeilerarkaden wird durch gefugte Pilaster in drei schmale Wandzonen aufgegliedert, über der mittleren hoher Quergiebel mit Volutenfüsschen. Inneres vollständig umgebaut. – Kienberger-Haus, Nr. 52. Umbau 1785 für Hofammann Franz Leonhard Kienberger. Balusterstützen für die flachbogige Laube. Türe mit flachen Spätrokokoschnitzereien. Im 1.Stock Rokokostukkaturen mit einem Relief des Hl.Johannes Nepomuk und Chronogramm 1761. – Haus Nr. 50. Klassiz. Bau 1790 für Richter Georg Ant.Gähwiler. Sehr dekorative Laubenstützen mit Vasenbekrönungen, Giebel mit Fussvoluten. Rundbogiges Louis-XVI-Portal, an der schön geschnitzten Türe Messingklopfer. – Haus Taube. Vollständig umgeb. 1967. Im 1.Stock spätgot. Leistendecke und stichbogige Fensternischen mit balusterförmiger Säule M. 16.Jh. Weisser Louis-XVI-Ofen. – Gasthaus Wilder Mann. Schmiedeisernes Rokokoschild mit Erinnerungsdatum 1690. In der Gaststube spätgot. Balkendecke; im 2.Stock Saaleingang dat. 1588, Balkendecke und Rokoko-Ofen mit bunter Malerei.

Ausserhalb des alten Stadtkerns. Gasthaus Adler, östlich des Obertors. Breitbehäbiger Barockbau mit Mansartdach 2.H.18.Jh.; schmiedeiserner Aushänger. – **Kapuzinerkloster.** Gestiftet von Reichsvogt und Goldschmied Georg Renner (gest. 1652); erb. 1654–56. Das südl. der Kirche liegende Kloster 1924 vergrössert und 1963–65 modernisiert. Schlichte Barockkirche mit eingezogenem, gerade geschlossenem, kreuzgratgewölbtem Mönchschor; modern gestaltete Treppenanlage und Reliefplastiken von Werner Hilber sowie neue Holzdecke und Glasgemälde von Hans Stocker anlässlich der Umgestaltung 1962. Drei Barockaltäre aus der Bauzeit, das Gemälde rechts mit Darstellung des Klosters. Kruzifix an der S-Wand 17. Jh. Monstranz M. 18. Jh. von Wilh. Schindler; Kelche M. 17. Jh. von Joachim Wieland d. Ä. und d. J. – **Dominikanerinnenkloster St. Katharina,** südl. der Stadt. Das 1228 in St. Gallen gegründete, 1528 aus der reformiert gewordenen Stadt ausgesiedelte Kloster fand 1561 auf dem Nollenberg bei Wuppenau und schliesslich 1607 in Wil eine neue Heimat. Klosterbau 1605–07 unter Leitung von Statthalter Pater Jodokus Metzler. Die 3seitig geschlossene Klosterkirche trägt einen Dachreiter mit Barockzwiebel. Polygonales Gipsgewölbe auf Wandpilastern mit umlaufendem Sims, rundbogig geschlossene Fenster. Drei Régence-Altäre mit durchbrochenen Bekrönungen bilden die gestaffelte Scheidewand zum innern Chor, der neugot. ausgestattet ist. Rokoko-Expositorium, plastische Annagruppe 2. H. 17. Jh. – *Kirchenschatz.* Turmmonstranz um 1630–40; Monstranz um 1709–27 von Thomas Pröll; Ziborium um 1610–20 von Elias Beck; Kelche um 1669 von Joachim Wieland d. J., 1680–96 von Joh. Ignaz Ohnsorg, 1749–51 von Franz Thaddäus Lang, 1765–67 von Jos. Tobias Herzebik, 1767–69 von Jos. Ant. Seethaler, 1779–81 von Casp. Xaver Stippeldey, 1723 von einem unbekannten Meister und 1744 von Ant. Blunschi; Vortragekreuz um 1500–50 und zahlreiche Messkännchen und Platten meist Augsburg 17.–18. Jh. Das alte Klostergeviert südl. der Kirche wurde seit der M. 19. Jh. stark erneuert. Moderner W-Flügel 1914.

Gasthaus Hirschen. Dekorativer biedermeierlicher Fachwerkbau. – Bruderklausenhaus, beim Postgebäude. Am kleinen Baukubus klassiz. Wandgemälde mit den Hl. Niklaus v. Flüe und Karl Borromeo in Anbetung des Kreuzes. – **Rudenzburg,** Toggenburgerstrasse Nr. 35. Erb. 1774 für Reichsvogt Jos. Pankraz Grüebler, später im Besitz seines Schwiegersohns Joh. Nepomuk Wirz a Rudenz. Zwischen Hof und ummauertem Garten der 3geschossige Herrschaftsbau mit Mansartdach. Zwei Rundbogenportale mit Rokokotüren und schmiedeisernen Oberlichtern. Treppengeländer mit gedrehten Balustern. Breite Flügeltüre zum Musiksaal, darin Spiegelgewölbe mit figürlichen Rokokostukkaturen von Peter Ant. Mosbrugger: Darstellung der Jahreszeiten in romantischen Landschaften. – Biedermeiervillen Lerchenfeld, Wiesenthal und Friedenthal, erb. um 1840–50 für die Familie Müller, welche 1833 unter Joh. Baptist Müller von Mosnang nach Wil übersiedelte. Der berühmteste Angehörige war Joh. Georg Müller (1822–49), Architekt, Dichter und Maler. Seine Büste befindet sich in der Villa Lerchenfeld an der Fürstenlandstrasse.

Kath. Kirche St. Peter, südwestl. ausserhalb der Stadt. Ehem. Pfarrkirche, erwähnt 1206; Chor erneuert um 1500, Schiff neuerb. 1887 von Aug. Hardegger, modern umgestaltet 1960 von Oskar Müller. Dreischiffige neugot. Hallenkirche mit spätgot. Polygonalchor und nördl. angebautem, spätmittelalterl. Turm. Sandsteinkreuz mit Maria Magdalena, am erneuerten Sokkel dat. 1792. Die Netzgewölbe des Mittelschiffes und die Kreuzrippengewölbe der Seitenschiffe wachsen ohne Kämpfer aus 8eckigen Pfeilern. Im Chor spätgot. Netzgewölbe auf zugespitzten Konsolen mit 6 reliefierten Schlusssteinen: Hl. Paulus, Gallus, Petrus, Muttergottes, Ecce homo und Lamm Gottes. – *Ausstattung.* Fragment des ehem. Sakramentshäuschens E. 15. Jh., mit dem Marienrelief einer Verkündigung auf rundem, von Stabprofilen gerahmtem Stützpfeiler. Spätgot. Flügelaltar um 1480, aus der Gegend von München erworben: Im Mittelschrein Muttergottes, begleitet von 2 Bischöfen, als Ulrich und Konrad gedeutet, sowie Andreas und Petrus, die Flügelfiguren neu; auf den Aussenseiten gemalte Heiligenfiguren vor Landschaftskulisse. Am linken Seitenaltar gemaltes Frührenaissanceretabel, dat. 1516, wohl aus einer Konstanzer Werkstatt (Matthäus Gutrecht d. J.?), vormals in der Liebfrauenkapelle: Auf der Mitteltafel Mariä Krönung, das im Muschelbaldachin des Thronsessels später angebrachte Wappen gehört dem Abt Diethelm Blarer v. Wartensee (1530–64); auf den Flügeln Heimsuchung und Begegnung unter der Goldenen Pforte. Rechts des Chorbogens qualitätvolles Grablegungsrelief E. 15. Jh. Im Chor neue Glasgemälde von W. Gaiser, im Schiff von Albert Schenker. In der Sakristei: Kelche 1723–25 von Franz Thaddäus Lang, E. 17. Jh. von Joachim Wieland und 1720 von Ant. Wieland. – **Liebfrauenkapelle,** der Peterskirche südl. angegliedert. Dreiseitig geschlossener Längsbau 1498 mit 5jochigem Netzgewölbe, das im Schiff aus Wanddiensten, im Chor aus Konsolen aufsteigt; Renov. 1960. Spätgot. Wandmalereien: Aussen an der W-Front Jüngstes Gericht um 1500; die Malereien im Innern um 1520, in den Gewölbefeldern Wurzel Jesse mit dekorativen Ranken, in welchen die Halbfiguren der Vorfahren Christi gemalt sind; in den Stichkappen Heiligenbüsten, ähnlich den Gewölbemalereien in Elgg (ZH). Glasgemälde 1960 von Hans Stocker. Altarplatte dat. 1482, Gnadenstuhlrelief um 1560–80. – Ref. Kirche. Erb. 1962–63 von Walter Henne. Zentralbau über unregelmässigem Achteck und polygonaler Campanile. Glasgemälde im Chor von Alfred Kobler und Mosaiken im Pfarr- und Taufzimmer von Gertrud Hürlimann-Stiefel aus der Bauzeit.

Dreibrunnen. **Marienwallfahrtskirche.** Ehem. Pfarrkirche, 1280 dem Kloster Rüti geschenkt; nach der Reformation im Besitz des Spitals von Wil, weitgehend neugeb. 1672, ausgemalt 1761; Rest. 1963–64. Malerische Kirchensituation in ummauertem Friedhof. Der langgezogene Barockbau schliesst mit einem das Schiff leicht überragenden Polygonalchor und trägt einen 8eckigen Dachreiter mit Zwiebelhelm. Loggiaartige Vorhalle über polygonalem Grundriss mit toskanischen Arkaden. Über dem Portal Baudatum 1672. Im Schiff 5 Lünettenfenster und über dem Gesims ein Tonnengewölbe; im Chor Rundbogenfenster und Stichkappengewölbe. Deckengemälde 1761–63 von Jak. Jos. Müller: Grosse Darstellung der Türkenschlachten von Lepanto 1571 und vor den Toren Wiens 1683, welche auf die Fürbitte der Muttergottes von den Christen gewonnen wurden; rahmende Medaillonbilder aus dem Alten Testament: Abigail vor David, Esther und Mardochäus, Arche Noah, Opfer Noahs, Auffindung Mose im Schiff

Judith mit dem Haupt des Holofernes; an den Wänden 10 Medaillons aus dem Leben der Jungfrau Maria; im Chorgewölbe Hagar in der Wüste und Maria als Mutter, Braut und Kind; qualitätvolle Rokokostukkaturen von Melchior Modler, über dem Chorbogen eine Kartusche mit Marienmonogramm. Altäre um 1672 mit gedrehten Säulen, im Hochaltar spätgot. Gnadenbild A. 16. Jh., angeblich aus dem ehem. Kloster Rüti; die Gemälde der Seitenaltäre neu. In der Sakristei: Ziborium M. 17. Jh. von Joachim Wieland d.J.; Kelche E. 17. Jh. von Jos. Wieland, um 1730 von Ant. Wieland und 1767–69 von Jos. Ant. Seethaler.

Museum. Ortsmuseum Wil, im 3. Stock des «Hofs» (s. S. 433). Gegründet 1909. Bedeutende ortsgeschichtliche Sammlung. Roman. Madonna aus der Liebfrauenkapelle 12. Jh.; Kabinettscheiben 16.–17. Jh.; Steckborner Ofen 1748 von Heinr. und Daniel Meyer aus dem Kienberger-Haus; Porträts und kirchliche Kunst; grosses Stadtmodell.

TOGGENBURG

***FLAWIL** (Abb. 140). «Flawilare» erwähnt 858. Langgezogenes Strassendorf mit altem Siedlungskern sowie Industriellenvillen und Stickerhäusern des 19. Jh.; in neuester Zeit durch Neubauten stark beeinträchtigt. – **Kath. Kirche St. Laurentius.** Erbaut 1934–35 von Karl Zöllig. Stattlicher Längsbau in Muschelkalkverkleidung; vorzügliche Glasgemälde von Albert Oesch. In der Taufkapelle Barockfiguren der Apostelfürsten um 1660–70. Barockmonstranz um 1720–30. – **Ref. Kirche.** 1909–11 von Curjel und Moser. Monumentale Neubarockanlage mit Jugendstilelementen; Abendmahlsgemälde von Hermann Meyer. – *Bärenplatz.* **Haus Nr. 983.** Erb. 1766 für die Familie Steiger; Rest. 1960. Gestricktes Giebelhaus mit reicher Rokokomalerei an der Platzfront. – Kommandantenhaus, Nr. 951. Behäbiges Toggenburgerhaus mit geschweiftem Quergiebel, erb. 1760 in Burgau für Joh. Egli, von Hans Georg Steiger 1776 erworben und am Bärenplatz neu aufgestellt. Sitz des Kreiskommandanten Joh. Ulr. Steiger (1767–1831). – *Feld.* Haus Akazie, jetzt ref. Pfarrhaus. Erb. 1785 für Joh. Jak. Stadler; 4geschossiger Kubus mit Pilasterinstrumentierung im Stil Louis XVI, korbbogiges Portal mit Initialen des Bauherrn. – Klassiz. und biedermeierliche Fabrikantenhäuser.

Oberglatt. **Ref. Kirche,** ehem. Mutterkirche der Gegend. Gotteshaus und Hof seit 1363 im Besitz des Klosters Magdenau, nach 1596 unter der Herrschaft der Abtei St. Gallen. Unterbau des N-Turms mittelalterl., Wimperge und Pyramidenhelm vielleicht 17. Jh. Neubau des Schiffs 1783–85 von Joh. Jak. Haltiner; Rest. 1953. Der dreiseitig geschlossene Predigtsaal mit Tonnengewölbe, rundbogigen Fenstern, Rokokostukkaturen, Louis-XVI-Empore, einfacher Kanzel und 8eckigem Taufstein. – Mesnerhaus, urspr. Pfarrhaus. Holzverschalter Strickbau von 1740; Renov. 1953. – **Restaurant Hirschen.** Erbaut 1771–77 für den Textilfabrikanten Joh. Egli. Behäbiger Barockbau mit Mansartdach und hochaufragendem Treppenturm unter kokett eingeschnürter Zwiebelhaube. An 3 Seiten kleine Rundgiebel. Rundbogenportal mit Oberlichtgitter und Rokokokartusche mit Wappen Egli. Der kreuzgewölbte Korridor und das Treppenhaus in Louis-XVI-Formen.

– Ehem. Zollhaus, bei der Brücke über die Glatt. Erb. 1742–43 für die Familie Stadler. Giebelhaus mit erkerartig vorspringendem Fachwerkquerbau auf Holzpfosten. An der Balkendecke gemalte Rocaillen um 1760. *Burgau.* Alter Gerichtshof mit zahlreichen Holzbauten des 17. Jh. **Rathaus*** (Abb. 140). *Einer der ältesten und schönsten Fachwerkbauten im Kt. St. Gallen.* Erbaut 1639 durch Ammann Peter Moosberger; Rest. 1963. An der N-Seite geschossweise abgezimmertes, dekoratives Riegelwerk und offene Laube. Auf den Zugläden gemalte Arkaden, in den gemauerten Feldern Bibelsprüche. In der Gerichtsstube Felderdecke und eingelegte Türe, gemalte Truhen und Schränke. – Haus Nr. 1632. Gestrickter Giebelbau um 1700, mit Ziehläden, Schweifbrettern und Rhombenornamenten. – *Egg.* Holzbrücke über das Wyssenbachtobel nach Schwänberg (Abb. 33), laut Inschrift erb. 1782 von Joh. Knellwolf aus Herisau. – *Grobenentschwil.* Der urspr. Enzenschwil genannte Weiler wurde umbenannt in Erinnerung an den hier geborenen Dichter Joh. Grob (1643–97). Häuserzeile 17.–18. Jh.

MAGDENAU. Ehem. Pfarrkirche St. Verena. Gestiftet vor 1244, neuerb. um 1500; als Pfarrkirche zugunsten von Wolfertswil 1950 aufgegeben, rest. 1968–69. Spätgot. Anlage mit 3seitig geschlossenem Chor. Choreinzug nur an der N-Seite, wo der stämmige, unverputzte Turm steht, dessen Glockengeschoss und Käsbissen 1675 von Hans Selb aus dem Lechtal neugebaut wurde. Von der hochmittelalterl. Anlage blieb die nördl. Schiffsmauer mit einem roman. Fensterchen erhalten. Vier spätgot. Masswerkfenster im O-Abschnitt der Kirche, die übrigen Fenster im 17. Jh. erneuert. Im Innern neue Leistendecke. Spätgot. Sakramentsnische und Empore. Frühbarocke Dekorationsmalerei an den Wänden und in der Turmsakristei. Taufstein 1670; Barockaltärchen aus Buttikon (SZ) 2. H. 17. Jh. – **Zisterzienserinnenkloster.** Gegr. 1244 von Ritter Rudolf Giel v. Glattburg, durch Papst Innozenz IV. bestätigt 1246. Seit 1250 unter der Obrigkeit des Klosters Wettingen, seit 1854 unter Wettingen-Mehrerau. Der erste Klosterbau abgeschlossen 1278; während der Reformationszeit kurzer Unterbruch im Klosterleben, Wiederaufschwung im 17. Jh., Kirche und Kloster weitgehend neuerb. um 1600 unter Margareta Fry (1589–1628), das Gästehaus neuerbaut und ausgestattet unter Verena Müller (1638–61) und Cäcilia Tschudi (1661–85), Erweiterungsbauten zum Teil 19. Jh.; das Riegelwerk 1971 freigelegt. – *Klosterkirche.* Neuerb. 1953 von Karl Higi. Im Nonnenchor bedeutendes frühgot. Chorgestühl mit reicher Miserikordienplastik A. 14. Jh. Statue der Katakombenheiligen Theodora um 1662. Im Kirchenschatz Monstranz 1777–79 von Georg Ignaz Bauer; Ziborium und Kelch um 1670 von Joh. Casp. Dietrich; weitere Kelche von Basil Rüssi um 1700 und von Carl Ignaz Dietrich um 1730; Kelch 1775 von Fidel Brandenberg; Vortragekreuz um 1600; hochgot. Kruzifix auf Kreuz des 16. Jh.; Äbtissinnenstab um 1630; Prälatenstab um 1730. – *Konventgebäude.* Der alte Klosterbau bildet ein regelmässiges Geviert zur südlich angebauten Kirche. Hinzu kommt als N-Verlängerung des O-Traktes das Gästehaus, dem westl. ein neuerer, aus 2 Gebäuden bestehender Flügel angegliedert ist. Klausurmauer und Ökonomiegebäude im O umschliessen die Baugruppe in einem unregelmässigen Kreis. Gästehaus: Im Gewölbe der Einfahrt Reste barocker Grisaillen. Im obern Flur auf dem Fachwerk Malereien in der Art von Casp. Meglinger, datiert 1656, mit barocken Emblemen und szenischen Darstellungen, begleitet von Sinnsprüchen. Im Prälatenzimmer Kassettendecke, Täfer und eingebautes Buffet mit reicher architektonischer Gliederung, Rankenfüllungen und Grotesken, dat. 1675; ein Gemäldefries mit biblischen und emblematischen Szenen; bunter Turmofen von David Pfau mit Wappen 1674 der Cäcilia Tschudi. Im biedermeierlichen Seniorenzimmer bunter Turmofen 1664 aus der Werkstatt Pfau mit Wappen Tschudi. Im sog. Bernhard-Zimmer reichgeschnitztes Täfer um 1670, früher im äbtischen Schlafzimmer. Im Kapitelsaal Passionsfresken, 1477 vielleicht von Haggenberg. In der Klausur u.a. 2 Gemäldeserien der Passion E. 16. Jh. und des Lebens Jesu 1624–28, signiert H.V.R. (wohl ein Vertreter der Wiler Künstlerfamilie Rysse); Bildnis des Hl. Bruder Klaus von Xaver Rysse M. 17. Jh., Gemälde des Hl. Bernhard 2. V. 17. Jh., gestiftet von der Familie Geilinger; Statue der Hl. Anna selbdritt M. 17. Jh., signiert von Hans Ulr. Rysse. – Burgstelle Landegg, westl. von Bubental. Ehem. Sitz der Schenken v. Landegg, von denen Conrad v. Landegg als Minnesänger bekannt ist (erwähnt 1271–1306). Verkauf an Magdenau 1352. Ein Mauerzug 1941 ausgegraben.

WOLFERTSWIL. Kath. Bruderklausenkirche. Erb. 1951–52 von Willy Schregenberger. Wandmalereien 1954–55 von Hans Stocker.

DEGERSHEIM. Kath. Pfarrkirche St. Jakobus. Erb. 1923–24 von Danzeisen und Hunziker, an Stelle der 1818 erbauten parität. Kirche. Neubarocker Bau von stattlichen Ausmassen mit Spiegelgewölbe und Stukkaturen. Bregenzer Kelch 1670 von Ulr. Zwickl. – Ref. Kirche. Jugendstilbau 1908 von Robert Curjel und Karl Moser, renov. 1965; Bildhauerarbeiten 1965 von Joh. Ulr. Steiger. – *Tal.* Zweifrontenhaus. Giebel 17. Jh., Mansartdach 2. H. 18. Jh. Im Innern stark beschädigte Rokokomalereien mit figürlichen Darstellungen um 1780–90. – *Hoffeld.* Haus Nrn. 392–93. Strickbau um 1700 mit offenen Regendächlein.

BICHWIL. «Pichinwilare» erwähnt 865. Parität. Pfarrkirche St. Mauritius. Erwähnt 1355; neuerb. 1808 unter Verwendung von Steinen der Burg Eppenberg, Renov. 1882–84 und 1936, Aussenrest. 1963. Fünfjochiges, kreuzgratgewölbtes Langhaus und 3seitig geschlossener, eingezogener Chor mit Kuppelgewölbe. Das hinterste Joch mit den polygonalen Seitenkapellen 1908. Nördl. Chorflankenturm mit geschweiften Wimpergen und Pyramidenhelm. Neubyzant. Ausstattung. In der Sakristei barocke Muttergottesstatue 17. Jh.; Monstranz um 1780–90; Kelche E. 17. Jh. von Casp. Riss und 1769–71 von Emanuel Gottfried Meisgeyer.

NIEDERGLATT. Kath. Pfarrkirche St. Felix und Regula. Kapelle erwähnt 1388 als Filiale von Gossau, nach der Reformation Simultankirche bis 1848; Neubau des Chors, Erneuerung des Vorchors und des Schiffs 1788; Renov. innen 1934, aussen 1941. Im Schiff und im leicht eingezogenen, durch Bögen abgetrennten Vorchor flache Decken, im barocken Altarhaus und im eingezogenen, trapezförmig schliessenden Sängerchor kuppeliges Gewölbe mit Deckengemälde von Jos. Ant. Pullacher 1789, darstellend die Verherrlichung des Lamms. Hinter dem Altar Orgel und Sängertribüne, darunter Sakristei. Stark erneuerte Ausstattung aus der Bauzeit.

OBERUZWIL. Kath. Pfarrkirche St. Gallus. Rechteckiger Einheitsraum 1934–35 von Fritz Metzger; Mosaiken von Carl Roesch. – **Ref. Kirche.** Erb. 1765–66 von Joh. Ulr. Grubenmann; Rest. 1954 und 1965. Treppenanlage 1858. Dreiseitig geschlossener Predigtsaal mit Frontturm. Am Spiegelgewölbe duftiger Rokokostuck mit Evangelisten und Putten, Peter und Andreas Mosbrugger zugeschrieben; 8eckiger Taufstein mit den Initialen des Baumeisters 1766. Zwei Renaissancebecher aus Augsburg und Ravensburg, beide 1. V. 17. Jh. – Kapelle St. Katharina. Im Toggenburgerkrieg zerstört 1712, neuerb. 1766 durch das Frauenkloster St. Katharina in Wil, renov. 1948. Saal mit polygonalem Chörlein, Dachreiter mit Zwiebelhaube. – Brunnen 1948 von Joh. Ulr. Steiger. – Restaurant Bierhaus. An der W-Front Klebdach mit Louis-XVI-Malereien, Portal und Türe um 1800. – Bürgerheim im Bisacht. Als Privathaus erb. um 1700. Stattlicher Strickbau mit seitlichen Anbauten unter aufgesatteltem Dach; unregelmässig verteilte Fenstergruppen, Schweifbretter, Ziehläden mit rhombischen Verzierungen. **Museum.** Kleines Ortsmuseum, im Schulhaus Breite.

NIEDERUZWIL. Kath. Pfarrkirche Christ König. Erb. 1933–34 von Karl Zöllig. Basilikaler Rechteckbau mit gangartigen Seitenschiffen; Glasgemälde von Aug. Wanner. – Ref. Kirche. Erb. 1870–71 von Joh. Christoph Kunkler; Renov. 1938. Neugot. Anlage mit siebenseitigem Chörlein und Frontturm. Abendmahlsbecher 1576, wahrscheinlich von Hans Renner. – Methodistenkirche, erb. um 1910–20.

HENAU. «Aninauva» erwähnt 754. **Kath. Pfarrkirche Mariä Himmelfahrt.** Schönster got. Turm im Kt. St. Gallen. Erwähnt 892 als Eigenkirche von St. Gallen. Nach der Reformation Simultankirche bis 1871. Das 1740 von Joh. Jak. Grubenmann gebaute Schiff abermals vollständig neuerb. 1875 von Karl Reichlin; Renov. 1938–39. Der unverputzte Chorturm ist ein imposanter Bau mit Pyramidenhelm, rest. 1972; das durch Ecklisenen verstärkte Erdgeschoss weist 2 Fenster auf; die mit Masswerk ausgesetzten Schallöffnungen werden von Wimpergen übergiebelt, die steigende Blendbogen aufnehmen. Im Turmchor, der heute als Taufkapelle dient, Kreuzrippengewölbe mit Schlussstein und aufgemaltem Wappen 1591 des Abtes Joachim Opser. Am Gewölbe und in den spitzbogigen Wandnischen bemerkenswerte Renaissancemalereien: Evangelisten und Kirchenväter, Kluge und Törichte Jungfrauen, Putten, Ranken- und Beschlagwerkmotive. Im Schiff hinten Statuen der Hl. Anna selbdritt M. 17. Jh. und des Hl. Rochus um 1630–40. In der Sakristei: Wiler Monstranz und Kelch 1690–1700 von Joh. Ludw. Wieland; Augsburger Kelch 1761–63 von Jos. Ignaz Saler.

JONSCHWIL. Geburtsort des St.-Galler Dichtermönchs Notker Balbulus (840–912). Denkmal zu seinen Ehren errichtet 1912 an der Stelle der ehem. Burg Jonschwil. – **Kath. Pfarrkirche St. Martin und Sebastian.** Erwähnt 814, Mutterkirche von Oberuzwil und Bichwil. Schiff und Chor neuerb. 1867 in neugot. Stil, umgebaut 1958 von Hans Burkard. An der

S-Seite des Chors spätgot. Turm mit modernem Pyramidenhelm. Im Schiff neue Kassettendecke, im Polygonalchor neugot. Rippengewölbe. Glasgemälde 1958 von Aug. Wanner. An der N-Wand des Schiffs spätgot. Kruzifix 1. H. 16. Jh., hinten Statuen des Hl. Sebastian E. 15. Jh. und eine Pietà M. 17. Jh. Im Kirchenschatz Monstranz 1791–93 von Jos. Ant. Seethaler; got. Kelche mit Wappen des Abtes Diethelm Blarer 1540, um 1710 von Heinr. Dumeisen, 1671 von Joachim Wieland, um 1785 von Jos. Ant. Seethaler. – Schloss Feldegg, südöstl. über dem Dorf. Ehem. Besitz der Grafen v. Toggenburg. Umgeb. um 1500 unter Pfarrer Ant. Thalmann, dessen Schwester Magdalena die Mutter des Reformators Vadian war; 1643 im Besitz des Spitals von Wil; heute Privatbesitz. Turmartiger Steinbau, in den untern Teilen wohl hochmittelalterl.; im 2. Stock spätgot. Kreuzstöcke und 3teiliges Staffelfenster. Im Innern flachgewölbte spätgot. Leistendecke; Ausstattung verschleudert. – *Oberrindal.* Kapelle Maria Trost. Erb. 1902, renov. 1952.

SCHWARZENBACH. «Svarcinbah villa» erwähnt 779. Unter Rudolf v. Habsburg erfolgte 1283 die Gründung eines Städtleins über dem rechten Thurufer, das in Konkurrenz zum äbtischen Wil trat. In einem gütlichen Vergleich zwischen Habsburg und St. Gallen wurde das Städtchen 1301 geschleift. Nur die Burg blieb bestehen. – **Kapelle St. Konrad.** Chor und Turm neuerb. 1487, Einwölbung des Chors 1515, Turm und Schiff beschädigt beim Dorfbrand 1859, Wiederinstandstellung 1860: teilweise Abtragung des Turms und neue Dächer. Anlässlich der von Hans Burkard durchgeführten Renovation 1967–68 wurden das Schiff nach N erweitert, das Chordach im Sinn der Gotik gesteilt und der Turm mit hölzernem Glokkenstuhl und Zeltdach versehen. Das romanische, ins 12.–13. Jh. zurückreichende Langhaus ist in neu verputztem Zweischalenmauerwerk aufgeführt und schloss anscheinend chorlos ab. Der eingezogene, 3seitig geschlossene Chor und der nördl. Chorflankenturm wurden 1487 angefügt. Roman. S-Portal und spätgot. W-Portal. Im Schiff neue Holzdecke, im Chor kräftiges Rippengewölbe in Rautenfiguration auf Konsolen, wovon 2 mit Masken. An der nördl. Chorwand Schild mit erhaben skulptiertem Steinmetzzeichen und der Jahrzahl 1515. Wandtabernakel mit Masswerkblenden 1487. Kelch um 1580. – **Restaurant Rössli.** Strickbau 1732 auf mittelalterl. Kellergeschoss, das ein 4teiliges Kreuzgewölbe auf Mittelpfeiler birgt. Rokoko-Aushänger um 1780. In der Wirtsstube klassiz. Wandmalereien mit Genreszenen auf Holz in Blau und Mangan. Im 1. Stock dekorative Barockmalereien um 1732. – **Schloss Schwarzenbach.** Erwähnt 1221, seit 1383 im Besitz verschiedener Geschlechter, 1483 von Abt Ulr. Rösch von St. Gallen erworben und zum Sitz der Obervögte erhoben; beschädigt 1494 und 1621. Seit der Klosteraufhebung 1805 in Privatbesitz; Renov. 1960. Das Schloss steht über dem Steilufer der Thur und wird durch einen Halsgraben vom ebenen Gelände getrennt. Dreigeschossiges Wohngebäude mit Treppengiebel. An der NO-Ecke Wappen des Abtes Gallus Alt 1669. Der S-Trakt, das ehem. Kornhaus, mit erneuertem Treppengiebel. Ringmauer in kleineren Dimensionen erneuert.

BAZENHEID. Kath. Pfarrkirche Herz Jesu. Erb. 1894–95 von A. Grüebler; abbruchbedroht. Stattliche neugotische Anlage mit Frontturm in Anlehnung an die Kirche in Bünzen. Augsburger Kelch 1749–51 von Franz Ignaz Bertold. – Kapelle St. Laurentius, in Unterbazenheid. Erb. E. 15. Jh., umgeb. oder neuerb. 1644; Renov. 1853 und in neuester Zeit. Dreiseitig geschlossener Längsbau mit Flachtonne im Schiff und kuppeligem Gewölbe im Chor. Barockaltar im Ohrmuschelstil, datiert 1646, Pietà 1744. Stationenbilder um 1775–80. – Haus Bolt, nördl. der Kapelle. Im gewölbten Keller Reste von Renaissancemalereien um 1600 mit Totentanz. – Christophorus-Haus. Sitz der Beamtenfamilie Germann. Gemauertes, wohl ins 16. Jh. zurückreichendes Giebelhaus, im 19. Jh. biedermeierlich umgebaut. Zwei aufgemalte Sonnenuhren 17. Jh., Christophorusgemälde erneuert 1945 von Jak. Häne.

KIRCHBERG. Kath. Pfarrkirche Heiligkreuz. Festlichste Barockkirche im Toggenburg. Erwähnt 1215 als Filialkirche von Rickenbach, seit 1359 Pfarrkirche. Neuerb. 1404, Turm 1436, Marienkapelle 1695; Neubau des Kirchenschiffs und des Chors 1748–51 von Joh. M. Beer von Bildstein. Nach Zerstörung im Dorfbrand 1784 wiederhergestellt von Joh. Ferd. Beer unter Bauleitung von Jak. Nater; Verlängerung des Schiffs um ein Joch 1879–80; Rest. 1970–71, Simultanverhältnis aufgelöst 1955. Stattlicher Barockbau mit leicht vortretendem Querschiff und nur wenig eingezogenem, gerade schliessendem Chor, alles unter gemeinsamem Satteldach. Der von seitlichen Anbauten und der Beichtkapelle umschlossene Turm an der Stirnfront des Chors weist ein Obergeschoss mit gekappten Ecken und welscher Haube auf. Der Innenraum wird durch Pilaster gegliedert, über denen Stichkappengewölbe ansetzen. Im Querschiff ein Doppeljoch mit dominierender Hängekuppel, im Chor kuppelig eingezogenes Gewölbe. Deckengemälde 1786 von Franz Ludw. Herrmann: Eherne Schlange, Wiederaufrichtung des Kreuzes in Jerusalem nach dem Sieg des byzant. Kaisers Herakleios über die Perser 630, Sieg Konstantins über Maxentius an der Milvischen Brücke in Rom 312, im Chor Auffindung des Hl. Kreuzes. In den Gewölbezwickeln im Schiff Apostelpaare und im Chor Evangelisten, über der Empore Deckengemälde aus Wünnewil (FR). Stukkaturen vielleicht von Peter Ant. Mosbrugger. Klassiz. Altäre und Kanzel in Stuckmarmor 1803 von Jos. Simon Mosbrugger. Im Hochaltar wundertätiges Kreuz Ende 15. Jh. Qualitätvolle Neurokoko-Chorstühle 1909. Die Beichtkapelle neubarock ausgestattet. Wandgemälde 1905 von Franz Vettiger. – *Kirchenschatz.* Monstranz 1711 vielleicht von Joh. Sebastian Gruber; Ziborium 1777–79 von Joh. Casp. Bertold; Kelche um 1690 von Joh. Ludw. Wieland, um 1750–60 von Meister ICL und 1797–99 von Casp. Xaver Stippeldey; Vortragekreuz um 1700. – Ref. Kirche. Erb. 1954 von der Architektengemeinschaft Ziegler, Balmer, Bärlocher und Unger.
Dietschwil. Kapelle. Erb. 1939–40 von Erwin Schenker; Glasgemälde von Albert Schenker und Aug. Wanner. – *Müselbach.* Kapelle St. Nikolaus von Flüe. Holzbau 1952 mit Glasgemälden von Aug. Wanner.

GÄHWIL. Kath. Pfarrkirche Hl. Dreifaltigkeit. Gegründet 1748, neuerb.

1937 von Otto Linder unter Bauleitung von Hans auf der Maur. Moderne Kirche über kompliziertem Grundriss in byzantinisierenden Formen. Glas- und Wandgemälde von Fritz Kunz. Über den Seiteneingängen Barockstatuen der Hl. Margareta und Barbara 2.H. 18.Jh. Ziborium 1749–51 von Franz Ignaz Bertold. – Burgstelle Alt Toggenburg, in einsamer Hügellage im Quellgebiet der Murg. Erwähnt 1044, Stammsitz der Herren v. Toggenburg. Häufig Streitobjekt zwischen den Grafen und dem Abt von St. Gallen, wohl schon im Spätmittelalter aufgegeben. Mauerrest nördl. der Kirche und des Mesnerhauses. – Iddakapelle. Gegr. 1861 in Erinnerung an die Legende der Hl. Idda, neuerb. 1933–34, Wandmalereien von Aug. Meinrad Bächtiger.

MÜHLRÜTI. Kath. Pfarrkirche St. Joseph. Tochterkirche von Mosnang, erb. 1761–63 von Josef Alt an Stelle einer 1672 errichteten Kapelle, 1871 um das Eingangsjoch verlängert; Renov. 1901–02. Vierjochiger Saal mit gefluchtetem, 3seitig geschlossenem Chor, an dessen breiter Stirnwand der dreigeschossige Turm mit oktogonalem Obergeschoss und Zwiebelhaube steht. Flache Gipsdecke mit 1906 von Georg Troxler stark übermalten Deckengemälden von Jak. Jos. Müller aus der Bauzeit: Epiphanie, der Hl. Joseph als Tröster der Armen, Abendmahl nach Leonardo da Vinci; Medaillons mit Szenen aus dem Leben des Titelheiligen sowie Evangelisten. Sprühende, teilweise frei ausgreifende Stukkaturen; qualitätvolle Altäre von Franz Ant. Dirr mit Gemälden von Mathias Locher. In der Sakristei: Spätgot. Muttergottesstatue E. 15. Jh.; Monstranz 1765–67 von Jos. Ant. Seethaler und Kelch um 1700 von Ludw. Schneider.

MOSNANG. Kath. Pfarrkirche St. Georg. Erwähnt 1217, Neubau des Chors geweiht 1463, Neubau des Schiffs 1731, Verlängerung nach W und Neugestaltung der ganzen Anlage 1798; Rest. 1958. Der barocke Längsbau erhebt sich über den Fundamenten zweier Vorgängerkirchen, von denen die 1. aus dem 10.–12. Jh. stammt, während die 2. zum noch bestehenden N-Turm aus der Zeit um 1200 gehörte. Unverputzter roman. Chorflankenturm aus Tuffsteinquaderwerk, 8seitiger Barockaufsatz mit Zwiebelhaube; auf der Höhe des ehem. Glockengeschosses an 3 Seiten gekuppelte Rundbogenöffnungen mit einfachen Kämpfern. Modernes Vorzeichen. Weiträumiger Saal mit 5 Fensterachsen und Flachtonne auf korinth. Wandpilastern. Hinter gedrücktem Bogen eingezogener, 3seitig geschlossener spätgot. Chor mit kuppeligem Gewölbe; unter dem Chorboden moderne Sakristei. Deckengemälde 1798 von Jos. Ant. Messmer: Anbetung der Hl. Drei Könige, Abendmahl (signiert), Anbetung der Hirten und Auferstehung; die seitlichen, ikonographisch bemerkenswerten Medaillons haben alttestamentarischen Inhalt (paarweise von vorne nach hinten): Sündenfall, Marienvision des Isaias, die Opfer Abels, Noahs, Melchisedeks und Abrahams, Balaam mit der Weissagung «Aus Jakob geht ein Stern hervor, aus Israel ersteht ein Herrscherstab», König David. Louis-XVI-Stukkaturen vielleicht von Joh. Jos. Mosbrugger. Im Chor Reste spätgot. Wandgemälde eines nicht identifizierten Märtyrerlebens um 1450. Barockaltar mit klassiz. Details, nicht zugehörige Barockfiguren der Hl. Georg und Urban M. 18. Jh.;

Tabernakel mit modernem Gloriettenaufbau, Emmausrelief E. 18. Jh. von Fridolin Ant. Grob. Die 3 zugekauften Altarblätter italienisch 18. Jh. Muttergottesstatue 2. H. 17. Jh., Kruzifix in der Vorhalle um 1700. In der Sakristei: Monstranz 1723–25 von Joh. Joachim Lutz d. Ä. oder d. J.; Ziborium 1676 von Hans Ulr. Steiger; Kelch 1753–55 von Franz Ignaz Baur. – Friedhofskapelle. Erb. 1760 von einem Vorarlberger Architekten; Renov. 1946. Origineller Barockbau über kleeblattförmigem Grundriss; Dachreiter mit Zwiebelhaube. Rokoko-Altar 1763. – *Spilhusen*. Wohnhaus des Bildhauers Jos. Ant. Grob (1745–1807). An der Giebelfassade Sonnenuhr und Porträtholzbüste des in vielen Kunstgattungen bewanderten Meisters, 1755.

LIBINGEN. Kath. Pfarrkirche St. Gallus. Tochterkirche von Mosnang, gegr. 1750–51 unter Pfarrer Jos. Helg, weitgehend neuerb. 1769 von Ferd. Beer; Renov. 1925 und 1966. Vierachsiges Schiff, eingezogener, 3seitig geschlossener Chor mit breiter Stirnwand und Turm mit Zwiebelhaube an der N-Seite des Chors. Wandpilaster und Stichkappengewölbe, Deckengemälde 1925 von Aug. Meinrad Bächtiger. Seitenaltäre um 1670, links Gemälde der Himmelfahrt Mariä, rechts Epiphanie (aus der alten Kirche in Lichtensteig). Im neuen Choraltar ein Pietàgemälde 2. H. 17. Jh. Zwei Serien von Kreuzwegstationen 2. H. 18. Jh. In der Sakristei: Monstranz 1781–83 von Jos. Ant. Seethaler, Ziborium und Kelch von Franz Ignaz Bertold 1751–53 bzw. 1749–51. – Das westlich angebaute Pfarrhaus und die heutige Nikolauskapelle waren ehem. Behausung und Ort der Ewigen Anbetung des 1760 gegründeten, 1781 nach Glattburg verlegten Benediktinerinnenklösterchens. – *Hofen*. Albert-Schweitzer-Gedächtnisturm. Erb. 1965, mit grösstem Glockenspiel der Schweiz, insgesamt 60 Glocken.

LÜTISBURG. Kath. Pfarrkirche St. Michael. Die Kirche steht auf einem von der Thur umspülten, das Tal abriegelnden Burghügel. Erwähnt 1214, neuerb. 1810–11 unter Verwendung von Steinen der Burg; Rest. 1946–47. Von der ehem. geosteten, um 1472 neugebauten Anlage hat sich nur der in Tuffsteinquadern errichtete Turm erhalten, der heute zwischen Schiff und Ölbergkapelle steht. Glockengeschoss und Pyramidenhelm 1871–72. Weiträumiger Kirchensaal und nach S gefluchteter, 3seitig geschlossener Chor mit breiter Stirnfront. Freistehendes Chorpfeilerpaar, das durch einen fast zum Gewölbescheitel emporgerückten Chorbogen verbunden wird. Spiegelgewölbe mit Stichkappen auf Kämpfergesimsen, klassiz. Stuckgirlanden über den stichbogigen Fenstern und um die leeren Gewölbefelder vielleicht von Joh. Jos. oder Jos. Simon Mosbrugger. Hochaltar um 1700, die Seitenaltäre und die über eine Galerie erreichbare Kanzel um 1811; (neue ?) Bildwerke im Stil des 17. Jh., Altarblätter E. 19. Jh. Klassiz. Monstranz um 1810–20 wohl von Jak. Müller; Kelche um 1723–25 von Franz Ignaz Bertold und 1783–85 von Joh. Ignaz Casp. Bertold. Zwei spätgot. Glocken, die eine dat. 1472. – *Ölbergkapelle*. Von der Kirche aus durch die kreuzgewölbte ehem. Turmsakristei und ein spätgot. Portal erreichbar. Dreiseitig geschlossener Raum mit flacher Gipsdecke. Am Chorbogen Passionsmedaillons; Altar im Ohrmuschelstil und gute Skulpturen Ecce homo und Pietà um 1686. – Schulhaus. Erb. 1815 an Stelle der ehem. Burg der Grafen v. Toggenburg, die durch einen Halsgraben von der Kirche getrennt war. Über dem Portal Wappenrelief des St.-Galler Abtes Gallus Alt (1654–87). – Ref. Kirche. Erb. 1936 von Jak. Hunziker. Über der Kanzel Paulusfresko von W. Wahrenberger. – **Thurbrücke** (Abb. 141). Stattliche Holzbrücke von Joh. Ulrich Haltiner 1790. – Guggenloch-Bahnbrücke. Erbaut 1947 von der Firma Ed. Züblin & Co.

TUFERTSCHWIL. Kapelle St. Fridolin. Erwähnt 1537, neugot. umgestaltet 1891 von Aug. Hardegger. Mittelalterl. Bau mit eingezogenem, 3seitig geschlossenem Chor und nördl. angebautem Turm aus Tuffsteinquaderwerk mit gezimmertem Glockengeschoss und Pyramidenhelm von 1891. Profilierte Sakramentsnische; alte Schreinfiguren im neugot. Choraltar E. 15. Jh., aber stark überarbeitet. Stationenbilder 2. H. 18. Jh., Gemälde Ecce homo 1685 und Hl. Nepomuk 18. Jh. – Sog. Rathaus, Nr. 616. Kehrgiebelbau 1654, in Ständerkonstruktion mit Holzausfachung; Renov. 1754. Nördl. Anbau 19. Jh.; barocke Malereien an der Giebelfassade: Hl. Anna, 3 Könige, Sebastian sowie Dekorationen.

GANTERSCHWIL. Kath. Kirche St. Petrus und Paulus. Erb. 1939–40 von Hans Burkard; Glasgemälde von Aug. Wanner, Altargemälde von Karl Peterli. – **Ref. Kirche.** Erwähnt 1245, umgeb. 1438, 1488, 1820 (Portal); Rest. 1941. Spätgot. Anlage mit gefluchtetem, 3seitigem Polygonalchor. Turm an der N-Seite des Chors mit Pyramidenhelm, umgestaltet E. 19. Jh. Einheitsraum mit durchgezogener Gipsdecke; im Chorscheitel Masswerkfenster. An den Chorwänden bedeutende Wandgemälde zweier Etappen der Spätgotik: 1. In zwei Bahnen angeordnete Bildfelder, um 1460–70 (wohl nicht erst 1488); oben 9 Szenen aus dem Leben Mariä und unten Passionszyklus. 2. Illusionistische Grisaillemalerei in Form einer Turmmonstranz um den Wandtabernakel, vielleicht erst nachreformatorisch. Polygonale Kanzel 1761 mit dekorativen Hochreliefs und gedrechselten Ecksäulen. In der kreuzgewölbten Turmsakristei stark renov. Grisailleschriftband mit angeblicher Jahrzahl 1438, aber wohl später. – Holzbrücke über den Necker 19. Jh.

BRUNNADERN. Ref. Kirche. Erb. 1763–65 von Joh. Ulr. Grubenmann, unter Leitung von Jos. Nie aus dem Tirol und Zimmermann Jakob Messmer aus Eppishausen; Rest. 1964. Dreiseitig geschlossener Predigtsaal mit Chorscheitelturm, der mit geschweiften Wimpergen und Pyramidenhelm schliesst. Am Hauptportal Baumeisterinitialen, Türe um 1800; neues Vorzeichen. Flachtonne mit Rokokostukkaturen, Empore mit Louis-XVI-Balustrade. Aus der Bauzeit Kanzel mit Schalldeckel in Form einer Bügelkrone und Taufstein aus Degersheimer Kalknagelfluh. – *Spreitenbach.* Gasthaus Krone. Gestrickter und holzverschalter Giebelbau von 1620. – **Haus Nr. 196.** Stattlicher Strickbau 1616, auf gemauertem Erdgeschoss mit reliefiertem Rundbogenportal. Geschweifter Barockgiebel und Klebdächlein wohl 18. Jh. In der Stube Stufenofen 1785. – *Furth.* **Schöne Toggenburgerhäuser** 17. Jh. Oberes Türmlihaus, laut Datum im Rundbogenportal erb. 1614 von Jos. Brunner für Jost Grob und Anna Brunner, wohl im 18. Jh. verschalt. Polygonales Erkertürmchen an der SO-Ecke. Grüner Renaissan-

cekachelofen und eingebauter Wandschrank mit architektonischer Gliederung. – Unteres Türmlihaus. Erb. 1620 vom gleichen Bauherrn, nachdem er das obere Haus seinem gleichnamigen Sohn überlassen hatte. Gestrickter Giebelbau auf gemauertem, ins 1. Geschoss hinaufgezogenem Steinsokkel. Erkertürmchen mit Pyramidenhelm an der SO-Ecke. Am vorderen Portal Wappen Grob und Brunner, am hintern Sinnspruch. – Haus Nr. 520. Behäbiges Giebelhaus mit Seitenlauben über Balkenvorstössen; Türe dat. 1672, wohl Baujahr des Hauses. Rundbogenportal mit Barockornamenten und den Wappen des Enoch Scherrer und der Susanna Grob sowie Namen des Baumeisters Klaus Sturzenegger. Fensterzeilen mit architektonisch verzierten Ziehläden und ausgeschnittenen Rahmengrotesken, offene Klebdächer.
Hofstetten. Haus Nrn. 617–20. Stattlicher Strickbau 1680, im Giebel signiert von Meister Hans Büeler und Jak. Mosmann aus dem Bregenzerwald. Architektonisch gegliederte Fensterrahmen und Ziehläden. – Haus Nrn. 594–97. Schöner Strickbau 1684 von Meister Hans Büeler. – Haus Nr. 604. Strickbau 17. Jh., signiert von Meister Ulr. Zaner von Herisau. – Weitere bemerkenswerte Häuser 17.–18. Jh. in der Umgebung.

MOGELSBERG. Parität. Kirche St. Jakobus. Im 12. Jh. durch das Kloster St. Johann im Thurtal gegründet, erwähnt 1152. Vollständig neuerb. 1810 von Joh. Ulr. Haltiner; Renov. 1932. Breiter Saal mit schwach eingezogenem Chorrund und Frontturm. Flachtonne mit Stichkappen in beiden von einem Gurtbogen getrennten Raumteilen. Choraltar um 1770–80 mit Altarblatt um 1870 von Paul Deschwanden. Am rechten Seitenaltar St.-Nepomuk-Gemälde 1784 von Franz Ludw. Herrmann. Feldkircher Kelch mit Wappen des Abtes Bernhard Müller 1630; Nürnberger Abendmahlsbecher 1618–44 von Wolf Straub. – **Gasthaus Rössli.** Stattlicher Strickbau des 18. Jh. mit Mansartdach und geschweiftem Quergiebel an der Schauseite. Schmiedeiserner Aushänger mit neuen Wappen: Kloster St. Gallen, Toggenburg, Neu St. Johann und Mogelsberg. – *Aach.* Häuser Nrn. 1212 und 1206. Strickbauten mit seitlichen Lauben, ersteres im Giebel dat. 1698, letzteres im 19. Jh. erneuert.

ST. PETERZELL. Kath. Kirche St. Peter. Die Einsiedlerzelle wurde 1152 und 1178 dem Kloster St. Johann einverleibt und kam mit diesem 1555 an das Kloster St. Gallen. Neubau der Kirche 1722, Propsteigebäude 1764; Innenrenov. 1942. Barockkirche mit eingezogenem, 3seitig geschlossenem Chor; Frontturm, Bekrönung A. 20. Jh. von Aug. Hardegger. Im Innern moderne Stichkappengewölbe. Am barocken Choraltar das Wappen des St.-Galler Abtes Jos. v. Rudolfi (1717–40), Figuren der Apostelfürsten um 1660, Tabernakelaufsatz um 1760; am nördl. Seitenaltar ikonographisch bemerkenswertes Dreifaltigkeitsgemälde (Gnadenstuhl) 2. H. 17. Jh.; am südl. Seitenaltar Auferstehungsbild 1720 von Franz Jos. Walser. Spätgot. Pietà E. 15. Jh.; Epitaph für Franz Carl Falck (gest. 1722). An der südl. Schiffswand ehem. Gemälde des Rosenkranzaltars 2. H. 17. Jh. Polygonale Kanzel mit gedrehten Säulen und Nischenfiguren Christi, Mose und der Evangelisten um 1660. Kirchenschatz: Augsburger Monstranz 1775–77 von

Jos. Ant. Seethaler; Turmmonstranz aus Bronzeguss um 1500; Renaissancekelche 1618 und 1626. – *Muttergotteskapelle*, südl. des Chors. Kleiner flachgedeckter Saal 1620 mit eingezogenem, gerade geschlossenem Chörlein; Renov. 1888 und teilweise 1942. Altar M. 17. Jh.; Epitaph des Gerichtsverwalters Lorenz Scheub (gest. 1650) mit Steinmetzzeichen und Meisterinitialen MG. Eisenportal (aus Bazenheid) zur östl. angebauten Sakristei mit Zwillingsgewölben; grünglasierter Kachelofen 17. Jh. – Das *Propsteigebäude* unter Mansartdach steht im rechten Winkel zum Chor der Kirche und bildet einen T-förmigen Flügel. In der Pfarrwohnung Stationenbilder M. 18. Jh. – Ref. Kirche. Erb. 1962–63 von Paul Trüdinger; Bildhauerarbeiten von Joh. Ulr. Steiger. Zwei Abendmahlsbecher um 1600. – Rotes Haus. Erb. 1622, laut Datum an innerm Kellerportal, neugebaut 1716 für Franz Carl Falck. An der Strassenfassade Barockmalerei. Das gestrickte Haus besitzt als Eigenart kein Pfetten-, sondern ein Sparrendach.

BÜTSCHWIL. Kath. Pfarrkirche St. Kilian. Neubau 1885–87 von Xaver Müller; umgestaltet 1955 von Alberto Ponti. Stattliche neuroman. Anlage mit Zwillingsfenstern, im Schiff moderne Flachdecke, im Chor Kreuzgratgewölbe und Apsiskalotte. Malereien von Otto Kehl und Glasgemälde von Aug. Wanner 1955. In der Sakristei Monstranz 1723–25 von Franz Ant. Bettler; Kelche 1722 von Ant. Wieland und von Meister IS (Herisau?). – Friedhofskapelle. Dreiseitig geschlossener Barockbau 17.–18. Jh., rest. 1971. Neubarocke Ausstattung 1894 von Jos. Traub; spätgot. Muttergottesstatue. – Ref. Kirche. Erb. 1906 von Schröter. Neugot. Kirche mit gewalmter Decke und Holzstreben. – **Weisses Haus.** Erb. M. 17. Jh. für die Familie Keller, ausgestattet im 18. Jh. Dreistöckiger Steinbau mit polygonalem Treppentürmchen an der N-Seite und neuerem S-Giebel. Im 1. Stock blauer Turmofen 1730 und Stufenofen E. 18. Jh.; Täfer mit Einlegearbeiten, Felderdecke und ein vierteiliger Sekretär 2. H. 18. Jh. – *Dietfurt.* Kapelle Hl. Dreifaltigkeit, Filiale von Bütschwil. Erb. 1932–33 von Wilh. Schäfer; Wand- und Glasgemälde von Aug. Meinrad Bächtiger. Kelche 17. Jh. und 1751–53 von Franz Ignaz Bertold.

OBERHELFENSCHWIL. Parität. Kirche St. Maria, Dionys und Jakobus. Erwähnt 1336, Chor neuerbaut um 1500, Schiff nach W verlängert 1833, renov. 1877, 1938; Rest. 1972. Turm an der N-Mauer des Schiffs, im Unterbau wohl hochmittelalterlich, Wimperge und Pyramidenhelm von 1865. Rechtecksaal mit 4 Fensterachsen und eingezogenem, 3seitig geschlossenem Chor. Im Schiff flache Gipsdecke; im Chor 2jochiges spätgot. Sterngewölbe mit figürl. Ausmalung. An der N-Wand des Schiffs roman. Fensterchen mit gemalter Dekoration 13. Jh., Kreuztragungsbild 17. Jh. Stuckverzierte Nische um 1770 mit Statue des Hl. Dionys M. 17. Jh. Chorausmalung 1877 von Franz Vettiger. Ziborium um 1660 von Ludw. Wieland; Kelche 1753–55 von Franz Ignaz Bertold und 1791–93 von Joh. Ignaz Bertold; Vortragekreuz um 1630; 2 Abendmahlsbecher M. 17. Jh.

LICHTENSTEIG (Abb. 142). Dreieckig angelegtes, guterhaltenes Land- und Marktstädtchen. Gründung der Herren v. Toggenburg um 1200, erwähnt 1228; zeitweilig an das Kloster St. Gallen und an die Grafen v. Werdenberg verpfändet. Nach Aussterben der Grafen v. Toggenburg 1436 fiel das Stammland samt Lichtensteig an die Brüder Hiltbrand und Petermann v. Raron, welche es 1468 an die Abtei St. Gallen verkauften. Sitz des äbtischen Landvogts bis 1798. Seit 1803 Bezirkshauptort des Neutoggenburgs. *Anlage.* Die auf einem Felssporn gelegene, nach der Thur hin winkelförmig vorgebaute alte Stadt schliesst zum Hang hin halbkreisförmig, ehem. geschützt durch Graben und Mauer; Tore 1828 abgebrochen. Die Hauptgasse zieht sich schnurgerade durch das Städtchen, beidseits begleitet von verputzten Fachwerkhäusern mit meist geradlinig abgestützten, malerischen Laubengängen. Die Häuserzeilen, welche die Stadtmauer bildeten, sind (mindestens in den untern Partien) massiv gemauert.

Kath. Kirche St. Gallus. Aufwendiger Betonbau 1969–70 von Walter M. Förderer an Stelle einer neugot. Kirche 1869 von Joh. Christoph Kunkler. Monstranz um 1680, Ziborium A. 18. Jh., 2 Wiler Kelche, Vortragekreuz 1788 von Felix Ant. Germann. – Rathaus, ehem. Neues Amtshaus des Landvogts. Massiver Steinbau mit kreuzgratgewölbter Arkade auf Rundpfeilern; laut Jahrzahl über dem rustizierten Rundbogenportal erb. 1687. Inneres erneuert. – *Goldener Boden.* **Ehem. Rathaus.** Erstmals erwähnt 1534, Umbauten im 17. Jh., vor allem 1683–84, als Rathaus aufgegeben 1868, seit 1871 Privatbesitz; Rest. 1968. Der charaktervolle Steinbau dominiert den südl. Häuserring der Stadt. Die beiden Obergeschosse zeigen an der Gassenseite 2–4teilige Fenstergruppen mit bekrönendem Blendmasswerk, das dem 16. Jh. angehören dürfte. An den Ecken illusionistische Quadermalerei und im Treppenhaus Würfeldekoration 17. Jh. In der ehem. Ratsstube flach gewölbte Bohlenbalkendecke mit geschnitzten Rosetten, Fensterpfeiler mit krabbenbesetztem Kapitell wohl 2. H. 16. Jh. Im Obergeschoss ein weiterer spätgot. Raum. Ofen 1751 von Hieronymus Zehender. – Ehem. «Schäfli». Schmaler Steinbau mit got. Fenstergruppen. Reliefiertes Portalgewände mit Renaissancemotiven, dat. 1595. – Haus Widmer, am Platz. Spätmittelalterl. Ständerbau, rest. 1967. Geschnitzte Türe 2. H. 18. Jh. (aus dem Heimatmuseum). – *Hauptgasse.* **Türmchenhaus und «Glocke».** Urspr. zusammengehöriges spätgot. Herrschaftshaus mit malerischem Treppenaufgang an der Rückseite der «Glocke», am Portal dat. 1583. Umbau 1766 für Ratsherrn Andreas Steger. Aus dieser Zeit an der Ecke zum Gemüsegärtchen polygonales Türmchen mit Zwiebelhaube; am Haus «Glocke» rustiziertes Rechteckportal mit Strahlentüre und Türklopfer in Form eines Löwenkopfs. Wand- und Türmalereien mit Genreszenen und Rokokostukkaturen im obern Gang. – Haus neben dem «Leuen», an der Grabengasse. Massiv gemauerter, mittelalterl. Bau; Rest. 1933. Rokoko-Ofen von Joh. Rudolf Zehnder. – Gasthaus Drei Könige, am nördl. Eingang der Stadt. Schmiedeisernes Rokokoschild. – Haus Nr. 191. Neubau von 1804 über älteren Fundamenten. Louis-XVI-Portal und -Oberlichtgitter. Heute Toggenburger Heimatmuseum (s. S. 449). Beim Schulhaus abstraktes Denkmal, um 1960 von Arnold Zürcher errichtet für Jost Bürgi, den Erfinder der Logarithmen, geb. in Lichtensteig 1552, gest. in Kassel 1632. – Ref. Kirche. Erb. 1967 von Oskar Bitterli. – Haus im Hof. Erb. 1787 für den Fabrikanten

Jos. Meyer. Kubischer Bau mit kielbogigen Giebelründen; im Parterre und an den Ecklisenen Fugenschnitt.

Loretokapelle, nördlich der Stadt an der Landstrasse. Erb. 1677–80; Rest. 1953. Gerade geschlossener Barockbau mit eingezogener Vorhalle, welche von einem oktogonalen, mit Muschelarkaden verzierten Türmchen unter welscher Haube überhöht wird. In der Vorhalle Kreuzgewölbe, im Sanktuarium Tonnengewölbe über Gesims. Imitiertes Ziegelsteinmauerwerk. Gute Barockausstattung: Altarförmige Rahmung mit Verkündigungsgruppe bei der Pforte; 3teiliger Säulenaltar, bekrönt vom Wappen des St.-Galler Abtes Gallus II Alt. – **Mösli-Haus,** unterhalb Grueben auf der linken Talseite. Eigenartiges Kehrgiebelhaus mit kleinem Erker am Längsbau. Skulptiertes Rundbogenportal 1615; gestrickter Giebeltrakt 1725. Im gewölbten Keller schwere Eisentüre. – Burgstelle Neutoggenburg, auf einer Felskuppe nördl. der Wasserfluh. Angelegt vor 1271 durch die Grafen v. Toggenburg; seit dem Mittelalter zerfallen. Sichtbar einige Mauerreste und 2 konzentrische Wälle.

Museum. Toggenburger Heimatmuseum, im Haus Nr. 191 (s. S. 448). Lokalhistorische Sammlung; Kabinettscheiben 17. Jh. und bemalte Möbel 18. Jh.

KRINAU. Stilles, in einem Talkessel gelegenes Haufendorf mit zahlreichen Holzbauten des 16.–18. Jh. – Ref. Kirche. Erb. 1724–25, Turm 1761; Renov. 1931 und 1953. Ländlicher Predigtsaal mit 3seitigem Chorschluss, Frontturm mit Pyramidenhelm. Im Innern gewalmte Leistendecke. Kunstvoll geschnitzte Kanzel mit Intarsien 1724, Taufstein 1725. Zwei Abendmahlsbecher 1724, Brotteller 1666. – Haus Nr. 65, am Dorfeingang. Holzverschalter Strickbau mit geschweiftem Quergiebel und Klebdächern 1. H. 18. Jh. – Gestrickte Giebelhäuser, Nr. 11 erb. 1681 und Nr. 18 erb. 1710. – Chrinäuli. Herrschaftliches Bauernhaus 17. Jh.

WATTWIL. Bedeutendes Zentrum der Textilindustrie seit dem Ausgang des 18. Jh. – **Ref. Kirche.** Mutterkirche des Tals, erwähnt 897, Simultankirche 1593–1967, Neubau 1845–48 von Felix Wilh. Kubly; Aussenrest. und Innenumbau 1969 von Walter Henne. Spätklassiz. Anlage mit charakteristischer Durchdringung des reformierten Querkirchentypus mit dem katholischen Chorraumschema. Kubisch gegliederter Rechteckbau mit 3 Giebelrisaliten und Portikus an den Eingangsseiten und quadratischem, an den Ecken abgeschrägtem Chor mit seitlichen Sakristeien. Am Chorscheitel gedrungener Turm mit biedermeierlichem Glockengeschoss und Zeltdach. Inneres modernisiert: Chor und Räume unter der Empore abgetrennt. Orgeltribüne mit Triumphbogenstellung. Abendmahlsbecher 1674. – Umgebung 1972 beeinträchtigt. – Kath. Kirchenzentrum. Erbaut 1967–68 von Karl Bauer. Aulaähnlicher Raum mit indirekter Lichtführung. Turmmonstranz 1610 von Joachim Zürcher, Monstranz 1774 von Jos. Ant. Seethaler, Ziborium 1650–60 von Joachim Wieland. – Wilerstrasse Nrn. 17 und 23. Fabrikantenhäuser, erb. 1815 beziehungsweise 1806 für Kreisrichter Hauptmann Bösch. – Haus Unterdorfstrasse Nr. 11. Erb. 1792 von Joh. Jak. Hartmann. – Haus Nr. 15. Gestrickter Giebelbau, wohl 1. H. 18. Jh., mit verschalten Vordächern und Ziehläden mit Schweifbrettern. – Haus Merkur, Ringstrasse Nr. 21. Erb. 1816 unter Abraham Raschle. Walmdach mit Quergiebel, Portal mit Volutenbekrönung. – Haus Engelgasse Nr. 5, erb. 1806. – Haus Hembergstrasse Nr. 3. Gestricktes Giebelhaus, teilweise verschalt. Im Giebel Baumeisterinschrift des Hans Erni 1602.

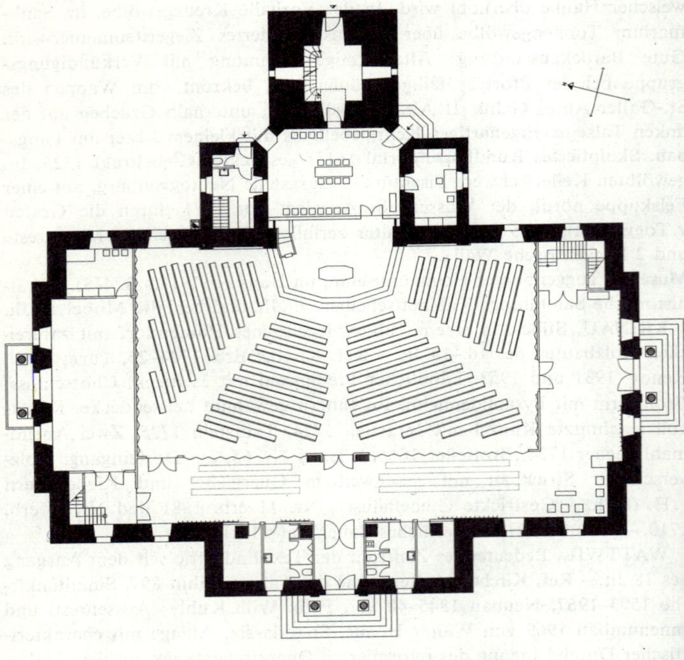

Wattwil. Ref. Kirche (nach Renov. 1969)

Kapuzinerinnenkloster Maria der Engel. Das auf einem Hügel thronende durch einen Mauerring burgartig geschlossene Kloster ist die besterhalten Klausuranlage im Kt. St. Gallen. Hervorgegangen aus einer Beginensam nung auf Pfanneregg am östl. Talhang, seit 1621 am heutigen Standort Der östl. der Kirche freistehende Flügel als Verlängerung des Gästehause errichtet 1730, Beichtigerhaus 1750, weitere Neu- und Umbauten (Novi ziat) 1781–82 vom Allgäuer Simon Schratt (gest. 1781) und seinem Soh Michael. – *Klosterkirche*. Erbaut unter (oder von ?) Pater Jodokus Metz ler, geweiht 1622; Laienschiff und -chor neugewölbt 1780, Vorhalle un Renov. 1893. Dreiseitig geschlossener Längsbau mit insgesamt 5 S-Fer stern, von denen 4 auf die Laienkirche und den gerade geschlossenen La enchor entfallen. Achteckiger Dachreiter von 1849. Im Innern Tonneng wölbe, übermaltes Deckengemälde im Chor um 1780 von Jak. Jos. Müller. Gute Rokoko-Ausstattung: Seitenaltäre 1771, Hochaltar gestiftet 1774 von Abt Beda Angehrn, Figuren von Friedr. Vollmar aus Riedlingen; Altarblätter 1865. Im gefluchteten Nonnenchor Kreuz- und Fächergewölbe auf Konsolen. – *Kirchenschatz.* Renaissanceturmmonstranz 1631, 2 Reliquienmonstranzen 1648 von Gottfried Hettinger; Ziborium um 1630–50, Kelche aus Zug, Rapperswil und Wil 17.–18. Jh. – *Konventgebäude.* Der älteste Flügel, ein 2geschossiger Bau mit Satteldach und Schleppdachlukarnen, steht an der N-Seite im rechten Winkel zur geosteten Kirche; das um 1781 angegliederte Noviziat ist wiederum übereck gebaut, so dass ein nach W geöffneter, quadratischer Hof entsteht. Die Pforte öffnet sich zwischen Kirche und dem südwestl. vorgezogenen Gästehaus. Im 1. Stock Bischofszimmer mit blaubemaltem Kuppelofen 1782 von Joh. Jak. Breitenmoser, Intarsiensekretär und Kommode 18. Jh. Klausur: Im Erdgeschoss des Konventtrakts Refektorium mit Balkendecke auf Stützpfeiler; grosser, 2mal gestufter grüner Turmofen 1621. Bedeutende Skulpturen: Ährenmadonna um 1420–30, Kreuztragungsgruppe E. 15. Jh. (beides wohl aus St. Katharinental), Pietà um 1500 aus Rapperswil, Relief der Hl. Sippe M. 17. Jh.; zahlreiche Andachtsplastik des 17.–18. Jh. – *Einsiedlerkapelle*, an der westl. Klausurmauer. Erb. 1727; die 2 Altargemälde um 1620, vielleicht aus der Kirche. Einsiedlermadonna 1727, Hl. Joseph um 1680. – Im Beichtigerhaus Zimmer mit Modell des ausgegrabenen Klösterchens Pfanneregg und zahlreichen Fundgegenständen.

Burg Iberg. Erbaut um 1240 durch den äbtischen Ministerialen Heinrich v. Iberg. Im 13. Jh. Zankapfel zwischen den Grafen v. Toggenburg und dem Abt von St. Gallen. Wiederaufbau nach Zerstörung im Appenzellerkrieg 1405. Nach der Aufhebung des Klosters 1805 in Privatbesitz, Wohngebäude abgebrochen 1835, Turm und Ringmauern gesichert 1902; Renov. 1965. Unverputzter Bergfried in Bruchsteinmauerwerk; Lichtschlitze und Zwillingsfenster wohl 13. Jh., Dach und Wehrgang neu.

Bunt. **Altersheim,** Nr. 77. Als Fabrikantenhaus erb. 1783 durch Andreas Hartmann, 1827 biedermeierlich umgebaut. Bemerkenswertes Portal mit Architekturgliederung, im Scheitel des Segmentbogens Wappen Hartmann und Initialen des Bauherrn. Treppenturm mit Zwiebelbekrönung. Im Innern Rokokostukkaturen. Daneben Lagerhaus der ehem. Handelsfirma. – **Haus Mohren,** Nr. 71. Gestrickter Kernbau 17. Jh., Erweiterung und Umgestaltung 3. V. 19. Jh. Im 2. Obergeschoss ländliche Wandmalereien mit Landsknecht M. 17. Jh. — Haus Nr. 80. Spätbarockbau mit geschweiftem Giebel, um 1800, rest. 1974. Durch proportionslosen Nachbarbau beeinträchtigt. – Weiherhaus. Erb. um 1670–80; rundbogiges Steinportal mit Rollwerkverzierungen und Allianzwappen. – *Scheftenau.* **Haus Nr. 1247.** Laut Inschrift an einem Täfer erb. 1692 unter Pfleger Jos. Ambühl. Herrschaftlicher Giebelbau auf gemauertem Sockelgeschoss mit offenem Klebdächlein; gekehltes Rundbogenportal mit ovalem Oberlicht über dem Scheitel, Türe und schmiedeiserner Klopfer aus der Bauzeit. – Häuser Nrn. 1245 und 1261. Ähnlich dem vorhergenannten; Nr. 1261 mit neuerem Mansartgiebel. – *Näppis*. Geburtshaus des bekannten Dichters Ulrich Bräker (1735–71), welcher seine Jugend im Dreischlatt verbrachte. – *Schönenberg*. Haus Nr. 617. Zwei, originelle reich ausgemalte Firstkammern 1766.

RICKEN. Kath. Pfarrkirche St.Joseph. Erb. 1774 unter Pfarrer Jos. Helg an Stelle einer Pilgerkapelle Allerheiligen, Turm 1867; Renov. 1934–35. Stark veränderte Anlage mit Chorscheitelturm und westlich angebautem Pfarrhaus. Wandgemälde 1935 von Aug. Meinrad Bächtiger. Barocke Kreuzigungsgruppe. Grabmal des Stifters Helg (1720–87).

HEMBERG. Behäbiges Bergdorf in prachtvoller Aussichtslage. – **Kath. Pfarrkirche St.Johannes d.T. und Andreas.** Gegr. 1214, Wiederaufbau nach einem Brand um 1460, Simultankirche bis 1778; Neubau von Schiff und Chor 1781–82 von Ferd. Beer; Rest. 1972–73. Barockbau mit gefluchtetem, 3seitig geschlossenem Chor. Am breiten Chorscheitel steht der im Unterbau mittelalterl. Turm, der im Untergeschoss die ehem. St.Annakapelle birgt. Mächtige 4seitige Zwiebelhaube und Laterne barock. Im Innern Spiegelgewölbe mit kleinen Stichkappen über den 5 Fensterachsen. Stark übermalte Deckengemälde 1782 von Jak. Jos. Müller: Marter des Hl. Andreas, Hl. Sippe, Taufe Christi und Abendmahl; an der S-Wand der 12jährige Christus im Tempel; Rokokostukkaturen. Über dem Chorbogen Chronogramm mit dem Baujahr 1782. Louis-XVI-Altäre und -Kanzel, am Choraltar Wappen des St.-Galler Abtes Beda Angehrn (1767–96); das Gemälde des Gnadenstuhls ist eine neue Kopie nach demjenigen in St.Peterzell (s. S. 446). Orgel von Matthäus Abbrederis 1690–91, aus Thal erworben 1883. Spätgot. Statue der Hl. Anna E. 15.Jh. Kirchenschatz: Augsburger Monstranz 1775–77 von Jos. Ant. Seethaler; Ziborium um 1673; Kelche um 1648 von Gottfried Hettinger, 1696 von Jos. Wieland, 1781–83 von Jos. Ant. Seethaler; Vortragekreuz 1651. – **Ref. Kirche.** Erb. 1779 von Joh. Jak. Haltiner; Renov. 1941. Dreiseitig geschlossener Predigtsaal mit 4 Achsen rundbogiger Fenster. Frontturm mit geschweiften Wimpergen und Pyramidenhelm. Im Innern Flachtonne mit zarten, weitausgreifenden Stukkaturen; Sprengwerk-Empore polygonale Kanzel. – Sog. Grosses Haus, nördl. der ref. Kirche. Mächtiges Giebelhaus mit Klebdächern. In der Stube Kachelofen 1787. *Schwanzbrugg*. Haus von 1776; Giebelfassade mit beachtlichen Rokokomalereien.

KAPPEL. Kath. Pfarrkirche St.Michael. Kapelle erwähnt 1218, dem Kloster St.Johann einverleibt 1220, parität. 1595–1823; nach Feuerschaden beim Dorfbrand 1854 wieder aufgebaut von Baumeister Scherrer; umgeb. und durch Seitenschiffe erweitert 1941 von Wilh. Schäfer, renov. 1969. Neugot. Turm im Scheitel des eingezogenen Rechteckchors. Wandbild 1941 von Jak. Häne. In der Sakristei: Nachgot. Turmmonstranz um 1600–30 barock umgestaltet, Kelch 1759–61 von Joh. Ignaz Casp. Bertold; spätgot. Vortragekreuz 1498. – Ref. Kirche. Erb. 1823 vom ortsansässigen Christian Brägger. Neuerb. nach dem Brand 1854 von Joh. Nepomuk Keller aus Frauenfeld; Renov. 1933. Biedermeierlicher Bau mit neuroman. Stilelementen. Der Grundriss des 3seitig geschlossenen Predigtsaals mit Chor scheitelturm könnte auf den Vorgängerbau zurückgehen. Fünf Lichtensteiger Zinnkannen mit Ringhenkeln 18. Jh. – **Haus Felsenstein,** Nr. 15. Stattlichster Steinbau im Toggenburg, mit beachtlicher Ausstattung. Erb. 1624 für Hans Bösch d. J.; Renov. 1929–30. Kubischer Kreuzfirstbau mit Kniestökken in verputztem Fachwerk. Spätgot. Fenstergruppen, rustiziertes Rundbogenportal an der N-Seite und spätgot. profiliertes Rundbogenportal an der O-Seite, hier mit Renaissancenischen für Figuren, darüber Allianzwappen des Bauherrn und seiner Frau Maria Kopp. Das mehrmals auftretende Steinmetzzeichen gehört vielleicht Adam Hasler von Rorschach, der auch am Klosterbau Neu St. Johann tätig war. Gewölbte Korridore und profilierte Türgerichte. Jägersaal mit Kreuzgewölben; Grüne Stube mit blaubemaltem Kuppelofen um 1770, Braune Stube mit 2 hölzernen Fensterstützen. Beim Esszimmer eine Ofenwand mit Allianzwappen des Bauherrn 1624, wohl vom Winterthurer Hans Caspar Erhart. Im Herrenschlafzimmer ein Wandschrank 1638. Bemerkenswerte Einzelausstattung: Toggenburger Kabinettscheiben des 17. Jh. und Möbel des 18. Jh., Intarsienschrank von 1626 aus dem Wattwiler Frauenkloster; Nürnberger Buckelbecher um 1600 von David Laur mit Widmungsplakette 1673, Renaissanceporträt des Kardinals Matthäus Schiner A. 16. Jh., Frauenbildnis um 1800 von Felix Maria Diogg, Ahnengalerie der heutigen Besitzerfamilie Homberger.

EBNAT. Ref. Kirche (Abb. 143). Erb. 1762 von Joh. Ulr. Grubenmann; Renov. 1950–52. Dreiseitig geschlossener Einheitsraum mit Frontturm, der von Wimpergen und Pyramidenhelm bekrönt wird. Am Stichbogengewölbe und über den Fenstern Stukkaturen. Typischer Grubenmann-Dachstuhl mit Kehlgebälk und Kreuzstreben. Zwei Herisauer Abendmahlsbecher 1762; 5 Zinnkannen 1762. – Mormonentempel, erb. 1964. – Haus Nr. 18. Fabrikantenhaus von 1790 mit Stichbogenportal. – **Haus Steinfels.** Traufständiger, 3geschossiger Steinbau mit versetzten Eckquadern, erb. wohl 1667 unter Hans Jak. Bösch. Baukörper noch durchaus got. empfunden, im Detail aber barock. S-Portal mit rundem Oberlicht im Scheitel. Kreuzgewölbte Korridore, im Erdgeschoss quer-, in den Obergeschossen längsverlaufend. Toskanische Fenstersäulen mit barock ornamentierten Gebälkstücken. – **Haus Acker.** Erb. 1752 in Füberg, nördl. Oberhelfenschwil, für Jak. Kunz, in Ebnat neu aufgestellt 1951 für Albert Edelmann (1886–1963), den verdienstvollen Förderer der Toggenburger Kultur.

Eich. Toggenburger Holzhäuser Nrn. 16, 18 und 19. – *Ganten.* Haus Nr. 687. Gestrickter Giebelbau mit Klebdächern, im Giebel dat. 1687. Ofen 1806 von Hans Conr. Frei. – *Gieselbach.* Wohnhaus der Hausorgelbauerfamilie Looser. Ofen 1770 von Hans Rudolf Zehnder.

Museum. Heimatmuseum, Stiftung Albert Edelmann (s. oben). Musikinstrumente, u. a. 5 Toggenburger Hausorgeln und Halszithern; bemalte Toggenburger Möbel 18.–19. Jh.; Gemälde von Albert Edelmann.

KRUMMENAU. Ref. Kirche. Erwähnt 1260 als Filiale von Wattwil, seit 1437 selbständige Pfarrei, 1622–1805 Simultankirche; Renovation 1880 und 1955. Im Kern spätmittelalterl. Anlage mit eingezogenem, 3seitig geschlossenem Chor. Nördl. Chorflankenturm mit Satteldach, Schallfensterpaare mit Masswerk, vielleicht um 1513. Im Schiff barocke Stichbogentonne, im Chor Spiegelgewölbe; Empore 1768. Polygonale Kanzel M. 17. Jh. mit reichen hochplastischen Ornamenten; 6eckiger Taufstein 1689 mit spätgot. Schaftprofilen. Zürcher Abendmahlsbecher 1656, vielleicht von Joh. Weber; Herisauer Becher M. 17. Jh.; spätgot. Taufschale mit Rebmotiv.

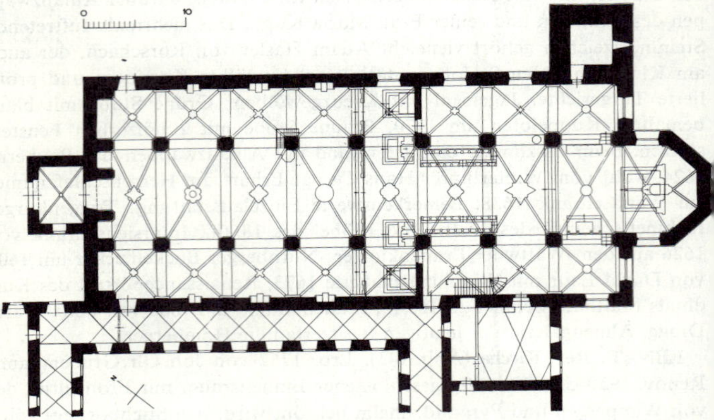

Neu St. Johann. Klosterkirche

NEU ST. JOHANN. Ehem. Benediktinerabtei (Abb. 144). *Neben St. Gal len und Pfäfers wichtigster nachmittelalterl. Klosterbau im Kt. St. Gallen; di Kirche ist ein bedeutsames Bindeglied zwischen got. und barocker Architektu in der Schweiz.* Das um 1150 gegründete, 1555 der Abtei St. Gallen einver leibte Benediktinerkloster St. Johann wird 1626 von Alt St. Johann an de jetzigen Standort verlegt; aufgehoben 1805. Bauleiter des neuen Konvent baus war Statthalter Pater Jodokus Metzler von Wil, dem Pietro Andreot aus dem Misox zur Seite stand. – Die *Kirche*, auf «welsche Manier» ange fangen 1641–44 von Alberto Barbieri, nach Bauunterbruch vollendet 1680 seit 1805 kath. Pfarrkirche, renov. 1937, Aussenrest. 1967–69. Das Kirchen gebäude nimmt die nördl. Flanke des Klostergevierts ein, wobei das Altar haus über die Flucht des O-Trakts hinausspringt, die W-Fassade aber zur W-Flügel des Klosters einen offenen Winkel bildet. Die Kirche ist ein ur gegliederter Längsbau ohne Chorausscheidung, aber mit 5eckigem Altar haus, das wie ein spätgot. Treppenturm wirkt. Durchgezogenes, im W ab gewalmtes Satteldach. Am O-Ende der N-Mauer gedrungener Turm m welscher Haube. Sgraffiti rahmen in Bündner Art die stichbogigen Fenste und markieren die Eckquaderung. An der S-Seite wegen des angegliederte Kreuzgangs Oculi. Über dem Portal der geschlossenen Vorhalle architel tonisch gerahmtes Wappen der St.-Galler Äbte Pius Reher (1630–54) un Gallus Alt (1654–87). Das Innenportal mit Säulenstellung und gesprengte

Giebel aus Säntiser Marmor. Der Innenraum ist eine 8jochige Halle mit gleichhohen Seitenschiffen, welche ein spätgot. Bauschema mit barocken Mitteln bewältigt. Stuckrippen markieren die durch Gurten abgetrennten Kreuzgewölbe über toskanischen, in den Ecken zurückgestuften Pfeilern. Der Chor wird am 4. Pfeilerpaar, also genau in der Mitte des Längsraums, durch ein Rautengitter um 1710 abgetrennt. – Hervorragende *Ausstattung* in ausgeprägtem Knorpelstil um 1644–45: Choraltar, visiert von Georg Buchli aus Salem, ausgeführt von Hans und Christoph Schenck, in der Predella Apostelfürsten, in den seitlichen Baldachinen Otmar und Gallus, Altarblatt mit Taufe Christi in italienisch-manieristischem Stil, Oberblatt mit Johannes Ev. auf Patmos, darüber Wappen des Abtes Pius Reher. Chorgestühle mit gedrehten Dorsalsäulen, Kredenztisch, Zelebrantensitz, reichgegliederte Kanzel mit 2geschossigem Schalldeckel und Beichtstühle. Äussere Seitenaltäre um 1650–60; die innern, z. T. erneuerten Baldachinaltäre um 1680. An der Stirnseite des südl. Schiffs Rokoko-Altar um 1770–80. Achteckiger Empiretaufstein 1806. Reichgeschnitztes Orgelgehäuse und Rückpositiv 1679 und 1779, Werk erneuert. Gemalte Wandkästen hinter dem Chorgestühl. Treppenaufstieg zur Pfarrwohnung mit gemalter, teilweise durchbrochener Verschalung, alles um 1700. In den Sakristeiräumen zahlreiche Schränke und Kredenzen des 17. Jh. – *Kirchenschatz.* Monstranz 1707 von Ludw. Schneider; Kelche um 1680 von Lorenz Biller, um 1710 von Ludw. Schneider, 1736 von Meister IGK und 1781–83 von Meister AB, A. 18. Jh. von Heinr. Dumeisen und um 1780 von Franz Ant. Büsel; Reliquiare, Bildwerke und Paramente 17.–18. Jh. – *Konventgebäude*, heute Anstalt für Debile (Johanneum); Rest. 1968–70, wobei der W-Flügel seine urspr. Quergiebel zurückerhielt. Kreuzgewölbte Korridore umschliessen den Binnenhof. Im Erdgeschoss des Ostflügels *Karlskapelle*, 1. Kirchenraum des Klosters. Tonnengewölbe mit Stichkappen für die stichbogigen Fenster, kantige Stuckrippen in gotisierender Figuration. Unter der Tünche Renaissancemalereien um 1630. Barockaltärchen mit Gemälde des Hl. Karl Borromeo, Chorgestühl vielleicht 16. Jh. Im ersten Geschoss des N-Flügels der Kirche entlanglaufender Bibliotheksgang mit gemalten, holzvergitterten Bücherschränken. Vor der Pfarrwohnung Gemäldefolge mit Szenen aus dem Leben des Hl. Benedikt. Im W-Trakt Fürstensaal mit Kassettendecke und loggienartig gegliederter Fensterfront; im Erker geschnitztes Wappen des Abtes Gallus Alt. Im Prälatenschlafzimmer Stuckdecke mit Bildnis des gleichen Abtes. Im Parterre Speisesaal mit Régencestuck um 1720–30. Moderne Kapelle mit Wandteppich von Ferd. Gehr. – Haus zur Mauer. Riegelbau mit Baudaten 1668, 1683 und 1940. Im Erdgeschoss Kreuzgewölbe mit Renaissancemalerei um 1630, abgedeckt 1953.

ENNETBÜHL. Ref. Kirche. Dreiseitig geschlossener tonnengewölbter Predigtsaal 1755; Renov. 1949–50. Frontturm mit geschweiften Wimpergen und Pyramidenhelm. Taufstein 1755.

NESSLAU. Ref. Kirche. Neuerb. 1811, renov. 1951. Breiter, 3seitig geschlossener Einheitsraum mit leerem Tonnengewölbe. An der N-Seite Turm mit Pyramidenhelm, untere Teile wohl mittelalterl. Sechseckiger Taufstein mit gerippter Schale 1684. Zwei Abendmahlsbecher 1627 wahrscheinlich von Joh. Ulr. Giezendanner und Teller um 1700–07; Taufbecken 1596 und Taufkanne um 1600. – Kirchplatz mit klassiz. Häusergruppe. – Gasthaus Rössli. Barocker Mansartdachbau mit Sentergiebel. Aushängeschild A. 19. Jh. *Lauffen.* **Haus Nr. 461.** Im Innern einfache Renaissancetäfer mit Pilastergliederung und Felderdecken. Eine Türe mit Intarsien trägt die Inschrift des Bauherrn Friedr. Scherrer 1680. Im Obergeschoss barocke Dekorationsmalereien auf Holz als Tür- und Fensterrahmungen um 1700.

STEIN. Kath. Kirche St. Jakob. Neuerbaut 1927–28 von Wilh. Schäfer. Rokokokanzel mit Rocaillenschnitzereien um 1770. Monstranz um 1770; Kelche um 1600 und 1628; Vortragekreuz aus verschiedenen Teilen 16.–17. Jh. – Ref. Kirche. Neubau 1497; Renovation 1929. Tonnengewölbte Saalkirche mit eingezogenem, 3seitig geschlossenem Chor und N-Turm mit Käsbissen. Inneres erneuert. Sechseckiger gerippter Taufstein aus schwarzem Marmor 1688. Glarner Becher 1680; Taufbecken und -kanne 1711.

ALT ST. JOHANN. Ehem. Benediktinerabtei. Gegr. um 1150 von Wenzeslaus v. Ganterschwil und mit Mönchen aus Trub im Emmental besetzt. Abgebrannt 1566, nach einem 2. Brand 1626 verlassen und nach Sidwald (Neu St. Johann s. S. 454) verlegt. – *Ehem. Klosterkirche*, heute kath. Pfarrkirche St. Johann. Von den kath. Bewohnern 1626 übernommen, umgeb. 1869–70 von Joh. Christoph Kunkler, verlängert und vollständig umgestaltet 1939–40. Flachgedeckter Längsraum mit eingezogenem Chor, dessen gerader Chorscheitel an den Ecken abgeschrägt ist. An der N-Seite des Chors Turm mit geschweiften Wimpergen und welscher Haube um 1770. In der modernen Vorhalle Grabplatte für Pater Beatus Seiler (gest. 1695). Im Innern Wandgemälde 1940 von Jak. Häne. Rokoko-Orgel mit bekrönendem Wappen des Klosters St. Johann. Achteckiger Taufstein 1617 mit flachgeschnittenen Beschlagwerkornamenten. Reichprofiliertes Sakristeiportal mit Masswerktympanon E. 15. Jh., schönstes Beispiel dieser Art im Kt. St. Gallen. In der Sakristei Netzrippengewölbe auf Konsolen. Kirchenschatz: Monstranz 1765–67 von Joh. Ignaz Bertold; Kelche um 1710–20 von Franz Felix Rüssi und um 1677–84 vielleicht von Joh. Wagner; hochgot. Vortragekreuz um 1400. – *Ehem. Propsteigebäude*, jetzt Pfarrhaus und Kaplanei. Der im rechten Winkel südl. zur Pfarrkirche angebaute, verputzte Holzbau mit Klebdächern entstand wohl erst nach 1626, während der gemauerte Keller mit Kreuzgewölben und ein gewölbter Gang im 1. Stock noch spätmittelalterl. sein könnten. Treppenhaus in Ständerkonstruktion. In der Kaplanei Wappenschild des Abtes Beda Angehrn (1767–97), wohl von einem durch ihn gestifteten Altar. Gemälde 17. und 18. Jh. – Beinhauskapelle. Dreiseitig geschlossener Längsbau mit Tonnengewölbe, wohl 17. Jh. Sechs Passionsgemälde 1669–70, signiert R.
Ref. Kirche. Ehem. Kapelle, erweitert 1817 und 1861; Renov. 1924. Rechtecksaal von 4 Fensterachsen, der Chorturm mit biedermeierlichem Pyramidenhelm. Becher um 1620 von Meinrad Ruch und E. 17. Jh. aus Zürich.

***WILDHAUS** (Abb. 145). **Kath. Pfarrkirche St. Bartholomäus.** Erbaut 1774–76 von Joh. Ferd. Beer; Renov. 1956ff. Barockbau mit gefluchtetem

3seitig geschlossenem Chor. Turm im Chorscheitel mit 8eckigem Aufsatz und Pyramidenhelm 1934. Am flachen Tonnengewölbe mit Stichkappen Deckengemälde 1776 von Jak. Jos. Müller: Epiphanie, Himmelfahrt Mariä, Pfingstwunder, Abendmahl; Stukkaturen von Jos. Ant. Berchtold. Über dem Chorbogen Stuckkartusche mit Wappen des St.-Galler Abtes Beda Angehrn. Rokoko-Ausstattung 1776 von Jos. Ant. Berchtold, Altarfiguren aus Stuck von Friedr. Vollmar, Kruzifix und Muttergottes, im Choraltar Gemälde 1867 von Jos. Reichlin. Kultgeräte: Monstranz um 1776; Kelche 1602 von Joachim Zürcher und 1775–77 aus Augsburg; Vortragekreuz 2. H. 17. Jh. – Ref. Kirche. Erwähnt 1381 als Filiale von Gams, paritàt. bis 1776, um- oder neugeb. 1779; Renov. 1931. Dreiseitig geschlossener Predigtraum mit Vorhalle, die sich mit einem Rundbogenportal nach S öffnet. N-Turm mit geschweiften Wimpergen und Pyramidenhelm. Ausstattung erneuert. Zwei Abendmahlsbecher 16.–17. Jh.; Taufbecken 1726 von Hans Conr. Thomann. Drei got. Glocken 1396, 1490 und 15. Jh. – **Zwingli-Haus*** (Abb. 145). *Eines der ältesten Holzhäuser in der Schweiz.* Geburtshaus des Reformators Ulrich Zwingli (1484–1531). Gestrickter Giebelbau mit Tätschdach und sog. Heidenbalken, Ziehläden. Spätgot. Rundbalkendecke mit Lilienenden und Rosetten. – Moderner Zwingli-Brunnen mit Reliefporträt von Karl Hänny. – In der weitläufigen Streusiedlung zahlreiche typische Toggenburgerhäuser 16.–18. Jh.

FÜRSTENLAND ÖSTL. DER SITTER

WITTENBACH. Kath. Pfarrkirche St. Ulrich. Erb. 1675 von Daniel Glattburger nach Plänen von Pater Maurus Heidelberger im Kloster Sankt Gallen, die 1. Verlängerung nach W 1724, 2. Verlängerung und Gesamterneuerung des Innenraums 1812; Rest. 1969–72. Barocksaal mit eingezogenem Rechteckchor, Turm an der Stirnfront des Chors (erhöht 1969). Im Schiff Flachtonne mit Stichkappen, im Chor Kreuzgewölbe. Deckengemälde 1812 von Jos. Keller: im Chor die Evangelisten, im Schiff der Hl. Ulrich, Abendmahl und David, unter der Empore Moses vor dem brennenden Dornbusch; Stuckgirlanden. Klassiz. Altäre und Kanzel, Gemälde 20. Jh., Hochaltarstipes 1972 rekonstruiert. Hochbarocke Altarplastik und Einzelfiguren, wohl um 1675. Im Kirchenschatz Monstranz 1718; Kelche um 1630–40 von Joh. Riggenschwiler, um 1680 von Zacharias Müller und 1763–65 von Ignaz Casp. Bertold; Vortragekreuz 1723; Messgewand 1779. – **Kapelle St. Johannes Nepomuk.** Erb. 1758 von Dekan Joh. Pfister auf eigene Kosten. Kreuzgewölbter Längsbau mit 8seitigem zwiebelbekröntem Dachreiter; Rest. 1965. Altärchen aus der Bauzeit. Rokoko-Epitaph für Dekan Joh. Pfister (1678–1762). – **Schloss Egg,** östl. der Kirche. Urspr. Meierhof des Klosters St. Gallen. Neuerb. 1624, renov. 1677, 1719 und 1967. Auf hochmittelalterl. Sockel traufständiger Fachwerkbau mit kleinem Quergiebel, das 7teilige Reihenfenster mit bemalten Ziehläden.

Kronbühl. Ref. Kirche. Erb. 1949 von Bärlocher und Unger. Glocken 1457 und 1568 aus Mühlheim (TG) und 1797 aus Bischofszell. – **Schloss Dottenwil.** Erb. wohl um 1530 für Peter Graf von St. Gallen, umgeb. 1640 durch

Christoph Buffler, seit 1886 Bürgerheim; Renov. 1962. Quergelagerter Bau mit 2 verputzten Fachwerkgeschossen unter bekrönendem Zwiebeltürmchen; an der östl. Schmalseite 2 runde Eckrisalite, an der N-Seite risaliertes Treppenhaus. Geohrtes Portal zur neuen Kapelle im Erdgeschoss. – *Hurliberg.* Zweigeschossiger Fachwerkbau unter asymmetrischem Giebel wohl 1. H. 17. Jh. Dachuntersichten und Klebdächlein E. 18. Jh. bemalt u. a. mit den Drei Eidgenossen. – *Unterlöhren.* Haus Wehrle. Im gemauerten Sockel des Riegelhauses spätgot. Relief mit Anbetung der Könige.

HÄGGENSCHWIL. Kath. Pfarrkirche St. Notker. Erb. 1728 von Joh. Jak. Grubenmann, umgestaltet 1780 von Joh. Ferd. Beer; Rest. 1964. Vierachsiger Barockbau mit eingezogenem, dreiseitig geschlossenem Chor und haubenbekröntem Turm am Chorscheitel. An der S-Wand des Turms Kruzifix E. 18. Jh. Im Schiff Flachtonne mit zentralem Deckengemälde 1780 von Jos. Ant. Dick: Mariä Himmelfahrt, begleitet von 4 Medaillons mit den Kirchenvätern; polychrome Rokokostukkaturen von Joh. Jak. Rüest. An den Wänden stark erneuerte Apostelgemälde. Im Spiegelgewölbe des Chors Deckengemälde 1897 von Georg Troxler. Klassiz. Ausstattung: Hochaltar 1811, Seitenaltäre 1827 mit Blättern von Jos. Ant. Dick, im nördl. Seitenaltar die Figuren der Apostelfürsten sowie die Kanzel nach 1780, vielleicht von Joh. Wirtensohn. Gute Statue des Hl. Notker M. 18. Jh. Taufstein 1964 von Aug. Rausch; Beichtstühle neubarock. Auf der Empore hübscher Orgelprospekt mit neuem Werk. In der Sakristei: Rapperswiler Monstranz um 1730–40 von Carl Ignaz Dietrich; Glarner Kelch um 1650 wohl von Hans Marti; Kelche 1800 von Caspar Xaver Stippeldey und 18. Jh. – Gasthaus Krone, gegenüber der Kirche. Traufständiger Barockbau mit kokettem Biedermeier-Quergiebel. – *Ruggisberg.* **Marienkapelle.** Erb. 1683, aus Anlass des Sieges über die Türken am Kahlenberg. Bauherr war Abt Niklaus Wierith vom Prämonstratenserkloster Obermarchthal an der Donau, der den Hof 2 Jahre zuvor erworben hatte. Kubischer Barockbau mit eingezogenem Rechteckchor. Im Schiff flache Felderdecke, im Chor Tonnengewölbe mit Stichkappen. Barockaltar im Knorpelstil um 1684 mit Gemälde der Maria als Siegerin über die Türken, begleitet von den Figuren der Hl. Martin und Nikolaus. Augsburger Kelch um 1680 von Ignaz Ohnsorg. – **Burgruine Ramschwag,** unterhalb des Weilers Chollerberg über dem rechten Ufer der Sitter. Ulrich v. Ramschwag erwähnt 1176; Burg nach 1398 im Besitz der Herren v. Rosenberg, wegen Erdrutschgefahr E. 15. Jh. verlassen, Bestand gesichert 1932. Von der in opus spicatum errichteten urspr. Anlage haben sich der Bergfried mit got. Zwillingsfenster und eine im Verband stehende östl. Schildmauer mit Rundbogentor erhalten. Die Wohngebäude standen am N-Ende des Plateaus. – Burgstelle Neu-Ramschwag, ca. 3 km flussaufwärts. Abgetragen anlässlich des Kirchenbaus in Häggenschwil.

MUOLEN. Kath. Pfarrkirche St. Joseph. Neuerb. 1863 an Stelle eines Barockbaus von 1784; vollständig umgestaltet 1963–64 von Hans Burkard, gleichzeitig Skulpturen von Otto Rausch, Schmiedearbeiten von Jos. Tannheimer und Glasmalereien von Walter Burger.

MÖRSCHWIL. «Maurini vilari» erwähnt 811. **Kath. Pfarrkirche St. Johannes Baptist.** Neuerb. 1699–1704 von Peter und Joh. Haimb, wobei die Umfassungsmauern der 1510 neu geweihten Kirche weitgehend wiederverwendet wurden; Einwölbung 1783 durch Joh. Ferd. Beer; Verlängerung und Rest. 1957–59 durch Oskar Müller. Barocker Bau mit eingezogenem, 3seitig geschlossenem Chor; nördl. des Chors Turm mit Spitzhelm. Im Innern gedrückte Tonnengewölbe mit Deckengemälden 1783 von Jak. Jos. Müller und Mathias Locher: Im Chor eine Anbetung des Lamms (rekonstruiert), im Schiff Taufe Christi, Predigt des Hl. Johannes und Enthauptung des Täufers. Grüne Rokokostukkaturen 1783. In der W-Wand rundes Glasgemälde 1959 von Hans Stocker. In der nördl. Chorwand spätgot. Türe. Altäre aus der Klosterwerkstatt St. Gallen: Hochaltar von 1707 mit guten Figuren, an Stelle des Gemäldes ehem. Chorbogenkreuz des 18. Jh., Wappenkartusche von Abt Leodegar Bürgisser, Oberstück von Seb. Herrsche; Tabernakel 1959 von Jos. Tannheimer. Die Seitenaltäre verkürzt E. 19. Jh., gute Holzfiguren aus der Klosterkirche St. Gallen, links Muttergottes um 1670–80, rechts Hl. Joseph 1769 von Franz Ant. Dirr. In Wandnischen beidseits des Hochaltars 2 Augsburger Messingbüsten um 1750 der Hl. Johannes d. T. und Niklaus v. Flüe. Biedermeierkanzel 1852 mit barokken Evangelistenfiguren und Gerichtsengel. Statue des Hl. Rochus 18. Jh. Unter der Empore Stationstafeln 1756. In der Taufkapelle Glasfenster 1961 von Walter Burger, Taufstein von Aug. Rausch. In der Sakristei: Wiler Monstranz 1727 von Joh. Ludw. und Jos. Wieland; Augsburger Kelch um 1680 von Joh. Georg Oxner; Vortragekreuze 1605 und 1724.

BERG. «Berga» erwähnt 796. **Kath. Pfarrkirche St. Michael.** Erwähnt 1395; neuerb. 1775–76 von Joh. Ferd. Beer unter Verwendung des mittelalterl. Turms und wohl der Grundmauern des alten Chors; Rest. 1973 ff. Dreiachsige Saalkirche mit eingezogenem Rechteckchor und neuer Arkadenvorhalle. An der S-Seite des Chors massiger Turm, erhöht 1931, gezimmerte Glockenstube und Zeltdach in der mittelalterl. Form erneuert. Im Innern Spiegelgewölbe mit Rokokostukkaturen und Deckengemälden 1886 von Karl Georg Kaiser. Rundbogenportal zur Turmsakristei dat. 1653. Spätbarocker, zum Klassizismus neigender Hochaltar und Seitenaltäre nach 1777 von Franz Anton Dirr; am Hochaltar 3 Schnitzfiguren und Wappen von Abt Beda Angehrn, in den Seitenaltären Rosenkranzgemälde und Tod des Hl. Joseph E. 18. Jh. vielleicht von Antoni Dick; gleichzeitig die Wandfiguren der Hl. Gallus und Otmar, Idda von Toggenburg und Niklaus v. Flüe, ein Kruzifix wohl 2. H. 17. Jh. Beim südl. Seitenaltar Epitaphien für die Familien Schenk v. Castell 1588 und Schultheiss 1689, in der Vorhalle 2 Epitaphien 1794 und 1815. In der Sakristei: Rorschacher Ziborium um 1670; Kelche E. 17. Jh. von Lorenz Bachmann und 1791–93 von Jos. Ant. Seethaler; Messkännchen und Platte 1680–90 von Georg Reischle. **Schloss Pfauenmoos,** östl. des Dorfs. Erbaut um 1564 durch den sanktgallischen Seckelmeister Leonhard Zollikofer v. Altenklingen, umgebaut E. 18. Jh.; heute Privatbesitz. Dreigeschossiger Baukubus mit Mansartdach und bekrönendem Dachreiter, der eine kokette Zwiebelhaube trägt. Im

Saal Deckengemälde von 1585. Am Eingang zum Park ehem. Chorgitter um 1770 aus der Kirche Heiligkreuz in St. Gallen. – Gutshof. Breitgelagerter Fachwerkbau 17. Jh. mit Ziehläden zwischen geschnitzten Wangen; barocke Muttergottesstatue und Kruzifix. – Haus Bolbach, am südl. Dorfausgang. Riegelbau auf gemauertem Erdgeschoss mit Rundbogenportal dat. 1624; Empiretüre mit sternförmigen Mustern. Grüner Ofen mit Blumenprägung E. 18. Jh. – Schlösschen Rappen. Der Name geht anscheinend auf den Raben zurück, den Joh. Jak. Schneider von Fussach (Sartori) seit etwa 1734 im Wappen trug. Quergelagerter Fachwerkbau mit geschossweiser Abzimmerung, im Giebel dat. 1733. Im gemauerten Erdgeschoss Türsturz (jetzt Fenster) mit Datum 1576. Inneres ausgeb. um 1960. – **Grosser Hahnberg,** nördl. des Dorfs. Ehem. Herrensitz der Familie Zollikofer, erb. um 1616, umgeb. um 1770; Renov. 1919–20. Massiv gemauerter 3geschossiger Giebelbau mit südl. Treppenturm. Im 1. Stock Halle mit stuckierter Jugendstildecke; NO-Zimmer mit eingelegtem Renaissancetäfer 1. Hälfte 17. Jh.; im NW-Zimmer eine Stuckdecke um 1770, hier wie dort blaugemalte Turmöfen M. 18. Jh. (zugekauft). Im 2. Stock reiche Stuckdecken von anderer Hand sowie Stuckkamin um 1770; grüner Ofen mit geprägten Blumenmustern 1794. Bemerkenswert die in Holz ausgeführte Wendeltreppe. – **Kleiner Hahnberg.** Erb. im 16. Jh. für die Familie Zollikofer, umgeb. um 1751. Kubischer Fachwerkbau auf gemauertem Erdgeschoss; in der südl. Giebelachse runder Treppenturm mit barockem 8eckigem Obergeschoss und Zwiebelhaube. An der O-Seite geohrtes Portal von 1751, darüber Stuckrelief mit leerem Allianzwappen und zwischen den Fenstern des Obergeschosses polychromes Stuckrelief mit Hahn. Ländliche Innenausstattung des 16. Jh.; in der Halle Altärchen in aufklappbarer Wandnische.

TÜBACH. Kath. Pfarrkirche Mariahilf. An Stelle einer frühern Kapelle neuerb. 1744–46 vielleicht von Joh. Jak. Grubenmann. Turm und 2geschossige Sakristei 1767–68 von Joh. Ferd. Beer; Rest. 1953. Barockbau mit eingezogenem Polygonalchor und nördl. angebautem Turm mit Spitzhelm; das chornahe Joch des Schiffs leicht erweitert. Im Innern ein schmuckloses Kreuzgewölbe. Hochaltar vor 1767 mit Wappen des Abtes Coelestin Gugger von Staudach und barockem Tabernakel um 1700; Seitenaltäre wenig früher, die Figuren des nördl. Altars 1784 von Franz Ant. Dirr, aus der alten Pfarrkirche Bruggen. An der W-Wand barocke Pietà. – Franziskanerinnenkloster St. Scholastika. Erb. 1905–06 von Aug. Hardegger als Ersatz für das abgebrochene Kloster in Rorschach. Kirche in roman.-byzant. Stil. Im Nonnenchor Kruzifix 14. Jh. In der Sakristei: Kelche E. 17. Jh. von den Monogrammisten HIW und FW sowie 1759–61 von Emanuel Drentwett; Messkännchen und Platte um 1715 von Franz Ignaz Bertold. – Schwarzhus, Grüneck, Friedberg. Landhäuser 17.–18. Jh. in schöner Terrassenlage.

STEINACH. Kath. Pfarrkirche St. Jakobus Major und St. Andreas. Karoling. Kirchengründung; Kirche neuerb. 1742–46 von Joh. Jak. Grubenmann, umgestaltet 1770 durch Joh. Ferd. Beer; Rest. 1953. Vierachsiger Barockbau mit querschiffartig erweitertem Langhaus und eingezogenem, 3seitig geschlossenem Chor. Nördl. des Chors Turm mit 8eckigem Aufbau und Zwiebelkuppel, gegenüber Sakristei und Singhaus. An der S-Wand Sonnenuhr 1953 von Albert Schenker. Im Innern gedrückte Tonnengewölbe mit Deckengemälden 1770 von Franz Ludw. Herrmann: Im Chor Abendmahl, im Schiff Martyrium des Hl. Andreas, Hl. Jakobus als Helfer im Kampf gegen die Mauren und Hl. Nikolaus als Patron der Seeleute; in den Medaillons die Evangelisten (Chor), die Kirchenväter und die 4 Kardinaltugenden; unter der Empore Tempelreinigung. In festlichem Einklang dazu die farbigen, sehr reichen Stukkaturen. Schönes Sakristeiportal 1672. Bemerkenswerte Ausstattung in schwarzer Fassung: Der Hochaltar 1746 mit Gemälde der Himmelfahrt Mariä und Wappen des Abtes Coelestin Gugger; Seitenaltäre 1754 mit z.T. älteren Figuren um 1700, am nördl. Altar Pietà M. 18. Jh. Volkstümlicher Kreuzweg 1758 von Jos. Walser; Taufstein 1687. In der Sakristei: Turmmonstranz A. 17. Jh.; Monstranz 1749 von Franz Ignaz Bertold; Ziborium 1777–79 von Casp. Xaver Stippeldey; Kelche 1773 von Meister HGM und 18. Jh. – **Gredhaus.** Wuchtiger Bau unter Walmdach, als Kornhaus der Stadt St. Gallen erb. 1473, umgebaut 1557–61. In der ehem. Kornhalle 4 got. Eichenpfeiler und Balkendecke. Im 1. Stock 2 Zimmer mit spätgot. Fenstersäulen. – Burgruine Steinach, südl. des Dorfs. Sitz der im 12. Jh. auftretenden Herren v. Steinach. Erst im 19. Jh. zerfallen. – *Obersteinach.* Kleine Rechteckkapelle. Erb. 1674 mit flacher Felderdecke; Kreuzweg 1767. – Kehlhof. Riegelhaus 17. Jh.

GOLDACH. «Goldaha» erwähnt 789. **Kath. Pfarrkirche St. Mauritius.** Erwähnt 1275; Langhaus neuerb. 1670–71, vollständiger Umbau und Erweiterung des Langhauses zu einem oktogonalen Kuppelraum 1929–30 von Adolf Gaudy, wobei der spätmittelalterl. Polygonalchor und der S-Turm mit Wimpergen und Spitzhelm erhalten blieben. Im erneuerten Innenraum Deckengemälde 1929 von Richard Holzner und Aug. Meinrad Bächtiger. Hochaltar 1706 von Jos. Brägger mit Figuren der Hl. Gallus und Otmar sowie dem Wappen des Abtes Leodegar Bürgisser; Tabernakel 1955 von Jos. Tannheimer. Klassiz. Seitenaltäre, rechts Glasschrein mit dem Leib des Katakombenheiligen Valentin, übergeführt 1761. Barockkanzel 2. H. 17. Jh. Statue der Muttergottes 1. H. 17. Jh. und Pietà 1706. Aussen an der Sakristei Epitaph für Joachim Mötteli von Rappenstein (gest. 1549). Unter dem neuen W-Bau Kryptakirche. Augsburger Monstranz 1718; Kelche 1602 und um 1720; Vortragekreuz 1696 von Heinr. Dumeisen. – Pfarrhaus. Ehem. Deckengemälde aus der Pfarrkirche mit alter Kirchenansicht 1710 von Thomas Blaser. – Ref. Kirche. Erb. 1954 von Ziegler und Balmer. An der Chorwand Mosaik 1955 von Peter Fels. – Im Sekundarschulhaus ungegenständliche Plastik aus Glas und Eisen 1965 von Walter Burger. – **Schloss Sulzberg** oder Möttelischloss, oberhalb des Dorfs. Erb. um 1230 als Sitz der Konstanzer Dienstleute v. Sulzberg; 1474–1571 im Besitz der Ravensburger Kaufmannsfamilie Mötteli, die sich nach einer 2. Burg bei der Martinsbrücke von Rappenstein nannte; in Händen der Grafen v. Salis 1666–1857, darnach Zerfall; Renov. 1942. Hochmittelalterl. Turm und später mehrmals umgebautes Wohngebäude. In der tonnengewölbten Burgkapelle Gemälde des Hl. Mauritius um 1700.

UNTEREGGEN. Kath. Pfarrkirche St. Maria Magdalena. Gegründet 1701. Neubau 1782–84 von Joh. Ferd. Beer etwas oberhalb der ältern Kapelle; Aussenrenov. 1972. Fünfachsiger Barockbau mit eingezogenem Polygonalchor, nördlich davon Turm mit geschweiften Wimpergen und Spitzhelm, südl. 2geschossige Sakristei. Durch 2 Fenstergeschosse belichteter Innenraum mit Stukkaturen wohl von Peter Ant. und Andreas Mosbrugger. Spiegelgewölbe mit Stichkappen und Deckengemälden 1782 von Joh. Georg Mahler aus Staufen im Allgäu: im Chor Noli me tangere, im Schiff Abendmahl und Hl. Magdalena, in den Medaillons auf die Hl. Büsserin bezogene Embleme. An den Schiffswänden Ovalbilder der Hl. Kirchenväter und des Hl. Paulus, an den Chorwänden die Hl. Joseph und Anna. Hochaltar um 1740 von Abraham Baader mit Gemälde 1746 von Franz Georg Herrmann, aus dem Kloster Mehrerau bei Bregenz; Tabernakel aus Obereggen. Klassiz. Seitenaltäre und Kanzel um 1787. Am neuen Chorgestühl 2 Barockstatuetten. Emporenbrüstung mit Bild der Maria vom Guten Rat.

EGGERSRIET (Abb. 146). **Kath. Pfarrkirche St. Anna.** Erb. 1649 von Joh. Hofer, zur Pfarrkirche erhoben 1663. Langhaus neuerb. 1738 von Joh. Jak. Grubenmann, Schiff verlängert sowie Chor und Turm ersetzt 1811–12 von Sigmund Hilbi; Rest. 1966–67. Barockbau mit eingezogenem, 3seitig geschlossenem Chor; nördl. des Chors Turm mit geschweiften Wimpergen und Spitzhelm. Im rundbogigen W-Portal Schlussstein mit Signet des Joh. Jak. Grubenmann. Schiff mit vier Fensterachsen, von denen die vorderste durch rundbogige Wandnischen ausgezeichnet ist. Tonnengewölbe mit Deckengemälden 1813 von Alois Keller: Im Chor Abendmahl und Evangelisten, im Schiff Hl. Familie, Dreifaltigkeit und Verkündigung sowie die 12 Apostel; spärliche Rahmenstukkaturen. Schwarzgefasste Altäre und Kanzel M. 18. Jh., Figuren des Hoch- und nördl. Seitenaltars A. 18. Jh., am Hochaltar Gemälde des Tempelgangs Mariä von Carl Ant. Eugster, in den Seitenaltären zugekaufte Rokokogemälde. Kanzel mit klassiz. Treppengeländer (ehem. Kommunionbank). Empore mit Rokokoverzierungen wohl 1738. Taufstein von Otto Rausch und Ambo von Aug. Rausch, 1967. – **Pfarrhaus** (Abb. 146). Verschalter Bau mit Mansartdach 1796. Im Innern barocke Bekleidungsmadonna. – Haus, gegenüber der Strasse. Gestrickter Giebelbau dat. 1673. – Haus, östl. der Kirche. Gestricktes Holzhaus mit Tätschdach dat. 1569.

GRUB. Kath. Pfarrkirche St. Joseph. Auf St.-Galler Boden erb. 1754–55 als Ersatz der 1475 gegründeten Pfarrkirche im appenzellischen Grub. Baumeister war wohl Joh. Michael Beer; Renov. 1874, 1937; Rest. vorgesehen. Barockbau mit eingezogenem Polygonalchor, an seiner N-Seite Turm mit 8eckigem Obergeschoss und schwerer Zwiebelkuppel, gegenüber 2geschossiger Sakristeibau mit zwiebelbekröntem Dachreiter. Barocker Hochaltar, ergänzt 1843; Seitenaltäre um 1700 mit Wappen des Abtes Leodegar Bürgisser aus der ehem. Otmarskirche des Klosters St. Gallen. Rokokokanzel um 1755. Im Schiff Barockpietà, Gemälde der Kreuzabnahme um 1600, angeblich von einem spanischen Meister. In der Sakristei: Barockmonstranz A. 18. Jh., Kelch 1788 von Jos. Ant. Seethaler; Vortragekreuze 1644 und 18. Jh. – Pfarrhaus. Gemauertes Kellergeschoss 1765 von Joh. Ferd. Beer, Holzaufbau von Valentin Bischoff. Barockstatuette des Hl. Joseph; 2 Altarbilder um 1700. – *Rossbüchel.* Lourdes-Kapelle. Erb. 1892, umgeb. 1966–67. Ankleidefigur des Hl. Nikolaus E. 17. Jh., zugekauft.

***RORSCHACH** (Abb. 147). Erwähnt 850. Der Abt von St. Gallen erhält 947 von Otto I. das Markt-, Münz- und Zollrecht für Rorschach. Wirtschaftlicher Aufstieg unter Abt Ulrich Rösch (1463–91), der das Kloster St. Gallen nach Rorschach verlegen wollte. In der Reichshofdruckerei erscheint 1597 die älteste Zeitung der Welt. Im 18. Jh. zunehmende Entwicklung des Kornmarkts und blühender Leinwandhandel. Bau der Fürstenlandstrasse von Staad-Rorschach nach Wil 1774–76, Umgestaltung der Hafenanlage 1792–94. Durch die Einführung der Stickerei-Industrie entwikkelt sich der Marktflecken im 19. Jh. zu einem Industrieort, der 1909 in den Rang einer Stadt aufsteigt. Das alte Ortsbild wurde einerseits durch die dem Ufer entlang geführte Eisenbahnlinie, anderseits durch Neubauten vollständig zersetzt. Doch besitzt Rorschach noch beachtliche Patrizierhäuser, die fast alle entlang der Hauptstrasse und der Mariabergstrasse stehen.

Kath. Pfarrkirche St. Kolumban und Konstantius. Gegr. wohl vor 1000, erwähnt 1236; neuerb. 1438, Chor umgestaltet 1644 von Peter Haimb, Schiff und Querhausarme verändert um 1660–66, Verlängerung des Schiffs nach W und Umgestaltung 1782–86 von Joh. Haag, Erneuerung der Fassade 1886 von Aug. Hardegger; neue Empore 1966; Aussenrest. 1968 ff. Stattliche einschiffige Anlage mit geschweifter Fassade, Querhaus und eingezogenem, 3seitig geschlossenem Chor; südl. des Chors spätgot. Turm mit oktogonalem Aufsatz und Laternenzwiebel 1693–94 von Peter Haimb. Auf den Querschiffarmen je ein spitzer Dachreiter. An der N-Seite gute Grabmäler aus dem 16.–18. Jh. für die Familie Blarer 1549, Anna Buol-Kleinhans (gest. 1691), Maria Magdalena Buol-Rüpplin (gest. 1742) und Ursula v. Bayer-Eberschlager (gest. 1744); hinter der Kirche Familiengruft v. Bayer 1773 und Hofmann 1780. An der Freitreppe 2 Statuen um 1880–90 von Christoforo Vicari. Im Schiff Flachtonne, im Chor Kreuzgratgewölbe, Stichkappen für die Oculi über dem Hauptgesims. Längsovales, den Eindruck einer Kuppel erweckendes Deckengemälde um 1783 von Andreas Brugger im Stil des Frühklassizismus: Fürbitte des Hl. Kolumban vor der Hl. Dreifaltigkeit mit Grisaillerahmung, in illusionistischen Nischen die 4 Evangelisten; im Chorgewölbe Anbetung des Lamms. An der linken Chorwand Sakristeitüre von 1644 und Singhaus mit Arkaden. Hochaltar 1731 mit Seitenarkaden von 1921, Kreuzigungsgemälde 1861 von Luigi Rossi, Statuen 1874. Klassiz. Kanzel und Seitenaltäre 1784 von Lorenz Schmid, Altarbilder E. 19. Jh. von Paul und Theodor Deschwanden, Heinr. Kaiser und Jos. Martignoni; am äussersten Altar rechts ein Reliquienschrein des Katakombenheiligen Konstantius, 1674 übergeführt. Gegenüber prachtvoll skulptiertes Sandsteinepitaph 1719 für den äbtischen Landeshofmeister Fidel v. Thurn mit Kruzifix und Wappenzier in Bronze. Statuen der Hl. Konstantius, Sebastian und Rochus um 1670–80. Taufstein 1686. – *Kirchenschatz.* Monstranz um 1700 vom Meister HIW; Kelche M. 17. Jh. von Meister IW, um 1720 vielleicht von Franz Jos. Schneider, 1729 von Joh. Casp. Lutz, 1769–71 von Casp. Xaver Stippeldey; weitere Kelche 18. Jh.; Wettersegenmonstranz 1773 von Joh. Casp. Bertold; sehr schöne Augsburger Silberstatuen der Madonna 1778 von Joh. Casp. Bertold und des Hl. Joseph 1773–75 von Jos. Ant. Seethaler (samt Modell); zahlreiche weitere Geräte 17.–18. Jh. – **Seelenkapelle,** nördl. der Pfarrkirche. Dreiseitig geschlossener Barockbau 1686 mit Vorzeichen; Renov. 1954. An der W-Wand Sgraffito 1954 von Karl Haaga. An der S-Wand 2 Grabmäler der Familie Waldmann 1702 und 1709. Im Innern gewalmte Holzdecke mit Feldermalerei 1954 von Karl Haaga. Unterhalb der Decke barocker Grisaillefries mit Totentanzmotiven. Altar wohl aus der Bauzeit, Gemälde neu, gemaltes Antependium Christus in der Vorhölle E. 17. Jh.; Statuen der Hl. Gallus und Otmar 1785 von Franz Ant. Dirr, aus der abgebrochenen Kirche Bruggen. Rokokokupferepitaph für Jos. v. Bayer (gest. 1773). – Kaplanei, Nr. 3. Kubischer Bau mit Walmdach und rustizierten Ecken. Portal und Türe um 1670. – Alter Pfarrhof, am Kirchplatz. Steinhaus mit beidseitigen Treppengiebeln und got. Fenstergewänden, erb. 1551 für Hans Graf; Renov. 1966. An der N-Seite neugestaltetes Wappen des Abtes Diethelm Blarer v. Wartensee, der das Haus 1562 erwarb.

Hauptstrasse. **Kath. Pfarrhof,** Nr. 26. Als Wohn- und Handelshaus erbaut 1786 für Franz Jos. Ferd. v. Bayer, seit 1813 Pfarrhof. Traufständiger Bau mit Mansartdach; im Erdgeschoss 4 rundbogige Einfahrtstore, im 4achsigen Quergiebel Wappenrelief. Im Innern Altarbild 1745 von Joh. Georg Ulmer mit Darstellung Rorschachs. – **Rathaus,** Nr. 29. Erb. 1681–89 für Rittmeister Ferd. v. Bayer, S-Flügel 1747. Strassenseitiger 2geschossiger Steinerker mit Allianzwappen des Erbauers 1689, rustiziertes Rechteckportal mit Spätrokokotüre. Im 2. Stock vorzügliche Rokokostuckdecken mit Wappen v. Bayer; im Vorraum Steckborner Ofen 1786 von Joh. Casp. Hausmann und Düring d. J., aus dem Haus «im Hof». – **Falken,** Nr. 31, jetzt Hafenkneipe. Zusammen mit dem Rathaus 1681–89 erbaut, Parterre verändert. Zweigeschossiger Steinerker. Im 2. Stock Saal mit reichen Stukkaturen und allegorischem Deckengemälde. – Haus Nr. 34. Sgraffito 1952 von Theo Glinz. – **Haus Weber,** Nr. 33. Erb. M. 17. Jh. für Ammann Georg Buol. Portal mit geschnitztem Pfosten wie das Erdgeschossfenster unter gesprengten Volutengiebeln. Sehr reich geschnitzter Doppelerker dat. 1650, mit tragender männlicher Figur, Löwenstützen, Engelsköpfen, Fratzen und Fruchtgehängen. Daneben Sgraffito 1953 von Theo Glinz. – **Kettenhaus,** Nr. 39. Vollständiger Umbau eines ältern Hauses 1786–94 für Kommissar Jos. Ferd. Alb. v. Bayer. Von 1824–33 Residenz des ersten Bischofs der neugegründeten Diözese Chur–St. Gallen, Karl Rud. v. Buol-Schauenstein; 1854–57 erstes ref. Pfarrhaus. Breiter Bau mit 5teiliger Fassadengliederung durch Flachpilaster, über der Hauptachse Mansartgiebel. Portal mit Holztüre und Innenausbau sowie Täfer und Türrahmen E. 18. Jh. in Louis-XVI-Formen. Im 1. Stock 2 Steckborner Turmöfen um 1800, 2 weitere weisse Turmöfen wohl um 1830. – Haus Nr. 42. Erb. 1721; Steinerker mit 2 Metallwasserspeiern. Stukkaturen M. 18. Jh. – **Engelapotheke,** Nr. 43.

Erb. nach 1761 für den sanktgallischen Landeshauptmann Jörg Ludw. v. Bayer. Dreiachsiger Barockbau mit ion. Fassadengliederung und geschweiftem Mansartgiebel. Rustiziertes Sandsteinportal mit Volutenaufsatz und bekrönendem Doppelwappen, schmiedeisernes Oberlichtgitter. Am Eckpilaster geschnitzter Barockengel. Im 2. Stock schöne Rokokostuckdecke mit Götterreigen. – **Haus Brugger,** Nr. 48. Erb. 1581, umgeb. A. 18. Jh. für die Familie Hofmann. Aus dieser Zeit geschweifter Giebel und 2geschossiger Holzerker mit biblischen Szenen in den Brüstungsfeldern: unten David vor den Zelten der Philister und Heimkehr von Josua und Kaleb aus dem Gelobten Land, oben Noli me tangere, geschnitzte Fruchtgehänge; Podest neu. – Haus Nr. 53. Erb. im 17. Jh., Holzerker A. 18. Jh. mit Relief der Taufe Christi. – **Kornhaus*.** *Wahrzeichen des Rorschacher Hafens und schönster Getreidespeicher der Schweiz.* Erb. 1746–48 von Giov. Gaspare Bagnato unter Abt Coelestin Gugger v. Staudach; Rest. 1964. Das Gebäude diente urspr. der Getreideversorgung des äbtischen Territoriums, 1908 Verkauf an die Stadt Rorschach. Streng symmetrischer, 12achsiger Barockbau mit Rustikalisenen an den Ecken und einem mächtigen Krüppelwalmdach mit Schleppdachlukarnen; 3 Hauptgeschosse und 1 Mezzaningeschoss, über den Schmalseiten zusätzlich ein Mansartgeschoss und Giebel. Stark vorspringender Mittelrisalit mit Dreieckgiebel und 2 weniger betonte Seitenrisalite mit geschweiften Giebeln, letztere bekrönt von Vasen mit metallenen Ähren; die N-Fassade ähnlich, aber zurückhaltender gegliedert. Plastisch akzentuiertes S-Portal mit übereck gestellten Pilastern und Vasenbekrönungen dat. 1748; in der Portalachse 2 Blindfenster mit gemalten Butzenscheiben, das obere flankiert von Hängegirlanden. Im Giebelfeld Sandsteinrelief mit zentraler Ährengarbe, umrahmt von der Kette des Annunziatenordens sowie von Girlanden und Füllhörnern. Im Erdgeschoss 3schiffige Halle mit Pfeilern und Kreuzgewölben. Im O-Teil Heimatmuseum (s. S. 467). – Häuschen auf dem Kabisplatz. Mit Walmdach und Dachreiter M. 19. Jh. für den Nebelwarndienst in der Schiffahrt.

Mariabergstrasse. Verbindungsstrasse zwischen Stadt und der Statthalterei Mariaberg, angelegt 1774–78 unter Abt Beda Angehrn; gesäumt von zahlreichen spätbarocken Familiensitzen. – Haus Nr. 8. Umgeb. E. 18. Jh., mit 3 kokett geschweiften Mansartgiebeln und Holzerker. – Haus Nr. 11. Handelshaus der Familie Hofmann, erb. um 1672. Flachornamentiertes Sandsteinportal mit Sprenggiebel. – Haus Nr. 12. Am Hoftor barocke Sandsteinmadonna. – **Amtshaus,** Nr. 15. Erb. 1790 für Rittmeister Lorenz Salvini; Rest. 1972. Der stattliche 3geschossige Bau unter Mansartdach wird durch 6 monumentale Lisenen gegliedert, welche im Erdgeschoss rustiziert sind; in der Mittelachse klassiz. Rundbogenportal mit Rahmenpilastern und Giebelründe, Louis-XVI-Gitter und Doppelwappen. Weites Treppenhaus, über den Eckpfosten des Geländers geschnitzte Figürchen. Im Saal des 2. Stocks Deckengemälde 1790 von Jos. Schmuzer: Allegorie der Künste mit Selbstporträt; zwei Zieröfen um 1800. – Haus Nr. 18. Barocker Gartenpavillon. – Jugendkirche Herz Jesu. Neugot. Bau 1896–97 von Aug. Hardegger. – Ref. Pfarrkirche. Zentralbau 1902–04 von Albert

Müller mit Kuppel unter Vierungsturm. – Institut Stella Maria. Erb. 1914 von Aug. Hardegger.

Ehem. Benediktinerkloster Mariaberg* (Abb. 147), am Berghang über der Stadt. *Mit dem Kloster St. Georg in Stein am Rhein der bedeutendste spätmittelalterliche Klosterbau in der Schweiz, ein einzigartiges Denkmal spätgot. Steinmetzkunst.* Grundsteinlegung zu einer grossen Klosteranlage mit Ringmauer 1487 unter Abt Ulrich Rösch, der sein Kloster von St. Gallen nach

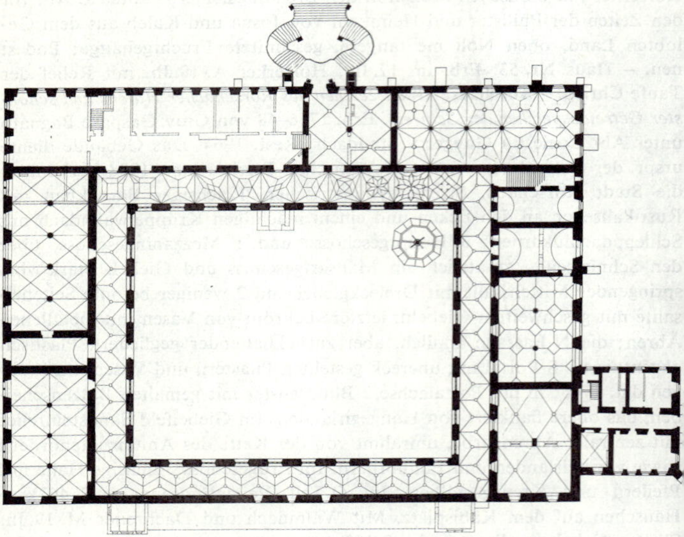

Rorschach. Klosteranlage Mariaberg

Rorschach verlegen wollte; als Bauoberleiter amtierte Erasmus Grasser, seine Beteiligung am Bau selber nicht geklärt. Zerstörung der im Bau befindlichen Anlage 1489 durch Kriegshaufen aus der Stadt St. Gallen und aus dem Appenzellischen (sog. Klosterbruch); sofortiger Wiederaufbau, aber Verzögerung der Arbeiten nach dem Tod Abt Ulrichs 1491, Abschluss des Klosterbaus unter Abt Franz Gaisberg (1504–29). Als Werkmeister und Steinmetzen werden genannt: Bernhard, Lienhard und Augustin Richmann sowie Matthäus Waldner. Die Verlegung des Klosters von St. Gallen nach Rorschach unterblieb. Um 1540 Anstrengungen zur Gründung einer katholischen Universität; 1624 Einrichtung einer Klosterschule, nach 1699 Statthalterei des Gallusklosters; seit 1864 kant. Lehrerseminar, Erweiterung 1964 durch einen Neubau von Bächtold und Baumgartner; Rest. im Gange. – *Anlage.* Imposanter, von gewaltigen Satteldächern bedeckter Dreiflügelbau, der den Kreuzgang umschliesst; an der Bergseite im S, wo der Gebäudetrakt fehlt, war die Klosterkirche geplant; über dem O-Flügel barockes Kuppeltürmchen. An der W-Front alter Eingang mit Paradies. An der N-Seite doppelarmige, oval geführte Freitreppe und säulengerahmtes, kräftig profiliertes Hauptportal toskanischer Ordnung, dat. 1777, mit Wappen des Abtes Beda Angehrn; darüber Uhrgiebel. Der spätgot. Kreuzgang öffnet sich zum Hof mit 35 reichen Masswerkfenstern. Im N-Arm komplizierte, jochweise abgetrennte Sterngewölbe, in den 3 andern Armen einfachere Rautengewölbe, überall auf skulptierten Konsolen. *Schlusssteine.* Im N-Flügel 2 Wappenschilde von Abt Franz Gaisberg dat. 1516, im O-Flügel von 1519 die 4 Evangelistensymbole, Christus mit der Weltkugel und die Halbfiguren der 12 Apostel, im S-Flügel von 1519 Wappenschild von St. Gallen, Toggenburg und Abt Franz Gaisberg sowie Brustbilder der Schutzpatrone Madonna mit Kind, Gallus, Otmar, Benedikt, Notker, Wiborada und der 14 Nothelfer, im W-Flügel Passionswerkzeuge, Rosetten, Arabesken und Astwerk. Im östl. Teil des N-Flügels 5jochiges *Refektorium* von 2 Schiffen mit Rundpfeilern und Sterngewölben; Schlusssteine: Ecce homo, Mater dolorosa, die Hl. Gallus, Otmar, Benedikt, Magnus, Columban, Martin, Scholastika und Wiborada; in der Lünette des Portals Relief der Mater dolorosa. Im O-Flügel profiliertes Portal zum Kapitelsaal (heute Musiksaal) dat. 1519 und Spruch, welcher an den Bildersturm um 1530 erinnert. Der *Kapitelsaal* ist eine 3schiffige, 2 Joche tiefe Pfeilerhalle mit Rautengewölben und Schlusssteinen, welche das Wappen Rösch tragen; die hexagonalen Gewölbefelder wie die Wände sehr reich ausgemalt 1564–68 von einem Monogrammisten NK: Stammbaum Jesse und Szenen aus dem Leben der Jungfrau Maria sowie Andachtsbilder und Heilige des Benediktinerordens, Wappen der Äbte Diethelm Blarer (gest. 1564) und Otmar Cunz. Im 1. Stock des W-Flügels Stuckdecken mit Wappen des Abtes Coelestin Gugger (gest. 1767). Im Korridor Renaissancegrisaillen von 1540 mit Porträts der Kurfürsten und Karls V. Spätgot. Dachstuhl.

Museum. Ortsmuseum, im Kornhaus (s. S. 465). Wichtige urgeschichtliche Funde aus der Bodenseegegend und Rekonstruktionen von Hütten. Stadtmodell; Interieurs des 15.–18. Jh., u. a. Mobiliar und Öfen aus dem Haus «im Hof» E. 18. Jh.

RORSCHACHERBERG. Friedhof. In der Urnenhalle Mosaik 1966 von Peter Fels. – Westl. des Friedhofs barockes Wegkreuz. – **St. Anna-Schloss,** zwischen zwei Bachtobeln. Urspr. Burgstall der 1210 erwähnten Herren v. Rorschach, Ministerialen der Abtei St. Gallen, seit 1449 Sitz des Klostervogtes; 1509 Weihe einer Kapelle zu Ehren der Hl. Anna. Heute Privatbesitz. An den hochmittelalterl. Bergfried mit über 4 m dicken Mauern lehnt sich hangwärts das wohl got., einen Burghof umschliessende Wohngebäude an. Im N-Trakt Kapelle St. Anna, ein kreuzgewölbter, von 2 Rundpfeilern abgestützter Rechteckraum mit Lichtscharten. W-Zugang 1929 neu ausgebrochen. Zwischen Altar- und Laienraum Scheidewand mit 3 rundbogigen, illusionistisch bemalten Öffnungen. Im Altarraum dekorative Renaissancemalerei von 1558. Auf dem Altar Statue der Hl. Anna selbdritt 2. H. 17. Jh., an der Scheidewand Figuren der Hl. Otmar und Gallus 2. H. 16. Jh. – *Hof.*

Bildstock mit ländlichem Barockkruzifix. – **Schloss Wartensee.** Dienstmannenburg der Abtei St. Gallen, ein Ritter v. Wartensee erwähnt 1264; von 1361–1691 im Besitz der Familie Blarer, die sich fortan v. Wartensee nannte; wieder im Besitz des Klosters 1757–1806; Umbau M. 19. Jh. im Stil der Neugotik unter dem englischen Komponisten Robert Lucas Pearsall of Willsbridge, Ostbau abgebrannt 1885, seit 1958 Evangelische Heimstätte; Verbindungsflügel und Rest. 1971–73. Stark veränderte Burganlage mit hochmittelalterl. W-Turm, angebautem, neugot. umgestaltetem Wohnflügel und freistehendem kubischem O-Bau im Gehaben des 19. Jh. An der westl. Hofseite Torturm und Reste der Zinnenmauer, wohl 17. Jh., aber stark renov. Im Erdgeschoss des Palas 2 neugot. Rundpfeiler aus Sandstein mit Laubwerkkapitellen. Im 1. Stock sog. Rittersaal mit stichbogig gewölbter, reliefierter Bohlenbalkendecke, neugot. umgestaltet; weissglasierter Biedermeier-Kastenofen. Neugot. Treppenhaus mit Masswerkbrüstungen und Fensternischen; Rest. 1972 ff. – **Schloss Wartegg.** Erb. 1557 für Casp. Blarer v. Wartensee, gekauft 1678 vom Landeshofmeister Fidel v. Thurn (gest. 1719), 1860 Zufluchtsstätte der aus Italien exilierten Louise v. Bourbon-Parma, deren Enkelin Zita 1911 den späteren Kaiser Karl v. Habsburg heiratete, wodurch Wartegg während und nach dem Ersten Weltkrieg zu einem Zentrum europäischer Politik wurde; 1929 Kauf durch Dr. Gustav Mez, der das Schloss durch einen Berliner Architekten umbauen liess; heute Besitz eines Konsortiums. Die in einem schönen Park gelegene, stark gegliederte Gebäudegruppe besteht aus dem dominierenden Blarer-Bau mit Turm (1929 um weniges versetzt), dem übereck gebauten SW-Flügel mit Wappenrelief des Fidel v. Thurn E. 17. Jh. und dem neugot. S-Flügel um 1860–70. Mobiliar verschleudert. – *Schlosskapelle*, heute Filiale der Pfarrkirche Rorschach. Als Loretokapelle erb. 1707, nach O erweitert und in neuroman. Formen umgestaltet 1873 durch Herzog Robert v. Bourbon-Parma; Renov. 1936 und 1967. Neuroman. instrumentierter Rechteckbau mit Querschiff. Im Tonnengewölbe dekorative Malerei 1967 von Walter Lorenzi (in Anlehnung an die neuroman. Ausmalung). Medaillons von Franz Vettiger 1873, gleichzeitig Altargemälde von Paul Deschwanden. An der Emporenbrüstung aufgemalte Barockwappen der Familie Blarer. – *Kaplanei.* Erb. 1732 nach einem Plan des Pfarrers und Liebhaberarchitekten Joh. Pfister. Traufständiger Bau mit Erinnerungsrelief an Fidel v. Thurn und seine Frau Klare Eva E. v. Heidenheim 1732. – Schlösschen Wiggen. Erb. nach 1573 für Jak. Schlappritzi, 1703 Verkauf an die Rorschacher Familie Hofmann, seit 1943 im Besitz von H. J. Haering. Winkelförmiger spätgot. Steinbau mit Treppengiebeln und Treppenturm. Über dem ehem. Haupteingang Wappen des Joh. Balthasar Hofmann 1703. Die Bausubstanz stark verändert.

RHEINTAL

ALTENRHEIN. Kath. Schutzengelkirche. Erb. 1958 von Hans Burkard; gleichzeitig Hochaltar mit Relief von Aug. Rausch, Glasgemälde von Notker Grünenfelder und Taufstein von Jos. Tannheimer.

STAAD-BUCHEN. Neue kath. Pfarrkirche. Erb. 1967 von Bächtold und Baumgartner. Zentralbau aus konvexen und konkaven Mauerschalen. Spätgot. Pietà aus der alten Kapelle. – Ref. Pfarrkirche. Erb. 1790 von Joh. Jak. Haltiner; Renov. 1958. Dreiseitig geschlossener Predigtsaal mit Frontturm, der in geschweiften Wimpergen und Pyramidenhelm endet; neues Vorzeichen. Im Innern Spiegelgewölbe; Empore mit Louis-XVI-Brüstung. Barockkanzel mit geometrischen Intarsien, wohl älter als die Kirche; 6seitiger Taufstein. Drei St.-Galler Abendmahlsbecher um 1600 von Christoph Töber. – Kapelle Unserer Lieben Frau. Gegr. 1497 durch die Familie Blarer v. Wartensee, barockisiert 1731; Renov. 1927. Kleiner Bau mit eingezogenem Polygonalchor und toskanischem Vorzeichen. Neue Gewölbe mit Stukkaturen 1927 im Stil der Régence; stichbogige Fenster, im Chor zu Oculi reduziert. Neurenaissance-Ausstattung E. 19. Jh. – Schlossgut Blatten, auf dem Seelaffenkamm. Urspr. wohl Ökonomiegebäude des Schlosses Risegg. Erb. 1696 laut Jahrzahl über dem Hauptportal, umgeb. 2. H. 18. Jh. und 1884. Breitgelagerter 2geschossiger Barockbau mit mächtigem Mansartdach, das bekrönende Firsttürmchen trägt eine Laternenzwiebel. In 2 Zimmern des 1. Obergeschosses Leinwandtapeten mit Rokokomalereien um 1770. – **Schloss Risegg,** heute privates Altersheim. Mittelalterliche Gründung, im Schwabenkrieg zerstört 1499; neuerb. um 1605 unter Leonhard Zollikofer; weitere Besitzer waren die Salis v. Marschlins, der Abt von St. Gallen und 1771–1881 die Familie Rüst, bis 1919 Kuranstalt. Der kubische Bau unter Mansartdach wird von 4 runden Ecktürmen flankiert, von denen der nordöstl. als Treppenturm dient; W-Portal 1771. Die gewölbten Keller z. T. wohl noch mittelalterl. Treppenhaus um 1700 mit Balustergeländer und geschnitzten Türpfosten. Im Speisesaal des 1. Stocks Fenstersttütze mit Wappen Zollikofer dat. 1605. – *Oberbuchen.* Haus Nr. 374. Gestricktes Bauernhaus 1708 mit Klebdächlein, umgeb. 1808.

Schloss Greifenstein. Malerische Baugruppe am N-Hang des Buchbergs. Erb. im 3. V. 16. Jh. unter Dorothea Zollikofer, einer Tochter Vadians, 1665–1852 im Besitz der Salis-Soglio; noch heute Privatbesitz. Das Schlösschen umfasst den kubischen Wohnbau und das bergwärts übereck gestellte Tor- und Gesindehaus mit verbindender Zinnenmauer, wodurch ein burghaftes Geviert entsteht. Das vornehme 3geschossige Herrenhaus trägt einen Kreuzfirst mit 8seitigem Laternentürmchen. Rhythmisierte Zwillingsfenster; Rundbogenportal mit spätgot. Stabprofil und 2flügeliger gesparrter Türe, als Bekrönung Sandsteinrelief mit Wappen Salis-Soglio E. 18. Jh. Herrschaftlicher Ausbau mit Treppenhaus und Türumrahmungen des 17. Jh. Im Erdgeschoss manganbemalter Ofen 1792. Privatsammlung.

THAL. Parität. Pfarrkirche Unserer Lieben Frau. Erwähnt 1163; neuerb. um 1494, umgeb. um 1770–80, Schiffsgewölbe erneuert und Turm nach Einsturz neu errichtet 1904. Spätgot. Anlage mit eingezogenem, von Strebepfeilern umschlossenem Polygonalchor. Im Schiff neues Tonnengewölbe; im Chor seitliche Tribünen, Stichkappengewölbe mit Rokokostukkaturen und Deckengemälde um 1770–80 von einem süddeutschen Meister: Geburt Christi und Grisaillen der 4 Evangelisten. Rokoko-Altar und -kanzel, biedermeierliche Seitenaltäre mit 2 Gemälden 1855–57 von H. Beltz; am Chorbogen Kruzifix 17. Jh., Taufstein 1668; an der nördl. Schiffswand Muttergottesstatue 2. H. 17. Jh. Eisenportale zum Turmarchiv und zur Sakristei; in letzterer Netzrippengewölbe. Kirchenschatz: Turmmonstranz 1641 von Meister FC; Kelche 1644 und 1650; Wettersegenkreuz 1761; Vortragekreuz um 1780 von Casp. Xaver Stippeldey; Taufschale 17. Jh.; Abendmahlsbecher um 1600 von Christoph Töber; messinggetriebenes Becken im reformierten Taufstein um 1500.

Trüeterhof, am W-Eingang des Dorfs. Ein für die Weingegend charakteristischer Fachwerkbau, errichtet um 1570 für Heinr. Schlumpf, umgeb. im 17. Jh.; Renov. 1937. Gemauertes Erdgeschoss, darüber einfache Ständerkonstruktion mit Diagonalverstrebungen. Am Kellerportal Wappen des Bauherrn 1597; architektonisch bemalte Fensterläden. Im Keller Weintorggel dat. 1573. Im 1. Stock Balkendecken mit ornamentaler Renaissancemalerei, Buffet und Täfer dat. 1623. – Rosentürmli. Giebelhaus des 18. Jh., mit biedermeierlichem Fachwerkanbau und Treppenturm. Buntbemalter Biedermeierofen. – Haus zum Stauffacher. Dreigeschossiges Landhaus 1. H. 19. Jh. mit Walmdach und rhythmisierten Fensterachsen. An der Gartenseite eine toskanische Säulenveranda in der ganzen Breite des Hauses. – Haus Tobler, Nr. 1056, am Hängeteplatz. Klassiz. Bau mit Ecklisenen und Walmdach. Korbbogiges Portal mit Oberlichtgitter und Schlussstein dat. 1807; Fenstergitter im Erdgeschoss. – Haus Nr. 1066. Mansartdachbau E. 18. Jh. mit erneuertem Riegelwerk. – Haus Tobler, Nr. 1022, am Kirchplatz. Klassiz. Bau mit geschweiften Quergiebeln in Appenzeller Art. Balkon auf Säulen. – Bildgut, Nr. 42, am O-Ausgang des Dorfs. Erb. 1784 von den Zimmermeistern Jak. Künzler und Joh. Schneider für Amtmann Michael Messmer. Schmucker Strickbau mit grossen Klebdächern, auf deren Untersichten biblische Szenen und Andachtsbilder gemalt sind, dat. 1794. – **Schlösschen Kruft oder Klingelburg.** Sehr verwahrloster schlanker Riegelbau mit Halbrundturm an der gemauerten Rückseite. Wohl mittelalterl. Anlage, Umbauten 17. Jh. – Bürgli. Verschalter Strickbau mit Fachwerkgiebel dat. 1798; Renov. 1965.

***RHEINECK** (Abb. 148). Die Sicherung des Engpasses zwischen dem Rhein und dem Lutzenberg sowie des Rheinübergangs nach Bregenz geht auf die Römer zurück. Im Hochmittelalter war hier ein Fischerdorf mit Namen Fischerhausen, welches das Schicksal des Hofes Thal teilte. Es kam 1163 an Graf Rudolf v. Pfullendorf, dann an den deutschen Kaiser und 1309 an die Grafen v. Werdenberg-Heiligenberg. Die städtische Entwicklung setzte um 1300 ein. Seit 1445 Vogtei der Appenzeller, 1490–1798 von den Eidgenossen mitverwaltet. Das Miniaturstädtchen bestand nur aus einem Strassenzug mit 2 Häuserzeilen, abgeriegelt durch 2 Tore. Ein noch bestehendes Tor führte zum Hafengelände am Rhein, wo die Handelsschiffe für den Warenumschlag von und nach Deutschland anlegten. An der Hauptstrasse herrschaftliche Reihenhäuser, z. T. mit Riegelwerk, rest. 1970 ff.

Löwenhof* (Abb. 148), am N-Eingang des Städtchens. *Einer der grosszügigsten barocken Profanbauten der Ostschweiz.* Erb. 1746–48 für den Kaufmann Giovanni Heer, der auch in Verona ein Handelsgeschäft betrieb. Sitz der Familie Custer von 1776–1869, seither der Familie Bärlocher; Renov. 1925. Dreigeschossiger Rechteckbau mit Mansartdach und zwiebelbekröntem Firstturm. Die Strassenfront ist durch Pilaster in 5 gleich grosse Kompartimente aufgeteilt, welche mit Ausnahme der 3achsigen Mittelpartie je 2 Fensterachsen aufweisen. In der Mitte des rustizierten Erdgeschosses korbbogiges Portal mit übereck gestellten Rahmenpilastern, Zwickelreliefs und Oberlichtgitter; darüber, in der Beletage schmiedeisernes Balkongeländer und geohrtes Portal mit 2 bekrönenden Löwen; als Abschluss Volutengiebel und Ründe mit Dachreiter und Glöcklein. Die Schmalseiten einfacher, aber ähnlich instrumentiert. An der Gartenseite Stallungen und Gesinderäume in 2 flankierenden, 2geschossigen Mansartdachgebäuden, welche einen Ehrenhof bilden, der durch eine Mauer und ein schmiedeisernes Tor abgeschlossen wird. Auch hier zentral gelegenes Portal mit korbbogigem Oberlicht. Im 1. Stock umlaufender Balkon mit Balusterbrüstung. Grosszügige *Innendisposition:* Kreuzförmig angelegte Flure mit Kreuzgewölben im Erdgeschoss, sonst flach eingedeckt; in der nördl. Hauspartie herrschaftliches Treppenhaus mit einem um ein toskanisches Säulenpaar herumgeführten Treppenlauf und reich ausgebildeten Eckbalustern. Im Gewölbe des Treppenhauses Deckengemälde mit der Ansicht des Löwenhofs und dem Motto «bene omnia». In den Korridoren und Wohnzimmern flockig gestreute, eher flache Stukkaturen. Im Zimmer des Firstturms Täfermalerei mit Allegorien der Berufe und Elemente sowie Genreszenen. – In der Achse des Hofs liegt ein französischer *Garten* und ein 2geschossiger Pavillon mit doppelarmiger Freitreppe, Mittelrisalit und Mansartdach. Im Saal des Obergeschosses Stukkaturen und Deckengemälde mit Allegorien der Lebensalter. An der N-Seite des Gartens Orangerie mit ion. Portal. Die streng symmetrische Palastanlage atmet französische Strenge, gibt sich aber durch die spielerischen Formen der Fenster, der Giebel, Zwiebelkuppel und der Stukkaturen doch eher als Schöpfung eines süddeutschen oder vorarlbergischen Architekten zu erkennen. – Grünau, gegenüber der Strasse. Ehem. Ökonomiegebäude des Löwenhofs. Barockbau mit Mansartdach, durch neue Einbauten stark beeinträchtigt.

Kath. Pfarrkirche St. Theresia. Einer der ersten modernen Kirchenbauten der Schweiz, 1932–33 von Otto Linder. Rundbau mit einer Kuppel und dreiviertelrunder Apsis. Sichtquaderwerk über Betonschale. – Ehem. Nagelschmiede, Nr. 489. Gewölbter Steinbau mit Fachwerkgiebel, 2. H. 17. Jh. – Primarschulhaus. Neuklassiz. Bau 1883 von Adolf Müller. – Sekundarschulhaus. Erb. 1912 von Adolf Gaudy. – Haus am Untern Tor, Nr. 2. Neuerb. 1703 auf mittelalterl. Erdgeschoss. Rokokotüre mit Oberlichtgitter um 1760–70. – Druckerei, Nr. 18, ehem. Sitz der Landvögte. Dreigeschossiger Längsbau 17. Jh. mit 2 symmetrisch angelegten Steinerkern auf Maskenkonsolen; Empireportal. – Haus zur Rose, Nr. 24. Barockbau mit Mansartdach um 1770–80. Korbbogiges Portal mit Rocaillenaufsatz und Maske; Quergiebel mit rahmenden Voluten und bekrönendem Dreieck. Im 1. und 2. Obergeschoss etwas steife Rokokostukkaturen. An der Rückfront

Höfchen mit umlaufendem Balkon, wohl in Anlehnung an den Löwenhof. – **Rathaus.** Massiv gemauerter, quer zur östl. Häuserzeile gestellter Bau mit Treppengiebeln, 1553–55; Renov. 1876 und 1929–30. Im Ratssaal Balkendecke und stichbogige Fensternischen. Wandmalereien 1929 von Heinr. Herzig; Standesscheiben 1555: Zürich, Luzern, Uri, Schwyz, Solothurn, Glarus, Zug und Appenzell; Stadtscheibe Rheineck 1558. Auf dem Rokokotäfer des Sitzungszimmers Grisaillen mit Genreszenen; blaubemalter Stufenofen 1761, wohl aus Steckborn. Bilddokumente zur Topographie von Rheineck. – Rheinecker Hof. Grosses S-Portal 1.H. 18.Jh. mit halbrundem Oberlicht und schmiedeisernem Gitter. Gewölbte Gaststube mit stämmigem, diagonal geriefeltem Rundpfeiler des 17.Jh. – Apotheke Custer. Wohlproportionierter Barockbau am S-Eingang des Städtchens. – Daneben Haus Nr. 35a. Spätgot. Baugruppe mit Fensterwagen und Aufzugslukarne. S-Front aus gemauertem Sockel (Stadtmauer) und Ständeraufbau, vielleicht noch 16.Jh. – **Custerhof.** Erb. 1750–53, erworben von Joh. Heinr. Custer 1800, seit 1896 kant. Landwirtschaftsschule; Renov. 1952. Neunachsiger Barockbau mit 3 Geschossen und Mansartdach. An der nördlichen Schmalfront Erker auf Maskenkonsole, in der Mittelachse der S-Fassade Sandsteinportal. Treppenhaus mit perspektivisch angeordnetem Balustergeländer. Im Aufenthaltsraum des 2. Obergeschosses Rokokostukkaturen M. 18.Jh.: Ikonographisch schwer lesbare Darstellungen, welche auf 4 Erdteile und verschiedene Berufe (Schiffahrt, Handel) Bezug nehmen, dazwischen mythologische Figuren. In einem anschliessenden Raum Stukkaturen der 4 Jahreszeiten um 1760–70. Terrassierte Gartenanlage; schmiedeisernes Gartentor um 1800.

Ref. Pfarrkirche St. Jakob. Spätmittelalterliche Tochterkirche von Thal, als Kaplanei erwähnt 1433, erst 1809 zur Pfarrei erhoben; Schiff und Turm neuerb. 1722, Schiff neugot. umgestaltet 1887. Die beim ehem. Obern Tor an den steilen Hang gestellte Kirche besitzt ein 5seitiges spätgot. Chörlein an das sich das hochaufragende Schiff anschliesst. An der W-Front Turm mit barockem Oktogon und Zwiebelhaube. Im Schiff neugot. Empore und Orgel auf reichskulptierter Sandsteintribüne von 1887. Im Chor 1½jochiges Sterngewölbe auf polygonalen Konsolen; auf den runden Schlusssteinen vom A. 16.Jh. spätgot. Reliefs des Leidenschristus und des Hl. Jakobus d.Ä. In den masswerklosen Fenstern des Chorhauptes 3 Standesscheibenpaare von 1519: Zug und Schwyz, Glarus und Appenzell, Zürich und Luzern. – **Burgruine Altrheineck.** Erwähnt 1163, in Händen eines Ministerialen des Abtes von St. Gallen 1244, später Vogteisitz, aber wohl schon im Spätmittelalter aufgegeben. Erhalten hat sich die W-Mauer des Bergfrieds. – An der Stelle der vor 1300 erbauten Burg Neurheineck über der ref. Kirche befindet sich heute eine Aussichtsterrasse.

ST. MARGRETHEN. Friedhofskapelle St. Margaretha, ehemals paritätische Pfarrkirche. Neuerbaut um 1300, Sakristeianbau wohl 15.Jh.; Renov. 1930–32. Kleine talwärts gerichtete Kirche mit eingezogenem, flach geschlossenem Chor und nördl. unter gleichem Dach liegender Sakristei. An der SW-Ecke Turm mit gezimmerter Glockenstube und Zeltdach. Urspr nur W-Eingang, der S-Eingang erst 17. Jh. Im Schiff polygonal gewalmte Holzdecke des 17. Jh., am halbrunden Chorbogen Datum 1694; der Chor erhält im 19. Jh. ein gedrücktes Tonnengewölbe aus Gips. Drei Altäre im Knorpelstil um 1662–64, am Choraltar Gnadenstuhlgemälde, am nördl. Altargemälde Wappen des Wiler Pfarrers Sebastian Scheiwiler. Polygonalkanzel 2. H. 17. Jh.; über dem Chorbogen Kruzifix 17. Jh. Achteckiger Taufstein 1665. *Wandgemälde* aus 3 verschiedenen Perioden des 15.–16. Jh.: 1. An den Chorwänden in 2 Bildstreifen mit horizontalem Blumen- und Zickzackband Szenen aus der Leidensgeschichte der Hl. Margaretha von Antiochien (gest. 307), 1. Drittel 15. Jh., fragmentarisch, nur in der Untermalung erhalten. 2. An der nördlichen Chorwand Kreuzigungsdarstellung M. 16. Jh., auf der das Kreuz als Rebstock wiedergegeben wird, in dessen Geäst die Halbfiguren der Apostel sitzen; zu Füssen des Kreuzes Gottvater als Weingärtner und die Gottesmutter. An der O-Wand spätgot. Wandtabernakel E. 15. Jh. mit Kielbogenmasswerk sowie Fialen- und Masswerkbekrönung. 3. Darüber aufgemaltes Rankenwerk mit Jahrzahl 1585; an der S-Wand des Schiffs Himmelfahrt Christi und Muttergottes, darüber kaum mehr lesbare Bildfolge, ebenfalls 1585. – Wasenhof, hinter der Kapelle. Fachwerkbau von 1648. Grosse Kellereien und Torggelraum.

Ref. Pfarrkirche. Erb. 1804 vielleicht von Joh. Ulr. Haltiner; Renov. 1949. Dreiseitig geschlossener Predigtsaal mit Chorscheitelturm unter geschweiften Wimpergen mit Pyramidenhelm. Taufbecken und Taufkanne 1707. Vor der Kirche Glocke von Jak. Grassmaier 1805. Klassiz. Friedhofgitter. – Kath. Pfarrkirche. Neugot. Hallenkirche mit Netzgewölben 1910 von Albert Rimle; Ausstattung 1918 von Marmon und Blank. In der Sakristei: Turmmonstranz A. 17. Jh. von Meister R, Kelche 1667 von Ulr. Zwickle, 16. Jh. und um 1760–70; Vortragekreuz A. 17. Jh.

Burg Grimmenstein, in steiler Hanglage unterhalb Walzenhausen. Gegr. M. 13. Jh. durch den Abt von St. Gallen, 1418 von Konstanzer Bürgern geschleift; Ruine 1936 gesichert. Erhalten haben sich 2 Schenkel des gewaltigen Bergfrieds, Grundmauern des Palas und ein rekonstruiertes Rundbogenportal mit Bossenquadern und Stabprofil. – **Vorburg,** unterhalb der Ruine Grimmenstein. Urspr. wohl Wohnhaus der Burgherren, 1429–1546 Sitz eines St.-Galler Vogts; in neuerer Zeit stark verändert. Schlossähnlicher Bau mit 2 runden Ecktürmen. In einem Saal spätgot. Fensterstütze. – Apfelberg, östl. der Vorburg. Edelsitz der Burgherren, 1645–1834 im Besitz der Stadt St. Gallen. Ausstattung entfernt. – Landgut Bergsteig. Erwähnt 1482, im 17. Jh. im Besitz der Planta v. Wildenberg. Mansartdachbau mit Treppenturm.

AU. Kath. Pfarrkirche Mariä Geburt. Eine Kapelle erb. 1721, Pfarrkirche gegr. A. 19. Jh., vollständiger Neubau 1924–25 von Albert Rimli; Renov. 1949–50. Neubarocke Anlage mit konvex geschweiftem Querschiff. Deckengemälde 1950 von Siegfried Herforth. – Ref. Kirche. Erb. 1953 von Max Künzler.

BERNECK. Erwähnt 890. Dorfbrand 1848. – **Kath. Pfarrkirche Unserer Lieben Frau,** ehem. paritätische Kirche. Gegr. wohl im 9. Jh., neuerb. vielleicht im 12. Jh., Chor 1449, Sebastianskapelle erbaut 1468 im Auftrag des Pfarrers Jodokus Rösch, eines Bruders des Abtes Ulrich von St. Gallen; Schiff verlängert um 1500, barocke Umgestaltung um 1760–70 unter dem Offizial Pater Iso Walser; Erweiterung des Schiffs um 2 Seitengänge und Renov. 1937–38 durch Hans Burkard. Mittelalterl. Anlage mit eingezogenem Polygonalchor; südl. des Schiffs roman. Turm in Sichtquaderwerk, Glockengeschoss und Helm 1937; zwischen Turm und Chor asymmetrisch polygonale Sebastianskapelle. Das Innere ist durch die Renov. von 1937 geprägt. Im Schiff Flachtonne mit Rokokostukkaturen und Deckengemälden 1937 von Aug. Meinrad Bächtiger, im Stichkappengewölbe des Chors Deckengemälde um 1770 von einem süddeutschen Meister: Mariä Himmelfahrt, umgeben von Kartuschen mit der Verkündigung, Heimsuchung Mariä, Christi Geburt, Darbringung im Tempel und des zwölfjährigen Christus im Tempel; Stukkaturen 1937 rekonstruiert. In den grossen Masswerkfenstern im Flamboyantstil Glasgemälde 1938 von Aug. Wanner. Frühbarocker Stuckmarmoraltar 1626, aus der Otmarskirche der Stiftskirche St. Gallen: 2geschossiger Säulenaufbau mit bekrönender Wolkenglorìole, für welche im Gewölbe eigens eine Lünette gebaut werden musste; die Figuren der Apostelfürsten wohl erst 2. H. 17. Jh., die Altarblätter zugunsten eines wieder geöffneten Masswerkfensters entfernt; tempelförmiger Tabernakel um 1670. Die Seitenaltäre um 1770 von Leopold Feuerstein; Barockkanzel um 1670–80, an der Brüstung gedrehte Säulen und Evangelistenfiguren. Docken der Kirchenbänke 1741 aus dem Kloster Mehrerau. Kruzifix 1673. Bemerkenswerte *Wandgemälde* aus verschiedenen Perioden: An der südl. Schiffswand 8 Apostel in Arkadenrahmung um 1600; seitl. der Kanzel ikonographisch interessante Kreuzigungsdarstellung M. oder 2. H. 16. Jh., auf welcher das Kreuz als Rebstock dargestellt ist und in den Weinranken die Halbfiguren der Apostel aufnimmt, am Fuss des Kreuzes Gottvater als Weingärtner und Maria, Rahmen mit Beschlagwerkmotiven, links unten roman. (?) Fragment eines Rahmenfrieses; an der N-Wand Stationenzyklus 1937 von August Wanner; an den Chorwänden links Christus in Emmaus (an Stelle des ehem. Wandtabernakels) sowie Christus und Maria M. 17. Jh.; beim S-Fenster S. Bernardino mit 3 Mitren zu seinen Füssen als Hinweis auf die von ihm abgewiesenen Bischofswürden sowie Stifterfigur, wohl Pfarrer Joh. Gundelfinger (1423–53), womit das Bild vor der Heiligsprechung 1455 entstanden wäre! – In der *Sebastianskapelle* Rippengewölbe ohne Konsolen, Schlussstein mit Wappen Rösch 1468. Wandgemälde des Hl. Christophorus 1480, Fragment E. 16. Jh. einer Krönung Mariä mit den Hl. Rochus und Urban. Pietà um 1750, Gemälde der Hl. Magdalena 2. H. 17. Jh. Epitaphien für Pfarrer Georg Geist (gest. 1659) und Joh. Geser (gest. 1686) sowie für Franziskus Schultheiss, sanktgallischer Landvogt (gest. 1706). In der *Sakristei:* Schrank 1688; Turmmonstranz 1635; Kelche um 1680 von Ulr. Zwickle, um 1710–20 von Dominikus Saler und 1749–51 von Joh. Georg Jaser. – **Heiligkreuzkapelle,** südl. der Pfarrkirche. Erb. 1759 von Joh. Martin Ilg aus Dornbirn; Renov. 1914. Vierpassförmiger Zentralbau mit verschliffenem Walmdach und bekrönendem Dachreiter, 8 Stichbogenfenster und Oculi. Über dem Portal Steinkartusche mit Baujahrchronogramm. Im Innern Flachkuppel mit Stichkappen und Rokokostukkaturen von Jos. Meier und Thomas Pultscher, Deckengemälde 1914 von Georg Kaiser neu oder stark übermalt. Altäre um 1770 von Leopold Feuerstein, Märtyrerbilder von Linus Seist, der auch als Maler der urspr. Deckengemälde bezeugt ist. – Ref. Kirche. Erb. 1936–37.

Rathaus. Erwähnt 1501, neuerb. 1591, umgestaltet 1943 durch Hans Burkard. Den Dorfplatz beherrschender Giebelbau mit neubemalter Holzverkleidung. Offene Erdgeschosshalle mit Arkadenöffnungen, Balkendecke auf 4 gefasten Holzpfeilern, dat. 1591. Steinbildnis des Geschichtsforschers Johannes Dierauer (1842–1920). – Haus Nr. 43. Gestricktes Giebelhaus A. 18. Jh. mit Seitenlaube. – Haus Nrn. 604–05. Teilweise verschalter Fachwerkbau um 1700 mit geflammter Dekorationsmalerei; Rest. 1965. – **Schlössli,** über dem Dorf. Stark renovierter Steinbau des 17. Jh. mit rückwärtigem Treppenturm; Fachwerk des Giebels und des Turmobergeschosses wohl jünger. – **Kaltwehkapelle,** am O-Rand des Dorfs. Fast quadratischer tonnengewölbter Kleinbau von 1566. Bemerkenswertes Renaissanceflügelaltärchen, das aus dem 1528 aufgehobenen Katharinenstift St. Gallen stammen soll und laut Inschrift durch Casp. Blarer, Pfarrer in Berneck, 1566 renoviert, d.h. wohl weitgehend übermalt wurde; auf der Mitteltafel Pietà mit kniendem Stifter und Blarer-Wappen sowie Totengerippe, auf den Flügeln die Hl. Sebastian und Magdalena, Rochus und Wiborada (?), auf den Standflügeln links Hl. Otmar, rechts Hl. Gallus. – **Sog. Chlösterli,** gegenüber der Kapelle. Ehem. Mühle des Katharinenklosters mit got. Riegelwerk; erb. vermutlich im 15. Jh., denn aus dieser Zeit stammt ein spätgot. Zimmer der Mühle, das sich heute im Historischen Museum St. Gallen befindet.

Kobel. **Hofgut.** Im Spätmittelalter Besitz des Katharinenklosters St. Gallen, nach dessen Aufhebung 1528 vom Spital der Stadt verwaltet. Spätmittelalterliches Herrenhaus mit 2 abgezimmerten Fachwerkgeschossen. Über dem stichbogigen Portal und an einem Fachwerkstud des Treppenhauses Wappen des Spitals. – Daneben Verwalterhaus. Verschindelter Strickbau 17. Jh., mit Flugdreiecken am Giebel.

Ehem. Schloss Rosenberg, über der Strasse nach Heerbrugg. Äbtische Lehensburg, 1505–1798 Sitz des Obervogts, zerstört 1812. Erhalten sind einige Mauerreste und ein 8eckiges Rebhäuschen. – **Sog. Fürstenhaus,** am Fuss des Burghügels. Steinbau mit steilem Giebel; über dem Rundbogenportal Wappen des Abtes Jos. v. Rudolfi 1729. – **Schlössli Buchholz,** noch weiter südl. Querrechteckiger Steinbau unter Walmdach; über dem Rundbogenportal des teilweise abgetragenen Treppenturms Renaissancewappentafel 1607 des Joh. Ruggen v. Buchholz und der Salome Studer.

HEERBRUGG. Kath. Pfarrkirche St. Nikolaus v. Flüe. Erb. 1942–43 von Joh. Hugentobler; von ihm auch die monumentalen Glasgemälde. – Ref. Kirche. Erb. 1963 von Felix Bärlocher. – Schloss. Als Feste erb. um 1078 durch den St.-Galler Abt Ulrich III v. Eppenstein, aber im Spätmittelalter nur noch als Hof erwähnt; nach Brandzerstörung 1774 Wiederaufbau durch Bartholomäus Schlumpf, seit 1867 im Besitz der Familie Schmidheiny. Dreigeschossiger, 6achsiger Barockbau mit geschweiftem Mittelgiebel und Mansartdach. Der Turm in Anlehnung an Schloss Grünenstein erb. 1911. Inneres neuzeitlich ausgebaut.

WIDNAU. Ehem. kath. Pfarrkirche St. Jakobus der Ältere. Gegr. 1504, erweitert 1697–1700 von Hans Frey, umgestaltet 1856. Ausstattung 1869 mit Bildern 1878 von Severin Benz. – **Neue kath. Pfarrkirche St. Joseph.** Erbaut 1903 von Albert Rimli; Renov. 1939 und 1965–66. Neubarocke Anlage mit Deckengemälden 1939 von Siegfried Herforth. Fassadenplastik um 1960 von Albert Wider. Innen an der Eingangsseite Figuren der Hl. Antonius und Leonhard 2. H. 17. Jh.; in der Taufnische Hl. Jakobus 1. H. 18. Jh., aus der Schlosskapelle St. Anna in Rorschach. Am neuen Hochaltar barocke Muttergottes um 1700 zwischen den Hl. Dominikus (?) und Katharina (?) 1. H. 17. Jh.; in der Sakristei vier weitere Barockfiguren, alle anscheinend aus der alten Pfarrkirche, aber stark renoviert. Monstranz E. 18. Jh. von Jos. Ant. Seethaler, Kelche um 1700 vom Monogrammisten HIW und 18.–19. Jh.; Vortragekreuz 2. H. 17. Jh. – Im Gemeindehaus, am Primarschulhaus und Kindergarten Sgraffiti 1950–60 von Albert Wider. – Bürgerheim. In der Kapelle spätgot. Muttergottes E. 15. Jh., neu gefasst; Barockkelch 1665.

DIEPOLDSAU. Erwähnt 890. Ref. Kirche. Gegr. 1728; umgestaltet 1839, Turm neuerb. 1931. Renov. 1954. Rechteckiger Predigtsaal mit biedermeierl. Spiegeldecke. Taufstein 1728. – Kath. Pfarrkirche St. Antonius. Erb. 1762 von Joh. Ilg, zur Pfarrkirche erhoben 1791, neugeb. 1880, umgestaltet 1920. – Kapelle St. Thaddäus. Erb. 1953 von Albert Wider und Louis Cusinato.

BALGACH. Kath. Pfarrkirche Hl. Drei Könige. Erb. 1825–26 von Jos. Simon Mosbrugger; Renov. innen 1952–53, aussen 1966. Einfacher Bau mit eingezogenem Polygonalchor und südl. angebautem Turm, der mit Zwiebel und Laternenkuppel schliesst. Im Innern Stichkappengewölbe mit Deckengemälden von Alois Keller aus der Bauzeit: Abendmahl, Auferstehung, Epiphanie und Petri Schlüsselübergabe; spärliche Stukkaturen von Joh. Michael Mosbrugger und seinen Söhnen Peter und Anton. Die Doppelempore wie auch die Kryptasakristei unter dem Chor sind neu. Auf einer Stationensäule 1952 von Meinrad Zünd Pietà, Holzplastik M. 18. Jh.; Rosenkranzmadonna auf Prozessionsstange E. 17. Jh. – **Ref. Kirche.** Erwähnt 1419; nach der Reformation Simultankirche bis 1826, Chor rest. 1970. Spätmittelalterliche Anlage mit eingezogenem Polygonalchor und neuem S-Anbau. Am Chor eingelassenes Relief eines Christushauptes 2. H. 15. Jh. Im Innern beschnittenes Tonnengewölbe. Kanzel mit Appliken 1669; Gemälde der Krönung Mariä um 1770. Grabmäler für Jak. Buol-Salis (gest. 1697) und Elisabeth Jenatsch-Valär (gest. 1668). – Heiliggeistkapelle. Wandgemälde 1959 von Ferd. Gehr. – **Ehem. Rathaus.** Laut Giebelinschrift erb. 1566; Rest. 1968–69. Stattlicher spätgot. Steinbau mit fensterlosem Kellergeschoss und 2 Wohngeschossen; darauf geschlepptes, über einem westlichen Anbau gezogenes Satteldach. In der Wohnstube gefaste Fensterstütze. Die Kornschütte im Estrich wurde 1596 von David Zollikofer zu einem Festsaal umgebaut und mit *Renaissancemalereien* geschmückt, die 8 Felder auf den Bohlenwänden und 2 weitere auf der gemauerten Rückwand umfassen: feingliedrige, sehr dekorative Architekturgehäuse mit Hermenatlanten, Spiralranken, Festons, Genreszenen, exotische Tiere (darunter ein Elefant), die Wappen Zollikofer und Vadian sowie die Allianz Zollikofer-Schlumpf. Anlässlich der Rest. 1968 Fliesenboden aus dem Schlössli St. Gallen hierher übergeführt. – Brunnen, vor dem ehem. Rathaus. Errichtet um 1960 von Robert Jenny. – Gasthaus Rössli, am Eingang des Dorfs. Erb. um 1640, umgestaltet 1754 und 1834. Mansartdachbau mit herumgeführtem Traufgesims. – Im Dorfinnern und über der kath. Kirche gestrickte und geständerte Holzhäuser 17. und 18. Jh. – Restaurant Bad, südl. des Dorfs. Klassiz. Bau 1834 mit Walmdach. – Haus Nüesch, gegenüber. Längsbau mit kleinem Quergiebel dat. 1787.

Schloss Grünenstein. Stattliche Schlossanlage auf einer Anhöhe südwestl. von Balgach. Erb. durch die Herren v. Balgach, erwähnt 1270; Lehen des Klosters St. Gallen bis 1798. Im 16. und 17. Jh. häufiger Handwechsel, 1776 im Besitz des Glarners Fridolin Schindler, dessen Sohn Conrad, wohl in Zusammenarbeit mit Joh. Jak. Haltiner, einen Neubau erstellte. Seit 1791 im Besitz der Familie Custer. Dem z. T. abgetragenen mittelalterl. Bergfried sind 2 barocke Achteckgeschosse mit Laternenkuppel aufgesetzt. Im N schliesst, leicht nach O abgewinkelt, der 3geschossige spätbarocke Neubau an; in der Mitte seiner O-Front Portal mit Ohren und plastischer Louis-XVI-Bekrönung dat. 1779, Rundgiebel vor dem Mansartdach. Der mit dem Bergfried fluchtende spätbarocke S-Trakt ebenfalls unter Mansartdach. Im kleinen Salon des 1. Stocks Rokokostuckdecke mit vegetabilem Dekor längs der Kehle, Marmorkamin mit stuckiertem Aufsatz, darin Medaillon mit Venus und Adonis, Standuhr mit Intarsien (Schnitter Tod) E. 18. Jh. Im 2. Stock ehem. Musiksaal mit Rokokostukkaturen aus Rahmenwerk und mythologische Figuren; 2 Kredenztischchen und Spiegel. Zahlreiche Porträts der Familie Custer, meist von M. Herz um 1781–83.

REBSTEIN. Dorfbrand 1880. Kath. Pfarrkirche St. Sebastian. Gegr. 1898, neuerb. 1959–60 von Fritz Metzger. Festungsartiger Bau über amphitheatralischem Grundriss. Ausstattung nach Entwürfen von Hugo Imfeld, Glasgemälde von Ferdinand Gehr und Jean Bünter. Muttergottesstatue 1. H. 17. Jh., zugekauft. – **Burg,** heute Mädchenheim, neben der Kirche. Erwähnt 1268, ehem. Besitz der Herren v. Ems; 1585 im Besitz der St.-Galler Kaufleute Daniel und Christoph Studer, auf die der heutige Bau im wesentlichen zurückgeht; Renov. 1949. Der in Massivmauerwerk errichtete, traufständige Breitbau liegt unter einheitlichem Satteldach. Im Obergeschoss 16achsiger Fensterwagen mit barock bemalter Ziehlädenverschalung um 1700. Im Innern Täferstuben und Intarsientüren sowie Wandschrank M. 17. Jh. – Ref. Kirche. Erb. 1782 von Joh. Jak. und Joh. Ulr. Haltiner; Renov. 1937. Tonnengewölbter Predigtsaal, Chorturm mit Wimpergen und Spitzhelm. Achtseitiger Taufstein um 1782 mit stark eingeschnürten Formen; übrige Ausstattung neu. – Klassiz. Giebelhaus, westl. der Kirche. Portal mit Schlussstein 1831.

MARBACH. Kath. Pfarrkirche St. Georg, ehem. Simultankirche. Neuerb. nach 1466, Schiff neugebaut 1852 von Felix Wilh. Kubly; Grabung und Renov. 1965–67. Der heutige Bau erhebt sich über den Fundamenten einer karoling., roman. und got. Anlage. Zum roman. Baubestand gehört noch der nördl. an den Chor gebaute Turm mit den gekuppelten Rundbogenfenstern des ehem. Glockengeschosses; darüber nachmittelalterl. Aufbau und Pyramidenhelm. An das biedermeierliche Schiff fügt sich der eingezogene, 1852 erhöhte spätgot. Polygonalchor mit Masswerkfenstern. Beide Raumteile flach gedeckt. In Chor und Schiff Figurengruppen der ehem. Barockaltäre um 1642–72, Chorbogenkruzifix um 1532, Statuen der Hl. Otmar und Gallus um 1770. Biedermeierkanzel von Felix Wilh. Kubly. In der Sakristei roman.-got. Altarkreuz 13.–14. Jh. – Ref. Kirche. Erb. 1954 von Paul Trüdinger. Zwei St.-Galler Abendmahlsbecher 1635 von Georg Töber. – Ref. Pfarrhaus. Bau 1774 in der Art eines Fabrikantenhauses.

Schlösschen Weinstein. Erwähnt 1375, neuerbaut 1479 für Bürgermeister Ulr. Varnbüeler von St. Gallen, 1590 im Besitz der Schlappritzi, 1763 der Custer; heute Wirtschaft. Malerische Schlossanlage an steiler Rebhalde. Spätmittelalterl. Quertrakt, bestehend aus einem massiv gemauerten Unterbau, einem vorkragenden Fachwerkobergeschoss mit Krüppelwalmdach und rückseitigem Treppenturm; NO-Flügel mit Ecktürmchen wohl um 1613; neuerer Wohnbau an der W-Ecke. In der Weinstube Balkendecke und Kasten dat. 1673; Wappen Varnbüeler 1479. Im Ritterstübli Renaissancetäfer und leicht gewölbte Balkendecke, grünglasierter 6seitiger Turmofen 1. H. 17. Jh. Am Portal der nördl. Ringmauer Allianzwappen dat. 1680.

ALTSTÄTTEN. Erwähnt 853; Neugründung durch Abt Berchtold v. Falkenstein (1244–72), als oppidum genannt 1298; zerstört 1410 durch die Österreicher als Rache für die Beteiligung Altstättens an den Appenzellerkriegen; wirtschaftlicher Aufschwung vor allem im 18. Jh. dank Wochenmarkt, Rebbau und Leinwandhandel. – *Ortsbild.* Das an den Fuss der Appenzeller Höhen gebettete Landstädtchen bildet eine im W und S durch den Stadtbach begrenzte Flächensiedlung, welche von der durchgehenden Marktgasse quergeteilt wird. Von den urspr. 4 Toren ist nur das Untertor beim Engelplatz erhalten (s. S. 480). Die hochaufgeschossenen Häuser gehören fast alle dem 18. Jh. an und sind charakterisiert durch steile, zuweilen kapriziös geschweifte Giebel. Die nördl. Marktgasse weist einen über dem Strassenniveau gelegenen Laubengang auf, welcher, entsprechend der leichten Fachwerkkonstruktion der Aufbauten, meist auf Holzpfosten gradlinig abgestützt ist. Das Stadtbild hat unter dem Durchgangsverkehr stark gelitten und wurde in jüngster Zeit durch unglückliche Ersatz- und Neubauten, namentlich etwa an der Obergasse Nr. 2 (ehem. ref. Primarschule) und durch ein proportionsloses Kaufhaus an der westl. Marktgasse, beeinträchtigt.

Kath. Pfarrkirche St. Nikolaus. Erwähnt 1303; parität. bis 1903. Neuerbau 1794–98 von Johann Ulr. Haltiner; umgestaltet 1909–10, rest. 1971 ff.

Spätbarockkirche mit eingezogenem, 3seitig geschlossenem Chorhaupt, an welches nördlich der Turm mit Laternenhaube anschliesst. Die mittleren 3 der 5 Fensterachsen im Schiff treten als Risalit mit Quergiebel vor; die Fassaden 1909 neu instrumentiert. Zwei Fenstergeschosse zwischen korinth. Wandpilastern, welche in Schiff und Chor Flachtonnen mit Stichkappen tragen; Doppelempore im W. Stukkaturen von Jos. Simon Mosbrugger, stark durchsetzt mit neubarocken Zutaten; Deckengemälde urspr. von Jos. Schmuzer, übermalt von Jos. Heimgartner. Klassiz. Ausstattung mit neuen Altargemälden; Kanzel mit Laufsteg. Am gedrückten Chorbogen spätgot. (?) Kruzifix. – *Kirchenschatz.* Turmmonstranz 1613 von Gabriel Murer (?); Kelche 1685 von Meister VHR, 1715 und 1773–75 von Meister HGM; St.-Galler Vortragekreuz A. 17. Jh. – Im Pfarrhaus Statuen der Hl. Nikolaus und Konrad um 1670–80. – Ref. Kirche. Neugot. Bau 1904–06 von Paul Reber.

Rathaus. Neubau 1959–60 von Hans Burkard; Wandgemälde von Ferd. Gehr, Plastik des Minnesängers Konrad v. Altstätten von Albert Wider. – **Reburg,** Rathausplatz 1. Geburtshaus des Kaufherrn Jak. Laurenz Custer (1755–1828). Neuerb. 1772 von Joh. Jak. Haltiner. Viergeschossiges Reihenhaus; in der Sandsteinfassade 4 Achsen stichbogiger Fenster mit Scheitelkartuschen, darüber Giebelründe; Rundbogenportal mit Oberlichtgitter. Im Innern, namentlich im Musikzimmer, qualitätvolle Stukkaturen, Musiktrophäen und Ansichten von Herrschaftssitzen im Rheintal; ein blaugemalter Rokokoturmofen mit Landschaftsbildchen. – *Marktgasse.* Hotel Drei Könige. Klassiz. Umbau 1810. – Haus zum Stoss, Nr. 8, ehem. ref. Pfarrhaus. Umgeb. 1757. Im Erdgeschoss des 17. Jh. Pfeilerarkaden; doppelt geschweifter Rokokogiebel. – Haus Nr. 26. Eingelegte Biedermeiertüre 1861. – Haus Nr. 32. Holzverschalter Ständerbau in Form eines Bauernhauses mit Flugdreiecken. Stark erneuerte Rokokomalereien. Türe mit Rocaillen und Intarsien. – Frauenhof, Nr. 56. Erb. in der 2. H. 15. Jh. durch die Edlen v. Altstätten, äbtischer Amtssitz seit 1723. Gemauertes Eckhaus mit bossierten Eckquadern; stark verändert. – Placiduskapelle, gegenüber dem Frauenhof. Erb. 1646 durch das Kloster St. Gallen. Chorlose Barockkapelle mit loggiaartigem, von einer Zwiebel bekröntem Dachreiter. – *Obergasse.* Haus Nr. 8. Das höchste Haus der Altstadt mit 4 Vollgeschossen und 2 weiteren im geschweiften rundgeschlossenen Giebel. Am profilierten Portal dat. 1761. – Haus zum Raben, westl. Eckhaus der südl. Häuserzeile. Erb. 1763 für die Kaufherren Jos. und Ulr. Stadler, deren Initialen im Oberlichtgitter des Rokokoportals angebracht sind. Im 1. Stock Täfer mit gemalten Landschaftsmedaillons (zurzeit verdeckt), im 2. Stock getäfertes Erkerzimmer mit dekorativen Malereien, im 3. Stock ehem. Festsaal mit reichen Stukkaturen und als Bekrönung des Treppenhauses stuckierte Dreifaltigkeitsdarstellung. – **Prestegg.** Erb. 1488 als spätmittelalterl. Herrensitz der St.-Galler Ministerialen v. Rappenstein; seit 1712 im Besitz der Custer, Neubau eines S-Flügels 1788, wodurch ein Ehrenhof entstand, N-Trakt 1867, Aussenrest. 1971, heute Museum (s. S. 480). Im Hof ein Rokokopavillon mit geschweifter Haube und stuckiertem Gewölbe. Hauptportal mit reliefiertem Louis-XVI-Allianzwappen Custer-Ritz. Im 2. Geschoss des S-Flügels sog. Göttersaal: Kuppelmalerei 1788 von Jos. Schmuzer aus Innsbruck, mit mythologischen Gestalten und Nymphen. – *Engelplatz.* Harmonisches Platzbild mit Brunnen, beherrscht von einer hochaufragenden Häusergruppe mit spielerischen Giebeln, wohltuend abgeschlossen durch das Untertor, das sein heutiges Aussehen einem Umbau von 1823 verdankt. – Haus Nr. 8. Rokokoportal aus Sandstein mit separatem Oberlicht und rahmenden Pilastern dat. 1740. – Kath. Knabenschulhaus, am östl. Stadtausgang. Guter nachklassizistischer Bau, gestiftet 1875 von Konr. Ulr. Geisser aus Turin.

Kapuzinerinnenkloster Maria Hilf, südl. ausserhalb der Stadt. Eine Beginensamnung erwähnt 1258; der Klosterbau am heutigen Standort geweiht 1616, erweitert 1733–34; Eröffnung eines Mädcheninstituts 1870, Neugestaltung der Kirche 1966. Barockes Klostergeviert mit südl. angegliederter Kirche und neuem Institutstrakt an der SO-Ecke. Die *Klosterkirche* ist ein 3seitig geschlossener, modernisierter Einheitsraum. Glasgemälde 1966 von Ferd. Gehr. Bedeutende hochgot. Pietà um 1350–70 mit alter Fassung. In der Sakristei: Monstranz und Kelche 3. V. 18. Jh. von Jos. Ignaz Seethaler und 1797–99 von Meister IM. – Gut-Hirt-Kirche, beim Bahnhof. Extravaganter Neubau 1966 von Baumgartner und Bächtold. Wandreliefs von Coghuf (Ernst Stocker), Gussplastik von Silvio Mattioli. – **Forstkapelle,** auf dem Hügelzug südl. des Städtchens. Dreiseitig geschlossener, spätmittelalterl. Längsbau; Renov. 1963. Glasgemälde 1963 von Ferd. Gehr. Spätgot. Muttergottesstatue A. 16. Jh.

Lüchingen. Kath. Kirche. Neubau 1966 von Alberto Ponti, mit Campanile in Form eines gesteilten Dreiecks. – **Burg Neu-Altstätten.** Erwähnt 1383; nach der Zerstörung im Appenzellerkrieg 1404 wieder aufgebaut, seit 1639 im Besitz der Enk v. Altstätten; Rest. 1968 ff. Dreigeschossiger, ehem. zinnenbesetzter Wohnturm mit vorkragendem, von Bügen abgestütztem Fachwerkgiebel. Ehem. Hocheinstieg an der O-Seite. Im 3. Stock spätgot. Fenstergruppe, der im Innern eine Stube mit gewölbter Balkendecke entspricht; am mittleren Balken einfache Flachschnitzereien und Wappen des Sigmund v. Freiberg, der die Burg 1479 erworben hatte.

Museum. Historisches Museum, in der Prestegg (s. S. 479). Ortsgeschichtliche Sammlung mit kirchlichen und profanen Kunstwerken, namentlich Möbeln und Bildnissen des 17.–18. Jh., sowie guter Dokumentation zur Baugeschichte der Stadt.

EICHBERG. Ref. Kirche. Rechteckiger Saalraum 1713 mit Feldertonne aus Holz; Renov. 1939–40. Seitlich angebauter Turm mit gezimmerter Glockenstube, Geläute 1713 von Joh. Baptist Ernst. Glasgemälde 1939 von Ulr. Hänny und 1961 von Köbi Lämmler. Sechseckiger Taufstein in Kelchform. – *Hinterforst.* Kath. Kirche St. Niklaus v. Flüe. Neubau 1951 von Albert Bayer; Wandmalereien von Ferd. Gehr.

KOBELWALD. Kath. Pfarrkirche St. Sebastian. Erb. 1800, neubarock umgestaltet A. 20. Jh.; Renov. 1951. Schlichter Spätbarockbau mit eingezogenem Polygonalchor und N-Turm, den eine neue Zwiebelkuppel krönt

Im Schiff Gipstonne auf Gesims, im Chor Stichkappengewölbe auf Pilastern. Doppelempore und Stuck neubarock. Drei neubarocke oder stark erneuerte Altäre. Polygonale Barockkanzel um 1670–80 mit Evangelistenfiguren in Ädikulanischen; 2geschossiger Schalldeckel in Form einer Bügelkrone.

Hard. Kath. Kapelle St. Gallus. Barockbau 1743 mit eingezogenem Polygonalchor und Dachreiter mit Faltdach; Renov. 1913. Drei Rokoko-Altäre um 1774, aus der Heiligkreuzkirche in St. Gallen, im Choraltar Ölberggruppe und Gottvater. – *Freienbach.* Wallfahrtskirche Mariä Heimsuchung, Filiale von Kobelwald. Das 1744 erbaute und 1840 renovierte Gotteshaus mit einem malerischen Barocktürmchen wurde 1969 aus Gründen der Verkehrssanierung (!) abgebrochen und durch einen Neubau von Hans Burkard ersetzt. Aus der alten Kirche einige gute Votivbilder und Bildwerke des 18. bis 19. Jh. Im Kirchenschatz Wiener Kelch 1762 vom Meister SDI und Konstanzer Kelch 2. H. 18. Jh. vom Meister LST; Ziborium 17. Jh.

OBERRIET. Kath. Pfarrkirche St. Margaretha. Erbaut 1810 wohl von Joh. Ulr. Haltiner, neubarock umgestaltet 1908. Spätbarocke, in den Details klassiz. Anlage mit eingezogenem Polygonalchor und N-Turm; Rustikaportal mit Korbbogen. Im Schiff eine Doppelempore und auf Wandpilastern eine gedrückte Tonne mit Stichkappen; im Chor Halbkuppel mit Stichkappen; Stichbogenfenster. Neubarocke Stukkaturen, Deckengemälde 1908 von Jos. Heimgartner. Klassiz. Ausstattung; schräg gestellte Seitenaltäre mit Gemälden 1880 von Jos. Reichlin; über eine Galerie erreichbare Kanzel, 6eckiger Taufstein aus rotem Marmor. – Kirchenschatz: Monstranz 1810 von H. Seethaler (nicht Josef Anton!); Ziborium 1749–51 von Jos. Ant. Reitler; Kelche 1609, um 1720 von Jos. Ant. Schaller und 1809 von einem Meister Siffer. – **Burg.** Ehem. Verwaltungsgebäude des Abtes von St. Gallen, erb. um 1539; Rest. 1964. Stattlicher Bau unter Krüppelwalmdach, das gemauerte Erdgeschoss mit got. Fenstergruppen, das Wohngeschoss wohl im 17. Jh. in Fachwerk erneuert, darauf verschaltes, leicht vorkragendes Giebelgeschoss über geschnitzten Bügen. Im Obergeschoss Balkendecke mit Jahrzahl 1539. – **Höhlenburg Wichenstein,** in der O-Wand des Semelenberges. Ein Dietrich v. Wichenstein erwähnt 1270, Burg zerstört im Appenzellerkrieg 1405. Eine mächtige Mauer mit gähnenden Fenstern schliesst die schwer zugängliche Höhle, die 4–5geschossig ausgebaut war. Erdwall am Fuss der Felswand. – **Burg Blatten,** auf einem das Tal zum Rhein hin abriegelnden Felsvorsprung. Erb. 1267–70 unter Abt Berchtold v. Falkenstein als Schutz gegen die Grafen v. Montfort, 1277 im Lehensbesitz der Ramschwag, seit 1496 Sitz des äbtischen Obervogts, 1799 von den Franzosen zerstört; gesichert 1911. Imposanter 5stöckiger Turm mit stichbogigen Fensterhöhlen; Reste des Berings.

Eichenwies. Kath. Kapelle St. Joseph. Gegr. 1661; neuerb. 1952 von Hans Burkard. Barocke Muttergottesstatue um 1640 von Erasmus Kern. – Feldkapelle St. Judas Thaddäus. Rustikaler Kruzifix nach hochgot. Vorbild, wohl erst 2. H. 16. Jh.

KRIESSERN. Kath. Pfarrkirche. Pfarrei gegr. 1734, Kirche erb. 1765–66 von Peter Thumb; Neubau 1898; Renov. 1966. Flachgedeckter Bau mit eingezogenem Polygonalchor. Über dem rechten Seitenaltar barocke Pietà 2. H. 17. Jh. Plastiken 1966 von Otto Rausch, gleichzeitig Wandgemälde des Kreuzwegs im Schiff von Jost Blöchliger. Kelch 1745–47 von Franz Rupert Lang, Vortragekreuz um 1600 mit roman. Kruzifix um 1300–20.

MONTLINGEN. Kath. Pfarrkirche St. Johannes Baptist. Erwähnt 1270; neuerb. 1504–06, neues Schiff 1673–74 von Daniel Glattburger. Anlässlich der Rest. 1959 Ausgrabung von Fundamenten zweier Vorgängerkirchen, die beide einen rechteckigen Grundriss ohne Choreinzug aufwiesen. Heutige Anlage: Ungegliederter Längsbau mit eingezogenem Polygonalchor, an den sich nördl. ein im untern Teil roman. Turm mit Pyramidenhelm über Wimpergen anschliesst, rest. 1970. Neue Vorhalle, das Portal 1673 mit architektonisch gegliederter Türe und altem Beschläge. Im barocken Schiff Kassettendecke, im spätgot. Chor 2jochiges Sterngewölbe, das aussen an der Chorbogenwand auf Wanddiensten ruht. Masswerkfenster mit Glasmalereien 1959 von Walter Burger. – *Ausstattung*. Spätgot. Wandtabernakel mit kräftiger Kielbogenrahmung, bekrönt von Kreuzblumen und Fialen, oben und unten Blendmasswerk. Reiche polygonale Barockkanzel mit Schalldekkel, architektonisch gegliedert, weiss und braun gefasst, in den Nischen des Korpus und des Aufsatzes Evangelisten- und Apostelfiguren, als Bekrönung der Hl. Johannes. Über dem linken Seitenaltar Muttergottesstatue um 1640, sehr wahrscheinlich von Erasmus Kern; neben dem Seitenaltar rechts Johannesschüssel aus Holz mit dem Haupt des Täufers E. 15. Jh.; an der S-Wand Karfreitagskruzifix um 1650. Hinten rechts Epitaph für Maria Margaretha Meyer (gest. 1696), Gattin des äbtischen Obervogts Carl Casp. Meyer auf Blatten. – *Kirchenschatz*. Monstranz sowie 3 Kelche um 1779 von Jos. Ant. Seethaler; Kelche um 1670 von Franz Clessius, 1760 von Meister SDI und um 1779 von Joh. Ignaz Bertold; Vortragekreuz um 1600 mit spätgot. Kruzifix. – Kapelle St. Anna, am Weg zum Bergli. Erb. vielleicht im 15. Jh., renoviert im 17. Jh. und 1891. Halbrund geschlossene Kapelle mit Dachreiter, erneuertem Vorzeichen und gewalmter Felderdecke. Barockaltärchen im Ohrmuschelstil um 1670–80, mit Figuren Mitte 17. Jh. der Hl. Anna selbdritt, Johannes Baptist und Johannes Ev. – Prähist. Siedlungsgebiet auf der Höhe des Berglis. In mehreren Etappen ausgegraben, zuletzt 1952.

Museum. Im Schulhaus. Repräsentative Sammlung der Fundgegenstände namentlich Zeugnisse der sog. Melauner Keramik.

RÜTHI. Dorfbrand 1890. **Kath. Pfarrkirche St. Valentin,** auf beherrschendem Hügel in der Ebene. Erwähnt 1287, seit dem Spätmittelalter beliebter Wallfahrtsort; Um- oder Neubau um 1519, Neubau des Schiffs und barocke Umgestaltung 1734, um 1 Querschiff nach W verlängert um 1880 renov. 1949–50. Verhältnismässig langes Schiff, an seiner S-Seite ungegliederter, wohl mittelalterl. Turmschaft mit neubarockem Abschluss. Schmaler Polygonalchor über ehem. Beinhaus, Umfassungsmauern wohl noch spätgotisch. Neues Vorzeichen 1949. Im Schiff Flachtonne aus Gips, im Cho

Fächergewölbe auf gedrechselten Konsolen. Drei stark renovierte Barockaltäre wohl von 1734, am Choraltar gleichzeitiges Gemälde mit St. Valentin, die seitlichen Statuen der Apostelfürsten um 1660–70; in den Nischen der Seitenaltäre Statue der Muttergottes um 1660 und Statue Christi (als Herz Jesu interpretiert) M. 18. Jh. Polygonale Kanzel um 1700, mit Schalldeckel und Bügelhaube, an der Brüstung gedrehte Säulen und gemalte Evangelistendarstellungen. Statuen eines Hl. Bischofs (Valentin ?) und des Hl. Joseph um 1670 bzw. 1750. Im Querschiff 2 Rokokogemälde um 1760. *Hirschsprung*. Marienkapelle. Dreiseitig geschlossener Einheitsraum mit gewalmter Holzdecke 1778; Ausstattung E. 19. Jh. – *Plona*. Antoniuskapelle. Neubau 1956 von Walter Heeb; Wandgemälde von Ferd. Gehr. – *Lienz*, Exklave der politischen Gem. Altstätten. – Kapelle Herz Jesu; Filiale von Rüthi. Neubau A. 20. Jh., Ausstattung von der Firma Marmon. Gutes spätgot. Relief der Verkündigung E. 15. Jh.

SENNWALD. Ref. Pfarrkirche. Pfarrei gegr. 1422; nach Zerstörung der Kirche im Schwabenkrieg Wiederaufbau um 1500, umgeb. 1753 von Joh. Ulr. Grubenmann; Renov. innen 1925, aussen 1962. Spätgot. Anlage mit eingezogenem Polygonalchor; an der N-Seite des Schiffs stämmiger Turm mit Pyramidenhelm, in den unteren Teilen wohl hochmittelalterl., gehörte also zu einer ältern Kirche, deren Chorpartie die heutige NO-Ecke des Schiffs gebildet haben dürfte. W-Portal dat. 1752. Im Schiff polygonale Gipsdecke, im Chor Fächergewölbe mit Rippen auf halbrunden Diensten. In den Chorfenstern Fischblasenmasswerk; an der nördl. Schräge kielbogige Sakramentsnische, begleitet von Blendmasswerk, stark beschädigt. Ansteigende Empore auf Säulenpaar 1. H. 17. Jh. mit Rokokodekorationsmalerei von 1752. Gutes Sandsteinepitaph der Kunigunde Rahn (gest. 1719), Gattin des Landvogts Joh. Casp. Mafers. Im 1. Geschoss des Turms Überrest der Mumie des Freiherrn Joh. Philipp v. Sax, Reformator der Gegend, gest. 1596. – Alte Hammerschmiede, funktionsfähig erhalten. – Gasthaus Adler, im Dorfteil Äugstisried. Erb. 1605, umgeb. E. 18. Jh.; Renov. 1926. Steinbau unter Mansartdach; Falllädenverschalungen, rustizierte Eckpilaster. – Daneben hoher Riegelbau der Biedermeierzeit.

SALEZ. Ref. Pfarrkirche. Pfarrei seit 1514; Kirche verlängert im 18. Jh., Turmbau und neugot. Umgestaltung 1853–55, Renov. 1952. Einfache Anlage mit eingezogenem Polygonalchor und N-Turm. Taufstein 1671 aus Toggenburger Marmor. – **Burg Forstegg.** Erbaut um 1200 wohl unter Heinrich v. Sax. Der berühmteste Burgherr war Ulrich VII. v. Sax (1463–1538), der sich auf zahlreichen Schlachtfeldern an der Seite der Eidgenossen auszeichnete. Burg und Herrschaft Sax 1615 an den Stand Zürich verkauft, der hier einen Landvogteisitz einrichtete. Nach 1798 zahlreiche Handänderungen, Palas abgebrannt 1894, Burg und Zeughaus renov. 1941. Von der alten Burg haben sich die Umfassungsmauern eines mächtigen Bergfrieds über unregelmässigem Sechseck erhalten. Das davor liegende Zeughaus von 1625 ist ein einfacher Giebelbau mit aufgemaltem Zürcher Wappenzeichen. In der Stube Kassettendecke und buntbemalter Winterthurer Turmofen von 1638; einzelne Möbelstücke verschiedener Herkunft.

SAX. Ref. Pfarrkirche. Mittelalterl. Gründung; Kirche neuerb. um 1500 nach der Zerstörung im Schwabenkrieg; Renov. um 1960. Spätgot. Anlage mit eingezogenem, 3seitig geschlossenem Chor; an der N-Seite, etwas vom Chor abgerückt, ungegliederter mächtiger Turm wohl aus hochmittelalterl. Zeit mit neueren Schallfenstern und Pyramidenhelm. Im barockisierten Schiff Tonnengewölbe und eine Empore auf 2 Pfeilern von 1672; im Chor spätgot. Sterngewölbe auf zugespitzten Konsolen. Achteckiger Taufstein 1671 aus Toggenburger Marmor, Chorstühle 2.H. 17.Jh. – **Gasthaus Schlössli.** Als Edelsitz erb. 1551 unter Albrecht v. Sax, erworben 1630 durch den Zürcher Landvogt Adrian Ziegler, dessen Familie 1735 einen Umbau vornahm, 1760 im Besitz der Familie Buol v. Parpan, seit 1807 häufiger Besitzerwechsel; Renov. 1947. Stattlicher Steinbau unter Krüppelwalmdach, got. Fenstergerichte. Im Saal des 1. Stocks 3 stichbogige Fensternischen und 2 freistehende spätgot. Fenstersäulen sowie eine bemalte Felderdecke mit Lilien- und Blumenmustern; Porträts von Zürcher Landvögten. – **Burgruine Hohensax,** auf unwegsamer Felsrippe. Gegr. im 12. Jh., Stammburg eines Zweigs der Misoxer Familie v. Sax; von den Appenzellern 1446 zerstört, seither in Zerfall. Von dieser grössten Burganlage im Rheintal haben sich nur Reste von Bergfried, Palas und der rechteckig geführten Umfassungsmauer erhalten. – Ruine Frischenberg. Burgstock, wohl ehem. Vorwerk zu Hohensax.

GAMS. Seit 1497 unter der Herrschaft von Schwyz und Glarus, wodurch der katholische Glaube erhalten blieb. – Kath. Pfarrkirche St. Michael. Erwähnt 834; neuerb. 1868 von Carl Reichlin. Grosse neugot. Kirche mit gleichzeitiger Ausstattung. Im Schiff Gratgewölbe mit gemalten Rippen, im eingezogenen Polygonalchor Sterngewölbe. In der Sakristei: Monstranz 1628 von Hans Ulr. Gamon; Kelche M. 17. Jh. und 1728 von Joh. Caspar Lutz; spätgot. Vortragekreuz. – Altes Pfarrhaus. Bau mit Mansartdach E. 18. Jh. Der Kruzifixus an der Giebelfront wohl 18. Jh. – Neues Pfarrhaus. Barocke Statuen der Hl. Franziskus und Johannes Nepomuk 2. H. 17. Jh. – Burg. Reste einer sehr grossen Burganlage, welche wohl bereits im 13. Jh. aufgegeben wurde, da sie in Urkunden nicht erscheint. Ausgrabungen 1964 ff. – Bauernhaus im Burgareal. Holzverschalter Bau mit Mansartdach E. 18. Jh. – Im Dorf einige bemerkenswerte Strickbauten des 17. Jh., meist unter Tätschdach, mit Pfettenvorstössen und Röllchenfriesen. – *Gasenzen.* Muttergotteskapelle. Tonnengewölbter Barockraum mit rundem, aussen 5eckigem Chorschluss. Neu ausgestattet 1923 Spätgot. Muttergottesstatue E. 15. Jh. – Gruppe von Tätschdachhäusern durch Umbauten beeinträchtigt.

GRABS. Ref. Kirche. In der im 8. Jh. verfassten Gallus-Vita wird ein Diakon Johannes von Grabs für das Jahr 613 erwähnt. Neubau der Kirche um 1500, vollständiger Umbau 1901 von Stärkle, wobei nur der Chor stehenblieb; Turm 1917. Dreischiffige neugot. Hallenkirche mit stark erneuertem spätgot. Polygonalchor. An der NO-Ecke neuroman. Turm, an den übrigen 3 Schiffsecken Türmchen mit Zwiebelkuppeln als barocke Komponente Im Mittelschiff eine überhöhte Satteldecke, die Seitenschiffe durch Empo ren auf spitzbogigen Arkaden verbaut. Im Chor 6teiliges spätgot. Fächergewölbe mit Rippen, die auf Wandpfeilerchen ruhen. Neugot. Ausstattung.

***WERDENBERG** (Abb. 149, 150). *Besterhaltene und älteste Holzbausiedlung der Schweiz am Fuss der gleichnamigen Burg.* Das ehemalige Markt- und Burgstädtchen, erwähnt 1289, teilte das Schicksal der Schlossherren. Von den berüchtigten Rheintaler Feuersbrünsten verschont, erlitt es erst im frühen 19. Jh. einen Substanzverlust durch den Abbruch der beiden untern Tore. Seit 1960 systematische Sanierung und Restaurierung durch die Stiftung «Pro Werdenberg» unter Bauleitung von Walter Fietz. Weiher, Städtchen und bekrönendes Schloss bilden eine einzigartige Kulisse vor den aufragenden Berghäuptern des Churfirstengebiets. Die Miniatursiedlung zählt nur rund 35 Firste, die sich dem Gestade entlang und den Schlossweg hinauf gruppieren. Alle Konstruktionstypen des Profanbaus sind hier modellhaft vertreten: der massive Steinbau, der Ständer-, Fachwerk- und Strickbau, meist in den urspr. Formen des 15.–17. Jh. Die gemauerten Erdgeschossockel wohl mittelalterlich. Marktplatz und Hauptgasse werden charakterisiert durch Lauben, über denen die zur Fahrhabe zählenden Wohngeschosse aus Holz teils geradlinig durch Holzpfosten, teils durch gemauerte Arkaden abgestützt werden. Die unbekümmert gebauten, vorkragenden und gefährlich aus dem Lot geratenen Holzkonstruktionen geben dem malerischen Gassenbild eine pikante Note.

Haus Nr. 1. Spätgot. Steinbau am Eingang des Städtchens, mit Eckquadern und springenden Fensterachsen. Wandmalerei um 1920–30. – Haus Nr. 3. Grosser Ständerbau mit Holzverschalung und Deckleisten, rest. 1966. Dekorationsmalerei rekonstruiert nach dem Vorbild der ehemals barocken Aussenschale des Hauses Nrn. 24–25. Dem 6teiligen Fensterwagen im 1. Stock entspricht eine flachgewölbte spätgot. Leistendecke; im 2. Stock Riemendecke mit Kerbschnittrosetten wohl 2. H. 15. Jh. – Haus Nr. 4. Riegelbau 1625 mit Steinausfachung über 3achsiger Arkadenlaube; Renov. 1706. Dekorationsmalerei wohl 2. H. 18. Jh. – **Haus Nrn. 24–25** (Abb. 149), irrtümlich Montaschiner-Haus genannt. Erb. 1583; Rest. 1964. Traufständiger, den Platz beherrschender Riegelbau über 3 Pfeilerarkaden. Fünf- und 6teilige Fensterwagen, sehr kleine Zwillingsfenster im Schlafgaden. Der hintere gemauerte Teil des Hauses vielleicht 13.–14. Jh. – Haus Nr. 26. Gestrickter, traufständiger Bau 2. H. 17. Jh., mit kalligraphischen Sprüchen. – Sog. Rotes Haus, Nr. 41. Gestricktes Giebelhaus 17. Jh. mit Tätschdach und barocken Dekorationsmalereien. – **Drachenhaus,** westl. ausserhalb des Städtchens. Bemerkenswerter Strickbau des 17. Jh. mit gemauerter, teilweise geständerter Westpartie eines Vorgängerbaus; dekorative Rankenmalereien als Fensterumrahmungen und Lindwürmer auf den Dachuntersichten 1. H. 18. Jh.; Rest. 1965. – Haus Nr. 30, oben an der Schlossgasse. Merkwürdiger, in Strick- und Ständertechnik aufgeführter Bau aus der M. 16. Jh., mit kannelierten Fusshölzern; Rest. 1965–66. – **Rathaus,** Nr. 31, oberstes Haus des Städtchens. Spätgot. Steinbau mit rundbogigem Durchlass, im 1. Geschoss 3teiliges Staffelfenster, im obern Geschoss erneuerte Fenster; Quadermalerei und Zeltdach wohl barock.

Schloss. Gegr. um 1230 durch Graf Rudolf v. Montfort, Stammvater der Werdenberger Linie; erwähnt 1290, im Besitz der österreichisch gesinnten Linie Montfort-Tettnang seit 1404, an Luzern verkauft 1485, von Glarus erworben 1517 und als Vogteisitz der Herrschaft Werdenberg und Wartau, vor allem nach dem Brand 1695 ausgebaut; Besitz der Familie Hilty seit M. 19. Jh., dem Kt. St. Gallen 1956 geschenkt. – Der fast quadratische, in 4 Bauetappen zusammengewachsene Baublock besteht aus dem die westl. Ecke einnehmenden, gezinnten Bergfried des 12.–13. Jh.; dem rechteckigen, nördl. vorgelagerten Palas vom A. 15. Jh.; dem verbindenden Treppenhaustrakt E. 15. Jh. und dem südwestlich angegliederten, sog. Glarnerbau von 1695. Das einheitliche Walmdach liegt wohl erst seit dem Brand von 1695 über den Wohngebäuden. Auf dem Bergfried Zeltdach und barockes Zwiebeltürmchen. Vor W- und S-Flanke öffnen sich der äussere und der innere Hof. Breite ungegliederte S-Fassade mit unregelmässig angeordneten 2- und 3teiligen Fenstergruppen. Das Glarner Wappenzeichen des Hl. Fridolin 1925. – *Inneres.* Mächtiges tonnengewölbtes Treppenhaus und 2 übereinanderliegende, grosse Flure; im 1. Stock Balkendecke 1697 mit Längsunterzug über stämmigem Balusterpfeiler aus Holz; auf die Wand gemalte Wappen in Lorbeerkränzen und Tafelbilder mit Porträts glarnerischer Landvögte 17.–18. Jh. Rundbogig geschlossenes Mittelstück eines Frührenaissance-Altars dat. 1539, mit einer Kreuzigungsdarstellung, die Assistenzfigur des Hl. Gallus lässt als Herkunftsort an eine dem Kloster St. Gallen unterstellte Pfarrkirche denken; auf der Rückseite Jüngstes Gericht. In der SO-Ecke Rittersaal mit 4 Fensternischen und Kassettendecke, der grüne Kastenofen mit blaugemalten Rahmenkacheln und Ofenstiege dat. 1754 mit Signatur CR (Ruostaller?). Im Gerichtszimmer manganbemalter Rokoko-Ofen mit Genreszenen um 1750. Im oberen Flur Fragmente eines spätgot. Christophorusfreskos um 1510–20, aus dem alten Pfarrhaus in Grabs. In einem Schlafzimmer blaugemalter Stufenofen mit Genreszenen 1741, aus dem Schloss Forstegg. Ein weiterer reduzierter Ofen 1810 von Hafner S. Spiller aus Elgg und Maler H. Egli. Bemerkenswertes, teilweise zugekauftes Mobiliar des 17.–18. Jh. Apotheke 1860.

BUCHS. Dorfbrand 1839. Ref. Pfarrkirche. Eine Georgskirche erwähnt 850; Neubau 1931–32 von Wilh. Schäfer und Martin Risch. Saalbau mit Treppenvorhalle, Turm mit Nadelhelm. – Kath. Kirche Herz Jesu. Gegr. 1890 Neubau 1964–65 von Justus Dahinden. Rhythmisierter Betonbau mit Plastiken von Albert Wider.

SEVELEN. Dorfbrand 1892. Ref. Pfarrkirche. Neuerb. um 1500, Schiff ausgebrannt 1892; Renov. des Turms 1922, der Kirche 1960. Stark erneuerter, im Mauerwerk aber spätmittelalterl. Bau mit eingezogenem Polygonalchor. Dem S-Turm ist westl. ein Raum mit Sterngewölbe vorgebaut urspr. wohl eine Kapelle. Im Schiff flaches Gipsgewölbe, im Chor 2jochige Sterngewölbe auf Konsolen. Sgraffiti und Ausstattung um 1960. – Pfarrhaus. Stattlicher Giebelbau, im Grundbestand wohl 16. Jh., umgebau 18.–19. Jh. – Rathaus. Erb. 1805 für Balthasar Litscher; Renov. 1953. Klassiz. Bau mit Rundbogenportal und Mansartdach. – Burgruine Herren burg. Angeblich erb. 1255 unter Bischof Heinrich III von Chur, später im Besitz der Grafen v. Werdenberg. Erhalten ein 7m hoher Mauerzahn.

WARTAU. Ehem. Herrschaft der Grafen v. Werdenberg als Enklave in der Grafschaft Sargans. – **Burgruine Wartau,** in beherrschender Hügellage. Erwähnt 1261 als Besitz der Herren v. Wildenberg, durch Erbschaft an die Grafen v. Werdenberg gelangt, seit 1402 mehrfach verpfändet, 1517 von Glarus erworben, aber wohl im 17. Jh. aufgegeben, da der Vogt in Werdenberg residierte; Bestand 1932 gesichert. Stolze Burg aus einem 5geschossigen Bergfried und einem 4geschossigen Wohnbau, beide blockhaft zusammengebaut und von Zinnen bekrönt. Alter Hocheinstieg an der N-Seite, im 4. und 5. Geschoss 3teilige Rundbogenfenster mit Sitznischen. Reste des Berings, im Hof Zisterne. – Ehem. Fluchtburg auf dem östl. Plateau. Gegr. wohl im 8.–9. Jh., mit einer Martinskirche. – Brocha-Burg, nördl. der Wartau. Mauerreste einer urkundlich nicht bekannten Burganlage, zu der eine Brücke über die tiefe Felsspalte führte. – *Fontnas.* Ehem. Kapelle St. Erasmus. Spätmittelalterl. Bau, beim Dorfbrand 1816 beschädigt, neuerb. 1821 unter Wiederverwendung des alten Mauerwerks, heute profaniert. Rechteckiger Bau wohl 15. Jh. mit primitivem Masswerkfensterchen an der S-Seite; biedermeierlicher Turmaufbau über dem ehem. Chor. – *Gretschins.* **Ref. Pfarrkirche,** Mutterkirche der ganzen Herrschaft. Laut Inschrift neuerb. 1493 von Stoffel Wetzel und seinen Gesellen; Grabung und Renov. 1946. Der spätgot. Bau mit eingezogenem Polygonalchor erhebt sich über den Fundamenten zweier Saalkirchen, von denen die ältere (vor 1000?) mit halbrundem, die jüngere (13. Jh.?) mit einem rechteckigen Chor schloss, dessen S-Wand beim spätgot. Neubau wiederverwendet wurde. Am südl. Choreinzug Turm mit gekuppelten Schallfenstern und quer zum Kirchenfirst gerichtetem Käsbissen, der Unterbau älter als die heutige Kirche. Spätgot. W-Portal mit gekreuzten Stabprofilen. Im Schiff neue gewalmte Holzdecke, im Chor 2jochiges Sterngewölbe mit Trennungsrippe auf Anfängern, die in dünnere Wanddienste übergehen. Baumeisterinschrift an der Rückwand des Schiffs, urspr. neben dem Chorbogenscheitel. Polygonale Kanzel 1783; im Turm 12eckiger Taufstein 14. Jh., mit spitzen Wappenschilden und abgetrepptem Fuss. Zwei Glocken 1484 und eine 1658 von Gaudenz Hempel. – Sog. Walser Rathaus, auf Palfries. Spätmittelalterl. Ständerbau mit originaler Inneneinrichtung, eines der altertümlichsten Holzhäuser im Kt. St. Gallen; Rest. 1969–70.

Azmoos. Ref. Pfarrkirche. Erb. 1735 als Ersatz für eine nicht mehr situierbare Nikolauskapelle; um 1 Joch verlängert 1928, renov. 1952 und 1966. Dreiseitig geschlossener Predigtsaal, der N-Turm mit neuem Obergeschoss. Stichbogenportal von 1735 zum spiegelgewölbten Innern mit neuer Ausstattung. – **Rathaus.** Als Herrschaftshaus erb. 1802–04 für die Brüder Felix, Jak. und Mathias Sulser; seit 1918 Rathaus, umgeb. 1933, rest. 1959. Dreigeschossiger klassiz. Bau mit 7, auf der Schmalseite 3 stichbogigen Fensterachsen, an der Schaufront Pilastergliederung und Rundbogenportal. Kreuzgewölbter Querkorridor. – Gasthaus Traube. Stattlicher Steinbau 1711 mit steilem Giebel und Flugdreiecken. Zwei traufseitige Barockportale mit Initialen IS AF, schmiedeiserner Empireschild. Tonnengewölbter Korridor. – Kath. Pfarrkirche. Neugot. Anlage 1891–92 von Aug. Hardegger; Aussenrenov. 1965. – *Trübbach.* Gasthaus Löwen. Grundbestand wohl 16. Jh., umgeb. 1779. Mächtiger Bau mit Krüppelwalmdach.

ST.-GALLER OBERLAND

***SARGANS** (Abb. 151). «Senegaune» erwähnt 765; im 13. Jh. Sitz der Grafen v. Werdenberg-Sargans, als Stadt genannt 1337, zerstört 1405 durch die Appenzeller, 1445 durch die Eidgenossen; Stadtbrand 1811. Das kleine Landstädtchen wird von der mächtigen Höhenburg überragt; es entwikkelte sich entlang der alten, am Burghügel vorbeiziehenden Durchgangsstrasse, während sich die moderne Siedlung in der Ebene ausbreitet.

Kath. Pfarrkirche St. Oswald und Cassian. Die M. 9. Jh. erwähnte Kirche neuerb. 1709, renov. 1934. Quer zur Strasse nach S gerichteter Barockbau mit eingezogenem Polygonalchor; an der NO-Ecke des Schiffs mittelalterl. Turm, das Glockengeschoss und der Käsbissen von 1892. Als Zier der nördl. Giebelfront barockes Marmorportal von 1708, im gesprengten Voluntengiebel Nische mit Büste des Hl. Oswald 1707 von Ulr. Schmid, gleichzeitig die Figur des Hl. Michael in der höher gelegenen Nische. Im Innern auf toskanischen Wandpilastern kahle Tonnengewölbe mit tief einschneidenden Stichkappen; Belichtung durch Stichbogenfenster und liegende Ovalöffnungen. Kleine 4passförmige Deckengemälde um 1710 in der Art des Francesco Ant. Giorgioli: Im Chor Anbetung der Könige, im Schiff Vertreibung aus dem Tempel, Einzug in Jerusalem und Christus vor Pilatus. Barockaltäre und -kanzel aus schwarzem Marmor, Tabernakel um 1760, Seitenaltargemälde 3. V. 19. Jh. von Paul Deschwanden; bei der Kanzel Muttergottesfigur auf Prozessionsstange 1647. Beim rechten Seitenaltar Grabplatte der Grafen v. Sargans 2. H. 14. Jh., links Familienepitaph Gallati 1590. Geschnitzte Docken der Kirchenbänke um 1710. Im Depot Heilig Grab 1775 von Franz Ant. Simon. In der Sakristei: Figuren eines Hl. Bischofs um 1510–20 und des Hl. Oswald M. 17. Jh.; Monstranz um 1680–1700 von Fidelis oder Heinr. Dumeisen; Ziborium 2. V. 17. Jh. von Hans Bernhard Wägmann; 2 Kelche um 1670–80 wohl von Fidelis Dumeisen; Vortragekreuze 16. Jh. und um 1780 von Joachim Jos. Bersinger; Messgewand 1787. – Pfarrhof. Erb. 1815, mit Wappen des Pfäferser Abtes Jos. Arnold. – **Kaplanei.** Erb. 1733, vom Brand 1811 verschont. Im Obergeschoss Stuckdecke mit Wappen Tschudi 1738. An der Hofmauer 4 Reliefs 1670, von der ehem. Pferdeschwemme. – Wegkapelle St. Magnus, am Hintern Stutz. Im tonnengewölbten Raum Gemälde des Hl. Magnus, vor 1648 vielleicht von Hans Asper. – Haus zur Farb. Gestrickter Giebelbau wohl 17. Jh. – Broderhaus. Neuerb. nach 1811. Portal und Innenausbau im Stil des Empire. – Rathaus. Als Familiensitz der Gallati neuerb. 1812. Traufständiger Bau mit 2 korbbogigen Portalen. – Ehem. Landschreiberei, unterhalb des Städtchens, heute Teil des Kaufhauses Anrig. Gemauertes Tätschdachhaus von 1506; Renov. 1922. – Ref. Kirche. Erb. 1959 von Cyrill v. Planta. – **Kapelle St. Sebastian,** auf Splee, südöstlich des Schlosses. Dreiseitig geschlossener spätmittelalterl. Bau von 1502 ohne Choreinzug, N-Turm mit barockem Oktogon und Zwiebel. Im Schiff moderne Flachdecke, im Chor rippenloses Gewölbe mit scheibenförmigem Schlussstein. Altar 1736 von Andreas Schmid, Gemälde des Hl. Sebastian A. 18. Jh.; Gestühl 1747. Vier Ölgemälde nach Rubens 2. H. 17. Jh., Ex voto 1669. Kelch um 1700 vielleicht von Casp. Elsiner, genannt Milt.

Schloss* (Abb. 151). *Imposante Burganlage in beherrschender Höhenlage.* Stammsitz der Grafen v. Werdenberg-Sargans, erwähnt 1282, verpfändet 1396 an Herzog Leopold v. Österreich, erfolglos bestürmt 1406 durch die Appenzeller und 1445 durch die Eidgenossen. Nach Einsturz des Palas 1469 Wiederaufbau E. 15., A. 16. Jh., 1483–1798 Amtssitz der Landvögte der VII, seit 1717 der VIII Alten Orte. Schleifung der sog. hinteren Burg nach 1860, seit 1899 im Besitz der Ortsgemeinde Sargans; Aussenrest. 1969–70. – Umfriedeter Baukomplex, bestehend aus dem kubisch zugeschnittenen Palas an der W-Seite quer zum Felsen und dem hochmittelalterl. Bergfried am S-Rand, beide durch den Trakt der sog. Grafenstube verbunden. In der O-Ecke des Burghofs Ruinen des sog. hintern Schlosses. An der Hangseite W-Zugang zum Vorhof (Zwinger), im Palas gewölbter Durchlass zum Burghof, daselbst 8eckiges Brunnenbecken von 1651. – *Bergfried.* Untere Stockwerke aus Tuffsteinquadern wohl 12. Jh. mit rundbogigem Hocheinstieg, in den Obergeschossen romanische Doppelfenster und Rundbogenpförtchen zu den ehem. Wehrlauben an den 3 Angriffsseiten; im 5. Obergeschoss vermauerter Zinnenkranz, Bedachung mit Krüppelwalm in Anlehnung an den Palas A. 17. Jh. Im Innern sarganserländisches Heimatmuseum (s. S. 490); interessante mittelalterl. Architekturmalereien. – *Zwischentrakt* mit Pultdach, teils dem Bergfried vorgebaut. In der sog. Grafenstube Reste von Wandmalereien um 1460 mit Darstellungen jugendlichen Treibens (Lebensalter?); über dem Rundbogenpförtchen Allianzwappen um 1460 des Grafen Wilh. v. Werdenberg-Sargans und der Ermentrud v. Staufen. Im tonnengewölbten Raum der nachmaligen Landschreiberei barockes Altärchen aus dem Gallati-Haus in Sargans und Skulpturen des 17.–18. Jh. – *Palas.* An der S-Front Standeswappen der regierenden Orte 1611, Berner Wappen 1717; erneuert 1727 und 1969. Aussentreppe vom Burghof zum 1. Obergeschoss. Audienzstube der Landvögte mit leicht gewölbter Leistendecke und 4teiliger Fenstergruppe in stichbogiger Mauernische; in der NO-Ecke Türe mit Masswerkbekrönung 1510. An der W-Seite sog. Landvogtstübchen, laut Inschrift 1537 eingerichtet; gemalte Wappen von Landvögten 17.–18. Jh. Zwei Wohnstuben mit got. Wand- und Deckentäfern; kielbogige Türe 1508, eine weitere Türe mit Wappen der 7 Orte an Astwerk; Alkoven mit geschnitztem Wappen des Landvogts Joh. Meyer v. Baldegg 1689–90. Im Flur Rest eines Wandgemäldes A. 16. Jh., Ölbergszene. Im 2. Stock Landgerichtssaal mit Balkendecke auf mächtigen Unterzügen; Ausmalung 1580–81 und reiche Rahmenarchitektur um die westliche Eingangstür, eine Kreuzigungsdarstellung an der O-Wand und Wappen der regierenden Stände mit den Wappen der zugehörigen Vögte (1460–1602) an der N-Wand; an O- und S-Wand weitere Wappen bis

1687; an der Decke Wappentafeln 1580–1635. Dachstuhl dat. 1508. Mobiliar und Bilder des 17.–18. Jh. zugekauft; ein frühgot. Kruzifix M. 14. Jh., aus dem Armenhaus Flums. Silbernes Trinkgeschirr in Form einer Gans (Stadtwappen) um 1660 von Stefan Aberli, Bechersatz 1705 von Casp. Elsiner, genannt Milt. – Hof Ratell, hinter dem Schloss. Erb. 1769; Scheune 1818 mit Spalteck, d.h. einem keilförmigen Lawinenbrecher.

Vild. **Marienkapelle.** Gegründet 1602, um den heutigen Vorchor verlängert 1628, Schiff erb. vor 1684; Renov. 1945–46. Die talwärts gerichtete Kapelle setzt sich aus Schiff und Vorchor unter durchgehendem Satteldach und dem stark abgesetzten, quadratischen Altarhaus zusammen; hier Dachreiter mit Zwiebelhaube. Im Innern Kreuzgewölbe, im Altarhaus mit Rippen und Wappenschlussstein des Stifters Christoph Geel 1602. Über dem Altarhausbogen Wandmalerei der Verkündigung von 1628, gleichzeitig an den Altarhauswänden die Hl. Nikolaus v. Flüe, Franziskus, Johannes d. T. und Jakobus d. J. sowie Christus als Erlöser und die Schmerzensmutter; in den Gewölbezwickeln Renaissancemotive 1602, gleichzeitig die Stifterinschrift an der Innenseite des Bogens. Im Altarhaus Muttergottesstatue A. 16. Jh., in einer Nische ländliche Sebastiansfigur 1644 und Gestühl 1684; Chorbogenkreuz 1. H. 18. Jh. Ehem. Choraltar um 1684, mit Wappen der VI Katholischen Orte im Aufsatz, jetzt an der W-Wand; die Seitenaltäre gleichzeitig; barockes Weihwasserbecken. Renaissancekelch A. 17. Jh.

Museum. Sarganserländisches Heimatmuseum, im Turm des Schlosses (s. S. 489). Eröffnet 1966. Ortsgeschichtliche Sammlung und Bilddokumente zu Stadt und Landschaft Sargans, frühgeschichtliche Funde, Maskensammlung und kleines Museum des Gonzenbergwerks.

***BAD RAGAZ** (Abb. 153). Etappenort im Transitverkehr über die Alpen; 1446 Schlacht bei Ragaz mit Sieg der Eidgenossen über eine österreichische Heeresmacht. Aufschwung als Badeort durch die Zuleitung des Thermalwassers von Bad Pfäfers 1868, Gründung der Kuranstalten Ragaz-Pfäfers 1868 durch Architekt Bernhard Simon.

Kath. Pfarrkirche St. Pankraz. Erwähnt um 840; nach den Plänen eines Bregenzer Meisters neuerb. 1703–05 durch Ulr. Lang; Renov. 1938 und 1962–64. Die 3jochige Barockkirche mit eingezogenem Polygonalchor steht über den Fundamenten einer karoling. und einer roman. Anlage. An der N-Seite des Schiffs mittelalterl. Turm, Glockengeschoss und Pyramidenhelm 1892 von Aug. Hardegger. Vorhalle von 1908, Marmorportal 1703 von Christian Schmid mit gesprengtem Segmentbogengiebel und Wappenkartusche des Abtes Bonifaz I Tschupp von Pfäfers. In der Fassadennische Muttergottesfigur E. 19. Jh. An der SW-Ecke der Kirche erneuerte Sonnenuhr aus der Bauzeit; an der S-Mauer 3 Grabtafeln 2. H. 17. und A. 18. Jh. Im Innern zwischen derben Pilastern Segmentbogenfenster und darüberliegende Rundöffnungen; über der flachen Gipstonne von 1746 die alte gebrochene Holztonne. Deckengemälde 1749 von Martin Leonz Züger: Verkündigung, Anbetung durch die Hirten, Darbringung im Tempel und im Chor Abendmahl. Régencestukkaturen; am Chorbogen Wappen des Klosters Pfäfers und des Abtes Bonifaz III Pfister (1738–69). Hochaltar 1704 von Matthias Strüw, an Stelle des Bildes barocke Marienfigur, reichgeschnitztes Antependium um 1703 von Hans Ruedi Locher. Neubarocke Seitenaltäre 1881 mit Bildern von Severin Benz. Barockkanzel um 1704 mit vergoldeten Figürchen in geschnitzten Muschelnischen; 8eckiger Taufstein, dat. 1684, aus einheimischem Marmor. An den Chorpfeilern Schnitzfiguren der Hl. Barbara und Katharina um 1700; Chorgestühl A. 18. Jh. von Franz Bislin, an der Wand Kreuzigungsgruppe 1. H. 17. Jh. Im Kirchenschatz u. a. prunkvolle Doppelmonstranz 1707 von Joh. Ignaz Ohnsorg (Holzmodell in Pfäfers), Luzerner Ziborium 1689 von Hans Georg Krauer; Augsburger Kelch 1743–45 von Franz Rupert Lang, Augsburger Prunkkelch 1760–70, Rapperswiler Weihrauchschiffchen 1635–40 von Oswald Schön. – Auf dem Friedhof Grabmal des Philosophen Friedr. Wilh. v. Schelling, gest. 1854 in Ragaz. Spätklassiz. Ädikula mit Büste, nach Entwurf von Georg Friedr. Ziebland errichtet im Auftrag König Maximilians II. von Bayern. Ein weiteres Grabmal für den Architekten Bernhard Simon (1816–1900).

Bad- und Trinkhalle, am Dorfplatz. Erbaut 1866–68 von Joh. Christoph Kunkler; Renov. 1950. Eingeschossiger Bau mit offener Säulenhalle im Stil der Münchner Renaissance. – Rathaus. Schlichter Giebelbau von 1799. – Ehem. Zollhaus. Der nachgotische Bau, durch welchen die alte Landstrasse führte, ist 1971 unmotiviert abgebrochen worden. – Sog. *Hof*, heute Altbau des Badhotels Hof Ragaz. Die seit dem 14. Jh. bestehende Statthalterei des Klosters Pfäfers neuerb. 1774 unter Abt Benedikt Boxler; zum Hotel umgeb. 1841 von Felix Wilh. Kubly, gleichzeitig Speisesaal mit offener Gebälkkonstruktion. Der stattliche Barockbau von 5 auf 7 Fensterachsen unter Krüppelwalmdach zeigt über dem risalitartig wirkenden Mittelteil der Längsfront einen geschweiften Aufbau mit Rundfenstern. Portal mit Wappen des Bauherrn; an der Rückfront gelegenes Treppenhaus mit Balustergeländern und schmiedeisernen Podestgittern. Die ehem. Wohnräume des Abtes im 2. Stockwerk sind prunkvoll ausgestattet, schöne Rokokostukkaturen an Wänden und Decken. – Quellenhof. Erb. 1868–69 von Bernh. Simon sen. – Ref. Kirche. Erb. 1889–90 von Joh. Vollmer. – Ehem. Engl. Kirche. 1905–06 von Bernh. Simon jun., abgebrochen 1971.

Kapelle St. Leonhard* (Abb. 153), an der Landstrasse nach Sargans. Neuerb. 1410–12, Ausmalung des Chors 1414–18; anlässlich der Rest. 1945–46 Wiederherstellung der got. Fensterordnung und Umbau des Vorzeichens als Gedächtnisraum für die Schlacht bei Ragaz (Sieg der Eidgenossen 1446 über ein österreichisches Heer). Freistehender got. Bau mit hohem Schiff und eingezogenem Rechteckchor unter durchgehendem Satteldach. An der südl. Chorseite der etwas jüngere Turm mit steinernen Wasserspeiern, Kreuzfirst und Nadelhelm; im nördl. Turmgiebel ein roman. Schallfenster vermutlich vom Vorgängerbau 1312, sonst gotische Masswerkfenster. Das Schiff mit neuer Holzdecke ist einseitig durch hochliegende Rundbogenfensterchen und zu beiden Seiten vor der Chorwand durch grössere Spitzbogenfensterchen belichtet; im kreuzgratgewölbten Chor ein got. Masswerkfenster und in der N-Wand ein spitzbogiges Fenster aus dem A. 18. Jh.

Schön geschnitzte Chorschranke, urspr. Antependium um 1720; übrige Ausstattung eingelagert. *Wandgemälde, im Schiff:* Beim linken Seitenaltar Fragment eines Stifterbildes des Friedrich v. Reitnau (gest. 1441), über dem rechten Seitenaltar Gregorsmesse 2. H. 15. Jh.; über dem Chorbogen Wappen des Abtes von Pfäfers Bonifaz II Zur Gilgen, der die Kapelle 1721 renovieren liess. An den Wänden die in der Kapelle Mels-Heiligkreuz abgelösten Freskenfragmente vom 3. V. 15. Jh. *Im Chor:* Vollständig erhaltene Ausmalung 1414–18, wohl von einem italienisch geschulten Südtiroler, stilistisch ohne Parallele in der Schweiz. An der Leibung des Chorbogens Halbfiguren der Kirchenväter in Vierpässen, an seiner Innenseite 10 Ahnen Christi. An den Chorwänden 3 Bilderzonen, unten stehende Heilige und in der SO-Ecke Bild des jugendlichen Stifters neben dem Titelheiligen, in der Mitte Szenen aus der Jugendgeschichte Christi, oben sitzende Apostel in Arkadenrahmung und in den Zwickeln Engel und Propheten; in der Fensterleibung Halbfiguren der Klugen und Törichten Jungfrauen in Vierpässen. In den Gewölbefeldern Evangelisten, Engel und Krönung Mariä.

Burgruine Freudenberg, nordwestl. von Ragaz. Nach der M. 13. Jh. im Besitz der Freiherren v. Wildenberg, dann der Grafen v. Werdenberg-Heiligenberg, 1402 an Graf Friedr. v. Toggenburg verpfändet; 1437 durch die Eidgenossen zerstört. Heute im Besitz des Schweiz. Burgenvereins; Bergfried renov. 1929. Von guterhaltener Ringmauer umgebene Anlage mit einem für die deutschsprachige Schweiz seltenen Rundturm an der SW-Seite und dem Bergfried in der NO-Ecke; vom Palas auf einem tiefer gelegenen Felsplateau ist nur der Bogen des Eingangstors vom Bergfried her erhalten.

PFÄFERS. Ehem. Benediktinerabtei (Abb. 152). *Eines der ältesten und bedeutendsten Klöster Rätiens. Originelle barocke Klosterkirche.* Die legendarische Überlieferung führt die Gründung des Klosters auf den fränkischen Pilgermönch Pirmin zurück. Historisch lässt sich die Legende nicht begründen. Die Quellen sprechen eher für eine churrätische Gründung in der Mitte des 8. Jh., die 762 archivalisch belegbar wird. Eine wichtige Rolle spielte dabei wohl das in Churrätien führende Geschlecht der Victoriden. Enge Beziehungen pflog das Kloster auch mit der fränkischen Hausmacht. Pippin und Karl der Grosse wurden als Wohltäter verehrt. Schon in dieser Zeit muss das Kloster ein wichtiger Platz mit weittragendem kulturellem und politischem Einfluss gewesen sein. Erhaltene frühmittelalterl. Handschriften bezeugen die hohe Qualität seines Scriptoriums (Schreibschule). Obwohl das Kloster im Hochmittelalter verschiedene Vorzugsrechte erkämpft hatte, geriet es 1483 in starke Abhängigkeit der VII Alten Orte der Eidgenossenschaft. Am 19. Okt. 1665 fielen die aus verschiedenen Bauepochen stammenden Gebäulichkeiten einem Brand zum Opfer. Abt Bonifaz I Tschupp (reg. 1677–1706) führte das Kloster durch eine geistige und ökonomische Reform zu einer Blüte im 18. Jh. Neben den Neubauten des Klosters, einer regen Bautätigkeit in den umliegenden Pfarreien, erfuhr auch das berühmte Bad eine Erneuerung. 1838 Beschluss zur Selbstauflösung; die Gebäude dienen seit 1847 der Heil- und Pflegeanstalt St. Pirminsberg. – *Ehem. Klosterkirche*, erb. nach Plänen von Hans Georg Kuen (1642–91);

Rest. 1967–72. Schlanker, kubisch geschlossener Baukörper unter durchgehendem Satteldach. Turm mit 8eckigem Aufsatz und Zwiebelkuppel an der NW-Ecke des Chors. Die einfache Giebelfassade ragt unsymmetrisch aus den Klostergebäulichkeiten heraus, darin Prunkportal 1692 von Peter Brun. Im Ädikulaaufsatz Wappentafel Abt Bonifaz I Tschupp und Mutter-

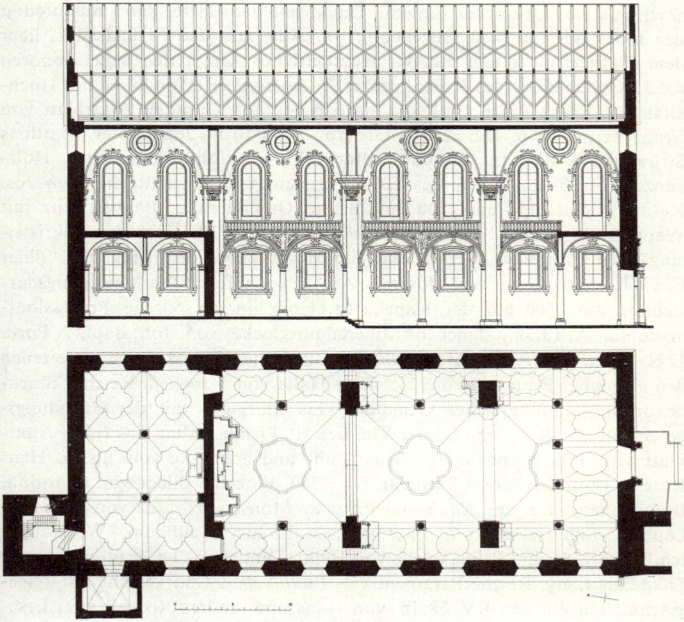

Pfäfers. Klosterkirche

gottesstatue in Muschelnische von Ignaz Bin. – *Inneres.* Origineller und entwicklungsgeschichtlich interessanter Raum. Dreijochige Wandpfeilerhalle. Das vierte Joch als Sakristei abgeschlossen, oben als Psallierchor zum Gesamtraum geöffnet. Der längsrechteckige Baukörper mit bestimmt in den Raum eintretenden Wandpfeilern gegliedert. Tiefe in die Tonne eingreifende Stichkappen. Die zwischen die Wandpfeiler gespannten Emporen durch eine Doppelarkade abgestützt, auf der Eingangsseite zum Dreierrhythmus verengt. Dieses sekundäre Gliederungssystem umfängt den Besucher wie in einem Innenhof. Die Kirche wirkt nicht straff longitudinal, da Arkadenreihe, Fenstermotiv und Gewölbe zur Breite und Selbständigkeit tendieren. Die entstehende leise Spannung charakterisiert die ganze Kirche als zentralisierten Längsraum. Das Farbklima auf den Kontrast Schwarz-Weiss reduziert. Die Gewichte äusserst subtil verteilt auf Stützensystem und horizontales Band der Emporenbrüstung. Der Gesamtcharakter des Raumes wirkt deshalb ausserordentlich vornehm, rational und doch beschwingt. Die Stuckarbeiten von Giov. Bettini und Ant. Peri, mit lebendigem Akanthus, kräftigen Früchtegehängen und figürlichen Motiven, stützen die Architektur und rahmen die kleinteiligen, über das Gewölbe verteilten Fresken von Francesco Ant. Giorgioli und binden sie zugleich fest dem Raumrhythmus ein. Über dem Eingang David mit der Harfe, dann Busspredigt des Jonas, im Chorjoch Begegnung von Abraham und Melchisedek, über dem Psallierchor Jakob mit der Himmelsleiter. Unter den Seitenemporen die 15 Geheimnisse des Rosenkranzes. – *Ausstattung*. Monumentaler Hochaltar von Franz Bislin 1701, die Statuen von Jos. Gantner, Altarblatt von Franz Bertle, 1866. Die Seitenaltäre von Peter Brun, Joh. Noter, Matthias Strüv und Bislin. Im Bonifatiusaltar Bild von Joh. Brandenberg, Holzkanzel von Bislin, Figur des Guten Hirten, wie Seitenaltarfig. von Jos. Kälin. Beichtstühle um 1700 von Bislin. Qualitätvoller Pontifikalsitz mit Wappen des Abtes Bonifaz II Zur Gilgen, um 1710. Über den Sakristeieingängen Ovalbilder, Geburt und Tod Mariä, neben dem Eingang 2 Bilder E. 17. Jh., Hl. Anna und Joseph. Am 2. Jochpfeiler Verkündigungsdarstellung um 1500 aus der Kapelle St. Georg, in der Nische Prozessionsmadonna A. 18. Jh., daneben Millenniumsglocke von Joh. Bapt. A Porta 1721. – *Sakristei*. Zwei Marmorsäulen auf hohen Postamenten unterteilen den eleganten Raum in eine 2schiffige Halle von 3 Jochen. Reicher Stuckdekor und umfangreicher Gemäldezyklus Giorgiolis mit der Gründungsgeschichte des Klosters und der Vita des Hl. Pirmin. Altar E. 17. Jh., Altarblatt von Joh. Brandenberg. Beichtstuhl und Schränke von Bislin, Hans Rosenberg und Andreas Tschalär, um 1700. Einzelne Bilder von Giorgioli, Brandenberg u. a. Im *Kirchenschatz* u. a. Monstranz, 1722 von Joh. Jak. Läublin, Silberreliefs um 1600 von Matthäus Wallbaum, Weihrauchschiffchen 1586 und Prunkkelche von Heinr. Dumeisen, Th. Pröll und Franz Thaddäus Lang. Reiche Paramentik. – *Psallierchor*. Chorgestühl mit reichgeschnitzten Wangen 1. V. 18. Jh. von Hans und Andres Rosenkranz; Lesekanzel 2. H. 17. Jh. Bedeutende Orgel von Matthäus Abbrederis 1693. Musikalienschrank E. 17. Jh., Ölbergdarstellung E. 17. Jh. von Joh. Brandenberg. Auf der Orgel Holzstatue Maria mit Kind um 1680. Auf den Seitenemporen Eisengitter und Schranken der ehem. Abtkapelle, beide um 1700. – *Gruft*. Zugang von aussen, unterhalb Kirchenportal: Gewölbter Gang mit Nischen. Altar der Hl. Magdalena 1693 mit Altarblatt von Francesco Ant. Giorgioli. 2 Epitaphe mit den Grabstellen der Äbte Bonifaz I Tschupp, Bonifaz II Zur Gilgen und Ambrosius Müller. Erinnerungsplatte an Nikolaus Rusca.

Würdigung. Obgleich die Klosterkirche Pfäfers genetisch vollständig den Bauten des 17. Jh. verpflichtet ist, indem sie das hauptsächlich für Jesuitenbauten aus spätgot. Vorläufern entwickelte Wandpfeilersystem mit geschlossenem Grundriss und querrechteckiger Jochteilung der Vorarlberger Bauten verbindet, ist sie durch ihre spezifische Proportionierung und das originelle Stützensystem ein singuläres Beispiel.

Ehem. Klostergebäude. Baurechteck in Anschluss an die Kirche. Der repräsentative S-Flügel mit Abtswohnung und der W-Trakt mit Mönchszellen erb. 1672–74 von Giov. Serro und Giulio Barbieri aus Roveredo, der nördl. Korridortrakt angeblich 1698. Nach S die 15achsige Hauptfront mit 2achsigen Eckrisaliten, in der Mitte rustiziertes Portal mit bekrönender Statue der Muttergottes. Das Innere 1846–47 für die Heilanstalt ausgeräumt und umgebaut; aus altem Bestand erhalten im Repräsentationszimmer des Fürstabtes eine schöne Holzdecke um 1680 von Franz Bislin, ferner eine Aufsatz-Schreibkommode von 1746. Mehrere Bildnisse von Pfäferser Äbten des 17.–19. Jh., rest. 1942 und einheitlich gerahmt. Im Archiv Urbarien des 14.–16. Jh. mit Miniaturen. Der vom Brand 1665 nur z.T. verschonte, urspr. sehr reiche Handschriftenbestand befindet sich seit der Aufhebung des Klosters im Stiftsarchiv St. Gallen. – *Marstall.* Langgestreckter Bau mit 4 Rundbogentoren, erb. vor 1698 unter Abt Bonifaz I Tschupp. – *Torkel,* westl. des Klosters. Das sog. Obere Gebäude oder Neuburg erbaut unter Abt Joh. Heider (1587–1600); obere Partien verändert. Südl. vorgelagert terrassierter Garten.

Pfäfers Dorf. **Friedhofskapelle,** sog. Burächilchli. Ehemalige Pfarrkirche erwähnt im 10.–11. Jh., an der heutigen Stelle neuerb. 1625. Einfacher, halbrund geschlossener Bau mit massigem Dachreiter unter Zwiebelkuppel; Ausmalung 1952 von Alb. Schenker. Altärchen mit Hochrelief einer Pietà 1693 von Jos. Gantner; Schrank um 1700 von Franz Bislin, Kelch um 1770–80 von Meister F.B. – Offenes Beinhaus, westl. gegenüber der Kapelle. – Schulhaus, erb. 1835.

Burgruine Wartenstein, südöstlich unterhalb Pfäfers. Einst vielbewunderte Feste auf nach O steil abfallendem Felskopf, erb. 1206 unter Abt Conrad von Zwiefalten als Bollwerk gegen die Schirmvögte des Klosters. Beim drohenden Klostersturm 1531 besetzt durch den Sarganser Landvogt und Chronisten Ägidius Tschudi; 1586 aufgelassen, E. 17. Jh. als Steinbruch für den Klosterneubau benutzt. Reste eines 4geschossigen Wohnturms mit nördl. Vorhof; ca. 50 m tiefer die Ruinen der Vorburg. – **Kapelle St. Georg,** unweit der Burg. Erwähnt vielleicht schon im 8. Jh.; neuerb. um 1430, Umgestaltung des Innern 1713; anlässlich der Renov. 1949 Ausgrabung einer gestelzten Halbrundapsis und einer Altarmensa. Rechteckschiff und eingezogener Polygonalchor unter durchgehendem geschindeltem Satteldach mit erneuertem Dachreiter; in der Giebelfront Portal flankiert von 2 Rundbogenfenstern, Aussenaltar. In beiden Raumteilen bemalte Holzdecken von 1713. Im barocken Hochaltar Georgsbild 1772 von Franz Xaver Sies, geschnitzte Predella von einem Altar um 1510 aus der Werkstatt des Ivo Strigel. Von demselben spätgot. Altar, 2 Leuchterengel sowie Figuren eines Bischofs und der Muttergottes, letztere zu einer Bekleidungsmadonna umgearbeitet.

Bad Pfäfers, in der Taminaschlucht südl. des Dorfs, seit 1838 über eine Strasse von Ragaz zugänglich. Die warme Quelle seit 1242 als Heilbad benützt, erstes Badhaus in der Schlucht 1382; mit der Klosteraufhebung wird auch das Bad Staatsdomäne, seit 1839 Zuleitung von Quellwasser nach

Ragaz. Die imposante Anlage etwas entfernt von der Quelle an Ausweitung der Schlucht erb. 1704–18 von Andreas Mefenkopf und seinem Sohn, unter den Äbten Bonifaz I Tschupp und Bonifaz II Zur Gilgen. Drei auf schmalem Terrain hintereinanderliegende Bauten, sog. Grosses und Kleines Haus, und zwischen ihnen eine Kapelle. Beide Häuser unter dem letzten Abt Plazidus Pfister (1819–38) um 1 Stockwerk erhöht und mit mächtigem Krüppelwalmdach versehen; gleichzeitig Bau des 2geschossigen Mittelgebäudes bei der Kapelle und der 1968 eingestürzten Trinkhalle. An der W-Front beider Häuser je ein Wappenrelief des Abtes Bonifaz II, 1710 bzw. 1717. Im Grossen Haus langer Korridor mit gedrückten Stichkappengewölben. In den beiden Untergeschossen alte Badanlagen, zurzeit stillgelegt. Im W-Risalit Fürstenzimmer mit Nussbaumtüre und schlichter Stuckdecke um 1750. Der Kurbetrieb ist eingestellt, die Bauten abbruchgefährdet. – *Kapelle*, durch Korridore mit den Badhäusern verbunden. Auf dem Walmdach des Rechteckbaus 6eckiger Dachreiter mit Uhr und Zwiebelhaube; Stichbogenfenster in den Längsfronten, innen und aussen von Blendarkaden gerahmt. Inneres neugotisch ausgestattet. – Brücke von der Trinkhalle zum Quellweg, 1862.

St. Margarethenberg, ehem. Alpsiedlung des Klosters Pfäfers im SO des Dorfes. – **Kapelle St. Margaretha.** Erb. angeblich 1201, Neubau in unmittelbarer Nähe 1703 von Andreas Mefenkopf, geweiht 1708. Einfacher Rechteckbau unter Satteldach mit neuem Dachreiter; in der westl. Giebelfront Betfenster und in der gebrochenen Giebelverdachung des Marmorportals Wappen des Abtes Bonifaz I Tschupp. Im Innern sind die Raumecken beim eingezogenen, halbrunden Chorbogen verschliffen und durch Figurennischen belebt. In beiden Raumteilen Felderdecken mit hohen profilierten Leisten. Der Chor ist innen 3seitig geschlossen und mit einer Marmorimitation verkleidet, deren architektonischer Aufbau aus Säulen und reichprofiliertem Gebälk auch den Altar mit einbezieht; im untern Teil der Schrägen Schränke als Ersatz für die fehlende Sakristei, darüber Muschelnischen mit den Statuen der Hl. Barbara und Katharina, Maria Magdalena und Maria Ägyptiaca; Altarbild der Hl. Margaretha stark restauriert, darüber im segmentförmigen Altarabschluss Wappen des Abtes Bonifaz II Zur Gilgen. Rapperswiler Kelch gestiftet 1681 von Abt Justus Zinck. – Sennhaus, unterhalb der Kapelle. Giebelbau 1707–08 mit Wappenrelief des Abtes Bonifaz II Zur Gilgen.

VALENS, Taminatal. **Kath. Pfarrkirche St. Philipp und Jakob.** Die 1528 zur Pfarrei erhobene Kirche neuerb. 1704–05 von Andreas Mefenkopf, nach Dorfbrand 1755 wiederaufgebaut; bei der Renov. 1938–40 Verlängerung von Schiff und Chor durch Hans Burkard. S-Turm aus dem 15. oder frühen 16. Jh., das 8eckige Glockengeschoss mit Zwiebelhaube 1708 von Andreas Mefenkopf. Marmorportal von Christian Schmid, im gesprengten Giebel Wappen des Abtes Bonifaz II Zur Gilgen (1706–25). Im Innern spannt sich zwischen pilastergegliederten Wänden eine Flachtonne mit Stichkappen; Deckenbilder um 1755, diejenigen im Verlängerungsbau 1940 von Karl Hāaga. Ausstattung 1940 zugekauft: Hervorragende Stuckmarmoraltäre aus Littau (LU), 1764 von Joh. Georg Heinzmann, reicher zugehöriger Statuenschmuck an den Seitenaltären, am Hochaltar nur die Hl. Petrus und Paulus aus Littau; von dort auch die 15 Stationenbilder in Rokokorahmen. Marmorkanzel um 1770 aus Willisau (LU). Statuen der Hl. Philippus und Jakobus M. 18. Jh., aus gleicher Zeit Muttergottesstatue und Kreuzigungsbild vom alten Hochaltar; Kruzifix 17. Jh. Im Kirchenschatz u. a. Ziborium 1724 vom Meister TH, Kelche um 1670 von Casp. Dietrich; 1706 von Fidelis oder Heinr. Dumeisen und von Franz Clessin (1638–1715). – *Vasön.* Kapelle St. Johannes Bapt. Erb. 1709–11; nach Dorfbrand 1903 wiederhergestellt.

VÄTTIS. Zu A. 14. Jh. Einwanderung von Walsern; im 18.–19. Jh. Betrieb eines Kupfer- und Silberbergwerks. **Kath. Pfarrkirche St. Anian.** Erwähnt 1050, neuerb. 1695–97 von Christian Lang, Datum am W-Portal; 1724 erweitert oder neuerbaut, Turmbau sowie Erhöhung und Verlängerung des Schiffs 1862–64; anlässlich der Renov. 1923 Neubau von Chor, Sakristei und Vorzeichen. Ausstattung aus der Bauzeit um 1695–97: Ehem. Hochaltarbild mit dem Hl. Anian und einer Ansicht von Vättis; Altarbild der Rosenkranz-Muttergottes; kelchförmiger Marmortaufstein, grosser Holzkruzifix und Gestühlsdocken. Im Kirchenschatz u. a. Feldkircher Kelch um 1650–70. – Pfarrhaus, erb. 1735. – Haus Gort. Steinbau mit Tätschdach; 2 Täferstuben 2. H. 17. Jh. – Sog. **Drachenloch.** Paläolithischer Rastplatz der Höhlenbärenjäger auf 2445 m Höhe, am Drachenberg nordwestl. des Dorfs.

Calfeisental. Vom 14.–16. Jh. selbständige Walsergemeinde. – **Kapelle St. Martin.** Erwähnt 1432. Chorloser Rechteckbau unter geschindeltem Satteldach mit offenem Dachreiter; spitzbogiger W-Eingang, urspr. einziges Fenster in der O-Wand. Der Altar 1709, die Statuen der Hl. Martin und Pirmin 2. H. 17. Jh. von Joh. Müller. Kruzifix 1. H. 14. Jh., Reiterstatue des Hl. Martin E. 15. Jh., 2 bemalte hölzerne Kerzenhalter 1. H. 16. Jh.; Ex voto 1731 und 1790.

VILTERS. Kath. Pfarrkirche St. Medardus. Neuerbaut 1785–87; Renov. 1949–50 und 1969. Nach S gerichteter, fast ungegliederter Satteldachbau mit eingezogenem, 5seitig geschlossenem Chor, an dessen W-Seite der Turm mit Sakristei im Erdgeschoss und 8eckigem Aufsatz unter Zwiebelhaube steht. Im pilastergegliederten Innern Flachtonne mit Stichkappen. Die Decken- und Wandgemälde aus der Bauzeit zeigen in den Ecken der Schiffsdecke die 4 Kirchenväter, im Chorgewölbe Abendmahl und über den Altarmensen al fresco gemalte illusionistische Aufbauten, im Scheingebälk des Hochaltars Wappen des Bauherrn; das Hauptbild der Schiffstonne 1950 von Karl Haaga. Weihwasserbecken 1693, Rokokobankwangen 1780, Stangenmuttergottes um 1700. Im Kirchenschatz u. a. Monstranz 1704 von Caspar Fridolin Tschudi, Kommunikantenbecher 1. H. 17. Jh. von Meister S, Kelch um 1700 von Joh. Ignaz Ohnsorg. – Pfarrhaus. Stattlicher Bau mit Krüppelwalmdach 1785–87; Renov. 1947. – **Kapelle der Schmerzhaften Muttergottes,** unterhalb der Kirche. Erwähnt 1606; Renov. 1938. Nach S gerichteter kleiner Bau mit eingezogenem Rechteckchor und neuem Dachreiter; im Innern durchlaufende flache Holzdecke. Kleiner Ädikula-Altar aus Marmor A. 18. Jh.; darauf hochgot. Pietà um 1330, ein ausdrucksvolles, vorzüglich erhaltenes Gnadenbild. Auf Wandkonsolen gute Statuen der Hl. Medardus und Margaretha, schwäbisch nach 1500. – Mühle, südl. der Pfarrkirche. Stattliches Gebäude mit gebrochenem Walmdach; an der W-Wand Fresko der Kreuzigung dat. 1766. – Gasthaus zur Ilge. Erbaut 2. H. 18. Jh., mit Krüppelwalmdach und Tavernenschild. – **Kapelle der Hl. Anna.** Neuerb. wohl im 18. Jh.; Renov. 1936. Bescheidener Bau mit Dachreiter, eingezogenem Polygonalchor und im Innern Stichkappengewölbe über Pilastern. Im ländlichen Rokoko-Altar schwerfällige Statue der Hl. Anna selbdritt 1. V. 16. Jh.

WANGS. Dorf durch zahlreiche Überschwemmungen und Brand von 1861 heimgesucht. **Kath. Pfarrkirche St. Antonius Eremita.** Neuerb. 1880–82 in neuroman. Formen an Stelle der 980 erwähnten mittelalterl. Luciuskapelle; anlässlich der Renov. 1953 Chorausmalung, Grisaillebildchen der Fenster und die Engelsplastik auf der W-Empore von Willi Koch. Flügelaltar um 1530: Im Schrein Holzfiguren der Muttergottes zwischen den Hl. Antonius Eremita und Laurentius, auf den bemalten Flügelinnenseiten die Hl. Dorothea und Sebastian, auf den Aussenseiten Epiphanie; die gemalte Predella zeigt das Schweisstuch der Hl. Veronika gehalten von Engeln. Polygonale Holzkanzel 1713. Stationen 18. Jh.; barockes Gemälde des Hl. Karl Borromeo. Kelch 1694 von Meister AR, wahrscheinlich Hans Adam Ruch. – Kapelle Hl. Dreifaltigkeit, in Neuwangs. Neuerb. 1853; Renov. 1945. Ländliches Altargemälde der Hl. Dreifaltigkeit E. 17. Jh.; Stationen M. 18. Jh. – Bildstock, in Neuwangs. Statue der Muttergottes auf der Mondsichel E. 17. Jh., gute Arbeit in der Nachfolge des Erasmus Kern.

MELS. Von einer frühen und kontinuierlichen Besiedlung zeugen zahlreiche vor- und frühgeschichtliche Funde. Erwähnt 765, im 9. Jh. werden 4 Kirchen genannt. Stapelplatz des Eisenerzes vom Gonzen, Eisenschmiede 1412 belegt; E. 19. Jh. Einführung der Textilindustrie. Seit 1803 grösste Gemeinde des Kt. St. Gallen. **Kath. Pfarrkirche St. Peter und Paul.** Neuerb. 1727–32 von Hans Georg Schueler aus Rapperswil und Zimmermeister Martin Masügger, der neubarocke Umbau 1922–23 durch Adolf Gaudy. An der S-Seite des Chors der Turmschaft mit steinernen Wasserspeiern 1. H. 15. Jh., 8eckiger Aufbau 1719, gestreckte Zwiebelhaube mit Laterne erneuert 1839–40. Vierachsiges Langhaus und eingezogener Polygonalchor, an der N-Seite 2geschossiger Anbau für Sakristei und Singempore. Deckengemälde 1923 von Aug. Meinrad Bächtiger, gleichzeitig die Wandgemälde im Chor von Joh. Hugentobler. Altäre 1732, z. T. verändert; Hochaltar von Hans Rosenkranz aus Ragaz, Gemälde von Severin Benz um 1870; im rechten Seitenaltar Leib der Katakombenheiligen Amantia, 1754 übergeführt. Chorgestühl um 1680, erweitert um 1730 von Hans Rosenkranz; 2teiliger Stuhl um 1680. Beichtstuhl zusammengesetzt teils 1. H. 18. Jh.; neuklassiz. Kanzel. Im Kirchenschatz u. a. Zuger Monstranz 1686 von Melchior Maria Müller; Kreuzpartikelmonstranz um 1746 von Joh. Bapt. Rohrer in Feldkirch; frühbarockes Glarner Ziborium M. 17. Jh., vermutlich von Han

Marti; Rapperswiler Kelche, 2 1683 von Joh. Casp. Dietrich, 1 von Heinr. Dumeisen; Kelch um 1720–30 mit Wappen des Abtes Bonifaz III Pfister von Pfäfers, 2 Augsburger Kelche 1775–77 bzw. 1779–81 von Jos. Ignaz Casp. Bertold; spätbarockes Messkännchen und Platte wahrscheinlich von Jos. Joachim Bersinger in St. Gallen; zwei gute barocke Vortragekreuze. Glocke 1663 von Heinr. Füssli, geschnitztes Glockenjoch 1726. – Im Friedhof Taufstein des 16. Jh., als Brunnentrog verwendet. – **Pfarrhaus.** Dreigeschossiger Giebelbau von 1748; Rest. 1972. Am Marmorportal das Wappen des Bauherrn Abt Bonifaz III Pfister von Pfäfers; Stuckdecke. Barocke Holzplastiken: die Hl. Magnus und Wendelin 17. Jh., Prozessionsmuttergottes 1657, Hl. Johannes Bapt. 1686, Kreuzigungsgruppe M. 17. Jh.; Statue des Hl. Johannes Nepomuk, ausgezeichnete Rokokofigur um 1770. – **Kapuzinerkloster.** Nach Gründung 1651 erbaut, bis 1654 von Jak. und Peter Lang; moderne Umgestaltung von Kirche und südl. Konventsflügel durch Felix Schmid. Die alte Klosteranlage bildet ein kleines Geviert, dessen N-Flanke von der östl. vorspringenden Kirche eingenommen wird; der neue S-Flügel steht in schmalem Abstand zum alten S-Trakt. Die längsrechteckige ungegliederte Kirche ist in Laienraum und Mönchschor getrennt; neue Balkendecke. Von den 1964 beseitigten (!) Barockaltären hängen heute seitlich des Chorbogens die beiden Gemälde der Stigmatisierung des Hl. Franziskus und der Verkündigung Mariä (alte Kopie nach Gerard Seghers 1624 in der Kapuzinerkirche Solothurn); die Retabel im Dachstuhl eingelagert. An der Chorfront Kreuzigungsgemälde 1657 von Joh. Rud. Sturn, früher im Mönchschor. Neuer Tischaltar aus rotem Melser Sandstein. Über der W-Empore das urspr. Hochaltargemälde um 1654, mit Darstellung des Hl. Karl Borromeo, umgeben von 24 Szenen aus seinem Leben; an der Emporenbrüstung 3 Altaroberbilder M. 17. Jh. Zugekaufte Stationenbilder 18. Jh. Im Mönchschor ehem. Chorbogenkreuz M. 17. Jh. In der Sakristei: Ziborium 1656 von Fidelis Dumeisen; Kelche 1654 von Joachim Wieland, 1654 von Fidelis Dumeisen, M. 17. Jh. wohl von Franz Clessin und um 1670 von Joh. Casp. Dietrich; Reliquienhaupt der Hl. Emeritana, in schönem barockem Reliquienaltar. – Altes Sekundarschulhaus. In spätklassiz. Stil erb. 1841. – Good-Haus, Kirchstr. Nr. 313. Dreigeschossiges Giebelhaus um 1600. – Haus Natsch, Nr. 228. Erb. 1655, mit Täferstube. – Haus Nr. 300, auf dem Büel. Klassiz. Bau um 1840, auf ältern Fundamenten.

Dorfplatz. Einzige geschlossene Platzanlage im Sarganserland, von 1831–61 Landsgemeindeplatz des Bezirks. Brunnen 1850 mit 8eckigem Trog. – **Rathaus.** An der Schmalseite des Platzes neuerb. 1768 von Franz Lorunser, urspr. mit offenem Erdgeschoss; umgeb. 1853 und 1911. Zwei reichgetriebene Nürnberger Deckelpokale von Nikolaus Emerling um 1600 und von Peter Schleich vor 1592. Zwei Gemeindefahnen 18. Jh. – Haus Perret. Viergeschossiger Giebelbau E. 17. Jh., wohl 1764 erneuert. – **Drogerie Reichlin,** altes Gasthaus Schlüssel. Giebelständiger Fachwerkbau 2. H. 17. Jh. – Gemeindeverwaltung, ehem. Haus Good. In klassiz. Stil erb. 1842 von Felix Wilh. Kubly. – Kapelle Unserer Lieben Frau. Neubau geweiht 1691, renov.

1937–38. Altar aus der Bauzeit, mit oberitalienischem Gemälde der thronenden Muttergottes 1. H. 17. Jh., 1858 aus dem Handel erworben. – Neue Kirche 1969–70 von Bächtold und Baumgartner. – *Unterdorf.* Strickbauten des 17. Jh. – *Oberdorf.* Hotel Schlüssel. Dreigeschossiger kubischer Bau mit Walmdach und Ecklisenen, 1811 von Nikolaus Hermann; Wirtshausschild E. 17. Jh.

Schlösschen Nidberg. An Stelle einer Burg, die wohl urspr. dem Kloster Säckingen gehörte, in der 1. H. 13. Jh. an das Ministerialengeschlecht der Meier v. Windegg verpfändet, 1371 an Österreich verkauft, 1437 durch Zürich zerstört und unter neuen Besitzern wiederaufgebaut wurde; erhalten nur noch die unteren Teile der westl. Ringmauer mit vermauertem Burgtor. Das heutige Schlösschen auf der Höhe des Burghügels neben dem später abgetragenen Bergfried erb. 1604 für Balthasar Gallati; umgeb. 1914. Dreigeschossiges Giebelhaus; das Marmorportal mit dem Bernold-Wappen M. 18. Jh., an der N-Seite Wappenstein des Hans Good von 1680. In der vorderen Stube des 1. Wohngeschosses Ausstattung von 1758, in der Nebenstube gleichzeitig bemaltes Täfer. – **Kapelle St. Martin,** hinter der Burg. Erwähnt 1371, neuerb. 1754; Renov. 1935–36. Bescheidener Bau mit eingezogenem Polygonalchor und Dachreiter, an der W-Front fratzenverzierte Pfettenköpfe. Gemalter Flügelaltar dat. 1585, aus Schloss Gräpplang bei Flums: Auf dem Mittelbild die Hl. Dreifaltigkeit mit Engeln, in der rundbogigen Bekrönung Kreuzigung mit Wappen des Stifters Balthasar Tschudi d. J. und seiner Frau, auf den Flügeln innen Anbetung der Könige sowie die Hl. Anna selbdritt und Johannes Bapt., aussen die Hl. Michael und Barbara, Sebastian und Apollonia. Wangen des Gestühls um 1730, aus der Pfarrkirche Mels. Glasgemälde 1936 von Alfred Staerkle.

Kapellen der weitern Umgebung. Kapelle St. Michael, zu Mädris. Neuerb. 1840, renov. 1938. Marmorierter Altar 2. H. 18. Jh.; das reichgeschnitzte Antependium mit Bandelwerk 1. H. 18. Jh., aus der Pfarrkirche Mels. Ländliches Kreuzigungsgemälde 1696. Hl. Michael 18. Jh., urspr. wohl Altarbild; Leuchterarm 18. Jh. – **Kapelle St. Katharina,** in Vermol. Einfacher Bau 1789, mit gefluchtetem Polygonalchor, 4eckigem Dachreiter und Vorzeichen unter Pultdach; Renov. 1935–36. Ländliches Barockaltärchen Figur der Muttergottes auf der Mondsichel, gute schwäbische Arbeit um 1500, wohl aus der Pfarrkirche Mels. Glasgemälde 1936 von Alfred Staerkle. – Kapelle Maria vom Guten Rat, in Tils. Erb. 1768 von Joh. Adam Tscheterer; Renov. 1931. Schiff und Chor über unförmigen Pilastern gewölbt. Gemälde aus dem ehem. Bildstock. – Wegkapelle in Plons, erb. im 18. Jh. – *Heiligkreuz.* **Kapelle Hl. Kreuz.** Spätgot. Bau mit gefluchtetem Rechteckchor und schlankem 6eckigem Dachreiter, Zwiebelhaube von 1700; Renov. 1938. In beiden, durch halbrunden Chorbogen getrennten Raumteilen Kreuzgewölbe auf Konsolen um 1700. In der O-Wand 2 Spitzbogenfenster, übrige Fenster stichbogig. Die 3 Marmoraltäre mit gleichzeitigen Gemälden um 1700. Geschmiedete Armleuchter E. 17. Jh. – Kapelle Hl. Nikolaus v. Flüe, zu Ragnatsch. Neuerb. 1951–52 von Joh. Hugentobler. Reliquienbüste des Hl. Nikolaus um 1775; Gemälde des Abschieds de

Hl. Nikolaus von seiner Familie, urspr. unter dem Vorzeichen der Vorgängerkapelle von 1775. – Haus Hobi, an der Landstrasse, erb. 1826. – Kapelle St. Antonius von Padua, in Butz-Hinterberg, südöstl. Mels. Erb. 1938–39 von Albert Scheier; Fresken von Ferd. Gehr. Schöner Spätrokokokelch.

WEISSTANNEN. Kath. Pfarrkirche St. Johannes Baptist. Neuerbaut 1665–66. Das Schiff und der eingezogene Chor unter einem einheitlichen Satteldach, Chorscheitelturm mit 8eckigem Glockengeschoss und Zwiebelhaube. Altar mit toskanischem Säulenaufbau und Drehtabernakel M. 17. Jh.; kleine Holzfigur des Hl. Georg 2. H. 17. Jh. Rokokoziborium und -monstranz. – Hinter dem Pfarrhaus polygonaler Taufstein 1. H. 16. Jh. – Haus Tschirky. Zweigeschossiger Blockbau um 1800; über die seitlichen Lauben gezogenes Giebeldach mit verzierten Pfettendreiecken. – Post, urspr. Verwaltungsgebäude für den Alpbezirk des Klosters Schänis. Erb. 1772, einziges altes Steinhaus im Weisstannental.

FLUMS** (Abb. 154). Vom späten Mittelalter bis ins 18. Jh. Hauptplatz der Verhüttung des Gonzenerzes, seit E. 19. Jh. Spinnerei. **Kath. Kirche St. Justus (Abb. 154). Als Pfarrkirche erwähnt M. 9. Jh.; durch Grabungen 1934 die Fundamente einer frühmittelalterl. Anlage über röm. Mauerzügen und einem alemannischen Gräberfeld freigelegt (unter dem Chor zugänglich). Vom Neubau des späten 12. Jh. das Schiff erhalten, heutiger Chor neuerb. M. 15. Jh., gleichzeitig Ummantelung und Erhöhung des roman. Turms; letzte Rest. 1964. Rot verputzter Bau unter durchgehendem Satteldach. An der N-Seite des Langhauses vermauerte roman. Seitentür und an der S-Seite vermauertes roman. Fenster, die nachgot. Masswerkfenster wohl von 1654; Grabplatten Gallati 1668 und Oberli 1671, Grabdeckel der Tschudi-Gruft um 1530 aus dem Chor und Weihwasserbecken mit Tschudi-Wappen M. 17. Jh. Eingezogener spätgot. Polygonalchor mit abgetreppten Strebepfeilern; in der Nische des vermauerten O-Fensters ein Fresko des Hl. Christophorus um 1933 von Paul Bodmer; grosser barocker Kruzifix. An der N-Seite Turm mit spätgot. Satteldach und Schallöffnungen, von denen die nach W und O gerichteten verändert sind; barocke Sonnenuhr, 1933 erneuert. Östl. an den Turm anschliessend die spätgot. Sakristei, erweitert 1933. Unter dem Vorzeichen spätgot. profiliertes Sandsteinportal, darüber roman. Lünette mit Kreuzigungsbild aus der 2. H. 15. Jh.; Weihwasserbecken E. 17. Jh. – *Inneres.* Flache Schiffsdecke und Orgelempore um 1650, beides neu bemalt 1715. Hinter spitzem Chorbogen, dat. 1452, erhöhter, leicht nach S abgedrehter Chor mit 2jochigem Sterngewölbe auf Dienstenstümpfen. An den Längsseiten in halber Höhe je 2 flache, stichbogige Wandnischen, darin an der N-Seite Rundbogentür zum Turm und Spitzbogenportal zur Sakristei. Rechts daneben *Sakramentshäuschen*, dat. 1488: über 8eckiger Säule rechteckiger Schrein, bekrönt von blindem Kielbogen mit Fialen, dazwischen Masswerkblenden mit Dreifaltigkeitssymbol (3 Hasen), unter dem abschliessenden Kehlgesims hängende Trauben; das gleichzeitige Gittertürchen durch Kopie ersetzt; in der Nische beachtliches spätgot. Büstenreliquiar des Hl. Jakobus E. 15. Jh. *Ausmalung des Chors.* Locker gestreute Einzelbilder, zwischen 1452 und 1490: An der N-Wand

Grabchristus, Pietà und Ölberg, Wappen der Grafen v. Werdenberg-Sargans und Werdenberg-Heiligenberg, 2 originale Weihekreuze und habsburgische Bindenschilde; neben dem Sakramentshäuschen Hl. Wolfgang, kurz nach 1488; in die südl. Chorecke gemalter Schmerzensmann mit den Leidenswerkzeugen. Im Gewölbe Christus, Schutzmantelmadonna und die Evangelistensymbole. In der SW-Nische gemaltes Wappen des Jerusalemritters Ludwig Tschudi v. Gräpplang, bestattet 1530 in der davorgelegenen Tschudi-Gruft. Gegenüber Krönung Mariä, Kopie nach dem Original um 1500 hinter dem rechten Seitenaltar. In der Chorbogenleibung Kluge und Törichte Jungfrauen wohl von 1609; neben dem Chorbogen Hl. Georg, die Königstochter 1933 ergänzt. Glasgemälde in Schiff und Chor 1933 von Albert Oesch. – *Ausstattung*. Hochaltar 1780, mit gebauchter Mensa (ehem. Aufbewahrungsort des Justushauptes, das 1036 nach Flums gelangt sein soll) und konkavem Säulenretabel mit Statuen der Hl. Johannes, Laurentius und Bartholomäus; an der W-Wand daneben Rokokoreliquienschrein, an der südl. Chorwand Justustafel um 1640. Chorgestühl 1664 und 1699 mit Wappen Good und Zingg. Statue des Hl. Johannes Evang. um 1500 und Büste des Hl. Magnus um 1770. Chorbogengruppe um 1600. Rechter Seitenaltar aus Marmor, gestiftet 1705 von der Familie Good; im 2geschossigen Ädikula-Aufbau Gemälde der Vermählung der Hl. Katharina signiert und dat. 1705 Matthias Pusieger, das Oberbild der Hl. Familie von Joh. Pusieger. Daneben Marmorepitaph des Jos. F. Good, gest. 1770; Stangenmuttergottes 18. Jh. Am linken Seitenaltar eine Muttergottesstatue, umgeben von Rosenkranzmedaillons wohl von 1639; Barockfiguren der Hl. Dominikus und Katharina. Geschnitzte Polygonalkanzel 1654; zugekaufte Stationenbilder 2. H. 18. Jh. Taufstein A. 17. Jh., Marmorfuss und Becken aus einem Malmblock, Deckel mit Taufgruppe 18. Jh. Platte des ehem. Tischgrabs der Elisabeth v. Heidelberg, Gemahlin des Dietegen v. Altstetten, gest. 1374. In der Sakristei Kabinettscheiben 1933 von Lothar Albert; got. Kelch 14.–15. Jh. – *Friedhof*. Erwähnt 1303, neu angelegt 1933–35; spätgot. Totenleuchte, erneuert 1763. Zahlreiche, teils sehr schöne, farbig gefasste schmiedeiserne Grabkreuze des 17.–19. Jh. erinnern an die grosse Zeit der Eisenherren.

Ehem. Witwensitz der Tschudi v. Gräpplang, südl. der Kirche. Herrschaftshaus 1574, mit Treppengiebeln und im Innern Türgericht und Täferfragment. – Gallsches Haus, ehem. Haus Zink. Erb. 1624, im Innern rollwerkverzierte Fenstersäulen mit Wappen Zink und Tschudi 1624 bzw. 1634. – Eisenherrenhaus. Dreigeschossiger Giebelbau 1567 für Beat R. Göldli, korbbogiges Sandsteinportal 1693. – **Kath. Pfarrkirche St. Laurentius.** Neubyzant. Bau 1861–63 nach Plänen von Felix W. Kubly; 1905–06 von A. Hardegger 3schiffig umgebaut. Hochaltargemälde von Severin Benz, Seitenaltargemälde von Paul Deschwanden. Glasgemälde 1940 von Joh. Hugentobler. Beachtl. Kirchenschatz aus der alten Pfarrkirche St. Justus: Prachtvolle Monstranz 1684 von Heinr. Dumeisen, der Aufbau als Wurzel Jesse gebildet; Kelche E. 16. Jh. von Joachim Zürcher, um 1620–30, mit nachträglichem Stifterwappen Tschudi-Wickart 1689 und um 1690–1700 von Joh

Ignaz Ohnsorg; Messkännchen und Platte mit Tschudi-Wappen um 1690 von Ludw. Müöslin in Zug; Vortragekreuz 16. Jh. mit jüngern Zutaten.

Burgruine Gräpplang, nordwestl. Flums auf einer Hügelzunge über dem Seeztal. Als Verwaltungssitz des Hochstiftes Chur M. 13. Jh. erwähnt, 1292 an Ritter Ulr. v. Flums verpfändet; 1528 an Ludw. Tschudi verkauft, dessen Nachkommen bis 1767 als Herren v. Gräpplang dort residierten und ab 1652 den wertvollen Nachlass des Geschichtsschreibers Ägidius Tschudi bewahrten (seit 1768 z.T. in Zürich, die Nibelungenhandschrift B u.a. in St. Gallen); dann Besitz der Familie Good von Mels, 1804 auf Abbruch verkauft, 1928 von der Gemeinde erworben. Umfassungsmauern des Palas bis zu den Giebelfronten erhalten, Unterbau roman., Obergeschosse aus der Zeit des grosszügigen Ausbaus durch die ersten Tschudi. Im Innern Kapelle mit Altarstipes und Sakristeiraum. Wehrmauer mit rundbogigem Tor und rechteckigem Halbturm. – **Kapelle St. Jakob,** südwestlich oberhalb der Burgruine. Im Krieg zwischen Österreich und Zürich 1351–55 teilweise zerstört, 1355 und 1369 Ablassgewährungen für den Wiederaufbau; Renov. 1941. Schmale langgestreckte Kapelle, das Schiff mit spitzbogigem W-Portal wohl in der 1. H. 15. Jh. angebaut oder verlängert; unter gleichem First der aussen nicht eingezogene Vorchor, begleitet von südl. Sakristeianbau und bekrönt von nüchternem 4eckigem Dachreiter; das nur aussen eingezogene, tiefer gelegene Altarhaus unter niedrigem Schieferdach. Im Langhaus neue Flachdecke und Empore, Bodenniveau 1941 um 70 cm erhöht, gleichzeitig die nur im S vorhandenen Fenster erneuert. In der nördl. Chorbogenwand flachbogige Nische auf Sandsteinkonsole, darin gemauerter Stipes mit Schieferplatte. Eingezogener fast quadratischer Vorchor unter Tonnengewölbe, mit Zugang zur kreuzgewölbten Sakristei; in der östl. Schildwand über gedrücktem Altarhausbogen grosses Rundbogenfenster. Das rechteckige, tonnengewölbte Altarhaus liegt 5 Stufen tiefer, im kleinen Rundbogenfenster der O-Wand Kopie der berühmten Flumser Madonna, roman. Glasgemälde E. 12. Jh. (Original im Landesmuseum Zürich); davor freistehender roman. Blockaltar. Roman. *Wandmalereien* um 1300: An den Wänden des Altarhauses unter Rundbogenarkaden schlecht erhaltene und restaurierte Darstellung der 12 Apostel, im N von einer später wieder vermauerten Tür, im S durch ein Fenster zerstört; im Tonnengewölbe Christus als Weltenrichter, das Rundbild umgeben von den Evangelistensymbolen, westl. davon eine 2. thronende Gestalt, seitlich begleitet von je 2 gekrönten weiblichen Heiligen unter Arkaden. An der Tonne des Vorchors Rosetten in quadratischen Feldern. Barockstatuen der Hl. Jakobus und Philippus und auf dem seitlichen Altar Christus an der Geisselsäule, Nachbildung des Gnadenbildes in der Wieskirche (Oberbayern); ländliches Mariahilfbild 1700. Älteste Glocke 14. Jh.

Kapellen der weitern Umgebung. Kapelle St. Justus, an der Seez. Erbaut im 18. Jh., erneuert 1912; steht nach der Legende am Ort, wo sich bei der Reliquientranslation um 1035 von Auxerre nach Pfäfers das Haupt des Hl. Justus nicht weiter bewegen liess. Justusfigur um 1700 aus weissem Marmor mit teilweiser Vergoldung. – Kapelle Hl. Kreuz, am Chlögg unweit der Strasse nach Mels. Erb. 1905; gute Marienfigur um 1500 aus einer Kreuzigungsgruppe, Kruzifix 2. H. 17. Jh. – Kapelle St. Antonius von Padua, in Halbmil an der Strasse nach Mels. Neuerbaut 1964–66 von Oskar Müller; barocker Kruzifix und Bekleidungsmadonna. – Friedenskapelle, auf Gasella am Grossberg. Erb. 1942 von Hans Burkard. Zugekaufte Ausstattung: Statue der Muttergottes auf der Mondsichel M. 17. Jh., aus Rapperswil; geschnitztes Antependium 2. H. 17. Jh., Gemälde mit dem reuigen Schächer 2. H. 18. Jh., Figur der Hl. Anna selbdritt M. 16. Jh., Statue des Hl. Rochus um 1700. – Kapelle St. Bernhard, in Flums-Oberberg. Erb. 1935 von Arch. Manz; Scheiben von Albert Oesch.

BERSCHIS. Kath. Pfarrkirche St. Eusebius. Neuerb. 1880 von Aug. Hardegger und E. Wellauer; Renov. 1960–61. Hochaltar 1959 von Aug. Rausch, mit Altarschmuck von Jos. Tannheimer. Über dem linken Seitenaltar Mariahilfbild A. 18. Jh., dazu mehrere Votivtafeln vorwiegend 18. Jh. Über dem rechten Seitenaltar Bild des Hl. Magnus 1959 von Paul Staerkle, gleichzeitig Sgraffito und Kreuzweg von Xaver Broder sowie Kanzel und 2 Reliefﬁguren von Aug. Rausch. Taufstein 1703; auf der Empore Kreuzigungsbild 1879 von Paul Deschwanden. Im Kirchenschatz u.a.: Barockmonstranz um 1707 vielleicht von Joh. Basil Rüssi oder Joh. Sebastian Gruber; Rokokokelch um 1770; Vortragekreuz 1. H. 15. Jh. mit schönen gravierten Evangelistensymbolen; grosses Vortragekreuz um 1620–30 barockes Messgewand aus gepresstem Leder. – Pfarrhaus. Erb. 1714, um 1 Stock erhöht 1869. – Grosser 8eckiger Dorfbrunnen. – Kapelle St. Katharina. Gestiftet vermutlich 1566, erneuert 1915; Altar um 1700. – Wegkapelle St. Peter. Erb. 1689; Renov. 1914. Sgraffito 1959 von Xaver Broder.

Kapelle St. Georg, auf einem Felsrücken nördl. über dem Seeztal. Plateau und Terrassen von einer befestigten spätröm. Siedlung eingenommen, au der eine frühmittelalterliche Kirchenburg hervorgegangen ist, zu der wohl die Kapelle gehörte. S-Teil der heutigen Anlage mit O-Apsis vermutlich 1. Jahrtausend, Umgestaltung zu einem 2schiffigen Langhaus durch Einzug der Mittelpfeiler und Wölbung wohl 11.–12. Jh., Turm vor der W-Front nach 1655. Zu unbekannter nachmittelalterl. Zeit (nicht vor 1639) wird de Rechteckraum an der N-Seite, wohl an Stelle des urkundlich bekannten Bruderhauses, errichtet und mit dem Schiff unter ein einheitliches Krüppelwalmdach gebracht. Turm mit stichbogigen Schallöffnungen und Satteldach an Stelle der urspr. Vorhalle, heutiger Eingang an der S-Seite. Vo der südl. Hälfte der O-Wand halbrunde Apsis unter Kegeldach, mit Rundbogen- und nachträglichem Rundfenster. Im 2schiffigen Langhaus trage 3 kreuzförmige kapitellose Pfeiler und gestufte Wandvorlagen Kreuzgratgewölbe mit Gurtbogen. Drei rundbogige Öffnungen in der N-Mauer verbinden mit dem gleichlangen flachgedeckten Anbau aus dem 17. Jh. (? Die einheitliche Wand- und Deckenbemalung im alten Teil der Kapel E. 16. Jh. vom Monogrammisten HW (vielleicht Glasmaler Hans Weiss sie zeigt in ländlichem Stil neben Architekturmotiven, Roll- und Rankenwerk 8 der Apostel (2 wohl durch die Turmtür und 2 beim Durchbruc der N-Wand zerstört), auf die Apsis sowie die Schildbogenwände der und W-Seite verteilt; daneben Tod als Mann mit zerfleischtem Schädel, Hl. Wilhelm, Verkündigung Mariä und Sinnsprüche; in den Gewölbescheiteln Evangelistensymbole, Kirchenväter (1901 erneuert), Sonne, Mond, Lamm Gottes, Herz Jesu und Leidenswerkzeuge. Altar A. 17. Jh., das Hauptbild der Kreuzigung zeigt im Hintergrund Schloss und Pfarrkirche Sargans. Gemälde der Muttergottes auf der Mondsichel 1615; schmiedeeiserner Leuchterarm E. 16. Jh. und alter Opferstock. – Flumser Kapelle, östl. St. Georg. Kleiner quadratischer Holzbau auf Steinsockel, erwähnt 1639. Ölgemälde des Hl. Eligius als Bischof, 1671 von Hans Georg Plöchmann; Rokoko-Antependium.

TSCHERLACH. Kapelle St. Johannes Ev. Als Filialkirche von Flums erb. 1641; Rest. 1971–72. Nachgot. Anlage mit eingezogenem Polygonalchor und Dachreiter. Beachtlicher Hochaltar aus der Bauzeit, zwischen den 2 korinth. Säulen Gemälde der Marienkrönung, im gesprengten Giebel Ädikula mit dem Bild des Kirchenpatrons; die einfacheren Seitenaltäre wohl gleichzeitig. Stifterbild des Fridolin Tschudi v. Gräpplang und seiner Gemahlin, 1695 von Joh. Brandenberg, mit Ansicht vom Schloss Gräpplang. Kultgeräte: Rokokomonstranz um 1780 von Ant. v. Matt in Stans, Barockziborium mit Allianzwappen Tschudi-Wickart, spätgot. Kelch mit sternförmigem Fuss, zwei Glarner Barockkelche 2. H. 17. Jh. von Caspar Elsiner gen. Milt bzw. um 1700 von Casp. Fridolin Tschudi; Vortragekreuz um 1580–1600; Messgewand 1688 mit Wappenschild Tschudi-Wickart; got. Leinenstickerei E. 15. Jh., mit Figuren in Medaillons.

WALENSTADT. Die 831 erwähnte Siedlung am obern Ende des Walensees entwickelt sich in der 1. H. 13. Jh. zur Stadt mit Marktrecht; sie kommt 1438 mit der österreichischen Herrschaft Windegg als Pfand an Glarus und Schwyz und 1462 endgültig an die VII Alten Orte; seit 1803 gehört Walenstadt zum Kt. St. Gallen. Geringe Teile der Ringmauer des langgezogenen Städtchens erhalten. **Kath. Pfarrkirche St. Lucius und Florinus.** Östl. ausserhalb der ehem. Ringmauer gelegen; genannt im 9. Jh. Das vielleicht spätmittelalterliche, ursprünglich flachgedeckte Schiff und das Querhaus eingewölbt um 1700, Chor weitgehend neuerb. 1881–82; Renov. 1935, Rest. vorgesehen. An der S-Seite des Schiffs roman. Turm in Sichtquaderwerk um 1200, er steckt bis zum Oberteil des Rundbogenportals in angeschwemmtem Schotter, das 1. Obergeschoss durch Rundbogenfriese zwischen Lisenen gegliedert, im Glockengeschoss ein vermauertes gekuppeltes Rundbogenfenster; Erhöhung und Spitzhelm 1868. Im Schiff grätige Kreuzgewölbe mit Gemälden um 1700: Verlorener Sohn, Verklärung Christi und Opfer des Melchisedek; im Spiegelgewölbe des Chors Christusmonogramm 1935 von Karl Haaga. Spätgot. Sakramentshäuschen mit blindem Kielbogen und Dreipass. Hochaltar um 1700, Gemälde 1882 von Severin Benz; an der N-Wand das ehem. Hochaltarbild mit den Kirchenpatronen und einer Ansicht von Walenstadt um 1700 von Jos. Leonhard Rosenkranz. Zweisitziger Chorstuhl 1651; Gestühl mit Stadtwappen um 1700. Am Choreingang 2 Leuchterengel 17. Jh. Seitenaltäre um 1700, im rechten Bild der Hl. Familie 1707 von Matthias Pusieger, in der Bekrönung auf Sockelreliquiar Statuette des Hl. Nikolaus v. Flüe um 1700. Rokokokanzel um 1760. Kirchenschatz: Augsburger Monstranz 1739–41 von Meister IGK; Kelch 14. Jh., am Knauf 6 gravierte Scheiben mit Evangelistensymbolen und den Köpfen der Hl. Florinus und Lucius; weitere Kelche um 1690–1700 von Casp. Fridolin Tschudi, um 1700 von Carl Martin Keiser, 1739–41 von Franz Thaddäus Lang und 1745–47 von Jos. Ignaz Saler; Nürnberger Pokal um 1630 mit Kaiserbildnissen nach röm. Münzen; Vortragekreuz um 1580. – Pfarrhaus. Stattlicher Barockbau unter Walmdach, 2. H. 17. Jh., mehrmals umgebaut. – **Kapelle St. Wolfgang.** Neuerb. 1741, geweiht 1753; Rest. 1954. Rundbogiges Portal im O mit volutenförmigem Schlussstein, Bauinschrift und Stadtwappen; Dachreiter mit Zwiebelhaube. Im 2jochigen Schiff Kreuzgewölbe auf Wandpilastern, der eingezogene Polygonalchor mit Stichkappengewölbe; die Deckenbilder zeigen Dornenkrönung, Fall unter dem Kreuz und Kreuzigung. Die 3 rotmarmorierten Altäre von 1745–46 mit Stifterinschriften; am Hochaltar Bild des Kalvarienberges mit Ansicht von Jerusalem, davor gotische Pietà 1. H. 15. Jh., seitlich auf Konsolen die Hl. Leonhard und Bernhard, in der Bekrönung Statue des Hl. Wolfgang. Kanzel, Orgel und Gestühl in Schiff und Chor aus der Bauzeit, gleichzeitig die Gemälde an der Emporenbrüstung. Kruzifix M. 15. Jh.; 2 Holzbüsten der Hl. Margaretha und Dorothea um 1500. – Grosses Haus. W-Hälfte A. 16. Jh. mit got. Balkendecken, Umbau und Kellerportal 1638; O-Hälfte unter gleichem First erb. 1633. – Rathaus. Sandsteinportal E. 15. Jh., der Spitzbogen besetzt mit Wappen von Walenstadt sowie Stadt und Landschaft Sargans. – Gasthaus Traube. Stattliches Giebelhaus, neuerb. im 18. Jh.; hier logierte vermutlich Benvenuto Cellini, als er 1537 über Rätien nach Frankreich zog. – *Seestrasse.* Giebelhaus. In der Haustür klassiz. Oberlichtgitter mit Initialen; spätgot. Portal von 1534 im Erdgeschosskorridor. – Haus Dr. Ramer. Klassiz. Bau um 1830. – Offizierskasino, am See. Klassiz. Bau um 1830–40. – Ref. Kirche. Erb. 1905–06 von Abundi Schmid; Glasgemälde von Burkhard Mangold. *Walenstadtberg.* Kapelle St. Niklaus von der Flüe. Erb. 1945 von Joh. Hugentobler.

QUARTEN. Genannt M. 9. Jh.; umfasst das sanktgallische S-Ufer des Walensees. – *Mols,* am Ufer. Kath. Pfarrkirche St. Antonius von Padua. Neubau 1862–65 von K. Reichlin; Renov. 1952–53. Glasgemälde 1953 von Alb. Schenker, gleichzeitig der Hochaltarschmuck von Jos. Tannheimer. In der Sakristei gesticktes Kelchvelum dat. 1630, aus dem Kloster Pfäfers. – Burgruine Bommerstein, auf einem Felskopf an der Strasse nach Walenstadt. Wohl vom Walenstädter Zweig der Herren v. Montfort erbaut, zerstört 1386 durch die Glarner. – *Murg,* am See. Kath. Pfarrkirche St. Johannes Bapt. Neubau 1760, mit eingezogenem Polygonalchor und N-Turm; hinterstes Joch 1860. Taufstein 1621, Altäre und Kanzel spätklassizistisch. Abbruchgefährdet. – Denkmal für den deutschen Freiheitskämpfer Heinrich Simon. Nach Entwurf von Gottfried Semper ausgeführt von Luigi Chialiva. – Haus, an der Einmündung der Strasse von Obstalden. Stattlicher Giebelbau 1803 von Hans Jak. Egger.

Quarten, auf einer Bergterrasse. **Kath. Pfarrkirche St. Gallus.** Als Kapelle erwähnt im 9. Jh.; neuerb. 1860–62 von Felix Wilh. Kubly. Bilder von Paul Deschwanden und Severin Benz; anlässlich der Renov. 1937–38 Glasgemälde von Aug. Wanner. Beim Eingang spätgot. Statuette des Hl. Nikolaus, aus Oberterzen. Im Kirchenschatz: Got. Turmmonstranz um 1500 aus Pfäfers; Ziborium um 1670 von Casp. Dietrich; Kelch um 1655–60 von Fidelis Dumeisen; Vortragekreuz um 1580. – Mutterhaus der Neuschönstädter Marienschwestern. Erb. 1917–18 von Wilh. Schäfer. – *Oberterzen.* Neue Kapelle, erb. 1968–69 von Paul Scherrer. Ein Figurenpaar der Hl. Katharina und Margaretha sowie 2 Reliefs der Apostelfürsten 1. V. 16. Jh., aus der 1969 abgebrochenen Kapelle in der Dorfmitte. – *Quinten*, am N-Ufer des Walensees. Kapelle St. Bernhard. Am jetzigen Standort neuerb. 1765; Renov. 1919. Im 2jochigen Schiff und im eingezogenen Polygonalchor Neurokokostukkaturen und Gemälde. Hochaltar aus der Bauzeit mit Muttergottesfigur 18. Jh., aus Waldkirch (SG); neubarocke Seitenaltäre. Skulpturen 1919 zugekauft: Pietà A. 16. Jh., Relieffiguren der Hl. Franziskus und Wiborada 1. H. 16. Jh., Figuren der Hl. Katharina und Barbara sowie Auferstehungschristus M. 18. Jh., Hl. Johannes von Nepomuk und Bernhard 2. H. 18. Jh. u. a. – Post, ehem. Gasthaus Sonne. Gekehltes, stichbogiges Portal 1694 mit Wappen des Münzmeisters Joh. G. Gilly und seiner Frau. – Haus Walser, in der Laui. Dreigeschossiger Bau des 17. Jh. mit Fachwerkgiebel und an der Seefront geschweiften Bügen als Pfettenstützen. Grüner Kachelofen 1754.

LINTHGEBIET

WEESEN. Erwähnt 1232, als habsburgische Stadt bezeichnet 1330. Ehem. wichtige Zollstätte und Stapelplatz. Vom 22. auf den 23. Februar 1388 geschichtlich bedeutsame Mordnacht, in welcher die eidg. Besatzung niedergemetzelt wurde; 1394 niedergebrannt und seither ohne Stadtmauern. Von 1438–1798 unter der Herrschaft von Schwyz und Glarus. – **Kath. Bühlkirche Hl. Kreuz.** Erb. im 13. Jh., umgestaltet in der Spätgotik und um 1630–40; Renov. 1909 und 1930. Rechtecksaal mit eingezogenem, gerade geschlossenem Chor und W-Turm mit gekuppelten Rundbogenfenstern aus roman. Spolien. An der südl. Schiffswand Kalksteinepitaph für Samson Hässi (gest. 1686). Im Schiff gewalmte Felderdecke, im Chor Flachdecke; Chorbogen mit attischen Kämpferprofilen, wohl roman. Spolien. Spätgot. Sakristeiportal mit doppeltem Schulterbogen. Frühbarocke Plastiken um 1630–40; am südl. Seitenaltar Gemälde der Hl. Familie und der 14 Nothelfer 1639 von Hans Bartholomäus Conrad, am nördl. Altar Schmerzensmutter E. 17. Jh. von Jak. Hunger. An der Emporenbrüstung gemalte Familienwappen 1642. Kelch um 1620 von Dietrich Leimbacher. – **Dominikanerinnenkloster Maria Zuflucht.** Aus einer Beginensamnung hervorgegangen um 1260; urspr. Standort weiter östlich. An heutiger Stelle neuerb. um 1690; Gästehaus umgeb. 1782–84 und 1824, östl. Anbau 1894. Regelmässiges Gebäudegeviert mit nach N gerichteter *Kirche* an der W-Flanke. Vorhalle mit Pfeilerarkaden und nachgot. Kreuzrippengewölbe.

Vierjochige Rechteckkirche mit Kreuzgewölben und halbrundem Chorbogen. Im Eingangsjoch Nonnenempore. Drei qualitätvolle Barockaltäre um 1690, Gemälde mit dominikanischen Themen M. 17. Jh.; Kreuzigungsgruppe, Pietà und Hl. Severius 4. V. 17. Jh., eine Statue des Hl. Erasmus 2. H. 18. Jh. Sakristeiportal mit Beschlagwerkreliefs um 1600. Im Bethaus hinter dem Chor spätgot. Figur des thronenden Hl. Erasmus. Kirchenschatz: Monstranz um 1730–40 von Meister ISR; Ziborium um 1650 wohl von Hans Marti; Kelche 1621, um 1730–40 von Wilh. Schindler und 1767–69 von Joh. Jak. Biller; Altarkreuz 1587; Messgewänder 18. Jh. – *Klostergebäude.* Im 1. Stock des Gästehauses Bischofszimmer mit Fenstersäule um 1600. In der Klausur wird ein Grossteil des beweglichen Kunstgutes aus dem 1869 aufgehobenen Dominikanerinnenkloster St. Katharinental (s. Kt. Thurgau) aufbewahrt, u.a. Figur des Hl. Dominikus und männliches Heiligenfigürchen aus Zahn, beide um 1300, Alabasterfiguren der Hl. Drei Könige E. 14. Jh., Abschied Christi von Maria um 1510, Figurengruppen der Passion um 1600, Gruppe von Dominikanerheiligen um 1630–40, Hl. Katharina um 1680. Gemälde um 1736 von Jak. Carl Stauder. *Fli,* östl. von Weesen. Kath. Pfarrkirche St. Martin. Neuerb. um 1500; Schiff erweitert 1823, Renov. 1965. Rechtecksaal mit eingezogenem Polygonalchor und N-Turm mit Käsbissen. Im 4jochigen Schiff Flachtonne mit Stichkappen, im Chor Kuppelgewölbe, ion. Wand- und Chorbogenpilaster. Deckengemälde 1908 von Stefan Herweg. Hochaltar um 1823; 2 Seitenaltäre und Kanzel aus der gleichen Zeit, 1965 entfernt. Muttergottesstatue 2. H. 17. Jh. In der Sakristei: Monstranz A. 17. Jh. von Dietrich Leimbacher; Ziborium um 1670 von Casp. Dietrich; Kelche um 1600 vom Meister mit dem Nagel auf dem Dreiberg, um 1650 wohl von Hans Marti und E. 17. Jh. von Heinr. Dumeisen. Auf dem Friedhof Grabmal für Caspar Tschudi 1570. Friedhofkreuz 1930 von Jos. Büsser.

AMDEN. Kath. Pfarrkirche St. Gallus. Urspr. Filiale von Schänis; gegründet 13.–14. Jh., Schiff verlängert 1794; Renov. 1924. Langes Schiff mit eingezogenem Turmchor. Vorhalle, Turmabschluss und Sakristei 1924. Im Schiff Tonnengewölbe mit Deckengemälde 1924 von Aug. Meinrad Bächtiger, im Chor neugot. Kreuzrippengewölbe. Seitenaltäre um 1700 mit Gemälden von Bächtiger, Hochaltar und Kanzel 1924. Spätgot. Taufstein mit Blindmasswerk. In der Sakristei: Spätgot. Pietà E. 15. Jh., Monstranz M. 18. Jh., Kelch 1791–93 von Casp. Xaver Stippeldey, Vortragekreuz 1745 von Ammen Schorno. – Kapelle St. Anna. Erwähnt 1607; Neubau 1970 von Paul Scherrer, etwas unterhalb des alten Standortes. Figur der Hl. Anna selbdritt um 1520 (zuerworben), 2 Gemälde 2. H. 17. Jh., Ziborium um 1650 wohl von Hans Marti; Kelch um 1660–70 von Marx Lanzrein. – **Gmür-Haus,** in Vorderächern. Strickbau von 1821–22 mit Mansartdach. Gute Familienporträts des 18. Jh., Toggenburger Hausorgel. – Betlis. Burgruine Strahlegg am See. Erwähnt 1386. Habsburgischer Wachtturm mit aufgehendem röm. Mauerwerk.

ZIEGELBRÜCKE. Auf dem Biberlichopf namhafte Reste eines röm. Wachtturms, freigelegt 1961.

***SCHÄNIS. Ehem. Damenstift zum Hl. Kreuz*.** *Bedeutender romanischer Kirchenbau mit einer Hallenkrypta und den besterhaltenen karoling. Flechtwerkplatten der Schweiz.* Gegr. zwischen 814 und 824 vom churrätischen Gaugrafen Hunfrid. 1045 bzw. 1178 als weltliches, adeliges und reichsunmittelbares Damenstift unter Augustinerregel nachgewiesen. Blütezeit unter der Herrschaft der Grafen v. Lenzburg und Kyburg bis ins 12. Jh.,

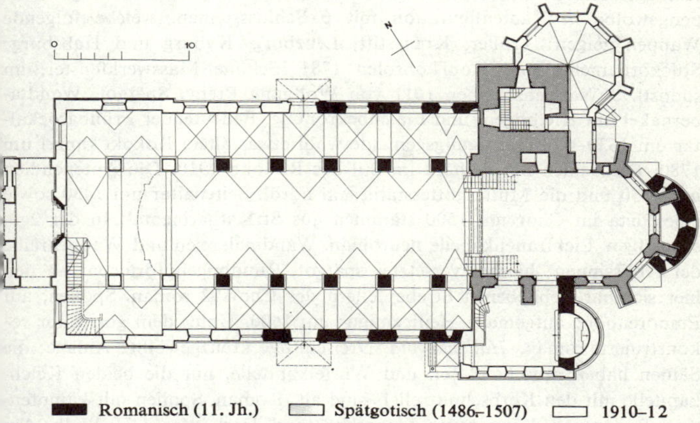

Schänis. Kath. Pfarrkirche

seit 1438 unter Schwyz und Glarus; Krise in der Reformationszeit, neuer Aufschwung im 17. Jh.; aufgehoben 1811. – Ehem. Stiftskirche St. Sebastian und Laurentius, jetzt *Pfarrkirche*. Neuerb. über den Grundmauern des Vorgängerbaus 1. Viertel 12. Jh., Turm 1487, Chor neuerb. 1507 unter der Äbtissin Barbara Trüller; Brandschäden 1585 und 1610, barockisiert 1778–81, Schiff nach W verlängert und Renov. 1910–12 durch Adolf Gaudy; Rest. 1973 ff. Dreischiffige, im Kern roman. Pfeilerbasilika mit spätgot. Polygonalchor in der Breite des Mittelschiffs. An der Stelle des ehem. nördl. Querschiffarms spätgot. Turm mit Eckquadern und Käsbissen, an Stelle des südl. Arms Liebfrauenkapelle mit Apsis, erneuert 1910. Am Chor gestufte Strebepfeiler mit Dreieckgiebelchen, darin Kopfreliefs des Grafen Hunfrid, des Churer Bischofs Adelgott und des Grafen Ulrich v. Lenzburg mit den entsprechenden Wappenzeichen sowie eines Kyburgers oder Habsburgers; auf halber Höhe Lilienwappen der Bauherrin Barbara Trüller. In der Ecke zum Turm Relief eines Geharnischten. Hinter dem Chor freigelegte Rundapsis der roman. Krypta. Neugot. Sakristei 1910; westl. Querschiff und Vorhalle in barocken Formen 1910–12. Roman. Stufenportal, darüber Palmettenfries und Dreimännerrelief (Kopie); Tympanonrelief und Mosaik an der W-Front neu. Im *Schiff* Pfeilerarkaden mit erneuerten Kämpferprofilen, ein originales Stück nur am östl. N-Pfeiler. Im Mittelschiff stichbogige Obergadenfenster und Tonnengewölbe mit Stichkappen. Rokokostukkaturen, Deckengemälde 1779 von Franz Ludw. Herrmann: Weihnacht, Mariä Himmelfahrt und Epiphanie; in den Seitenkartuschen Apostel, Kirchenväter und Heilige. Das Deckengemälde über der Empore 1911 von Jos. Heimgartner, gleichzeitig die Wandbilder mit Szenen aus dem Leben der Hl. Laurentius und Sebastian von Richard Nüscheler. Die Kreuzgewölbe in den Seitenschiffen ebenfalls neu. Im *Chor* 3jochiges Rippengewölbe in Rautenfiguration mit 6 Schlusssteinen, welche folgende Wappen zeigen: Trüller, Kreuzstift, Lenzburg, Kyburg und Habsburg; Stuckornamente und Kopfkonsolen 1781. Schöne Masswerkfenster, im südöstl. 3 Wappenscheiben 1611 von Wolfgang Breny. Spätgot. Wandtabernakel mit Kielbogen- und Fialenbekrönung. Bedeutender Frühbarockaltar um 1630–40, Kreuzigungsgemälde wohl etwas älter; Rokokokanzel um 1780. Die beiden Seitenaltäre im Stil des Rokoko 1910. Die Antependien um 1750 und die Muttergottesstatue am nördl. Seitenaltar um 1430 sowie eine Pietà im Chor um 1500 stammen aus St. Katharinental. In der 2geschossigen Liebfrauenkapelle neuroman. Wandmalereien und Wappenreihe der Äbtissinnen; hierher versetztes spätgot. Rundbogenpförtchen; an den hier sichtbar gebliebenen Strebepfeilern des Chors 2 roman. Spolien, auf Emporenhöhe aufgemalte Heiligenfigur um 1600. Unter dem got. Chor rekonstruierte roman. *Hallenkrypta*. Dreischiffige kreuzgewölbte Anlage; die Säulen haben attische Basen und Würfelkapitelle, nur die beiden Kelchkapitelle mit den Kerbschnittreliefs sind alt. Roman. Spolien mit kämpfendem Reiterpaar, Löwe sowie Menschen- und Tierköpfen 1. H. 12. Jh. Am Altar 2 bedeutende karolingische Flechtwerkplatten und Pfosten A. 9. Jh. aus weissem Vintschgauer Marmor. In der Krypta Tischgrab für die Grafen v. Lenzburg, Kyburg und Habsburg A. 16. Jh., an den Wänden zahlreiche Epitaphien für Äbtissinnen und Chordamen 16.–19. Jh.; weitere Grabmäler in der Vorhalle, am südl. Seiteneingang und in der Liebfrauenkapelle. – *Kirchenschatz*. Turmmonstranz um 1620 von Dietrich Leimbacher; Ziborium um 1650 wohl von Hans Marti; Kelche 1627, um 1650 wahrscheinlich von Gabriel Heer, um 1716–19 von Joh. Zeckel und 1787–89 von Casp. Xaver Stippeldey, 1. Drittel 18. Jh. von Felix Franz Rüssi; Silberbüste des Hl. Sebastian und Reliquienkreuz, beide 1618 von Meister CL; Büste um 1670–90 von Meinrad Ruch; Messgewänder 18. Jh. – *Ehem. Stiftsgebäude*, heute Altersheim. Neuerb. vor 1045 durch Graf Ulrich v. Lenzburg, Wiederinstandstellung nach dem Dorfbrand 1610 unter Katharina Brims (1587–1611), barocker Umbau 1649 von Michael Beer, Umgestaltung und Neubau des S-Flügels 1782–85 von Joh. Ant. Singer unter Anna Staal v. Eptingen; Kreuzgang abgebrochen 1812, Inneres mehrfach umgestaltet, Aussenrenov. 1965. Dreigeschossiger Zweiflügelbau mit einheitlichem Mansartdach. O-Fassade durch Rustikapilaster in 3 Abschnitte aufgeteilt. Ältester, z. T. ins Hochmittelalter reichender Kern im N-Teil des O-Flügels. Im 1. Stock Kapelle mit Stuckdecke E. 18. Jh.

Am Platz. Ehem. Rathaus. Neuerb. 1784; eingemauertes Wappenrelief Gaster 1613. – Seliner-Haus. Kubischer Bau E. 18. Jh. mit Mansartdach und Louis-XVI-Portal. – Steiner-Haus, am N-Ausgang des Dorfs. Erb. 1.H. 17.Jh., erneuert 1771. An der S-Fassade figürlich geschnitzte Pfettenköpfe. In der Stube Ofen 1773 von Joh. Jak. Zweifel. – **Gallus-Turm.** *Einziges erhaltenes Beispiel eines runden Kirchturms aus romanischer Zeit in der Schweiz.* Die ehem. Galluskapelle erwähnt E.11.Jh., abgebrannt 1824. Auf 4eckigem Sockel ovaler Turmschaft wohl A. 12.Jh., mit rundbogigen gekuppelten Schallfenstern; Kegeldach 1890. – **Sebastianskapelle,** südl. Schänis. Neuerb. 1512; Renov. 1890. Spätgot. Anlage mit Masswerkfenstern, der eingezogene Polygonalchor von Streben eingefasst. Im Schiff Flachtonne, im Chor kräftig profiliertes Sterngewölbe mit 2 Maskenkonsolen. An den Wänden Plastiken M.17.Jh., an der nördl. Chorwand ehem. Altargemälde mit dem Hl. Sebastian um 1663. – *Rufi.* Kapelle St. Leonhard. Erwähnt 1447. Die spätgot. Kapelle 1964 durch einen Neubau von Hans Burkard ersetzt. Spätgot. Ölberggruppe in Terrakotta um 1480, Plastiken des 17.Jh., Hl. Agnes um 1440, letztere wohl aus St. Katharinental. Hochbarocke Muttergottesstatue zugekauft.

MASELTRANGEN. Kath. Pfarrkirche St. Johannes Nepomuk. Erb. 1791, um ein Joch verlängert und rest. 1963 durch Hans Burkard. Frühklassiz. Landkirche mit eingezogenem gerundetem Chor und S-Turm; Zwiebelhaube 1963. Im Innern Tonnengewölbe mit Stichkappen auf toskanischen Wandpilastern; Deckengemälde E.19.Jh. von Franz Vettiger. Im Chor Wandgemälde E. 18.Jh., Maria vom Loskauf der Gefangenen, vielleicht von Jos. Ant. Messmer (stark ergänzt). Seitenaltäre aus der Bauzeit, Biedermeierkanzel; Muttergottesstatue E. 17.Jh. Rokokomonstranz 1780–90; Augsburger Kelch um 1650–60.

KALTBRUNN. Kath. Pfarrkirche St. Georg. Erb. 1820–21 von Heinr. Ladner; Renov. 1921, Aussenrest. 1970. Grosser Bau mit gefluchtetem, innen gerundetem Polygonalchor. Im Chorscheitel Turm mit Laternenkuppel. Klassiz. Fassade mit geschweiften Umrisslinien. Im Innern auf Wandpilastern Tonnengewölbe mit Stichkappen; freistehende Chorbogenpfeiler. Deckengemälde 1821 von Jos. Ant. Messmer: Abendmahl (Chor), Auferstehung, Verklärung und Weihnacht; spärliche Stuckgirlanden. Klassiz. Ausstattung; vorzügliches Choraltargemälde 1735 von Franz Jos. Spiegler. In der Sakristei: Monstranz 1778, Kelche um 1770 von Ant. Curiger, um 1710 von Heinr. oder Joh. Dumeisen, Vortragekreuz um 1580–1600. – Pfarrhaus, erb. 1801. – Biedermeier-Schulhaus. Erb. 1842–43 von Balthasar Stüssy. – *Hof Oberkirch.* Ehem. Standort der alten Pfarrkirche St. Georg, erwähnt 979, abgetragen 1829. – Zugehöriges Beinhaus, jetzt Kapelle. Kleiner gewölbter Bau 1597, umgestaltet 1715; Renov. 1935. Zwiebelbekrönter Dachreiter; über dem spätgot. profilierten Spitzbogenportal Kruzifix um 1500. – Ehem. Pfarrhof. Erbaut 1790 vom Einsiedler Bruder Jak. Nater. Mansartdachbau mit profiliertem Louis-XVI-Portal, darüber Wappen Einsiedeln. – Ruine Bibiton, im Kaltbrunner Riet. Ehem. Wohnturm von Toggenburger Ministerialen, erwähnt 1358, zerstört wohl im 15.Jh.; ausgegraben 1940. Erhalten sind die Umfassungsmauern des Turms, der am Rand des heute verlandeten Tuggenersees stand.

BENKEN. Kath. Pfarrkirche St. Peter und Paul. Gegr. im 10. Jh.; neugeb. 1792–96, renov. 1881, verlängert und neubarock umgestaltet 1917 von Alb. Rimli; Renov. 1968. Spätbarocke Anlage mit eingezogenem, halbrund geschlossenem Chor und S-Turm. Im Schiff gedrücktes Tonnengewölbe, im Chor Kuppelgewölbe. Ausstattung im Sinne des Barocks erneuert. In der Sakristei: Monstranz 1854 von Albert Wengi; Ziborium um 1670–1700 vielleicht von Felix Basil Rüssi; Kelche 1635, um 1710 von Heinr. oder Joh. Dumeisen; Vortragekreuze A. 16. Jh. und um 1700 von Heinr. oder Joh. Dumeisen. – Wallfahrtskapelle Maria Bildstein, auf dem Benkener Berg. Hier erhob sich der Tradition nach das 741 genannte Klösterchen Babinchova, dem um 924 der Hl. Meinrad vorgestanden haben soll. (Nach neuesten Untersuchungen eher in der Nähe der Pfarrkirche zu suchen.) Ein Marienheiligtum gegr. um 1740, neuerb. 1965–66 von Hans Burkard als Ersatz einer 1848 errichteten Kapelle; in der Krypta Glasgemälde 1966 von Jost Blöchliger. Spätgot. Muttergottesstatue um 1500, zugekauft.

GOMMISWALD. Kath. Pfarrkirche St. Jakobus d. Ä. Gegr. 1500. Neuerb. 1789 wohl von Bruder Jak. Nater; Renov. 1933. Grosser Spätbarockbau mit schwach eingezogenem Halbrundchor, N-Turm mit Laternenkuppel, südl. Sakristei mit darüberliegendem Singchor; O-Fassade mit geschweiftem Giebelumriss, Louis-XVI-Portal mit Vorhangbogen und 2 seitlichen Nischenfiguren der Hl. Petrus und Paulus. Im Innern auf korinth. Wandpilastern die 1933 erneuerten Gewölbe mit Deckengemälde von Joh. Hugentobler (früher von Jos. Keller 1790). Seitenaltäre um 1700, Hochaltar 1694 von Joh. Joos, aus der Kreuzkirche Uznach; Rokokokanzel wohl aus der Bauzeit. Bilder an der untern Brüstung der Doppelempore, die Stationenfolge sowie Gemälde an der nördl. Chorwand um 1790. Unter der Empore Figuren des Hl. Rochus und der Muttergottes 2. H. 16. Jh. In der Sakristei: Monstranz und Kelch um 1722 von Joh. Seb. Gruber; kleine Monstranz um 1700; Kelch um 1720–30 von Thomas Pröll; 2 Vortragekreuze, 1627 von Niklaus Wickart und 18. Jh.; 2 spätgot. Armreliquiare A. 16. Jh. – Kapelle St. Jakob, in Giegen. Neuerb. 1966 von Hans Burkard. Statue des Hl. Jakobus 17. Jh. – *Uetliburg*. Kapelle St. Felix und Regula. Dreiseitig geschlossener, flachgedeckter Saal 1676; über dem Portal Muttergottesstatue in einem Schrein 1. H. 16. Jh.

Berg Sion. **Prämonstratenserinnenkloster St. Loreto,** in schönster Lage über der Linthebene. Gegr. 1761 von Jos. Helg, Kirche geweiht 1772, renov. 1938; Erweiterungsbauten des Klosters nach W E. 19. Jh. Langgezogene Gebäudefolge mit östl. angegliederter Kirche. Im rechteckigen Kirchenraum Flachtonne mit Stichkappen. Deckengemälde urspr. von Franz Ludw. Herrmann, bereits um 1786 von unbekanntem Meister neu gemalt: Anbetung des Lamms und Szenen aus dem Alten und Neuen Testament in typologischer Gegenüberstellung; Rokokostukkaturen aus der Bauzeit; im linken Seitenaltar lauretanische Muttergottesstatue 1. H. 18. Jh. Hinter der W-Wand tonnengewölbte Loretokapelle, vollständig erneuert; abgetrenntes Vestibül, ehem. Andachtsloge mit Rokokostukkaturen und Puttengemälden um 1773 von Franz Ludw. Herrmann. Im ältesten Teil des Klosters östl. der Kirche

Felderdecke mit Rocaillemalerei. In der Sakristei: Monstranzen 1698 von Joh. David Saler und um 1770, Kelche 1769–71 von Jos. Ant. Seethaler und 1816 von Meister BS.

RIEDEN. Kath. Pfarrkirche St. Magnus. Neubarocker Bau 1912 von Adolf Gaudy an Stelle der 1768 von Hans Jak. Haltiner erstellten Kirche. In der Sakristei: Monstranz um 1680–1700 von Georg Reischle; Kelch um 1770 von Fidel Brandenberg. – Dorfbrunnen 1810. – Gasthaus Sonne. Aushängeschild E. 18. Jh., aus Uznach.

UZNACH. Die 741 erwähnte Siedlung Uzzinaha lag beim Aabach unterhalb Uznaberg. Die Gründung der Stadt auf dem Hügelsporn erfolgte vor 1228 durch die Grafen v. Toggenburg. Nach dem Aussterben der Dynastie gelangte die ehem. Grafschaft (heutiger Seebezirk mit Ausnahme von Rapperswil und Jona) 1469 unter die Herrschaft von Glarus und Schwyz; 1803 dem Kt. St. Gallen angegliedert. Stadtbrände 1493 und vor allem 1762, wobei fast die ganze Stadt zerstört wurde. Wiederaufbau in alter Disposition. Ovalförmige Stadtanlage aus 3 Häuserzeilen, ähnlich Wil. Meist traufständige Reihenhäuser, heute stark mit Neubauten durchsetzt. Durch die Errichtung des Hochhauses «Ochsen», 1965, ist das Ortsbild wesentlich beeinträchtigt worden.

Kath. Pfarrkirche St. Maria. Als Michaelskirche gegr. um 1300, seit 1373 mit einer Antönierniederlassung verbunden; als Pfarrkirche neuerbaut 1867–69 von Wilh. Keller, Umbau und neuer Frontturm 1940 durch Hans Burkard. Neugot. Bau mit eingezogenem Polygonalchor; die ehem. drei Schiffe 1940 zu einem flachgedeckten Saal vereinigt. An der Fassade eine Monumentalplastik des Hl. Michael 1940 von Jos. Büsser; in der rechten Vorhalle Grabplatte Graf Diethelms VI. v. Toggenburg 1386. Im Chor Wandtabernakel 1484 mit Durchsteckgitter und Wappenschildchen des ehem. Antönierhauses. Auf dem Choraltar Kreuzigungsgruppe 1940 von Alfons Magg, gleichzeitig Gemälde der Seitenaltäre von Carl Roesch; Figur der Hl. Anna selbdritt A. 16. Jh. In der Taufkapelle ein spätgot. Kruzifix um 1510–20, aus der Kreuzkirche. – *Kirchenschatz.* Turmmonstranz um 1600–1620; zusammengesetzte Monstranz 16. Jh. und um 1670–80; Kreuzpartikelmonstranz um 1660–70 wohl von Fidelis Dumeisen; Kelche nach 1676 von Heinr. Dumeisen, um 1670 von Joh. Casp. Dietrich, E. 17. Jh. wohl von Hans Adam Ruch, um 1735–37 von Jos. Ignaz Saler und 1696 von Marx Lantzrein; Lichtensteiger Vortragekreuz 1610 von Joachim Zürcher; Altarkreuz A. 18. Jh. von Heinr. Dumeisen; Silberstatuette um 1710–20 von Heinr. oder Joh. Dumeisen. – Rathaus. Gegr. E. 13. Jh., neuerb. 1766 wohl von Engelhard Widmer, vollständig umgeb. 1935. Über dem Portal Wappenstein Uznach 1766. Im Gerichtssaal Porträts von Uznacher Politikern des 19. Jh., Panner der Landschaft Uznach 1619. – **Linthhof.** Als Hotel erb. 1834, heute Geschäftshaus. Siebenachsiger spätklassiz. Bau über winkelförmigem Grundriss mit 3 Voll- und 1 Mezzaningeschoss; vor der W-Front toskanischer Säulenportikus und Quergiebel. – Benediktinerpriorat St. Otmarsberg. Breiter, 2mal gestufter Betonbau in Hanglage 1963–64 von Hans Burkard. In der Kapelle spätgot. Kruzifix. –

Im Sekundarschulhaus, erbaut von Herbert Oberholzer, Bronzeplastik 1968 von Max Oertli. – Ref. Pfarrkirche. Erb. 1960–61 von Hans Voser. Glasgemälde von Frère Marc aus Taizé (Burgund).

Kath. Kreuzkirche, ehemalige Pfarrkirche St. Gallus, an der Strasse nach Schmerikon. Erwähnt 856, neuerb. 1494–1505, beachtenswert die über 40 verschiedenen Steinmetzzeichen; umgeb. 1775; Rest. 1964–65, wobei die Änderungen der Barockzeit weitgehend rückgängig gemacht wurden. Der spätgot. Kirche mit eingezogenem Polygonalchor sind eine karoling. und eine roman. Anlage vorangegangen, deren Fundamente 1963 ausgegraben und zugänglich gemacht worden sind. Nördl. des Chors stämmiger Turm mit Käsbissen, am Sakristeifenster dat. 1494. Hölzernes Vorzeichen und W-Portal 1775. Modern gestalteter, flachgedeckter Innenraum. Im Chor schönes Sakramentshäuschen dat. 1503 mit Initialen WI (Wendel Ittlin?); im Kielbogen Wappenschildchen Uznach, darüber Fialen und Masswerkbekrönung. Reichprofiliertes Schulterbogenportal um 1500 zur Turmsakristei, daselbst Steingewölbe von 1584. Glasmalereien im Chor 1964 von Hans Stocker. Chorbogenkruzifix A. 16. Jh. mit rückseitiger Bemalung von 1588; Assistenzfiguren A. 17. Jh., zugekauft. – **Friedhofskapelle.** Flachgedeckter Barockbau, geweiht 1679, mit schwach eingezogenem Polygonalchor; Rest. 1965. An der Aussenwand Epitaphien für Balthasar Wissmann (gest. 1685) und Heinr. Anselm Rigolet (gest. 1785). Barockaltar E. 17. Jh. (deponiert). Schmiedeisernes Rokokokreuz 1757. Mosaik, Franz von Assisi, 1913 von Augusto Giacometti. – Wirtshaus zum Hof. Gestrickter Giebelbau um 1730. In der Wirtsstube Ofen 1734, im 1. Stock Täferzimmer.

Brugg. **Kapelle St. Joseph.** Neubau geweiht 1679, umgeb. 1706; Renov. innen 1902–03, aussen 1950. Schmucker Barockbau mit eingezogenem Polygonalchor und zwiebelbekröntem Dachreiter. Vorzeichen mit gedrücktem Bogen auf 2 toskanischen Säulen; darunter architektonisch gegliedertes Portal von 1706. Im Schiff Kreuzgewölbe, im Chor gotisierendes Netzgewölbe. Einheitliche Barockausstattung A. 18. Jh., Statuen von Jak. Hunger, die seitlichen Altargemälde um 1710 von Jos. Ant. Hunger, Gemälde am Hochaltar um 1903 von Franz Vettiger. An der Rückwand Muttergottes E. 17. Jh. Rapperswiler Kelch 1668 von Fidelis Dumeisen. – Spinnerei Uznaberg. Ein 25achsiger Bau von 1833 mit quergestellten Flügelbauten.

Burgruine Uznaberg. Erwähnt 1234 als Stammburg der Grafen v. Toggenburg, zerstört 1268 durch Rudolf v. Habsburg, in der Folge wieder aufgebaut; aufgegeben E. 15. Jh.; Ausgrabungen 1930, 1939 und 1963 ff. Beachtliche Mauerreste mit schön gehauenen Quaderblöcken, zahlreiche roman. und frühgot. Steinmetzzeichen.

Museum. Ortsmuseum, im Tönierhaus. Heimatkundliche Sammlung: Hallstattzeitliche Funde von Balmenrain-Eschenbach, Bilddokumente zur Stadtgeschichte, Silberarbeiten aus dem Rathaus und der Pfarrkirche, Mobiliar und Hausrat.

SCHMERIKON. Stattliches Dorf am Obern Zürichsee in schöner Hanglage, schlichte Bauten des 18. und 19. Jh. – **Kath. Pfarrkirche St. Jost.** Erb

1500, neuerb. 1775–81 von Jak. Gubelmann in Achsendrehung zum Turm, Schiff neuerb. 1906 von Aug. Hardegger; Renov. 1965. Seitlich der Treppenanlage Sandsteinstatuen der Hl. Petrus und Paulus um 1770. Neues Schiff mit eingezogenem, 3seitig geschlossenem Barockchor; am westl. Choreinzug spätgot. Turm mit Glockengeschoss und Käsbissen von 1965. Im Schiff Flachtonne mit Stukkaturen von 1906 und Deckengemälden 1926 von J. Mariano Kitschker; im kuppelig gewölbten Chor Medaillons der 4 Evangelisten 1778 von Franz Ludw. Herrmann, mittleres Gemälde von J. M. Kitschker. Neurokoko-Ausstattung 1906. In der Sakristei: Monstranz 1716–19 von Michael Mayer, Kelche um 1620 von Dietrich Leimbacher, um 1720–30 von Thomas Pröll, 1736–37 von Franz Thaddäus Lang, um 1684–88 wohl von Hans Adam Ruch, um 1780 und um 1790 von Franz Ant. Büsel; Vortragekreuz um 1620–30. – Pfarrhaus. Gutes Gemälde des Hl. Franz Xaver um 1770 von einem süddeutschen Meister. – **Hirzen oder Schlössli.** Erb. um 1610–20 unter Heinr. Keller, renov. um 1930, rest. 1970. Giebelhaus mit polygonalem Treppenturm an der O-Front und 3seitig schliessendem S-Bau. Profiliertes Spitzbogenportal zum Turm mit leerem Doppelwappenschild. Im 1. Stock 3 skulptierte Renaissancefensterstützen.

ERNETSCHWIL. Kath. Pfarrkirche St. Karl Borromeo. Eine Annakapelle erwähnt 1490; Pfarrkirche erb. 1846 von einem Baumeister Huttle, rest. 1954. Klassiz. Bau mit gefluchtetem Polygonalchor und Chorscheitelturm. Im Schiff flache Gipsdecke, im Chor Spiegelgewölbe mit Deckengemälde 1880 von Franz Vettiger. Ausstattung aus der Bauzeit, Gemälde von Paul Deschwanden. In der Sakristei: Monstranz M. 17. Jh.; Kelch 1807 von Meister IM. – *Gebertingen.* Kapelle St. Matthäus. Erwähnt 1580, erneuert 1627, verlängert und renov. 1905. Gewölbter Bau mit 3seitigem Chorschluss; das Rundbogenportal dat. 1629. Vier Figuren der Hl. Matthäus, Philippus (?), Jakobus und Michael um 1629.

ST. GALLENKAPPEL. Kath. Pfarrkirche St. Laurentius und Gallus. Neuerbaut 1754–55 von Joh. Jak. Grubenmann; Renovation 1907. Stattlicher Barockbau mit eingezogenem Polygonalchor, darauf ein zwiebelbekrönter Dachreiter; an der N-Seite des Chors Turm mit Laternenhaube. Vorzeichen mit spitzbogigen Arkaden, im Gewölbe Gemälde des Jüngsten Gerichts 1756 von Jos. Ignaz Weiss. Im Schiff 4jochiges Tonnengewölbe mit Stichkappen, im Chor 2 Lichtgeschosse und kuppeliges Gewölbe. Rokokostukkaturen, die Deckengemälde 1756 von Jos. Ignaz Weiss zeigen: Im Chor Abendmahl mit den 4 Evangelisten sowie den Hl. Johannes d. T. und Sebastian, im Schiff Tod Mariä, Himmelfahrt Mariä, Rosenkranzübergabe, in den Kartuschen die 4 Kirchenväter und die Hl. Laurentius, Gallus, Josef und Antonius von Padua; unter der Empore Vertreibung aus dem Tempel mit Porträt Grubenmanns. Sakristeiportal mit geschnitzten Ohrmuschelornamenten um 1670–80. Hochaltar 1758; Seitenaltäre 1806, am linksseitigen Katakombenheiliger Coelestin, übergeführt 1796, rechts Reliquiare. Kanzel 1755 von Remigius Birchler. Auf der Empore Orgel in Rokokogehäuse. – *Kirchenschatz.* Monstranz 1745 von Franz Jos. Büeler; Ziborium M. 17. Jh. wohl von Meinrad Ruch d. Ä.; Kelche E. 17. Jh. von

Hans Adam Ruch, um 1700 von Joh. Dumeisen und um 1720–30 von Franz Felix Rüssi; Vortragekreuz 1747 von Franz Jos. Büeler; Paramente 18. Jh. sowie 2 Rokokofigürchen der Hl. Erasmus und Ulrich um 1770. – **Friedhofskapelle,** ehem. Beinhaus. Flachgedeckter Bau, geweiht 1667, mit eingezogenem Polygonalchor; Rest. 1960. Zahlreiche Gemälde und Skulpturen aus der Pfarrkirche, u. a. spätgot. Kruzifix und Leuchterengel A. 16. Jh., das Oberblatt des Hochaltars mit Darstellung der Hl. Dreifaltigkeit um 1756 von Jos. Ignaz Weiss. – Pfarrhaus. Kubischer Barockbau mit Mansartdach 1759 von Engelhard Widmer. – Wirtshaus Rössli. Erb. 1757, umgeb. 1855. Im 2. Stock Rokokostuckdecke.

Rüeterswil. «Ruadhereswilare» erwähnt 826. Kapelle St. Ursula. Gegr. im 17. Jh., neuerb. 1810. Flachgedeckter Bau mit eingezogenem Polygonalchor und Dachreiter. Am Chorbogen Figuren der Hl. Johannes d. T. und Jakobus d. Ä. um 1670–80, wohl von Jak. Hunger. Kelch um 1723–27 von Franz Felix Rüssi.

WALDE. Kath. Pfarrkirche St. Antonius. Erb. 1834–37 von Joh. Pfister; Rest. 1971. Noch barock erscheinender Bau mit eingezogenem Polygonalchor und Chorscheitelturm mit Zwiebelkuppel. Flachgedeckter Innenraum. Spätklassiz. Ausstattung. Barocker Hochalter aus St. Martin in Savognin (GR). Monstranz 1838 von Alois Bochsler; Chorampel 1622, aus dem Frauenkloster Wattwil.

GOLDINGEN. Kath. Pfarrkirche St. Nikolaus. Pfarrkirche gegr. und erb. 1679–81, Neubau von Chor und Schiff 1784 von Marx Schob; Renov. 1897; Rest. 1971–72. Spätbarockbau mit Polygonalchor. An der N-Seite des Schiffs Turm von 1681, Glockengeschoss und Satteldach 1721. Im 4jochigen Schiff Flachtonne mit Stichkappen, im Chor kuppeliges Gewölbe; Deckengemälde aus der Zeit des Kirchenbaus: im Chor Abendmahl, im Schiff Hl. Nikolaus, Anbetung der Hirten und Taufe im Jordan, in den Stichkappen Kirchenväter und Evangelisten. Dekorationsmalerei 1897 von Karl Glauner. Hochaltar 1809 von Meinrad Birchler und Seitenaltäre 1839, alle mit Gemälden von Franz Bertle. In der Nikolauskapelle (ehem. Turmsakristei) Figuren des Hl. Nikolaus um 1680 und der Muttergottes E. 17. Jh., letztere aus Gibel. Kirchenschatz: Turmmonstranz A. 16. Jh., Monstranz 1733 von Franz Felix Rüssi, kleine Monstranz um 1730, aus Oberholz; Kelch E. 17. Jh. von Joh. Adam Ruch; Vortragekreuz um 1680–1700. – Pfarrhaus. Zwei spätgotische Figuren der Hl. Johannes Ev. und Vinzenz (?) um 1480 sowie der Hl. Anna selbdritt um 1719.

Hintergoldingen. Kapelle St. Nikolaus. Erb. 1953 von Jos. Steiner; Wandgemälde von Jak. Häne. – *Gibel.* Kapelle Maria zum Schnee. Kleiner gewölbter Barockbau 1722 mit 3seitigem Chorhaupt. Neugot. Ausstattung und Renov. 1873. – Wegkapelle. Erb. 1657, seit 1913 Lourdes-Grotte. – *Oberholz.* Kapelle Hl. Dreifaltigkeit. Gewölbter Barockbau 1706–07 mit 3seitigem Chorschluss; Zwiebelhaube des Dachreiters und Rest. 1962. Dreifaltigkeitsgemälde E. 17. Jh. (zugekauft), Figuren des Hl. Jakobus d. Ä. um 1706 und der Bertha von Reuthe 1775. Kelch E. 17. Jh. von Joh. Bapt. Ernst.

ESCHENBACH. Kath. Pfarrkirche St. Vincentius. Als Michaelskirche erwähnt 885; Chor neuerb. um 1496. Schiff neuerb. 1723–26 von Hans Georg Schueler, barocke Umgestaltung 1753–54 von Joh. Jak. und Joh. Ulr. Grubenmann, Verlängerung des Schiffs 1874, W-Bau und Renov. 1955 von Richard Kuster. Die heutige Anlage mit schmalem Polygonalchor erhebt sich an Stelle eines vielleicht vorroman. Rechteckbaus, von dem sich in der N-Flanke des Chors aufgehendes Mauerwerk nachweisen liess. Der Chor selbst ist got., das 2. Fenstergeschoss von 1753. An der N-Seite Turm mit vermauerten spätgot. Schallfenstern, Glockengeschoss barock, aber 1932 erhöht. Im Schiff Flachtonne mit Stichkappen, im Chor Kuppelgewölbe. Rokokostukkaturen; Deckengemälde 1754 von Jos. Ignaz Weiss: im Chor Ölberg, im Schiff Verkündigung, Anbetung der Könige und Mariä Heimsuchung sowie die 4 Evangelisten und Kirchenväter. Hochaltar 1955 von Alb. Schilling; Seitenaltäre 1706, original sind allerdings nur das Retabel des linksseitigen und die Figuren des rechtsseitigen Altars. Im W-Bau schöner spätgot. Schnitzaltar 1507 von Lux Haggenberg: im Schrein Muttergottes mit den Hl. Barbara und Magdalena, darüber Halbfiguren der Hl. Apollonia und Agatha; Flügel fehlen. Kirchenschatz: Zusammengesetzte Barockmonstranz; Kelche M. 17. Jh. von Meinrad Ruch, um 1670 von Casp. Dietrich, 1709 von Heinr. oder Joh. Dumeisen und 1727 von Joh. Dumeisen; Vortragekreuze 2. H. 14. Jh., um 1635 und um 1650. – **Kuster-Haus.** Erb. 1771 unter Jos. Ant. Kuster; Rest. 1971–72. Rechteckbau mit Freitreppe und skulptiertem Portal; ausgemaltes Treppenhaus. Im Obergeschoss 2 Stuckdecken um 1771; im Giebelgeschoss sog. Gerichtssaal mit Stuckdecke und bemalten Alkoven aus der Bauzeit. – Furrer-Kapelle. Im Dorf gegr. um 1700 von Joh. Melchior Furrer, an die Strasse nach Bürg verlegt 1931. Kleines Bethaus mit Barockaltärchen um 1700; rustikale Figuren 2. H. 16. Jh.

Neuhaus. Kapelle St. Jakobus. Neuerbaut 1695–97 von Christian Zünd; Renov. um 1900. Gewölbter Barockbau mit trapezförmigem Chorschluss, Vorzeichen und Dachreiter. In einer Frontnische Figur des Hl. Jakobus 2. H. 16. Jh. (Kopie); im Innern 2 Statuen der Hl. Johannes und Vinzenz um 1770. Übrige Ausstattung neu. – Gedeckte Holzbrücke über den Aabach. Erb. 1830 von Franz Spiller. – *Bürg.* Kapelle der Hl. Familie. Stiftung der Familie Dumeisen 1740, umgebaut 1853, Rest. 1965. Kleiner Barockbau mit eingezogenem Rechteckchor und S-Turm. Flachtonne mit Deckengemälden 1910 von Martin Duft. Choraltar um 1700 mit Figuren der Hl. Petrus und Johannes Bapt. 2. H. 16. Jh. Kreuzwegbilder 2. H. 18. Jh. – *Diemberg.* Mühle. Umgeb. 1808; 2 rustikal skulptierte Rundbogenportale an der südl. Giebelseite. – *Ermenswil.* Moderne Kapelle. Erb. 1967 von Felix Schmid; Glasgemälde von Eduard Renggli.

WAGEN. «Waganon» erwähnt 870. Kath. Kirche St. Wendelin, Filiale von Jona, bis 1803 dem Kloster Einsiedeln inkorporiert. Gegr. anscheinend schon im 10. Jh., neuerb. 1626; Neubau 1952 von Jos. Steiner. Zwei Statuen der Hl. Petrus und Paulus um 1500. – Traufständige Ständerbauten, am S-Rand des Dorfs, 17. Jh. – Kapelle St. Wendelin, im Jungholz. Erb.

1611, renov. 1964–65. Halbrundgeschlossenes kreuzgewölbtes Bethaus mit hölzerner Vorhalle. Reste von Wandmalereien wohl aus der Bauzeit. Statue des Hl. Wendelin 1. H. 17. Jh.
Gsteig. Wegkapelle St. Wendelin. Kleiner Holzbau des 19. Jh. Kruzifix 1. H. 16. Jh., Statue des Hl. Wendelin 1. H. 17. Jh.

BOLLINGEN. Unberührte Siedlung am Obersee. – **Kath. Pfarrkirche St. Pankratius.** Als Filiale des Klosters Rüti erwähnt 1229. Neubau geweiht 1519, Turm erb. 1764, Schiff umgestaltet 1776–77 von Ulr. Felix Brägger; Renovation 1936. Schmucker Bau mit eingezogenem Polygonalchor und S-Turm mit Käsbissen. Im tonnengewölbten Schiff Deckengemälde 1776 von Felix Christoph Cajetan Fuchs: die Hl. Pankratius und Mauritius, symbolische Darstellung der Verehrung des Herzens Jesu, die 4 Kirchenväter; in den Stichkappen Grisaillen mit marianischen Emblemen; Stukkaturen entfernt 1874. Im Chor Fächergewölbe und sichtbarer Treppenaufstieg zum ersten Turmgeschoss. Im N-Fenster Monolithwappenscheibchen des Abtes Felix Klauser von Rüti (1502–25). Stationenbilder 1764, Kruzifix um 1770–80. Übrige Ausstattung neu. In der Sakristei: Monstranz 1775 von Jak. Franz Büeler; Kelch 1783–85 von Joh. Martin Langbauer; Pankratiusstatuette 1740 von Carl Ignaz Dietrich. – *Oberbollingen.* **Kapelle St. Meinrad,** auf stillem Ufergelände. Erb. 1628 unter Äbtissin Maria Dumeisen von Wurmsbach; Renov. um 1950. Flachgedeckte Kapelle mit eingezogenem Polygonalchor und Dachreiter. An den Wänden Reste von Dekorationsmalereien wohl um 1628. Scheitelstein des Chorbogens und Kredenznische 1627 mit Wappen der Bauherrin. Gemälde mit dem Hl. Meinrad 1853 von Filippa de Pearsall.
Wurmsbach. «Vurmheresvilari» erwähnt 775. **Zisterzienserinnenkloster Mariazell,** in einsamer Lage am See. Gegr. 1259 von Graf Rudolf II. v. Rapperswil an Stelle eines festen Hauses des Grafen; urspr. unter der Jurisdiktion des Klosters Kappel, seit dem 13. Jh. unter Wettingen; schwere Krise im 16. Jh., Wiederaufschwung unter der Äbtissin Maria Dumeisen (1591–1643), Bewährungsprobe in der Helvetik; seit 1843 mit einem Töchterinstitut verbunden. – *Klosterkirche.* Geweiht angeblich 1281, neuerb. um 1600 unter Wiederverwendung der urspr. S- und W-Wand, Turm erhöht 1767 von Joh. Grubenmann, Kirche barock umgeb. um 1770, Fenster verändert 1866; Grabung und Renov. 1964–66. Die Anlage mit dem eingezogenen Polygonalchor und S-Turm geht auf den Neubau um 1600 zurück, während der Vorgängerbau die gleiche Länge besass, aber rechteckig ohne Choreinzug schloss. Über dem gotisierenden Turmstock barockes Glockengeschoss und geschnürte Zwiebelhaube von 1767. Gewände des ehem. nachgot. W-Portals sichtbar gemacht 1965, N-Portal 1866. Im Innern Spiegelgewölbe mit polychromen Rokokostukkaturen um 1770 und Deckengemälden 1866 von Carl Georg Kaiser sowie Kartuschen von Franz Bertle: im Chor Tempelgang Mariä, im Schiff die Hl. Marguerite-Marie Alacoque sieht in Christus das Heiligste Herz Jesu, Hl. Cäcilia; in den Kartuschen Apostel, Evangelisten und Heilige. Im Chorscheitel freigelegtes Masswerkfenster um 1600; Glasgemälde 1966 von Pater Konrad

Stadler. Sakristeiportal mit Neurokoko-Ornamenten 1895. Nördl. des Chorbogens Muttergottesstatue A.16.Jh., südl. Figurengruppe mit Vision des Hl. Bernhard um 1560–80 vielleicht von Felix Büchser; Renaissancekredenznische um 1600. Übrige Ausstattung neu. Im W-Teil der Kirche ebenerdiger Nonnenchor (urspr. auf einer Empore). – *Kirchenschatz.* Monstranz 1771 von Jos. Ant. Curiger; Kelche 1669 von Joh. Casp. Dietrich und 1674 von Heinr. Dumeisen, 1680–96 wohl von Michael Mayer, 1769–71 von Georg Ignaz Baur und um 1775–80 von Zacharias oder Gottlieb Oto; spätgot. Vortragekreuz E.15.Jh.; Äbtissinnenstab E.17.Jh. – *Klostergebäude.* Das mittelalterl. Burggebäude anscheinend erst um 1570–90 unter Dorothea Vetterli durch Neubauten ersetzt, weitere Um- und Neubauten, darunter der Kreuzgang und die Klostermauer um 1610–20 unter Maria Dumeisen, Umbau des O-Trakts und der Abtei 1790 von Franz Schmidt; Inneres umgestaltet um 1900; Renov. seit 1956. Das Geviert der Klostergebäude fügt sich südwestl. an die Kirche an, wobei das Gästehaus den W-Flügel bildet. Westl. Mauerportal mit Wappen der Maria Dumeisen 1619. Über dem Durchgangsportal Wappenrelief 1779 der Anna Müller. Im grossen Sprechzimmer zusammengesetzter Ofen mit bemalten Kacheln um 1670–80 wohl von Heinr. Pfau; in der Prälatur Rokokostukkaturen um 1770; Porträts der letzten Äbte von Wettingen 18. und A.19.Jh. In der SO-Ecke Refektorium mit Balkendecke und 2 Balustersäulen aus Holz, dat. 1578; Fragmente von Wandgemälden um 1600. Kapitelsaal im O-Flügel neubarock umgestaltet 1906 von Aug. Hardegger. Gemälde und Plastiken: Freskenfragmente der Mater dolorosa und des Schweisstuchs der Veronika um 1600, abgelöst von der ehem. Quermauer (Lettner), später Stützmauer der Empore in der Klosterkirche; 2 Wappentafeln der Nonnen und Klosterleute 1666 von Hans Barth. Conrad. In der Friedhofshalle, östl. der Kirche, Grabplatte für Rudolf II. v. Rapperswil (gest. 1262) und Sandsteinplatte 2.H. 13.Jh. viell. für die 1. Äbtissin Adelheid v. Wesperspühl (gest. 1266). – Westl. Institutsgebäude, 1971–72 von Felix Schmid.

Kapelle St. Dionys, ehem. Pfarrkirche Wurmsbach. Erwähnt 1217, Umbau geweiht 1493; Wandgemälde abgedeckt 1908–09, rest. 1953. Mittelalterl. Kirche mit eingezogenem spätgot. Polygonalchor; an der N-Seite des Chors massiger spätgot. Turm mit Käsbissendach. In der S-Wand des Schiffs vermauertes Portal und Fenster, ersteres vielleicht roman., letzteres barock; Rötelvorzeichnung des Hl. Christophorus um 1460–70 und barocke Quadermalerei an der O-Ecke. An der Giebelfront gemauerter Aussenaltar und Wandgemälde des Jüngsten Gerichts um 1467, in der Art der Konrad-Witz-Nachfolge; zahlreiche Pilgerkritzeleien. Stämmiges Portal, aussen mit polygonalem Sturz. Im Schiff spätgot. Leistendecke mit Masswerkbordüren; an den Wänden 14 Bilder aus den Legenden der beiden Hl. Dionys, nämlich des Gefährten von Paulus und des Pariser Missionars und Märtyrers (St. Denis); zwischen der Sockeldraperie der N-Wand dat. 1467. An der Chorbogenwand der Hl. Michael als Seelenwäger, die Schutzmantelmadonna und der Hl. Dionys sowie Dekorationsmalerei um 1450–60; von gleicher Hand das Fragment eines Hl. Martin und Würfelmuster an der

S-Wand des Chors, vielleicht mit dem Meisternamen Ulrich an der Gegenseite in Beziehung zu bringen. Reste einer barocken Bildfolge aus dem Leben des Titelheiligen M. 17. Jh. An der Chordecke barockes Medaillon mit Wappen Rapperswil 1699. Spätgot. Sakramentshäuschen mit kräftig profiliertem Kielbogen. Das Masswerk der Fenster erneuert. Hinten im Schiff Muttergottesstatue 1. H. 17. Jh. und Dionysgemälde um 1660–70.

JONA. Kath. Pfarrkirche Mariä Himmelfahrt und St. Valentinus. Neubau geweiht 1490; Schiff neuerb. 1852 von Augustin Helbling, vollständig umgeb. und verlängert 1936 durch Jos. Steiner. Neugot. Schiff mit modernem W-Bau und eingezogenem spätgot. Polygonalchor, dem nördl. der Turm angebaut ist; Glockengeschoss und Pyramidenhelm 1925. Im Chor, heute Sakristei, 2jochiges Kreuzrippengewölbe auf Konsolen und im S 2 Masswerkfenster. Figuren des Hl. Andreas um 1660 vielleicht von Augustin Breny und der Pietà um 1680–90 von Jak. Hunger. In einer südl. Seitenkapelle Gnadenbild der Muttergottes, 1936 erneuert. In der Sakristei: Turmmonstranz, barockisiert 1768 von Jak. Franz Büeler; Kelche um 1660 von Fidelis Dumeisen und um 1690 von Beat Conrad Keiser, Muttergottesstatuette um 1670–80 wohl von Casp. Dietrich; Paramente 1737.
Busskirch. **Kath. Kirche St. Martin.** Erwähnt um 840 als Besitz des Klosters Pfäfers; neuerb. 1482–84, um 2 Fensterachsen verlängert 1848, renov. 1945; Aufhebung der Pfarrei 1945. Biedermeierlich umgestalteter Bau mit spätgot., von Eckstreben umschlossenem Polygonalchor und nördl. angebautem Turm; Uhrgeschoss und Pyramidenhelm 1853. Im Schiff flache Gipsdecke und erneuerte Masswerkfenster. Im Chor kräftiges Netzgewölbe ohne Konsolen; am Sakristeiportal Datum 1483. An der südl. Chorwand spätgot. Kruzifix 1. H. 16. Jh., mit barockem Wappen Dumeisen. Taufstein 1836 von Marx Sieg. Übrige Ausstattung neugot. von 1905. In der Sakristei: Monstranz 1742, Kelche 1700 von Heinr. Dumeisen und um 1720 von Joh. Dumeisen; 2 Vortragekreuze um 1500–20 und um 1630. – Pfarrhaus. Votivgemälde der Hl. Idda mit Darstellung des Klosters Fischingen vor 1710. – **Villa Grünfels,** nordwestl. des Dorfkerns von Jona. Erb. 1822 unter Jak. und Rudolf Braendlin. Fünfachsiges 2geschossiges Landhaus mit südl. Balkon auf toskanischem Säulenpaar. An der N-Seite 2 symmetrisch angelegte Ökonomiegebäude. – **Schloss Meienberg.** Erb. um 1828 unter Joh. Jak. Staub, umgeb. E. 19. Jh., N-Front rest. 1967. Stattliches Herrenhaus mit ion. Säulenveranda. Dachzone samt den turmartigen Aufbauten über den Eckrisaliten E. 19. Jh. Inneres herrschaftlich eingerichtet. Zwei symmetrisch angelegte Ökonomiegebäude; englische Parkanlage. – *Gubel.* **Landhaus Tiefen Graben.** Erb. um 1802 für Joh. Ulr. Helbling. Kubischer Bau mit Mansartdach und seeseitiger Gartenanlage, begrenzt von 2 Eckpavillons. Herrschaftlicher Ausbau; im 1. Stock biedermeierliche Wandgemälde M. 19. Jh.

***RAPPERSWIL** (Abb. 155). *Guterhaltenes mittelalterliches Städtchen mit dominierendem Schlosshügel in malerischer Lage auf einer Landzunge des Zürichsees.* Urspr. Fischersiedlung Endingen. Stadt gegr. um 1200 durch die Herren v. Rapperswil, die ihren Stammsitz kurz zuvor von Altendorf

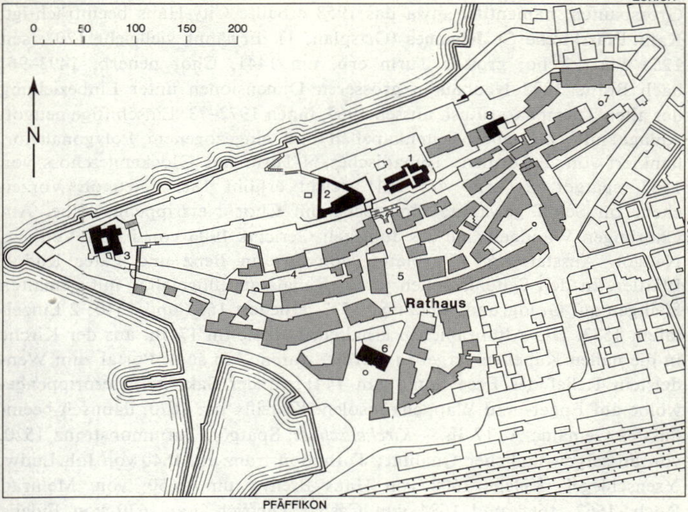

Ortsplan Rapperswil

1. Kath. Pfarrkirche St. Johannes. – 2. Schloss. – 3. Kapuzinerkloster. – 4. Hintergasse. – 5. Hauptplatz. – 6. Heiliggeistspital. – 7. Engelplatz. – 8. Breny-Haus

am jenseitigen Ufer hieher verlegt hatten. Nach dem Aussterben der Dynastie gelangte die Stadt 1283 an die Grafen v. Habsburg-Laufenburg. Da sich Graf Johannes II. an der «Mordnacht von Zürich» auf seiten der Österreicher beteiligte, wurde Rapperswil 1350 vom Zürcher Bürgermeister Rudolf Brun zerstört. Die Stadt kam 1354 durch Kauf an Österreich, 1415 reichsfrei, seit 1458 eidg. Schirmort. Die Höfe zu Jona trennten sich 1798 von Rapperswil, das sich 1803 dem Kt. St. Gallen anschloss. – *Anlage.* Die Stadt entwickelte sich in 3 Häuserzeilen vom Schlosshügel nach S zum See und schliesslich in östl. Richtung. Mit der im 14. Jh. erfolgten Umfriedung der östl. Siedlung, des sog. Hals, war der Raum der städtischen Entwicklung bis ins 19. Jh. abgesteckt. Schleifung des imposanten Mauerrings nach 1829, neue Hafenanlage 1834, Eröffnung der Bahnlinie nach Rüti 1859. In neuester Zeit fast vollständige Überbauung des kleinen Gemeindegebiets. Die Häuser sind mit wenigen Ausnahmen traufständige Stein- oder verputzte Fachwerkbauten, die sich bescheiden in die um den Schlosshügel gekrümmten Häuserreihen fügen und enge, fast etwas düstere Gassenräume schaffen. Eine Ausnahme bilden die spätmittelalterl. Hintergasse mit dem einladenden Laubengang und die heitere, im 19. Jh. angelegte Seepromenade. Andere Lauben in der Klug- und Marktgasse wurden verbaut. In der Webergasse und Herrengasse stehen Häuser mit Überhang, die laubenähnliche Gehsteige, sog. Tillenen schaffen. Das Stadtbild wird heute durch stadtnahe

Grossbauten, namentlich etwa das 1958 erbaute City-Haus beeinträchtigt. **Kath. Pfarrkirche St. Johannes** (Ortsplan, 1). Erwähnt vielleicht 1207, seit 1253 Pfarrkirche; grosser Turm erb. um 1441, Chor neuerb. 1493–96; nach Brand 1882 Neubau in grösseren Dimensionen unter Einbeziehung des alten Turmpaars; Rest. aussen 1967, innen 1972–73. Einschiffige neugot. Anlage mit chornahen Seitenkapellen und eingezogenem Polygonalchor, flankiert von 2 Türmen: romanischer N-Turm mit Glockengeschoss von 1883, spätgot. S-Turm von 1441, leicht erhöht 1883. Neugot. Vorzeichen. Im Schiff gewalmte Holzdecke, im Chor Netzrippengewölbe. Am Chorbogen Wandgemälde des Jüngsten Gerichts 1906 von Franz Vettiger. Neugot. Ausstattung, Altarblätter von Severin Benz und Pater Rudolf Blättler. In den Seitenkapellen je ein Renaissanceflügelaltar mit gemalten Heiligen auf Goldgrund, 1532 und 1533, erneuert 1633 und 1640; 2 Einzeltafeln 1533. Die Altäre blieben erhalten, weil sie im 17. Jh. aus der Kirche in die nahen Kapellen vergeben worden waren. Am südl. Portal zum Wendelstein Relief des Ecce homo um 1441; in der Sakristei Sternrippengewölbe auf Engel- und Wappenkonsolen. Kruzifix um 1670, flämisch beeinflusstes Gemälde A. 17. Jh. – *Kirchenschatz.* Spätgot. Turmmonstranz 1520, von aussergewöhnlicher Qualität; Turmmonstranz um 1640 von Joh. Ludw. Ysenschlegel; Kelche 1608 von Hans Breny, um 1650 von Meinrad Ruch, 1662, 1668 und 1684 von Caspar Dietrich, um 1670 von Fidelis Dumeisen, vor 1700 von Heinr. Dumeisen, um 1700 wohl von Hans Adam Ruch, vor 1709 wohl von Jak. Weber, vor 1750 von Joh. Dumeisen; 3 spätgot. Turmreliquiare; spätgot. Kreuzpartikelmonstranz 1513; 2 Vortragekreuze um 1500 und 1585; Paramente 18. Jh.; Silberstatue der Muttergottes 1835 von Bernhard Oswald, meist in der Kirche ausgestellt. – Vor der Kirche Mariensäule in Gussstein 1914 von Wilh. Schwerzmann. – **Friedhofskapelle.** Zweigeschossige spätgot. Anlage neuerb. 1489, mit polygonalem Barockchor 1675 und offenem Dachreiter; Renov. 1917. An der S-Front spätgot.(?) Kruzifix mit aufgemalten Assistenzfiguren 2. V. 17. Jh.; S-Portal mit Schulterbogen zur obergeschossigen Liebfrauenkapelle dat. 1534. Im Innern flache Gipsdecke und Muldengewölbe. Altar 1689 von Joh. Bapt. Breny, Gemälde der Kreuzabnahme 1691 von Joh. Michael Hunger (beides 1970 noch deponiert). An der N-Seite Ölbergrelief, Mittelstück eines Altars, gotisierend, vielleicht aber erst 17. Jh. An der Gegenseite spätgot. Altargemälde mit Kreuzigungsdarstellung um 1520–30, teilweise barock übermalt (aus der Pfarrkirche); 2 Rokokobüsten der Hl. Gonzaga und Stanislaus Kostka. Im Untergeschoss befand sich ehem. das Beinhaus, heute Leichenhalle mit neuem W-Portal. Spätgot. Kruzifix A. 16. Jh. Am Aussenbau Epitaphien für die Familien Helbling um 1660–70, Michael Rothenfluh (gest. 1662), Joh. Breny (gest. 1662), Familie Curti um 1730, Franziskus Rickenmann (gest. 1727) und Joh. Ulr. Helbling (gest. 1830) von Ignaz Brunner. – Klassiz. Grabdenkmal von Ignaz Brunner für die Familie Curti, beim Schloss. – **Pfrundhäuser.** Traufständiger Längsbau 1681 mit 2 abgezimmerten Fachwerkgeschossen, das westl. angebaute Steinhaus wohl noch 16. Jh.; Renov. 1927 und 1970.

Schloss (Ortsplan, 2). Erb. vor 1200 durch die Herren v. Rapperswil, welche seit 1229 den Grafentitel führten; teilweise zerstört 1350 durch die Zürcher, Wiederaufbau um 1354 unter Albrecht II. v. Österreich; Sitz der österreichischen, nach 1458 der eidg. Vögte, welche von der Stadt ernannt wurden; im frühen 19. Jh. zahlreiche Handänderungen und Verschleuderung des gesamten Mobiliars, 1869–1952 Polenmuseum in Erinnerung an die Polenrevolution 1863; Umbauten durch Julius Stadler und 1886–95 durch Alfred Chiodera und Theophil Tschudi; Rest. 1960–62, seither Schweiz. Burgenmuseum (s. S. 525). Imposante Dreieckanlage im Unterbau vor 1200, in den obern Partien um 1354. Stadtzugewandter Palas, flankiert vom östl. Uhrturm und westl. Bergfried (Gügelerturm), in der N-Ecke der Wehrmauern Pulverturm, zum Hofe hin gerundet. Östl. Zugang mit doppeltem Zwinger, der aussen noch das ehem. Fussgängertörchen zeigt; über dem Rundbogen Wappenrelief des Hauses Österreich 2. H. 14. Jh. (Kopie). An der W-Front Eingang zum Binnenhof, urspr. über Fallbrücke erreichbar. Im Schlossinnern einige got. Stützpfeiler und Balkendecken. In der Wohnung des Schlosswartes flachgewölbte spätgot. Leistendecke. Sonst vollständig erneuert. – *Polensäule* vor dem Schloss, errichtet 1868 zum Andenken an die Revolution Polens gegen Russland 1863; umgestaltet 1968.

Kapuzinerkloster (Ortsplan, 3). Gegr. 1603, erb. 1606, befestigt 1662–69, erweitert im 18. Jh. Fachwerkgeschoss 1922–24; Kirchenrenov. 1925, Innenumbau des Klosters und S-Flügel 1967 von Felix Schmid. Klostergeviert mit östl., quer zum Hügel liegender Kirche: Gerade geschlossener Rechteckbau, den schwach eingezogenen N-Teil nimmt der von Sakristeien begleitete Mönchschor ein. Über dem Portal Datum 1606. Im Schiff neue Balkendecke, im Chor Kreuzgewölbe. An der Chorwand Kruzifix 1. V. 16. Jh. und zugekaufte Assistenzfiguren 1. H. 17. Jh., seitlich des Chorbogens Hl. Franziskus E. 17. Jh. und Muttergottes M. 17. Jh. (zugekauft). Stationenbilder 2. H. 18. Jh.; Antoniusgrotte 1925. In der Sakristei: Monstranz um 1720–30 von Franz Felix Rüssi; Kelche 17. Jh. und A. 18. Jh. von Joh. Meinrad Ruch, Kelche 1775–77 von Jos. Ant. Seethaler und 1777–79 von Joh. Ignaz Bertold. – Begräbniskapelle, südl. der Kirche. Querrechteckiger Bau um 1606. – *Endingerturm*, mit Zinnenmauer der Stadtbefestigung quer zum Hang. Erb. um 1597; über dem Portal, das heute in den Kapuzinergarten führt, Kopie des spätgot. Kruzifixes in der Kirche. – Einsiedlerhaus. Besitz des Klosters Einsiedeln, aber vom Kapuzinerkloster benützt; neuerb. 1610 unter Abt Augustin Hofmann. Heute Weberei für die Schweizer Kapuzinerprovinz. – Kapuzinerschanz, am W-Zipfel der Halbinsel. Übereckgestellter Befestigungsbau 1662 mit offenem Innenraum, Wehrgang und Schlüsselscharten. – *Hintergasse* (Ortsplan, 4). Malerische Häuserzeile mit erhöhtem Laubengang. – Schlossberg, Nr. 32. Umgeb. 1700 durch den Neubürger Ant. Brentano, Dachstock ausgebrannt 1950. Markantes Giebelhaus in der SO-Ecke des Weinberggeländes. Südl. Kellerportal mit Vorhangbogen und Antoniusstatuette 1700. Über dem O-Eingang aufgemaltes Wappen Curti 19. Jh. – **Bleuler-Haus,** Nr. 16. Erb. 1606 für Thomas Bleuler aus Zug; Rest. 1972–73.

Inmitten schmalbrüstiger Häuser breiter nachgot. Steinbau mit roman. Wohnturm; Pfeilerarkaden, 2geschossiger Steinerker. Im 2. Stock reichbemalte Balkendecke M. 18. Jh. Unterirdischer Gang zum Schloss. – *Hauptplatz* (Ortsplan, 5). Harmonisch gewachsener, von 2 Häuserstaffeln umschlossener Raum, dominiert von Pfarrkirche und Schloss. Kirchenaufstieg 1897. – **Rathaus.** Erwähnt 1419, neuerb. um 1470, Archivturm 1614–15; Umbauten nach Brandschaden 1866 und vor allem 1895 durch Xaver Müller, Rest. 1946–48. Markanter freistehender Baukubus mit got. Fensterteilung, aber nur die Staffelfenster des Ratssaals im 2. Stock original. An der W-Front Archivturm mit neugot. Pyramidendach, Aussentreppe zum 1. Stock. Im Treppenhaus 2 Rapperswiler Panner 15. Jh. und 1512, letzteres von Papst Julius II. geschenkt. Rapperswiler Stübli mit flachgeschnitzten Deckenfragmenten aus dem Ratssaal, dat. 1471; spätgot. Fenstersäule aus dem «Steinbock». Im 2. Stock Ratssaal mit schönem holzgeschnitztem Kielbogenportal E. 15. Jh.; spätgot. Täfer und Decke rekonstruiert nach 1866. Wappenscheiben der Rapperswiler Bürgerfamilien 1855 von Joh. Jak. Röttinger; gusseiserner Turmofen mit Wappen der Stadt und Initialen des St.-Galler Abtes Otmar Cunz 1572, Reliefs zum Thema der Gerechtigkeit nach Renaissancevorlagen aus der Antike und dem Alten Testament. Hängestück eines bärtigen Mannes um 1500; Zinsgroschengemälde um 1660–70 von Joh. Michael Hunger, Magistratenporträts 19. Jh. sowie Selbstporträt um 1825 von Felix Maria Diogg. Im Tresor bedeutendes *Ratssilber:* Pokale um 1600 von Peter Hennings d. Ä. oder d. J., um 1610–25 von Meister GL, 1618, um 1640 und 1749–51 von Joh. Christoph Treffler, 1603 von Hans Petzold, A. 17. Jh. von Caspar Beutmüller d. J., um 1600 von Meister N, 1619 und um 1620–40 von Joh. Ludw. Ysenschlegel; Konfektplatten 1695–1705 von Ant. Grill; Stempel der Stadtsiegel von 1361 und 1376. Im Richterstübli Stadtscheiben 17. Jh., Ratstisch mit Intarsien 1618 von Conrad Lüprand. In der Vorhalle Glasgemälde 1964 von Max Hunziker. – Klassiz. Brunnen, oben am Platz, um 1830. – Haus zur Brotlaube, Nr. 9. Spätgot. Steinbau mit rundbogigen Lauben. Im 1. Stock Renaissancetäfer mit Antikenporträts M. 16. Jh. – Frauenhof, Nr. 10. Erb. um 1500, später verändert. Im 1. Obergeschoss eine spätgot. Fenstersäule und flachgeschnitzte Deckenleisten; zusammengesetzter Ofen 1738–40 von Joh. Ruostaller. Im zweiten Obergeschoss Rokokostuckdecken M. 18. Jh. – **Pfauen,** heute Volksheim, gegenüber dem Rathaus. Nachgot. Steinbau mit rhythmisierten Fenstergruppen. Im 1. und 2. Obergeschoss wohl die schönsten Renaissancefensterstützen von Rapperswil, dat. 1622. – **Heiliggeistspital,** am Fischmarktplatz (Ortsplan, 6). Gegründet im 13. Jh.; neuerb. 1843–44 von Felix Wilh. Kubly. Neunachsiger klassiz. Rechteckbau mit 2achsigen Seitenrisaliten. Erdgeschoss mit Fugenschnitt und Rundbogenfenstern, 2 Wohngeschosse mit Ecklisenen und Rechteckfenstern. Treppenhaus mit toskanischen Säulen. In der modernen Kapelle spätgot. Schnitzaltar am Übergang zur Renaissance um 1530–40; im Schrein Marienkrönung, Flügel fehlen. – Brunnen, um 1840. – Schweiz. Bankgesellschaft, Neue Jonastrasse Nr. 10. Jugendstilgebäude von 1912–14. – Ehem. Krone,

Webergasse Nr. 8. Im 1. Stock spätgot. Täferstube mit flachgeschnitzten Friesen von 1469 und Fenstersäule. – Eckhaus, Herrengasse Nr. 16. Renaissancesteinerker dat. 1596; Allianzwappen Rickenmann-Rüssi. – Haus Halsgasse Nr. 21. Renaissanceportal mit geschnitzter Türe M. 17. Jh. – *Engelplatz* (Ortsplan, 7). **Alter Sternen.** Erbaut 1568, barockisiert von Joh. Haggenmüller; Rest. 1966–67. Stolzer Eckbau mit spätgotischen Fenstergruppen. Spätbarocke Illusionsmalerei auf rotem Grund. Inneres herrschaftlich erneuert. – Quellenhof, ehem. Weisses Kreuz. Fassadenmalerei in Grisaille 1. H. 17. Jh. – Zum Engel. Markanter Giebelbau E. 16. Jh., rest. 1969. Im 1. Stock Fensterstütze und bemalte Balkendecke 2. H. 16. Jh. – Brunnen 1857–58. – **Breny-Haus,** am Herrenberg (Ortsplan, 8). Turm erb. A. 13. Jh. unter den Herren v. Russikon, Wohnhaus E. 15. Jh. für Schultheiss Hans v. Landenberg, ehem. Sitz der Familie Breny; Rest. 1958, heute Heimatmuseum (s. unten). Charaktervoller spätgot. Bau, der mit dem hochmittelalterl. Turm durch einen Zwischentrakt mit 2geschossiger Galerie verbunden ist. Im 1. Stock got. Halle mit Balkendecke und Mittelpfeiler, Wappen der Familie Landenberg und ihrer Verwandtschaft E. 15. Jh. Dekorative Wandmalerei E. 15. Jh. vielleicht von Hans Haggenberg. In der Breny-Stube spätgot. Fensterstütze mit Landenberg-Wappen; bemalter Ofen 1705 von Marx Fuchs.

Ausserhalb der Altstadt. **Heilig-Hüsli.** Kleiner spätgotischer Steinbau im See, etwa 100 m vom Ufer entfernt. Ehem. Kapelle der 1358 erbauten Holzbrücke, die 1878 dem heutigen Steindamm über den See weichen musste. – Gewerbeschulhaus, am östl. Stadtausgang. Erb. 1870 von Xaver Müller. – Villa Beau-Séjour, Alte Jonastrasse Nr. 23. Klassiz. Villa 1834 mit Säulenveranda und Quergiebel. – Zeughaus, an der Neuen Jonastrasse. Neurenaissancebau 1862 von Joh. Kindlimann. – Ref. Pfarrkirche, an der Zürcherstrasse. Erb. 1839–41 von Christoph Kunkler; Renov. 1955. Biedermeierlicher Rechteckbau mit Turm an der Chorfront. – Kapelle St. Ursula, in Kempraten. Erwähnt 830, neuerb. vielleicht im 14.–15. Jh., neugot. Umgestaltung 1905. Spätmittelalterl. Anlage mit eingezogenem Rechteckchor. An der nördl. Aussenwand Fragment eines got. Wandgemäldes mit dem Hl. Christophorus um 1400. Inneres vollständig umgestaltet. Neugot. Altäre. Konstanzer Kelch 1611.

Museen. Heimatmuseum, im Breny-Haus (s. oben; Ortsplan, 8). Römische Funde aus Kempraten. Sammlung der Rapperswiler Kunst; Johannesstatue 1502; Renaissancegemälde um 1532; Zeugnisse der Goldschmiedekunst des 15.–18. Jh.; roman. Abtstab und spätgot. Mitra aus dem ehem. Kloster Rüti; gestickter Hortus-conclusus-Teppich 1605; spätgot. und barocke Keramik; Stadtmodell. – Museum des Schweiz. Burgenvereins, im Schloss (s. S. 523; Ortsplan, 2). Anhand von Originalen, Modellen, Photographien und Nachbildungen werden Burgentypen der Schweiz, die ritterliche Kultur und Bewaffnung dargestellt.

KANTON SCHAFFHAUSEN

Herkunft und Bedeutung des Namens Schaffhausen umstritten. Wegen des unterhalb der Stadt liegenden Rheinfalls mussten hier alle Schiffe anhalten und ihre Ladung zu Land weitertransportieren. 1045 verlieh Kaiser Heinrich III. seinem Vetter Graf Eberhard von Nellenburg das Recht, in «Scafhusun» eigene Münzen zu prägen, was die Existenz eines Marktes voraussetzt. 1049 gründete derselbe Nellenburger am südlichen Rand der jungen Stadt das Benediktinerkloster Allerheiligen, dessen Abt Stadtherr wurde, bis sich bereits im 13. Jh. die Bürger weitgehend selbständig machten. 1218 erhielten Kloster und Stadt die Reichsfreiheit. 1330 fiel die Stadt der Herrschaft Österreichs anheim und blieb unter dessen Pfandschaft bis 1415. In den Schlachten von Sempach (1386) und Näfels (1388) stritten Adel und Bürgerschaft der Stadt auf seiten Österreichs mit, das der Stadt dafür weitgehende Selbstverwaltung zugestehen musste. Im Kampf mit dem Stadtadel siegte 1411 die Handwerkerschaft und errichtete ein bis 1798 dauerndes Zunftregiment. Im Streit zwischen König Sigmund und Herzog Friedrich von Österreich gelang es der Stadt, 1415 wieder reichsfrei zu werden. Aus dem Streben, sich ein eigenes Territorium zu schaffen, und aus dem Gegensatz zum umgebenden Adel des Hegaus wandte sich die Stadt den Eidgenossen zu, mit welchen sie 1454 ein erstes, auf 25 Jahre befristetes Bündnis schloss, das 1479 verlängert wurde. Im Schwabenkrieg (1499) kämpfte Schaffhausen auf der Seite der Eidgenossen mit und wurde dafür 1501 als zwölfter Ort in deren Bund aufgenommen. Nun gelang der Aufbau eines bescheidenen Territoriums im Nordosten, gegen den Hegau und westwärts bis in den Klettgau. Nach einigem Schwanken schloss sich Schaffhausen 1529 der Reformation an, wobei die Stadt die Rechte des aufgehobenen Klosters Allerheiligen beanspruchte. In der Folge stand Schaffhausen 300 Jahre im engen Bunde mit den evangelischen Städten der Eidgenossenschaft und befolgte deren Politik. Der souveräne Stadtstaat herrschte in einem stark aristokratisch gefärbten Regiment über die in zehn Obervogteien aufgeteilte Landschaft. 1798 brach der alte Obrigkeitsstaat zusammen. 1798–1803 war das Kantonsgebiet nur ein Verwaltungsbezirk des helvetischen Einheitsstaates. 1803 stellte die Mediationsverfassung den Kanton wieder her, der nun noch bereichert wurde durch die Angliederung von Hemishofen, Ramsen und des ehemaligen Freien Reichsstädtchens Stein am Rhein, das seit dem späten 15. Jh. unter dem Schutz und Schirm Zürichs gestanden hatte. Die Regenerationsverfassung von 1831 brach die Vorrechte der städtischen Bürgerschaft, Mauern und Tore fielen zum grössten Teil. Nach dem Zusammenbruch der alten Zunftherrlichkeit gelang es Schaffhausen, durch Erschliessung der Wasserkräfte des Rheins und durch den Anschluss ans Eisenbahnnetz im 19. Jh. am Rande der Stadt blühende Industrien aufzubauen. Gegen Ende des Zweiten Weltkrieges erlitt Schaffhausen zufolge irrtümlicher Bombardierung durch amerikanische Flugzeuge einen schweren Schlag: vierzig Todesopfer, rund vierzig Millionen Franken Sachschaden und Verluste an unersetzbarem Museumsgut waren zu beklagen.

Die kunstgeschichtlichen Akzente der Stadt und der Landschaft um Schaffhausen liegen in den romanischen Münstern von Allerheiligen in Schaffhausen und St. Georgen in Stein am Rhein, in gotischen Stadt- und Landkirchen, in den Fassadenmalereien der Renaissance in Schaffhausen und Stein, in gotischen und barocken Bürgerhäusern. Kunst- und kulturgeschichtlich dem Bodenseeraum zugewandt, betonte die Stadt ihren politischen Eigenwillen durch die gegen Norden orientierte grosse Stadtfestung des Munots aus dem 16. Jh.

***SCHAFFHAUSEN** (Abb. 156–169)

Alte Rheinstadt mit bedeutender roman. Abtei, trutziger Höhenfestung Munot und malerischen Strassenbildern mit reichgeschmückten Erkerfronten got. und barocker Bürgerhäuser. Schaffhausen (1045 «Scafhusun») entstand vor dem 10. Jh. am Schnittpunkt wichtiger NS-Strassen und bei der Stelle, wo die Unterbrechung der Rheinschiffahrt durch Stromschnellen einen Umlade- und Stapelplatz erforderte, von dem aus der Rheinfall auf dem Landweg umgangen wurde. Die Siedlung entwickelte sich zu Stadt und Markt und erhielt 1045, unter Graf Eberhard III. von Nellenburg, das Münzrecht. Der Stadtgründer stiftete 1049 das Benediktinerkloster Allerheiligen, dessen einflussreiche Äbte ab 1080 bis ins 13. Jh. die Stadtherrschaft ausübten und unter denen Schaffhausen in roman. Zeit eine grosse schöpferische Epoche erlebte. Das seit 1218 reichsfreie Gemeinwesen wurde 1330 den Habsburgern verpfändet, die weitgehende Selbstverwaltung gewährten. Die im Kampf gegen den Stadtadel siegreiche Bürgerschaft führte 1411 die Zunftverfassung ein, durch welche der politische und kulturelle Charakter Schaffhausens über Jahrhunderte hinweg geprägt wurde. Seit 1415 neuerdings reichsfrei, 1501 Aufnahme in die Eidgenossenschaft, 1529 Einführung der Reformation. Seit der 2. H. 19. Jh. entwickelte sich die Stadt zum bedeutenden Industrieort. Im Zweiten Weltkrieg, am 1. April 1944, durch amerikanische Flugzeuge irrtümlich bombardiert.

Stadtanlage und Befestigung. Urzelle der Stadt war der Strassenmarkt in der heutigen oberen Vordergasse. Dieser rechteckig geplante Bezirk zwischen den Klöstern Allerheiligen und St. Agnes wurde im 12. Jh. nach W durch die Oberstadt mit Fronwagplatz als neuem Marktzentrum erweitert. Im 13. Jh. kamen die nördl. gelegene Vorstadt und im SW die Neustadt in den Mauerring; das östl. Hafenviertel mit dem Brückenkopf der 1259 erwähnten Rheinbrücke wurde im 14. Jh. durch Auffüllung einer trennenden Bucht mit der Stadt verbunden und bewehrt. Seit E. 14. Jh. blieb der Umfang der Altstadt bis ins 19. Jh. bestehen. Die annähernd 3eckige Anlage mit der Schmalseite am Rheinufer zieht sich nach N ins Hügelgelände empor, sie wird durch die zentrale Vordergasse unterteilt, welche die Unter- mit der Oberstadt verbindet. Die mittelalterl. Stadtbefestigung wurde grossenteils M. 19. Jh. geschleift, erhalten sind der Obertorturm (s. S. 539), der Diebsturm, das Schwabentor mit dem Finsterwaldturm am Ausgang der Vorstadt (s. S. 541, 542), der Fronwagturm (s. S. 538), der Turm am Ort und die durch 2 Mauern mit der Stadt verbundene Höhenfestung Munot (s. S. 533).

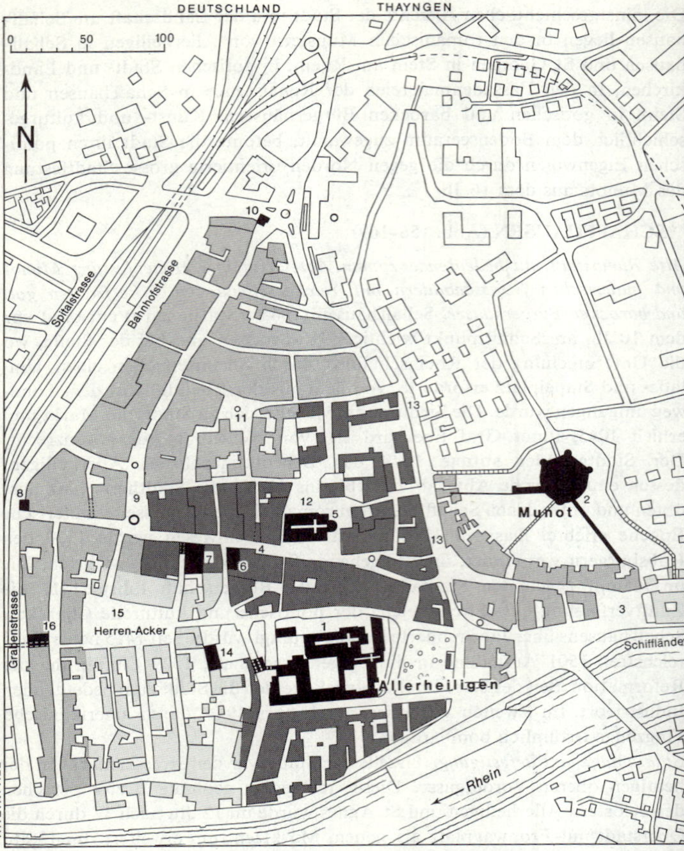

Ortsplan Schaffhausen

1. Ehem. Benediktinerabtei Allerheiligen. – 2. Munot. – 3. Freier Platz. – 4. Vordergasse. – 5. Ref. Pfarrkirche St. Johann. – 6. Zum Ritter. – 7. Rathaus. – 8. Obertorturm. – 9. Fronwagplatz. – 10. Schwabentorturm. – 11. Platz. – 12. Kirchhofplatz. – 13. Bachstrasse. – 14. Altes Zeughaus, heute Regierungsgebäude. – 15. Herrenacker. – 16. Haberhaus

Ehem. Benediktinerabtei Allerheiligen* (Ortsplan, 1; Abb. 156–160). *Historisch bedeutendes Hirsauer Reformkloster mit ausgezeichnet erhaltener roman. Basilika und grossem, stimmungsvollem Kreuzgang*. Gegründet um 1050 von Graf Eberhard III. v. Nellenburg, dessen Hofkaplan Liutbald als Baumeister des 1064 geweihten 1. Münsters überliefert ist. Umfangreiche Grabungen (1921–22, 1950–58, 1964) liessen erkennen, dass vor der W-Front der hochinteressanten frühroman. Basilika ein offenes Atrium mit Zisterne lag, dessen Eingang von vorgelagerten Kapellen flankiert wurde; östl. der Kirche war der Chorapsis eine Aussenkrypta mit Stiftergrab und Prozessions-

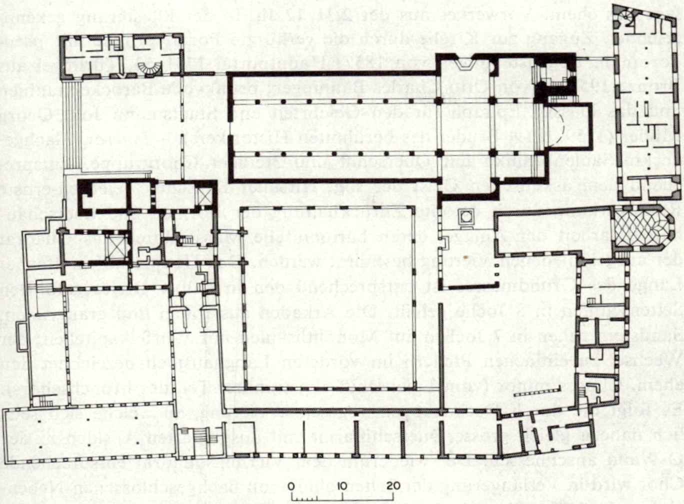

Romanisch um 1100, Turm und Altarhaus 2. H. 12. Jh.

13.–16. Jh. 1935–38

Schaffhausen. Ehem. Benediktinerabtei Allerheiligen

rampen angeschlossen; diese lag im mauerumfriedeten Rautenhof mit Vierkonchenkapellen im nördl. und südl. Winkel und einer Dreiapsidenkapelle an der O-Spitze. Kurz nach Klostergründung kluniazensische Reform durch die aus Hirsau berufenen Äbte Wilhelm und Siegfried. Unter ihnen erreichte das Kloster in raschem Aufschwung eine hervorragende Stellung im oberrheinischen Gebiet, so dass schon gegen 1080 ein grösserer Neubau geplant werden konnte. Nach Grabungsbefund wurde mit Chor und Querhaus einer 5schiffigen Basilika begonnen, die noch in den Fundamenten zugunsten des heutigen Münsters aufgegeben wurde. Klosteraufhebung anlässlich der Reformation 1529. – **Münster** (Abb. 156). Erb. E. 11. Jh., Weihe 1103; Ersatz des urspr. Apsidenchors durch quadratisches Altarhaus 2. H. 12. Jh., gleichzeitig Turmbau, N-Kapelle und die urspr. von 2 Kapellen flankierte alte Vorhalle. Seit 1529 ref. Pfarrkirche; Grabungen und letzte Innenrenov. 1950–58. – *Äusseres*. Dreischiffige Anlage mit Querhaus und Turm an der nördlichen Chorseite, an der W-Seite Portalvorhalle zwischen Flankenbauten. Der 5geschossige roman. Glockenturm ist durch Gurtgesimse, Rundbogenfriese und Blendarkaden gegliedert, über dem Glockengeschoss mit gekoppelten Schallöffnungen ein Spitzhelm von 1763; am nördl. Turmsockel roman. Flachrelief mit Elefanten, Kopie nach dem Original aus dem 13. Jh. Vor der langen N-Front Bronzestatue, David, von Karl Geiser, aufgestellt 1959. Auf dem Platz vor der Portalfront ist die Anlage des ehem. Vorwerkes aus der 2. H. 12. Jh. in der Pflasterung gekennzeichnet. Zugang zur Kirche durch die verkürzte Portalvorhalle mit pseudoroman. Bogenstellungen von 1857; Hauptportal 1751–53, Türflügel aus Bronze 1957–59 von Otto Charles Bänninger; prunkvolle Barockepitaphien und das klassiz. Epitaph für den Gelehrten und Staatsmann Joh. Georg Müller (1759–1819, Bruder des berühmten Historikers). – *Inneres*. Flachgedeckte Säulenbasilika mit Querschiff und 3teiliger Chorgruppe. Entsprechend dem asketischen Geist der sog. Hirsauer Bauschule feierlich-ernste Raumwirkung durch betonte Zurückhaltung der Formen und überschaubare Klarheit der Anlage, deren harmonische Masse durch das Quadrat der ausgeschiedenen Vierung bestimmt werden. Das Hauptschiff in 4facher Länge des Grundmasses ist entsprechend den in halber Breite geführten Seitenschiffen in 8 Joche geteilt. Die Arkaden aus rotem und graugrünem Sandstein ruhen in 7 Jochen auf Monolithsäulen mit Würfelkapitellen; der Wechsel zu einfachen Pfeilern im vorderen Langhausjoch bezeichnet den ehem. Chorus minor (vom Laienschiff abgetrennter Teil des Mönchschors). Es folgt die durch Deckenbogen abgesetzte Vierung, an welche sich seitlich nahezu gleich grosse Querschiffarme mit ausgesparten Apsiden in der O-Wand anschliessen. Der wiederum dem Vierungsquadrat entsprechende Chor wird in Verlängerung der Seitenschiffe von flachgeschlossenen Nebenchören begleitet, die sich durch Arkaden in die Querschiffarme und durch Doppelarkaden in den Chor öffnen. Abschliessend das in der 2. H. 12. Jh. angebaute Quadrat des Altarhauses, mit 3 rekonstruierten Rundbogenfenstern in der Stirnwand. Um den nordöstl. Vierungspfeiler sind Lage und Grundriss einer der beiden 4passförmigen Hofkapellen von 1064 im Boden gekennzeichnet (s. S. 529, Klostergeschichte). – *Wandmalerei und Ausstattung*. An den Hochwänden unterhalb der Decke Reste eines roman. Mäanderfrieses, im Querschiff ergänzt; am südwestl. Vierungspfeiler Bild der thronenden Madonna 1. V. 15. Jh.; in der Apsis des südl. Querhauses Christus zwischen dem Stifterpaar Nellenburg sowie Marienklage 2. H. 15. Jh.; in der südl. Chorkapelle interessanter Credo-Fries um 1450. Glasmalerei in den 3 Chorfenstern 1954–55 von Carl Roesch; darunter Wirkteppich mit Themen der Barmherzigkeit 1959 von Lissy Funk; Taufstein von Else Pletscher 1961. Im nördl. Querhausarm Grabplatte des Abtes Berchthold I Wiechser 1361. In der Turmkapelle angekauftes Glasgemälde der Verkündigung 2. H. 14. Jh. – **Kreuzgang** (Abb. 160) **und östl. Klosterhof** mit St. Annakapelle. Der von der Münstervorhalle aus zugängliche *Kreuzgang* an der S-Seite der Kirche ist im W durch die Alte Abtei, im S durch das Refektorium und im O durch die W-Wand des 1522 (?) abgetragenen Kapitelsaals begrenzt. Erneuerung der Anlage im Spätmittelalter unter Verwendung alter Bauteile. In den N- und O-Flügeln sowie im nördl. Teil des W-Flügels romanische Bogengruppen; W-Flügel grossenteils 15. Jh., S-Flügel mit Masswerkfenstern wahrscheinlich 1496. An den Wänden 44 Epitaphien aus der Zeit, da der Kreuzgarten Junkernfriedhof war (1582–1874). In der O-Wand kleine Fensterdoppelbogen auf gekoppelten Säulchen und ein Rundbogenportal, das in einen kleinen Hofraum an Stelle des ehem. Kapitelsaals führt. Darin die sog. *Schillerglocke*, gegossen 1486 von Ludw. Peiger in Basel, mit Inschrift «vivos voco, mortuos plango, fulgura frango» (die Lebenden rufe ich, die Toten beklage ich, Blitze breche ich), die Schiller zu seinem «Lied von der Glocke» inspirierte. Hinter neuzeitlichen Bogenstellungen folgend der *östl. Klosterhof*, nach mittelalterl. Vorbild als Heilkräuter- und Gewürzgarten angelegt. An der S-Seite eine freistehende Rundbogengalerie, aus roman. Bodenfunden am Ort rekonstruiert; vor der W-Wand eine 2. Fassung von Karl Geisers Statue David, Bronzeguss 1959. Die *St. Annakapelle* an der N-Seite des Hofes steht vermutlich an Stelle der 1049 geweihten Kapelle, welche die O-Spitze des rautenförmigen Hofes hinter der 1. Klosterkirche bildete. Neubau vermutlich A. 12. Jh., stark verändert und durch Choranbau erweitert 1522; Renov. 1927. Langgestreckte Anlage mit Giebelfront gegen den ehem. Kapitelsaal (Portal neuzeitlich) und leicht eingezogenem Polygonalchor mit Masswerkfenstern; in der südl. Längswand 2 vermauerte roman. Fensterchen und 4 spätgot. Masswerkfenster. Im flachgedeckten Langhaus 2 Epitaphien von 1710 bzw. 1761; im Chor schönes Netzgewölbe, dessen skulptierte Schlusssteine Wappen und die Halbfigur Gottvaters zeigen; an der N-Seite spätgot. Portal mit Wappen des Abtes Michael Eggenstorfer. – **Klosterbauten, Museum** (s. S. 548). Älteste Teile 11. und 12. Jh., die übrigen Klosterbauten 13.–16. Jh. Umbau und Renov. 1921–28 für das Museum zu Allerheiligen; neue Museumsflügel am Pfalzhof 1935–38 von Martin Risch. Irrtümliche Bombardierung des westl. Museumsflügels 1944, Wiederaufbau 1946. – *Anlage, Äusseres.* Die Konventsbauten an der S-Seite des Münsters gruppieren sich um den zentralen Kreuzgarten und den O-Hof; im W die Alte Abtei zwischen dem Münstervorplatz und dem rückseitigen Pfalzhof. Der unter dem Strassenniveau liegende Platzteil vor der Münsterfront ist nach roman. Disposition des 12. Jh. seitlich von Flügelbauten begrenzt. An der N-Seite die ehem. Helferei (heute Musikschule), an Stelle einer Frontkapelle des alten Vorwerks; Umbau und Erweiterung nach W 1526; got. Treppengiebelhaus mit zwei romanischen Fensterchen und Stützpfeiler vom Vorgängerbau. Gegenüber die aus dem Baukomplex der Alten Abtei vortretende St. Erhardskapelle A. 12. Jh., welche die S-Flanke des roman. Vorwerks bildete; im Obergeschoss die St. Michaelskapelle aus dem 13. Jh. Die Alte Abtei steht grossenteils an Stelle des Vorwerks der 1064 geweihten 1. Klosterkirche, in sie einbezogen ein Teil des ehem. Atriums mit Zisterne. Von den beiden Kapellen, die den Eingang zum Atrium flankierten, sind die Grundmauern der N-Kapelle im südwestl. Teil des Münstervorplatzes freigelegt; die dahinter im Erdgeschoss der Abtei aufrechterhaltene St. Johanneskapelle des 11. Jh. bildete die S-Flanke, sie wurde 1. H. 13. Jh. nach Westen erweitert und um das Obergeschoss (Abtskapelle) erhöht. Ein Türmchen mit monumentaler

Bronzeplastik des Schaffhauser Wappentiers, 1938 von Arnold Huggler, bezeichnet den Ansatz eines neuzeitlichen Verbindungstraktes zur Neuen Abtei oberhalb des Münsterplatzes. Diese erb. 1484, ein 3geschossiges Treppengiebelhaus mit kleinem N-Anbau für das Klosterarchiv, in den Seitenfronten runde Torbogen der überwölbten Strassendurchfahrt. Unter dem Verbindungstrakt eine Treppe zum rückseitig angebauten Museum; darüber Mosaik mit Darstellungen des Schönen, Entwurf 1937–38 von Paul Bodmer. Die 3 Museumsflügel von 1935–38 umschliessen mit der Alten Abtei den Pfalzhof. Hier runder Brunnen mit Statue des Schaffhauser Chronisten Joh. Jak. Rüeger (1548–1606) von Max Uehlinger 1938; in der nördl. Hoffront 2 romanische Loggien um 1200 (Räume 24 und 57). Ein Durchgang führt vom Pfalzhof in den östlich folgenden Kreuzgarten; im Gang Türe zum Museum mit modernen Reliefs von Walter Knecht. An der S-Seite des Kreuzgartens und des O-Hofes langgestreckter Refektoriumsflügel von 1496. Anschliessend in der südöstl. Hofecke ein Wohnbau des 16. Jh.; an seiner Aussenfront gegen die Baumgartenstrasse eine Gedenkplatte für den hier geborenen Historiker und Staatsmann Joh. v. Müller (1752–1809), an der O-Mauer sein und seines Bruders Brustbildrelief von Max Uehlinger; davor Bronzeplastik einer Wasserträgerin 1907 von Walter Mettler. In östl. Begrenzung des Hofes das mit der Annakapelle verbundene Pfrundhaus von 1521. Ausserhalb des eigentlichen Klosterbezirkes die quer hinter dem Münsterchor 1554 erbaute Kornschütte; seit 1923 Stadtbibliothek, Portal 1922 von Otto Kappeler. In der SO-Ecke eingebaut der Rechteckchor der St. Oswaldkapelle aus dem 14. Jh. – *Inneres.* In den ehem. Klosterräumen bedeutende hist. Sammlung, z. T. urspr. Bestand. Johanneskapelle (Raum 9), einziger erhaltener Bauteil der 1064 geweihten 1. Anlage; in der Apsis Altarstipes und Lichtschlitz; aus de 1. H. 13. Jh. die N-Pforte und Chorgewölbe mit Fresken Salvator, Maria Ecclesia, Johannes und anderen Heiligen; kulturhistorisch interessante Gedächtnisplatte für den Stadt- und Klostergründer Graf Eberhard III v. Nellenburg und seine Familie, kurz nach 1100. Grabmal des Abte Berchtold v. Sissach 1425. – Erhardskapelle (Raum 13), mit dem 2. Münster erb. um 1103; rippenloses Chorgewölbe um 1220, mit Bild des Pfingstwunders, an der Altarwand Kreuzigung zwischen Opferung Isaaks un Verehrung der ehernen Schlange. Grabmal des Klostergründers Eberhar III., seiner Gattin und seines Sohnes, A. 12. Jh. (Abb. 157). An den Wände romanische Fensterlünetten aus der ehem. Abtskapelle, Skulpturen un 1200 mit Darstellungen aus dem Neuen Testament, Heiligenlegenden un Fabeln (Abb. 158). – Sog. Höfli (Raum 16), Teil des Atriums der 1. Klosterkirche von 1064, mit Zisterne; die kleine roman. Loggia in der S-Wan aus älteren Werkstücken erb. A. 13. Jh., mit Relief des schafsköpfigen Teufels. – Klosterbibliothek (Raum 21), bis 1484 Abtsstube, Bibliothek bi 1639; fast alle Werke des um 1096 katalogisierten Bestandes erhalten un teilweise ausgestellt. – Michaelskapelle (Raum 23), über der älteren Erhardskapelle erbaut 1220; heute Schatzkammer. Hier ausgestellt der berühmte «Onyx von Schaffhausen» (Abb. 159), eine römische Gemme au dem 1.Jh. n. Chr., deren meisterhaft geschnittene Frauengestalt mit Füllhorn und Merkurstab die Pax Augusta darstellt; die kostbare Goldfassung 2.V. 13.Jh. mit kleinen Löwen und Adlern zwischen 60 Edelsteinen und 20 Perlen, an der Rückseite flaches Relief eines Falkners und verstümmelte Umschrift, welche Graf Ludwig v. Froburg als Besitzer (Auftraggeber der Fassung) bezeichnet. – Grosse Loggia (Raum 24), in die S-Front gegen den Pfalzhof eingeb. A. 13.Jh. Galerie aus 3 Gruppen von je 4 gekuppelten Rundbogenfenstern, an den schmalen Zwischenpfeilern roman. Reliefs. – Winterrefektorium (Raum 39), spätgot. Saal von 1496; in der S-Wand 4 Fenstergruppen in Stichbogennischen mit 8eckigen Stützen; schwach gewölbte Balkendecke mit Masswerkschnitzerei; Türe mit Kielbogen. – Kreuzsaal (Raum 55), die kreuzförmige Anlage vermutlich 1639 durch Zusammenlegung mehrerer Räume entstanden; im W-Arm (urspr. Abtskapelle) got. Fenstersäulen und Balkendecke von 1418 (?), in den übrigen Raumteilen Kassettendecken von 1639; im N-Arm Wandmalerei um 1520, im Rankenwerk Tiere, Jungfrau mit Einhorn, Phönix. – Kleine Loggia (Raum 57), zu unbekannter Zeit vermutlich aus Werkstücken der grossen Loggia angelegte Gruppe von 4 gekoppelten roman. Fenstern.

MUNOT UND NW-ACHSE DER ALTSTADT

Munot* (Ortsplan, 2; Abb. 161). *Einzigartige Höhenfeste nach den Grundsätzen von Albrecht Dürers Befestigungslehre (1527), in beherrschender Lage nordöstl. über der Altstadt.* Erb. 1564–85 unter Leitung von Heinr. Schwarz, an Stelle einer mittelalterl. Wehranlage «Unnot» (= ohne Not). Mächtiger Rundbau auf sechseckiger Basis, an der Stadtseite überragt von einem teilweise eingebauten Rundturm, dessen Spitzhelm mit Glockenreiter auf dem 8eckigen Fachwerkgeschoss der Wächterwohnung ruht. Der Zugang von der Stadt zum urspr. einzigen Eingang im Turm wird durch 2 zusammenlaufende Flügel der Stadtmauer geschützt; an der Innenseite des östl. Mauerflügels ein Wehrgang auf hohen Stützarkaden, aussen in halber Hügelhöhe angebaut das sog. Römertürmchen. An der Rückseite ist die Festung durch einen umlaufenden Graben geschützt, über welchen eine Brücke zum heutigen Haupteingang führt. Im Graben 3 durch einen teils unterirdischen Gang miteinander verbundene Kanonentürmchen (Caponnièren), deren Kuppelhauben durch einen Lukenkranz für den Abzug des Pulverdampfes durchbrochen sind. Der in Sockel- und Hauptgeschoss gegliederte Kernbau trägt an der Rückseite eine 1622 im Dreiviertelkreis aufgeführte Kranzmauer mit Beobachtungserkern; unregelmässig verteilte Schiessluken, an der W-Seite eine Luke in Form eines Fratzenmaules. – *Inneres.* Grosse runde Kasematte mit 4 Lichtschächten in der 5 m dicken Decke, deren Kreuzgratgewölbe von mächtigen Rundpfeilern und von Mauern des älteren Festungsbaues getragen werden; in den Wänden tiefe Geschützkammern mit geschickt angelegten Schiessscharten. Eine befahrbare Reitschnecke windet sich im Turm vom stadtseitigen Eingang im Untergeschoss zur Kasematte und zur Zinne empor. Die Plattform von über 50 m Durchmesser ist zur Sammlung des Regenwassers trichterförmig leicht nach innen geneigt; Neugestaltung 1957. Im Zinnengeschoss des Turmes eine Türe mit Kleeblattbogen, hinter der eine Wendeltreppe zur Waffenkammer, zur Mehlkammer und zur Wächterwohnung emporführt.

Freier Platz, östl. der neuen Rheinbrücke (Ortsplan, 3). Urspr. Umschlagstelle der Rheinschiffahrt. – Hotel Schweizerhof, als Salzhof erb. 1529. Grosses spätgot. Haus, 2 Flügel mit Treppengiebeln; im Erdgeschoss weite Rundbögen, die sich urspr. in Lagerhallen öffneten. – Güterhof, östl. Platzseite. Als Lagerhaus für Transitwaren erb. 1785–87. Geschlossene Anlage mit Binnenhof, das 2. Obergeschoss in Fachwerk. – Haus zum Königstuhl, Nr. 7. In Louis-XVI-Formen erb. 1785, mit 2 Portalerkern. – In der nach O auslaufenden Fischerhäuserstrasse: Haus zur Nagelfluh, Nr. 17. Als Sitz eines Schiffermeisters erb. M. 18. Jh.; schöne Strassenfront mit Holzerker. – Unterstadt, von der W-Seite des Freien Platzes ausgehende Gasse: Haus zum Weinberg, Nr. 42. Charakteristische Fassade des 16. Jh. mit Rundbogen im Erdgeschoss und spätgot. Fenstergruppen, Renaissance-Erker mit Flachreliefs dat. 1593. – Zunfthaus Gerberstube, Ecke Bachstrasse (s. S. 544).

Vordergasse* (Ortsplan, 4). *Prachtvolle Zunft- und Wohnhäuser mit zahlreichen Erkern zeugen von der bürgerlichen Bau- und Ausstattungsfreude des 16.–18. Jh.* Ursprünglich Marktstätte, ältester Stadtkern mit Pfarrkirche und Rathaus. – Vordere Melusine, Nr. 6. Reliefgeschmückter Kastenerker aus dem 17. Jh., darüber Wappenschilde. – Täublein, Nr. 8. Holzerker mit Familienwappen und moralischen Sprüchen, 1668. – Palmzweig, Nr. 14. Polygonaler got. Steinerker aus der 2. H. 15. Jh., wohl der älteste von Schaffhausen. – Doppelhaus Wasserquelle und Zieglerburg, Nrn. 26–28. Im Kern mittelalterliche Herrenhäuser, 1738 durch einheitliche Fassade zusammengefasst für Franz v. Ziegler. Reichdekorierte Fassade mit 2 Rokokoportalerkern; von Stock zu Stock wechselnde Fensterbekrönungen, in der Mitte Allianzwappen des Bauherrn. Im 2. Obergeschoss der Wasserquelle bunte Tapeten mit romantischen Landschaften und griechischen Göttern E. 18. Jh. Im Saal der Zieglerburg Nussbaumtäfer mit Intarsien sowie Kuppelofen; feine Stuckdecke mit zentralem Leinwandbild, Glorifizierung der Wissenschaften, 1740 von Joh. Ulr. Schnetzler. Im 3. Obergeschoss Stuckdecke mit Jagdszenen, 4 Jahreszeiten und Justitia, vermutlich von Joh. Ulr. Schnetzler. – Tellen- oder Schuhmacherbrunnen. Trog 1632 von Heinr. Heimlicher; Postament und Säule 1522 von Jörg Henkel, Standbild des Tell erneuert 1682 vermutlich von Lorenz Schreiber (Kopie). – Lerche, Nr. 27. Schmales spätgot. Haus, am Türgewände dat. 1588. – Zitronenbaum, Nr. 29. Schöner Louis-XV-Erker mit meisterhaftem Wasserspeier. – Goldene Lilie, Nr. 34. Trapezerker von 1735. Im Innern Stukkaturen um 1730 und 2. H. 18. Jh. – Feuriger Ofen, Nr. 35. Reichgeschnitzter Rokoko-Erker von 1752, durch Giebelverdachung mit dem Halberker daneben verbunden. – **Ref. Pfarrkirche St. Johann** (Ortsplan, 5; Abb. 162). Im Kern der ältesten Stadtanlage vermutlich im 11. Jh. gegründet, 1248 dem Kloster Allerheiligen inkorporiert, 1275 als Pfarrkirche erwähnt. Neubau einer 3schiffigen spätgot. Anlage vermutlich 1. H. 15. Jh., Verlängerung nach W um ein Joch 1460–72, Anbau der äusseren Seitenschiffe 1515–17; Teilrenov. 1900–04. – Fünfschiffige

Basilika mit stark eingezogenem Polygonalchor; an der nördl. Chorseite der um 1350 vollendete Glockenturm, gegenüber die vom roman. Vorgängerbau erhaltene Krypta mit Apsis und darüber ein 2räumiger Sakristeianbau. Zwischen den Chorstreben aus rotem Sandstein hohe Spitzbogenfenster mit reichem Masswerk, in den Längswänden des Schiffs einfachere Masswerkfenster und je 2 Portale. Eine Nische am O-Ende der S-Front enthält neben einem einfachen Holzkreuz ein spätgot. Fresko mit Maria und Johannes um 1520. Mächtiger Glockenturm mit breiten Masswerkschallfenstern im 4. Geschoss; darüber auf Bogenkonsolen die leicht vorkragende Zinne der ehem. Hochwacht, an der SW-Ecke ein polygonaler Erker und an der S-Seite in Nische eine Madonna von etwa 1350; Zeltdach mit schlankem Dachreiter 1450. – *Inneres.* Ungewöhnlich weiträumiges fünfschiffiges Langhaus von 6 Jochen; in innerer Reihung Spitzbogen, zwischen den Seitenschiffen Rundbogenarkaden, welche sich aus 8eckigen kämpferlosen Pfeilern entwickeln. Das Mittel- und die inneren Seitenschiffe flach gedeckt, Stukkaturen mit zentralem Flachrelief, Johannes auf Patmos, 1733 von Joh. Jak. Schärrer; von demselben die Stuckplastik über dem Chorbogen: Stadt- und Standeswappen mit Engeln als Schildhalter. In den äusseren Seitenschiffen kunstvoll variierte Rippengewölbe zwischen Gurtbögen, im vordersten Joch je eine überhöhte und besonders reich gewölbte Familienkapelle (S Löwen-, N Täuberkapelle) mit vielen figürlichen Schlusssteinen; die Gurtbögen des S-Schiffes ruhen auf prächtig geschmückten Renaissancekonsolen, 1515 von Augustin Henkel. Dreijochiger Chor mit Kreuz- und Fächergewölbe auf Wanddiensten, die zwischen Konsolen und Baldachinen für nicht erhaltene Statuen unterbrochen sind; 3 Schlusssteine mit Madonna und den beiden Johannes als Kirchenpatrone. In der S-Wand Kielbogenpforte zur Sakristei und Sediliennische mit (verkleideten) Fresken; in der N-Wand Kielbogenpforte zur Michaelskapelle im Turm. Von spätgot. Wandmalerei einige Reste im Langhaus erhalten: An der W-Wand des inneren südl. Seitenschiffes eine Kreuztragung Christi (verschalt) E. 15. Jh.; in Altarnische des inneren S-Schiffes singende Engel einer Himmelfahrt Mariens, in entsprechender Nische des inneren N-Schiffes die Hl. Antonius Erem. und Wolfgang, beide Bilder 1513. Ausstattung vorwiegend neugot. – Brunnen, vor der S-Seite der St. Johanneskirche. Zweiteiliges Schalenbassin und kannelierte Säule 1841 von Joh. G. Habicht. – Weberstube, Nr. 41. Nach Aufgabe des alten Zunfthauses erb. 1776 nach Plänen von Leonhard Deggeler. – Sittich, Nr. 43. Für Junker Hans Christoph v. Waldkirch erb. 1653–55 von Stadtbaumeister Heinr. Peyer; Umbau der Fassade in Neurenaissanceformen 1870 durch Joh. Gottfr. Meyer, Renov. 1932. Von altem Bestand das schöne Portal und der organisch mit ihm verbundene Renaissance-Erker, nach Modell von Lorenz Schreiber. – Apotheke zum Glas, Nr. 47. Mittelalterl. Kern, Umbau 1761–63. Dreiachsige Rokokofassade mit zierlichen vergitterten Guck- und Blumennischen. Im 2. Obergeschoss ein ganz in Rokoko ausgestatteter Vorraum, reizvolle Stuckdecke 1. H. 18. Jh. vermutlich von Joh. Jak. Schärrer; weitere Stuckdecken, u. a. mit Deckenbild, Apollo und die Musen, 1750 von Joh. Ulr. Schnetzler; Pfau-Ofen E. 17. Jh., Schrankofen 18. Jh., Empireturmofen. – Ehem. Zunfthaus zur Schneiderstube, Nr. 51. Spätgot. Bau, verändert 1776. Neben dem Schneidergang reiches Rokokoportal; im Innern spätgot. gewölbte Balkendecke; die teilweise erhaltene Stuckdecke 1. H. 18. Jh. vermutlich von Joh. Ulr. Schnetzler. – Semmelring, Nr. 55. Symmetrische Fassade mit 4 kleinen Halberkern um 1684; gleichzeitig im Innern gute Renaissancetüre und eine Stuckdecke von Samuel Höscheller. – Zum Tunnel, Nr. 56. Spätgot. Kielbogeneingang zum Tunnelgässchen 15. Jh.; an der O-Seite frühgot. Doppelfenster mit Kleeblattbogen 13. Jh. – Kaufleutstube, Nr. 58. Neubau mit frühklassiz. Fassade 1780–84. – **Schmiedstube,** Nr. 61. Eckhaus von 1590, Barockportal und Erker anlässlich des Umbaus 1653. Das prächtige Portal von Lorenz Schreiber ist flankiert von freistehenden Säulen, im gesprengten Segmentgiebel 2 Löwen als Schützer einer Ädikula mit Zunftwappen. Als Blickziel der Vordergasse der 5seitige Erkerturm an der Hausecke zum Fischmarkt; auf Pfeiler 3 Erkergeschosse unter geschweifter Haube, Brüstungsfelder mit Wappen der Zunftvorsteher und ornamentalen Reliefs vermutlich von Heinr. Heimlicher. – Goldener Löwen, Nr. 62. Am mittelalterlichen Bau ein hölzerner Rokoko-Erker von 1750. Innen eine vorzügliche Stuckdecke dat. 1759, im geschweiften Medaillon ein Landschaftsrelief mit musizierendem Paar. – **Zum Ritter*,** Nr. 65 (Ortsplan, 6; Abb. 163). *Bürgerhaus mit den bedeutendsten Fassadenmalereien der deutschen Spätrenaissance.* Stattliches Eckhaus bestehend aus 2 mittelalterl. Herrenhäusern, die um 1566 für Hans v. Waldkirch vereinigt und aufgestockt wurden. Fresken 1568–70 von Tobias Stimmer; nach mehrmaliger Übermalung 1935 abgelöst und ins Museum zu Allerheiligen überführt. 1938–39 Neubemalung der Hauptfront in der Art des urspr. Zustandes durch Carl Roesch, 1943 Neubemalung der Seitenfront. Breite Giebelfront unter weit vorkragendem abgewalmtem Dach mit Hängekreuzen. Das massive Erdgeschoss mit halbseitigem Vordach ist zwischen 5 Stützpfeilern in breiten Rundbogen geöffnet. In den beiden oberen Haupt- und 2 Dachgeschossen asymmetrisch geordnete spätgot. Fenster, eine niedrige Fenstergruppe dat. 1492. Polygonaler Holzerker 1566, gestützt auf einen Schildhalter mit Allianzwappen des Bauherrn. Die Fassadenmalerei füllt die ganze Fläche der Obergeschosse; in scheinarchitektonischer Gliederung Allegorien und antike Szenen zur Verherrlichung der Bürgertugenden: In der unteren Fensterzone Allegorie der von Staat und Kirche gestützten Tugend, in zwei Feldern rechts Ruhm und Unsterblichkeit. Im Hauptfries darüber ein Triumphzug in perspektivischer Untersicht, beidseits auf das zentralgestellte Allianzwappen des Bauherrn zulaufend. Zwischen den oberen Fenstern in 2 Rundbogenfeldern Themen der weiblichen Tugend und männlichen Standhaftigkeit; rechts verwandelt Zeus die von Apollo bedrängte Daphne in einen Lorbeerstrauch, links davon überlistet Odysseus die Zauberin Circe; in den äusseren Feldern ein Ratsherr und ein Krieger als Personifikationen von Rat und Tat. Über den Fenstern 3 von Putten gehaltene Medaillons mit Pelikan als Symbol aufopfernder Liebe und Bildnisse der antiken Patrioten Cicero und Demosthenes. Zwischen den Giebelfenstern als Hauszeichen der röm. Ritter Marcus Curtius, der zur Versöhnung der Götter in den Abgrund reitet und durch seinen Opfertod die Vaterstadt rettet; in den seitlichen Dreieckfeldern auf eine Balustrade gestützt links der Hausherr Hans v. Waldkirch, rechts der Maler Tobias Stimmer. Im Giebelschluss Allegorien der Tapferkeit und Klugheit. – *Inneres.* Im Erdgeschoss (Apotheke) eine Halle, in der auf 2 Säulen ein Rippengewölbe mit heraldischen Schlusssteinen ruht. – **Rathaus** (Ortsplan, 7). Neubau 1408–12; Umbau des Innern 1921–22; nach Beschädigung durch irrtümliche Bombardierung rest. 1945. Spätgot. Doppelhaus, bestehend aus tiefem 2geschossigem Haupttrakt und in der Strassenflucht anschliessendem 4geschossigem Anbau mit seitlichem Treppengiebel. Das Erdgeschoss ist an der Strassenfront durch 3 Rundbogen geöffnet; im Winkel zwischen den beiden Bogen des Haupttraktes eine spätgot. Skulptur des Schaffhauser Wappentiers 1515 von Augustin Henkel (Original im Museum). Der sog. Rathausbogen öffnet sich zu einem Durchgang, der am Hauptportal vorbei in ein gleichnamiges Seitengässchen führt. Über dem Rathausbogen ein 5teiliges Staffelfenster, sonst Kreuzstöcke. – *Inneres.* Das bis 1679 als Kornhalle dienende Erdgeschoss mit 4 mächtigen Stützpfeilern aus Eiche ist heute unterteilt. Darüber sog. Ratslaube mit Kassettendecke von 1586; an der O-Wand 3 grosse Historienbilder aus dem Gasthaus Schiff, vielleicht von Joh. Martin Veith (1650–1717). Die Türe zum Grossratssaal (Abb. 164) ist beidseitig durch eine prunkvolle Portalädikula in reichen Renaissanceformen gerahmt, 1624 von Felix Buggin, Balthasar Rotpletz und Mathias Gaissenbock; im Portalaufsatz eine Uhr mit originellem Schlagwerk. Wandtäfer im Grossratssaal 1624, gleichzeitig von Hans Casp. Lang mit Spruchtafeln sowie Allegorien der Gerechtigkeit, der Eintracht und des Friedens bemalt; an den Fensterpfeilern und den angrenzenden Wänden Ratsherrenwappen; in den Fenstern Wappenscheiben der eidg. Stände 1951; schwere Neurenaissance-Kassettendecke 1883. Spätgot. Ratsstube im Bogentrakt mit flachgewölbter Decke und Täfer; in der O-Wand Kassenschrank mit schmiedeisernen Türen. – Staatsarchiv, Rathausbogen 4. Bau eines Schatzgewölbes 1610, Archivraum darüber 1669 von Heinr. Peyer; verändert und vergrössert 1732, 1885 und 1936. Schmiedeisernes Rokokohofportal, am Treppenpodest ein kunstvoll geschmiedetes Geländer, 1685 von Hans Conrad Kübler. Im Lesezimmer schwere Eisentür mit doppeltem Standeswappen und Reichsadler; Renaissancesupraporte dat. 1669 mit bemalten Wappen. Einfache Felderdecke dat. 1681 mit Wappenrosette. – Gelbes Horn, Vordergasse Nr. 77. Symmetrische Fenstergruppen mit Renaissancezierat von 1603; Kastenerker zwischen Halberkerchen dat. 1704. – Engelburg, Nr. 78. Das schöne Herrenhaus in späten Rokokoformen erb. um 1770. Trapezerker; im Oberlicht der Haustüre feines Schmiedeisengitter mit Vogel unter einem Blumenkörbchen. Im weiten Treppenhaus Balustergeländer; in den meisten Räumen zierliche Rokokostukkaturen. – Doppelhaus zum Wegeisen und Affen, Nrn. 80–82. Rechts oben Steinrelief des Hauszeichens dat. 1538; Kastenerker von 1622. – Zum Spiegel, Nr. 86. Eckhaus erb. um 1645 für Heinr. Seiler. Türmchenartiger Polygonalerker, die beiden oberen der vier Geschosse aus Holz; von Heinr. Heimlicher die Brüstungsreliefs mit Wap-

pen des Bauherrn und seiner Frauen sowie dem Hauszeichen in den Händen der Prudentia und eines Philosophen.
Fronwagplatz, S-Seite (oberer Platzteil s. S. 539). Grosse Kante, Nr. 2. Schöner Erker mit Wappenreliefs 1643 von Joh. Jak. Heimlicher. – Herrenstube, Nr. 3. Das ehem. Gesellschaftshaus des Stadtadels bildet mit dem gleichzeitig erneuerten Fronwagturm den südl. Blickfang des Platzes. Neuerb. 1747–48 nach Plan von Thomas Spleiss. In der Mitte der 3achsigen Rokokofassade ein Prunkportal nach Entwurf von Dietegen Seiler; zwischen flankierenden Halbsäulen ein Rundbogen mit Obherrenwappen in den Zwickelfeldern, auf den Anläufen des Segmentgiebels Mars und Pallas Athene als Begleitfiguren des bekrönenden Gesellschaftswappens. Über dem Mittelfenster des 2. Obergeschosses ein Waffenfächer aus Stuck, über dem sich das Dachgebälk aufwölbt und eine Flammenvase trägt. – **Fronwagturm,** Nr. 4 (Abb. 165). Benannt nach der ehem. Marktwaage im Erdgeschoss. Im Mittelalter Wohnsitz der Schultheissen v. Randenburg, seit 1436 Eigentum der Stadt. Nach Einsturz neuerbaut 1747 von Joh. Conrad Spengler. Turmartiges spätbarockes Haus mit 2achsiger Hauptfront. Über dem sockelartigen Erdgeschoss mit Eckquadern sind die 3 Obergeschosse durch Riesenpilaster eingefasst, auf denen das Gebälk einen gebrochenen Volutengiebel mit bekrönender Flammenvase trägt. Reiche Portalbekrönung mit Wappen der Stadt und des Standes Schaffhausen. Astronomische Uhr 1564 von Joachim Habrecht, vom Altbau.
Oberstadt, Verlängerung der Vordergasse nach W. **Eckhaus Taube,** Nr. 2. Markanter Bau von 1623, rest. 1963–1965; 1670–1963 Apotheke. Spätgotische Kreuzstock- oder Staffelfenster, Renaissance-Elemente. Ein Eckpfeiler trägt einen viergeschossigen Polygonalerker mit Spitzhelm, an den Brüstungen Familienwappen und barocke Dekorationen. Mit dem Nachbarhaus Zum Muskatenbaum 1964 zu einem Geschäftshaus vereinigt und im Innern vollkommen verändert. – Muskatenbaum, Nr. 2. Reichgeschnitzter Holzerker von 1752. – Zum Halben Mond, Nr. 8. Geschnitzter Trapezerker 1753. – Goldener Widder, Nr. 14. Steinerner Trapezerker 1740, gleichzeitig Stuckdecke im Erdgeschoss von Joh. Ulr. Schnetzler. – **Steinbock,** Nr. 16 (Abb. 168). Der spätgot. Bau mit ungleichen Fenstergruppen war E. 15. Jh. Sitz der Metzgerzunft, seit 1646 Privathaus. Um 1750 die üppigen Fassadenstukkaturen von Joh. Ulr. Schnetzler, Höhepunkt und Abschluss des Schaffhauser Rokokos. Ausserhalb der Achse ein Trapezerker mit geschweiftem Dach, die gebauchten Brüstungsfelder durch feine Stuckreliefs mit Phantasielandschaften geschmückt. In den horizontalen Wandflächen zwischen den 3 Obergeschossen kräftig bewegte Rocaillen mit Frauenbüsten, neben dem Erker 2 Putten und grosser Steinbock als Hauszeichen. In der Hauptachse übereinander 2 schöne allegorische Frauengestalten der Hoffnung und der Klugheit. – Buchsbaum, Nr. 18. Vom spätgot. Herrenhaus nur die S-Front erhalten; das Innere neuerb. 1947–48. Das Erdgeschoss durch 4 Rundbögen geöffnet; einer der Stützpfeiler dat. 1590. In den Obergeschossen spätgotische Fenstergruppen; Barockerker 1657, mit Brüstungsreliefs vermutlich von Lorenz Schreiber. – Ehem. Zunfthaus Rüden, Nr. 20.

Neubau 1779–83 nach Plänen von Domenico Pozzi(?); Umbauten im Erdgeschoss 1932. Grosszügige frühklassizistische Fassade mit Zunftemblem; Portal und Balkon entfernt. Im Festsaal gute Stuckdecke von Giovanni Ghezzi. – Oberhaus, Nr. 23. Erwähnt 1580 anlässlich der Einrichtung einer Folterkammer im hinteren Hausteil, 1591 erste Schaffhauser Buchdruckerei. Eingangshalle mit Stuckdecke A. 18. Jh., gleichzeitig das Treppenhaus mit schwerem Balustergeländer und stuckierten Untersichten; ein Türgericht im Treppenhaus 1. H. 16. Jh. – **Obertorturm** (Ortsplan, 8; Abb. 166). Der 1273 erwähnte Wohnturm der Herren Fridbolt kam 1461 in Besitz der Stadt, die ihn auf etwa das Doppelte erhöhte und 1513 den Helm mit 2 Wächtererkern und Dachreiter aufbaute; an der S-Seite ein roman. Doppelfenster. Das urspr. angebaute Stadttor mit Vorwerk 1845 abgetragen; heutiger NS-Durchgang anlässlich der Rest. 1939–40.

NÖRDL. ALTSTADT

Fronwagplatz (Ortsplan, 9). S-Seite s. S. 538. Von der OW-Achse rechtwinklig nach N abbiegender Strassenplatz, im 12. Jh. als neues Marktzentrum angelegt. – Metzgerbrunnen, im unteren Platzteil. Das 10eckige Becken von 4 Röhren gespeist, schöne Renaissancesäule und Landsknechtfigur 1524 von Jörg Dies; mehrmals erneuert. – Einhorn, Nr. 8. Dreigeschossiger Holzerker um 1770. – Vergnügung, Nr. 9. Trapezerker von 1727. – Einigkeit, Nr. 13. Rokokotrapezerker 1718. – **Turm Am Ort,** Nr. 14. Der 1299 erwähnte Wohnturm der Herren Am Ort schützte die NW-Ecke der 1. Stadtanlage; mit Nebengebäuden und ummauertem Hof. Südlicher Anbau um 1550 für Benedikt Stokar, sein Allianzwappen am Kastenerker über der spätgotischen Rundbogentüre. Am N-Flügel zur Stadthausgasse schöner Renaissance-Erker E. 16. Jh. mit Wappen Im Thurn und Stokar. – Mohrenbrunnen. Zehneckiger Trog 1535, Säule 1520, Standbild des Mohrenkönigs Kaspar 1. H. 16. Jh. vermutlich von Augustin Henkel; mehrmals erneuert, 1838 von der Vordergasse hieher versetzt. – Grosses Haus, Nr. 24. Ein mittelalterl. Doppelhaus ausgebaut und erweitert 1685–87 für Kriegsrat Hans Conrad Peyer im Hof, gleichzeitig prunkvolle Ausstattung. An der aussergewöhnlich breiten Fassade spätgot. Dreierfenster; barocker Kastenerker 1685 mit Allianzwappen des Bauherrn. Gedenkinschrift für Ulr. Trüllerey, Bürgermeister und Anführer der Schaffhauser in der Schlacht bei Grandson 1476. Rückseitig 2 parallele Flügel bis zur Krummgasse, von denen der S-Flügel durch einen offenen Laubengang in einen Rokokopavillon führt. Im Innern Treppenhaus mit hallenartigen Vorplätzen, saalartige Räume mit ionischen Fenstersäulen. Qualitätvolle Stuckdecken z. T. mit figürlichen Darstellungen, 1687 von Samuel Höscheller, 1721 von Joh. Jak. Schärrer. – Neues Haus, Nr. 25. Beachtliche Rokokostuckdecken. In einem kleinen Rokokozimmer des Hinterhauses Holztäfer mit Landschaftsmalereien um 1754. – Hirschen, Nr. 26. Ornamentierter Rokoko-Erker um 1750. – Süsser Winkel, Nr. 27. Dreigeschossiger hölzerner Kastenerker von 1567. – Roter Turm, Nr. 28. Umbau eines spätgot. Doppelhauses 1604 durch Hans Jak. Meyer; Trapezerker, klassiz. Aushängeschild mit Hauszeichen. Im ersten Obergeschoss ein

Rokokotäfer, die hohen Felder mit Phantasielandschaften bemalt; Stuckdecken um 1700.

Vorstadt. Schöne Altstadtgasse, nördl. vor dem neuen Marktzentrum um den Fronwagplatz entstanden, im 13./14. Jh. in den Mauergürtel einbezogen. – Äusserer Engel, Nr. 2. Einfacher Trapezerker 1700; darüber Relief mit Hauszeichen zwischen Wappen Peyer-Oschwald dat. 1697. – Riesen, Nr. 3. Vorspringendes Gebäude mit Eckquadern. Laubengang im Erdgeschoss anlässlich der Erneuerung 1937, gleichzeitig Fresko eines Märchenriesen von Arnold Oechslin. – Grosser Falken, Nrn. 5 und 7. Trapezerker um 1670 mit Fruchtgehängen, Wappen und Drachenwasserspeiern; Erkerfuss 1937 in den grossen Fensterbogen eingebaut. – Kleiner Falken, Nr. 9. Charakteristisches Kaufmannshaus 16. und 17. Jh.; neben dem Rundbogeneingang dat. 1575. Schwerer Kastenerker von 1688. – Blume, Nr. 11. Trapezerker mit profiliertem Untersatz 1605, wappen- und blumengeschmückten Brüstungsfeldern von Martin Müller. – Alter Bären, Nr. 12. Hölzerner Trapezerker 1731, mit Muschelfuss und Wasserspeier. – Roter Adler, Nr. 13. Name erwähnt 1442; charakteristische got. Hausanlage, gut erhalten. Trapezerker dat. 1648, Brüstungsreliefs mit Hauszeichen und Familienwappen von Heinr. Heimlicher; links in Fenstergruppe ein Halberker. – Amtshaus, Nr. 14. Sitz des Konstanzisch-Bischöflichen Amtsmannes 1528–1813. Der Platz vor der stark zurückliegenden Front 1916 eingeschossig überbaut. Am zweiten Obergeschoss 2 Renaissancereliefs mit Wappen des Bischofs Christoph Metzler, dat. 1555. – **Goldener Ochsen,** Nr. 17 (Abb. 169). Im 16. Jh. Gasthaus; zu einem repräsentativen Wohnhaus in deutschen Renaissanceformen umgeb. 1608 vielleicht von Joh. Jak. Meyer. Das Erdgeschoss 1971 nach Entfernung des Neurenaissanceausbaus von 1878 geöffnet. Prächtiges Renaissanceportal um 1595, 1972 im Zustand vor 1870 wiederhergestellt. Über dem figürlich dekorierten Gebälk ein reiches Wappenrelief um 1635, mit Engeln als Schildhalter. Der prachtvolle Erker dat. 1609, mit vorzüglicher Renaissancebildhauerei von Martin Müller und Hans Windler. Zwischen den figürlich dekorierten Eckpilastern des 5seitigen Korbes sind die Brüstungsfelder mit Frauengestalten geschmückt, welche durch ihre Attribute als Personifikationen der 5 Sinne erkenntlich sind; an den Fenstergewänden charakteristische Karyatiden; konkav geschwungenes Erkerdach mit Drachenwasserspeiern. Im 1. und 2. Obergeschoss Doppelhalberker von 1635 mit Familienwappen und Renaissancedekor. Zwischen den Fenstern schlechterhaltene Fresken um 1610, Gestalten aus dem Trojanischen Krieg und der babylonischen Geschichte. – Otter, Nr. 25. Trapezerker 18. Jh.; darüber ein Relief mit Hauszeichen dat. 1683. In der Erkerstube Wandbilder zum Alten Testament 1747 von Joh. Ulr. Schnetzler. – Straussfeder, Nr. 27. Schwerer Kastenerker M. 17. Jh. verändert 1742; Aushängeschild und Wasserspeier. – Silberner Schnecken, Nr. 28. Trapezerker mit Muschelfuss von 1750. – Löwen, Nr. 29. Breiter hölzerner Trapezerker von 1754. Auf einer Konsole an der Hausecke ein vergoldeter Löwe als Hauszeichen 1846 von Joh. Jak. Oechslin. – Schneeberg, Nr. 33. Aus 2 Häusern umgeb. 1660 für David Peyer-Ziegler. Breite

3geschossige Front mit spätgotischen Fenstergruppen auf Gurtgesimsen; am Kastenerker Hauszeichen, an den Halberkerkonsolen Wappen des Erbauerpaares. Stuckdecke mit biblischen und antiken Szenen spätes 17. Jh. von Samuel Höscheller und Hans Jak. Schärrer. – Goldener Falken, Nrn. 40–42. Bestehend aus 2 Häusern mit ähnlichen spätbarocken Fassaden von 1726 bzw. 1728; zum Gasthaus zusammengeb. 1829. Auf den Fenstern von Nr. 40 Segmentgiebel mit Büsten röm. Kaiser; an beiden Häusern Trapezerker, die vor dem Umbau des Erdgeschosses 1910 mit Prunkportalen verbunden waren. Im Innern gute Stuckdecken des 17.–18. Jh., Rokoko-Ofen. – Blauer Trauben, Nr. 41. In got. Fenstergruppe ein Polygonalerker von 1658; gleichzeitig grosses plastisches Haus- und Wappenzeichen der Grossweiler. – **Grosser Käfig,** Nr. 43. Hausname vermutlich nach dem einst angrenzenden mittelalterl. «Kefiturm». Der alte Familiensitz der Peyer im Hof gleichzeitig mit dem Nachbarhaus zum Kleinen Käfig (Nr. 45) neuerb. 1586, Aufbau des 3. Obergeschosses und Fassadenmalereien 1675; Erneuerung der Fresken 1906. Asymmetrische Front mit Stützpfeilern und 3 Rundbogen im Erdgeschoss, in den Obergeschossen spätgot. Staffelfenster mit Halberkern und einfache Fenster in Ohrenrahmung. Im 1. Obergeschoss 2 Wappenreliefs, rechts für den Bauherrn Hans Ulr. v. Peyer im Hof, links in gleicher Rahmung das Wappen des späteren Hausherrn und Auftraggebers der Fresken Rüeger Im Thurn; zwischen den Konsolen der unteren Erker 6 weitere Wappenschildchen. Wandmalereien mit reicher Scheinarchitektur füllen die Mauerflächen der 3 Obergeschosse. Der Inhalt eines Bildfrieses mit Bezug auf den Hausnamen ist auf einem Schriftteppich erklärt: Triumphzug des Tamerlan mit dem in einem Käfig gefangenen Sultan Bayazet. In den oberen Bildfeldern ein Ritter und 4 Illustrationen von Sprichwörtern. Innen im Erdgeschoss eine unterteilte Säulenhalle mit einer Stuckbalkendecke in der Art Samuel Höschellers 2. H. 17. Jh.; im ersten Obergeschoss eine Rokokostuckdecke 1. H. 18. Jh. von Hans Martin Spengler. – Diamantstein, Nr. 44. Einfache Fassade mit schmucklosem Trapezerker von 1728; das Innere reich ausgestattet um 1760. Zwei schöne Rokokostuckdecken wohl von Joh. Ulr. Schnetzler; an der Decke des 1. Obergeschosses das Allianzwappen des Hausherrn Joh. Peyer-Grossweiler, an derjenigen des 2. Obergeschosses Kriegsembleme und in der Mittelpartie ein Leinwandbild der Göttin Diana. – Kronsberg, Nr. 46. Kastenerker 1644 mit Brüstungsreliefs von Heinr. Heimlicher. – Roter Ochsen, Nr. 50. Fünfteiliger Turmerker von 1651, in den reichornamentierten Feldern das Allianzwappen Stimmer-Müller. – Haus zum Türmlein, Nr. 64. Schmale spätgot. Front, in 5teiliger Fenstergruppe ein Halberker von 1660, Rundbogentor. Im 18. Jh. Wohnsitz des Schaffhauser Barockdichters Joh. Conr. Peyer (1707–68). – **Schwabentorturm** (Ortsplan, 10). Am N-Eingang zur Vorstadt als Teil des im 14. Jh. erweiterten Mauerrings errichtet, 1370 als «Neuturm» erwähnt. Massiger Rechteckbau mit rundbogiger Durchfahrt, nach Brand 1932 renoviert und mit niederem Zeltdach gedeckt. Am Schlussstein des äusseren Torbogens eine Plastik von Arnold Oechslin mit altem Spruch «Lappi tue d'Augen uf». An den N- und S-Seiten Zifferblätter mit symbolischer Rahmenmalerei von Carl Roesch. –

Finsterwaldturm, etwas westl. des Schwabentorturmes in der NW-Ecke der Stadtmauer im 14. Jh. erbaut. Kleiner Rundbau zwischen Resten der Stadtmauer mit Wehrgang.
Webergasse. Kleine Handwerkerhäuser mit spätgot. Fronten. – Haus Nr. 54. Seitenfront des Goldenen Falken; über Torbogen schöne Holzlaube mit Balusterbrüstung auf geschwungenen Bügen, vermutlich A. 18. Jh. – Brunnen an der Ecke zum Rosengässchen, Plastik 1940 von Else Pletscher. – Weberthörli, Nr. 2. Wohnhaus einst neben einem kleinen Tor in der östl. Stadtmauer, von der ein Rest eingebaut ist; spätgot. Türgewände dat. 1592. – *Platz* (Ortsplan, 11). Platzbrunnen mit 10eckigem Becken vermutlich 1596 angelegt, Säule und Renaissancestandbild eines Landsknechtes 1925 nach nicht erhaltenem Vorbild kopiert. – **Hinteres Amtshaus,** Ecke Karstgässchen. Lagerhaus der Bischöfe von Konstanz 1528–1813; Renov. 1944. Breite Platzfront mit Treppengiebel; um die Uhr im Giebelfeld spätgot. Fenster, die übrigen 1880 vergrössert. Am Schlussstein der Rundbogentüre gegen das Karstgässchen Wappen des Bauherrn Bischof Hugo v. Landenberg. – Ehem. Konventsflügel des Franziskanerklosters, an die südl. Platzseite grenzender Baukomplex zwischen Safran- und Krummgasse. Klostergründung vermutlich 1253, bestehende Bauten hauptsächlich M. 15. Jh., Klosteraufhebung 1529, Abbruch der Kirche 1729. Erhalten das Guardianhaus (Nr. 1) mit Giebel gegen die Safrangasse. Rechtwinklig dazu in den Platz vorgebaut das Refektorium (Nr. 3) mit got. Staffelfenster an der O-Seite. Rechts davon im zurückliegenden Winkel das heutige Haus Zum schwarzen Stier, Eingang Krummgasse 16 im Verlängerungsbau des 16. Jh.; an der Vorderseite eine gewundene Frührenaissance-Bündelsäule zwischen Stichbogenfenstern. Im Hof Spitzbogen vom ehem. Kreuzgang. – **Drei Könige,** Nr. 7. Viergeschossiges Wohnhaus von 1746. Schöne Rokokofassade mit Erker; geschweifte Fenstergiebel mit Muscheln, Vasen und Büsten der Hl. Drei Könige. Ausstattung aus der Bauzeit, u. a. Stukkaturen und Deckenbild von Joh. Ulr. Schnetzler. – Rosenburg, Nr. 11. Einfache Rokokofassade um 1750 mit 2 schönen Haustüren. – **Zur Fels,** Nr. 13. Eines der drei Peyerschen Handelshäuser, die M. 16. Jh. auf dem ehem. Friedhof des aufgehobenen Franziskanerklosters erbaut wurden (die beiden zugehörigen Häuser Freudenfels und Safran anschliessend in der Safrangasse). Das grosse Eckhaus an der östl. Platzseite erb. 1547–49; in der breiten 3geschossigen Hauptfront ein spätgot. Kielbogenportal mit Wappen, 9teilige Fenstergruppe und an der Flanke links ein Kastenerker aus dem 17. Jh., rechts Tafel zur Erinnerung an den Bau der Bruderhäuser. Unter dem Giebel der Schmalfront 2 Aufzugtore zum Warenlager. Im Hof vermauerte Loggia 1622. Ausstattung aus dem 16.–18. Jh. prachtvolle Stuckdecke 1678 von Samuel Höscheller, Decken- und Täfermalereien. – **Freudenfels,** Safrangasse Nr. 8. Erb. 1547–49, Hauptsitz der bedeutenden Peyerschen Handelsgesellschaft; unter den Ziegler umgestaltet 1729–31. Dreigeschossige Barockfassade, über schönem Säulenportal ein 2geschossiger Trapezerker mit bemalten Spiegeln in den Brüstungsfeldern. Im Erdgeschoss und im südl. Anbau Kreuzgewölbe. Ausstattung vorwiegend 18. Jh., u. a. Stuckdecke und perspektivisch bemaltes Täfer mit Wolken-

landschaften von Joh. Ulr. Schnetzler. – Safran, Nr. 6. Das 3. Haus der Peyer erb. 1551–56, Umbau A. 17. Jh., Erker mit Allianzwappen v. Waldkirch-Peyer 1686. Im Treppenhaus ein ungewöhnlicher, hohler Mittelpfeiler mit 5 runden Öffnungen (Aufzug oder Rauchabzug für Lichtständer?). Im 1. Stock Renaissanceportale; Täfersaal mit Felderdecke, plastische Fenster- und Wanddekorationen, 1622 und 1660. Im 2. Stock Täfer mit Landschaftsmalerei um 1750.

Stadthaus, Krummgasse Nr. 2. Der ehem. Patriziersitz zur Freudenquelle erb. um 1730 für Hans Konrad v. Ziegler, an Stelle des kurz zuvor abgetragenen W-Teils der Franziskanerkirche; nördl. Anbau 1771. Sitz der städtischen Verwaltung seit 1839; letzte Aussenrenov. 1949–50. Imposantes barockes Eckhaus von 4 Haupt- und 2 Giebelgeschossen, auf Ecklisenen ein abgewalmtes Satteldach mit originell geschnitzten Bügen; in der Hauptfront ein einfaches Rundbogenportal. Nach N anschliessend der 3teilige Erweiterungsbau, bestehend aus niederem Mittelbau mit Hofeinfahrt und Terrasse auf dem Obergeschoss und flankierenden 3geschossigen Pavillons unter Mansartdächern. Im Hauptbau barockes Treppenhaus; im Erdgeschossflur eine figürliche Stuckdecke mit Wappenschild der v. Brunn 1733 von Joh. Ulr. Schnetzler; von demselben Stuckdecke mit Gemälde im Stadtratssaal. Im nördlichen Annex zarte Rokokostuckdecken um 1771. – Stadthausgasse. Gelbes Haus, Nr. 21. Nachgot. Fassade A. 17. Jh., mit reichgeschnitztem Renaissancetrapezerker. Im 1. Obergeschoss spätgot. Balkendecke E. 15. Jh.; Fenstersäule E. 16. Jh. Im 2. und 3. Obergeschoss Stuckdecken, E. 17. Jh. von Samuel Höscheller. – Oberhof, Nr. 13. Spätgot. Eckhaus mit hoher Giebelfront unter weit ausladendem Satteldach; Aufzugtor. An der Ecke zur Sporrengasse ein 2geschossiger Polygonalerker von 1652, reich dekoriert von Heinr. Heimlicher. An der W-Front spätgot. Spitzbogenfenster E. 15. Jh. – Zum Eckstein, Nr. 10. An Stelle des Chores der ehem. Franziskanerkirche erb. 1543, Umbau im Zopfstil 1811–12; heute Sitz der Stadtpolizei. – Haus Bergmann, Nr. 8. Als städtischer Marstall erb. 1544, mit Treppengiebel an der W-Front; Umbau zur Lateinschule 1627. – Oberes Höfli, Nr. 2. Erb. um 1580–90, mit ornamental geschmückten Halberkern. In den 3 Stockwerken spätgot. Treppenhaustüren mit Kleeblattbogen.

Kirchhofplatz (Ortsplan, 12). Pfarrkirche St. Johann (s. S. 534). – Ehemalige Spitalstallung, Ecke Pfrundhausgasse. Frührenaissance-Werkbau, die mittlere von 3 Rundbogentüren dat. 1544. An einer Fensterbank der W-Seite ironischer Spruch über die Spitalbehandlung dat. 1777. – Pfrundhausgasse. Städtisches Altersheim, ehem. Kloster St. Agnes. Gründung des Benediktinerinnenklosters um 1080 durch Graf Burkhard v. Nellenburg für seine Mutter Ita; aufgehoben 1529. Die Kirche 1542 als Spitalhaus eingerichtet; Umbau zum Hauptgebäude des Altersheims 1822–25 nach Plan von Joh. Ludw. Peyer. Klassiz. S-Längsfront von 17 Achsen, Walmdach, Mittelrisalit mit Dreieckgiebel. – *Bachstrasse* (Ortsplan, 13). In der einheitlichen Strassenflucht Gewerbe- und Wohnhäuser der Gerber, längs des 1937–39 gedeckten Gerberbaches. An allen Häusern Guckscharten; urspr. offene Lauben unter dem Dach, in denen die Häute getrocknet wurden. Charakteristisch das Haus zur Farb, Nr. 23; ferner zur Blauen Kerze, Nr. 25, Fenster dat. 1596; Zur Gelben Kerze, Nr. 27. Am Haus Gerbe, Ecke Pfarrhofgasse, ist die zugemauerte Trocknungslaube erkennbar. – **Zunfthaus Gerberstube,** Nr. 8. Umbau des mittelalterl. Hauses 1599 und 1708–10, Innenausstattung 1733–37; Renov. 1943 und 1951. Reichdekorierte spätbarocke Fassade von 4 Geschossen. In der Achse ein Prunkportal mit flankierenden Säulen, schönem Oberlichtgitter und 2 Wappen von Zunftmeistern im aufgewölbten Gebälk, auf dem eine Schriftkartusche von steigenden Löwen gehalten wird. Die beiden Erdgeschoss- und je 4 Obergeschossfenster in Ohrenrahmungen tragen unterschiedliche Aufsätze mit Puttenköpfen, Vasen und Muscheln. Im ersten Obergeschoss grosser Zunftsaal mit prächtiger Stuckdecke von Joh. Ulr. Schnetzler; im vertieften Deckenspiegel ein Reliefbild mit Bezug auf das Gerbergewerbe. Im 2. Obergeschoss ein heute unterteilter Prunksaal; ebenfalls von Schnetzler 23 Stuckwappen von Zunftvorstehern; reiche figürliche Deckenstukkaturen um ein Ölbild, das Alexanders Einzug in Babylon zum Gegenstand hat.

SÜDL. ALTSTADT

An der Moserstrasse Gerberbrunnen, Bronzefigur 1945 von Max Uehlinger. – *Münsterplatz*. An der S-Seite das Münster und ehem. Kloster Allerheiligen (s. S. 528). – Hinterer Maulbeerbaum, Nr. 14. Rundbogige Tür mit Namenskartusche dat. 1689. – Gasthaus Thiergarten. Als Herrenhaus im 16. Jh. erbaut; 1607 um den Erkerflügel, im frühen 18. Jh. um den westl. Flügel erweitert. Nach der Bombardierung 1944 originalgetreue Wiederherstellung des Aussenbaus. – Schönmaien, Schönmaiengässchen 16. Vom Münsterplatz aus sichtbare spätgot. Treppengiebelfront mit Klebdach; Kastenerker 1619. Im 2. Obergeschoss bedeutende Stuckdecke 1698 von Samuel Höscheller. – **Beckenstube,** westwärts ansteigende Platzstrasse. In der Hofmauer vor der Neuen Abtei (s. S. 532) ein Torbogen mit Rustikalbekrönung dat. 1618; im Hof schöner Jugendstilbrunnen mit Schaffhauser Bock 1913 von Otto Kappeler. Rückseitig 2 Bauflügel der Staatsverwaltung 1913–14 von Karl Moser; Fassadenmalerei «Auszug einer Schützengilde» 1913 von Ernst G. Rüegg. – **Altes Zeughaus, heute Regierungsgebäude*** (Ortsplan, 14; Abb. 167). *Eines der imposantesten Denkmäler deutscher Renaissance-Architektur in der Schweiz.* Fast völlig neuerb. 1617 von Joh. Jak. Meyer; zur Kaserne umgeb. 1854, völlige Umgestaltung des Innern als kant. Regierungssitz 1912–14. Hinter kleinem Vorplatz mit Freitreppe erhebt sich die als Schauseite gestaltete nördl. Giebelfront eines tiefen, urspr. freistehenden Baublocks. Das Quadrat der 3 Hauptgeschosse ist in der hohen Sockelzone durch Eckpfeiler, in den beiden Obergeschossen durch Eckquader eingefasst und durch einfache Gurten gegliedert; ein hoher Treppengiebel mit Ziervoluten auf jeder Stufe. Über der reichdekorierten Renaissance-Säulenarchitektur des breiten Rundbogenportals ist die Mittelachse durch manieristische Rahmungen einer Schrifttafel und des Schaffhauser Stadtwappens, im Giebel durch die Ädikularahmung einer Aufzugtüre ausgezeichnet; seitlich davon in den Obergeschossen doppelte, im Giebel einfache Rundbogenfenster mit

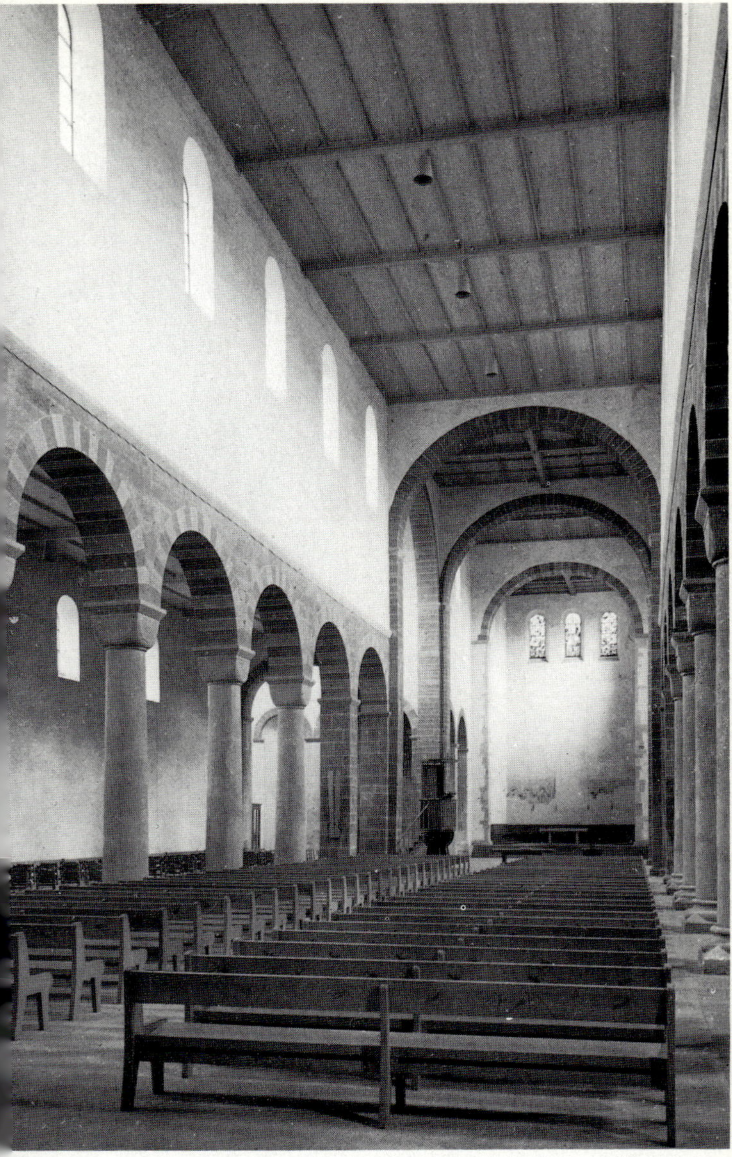

Schaffhausen. Münster Allerheiligen. Dreischiffige flachgedeckte Säulenbasilika mit Quer-
s und Turm an der nördl. Chorseite. Erb. E. 11. Jh. Altarhaus 2. H. 12. Jh. (529 f.)

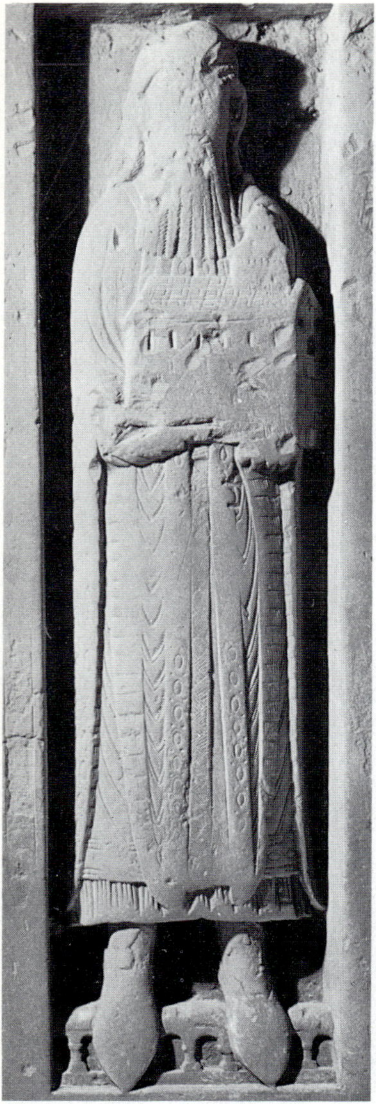

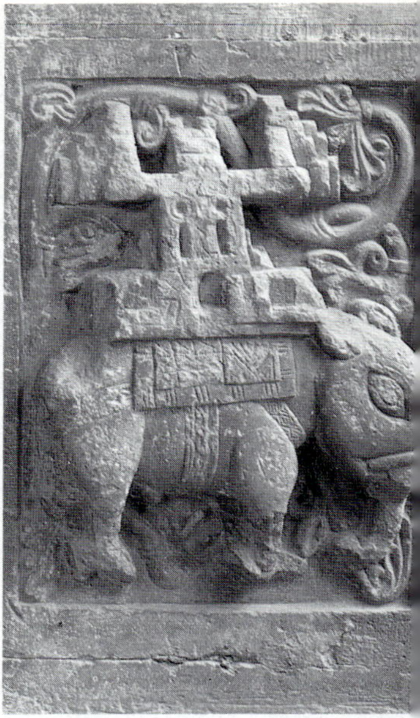

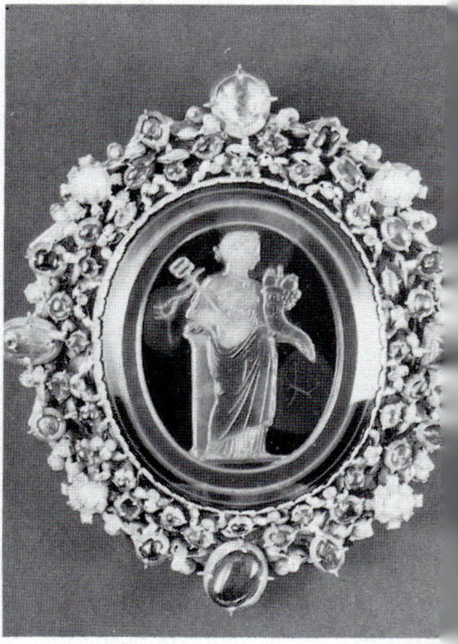

157. **Schaffhausen.** Museum zu Allerheiligen. Erhardskapelle. Grabmal des Stadt- und Klo
gründers Graf Eberhard III. v. Nellenburg (Ausschnitt), A. 12. Jh. (532)

158. **Schaffhausen.** Museum zu Allerheiligen. Roman. Fensterlünette. Elefant. Um 1200 (

159. **Schaffhausen.** Museum zu Allerheiligen. «Onyx von Schaffhausen», röm. Kameo (

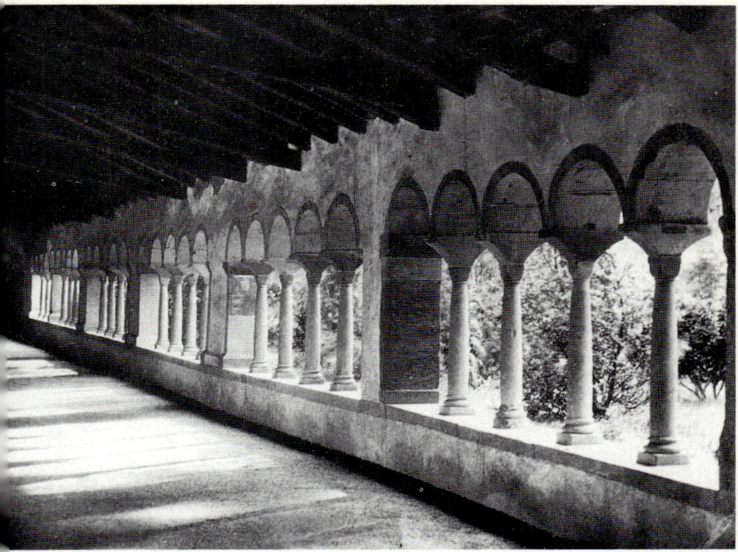

·. Schaffhausen. Ehem. Benediktinerabtei Allerheiligen. Kreuzgang, an der S-Seite des Mün-
rs. N-Flügel mit roman. Arkaden, W-Flügel grossenteils 15.Jh., S-Flügel wohl 1496 (530f.)

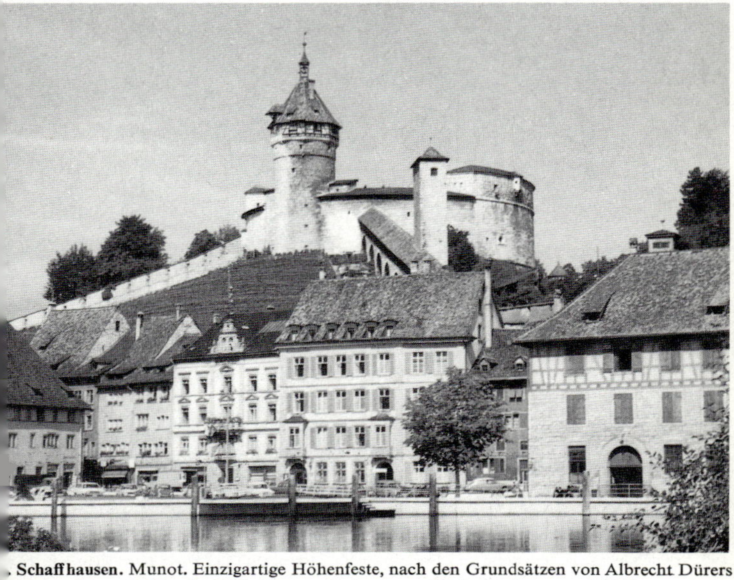

. Schaffhausen. Munot. Einzigartige Höhenfeste, nach den Grundsätzen von Albrecht Dürers
estigungslehre (1527) erb. 1564–85 unter Leitung von Heinrich Schwarz (533f.)

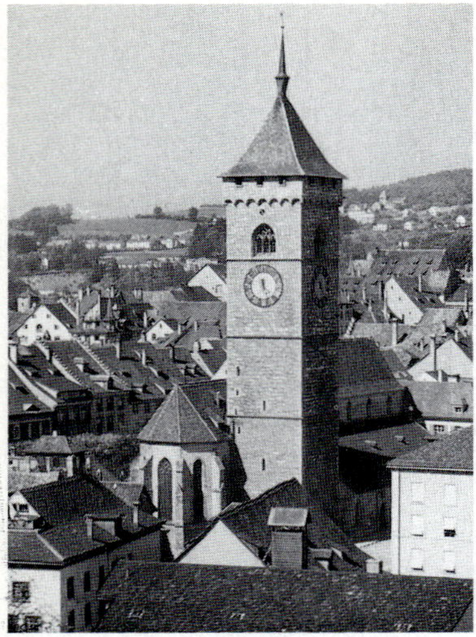

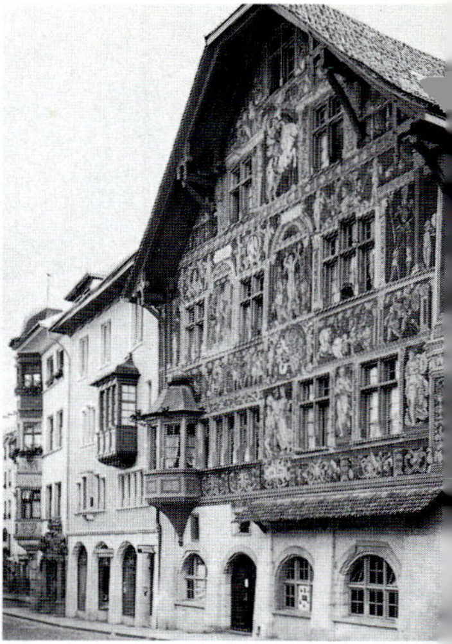

162. **Schaffhausen.** Ref. Pfarrkirche St. Johann. Spätgot. Basilika vermutlich 1.H.15.Jh.,
längerung 1460–72, Anbau der äusseren Seitenschiffe 1515–17. Turm um 1350 (534f.)

163. **Schaffhausen.** Zum Ritter. Bürgerhaus mit den bedeutendsten Fassadenmalereien der d
schen Spätrenaissance, 1568–70 von Tobias Stimmer; Neubemalung 1938–43 (536f.)

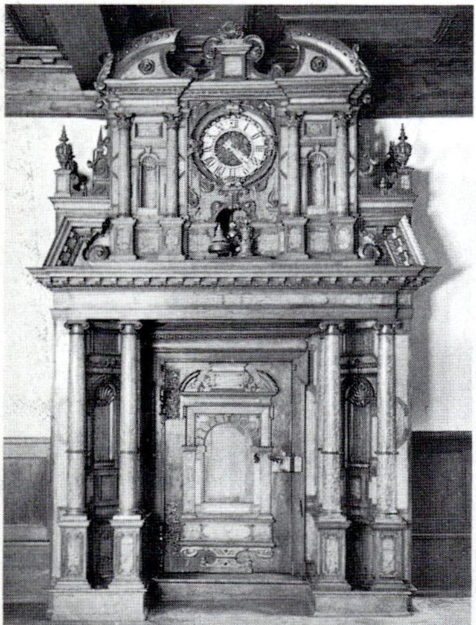

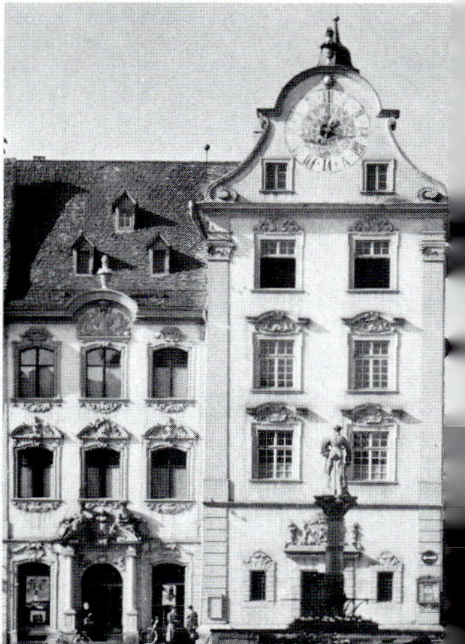

164. **Schaffhausen.** Rathaus. Türe zum Grossratssaal 1624 von Felix Buggi, Balthasar Roth
und Mathias Gaissenbock; im Portalaufsatz Uhr mit originellem Schlagwerk (537)

165. **Schaffhausen.** Herrenstube und Fronwagturm. Herrenstube 1747–48 nach Plan von Thc
Spleiss. Fronwagturm 1747 von Johann Conrad Spengler, Uhr 1564 (538)

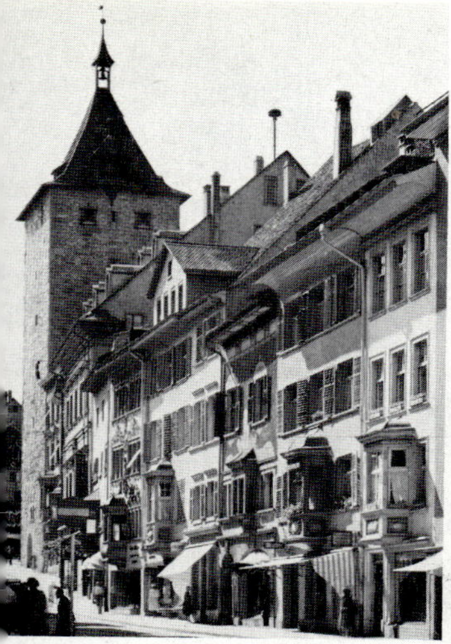
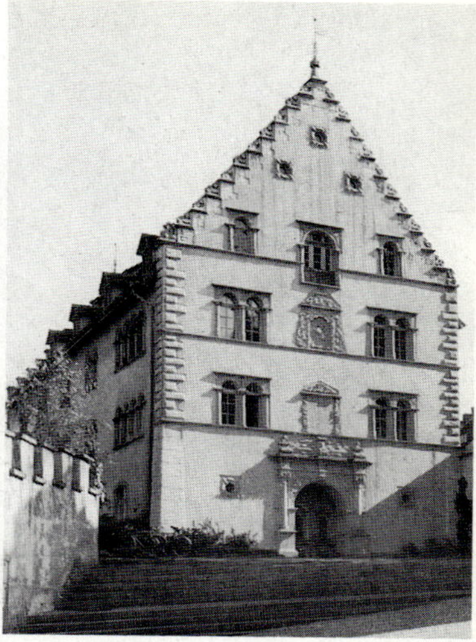

. **Schaffhausen.** Obertorturm. Der 1273 erwähnte Wohnturm seit 1461 im Besitz der Stadt, :er erhöht und 1513 mit Helm und Dachreiter versehen (539)

Schaffhausen. Altes Zeughaus, Regierungsgebäude. Eines der imposantesten Denkmäler :scher Renaissance-Architektur in der Schweiz. Erb. 1617 von Johann Jakob Meyer (544)

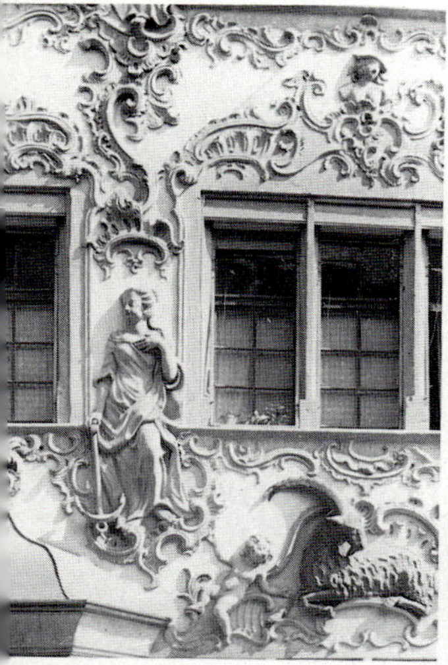
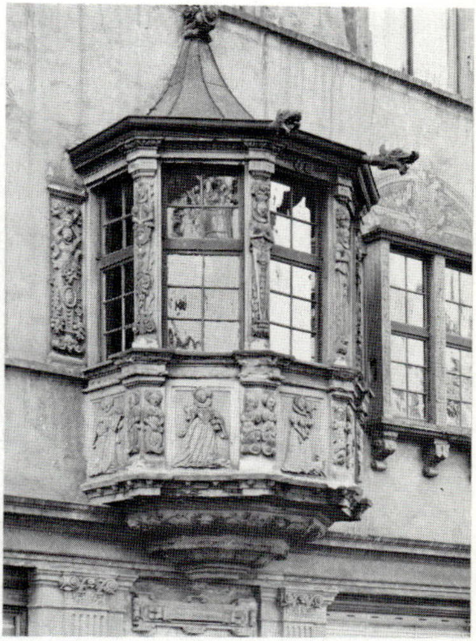

Schaffhausen. Steinbock. Spätgot. Profanbau, um 1750 mit Fassadenstukkaturen von ın Ulrich Schnetzler versehen. Spes und Steinbock als Hauszeichen (538)

Schaffhausen. Goldener Ochsen. 1608 zum Wohnhaus in Renaissanceformen umgebaut. datiert 1609, Reliefs von Martin Müller und Hans Windler (540)

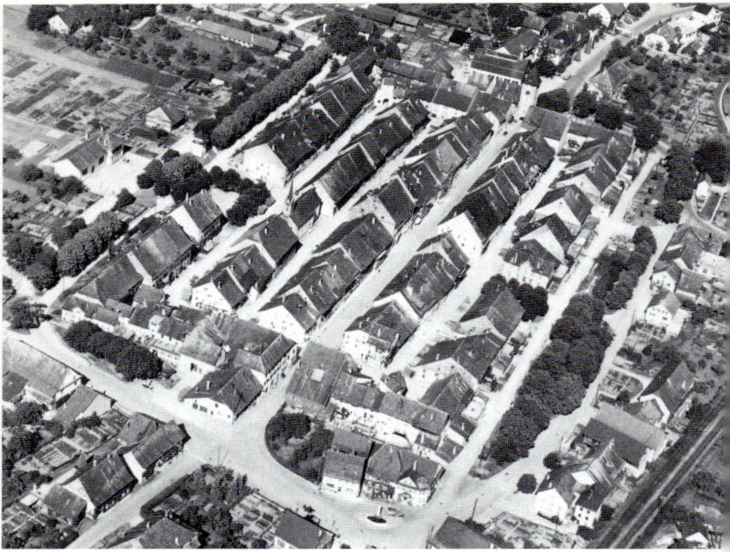

170. **Neunkirch.** Luftansicht von W. Befestigtes, streng regelmässig angelegtes mittelalterli Städtchen; vermutlich um 1270 von Bischof Eberhard II von Konstanz gegründet (549f.)

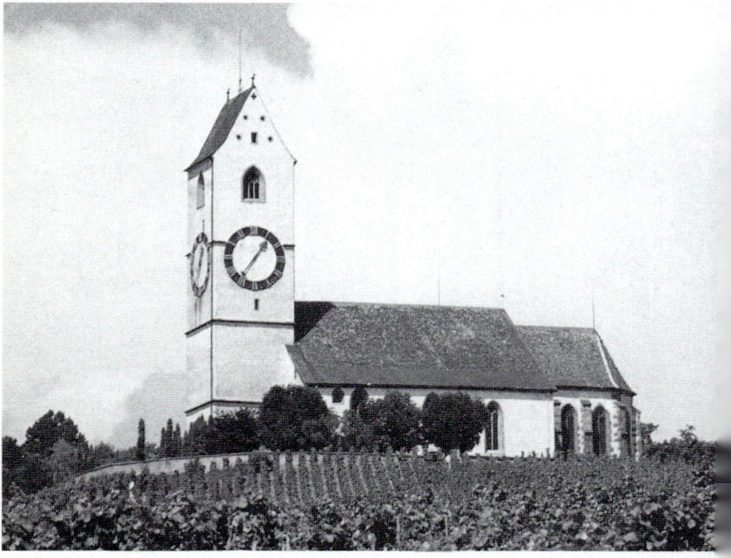

171. **Hallau.** Ref. Bergkirche. Spätgot. Bau 1491 in beherrschender Hügellage. Mächtiger bissenturm mit massivem Erdgeschoss, in der Mitte der verbreiterten W-Front (551)

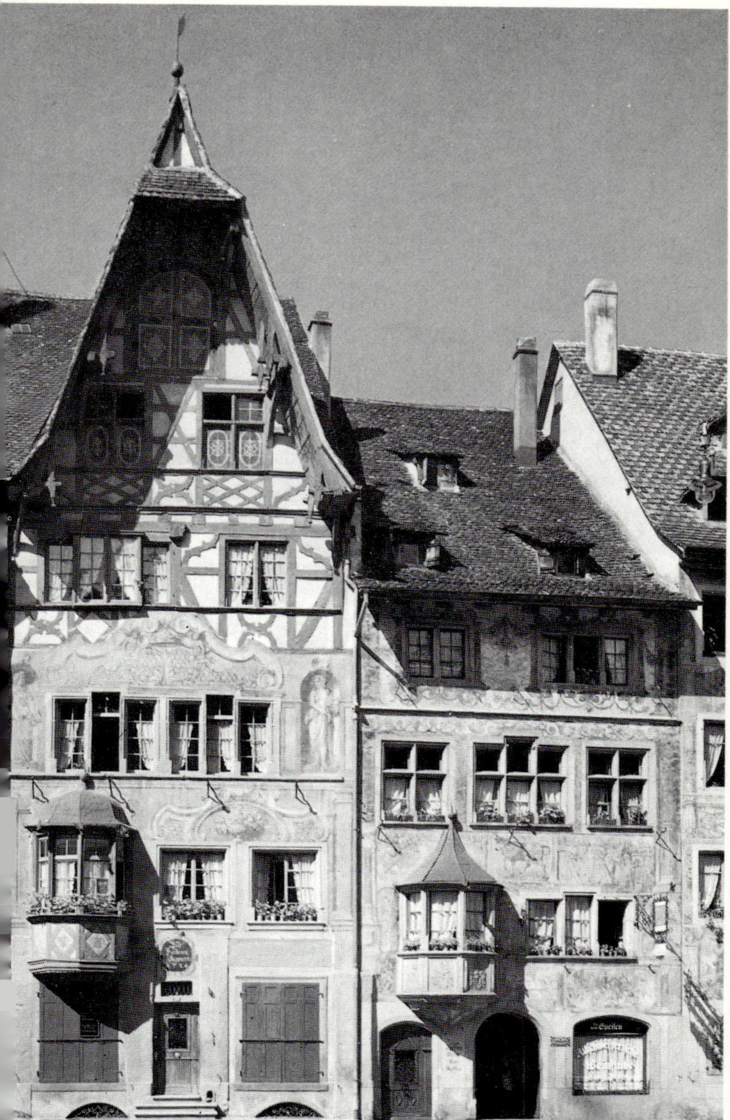

Stein am Rhein. Rathausplatz, südl. Seite von links: Vordere Krone, vermutlich 16. Jh., auten 18. Jh., Erker 1707. Roter Ochsen, Fassadengestaltung und Erker 1615 (560)

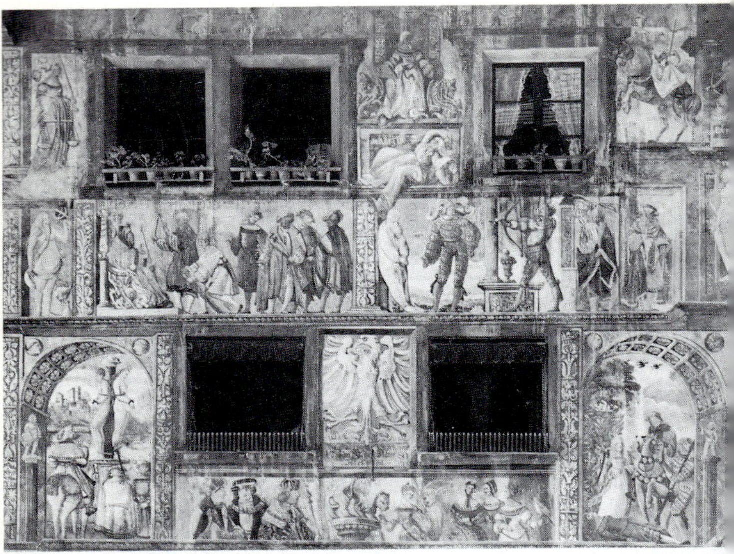

173. Stein am Rhein. Haus zum Weissen Adler. An der spätgot. Strassenfront bedeuten
Fassadenmalerei der Stadt, gemalt um 1520 vermutlich von Thomas Schmid (561)

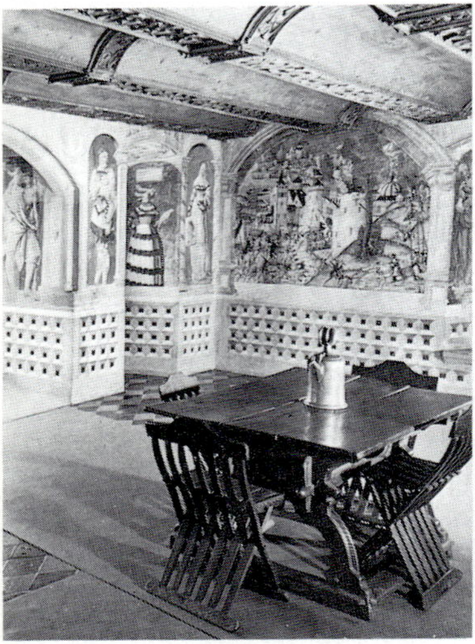

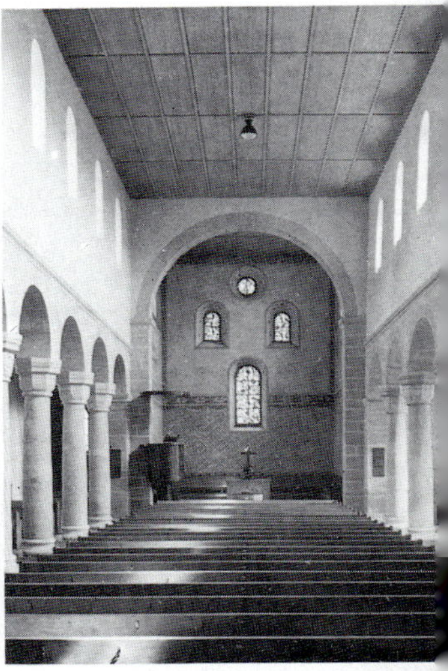

174. Stein am Rhein. Ehem. Benediktinerkloster St. Georgen, Museum. Festsaal des Abtes I
v. Winkelsheim, 1515–16. Wandmalereien von Thomas Schmid und Ambrosius Holbein

175. Stein am Rhein. Ref. Stadtkirche St. Georg. Als Klosterkirche erbaut vermutlich A. I
Dreischiffige Säulenbasilika ohne Querschiff mit geradem Chorschluss, Holzdecke 1931

rechteckiger Pilasterrahmung. – Weisser Trauben, Nr. 4. Schwerer Kastenerker von 1604. – Ehem. Zunfthaus Beckenstube, Nr. 8. Erb. 1561, umgestaltet 1751–53. Hofportal mit Zunftzeichen 18. Jh. – Münz, Nr. 11. Die Obere und Untere Münz im 16. Jh. erbaut, nach der Bombardierung 1944 im Aussenbau originalgetreu wiederhergestellt und im Innern miteinander vereinigt. Stattliche Eckerker; über dem 1582 dat. Eingang gleichzeitiger Sandsteinkopf als Träger des Riegeloberbaus. – **Münstergasse.** Der Blick vom Zeughaus in diese Gasse zeigt eines der malerischsten Altstadtbilder Schaffhausens. – Palmbaum, Nr. 19. Kastenerker mit Allianzwappen des Arztes Heinr. Screta v. Zavorziz dat. 1677. – Haus zur Orgelpfeife, Nr. 21. Im 1. Obergeschoss 5teilige got. Fenstergruppe, darüber Kastenerker von 1728. – Hirschlein, Nr. 30. Trapezerker 1. H. 18. Jh.

Herrenacker (Ortsplan, 15). Grösster Altstadtplatz, benannt nach seinen urspr. Besitzern, den Herren bzw. Äbten von Allerheiligen; im Mittelalter Turnierplatz und Ort religiöser Spiele. – Korallenbaum, Nr. 2. Einheitlicher spätbarocker Bau von 1716; Fassade mit zentralem Portalerker. Im Innern reiche Stuckausstattung, namentlich Saaldecke 1719 von Joh. Jak. Schärrer. – Luchs, Nr. 9. Erb. um 1580; Kastenerker 1707 mit Allianzwappen von 1750; Aussenrenov. 1944. Im Erdgeschoss Reste der 1480 erbauten Liebfrauenkapelle. In den Vorplätzen der 3 Obergeschosse ornamentierte Cheminées von 1707. Reiche Stuckdecke dat. 1708, Spätwerk von Samuel Höscheller; Empire-Ofen. – Frieden, Nr. 11. Niedrige spätgot. Fassade mit frühklassiz. Kastenerker von 1789. Im Erkerzimmer Ofen um 1740 von Leonhard Stamm. – Hoffnungsburg, Nr. 12. Der O-Teil des Doppelhauses erb. 1736, mit Treppengiebel und 2geschossigem Polygonalerker an der Ecke Herrenacker/Ackergässchen; W-Teil mit Hauptportal in der Neustadt erb. 1764 (s. S. 546). – Obere Glocke, Nr. 13. An Stelle einer Glockengiesserei vermutlich um 1670 erbaut als einheitliches 4geschossiges Eckhaus in Bauformen der Spätgotik und der Renaissance; im 1. Obergeschoss gestufte Fenstergruppen mit Halberkern. Stuckdecken 17. und 18. Jh. – **Ehem. städtisches Korn- oder Kaufhaus,** Nr. 15. Das den Platz beherrschende heutige Magazingebäude erb. 1678–79 von Heinr. Peyer; Renov. 1944. Mächtige 3geschossige Renaissancefassade unter nahezu gleich hohem Satteldach. Das rustikal gequaderte Sockelgeschoss mit 3 rundbogigen Eingängen und 2 breiten Rundbogenfenstern trägt einen glatten Oberbau, welcher zwischen Eckquadern durch doppelte Gurten gegliedert ist. Die mittlere der 5 Achsen in den 3 Obergeschossen durch rundbogige Aufzugtüren und im Dach durch ein hohes Giebelhäuschen ausgezeichnet; in den Nebenachsen got. Kreuzstockfenster, denen im Dach 3 Reihen von Schlepplukarnen folgen. Über dem einfachen Hauptportal ein Relief mit Schaffhauser Stadtwappen, dat. 1679, mit Initialen von Hans Jak. Heimlicher. – Stadttheater, Nr. 21. Erb. 1954–56 von Karl Scherrer und Paul Meyer. In der Kuppel Malereien 1956 von Max Gubler; gleichzeitig Teppich von Lissy Funk über der Bühne. – Rathaus und Staatsarchiv (s. S. 537). – Ringkengässchen. Mang-Thöning-Haus, Nr. 13. Am Rundbogenportal 1493. – Rosengasse. **Weisse Rose,** Nr. 16. Vom Scharfrichter Christoph Käser 1575 erbautes und von den Peyer in der 2. H. 17. Jh.

zum Kaufherrensitz erweitertes spätgotisches Bürgerhaus; heute städtisches Lehrlingsheim. Traufständiger Treppengiebelbau, die breite Front durch Bankgurten in 3 Geschosszonen gegliedert. Erkerkonsole dat. 1575, kleiner Erker 1699; neben dem Portal schönes Spätrenaissancegitter um 1683. An der O-Seite 3seitiger Treppenturm. Die N- und S-Flügel gegen den ummauerten Garten erb. im 17.Jh. Gute Innenausstattung, Stukkaturen des 17. und 18.Jh. – *Rheinstrasse*. Rheinschulhaus. Als Waisenhaus erb. 1782–88 von Christoph Jezler, als Gymnasium benützt 1795–1902; Umbau 1947–48. Schlichter frühklassiz. Bau, urspr. mit Vortreppen. – Störchlein, Nr. 29. Am Eckpfeiler eine der 2 in Schaffhausen erhaltenen Reitertrittnischen 1.H. 17.Jh. – Rosengarten, Nr. 37. Erb. 1682, stark umgebaut. Hölzerner Trapezerker von 1700. Schöne Stuckdecke 1687 von HS. – *Neustadt*. Beckenburg, Nr. 1. Viergeschossiges Eckhaus mit Mansartdach, erbaut um 1760; Abschrägung der S-Front durch ehem. Toranlage bedingt. – Grün Eck, Nr. 2. Zweigeschossiger Holzerker von 1757. – Schleifstein, Nr. 13. An der W-Seite des Hauses der «Untere Diebsturm», Teil der ehem. Stadtbefestigung. – Wilder Mann, Nr. 29. Grossflächige Fassade mit gotischen Fenstergruppen; Kastenerker von 1660. – **Hoffnungsburg,** Nr. 40. Der östliche Hausteil mit Giebel gegen den Herrenacker erb. 1736 (s.S. 545), Verlängerungsbau mit Portalfront gegen die Neustadt 1764. Schöne 3achsige Fassade mit Eckpilastern über 3 Geschosse; vornehm dekorierter Portalerker. In der Erdgeschosshalle ein vorzügliches Rokoko-Schmiedeisengeländer von 1736; Stukkaturen, Türen und Cheminée 18.Jh. – Ehem. Korn- und Kaufhaus, Nrn. 46–50. Renaissancebau 1678–79; gleiche Fassade wie an der Vorderseite gegen den Herrenacker (s.S. 545). – **Haberhaus,** Nr. 51 (Ortsplan, 16). Der ehem. Getreidespeicher erb. 1592–93 für Handelsherrn Josua Baumann-Peyer; seit 1852 städtisches Magazin. Das Erdgeschoss mit Stützpfeilern ist seit der Renov. 1943 durch breite Arkaden geöffnet; 2 Obergeschosse mit Kreuzstockfenstern in der Mittelachse, begleitet von grossen rundbogigen Aufzugstoren. In der got. Erdgeschosshalle 2 Säulenpaare, auf denen ein rohes Gratgewölbe mit Getreideabflusslöchern ruht. Seitlich des zentralen Treppenturms rundbogige Durchgänge, über denen das Haus durch eine Quermauer bis zum Dachfirst unterteilt ist. Der rückseitige Hausteil mit Ausgang zur Grabenstrasse ist an die alte Stadtmauer angebaut; Reste des Wehrganges im 2.Lagerboden. – Haus Nr. 81. An der S- und O-Seite freistehende Mauern eines 1299 erwähnten Wohnturms, vermutlich der Roten v.Randenburg; um 1900 auf heutige Höhe reduziert.

AUSSENQUARTIERE

Steigstrasse. Gegenüber dem Obertor Denkmal für Joh. Conr. Fischer (1773–1854), Gründer der Schaffhauser Eisen- und Stahlwerke und erster Stadtpräsident; Bronzeplastik 1952 von Max Uehlinger. – Fäsenstaubpromenade. In der Art eines englischen Gartens gemeinsam mit dem Kasinogarten angelegt 1802, nach Projekt des Kurpfälzischen Hofgärtners Joh. M.Zeyher in Schwetzingen. Im Park klassiz. Denkmal für den bedeutenden Geschichtsschreiber und Staatsmann Joh. v.Müller; Marmorbüste und

Relief 1848 von Joh. Jak. Oechslin. – Denkmal, von Frankreich gestiftet für karitative Hilfe der Schweiz während des Ersten Weltkrieges, 1922 von Paul Landowski. – **Haus zum Fäsenstaub,** Nr. 2. Originelles Empirelandhaus. Erb. 1820–22 von Joh. Peter Widmer für Handelsherrn Joh. Pfister v. Schneeberg. Auf kreuzförmigem Grundriss ein schlichter 2geschossiger Baukörper unter Walmdach. Der S-Risalit mit Haupteingang enthält in 2 Geschossen eine Loggia mit Rundbogen auf Pfeilern und Säulen. Tiefe Erdgeschosshalle mit Loggia, hinten Eingang im Palladio-Schema zur Wendeltreppe. Kultivierte Ausstattung aus der Bauzeit, u.a. Stukkaturen von Jos. Beunat. – Kath. Stadtpfarrkirche St. Maria. Neugotischer Bau 1885 von Joh. Ch. Bahnmaier. – Steigplatzbrunnen. Bronzefigur eines Knaben 1935 von Walter Knecht. – Engelgut, Nr. 76. Schlichtes Louis-XVI-Haus von 1782, über dem Portal Kartusche mit Wappen des Bauherrn. – Vorderer Stokarberg, Kometsträsschen Nr. 65. Um 1740 durch Erweiterung einer Trotte gewonnenes einstöckiges Sommerhaus mit Dachreiter, im O-Giebel hölzerner Polygonalerker. Reizend ausgeschmückter Saal von 1743: Eingelegter Fussboden, an den Wänden Leinwandbespannung mit Landschaftsbildern zwischen gemalten Spiralsäulen, feine Stuckdecke mit grossem Mittelbild 1743 von Joh. Ulr. Schnetzler. – Stokarbergstrasse. Dreizehn Orte, Nr. 1. Spätgot. dreigeschossiges Haus mit Treppengiebeln, der östl. Hausteil mit Rundbogenportal und Strebepfeilern dat. 1595. – Pfarrhaus Steig, Nr. 14. Das «Generalengut» genannte Landhaus erbaut um 1780 für General Joh. Jak. Pfister, um 1823 weitgehend umgebaut. Empiregartenportal mit seitlichen Mauernischen 1823, gleichzeitig klassiz. Stuckdecke im Obergeschoss. – Asyl Steig, Nr. 21. Behäbiger 2geschossiger Bau aus dem 16. Jh. – Weissthurngut, Nr. 62. Einfacher Landsitz erb. um 1600. Stuckdecken 1674 und um 1780. – **Wirtschaft Schützenhaus,** Rietstrasse Nr. 1. Für die Gesellschaft der Büchsenschützen erb. 1537, weitgehend neuerb. 1686; nach Brand 1957 erneuert. Zweigeschossiger Bau unter Satteldach, an der nördl. Giebelfront ein polygonaler Treppenturm. In der Mitte der 6achsigen Hauptfront ein Rundbogenportal (heute Fenster) dat. 1537, darüber barockes Wappenrelief und im Dach ein Quergiebel mit Renaissancerahmung der beiden Fenster, Zifferblatt und als Bekrönung ein hoher Dachreiter mit Zwiebelhelm. Weitere Wappenreliefs über dem N-Eingang und am Treppenturm, alle 1686 von Lorenz Schreiber. Im Erdgeschoss grosse Halle, urspr. Gewehrkammer; im Obergeschoss Stuckwappen der Schützengesellschaft und ihrer Vorsteher bis 1737. – **Sonnenburggut,** Sonnenburggutstrasse Nr. 29. Neu- oder Umbau 1589, Innenausstattung 17. Jh., grösserer Umbau 1871; Aussenrenov. 1950. Schlossartiges Gebäude in prächtiger Gartenanlage. In der Vorhalle Frührenaissance-Wandmalerei A. 16. Jh., Hl. Georg umgeben von Rankenwerk spätgot. Charakters; kraftvoll geschnitzte Saaltüre in barocker Rahmenarchitektur mit reichdekoriertem Wappenaufsatz 1680 von Samuel Höscheller. Im Saal prunkvolle Stuckdecke mit figürlichen Darstellungen um 1680, das bedeutendste Werk des Samuel Höscheller; Turmofen 1676 von David Pfau. Im 1. Obergeschoss Saal mit eingelegtem Eichentäfer, Stuckfries und -decke, Kachelofen 1675 von David Pfau. Im Nebenraum Rest eines bemalten Täfers A. 18. Jh. Im Garten Brunnen von 1683. – Belair, Randenstrasse Nr. 65. Landsitz des 16. Jh., im 18. Jh. schlossähnlich erweitert; jetzt Jugendherberge. Von Kuppeltürmchen flankierte Giebelfassade mit Rundbogenfenstern und Dachreiter. – Zum Hohlenbaum, Nr. 176. Spätgot. Treppengiebelbau, heute Bauernhaus. Im Dachreiter eine Glocke von 1693 aus Nürnberg. – Ref. Steigkirche. Erb. 1948–49 von Walter Henne und Hans Oechslin, mit abseits stehendem Turm. Im Chor Wandgemälde 1949 von Paul Bodmer.

NÖRDL. UND ÖSTL. VORSTADT

Seidenhof, Hochstrasse Nr. 20. Dreigeschossiger Block unter Lukarnenwalmdach, erbaut 1711. Am Rustikalportal Wappen des Seidenherrn F. Stokar-Peyer im Hof. Im Innern Stuckdecken aus der Bauzeit. – Kantonsspital, Auf dem Geissberg. Erb. 1950–54 nach Plänen von Walter Henne, Paul Meyer und Karl Scherrer. – Zwinglikirche. Rechteckiger Saalbau unter Zeltdach 1959 von D. Feth. Freistehender Pfeilerobelisk als Glockenträger. – Kath. Pfarrkirche St. Peter. Erb. 1956 von Paul Albiker; Kreuzweg und Glasmalerei 1960 von Willy Helbling.

Museum. Museum zu Allerheiligen (s. S. 531; Ortsplan, 1). Bedeutende prähist. Sammlung*. Steinzeitliche Funde aus den Höhlen Schweizersbild und Kesslerloch. «Onyx von Schaffhausen». Kirchliche Kunst des Mittelalters. Gemäldegalerie vornehmlich mit Werken nachmittelalterl. Schaffhauser Malerei (Tobias Stimmer). Bürgerliche und Staatsaltertümer.

Buchthalen, 1947 eingemeindet. Pfarrkirche. Erb. 1705; schlichter Barockbau auf gezogenem 8eckigem Grundriss. Reichgeschnitzte Kanzel mit Schalldeckel und geschmiedetem Stundenglashalter, aus der Bauzeit; Taufstein 1751. – Schöne Riegelbauten, vorwiegend 18. Jh. – Rebhäuschen auf Windegg, mit Rokokostuckdecke im Obergeschoss.

Herblingen, 1964 eingemeindet. Pfarrkirche. Einfacher Barockbau 1751; Renov. 1951. An der Hauptfront ein leichtgeschweifter Giebel mit Ansatzvoluten, in der Mittelachse vorgebauter Turm mit Portal. Rechtecksaal mit polygonalem Schluss, an der Stuckdecke Gemeinde- und Standeswappen. Empore und schöne Barockkanzel aus der Bauzeit; Taufstein von 1596 aus der ehem. St. Peterskapelle. – Ehem. St. Peterskapelle, unterhalb der Pfarrkirche. Vermutlich im 13. Jh. erbaut, heute Wohnhaus. – Alte Post. Schöner Fachwerkbau 17. Jh. – **Schloss Herblingen,** über der Strasse nach Stetten. Vom 12. bis A. 14. Jh. in Besitz der Edlen v. Herblingen, 1566–1733 Sitz schaffhausischer Obervögte, seither Privatbesitz. Die mittelalterl. Anlage besonders seit 1733 wesentlich umgestaltet. Vor- und Innenhof mit Spitzbogentoren und Resten des Berings; hoher Bergfried unter Zeltdach 1. H. 13. Jh.; Palas im Kern wohl 13. Jh., modernisiert. Treppenhaus mit Stuckdecke um 1733, in der Art des Joh. Ulr. Schnetzler. Über der nordwestl. Hofmauer eine Galerie mit Uhrtürmchen, um 1733.

NEUNKIRCH–SCHLEITHEIM–THAYNGEN

NEUHAUSEN am Rheinfall. Ref. Kirche. Barocke Saalkirche mit Dachreiter erb. 1720; umgebaut und verlängert 1958–59 durch Walter Henne gleichzeitig der freistehende Turm. Barockes Hauptportal, Stuckdecke und Kanzel aus der Bauzeit. Im Pfarrhof aufgestellt eine Glocke von 1720. – Villa Charlottenfels, heute Landwirtschaftliche Schule. Für Industriepionier Heinr. Moser nach eigenen Ideen erb. 1850–54 vom bedeutenden Baudilettanten Bernhard Simon. An der Talseite des schlossartigen Neurenaissancebaues eine weite Terrasse, die seitlich durch viertelkreisförmig vorbiegende Wandelhallen mit abschliessenden Pavillons eingefasst ist. Im südl. Pavillon 4 Wandbilder mit Themen aus der Schweizergeschichte aus der Bauzeit von Hans Bendel. – Haus Rabenfluh. Wahrscheinlich für Handelsherrn Laurenz Peyer (1585–1661) erbaut; vollständig umgeb. 1883 durch Ernst Jung. Im zweiten Obergeschoss prächtige Régencestuckdecke mit figürlichen Darstellungen, M. 18. Jh., vermutlich von Joh. Ulr. Schnetzler. – **Schlösschen Wörth.** Turmartige Wasserburg auf einer kleinen Felseninsel unterhalb des Rheinfalls, vermutlich im 12. Jh. erbaut, mehrmals umgebaut. Ehemals Zollstätte der Rheinschiffahrt beim Umladeplatz des Landtransportes von Schaffhausen; ehemals Sitz österreichischer Lehensleute, 1436 vom Kloster Allerheiligen erworben. Besitz der Stadt Schaffhausen seit 1524, des Kantons seit 1832; heute Gasthaus. – Schloss Laufen, oberhalb des Rheinfalls (s. Kt. Zürich). – **Aazheimerhof,** 3 km südwestl. Neuhausens. Als Sommerresidenz der Äbte von Rheinau erb. 1598; Renov. 1891 und 1909. Pachtgut der Stadt Schaffhausen. Spätgot. Wohnhaus mit hohen Treppengiebeln, an der Hauptfront eine Sonnenuhr und Steinrelief mit den Hl. Benedikt und Fintan und Wappentafel der Äbte Joh. Theob. Werlin v. Greifenberg und Gerold Zurlauben. Schöne Kassettendecke mit Wappenrelief 1601; in der Küche ein Kreuzgewölbe auf Mittelstütze.

GUNTMADINGEN. Gasthof Oberneuhaus. Stattlicher klassiz. Bau mit Mansartdach, dat. 1800.

NEUNKIRCH (Abb. 170). *Einzigartiges befestigtes Landstädtchen, die streng regelmässige mittelalterl. Anlage gut erhalten.* Eine auf der südl. Anhöhe gelegene Siedlung «Niuchilchun» um 850 erwähnt; die Stadt als konstanzischer Stützpunkt im Klettgau vermutlich um 1270 von Bischof Eberhard II von Konstanz gegründet. Während der Reformation wurde Neunkirch 1525 an Schaffhausen verkauft, darauf Sitz einer Obervogtei, 1659–1798 einer Landvogtei. – Das W–O gerichtete Stadtrechteck von 260 m Länge und 140 m Breite ist von 4 Parallelgassen durchzogen, die etwas breitere Hauptgasse von urspr. 2 Tortürmen geschlossen, von denen der wohl 1419 erbaute Uhrturm des Obertors erhalten ist. Die Häuser stammen aus dem 16.–19. Jh., ihre traufseitigen Wohnteile sind nach S gerichtet, nach N urspr. die Stallungen und Scheunen. Von der Stadtmauer sind Teile als Rückmauer der äusseren Häuserreihen erhalten, der Stadtgraben wurde bis 1841 zugeschüttet. – Stadtkirche (Winterkirche). Die mittelalterliche St. Johanneskapelle mehrmals verändert, neugot. Totalumbau 1866 durch Joh. Chr. Bahnmaier. – **Schloss** (Oberhof) in der NO-Ecke der Stadtanlage. Ehem. Sitz der bischöflichen und schaffhausischen Vögte, jetzt z.T. Ortsmuseum. Die Umfassungsmauern der unregelmässigen Anlage und der Turm mit Tor zum Binnenhof sind mittelalterl., Ausbau besonders im 16. Jh. Im N-Flügel von 1554–55 Fresko von 1563 mit Wappen der ersten 10 Schaffhauser Obervögte. Im Saal Renaissancetäfer um 1660. – Zehntscheune, beim Chor der Stadtkirche. An den Rundbogenportalen der beiden Strassenfronten dat. 1713, an der N-Front eine Sandsteinplatte mit Wappen des Konstanzer Bischofs Hugo v. Landenberg, dat. 1528. – Herrengasse Nrn. 122–124, Doppelhaus Rietmann. Erbaut 1762–63 für Joh. Pfeiffer, den Neffen des Generals Rietmann. Zwischen den Fassaden der beidseitigen Wohntrakte die breite Front des zentralen Ökonomiegebäudes; über dem Scheunentor eine gemalte Rokokokartusche mit Sonnenuhr und Wappen. – Gemeindehaus, im Zentrum der Stadtanlage. Spätgot. Bau 1565 mit Treppengiebeln, Staffelfenstern und gewölbter Durchfahrt. Im heute unterteilten Saal des 1. Obergeschosses profilierte Fenstersäulen dat. 1568, Figurenkonsolen und Deckenstützen. – Vordergasse Nr. 38, ehem. Untervogthaus. Fachwerkbau von 1715. – An den Enden der Vordergasse je ein Pfeilerbrunnen mit bekrönendem Kirchenmodell, 1767 und 1769 von Joh. Stamm. – Klettgauer Brunnen, 1940 von Max Uehlinger. – Haus zur Farb, westl. vor der Stadt. Behäbiger klassiz. Bau 1807–17 mit Mansartdach. – **Ref. Bergkirche,** auf einer Anhöhe südl. der Stadt. Durch Grabungen eine frühmittelalterl. und eine spätroman. Anlage nachgewiesen, erste Erwähnung der ehemaligen Marienkirche 1155. Die im Mauerwerk des nördl. Hauptschiffes und im entsprechenden Chorteil erhaltene got. Kirche gegen 1400 erbaut, Turm 1484, Anbau des südl. Seitenschiffes und Verbreiterung des Chores 1598; letzte Renov. 1935–36. Schlichtes Äusseres, am Chor 2 schöne Renaissance-Epitaphe von 1642 und 1648; an der N-Seite der mächtige spätgot. Käsbissenturm mit Masswerkfenster im Glockengeschoss, älteste Glocke des Kantons 1299. Das Innere ist durch 4 Säulenarkaden in ein breites Haupt- und ein schmales S-Schiff unterteilt, in beiden Schiffen flache Decken mit Stukkaturen von 1747. Spitzbogige Türe zum kreuzgewölbten Turmerdgeschoss. Spätgotischer Taufstein mit Masswerk A. 16. Jh., Fuss 1598; im Chor Renaissance-Empore von 1654; Epitaphien 17. und 18. Jh.; Kanzel mit Intarsien 1747, Abendmahlstisch 1769. Gute spätgot. Fresken nach 1878 übertüncht.

Museum. Ortsmuseum, im Schloss.

WILCHINGEN. Ref. Pfarrkirche, auf urspr. bewehrtem Kirchhügel Neubau 1676 von Heinr. Peyer; vom Vorgängerbau der wehrhafte Turm des 15. Jh., erhöht 1551. Früher prot. Predigtraum, auf die Kanzel an der nördlichen Längsseite ausgerichtet. Originelle Bretterdecke in Form von zwei sich berührenden Oktogonen und konzentrisch angeordneten Deckleisten Wandtäfer. Ausstattung aus der Bauzeit, an der schönen Steinkanzel die Wappen von Trasadingen und Wilchingen. – Pfarrhaus. Dreiflügelbau, al westl. Abschluss der kirchlichen Befestigungsanlage vermutlich A. 16. und 17. Jh. erbaut, Umbau 1780–82. Prächtiger Renaissancekachelofen aus dem 16. Jh. – Ehem. Zehntscheune des Klosters Rheinau. Treppengiebelbau mit Wappenrelief, spätes 16. Jh. – Bauliche Eigenart des Dorfes sind die breiten, z. T. tonnengewölbten Strassendurchfahrten, so im Haus Rebstock (Nr. 37), im Alten Schulhaus (Nr. 138) und im Haus zum Bogen (Nr. 147).

OSTERFINGEN. Ref. Pfarrkirche. Saal 1758–59, mit polygonalen Schmalseiten. Über dem Portal an der südl. Schmalfront ein Glockentürmchen; Kanzel und Taufstein 1659. – Doppelhaus Ochsen-Hirschen. Der ehem. Gasthof an beiden Scheunentoren dat. 1748. – Burgruine Radegg. Die Burg erscheint urkundlich in Zusammenhang mit dem gleichnamigen Freiherrengeschlecht im 12. Jh.; vermutlich 2. H. 13. Jh. zerstört. Unterer Teil des Bergfrieds, der Vorburg sowie Halsgraben 1936–37 freigelegt und konserviert.

TRASADINGEN. Ref. Pfarrkirche. Neubau mit Frontturm 1839–40; letzte Renov. 1954, Ausstattung gleichzeitig.

HALLAU (Abb. 171). Ref. Dorfkirche. An Stelle einer 1424 erwähnten Kapelle St. Moritz neuerb. 1753; neuer Turmaufsatz 1834, durchgreifende Renov. 1956. Grundriss ein unregelmässiges Rechteck, in der NO-Ecke ein im Unterbau roman. Wehrturm einbezogen; am südl. Haupteingang ein Schlussstein mit Datum 1589, von der alten Kapelle. Im modernisierten Innern ein spätgot. Sakramentshäuschen. – Gemeindehaus, 1872 von Joh. Chr. Bahnmaier, rest. 1970. – Haus Nr. 153. Spätgot. Türgericht 1515. – Haus Metzgerrain. Behäbiger klassiz. Bau mit Mansartdach, am Kellertorbogen dat. 1802. In beiden Hauptgeschossen Täfer und Holzdecken, in der oberen Stube mit Blumenmalerei von 1806 (Renovation 1888). – Klassiz. Haus Kreuz. Der ehem. Gasthof neuerb. 1805. – Hammerbrunnen. Trog 1603, Renaissancesäule 1557; Kopie von 1947. – Heimatmuseum, im Kirchschulhaus. – **Ref. Bergkirche** (Abb. 171), auf einer Rebhangterrasse oberhalb des Dorfes. Spätgot. Bau 1491, nach Übernahme der St.-Mauritius-Reliquien aus der Dorfkirche 1508 bis zur Reformation ein bedeutender Wallfahrtsort. Verbreiterung um das südl. Seitenschiff und weitere Umbauten 1598, Zerstörung der spätgot. Glasgemälde und von Einrichtungsgegenständen anlässlich der Revolution 1798; Renov. 1920, des Turmes 1933. Mächtiger Käsbissenturm mit massivem Erdgeschoss in der Mitte vor der verbreiterten W-Front; in der Achse des Hauptschiffes ein eingezogener Polygonalchor mit abgetreppten Streben und Masswerkfenstern. In der südl. Längsfront 2 Rundbogenportale von 1598 und versetzte Masswerkfenster aus der alten S-Mauer von 1491. Das Innere durch 3 toskanische Säulenarkaden von 1598 unterteilt; im erhöhten Chor ein spätgot. Netzgewölbe mit schönen Schlusssteinen von 1491: Halbfigur des Kirchenpatrons St. Moritz, Figuren des Thebäermartyriums und Wappen des Konstanzer Bischofs Otto IV. Prächtiger spätgot. Taufstein 1509 mit Masswerk. Polygonale Sandsteinkanzel von 1598, verändert 1673, gewölbter Schalldeckel. Im Seitenschiff klassiz. Epitaphien 1827 von Joh. Jak. Oechslin. Glasgemälde 1920 von Albin Schweri.

Museum. Heimatmuseum, im Kirchschulhaus.

OBERHALLAU. Ref. Pfarrkirche. Neuerb. 1751; Kanzel und Taufstein aus dem Vorgängerbau 1663. – Pfarrhaus, erb. 1714.

GÄCHLINGEN. Ref. Pfarrkirche. Nachklassiz. Neubau 1844–45 von Heinr. Gasser. An den Längsfronten je 2 Portale, dazwischen an der nördl. Längsfront der Uhrturm mit Helm. – Pfarrhaus. In frühen klassiz. Formen erb. 1806–07. – Altes Gemeindehaus. Spätgot. Bau 1571, mit Treppengiebeln, Dachreiter und an der S-Front 3 3teilige Staffelfenster. – Bauernhäuser mit Fachwerk und Stufengiebel, einige 16.Jh.

BERINGEN. Ref. Pfarrkirche. Erstmals belegt 1231, in nachreformatorischer Zeit mehrfach umgebaut und unregelmässig erweitert. – Sog. Schloss, Nr.122. Im Baukomplex erhalten der im 11.–12.Jh. errichtete Sitz der Hünen v. Beringen, Inhaber der Dorfvogtei. Reste des Turmes, des Palas und eine Zisterne; An- und Aufbauten 13.Jh. und später.

Museum. Heimatmuseum, Mitteldorf.

LÖHNINGEN. Ref. Pfarrkirche. Neuerb. 1606, der dachreiterartige Turm 1766; Rest. 1953 und 1967. Taufstein vermutlich 14.Jh., Holzkanzel 1606. Im Kirchhof aufgestellt eine Glocke von 1772. – Pfarrhaus. Barockbau von 1757. – Spitaltrotte. An schöner Renaissancegedenktafel dat. 1603.

SIBLINGEN. Ref. Pfarrkirche, in ummauertem Friedhof. Vermutlich im 13.Jh. erbaut, 1641 nach W verlängert; Rest. 1954 und 1959–60. Im ehem. Chorteil Reste einer got. Wandmalerei des 14.Jh., monumentaler St. Christophorus zwischen einer Seelenwaage und Hl. Martin. Taufstein 1641, Holzkanzel 1657. Im Friedhof aufgestellt die got. Frauenglocke, um 1300. – Mehrere schöne Riegelhäuser 17. und 18.Jh.

SCHLEITHEIM. Das stattliche Dorf war seit 970 Besitz des Klosters Reichenau, das 1530 die meisten Hoheitsrechte an Schaffhausen abtrat. Barocke Häuser nach dem Dorfbrand von 1747; gute klassiz. Bauten aus der Zeit, da Schleitheim durch die Gipsgewinnung zu Reichtum gelangte (Gipsmuseum im Dorfteil Oberwiesen). – Ref. Pfarrkirche. Erstmals erwähnt 993; Neubau 1869–70 von Joh. Chr. Bahnmaier in neuroman. Formen. Von Vorgängerbau der spätgotische Turm mit Masswerkfenstern im Glockengeschoss, vermutlich 1436; verändert 1901. – Pfarrhaus. Das ehem. Amtshaus des Klosters Reichenau neuerb. 1778 von Joh. Conr. Spengler; Rest. 1959. Über dem Portal ein Relief mit Wappen des Konstanzer Fürstbischofs v. Rodt. – Haus Adler, Nr. 84. Erb. 1805; über dem Portal schönes klassizistisches Hauszeichen. Im Obergeschoss Stuckdecken in stilverspätetem Rokoko und Empire. – Oberes Schulhaus und Ortsmuseum. Als Kehlhof des Klosters Reichenau neuerb. 1797. Im Museum hauptsächlich Fundgegenstände von einer röm. Siedlung südl. des Dorfes. – Gasthaus Hirschen. Empirehaus von 1810, mit gleichzeitigem Wirtshausschild. – Brauerei, an der Bachbrücke. Der gemauerte Wohnteil und der Ökonomieteil in schönem Fachwerk erb. 1748. Im Obergeschoss kleiner Saal mit bemaltem Täfer und Régencestuckdecke. – Kätterlihaus, später Kasse. Der einfache Barockbau 1740. Im Innern eine Régencestuckdecke mit Mittelbild des Psalmisten David 1743 von Joh. Melchior Eggmann. Vom gleichen Maler Porträts des Bauherrn Wanner und seiner populären Frau Katharina, nach der das Haus vom Volksmund benannt wurde.

Museen. Gipsmuseum, im Dorfteil Oberwiesen. – Ortsmuseum, Oberes Schulhaus.

BEGGINGEN. Ref. Kirchlein von 1635; Renov. 1868–72.

HEMMENTAL. Ref. Pfarrkirche. Einfacher Rechtecksaal mit Dachreiter, vermutlich im 12.Jh. erbaut, um 1723 nach O verlängert; Renov. 1929

Reste von Wandmalereien um 1400, Legende des Hl. Nikolaus. – Sog. Türndlihuus (Turmhaus). Kleiner origineller Fachwerkbau mit turmartiger Aufstockung, spätestens 18. Jh.; Aussenrest. 1965.

MERISHAUSEN. Ref. Pfarrkirche. Die ehem. St. Martins-Kirche erwähnt 846, Turm von 1589, Kirchenneubau 1838; Renov. des Turmes 1892. Spätrenaissancekanzel. – Gemeindehaus. Ansprechender spätgotischer Treppengiebelbau um 1595; Rest. 1951–52. – Ehem. Spitalscheune, heute Bauernhaus. Am Tor dat. 1560. – Abtscheune, südl. des Dorfes. Wappentafel 1704 von Lorenz Schreiber.

BARGEN. Gasthaus Löwen. Mächtiger Block von quadratischem Grundriss mit Mansartdach und südl. Krüppelwalm 2. H. 18. Jh.

LOHN. Ref. Pfarrkirche. Rechteckiges Langhaus vermutlich 10. Jh., in unbekannter Zeit nach W verlängert; wuchtiger Chorturm mit Käsbissen wohl 13. Jh. Achteckiger Taufstein dat. 1420; spätgot. Sakramentshäuschen um 1525 mit Agnus Dei im reichprofilierten Kielbogenfeld und zwischen Fialen das Stifterwappen der Äbtissin Elsi Sperli von Paradies.

OPFERTSHOFEN. Ref. Pfarrkirche. Kleiner Neubau 1639–40; nach O verlängert 1832; Gesamtrenov. 1955. Neben dem Eingang Sandsteintafel mit Standesschild und Wappen des Obervogts und Malers Hans Caspar Lang, 1639. Im Friedhof Glocke von 1516.

ALTDORF. Stadtschreiberhaus. Schöner Riegelbau von 1639; renoviert 1929.

HOFEN. Holländerhaus. Herrensitz des Schaffhauser Bürgermeisters Tobias Holländer, erb. 1687; urspr. samt Nebengebäuden umwehrt. Über dem Erdgeschoss ausgezeichnetes Riegelwerk. Rustikahauptportal mit Wappenrelief im Segmentgiebel. Im Innern Stukkaturen vermutlich von Samuel Höscheller; Schenkgestell aus Eichenholz 1688. Nördl. des Hauptgebäudes Kaserne für die Leibwache Holländers. Riegelbau mit steilem Satteldach. Freistehendes Badhaus, Nr. 29. Vermutlich im 18. Jh. um- und ausgestaltet.

BIBERN. Sägerei. Ehem. Mühle mit Riegelwerk von 1732. – Haus Seiler, erb. um 1840.

BARZHEIM. Schulhaus, ehem. Kapelle. Kleiner Rechteckraum mit polygonalem Schluss, vermutlich im 14. Jh. erbaut; stark verändert.

THAYNGEN. Ref. Pfarrkirche. Erwähnt 1157; nach der Zerstörung im Schwabenkrieg neuerb. 1500–04; letzte Renov. 1959. Festungsartiger Turm an der N-Seite des Chores, mit Schlüsselscharte und Schiessluken sowie Schallfenstern mit Masswerk; über den Wimpergen Spitzhelm von 1658. Im rechteckigen Schiff Stuckdecke 1729 von Joh. Ulr. Schnetzler, ebenso die von Engeln flankierte Kartusche über dem niederen Chorbogen. Im stark eingezogenen quadratischen Chor ein spätgot. Kreuzgewölbe. Spätgot. Sakramentshäuschen um 1500. Schaffhauser Rundscheibe von 1664; Chorfenster 1938 von Augusto Giacometti. Spätrenaissance-Holzkanzel dat. 1710; Taufstein von 1733. – Dorfbrunnen, auf dem Kirchplatz. Becken und wappengeschmückte Säule von 1614, durch eine Kopie ersetzt 1935. – Ehem. Gasthaus Sternen. Klassiz. Neubau 1792. – Sägerei. Als Mühle erb. 1737. Schöner bemalter Kachelofen von 1738. – Haus Rohn. Schöner Riegelbau von 1706, mit Spätrenaissance-Täferstube. – Ehem. Gasthaus Adler. Erb. 1711–12; Inneres vollständig umgeb. 1972. Im sog. Goethezimmer Rokokotäfer, reich bemalt 1770 von Hans Josef Vetter: eindrucksvolle Phantasielandschaften und Ansichten von Thayngen, dem Rheinfall und der Burg Hohenklingen. Reichgeschmückter gusseiserner Barockofen mit württembergischem Wappen dat. 1731, angeblich aus der Festung Hohentwiel. – Rebstock. Vom Mittelalter bis 1803 Sitz der Amtsleute des Domkapitels Konstanz. Im 19. Jh. Wirtschaft, heute Bauernhaus. An den spätgot. Wohntrakt angebaut die Trotte und Zehntscheune, stattlicher Fachwerkbau von 1701. Im Wohnteil spätgot. profilierte Fenstersäule von 1496, Felderdecke 1679, Täfer und stuckierte Balkendecke 17. Jh., Kachelofen 1792. – Oberhof, sog. Schloss. Als Gerichts- und Sommersitz des Vogtherrn Hans Im Thurn erb. 1593–1604; Anbau mit Treppenturm 1615. Hoher Giebelbau auf unregelmässigem Grundriss; über dem Kleeblattbogen des Turmportals eine Bauinschrift 1615, mit Allianzwappen Im Thurn-Stokar. In den Wohnräumen Kassettendecke und Rokokotäfer; im Saal Wappenfresko 1613 von Hans Casp. Lang. – Bernete-Hus. Schöner Riegelbau von 1693.

DÖRFLINGEN. Ref. Pfarrkirche. Nach Plänen von Rud. Weber erbaut 1689, neuer Firstturm 1859; letzte Innenrenovation 1965. Einfache Anlage mit polygonalem Schluss; Taufstein aus der Kirche Unterstammheim, wohl 16. Jh., Kanzel 1689.

RÜDLINGEN. Gasthaus Rebstock. Nachgot. Bau von 1657. – Mehrere gute Riegelhäuser, so das Gasthaus Stube A. 16. Jh.

BUCHBERG. Ref. Pfarrkirche. In neuroman. Formen erb. 1848–50 von Tobias Hurter.

STEIN AM RHEIN UND UMGEBUNG

***STEIN AM RHEIN** (Abb. 172–175). *Malerisches Kleinod eines mittelalterlichen Brücken- und Marktstädtchens mit Wehrtürmen, bemalten Erkerhäusern und vorzüglich erhaltener Klosteranlage.* Kaiser Heinrich II. verlegte A. 11. Jh. die Benediktinerabtei St. Georgen von Hohentwiel an das Rheinufer und verlieh dem Abt als Gründer von Stein das Markt- und Münzrecht. Die Siedlung neben dem Kloster entwickelte sich aus einem Fischerdorf rasch zum befestigten Marktort und bis 1267 zur Stadt, die nach Erwerb der Herrschaft Hohenklingen 1457 die Reichsfreiheit erhielt. Seit 1484 unter der Oberhoheit Zürichs, das 1525 die Reformation durchführte. Nach der Helvetik kam Stein 1803 endgültig zum Kanton Schaffhausen. Im Zweiten Weltkrieg am 22. Februar 1945 irrtümlich bombardiert.

Wehrbauten und Stadtanlage. Erste Befestigung wohl vor 1094 durch Herzog Berchtold II. v. Zähringen; nach dem Stadtbrand von 1347 vermutlich neuerbaut und erweitert. Die Mauer zog sich vom Rheinufer ausgehend bogenförmig um die Stadt; der Brückenkopf um 1520 durch Türme gesichert. Erhalten sind ausser einigen Mauerresten der am Ufer stehende Hexenturm und im N der Kretzenturm, von den urspr. 4 Tortürmen das Obertor (s. S. 563) und das Untertor (s. S. 562). Eine parallel zum Rhein verlaufende Hauptstrasse teilt die Stadt in einen südl. und nördl. Bezirk, sie

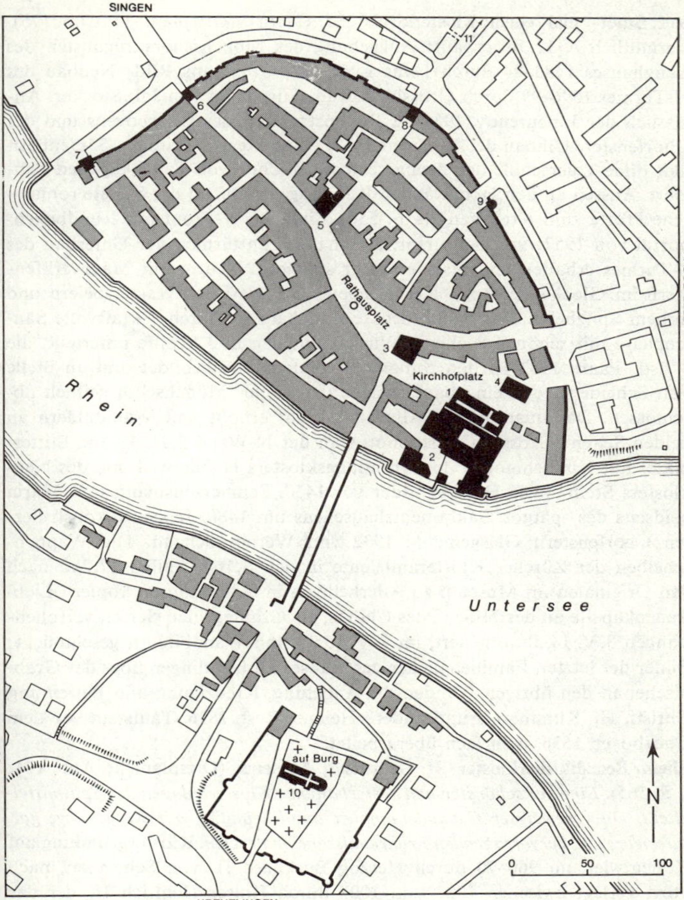

Ortsplan Stein am Rhein

1. Ref. Stadt- und ehem. Klosterkirche St. Georg. – 2. Ehem. Benediktinerkloster Sankt Georgen, heute Museum. – 3. Rathaus. – 4. Zeughaus. – 5. Brotlaube. – 6. Untertor. – 7. Diebs- oder Hexenturm. – 8. Obertor. – 9. Kretzenturm. – 10. Pfarrkirche Burg. – 11. Burg Hohenklingen

weitet sich vor dem Rathaus platzartig und gabelt sich um den im O liegenden Klosterbezirk; ihr südl. Arm biegt zur Rheinbrücke ab. Die Brücke nach dem linksufrigen Stadtteil Vorderbrugg (s. S. 564) vermutlich neu- oder umgeb. um 1520.

Ref. Stadt- und ehem. Klosterkirche St. Georg* (Ortsplan, 1; Abb. 175). Vermutlich A. 12. Jh. erbaut; Aufhebung des Mönchschors zugunsten des Langhauses 1583–84 durch Hans Lyns und Grosshans Rüd; Neubau des N-Turmes 1596–99 durch Grosshans Rüd, Turmhelm von Jak. Stocker. Anlässlich der Innenrenov. 1931–32 Rekonstruktion des Chorbogens und der Chorfenster, Umbau der W-Front 1957. Charaktervolle roman. Säulenbasilika ohne Querschiff, der flachgeschlossene Chor von Seitenkapellen flankiert. Aussen an den Hochwänden Rundbogenfriese, an der S-Seite romanische Pforte zum Kreuzgang (s. S. 558). Einfache W-Front mit Rundbogenportal von 1957; von den urspr. 2 roman. Fronttürmen der Unterbau des S-Turmes erhalten und markiert. Der spätgot. N-Turm mit Masswerkfenstern im Glockengeschoss, Kreuzgiebeln, Giebelerkern, Wasserspeiern und hohem Spitzhelm. Das flachgedeckte Langhaus ist durch 7 kraftvolle Säulenpaare mit schönen 8eckigen Würfelkapitellen in 3 Schiffe unterteilt, die 3 östl. Paare 1583–84 den roman. Vorbildern nachgebildet und an Stelle von Scheidewänden eingebaut, welche den ehem. Mönchschor seitlich abschlossen. Das quadratische Altarhaus leicht erhöht, mit Wandbildern an beiden Seiten: Grosser Christophorus an der N-Wand 2. H. 13. Jh., Stifterbilder mit Kirchenmodell des Gründungsklosters Hohentwiel und des Neuklosters Stein sowie Heiligenbilder vor 1450, Schmerzensmann und Maria beidseits des spätgot. Sakramentshäuschens um 1480. In den rekonstruierten Chorfenstern Glasgemälde 1932 von Werner Schaad. Die Wappenscheiben der Zürcher Klosteramtsleute in den Seitenschiffen 17. Jh., nach den Originalen im Museum zu Allerheiligen in Schaffhausen kopiert. Liebfrauenkapelle an der N-Seite des Chores, als Grablege der Herren v. Hohenklingen 3. V. 14. Jh. erneuert, im 2. V. 15. Jh. mit Wandbildern geschmückt: Bilder der letzten Familienglieder des Hauses Hohenklingen über der Grabnische, an den übrigen Wänden die Anbetung, Kreuzigung und Beweinung Christi, Hl. Kümmernis und andere Heilige; Rest. 1896. Taufstein vor dem Chorbogen 1536, mehrfach überarbeitet.

Ehem. Benediktinerkloster St. Georgen*; Museum (Ortsplan, 2; Abb. 174; s. S. 565). *Eine der schönsten und besterhaltenen Klosteranlagen des Spätmittelalters, ein verzweigter Gebäudekomplex am Rheinufer, mit Kreuzgang, got. Interieurs und hervorragenden Frührenaissancemalereien.* Klostergründung auf Hohentwiel um 960–70 durch Herzog Burkhard II. von Schwaben, nach Stein verlegt zwischen 1003 und 1007 durch Kaiser Heinrich II., der das Kloster 1007 dem Bischof von Bamberg übergab. Got. Umbau der roman. Anlage seit E. 14. Jh., im 15. Jh. besonders unter Abt Jodokus Krum (1460–90). Blütezeit unter dem letzten Abt David v. Winkelsheim (1499–1525), der die Umbauten A. 16. Jh. zur grossartigen Vollendung brachte. Kurz darauf wurde in der Reformation die Klosteraufhebung durch Zürich verfügt, das seit 1478 Schutzherrschaft war; 1526–1803 Sitz der Zürcher Amtsleute. Im 19. Jh. vor Verfall und Abbruch gerettet durch den Germanisten Prof. Ferd. Vetter, unter ihm nach 1890 renoviert. Seit 1945 in Besitz der Eidgenossenschaft unter Verwaltung der Gottfried-Keller-Stiftung, die in der Folge umfangreiche Restaurierungen durchführte. – *Anlage.* Kleinteiliger Baukomplex mit zentralem Kreuzgang an der S-Seite der Kirche, an der S- und O-Seite der ihn umgebenden Konventsflügel 3 Klosterhöfe und Nebenbauten. Gedeckter Eingang von der Rheingasse in einen Vorplatz mit Wohnhäusern, Ökonomiegebäuden und Stallungen. Hinter einer Quermauer mit erneuertem Tor der äussere Klosterhof. An seiner N-Seite die A. 16. Jh. erbaute Trotte und Kellerei; im Winkel dazu die Giebelfront des

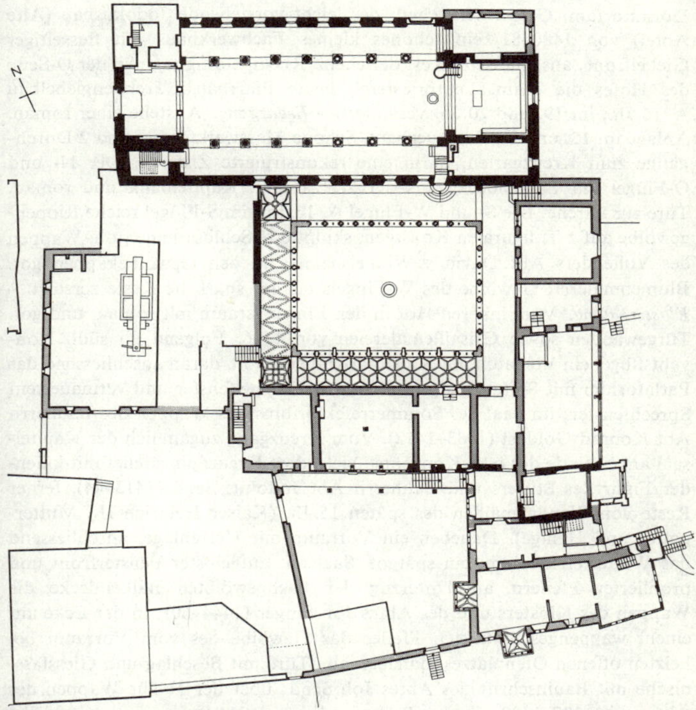

Romanisch, 11. Jh. Spätgotisch, 15. und 16. Jh. Turm 1536–99

Stein am Rhein. Ehem. Benediktinerkloster St. Georgen

Backhauses. Gegenüber an der SO-Ecke des Hofes das Gästehaus (Haus zum Kleeblatt, heute Stadtbibliothek), ein Treppengiebelbau mit schönem Erker an der Rheinseite; Wappen des Klosters und des Abtes David v. Winkelsheim 1522. Neben einem Anbau ein Teil der ehemaligen Wehrmauer mit kleinem Spitzbogentor zum Flussufer (Blick zur gegenüberliegenden Kirche auf Burg, s. S. 564). Der Hof ist durch eine zweite Quermauer im Osten geschlossen, darin ein Tor von 1516 und darüber Zürcher

Wappen mit Rahmenmalerei dat. 1665. Im folgenden Klosterhof links der älteste erhaltene Konventsbau von 1390, Sommerrefektorium mit gotischen Reihenfenstern. Davon abgewinkelt hinten die im 15. und A. 16. Jh. erbaute Prälatur mit Giebelfront am Rheinufer; an ihrer Hoffront ein Standerker und daneben Durchgang zum rückseitigen Bannhof. Der urspr. im O von der Stadtmauer begrenzte Bannhof liegt vor der langen Front des im 15. Jh. errichteten Winterrefektoriums mit Reihenfenstern, im Obergeschoss das Dormitorium. Gegen den Rhein der leicht vorstehende Jodokusbau (Alte Abtei) von 1480–81, ein schönes kleines Fachwerkhaus mit flusseitiger Giebelfront; anschliessend Rest der ehem. Rheinbefestigung. An der O-Seite des Hofes die ehem. Leutpriesterei, heute Pfarrhaus; Treppengiebelbau A. 16. Jh., im 19. und 20. Jh. verändert. – *Kreuzgang.* Anstelle einer roman. Anlage im 15. und 16. Jh. neuerbaut. Schöne Masswerkfenster und 2 Durchgänge zum Kreuzgarten, darin eine rekonstruierte Zisterne. Der N- und O-Flügel mit Balkendecke aus der 2. H. 15. Jh., Kapitelbank und roman. Türe zur Kirche. Die S- und W-Flügel A. 16. Jh.; im S-Flügel reiche Rippengewölbe auf z. T. figuralen Konsolen, skulptierte Schlusssteine (u. a. Wappen des Vollenders Abt David v. Winkelsheim), an den Gewölbekappen got. Blumenmalerei; Gewölbe des W-Flügels bis auf spärliche Reste zerstört. – *Klosterräume.* Vom inneren Hof in den Eingangsraum mit roman. und got. Türgewänden sowie Grisaillemalereien von 1506. Folgend im südl. Konventsflügel ein Vorraum mit Klosterdokumentation, daran anschliessend das Parlatorium mit Spitzbogenpforte, roman. Doppelfenster und vermauertem Sprechfenster; im Saal des Sommerrefektoriums das Wappen des Bauherrn Abt Konrad Goldast (1383–1412). Vom Kreuzgang zugänglich der Kapitelsaal am N-Ende des östl. Konventsflügels, dort Kreuzigungsrelief mit kniender Figur des Stifters und Bauherrn Abt Jodokus Send (1413–44), ferner Reste von Wandgemälden des späten 15. Jh. (Kaiser Heinrich II., Muttergottes und Heilige). Daneben ein Vorraum mit Heizanlage, anschliessend das Winterrefektorium, ein spätgot. Saal mit aufgelöster Fensterfront und profilierten Pfeilern, am Unterzug der flachgewölbten Balkendecke die Wappen des Klosters und des Abtes Joh. Singer (1444–60); in der Ecke auf einem wappengeschmückten Pfeiler das Gewölbe des vom Vorraum beheizten offenen Ofenplatzes, daneben alte Türe mit Beschlag und Giessfassnische mit Bauinschrift des Abtes Joh. Send; über der N-Tür Wappen der Äbte von 1327–1490. In der Prälatur die vom Vorraum aus zugängliche Abtskapelle, Chorbogen mit Wappen des Abtes David, Reste spätroman. Wandmalereien; Chor nicht erhalten. – *Abtwohnung.* Im Vorraum spätgot. Kamin aus dem ehem. Gredhaus (Hotel Rheinfels); Wandmalerei um 1506, astronomischer Tierkreis und Hl. Christophorus, stark restauriert. Die untere Stube des Abtes David v. Winkelsheim ausgemalt A. 16. Jh., über erneuertem Brusttäfer Reste von Grisaillebildern aus der röm. Frühgeschichte, darunter Horatius Cocles vor der ältesten Ansicht des Klosters und der Stadt Stein, in den überwölbten Erkern die Hl. Christophorus und Georg sowie Landsknecht und Tod; in den Rautenfeldern der Holzdecke 7 geschnitzte Medaillons von 1511, in der Mitte Hl. Georg, darum sechs Symbole für Christus und Maria (nach Physiologus). Nebenraum mit spätgotisch geschnitztem Deckenfries und spätbarocker Graumalerei 1732. Untere Stube des Abtes Jodokus, geschnitztes Täfer dat. 1481. Im oberen Treppenflur eine Grisaille von 1509: Traum des Darius von den 4 stärksten Dingen (Wein, König, Weib, Wahrheit). Obere Stuben des Abtes Jodokus, schöne Türbekrönung nach 1500; im Eckzimmer schablonierte Deckenmalerei mit Wappen des Abtes Joh. Martin (1490–99). – *Festsaal des Abtes David v. Winkelsheim, der älteste und berühmteste Bildersaal der Frührenaissance in der Schweiz** (Abb. 174). Der noch got. wirkende Raum mit netzgewölbtem Erker gegen den Rhein 1515–16 eingerichtet. Schöne spätgot. Holzdecke mit reichgeschnitzten Längsbalken zwischen kleinen Holztonnen. An allen Wänden eine Sockelzone aus gemaltem Gitterwerk und darüber Grisaillen von Thomas Schmid, Ambrosius Holbein und einem Monogrammisten CA. In Scheinarchitekturen je 3 vielfigurige Szenen aus der röm. und karthag. Geschichte sowie eine kulturhist. interessante Darstellung der Zurzacher Messe mit Rossmarkt, Spiel- und Tanzszenen; an der S-Seite grosse Einzelfiguren antiker Helden- und Frauengestalten. Im Erker Heilige und Muttergottes zwischen den Klostergründern; in der Fensternische der W-Seite Narr und Geigerin sowie Tod und Lautenspielerin. – Obere Stube des Abtes David (nachref. sog. Freiheitsstube, weil hier den in die Klosterfreistatt Geflüchteten Asyl gewährt wurde), ein schöner spätgot. Täferraum mit Felderdecke und kunstvollen Schnitzereien von 1511; Kachelofen 1687 von Abraham Pfau, aus Reichlingen hierher versetzt. Im Schlafgemach got. Wandfries aus farbigen Flachschnitzereien. – Obergeschoss des östl. Konventsflügels: Das ehem. Dormitorium 1614 durch Ausbruch von 2 Zellen und 1858 der anderen Zellen zu einer Halle umgebaut. Decke von 1892 mit spätgot. Schnitzereien aus dem Kloster Feldbach, heraldische Wandmalereien dat. 1499, Schablonenfries 15. Jh. Mönchszellen 1892 rekonstruiert, z. T. mit Wandmalereien. – Amtmannssaal von 1613–14 im Obergeschoss des S-Flügels, heute Heimatmuseum (s. S. 565); Régencestuckdecke 1735 mit Allianzwappen Hess-v. Muralt.

RATHAUSPLATZ, HAUPTSTRASSE UND KIRCHHOFPLATZ

Rathausplatz* (Abb. 172). *Der alte Marktplatz gibt mit seinen gut erhaltenen Fachwerk- und Erkerfronten und mit seinen bunten Fassadenmalereien des 16.–20. Jh. einen unvergleichlichen Eindruck von der Schönheit spätgot. und barocker Strassenräume.* – **Rathaus** (Ortsplan, 3). Das einst auch als Kaufhaus und Kornhalle dienende Rathaus 1539–42 an der O-Seite des Platzes erbaut, 1745–46 das 2. Obergeschoss in Fachwerk erneuert und das Mansartdach mit Drachenwasserspeiern und einem bekrönenden Glockentürmchen aufgebaut; anlässlich der Renov. 1898–1900 das bisher offene Erdgeschoss geschlossen und die W-Fassade mit einem gotisierenden Erker versehen, gleichzeitig die Fassadenbilder zur Stadtgeschichte von Carl v. Haeberlin und Christian Schmidt. Im Vorraum und in der kleinen Ratsstube Rokokodekorationen aus Stuck und Holz um 1766. In der grossen Ratsstube (heute Waffensaal) eine got. Balkendecke und Täfer von 1542.

Berühmte Serie von Standesscheiben der dreizehn Alten Orte 1542 von Carl v. Egeri, Städtescheiben z.T. vom gleichen Glasmaler. Neben weiteren Gold- und Silberschmiedearbeiten des Rathausschatzes ein prächtiger Dekkelpokal, den der kaiserliche Gesandte an der Türkischen Pforte, Freiherr Joh. Rud. Schmid v. Schwarzenhorn, seiner Vaterstadt Stein 1660 stiftete und aus dem heute noch der Ehrenwein kredenzt wird; alte Stadtbanner 15.–17. Jh., Wappentafeln u.a.m. – *An der südl. Platzseite,* von O nach W: Eckhaus Hirschen. Behäbiger 5seitiger Holzerker mit Haube E. 17. Jh.; Wandmalerei 1927 von Joh. Hugentobler. – Ehem. Gasthof Krone. Vermutlich im 16. Jh. erbaut, über der Haustüre spätere Datierung 1797 und Wappenschilder; bemalter Holzerker 1707, Fassadenmalerei um 1900 von Christian Schmidt. – **Vordere Krone.** Imposantes hohes Giebelhaus, vermutlich 16. Jh., Umbauten 18. Jh., Rest. 1900. Drei Untergeschosse aus Stein, das 4. Geschoss und der Steilgiebel in schönem Riegelwerk; stark vortretendes Dach mit Krüppelwalm und Hängekreuzen nach süddeutschen Vorbildern. Über dem wappengeschmückten Erker von 1707 eine spätgotische Fenstergruppe; barocke Fassadenmalerei 1734. Im Saal des 2. Stocks 13 Wandbilder mit Motiven aus Bibel, Schweizer Sage und Morallehre, wohl von Andreas Schmucker um 1615–20. Im 3. Stock Täferzimmer, Kassetten- und Stuckdecken des 17. und 18. Jh. – **Gasthaus Roter Ochsen.** Erstmals erwähnt 1446, Fassadengestaltung 1615; letzte Rest. 1961. Spätgot. Front mit Gruppenfenstern; der Steinerker von 1615 ruht auf einer Maskenkonsole und ist in den Brüstungsfeldern durch Reliefs mit Wappen zwischen Steiner Bannerträger und Hellebardier geschmückt. Interessante naive Wandmalerei 1615 von Andreas Schmucker: Im unteren Fries Melancholia, Sapientia und Marcus Curtius auf dem Forum zu Rom; im 2. Fries Tod der Lucretia, Fortuna und Judith; im 3. Fries das Hausnamenstier, David mit Goliath, die klugen und törichten Jungfrauen. Renaissancesaal im 2. Stock, mit Täfer und Wandschrank von 1575; allegorische Figuren und Wandbild, Arche Noah (mit Konstanz im Hintergrund), 1615 von Andreas Schmucker, nach Tobias Stimmer. – Steinerner Trauben. In der harmonisch gegliederten Barockfassade ein Steinerker von 1688 mit Allianzwappen des Kaufherrn Etzweiler-Schmid und Traubenreliefs. Fresken, u.a. Traube tragende Kundschafter von Kanaan, 1900 von Christian Schmidt; an der Dachuntersicht Gemälde zweier Kaufmannsfuhren um 1720. Im Innern Stuckdecken in der Art des Samuel Höscheller um 1722. – Altes Gasthaus zur Sonne. Spätgot. Bau, als Gasthaus nachweisbar seit 16. Jh. Über 3 steinernen Geschossen ein vorkragendes Fachwerk-Obergeschoss; 5seitiger Holzerker dat. 1689. Fassadenmalerei mit Anspielung auf den Hausnamen 1900 von Christian Schmidt. Im Flur des ersten Stocks romanische Blendarkaden eines verbauten Hausteils; Erkerstube (sog. Scheffelstube) mit spätgotischer Balkendecke. – Meise. Schlichte Fassade mit klassiz. Dreieckgiebel, Malereien 1924 von Aug. Schmid und Hermann Knecht. – Davor Stadtbrunnen. Zehneckiger Trog vermutlich 16. Jh., auf der korinth. Säule ein Krieger mit Stadtschild von 1601; Kopie 1888. – Eckhaus zum Schwarzen Horn. Umgeb. 1515, mit zierlichem Miniaturerker auf spindelartigem Unterbau; vorkragend 2 obere Geschosse in Riegelwerk. Fresken 1914 von Aug. Schmid: Besuch des aus diesem Hause stammenden Freiherrn Schmid v. Schwarzenhorn, kaiserlichen Gesandten an der Türkischen Pforte, der 1664 mit grossem Gepränge in seine Vaterstadt einzog. – *An der nördl. Platzseite*, von W: Haus zum Steinadler, jetzt Bankgebäude. Bauzeit unbekannt, klassiz. Umgestaltung A. 19.Jh., verändert 1948. Frontmosaiken 1957 von Carl Roesch. Im Platzzimmer des 2.Stockwerks gute Empirestukkaturen um 1811. – Gasthaus zum Adler. Der spätgot. Bau vollständig umgestaltet 1955; Fresken von Alois Carigiet mit dem Thema «Vom Schönen und Guten».

Östl. Teil der Hauptstrasse und Kirchhofplatz. **Haus zum Weissen Adler*** (Abb.173), gegenüber dem Rathaus. An der spätgotischen Strassenfront die bedeutendste Fassadenmalerei der Stadt, ein ikonographisch interessantes Werk der Frührenaissance. Gemalt um 1520 vermutlich von Thomas Schmid für den nach Stein geflohenen Bürgermeister von Konstanz Sigmund Flaar; restauriert 1885 und 1963. In scheinarchitektonischem Rahmen allegorische Figuren und 5 Bildergeschichten, die den Gegensatz zwischen falscher und echter Liebe, Unrecht und Gerechtigkeit, abschliessend den Triumph der Weisheit über das Böse darstellen; an zentraler Stelle ein weisser Adler als Hauszeichen. In den Seitenfeldern des ersten Obergeschosses links ein Panweibchen, rechts Krieger mit Dirne als Personifikationen der unreinen Liebe. Unter den Fenstern des zweiten Obergeschosses ein Bildfries mit dem alten Motiv eines listigen Wahrheitsbeweises: Die schuldige Königin steckt die Hand in den Rachen eines bei Meineid beissenden ehernen Löwen («Bocca della verità») und schwört, ausser dem Hofnarren, der sie nach Verabredung gleichzeitig von hinten anfasst, habe sich ihr nur der König genähert. Seitlich davon in perspektivisch gemalten Bogenhallen zwei Szenen aus Boccaccios Decamerone: Links die Geschichte eines jungen Paares, das zur Strafe für heimliche Liebe nackt an den Schandpfahl gebunden wurde und von einem herbeireitenden Freund befreit wird. Im Bild rechts beweist ein zu Unrecht des Mordes an seinem Geliebten beschuldigtes Mädchen seine Unschuld und Liebe, indem es von der gleichen giftigen Pflanze isst, an der dieser gestorben war. Im oberen Bildfries 2 Parabeln aus den Gesta Romanorum: Links lehrt ein König seine hadernden Söhne die Wirkung von Einigkeit und Zwietracht; ein einzelner Stab lässt sich brechen, ein Bündel widersteht. Im Bild rechts erkennt ein weiser Richter den legitimen Sohn und Thronerben, der als einziger den geforderten Schuss auf den toten Vater verweigert. In den Seitenfeldern Allegorie der Klugheit (mit Spiegel) und Venus. Zwischen den Fenstern des 3.Obergeschosses die thronende Weisheit, vor der die Bosheit zu Boden stürzt. Links Justitia, rechts als skeptische Ergänzung des Bildprogramms die Glücksgöttin Fortuna auf scheuendem Pferd, unter dem die Glückskugel dahinrollt.

Ehem. Bürgerasyl, neben dem Weissen Adler. Das ursprüngliche Spital zum Hl.Geist wurde wahrscheinlich im 13.Jh. an gleicher Stelle gegründet; 1679 umgestaltet. An der langen Strassenfront heraldische Malereien 1900 von Christian Schmidt. – Haus zum Steinbock, hinter dem Rathaus; seit 1958

Stadtarchiv. Im Erdgeschoss die ehem. Kapelle St. Agatha, die über einem 1465 erwähnten Beinhaus 1521 erbaut wurde. Über dem Spitzbogenportal ein Masswerkokulus. Östl. davon der durch einen spätgot. Schwibbogen führende Verbindungsgang zum *Kirchhofplatz*, mit schönem Netzgewölbe und figuralen Schlusssteinen (Hl. Martin, Georg und Madonna). – Haus zum Ritter, Nr. 6. Über der spätgot. Spitzbogentüre ein Relief mit Hl. Georg, 16. Jh. – Gasthof Obere Stube. Das ehem. Zunfthaus zur Rose (Kaufleute) neuerb. 1496, Umbau 1681; Renov. 1927. Im Obergeschoss 12 spätgot. Fenster in 2 Gruppen auf einheitlicher Bank; Hausschild 1927. In der heute unterteilten Halle des Erdgeschosses ein mächtiger Steinpfeiler dat. 1496, Träger eines 13 m langen Unterzuges. Die Täferstube der Zunftobern dat. 1681. – Haus zum Weinberg, Nr. 9. Die rückwärtige Hofeinfahrt dat. 1757; Rest. 1957. Im Obergeschoss Rokokotäfer mit Landschaftskartuschen und Steckborner Ofen von 1763. In der W-Stube Empirestukkaturen, im Hofzimmer Régencestuckdecke von 1762. – Eckhaus Falken, Nr. 7. Beim ehem. Oehningertor zu unbekannter Zeit erbaut, Erker E. 17. Jh., Rokokokartusche an der östl. Giebelfront 1788; die Proportionen durch Höherlegung der Hauptstrasse nach 1840 gestört. – *Kirchhofplatz.* **Zeughaus** (Ortsplan, 4), an der östlichen Schmalseite des Platzes. Freistehend erb. 1621–24; Rest. 1953. Massiges Treppengiebelgebäude, Typus des spätgotischen Zweckbaues. Über dem erneuerten W-Portal ein Relief mit Hl. Georg 1953 von Walter Knecht.

Westl. Hauptstrasse. **Brotlaube,** Nr. 25 (Ortsplan, 5). Das ehem. Haus zum Rüden erwähnt als Trinkstube der Schuhmacher, seit dem 15. Jh. Verkaufslokal der Müller und Bäcker. Stattliche got. Fassade mit Treppengiebel; im Innern Fensterpfeiler dat. 1524 und 1562. – Eckhaus Hirzli. Riegelbau; nach der Hauptstrasse Giebelfront mit Hängekreuzen. Der Hirsch als Hauszeichen von Ernst Spaar, anlässlich der Renov. 1938–39. – Davor Brunnen von 1836. – Vorderer Sternen, Nr. 32. Am 1. Obergeschoss barokker Kastenerker 2. H. 17. Jh. – **Zum Lindwurm,** Nr. 33. Fassade und Umbau des Innern 1819; Renov. aussen 1922, innen 1947–48. Stattliche 5achsige Empirefront mit grosser Pilastergliederung und flachem Dreieckgiebel, auf zentralem Erker ein Balkon. In der Eingangshalle Renaissancetür sowie Balkendecke mit Schwarzweissmalerei um 1700. Empiretreppengeländer und -stuckdecke im 2. Obergeschoss. – **Untertor** (Ortsplan, 6). Erwähnt 1367; nach Bombardierung 1945 rekonstruiert. Giebelfront stadtseits in Fachwerk ausgeführt, W-Seite glatt verputzt mit Eckquadern bis zum Ansatz des Treppengiebels; beidseits im Giebel ein Zifferblatt. Im Dachreiter Glocke vom E. 14. Jh. – Zum Tiergarten, Nr. 104. Eckpfeiler mit Allianzwappen des Bildhauers Hans Casp. Fuog dat. 1744. – Ehem. Gasthaus zum Raben, Nr. 113. In der nachgot. Fensterreihe von 1706 schwerer Polygonalerker dat. 1707. – Zum Täublein, Nr. 119. In der breiten Strassenfront ein Holzerker von 1700. – Zum Straussen, Nr. 120. Erkerhaus von 1672–73. – Zum Pelikan, Nr. 122. Fassadenmalerei um 1900 von Christian Schmidt. – Eckhaus Leuen, Nr. 124. Am Portal gegen die Schwarzhorngasse dat. 1610 das 2. Obergeschoss in Fachwerk. Hauszeichen in barocker Wandmalerei.

ALTSTADT ABSEITS DER HAUPTSTRASSE

Südl. Teil der Altstadt. Rheingasse: Haus zum Zitronenbaum, Nr. 133. Vermutlich im 16. Jh. erbaut, Umbau 1954. Im Obergeschoss eine spätgotische Fenstergruppe, 5teilig gestuft und mit reichprofilierten Gewänden. Fassadenmalerei 1924 von der Basler Künstlergruppe Franz Baur, Burkhard Mangold und Otto Plattner. – Eckhaus Rosenegg, Nr. 179. Vermutlich im 16. oder 17. Jh. bei der Brücke erbaut; Rest. 1946. Vorkragender Aufbau in Riegelwerk. – **Hotel Rheinfels.** Das Haus war urspr. Besitz des Klosters St. Georgen, ab 1493 der Stadt; Umbau 1508–17 zum Gredhaus (Hafengebäude als Stapel-, Umlade- und Zollstelle). Neugestaltung der S-Front mit Terrasse am Rheinufer 1911. In der O-Front Gruppe von schönen got. Dreierfenstern mit profiliertem Gewände. An der N-Seite Rundbogenportal von 1642. – Zum Schwarzen Bären, Ecke Rheingasse–Bärengasse. Wirtshaus seit der 2. H. 15. Jh. bis 20. Jh.; stattlicher Bau mit Fachwerk vom 2. Obergeschoss an. Fassadenmalerei 1925 von Franz Baur, Burkhard Mangold und Otto Plattner. – Bärengasse: **Haus Neubu,** Nr. 175. Das repräsentativste Privatgebäude der Stadt, erb. 1739 für den Handelsherrn Hans Etzweiler. An der breiten Front des 3geschossigen Hauses ist der doppelte Verwendungszweck als Wohn- und als Handelshaus abzulesen. Links der Wohnteil mit reichgerahmtem Barockportal, dessen Sprenggiebel das Allianzwappen des Bauherrn zeigt; vergitterte Erdgeschossfenster und schöne Eingangstüre. Rechts eine rundbogige Toreinfahrt zum Ökonomiegebäude, mit ornamentierten Türflügeln. Hoher 3geschossiger Dachstuhl, als Kornspeicher ausgebaut. Ausstattung aus dem 18. Jh., im Wohnteil schöne verzierte Kellertür und Treppenhaus mit barockem Balustergeländer aus der Bauzeit. Im Salon geschnitztes Wandtäfer mit eingebautem Buffet; reichprofilierte Felderdecke mit rosetten- und wappengeschmückten Medaillons 1744, gleichzeitig der prächtige Steckborner Ofen. Festsaal im 2. Obergeschoss: Um 1762 das reichbemalte Rokokotäfer mit Phantasielandschaften und Blumenarrangements; vorzügliche Rokokostuckdecke, im Mittelfeld ein Ölbild mit Bacchus und Allegorien der Jahreszeiten (Original im Treppenhaus). Im S-Zimmer Régencestuckdecke und Empire-Ofen. – Schwarzhorngasse: Haus zum Schaubmarkt, Nr. 137. Schöner Fachwerkbau mit Aufzugshäuschen, erb. 1677. – Zur Dankbarkeit, Nr. 171. Ländlicher Bau mit barocker Fassadenmalerei. – Untergasse: Zur Rose, Nr. 166. Gut erhaltenes Rokokohaus um 1760. Steckborner Ofen von 1767. – Zum Wasserfels, Nr. 165. Nach Bombardierung 1945 neuerbaut; vom Vorgängerhaus übernommen ein Eckrelief mit bekröntem Engel als Schildhalter dat. 1542. – Diebs- oder Hexenturm (Ortsplan, 7). Als südwestl. Eckpfeiler der alten Stadtmauer beim Rheinufer, wohl im 14. Jh. erbaut. Quadratischer Bau mit Schiessscharten und Zeltdach. – Choligasse, Nr. 151. Stattlicher Riegelbau, Giebelfront mit gespindelten Hängekreuzen. – Untertor (s. S. 562).

Altstadt nördl. der Hauptstrasse. Fronhofgasse: Haus Fronhof, Nr. 98. Mit vorkragenden Fachwerkgeschossen erb. im 17. Jh.; spätbarockes Täfer. – Obertor (Ortsplan, 8). Die Befestigung des weniger wichtigen N-Ausgangs, vermutlich im 14. Jh. erbaut. Dreigeschossiger Torturm mit seitlichen Treppengiebeln, die Wappenmalerei an der Aussenseite 1879 von Ferdinand Vetter. – Kretzenturm (Ortsplan, 9). Halbrunder Wehrturm an der NO-Seite der ehem. Stadtmauer, mittelalterl.; Satteldach 19. Jh. – Brotlaubengasse: Haus zum Halben Mond, Nr. 56. Hausportal im hohen steinernen Erdgeschoss dat. 1559; die beiden Obergeschosse aus Fachwerk. – Oberer Raben, Nr. 57. An der Tür dat. 1768, gleichzeitig Kastenerker mit Rokokodekor und Allianzwappen des Hausherrn. – Obergasse: Kanzlei, Nr. 72. Im Spätmittelalter Rittersitz, später Amtswohnung der Stadtschreiber. Hoher Treppengiebelbau, erneuert 1733. – Zur Winde, Nr. 71. Wuchtiges spätgot. Gebäude mit Dreierfenstern, die O-Seite unmittelbar an der Stadtmauer.

AUSSERHALB DER ALTSTADT

Stadtteil Vorderbrugg, Brückenkopf am südl. Rheinufer. – Römerkastell, auf Burg. An Stelle einer um 180 bestehenden röm. Strassenstation auf einem Hügel errichtet um 294 als Grenzschutz und zur Verteidigung des Rheinübergangs (s. Kt. Thurgau, Insel Werd). Die sichtbaren Umfassungsmauern mit kleinen Rundtürmen restauriert A. 20. Jh. – **Pfarrkirche Burg,** inmitten des Kastells (Ortsplan, 10). Älteste urkundlich nachweisbare Kirche des Kantons, erwähnt 799. Der eingezogene got. Chor halbrund geschlossen, darauf ein Glockentürmchen mit Zwiebelhaube (älteste Glocke um 1300); das Langhaus mit höherem First erb. 1671. Im Innern umfangreicher spätgot. Bilderzyklus, zwischen 1466–69 gestiftet, stilverspätet: An der Chorbogenwand Kreuztragung, Abendmahl und St. Antonius Eremita, im Chor 33 Einzelbilder zum Alten und Neuen Testament. Spätgot. Taufstein mit Deckel von 1632; Holzkanzel 1671. – Gasthof Schwanen, bei der Brücke. Erwähnt 1642, durchgreifender Umbau 1945. Stattliches spätgot. Riegelhaus, die Hauptgeschosse des überhöhten N-Teils aus Stein. – Gasthaus Rheinblick. Schöner Riegelbau, die Haustüre dat. 1766. Gedenkinschrift für den hier geborenen Pädagogen Johannes Büel (1761–1830), sächsisch-gothaischen Hofrat. – Rheinabwärts ehemalige Abtei Wagenhausen (s. Kt. Thurgau).

Aussenquartiere am N-Ufer. **Gartenhäuschen Hettler,** im heutigen Stadtgarten. Am Rheinufer erb. 1660, umgeb. M. 18. Jh.; Renov. 1940–41. Kleiner 8eckiger Fachwerkbau mit Zwiebelhaube. Der charmante Täferraum um 1750 mit 18 Landschaftsbildern geschmückt; bemalte Felderdecke 1660: Allegorien der Elemente und im Mitteloktogon Wappen des Bauherrn Etzweiler. – Rebhäuschen, bei der Hemishoferstrasse. Kleiner 2geschossiger Fachwerkbau von 1671 mit Hängekreuzen an der südl. Giebelfront. – Obere Mühle, im Oberdörfli. Erstmals erwähnt 1296, Neubau 1720. Wohnteil und Mühle unter einheitlichem Satteldach, über dem Tor zur Mühle ein Rokokorelief mit Allianzwappen von 1756. Innen ein barockes Täfer und Régencestuckdecke. – Rebhäuschen, am Aufstieg nach Hohenklingen. Kleiner Fachwerkbau von 1766. Die Fensterläden originell bemalt mit Landschaftsbildern. Im Stübchen eine Rokokostuckdecke mit 4 Putten als Allegorien der Jahreszeiten, im Mittelfeld Bild der Opferung Isaaks von Jos. Stark. – Rebhäuschen, am Rheinufer östl. der Altstadt. Reizender kleiner

Fachwerkbau von 1683; hieher an die Mündung des Fortenbachs versetzt 1928. Im Stübchen Barocktäfer mit eingebautem Buffet, Kassettendecke mit Allianzwappen.

Burg Hohenklingen* (Ortsplan, 11). *Gut erhaltene mittelalterliche Höhenburg in prachtvoller Aussichtslage.* Bau des wehrhaften Wohnturmes als ältester Teil vielleicht im 11. Jh. Sitz eines Zweiges der Freiherren v. Klingen, die von den Zähringern zu Kastvögten der Abtei St. Georgen bestellt worden waren und unter denen die Burg im 13. Jh. ausgebaut wurde. Die Verarmung der nachfolgenden Besitzer, der Edeln v. Klingenberg, führte 1457 zum Verkauf der Herrschaft an die Stadt Stein, die damit die Reichsfreiheit erwarb. Als die Reichsstadt kurz darauf unter zürcherische Herrschaft kam, wurde die Burg seit 1499 ein wichtiges Glied der Hochwachtenkette an der Grenze und erlangte als solche im Schwabenkrieg und besonders im Dreissigjährigen Krieg grosse Bedeutung. Von der Stadt Stein seit 1865 als Gaststätte verpachtet. – Langgestreckte Anlage mit hohen Zwingmauern; Zugang durch 3 Tore über ein Vorwerk in den Burghof. Im östl. Hofteil der mächtige Bergfried, am entgegengesetzten Ende der im 13. Jh. erbaute Palas mit Rittersaal. Auf einem Wirtschaftsgebäude in der Mitte die wohl im 16. Jh. in Fachwerk aufgeführte Hochwächterwohnung, darin die heutige Gaststätte mit gewölbter Balkendecke und Fenstersäule von 1567.

Museen. Klostermuseum St. Georgen (s. S. 556). Urspr. Innenausstattung der Räume, Mobiliar und einige Holzplastiken z. T. aus dem Landesmuseum. – Heimatmuseum, im Amtmannssaal des Klosters (s. S. 559). Prähistorische und archäologische Sammlung mit Funden aus der Umgebung, Hausrat usw. – Rathaussammlung (s. S. 559). Stadtaltertümer.

HEMISHOFEN. Schul- und Gemeindehaus. Schöner Riegelbau von 1658 mit offenem Dachreiter; z. T. verputzt.

RAMSEN. Kath. Pfarrkirche St. Peter und Paul. Neuerbaut 1796–1804; durchgreifender Umbau 1928–29 durch Otto Schweri, anstelle des Chores ein Querschiff und neuer Chor; rest. 1968. Hochaltar aus der Bauzeit, Altarbild von F. X. Herrmann dat. 1796; gleichzeitig Kanzel und Taufstein. Sakristei: Kultgeräte des 18. Jh. – Pfarrhaus. Um- oder Neubau 1722–23; im Garten schöner Brunnentrog aus dem 17. Jh. – Ref. Pfarrkirche. Als kleines Bethaus erb. 1792–95; vergrössert 1839. – Hofgut Bibern, südl. am Rhein. Urspr. Klingenbergischer Edelsitz mit Mühlebetrieb, 1539 von der Stadt Stein erworben, seit 1875 Privatbesitz; Rest. 1962. Spätgot. Hauptbau 1529, Treppengiebel an der W-Front; Fresko mit den Stadtschilden Steins an der S-Seite 1. H. 17. Jh. – *Weiler Wiesholz.* Sog. Schloss oder Junkernhof. Vermutlich A. 17. Jh. erbaut für die Schaffhauser Familie Peyer, die den Landsitz bis 1747 bewohnte. Im Herrenhaus barocke Stuckdecke und Kastenofen von 1719.

BUCH. Ref. Kirche. Neuroman. Bau 1858–61 von Tobias Hurter; spätgot. Sakramentshäuschen aus der früheren Kapelle, mit Fialen- und Masswerkbekrönung. – Pfarrhaus, erb. 1710–13. – Alte Mühle. Langgestrecktes 2geschossiges Doppelhaus in Fachwerk, Louis-XVI-Haustüre dat. 1797.

KANTON SCHWYZ

Erste Siedlungsspuren hinterliess die Bronzezeit. Die spärlichen kelto-römischen Bewohner wurden durch die Alemannen in die Bergtäler abgedrängt. Aus Rodungen an den Bergflanken entstanden alemannische Streusiedlungen von Ackerbauern und Viehzüchtern und Fischerdörfer an den Seen. Über einem heidnisch-alemannischen Gräberfeld wurde um 720 die erste christliche Kirche in Schwyz errichtet, 972 erscheint Schwyz als «Suittes» in den Urkunden. 934 gründete Propst Eberhard von Strassburg in der Wildnis des «Finsteren Waldes» an dem Orte, wo 865 der von der Reichenau gekommene Eremit Meinrad von Räubern erschlagen worden war, nach der Regel des Hl. Benedikt das «Monasterium in eremo» Einsiedeln. Im Hochmittelalter unterstand Schwyz den Grafen von Lenzburg, seit 1173 den Kyburgern und dann den Habsburgern. Im 13. Jh. erwuchs aus der Wurzel altalemannischer Freiheit und neuerworbener Rodungsfreiheiten eine bäuerliche Unabhängigkeitsbewegung gegen Adel und Feudalismus. 1240 wurde Schwyz durch Kaiser Friedrich II. im Freiheitsbrief von Faenza reichsunmittelbar erklärt. Diese Reichsfreiheit wurde von König Rudolf von Habsburg 1274 aberkannt. 1291 schloss Schwyz, zwei Wochen nach König Rudolfs Tod, mit dem reichsfreien Land Uri und mit Unterwalden «in Erneuerung eines alten Bundes» eine Ewige Eidgenossenschaft, die sich 1315 in der Schlacht am Morgarten gegen Herzog Leopold von Österreich siegreich behauptete und durch den Bund zu Brunnen vom 9. Dezember 1315 festigte. Es folgten Bündnisse mit der Stadt Luzern 1332, mit Zürich 1351, mit Glarus und Zug 1352, mit Bern 1353. In den Freiheitskämpfen und Eroberungskriegen des 14. und 15. Jh. stand Schwyz meist an der Spitze, so dass bei den Gegnern der Name Schwyzer synonym für Eidgenossen gebraucht und der Name Schwyz fortan in der Form Schweiz auf die ganze Eidgenossenschaft übertragen wurde. Die Kernlandschaft, die nur das Tal am Fuss der Mythen bis Arth und das Muotatal umfasste, gliederte sich durch Eroberung und kluge Politik die Landschaften March, Einsiedeln, Höfe und Küssnacht an. In der Glaubensspaltung des 16. Jh. blieb Schwyz trotz anfänglichen Sympathien für die Sache Zwinglis, der ja von 1516–18 Leutpriester in Einsiedeln gewesen war, beim alten Glauben. Seit der Mitte des 16. Jh. beteiligte sich Schwyz immer stärker an den fremden Diensten, dem Solddienst in Frankreich, Spanien, an den italienischen Höfen und im Dienst des Kaisers. Kargheit des Bodens und Übervölkerung zwangen zu dieser Politik, die von altererbter Freude am Waffenhandwerk gestützt wurde. Die kulturelle Bereicherung des Landes durch die fremden Dienste dokumentieren die vielen von den Regimentsinhabern erbauten Herrenhäuser in Schwyz. Die Kirchenbauten der Gotik, die fast bis 1700 das bauliche Antlitz der schwyzerischen Landschaft bestimmt hatten, wurden im Laufe des 18. Jh. alle abgebrochen und durch glanzvolle Barockbauten ersetzt, so in Arth, Küssnacht, Lachen, Einsiedeln, Tuggen, Schwyz und Muotathal. In Einsiedeln blühte auch die barocke Theaterkultur. Im Franzoseneinfall von 1798 ging das alte Land

Schwyz ehrenhaft kämpfend unter. 1803 erstand der Kanton wieder in den heutigen Grenzen. Gersau, bis 1798 eine freie Republik, kam erstmals 1803, endgültig 1817 zum Kanton Schwyz. Parteikämpfe trennten 1833–34 den Kanton in zwei Halbkantone, Inner- und Ausserschwyz. Nach dem Sonderbundskrieg von 1847 brachte die Verfassung von 1848 eine innere Beruhigung, die einem allmählichen Einzug der Industrie mit dem Anschluss an die Bahnlinie Zürich–Chur 1875 und an die Gotthardbahn 1882 die Wege ebnete. Das 20. Jh. stärkte diese Entwicklung durch Kraftwerkbauten und den Anschluss an die Nationalstrassen.

***SCHWYZ** (Abb. 176–181)

Historisch bedeutender Ort am Fusse der Mythen, mit beherrschend über dem Dorfplatz gelegener Barockkirche und charakteristischen Herrenhäusern. Alemannische Streusiedlung, die sich um die Kirche des Landesheiligen Martin zum Strassendorf entwickelte. Mit Gründung der Eidgenossenschaft, der Schwyz Namen und Wappen gab, wurde das Dorf politisches Zentrum der Urschweiz. An seiner Peripherie entstanden seit E. 16. Jh. zahlreiche Herrenhäuser, deren Bauweise z. T. noch deutlich die bäuerlich-demokratische Herkunft der in fremden Diensten zu Reichtum und Ansehen gelangten führenden Geschlechter erkennen lässt. Nach dem Ortsbrand von 1642 wurde der Dorfplatz in grossartiger barocker Konzeption neu angelegt. Obschon sich das Ortsbild im 19. Jh. durch die Anlage neuer Strassenzüge und im 20. Jh. durch moderne Grossbauten wandelte, hat Schwyz den alten Charakter eines selbstbewussten Hauptortes bewahrt.

Kath. Pfarrkirche St. Martin* (Ortsplan, 1; Abb. 176, 177). *Die festlichste Pfarrkirche der Schweiz* (Birchler). Neubau 1769–74, Hauptwerk der Brüder Jak. und Joh. Ant. Singer; 1965–68 durch Grabungen anlässlich der Gesamtrestaurierung eine merowing. Kirche aus dem 7. oder der 1. H. 8. Jh., eine karoling. aus dem Ende des 1. Jahrtausends und 3 weitere Vorgängerkirchen nachgewiesen; grosse Mauerteile der nach dem Brand von 1642 entstandenen Kirche sind in der heutigen Anlage verbaut (freigelegte Fundamente unter dem Chor zugänglich). Der heutige Spätbarockbau steht wirkungsvoll auf einer Terrasse und beherrscht mit seiner S-Flanke den Dorfplatz, von wo eine 2läufige Freitreppe emporführt. Dreiachsige W-Fassade im Blickziel der Herrengasse, mit flachem, seitlich abgerundetem Vorbau und statuenbesetztem Frontispiz. Die Seitenfronten sind durch vorgewölbte Risalite mit gebrochenem Giebelaufsatz akzentuiert; in den beiden Hauptgeschossen stichbogige Fensterpaare und darüber grosse Thermenfenster. Verlängerung der Fronten durch die gleich befensterte Sakristei und an der N-Seite durch den Turm mit Laternenkuppel, dazwischen der im O halbrund vortretende Chor. – *Inneres.* Dreischiffige Pfeilerhalle von 3 Langhausjochen, von denen das vordere durch halbovale Ausbuchtungen zum Querhaus geweitet ist; über dem Haupteingang eine 2geschossige Empore mit geschweiften Brüstungen. Korinth. Pilaster im Langhaus und im eingezogenen Chor tragen über einem ausladenden Gebälk die Gurtbögen der Tonnengewölbe und einer flachen Vierungskuppel. Warm getönte Decken-

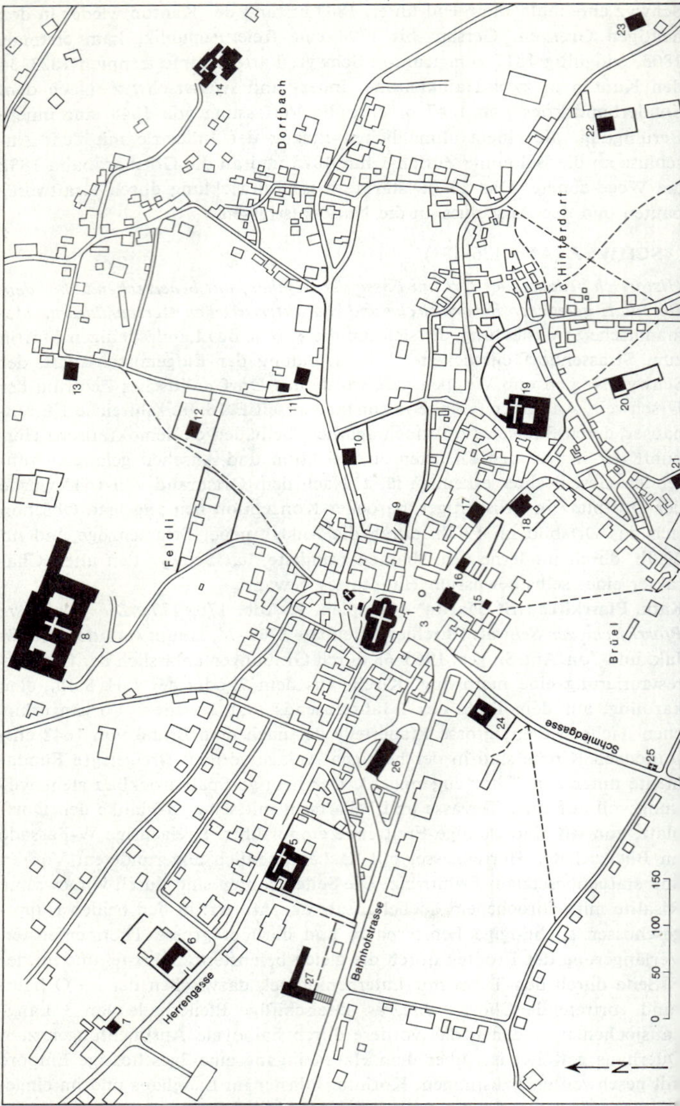

Ortsplan Schwyz

malereien von Jos. Ignaz Weiss, gerahmt durch spitzenartig feine Rokokostukkaturen von Jos. Georg Scharpf und Ant. Klotz. An der linken Chorwand 2 Wandbilder 1772 von Conr. Wenger, 1775 als «nicht genehm» übertüncht, 1966 freigelegt. Der Raumcharakter wird wesentlich durch die prunkvolle Ausstattung aus der Bauzeit geprägt. Hochaltar des Wessobrunners Lorenz Schmid, Seitenaltäre, Kanzel und der retabelartig gestal-

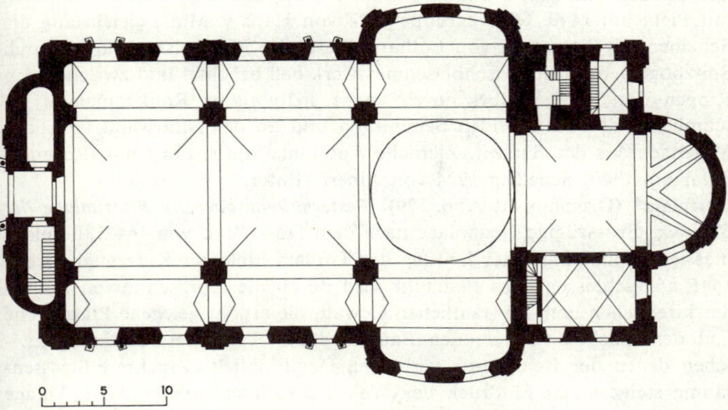

Schwyz. Kath. Pfarrkirche St. Martin

tete Taufstein von den Brüdern Carlo Andrea und Giov. Battista Galetti; Plastiken am Hauptaltar von Georg und Franz Scheffler, an den Nebenaltären und an der Kanzel von Stefano Salterio, Reliefs am Taufstein von Jos. Benedikt Curiger. Geschnitztes Chorgestühl von Felix Schilliger, der auch den Orgelprospekt von 1780 gestaltete. Gute Kreuzwegstationen von Sebastiano Ricci (1659–1734), zugekauft. – *Kirchenschatz.* Ein reichgeschmücktes spätgotisches Truhenreliquiar 1.V.16.Jh.; silberne Statuetten, Büsten- und Armreliquiare sowie Kelche aus dem 17. und 18.Jh. – Heiligkreuz-Kapelle, auf dem alten Friedhof nördl. der Kirche. Für einen Kruzifix erbaut, der beim Brand 1642 verschont blieb; Renov. 1924. Auf dem Altar der Kruzifix aus dem A.17.Jh., zwischen Maria- und Johannes-Statuen um 1640–50. – **Kerchel mit Michaelskapelle*** (Ortsplan, 2; Abb. 178). *Zierlichstes und originellstes Beinhaus in der Schweiz;* erb. 1512–18, renov.

Ortsplan Schwyz

1. Kath. Pfarrkirche St. Martin. – 2. Kerchel mit Michaelskapelle. – 3. Dorfplatz. – 4. Rathaus. – 5. Kapuzinerkloster. – 6. Palais v. Weber-v. Müller. – 7. Haus Kyd, heute Benziger. – 8. Kollegium Maria Hilf. – 9. Haus Bethlehem. – 10. Ital-Reding-Haus. – 11. Hettlingen-Häuser. – 12. Haus Ab Yberg im Feldli. – 13. Schornohaus. – 14. Klösterlein St. Joseph im Loo. – 15. Archivturm. – 16. Haus Dusser. – 17. Sog. Hotel Hediger. – 18. Grosshaus. – 19. Dominikanerinnenkloster St. Peter am Bach. – 20. Acherhof, heute Altersheim. – 21. Haus Laschmatt. – 22. Haus Sagenmatt. – 23. Sog. Haus Gartenlaube. – 24. Redinghaus an der Schmiedgasse. – 25. Büelerkapelle. – 26. Zeughaus. – 27. Bundesbriefarchiv

1924. Doppelgeschossige Anlage mit polygonalem Schluss und Dachreiter. Die dicke Ummauerung des Untergeschosses öffnet sich an der Giebelfront in ein Vorzeichen und endet mit einem 3seitigen, offenen Umgang, hinter dem sich das hohe Obergeschoss mit der Michaelskapelle erhebt. Der kryptenartige untere Raum durch 2 schöne, spätgot. profilierte Pfeiler unterteilt, auf denen das tief herabgezogene Sterngratgewölbe ruht; Gewölbemalerei mit Gnadenstuhl und den Evangelisten aus der Bauzeit. Neugot. Altärchen mit Pietà um 1440. Ölberggruppe 1924 von Hans v. Matt, gleichzeitig die Scheiben mit Totentanz von Lothar Albert. Die Michaelskapelle ist durch Spitzbogenfenster mit Fischblasenmasswerk hell belichtet und zwischen den Rippen des Sterngewölbes durch reiche spätgotische Rankenmalerei geschmückt. Über den beiden Seitentüren und an der Altarwand figürliche Malereien aus der Bauzeit. Zierliche Apollonia-Statue um 1500; Régence-Altar um 1740; Scheiben 1924 von Albert Hinter.

Dorfplatz* (Ortsplan, 3; Abb. 179). *Besterhaltene barocke Platzanlage der Schweiz.* Grosszügige Neuanlage nach dem Dorfbrand von 1642, die planmässige Umbauung unter Leitung des Tirolers Melchior Katzrauer bereits 1645 abgeschlossen. Das Platzbild wird durch die repräsentativen Bauten der kirchlichen und der staatlichen Gewalt, die erhöht gelegene Pfarrkirche und den mächtig vortretenden Baukubus des Rathauses, bestimmt, zwischen denen der freie Raum verbindet. Der Einblick in mehrere Strassenräume steigert den Eindruck der Weite, die Geschlossenheit der Anlage wird dadurch gewahrt, dass keine der in verschiedenen Achsen einmündenden Strassen einen Durchblick über den Platz hinweg in ihre Fortsetzung erlaubt. Unter der Kirchenterrasse eine Arkadenhalle, der sog. «Bogen», ein für das alte Land Schwyz charakteristischer, in jeder Kirchgemeinde bestehender Ort der öffentlichen politischen Diskussion. Schwerpunkt der östl. Platzhälfte bildet der 1649 neu erstellte Pannerherren-Brunnen mit Kandelabersäule von 1707 und Standbild eines geharnischten Bannerträgers von 1768 von Joh. Bapt. Babel; das 8eckige Becken 1892 erneuert. – **Rathaus** (Ortsplan, 4; Abb. 179). Neubau 1642–45 von Melchior Katzrauer, auf den Grundmauern des Vorgängerbaus von 1593; Renov. 1968–72. Freistehender, 3geschossiger Baukubus mit schlankem Aborttürmchen an der östl. Rückseite, die Sockelzone der beiden Platzfronten durch mächtige Diamantbuckel ausgezeichnet. Zusammenfassung der asymmetrisch befensterten Fronten durch gequaderte Ecklisenen und Zentralisierung des Baus unter neuem Mansartdach mit Firsttürmchen 1777–79 durch Carlo Andrea Galetti. An der N-Seite eine 2läufige Freitreppe zum Renaissanceportal; Portalarchitektur und weitere Steinmetzarbeiten aus der Bauzeit von Ludi Krugell. Fassadenmalereien 1891 von Ferd. Wagner aus München, renov. 1969–70, Themen aus der Entstehungsgeschichte der Eidgenossenschaft und allegorische Figuren. Prunkraum des Hauses ist der kleine Ratssaal, heute Gerichtssaal. Seine Renaissancetäfer mit Intarsien aus verschiedenen Hölzern und die reichgegliederte, schwere Kassettendecke 1649–55 von Lienhard Dobler und seinem Sohn geschaffen, geschnitztes Barockmobiliar; Renovation 1971–72. Im ehem. grossen Ratssaal, heute Empfangssaal, einfache

Holzverkleidung und Bilderfolge der schwyzerischen Landammänner von 1544–1850 (die späteren Bildnisse im neuen Verwaltungsgebäude); Rest. 1972. Im Parterre, in der ehem. Tanzdiele, 1971 Einbau des neuen Ratssaales. – Doppelhaus Reding-Steiner, an der östl. Schmalseite des Platzes. Wie die folgenden Häuser am Dorfplatz nach dem Brand von 1642 durch Melchior Katzrauer erbaut. Dreigeschossige Fronten in geschickter Ausgleichung des Niveau-Unterschiedes, unter einheitlichem Dach mit Giebeln und Lukarnen aus dem 18. Jh.; Rokokoportal und Balkongitter 1764. – Doppelhaus Castell-Rickenbach, an der westl. Platzseite. Pendant zu den gegenüberliegenden Häusern; westl. Anbauten und Verlängerung 1757. Am N-Giebel Bild des Hl. Franz Xaver von 1722. – Gasthaus Rössli. Vollständiger Umbau 1868, wobei der urspr. nur 2geschossige östl. Anbau erhöht und damit eine einheitliche Breitfront geschaffen wurde. An der westlichen Schmalseite eine Doppeltreppe zur Rokokotüre, darüber ein von 2 Säulen getragener Erker aus der Bauzeit 1643.

Herrengasse. Gasthaus Bären. Mächtiges Giebelhaus von 1545; Haupteingang und Treppenhaus 19. Jh. – Doppelhaus Gemsch-Weber. Zwei ehem. gewettete Blockhäuser aus der Zeit vor 1642 in heutiger Form vereinigt 1810 mit originellem klassiz. Rundgiebel. An der N-Seite ein 2geschossiger polygonaler Erker aus dem 17. Jh. oder vor 1810. – Gemeindehaus, altes Spital. Erb. 1752 nach Plänen von Hauptmann Jost v. Nideröst. Dreigeschossiger Rechteckbau mit Ecklisenen und Walmdach; die Fassadenmalereien renoviert anlässlich der Rest. 1963–64. – **Kapuzinerkloster** (Ortsplan, 5). Erb. 1616–20, Kirchweihe 1621, Verlängerung des S-Flügels um den nach W gerichteten Bibliotheksanbau 1700–02. Schlichte Klosteranlage nach dem üblichen Schema der Kapuzinerbauten mit Kreuzgang an der S-Seite der Kirche. Anlässlich der Kirchenrenov. 1953 der schöne Dachstuhl im Schiff geöffnet und das Deckenbild von Jos. Ignaz Weiss im Chor freigelegt. Grosser Hochaltar von 1720 mit gutem Bild der Marienkrönung 1620 von Nuvolone, gen. Panfilo aus Cremona; Seitenaltäre mit Intarsien 1792–94. In Wandnische einzigartige got. Figurengruppe der Madonna mit Kind, Katharina (mystische Vermählung) und Barbara um 1440; die ausdrucksvollen Köpfe der 3 Frauen urspr. ungekrönt, neue Fassung. Standesscheiben ab 1953 von Hans Schilter, Eduard Renggli und Alois Carigiet. In der Sakristei Silberschmiedarbeiten 17. und 18. Jh. – **Palais v. Weber-v. Müller,** heute Büeler (Ortsplan, 6). Erb. 1738–40 von den Brüdern Lorenz und Vitus Rey, unter Abänderung eines Modells von Ant. Ignaz Ceberg; Renovation 1944–46. Breiter 2geschossiger Bau mit Mansartdach und 2achsigen Seitenrisaliten gegen die Strasse; zentrales Hauptportal, zu dem eine doppelseitige Treppenanlage emporführt. Streng symmetrische Hof- und Gartenanlage mit Gittertoren, Ökonomiegebäuden mit Mansartdächern, 2 Brunnen. – **Haus Kyd, heute Benziger** (Ortsplan, 7). Erb. um 1730 vermutlich nach Plan von Ant. Ignaz Ceberg, die beiden nach N gerichteten Flügel angeblich 1785; dekorative Bereicherung des Äusseren 1876. Im linken Anbau einzige noch erhaltene Schwyzer Hauskapelle. In der Umfassungsmauer Gitterportal um 1730, ein weiteres aus der Empirezeit an der

W-Seite. – *Quartier nördl. der Kirche.* Kerchel (Beinhaus), s.S. 569. – Gasthaus Drei Könige. In der 2.H. 16.Jh. bestehendes Blockhaus, erhöht 1842. – Haus Reding, jetzt Steiner, im unteren Feldli. Blockbau aus dem 16.Jh., ummantelt und neu ausgestattet 1730–40. – Haus Büeler, jetzt Benziger, im mittleren Feldli. Herrenhaus aus der M. 17.Jh., durch ungeschickte Rest. nach 1850 völlig verändert. – **Kollegium Maria Hilf** (Ortsplan, 8). Gründung 1836 durch die Jesuiten, die 1847 vertrieben wurden; Neugründung 1856 durch Pater Theodosius Florentini. Erster Bau 1841 ff. nach Plan von Casp.Jos.Jeuch; nach Brand 1910 auf altem Grundriss neuerbaut durch Eduard Davinet. Ausgedehntes Flügelrechteck nach Vorbild der hochbarocken symmetrischen Klosteranlagen; Kirche in der Mittelachse, ihre Fassade nach dem Beispiel Einsiedelns von 2 Kuppeltürmchen flankiert. Im Kollegium sehenswertes Diözesanmuseum (s. S. 575). – **Haus Ceberg, heute Kündig,** im oberen Feldli. Erb. 1686 nach Plänen von Ant. Ignaz Ceberg. Strenger Rechteckbau mit umlaufendem Pultdach über dem 3.Hauptgeschoss, auf dem ein zurückgezogener Mansartstock mit Walmdach ruht. Im Innern reiches Treppengeländer und kraftvolle Stuckierung. Gartenmauer mit Eckpavillons, anstelle der 1808 abgetragenen burgartigen Ummauerung mit Zinnenkranz.

Nordöstl. des Dorfplatzes. **Haus Bethlehem** (Ortsplan, 9). Baugeschichtlich interessantes Holzhaus, auf der Hofstatt der Familie Lilli wohl in der 2.H. 16.Jh. neuerbaut; kurz darauf in Besitz der für die Geschichte ihres Landes und der Eidgenossenschaft bedeutenden Familie v. Reding, die das bäuerliche alte Haus neben ihrem neuen Herrenhaus im oberen Teil der Hofstatt erhalten hat. Gewetteter 2geschossiger Holzbau auf hoher Stockmauer mit seitlich weit überragenden, von Holzpfosten getragenen Lauben und Tätschdach. In einfacher Täferstube ein eingebautes Buffet dat. 1559 (Bauzeit?). – **Ital-Reding-Haus*** (Ortsplan, 10; Abb.180). *Originell ausgebautes Herrenhaus mit reicher Ausstattung.* Erb. 1609 für Ital Reding, Gardehauptmann in französischen Diensten. Erhöhte Lage in der O-Ecke einer unregelmässig ummauerten Hofstatt, in die sich 3 Einfahrtstore aus der 1.H. 17.Jh. öffnen. Der grosse 3geschossige Rechteckbau verbindet Renaissanceformen mit Elementen der Spätgotik und ist in der Tradition der Innerschweizer Bauernhäuser durch Klebdächer allseitig gegliedert. Den barocken Charakter erhielt das Haus um 1663 durch Ausbau des steilen Satteldaches, das mit seinen beiden 2geschossigen Kreuzgiebeln und den bekrönenden Kuppeltürmchen die Silhouette malerisch belebt. Die Strassenfront wurde gleichzeitig durch einen von 2 Säulen getragenen Holzerker akzentuiert, unter dem eine Doppeltreppe zum Renaissanceportal emporführt. Ein 2geschossiger erkerartiger Anbau an der westl. Schmalseite überdacht den hofseitigen Eingang und verbindet mit einem langgestreckten Ökonomietrakt. Hofbrunnen mit 8eckigem Becken um 1610; Gartenpavillons 1699. Im Innern eine mittelalterl. steile Treppe zur Halle und den Prunkräumen des Hauptgeschosses. In die Halle geöffneter Holzerker von 1663, darin Allegorien der 4 Elemente in Grisaillemalerei. Die Prunkräume 1630 mit kunstvollen Kassettendecken, Täfern und z.T. mit eingebauten

Buffets ausgestattet; im Saal qualitätvoll modellierte Hermenkaryatiden zwischen den Fensternischen, prächtig eingelegter Boden um 1640–50, Winterthurer Prunkofen 1679 von Hans Heinr. Graf. Unter anderem Mobiliar bemerkenswerter Schreibschrank um 1640–50 mit hervorragenden Intarsien. – **Hettlingen-Häuser** (Ortsplan, 11). Herrensitz der aus Winterthur stammenden Familie Hedlinger, später v. Hettlingen, die infolge der Reformation in Schwyz eingewandert war. Die beiden nebeneinanderstehenden Häuser sind durch eine gemeinsame Hofmauer mit Torbauten aus der 2. H. 17. Jh. verbunden. Unten das um 1760–70 erbaute neue Herrenhaus, ein grosser Rechteckbau von 3 Hauptgeschossen unter weit vorkragendem Mansartwalmdach; an der Eingangsfront Balkon und grosses Wappenrelief. Im Innern Louis-XVI-Räume und z. T. gleichzeitige Ausstattung. Das obere Haus «Steinstöckli» 1579 für die Dietschi erbaut; um 1750 an den berühmten Medailleur Joh. Carl Hedlinger (1691–1771) vererbt, bis dahin Hofmedailleur und Hofmarschall des schwedischen Königs. Turmartiger Mauerbau unter Krüppelwalmdach mit Zwerchgiebeln, alle Fronten durch Klebdächer gegliedert. Im Innern steinerne Wendeltreppe; gute Ausstattung grossenteils 18. Jh. – Haus Ab Yberg im Feldli (Ortsplan, 12). Erb. M. 17. Jh., Umbauten und Neuausstattung ab 1719; im 19. Jh. schlecht verändert. Quadratisches Giebelhaus in ummauerter Hof- und Gartenanlage. Gartensaal mit reicher Stuckdecke von 1719. – Schornohaus (Ortsplan, 13). Riegelbau von 1564; Rückseite als massiver Steinbau wohl gleichzeitig mit dem Hofportal von 1598; Walmdach mit z. T. geschweiften Zwerchgiebeln 2. H. 18 Jh. Im Innern 2geschossiger Pannerherrensaal mit schlecht erhaltener Ausmalung um 1600. – «Hölzernes Himmelreich», oberhalb Schornohaus. Erb. 1797, liebenswürdiges niedriges Häuschen mit Walmdach. – **Klösterlein St. Joseph im Loo** (Ortsplan, 14). Für die kurz zuvor berufenen Kapuziner erbaut 1586–87, nach dem Umzug des Konvents an die Herrengasse ab 1627 Lateinschule; seit 1895 Sitz der «Töchter vom Herzen Jesu», die das Klösterlein zu einer geschlossenen Anlage ausbauten; Renov. der Kirche um 1960. In der einfachen kleinen Kirche frühbarocke Altäre von 1654; am Chorbogen ein hochgotischer Kruzifix um 1340. – Kapelle St. Agatha, im Färisacher. Kleine kreuzförmige Anlage von 1706–08 mit haubenbedecktem Dachreiter und baldachinartigem Portalvordach; Aussenrest. 1971. Zwei reichgeschnitzte Altäre wohl von 1708. Interessante Gruppe der Kreuztragung, Christus wohl A. 18. Jh., Maria älter, Figur des Henkers um 1740–50. Kleine Kreuzigungsgruppe 2. H. 16. Jh.

Südöstl. des Dorfplatzes, Hinterdorf. **Archivturm** (Ortsplan, 15), heute Historisches Museum (s. S. 575). Im 12. oder 13. Jh. möglicherweise als Sitz eines Meiers errichtet, der Treppenhausanbau erfolgte erst 1666. Anlässlich der Rest. 1949–50 Wiederherstellung des alten Bestandes mit hohem Zeltdach. – Haus Dusser (Ortsplan, 16). Nach dem Dorfbrand 1642 auf alter Stockmauer neuerbaut wohl von Melchior Katzrauer. Vom Vorgängerbau ein kielbogiges Portal dat. 1598; Fensterkörbe 1720. – Davor Marienbrunnen. Trog 1618, Säule und Statue 2. H. 17. Jh.; Renov. 1800. – Sog. Hotel Hediger (Ortsplan, 17). Erb. um 1740–50, Äusseres um 1780 verändert. Régence-Ausstattung aus der Bauzeit. – **Grosshaus*** (Ortsplan, 18). Erb. 1604 für Landammann Heinr. Reding, Anbau des Treppenhauses an der O-Seite M. 18. Jh. Mächtiges, noch spätgot. empfundenes Giebelhaus mit reichgegliedertem Architekturportal; urspr. Fensterform verändert und Klebdächer entfernt. Gute Täferzimmer 17. Jh.; im Saal reizvolle ornamentale Malereien an der Balkendecke, um 1700, in der Art des Stefano della Bella. – **Dominikanerinnenkloster St. Peter am Bach** (Ortsplan, 19). Gegr. wohl 1274. Neubau des Klosters 1625–28, der Kirche 1636–42, des Gästehauses 1698–1700 nach Plänen von Ant. Ignaz Ceberg; Renov. der Kirche 1933. Rechteckige Anlage um zentralen Kreuzgang, an der N-Seite die zurückgesetzte Kirche mit Vorzeichen aus dem 1. Drittel 18. Jh., daneben im nördl. Konventsflügel rundbogiges Hofportal mit bekrönender Madonnenstatue 2. H. 17. Jh. In der Kirche 3 Altäre 1778–84 mit Statuen von Joh. Bapt. Babel; am Hochaltar Bild von Franz Theod. Kraus 1705, im Giebel got. Madonna um 1440. In der Sakristei gute Silberschmiedarbeiten 17. und 18. Jh.; Holzstatuette der Hl. Anna selbdritt 2. H. 15. Jh., urspr. Gnadenbild von Steinerberg. Nördl. an die Kirche anstossend die urspr. Klosterkapelle vom E. 16. Jh., mit spitzbogigem Portal; dahinter Friedhof mit Einsiedlerkapelle. In der NO-Ecke des Gartens Dreifaltigkeits-Kapelle mit Plastiken aus der 2. H. 17. Jh. In einem Raum des O-Trakts roman. Doppelfenster. – Haus Gyr-Bommer. Turmartiger Bau 1810 von einem Nigg aus Gersau; für die Gegend ungewöhnliches Mansartsatteldach. – Acherhof, heute Altersheim (Ortsplan, 20). Giebelhaus vor 1590 erbaut; Treppenanbau, Einfahrts- und Hausportal sowie neue Innenausstattung 1745–50; Renov. 1956. Zierlicher Hofbrunnen, dat. 1751, mit überdachtem Platz für die Wäscherinnen. Ökonomiegebäude 17. und 19. Jh. – Haus Laschmatt (Ortsplan, 21). Blockbau von 1565, verputzt 1777; Innenrenov. 1810. An der S-Fassade Schutzmantelmadonna 1565. Achteckiges Gartenhäuschen vermutlich 1777. – Haus Sagenmatt (Ortsplan, 22), bei der Strasse nach Rikkenbach. Erb. A. 17. Jh., Umgestaltung des Äussern mit reicher Architekturmalerei um 1760–70 unter Landammann Ignaz Nazar Ceberg. Abgebrochen und rekonstruiert 1972–73. Nobles Herrenhaus unter Kreuzdach mit je 2 Zwerchgiebeln an den Längsseiten, die 3 unteren Geschosse durch ein umlaufendes Klebdach vom Dachgeschoss abgesetzt; Barockportal um 1740. Hofanlage mit monumental wirkendem Stallgebäude; reich geschmiedetes Louis-XVI-Gartengitter. – Sog. Haus Gartenlaube (Ortsplan, 23). Grundsteinlegung des Herrenhauses 1570 durch den Hl. Karl Borromeo; W-Eingang des 17. Jh. in erkerartigem, von Pfeilern getragenem und von Lauben flankiertem Vorbau, der als Giebel über die Traufseite des Satteldachs hinausgeht. Neuzeitliche dekorative Fassadenmalerei.

Schmiedgasse und Brüel; Bahnhofstrasse. **Redinghaus an der Schmiedgasse*** (Ortsplan, 24; Abb. 181). Erb. 1614–17 für Hauptmann Rudolf Reding; Dachaufbauten E. 17. Jh.; Rest. 1963. Dreigeschossiges Baugeviert um einen Säulenhof; die breiten Aussenfronten durch gequaderte Ecklisenen eingefasst und im gebrochenen Walmdach durch originell geschweifte Quergiebel bekrönt, von denen 3 über der Schauseite, je 2 weitere über den beiden

Seitenfronten liegen. An der O-Seite Rustikaportalarchitektur mit Allianzwappen im gesprengten Giebel. Im Innern qualitätvolle Rokokostuckdekken; Régence- und Empireräume; prunkvoller Turmofen 1690 von David und Heinr. Pfau, zugekauft; grosse Sammlung von Wappenscheiben 16. und 17.Jh. – **Büelerkapelle** (Ortsplan, 25). Neubau 1683, der Schmerzhaften Mutter geweiht 1684; Renov. 1963–64. Einfache Anlage mit tiefem Vorzeichen unter durchgehendem Walmdach, über dem 3seitig geschlossenen Chor ein haubenbedeckter Dachreiter. Im Vorzeichen stuckierte hochbarocke Bilderrahmungen mit Putten; über dem Portal eine Wappenkartusche der Stifter Büeler, italienisch. Das Innere von gleicher Hand in saftigen Formen stuckiert; reiche Rahmungen von 7 Wandbildern der Passion und Auferstehung. Altar aus der Bauzeit; in der Retabelnische das Gnadenbild der Pietà, im 17.Jh. nach einem Vorbild aus der M. 15.Jh. kopiert. Am Chorbogen hölzerne Kreuzigungsgruppe von 1694. – Haus Auf der Maur, östl. der Büelerkapelle. Angeblich von Joh. Casp. Büeler um 1680 erbaut, wahrscheinlich aber schon in der 1.H. 17.Jh. bestehend; geschickter Biedermeierumbau 1836. – Ref. Kirche. Erb. 1957–58 von Hans Hubacher. Glasmalerei an der Stirnwand 1958 von Gian Casty. – *Bahnhofstrasse.* **Zeughaus** (Ortsplan, 26). Als Kornhaus erbaut 1711–17; Renovation 1961. Mit der langgestreckten S-Front oberhalb der Bahnhofstrasse gelegener Bau, mit steilem Satteldach und Zwerchhäusern; an den Giebelseiten und an der N-Front einfache Rundbogenportale. Fassadenmalerei 1929 von Hans Beat Wieland. – Kant. Verwaltungsgebäude. Erb. 1926 von Alfred Abbühl; geschweifte Quergiebel nach dem Vorbild des Redinghauses an der Schmiedgasse. – Haus Schädler. Täferzimmer mit reichen Intarsien dat. 1703, urspr. im Redinghaus am Dorfbach. – **Bundesbriefarchiv*** (Ortsplan, 27). Funktionell geplanter Bau von feierlich-ernster Wirkung, 1934–36 errichtet von Jos. Beeler. An der strassenseitigen Giebelfront monumentales Wandbild, Bundesschwur, 1936 von Heinr. Danioth. Eine hohe Freitreppe führt durch 3 Bogenöffnungen in eine weite Eingangshalle, darin Plastik eines Bauernknaben 1936 von Jos. Bisa. Im Treppenhaus Wandbild, Bruder Klaus, 1941 von Maurice Barraud; im grossen Saal weiteres Wandbild, Rütlischwur, 1943–47 von Walter Clénin. *Sammlung* der für die Gründung und Geschichte der Alten Eidgenossenschaft bedeutendsten Urkunden*, darunter als kostbarste Stücke die Bundesbriefe von 1291 und 1315; Banner des 13.–18.Jh. – In der Anlage beim Bundesbriefarchiv grosse Bronzeplastik, Wehrwille, 1941 von Hans Brandenberger.

Museen. Bundesbriefarchiv (s. oben; Ortsplan, 27). – Turmmuseum im Archivturm (s. S. 573; Ortsplan, 15). Kant. historische Sammlung, Staatsaltertümer, Medaillensammlung von Joh. Carl Hedlinger, kirchliche Kunst. – Diözesanmuseum, im Kollegium Maria Hilf (s. S. 572; Ortsplan, 8). Kirchliche Kunst aus Graubünden und der Innerschweiz.

IBACH–MUOTATHAL

IBACH. Kath. Kirche St. Antonius Eremita. Neuerb. 1939 von Jos. Steiner, gleichzeitig Fassadenplastik von Bruno Pfyl und Ausstattung. An der

Chorwand Kruzifix von Ludwig d'Arsie, Statuen der Seitenaltäre von Alois Payer und Franz Wipplinger, Kanzelreliefs von Josy Biétry, Kreuzweg von Lothar Albert; in der Antoniuskapelle Malerei und Fenster 1940–41 von Lothar Albert. – Haus Fischlin, ehem. Auf der Maur. Erb. 1572; geschnitzter Türrahmen mit Kreuzigung, Anna selbdritt und Wappen Auf der Maur-Gössi.

Oberschönenbuch. **Kapelle St. Katharina.** Neubau 1691–93, mit weit über das Barockportal vorgezogenem Walmdach und haubenbedecktem Dachreiter; Rest. 1969–71. Im Innern reizvolle Wand- und Deckenbilder von 1739, an der W-Wand signiert von Melchior Eggmann, verschiedentlich übergangen. Altar 1780–90; wertvolles Altarbild in der Art oberitalienischer Malerei 2.H.17.Jh., die Gesichter süsslich übermalt. In der Sakristei Augsburger Rokokokelch von Franz Thaddäus Lang. – Suters Kapellchen. Madonna um 1300, weitere Holzstatuen 16. Jh. – Sog. Suworowbrücke. Gedeckte Holzbrücke von 1810 über die Muota; unterhalb der alten Brücke, auf der 1799 der Zusammenstoss zwischen den Truppen Suworows und den Franzosen stattfand.

***RICKENBACH** (Abb. 182). **Kath. Filialkirche St. Maria Magdalena.** Erb. 1678–81, verlängert 1882 unter Wiederverwendung des alten Portals. Anlage mit symmetrisch aus dem Choreinzug vorstehenden Sakristeien; kleines Vorzeichen und Dachreiter. Gute Rokokostukkaturen 1774 vermutlich von Jos. Scharf und Ant. Klotz. Drei Altäre von Meinrad Büeler aus der Bauzeit. – Haus Fassbind, im Grund. Vor 1600 bestehendes hölzernes Giebelhaus auf hoher Stockmauer; beidseits loggiaartige Lauben angeblich 1694, gleichzeitig Umgestaltung des Innern und Ausmalung der Sommerstube. – Abegg-Kapelle. Als Familienkapelle der Fassbind erb. 1638, renov. 1826. – Stammhaus der Ab Yberg, im Grund. Neuerb. 1606, Umbau 1745; Ausbau des ehem. Mansartgeschosses zum 3. Obergeschoss und neues Walmdach nach 1870. In den untern Ecken des ummauerten Gartens 2 5seitige Pavillons mit geschweiften Kuppelhauben. – Kapelle St. Sebastian, zum Herrenhaus Ab Yberg gehörig. Eingezogener Chor um 1578, breites Schiff neuerb. 1606–07, schönes Arkadenvorzeichen und Portalrahmung 1783, haubenbedeckter Dachreiter 18. Jh. Im Innern Tonnengewölbe mit Stukkaturen von 1720–30. Drei gute Louis-XVI-Altäre, am Hochaltar Kopie des Einsiedler Gnadenbildes von Joh. Bapt. Babel. In der Sakristei got. Reliquienmonstranz um 1500 aus Steinen. – Landhaus Waldegg. Für die Ab Yberg erb. um 1600 in der Form eines grossen Bauernhauses. Verputzter Blockbau auf gemauertem Erdgeschoss; Gartensaal in ganzer Hausbreite ausgeb. 1697–99, ausgemalt nach 1713. In den Ecken der Gartenterrasse Pavillons um 1698 mit geschweiften Dächern. – **Herrenhaus Immenfeld*.** Stammsitz der späteren Reichsfreiherren v. Bettschart mit Familienkapelle beim Eingang zur symmetrisch auf das Haus bezogenen Hof- und Gartenanlage. Als Riegelhaus erb. 1.H. 17.Jh., Umbauten ab 1662, Erweiterung des Baurechtecks um den östl. «Steinflügel» 1710; Rest. 1908–12. Malerisches Landhaus mit Klebdächern, Quergiebeln und asymmetrisch geordneten Fenstergruppen. An der Hauptfront offener Portalvorbau nach 1662

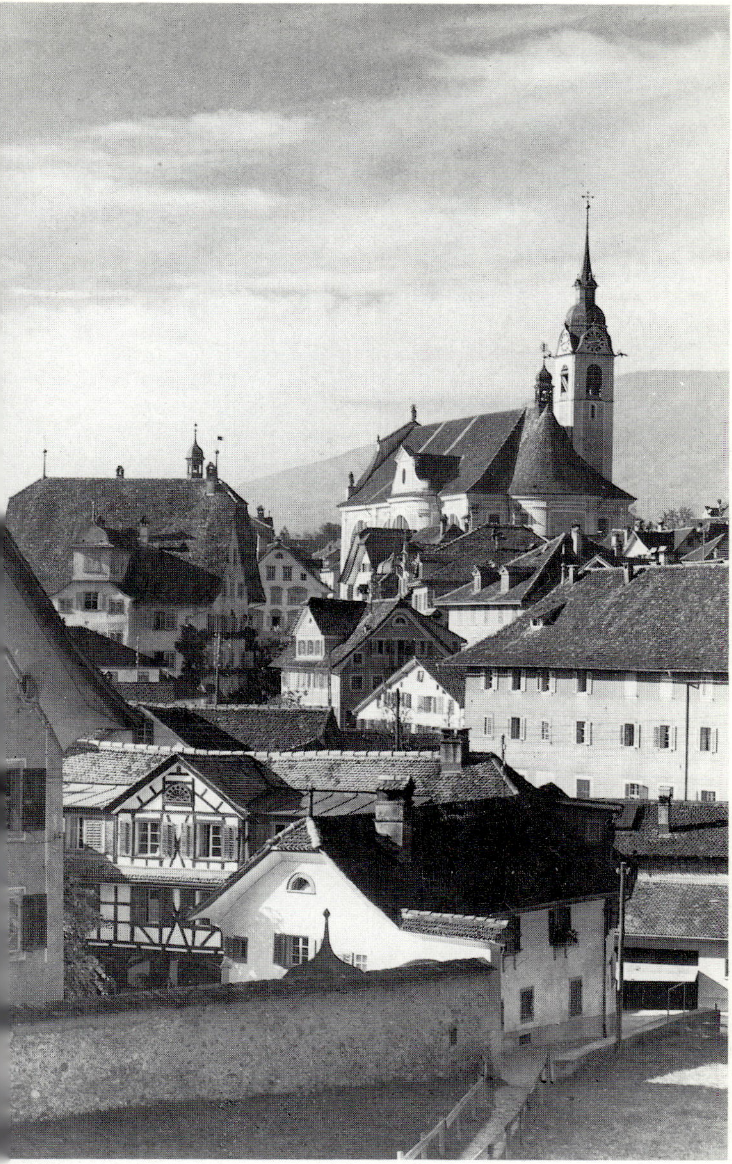

Schwyz. Historisch bedeutender Ort der Urschweiz. Blick auf die beherrschend über dem
fplatz gelegene kath. Pfarrkirche St. Martin und die ihr benachbarten Häuser (567–575)

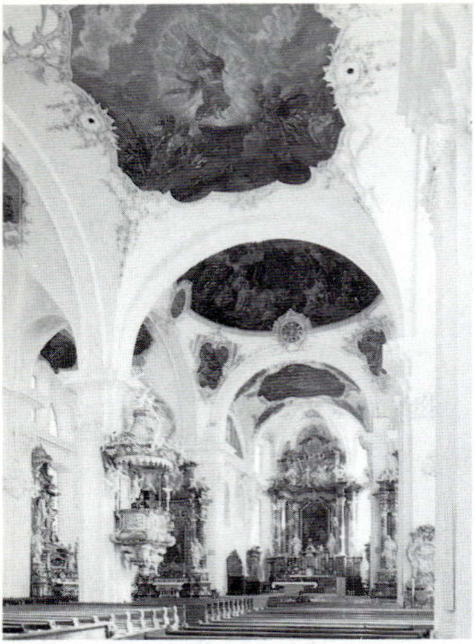

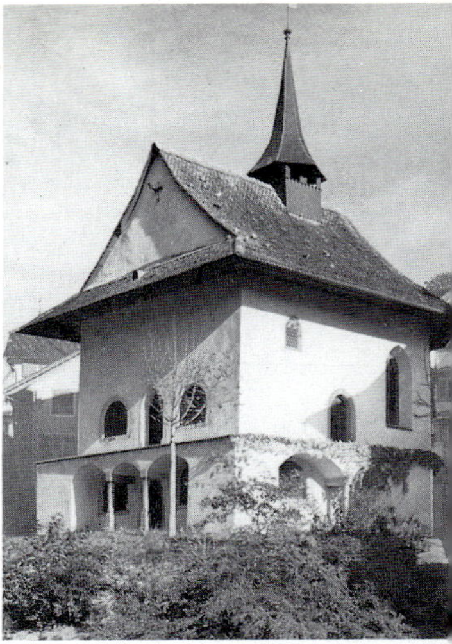

177. **Schwyz.** Kath. Pfarrkirche St. Martin. Erb. 1769–74, das Hauptwerk der Brüder Jakob u
Johann Anton Singer. Reichausgestatteter, festlich wirkender Innenraum (567f.)

178. **Schwyz.** Kerchel mit Michaelskapelle. Zierlichstes und originellstes Beinhaus in der Schw
Erb. 1512–18. In der Michaelskapelle reiche spätgot. Rankenmalerei (569f.)

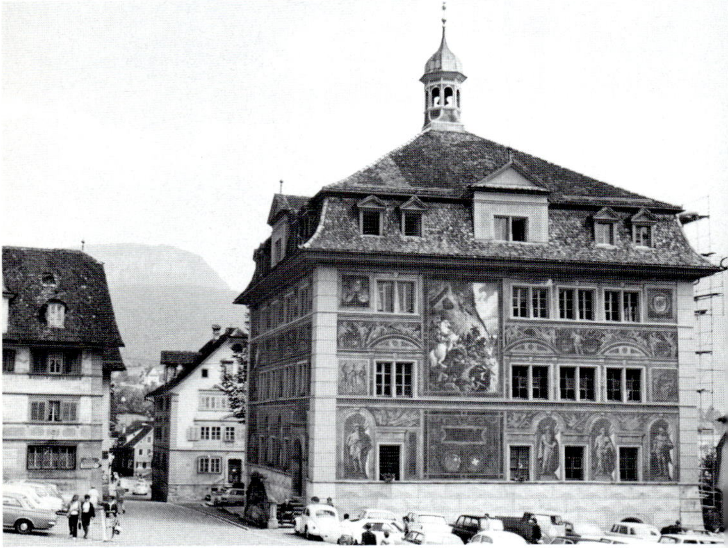

179. **Schwyz.** Dorfplatz. Rechts: Rathaus, erb. 1642–45 von Melchior Katzrauer, mit Fa
denmalereien von Ferdinand Wagner 1891. Links: Haus alt Bundesrichter Steiner 1642 (57

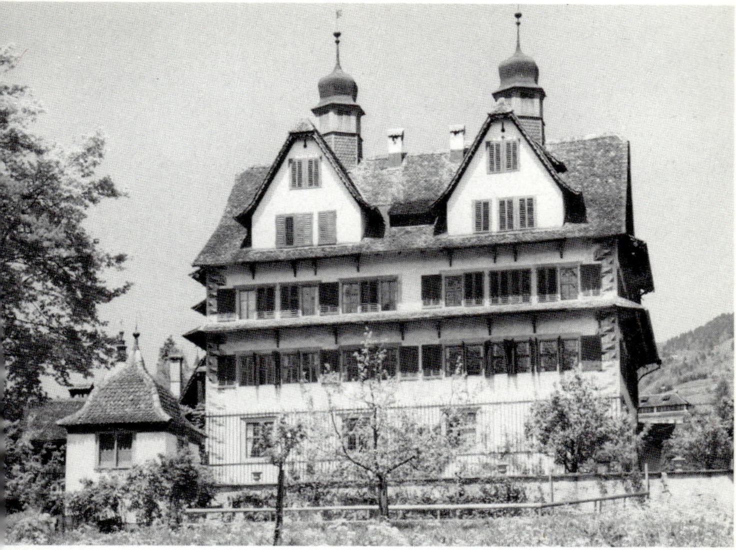

). Schwyz. Ital-Reding-Haus. Originell ausgebautes Herrenhaus von 1609, um 1663 mit Satdach, zweigeschossigen Kreuzgiebeln und Kuppeltürmchen versehen (572f.)

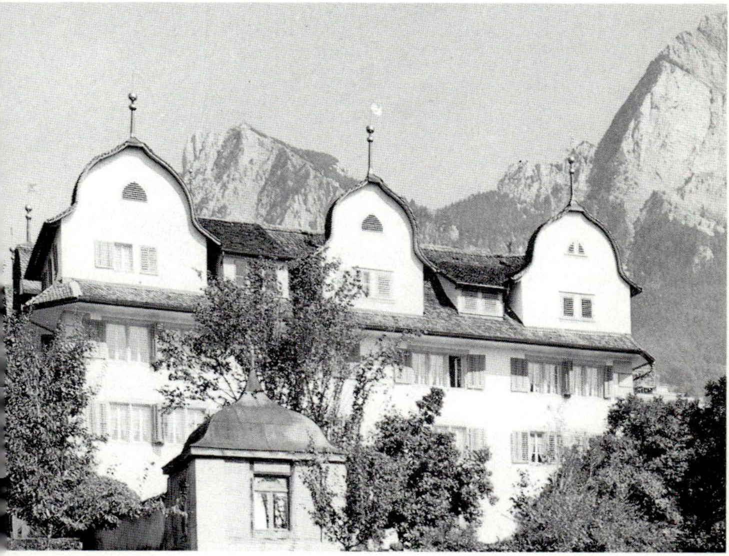

Schwyz. Redinghaus an der Schmiedgasse. Erb. 1614–17 für Hauptmann Rudolf Reding; ·ochenes Walmdach und geschweifte Quergiebel E. 17. Jh. (574f.)

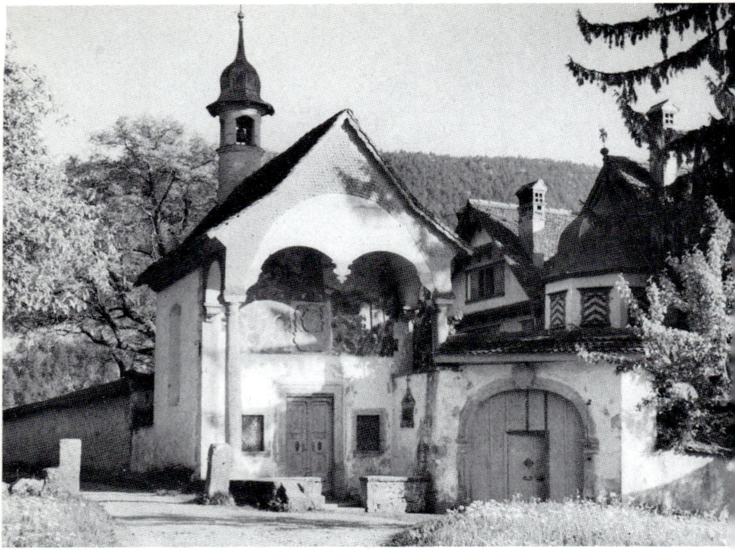

182. **Rickenbach.** Herrenhaus Immenfeld, Familienkapelle St. Antonius. Erb. 1687, mit V
zeichen, durchgehendem Dach und laubenbekröntem Dachreiter (577)

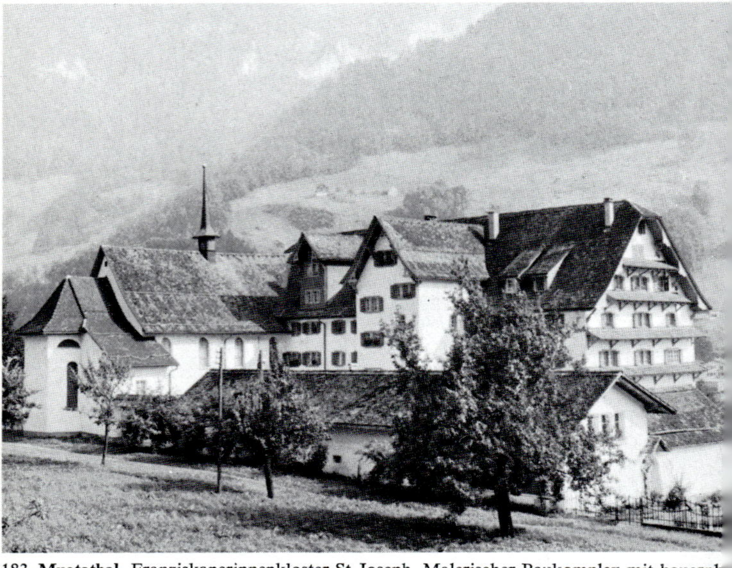

183. **Muotathal.** Franziskanerinnenkloster St. Joseph. Malerischer Baukomplex mit bauernh
artigem Konventsgebäude, quergestellter Kirche und Wirtschaftsbauten. Erb. 1684–93 (5

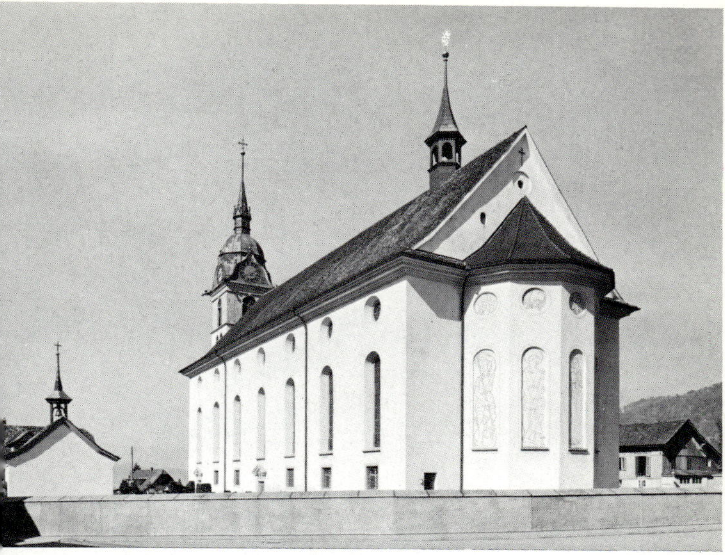

. **Arth.** Kath. Pfarrkirche St. Georg und Zeno. Eine der imposantesten Kirchen der Innerveiz, neuerb. 1695–96 durch Jeremias Schmid. Turm vom Vorgängerbau übernommen (584)

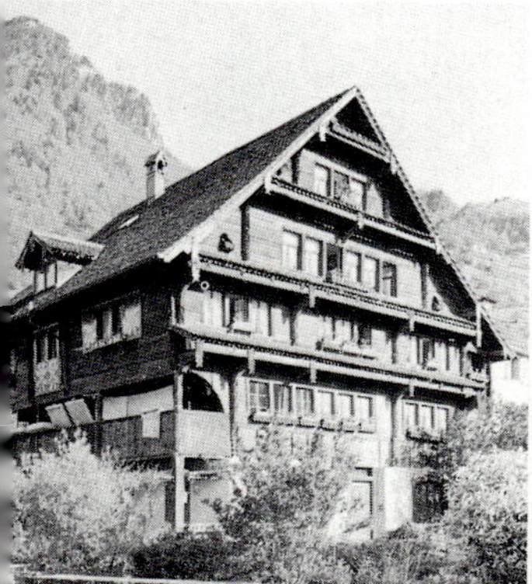

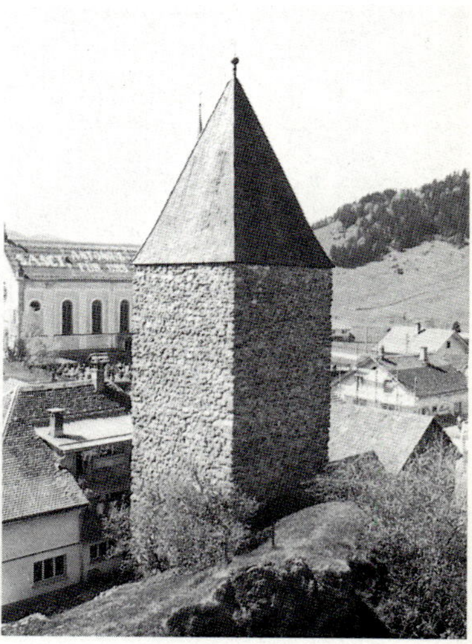

Gersau. Gerbe. Prachtvolles, gewettetes Blockhaus mit Klebdächern und Lauben, datiert . Über den Fenstern des zweiten Stocks blinde Kielbogenreihen (580)

Rothenthurm. Wehrturm. Teil der einstigen Talsperre, erb. 1310–14. Mächtiger quadrati- Turm, Ansatz der Letzimauer mit Törlein. Rest. 1956 (588)

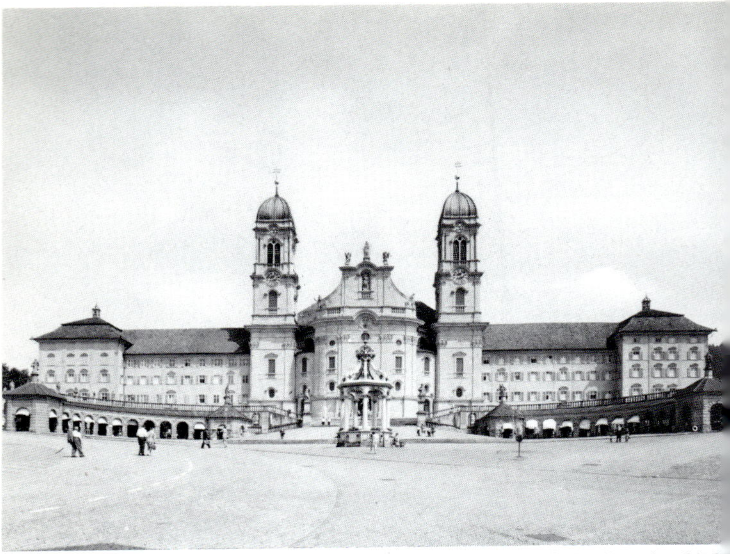

187. Einsiedeln. Benediktinerabtei. Eines der Hauptwerke abendländischer Barockarchitek
Doppelturmfassade der Klosterkirche und Platzanlage mit Wallfahrtsbrunnen (589–594)

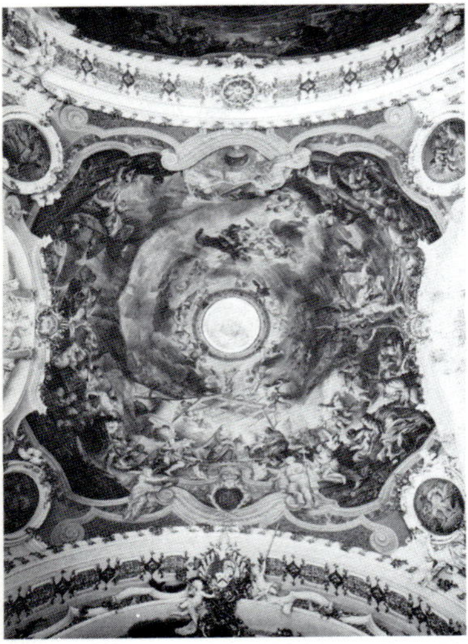

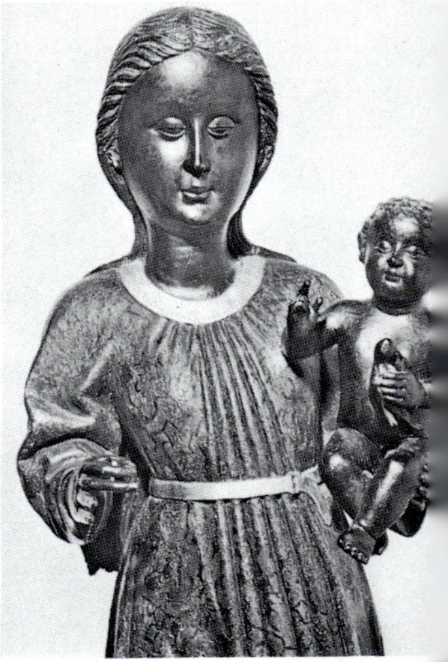

188. Einsiedeln. Benediktinerabtei. Klosterkirche. Deckenfresko in der Laternenkuppel
Cosmas Damian Asam 1724–26: vielfiguriges Weihnachtsbild (592)

189. Einsiedeln. Benediktinerabtei. Klosterkirche, Gnadenkapelle. Das schwarze, spätgot.
denbild der Muttergottes mit Kind M. 15. Jh.; seit dem 17. Jh. bekleidet (593)

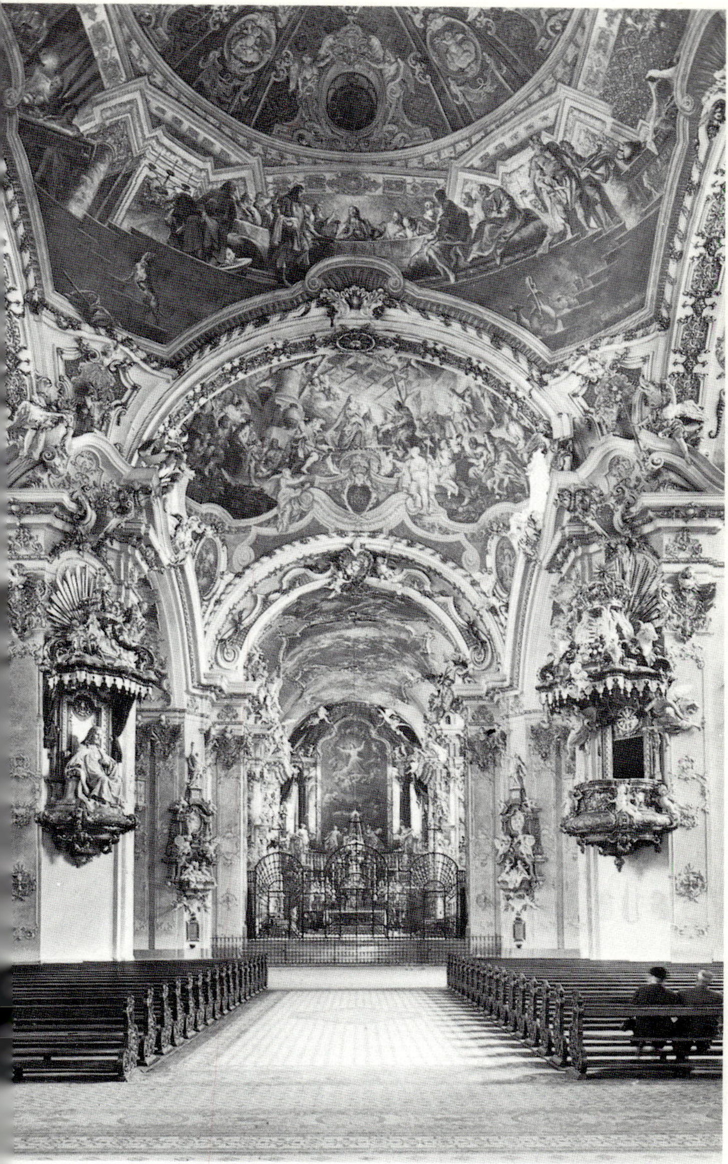

Einsiedeln. Benediktinerabtei. Klosterkirche. Baubeginn um 1720 nach Plänen von Caspar rugger. Im Innern Stukkaturen und Deckenfresken der Brüder Asam (591–593)

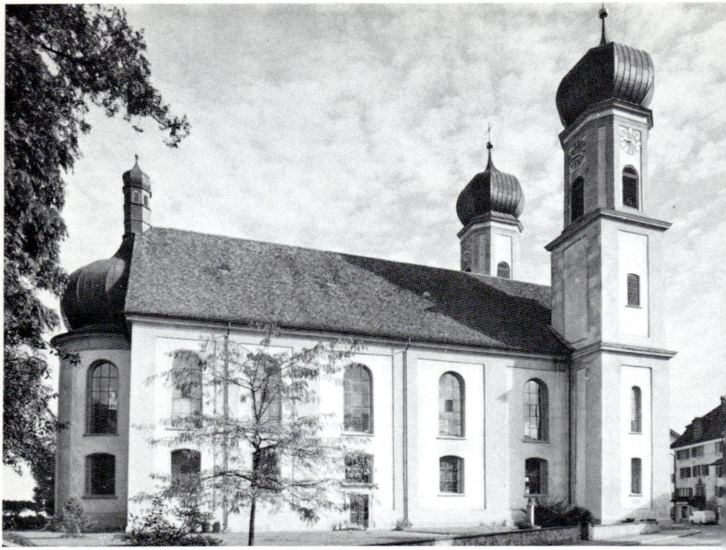

191. **Lachen.** Kath. Pfarrkirche zum Hl. Kreuz. Bedeutender Barockbau mit Doppelturm sade und halbrundem Altarhaus, erb. 1707–10 von Johann Peter und Gabriel Thumb (6

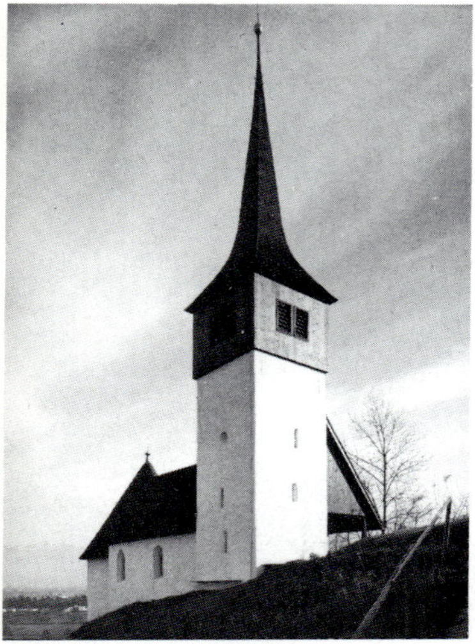

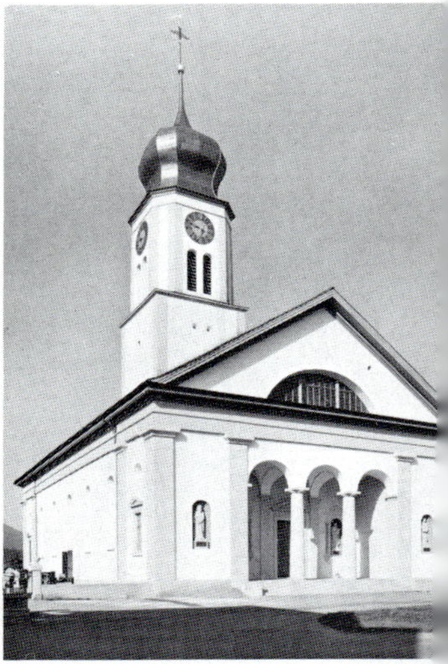

192. **Altendorf.** Kapelle St. Johann. Spätgot. Bau an der Stelle der 1350 zerstörten Burg Rapperswil; Glockenstube mit Spitzhelm 1972–73 rekonstruiert (600f.)

193. **Galgenen.** Kath. Pfarrkirche St. Martin. Originelle rechteckige Anlage mit älterem Glo turm in klassiz. Biedermeierformen, erb. 1822–26 von Hans Conrad Stadler (604)

mit 3läufiger Freitreppe und 2 Arkadensäulen, auf denen ein originelles Erkerpolygon mit Vordach und Kuppelhaube ruht; Stuckierung der Arkaden und Wappenkartusche auf dem Portalgiebel 1690–1700, wohl von einem italienischen Meister. Reiches Täferzimmer, dat. 1637, mit Kassettendecke, eingebautem Buffet und Kreuzigungsgruppe; im Hausteil von 1710 ein 2geschossiger Saal mit Stukkaturen. – **Familienkapelle St. Antonius** (Abb. 182), neben dem Hoftor. Reizvoller Bau von 1687 mit Vorzeichen unter durchgehendem Dach und haubenbedecktem Dachreiter; im Vorzeichen Wappenrelief und Wandbilder der Wundertaten des Hl. Antonius. Im Innern qualitätvolle hochplastische Frühbarockstukkaturen von einem Oberitaliener; gutes Chorgitter aus der Bauzeit. Ausgezeichnetes italienisches Altarbild unter Einfluss Murillos, die Muttergottes erscheint dem Hl. Antonius; prächtiger Bilderrahmen mit Putten, im Aufsatz Medaillon mit Krönung Mariä. Seitlich des Altars Figuren der Hl. Dominikus und Franz v. Sales. Interessante Tragorgel E. 17. Jh. mit Intarsien; 2 Bilder mit Darstellung der Gründungslegende und Papstbildnisse. – Einsiedelei Tschütschi, oberhalb Rickenbach. Gestiftet 2. H. 14. Jh. von Conr. Ab Yberg; die heutige Nothelfer-Kapelle erb. 1670–72. Drei Altäre 1680–81 von Meinrad Büeler, Nothelferbild 1692 von Jos. Franz Betschart. – Friedhof der Kirchgemeinde Schwyz. Soldatendenkmal, in 8eckiger Kapelle, Wandgemälde 1922 von Hans Beat Wieland, renov. 1968, Bronzerelief St. Martin 1959 von Remo Rossi (Familiengrab Max Felchlin).

RIED, Muotatal. Kath. Filialkirche St. Johannes Baptist. Neuerbaut 1914 von Jos. Steiner; Rest. 1943. In der Vorhalle Wappenrelief Ab Yberg und Kruzifix um 1700–10. Innen hölzerner Kruzifix M. 14. Jh.; Grisaillewappenscheibe 1635. In der Sakristei Zuger Kelch von 1704.

SEEWEN. Alte kath. Dorf- und Wallfahrtskirche Unserer Lieben Frau. Neuerb. 1642–44, Turmerhöhung 1681; Restaurierung geplant. Der im Äussern einfache Bau mit hohem N-Turm bildet zusammen mit den umliegenden Häusern den hist. Kern des sich rasch wandelnden Dorfbildes. Das Innere 1772–75 in reichem Spätbarock umgestaltet, gute Stukkaturen wohl von Jos. Scharf und Ant. Klotz, Deckenbilder mit Szenen aus dem Marienleben von Jos. Ignaz Weiss. Die Altäre von 1673 teilweise erneuert 1878; Sakramentshäuschen nach 1600 (1642?); Kanzel und Chorstuhl in Spätrenaissanceformen 1642–44. Das got. Gnadenbild der Muttergottes wurde 1961 in die neue Kirche übertragen. – Neue kath. Pfarrkirche St. Maria. Erb. 1960–61 von Wilh. Freitag. Got. Marienstatue um 1500, aus der Wallfahrtskirche. – Palais Niederöst. Erb. E. 17. Jh., Umbau und Ausstattung 1. H. 18. Jh. Zweigeschossiges breitrechteckiges Gebäude mit Mezzaningeschoss unter dem Walmdach; urspr. mit burgartiger Ummauerung, Torbauten und Nebengebäuden, einer der grössten Herrensitze des Kantons. Festsaal mit Galerie und perspektivischer Architekturmalerei um 1718; Zimmer mit Régencestuckdecken. – Bad Rössli. Monumental wirkender Empirebau mit seitlich vorspringenden Flügeln; Biedermeierzimmer. – Schornohof, heute Bättighaus. Erb. nach 1650, Umbau nach 1853. Ausstattung ab 1740, gute Régencestukkaturen.

ILLGAU. Kath. Pfarrkirche Hl. Drei Könige. Neubau 1959 von Jos. Steiner. Spätgot. Schnitzaltar um 1480 mit Pietà zwischen den Hl. Barbara und Katharina, Reliefpredella um 1600, als Aufsatz barocke Kreuzigungsgruppe um 1680; die Flügel nach Vorlagen ergänzt von Hans v. Matt. An den Seitenaltären gute Barockfiguren Maria und Joseph, bemalte Rosenkranzmedaillons um 1780. In der Sakristei spätgot. Reliquienmonstranz A.16.Jh., Messingguss; reichgeschmücktes Vortragekreuz A.16.Jh.

*MUOTATHAL (Abb. 183). **Kath. Pfarrkirche St. Sigismund und Waldburga***. *Einer der kühnsten und originellsten Räume der barocken Schweiz.* Neuerb. 1786–93 nach einem Riss des Tirolers Andreas Wechner; Renov. 1931. Schlichter Aussenbau mit Kuppelturm an der NW-Ecke neben der einfachen Giebelfront, kleines Vorzeichen und haubenbedeckter Dachreiter; am Chorhaupt eingezogener Sakristei-Anbau. Das Innere überrascht durch seine perspektivisch gesteigerte Tiefenwirkung. Ein kurzes Vorjoch mit Doppelempore und 3 Decrescendoraumteile sind durch kulissenartig gestaffelte Wandpfeiler voneinander abgesetzt. Nach vorne ausschwingende Pfeilerrundungen leiten vom nahezu quadratischen Hauptjoch in ein kleineres Schiffsjoch und in 2. Stufung in den Chor; ein verkröpftes, bis zum Altarhaus geführtes Gebälk fasst die Raumteile zusammen. Die 3 Haupträume sind durch Hängekuppeln mit grossen Gemäldespiegeln in sich konzentriert, ihre Reihung wird illusionistisch durch den trichterförmig einlaufenden Chorbogen erweitert, der mit seinem perspektivisch berechneten Scheitelbild ein weiteres Joch vortäuscht. Rundbogige Fensterpaare und grosse Thermenfenster ergeben eine gleichmässig helle Belichtung. Ausgezeichnete Rokokostukkaturen von Peter Ant. Mosbrugger; Deckenbilder von Jos. Ant. Messmer, im Chor das Abendmahl, am Chorbogen Mariä Verkündigung, in den Schiffsjochen Weihnachten und die Wunderbare Brotvermehrung. Grosser Hochaltar nach Riss von Jos. Ant. Messmer, am Aufsatz vergoldete Figurengruppe der Dreifaltigkeit; Seitenaltäre, Kanzel und Taufstein in Louis-XVI-Formen. – *Kirchenschatz.* Köstliches frühmittelalterl. Reliquiar wohl 2. H. 8. Jh., über kleinem Holzkästchen vergoldetes Kupferblech mit getriebenen christlichen Symbolen und Bandwerk, weiteres Reliquiar aus Holz um 1620, got. Formen und z.T. aufgemalte Renaissance-Ornamente; reichgeziertes Vortragekreuz dat. 1621; nachgot. Zuger Turmmonstranz mit Statuetten dat. 1639; 2 Kelche von 1642 bzw. 1679, Zuger Ziborium dat. 1639. – Beinhaus. Got. Bau mit polygonalem Schluss, 1469 bestehend; teilweise erneuert 1583, 1760 und 1970. Zierlicher Rokoko-Altar um 1760 mit Pietà zwischen den Hl. Apollonia und Agatha. – **Franziskanerinnenkloster St. Joseph** (Abb. 183). Beginensiedlung M. 13. Jh. genannt, Annahme der Franziskanerregel 1288. Heutige Klosteranlage erb. 1684–93, Rest. 1961–63. Malerischer Baukomplex, bestehend aus dem bauernhausartigen Konventsgebäude mit Klebdächern an den hohen Giebelfronten, der quergerichteten Kirche mit abgesetztem Polygonalchor und Dachreiter, verschiedenen Wirtschaftsbauten und unregelmässig geführten Hofmauern. In der einfachen Kirche 3 Altäre aus der Bauzeit, Bilder der Seitenaltär 1776 von Jos. Ant. Weber. In der Sakristei neben anderen Kultgeräten de

17. und 18. Jh. eine Luzerner Monstranz von Franz Ludw. Hartmann und eine aus Zug von Hans Georg Ohnsorg. – Alte Klosterkirche, unterhalb der heutigen Anlage. Erb. um 1300; spätroman. Bestand wiederhergestellt 1960. Rechteckiger Einheitsraum, Empore um 1577. Zürcher Standesscheibe dat. 1523; Glasgemälde 1958 von Ludw. Schnüriger. Über neuer Altarmensa eindrucksvoller hochgot. Kruzifix um 1340. An der N-Wand originelles Altärchen um 1577, got. Aufbau mit Renaissance-Ornamenten, Schreinfiguren aus gleicher Zeit; Pietà um 1600. – Fliegerdenkmal, 1941 von Aug. Blaesi. – *Bisisthal.* Filialkirche Herz Jesu. Erb. 1892–96 von Clemens Steiner in neuroman. Formen. Chorstuhl um 1700. – Wallfahrtskapelle Maria-Hilf, in Schwarzenbach. Erb. 1892, erneuert 1907.

BRUNNEN–GERSAU–ARTH–KÜSSNACHT

INGENBOHL. Kath. Pfarrkirche St. Leonhard. Frühbarockbau von 1656–61, vergrössert 1788 und 1927. Einschiffiger tonnengewölbter Raum mit sparsam verwendeten Stukkaturen in frühklassizistischen Formen und Deckenbildern 1788 von Jos. Ignaz Weiss (u.a. der Hl. Leonhard erscheint den Eidgenossen vor der Schlacht am Morgarten). Klassiz. Kanzel und Altäre, spätgot. Predella des Seitenaltars 1500–10. Chorstühle 1660; geschnitzte Ratsherrenstühle in zierlichem Rokoko dat. 1788. – Beinhaus. Erb. 1659; anlässlich der Renov. 1928–29 Deckenbild von Jos. Schilter und Scheiben von Albin Schweri. – Pfarrhaus, erb. 1725. – Mutterhaus der Ingenbohler Schwestern und Mädcheninstitut Theresianum. Gegründet 1856 von Pater Theodosius Florentini. Das Mutterhaus ist ein erweiterter Totalumbau des Niggschen Hofes von 1761; Neubau 1966ff. Neubau der Kirche 1970ff. – *Unterschönenbuch.* Kapelle St. Wendelin. Barocker Neubau von 1707 mit weiter Vorhalle. Im 3seitigen Chorschluss kleine Sakristei und darüber Empore mit Holzbalustrade. Deckenbilder 1709 von Georg Trachsler, die Szenen aus dem Leben des Hl. Wendelin übermalt 1886. Altäre 1717–21. – *Wilen.* Kapelle St. Laurentius und Theodul. Erb. 1595, umgeb. 1769–72, mit Vorzeichen unter durchgehendem Walmdach. Am Tonnengewölbe Szenen aus dem Leben des Hl. Laurentius, um 1772 von Melchior Ant. v. Hospenthal. Klassiz. Altärchen, Statuen der beiden Patrone 17. Jh.

BRUNNEN. Dorfkapelle, sog. Bundeskapelle. Als Stiftung des Landammanns Heinr. Reding erb. 1632–35; Rest. 1960. Frühes Beispiel einer barock gegliederten Fassade, mit toskanischer Säulenvorhalle. Am klassiz. Hochaltar bemerkenswertes Bild von Justus v. Egmont 1642, oben Dreifaltigkeit, unten Ecclesia mit Karl d. Grossen und Ludwig IX. Chorstühle 17. Jh., Chorgitter um 1730. Scheibenzyklus 1959–60 von Hans Schilter. In der Sakristei Kelche des 17. Jh. – Ref. Kirche. Erb. 1890, Turm 1968. – Nothelfer-Kapelle. Im 16. Jh. erbaut, renov. 1844. Spätgotische Statuen der Pietà und der Apostelfürsten aus der Bauzeit. – Beim Bahnhof Denkmal, Nord und Süd, 1952 von Jos. Bisa. – In den See-Anlagen Denkmal, Ergriffenheit, zur Erinnerung an den 1886 hier geborenen Komponisten Othmar Schoeck 1958 von Jos. Bisa. – An der Bahnhofstrasse Brunnenfigur 1968 von Jos. Bisa.

MORSCHACH. Kath. Pfarrkirche St. Gallus. Neubau geweiht 1509, Umgestaltung des Innern 1771. Am Tonnengewölbe feine Rokokostukkaturen von 1777, gleichzeitig Deckenbilder von Jos. Ignaz Weiss. Hochaltar teils 1692 von Balthasar Fridolin Klostener, stark verändert 1725–27; spätgot. Altarstatuen St. Leonhard und Mauritius A.16.Jh. Seitenaltäre und Kanzel Louis XV. In der Sakristei u.a. reichgeschmückte spätgot. Turmmonstranz 1596 von Niklaus Wickart; Vortragekreuz von 1606 mit späteren Zutaten; Monstranz um 1700. – Beinhaus St. Jakobus. Erb. 1555, aussen Kreuzigungsgruppe um 1700. – *Hinterlauinen.* Kapelle St. Franz-Xaver. Malerisch in einer Talmulde am alten Weg nach Sisikon gelegener, 1676 geweihter Bau; Umgestaltung des Innern 1760; Renov. 1919. Deckengemälde und Altarwandbilder 1760 von Melchior Ant. v. Hospenthal. – *Auf dem Stoos.* Wallfahrtskapelle Maria-Hilf. Neubau 1930 von Jos. Steiner. Barockaltar aus dem Vorgängerbau von 1714, Kopie des Innsbrucker Gnadenbildes; alte Exvotos. Scheiben 1931 von Albin Schweri.

RIEMENSTALDEN. Kath. Pfarrkirche Maria vom guten Rat. Erbaut 1789–92, renov. 1931. Altäre und Kanzel 1804. Monstranz von 1804, frühes Werk der Neugotik. – Kapelle St. Johannes Bapt., oberhalb des Dorfes. Erb. 1707–08. – Kapelle St. Nikolaus. Prächtig über einer Schlucht gelegener Neubau von 1733–35; Barockaltärchen.

***GERSAU** (Abb. 185). Die verpfändete habsburgische Vogtei Gersau 1390 von den mit den Eidgenossen verbündeten Gersauern durch Kauf erworben, seither bis 1798 die kleinste Republik der Welt; Anschluss an den Kanton Schwyz 1817. – **Kath. Pfarrkirche St. Marcellus*.** Neuerb. 1807–12 von Bruder Jak. Nater. Klassiz. Anlage mit eingezogenem Chor und schmalem Querhaus, das südl. durch die anschliessende Sakristei und im N durch den kuppelbedeckten Turm verbreitert ist. Dreiachsige Fassade mit geschweiftem Frontispiz, in den Nischen der Seitenachsen die Statuen der Apostelfürsten. Im Innern weitgespannte Stichkappentonnen mit Stukkaturen von Joh. Jos. Mosbrugger; Deckenbilder Pfingsten, Weihnachten, Ostern und Abendmahl von Jos. Ant. Messmer. Hochaltar und Seitenaltäre sowie Kanzel und Taufstein von Joh. Jos. Mosbrugger, die Altäre im Querschiff von Meinrad Birchler; 3 Altarbilder von Jos. Ant. Messmer, das Kreuzigungsbild des rechten Seitenaltars 1779 von Joh. Melchior Wyrsch. Chorstühle und vermutlich Orgelprospekt aus der Bauzeit von Marzell Müller. In der Sakristei u.a. Vortragekreuz um 1530, Luzerner Turmmonstranz um 1600, Kelche des 17. und 18.Jh. – **Gerbe** (Abb. 185). Dat. 1577, renov. 1925–26. Gewettetes Blockhaus mit Klebdächern und Lauben, über den Fenstern blinde Kielbogenreihen. – Pension Minerva. Das ehem. Haus Camenzind erb. 1790, Sitz des letzten Landammanns der Republik Gersau. Herrschaftliches Gebäude mit Eckpilastern, Mittelrisaliten und geknicktem Walmdach; gute Ausstattung. – Sog. Hof. Vermutlich von Bruder Jakob Nater um 1790 erbaut. Klassiz. Herrenhaus mit Eckpilastern unter Mansartdach, die 3 Mittelachsen der Hauptfront durch Pilaster zusammengefasst und durch doppelseitige Freitreppe, Balkon und Dachgiebel ausgezeichnet. Im Innern schönes reichgeschnitztes Treppengeländer, Rokoko- und

Louis-XVI-Türen, teils ausgemalte Täferzimmer. – **Sog. Kindlimordkapelle.** Sühnebau 1576 an der Stelle, wo nach der Legende ein jähzorniger Vater sein Kind an einem Felsen zerschmettert haben soll. Die heutige Kapelle etwas oberhalb neuerb. 1708; Rest. 1963. Malerisch auf einem Felsvorsprung über dem See gelegener Bau mit weitem Vorzeichen und Dachreiter; aussen steinerne Sitzreihen in der Art eines Amphitheaters, für Predigt im Freien. Einfacher Raum mit eingezogenem Chor. Altäre 1824 und 1850, auf dem Hochaltar Statue der Rosenkranzmadonna aus dem 18. Jh., das Altarbild 1710 von Franz Theod. Kraus. Im Chorbogen Kreuzigungsgruppe mit Gersauer Wappen, 17. Jh.; Kreuzweg A. 19. Jh. von Niklaus Bühler. – Kapelle St. Josef, auf dem sog. Käppeliberg oberhalb Gersaus. Erb. 1688, umgeb. 1709 und 1920. Innen über dem Eingang alte Altargruppe der Hl. Familie E. 17. Jh.

LAUERZ. Kath. Pfarrkirche St. Nikolaus. Die alte Barockkirche durch den Goldauer Bergsturz 1806 zerstört; Neubau mit seitlichem Kuppelturm 1807–10 von Michael Schärer nach Plänen von Bruder Jakob Nater. Tonnengewölbter Raum mit Empirestukkaturen wohl von Joh. Jos. Mosbrugger; Deckenmalerei 1917 von Jos. Heimgartner und gleichzeitige Glasmalerei von Franz Xaver Zettler. Am Hochaltar von 1810 eine spätgot. Pietà aus der M. 16. Jh. Die Seitenaltäre von 1749–50 und die elegante Rokokokanzel von 1780 aus Gersau übernommen, letztere Joh. Bapt. Babel zugeschrieben. In der Sakristei u. a. Silberschmiedearbeiten des 16.–18. Jh. – Pfarrhaus. Erb. 1807–10 von Michael Schärer. – *Insel Schwanau*, an der S-Seite des Lauerzersees, im Besitz des Kt. Schwyz. Die Burg Schwandau, wohl im 12. Jh. von unbekannten Herren erbaut, vermutlich im 13. Jh. anlässlich der Erhebung der Waldstätte zerstört. Ruinen des mächtigen Bergfrieds, der Ringmauern und von Nebengebäuden aus dem 13. Jh.; gesichert 1960. – Kapelle St. Josef. Die Insel war seit 1681 von Waldbrüdern bewohnt, für die 1684 die Kapelle erbaut wurde; zerstört 1806 infolge der durch den Goldauer Bergsturz entstandenen Sturzwelle. Neubau an erhöhter Stelle um 1810 unter Verwendung alter Bauteile. Am Altärchen das aus dem Wasser gerettete Weihnachtsbild aus der alten Kapelle. – Gasthaus, ehem. Einsiedelei; durch die Flutwelle des Bergsturzes von 1806 beschädigt, wieder aufgebaut, erweitert 1968. Schönes Beispiel des Urschweizer Bauernhaustypus mit hohem Giebel und Klebdächern.

STEINEN. Kath. Pfarrkirche St. Jakob. Eine der ältesten Kirchen des Kantons, Turmunterbau von 1124. Heutiges Langhaus geweiht 1318, Neubau des Chors und Turmaufbau 1540 von Jak. Anderrüti, Umbauten und Ausstattung um 1660–70, Kuppelspitzhelm des Turmes 1740; Innenrenov. 1964–65, gleichzeitig Freilegung der unter dem Chor zugänglichen roman. und got. Fundamente von 1124 und 1318, Teile eines Stollens zur ehem. Aussenkrypta unter dem Beinhaus von 1517. Unregelmässiger Aussenbau mit hohem Dachfirst, an der Giebelfront kleines Vorzeichen von 1664 mit erkerartigem Aufbau. Weiter Innenraum mit stark nach aussen geneigten Schiffswänden, Decke im Schiff klassiz., im eingezogenen Chor frühbarock; rechts über der Sakristei das durch eine loggienartige Doppelarkade gegen den Chor geöffnete Singhaus. Der grosse Hochaltar von 1673 stark verändert 1790 und gleichzeitig mit Statuen von Jos. Ant. Janser besetzt; grosses Kümmerniskreuz von 1612, eine seltene Darstellung der gekreuzigten Hl. Wilgefortis; origineller Tabernakel in der Form eines aufklappbaren, innen ausgemalten Renaissancetempelchens, 1679 von Joh. Jak. Bernodet; unter der Mensa verglaster Schrein mit barock gefasster Reliquienstatue des Katakombenheiligen Bonifazius. Chorgestühl um 1675, frühbarocke Schnitzereien. Im Schiff beidseits des Chorbogens ungleiche Doppelaltäre um 1660–70 mit teilweise vergoldeten Figuren von verschiedenen Händen. Kanzel mit Evangelistenfiguren 1768 von Balz Schmid, Rückwand und Schalldeckel A. 19. Jh. An den Schiffswänden in Stuckrahmen 12 Apostelbildnisse 1766–67 von Felix Triner und Franz Xaver v. Euw; von Triner vermutlich auch die Stationenbilder. Orgelgehäuse 1664 mit bekrönender Statue St. Michael; die Malereien der Orgelflügel in Kopie erneuert. In der Sakristei spätgot. Vortragekreuz 1. H. 16. Jh; weiteres Vortragekreuz 1649 erworben; Monstranz wohl 2. V. 17. Jh., ihr jüngerer Fuss von Heinr. Dumeisen; Kelche des 17. und 18. Jh. – **Beinhaus.** Erb. um 1517, den 14 Nothelfern geweiht; Rest. 1967–69. Breites Schiff mit steilem Satteldach und erneuertem Dachreiter, der niedere Polygonalchor stark eingezogen; an der Giebelfront 2 vergitterte Fenstertüren unter Klebdach. Im Schiff spätgot. Holzdecke mit Flachschnitzereien und gemalten Figuren der Nothelfer, die Netzrippen des Chorgewölbes aufgemalt. Wandbilder aus der Bauzeit, teils frei erneuert: Am Chorgewölbe die Evangelistensymbole und Schweisstuch, über dem Chorbogen das Jüngste Gericht zwischen Ölbergszene und Grablegung, an der S-Wand Hl. Georg. Guter spätgot. Flügelaltar um 1510–20, Schreinfiguren der Pietà, St. Nikolaus und Katharina. Auf dem rechten Seitenaltar eine Marienstatue aus dem 17. Jh. zwischen den spätgot. Figuren der Hl. Petrus und Laurentius. Kreuzigungsgruppe von 1677, vermutlich aus der Pfarrkirche. – Pfarrhaus. Ausserordentlich schöner Blockbau von 1653. – Kapelle zum Grossen Herrgott. Erb. 1691–93, genannt nach einem über 3 m hohen Kruzifix aus der Zeit um 1600. Einfacher Barockbau mit Dachreiter, die ländlichen Fassadenmalereien 1833 erneuert. Innen beim grossen Kruzifix spätgot. Statuen der Hl. Magdalena und Katharina, um 1550. – Ehem. Klosterkirche in der Au. Zisterzienserinnenkloster erwähnt 1262, von Dominikanerinnen bewohnt ab 1570, nach Brand 1642 Übersiedlung des Konvents nach Schwyz. Die heutige Kapelle der Schmerzhaften Mutter entstand 1691–93 durch Wiederaufbau der östl. Hälfte der alten Klosterkirche. Im einfachen Rechteckraum 3 Barockaltäre um 1700, hinter dem linken der freistehenden Seitenaltäre eine Zisterne aus got. Bestand. An der S-Wand ausdrucksvoller Kruzifix M. 17. Jh. – Stauffacher Kapelle, am alten Weg nach Schwyz. Kleiner got. Bau um 1640 mit weit vorspringendem Halbwalmdach und Dachreiter; das spätgot. Portal vielleicht vom Frauenkloster in der Au. Fassadenbild 1891 von Ferd. Wagner zur Erinnerung an den Urschweizer Freiheitshelden Werner Stauffacher, der in der Nähe ein steinernes Haus gebaut haben soll, womit er sich gegen das landesherrliche Burgenmonopol verging. Einfaches Louis-XVI-Altärchen

1790 mit Kreuzigungsgruppe aus der Werkstatt des Jos. Ant. Janser. – Kapelle St. Vinzenz, an der alten Strasse nach Steinerberg. Schlichter Neubau von 1665; Renov. 1916. Kleiner Altar aus dem Vorgängerbau von 1618, hölzerne Pietà um 1620.

STEINERBERG. Kath. Pfarr- und Wallfahrtskirche St. Anna. Eine spätgot. Kapelle geweiht 1501, bedeutend erweitert 1570–71, Sakristei-Anbau am Chorhaupt 1616, neuer Turmabschluss 1689, Verlängerung des Schiffs 1785–86 und 1874, Umbau des barocken Vorzeichens zur Seitenkapelle 1877; letzte Renov. 1930. Erhöht gelegener Bau mit nach N gerichtetem Polygonalchor, an welchen sich die unregelmässige Sakristei und an der W-Seite der mächtige spätgot. Turm mit barocker Kuppelhaube anschliessen; an der O-Flanke das zur Joachimskapelle geschlossene ehem. Vorzeichen von 1668. Langer Saalraum mit stark abgesetztem eingezogenem Chor; am Schiffsgewölbe mehrmals übermalte Deckenbilder von 1826, am Chorgewölbe Rokokostukkaturen von 1785 und Deckenbild 1826 von Meinrad Birchler. Spitzbogige Turmtüre 1572, Umrahmung des Sakristeiportals in Renaissanceformen 1628, der Hochaltar aus alten Teilen zusammengesetzt 1845 von Jos. Mosbrugger, in der Altarnische das spätgotische Gnadenbild der Hl. Anna selbdritt, Holzfigur um 1500. Seitenaltäre 1841, in der Predella des einen der Katakombenheilige Viktor. Scheiben der Chorfenster dat. 1641; Chorbogenkruzifix 18. Jh. In der Joachimskapelle zierliches Altärchen, vermutlich 1706 von Dominik Inderbitzin und dem Maler Franz Dietrich Kraus, 2 Engelstatuen 18. Jh. In der Sakristei eine spätgot.-frühbarocke Turmmonstranz um 1630; Vortragekreuz um 1578; Silberstatuette der Hl. Anna selbdritt 1720 von Hans Peter Staffelbach; Silberstatuette Hl. Joachim 1786 von David Ant. Stedelin. – Beinhaus. Erb. 1683, mit reichgeschnitztem Altar.

GOLDAU. Kath. Pfarrkirche Herz Jesu. Neuroman. Bau 1906–09 von Aug. Hardegger; Ausmalung der Apsis und Kreuzwegbilder der Hochwände 1931 von Georg Weber. An der Rückwand Bild mit Darstellung des Dorfes Goldau vor dem Bergsturz 1860 von David Alois Schmid. – Bergsturz-Denkmal 1956 von Jos. Bisa. Zur Erinnerung an den gewaltigen, am 2. November 1806 vom Rossberg niedergegangenen Bergsturz, durch den das Dorf Goldau mit 457 Menschen verschüttet wurde.

OBERARTH. Kapelle Unserer Lieben Frau. Gedächtnisbau für den 1466 hier ermordeten Ital Reding d. J. Neuerb. 1749–53; Renov. 1967–68. Einfache Anlage mit eingebauter Sakristei im vorderen Teil des eingezogenen Rechteckchors, Dachreiter; im schönen Arkadenvorzeichen Gedächtnisstein Reding aus dem 16. oder 17. Jh. Im gewölbten Innern öffnet sich der Chor über der Sakristei zu einer Empore mit Balustrade. Drei ausgezeichnete Rokoko-Altäre aus Stuckmarmor mit Altarstatuen 1764–67 von Joh. Bapt. Babel. In den Chorfenstern zwei qualitätvolle spätgot. Scheiben 1. H. 15. Jh., angeblich aus dem Wallis. Auf der Empore 2 spätgot. Figuren um 1510. In der Sakristei Vortragekreuz 1. H. 16. Jh. – Gegenüber Wegkapellchen, darin lebensgrosser Kruzifix 1. H. 16. Jh. – Ref. Kirche. Auf mächtigem Nagelfluhblock stehender neugot. Bau 1900 von Friedr.

Wehrli. – Mühle. Grosses Schwyzer Holzhaus, renov. 1842. Aussen Louis-XVI-Ornamente, innen spätgot. Balkendecke um 1630.

ARTH** (Abb. 184). Charakteristisches Strassendorf mit einst wichtigem Seehafen an der alten Gotthardstrasse; A. 14. Jh. Bau einer Talsperre und Seebefestigung durch die Schwyzer. – **Kath. Pfarrkirche St. Georg und Zeno (Abb. 184). *Eine der imposantesten Kirchen der Innerschweiz.* Neuerbaut 1695–96 durch Jeremias Schmid, vielleicht unter Mitwirkung von Caspar Mosbrugger; Aussenrenov. 1954–55, gleichzeitig Sgraffiti, Mosaik und Majolikabild von Hans Schilter. Hoher rechteckiger Baukörper, aus dem nur der 5seitige Schluss des zwischen Sakristeien eingezogenen Chors vorsteht. An den Längsfronten aufgemalte Pilaster und dazwischen kleine Unterfenster, rundbogige Hauptfenster und unter dem durchgehenden Satteldach runde Oberlichter. Der vom Vorgängerbau übernommene mittelalterl. Turm steht isoliert vor der Giebelfront, mit der er durch eine dazwischenliegende offene Vorhalle verbunden ist; Turmaufbau mit Glockenstube und Laternenkuppel 1705. Der weite, helle Raum ist in der Art des Vorarlberger Schemas durch tiefe Wandpfeiler gegliedert, die im Schiff zu einem Umgang geöffnet, aber nicht durch Emporen verbunden sind. Die Pfeiler mit kannelierten Pilastern und Architrav tragen ein umlaufendes Gebälk, auf dem kräftig stuckierte Gurttonnen und in den Nebenräumen kurze Quertonnen ruhen; Deckenbilder 1894 von Fritz Kunz, die Nebenbilder von Leonhard Thoma. An der Rückseite des 5jochigen Schiffs eine Doppelempore, im 2jochigen Chor über den Sakristeien tiefe Tribünen. Die mit schwarzem und grauem Marmor verkleidete Ausstattung aus der Bauzeit hebt sich wirkungsvoll von den weissen Wänden ab. Am grossen Hochaltar figurenreiches Bild der Himmelfahrt Mariä von Joh. Balthasar Steiner und zwischen den Säulen weissgefasste Holzstatuen der Hl. Georg und Zeno; von den Bildern der Doppelseitenaltäre sind die äussern ebenfalls von Steiner, die innern von Paul Deschwanden. Kanzel am Korb und auf dem Schalldeckel mit Figuren besetzt. Chorgestühl um 1700 mit Hermenpilastern und Fruchtgehänge. In der Sakristei u.a. schönes Vortragekreuz 2.H. 16.Jh.; nachgot. Turmmonstranz 2.H. 17.Jh. mit neuem Fuss; Silberstatuette der Madonna E. 17.Jh.; Rokokomonstranz von David Ant. Stedelin; Kelche 16.–18.Jh., die schönsten Rokokokelche von Hans Georg Ohnsorg; hölzernes Reliquiar mit reichem Figurenschmuck M. 17.Jh.; Delphinbecher dat. 1618 von Alex. Landtwing. – Friedhofskapelle. Neuerbaut 1955 von Jos. Steiner; Schutzmantelmadonna und Kabinettscheiben von Hans Schilter. – Pfarrhaus. Erbaut 1666, mit Renaissanceportal. – Marienbrunnen. Becken 1621, Säule und Statue von 1720 durch Kopie ersetzt 1912. – Rathaus. Als Familienhaus Reding erbaut 1721; Umbau 1927–28. – **Kapuzinerkloster.** An Stelle der 1290 erwähnten Kapelle St. Zeno, die bis 1312 eine der beiden alten Pfarrkirchen des Ortes war. Nach Berufung der Kapuziner 1655 die heutige Klosterkirche bis 1667 erbaut, wobei für den äusseren (öffentlichen) Chor das Schiff einer got. Vorgängerkirche verwendet wurde. Bau der Konventstrakte 1682–83, wohl unter Leitung von Marquard Imfeld. Die Kirche an der W-Seite des Bauge vierts entspricht den üblichen schlichten Anlagen gegenreformatorischer Kapuzinerkirchen, ihre urspr. Flachdecken 1779 durch Tonnengewölbe ersetzt. Altäre 1779 von Franz Ant. Triner, Hochaltarbild von Karl Meinrad Triner, die übrigen Altarbilder zugekauft. An der Seitenwand interessantes Rosenkranzbild der Schwyzer Malerin Eva Ab Yberg (gest. 1669). Am Chorbogen hölzerne Kreuzigungsgruppe um 1670. In der Sakristei u.a. Rokokomonstranz von Beat Conr. Keiser. Alter Friedhof der freien Talleute nordseits um die Kirche. – **Kapelle St. Georg.** Die heutige Friedhofskapelle neuerb. 1652–54, an Stelle der einen von 2 mittelalterl. Pfarrkirchen des Ortes; anlässlich der Rest. 1968–69 Grabungsnachweis von 4 teils weitaus grösseren Vorgängerbauten wohl aus dem 8. bis gegen 15. Jh. (Tafel mit Grundrissen an der äusseren Chorwand). Einschiffige Anlage mit eingezogenem Polygonalchor, Vorzeichen und offenem Dachreiter. Über dem Hauptportal Bild der Kreuztragung 1777 von Hans Georg Schreiber. Im Innern grätige Kreuzgewölbe, die im Schiff auf Haustein-Rahmenpilastern mit Renaissance-Ornamenten ruhen. Einfacher Louis-XVI-Altar 1831 von Meinrad Birchler, Altarbild älter. Im Chor neugefasste Statuen St. Konrad und Nikolaus um 1650 wohl von Michael Wickart; Plattengrab des nach Legende um 1000 verstorbenen heiligmässigen Pfarrers Ambrosius; Chorgitter aus der Bauzeit. An der Eingangswand grosses Gemälde des Dorfbrandes von 1719. – Hünenberg-Denkmal, an der Strasse nach Zug. Obelisk von 1821, zur Erinnerung an die Pfeilbotschaft «Hütet euch am Morgarten», die der habsburgische Ritter Heinrich v. Hünenberg am Tag vor der Entscheidungsschlacht 1315 über die Arther Letzimauer zu den Eidgenossen geschossen haben soll. – Kapelle St. Adrian, an der Strasse nach Zug. Neubau 1889–90 in neugot. Formen. Innen über der Türe spätgot. Kruzifix vom A. 16. Jh., angeblich in der Reformation aus Horgen hieher geflüchtet; Barockstatuen.

RIGI. Arth-Rigi-Bahn 1872–74 erbaut, nachdem der 1800 m hohe Aussichtsberg seit Eröffnung des ersten Kulm-Gasthauses 1816 zu einem der berühmtesten Touristenziele Europas geworden war. – *Rigi Klösterli.* **Wallfahrtskapelle Maria zum Schnee.** Erste Alpkapelle mit dazugehörigem Kapuzinerhospiz erbaut 1688–89, vergrösserter Neubau der heutigen Kapelle 1716–21 von Pater Paul Schorno; Rest. 1926–27. Nach aussen geschlossener Rechteckbau mit Dachreiter und geschlossener Vorhalle; an der Chorwand grosser naturalistischer Kruzifix A. 18. Jh. Das Innere über Wandpilastern korbbogig gewölbt und durch eine Chorbogenwand unterteilt; im Chor beidseits über den Sakristeien tiefe Emporen mit Balusterbrüstung. Gute polychrome Régencestukkaturen von 1748, unter Einbeziehung älterer Bilderspiegel. Die Deckenbilder zum Marienleben 1864–88 stark übermalt, im Schiff durch Jos. Balmer, im Chor durch Georges Troxler; von den alten Wandbildern erhalten diejenigen auf der Orgelempore und auf den Choremporen, 1722–23 von Joh. Balthasar Steiner. Fünf einheitliche Régence-Altäre 1720–21, teilweise verändert; am Hochaltar Kopie des Gnadenbildes «Maria zum Schnee» in Sta. Maria Maggiore in Rom, gemalt 1698 von Joh. Balthasar Steiner, von ihm auch die besser erhaltenen Altarbilder auf den Choremporen. Kanzel um 1730–40, neu gefasst; 2 Beichtstühle aus dem Rokoko. Ausgezeichnetes perspektivisches Chorgitter in Rokokoformen von Joh. Christian Abt, in Bremgarten geschmiedet und 1777 vom Fürstabt des Klosters Muri gestiftet. In der Sakristei Altargeräte 17.–19. Jh., Barockkelch 1692 von Hans Georg Ohnsorg. – Hotel Schwert. Ab 1822 erbaut; im Garten eine hier ausgegrabene schöne Bronzetafel zur Erinnerung an Joh. Wolfgang Goethe, der anlässlich seiner ersten Schweizer Reise am 17.–19. Juni 1775 den Rigi bestiegen hatte. – *Rigi Kulm.* Neues Berghotel, erbaut 1952–54 von Max Kopp. – Rigi Kaltbad (s. Kt. Luzern). – *Seebodenalp*, am Abstieg nach Küssnacht. Grosses Wegkreuz 1960 von Aug. Blaesi.

IMMENSEE. Kath. Pfarrkirche St. Sebastian. Dreischiffige Basilika, erb. 1933–34 von Jos. Steiner; Wand- und Altarbilder sowie das Fenster der Taufkapelle von Fritz Kunz. – Missionshaus Bethlehem. Gegründet 1896, Gymnasium und Priesterseminar. Studentenkapelle erb. 1935–36 von Alois Stadler; Wandbilder und vordere Seitenaltarbilder 1943–44 von Pontiano Togni, gleichzeitig Keramikrelief St. Antonius und die Bilder der kleinen Nebenaltäre von Aug. Frey. Neuer Bürotrakt 1953 von Alois Stadler; Missionsmuseum. – Wegkapellchen St. Lorenz, oberhalb der Bahnstation. Im offenen Raum 3 Holzstatuen, gute Pietà E. 16. Jh., die Hl. Verena und vermutlich Katharina um 1530–40. – Haus Mühlegg, in Oberimmensee. Blockhaus mit Tätschdach, im Giebel dat. 1577.

KÜSSNACHT. Kath. Pfarrkirche St. Peter und Paul. Neuerb. 1708–10 nach Plänen von Pater Marquard Imfeld, gleichzeitig der übernommene Turm von 1488 erhöht und mit Barockhelm geschlossen; anlässlich der Renov. 1963 durch Peter Deucher wurde die stilgeschichtlich interessante 3schiffige Pfeilerhalle leider 1schiffig umgebaut und verlängert. Die im Zusammenhang damit unternommenen Ausgrabungen erbrachten den Nachweis einer ersten roman. Kirche und ihrer Nachfolgerbauten; Fundamente zugänglich. Drei Stuckaltäre 1712, vielleicht von Joh. Georg Hagenmüller, mit Statuen von verschiedenen Meistern; Altarbilder 1865 von Paul Deschwanden. Klassizistische Kanzel 1786–87 von Jos. Pfister. Hölzerne Kreuzigungsgruppe um 1500 aus der ehemaligen Kapelle «Grosser Heiland» hinter dem Chor der Kirche. In der Sakristei u.a. Vortragekreuze um 1600 und M. 18. Jh.; barocke Monstranz um 1700 und Augsburger Rokokomonstranz 1773; silberne Madonnenstatuette vor 1699 von Hans Georg Ohnsorg; Kelche und weitere Altargeräte 18. Jh. – Telldenkmal, auf dem Kirchplatz. Bronzeplastik 1957–59 von Emilio Stanzani. – Gasthaus Hirschen. Behäbiger Bau im wesentlichen aus dem 18. Jh.; in der Wirtsstube spätgot. Decke. – **Gasthaus Engel.** Der vordere Hausteil 1552 erbaut, mit breiter Fachwerk-Giebelfront gegen den Platz, Wirtshausschild aus dem Rokoko. Der ältere, hintere Hausteil soll in seiner Ratsstube bereits eine Tagsatzung von 1424 beherbergt haben, weitere Tagungen der Waldstätte und Zugs im 15.–18. Jh.; anlässlich der Renov. 1907 der gassenseitige Giebel aufgebaut. In der Gaststube (Besuch Goethes 1797) gute Frühbarockdecke aus dem ehem. Beinhaus, Empirebuffet. In der Ratsstube spätgot. Felderdecke um 1600, einfaches Renaissancetäfer vor 1635. – Rathaus. Als Pfarrhaus begonnen 1728, erst E. 18. Jh. vollendet. Freistehender Rechteckbau mit Eckpilastern und Mansartwalmdach. In dem 1968 restaurierten Ratssaal Régencestuckdecke; die Glasfenster und das Familienwappen von Hans Schilter. – Kantonalbank. Am Eingang grosse Bronzeplastik, Guter Hirt, 1962 von Jos. Bisa. – Schulhaus. Wandbildfolge 1958 von Werner Müller.

Astrid-Kapelle, an der Uferstrasse nach Luzern. Erb. 1936 von Paul Rome aus Brüssel, zur Erinnerung an die im Jahre 1935 an dieser Stelle tödlich verunglückte Königin Astrid von Belgien; 1960 an die untere Strassenseite verschoben.

Sog. Gesslerburg. *Ruine einer der mächtigsten Burganlagen der Urschweiz,* auf bewaldeter Hügelkuppe östl. des Dorfes. Erstmals erwähnt 1263, nach Verbindung der Edlen v. Küssnacht mit den Eidgenossen 1352 durch österreichische Truppen zerstört, nach Wiederaufbau und mehrmaligem Besitzerwechsel (ab 1400 Sitz der Edlen v. Silenen) im frühen 16. Jh. aufgegeben und dem Verfall überlassen; Ausgrabung und Sicherung seit 1910. Von der ausgedehnten Anlage, die erst im 19. Jh. den unbegründeten Namen «Gesslerburg» erhielt, sind Reste des Bergfrieds, des Palas, des Vorwerks und der Ökonomiegebäude erhalten. – *Hohle Gasse mit Tellskapelle.* Aus der Gründungsgeschichte der Eidgenossenschaft bekannter Hohlweg zwischen Küssnacht und Immensee, in dem der tyrannische Vogt Gessler unter Tells Geschoss gefallen sein soll; Wiederherstellung des gepflasterten Weges 1937–38 durch Spenden der Schweizer Jugend. In der Hohlen Gasse die Tellskapelle von 1638 mit hölzernem Vorzeichen und erneuertem Dachreiter; Rest. 1954–58. Über dem Eingang 2 Wandbilder 1905 von Hans Bachmann, aussen Gesslers Tod, innen Tells Tod. Im 3seitig geschlossenen Chörlein einfacher Spätrenaissance-Altar um 1650, Altarbild der Madonna mit den 14 Nothelfern dat. 1768 von Caspar Wolf. Moderne Wappenscheiben von Eduard Renggli.

Kapelle St. Martin im Thal, nördl. Küssnacht. Erb. M. 17. Jh., Vorzeichen 1782, Dachreiter 1888. Im 3seitig geschlossenen Chor Spätrenaissance-Altar um 1650 mit Statuen. – Rotkreuz-Kapelle. Bauzeit unbekannt, wahrscheinlich 17. Jh. Auf dem Altar Kreuzigungsgruppe 17. Jh.; Stationsbilder 18. Jh. – *Haltikon.* Kapelle St. Katharina. Neubau 1628–36, mit Vorzeichen und Dachreiter; Rest. 1971–72. Drei Altäre um 1640 mit Statuen. Über dem Chorbogen ländliche Kreuzigungsgruppe E. 16. Jh.; hölzernes Chorgitter E. 18. Jh.

Museum. Heimatmuseum, bei der Pfarrkirche. Historische Sammlung und kirchliche Kunst. Kleines spätgot. Truhenreliquiar mit getriebenen Heiligenfiguren, in die Pfarrkirche gestiftet 1489 von dem in der Küssnachter Burg geborenen Jost v. Silenen, streitbaren Bischof von Sitten und Diplomaten der Burgunderkriege; Grabchristus 16. Jh.; aus der Kapelle Haltikon 4 Glasgemälde von 1633–37, aus England zurückgekauft 1950.

MERLISCHACHEN. Kath. Kirche St. Jakob. Neubau 1924–25 von Arthur Betschon. Aus der alten Kapelle: Weissgefasste Rokoko-Altarstatuen St. Jakobus und Wolfgang; Altarbild der Madonna vom Guten Rat,

1817 von Niklaus Bütler; ausdrucksvolle Pietà in bewegten Rokokoformen; 3 Bilder aus dem 18.Jh. – Guterhaltenes Ortsbild mit einer Reihe alter Bauernhäuser, Blockbauten mit Klebdächern über gemauertem Stock beidseits der Strasse.

SATTEL–EINSIEDELN–UNTERIBERG

SATTEL. Kath. Pfarrkirche St. Peter und Paul. Von der 1399–1401 erbauten Vorgängerkirche erhalten der N-Turm und der als Sakristei verwendete ehemalige Chor, an den der Neubau von 1717 in gleicher Achse anschliesst. Verlängerung des Langhauses mit Vorzeichen 1776–78; gute Rokokostukkaturen. Die Seitenfiguren des Hochaltars von Joh. Bapt. Babel; Deckenbilder 1892. Anlässlich der Renovation 1957–58 teilweise Umgestaltung durch Jos. Steiner. In der Sakristei nachgot. Vortragekreuz 2. H. 16. Jh.; Silberschmiedarbeiten des 17. und 18. Jh. Im Turm 2 gotische Glocken von 1400, grosse Glocke 1610 von Peter Füssli. – Pfarrhaus. Frei auf dem Kirchhügel stehender Baukubus mit hohem Zeltmansartdach, erb. 1830–33 von Meinrad und Wilh. Kälin aus Einsiedeln. – Schul- und Gemeindehaus. Holzbau des 18. Jh.; 1830 versetzt. – Kapelle Ecce Homo, an der Strassengabelung nach Steinerberg und Schwyz. Frühbarockbau von 1667; Renov. 1911–12. Reiche Frühbarockaltäre vermutlich von Meinrad Büeler, Altarbilder 1782 von Carl Jos. Speck. An der rechten Chorwand ein eigenartiger Kruzifix, rohe Kopie des urspr. Wallfahrtsbildes. Hinten über dem Eingang Bild des Schmerzensmannes, 1825 von Ildefons Curiger. Kreuzwegstationen E. 18. Jh.; Exvotos ab 1667.

MORGARTEN. Schlachtkapelle. Neuerb. 1603, zur Erinnerung an den entscheidenden Sieg der Eidgenossen 1315 über ein österreichisches Heer. Wandbilder 1954 von Hans Schilter; 4 Scheiben 1907 von Aloys Balmer. – Schlachtdenkmal (s. S. 740). – Turm zu Schornen. Wehrbau mit Schlitzfenstern und Zeltdach, Rest der um 1322 erbauten Talsperre (Letzi).

ROTHENTHURM. Wehrturm (Abb. 186). Teil der einstigen Talsperre, erbaut 1310–14 aus Anlass des Marchenstreites mit dem unter habsburgischer Schutzherrschaft stehenden Kloster Einsiedeln, der 1315 zum Morgartenkrieg führte. Mächtiger quadratischer Bau, Ansatz der Letzimauer mit Törlein; Rest. 1956. – Kath. Pfarrkirche St. Anton. In neuroman. Formen erb. 1875–86 von Joh. Meyer anstelle des abgetragenen Vorgängerbaus, Weihe erst 1940. An der Fassade 4 Zementgussstatuen von Dominik Schuler, Ausmalung des Innern um 1940. In der Sakristei u.a. Holzstatue «Schützenbaschi» 1778, von gleicher Hand ein Auferstehungschristus. – Pfarrhaus. Herrschaftlicher Bau E. 18. Jh. – Gasthaus Schwert. Reichgeschmiedetes Empirewirtshausschild. – *Biberegg.* Loretokapelle. Erb. 1679; übliche Nachbildung der Santa Casa in Loreto, die entsprechende Ausmalung nicht erhalten. In der 1845 erneuerten Vorhalle grosses Wandbild mit Wappen der Stifter Reding v. Biberegg. Kopie des lauretanischen Gnadenbildes vor 1684. – Stygerkapelle, an der alten Strasse nach Sattel. Das 1919 neuerbaute Wegkapellchen enthält eine gute spätgot. Holzstatue der sitzenden Muttergottes um 1480.

BENNAU. Kath. Filialkirche St. Sebastian. Neuerb. 1894–96 von Viktor v. Segesser in neugot. Formen. Wandbilder von Fritz Kunz, im Chor Kopien nach Rogier van der Weyden; Altarbilder von Pater Rudolf Blättler.

EINSIEDELN. Benediktinerkloster (Abb. 187–190). *Grandiose Klosteranlage mit phantasievoll erbauter und hervorragend ausgestatteter Wallfahrtskirche, eines der Hauptwerke der abendländischen Barockarchitektur.* Im Jahre 861 wurde der von der Reichenau eingewanderte Hl. Meinrad in seiner Einsiedelei im «Finstern Wald» von Räubern erschlagen. Bei der Zelle des Heiligen liessen sich weitere Eremiten nieder, welche unter dem

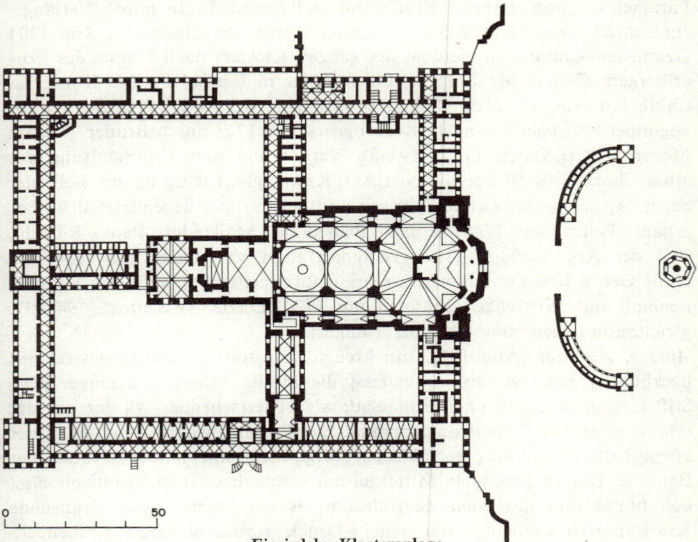

Einsiedeln. Klosteranlage

Strassburger Dompropst Eberhard 934 die Benediktinerregel annahmen. Otto I. bestätigte 947 die Klostergründung, gewährte dem Konvent die freie Abtwahl und Immunität und damit den Äbten die Reichsfürstenwürde. Unter Förderung des sächsischen Kaiserhauses entwickelte sich das Kloster rasch und erlebte im 10.–12. Jh. eine erste Blütezeit. Ein 250 Jahre dauernder Grenzstreit mit Schwyz, in dem das Kloster einen grossen Teil seines Grundbesitzes verlor, endete 1424 mit Übernahme der Schutzherrschaft durch die Schwyzer. Nach Lösung vom Bistum Konstanz 1452 (endgültig erst 1782) Erhebung zur Abbatia nullius, die kirchlich direkt dem Papst untersteht und deren Abt bischöfliche Rechte ausübt. Die seit A. 12. Jh. nachgewiesene Marienwallfahrt fand im 15. Jh. einen ersten Höhepunkt und machte Einsiedeln zu einem der berühmtesten Pilgerorte Europas. In der Reformation sicherte Schwyz den Fortbestand des Klosters durch Einsetzung eines neuen Abtes. Zweite Blütezeit im 17. und 18. Jh.; Neubau der gesamten Klosteranlage. – *Baugeschichte.* Weihe der Gründungskirche 948; Neu- oder Umbauten nach Bränden von 1029, 1226, 1465 und 1577. Die mittelalterl. Anlage war durch ein einbezogenes Turmpaar in ein oberes und unteres Münster unterteilt, von denen das untere die Zelle des Hl. Meinrad oder eine Nachfolgekapelle umschloss, deren Lage in der heutigen Barockkirche übernommen wurde. Beginn der barokken Bauperiode 1674–76 durch Neubau des Chors von Hans Georg Kuen, folgend 1676–84 die quergerichtete Beichtkapelle mit darüber gelegener Paramentenkammer (heute Studentenkapelle) und die in nördl. Verlängerung anschliessende Magdalenenkapelle. Unter Abt Maurus v. Roll 1704 Grundsteinlegung zum Neubau des ganzen Klosters nach Plänen des Vorarlbergers Caspar Mosbrugger, Laienbruder in Einsiedeln. Die Konventstrakte mit Ausnahme des linken Frontflügels vollendet 1718; der darauf begonnene Kirchenbau nach Mosbruggers Tod 1723 durch Bruder Thomas Meyer weitergeführt, 1735 geweiht. Verkürzung und Umgestaltung des alten Chors 1746–50 durch Franz Ant. Kraus, gleichzeitig die an Stelle der ehem. Apsis anschliessende Sakristei und der darüber liegende Psallierchor erbaut. Platzanlage 1748–49 nach Plänen des Mailänders Paolo Bianchi, Bau der Arkadenflügel (1893 verändert) und Versetzung des 1684 von Hans Georg Kuen errichteten Liebfrauenbrunnens. Abschluss des Klosterneubaus mit Wirtschaftsgebäuden um 1770. Letzte Aussenrest. 1943–57, gleichzeitig Erneuerung des Platzbrunnens.

Anlage, Äusseres (Abb. 187). Ein kreuzförmig unterteiltes Baugeviert mit überhöhten Eckpavillons umschliesst die in die Mittelachse eingezogene Stiftskirche, deren Doppelturmfassade als beherrschender Akzent aus der erhöht gelegenen Schaufront vorsteht. Die Fassadenwirkung beruht in der körperhaften Spannung verschiedener organisch miteinander verbundener Bauteile. Der vorgerundete Mittelteil mit statuenbesetztem Frontispiz lässt den hinter ihm liegenden Zentralraum als eine nach aussen drängende Kraft spürbar werden. Unter seinem Druck werden niedere Zwischenachsen mit nach vorne gezogen, welche die vorquellende Baumasse an den zurückgestellten Flankentürmen verankern. Die körperliche Wucht des Fassadenorganismus wird von den anschliessenden Klosterflügeln aufgefangen und in ihren Eckpavillons stabilisiert. Seitlich angebaute Hoftore (um 1749) mit guten Schmiedeisengittern und Statuen von Joh. Bapt. Babel lassen die Schauseite in leichter Tonart ausklingen. – *Platzanlage.* Der weite, leicht ansteigende Platz ist in Betonung der Symmetrie-Achse auf die Klosterfront hingeordnet, die ihn in der Art eines barocken Bühnenprospektes abschliesst, auf ihn zurückstrahlt und sich in den kulissenartigen Platzeinbauten spiegelt. Schwerpunkt der Anlage bildet der 1684 errichtete Liebfrauenbrunnen mit 14 Wasserspeiern, der bei Neugestaltung des Klosterplatzes 1748–49 hieher versetzt wurde. Sein hoher Baldachinaufbau (Dekkenbekrönung 1749) schafft eine Antithese zur Kirchenfront, und seine um 1748 von Domenico Pozzi gegossene Muttergottesstatue aus vergoldeter Bronze reflektiert die Weihe der Gnadenkapelle, deren Nähe sie ankündigt.

Zwei konkav einschwingende Arkadenflügel mit Eckpavillons und theatralisch aufgereihten Barockstatuen von Joh. Bapt. Babel empfangen den Wallfahrer mit grossartiger Geste. Sie sind auf die Kirchenfront ausgerichtet, die sie als ihr optisches Mittelstück in die Platzorganisation einbeziehen. Zwischen ihnen führt eine breite Freitreppe zur Klosterterrasse empor, wo der Besucher von den monumentalen Statuen der Kaiser Otto I. und Heinrich II. (erste Förderer des Klosters) erwartet wird, bevor er zum Kirchenportal gelangt. – *Kirchenraum* (Abb. 190). Verschieden proportionierte Raumteile werden durch die wechselnde Perspektive ihrer Durchblicke ineinander übergeleitet und verschmelzen so zu einem malerisch bewegten Ganzen ohne eindeutig erfassbare Begrenzung. Die kontrapunktische Stufung von abnehmender Breite bei ansteigender Höhe schafft

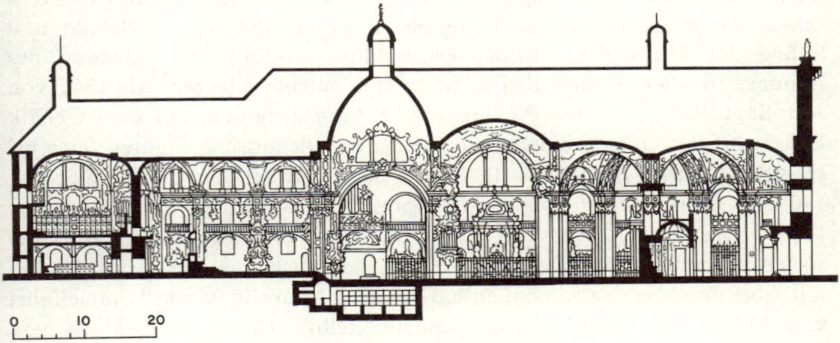

Einsiedeln. Klosterkirche

räumliche Gegenpole, durch die das weite 1. Joch als Wallfahrtsraum und der hohe Chor als kultisches Zentrum ausgezeichnet werden. Das 1. Joch ist als grosses Oktogon angelegt, das sich zwischen umstehenden Pfeilern in eine schmale Raumschale mit 7seitig geführter Galerie öffnet. Es umschliesst die in seiner Mitte frei stehende Gnadenkapelle (s. S. 592), aus der ein Pfeilerpaar emporsteigt, das die radial auslaufenden Gurtbögen des Kappengewölbes trägt. Die beiden folgenden Langhausjoche bilden eine 3schiffige Pfeilerhalle, die sich zwischen den eingezogenen Streben in gleich hohe 2geschossige Flankenräume weitet. Konkav eingerundete Galerien in den Seitenräumen führen über diesen seitlichen Kapellen durch die Streben zu quergerichteten Tribünen, welche die Seitenschiffe überbrücken und damit die Joche als Breiträume betonen. Im Mittelschiff werden die beiden Langhausjoche durch eine Flachkuppel und, in Steigerung der Ausdrucksmittel, durch eine steile Laternenkuppel überwölbt. Der ältere Chor von 1678–80 wurde durch den Umbau von 1746 dem Langhaus angepasst und in malerisch gesteigertem Stil neu dekoriert. Seine beiden vorderen Joche folgen dem Vorarlberger Bauschema; nur das Altarjoch ist basilikal aufgebaut, aber durch Zwischenwände von den Nebenräumen abgetrennt. Ein bis zum Tonnengewölbe reichendes Altarbild und flankierende Marmorsäulen verstellen den Durchblick in den offenen Raum des Psallierchors. –

Dekoration. Der in unerschöpflicher Formenfülle ausgebreitete Wand- und Deckenschmuck ist auf eine optische Verschmelzung der Raumteile angelegt. Im Langhaus hervorragende, teils zart getönte Stukkaturen 1724–26 von Egid Quirin Asam; von seinem Bruder Cosmas Damian Asam die gleichzeitigen Deckenfresken mit den folgenden Szenen: Im Oktogon die Legende der Engelweihe, die Weihe des Salomonischen Tempels und Bischof Konrad; in der Flachkuppel das Abendmahl und in der Laternenkuppel ein grosses Weihnachtsbild (Abb. 188); in den Seitenschiffen Klosterpatrone und weitere Heilige. Von anderen Meistern die Bilder über den Nebenaltären des Oktogons; links Christus bei Zachäus um 1750 von Niklaus Weiss; rechts Jakobs Traum 1838 von Alois Keller als Probearbeit für die 1840–41 durchgeführte Erneuerung der Oktogonbilder. Die Deckenfresken im Chor nach 1746 von Franz Ant. Kraus begonnen und von Balthasar Rüepp vollendet; in 3 Haupt- und Nebenbildern die Schuld und Sühne der Menschheit, Erlösungsratschluss Gottes und Anbetung des Lamms. In allen Raumteilen schwungvoll belebte Figuren, ab 1746 von Joh. Bapt. Babel; an den Pfeilern grosse Apostelstatuen, auf dem Gebälk Engel, auf der Galerie hinter dem Hochaltar allegorische Figuren (eine ersetzt 1821 durch Franz Abart). Stuckdekoration der Langhauspfeiler erst 1909–10 nach dem Vorbild des Chores. – *Ausstattung.* Der Hochaltar 1749–51 nach einem Riss von Giov. Ant. Torricelli in kostbaren Marmorsorten ausgeführt von Domenico Pozzi, der auch das Mensabronzerelief mit Abendmahlsszene geschaffen hat; grosses Altarbild Mariä Himmelfahrt von Franz Ant. Kraus. Ausgezeichnete 2teilige Chororgel 1751–54 von Viktor Bossard; Rest. 1960. Chorgitter mit drei perspektivischen Toren 1675–85 von Bruder Vinzenz Nussbaumer. Im Kuppelraum zu beiden Seiten des Choraufgangs gute Barockepitaphien 1738 von Diego Carlone. Prunkvolle Barockkanzel 1724–26 von Egid Quirin Asam, ihr Baldachin von Engeln getragen und mit Plastiken der Evangelistensymbole besetzt. Als Pendant gegenüber grosse Herz-Jesu-Statue, verfehlte massstabfremde Zutat 1927 von Alois Payer und Franz Wipplinger. Die Gitter der Seitenkapellen nach 1750 unter Leitung von Bruder Thomas Gassner in reichen Formen geschmiedet. Acht Altäre 1739–43 von Jos. Ant. Feuchtmayer mit Figuren von Diego Carlone, dessen Bruder Carlo die Bilder der beiden mittleren Altäre malte; im Oktogon 2 weitere Seitenaltäre um 1750 mit Bildern von Franz Ant. Kraus. Vorn auf den diagonal zum Choreingang laufenden Emporen reizvolle Orgelprospekte von 1749, Werke neu; Hauptorgel 1933 von Albert Moser.

Gnadenkapelle. Mehrmals erneuerter Bau in Nachfolge und am Ort der Eremitenzelle des Hl. Meinrad, über der im 10. Jh. die 1. Klosterkirche errichtet wurde. Die spätgot. Kapelle 1615–17 durch den Baumeister des Salzburger Doms Santino Solari mit schwarzem Marmor verkleidet, 1798 durch französische Soldaten abgebrochen. Heutige Anlage unter Verwendung der alten Baumaterialien durch Jos. Singer neuerb. 1815–17 nach Plänen von Bruder Jak. Nater und Meinrad Birchler. Kleiner klassiz. Giebelbau im Zentrum des Oktogonjochs, das einen um ihn herumführenden

Prozessionsweg bildet. Einblick in die Kapelle durch einen grossen, vergitterten Eingang an der 3achsigen Schauseite. In den Nebenachsen und im Giebelfeld vergoldete Reliefs 1910 von Alois Payer und Franz Wipplinger; bekrönende Statuen 1821 von Franz Abart. Der kleine Rechteckraum birgt das schöne spätgotische *Gnadenbild der Muttergottes mit Kind* aus der M. 15. Jh. (Abb. 189); die schlanke Holzstatue ist seit dem 17. Jh. bekleidet, die Gesichter wie bei vielen alten Gnadenbildern durch Schwarzbemalung dem realen Bereich entzogen. Altar 1834 von Giov. Batt. Argenti, Messingrelief der Engelweihe 1837 von Jos. Wikart. – *Beichtkapelle.* Beim Neubau der Klosterkirche übernommener Querflügel von Hans Georg Kuen 1676–78; Eingang links im vorderen Langhausjoch. In der niedrigen 3schiffigen Säulenhalle hochbarocke Gewölbestukkaturen 1680–82 von Pietro Neurone; 21 Deckenbilder, Vorbilder der Busse, um 1700 von Joh. Brandenberg. Der Fussboden anlässlich der Renov. 1901–02 tiefergelegt. – *Sakristei,* hinter dem Hochaltar. Bei Umgestaltung des Chors 1746–50 angebaut: Rokokostukkaturen von Jos. Ant. Feuchtmayer. Altar um 1750 wohl von Giov. Ant. Torricelli. Der Sakristeibestand wurde durch den Brand von 1577 und durch die Franzosenherrschaft stark reduziert, ist aber noch ausserordentlich reich: u. a. Schale des Hl. Gerold (gest. 978), gefasst 1663 von Georg Dumeisen; Monstranz um 1690 von Georg Dumeisen; Statuette der Rosenkranzmadonna 1. Drittel 18. Jh. von Hans Peter Staffelbach; zahlreiche sehr schöne Kelche vorwiegend 18. Jh.; Sammlung kostbarer Paramente. – *Psallierchor,* über der Sakristei. Ausmalung zur Bauzeit 1748–50, das Figürliche von Giuseppe Torricelli, von seinem Bruder Giov. Ant. Torricelli die Architektur- und die phantastische Ornamentmalerei; Renov. 1842–43 durch Niklaus Birchler. Auf dem Altar ausgezeichneter Renaissancetabernakel von 1600 aus Ebenholz mit Silberbeschlägen, Geschenk des bayerischen Kurfürsten Ferdinand; Altarbild des Gekreuzigten von 1749, bestes Werk von Franz Ant. Kraus. Reiches Chorgestühl von 1675–80 mit 68 Plätzen, vom unteren Chor 1749 hieher versetzt; Holzstatuen und Ornamente von Michael Hartmann und den Brüdern Franz Jos. und Joh. Michael Feuchtmayer. Auf den Chorpulten von 1754 die beiden grossen, 1684 vollendeten Gradualien.

Klostergebäude. Im S-Trakt Eingangshalle zum Stift, darin 3 ausgezeichnete Reliefs aus der Gnadenkapelle von 1617, wovon 2 von Conr. Asper aus Salzburg. Im 2. Stock der Hofspeisesaal mit reizvoller Stuckdecke, um 1785. Im Legatenzimmer Vedutenmalereien an Wänden und Decken 1757 von Praggi aus Brescia; Mobiliar und Turmofen um 1750. Im 3. Stock die Abtwohnung, ausgezeichnete Stuckdecke des Audienzzimmers um 1750, Äbteporträts u. a. von Joh. Melchior Wyrsch und Felix Maria Diogg; Rest. 1970. Einfache Prälatenkapelle, am Altar Elfenbeinreliefs des 17. Jh. – Der sog. *Fürstensaal,* im Mittelbau des S-Flügels, wird seit der Restauration von 1965–67 nur mehr *Grosser Saal* genannt. Der grosse, helle Festraum wurde dekoriert 1709 durch den Tessiner Stukkateur Marsiglio Roncati und den Maler Joh. Brandenberg. Das Deckengemälde zeigt die Legende der Engelweihe, der von Engeln begleitete Christus steigt zur Weihe der Gnadenkapelle hernieder; in Anspielung dazu weitere Bilderspiegel und Schriftkartuschen. An den Wänden 2 Tafeln eines spätgot. Flügelaltars aus der Werkstatt des Berner Nelkenmeisters. In den Vitrinen wechselnde Ausstellungen mit Gegenständen aus den Sammlungen des Klosters. Sog. Türkenteppich, französische Arbeit aus der M. 17. Jh., bei der Entsetzung Wiens 1683 aus dem Zelt Kara Mustafas erbeutet und nach Einsiedeln gestiftet. – *Bibliothekssaal*, im N-Trakt: der Umbau erfolgte 1738 durch die Patres Ägidius d'Ocourt und Plazidus Beurret von Porrentruy, die gleichzeitigen Stukkaturen von Jos. Ant. Feuchtmayer. Der schöne gewölbte Raum ist durch 3 schlanke Säulen 2schiffig unterteilt; umlaufende Galerie mit Schmiedeisenbrüstung. Kostbare Sammlung von Handschriften und Miniaturen aus dem 9.–16. Jh.; Dokumente zur Geschichte der Abtei und der Wallfahrt. – *Studentenkapelle*, über der Beichtkirche. Vor dem Neubau der heutigen Klosteranlage von Hans Georg Kuen als Paramentenkammer erb. 1676–84 mit Gewölbestukkaturen von Pietro Neurone und gleichzeitigen Deckenbildern von Lukas Wiestener.

Friedhofskapelle, östl. des Klosters. Erbaut 1631 unter Abt Plazidus Reimann, rest. 1969. Frühbarockbau mit Dachreiter; am nachgot. W-Portal Wappen des Bauherrn. Im breiten Schiff Spiegelgewölbe, im eingezogenen Polygonalchor Stichkappengewölbe. Um die Fenster und in der Chorpartie dekorative und illusionistische Wandmalerei. Klassiz. Altar von Meinrad Birchler. Im Schiff 12 spätgot. Apostelstatuen um 1500. An der Rückwand 2 grosse Bilderfolgen mit Szenen aus dem Leben Jesu und des Hl. Meinrad 1623 von Hans Rieder. Am Chor 4 Epitaphien 18.–19. Jh. und eindrücklicher Kruzifix, «der grosse Herrgott», 3. V. 17. Jh. – Im Friedhof einzelne Grabkreuze und Grabmäler des 18.–19. Jh. – **Gangulfkapelle,** auf dem Brühl. Erb. unter Abt Embrich (gest. 1051) in Anlehnung an die Kirche St. Martin auf der Ufenau, umgeb. um 1300 und 1814; Rest. 1943–44. Grablege für Linus Birchler (1893–1967), den grossen Förderer schweiz. Kunst- und Denkmalpflege. Der mittelalterliche Bau mit eingezogenem Quadratchor zeigt geschichtetes Bruchsteinmauerwerk und trägt ein nach W abgewalmtes Satteldach und ein barockes Zwiebeltürmchen. An der W-Seite toskanische Vorhalle mit origineller Säulenstellung, 1814. Der frühgot. Eingang lag an der S-Seite. Im schmucklosen Innern spätgotische Muttergottesstatue um 1480, angeblich aus Würzburg, und eine Pietà um 1500, aus Feusisberg. Am Chorbogen nachgot. Kreuzigungsgruppe, aus Rickenbach. Im frühgot. Chorfrontfenster neue Glasgemälde von Albert Hinter. Die ehem. klassiz. Ausstattung ausgeräumt.

Dorf. Das grosse, in der obern Partie städtisches Gepräge aufweisende Dorf weist 3 Längsachsen auf, die auf den Klosterplatz ausmünden. Das Ortsbild ist vom Wallfahrtsverkehr des 19. Jh. und vom Massentourismus des 20. Jh. geprägt und weist wenig bemerkenswerte Bauten auf. Ältestes Gasthaus Pfauen 1469; Zunfthaus Bären, erneuert 1965. Veränderungen weitgehend entgangen das Gasthaus Schwanen. Das Gasthaus Drei Könige 1971 abgebrannt. Beachtlich sind zahlreiche schmiedeiserne Aushängeschilder aus den Jahrzehnten um 1800. – Rathaus, neuerb. nach dem Dorfbrand 1680, entstellt 1903; 2 Renaissancebecher um 1650. – Das sog. Kernenhaus an der Strasse ins Alptal, erb. 1737–43 von Franz Singer, urspr. Korn- und Schützenhaus, diente später als Theater. – Jugendkirche. Grosser Quaderbau 1948 von Jos. Steiner. Im Chor ehem. Hochaltargemälde der Stiftskirche, 1680, mit Darstellung der Himmelfahrt Mariä; frühgot. Kruzifix, angeblich aus dem Kloster Rathausen. Über dem rechten Seitenaltar thronende Muttergottes um 1460, angeblich aus Obwalden. – Altes Schulhaus. Biedermeierlicher Bau 1843–45 nach Plänen von Abt Heinrich Schmid.– Denkmal für den Einsiedler Arzt und Humanisten Theophrastus Paracelsus (1493–1541) 1941 von Alfons Magg. – Panorama mit monumentaler Darstellung der Kreuzigung Christi 1893; abgebrannt, neuerb. 1962. – Diorama mit Schilderung der Geburt Christi 1954 von Barth. Wappmannsberger und Reinhold Zellner.

Ref. Kirche, jenseits des Bahnhofs, 1943 von Hans Vogelsanger. – Kapelle Mariä End, auf dem Chatzenstrick. Bescheidener Bau von 1861; Renov. um 1960. – Kapelle St. Joseph, auf der Langrüti-Allmeind. Neuerb. 1898. – Benediktinerinnenkloster Au. Aus einer Beginensamnung hervorgegangen, um 1600 Annahme der Benediktinerregel; Neubauten 1619 und 1684. Die 1882 von Clemens Steiner neu errichtete Klosterkirche wurde 1972 durch einen Neubau von Hansueli Steinmann ersetzt. – Dreifaltigkeitskapelle, in der Rüti. Kleiner Bau mit reichem Louis-XVI-Portal von 1789. Reizvolles Altärchen mit Madonna aus der Werkstatt Babel.

TRACHSLAU. Kath. Pfarrkirche St. Stephan. Erb. 1881–82, erweitert 1890–91. Altarblätter von Pater Rudolf Blättler.

ALPTHAL. Kath. Pfarrkirche St. Apollonia. Neuerb. 1887.

GROSS. Kath. Pfarrkirche St. Johannes Nepomuk. Erb. laut Jahrzahl am Portal 1775, erweitert 1859 und 1923.

WILLERZELL. Kath. Pfarrkirche St. Joseph. Erb. 1874 nach Plänen von Heinrich Meister und Clemens Steiner, umgeb. um 1935. – Kapelle St. Wendelin, im Rickenthal. Rechteckiger Bau mit segmentförmigem Chörlein, 1822; Renov. 1935. Klassiz. Altärchen von Meinrad Birchler.

EGG. Kath. Pfarrkirche St. Johannes Baptist. Erb. 1879, verlängert 1936. Derbe Wandgemälde 1936 von Pater Thaddäus Zingg. – Galgenchappeli, in Oberwaldweg. Hölzerne Schutzhütte am Standort des ehem. Hochgerichts von Einsiedeln. – **Tüfelsbrugg,** über die Sihl. Erb. unter Abt Gero (1101–22), mehrmals erneuert, vor allem von Casp. Mosbrugger und 1794 von Bruder Jakob Nater. Die Zweibogenbrücke in Quaderverband ruht auf mächtigen Pfeilern; die hölzerne Überdachung wohl erst 19. Jh. Über dem Mittelpfeiler Bildstock mit Sandsteinstatue des Hl. Nepomuk, signiert und dat. 1794 von Joh. Bapt. Babel. – **Kapelle St. Meinrad,** auf dem Etzel. Neuerb. 1697–98 von Casp. Mosbrugger, rest. 1960. Die schmucke, ganz aus Quadern gefügte Kapelle steht über rechteckigem Grundriss und trägt einen neuen Dachreiter mit Zwiebelhaube. Ion. instrumentierte, übergiebelte Rustikafassade. Der querrechteckige Chor ist durch einen halbrunden Chorbogen ausgeschieden. Über dem Rahmengebälk reiche Barockstukkaturen von Pietro Neurone mit gemalten Kartuschen von Francesco Ant.

Giorgioli: Szenen aus dem Leben des Hl. Meinrad. Gitter und klassiz. Altar 1794. – Pilgerhaus. Stämmiger Bau mit Krüppelwalmdach 1758 von Br. Casp. Braun.

EUTHAL. Wallfahrtskirche Unserer Lieben Frau. Erb. 1790 von Bruder Jakob Nater, Turm 1859. Reizvoller Spätbarockbau im Purtschert-Schema mit eingezogenem, gerundetem Chor und schräggestellten Altarkonchen seitlich des Chorbogens. Am gedrückten Gewölbe Deckengemälde 1792 von Meinrad Birchler und spärliche Stukkaturen. Hübsche Louis-XVI-Ausstattung. – Kapelle St. Antonius, in Ruestel. Neuerbaut als Ersatz für die im Stausee untergegangene Kapelle, um 1935 von Adelrich Fuchs.

STUDEN. Filialkirche St. Wendelin. Erb. 1793–95 wohl nach Plänen von Bruder Jakob Nater. Spätbarockkirche nach dem Schema derjenigen von Euthal, aber mit Dachreiter. Am Stichkappengewölbe spärliche Stukkaturen. Klassiz. Hochaltar; Seitenaltäre 1878, im linksseitigen Pietà aus der Babel-Werkstatt. – Kapelle St. Magdalena, im Ochsenboden. Erb. 1605–06 unter Abt Augustin Hofmann. Kleiner Bau mit eingezogenem, gerade geschlossenem Chor. Louis-XVI-Altar von Meinrad Birchler mit 2 Figuren von Jos. Ant. Curiger, 2 Johannesfiguren um 1550. – Sihltalhaus. Massiger Baukubus unter steilem Walmdach, erb. 1570 unter Abt Joachim Eichhorn, dessen Wappen über dem Hauptportal sitzt; über der Nebentüre von 1753 Wappen des Abtes Nikolaus Imfeld von Joh. Bapt. Babel.

UNTERIBERG. Kath. Pfarrkirche St. Joseph. Grosse Kirche mit eingezogenem Polygonalchor, erb. 1873 von R. Kälin. Deckengemälde von Georg Kaiser. Neugot. Altäre mit Gemälden von Jos. Dominik Annen. – Kapelle St. Ottilia, in der Schmalzgrube. Erb. 1758. Grosses Altarbild mit 13 Szenen aus dem Leben der Patronin.

OBERIBERG. Kath. Pfarrkirche St. Johannes Baptist. Erb. 1876 von R. Kälin, ähnlich wie diejenige in Unteriberg. Taufstein 1845, Gemälde von Paul Deschwanden. In der Sakristei Vortragekreuz um 1580–90 mit frühgot. Medaillon der Geburt Christi, Kelch um 1680 von Hans Georg Ohnsorg. – Friedhofskapelle. Dreiseitig geschlossener Bau, entstanden aus dem Chor der 1879 abgebrochenen Pfarrkirche. Barockaltar 1692 von Meinrad Büeler, Aufsatz fehlt. – Kapelle auf der Ibergeregg. 1961 von Jos. Furrer.

WOLLERAU–UFENAU–LACHEN–TUGGEN

FEUSISBERG. Kath. Pfarrkirche St. Jakob. Erb. 1780–85 von Joh. Haltmeyer, vermutlich nach den Plänen von Niklaus Purtschert; Renov. 1963. Durch Pilaster gegliederter Aussenbau mit Vorzeichen; der rundgeschlossene Chor symmetrisch flankiert von der 2geschossigen Sakristei und dem schweren N-Turm mit Kuppelhaube. Im Innern festliche Ausstattung: Deckenbilder 1783 von Jos. Georg Messmer, im Schiff Weihnacht, im Chor Sieg der Kirche über die Häresie; ein weiteres Bild über der Orgelempore von Messmers Bruder Joh. Ant.: Reinigung des Tempels. Rokokohochaltar aus der Bauzeit von Joh. Bapt. Babel mit Bild von Joh. Georg Messmer. Gute barocke Seitenaltäre und Kanzel von Bildhauer Hartmann v. Schönau, 1771, aus der Oberen Kirche Zurzach, erworben 1944. Sakristeibestände 17.–18. Jh. – Pfarrhaus. Erb. 1758 vom Kloster Einsiedeln. Kruzifix um 1540, Pietà um 1500.

SCHINDELLEGI. Kath. Pfarrkirche St. Anna. Imposanter Neubarockbau mit Jugendstilformen 1907–09 von Aug. Hardegger. Reich geschnitzte, aufeinander abgestimmte Altäre 1741 samt Kanzel aus der Kirche Obersaxen (GR) erworben: Hoch- und Josephsaltar von Plazidus Schmid aus Disentis, Rosenkranzaltar von Anton Sigristen aus Brig. – Wegkapelle zum «Grossen Herrgott», in Aesch. Kruzifix 1. H. 16. Jh.

WOLLERAU. Kath. Pfarrkirche St. Verena. Neubau 1781–87 von Niklaus Purtschert; Aussenrenov. 1965. Auf einer Terrasse gelegener frühklassizistischer Bau mit 3seitig geschlossenem Chor; an seiner S-Seite gedrungener Turmschaft vom Vorgängerbau 1558 mit Kuppelhaube über geschweiften Uhrgiebeln von 1783. In der Giebelfront 3 Arkaden zur eingezogenen Vorhalle und darüber hohes Emporenfenster zwischen Figurennischen; der gebrochene Giebel durch Klebdach abgesetzt. Weiter Saalraum mit 2geschossiger Orgelempore; Überleitung zum eingezogenen Chor durch diagonal gerichtete Altarnischen. An der flachen Stichkappentonne im Schiff Gemälde von Joh. Georg Messmer aus der Bauzeit, u. a. Abendmahl und Allegorie auf Papst- und Kaisertum; Deckengemälde im Chor, Weihnacht an Stelle einer Himmelfahrt Mariä, neu gemalt 1891 von Fritz Kunz. Drei Louis-XVI-Altäre 1786–89 vom Lombarden Giudice, gute Altarstatuen z. T. von Jos. Ant. Janser; in der Nische des linken Seitenaltars interessantes got. Mariä-End-Relief E. 15. Jh. (aus Richterswil 1529 hierher gerettet), in der rechten Altarnische Sitzfigur der Katakombenheiligen Columba 1. H. 18. Jh. Die Kanzel 1785 von Jak. Purtschert, Bruder des Architekten. Sakristeibestände vorwiegend 18. Jh.; schwere Zuger Barockmonstranz von Joh. Martin Wetzstein. Neue Freitreppe vor der Kirche 1929 nach Entwurf von Linus Birchler. – Ref. Kirche. Ländlicher Bau 1917–18 von Müller und Freytag. – Sog. Gemauertes Haus. Massives, bewehrtes Wohnhaus mit Treppengiebeln und got. Fensterstöcken, wohl E. 16. Jh.

WILEN. Kapelle St. Konrad und Ulrich. Eingezogener Rechteckchor mit Kreuzrippengewölbe wohl A. 14. Jh.; Schiff 1620, verlängert 1909. Innenrenov. 1955. An der Stirnwand des Chors Kreuzigungsgruppe 2. H. 17. Jh. Seitlich des Chorbogens 2 Altärchen mit spätgot. Figuren um 1500: links Muttergottes mit den Hl. Konrad und Erasmus (?), in der Predella die Hl. Agatha, Jost und Ottilia; rechts Hl. Bischof sowie die Hl. Katharina und Verena, in der Predella die Hl. Nikolaus, Martin und Ulrich. An den Schiffswänden Figuren der Hl. Antonius Eremita und Markus (?). An der W-Wand derb realistische Figurengruppe mit Martyrium des Hl. Erasmus, 1817 vom Tiroler Jos. Barth. Kleinhanns.

FREIENBACH. Kath. Pfarrkirche St. Adalrich. Eine erste Kapelle geweiht 1150, nach Lösung von der Mutterkirche St. Peter und Paul auf der Ufenau 1308 zur Pfarrkirche erhoben, vergrössert und neugeweiht 1323; der damals entstandene Turmchor im Unterbau des heutigen Turms erhalten (Sakristei). Neubau der Kirche 1672–74, Barockisierung des Innern 1772; Erweiterung um das westl. Querhaus 1811, Verlängerung mit neubarocker Fassade 1903–04 von Aug. Hardegger, umgebaut 1972. Breitgelagerter Saalbau mit eingezogenem, rundgeschlossenem Chor; Hochbau des N-Turms 1631, Käsbissen bei der Aussenrest. 1972 rekonstruiert. Weiter, heller Raum mit Stichkappentonnen in Schiff und Chor; Stukkaturen entfernt. An der Chordecke Malereien 1794 von Meinrad Birchler, im Schiff Deckenbild 1951 von P. Verzetti. Glasgemälde 1950 von Aug. Wanner. Spätbarocke Altäre, am linken Seitenaltar Kopie nach Murillo, rechts Katakombenheiliger als Predella; an den Schiffswänden Figuren der Hl. Petrus und Paulus A. 18. Jh. Am Chorbogen Wappen Einsiedeln-Höfe, 2 Chorstühle um 1811; Antoniusrelief in Zement 1953 von Jos. Nauer. Sakristeitüre 17. Jh.; in der Sakristei, dem ehem. Turmchor, flaches Kreuzgewölbe mit Renaissancemalereien der Evangelisten und in der Mitte Christus (?) im Strahlenkranz, M. 16. Jh. An der heutigen Trennmauer zum Turmaufstieg Sakramentshäuschen 1606. Originelles spätgot. Vortragekreuz. – Friedhofskapelle. Hoher Bau von 1685 mit Chörlein in verschobenem Fünfeck. Im Schiff Kassettendecke; Immakulatafigur 2. H. 17. Jh., unter Baldachinaufsatz des 18. Jh. – *Leutschen.* Barockes Weinbauernhaus im berühmten Rebgelände. Durch das Stift Einsiedeln 1762–64 errichteter Längsbau mit tonnengewölbtem Keller über 2 Pfeilerpaaren.

PFÄFFIKON. Kath. Pfarrkirche St. Meinrad. Erb. 1963–65 von Walter Moser. Frühgot. Dreinagelkruzifix E. 13. Jh., spätgotische Muttergottes um 1500. – **Schlossturm,** am Seeufer. Als Verwaltungszentrum der seit 965 dem Kloster Einsiedeln gehörenden dortigen Höfe erb: zwischen 1233 und 1266 unter Abt Anselm v. Schwanden; Ausbau zur Wasserburg A. 14. Jh. Fester quadratischer Wohnturm hinter teilweise erhaltenem Wassergraben; unschöner Turmabschluss 1839. Im Innern Reste eines roman. Kamins. *Schlosskapelle,* mit Vorwerk unter einheitlichem Dach. Spätgot. Anlage von 1566, barockisiert 1780–85. Im Innern Louis-XVI-Stukkaturen, stark ergänzt E. 19. Jh. Altäre 1892 mit Bildern von Pater Rud. Blättler; von demselben Gemälde der Verkündigung Mariä an der W-Wand. An der linken Längswand 2 skulptierte Sakramentshäuschen von 1567. Auferstehungschristus 2. H. 18. Jh. – Stiftsstatthalterei, beim Schlossturm. Zweistökkiger Längsbau von 1760 unter Krüppelwalmdach mit Rokokowappenkartusche von Joh. Bapt. Babel; Verlängerung 1892, Rest. 1966–67. – Untere Schlossmühle, von 1925–39 Landwirtschaftsschule, heute Gemeindehaus. Spätgot. Bau mit Sandsteinfenstersäulen, an der Basis einer Säule Wappen des Fürstabts Joachim Eichhorn und Datum 1577. – Unterdorf. Rathaus der Hofleute-Korporation, 15. Jh., Renov. 1948. – Kapelle St. Maria Magdalena, genannt zu den Drei Eidgenossen, auf dem Fuchsberg an der Strasse nach Schindellegi. Schlichter Bau mit spitzem Dachreiter, geweiht 1594; Renov. 1939. Zwischen Fenster und Tür der südl. Längsfront die 3 Eidgenossen, gemalt in den Farben der Urkantone 1595; schlecht übermalt 1727. Im Innern eine spätgot. Decke. Flach ausgesägter Altar E. 17. Jh.; doppelseitig bemaltes Antependium A. 17. Jh., Kopie.

Hurden. Nach Errichtung der Seebrücke 1358 Entwicklung zum wichtigen Durchgangsort für die Wallfahrer nach Einsiedeln; aus jener Zeit mehrere

Gasthöfe («Adler» dat. 1558). – Kapelle Unserer Lieben Frau. Spätgot. Bau mit eingezogenem, 3seitig geschlossenem Chor, Spitzbogenfenstern und Dachreiter, geweiht 1497. Innen an der rechten Schiffseite eine Kreuzigungsgruppe, Rest der alten Ausmalung 1602 von Heinr. Schiess aus Rapperswil; Kruzifix im Chorbogen, zugekauft. An der rechten Schiffswand barocke Madonnenfigur. Rest. 1964–65.

***INSEL UFENAU.** *Insel im Frauenwinkel des Zürichsees, auf der 2 hochmittelalterl. Kirchen und das Grab Ulrichs v. Hutten von denkwürdiger Vergangenheit zeugen.* «Terra sacra» seit dem 1. oder 2.Jh., als hier ein grosser gallo-röm. Tempel stand; älteste christliche Inselkirche vermutlich 7.Jh. Aus dem Besitz des Klosters Säckingen kam die Ufenau 965 als Geschenk von Kaiser Otto I. an das Kloster Einsiedeln, bei dem sie bis heute verblieben ist. Im 10.Jh. Einsiedelei des Hl. Adalrich, dem um 950 seine aussätzige Mutter Reginlinde, Herzogin von Schwaben und Äbtissin des Zürcher Fraumünsters, folgte. Reginlinde stiftete die Martinskapelle und die unter ihrem Sohn vollendete Pfarrkirche, die sich zum weithin ausstrahlenden Zentrum einer Grosspfarrei entwickelte. Nachdem die Insel ihre kirchliche Bedeutung verloren hatte, wurde sie durch Vermittlung Zwinglis 1523 Exilort des streitbaren Ritters Ulrich v. Hutten, mit dem die Ufenau durch C.F. Meyer in die deutsche Literatur einging.

Ehem. Pfarrkirche St. Peter und Paul. Auf den Grundmauern der im 10.Jh. von Reginlinde gestifteten Vorgängerkirche neuerbaut und 1141 geweiht. Die Kirche steht über den Fundamenten des gallo-römischen Tempels, welcher anlässlich der Rest. 1959 durch Grabung nachgewiesen wurde. Einschiffige roman. Anlage mit Turmchor; an der N-Seite 2geschossiger Sakristei-Anbau des 13.–14.Jh. Am Chorturm roman. Rundbogenfriese und rundbogige Doppelfenster, Turmaufbau mit Käsbissen 1630. Am Portal des 12.Jh. wiederverwendeter Türsturz des 10.Jh. mit einfachem Ornament. Neben der südl. Schiffswand das vermutete, bei der Restaurierung wiedergefundene Grab Ulrichs v. Hutten (1488–1523), Reichsritter, Humanist und gekrönter Dichter; neue Grabplatte mit überlieferter urspr. Inschrift. An der N-Seite Einblick in das untere Sakristeigeschoss, innen Ossarium mit Gebeinen der 1388 vor Rapperswil gefallenen Eidgenossen. Im Kircheninnern Reste von Wandmalereien, die anlässlich der Wiederherstellung des roman. Baubestandes 1959 freigelegt wurden: Im Schiff ein schlecht erhaltener Fries des 13.Jh. mit Martyrium der Apostel, ferner grosser Christophorus; an den Pfeilern des Chorbogens der Hl. Adalrich und gegenüber die Stifterin Reginlinde wohl 15.Jh.; im Chor verschiedene Malschichten vom 14.–17.Jh. Seitlich des Chorbogens spätgot. Holzstatuen der Apostelfürsten 2.H. 16.Jh.; im Chor eingemauertes roman. Weihwasserbecken. Im Schiff got. Grabplatte 1372 mit Figur des Inselheiligen in Ritztechnik; hinten im Schiff leerer Barocksarkophag des Heiligen. – **Kapelle St. Martin,** sog. Reginlinde-Kapelle. Auf einem Hügel gelegener turmloser Bau von 1141, an Stelle einer ersten, grösseren Kirche wohl aus dem 7.Jh. und auf den Grundmauern der um 950 von Reginlinde gestifteten Kapelle; Grabungen 1962. Roman. Anlage mit hochgelegenen Rundbogenfenstern an den Seitenfronten und spätgot. Masswerkfenster an der Stirnseite des eingezogenen Rechteckchors; erneuertes Portal mit Namen des Einsiedler Abts Berthold (1206–13). Im Innern Wandmalereien aus verschiedenen Perioden: im Chor Fragmente aus dem 14. Jh., am Chorbogen Brustbilder der klugen und törichten Jungfrauen 2. V. 16. Jh. Eingemauertes roman. Weihwasserbecken. – Aussichtshäuschen. Kubischer Bau von 1606 unter Zeltdach, umgeb. 1860.

Lützelau. Kleinere Nachbarinsel, auf der im 8. Jh. ein Frauenkloster stand, das 744 der Abtei St. Gallen unterstellt wurde und vermutlich bald darauf eingegangen ist. Durch Grabung 1964 die Fundamente einer merowing. Kapelle freigelegt; frühbronzezeitliche, röm. und mittelalterl. Funde.

***ALTENDORF** (Abb. 192). Pfarrkirche St. Michael. Erwähnt um 970; durch Grabungen 1960–61 Nachweis eines Apsidensaals aus dem E. 11. Jh. und des got. Nachfolgebaus, von dem der Turm erhalten ist. Die heutige Kirche neuerb. 1462–64, barockisiert 1787–93 durch Martin Oelgass; Schiff verbreitert 1961 durch Walther Sulser. Langhaus und eingezogener Polygonalchor unter durchgehendem Dach mit Dachreiter. Seitlich der Giebelfront grosser N-Turm mit roman. Schallfenstern, um Glockenstube erhöht 1620, Spitzhelm 1706 von David Bachmann. Toskanisches Vorzeichen mit Louis-XVI-Portal; an der N-Seite ein weiteres Portal mit Architekturrahmung. Im neuen Schiff Deckenbild von Aug. Frey; im barockisierten got. Chor Stukkaturen von Peter Ant. Mosbrugger und Gewölbebilder der Dreifaltigkeit und der Evangelisten 1790 von Jos. Keller. Altäre und Kanzel 1793 von Laurenz Huber, Figuren z. T. nicht urspr. Chorbogenkruzifix um 1500. Links im Chor spätgot. Sandsteinrelief des Ecce homo E. 15. Jh. Sakristeibestände 18. Jh. An der rechten Schiffseite seit 1961 überlebensgrosser Kruzifixus des 17. Jh., ehem. an der S-Seite der Kapelle St. Johann. – Beinhaus St. Anna. Spätgot. Bau. Anlässlich der Rest. 1961 unter Preisgabe der Stuckdekoration flach gedeckt. Im Louis-XVI-Altar Gemälde mit ungewöhnlicher Darstellung von Christi Geburt (?) 2. H. 17. Jh. – Bildstock östl. der Pfarrkirche. Figur des Hl. Jakobus d. Ä. 2. H. 17. Jh. – Gasthaus Hirschen. Erb. 1816, mit 2läufiger Freitreppe und Satteldach mit Quergiebeln; Louis-XVI-Wirtshausschild. – Haus Market. Hohes ostschweiz. Holzhaus von 1790. – Sog. Freihof, ehem. Sust, an der Strasse nach Lachen. Massives, noch spätgot. wirkendes Fensterhaus unter Satteldach von 1686. Zweiarmige Freitreppe zum rundbogigen Portal, darüber Frühbarockwappen der Steinegger. – Mehrere Wegkapellchen, an der alten Pilgerstrasse nach Einsiedeln, vorwiegend 17.–18. Jh.

Kapelle St. Johann* (Abb. 192), in prächtiger Lage, an der Stelle der 1350 zerstörten Burg Alt-Rapperswil, Stammsitz der Grafen gleichen Namens. Infolge des Terrains Schiff mit 2 Absätzen gegen den Chor hin absteigend, geweiht 1476. Kreisrunder Chor auf dem Fundament eines roman. Rundturms. Bau des Turms vor der N-Ecke der W-Front 1483. Anlässlich der Renov. 1891 Aufbau einer Glockenstube mit Käsbissen. Rest. 1972, mit Rekonstruktion eines Turmhelms; archäologische Grabung. Im Innern 3 spätgot. Schnitzaltäre mit guten Flügelbildern: Im Schrein des Hochaltars von 1510–15 Madonna zwischen den beiden Johannes, im Gesprenge das Haupt des Täufers sowie die Hl. Georg und Michael und in der Predella die Hl. Notburga; auf den Flügeln Enthauptung des Täufers und Johannes auf Patmos, aussen Heimsuchung sowie die Hl. Margaretha und Apollonia. Im Schrein des linken Seitenaltars von 1510–15 die Hl. Anna selbdritt zwischen den Hl. Bartholomäus und Verena, im Gesprenge St. Antonius Eremita und in der Predella der Hl. Vitus; auf den Flügeln 4 Heilige und aussen in 14 Feldern Szenen aus den Legenden der Hl. Vitus, Modestus und Crescentia. Im Schrein des rechten Seitenaltars aus der M. 16. Jh. der Hl. Wolfgang zwischen den Aposteln Petrus und Johannes, auf den Innenseiten der Flügel Relieffiguren der Hl. Antonius Eremita, Margaretha, Burkhard und Katharina, im Gesprenge Kruzifix zwischen Maria und Johannes; auf den Aussenflügeln gemalte Verkündigung dat. 1603. Am Chorbogen Gemälde von 1684.

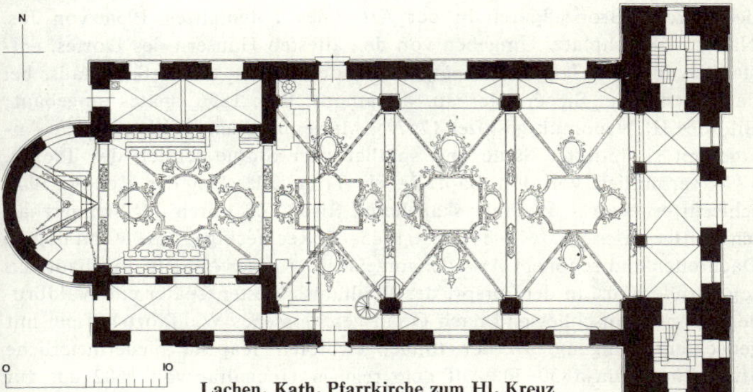

Lachen. Kath. Pfarrkirche zum Hl. Kreuz

LACHEN. Kath. Pfarrkirche zum Hl. Kreuz (Abb. 191). Bedeutender Barockbau 1707–10 von Joh. Peter und Gabriel Thumb, vielleicht nach einem Plan von Bruder Caspar Mosbrugger; Renov. 1968–69. Doppelgeschossige Fassade mit flankierenden Türmen, die über polygonalen Aufsätzen in Zwiebelhauben enden; Hauptportal mit perspektivisch geschnitzten Türflügeln und schmiedeisernem Tympanon, zwischen den beiden Emporenfenstern ein grosses Kreuz und in der Giebelnische eine Muttergottesstatue. Das Schiff und die im Choreinzug anschliessenden Sakristeien bilden einen rechteckigen Baukörper, aus dem nur das halbrunde Altarhaus mit bekrönender Zwiebelhaube heraustritt. Das Innere ist nach dem Vorarlberger Schema konzipiert und in wuchtigen Barockformen durchgebildet. Zwischen den Türmen ein schmales Vorjoch mit Orgelempore, unter der 3 Arkaden in den hohen Hauptraum führen. Das Langhaus wird durch Wandpfeiler 3jochig gegliedert und in den untereinander verbundenen Seitenräumen von Emporengängen begleitet. Der stark eingezogene Chor öffnet sich über den flankierenden Sakristeien zu tiefen Oratorien, die den Längsraum querschiffartig erweitern. In allen Raumteilen Gurttonnen mit Stukkaturen von Giov. Batt. Neurone; Deckenbilder von Joh. Balth. Steiner: Im Chor Kartuschen mit zentralem Dreifaltigkeitsbild und wohl typologischen Darstellungen aus dem Alten Testament, im Schiff das Wunder der Kreuzauffindung und Mariä Himmelfahrt. Mächtiger Hochaltar 1738 von Joh. Kaspar mit gleichzeitigen Statuen der Kirchenväter und Bildern von Fridolin Leonz Düggelin. Schönes Chorgestühl 1715 von Franz Jos. Brägger, der auch die Kanzel sowie die Ratsherrenstühle und Portalflügel geschaffen hat. Linker Seitenaltar von Joh. B. Wickart. Auf den Galerien Schnitzfiguren der Apostel 1.H. 17.Jh., wohl aus der alten Kirche übernommen; guter Louis-XVI-Orgelprospekt 1806. In der Sakristei u.a. spätgot. Turmmonstranz von Joh. Ludw. Ysenschlegel aus Rapperswil dat. 1625; Silberstatuetten der Hl. Joseph und Maria um 1675 von Georg Dumeisen; Augsburger Kelche und Paramente. – Soldatendenkmal, neben der Kirche. Bronzefiguren in der Art eines Totentanzes 1954 von Jos. Nauer. – Kirchplatz. Umgeben von den ältesten Häusern des Dorfes, entstanden im 16.–17.Jh., mit spätgot. Gliederungen. – Altes Schulhaus, bei der Pfarrkirche. Biedermeierbau. – Rathaus. Erb. 1836, später umgebaut; Bild des Hl. Nepomuk gestiftet 1757. – Marienbrunnen. Wirkungsvolle Anlage mit skulptierter Säule und spätbarocker Statue seitlich des Troges, 1794 vermutlich von Joh. Bapt. Babel; Trog anlässlich der Renov. 1949 schlecht erneuert. – **Wallfahrtskapelle im Ried***. Zu Ehren der Schmerzhaften Muttergottes erb. 1679–84; Rest. 1965–67. Rechteckige Kapelle mit hohem Dachreiter und schönem Arkadenvorzeichen. An der N-Seite angebaut das sog. Bruderhaus, in dem urspr. der Wallfahrtspriester, später ein Waldbruder wohnte. Anschliessend nach O ein geschlossenes Wallfahrtshöflein mit gedecktem Umgang. In der tonnengewölbten Kapelle biedermeierliche Stukkaturen um 1830–50. Auf dem reichen Hochaltar von 1682 das zur Reformationszeit aus dem See gerettete Gnadenbild, eine spätgot. Pietà des späten 15.Jh. Kulissenartig in den Raum eingestellte frühbarocke Seitenaltäre in der Art des Hochaltars. Am neuen Zelebrationsaltar schönes silbergetriebenes Régence-Antependium. Ölbilder 18. und 19.Jh. sowie zahlreiche Votivtafeln. In der Sakristei u.a. Rokokoreliquienschrein und Messgewänder des 18.Jh. – Wigethof, an der Strasse nach Galgenen. Ehem. Gasthaus in Louis-XVI-Formen. – Bräggerhof. Bau mit Mansartsatteldach E. 18.Jh.

WANGEN. Kath. Pfarrkirche St. Kolumban. Erste urkundlich genannte Kirche der March 844. Heutige Anlage 1639, mit eingezogenem, 3seitig geschlossenem Chor und querschiffartiger Verbreiterung des westl. Schiffsjochs; an der N-Seite spätgot. Käsbissenturm von 1566. Renov. 1931; Malereien von Aug. Meinrad Bächtiger, Deckenbilder und Glasgemälde von Pater Bernhard Flüeler. Louis-XVI-Altäre und -Kanzel. Chorgestühl und Taufstein 17.Jh.; Orgel 1829. In der Sakristei u. a. Monstranz 1622 von Joh. Ludw. Ysenschlegel, Ziborium 1666 von Georg Dumeisen sowie Kelche desselben Meisters; spätgot. Vortragekreuz. Grabsteine der Familie

Guntli 1598 und 1657. – Beinhaus. Neuerb. 1850. Altar A. 18. Jh. mit Pietàbild; Scheiben 1937 von Aug. Meinrad Bächtiger.

Nuolen. Kath. Pfarrkirche St. Margaretha. Neuerb. 1967–68 von Adalbert Stähli. Spätgot. Kruzifix sowie Barockstatue der Hl. Margaretha um 1680, aus der alten Kirche; alte Marienstatue zugekauft. – Ehem. Heilbad, am See. Errichtet im 14. Jh.; freigelegt 1933.

TUGGEN. Kath. Pfarrkirche St. Erhard. Erste nachweisbare Kirche gegen 700 erbaut, bald nachdem die irischen Glaubensboten, St. Columban und Gallus, aus Tuggen vertrieben wurden (A. 7. Jh.). Heutige Kirche neuerb. 1733–43; Verlängerung um das W-Joch und Rest. 1958–59, gleichzeitig Grabung. Einschiffiges Langhaus mit leicht vortretendem Querhaus, der eingezogene Chor 3seitig geschlossen; spätgot. S-Turm 15. Jh., Glokkengeschoss und erneuerter Käsbissen 17. oder 18. Jh. Im Vorzeichen architektonisch gegliedertes Barockportal und daneben reichdekoriertes Epitaph für den 1675 verstorbenen Landammann Joh. Hueber. Im Innern flachgewölbte Stichkappentonne mit getönten Régencestukkaturen um 1740 und Deckenbildern von M. L. Züger aus der Bauzeit. Der Chor öffnet sich seitlich in Sängeremporen mit Balusterbrüstungen, welche eine der Emporen durch die neue Orgel verstellt. Rotmarmorierte Altäre und reichgeschmückte Kanzel vermutlich von Franz Jos. Brägger aus der Bauzeit; im Querhaus kleinerer Barockaltar. Auf der Hauptempore an der W-Wand interessante Darstellung der Hl. Kümmernis A. 18. Jh. (legendäre portugiesische Königstochter Wilgefortis, die sich Christus geweiht und zur Abschreckung der Freier um einen Bart gebetet hatte, worauf sie vom heidnischen Vater gekreuzigt wurde). An der linken Chorwand Reste eines spätgot. Freskos. In der Sakristei u.a. Turmmonstranz von 1630 und Silberstatuette der Hl. Anna in zierlichen Rokokoformen. Grabungsstätte unter dem Chor, zugänglich. Von der ältesten Kirche gegen 700 Rest der halbrunden Apsis und Altarfundament; grössere Apsis vom roman. Neubau um 1100; Baureste des got. Polygonalchors aus dem 14. Jh. – Gallus-Brunnen, unterhalb der Kirche, 1960 von Ernst Ghenzi.

Herrenhaus Rainhof. Erb. A. 18. Jh. für einen Bruhin. Stuckdecken, Ofen 18. Jh. von Joh. Casp. Ruostaller. – Kapelle Allerheiligen, an der Strasse nach Schübelbach. Neuerb. 1647, Vorhalle 1667. Ländliche Frühbarockaltäre mit urspr. Bildern und Statuen; Gestühl 1792. – Mühle des Stifts Einsiedeln, östl. der Kapelle; erb. im 17. Jh. – Linthportkapelle, an der Strasse nach Uznach. Die der Hl. Dreifaltigkeit geweihte Wallfahrtskapelle neuerb. 1666–67, Vorhalle und Dachreiter 1894 erneuert. Langhaus und eingezogenes, 3seitig geschlossenes Chörlein sind durch runden Chorbogen mit schmiedeisernem Vollgitter geschieden. Altäre 1666–67 mit Bildern von 1872. An den Wänden Bilderfolge zur Gründungsgeschichte, Heilung eines lahmen Mädchens 1584, des sog. Stumpenröckleins; Votivtafeln.

Grynau. Schlossturm, an der Brücke über den Linthkanal. Wahrscheinlich für die Witwe Rudolfs III. v. Habsburg-Rapperswil nach 1314 erbaut; nach Brand 1906 neu gedeckt. Quadratischer Wohnturm mit frühgot. Fenstern im 2. und 3. Geschoss; das 4. Geschoss im 15. oder 16. Jh. aufgebaut.

– Gegenüber Gasthaus, sog. Neues Schloss. An den 1652 erbauten, mehrmals stark veränderten Schwyzer Vogteisitz erinnern nur noch ein Wappenrelief und die von der Strasse zugängliche Schlosskapelle, darin Altarbild A. 17.Jh. mit Hl. Dreifaltigkeit und den 14 Nothelfern.

***GALGENEN. Kath. Pfarrkirche St. Martin** (Abb. 193). Origineller Bau in klassiz. Biedermeierformen 1822–26 von Hans Conr. Stadler; Aussenrest. 1967–68. Rechteckige Anlage, aus der nur die Apsis des von Sakristeien flankierten, eingezogenen Chors vortritt; niedriges Satteldach auf gleichmässig umlaufendem Gebälk. Der ältere Glockenturm von 1804 mit späterer Haube steht in der N-Ecke der breitgelagerten Schauseite, die sich mit einem Dreieckgiebel über seinen Unterbau ausbreitet; in der mittleren Fassadenachse 3 hohe Arkaden einer inkorporierten Vorhalle, in den schmalen Seitenachsen Nischen mit Statuen von Jos. Brunner. Das Innere ist durch dor. Säulenarkaden in 3 Schiffe unterteilt, das höhere Mittelschiff durch eine kassettierte Tonne gewölbt, die bis zur Laterne der Apsis reicht. Ausmalung 1866 durch Franz Vettiger, in der Apsis Mariä Krönung. Ausstattung aus der Bauzeit; am 1925 umgebauten Hochaltar ein Kreuzigungsbild von Paul Deschwanden, eine seiner besten Arbeiten; Seitenaltäre von Meinrad Birchler, ebenfalls mit Bildern von Deschwanden. In der Sakristei u.a. Monstranz 1625 von Joh. Ludw. Ysenschlegel. – **Kapelle St. Jost*.** Got. Erneuerungsbau 1398 geweiht, reizvoller Umbau 1622–23 von den Brüdern Hegner; Rest. 1961. Ungeteilt rechteckiger Bau mit spitzbehelmtem Dachreiter; 6 Spitzbogenfenster mit Fischblasenmasswerk und 2 spätgot. Portale mit Renaissancevoluten. An der Längsfront gegen die einst hier vorbeiführende Strasse gute Wandmalereien von 1623, erneuert 1961. Als Portalbekrönung die Hl. Jodokus, Karl Borromeo und Bruder Klaus; an der Chorwand grosser Christophorus; links die 3 Eidgenossen. Im Innern flachgewölbte Felderdecke mit 3 Leinwandbildern 1760 von Joh. Ulr. Kessler. Das Schiff ist durch ein schönes Holzgitter des 17.Jh. unterteilt, das aus der Sebastianskapelle Wolfenschiessen übernommen wurde. Wandmalereien 1622–23 von 2 Künstlern: Bilderfolge aus der Legende des Hl. Jodokus, Szenen aus dem Leben des Hl. Bruder Klaus, Mariä Krönung und Heilige. Zwei köstliche spätgot. Schnitzaltäre: Der Hochaltar M. 16. Jh., mit den Hauptfiguren St. Wolfgang, Urban und Konrad, ist in seltener Weise mit gewölbten Schiebeflügeln ausgestattet, die in den konkaven Innenseiten Reliefs der Hl. Margaretha und Katharina zeigen; die Heiligenbilder der Aussenseiten wohl 1622 übermalt; Antependium M. 18. Jh. Zierlicher Seitenaltar ohne Flügel 1. H. 16. Jh., im Schrein St. Anna selbdritt zwischen 2 Äbten, im eleganten Gesprenge 3 weibliche Heilige, die Predella bemalt mit Schweisstuch und 2 Engeln, an der ebenfalls bemalten Rückseite Christus als Schmerzensmann und als Weltenrichter. Interessantes Tafelbild, 1629 gestiftet von Heinr. Hegner zur Erinnerung an seine Heiliglandfahrt; feine Darstellung der Passion Christi in den Strassen von Jerusalem. – Haus Vital Diethelm. Originelles Holzhaus von 1790.

SIEBNEN. Kath. Pfarrkirche Herz Jesu. Erb. 1926–27 von Jos. Steiner, teilweise umgeb. 1961. Über dem Hochaltar grosses Herz-Jesu-Bild von

Muccioli, das zur Heiligsprechung der mit dargestellten Margaretha Alacoque 1913 von den französischen Katholiken dem Papst gestiftet wurde und nach Herstellung einer Mosaikkopie für St. Peter in Rom hierher gelangte. Aus der Bauzeit die Bilder der Seitenaltäre und der Kreuzweg von Albin Schweri, Fenster der Taufkapelle von Aug. Wanner, Pietà von Alois Payer und Franz Wipplinger. – Ref. Pfarrkirche. Erb. 1875–78 von Joh. Jak. Breitinger. – Kapelle St. Nikolaus. Neubau 1676, mit Vorzeichen und zierlichem Dachreiter; an der N-Seite gangartige Sakristei in ganzer Schiffslänge. Altärchen in deutschen Renaissanceformen A. 17. Jh., gleichzeitige Gruppe der Marienkrönung am jüngeren Altargiebel aus der 2. H. 18. Jh. Vortragekreuz 16. Jh.

VORDERTHAL. Kath. Pfarrkirche St. Peter und Paul. Neubau 1867; Masswerk am Turm von einer älteren Kirche. Deckenbild im Chor und Glasgemälde 1928 von Aug. Wanner. Ausstattung grossenteils von auswärts erworben: Vorzügliche Barockkanzel M. 18. Jh. vielleicht von Diego Carlone oder Joh. Bapt. Babel, aus der alten Kirche Reichenburg; späte Rokoko-Altäre; Taufstein 1785.

INNERTHAL. Kath. Pfarrkirche St. Katharina. Die spätgot. Vorgängerkirche ist 1924 dem Stausee zum Opfer gefallen. In erhöhter Lage neuerb. 1923 von Müller und Freytag. Holzplastiken aus der alten Kirche: Hl. Katharina und Hl. Maria Magdalena sowie Pietà um 1520, Kruzifix und Auferstehungschristus E. 16. Jh., thronende Madonna um 1630. In der Sakristei u.a. Vortragekreuz um 1500 und Monstranz von 1608.

SCHÜBELBACH. Kath. Pfarrkirche St. Konrad und Ulrich. Neubau 1602–05 unter Wiederverwendung des spätgot. Turms, Verlängerung des Schiffs und Barockisierung 1769; Umbau und Innenrenov. 1934–35 durch Otto Linder. Im hellen Saalraum flache Stichkappentonne mit Stukkaturen und Deckenbildern von 1769; Bild über der Orgelempore 1934 von Georg Weber. Wirkungsvolle Spätrokoko-Ausstattung: Der die hohe Apsis füllende Hochaltar mit Bild des Gekreuzigten ist an den Chorwänden von Statuen der Kirchenpatrone begleitet; an den Seitenaltären ältere Statuen; reichgeschmückte Kanzel. Im Turm einfaches spätgot. Sakramentshäuschen. In der Sakristei u.a. schöne nachgot. Monstranz mit Renaissance-Ornamenten 1630 vermutlich von Joh. Ludw. Ysenschlegel; Vortragekreuz M. 17. Jh. – Haus Im Hof. Herrschaftliches Wohnhaus erb. 1784 für Jos. Ant. Bruhin; Renov. 1925–26. Dreigeschossiger Bau unter Mansartwalmdach mit geschweiftem Frontgiebel, darin Madonnengemälde. Zweiarmige Freitreppe zum Portal mit Rokokowappenkartusche. – Sog. Kronenhof. Gemauertes Giebelhaus mit Klebdächern, am seitlichen 2läufigen Treppenaufgang dat. 1765. – Haus Anton Bruhin. Der Holzbau im Giebel dat. 1801. – *Buttikon.* Neue kath. Pfarrkirche St. Joseph. Erb. 1969–70 von Studer, Studer und Näf, südl. der ehem. Kapelle St. Magnus. In der Kirche eine Statue St. Joseph und eine Statue St. Magnus aus der ehem. Kapelle von 1635.

REICHENBURG. Kath. Pfarrkirche St. Laurentius, auf dem ehem. Burghügel. Neuerbaut 1885 von Clemens Steiner in neuroman. Formen. Einfaches Sakramentshäuschen dat. 1498, aus der alten Kirche. Anlässlich der Innenrenov. 1935 Glasgemälde von Aug. Wanner, Bilder über den Altarmensen von Aug. Meinrad Bächtiger, in Bronze gegossene Evangelistenbilder am Hochaltar von Ant. Blöchlinger und 2 Heilige in Halbrelief von Beat Gasser. In der Sakristei u.a. Vortragekreuz 1.H. 17.Jh., Kelch 1707, Monstranz M.18.Jh. und versilberte Holzstatuette des Hl. Laurentius, stark manieristische Arbeit aus dem späten 18.Jh. – Beinhaus. Erb. 1660–61, gleichzeitig nachgot. Holzdecke mit Flachschnitzereien. Am Altar gute Pietà A.16.Jh. und Kreuzigungsgruppe E.17.Jh. – Gasthaus Alter Raben. Ehem. Amtsgebäude der Einsiedler Vögte, mit Wappen von 1798.

KANTON THURGAU

Der Kanton Thurgau existiert als eidgenössischer Stand seit 1803. Erste Siedlungsspuren im Gebiet stammen aus der Jungsteinzeit, die durch die Michelsbergerkultur und die Schnurkeramiker vertreten ist. Ihnen folgten Leute der frühen und späten Bronzezeit und die Hallstattleute der älteren Eisenzeit. An die Eroberung durch die Römer erinnern die Namen von Pfyn (ad fines), Arbon (Arbor felix), Tasgaetium (Eschenz) und Konstanz (Constantia). Das Land gehörte in dieser Zeit zur Raetia prima, besiedelt von den keltischen Helvetiern und den Rätern. Im 5. Jh. erfolgte die allmähliche Eroberung und Landnahme durch die Alemannen, die im 6. Jh. durch die Franken unterworfen wurden. In fränkischer Zeit taucht zum erstenmal der Name Thurgau auf als Bezeichnung für einen eigenen geschlossenen Verwaltungsbezirk, der das ganze Grenzgebiet gegen Rätien von der Schöllenen bis an den Bodensee umfasste. Die Christianisierung ging aus von den Benediktinerklöstern in St. Gallen und auf der Reichenau. Im Herzogtum Schwaben des ostfränkisch-deutschen Reiches bildete der Thurgau eine Grafschaft. Eine erste Kulturblüte erlebte der Thurgau zur Zeit der Ottonen, woran einzig noch die Fresken der Kapelle in der Degenau bei Sitterdorf erinnern. Die zweite grosse Kulturblüte brachte in gotischer Zeit das Rittertum. An der Spitze der Grafschaft standen im 12. und 13. Jh. die Kyburger und die ersten Habsburger. Der hohe und niedere Adel baute eine Unzahl von Burgen und zahlreiche Klöster für Frauen und Männer wie auch eine Reihe von Städten und Städtchen wie Arbon, Bischofszell, Diessenhofen, Frauenfeld, Steckborn. Die ritterliche Kultur besangen die Minnesänger der thurgauischen Landschaft Ulrich von Zazikofen, Walter von Klingen, Konrad von Ammenhausen u. a.; sie spiegelt sich in den Fresken von Buch bei Uesslingen und Landschlacht. Mit dem Niedergang des Rittertums im 15. Jh. kam die österreichische Herrschaft ins Wanken, und 1460 eroberten die Eidgenossen den ganzen Thurgau bis an den Bodensee und machten ihn zu einer Gemeinen Herrschaft von sieben, später von acht Orten. Der Schwabenkrieg von 1499 brachte die Ablösung der noch verbliebenen konstanzischen Rechte im Thurgau zuhanden der Eidgenossen. Mächtig gefördert durch das Versprechen der Aufhebung und Ablösung aller Zinsen und Zehnten, vermochte sich die Reformation Zwinglis von Zürich aus rasch durchzusetzen, bis die Schlacht von Kappel 1531 die Bewegung zum Stillstand brachte. Gestützt von den katholischen Orten der Innerschweiz und den meist katholisch gebliebenen adeligen Gerichtsherren, behauptete sich eine katholische Minderheit; die zum Teil bereits verlassenen Klöster wurden allmählich wiederhergestellt. An vielen Orten teilte man das Kirchengut zwischen den Alt- und Neugläubigen, und es entstand eine grosse Zahl von Simultankirchen. Die volle Parität, die Gleichberechtigung der Bekenntnisse wurde allerdings erst durch den Ausgang des Zweiten Villmergerkrieges 1712 hergestellt. Die katholische Reform des 16.–17. Jh. öffnete die katholischen Gebiete des Thurgaus der Kulturwelle des süddeutschen Barocks (Kloster- und Kirchenneubauten in

Ittingen, Fischingen, Kreuzlingen, Münsterlingen und St. Katharinental). 1798 wurde der Thurgau kurz vor dem Einmarsch der französischen Revolutionsheere von den regierenden eidgenössischen Orten frei erklärt. Die Helvetik schuf die Grundlagen der lokalen Verwaltung, die Aufteilung in Bezirke und Gemeinden, während die Mediation den eigentlichen Staatsaufbau durchführte. Verfassungsänderungen von 1831 und 1869 vermehrten die direkten Mitspracherechte des Volkes. Im 20. Jh. vermochte die Technik die bis anhin vorwiegend bäuerliche Volkswirtschaft völlig umzuwandeln.

***FRAUENFELD** (Abb. 195, 201)

Die Stadt bildete sich am rechten Ufer von Doppelwindungen der Murg auf einer Molasseterrasse in Anschluss an die Burg und die Burgkapelle Unserer Lieben Frau. Die Feste wurde durch die Grafen v. Kyburg zur Sicherung eigener und reichenauischer Rechte errichtet, die Stadt auf Boden der Reichenau entweder schon 1244 durch Hartmann v. Kyburg oder nach 1264 durch Rudolf v. Habsburg als Verwaltungszentrum gegründet. Ab 1499 bzw. 1504 Sitz eines eidg. Landvogtes, von 1713–98 regelmässig Tagungsort der Tagsatzung. Seit 1803 Hauptort des selbständigen Kt. Thurgau.

Anlage und Entwicklung. SW–NO gestrecktes Stadtgeviert, gegliedert durch 2 Längs- und 3 kurze Quergassenzüge. Die obere Vorstadt an der Strasse nach Konstanz 1445 mitbefestigt; 2 weitere Vorortssiedelungen bildeten sich an den Ausfallstrassen nach St. Gallen und Winterthur. Das heutige Frauenfeld wuchs zusammen aus dem Altstadtkern, den anschliessenden Vororten, dem Weiler um die Mutterkirche Oberkirch sowie den einst selbständigen Dorfschaften Langdorf und Kurzdorf. Nach Grossbränden von 1771 und 1788 wurde der nordöstl. bzw. der südwestl. Teil des Stadtkernes neu gebaut, so dass sich der spätmittelalterl. Bestand auf die Häuser zwischen Rathaus und ref. Kirche beschränkt. Die 3 anspruchslosen Turm- und Toranlagen wurden 1830–40 abgetragen; die selbständige Stadtmauer ging schon im 16. Jh. in den Rückfronten der Häuser auf.

Schloss (Ortsplan, 1; Abb. 195). Bergfried des frühen 13. Jh. mit ca. 3 m starkem Findlingsmauerwerk, das innen mit Werksteinen ausgefüttert und bis 10,5 m Höhe weder durch Türen noch durch Fenster geöffnet ist. Murgseitig angefügt der wenig jüngere, gleichfalls turmähnliche Palas. Über den Mauern eines gleichzeitigen Nordzwingers erhoben sich in mehreren Bauetappen des 14. und 15. Jh. Wohnbauten, die gegen 1500 in Form eines überkragenden Obergadens auch den Palas mit einschlossen. Umbauten 1534–38 durch die Eidgenossen. In der Gerichtsstube dekorative und heraldische Wandmalereien von 1548 (Hans Asper, Wappen Holzhalb-Krieg v. Bellikon), 1569, 1687 (allegorische Figuren, Bildnismedaillons Niklaus v. Flüe und Bruder Conrad Scheuber) sowie Wappenfriese der Landvögte des 17.–18. Jh. O-Flügel angeb. 1833 durch David Müller. 1867–1955 Privatbesitz. Rest. 1959–60. Heute kant. Historisches Museum (s. S. 612).

Rathaus (Ortsplan, 2). Errichtet 1790–94 von Jos. Purtschert; 7achsiger, klassiz. Bau. Der Rhythmus dreier Zugänge zur urspr. offenen Erdgeschosshalle (Kaufhaus) verbaut; in der Mitte, wie die Kanten durch gequaderten

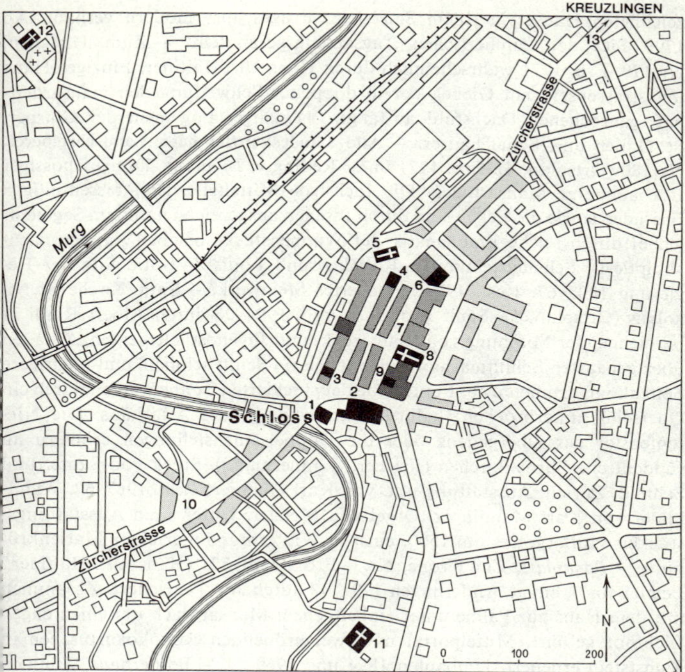

Ortsplan Frauenfeld

. Schloss. – 2. Rathaus. – 3. Walzmühlekontor. – 4. Alte Landeskanzlei oder Landchreiberei. – 5. Kath. Kirche St. Nikolaus. – 6. Bernerhaus, Zur Geduld. – 7. Freie trasse. – 8. Ref. Kirche. – 9. Zum Licht. – 10. Gasthaus Weisses Kreuz. – 11. Ehem. Kapuzinerkloster. – 12. Ref. Kirche St. Johann. – 13. Parität. Kirche St. Laurenzen

'ilaster hervorgehoben, der balkonüberdachte Portikus. Frontispiz mit ustitia und Sapientia 1793 von Joh. Wirtensohn. Neues Treppenhaus 1896, Jmbau und Erhöhung des Bürger- und Grossratssaales 1900; Hintergebäude nit Rathausturm erb. 1905–06 durch Otto Meyer. – Auf dem Rathausplatz runnen mit Monumentalbronze eines Sämanns 1931 von Otto Schilt. – *'ürcherstrasse*. Walzmühlekontor, Nr. 153 (Ortsplan, 3). Erb. 1789–90 durch oh. Haggenmiller aus Bregenz. Die Erdgeschosszone des 4achsigen klassiz. iebäudes durch breite Mittelarkade und 2 kleinere Seitenbögen geöffnet; 'mbau 1940. Hier wohnte 1809–13 der berühmte Arzt Franz Ant. Mesmer, er den Magnetismus in die Heilkunde einführte. – Rüepplinsche Kaplanei. n Gassenverband freigestelltes, wohlproportioniertes kleines Haus, nach 771 von Peter Bein errichtet. – Zürcherhaus, Nr. 177. Erb. nach 1771; Gurten, isenen und Gesimse des mit breitem, übergiebeltem Mittelrisalit ausgezeichneten Hauses in rotem Sandstein, Erdgeschoss modern verbaut. Ab 1790 Sitz der zürcherischen Tagsatzungsgesandten. – Zum Hirschen, Nr. 179. Erb. 1771 wahrscheinlich durch Hans Ulr. Haltiner. Einziges Haus mit strassenseitigem Giebel, der in doppelter Schweifung den mansardenhaft gebrochenen Dachstuhl auffängt. Ehemaliges Logement der Glarner, St.-Galler und Schaffhauser. – **Alte Landeskanzlei oder Landschreiberei,** Nr. 180 (Ortsplan, 4). Erb. 1771 unter Reding v. Biberegg. Dreigeschossiger Eckbau unter Mansartdach. Die 1achsigen Mittelteile der strassenseitigen Fassaden sowie die Ecken sind durch Lisenen ausgezeichnet und im Segmentgiebel durch reiche Emblematik der Wappenstücke belebt (Wappen nachskulptiert). Scheitelsteinköpfe. Rokoko- und Louis-XVI-Stil. Sitz der Regierung 1807–67. Rest. 1972; erneuertes Steinwerk. – **Kath. Kirche St. Nikolaus** (Ortsplan, 5). Samt Frontturm erb. 1904–06 durch Albert Rimli in bezeichnender Mischung von Neubarock- und Jugendstilelementen. Arkaden über gepaarten Schliffmarmorsäulen teilen im Schiff schmale und niedrigere Seitenkompartimente ab. Fünf Joche der stuckierten Tonne werden durch ein Querschiff unterbrochen; halbrund ausschwingendes Altarhaus. Die Nierenfenster des Obergadens oder die Doppelsäulenstellungen erinnern an süddeutsche Barockkirchen (Fischer, Zimmermann). Stuck von Sauter und Schmid, Zürich. Ausstattung u.a. von Karl Glauner. Rest. 1967–69. Wandbilder von Karl Manninger, Orgel von Metzler. Unter alten Ausstattungsstücken Muttergottes um 1500, einst in Winterthur Figur einer Marienkrönung. – *Bankplatz.* Zur Krone, Nr. 1. Erb. nach 1771 (Hans Ulr. Haltiner? Peter Bein?), einige Änderungen 1791–92 durch Jos. Purtschert. Zusammen mit dem Haus zur Palme unter einheitlichem Mansartdach um einen engen Lichthof geführt. Mittelportal mit zwei krönenden Rokokokartuschen in Kunststein erneuert. Umbauten 1894 und 1969–71. – Bernerhaus, Zur Geduld, Nr. 5 (Ortsplan, 6). Als Logement der Berner nach 1771 erbaut, ausgestaltet nach Vorschlägen von Joh. Bernhard v. Sinner; Rest. 1965. In der abgewinkelten Fassade sitzt das getreu kopierte pilastergerahmte schwere Sandsteinportal mit Rokokoschriftkartusche.

Freie Strasse (Ortsplan, 7). Luzernerhaus, Nr. 24. Nach 1771 als Sitz der Luzerner Gesandten erstellter stattlicher Bau unter Mansartdach, gegen den ehemaligen Stadtgraben in der Mitte leicht ausschwingend, gassenseits in der Hauptachse ein nicht abgesetzter Dreieckgiebel und ein schlichtes Rokokoportal. Naturhistorisches Museum (s. S. 612). – Ref. Kirche (Ortsplan, 8). Vom Bau der Jahre 1664–65 erhalten der Frontturm, modernisiert anlässlich des Neubaues von Chor und Schiff durch Hans Wiesmann 1927–29. Glasfenster 1930 von Aug. Giacometti. – Zum Schwert, Nr. 6. Das ehemalige 1630–32 mit Treppengiebeln errichtete Gasthaus beherbergte bis 1790 die Zürcher Tagsatzungsgesandten. 1912 völlige, an Barockes anklingende Umgestaltung der Fassaden durch Albert Brenner und Walter Stutz im Heimatschutzstil. Rest. 1971. – Zum Licht (Ortsplan, 9). Erb. 1598, restauriert und im Erdgeschoss (Rundportal und stichbogige Breitfenster) rekonstruiert 1969–70. Durch Kuppel- und Staffelfenster in geometrischer Bindung kunstvoll gegliederte spätgot. Fassade. Fenstersäulen mit Wappen.

Vorstadtquartiere (Ergarten). Post; Theod. Guhl 1897–98. Kreuzplatz: Fachwerkhaus mit Steinsockel und Kropfwalmdach, erb. 1588 für die Plattner (Waffenschmiede) Hans und Lorenz Hoffmann aus Nürnberg. Aus der «Balière» Zweihänder und Harnische im Schloss und im Schweiz. Landesmuseum in Zürich. – Kappelersche Trotte und Kellereien. Stattliche Steinbauten mit Fachwerkeinsätzen. – Gasthaus Weisses Kreuz (Ortsplan, 10). Neubau von 1780, Station auf Goethes Schweizer Reise. – Landsitz Junkholz. Erb. 1792–94, gut der Hangsituation eingepasster, einfacher klassiz. Bau. – Bruder Klaus-Kapelle (an der Strasse nach Gerlikon). Erb. 1959 von Oskar Müller, Glasgemälde von Hans Stocker. – An der Strasse nach Wil das ehem. Kapuzinerkloster (Ortsplan, 11). Gegr. 1595, aufgehoben 1848. Von der 1595–96 in Hast gebauten kleinen Anlage ist die von einem Dachreiter mit neuem Helm gekrönte, schlichte Kirche erhalten, in der Scheidewand von Schiff und Kapuzinerchor noch die charakteristischen Porten und Chorläden. Auf den Blockaltären meist anlässlich der Rest. 1959–60 erworbene Barockplastik. Im Schiff Votivbild des Klosterstifters Hans Ulrich Locher-Stucki A.17.Jh., ferner Altarblatt mit Heiligenhimmel und der Merianschen Stadtansicht, 1669 für die Algikapelle von Landammann Rüepplin-Brandenberg gestiftet und kompilatorisch gemalt durch Jak. Kolin; Kreuzwegsgraffiti 1960 von Alfred Schönenberger. Im Chor das St.-Jodokus-Kastenretabel aus Oberkirch 1637. Das Klostergeviert, neu erb. 1643–44 durch Samuel v. Sissach, enthält heute die Wohnung des Stadtpfarrers. Barocke Kruzifixe.

Kurzdorf, nördl. an der Strasse nach Schaffhausen. Ref. Kirche St. Johann (Ortsplan, 12). Das heutige Gotteshaus, welches 1915–16 von Albert Brenner und Walter Stutz in Anlehnung an die Baugesinnung des damaligen Heimatschutzes errichtet wurde, steht über den Fundamenten eines roman. Apsidensaales. Vom rechteckig erweiterten Altarhaus aus der Zeit um 1300 wurde der SO-Winkel in den Neubau einbezogen. Neben 2 roman. Luziden und einem spätgot. Masswerkfenster beachtliche Wandgemälde des frühen, weichen Stiles um 1400: In der obern Reihe Passionsszenen, in der untern Bilder mit dem Begräbnis Mariens und Heiligen. Taufstein von 1681; Glasmalerei von Ernst Link und Otto Abrecht. – Gewerbeschule. Erb. 1948 von Jean Kräher, Plattenmosaik von Carl Roesch, Wandmalerei von Emil Mehr. – SBB-Bahnhof. Erb. 1855 nach Plänen von Joh. Georg Müller; gegenüber das 1957–59 durch Armin Possert erstellte Casino mit Treppenhausfresko von Jacques Schedler. – Südöstl. des Stadtkernes das Regierungsgebäude, 1866–68 im nachsemperschen Klassizismus durch Joachim Brenner errichtet und 1935–36 durch Albert Brenner erweitert; 1960 gestifteter Wappenscheibenzyklus der 22 Kantone. – Zeughaus. Erb. 1820 von Joh. Sulzberger, Ausbau 1913 durch Albert Brenner und Walter Stutz. Soldatendenkmal 1921 von Otto Schilt. – Guggenhürli. Erb. um 1720, erweitert 1791, rest. 1966. Malerisch gelegener, reizender Riegelbau mit Kreuzfirst und Ausgucktürmchen; Landsitz des bedeutenden Politikers Minister Joh. Conr. Kern (1808–88). – Im S der Stadt: Kantonsbibliothek, ehem. Kantonsschule. Erb. 1848 durch Joachim Brenner; dahinter das Konviktgebäude von 1865, das 1885 aufgestockt worden ist. – Neues Verwaltungsgebäude.

Erb. 1966–68 von Bruno Haldemann und Ernst Müller. – Kantonsschule. Erb. 1908–11 von Albert Brenner und Walter Stutz, Wandbilder von Carl Roesch und Max Gubler; vor der Turnhalle (1967–69 Räschle und Antoniol) Plastik von Ernst Gubler. – Mädchensekundarschule. Erb. 1957–58 durch Paul Rud. Bachmann, künstlerischer Schmuck von Max Hunziker, Max Gubler und Karl Geiser. – Knabensekundarschule. Erb. 1962–64 durch Paul Rud. Kollbrunner, Glasfenster von Gian Casty.

Oberkirch. **Parität. Kirche St. Laurenzen*** (Ortsplan, 13; Abb. 201). *Die hochgot. Farbfenster des Chores sind eindrucksvolle Zeugen der Kunst aus dem Kreise der konstanzisch-dominikanischen Mystik*. Friedhof- und Mutterkirche von Frauenfeld. Als ältester Teil, wohl aus dem 9.–10. Jh., gibt sich der W-Teil zu erkennen, über dessen einst offener Vorhalle sich ein Kultraum erhob. Der Mittelbau dürfte dem 10.–11. Jh. angehören, der heutige Chor (eingemauerte Schalltöpfe) im 1. V. 14. Jh. dazugefügt. Die *Glasmalereien** des 3lanzettigen O-Fensters (Abb. 201) bergen über dem Teppichornamentsockel im Mittel- und Oberteil weisskonturierte Tabernakelfiguren: eine um St. Laurentius bereicherte Verkündigung Mariens und eine Kreuzigung mit trauernden Maria und Johannes. Im Masswerk Gottvater und Laubwerk. Um 1330. Die Bilder vereinen reine Gesinnung und tiefe Frömmigkeit mit knapper, schönliniger Formulierung. Im Fenstergewände gleichzeitige, aber stark ergänzte Fresken: in Rankenwerk eine Verkündigung Mariä. An der S-Chorwand Steinigung des Hl. Stephanus 2. H. 14. Jh. Sakramentshäuschen mit zierlicher Masswerkblende um 1500; Kanzel um 1680; Taufstein 1681. Gute Epitaphe Rudolfs v. Strass (1269) und Hans Rudolfs v. Breitenlandenberg (1611); weitere Platten des 16.–18. Jh. von der äussern S-Wand z. T. ins Innere versetzt. – St. Annakapelle auf dem Friedhof. Erb. 1696–98 wohl unter Mitwirkung von Casp. Mosbrugger, Dachreiter von 1911. Im Innern fein empfundenes Tafelgemälde mit Darstellung des Todes Mariä. Nach dem angesetzten barocken Inschriftsockel stammt das dem Konstanzer Hans Murer zuzuweisende, unter niederländischem Einfluss stehende spätgot. Werk aus Stammheim (ZH). Nach Mosbruggers Entwurf wohl auch der frühe rote Stuckmarmoraltar (1696) eines Einsiedler Altarbauers, heute Kopie. An den Wänden in Stuckrahmen Szenen aus dem Marienleben E. 17. Jh. – Gegenüber der Kapelle das Mesmerhaus, ein barocker Fachwerkbau mit vorkragendem Obergeschoss; Renov. 1780 und 1968. – Auf dem Friedhof Bronzeplastiken, Auferstehender, von Otto Schilt; Fra[u] mit Kugel 1949 von Erwin Rehmann.

Museen. Kant. Historisches Museum, im Schloss (s. S. 608); Naturhistorisches Museum, im Luzernerhaus (s. S. 610); Gemäldesammlung moderner Thurgauer Meister, im Haus «Sonnenberg», Ringstrasse 16.

MITTLERES UND UNTERES MURGTAL, THURVORGELÄNDE: KEFIKON–MÜNCHWILEN

KEFIKON. Der Bergfried der ursp. Wasserburg Kefikon stand auf de[r] reichenauisch-kyburgischen Grenze und war schon im 16.–17. Jh. durc[h] Wohngebäude auf 2 Seiten ummantelt. Weitere Zu- und Umbauten haup[t] sächlich 1741 und 1929 (neuer Staffelgiebel). Gitter der Portale 18. und 19.Jh., Brunnen 2.H.18.Jh. Um 1741 das Escherzimmer mit gemalten Landschafts-Gobelinimitationen, ferner ein Bilderzimmer, dessen Ölpanneaux im Sinne Watteaus Schäfer-, Fischer-, Tanz- und Galanterieszenen zeigen. Weisse und bemalte Öfen, u.a. von Kuhn in Rieden. – Im Schloss seit 1906 Landerziehungsheim.

ISLIKON. Durch Färberei und Stoffdruckerei, die 1773 von Bernhard Greuter nach glarnerischen Vorbildern eingeführt wurden, wandelte sich das Bauerndorf zum Industrieflecken mit typischen Fabrikationsgebäuden und Fabrikantenhäusern des Empire und Biedermeier, deren altes Gewerbe freilich erloschen ist.

GACHNANG. Ref. Kirche. Chor und Turm neugeb. 1493–95; anstelle einer eingestürzten roman. Pfeilerbasilika trat 1747–49 ein fast quadratisches, saalartiges Schiff; Vorbau und Aussenrenov. 1957. Polygonaler Chor mit Masswerkfenstern und Aussenstreben; Rautensterngewölbe auf teilweise figurierten Konsolen. An der nördl. Chorflanke der Käsbissenturm mit rundbogigen Giebelblenden, in der Turmsakristei Sterngewölbe, Schlussstein mit Christuskopf. Ausstattung: 2 Wappen- und Bildscheiben des Reichenauer Abtes Martin v. Weissenberg 1495, Kanzel 1749 mit Teilen von 1642, Gerichtsherrenstühle von 1638 und 1645. – Kath. Kirche. Erb. 1952 von Adolf und Paul Gaudy. – **Schloss.** Repräsentativer 9achsiger und 4geschossiger Block unter mächtigem Mansartdach, 1767 als einsiedlische Expositur neu gebaut durch Bruder Casp. Braun. Die Mittelachse ist durch Lisenen, eine Freitreppe und ein stilvolles Portal ausgezeichnet. Wappensupraporte von Joh. Bapt. Babel. Das Innere z.T. erneuert. Gutes Treppenhaus, ein bemalter und ein weisser Turmofen aus der Werkstätte der Steckborner Daniel und Joh. Heinr. Meyer. – Schlosskapelle St. Sebastian. Erb. 1605, erweitert unter dem Einsiedler Abt Coelestin Müller 1840; Renov. 1922–23 und 1966. Gedrungener, flau 3seitig geschlossener Bau, Chorflankenturm mit 8seitigem Aufsatz und Helmhaube. Im Altarhaus ein 5teiliges Fächergewölbe, dessen stuckierter Schmuck aus eingeblendetem Masswerk besteht. Taufstein mit Doppelwappen Beroldingen-Heidenheim 1605.

GERLIKON. Ref. Kapelle St. Georg. Das spätroman. Schiff des 13.Jh. mit hochliegenden Rundbogenfensterchen steht in derselben Mauerflucht wie der unausgeschiedene hochgot. Querrechteckchor; Rest. 1947–48. In der Stirnwand Lanzett-, an der S-Flanke spätgot. Masswerkfenster. Felderdecke von Sulzberger 1755 datiert. An der N-Wand Spuren von Fresken der Zeit um 1300: Christus und Heilige, oben Teppichmusterbordüre. An der Chorabschlusswand in 8 Feldern Passionsszenen des späten 15.Jh., in der Leibung Vesperbild und St. Michael; Grisaillescheibe 1960 von Max Hunziker.

MATZINGEN. Ref. Kirche, ehem. St. Verena. Vom erstmals 894 erwähnten Bau keine Spuren. Das spätroman. Gotteshaus besass einen eingezogenen quadratischen Chor. Nach spätgot. Änderungen 1668 zu wellenbrecherartig vorprellendem Beschluss und heutigem Turm, 1835 zum asymmetrischen Schiff ergänzt. Renov. von 1885 durch Aug. Keller am Turme noch spürbar. Neugestaltung durch Walter Burger und Bruno Prendina

1967–68. Kanzelkorb 1666, Buntfenster 1970 von Hans Affeltranger. – Pfarrhaus 1820–21 von David Müller. – Kath. Kirche von A. Weisser 1972.

WÄNGI. Ref. Kirche, ehem. St. Georg, erwähnt 887. Das 1514 erweiterte Schiff mit roman. Bauteilen erhielt 1865 eine neuroman. Chorpartie. Der Käsbissenturm A. 16. Jh. steht wohl auf älterem Gemäuer; gekuppelte Schallarkaden, Giebelblenden. Glocken von 1430, 1516 und 1524. Letzte Modernisierung der Kirche 1958. – Beinhauskapelle. Dreiseitig beschlossener Einheitsraum, erb. 1519–20, eingewölbt im 17.–18. Jh. Zwei barocke Kruzifixe. – Kath. Kirche. Erb. 1957–58 von Fritz Metzger, Mosaiken und Glasgemälde von Joh. Jak. Zemp, Bildhauerarbeit von Kurt Brunner. In der Kapelle Scheiben 1963 von Heinr. Stäubli.

TUTTWIL. Ref. Kapelle St. Stephan in Obertuttwil. Spätmittelalterlicher Rechteckbau mit Dachreiter; in den Längswänden je 2 neuere Halbkreisfenster. An der O-Wand verdeckte Fragmente von spätgotischen Wandmalereien A. 16. Jh. – Wirtschaftshäuser (Pferdewechselstationen) und originelle Fachwerkbauten aus der Zeit, da die Fahrstrasse Winterthur–Wil–St. Gallen über den Tuttwilerberg führte. – In Untertuttwil das 1793 erbaute Geburtshaus des mailändischen Verlegers Ulrico Hoepli (1847–1935).

MÜNCHWILEN. Ref. Kirche. Erb. 1936–37 von Paul Gutersohn. – Kath. Kirche. Erb. 1968 von Karl Higi, Decke von Paul Stöckli in Stans, ebenso die Entwürfe für die Fenstergitter. – Bezirksgebäude. Erb. 1906 in neugot. Burgenstil von Albert Brenner. – *St. Margarethen.* Kapelle St. Margaretha. Erb. 1641 unter Abt Plazidus Brunschweiler von Fischingen, dessen Wappenstein (Kopie) über dem Eingang prangt. Eingezogener, 3seitig beschlossener Chor, im Gewölbe wiederum Wappen des Bauherrn; einfacher Wandtabernakel. Drei Barockaltäre der Bauzeit, wahrscheinlich aus der Werkstatt des Wiler Adam Thörig (Düring), Kreuzigungs- und Nothelferbild M. 17. Jh. – Sekundarschulhaus 1964 f. von Ernest Brantschen, Wandbild von Ferd. Gehr. – In Oberhofen-Freudenberg 3 ½geschossiges, grosses geriegeltes Doppelwohnhaus für Industriearbeiter, erb. 1820.

THUNBACH- UND LAUCHETAL: STETTFURT–TOBEL

THUNDORF MIT KIRCHBERG. Ref. Kirche, ehem. St. Peter. Langhaus und Polygonchor in derselben Flucht, 1484, nach W erweitert 167[illegible] und 1746. Turm von 1519, um Glockenstube und Käsbissen erhöht 1702 Klassiz. Umgestaltung des Innern 1840, Renov. 1908. Ausstattung: Kanze 1675, vielleicht von Hans Diebold Stutz, Pfarrstuhl 1683; vor der Kirch Taufstein von 1689. – Haus zur Harmonie. Klassiz. Rechteckbau von 183[illegible] Dreiachsiger Mittelrisalit mit Freitreppe, Balkon und durch die Traufe ab getrenntem Flachgiebel. – Schul- und Gemeindehaus. Erb. 1843 von Jako Wellauer im ins Spielerische abgeglittenen Biedermeierstil. – Gute Fach werkhäuser, z. T. gassenartig der Talrichtung folgend aufgereiht.

LUSTDORF. Ref. Kirche. Der W-Turm in Bruchstein-Sichtmauerwer mit Masswerken in den Schallarkaden gehörte zu einer spätgot. Kirche m Polygonalchor; Käsbissenaufsatz 1839, Neubau eines Rechtecksaales 18[illegible] mehrfach modernisiert. Turmrest. 1970.

STETTFURT. Ref. Kirche. Rechteckbau von 1746, mehrfach modernisiert, so 1937. Neugot. Eingangsturm um 1900 von Otto Meyer. Kelchförmiger Taufstein von 1746, ebenso die Kanzel von Felix Horber. – Schöner Dorfplatz, umstanden von charaktervollen Riegelhäusern und klassiz. Mansartdachgebäuden: Pfarrhaus 1750, Mesmerhaus 1830, Schulhaus und Herrschaftshaus Bachmann, beide 1809. – Lydiaheim. Fachwerkbau des 17.–18. Jh. – Gasthaus zur Kreuzstrasse. Erb. 1777, harmonisch beschwingter schlichter Bau unter Zeltdach. – **Schloss Sonnenberg,** in prachtvoller Aussichtslage über dem Lauchetal. Die Burg erwähnt 1242; nach Grossbrand von 1595 durch Matth. Höbel für Jost Zollikofer aus St. Gallen unter Einbezug älteren Mauerwerks neu errichtet. Seit 1678 Statthalterei des Klosters Einsiedeln. Imposante Anlage aus N–S gerichtetem Treppengiebelhaus und westl. hufeisenförmig anschliessender Umbauung eines Binnenhofes. Die SO-Kante des Hauptbaues besetzt ein runder, die Achse unter dem Quergiebel und die NO-Kante je ein 4kantiger Erkerturm. Die Renovation von 1953 hat das einst reizvolle Bild des polygonal sich verjüngenden, von Zwiebelhelm gekrönten und geschweiftem Zwerchgiebel begleiteten Mittelturmes begradigt. Vom südl. vorgelagerten Zwinger hat sich ein rundbogiger Torbogen von 1623 erhalten. Erdgeschoss des südl. Hoftraktes mit breitspurigen Arkaden geöffnet. Löwenbrunnen. Das quadratische, überwölbte Treppenhaus führt in der NO-Ecke des Hofes um einen Mittelpfeiler und über Podeste in die Obergeschosse. Im 1. Stock bunter Steckborner Prachtsofen 1751 von Hans Heinr. II Meyer mit ältern Füllkacheln von David und Ludw. Pfau, Winterthur. Im Oberstock stuckierter und ausgemalter Prunksaal, rest. 1969. Zusammen mit den gemalten Eckfeldern von Ant. Greising symbolisiert die Deckenplastik die vier Jahreszeiten und die vier Elemente. Im Mittelfeld Muttergottesbild mit Einsiedler Vedute, in den Randspiegeln Verkündigung, Weihnacht, Anbetung und Abendmahl. Türen, Kredenz und Fensterläden dekorativ und mit Monatsbildern bemalt. Neben dem Saal gewölbte Hauskapelle mit einem Altar 18. Jh. und einem Blatt von Paul Deschwanden. Zahlreiche Einzelbilder und altes Mobiliar.

LOMMIS. Kath. Pfarrkirche St. Jakob. Erwähnt 1214, spätgot. umgebaut unter der Familie Muntprat; Renov. 1840 und 1892–93 (Aug. Hardegger), 1943 Vergrösserung der Empore. Die 2schiffige Anlage besteht aus dem mittelalterl. Hauptschiff, das sich südl. durch Arkaden auf das Seitenschiff von 1504 öffnet, sowie aus dem gleichzeitigen polygonalen überwölbten Chor und der Muntprat-Grabkapelle, die südlich des Chores anstelle der 1479 gebauten Marienkapelle getreten ist. An die Ecke der W-Front gerückter unverputzter Turm von 1495 mit neugot. Treppengiebel 1876, anschliessend gegen S die Iddakapelle von 1701, welche die Stelle einer ältern Michaelskapelle einnimmt. Im Schiff Gipstonne von 1840, im Chor und in der Muntprat-Grabkapelle Kreuzgewölbe mit je einem Muntprat-Wappen im Schlussstein. In der Chornordwand spätgot. Sakramentshaus mit zierlichem Fischblasenmasswerk in der Krönungsblende. Neugotische Altäre 1864 von Müller, Wil, Blätter von Paul Deschwanden, vier Heiligenfiguren des 17.Jh. In der Grabkapelle Federrankenaltar, wahrscheinlich ein Werk der Marx-Fröhli-Werkstatt in Fischingen. Der Fischinger Wappenstein von 1624 (Abt Plazidus Brunschweiler) wurde aus dem abgetragenen Schloss Lommis in die Iddakapelle versetzt, die gemalte Gedächtnistafel für Wilh. Muntprat v. Spiegelberg, 1579, aus dem Chor ins Pfarrhaus. – Ref. Kirche. Erbaut 1966 von Willy Kräher und Karl Jenni. Taufstein 1693–95, aus der ehem. paritāt. St. Jakobskirche. Glasgemälde von Paul Stöcklin, Türplastik von Marg. Burgermeister.

AFFELTRANGEN. Ref. Kirche. Schiff und Turm zum Teil in das 13.–14.Jh. zurückreichend. Chor 15.Jh. Umbauten 1882 und 1934. Der schmale spätgot. Polygonalchor schliesst in selber Flucht dem Schiff an: nordwärts der ungemein stämmige Turm, der Spitzhelm gekrönt mit einem Hahn nach Entwurf Emanuel Bosshards 1962. Im Chor zwei 1508 von der Komturei Tobel gestiftete Scheiben, wahrscheinlich Werke des Ludw. Stillhart in Konstanz; Taufstein 1696. – In der Kreuzegg Nischenmuttergottes um 1520 aus dem Kreise Jörg Lederers. – **Kath. Kapelle.** Erb. 1934 von Albert Rimli. Hochaltar 1696 mit Wappen des Komturs Carl Philipp Freytag (1684–96) aus der ehem. paritāt. Pfarrkirche.

ZEZIKON-KALTENBRUNNEN. St. Jakobus-Kapelle. Erbaut 1779–80, renov. 1951. Aus der Vorgängerkapelle Barockaltar E. 17.Jh.

MÄRWIL. Ref. Kirche. Erb. und dekorativ ausgemalt 1885 in wohlausgewogen byzantinisch-basilikalem Stil von Aug. Keller. Rest. 1972–73.

TOBEL. Johanniter-Komturei. Stiftung 1228 durch Diethelm I. v. Toggenburg zur Sühne des Brudermordes auf der benachbarten Burg Rengerswil bei Wängi. Die urspr. beim Ritterhaus «im Thal» gelegene Kirche 1706 abgetragen und auf der Anhöhe darüber neu aufgerichtet, wo sich ein alter Wehr- und späterer Glockenturm befindet. Neubau der Komturei 1744 durch Gaspare Bagnato; seit der Aufhebung 1809 kant. Strafanstalt. Von der um einen Hof gruppierten Anlage nur noch der Mittelbau des W-Teiles leidlich erhalten, ein 2geschossiges regelmässiges Haus unter Zeltdach. Im Innern Wessobrunner Régencestuck. – **Kirche St. Johann.** Nach der Verlegung auf den Berg 1706 geweiht. Der nördl. davon freistehende Wehrturm des 13.Jh. wurde 1717 durch Aufsatz eines Käsbissens der neuen Funktion als Glockenturm angepasst. Umgestaltungen der Kirche 1809, 1827 und 1865; Renov. innen 1914, aussen 1923. Turm rest. 1972. Spätgot. Grundrissdisposition mit Polygonalchor. Am Tonnengewölbe Deckengemälde von Heinrich Kaiser. Hochaltar von 1765 mit Gemälde aus dem Augustinerstift Kreuzlingen, Seitenaltarblätter 1859–60 von Paul Deschwanden. Innozenzaltar in Rokokostuck, aus der ehem. Kartause Ittingen, von Matthäus Faller, Altarblatt von Franz Ludw. Herrmann 1766. Am neuen Chorgestühl Engelsköpfe A. 18.Jh.

BRAUNAU. Kapelle St. Michael. Spätroman. Rechteckbau mit Rundbogenfensterchen und firstniedrigerem, eingezogenem, annähernd quadratischem Chörlein. Mauerwerk vielfach erneuert. Die Restaurierung von 1967 machte die barocke Erhöhung der Chorflanken (Riegel) rückgängig und rekonstruierte den spitzhelmigen Dachreiter; Glocke 13.–14.Jh. Aus der spätgot. Bauperiode in der Chorstirnwand eine Zwillingslanzette, in der W-Giebelwand Spitzbogenportal, beide sekundär verwendet, ferner eine Holzleistendecke mit Masswerkblenden und Kerbschnitt-Mittelfries. In den Nischen der vorgemauerten Chorbogenwand zugekaufte alte Plastiken. Gemälde des Hl. Sebastian von Hans Ulr. Rysse 1645. – Ref. Kirche. Anspruchsloser Rechteckbau von 1805, renov. 1933.

BETTWIESEN. Kath. Pfarrkirche St. Urban. Neuerbaut 1875 von Wilh. Keller, das Äussere 1957–58 modernisiert durch Hermann Schmidt, St.-Urban-Statue von Gotthilf Hotz, Glasgemälde von Aug. Wanner. Tragkanzel und Taufstein 1643. – Schloss. Als Sommersitz und Statthalterei des Klosters Fischingen aufgeführt 1627, Modernisierungen 1922–23. Der einfache, 2stöckige Längsbau ist beidseitig kurz zur Hufeisenform abgewinkelt, den westl. Querbau bildet die 3seitig beschlossene, 1757 umgestaltete Schlosskapelle mit Dachreiter. Im Innern Raum mit Régencestuckdecke; im kleinen Saal, mit Quadraturwerk als Stuckschmuck, ein weisser Turmofen der Meyer-Werkstatt, Steckborn, dem als Pendant ein gestaltgleicher Schrank zugeordnet ist, 3. V. 18. Jh. Aus Elgg ein von Heinr. Egli bemalter Salomon-Spiller-Ofen dat. 1807. Wappensteine der Fischinger Äbte.

OBERES MURGTAL UND GEGEND UM WIL: SIRNACH–OBERWANGEN–FISCHINGEN

RICKENBACH bei Wil. Kath. Kirche St. Verena. Das langgezogene Schiff und der eingezogene Rechteckchor 1840–45 neu errichtet; der ältere, 1644 und 1874 umgebaute Turm kam an die nördl. Chorflanke zu stehen. Umgestaltung, Verlängerung des Schiffes durch Hermann Schmidt, Emporen- und Orgelneubau 1968–69. Im Langhaus Decke aus der Erbauungszeit mit Stukkaturen im ionischen Stil von Peter Nussbaumer. Frühbarocker guter Taufstein mit Wappen des Fürstabtes Gallus II, Abt von St. Gallen (reg. 1654–87). Altarbild mit Hl. Verena um 1700. Vor der Kirche aufgestellt wertvolles Geläute, 1638 von Girard de Lamotte gegossen.

SIRNACH. Kath. Kirche St. Remigius. Neuerb. 1874 von Joachim Brenner, völlig modernisiert 1938–39 von Karl Zöllig; gleichzeitig Plastiken von Alfons Magg und Jos. Büsser, Glasgemälde von Albin Schweri. – Ref. Kirche. Erb. 1936–37 von Hermann Weideli und Karl Eberli. – Mühle. Riegelbau von 1794. – Schulhaus Grünau. Erb. 1956; Mosaik von Emil Mehr. – Neubau Weberei 1959–60 von Stäheli und Frehner.

ESCHLIKON. Ref. Kirche. Erbaut 1936–37 von Ernst Sturzenegger. – Kath. Kirche. Erb. 1963 von Otto Sperisen. – Gasthaus zum Löwen. Mansartdachbau von 1773. Über dem verdachten Mittelportal quergiebelartig eine geschweifte Lukarne. – Aus der Reihe charaktervoller Riegelbauten sind die Löwenstallung, das alte, 1811 von Jak. Bietenhader erbaute Schulhaus, das Kupferschmiedhaus um 1800 zu erwähnen. – Neues Schulhaus. Erb. 1891 von Joachim Brenner in gepflegt klassiz. Stil.

WALLENWIL. Kapelle St. Elisabetha Bona. Dreiseitig geschlossener Bau von 1775 mit Dachreiter. Barockaltäre mit Rokoko-Aufsätzen 1775–77 von Joh. Jak. Müller, am Hochaltar vielleicht ältere Statuen der Hl. Idda und des Bruder Klaus. – Altes Schulhaus. Ständerbau mit Bohlenausfachung; Dach und geschindelter Anbau später.

DUSSNANG. Ref. Kirche. Spätroman. Chorturm mit säulengestützten Schallarkaden 12.–13. Jh., der östl. Teil des Schiffes mit originalen Luziden ebenfalls roman. Umbauten 1409, 1493 und um 1523, Verlängerung nach W im 16.–17. Jh. Der Turm wurde im 18., die Sakristei im 3. V. 19. Jh. aufgestockt. Rest. 1962–63. Spätgot. Sakramentshäuschen um 1523, gleichzeitig die von gedreht-kannelierten Steinsäulen flankierte Altar- oder Grabnische. Im Schiff Apostelfresken vielleicht noch 16. Jh. – **Kath. Kirche.** Erb. um 1900 im neugot. Stil von Aug. Hardegger. Vier Altarfiguren 2. H. 17. Jh., Kruzifix 18. Jh. in Formen um 1600. Verkleideter Betonbau, einer der frühesten in der Schweiz. Hervorragende Ausmalung und Ausstattung. Rest. 1971–73.

OBERWANGEN. Kapelle St. Martinsberg (Abb. 199). Am alten Pilgerweg nach Fischingen und Einsiedeln höchst malerisch auf einem Hügel gelegen. Anlage auf das 10. Jh. zurückgehend, für das 11.–12. Jh. roman. Bau, wahrscheinlich mit Chorturm, nachgewiesen. Im 14.–16. Jh. neue, polygonale Chorpartie. Nach Blitzschlag (1685) wiederum hergestellt, 1693 und 1727 von Joh. und Jak. Grubenmann durch einen ausladenden Kuppelbau erweitert, für welchen wohl Casp. Mosbrugger die Anregungen vermittelt hat. Renov. 1811 durch Joh. Nenning, Einzug neuer Emporen. Erneuerungen 1919 und 1934, Rest. 1964–66. Die got. Anlage mit unabgesetztem Polygonchörlein ist nach N gerichtet und trägt einen zwiebelgekrönten Dachreiter; der nur leicht abgeflachte 8seitige Kuppelraum dringt weit ins Spreng- und Hängewerk des Dachstuhles ein, welcher Kuppeldach und Laterne trägt. S-Portal unter bogengeöffnetem Vorzeichen. Klassiz. stukkierte Chordecke. Hochaltar um 1693 mit Martinsrelief, Seitenaltäre des 18. Jh. Martinsvotivbilder 1697–98. Kanzel 1811–16. Gemälde der Hl. Karl Borromeo und Aloysius v. Gonzaga von Xaver Seiler 1816.

FISCHINGEN. Ehemaliges Benediktinerstift (Abb. 200). *Kirche und Kloster mit hervorragender barocker Ausstattung.* Auf Anregung der Herren v. Toggenburg 1133–38 durch Bischof Ulrich II von Konstanz gegründet und mit Mönchen aus Petershausen besiedelt. Klosteraufhebung 1848, heute Erziehungsheim unter benediktinischer Leitung. Urspr. Doppelkloster, der Frauenkonvent spätestens 1410 aufgelöst. Jedenfalls erstand er nicht wieder, als die 1410 durch die Zürcher niedergebrannte Klosteranlage flüchtig wiederhergestellt wurde. Heute gehören die ältesten Teile dem 16. Jh. an. Die Sicht von der Landstrasse aus erschliesst folgende Gruppierung: 1. Kirchturm von 1587, durch Jak. Grubenmann 1727 und nochmals 1751 erhöht. 2. Klosterkirche von 1687, um den oberen Chor und die geräumige Kustorei 1753 erweitert. 3. Im Winkel von Turm und Gotteshaus die 1704–08 errichtete Iddakapelle. 4. Altkloster (W-Flügel): An die Kirche zunächst anschliessend der Abt-Brunner-Bau von 1577, dann der Plazidus-Brunschweiler-Bau von 1635, welcher über das urspr. Geviert südl. hinausgreift und ausser der profanierten St. Katharinen- die Prälaten- oder Allerseelenkapelle birgt. 5. Das Neukloster, 1753–65 erbaut. Zur Ausführung gelangten die Trakte vom NO-Risalit (Bibliothek) über den S-Flügel mit ausspringendem Querhaus (Iddasaal, Hauskapelle) bis zur Prälatur im SW-Risalit; der alte W-Flügel blieb stehen.

Klosterkirche. Von der thurgauischen Landschreiberfamilie Reding v. Biberegg gestiftet und 1685–87 vermutlich nach Plänen von Casp. Mosbrugger gebaut. 1704–08 Anbau der Iddakapelle, 1753 Verlängerung um den oberen oder Psallierchor durch Joh. Michael Beer von Bildstein, 1795 Umgestaltung des unteren Chores (Arkadeneinbau) nach Plänen des Abtes Augustin Bloch. Renov. 1885ff., Rest. 1955–57. Einfache Fassade mit erneuertem Vorzeichen; in seinem Schirme das toskanische Portal aus Degersheimer Nagelfluh mit Wappen der Kirchenstifter Reding v. Biberegg; Schnitzwerktüre von Chrysotimus Fröhli, Epitaphplatte mit Auferstehung Christi, aus Schloss Wittenwil, manieristischer Stil der Nachfolge des Hans Morinck A. 17. Jh. Schiff und Chor in derselben Flucht. Das Langhaus über 5 Joche tonnenüberwölbt mit Scheitelrosetten, ion. Wandpilaster. Im W arkadengetragene Empore, die N-Flanke des Schiffes durch 3 hohe Arkaden mit stuckierter Scheinfassade von Jos. Resch auf die Iddakapelle geöffnet. Der Chor ist bis zur halben Höhe durch die klassiz., gebrochen glockenförmig eingespannten Emporenarkaden eingeengt. Krönung durch 8 lebensgrosse, steingefasste Stuckstatuen; Stirnnische mit Seitenaltären. Hinter der Altarwand die Sakristei, über dieser der Psallierchor. Am Tonnengewölbe des unteren Chores und Altarhauses Louis-XVI-Stuckwerk (Joh. Jos. Mosbrugger?) um das Deckenbild Mariä Himmelfahrt von Jos. Ant. Messmer 1795. Joh. Jak. Zeiller bemalte 1761 die Flanken und die niedrige zentralisierende Hängekuppel des Psallierchores: Seitlich Hl. Josef und Immakulata, am Deckenspiegel in Rocaillerahmung Melchior Modlers 4 Evangelistenkartuschen und, am Rande eines exzentrischen Heiligenhimmels mit der Verherrlichung des Hl. Benedikt, die Personifikationen der vier Erdteile mit Gefolge. Die illusionistische Brücke von der wirklichen Architektur zu den weiten perlmutterfarbenen Wolkenrängen schaffen nur wenige architektonische Versatzstücke. Seitlich der Brosche mit dem Kloster- und Abt-Degen-Wappen: Selbstporträt des Malers. – *Ausstattung.* Chor und 2 Arkaden zur Iddakapelle durch prachtvolle Régencegitter abgeschlossen, 1743 geschmiedet von Jak. Hoffner, Konstanz. Das Chorgitter scheinperspektivisch zurückweichend, reiches Band- und abstraktes Blattwerk, die Vorderseite über Gold und Silber bunte, metallische Lasuren (Lüsterfassung). Auf dem freistehenden Hochaltar Tabernakel von Bruder Heinr. Degrange 1795; Scheinretabel in einfachsten Formen 1957 an die Chorrückwand gerückt anstelle des ehem. Altarbildes Tod Mariä von Joh. Michael Hunger, der damals Obervogt der Redingschen Herrschaft Mammern war. Das an die S-Wand des Schiffes versetzte Werk zeigt trocken manieristische Züge in Anlehnung an lombardische Vorbilder. Presbyterien und Schranken von Bruder Heinrich Degrange. Die Seitenaltäre sind den schrägen Stirnnischen der Arkaden und ihrer Stuckdekoration (Mosbrugger nach Degrange?) eingefügt; Altarbilder: Der Hl. Dominikus erhält den Rosenkranz verliehen (um 1700); der Hl. Simon das Skapulier (Franz Müller 1874). Im Schiff Kanzel des Chrysotimus Fröhli, schwere Naturholzschnitzerei, vielleicht urspr. z.T. elfenbeingefasst. In der 1.Arkade der Schiffsnordwand der doppelseitige Iddagrabaufbau mit pathetischer Sitzfigur der Heiligen A. 18.Jh. Altarähnliche Rahmung mit Lapislazuli imitierenden Säulen und gelüsterten Krönungsfiguren wohl noch der Kirchenbauzeit, Hl. Caecilia und Demetrius. An der Brüstung der W-Empore von vergoldeten Akanthusfedern gerahmte ovale Szenen aus dem Iddaleben, darüber durchbrochenes Rankengitter, in der Mitte ein kleines Brüstungspositiv mit 3teiligem Prospekt. Die *Orgel* des Psallierchores ist 1763 durch Joh. Georg Aichgasser aus Teilen älterer Werke (1611?, 1690 Matthäus Abbrederis, 1741–43 Hans Jak. Bommer) zusammengestellt, erweitert und ergänzt worden; 87 Prozent altes Pfeifenmaterial von hervorragender Klangschönheit. Gehäuse und Prospekt bunt flammend marmoriert mit vergoldeter krönender Rocaille, Ziervasen und Posaunenengeln. Gleichzeitig die beiden eingebauten Vorstehersitze, während die beiden Doppelreihen des 44stalligen *Chorgestühls*, 1762 dem neuen oberen Chor eingepasst, 1687 in der Werkstatt des Chrysotimus Fröhli aus Bichelsee entstanden sind. Die Rückwand mit säulengetrennten Statuennischen, die Front von Hermenkaryatiden gegliedert, Figuren verschiedener Herkunft und verschiedenen Alters in Silber, Gold und Elfenbein gefasst. Knorpelwerk, Fruchtbündel, Engelsköpfe, Löwen usw. Das nur fragmentarisch erhalten gewesene krönende Rankenwerk fehlt heute.

Iddakapelle. Einer der wohlgeformtesten Zentralbauten des schweizerischen Hochbarocks.* Die spätgotische Anlage 1595 und 1625 erweitert. Heutiger Bau nach italienischen Architekturvorbildern in den weicheren Formen des süddeutschen Sprachbereiches 1705–08 errichtet durch Christian Huber. Einflüsse Casp. Mosbruggers. Die Innenausstattung nach Disposition und unter eigenhändiger Mitwirkung des jungen Dominikus Zimmermann. Rest. 1962–68. Unter einer 16,8 m hohen Scheinkuppel öffnet sich ein 8seitiger Zentralraum auf breite Kreuzarmflügel und schmale Diagonalräume, welche den sperrigen Kreuzgrundriss verschleifen und in fliessende Umrisse überführen. An den Gelenkstellen des lachsrot und weiss ausgezeichneten Äussern Pilaster, innen rote Schliffmarmorsäulen. Über den Rundporten der Diagonalkapellchen die indirekte Lichtführung begünstigende grosse ovale Oculi. Über den 3 die Verbindung zum Kirchenschiff schaffenden Räumen zieht sich eine schmale Empore mit Brüstungsorgel hin. Der breit und «italienisch» hingelegte Wand- und Deckenstuck säumt an den Hochwänden des Mittelraumes 4 grosse, ovale Leinwandbilder mit Iddadarstellungen 1707, signiert G. L. Wickart, Zug, und die Deckenbilder eines Unbekannten: die Rahmen grau, Ranken weiss auf spangrünem oder grün auf weissem Grund, dazu bei den grossen Engeln der Diagonalkalotten ein stumpfes Blau, Werke des Wessobrunners Jos. Resch. An den schmalen Diagonalwänden über 4 konventionell gemalten Heiligenbildern (Hl. Caecilia, Agatha, Katharina und Barbara) Nischen mit in Porzellanmanier gefassten lebensgrossen Figuren der 4 grossen Ordensstifter. Zu diesem frischen, aber eher kühl gestimmten Farbklang kontrastieren die roten, golden bekrönten Stucksäulen, der rote Keramikboden und die farbige Vielfalt der *Ausstattung*.

Von den 7 Altären stammen 6 in Stuckmarmor verfertigte Stücke aus der Werkstatt des Dominikus Zimmermann; 2 zeigen in ihre Konglomerat- und Brekzienimitationen eingelassen vorzügliche Scagliola-Arbeiten: Blumen am Josefsaltar und, am Idda-Altar, umkränzte Heiligenbilder und Landschaftsszenen, eines davon signiert und 1708 datiert. Altarblätter am Idda-Altar von Jak. Carl Stauder: Wiederauffindung der Heiligen, signiert und dat. 1716; in den Diagonalkapellen Vesperbild und Ölberg, in den Seitenarmen Schutzengel und St.-Nikolaus-Bild; gegen den Turm am St.-Josefs-Altar Tod des Hl. Josef. Der Iddagrabaltar von 1713 an der W-Wand besitzt einen virtuos geschnitzten, vergoldeten Federrankenrahmen um das Bild Tod der Hl. Idda. Kultisches Zentrum ist die kirchenseitige Nische mit dem einst bunt gefassten Sandsteinkenotaph der Hl. Idda, einem charaktervollen, um 1494 geschaffenen spätgot. Sarkophag mit der Liegefigur der Heiligen. An der Front Wappen und Szene mit dem toten Toggenburger. Die Hl. Idda, eine Gräfin v. Toggenburg, wurde von ihrem Gatten der Untreue mit einem Pagen bezichtigt und zum Fenster hinaus in die felsige Tiefe gestürzt. Wunderbar errettet, zog sie sich als Reklusin in die Wälder um Fischingen zurück und starb dort im Rufe der Heiligkeit. Gitterwerk 1714 von Casp. Wüest, Frauenfeld, und Jak. Hoffner, Konstanz, 1743–45. Iddagrabaufbau 1710–18 in der Art der Rosenkranzaltäre: In 9 virtuos geschnitzten, bunt gefassten Medaillons Iddaszenen, von Goldranken umzogen; in der Nische kunstvoller Holzbaldachin, welcher die beiden Rücken an Rücken gestellten Iddafiguren aus dem frühen 18. Jh. birgt. Zwei hervorragend intarsierte Priestersitze, durch heimische Tischler (Bodmer?, Fröhli?) wohl nach Entwürfen Dominikus Zimmermanns ausgeführt; Taufstein von 1812. Am Äussern Kreuzigungsgruppe 19. Jh.; auf dem Stangenknauf der Laterne blechschuppengepanzerte Holzfigur der Hl. Idda, 18. Jh. (?). – *Kirchenschatz.* Got. Baumkreuz, Hauptteil um 1400, prächtige got. Turmmonstranz mit Statuetten und, im Renaissancestil, musizierenden Putten, von Joh. Renner 1582. Unter den reichgeschmückten Barockkelchen besonders erwähnenswert: Reding-Kelch mit Emailminiaturen 1683–95 von Ignaz Ohnsorg; Fugger-Kelch mit Relief- und Emailschmuck um 1700 von Joh. Zeckel; Kelch des Jos. Sax, um 1710 von Joh. Ignaz Ohnsorg.

Konventsbauten. Das *Altkloster* blieb beim Neubau der übrigen Flügel erhalten, weil die hier geplante Repräsentativfassade aus ökonomischen Gründen nicht mehr zur Ausführung gelangte, und schliesst daher den grossen Klosterhof gegen W nicht vollständig ab. Zunächst der Kirche der Abt-Brunner-Bau von 1577 mit Reststück des überwölbten Kreuzganges. Fassade mit malerischer Gliederung vornehmlich durch nachgot. Reihen- und Staffelfenster und dem von den beiden Johannes flankierten, klar gegliederten Wappenstein des Bauherrn. Anschliessend der Abt-Brunschweiler-Bau 1635; von dessen Reihenfenstern (vereinzeltes Staffelfenster) ist eine Zwillingsgruppe mit dem Sprenggiebelportal und dem Wappenstein des Abtes zu einer hübschen rustikalen Gruppe verbunden. Ein weiterer äbtischer Wappenstein in der Front. Eingebaut, aber polygonal in den Hof vorspringend, die überwölbte profanierte St. Katharinenkapelle und, nicht die ganze Tiefe des Flügelendes beanspruchend, die Prälaten- oder Armseelenkapelle; 1884 stark verändert. Masswerkfenster, Zwillingsgewölbe mit erneuertem Spätrenaissancedekor. Im Wohnteil Winterthurer Ofen in der Art des David Sulzer um 1730–40. – *Neukloster*. Erste Pläne Casp. Mosbruggers, weiter bearbeitet durch die Einsiedler Baumeistergruppe Joh. Rueff und Casp. Braun sowie durch Gaspare Bagnato. Nochmals modifizierte Ausführung 1752–67 durch Joh. Michael Beer von Bildstein. Aussenrest. 1962–71. Dreigeschossige Verbindungstrakte mit Satteldächern zwischen 4geschossigen Eckpavillons unter Mansartdächern. Der O-Flügel ist durch einen entsprechenden Mittelrisalit unterteilt (Treppenhausanlage), der S-Flügel von einem weit ausgreifenden und durch geschwungene Front beschlossenen Querbau durchdrungen. An ihm wie am südwestl. Eckbau mit geschweifter Giebelplatte grosse Pilasterordnung. Die von den hofseitigen, weitläufigen Gängen auf die Zimmer führenden sowie einige weitere Türen sind hervorragend mit Ornamentik, Vögeln, Blumen, Genreszenen und Soldateska intarsiert. Reichgravierte Messingschlösser. Im Erdgeschoss der Prälatur die Kanzlei; Rokokostuckdecke, Steckborner Turmofen der Meyer-Kuhn-Werkstatt 1756–67; Wappenzimmer mit heraldisch bunt dekoriertem Holztäfer, Decke z.T. mit gemaltem, z.T. wirklichem Stuckschmuck; Archiv mit reich ornamental ausgemaltem Gewölbe (klösterliche Herrschaften), den noch original beschrifteten 180 Schubladen und einer Türe mit illusionistischer Arkade und Parklandschaft. In den Obergeschossen gemusterte Parkette, virtuos und leichtgeformte Rocailledecken, flammend marmorierte Möbel. Ofen von Casp. Ruostaller mit blau-weiss gemalten Bildern 1757; Dreikönigstafel eines vermutlich schwäbischen, vielleicht in den Niederlanden geschulten Meisters um 1470–80. – Prälatenkapelle. Quadratisch gemusterter Parkettboden; gute, wie in der Prälatur der Gigl-Schule nahestehende Stukkaturen am flachen Kreuzgewölbe. Stuckmarmoraltar, bunt-strähnig marmorierte Türen. Alles um 1757. Im 1. Stock des S-Flügel-Querrisalits der Iddasaal. Vom Meister der Presbyterien in der Iddakapelle reichintarsierte Möbel, besonders schön und virtuos gearbeitet ein Tischblatt. Ferner Kopien der Abtporträts. Hier und im Gastsaal spritzige Deckenstukkaturen. Der Gastsaal dient als Hauskapelle. Altargruppe um den ehem. Drehtabernakel des oberen Chores; pathetisches Vesperbild aus der 2. H. 17. Jh. Fünfregistriges Portativ mit intarsiertem Gehäuse (Blumen, Musizierende) sowie Wappen des Abtes Troger, vor 1728. Nach der Klosteraufhebung 1848 nach Arenenberg verkauft, aber von der Kaiserin Eugénie später auf Bitten zurückgegeben. – Ehem. Bibliothek, 2 Geschosse beanspruchend. Umlaufende Galerie, von einer flachen Randzone umzogenes, stuckiertes Muldengewölbe. Zahlreiche religiöse Bilder und Altarblätter; aus dem 17. Jh. u.a. Hl. Karl Borromeo, 1610, Hl. Tekla, Befreiung des Petrus, Kreuzigung, betender Eremit, Hl. Familie (1658 vom spätern Abt Seiler gemalt), Jesus am Jakobsbrunnen, Heilung eines Besessenen, Schmerzensmann. Aus dem 18. Jh. u.a. Verkündigung (Anton Stark 1725), Eselsprobe des Hl. Antonius, Heiligenhimmel (Zeiller-Werkstatt um 1765?), Hl. Peregrin, Todesvision des Hl. Franz von Assisi,

Immakulatavision des Hl. Ildefons, Hl. Ambrosius; Serie von 1777: die Hl. Meinrad, Gallus, Ildefons und Idda. Ikonographisch interessante Darstellungen des sel. Heinrich Pfrintz von Gerlikon (Georg Müller 1608), der sel. Offmyra von Münchwilen und der sel. Adelheid von Spiegelberg (Hans Ulr. Rysse 1679).

AU-FISCHINGEN. Kath. Pfarrkirche St. Anna. Erwähnt im 13. Jh., Umbau 1647 und 1802. Neubau des Chores 1810; Aussenrest. 1961–62. Das Langhaus mündet in einen schmaleren Polygonalchor; der Nahtstelle hangseitig angefügt ein Turm aus gemauertem Stock, einem eingezogenen, als Fachwerk wohl im 19. Jh. erneuerten Mittelteil und einem nochmals zurückspringenden Oberbau aus Holz, der die pralle Zwiebel trägt. An der Chorstirnwand aussen Kruzifix des 17. Jh., 1802 neu angebracht. Dem Schiff mit guter klassiz. Türe ist ein Vorzeichen angebaut. Im Chor flache Gipsdiele mit Gemälde 1935 von Karl Haaga; im Schiff Gliederung durch Pilaster mit auf Holzovale gemalten Stationen; flache Tonne; Stukkaturen vermutlich von Joh. Jos. Mosbrugger, Deckengemälde von Jos. Ant. Messmer, der 1818 auch das Hochaltarblatt schuf. Zur breiten Wand des Hochaltars stehen die hochgestelzten Seitenaltäre derselben Zeit in spannungsvollem Gegensatz. Links Bild von Niklaus Birchler 1844, rechts Iddadarstellung um 1716, aus dem Umkreis Jak. Carl Stauders. In der Sakristei gute Stücke des 17.–18. Jh., u.a. von Elias Beck und Heinr. Dumeisen. – Bildstock mit Holzfigur der Hl. Idda 2. H. 18. Jh.

TAL DER LÜTZELMURG: TÄNIKON–BICHELSEE

WITTENWIL. Schloss. Neuerb. 1656–57 für den Gerichtsherrn Joh. Benedikt Harder. Viergeschossiges Gebäude mit ehedem gestaffelten Giebelwänden und eingespannten, im obern Teil geriegelten Flanken. Daneben profanierte Kapelle. – Geriegeltes Zehnthaus von 1644.

AADORF. Kath. Kirche St. Alexander. Unter Verwendung des Turmschaftes von 1478 nach Plänen von Joachim Brenner und Joh. Christoph Kunkler 1863–65 neu gebaut. Gesamterneuerung 1962–63, Glasgemälde von Ferd. Gehr. Bei der Kirche Brunnen von Otto Teucher zum Gedenken an den Historiker Joh. Nater. – Der stattliche Riegelbau des kath. Pfarrhauses unter Putz. – Ref. Kirche. Erb. 1958–59 von Paul Trüdinger. Orgel von Metzler. – Neues Sekundarschulhaus, Metallplastik von Emil Mehr, 1960. – Nördl. Aadorf, oberhalb des N1-Viaduktes:

AAWANGEN. Ref. Kirche, ehem. St. Michael. Schon 1247 in Besitz des Augustinerstiftes Kreuzlingen. Das Schiff A. 16. Jh. verändert, der ebenso breite Polygonalchor 1659 dazugebaut, Vorhalle mit Dachreiter 1851. Umgestaltung des Innern 1959–60. Stirnfenster mit Glasgemälde von Alfred Kobel. – Spruchhaus. Riegelbau von 1755.

TÄNIKON. Ehem. Zisterzienserinnenkloster. Gründung der Herren v. Bichelsee, erstmals erwähnt 1247, um diese Zeit Verlegung vom 400 m nordöstl. gelegenen Altkloster an den heutigen Ort. 1848 aufgehoben, dann Mustergut der Familie Nationalrat v. Planta, seit 1969 landwirtschaftliche Forschungsanstalt des Bundes. Nachdem schon 1853 das vornehmlich dem

15. und 16. Jh. angehörige Gebäudekonglomerat durch eine mitten durch den Kreuzgang führende Strasse gesprengt und der noch verbleibende S-Flügel durch die letzten privaten Eigentümer zerstört worden ist, bemüht man sich heute u.a. durch Strassenverlegung, die isolierten Überreste baulich wieder etwas zusammenzufassen. Wesentliche Teile der Ausstattung in Museumsbesitz. – *Kirche.* Langgestrecktes, 1504 und 1664ff. umgebautes Schiff, durch den eingezogenen Polygonalchor erweitert 1626. In einem Querbau südl. des Chores (Rest des O-Flügels von 1504–21) die Sakristei mit dem Stein, auf dem 1152 der Hl. Bernhard von Clairvaux gepredigt haben soll. Auf dem First Dachreiter mit Zwiebelkuppel. Das 1829–31 durch Joh. Keusch im klassiz. Sinne umgestaltete Innere 1930 und 1963 renoviert. Im Schiff und Chor Flachtonnen- und halbes Klostergewölbe mit klassiz. Stuck der Gebr. Huttle; Lisenen, Kanzel und Altäre in Stuckmarmor von Joh. Jos. Mosbrugger, charaktervolle Stücke in Schwarz, Gold und Alabastertönen. Die Ädikula des Hochaltars flankiert von Passagen, auf denen Vasen und die Grossplastiken der beiden Johannes stehen. Zwei entsprechende Kredenzen mit ältern Gemälden (Ecce homo von 1706?). Altargemälde von Johann Kaspar Moos um 1831. Am Aurelienaltar der einsiedlische Reliquienschrein, vor 1667, und das Altarblatt von 1667 mit Klostervedute. An der S-Wand, stuckgerahmt, wohl drei ehem. Altarbilder im Stile des Bologneser Manierismus um die M. 17. Jh. Auf der Empore Chorstühle von Moritz Bodenmüller, 2teilige Orgel nach Disposition Pater Alberic Zwyssigs von Franz und Joh. Kiene 1837–41. Weihwasserbecken und Taufstein mit Wappen der Salome Schmid 1668. Spätrenaissance-Epitaphe der Frau Anna v. Beroldingen (gest. 1611) und des Hans Giel v. Gielsberg (gest. 1624). Im Chor 6 Bronzegrabtafeln des 17. und 18. Jh. Bildfenster der Sophia v. Grütt 1549; Stationen von Aug. Wanner 1963; Buntscheiben 1965 von Heinr. Stäuble. – *Sakristei.* Monstranz 1785–87 von Franz Ant. Gutwein; Kelche von 1570–80 von Joh. Renner, 1624 von Melchior Neuber oder Marx Neher, weitere Goldschmiedearbeiten von Joh. Ignaz Ohnsorg, Carl Ignaz Dietrich u.a. Vortragekreuz 1558 von Thomas Gennius. Auf dem Friedhof St. Annakapelle, 1626 erb., einfaches Rokoko-Altärchen mit Blatt von 1687, rest. 1974. – *Konventsbauten.* Südwestl. der Kirche übereck angebaut das Äbtissinnenhaus «Unserer Gnädigen Frauen Bau»; Staffelgiebelhaus von 1678, durch alle Geschosse mit beidseitig einem mittleren Längsgang anschliessenden Zimmern. Raum mit Kassettendecke der Erbauungszeit, ein weiteres Zimmer mit zierlichem Rokokostuck. Im Gang eingebaut gedrehte steinerne Fenstersäulen und geschnitzte Deckenbalken von 1508, ehedem Konventssaal im S-Flügel. – Sog. Refenthal (Refektorium, Sommerkonvent), dem einstigen O-Flügel vorgelagert, 1508. – Ehem. Prälatenhaus. Erb. 1617, rest. 1972. N–S gerichteter, z.T. in Fachwerk erstellter Bau mit urspr. arkadengeöffneter Erdgeschosshalle, im Obergeschoss einfache Stuckdecken mit Wappenmilieu 1715, Dachstuhl dat. 1617. – Neubauten der Eidg. Forschungsanstalt für Betriebswirtschaft und Landbau von René Antoniol und Kurt Huber. – Im benachbarten *Guntershausen* Sämann-Brunnen 1968 von Werner Jans.

BICHELSEE. Kath. Kirche St. Blasius. Beim Neubau der Kirche 1864–65 von Carl Friedrich Braun wurde der N-Turm der alten polygonalen Anlage wiederverwendet und kam südl. des jetzigen Gotteshauses zu stehen. 1962–65 völlige Neugestaltung des Innern und Erweiterung des Schiffes durch Walter Bosshart. Drei Rundscheiben 1965 und Chorwandbild 1969 von Fritz Weigner. – Ref. Kirche. Erb. 1960 von Edwin Rausser aufgrund des Moduls von Le Corbusier. Kunstgewerbliche Entwürfe von Emanuel Bosshard, Schnitzwerk der Türe (Arche Noah) von Rolf Lehmann, Glasgemälde von Köbi Lämmler.

THURTAL, LINKE TALSEITE MIT SÜDL. HÜGELLAND: WELLHAUSEN–SCHÖNHOLZERSWILEN

WELLHAUSEN. Gerichtshaus. Erb. 1676, Staffelgiebel mit eingespannten, z.T. geriegelten Flanken. – Schul- und Gemeindehaus, in spielerischem Spätbiedermeier 1850, Dachturm. – Mühle. Älteren Teilen wurde 1778 u.a. der schön ausgeriegelte Treppenhausturm beigesellt. – **Schloss Wellenberg.** Urspr. Sitz der 1204 genannten Herren v. Wellenberg, ab 1338 folgen sich die Herren v. Spiegelberg, v. Strass, v. Hohenlandenberg, 1512 die Mötteli v. Rappenstein und v. Ulm. 1669 bzw. 1694 Vogtei der Stadt Zürich, seit 1815 privat. Das hangseitige S-Haus birgt noch den aus Findlingen geschichteten Bergfried des frühen 13. Jh., der nach der Zerstörung 1259 sowie 1519 ausgebaut und erweitert worden ist; z.T. neue Fenster 1833. Durch die Umfassungsmauern wie durch Binnenmauern hofartig verbunden mit dem talseitigen Staffelgiebelhaus des 16. Jh. Im Zwischenhof Treppenturm mit 4seitigem Lauf von 1768.

FELBEN. Ref. Kirche. Quadratischer Chor, von Tonne mit Stichkappen überwölbt; Anlage wohl schon 13.–14. Jh. Fenster mit einfachen Masswerken 15. und 16. Jh. Zum Schiff von 1729 öffnet sich ein gefaster Rundbogen. Gefelderte Walmdecke; Kanzel und Taufstein 1729. Renov. 1918–19 mit Erneuerung des aus dem Chordach wachsenden, behelmten Türmchens durch Albert Brenner und Walter Stutz. Innenrenov. 1947.

HÜTTLINGEN. Ref. Kirche. Gebäude in vorreformatorische Zeit zurückreichend, erweitert und wahrscheinlich damals, 1496, mit Frontturm versehen. Barockisierung des Schiffes 1678–79, 1921 Innen-, 1948 Aussenrenovation. Am Käsbissenturm hölzerne Uhrtafel mit Wappen von 1756. Im Innern 5fach gewölbte, neu schablonierte Felderdecke. Diese, die Täfer und Gestühle vielleicht wie die Kanzel 1679 von Diebold Stutz. Taufstein 1707. – Schloss. A. 16. Jh. von den Mötteli als spätgot. Staffelgiebelhaus erbaut. Renov. 1959. Zwischen die Schilde z.T. Fachwerkwände eingespannt. – Im malerischen Dorfe noch einzelne gute Bauernhäuser.

ESCHIKOFEN. Gedeckte Holzbrücke 1834–35 von Joh. Melchior Kappeler und Zimmermann Müller, in Sprengwerkkonstruktion über die Thur gebaut. Neue Betonbrücke 1954.

LEUTMERKEN. Parität. Kirche. Erwähnt 1275. Langhausmauerwerk bis Fensterbankhöhe romanisch. Got. Erneuerungen u.a. 1462. Nördl. die urspr. arkadengeöffnete Grabkapelle der Herrschaftsinhaber von Griessenberg.

Turmbau an jetziger Stelle 1556. Schiffmauerwerk oberhalb der Fensterbankhöhe samt dem neugebauten polygonalen Chor 1634. Gewölbe mit Régencestuck. Spätklassiz. Kanzel. Taufsteine: ref. 1614, kath. 1642, beide mit Wappen v. Ulm und Reichlin v. Meldegg. Barockaltärchen aus Weiningen, spätestens 1707; Blatt aus Einsiedeln. Epitaphe u.a. des Max v. Ulm 1655 und der Maria v. Ulm 1686, ferner von 1686 und 1691. Rest. 1971.

AMLIKON. Malerischer Dorfplatz mit charaktervollen Riegelbauten.

BISSEGG. Häuser der politisch bedeutsamen Familien Reiter und Häberlin, 19. und 20. Jh.

BUSSNANG. Prot. Kirche. Erwähnt 885, Neubau vermutlich 1423, Turmoberbau 1694, Schiffserweiterung 1787; Renov. 1935–36. Kurzer Polygonalchor mit Masswerkfenstern, S-Turm mit Helm, Barockkanzel. – Kath. Kirche. Kleeblattbau mit Rundturm, 1934–36 nach Plänen von Otto Linder gebaut durch Gustav Auf der Maur, Stationen von Andreas Kübele, Hochaltarfresko von Fritz Kunz. – Drahthängesteg über die Thur 1881–82.

WERTBÜHL. Kath. Kirche St. Peter und St. Verena. Anlage ins 9., der heutige Bau vielleicht ins 13. Jh. zurückreichend. Kurzer, querrechteckiger Chor und gleichbreites Schiff, nach W verlängert 1860, Renov. 1902 und 1955. Der Turm am Chorscheitel um 1800; er zeigt noch Barockformen und erhielt 1838 einen neuen Helm. Im Innern Freskoreste des späten 15. Jh.: Jüngstes Gericht, Weihnacht und Passion, Heilige. Chorwandbild 1955 von Folco Tomaselli, Stationenreliefs 1955 von Gotthilf Hotz.

SCHÖNHOLZERSWILEN. Kath. Kirche St. Markus. Langhaus mit eingezogenem, dreiseitig geschlossenem und durch einen Rundbogen geöffnetem Chor. Schiff 13. Jh., Chor 15. Jh. (1417?), Vorgängerbau mit Apsis 12. Jh. Neugestaltung 1971–72 durch Hermann Schmidt (neuer Dachturm). – Ref. Kirche. Erb. 1714 nach Plänen von Ulr. Grubenmann. Schlichter Saalbau; auf dem O-Ende des steilen Satteldaches der 1867 umgebaute Spitzhelmturm. Kanzel und Taufstein aus der Bauzeit. – Unter den schönen Riegelhäusern des Dorfes besonders beachtenswert das stattliche ref. Pfarrhaus von 1718 mit Joh.-Germann-Ofen 1840, ferner Nr. 46, das um 1800 entstandene sog. Alte Schweizerhaus.

WELFENSBERG. Kath. Kirche St. Laurentius. Das Gotteshaus wurde anstelle einer kleinen Kirche 1706–08 durch Jos. Math. Wisle errichtet und dabei der alte Turmchor und -schaft beibehalten. Der jetzige Turm ist anstelle und in den Formen seines 1929 eingestürzten Vorgängers neu aufgebaut und der saalartige, tonnenüberwölbte Innenraum nach O vergrössert worden. Uneinheitlicher Hochaltar mit Teilen aus St. Johann in Konstanz (1721), sowie Bild- und Statuenbestand des 18. Jh.; Kanzel 1710. In der Sakristei Arbeiten der Wiler Goldschmiede Wieland sowie von Konstanzer, Rapperswiler und Augsburger Meistern.

WUPPENAU. Kath. Kirche St. Martin. Gute neugot. Kirche von Aug. Hardegger 1890–97, modern umgestaltet 1967–68 durch Hermann Schmidt. Turmstock E. 17. Jh. Reste der Kanzel (Evangelistenfiguren) von 1704, Taufstein 1729. – Gärtensberg. Kapelle St. Martin. 1633 zur Erfüllung eines in Pestzeiten abgelegten Gelübdes durch den Rat der Stadt Wil erbaut; Rest.

1959. Polygonal gewölbte Holzleistendecke und Altar von Adam Thörig. Hochaltargemälde und 2 Votivbilder 1631 und 1641 von Hans Ulr. Rysse. – Im Dorf und in der Umgebung (Hosenruck) verraten gewandete, getäferte oder geschindelte Ständerbauten den Baueinfluss des nahen Toggenburgs, u.a. Gasthaus zum Bären mit Schild von 1678, Gasthaus zum Sternen 1658.

HEILIGKREUZ. Kath. Kirche. Spätgot. Anlage mit eingezogenem Polygonalchor und wehrhaftem, um 1500 ausgebautem Chorflankenturm vermutlich von 1446. Erweiterung und Umgestaltung 1937 durch Adolf Gaudy. Engelsputten und Blumengehänge der Hochaltarkrönung 1676, Altarbild 1829 von Niklaus Birchler.

BUHWIL. Ruine der im 13.–14. Jh. entstandenen Burg Andwil-Buhwil. – Gasthaus zur Hintermühle. Dicht geriegelter Fachwerkbau des 18. Jh., gleichartig die 1773 errichtete Hintermühle.

NEUKIRCH. Ref. Kirche. Erb. 1485, erneuert 1817–19, nach W verlängert 1910 und gesamthaft renov. 1959–61. Auf dem 3seitig geschlossenen Predigtraum der sog. Pfahlturm von 1863. Sakramentsnische dat. 1485, Taufstein 1713, Chorfenster 1968 von Max Hunziker (Malerei auf Kunstharzglas). – Mehrere gute Fachwerkbauten des 18. und 19. Jh., vornehmlich im Biedermeierstil.

SCHÖNENBERG. «Last», Turmruine der ehem. Burg Schönenberg, erwähnt 1159. – Obermühle. Schönes Riegelhaus mit Tavernenschild von 1813–14. – Fachwerkbauten Nrn. 477 und 480. In Schweizersholz-Endetswil der Lindenhof, Nr. 273, und in Kenzenau der Burkartshof, Nr. 250.

THURTAL, RECHTE TALSEITE MIT DEN HÄNGEN DES SEERÜCKENS UND OTTENBERGS: ITTINGEN–WEINFELDEN–BISCHOFSZELL

OBERNEUNFORN. Ref. Kirche. Das zum Breitraum tendierende, in einen 3seitig geschlossenen Chor mündende Schiff 1695 erbaut. Bauleitung nach Plänen, die Zürich besorgt hatte, durch Heinr. Bleuler, wobei der in die S-Flanke eingreifende alte Käsbissenturm von 1556 stehenblieb. Der Einheitsraum überwölbt von polygonaler Felderdecke mit Wappenstück; diese, die Täfer und die Kanzel das Werk von Felix Gnehm, alles aus der Bauzeit, desgleichen der Taufstein. Epitaphe Stockar-Peyer 1651 und Peyer-Im Thurn 1642. – Schloss. Spätgot. Steinhaus, umgestaltet 1652 und nach 1784; stark modernisiert. – Fahrhof, Altes Schulhaus z.T. in Riegelwerk, z.T. als Ständerbau mit liegenden Bohlen errichtet; Uhr, mit einem Zeiger, 1769, im Türmchen von 1849–50 eine Glocke von 1545.

NIEDERNEUNFORN. Ref. Kapelle. Schlichter Rechteckbau des 15., möglicherweise des 14. Jh. Barockfenster; 1838 Umgestaltung: Pfahlturm (Buntziegel 1900) und geriegelter O-Anbau. Rest. 1968–69. Das Innere von Felderdecke des 17.–18. Jh. überdacht; Kanzel frühes 19. Jh. Von den Pfarr-, Vorsteher- und Vogtstühlen die ältern des 17. Jh. aus Oberneunforn. Typus der anspruchslosen, aber heimeligen Predigtstube.

UESSLINGEN. Kath. Kirche St. Peter und Paul. Neu errichtet 1872 durch Wilh. Keller. Der neue Spitzhelm 1922–23 durchkreuzt den einheitlich spröden Charakter des klassiz.-«byzant.» Bauwerkes. Ausmalung von Karl Haaga 1939. Aus der St. Otmarskapelle Werd übertragene Nothelferfresken, in spätnazarenischer Art gemalt von Pater Rudolf Blättler um 1900. Altarbilder 1873 von Heinr. Kaiser. – In der Sakristei u.a. kupfervergoldete Monstranz aus der Kartause Ittingen 3.V. 18.Jh. – Pfarrhaus. Erb. 1848. – Fachwerkbauten z.T. altertümlicher Konstruktion. – *Iselisberg.* Zehntkeller erb. 1769. – *Dietingen.* Ruine des ehem. Ittinger Zehnthauses, erb. 1588, gegenüber ein 1724 erstellter Speicher.

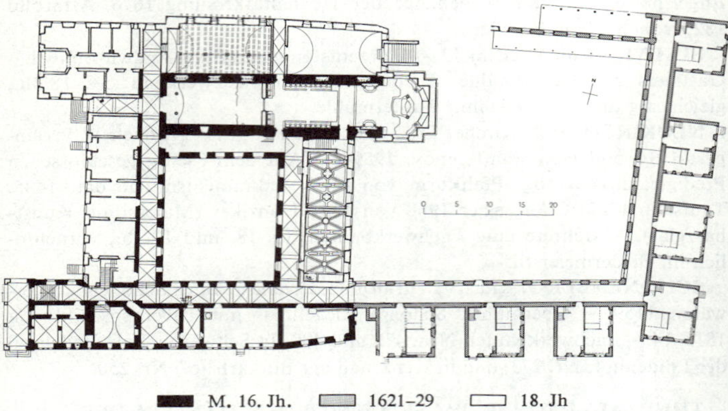

Ittingen. Ehem. Kartause

ITTINGEN. Ehem. Kartause (Abb. 197, 198). *Die Ausstattung der ehemaligen Klosterkirche zählt zu den reizvollsten Schöpfungen des schweiz.-süddeutschen Rokokos.* In der Nähe ihrer einstigen, weiter westlich gelegenen Burg gründeten 3 Brüder des Truchsessgeschlechtes derer v. Ittingen 1152 eine dem Hl. Laurentius geweihte Augustinerpropstei. Nach deren Niedergang wurde sie 1461 von Kartäusern übernommen, die auf dem Balkan dem Türkenansturm hatten weichen müssen. Die den Professen des Ordens eigene Verbindung von Einsiedlerleben und gemeinsamem Chordienst und die Bewirtschaftung möglichst zusammenhängender Klostergüter durch in Kommunität lebende Brüder bedingten sowohl bedeutende bauliche wie einschneidende organisatorische Umgestaltungen. Damit und nicht nur mit reformatorischen Ereignissen in Zusammenhang der Ittinger Sturm von 1524, dem ein Grossteil der alten und neuen Klostergebäude zum Opfer fiel. Erst seit M. 16.Jh. entstanden die Bauten unter Verwendung alter Mauerkerne wieder: S-Trakt mit Refektorium und Bruderhaus 1541 begonnen, aber erst 1606 mit Schaffnerei und Priorat ausgebaut. Kleiner Kreuzgang M. 16.Jh., die Kirche 1549–53 mit Lettnereinbau 1588, südl. davon die ältesten der Zellen, d.h. der jedem einzelnen der Professen zur Wohnung angewiesenen kleinen Häuser. Ihre Anlage um den grossen

Kreuzgang südöstl. der Kirche führte erst 1621–29 zu der bei Kartausen üblichen Doppelhöfigkeit. Der östl. der Verbindungstrakte Kirche–S-Flügel erhielt 1707 Kapitelsaal, Sakristei und im neuen Obergeschoss Bibliothek und Krankenkapelle eingebaut, der westl. 1715, 1728–36 und 1755 das Gästehaus. Die Kirche wurde 1703 um ein ohrenartig auskragendes Altarhaus nach Plänen von Casp. Mosbrugger durch dessen Bruder Johannes erweitert, mit neuen Gestühlen von Chrysotimus Fröhli versehen und 1763 durch die Stukkateure Gebr. Joh. Georg und Math. Gigl, den Bildhauer Math. Faller und den Maler Franz Ludw. Herrmann «in die heitere Kur des Rokokos» genommen. Aufhebung der Kartause 1848, Privatbesitz seit 1856. – *Anlage.* Am Fusse eines Wald- und Rebhanges und am N-Rand der Thurebene 3höfig angelegt. Dem westl. locker umbauten Ökonomiehof folgt der kleine Kreuzgang, umstanden westl. vom Gästehaus, südl. von Schaffnerei, Refektorium und Priorat, östl. von Kapitelsaal, Sakristei sowie Bibliothek und Krankenkapelle, nördl. von der Kirche. Östl. der grosse Kreuzgang mit den Mönchshäusern. – *Kirche.* Langgezogener, schmaler Trakt mit auskröpfendem Altarhaus. Das 1763 eingezogene Gewölbe zieht sich einheitlich vom W-Teil, wo die Gäste und die Klosterknechte dem Gottesdienst beiwohnen konnten, über den heute durch einen Zwischenboden unterteilten Bruderchor und den Lettner bis zum Professchor. Einzig das um 2 × 2 Stufen erhöhte Altarhaus ist durch einen Bogen abgetrennt. An die spätgot. Vergangenheit des Bauwerkes erinnern die spitzbogig einschneidenden hohen Fenster, der Spitzbogendurchlass des Lettners und das W-Portal, dessen Steinrahmung und Holzwerk eine reizvolle Mischung got. und renaissancehafter Formenwelt zeigt. Der bislang strengnüchterne Kirchenraum erfuhr durch die Ausweitung von 1703 sowie durch Chorgestühle, Kredenzen, Presbyterien und Lesepult die erste barocke Schwingung, Auflockerung und Rhythmisierung der Flanken. Das Holzwerk schufen Chrysotimus Fröhli und seine Söhne nach Vorbild des Buxheimer Chorgestühls (Ignaz Waibel). Praller, sich aber stets dem architektonischen Rahmenwerk unterordnender Ornamentstil des späten 17. Jh. In der 2. Barockisierung von 1763 erhielt der Raum durch die Gebr. Gigl duftiges spangrünes Stuckwerk in leichtfüssigem Rokoko, und Franz Ludw. Herrmann füllte die Spiegel mit pastelltonigen Fresken. Dargestellt sind von O nach W: Der Hl. Bruno als Fürbitter, sodann mit seinem Gönnerfreund Graf Roger und eine Verherrlichung der mönchischen Devise «Bete und arbeite». An der W-Wand Schuldbekenntnis des toten Chorherrn Raymundus, an der S-Flanke büssende Magdalena. Das Hochaltarensemble von Math. Faller unter wahrscheinlicher Mitarbeit der Gigl besteht aus weiss-rosa getöntem Stuckmarmor mit Alabastereinschlüssen. Gegen das Schäumen der Rocaillen und den Jubel der Putten kommt das architektonische Gerüst kaum mehr auf. – *Ehem. Konventgebäude.* Der *kleine Kreuzgang* M. 16. Jh., mit Ausnahme des N-Flügels mit rundbogigen, rippenlosen Kreuzgewölben abgeschlossen. Viereckfenster. Gemälde u. a. von Casp. Wolfgang Muos, Hans Asper (?) und Joh. Michael Saur, Grabplatte des 1638 verstorbenen Kartäuserhistorikers und Hagiographen Heinr. Murer.

O-Flügel 1707 erbaut mit überwölbten Parterreräumen: Sakristei mit dem Gestühl aus dem Bruderchor, welches Bruder Hugo Hostmann 1763 unter Verwendung von Teilen der Fröhlischen Werkstatt (1704ff.) zusammenstellte. In den Feldern eingelegte Heiligenfiguren. Anschliessend der Kapitelsaal mit Altar, Kredenzen und Gestühl, dessen Art und geschnitztes Federwerk die Virtuosität der Fröhli-Werkstatt von 1704ff. verrät. Im *S-Flügel* das Refektorium von 1541, in den S-Nischen, die durch 5 Doppelvolutenvorlagen und Beschlägwerk-Steinsäulen getrennt sind, die Mitteltüre und Fensterreihen. Felderdecke mit Zapfenrosetten; Blatt und Rahmen der N-Türe 1662–63 im Knorpelstil geschnitzt, gleichzeitig das 1784 mit Heiligenmedaillons bemalte Täfer. Winterthurer Ofen 1677 von Heinr. Pfau; einzelne Kacheln Steckborn 18. Jh. Im Obergeschoss Tafelstube mit Täfermalerei 1784 und Steckborner Ofen von Daniel Heinr. Meyer 1761. Fürstenzimmer, stuckierte Decke 1778. *W-Flügel* mit 2 Eckrisaliten, der südliche 1606 als Verlängerung des S-Flügels, der nördl. 1728–36 vor die Giebelfront der Kirche gebaut und mit versetztem Portal des 17. Jh. versehen; es wurde 1756 nachdatiert anlässlich der vorangegangenen Gebäudeerneuerung. Räume mit Wabendecken und Rokokogrisaillemalerei. Stufenofen der Steckborner Meyer-Werkstatt von 1736. Zahlreiche freie und im Mobiliar verbaute Teile von einem ornamental sowie mit Emblemen 1697 durch Lukas Wiestner ausgemalten Zimmer. – *Grosser Kreuzgang*, S- und O-Arm 1629 mit 13 bzw. 12 Masswerkfenstern; Gemälde von Lukas Wiestner. An die Aussenmauern lehnen die 7 erhaltenen, z. T. von Ludw. Pfyffer v. Altishofen gestifteten Mönchshäuser, die 4 östl. 1621 und 1786, die 3 südl. 1627 erstellt.

WARTH. Kath. Kirche. Auf der Krete des Warther Rebhanges gelegen. Mit dem Pfarrhaus und der nahen Kartause bildet sie landschaftlich eine eindrucksvolle Einheit. Den Bau des Gotteshauses erzwangen sich die Warther Frauen durch einen «Sitzstreik», nachdem ihnen der Prior von Ittingen die weitere Benützung der Kartäuserkirche nach 1461 verwehrt hatte. Älteste Teile 1471, Erhöhung und Erweiterung 1649, Umbauten 1707 und 1866. Vom flachgedeckten, mehrfach verlängerten Schiff trennt ein Rundbogen des 19. Jh. einen querschiffähnlichen Zwischentrakt ab, der wohl auf Kosten des einstigen spätgot. Chores eingeschoben worden ist. Zwischen Tonnenansätzen Kreuzgewölbe. Altarhaus gerade geschlossen und tonnenüberwölbt. «Byzant.» Altäre von Alois Holenstein 1871, Gemälde von Heinr. Kaiser 1872. An der äussern Chorwand Kruzifixus von etwa 1700. – Pfarrhaus. Erb. 1833–34. – Schulhaus. Riegelbau von 1827.

WEININGEN. Ref. Kirche, ehem. St. Nikolaus. Aus dem spätroman. Bau, einem langrechteckigen Saal mit eingezogenem quadratischem Altarhaus, entwickelte sich eine spätgot. kleine Kirche, deren Schiff des 13. und polygonaler Chor des 15. Jh. in derselben Flucht unter durchlaufendem, von Dachreiter besetztem First liegen. Renov. 1913, Rest. 1969–70. In der Stirnwand got. Zwillingsfenster mit einfachen Dreipässen. Kleines Sakramentshaus unter Giebelbogen, Felderdecke und Barockkanzel auf Steinsockel 18. Jh., Taufstein von 1715. Versetzter Sakristeischrank von 1654; Reste gemalter barocker Dekoration.

***BUCH-UESSLINGEN. Kath. Sebastianskapelle.** *Hervorragende Wandmalereien der Manesse-Zeit.* Frühgot. Rechteckbau, ausgemalt um 1300, durch Chorbogen gegliedert und mit neuen Fenstern versehen 1496. Weitere Umgestaltungen 1755 (Dachreiter) und 1854; nach W verlängert 1870 und 1938. Die 1938 entdeckten und restaurierten *Wandgemälde** zeigen an der N-Wand 8 Felder mit Passionsszenen, im Altarhaus Apostel und Heilige, darunter St. Martin, ferner Jugend-Jesu-Darstellungen mit einem besonders eindrücklichen Weihnachtsbild. Schiffs-Südwand: Kreuzigung nach altertümlich syrischer Vorlage, welche der Maler als Majestas Domini verstanden hat; Ritter-Georg-Bild. Wellenranken- und Rosettenbordüren. Leidenschaftslos aufgefasste, weichlinig-locker gezeichnete, flächige Darstellungen im sog. Schwebenden Stil, welcher in der Kunst des Bodenseegebietes die Zeit der Mystik begleitet. Hochaltar aus der Kartause Ittingen 1766–67, von Mathäus Faller (Mitarbeit Gebr. Gigl?), Blatt von Franz Ludw. Herrmann. Seitenaltäre im ländlichen Barock des 18. Jh. – Burgruine Helfenberg auf schmaler Landzunge zwischen Hüttwiler- und Hasensee. Anlage genannt 1331, seit A. 15. Jh. zerfallen.

NUSSBAUMEN. Ref. Kirche. W-Teil roman., ausgemalt im 1. Drittel 14. Jh. Verlängerungen nach O vermutlich M. 15. Jh. und, nach Umbauten von 1668, in den Jahren 1828–29. Neuer Turmhelm 1858. Renov. und Erhöhung des Baues 1951–52. Die Wandmalerei von etwa 1325 gibt die Passionsgeschichte vom Ölberg bis zur Kreuzabnahme in gedrängter, formelhaft knapper, aber von Volksfrömmigkeit getragener Darstellung. O-Fenster mit Glasgemälde 1952 von Willy Bärtschi. – Pfarrhaus. Erb. 1828 von David Müller. – Mühle. Riegelbau von 1798. – Schulhaus. Fachwerkkonstruktion von 1790, renov. 1949. – Kalchrainer Trotte, mit Wappenstein von 1715. – Schloss Steinegg. Im W-Flügel stecken noch Reste der im 13. Jh. von gleichnamigen Rittern erbauten Burg, die 1517–20 ausbrannte. Ab 1583 Sitz eines zürcherischen Obervogtes. Umbau in Formen der Neurenaissance 1886–87 durch Friedr. Hahn; seit 1911 Kuranstalt.

HÜTTWILEN. Kath. Kirche St. Franziskus. Anstelle des paritāt. Gotteshauses neuerb. 1964–65 durch Justus Dahinden. Aus dem abgebrochenen Kultraum übertragene Fresken des mittleren 15. Jh.; mit Masswerkbordüren umzogen Darstellungen von Abendmahl, Fusswaschung, Grablegung, Christus in der Vorhölle und Heiligen. Lebensgrosser Kruzifixus aus der Kartause Ittingen M. 17. Jh. – Kath. Pfarrhaus. Erb. 1784. – Ref. Kirche. Erb. 1962–64 von Adolf Kellermüller, Glaskompositionen von Jacques Schedler. – Im Dorfe und in seiner Umgebung charaktervolle Riegelbauten. – *Stutheien.* Reste einer 1928 ausgegrabenen röm. Villa nördl. der Strasse nach Nussbaumen; die Funde aus dem Ende des 1. bis zum 3./4. Jh. n. Chr. im Historischen Museum Frauenfeld. Unter den guten Riegelbaugruppen der Umgebung u.a. die Oberhof-Mühle.

KALCHRAIN. Ehem. Zisterzienserinnenkloster, seit der Aufhebung 1848 Arbeitserziehungsanstalt. Nach der Überlieferung gestiftet durch die Hohenklingener; Wiederaufbau nach dem Brande von 1330 durch Konrad IV v. Klingenberg, Bischof von Freising. Weitere Schadenfeuer 1421 und 1529.

Nachref. Neubauten 1563, 1574 (Kirche) und 1614–27. Vollständige Neuanlage 1703–23 von Joh. Mosbrugger, Vater und Sohn, unter Zuzug von Michael Rueff nach Plänen von Casp. Mosbrugger errichtet. Streng symmetrische Anlage in der Art des spanischen Eskorial. Die Raumverschleifungen der *Kirche* (1717–23) mit urspr. gebaucht aus der N-Fassade vortretendem Altarhaus, oktogonalem Vorraum und breitrechteckig in den Hof ausspringendem Schiff nach zerstörenden Eingriffen (1848, 1910 und 1970) schwer erkennbar. Über dem Eingang zu den *Konventsgebäuden* Muschelnische mit Muttergottes und Wappenstein der Äbtissin Katharina Reich (1688–1731), beide 1724. Im Refektorium Felderdecke und Täfer von Ulr. Karrer von 1711; erneuert 1961. Steckborner Ofen derselben Zeit von Daniel Meyer. Gewölbte Gänge mit einzelnen ornamentierten Türgerichten; in 3 Räumen Kassetten- und Felderdecken mit gemaltem Rankenwerk und Rüepplin-Wappen. In NW-Eckraum Stuckdecke und Winterthurer Ofen, beide mit Wappen des Wettinger Abtes Franz Baumgartner, gest. 1721. – Im Hof 6eckiges Brunnenbecken; die Säule trägt eine antik-kriegerisch gewandete Frauenfigur mit Wappen der Äbtissin Katharina Reich, gest. 1731. Renovation im Gange.

HERDERN. Kath. Kirche St. Sebastian. Erste, über älterem Friedhof nachgewiesene Anlage des 10./11. Jh., abgelöst durch spätgot. Anlage. Nach Plänen von Casp. Mosbrugger wurde 1715–21 ein neues Schiff gebaut und, über got. Mauerwerk, der an den ältern Turm gelehnte Chor erhöht, überwölbt und stuckiert. 1876 Neubau des Schiffes und Chorumgestaltung durch Wilhelm Keller. 1907 Romanisierung und Helmaufbau des Käsbissenturmes durch Albert Rimli; Aussenrenovation 1961. Ausmalung 1911 (Stoss). Hochaltar 1746, Stationenbilder 1794. – **Schloss.** Als Sitz der toggenburgischen Lehensleute Bettler von Herdern 1252 nachgewiesen; geht 1522 an die Landenberger über und wird 1683 vom Kloster St. Urban erworben; seit 1895 beherbergt es die Sozialinstitution der «Arbeiterkolonie». An den Bergfried des 12.–13. Jh. liessen die Breitenlandenberger 1601–10 das Wohnhaus bauen; Maurermeister war Hans Enderis, Zimmermann Melchior Beer. Umgestaltung und Erweiterung in den 90er Jahren des 17. Jh. nach Plänen von Casp. Mosbrugger. Um einen kleinen Lichthof O–W gedehnte 3geschossige Vierflügelanlage, deren Schmaltrakte als Zwerchgiebel eingefügt sind. N-Flügel mit axial einbezogenem mittelalterl. Turm, der einen 8seitigen Aufsatz unter mächtiger Zwiebel erhielt, S-Flügel mit polygonal aus der Front springendem Mittelteil unter Haube und Laterne (Schlosskapelle), Eckkantenerker mit Zwiebeldächlein. – Schulhaus. Erb. 1968–69 von Peter Thomann und Hans Bosshard; Relief und Wandmalerei von Rudolf Manz.

PFYN. Unter Diokletian (284–305) neu ausgebauter röm. Platz (Ad Fines) an der Grenze von Rätien und Helvetien und an den Routen nach den Kastellen Arbon (Arbor felix) am Bodensee und Burg Eschenz am Ausfluss des Rheines aus dem Untersee. Von der 195 × 60 m messenden Anlage dient die etwa 3,3 m starke Umfassungsmauer der N-Flanke des «Städtli» als Sockel. Geschlossene Bauweise bis zum Brand von 1476. Inmitten des ehem. Kastells die **parität. Pfarrkirche St. Bartholomäus.** Nach der Überlie ferung unter Dagobert I. um 630 dem Bistum Konstanz geschenkt. Kreuzförmiger Grundriss; unterste Zone der Wände des schmalen Langhauses frühmittelalterl., die mittlere Zone und die querschiffartig ausfahrenden «Ohren» oder «Küchen» (Konchen) entstanden vor dem 11. Jh., die obersten Mauerschichten des Schiffes und das 5 Stufen (über Krypta oder Grablege?) erhöhte quadratische Altarhaus mit gedrungenen Spitzbogenfensterchen (Rabitzgewölbe!) scheinen erst nach 1361 gebaut. Wiederherstellung nach Brand von 1478. Renov. 1750, 1885 und, mit romanisierenden Arkaden auf die Seitentrakte, 1930–31; diese Eingriffe haben den mittelalterl. Charakter des Baues überdeckt. Turm 1937 anstelle eines Dachreiters von Karl Akeret dazugefügt. Sakramentsnische 1484–88 mit gezinnten Flankentürmchen und Zwei- bzw. Vierpass-Masswerkblenden. Epitaphe von Wolf Wanbold v. Umstat 1598, Anna Barbara Keller-Waser 1755, Reding v. Biberegg 1756 und Franz Ignaz Schoepfer 1775. Beim torähnlichen W-Zugang eingemauert eine Sandsteinplatte unbekannter Funktion mit Kreuzrondelle, Kelch und eingekerbten Sternen, spätestens 12. Jh. – Schloss. A. 16. Jh. von Joachim Mötteli v. Rappenstein, welcher die Burg Schauhausen am Wege nach Hörhausen verlassen hatte, neu erbaut. Gänzlich umgestaltet; seit 1864 Schulhaus. Lokalgeschichtliches Museum mit den Funden der Ausgrabung im Breitenloo 1944, welche 12 jungsteinzeitliche Moorhütten der Michaelsberger Kultur freilegte. Röm. Funde aus Kastell und Zivilniederlassung im Heerenziegler in Museen zerstreut.

LANZENNEUNFORN. Kapelle, erb. 1739. Altar des 17. Jh. aus dem Schlosse Liebenfels.

MÜLLHEIM. Ref. Kirche, ehem. St. Verena. Erwähnt 1275. Um- oder Neubau vor 1473/89. Renov. 1757, 1863 (Turmnadel statt Käsbissen), 1902 und 1928. Südl. des Polygonalchores stämmiger Turm mit Wimpergen und Helm, westl. asymmetrisch angefügt das 1902 verlängerte Schiff. Innenraum theatralisch ausgemalt. – Kath. Muttergotteskirche. Erb. 1966–68 von Bächtold und Baumgartner. Im Chor Barockkruzifix, hervorragende Assistenzfiguren 1757 von Jos. Ant. Feuchtmayer; hinten im Schiff barocke Marienstatue. – In der Umgebung der ref. Kirche gute Fachwerkbauten, u.a. Pfarrhaus 18. Jh., Ökonomiegebäude von 1636.

HOMBURG. Kath. Pfarrkirche St. Peter. Ein Anniversar des 15. Jh. nennt den Hl. Gebhard v. Konstanz, gest. 996, als Stifter der Kirche; erste Erwähnung 1261. Ein spätgot. Neubau erhob sich anstelle des jetzigen Schulhauses. Unter Abt Fridolin von Muri (das Kloster war seit 1651 Kollator) 1754 Neubau angeblich auf alter Burgstelle. Nach dem Brand von 1784 klassiz. umgestaltet, 1897 renoviert. Im Winkel des eingezogenen Chorpolygons und des geräumigen, aussen schlicht gegliederten Schiffes Viereckturm mit gefastem und von Kuppelhelm gekröntem Aufsatz. Innenräume gewölbt. Rokokostuck. Auf das Altarhaus geöffnet die Gesangshausnische. Die Gemälde der 3 flachen Säulenretabel (1786) sind Werke von Joh. Melchior Wyrsch 1788; die Bilder über den Hochaltarporten von Pankraz Müller. Über der Kreuzigung des Hochaltars Wappen des Klosters Muri.

KAPPEL. St. Nikolauskapelle, erwähnt 1270. Schlichter Neubau 1810 mit offenem Glockenträger unter Zwiebeldach. Im Altar, von schräggestellten Säulen flankiert, das St.-Nikolaus-Gemälde des nazarenisch geschulten spätern Beuroner Malers Pater Nikolaus Wüger, 1863.

REUTENEN. St. Antonius-Kapelle, erb. 1862.

KLINGENBERG. Wasserschloss, zwischen Homburg und Wigoltingen gelegen. Stammsitz der Herren v. Klingenberg; ab 1360 wechselnde Besitzer, 1651–1841 Expositur des Klosters Muri, nach der Klosteraufhebung aarg. Staatsbesitz, seit 1814 in stark wechselnder Privathand. Die mittelalterliche Burg stand auf dem Felskopf nördl. der jetzigen Schlosskapelle. Der Bau des 13.–14. Jh. wurde 1444 zerstört, neu errichtet, nach Einsturz 1694 renoviert, nach Brand 1695 wiederhergestellt und 1849 abgebrochen. Die Anlage des untern Schlosses geht auf Kerne von 1446 zurück; hufeisenförmig um einen Hof angeordnete Trakte. W-Flügel nach Brand 1722, S-Flügel 1733–36 erstellt, der O-Flügel wahrscheinlich 1772. 1961–70 in Etappen restauriert. Der W-Flügel mit Tordurchgang und Wappenstein des Abtes Plazidus Zurlauben 1694 sowie der S-Trakt grenzen an den winkelförmigen breiten Wassergraben; vom O-Flügel nur ein Ansatzbau erhalten. Innenhof mit Wappensteinen: über dem Eingang Muri-Klingenberg 1723 und am S-Flügel Abt Gerold Haimb 1733. Im SW-Eckraum Régencestuckdecke mit Wappenmilieu Zurlauben-Muri 1723, im Obergeschoss Eckzimmer und Saal mit Rocaillestuck von Peter Ant. I Mosbrugger 1772. – Die 1695 und 1772 nach Bränden z.T. neu gebaute Schlosskapelle entwächst dem W-Flügel und mündet in ein eingezogenes Polygonchörlein. Auf dem gemeinsamen hohen First rekonstruierter Glockenträger. Neben dem Rustikaportal Wappenstein 1694. Innenräume gewölbt. Teilgefasstes Holzretabel von 1695, Stipesverkleidung und gemalter Wandvorhang 1772; die spätgot. Kreuzigungstafel eines angeblich portugiesischen Malers 1961 dazugekauft. Eine Rustikatüre führt neben der westl. Betloge nördl. zum quadratischen Oratorium, das in den Felsen eingelassen ist und sein Licht einzig vom oktogonalen Tambour des Gewölbes empfängt. Stationentafeln um 1830 aus Braunau. Barockes Vesperbild.

WIGOLTINGEN. Ref. Kirche. An das romanische Schiff wurden im 14.–15. Jh. der Turm, 1504 der Chor mit Sterngewölbe, die Sakristei sowie nördl. anstelle einer früheren Begräbniskapelle das Seitenschiff gefügt. Letzte Renov. 1945–46, Umgestaltung des Turmes 1958 durch Karl Fülscher. Die Dienstkonsolen des zierlichen Gewölbes mit Köpfen und Wappenschilden. Kanzel 1697, Pfarr- und Gerichtsherrenstühle 1697, 1757. – Unter den Profanbauten: Riegelhaus der Taverne zum Schäfli A. 18. Jh.

RAPERSWILEN. Ref. Kirche. Anstelle einer Nikolauskapelle mit Ausnahme weniger Mauerreste 1776 neu erbaut. Renov. 1888 und 1965–66. Schlichte 3seitig geschlossene Anlage mit spitzhelmigem Dachreiter. Glasgemälde, Weihnachten, 1950 von Willy Fries. – Im Ortsbild der für viele Thurgauer Dörfer typische W-O-Rhythmus der Firste gut erkennbar.

LIPPERSWIL. Ref. Kirche. Erwähnt 1252, neuerb. 1490, umgestaltet 1670–1702 und 1773. Letzte Innenrenov. 1963. Eindrucksvolle Baugruppe mit mächtigem N-Turm unter Spitzhelm, kleinem, niedrigem Polygonalchor und kurzem, aber hohem Schiff. Neue Holzdecken. Chorstühle 1672, Kanzel 1768. – Kehlhof. Riegelbau unter Kropfwalm von 1625, renov. 1970.

***MÄRSTETTEN.** Ref. Kirche St. Jakob. Am ehem. Pilgerweg von Konstanz nach Einsiedeln gelegen. Erstmals belegt 1155, möglicherweise auf dem Burgstal der Herren v. Märstetten erstellt. Turmchor 13.–14. Jh., um 1465(?) ausgebaut, Verlängerung des Schiffes und Turmoberbau 1487–89, Sakristei 1525. Renov. 1929 und 1954. Das O-Ende des stattlichen got. Schiffes umklammert den kräftigen Turm, unter dessen Pyramidenhelm 1954 die Schallarkaden verdoppelt worden sind. Die 1809 von Conr. Boltshauser aufgemalte grosse Sonnenuhr 1954 erneuert und korrigiert. Im Turmchor Gewölbe mit einfach gefasten Rippen (1465?), im Schiff z.T. erneuerter Stuck von Conr. Fink und (Fidel?) Sporer. Stirnfenster mit Glasgemälde 1954 von Lucie Scherrer. Taufstein 1590, Kanzel 1790 von Jakob Heer. – **Hohes Haus.** Als Zehnthaus erb. 1613 durch den Konstanzer Domherrn Salomon Buchhorner. Charaktervoller Riegelbau mit leicht vorkragendem Obergeschoss und N-Laube. Gerichtsstube von 1620 mit schönem Spätrenaissancetäfer, rest. 1972. – Schulhaus. Erb. 1963 durch Jak. Strasser; Plastik von Robert Lienhard.

Altenklingen*, im Kemmental. *Eindrückliche Baugruppe im Schlossstil des späten 16. Jh.* Um 1200 haben die Herren v. Klingen ihre Stammburg Altenburg bei Märstetten preisgegeben und den Neubau an jetziger Stelle errichtet. Nach Aussterben des berühmten Geschlechtes 1395 in verschiedenen Händen. 1585 erwarb Junker Leonhard Zollikofer von St. Gallen das Schloss; es ist heute noch Fideikommiss dieser Familie. 1587 vollständiger Neubau aufgrund der Disposition Erhard Scherbs durch Matth. Höbel aus Kempten und Zimmermeister Wolfgang Fögeli. Zwei ungleich grosse, im rechten Winkel zueinander gestellte Staffelgiebelhäuser mit schlanken Kaminen steigen in spätgot.-kristalliner Schärfe hoch, die aber durch runde Ecktürme und Erker gemildert erscheint. Die nur mehr spielerisch gedachte Bewehrung, die nirgends die Bequemlichkeit des Junkersitzes beeinträchtigen soll, ist 1812 durch Abbrüche stark reduziert worden. Zum Komplex gehörig die freistehende St. Wiboradakapelle; $^3/_8$-Schluss, Dachreiterchen. In ihrem modernisierten Innern Grabplatte v. Klingen 14. Jh., Kreuzigungstafel 17. Jh., weitere Epitaphe und Glasgemälde. Im Gegensatz zum weitgehend bewahrten äussern Aspekt ist das Schlossinnere vollständig ausgeräumt worden; erst in den vergangenen hundert Jahren allmählich Neueinrichtung durch Zukäufe und durch hieher verbrachte Zollikofersche Familienaltertümer. Die sehr wertvolle Ausstattung zeigt, ausser Bild- und Wappenscheiben des 16.–18. Jh., eine Sammlung von Ahnenporträts, bemalte Öfen hervorragender Zürcher, Winterthurer und Steckborner Meister sowie Spitzenstücke ornamentaler Bildteppichkunst der Renaissance und des Barocks. – Im Tale die geriegelten Mühlegebäude mit einem im Typ seltenen Backhaus, welches in der Pläuelmühle (Stampfe) eingerichtet wurde.

HUGELSHOFEN. Ref. Kirche, erwähnt 1381. Roman. Kerne; umgebaut in der Spätgotik und erneuert 1899–1900 von Aug. Keller. Der Käsbissenturm erhielt damals den hohen Spitzhelm. Renov. 1947 und 1966 unter Verzicht auf altes Mobiliar. Noch erhalten schöne beschlagene got. Kirchenlade. – Westl. des Dorfes Reste der Burg Schleifenrain, dem im 13.–14. Jh. nachweisbaren Rittergeschlecht gehörig. 1969 ausgegraben.

WEINFELDEN. Politisch regsames Dorf in Kantonsmitte, welches bei der Befreiung des Thurgaus 1798 und bei der Verfassungsbewegung (Regeneration) 1830–31 anführte. Sitz der Sommersession des Grossen Rates. – **Ref. Kirche.** Anstelle der 1726 parallelchörig ausgebauten parität. Kirche Grubenmanns errichteten 1902–03 Otto Pfleghard und Max Haefeli den heutigen Zentralbau von kreuzförmigem Grundriss mit Vierungsturm, bemerkenswert durch die Verknüpfung kantiger Romanik mit fliessend-weichen Formen des frühen Jugendstiles und durch die erstrebte Einheit von Architektur und Dekoration. Bildhauerarbeit der Kanzelwand von Hans Binz; Glasmalerei nach Entwürfen von Schmidt und Söhnen von Georg Röttinger. – Aus der alten Kirche ausser Wappenscheibe des Obervogtes Joh. Casp. Hirzel 1766, Epitaphe am Pfarrhaus und an der neuen Kirche: Wappenplatten Küngolt Schenk von Castel gest. 1593, Susanna Lavater und Tochter gest. 1703 und 1705; Anna Sabina Escher gest. 1725 (Werk des Steinmetzen Joh. Thalmann), Joh. Heinr. Zündel gest. 1761, Schrifttafeln für Paul Reinhard, Führer der thurgauischen Freiheitsbewegung 1798, und Regierungsrat Joachim Reinhard gest. 1829, dazu Epitaphe für 1827, 1857 und 1907 verstorbene Pfarrer. Vorzügliche Bronzeplatten für Joh. Heinr. Escher gest. 1623 (Werk des Peter Füssli) und für Gerichtsherrn Jos. Ant. Ebinger von Burg gest. 1743. – Kath. Kirche. Neubarockbau 1904 von Albert Rimli in einfachen, kühlen, zum Klassizismus neigenden Formen. Rest. 1960–61. Hallenbau mit eingeschobenem Querschiffteil und eingezogenem Apsischor. Heiligenstatuen an Fassade und Portal von Payer und Wipplinger, Einsiedeln, Hochaltar von Karl Glauner, Farbfenster 1933 von Gottlieb Engeler, zugekaufte Barockplastik. – Parität. Abdankungskapelle 1956 erbaut durch Jak. Hunziker; Türgestaltung durch Max Hunziker. – Im Dorfzentrum das **Gasthaus zum Trauben,** eine der wichtigsten hist. Stätten des Thurgaus (Treppe, von welcher der Landsgemeinde 1798 die Befreiung des Thurgaus angekündigt wurde). Als herrschaftlich-zürcherische Taverne in stattlichem Frühbarock erb. 1649, rest. 1959–61. Die südl. anschliessenden Ökonomiebauten von 1836 wurden 1891 zum Saaltrakt umgebaut, dessen Fassade Karl Fülscher 1967 vereinfachte. Im Obergeschoss Gerichtsstube mit Wappenscheiben vornehmlich des 17. Jh. in den Butzen der z. T. gestaffelten Fenstergruppen (Leihgaben des Thurgauischen Museums). Reste barocker Ausmalung, Fenstersäule wohl aus älterem Bau übernommen. In diesem Raume behandelten bis 1798 die Gerichtsherren gesamtthurgauische Belange. – Vor dem Gasthaus zum Trauben Brunnen, 1931 errichtet von Jak. Brüllmann zum Gedenken an den Dichter und Staatsmann Thomas Bornhauser (1799–1856). – Rathaus. Neubau 1830 durch Rud. Hoffmann, Um- und Anbau mit Repräsentativfassade durch den St.-Galler Stadtbaumeister Jos. Albert Pfeifer. Bemerkenswerter Grossratssaal. – Westl. an der Frauenfelderstrasse: Farbbrunnen, errichtet 1758 von Casp. Rennhas, Säule 1811; erneuert

1957–58. – Gegenüber **Haffterhaus.** Spätklassiz. Bau 1836–38 von Rudolf Hoffmann; Renov. 1955–58. Weiträumige gewölbte Keller, Treppenhaus mit gotisierendem Eisengeländer, kleiner tapezierter Louis-Philippe-Saal. Romantischer Hinterhof mit reizvoller Brunnenanlage von 1839. Im rückseitigen Park Plastik von Robert Lienhard. – Nördl. der Strasse: Schlotterhof; charaktervolle Fachwerkhäuser-Gruppe mit Bauten des 17. und 18. Jh. – Haus zum Comité. Erb. 1794, Tagungsort des provisorischen Regierungsausschusses 1798. Hochgestelztes Gebäude unter Mansartdach, die beiden mittleren von 4 Fensterachsen über Korbbogenportal zum Quergiebel der Hauptfassade hochgeführt. – Am westl. Dorfausgang die sog. Schwärzi (Schwarzacherhof), angeblich 1555 erbauter Freisitz, der einst von Mauern und Ecktürmchen umgeben war. Über Steinsockel vorkragendes Fachwerk-Obergeschoss unter mächtigem Kropfwalmdach. Im Keller spätgot. profilierte Steinsäulen. – Östl. der ref. Kirche der **Scherbenhof,** urspr. «Bogenstein». Im 14. Jh. österreichisch bzw. Lehen der Freiherren v. Bussnang, das zuerst die Bettler von Herdern innehatten. Name nach dem Besitzer Jak. Scherb, der den Sitz 1630 gekauft hatte; 1665–1814 Besitz der Stadt St. Gallen. Hauptgebäude 1889 niedergebrannt; westl. Riegelbau mit Türmchen, Lauben und Portikus 1823–25 erneuert; Renov. 1951. Der über felsigem Abhang gelegene Sitz berühmt durch den Fund des um 1287 entstandenen ältesten Manuskriptes zum altdeutschen Rechtsbuch «Schwabenspiegel». – An der Landstrasse am östl. Dorfausgang das Haus Akeret, Biedermeierhaus, 1834 erbaut von Rud. Hoffmann. – Beim Bahnhof (Bau nach Plänen von Joh. Georg Müller 1855) die 1966–69 von Tanner und Loetscher erbaute Kantonalbank, unweit davon der grosszügige Kubus des biedermeierlichen Primarschulhauses von Rud. Hoffmann 1838–40. Weiter nordöstl. das Hotel Thurgauerhof, 1970–72, erb. von Werner Stücheli, das Sekundarschulhaus, erb. 1916 von Karl Akeret, und das Thomas Bornhauser-Schulhaus, erb. 1951 von Ernst Rüegger, mit grossem Wandgemälde von Carl Roesch. – Im Sangenfeld: Paul-Reinhart-Schulhaus, erb. 1965–68 von Max Kollbrunner; 2 Eisenplastiken von Eugen Häfelfinger. – **Schloss,** über den Rebhängen des Ottenberges gelegen, Charakteristikum der Ortssilhouette. 1180 Sitz des kyburgischen Ministerialengeschlechtes von Weinfelden, nach 1264 von angesehenen Geschlechtern wie Kornfeil, Muntprat (Umbauten 1545), Fugger von Augsburg; von 1614 bis 1798 Zürcher Obervogtei. Der mächtige Bergfried des 12. Jh. erhielt, dachlos geworden, 1870 seinen heutigen Zinnenkranz. Wiederaufbau der südl. anschliessenden Wohnbauten um 1860, nachdem man sie 1846–47 bis zur Ruine abgetragen hatte; got. Relikte. Renov. 1927 und 1973 ff. Spätgot. Schlosskapelle. – Im Rebgelände des Ottenbergs das **Landhaus Bachtobel,** vermutlich anstelle der ehem. Burg Boltshausen errichtet. Der heutige Bau des 16. Jh. ging 1783 an die jetzige Besitzerfamilie Kesselring über. Mansartdach und gute Biedermeiereinbauten um 1820. Im geriegelten Ökonomiegebäude Trottbäume von über 10 m Länge, dat. 1584 und 1729. – Eine weitere Trotte im sog. Lederli, am Wege zwischen Weinfelden und der Burgstelle Thurberg.

BERG. Ref. Kirche. Spätroman. Turmchor, der spätgot. Aufbau von

Staffelgiebel abgeschlossen. Schiff 1735–37 verlängert, renov. 1938. Der Turmchor von rippenlosen Kreuzgewölben abgeschlossen, gutes spätgot. Sakramentshaus. Unter Tünche Fresken aus der Zeit gegen 1500. Aussen das Grabmal der 1815 verstorbenen Carolina von Thurn. – Kath. Kirche St. Mauritius. Erbaut 1938 von Adolf Gaudy. – **Schloss.** Um- oder Neubau um 1600, heute modernisiert und seit 1953 Altersheim. Freistehende, 2geschossige Schlosskapelle von 1619, umgestaltet 1667 und M. 18. Jh.; Rest. 1953. Decke mit Régencestuck. Altar mit Bild Verklärung Christi von Thomas Kraus 1667. Nepomukbild von Mayr, Konstanz, 1751. Madonna nach Lucas Cranach. – Sekundarschulhaus, Eisenplastik 1957 von Eugen Häfelfinger.

BIRWINKEN. Ref. Kirche. Dem roman. Bau (12. Jh.?) mit Apsis folgte im 14. Jh. ein gerade geschlossener Raum, der 1485 zu einer Anlage mit Polygon und N-Turm erweitert wurde; Renov. 1770 und 1909, rest. 1968–69. Got. Turmstock mit Spitzhelm von 1809. In der N-Wand von Dreipass überhöhte einfache Epitaph-Nische, Sakramentshäuschen, um 1500 (anstelle des zerstörten von 1484) aus der Kirche Hugelshofen übertragen. Polychromer Rokokostuck, vermutlich von Hans Georg Graf. Kanzel 1623. Kleinorgel des späten 18. Jh., Werk eines Emmentaler Orgelbauers. Glocke von 1497. – Gasthaus Rosengarten. Kernbau 1846, bald darauf erweitert und später mehrfach umgestaltet. Walmdachbau mit 8seitigem Dachreiter.

ANDWIL. Ref. Kirche. Anstelle eines frühgot. Baues erb. 1860–61 von Friedrich Braun in schlicht neugot. Formen und mit sog. Pfahlturm (Dachturm) erstellt. Innenumbau 1965 von Edwin Müller.

GUGGENBÜHL. 1817–35 Landsitz des Freiherrn J. B. v. Streng, der die Gebäude umbaute. Später landwirtschaftliche Schule des Seminardirektors und Armenvaters Joh. Jak. Wehrli (1790–1855); im Saal Stuckdecke mit Musikinstrumenten.

BÜRGLEN. Städtchen bei der Burg des 12.–13. Jh., ein Geviert von 200 × 100 m mit 2 Längs- und einer Quergasse. Von der planmässigen Anlage sind noch Grundriss und Umfassungsmauer erkennbar. Das oft von Feuer geschädigte Städtchen vermochte sich nicht zu entwickeln und blieb nach einem Grossbrand von 1458 nur mehr offener Ort. – **Schloss.** Stammburg der Freiherren v. Bürglen; 1579–1798 Sitz der gleichnamigen stadtsanktgallischen Herrschaft. Schulhaus seit 1888–89. Teilrenov. und Erweiterung 1950–51 durch Gebr. Scherrer. Die Gebäude umstehen in vierfacher Brechung einen nach N geöffneten Hof. Wie der nordöstl. gelegene, aus sorgfältigem Quaderwerk im 12.–13. Jh. errichtete Bergfried weist auch der anschliessende O-Bau Staffelgiebel auf. Dieser bedurfte nach dem Brand von 1633 besonders weitgehender Erneuerung. Entlang der S-Mauer Bauten des 14.–15. Jh., im 17.–18. Jh. oft verändert. Im SO-Winkel 6seitiger Treppenturm, den Hans Knoll 1635 nach Plänen Chr. Bufflers aufführte. Erhöht und mit barocker Zwiebelhaube abgeschlossen 1759. Der gezinnte W-Flügel entstand 1589. Das einfache Renaissanceportal (1950 von Schröder kopiert) stammt vom Umbau, den Lorenz Eggmüller 1662–66 vornahm; Riss von Maler Heinr. Tanner, Ausführung Steinmetz Jak. Stehelin.

Im Erweiterungsbau von 1950 Wandbild von Carl Roesch. – Ref. Kirche. Ehem., südl. der Burg freistehende Schlosskapelle. Aufgehendes Mauerwerk grösstenteils spätgot.; Umbau und Vergrösserung 1684–85, Renov. und Bau des Turmes mit gezinnten Wimpergen 1864–65. Restaurierung und Turmerhöhung durch Peter Hartung 1970–71; an der N-Wand des Chors Sakramentsnische und (versetzte) got. Fensternische mit Ranken; gewalmte Felderdecke von Joachim Greuter 1685, Kanzel 1661; Farbfenster von Hans Affeltranger. – Pfarrhaus. Erb. 1905. – Sog. Böhihaus, erb. 1858; Neumühle in burgähnlichen Bauformen; Haberteeri 1768. – Neue Thurbrücke 1936.

SULGEN. Ref. Kirche. Der N-Turm und der mit ihm gemeinsam die O-Front bildende, querrechteckige Chor könnten im untern Mauerwerk auf Zeiten vor dem Neubau zurückgehen, der nach Zerstörungen in den Appenzellerkriegen (1405), vielleicht auch erst später (Datumsspolie 1435 am Turm) notwendig geworden war. Den Bau des breitausladenden Schiffes mit durchlaufendem, säulengetragenem Pultdachvorzeichen sowie die Chorerhöhung nahm 1751 Jak. Grubenmann vor. Turm 1755 von Jos. Keller renoviert und nach einem Blitzschlag 1887 von Jos. Boesch mit neuem Glockengeschoss und Helm versehen. Innenrenov. 1844 und 1887, Aussenrenov. 1957–59. Das Innere mit Serienstuck von Peter Nussbaumer 1844, Neurenaissance-Elemente von 1888. Taufstein 1585, Kanzel 19. Jh. Wandbild 1972 von Gottlieb Soland. Zwei Abendmahlskelche um 1600 von Burkhard Hauser. – Im Dorfkern um die Kirche gute Bürger- und Bauernhäuser des 17.–19. Jh., u.a. Gasthaus Hirschen mit Aushängeschild 3. V. 18. Jh. – Kath. Kirche. Erb. 1959–61 von Ernest Brantschen, gleichzeitig Glasgemälde von Ferdinand Gehr; Mondsichelmadonna einer süddeutsch-bayerischen Schnitzerwerkstatt aus dem 1. V. 16. Jh. zugekauft. Sakristei mit guten Kelchen des 16.–17. Jh.; Wegkreuz aus Buchackern 1669. – Im Primarschulhaus Keramikmosaik 1964 von Emil Mehr.

GÖTTIGHOFEN. Gasthaus zur Traube. Riegelbau mit Kehrfirst und doppeltem Fensterwagen 18. Jh. Ofen 1795. – Gasthaus zum Löwen, Fachwerkhaus mit enggeriegeltem Giebel, frühes 19. Jh.

HELDSWIL. Kath. Kapelle St. Katharina. Erb. kurz vor 1489. Renov. 1870–80 und 1950. Dem 3seitig schliessenden Bau wurde 1968 westl. in gleicher Firstrichtung ein niedrigerer Vorbau angefügt und ein neuer Dachreiter aufgesetzt. Wohl aus Klosterbesitz (Ittingen?) stammen die guten Statuen St. Agatha und St. Barbara um 1760. Ländlich-barocke Kreuzwegstationen. Glocke von 1547.

HOHENTANNEN. Im Dorf und seiner Umgebung sehenswerte Riegelbauten des 17.–19. Jh., vielfach noch mit Gittermusteröfen der Hafner Germann aus Bleiken. – Hummelberg, Haus Nr. 77 mit ausgemaltem Zimmer E. 17. Jh. (mächtige Rankenkandelaber); Umbau 1835. – **Schloss Oettlishausen.** Nordwestl. des Dorfes am Hang über der Kistenmühle-Kradolf gelegen. Sitz gleichnamiger Ministerialen, ab etwa 1300 der Schenken v. Castell. 1590 veräusserte Jörg Gabriel Schenk zu Glattburg Oettlishausen seinem Schwager Laurenz Zollikofer v. Altenburg, 1680 kam es an die Werdmüller, 1726 an die v. Muralt. Ab 1835 wechselnde Besitzer, seit 1953

Landschulheim der Stadt Zürich. An den Bergfried des 12.–13. Jh. wurde um 1590 ostwärts ein neues, breiteres, im 18. und 20. Jh. mehrfach umgestaltetes Wohnhaus gefügt; Bandelwerkdecken. – **Schlosskapelle** St. Michael, ausserhalb der Umfriedung erbaut im 12.–13. Jh., renov. 1961. Der Bau mit roman. Luziden besteht aus dem firstniedrigeren und eingezogenen quadratischen Chörlein, das ein Rundbogen mit gemaltem roman. Rankenfragment vom Schiff scheidet. Leistendecke mit Spitzbogenenden und Kerbschnittfriesen, gemalten Sternen und Wappen, um 1500, desgleichen Hans Haggenbergs Fresken im Altarhaus: Muttergottes mit Wappen und Figuren der Stifter (Schenk), Hl. Bernhardin vor Stadtansicht, St. Michael, Ölberg, Christophorus und Taufe Christi. Taufstein 1657, Rorschacher Arbeit nach Vorbild des Taufsteins von St. Mangen-St. Gallen. Fragmente von Epitaphen der Familie v. Muralt 18.–19. Jh. – Zwischen Oettlishausen und Bischofszell der Landsitz Heidelberg. Das 2geschossige Gebäude mit Walmdach wurde 1744–45 durch Jak. Grubenmann und Georg Held für Leonhard v. Muralt-Egger erstellt. Es liegt unterhalb der Burgstelle der Herren v. Heidelberg, deren Feste 1403 in den Appenzellerkriegen zerstört worden war.

***BISCHOFSZELL** (Abb. 194, 206). *Auf einer Terrasse am Fusse des Bischofsberges über dem Zusammenfluss von Sitter und Thur gelegenes Landstädtchen. Seine erhaltenen Gassenbilder werden durch spätgotische, vor allem aber spätbarocke Bauten bestimmt.* Der älteste Stadtteil Im Hof bildete sich um das Chorherrenstift und die Kollegiatskirche, die von einem der Konstanzer Bischöfe Salomo spätestens 919 angelegt worden sind. Durch eine Burg gesichert, als Stützpunkt gegen St. Gallen ausgebaut und früh mit wirtschaftlichen Vorrechten begabt, erhielt die geschlossene Siedlung von Bischof Eberhard v. Waldburg um die M. 13. Jh. Stadtrechte. Gleichzeitig siedelte er in bewehrten Freihöfen Leute des umliegenden Adels an und erweiterte die Ummauerung ringförmig um den östl. Marktbezirk. Die Häuser lehnten sich zunächst an die Umfassungsmauer, gingen später in ihr auf und bildeten mit der Binnenüberbauung des Dreieckmarktes die Markt-, die Tuch- und die Kirchgasse. Die sich ausserhalb des östl. Torturmes (Bogenturm) entwickelnde Vorstadt wurde nach ihrem Abbruch in den Appenzellerkriegen 1437 wieder aufgebaut und mit Grubplatz, Rossmarkt, Gerbergasse, Hafnergasse, Obergasse und Stadelgasse in die Befestigung einbezogen. Die Eroberung des Thurgaus durch die Eidgenossen (1460) und die Reformation bewirkten einen empfindlichen Abbau der bischöflichen Hoheitsrechte, insbesondere seit Bischofszell ab 1587 durch eidg. Obervögte verwaltet wurde, ab 1619 die Katholischen Orte Anwärter auf die Chorherrenpfründen stellten und das Diessenhofer Traktat 1728 die konfessionell parität. Ämterverteilung brachte. Der letzte von 3 grossen Stadtbränden zerstörte 1743 an die 70 Häuser zwischen Kirche und Bogenturm. Dank dem seit dem 16.–17. Jh. blühenden, international gewordenen Leinwandhandel wurden die zerstörten Gassen nach Plänen der Gebr. Grubenmann neu gestaltet. 1798 Anschluss an den Kt. Thurgau, 1848 Aufhebung des Chorherrenstiftes. – **Kath. Pfarrkirche St. Pelagius** (Ortsplan, 1),

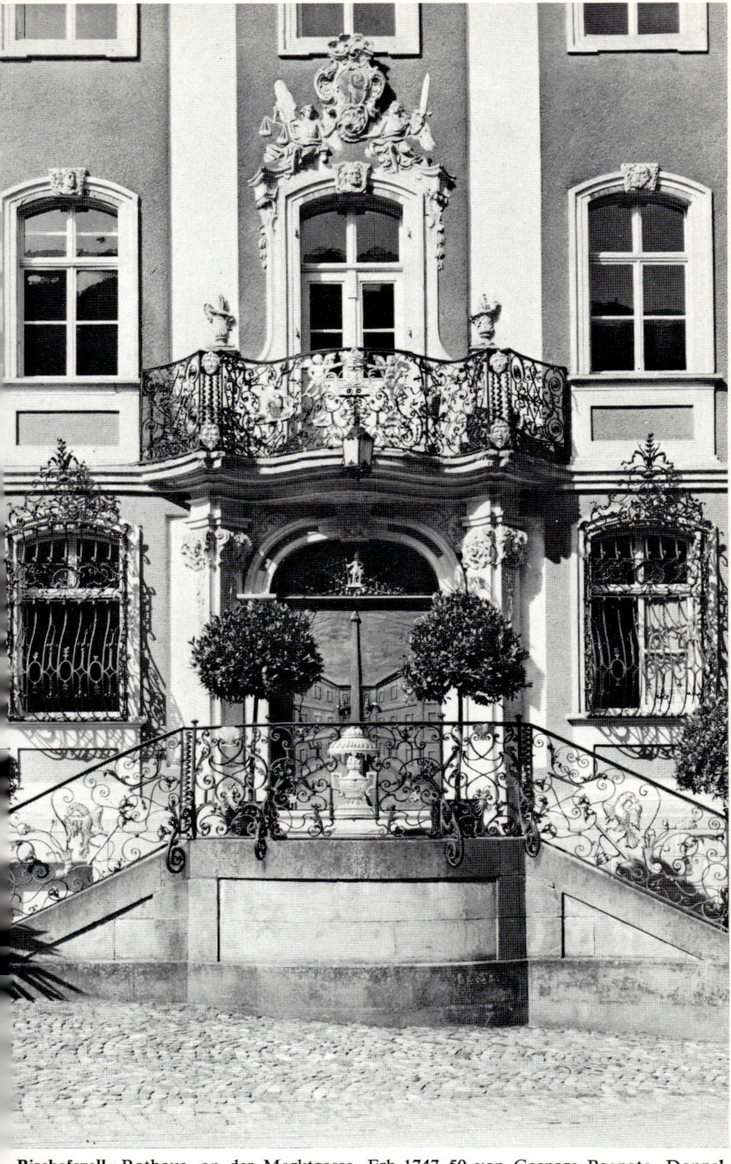

Bischofszell. Rathaus, an der Marktgasse. Erb. 1747–50 von Gaspare Bagnato. Doppel-ge Freitreppe mit virtuos geschmiedetem Geländer von Isaak Lauchenauer (644)

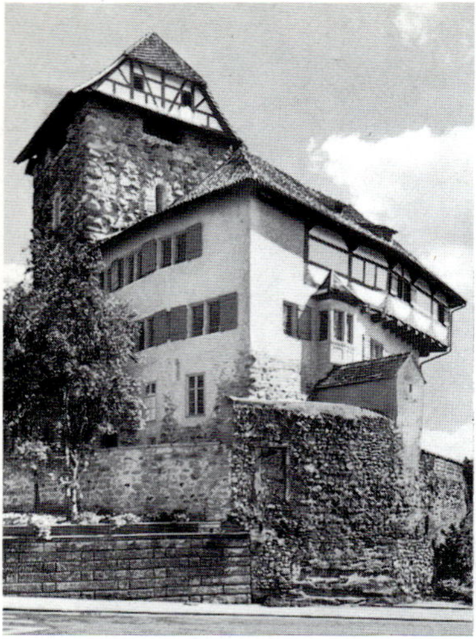

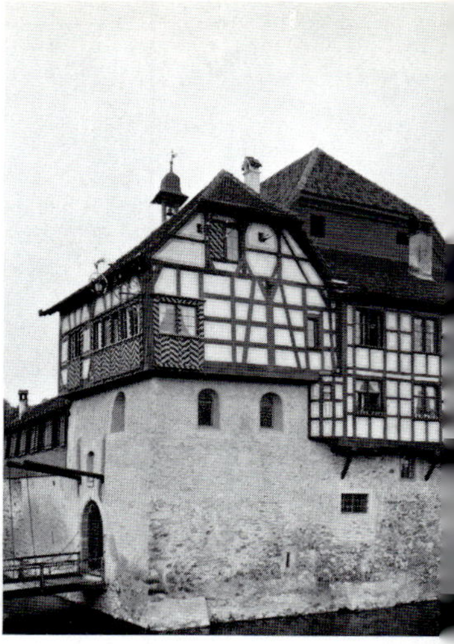

195. **Frauenfeld.** Schloss, kant. historisches Museum. Bergfried frühes 13.Jh., mit Findlin mauerwerk. Überkragende Wohnbauten über dem Palas um 1500 (608)

196. **Hagenwil.** Eine der besterhaltenen Wasserburgen mit Zugbrücke von 1741. In der 1 13.Jh. durch Rudolf d.J. v. Hagenwil erbaut. Fachwerkbauten M.16.Jh. und 1786 (650)

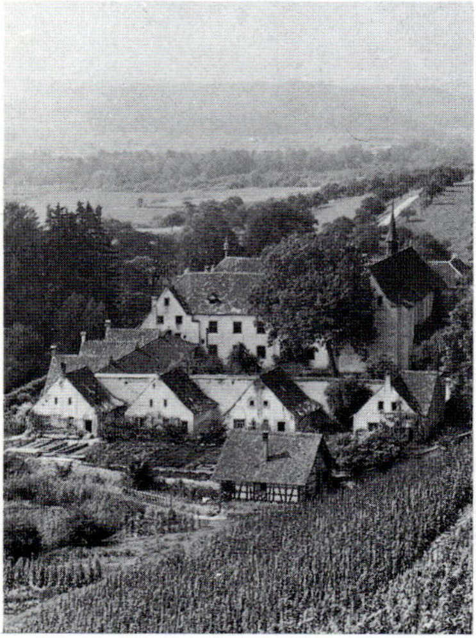

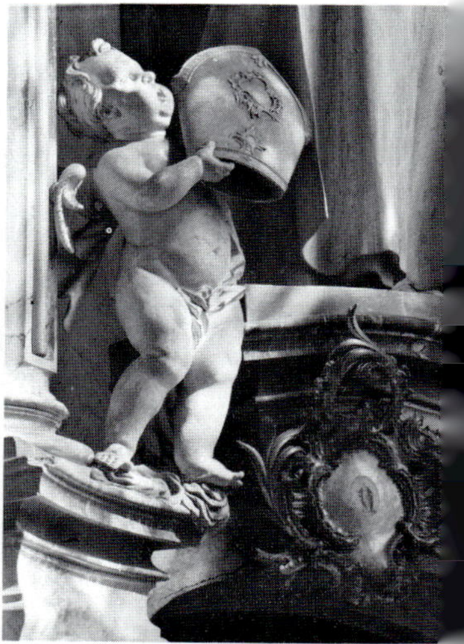

197. **Ittingen.** Ehem. Kartause. Klosteranlage M.16.Jh., im 18.Jh. vollendet. Kirche 1549 Die Ausstattung eine der reizvollsten Schöpfungen des schweiz.-süddeutschen Rokokos (62

198. **Ittingen.** Ehem. Kartause. Kirche. Putto aus dem Ensemble des Rokokohochaltars, 1 von Mathäus Faller, unter wahrscheinlicher Mitarbeit der Brüder Gigl (629)

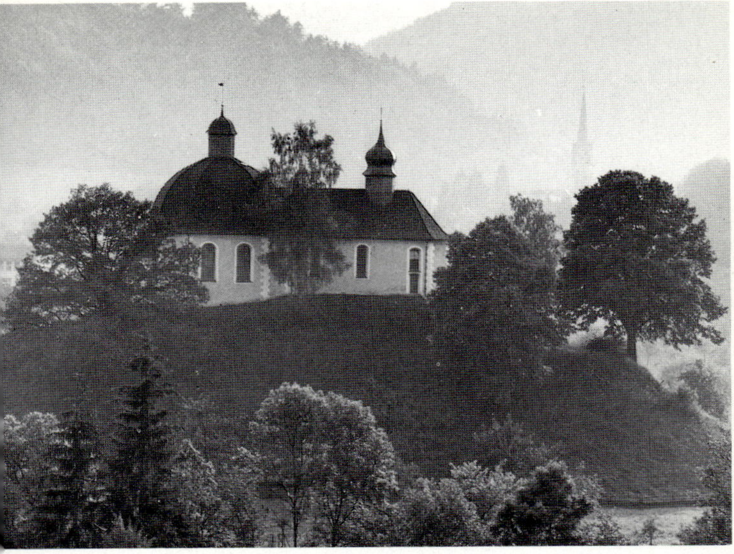

*. **Oberwangen.** Kapelle St. Martinsberg. Anlage auf das 10. Jh. zurückgehend. Der got. Chor
3 und 1727 von Johann und Jakob Grubenmann durch Kuppelbau erweitert (618)

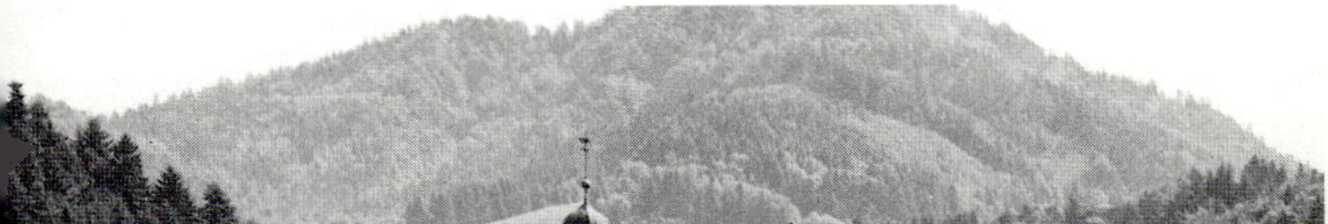

Fischingen. Ehem. Benediktinerabtei. Ansicht von NO. Klosterkirche 1685–87, Iddakapelle
5–08, Psallierchor und Kantorei 1753. Turm 1587, im 18. Jh. erhöht (618–623)

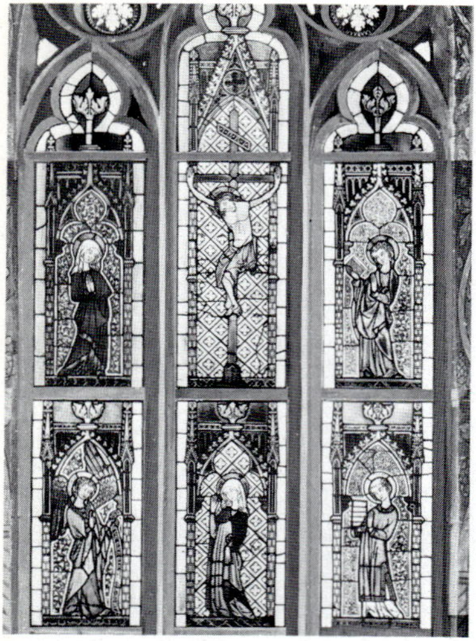

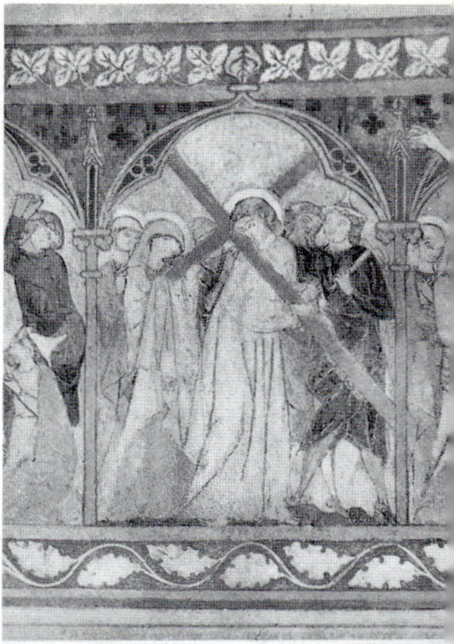

201. **Frauenfeld-Oberkirch.** Parität. Kirche St. Laurenzen. Glasgemälde im Chor, um 13
Christus am Kreuz mit Maria und Johannes und Verkündigung Mariä mit St. Laurentius (6

202. **Altnau-Landschlacht.** Kapelle. Hervorragende got. Ausmalung. S-Wand: Kreuztrag
aus dem Passionszyklus eines Konstanzer Meisters des 2. V. 14. Jh. (Schwebender Stil) (6

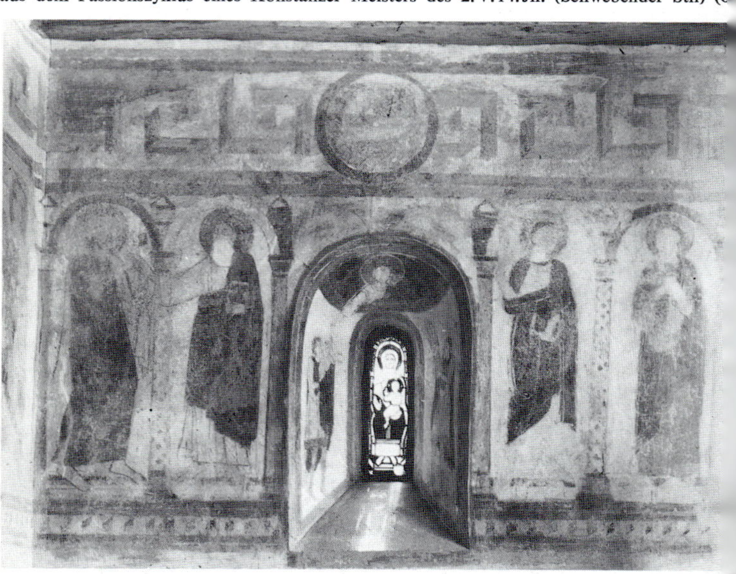

203. **Degenau-Blidegg.** Kapelle St. Nikolaus und Magdalena. Roman. Wandmalereien im A
haus. Christus überreicht Petrus die Schlüssel, assistiert von den Aposteln. M. 12. Jh. (646)

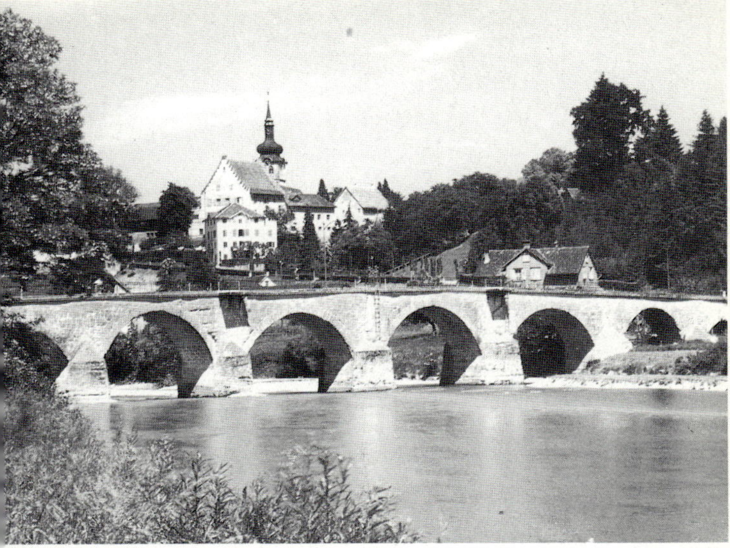

. **Bischofszell.** Thurbrücke mit Blick auf Schloss und kath. Pfarrkirche St. Pelagius. Eine beachtlichsten spätmittelalterl. Brückenbauten der Schweiz, vollendet 1487 (645)

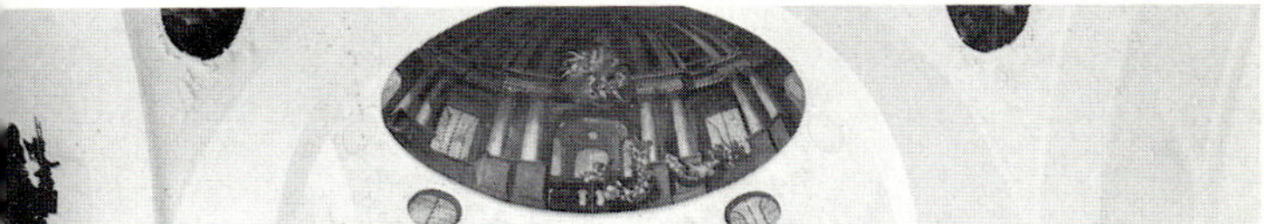

Münsterlingen. Ehem. Klosterkirche. Erb. 1711–16 von Ignaz Beer. Deckenbilder 1719–22 Jakob Carl Stauder, fünf Altäre von Hans Georg Greising 1736, Chorgitter 1735 (659f.)

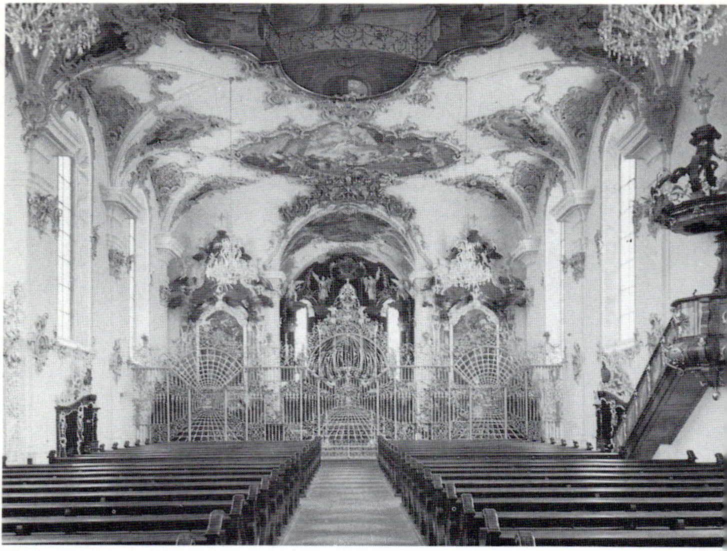

206. **Kreuzlingen.** Ehem. Augustinerstift. Klosterkirche St. Ulrich und St. Afra. Erb. 165(von Stephan Gunertsrainer und Melchior Gruber; Rokoko-Ausstattung 1764 (660–663)

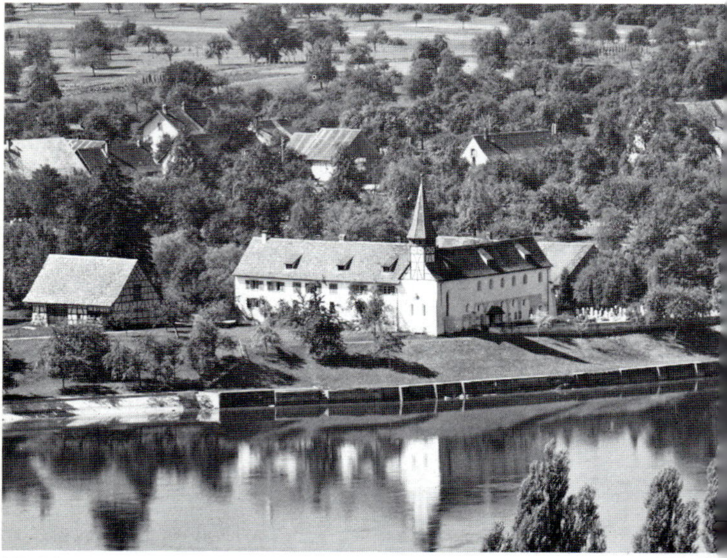

207. **Wagenhausen.** Ehem. Benediktinerklösterchen. 1083 gestiftet. Die heutige ref. Pfarrk 1083–87 als querschifflose Pfeilerbasilika erbaut, O-Wand des Altarhauses 16. Jh. (677f.)

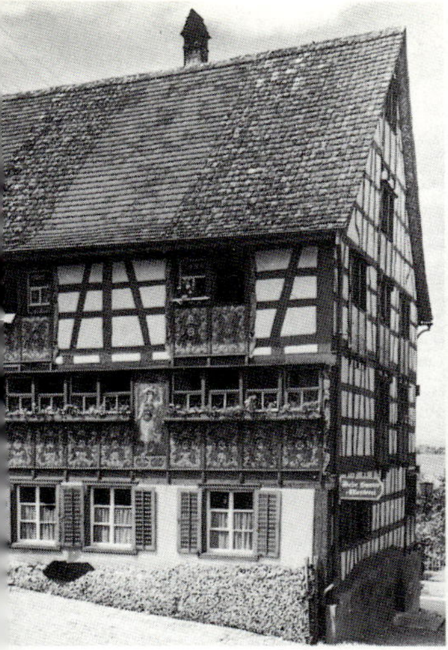

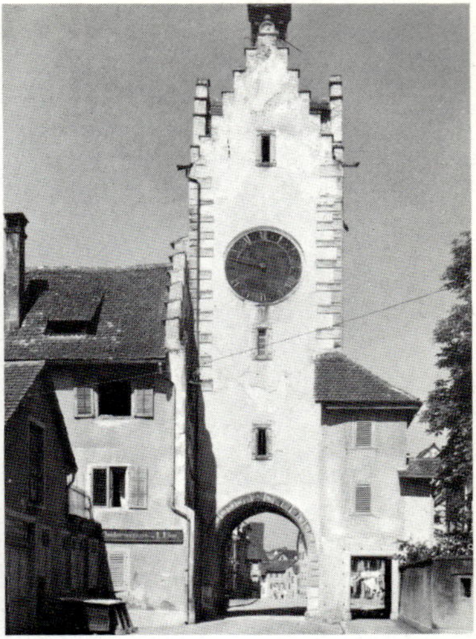

. **Ermatingen.** Kehlhof. Riegelbau, errichtet 1694 durch Bürgermeister Ammann, erweitert
ı. Im Innern Gerichtssaal mit Wabendecke und Täfer aus der Bauzeit (669)

Diessenhofen. Siegelturm. Als Binnenturm erb. 1545–46 durch Martin Heünsler für Archiv,
· und Zeitglocke, die im Glockenträger über dem Spitzhelm hängt (679)

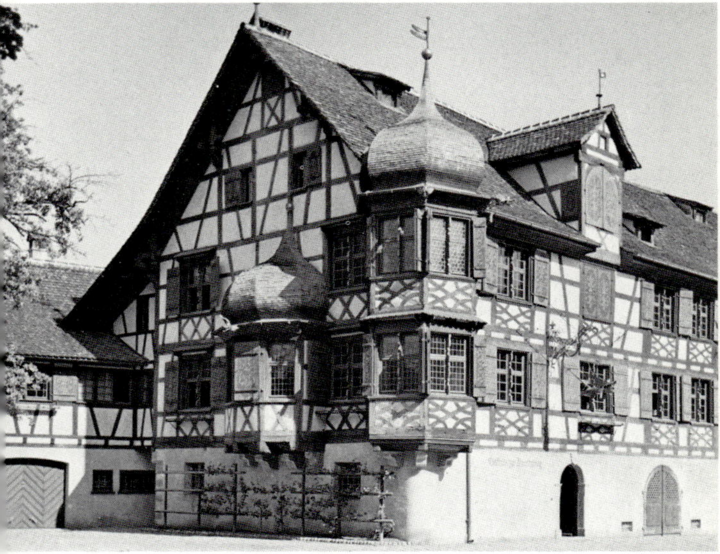

Gottlieben. Drachenburg. Als eichengeriegeltes Oberes Steinhaus 1674 errichtet und mit reizvollen zwiebelbekrönten Erkern ausgestattet, der zweistöckige wohl erst 18. Jh. (668)

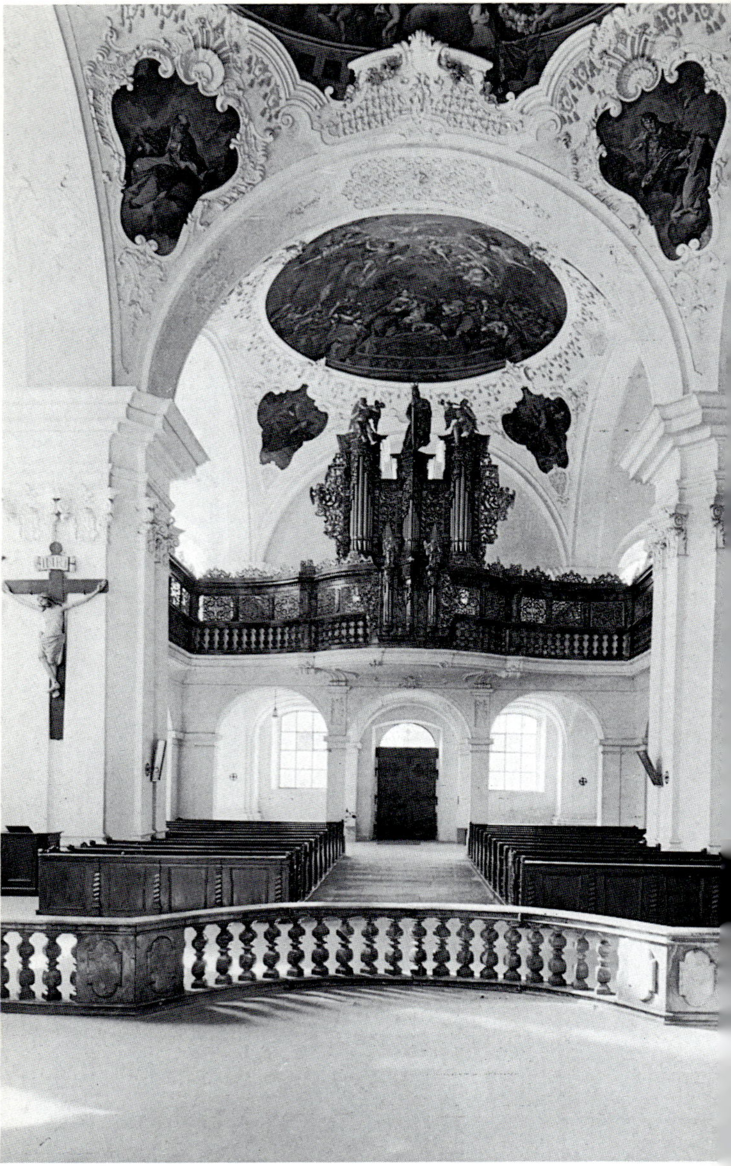

211. St. Katharinental. Ehem. Klosterkirche. Eine der ausgewogensten Raumschöpfungen vorarlbergisch-schweiz. Barocks. Erb. 1732–35 von Joh. Michael Beer von Bleichten (683-

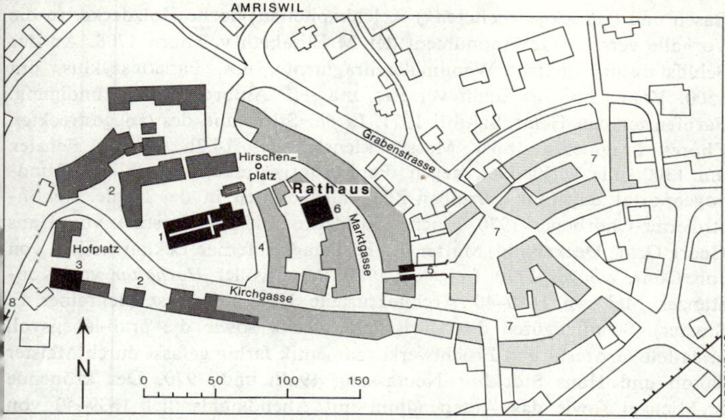

Ortsplan Bischofszell

1. Kath. Pfarrkirche St. Pelagius. – 2. Hof-Quartier. – 3. Schloss. – 4. Markt-, Kirch- und Tuchgasse. – 5. Bogenturm. – 6. Rathaus. – 7. Vorstadt. – 8. Thurbrücke

urspr. Kollegiatskirche des Chorherrenstiftes, aber seit dem 13. Jh. auch Stadtkirche, parität. 1535–1968. Die 3schiffige Pfeilerkirche des 10. Jh. schloss mit einer Apsis und erreichte etwas nach O verschoben schon die Ausmasse des heutigen Schiffes. Wenig später 1. Verlängerung nach W (Begräbnisvorhalle?). Um 1300 Teilerneuerung des Schiffes (Obergadenfenster), Bau der Muttergottes- und der Allerheiligenkapelle als Flanken eines langen Rechteckchores, dem um M. 14. Jh. der (1864 abgetragene) Lettner vorgesetzt und im 14. Jh. auch die 3 Lanzettenfenster der Stirnseite eingefügt wurden. Umgestaltung durch Michel Savoy (?) (Achtkantpfeiler mit umgearbeiteten ältern [?] Basen und Kapitellen) und Turmbau um 1400. Die Renovationen von 1590–92, 1640–42, 1714–16 und 1756 änderten architektonisch nicht mehr Wesentliches; hingegen wurde 1708–09 die kuppelüberwölbte Sakristei und Beichtkapelle durch Jos. Kreugel dem Chore östl. angebaut, und 1823–26 zimmerte Joh. Christoph Wehrli anstelle des bisherigen Spitzhelms über umgestaltetem Glockengeschoss den Zwiebelhelm mit Laterne. Die ab 1864 erfolgte neogot. Einkleidung (Pläne von Tobias Hurter, David U.E. Kessler, Ausführung Friedr. Braun) sowie die Renovationseingriffe bei der Allerheiligenkapelle 1877–86, beim Chor von 1866 und 1905–06 (Albert Rimli) und beim Schiff von 1921 (Adolf Gaudy) werden durch die jetzt laufende Restaurierung weitgehend getilgt, einzig die neogot. guten Masswerke wurden bewahrt und in der 1866 erbauten und neugot. belassenen Muttergotteskapelle das ehem. Hauptportal (Eusebius Müller) aufgestellt. Abgewalmte Verlängerung des Schiffes nach W um die Tiefe des ehem. Vorzeichens 1968–69 durch Franz Bucher, Bronzetüren von Werner Jans. Im dreischiffigen Langhaus Spitzbogenarkaden, getragen von achtseitigen Steinpfeilern mit altertümlichen, attisch profilierten

Basen und (zurückgearbeiteten?) Kelchkapitellen; flache Holzdecke. In die Vorhalle versetzt Grabmonument der M. Elisabeth v. Thurn 1708. An der Schiffsüdwand spätgot. Wandmalereifragmente, u.a. Passionszyklus, um 1500. Vom Chor ins Schiff versetzt, u.a. Hl. Ambrosius, Verkündigung. Farbfenster von Heinr. Stäubli 1971. In der Stirnwand des langgestreckten Chores Fragmente dreier Masswerkfenster des 14. Jh., nördl. Fenster um 1300, alle verblendet, gegen die Muttergotteskapelle schönes Rundbogenportal ungefähr derselben Zeit mit Rosetten in der Kehle. Rekonstruierter Chorbogen 1970. Flache Gipsdecke mit Rokokostuck von Hans Georg Graf; Deckenbild, Marter des Hl. Pelagius, ferner Eckkartuschen von Joh. Conr. Wenger 1770, freigelegt 1970. Prachtvoller *Hochaltar* von Konstanzer Meistern 1639–40, Architekturteile Holz, ungefasst (Schreiner F. Storrer), Schnitzfiguren des Christoph Schenk sowie die prall-lebensvoll gestaltete Grotesk- und Fruchtwerkornamentik farbig gefasst durch Meister Jakob und Hans Stöcklin; Neufassung 19. Jh. und 1970. Der krönende St. Michael sowie das Antependium mit Abendmahlsrelief 1839–40 von Maximin Wirtensohn. Altarbild um 1640 von Sebastian Eberhard. Spätgot. Altarflügel von Casp. Hagenbuch 1535 im Ortsmuseum deponiert. Lebensgrosser, urspr. Lettnerkruzifixus 2. H. 16. Jh. Doppelseitiges Chorgestühl, urspr. je 10 Vorder- und 11 Dorsalsitze, Nussbaum, 20 Sitze in fein geschwungenen Formen, z.T. mit Rocailleschnitzerei (Türen, Pilaster) und krönenden Doppelmuscheln 1769. Priestersitz in Stuckmarmor 1770 von Hans Georg Graf. An der äussern N-Wand grosser Christophorus. – Südl. Allerheiligenkapelle, über dem durch Rundbogen geöffneten Kultraum des Erdgeschosses tonnenüberwölbter Archivraum. In den Wänden sog. Schalltöpfe. Westl. Vorraum mit spätgot. Wandmalerei: Fragmente eines Jüngsten Gerichts und der Marter der 10 000 Ritter. – Nördl., neugot. Muttergotteskapelle mit Kreuzgewölbe, zugekauftem neogot. Altar, gute Epitaphe u.a. Rüepplin von Kefikon 1767 und Kustos Dominikus v. Schorno 1760. In einem der Masswerkfenster eingelassen Bischofszeller Stadtscheibe aus Sitterdorf, Stillhart-Schule 1517. – Östl. Sakristeibau von querrechteckig ausgerundetem Grundriss. Kuppeldach mit halber Laterne. Flach überwölbter Innenraum. Stuckierung von Nikolaus Frey. Altargemälde des Hl. Johannes Nepomuk, gemalt vor der Kanonisation 1729, üppiger Federwerkrahmen mit Wappen des 1736 verstorbenen bischöflichen Generalvikar J. Franz Schorno. Gute Einzelplastiken des 17. und 18. Jh. – Reicher *Kirchenschatz*, vornehmlich des 17.–18. Jh.: Kelche von Konstanzer, Bischofszeller Wiler, Glarner, Zuger und Augsburger Meistern, besonders zu erwähnen de Kindlimordkelch von Hans Georg Ohnsorg 1712–13. Augsburger Monstranz um 1700, Lavoir E. 17. Jh., Lavaboplatte und Kännchen um 171 von Joh. oder Heinr. Dumeisen, Püntiner-Chorampel 1694 von Heinr. Dumeisen. Vortragekreuz E. 16. Jh., Altarkreuz 1688 von Jos. Wieland, Wi Leuchter von 1678–88 von Wolffriedr. und Hansjak. Zwinger, Bischofszel Missale-Prunkeinband 1714 von Jos. Ant. Schaller, Überlingen. Ornat von 1614 und aus dem 18. und 19. Jh. – **Michaelskapelle.** Zweigeschossig ehem. Beinhauskapelle. Kern 14. Jh., östl. bündig verlängert um das pol gonale Altarhaus, um 1469; Rest. 1971–72. Dachreiter neu. Spätgot. Wandmalerei (u.a. Gallus, Magdalena, Katharina, Barbara), im Untergeschoss Jüngstes Gericht. Mehrfach renovierter Altar von 1602, Stiftung des Jak. Menne (Auferstehungsrelief, Pelagius, Jakobus), Vesperbildrelief mit 3 Blarer-Wappen, nach 1530 wahrscheinlich von Ulr. Rysse geschaffen. Gemälde St. Michael 1731 von Jak. Carl Stauder, ferner vom ehem. Lettner 4 Passionsszenen, Werke des Joh. Brandenberg 1710. Epitaph Anna Bridler-Falk mit Kreuzabnahme von Ulr. Rysse 1614. Altarteile von Moritz Girtanner 1617. – **Ref. Johanneskirche,** im Nagelpark. Erb. 1968–69 von Benedikt Huber. Glasgemälde von Gian Casty. – *Profanbauten im westl. Hof-Quartier* (Ortsplan, 2) mit ehem. Stiftskirche und Schloss sowie ehem. Chorherrenhäusern und Freihöfen. – **Schloss** (Ortsplan, 3). Urspr. bischöfliche Burg. Der Bergfried des 12.–13. Jh. 1843 geschleift. Unterbau des der Umfriedung aufsitzenden Wohnhauses 13. Jh., Oberbau nach 1419, Staffelgiebel mit Blendbogen nach 1494, O-Anbau 1813. Der Renovation von 1931 fiel das roman. Portalgewände und ein Teil der enggereihten frühgot. Lanzettfenster zum Opfer. – **Ref. Gemeindehaus,** Hofplatz Nr. 7. Das ehem. Gasthaus zum Goldenen Adler erb. um 1720. Im 2. Stock Festsaal mit Régencestukkaturen und einem buntbemalten Steckborner Turmofen von Hans Heinr. Meyer 1744. – Ausser verbauten got. Häusern an der *Schattengasse:* der Chorherren- oder Blarerhof, Nr. 12. Roman. Unterbau aus der Zeit vor der Stadtgründung; Aufbau got., 1702–04 umgestaltet, dann mehrfach, zuletzt 1961 verändert. Saal mit Stuckwappen 1704. – Kath. Pfarrhaus, Nr. 2. Alter Freihof, im 14. Jh. vielleicht Kapitelhaus. Umbauten 1760–61, Pfarrhaus seit 1848. Stuckdecken von 1760–61. Von der Ausstattung erwähnenswert: Blau-weiss bemalter Turmofen 1761 von Hans Jak. Gonzenbach; Pfarr- und Chorherrenbildnisse, religiöse Gemälde, u. a. von Balthasar Riepp 1749, Tafeln eines von Moritz Girtanner gemalten Altars von 1617, Muttergottesbildwerk 2. V. 16. Jh. – Haus Nr. 7. Neue Stiftsamtei, ehem. Chorherrenhaus. Auf ältern Fundamenten im 16.–17. Jh. erstellter Fachwerkbau, Umbauten 1912 und 1957. Fragmente bemalter Türen M. 18. Jh. – *Markt-, Kirch- und Tuchgasse* (Ortsplan, 4). Mit Ausnahme des sog. Bürgerheimkomplexes und des untern Teils der Kirchgasse nach dem Stadtbrand von 1743 neu erbaut aufgrund eines Gesamtplanes der Brüder Ulr., Jak. und Joh. Grubenmann; diese führten vor allem einige bedeutsame **Häuser der Leinwandherren** selbst aus. An der Marktgasse die Nrn. 4, 5, 7–9, 12, 14, an der Kirchgasse die Nrn. 5, 7–9, 25. Die häufige Verbindung von hochgeführten Staffelgiebeln mit steilen Mansartdächern über Kehlen und die altertümliche Reihung von Fenstern sind weniger Stileigentümlichkeiten als Furcht vor nochmaligen Feuerkatastrophen und Folge des Lichthungers der sehr tiefe und gefangene Räume haltenden Häuser, welche deshalb die Balustertreppen um 3- oder 4seitige Lichtschächte hochwinden. Im obersten, meist höhern Stockwerk oft geräumige Musik- und Festsäle, reicher Wessobrunner Stuck und bemalte Steckborner Öfen. – Bürgerheim, ehem., 1379 hierher verlegtes Heiliggeistspital, Nr. 36 am W-Ende der Marktgasse (Hirschenplatz). Die Gebäude des 15. Jh. und von 1507f. überdauerten den

Stadtbrand von 1743. Zwischen Treppengiebeln breit gelagert; in der Erdgeschosshalle Steinsäulen, Bürgerarchiv mit Ratskannen des Bartholomäus Rietmann 1678. Im Gang des Obergeschosses versetzte Fenstersäule mit Stadtwappen von 1510; Bürgerratsstube mit reichgeschnitztem Schrank von 1653, Historienbilder von Joh. Gottlieb Löhrer (1791–1840). – *Marktgasse Grabenseite.* Grubenmann-Bauten Nrn. 6, 7 und 8; Nr. 6 das zeitweilig von Othmar Schoeck bewohnte Zwingerhaus. Beidseits des Bogenturms je 2 weitere Grubenmann-Bauten; in Nr. 4 das Ortsmuseum (s. S. 645), in Nr. 6 führt die Treppe zunächst mit schmiedeisernem Geländer über die Durchfahrt zum Leinwandgewölbe von 1609. – **Bogenturm** (Ortsplan, 5). Urspr. Aussenwerk des 13.–14. Jh., nach Ummauerung der Vorstadt 1437 Binnentor und Zeitglockenturm, Umbau 1. H. 16. Jh. Die Wiederherstellung nach 1743 durch Hans Conr. Lieb und Joh. Grubenmann brachte einen neuen Dachreiter mit Zwiebelhelm. Anlässlich der Rest. 1945 Plattenmosaik, Heimkehr tapferer Bischofszeller aus der Schlacht am Gubel 1531, von Carl Roesch. – *Marktgasse Innenseite.* Nrn. 7 und 9, Rosen- und Weinstock, 1743–45 erbaut durch die Brüder Grubenmann für Jak. Christoph Scherb. Symmetrisch angelegtes Doppelhaus, rundbogige Eingänge, mit Hauszeichen und schönen Türen über Freitreppen zu beiden Seiten der axialen Scheidewand; diese setzt im Quergiebel aus zur Aufnahme des in beide Haushälften übergreifenden, schön stuckierten Musiksaales. Erdgeschoss des oberen Hauses 1845 zur Apotheke ausgebaut, als Hauszeichen von der Diethelmschen Offizin übernommen Löwe mit Mörser 18. Jh. Inneres 1882 von Albert Libiszewski mit Panneaux ausgemalt, die Pharmakologika in die Dekoration einbezogen. 1914–57 Besitz von Armin Rüeger, dem Textdichter und Freund Othmar Schoecks. – **Rathaus*** (Ortsplan, 6; Abb 194). Erbaut von Gaspare Bagnato 1747–50. Der 3geschossige Kubus steigt über quadratischem Grundriss zu stark vorspringendem Mansart dach auf und ist wegen Brandgefahr durch seitliche Portalmauern frei au der Gassenzeile herausgehoben. Kanten und Mittelfeld der flächigen Fassade von Quaderlisenen gesäumt, so dass zwischen die 1achsigen Flügel de von Putzstreifen gegliederte 3achsige Mittelteil geschoben erscheint, welcher sich als Frontgiebel über dem Dachvorsprung fortsetzt. Rahmenteil urspr. lachsrot, Felder weiss. Doppelläufige Freitreppe mit virtuos geschmiedetem Geländer von Isaak Lauchenauer. Von Chronogramm umzogenes Portalgewände, dessen rocailleumschnörkelte Plastik in 4 Köpfen di Jahreszeiten personifiziert; Werke des Ferd. Schratt und Lorenz Wiese die auch das Janusgesicht und die Klassikerköpfe in den Scheitelsteine von Portal und Stichbogenfenstern sowie die Figuren der Stärke und Ge rechtigkeit im Wappenfrontispiz der Balkontüre schufen. Portalflügel m origineller Scheinperspektive von Franz J. Ott; Türklinken in Form vo Meerjungfern. Fensterkorb- und Balkongitter von Benjamin Wehrli. Im In nern geräumiges Treppenhaus mit Balustraden; Deckenstuck in den Gän gen von Lorenz Wieser, im Bürgersaal des obersten Stockwerkes von Fran cesco Pozzi und Söhnen. – *Kirchgasse.* Nrn. 5–9, Häuser der Leinwandhe ren Daller, als Baueinheit von Wohn-, Gäste- und Kontorhaus, 1744–4

durch die Grubenmann aufgeführt. Wiederum die typischen, der Bewegung des Mansartdaches folgenden Treppengiebelschilde; die Scheidemauer des Wohn- und des Gästetraktes endet hier in der Seitengiebelspitze, Balustertreppen um die Lichtschächte, Nussbaumtäfer, Régencestukkaturen von Wessobrunner Meistern vor allem in den Musiksälen des Dachgeschosses. Zwei Steckborner Öfen aus der Meyer-Werkstatt 1744–45 mit Malereien von Rud. Kuhn. – Haus zur Zorn, Nr. 8. Sitz einer 1784 gegründeten, 1798 politisch wichtigen Druckerei, der ersten im Thurgau. Über den Fundamenten vermutlich des mittelalterl. Marktwachturmes erb. 1743–44 durch Steinmetz Georg Held, der in rustikaler und in Bischofszell alleinstehender Weise die beiden Obergeschosse durch eine grosse Pilasterordnung gliederte. Portal mit Sprenggiebel und ovalem Oberlicht. Fenstersäule. – Haus Nr. 21. Hauszeichen mit Bäckerbrezel 1515. – Haus Nr. 25. Grüner Hof. Anstelle eines Freihofes der Herren v. Anwil neuerb. 1744 von den Brüdern Grubenmann. Langrechteckiger Lichthof mit Balustertreppe. – Hof, Nr. 35. Ehem. Bürklerscher Freihof. Substruktionen aus der Zeit vor der Stadtgründung mit spätern Fachwerkaufbauten. Unter Propst Blarer begann 1586 ein Ausbau, der 1606 wiederaufgenommen und 1623 beendigt wurde. Fenstervergrösserung 1775; Renov. 1960. – Unter den Bauten der *Vorstadt* (Ortsplan, 7), vornehmlich des 16.–18. Jh. (ältere Substruktionen), besonders bemerkenswert das Gasthaus Krone, Eckhaus Neugasse Nr. 18; zusammen mit dem Haus Nr. 16 schöne Riegelbaugruppe. «Krone» im 17.–18. Jh. erb., letzte Renov. 1968; Nr. 16 im 18.–19. Jh. neu errichtet. Gegenüber Hotel Linde, Nr. 6, mit Ausleger von 1835; Haus Nr. 12, ehem. Zum Kreuz, mit Stuckdecken von 1720–30. Das Bezirksgebäude, einst Korn-, dann Schulhaus, 1852 erb. von Friedr. Braun.

Ausserhalb der Altstadt die **Thurbrücke*** (Ortsplan, 8; Abb. 204), *eine der beachtlichsten spätmittelalterl. Brückenbauten der Schweiz*, vollendet 1487. Die den im Flussbett liegenden Nagelfluhköpfen in gewundenem und gebukkeltem Lauf folgende 8jochige Steinbogenbrücke soll von einer Frau v. Hohenzorn zum Gedächtnis an ihre dort ertrunkenen beiden Söhne zollfrei gestiftet worden sein. Tatsächlich blieb die Brücke bis E. 18. Jh. gebührenfrei, und der Charakter einer Stiftung geht auch daraus hervor, dass der Bischof von Konstanz 1479 die Baupflicht nur im Abtausch gegen währschafte Freiheiten der Stadt überbinden konnte. Rest. als Fussgängerübergang 1972 ff. **Museum.** Ortsmuseum, im Haus Marktgasse 4 beim Bogenturm (s. S. 644).

UNTERES SITTERTAL: DEGENAU–HAUPTWIL

SITTERDORF. Schon zu röm. Zeit besiedelter Ort (röm. Villa 1861 in den Killwiesen ausgegraben) und zur Zeit des Minnesanges Sitz Ulrichs II. v. Singenberg. – Ref. Kirche, ehem. St. Martin, parität. 1567–1961. Beim Neubau von 1515 wurden Schiff und eingezogener polygonaler Chor an einen älteren, schon dem Vorgängerbau dienenden Turm angefügt. Der heute die SW-Ecke der Gebäudegruppe besetzende Turm erhielt Glockengeschoss und Schindelhelm um 1813; damals Umgestaltung des Innern im klassiz. Sinne. Anlässlich der Rest. 1963–64 wurde das 1829 von Jos. Ant.

Müller geschaffene Ensemble der Altäre, der Kanzel und des urnenförmigen Taufsteines auf die beiden letztgenannten reduziert und die Stukkaturen von 1813 nur am Plafond des Schiffes belassen. – Nordöstl. der Kirche das alte kath. Pfarrhaus, älteste Teile 1633, Fachwerkbau mit Fensterwagen und Zugläden um die SO-Ecke. – Kath. Marienkirche. Erb. 1959–61 von Fritz Metzger. Glasgemälde von Fritz Weigner. Aus der alten Kirche Kruzifixe und Kelche von Konstanzer, Wiler und Bischofszeller Meistern 17.–18. Jh. Zugekauft eine spätgot. Muttergottesfigur.

***DEGENAU-BLIDEGG** (Abb. 203). **Kapelle St. Nikolaus und Sta. Magdalena,** ca. 4 km östl. von Sitterdorf am alten Pilgerweg nach St. Gallen und an der Fähre über die Sitter gelegen. *Romanische Wandmalereien der höfisch-vornehmen Tradition der späten Reichenauer Schule.* Schiff und eingezogenes, würfelförmiges Altarhaus aus der Mitte 12. Jh. Sichtmauerwerk (Ährenverband, Fugenstriche); nach einem Brand wiederhergestellt zwischen 1577 und 1582; Sakristei-Anbau nördl. des Chores 1614; offenes Vorzeichen mit Fachwerküberbau für die Empore 1698. Rest. 1945–47, neuer Dachreiter. – *Wandmalereien**. Im Altarhaus unter T-Mäanderfries umlaufende, als Rahmen und Ornament aufgefasste Arkaden; darin Christus, der Petrus den Schlüssel überreicht (Lehr- und Hirtenamt der Kirche), mit den Aposteln (Abb. 203). In der Leibung des Stirnfensters unter Agnus Dei die Darstellung von Abel und Kain, wie sie das Gott wohlgefällige bzw. das von ihm zurückgewiesene Opfer darbringen. In der Leibung des Chorbogens fragmentarische Medaillons mit Darstellungen der 4 Paradiesesströme; eines übermalt durch einen frühgot. Markuslöwen. An der Chorbogenwand schwer erkennbare Reste von Szenen aus der St.-Nikolaus-Legende; links der Heilige steuert die 3 in der Loggia sitzenden Töchter mit Gold aus; rechts St. Nikolaus erscheint dem schlafenden Kaiser Konstantin, um die Befreiung dreier ungerecht gefangener Offiziere zu erwirken. Im Scheitel Muttergottes (Hodegetria), unten Reste von Monatsbildern. Die Malereien zählen zum Nachklang flächig otton., von neuer antiken und byzant. Einflüssen beruhigter Kunst. Auf dem würfelförmigen Altar Reliquienbüste der Hl. Magdalena, Ulmer Schule des frühen 16. Jh. Übrige Ausstattung 17.–18. Jh.; Epitaph der Reichsgräfin v. Thurn und Valsassina, gest. 1802. – Ehem. mittelalterl. Burg Blidegg, M. 19. Jh. abgebrochen; ein zugehöriger Riegelbau des 17.–18. Jh. wurde 1918 zum sog. Schloss ausgebaut.

ZIHLSCHLACHT. Ref., einst St. Afra geweihte Kirche. Grundbestand 14. Jh., nach 1713 durch Wolfgang Kreis erweitert, 1823 Frontturm durch Josef Germann anstelle eines Dachreiters errichtet. Verschiedene Renov., zuletzt 1944–45. – Gerichtshaus nahe der Kirche, erb. 1740, renov. 1920. – Zahlreiche bemerkenswerte Bauern- und Herrschaftshäuser, meist in Fachwerkkonstruktion: Nr. 32 mit durchlaufendem Fensterwagen 17.–18. Jh. Nr. 105, ehem. «Krone», erb. 1835; Nr. 128, Kehrgiebelbau 18.–19. Jh. Kreisenau, 1822 erbauter Landsitz mit mauerverkappten Riegelwänden.

GOTTSHAUS. Kath. Pfarr- und Wallfahrtskirche St. Pelagiberg. An stelle einer spätroman., 1487 erweiterten Anlage 1888 durch den Architekten

Studerus aus Augsburg erbaut. 1955–56 modernisiert von Hans Burkard. Kopie des Einsiedler Gnadenbildes um 1663; Sebastiansstatue gegen 1600. Kirchengeräte des 18.–19. Jh.

HAUPTWIL. Genannt um 1415, damals lediglich Gerichtshaus und Jagdhaus der Herren zu Blidegg, Mühle und vier Bauernhäuser am Ende («Haupt») von künstlich gestauten Karpfenteichen und Mühleweihern. Siedlung 1664–71 durch die Familie Gonzenbach zum Leinwandindustriedorf ausgebaut. – Ref. Kirche. 1886–88 von Emil Kessler im Anker-Baukastenstil erstellter Backsteinbau, 1948 umgestaltet und maskiert von Emil Hunziker. Aus der Schlosskapelle Orgelprospekt mit dichten Ranken, Füllhörnern, Fruchtgehängen und Engelsmotiven reich geschnitzt, um 1700, ebenso virtuos behandelt die Kanzel mit Pelikanfuss 1713, beide für das Schloss von Jak. Ammann geschaffen. – Kath. Kirche. Erb. 1967–68 von Franz Bucher. – **Oberes Schloss.** Am Südfusse des Bischofsberges auf künstliche Planie gestellter Bau, der, von ergänzenden Fabrikations- und Lagerhäusern hofartig umstanden, 1664–65 für die Gerichtsherren und Leinwandfabrikanten Gonzenbach als Wohnung, Verwaltungssitz, Kontor und Magazin in einem errichtet worden ist. (Jak. Gonzenbach leitete 1798 gemeinsam mit dem Färber Enoch Brunschweiler die Befreiung des Thurgaus ein.) Zum Altersheim umgestaltet 1953 durch Paul Büchi. Mächtiger Rechteckblock mit gemalten Eckquadern und originalen schwarz-weiss geflammten Volläden, der sich über dem Kellergeschoss zum Hochparterre, 2 Stockwerken und zu 2 Dachgeschossen erhebt, die im Satteldach und im hochgereckten Quergiebel Platz finden. Frühbarocker Landhaustyp mit 5achsigen Fassaden, Haupteingängen über Treppen der Giebelseiten und entsprechend in Firstrichtung durchlaufenden Gängen. Aus der Bauzeit geschnitzte Portale, mit Faltintarsien verzierte Türen und Täfer, skulptierte Kaminschürzen und Balkonkonsolen; schmiedeiserne Geländer. In den Gängen gefelderte Stuckdecken mit prallen Rosetten, Blumen- und Fruchtmotiven im Stil der Schaffhauser Höscheller-Werkstatt. In den Eckzimmern des Hochparterres Rokokostukkaturen um 1757, Steckborner Bilderöfen 1744–49 aus der Meyer-Werkstatt, blau bemalt von Rud. Kuhn. Der mittlere, kleine Saal klassiz.: Die Eckurne mit Sockel und entsprechenden Hinterlagen sowie die Nische mit dem Mantel eines Zylinderofens sind Stukkaturwerke von Lorenz Schmid 1786, ebenso die Sopraporten und die Decke (Jahrzeitreliefe). – Tortürmchen, das sog. Türmli, Dorf- und Schlosstor, erb. um 1670, rest. 1966. Der reizvolle Bau sitzt rittlings so über dem alten Kirchweg nach Bischofszell, dass er ihn durch ein asymmetrisch geführtes Tonnengewölbe geleitet. Auf dem Walmdach das Uhrenhaus mit erneuerten Zeittafeln und unter keckem Spitzhelm ein offener Rechen mit 3 Glocken von Joh. Rud. Schalch 1738–45. Uhr von Felix Bachofen 1672. – Oberhalb des Türmli die alte Schlosstaverne zum Trauben, 1665 datiert am Holzportal über der Freitreppe; stattlicher, 3geschossiger Riegelbau mit Quergiebeln. 1969–71 renov., nachdem der abbruchgefährdete Bau hatte um 25 m südwärts verschoben werden können. – Unterhalb des Türmli das kleine alte Schulhaus von 1772, verlassen 1842, Spritzenhaus seit 1906. – Kaufhaus. Als langgestrecktes Fabrikations- und Magazingebäude errichtet 1671, zum Wohnhaus der Gonzenbachschen Heinrichslinie umgestaltet 1783. Hier wirkte 1801 Friedrich Hölderlin als Hauslehrer der Familie Gonzenbach, die im 18. Jh. einen Mittelpunkt kulturellen Lebens geschaffen hatte. – Schlössli. Im 16. Jh. errichtetes Herrschafts- und Gerichtshaus. Turmartiges, 3stöckiges, in den obern Teilen in Fachwerk gefügtes, um 1830 erweitertes und umgebautes Gebäude mit Eckquadern; Renov. 1956. – Gemeindehaus. Erb. 1833. – Häusergruppe Nrn. 79–84, mit charakteristischen N-Lauben und Schleppgaupen. – Im W-Teil des Dorfes das sog. Rote Haus, Rocaillegitter der Freitreppe 1757 datiert, Raum mit Stuck derselben Zeit; Renov. 1936. – Spittel. 1735 erbautes Riegelhaus, urspr. Walche, 1787 Brunschweilersche Färberei, Umbau 1920–21. – Schadegg. 1666 im Kreuzgiebelverband errichtetes Fachwerkhaus. – Für die Bauweise des Dorfes ausser dem Riegelbau charakteristisch der um 1700 eingeführte Piséebau mit Wänden aus gestampftem Lehm: z. B. Obere Farb, 1833; Nr. 104, Schulhaus 1842; Nr. 18, Haus zur Rose; Rotfarb 1853 und weitere Bauten.

DIE AACH-SENKE UND DAS ARBONER HINTERLAND: HAGENWIL–ROGGWIL–OBERAACH

ERLEN. Weberei, Tuchhandel und Färberei brachten dem Dorf besonders im 18. Jh. ersten bescheidenen Wohlstand, der sich in einem Kirchenbau und einigen guten Bürgerhäusern äussert. – **Ref. Kirche.** Erb. 1764 von Joh. Ulr. Grubenmann; Renov. 1809 und, nach einer Fülle von kleinen Änderungen, 1954. Dreiseitig geschlossener Predigtsaal mit Frontturm. Flaches, zierloses Gewölbe; vom Stuck der Erbauungszeit (Hans Georg Graf) nur dürftige Reste in den Fensterscheiteln. Die Kanzel 1764 von Hans Jak. Mesmer. Pfarrstuhl 1844, damals auch Taufstein des 18. Jh. verändert. Abendmahlskelche von 1816. – Haus Nr. 104, Baudatum 1718 an einer der reichgedrechselten Säulen der offenen Hinterfrontlaube. Im 1. Stock prachtvolles Kistenzimmer mit Kassettendecke. – Haus Nr. 98, Neues Rössli Erb. 3. V. 18. Jh. wahrscheinlich durch Joh. Ulr. Grubenmann. Doppelstökkiges Haus mit Mansartdach über Kehle. Inneres mit einst stuckierten Festsaal 1970 verbaut. – Schulhaus. Glasgemälde 1968 von Max Hunziker – Ausser der Mansart- und bäuerliches Riegelhaus mit Querfirst vereinigenden Gruppe Nrn. 11–115 noch weitere gute Fachwerkbauten de 17.–19. Jh. mit alten Fensterwagen in *Erlen*, *Engishofen*, *Kümmertshausen* und *Buchackern.*

EPPISHAUSEN. Gasthaus zum Adler, Nr. 46. Erb. 1. Drittel 18. Jh. renov. 1903 und 1959. Über modernisiertem Steinsockel reiches Riegelwerk, vor allem am O-Giebel. – Haus Nr. 13. Kreuzgiebelbau des 19. Jh mit engem Netz von Konstruktionshölzern. – **Schloss Eppishausen.** Im 14. Jh. Sitz der Herren v. Rheineck, im 15.–17. Jh. der Helmstorf und Bernhausen, von welchen er 1698 an das Kloster Muri gelangte und diesem al Expositur bis 1807 zugehörte. 1813–38 Besitz des Freiherrn Jos. v. Lassberg, der in seinem «Musentempel» als «Sepp von Eppishusen» gesin nungsverwandte Gäste beherbergte: Ludwig Uhland, Gustav Schwab, Annette v. Droste-Hülshoff, Jakob Grimm, Wessenberg, Pupikofer u.a. Seit 1962 Heim der Bonitas-Dei-Schwestern. – Wohnturm des 13.–14. Jh. Vielleicht aufgrund von ältern Plänen Casp. Mosbruggers 1760–63 Erweiterungsbauten, welche den Bergfried ummanteln und einen langen Flügel rechtwinklig nach O aufweisen. Dach und Fassadengestaltung mit talseitigem, flachem Quergiebel zwischen 1812 und 1838. – Schlosskapelle St. Alban, mit Zwiebelreiter, über dem Portal der Scheitelstein des ehem. Schlossportales von 1760 (Wappen Muri/Abt B. Bucher). Im Innern Gewölbe mit Rokokostuck. Aussenrest. der ganzen Anlage (Dachausbau) 1972.

BIESSENHOFEN. Kath. Kapelle St. Jakobus. Reizvolle, aber von Industrie und Landwirtschaft rücksichtslos bedrängte Anlage. Rechteckiger Kernbau von 1454–55. Barockisierung 1758; Arkadenvorhalle unter demselben First und 8teiliger Dachreiter mit Zwiebelhaube. Renov. 1950. Östl. Stirnwand mit Lanzettfenster der Bauzeit, Reste von Malereien um 1500 (St. Gebhard), Schnitzfiguren aus der 2. H. 17. Jh.: St. Jakobus, St. Leonhard und St. Oswald. Tragkanzel 1752. Glasfenster 1950 von Rosmarie Hertel. – Nördl. der Kapelle ein Doppelhaus in Ständerkonstruktion mit Bohlenausfachung, 17.–18. Jh. – Im Dorfe weitere charaktervolle, geriegelte Häuser des 17.–19. Jh.

AMRISWIL. Grosses Dorf, dessen Bild heute durch die Industrialisierung (Textil) des 19.–20. Jh. geprägt ist. – Ref. Kirche. Erb. 1892 von Aug. Hardegger im neugot. Stil. Die Nadel des Fronturmes erhebt sich zu 70 m Höhe. Modernisierende Umbauten des Innern 1922 (Gustav Büeler) und 1943–44 (Martin Risch). In der Turmhalle Fresken von Paul Bodmer 1945–47 (Sämann, Hirten auf dem Felde, Abendmahl, Tod, Ewigkeit), im heutigen Einheitsraum Glasgemälde 1922 von Carl Roesch (Leben Jesu, Gleichnisse). Kanzel von Carl Fischer, Entwurf von Otto Kappeler, 1943–44. Taufschüssel mit getriebenem Christophorusbild, Nürnberg A. 16. Jh. Abendmahlsgeräte 18.–19. Jh. – Alte Kirche, heute Kirchgemeindehaus. Anstelle einer Kapelle des 14. Jh. um 1687 fast ganz neu erstellt; Erweiterung und Turm 1826 durch Jos. Germann und Joh. Jak. Zingg, zum Kirchgemeindehaus umgestaltet 1934 durch Edwin Friedrich und Karl Fülscher. Weihnachtsbild in Fresko 1939 von Carl Roesch. – Ref. Pfarrhaus. Kernbau des 17. Jh., mehrfach überholt, so 1731 und 1833, Riegelwerk freigelegt 1907. – **Kath. Kirche.** Eines der ersten modernen Gotteshäuser des Kantons; Betonkonstruktion von Paul Büchi 1939. Aus der Bauzeit Glasgemälde von Otto Steiger, Freskostationen von Carl Roesch, Plastiken von Alfons Magg und Willi Stadler. – Gemeindehaus mit spitzbogigen Arkaden erb. 1930–32 von Friedr. Hess; Bronzeplastik, Stier, 1935 von Otto Schilt. – Sekundarschulhaus. Erb. 1962 von der Architektengruppe Guhl, Lechner, Philipp und Kohlbrenner; Plastik von Emilio Stanzani, grosser Wandteppich 1968 von Mario Prassinos. – Beim Bahnhof Brunnen mit Figur 1950 von Henri König. – Gute Riegelbauten in der nähern Umgebung: *Rüti*, 18.–19. Jh. – *Mühlebach*, Hubhof, 1813. – *Hemmerswil*, besonders charaktervoller Bau mit Fensterwagen und leicht vorkragenden Geschossen 18. Jh.

RÄUCHLISBERG-HAGENWIL. In *Hagenwil* kath. Kirche St. Johann Baptist. Erb. 1493, nach W verlängert 1756, Umbauten 1818–20. Der 1825–29 erhöhte Turm (Projekt Uhler, Zimmerleute Gallus Baumann, Jak. Zingg) erhielt anstelle des Käsbissendaches einen Spitzhelm. Im spätgot. Sterngewölbe des Chores 2 Schlusssteine mit Wappen Jak. Paygrer und Beatrix v. Baldegg. Altäre 1842–44 von Müller-Waldkirch unter Benützung von älteren, 1772 neu gefassten Teilen und Übernahme von Figuren des 17.–18. Jh. Gemälde Franz Jos. Geiser 1843. Vesperbild 2. H. 17. Jh., Kanzel Jak. Ant. Müller 1820. In der Turmsakristei Fragmente spätgotischer Fresken (Christus in der Kelter). Kelche des 17.–18. Jh. von Konstanzer, St.-Galler und Augsburger Meistern, Monstranzen um 1500 und 1720–40, Vortragekreuz 1723–36.

Schloss Hagenwil* (Abb. 196). *Eine der besterhaltenen Wasserburgen mit alter Zugbrücke.* Vielleicht anstelle einer ältern Burg durch Rudolf den Jüngeren v. Hagenwil, den Kreuzfahrer und st.-gallischen Dienstmann, in der 1. H. 13. Jh. erbaut. Rudolf gab 1264 das Lehen dem Abte von St. Gallen auf; die Burg ging noch vor 1300 an die Herren v. Güttingen über; 1341–1450 gehörte sie den Breitenlandenbergern. 1405 im Appenzellerkrieg belagert, aber nur wenig beschädigt, kam sie 1470 an die Paygrer, 1513 an die Bernhausen, die um die Jahrhundertmitte die unwirtliche Feste ausbauten. 1633 Plünderung durch die Schweden. 1684–1803 st.-gallisch-äbtischer Verwaltungs- und Erholungssitz; seit 1806 Eigentum der Familie Angehrn. Rest. 1937 sowie in Etappen seit 1950. – Der im Grundriss rechteckige Bergfried des 13. Jh. erhebt sich auf einer Schotter- und Moränenplatte inmitten einstigen Riedgebietes; er stand urspr. frei im gehörigen Abstand zu Wehrmauer und breitem Wassergraben. Mit dem Ausbau des aus mächtigen Findlingen gefügten Turmes erhielt dieser 1551 nordwärts den Palas und im O erst 1786 ein langgestrecktes Obergeschoss vorgebaut, beides Fachwerke, die sich auf die Umfassungsmauer abstützen. Zum Torhaus führt in der SO-Ecke die 1741 datierte Zugbrücke; Tor von Nischenmadonna derselben Zeit gekrönt, darüber im Obergeschoss die Burgkapelle des 16. Jh. und ein gleich alter, wenig vorkragender Fachwerkaufsatz mit Walmdach und späterem Glockenträger mit Zwiebeldach. Die Mauerkronen der S- und W-Flanke tragen eine wehrgangähnliche Galerie, in der 1830 die Gastwirtschaft eingerichtet wurde. – *Inneres.* Burgkapelle St. Michael, wohl 1786 umgebaut und neu ausgestattet; kleiner Altar mit Schutzengelfigur und Gemälden derselben Zeit. Über der Kapelle das sog. Stübli mit schwachgewölbter spätgot. Balkendecke; Täfer von Jos. Ant. Bullacher nach 1786 klassiz.-monochrom ausgemalt, Turmofen derselben Zeit. Die Gaststube mit biedermeierlichen Blumendekors, Malerei 1958 von Heinr. Kaufmann. Im Obergeschoss des O-Flügels Gastzimmer, z. T. ebenfalls von Jos. Ant. Bullacher in Grisaille figürlich und dekorativ geschmückt z. T. mit Pariser Tapeten um 1790 bezogen. Im Palas grosser Saal mit gewölbter Balkendecke um 1551 und blau-gelbem Ofen des späten 18. Jh. Dieser und die anschliessenden Räume durch Reihenfenster erhellt. – Gegenüber dem Schloss das im späten 18. Jh. von Abt Beda Angehrn erbaute

Wohn- und Verwaltungshaus, geschindelter Holz- und Riegelbau unter mächtigem Mansartdach. – Nr. 1101, das Geburtshaus des Abtes Angehrn. In *Räuchlisberg* die Berger-Mühle, ein gegen 1800 entstandener Riegelbau.

OBERAACH.** Ref. Kirche. Erbaut 1962ff. durch Edwin Bosshardt; Glasgemälde von Köbi Lämmler. – **Zum Goldenen Löwen. *Einer der reichsten Riegelbauten der Schweiz.* Ehem. Gerichtshaus, erb. 1711, Quergiebelausbau nach 1728; Renov. aussen 1927, innen 1961. Um die SO-Ecke geführter Fensterwagen mit Zugläden; auf der S-Seite in beiden Geschossen je 12 Fenster aufgereiht. Im 1. Stock Gerichtsstube samt Nebenstube mit schönen Kassettendecken und intarsierten Türen und Täfern. Bleikener Ofen von Joh. Germann 1797. Im Erdgeschoss Leistendecken, Kastenofen von 1750. – Ehem. Schloss, heute «Harmonie». Kernbau kurz nach 1600, im 19. und 20. Jh. völlig umgebaut. – Schlössli. Erb. 1756 von Hans Jak. Häberli. – Haus Nr. 1520. Stattlicher, das Netz der Konstruktionshölzer ornamental ausnützender Fachwerkbau 18.–19. Jh.

SOMMERI. Parität. Kirche. Heutige Anlage 1. H. 15. Jh. Schiff 1414(?), Altarweihe 1439, Sakristeibau 1442, Chor E. 15. Jh. Renov. 1761 (Chor), 1806 (Fenster, Gipsdiele im Schiff), 1858–64 (neugot. Altäre), 1908–09, 1912–13 (Deckenersatz) und 1932. An das Schiff fügt sich der eingezogene erhöhte Chor; Sterngewölbe mit Zwickelornamentik. Stämmiger, spätgot. Turm, 1858ff. im Oberbau und Spitzhelm modernisiert. – *Hefenhofen.* Haus zum Roten Öpfel, in Sonnenberg. Fachwerkbau, 1811 errichtet von Zimmermeister Knup.

STEINEBRUNN-EGNACH. Kath. Kirche St. Gallus auf dem Winzelnberg. Erb. 1922–24 von Albert Rimli; Altäre: J. Stuflesser, J. Pesak. In der Sakristei Altarkreuz mit Bestandteilen des 15.–16. und 18. Jh. – **Alte Kapelle St. Gallus.** Sie bildet mit Friedhofanlage, Benefiziatenwohnung und Bauernhaus eine reizvolle Gruppe an der Strasse Amriswil–Arbon. Bau des 13. Jh., umgestaltet 1674 (Chorbogenweitung, Fenster), 1743 und 1842; Innenrest. 1963. Schiff mit spitzhelmigem Dachreiter; das firstniedrigere, eingezogene Chörlein mit der nördl. Sakristei unter Dachschleppe. Im roman. Stirnfenster alter Holzrahmen mit neuem Glasgemälde 1963 von Gottlieb Engeler; Louis-Philippe-Kanzel um 1842. Aus Wien stammendes Vesperbild; ehem. Chorbogenkreuz und Gemälde Grablegung Christi 17.–18. Jh. – Benefiziatenhaus, verkappter Fachwerkbau, wohl von 1743. Gegenüber Bauernhaus mit vorzüglichem Riegelwerk.

NEUKIRCH-EGNACH. Ref. Kirche. Nach Plänen von Jak. Grubenmann 1726–27 vornehmlich durch Vorarlberger Bauleute errichtet; letzte Renov. 1964–65. Rechteckiger Baukörper mit O-Turm, dessen Schallöffnungen und dessen Kuppelhelm 1927 unproportioniert ausgeweitet worden sind. Flachdecke mit reichem Stuck von 1766 über einheitlichem Predigtraum. Orgelprospekt und Kanzel (urspr. an der Stirnwand) 1804. – Pfarrhaus. Schöner Riegelbau von 1727, renov. 1939. – Sekundarschulhaus, Plastik 1969 von Raffael Benazzi.

ROGGWIL.** Ref. Kirche. Nach unbekannten Plänen 1746 erb. von Hans Jak. Fisch(er?); Renov. 1899 und 1951. Entsprechend dem Grubenmannschen Schema, z.B. von Neukirch-Egnach, saalförmiges Schiff mit östl. spitzhelmigem Frontturm. – Kath. Kirche St. Otmar. Erb. 1963 von Ernest Brantschen. – Schloss Roggwil. Urspr. Stammsitz gleichnamiger Edlen, 1738–1806 Expositur des Klosters St. Gallen. Verkappter Bergfried; ornamentale Deckenmalerei des 17. Jh. In die spätgot. Zeit der Mötteli v. Rappenstein führen zurück der Treppenturm und der dem Wehrturm angebaute Flügel; in der Kapelle und im Saal Régencestuck von 1746. – Im Dorf und seiner Umgebung charaktervolle Riegelbauten des 18. und 19. Jh. Besonders hervorzuheben das 1759 für Hauptmann Joh. Soller wohl von Hans Jak. Fischer erstellte Leinwandgebäude und Gasthaus zur Traube; Renov. 1811–13 und 1967. Dreigeschossiger Fachwerkbau unter gekehltem Satteldach. – Schloss Freidorf. Heute Mietshaus, A. 17. Jh. von den Höggern ab Höggersberg erbauter Landsitz, wohl im 18. Jh. mit Mansartdach umgestaltet. **Burg Mammertshofen. *Einer der gewaltigsten Bergfriede der Schweiz.* Sitz der st.-gallischen Marschalken gleichen Namens, deren Geschlecht um 1360 ausgestorben ist. Unter den Schenken v. Castell wurde die Burg in den Appenzellerkriegen eingenommen; sie verblieb jedoch diesem Geschlechte bis 1645. Seit 1922 Besitz der Familie v. Planta. Im Mauerwerk des Bergfrieds aus dem 13. Jh. bis zur Höhe von 13,5 m Findlinge, deren gewaltigste bis zu 225 cm lang und 60 cm hoch sind und bis zu 90 cm vorspringen. Der vorkragend aus Holz aufgestockte Obergaden frühes 16. Jh.; Umbauten 1591 und 1655. Riemendecken mit Herzblatt-Enden. Altes Wohnhaus unter den Schulthaiss von Konstanz umgebaut (1694?), ein Holzgefüge über Steinsockel; im quergiebelartig eingefügten Vorbau die ehemalige Kapelle. Nordöstl. Gebäude 1852 durch Joh. Christoph Kunkler errichtet, ebenso die burgenromantisch ein Spitzbogentor überkletternde Zinnenmauer.

BODENSEEUFER: ARBON–MÜNSTERLINGEN–KREUZLINGEN

HORN. Enklave im Kt. St. Gallen. Kath. Kirche St. Franz Xaver. Neugot. mit Elementen des Heimatstiles verbundener Bau, 1910–11 erstellt von Albert Rimli, modernisiert 1967–68. – Ref. Kirche. Erb. 1929–30 von Emil Schäfer; eine spitze Nadel krönt ihren flachgedeckten Turm. – Schloss. Für Bartholomäus Schobinger in der 2. H. 16. Jh. errichteter Freisitz; umgeb. 1769 für den Bündner Emigranten General Joh. v. Travers, weitere Umbauten 1826. Dreigeschossiger Block unter Walmdach mit 3teiligem Uhrtürmchen. Aus der nach 1716 errichteten und 1826 zerstörten Schlosskapelle ist das Chorgitter erhalten und für den Eingang verwendet worden. – An der Seestrasse einige ältere Bauten des 18.–19. Jh.

ARBON. Seit der jüngern Steinzeit besiedelt; u.a. frühbronzezeitliche «Pfahlbauten» im Bleicheareal. Im frühen 4. Jh. bauten die Römer ihr Kohortenkastell Arbor felix im heutigen Kirche-Schloss-Bezirk aus; Funde von Zivilbauten auch «im Bergli», wo man irrtümlicherweise bis in neuere Zeit das Kastell vermutet hatte, und an der Rebenstrasse. Innerhalb der Mauern des eingegangenen Militärplatzes siedelten sich spätestens im 7. Jh. die Galluskapelle, die Martinskirche und der Vorgänger des heutigen Schlosses an; dieser Bezirk unterstand zur fränkischen Zeit einem Tribun

Im 10. Jh. Angliederung eines Marktes. Die Stadt selbst innerhalb eines Systems fester Plätze um die M. 13. Jh. durch den städtebaufreudigen Konstanzer Bischof Eberhard v. Waldburg gegründet. Stadtrecht von 1255. Gericht und Bann 1266 durch den Hohenstaufen Konradin verliehen, dem der Konstanzer Bischof und der Abt von St. Gallen – nicht uneigennützig – in der Burg Arbon vergeblich eine Basis neuer Regentschaft schaffen wollten. Arbon fiel nach einer Kette von Verpfändungen 1441 ans Bistum Konstanz zurück. Seit der Eroberung des Thurgaus offenes Haus der Eidgenossen. Im 18. Jh. Blüte des Leinwandhandels, im 19. Jh. der Baumwolldruckerei. Seit 1854 beherrschend die aus der mechanischen Werkstatt Stoffel hervorgegangene Weltfirma Saurer.

Kastellbezirk mit Kirche und Burg. Die Umfriedung des Kastells und seiner Halbrundtürme in der Schlossbefestigung erhalten, ferner 1957 ff. ausgegraben und konserviert das Fundament des SW-Rundturmes. Der Chor der Galluskapelle erhebt sich über dem Unterbau des 4kantigen SO-Turmes, die S-Flanke des Schiffes auf der röm. Kastellmauer. Die **Galluskapelle** selbst besass urspr. eine vielleicht karoling. Apsis; ihr roman. Nachfolger wurde erst 1768 ff. durch einen neuen, flach polygonalen Abschluss ersetzt. Die westl. Vorhalle des roman. Schiffes im 2. Drittel 14. Jh. einbezogen. Rest. mit neuer Decke und neuem Dachreiter unter Spitzhelm 1949–50. Links des rundbogigen Einganges ein eingelassener grosser Feldstein mit «Fussspur des Hl. Gallus», der 612 hier mit Columban das arbonische Ufer erreichte. Schiff mit roman. Mauerwerk und Rundbogenfensterchen; an der N-Flanke Verputzreste mit Fugenstrich. Im Innern Freskoreste eines Passionszyklus und von Heiligen aus dem 2. Drittel 14. Jh. im schwebenden Stil der Bodenseeschule. Glasfenster 1950 von Aug. Wanner. Altar 1. H. 18. Jh. aus St. Katharinental mit Statuen von Franz Ant. Dirr und einem Zopfstiltabernakel (1783) vereinigt aus der Martinskirche Arbon; 2 Bilder mit Evangelisten, 2. Drittel 17. Jh., stammen aus der ehemaligen Schlosskapelle Luxburg. Passionstafeln 1772, Öl auf Holz gemalte Kreuzwegstationen von 1765 (Kreis Franz Ludw. Herrmann?). – **Kath. Kirche St. Martin.** Die heutige, 1951–53 renovierte Anlage besteht aus nordwestl. freistehendem Turm, breitem Schiff, eingezogenem, polygonal schliessendem Chor und südl. angeschmiegter Sakristei. Die Baugruppe trat an die Stelle einer roman. Basilika mit Seitenschiffen oder Annexen. Vom 1457 in Stein und Holz errichteten, gegen das Schloss aus strategischen Gründen offen verlangten, freistehenden Turm wurde der Rumpf 1895 für einen in Tudorgotik gehaltenen Aufbau wiederverwendet. Eine Säulenhalle (Kellenberger und Wildermuth 1911) verbindet ihn mit dem 1786–89 nach Plänen von Jos. Ferd. Bickel durch David Zuraich neu gebauten Schiff. Der damals um 1 m verkürzte, grazile Chor von 1490 ist wahrscheinlich das Werk der unter Erasmus Grasser stehenden Bauhütte von Mariaberg-Rorschach. Die Gittergewölbe mit gutskulptierten Schlusssteinen entsprechen denen des Rorschacher Refektoriums (Wabensterne und Quadrate). Fenster mit Fischblasenmasswerk. Glasgemälde und Hintergrundtextilien der S-Altäre 1953 von Aug. Wanner. Links spätgot. Marienfigur, süddeutsch,

rechts der weich-kindlich aufgefasste Gnadenkruzifixus aus dem späten 14.Jh., um 1770 auf ein Goldschmiedekreuz montiert. – Sakristeikelch und Monstranz 1696–1700 von Georg Reischle, Augsburg, Platten und Kännchen von Meister F.W., Rauchfass von Franz Thaddäus Lang, Augsburg, 1723–35 und 1718; Vortragekreuz von Joachim Jos. Bersinger, St. Gallen, 1779. – **Schloss.** Urspr. völlig frei stehender Bergfried auf vielleicht älterem Sockel, um die M. 13.Jh. errichtet; die beiden obersten Geschosse mit Walmdach stammen von 1520. Aus Sedimenten und Urgesteinen schön gefügtes Quaderwerk, z.T. Bossen mit Randschlag; einige Spolien wahrscheinlich röm. Untere Mauerstärke gegen 3 m bei Werkstücken von 100–175 cm Länge und 47–54 cm Höhe. Ältester Hocheingang auf Stadtseite, ein zweiter gegen O. Von hier führt die Treppe im Innern der S-Mauer zum 3. Stock. Reste zweier roman. Kamine, eines mit spätroman. Würfelkapitellen. Wohntrakte in ungleichen Schenkeln U-förmig angelegt um 1515 unter Bischof Hugo v. Hohenlandenberg. Treppengiebel. Umfriedung mit Rundtürmchen, die z.T. den Unterbau entsprechender Kastellbauten benützen. Im Festsaal (Landenbergsaal) Flachdecke mit Stabrippen im Rautensternverband. Achtundzwanzig figürliche und heraldische Medaillons einer konstanzischen Werkstätte der Iselin-Nachfolge. Kopie nach dem Original im Schweiz. Landesmuseum. Eingangstüre und Holzpfeiler in charaktervoll spätgot. Profilierung und Schnitzerei. Im Turm, in neuem Zwischentrakt und im W-Teil Ortsmuseum (s. S. 655); Gesamtrest. 1967 ff. – Kath. Pfarrhaus, urspr. Rotes Haus. Erbaut 1704 als Sitz der Mayr; deren Wappen am Balkongitter. Umbau 1783 in Formen des vom Stil Louis XVI beeinflussten Spätrokokos. Mansartdach, in den Scheiteln der stichbogigen Fenster Reliefbildnisse röm. Kaiser. – Im «Dorf» der «Rebstock», ebenfalls ein Mayrsches Handelshaus; bemalte Balkendecken, Rankenwerk E. 17.Jh. und Tierfabeln M. 18.Jh. An der Schiffländestrasse der 1705 erbaute, 1749 erhöhte «Schwanen», ein Furtenbachhaus. – Im Quai- und Bahnhofbezirk am See Flötenspieler, Plastik 1945 von Ernst Heller, ferner das Denkmal Otto Schilts für den 1920 verstorbenen Industriellen Adolf Saurer. Beim Bahnhof Nymphengruppe 1907 von Aug. Bösch (urspr. am Leuchtturm des Saurerschen Privathafens). – Saurer-Büro- und -Wohnbauten (G. P. Dubois, J. Eschenmoser) ab 1943.
Das alte Stadtgeviert westl. der Burg. Auf der im 13.Jh. aufgeführten und im 14.Jh. erneuerten Stadtmauer wurden südöstl. und südwestl. nur wenige Häuser gassenweise aufgestockt. Schloss und Martinskirche mit eigener Umfriedung blieben ausgeklammert; hingegen entsandte die Stadtbefestigung nach dem See laufende Schenkel von 4–5 m Höhe, welche unüberbauten Allmendboden umschlossen. Von den Befestigungstürmen ist einzig der Rollenturm erhalten. Die unmittelbare Nähe des Kernteiles der Saurer-Werke sprengte die Altstadt und bewirkte ihre beträchtliche Modernisierung. – **Rathaus.** Ein dem südwestl. Eckturm des Stadtberings aufgestockter Freihof (Gaissberghaus). In der 2. H. 16. Jh. Sitz der Entgasser; deren 1466 (?) datiertes Wappen stark erneuert an der O-Seite. Umbau 1572 unter den Blarern v. Wartensee; von der Stadt übernommen und als Rathaus eingerichtet 1640. Heutiger vorkragender Fachwerkbau 1791 durch Wein-

rath aus Feldkirch erstellt. Mansartdach mit Kuppeltürmchen. Renov. 1929. – Vor dem Rathaus Brunnenanlage mit Bronze 1944 von Ernst Heller. – Zwischen Rathaus und Schloss mehrere der Stadtmauer aufgepfropfte Fachwerkhäuser, die auf der Gegenseite über Holzstützen laubenartig vorkragen. – **Stadthaus,** an der Hauptstrasse. Der ehem. Leinwandherrensitz des Michael Eberz 1768–69 für die Leinwandherren Alberti umgestaltet, zum Stadthaus umgeb. 1941 durch Oskar Linner. Damals das Portal hinter neue Arkaden zurückversetzt; in seinem Volutengiebel eine Kartusche, die 1872 das Relief eines Jacquardstuhles aufzunehmen hatte. Über der Tür Oberlichtgitter in Rokokoformen mit den Wappenlöwen der Alberti (?), gegen den Hof in Régencespiralen der Eber der Eberz. Im Innern Balustertreppen und Régencedeckenstuck, wahrscheinlich von Wessobrunner Meistern. – Römerhof-Komplex. Darin Eckturm der Stadtbefestigung und Teile des um 1500 errichteten Hauses zur Freiheit. Teilweiser Neubau 1784. Renov. 1969; Einbau einer Kassettendecke wohl des 17. Jh. aus dem abgebrochenen Fingerlihaus (Saurer). – Sog. Chapeli, ehemals St. Johannskirche. Erwähnt 1424, um 1490 um- oder neugebaut, im 17. Jh. profaniert. Der rechteckige Baukörper ist seit dem Umbau von 1938 durch Spitzbogenarkaden geöffnet. An der gerade geschlossenen Chorwand ein 3lanzettiges Masswerkfenster; spitzhelmiger Dachreiter. – Zur Schwarzen Straussfeder, Walhallastrasse. Nach 1714 für Jak. Furtenbach erbaut. In den Fassaden durch Gurten wohlgegliederter Kreuzgiebelbau. Die Schilde weichgekurvt hochgeführt, das Volutenwerk seit Umbau von 1922 durch Adolf Gaudy unnötigerweise in den Lukarnen wiederholt. Renov. 1970. – Ehem. Armenhaus zur Schwalbe. Schlichter, aber imposanter Satteldachbau. Älterer, 1714 wohl nur erhöhter Teil des Furtenbachhauses.

Ausserhalb der Altstadt. Im W der Altstadt, neben dem Römerhof, der sog. Schädlerturm, ein in mittelalterl.-historisierender Weise ummantelter Industriebau, 1927 aufgeführt von Aug. Schädler. – **Ref. Kirche.** Erb. 1920–24 durch Klauser und Streith in neuklassiz. Stil. Der Bau umfängt mit 2 vorgestellten Säulen den flachgedeckten Frontturm, welcher dem Walmschild entwächst. Plastiken von Jak. Brüllmann, Wilh. Meier und Paul Osswald, Wandmalerei von Fred Stauffer, Glasgemälde von Fred Stauffer und Albin Schweri. Vor der Kirche das Denkmal für den Staatsmann und Dichter Thomas Bornhauser (1799–1856) 1926 von Otto Schilt. – Sekundarschulhaus. Heimatstilbau 1910–11, rest. 1973. – Schulzentrum Stacherholz. Erb. 1962 von Guhl, Lechner und Philipp. Stele von Robert Lienhard. Glasfenster 1959 von Walter Burger im Sekundarschulhaus.

Museum. Ortsmuseum, im Schloss (s. S. 654).

EGNACH. Schloss Luxburg, am Niederstaad bei der Mündung des Wilerbaches in den See. Zu E. 14. Jh. für die Hainzel v. Tegelstein angelegter Sitz, den Kaiser Friedrich III. mit einem Freibrief begabt. Vielleicht auf ältern Fundamenten errichtetes spätgot. Giebelhaus mit spitzhelmigem, offenem Glockenträger und Türmchen, das sich zu 8seitigem zwiebelgekröntem Schaft verjüngt. Die Treppe schraubt sich um eine hölzerne Spindel hoch. Durch einen niedrigen Trakt verbunden ein in der 2. H. 18. Jh.

zugebautes stark modernisiertes Mansartgebäude. Gitter des Parktores 1951 durch Barockkopie ersetzt. – Landhaus, 1931–32 von Ernst Schindler.

SALMSACH. Ref. Kirche. Vermutlich got. Kernbau, stark verändert 1752, 1809, 1923 (Mörikofer) und 1951 (Schellenberg). Spitzhelmiger Dachreiter. – Primarschulhaus. Wandbild von Jürg Schoop. – Schulhaus. Erb. 1969–70 von Jürg Affolter; Wandbild von Rud. Meyer, Wandteppich von G. Grau-Goriga, ferner Plastik, Himmelsleiter, von Charlotte Germann-Jahn.

ROMANSHORN. Mit dem Tode des Tribuns Waltram 739 hatte der Bischof von Konstanz nicht nur dessen Amtserbe, sondern auch Familienbesitz, u.a. Romanshorn, und das Gebiet beansprucht, auf dem das Kloster St. Gallen lag. Seit sich dieses dem bischöflichen Zugriff zu entwinden verstand, bildete die Herrschaft Romanshorn einen st.-gallischen Keil zwischen Konstanz und dem bischöflichen Arbon. Bis ins 19. Jh. bescheidenes Fischerdorf. Nach Dorfbränden, die den alten Dorfkern weitgehend zerstörten, entstand die heutige Ortschaft unter dem Einfluss der Bodenseeschiffahrt (seit 1824, Hafenanlagen 1844 und 1853, Werften 1863 und 1872). Ab 1869 entwickelte sie sich zum Eisenbahnknotenpunkt.

Parität. Alte Kirche. Die Ausgrabungen von 1964ff. stiessen auf die Mauerreste des 779 genannten Gründungsbaues; Rechteckraum mit gerade hintermauerter Apsis, seitlichen Annexen und einer Vorhalle, in der vermutlich der Stifter Waltram begraben lag. Umbauten des 10. Jh. brachten ein gerade schliessendes Altarhaus, das im 14. Jh. verlängert und mit Fresken geschmückt wurde. 1. H. 15. Jh. Sakristeianbau, erneuerte Vorhalle, S-Annex-Vorraum. Turmbau derselben Zeit, sein Riegelaufsatz 1670. Nach Umgestaltungen des 15. Jh. weitere Umbauten 1505–10. Schiff nach W bis zum Turm verlängert und um die N-Annexe vergrössert. Abbruch der südl. Nebenbauten. Renov. 1660, dann 1829 (neue westl. Verlängerung, Abbruch des Chorbogens, neue Fenster, Gipstonne, O-Sakristei, Emporeneinbau), 1874 und 1888; seit 1913 leerstehend, 1966–69 z.T. restauriert, z.T. neu gestaltet (Jürg Affolter) und seither von beiden Konfessionen benützt. – Rechteckbau aus Mauerwerk aller Epochen, mit rekonstruiertem asymmetrischem got. Chorbogen und ergänzten roman. und got. Fenstern. Neue Holzdecken. Im Chorhaupt Freskoreste des 14. und 15. Jh., u.a. Kreuzigung, Christus in der Kelter (?), Christus in der Vorhölle. An der einspringenden Turmwand der versetzte gute Biedermeieraltar von Jost Meinrad Birchler 1832. Den Hof der Kirche schliesst westl. ein einfacher, aber charaktervoller Riegelbau des 18.–19. Jh. – Seepark. Reiherplastik von Rud. Wening, Brunnen von Wilh. Meier und grosse Bronze 1968 von Franz Fischer. – Schloss. 1367–1798 Sitz des äbtisch-st.-gallischen Obervogtes. Neubau 1617–18, mit Wappenstein des Abtes Bernhard II Müller (1594–1630). Renov. 1670, Umbau (Mansartdach) 18. Jh. Abbruch des Verbindungsganges zur Kirche 1829. Das einst wohlproportionierte Gebäude erhöht und völlig modernisiert 1931 durch Weideli und Eberli. Seit 1919 Gaststätte. – Kath. Pfarrhaus. Erb. 1961 von Ernest Brantschen. – **Kath. Kirche St. Johann Baptist.** Neuromanischer Bau 1911–13 in Quaderwerk durch Adolf Gaudy erstellt; Turm in Anlehnung an San Marco, Venedig. Bauplastik von Alois Payer und Franz Wipplinger

Ausmalung und Glasgemälde nach Kartons von Fritz Kunz. St. Anna selbdritt und Immakulata 2. H. 17. Jh., spätbarock-klassiz. Vesperbild. Um 1700 Monstranz von Joh. Zeckel, Kelche von Franz Conr. Mittnacht (1739–41) und Franz Xaver Stippeldey (1781–83), alle Augsburg. – **Ref. Kirche,** 1906–11 in Hausteinen erbaut durch Otto Pfleghard und Max Haefeli. Zentraler Kreuzbau mit seitlichem Spitzturm. An der Kanzelwand Bergpredigt, Gemälde von Elisabeth Thomann-Altenburger. – Sekundarschulhaus Weitezelg. Erb. 1955–56 von Bruno Sartori. Wandbild von Walter Burger, Mosaik von Emil Mehr, Brunnenplastik von Henri König. – Friedhof. Plastik von Fredi Thalmann. – Bahnhof. Erb. 1855 nach Plänen von Joh. Jak. Breitinger; Lagerhaus nach Plänen Joachim Brenners. Hafenanlage. Erb. 1842 von Joh. Jak. Sulzberger, erweitert 1853–55 von Adam Meyer.

UTTWIL. Ref. Kirche. Von der urspr. Kirche St. Adelheid waren die Pfarrechte schon im Laufe des 15. Jh. auf die benachbarte St. Annenkapelle übertragen und dieser ein Chorflankenturm beigesellt worden, der 1578 seinen Käsbissenabschluss erhielt. Die Steine der 1644 abgebrochenen Adelheidkirche dienten zur Erweiterung des Schiffes. Renov. 1790, 1862, 1959 und 1973. Biedermeierkanzel. Das schlichte, polygon schliessende Gotteshaus ist durch eine ausgeräumte Umgebung beeinträchtigt. – Gasthaus zum Frohsinn, ehem. Gerichtshaus. Erb. 1722, Täferzimmer mit Kassettendecken. – Neben guten Riegelhäusern des 17.–19. Jh. charaktervolle Bauten des 19. Jh.: Traube 1840, Blumenau 1842. – Im 18. Jh. entwickelte sich Uttwil zum bedeutendsten thurgauischen Stapel- und Warenumschlagplatz am See; vor dem Ausbau der Häfen von Arbon und Romanshorn wichtige Dampfschiffstation. – Das Schloss, vermutlich 17.–18. Jh., mit einem polygonalen, von Zwiebelkuppel überdachten Turm wurde 1822 vom Handelshaus Dölli zum Landsitz mit Mansartdach und 1934 durch den Dichter Emanuel Stickelberger nochmals umgestaltet. In den Nachkriegsjahren 1918–20 Sitz des Architekten Henry van de Velde. – Neben dem Schloss die Seeburg (Haus Margrit), erb. 1817. – Hotel Bad Uttwil 1891.

KESSWIL. Ref. Kirche. Erb. 1429, erweitert 1644; letzte Renov. 1927 und 1957. Der Spitzhelmturm, der dem Rechteckbau östl. aufsitzt, seit 1970 eternitverkleidet. Im Innern Biedermeierkanzel, 2 figürliche Glasfenster 1959 von Carl Roesch. – Unter den schönen, meist dem 18.–19. Jh. angehörenden Fachwerkbauten hervorstechend die Gruppe um den «Bären».

GÜTTINGEN. Dorf und Sitz eines gleichnamigen, im 13. Jh. bedeutenden Freiherrengeschlechtes. Urspr. 4 Wehranlagen, von welchen die Oberburg beim Winterlishof südöstl. des Dorfes und der sog. Mäuseturm am See (ehem. Stammburg Kachel?) nicht mehr bestehen. Von den beiden andern Anlagen ist die eine – unsicher, ob auf den Fundamenten der Kachel oder eines Vogtshauses – im Landhaus «Schloss» zu erkennen, das im 18. Jh. entstand; aus den Steinen der Moosburg ist 1840 eine klassiz. Villa mit Freitreppe und Portikus gebaut worden. – Parität. Kirche. Im 13. Jh. bezeugt, Neubau 1431, Turm wahrscheinlich 1493, Chorumbau 1749, Turmerhöhung um 1834; Renov. 1929–30. Der Polygonalchor öffnet sich durch einen Flachbogen in voller Breite auf das Schiff. Dem Turmstock mit spitzbogigen Schallöffnungen sitzt etwas eingezogen und terrassengesäumt das Uhrengeschoss auf. – Kath. Pfarrhaus. Stattliche, zwischen 1740 und 1751 erstellte kreuzlingische Expositur. – Ref. Pfarrhaus. Guter Fachwerkbau.

***ALTNAU. Ref. Kirche.** Erb. 1810–12 von Joh. Jak. Mosbrugger; Renov. 1957. Querachteckiger Einheitsraum mit Spitzhelmturm an der nördl. Schmalseite. Charaktervolle klassiz. Gliederung und Ausstattung. Orgelprospekt in Formen des Rokokos und Louis XVI aus Birnau, rest. 1972; Glasfenster 1921 ff. von Hans Röttinger. – Kath. Kirche. Erb. 1811–12 von Joh. Uhler; erweitert und renov. 1959–60. Dreikönigsbild 1762 von Franz Ludw. Herrmann, aus St. Katharina in Konstanz. – Mehrere gute Riegelbauten, u.a. ref. Pfarrhaus von 1813, kath. Pfarrhaus 1818, Gasthaus Sternen, Komplex des 17.–19. Jh., Spruchhaus von 1635.

Kapelle Landschlacht* (Abb. 202). *Rechteckbau mit hervorragender got. Ausmalung*, errichtet anstelle einer 1944 ausgegrabenen Kultstätte vielleicht des 1. Jahrtausends. W-Teil des jetzigen Baues 11.–12. Jh. Dessen wahrscheinlich eingezogenes Altarhaus wurde im 14. Jh. auf die Breite des Langhauses erweitert; Rest. 1944. – *Wandmalereien**. N-Wand des Schiffes Mäanderrest 11.–12. Jh., ferner Jakobusfigur des späten 14. Jh.; S-Wand mit 7 Passionsszenen eines Konstanzer Meisters 2. V. 14. Jh. (Abb. 202). Der völlig undramatisch erzählte Leidensweg Christi ist mit den innig liebenden Augen mystischer Versenkung gesehen und in schönlinigen Formen des sog. schwebenden Stiles dargestellt. W-Wand mit den Anfängen einer E. 15. Jh. entstandenen 2. Passionsfolge. Im Chorabschnitt 20 Bilder einer Leonhards-Vita dat. 1432, durchsetzt mit Propheten- und Heiligenbildern sowie einer Kreuzigung: Jugend, Berufung, die Wunder und die Werke der Barmherzigkeit. Die sich schon beachtlich um räumliche Darstellung bemühenden figurenreichen Szenen vertreten die neue Körperlichkeit des 15. Jh. Wandnischenverkleidung und Decke 1644. – Östl. der Kapelle, im Vorderdorf, das Zehnthaus. 1692 durch Ammann J. J. Vogel errichteter prächtiger Riegelbau; durchlaufende Fensterwagen. – An der Landstrasse das sog. Rote Haus, ein reichgeriegeltes Gebäude, 1811 durch Hans Vonderwahl erstellt, ferner das Gasthaus zur Sonne wohl 18. Jh.

MÜNSTERLINGEN-SCHERZINGEN. Ref. Kirche. Erb. 1617–18 von Joachim Wirth; Renov. 1724. Hoher neugot. Nadelturm anstelle des vorherigen Dachreiters und neugot. Umbau des Predigtraumes 1886 durch Aug. Keller. Innenrenov. 1923 (Eduard Scherrer), Turmumbau 1949–50. – Riegelbauten. Spitalneubau beim ehem. Neukloster (Edwin Bossardt) 1967–72. Plastiken von Ödön Koch und Ursula Weber. Glasgemälde von Rob. Wehrlin. Heil- und Pflegeanstalt 1838–40 im alten, 1665 erbauten Gästehaus des Altklosters am See eingerichtet. Weitere Bauten 1847, vor allem 1892–95 sowie 1911–12 und 1927–30.

MÜNSTERLINGEN. Ehem. Benediktinerinnenkonvent (Abb. 205). *Die Klosterkirche ist ein bemerkenswertes, typologisch wichtiges Beispiel der Vorarlberger Barockarchitektur.* Das Kloster wurde nach der Legende gestiftet von der Tochter des englischen Königs Eduard I., die auf der Reise zu ihrem Bruder Abt Gregor von Einsiedeln (964–96) in Seenot geriet und gelobte, am Orte des wiedergewonnenen Ufers einen Hort frommer Frauen zu bauen. Geschichtlich belegt die Verlegung des abgegangenen konstanzischen St.Konradsspitals nach Münsterlingen (zwischen 1084 und 1100). Es bestand hier nur kurze Zeit, da 1125 schon eine nicht mehr mit ihm zusammenhängende Augustinerinnengemeinschaft genannt wird. Das Kloster wurde nach der Reformation von Benediktinerinnen aus Engelberg übernommen. 1709–13 Neubau der Konventsgebäude weiter landeinwärts, dazu die Kirche 1711–16. 1838 Teile der Konventsbauten, nach der Aufhebung 1848 die ganze Anlage durch das Kantonsspital belegt. – *Klosterkirche.* An der Planung durch Franz Beer war Casp. Mosbrugger wohl weniger beteiligt als bisher angenommen. Ausführender Baumeister Ignaz Beer. Gesamtrest. 1964–74. Gut gegliederte Turmfront aus Sandsteinquadern, freier Turmteil zum Achtkant abgefast und zwiebelgekrönt. Schiff und Vorchor unter demselben First; etwas niedriger die Kehrgiebel des Querschiffes und das eingezogene Altarhaus. Dieser Gliederung entspricht die Raumentwicklung des Innern. Die W–O gerichtete Tonne des Schiffes wird von Quertonnen begleitet, welche sich zwischen die eingezogenen Wandstreben spannen. Richtung und Rhythmus wechseln im Querschiff, in der kreisförmigen Kuppel des unteren Chores und beim Kreuzgewölbe des querrechteckigen Altarhauses. Diese Kontrapunktik erlebt der Besucher erst, wenn er den engen Turmdurchlass durchschritten und nach den sechs Gewölbefeldern der Emporenuntersicht den freien Raum gewonnen hat. Auf dem Wege vom gleich segmentierten zum zentralisierenden Längsbau bildet Münsterlingen architektonisch eine wichtige Stufe. An den Gewölben massvoller weisser Régencestuck, den wohl Wessobrunner Meister 1719–22 angetragen haben. *Deckenbilder* 1719–22 von Jak. Carl Stauder in öliger Tempera gemalt. Über dem Hochaltar die Anbetung des Lammes, Abraham, Isaak und David; über dem Chor aufgrund der Stiche von Pozzo eine von stämmigen Säulen getragene Rundkuppel. Als Eckzwickel ovale Scheinfenster, ebenso um das Bild Maria Verkündigung im Querhaus. Über Schiff und Psallierchor der Kirchenpatron St. Remigius und andere Heilige. Trotz den schweren Farbklängen erscheinen die flachen Kuppeln illusionistisch hochgewölbt, ohne dass die gemalten Architekturen im wirklichen Raume vorgebildet wären. Mehr als die oft etwas unübersichtlich zusammengeballte Komposition überzeugen ungemein frisch gemalte Einzelheiten, wie Putten, Blumengewinde usw. Fünf Altäre von Hans Georg Greising 1736 mit eigenen Figuren und dem von ihm neu gefassten Statuenbestand des Christoph Daniel Schenk um 1678. Die Originalpolychromie des Hauptaltars und der Querschiffaltäre stimmt naturhafte Imitation (z.B. Frucht- und Blumengebinde) herrlich zusammen mit marmorierten und über Silber und Gold bunt lasierten (gelüsterten) Teilen. Altarblätter von Jak. Carl Stauder. Auf dem linken S-Altar Kopie des Altöttinger Gnadenbildes 1. Drittel 14. Jh. Im Chorgitterwerk verband Joh. Jak. Hoffner 1735 wohl ältere Schnurzugteile mit scheinperspektivischer Régence-Ornamentik. Darüber ausgezeichnete Kreuzigungsgruppe des 17. Jh. Holzkanzel mit Guthirtfigur 1711–16. Auf der Empore etwas rustikales Chorgestühl der Christoph-Daniel-Schenk-Werkstatt von 1678 mit Relief der Hl.

Verena und dem Wappen der Äbtissin Gertrud Schenk. An der S-Wand Serie von Apostelbildern 17. Jh. Zur Fastenzeit ist in der Nebenkapelle ein Hungertuch von 1568 mit gemalten Leidenswerkzeugen Christi aufgehängt. Münsterlingen birgt zurzeit das spätgot. Johannes-Brustbild aus dem Kreise des Ravensburgers Jak. Ruess, das bei jeder «Seegfrörni» prozessionsweise über das Eis getragen wird und deshalb seinen Standort alternierend zwischen Hagnau und Münsterlingen wechselt. – *Ehem. Konventsgebäude.* Stattliches Geviert, geplant schon 1683, weiter landeinwärts erb. 1709–13 durch Franz Beer anstelle des Altklosters am See. Aussenrestauration bevorstehend.

KREUZLINGEN** (Abb. 204). Aus der klösterlichen Siedelung beim Orte «crucelin» vor den Toren der Stadt Konstanz entwickelte sich durch Verwachsen mit den Dörfern der näheren Umgebung die heutige Grenzstadt (1921 Zusammenschluss von Emmishofen-Bernrain, Kurzrickenbach und Kreuzlingen-Egelshofen). – **Ehem. Augustinerstift (Abb. 204), heute Lehrerseminar. *Bedeutende Anlage aus dem 3. V. 17. Jh., nach der M. 18. Jh. im Rokokostil ausgestattet; u.a. berühmter Ölberg mit über 300 Figuren zur Passion Christi.* 1125 durch Bischof Ulrich I gegründet zur Wiederbelebung des abgegangenen Hospiziums des Hl. Konrad, das St. Gebhard nach Münsterlingen verlegt hatte, wo es sich ebenfalls nicht zu halten vermochte. Ulrich vereinte die Stiftung am Orte «crucelin» mit der dort bestehenden Ulrichskirche und ihrer Cella zu einer unter Augustinerregel stehenden kirchlichen Anstalt. Die Erweiterung der Stadt Konstanz und ihrer Befestigung trennte Kirche samt Kloster ausserhalb der Mauern vom Gasthaus Ackertor innerhalb der Mauern. Nach der Niederlage im Schwabenkrieg 1499 zerstörten die Konstanzer das Kloster, da es angeblich dem Feind als Stützpunkt gedient hatte, ebenso ein zweitesmal aus denselben Gründen nach der Belagerung der Stadt 1633 durch die Schweden. Diesmal, nach Jahren des Exils, erstand die Klosteranlage etwa 1 km südöstlicher gelegen. 1650–53 erbauten Stadtbaumeister Stephan Gunertsrainer und Steinmetz Melchior Gruber (nach eigenen Plänen?) die Kirche, sodann erst ein Jahrzehnt später die Vorarlberger Michael Beer von Au und Jak. Sayler die Konventsbauten, deren erster Flügel 1668 bezogen werden konnte. 1760 Bau der Ölbergkapelle, 1764ff. Umgestaltung von Kirche und von Teilen des Klosters im Stil des Rokokos. Aufhebung 1848; seither in den Konventsgebäuden das Thurgauische Lehrerseminar. Bald nach 1848 Abbruch des nördlichen W-Flügels mit der Bibliothek, 1854 ebenso der südwestlich der Kirche auf dem Gottesacker stehenden, 1672 geweihten Gruftkapelle. Renov. der Seminar- bzw. Konventsgebäude 1924–29 und 1933–60, Renov. der Kirche 1959–63; neubarocker Turmaufsatz von 1896. Verheerender Brand des Gesamtkomplexes am 19.–20. Juli 1963. Wiederaufbau 1963–67 durch Hans Burkard, das Thurgauische Hochbauamt und die Denkmalpflege: bei der Kirche das Verbliebene gesamthaft genau in der alten Erscheinungsform ergänzend, beim Seminar unter Ausklammerung völlig zerstörter Räume. Im folgenden sind die Originalteile der Ausstattung mit (×) hervorgehoben. – *Basilika minor und ehem. Klosterkirche St. Ulrich und St. Afra.* Vom Mauerwerk sowie von seiner Gliederung und Ornamentik blieben erhalten die Umfassung des Schiffes, die nördlich querachsig angefügte Ölbergkapelle und der stark eingezogene 3seitig schliessende Chor, ferner der Turmstock im N-Winkel der Haupttrakte, dessen Flachhaube in den Originalformen anstelle der neubarocken Krönung von 1896 rekonstruiert worden ist. – Im *Innern* gliedern stuckierte Lisenen die Wände; ihren Gebälken entsprosst ein krustig vielfältiges, aber elegant geformtes Rocaillenwerk, das, über den Bogenscheiteln zur Kapelle und zum Chor (Doppelwappen Kloster und Abt Donderer, reg. 1760–79) besonders reich (×), die Kartuschen und die Hauptspiegel der Gewölbe von Chor (×) und Schiff umwuchert. Die Polychromie von Erdgrün, Caput mortuum und Ocker schafft den farbigen Rahmen zu den Deckengemälden von Franz Ludw. Herrmann. Pathetische Bühnenräume, illusionistisch geweitet, dienen den in pastellweichen Farben geschickt inszenierten Darstellungen aus dem Ordensleben des Hl. Augustinus: Am steinernen Chorgewölbe (×) empfängt der Hl. Sigibert aus den Händen eines vom Himmel steigenden Engels das in goldenem Gefäss verwahrte Herz des Hl. Augustinus (×); am Gipsgewölbe des Schiffes Übergabe der Augustinerregel an den Ordensgeneral Lanfranco Settala durch Papst Alexander IV. (1256); als Hauptbild der spanische Bischof Tagio, dem der Hl. Augustinus in der Himmelsglorie erscheint und dem in Rom mit Hilfe der Apostelfürsten und Papst Gregors der Ort offenbart wird, wo sich Gregors «Libri moralium» befinden; über der Orgelbühne der langobardische König Liutprand, der dem Bischof Petrus von Pavia die aus Afrika geholten Augustinusreliquien überbringt. In den Kartuschen Gestalten aus dem Ordensleben und der Missionstätigkeit (Kopien von Karl Manninger). Das prachtvolle im Elfenbeinton und in Gold gefasste Chorgitter (×) von Jak. Hoffner 1737 führt das Auge in die Tiefe des Altarhauses durch raffinierte Scheinperspektiven dreier Portale, deren Stabwerk aufgelockert wird durch Reihen von gegossenen Büsten, durch Ranken- und Spiraleinsätze und durch das Krönungswerk, eine Vielfalt von frei verflochtenen Motiven und Themen: Blumen, Wappen, Pelikangruppe usw. Diesem Crescendo von geometrischer Gebundenheit zu kadenzierendem Formenjubel antworten im W Orgelbühne und Orgelprospekt: ein über einfachen Rundbogenarkaden aus Sandsteinsäulen ansetzender, zu immer freieren Formen gesteigerter Aufbau. Das Schnitzwerk der vorgebauchten und vielfältig geschwungenen Balustrade trägt musizierende Putten; es wurde ebenso wie die gleichartigen Beichtstühle genau den Josef-Raindlschen Originalen von 1769 nachgeformt. Zusammen mit dem Chorgitter (×) Jak. Hoffners und seinem sich stärker dem Rokoko nähernden Gitterwerk zur Ölbergkapelle (×) umfassen sie das Schiff gleich einem elfenbeinernen Spitzenwerk. Der Grundklang wird in den Chor weitergetragen durch die nach dem Brande aus der Kirche Pfyn zurückgekaufte Chororgel (×), deren Prospekt ebenfalls von Jos. Raindl 1764 geschaffen worden ist. Kanzel aus rötlich marmoriertem, reichprofiliertem Holz. Altäre: der Hochaltar, nach der 1765 dem Deckenspiegel angepassten Anlage von 1705 rekonstruiert; 4säuliger Fensterumbau; in den Nischen die überlebensgrossen Statuen der Kirchenpatrone St. Ulrich (×) und St. Afra von bzw. nach Hans Christoph Schenk (Franz Schreiner). Das Altarblatt ist eine Kopie (Karl Manninger) des 1824 aus Petershausen hergebrachten Kreuzigungsbildes von Christoph Storer 1663. Die Seitenaltäre, Pendants von 1737, in Stuckmarmor rekonstruiert. Presbyterien (z.T. ×) und das Chorgestühl samt Abts- und Priorsitz (×), Werke der Klosterschreinerei, bald nach 1765.

*Ölbergkapelle mit Gnadenkreuz und Kalvarienberg**. Deckenbild 1761 von Franz Ludw. Herrmann: Moses mit der ehernen Schlange (Manfred Leitenmeier). Stuck und Fassung des aus Buchenstöcken zu Grottenwerk aufgeschichteten Ölberges von Innozenz Beck (×). Die noch ca. 250 originalen, ungefähr 30 cm hohen ungefassten Arvenholzstatuetten sowie die Nachbildungen (Hermann Kohler) wurden um 1720–30 von mehreren Händen einer südostalpenländischen Werkstatt geschnitzt. Von denselben Meistern herrliche Krippenfiguren (×). Der Stil der Ölbergfiguren steht dem Schaffen von Giovanni Giuliani und Lorenzo Matielli nahe. Die Statuetten bilden in gefühlsbetont heftig agierender Weise Stationen der Passion Christi und durchschreiten in beinahe tänzerischer Bewegung über Serpentinen und Terrassen ein Labyrinth von Landschaften und Architekturen. Diese affektgeladenen Gruppen des leidenden und, davon getrennt, des triumphierenden Herrn laden nicht zur künstlerischen Betrachtung, sondern zum mitbetenden Kreuzweg ein. Unter der Szene des bethlehemitischen Kindermordes Grabchristus (×) des 17. Jh. In der Gloriole das *Gnadenkreuz* (×) des späten 14. Jh. mit sog. «echtem» Haupthaar, ein kostbares Bildwerk, das 1499, 1633 und 1963 den Flammen entrann. Zum drittenmal überdauerten den Brand auch ein neugefasstes Vesperbild (×) des weichen Stils aus der Zeit des Konstanzer Konzils (frühes 15. Jh.) und die Kreuzholzreliquie, die seit der Klosteraufhebung, als die barocke Goldschmiedearbeit nach Rom gelangte, in einem modernen Kreuz aufgehoben ist.

Untere Sakristei. Qualitätvolle Spätrenaissance-Schrank- und -Kredenzeinbauten, 1669 geschaffen in der Klosterschreinerei von Bruder Jos. Hartmann. – *Kirchenschatz.* Kelch von Heinr. Hamma 1586 mit Knauf und emaillierten figürlichen Medaillons des frühen 14. Jh.; weitere 4 Konstanzer Kelche des 17. und 18. Jh.; Augsburger Arbeiten des 18. Jh. (Lutz, Klosse, Bertold, Seethaler) und Einzelstücke aus Ulm (Kienlein 1660–70) und Biberach (Meister F. S. um 1720). – *Ehem. Konventsgebäude,* heute Konvikt. Direktions- und Verwaltungswohnung sowie Schultrakt des Thurgauischen Lehrerseminars. Die 3geschossigen, heute in Z-förmigem Grundriss der Kirche anschliessenden Flügel werden von hohen steilen Dächern gekrönt. Die Fensteröffnungen laufen in uniformem Rhythmus durch, der sich oft synkopisch zur Binnengliederung verschiebt. Westl., neues Portal beim Mittelflügel sowie die monumentale Bronzeplastik, Leuchtturm, von Robert Lienhard 1964ff. Im S-Hof 8seitiger Brunnentrog mit Mittelsäule E. 18. Jh. nach Vorgänger kopiert. Bronzegruppe, Musizierende, 1956 von Henri König. Auf den S-Hof öffnet sich auch der Hauptzugang zur ehem. Prälatur, markiert durch ein Rokokoportal von 1761 mit sparsamen Verkröpfungen, Gebälkvasen und grossem Wappenstück (Original im Kreuzgangflügel gegen die Kirche). – *Inneres.* Im Erdgeschoss des O- und des Mittelflügels hofseitig der von Kreuzgewölben abgeschlossene Kreuzgang (×); gegen die Innenseite Türen mit Steingewänden von 1665–68 in regelmässiger Abfolge, noch im 17. Jh. durch hölzerne Portalverkleidungen mit Flankensäulen und geradem Gebälk bereichert (z. T. ×; Fassung schwarz-braun-Gold erneuert). Räume mit Kreuzgewölben (×), nördl. des Treppenhauses zum Konvikt das alte Refektorium mit guter stuckierter Rokokodecke (×). Von den al fresco gemalten Wandporträts von Heiligen (Modelle: Kreuzlinger Chorherren) sind die aussenseitigen original, die gangseitigen Kopien (Karl Haaga, Karl Manninger). An den Schmalwänden Reste von Zimmerpanneaux (×): treffliche, dem Augsburger Akademiestil des 18. Jh. nahestehende Bilder zur Geschichte des Verlorenen Sohnes. Im modern ausgestatteten Konvikttreppenhaus Wandteppiche 1959 und 1963 von Mario Prassinos. Vom Haupteingang des S-Flügels führt eine Balustertreppe mit doppelläufigem Ansatz in die beiden Längsgänge der ehem. Prälatur. Im Treppenhaus Rokokostuck (×), ebenso in den Gängen bei den Broschen über den Bilderrahmen und der dekorativen Portalarchitektur um die beiden reich im Régencestil geschnitzten doppelflügeligen Türen (×) der Schmalseiten. Fünf Türen aus dem 17. Jh. (×) mit gelb-rot getigerter, nach alten Resten erneuerter wilder Fassung; versetzte Stücke aus dem Konvikttrakt. Eingesetzte Leinwandbilder (alle ×): Serie von Bildnissen röm. Kaiser, in Supraporten Allegorien auf Künste und Wissenschaften, Ordensheilige, Abts- und Wohltäterporträts, religiöse Szenen, u. a. von Jak. Carl Stauder. Unter den wenigen erhaltenen hist. Räumen ein Kreuzgewölbe mit Versatzstuck des 17. Jh., ferner ein Klostergewölbe mit feinem Rokokostuck. Moderne Zimmer mit zeitgenössischer Graphik und Werken von Adolf Dietrich, Carl Roesch, Ant. Bernhardsgrütter u. a. – Seminar-Neubau von Esther und Rud. Guyer, 1969–72. Plastiken von Raffael Benazzi, Bernard Schorderet und Ed. Sommer.

Umgebung des Seminars. Kath. Kirchgemeindehaus, erbaut 1960–61 von Alois Müggler. Gewerbeschulhaus, errichtet 1960–62 von Edwin Schoch; Betongusskomposition 1963 von Max Oertli. – Felsenschlössli. Neubau 2. H. 17. Jh. durch Abraham Fels, seit 1811 Schulhaus, Umbau 1895. – *Kurzrickenbach.* Ref. Kirche. Teile der ehem. spätroman. St. Peterskapelle im SW-Abschnitt des heutigen, 1603 und 1695 erweiterten Baues erhalten. Dachreiterturm von 1747 im Jahr 1900 und wiederum 1966 völlig neu gestaltet. Renov. 1921 und, mit Erweiterung nach O, 1966 durch Ernst Oberhänsli. Holzkanzel 1698 von Abraham Studer mit Fruchtbündeln und Ranken bemalt. Taufstein 1593 mit Deckel von 1673. Zwei moderne Evangelistenfenster von Gian Casty. – Schulanlage, erb. 1966–70 von Gottlieb Gremli; Plastik, Equinoxe (Tagundnachtgleiche), von André Ramseyer; von ihm auch Entwurf zur Brunnengruppe; Wandteppich von Mario Prassinos. – An der Strasse gegen Lengwil: Sog. Römerburg, urspr. Remiberg, um die M. 16. Jh. vielleicht durch Hans Casp. Morell errichtet, umgeb. 1596–1603 unter Hans Ochsenrot, 1752 unter den Leinern von Konstanz, ferner 1880 und nach 1927. Staffelgiebelhaus mit Runderkern an den

Kanten des 3. Stockes, Gurten neu. Im Innern Ofen um 1600 von Hans Heinr. Pfau. – Mustergut Mellgenten. Erb. 1861 von Heinr. Lang. – *Am See.* Seeburg, ehem. Neuhorn. Als Freisitz der Atzenholz erb. 1598, 1633 durch die Schweden ausgebrannt, wiederaufgeb. 1664 durch das Kloster Kreuzlingen. 1833–50 erstes Thurgauisches Lehrerseminar, seit 1958 Besitz der Stadt. Nach Umbauten 1756, 1792, 1839 und 1857 im historisierenden Villenstil 1894–95 neu gestaltet durch Wilh. Martin und Ernst Jung. Staffelgiebelhaus mit Turmerkern an den Kanten. Wappensteine von Kreuzlinger Äbten 1604/09, 1617 und 1619 (Strassburger), 1625/60 (Denkinger), 1718 (Fichtel), 1725/60 (Danegger) u.a. Zugekaufte bemalte Steckborner Öfen von Daniel Meyer 1715, der Meyer-Werkstatt um die M. 18. Jh. aus der Traube Egelshofen (Psalmenofen) und von Daniel Meyer 1738 aus dem Kloster Kalchrain. Zahlreiche interessante Einzelkacheln. – Villa Cécile. Erb. 1896 anstelle des «Hörnliberges» von Wilh. Martin.
Nördl. des Seminars. Parkanlage Dreispitz mit Brunnenfigur, Jüngling, 1933 von Henri König und Bronzeplastik eines Mädchens 1935 von Friedel Grieder. – Schreiberschulhaus. Erb. 1907–09 durch Weideli und Kressibuch. – Sekundarschulhaus. Erb. 1938 von Alb. H. Schellenberg; Wandgemälde von Carl Roesch. – An der Hauptstrasse: Sallmannsches Haus, Nr. 74. 1815–16 wurden für J. U. Bächler 2 Häuser des 18. Jh. (1720–37 und 1748) zusammengebaut. Mansartdach mit Mitteltürmchen. Bildhauerarbeit von Lukas Ahorn d.J. (Eingang, Gartenportal, Adlerbrunnen). – Zum Löwen. Gehört zu den 13 Häusern, die bis 1837 den Weiler Kreuzlingen bildeten. Die Bauetappen von 1754 und 1787 nach dem Umbau von 1838 kaum mehr kenntlich; Renov. 1951. – An der Hauptstrasse gegen den Zoll die Villen des Binswangerschen Sanatoriums Bellevue: Bellevue 1843 (ehem. deutsche Emigrantendruckerei), erhöht 1863, Landegg 1873, Felicitas und Columbia 1889–90, Villa Roberta 1893, Parkhaus 1907 u.a. – Polizeigebäude am Zoll, Mosaik 1958 von Emil Mehr.
Egelshofen. Ref. Kirche. Erb. 1724. Erweiterung und Turmneubau 1898 von Aug. Keller, im Innern 1969 erneuert von Adolf Ilg. Wappenscheiben der Stände Bern und Zürich und der Stadt St. Gallen sowie von mit Egelshofen verbundenen Regimentsgeschlechtern 1724. Kanzel 18. Jh. Zugekaufter Aubusson-Teppich, Eherne Schlange, ca. 1600. – Friedhof. Frauengestalt, Bronze 1954 von Henri König. – Kirchgemeindehaus. Erb. 1963 von Paul R. Kollbrunner; Wandteppich 1966 von Lissy Funk. – Rosenegg. Geburtshaus der Malerin Helen Dahm; Ortsmuseum (s. S. 665). Das geriegelte Hinterhaus noch 17. Jh., der Mittel- und Verbindungsbau entstand nach 1750, das im Louis-XVI-Stil gehaltene Vorderhaus 1774–84. Der 3 Fensterachsen breite Mittelteil mit Freitreppe und vasenbestandenem Portal ist durch Lisenen von den schmaleren Flügeln geschieden und durchstösst das Mansartdach in einem aufgeschwungenen Giebel. Das gute Gartenportal heute samt dem Vorgelände durch Strassenbau beschnitten. In Zimmer und Saal figürliche Stukkaturen von Lorenz Schmid: Personifikationen der Erdteile, Jahreszeiten und Elemente, Klassikerköpfe, Amoretten. Kleiner Raum mit bemalten Wänden: Galanterieszenen. – Auf dem Sonnenplatz Bronze, Fohlengruppe,

1953 von Arnold Huggler. – Gasthaus zur Traube. Wahrscheinlich ehem. das Gerichtshaus der Vogtei Eggen. Der spätgot. Treppengiebelbau wurde 1727 nach O erweitert und dort mit 2 zwiebelbedeckten Erkern versehen. – Im Winkel von Sonnen- und Schützenstrasse das Wehrlischulhaus 1952 von Edwin Schoch; grosses Würfelmosaik von Carl Roesch.

Emmishofen-Bernrain. An der Strasse vom Adlerplatz zum Emmishofer Zoll (Einkaufszentren) das reiche Fachwerkhaus zum Grödeli, erbaut 1610. – Schlösschen Irsee, hinter dem Grödeli 1683 erb. für das Benediktinerreichskloster Irsee bei Kaufbeuren. Wappenstein. – *Bernrainstrasse und Umgebung.* Kath. Kirche. Neubarockbau von Albert Rimli 1902. Altäre, Kanzel, Taufbecken, Reliefe und Statuen modelliert von Schmitz-Köln und in Majolikatechnik ausgeführt durch die einheimische Töpferei Burkart. – Pfarrhaus. Erb. 1963 von Hugo Hartmann. – Gasthaus Hirschen, Bernrainstrasse Nr. 3, das ehem., 1796 umgebaute Mischonengut. – Kuranstalt Seeburg. Biedermeierbau 1825 von Benedikt Anderwert. – Schloss Bernegg, einst Freisitz des Münzmeisters Jak. v. Bernau aus Chur, seit 1702 Besitz der Familie v. Merhart. Das kleine Stammhaus Häldeli erhielt 1795 einen 4stöckigen Neubau angefügt; das dem Mansartdach aufsitzende Türmchen stammt aus der M. 19. Jh.; Renov. 1970. – Herrenhaus Brunegg, bis 1874 Unter- oder Altgyrsberg. Landsitz des Klosters Obermarchtal, erstellt 1680 anstelle einer angeblich den Gyrsbergern gehörenden Burg. In historisierenden Formen umgeb. 1874 nach Plänen von Otto Tafel aus Stuttgart für den Psychiater Ludw. Binswanger. – An der Bruneggstrasse Nr. 3 die 1648 erbaute Wirtschaft zum weissen Bühl; zur Erinnerung an das 1891 niedergebrannte nahe Schlösslein der Ifflinger (um 1500) «Granegg» geheissen. – Schloss Mittelgyrsberg, seit 1582 Freisitz. Neubau 1790, renov. 1953 durch die Erben des Grafen Zeppelin-Macaire, der den Sitz 1840 erhalten hatte. – Herrenhaus Ebersberg, vor 1869 Kunzenhof, in der 1. H. 17. Jh. Schulthaissengut und vordem Ober-Gyrsberg genannt. Nach dem Brand 1848 Neubau mit 4 Zwerchgiebeln in charaktervollem Spätbiedermeier, daneben Trotte- und Pächterhaus, ein Riegelbau von 1798. – Kapelle St. Konrad, in Bernrain. In Waldesnähe reizend gelegene Kirche mit got. Chörlein und Dachreiter, gestiftet durch den Konstanzer Leinenweber Joh. Kränzlein und ausgeführt 1388. Nach der Legende, dargestellt auf einer Tafel von 1598, soll der Bau erinnern an den Knaben, der das Gnadenkreuz spottend betastet hatte und nicht mehr von ihm losgekommen war. Das 1838 umgestaltete Schiff stammt samt der überwölbten Sakristei von 1460. Gnadenkreuz um 1350; die zartkindliche Auffassung des Kruzifixus berührt sich mit dem Spätstil der Konstanzer Heinrichswerkstatt. Barockes Altärchen aus der St. Annakapelle Gottlieben mit vorzüglicher Josephsstatue von Christoph Daniel Schenk. Kreuzigungsbild 1764 von Franz Ludw. Herrmann. Das Priesterhaus der Redemptoristen ist durch einen neueren Verbindungsbau der Kapelle auf plumpe Art angeschlossen. In der eigenen Hauskapelle Altärchen mit Plastiken von Alois Payer und Franz Wipplinger, frühes 20. Jh.

Museum. Ortsmuseum, im Haus Rosenegg (s. S. 664).

OBERHOFEN. Parität. Kirche, früher Filiale von St. Stephan in Konstanz. Schiff und flachwinklig gebrochener Polygonalchor von 1519; Baudatum über dem Durchgang vom Chor in den wohl gleichzeitigen Turm, der seinen buntziegligen anspruchsvollen Aufsatz 1899 erhielt. Renov. der Kirche 1802, 1874; Umgestaltung im Innern 1965–66 durch Hugo Bernet. Taufstein 1712, Kanzel 1723, moderne Chorfenster von Hans Affeltranger. Vom selben Künstler im Schulhaus ein Majolikawandbild 1962. – Schloss Liebburg, nordöstl. des Dorfes. Neubau in der 2. H. 18. Jh., angeblich nach einem Erdbeben, das die ca. 200 m entfernte alte Burg unbewohnbar gemacht haben soll. Ausbau nach 1899, Rechteckbau mit schmalem Quergiebeltrakt, alles zinnengekrönt. Auf dem französischen Dach ein Terrassenaufsatz mit Laterne und Zwiebelkrönung.

ILLIGHAUSEN. Ref. Kirche. Erwähnt 1312, 1512 umgebaut. Neubau 1863–64 durch Baumeister Raggenbass und Joachim Wellauer. Völlige Neugestaltung des Rechtecksaales 1969–70 durch Peter Hartung; Glasgemälde von Hans Affeltranger.

HERRENHOF. Altwegghaus. Grosses Mansartgebäude, frühes 19. Jh.

LANGRICKENBACH. Ref. Kirche. Gedrungener Rechteckbau von 1728; Umbau des östl. Fronttturmes 1897–99. Chorrenov. 1969. – Altes Pfarrhaus von 1817.

UNTERSEE: GOTTLIEBEN–STECKBORN–MAMMERN

TÄGERWILEN. Ref. Kirche. Turmchor, nach ältesten Wandmalereiresten zu schliessen 13.–14. Jh., 1455 Einwölbung und 2. Ausmalung, ferner 1. Aufstockung des Turmes und Neubau des Schiffes, das 1760–61 unter neuem Dachstuhl eine Gipstonne mit guten Stukkaturen und neugestaltete Fenster erhielt. Turmaufsatz 1864. Renov. 1852, 1898, 1922; 1952 wiederum aussen, innen zuletzt 1965. Die 1922 freigelegten Wandbilder des Turmchores, im 3. V. 15. Jh. unter niederländischem Einfluss entstanden, Szenen aus der Cosmas-und-Damian-Legende, verschwanden 1965 wegen Verständnislosigkeit unter Gipsplatten. – Auf dem Kirchhof u. a. Epitaph für E. Zollikofer (gest. 1758), Grabmäler für Henriette Scherer v. Castell, 1850 von Joh. Jak. Oechslin geschaffen, und für den bedeutenden Pädagogen Ignaz Thomas Scherr (gest. 1870), entworfen von Joh. Ludw. Keiser. – Gegen Kreuzlingen der Herrensitz Unterhochstrasse, anstelle einer mittelalterl. Burg erb. E. 17. Jh. durch die Herren v. Landsee. – Ehem. Herrensitz Oberhochstrasse. Der einst durch hochgestelzte Arkaturen feingegliederte Bau von 1819 verdorben. – In Richtung Gottlieben die beiden wohlproportionierten klassiz. Sitze Granegg (1828) und Rosenau. – Sog. Haus Hértler, am westl. Dorfausgang; hier lebte seit 1726 der bedeutende Vorarlberger Barockbaumeister Joh. Michael Beer von Bleichten (1700–67). – Pflanzberg, westlich der Kirche. Sitz des Freiherrn Sebastian A. Reding, erbaut E. 17. Jh. Umbauten nach 1828, aufgestockt und erweitert im vorgerückten 19. Jh., neu ausgestaltet 1917–19. – Okenfiner, östl. der Kirche. Name nach einem schon im 15. Jh. bezeugten Konstanzer Geschlecht. Erb. 1616, um 1720 umgestaltet und an den O-Kanten mit zwei polygonalen und mit

Zwiebelhauben gekrönten Erkern versehen. Zimmer mit bemalten Täfern des späten 18. Jh., in den Feldern Landschaften, auf den Friesen Blumengehänge. Im Saal weisser klassiz. Turmofen, hinter dem O-Giebel im Dachgeschoss Zimmer mit gewölbter Holzdecke. – **Riegelbauten:** Nr. 184, Kuhnmühle 1725; Nr. 210, Haus Dütsch 1716; Nr. 342, Hirschen (Alte Post) 17. Jh.; Nr. 401, Doppelhaus Altwegg, das eine mit Sattel-, das andere mit Mansartdach 18.–19. Jh. Gegen Gottlieben Nr. 77, Zum Trauben, O-Teil 1761 datiert. Hauptstrasse Nr. 232, schöner spätklassiz. Bau mit Freitreppe, M. 19. Jh. – Oberhalb des Dorfes **Schloss Castell.** Unter-Castell von Bischof Ulrich I von Konstanz (1111–27) errichtet und Sitz bischöflicher Schenken, im Schwabenkrieg 1499 gebrandschatzt und seither Ruine. – Ober-Castell, nach 1585 durch Conr. Vogt von Wartenfels gebaut, umgestaltet 1725 durch die Zollikofer aus St. Gallen. Die Familie Scherer liess 1878–94 den Sitz durch Otto Tafel zu einem ebenso imposanten wie pompösen Neurenaissanceschloss ausgestalten und 1892–94 durch Carl Häberlin mit Fresken auszieren.

***GOTTLIEBEN** (Abb. 210). *Guterhaltene Zwergsiedelung zwischen dem Ober- und Untersee, mit Wasserburg und einem der schönsten Dorfplätze der Schweiz.* Das schon im 10. Jh. genannte Fischerdorf hätte 1251 nach Willen Bischofs Eberhard v. Waldenburg befestigter Kopf eines neuen Rheinüberganges werden sollen, durch welchen der Gründer Handel und Wandel von der mit ihm verfeindeten Stadt Konstanz abzuziehen hoffte. Die Brücke hemmte aber die Schiffahrt, ging wieder ein, und Gottlieben blieb ein kleines, aber handelstüchtiges Dorf. Seit 1678 durch Willen der Eidgenossen zum Marktflecken erhoben. 1692 Einsturz des Rheinufers und dreier grosser Häuser. Stapelplatz für Salz der Saline Hall. – **Schloss.** Die beiden landseitigen Ecktürme aus der M. 13. Jh. bildeten zusammen mit dem 1346 dazugefügten und 1352 teilweise wieder zerstörten Palas, dem O-Flügel von 1434–46 und dem N-Flügel von 1475–91 eine mächtige, quadratische, von einem Wehrgang umzogene Wasserburg, deren Gräben erst im 19. Jh. der Zuschüttung und Verlandung anheimfielen. 1836 gelangte die Anlage in Besitz des Prinzen Louis, des spätern Kaisers Napoleon III., der den Wohntrakt nach Plänen des Malers Ferdinando Roberto aus Neapel in neugot. gezinnten Formen umbauen liess. In 3 Fenstern der Rheinfront wurden Masswerke des 14. Jh. aus dem abgebrochenen Konstanzer Münsterkreuzgang eingesetzt. Die beiden über 33 m hohen Türme sind aussen aus Sandsteinblöcken und Eckquadern gefügt; das Innere ist z. T. mit mittelgrossen Kieseln gefüttert. Mauerstärken bis gegen 3 m. Über ehem. Wehrplatten Zeltdachabschluss. In die 6 Stockwerke führen z. T. Blocktreppen, z. T. Wendelsteine. Im O-Turm ehem., 1849 geweihte Schlosskapelle, im W-Turm über dem dritten Boden 7teiliges Staffelfenster aus der M. 14. Jh. Über der 147 cm starken, balkenarmierten Wehrplatte doppeltes Blockgefängnis, in welchem während des Konstanzer Konzils 1415 der böhmische Reformator Johannes Hus und der abgesetzte Papst Johannes XXIII. gefangenlagen, desgleichen 1454 der Zürcher Chorherr Felix Hämmerli. Rest. 1968–69. – Ref. Kirche. Schlicht rechteckiges Gotteshaus, erb.

1812 anstelle eines Baues von 1734. Dachturm 1899 von der Kirche Egelshofen-Kreuzlingen übertragen. Renov. 1910 und 1952. Kanzel A. 19. Jh., Taufstein 1734, 2 Farbfenster 1970 von Werner Eberli. Die Katholiken von Gottlieben benutzten einerseits die um 1830 abgetragene Schlosskapelle und andererseits die beim Dorfeingang befindliche, 1838 abgebrochene St. Annakapelle. – *Dorfplatz**. **Drachenburg** (Abb. 210), so benannt nach dem Umbau durch die Antiquarin Marie Fuhrimann, die bald nach 1884 Drachenwasserspeier anbringen liess (Julius Schürer) und 1892 eine Weinstube eröffnete. Urspr. als Oberes Steinhaus 1674 errichtet und mit dem angrenzenden Untern Steinhaus 1716 zusammengebaut. Das Untere Steinhaus (später Eisenlager) ist nach Ausweis des Allianzwappens an einer Fenstersäule 1620 von Joh. Jak. Lanz v. Liebenfels-Payer bezogen worden. Der schöne eichengeriegelte Bau des Obern Steinhauses erhält sein besonderes Gepräge durch 2 zwiebelgekrönte Erker der südl. Giebelseite; der eine, 2stöckige, die Kante besetzende vielleicht erst 18. Jh., der zweite nach 1884 angefügt. Renov. 1945. – Bürger- und Gemeindehaus. Um 1835 in einfacher Konstruktionsriegelart errichtet. – Grünes Haus. Ein wohl noch im 17. Jh. erstelltes, um 1812 umgestaltetes Gebäude; Wohn- und Sterbehaus des Dichters Emanuel v. Bodman (1874–1946). – Waaghaus. Erb. 1687 als Gemeinde- und Schützenhaus mit Wirtschaftsbetrieb Zum Schiff, seit 1852 wegen der Nachbarschaft zum alten, 1896 abgetragenen Salzstadel in Waaghaus umgetauft. Zusammengebaut mit dem Rheineck, ehem. Haus zur Lilien, welches 1693 für Bürgermeister Hans Georg Meyer errichtet wurde. – Abseits des Dorfplatzes: am Rhein Haus Nr. 61, mit Régencedecke und weissem Turmofen; Nr. 55, Gasthof Krone 1693; Nr. 49, Zur Gerbe, Zwiebeldacherker und Vorzeichenerker mit Schweifdach, an Felderdecke Jahrzahl 1680, Erkerzimmer mit Régencestuck um 1739. Originelle Wendeltreppe aus Holz; Nr. 58, Bäckerhaus Helbling 1720; Nr. 67, Riegelhaus Bänninger 1839; gegen Tägerwilen, Haus zur Brücke 1619.

TRIBOLTINGEN. Guterhaltenes Riegelbaudorf entlang der Seestrasse. **Kapelle St. Nikolaus.** Vom spätroman. Bau des 13. Jh. sind die Flanken erhalten; flach polygonaler Chor um 1500, W-Teil 1957 z. T. erneuert; guter Dachreiter von 1602. Rest. 1957. Mauerwerk aus Bollen in Ährenverband; hochliegende kleine Rundbogenfensterchen; im Polygon 3 schlichte Masswerkfenster. Das Zifferblatt des 4seitigen Dachreiters zeigt im Schirme eines 8seitigen Spitzhelmes gemalte Hauszeichen und Wappen; Uhr von Andreas Liechti, Winterthur, 1602. Im Innern spätgot. Sandstein-Sakramentshäuschen mit Resten alter Polychromie. Ausser den Wandmalereiresten des 14. Jh. sind in z. T. oxydierten Farben Heilige und Passionsszenen von 1500 erhalten geblieben. An der N-Wand des Schiffes in Rötel interessante Pilgerinschriften des späten 15. Jh., u. a. mit Wappen des württembergischen Herzogs Eberhard im Bart, Alberts v. Sünchingen 1474, des Klosters Reichenau mit Tiara, Basilikaschirm und Petrusschlüsseln als Zeichen päpstlicher Privilegien usw. – Unter den zahlreichen schlichten, aber in ihrer Gruppenwirkung wichtigen Riegelbauten des 17.–19. Jh. hervorzuheben das Haus zum Weinberg, über dem Kellerhals dat. 1752; an seiner wegseitigen Kante ein 2stöckiger polygonaler Erker. Am östl. Dorfeingang das imposante Riegelhaus Schwarz.

WÄLDI. Ref. Kirche. Erb. 1723, renov. 1954.

ERMATINGEN (Abb. 208). **Parität. Kirche St. Albin.** Wenn auch ein Priester erst 1221 bezeugt, dürfte die Reichenau schon im 1. Jahrtausend einen Kirchenbau bewirkt haben. Ältester Teil der heutigen Anlage ist jetzt die nördl. Seitenkapelle des Schiffes, der ehem. Turmchor des 14. Jh. (1387?). Neues Schiff 1488, polygonaler Chor 1494, Sakristei 1489. Wiederherstellung nach den Zerstörungen des Schwabenkrieges um 1500, gleichzeitig Turmaufsatz. Renov. 1649, 1695, 1750, ferner 1851 (3 Altäre), 1899, 1903 und 1950–51. Dem Schiff mit N-Turm folgt ein firstniedrigerer Polygonalchor; im Winkel von Chor und Turm die Sakristei. – *Inneres.* Das Chorgewölbe von 1494 (Scherenfiguration) wurde 1750 bombiert und durch Franz Ludw. Herrmann mit Heiligen und einer Himmelfahrt Mariens ausgemalt. Glasgemälde 1952 von Aug. Wanner. Gestühl 1698. Das Schiff von 1488 öffnet sich je durch einen Spitzbogen östl. auf das Altarhaus, nördl. auf den alten Turmchor und auf einen ihm westl. angeschlossenen Annexbau. Flaches Tonnengewölbe mit Stuck vielleicht eines Vorarlberger Meisters 1750, Kanzel 1729. In der Turmchor- oder St. Katharinenkapelle von 1387 (?) spannt sich zwischen profilierten Spitzbogennischen ein Kreuzrippengewölbe mit Salvatorschlussstein. An den Wänden heraldisch vortreffliche Epitaphe von Geschlechtern auf Schloss Salenstein aus den Jahren 1547 (Ludw. v. Ulm), 1578 (Margrit v. Landenberg-Muntprat), 1610 (Esther v. Hallwil-v. Ulm) und 1613 (Walter v. Hallwil). Die Verstorbenen waren Vater, Mutter, Tochter und Schwiegersohn. Sakristei überwölbt, mit Piscina und versetzter, 1471 datierter Sakramentsnische. Abendmahlskelche von 1635; Messkelche des 17. und 18. Jh. von Konstanzer und Augsburger Meistern, Augsburger Monstranz von Joh. Joachim Lutz d. Ä. um 1700. – Ref. Pfarrhaus. Mächtiger Bau unter Walmdach, Kern 1490 bzw. 1499, vielfach verändert, zuletzt 1968. – **Kehlhof** (Abb. 208). Erb. 1694 neben den Vorgängerbau durch Bürgermeister Ammann, erweitert 1811, letzte Renovation 1971. Langer, mit Stall und Scheune zusammengebauter, durchwegs geriegelter Trakt mit N-Lauben. Fenster mit Zugladentäfer, in Gruppen zu 2 und 2mal 3 zusammengefasst und an der Giebelseite turmartig übereinander angeordnet. Balkendecken mit grauen Ranken; Gerichtssaal mit Wabendecke und Täfer der Bauzeit, die Felder im 3. V. 18. Jh. mit alttestamentlichen Szenen nach Stichvorlagen volkstümlich ausgemalt. – *An der Landstrasse.* Haus Bäckerei Kreis. Riegelbau mit Giebelfront, die von 2 durchgehenden Fensterwagen durchlaufen wird. Brüstungen wegen ehem. Zugläden zierlos; im Giebelfeld bildet das Gebälk ein Gittermuster. – Neues Gemeindehaus, Bau von Albert und Heinz Schellenberg 1968–69. – Primarschulhaus. Plastik 1954 von Henri König. – Gasthaus zum Adler. Erbaut 16. Jh., renoviert 1925–26 und 1963. Fresko, Hochzeitszug, 1925 von José Sanz. Gasthaus-Auslegerschild, Rokoko. Im Innern Saal mit Kassettendecke; bemalte Täferzimmer aus der 2. H. 18. Jh. – Am westl. Dorfausgang das klassiz. Doppelhaus Phönix und Harmonie, erb. 1820–30. –

Im Staad (am See). Giebelseitig zu Strasse und See gestellte, breitspurige Fischerhäuser, davon 4 einst der massgeblichen Familie Kym gehörig, z.T. mit bemalten Decken und Täfern des 18.Jh. – Nr.326, Engel. Erb. oder umgestaltet 1740. Saal mit Malereien des Rokokos. – Nr. 347, erbaut M.18.Jh. – Nr. 251, von Kammerer Tobler um 1851 errichtet, Türmchen modernisiert. – Nr.413, Zum Schiff. Erb. 1708 (Régencedecke), renov. 1937. – Nr. 377, erb. 1672, renov. 1795, 1918. An der vorkragenden Flanke Fensterwagen; Giebelfront mit origineller Riegelzeichnung und Aufzugsportal. – Zum Hirschen. Guter Riegelbau von 1720, in 2 Geschossen Fensterwagen. – Charaktervolles Zollhaus, 17.–19.Jh.

Schlösser der Bergseite. Schloss Hard. Neubau von 1520 für Sebastian Muntprat anstelle eines im Schwabenkriege 1499 zerstörten Freisitzes aus dem 13.Jh. Um- und Neubauten 1720–34 durch die Zollikofer (ihr Wappenstein an der Fassade), 1829 durch den englischen General Th.Lindsey sowie 1848 durch Georg F.Thomas. Das abgewinkelte Satteldachgebäude mit geschweiftem Quergiebel und sich zum Achteck verjüngenden, überkuppelten Türmchen übernimmt Formen anderer, älterer Zollikofer-Bauten. Heute dient es wechselnden, seinem baulichen Wesen abträglichen Zwekken. – Rellingsches Haus. Angeblich 1501 neu errichtet, seit 1597 Freisitz. – *Schloss Wolfsberg*. Kernbau um 1571 für Wolf Walter v. Gryffenberg. Das z.T. geriegelte Treppengiebelhaus nach 1731 für Joh. Zollikofer v. Altenklingen und nach 1800 für Baron Högger v. Höggersberg umgestaltet zum würfelförmigen Baukörper mit steilem Mansartdach und von Zwiebel beschirmtem Glockenträger. Der schon um 1800 angelegte Bau des sog. neuen Schlosses wurde 1825 unter Oberst Charles Parquin weitergeführt: ein dem Garten südl. vorgelagerter langgestreckter 1stöckiger Trakt mit Mittel- und Eckrisaliten. Wolfsberg wurde unter Parquin zum Sammelplatz der Bonapartisten. Ausser der Königin Hortense, Prinz Louis Napoléon und vielen weitern Gestalten hoher Politik zählte 1811 auch König Maximilian von Bayern zu den Gästen. Im Park südöstl. freistehende, im 19.Jh. erneuerte Schlosskapelle mit kleinem Altar aus dem Schloss Sandegg und anderer hierher versetzter Ausstattung. Grabstätte des Schriftstellers Wolf Schwertenbach (1894–1966). – *Lilienberg*. 1830 für Graf Zappe errichtet. – *Hubberg*, bei Fruthwilen. Von Walter v. Hallwil zu Salenstein 1596 erbautes Staffelgiebelhaus mit Fachwerkobergeschoss; 1596 zum Freisitz erhoben. Im Flur des 1. Stockes Stuckdecke mit dem Wappen Breitenlandenberg-Wildenberg, die zwischen 1712–66 auf dem Hubberg sassen. Im Milieu einer weitern Stuckdecke Darstellung der Versuchung Christi. Bilderofen. Aussenrest. 1972.

MANNENBACH. Kapelle, urspr. Hl. Kreuz, seit 1692 St.Aloysius. Nach der Legende Stiftung eines Kreuzritters auf der Burg Salenstein, welcher vielerlei Gefahren glücklich bestanden hatte; nach anderer Überlieferung Gründung durch die Dorfbewohner. Weihe angeblich 1155. Einst wegen der Kreuzpartikelreliquie vielbesuchter Wallfahrtsort. Polygonaler Chorschluss aus got. Zeit, Neuausstattung 1695. Passionszyklus von 1488 in 16 Bildern, Propheten, Apostel, Heilige. Als Fronaltar Teile des Ermatinger

Hochaltars mit Bildern von Franz Ludw. Herrmann um 1763. Der eigene Hochaltar von 1695 steht an der N-Wand. Grabchristus 15.Jh., spätgot. Schnitzfigur der Hl. Anna (Elisabeth?), Votivbilder. Hausorgel 18.–19.Jh. Turmuhr von Hans Luterer 1533. – Louisenberg. 1834–35 für den französischen General Marquis de Grenay gebaut anstelle des alten Kaplaneigebäudes, welches die Grossherzogin Stephanie von Baden, geb. Beauharnais, 1825 gekauft hatte. Klassiz., 3geschossiger Sitz über Hochparterre; gestelzte Balkone. – Wartburg, unterhalb Eugensberg. Erb. um 1877, erweitert 1924.

***SALENSTEIN. Schloss Arenenberg*.** *Exilsitz der Familie Louis Napoléons, im Stil des ersten und zweiten Kaiserreiches hervorragend ausgestattet.* Der Kernbau 1546–48 vom Konstanzer Bürgermeister Sebastian Gaissberg erstellt und 1585 von den Eidgenossen als Freisitz anerkannt. 1817 durch die Exkönigin Hortense von Holland (Stieftochter Napoleons I.) erworben und zur Exilresidenz umgestaltet; anstelle der Staffelgiebel trat ein Zeltdach, gegen S ein Parterreanbau. Hortensens Sohn Prinz Louis, der spätere Kaiser Napoleon III., wurde hier erzogen, erhielt 1832 das thurgauische Ehrenbürgerrecht, bewohnte das Schloss bis 1837, musste es 1843 veräussern und kaufte es 1855 zurück. Nach dem Tod des Kaisers ab 1873 Wohnsitz seiner Witwe Eugénie, die im folgenden Jahr den S-Anbau erhöhen liess. 1905 Schenkung an den Kanton Thurgau. Heute Napoleongedenkstätte mit Appartements aus der Zeit der Exkönigin Hortense, des Prinzen Louis und der Exkaiserin Eugénie. Kostbares Mobiliar und hist. Dokumente. Wertvolle Gemälde und Plastiken. Die freistehende Schlosskapelle von 1820, umgestaltet 1855 und 1873, ist 1949 auf die urspr. frühneugot. Gestalt zurückgeführt worden. Unter den italienischen Altarbildern des 15.Jh. ein Triptychon von Nicolo Alunno. Von Paris hierher übertragen das Grabmal der Königin Hortense, ein Marmorbildwerk des Lorenzo Bartolini 1845. In den nach 1817 errichteten Nebengebäuden seit 1906 die Landwirtschaftliche Schule, neuer Zusatzbau 1969ff. durch Adolf Ilg. – **Schloss Salenstein.** Urspr. Stammburg der gleichnamigen, 1092 genannten reichenauischen Schenken. Von ehemals 2 Festen die Altburg Obersalenstein erhalten, eine malerisch dominierende Anlage über 5seitigem Umfriedungsgrundriss. Älteste Teile vielleicht 11.Jh., Umbauten 1517ff. durch Sebastian Muntprat; turmartiger Vorbau mit Kapelle 1592 unter den Herren v. Hallwil. Oberst Charles Parquin liess nach 1828 den S-Trakt, das sog. Neuschloss, abbrechen. Das von diesem durch einen kleinen Hof getrennt gewesene Altschloss, dem z.T. neuere Torbauten und Annexe vorgelagert sind, wurde 1841, 1869 und nochmals 1960 tiefgreifend, z.T. im Sinne englischer Neugotik verändert. Wesentliches zum neuen Gesicht trug Herr v. Herder, ein Enkel des Weimarer Philosophen, bei. 1968 wurde die abgewinkelte Staffelgiebelgruppe um einen neuen Halbrundturm vergrössert. – **Schloss Eugensberg.** Erb. 1821 für den ehem. Vizekönig von Italien und Bruder der Exkönigin Hortense, Eugène de Beauharnais. Der Bauplatz befand sich nahe der mittelalterl. Burg Sandegg, die 1833 ein Opfer der Flammen geworden ist. Edler Empirebau mit Mittel- und Seitenrisaliten; im Auftrage des Arboner Industriellen Hippolyt Saurer 1916 2 Flügelanbauten durch Joh. Rud. Streiff und Georg Schindler dazugefügt, ebenso im Park ein Rundtempelchen. Aus derselben Zeit kunstvolle Innenausstattung. Seit 1949 Erholungsheim des Diakonieverbandes Ländli.

SALEN-REUTENEN. Weitverstreute Gemeinde auf dem Seerücken. – Kapelle St. Antonius, erb. 1862.

BERLINGEN. Langgezogene Siedelung beidseits der Seestrasse, beachtlich durch den Rhythmus der ihren First seewärts richtenden Häuser. – **Ref. Kirche.** *Inkunabelbau der Neugotik*, 1842 von Joh. Nepomuk Keller anstelle des Gotteshauses von 1659 errichtet, das seinerseits eine spätroman. St. Michaelskapelle abgelöst hatte. Renov. 1903; Rest. 1968–69. In der Vermischung spätklassiz. und got. Bauelemente mit solchen eines gräzisierenden Louis-Philippe eine der ersten stilmischenden neugot. Bauten der Schweiz. Östl. Frontturm von gedrungenem Schiff knapp umklammert, der Fuss des Spitzhelmes von zierlichen, getreppten Uhrengiebelchen umstellt. Spitzbogenfenster mit vorzüglichen Holzmasswerken; Ausstattung des Innern in ähnlich zarten, empfindsam linear gedachten Formen. – Dorfbrunnen von 1801. – Am Stediplatz Gemeindehaus und Gasthof zum Schiff, Mansartbau von 1780. – Bergseitig der Landstrasse das Grüne Haus, ehemals Besitz der Familie des bedeutenden Staatsmannes Konrad Kern (1808–88). Breit hingelagertes Giebelhaus mit Keller- und Aufzugstoren; frühklassiz. Ausstattung. – Seeseitig und westl. der Kirche: Adolf Dietrich-Haus, Wohnsitz des bedeutenden «peintre naïf» (1877–1957); seine Malstube zugänglich. – Ehem. reichenauischer Kehlhof. Stattlicher Riegelbau von 1686. Restaurierung, nach Brand, 1972.

STECKBORN. Steinzeitliche Ufersiedelungen. Der Stadt des 13.–14. Jh. voraus ging ein zu Füssen des reichenauischen Kehlhofes angelegtes Dorf, das im Vorgelände des Herrenhofes M. 9. Jh. eine Kirche erhalten hatte. 1313 bewilligte Kaiser Heinrich VII. einen Wochenmarkt; der Marktbezirk wurde, vielleicht im Anschluss an einen ältern befestigten Platz, beidseits der Seestrasse angelegt und genoss den Schutz des um 1320 errichteten äbtischen Turmhofes, der den Stadtherren aber auch Kontrolle erlaubte und Zuflucht bot. Die Befestigungsmauer läuft stumpfwinklig von Kirche und Kehlhof aus und erreicht in 2 langen, grossteils erhaltenen Schenkeln den See. Sie blieb weitgehend selbständig, da sie nur in den nördl. Abschnitten geschlossen Häuser aufgestockt erhielt. Der Raum innerhalb der 3seitigen Stadtanlage wurde denn auch nicht voll überbaut. Die Haupt- und Seestrasse folgt mit ihren giebelseitigen Häuserfronten dem Bogen der Uferlinie und weitet sich dort, wo die von der Kirche kommende Quergasse einmündet, zum kleinen Rathausplatz, der durch einen Durchgang mit der Schiffländе verbunden ist. Die kleinstädtische Bevölkerung betrieb Handwerk, Fischerei und Weinbau; im 18. Jh. berühmte, weitherum tätige Ofenbauer und Ofenmaler (Meyer, Düringer) sowie tüchtige Zinngiesser. – **Ref. Kirche,** urspr. St. Jakob. 1535–1963 paritāt. Eine erste Kirche des mittleren 9. Jh. belegte die SO-Hälfte des heutigen Gotteshauses und bestand aus Rechteckschiff, nördl. Annex und leicht gestelzter Apsis. Eine spätere Vorhalle wurde anlässlich der 1. Erweiterung zum Kirchenschiff geschlagen, jedoch zu frühroman. Zeit weiter westlich wieder errichtet. Im 12.–13. Jh. Ausweitung gegen S und Bau eines Turmchores im 15. Jh. Anbau einer nördl., zum Schiff arkadengeöffneten Marienkapelle. Später Kirchenerweiterung auf zwei Drittel der heutigen Grundfläche. Renov. 1641 durch Michael Husse, ferner 1700 und 1734–36. Neubau 1766–67 durch den bischöflichen Baudirektor Franz Ant. Bagnato, welcher seinen protestantischen Konkurrenten Ulr. Grubenmann ausmanövrierte. 1834 Abbruch des östl., barock gekrönten Chorflankenturmes und Bau eines westl. klassiz. Fronttturmes durch Rud. Hoffmann nach Plänen von Gustav A. Wegmann. Renov. innen 1923–24, aussen 1934, gesamthaft rest. 1968–70. – Verbindung eines breiten lichten Predigtquerraumes im protestantischen Sinne mit kleinem, korbbogengeöffnetem Altarraum für den katholischen Kultus. In der Konzeption setzten sich also die gegenüber den Katholiken an Zahl 7–8fach überlegenen Reformierten durch, und es musste entsprechend dem seit 1642 vereinbarten «Altarumhang» der ganze Chor bis ins 19. Jh. hinein durch einen Chorbogenvorhang gegen das Schiff abgeschirmt werden, der nie erneuert, sondern nur geflickt werden durfte. Flachdecke über breiter Kehle und gestreckt hufeisenförmig geschwungene, auf neuen Sandsteinsäulen ruhende Empore mit guten graublau gefassten Stukkaturen vermutlich von Hans Georg Graf; Kanzel der Bauzeit von Schreiner Füllemann (ältere Teile?). – Der Umfriedung sitzen stadtseitig massstabgebende hübsche Kleinbauten auf, u.a. das biedermeierliche Alte Schulhaus. – Kath. Kirche St. Jakobus. Erb. 1962–63 durch Karl Zöllig und Hermann Schmidt; Hauptportal mit Bronzerelief und Holzrelief mit Szenen aus dem Marienleben von Rud. Paul Gruber, Kreuzwegstationen in Glas-Beton von Heinr. Stäubli. – **Turmhof,** am See-Ufer. Vom Stadtgründer Abt Diethelm v. Castell um 1320 als selbständig befestigter Stützpunkt und Freihof errichtet. Umbauten 1583 und, mit seitlicher Wendeltreppe und Wappenstein des Besitzers Joh. v. Wieden-Hausen, um 1613. Seit 1642 Übergang an die Stadt; 1648 Anbau des Kaufhauses, Innenausbau, Zwiebelhelmhaube, Ecktürmchen. Renov. 1922–23. Seit 1934 Heimatmuseum, das urgeschichtliche, römische und alemannische Funde, vor allem Handwerkszeug und Werke des kleinstädtischen Gewerbefleisses zeigt (s. S. 674). – **Rathaus.** Fachwerkbau mit Vorplatz und Durchlass zwischen der Seestrasse und Schiffl ände. 1667 wohl mit Benützung älterer Kerne errichtet von Werkmeister Schwederle. Freilegung des Riegelwerkes 1919. In der Mittelachse der platzseitigen Giebelfront ein 8seitiger Treppenturm mit Kuppeldach und Glockenträger. Wappentafel der Bürgermeister Daniel und Ulr. Hausammann 1667. Keller und Gang mit noch spätgotisch profilierten Stützen. Ratstube mit Leistendecke. Im Archivraum Spätrenaissancetäfer und Leistendecke mit Rosetten; Tresortüren von 1595 und 1667. Sitzungszimmer mit Düringer-Öfen von 1784. Im 2. Stock Kassettendecke aus 2 spiegelgleichen Teilen. – *An der Seestrasse.* Am O-Ende das Haus zum Olivenbaum, klassiz. Bau mit Mansartdach, erstellt 1804–05 für den Obersten Schiegg. – Haus zum Erker, mit Spätrokokoportal. – Haus zum Steinerker, mit Allianzwappen Hanhart-Hausammann 1686. – Haus zur Treu, frühklassiz. Erkerbau. –

Grünes Haus. Grosser Saal mit fournierter Doppeltüre in Kirschbaumholz und wessobrunnischer Régencedecke mit Wappen Hanhart und Füllemann. Gegen 1750. – Schwanen, ein Fachwerkhaus des späten 18. Jh. mit gutem Auslegearm. Ihm zugehörig am Quai ein Sommerhäuschen mit Mansartdach und Ecklisenen; im Innern eine Bandelwerk-Stuckdecke. – Neues Schloss, beim ehem. Bachtor der westl. Stadtmauer. Angeblich in der 2. H. 16. Jh. für den Ziegler Labhart errichtet, Portal dat. 1723, Sonnenuhr in Rokokorahmung um 1760. Spätgot. Bälkleindecke, Cheminée dat. 1628. – Gegenüber das Alte Schloss. In seinem Innern spätgot. Balkendecke. – Haus zum Gümpli mit einem in die Mansarde einschneidenden, haubengedeckten Turmerker des 18. Jh. – An der Obertorstrasse: Haus Dr. Guhl. Zweistökkiger klassiz. Mansartdachbau, 1804–05 erbaut für Oberamtmann Schiegg. Interessante Zwischenpodest-Treppenanlage. Zimmer mit Directoirestuck. – *Obertorbezirk bei der Kirche.* Der Oberhof zeigt im Winkel zweier verschiedenaltriger Bauten einen 3stöckigen, 8seitigen Erkerturm, dessen Fachwerk motivisch dem des Rathauses nacheifert. 18. Jh. – Häuser zur alten Mühle. Der ältere Fachwerkbau 1546 datiert, der angrenzende jüngere über dem Kellerzugang 1652 zu den Wappen Labhart-Maron. Riegelaufsatz mit Palmettenbrüstungen und kleinem Zwerchgiebelerker 18.–19. Jh. – Haus zum Kehlhof, 1731 erbautes Riegelhaus. – Gegen das Eichhölzli zu: Weihermühle, Fachwerkbau von 1667; Renov. 1968. – Im W: auf dem Areal des brandzerstörten Zisterzienserinnenklosters Feldbach das Altkloster, ein Giebelbau des 16.–17. Jh., noch erhalten. – Haus zum Sonnenberg, über dem Korbbogenportal 1778 datiert. – **Schloss Glarisegg.** Erbaut 1772–74 von Franz Ant. Bagnato für Daniel Labhart, Bankier in Paris. Beim Bau des Landerziehungsheimes 1910 wurde die Umgebung durch weitere Schulbauten verändert. Fünfachsige Louis-XVI-Fassade mit Portal im lisenenausgeschiedenen, schmalen Mitteltrakt. Das Labhart-Wappen über der Gurte findet sich im flachen Dachgiebel wiederholt. Im Innern imposante Balustertreppen. Schöne Stuckdecken der Zeit mit Girlanden, Vögeln, Musikinstrumenten usw. – Gasthaus Glarisegg. Erb. 1557 als Taverne des Zieglers Heinr. Labhart.

Museum. Heimatmuseum, im Turmhof (s. S. 673).

***MAMMERN. Schloss.** Das ehemalige, 1621 schon mauerumschlossene Amtshaus wurde bald darauf durch einen italienischen Baumeister zum Schloss umgestaltet für die aus Uri stammenden Herren v. Roll, die zuvor die Herrschaft Mammern und Neuburg übernommen hatten. Ab 1673 im Besitz des Klosters Rheinau. Nach einem Brand Umbau und neuer S-Flügel 1772–73. Seit 1866 Kuranstalt. – **Schlosskapelle*.** *Ausgezeichnet durch eine der gelungensten illusionistischen Ausmalungen des frühen Rokokos.* Im Auftrag des Klosters Rheinau erb. 1749–50 durch Michael Beer von Bildstein. Ausmalung durch Franz Ludw. Herrmann; Übermalung der Fresken 1821 durch den jüngern Herrmann; Freilegung und Rest. 1948–49. Die Raumfolge ist von der Kuppel aus entwickelt, die sich über der verschliffenen Kreuzungsstelle des Längsbaues mit dem firstniedrigeren Querschiff erhebt. Auf eine weitergehende wirkliche architektonische Gliederung wird mit Ausnahme der in den Querarmen vorgewölbten Emporen verzichtet.

Alle Akzentuierungen durch stets nur aufgemalte Altarbauten, Stuckzierden und Gewölbebilder. Die Deckengemälde Franz Ludw. Herrmanns zeigen im Hauptspiegel Maria als Patronin der Christenheit, in der Kuppel die unbefleckte Empfängnis, am Chorgewölbe die Hl. Dreifaltigkeit; in den Lünetten Kirchenlehrer und Evangelisten. Stationen von 1768; Beichtstuhl 1755. Grabmal in 3 Steinarten mit Liegefigur des 1639 verstorbenen Ritters Hans Walter v. Roll (1909 aus der feuergeschädigten Dorfkirche hierher übertragen). – Anstelle der 1909 abgebrannten parität. Kirche baute jede Konfession ein eigenes Gotteshaus: Ref. Kirche in Formen des Heimatstiles 1910–11 errichtet von Gustav Bühler und Friedr. Gilg. – Kath. Kirche St. Blasius, mit got. Reminiszenzen 1912–13 von Albert Rimli. – Unter den Häusern des Dorfes 2 Gasthöfe: Schiff mit Täferstube 1788. – Adler, Riegelbau unter Mansartdach 18.–19. Jh. – *Ruine Neuburg*, nordöstlich des Dorfes. Überreste einer stattlichen Anlage, deren Bau von Ulrich III. v. Altenklingen begonnen worden ist und die ins Netz wehrhafter Plätze der Herren v. Klingen gehörte. Abgetragen 1742 durch das Kloster Rheinau als damaligen Besitzer der Herrschaft. – *Schloss Liebenfels*, südöstl. des Dorfes. Turm des gleichnamigen Ortsadels M. 13. Jh. Wohnbauten von 1488, 1504, 1513 und 1533 unter den Lanzen von Liebenfels, das Vorderschloss mit Treppengiebel und weitläufigen, durch komplizierte Treppen und Schächte miteinander verbundenen Kellergewölben vielleicht erst 1585 unter den Herren v. Gemmingen dazugefügt. 1654–1848 Besitz des Klosters St. Urban. Vollständiger Umbau nach 1848; Wiederherstellung nach dem Brand von 1933. – Turm, aus Feldsteinen gefügt; hier der vorkragende Fachwerkobergaden, den der N-Trakt bis ins 18. Jh. beibehielt, schon A. 16. Jh. durch Staffelgiebel ersetzt. Der Turmschaft mit Mauerstärken bis 2,5 m ist bis zu 7,6 m Höhe fensterlos. Im dritten Geschoss spätgot. Kamin mit Wappen Liebenfels-Muntprat.

KLINGENZELL. Wallfahrtskirche Mariahilf, auf der Höhe südwestl. des Dorfes. Einer der schönsten Aussichtspunkte auf Untersee und Rhein, gelegen an der einstigen keltoröm. Strasse Eschenz–Pfyn. Die Vorgängerin der Wallfahrtskirche war durch den Stifter Walter V. v. Hohenklingen dem Kloster St. Georgen zu Stein übergeben worden, das zu ihrer Besorgung eine Propstei einrichtete. 1581–1803 dem Kloster Petershausen bei Konstanz einverleibt. Brand der Propsteigebäude 1957. – Die jetzige Kapelle, etwas weiter vom Hang weg 1704–05 erbaut als die nach Brand von 1576 wiederhergestellte Vorgängerin, ist dem Baumeister Joh. Dobler unter Abt Franz Oederlin von Petershausen verdingt worden. Rest. 1956–57. Anlage von kreuzförmigem Grundriss, bestehend aus Schiff, Querhaus von geringerer Firsthöhe und 3seitig geschlossenem Chor. Dachreiter mit Zwiebel; am südl. Quergiebel Sonnenuhr mit Benediktuskreuz; westl. Portikus von 1817. Wappen der Abtei Petershausen 1704. Im Schiff flache Gipsdiele mit Deckenbild 1899 von Aug. Müller-Warth. Das Querschiff unten durch eingebaute Sakristeien geschlossen, oben loggienartig als Gesangshäuser geöffnet. Chor überwölbt. Hochaltar von 1737 mit dem Gnadenbild, einer Pietà aus der 1. H. 14. Jh. Seitenaltäre mit guten Statuen von 1742. Gemälde von

Paul Deschwanden und Ant. Eichler 1863–64. Engelfiguren, Christus an der Geisselsäule, Madonnenstatuen und andere Plastik des 17. und 18. Jh. – Im Wald nordöstl. Lourdes-Grottenanlage mit zugekaufter spätbarocker Immakulata. – Pfarrhaus, erb. 1958 von Otto Schärli und Jos. Eggenspieler.

GÜNDELHART. Kath. Kirche St. Mauritius. Kapelle, welche 1471 eine eigene Pfründe gestiftet bekam und nach Verwüstungen der Reformationszeit wieder instand gestellt wurde. Bau in der heutigen Form wohl 1683 unter Casp. Conrad v. Beroldingen, Renovation unter Jos. Ant. v. Beroldingen 2. V. 18. Jh.; zuletzt 1903 und 1932. Rechteckbau mit übergrossem Zwiebelturm (Albert Rimli 1932) und südl. Ausbau. Im Innern flache Régencedecke; unter den Grabplatten der Beroldinger die heraldisch interessante von Jos. Anton 1703–76; ferner die des Freiherrn Coelestin v. Rosenbusch (gest. 1704). Renovation unter Hermann Schmidt bevorstehend. – Pfarrhaus. Einfacher, 1965 renovierter Bau unter Zeltdach, heutige Gestalt spätes 18. Jh. Über Eingang älteres Wappenstück (Spolie?) mit Wappen Beroldingen-Roll v. Bernau 17. Jh. – Schloss. Von den Lanzen auf Liebenfels nach 1571 erstellt; 1622–1869 im Besitze der Urner Familie v. Beroldingen. Grosser 2geschossiger Giebelbau. Barockes N-Portal von 1687 mit Wappen des Casp. Conr. v. Beroldingen im gesprengten Giebel. Im Innern Treppenaufgang der Louis-Philippe-Zeit. Interessante Hauskapelle mit klassiz. tapezierter Decke und neugot. bespannten Wänden. Stuckdecken 2. V. 18. Jh., Milieu mit Wappen des Jos. Ant. v. Beroldingen und der Maria Barbara Roth v. Schreckenstein, ferner volkstümlich allegorische Rondellen und originelle Reliefs u. a. mit dem Flug des Ikarus und mit der Sintflut. Turmofen und Treppenofen, beide bemalt, aus der Werkstatt des Hans Heinr. Meyer in Steckborn.

ESCHENZ. Einstige röm. Brückenkopfsiedelung Tasgetium. – Kath. Kirche Mariä Himmelfahrt. 1737–38 erbaut unter Abt Nikolaus Imfeld von Einsiedeln durch Franz Singer aus Messkirch. Das neue Gotteshaus ersetzte den nahe am Rhein gelegenen, heute zerstörten Vorgängerbau St. Vitus. 1896 Erweiterung nach W, Frontturm mit Spitzhelm und Dachreiter durch Aug. Hardegger. Umbau durch Felix Schmid 1950. Taufstein 1580. Altäre mit Plastiken von 1762–63, vielleicht Kreis des Michel Hartmann und Diego Carlone. Hervorragende moderne Kreuzwegscheiben, das letzte, unvollendet hinterlassene Werk von Heinr. Danioth (gest. 1953), ergänzt von Eduard Renggli. – Gasthaus zum Raben. Altes Gerichtshaus, um 1740 errichtet durch das Stift Einsiedeln, 1801 umgebaut, heute betrüblich modernisiert. – **Freudenfels,** südöstl. am Wege nach Klingenzell. Seit 1623 Statthalterei des Klosters Einsiedeln. Wenngleich erst 1359 als Burg der Herren v. Hohenklingen erwähnt, so dürfte sie doch (unter anderem Namen?) ins 13. Jh. zurückreichen. Renov. 1617 und, unter Casp. Mosbrugger, 1692 ff. Abt Nikolaus Imfeld liess 1747 die Statthalterei weitgehend neu durch Franz Singer aus Messkirch, unter Benützung ältern Mauerwerkes, aufführen; Renovation 1956 ff. Der Vorderteil, das neue «Winterhus», in Art eines stattlichen Landhauses mit Walmdach und Zwiebeltürmchen gebaut. Er erhielt 1956 den vorgelagerten Hof samt Tor wieder vollständig umfriedet. Das als Kehrgiebel seewärts anschliessende «Sommerhus» zeigt aufgestocktes Fachwerk noch des 17. Jh. Im Erdgeschoss 1891 eingerichtete, 1956 neugestaltete Kapelle mit neuer Kopie der Einsiedler Muttergottes und Glasgemälde von Albin Schweri. Im Vorraum Christus in der Marter, spätgot. Plastik; Türe und Türrahmen im Knorpelstil 2. H. 17. Jh.; im Gang Kruzifixus des späten 17. Jh. Räume mit gutem Wessobrunner Stuck von 1747; bemalte Türen, Steckborner Ofen mit reicher Blauweissmalerei des Rud. Kuhn aus derselben Zeit.

RHEINUFER: WAGENHAUSEN–DIESSENHOFEN UND UMGEBUNG–ST. KATHARINENTAL–PARADIES

INSEL WERD. Oberhalb Stein am Rhein im Ausfluss des Untersees gelegene kleine Insel, die seit 958 dem Kloster Einsiedeln zu eigen und seit 1901 durch einen Steg mit dem Festland verbunden ist. Prähist. Stätte der Jungsteinzeit und der Bronzezeit; unter den Römern Stützpunkt einer 8jochigen Rheinbrücke von 440 m Länge. Auf Werd verschied 759 der Hl. Otmar, der erste Abt von St. Gallen, der infolge eines Streites um die Unabhängigkeit seines Klosters mit dem fränkisch gesinnten Bischof Sidonius von Konstanz als Gefangener auf die Insel verbannt worden war. – **Wallfahrtskapelle St. Otmar.** Bau des 9.–11. Jh. Das Schiff erhebt sich über dem Gozbert-Haus, in dem Otmar gefangenlag, starb und an dessen O-Flanke der Heilige bis zur Übertragung nach St. Gallen während zehn Jahren sein Grab gefunden hat. Der Chor überbaut die Stätte des Kenotaphs. Die Kapelle mit eingezogenem Rechteckchor wurde mehrfach umgestaltet; Bauperioden lassen sich ablesen aus der Rankenbemalung des S-Fensters (12.–13. Jh.), den Fresken des O-Fenster-Gewändes (14. Jh.) und an der spätgot., kielbogenbekrönten Sakramentsnische von 1496. Die Spuren der neugot. Eingriffe von 1899 wurden durch die Rest. von 1962–63 getilgt (betreffend die abgelösten Fresken s. Uesslingen S. 628). In einer Nische des Schiffes eine barocke Monstranz mit einer 1767 geschenkten Reliquie des Hl. Otmar. Glasfenster 1967 von Pater Bonifaz Köch. – Pfrundhaus. Das Mauerwerk des Vorgängerbaues wurde bei der neugot. Umgestaltung unter Pater Albert Kuhn 1899 wiederverwendet. Seit 1957 Priesterstation der Franziskaner.

WAGENHAUSEN. Ehem. Benediktinerklösterchen (Abb. 207). *Frühromanische Pfeilerbasilika, im Sinne der Hirsauer Reform und in strenger geometrischer Bindung gebaut. Datierte Glocke von 1291.* Kloster 1083 von Tuoto v. Wagenhausen gestiftet und Allerheiligen Schaffhausen übergeben. Bei dem Versuch, die Eigenrechte Tuotos abzubauen und Wagenhausen reformgemäss von ihm zu lösen, brach ein erbitterter Zwist aus, den auch Kaiser und Papst nicht zu bannen vermochten. Kloster und Kirche erlitten schweren Schaden. Um 1100 Behebung von Brandeinwirkungen. Im frühen 12. Jh. wurde Wagenhausen über den Konstanzer Bischof dem Kloster Petershausen unterstellt. Völlig verarmt und darniederliegend kam es 1417 schliesslich an Allerheiligen zurück, von wo aus es bis zur Reformation (1529) verwaltet wurde. Später wurde die «Propstei» vom reformierten

Schaffhausen betreut und erst 1861 der Gemeinde Wagenhausen übergeben. **Ehem. Kloster- und heutige ref. Pfarrkirche.** Die nach lombardischem Typus 1083–87 erbaute querschifflose Pfeilerbasilika mit ehedem 2geschossigem, arkadengeöffnetem W-Werk, flachgedecktem Langhaus, urspr. durch Schwibbogen ausgeschiedenem Vorchor und vorgezogenem Altarhaus war durch eine Hauptapside und, zurückgestaffelt, am Ende beider Seitenschiffe durch Apsidiolen geschlossen. Der westliche Vorchor-Schwibbogen schon nach 1100 nicht erneuert. Die Hauptapside des quadratischen Altarhauses wurde im 16. Jh. abgetragen und durch eine gerade Wand mit romanisierenden Fenstern ersetzt; darüber ein geriegelter Dachreiter unter Spitzhelm; hier die 1291 datierte Marienglocke. Nach dem Einsturz des nördl. Seitenschiffes im 17. Jh. trug man dieses ab, vermauerte die 5 rheinseitigen Langhausarkaden und brach im ehem. Vorchor den südl. Durchgang aus. 1892 Umwandlung des W-Werkes in eine Empore. Rest. 1914, 1937 und 1950–51, wobei das Steinwerk z. T. unverputzt blieb (vermutlich urspr.). Von der einst wohl reichen Ausmalung erhalten: Mäanderteppich gegen 1300 in der Chorbogenleibung; übrige Fragmente um 1515: im Chor St. Sebastian, in der S-Apsidiole die Hl. Antonius und Benedikt mit dem Wappen des Propstes Fritschi; an einem Pfeiler der N-Seite eine qualitätvolle St. Agatha. Taufstein um 1515. – *Roman. Kreuzgang und Kapitelraum* an der S-Seite der Kirche, A. 12. Jh. Im Kreuzgang ein Pestsarg. Vom Klostergeviert fehlt der W-Flügel. Die Hofseite mit Fachwerk des 16. und 17. Jh. (Renov. 1972). Refektorium, ausgemaltes Täferzimmer M. 18. Jh., vielleicht Beziehungen zu der Ulrich-Schnetzler-Werkstatt in Schaffhausen. Auf der W-Seite: Alte Mühle, Fachwerkbau 17.–18. Jh.; auf der O-Seite Trottengebäude, am Kellerhals 1548 datiert, Fachwerkbau. – Gegen Stein zu: Schlössli. Bis 1798 Sitz der steinischen Vögte, Steinwerksockel wohl von 1530, das reiche Fachwerk von 1682. Heraldische Malerei: Wappen der Stadt Stein und ihres Klosters St. Georgen zum Reichsschild gestellt. Stiftung des Freiherrn Dionys v. Rost. – Haus zum Wasen, Nr. 16. Schaffhauser Amtshaus, erb. 1733, Stuckdecke von 1763 mit Wappen Hans Jak. Wellauer und seiner Gattinnen Marbach und Hurter. – Riegelhäuser des 18.–19. Jh., u.a. das Haus Trösch, renov. 1972. – Im Banne der Munizipalgemeinde am Rhein das gut erhaltene Siedelungsbild von *Rheinklingen* (urspr. Reichlingen), ferner *Kaltenbach* mit Riegelbauten, deren Giebel Strahlenmuster aufweisen. Löwen, erb. 1802.

***DIESSENHOFEN** (Abb. 209). *Schönes mittelalterliches Brückenstädtchen.* Der zwischen Geisslibach und Rhein angelegte Kirchenweiler um 757 dem Kloster St. Gallen geschenkt. Später Besitz der Kyburger; deren Vögte, die Truchsessen von Diessenhofen, hausten in der Burg, genannt Unterhof. Graf Hartmann III. erhob die Siedelung 1178 als Schutz- und Verwaltungszentrum zur Stadt und ummauerte sie zwischen der Burg im W und dem konstanzischen Oberhof im O, die beide getrennt umfriedet und rechtlich ausgeschieden blieben. Schon dem Weiler war ein Markt angegliedert; eigene Münze; Stadtrecht von 1178. Der wichtige Stützpunkt gelangte 1264 durch Erbgang an König Rudolf v. Habsburg. Durch die Reichsacht Herzog

Friedrichs von Österreich 1415–42 vorübergehend Reichsstadt, dann wieder durch Drohungen und Versprechungen österreichisch bis zur Eroberung durch die Eidgenossen 1460. Innerhalb des eidg. Thurgaus Behauptung einer weitgehenden Selbstverwaltung. – *Stadtanlage und Wehrbauten.* Ihr Ansatzpunkt bildet die über dem Steilhang des Rheines gelegene Burg Unterhof und der vorgelagerte Kirchenbezirk. Das trapezförmige Stadtgeviert, vielleicht erst im 13. Jh. nochmals nach S erweitert, weist parallele Strassenzüge mit der breitern Marktgasse als Rückgrat auf, welche erst 1844–45 nach W weitergeführt wurde. Von Brücke und Rheintor her erklimmt eine weitere Strasse den Hang und mündet in die einzige Quergasse. Im S, wo die Befestigung nur teilweise durch Häuser hinterbaut wurde, zieht sich die freie Stadtmauer vom Thüerenturm an der SW-Ecke (um 1300) dem heute aufgefüllten Trockengraben entlang und zeigt im O-Abschnitt noch Zinnenbildung. Frühestens nach dem 1. Stadtbrand von 1331, spätestens nach dem 2. von 1371 Erweiterung des Mauerringes nach O, die neuangelegte Vorstadt umziehend und das Rheinufer gewinnend beim Turm, der zuerst als Armbruster-, dann als Therristurm erscheint. Dieser prägt durch seinen 1829 für die Trockenanlage der benachbarten Rotfarb aufgestockten, ausladenden Holzobergaden das rheinseitige Bild der Stadt. Während das Osttor der Vorstadt verschwunden ist, blieb der mit Eckquadern aufsteigende **Siegelturm** (Abb. 209) erhalten. Er wurde als Binnentor 1545–46 durch Martin Heünsler aus Stein a. Rh. erbaut und trat wohl an die Stelle eines am O-Scheitel der Altstadt funktionslos gewordenen Aussenwerkes. Er hatte Archiv, Uhr und Zeitglocke aufzunehmen. Dem allseitig getreppten Kreuz- oder Kehrgiebel sitzt ein Glockenträger unter Spitzhelm auf. Beim Siegelturm Brunnen mit Pannerträgerfigur, 1681 nach altem Vorbild erneuert (Steinmetz Gruber [?] aus Rorschach).

Ref. Kirche. St. Dionysius geweiht, erstmals erwähnt 757, paritätisch von 1533–1968. Die Saalkirche des 7.–8. Jh. nahm ungefähr die W-Hälfte des heutigen nördl. Seitenschiffes ein. Verlängerung nach O im ausgehenden 1. Jahrtausend; querrechteckiges Altarhaus in der Flucht des Schiffes. Im 12. Jh. Bau der 3schiffigen roman. Basilika, deren Mauerwerk mit der Umfassung des heutigen Baues identisch ist (Relikte: Fensterchen, Türsturz). Je 5 Arkaden auf Säulen mit reichornamentierten Würfelkapitellen (2 in der oberen Sakristei aufbewahrt), gerade geschlossenes Altarhaus. Romanisch, auch der Stock des nordwärts angebauten Turmes und die Kapelle, welche wenig später der halben S-Flanke vorgebaut, im 14.–15. Jh. verlängert und durch eine Arkade mit dem Chor verbunden wurde. Um 1363 Anlage der Truchsessengruft im NO-Winkel des Seitenschiffes. Chorumbau 1388(?). Nach dem Brand von 1395 Umbau der Basilika in eine Staffelhalle: Einheitsdach, lichtloses Mittelschiff, 3teiliger Lettner. Sakristei. Um 1480 Ersatz der roman. Bogenstellungen durch je 4 8kantige Pfeiler und Umgestaltung in eine Hallenkirche mit gleichhohen Schiffen. Renovationen: 1597 durch Steinmetz Martin Heünsler und Tischler Bartholomäus Räs; 1733 erneuerte Sakristei, Oculi, Empore; 1783 Erhöhung des bereits im 14.–15. Jh. aufgestockten Turmes, Spitzhelm. 1838–39 Umbau in eine neugot. Spitztonnenhalle durch Jean Ruch und Joh. Nepomuk Keller. Erhöhung der Flankenwände um 70 cm, neue Masswerkfenster, Neubau der S-Kapelle, die durch eine 2. Arkade auf den Chor geöffnet wird; Abbruch des Lettners. Innenrenov. durch Bridler, Jung und Roesch 1903, Aussenrenov. 1897 (Schmid) und 1937. Gesamtrest. 1968–70. Weitreichende archäologische Untersuchungen. – Staffelhalle mit lichtlosem Obergaden unter Einheitsdach. Neue Holzdecken. Je 4 Spitzbogen aus Backsteinen ruhen auf 8kantigen Sandsteinsäulen. Fenster von 1839, eingezogener langer Chor, durch 2 spitzbogige Arkaden auf die S-Kapelle geöffnet. Spätgot. Sakramentsnische. Glasgemälde 1970 von Gian Casty. Nördl. Turm und überwölbte Sakristei durch roman. Porten zugänglich. Kanzelgestaltung Emanuel Bosshart. Epitaphe: Unter der Orgelempore gutes Bronzeepitaph mit Kreuzigung für Barbara v. Waldkirch 1603. N-Wand Schiff: Joh. Jak. und Maria Magdalena v. Greuth 1667 bzw. 1676, vielleicht dazugehöriges Giebelstück mit Kreuzigung und adorierender Familie als Front des Abendmahlstisches verwendet. – Chorschulterwand links: Jak. und Salome v. Fulach 1572; Ursula v. Altendorf-Waldkirch 1641; Chorschulterwand rechts: Maximilian Freiberg ab Eisenberg 1704. – S-Kapelle von links nach rechts: Hans Friedr. Ifflinger von Granegg 1607; Maria Caecilia v. Hornstein 1647; Joh. Franz und Anna Barbara Schellenberg 1633. – Kath. Kirche Bruder Klaus. Erb. 1965–67 von Karl Zöllig; künstlerische Ausstattung von Willi Buck. Aus der alten Sakristei spätgot. Kreuzigungsgruppe mit Assistenzfiguren; 2 Vortragekreuze um 1600, Kelche von 1521, 1601 und 1720, letzterer vom vorzüglichen Diessenhofer Meister Thomas Pröll; Monstranz 1689, Kännchen und Platte um 1700, beides Augsburger Arbeiten.

Westl. Stadtteil. **Unterhof,** Obere Kirchgasse Nr. 15. Ehem. Truchsessenburg des 12. Jh., Umbauten 14. und 16.–19. Jh. Starker megalithischer Bergfried; sein Obergeschoss 1801–02 abgebrochen, so dass er ins Dachwerk der Umbauten einbezogen worden ist und die Burganlage sich schwer herausschälen lässt. Urspr. stand er frei und lehnte mit der N-Flanke an den rheinseitigen Palas des 13. Jh. In dessen Erdgeschoss Malerei und Fenster 1. H. 14. Jh., Oberbauten im 16.–18. Jh. verändert. Nach S griff der Turm in einen 3seitig bewehrten Hof ein. Die östl. gegen den Kirchplatz gerichteten Teile gehören in der Anlage wohl zur Burg des 13. Jh.: rheinwärts ein um 1800 erneuerter Trakt mit Mansartdach, stadtwärts ein spätgot. und im 19. Jh. umgebautes Haus, das im 16. Jh. Fenster und eine Balkendecke eingebaut erhielt. O-Front mit Sonnenuhr, Fresko mit Chronos von Jak. Carl Stauder 1735 «Hodie mihi, cras tibi» (heute mir, morgen dir).

Profane Wohnbauten. Vor allem die Bürgerhäuser zeichneten sich im Innern durch ausgesprochene Schmuckfreudigkeit aus, deren Zeugen jedoch vielfach zerstört oder abgewandert sind. In die kunsthist. Literatur eingegangen z. B. die Malereien des abgetragenen Hauses zur Zinne (14. Jh.) und die noch erhaltenen im Oberhof Hintergasse Nr. 47 (1527, Thomas Schmid). Die Aufzählung der Deckendekoration aus der Alten Krone, Rheinstrasse Nr. 8 (16. Jh.) oder aus dem Haus Hintergasse Nr. 9 (17. Jh.), der mit Landschaften usw. bemalten Täfer des 18. Jh. aus der Helferei,

Helfereigasse Nr. 88, aus dem Bären, Hauptstrasse Nr. 24, dem Löwen, Hauptstrasse Nr. 26 (1755, Franz Jos. Stark) oder im Vorderen Amtshaus, Schwaderloch Nr. 7 (1762), mag einiges über die einstige Dichte solcher Hauszierden aussagen. – Klosterhaus, Obere Kirchgasse Nr. 17, ehem. Sitz der Schwestern von St. Katharinental (?). Die heutige Gestalt geht auf den Umbau zurück, den Hans Räs 1571 vornahm. In der Stube 2 4teilige Staffelfenster, Fenstersäule, tiefe Felderdecke und Spätrenaissancegetäfer von Bartholomäus Räs; die Inschrift des umlaufenden Frieses bezieht sich auf das Baudatum und die damals herrschende Teuerung. Entsprechende, aber einfachere Ausstattung auch im 2. Stock. An der Fassade einst barocke Grisaillerahmungen der Fenster, erhalten ein Marienfresko von Jak. Carl Stauder 1735. – Kirchgasse Nr. 23, Zum Schneggen. Türe und Oberlicht im Louis-XVI-Stil. – Untere Kirchgasse Nr. 11, Zum Rössli. Türgericht mit Maske, beidseitig Oculi mit guten Gittern, spätes 18. Jh.; im Haus Nr. 3 blaubemalter Medaillonsofen von Bernhard oder Balthasar Zimmermann 1766. – Rheinhalde Nr. 7, der südl. Quergiebel des an Steilhang stehenden Hauses ist ebenerdig zugänglich und als Säulenportikus unter Flachgiebel reizvoll ausgebildet (Zollhäuschen) 19. Jh. – Rheinstrasse: Gredhaus an der Schifflände, Nr. 22: Stattlicher Fachwerkbau von 1789, ehemals Kauf-, Lager- und Waaghaus. – Nr. 8, Zur Alten Krone (Obere Gerbi), erb. 16. Jh., Fachwerk z. T. 17. Jh., flankiert den Weg zur Rheinbrücke. – **Rheinbrücke.** Die erste 1292 erwähnt, der wohl mehrfach erneuerte Holzbau 1799 durch die Russen zerstört. Neubau 1814–18 durch Andreas Widmer und Jak. Ruch. Renovation nach der amerikanischen Bombardierung von 1945.

Nordöstl. Stadtteil. Am Rhein: **Vorderes oder Konstanzer Amtshaus,** Schwaderloch Nr. 7. 1489 tauschweise vom Konstanzer Domkapitel erworben und 1518–19 durch Dombaumeister Lorenz Reder zum Verwaltungssitz ausgebaut. Durch das Gebäude führt die Rheinuferstrasse. Die Ausmalung durch Christoph Bocksberger 1521 zerstört, wahrscheinlich als der ehem. Treppengiebelbau 1762 barockisiert wurde; Treppenläufe mit gedrechselten Staketen, Gipsdielen mit einfachem Quadraturwerk; in der NO-Ecke im 1. Stock Felderdecke und originell ausgemaltes Getäfer mit Phantasie-Architekturen an Wasser und Feld sowie Blumen und Stilleben. Im Obergeschoss Saal mit Stuckdecke. – Beim Tröckneturm: **Hinteres oder Petershauser Amtshaus,** Museumsgasse Nr. 11. Der Neubau mit Wendelstein (Treppenturm), 1558 begonnen, war 1586, beim Übergang vom Augustinerstift Kreuzlingen an das Kloster Petershausen, noch nicht fertig. Petershauser Wappen 1586. Durch die Erhöhung um ein Geschoss gingen 1840 die Treppengiebel verloren. In den ehem. Druck- und Färbereiräumen Stoffdruckmuseum, im Obergeschoss Gemäldeschau der Stiftung Carl Roesch (s. S. 682). – **Oberhof,** Hintergasse Nr. 47. Anstelle des alten Oberhofes aus der Zeit vor der Stadtgründung wurde der jetzige Bau 1520–27 unter Albrecht v. Breitenlandenberg erstellt; Renov. 1969 ff. Staffelgiebelbau, das Treppenhaus in dem zwerchgiebelartig der S-Flanke angefügten Turm. Im Erdgeschoss Holzkistenzimmer, ferner auf eine Fachwerkwand gemalte Schildereien von Thomas Schmid 1527, der augsburgisch geschult war und in Stein am Rhein bedeutende Werke hinterlassen hat. Hier dargestellt der Narrentanz um die Macht des Weibes. – **Rathaus,** Hintergasse Nr. 49. Neubau 1760–62 nach Plänen von Christian Schneller. Die Erdgeschossfront des 5achsigen Walmdachbaues durch 2 Rundbogenportale und Oculi geöffnet, das mittlere Fenster des ersten Stockes durch kurze Balusterbrüstung ausgezeichnet. Der firstniedrigere Quergiebel durchbricht die Traufe. Balustertreppenläufe. Ratssaal mit Rokokodeckenstuck von Hans Georg Graf, Ölgemälde von Wägelin 1642, Juliusbanner von 1512, Modell zur Holzbrücke von 1814–18; zwei Scheiben der Zunft zum Grimmen Löwen 1614 (Werner Kübler), 1627 (Joh. Conr. Stör).

Hauptstrasse, Helfereigasse, Schmidgasse. Zur Hoffnung, Hauptstrasse Nr. 42. Südlicher Flankenbau des Siegelturmes, Mauerwerk 14. Jh. Im Durchgang Mosaik St. Dionys 1946 von Carl Roesch. – Zum Erker, Nr. 40. 16. Jh., Haus mit Türe und Oberlichtgitter E. 18. Jh. – Löwen, Nr. 26. Neubau 1731–32. – Zur Treu, Nr. 14. Neubau nach 1599, Erker 1650. – Zum Klösterli, Nr. 12, nach 1599. – Im neuen Haus, Nr. 10, Erker von 1665. – Zum goldenen Löwen, Nr. 8. Der 3seitige Erker verbindet 2- und 3teilige Fenster zum 8teiligen Band. Wappen des Erbauers Mathäus Rauch. Im Innern bunt bemalter Winterthurer Ofen von 1685 (Graf), bedeutende Privatsammlung Dr. Brunner, u. a. mit einer alten Apothekenausstattung. – Auf der Gegenseite Haus zum Engel, Nr. 9, ehem. Schultheissenhaus. – Nr. 19, Gebäude aus dem späten 16. Jh. mit spätgot. Staffelfenstern und Halberker, im Innern gewölbte Zierbalkendecke. – Helfereigasse: Zur Alten Sonne, Nr. 2, gute Louis-XVI-Türe. – Zur Helferei, Nr. 88, das zum Wappen gestellte Datum 1677 zeigt einen Umbau an. – Schmidgasse: Haus zum Rehbock, Nr. 5, ehem. Herrenstube, geriegelte W-Giebelfront 1969 mit Erker neu gestaltet. – Nr. 16, ehem. Zunfthaus zum Grimmen Löwen. Zunft 1420 gegründet, Haus nach Brand 1610 neu gebaut, 1822 renoviert, kurz nach 1830 zum Schulhaus umgewandelt. Modernisierung 1968 f. – Neues Zunfthaus südl. der Altstadt, «Casino», erb. 1837–39 von Jean Ruch und Joh. Nepomuk Keller. – In der Strassengabelung östl. der Vorstadt, Steinerstrasse Nr. 10, der charaktervolle klassiz. Lindenhof aus der M. 19. Jh. – Schupfen, ehem. Ziegelei, heute Gasthaus. Im späten 16. Jh. erbautes Fachwerkhaus über ältern Grundmauern; u. a. 1577 datierte Leistendecke (Bartholomäus Räs?). **Museum.** Stoffdruckmuseum und Gemäldeschau der Stiftung Carl Roesch, im Hinteren oder Petershauser Amtshaus (s. S. 681).

UNTERSCHLATT. Ref. Kirche. Erb. 1714 anstelle einer St. Margarethenkapelle; Renov. 1922 durch Albert Brenner und Walter Stutz. Taufstein 1594, Glasgemälde von Carl Roesch 1922 in 6 Fenstern (Gleichnisse). – Dorfbrunnen, 2 mehrtrogige Anlagen von 1828 und 1832. – Nr. 6, Pfarrhaus. Erb. 1836 von Jean Ruch. – Schulhaus. Erb. 1881 von Sebastian Schmid. – Unter den zahlreichen Riegelbauten besonders eindrucksvoll Nrn. 125–127 Post, Nr. 123 Lamm, beide wohl E. 18. Jh.–A. 19. Jh., ferner die Häuser Nr. 169 Kehlhof, erb. 1854; Nr. 48, erb. 1844; Nr. 41, erb. 18. Jh.; Nr. 109, stattlicher Riegelbau vor 1850; Nr. 102, Fachwerkhaus von 1827.

METTSCHLATT und OBERSCHLATT. Gemeindehaus. Riegelbau mit Glockentürmchen von 1814, darin zwei Glocken der 1812 abgetragenen St. Nikolauskapelle. In Mettschlatt einige beachtliche Fachwerkbauten Nr. 30 (17.–18. Jh.) und Nr. 36, erb. um 1813, in Oberschlatt Haus Nr. 79.

WILLISDORF. Kapelle St. Sebastian. Rechteckbau mit eingezogenem, im Lichten quadratischem Chörlein, spätes 13. Jh.; Renov. nach 1728, 1839, 1891 und 1968–70. Dachtürmchen und originell bunt getigerte Eckquaderbemalung (nach 1728?) erneuert. Spitzgiebelschlitze mit überbretterten Kammern z. T. rekonstruiert. Im Innern über Kämpfern halbrunder Chorbogen mit Medaillons der Evangelistensymbole und Ranken, um 1500, gleichzeitig die nur in der Untermalung erhaltenen Bilder der Chorwand: Grablegung und Auferstehung, in den Fenstergewänden Hl. Dorothea und Katharina. Zwei Statuenpaare der Hl. Sebastian und Rochus 16.–17. Jh.

BASADINGEN. Parität. Kirche St. Martin. Erb. 1840–41 nach Plänen von Jean Ruch; Renov. innen 1934, aussen 1946. Klassiz. Bau mit 3stufigem, modernisiertem Frontturm und flach rundgeschlossenem Chor. Klassiz. Altäre, Taufstein und auf Laufsteg erreichbare Kanzel von Jos. Vollmer. Hauptaltargemälde von Paul Deschwanden, S-Altar-Blätter von Richard Arthur Nüscheler 1920; Stationenbilder 1868, barocke Kreuzigungsgruppe 17. Jh. In der Sakristei Kelche von Franz Thaddäus Lang 1743–45 und Joh. Ignaz Bertold 1779–81 sowie von Hans Georg Ohnsorg um 1700. – Gemeindehaus, erwähnt zwischen 1510 und 1523, mehrfach umgebaut, Glockenträger 1809, renov. 1954. – Nr. 145, Fachwerkbau dat. 1665 mit Kellerhals und Schiebläden, Trotte angebaut; Nr. 125, beim Schwanen, erb. 1819; Altes Schulhaus, erb. 1816; Nr. 55, evang. Pfarrhaus, erb. 1872 von Friedr. Hahn; Nr. 69, ehem. Mühle am Geisslibach, 17.–18. Jh.

SCHLATTINGEN. Ref. Kirche. Auf dem schlichten Rechteckbau spitzhelmiger und buntziegliger Dachturm. Quadratisch ausgeschiedener Chor. Renov. 1867–69, rest. 1959–60. Der Vorderteil des Schiffes 12.–13. Jh., westl. Verlängerung und Erhöhung im 15. Jh., der Chor mit spitzbogigem Doppellanzettfenster (Kehle mit Kugeln) um 1300. Reste von Malereien des 14.–15. Jh.: Jüngstes Gericht, Christophorus. Decke 1793 erneuert. Kanzel von 1705, Taufstein 1829. Im Stirnfenster Glasgemälde 1961 von Albert Saner, ferner 3 Wappenrundscheiben 1657 und 1659. – «Im Chloschter», noch wenig gestörte, geschlossene Überbauung des frühen 19. Jh.: Nr. 6, Zum Sonnenberg, auf Grundmauern von 1538 errichtet 1811; Nr. 7, Fachwerkbau aufgeb. 19. Jh.; Nr. 40, Haus zur Traube, 1825 stark veränderter Bau mit malerischen Hinterlauben; ehem. Schul- und Gemeindehaus von 1734; Nr. 82, erb. 1650, mehrfach umgestaltet; Nr. 87, Zum Frohsinn, erb. 1832; Nr. 90, erb. 1833; Schulhaus, Biedermeierbau mit Zeittürmchen 1852.

***ST. KATHARINENTAL** (Abb. 211) (Ortsgemeinde Willisdorf). **Ehem. Dominikanerinnenkloster.** *Die Klosterkirche zählt zu den ausgewogensten Raumschöpfungen des vorarlbergisch-schweiz. Barocks.* Eine Niederlassung von Augustinerinnen war um 1230 von Winterthur nach Diessenhofen und mit bischöflicher Erlaubnis um die M. 13. Jh. wegen des Stadtlärmes weiter rheinabwärts nach Katharinental gezogen. Der Verlegung (1251) ging 1245 die Angliederung an den Orden der Dominikanerinnen voraus; Albertus Magnus weihte 1269 die 1. Kirche. Unter der geistlichen Obhut der konstanzischen Dominikaner und im Schutz des mächtigen Habsburg wurde das Kloster schon im 13. Jh. ein Hauptzentrum der mystischen Bewegung. 1343 flüchtete der Ekkehartschüler Suso mit dem konstanzischen Domini-

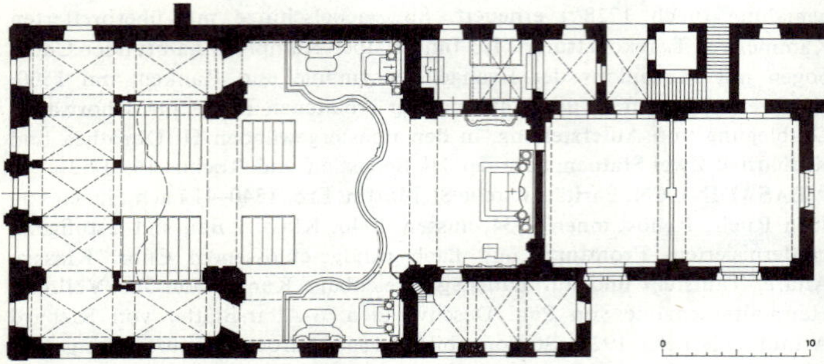

St. Katharinental. Klosterkirche

kanerkonvent für einige Zeit nach Diessenhofen. Noch um die M. 15. Jh. wirkte St. Katharinental bei etwa 20 Schwesterkonventen und bis in die Niederlande erfolgreich für die Erneuerung der Ordensdisziplin. 1460 kam das Kloster unter eidg. Herrschaft. Die meist adeligen Schwestern blieben in der Reformationszeit standhaft beim alten Glauben und konnten schon 1532 St. Katharinental wieder beziehen. Unter der Priorin Josepha v. Rottenburg (reg. 1712–38) erlebte das Kloster eine neue Blütezeit. Wiederum ergriff klösterliche Zucht von hier aus manch anderen Konvent. Die tatkräftige, heiligmässig lebende Vorsteherin erbaute die Klosterkirche und die Konventsgebäude völlig neu. Seit der Aufhebung 1869 dienen die Wohntrakte als thurgauisches Altersasyl.

Anlage und Baumeister. Das Klostergeviert von Franz Beer 1715–18; die dem südlichen Flügel angelehnte Kirche (nach Plänen von Franz Beer und unter Einfluss von Br. Casp. Mosbrugger) 1732–35 von Joh. Mich. Beer von Bleichten erbaut; massgebende Mitbestimmung durch die Priorin Josepha. Angebautes Kornhaus spätmittelalterlich, Dachstuhl 1749–50. W-Hof/S: Torhäuschen 1742; Rebhaus, erb. 1623 von Zimmermann Jörg Strub, teilweiser Umbau 1675; Stube mit Felderdecke 1675, im Obergeschoss Steckborner Ofen. Bauern- und Gasthaus 1749 von Nikolaus Schütz, Fachwerk Johannes Schmidt. W-Hof/W: Hofmeisterhaus 1781; rheinwärts das Herrenhaus 1744–45 von Nikolaus Schütz. Auf der Höhe vor dem Kloster Scheune um 1600. – **Klosterkirche*** (Abb. 211). Gedrungen rechteckiges, fast quadratisches Schiff mit eingezogenem querrechteckigem, firstniedrigerem Altarhaus, das sich in einem tiefen Chor gleicher Breite nach O fortsetzt. Altarhaus und

Chor sind südl. von der Sakristei, nördl. von der Einsiedlerkapelle und von Verbindungsbauten zum Kloster flankiert. Äusserlich schmuckarme Gebäudegruppe unter schweren Giebeldächern, wie sie die Priorin entgegen Beers Ratschlägen auf statisch nachteilige Art durchgesetzt hat; auf dem First des Chordaches Glockentürmchen mit Zwiebelkrönung. Karg gegliederte Giebelfassade mit Nischenfiguren der Einsiedler Muttergottes und den Hl. Josef und Dominikus, Werke des Joh. Jos. Auer 1734. Portal mit gutem Oberlichtgitter. – *Inneres.* Hervorragender Raum in der harmonischen Abfolge von Ruhe und Bewegung sowie in klar akzentuiertem Gleichgewicht von Architektur, Ornamenten und praktisch einheitlicher Ausstattung. Die Raumdisposition scheint in Casp. Mosbruggers Plan schon festgelegt; seine hartkantigere Art erhält durch Franz Beer die Geschmeidigkeit des heutigen Baues, zu der Joh. Michael Beer, welcher ihn nach einem Italienaufenthalt ausführte und ihn als «auf italienische Art» gebaut bezeichnete, wenig Entscheidendes mehr beigetragen hat. Die Raumlösung des St.-Katharinentaler Gotteshauses steht am Anfange einer Entwicklung, die schliesslich in die Konzeption der Kathedrale St. Gallen mündet. Das hallenartige Schiff, bei welchem die gemalten Rosagliederungen heute fehlen, scheidet durch das eingestellte geschrägte Pfeilerpaar 2 quadratische Hängekuppeljoche aus; ins westl. Joch ist die arkadengestützte Orgel- und Psallierempore hufeisenförmig eingeschoben, was die zentralisierende Wirkung des 2., freien Joches verstärkt. Der Altarbezirk greift durch eine mannigfach gekurvte Balusterbrüstung (Kommunionbank) weit ins Schiff hinein; im eigentlichen, auf halbe Breite eingezogenen Altarhaus von querrechteckigem Grundriss füllt der Hochaltar die gesamte Öffnung zum heute unterteilten 2jochigen Nonnenchor. Diszipliniert disponierte Régencestukkaturen vermutlich von Nik. Schütz aus Landsberg. – *Decken- und Wandmalereien* des Jak. Carl Stauder, Ölharztempera (roter Bolus) von ölmalereiähnlicher dunkler Wirkung. Die dicht und theatralisch gruppierten Personengruppen sind in Scheinarchitekturen hineingestellt, die teilweise sich wörtlich an Pozzos entsprechende Vorlagen anlehnen. Dargestellt sind u. a., in ungewohnter Reihenfolge, Bilder der schmerzensreichen, freudenreichen und glorreichen Rosenkranzgeheimnisse. Von W nach O: Über der Orgel Geburt Christi mit dem lautespielenden Maler (Selbstporträt); in den Zwickeln Evangelisten (1734), seitlich Mariä Heimsuchung und Verherrlichung (1734), an den Wänden Darbringung im Tempel, der 12jährige Jesus im Tempel und Niklaus v. Flüe, der 1460 als Unterwaldner Rottmeister die Verbrennung des Klosters verhinderte. Unter der Empore die 14 Nothelfer (1738). Zweites Joch: Das Pfingstwunder; in den Zwickeln die 4 lateinischen Kirchenlehrer (1734). – Südl. Querschiff: Christus und Veronika, Kreuzigung. Nördliches Querschiff: Himmelfahrt und Auferstehung (1738). In den Blindfenstern die Rosenkranzmadonna mit den Hl. Dominikus, Katharina von Siena und Franz von Assisi (1736), Maria und Christus, Dominikus und Katharina als Fürbitter (1735). Altarhaus: Abendmahl, in den Zwickeln Heilige (1734). An der N-Wand: Hl. Antonius mit Wappen des Rheinauer Abtes Benedikt Ledergerw. S-Wand: Geisselung und Dornenkrönung (1736). Im Nonnenoratorium hinter dem Hochaltar: Krönung Mariä, Christus am Ölberg; in den Zwickeln Dominikanerheilige. An den Wänden: Abschied Christi, Enthauptung Johannes' des Täufers, Anbetung der Weisen, Hl. Nikolaus, Mariä Verkündigung, St. Michael, Schutzengel (1733). – *Altäre.* Hochaltar nach Entwurf von Jak. Carl Stauder 1738, von ihm das Gemälde Mystische Vermählung der Hl. Katharina. Plastik von Antoni Machein aus Überlingen und Sebastian Zureich aus Rheinau, Fassmalerei von Niklaus Spiegel aus Messkirch. Gestaffelte Säulen tragen ein durchbrochenes, von mächtigem Thronbaldachin und Engelsglorie überhöhtes Gebälk; Reliefs der 4 Evangelisten, Allegorien von Glaube, Liebe und Hoffnung. Standbilder der Ordensstifter Dominikus und Thomas von Aquin. Die Ornamentik überspielt malerisch das architektonische Gerüst. Die beiden Chorschulteraltäre stammen in ihrem Gerüst, wie ihre unter der heutigen Marmorierung liegende bunte Fassung beweist, aus der Vorgängerkirche (2. H. 17. Jh.). Plastik und ornamentales Schnitzwerk von Antoni Machein und Zureich 1738 ff., Fassung von Niklaus Spiegel 1742–43; von den Klosterfrauen gestickte Antependien. Auf dem linken Altar ausser den Standbildern der Hl. Agatha und Magdalena eine kurz nach 1300 geschnitzte Muttergottes. Das 1745 verstümmelte und zur Bekleidungsfigur umgebildete Werk von Meister Heinrich aus Konstanz vermittelt auch so einen guten Begriff von der schönlinigen, durch klösterliche Gottesminne genährten, behutsam-zarten und kindlich innigen Kunst der Frühgotik. Auf dem rechten Altar Hl. Familie, flankiert von den Statuen der Hl. Anna und Joachim. Die Querschiffaltäre entstanden 1741 im Zusammenhang mit der Translation der Katakombenheiligen Columba und Benediktus; Fassung vermutlich Niklaus Spiegel, Gemälde 1746 von Joh. Jak. Anton Lenz aus Konstanz. Am nördlichen Altar: Maria mit Assistenz überbringt dem Kloster Soriano das von ihr gemalte Dominikusbild. Am südl. Altar: Kreuzigungsbild mit Thomas von Aquin. Kanzel: Am Korpus 4 Evangelisten und Johannes Baptist von der Hand Antoni Macheins, der Schalldeckel gekrönt durch eine Dominikusfigur vielleicht von Sebastian Zureich (1734–35). Presbyterien im Altarhaus mit trefflich gemalter wolkig fliessender Marmorierung; Intarsientüren, z. T. mit Zinneinlagen, von Ulr. Egger aus St. Gallen (1733–35). Beichtstühle 1743, Arbeit des Hofschreiners von Messkirch. Gitterwerk der Orgelemporenbrüstung 1735–37 durch den sog. Bildhauer von Rottweil; hier z. T. barockisierte Reste des spätgot. Chorgestühls von Aug. Henkel um 1500, dessen figürliche Teile in Museen abgewandert sind. – *Grosse Orgel* mit Rückpositiv 1735–36, gebaut durch Joh. Jak. Bommer im thurgauischen Weingarten, 19registriges hervorragendes Instrument, wiederhergestellt 1939 und aufgrund vertiefter Kenntnisse 1966–67. Bildhauerwerk, David und Engel, vermutlich von Sebastian Zureich. Fassung Niklaus Spiegel. Originale Froschbalg-Gebläsekasten. – Am südwestl. Querschiffpfeiler lebensgrosser Kruzifixus, Meister-Heinrich-Kreis Konstanz, kurz nach 1300; der Übergang vom siegreichen roman. zum leidenden got. Heilandstypus ist im überaus harmonischen Werke noch nicht vollzogen; Restauration 1965–68. Rechts vom Muttergottes-

altar ein ausdrucksstarker spätbarocker Kruzifixus. – *Einsiedler-Kapelle.* Tonnengewölbe durch Chorbogen unterteilt, nur in den Grundausmassen einigermassen dem Einsiedler Vorbild vor 1798 entsprechend. Wand- und Deckengemälde 1737 von Jak. Carl Stauder: Einsiedler Engelweihe, Mariens Tempelgang, Tod des Hl. Meinrad, Gottvater und Engel mit Monstranz und Kränzen. Auf dem Altar Kopie des Einsiedler Gnadenbildes, um die M. 15. Jh. im Umkreis der Ulmer Plastik als Bekleidungsfigur geschaffen, ferner spätgot. Statuen um 1500: Hl. Katharina und Nikolaus. Seitlich der Kruzifix des Liebenfelser Meisters aus dem Meister-Heinrich-Kreis Konstanz um 1330–40, ein ergreifendes Bildwerk kindlich frommer Andacht. In barockem Standgehäuse Hl. Katharina aus dem späten 14. Jh. Elegant gekröntes Gitterwerk von Joh. Haerdel 1735–36. Über der Einsiedler Kapelle die ausgeräumte ehem. Krankenkapelle. – *Sakristei.* Stuckiertes Tonnengewölbe, hervorragende Schrankeinbauten vielleicht von Ulr. Egger (rest. 1963) mit Krönungsbildern von Jak. Carl Stauder.
Konventsbauten. Erb. 1715–18 von Franz Beer. Wegen des beschränkten Platzes zwischen Rhein und Hang – dieser musste ohnehin abgegraben werden – stark W–O gestreckte Anlage mit Eckpavillons. Beim N-Flügel schmaler N- und breiter S-Mittelrisalit. W-Flügel mit Quergiebel und Dachreiter (Zwiebel); hier ehem. der Haupteingang. Zwischen NW-Eckpavillon und Herrenhaus von 1744–45 offene Halle und Durchgang zum Rhein. Im stark ausgeräumten und der Restaurierung harrenden Innern vereinzelte schöne Intarsientüren und Türgerichte (vielleicht Ulr. Egger 1717), im N-Flügel das Refektorium von 1718 mit Stuckdecke (Joh. Benz, Konstanz?) und kleinen Gemäldespiegeln.

PARADIES (Ortsgemeinde Unterschlatt). Ehem., 1837 aufgehobenes Klarissinnenkloster, seit 1948 *Sitz der berühmten Georg-Fischer-Fachbibliothek zur Geschichte der Eisenverwertung.* Stifter des Klosters am heutigen Orte war Graf Hartmann d. Ä. v. Kyburg, der mit der schon 1253 erfolgten Schenkung ausgedehnter Güter östl. von Schaffhausen im Jahre 1257 die Verlegung des Frauenkonventes Paradies bei Konstanz hierher erreichte. Der gesamte Boden und die im 15. Jh. schon zerfallene St. Peterskirche des Dorfes Schwarzach gingen im Klosterbesitz auf. Die Schirmherrschaft hatten die Habsburger den Truchsessen von Diessenhofen übertragen; die Nonnen selbst wurden Schaffhauser Bürgerinnen, weshalb es der Stadt gelang, Schirmpflichten und Gerichtsrechte an sich zu ziehen, bis beides von der Nachfolgerin der Truchsessen, der Stadt Diessenhofen, reklamiert wurde: erstmals vergeblich 1510, dann 1567 mit Erfolg, da die Katholischen Orte der Stadt Schaffhausen mit Rückgabe des Bundesbriefes drohten. Der von Schaffhausen in der Reformation zur Lehre Zwinglis gezwungene Konvent existierte jahrelang als protestantisches «Kloster»; er rekonstituierte sich erst 1578 wieder. Brand 1587, Neubau in den folgenden Jahren unter Leitung von Guardian Rochus Nachpaur aus Luzern. Weihe der Kirche 1602, Bezug der Konventsflügel 1604, des Gasthauses wahrscheinlich 1610. Barockisierung der Kirche unter Leitung des Bruders Eusebius 1726–27; Renovation 1873, 1926 (Dachturm) und 1933; Renovation und

Umbau des Konventsflügels und des Gasthauses 1950–51 durch Martin Risch. Die ältesten Bauten stehen im südöstl. Vorgelände des Klosters; als Eingangstor ein Fachwerkhaus mit 4eckigem Durchlass, gegen aussen die erneuerten Wappen der Äbtissin und der 6 regierenden Orte im Thurgau, denen das Kloster 1578 die 2. Stiftung verdankt. Östl. davon 2 kraftvolle, mauerausgefachte Ständerbauten des spätern 16. Jh., welche durch Riegelwände des 18. Jh. zu einem langen Trakt verbunden worden sind. Das ehem. Amtshaus heute Pfarrhaus, stattlicher Bau unter Mansartdach, wohl in den achtziger Jahren des 18. Jh. erbaut. Am Rhein das 1782 neu erbaute Gasthaus zum Kreuz. – Das *Kloster* selbst birgt Fundamente, Mauerkerne und Spolien des ausgebrannten Vorgängerbaues und der als Steinbruch benützten Dorfkirche St. Peter. Die Gebäude sind um einen Kreuzgang von quadratischem Grundriss angeordnet. Die Kirche stösst mit dem flach 3seitig geschlossenen Chor über die Länge des S-Flügels hinaus, weil sie westl. dem Beichtoratorium und dem Treppenhaus Raum zu gewähren hat. Im Erdgeschoss des O-Flügels folgen sich Sakristei und Kapitelsaal, beide mit Gewölben, ferner das flachgedeckte Refektorium. Im N-Flügel ausser überwölbten Keller- und Treppenanlagen die Klosterbäckerei (Pfisterei) mit grossem Ofen. Zu ebener Erde des symmetrisch zum O-Flügel aufgegliederten W-Flügels ein grosses säulengestütztes Magazin; zu Seiten der Küchen gleichfalls überwölbte Korridore. Im Obergeschoss die Wohnung der Äbtissin, in den Obergeschossen des N- und O-Flügels Zellen. Der W-Flügel umschliesst zusammen mit dem südlichen Hofmeisterhaus, das erst um 1600 an die giebelgleichen Vorbauten der Kirche angeschlossen worden ist, sowie einem zu diesem senkrecht stehenden Gästehaus einen kleinen Hof. Rückgrat des 1951 zur Aufnahme der Eisenbibliothek völlig umgestalteten äussern W-Flügels bildet die ehem. Klostermauer, zu deren beiden Seiten sich der Komplex angesiedelt hat. – *Kirche*, St. Michael geweiht. Äusserlich nüchterner Bau, im Schiff durch Spitzbogen, im Polygonalchor durch Rundbogenfenster geöffnet. Ein geriegelter Schaft trägt den Spitzhelm des Dachreiters. Im langgestreckten schmalen Saalraum schiebt sich die Nonnenempore weit nach O vor; der Laienraum darunter einst nur gittergetrennt, seit 1873 völlig durch eine Wand abgeschieden; ihm westl. vorgestellt das Beichtoratorium mit 2 einfachsten Masswerkfenstern, heute kleines Baumuseum. Den Kirchenraum verunstaltet ein zu falschen Niveaus verschleifender, neuer Boden. Die vorzügliche Régencestuckdecke ist unschön farbig ergänzt und gefasst. Deckengemälde: Stigmatisation des Hl. Franz; Hl. Klara, die vor S. Damiano mit dem Allerheiligsten die Sarazenen zur Rückkehr zwingt. *Kanzel* und vier *Altäre*, in schwarz-weissem Stuckmarmor und architektonisch strengen Portalformen, verleihen dem Raum einen feierlich prächtigen Eindruck. Bilder: am Hochaltar, mit Wappen der Äbtissin Serafina Baron (reg. 1704–30), St. Michael, an den Seitenaltären Hl. Klara und Antonius Eremita; Oberbild: Franziskus mit musizierenden Engeln 1736 von Jak. Carl Stauder; Marienstatue 1842. Die Wappentafeln der Äbtissin Maria Andergand, erwählt 1588, wohl von früheren Altären; das Kleeblatt der Andergand wurde übrigens später als

Klosterwappen übernommen. An der Kanzelrückwand die Fischpredigt des Hl. Antonius von Padua 1737 von Jak. Carl Stauder. *Einzelbilder:* Beweinung, sign. H.J.ST (Hans Josua II Stimmer?); Büssende Magdalena, sign. J.S. 1650; Hl. Eucharistie A. 17.Jh. Im westl. Schiff: Der Hl. Franz steigt vor den Augen der Hl. Klara zur Himmelskönigin empor; Christus vor Kaiphas; Mariahilfbild nach Lucas Cranach. Tafelbildepitaph der Klosterverwaltersfrau V. K. Wäber (gest. 1635). Chorgestühl gegen 1700, 6teiliger Masswerk-Taufstein von 1580 (Original im Baumuseum); Orgel von Conr. Scharf 1776. In der Sakristei Augsburger Monstranz. Kelche von L. Keller, Konstanz (A. 17.Jh.) und H. P. Staffelbach (um 1700). Aus Paradies sehr wahrscheinlich der berühmte Onyx im Allerheiligenmuseum Schaffhausen. – *Gebäude der Nonnenklausur.* Geviert gedrungener Gebäude, die Eckquadern markiert, die Stockwerke durch kräftig profilierte, durchlaufende Gesimse abgeschlossen; Flucht regelmässig eingekerbter Fenster, gegen N ein Kastenerker auf Konsolen. Im Innern einfache, ausgekalkte, aber in den Durchblicken wirkungsvolle Gewölbe. Im neu eingerichteten Rietmannzimmer (N-Flügel) aus dem Generalengut Schaffhausen übertragenes allegorisches Deckengemälde, gegen M. 18.Jh., von Joh. Ulr. Schnetzler beeinflusst. Der *Kreuzgang* ist ein besonders eindrückliches Beispiel franziskanischer Schlichtheit. Aus jeder Himmelsrichtung laufen gewölbte enge Gänge auf ihn zu, Gratgewölbe auf Konsolen, die Spitzbogenfenster gitterhaft durch runde Teilbögen mit kargem, aus Kreisen und Geraden komponiertem Masswerk unterteilt. Im Kreuzgarten Rundbrunnen mit allegorischen Reliefs der 4 Elemente 1951 von Walter Knecht. Der Verbindungsbau Kirche–Hofmeisterhaus erhielt um 1900 störende Loggien. – *Hofmeisterhaus.* Treppengiebelbau, an der SW-Kante ein Erker unter Barockhaube. – *Gästehaus* (Eisenbibliothek). Langer, durch Staffelgiebel abgeschlossener Trakt (1610). Treppenhaus mit reichen schmiedeisernen Geländern 1951 von Ant. Mooser. Arbeitsraum mit Doppelarkade, getragen von Säule in Spätrenaissanceformen, gleichzeitige Rankenmalerei. Im Sitzungszimmer neue Kassettendecke; zugekauft vorzüglicher Winterthurer Relief- und Buntmalerei-Ofen von 1653 aus der Werkstatt des Hans Heinr. Graf. Bibliothekszimmer mit Deckenplastik in Stuck von Walter Knecht. – Nördl. des Hofes der neugotische Eisenbrunnen (ehemals Freier Platz, Schaffhausen), der 1847 mit Eisen aus Laufen am Rhein gegossen wurde.

KANTON UNTERWALDEN

Unterwalden ist der dritte der Urkantone und der Prototyp der Halbkantone. Die Namen Ob- und Nidwalden sind offiziell erst seit der Mitte des 19. Jh. in Gebrauch gekommen; vorher hiessen sie offiziell immer Unterwalden ob und nid dem Kernwald oder Unterwalden ob und nid dem Wald. Eine frühe, aber sehr dünne Besiedlung beweisen stein- und bronzezeitliche Funde. Eine römische Villa wurde in Alpnach und römische Gräber in Buochs ausgegraben. Seit dem 9. Jh. war das Tal zwischen Brünig und Alpnachersee Teil des fränkischen Zürichgaus. Die Christianisierung scheint früh erfolgt zu sein. Stans mit dem Petruspatrozinium war wohl die Urpfarrei des Landes. In urkundlicher Zeit erscheint im oberen Teil des Tales die Kirche von Sarnen als die älteste. Der Kirchensatz von Sarnen lag in der Hand der Lenzburger und gelangte durch sie an das Stift Beromünster. Im Hochmittelalter war ein Grossteil des Bodens an Klöster und adelige Grundherren übergegangen. Die freien Bauern, schätzungsweise ein Drittel der Bevölkerung, bildeten schon vor 1173 aus der oberen und unteren Talschaft eine gemeinsame Gerichtsgemeinde, die sich zu Wisserlen versammelte. Nidwalden trat zu Anfang August 1291 dem Ewigen Bund mit Uri und Schwyz bei, dem sich Obwalden vermutlich im Dezember 1291 anschloss. Bereits in der Mitte des 14. Jh. lassen sich getrennte Ammänner für beide Landesteile nachweisen, seither blieb die Trennung vollzogen, doch so, dass Unterwalden im Verkehr nach aussen eine Einheit blieb. Nach innen aber ging fortan jedes Tal seine eigenen Wege.

Obwalden beteiligte sich mit Uri 1403 an der Eroberung der Leventina. Aus Obwalden stammte Bruder Klaus (1417–87), welcher als Bauer, Feldhauptmann und Richter sich mit fünfzig Jahren aus mystischem Antrieb in die Einsamkeit des Ranft ob Sachseln zurückzog und bald zum Berater für hoch und niedrig wurde. 1481 gelang es ihm, durch seinen Rat die tief entzweiten Eidgenossen der Städte und Länder an der Tagsatzung zu Stans zu versöhnen und mit dem Stanser Verkommnis ein Friedensinstrument zu schiedsgerichtlicher Lösung staatspolitischer Streitigkeiten zu schaffen. Die katholische Kirche hat ihn 1947 als einzigen Schweizer heiliggesprochen. Obwalden nahm als erster der Urkantone ohne innern und äussern Widerstand 1798 die Helvetische Verfassung an. In der Helvetik bildete Obwalden den Distrikt Sarnen im Kanton Waldstätte. 1815 schloss sich die bisher souveräne Talschaft Engelberg an Obwalden an. Moderne Verfassungen wurden geschaffen 1850, 1867, 1902 und 1968.

Nidwalden trug 1386 bei Sempach durch den (glaubwürdigen) Tod Arnold von Winkelrieds entscheidend zum Sieg der Eidgenossen bei. In der Zeit der katholischen Reform im 16. Jh. spielte der Ritter und Landammann Melchior Lussy eine bedeutende Rolle. Er vertrat zusammen mit dem Abt Joachim Eichhorn von Einsiedeln die katholischen Eidgenossen am Konzil von Trient 1564. Am 9. September 1798 wehrte sich Nidwalden in einem heldenhaften Kampf und Untergang gegen die übermächtigen französischen Revolutionstruppen. 1799 bildete Nidwalden den Distrikt Stans im Kanton

Waldstätte. Moderne Verfassungen wurden geschaffen 1850, 1877, 1913 und letztmals 1967.

Zeugnis einer ersten Kulturblüte ist im 12. Jh. die Engelberger Schreibschule unter Abt Frowin und seinen Nachfolgern. Das bedeutendste romanische Bauwerk der Urschweiz steht in Stans, es ist der Glockenturm der Pfarrkirche. Die Rathäuser und Kirchen der gotischen Zeit wurden im 17.–18. Jh. barockisiert oder durch Neubauten ersetzt, meist unter Führung luzernischer Baumeister aus den Familien der Singer und Purtschert.

***STANS** (Abb. 213)

Hauptort des Halbkantons Nidwalden. Der 1124 erstmals erwähnte Ortsname weist auf vorgermanischen Ursprung. Das Kloster Murbach-Luzern besass wohl schon in karoling. Zeit einen Dinghof in Stans, der Kirchensatz kam 1180 an das Kloster Engelberg. Eine städtische Entwicklung, die sich im 13. Jh. unter habsburgischer Vogteiherrschaft angebahnt hatte, gelangte infolge der demokratischen Freiheitsbewegung (Gründung der Eidgenossenschaft 1291) nicht zum Abschluss. Obgleich dem Wiederaufbau nach dem Ortsbrand von 1713 ein einheitlicher Gesamtplan zugrunde gelegt wurde, wahrte Stans einen vorzüglich ländlichen Charakter.

Kath. Pfarrkirche St. Peter* (Ortsplan, 1; Abb. 213). *Der mächtige Glockenturm ist das bedeutendste roman. Bauwerk der Urschweiz, die Kirche ein hervorragendes Denkmal des beginnenden Frühbarocks.* Mutterkirche Nidwaldens, vermutlich im ausgehenden 1. Jahrtausend gegründet. Vom roman. Bau erhalten der E. 12. Jh. wahrscheinlich freistehend erbaute Turm, seit Neuorientierung der Kirchenachse im 17. Jh. an der W-Seite des Chores. Sieben ungleiche Turmgeschosse, z. T. mit Blendbogen, 2–3fach gekuppelten Fenstern und in den beiden Glockengeschossen 4teilige Arkaden; got. Kreuzgiebel und Spitzhelm von 1571. Die frühbarocke Kirche neuerb. 1641–47 von Jak. Berger. Nach S gerichtete basilikale Anlage mit eingezogenem Polygonalchor, der tiefe Vorchor von einer 2geschossigen Sakristei und vom Turm flankiert. Vor dem Hauptportal eine Terrasse, zu der eine Freitreppe (1867) emporführt. Unter dem Vorzeichen das schön gerahmte Hauptportal mit bekrönendem Wappenrelief des von Greifen gehaltenen Nidwaldner Ryches; reichgeschnitzte Portalflügel. Beim linken Seitenportal Kopien der jetzt im oberen Beinhaus aufgestellten spätgot. Figuren Petrus und Paulus. Neben der rechten Kirchentüre das Epitaph des bedeutenden Staatsmannes Ritter Melchior Lussy (1529–1606). – *Inneres.* Der weite Raum ist festlich belebt durch den Kontrast zwischen den weiss stuckierten Wänden und dem schwarzen Marmor der Arkadensäulen, des Chorbodens, der Altäre und der Kanzel. Dreischiffiges Langhaus von 5 Jochen; das Mittelschiff 3seitig von gleichen Arkadenstellungen umschlossen, von denen die rückseitigen die Orgelempore tragen, auf der das reichstuckierte Gebälk der Hochwände als Emporenbrüstung weitergeführt ist. Zwischen den Oberfenstern monumentale Apostelfiguren, vermutlich von Gregor Allhelg. Im Mittelschiff flaches Tonnengewölbe mit stuckierten Gurtbogen, in den Seitenschiffen Kreuzgratgewölbe; die Deckenstukkaturen 1931–32 be-

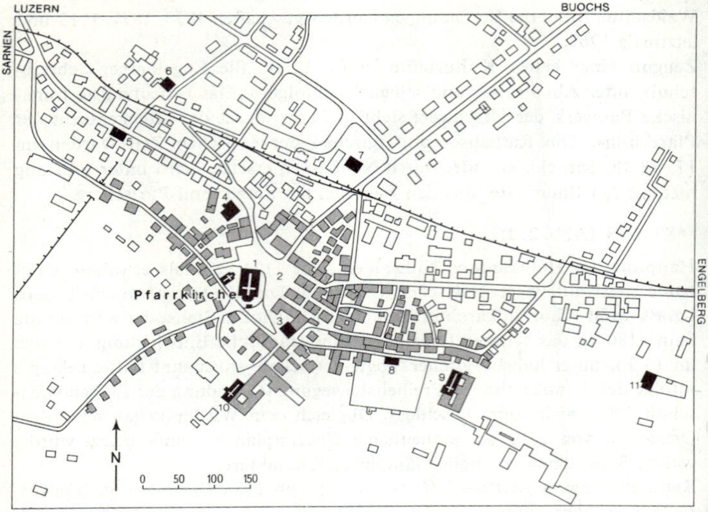

Ortsplan Stans

1. Kath. Pfarrkirche St. Peter. – 2. Dorf- und Rathausplatz. – 3. Rathaus. – 4. Rosenburg. – 5. Museum. – 6. Obere Turmatt. – 7. Breitenhaus. – 8. Staatsarchiv. – 9. Kapuzinerkloster. – 10. Frauenkloster St. Klara. – 11. Winkelried- oder Lussyhaus

deutend vermehrt. Schöne Spätrenaissance-Altäre aus der Bauzeit, der Hochaltar sowie sämtliche Altarfiguren vermutlich von Gregor Allhelg; Rokokokanzel von 1763. Im Chor prächtiger got. Hängeleuchter um 1430, in der Schweiz einzigartiger flandrischer Bronzeguss (Dinanderie); unter schlankem Baldachinaufbau eine Madonnenstatuette; die 12 Leuchterarme besetzt mit kerzentragenden Engeln, Löwen, Fabeltieren und Narrenfiguren. In der Chorwand ausdrucksvolle Nischenstatuen des Hl. Bruder Klaus und Bruder Scheuber von unbekannter Hand aus der Bauzeit. Chororgel 1683 mit grösstenteils altem Werk. Prospekt der Hauptorgel 1686, seitlich erweitert 1923. Schöner Taufstein aus schwarzem Marmor dat. 1647, der geschnitzte Aufsatz vergoldet. Unter der Orgelempore ein Relief, Tagsatzung zu Stans (1481) 1934 von Hans v. Matt. – *Kapelle «Maria unterm Herd»*, unter dem östl. Seitenschiff. Im Chor Reste einer roman. Anlage sowie spätgot. Bestand; das 3jochige Schiff neuerb. 1647, rest. 1968–69. Stuckdecke von Ant. Seregno mit schweren Bilderkartuschen M. 17. Jh., gleichzeitig der schwarze Marmoraltar und das schöne Chorgitter mit Schlingwerk. – *Beinhauskapelle*, im westl. Kirchenbereich. Von Melchior Agner neuerb. 1559–60, Kuppeltürmchen auf dem Hauptfirst 1737. Zweigeschossige Anlage mit eingezogenem Polygonalchor. Aussen spätgotische Fresken 2. H. 16. Jh., vielleicht von Antony Schiterberg. Zur nahezu ebenerdigen

Oberkirche führt seitlich ein Renaissanceportal mit Stifterinschriften und Wappen. Einschiffiger Raum mit rippengewölbtem Chor, die guten Masswerkfenster vielleicht vom Vorgängerbau. An der W-Wand qualitätvolles Wandgemälde von Antony Schiterberg dat. 1570; oben Kreuzabnahme nach einem Stich von Mantegna, unten Grablegung, seitlich Stifterpaar mit Wappen. Beim Abstieg zur Unterkirche Gedenkplatte für den Kunsthistoriker Robert Durrer (1867–1934). In der 3schiffigen, gratgewölbten Unterkirche 2 Leuchterhäuschen, dasjenige auf spätgot. profiliertem Schaft mit Landeswappen dat. 1543, das andere auf kannelierter Renaissancesäule dat. 1561; gute Schnitzaltäre A. 18. Jh.; Grabtafeln und Schädelwand. – Ölbergkapelle, hinter dem Chor der Pfarrkirche. Spätgot. Bau um 1500 mit breiter Rundbogenöffnung an der Längsfront. Grosse Ölberggruppe aus der Bauzeit, die gemalte Landschaft gleichzeitig, Bodenimitation barock. Am Rippengewölbe Passionsmotive und spätgot. Blattwerk, über der Spitzbogentüre das Stadtbild von Jerusalem; zierliches Régence-Altärchen um 1730.

Dorf- und Rathausplatz* (Ortsplan, 2). *Grosszügige barocke Platzanlage mit einheitlich geplanten Häuserfronten um die dominierende Kirche.* Nach dem Dorfbrand 1713 in völlig neuer Konzeption von den Luzerner Stadtwerkmeistern Jos. Aebi und Ludw. Gassmann entworfen. Da selbst der Antrag auf eine Planänderung mit Strafe bedroht war, konnte der Platz einheitlich angelegt werden; seine Geschlossenheit wurde erst 1923 durch den Neubau der Kantonalbank gestört. Schwerpunkte bilden 2 Brunnen: Auf dem unteren eine ausdrucksvolle Figur des Stanser Helden Winkelried (Kopie), der obere mit Brunnenstock um 1700 und Nepomukstatue von Franz Kaiser 1841 (Kopie). Winkelrieddenkmal, auf der Höhe des ansteigenden Platzes. Zur Erinnerung an den Opfertod Arnolds v. Winkelried in der Schlacht bei Sempach (1386); in neugot. Nischenbau eine eindrückliche Dreiergruppe 1865 von Ferd. Schlöth. – **Rathaus** (Ortsplan, 3), an der östl. Platzseite zurückliegend. Nach Brand neuerb. 1714–15 von Jos. Aebi, an Stelle der ehem. Dingstätte und auf den Fundamenten des Rathauses von 1484; Ausbau des Erdgeschosses 1959–60. Einfacher Giebelbau, an der Platzfront 2 Bossenportale und Balkon mit schönem Louis-XIV-Geländer; an der N-Seite der runde «Schelmenturm», vom spätgot. Rathaus erhalten, Laternenkuppel vermutlich 1714–15. In der unteren Ratsstube ein prächtiger Rokokoturmofen 1770 von Michael Leonz Küchler mit blaugemalten Szenen aus der Befreiungsgeschichte, nach einem Stichwerk von Christian Murer. Im 1. Obergeschoss der sog. Bannersaal mit Stuckdecke auf 2 Säulen; Deckenbild (Salomons Urteil) und Wappenmedaillons um 1716 von Joh. Franz Strickler; an der Seitenwand Bild des von seiner Familie Abschied nehmenden Bruder Klaus 1810 von Georg Volmar; unter Glas die ältesten Landesbanner und andere Staatsaltertümer. Im oberen Landratssaal eine fast lückenlose Porträtsammlung der Nidwaldner Landammänner seit E. 16. Jh., die beiden Porträts von 1777 und 1778 von Joh. Melchior Wyrsch; Bild des Gekreuzigten um 1782 von Joh. Melchior Wyrsch. – Zelgerhaus, das mittlere von 3 einheitlich geplanten Bürgerhäusern am Rathausplatz. Erb. 1715 für Dorfvogt Zur Bluomen und seine Nichte Zelger; Aussenrest. 1923. An der breiten Giebelfront gemalte

Fensterrahmungen mit bekrönenden Imperatorenbüsten in Sprenggiebeln, schönes Barockportal mit Wappenschmuck. Im Obergeschoss eine Prunkstube von 1728. – Links davon das sog. Obere Haus. Erb. 1714, nach französischen Vorbildern umgestaltet 1769; Wohnhaus des Malers Paul Deschwanden (1811–81). Von der alten Ausstattung unter anderem erhalten ein Turmofen 1769 von Michael Leonz Küchler. – Ehem. Haus Durrer, später Hug. Am Dorfplatz erb. 1714 für Landammann Anton M. Zelger. Portal aus einheimischem Marmor. – Vor der Kantonalbank Denkmal für den Maler Paul Deschwanden 1933 von Aug. Blaesi.
Rosenburg (Ortsplan, 4). Grosser schlossartiger Bau, urspr. wohl mit Wassergraben. Als Meieramt des Klosters Murbach-Luzern A. 13. Jh. erbaut, davon der Mauersitz des Bergfrieds an der N-Seite erhalten. Auf den Fundamenten des ehem. Palas das heutige Wohnhaus neuerb. A. 16. Jh., mit spätgot. Fenstergruppen in den 3 unteren Geschossen. Anbau des Treppenturms und der rückseitigen Wirtschaftsräume 2. H. 16. Jh., 1606 der alte Turm und der Wohnbau durch gemeinsames Dach zusammengefasst. Turmzimmer mit Kassettendecke von 1566, durch den Anbau eines turmartigen Chörleins 1694 zur Hauskapelle umgestaltet. – Museum (s. S. 695; Ortsplan, 5). Als Salz- und Kornmagazin erb. 1700; Rest. 1959. – Obere Turmatt (Ortsplan, 6). Grosses Landhaus von 1729, über dem Portal Wappenrelief des Bauherrn Ritter Remigi Keyser. Aus der Bauzeit Stuckplafonds Louis XIV und Kassettendecken; in der Täferstube des 1. Stocks ein schönes Buffet und Wandschrank, blauer Kachelofen von Michael Leonz Küchler datiert 1774; in den Gängen schöne Türen mit Rahmenfüllungen, rest. 1968–69. – **Breitenhaus** (Ortsplan, 7). Erbaut nach 1790 von Niklaus Purtschert für Hauptmann Joh. M. Achermann; seit 1807 im Besitz der Familie des Historikers Robert Durrer, 1964 vom Land Nidwalden erworben und zum Verwaltungsgebäude umgebaut. Schönes Patrizierhaus im Stil Louis XVI unter Walmdach mit Firstkaminen. An der siebenachsigen Hauptfront ein flacher Mittelrisalit mit niedrigem Giebelabschluss, an der östl. Schmalfront das reichgeschmückte Hauptportal. Im weiten Stiegenhaus geschnitztes Balustergeländer, im Erdgeschoss ein stuckierter Saal, rest. 1967–68. – Staatsarchiv (Ortsplan, 8). Als Zeughaus erb. 1666, zum Staatsarchiv umgeb. 1958. Monumentaler Frühbarockbau mit schwerem Rustikaportal an der Giebelseite. – **Kapuzinerkloster** (Ortsplan, 9). Gestiftet 1583 von Ritter Melchior Lussy, Neubau 1683; Renovation der Klostergebäude 1906, der Kirche 1946. Einfacher Baukomplex, die Kirche durch originellen Portalvorbau mit Marienstatue in Baldachinaufsatz ausgezeichnet. Frühbarocke Altäre mit guten Bildern: Am Hochaltar Bild von Francesco Innocente Torriani, Bild am rechten Seitenaltar vermutlich von demselben, am linken Seitenaltar eine Kopie nach Maratta von Nikolaus Fischer 1789; Kreuzwegbilder von Joh. Melchior Wyrsch 2. H. 18. Jh. In der Sakristei prächtige Zuger Monstranz von 1728. – Lussydenkmal, neben dem Aufgang zum Kapuzinerkloster, 1956 von Hans v. Matt. Zur Erinnerung an Ritter Melchior Lussy (1529–1606), Heerführer und als einflussreicher Staatsmann ein Vorkämpfer der schweiz. Gegenreformation. – **Frauenklo-**

ster St. Klara (Ortsplan, 10), oberhalb des Rathausplatzes. Das 1621–25 erbaute Kloster war nach dem Einfall der Franzosen 1799 Waisenanstalt unter Heinrich Pestalozzi, der hier seine Unterrichtsmethoden entwickelte («Stanser Brief»). Schlichte Klosterkirche mit Vorzeichen und Dachreiter. Prächtiger 2geschossiger Hochaltar 1723 von Joh. Ritz, schlecht restauriert; Altarbild von Johannes Brandenberg aus Zug. Am linken Seitenaltar Statue des Hl. Michael nach 1723 aus der Werkstatt des Joh. Ritz. – Stulzentor, oberhalb der Kirche. Zugang zum ehem. Stulzschen Fideikommiss, ein ziegelgedeckter Torbau mit architektonischer Rahmung, im Sprenggiebel ein Medaillon mit Allianzwappen Stulz-Zelger dat. 1670. Mit dem Torbau des Winkelriedhauses letztes Beispiel solcher, einst für Stans charakteristischen Anlagen.

Winkelried- oder Lussyhaus (Ortsplan, 11), im Oberdorf. Von einem mittelalterl. Edelsitz erhalten der heute eingebaute S-Turm mit ehem. Hauskapelle und der westl. anschliessende Treppenbau; bis 1524 im Besitz der aus Sage und Geschichte bekannten Familie Winkelried. Ab 1560 Wohnsitz des Staatsmannes Ritter Melchior Lussy, unter welchem 1563–79 der nordöstl. Wohntrakt und die westl. Wirtschaftsräume errichtet, 1599–1602 die nördl. Wohnräume und das Treppenhaus ausgebaut wurden; im 18. und 19. Jh. nivellierende An- und Umbauten. Schönes Gutstor nach 1600 mit ausladendem Ziegeldach und allseitigem Freskenschmuck. Im Herrenhaus von der einst reichen Ausstattung erhalten eine schöne Türe des ehem. Prunkzimmers; in der Kapelle ein Fliesenboden mit Wappenstück um 1600 von Alban Erhard. – Alte Kaserne, in Stans-Wil. Als Kornhaus erb. 1775, wahrscheinlich nach Plänen von Joh. Ant. Singer oder Jak. Purtschert; jetzt Zeughaus, restauriert 1970–71. – Landsgemeindeplatz. Rechteckig ummauerter Platz, seit 1398 als Tagungsort der Nidwaldner Landsgemeinde bezeugt.

Museum (s. S. 694; Ortsplan, 5), Stansstaderstrasse. Historische Sammlung; kirchliche Kunst, u. a. got. Schnitzaltäre aus Altsellen und Wolfenschiessen; Bilder und Skulpturen u. a. von Joh. Melchior Wyrsch und Franz Keyser.

*SARNEN (Abb. 217–221)

Hauptort des Halbkantons Obwalden. In Zusammenhang mit der um 1210 erbauten Habsburgerfeste Landenberg am Fusse des Burghügels gegründet, abseits der älteren Talkirche St. Peter. Seit Untergang der habsburgischen Herrschaft (1291) politisches Zentrum des Landesteils «Ob dem Kernwald», seit 1362 Gerichtsstätte und Tagungsort der Landsgemeinde. Nach dem Brand von 1468 als geschlossene Dorfanlage wiederaufgebaut.

Kath. Pfarrkirche St. Peter* (Ortsplan, 1; Abb. 217), in Kirchhofen westl. von Sarnen. *Reichausgestattete barocke Hallenkirche, deren Doppelturmfassade das Tal beherrscht.* Mutterkirche von Obwalden, erstmals erwähnt 1036 als Besitz des lenzburgischen Hausstiftes Beromünster und zu einem Viertel des Klosters Murbach-Luzern. Neubau unter Verwendung roman. Bauteile 1739–42 von Franz und Joh. Ant. Singer, Barockisierung des bis zum 5. Geschoss roman. S-Turmes 1784, analoger Ausbau des N-Turmes 1881; Gesamtrest. 1966–70. Eine breite Freitreppe führt zur einfach gegliederten Kirchenfront,

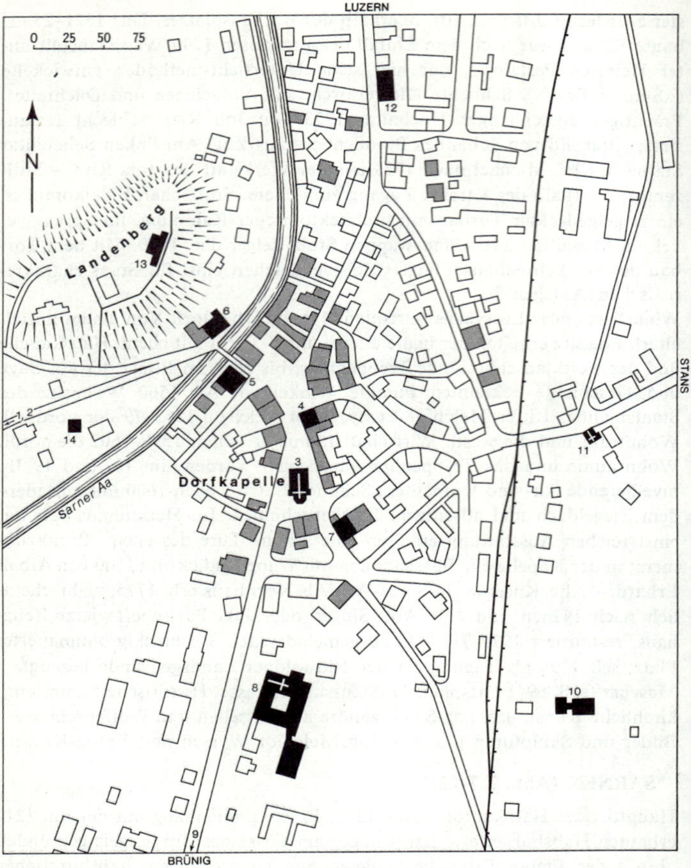

Ortsplan Sarnen

1. Kath. Pfarrkirche St. Peter. – 2. Beinhaus. – 3. Dorfkapelle Maria Lauretana. – 4. Sog. Steinhaus. – 5. Rathaus. – 6. Gasthaus Landenberg. – 7. Haus am Grund. – 8. Frauenkloster St. Andreas. – 9. Benediktinerkollegium. – 10. Haus im Grundacher. – 11. Kapelle St. Antonius. – 12. Museum. – 13. Schützenhaus. – 14. Hexenturm

die von 2 übereck gestellten Türmen mit Kuppelhauben flankiert ist. Die Front öffnet sich in einer 3teiligen Arkade zur eingezogenen Portalvorhalle; in dieser das schöne Renaissance-Epitaph für Landammann Joh. Imfeld, 1649, sowie das reich mit Holzfiguren geschmückte Barockepitaph für Landammann Ant. Bucher 1754. – *Inneres.* Weiträumige 3schiffige Halle, das vorderste der 3 Langhausjoche querschiffartig ausgeweitet. Im Mittelschiff und im gleichbreiten, 3seitig geschlossenen Chor ein durchgehendes Tonnengewölbe mit Gurtbögen und seitlichen Stichkappen, in den Seitenschiffen Quertonnen. Jedes Joch durch 2 Hauptfenster und über dem Gesimse durch ein grosses Thermenfenster belichtet; über der eingezogenen Portalhalle 3 hohe Emporenfenster. Vorzüglicher Régencestuck. Deckenbilder 1741 von Jos. Ant. Hafner. – *Ausstattung*. Schöne Altäre und Kanzel aus Schliffmarmor von Hans Georg Ludwig, Matthias Willenrath und Franz Mosbrugger; Altarfiguren und Schnitzwerk von Franz Schmid und Ferdinand Rösch, 3 Altarbilder von Franz Benedikt Kraus. Geschnitzte Chor- und Ratsherrenstühle mit farbig gefassten und vergoldeten Figuren um 1770 von Ferdinand Rösch. Prospekt der grossen Orgel aus der Werkstatt Kiene in Langenargen. Chororgel A. 17. Jh. – Kapelle Maria zum guten Rat im untersten Geschoss des N-Turms; grosser got. Kruzifix vom Chorbogen der alten Pfarrkirche; im Altar Pietà um 1550. – *Kirchenschatz*. Prozessionskreuz 1. H. 14. Jh.; grosse Monstranz um 1480; Prozessionskreuz 2. H. 16. Jh.; Trinkbecher A. 17. Jh.; Ölgefäss 16. Jh. und Weihrauchschiffchen 1646; kleine Reliquienmonstranz E. 17. Jh. – **Beinhaus*** (Ortsplan, 2; Abb. 218). Schlichter Bau um 1500; Renov. 1886, Gesamtrest. 1966–69. *Im Innern eine der schönsten spätgot. Holzdecken der Schweiz*, bezeichnet Peter Tischmacher von Uri 1505. Die Decke ist in 48 von 72 Feldern durch bemalte Flachschnitzereien geschmückt, die Masswerkfriese farbig unterlegt. Bemerkenswertes spätgot. Tafelbild, Madonna mit den 14 Nothelfern, 1501 vermutlich von Hans Leu d. Ä. Kleiner Flügelaltar um 1480, vermutlich katalanisch, zugekauft.

Dorfkapelle Maria Lauretana (Ortsplan, 3), sog. Standeskapelle. Neuerbaut 1658–62 unter Wiederverwendung des alten Turmes von 1556, Neubau der Renaissancefassade 1865–66 durch Jos. Etlin; Gesamtrest. 1955 und 1959. Einfacher, tonnengewölbter Raum mit Ausstattung aus dem 18. Jh. Im Hochaltar von 1767 eine Statue der Maria Lauretana; Giebelbild signierte Arbeit des Augsburger Spätrenaissancemalers Mathias Kager; Seitenaltäre A. 18. Jh., linkes Altarbild 1731 von Joh. Schindler, Bild rechts von Joh. Franz Aufdermauer. Schöne eingelegte Renaissancekanzel aus der Bauzeit, Joh. Trögli zugeschrieben. Über dem Portal ein Relief aus der alten Kapelle von 1556, Stifterwappen Imfeld-Kretz. Im Chor Landammännerwappen 20. Jh. – Sog. Steinhaus (Ortsplan, 4), am Dorfplatz. Erb. 1548 für Landammann Heintzli, umgeb. 1604, in neuerer Zeit mehrmals verändert. Reichgekehltes Kielbogenportal aus der Bauzeit. – Sog. Rotes Haus. Das Stammhaus der einst mächtigen Familie Wirz erb. 1556, die Obergeschosse völlig umgestaltet 1832. Im guterhaltenen Erdgeschoss ansehnliches spätgot. Portal und ein Wandtresor mit Wappen über Kielbogen. – Dorfbrunnen, am Rathausplatz. Granitbecken 1604, Brunnensäule 1756, Statue des Hl. Bruder Klaus, Kopie nach Original von 1708.

Rathaus (Ortsplan, 5; Abb. 221). Erdgeschoss mit Freitreppe vom 1551 erbauten Landleutehaus übernommen, der barocke Aufbau 1729–32 vom Luzerner Stadtwerkmeister Hans Georg Urban. Schöne Schaufront mit 2flügeliger Freitreppe zum Säulenportikus des Obergeschosses, darüber im Mansartdach ein Zwerchgiebel und in letzter Betonung der axialen Ordnung auf dem First ein Uhrtürmchen mit Kuppelhaube. Der kleine Ratssaal im 1. Stock 1822–24 in einfachen Empireformen stuckiert, reichgegliedertes und intarsiertes Renaissancebuffet aus Sarnen dat. 1618. Im Obergeschoss grosser Ratssaal mit schöner Frührokoko-Stuckdecke, Deckenbild der Justitia von Joh. Franz Aufdermauer, prächtige Türe in reichprofiliertem Gewände, Bild des Hl. Bruder Klaus 1774 von Joh. Melchior Wyrsch, in schwerem Barockrahmen ein Elfenbeinkruzifix von 1733, Porträts von Landammännern. – Gasthaus Landenberg (Ortsplan, 6). Aus der Bauzeit M. 16. Jh. ein spätgot. Kielbogenportal. In der Wirtsstube eine got. profilierte Balkendecke und schöne prismatische Fenstersäule. – **Haus am Grund** (Ortsplan, 7). Das Doppelhaus auf der ehem. Dingstätte erb. 1588–89 für Landammann Marquard Imfeld. Die schöne Giebelfront des vorderen Holzhauses ist zwischen 3 Haupt- und 2 Dachgeschossen durch Klebdächer unterteilt; an den Seitenfronten tiefe Lauben. Unter gleichem Dach rückseitig ein Steinhaus, in das der mittelalterl. Wohnturm der Herren v. Einwil eingebaut ist. Im Giebelsaal Wandgemälde 1607 von Sebastian Gisig: Kampfszene, Zecher, Porträts und Ahnenprobe der Landammännerfamilie Imfeld. – Salzherrenhaus. Gemauerter Unterbau von 1544, am got. Kielbogenportal ein Imfeld-Wappen. Die an der Giebelfront vorkragenden und seitlich durch Lauben erweiterten Obergeschosse aus Holz erb. 1562, stark verändert 1891. – **Frauenkloster St. Andreas** (Ortsplan, 8). Im 12. Jh. in der Wetti bei Engelberg gegründet, 1615 nach Sarnen verlegt. Klosterneubau 1616–18, davon die einfachen Konventsflügel mit zentralem Kreuzgang erhalten. Die Kirche mit Ausnahme des 1687 nach Plänen von Caspar Mosbrugger errichteten Fassadenvorbaues abgetragen und 1966–67 durch einen Neubau von Max Mennel ersetzt, gleichzeitig die gute Barockausstattung verkauft. In einer Nische neben Seitenaltar das sog. «Sarnerchindli», Wallfahrtsstatue des Jesuskindes, wahrscheinlich eine Krippenfigur aus dem 14. Jh.; an der Seitenwand ausdrucksvolles spätgot. Tafelbild der Beweinung Christi um 1480. Kirchenschatz: Aus einem Kleid der Königin Agnes von Ungarn (1281–1364) ein kostbares Antependium und ein Kleidchen des «Sarnerchindlis», Samt und Seide mit aufgenähten Pailletten sowie figürlichem und ornamentalem Metallschmuck, M. 14. Jh.; Zuger Barockmonstranz von Ludwig Müöslin. – Haus an der Rüti, im Kehr. Breites Giebelhaus mit tiefem Walmdach, am Eckstein dat. 1600. – Rotes Haus am Kehr. Mehrmals verbautes Herrenhaus von 1637, aus der Bauzeit ein nachgot. Kielbogenportal. – Grosshaus, in der Hofmatt. Erb. 1643, mehrmals verändert. Im 1. Obergeschoss ein reichgeschmücktes Barocktäfer und Felderdecke. – **Benediktinerkollegium** (Ortsplan, 9). Altbau 1745–50 von Jak. Singer, ein schöner 3geschossiger Kubus unter gewalmtem Mansartdach; grosser Gymnasiumsbau 1890, mit Kirche in Neurenaissanceformen; Professorenheim 1928. In der Altertumssammlung wertvolle Tafelbilder und Skulpturen des 15. und 16. Jh.; prächtiger spätgot. Wirkteppich, dat. 1554, mit symbolischen Darstellungen des Erlösungswerkes. – Kollegiumskirche St. Martin (Abb. 219). Erb. 1964–66 von J. Naef, E. und G. Studer. Aus einzelnen gerundeten Elementen komponierte Baumasse, ohne Beziehung zur Landschaft. Interessant gegliederter Innenraum mit zentralem Hochaltar zwischen Mönchschor und Gemeinderaum, in einer seitlichen Nischenkapelle Säulentabernakel und Sakramentsaltar. In einer Wandnische eine schöne, kleine Madonnenstatue um 1400, vermutlich aus Muri (AG). – Kapuzinerkloster. Gegr. 1642, das 1646 geweihte Kloster nach Brand 1895 in nüchternen Formen wiederaufgebaut von Robert Elmiger. Aus der alten Kirche erhalten der Kirchenschatz, u. a. eine prächtige Barockmonstranz von 1741, bestes Werk von Franz Remigi Trachsler. – Haus im Grundacher (Ortsplan, 10). Im Doppelhaus von 1737 ein älterer Baubestand aus der 2. H. 17. Jh. erhalten; die beiden Giebelhäuser durch einen nahezu gleichhohen Torbau zu einer Zwillingsanlage verbunden. Im grösseren Wohnhaus eine Spätrenaissance-Täferstube mit Kassettendecke. Im kleineren Gästehaus prächtige Stuckdecke in Régenceformen. – Kapelle St. Antonius (Ortsplan, 11). Einfacher Bau mit Dachreiter von 1646–47. Über Chorbogen Fresko aus der Bauzeit mit Stifterporträt. Im Altar 2 Bilder von Jos. Ant. Heymann dat. 1781. – Museum (s. unten; Ortsplan, 12). Als Kaserne erb. 1599. – Burgruine Landenberg. Als eine der grössten Burgen der Innerschweiz wahrscheinlich A. 13. Jh. von Rudolf v. Habsburg dem Alten erbaut, im Freiheitskampf Unterwaldens 1291 zerstört. In den teilweise freigelegten Burgmauern ein Ausfalltörchen, wichtig als Bestätigung der im «Weissen Buch» von Sarnen gegebenen Version der Befreiungsgeschichte. Die Burgstelle ist seit 1646 Tagungsort der Obwaldner Landsgemeinde. – **Schützenhaus** (Ortsplan, 13; Abb. 220), auf dem Burghügel Landenberg. Reizvoller Bau, 1752 von Just Ignaz Imfeld. Der 3geschossige Mittelbau unter geschweiftem Satteldach ist flankiert von niederen Seitenflügeln mit aufgesetzten Kuppeltürmchen. – Hexenturm (Ortsplan, 14). Erb. vermutlich im 13. Jh. als Vorwerk der Burg Landenberg. *Ramersberg*. Kapelle St. Wendelin. Neuerb. 1692, mit Vorzeichen und Dachreiter, rest. 1968. Hübsche Ausstattung 16.–18. Jh. In der Sakristei zwei got. Kelche und eine Patene mit gravierter Darstellung der Auferstehung, nach Martin Martini. – *Wilen*. Kapelle St. Michael. Schöner Barockbau von 1700–02 mit Vorzeichen und Dachreiter, seitlich des Polygonalchors ein 2geschossiger Sakristei-Anbau. Spitzbogige Sakristeitüre und got. Portalbeschläge um 1568 vom Vorgängerbau. Rest. 1970. – *Stalden*. Pfarrkirche St. Maria. Neuerb. 1700–03 von Ignaz v. Flüe, Turm auf Unterbau von 1459 erneuert 1812, Schiff verlängert 1866. Im eingezogenen Polygonalchor guter Barockaltar 1779 und Seitenaltäre 1763–66. An der Rückseite des Chorbogens ein spätgot. Relief, Schmerzensmann in Halbfigur. Im unteren Raum des 2geschossigen Sakristei-Anbaues das spätgot. Sakramentshäuschen der alten Kirche Sarnen mit Halbfigur Petri unter reichem Kielbogen.

Museum. Heimatmuseum (s. oben; Ortsplan, 12), Brünigstrasse. Ur- und frühgeschichtliche Sammlung, kirchliche Kunst, Staatsaltertümer.

STANSSTAD–BUOCHS–ENGELBERGER TAL

STANSSTAD (Abb. 215). Als wichtiger Hafenort im Mittelalter stark befestigt, 1798 im Kampf gegen französische Truppen erfolgreich verteidigt, aber kurz darauf von plündernden Soldaten niedergebrannt. – Kath. Pfarrkirche Hl. Familie. Erb. 1943 von Karl Strobel und Sohn. Im Chor Skulpturen 1958 von Aug. Blaesi, gleichzeitig Kreuzwegsgraffiti von Paul Diethelm und Glasgemälde von Albert Hinter. An der Rückwand Sgraffito 1961 von Hans v. Matt. – **Schnitzturm** (Abb. 215), im Hafen. Mittelalterlicher Wehrturm mit Zinnenkranz, letzter Rest der zur Zeit der ersten Befreiungskämpfe M. 13. Jh. erbauten Befestigungsanlagen mit doppeltem Palisadenwerk im See und gestaffelten Wehrbauten zu Land. Der Turm anlässlich des Morgartenkrieges 1315 verstärkt, 1589–90 instand gestellt unter Einbau von 3 Sälen, in den Kämpfen gegen die Franzosen 1798 ausgebrannt; Rest. 1967–68. – Sustgebäude. Erb. 1752, nach Dorfbrand grösser wiederaufgeb. 1799–1801 unter Niklaus Purtschert. Seit 1969 im Besitz des Kantons.

ALLWEG. Winkelried- oder Drachenkapelle. Erb. 1671–72, nach Kriegszerstörung wiederhergestellt 1805–08. Die dem Hl. Magnus geweihte Kapelle erinnert an den sagenhaften Helden Struthan Winkelried, der vor dem gegenüberliegenden Drachenloch (eine in urgeschichtlicher Zeit bewohnte Höhle) einen Drachen getötet haben soll. – Obelisk. Errichtet 1900 zur Erinnerung an den 1798 hier ausgetragenen Entscheidungskampf zwischen 2000 Nidwaldnern und 16000 Franzosen. – Ruine Rotzberg. Habsburgische Feste, erb. 1232, nach der Befreiungstradition zerstört 1291; Baureste gesichert 1964–66.

ENNETMOOS. Kapelle St. Jakob. Spätroman. Kernbau 13. Jh., Erneuerung und Chorgewölbe um 1600, Umbauten 1784–86 und 1803–07, Verlängerung des Schiffes und Turmbau 1925, Seitenschiffe 1967. Scheiben 1927 von Albert Hinter.

OBBÜRGEN-STANSSTAD. Kath. Pfarrkirche St. Antonius. Erb. 1953–54 von Fritz Metzger. Im Chor Mosaik 1960 von Ant. Flüeler, Glasgemälde 1956 von Paul Stöckli, Kreuzweg 1962 von Aug. Blaesi. Qualitätvolle spätgot. Madonna A. 15. Jh., oberrheinisch.

KEHRSITEN. Kapelle Maria in Linden. Erb. 1758 von Joh. Ant. Singer, nach Zerstörung durch französische Soldaten wiederaufgeb. 1799–1801 unter Verwendung der alten Umfassungsmauern. Gnadenbild des Hochaltars nach 1953 von Beat Gasser. Altäre von Michael Quartironi aus Mendrisio.

BÜRGENSTOCK. Kapelle, beim Palace-Hotel. Erb. 1897 nach Plänen des Kunsthistorikers Jos. Zemp. Imitation einer spätgot. geschnitzten Holzdecke, spätgot. Schnitzaltar. Rest. 1965–66 und um 1 Joch verlängert.

BUOCHS. Kath. Pfarrkirche St. Martin. Erwähnt 1157, erneuert 1718, nach Brand wiederaufgeb. 1802–08 von Niklaus Purtschert; Rest. 1959–60. Vom Vorgängerbau der Unterbau des got. Fronttumes mit Vorhalle und die Langhauswände, von Purtschert das Querschiff und der über diagonal gerichtete Nischen verbundene Chor. Spätbarocke bzw. klassiz. Altäre und Kanzel in Stuckmarmor. Auf der urspr. 2geschossigen Empore Orgel mit hübschem Prospekt 1831 von Franz Jos. Bossard. – Obgasskapelle Sieben Schmerzen Mariä. Charakteristischer ländlicher Barockbau von 1662 mit weit vorspringendem Dach, Dachreiter und Polygonalchor. – Kapelle Hl. Sebastian, im Hinterdorf. Einfacher Frühbarockbau von 1683. – Wyrschdenkmal. Von Hans v. Matt 1935, errichtet zur Erinnerung an den 1798 von französischen Soldaten ermordeten Maler Joh. Melchior Wyrsch (geb. 1732). – **Loretokapelle,** in Ennerberg. Gestiftet 1713 von Landammann und Heerführer Joh. Jak. Achermann nach seinem Sieg im Treffen von Sins (Toggenburgerkrieg 1712); Rest. 1967–68. Im kreuzgewölbten Vorraum guter Barockaltar mit Statuen der Hl. Franz Xaver und Karl Borromeo von Hans Jost Müller d. Ä. aus Muri; an der Wand Bildnis des Stifters Achermann auf dem Totenbett. Über dem Portal grosser Prospekt der Schlacht von Sins, die hist. aufschlussreiche Darstellung vom Zuger Maler Joh. Franz Strickler. Das sog. «Engelsfenster» im Altar bietet Einblick in den tonnengewölbten hinteren Raum: auf Backsteinimitation die in Loretokapellen übliche Kopie der mittelalterl. Votivbilderfragmente der Casa Santa von Loreto; über dem sog. Santo Camino eine Nische mit Gnadenbild. – Herrschaftshaus Achermann. Nobler Empirebau A. 19. Jh. von Niklaus Purtschert. Kleiner Kapellenschatz aus der benachbarten Loretokapelle: zwei barocke Augsburger Kelche; Silberstatuette des Hl. Bruder Klaus, 2. H. 18. Jh., von Ant. Maria v. Matt. – *Ennetbürgen.* Wallfahrtskapelle St. Jost, auf einsamer Höhe am S-Hang des Bürgenstocks. Erwähnt 1346, mehrere Umbauten im 14.–18. Jh. Seitlicher Turm unter Satteldach spätmittelalterlich, Glocke 1385. Inneres umgeb. 1794–96 durch Joh. Singer, Chorbogen um 1519, rechteckiger Chor mit Masswerkfenstern 14. Jh. Spätbarocke Stuckaltäre von Casp. Jos. Waser. Schwerfällig ornamentierter Sarkophag von 1633 mit den Gebeinen eines sagenhaften Eremiten. Die Stationen 18. Jh., ungeschickt gemalte Jugendwerke von Joh. Melchior Wyrsch. – Pfarrkirche. Neugot. Bau von 1892–94 von Wilh. Hanauer.

BECKENRIED. Kath. Pfarrkirche Hl. Heinrich. Erb. 1790–1807 von Nik. Purtschert. Schöner klassiz. Bau mit Kuppelturm seitlich des aussen polygonal ummauerten Chores. Das weiträumige Langhaus über diagonal gerichtete Altarnischen mit dem rundgeschlossenen Chor verbunden. Deckenbilder aus der Bauzeit vermutlich von Jos. Keller, teilweise übermalt 1866 durch Paul Deschwanden. Taufstein A. 19. Jh. von Balthasar Durrer. – Kapelle St. Anna. Einfacher Barockbau A. 17. Jh. mit polygonalem Chor. Altärchen von Casp. Jos. Waser. – Denkmal für Isabella Kaiser 1935 von Hans v. Matt zur Erinnerung an die aus Beckenried stammende Schriftstellerin (1866–1925). – **Wallfahrtskapelle Maria im Ridli,** auf einer Anhöhe über dem See. Als Richtzeichen und Wallfahrtsort der Schiffer erb. 1700–01, unter Verwendung älterer Bauteile von 1615; Rest. 1958. Schöner Barockbau mit Dachreiter, Vorzeichen und grosser Treppenanlage mit Sitzstufen für Predigt; das Kielbogenportal an der südl. Chorseite vom Vorgängerbau übernommen. Der langgestreckte Raum durch Chorbogen und schönes, figural geschmücktes Schmiedeisengitter unterteilt. Am Tonnengewölbe Bildmedaillons mit Szenen aus dem Marienleben. Hinter der Altarwand die 3seitig geschlossene Sakristei mit Wendeltreppe zur darüber gelegenen Orgelempore. – Burgruinen Retschrieden und Isenringen. Beide Burgen erb. im 13. Jh. als Sitz gleichnamiger Familien.

EMMETTEN. Kath. Pfarrkirche, neuerbaut 1932. Ausmalung der Apsis und 6 Kabinettscheiben 1935–37 von Oscar Cattani. Predella eines spätgot.

Schnitzaltars mit Mariä End, von der Kapelle auf der Alp Rindernbüel. In der Sakristei spätgot. Vortragekreuz, aus gleicher Werkstatt wie die Kreuze zu Hergiswil und Dallenwil. – Kapelle Hl. Kreuz, im Sagendorf. Erbaut 1791; Stuckaltar von Casp. Jos. Waser, Altarbild Franz Jos. Murer zugeschrieben. An der Rückwand Tafelbild von 1710 mit interessantem Totentanz in 23 Szenen aus dem abgebrochenen Beinhaus.

DALLENWIL. Kath. Pfarrkirche St. Laurentius. Erb. 1697–99 nach Plänen des Pfarrers Joh. Jak. Scolar aus Bürglen; 1902 um 2 Joche verlängert. Schöner Barockbau mit derzeit 5jochigem Langhaus und eingezogenem Rechteckchor; die Stukkaturen wahrscheinlich von italienischen Meistern. Über dem W-Portal eine Frührenaissancebekrönung, vom Vorgängerbau um 1530–40. Altarbilder anlässlich der Renov. 1821 von Jos. Ant. Messmer. In der Sakristei ein spätgot. Vortragekreuz E. 15. Jh., Werkstatt der Kreuze von Emmetten und Hergiswil; Wettersegenmonstranz und Rokokokreuz M. 18. Jh. – Kapelle St. Katharina, beim Bahnhof. Erb. 1867; elegantes Rokoko-Altärchen.

NIEDERRICKENBACH. Wallfahrtskirche St. Maria. Neuerbaut 1860, an Stelle einer ältern Wallfahrtskapelle des 17. Jh.; Rest. 1942. Bemerkenswerter Barockaltar aus der ehem. Kirche Grosswangen 1628–35, hölzernes Gnadenbild der sitzenden Madonna E. 14. Jh., um 1700 für Behang zurechtgemacht. Im Turm eine kleine Glocke des 14. Jh.

WIESENBERG. Wallfahrtskirche St. Maria. Neuerb. 1754 vermutlich von Joh. Ant. Singer, an Stelle einer Einsiedelei aus dem 14. Jh.; Restauration 1963–64. Schöner Barockbau mit kuppelförmigem Dachreiter auf dem polygonalen Chor, Vorzeichen und geschnitzter Kirchentüre. Im Innern gute Rokokostukkaturen. Spätklassiz. Altäre von 1857, am Hochaltar got. Muttergottesstatue 14. Jh., am Josephsaltar Pietàgruppe A. 17. Jh.; die 6 Altarbilder von Joh. Melchior Wyrsch, das Bild am Nepomukaltar dat. 1757.

*WOLFENSCHIESSEN (Abb. 216). **Kath. Pfarrkirche St. Maria.** An Stelle einer 1277 gestifteten Kirche neuerb. 1775–77 von Joh. Ant. Singer, unter Verwendung der Chorwände und des Turmunterbaues einer Vorgängerkirche von 1509–11; Äusseres rest. 1967–68. Schöne spätbarocke Fassade mit Arkadenvorbau und Freitreppe; der eingezogene Chor von Sakristei und Turm flankiert, der Turm mit Kuppelhaube und geschweiften Wimpergen um die 4 Zifferblätter. Die Raumorganisation folgt dem Typus der luzernischen Landkirchen des Spätbarocks: Breites tonnengewölbtes Schiff, über diagonal gerichtete Altarnischen mit dem eingezogenen Chor zu einer saalartigen Einheit verbunden; vor der Portalwand die 2geschossige Empore. Vergoldete Stukkaturen anlässlich der Renov. 1907, gleichzeitig die Deckenbilder von Jos. Ant. Messmer durch Karl Georg Kaiser übermalt. Hochaltar, doppelte Seitenaltäre und Kanzel aus der Bauzeit in Stuckmarmor von Casp. Jos. Waser, im Hochaltar zeitweise ein Bild der Rosenkranzmadonna, vermutlich von Franz Jos. Murer; Taufstein mit Akanthusblättern dat. 1561 und 1777. Unter dem Chorbogen Grab des Landammanns und späteren Eremiten Conrad Scheuber (gest. 1559), der spätbarocke Sarkophag 1778, Deckplatte mit Liegefigur in Hochrelief 1602 von Hans Niderlender. –

Sakristei. Spätgot. Ziborium und Kelche; Vortragekreuz E.15.Jh., ähnlich denjenigen in Dallenwil und Emmetten; barocke Silberstatuette der Madonna von Einsiedeln; Schweizerdegen A.16.Jh., angeblich aus dem Besitz des Hl. Bruder Klaus und seines Enkels Bruder Scheuber. – Beinhaus. Erneuert 1693 als offenes Torhaus, durch dessen seitliche Portale der Kirchweg führte; Rest. 1967–68. Schönes Barockaltärchen von 1693. Schmiedeisernes Grabkreuz 1787 für Landammann Stanislaus Alois Christen. – Neben der Kirche Einsiedlerklause Bruder Conrad Scheubers, urspr. oberhalb des Dorfes stehend; 1geschossiger Blockbau M. 16. Jh., hierher versetzt 1867; Rest. 1966. – **Mittelalterl. Turm,** im «Dörfli». Als Wohnturm erb. im 13. Jh. für die Herren v. Wolfenschiessen, damals Amtsleute des Klosters Engelberg. Anlässlich der Rest. 1962 die Ruine durch ein Schindelzeltdach gedeckt. – **Kapelle St.Sebastian und Rochus,** im «Dörfli». Nach einer Pestepidemie erb. 1620; letzte Teilrest. 1966. Kleine Kapelle mit polygonalem Chor, seitlich der Eingangsfront ein massiger Turm unter Zeltdach. Im Innern gute Fresken von Sebastian Gysig aus der Bauzeit: Heilige und Spätrenaissance-Ornamente; unter einem Chorfenster Namenszug des Schriftstellers Emanuel Stickelberger, der als Hausherr des Höchhauses (s. unten) an der Renov. 1946 beteiligt war. – Haus Grossitz. Das prächtige ländliche Holzhaus dat. 1601; reichausgestattetes Täferzimmer mit Buffet dat. 1782. – Haus Unteres Brunnifeld. Wie der Grossitz ein bemerkenswertes Holzhaus dat. 1627; das schöne Täferzimmer dat. 1627. – **Sog. Höchhaus*** (Abb. 216), am linken Ufer der Aa. *Herrschaftlicher Landsitz, eines der schönsten Holzhäuser in der Schweiz.* Erbaut 1586 für die vierte Gattin des bedeutenden Staatsmanns Ritter Melchior Lussy, der damit deren Einwilligung für seinen Rückzug in eine Einsiedelei erhoffte; Rest. 1919 für den Schriftsteller Emanuel Stickelberger (1884–1962). Erstes Beispiel des ausgebildeten Hochgiebelhauses mit einem zum Festsaal gestalteten Firstraum. Die mit Klebdächern gegliederte Front ist auf gewalmtem Satteldach von einem schlanken Dachreiter bekrönt, an der N-Seite eine offene Vorlaube.

OBERRICKENBACH. Kapelle St. Peter und Paul. Neuerb. 1786 von Joh. Ant. Singer. Deckenbilder von Martin Obersteg d.J.; Altarbilder von Jos. Anton Heymann; spitzbogige Sakristeitüre vom Vorgängerbau 1604. – Stutzkapelle. Neuerb. 1882. Pietà M.16. Jh. und zwei gute Harnischstatuetten um 1480 auf neugot. Altar von Nikodemus Kuster. – Auf *Bettelrüti* Kapelle mit bemerkenswertem Frühbarockaltar angeblich aus der Stiftskirche Beromünster.

GRAFENORT. Kapelle Hl. Kreuz (Abb. 214). Erb. 1689 wohl unter Einfluss Caspar Mosbruggers. Der schöne Barockbau gliedert sich in axialer Folge in verschiedene Raumteile von ungleicher Breite und Höhe; über den beiden Haupträumen Laterne und Glockentürmchen. Eine Freitreppe führt in ein Vorzeichen mit Säulenarkaden und geschweifter Haube, es folgt ein Oktogon, an das sich der längsgerichtete Polygonalchor und dahinter eine 4seitig geschlossene Sakristei fügen. Frühbarocker Altar mit guten Figuren. Altarbild aus der Bauzeit der Kapelle. – Herrenhaus. Ferien-

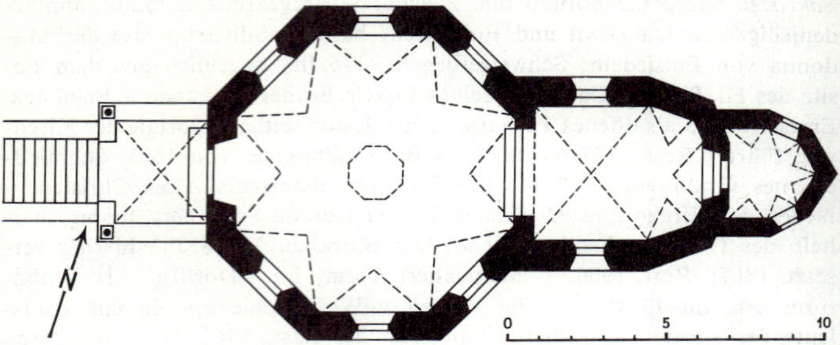

Grafenort. Kapelle Hl. Kreuz

sitz des Klosters Engelberg, gegenüber der Kapelle. Guter Barockbau von 1689–90; Täferzimmer mit Kassettendecken, im Konventssaal grosser Ofen 1699 von Jak. Küchler, Dekorationsmalereien 1777 von Martin Obersteg d. Ä.

ALTSELLEN. Kapelle St. Joder (Theodul). Geweiht 1482, Verlängerung des Schiffes 1601, vermutlich gleichzeitig Anbau der Seitenkapelle; Innenrenov. 1789. Spätgot. Bau mit schwerem Glockenturm, Turmhelm von 1799. Im leicht eingezogenen Chor schönes Sterngewölbe mit figuralem Schlussstein, Schmerzensmann.

***ENGELBERG** (Abb. 212). Der Ort entwickelte sich um die 1120 gegründete Benediktinerabtei als Zentrum eines geistlichen Miniaturstaates, deren Hoheitsrechte über das obere Engelberger Tal zunächst von Kaiser und Papst geschützt, seit 1425 von den 4 Waldstätten verwaltet wurden. Nach Auflösung der Klosterherrschaft 1798 Anschluss an den helvetischen Kanton Waldstätte, seit 1815 Exklave des Halbkantons Obwalden. Entwicklung zum bedeutenden Kurort seit M. 19. Jh.

Benediktinerabtei*. *Traditionsreiches Kloster mit geräumiger Barockkirche, reichem Kirchenschatz und Bibliothek.* Stiftung 1120 vom bisherigen Grundherrn Konrad v. Seldenbüren. Eine 1. Blütezeit, aus der sich bedeutende Kunstschätze erhalten haben, dauerte vom 12. Jh. bis zur Übernahme der Schutzherrschaft durch die Waldstätte 1425. Eine 2. Blütezeit im 17. Jh. endete mit dem grossen Klosterbrand von 1729. Neubau 1730–37 von Joh. Rueff, frei nach älteren Plänen von Casp. Mosbrugger; geweiht 1737 und 1745. Renov. 1878–79, wobei die Kirche teilweise im damaligen Zeitgeschmack neu ausgestattet wurde. – Von der Dorfseite führt der Zugang zum Kloster durch ein streng gegliedertes Portal mit Wappenkartusche im Sprenggiebel dat. 1676. Die *Kirche* bildet den N-Flügel einer grossen symmetrischen Klosteranlage mit einem weiten Innenhof. Die schlichte Kirchenfassade ist durch Pfeiler und Bänder aus Kalkstein linear gegliedert, über dem Hauptportal das Wappen des Bauherrn Abt Emmanuel Crivelli. An der N-Seite der Glockenturm mit Kuppelhaube. Die Raumanlage entspricht noch der Frühphase der sog. Vorarlberger Bauschule. Unter einem einheitlichen Tonnengewölbe mit Gurtbogen ein 5jochiges Schiff und

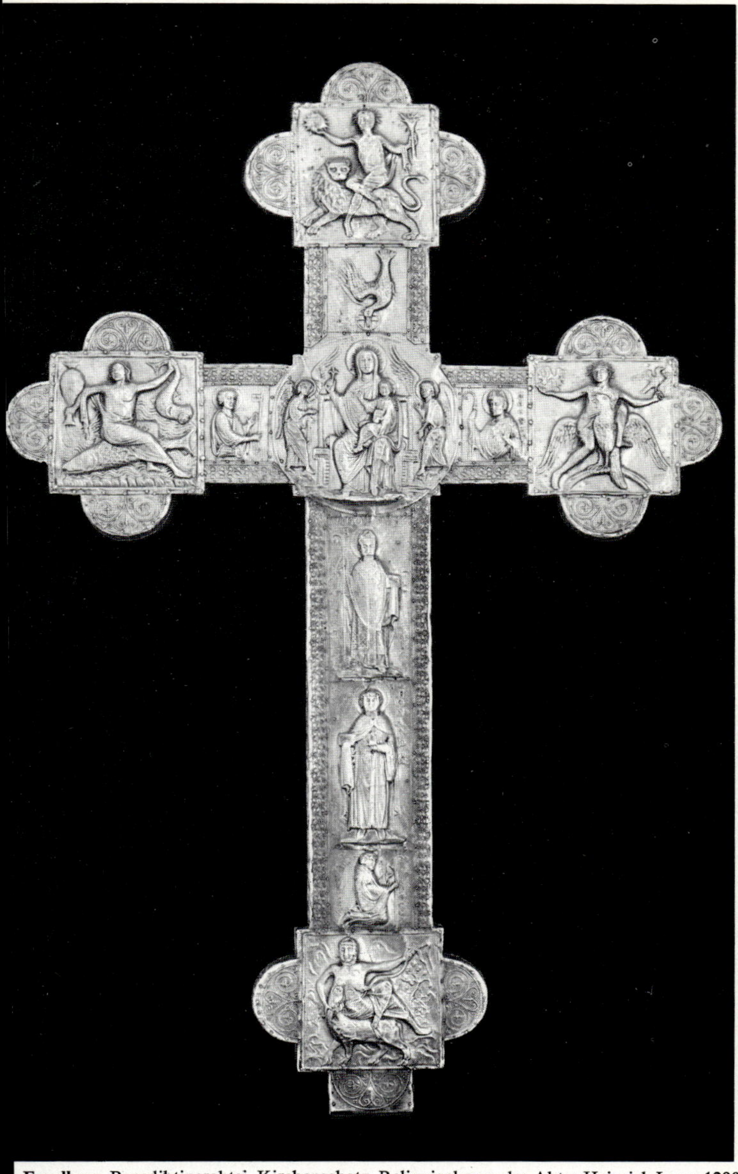

. **Engelberg.** Benediktinerabtei. Kirchenschatz. Reliquienkreuz des Abtes Heinrich I, um 1200 ickseite). In den Eckstücken Darstellungen der vier Elemente (705)

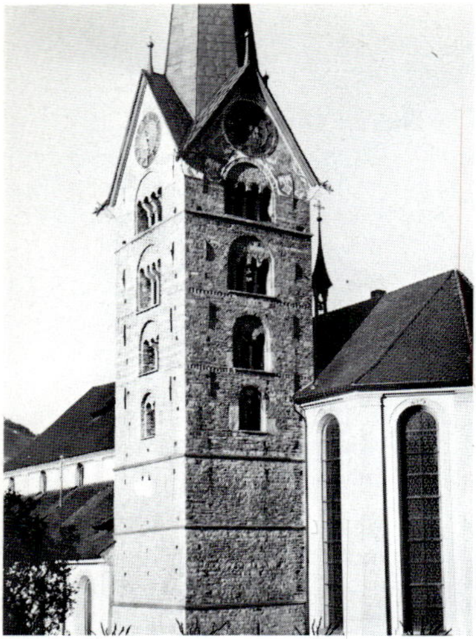

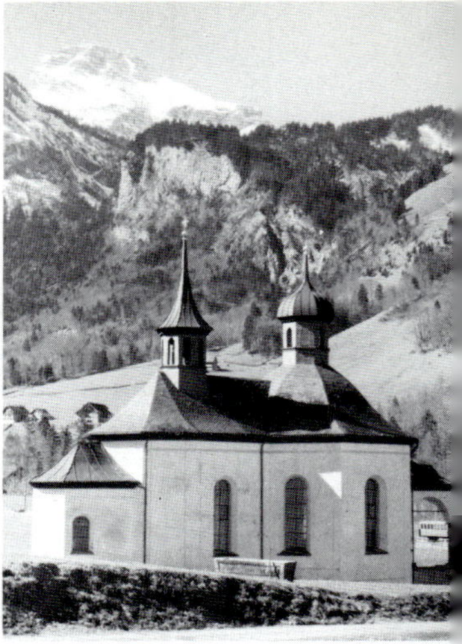

213. **Stans.** Kath. Pfarrkirche St. Peter. Der Glockenturm, das bedeutendste roman. Bauw der Urschweiz, E. 12. Jh.; die frühbarocke Kirche erb. 1641–47 von Jakob Berger (691–69

214. **Grafenort.** Kapelle Hl. Kreuz. Erb. 1689 wohl unter Einfluss von Caspar Mosbrug Vorzeichen, Oktogon mit Laternentürmchen, Chor und vierseitig geschlossene Sakristei (7

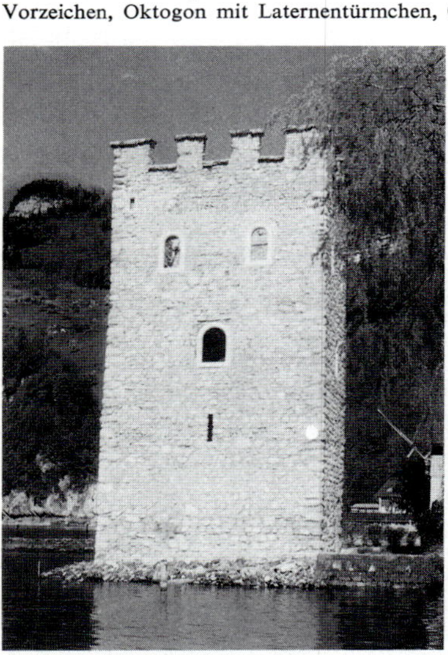

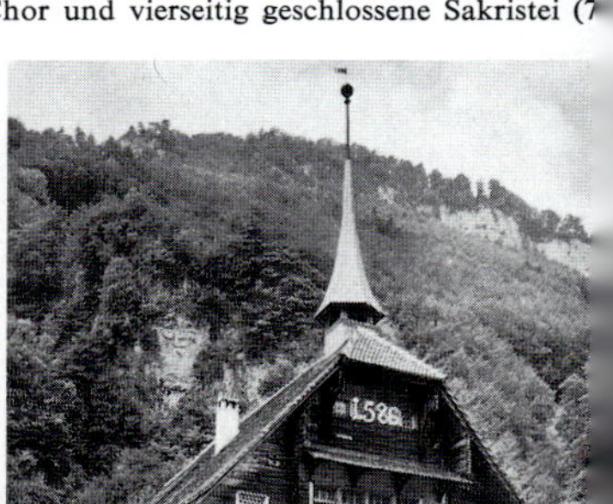

215. **Stansstad.** Schnitzturm, im Hafen. Turm mit Zinnenkranz, Rest einer Befestigungsan M. 13. Jh., 1315 anlässlich des Morgartenkrieges verstärkt, 1589–90 ausgebaut (700)

216. **Wolfenschiessen.** Sog. Höchhaus, am linken Ufer der Aa. Erb. 1586 als Landsitz von ter Melchior Lussy. Hochgiebelhaus mit einem zum Festsaal gestalteten Firstraum (703)

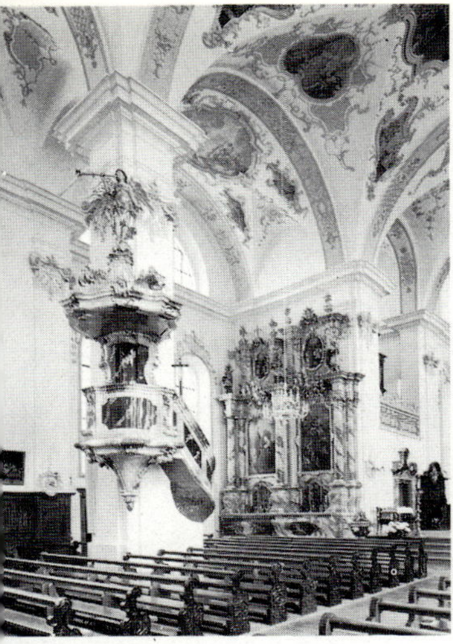

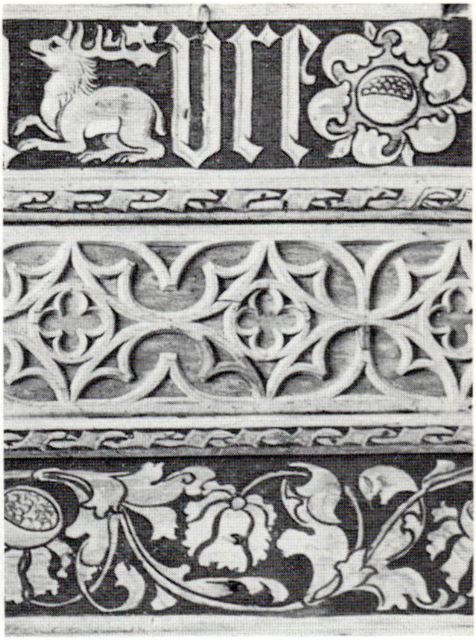

7. Sarnen. Kath. Pfarrkirche St. Peter, in Kirchhofen. Dreischiffige Hallenkirche, erb. 1739– von Franz und Johann Anton Singer. Ausstattung durch zahlreiche Künstler (695–697)

8. Sarnen. Beinhaus, neben der Pfarrkirche St. Peter. Ausschnitt aus einer der schönsten spät-t. Holzdecken der Schweiz. Bezeichnet «Peter Tischmacher von Uri» 1505 (697)

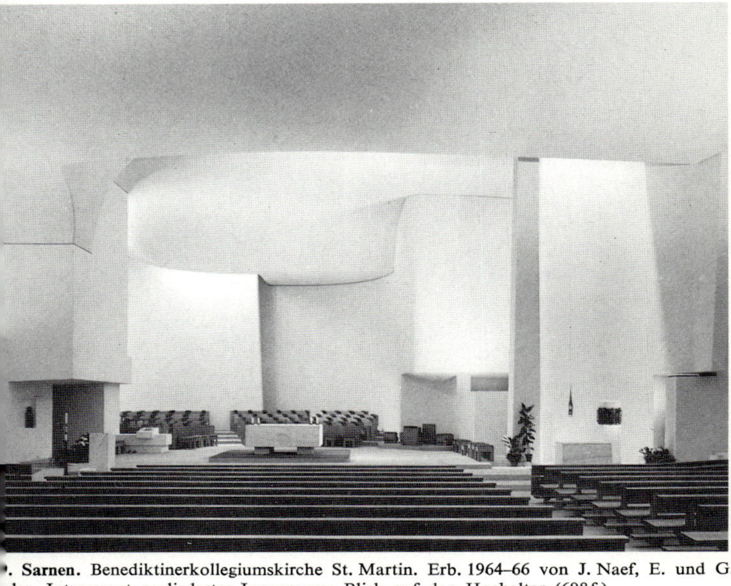

. Sarnen. Benediktinerkollegiumskirche St. Martin. Erb. 1964–66 von J. Naef, E. und G. der. Interessant gegliederter Innenraum; Blick auf den Hochaltar (698 f.)

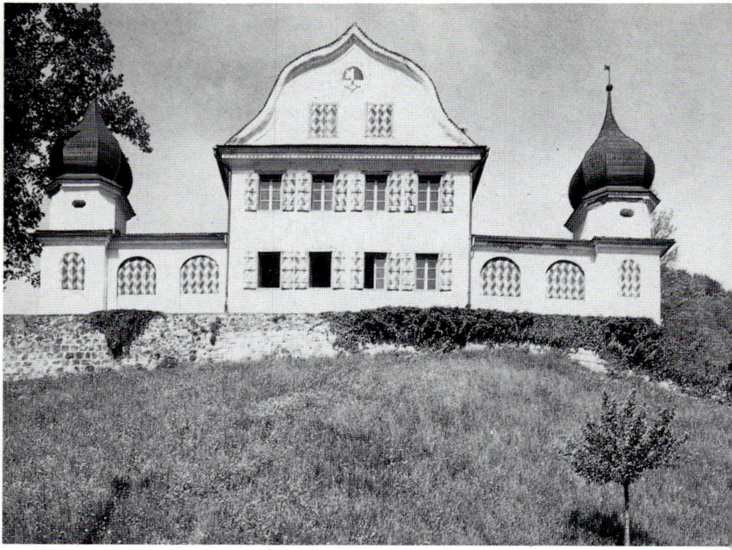

220. **Sarnen.** Schützenhaus, auf dem Burghügel Landenberg. Malerischer Rokokobau mit
deren Seitenflügeln und Zwiebeltürmen. Erb. 1752 von Just Ignaz Imfeld (699)

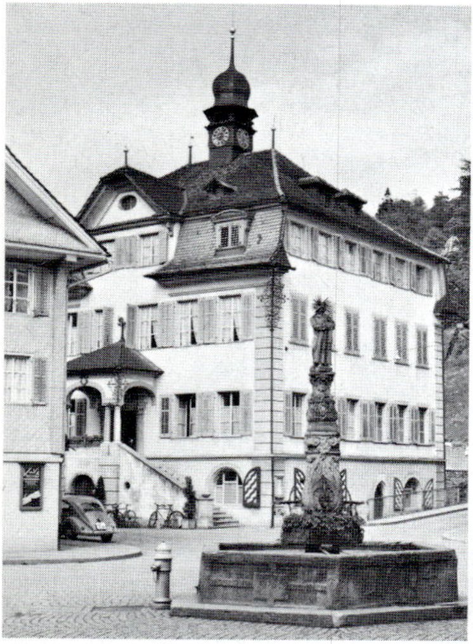

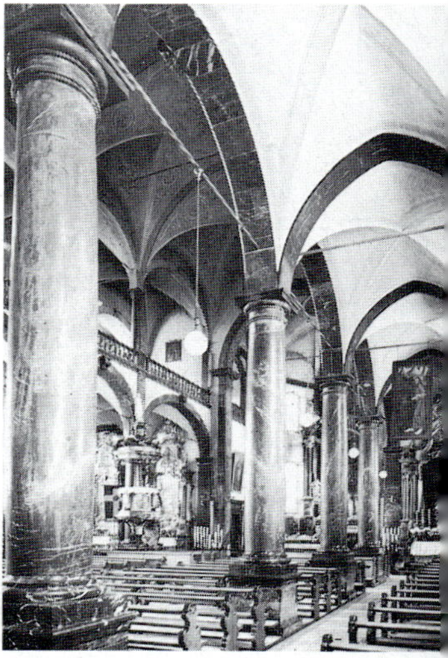

221. **Sarnen.** Rathaus. Erdgeschoss mit Freitreppe 1551, der barocke Aufbau 1729–32
Luzerner Stadtwerkmeister Hans Georg Urban. Im Innern schön ausgestattete Ratssäle (69

222. **Sachseln.** Kath. Pfarr- und Wallfahrtskirche St. Theodul. Eine der vornehmsten f
barocken Raumschöpfungen der Innerschweiz. Neuerb. 1672–84 von Hans Winden (710f.)

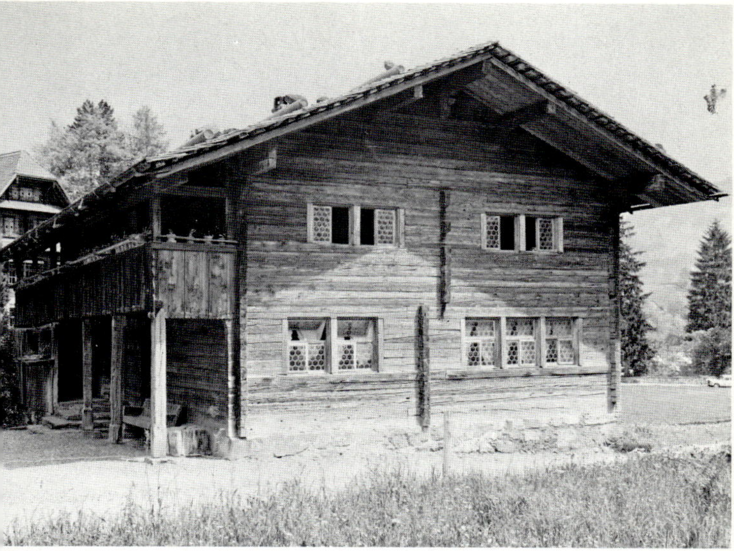

3. **Flüeli-Ranft.** Im Flüeli: Geburtshaus des Hl. Nikolaus v. Flüe; ältestes Holzhaus der ıweiz. Der südl. Teil wahrscheinlich 14. Jh., der nördl. Teil vielleicht um 1460 (708 f.)

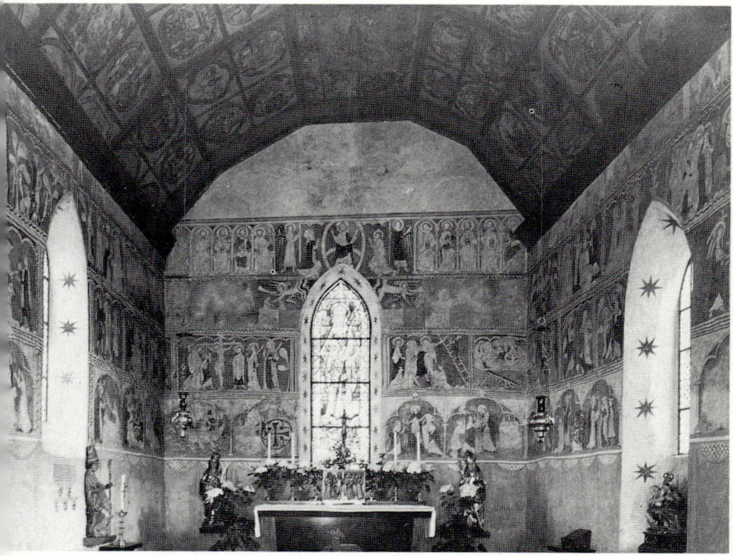

. **St. Niklausen.** Kapelle St. Nikolaus. Im spätgot. Chor Wandbilder von 1370–80: Jüngstes ıicht, Vita Christi und Nikolauslegende. Bemalte Holzdecke 1703–04 (708)

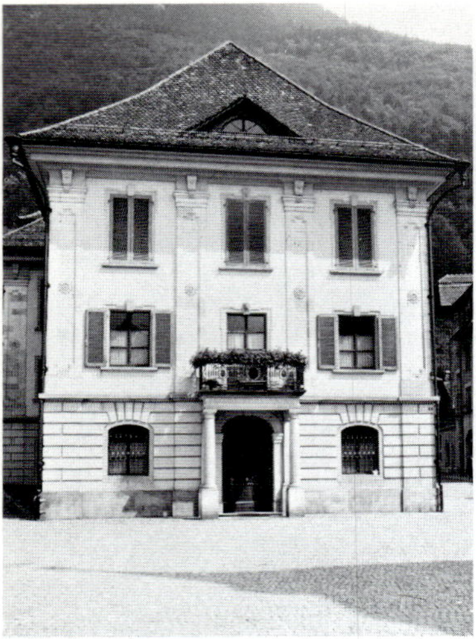

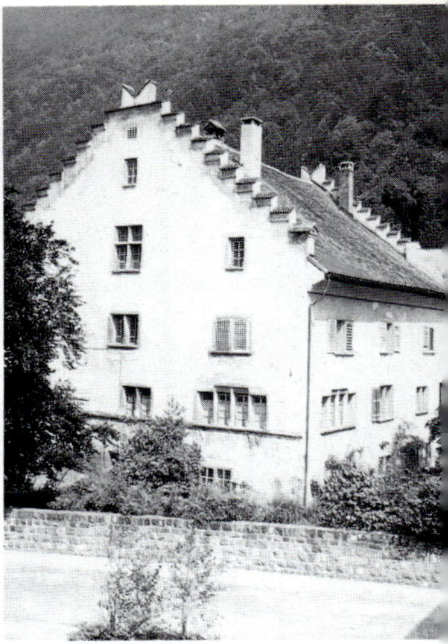

225. **Altdorf.** Rathaus. Klassiz. Bau unter Walmdach mit dreiachsiger Schaufront, neuerb 1805–08 von Niklaus Purtschert. Innenausbau bis 1824 (716)

226. **Altdorf.** Sog. Suworow-Haus. Spätgot. Bau mit Staffelfenstern und Treppengiebel; dem kielbogigen Portal dat. 1550. 1799 Quartier des russischen Generals Suworow (717)

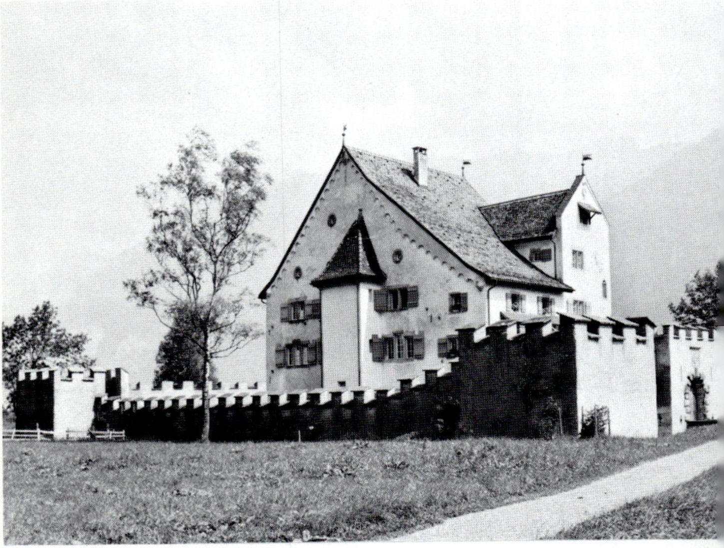

227. **Seedorf.** Schlösschen A Pro. Erb. 1556–58 als Wasserschloss nach savoyischem Vorbil umlaufendem Wassergraben und Eckbastionen durch Ritter Jakob A Pro (719f.)

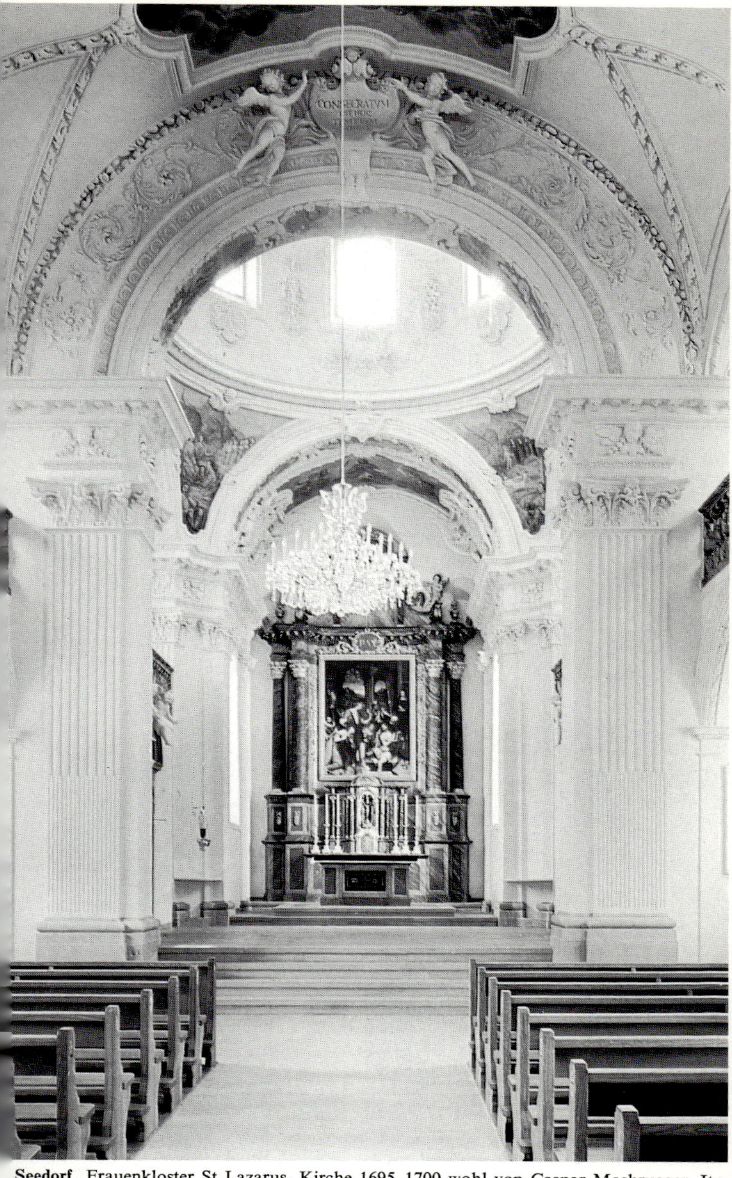

Seedorf. Frauenkloster St. Lazarus. Kirche 1695–1700 wohl von Caspar Mosbrugger. Itacher Stuck. Malereien aus der Bauzeit, Carl Leonz Püntener zugeschrieben (718 f.)

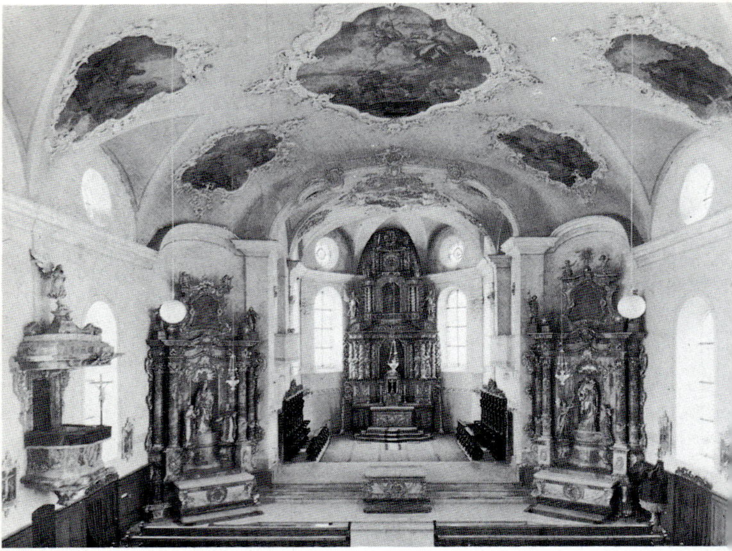

229. **Silenen.** Kath. Kirche St. Albin. Bedeutender Barockbau von 1754–56. Hochaltar 1 von Jodok Ritz. Seitenaltäre und Kanzel 1760; Deckenfresken von Josef Ignaz Weiss (72

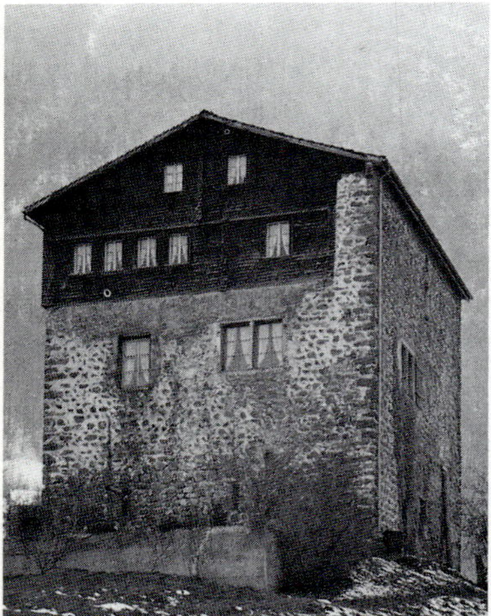

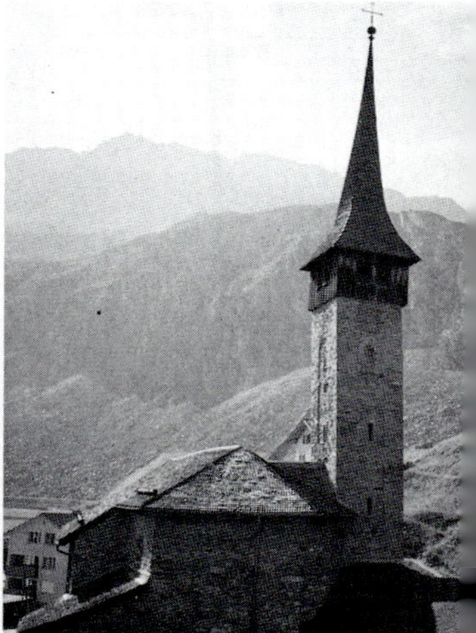

230. **Attinghausen.** Schweinsberg, sog. Haus des Walter Fürst. Mittelalterl. Wohnturm, leicht im 14. Jh. erbaut. Erneuerter Holzgaden als Obergeschoss (721)

231. **Andermatt.** Kath. Kirche St. Kolumban, am Kilchberg unterhalb des Dorfes. Erb. im 13 Turm mit Rund- und Spitzbogenblenden. Glockenstube und Spitzhelm 1654 (725)

ein gleichbreiter 3jochiger Chor. Beide Raumteile sind durch tiefe Wandpfeiler gegliedert, dazwischen untereinander verbundene Seitenkapellen und Emporengänge; unter der Orgelempore eine Vorhalle. Nördl. des Choreingangs einbezogen der aus dem 12. Jh. stammende Unterbau des Glockenturms. Schöne Régencestukkaturen von Diethelm und Franz Wilhelm in der Kirche und der Vorhalle; die Deckenbilder gemalt anlässlich der Renov. 1878–79 unter Leitung von Paul Deschwanden. – *Ausstattung*. Schöner Hochaltar 1733 von Jos. Ant. Feuchtmayer, Altarbild Mariä Himmelfahrt 1734 von Franz Jos. Spiegler, von ihm auch die Bilder der Retabel der vordersten Seitenkapellen (Karmel und Kreuzabnahme), schwarzer Tabernakel mit Silberbeschlag und Statuetten 1744–46 von Jak. Munzinger und Goldschmied Franz Jos. Fuchs. Chorgestühl 1733 von Jos. Oechslin, Schnitzereien mit bekrönender Muttergottesstatue 1735–41 von Heinr. Dom. Inderbitzin. Die im Choreingang freigestellten Seitenaltäre 1733 von Jos. Ant. Feuchtmayer. Das Chorgitter 1737–39 von Jos. Casp. Hecker 1967 entfernt. Kanzel aus Stuckmarmor 1738 von Christoph Wildt aus Weingarten. Benedikt- und Antoniusaltar 1741–44 von Jak. Bär, Altarbilder 1782 von Joh. Melchior Wyrsch. Stiftergräber 1741–44 von Jak. Bär. Zierliches durchbrochenes Schnitzwerk an den Brüstungen der Orgelempore und der Seitengalerien, vermutlich von Jos. Conrad Machheim aus Überlingen. – *Kirchenschatz*. Das kostbarste Stück ein grosses spätroman. Reliquienkreuz* (Abb. 212) aus der Zeit des Abtes Heinrich I (1197–1223), auf edelsteinbesetztem Kreuz mit Reliefs, Filigranarbeit und Niello ein schöner silbergetriebener Korpus; drei Abtstäbe, darunter frühgot. Pedum M. 13. Jh. mit blauem Grubenschmelz und spätestgotischer silberner Stab 1617; gestickter Chormantel 1318, Gastgeschenk der Königin Agnes von Ungarn; geschnitztes Johanneshaupt auf geneigtem Tellerfuss E. 15. Jh., teilweise versilbert und vergoldet; sog. «Maserkopf» (Trinkschale), angeblich aus dem Besitz des Hl. Bruder Klaus; sog. Zwingli-Messgewand, aus der Kirche Glarus zugekauft 1715; Madonnenstatuette 1572 von Joh. Raser; Statuetten Christus und St. Sebastian 1. H. 17. Jh.; 2 silberne Reliquienbüsten 1684 und 1685 von Ludw. Müöslin; originelle Monstranz um 1693–94 von Carl Christen. Zahlreiche Barockkelche und weitere Gold- und Silberschmiedarbeiten des 17. und 18. Jh.

Konventsbauten. Gleichzeitig mit der Kirche nach dem Klosterbrand von 1729 neuerbaut. Drei Gebäudeflügel mit Mittelrisalit an der südl. Hauptfront und Eckpavillons gruppieren sich um einen Innenhof, der im N durch die Kirche und in deren Verlängerung durch Sakristeien und die Bibliothek geschlossen ist. Gute Régencestukkaturen in Festsaal, Bibliothek, Refektorium und in anderen Räumen 1736–37 von Diethelm Wilhelm und von Jos. Meyer. In der 2geschossigen *Bibliothek* bedeutende Sammlung von mittelalterlichen Handschriften, u. a. kostbare Werke aus der Blütezeit der Engelberger Buchmalerei im 12. und A. 13. Jh. In der Bibliothek hervorragende Tafelbilder eines spätgot. Flügelaltars aus Sarnen, feine Darstellungen aus dem Marienleben in der Art des Berner Nelkenmeisters; ferner ein roman. Kruzifix (Kümmernis) 12. Jh. aus Alpnach im Stiftsarchiv.

Beinhaus, vor der Klosterkirche. In spätgot. Formen erb. 1608, Dachreiter mit geschweifter Kuppelhaube später. Im Schiff eine gewalmte Holzdecke, im eingezogenen Polygonalchor Kreuzgratgewölbe. Sehr schöner Flügelaltar A. 16. Jh. mit Figuren der Hl. Maria Magdalena, Andreas und Erzengel Michael, auf den Flügeln paarweise Heiligenbilder, in der Predella Anna selbdritt und St. Onophrius vermutlich aus der ehem. Frauenklosterkirche, desgleichen das Chorgitter 1698. – Ökonomietrakt des Klosters. Der grosse 2flügelige Barockbau vollendet 1725; in verschiedenen Räumen Malereien des 18. Jh. – Kapelle St. Jakob in Espen, an der Dorfzufahrt. In wuchtigen Frühbarockformen erb. 1646–48, Dachreiter mit Kuppelhaube. Im polygonalen Chor schöner Altar aus schwarzem Marmor dat. 1648. Im Schiff Gemälde der Tal- und Klosterpatrone von Franz Th. Kraus. – In der Schwand: Kapelle Maria ad fontem. Geweiht 1683, originell erweitert 1951 durch Th. Rutishauser. Figürlich bemalte Kassettendecke 1953 von Karl Stadler. – In Horbis: Marienkapelle, am sog. «Ende der Welt». Chor um 1490, Schiff mit Vorzeichen und Dachreiter 1630–35; Renov. 1965. Reizvolle frühbarocke Ausstattung, Altarbilder anlässlich der Renov. 1699 von Franz Theodor Kraus; in Nische links Vesperbild, Terrakotta, 15. Jh., Figurenfenster 1934 von Albert Hinter. – Im Holz: Marienkapelle. Barocker Neubau von 1715–16. Aus dem Vorgängerbau von 1588 erhalten der im barocken Hochaltar eingefügte Figurenschrein eines spätgot. Flügelaltars und 2 Baldachinfiguren; schmiedeisernes Chorgitter um 1690 aus Grafenort.

TRÜBSEE. Rundkirche. Erb. 1935 von Arnold Stöckli; 8 Figurenfenster 1936–39 von Albert Hinter.

HERGISWIL–TAL DER SARNERAA–BRÜNIG

HERGISWIL. Kath. Pfarrkirche St. Nikolaus. In neugot. Formen erbaut 1855–57, völlig umgeb. 1934 durch Adolf Gaudy. In der Sakristei gutes spätgot. Vortragekreuz vom E. 15. Jh., ähnlich denen in Emmetten und Dallenwil. – Beinhauskapelle. Erb. 1675, kassettierte Walmdecke aus der Bauzeit. Ausstattung magaziniert. – Lopperkapelle, an der Landspitze über der Autobahn. Schlichter Zentralbau 1964 von Moritz Raeber. Schönes flämisches Andachtsbild 15. Jh. vom Meister des Hl. Blutes, darstellend die mystische Vermählung der Hl. Katharina mit dem Jesuskind; 4 Statuen 1964 von Aug. Blaesi. – Ruine Loppburg. Die einst grösste Burganlage am Vierwaldstättersee erb. um 1238 von Rudolf v. Habsburg, dem Schweigsamen, wurde vor der Vollendung zerstört vermutlich im ersten Freiheitskampf der Nidwaldner.

ALPNACH. Kath. Pfarrkirche St. Maria Magdalena. Bedeutender klassizistischer Bau 1812–20 von Jost Kopp; Turmhelm erneuert 1887. In der äusseren Erscheinung eine kreuzförmige Anlage, deren 2achsige Querarme je zur Hälfte aus einer kapellenartigen Erweiterung des vorderen Langhausjoches und in gleicher Flucht aus Sakristei bzw. Turm bestehen; der dazwischen eingezogene Chor ist nur nach aussen polygonal geschlossen. Dreiachsige Fassade mit flankierenden Kolossalpilastern über 3 Zonen, unten Arkaden zur eingezogenen Portalvorhalle, darüber Nischenstatuen von Franz

Abart. Das 4jochige Langhaus und der innen korbbogig geschlossene Chor sind durch ionische Pilaster und Gebälk gegliedert, im Schiff Fensterpaare unter halbrunden Oberfenstern, von denen Stichkappen in das Tonnengewölbe eingreifen. Orgelempore über der Portalvorhalle und kleine Nebenemporen in den beiden vorderen Seitenräumen. Sparsame Stukkaturen mit Girlanden rahmen je ein Deckenbild im Schiff und im Chor. Klassiz. Ausstattung; am Hochaltar 2 Statuen von Balthasar Durrer. In der Sakristei spätgot. Turmmonstranz 1565 von Joh. Hartmann. – Pfarrhaus E. 17. Jh., rest. 1967. – Kapelle St. Joseph, Alpnachstad. Erb. 1702, mit klassiz. Ausstattung. – Kapelle St. Theodul, Schoried. Schöner Barockbau 1711 von Jos. v. Brüell mit Vorzeichen und Dachreiter. Gewölbemalereien aus der Bauzeit. Spätbarocke Holzaltäre reich geschnitzt; einzelne spätgot. Skulpturen.

KÄGISWIL. Kath. Pfarrkirche Mariä Himmelfahrt. Erb. 1966–68 von Ernst Studer. Spätgot. Pietà und 2 Plastiken 16. Jh. aus dem Vorgängerbau.

SARNEN. Kantonshauptort und zugehörige Weiler (s. S. 695).

KERNS. Kath. Pfarrkirche St. Gallus. An Stelle eines Gründungsbaues aus dem Ende des 1. Jahrtausends und Nachfolgekirchen erb. 1761 von Jak. Singer. Nach Brand 1813 der runde Chorschluss und Turm neuerb. 1814–16 durch Jos. Singer, gleichzeitig die erhaltenen Umfassungsmauern leicht erhöht; Rest. 1965. Klar gegliederte 3achsige Fassade mit eingezogener Portalvorhalle, in der Giebelnische eine Statue von Franz Abart. Barocker Raumcharakter trotz klassiz. Einzelformen. Die diagonal geführten Schildbogen der deutlich vom Chor abgesetzten Querarme betonen die Breite der tonnengewölbten Saalkirche; 2geschossige Orgelempore. Das hinterste Deckenbild 1816 von Jos. Ant. Messmer, die übrigen 1967 nach anderweitigen Schöpfungen Messmers kopiert. Hochaltar von Casp. Mosbrugger mit lebensgrossen Statuen von Franz Abart; an den doppelten Seitenaltären Bilder von Joh. Vollmar und Paul Deschwanden. In der Sakristei: Prozessionskreuz 1593; kugelförmiges Ziborium 1620; Barockkelche, u. a. einer von Franz Fidel Brandenberg und 3 von Franz Remigi Trachsler M. 18. Jh. – Beinhaus. Neubau nach Brand 1813; Rest. 1970. – **Sog. Steinhaus.** Erb. 1. H. 16. Jh., vermutlich Sitz des bedeutenden Staatsmanns Andreas zum Hofen. An der 3geschossigen Front reichprofilierte spätgotische Portal- und Fensterrahmen mit Renaissancedekorationen. Rest. 1968. – Kapelle St. Antoni. Neubau 1639–40; gemalte Fensterrahmungen aus der Bauzeit von Sebastian Gisig, Barockaltar. – *Wisserlen.* **Kapelle St. Katharina.** Der originelle Barockbau mit Vorzeichen und Dachreiter erb. 1641. An den Schiffswänden von Putten gestützte Kragsteine, auf denen das in kleinen Stichbogen ansetzende Tonnengewölbe ruht. Vor dem eingezogenen Chor ein Schmiedeisengitter in reichem Schlingwerk, über dem Chorbogen lebensgrosse barocke Madonnenstatue. Schöner Hochaltar mit 4 Barockstatuen, Altarbilder 1659 von Othmar Gisig; Rokokoseitenaltar von Casp. Jos. Waser. Auf einfachem Chorgestühl got. Statue der Hl. Katharina um 1470. – *Siebeneich.* Marienkapelle. Erb. 1722, vergrössert 1745; guter Hochaltar Louis XV. An der Rückwand Gnadenbild der blutweinenden Madonna von Pócs (Ostungarn).

ST. NIKLAUSEN. Kapelle St. Nikolaus (Abb. 224). *Auf aussichtsreicher Bergterrasse gelegenes Kirchlein mit markantem Turm, qualitätvollem got. Freskenzyklus und bemalter Barockdecke.* Von einer 1357 erstmals erwähnten Kirche erhalten der sog. «Heidenturm» und der Chor, Bauzeit des spätgot. Schiffes unbekannt; Rest. 1946. Freistehender Turm mit 8seitigem steinernem Pyramidendach zwischen Eckzinnen, erneuert 1902; die durch ihre rätselhafte Majuskelinschrift bekannte Glocke vermutlich aus dem 12. Jh. Im rechteckigen Chor 4 Bilderzonen von 1370–80, ausdrucksvoll bewegte Figuren auf blauem Grund: An der O-Wand oben das Jüngste Gericht, im 2. und 3. Bildstreifen das Leben Jesu, unten der Legendenkreis des Hl. Nikolaus von Myra. Fünffach gebrochene Holzdecke von 1703–04 mit bäuerlicher Barockmalerei: An der Schiffsdecke in 100 Medaillons Szenen aus Altem und Neuem Testament sowie Brustbilder von Heiligen; im Chor der auferstehende Christus, Mariä Himmelfahrt und Krönung, 56 Darstellungen aus der Legende der Kaiserin Helena und des Hl. Nikolaus. Barockaltäre A. 18. Jh., im linken Seitenaltar eine got. Muttergottes und kleine Kreuzigungsgruppe um 1400, am rechten Seitenaltar Gemälde von Joh. Melchior Wyrsch. Im Chor eine got. Nikolausfigur; Glasgemälde 1945 von Albert Hinter. In der Sakristei: Vortragekreuz vor 1565 von Joh. Hartmann; nachgot. Monstranz 1626; Rokokomonstranz 2. H. 18. Jh. von Ant. Maria v. Matt.

MELCHTAL. Kath. Pfarrkirche. In pomphaftem Neurokoko erbaut 1924–26 von Jos. Steiner. Deckenbilder und Scheiben von Albin Schweri, Altarbilder von Martin Feuerstein. – Kapellchen Tannalp, auf der Frutt. Neuerb. 1960 von Jos. Steiner, barocke Ausstattung teilweise übernommen.

FLÜELI-RANFT (Abb. 223). Gedenkstätten an den Hl. Nikolaus v. Flüe (1417–87), eine der hervorragendsten Gestalten spätmittelalterlicher Laienmystik. Zunächst Bauer, Krieger und Ratsherr im Flüeli, lebte Bruder Klaus seit 1467 als Eremit in der nahen Ranftschlucht, wo er als Ratgeber weit über die Grenzen seiner engeren und weiteren Heimat wirkte. Eidg. Bedeutung erlangte der Heilige durch sein vermittelndes Eingreifen anlässlich der politischen Krise in der Folge des Burgunderkrieges (Stanser Verkommnis 1481). Schweizer Landespatron, besonders als Friedensstifter verehrt.

Im Flüeli. **Kapelle St. Karl Borromeo.** In malerischer Lage über dem Sarnersee gelegen, erb. 1614–18, nach der Legende an der Stelle, wo Bruder Klausens Fürbitte das brennende Sarnen gelöscht haben soll. Vorbarocker Bau mit Polygonalchor in der Breite des 1883 verlängerten Schiffes, Vorzeichen, 2 Dachreiter und quergestellter Sakristeianbau. Das Innere ist durch einen Chorbogen unterteilt, mit kleiner Empore an der rückseitigen Chorbogenwand. Die gewalmten Kassettendecken und die Unterseite der Empore sind mit Barockrosetten phantasievoll bemalt. Im Brusttäfer des Schiffes 19 Leinwandbilder des 17. Jh. (übermalt 1820): Szenen aus dem Leben der Hl. Bruder Klaus und Karl Borromeo. Im Chor reichgegliedertes Renaissancetäfer und prächtig eingelegte Sakristeitüre aus der Bauzeit. Schöner Hochaltar um 1620 mit vergoldetem Säulenaufbau, italienisches Altarbild des Hl. Karl Borromeo. Eine besondere Zierde bilden die 8 alten

Kabinettscheiben, 6 davon 1617. – Bruderklausenhäuser: **Geburtshaus des Heiligen** (Abb. 223), am Fusse des Kapellenhügels. Ältestes Holzhaus der Schweiz, der südl. Hausteil wahrscheinlich im 14. Jh., der nördl. Teil vielleicht um 1460 erbaut; Renovation 1925. Auf niederen Grundmauern ein Blockbau unter flachem Satteldach, seitlich eine von Studen getragene Laube. Im Innern verbindet ein tiefer Küchenraum 2 gleichartige Wohnhälften; in der traditionellen Geburtskammer eine Bruderklausenstatue M. 16. Jh. – **Wohnhaus.** Alter Typus der Obwaldner Bauernhäuser, für Nikolaus v. Flüe erb. vor 1467, von seinen Nachfahren bis A. 19. Jh. bewohnt; Rest. 1945–46. Zweigeschossiger Blockbau mit mehrfach gekuppelten Fenstern, die Wohn- und Schlafräume durch einen Quergang von einer grossen Rauchküche mit Kammer getrennt.

Im Ranft. Drei Wallfahrtskapellen im engen Felstobel der Melchaa, wo der Hl. Bruder Klaus in nächster Nähe seiner bisherigen Wohnstätte 1467–87 als Einsiedler lebte. – **Obere Kapelle mit Eremitenklause.** Von den Landleuten für Bruder Klaus erb. 1468, der Kapellenanbau nach Erdbeben neuerstellt 1693–1701. Bergseitig die im urspr. Bestand erhaltene Eremitenzelle, ein kleiner Blockbau mit Fensterchen zu der Kapelle im Obergeschoss. Kapelle mit polygonalem Chörlein; schlichter Altar vermutlich um 1606, ausdrucksvoller got. Kruzifix M. 14. Jh., wohl das einstige Triumphkreuz der Sachsler Pfarrkirche, Muttergottesfigur A. 16. Jh., im Täfer 18 Bilder zur Heiligenlegende 18. Jh. – **Untere Bruderklausenkapelle.** Erb. 1501–04, wenig verändert 1654 und 1830; Renov. 1920–21. Spätgot. Anlage mit leicht eingezogenem Polygonalchor, abgetreppte Chorstreben und Dachreiter. Im Schiff Rekonstruktion der urspr. Holzdecke, das Original 1503 von Peter Tischmacher von Uri; im Chor auf skulptierten Konsolen ein schönes Rippengewölbe mit figuralen Schlusssteinen, Masswerkfenster. Nahezu die ganze Kirche in verschiedenen Zeiten reich ausgemalt: Im Chor Apostelfiguren 1587; über dem Chorbogen ein barockes Verkündigungsfresko 2. H. 18. Jh., links davon Anbetung von 1587; in der Chorbogenleibung kluge und törichte Jungfrauen; an der östl. Längswand Passionszyklus und, über der Seitentüre, grosses Christophorusbild A. 16. Jh.; an der westl. Längswand Bruder-Klaus-Zyklus um 1530–40; über dem Portal grosses Bild des Hl. Bruder Klaus als Fürbitter der Schweiz im Ersten Weltkrieg, 1921 von Robert Durrer, mit mehreren symbolisch-ironischen Hinweisen zum damaligen Geschehen. Eleganter Hochaltar von 1741, unter Säulenbaldachin eine Muttergottesstatue, rechts Statue des Hl. Bruder Klaus, links spätgot. Petrus. Auf den Seitenaltären Holzbüsten der Hl. Magdalena und Beat 1923 von Hans v. Matt. – **Müsli-Kapelle** (Müsli, Mösli = kleines Torfmoor), am Hang jenseits der Melchaa. Der reizvolle spätgot. Bau am Portal dat. 1484, erbaut für Bruder Ulrich, seit 1473 Schüler und Gefährte des Hl. Bruder Klaus. Kapelle und Eremitenklause unter einheitlichem, grossem Dach mit Dachreiter, die Sakristei später angebaut. Im Schiff 5fach gebrochene Holztonne, die reichgeschnitzten spätgot. Deckenfriese aus der Bauzeit wohl von Peter Tischmacher von Uri; im Polygonalchor ein Kreuzrippengewölbe mit skulptiertem Schlussstein.

Barocker Hochaltar 18. Jh., Altarbild Hl. Anna von Martin Obersteg dat. 1764, übermalt 1825 von Balz Heymann. An den Wänden 20 Tafelbilder des 18. Jh., Szenen aus der Legende des Bruder Ulrich. In der Eremitenzelle ein erratischer Block.

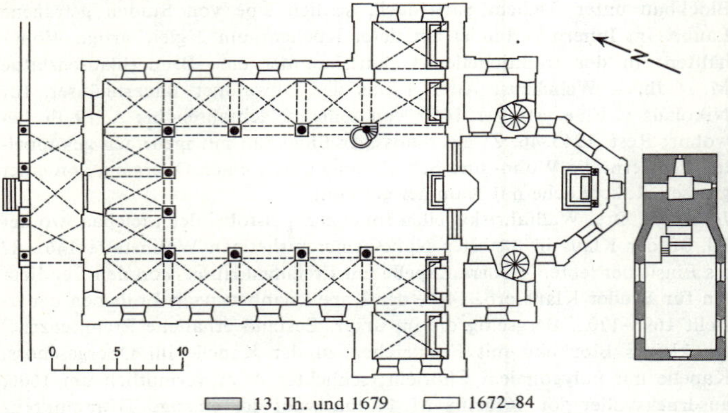

Sachseln. Kath. Pfarr- und Wallfahrtskirche St. Theodul

SACHSELN. Kath. Pfarr- und Wallfahrtskirche St. Theodul (Abb. 222). *Eine der vornehmsten frühbarocken Raumschöpfungen der Innerschweiz, in der struktiven Klarheit des Aufbaues noch ganz der Spätrenaissance verpflichtet.* Neuerbaut 1672–84 von Hans Winden, gleichzeitig der von einem roman. Vorgängerbau des 13. Jh. übernommene Glockenturm um 2 Geschosse erhöht; der 8seitige Turmaufsatz mit Kuppelhaube 1742 von Joh. Ant. Singer. Die Kirche steht auf der Höhe einer leicht ansteigenden monumentalen Pilgerstrasse, die beidseits des Dorfbaches von Herrenhäusern begleitet wird. Schlichtes 2geschossiges Äusseres, von schlanken Lisenen und Gesimsen gegliedert; breite Giebelfront mit Vorzeichen, die Flügel des prunkvollen Barockportals aussen prächtig geschnitzt und innen reich beschlagen. Im Vorzeichen Mosaiken nach Wandgemälden 1904 von Ant. Stockmann, Gedenkstein für den Dichter Heinrich Federer (1866–1928); an der südl. Längsfront zeitgenössische Gedenkplatte für den Erbauer der Kirche Hans Winden (gest. 1677). Hinter dem Chor der freistehende Glockenturm, dessen vier roman. Geschosse durch Blenden und Rundbogenfriese reich gegliedert sind; an den Turm angebaut das Beinhaus (s. S. 711). – *Inneres.* Vierjochige Halle mit Querhaus und polygonalem Chor in Verlängerung des Mittelschiffes. Das Mittelschiff ist auf 3 Seiten von 2 Säulenarkadengeschossen umgeben; über den Seitenschiffen liegen tiefe Emporen, die über das Querhaus hinweggeführt werden und sich in der Orgeltribüne zu einem Umgang schliessen. Im Mittelschiff und im Chor ein Tonnengewölbe mit Gurtbogen und Stichkappen, sonst Kreuzgratgewölbe. Der schwarze Melchtaler Marmor der toskanischen Säulen, der Lisenen, Arkaden und Emporenbrüstun

gen betont die Körperlichkeit des Baues und schafft im Kontrast mit den weissen, glatten Wänden eine feierliche Raumwirkung. – *Ausstattung.* Hochaltar, doppelt gestellte Seitenaltäre und Kanzel aus schwarzem Stuckmarmor 1776–79 von Jos. Pfister. In den Seitenaltären bemerkenswert die Bilder Mariä Opferung und Kreuzabnahme von Joh. Melchior Wyrsch; übrige Altarbilder E. 18. und 19. Jh. von Jos. Ant. Heymann, Georg Kaiser und Paul Deschwanden. In der Mitte der Chorstufen in einem Altar von 1934 die Gebeine des Hl. Bruder Klaus, die silbergetriebene Liegefigur des Heiligen 1934 von Meinrad Burch. Im rechten Querschiff in einem Glasschrank die Kutte des Eremiten; Büste 16. Jh. Frei aufgehängt im rechten Seitenschiff das älteste Bruderklausenbild, 1492 für den got. Flügelaltar der alten Pfarrkirche Sachseln gemalt. – *Kirchenschatz.* Roman. Vortragekreuz, Bronzeguss des 12. Jh.; spätgot. Turmmonstranz 1516 von Caspar Angelroth, um 1775 durch barockes Rankenwerk und Schaumünzen bereichert; silbernes Prozessionskreuz von 1592, im 18. Jh. rückseitig verändert; silberne Renaissancetrinkschale des Hl. Karl Borromeo M. 16. Jh.; reichgetriebener Barockkelch 1617 von Alexander Landtwing; Augsburger Rokokomonstranz 1761–62. – *Beinhaus.* An den Turm neu angeb. 1679; schlecht renov. 1878. Hier am urspr. Standort das alte Grabmal des Hl. Bruder Klaus, auf der Deckplatte von 1518 die Liegefigur des Heiligen mit ausdrucksvollen Gesichtszügen, darunter zur Berührung freiliegend die erste, abgeschliffene Grabplatte. Viele silberne Votivgaben (Herzen, Arme, Beine) und Votivbilder.
Dorfbrunnen. Auf der Säule eine Bruderklausenstatue 1934 von Hans v. Matt. – **Katharinenkapelle,** in Buntzlisfluo an der Strasse nach Flüeli. Am schönen Renaissanceportal dat. 1628. Das Schiff und der gleichbreite Polygonalchor sind durch eine Schranke und eine von der Walmdecke herabhängende hölzerne Zwischenwand unterteilt. Prunkvoller Spätrenaissancealtar aus der Bauzeit, die ungewöhnlich reichen Schnitzereien vergoldet und mit Lüsterfassung, in der Ornamentik an den spanischen Plateresco erinnernd; Altarbilder wahrscheinlich von Sebastian Gisig.

GISWIL. Der wichtige Ort am Zugang zum Brünigpass wurde im Mittelalter durch 3 Burganlagen geschützt; erhalten die Turmruinen von Rudenz und der Burg Rosenberg. – **Kath. Pfarrkirche St. Laurentius.** In aussichtsreicher Lage auf dem Burghügel Hunwil neuerb. 1630–35 unter Verwendung des Baumaterials der alten Burg, Erneuerung 1744 durch Joh. Ant. Singer, Verlängerung um 2 Joche und Einbau einer 2geschossigen Empore 1823. Rest. 1970–71. Tonnengewölbte Halle, im Polygonchor eine nachgot. Spitzbogentüre zur alten Sakristei. Gute Stuckaltäre und Kanzel von Casp. Jos. Waser 1781; am Hochaltar bemerkenswertes Bild des Hl. Laurentius 1782 von Jos. Reinhard. In der Sakristei: Nachgot. Turmmonstranz 1626 von Ludw. Meyer, barock verändert 1628, mit alter Schaumünze von 1549; silbernes Prozessionskreuz 1612 von Jost Hartmann. – Beinhaus. Bau von 1657–61; rest. 1970–71. Im Innern trägt ein Gesimse kleine Konsolen, auf denen das in Stichkappen ansetzende Tonnengewölbe ruht. Schöner Barockaltar von Melchior und Hans Krieger, mit Statuen von Hans Schürmann. – Prot. Kapelle. Erb. 1952 von Paul Mörli; Rundfenster 1953 von Willy Fries. –

Pfarrkirche St. Antonius Eremita, im Grossteil. Neuerbaut 1844; schöner Rokokohochaltar 2. H. 18. Jh., aus der ehem. Kirche Büsserach (SO). – Kapelle St. Antonius von Padua, im Kleinteil. Neuerb. 1664–67. – Turmruine Rosenberg. Vermutlich im 13. Jh. erbaut für gleichnamige Meier des Klosters Murbach. – Sakramentskapelle, oberhalb Kleinteil am Giswilerstock. Untergeschoss aus Stein 1522, Oberbau aus Holz dat. 1650. Getäferter Raum mit Walmdecke; im Rokoko-Altar ein Bild von Franz Jos. Weiss dat. 1789. Bild mit 8 Darstellungen der Ortslegende (Sühne eines Kirchenraubes in Lungern) von Franz Jos. Weiss.

LUNGERN. Kath. Pfarrkirche Herz Jesu. Von einem 1275 erwähnten Vorgängerbau erhalten der spätroman. Turm am Dorfeingang, die Kirche nach Wildbachkatastrophe an anderer Stelle in neugot. Formen neuerb. 1891–93 von Wilh. Jos. Tugginer. Altäre von Beat Gasser 1949–54; in der Sakristei von Franz Remigi Trachsler ein Rokokokelch 1725 und ein silbernes Vortragekreuz 1735. – Dorfkapelle Unserer Lieben Frau. Neubau 1739, mit breit überdachtem Vorzeichen und originellem Dachreiter. Im Chor 3 gute Statuetten 1. H. 16. Jh., Spätrenaissance-Altar.

Kapelle St. Beat, in Obsee. Erb. 1567, im 18. Jh. mehrmals umgebaut. In der Sakristei ein mit Wappen geschmückter got. Kelch 14. Jh. – Alpkapelle Maria zum Schnee, auf Breitenfeld, 1729. – Alpkapelle Maria-Hilf, auf Krummelbach, 1749. – Passkapelle Hl. Bruder Klaus, am Brünig. An Stelle der 1537 erwähnten Kapelle neuerb. 1886; Altarbild von Paul Deschwanden.

KANTON URI

Im untern Reusstal belegen Funde eine Besiedlung in der späten Bronzezeit (1000–800 v. Chr.), der Fund eines keltischen Goldschatzes des 4. Jh. v. Chr. (1962) einen frühen Handelsweg über den Gotthard. Im 7. Jh. wanderten die Alemannen ein. Im Frühmittelalter galt das Land als abgelegen, der Gotthard ward kaum begangen. 853 übergab König Ludwig der Deutsche den «Pagellus Uroniae» als Reichsland der Fraumünsterabtei in Zürich. Im Hochmittelalter verpflanzten die Herzöge von Zähringen Dienstleute aus ihren Stammgebieten um Bern nach Uri. Gleichzeitig wanderten über die Furka Walser ins Urserental ein. Um 1200 wurde die Schöllenen erstmals gangbar gemacht. 1231 löste König Heinrich das Tal aus der Hand Graf Rudolfs des Älteren und machte es reichsunmittelbar. 1243 führte das Tal ein eigenes Siegel, Zeichen einer gewissen Selbständigkeit. 1291 schloss sich Uri mit Schwyz und Unterwalden zur Ewigen Eidgenossenschaft zusammen. Verkörpert ist diese Freiheitsbewegung in Wilhelm Tell, dessen Gestalt erstmals die Chronik des «Weissen Buches» von Sarnen (1470) festgehalten hat. Im 14.–15. Jh. wurden die adeligen und klösterlichen Grundherrschaften (Fraumünsterabtei Zürich und Kloster Wettingen) zugunsten des Ausbaus der freien Landesherrschaft ausgekauft. Neben der kärglichen Berglandwirtschaft entwickelte sich immer stärker der Anteil am Gotthardverkehr durch die Säumergenossenschaften. In zielklarer Gotthardpolitik schloss Uri 1403 im Verein mit Obwalden ein Landrecht mit dem Livinental, der Leventina, die von ihren Mailänder Herren abgefallen war. 1410 verbanden sich Uri und Urseren durch ein Ewiges Landrecht, Uri entwickelte sich zum Passstaat. In der eidgenössischen Politik des 15.–16. Jh. unterstützte Uri kraftvoll die Ausdehnung nach dem Süden. Mit Hilfe von Schwyz und Nidwalden gelang, nach Fehlschlägen u. a. bei Arbedo 1422, schliesslich 1503 die Eroberung von Bellinzona. Weitere Südlandspolitik endete 1515 vor den Toren Mailands bei Marignano.

In der Glaubensfrage stand Uri ungeteilt zu den katholischen Orten. Im 16.–17. Jh. hatte es seinen Anteil an den fremden Diensten. In der Franzosenabwehr 1798 halfen die Urner den Schwyzern, mussten schliesslich ebenfalls kapitulieren und sich der Helvetik beugen. 1798 ging das Livinental für Uri verloren. Die Bedeutung Uris als Drehscheibe des Verkehrs in den Zentralalpen wurde im 19. Jh. mächtig gesteigert durch den Bau der Gotthardstrasse 1830–40 und den Bau der Gotthardbahn, der Strassen über Furka und Oberalp, den Klausen- und Sustenpass (letztere während des Zweiten Weltkrieges). Ein Wunderwerk der Technik wird die neue Nationalstrasse durchs Reusstal, die zum Gotthardstrassentunnel führen wird, dessen Bau 1969 begonnen wurde.

Altdorf, dessen Baukultur ähnlich wie Schwyz durch Herrenhäuser geprägt war, wurde 1799 durch einen Brand fast völlig zerstört und nur zum Teil im alten Stil wieder aufgebaut. Das älteste Baudenkmal im Lande ist die alte Talkirche St. Kolumban in Andermatt. Die meisten heutigen Kirchen stammen aus der Barockzeit und dem beginnenden Klassizismus.

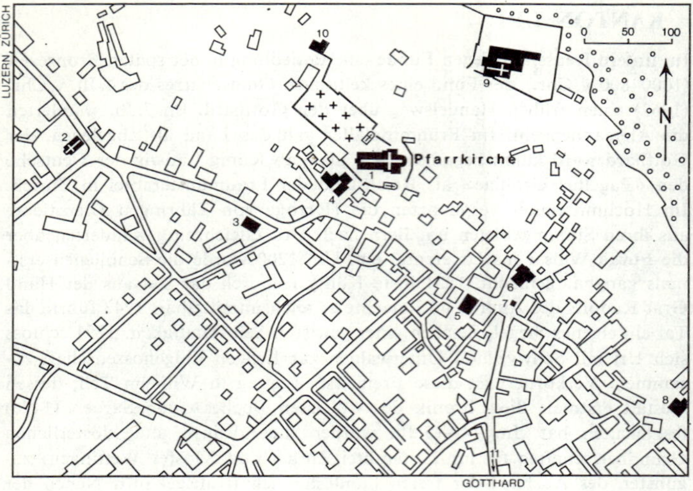

Ortsplan Altdorf

1. Kath. Pfarrkirche St. Martin. – 2. Unteres Heiligkreuz. – 3. Haus im Eselmätteli. – 4. Fremdenspital. – 5. Haus v. Roll. – 6. Rathaus. – 7. Turm mit Telldenkmal. – 8. Sog. Suworow-Haus. – 9. Kapuzinerkloster. – 10. Sog. Muheimsches Vogelsang. – 11. Historisches Museum

***ALTDORF** (Abb. 225, 226)

Gründung der Pfarrei Altdorf wahrscheinlich im 10. Jh., erstmals erwähnt 1223. Nach dem Freiheitskampf gegen die Habsburger (Tellsage) erlangte Altdorf als Hauptort des reichsfreien Landes Uri und als Kopfstation des Gotthardpasses eine zunehmende politische und wirtschaftliche Bedeutung. Erfolgreiche Söldnerführer und Aristokratenfamilien errichteten in Altdorf ihre Herrensitze. Ihre Häuser und Staatsbauten, die nach den Brandkatastrophen von 1693 und 1799 wiederaufgebaut wurden, verleihen dem Ortskern einen städtischen Charakter.

Kath. Pfarrkirche St. Martin (Ortsplan, 1). Nach Brand neuerb. 1800–10 von Jos. Rey (am Portal dat. 1804), unter Verwendung des Mauerwerks der alten Kirche von 1602–07; Rest. 1969–70. Einschiffige Anlage mit zwei querschiffartigen Seitenkapellen und eingezogenem rundgeschlossenem Chor. Der N-Turm für die Innerschweiz ungewöhnlich durch eine achtseitige Kuppelhaube mit Laterne und Spitzhelm geschlossen. Im weiten, fünfjochigen Langhaus ein Tonnengewölbe, rechteckige Haupt- und über dem Kranzgesims runde Oberlichtfenster. Stuck der W-Wand noch vom Baubestand von 1607. Deckenmalerei 1802 von Giovanni Baltasaro Bagutti, angeblich nach Skizzen von Jos. Ant. Messmer. Klassiz. Ausstattung aus der Bauzeit: Hochaltar von Andrea Galetti, mit Kreuzigungsbild von Jos. Ant. Messmer und Statuen von Franz Abart; Bild des Rosenkranzaltars von

Jos. Ant. Messmer, weitere Altarbilder von Xaver Hecht. Das geschnitzte Chorgestühl von Felix Ant. Hediger, von demselben das Gestühl im Schiff, die Beichtstühle und Türflügel; Kanzel von Joh. Jos. Mosbrugger. Auf der Empore monumentaler klassiz. Orgelprospekt von Ant. Carlen 1807–09. – *Kirchenschatz.* Spätgot. Monstranz 1511 von Niklaus Müller in Zürich, der dazugehörige spätere Schmuck separat aufbewahrt; 2 Altarkreuze Silber auf Ebenholz 1606; 2 wertvolle Bronzekandelaber von 1638; got. Kelch von 1508; Kelch der Beroldingschen Pfründe, begonnen von Jos. Tibaldi, nach 1629 vollendet von Heinr. Brandenberg; Barockkelch von Joh. Peter Staffelbach A. 18. Jh.; silberne «Mariageburtsarche» A. 17. Jh.; Bruder-Klaus- und Kreuzpartikel-Monstranzen, Vortragekreuz. – **Spätgot. Friedhofskapelle St. Anna.** Der 2geschossige Bau erneuert 1596 durch Caspar Romanus Bessler; Rest. 1965–66. Am Chorbogen von 1596 Statuen der Hl. Karl Borromeo und Antonius von Padua, gleichzeitig die Renaissancebalustrade mit Stifterdenkmal beim Zugang zur Unterkirche. Im Chor qualitätvoller hölzerner Kruzifix M. 16. Jh. Im Schiff frühes Bruder-Klausen-Bild und Kreuzabnahme von Dionis Calvaert (gen. Fiammingo) um 1600. In der Unterkirche Vesperbild 16. Jh. hinter Renaissancegitter aus Maderanertaler Eisen. – Ölbergkapelle, erb. 1657. Im Chor 3 beachtliche Wandbilder italienischer Herkunft. Sarkophag des Bruders Niklaus Zweyer (gest. 1546). – Auf dem Friedhof neuere Grabmäler von H. Danioth, Aug. Blaesi, E. Püntener, Gedeon Renner; Engel von Otto Ch. Bänninger, eiserner Kruzifix von Franz Herger. Gedenktafel für Aug. Babberger (1885–1936).

AN DER HAUPTSTRASSE

Haus Baumann, auf der Schiesshütte. Grosses Gebäuderechteck mit Krüppelwalmdächern über den Seitenflügeln; Rundbogenportal dat. 1614. Der ehem. Innenhof mit Säulenhalle 1964 verbaut. Interieurs 19. Jh. – **Unteres Heiligkreuz** (Ortsplan, 2). Als Votivkapelle zur Pestzeit um 1629 erbaut. Barockbau mit Vordach und Zwiebeltürmchen. – *Herrengasse.* Haus Bessler. Erb. um 1600, mit ornamentiertem Renaissanceportal in Flachrelief. – Haus Vinzenz Müller. Neubau nach Brand von 1799; im Garten schöner Brunnen dat. 1750. – Haus Oberst Epp. Erwähnt 1693 als Besitz des Obersten Karl v. Beroldingen, Landeshauptmann zu Lugano. Frühbarocke Portal- und Fensterrahmen; prächtiges schmiedeisernes Hofportal in Louis-XVI-Formen mit späterem Wappen Epp. – Haus Müller-Theiler. Erb. nach 1812; vom Vorgängerbau übernommen das spätgot. Hausportal. – **Haus im Eselmätteli** (Ortsplan, 3), Verwaltungsgebäude des Elektrizitätswerks. Freistehend erb. 2. H. 17. Jh., umgebaut nach 1764. Hervorragende Interieurs: Im Erdgeschoss Sala terrena nach italienischem Vorbild mit Stuckdecke und Deckengemälden E. 17. Jh. Die anderen Stockwerke im Stil des Rokokos ausgestattet; Stuckplafonds, bemaltes Wand- und Deckentäfer, Wandbespannungen, Turmöfen und Mobiliar. – *Gemeindehausplatz.* Gartenpavillon, erb. 1845 vermutlich für Säckelmeister Joh. Walker, zum Haus Gamma gehörig. Das Erdgeschoss ist auf 3 Seiten in eine Säulenarkade aufgelöst, an der Giebelseite halbkreisförmig vortretend eine 2geschossige Loggia unter geschweifter Haube. – **Fremdenspital** (Ortsplan, 4). Stiftung 1437 für die über den Gotthardpass reisenden Fremden, Gebäude 1551 erneuert. Nach dem Dorfbrand von 1799 unter Verwendung des alten Bestandes wiederaufgebaut 1803. Zwei parallele Bauflügel mit Treppengiebeln begrenzen einen schmalen Hof, der an der vorderen Schmalseite durch eine Portalmauer, hinten durch die im 18. Jh. neuerbaute Kapelle geschlossen ist. – Josephsbrunnen, vor dem Fremdenspital. Trog dat. 1591, mit Landeswappen zwischen stützenden Voluten; Statue 18. Jh. – Gemeindehaus. Als Schulhaus erb. 1811 von Jak. Nater. Schöner klassiz. Bau unter Mansartzeltdach. Zweiläufige Freitreppe, über dem Portal ein Relief mit Wappen und Bücherstilleben. – *Tellgasse, Rathausplatz.* **Ankenwaage.** Biedermeierbau von 1824 mit geschweiftem Frontgiebel. An der Rückseite eingebaut der mittelalterliche Hexenturm, ehem. Staatsgefängnis. – **Haus v. Roll** (Ortsplan, 5), Urner Kantonalbank. Erb. 1562, nach Brand von 1799 in klassiz. Formen erneuert 1823; Renov. 1952–54. Geschnitzte Haustüre in feinen Louis-XVI-Formen. – **Rathaus** (Ortsplan, 6; Abb. 225). Neuerb. 1805–08 von Niklaus Purtschert, Innenausbau bis 1824; Renov. 1956. Klassiz. Bau unter Walmdach, an der Rückseite durch kleine Querflügel erweitert. Sockelgeschoss aus gefugten Hausteinen, die beiden Obergeschosse durch Rahmenpilaster eingefasst und an der Schaufront in 3 Achsen gegliedert. Auf Säulenportikus ein Balkon mit schmiedeisernem Geländer. Der grosse Ratssaal 1864 nach Plänen von Jos. Plazidus Segesser neu gestaltet, anlässlich des Umbaus 1956 die Stukkaturen von Georg Hörbst z. T. entfernt. Reichhaltige Sammlung alter Landesbanner, u. a. aus den Schlachten am Morgarten (1315) und bei Sempach (1386). – **Turm mit Telldenkmal** (Ortsplan, 7). Mittelalterlicher Wohnturm, 1517 vom Staat übernommen. Kuppelbekrönung 1808 von Ant. Melz. An der SW-Seite Gemälde von Carl Leonz Püntener nach 1693, rest. 1968–69. Vor dem Turm das populäre Telldenkmal 1895 von Richard Kissling, als Hintergrund Landschaftsbild des Schächentals, neu erstellt 1969 nach dem Originalentwurf von Hans Sandreuter. – Besslerbrunnen, auf dem Rathausplatz. Errichtet 1568 angeblich an Stelle der alten Gerichtslinde, unter der Rudolf v. Habsburg 1257 zu Gericht sass. – *Gotthardstrasse.* Haus Walker-Kesselbach, Nr. 2. Erb. 1803–04, an der Rückseite ein älterer, turmartiger Bestand eingebaut. – Haus Schmid, Nr. 3. Nach Brand neuerb. 1803 von Gebr. Rabaglietti. Von Vorgängerbauten erhalten das Barockportal mit Wappen Isenmann-Püntener dat. 1753, ferner das spätgot. Portal von 1593 an der Hofseite. – Haus Lusser, Nr. 9. Der rückseitige Hauptbau am spätgot. Portal dat. 1560; Anbau mit Gartensaal A. 18. Jh. Renaissance-Interieurs; weiss und blauer Reliefofen des 17. Jh. – **Kapuzinerinnenkloster St. Karl.** Gegr. 1677, die Kirche 1704 erneuert. Vier Kabinettscheiben des 17. Jh. – Haus in der Stoffelmatte, Nr. 14. Erb. um 1579, im 18. Jh. renoviert; seit 1887 kant. Erziehungsanstalt. – Historisches Museum (s. S. 717; Ortsplan, 11). Erb. 1905–06 von Wilh. Hanauer. Auf dem Giebel die Statue des Besslerbrunnens von 1568. – Fabrikgebäude Dätwyler AG, Schweiz. Kabel-, Gummi- und Kunststoffwerke. Erb. 1940 von Otto v. Salvisberg. Fassadenbild Gotthardtransit von

Heinr. Danioth 1940. – Kollegium Karl Borromäus. Ältester Bauteil als Kornhaus erb. 1733, später Zeughaus; zum Kollegium umgeb. 1906. – Haus zum Blumenfeld, im Grund. Am spätgot. Kielbogenportal dat. 1596.

ABSEITS DER HAUPTSTRASSE

Haus zu allen Winden, erb. um 1500. – Haus auf dem Plätzli. Stammhaus der Schmid ab Uri, nach Brand neuerb. A. 19. Jh. für Landammann Karl Müller, später im Besitz des Sonderbundspräsidenten Konstantin Siegwart-Müller. An der eisernen Hoftüre das Allianzwappen Siegwart-Müller. – Ref. Kirche. Erb. 1923–24 von Albert Müller und Jean Freytag. – Sekundarschulhaus. Erb. 1956–59 von Jos. Utiger. Plastiken 1962 von Eugen Püntener. – Zeughaus. Als eingeschossige Sust erb. 1804, zur 3geschossigen Kaserne ausgeb. 1856 von Joh. C. Wolff, seit 1906 kant. Zeughaus; Renov. 1954. – Lehnbrunnen. Errichtet 1596, Becken verkleinert 1909, neue Statue um 1930 von Eugen Püntener. – Haus Schön, Lehnplatz. Fröhliche Fresken und Verse 1927 von Heinr. Danioth. – Tellspielhaus. Erb. 1925 von Keiser und Bracher. Fresken im Treppenhaus, Rütlischwur und Tellsprung, 1927 von Heinr. Danioth. – **Sog. Suworow-Haus** oder Haus der Geschwister Jauch (Ortsplan, 8; Abb. 226). Spätgot. Bau mit Treppengiebeln; über dem kielbogigen Portal dat. 1550. Im September 1799 Quartier des russischen Generals Suworow. Prächtige Prunkstube mit Kassettendecke und Buffet von 1556, geschnitztes Renaissancetäfer mit Intarsien. Ofen, an Ornamentkachel dat. 1611 und bezeichnet HBM. Im Garten ein reizendes Zentralbaukapellchen aus der Régence, mit schönem Altar aus der Bauzeit. – **Kapuzinerkloster** (Ortsplan, 9). Gegr. 1581; die 1585 geweihte Kirche nach Brand von 1799 wiederaufgeb. 1804–07, unter Verwendung des alten Bestandes. Anlässlich der Renov. 1958–60 Altarplastiken und Kreuzwegfries von Aug. Blaesi; gleichzeitig Wandbilderzyklus in der Beichtkapelle von Ralph Meyer. Klosterbauten renov. 1966. – Sommerhaus Waldegg, heute Kinder- und Familienhilfswerk Uri. Erb. 1818, mit offener Säulenhalle zur Gartenterrasse. – **Sog. Muheimsches Vogelsang** (Ortsplan, 10). Schönes Patrizierhaus, erb. nach 1815 für Heinr. Wyss. An der Hauptfront ein geschweifter Mansartgiebel mit Eckvoluten.

Museum. Historisches Museum, Gotthardstrasse (s. S. 716; Ortsplan, 11). Kirchliche Kunst des 15.–18. Jh., u. a. bedeutende Sammlung von Holzplastiken; Waffen, Textilien und Dokumente zur Volkskunde.

URNERSEEUFER

AXENSTRASSE. Einzigartige Aussichtsstrasse über dem Urnersee. Erb. 1863–65, mit Felsgalerien in den Steilhängen des Axenberges, ausgebaut 1936–37. – **Tellskapelle** (Gem. Sisikon). Erinnert an die Überlieferung, nach welcher der Freiheitsheld Wilhelm Tell hier im Föhnsturm aus dem Schiff des Landvogtes Gessler gesprungen sein soll («Weisses Buch von Sarnen», um 1470). Erstmals erwähnt 1516. An Stelle einer Nachfolgekapelle von 1590 in bisheriger Form neuerb. 1879–80; Rest. 1956. Hallenförmiger Querbau mit Walmdach und Dachreiter, gegen den See durch 2 weite Rundbogenarkaden geöffnet. Im Innern grosse Wandbilder zur Tellsgeschichte (Rütlischwur, Apfelschuss, Tellsprung, Gesslers Tod) 1879–82 von Ernst Stückelberg, vorzügliche Werke im Stil der traditionellen Historienmalerei.

FLÜELEN. Alte Pfarrkirche St. Georg und Niklaus. Erb. 1665–66; profaniert. Turm mit charakteristischem spitzem Helm auf geschweiftem Kreuzgiebel. Rokokostukkaturen; barocke Deckenmalerei 1843 übermalt von Ant. Bütler. – Neue kath. Kirche, in erhöhter Lage. In neubarocken Formen erb. 1910–11 von Paul Siegwart. – **Schlösschen Rudenz,** an der Gotthardstrasse. Im Unterbau Rest eines Wohnturms des 14. Jh.; gehörte den Attinghausen als Reichszollstätte, 1360–83 dem Erben Heinr. v. Rudenz; urspr. mit befestigtem Hof bis zum See. Zurückgesetzter Aufbau mit Kreuzgiebeldach um 1719 bezeugt, an Stelle der ehem. Klebdächer ein umlaufender Altan von 1818. Fenster des Unterbaus und Dachreiter um 1818, weitere Umbauten bis 1844. – Haus Rämi, in beherrschender Dorflage. Am hohen Giebel dat. 1611. Erdgeschoss z.T. umgebaut, Renaissanceportal. Im Innern schlanke Fenstersäulen aus Marmor; Leistendecke; Buffets. – Gasthaus Schlössli. Holzhaus am Giebel dat. 1797, erbaut als Wohnsitz des Wagners M. Infanger. – Am See monumentale Eisenplastik, Schwurhände (Rütlischwur), 1963 von Werner Witschi, geschaffen für die Expo 1964 in Lausanne. – Gedenksäule beim Bahnhof. Errichtet für Emil Huber-Stockar (Elektrifizierung der Gotthardbahn) 1947 von Franz Fischer. – Bahnhofwartesaal. Ausgezeichnetes Fresko, Föhn, 1944 von Heinr. Danioth.

SEEDORF** (Abb. 227, 228). Kath. Pfarrkirche. Neubau 2. H. 17. Jh.; am älteren Turm roman. Rundbogenfriese. Vergrössert und rest. 1895–98, Dekkenbilder von Heinr. Kaiser und Hochaltar von Karl Kälin. Rest. der 1973 zutage getretenen Wandmalereien vorgesehen. Spätrokokokanzel. In der Sakristei eine Augsburger Barockmonstranz 18. Jh. – **Frauenkloster St. Lazarus (Abb. 228). *Zierliche barocke Klosterkirche, eine Verbindung des sog. Vorarlberger Bauschemas mit italienisierender Kuppel.* Als Lazariterhaus ge-

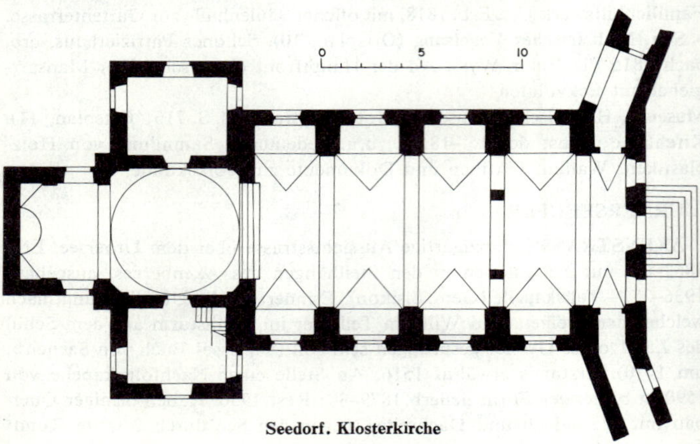

Seedorf. Klosterkirche

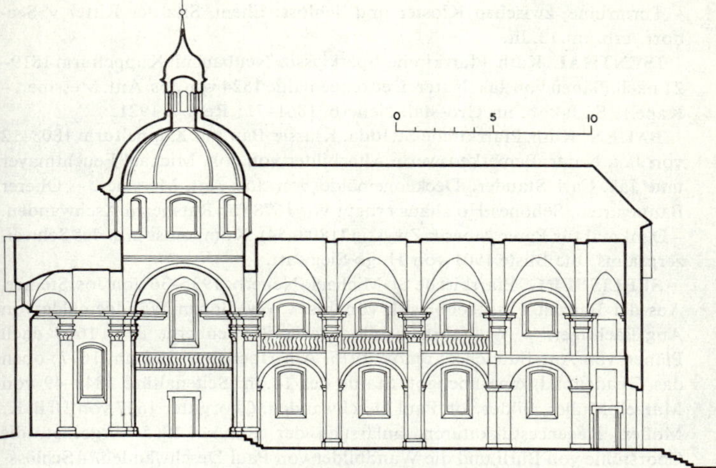

Seedorf. Klosterkirche

stiftet 1197, Neugründung durch Benediktinerinnen 1559. Die heutige Klosteranlage grossenteils E. 17. Jh. erbaut, die zentral in sie einbezogene Kirche 1695–1700 wohl von Casp. Mosbrugger unter Mitwirkung von Pfarrer Joh. Jak. Scolar. Konventsbauten renoviert 1953, gleichzeitig die gemalten Eckquader erneuert und das unvollständig ausgeführte Klosterportal nach Originalplänen Mosbruggers vollendet. Anlässlich der Kirchenrenovation 1964–66 die Orgelempore über neuer Vorhalle nach aussen erweitert, wobei die einfache Fassade zwischen flankierenden Türmchen gegen den kleinen Klosterhof versetzt wurde. Reizvoller, nach S gerichteter Wandpfeilerraum von 3 Jochen mit Haupt- und Seitenemporen. Vor dem rechteckigen Altarraum eine Tambourkuppel, seitlich davon annexartig erweiterte Sakristeien, über denen sich tiefe Oratorien mit Altären A. 18. Jh. zum Kuppelraum öffnen. Italienischer Stuck und Malereien von Francesco Ant. Giorgioli aus der Bauzeit. Hochaltar M. 19. Jh., verändert 1966, Tabernakel 1. H. 18. Jh.; beachtenswertes Altarbild 1598 von Dionis Calvaert mit Stifterporträt des Gardehauptmanns Jak. Arnold in Bologna. In der Sakristei ältestes Jahrzeitbuch von 1470; Barockmonstranz. – **Schlösschen A Pro*** (Abb. 227). *Burgartiger Landsitz der Spätgotik, mit spielerisch angelegter Befestigung.* Erb. 1556–58 für Landvogt Jak. A Pro; Rest. 1893–95 und 1964–66. Hinter Wassergräben ein gezinnter Mauerkranz mit Eckbastionen und Renaissanceportal. Inmitten der symmetrischen Anlage das hohe Giebelhaus, an seiner SO-Ecke ein turmartiger Aufbau unter Quergiebel, mit Wendeltreppe und später eingebautem Kapellchen. Gartensaal und Täferzimmer; grüner Turmofen mit Wappen A Pro dat. 1562; Bilder aus der alten Tellskapelle von Carl Leonz Püntener (1667–1720); Schlachtenbilder. – Turmruine, zwischen Kloster und Schloss. Ehem. Sitz der Ritter v. Seedorf, erb. im 13. Jh.

ISENTHAL. Kath. Pfarrkirche. Spätklassiz. Neubau mit Kuppelturm 1819–21 nach Plänen von Jak. Nater. Deckengemälde 1824 von Jos. Ant. Messmer. – Kapelle St. Jakob, im Grosstal. Neuerb. 1861–71; Renov. 1921.

BAUEN. Kath. Pfarrkirche St. Idda. Klassiz. Bau mit Kuppelturm 1808–12 von Jak. Nater. Bemerkenswerte Altarbilder von Joh. Michael Feuchtmayer und Jak. Carl Stauder. Deckengemälde von Jos. Ant. Messmer. – Oberer Baumgarten. Schönes Holzhaus erbaut vor 1678 für Ratsherrn Aschwanden. – Denkmal für Pater Alberik Zwyssig (1808–54), Komponist u. a. des Schweizerpsalms; die Büste 1901 von Hugo Siegwart.

SEELISBERG. Pfarrkirche St. Michael. Neuerb. 1935–36 von Jos. Steiner. Aus der Bauzeit Fassadenplastik von Jos. v. Wyl, innen Wandgemälde von Aug. Bächtiger. – Wallfahrtskapelle Maria Sonnenberg. Erb. 1666 nach Plänen von Ant. Burtscher; renov. 1915. Am Hochaltar Bild um 1677; oben das Gnadenbild, eine hochgot. Statue des 14. Jh. Seitenaltäre 1848–49 von Marzell Müller, Bilder von Paul Deschwanden. Chorgitter 1697 von H. B. K. Moller. Régencestukkaturen, anlässlich der Renov. 1965 vergoldet, die Chorstühle von Bürli und die Wandbilder von Paul Deschwanden. – **Schlösschen Beroldingen.** Idyllischer Stammsitz der einst bedeutenden Familie v. Beroldingen (Seitenlinie im Thurgau, später österreichische Grafen). Wahrscheinlich um einen mittelalterl. Kern erb. um 1530, mit Walmdach und Windschutzmauern. Die Kapelle mit verschindeltem Dachreiter 1546 angebaut, 1716 erweitert, die Empore mit dem Schlösschen verbunden; zierlicher Flügelaltar mit Renaissancedekor. Am Chorbogen 2 spätgot. Plastiken St. Laurentius und St. Thomas; rest. 1961.

TREIB. Haus an der Treib. Malerisches Blockhaus mit Klebdächern, zur Hälfte im See. Erwähnt 1482, neuerb. 1659, in den urspr. Formen erneuert 1903, rest. 1959. Das hist. Gasthaus am alten Zufluchtshafen war Freistätte und wiederholt Tagungsort von drei- und mehrörtigen Tagsatzungen. – **Schillerstein.** Natürlicher Felsobelisk im See, früher Mythenstein genannt, erhielt zum 100. Geburtstag von Schiller die Inschrift: «Dem Sänger Tells, F. Schiller, die Urkantone 1859.»

RÜTLI. Nationale Gedenkstätte der Schweiz, eine abgeschlossene Wiese am See, auf der 1291 die Befreiung der drei Waldstätte Uri, Schwyz und Unterwalden beraten und beschworen wurde («Weisses Buch von Sarnen», um 1470); Ursprung der Eidgenossenschaft. Ankauf durch die schweiz. Schuljugend 1860. Rütlirapport Juli 1940: General Guisan stärkt den Widerstandsgeist der Schweiz im Zweiten Weltkrieg. – Blockhaus 1901–02.

REUSSTAL UND SEITENTÄLER

ATTINGHAUSEN (Abb. 230). Kath. Kirche St. Andreas. Roman. Kernbau, dessen Dachbalken über den heutigen Fenstern ansetzten; Veränderungen in spätgot. Zeit. Vom 4. Fenster an gegen W barock umgeb. 1755 von Joh. Jak. Mosbrugger, nach Brand 1769 wiederhergestellt; das Innere 1895 erneuert. Im roman. Turmunterbau vermauerte Schallöcher. Stark renovierte Totenkapelle. – Burgruine. Ehem. Sitz der Freiherren v. Attinghausen, ein 1357 ausgestorbener Zweig der in Uri begüterten Herren v. Signau (Kt. Bern). Die Burg 1.H. 13.Jh. erbaut, 1358 zerstört; Mauerwerk gesichert 1897. – **Schweinsberg** (Abb. 230), sog. Haus des Walter Fürst. Mittelalterlicher Wohnturm, vielleicht für die Freiherren v. Attinghausen im 14.Jh. erbaut. Erneuerter Holzgaden als Obergeschoss. – Am Surenenweg Kapelle St. Onophrius, 1723 geweiht, mit ansprechendem Barockaltar.

SCHATTDORF. Kath. Pfarr- und Wallfahrtskirche. Barocker Neubau 1729–34 von Jos. v. Brüell; durch einen bergseitigen Annex vergrössert und rest. 1959 von Jos. Steiner. Vierjochiges Langhaus unter Flachtonne; hinter dem Chor Sakristeianbau und Kuppelturm. Stukkaturen von Joh. Jos. Mosbrugger, Deckenmalerei von Jos. Ant. Messmer 1796. Prachtvoller Hochaltar 1736 von Jodok Ritz mit spätgot. Figurengruppe Mariä Krönung. Seitenaltäre, Kanzel, Beicht- und Chorstühle gleichzeitig, von Jodok Ritz und Lukas Regli. Im Erweiterungsbau ein realistischer spätgot. Kruzifix. Monstranz 1618 von Jos. Tibaldi. – Beinhaus. Ovalbau um 1730; spätgotischer Türsturz mit Zürcher Wappen, von der alten Pfarrkirche. Innen eine spätgot. Kreuzigung. Auf dem Friedhof eine Pietàgruppe 1932 von Eugen Püntener. – Crivelli-Kapelle. Als Grabkapelle für seine Familie gestiftet 1654 von Oberst Sebastian Crivelli, Gesandter am Hofe König Philipps IV. von Spanien. Die schöne, kleine Kapelle anlässlich der Verbreiterung der Gotthardstrasse 1962 verschoben. – Kapelle Maria-Hilf, auf Haldiberg. Erb. 1932 von Jos. Steiner. Sgraffito der Verkündigung und guter Kreuzweg von Erna Schillig; Kopie des Einsiedler Gnadenbildes.

BÜRGLEN. Kath. Kirche St. Peter und Paul, ehem. Landespfarrei. Vom roman. Vorgängerbau der Unterbau des Turmes und die 8seitige Krypta, vermutlich A. 12.Jh. Frühbarocker Neubau 1682–85 nach Entwurf von Pfarrer Joh. Jak. Scolar; Rest. 1939. Fünfjochiges Langhaus, Vorchor mit Kuppel, polygonales Altarhaus. Frühbarocke Stukkaturen, die Deckenbilder E. 18.Jh. Altäre vor 1746; prunkvoller Orgelprospekt und Empore 1708–10, vermutlich von einem Ritz. In der Sakristei Porträts, u.a. des Bauherrn Pfarrer Scolar, der mit Plänen zu den Kirchen von Bürglen, Dallenwil und der Klosterkirche Seedorf dargestellt ist. Reliquiar von Niklaus Wikart 1590; Monstranz von Jos. Tibaldi 1619. – Auf dem Friedhof Beinhaus- und Ölbergkapelle, kleine Zentralbauten mit geschweiften Hauben, erb. 1693 von Joh. Jak. Scolar. – Standbild des Tell, am Kirchplatz. Von Giuseppe Croce 1786, urspr. auf dem Tellbrunnen in Altdorf. – Von urspr. 4 mittelalterl. Wohntürmen ungeklärter Bedeutung sind erhalten: Sog. Meierturm, im 13.Jh. vermutlich Besitz der Zürcher Fraumünsterabtei; schlecht rest. 1893–94. Sog. Wattigwilerturm (heute Tellmuseum), Unterbau 13.Jh., hölzerner Aufbau anlässlich der Rest. 1965. Ein 3. Turm im Pfarrhaus eingebaut; Reste des 4. Turms im Gasthaus Tell. – **Haus in der Spielmatt.** Prächtiger Holzbau mit guter Ausstattung. Erb. 1609 für Landammann Peter Gisler, Hauptmann in französischen und venezianischen Diensten, Ritter vom Hl. Grab. Hoher Giebelbau mit Klebdächern und Lauben, z.T. bemalte Ziehladen. In der Trinkstube Wandmalerei, ferner Täferzimmer und Turmöfen aus der Bauzeit. – Tellskapelle. Angeblich an der Stelle des Wohnhauses Wilhelm Tells, gestiftet 1582, erneuert 1758. Fresken zur Tellgeschichte aus der Bauzeit, anlässlich der Rest. 1949 freigelegt. – **Loretokapelle.** Reizvoller Bau von 1661; Renov. 1960. Nachbildung des laut Legende von Engeln aus Nazareth nach Loreto übertragenen Wohnhauses der Hl. Familie. Wandbilder nach den fragmentarischen Originalen in Loreto. – **Wallfahrtskapelle,** im Riedertal. Vor 1535 bestehend, erweitert 1545, 1588 und 1645, unter Beibehaltung des spätgot. Chores; Rest. 1951. Schiff und Portal Renaissance. Wandmalerei im Chor von 1592–95, im Schiff A. 17. Jh.; schöne got. Pietà. **Museum.** Tellmuseum, im sog. Wattigwilerturm (s. S. 721). Sammlung von Dokumenten und Bildern zur Tellgeschichte.

SPIRINGEN. Kath. Kirche St. Michael. Neubau 1950–51 von Jos. Steiner. In der Taufkapelle das Barockaltärchen aus dem 1950 abgebrochenen Beinhaus. – Pfarrhof. Guter Riegelbau um 1710, als Pfarrhaus für Carl Ant. Straumeyer errichtet. Im Saal Rokokodekoration mit Stukkaturen und Deckengemälde, Jonas mit dem Walfisch darstellend. – Antoniuskapelle, im westl. Witterschwanden. Einfacher Bau mit Dachreiter, geweiht 1621. – *Weiler Getschwiler*, östl. Spiringen. Kapelle, geweiht 1576, erneuert 1858; Renov. 1954. Wertvolles Altarbild 1609 von Dionis Calvaert mit Stifterbildnis des Hauptmanns Azarias Püntener.

UNTERSCHÄCHEN. Kath. Kirche St. Theodul. Malerisch gelegener Barockbau von 1681–84. Niederer Kuppelturm seitlich zwischen Chor und dem 1885 verlängerten Schiff; Rest. 1972–73. Im Innern Rokokostukkaturen von Jak. Scharpf und Deckengemälde von Ant. Schuler. Spätbarocke Kanzel. Im 1701 geweihten Beinhaus barocke Wandmalereien. – Schulhaus. Wandbild 1955 von Werner Müller. – Wallfahrtskapelle St. Anna, im östl. Schwanden. Neuerb. 1580; Rest. 1960. Viele Votivtafeln ab 1573.

URNERBODEN, jenseits der Klausen-Passhöhe. Kirche St. Erhard, Filialkaplanei von Spiringen. Erb. 1912–14 von Aug. Hardegger, gleichzeitig Dekorationsmalerei von Jos. Heimgartner. Renov. 1960–61 und Anbau von Schulhaus und Kaplanwohnung.

ERSTFELD. Kath. Pfarrkirche St. Ambrosius und Othmar. Von einer 1318 erwähnten Kirche der roman. Turm erhalten. Neubau 1957–58 von Jos. Steiner, unter Verwendung älterer Bauteile von 1870. Über den Seitenaltären Barockstatuen aus der Werkstatt des Joh. oder Jodok Ritz 2. V. 18. Jh. Glasgemälde 1958, im Chor von Ludw. Schnüriger, im Schiff von Aug. Bächtiger. – **Jagdmattkapelle.** Erwähnt 1339, frühbarocker Neubau 1637–38, Kuppelhaube des Turms 1683; Aussenrest. 1946. Der Wallfahrtsort wurde seit dem 15. Jh. von allen Urner Gemeinden besucht, hier fand bis 1799 die Markuslandsgemeinde statt; 1799 Beschluss des unglücklichen Aufstandes gegen die Franzosen und die helvetische Regierung. In der Vorhalle Wandbilder 1790–91 von Karl Meinrad und Franz X. Triner; weitere Wandbilder 1946 von Werner Müller. Im eingezogenen Chor Doppelarkade von einem got. Vorgängerbau. Hochaltar 1689 von Peter Kluser. Schmiedeiserner Leuchter und gutes Chorgitter 17. Jh. Über dem Chorbogen ein got. Relief mit Darstellung der Hirschlegende (Hirsch zeigt sich dem verfolgenden Jäger mit dem Schweisstuch Christi im Geweih). Ölbild der Anbetung Christi 1641 von Matthäus Chesner. Im Reliquienschrein unter dem Altar Katakombenheiliger, ferner Schwert des 1585 verstorbenen Landammanns Peter A Pro.

SILENEN. Kath. Kirche St. Albin (Abb. 229), ehem. Landespfarrei. Bedeutender Barockbau 1754–56, im Schema der Luzerner Landkirchen; Vorhalle an der Hauptfront 1786 oder 1809, rest. 1966–67. Tonnengewölbter Saal mit Stichkappen, W-Empore; im eingezogenen 3seitig geschlossenen Chor seitliche Emporen. Schöne Deckenfresken, im Schiff von Jos. Ignaz Weiss, im Chor von Melchior Eggmann. Hochaltar aus der früheren Kirche 1726 von Jodok Ritz; Seitenaltäre und Kanzel in Stuckmarmor um 1760. An den Schiffswänden 5 Passionsbilder 18. Jh. – Beinhaus, südl. der Kirche. – **Turm.** Mächtiger Wohnturm des 11. oder 12. Jh.; in den oberen Stockwerken durch Säulen geteilte frühgot. Doppelfenster; Rest. 1897. Der wehrhafte Bau war urspr. Verwaltungssitz der Fraumünsterabtei Zürich; Meier waren bis 1363 die Edlen v. Silenen, die in der eidg. Freiheitsbewegung eine bedeutende Rolle spielten. – Nothelferkapelle, neben dem Turm. Nach Brand von 1666 neuerbaut, vielleicht unter Verwendung älterer Bauteile. Anlässlich der Rest. 1925 Bau der Vorhalle, gleichzeitig Ausmalung unter Benutzung alter Wandbilder. – Susthaus. Am alten Gotthardweg beim Turm gelegenes Rast- und Lagerhaus. Der mittelalterl. Bau war angeblich am Giebel dat. 1549; Spitzbogenportal 1610. Der vorkragende Mittelteil als Blockbau, die Seitenteile in Stein ausgeführt; Rest. 1939–40. – Burghofstatt. Behäbiges Bauernhaus, Blockbau des 17. Jh.

AMSTEG. Kath. Kirche Hl. Kreuz. Erb. 1859–60 von Franz Jos. Oehri. Vom gleichen Baumeister auch das stattliche Platzhaus. – Gasthof Hirschen. Wuchtiges Giebelhaus E. 18. Jh., der westliche Anbau dat. 1830. – **Ruine Zwing-Uri.** Aus Schillers «Tell» bekannter Unterbau eines Burgturms. Nach Überlieferung von Landvogt Gessler begonnen («Weisses Buch von Sarnen», um 1470), vermutlich vor Vollendung zerstört; Rest. 1928. – *Weiler Ried*, am O-Hang. Kapelle St. Eligius. Barockbau, geweiht 1661.

BRISTEN. Kath. Kirche Maria vom guten Rat. Erb. 1911–12 von Adolf Gaudy. – *Weiler Frentschenberg*. Kapelle St. Josef. Schön gelegener Barockbau von 1668; Renov. 1805.

Schmelzofen, am Eingang zum Maderanertal. Grösster Schmelzofen aus älterer Zeit in der Schweiz, errichtet E. 17. Jh. an Stelle älterer Öfen; Rest. 1966. Bergbau im Maderanertal erstmals erwähnt 1576, aber wohl in uroder frühgeschichtliche Zeit zurückreichend.

GURTNELLEN DORF. Kath. Kirche St. Michael. Neuerb. 1785; Renov. 1926–28. Decken-, Wand- und Altarbilder 1786 von Karl Meinrad und Franz X. Triner; Barockaltäre M. 18. Jh. – *Gurtnellen Wiler*. Kath. Kirche St. Josef. Erb. 1924–26 von Adolf Gaudy. – Kapelle St. Anna. Erb. 17. Jh., mit tiefem Vorzeichen, unter dem der alte Gotthardweg hindurchführte. Barockaltar 1771 von Lukas Regli.

WASSEN. Kath. Kirche St. Gallus. Schön gelegener Barockbau von 1734–35 mit schlankem Kuppelturm; Rest. 1966–67. Sakramentshäuschen

1577. Prächtige Schnitzaltäre 1733 von Jodok Ritz. Deckengemälde aus der Bauzeit. – Beinhaus. Barockaltar, vermutlich von Lukas Regli. – Gasthof zur alten Post. Blockbau von 1770, in den alten Formen erneuert 1910.

MEIEN-DÖRFLI, Richtung Susten. Kath. Kirche St. Margaretha. Erbaut 1866–67; Ausstattung aus der Bauzeit. – Meienschanze, an der alten Sustenstrasse. Reste einer 1618 angelegten Befestigung; im 2. Villmergerkrieg 1712 ausgebaut. 1799 Schauplatz heftiger Kämpfe zwischen Franzosen und Österreichern.

WATTINGEN, südl. Wassen. Kapelle St. Josef. Geweiht 1676, renov. 1883. Barockaltar, Lukas Regli zugeschrieben.

GÖSCHENEN. Kath. Kirche Mariä Himmelfahrt. Neuroman. Bau 1898–99 von Aug. Hardegger. – Ehem. Dorfkapelle, profaniert. Erwähnt 1341, nach Umbau neu geweiht 1511. – Alte Zollbrücke, bei der ehem. Dorfkapelle. – Steinbogenbrücke über die Göschener Reuss, urspr. mit Torturm, bei dem bis ins 18. Jh. Brückenzoll bezogen wurde; Renov. 1901. – Friedhof. Grabdenkmal für Louis Favre, Erbauer des 1881 eröffneten Gotthardtunnels, 1889 von Pietro Andreoletti.

GWÜEST, im Göschener Tal. Kath. Kirche Sieben Schmerzen Mariä. Erb. 1957–58 von Hans Bossart für die im Stausee untergegangene alte Kapelle Göscheneralp. Barockaltar 1724 von Jodok Ritz. Fresko des Jüngsten Gerichts sowie Scheibenzyklus und Kreuzwegbilder 1958–62 von Hans Schilter.

SCHÖLLENEN, wilde Felsschlucht der Reuss zwischen Göschenen und Andermatt. Seit dem Hochmittelalter durch kühne Brückenbauten geöffnete Pforte zum Gotthardpass, ein Angelpunkt des europäischen Fernverkehrs. Der Bau der 1. Teufelsbrücke im 12. oder 13. Jh. machte den Gotthard für den Warentransport von und zur Lombardei passierbar, begründete damit die politische und strategische Bedeutung der Urschweiz und war ein Anlass zur Gründung der Eidgenossenschaft. – Häderlisbrücke, unterhalb der Schlucht. Erb. A. 16. Jh., schöner Steinbogen von 25 m Spannweite. – Teufelsbrücke. Nach 2 älteren Brücken erb. 1830 von Karl Emanuel Müller. Unmittelbar unterhalb die Widerlager der 2. Teufelsbrücke, durch Hochwasser zerstört 1888. – Suworowdenkmal, am O-Hang nahe der Teufelsbrücke. In die Felswand eingehauenes grosses Steinkreuz zur Erinnerung an den russischen General, der 1799 in erbittertem Kampf gegen die Franzosen den Durchgang durch die Schöllenen erzwang. – Neue Strassenbrücke. In elegantem Flachbogen über die Schlucht gespannte Betonbrücke mit Quaderverkleidung, erb. 1955–56 nach Projekt von Aug. Knobel und Hugo Scherrer. Seitlich davon an der Felswand kleines Mosaik 1956 von Werner Müller. – «Urner Loch». Ältester Strassentunnel der Alpen, erb. 1707–08 durch Pietro Morettini; letzte Erweiterung 1955–57. Der 60 m lange Tunnel durchstösst den steilen Felsvorsprung des Kirchenstocks, der urspr. durch den an Ketten hängenden Laufsteg, genannt Twärenbrücke (erb. 1595), umgangen wurde. – Fresko, Roter Teufel, an der Felswand beim südl. Tunnelausgang. Von Heinr. Danioth 1950 gemaltes Motiv aus der Entstehungssage der ältesten Brücke (der Teufel als Baumeister fordert das erste Leben das seine Brücke überschreitet; man treibt ihm einen Bock entgegen).

***ANDERMATT** (Abb. 231). Urspr. roman. Siedlung, nach Erschliessung der Schöllenen 1234 als Urseria erwähnt. – **Kath. Pfarrkirche St. Peter und Paul.** Erb. 1601–09, barocker Umbau 1696 durch Barth. Schmid, Turm 1731; Renov. 1953. Der schöne Barockbau aussen durch weite Rundbogenblenden gegliedert, seitlicher Kuppelturm. Dreijochiges Langhaus mit Querschiff und polygonaler Chor. Reiche Stuckdekoration am Übergang von Régence zum Rokoko. Deckenmalereien, diejenigen des Schiffs 1905 durch Georges Troxler ersetzt. Dreistufiger Hochaltar 1716, eines der besten Werke von Joh. Ritz, Altarbild von Joh. Brandenberg; Rest. 1953. Geschnitztes Chorgestühl um 1700; Taufstein aus der Kolumbankirche 1582, weiss gestrichen. In der Sakristei kostbares Altarkreuz aus Bergkristall, erwähnt 1643; Häupter der Zürcher Stadtpatrone St. Felix und Regula, in der Reformation geflüchtet, in Louis-XVI-Reliquiaren. – Friedhofskapelle. Erb. 1640; schönes geschnitztes Rokoko-Altärchen. – An der Gotthardstrasse einige Holzhäuser in charakteristischer Urner Bauweise. Haus Babylon. Erb. E. 18.Jh., unter Verwendung älterer Bauteile. Imposantes, hochgiebliges Blockhaus mit geschnitzten Bügen; im Innern eine für die Landesgegend ungewöhnliche Doppeltreppe; Buffets. – Gasthaus Ochsen. Im Kern spätgot. Blockbau, modernisiert. Innenausbau in späten Rokokoformen um 1770, schöne Decken, Türen, Öfen und Buffets. – Haus Christen, beim Rathaus. Guterhaltener Blockbau, an der Sockelmauer neben Orts- und Familienwappen dat. 1731. – Rathaus. Nach Dorfbrand neuerb. 1767 unter Verwendung von Bauteilen aus dem E. 16.Jh. Anlässlich der Renov. 1910 Anbau des südwestl. Eckturms. Behäbiger Steinbau mit charakteristischen Treppenhäuschen an der W-Front. – Schönbächlerhaus. Am Giebel dat. 1786, mit Wappen des Bauherrn Nager. Aussenbau ungünstig verändert. Im Innern reiche Ausstattung: Schönes Treppengeländer und geschnitzte Türen, in der Rokokostube ein prächtiges Buffet. Das Haus war 1799 Quartier des Generals Suworow. – Haus Christen, am Kirchweg. Erb. E. 18.Jh., aussen stark verändert. In der Prunkstube Täfer und Buffet vermutlich von Felix Maria Diogg fröhlich bemalt; Giltsteinofen.
Kath. Kirche St. Kolumban* (Abb. 231), am Kilchberg unterhalb des Dorfes. Spätroman. Bau des 13.Jh., an Stelle einer vermutlich karoling. Kirche; Rest. 1940–42. Schöner roman. Turm mit Rund- und Spitzbogenblenden, hölzerne Glockenstube und Spitzhelm von 1654. Im eingezogenen spätgot. Rechteckchor ein 8teiliges gedrücktes Gratgewölbe. Spätgot. Sakramentshäuschen; amboartige Steinkanzel 1559. – **Wallfahrtskapelle Maria-Hilf.** In erhöhter Lage erb. 1739–42, mit säulengetragener Vorhalle und kleinem Turm. Stukkaturen, elegante Altäre in Schliffmarmor. Über dem Eingang gutes Bild Christus am Ölberg von einem spanischen Barockmaler. – Ref. Kirche. Erb. 1915 von Friedr. Wehrli.

HOSPENTAL. Kath. Kirche Mariä Himmelfahrt. Erbaut 1705–11 von Bartholomäus Schmid; Aussenrest. 1953–56. Barockbau mit Blendbogengliederung, Vorzeichen und Kuppelturm. Dreijochiges Langhaus und eingezogener Polygonalchor, Deckenstuck nach italienischer Art. Die 3 prächtigen Altäre A. 18.Jh. von Jodok Ritz, die vermutlich etwas spätere Fassung 1953ff. erneuert. Im dreigeschossigen Hochaltar neben den urspr. Statuen eine Immakulatafigur an Stelle des verlorenen Altarbildes; Tabernakel 1953 von Ant. Flüeler, darauf ein spätgot. Vortragekreuz. Geschnitzte Chorgestühle um 1710. Sog. Stangen-Muttergottes um 1760–70, getriebene und teilweise vergoldete Silberfigur. – **Wehrturm,** auf einem Felssporn über dem Dorf. Erb. im 13.Jh. als Sitz der Edlen v. Hospental, Dienstleute des Klosters Disentis; Restauration 1897–98. – **Kapelle und Pfrundhaus St.Karl.** Erb. 1719 von Bartholomäus Schmid. Malerische Baugruppe mit charakteristischer Blendbogengliederung und Dachreiter; Kapelle mit Vorzeichen. Im Säli des Pfrundhauses barocke Deckenbilder in wuchtigen Stuckrahmen. – Steinhaus am Dorfplatz. Erb. 1591, nach Einsturz der Front schlecht renov. 1923. – Barocker Dorfbrunnen. – Gasthaus St.Gotthard. Erb. 1703 von Bartholomäus Schmid, Erdgeschoss als Gaststube umgeb. 1906. Die Giebelfront des schönen Barockhauses durch Blendbogen vertieft und von Eckpilastern gerahmt, seitliche Freitreppe zum Obergeschoss. Innen schöne Türen; im sog. Suworowzimmer eine Leistendecke und eingebautes Buffet. – Tennlenbrücke. Spätmittelalterliche Steinbrücke über die Reuss; Renov. 1899. – *Weiler Zumdorf.* **Kapelle St.Niklaus.** Barockbau von 1719–21; der Türsturz mit Jahrzahl 1591 vermutlich hieher versetzt. Rosenkranzaltar 1728 von Jodok Ritz, die barocke Nikolausfigur in der Mittelnische von anderer Herkunft. Rest. 1969–71.

REALP. Kath. Kirche Heilig Kreuz. Neugot. Bau 1879–80 von Jos. Spalt. Ausstattung aus der Bauzeit, mit Altarbildern von Paul Deschwanden.

KANTON ZUG

Eine jungsteinzeitliche Siedlung befand sich am Nordende des Zugersees, in der Bronzezeit lässt sich zwischen Zug und Cham ein Uferdorf nachweisen. Aus dem 2. Jh. n. Chr. stammen römische Funde im Bereich der Stadt Zug und in Baar. Die zugerischen Grabfunde datieren mit ihren Beigaben die alemannische Landnahme ins 7. Jh. König Ludwig der Deutsche schenkte im Jahre 858 den Hof Cham an die Fraumünsterabtei Zürich. Vom Zürcher Stift kam wohl die christliche Kultur im 9. Jh. ins Zugerland. Im Hochmittelalter ist das Zuger Gebiet unter verschiedene weltliche und geistliche Grundherrschaften aufgeteilt, unter denen die Lenzburger, dann die Kyburger und schliesslich die Habsburger die führende Rolle spielten. Gegen Ende des 12. oder zu Anfang des 13. Jh. erbauten die Grafen von Kyburg die Stadt Zug. Ihr Name dürfte vom mittelhochdeutschen Wort «zuge», der Bezeichnung für eine mit Fischenz ausgestattete Örtlichkeit, herzuleiten sein. Mit der Erschliessung des Gotthardweges um 1200 war für den Italienhandel der Stadt Zürich ein neuer Nord-Süd-Weg geöffnet worden, der über den Zugersee und den Vierwaldstättersee führte. Die junge Stadt Zug erhielt damit ihre strategische und ökonomische Bedeutung, die ihr auf Jahrhunderte blieb. Der Zürcher Bund mit den Waldstätten von 1351 führte zur Einbeziehung Zugs in das urschweizerische Bündnissystem. Die Stadt wurde 1352 von den Eidgenossen erst belagert und dann in den Bund aufgenommen, wobei sie sich aber vorerst die habsburgischen Rechte vorbehielt. 1415 wurde Zug durch König Sigismund reichsunmittelbar erklärt, womit die habsburgischen Rechte erloschen. Zum eidgenössischen Stand Zug gehörte auch das Amt Zug, d.h. die drei alten Landgemeinden Baar, Aegeri und Menzingen, die sich als der Stadt gleichberechtigt betrachteten und dafür mit ihr lange Händel bis ins 18. Jh. austrugen. Die Stadt schuf sich ein eigenes Untertanengebiet durch den Erwerb der Vogteien Walchwil, Hünenberg, Cham, Risch und Steinhausen. In der Reformation hielt die Mehrheit des Volkes zum alten Glauben, und Zug richtete nach der Schlacht bei Kappel 1531 seine Politik nun deutlich nach der Innerschweiz aus. Über dem Streit um die Pensionsgelder aus den fremden Diensten brach der «Harten»- und «Linden»-Handel aus, 1728–36. Aus einem alten Zuger Geschlecht stammte der bedeutendste Historiker der fremden Dienste, General Beat Fidel Zurlauben (1720–99). In der Helvetik (1798–1803) war Zug ein Distrikt des Kantons Waldstätte und seit 1799 dessen Hauptort. Im Kampf um die neue Gestaltung des Bundesrechts stand Zug auf seiten des Sonderbundes. 1848 gab es sich eine neue Verfassung, die 1876 und 1894 revidiert wurde. Im 19.–20 Jh. hat sich das Zugerland aus einer Agrarlandschaft in eine stark industrialisierte Gegend gewandelt.

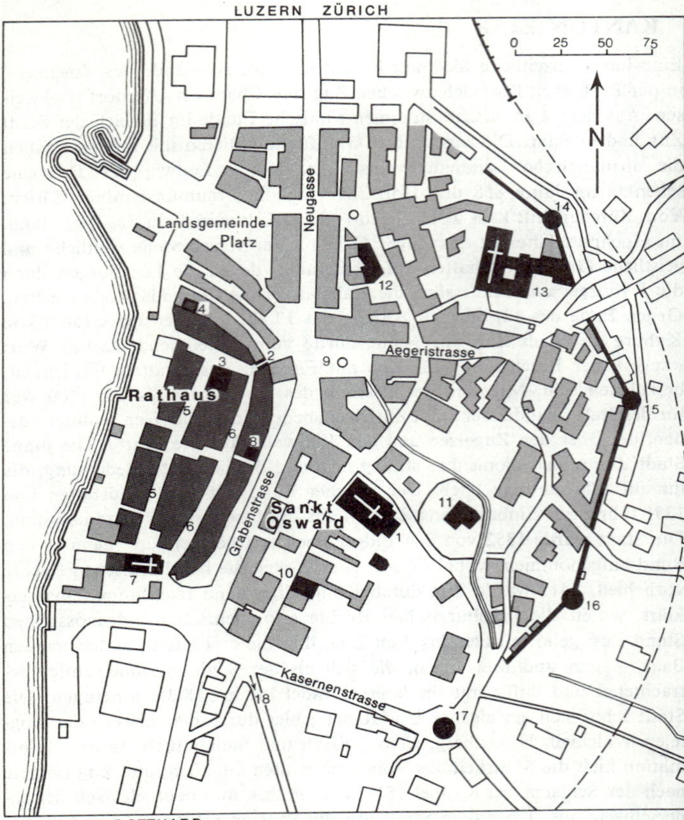

Ortsplan Zug

1. Kath. Kirche St. Oswald. – 2. Zytturm. – 3. Rathaus. – 4. Kaibenturm. – 5/6. Untergasse und Obergasse. – 7. Liebfrauenkapelle. – 8. Schatzturm. – 9. Kolinplatz. – 10. Brandenberghaus. – 11. Burg. – 12. Münz. – 13. Kapuzinerkloster. – 14. Kapuzinerturm. – 15. Knopfliturm. – 16. Huwilderturm. – 17. Pulverturm. – 18. Zurlaubenhof

***ZUG** (Abb. 232–237)

Das 1242 als «oppidum» erwähnte Zug ist eine Gründung der Grafen v. Kyburg. Durch Erbschaft kam die Stadt 1273 an Rudolf v. Habsburg, woraufhin sie ein wichtiger Stützpunkt gegen die Urkantone wurde (Schlacht am Morgarten 1315). Eine 15tägige Belagerung durch die Eidgenossen führte 1352 zum Eintritt in den Bund. In der Reformation blieb die durch den Gotthardverkehr zu wirtschaftlicher Blüte gelangte Stadt katholisch. In der

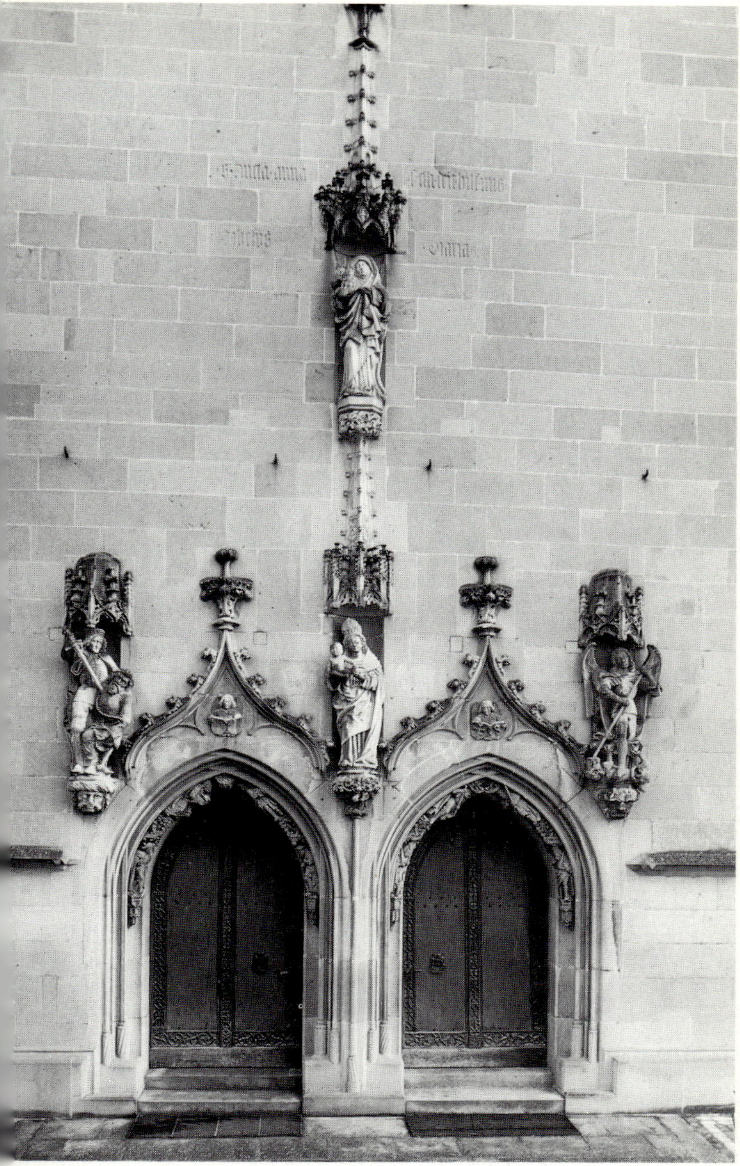

Zug. Kath. Kirche St. Oswald, W-Fassade. Eine der schmuckvollsten spätgot. Kirchen Schweiz. Zweiteilige Königspforte, vor 1500, mit reichem Figurenschmuck (729f.)

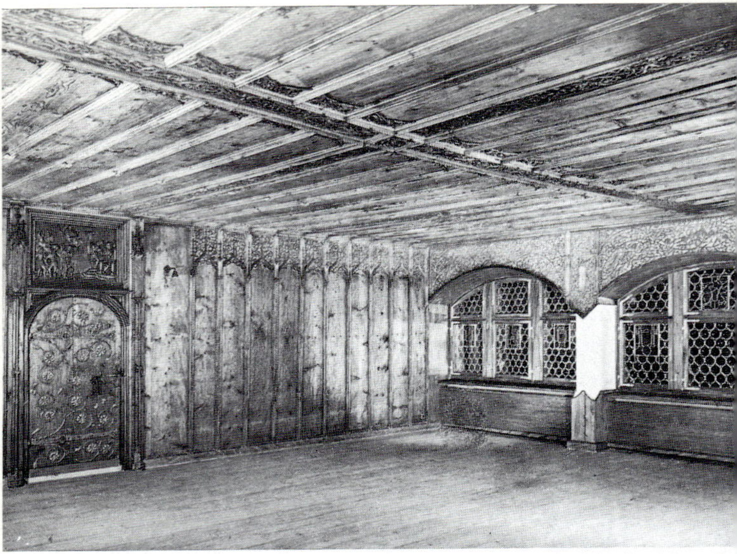

233. **Zug.** Rathaus. Eckhaus mit Treppengiebel an der Hauptfront, erb. 1505. Im dritten St
Ratssaal dat. 1507, einer der schönsten Ratssäle der Schweiz, mit Wand- und Deckentäfer (7

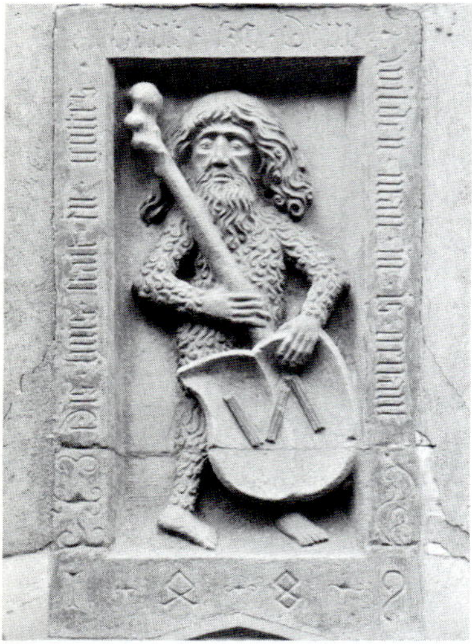

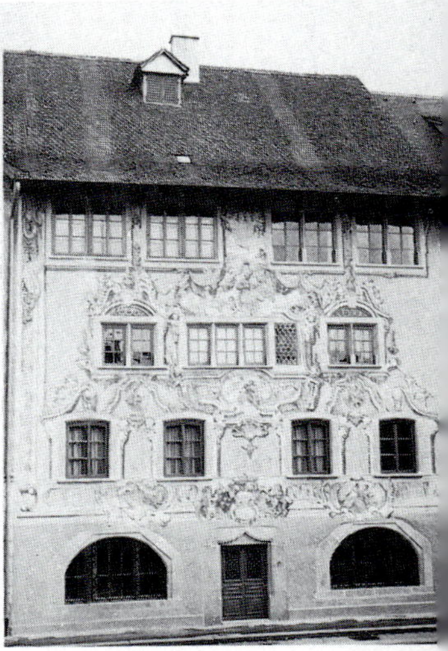

234. **Zug.** Haus zum Wilden Mann. Relief eines wilden Mannes als Hauszeichen und Bekrön
des spätgot. Spitzbogenportals; dat. 1489 (733)

235. **Zug.** Brandenberghaus. Der am Portal 1540 datierte spätgot. Bau 1710 von Johann B
denberg mit hervorragender barocker Fassadenmalerei mit Scheinarchitektur versehen (7

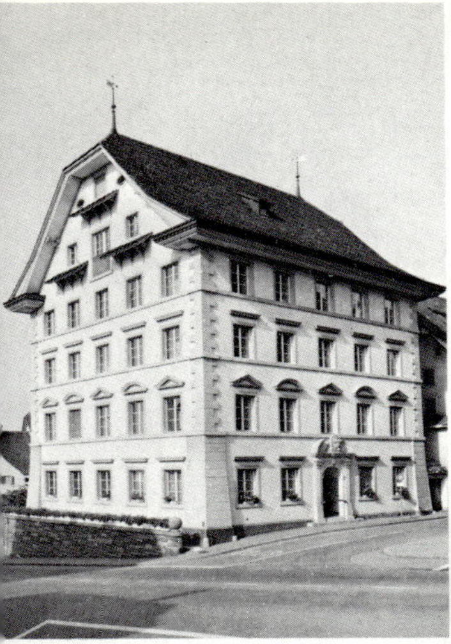

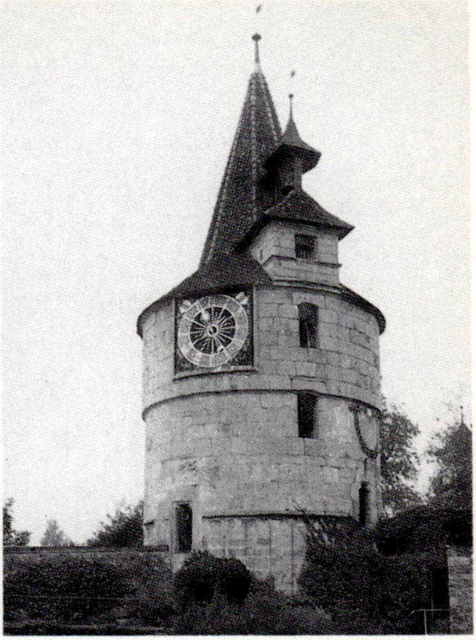

6. **Zug.** Stadtbauamt. Repräsentativer viergeschossiger Barockbau 1710–22 von Franz Knopf-. Portal mit gesprengtem Segmentgiebel, Kartusche mit Zuger Schild dat. 1712 (733)

7. **Zug.** Kapuzinerturm. Grösster Rundturm der Neustadtmauer von 1519–26. Viergeschoser Quaderbau mit eingezogenem Spitzhelm, Zifferblatt von 1664 und Wächterlukarne (734)

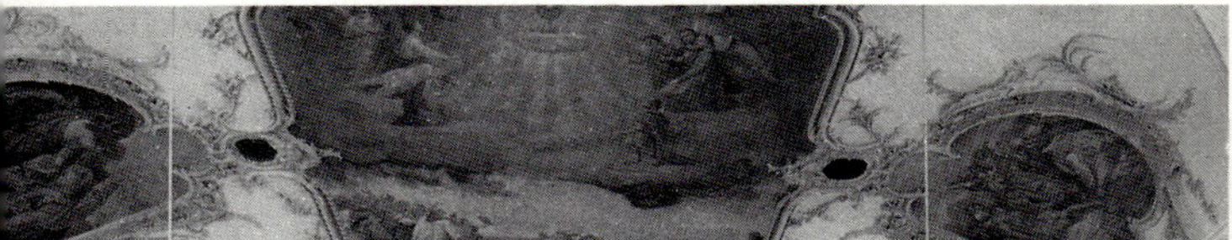

. **Baar.** Kath. Pfarrkirche St. Martin. Im 14.Jh. neuerbaut, 1771–77 barockisiert, 1963–64 t. und verlängert. Deckenbilder 1775, Rokokostukkaturen und 5 Barockaltäre 1774–77 (736f.)

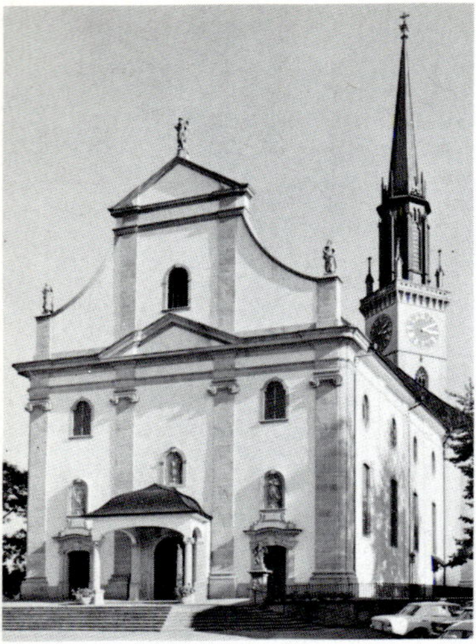

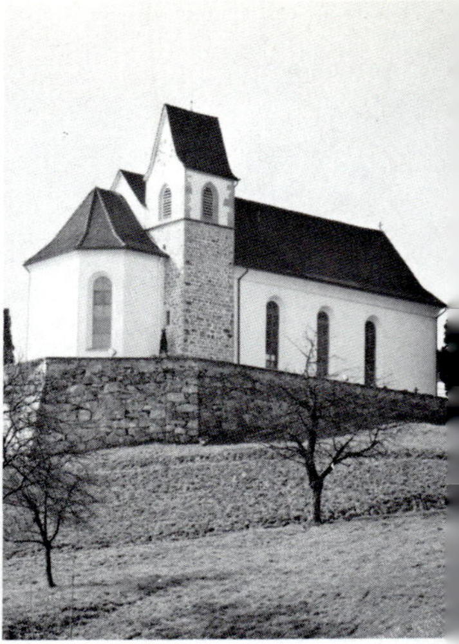

239. **Cham.** Kath. Pfarrkirche St. Jakob. Spätbarockbau 1783–94 von Jakob und Johann An Singer. Der übereck gestellte spätgot. Turm 1493–97, neugot. Nadelhelm 1853 (740f.)

240. **Risch.** Kath. Pfarrkirche St. Verena. Saalkirche mit dreiseitig geschlossenem Chor, neu 1680 unter Einbeziehung des got. Käsbissenturms von ca. 1490 (743)

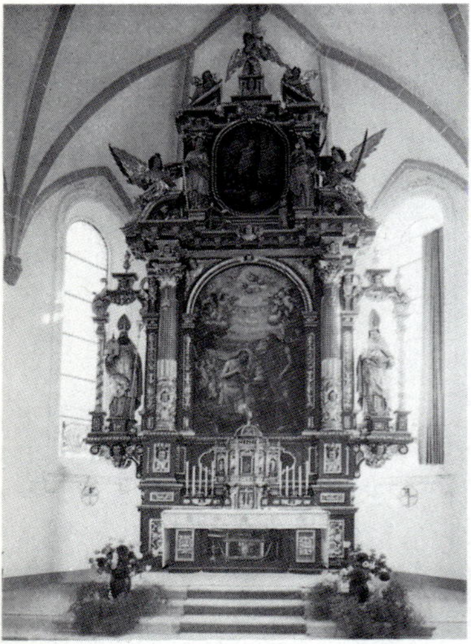

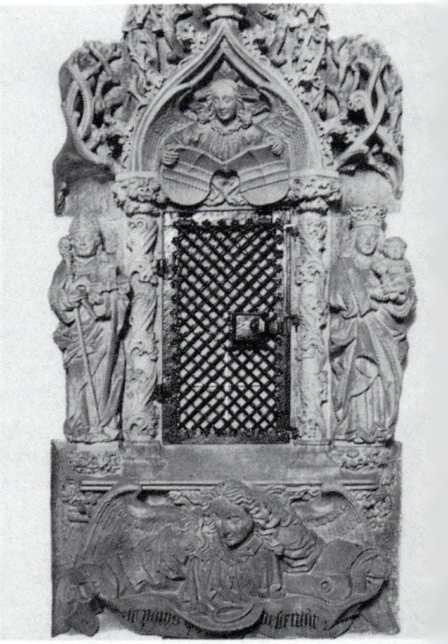

241. **Menzingen.** Kath. Pfarrkirche St. Johann d. T. Neuerb. 1624–25. Hochaltar 1639, mit tuen der Hl. Wolfgang und Konrad; Altarbild (Taufe Christi) von Seraphin Schön (738)

242. **St. Wolfgang.** Kath. Kirche St. Wolfgang. Im Kirchenbau von 1473–75 (Hans Felder d spätgot. Sakramentshäuschen, wahrscheinlich um 1486 von Ulrich Rosenstain (742)

Helvetik Hauptort des Kt. Waldstätte, seit 1803 Hauptort des Kt. Zug. – *Stadtanlage und Befestigung*. Halbkreisförmig am Seeufer gelegene Altstadt mit 2 von urspr. 3 Gassenzügen; die unterste Häuserreihe mit Wehrbauten 1435 im See versunken. Die ehem. Stadtmauer des 14. Jh. ist in ihrem Verlauf zwischen 4 erhaltenen Türmen noch deutlich spürbar (Ortsplan, 2, 4, 7, 8). Eine äussere Befestigung 1478–80 von Hans Felder erbaut, durch Stadterweiterung im 16. Jh. überholt. 1519–30 Einbeziehung von Burg- und Dorfquartier in eine weitgezogene Neustadtmauer, von der zwischen 4 Türmen (Kapuzinerturm, Knopfliturm, Huwilerturm, Pulverturm; Ortsplan, 14–17) einige Mauerzüge erhalten sind. Nördl. Teil der Vorstadt 1887 in den See abgesunken. **Kath. Kirche St. Oswald*** (Ortsplan, 1; Abb. 232). *Nach dem Berner Münster die schmuckvollste spätgotische Kirche der Schweiz* (Joh. Rud. Rahn). Hauptwerk Hans Felders d. Ä., nach Aufzeichnungen von Magister Eberhart (gest. 1497). Grundsteinlegung 1478, Weihe des alten 1schiffigen Langhauses 1480, des Chores 1483; Unterbau des Turmes. Verlängerung des Schiffes mit heutigem Hauptportal E. 15. Jh. Nach Erweiterung zu einem 3schiffigen Langhaus neu geweiht 1511. Erhöhung und Einwölbung des Mittelschiffs um 1545; Ausbau des Turmes mit Spitzhelm 1557 durch Hans Murer; Rest. aussen 1931–35, innen 1962–63. – *Äusseres*. Basilikale Anlage mit eingezogenem Polygonalchor zwischen Turm und Sakristei-Anbau. An der Hauptfront prächtige 2teilige «Königspforte», vor 1500, mit reichem Figurenschmuck: In den Spitzbogenleibungen je 4 Baldachinstatuen, links Hl. Joseph und 3 Könige, rechts Konstantin, Karl d. Grosse, Ludwig d. Hl. und Kaiser Heinrich II.; beide Eingänge durch Kielbogenblenden über wappentragenden Engelbüsten bekrönt, seitlich davon in Baldachinnischen Statuen des Hl. Oswald auf Türkenmaske und Hl. Michael auf Teufelsmaske, in mittlerer Nische eine Muttergottesstatue und darüber auf hoher Fiale Hl. Anna selbdritt. Neben dem Hauptportal kleine «Georgspforte», im Spitzbogenfeld ein Relief des Drachenkampfes, um 1480, in Zweitverwendung. An den schräggestellten Strebepfeilern des Mittelschiffs je 4 spätgot. Baldachinnischen; von den Statuen die 2 unteren E. 15. Jh., die beiden oberen 1711–15; 2 weitere spätgot. Statuen an den gleichfalls diagonal gestellten Eckstreben der Seitenschiffe. Die Statuen der seitlichen Streben des Langhauses zum grössten Teil 1711–15, einige durch Nachbildungen von Giov. Salvadé ersetzt. An den Chorstreben spätgotische Statuen von Ulrich Rosenstain, Maria und die Patrone Oswald, Jost und Heinrich. – *Inneres*. Das nachträglich erhöhte und zu einer 3schiffigen Anlage erweiterte Langhaus ist durch eine hohe Triumphbogenwand vom zu klein wirkenden Chor abgesetzt. Entsprechend den Bauperioden verschiedenartige Netzgewölbe, im Hauptschiff auf Wanddiensten, in den stark isolierten Seitenschiffen auf figürlichen und heraldischen Konsolen. Die Masswerke der Fenster im 18. Jh. entfernt; Glasgemälde im Chor 1935 von Felix Baumhauer. – *Ausstattung*. An den Hochwänden hölzerne Apostelstatuen in Baldachinnischen, vermutlich um 1510, von ungleicher Qualität. Das reichgeschnitzte, spätgot. Chorgestühl um 1484 vollendet, ein kostbares Werk von Ulr. Rosenstain. Ebenfalls im Chor, über dem Turmportal, ein Bild mit Hl. Oswald, Hl. Anna selbdritt und dem Stifter Magister Eberhart, um 1492, vom Maler «im Hof» Luzern (?). Hochaltar und 2 Seitenaltäre von Aug. Weckbecker, 1935–39. Im linken Seitenschiff spätgot. Schnitzaltar von 1520, aus der abgebrochenen Michaelskirche, mit Grablegung in der Predella, Kreuzigungsgruppe im Schrein, Bilder zur Kreuzlegende an den Innenseiten der Flügel; Fialenaufsatz neugotisch. Zu beiden Seiten des

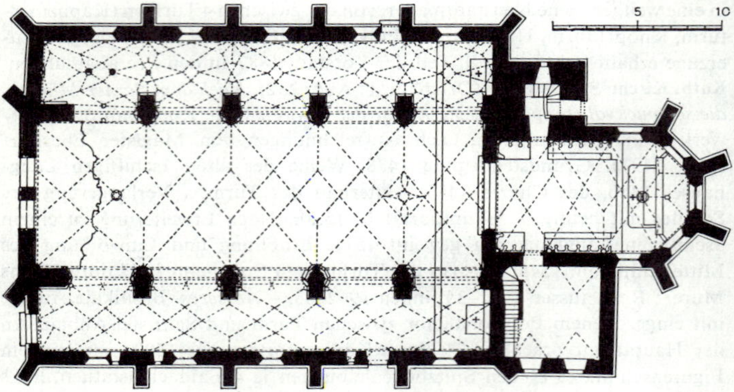

Zug. Kath. Kirche St. Oswald

Choraufstiegs spätgot. Statuen, links Muttergottes, rechts Hl. Michael. Neugestaltung eines Zelebrationsaltars unter dem Triumphbogen 1968. Neben der Jörgenpforte im südl. Seitenschiff St. Oswald vor dem Gekreuzigten, Hauptbild des ehem. barocken Hochaltars; daneben spätgot. Kruzifix, E. 15. Jh. Prächtige Rokoko-Orgel 1764 von Victor F. Bossard; gleichzeitig die Empore mit schön geschnitzter Brüstung. – *Kirchenschatz*. Monstranz 1518; Weihrauchschiff 1611; silberne Büste St. Sebastian 1630; Madonnenbüste 1663 und silberne Statue St. Michael 1687, beide von Joh. Melchior Brandenberg; 2 Barockkelche 1703 von Joh. Ignaz Ohnsorg; grosse Strahlenmonstranz 1706 von Carl Martin Keiser, von demselben Marienstatuette 1698; Statuette des Hl. Joseph 1705 von Hans Georg Ohnsorg; silberne Oswaldstatue 1754 von Joh. Conr. Schalch. – **Beinhaus** oder Mariahilfkapelle, neben der Kirche. Spätgot. Bau mit Polygonalchor und spitzbogigen Masswerkfenstern; neugot. Portal von 1852. Schöne spätgot. geschnitzte Holzdecke von 1535, an den Deckenfriesen origineller Denkspruch auf die Vergänglichkeit des Irdischen; zentrales Deckenbild neu. Zurlauben-Epitaph um 1719 mit gemalten Bildnissen und bekrönenden Statuen der Hl. Beat und Konrad; Wappenkartusche um 1770.

ALTSTADT

Zytturm (Ortsplan, 2). Einst zum innern Mauerring gehörender Torturm, 1478–80 von Hans Felder wahrscheinlich gänzlich erneuert. Wirkungsvoller

Turmabschluss mit Dachreiter über Steildach um 1557 mit glasierten Ziegeln in den Zuger Farben. Nach 4 Seiten grosse Zifferblätter, unter dem der Aussenseite astronomische Uhr 1574 von W. Müller. Über dem Portalbogen Relief Zuger-Rych, dat. 1519. Entsprechend an der Innenseite Engel als Schildhalter, hervorragendes spätgotisches Relief aus der St. Oswald-Kirche, vielleicht von Ulrich Rosenstain. Am seitlichen Strebepfeiler vergitterte Nische mit Pietà des 16. Jh. und Kreuzigungsrelief E. 17. Jh. – *Fischmarkt.* Haus Aklin, neben dem Zytturm. Neuerb. im 2. V. 16. Jh.; reichgeschmückter spätgot. Erker. – Stadthaus (Rathauskeller). Als Amtshaus des Klosters Kappel erb. 1497; Rest. 1950–52. Spätgot. Front mit Staffelfenstern und Treppengiebel. Im verbauten Erdgeschoss spätgot. Tür mit reichem Sturz dat. 1575; versetzte Tür unter Kielbogen. In der sog. Kappelstube spätgotische Balkendecke mit figürlichen Schnitzereien. Im Eckzimmer des 2. Stockes spätgot. Tür mit reichem Beschlag, Wandtäfer und flachgewölbte geschnitzte Balkendecke. – **Rathaus*** (Ortsplan, 3; Abb. 233). Eckhaus mit Treppengiebel an der Hauptfront, erb. 1505. Beide Fronten nach dem System des spätgot. Fensterhauses durch 3teilige, stichbogige Fenster weitgehend aufgelöst; Spätrenaissance-Hauptportal dat. 1617. Die 4 grossen Eingänge zur urspr. als Marktraum dienenden Erdgeschosshalle wurden 1905 durch gute Neurenaissance-Schmiedeisengitter geschlossen; Umbau der Halle 1950–52. Im 2. Stock der Gerichtssaal (Kleine Ratsstube) mit reichem Spätrenaissancetäfer und Kassettendecke mit Malerei von 1724, bemalter Ofen 1699 von David Pfau. Im 3. Stock *einer der schönsten Ratssäle* der Schweiz* dat. 1507. Die Wand- und Deckentäfer prächtig geschmückt durch aufgelegte Schnitzereien von Blumenranken, Weinlaub und Vögeln; über der reichbeschlagenen Türe innen eine Reliefschnitzerei Christus vor Pilatus, aussen Zuger Wappen mit Schildhaltern. – Haus Deschwanden. Schöner spätgot. Erker dat. 1525. – Kaibenturm, am Seeufer (Ortsplan, 4). Durch kleine Wohnhäuser verbauter Wehrturm, vermutlich im 14. Jh. mit der inneren Stadtmauer zur Verstärkung ihrer N-Flanke errichtet; heutiges Walmdach 1630. – Haus Gerbe. Seeseitig an den Kaibenturm angeb. 1773; schönes Portal. – *Untergasse und Obergasse* (Ortsplan, 5, 6). Die beiden Gassen, die grossenteils ihren spätgotischen Charakter bewahrt haben, bilden eine sehr reizvolle städtebauliche Einheit. Ihre meist aus der 1. H. 16. Jh. stammenden Häuser haben z. T. vorkragende Obergeschosse, sie stehen in der Obergasse auf erhöhtem Fusssteig. – Untergasse: Nr. 13, Schwanen. Erb. 1494, im 16. Jh. umgebaut; schönes Portal und Fenster von 1779. – Nr. 14, sog. Sust. Als Kaufhaus und Stadtwaage erb. 2. H. 15. Jh. Im Erdgeschoss 4 rundbogige Tore zwischen spätgot. profilierten Eichenpfosten. Die vorkragenden Obergeschosse um 1925 zu Wohnzwecken umgebaut, Schmiedeisengitter neu. – Nr. 22, Schönbrunnerhaus. Erb. 1521, mit spätgot. Stichbogenportal und Reihenfenstern. – Nr. 24. Das 1563 erneuerte Haus am Tudorbogenportal datiert. – **Liebfrauenkapelle** (Ortsplan, 7). Erstmals erwähnt 1266, vermutlich kurz nach der roman. Stadtmauer entstanden, an die sie angebaut wurde. Der alte Wehrturm wahrscheinlich vor 1300 als Chorturm in die Kirchenanlage einbezogen, mehrmals umgebaut, Walmdach 1.H.16.Jh. Das gotische Langhaus anlässlich der Innenrenov. 1725–28 barockisiert. An der nördl. Längsfront 2 Barockportale 1727 von Joh. Jak. Brandenberg; das hintere Portal als Blickziel der Untergasse reich geschmückt, Madonnenstatue im Sprenggiebel von Ant. Beat Wikart. Einschiffiges Langhaus durch Schmiedeisengitter des 17.Jh. vom höher gelegenen rechteckigen Turmchor getrennt. An den Flachdecken und der Brüstung der Orgelempore 24 Medaillons mit Darstellungen aus dem Marienleben 1725 von Johann Brandenberg, daneben got. Piscina, Altarbilder 2. H. 18.Jh., von Carl Jos. Speck, Joh. Casp. Moos und Casp. Wolfgang Muos. Klassiz. Taufstein mit hölzerner Gruppe der Taufe Christi. In der Sakristei u.a.: Monstranz, 1748 von Carl F. Frey; sog. Richenerkelch 1766 von Franz Michael Spillmann; barockes Weihrauchschiffchen von Hans Georg Ohnsorg. – **Kanonenhaus,** oberhalb des Kapellturms. Spätgot. Tür mit Vorhangbogen an der Obergasse dat. 1548 oder 1578. Nach der Grabenstrasse interessante Wandmalereien, um 1650, mit berittenen Trompetern und Kanonieren; im 18.Jh. wahrscheinlich für Gardeleutnant Brandenberg frei übermalt, renov. 1961. – **Schatzturm** (Ortsplan, 8). Ecke Obergasse-Ankengässli. Stadt- und Bürgerarchiv, ehemals Wehrturm der mittelalterl. Befestigung. Über dem Portal nach der Grabenstrasse Zuger-Rych, Wappenrelief um 1522. Schatzkammer im Erdgeschoss, mit Rippengewölbe von 1565; im Obergeschoss überhöhtes Sterngewölbe. – Ankenhaus. An der Obergasse dem Schatzturm angeb. 1579.

ERWEITERTE ALTSTADT SÜDL. DER AEGERISTRASSE

Kolinplatz (Ortsplan, 9). Nr.4, Kolinhaus. Der gute Frühbarockbau vollendet 1689; im gesprengten Portalgiebel ein schönes Allianzwappen. Spätrenaissance-Täferzimmer mit Kassettendecke und Buffet. – Haus Nr.6. Bildet mit dem anstossenden Kolinhaus die O-Seite des Platzes; erb. 1543, erneuert 1665, Fassadenmalerei E.19.Jh. – Eckhaus Nr.1. Ältester Bestand 1746; als Pendant zum gegenüberstehenden Kolinhaus umgebaut, Aussenfronten modernisiert. Täferzimmer mit Régencebuffet und bemaltem Ofen. – **Gasthof zum Ochsen.** Neuerb. 1544 für Pannerherrn Wolfgang Kolin. Hauptfront mit Treppengiebel über Klebdach, flankiert von diagonal an die Ecken des 3.Geschosses gesetzten Erkern. Im 1.Stock reichgegliederte spätgotische Fenstersäulen, erneuert. – Kolin- oder Lindenbrunnen. Errichtet 1541, Trog 1764; Renov. 1915. Der Fahnenträger auf der Renaissancesäule stellt angeblich Pannerherrn Wolfgang Kolin, Ochsenwirt, dar. – *St.-Oswald-Gasse.* Oswaldbrunnen. Statue um 1664, erneuert 1771. – Nr. 5. Die St. Konradspfründe erb. 1710. Wappenrelief der Zurlauben, vielleicht von Jos. Leonz Brandenberg. – **Kath. Kirche St. Oswald* und Beinhaus** (s. S. 729). – Alter Pfarrhof. Spätgot. Eckhaus mit Giebelfront gegen die Oswaldkirche, erb. E. 15.Jh., die Fassade im 18.Jh. verändert. An der N-Seite ein Spitzbogenportal mit Renaissanceprofil, darüber 2 spätgot. Fenstergruppen. – **Brandenberghaus** (Ortsplan, 10; Abb. 235). Der heutige Sitz der Claver-Sodalität am spätgot. Vorhangbogen des Portals dat. 1540. Hervorragende barocke Fassadenmalerei mit Scheinarchitektur 1710 von Joh. Brandenberg: Über dem Portal Allianzwappen Brandenberg-Zurlauben, seitlich Allegorien des Glaubens und der Hoffnung; über den Stichbogenfenstern des 1. Obergeschosses hochovale Medaillons mit Bildern der Hl. Jakobus und Helena, in der Mitte auf gemalter Erkerbrüstung eine Darstellung der Caritas und über dem Mittelfenster eine Marienkrönung. – **Stadtbauamt**, ehem. Schulhaus (Abb. 236). Monumentaler Barockbau 1710–22 von Franz Knopflin. Gutes Portal mit Wappenkartusche im gesprengten Segmentgiebel, dat. 1712. – **Burg** (Ortsplan, 11). Vor den Mauern der später gegründeten Stadt gelegener «Hof ze Zuge», urspr. Sitz habsburgischer, vielleicht schon lenzburgischer oder kyburgischer Vögte. In der Mitte eines doppelten Berings mit Graben ein quadratischer Turm A. 13. Jh., Palas 13.–14. Jh. durch die Habsburger. Zweiseitig an den Turm angebaut der z. T. auf dem Unterbau einer Schildmauer ruhende mittelalterl. Wohntrakt, der nordwestl. Flügel anlässlich der Umbauten 1555 erhöht. Von der Ausstattung des 16. bis 18. Jh. wenig erhalten, Täfer und Felderdecken, Rokoko-Ofen, Empirezimmer, Fragmente dekorativer Malerei. Restauration und Einrichtung als Museum bevorstehend. – Hof im Dorf, oberhalb der Burg. Hinter Zinnenmauer mit Barockportal das breitgelagerte Herrenhaus 3geschossig über hohem Sockelgeschoss, an einem der beiden Portale dat. 1526; unter den Zurlauben im 17. und 18. Jh. mehrmals umgebaut. In der sog. Schreibstube eine Felderdecke mit farbigen Intarsien, schönes Buffet und im Täfer neun allegorische Bilder 1. H. 17. Jh. Spätestgot. Festsaal im 3. Stock, unterteilt

ERWEITERTE ALTSTADT NÖRDL. DER AEGERISTRASSE

Neugasse. Grosshaus. Stattliches spätgot. Bürgerhaus mit steilem einseitigem Treppengiebel gegen den Weinmarkt. Erb. 1487–91, Obergeschosse 1590; Renov. 1925. An der S-Seite schönes Spitzbogenportal, darüber Wappenrelief mit Steinbock, dat. 1491. Am polygonalen Erker des 1. Stocks Wappen des Hl. Oswald, die Wappen Zug und Genf neu. – Haus zum Wilden Mann (Abb. 234). Spätgot. Spitzbogenportal, darüber als Hauszeichen das Relief eines wilden Mannes, dat. 1489. – Kronenbrunnen. Säule und Figur eines Pannerherrn 1548–49, Trog von 1701, erneuert 1916; Figur Ammann Hans Schwarzmurer (gest. 1517) darstellend. – *Hirschenplatz–Zeughausgasse:* **Münz** (Ortsplan, 12). Eines der originellsten Spätrenaissance-Herrenhäuser der Innerschweiz. Die «Obere Münz», 1580 als Sitz des zugerischen Münzmeisters erbaut, 1604 durch die «Untere Münz» und durch ein Hinterhaus zu einem unregelmässigen Gebäudekomplex mit Innenhof und Laube erweitert. Gedeckte Toreinfahrt an der Zeughausgasse; Portal mit schönem Klopfer, überwölbt durch den Unterbau eines auf 2 Säulen ruhenden spätgot. Erkers. Im Hof interessantes Portal des ehem. Treppenturms dat. 1604, daneben versetzter Sattelstein. Im Erdgeschoss Hauptraum der zugerischen Münz mit unechtem Kreuzgewölbe auf 2 Säulen; Schatzgewölbe und ehem. Münzwerkstatt. Prunkvolles Erkerzimmer im 1. Stock mit spätgot. profilierten Fenstersäulen, Kassettendecke, schönem Täfer und reichgegliedertem Buffet von 1609. Weitere bemerkenswerte Räume des 17. Jh. – **«Gloriettli»**. Ein zur Münz gehörender Rokokopavillon von 3eckiger Grundform, erb.

1772. Im Salon elegante Stuckdecke, bemalte Stofftapete. – Haus Blunschi, Zeughausgasse 21. Umbau 1793; schönes Rokokoportal. – Kapuzinerstiege. Gedeckte Stiege zum Kapuzinerkloster, erb. 1677 von Michael Hiltensperger. **Kapuzinerkloster** (Ortsplan, 13). Erb. 1595–97 von Jost Knopflin, erweitert 1623 und 1671. Neubau der Kirche 1675–76 von Michael Hiltensperger. Rechteckiges, flachgedecktes Schiff und eingezogener Chor mit anschliessendem, gerade geschlossenem Mönchschor. Fassade mit nachgot. Portal von 1595, über dem Vordach eine Nische mit Statue der Hl. Anna selbdritt E. 17. Jh. Drei Spätrenaissance-Altäre; im Hochaltar Bild der Grablegung 1595 von Dionis Calvaert, 1676 durch Anstücken vergrössert, einige Figuren 1863 von Paul Deschwanden dazugemalt, schlecht rest. 1905. Bilder der Seitenaltäre links 1717 von Casp. Wolfgang Muos, rechts 1630 von Casp. Letter d. Ä.; Oberstücke 1776 von Joh. Melchior Wyrsch. Im inneren Chor Kreuzigungsbild von Jak. Warttis dat. 1615. Im Kreuzgang 32 Bilder aus dem Leben des Hl. Franziskus A. 17. Jh. von Jak. Warttis. – Kapuzinerturm (Ortsplan, 14; Abb. 237), oberhalb des Klosters. Grösster und schönster Rundturm der Neustadtmauer von 1519–26. Viergeschossiger Quaderbau; an der Stadtseite ein Zifferblatt von 1664, darüber neben dem stark eingezogenen Spitzhelm eine steinerne Wächterlukarne mit Glockendachreiter. An den Turm anschliessend gut erhaltene Teile der Stadtmauer.

AUSSENQUARTIERE

Postplatz. Postgebäude. In später Neurenaissance erb. 1899–1900 von Theodor Gohl; Dekorationsplastik von Adolf Meyer. – Regierungsgebäude. Erb. 1869 von Joh. C. Wolff. – Kant. Verwaltungsgebäude. Erb. 1915 von Keiser und Bracher. – Sandsteinkruzifix in der Seeanlage von Jos. Leonz Brandenberg 1714, urspr. vor dem Baarertor. – Kantonalbank. Erb. 1956–58 von Leo Hafner und Alphons Wiederkehr; Fassadenplastik von Jos. Rickenbacher. – *Baarerstrasse.* Guthirtkirche. Erb. 1936–37 von Alois Stadler und Walter Wilhelm. – Post. Erb. 1951 von Gottlieb Cordes und Jacques Schader. – Ref. Kirche, Alpenstrasse. Neuroman. Quaderbau 1905–06 von Friedr. Wehrli; Bilder von Eugène und David Burnand. Rest. 1969; gleichzeitig Holzrelief Jesus und die Jünger von Walter Haettenschweiler. – *Chamerstrasse.* Platanenhof. Klassiz. Herrenhaus nach zürcherischen Vorbildern (Conrad Stadler), um 1830. Fassade mit Viersäulenportikus, Giebelgeschoss und Frontispiz über den 3 mittleren Achsen. – Schutzengelkapelle. Erneuert 1804 unter Verwendung des Mauerwerks einer Kapelle von 1644; Rest. 1957. Schiff mit rundgeschlossenem Chor unter steilem Satteldach, Firsttürmchen. Ausmalung des Innern 1805, wohl von Jos. Keller. – *Löbern.* Landsitz Löbern, unweit des Kapuzinerturms. Auf älterem quadratischem Erdgeschoss 2 Obergeschosse und gewalmtes Satteldach von 1641–46. Über einem Fenster der Portalseite Allianzwappen Muos-Knopflin, dat. 1707. – **Loretokapelle.** Erb. 1704–05; Rest. 1957. In offenem Vorzeichen, ausgemalt von Joh. Casp. Moos, über dem Portal eine Nische mit Statue der Virgo Lauretana. Innenraum unterteilt: der Eingang führt zunächst in die kleine Katharinenkapelle, darin 6 Wandbilder zum Leben der Muttergottes und der Hl. Katharina und Barbara A.18.Jh.; im Altaraufbau von 1723 sog. Engelfenster (Fenster der Verkündigung), darüber zwischen 2 Putten ein vergitterter Schrein mit Reliquienkreuz von 1742. Hinter dem Altar die eigentliche Loretokapelle, Nachbildung des laut Legende von Engeln nach Loreto übertragenen Wohnhauses Mariä, mit Imitation der dortigen Freskenreste; durch ein hölzernes Gitter abgetrennt die sog. «Hl. Küche» mit dem «Santo Camino», Nischenstatue der Virgo Lauretana 1706.

Quartier St. Michael. Kirche St. Michael. An Stelle der alten Pfarrkirche von 1360 in neuroman.-frühgot. Formen erb. 1899–1902 von Curjel und Moser. Lünettenbilder der Portale und Wandbilder im Querschiff 1928 von Fritz Kunz. An den Chorwänden Kopien der Fresken von 1465 aus der alten Michaelskirche, jetzt im Schweiz. Landesmuseum. In der Sakristei u.a.: prächtiger Tabernakel aus Schildpatt, mit vielen Statuetten von Franz Schumacher, dat. 1667; spätgot. Monstranz 1568 von Jak. Wulfflin; Barockkelche. – **Friedhofskapelle St. Michael** (Beinhaus). Spätgot. Bau von 1513, geweiht 1515. Die nördliche Seitenfront durch grosse Doppelarkade geöffnet, 3seitig geschlossener Chor; 5 Masswerkfenster. Reichgeschnitzte spätgot. Holzdecke 1516 von Hans Winkler; Freskoreste 1. H. 16.Jh. An der Wand eine spätgot. Totenleuchte auf gewundener Säule. – **Frauenkloster Maria Opferung** (Franziskanerinnen). Konventsbauten 1607–08 von Jost Knopflin, Kirche 1626–29. Im Klosterhof Brunnen dat. 1696 mit Mariensäule. In der Kirche Kabinettscheibe 1603 mit Zurlauben-Wappen; Altarbilder von Paul Deschwanden 1852–54. – **Kapelle St. Verena.** Erb. 1705 nach Plänen von Br. Casp. Mosbrugger; Rest. 1969. Schöner, durchgehend gewölbter Kreuzbau mit Arkadenvorhalle, Dachreiter über dem Chor; die Vierungskuppel in den Dachstuhl einbezogen und durch hohe Laterne belichtet. In den 3 Barockaltären Bilder von Joh. Martin Muos 1708; das Verenabild im Hochaltar kopiert 1821 durch Joh. Casp. Muos. An der Eingangswand 12 Darstellungen aus dem Leben der Hl. Verena, A.18.Jh. von Casp. Wolfgang Muos. Nachgot. Pietà, Kruzifix und Statuen der Apostelfürsten A.18.Jh.; Bildnisse der Familie Brandenberg 17. und 18.Jh., Exvotos.

Quartier Hof. **Zurlaubenhof** (Ortsplan, 18). Stammhaus der Zurlauben, erb. 1597–1621 von Jost Knopflin; Anbauten 1747; Rest. 1970. Dreigeschossiges Herrenhaus mit grossenteils eingezogenem Treppenturm. Am schönen Portal ein Allianzwappen Kolin-Zurlauben um 1747. Interieurs z.T. noch 17.Jh. Prächtiger *Festsaal** von 1621–24 in voller Fassadenbreite, im Spätrenaissancetäfer bemalte Füllungen mit Darstellungen aus der Schweizergeschichte, darüber 63 Porträts der französischen Könige. In den 52 Deckenfeldern Putten mit allerlei Attributen. Spätrenaissance-Cheminée rekonstruiert 1971. Eine gedeckte Überführung verbindet das Herrenhaus mit der 2geschossigen Loggia von 1736 und dem gleichzeitigen «Weissen Saal» des 1645 erbauten Pächterhauses, darin Panneaux des 18.Jh. Durch eine weitere Galerie mit dem Herrenhaus verbunden die freistehende Konradskapelle von 1623. Qualitätvoller Altar 1705 wohl von Jos. Leonz Brandenberg, Altarbild M.18.Jh. von Carl Jos. Keiser. Mehrere Epitaphien der Familie Zurlauben; schöne nachgot. Emporenbrüstung. – Haus zum Frauenstein, Hofstrasse.

Erb. 1615, Umbauten um 1700. Über dem Portal gutes Madonnenrelief dat. 1700. – Bürgerspital. Kapelle; Kreuzigungsbild 1935 von Fritz Pauli.

WALCHWIL–BAAR–OBERÄGERI

OBERWIL. Kath. Kirche Hl. Bruder Klaus. Erb. 1956 von Hanns A. Brütsch. Im zeltförmigen Raum Wandgemälde 1957–59 von Ferd. Gehr. – Kapelle St. Nikolaus. Kernbau 1467, Umbauten 1619, Vorzeichen 1730 von Joh. Jak. Brandenberg. Einfache Anlage mit Dachreiter auf dem Polygonalchor. Rokokostukkaturen um 1770, Joh. Georg Scharpf und Ant. Klotz zugeschrieben; klassiz. Ausstattung 1811. Am Hochaltar Statuen der Hl. Petrus und Oswald von Joh. Leonz Brandenberg, Altarbild 1716 von Joh. Brandenberg; Bilder der Seitenaltäre von Paul Deschwanden. – Sanatorium Franziskusheim. Erb. 1925 von Keiser und Bracher, erweitert 1931 durch Emil Weber. In der Kapelle Barockaltar M. 17. Jh., aus dem ehem. Kapuzinerkloster Baden. – Kapelle St. Karl Borromeo, an der Strasse nach Zug. Erb. 1637–38, mit polygonalem Turmaufsatz auf dem Sakristei-Anbau. Im Innern Rokokodekorationen, die Chorwände 1955 von Gerhard Utinger ausgemalt. Die Kapelle gehört zum Salesianum, vormals St. Karlshof. Das ehem. Herrenhaus umgeb. 1750, Pächterhaus 1769, neuer Flügel 1909.

WALCHWIL. Kath. Pfarrkirche St. Johannes d. T. In Anlehnung an die Kirche von Arth erb. 1836–38 von Joh. Baptist Hürlimann; Rest. 1960. Über Freitreppe ein Portalvorbau mit gebrochenem Zeltdach. N-Turm mit Kielbogenwimpergen, welscher Haube und Laterne. Abschluss 1941 verändert. Vierjochiges Langhaus, der 2jochige Chor mit fensterlosem flachem Polygonalschluss um die Breite der Sakristeien eingezogen, über den Sakristeien eine Chorgalerie. Stukkaturen in Louis-XVI- und Empireformen, von Joh. Jos. Mosbrugger; Deckenbilder von Jost Troxler. Klassiz. Altäre z. T. verändert; am Hochaltar Bild der Kreuzigung von Jak. Keller; an den Seitenaltären die ursprünglichen Statuen und das Bild Tod des Hl. Joseph. Auf der Doppelempore schöner Orgelprospekt aus den 1860er Jahren. In der Sakristei: Nachgot. Turmmonstranz 1. H. 17. Jh. von Hans Melchior Eschenbacher; sog. Steinerkelch, spätgot., dat. 1520. – Ref. Kirche. In schöner Aussichtslage erb. 1963–64 von Hanspeter Ammann. – Kapelle St. Anton, im Oberdorf. Einfacher gratgewölbter Bau von 1684 mit eingezogenem Chor und Dachreiter; Vordach neu. Barockaltar mit Statue des Hl. Wendelin aus der Bauzeit.

BAAR. Kath. Pfarrkirche St. Martin (Abb. 238). Durch Grabungen eine frühmittelalterl. Anlage nachgewiesen, vielleicht um 700; ein 2. Bau für 876 überliefert. Heutige Kirche im 14. Jh. neuerbaut, 1771–77 barockisiert und durch runden Chorschluss umgestaltet; anlässlich der Rest. 1963–64 das Schiff verlängert. An der N-Seite des Chores monumentaler Glockenturm in roman. Formen, auf dem Kreuzgiebel wuchtige Barockhaube von 1671. Im weiten hellen Kirchenraum gute Deckenbilder 1775 von Ant. Schuler, Rokokostukkaturen von Joh. Georg Scharpf und Ant. Klotz; an der nördlichen Schiffswand spätgotische Malereien um 1500. Im eingezogenen Chor ausserordentlich qualitätvolles Wandbild von 1584; das spätgotische Sakramentshäuschen teilweise ergänzt. Die Kanzel und 5 gute Barockaltäre 1774–77 von Joh. Georg Scharpf und Ant. Klotz; im Hochaltar eine eindrückliche Figurengruppe der Krönung Mariä, vermutlich 1622 vom alten Hochaltar, Apostelgruppe und seitliche Figuren 2.H. 17.Jh. Kirchenschatz: Got. Reliquienkreuz E. 14.Jh.; spätgot. Turmreliquiar 15.Jh.; prächtige Rokokomonstranz von Fidel Brandenberg. – Friedhofskapelle St. Anna, südl. neben der Kirche. Das spätgot. Schiff mit überhöhtem Dachgeschoss und Dachreiter erb. 1507, Polygonalchor 1. H. 17.Jh.; Rest. innen 1948, aussen 1970. An der nördl. Seitenfront über 2 vermauerten Fenstern ein Wandbild 1.H. 16.Jh., ikonographisch interessante Darstellung der Legende von den dankbaren Toten, Prasser und Lazarus; schlecht rest. 1933. Im Innern schöne geschnitzte Holzdecke von 1508. Spätgot. Flügelaltar mit St. Anna selbdritt und Nothelfern, in der barocken Bekrönung St. Michael als Seelenwäger. Ausgezeichnete lebensgrosse Holzstatue des kreuztragenden Christus um 1400, ferner ein spätgot. Kruzifix. Rest des Chorgestühls aus der got. Pfarrkirche 2.H. 14.Jh. An der N-Wand spätmittelalterl. Pilgerinschriften u.a. mit Savoyer Wappen. – Rathaus. Schöner Fachwerkbau in der Strassenachse zum Kirchturm. Erb. 1676; Renov. 1904, Freitreppe neu. In der Gemeindestube Glasmalereien von Adolf Booser. – Fellmann-Denkmal, am Kreuzplatz. Figur eines Jodlers 1958 von Aug. Blaesi, zur Erinnerung an den Jodlerkomponisten Robert Fellmann. – Schutzengelkapelle, am Portal dat. 1666. Altar aus der Bauzeit z.T. erneuert, Altarbild 1852 von Franz Zürcher. – Heiligkreuzkapelle, an der Strasse nach Zürich. Die ehem. Wilgefortiskapelle neuerb. 1777 von Martin Elgass. Vorzeichen mit weitgespanntem Korbbogen, Schiff und leicht eingezogener Chor unter einem Dach, Dachreiter. Barockaltar aus dem älteren Bau von 1738. – Fabrikgebäude der Spinnerei Henggeler. Die beiden Gebäudetrakte von 24 Fensterachsen erb. 1852–57, interessantes Beispiel früher industrieller Architektur in der Schweiz; nach dem Zweiten Weltkrieg durch Umbau verändert. – Ref. Kirche. In neugot. Formen erb. 1866–67 von Ferd. Stadler.

INWIL. Kapelle St. Sebastian. Erb. 1581 zur Erinnerung an den 2. Kappelerkrieg, an Stelle des katholischen Feldlagers. Spätgot. Bau mit eingezogenem Polygonalchor und Dachreiter. Holzdecke 1583 von Jörg Weber; gute Gemälde am Chorbogen A. 18.Jh. Rokoko-Altar mit Marienstatue.

WALTERSWIL. Internatsschule. Das Hauptgebäude als Badehaus des einst vielbesuchten alten Bades erb. ab 1692 von Joh. III Mosbrugger; am Barockportal Wappenrelief der Abtei Wettingen. In der 1903 erbauten Kapelle Rest der Ausstattung der einstigen Badkapelle; das Hochaltarbild Mariä Krönung 1699 von Jos. Carl Studer, jetzt im Schulgebäude.

NEUHEIM. Kath. Kirche Mariä Geburt. Neuerb. 1504, 1663–64, erneuert 1806; Rest. innen 1965, aussen 1972. An der N-Seite des Polygonalchores der got. Turm mit Spitzhelm, im Erdgeschoss ein Rippengewölbe von 1504. Unter Vorzeichen schönes Kirchenportal mit geschnitzter Rokokotüre von 1797. Deckenmalerei 1806 von Joh. Casp. Moos; Hochaltarbild von Paul Deschwanden. – Friedhofskapelle, erb. 1724, rest. 1972. – Wegkapelle St. Wendelin, Hinterburg. Qualitätvolles Renaissance-Altarbild, frühe Kopie des Toten Christus von Hans Holbein.

SCHÖNBRUNN. Kapelle St. Bartholomäus. Spätgot. Anlage mit kurzem Polygonalchor, dessen steiles Dach allmählich in das quadratische Chortürmchen übergeht. Anlässlich der Renov. 1913–14 neue gotisierende Holzdecke nach Entwurf von Robert Durrer. Neugot. Altäre mit Altarbildern von Xaver Zürcher 1864, im Hochaltar Statuen der Apostelfürsten vom barocken Hochaltar, in der Predella spätgot. Pietà A. 16. Jh. – Ruine Wildenburg, am früheren Weg von Baar nach Menzingen, auf einem Felsen über der Lorzeschlucht. Die mit den Edlen v. Hünenberg verwandten Herren v. Wildenburg treten im 12. Jh. auf, ihre um 1200 erbaute Burg wurde nach andauernden Fehden mit der Stadt Zug vermutlich im 14. Jh. zerstört. Reste eines runden Bergfrieds, 1938 samt dem Bering freigelegt und konserviert.

MENZINGEN. Kath. Pfarrkirche St. Johann d. T. (Abb. 241). Neuerb. 1624–25, an Stelle einer spätgot. Kirche von 1480. Von der alten Kirche der Turm; Aufstockung mit Kreuzgiebel und Spitzhelm 1600. Im Vorzeichen ein rustiziertes Rundbogenportal mit reichgeschnitzten Renaissancetürflügeln. Das weiträumige Schiff in Louis-XVI-Formen stuckiert 1793, gleichzeitig die Deckenbilder von Jos. Keller. Eingeschobene W-Empore 1960. Im eingezogenen Polygonalchor die spätgot. Gewölberippen des älteren Baues von 1480 wiederverwendet; figürliche Konsolen und Schlusssteine um 1637. Grosser Hochaltar von 1639, ein vorzügliches Werk der Spätrenaissance, mit Statuen Hl. Wolfgang und Konrad; qualitätvolles Altarbild der Taufe Christi, von Bruder Seraphin Schön. Klassiz. Seitenaltäre; weitere Ausstattungsstücke wie Chorbogengruppe und Chorgestühl aus der Bauzeit. Anlässlich der Innenrenov. 1960 gute Kabinettscheiben, im Schiff von Aug. Frey, im Chor von Hugo Sander. In der Sakristei u. a. originelle Rokokomonstranz von Hans Georg Ohnsorg. – Friedhofskapelle St. Anna (Beinhaus). Portal seitlich dat. 1512; Dachreiter anlässlich der Renov. 1879. Gutes Barockaltärchen um 1700 mit spätgot. Statue der Hl. Anna selbdritt um 1530; Ölberggruppe A. 17. Jh. – Post und Gasthof Löwen. Holzhaus 17. Jh.; Renov. 1902. – Institut Hl. Kreuz. Als Lehrschwesterninstitut gegründet 1844 vom bedeutenden Sozialreformer Pater Theodosius Florentini (1808–65); älteste Bauteile von 1879–81 und 1890–92. Kuppelbekrönte Kirche erb. 1895–97 von Aug. Hardegger. Mächtiger Neubau des Instituts 1931 von Ant. Higi; am Portal und in der Vorhalle Plastiken von Alfons Magg; in der Kapelle Altar von Arnold Stockmann und Scheiben von Albin Schweri. Neues Seminar «Bernarda» mit Kirche 1958 von der Architektengemeinschaft Hanns A. Brütsch, Alois Stadler, Leo Hafner, Alphons Wiederkehr. Altarraumgestaltung Jos. Rickenbacher. – Wallfahrtskapelle St. Wendelin im Stalden. Erb. 1597; hölzernes Vorzeichen und neue Ausstattung 1750. – *Weiler Finstersee.* Kath. neugot. Kirche. Erb. 1868–84 von Wilh. Keller; spätgot. Gnadenbild.

Kloster Gubel. Die Kirche zur Erinnerung an die siegreiche Schlacht der Katholischen Orte gegen die Reformierten (1531), als Wallfahrtskapelle erb. 1556; nach Brand neuerb. 1781 von Martin Elgass. Neubau eines Kapuzinerinnenklosters 1843–47; Kirchenrenov. 1961. Schöne Kirche nach dem Purtschert-Schema, d. h. ausgerundeter Übergang vom Schiff zum eingezogenen Chor, diagonalgestellte Seitenaltäre. In Rokokostukkaturen ein hist. aufschlussreiches Deckenbild der Schlacht am Gubel, wohl von Carl Jos. Speck d.Ä., vermutlich Wiederholung eines älteren, beim Brand zerstörten Bildes von 1758 des gleichen Malers. An den Wänden des Schiffs 2 Leinwandbilder mit den Gnadenbildern von Einsiedeln und Innsbruck. Glasgemälde 1954 von Albert Hinter. – Gasthof. Blockhaus mit umlaufendem Klebdach dat. 1779.

ALLENWINDEN. Wallfahrtskapelle St. Wendelin. Neuerb. 1697–99 durch den Kapuziner Pater Marquard Imfeld. Einfacher Bau mit 3seitig geschlossenem Chor, S-Turm mit Spitzhelm. Hochaltar spätbarock, Seitenaltäre spätklassizist.; Altarbilder 1844 von Paul Deschwanden.

UNTERÄGERI. Kath. alte Pfarrkirche Maria Immaculata. Erb. 1718–19. An der Hauptfront eine Arkadenvorhalle, der Turm seitlich davon im Unterbau 1511, mit barockem Abschluss von 1754. Langhaus und gleich breiter, gerade geschlossener Chor. Klassiz. Stuckdekoration von 1806, die gleichzeitigen Deckengemälde Jos. Ant. Messmer und Jos. Keller zugeschrieben. Von 5 barocken Altären 3 im Chor; Kanzel um 1700. – Kath. Pfarrkirche Hl. Familie. Eindrucksvoller neugot. Bau 1857–60 von Ferd. Stadler, Fassadenplastiken 1882 von Ludw. Keiser; Rest. 1964–66. Neben dem eingezogenen Polygonalchor ein hoher Turm mit Spitzhelm. Im Innern Netzgewölbe; Stationen von Aug. Blaesi, Glasmalerei von Hans Schilter. Schöne Barockmonstranz 1730 von Joh. Heinr. Büeller, Geschenk Ludwigs XV. – Schulhaus. Erb. 1848, mit ornamentiertem Dreieckgiebel auf Mittelrisalit. – *Weiler Mittenägeri.* Kapelle Hl. Dreifaltigkeit. Erb. 1705, renov. 1824. Deckenbild im Schiff Schlacht am Gubel und interessantes Wandgemälde, darstellend Christian Iten und seine Getreuen vor der Schlacht, 1845 von Wilh. Moos.

OBERÄGERI. Kath. Pfarrkirche St. Peter und Paul. Turm 1518–21 über roman. Unterbau von 1226, Kuppelspitzhelm mit Wasserspeiern 1765 von Joh. Heinr. und Jak. Ulr. Grubenmann. Neugot. 3schiffige Kirche erb. 1906–08 von Aug. Hardegger; Chor und Chorbogen von der alten, Hans Felder d.Ä. zugeschriebenen Kirche von 1492. Aus dem Vorgängerbau auch das Sakramentshäuschen mit einfacher Blendmasswerkbekrönung und gutem Gitterwerk; mehrere qualitätvolle spätgot. Statuen aus 3 Flügelaltären. Altarbilder 1909 von Jos. Heimgartner, von demselben biblische Darstellungen an der Holzdecke des Mittelschiffs. Unter der Empore Ratsherrenstühle wohl 1782. In der Sakristei: Grosse Monstranz mit reichem Figurenschmuck, 1727 von Franz Thaddäus Lang, Geschenk Kaiser Karls VI.; «Rinderli-Kelch» mit Emailmedaillons, 1706 von Hans Peter Staffelbach. – **Beinhaus St. Michael.** Geweiht 1496; Chörlein im $^{3}/_{6}$-Schluss mit kleinen Masswerkfenstern. Neben der W-Türe roman. Sandsteinrelief, Agnus Dei, vermutlich aus der alten Pfarrkirche. Geschnitzte Holzdecke von 1497, stark erneuert 1892. Spätgot. Wandmalereien um 1497, Nothelfer und andere Heilige; Rest. 1933. Eigenartiges ehem. Altarbild 1677 mit allegorischen Szenen zu einem Totentanz; Kreuzigungsgruppe 17. Jh. – Sandsteinkruzifix, auf dem Friedhof. Vermutlich von Jos. Leonz Brandenberg 1. V. 18. Jh. – Haus Ammann Jak.

Nussbaumer-Zurlauben. Dat. 1574, mit spätgot. Kielbogentür; Umbau im 17. und 19. Jh. Zimmer mit einfachen Kassettendecken; klassiz. Turmofen. – Kapelle und Einsiedelei St. Jost, östl. Oberägeri. Schiff mit Vorzeichen und eingezogener quadratischer Chor 17. Jh.; Portal 1653, Altar M. 18. Jh.

HAUPTSEE. Kath. Kirche St. Veit. Neuroman. Bau 1896–97 von Baumeister Hörbst. Ausstattung aus der Bauzeit: Glasmalereien nach Entwürfen von Rud. Blättler; Hochaltarbild von Meinrad Iten; Altarbild links von Paul Deschwanden, rechts von Rud. Blättler.

MORGARTEN. Schlachtdenkmal. Zur Erinnerung an den Sieg der Waldstätte Schwyz, Uri und Unterwalden über die Ritter Herzog Leopolds I. von Österreich am 15. November 1315. Aus Nagelfluhquadern gebildeter Baldachin 1906–08 von Robert Rittmeyer; Relief eines Steinwerfers von Hermann Haller. – Schlachtkapelle (s. S. 588).

CHAM–FRAUENTHAL–RISCH

STEINHAUSEN. Kath. Pfarrkirche St. Mathias. Turm mittelalterlich, mit Ausnahme des 8eckigen Abschlusses mit Zwiebelhelm. Dreiseitig geschlossener Chor erb. 1699, neubarockes Schiff mit Vorhalle unter Wiederverwendung alter Elemente 1913 von Keiser und Bracher. Von den urspr. 3 Barockaltären M. 18. Jh. wurden die Seitenaltäre entfernt bei liturgischer Neugestaltung des Innern. Deckenmalerei 1914 von Jos. Heimgartner. In der Sakristei nachgot. Turmmonstranz, Zug 1639; spätgot. Votivkelch, gestiftet 1520. – Beinhaus erb. 1610–11. – Sog. Schloss, Haus des Landammanns Meier. Unterbau 1550 und A. 17. Jh., mit wappengeschmückten Portalen; Aufbau mit Walmdach um 1868. – Brunnen, neben dem Pfarrhof. Trog dat. 1579, Brunnensäule 1560 vom ehem. Zuger Dorfbrunnen.

CHAM. Kath. Pfarrkirche St. Jakob (Abb. 239). Bedeutender Spätbarockbau 1783–94 von Jak. und Joh. Ant. Singer; Aussenrenov. 1963–64. Fassade mit ion. Kolossalordnung, Frontispiz und Statuenschmuck; Satteldach. Hinter dem Chor der übereck gestellte, weithin sichtbare spätgot. Turm der älteren Kirche von 1493–97, neugot. Nadelhelm 1853 von Ferd. Stadler. Kirchenraum nach dem Bauschema der Singer gegliedert: breites vierjochiges Langhaus mit flacher Tonnenwölbung und vortretendes Querhaus fügen sich mit dem durch diagonal geordnete Altarnischen verbundenen Chor zu einer saalartigen Einheit von ausserordentlich harmonischen Verhältnissen. Ausgezeichnete frühklassiz. Stukkaturen, Peter Ant. Mosbrugger zugeschrieben; Deckenbilder 1785 von Jos. Keller und Jos. Ant. Messmer. Im spätbarocken Hochaltar ein Bild des Gekreuzigten von Jos. Reinhart, Maria und Johannes 1867 von Paul Deschwanden hinzugemalt; in den Seitenaltären Bilder von Paul Deschwanden. Kanzel Louis XVI. Klassiz. Orgelprospekt 1812, vorzügliches Werk von Franz Jos. Bossard, rest. 1968–69. Im linken Querschiff Steinsarkophag mit roher Reliefdarstellung eines auf der Pilgerfahrt nach Einsiedeln verstorbenen Bischofs aus den Niederlanden (d.h. aus einem fernen Land), Kopie des 17. Jh. nach einer Grabplatte des 12. Jh. In der Sakristei u.a. spätestgot. Turmmonstranz, Zug 1608; kombiniertes Ziborium und Ostensorium 17. Jh.; grosse klassiz. Strahlenmonstranz

E. 18. Jh. von Carl Amade Spillmann. – Ref. Kirchlein. Erb. 1916 von Emil Schäfer; Schnitzereien der Kanzel von Carl Fischer, Taufstein von Hans Markwalder. – Schloss St. Andreas, auf einer Landzunge am Zugersee. Die 1282 erstmals genannte Burg hat sich aus einem früh- oder vorgeschichtlichen Refugium entwickelt. Als Lehen der Freiherren v. Wolhusen und der Herzöge von Österreich im Besitz der Edlen v. Hünenberg. Nach dem Übergang an die Stadt Zug 1406 mehrere Erweiterungen und Umbauten; Wiederaufbau der verfallenden Gebäude 1533, Umbau für Franz Fidel Landtwing 1755; eingreifende Renov. und Umbau 1908. Unregelmässige rundliche Anlage mit z. T. erhaltenen Aussenmauern. Der 4eckige Turm östl. des Schlosses 1. H. 14. Jh., urspr. niedriger. – **Kapelle St. Andreas,** neben dem Schloss. Erb. 1488–89, eine einfache kleine Anlage mit rechteckigem Chor; der seitliche Turm erhöht 1668, mit Käsbissen. Barockisierung 1675, gleichzeitig Anbau der unregelmässigen Portalvorhalle. Im Innern spätgot. Wandbilder aus der Bauzeit. Anlässlich der Rest. 1943 Reste eines frühmittelalterl. Vorgängerbaus freigelegt, Krypta zugänglich.

NIEDERWIL. Kapelle St. Mauritius. Erb. 1843; Schiff mit eingezogenem Chor nach dem Schema der spätbarocken Luzerner Landkirchen. Drei Empire-Altäre und Kanzel; Hochaltarbild 1849 von Xaver Zürcher.

FRAUENTHAL. Zisterzienserinnenkloster. Gegründet 1231 durch Udalrich v. Schnabelburg und Ludwig III. v. Froburg. Vierflügelige geschlossene Klosteranlage, entsprechend den Vorschriften des Ordens in abgeschiedener Lage in einer Schleife der Lorze. – *Klosterkirche.* Erb. 13. Jh., mit Dachreiter und schönem hochgot. Chorfenster; umgeb. 1616 von Heinr. Huber, mit seitlichem Turm (heutiger Turmabschluss nach Blitzschlag 1769); umgeb. 1731 von Jost Bernhard Lips. Erhält 1776–77 durch Jos. Georg und Jak. Scharpf und Ant. Klotz den Charakter einer Saalkirche; Rest. 1972. Aus Schiff und gerade geschlossenem Chor bestehender, flachgewölbter Einheitsraum mit 6 Fensterachsen, die beiden Raumteile nur durch das Chorgitter getrennt. Im Fenstergeschoss der S-Wand öffnen sich 4 ungleiche Arkaden zu einem Emporengang; vor der Portalwand auf 4 Säulenpaaren die tiefe Nonnenempore mit Chorgestühl um 1730–40 (1972 z. T. abgebrochen und Gestühl in den Chor verlegt) und Orgelprospekt von 1851–52. Stuckierung anlässlich des Umbaus, Deckenbilder 1868. Die Kanzel und Altäre 1777 von Ant. und Jos. Klotz; die Seitenaltäre diagonal gestellt, im rechten Seitenaltar eine Pietà um 1400. In der Sakristei spätgot. Sakramentshäuschen; schönes Vortragekreuz aus Achat mit Kruzifix aus dem E. 14. Jh.; originelle gotisierende Monstranz mit 9 Silberstatuetten von Melchior Maria Müller dat. 1672. – Zugang zu den *Klostergebäuden* durch den Torbogen des 1609 von Jost Knopflin isoliert erstellten Beichtigerhauses. Im Hof barocker Brunnen, Trog 1665, Statue der Hl. Agatha 1669. Reste der mittelalterl. Anlage im 1635 erbauten W-Flügel erhalten. Die S- und O-Flügel sowie der Kreuzgang 1696–98 von Joh. III Mosbrugger erbaut. Im W-Flügel beachtenswertes «Redstübli», mit Sprechgitter aus dem 1. V. 17. Jh., Felderdecke, reichintarsiertem Renaissancetäfer, Buffet und eingebauter Gutsche (Kanapee) dat. 1637.

ST. WOLFGANG** (Abb. 242). Der ehem. Wallfahrtsort, in einer ehem. Exklave der Stadt Zug westl. Cham, war A. 16. Jh. wegen seiner abgelegenen Lage ein Treffpunkt konspirierender Reisläufer. – **Kath. Kirche St. Wolfgang (Abb. 242). *Das Sakramentshäuschen zählt zu den schönsten Werken spätgot. Bildhauerei in der Schweiz.* Kirchenbau 1473–75, frühestes bekanntes Werk von Hans Felder d.Ä.; Rest. 1949. Einfache, aber gut proportionierte Anlage mit Käsbissenturm nördl. des strebenverstärkten Polygonalchores. In der jüngeren Vorhalle sowie an den Längsseiten reichprofilierte Spitzbogenportale, kopiert 1905. Im flachgedeckten Schiff Nachbildung der spätgot. Holzdecke von Mettmenstetten 1949 von Louis Schiess. Im Chor reiches Netzgewölbe mit heraldisch dekorierten Reliefschlusssteinen. Das prächtige *Sakramentshäuschen** wahrscheinlich von Ulr. Rosenstain um 1486 in der Art einer got. Monstranz aufgebaut: das von Maria und St. Wolfgang flankierte Gehäuse ruht auf einem kurzen, von einem Löwen getragenen gedrehten Pfeiler, über dem als Atlant eine Engelsbüste mit Spruchband erscheint; über dem Gehäuse Engel mit Zuger Doppelschild in einem Kielbogen, auf der Kreuzblume Christus als Schmerzensmann unter hohem Astwerkbaldachin. Glasmalerei der Chorfenster von Aug. Wanner. Anlässlich der Rest. 1949 Freilegung von spätgot. Wandbildern, Wolfgang-Zyklus. Reichgeschnitztes spätgot. Chorgestühl von Ulr. Rosenstain dat. 1486; nach dem Original im Schweiz. Landesmuseum Zürich kopiert von Louis Schiess (rechts) und J. Lichtenstern (links). In der Sakristei gutes spätgot. Vortragekreuz E. 15. Jh., mit Zutaten des 17. und 18. Jh.; got. Sakristeischrank.

HÜNENBERG. Burgruine. Ehem. Stammsitz des gleichnamigen Rittergeschlechts, Lehensträger der Habsburger. Anlässlich des Sempacherkrieges 1386 zerstört; ausgegraben und gesichert 1948. – Weinrebenkapelle. Erb. 1770–71; Renov. 1924–25. Einfacher Bau mit Vorzeichen unter Walmdach und Dachreiter. Im 2achsigen Schiff und polygonalen Chor gute Rokokostukkaturen, 1924 farbig gefasst. Hübscher Rokoko-Altar. – Haus Weibel. Dat. 1780, Ständerbau mit Klebdächern und Schiebefenstern. – Gemeindehaus auf der Wart. Der behäbige Barockbau von 1703, mit Freitreppe, Klebdächern und geschnitzten Dachsparren, hat den Charakter eines ländlichen Herrensitzes. Renov. 1926, gleichzeitig Fassadenmalerei von Heinr. Appenzeller. Wirtsschild mit dem Wappen Hünenberg, Kopie. Im Innern Felderdecken und Täfer.

HOLZHÄUSERN. Kapelle St. Wendelin. Erbaut 1823, an Stelle einer Kapelle von 1647. Vier Kabinettscheiben mit Wappen und Heiligen 1. H. 17. Jh.

BUONAS. Kapelle St. Germanus. Gestiftet 1631, umgeb. 1654–62 und 1731. Sakristei im 3seitigen Schluss des Chorraums, durch eine Mauer abgeteilt. Neben der Tür eingemauert interessantes Gedenkkreuz mit Inschrift, 15. Jh. Barocker Hochaltar von 1658, abgeändert 1690, mit beachtlichem Bild des Hl. Germanus zwischen Verena und Agatha über Buonas, vielleicht von Joh. Jak. Fleischlin. In den Seitenaltären von 1670–71 Statuen der Hl. Martin und Nikolaus. In der Sakristei 2 spätgot. Turmreliquiare E. 15. Jh. – Altes Schloss. Ursprünglich Sitz der Edlen v. Buonas, welche das Schloss vermutlich im 11. Jh. als Ministerialen der Lenzburger Grafen erbauten. Besitz der Hertenstein von Luzern seit 1252, der Schwytzer von Luzern 1645–1782. Die urspr. Disposition mit rechteckigem Hof (heute als Lichthof gedeckt) und eingezogenem Turm hat sich in den Umfassungsmauern der unteren Geschosse erhalten. Heutige Gestalt im wesentlichen nach Brand von 1478 durch den Wiederaufbau von 1494–98 bestimmt. Aus- und Umbauten im Innern 17.–18. Jh. – Landhaus Hürlimann. Erb. 1930–32 von Howard Robertson.

RISCH. Kath. Pfarrkirche St. Verena (Abb. 240). Erwähnt 1159; neuerb. 1680 unter Einbeziehung des got. Käsbissenturms von ca. 1490; Arkadenvorhalle 1774. Zwischen dem tonnengewölbten Schiff und dem 3seitig geschlossenen kurzen Altarhaus bilden die eingeschobene Sakristei und der Turm ein schmales Zwischenjoch. Stukkaturen von 1680, ergänzt um 1770–75 durch elegante Rokokostukkaturen, unglücklich verändert 1854; geschweifte Doppelempore. Hochaltar aus der Bauzeit, 1825 verändert; 2 von 6 Statuen spätgot.; als Altarbild Rosenkranzmadonna dat. 1687 von Joh. Jak. Fleischlin. Klassiz. Seitenaltäre und Kanzel von 1826–28, Taufstein aus der Bauzeit. Glasgemälde von Lothar Albert, anlässlich der Renov. 1930. In der Sakristei ein reichgeschmückter Kelch aus der Burgunderbeute A. 14. Jh.; Hertensteinkelch, vor 1513 gestiftet; Monstranz 1730 von Jos. Anton Fuchs und Philipp Jak. Drentwett.

KANTON ZÜRICH

Die Anfänge Zürichs sind in jungsteinzeitlichen und bronzezeitlichen Ufersiedlungen am Ausfluss der Limmat aus dem Zürichsee nachzuweisen. Auf dem Uetliberg stand eine latènezeitliche Fluchtburg. Die Römer bauten im 2. Jahrzehnt v. Chr. auf dem Lindenhof, auf dem höchsten Punkt der heutigen linksseitigen Altstadt, eine Militärstation, zu deren Füssen sich der offene vicus Turicum auf beiden Seiten der Limmat bildete. Unter Kaiser Valentinian (364–375) wurde auf dem Lindenhof ein Kastell mit sieben Türmen und drei Tortürmen erbaut, das den Einbruch der Alemannen um die Mitte des 5. Jh. überdauerte. Die ersten christlichen Kirchen sind wohl ins 7. Jh. zu datieren, und zwar am Standort des heutigen Grossmünsters auf der rechten Limmatseite und unter St. Peter auf der linken Seite. 853 stiftete König Ludwig der Deutsche in Zürich ein Frauenkloster zu Ehren der Heiligen Felix und Regula, für das 874 ein Neubau auf der linken Flusseite errichtet wurde. Im Früh- und Hochmittelalter zählte Zürich zu den kaiserlichen Residenzstädten. Ludwig der Deutsche erbaute im 9. Jh. auf dem Lindenhof eine karolingische Pfalz, die unter Otto I. (936–973) durch einen machtvollen romanischen Bau abgelöst wurde. Im 11. Jh. erwuchs um das Grossmünster eine Kaufleute- und Handwerkersiedlung, die bald zu den bedeutendsten Schwabens gehörte und mehrere Reichstage beherbergte. Im 12. Jh. übten die Herzöge von Zähringen die Reichsvogtei über die Stadt aus, deren städtisches Regiment immer mehr aus der Hand der Äbtissin in jene von Rat und Schultheiss überging. Die Kulturblüte der Romanik bezeugen die frühen Teile der Kirchen des Grossmünsters, des Fraumünsters und der ersten, später abgebrochenen Wasserkirche. Mit dem Erlöschen der Zähringer 1218 wurden die Stadt und die beiden Stifte reichsfrei. Seit dem 14. Jh. entstand der Stadtstaat Zürich durch Schenkung, Burgrechtsverleihungen, Käufe, militärische Eroberung. 1336 stürzte Ritter Rudolf Brun die bisherige patrizische Stadtherrschaft der Kaufleute und errichtete diktatorisch eine Zunftverfassung der Handwerker, sicherte sich 1351 gegen seine mit Österreich verbündeten Feinde durch den Ewigen Bund Zürichs mit den Waldstätten, der das weitere Schicksal Zürichs an die Eidgenossenschaft band. Die Zunftverfassung gab den Zünftern die Gleichberechtigung mit dem Adel, sie blieb in den Grundzügen bis 1798 in Kraft. Die Kultur der Ritterzeit lebt fort in der Manessischen Liederhandschrift, die im 13. Jh. im Raume Zürich entstand, heute befindet sie sich in der Universitätsbibliothek Heidelberg. Der Streit um das Erbe des letzten Grafen von Toggenburg (gest. 1436) und um die Verkehrsinteressen längs des Zürichsees und Walensees zu den Pässen Graubündens entzündete den Alten Zürichkrieg zwischen Zürich und Schwyz im Verein mit den andern eidgenössischen Orten. Die hervorragende Beteiligung Zürichs an den Burgunderkriegen und an der eidgenössischen Eroberungspolitik gegen Süden verschafften Zürich bald zusammen mit Bern und Luzern eine Vorortsstellung in der Eidgenossenschaft. Die Reformation schweizerischer Prägung ging von Zürich aus, wo Huldrych Zwingli seit 1519 als Leutpriester wirkte. In den Disputationen oder Glaubensgesprächen des Jahres 1523 erreichte Zwingli vom Rat die freie Predigt und die Abkehr vom alten Kult. Zürich wurde neben Wittenberg und Genf ein Zentrum der Reformation. In der zweiten Hälfte des 16. Jh. brachte die Asylgewährung an zahlreiche hugenottische und italienische Glaubensflüchtlinge der Stadt Zürich neue Impulse für Handel und Verkehr und industrielle Anfänge. In der eidgenössischen Politik war Zürich bis zur Französischen Revolution das Haupt der evangelischen Orte. Das deutsche Geistesleben des 18. Jh., vor allem die Entwicklung der deutschen Literatur, wurde entscheidend beeinflusst durch die Zürcher Johann Jakob Bodmer, Johann Jakob Breitinger, Johann Caspar Lavater, Salomon Gessner und Heinrich Pestalozzi. Vor den Truppen der Französischen Revolution kapitulierte das im 18. Jh. sehr selbstherrlich gewordene aristokratische Stadtregiment, Zürich nahm die Helvetische Verfassung an. In den Koalitionskriegen wurde in der Ersten Schlacht bei Zürich (am 4. Juni 1799) die Stadt durch Erzherzog Karl und die kaiserlichen Truppen besetzt. In der Zweiten Schlacht bei Zürich, am 25./26. September 1799, schlug der französische General Masséna den Russen Korsakow. Der Ausbau der wirtschaftlichen und politischen Gleichberechtigung zwischen der Stadt und ihrer Landschaft, die Ablösung des Stadtstaates durch den Kanton erfolgte im Laufe der ersten Hälfte des 19. Jh. Ein Markstein in dieser Entwicklung war der grosse Volkstag von Uster vom 22. November 1830, der zu einer neuen Verfassung mit Volkssouveränität führte und einen Ausbau des Bildungswesens ermöglichte, der 1833 in der Errichtung der Universität gipfelte. Nach der Gründung des Bundesstaates von 1848 erhielt Zürich durch Beschluss der eidgenössischen Räte 1854 den Sitz des Eidgenössischen Polytechnikums zugesprochen, aus dem sich die Eidgenössische Technische Hochschule entwickelte. Im 20. Jh. nahm die Stadt einen grossen Aufschwung, sie wurde, begünstigt durch ihre Verkehrslage im Schnittpunkt der schweizerischen Nord-Süd- und West-Ost-Verbindungen, die erste Handels- und Bankenstadt der Schweiz und ein bedeutendes Bildungs- und Industriezentrum.

***ZÜRICH** (Abb. 243–258)

Die geographische Lage der Stadt, am Austritt der Limmat, einem schmalen Trichter am N-Ende des Sees und in einer Senke der Moränenhügel, prägt das Stadtbild und formte bedingt auch ihre Entwicklung. Kern der Stadtanlage war die kelt. Siedlung am südöstl. Abhang des Lindenhofs, der in röm. Zeit ein Castrum und später eine Pfalz trug und so die einzige Brücke (heute Rathausbrücke) beherrschte. Im Laufe des 9. Jh. erfolgte ausserhalb der Stadt und in betonter Gegenübersetzung die Gründung des Grossmünster- und Fraumünsterstiftes, was für das politische und kulturelle Emporkommen der Siedlung entscheidend war. Die zähringische Herrschaft brachte der Stadt erste Erweiterungen. Der Schwerpunkt der baulichen Entwicklung lag am alten Brückenkopf und verteilte sich gleichmässig auf die «mindere» (linke) und die «mehrere» Stadt. Die beiden Stifte wurden erst durch den obern Steg (seit 1838 Münsterbrücke) und

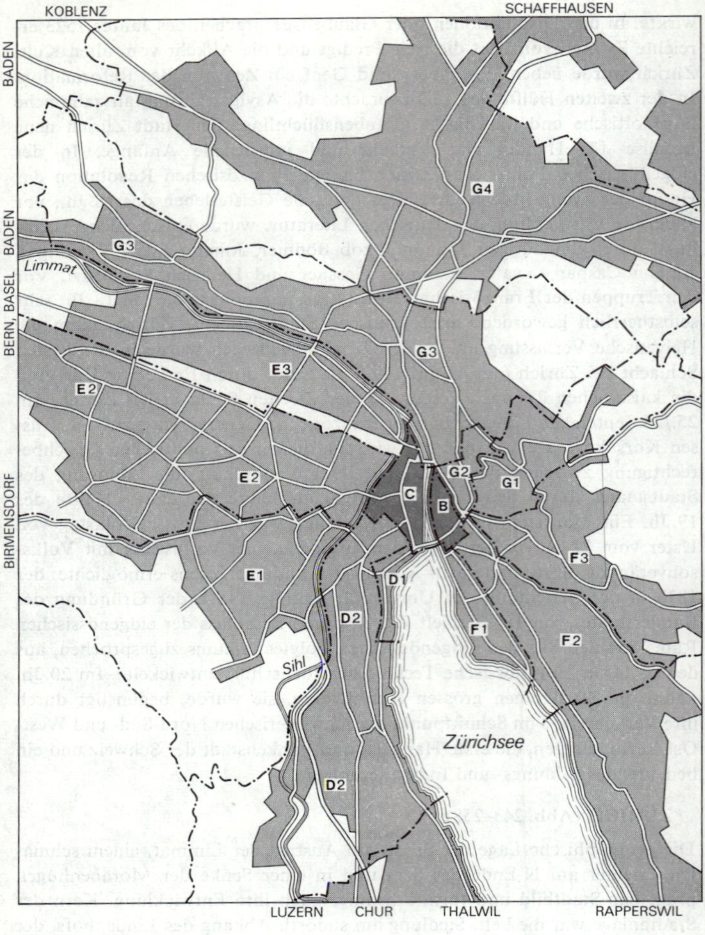

Grossraumplan Zürich

B. Altstadt rechts der Limmat. – C. Altstadt links der Limmat. – D. Die südl. Stadtteile zwischen See und Sihl (D 1: General-Guisan-Quai, Mythenquai, Hafen Enge; D 2: Enge, Wollishofen, Leimbach). – E. Die Stadtteile links der Sihl und der Limmat (E 1: Wiedikon; E 2: Aussersihl, Albisrieden, Altstetten; E 3: Industriequartier). – F. Die südl. Stadtteile rechts des Sees und der Limmat (F 1: Bellevue, Tiefenbrunnen; F 2: Zeltweg, Kreuzplatz, Riesbach; F 3: Hottingen, Hirslanden, Witikon). – G. Die nördl. Stadtteile rechts der Limmat (G 1: Rämistrasse, Fluntern; G 2: Hirschengraben, Hochschulviertel; G 3: Unterstrass, Oberstrass, Wipkingen, Höngg; G 4: Oerlikon Schwamendingen, Seebach, Affoltern) den Bau einer umfangreichen Befestigungsanlage (vollendet 1336) in die Stadt einbezogen. Das 13. Jh. war eine Zeit intensiver Bautätigkeit. Neben privaten Überbauungen ganzer Quartiere entstanden Kirchen und Klöster in grosser Zahl (Wasserkirche, Barfüsser-, Augustiner-, Prediger-, Oetenbachkloster). Auch kulturell erlangte Zürich dank dem Dichterkreis um das Rittergeschlecht der Manesse Bedeutung. Der politische Aufschwung unter Hans Waldmann im späten 15. Jh. leitete nochmals eine gesteigerte Bautätigkeit ein (Wasserkirche, Ausbau Grossmünster), doch entzog Zwinglis bilderfeindliche Reformation den Künstlern weitgehend das kirchliche Arbeitsfeld, das durch staatliche und private Aufträge nur ungenügend ersetzt werden konnte. Im 17. Jh. blühten der Handel und die von Glaubensflüchtlingen eingeführte Seidenindustrie auf. Vom absolutistischen Geist des Zeitalters geformt, entwickelte sich eine Art Aristokratie, in welcher die Unternehmer eine führende Stellung einnahmen. 1642 beschloss der Rat, Schanzen und Wälle anzulegen. Erheblich geweitet, umfasste der gesicherte Raum nun bedeutende, teilweise unüberbaute Gebiete, in welchen sich vorwiegend das vornehme Bürgertum ansiedelte (Stadelhofen, Pelikanplatz). Diese Bauperiode schuf den eigentlichen Typus des Zürcherhauses, wie er sich in einer stolzen Anzahl korporativer und privater Bauten des 17. und 18. Jh. erhalten hat. Er zeichnet sich durch Schlichtheit, ja Nüchternheit des Aussenbaus aus. Um so reicher ist dagegen die Ausstattung, welche vor allem in Täfern, Stukkaturen und Öfen barocke Fülle erreicht. Erst im Rokoko findet barocke Fassadengestaltung in Zürich Eingang (Meise, Rechberg), um bald unter französischem Einfluss (Beckenhof) dem strengen Formsinn des Klassizismus zu weichen (Muraltengut). Dieser erreicht in Zürich in Neumünsterkirche und Belvoirgut Höhepunkte. Im Villenbau ist der Übergang vom Klassizismus zur Vielfalt der Stile im Historismus besonders gut ablesbar (zwischen 1838 und 1899: Villen Schönbühl, Rosau, Wesendonck, Bellaria, Falkenstein, Windegg, Patumbah, Bleuler, Tobler mit beachtlichem Jugendstilinterieur, Egli). Die Schleifung der Wälle in der Mitte des 19. Jh. setzte einen entscheidenden Schlusspunkt hinter eine Entwicklung, welche sich gezwungenermassen in einem engen Rahmen abgespielt hatte. Die geschlossene Anlage von Bahnhofstrasse und Seequai zeugt vom Gestaltungswillen der Gründerzeit (wie der Bau der Eidg. Technischen Hochschule [ETH] oder des Bahnhofs). Doch zu Beginn des 20. Jh. begann sich das Stadtbild entscheidend zu verändern. Die Eingemeindungen von 1893 und 1934 verschafften der Stadt die Möglichkeit, ihre Fühler über die sie einst begrenzenden Hügel auszustrecken und so zu jener Agglomeration anzuwachsen, die weitgehend lokale Prägung im Baulichen vermissen lässt, aber um so mehr von pulsierendem Leben erfüllt ist.

A. DIE GROSSEN KIRCHEN DER ALTSTADT

1. **Grossmünster*** (Ortsplan, 1; Abb. 243). *Romanische Doppelturmanlage in beherrschender Lage über dem rechten Ufer der Limmat.* Urspr. Kirche eines weltlichen Chorherrenstifts; wohl karoling. Gründung. Der heutige Bau, auf Fundamenten einer älteren 3schiffigen Anlage, wurde wohl vor 1100 begon-

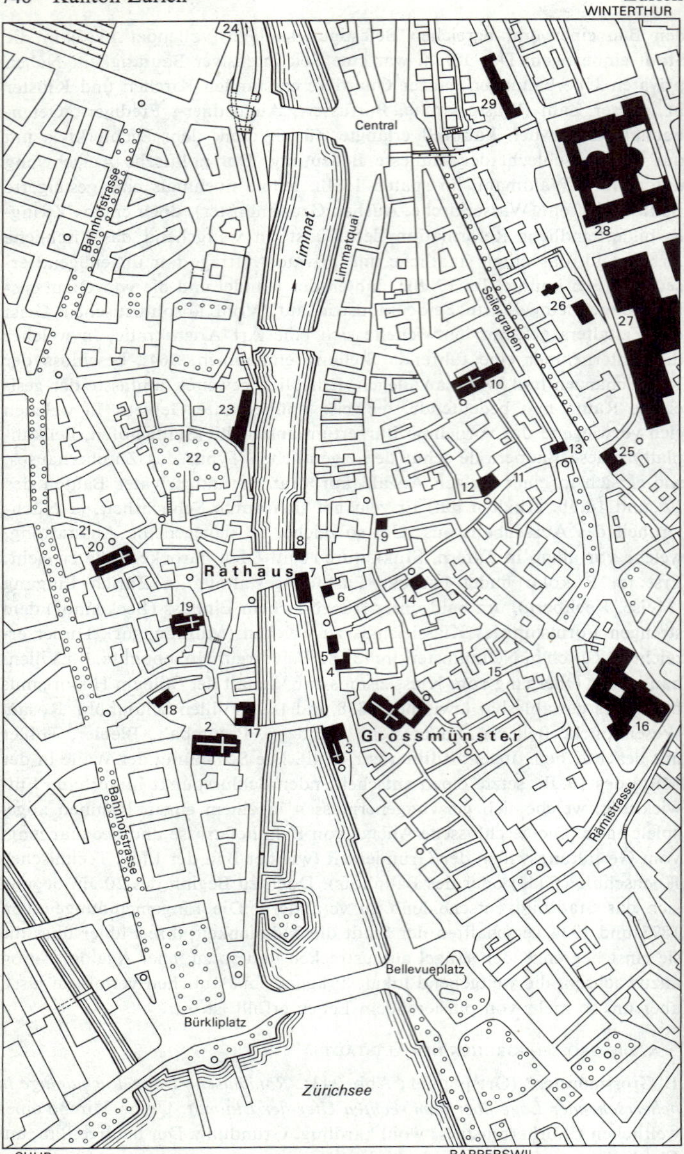

Ortsplan Zürich

nen; Altarweihen 1104, 1107, 1117 und 1146 lassen ein etappenweises Voranschreiten der Arbeiten in der Ostpartie vermuten. Um 1150 ff. erfolgte der Bau des Langhauses, zuerst der südl., dann der westl. und nördl. Umfassungsmauer sowie der 4 westl. Pfeiler bis auf Kämpferhöhe. Um 1160–70 Vollendung der Zwölfbotenkapelle südl. des Chores. Der endgültige Ausbau nach dem Vorbild von S. Ambrogio in Mailand fällt in die ersten Jahrzehnte des 13. Jh.; allerdings wurde an Stelle der urspr. geplanten Halle eine 3schiffige Emporenbasilika gebaut. 1469 Erhöhung des Chordaches auf Firsthöhe des Schiffes; Erhöhung der Fronttürme durch Spitzhelme 1487–92 von Stefan Rützenstorffer; neuer Dachstuhl 1646 und Erhöhung des Mittelschiffes von Hans Holzhalb. Brand des N-Turmes 1763. Der Plan eines Neubaus der ganzen Kirche wurde durch Gutachten des Stiftsbauherrn Joh. Jak. Breitinger vereitelt. 1766–68 teilweise Erneuerung der Gewölbe, Vergrösserung der Fenster und andere kleinere Eingriffe. Bau der eigenartigen nachgot. Turmabschlüsse 1781–87 von Zimmermeister Joh. Casp. Vögeli und Maurermeister David Vogel, dabei Abbruch der roman. Glockengeschosse des N-Turmes und in Angleichung an das 4. spätgot. Geschoss des S-Turmes nachgot. wieder aufgeführt. Durchgreifende historisierende Innenrenov. 1897 und 1911–14; Aussenrest. 1931–37. – *Äusseres.* Die 3schiffige Basilika ist ein kraftvoller roman. Quaderbau, dem nordöstl., an Stelle des ehem. Chorherrenstiftes, das neuroman. Schulgebäude angegliedert ist (s. S. 764). Die 2jochige, gerade geschlossene Chorpartie und das Mittelschiff liegen unter durchgezogenem Satteldach, die 2geschossigen Seitenschiffe unter Pultdächern. Das W-Joch des Schiffes zeigt eine majestätische *Doppelturmfassade.* Die 3 unteren Geschosse sind romanisch, während das 4. Geschoss des S-Turmes spätgot., das 5. und die beiden Glockengeschosse des N-Turmes mit den beiden Hauben nachgot. Formen aufweisen. An der nördl. Seite des N-Turmes *Reiterfigur* um 1180 mit stilistischen Anklängen an das Frühwerk Benedetto Antelamis, die früheste Reiterfigur in der Schweiz. Seitlich des W-Fassadenfensters Hornbläser und Pferd E. 12. Jh. An der südl. Seite des S-Turmes Nische mit monumentaler Sitzfigur Kaiser Karls d. Grossen um 1450–70 (Kopie), der als Gründer des Stiftes gilt; darüber spätgot. Masswerkbrüstung. Südl. des Chors Zwölfbotenkapelle mit halbrunder Apside. Die karge, straffe Gliederung des Baukörpers erfolgt durch Lisenen mit Eckdiensten, Gurten und Rundbogenfriese. Die Portale befinden sich an den Längsseiten. Das S-Portal um 1160 ist ein einfaches Rundbogenportal; Bronzetür mit Reformationsszenen 1935–38 von Otto Münch. An der

Ortsplan Zürich

1. Grossmünster. – 2. Fraumünster. – 3. Wasserkirche und Helmhaus. – 4. Zunfthaus zur Zimmerleuten. – 5. Haus zum Rüden. – 6. Zunfthaus zur Saffran. – 7. Rathaus. – 8. Hauptwache. – 9. Zunfthaus zur Schmiden. – 10. Predigerkirche. – 11. Neumarkt. – 12. Zunfthaus zur Schuhmachern. – 13. Zum Kronentor. – 14. Haus zum Napf. – 15. Kirchgasse. – 16. Kunsthaus. – 17. Zunfthaus zur Meise. – 18. Zunfthaus zur Waag. – 19. St. Peter. – 20. Augustinerkirche. – 21. Augustinergasse. – 22. Lindenhof. – 23. Schipfe. – 24. Schweiz. Landesmuseum. – 25. Haus zum Rechberg. – 26. Stockargut. – 27. Universität. – 28. Eidg. Technische Hochschule. – 29. Städtisches Pfrundhaus

N-Seite *Hauptportal* um 1180: Blockartiger Portalvorbau mit gestufter Leibung und eingestellten Säulchen, reicher ornamentaler und figürlicher Schmuck auf durchlaufendem Fries in Kapitellhöhe, figürliche Reliefs im Gewände, Bronzetür mit Bibelszenen 1950 von Otto Münch. – *Inneres.* Dreischiffige Emporenbasilika mit stark erhöhtem, einschiffigem Altarhaus über Hallenkrypta. Die Wandgliederung der 3 Doppeljoche mit Stützen-

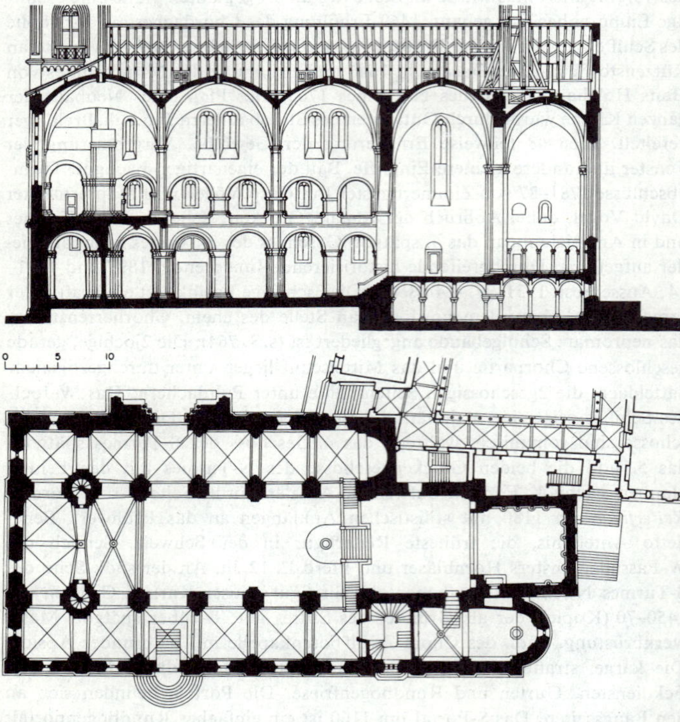

■ Romanisch (12. und 1. H. 13. Jh.) □ 1850 nach roman. Vorbild um 1200

Zürich. Grossmünster

wechsel erfolgt durch flache Vorlagen mit eingestellten Runddiensten, die Kreuzrippengewölbe sind durch Gurten geschieden, alles in schweren massigen Formen. Die Emporen auffallend niedrig, mit skulptierten Schlusssteinen; die doppeljochige Westempore von 1479, die Orgel 1960. Die *Kapitellplastik* lässt sich in 2 Gruppen unterteilen: eine ältere unter lombardischem Einfluss um 1140–50 und eine jüngere um 1160–70 mit katalanischen Stilelementen. Die 1. Gruppe ist charakteristisch vertreten durch das Kämpferrelief am südlichen Chorpfeiler, das Kapitell des 2. N-Pfeilers und das Kämpfergesims am nördl. Turmpfeiler. Sie weisen Tiersymbole und vegetabile Ornamentik auf. Der 2. Gruppe gehören 2 figurierte Kämpferreliefs am 3. Pfeilerpaar an: Berittener vor 2 Heiligen und ungedeutete Kampfszene. Am 2. N-Pfeiler Wandmalerei mit Muttergottesdarstellung E. 13. Jh. Die neugot. Kanzel 1853 von Ferd. Stadler. Vor dem Chor Taufstein 1598. Über dem inneren S-Portal Emmausgruppe, Steinplastik 1935 von Otto Münch. In den beiden W-Fenstern Apostel, Glasgemälde 1853 von Joh. Jak. Röttinger. Über der Krypta stark erhöhter Chor: Chortreppe 1853, Brüstung mit Evangelistensymbolen 1914 von Otto Kappeler. Chorgestühl im Presbyterium 1914 von Hermann Fietz. Der östl. Teil des Altarhauses durch zierliche Blendarkaden aufgelockert, darin mehrere Schichten stark zerstörter Wandmalerei. Im Bogenfeld der Arkade 1 (von links) Schweisstuch der Veronika 16. Jh., Arkade 8 Abendmahl um 1300, Arkaden 10 und 12 Felix und Exuperantius, beide um 1430. Darüber 3 gestaffelte monumentale Rundbogenfenster mit Glasgemälden 1932–33 von Augusto Giacometti. Im Bogenfeld der Tür zur südl. Zwölfbotenkapelle Schmerzensmann E. 15. Jh. – *Zwölfbotenkapelle*. Zweigeschossig durch Gewölbeeinzug im 13. Jh., Treppeneinbau 1848. Zeitweise staatliche Schatzkammer, heute Sakristei und Lapidarium. Die Kapitellplastik gehört der 1. Gruppe an. Wandgemälde: In der Apsis Weltenrichter 14. Jh., an der N-Wand Abendmahl und Fusswaschung E. 13. Jh., an der S-Wand Christus und Apostel um 1300. Unter dem Chor 3schiffige *Hallenkrypta* von bedeutenden Ausmassen aus der 1. Bauetappe um 1100. Durch Zungenmauern und Niveauunterschied zweigeteilt. Eckdienste, Halbsäulen und Freisäulen mit attischen Basen und Würfelkapitellen stützen ein gegurtetes Kreuzgratgewölbe; beachtenswert ist das sehr frühe Auftauchen der Eckzehen. An der W-Wand Karl der Grosse (Original aus der Turmnische), im östl. Teil in den Blendarkaden ausgedehnte *Wandmalereien* mit Darstellung der Legende von Felix und Regula, letztes V. 15. Jh. aus dem Umkreis des Hans Leu d. Ä.; an der N-Wand Ankunft der Thebäischen Legion, Verweigerung des Opfers; in der S-Wand Martyrium der Heiligen, in den Zwischenfeldern Heiligenfiguren. Im Karlsturm Wandmalerei Jüngstes Gericht 2. H. 13. Jh.

Kreuzgang. Der spätroman. Kreuzgang um 1200 war urspr. im Chorherrenstift eingebaut. Beim Neubau des Schulhauses 1850 unter Verwendung alter Teile erneuert; Rest. 1962–63. Der Aufbau ist gegenüber den schweren Formen der Kirche überraschend leicht und anmutig. Gratgewölbte Flügel von 5 Jochen öffnen sich zum Innenhof in rundbogigen Arkaden, die durch Blendbogen jeweils zu Dreiergruppen zusammengefasst werden. Reicher dekorativer Schmuck auf Kapitellen, Sattelsteinen, Kämpfern und Zwickeln. Neben Linien- und Bandornamentik häufig vegetabile und zoomorphe Motive, dazu Fratzen, Fabelwesen und menschliche Figuren. Interessant der Dornauszieher nach antikem Vorbild, die Tänzerin u. a. Figuren auf Sattelsteinen. Stilistisch ist die Plastik lombardisch beeinflusst. Die Originalskulpturen befinden sich vorwiegend im W- und S-Flügel, in den andern Flügeln sind sie durch Abgüsse, Kopien und Neuschöpfungen ersetzt.

2. **Fraumünster*** (Ortsplan, 2; Abb. 244, 245). *Bemerkenswerter roman.-got. Bau gegenüber dem Grossmünster, mit repräsentativer Choranlage.* Ehemaliges adeliges Damenstift, entstanden aus einer 853 erfolgten Schenkung König Ludwigs d. Deutschen an seine Tochter Hildegard. Archäologische Untersuchungen (1953–57, zugänglich) erlauben die Unterscheidung von 5 Bauphasen des 9.–13. Jh., die teilweise die Erscheinungsweise des heutigen Baus

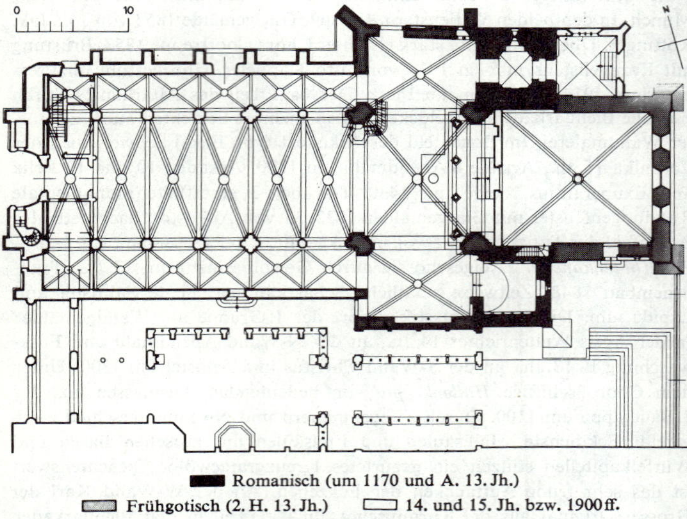

Zürich. Fraumünster

mitbestimmen: Im 9. Jh. Bau einer karoling. Basilika mit durchgehendem Querhaus und 3 Apsiden; noch im gleichen Jh. Anfügung einer 3schiffigen Aussenkrypta, wenig später durch Innenkrypta vergrössert und die O-Partie durch Anfügung eines Rechteckchores mit Apsis verlängert; gegen 1170 Einfügung des heute gekappten S-Turms in den Winkel zwischen Querhaus und Chor; anfangs 13. Jh. Ergänzung der N-Seite durch einen 2. Chorflankenturm. M. 13. Jh. Planung eines durchgehenden Neubaus: Beginn um 1250 im O, Chorbau in roman. Formen unter Belassung der seitlichen Türme, Zuschüttung der Kryptenanlage, um 1270–90 Neubau des Querhauses in frühgot. Stil. Im 14. Jh. Bau des Langhauses: gegen 1340 östliche Doppelarkade in gebundenem System und Stützenwechsel, Weiterbau 1360–90 mit Stützengleichheit, Einbau eines prov. Gewölbes. Im 18. Jh. einschneidende Veränderungen: 1713–14 Erhöhung des Langhauses, Vergrösserung der Fenster, Einzug gotisierender Holzgewölbe von Steinmetzmeister Rud. Weber und David Dietschi; 1728–32 Erhöhung des N-Turmes und teilweise Abbruch des S-Turmes. Anlässlich der Renov. 1900–01 und 1911–12 von Gustav Gull Erhöhung des Obergadens, Hebung des Dachfirstes auf Höhe des Querhauses, die ehem. Abteigebäude 1898 wegen Neubaus des Stadthauses abgebrochen (spätgotische Repräsentationsräume im Schweiz. Landesmuseum). Rest. 1960ff., Nordfassade 1968. – *Äusseres.* Dreischiffige Pfeilerbasilika mit got. Langhaus, mächtigem frühgot. Querhaus und spätroman. gerade schliessendem Chor. Dieser seitl. von 2 Türmen begleitet und wirkungsvoll gegliedert: drei schlanke, gestaffelte Rundbogenfenster, flache Lisenen als Einfassung, dazwischen Rundbogenfries auf Eckdiensten. Bemerkenswert die Vielzahl der Steinmetzzeichen. Vor dem schlanken N-Turm Vorhalle (an Stelle des ehem. Beinhauses) 1900 von Gustav Gull in neugot. Formen. Glockengeschoss und Spitzhelm sind gotisierende Aufbauten von 1728–32, interessante Zeugnisse einer latenten got. Unterströmung. Die charaktervollen Wasserspeier von Kupferschmied Jak. Wirz. Der ältere S-Turm nur in 3 Geschossen bis unter das Dach erhalten. Reiche Gliederung des untern Geschosses durch Blendarkaden mit Würfelkapitellen, das oberste Geschoss mit Rundbogenfries. Querhaus mit hohem Spitzbogenfenster gegen N, das zugehörige Masswerk, wie in allen Fenstern der Kirche, von 1911. Das kleine got., aus der Achse verschobene Portal entstand um 1300 und zeigt in Anlehnung an die Gründungslegende einen kerzentragenden Hirsch auf der Kreuzblume. Die benachbarte stichbogige Nische mit Wandbild der Dreifaltigkeit ist eine Stiftung des Bürgermeisters und Pflegers des Fraumünsters, Hans Waldmann, 1478, der Steinbaldachin neugot. 1911. Die Langhausfront ist mit Strebepfeilern besetzt; deren Bogen fehlen, weil die Gewölbe nie in Stein ausgeführt wurden. Die neugot. W-Fassade mit Portal und Fenstermasswerk 1911–12 von Gustav Gull. Apostelfiguren nach Vischers Sebaldusgrab in Nürnberg von Julius Schwyzer, Tympanonrelief von Richard Kissling, Dekorationsplastik von Hans Jak. Graf. – *Inneres.* Die 3 Schiffe werden durch spitzbogige Arkadenreihen von 6 Jochen geschieden. Die Bogen von ungleicher Höhe und Weite. Kämpferlose 8eckige Stützen auf einfachen Basen. Die gotisierenden hölzernen Kreuzrippengewölbe von 1713 ruhen auf den Konsolen des späten 14. Jh. Orgelempore und Kanzel 1912, der moderne Passionszyklus von Tobias Schiess. Querhaus in frühgot. Formen. Kämpfergesims und Kapitelle der westl. Vierungspfeiler mit vegetabilem und figürlichem Schmuck, das Gewölbe mit vorzüglichen *Schlusssteinen:* Krönung Mariä um 1300 in der Vierung, seitlich Blattmasken von Sol und Luna (?) um 1320. Im südlichen Querhaus 3teilige Nische für Stiftergräber, im nördlichen Querhaus Glasgemälde 1930–45 von Augusto Giacometti; Grabplatten u. a. für Hans Waldmann 1489 und seine Gattin Anna Landolt 1495. Am Pfeiler Fresko des Hl. Onuphrius um 1440. Der spätgotische Lettner 1469–70 von Meister Heinrich v. Erfurt wurde 1911 an den Eingang des Chores versetzt: drei spitzbogige Arkaden mit Kreuzrippengewölben und guten, à jour gearbeiteten Blattkapitellen, die Baldachine und Figuren 1913. In der Mittelachse Taufstein 1644. Der querrechteckige Chor wirkt streng und nüchtern. Das mächtige Gewölbe ruht auf Halbsäulen mit attischen Basen und Eckknollen, der figurale Schmuck der Kämpfer und Kapitelle um 1260. Bemerkenswerte Chorfenster von Marc Chagall 1970. Das mittlere Fenster der östl.

Chorwand gilt der Christusbotschaft des Neuen Testaments. Links davon das Jakobsfenster, rechts Zionsfenster. Die beiden Seitenfenster greifen Themen vor allem des Alten Testamentes auf: das nördl. Prophetenfenster steht dem Gesetzesfenster gegenüber. – *Malereien.* In den Gewölbekappen Evangelistensymbole und dekorative Malereien um 1270; an der O-Wand 2 Konsekrationskreuze und segnende Hand um 1300; Engelgruppe A. 16. Jh. in roter Pinselzeichnung, evtl. von Hans Leu d. J.; in der oberen Reihe Martyrium der 10000 Ritter, Felix und Regula um 1470; an der N-Wand Spuren einer weiteren Legendenerzählung A. 14. Jh. In der südl. Turmsakristei (ehem. Marienkapelle) interessante Malereien in verschiedenen Schichten: an der O-Wand eine Krönung Mariä 15. Jh.; an der N-Wand Heilige und reiche Scheinarchitektur in frühester Renaissance um 1515; im Gewölbe Muttergottes sowie Engel M. 13. Jh. – Unter dem Chor Reste der umfangreichen *Kryptenanlage.* Apsiden des 9. und 10. Jh. mit Hausteinverkleidung, Altarfundament 13. Jh. Aufstellung von Architekturfragmenten aller Bauepochen. – *Kreuzgang.* Im Durchgang zwischen Stadthaus und Kirche befinden sich Reste des roman. und spätgot. Kreuzganges. Älteste Teile im O: je 3 gekuppelte Rundbogen auf grossen Sattelsteinen, Reliefs mit Felix und Regula vor Landpfleger Decius und Martyrium der Heiligen um 1170–80 (Kopien). Im westl. Teil des Hofes Reste des spätgotischen Kreuzganges A. 16. Jh., ergänzt 1911 von Gustav Gull. Figuren und Hirschrelief von Hans Jak. Graf, Brunnen von Hermann Würth, beides 1912. An den Rückwänden umfangreicher Freskenzyklus (Abb. 245) von Paul Bodmer (I–IV 1921 ff.; V–XII 1928–31; XIII–XVIII 1938–41): Gründungsgeschichte des Stiftes (Hirschlegende), Martyrium der Stadtpatrone Felix, Regula und Exuperantius, Legende um Karl d. Grossen als Stifter des Grossmünsters.

B. ALTSTADT RECHTS DER LIMMAT

1. Vom Bellevue zum Central mit den anschliessenden Strassenzügen

Der Limmatquai als durchgehender Strassenzug ist eine Schöpfung des 19. Jh. Die behäbigen Zunfthäuser und etliche hohe schmale Bürgerhäuser haben ihren altzürcherischen Charakter zu bewahren vermocht.

Limmatquai. Ecke Rämistrasse. Usterhof mit Literatencafé Odeon. 1911–12 von Rob. Bischoff und Hermann Weideli. – Nr. 4, ehem. Hotel Krone. Erb. 1837 von Daniel Pfister oder Hans Conr. Stadler. Fünfgeschossiger Bau mit Quergiebel und schmuckloser Reihung der Fenster. – Hechtplatz. Klassiz. Verkaufshallen. Erb. 1835 von Leonhard Zeugheer; die hintere Halle 1958–59 von Ernst Gisel zum Hechtplatztheater umgestaltet; Fassadenrelief von Silvio Mattioli. Die Verkaufsläden von dor. Säulenkolonnade umgeben. – Hechtplatzbrunnen, Säule und Kapitell 16. Jh., Becken 1760; Plastik 1910 von Philipp Widmer. – Schifflände Nr. 12, Zum Bilgerischiff. 1814 Umbau des Innern und der uferseitigen Fassade; Treppengiebel um 1870–80. – Nr. 22, ehem. Zunfthaus zur Schneidern. Zunftsaal mit Ausstattung von 1744; Stuckdecke von David Morf und mythologische Deckenmalerei von Joh. Balth. Bullinger. – Limmatquai Nr. 16, ehem. Hotel Du Lac. Erb. 1839–40 von Daniel Pfister, 1935 im Erdgeschoss verändert.

Kubischer Bau mit Kolossalinstrumentierung. – Geigergasse Nr. 7, Zum Schwibbogen. Profiliertes Rundbogenportal mit Oberlichtgitter und Wappenkartuschen des Quartierhauptmanns Casp. Reutlinger und seiner Ehefrau Barbara Schulthess M. 18. Jh.; im 3. Obergeschoss polygonaler Holzerker. – Oberdorfstrasse Nr. 5, Zum Neuhaus. Umbau von 1762. 1811 Besitz von Anna Barbara Schulthess, Goethes Freundin. Haustüre mit Füllungen und Oberlichtgitter 2. H. 18. Jh.; Treppe mit schmiedeisernem Gitter um 1760. – Nr. 26, Zum Sitkust. Erwähnt 1361, von 1485–89 im Besitze Hans Waldmanns, um 1840 Umbau von Joh. Jak. Breitinger. Hauszeichen um 1900. Im NW-Zimmer des 2. Geschosses Stuckdecke um 1740. – Nr. 28, Zum Steinernen Erggel. Wohnhaus des Chronisten Gerold Edlibach, von 1482–1530; Neubau 1961. Polygonaler Steinerker 1471. – Nr. 17, Zum Brakken. Reichgeschnitzter Erker mit Wasserspeiern um 1700. – **Grossmünster*** (s. S. 747). – Limmatquai Nr. 30, Münsterburg. Geschäfts- und Mietshäuser 1858–60 von Wilh. Waser. – Nr. 32, Verkaufsbuden unter der Münsterterrasse. Erb. 1838–39 von Aloys Negrelli, Treppe 1942 umgebaut. Das Brüstungsmasswerk ist ein frühes Beispiel historisierender Stilmischung.

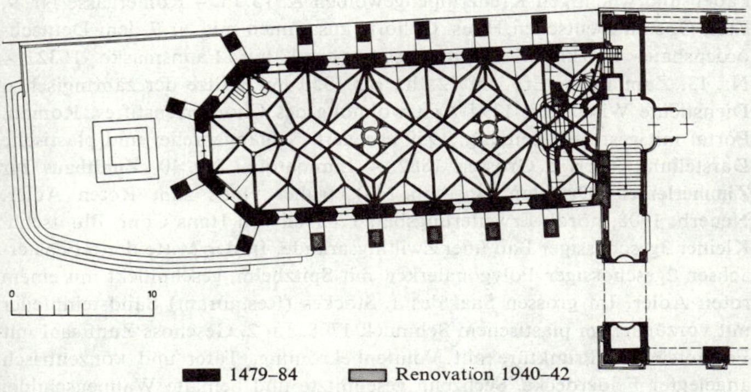

Zürich. Wasserkirche und Helmhaus

Wasserkirche und Helmhaus (Ortsplan, 3). Die enge Verbindung des kirchlichen und profanen Bauwerks geht ins 13. Jh. zurück. Die Baugruppe stand urspr. auf einer Limmatinsel, die durch eine Brücke mit den Ufern verbunden war und erst 1839, beim Ausbau des Limmatquais, eine feste Landverbindung zum rechten Ufer erhielt. Anlässlich der Grabung 1940 wurden die Fundamente einer 3schiffigen Anlage mit interessanter Krypta aus der Zeit um 1000 sowie einer 1schiffigen, 1288 geweihten Kirche freigelegt. Die heutige spätgot. Kirche wurde 1479–84 von Hans Felder d. Ä. gebaut. Nach der Profanierung 1524 wurde der Raum zunächst als Vorratslager, von 1631–1917 als Bibliothek und Ausstellungsraum benützt. Purifizierende Rest. und Abbruch des 1858–61 östlich angebauten Wasserhauses 1940–42. Die schlanke Predigtkirche mit Polygonalchor und Dachreiter wird von abgetreppten Strebepfeilern umklammert, zwischen denen sich hohe Spitzbogenfenster mit wiederhergestelltem Masswerk öffnen. Der Raum wird von einem reichen 6½jochigen Netzgewölbe überspannt, das auf Spitzkonsolen ansetzt; Innenportal dat. 1639. Freskenreste des späten 15. Jh., Glasgemälde in den Chorfenstern 1940–43 von Augusto Giacometti, Wandteppiche mit Evangelistensymbolen 1954 von Cornelia Forster. – **Helmhaus.** Städtebauliches Gegenstück zum Rathaus. Neuerb. 1791–94 von Hans Conr. Bluntschli an Stelle eines hölzernen Vorgängerbaus. Innenumbau und Ausbruch einer Arkade gegen die Wasserkirche 1940. Bedeutender, frühklassiz. Querbau mit offener pilastergegliederter Arkadenhalle, Beletage und Mezzanin. – Vor dem Chor der Wasserkirche Bronzestatue des Reformators Ulrich Zwingli 1885 von Heinr. Natter. – **Münsterbrücke.** Steinbau mit 4 flachen Stichbogenöffnungen 1836–38 von Aloys Negrelli. In technischer wie formaler Hinsicht eine ausgezeichnete Leistung.

Limmatquai Nrn. 36 und 38, Wettingerhäuser. Seit 1240 bzw. 1332 im Besitz des Klosters Wettingen. 1840 Umbau von Ulr. Staub. Stark veränderter Baukomplex von urspr. 3 Häusern, Durchgang mit 2 roman. Zwillingsarkaden und wuchtigen Kreuzrippengewölben A. 13. Jh. – Römergasse Nr. 9, Zum Oberen Deutschen Haus. Gehörte zusammen mit Nr. 7 dem Deutschordenshaus Hitzkirch. Spätrenaissanceportal mit Faunsmaske 1632. – Nr. 13, Zum Loch. Erb. im 12. Jh., bis 1350 im Besitze der zähringischen Dienstleute Wisso, seit 1394 Amtswohnung des Chorherrenstiftes. Roman. Portal mit gestufter Leibung, 1959 erneuert. Schlangenrelief und plastische Darstellung Karls d. Grossen 1882. – Limmatquai Nr. 40, **Zunfthaus zur Zimmerleuten** (Ortsplan, 4; Abb. 248), früher Haus zum Roten Adler. Neuerb. 1708, nördl. Erweiterungsbau 1783–85 von Hans Conr. Bluntschli. Kleiner 3geschossiger Bau über Zwillingsarkade. In der Mitte der 5 Fensterachsen 2geschossiger Polygonalerker mit Spitzhelm, geschmückt mit einem roten Adler. Im grossen Saal des 1. Stockes (Restaurant) Sandsteinpfeiler mit vorzüglichem plastischem Schmuck 1708. Im 2. Geschoss Zunftsaal mit Fenstersäulen, Prunktüre mit Volutenbekrönung, Täfer und konzentrisch angelegter Felderdecke. Sechzehn geschnitzte und bemalte Wappenschilde, Bildnisse der Bürgermeister Hans Jak. Escher (1656–1734) und seines Sohnes Hans Casp. Escher (1678–1762). – Nr. 42, **Haus zum Rüden** (Ortsplan, 5; Abb. 248). Erwähnt 1295, als Gesellschaftshaus der Constaffel (Edelleute) seit 1358 bezeugt; Umbau 1659–62 von Beat Rud. Göldli; gründliche Renov. 1937. Der «Rüden» verlor 1836 durch die Anlage des Limmatquais seine beherrschende Lage am Wasser. Der traufständige Bau unter steilem Satteldach tritt über die Flucht der Nachbargebäude vor. Das Erdgeschoss ist seit 1937 in 5 Arkaden gegen die Limmat geöffnet. Im 1. Geschoss got. Fensterzeilen und Staffelfenster. Das 2. Geschoss, in Fachwerk erbaut, kragt auf beiden Traufseiten vor. Eine Türe mit zierlichen Beschlägen von 1661 führt in den got. Saal (Restaurant) mit stichbogig gewölbter spätgot. Bohlenbalkendecke. Im 2. Geschoss grosser Saal mit geometrisch profilierter Stuckdecke 1659 von Rud. Bleuler; Stuckmasken in den Achsen und Ecken erst 1732. An der N-Wand Wappenfries mit Rankenornamenten (reiches Beispiel des Knorpelstils) 1673 von Hans Blattmann. In der SW-Ecke Rüdenzimmer mit Stuckdecke und einfachem Getäfer 1773 sowie Turmofen 1755 (aus dem Haus Rennweg Nr. 7). – Rüdenplatz Nr. 2, Zur Kerze. Erwähnt 1284; Umbauten 1547–48 unter Buchdrucker Andreas Gessner und 1957–59. Dreigeschossiger polygonaler Erker mit plastischen Reliefs im Übergangsstil zur Renaissance, im 2. Brüstungsfeld Buchdrukkerzeichen Gessners; das neugefasste Hauszeichen von 1548 in Tabernakelrahmung: Kerze zwischen zwei korinthischen Säulchen. – Fischmarktbrunnen, 1965 hieher versetzt. Erwähnt 1431 vor dem Rathaus, Neuanlage 1643–44: Säule von Daniel Schüpfer, Eisenarbeiten von Hans Peter Albrecht, Bekrönung mit Samsongruppe 1569 von Hans Motschon. – Limmatquai Nr. 50, Zum Büchsenstein. Von 1599–1835 im Besitze der Tuchhändlerfamilie Hottinger. Klassiz. Umbau 1842 von Hans Conr. Stadler, Fassadendekoration 1910. – Nr. 52, Zur Haue. Got. Bau mit Treppengiebel und kreuzrippengewölbtem Durchgang, der sich in 2 Spitzbogen gegen die Limmat öffnet. Im 1. Obergeschoss 5seitiger Erker mit Wasserspeiern. Portal im Durchgang mit Akanthuskartusche E. 17. Jh., Portal an der NW-Seite dat. 1620, im Lichthof Wappenstein Hirzel-Keller-Meyer v. Knonau 1630. Der Hirsch auf dem Giebel (Kopie) ist das Wappentier der Familie Hirzel. – Nr. 54, **Zunfthaus zur Saffran** (Ortsplan, 6). Erb. 1719–23 an Stelle zweier Vorgängerbauten, evtl. nach Entwürfen des Werkmeisters Rud. Wäber oder des Capitän-Leutnants Matthias Vogel, der mit seinem Bruder Heinrich die Maurerarbeiten ausführte; Renovation und Umbau des rückseitigen Gebäudeteils durch Walter Gachnang sen. 1970. Blockhafter Bau mit 2 Obergeschossen über 3teiligem gefugtem Arkadendurchgang. Strenge Horizontalgliederung mit Gesimsen und liegenden Blendfeldern, die hohen Fenster mit vorhangartigen Bekrönungsprofilen. Im 1. Geschoss Zunftsaal mit Prunktüre, geometrisch gegliederter Felderdecke und korinth. Fenstersäule. Im 2. Obergeschoss 4 Räume mit teilweise reichen Stuckdecken, aufwendigen Türen und Getäfer; Turmofen A. 18. Jh. aus der Werkstatt Pfau mit mythologischen und biblischen Szenen nach Melchior Füssli. – Nr. 56, Zum Dach. Vollständiger Umbau 1846 und 1880; Allianzwappen Werdmüller-Holzhalb 1613.

Rathaus* (Ortsplan, 7; Abb. 250). *Charaktervoller Barockbau in beherrschender Lage in der Limmat.* Über den Tonnengewölben des Vorgängerbaues errichtet 1694–98 unter Leitung des baukundigen Ratsherrn Joh. Heinr. Holzhalb; nach dessen Tode ab 1697 von Joh. Schaufelberger, beteiligt am Entwurf Giov. Maria Ceruto. Seit 1803 Sitz des kantonalen Parlaments, 1833 Umbau des Ratssaales und Einbau einer Tribüne von Hans Conr. Stadler und Hans Casp. Escher. Ab 1893 Sitz des Gemeinderates. Aussenrest. 1913 und Innenrest. 1936–37 mit teilweiser Wiederherstellung des urspr. Baubestandes. Strenger, längsrechteckiger Bau von 3 auf 9 Achsen, additiv im Charakter der Spätrenaissance, mit straffer frühbarocker Gliederung: Vertikal durch gefugte Pilaster in der kanonischen Ordnung toskanisch-ion.-korinth., horizontal durch verkröpfte Gesimse. In den hochrechteckigen Feldern Fenster mit abwechselnd gesprengten Segment- und Dreieckverdachungen, in den Giebelfeldern Büsten antiker und schweiz. Helden von

Joh. Jak. Keller. In der Mittelachse der Strassenfront raumgreifendes Säulenportal mit bekrönenden, kupfervergoldeten Löwen als Schildhaltern 1701 von Joh. Jak. Läublin und Franz Ott. Im Vestibül Marmorbüste Gottfried Kellers 1894 von Richard Kissling. Drei Türgerichte mit reicher Akanthusbekrönung. *Festsaal* in der NW-Ecke. Einer der schönsten Barockräume der Stadt: Prunkvolle Stuckdecke mit Trophäen und allegorischen Figuren, Deckengemälde und Stukkatur von Hans Jak. Schärrer, Turmofen 1763 von Leonhard Locher und Jak. Rusterholtz, Standestafeln 1567 von Hans Asper. Im SW-Eckzimmer Täfer und Deckenstuck von Samuel Höscheller. Gitterportal und Treppengeländer sind Meisterwerke der Schmiedekunst des ausgehenden 17. Jh. Im Vorsaal des 1. Geschosses Stuckdecke von Hans Jak. Schärrer, Prunktüren von Casp. Weber und Joh. Jak. Keller, interessante «Fischtafeln» 1709 von Melchior Füssli. Im Fraktionszimmer Felderdecke und reiches Getäfer mit Intarsien, buntbemalter Turmofen 1697 von Heinr. und David Pfau. Im Kantonsratssaal Kassettendecke von 1853, Wandteppich 1939–45 von Lissy Funk und Standesscheiben 1951. Im Aufstieg zum dritten Geschoss Bild «Schwur der drei Eidgenossen» 1781 von Joh. Heinr. Füssli. – Hauptwache (Ortsplan, 8). Urspr. in Verbindung mit dem gleichzeitigen Schlachthaus, später mit der 1864–66 neu erbauten, 1962 abgebrochenen Fleischhalle. Der heute isolierte klassiz. Querbau 1824–25 von Hans Casp. Escher errichtet. Schlanker dorischer Säulenportikus mit Dreieckgiebel, darin Schutzengelrelief 1921 von Walter Scheuermann. – Nr. 62, Gebäude der Museumsgesellschaft. Erb. 1866–68 von Ferd. Stadler, renov. und umgeb. 1965–66. Zweigeschossiger, blockhafter Oberbau über Arkadensockel (seit 1966). An der abgeschrägten SW-Ecke 2 Atlanten 1867 von Victor v. Meyenburg. – Nr. 64, Gesellschaftshaus der Schildner zum Schneggen. Erb. 1864–66 von Leonhard Zeugheer und Georg Lasius. Breitrechteckiger, geschlossener Kubus von 7 Achsen mit betonter Rustizierung des arkadengeöffneten Erdgeschosses.

Stüssihofstatt. Trapezförmiger Altstadtplatz, der von der Limmat gegen O ansteigt. Durch Neubauten stark beeinträchtigt. – Brunnen mit Statue eines Bannerträgers von 1574, Säule 1667 und Becken 1766. – Nr. 3, Zum Königsstuhl. Am Neubau von 1938–39 spätgot. 4seitiger Holzerker auf figürlicher Konsole mit Wappen Stüssi, um 1420–30. – Nr. 7, ehem. Zunfthaus zur Schuhmachern (bis 1743), seit 1823 Landknabeninstitut, welches Gottfried Keller 1831–37 besuchte. Im Hinterhaus Rundbogenportal und Hauszeichen 1612. – Nr. 10, Zum Mühlrad. Gesellschaftshaus der Müller, erb. 1599. Im 2. Obergeschoss Hauszeichen mit Wappen zwischen ion. Pilastern. – Nr. 57. Deckengemälde und Stuck 18. Jh.

Marktgasse. Nr. 20, **Zunfthaus zur Schmiden** (Ortsplan, 9). 1412 Ankauf des Hauses zum Goldenen Horn durch die Zunft, 1520 Umbau und Einrichtung des Zunftsaals; durchgreifende Umbauten und Renovationen im 19. Jh., teilweise Rekonstruktion 1962–63. Spätgot. Eckhaus mit stichbogigen Kreuzstockfenstern im 2. Geschoss. Im 1. Stock kleiner Saal (Restaurant) mit Tür von 1701, Turmofen aus dem Haus Neumarkt Nr. 11. Im 2. Geschoss der 1881 erhöhte Zunftsaal mit bedeutender spätgot. Felderdecke in Rautenfiguration 1520 von Hans Küng d.Ä. und d.J.: Die Rippen nehmen an ihren Hauptschnittstellen insgesamt 28 polygonale Medaillons mit anthropomorphen Reliefs auf. Die ungestalten Figuren sind fast durchwegs nach Holzschnitten in Schedels Nürnberger Weltchronik von 1493 gearbeitet. Bemerkenswerte spätgot. Supraporten mit Wappenschildern von 17 zürcherischen Ämtern 2.V. 16.Jh., signiert von Michael Boumgartner. – Nrn. 21–23, Zum Goldstein und Zum Roten Gatter. Erb. um 1600–10, Allianzwappen Hess-Hess und Schriftband 1664, Malereien 1927 von Jak. Gubler; Szenen aus dem Leben Pestalozzis (1746–1827), welcher hier seine Studienjahre verbrachte. – Nrn. 12–18, Meyershof. Got. Baugruppe um Innenhof, Umbauten 1599 und 1946; Rest. 1966. Im 14.Jh. im Besitze der Bürgermeisterfamilie Brun, 1371–1775 Eigentum der Meyer v.Knonau. Einfache Rundbogenportale 1599. Im 2. Geschoss des Hinteren Meyershofs (Nr. 14) Kassettendecke und Täfer um 1660. – Nrn. 9–11, Zum Schwanen. Im Kern hochmittelalterl. Bau über röm. Mauerresten. Der heutige Bestand stammt zur Hauptsache von Umbauten des 17. und 18.Jh., durchgreifende Renov. 1950–52. Der Schwanen war von 1736–88 Wohnhaus des Zeichners und Schriftstellers Salomon Gessner (1730–88), wo ihn Kleist, Wieland, Goethe und Mozart besuchten. Sechsgeschossiges Haus mit Polygonalerker von 1619, die Brüstung mit Rollwerkdekoration. Hofportal dat. 1736, im westl. Anbau bedeutendes Hochrelief Apollo mit Leier um 1780 von Valentin Sonnenschein. Im 5.Geschoss bemalte Decke wohl 17.Jh. aus dem Haus zum Kleinen Löwenstein und zwei prachtvolle Turmöfen des 18.Jh., der eine um 1760 von Joh.Jak.Däniker mit Szenen der Passion Christi, der andere von unbekanntem Meister dat. 1724; einfaches Nussbaumtäfer. – Nr.5. Neubau 1951 mit 2 Hauszeichen von 1547 und 1606 von den abgebrochenen Häusern Nrn. 3 und 7. – Zwingliplatz Nr. 4, ehem. Antistitium. Im Kern hochmittelalterl. Haus mit schmucklosem Holzerker, neuerb. 1468, umgeb. 1829 und 1937. 1536–75 Wohnhaus des Reformators Heinr. Bullinger. Limmatquai Nr. 72, ehem. Hotel Schweizerhof. Neugot. Bau 1859 von Wilh. Waser; Renov. 1969. – Nr. 76 und Rosengasse Nr. 2, Glentnerturm. Ehem. Wohnturm des Zunftmeisters Jak. Glentner 1388, heute Wohnhaus mit traufständigem Satteldach und vorgelagertem Bau auf Arkaden. – Rosenhof. Platzanlage 1966–67 von Benedikt Huber, Brunnen für Niemand 1967 von Peter Meister mit Inschrift von Max Frisch. – Limmatquai Nr. 80, Zur Gerwe. Neuerb. 1856 von Wilh. Waser, Hauszeichen 1703 vom Altbau an der N-Seite. Klassiz. Fassade mit klarer Fensterordnung. – Nr. 82, Zum Grossen Schiff. Erb. 1860 von Wilh. Waser, Erker und Verputz um 1905. – Nr. 94, Rudolf-Mosse-Haus. Erb. 1913 von Rob. Bischoff und Hermann Weideli. Mächtiges Jugendstilhaus auf massigen (bei der Renov. 1967 geöffneten) Arkaden mit reicher Dekorationsplastik von Hans Markwalder.

2. Vom Central zur Zentralbibliothek, durch den östl. Teil der Altstadt, über die Hohe Promenade zum Bellevue

Niederdorfstrasse. Ursprünglich Hauptstrasse der alten Vorstadt und längster Strassenzug der mittelalterl. Stadt. – Nr. 77, Zum Brotkorb. Neuerb. 1857 von Wilh. Waser. Schmales Eckhaus mit 3geschossigem Erker. – Nr. 90, Zur Sempacherhelbart. Neuerbaut im 18. Jh. Im 3. Geschoss Stuckdecke 3. V. 18. Jh. – Nr. 9, Zum Schwarzen Adler. Am Neubau von 1952–53 Wirtshausschild um 1800. – Zähringerplatz, Zentralbibliothek. Erb. 1915–17 von Hermann Fietz an Stelle des abgebrannten Predigerklosters, Bauplastik von Arnold Hünerwadel, Skulpturen über dem Haupteingang von Hans Gisler. – Predigerplatz, Brunnen. Ehem. vor dem Barfüsserkloster. Säule 1558 von Balth. Bingiser, Trog 1748 von Ant. Däniker (Kopien); Brunnenfigur (Signet des Buchdruckers Froschauer) 1958 von Otto Münch.

Predigerkirche (Ortsplan, 10; Abb. 246). *Der Chor ist eine der bedeutendsten Leistungen der Bettelordensarchitektur in der Schweiz.* Das Kloster erwähnt 1231, Kirche vollendet 1269. In der 1. H. 14. Jh. Anbau des Chores. 1524 Aufhebung des Klosters, der Chor profaniert, das Langhaus 1609–14 durchgreifend umgebaut: Einzug von Gewölben in den Seitenschiffen und Holzgewölben im erhöhten Mittelschiff, Vergrösserung der Fenster. An der S-Seite Bau eines Prunkportals mit Vorhalle. 1663 Einbau des Strebensystems der S-Seite, da Einsturz der Kirche befürchtet wurde. 1887 Brand der Klostergebäude auf der N-Seite der Kirche, an deren Stelle 1915–17 die Zentralbibliothek errichtet wurde. Gotisierender Turm 1900 von Friedr. Wehrli nach Entwürfen Gustav Gulls. Umfassende Rest. des Langhauses 1964–68. Der Chor, welcher als Kornschütte Verwendung fand, wurde 1873 als Kantonsbibliothek, 1917 als Staatsarchiv eingerichtet und dabei leider in mehrere Geschosse unterteilt. Dominierend ist die gegen den Predigerplatz gerichtete S-Front. Das Portal in frühbarocken, hochplastischen Formen 1611 von Werkmeister Georg Waser, Neubau des Vorhallenvorderteils 1900 von Friedr. Wehrli. Die W-Fassade schmucklos mit hohem Spitzbogenfenster, das Vorzeichen 1968. Steilaufragender, 4jochiger *Chor* mit $^5/_8$-Schluss und gestuften Strebepfeilern, dazwischen schmale hohe Spitzbogenfenster mit hochgot. Radialmasswerk. Die Zwischenböden im Staatsarchiv erlauben, die Masswerkfigurationen und die Gewölbekonstruktion aus der Nähe zu betrachten. Die saftigen Rippen der Kreuzgewölbe setzen auf spitzen Konsolen an und nehmen polychromierte Schlusssteine mit vegetabilen und figürlichen Reliefs auf. Die dekorative Bemalung stammt wie der gesamte Chorbau aus der 1. H. 14. Jh. Im Schiff ist weitgehend der roman. Bestand erhalten. Sieben Joche, kreuzgewölbte Seitenschiffe und flache Holztonne von 1610 im Mittelschiff. Die massigen Vierkantpfeiler enden in energisch profilierten Stuckkämpfern und tragen schwere Rundbogen. Der Stuckdekor in der Art der Gebrüder Castelli ist dat. 1610, signiert von Ulr. Oeri, weitere Signaturen von Friedr. und Hans-Ulr. Oeri, Hans-Heinr. Zehnder und Conr. Bauer. Gliederung durch ein klares System tektonischer und flächenfüllender Teile in reicher Stufung des Reliefs. Als Vertikalgliederung Hermenpilaster mit Fruchtgehängen, im Gewölbe als Gurten fortgesetzt. Die Spitzbogenfenster mit Ohrenrahmung, über den Arkaden Stuckpanneaux. Im Gewölbe wechselständig runde und rechteckige Felder. Die Detailformen antikisierend mit schwarzer und roter Fassung. Die Triumphbogenwand mit grosser Stuckädikula, Wandteppich von

Ruth Jeanrichard 1968; Taufstein 1613. Im nördl. Seitenschiff Freskenfragment 15. Jh.
Brunngasse Nr. 4, Zum Weissen Turm. Im 17. und 18. Jh. im Besitz der Familie Pestalozzi. Im 2. Geschoss Rokoko-Erker. Im 3. Stock spätgot. Bohlenbalkendecke um 1500, Stuckdecken um 1710–20, Salon mit Régencestuck und Gemälden in der Art Joh. Balth. Bullingers. Im Dachgeschoss Ölbilder mit Gerätestilleben um 1750 von Joh. Casp. Füssli. – Froschaugasse Nr. 29, Zur Blauen Lilie, hochmittelalterl. Bau mit got. Reihenfenstern und Fachwerkobergeschoss. Türsturz dat. 1670, Erker wohl gleichzeitig. Renov. und Innenumbau 1963. Auf der Hofseite Relief 1964 von Werner Hilber. – Nrn. 14–18, Zur Froschau. Ehem. klösterliche Siedlung St. Verena, erwähnt 1260, aufgehoben 1525. Kauf des Gebäudes 1551 durch Christoph Froschauer und Einrichtung einer Druckerei; Umbauten im 16. und 17. Jh., Renov. 1965–67. Rechtwinklig aneinanderstossende Baugruppe mit got. Reihen- und Staffelfenstern. Im Flur des 1. Stockes 6 Doppelbildnisse der Reformatoren um 1570–80 in der Art Hans Aspers, rest. 1967. – Nr. 4, Zum Burghof. Im 14. Jh. Zur Judenschule (Synagoge), durchgreifender Umbau 1705 durch Hans Heinr. Holzhalb, Erker A. 18. Jh. Im 1. Obergeschoss Stuckdecke um 1740. – Rindermarkt Nr. 11, Zu den Drei Sekeln. 1567 im Besitze des Malers Hans Asper. Im 1. Stock Renaissancebalkendecke mit Rollwerkschnitzerei und Bemalung E. 16. Jh. – Nr. 12, Öpfelchammer, urspr. Zum Judenhut. Gottfried-Keller-Stube mit vielen Erinnerungsstücken an den Dichter. – Nr. 17, Zum Grossen Steinbock. Neuerb. zwischen 1671 und 1682. Korbbogiges Portal, darüber schmiedeisernes Balkongitter um 1730.
Neumarkt (Ortsplan, 11). Der auffallend breite Strassenzug 1145 erstmals genannt. Er diente urspr. als Viehmarkt und gehört zu den am besten erhaltenen und geschlossensten Gassenräumen des alten Stadtkerns. – Nr. 2, Zur Weissen Taube. Erwähnt 1324, neuklassiz. Umbau 1899, Renov. und Innenumbau 1967 von Karl Knell. Als Abschluss des Neumarkts und Überleitung zum Rindermarkt, wie als Vorbau des Grimmenturms von städtebaulicher Bedeutung. – Neumarkt Nr. 4, Zum Unteren Rech. Hochmittelalterl. Bau, 1497 und 1534 unter den Bürgermeistern Heinr. und Diethelm Röist eingreifend umgebaut, letztmals 1879 stark verändert. Renovation und Umbau zum Stadtarchiv 1971 f. Im 2. Obergeschoss Balkendecke mit Wappen von Bürgermeister Markus Röist und seinen Gattinnen Barbara Schaad und Dorothea Göldin. Datierte Fenstersäule von 1497, im anschliessenden Zimmer Fensterpfeiler von 1534. Daneben 2 Biedermeierzimmer. Rückseitig schöner, italienisierender, von Galerien umgebener Lichthof. – Jupiterbrunnen, neuerrichtet 1750 mit Statue Jupiters (Kopie). – **Grimmenturm,** benannt nach Joh. Bilgeri «dem Grimmen». Frühgot. ritterlicher Wohnturm mit Eckquaderung, E. 13. Jh., evtl. mit älterem Bestand, 1964–66 durchgreifende Restaurierung und Wiederherstellung des urspr. Turmabschlusses. Aus dem angebauten Haus zum langen Keller stammt ein einzigartiger frühgot. Gemäldezyklus um 1300, im Schweiz. Landesmuseum. – Nr. 5, **Zunfthaus zur Schuhmachern** (Ortsplan, 12). Erb. 1742–43 von David Morf unter

Einbeziehung des Bilgeriturmes aus dem 14. Jh. Siebenachsige, ion. instrumentierte Strassenfront mit seichtem Risalit unter flachem Segmentgiebel. Hauptportal mit profiliertem Vorhangbogen, in der Kartusche Schuh als Zunftwappen. Das Innere umgestaltet: im 1. Stock Einbau eines Ausstattungsensembles aus dem Haus zum Neuenegg um 1725–30, mit Täfer, Kassettendecke und Turmofen. Der ehem. Zunftsaal im 2. Stock ist heute Theaterraum. – Nr. 6, Zum Steinberg, ehem. Zum Rechberg. Kubischer Bau mit Fassade des 19. Jh. Im Rokokosaal des 2. Stockes bemalte Täferpanneaux mit idyllischen Landschaften, Stuckdecken des 17. Jh. und um 1770, spätgot. Fenstersäule. – Nr. 7, Zum Adlerberg. Neubau von 1608, Umbau 1691. Rundbogenportal dat. 1608, darüber Hauszeichen: gerahmtes Relief unter gebrochenem Segmentgiebel, in der Wappenkartusche die Wappen Hirzel und Keller. – Nr. 8, Zum Tannenberg. Mittelalterl. Baubestand, Umbau 1534–40; Rest. 1958–59. Hauszeichen über der Türe 2. H. 16. Jh. Im Erdgeschoss Stuckdecke um 1730. Im Saal des 2. Obergeschosses gute Stuckdecke, frühes 18. Jh. – Nr. 11, Zur Stelze. Das hochmittelalterl. Haus 1742 stark umgebaut durch Bürgermeister Heinr. v. Orelli. Im 1. Obergeschoss vorzügliche Stuckdecke M. 18. Jh. aus dem Umkreis des Francesco Pozzi, Turmofen um 1730 aus dem Haus zum Neuenegg. Im 2. Obergeschoss prunkvolle Stuckdecke um 1754 in der Art des Tirolers Joh. Schuler, Rokokoturmofen M. 18. Jh. aus dem Haus Neuenegg. – Nr. 13, Zum Mohrenkopf. Im 1. Geschoss zierliche Stuckdecke um 1740, im 2. Geschoss spätgotische Bohlenbalkendecke. – Nr. 20, Zum Steinernen Kindli. Hauszeichen 1. H. 16. Jh.; Putto mit Sanduhr und Totenschädel als Vanitas-Allegorie. – Nr. 27, Zum Goldenen Winkel. Geburtshaus des Dichters Gottfried Keller (1819–90). – Seilergraben Nr. 1, Zum Kronentor (Ortsplan, 13). Erbaut 1828 von Hans Conr. Stadler. Auf 3 Seiten freistehender, 3geschossiger Rechteckblock von 5 auf 3 Achsen. Haupteingang 1871 vom Neumarkt an den Seilergraben verlegt. – Brunnen von 1837 auf Gegenseite.

Obmannamt und Obergerichtsgebäude (heute Schwurgericht). Die beiden Bauten an Stelle und unter Verwendung von Bauteilen des 1247 gegründeten, 1526 profanierten Barfüsserklosters. Obmannamt, erb. 1836–39 nach Rissen Hans Conr. Stadlers von 1824, Umbau und 2. Obergeschoss 1839–40 von Ferd. Stadler, 3. Obergeschoss 1880 von Otto Weber. Langgestreckter Bau von 20 auf 3 Achsen; Mittelrisalit mit Lisenengliederung unter flachem Dreieckgiebel. Südl. hinter dem Hauptgebäude 3 Flügel des ehem. *Kreuzganges* um 1415, mit reichen Masswerkfigurationen (Zugang durch Untere Zäune). Der NW-Flügel erb. 1837–38 von Ferd. Stadler, 1967 um ein Stockwerk erhöht. – Obergerichtsgebäude. Erb. 1806–07 als Kasino von Hans Casp. Voegeli nach Plänen Hans Casp. Eschers, 1874 eingreifender Umbau: Erhöhung des Mitteltraktes, Lisenengliederung und Giebel. – Manesse-Brunnen. Steigendes Pferd, 1931 von Arnold Hünerwadel. – *Untere Zäune*. Geschlossene, leicht konkave Häuserflucht, im Zuge der neueren Altstadtsanierung mit historisierenden Neubauten durchsetzt. Einige einfache, grösstenteils neu bemalte Erker des 17. Jh. (Nrn. 5, 7, 15 und 25). – Nr. 19, Zum Hohen Steg. 1505 Zusammenbau dreier Häuser für den Apotheker Anton

Klauser, 1518–30 im Besitze des Bischofs von Chur, 1839 Umbau des 4. Geschosses, 1851 Veränderung des Erdgeschosses. Saal mit Sterngewölbe, urspr. wohl Ausstellungsraum für Orientwaren. Renaissancefensterstütze, Régence- und Rokokostuckdecken. – Leuengasse. Brunnen von 1725, aus dem Hof des Hauses zum Grossen Pelikan. – Spiegelgasse Nr. 11, Zum Waldries. Erwähnt im 13. Jh., Rest. 1957. Wohnsitz Joh. Casp. Lavaters von 1741–78, wo ihn Goethe 1775 besuchte. Im 2. Obergeschoss einfacher Holzerker 18. Jh. Im 2. Stock bemerkenswertes Türgewände aus St.-Urban-Backstein um 1270–75. – Nr. 3, Zum Oberen Spiegel. Hochmittelalterl. Haus, im 16. Jh. im Besitz der Seidenfabrikanten Wüst, später der Familie Orelli. Drei figurierte Dachbüge und Wappen Wüst-Locher, kurz nach 1576. Im 2. Obergeschoss Zimmer mit spätgot. Fensterstützen, Kassettendecke, Ofen 1698, aus dem Haus Krautgartengasse Nr. 7. Im 3. Geschoss stuckierte Balkendecke spätes 17. Jh. – Napfgasse Nr. 6, **Haus zum Napf** (Ortsplan, 14). Erwähnt im 14. Jh., im Besitze vornehmster Familien bis ins 18. Jh.; Rest. 1944. Fassade mit spätgot. Reihenfenstern, neben dem Portal Allianzwappen Schultheiss vom Schopf-v. Cham 1545. Im 1. Geschoss Spätrenaissancezimmer mit Täfer und reicher Kassettendecke vor 1600. Im Saal des 2. Geschosses leicht gewölbte gotische Bohlenbalkendecke, Empireofen; bemerkenswerte Régencepanneaux mit Schäferszenen und allegorischen Darstellungen um 1740. Im 3. Geschoss Festsaal mit Stuckdecke spätes 17. Jh.; Zimmer mit Régencestuckdecke um 1730. – Napfplatz. Brunnen von 1568 mit Allegorie des Frühlings, 1911 von Arnold Hünerwadel. – *Obere Zäune.* Nr. 26, Brunnenturm. Erwähnt 1340; Eigentum lombardischer Geldleiher, 1429–1810 im Besitz der Escher vom Luchs, 1877–78 Umbau; Rest. 1942. Barockes Portal 1680 mit Wappen Escher und Meiss. – Nr. 4, Zum Lindentor, früher Zum Roten Stern. Frühgot. Haus mit Reihenfenstern, Umbau und Rest. 1968.

Kirchgasse (Ortsplan, 15). Erwähnt 1271. An der oberen Kirchgasse meist Chorherrenhöfe, an der mittleren ehem. Kaplaneihäuser. Trotz Erneuerung einzelner Bauten bewahrte die Gasse ihr urspr. Gepräge. – Nr. 33, Zum Steinhaus. Erwähnt 1278 als Haus des Ritters Rüdiger Manesse (gest. 1304), des mutmasslichen Anregers der Manessischen Liederhandschrift. Mittelalterl. Wohnturm, 1831 teilweise abgebrochen und umgeb. 1876. Renov. 1928, mit Fresken von Paul Rubli. – Nr. 48, Zum Roten Rad. Dreigeschossiger Bau mit Rundbogenportal E. 17. Jh. Holzerker auf Löwenkonsolen um 1680–90. Das schmiedeiserne Gartenportal um 1800. Im 1. Geschoss ein umfangreicher Gemäldezyklus des späten 17. und des mittleren 18. Jh.: Symbolische und allegorische Darstellungen; Rokokoturmofen E. 18. Jh. – Nr. 42, Zum Roten Adler. Erb. 1830–31 von Hans Conr. Stadler. Dreigeschossiger spätklassiz. Giebelbau über einem Sockelgeschoss mit Lünetten. Die leicht rückversetzten mittleren Achsen betont durch Freitreppe und Balkon mit typischem Biedermeiergitter. – Nr. 38, Zum Paradies. Rechteckiger Erker auf geschnitzten Konsolen. – Nr. 32, Konstanzerhaus. Ehem. Besitz des Domkapitels Konstanz. Neuerb. 1714 mit 2geschossigem Steinerker. – Nr. 27, Zur Engelburg. Erb. 1599–1604 für Junker

Hans Jak. Schmid; Renov. 1933. Dreiachsiger Steinerker auf Konsolen im 2. Obergeschoss, auf den seitlichen Brüstungen Wappen des Bauherrn und der Cleopha Escher vom Luchs, um 1600. Im Flur mosaikartig gesetzter Feldsteinboden, im W-Zimmer des 1. Obergeschosses reiche Stuckdecke um 1750 aus dem Umkreis des Tiroler Meisters Joh. Schuler; Turmofen; im 2. Obergeschoss einfache Stuckdecke um 1730. – Nr. 26, Sigristenhaus. Neuerb. 1864 von Wilh. Waser, mit feingliedriger klassiz. Fassade. – Nr. 13, Leutpriesterei. 1525–31 vom Reformator Huldrych Zwingli bewohnt. 1568 und 1858 umgebaut. Im ersten Obergeschoss Zwinglistübli mit spätgotischer Bohlenbalkendecke E. 15. Jh., einfacher Ofen um 1740. – **Grossmünsterkapelle.** Erb. 1858–59 von Joh. Jak. Breitinger an Stelle des westl. Holzbaus der Leutpriesterei. Polygonaler Kopfbau in Tudorgotik mit eleganten Netzgewölben. Beachtliches Werk der Neugotik. – Nr. 14, Zum Goldenen Sternen. Steinerker 18. Jh., auf geschnitzten Konsolen. Im NW-Zimmer grossformatige Leinwandmalereien mit dem Thema der «Fêtes galantes» um 1760–70 evtl. von Joh. Balth. Bullinger, einfacher Turmofen. – Grossmünsterschulhaus. Neuroman. Anlage 1850–53 von Gustav Albert Wegmann an Stelle des Chorherrenstifts. Blockhafter Bau mit 8 auf 8 Achsen um den bestehenden *Grossmünsterkreuzgang* (s. S. 751). Rundbogige Zwillingsfenster durch Lisenengliederung und Sohlgesimse getrennt. – **Grossmünster*** (s. S. 747).

Neustadtgasse. 1355 als «nüwe Statt» erwähnt. Winkliger Strassenzug mit kleiner Platzanlage, Überbauung mit bescheidenen Häusern. – Nr. 7, Zum Vorderen Grundstein. Mittelalterl. Bau, im 17. und 18. Jh. umgestaltet; Rest. 1963. Portal mit Vorhangbogen und Kartusche dat. 1741. Im Erdgeschoss stuckierte Balkendecke 17. Jh. und spätgot. Fenstersäule. Im 1. Geschoss spätgot. Saal mit flacher Decke. Im 2. Geschoss einfaches Getäfer, flächig stuckierte Decke. – Nr. 5, Zum Hinteren Grundstein. Eingang 1723 mit Régence-Oberlichtgitter, rechteckiger Erker 1609. Im 1. Geschoss Stuckdecke 1723, Deckenbild um 1750. – Samichlaus-Brunnen. Schale 1754, Säule und Figur 1910 von Arnold Hünerwadel. – *Frankengasse–Trittligasse.* Mittelalterl. Strassenzüge mit äusserlich einfachen, im Innern aber reich ausgestatteten Häusern. – Trittligasse Nr. 8. Reiche Stuckdecken um 1770. – Winkelwiese Nrn. 2–4, erb. 1853–54 von Gustav Albert Wegmann; Nr. 4 (Villa Tobler), vollständig umgeb. 1898–1900 von Konrad v. Muralt, qualitätvolles Jugendstilinterieur von H. Eduard v. Berlepsch.

Hirschengraben. Im 18. Jh. zur Fahrstrasse und Allee für Fussgänger ausgebaut. 1780–84 teilweise ausgeebnet und den Seilern zugewiesen (Seilergraben). Die Bebauung des oberen Teils stammt aus dem 18. Jh. (Kiel, Rechberg, Neuberg), der mittlere Teil wurde grösstenteils erst im 19. Jh. mit neuklassiz. Bauten besetzt. – Nr. 20, **Zum Kiel.** Erb. 1716 für Hans Casp. Schulthess-Haab, Mansartdach und Quergiebel 2. H. 18. Jh. Ungegliederter Baukubus von 3 auf 5 Achsen. Betonung der Mittelachse durch segmentbogig schliessenden Giebel. Hervorragende Interieurs: Im Erdgeschoss NO-Saal mit frühklassiz. Stukkaturen 1775–79 von Valentin Sonnenschein: Darstellungen mythologischen, allegorischen und emblematischen Inhalts. Gemalte Supraporten mit Ruinenlandschaften von Joh. Heinr. Wüst. Im Obergeschoss Grisaillen von Joh. Heinr. Wüst, Stukkaturen um 1790. – Nr. 22, Zum Lindengarten. Erb. 1725, Innenumbauten 1899, Dachumbau 1928. Im ersten Geschoss Täfer und Felderdecke, Régencestuckdecken.

Heimplatz. **Kunsthaus** (s. S. 793; Ortsplan, 16). Erbaut 1907–10 von Karl Moser. Jugendstilbau mit Säulenportikus unter Dreieckgiebel. Plastischer Schmuck: Im Portikusgiebel Relief von Otto Kiefer, Metopenreliefs 1910–14 von Carl Burckhardt, Teile eines Zyklus der Amazonenschlacht. Die Nischenstatuen des Seitentraktes gegen die Rämistrasse von Carl Burckhardt, Arnold Hünerwadel, Paul Osswald und Arthur Abeljanz. Erweiterungsbau 1925–26 von Karl Moser, als Verbindung zum ehem. Lindenthal, 1796–1800 von Hans Casp. Escher und Hans Conr. Bluntschli d.J., 1972 zugunsten eines dritten Erweiterungsbaus abgebrochen. Rechtwinklig zum Altbautrakt Neubau, schlichter Kubus auf Stützen, 1955–58 von Hans und Kurt Pfister; Restaurant 1957 von Rudolf Zürcher. Auf dem Platz: Höllentor 1880–1904 von Auguste Rodin; Liegende (Werkmodell der UNESCO-Figur) 1957 von Henry Moore; Le chant des hirondelles 1931–32 von Jacques Lipchitz. Im Durchgang gegen Haus zum Kiel: Miracolo 1959–60 von Marino Marini. – Büstendenkmal für den Komponisten Ignaz Heim, 1880 von Bapt. Hoerbst. – Rämistrasse Nr. 26, Zum Ehrenberg (heute Lyceumclub). Erb. 1837 von Carl Ferd. v. Ehrenberg. Klassiz. Kubus mit halbrund ausschwingendem Treppenhaus auf der Rückseite. – Töchterschule Abt. I. Erb. 1912–14 nach Entwürfen Gustav Gulls von Joh. Rud. Streiff und Gottfried Schindler. Figurenreliefs von Hans Gisler, dekorative Friese von Franz Kalb, Brunnenreliefs von Arnold Hünerwadel.

Hohe Promenade. Denkmal für den Liederkomponisten Hans Georg Nägeli, 1848 von Ferdinand Stadler, 1912 erneuert. Büste von Joh. Jak. Oechslin, versetzt 1969. – Promenadengasse Nr. 13, Friedhofskapelle (seit 1895 St. Andrew's Church). Erb. 1847–48 von August Stadler nach Entwürfen Ferd. Stadlers; Anbau von Chor und Sakristei 1895. – Eglise française. Erb. 1900–02 von Benjamin Recordon in neuroman. Formen. – Taborkapelle der Methodistengemeinde, 1873. – Schanzengasse Nr. 20, Falkenstein. Erb. 1866–67 von Theodor Geiger, bedeutende neugot. Backsteinvilla im englischen Landhausstil. – Nr. 14, ehem. Tabakfabrik. Erb. 1853–55 von Wilh. Waser, Um- und Anbauten 1867–72 von Theodor Geiger. – Nr. 10, Falkenburg. Erb. 1839–40 von unbekannten Architekten, Umbau 1862–64 evtl. von Theodor Geiger. Blockhafter Baukörper mit plastischen Fensterrahmungen. – Nr. 11, Töchterschule Abt. IV. Interessante Lösung einer Hangbebauung, 1963–65 von Paul W. Tittel. Plastik 1967 von Angelika Nauer.

Stadelhofen. Bahnhof Stadelhofen. Erb. 1893 von Gustav Wülfke. – *Stadelhoferplatz.* Idyllische Platzanlage um 1860 mit gusseisernem Brunnen von 1870. Geschlossene Randbebauung von 1863–64 teilweise erhalten. – Goethestrasse Nr. 18, Hotel Plaza, erb. 1863–64 von Theodor Geiger. – Mühlebachstrasse Nr. 8. Erb. um 1770 für den Färber Hans Heinr. Vögeli. Zweigeschossiger Barockbau unter Mansartdach. – *Stadelhoferstrasse.* 1646 wurde ein Grossteil Stadelhofens in die neue Stadtbefestigung einbezogen.

Im neuen Stadtteil siedelten sich in der Folge einige Patrizierfamilien an. – Nr. 12, Zum Sonnenhof. Erb. um 1643 für Bürgermeister Salomon Hirzel, erweitert 1654–55. Klassiz. Veränderungen evtl. durch Wilh. Waser 1849. Schmuckloses, traufständiges Giebelhaus. Im Erdgeschoss Prunktüren um 1700. Im W-Eckzimmer bemalte Wandbespannung aus dem Umkreis Balth. Bullingers um 1750. Im 1. Obergeschoss stuckierte Balkendecke 2. H. 17. Jh., im 2. Obergeschoss einfache Stuckdecken um 1730. Um 1870 Einbau zweier Prunksalons in die ehem. Magazinräume. Rokokohofgitter zwischen vasengeschmückten Pfeilern um 1750. – Nr. 25. Im Hof Rokokogitter um 1750–60 vom Haus zum Vogelsang; Rest. 1940. Mädchenplastik von Arnold Huggler, aufgestellt 1964. – Nr. 26, Zum Baumwollhof. Erb. 1643. Schmuckloser Bau mit Stuckdecken um 1760 im 2. Obergeschoss, interessantes Treppenhaus 3. V. 19. Jh. Hoftor mit Rokokogitter um 1760. – Rämistrasse Nr. 18, Zum Garten. Erb. wohl M. 17. Jh., vollständig umgebaut und erneuert 1720 für den Ratsherrn Salomon Ott; Rest. 1940. Schmuckloser Rechteckbau unter Walmdach. Im 1. Obergeschoss barocke Stuckdecke mit Sinnbildern der Jahreszeiten, Turmofen um 1780; im W-Eckzimmer Stuckdecke mit Landschaftsmotiven um 1725; im Saal Stuckdecke mit Putten und Vögeln. Im 2. und 3. Obergeschoss einfachere Stuckdecken, Turmofen um 1760. Der Garten mit Hofportal vor 1773, zierliches Gartenportal um 1725. Frühklassiz. Brunnen um 1775.

Waldmannstrasse/Rämistrasse/Hirschengraben. Überbauung untere Rämistrasse. Geschlossene Strassenfront in neubarocken Formen 1885 ff. von Heinr. Ernst. – Brunnen 1935 von Eduard Zimmermann.

C. ALTSTADT LINKS DER LIMMAT

1. Vom See durch den Stadtteil zwischen Limmat und Bahnhofstrasse

Bürkliplatz. Gestaltung der Uferpromenade, Anlage der Quais durch umfangreiche Seeaufschüttung 1881–88 von Arnold Bürkli. Quaibrücke 1881 von Emil Schmid-Kerez. – Am See, Ganymed. Bronzeplastik 1952 von Hermann Hubacher (Abb. 257). – Arnold-Geiser-Brunnen. Anlage von Jean Freitag, Plastik Jüngling, einen Stier haltend, 1911 von Jak. Brüllmann. – In der Limmat: Bauschänzli. Rest der 4. Wallbefestigung um 1660. – Stadthausquai Nr. 1, Wohnhaus. Erb. 1887–89 von Adolf Brunner. – Börsenstrasse Nr. 10, Metropol. Erb. 1893 von Heinr. Ernst. Bemerkenswert frühe Eisen-Glas-Konstruktion mit neubarocker Dekoration. – Stadthausquai Nr. 15, Post- und Telegraphengebäude. Erb. 1895–97 von Emil Schmid-Kerez. Massiver, rustizierter Block im Stile der florentinischen Renaissance. – Nr. 17, **Stadthaus.** 1. Etappe Kappelergasse/Fraumünsterstrasse, 1885–87 von Arnold Geiser. Gedrungener Eckbau in Neurenaissance. 2. Etappe Stadthausquai, 1899–1900 von Gustav Gull an Stelle der Klostergebäude und des Kreuzgangs des Fraumünsters in neugot. Formen. Im Trauzimmer Glasfenster 1924 von Augusto Giacometti. Im 3. Geschoss Sitzungssaal mit Stuckdecke und Deckengemälde 1716 von Joh. Brandenberg (aus dem ehem. Musiksaal der Fraumünsterabtei). – **Reiterstandbild** für den Feldherrn und umstrittenen Bürgermeister Hans Waldmann (enthauptet 1489), Bronze 1937 von Hermann Haller (Abb. 258). – **Fraumünster*** (s. S. 752).

Münsterhof. Grosse, unregelmässige Platzanlage mit barocken Profanbauten nördl. des Fraumünsters, ehem. Schweinemarkt. – Nr. 20, **Zunfthaus zur Meise*** (Ortsplan, 17; Abb. 244, 249). *Repräsentativster Rokokobau Zürichs in städtebaulich ausgezeichneter Lage am linken Limmatufer.* Erb. 1752–57 von David Morf für die Zunft der Weinleute. Ausstattung 1764 vollendet. Das zweite Obergeschoss teilweise umgeb. 1899–1900; Renov. 1955–56. Heute Keramikmuseum des Schweizerischen Landesmuseums (s. S. 793). Einheitlich durchgestalteter Bau mit 7 auf 11 Achsen unter steilem Mansartdach. Ehrenhof auf der Rückseite. Das vorzügliche Gitter um 1760 von Joh. Heinr. Dälliker. Gequaderter Sockel mit rundbogigen Öffnungen und eingebauten Läden. Die beiden Obergeschosse durch Pilaster zusammengefasst, Rhythmisierung der Fronten durch seichte Risalitbildung mit Giebelbekrönung. In der Mittelachse der O- und S-Front reiche Balkongitter von Joh. Heinr. Dälliker, die plastischen Fensterbekrönungen der Beletage von Franz Ludw. Wind. Bemerkenswerte Interieurs. Einfacher Korridor mit Kreuzgratgewölben vermittelt zu 3läufiger Treppe; das vorzügliche Geländer von Joh. Heinr. Dälliker. Im Saal des 1. Obergeschosses hervorragende Stuckdecke mit naturalistischen, à jour gearbeiteten Ranken und eingestimmten Landschaftsmotiven vom Tiroler Stukkateur Joh. Schuler. Im Balkon- und Flügelzimmer Deckengemälde: Götterversammlung von Joh. Balth. Bullinger. Im nördl. Teil Turmofen um 1750–60 aus der Werkstatt von Leonhard Locher, Malereien von Daniel Düringer. Im 2. Geschoss Turmofen 1760 von Hans Jak. Hofmann (aus dem Haus zum hintern Pelikan). Im südl. Flügelzimmer Bildnisse bedeutender Zürcher. – Nr. 8, **Zunfthaus zur Waag** (Ortsplan, 18). 1357 genannt, 1636–37 Bau des neuen Zunfthauses, in der Folgezeit Renov. 1899, 1908–09 und 1935 (Innenumbau). Gesamthabitus wenig, das Innere jedoch durchgreifend verändert. Viergeschossiger Bau mit grossem Giebelfeld und spätgot. Reihung der Fenster. Barockes Portal 1636 mit gesprengtem Giebel und Zunftwappen. Im 3. Geschoss Zunftsaal mit teilweise spätgot. Fensterrahmungen und Kreuzstöcken; Wappenscheiben 1921 ff. von Richard Nüscheler. – Waaggasse Nr. 3, Restaurant Orsini. Umbau 1877 von Theophil Tschudy. Gitter E. 19. Jh. – Waaggasse/Paradeplatz. Junobrunnen, 1872, Statue 18. Jh. vom ehem. Brunnen an der Kirchgasse. – In Gassen Nr. 6, Altes Zeughaus. Erb. 1487, eingreifende Umbauten 1868–69 und 1926–27. Spätgot. gliederungsloser Baukörper. – Nr. 13, Zum Goldenen Osterlamm. Skulptiertes Hauszeichen um 1590.

Zinnengasse. Nr. 1, Zum Neuhaus. Erb. 1637 an Stelle zweier Badestuben. Auf 3 Seiten freistehendes, schmuckloses Giebelhaus. Barockes Portal 1637. Im Saal des 3. Obergeschosses (seit 1740 unterteilt) hervorragende Stuckdecke um 1710–15, prächtiger Turmofen 1760. Im abgeteilten Raum eingebaute Möbel, Turmofen und qualitätvolle Türen, alles um 1740. – Nr. 2, Zur Grünen Zinne. Segmentbogiges Portal mit feinmodelliertem Engelskopf, dat. 1667. – *Wühre.* Anlage 1637–43 als Verbindung zwischen

Rathaus- und Münsterbrücke. – Nr. 11, Zum Meyen. Barockbau mit Erker um 1640–50. – *Weinplatz.* Spätgot. Platz, schon im 13. Jh. erwähnt. Bis 1620 durch Kornhaus von der Limmat abgetrennt, später Schiffsanlege. – Nr. 4, Zum Kleinen Christoffel. Christophorusfigur 16. Jh. – Nr. 2, Hotel Storchen. Erwähnt 1357. Bezeugt als Wirtshaus 1471. Neubau 1938–39 von Erhard Gull. An der Fassade Storch, Bronze 1939 von Luigi Zanini. Im Saal Abguss einer Stuckdecke um 1730 aus dem Haus zum Licht, evtl. von Hans Jak. Schärrer. Im Werdmüllerzimmer Landschaftspanneaux in niederländischer Manier 18. Jh., Turmofen um 1780–90, alles aus dem Haus zur Farb. – Neubarocker Brunnen 1908 mit Plastik von Jos. Regl und Schmiedeeisengitter von D. Theiler.

Strehlgasse. Nr. 9, Zum Steinernen Einhorn. Skulptiertes Hauszeichen dat. 1598, Erker 1626. – Nr. 13, Zur Zahmen Taube. Wohnhaus des Kunstschlossers Joh. Heinr. Dälliker. Schmiedeisernes Oberlichtgitter und Türfüllung um 1730. – Nr. 14, Zum Grossen Leopard. Kastenartiger Holzerker mit Hauszeichen auf knorpeligen Konsolen 2. H. 17. Jh., Wandgemälde 1924 von Wilh. Hartung. Im 2. Obergeschoss einfache Balkendecke und profilierte Fensterstütze. – Nr. 26, Zum Kleinen Kindli. Im 1. Obergeschoss gute Stuckdecke von 1692, signiert von Samuel Höscheller.

St. Peterhofstatt. Erwähnt 963. Malerischer Altstadtplatz vor der St. Peterskirche. – Nr. 2, Pfarrhaus. Östl. Teil 1290, westl. Teil 1325 erwähnt. Umbau der 3teiligen Baugruppe zum Pfarrhaus 1637. Im Erdgeschoss des westl. Teils sog. Pfaffenstübchen mit spätgot. Leistentäfer, flachgeschnitztem Fries und profilierter Balkendecke.

St. Peter* (Ortsplan, 19). *Mächtige, gut dimensionierte Chorturmkirche in ausgezeichneter Lage über der Altstadt.* St. Peter war die einzige Pfarrkirche des alten Zürich. Urkundlich 857 nachgewiesen, erhebt sich der heutige Bau über den Fundamenten von mindestens 3 Vorgängerbauten, deren ältester ins 9. Jh. zurückreichen dürfte. Im frühen 13. Jh. Bau des bestehenden Chorturmes, dessen Schiff 1705 abgebrochen und unter der Leitung von Steinmetzmeister Rud. Wäber und Heinr. Morf als erster ref. Kirchenbau der Stadt durch eine barocke Halle ersetzt wurde. Gesamtrenov. 1913–14; Ausgrabungen und Rest. 1970 f. Das barocke Langhaus ist als 3schiffige Emporenhalle dem spätroman. Turmchor angefügt. Die Eingänge befinden sich seitlich gegen den Platz und sind mit Vorzeichen überdacht. Der mächtige Turm in sauber gefügtem Quaderwerk weist ein roman. Fenster mit gestufter Wandung und eingestellten, skulptierten Säulchen auf (überarbeitet). Unter dem mächtigen Pyramidenhelm mit kleinen Erkern urspr. die Uhr Hans Luterers von 1538, deren Zifferblattdurchmesser 8,7 Meter beträgt. – *Inneres.* Sechs Paare durch Gebälk verbundene toskanische Stuckmarmorsäulen des Wessobrunners Franz Schmuzer gliedern das Langhaus. Über den flachgedeckten Nebenschiffen Emporen mit weitgespannter Arkadenreihe, flache gegurtete Tonnen über allen 3 Schiffen. Stuckdekor von Salomon Bürkli und italienischen Gehilfen. Lineare Rahmung und pflanzliche Füllung von guter Qualität, über dem Chorbogen üppige Akanthuskartusche. Der quadratische, um 6 Stufen erhöhte Turmchor mit roman. Schlussstein. Davor Kanzel

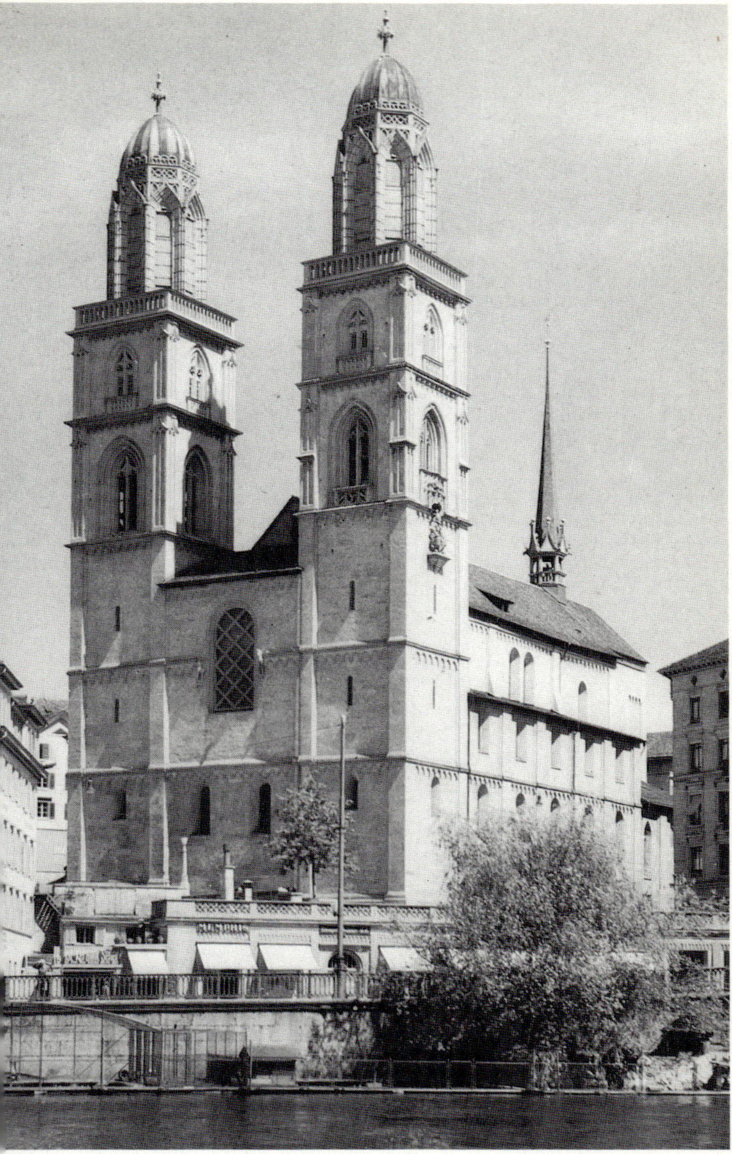

3. **Zürich.** Grossmünster. Dreischiffige Basilika, begonnen vor 1100, Ausbau bis A. 13. Jh., onttürme 1487–92 erhöht, Abschlüsse 1781–87. Bedeutender plastischer Schmuck (747–751)

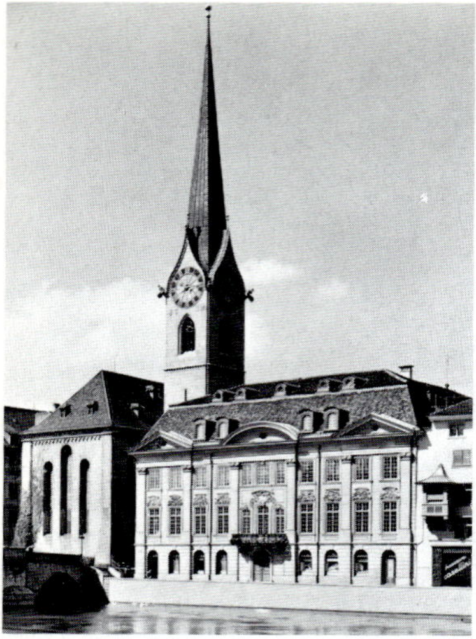

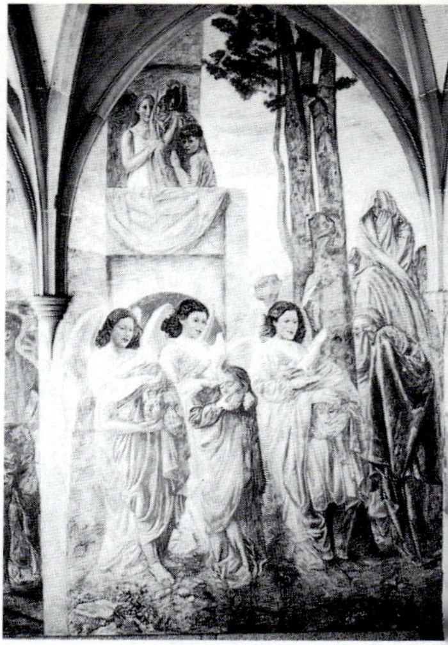

244. **Zürich.** Fraumünster. O-Partie, Turm M. 13. Jh. (Glockengeschoss und Spitzhelm 1728–
Limmatfassade des Zunfthauses zur Meise, erb. 1752–57 von David Morf (752–754, 767)

245. **Zürich.** Fraumünster. Kreuzgang. Freskenzyklus 1921–41 von Paul Bodmer: Gründun
geschichte des Stiftes, Martyrium der Stadtpatrone Felix, Regula und Exuperantius usw. (7

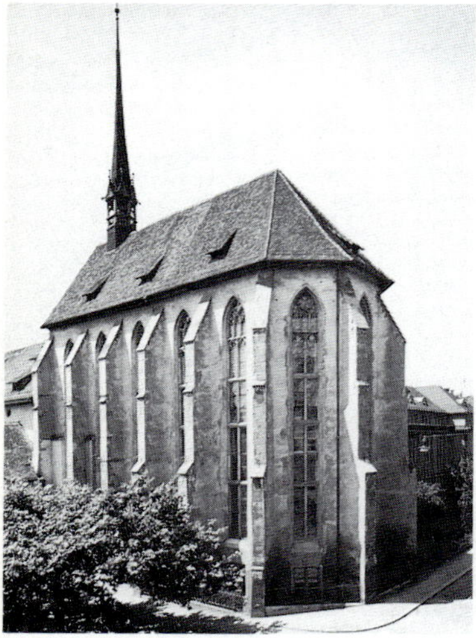

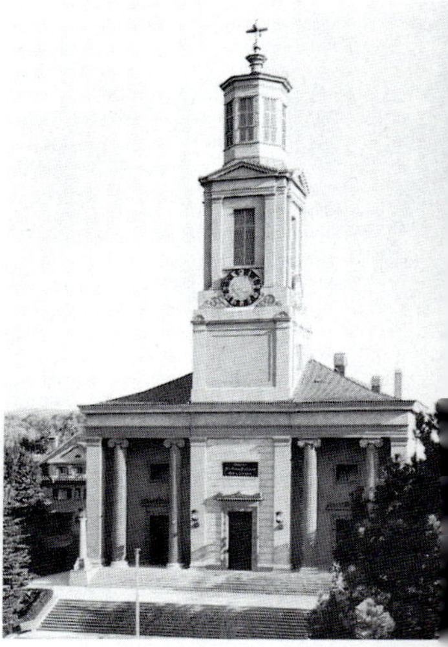

246. **Zürich.** Predigerkirche. Der Chor, erb. 1. H. 14. Jh., profaniert 1524, seit 1917 Staatsar
ist eine der bedeutendsten Leistungen der Bettelordensarchitektur in der Schweiz (760 f.)

247. **Zürich.** Ref. Kirche Neumünster. Bedeutendste klassiz. Kirche Zürichs. Erb. 1836–39
Leonhard Zeugheer. Längsrechteckige Anlage mit Frontturm und Quertrakten (782)

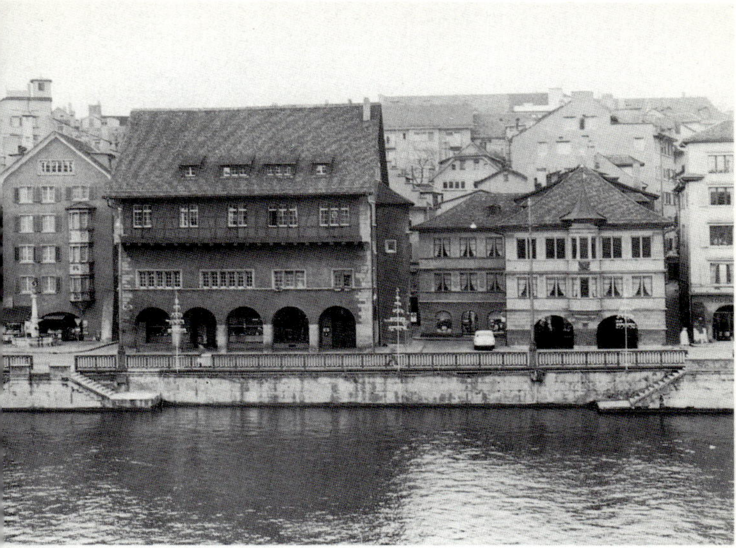

8. **Zürich.** Zunfthaus zur Zimmerleuten (rechts), neuerb. 1708, nördl. Erweiterungsbau 1783–
; Haus zum Rüden, seit 1358 bezeugt, Umbau 1659–62 von Beat Rudolf Göldli (756f.)

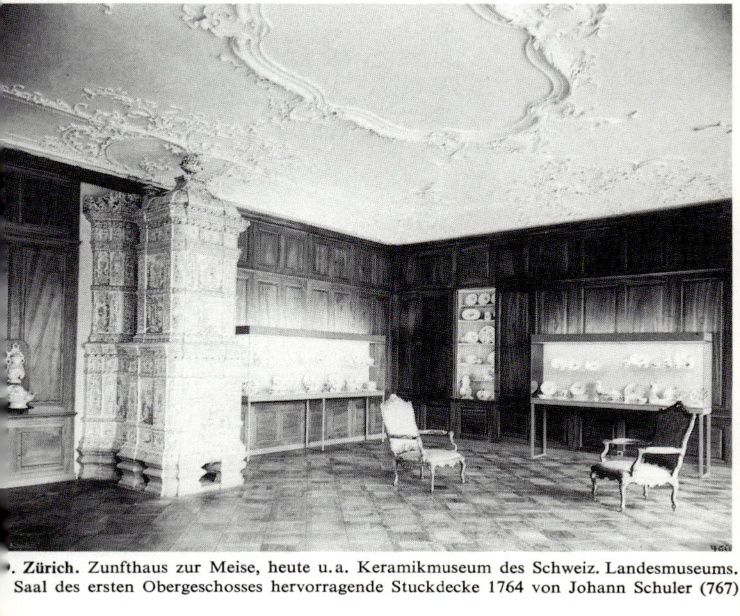

. **Zürich.** Zunfthaus zur Meise, heute u.a. Keramikmuseum des Schweiz. Landesmuseums.
Saal des ersten Obergeschosses hervorragende Stuckdecke 1764 von Johann Schuler (767)

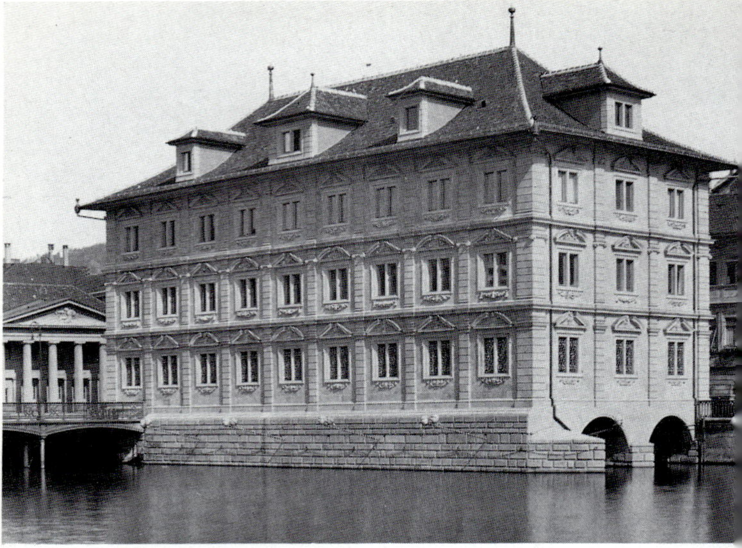

250. **Zürich.** Rathaus. Spätrenaissancebau mit frühbarocker Gliederung; erb. 1694–98 ur Leitung von Ratsherrn Johann Heinrich Holzhalb. Im Innern prunkvoller Festsaal (757f.

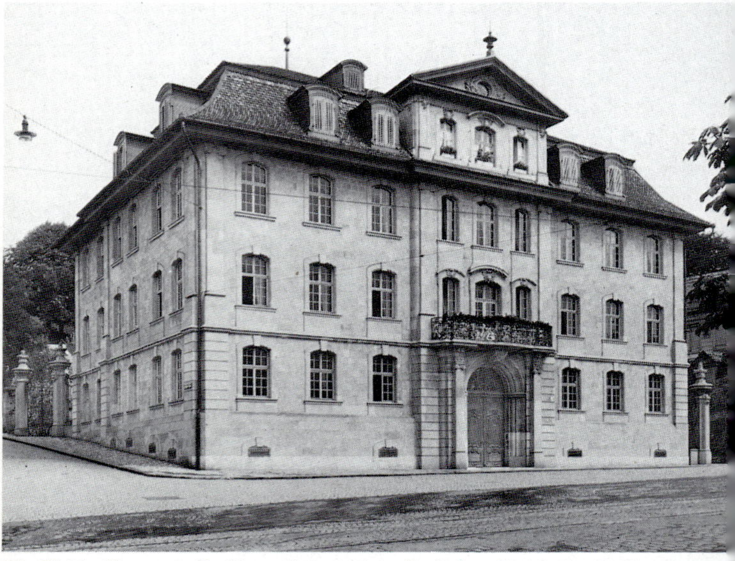

251. **Zürich.** Haus zum Rechberg. Bedeutendster Profanbau Zürichs im 18.Jh. Erb. 1759 von David Morf in Form eines französischen Hôtel privé mit Ehrenhof (785f.)

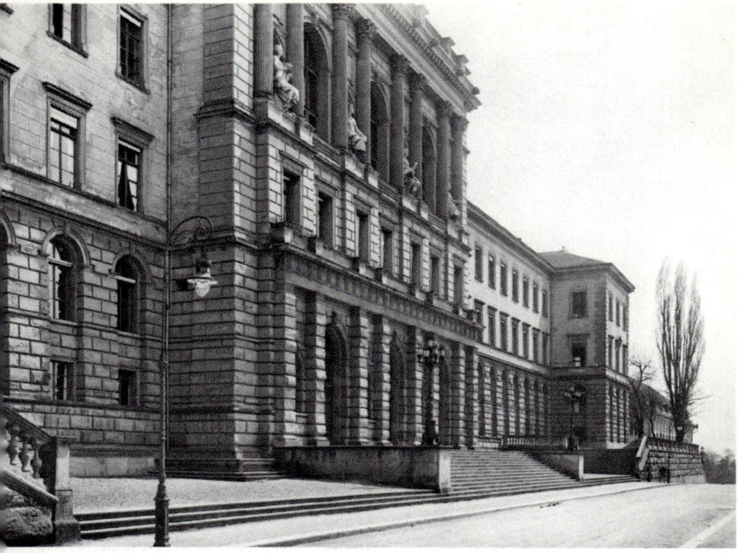

2. **Zürich.** Eidg. Technische Hochschule. Bedeutendster Bau des Historismus in der Schweiz.
b. 1861–64 von Johann Caspar Wolff nach Entwürfen von Gottfried Semper (787f.)

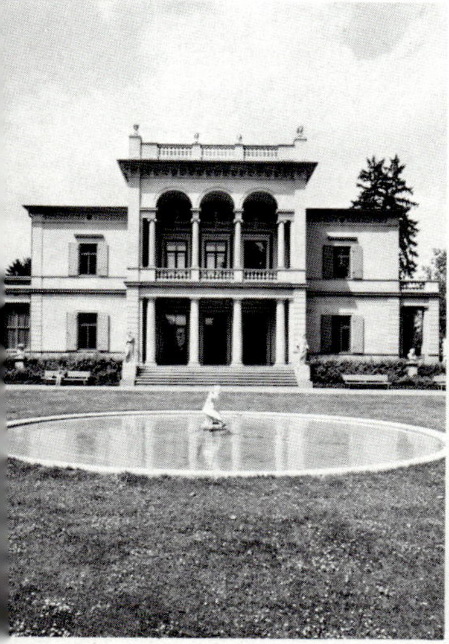

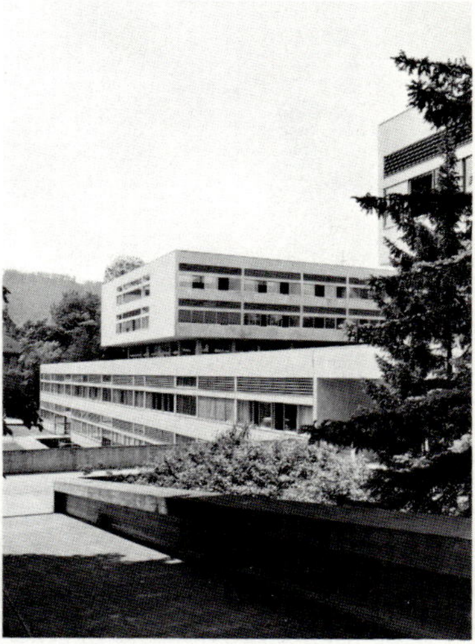

. **Zürich.** Villa Wesendonck, heute Museum Rietberg. Spätklassiz. Bau, 1853–57 von Leon-
d Zeugheer. Bedeutende Sammlung aussereuropäischer Kunst (776)

. **Zürich.** Kantonsschule Freudenberg. In Baukuben gegliederte, konsequent durchgestaltete
ulanlage. Erb. in bewahrtem Park 1958–61 von Jacques Schader (775)

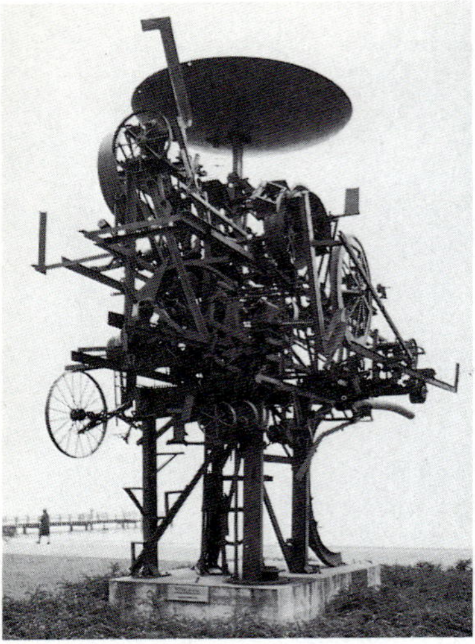

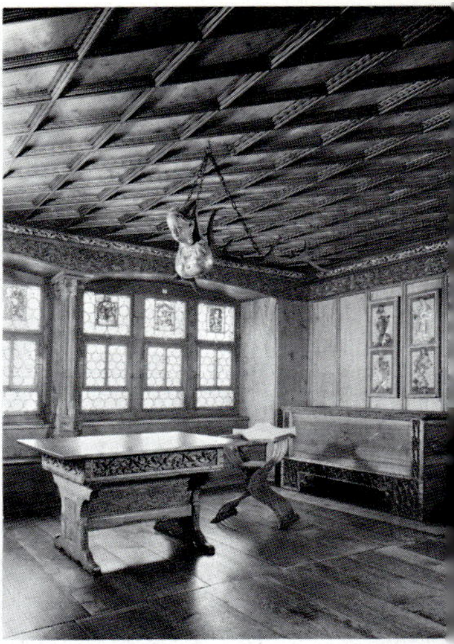

255. **Zürich.** Heureka, kinetische Eisenplastik 1964 von Jean Tinguely, Seefeldpark (781)

256. **Zürich.** Schweiz. Landesmuseum. Repräsentative Schau schweiz. Altertümer von der U
zeit bis 1900, u.a. bemerkenswerte Interieurs und Einzelmöbel aus dem 15.–18. Jh. Spätg
Zimmer aus der ehem. Fraumünsterabtei Zürich, 1507 (771 f.)

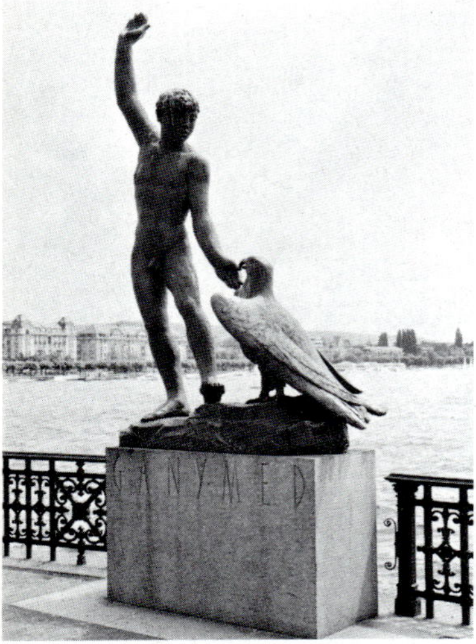

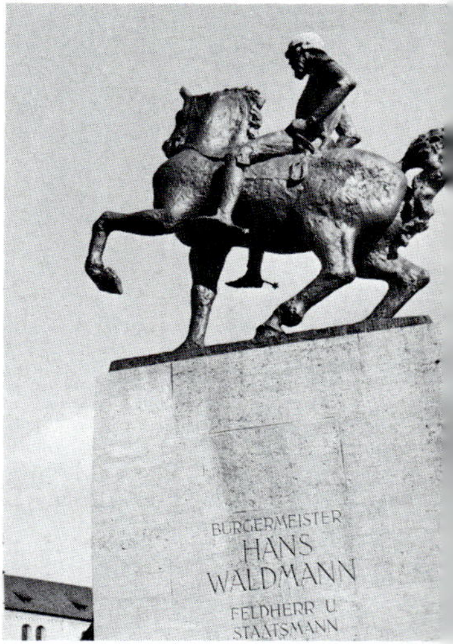

257. **Zürich.** Ganymed, Bronzeplastik auf Steinsockel 1952 von Hermann Hubacher, am Bür
platz, angelegt durch umfangreiche Seeaufschüttung 1881–88 von Arnold Bürkli (766)

258. **Zürich.** Reiterstandbild für Bürgermeister Hans Waldmann (hingerichtet 1489) am Sta
hausquai, im O der Fraumünsterkirche. Bronze 1937 von Hermann Haller (766 f.)

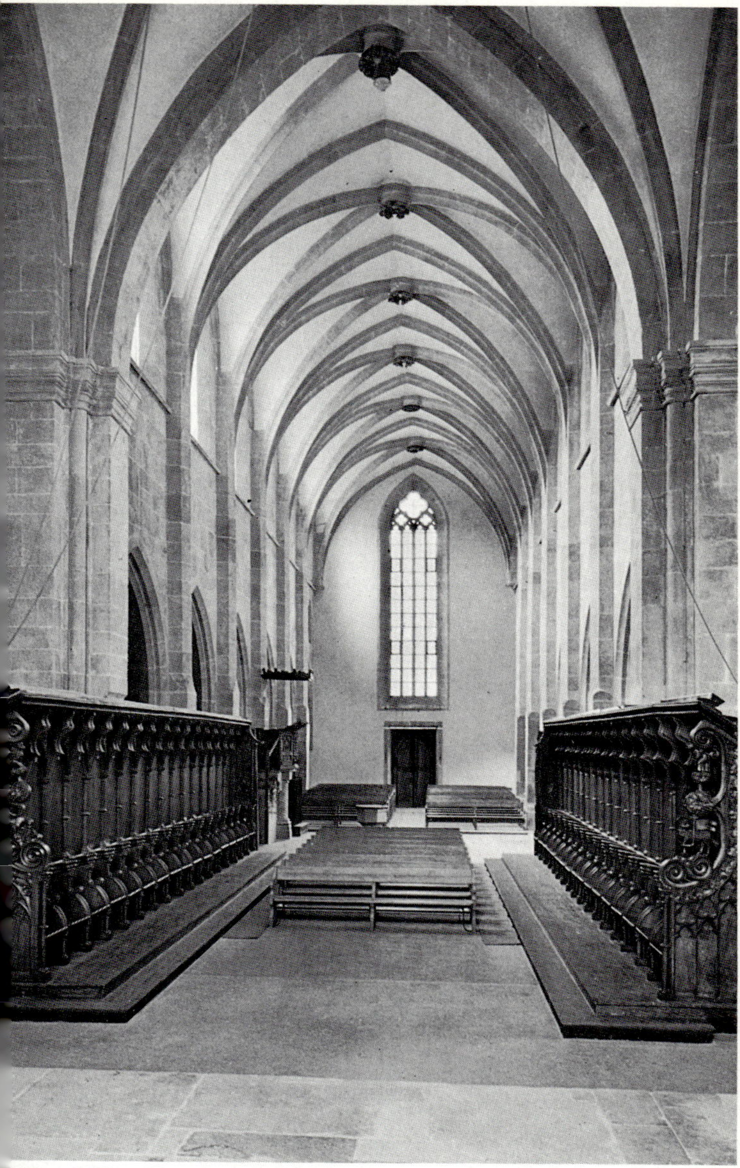

*. **Kappel.** Ehem. Zisterzienserabtei. Die im 13. Jh. erbaute Klosterkirche ist eine der bedeu-
dsten got. Sakralbauten der Schweiz. Hervorragende Ausstattung (812–815)

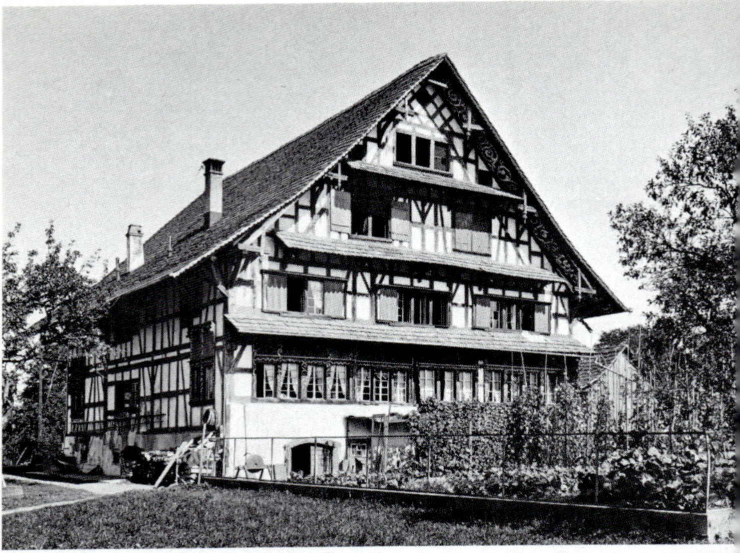

260. **Hombrechtikon-Lautikon.** Haus Egli. Stattlicher Riegelbau, erb. 1665–66, zum Teil dek rativ bemalt. Hombrechtikon weist einige der schönsten Riegelbauten des Kt. Zürich auf (8

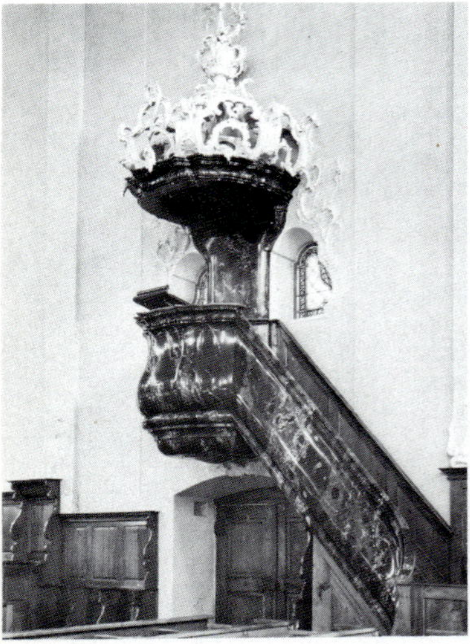

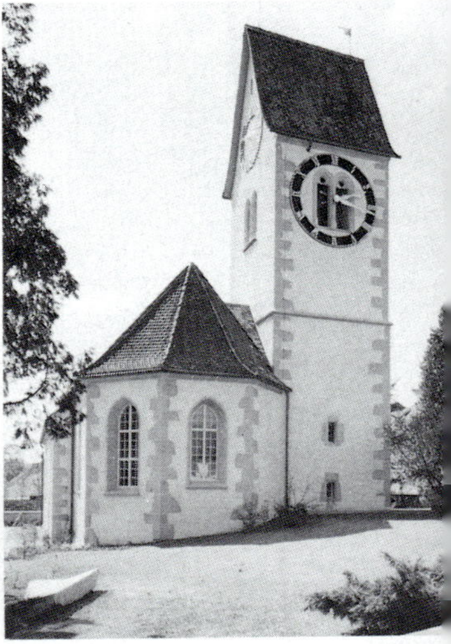

261. **Wädenswil.** Ref. Kirche. Erb. 1764–67 von Johann Ulrich Grubenmann. Festlicher Inn raum mit Emporen. Kanzel und Deckenstukkaturen von Peter Anton I Mosbrugger (801)

262. **Knonau.** Ref. Kirche. Spätgot. Neubau 1519 vollendet; 1769–70 Inneres erneuert, Langh und Polygonalchor unter gemeinsamem Satteldach; wuchtiger Käsbissenturm (815)

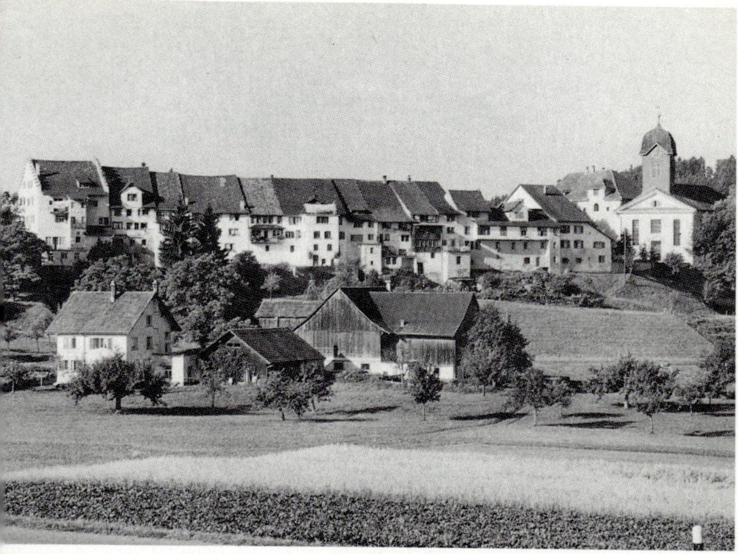

3. **Grüningen.** Reizvolles, auf einem Hügelrücken gelegenes Landstädtchen mit Schloss. 13. Jh. gegründet; die ref. Kirche 1782–83 an das Schloss angebaut (828 f.)

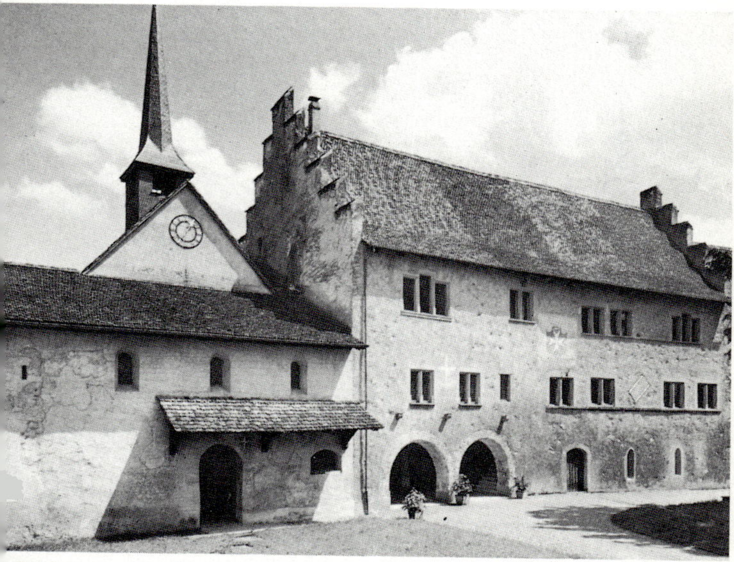

Bubikon. Sog. Ritterhaus, ehem. Johanniter-Komturei. Einziges guterhaltenes Ordenshaus Malteserritter in der Schweiz. 1192 gegründet, 13.–15. Jh. erweitert (829–831)

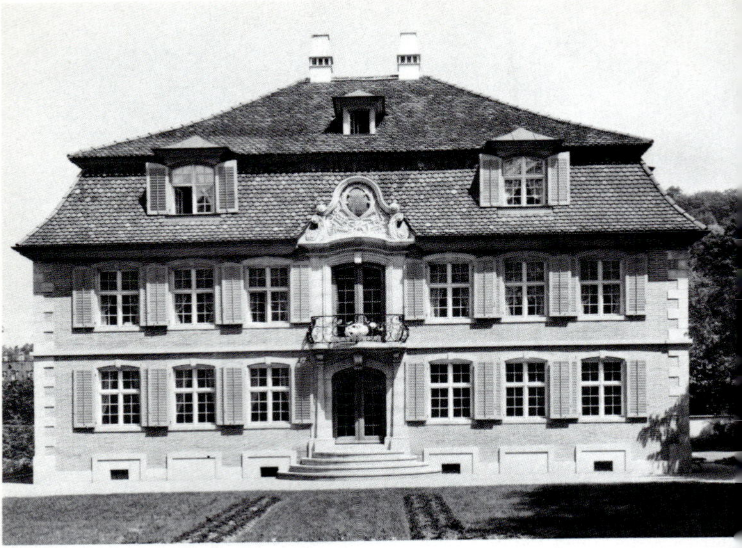

265. **Winterthur.** Zur Pflanzschule. Als Landsitz wahrscheinlich 1771–72 von Heinrich Kel erbaut. Schönes Beispiel erlesener frühklassiz. Profanarchitektur (861)

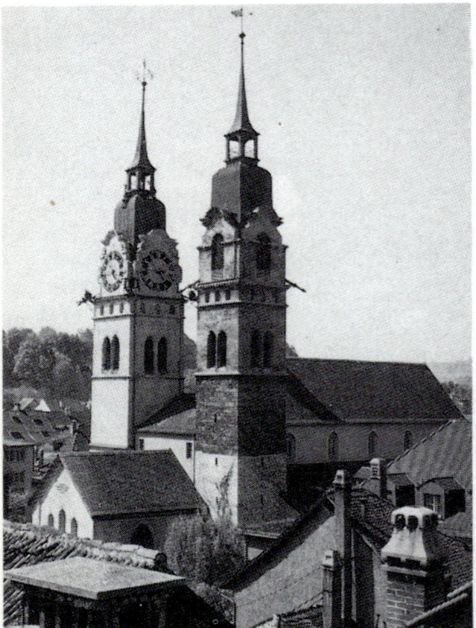

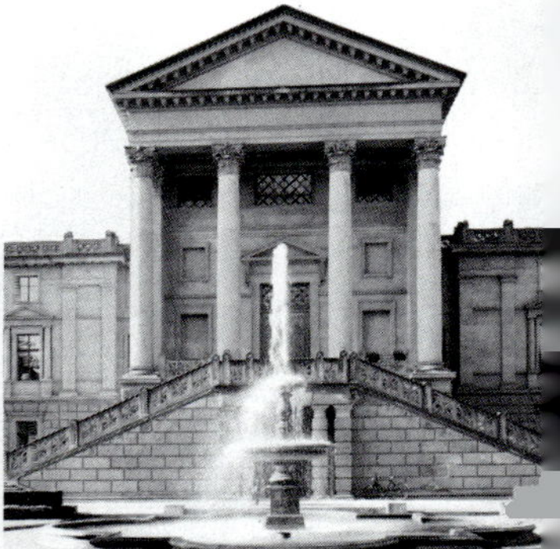

266. **Winterthur.** Ref. Stadtkirche. Dreischiffige, querschifflose Basilika. Chor 1313, Neubau Langhauses 1501–18. N-Turm 1361, S-Turm 1486–90, mit barockem Aufbau 1659 (855f.)

267. **Winterthur.** Stadthaus, Hauptfassade. Eines der bedeutendsten Bauwerke des europäisc Historismus. Erb. 1865–69 von Gottfried Semper, 1932–34 nach N erweitert (858f.)

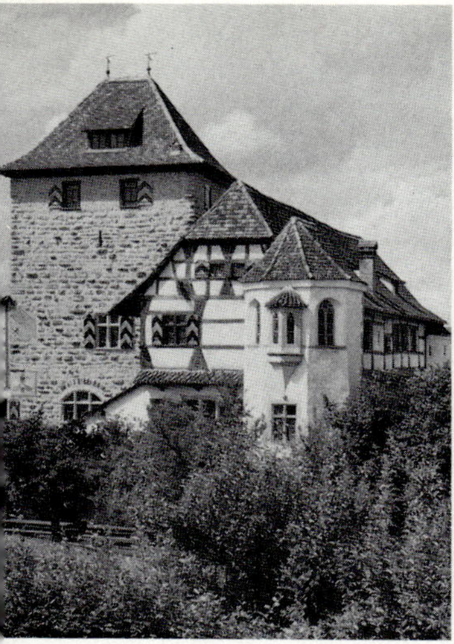

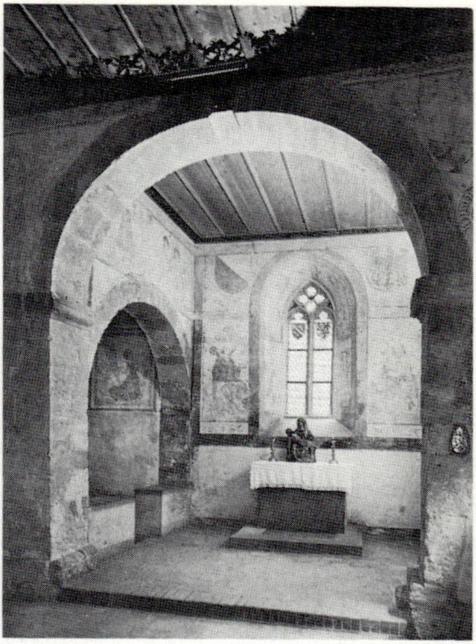

8. **Winterthur.** Schloss Hegi. Ehem. Weiherschloss mit Wohnturm, um 1200. Ausbau 1496 mit ohn- und Nebenbauten. Im Ritterhaus Wand- und Glasgemälde 15. Jh. und 16.–17. Jh. (866)

9. **Kyburg.** Schloss. Historisch bedeutendste Burg zwischen Limmat und Bodensee. Bauten n Innenhof 11.–13. Jh., Burgkapelle mit got. Wandmalereien 14. und 15. Jh. (849–851)

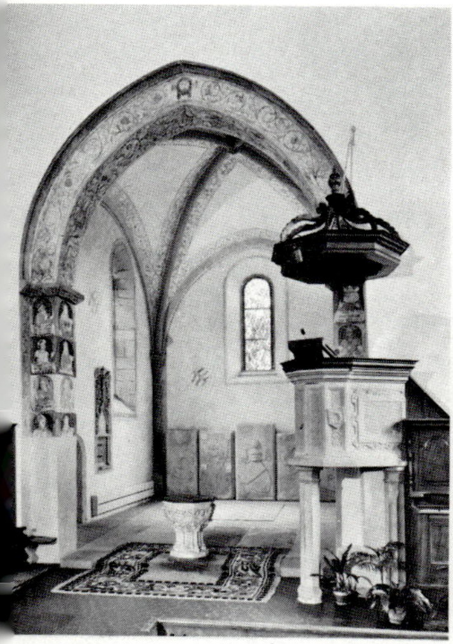

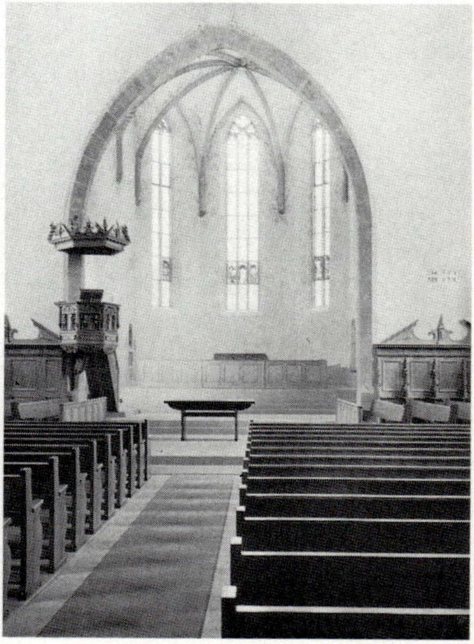

. **Rüti.** Ref. Kirche. Roman. Rechteckchor mit Kreuzrippengewölbe 13. Jh., got. bemalt; am orbogen dat. 1492. Wandtabernakel 1490, Steinkanzel 1662, neugot. Taufstein 1904 (831 f.)

. **Elgg.** Ref. Kirche. Neuerb. 1508–18. Im Chor Glasgemälde E. 15. Jh., um 1515, 1897, 7. Taufstein 1649. Im Schiff Ausmalung 1514–18. Reichgeschnitzte Kanzel von 1663 (867 f.)

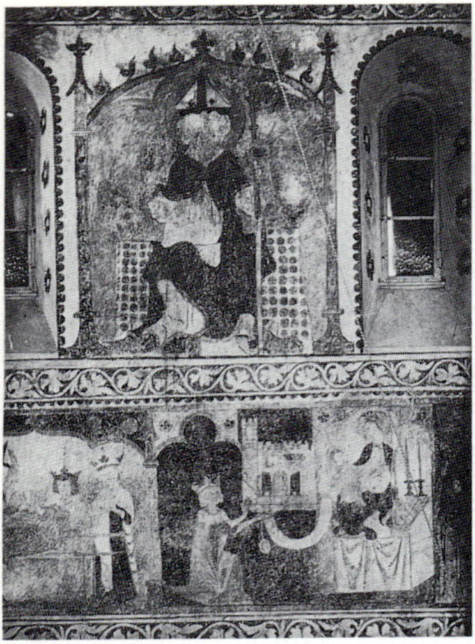

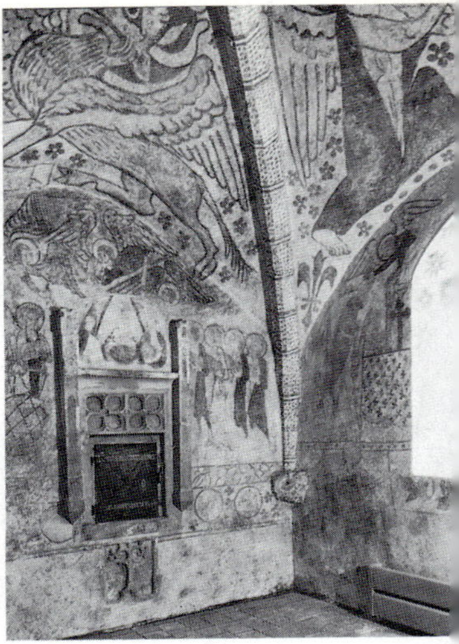

272. **Oberwinterthur.** Ref. Kirche. Roman. Pfeilerbasilika. Mittelschiffwände vollständig aus malt mit einzigartigen frühgot. Fresken (um 1340); Ausschnitt aus der N-Wand (864f.)

273. **Zell.** Ref. Kirche. Spätgot. Saalkirche mit eingezogenem Polygonalchor um 1500. Im al Turmchor Wandmalereien M. 14. Jh., Evangelistensymbole am Gewölbe; Wandtabernakel (851

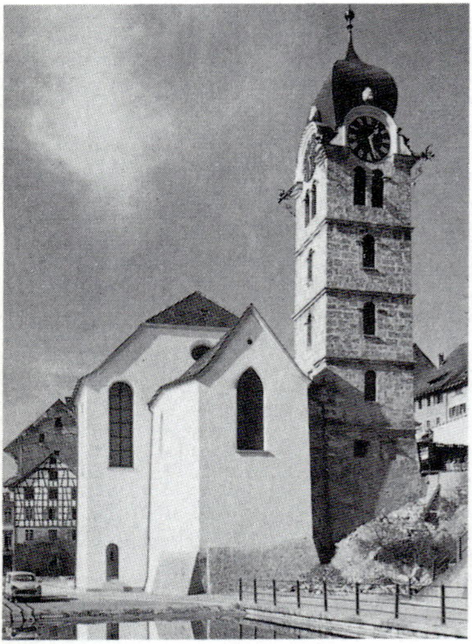

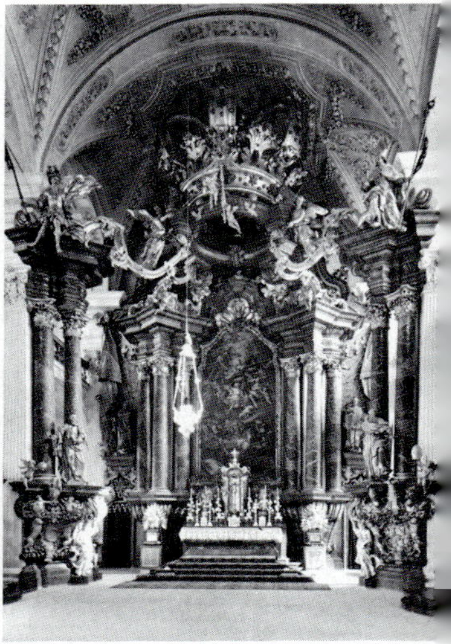

274. **Eglisau.** Malerisches Brückenstädtchen am Rhein. Ref. Pfarrkirche. Chor um 1350, bedeutenden spätgot. Fresken um 1490; Turm und Schiff neuerb. 1716–17 (845f.)

275. **Rheinau.** Ehem. Benediktinerstift. Kirche. Hochaltar: Barockes Ädikularetabel 1720–23 Judas Thadäus Sichelbein. Gemälde der Himmelfahrt Mariä von Franz Carl Stauder (876–

in der Form eines Lettners 1706 von Casp. Weber, Taufstein 1598. Stark erneuertes Wandgestühl mit originalen Teilen der Gestühle aus dem Oetenbach-, Augustiner- und Barfüsserkloster E. 15. Jh. Grabmäler: In der NW-Halle für Bürgermeister Andreas Meyer 1771, in der SW-Vorhalle für Hans-Conr. Werdmüller 1674 und Heinr. Werdmüller 1714. An der N-Aussenwand Grabstein Joh. Casp. Lavaters 1801 und Gedenkstein für den in der Kirche bestatteten Bürgermeister Rud. Brun, gest. 1360. Im Garten Sandsteinfigur Hl. Nepomuk 1767 von Joh. Casp. Wäber.

St. Peterhofstatt Nr. 6, Zur Armbrust. Genannt 1401, umgeb. 1628 und 1921–22. Von 1783–1801 Amtswohnung Joh. Casp. Lavaters (1741–1801). Im 2. Geschoss Lavaterstube mit schmuckarmer Täferung und Kassettendecke um 1660, Turmofen um 1780. – Widdergasse Nr. 6, Zum Widder. Im 1. Obergeschoss pilastergegliederter, kastenartiger Holzerker, 17. Jh. – *Rennweg*. Nr. 2, Zur Schelle. Erb. M. 18. Jh. Ausgewogene, 5achsige Rokokofassade mit Stichbogenfenstern, zurückhaltendes Mansartdach. Portal dat. 1539, nachträglich erhöht mit Kartusche um 1750–60, Oberlichtgitter E. 18. Jh. Im S-Eckzimmer des 1. Obergeschosses feingliedrige Stukkaturen mit gemalten Medaillons, im W-Eckzimmer qualitätvolle Supraporten. – Amazonenbrunnen, aufgestellt 1748–49, Nebentrog 1776, Statue (Kopie) von Heinr. Bluntschli. – Brunnen am Münzplatz. Neuaufgestellt 1761, Statue der Mässigkeit (Kopie). – Münzplatz Nr. 7, Zum Roten Löwen. Genannt im 14. Jh., gute klassiz. Fassade von 1840. Fünfachsig mit Risalitbildung und toskanisch-ion. Pilastergliederung unter flachem Dreieckgiebel. Gegen Augustinergasse einfacher Holzerker 18. Jh.

Augustinerkirche (Ortsplan, 20). Um 1270–80 für die Niederlassung der Augustinereremiten errichtet. A. 15. Jh. wurden 2 Chorflankenkapellen angebaut. 1525 erfolgte die Aufhebung des Klosters und die damit verbundene Profanierung der Gebäude. 1842 wurde das Schiff wieder dem kath. Gottesdienst zugeführt. Seit 1873 christkatholisch. Die heutige Anlage ist durch zahlreiche bauliche Eingriffe stark erneuert. 1596 wurde in der Chorpartie die Münzstätte eingebaut, während das Schiff als Magazin diente. 1843–44 erfuhr letzteres eine neugot. Umgestaltung durch Ferd. Stadler. Der Chor wurde 1936–37 zum christkath. Kirchgemeindehaus umgebaut. 1958–59 erfolgte eine weitgehende Rekonstruktion des mittelalterl. Bauzustandes des Schiffs durch Max Kopp, vor allem hinsichtlich der W-Fassade mit der gestaffelten Fenstergruppe und dem Spitzbogenportal. Im Innern ersetzte man die neugot. Gewölbe durch eine Balkendecke. Erhalten blieben hingegen die neugot. Masswerkfenster und das 1843–44 eingebaute, polygonale Altarhaus. Der nüchterne Kirchenraum präsentiert sich heute als 3schiffige, flachgedeckte Basilika von 6 Jochen mit Spitzbogenarkaden auf 8eckigen, kapitellosen Pfeilern. Im N-Seitenschiff Grabplatte des Freiherrn Vigilius Gradner (gest. 1467); im S-Schiff abgelöstes Wandgemälde des Hl. Christophorus A. 15. Jh. aus dem Haus Rindermarkt Nr. 20. Altar, Tabernakeltür und Kreuzigungsgruppe unter dem Chorbogen sowie die Türgriffe am Portal 1959 von Franz Fischer. In der nördl., heute im Kirchgemeindehaus verbauten Chorkapelle Reste spätgot. Wandmalerei: Marientod A. 15. Jh. und Szenen aus der Legende des Hl. Jakobus E. 15. Jh., letztere in der Art des Hans Leu d. Ä. Die ehem. Klostergebäude erlitten 1710 durch den Abbruch des Kreuzganges den ersten Substanzverlust. Sie beherbergten 1837–64 die Universität. In der Folge vollständig umgebaut. Im Hof Brunnen von 1767 mit den Initialen des Amtsobmanns Hans Jak. Weiss.

Augustinergasse (Ortsplan, 21). Stimmungsvolle Altstadtgasse mit barocken Erkern in wechselnder Anordnung, die sich zu reichbewegtem Gesamtbild zusammenschliessen. – Nr. 3, Zum Strohhof, genannt 1256, eingreifender Umbau 1637. Im 1. Geschoss Balkendecke mit Rankenwerk A. 17. Jh., Züristübli mit Malereien 1933 von Eugen Hartung. – Nr. 6, Zum Irrgang. Spätgot. Haus mit reliefiertem Labyrinth als Hauszeichen 16. Jh. Im 1. Geschoss Fensterstütze dat. 1585. – Nr. 9, Zum Vorderen Strohhof. Erb. wohl 1543, Umbau und Innenausbau 1727. Heute städtische Ausstellungsräume für zeitgenössische Kunst. Im Erdgeschoss Prunksaal mit italienischem Stuck E. 17. Jh. In den Obergeschossen einfache Stuckdecken A. 18. Jh. – Nr. 24, Zum Steinhaus. Schlichter Holzerker 18. Jh. – Nr. 28, Zur Wassermühle. Einfacher Bau mit reichgeschnitztem, kastenförmigem Holzerker 1. V. 18. Jh. – Nr. 17, Zur Harfe. Schlichter Erker 18. Jh. – Nr. 21, Zum Oberen Kürass. Erker mit klarem architektonischem Aufbau und ausgeglichenem plastischem Schmuck 1. V. 18. Jh. – Nr. 25, Zum Kürishelm. Zweigeschossiger Holzerker mit reichem Masken- und Knorpelwerk 2. H. 17. Jh. – Nr. 46, Zum Ketzistürli. Zweigeschossiger Holzerker mit kargem plastischem Schmuck 17. Jh.

Lindenhof (Ortsplan, 22). Hochgelegener, baumbestandener Platz. Seit dem 1. Jh. röm. Militärstation, unter Valentinian I. (364–75) spätröm. Kastell mit 4 Eck- und 3 Zwischentürmen, durch Grabung erwiesen. In karoling. und ottonischer Zeit umfangreiche Pfalzanlage mit Kapelle; E. 11. oder A. 12. Jh. Umbau zu einer Burg, deren Schleifung um 1200 erfolgte. Ausgrabungen teilweise zugänglich. – Freimaurerloge. Erb. 1852 von Gustav Albert Wegmann, L-förmiger Bau mit doppelläufiger Freitreppe, darüber gotisierendes Spitzbogenportal. – Brunnen, Standbild einer wehrhaften Zürcherin 1912 von Gustav Sieber. – Pfalzgasse Nr. 8, Zum Paradies. Holzerker mit Gliederung durch Vollsäulen 1. V. 18. Jh.

Schipfe (Ortsplan, 23). Geschlossene Häusergruppen am östl. Abhang des Lindenhofs. Im 13. Jh. bezeugt, im 14. Jh. Badestuben erwähnt, im 15. Jh. Schiffsanlegeplätze; im 17. und 18. Jh. Ausbau der Wohnungen. Etappenweise renov. 1936–38 und 1971–73. – Nr. 2, Zum Steg. Erb. 1730–31 für Färber Casp. Abegg. 1883 durchgreifende Umgestaltung der Fassade, 2geschossiger Erker. Im südöstlichen Eckzimmer des 1. Obergeschosses Maserholztäfer und gute Möbeleinbauten, gute Régencestuckdecke. Im 2. Obergeschoss Zimmer mit reichem Getäfer und qualitätvoller Stuckdecke um 1730. – Nr. 39, Zur Fortuna. Umbau 1735. Im 2. Geschoss Régencestuckdecke mit reinem Bandelwerk. Im Nebenzimmer spätgot. Fenstersäule um 1530–50. – Nr. 43, Zum Fischgrat. Spätgot. Kielbogenportal 1554. Im 1. Geschoss spätgot. Fensterstütze um 1550. – Nr. 45, Zum Steinböckli. Im 14. Jh. Besitz der Ritter Manesse; Umbau 1726. Schlichter, traufständiger

Bau mit pavillonartigem Dachaufbau. Portal mit gutem Oberlichtgitter dat. 1726, Türflügel um 1810. Im 1. Obergeschoss Stuckdecke mit mythologischen Szenen 1726. Im 5. Obergeschoss klassiz. Stuckdecke und Ofen. – Nr. 49, Zum Grossen Erker. Reichverzierter Erker auf schwungvoll profiliertem Fuss, Beschlagwerk mit Wappen Waser-Haab, 1. V. 17. Jh. In den Brüstungsfeldern Steinmetzzeichen. Im 4. Obergeschoss O-Zimmer mit reichem Nussbaumtäfer und einfacher Kassettendecke um 1670. – Nrn. 30, 32, 57, 59, Zum Wollenhof. Urspr. Ökonomiegebäude des Klosters Oetenbach. Von 1565 bis ins 19. Jh. im Besitz von Seiden- und Wollfabrikanten. Beim Bau der Uraniabrücke 1913 teilweise abgetragen. Renov. 1939: Fassadenmalerei von Wilh. Hartung. Heute Schweiz. Heimatwerk.

Uraniastrasse/Bahnhofquai/Beatenplatz. **Verwaltungsgebäude der Stadt Zürich.** Dominierende Baugruppe in gelockerter Anordnung von wesentlichem städtebaulichem Akzent an Stelle des ehemaligen Oetenbachklosters. – Amtshaus I. Städt. Waisenhaus bis 1911, erb. 1765–71 vielleicht nach Entwürfen von Gaetano Matteo Pisoni; 1911–14 Umbau von Gustav Gull, wobei das Kellergeschoss ausgebaut und zum Eingang umgestaltet wurde. Grosszügig und klar gegliederter, längsrechteckiger Block unter Walmdach. Fünfachsiger flacher Mittelrisalit mit ion. Kolossalpilastern unter Dreieckgiebel. Dekorationsplastik von Franz Ludw. Wind. In der grossen Halle Wandgemälde 1924–26 von Augusto Giacometti. – Amtshaus II. Erb. 1903–04 von Gustav Gull, Dekorationsplastik von Adolf Meyer. – Amtshaus III und IV. Erb. 1917–19 von Gustav Gull; Teilrenov. 1968. Gotisierende Baukörper mit Loggienhallen als Treppenhäuser, durch Brücke miteinander verbunden. Grosszügiges Dekorationsprogramm 1918–21. Nischenstatuen an Amtshaus III grösstenteils von Hans Markwalder, August Heer, Hans Conr. Frey und Walter Späny (Kopien). Brunnen im Durchgang zwischen Amtshaus I und III mit Relief der Stadtheiligen 1918 von Julius Schwyzer. Figurenplastik am Amtshaus IV von Eduard Zimmermann. In den Treppenaufgängen der Loggien Fresken 1933–34 von Karl Walser, Karl Hügin und Hermann Huber. Unter der Verbindungsbrücke antikisierende Reliefs 1920 von Adolf Meyer.

2. Von der Platzpromenade durch die Bahnhofstrasse zum See

Platzspitz. Parkanlage zwischen Limmat und Sihl. Am Eingang Brunnen 1933 mit Bronzefigur einer Flora 1886. – Denkmal für den Maler und Dichter Salomon Gessner (1730–88), 1793 von Jean François Doret nach Entwürfen von Michel-Vincent Brandoin; 1930 Neuaufstellung mit Bronzebüste von Jos. Anton Maria Christen. Dazugehöriges Relief von Alex. Trippel im Muraltengut (s. S. 776). – Denkmal für den Minnesänger Hadlaub, gest. vor 1340, 1884 von Victor v. Meyenburg. – Musikpavillon 1886. – Hirsch, Bronze 1913 von Franz Wanger. – Bronzebüste für den Liederkomponisten Wilh. Baumgartner, 1891 von Aug. Heer. – Brunnen 1955 von Rob. Lienhard: Vereinigung der Flüsse Limmat und Sihl.

Schweiz. Landesmuseum (s. S. 792; Ortsplan, 24; Abb. 256). Erb. 1893–98 von Gustav Gull. Burgartiger, mehrflügliger Bau in vorwiegend got. Formen, dominierender Eingangsturm in Anlehnung an den Stadttorturm von Baden. Dekorationsplastik von Richard Kissling, Victor v. Meyenburg u. a. Im Hof Mosaiken von Clément Heaton nach Kartons von Hans Sandreuter. Als Abschluss des Hofes schmiedeisernes Prachtportal und Gitter nach 1767, vom Seehof in Meilen (s. S. 822). In der Waffenhalle bedeutendes 3teiliges Wandgemälde, Rückzug von Marignano, 1899–1900, ein Hauptwerk Ferdinand Hodlers. Auf der Gegenseite Kartons der Schlacht bei Murten.

Hauptbahnhof. Erb. 1865–71 von Jak. Friedr. Wanner. Mächtige Hallenkonstruktion mit vorgeblendeter Hauptfassade. Diese als Abschluss der Bahnhofstrasse von entscheidender städtebaulicher Bedeutung. Eckrisalite fassen die monumentale Arkadenreihe und den als Triumphtor ausgebildeten Mittelrisalit. Urspr. in der Achse des Portals Denkmal für den Staatsmann Alfred Escher 1889 von Richard Kissling.

Bahnhofstrasse. Durch den 1847 erfolgten Anschluss Zürichs ans Eisenbahnnetz bildete sich beim Bahnhof ein neues Verkehrszentrum. Die neugeschaffene Bahnhofstrasse verband den Bahnhof mit dem wenig älteren Zentrum beim Postgebäude am Paradeplatz. Sie folgte in der Linienführung dem Wall- oder Grossen Fröschengraben. Der untere Teil entstand 1864–67; der obere Abschnitt von der Kappelergasse zum See 1877–88. Die urspr. bedeutsame einheitliche Überbauung des 19. Jh. in immer stärkerem Masse durch moderne, unangepasste Bauten gestört. Von der Bebauung der Jahrzehnte zwischen 1870–1900 u. a. erhalten die Nrn. 98, 86, 73, 71, 65, 62, 48, 44. Von besonderem Interesse Nr. 110, erb. 1880 von Heinr. Honegger-Näf, Umbau 1904 von Otto Pfleghard und Max Haefeli, durch Ladeneinbau verunstaltet. – Pestalozzianlage, Denkmal 1898–99 von Hugo Siegwart. – Warenhaus Globus. Erb. 1967 von Karl Egender. – Nr. 75, Geschäftshaus Oscar Weber. Erb. 1899 von Richard Kuder und Albert Müller, umgeb. 1912–13 von Otto Pfleghard und erweitert 1928 von Otto Pfleghard d. J., gleichzeitig Gestaltung des Vertikalgerüstes. – Nr. 70, Haus Werdmühle. Erb. 1902–03 von Otto Pfleghard und Max Haefeli. Jugendstilbau mit gerundetem Eckrisalit und Veranda. – Nr. 69, Zur Trülle, Geschäfts- und Bürohaus. Erb. 1897 von Otto Pfleghard und Max Haefeli. – Seidengasse Nr. 1, Waren- und Geschäftshaus Jelmoli. Erb. 1897 von Hermann Aug. Stadler und Jak. Emil Usteri. Früher Eisenskelettbau mit Glaszwischenwänden, mehrfach umgebaut. – Rennweg. Herkulesbrunnen 1732 (Kopie). – Bahnhofstrasse Nr. 66, Geschäftshaus. 1968 von Max E. Haefeli, Werner M. Moser und Rudolf Steiger. – Nr. 55, St. Annahof. Erb. 1913–14 an Stelle des St. Annafriedhofs von Otto und Werner Pfister mit quellender Jugendstildekoration gegen die Füsslistrasse. – Nr. 46, Geschäftshaus Waltisbühl. Erb. 1956–57 von Rud. Zürcher. Kristalliner Stahlskelettbau mit Vorhangfassade. – Nr. 40, Haus Ganz, erb. 1868 von Ferd. Stadler. – Nr. 38, erb. 1871 von Heinr. Honegger-Näf. – Nr. 36, Bank Julius Bär, Eckhaus erb. von Georg Lasius 1871–73. – Nr. 53, Schweiz. Volksbank. Erb. 1922–25 von Otto Honegger und Hans W. Moser, Bronzeplastik von Eduard Zimmermann. – Nr. 25, ehem. Postgebäude. Erb. 1872–75 von Heinr. Honegger-Näf. – Nr. 30, Peterhof und

Leuenhof. Erb. 1913–16 von Otto und Werner Pfister. Früher Eisenbetonbau in historisierendem Gewand. Mächtiger Baublock mit originellen Seiten- und Quergiebeln, gegliedert durch statuenbesetzte Säulenbündel. Figural- und Dekorationsplastik von Wilh. Schwerzmann, Hans Markwalder und Otto Münch, im Flur des Leuenhofs Pfeilerplastik von Hans Gisler. – *Paradeplatz.* Von 1667–1775 Vieh- und Schweinemarktplatz. Die trapezförmige Anlage durch die bauliche Entwicklung des 19. Jh. geprägt. – Savoy Hotel Baur en Ville. Erb. 1836–37 von Daniel Pfister, durchgreifender Umbau und Erhöhung um ein Geschoss 1907–08 von Otto Pfleghard und Max Haefeli. Spätklassiz. Baublock mit Loggia. – Schweiz. Kreditanstalt. Erb. 1873–76 von Jak. Friedr. Wanner. Geglückte Komposition in Renaissance- und Barockformen. – *Bahnhofstrasse/Poststrasse.* Die Öffnung der Querachse Grossmünster–Paradeplatz in den Jahren 1836–38 war eine der frühesten städtebaulichen Taten des 19. Jh. Am Achsenendpunkt Centralhof. Als Postgebäude erb. 1835–38 von Conr. Stadler, Umbau und Erhöhung zum Centralhof im Zuge der Überbauung des Gebietes zwischen Bahnhofstrasse und Fraumünsterstrasse 1873–76 von Adolf Brunner, Friedr. Brunner und Heinr. Honegger-Näf. 1936–37 und 1966–69 einschneidende Umbauten gegen Post- und Bahnhofstrasse. Arkadenumstandener Innenhof mit Gusseisenbrunnen E. 19. Jh. – Börsenstrasse Nrn. 12–16, Wohn- und Geschäftshaus, erb. in neubarocken Formen 1884. – Börsenstrasse Nr. 15, Schweiz. Nationalbank. Erb. 1919–22 von Otto und Werner Pfister. Geschlossener Kubus mit antikisierender Bauplastik: Reliefs von Otto Kappeler, Otto Münch und Hans Gisler, Köpfe von Arnold Hünerwadel und Aug. Suter, Reliefs der Schmalseiten von Aug. Suter und Eduard Zimmermann, Wandmalereien 1923 von Hermann Huber.

3. Vom See durch den Stadtteil zwischen Bahnhofstrasse und Schanzengraben zum Bahnhof

Dieser Stadtteil wurde erst durch die Anlage der vierten Wallbefestigung 1642–53 in die Stadt einbezogen. Der Schanzengraben bildete von da an die linksufrige Befestigungslinie. – Talstrasse Nr. 1, Hotel Baur au Lac. Erb. 1844 von Joh. Jak. Keller, Erweiterungsbau 1876 von Theodor Geiger. – Nr. 11, Geschäftshaus. Erb. 1926–27 von Walter Henauer und Ernst Witschi. Fassadenplastik von Eduard Bick. – Bleicherweg Nr. 5, Börse. Erb. 1930 von Walter Henauer und Ernst Witschi. Geschlossener Eckbau mit abgesetztem rundem Eckturm. Im grossen Saal Weltkartenbild 1931 von Augusto Giacometti. – *Basteiplatz.* Haus Schanzenhof. Erb. 1587. Viergeschossiger Riegelbau unter Satteldach mit Quergiebel und Schleppgaupen. Im 1. und 2. Geschoss je 1 Fenstererker. Im 3. Geschoss einfache Stuckdekken E. 17. Jh. Im NW-Anbau Empirezimmer mit Turmofen und Deckengemälde um 1810–20. Im Weissen Saal Rokokoturmofen um 1770. – Nr. 20, Zur Weltkugel. Erb. um 1680. Unter gemeinsamem First mit Nr. 22. Im 3. Obergeschoss vorzügliche Stuckdecke 1. V. 18. Jh. Beide Bauten 1972 von der Bärengasse auf den benachbarten Basteiplatz verschoben. In der Grünanlage: Zwei Mädchen, Bronzegruppe 1930 von Arthur Abeljanz. – *Pelikan-*

platz. Die systematische Überbauung des neu in die Befestigung einbezogenen Landes erfolgte E. 17. und A. 18. Jh. Gestaltung des Platzes in der Form eines übereck gestellten Quadrates. – Nr. 5, **Zum Grossen Pelikan.** Erb. 1675 für den Seidenfabrikanten Jak. Christoph Ziegler, 1683 durch seitlichen Anbau und Erker erweitert; vollständig umgeb. 1930–31. In der Platzfassade genutetes Rundbogenportal mit Pilastervorlagen, darüber Rokokobalkongitter. Hauszeichen um 1690 von Samuel Höscheller, knorpeliges polychromes Stuckrelief Pelikan und Junge, im Anhängsel Ziegler-Wappen und Inschrift 1675. Glanzvolle Innenausstattung, im Erdgeschoss bedeutende Stuckdecke dat. 1691 und signiert von Samuel Höscheller. Im 1. Obergeschoss einfache Balkendecke, Turmofen 1766 aus der Werkstatt Heinr. Bleulers sowie Rokoko-Ofen. Im 2. Obergeschoss Saal mit prunkvoller Stuckdecke dat. 1685 und signiert von Samuel Höscheller: emblematische Medaillons, Trophäen und frühes Akanthusrankenwerk, qualitätvoller Rokokoturmofen um 1755. Im Erkerzimmer bemerkenswertes Nussbaumgetäfer und einfache Stuckdecke um 1683. – *Talstrasse*. Nr. 65, Zur Schanze. Erb. 1961 von Werner Stücheli und René Herter. – Nr. 71, Sammlungsgebäude des Botanischen Gartens. Erb. 1863–64 von Joh. Jak. Breitinger, 1889 um 1 Achse vermehrt von Otto Weber. Spätklassiz. klargegliederter, 2mal 8 Achsen umfassender Block. – Talstrasse/Badgasse, Botanischer Garten. Anlage 1837–38 von Theodor Fröbel. Gewächshaus 1837–38 von Gustav Albert Wegmann. Gestreckter Rechteckblock mit Risalitbildung. – Die Katz, Teil des Botanischen Gartens. Zwei Kasematten der 4. Wallbefestigung um 1653. – Talacker Nr. 41. Le Fleuve, Bronzeplastik 1943 von Aristide Maillol. – *Löwenstrasse/Nüschelerstrasse*. Synagoge. Erb. 1884 von Alfred Chiodera und Theophil Tschudy in maurischem Stil. – St.-Anna-Gasse. Brunnen in typischem Jugendstil 1913 von Wilh. Schwerzmann. – Sihlstrasse Nrn. 31–33, Glockenhof. Erb. 1909–11 von Robert Bischoff und Hermann Weideli. – *Uraniastrasse*. Die Häuserzeile in Jugendstil folgt dem Bogen des eingedeckten Sihlkanals. Der Durchbruch zum Limmatufer erfolgte erst durch den Bau der Uraniabrücke (heute Rudolf-Brun-Brücke) 1913. – Nrn. 10–18, erb. 1899–1905 von Theodor Oberländer, Otto Pfleghard und Max Haefeli. – *Uraniastrasse/Seidengasse*. Geschäftshaus Frawa-Contis, erb. 1970 von Jack Reinhardt.

D. DIE SÜDL. STADTTEILE ZWISCHEN SEE UND SIHL

1. Vom Bürkliplatz dem See entlang zum Hafen Enge

General-Guisan-Quai/Claridenstrasse. Villa Rosau. Erb. 1843 von Ferdinand Stadler für Joh. Rud. Forcart-Hoffmann aus Basel; Rest. und Innenumbau 1967–68. Klassiz. Rechteckbau mit Risaliten auf 3 Seiten, an der Rückseite 3bogige Eingangsloggia, an der Hauptfront 3achsiger Risalit mit Arkaden im Obergeschoss, seitlich von 2geschossigen Veranden begleitet; gusseiserne Brüstungen. – Claridenstrasse Nr. 2, Tonhalle und Kongresshaus. Erbaut 1893–95 von Ferd. Fellner und Hermann Helmer, teilweise Abbruch 1938 und Anbau des Kongresshauses 1938–39 durch Max E. Haefeli, Werner M. Moser und Rud. Steiger. Im alten Saal Dekorationsmalerei von Peregrin

Gastgeb und Karl Peyfuss, im Kleinen Saal von Antonio Barzaghi. – Arboretum. Bronzeplastik der Aphrodite 1921 von Einar U. Frank. – Rotes Schloss. Erb. 1891–93 von Heinr. Ernst. Neunteilige Häusergruppe aus Rotbackstein, instrumentiert im Stile der französischen Renaissance. – Nr. 32, Weisses Schloss. Erb. 1890–93 von Heinr. Honegger-Näf. Sechsteilige Häusergruppe im Stil des französischen Manierismus. – *Mythenquai/ Willestrasse*. Rentenanstalt. Erbaut 1931–32 von Otto und Werner Pfister. Vor dem Eingang Bronzegruppe von Hermann Hubacher, in der Vorhalle Wandgemälde von Karl Hügin. – Mythenquai Nr. 2, Verwaltungsgebäude der Zürich-Versicherungsgesellschaft. Erb. 1899–1901 von Gottfried Julius Kunkler, Dekorationsplastik von Gustav Sieber und Arnold Hünerwadel; Erweiterungsbau 1924–25 von Otto Honegger. – Hafen Enge. Freiplastiken: Löwe von Urs Eggenschwiler, aufgestellt 1895; Gottfried Keller (1819–90), Steinplastik von Otto Charles Bänninger, aufgestellt 1966. – Nr. 60, Schweiz. Rückversicherungsgesellschaft. Erb. 1911–13 von Emil Faesch und Alex. v. Senger, Plastik 1915 von Arnold Hünerwadel. Erweiterungsbau 1966–69 von Werner Stücheli. Eisengrossplastik 1969 von Bernhard Luginbühl. – Nr. 62, Clubhaus 1957 von Hans Hofmann.

2. Vom Paradeplatz nach der Enge, Wollishofen und Leimbach

Enge. Im Gebiet der Enge waren verschiedene Zürcher Klöster begütert. Seit 1400 unterstand die Gemeinde als Teil der Vogtei Wollishofen der Stadt. Im 18. Jh. bauten Stadtbürger hier ihre Landsitze, im 19. Jh. entstanden grössere Herrschaftshäuser. 1893 eingemeindet. – Bleicherwegbrücke. Bronzelöwe 1933 von Otto Münch. – Bleicherweg Nr. 18, Geschäftshaus Bleicherhof. Erb. 1940 von Otto R. Salvisberg. Leicht konvexer Skelettbau mit rückversetztem Sockel. – Stockerstrasse/Dreikönigstrasse, Appartementhaus. Erb. 1937 von Otto R. Salvisberg. – Genferstrasse Nr. 24. Wohn- und Geschäftshaus. Erb. 1904–05 von Richard Kuder und Albert Müller. Reichdurchgebildeter Jugendstilblock, Fassadenreliefs von Adolf Meyer. – Bleicherweg Nr. 33, Hochhaus zur Palme. Erbaut 1963–65 von Max E. Haefeli, Werner M. Moser, Rudolf Steiger und André Studer. Differenzierter Skeletthochbau auf Sockel mit Ladenbauten. – Nr. 45, Wohnhaus. 1902–03 von Alfred Chiodera und Theophil Tschudy. Reichdurchgebildeter Baukörper in Jugendstilformen. – Tessinerplatz, Bahnhof Enge. Erb. 1925–27 von Otto und Werner Pfister. Schlanke Hausteinarkaden in konkaver Anordnung, Genien seitlich der Uhr 1927 von Carl Fischer. – Parkring Nr. 35, **Kantonsschule Freudenberg** (Abb. 254). Erb. 1958–61 von Jacques Schader. Geglückte Komposition der Baukuben in bewahrter Parklandschaft. – Freigutstrasse, Delphinbrunnen 1770 (Kopie), aus dem ehem. Brandschenkegut. – Nr. 31, **Freigut**. Erb. 1772 von Joh. Meyer. Zweigeschossiger Bau unter schwerem Mansartdach, Hauptfassade durch 3achsigen Risalit betont. Qualitätvolle Ausstattung: Im Flur Quellnymphe, Steinskulptur um 1770. Im Obergeschoss Mittelsaal mit Wandbespannung durch Aubusson-Teppiche 1772; im W-Zimmer Tannenholztäfer mit Ölbildern in Rokokorahmen, Ofen 1774 von Heinr. Bleuler; im S-Zimmer Ofen von Heinr. Bleuler und Jak. Kuhn. Im Dachstock Zimmer mit Chinoiserien 1780. Der terrassenförmig angelegte Garten urspr. ohne Achsenbezug zum Eingang, Steinplastiken um 1772. – Freigutstrasse/Gerechtigkeitsgasse. Synagoge. Erbaut 1923–24 von Walter Henauer und Ernst Witschi, Dekorationsplastik von Otto Münch, Deckenmalerei von Ernst Staub. – Bürglistrasse, ref. Kirche Enge. Erb. 1892–94 von Alfred Friedr. Bluntschli, die monumentale Treppenanlage 1925–26 von Hermann Herter. Kreuzkuppelbau mit seitlichem Turm in dominierender Lage; Kanzel und Orgelprospekt von Jos. Regl, Steinskulpturen am Treppenaufgang 1925 von Arnold Hünerwadel. – Nr. 18, Zum Bürgli. Erb. 1834, klassiz. Baublock mit Balkon in der Mittelachse. – Schulhausstrasse Nr. 22, kath. Kirche Drei Königen. Erbaut 1949–50 von Ferd. Pfammatter und Walter Rieger, Glasmalereien von Paul Monnier, Tabernakel und Kultgeräte von Willi Buck. – Gablerstrasse Nr. 15, **Villa Wesendonck*** (Abb. 253). *Bedeutendes Beispiel spätklassiz. Baukunst.* Erbaut 1853–57 von Leonhard Zeugheer für den Geschäftsmann Otto Wesendonck; Renov. 1962–63, seither Rietberg-Museum (s. S. 793). Die Villa war im spätern 19. Jh. Treffpunkt der Elite Zürichs (Richard Wagner, C. F. Meyer u. a.). Zweigeschossiger Baukörper mit Flachdach über quadratischem Grundriss von 5 auf 5 Achsen, 3achsige Risalite auf der N- und S-Seite, von Loggien flankierter Ausbau an der O-Seite. Auf der S-Seite über Treppenlauf toskanische Kolonnade, darüber ion. Säulenarkade mit Balusterattika. Pergola an der N-Seite. – Steinhaldenstrasse Nr. 67, Bronzeplastik 1926 von Eduard Zimmermann. – Nr. 73, Zum Hintern Brunnen. Barocker Giebelbau, erb. 1729. Von der Bahnhofstrasse Nr. 32 hierher versetzt 1913. – Churfirstenstrasse Nr. 20, Drei Tannen. Spätgot., stark verändertes Reihenhaus. – Seestrasse Nr. 125, **Belvoirgut.** Qualitätvoller klassiz. Bau 1826–31 von Hans Casp. Escher; Renov. 1960–61. Klar gegliederter, querrechteckiger Baukörper; vor dem 3achsigen Risalit der Strassenfront Säulenportikus mit Terrasse, auf der Rückseite halbrund vorstossendes Treppenhaus, auf der SO-Seite Pfeilerhalle mit Terrasse. – Im Belvoirpark Mädchenplastik in Bronze 1923 von Hermann Haller. – Brunaustrasse Nr. 19, Villa Bellaria. Erb. 1866–70 nach Plänen von Leonhard Zeugheer (gest. 1866). Addition mehrerer Baukörper zu geschlossener Baumasse um turmartigen Aufbau. – Scheideggstrasse Nr. 95, Villa Rudolph. Typische Jugendstilvilla 1900–04 von Karl Moser. – Seestrasse Nr. 203, **Muraltengut.** Erb. 1777–82 von Joh. Werdmüller, durchgreifender Innenumbau 1924, Aussenrenov. 1969; gehört seit 1944 der Stadt. Wechselausstellungen. Die Anlage folgt dem Typus des französischen Hôtel privé mit Ehrenhof, Stallungen und Remisen in den Flügeln. Die 7achsige gegen den See gerichtete Hauptfassade mit schwachem Akzent auf den mittleren 3 Achsen, zwischen den Geschossen, mit schweren Louis-XVI-Girlanden dekoriert, erhebt sich über einer Substruktion mit seitlich in den Garten ausschwingenden Rampen. Der enge Ehrenhof mit einfachem Stabgitter geschlossen. Im Innern Sammlungsgegenstände aus städtischem Besitz, u. a. das frühklassiz. Relief des Salomon-Gessner-Denkmals 1791 von Alex. Trippel, Wandgemälde 1924 von Karl Walser und 1949 von Alois Carigiet;

Tafelbilder von Karl Hügin, Alois Carigiet, Karl Walser, Max Gubler, Ernst Morgenthaler, Wilh. Gimmi, Wandbehang 1950 von Lissy Funk. Orientteppiche und japanische Holzschnitte aus Privatsammlung. Im Park Gärtnerhaus um 1780. Plastiken: Liegende 1927 und Mädchen 1946 von Hermann Haller, Pferd 1954 von Otto Charles Bänninger, Harlekin 1954 von Emilio Stanzani. – Landiwiese. Mädchen, Bronzeplastik 1939 von Hermann Haller. Mädchen im Wind, Bronzeplastik 1935–36 von Otto Münch.
Wollishofen. 1304 übertrug Freiherr Walter v. Eschenbach die Vogtei dieser Gegend an Rüdiger Manesse d. J., um 1400 ging sie an die Stadt Zürich über. 1893 eingemeindet. – Bellariastrasse Nr. 82, Suisa-Gebäude 1968 von Werner Gantenbein. Gedenkstein für Othmar Schoeck von Peter Meister. – Mutschellenstrasse Nr. 114, Jugendherberge. Erb. 1967 von Ernst Gisel, im Hofe Steinplastik 1968 und Bronzerelief 1963 von Otto Müller, Relief 1965 von Hans Josephsohn und Wandmalerei 1967 von Max Hellstern. – Friedhof Manegg, Abdankungshalle. Erb. 1930 von Hermann Herter und Carl Lippert. Freiplastik 1932 von Otto Kappeler, Mosaik Christi Himmelfahrt 1931 von Augusto Giacometti. Auf der Terrasse Frauenfigur 1941 von Emilio Stanzani, Posaunenengel auf Gemeinschaftsgrab 1963 von Alfred Huber. – Kilchbergstrasse Nr. 5, kath. Kirche St. Franziskus. Erb. 1928 von Jos. Steiner, Fresken 1932–34 von Fritz Kunz. – Kilchbergstrasse, ref. alte Kirche. Erb. 1702. Dreiseitig schliessender Predigtsaal mit einfacher Vorhalle und Dachreiter (Helm 1916); polygonale Holzkanzel und Taufstein 1702, 9 Glasfenster 1948–58 von Max Hunziker. – Auf der Egg, ref. Kirche Wollishofen. Erb. 1935–36 von Walter Henauer und Ernst Witschi, Fassadenreliefs 1936 von Otto Charles Bänninger; im Innern Fresken 1937 von Paul Bodmer. In der Anlage: Sitzende, Skulptur 1942 von Otto Charles Bänninger. – Nidelbadstrasse, **Werkbundsiedlung Neubühl***. Erbaut 1930–32 von Max E. Haefeli, Carl Hubacher, Rudolf Steiger, Werner M. Moser, Emil Roth, Paul Artaria und Hans Schmidt. Prototyp einer Gesamtüberbauung im Stile des «Neuen Bauens». Differenzierung der Wohnansprüche trotz Standardisierung der Elemente. – Erligatterweg Nr. 47, Schulhaus Neubühl. 1959 von Walter Custer, Kletterplastik von Arnold d'Altri.
Leimbach. Gehörte zur Obervogtei Wollishofen. 1893 wurde Mittel- und Unterleimbach mit Zürich, Oberleimbach mit Adliswil vereinigt. – Ref. kirchliches Zentrum. Erb. 1968–71 von Oskar Bitterli. – Kath. Kirche Maria-Hilf. Erb. 1949–50 von Alois Moser. – Siedlung Sonnenhalde mit Turmhaus, an der Ankenweid. Erb. 1928–29 von Paul Schumacher. – Taverne «Im Hüsli», Leimbachstrasse Nr. 50. Riegelbau von 1612; Rest. und Innenumbau 1968–69. Ortsmuseum (s. S. 794). – Kleeweidstrasse Nr. 2. Skulpturengarten. Permanente Ausstellung moderner Skulpturen. – Burgstelle Manegg. Die 1303 erwähnte Burg vom 13. Jh. bis 1393 Sitz der Ritter Manesse; abgebrannt 1409. Nach der Sage Entstehungsort der Manessischen Liederhandschrift um 1300. Gedenkstein 1920 von Rob. Rittmeyer für Gottfried Keller, dessen Novellen «Hadlaub» und «Der Narr auf Manegg» teilweise hier spielen. – Höcklerterrasse, am Fusse des Burghügels. Anlage mit klassiz. Denkstein an deren Stifter, Spitalpfleger Conrad v. Meiss (1752–1820).

E. DIE STADTTEILE LINKS DER SIHL UND DER LIMMAT

1. Wiedikon

«Wiedinchova» erwähnt 889. Seit 1389 städtische Vogtei; 1893 eingemeindet. – Sporthalle Sihlhölzli. Erb. 1932 von Hermann Herter und Rob. Maillart. In der Anlage 2 Bronzegruppen 1936 von Max Soldenhoff, Mädchen, Bronzeplastik 1942 von Otto Müller, Läufer, Bronze 1955 von Emilio Stanzani. – Schlossgasse Nr. 10, alte Kirche Wiedikon (Bethaus). Erb. 1789–91 als Bethaus und Schulhaus unter gemeinsamem First mit Dachreiter. – Brunnen um 1770. – Bühlstrasse, ref. Kirche Wiedikon. Erb. 1895–96 von Paul Reber. Kreuzförmiger Backstein-Zentralbau mit 3 polygonal schliessenden Nischen und seitlichem Turm. – Bühlstrasse/Goldbrunnenstrasse, Schulhaus Bühl. Erb. 1900–01 von Arnold Geiser. Risalitgegliederte Gebäudegruppe in gebosstem Steinwerk. – Ämtlerstrasse Nr. 23, **ref. Zwingli-Haus.** Erbaut 1923–25 von Adolf und Heinr. Bräm. Kapitelle und Zwinglistatue von Otto Kappeler, Engel an den Hochschiffwänden von Paul Bodmer, Zyklus der biblischen Darstellungen von Hermann Huber, Eckbilder von Carl Roesch, Jüngstes Gericht von Reinhold Kündig, Glasfenster von Otto Meyer-Amden. – Gertrudstrasse Nr. 59, kath. Herz-Jesu-Kirche. 1921 von Jos. Steiner, 1968–69 vollständiger Innenumbau und Chorerweiterung. – Ämtlerstrasse Nrn. 149–51, Zentralfriedhof Sihlfeld. Anlage mit Torbauten und Krematorium I ab 1878 von Arnold Geiser; Abdankungshalle 1888, die Fresken 1936 von Karl Walser. Krematorium II, 1913–15 von Albert Froelich, Plastik am Eingang von Hans Markwalder, Deckenmalerei von Werner Büchly. Einzelgräber und Plastik: Grabmal des Dichters Gottfried Keller (1819–90); Grabmal von Henri Dunant mit Plastikgruppe 1930 von Hans Gisler, Grabmal Hauser mit Bronzeplastik von Aristide Maillol. Plastik 1945 von Louis Conne, Steinplastik Sonnenstein 1964 von Hans Aeschbacher, Eisenplastik Ikarus 1964 von Silvio Mattioli, Messingrelief 1964 von Trudi Demut, Stele 1964 von Otto Müller. – Burstwiesenstrasse Nr. 44, ref. Thomaskirche. Erb. 1958–61 von Oskar Bitterli und Ernst Rohrer nach Entwürfen von Hans Hofmann. – Döltschiweg/Wasserschöpfi Nr. 71, Bad-, Sport- und Freizeitanlage Heuried. Erb. 1965 von Fritz Schwarz und Hans Litz. Steinplastikgruppe1964 von Josef Wyss. – Paul-Clairmont-Strasse, Stadtspital Triemli. Erb. 1961–70 von der Architektengemeinschaft Ernst Schindler, Roland Rohn, Rolf Hässig, Helmut Rauber und Rud. Joss. – Skulpturengarten mit Werken von Hans Fischli, Otto Müller, Josef Wyss, Franz Fischer, Hans Aeschbacher, Werner A. Weber, Werner Witschi und Silvio Mattioli; im Innern Sichtbetonwand von Ödön Koch, Wandteppich von Max Truninger und Fresko von Bert Schmidmeister. – Hohensteinweg Nr. 6, Wohnhochhaus. Erb. 1966 von Josef Schütz, Rud. und Esther Guyer. – Döltschiweg Nr. 180, Schulhaus Döltschi. Erb. 1963 von Hans Müller. – Im Tannegg, kath. Theresienkirche. Erb. 1933 von Fritz Metzger. Am Turm Plastik von Albert Schilling, im Chor Wandmalerei von Richard Seewald. – Schweighofstrasse/Borrweg, ref. Kirche Friesenberg. Erbaut 1946–48 von Walter Gachnang, unter Verwendung von Entwürfen Edward Freytags. – Friesenbergquartier. Das Quartier entstand aus Grossüberbauungen des städtischen, sozialen oder genossenschaftlichen Wohnungsbaus; Siedlung Kleinalbis 1923–24, Utohof 1927, Überbauungen an der Schweighofstrasse/Arbentalstrasse 1960 und am Borrweg Nr. 52, 1967. – Ruine Friesenberg. Erwähnt 1218 als Frisonburch. Konservierte Ausgrabung 1925–30. – Bahnhof Giesshübel, Gewerbehäuser. 1955–56 von Werner Frey.

2. Vom Hauptbahnhof durch Aussersihl nach Albisrieden und Altstetten

Aussersihl. Gehörte bis ins 18. Jh. zur Gemeinde Wiedikon. 1787 selbständig, 1893 eingemeindet. – Kasernenstrasse, Sihlpost. Erb. 1927–29 von Adolf und Heinr. Bräm, Mosaiken von Carl Roesch. – Militärkaserne. Erb. 1874–76 von Joh. Jak. Müller-Honegger. Langgestreckter 2flügliger Bau mit dominierendem Mittelrisalit in Quadermauerung und Zinnenkranz. In der Achse des Hauptportals, auf der andern Seite der Sihl, symmetrische Anlage der ehem. Stallungen. – Sihlbrücke, 1902–03 von Gustav Gull. – Stauffacherbrücke, 1899–1900 von Gustav Gull, Löwenfiguren von Urs Eggenschwiler. – Badenerstrasse Nr. 16, Geschäftshaus mit Kino. Erb. 1930–32 von Carl Hubacher und Rud. Steiger. Konvexe Skelettfassade mit farbiger Verglasung. – Stauffacherplatz, ref. Jakobuskirche. Erb. 1899–1901 von Joh. Vollmer an Stelle des ehem. Siechenhauses und des 1820 erstellten Bethauses von St. Jakob a. d. Sihl. Grosser Quaderbau mit charakteristischen Quergiebeln und schlankem Flankenturm im Stile der deutschen Frührenaissance. – Werdplatz, Prometheus, Bronzeplastik 1955 von Werner F. Kunz. – Werdstrasse, kath. Kirche St. Peter und Paul. Erb. 1873–74 von Rud. Gottlieb Gull, erweitert und mit neugot. Fassadenturm versehen 1895 von Alfred Chiodera. Kanzel von Gebr. Müller 1874, Seitenaltäre 1875 von Wilhelm Keller, Hochaltar von Bildhauer Schnell 1885. – Badenerstrasse Nr. 90, Bezirksgerichtsgebäude. Erb. 1914–16 von Otto Pfleghard und Max Haefeli. Markanter Jugendstilbau um Innenhof. Hauptfassade mit Risalit unter schwerem Dreieckgiebel: Im Giebelfeld St. Georg von Jak. Brüllmann, Dekorationsplastik von Hans Gisler, Walter Mettler, Paul Osswald, Arthur Abeljanz und Hans Markwalder. Im Innern Statuen von Hermann Haller, Malereien 1917 von Eduard Stiefel. – Helvetiaplatz, Volkshaus. Erb. 1905–11 von Joh. Rud. Streiff und Gottfried Schindler. – Arbeiterfamilie, Bronzeplastik 1952 nach Modell von Karl Geiser, aufgestellt 1960. – Hohlstrasse/Feldstrasse, kath. Kirche Don Bosco. Erb. 1951–52 von Attilio Calegari und Albert Pfister. – Badenerstrasse Nr. 236, Lochergut. Treppenartig aufgebautes Wohnhochhaus 1967 von Karl Flatz, Plastik 1968 von Emilio Stanzani. – Bullingerstrasse Nr. 10, ref. Bullingerkirche. 1953–56 von Hans und Kurt Pfister. – Bäckerstrasse, Kirchgemeindehaus Bullinger. Erb. 1923–25 von Karl Kündig und Heinr. Oetiker. Im Predigtsaal allegorische Wandmalereien von Jak. Gubler. Holzschnitzereien von Carl Fischer nach Entwürfen von Ferd. Scheurmann. – Nr. 50, Werkjahrschulhaus Hardau. Erb. 1964 von Otto Glaus und Ruedi Lienhard. Blechplastik 1957 von René Monney. – Hardstrasse Nr. 76, kath. Felix und Regulakirche. 1951 von Fritz Metzger. – Brahmsstrasse Nr. 100, ref. Andreaskirche. Erb. 1966 von Jacob Padrutt und Bolliger, Hönger und Dubach. Fensterloser Würfel mit freistehendem Glockenträger. – Brahmsstrasse/Letzigraben, Überbauung Heiligfeld, 1951–55 vom Hochbauamt der Stadt Zürich und Albert Heinr. Steiner. Punkthochhäuser und Laubenganghäuser mit differenzierter Farbgebung. Auf dem Spielplatz Freiplastik 1955 von Emilio Stanzani.

Albisrieden. «Rieda» erwähnt 820; 1255 kamen die Vogteirechte an das Grossmünsterstift, 1526 an die Stadt, 1934 eingemeindet. – Stadion Letzigrund, Tribüne 1958 von William Dunkel. – Fellenbergstrasse Nr. 231, kath. Kirche St. Konrad. Erb. 1954 von Ferd. Pfammatter. Glasmalerei von Paul Monnier. – Ginsterweg Nr. 54, ref. Kirche. Erb. 1949–51 von Hans v. Meyenburg. – Espenhofweg Nr. 60, Schulhaus Letzi. Erb. 1956 von Ernst Gisel, künstlerischer Schmuck von Otto Müller, Silvio Mattioli, Hans Fischer und Max Truninger. – Albisriederstrasse/Triemlistrasse, **ref. Kirche** Albisrieden. *Gutes Beispiel einer klassiz. Landkirche.* Erb. 1816–17 von Hans Conr. Stadler. Rechteckige Querkirche mit Eingangsrisalit unter schwerem Giebel. Inkorporierter Säulenportikus, darüber Thermenfenster in grossem Blendbogen. Auf der Rückseite schlanker Turm mit Galerie und Pyramidenhelm. – Rautistrasse Nr. 2, Reiter, Bronzeplastik von Marino Marini 1955–60. – Saumackerstrasse Nr. 83, kath. Heilig-Kreuz-Kirche. Erb. 1899.

Altstetten. Erst 1249 erwähnt; urspr. geteilt, zuerst kyburgische, dann habsburgische Vogtei; unterer Teil von 1415–1798 als Teil der Grafschaft Baden unter eidg. Verwaltung, oberer Teil seit 1432 städtische Vogtei, 1934 eingemeindet. – Pfarrhausstrasse, **ref. alte Kirche.** Die heutige Kirche steht auf den Fundamenten einer röm. Villa und zweier mittelalterl. Kirchen, eines Apsidensaals des 11. und einer Turmchoranlage des 13. Jh. Das spätmittelalterl. Schiff 1761 in analogen Massen neuerbaut. Grabung und Rest. 1941. Schlichter Saal mit Rundbogenfenstern und eingezogenem Turmchor. Darin einfaches Netzgewölbe um 1485, Sakramentshäuschen gegen 1500. – Ref. Kirche Altstetten. 1939–41 von Werner M. Moser. Frühes Beispiel eines modernen ref. Kirchenbaus. – Eugen-Huber-Strasse Nr. 150, Schulhaus Chriesiweg. 1957 von der Architektengemeinschaft Fred Cramer, Werner Jaray und Claude Paillard, Brunnen mit Plastik 1962 von Emilio Stanzani. – Dachslernstrasse Nr. 20, **Städelihus.** *Einzigartiger Blockständerbau des 13. oder frühen 14. Jh.* – Nr. 6, im Kellerraum des Schulhauses Dorfmuseum Altstetten (s. S. 794). – Badenerstrasse Nr. 618, Schulhaus Kappeli. 1935–37 von Alfred Oeschger.

3. Industriequartier

Ausstellungsstrasse Nr. 60, **Kunstgewerbeschule und -museum.** Erb. 1930–33 von Karl Egender und Adolf Steger. L-förmige Anlage mit schmucklosem Haupttrakt und vorgelagertem, prismatischem Museumsflügel. Im Treppenhaus des Museumstraktes Mädchenfigur 1933 von Otto Charles Bänninger, Gemälde, Badende, 1935 von Max Gubler. Im Vortragssaal Wandteppich 1958 von Le Corbusier. In der Anlage Sitzende, Bronzeplastik 1935 von Ernst Gubler. – Neubautrakt, 1961 von Eduard Del Fabro und Bruno Gerosa. Eingangshalle Mosaik 1962 von Alois Carigiet, Plastik Signal 1967 von Hans Fischli. – Im Park Brunnen, Jünglingsfiguren 1930 von Otto Kappeler. – Limmatstrasse Nr. 90, Schulhaus. Erb. 1910–11 von Otto und Werner Pfister, Dekorationsplastik in Jugendstilformen von Arnold Hünerwadel und Wilh. Schwerzmann. – Limmatstrasse/Ackerstrasse, ref. Johanneskirche. Erb. 1897–98 von Paul Reber im Stil der Neurenaissance. – Limmatstrasse Nr. 118, Limmathaus. Erb. 1931 von Karl Egender. Skulptur Barmherziger Samariter 1931 von Otto Charles Bänninger. – Heinrichstrasse/Fabrikstrasse, kath. Josephskirche. Erb. 1912–13 von Karl Moser in neubarockem Stil, Plastik 1914 von Paul Osswald. – Neugasse, Städtische Kehrichtverbrennungsanlage. 1963 von Walter Custer. – Hardturmstrasse Nr. 136, **Hardturm**. Mittelalterl. Wohnturm 12. Jh., wohl als Wachtturm eines Limmatüberganges erstellt. Wohngeschoss und Treppenanbau im 17. Jh.

F. DIE SÜDL. STADTTEILE RECHTS DES SEES UND DER LIMMAT

1. Vom Bellevue seeaufwärts gegen Tiefenbrunnen

Bellevue. Fischbrunnen, aufgestellt 1938, von Otto Münch. – Sechseläutenwiese, Schreitende, Bronzeplastik 1943 von Otto Charles Bänninger. – Theaterstrasse Nr. 10, ehem. Corso-Theater. Erb. 1899–1900 von Hermann Stadler und Jak. Emil Usteri, Umbau 1934 von Karl Knell d. J. und Ernst F. Burckhardt. Früher Skelettbau mit üppiger neubarocker Dekoration. Renov. 1970. – Schillerstrasse Nr. 1, Opernhaus. Erb. 1890–91 von Ferd. Fellner und Hermann Helmer in neubarocken Formen. Figurenplastik von Franz Vogel und Ludw. Dürnbauer, Deckenmalerei von Peregrin Gastgeb und Karl Peyfuss, Stuckarbeiten von Ludw. Strictius, ornamentale Malerarbeiten von Jos. Kott. Im Eingang Sitzende, Skulptur 1964 von Margrit Gsell-Heer. – Utoquai, David, Bronzeplastik 1921 von Ivar Johnson. – Dufourstrasse Nr. 5, gut durchgeformter Jugendstilblock. Erb. 1903 von Richard Kuder und Albert Müller. – Utoquai Nr. 31, Utoschloss. Erbaut 1898–1900 von Otto Pfleghard und Max Haefeli. – Nr. 45, Hotel Eden au Lac. Erb. 1908–09 von Christian Scheel. – Bellerivestrasse Nr. 10, Villa Windegg. Erb. 1867–70 von Ferd. Stadler. – Feldeggstrasse Nr. 4, Verwaltungsgebäude der Schweiz. Aluminium AG. Längsrechteckiger, prismatischer Aluminiumständerbau in Wasserbecken, 1954 von Hans Hofmann. – Seefeldquai Nr. 43. Ferrohaus. Eigenwilliges, pyramidenförmiges Bürohochhaus in Stahl und Glas von Justus Dahinden 1970. – Höschgasse Nr. 4, Villa Egli. Erb. 1899–1902 von Alex. Koch in englisch-got. Landhausstil. – Nr. 8, Ausstellungspavillon. Erb. 1966–67 nach Entwürfen von Le Corbusier. Farbig behandelter Baukörper unter pilzförmigem Dach. – Nr. 10, Hermann-Haller-Atelier. Seit 1954 Ausstellungsraum mit Plastiken des Künstlers. – Seefeldpark/Zürichhorn. Sitzende, Bronzeplastik 1934 von Hermann Hubacher. – Frauentorso 1930 von Eduard Bick. – Stele 1955 von Hans Aeschbacher. – Heureka, kinetische Eisenplastik 1964 von Jean Tinguely (Abb. 255). – Mädchen, Bronze 1958 von Hildi Hess. – Kasino Zürichhorn. 1965 von Roland Rohn, im Treppenhaus Frauenkopf 1938 von Hans Aeschbacher. – Bellerivestrasse Nr. 200, Strandbad Tiefenbrunnen. Angelegt 1954 von Josef Schütz, Otto Dürr und Willy Roost, Steinplastik von Arnold d'Altri.

2. Vom Heimplatz über den Kreuzplatz nach Riesbach

Zeltweg Nrn. 7–15, Escher-Häuser. Erb. 1836–40 von Leonhard Zeugheer. Flucht von 6 Reihenmiethäusern. Baumasse durch 3 Risalite gegliedert. – Zeltweg Nr. 10, Zum Zeltgarten. Erb. 1838, seitlicher Anbau 1899. Zweigeschossiger Bau unter Satteldach mit Quergiebel, schwacher Mittelrisalit mit Veranda. – Zeltweg Nr. 34, Villa Schöller. 1884–85 von Albert Müller. – Hohenbühlstrasse Nr. 1, **Haus zum Kreuzbühl.** Erb. 1760 von Joh. Meyer, Obmann der Maurer. Mächtiger, durch schwache Risalitbildung gegliederter, fünf auf fünf Achsen zählender Kubus unter steilem Mansartdach mit Lukarnen und originellem Firstkamin. Im Erdgeschoss reicher Turmofen um 1760; im ersten Obergeschoss Getäfer, klassiz. Leuchter um 1820, Turmofen 18. Jh. aus dem Strohhof. – Nr. 9, Villa Wegmann. Erb. 1887–89 von Alfred Friedr. Bluntschli. Kubischer Bau mit integriertem Laternenpavillon. – Merkurstrasse Nr. 4, Christian Science Church. 1938 von Hans Hofmann. – Kreuzbühlstrasse Nr. 36, **Haus zum Schönbühl.** 1838 von Hans Conr. Stadler, Treppenhaus 1860 verändert. Zweigeschossiger Bau von 7 auf 5 Achsen. An der Hauptfront 3achsiger Risalit mit 2geschossiger, offener Halle; im Erdgeschoss über gestuftem Sockel dor. Kolonnade, im Obergeschoss ion. Arkadenreihe, darüber schwerer Dreieckgiebel; an der N-Seite dor. Portikus. – Klosbachstrasse Nr. 25, Artergut. Erb. um 1790, Terrasse und Umbau des Daches 1930. Siebenachsiges, durch schwachen Risalit gegliedertes Landhaus. Vorzügliche klassiz. Treppengeländer und Türgewände. – Im Park, Jüngling, Bronzeplastik 1929 von Hermann Haller. – Neptunstrasse Nr. 60, kath. Kirche St. Antonius. 1908 von Karl Moser. Jugendstildekoration am Hauptportal. Wand- und Altarbilder 1919 von Fritz Kunz. – Zollikerstrasse Nr. 32, Villa Bleuler. Erb. 1885–88 von Alfred Friedr. Bluntschli. Backsteinbau mit offener Arkadenhalle, charakteristisches Beispiel einer Neurenaissancevilla. – Kirchenweg Nrn. 4–8, Verwaltungsgebäude des Schweiz. Metallarbeiter-Verbandes. 1967 von Max E. Haefeli, Werner M. Moser und Rud. Steiger. – Haus Neumünsterstrasse Nr. 2, erb. 1838 vielleicht von Daniel Pfister. – **Ref. Kirche Neumünster*** (Abb. 247). *Bedeutendste klassiz. Kirche Zürichs in beherrschender Lage auf sanftem Moränenhügel.* Erb. 1836–39 von Leonhard Zeugheer, 1911–12 teilweise Umgestaltung des Innern von Alfred Friedr. Bluntschli; neue Kanzel und N-Empore, Ausbau der S-Front. Geschlossener, längsrechteckiger Block mit eingebundenem Frontturm und beidseitig flach vorstehenden, durch Lagerfugen ausgezeichneten Quertrakten. Eine grosszügige Treppenanlage führt zu ion. Antenhalle. Der reichgegliederte Turm mit verjüngtem Glockengeschoss und 8eckigem Aufsatz. Rechtecksaal mit auffallend hohem Gebälk und Kassettendecke. Im Chor Verklärung Christi 1840 von Konrad Zeller und Gethsemane 1912 von Rud. Münger. – Mühlebachstrasse Nr. 138, 2geschossiger klassiz. Kubus 1835. – Nr. 144, klassiz. Bau 1836. – Zollikerstrasse Nr. 128, Villa Patumbah. Erb. 1883–85 von Alfred Chiodera. Überreiche Fassadendekoration: Stilgemisch von Manierismus bis Heimatstil. – Nr. 160, kath. Erlöserkirche. 1937 von Karl Strobel, Kreuzwegzyklus 1961 von Toni Schneider-Manzell. – Nr. 172, Sammlung E. G. Bührle (s. S. 794). – Südstrasse Nr. 32, Landhaus Wonneberg. Erb. wahrscheinlich 1626, Umbauten im 18. Jh. und in neuerer Zeit. Torgitter um 1750. – Nr. 36, Landhaus zum Brunnenhof. Erb. 1644, Strassenfront und Inneres umgebaut. Fachwerkbau. Portal um 1770. – Nr. 38, Villa Brandt. Erb. 1878–80 von Joh. Baur und Adolf Nabholz in englisch-got. Landhausstil. – Heilanstalt Burghölzli. Erb. 1864–70 von Joh. Casp. Wolff. Langgestreckter 3geschossiger Bau mit Eckrisaliten und doppelt vorgezogenem Mittelrisalit; gefugte Lisenen und Attika mit zentraler Uhrennische. – Lenggstrasse Nr. 75, ref. Kirche Balgrist. 1950–51 von Hans und Kurt Pfister.

3. Vom Heimplatz nach Hottingen, Hirslanden und Witikon

Hottingen. Erwähnt 946. Das Grossmünsterstift hatte hier grosse Besitzungen. Gehörte zur Reichsvogtei, welche 1400 an die Stadt kam. 1893 eingemeindet. – Hottingerstrasse Nr. 36, Kirche der Mission catholique française. 1966 von Ferd. Pfammatter und Walter Rieger, Glasmalerei von Paul Monnier, Tabernakel von Paul Stillhardt. – Steinwiesplatz, Brunnen 1910 von Adolf Meyer. – Gemeindestrasse Nr. 54, ehem. Schulhaus. Erb. 1820 von Felix Huber, 1840–41 durch 2 Flügel und Vorhalle mit Balkon erweitert. – Freie Strasse, apostolische Kirche. Erb. 1894–95 von Aug. Thiersch in neuroman. Stil. – Asylstrasse Nr. 32, Kirchgemeindehaus Hottingen. 1959 von Karl Flatz. – Hofstrasse Nr. 69, Villa. 1914 von Otto und Werner Pfister, schmiedeisernes Portal in Régenceformen 1725 aus dem Haus Bahnhofstrasse Nr. 32. – Dolderstrasse/Carmenstrasse, ref. Kreuzkirche. Erbaut 1901–05 von Otto Pfleghard und Max Haefeli. Zentralbau mit dominierender Säulentambourkuppel und ionischem Portikus. Im Innern Kuppel durch kassettierte Decke geschlossen. Reliefs und Dekorationsplastik 1904 von August Bösch. – Doldertal, Brunnen. Knabe mit Gans, Bronzeplastik 1932 von Franz Fischer. – Doldertal Nrn. 17–19, Mehrfamilienhäuser. 1936 von Alfred Roth und Marcel Breuer. Wichtige Beispiele moderner Wohnbauten. – Aurorastrasse Nr. 56, Villa. 1966 von Carlo Scarpa. – Nr. 95, Einfamilienhaus. 1961 von Ernst Gisel. – Hitzigweg, Wohnhaus. 1928 von Werner M. Moser. – Asylstrasse Nr. 120, Theodosianum. Erb. 1897–99 von Hermann Aug. Stadler und Jak. Emil Usteri. T-förmige Anlage mit seitlichen Risaliten und rundgeschlossenem Mittelrisalit. – Hegibachplatz, Brunnen 1932 von Otto Münch.

Hirslanden. Erwähnt 946. Ausgedehnter Besitz der Fraumünsterabtei. 1358 an die Stadt Zürich. 1893 eingemeindet. – Forchstrasse Nrn. 244–48. Hirslandenmühle. Genannt 1396. Die malerische Baugruppe zur Hauptsache aus dem 16.–19. Jh. Der spätgot. Wohnhaustrakt 2geschossig mit Krüppelwalmdach und Schleppgaupen (erneuert). Im Erdgeschoss eindrucksvolle Staffelfenstergruppe zur Hauptsache wohl 1532 (dat. am Kellereingang), 1692 teilweise umgebaut. Im Innern Räume mit einfachen Leistendecken und Öfen des 18.–19. Jh. Das Lehenhaus ist ein einfacher Fachwerkbau mit vorkragenden Obergeschossen und Klebdächern. Im Innern zwei Öfen des späten 18. Jh. Knechthaus, Scheune und Waschhaus alle in Fachwerk. Dazu Mühlebetrieb mit oberschlächtigem Wasserrad M. 19. Jh.

Witikon. 946 erwähnt. Hier waren in der Frühzeit vor allem die Fraumünsterabtei und das Grossmünsterstift begütert. 1358 als Reichslehen an die Stadt, 1798 selbständig, 1934 eingemeindet. – Eierbrechtstrasse Nr. 16, Terrassensiedlung. 1960 von Claude Paillard und Peter Leemann. – Witikonerstrasse, ref. Kirche. 1955–57 von Theodor Laubi. – Carl-Spitteler-Strasse, **kath. Kirche Mariä Krönung.** Erb. 1965 von Justus Dahinden. Pyramidenförmiger Turm vor Innenhof. Hauptbau unter Zeltdach mit indirektem Lichteinfall. Got. Sitzmadonna, österreichisch 15. Jh. – Loorenstrasse, ref. alte Kirche. Erwähnt 1270; 1612 neuer Dachreiter, 1668 Choranbau, querschiffartiger Annexbau und Vergrösserung der Kapellenfenster, 1939 Renov. und teilweise Umbau des N-Annexes. Kleiner Saal mit wenig breiterem Rechteckchor, Glasgemälde im Chorfenster 1947 von Max Billeter. – Möcklistrasse Nr. 1, Wohnhaus mit Holzfassade von 1576. – Nr. 7, altes Schulhaus. Einfacher Fachwerkbau 1793 mit von Bügen gestütztem Dach, Kachelofen dat. 1793. – Berghaldenstrasse. Busstation, Brunnen mit Reliefs 1950 von Hildi Hess.

G. DIE NÖRDL. STADTTEILE RECHTS DER LIMMAT

1. Vom Heimplatz nach Fluntern

Rämistrasse. Die Bebauung der Rämistrasse erfolgte zu einem Grossteil nach der Niederlegung der Wälle M. 19. Jh. Im oberen Teil fällt heute noch die mit Grünzonen durchsetzte, lockere Bauweise auf. Nr. 50, Wohnhaus des Architekten Alfred Chiodera, erb. 1897. – Rämistrasse/Kantonsschulstrasse, **Alte Kantonsschule.** Erb. 1839–42 von Gustav Albert Wegmann unter dem Einfluss von Schinkels Bauakademie in Berlin (1832). Isolierter 3 ½geschossiger Baukubus von 7 auf 8 Achsen um Innenhof. Eingangshalle mit Pfeilerstellung. Klare Vertikal- und Horizontalgliederung durch Lisenen und Stockgurten, dazwischen 3teilige Kreuzstockfenster. Konsolgesims mit Zinnenkranz als Abschluss. – Zürichbergstrasse Nr. 8, **Zum Sonnenbühl.** Erb. 1866–68 von Gottfried Semper für das Baumwollimporthaus Fierz. Einschneidende Veränderung des Innern und der Rückseite durch Umbau in Universitätsinstitute 1910–14 und 1942. Geschlossener rechteckiger Baublock von 5 auf 4 Achsen im Stil der Neurenaissance. Seichte Risalite gegen die Zürichbergstrasse und tiefe Loggia gegen ehem. Park. Über rustiziertem Erdgeschoss (urspr. Lagerhallen) 3 Hauptgeschosse in Hausteinverband; Gliederung durch Lisenen, Gurtbänder und Kranzgesims. Fenster mit Pilasterstellung, in den Risaliten zur Serliana mit Balkon ausgebildet. – Neue Kantonsschule. Erb. 1906–08 von Hermann Fietz d. Ä. – Rämistrasse Nr. 67, Haus Belmont. Erb. um 1860 evtl. mit Beteiligung Wilh. Wasers. Einfacher, klassiz. Kubus mit Loggia. – Nr. 69, Physiologisches Institut. Erb. 1884–87 von Otto Weber. – Denkmal Wehrwille, Steinskulptur 1943–47 von Hans Brandenberger. – Plattenstrasse Nr. 10, Schwesternhochhaus. 1957–59 von Jak. Zweifel. Steil aufschiessende Baumasse mit klarer Vertikalgliederung. – Nr. 11, Zahnärztliches Institut der Universität Zürich. Erb. 1961 von der Architektengemeinschaft Rud. Steiger, Hermann Fietz d. J., Max E. Haefeli, Hermann Weideli, Jos. Schütz und Werner M. Moser. Funktionell gut ge-

gliederte und proportionierte Baugruppe. – Nr. 47. Ehem. Villa Wehrli. Spätklassiz. Block. Erb. 1869–71 wahrscheinlich von Joh. Rud. Roth.
Fluntern. Erwähnt im 9. Jh. Urspr. Reichsgut, dann im Besitze des Grossmünsterstiftes. Im 15. und 16. Jh. kamen die Rechte an die Stadt. 1893 eingemeindet. – Gloriastrasse Nr. 100, alte Kirche Fluntern. Erb. 1762 von Heinr. Notz. Dachreiter mit Glockengeschoss 1862, Empore 1891. Einfacher Saal mit karger Deckenstuckierung. Gemälde 1934 von Paul Bodmer; Rokoko-Orgel im Kirschgarten-Museum Basel. Relief Sämann an der O-Seite aussen 1944 von Otto Münch. – Zürichbergstrasse Nrn. 69, 71, 75, Vorderberg. Erb. im 16.–17. Jh., Rest. 1968–69. Fachwerkbauten mit gemauertem Sockelgeschoss. – Nrn. 58, 60, 65, Baugruppe des 17.–18. Jh., alter Dorfkern Flunterns. – Gellertstrasse/Kantstrasse, ref. Kirche Fluntern. 1918–20 von Karl Moser. Neuklassiz. Anlage mit dominierendem Frontturm vor kastenförmigem Schiff. Säulenportikus. Kassettierte Decke über durchgehender korinth. Ordnung, zwischen welche Emporen gespannt sind. Kanzel, Altartisch und Figur über Eingang von Aug. Suter. – Hinter der Kirche Brunnen 1933 von Aug. Suter. – Bergstrasse Nr. 26, Stufenhaus. 1965 von Eberhard Eidenbenz. – Krähbühlstrasse, kath. St. Martin-Kirche. Erb. 1939 von Anton Higi. – Friedhof Fluntern. In der Kapelle Fresko 1933 von Paul Bodmer. – Sportplatz Fluntern, Mädchen, Bronzeplastik 1927 von Eduard Bick. – Zoologischer Garten, Affenhaus. 1960 von Max E. Haefeli, Werner M. Moser, Rud. Steiger und André Studer. – Afrikahaus. 1967 von Rud. Zürcher, Esther und Rud. Guyer.

2. Vom Central durch den Hirschengraben ins Hochschulviertel

Hirschengraben Nrn. 56–60, Haus zum Neuberg. Erb. 1733, Umbau 1818 vor allem des Kleinen Neubergs für Heinr. Escher-Zollikofer, Geburtshaus des Staatsmanns Alfred Escher (1819–82). Schmucklose Häusergruppe. Im Kleinen Neuberg qualitätvolle Raumdekoration des Empire um 1820. – Friedenskirche der evang. Freikirche. Neugot. Bau mit Dachreiter 1890 von Hans Baur. – Schulhaus Hirschengraben. Neugot. Backsteinbau 1893 von Alexander Koch, Dekorationsplastik hauptsächlich von Aug. Bösch. – Nr. 42, Haus zum Krönli. Erb. 1739 für Zunftmeister Hans-Conr. Escher-Pestalozzi, 1823 Einbau neuer Zimmer, 1901 Eingangshalle mit Veranda und Vermehrung der Dachgaupen. Zweiteiliger, einfacher Bau unter Mansartdach. Fenstergitter um 1740, qualitätvolle Werke der Régence. Im Obergeschoss reiches Getäfer 1743 von Michael Friedr. Frohnert.
Nr. 40, **Haus zum Rechberg***, urspr. zur Krone (Ortsplan, 25; Abb. 251). *Durch Hanglage ausgezeichneter, freistehender Bau von geschlossener Wirkung.* Bedeutendster Profanbau Zürichs im 18. Jh. Erb. 1759–70 von David Morf für Zunftmeister Joh. Casp. Werdmüller-Oeri. Der Grundriss folgt dem Vorbild eines französischen Hôtel privé mit Ehrenhof. Dreigeschossige, 9achsige Hauptfassade mit 3achsigem Mittelrisalit, welcher mit einem Dreieckgiebel schliesst. Pilastergerahmtes Rundbogenportal mit hervorragend geschnitzter Rokokotür; darüber bemerkenswertes Balkongitter. Im Ehrenhof korbbogig heraustretendes Treppenhaus. Die stichbogigen Fensterstürze, die gerunde-

ten Ecken und Überleitungen zwischen den Pilastern zeigen die Hochstufe des Rokokos an. Bemerkenswerte *Interieurs*. Stuckdecken um 1765 von den Tiroler Meistern Joh. Schuler und Jos. Scharf, Deckenmalereien von Joh. Balth. Bullinger. Im Erdgeschoss Estraden- und Treppengeländer mit Rocaillen, Türen mit reichprofilierter Rahmung. Im südl. Eckzimmer Deckenbild, Krönung einer allegorischen Figur. Im 1. Obergeschoss Balkonzimmer mit Getäfer und Seidenstoffbespannung, hervorragende Stuckdecke in reifer Rocaille-Ornamentik, im Zimmer der S-Ecke Deckengemälde: Toilette der Venus, im Zimmer der O-Ecke reiches Getäfer, Leinwandpanneaux mit Grisaillen nach Radierungen von Philipp Peter Roos und Nicolaes van Berchem, Turmofen 1763–64 von Salomon Freudweiler, Jak. Kuhn und Hans-Jak. Hofmann. Im 2. Obergeschoss Repräsentationsräume: Im grossen Saal vorzügliche Stuckdecke, Deckengemälde Jupiter unter Göttern, Turmofen von Salomon Freudweiler und Jak. Kuhn; im Zimmer der W-Ecke Deckenmalerei: Aufnahme des Herkules in den Olymp, Turmofen um 1780; im Zimmer der N-Ecke bedeutende Wanddekoration mit Leinwandpanneaux (Stilleben, Bergmotive), Turmofen um 1770. Die erste Stufe des ausgedehnten, axial und symmetrisch angelegten *Gartens* wird durch 2 elegant geschwungene Treppenläufe, die den Hofbrunnen einfassen, überwunden. Der wasserspeiende Delphin und der quirlend bewegte Rokoko-Aufsatz Werke von Joh. Bapt. Babel. Von diesem auch die 2 allegorischen Figuren auf der Balustrade, eine Jungfrau und einen Krieger darstellend (Kopien von 1936), alles zwischen 1765–70. Das einfache Gewächshaus, heute hart über der modernen Stützmauer, wohl M. 19. Jh. Gegen die Florhofgasse 1stöckige Ökonomietrakte. Das steile Mansartdach wird durch eine enggereihte Lukarnenserie aufgelockert. Zwei vorzüglich geschmiedete Gitter schliessen den Garten ab. Das Hofportal gegen die Künstlergasse zeigt in freier Komposition von C-Formen die Initialen des Bauherrn J. C. W., das Portal gegen die Florhofgasse, straffer im Aufbau, weist als Mittelpunkt das Wahrzeichen des Hauses, die Krone, auf, beides Arbeiten 3. V. 18. Jh. – Florhofgasse Nrn. 2–4, Zum Unteren Schönenberg. Erb. 1763 evtl. nach Entwürfen von David Morf. Im Hof Wandbrunnen um 1770 mit aufwendigem figürlichem Schmuck und quellenden amorphen Gebilden.

Hirschengraben Nr. 28, Zum Vorderen Florhof. Erb. 1715. Einfacher Bau mit stuckierten Balkendecken im Erdgeschoss, im Obergeschoss Saal mit spätklassiz. Stuckdecke von 1840. – Florhofgasse Nr. 11, Zum Hinteren Florhof. Erb. wohl M. 17. Jh., Renov. 1970. Langgestreckter 3geschossiger Fachwerkbau mit risalitartig vorgezogenem Mittelbau und einfachem Satteldach mit Schleppgaupen. Das einfache Fachwerk war urspr. auch in den anderen Geschossen sichtbar. Einige Räume mit einfachsten Stuckdecken und Wandtäfer. – Schönberggasse Nr. 15, Zum Oberen Schönenberg. Erb. 1665, das Nebengebäude 18. Jh. In neuerer Zeit Umbau zu Universitätsbüros. Das Haus 1756–83 in Besitz des Schriftstellers Joh. Jak. Bodmer. Einfacher Giebelbau mit verputztem Riegelwerk. Gutes Getäfer im Goethe-Zimmer. Im Obergeschoss Thomas-Mann-Archiv. – Sempersteig Nr. 2, **Stockargut**, ehem. Haus zum Oberen Berg (Ortsplan, 26). Urspr. ausgedehnte

Anlage mit Herrenhaus, Gartenpavillon, Ökonomiegebäuden und Gartenanlage. Erb. nach 1630, Umbau und Ausstattung 1690–91, Renov. und Teilumbau zu Universitätsbüros 1936. Schlichter, in Richtung der Terrasse orientierter Baukörper mit Doppelgiebel. Im 2. Obergeschoss Festsaal mit Deckengemälden mythologischen Inhalts in saftiger Akanthusrahmung. In den anderen Räumen Stuckdecken mit geometrischen Figurationen. Gartenpavillon, rechtwinklig zum Hauptgebäude gerichtet, erb. 1730–31. Anderthalbgeschossiger, schlanker Mittelbau unter Mansartdach auf leicht gedehntem Achteckgrundriss, seitlich von 1geschossigen Flügelbauten begleitet. Im Mittelsaal qualitätvolle Fensterrahmungen um 1720, Stuck der Deckenkehle um 1740. Das Deckengemälde zeigt in kühner Untersicht eine allegorische Szene. Die 1692 begonnene Gartenanlage axial auf den Pavillon bezogen mit schmiedeisernem Rokokoportal gegen die Künstlergasse um 1770.

Universität des Kantons Zürich* (Ortsplan, 27). Erb. 1911–14 von Karl Moser. Asymmetrische Anlage von 2 Baukuben mit Innenhöfen. Massiger, sich rhythmisch verjüngender Turm. Fassade gegen Rämistrasse mit halbrunder Ausschwingung. Organisation der Bauteile von barocker Gesinnung. Mensa-Anbau 1968–69 von Werner Frey. Betonstele von Carlo Vivarelli. Lichthof des Haupttraktes mit mächtiger Treppenanlage. Sparsame Jugendstildekoration. Sockelfiguren am Eingang Rämistrasse und Relief über Hauptportal von Paul Osswald. N-Fassade Liegefiguren von Hermann Haller, Relief von Paul Osswald, vor dem W-Eingang Pferdegruppe von Otto Kappeler. Im Innern Wandgemälde u.a. von Heinr. Altherr (Senatszimmer), Hermann Huber 1913 (1. Stock), Otto Baumberger (Diathek), Paul Bodmer 1933 (Aula). Brunnenplastik von Paul Osswald und Otto Kappeler. Sammlung für Völkerkunde, im Kollegiengebäude (s. S. 793). – Rämistrasse Nr. 73, Archäologisch-Kunstgeschichtliches Seminar. Erbaut 1893–94 als Augenklinik von Otto Weber (Sammlung s. S.793).

Eidg. Technische Hochschule* (Ortsplan, 28; Abb. 252). *Bedeutendster Bau des Historismus auf Schweizer Boden.* Erbaut 1861–64 von Joh. Casp. Wolff nach Entwürfen von Gottfried Semper, Flügelbauten und Ovalkuppel gegen Rämistrasse 1914–25 von Gustav Gull, Kassierung und Ausbau der Innenhöfe 1967 ff. Imposanter Rechteckblock von 33 auf 21 Achsen um 2 grosse Innenhöfe. W-Fassade mit schwerem 1½geschossigem Rustikasokkel. Die Obergeschosse mit einfachen, flach verdachten Fenstern in Fugennetz. Der Risalit als Portalbau ausgebildet: Dreigeschossiger Aufbau, dominierendes Obergeschoss mit Vollsäulen und Attika; die vorgesehenen Attikafiguren nie ausgeführt; die Nischenfiguren 1896 von Natale Albisetti, heute magaziniert. Die N-Fassade als einzige mit dem vorgesehenen Sgraffitoschmuck 1863 nach Entwürfen Sempers von Adolf Wilh. Walter. Gustav Gulls Fassade in schwerer Instrumentierung. Räumlich dominiert die W-O-Achse. Eine Eingangshalle von barocker Grosszügigkeit führt in die Mittelhalle und seitlichen Treppenhäuser. Im Obergeschoss flachgedeckte Aula mit Säulenloggien und Blendbogengliederung. In Hallen und Gängen Dekorationsplastik; Büsten von Gottfried Semper und Carl Culmann 1883 von Richard Kissling; Brunnengruppe in der O-Halle 1923 von Eduard

Zimmermann; zwei Mädchen auf der Brüstung im Obergeschoss der Mittelhalle, Skulpturen 1929–31 von Eduard Zimmermann. Im 1. Geschoss Reiterstatue 1959 von Remo Rossi, Wandgemälde 1934–35 von Augusto Giacometti. Im SW-Trakt Graphische Sammlung (s. S. 793).

Sonneggstrasse/Tannenstrasse, Fernheizkraftwerk und Maschinenlaboratorium der Eidg. Technischen Hochschule. 1930–35 von Otto R. Salvisberg. – Erweiterungsbau 1966–70 von Charles-Edouard Geisendorf. – Naturwissenschaftliches Institut der Eidg. Technischen Hochschule, Sonneggstrasse Nr. 5, und Land- und Forstwirtschaftliches Institut der Eidg. Technischen Hochschule, Universitätstrasse Nr. 2, beide 1912–15 von Gustav Gull; ersteres umgeb. 1966–69 von Alfred Roth. – Chemiegebäude der Eidg. Technischen Hochschule, Universitätstrasse Nr. 6. Erb. 1883–86 von Georg Lasius und Alfred Friedr. Bluntschli. Grosser, kubisch gegliederter Flachdachkomplex in Sichtbackstein. – Rämistrasse Nr. 100, Kantonsspital. Erb. 1942–53 von der Architektengemeinschaft Rud. Steiger, Hermann Fietz, Max E. Haefeli, Hermann Weideli, Jos. Schütz und Werner M. Moser. Gute Durchgestaltung der Bauaufgabe. Vor Haupteingang, Genesender, Bronzeplastik 1946–48 von Otto Charles Bänninger, Brunnen 1947 von Paul Speck, im Garten Harfe, Skulptur 1951 von Hans Aeschbacher. Im Leichenraum der Pathologie und in der Vorhalle des Hörsaaltraktes Glasfenster 1946–47 und 1951–53 von Max Hunziker. – Schmelzbergstrasse Nr. 25, Sternwarte der Eidg. Technischen Hochschule. Erb. 1861–64 von Gottfried Semper. L-förmiger Grundriss, gestufter Baukörper mit Kuppelturm und flach verdachtem Haupttrakt. – Gloriastrasse/Physikstrasse, Physikgebäude der Eidg. Technischen Hochschule. Erb. 1887–90 von Georg Lasius und Alfred Friedr. Bluntschli, plastischer Schmuck von Richard Kissling.

3. Vom Hauptbahnhof nach Oberstrass, Unterstrass, Wipkingen, Höngg

Unterstrass und Oberstrass. Die beiden Gemeinden kamen im 15. Jh. mit der Reichsvogtei an Zürich und wurden 1893 eingemeindet. – Neumühle und Walche, Kant. Verwaltungsgebäude. Erb. 1933–35 von Otto und Werner Pfister im Stil der neuen Sachlichkeit. Eingang Neumühle: Schreitender Löwe, Skulptur 1938 von Karl Geiser, Wandmosaik 1935–36 von Paul Bodmer. Stirnrelief am Walchegebäude und freiplastische Frauenfigur 1936 von Walter Scheuermann. Im Durchgang Stampfenbachstrasse Mosaik 1936 von Karl Hügin, im Treppenhaus Wandmalerei 1939 von Victor Surbek. Vor dem Walcheturm Brunnen 1939 von Ernst Dallmann.

Beckenhofstrasse Nrn. 31–35, **Beckenhof.** Um rückwärtigen Hof angelegte herrschaftliche Gebäudegruppe des 17. und 18. Jh. in teilweise erhaltener Gartenanlage. Jetzt Pestalozzianum. *Lehenhaus.* Erb. im 17. Jh., Anbauten 1937. Gliederungsloser 2geschossiger Bau mit Treppenrisalit. *Kleines Herrenhaus.* Erb. kurz nach 1718. Gedrungener 2geschossiger Baukörper von 2 auf 3 Achsen. Hofseitige Fassade mit 2 seitlichen, pilastergerahmten Portalen von hoher Plastizität. Im Saal des Erdgeschosses Stuckdecke mit Trophäen und vegetabilen Elementen, im Zentrum Deckengemälde. – *Grosses Herrenhaus.* Erb. um 1740 für Junker Hartmann Grebel. Einfacher 2geschossiger Bau von 3 auf 7 Achsen unter breitem Walmdach. Leichte Risalitbildung der Gartenfassade mit Betonung der Mittelachse durch Portal, Balkon und Lukarne. Qualitätvolle Interieurs: im Hauptsaal des Erdgeschosses sehr gute Stuckdecke mit Grisaillen nach François Boucher. Im kleinen Zimmer der O-Seite bemalte Panneaux von Christoph Kuhn: Ansichten des Parks von Versailles. Im Obergeschoss Turmofen und Tapetenmalerei mit figürlichen Motiven um 1740. *Gartenpavillon.* Erb. um 1735. Eingeschossiger, lebhaft durchgeformter Bau mit Portalrisalit und Pilastergliederung. Im Saal gute Stuckdekoration und Deckengemälde, an der Wand Ofen mit Stuckaufbau. Im Hof klassiz. Wandbrunnen um 1790. Der urspr. bis an die Limmat reichende Garten im 19. Jh. in englischen Park verwandelt. Gartenbrunnen um 1775 mit grottenartigem Aufbau und Blattmaske. Ökonomiegebäude, erb. vor 1812, erhöht 1924.

Beckenhofstrasse Nr. 40, Lutheranerkirche. 1959 von Franz Steinbrüchel. Origineller Bau in der Form eines Tetraeders. – Weinbergstrasse. Ausfallstrasse des 19. Jh. mit lockerer Bebauung der Jahrhundertwende mit teilweise typischen Beispielen in neuklassiz. und Jugendstilarchitektur, u. a. Nrn. 47, 71, 85, 99, 105, 111, 133–39. – Ref. Kirche Unterstrass. 1883–84 von Paul Reber und Conr. Bär als neugot. Frontturmkirche. Innenumbau 1962–63 von Max Schucan und Max Ziegler. In der Kirchenachse Brunnen von Arnold Hünerwadel. – Weinbergfussweg, kath. Liebfrauenkirche. Erbaut 1893–94 von Aug. Hardegger im Stil einer frühchristlich-röm. Basilika. Umfangreicher Gemäldezyklus 1894–1927 von Fritz Kunz. Bronzereliefs der Seitenaltäre von Eduard Zimmermann. Am Treppenaufgang Johannes d. T., monumentale Steinskulptur 1957 von Albert Schilling. – Leonhardstrasse Nr. 16, Bürgerasyl, erb. 1874 von Emil Schmid-Kerez im Stil eines italienischen Palazzo. – Nr. 18, **Städtisches Pfrundhaus** (Ortsplan, 29). Erb. 1840–42 von Leonhard Zeugheer. 1916 Verandenvorbauten an der SW-Seite, Renov. 1916 und 1938. Langgestreckter Bau von 21 Achsen und mittlerem Querbau; seitlich tiefe Risalite. Zurückhaltende Lisenengliederung. – Nr. 27, stattlicher spätklassiz. Bau in der Semper-Nachfolge, erb. 1890 von Architekten der eidg. Verwaltung. – Scheuchzerstrasse/Turnerstrasse. Wohnquartier mit Überbauung der Jahrhundertwende mit teilweise originellen Mischbauten in historisierendem Jugendstilgewand. Bemerkenswert Turnerstrasse Nrn. 16–18, Scheuchzerstrasse Nrn. 9, 31–35 von 1917, Nr. 36 (Wohnhaus des Musikers Ferruccio Busoni von 1915–20), Nrn. 40 und 49, Ottikerstrasse Nrn. 14, 19 und 21. – Restelbergstrasse Nr. 97, Eigenheim 1930 von Otto R. Salvisberg. Hervorragendes Beispiel des «Neuen Bauens». Späterer Anbau von Roland Rohn. – Hadlaubstrasse Nr. 59, Einfamilienhaus 1943 von Alfred Roth. – Stapferstrasse Nr. 60, ref. Kirche Oberstrass. Erb. 1908–10 von Otto Pfleghard und Max Haefeli. Emporensaal mit massigem Frontturm. Im Chor Figurenrelief von Georg Burgstaller.

Winterthurerstrasse Nr. 135, kath. Bruder Klaus-Kirche. 1932–33 von Anton Higi. Am Turm Skulptur von Alfons Magg, Portalskulptur von Albert Schilling, Glasmalereien von Albin Schweri, alles 1932. – Scheuchzerstrasse Nr. 180, ref. Paulus-Kirche. 1932–33 von Aug. Arter und Martin Risch.

Mächtiger hochrechteckiger Frontturm über weitläufiger Treppenanlage. Skulptur auf Treppensockel und Reformatoren am Eingang von Otto Kappeler. Im Chor Glasmalerei 1933 von Augusto Giacometti. – Guggachstrasse Nr. 11, Schulhaus Milchbuck. 1930 von Albert Froelich, Steinskulpturen von Arnold Hünerwadel, Brunnen von Carl Fischer. Gangfresken von Paul Bodmer, 1930, und Hermann Huber, 1932. Fresken im Singsaal 1930 von Jak. Gubler.

Wipkingen. Erwähnt 881. Später im Besitze der Fraumünsterabtei. Kam 1400 mit der Reichsvogtei an Zürich. 1893 eingemeindet. – Imfeldstrasse Nr. 28, Schulhaus Letten. Erb. 1915 von Alfred und Heinr. Bräm. Brunnen und Dekorationsplastik von Otto Kappeler, Wandgemälde von Paul Bodmer. – Brunnen in Anlage, Kniende Frau, Bronzeplastik 1929 von Hermann Hubacher. – Imfeldstrasse Nr. 51, ref. Kirche Letten. 1955 von Max Aeschlimann und Armin Baumgartner. Reliefs an der Chorwand 1955 von Hans Brandenberger. – Wasserwerkstrasse Nrn. 27–31, Musterhäuser 1927 von Max E. Haefeli. – Nrn. 119–23, Textilfachschule Zürich. Erb. um 1782 als Kattundruckerei. Gebäudekomplex aus Fabrik und Wohnhaus. – Freibad Letten. Bleiplastik und Tuffsteinplastik, beide 1952 von Hans Aeschbacher. Steinplastik 1955 von Ödön Koch. – Hönggerstrasse Nr. 61, Kreisgebäude 10. Erb. 1965 von Ernst Schindler, davor Eisenplastik 1966 von Kathrin Sallenbach. Im Innern Plastiken und Wanddekoration von Carlotta Stocker, Nelly Gattiker, Maja v. Rotz, Elisabeth Aerni-Längsch, Charlotte Germann. – Gut-Hirt-Strasse Nr. 3, kath. Gut-Hirt-Kirche. 1922–23 von Anton Higi, Plastik 1930 von Alfons Magg, Reliefs von Otto Münch, Glasmalerei von Albin Schweri. – Wibichstrasse Nr. 43, ref. Kirche Wipkingen. Erb. 1908–09 von Jacques Kehrer in neugot. Formen. – Tièchestrasse Nr. 99, Stadtspital Waid. Erb. 1953 von Robert Landolt, Jos. Schütz und Ernst Schindler. Brunnen 1953 von Paul Speck, Steinplastik Liegende 1953 von Alfred Huber, Mosaik in der Vorhalle 1955 von Emmanuel Jacob, Keramikwand 1957 von Max Gubler, Granitstütze unter dem Vordach des Erweiterungsbaues 1967 von Ueli Schoop.

Höngg. Als «Hoinga» erwähnt 820. Die Ländereien grösstenteils im Besitze der Fraumünsterabtei und des Grossmünsterstiftes. 1384 Erwerbung der Vogteirechte vom Kloster Wettingen durch die Stadt, 1526 auch Übernahme des Meiergerichts vom Grossmünsterstift. 1934 eingemeindet. – Hönggerstrasse Nr. 127, Zum Sidefädeli, wohl um 1675, doch mehrmals umgebaut. – Limmattalstrasse Nr. 9, Roter Ackerstein. Erb. 1674 als herrschaftlicher Landsitz. – Nr. 79, Schwertgut. Erb. zwischen 1627–43. – Nr. 81, Tobelegg. Erb. kurz vor 1654. – Nr. 109, Weingarten. Erb. 1740. – Nr. 146, kath. Heilig-Geist-Kirche. Erb. 1939–40 von Karl Strobel nach Vorarbeiten Anton Higis. – Haus Nrn. 167–69. Erb. im 17. Jh., verändert, Anbau 1877. – Rebstockweg Nr. 16, Fachwerkbau 18. Jh. – Am Wettingertobel Nr. 36, Altes Schulhaus. Im späten Mittelalter Sitz des Klosterschaffners von Wettingen, Umbau zu Schulhaus 1643, weitere Umbauten 1826 und 1856. – Nr. 38, Pfarrhaus. Erb. 1701 als Umbau eines wesentlich älteren Hauses, kleinere Umbauten im 18. und 19. Jh.; Renov. 1969. Fachwerkbau mit barockem Sandsteinportal. – Ref. Kirche Höngg. Erwähnt 870, umgeb. im 13. Jh., Erweiterung des Schiffes nach N und Einbau einer Empore 1703, letztere 1769 vergrössert; Grabung und Rest. 1969. Die heutige Saalkirche mit Chorturm erhebt sich auf den Fundamenten zweier älterer Anlagen, von denen die frühmittelalterl. eine gerade hintermauerte Apsis aufwies. Kanzel A. 19. Jh., Taufstein 1970 von Otto Müller; im Chor Glasmalerei 1969 von Franz K. Opitz. – Imbisbühlstrasse, schlichter klassiz. Brunnen 1823. – Reinhold-Frei-Strasse Nr. 46, Schulhaus Riedhof. 1962 von Alfred Roth. – Limmattalstrasse Nr. 35, Chronisch-Krankenhaus Bombach. 1962–66 von Jos. Schütz und Hans v. Meyenburg. Komposition in Stein 1963 von Arnold d'Altri.

4. Vom Bucheggplatz nach Oerlikon, Schwamendingen, Seebach, Affoltern

Oerlikon. Erwähnt 946. Seit 1272 war das Kloster St. Blasien im Schwarzwald hier reich begütert, die Gerichtsbarkeit seit 1526 bei der Stadt Zürich; 1872 selbständig; 1934 eingemeindet. – Bucheggstrasse Nr. 93, Freizeitanlage, Eisenplastik Ubu-roi 1965 von Silvio Mattioli. – Ringstrasse, Freibad Allenmoos. Erb. 1939 von Max E. Haefeli und Werner M. Moser. – Oerlikonerstrasse, ref. Kirche Oerlikon. Erb. 1906–08 von Adolf Asper. Jugendstilbau in Bossenquaderwerk. – Spielwiese an der Venusstrasse, Läufer, Bronzeplastik 1934 von Franz Fischer. – Gubelstrasse Nr. 32, Bauhof. 1967 von Werner Gantenbein, Scheiben- und Punkthochhaus auf Y-förmigen Pylonen. – In der Anlage Baumackerstrasse Mädchen, Bronzeplastik 1954 von Hans Brandenberger. – Wallisellerstrasse Nr. 45, Hallenstadion. Erb. 1938–39 von Karl Egender und Bruno Giacometti. – Schwamendingerstrasse Nr. 55, kath. Herz-Jesu-Kirche. Erb. 1891–93 von Aug. Hardegger. – Dörflistrasse, christkath. Kirche. Erb. 1941 von Alfred Oeschger. – Saatlenstrasse Nr. 240, ref. Kirche Saatlen. 1963 von Fred Cramer, Werner Jaray, Claude Paillard und Peter Leemann. Backsteinbau mit getrepptem Hauptbau. – Herbstweg, Mormonenkirche. 1968 von Zimmer und Rigger.

Schwamendingen. Um 820 im Besitz des Grossmünsterstiftes, 1428 Vogteirechte und 1526 übrige Befugnisse an die Stadt; 1934 eingemeindet. – Stettbachstrasse Nr. 20, alte Kirche. Erwähnt 1277, Verlängerung nach O und Neubau des Chores 1674, Vorzeichen und überdimensionierter Dachreiter 1890. Schlichter, 3seitig schliessender Predigtsaal, Kanzel 1658, Tür mit Sandsteinrahmung 1603. – Nrn. 8–10, Kehlhof. Währschaftes Barockbauernhaus, wohl 17. Jh. – Dübendorferstrasse Nr. 60, kath. St. Gallus-Kirche. 1955–56 von Ferd. Pfammatter und Walter Rieger in Form eines Zylindersegments. – Nr. 64, Schulhaus Stettbach. 1967 von Esther und Rud. Guyer mit wuchtigen, teilweise auf Stützen ruhenden Sichtbetontrakten. In der Anlage Plastikgruppe 1968 von Willi Wimpfheimer. – Probsteistrasse Nr. 10, Ortsmuseum Schwamendingen (s. S. 794). – Altwiesenstrasse Nr. 170, ref. Stephanskirche. 1954–55 von Max Aeschlimann und Armin Baumgartner. – Hirzenbach, Gesamtüberbauung von 1955–61 ff. Planung Hochbauamt der Stadt Zürich. Scheiben- und Punkthochhäuser mit inneren Grünverbindungen. – Herzogenmühlestrasse, Schule und Schwimmbad.

1958–60 von Ernst Gisel. Dekorationsplastik: Betonrelief 1959 von Otto Müller, Metallplastik 1958 von Silvio Mattioli, Kletterplastik 1960 von Arnold d'Altri; Wandmalerei 1959 von Max Hellstern, Carlotta Stocker.

Seebach. Erst im 13. Jh. erwähnt, sicher früher besiedelt. 1424 Vogteirechte bzw. 1524 Abteirechte an die Stadt; 1934 eingemeindet. – Katzenbachweg, Freibad Seebach. Erb. 1966 durch Hochbauamt der Stadt Zürich. Marmorplastik 1966 von Peter Meister, Relief in Kupferblech 1963–64 von Zoltan Keměny; in der anschliessenden Freizeitanlage Löwe, Steinplastik 1898 von Urs Eggenschwiler. – Schaffhauserstrasse, kath. Kirche Maria-Lourdes. 1933–35 von Fritz Metzger. Dreischiffige Halle mit überschlanken Stützen und einer Folge von 6 Quertonnen, an der O-Wand Malereien von Richard Seewald. – Buhnrain, alte Kirche. Erwähnt 1270; Neubau 1664, Grabung und Rest. 1961. Der Barockbau steht auf Fundamenten zweier älterer Anlagen (12. und 14. Jh.). Schlichter, 3seitig schliessender Predigtsaal mit Dachreiter und Vorhalle. – Eigenwasenstrasse, Schulhaus Buhnrain. 1933–34 von Roland Rohn. Glatter, längsrechteckiger Kubus mit rückversetztem Erdgeschoss und Oberbau auf schlanker Stützenreihe. – Höhenring Nr. 58, ref. Markuskirche. 1945–48 von Albert Heinr. Steiner. Achteckbau unter Zeltdach mit freistehendem Glockenträger. – Himmeristrasse Nr. 57, Schulhaus Staudenbühl. 1967–68 von Rolf Keller. – Friedhof Schwandenholz. Abdankungshalle und Verwaltungstrakt. 1966 von Werner Stücheli, Eisenrelief 1965 von Otto Bloch, Frauenfigur 1964 von Nelly Bär.

Affoltern. 870 erwähnt, als Besitz des Klosters St. Gallen; 1468 kamen die Rechte an die Stadt; 1934 eingemeindet. – Riedenhaldenstrasse Nr. 218, Schulhaus Riedenhalde. 1957–59 von Roland Gross, Hans Escher und Rob. Weilenmann. Im oberen Hof Plastik 1960 von Hans Aeschbacher, Wandteppich im Singsaal 1961 von Regina de Vries. – Zehntenhausstrasse/Fronwaldstrasse, alte Kirche. Erb. 1683, Anbau des Vorzeichens 1916. Einfacher 3seitig schliessender Predigtsaal mit hohem Dachreiter. Wappenscheiben 1683 von Hans Wilh. Wolf. – Fronwaldstrasse, Grossüberbauung Unteraffoltern. Gesamtplanung und Ausführung einer eigentlichen Satellitenstadt 1967 ff. von G. P. Dubois, Walter Niehus und Jacques de Stoutz. – Maiengasse Nr. 16, Schulhaus Kügeliloo. Wasserspiel, Eisenplastik 1954 von Robert Müller; Wandbilder 1953–54 von Willy Kaufmann und Hans Falk. – Wehntalerstrasse Nr. 240, kath. Allerheiligenkirche. 1963–64 von Karl Higi; in der Seitenkapelle hochgot. Sitzmadonna, deutsch 14. Jh. – Käferholzstrasse Nr. 99, Krematorium Nordheim. 1967 von Albert Heinr. Steiner, Glasmalereien in der grossen Halle von Max Truninger, in der kleinen Halle von Rob. Wehrlin, Wandteppich in der kleinen Halle von Carlotta Stocker, im Werkhof von Hilde Röthlisberger. – Im Hoffeld Nr. 4, ref. Matthäuskirche. 1950 von Max Gomringer.

MUSEEN DER STADT ZÜRICH

*Schweiz. Landesmuseum**, Museumstrasse Nr. 2 (s. S. 771; Ortsplan, 24). 1898 eröffnet, Eigentum der Eidgenossenschaft. Repräsentative Schau schweizerischer Altertümer von der Urzeit bis um 1900. Den Grundstock der Sammlung bilden Bestände der Antiquarischen Gesellschaft Zürich, das Inventar des alten Zeughauses und die Zürcher Staatsaltertümer. Seit 1950 systematische Neuordnung des Ausstellungsgutes. Die ur- und frühgeschichtliche Sammlung, die bedeutendste ihrer Art in der Schweiz, umfasst Altertümer der ältern und jüngern Steinzeit, der Bronzezeit (Schatzfund von Castione), der La-Tène-Zeit (Goldschatz von Erstfeld) sowie röm. und frühmittelalterl. Funde. Hervorragende Sammlung kirchlicher Kunst: karoling. Fresken aus Müstair, roman. und got. Holzplastik, Altäre und Tafelmalerei 13.–16. Jh. Einzelmöbel und Interieurs 15.–18. Jh. Beachtliches Kunstgewerbe, vor allem Goldschmiedekunst, Kabinettglasmalerei, Keramik, Kostüme und Waffen. Studiensammlung von Siegelabgüssen. Photodokumentation. – *Zunfthaus zur Meise* (s. S. 767; Ortsplan, 17). Bedeutende Sammlung von Fayencen und Porzellan des 18. Jh. aus schweiz. Manufakturen. – *Kunsthaus**, Heimplatz Nr. 1 (s. S. 765; Ortsplan, 16). Die Sammlung ging aus den Beständen der 1787 gegründeten Künstlergesellschaft hervor und gehört heute der Kunstgesellschaft. Das Sammlungsgut umfasst antike Plastiken, Holz- und Steinskulpturen des Mittelalters, alte europäische Malerei, Werke der Zürcher und Berner Nelkenmeister sowie von Hans Asper. Kleine Gruppe niederländischer Tafelbilder 17. Jh. (Stiftung Ruzicka). Sammlung der Zürcher Malerei 17.–18. Jh. mit vorzüglicher Werkgruppe von Joh. Heinr. Füssli. Reicher Bestand an bedeutenden Werken der modernen Malerei und Plastik der Schweiz und des Auslandes (besonders Frankreich). In der Graphischen Sammlung Handzeichnungen und Studienbücher von Schweizer Künstlern und Kleinmeistern 18.–20. Jh. sowie Druckgraphik. – *Graphische Sammlung der Eidg. Technischen Hochschule* (s. S. 788; Ortsplan, 28). Im Hauptgebäude. Die 1867 gegründete, bedeutende Spezialsammlung gehört der Eidgenossenschaft. Graphik und Handzeichnungen, besonders Werke der italienischen Renaissance, europäische Graphik des 19. und 20. Jh. sowie schweiz. Arbeiten des 15.–20. Jh. – *Graphische Sammlung der Zentralbibliothek* (s. S. 760). Handzeichnungen des 15.–20. Jh., Ansichten, Postkarten, Porträts. – *Kunstgewerbemuseum* (s. S. 780), Ausstellungsstrasse Nr. 60. 1875 gegründet, im Besitz der Stadt. Europäisches und aussereuropäisches Kunstgewerbe, Volkskunst, industrielle Formgebung, Musikinstrumente und bedeutende Plakatsammlung. Die Bestände sind magaziniert und nur auf Anmeldung zugänglich. – *Archäologische Sammlung der Universität* (s. S. 787; Ortsplan, 27), Rämistrasse Nr. 73. Gegründet 1856, Eigentum des Kantons. Ägyptische Kleinkunst, assyrische Reliefs, griechische Vasen und Terrakotten. Grosse Abgussammlung antiker Bildwerke. – *Sammlung für Völkerkunde der Universität* (s. S. 787; Ortsplan, 27). Kollegiengebäude, Zimmer 222. Gegr. 1888 von der Ethnographischen Gesellschaft, seit 1914 im Besitz des Kt. Zürich. Gute Schau aussereuropäischer Kunst.

Museum Rietberg (s. S. 776), Villa Wesendonck. Seestrasse Nr. 108. Bedeutende Sammlung aussereuropäischer Kunst. Den Grundstock bildet die Schenkung von Baron Eduard von der Heydt an die Stadt Zürich 1952. Kleinkunst aus dem Mittelmeergebiet und aus Kleinasien, indische Plastik, chinesische Kunst. Repräsentative Sammlung der Kunst der Naturvölker:

Afrika, Südsee und Indonesien. – *Muraltengut* (s. S. 776), Seestrasse Nr. 203. Malerei und Plastik aus städtischem Besitz. Orientteppichsammlung von Robert Akeret, japanische Holzschnitte der Sammlung Boller. Wechselausstellungen. – *Sammlung E.G. Bührle* (s. S. 782), Zollikerstrasse Nr. 172. Bedeutende Privatsammlung französischer Malerei des 19. Jh. sowie von mittelalterl. Holzplastik, niederländischer und italienischer Malerei. – *Atelier Hermann Haller* (s. S. 781), Höschgasse/Bellerivestrasse. Skulpturen des Bildhauers Hermann Haller (1880–1950) und Werke zeitgenössischer Schweizerplastik. – Ausstellungspavillon *Centre Le Corbusier* (s. S. 781), Höschgasse Nr. 8. Wechselausstellungen aus dem Schaffenskreis des Architekten, Bildhauers und Malers. – *Museum Bellerive*, Höschgasse Nr. 3. Sammlungen des Kunstgewerbemuseums: Kunsthandwerk des Jugendstils, Keramik aus verschiedenen Jahrhunderten, moderne und hist. Textilien, japanisches Flechtwerk, Marionetten, Musikinstrumente.

Lokalgeschichtliche Sammlungen. Zürich Albisrieden, Ginsterstrasse Nr. 54. – Zürich Altstetten, Dachslernstrasse Nr. 6. – Zürich Höngg, Ackersteinstrasse Nr. 190. – Zürich Schwamendingen, Probsteistrasse Nr. 10. – Zürich Leimbach, Leimbachstrasse Nr. 50.

LINKES ZÜRICHSEEUFER

KILCHBERG. Ref. Kirche St. Peter. Nach Brand im Alten Zürichkrieg neuerb. 1444. Vom älteren Bau um 1140 der kräftige N-Turm, Glockengeschoss unter Zeltdach spätgot. Eingezogener 3seitig geschlossener Chor, vom Langhaus durch Spitzbogen getrennt. Im 1719 nach W verlängerten Schiff und im Chor flache Stuckdecken von 1758. Barocke Holzkanzel auf Steinpfeiler 1736–37 von Hans Rudolf Eichholzer. Drei Glasgemälde mit Passionsszenen 1921 von Augusto Giacometti. Auf dem Friedhof die Gräber der Dichter Conrad Ferdinand Meyer (1825–98) und Thomas Mann (1875–1955). – Kath. Kirche St. Elisabeth. Erb. 1965–67 von André Studer. – *Dorfstrasse.* Baugruppe Nrn. 116–20. Widumhof in Fachwerk dat. 1744; Meierhof dat. 1746. Davor 8eckiger Brunnen unter Kuppeldach dat. 1806. – Baugruppe Altersheim Conradstift. Vom Dichter Conrad Ferdinand Meyer 1885 gestiftet. Grosses Giebelhaus, dat. 1669, mit Fachwerkscheune und Rotes Haus in ländlichem Biedermeier um 1830. – **Conrad-Ferdinand-Meyer-Haus.** Typisches Zürichseehaus von 1788. Vom Dichter bewohnt 1877–98, erhalten sein Arbeitszimmer. Vollständige Erneuerung und Umbau 1934–35 von Albert Heinr. Steiner. Nebenan neuer Ökonomie- und Wohntrakt 1964–65 von Rudolf Küenzi; ortsgeschichtliche Sammlung (s. S. 795). – *Auf dem Zimmerberg.* Überbauung Lettenholz am Lärchenweg 1932–34 von William Dunkel. – Landhaus Spinner, Nidelbadstrasse Nr. 49. Ausgezeichneter neuklassiz. Bau 1914 von Joh. Rudolf Streiff und Gottfried Schindler. – *Alte Landstrasse.* Thomas-Mann-Haus, Nr. 39. Erb. 1923, vom Dichter bewohnt 1954–55. – **Gasthof Oberer Mönchhof.** Stattliches Riegelhaus, erb. 1660 als Lehenshaus des Klosters Kappel, 1707–1855 Kanzlei des Landschreibers von Kilchberg-Thalwil. – Gemeindehaus mit Turnhalle-Saalbau. Erb. 1931–33 von Hans W. Moser und Max Kopp. In der Vorhalle

Knabenfigur 1931 von Ernst Heller. Im Innern Kilchberger Gesellenscheibe 1602 von Hans Heinr. Engelhard; 3 Wappenscheiben 1646 und 1647, vermutlich von Hans Jak. Nüscheler Vater oder Sohn. – Sekundarschulhaus. Erb. 1907–08 von Robert Zollinger. – «Gotisch Huus», Nr. 145. Am Hang gestufter Baukomplex, teilweise Riegel- und Blockkonstruktion. Oberster Trakt dat. 1570. – Schellergut, Nr. 160. Historisierende Villa, erb. 1890 von Albert Müller. – **Brölberg,** Nr. 192. Klassiz. Landgut, erb. 1824. Vom Stifter des Polenmuseums Rapperswil, dem polnischen Grafen Ladislaus Plater, 1846–89 bewohnt. Geschlossener Kubus unter steilem Walmdach; an der Strassenfront flacher Mittelrisalit mit Balkon unter Dreieckgiebel. Gartenpavillon; spätbarockes Gartenportal um 1780, vom Felsenhof in Zürich stammend. – Ehem. Weinbauernhaus, Nr. 206. Fachwerkbau des 18. Jh.

Zwischen Alter Landstrasse und See. Hohenrainweg: Häusergruppe Böndler und Hohenrain, Fachwerkbauten des 18. Jh. – Böndlerstrasse: Haus Nr. 49. Jugendstilvilla, erb. 1905–06 von Erwin Heman. – Villa Maiensäss, Nr. 65. Erb. 1906–07 von Otto Pfleghard und Max Haefeli. Bemalter Zürcher Kachelofen von Heinr. Bachofen 18. Jh. – Haus Nr. 67. Neuklassiz. Villa, erb. 1917–18 von Walter Henauer und Ernst Witschi. Fassadenplastiken von Otto Münch. – Haus Pilgerweg Nr. 35. Stattlicher Giebelbau aus rotem Ackerstein um 1680. Kleines got. Masswerkfenster. – *Seestrasse.* Alte Landschreiberei, Nr. 70. Seit ca. 1500 Lehenshof des Klosters Kappel, Neubau um 1610. Kanzlei des Landschreibers von Kilchberg-Thalwil 1626–1707. Vier plastisch geschmückte Portale mit Oberlichtgittern dat. 1775 und 1776. Tafel mit 4 Wappen dat. 1640. – Seewart, Nrn. 105–07. Klassiz. Landhaus um 1845 von Joh. und Jak. Staub. – Gasthof Löwen. Vergoldeter plastischer Löwe als Schildhalter des Zürcher Wappens um 1840. – **Im Schoren,** Nr. 227. Stattliches 3geschossiges Giebelhaus von 1739 mit angebauten Nebengebäuden. Seit 1763 Sitz der Porzellanmanufaktur Zürich (Blaumarke Z), die zu den künstlerisch bedeutendsten des 18. Jh. in Europa gehörte (Mitarbeiter u.a. Salomon Gessner und Valentin Sonnenschein), aber schon 1791 einging; ab 1793–1803 Porzellan- und bis 1897 Fayencefabrikation. Umbau zum Landsitz 1919. – Haus Nr. 231. Im 17. Jh. Lehenshaus des Klosters Frauenthal bei Cham. Langgestreckter Giebelbau, Lukarnen mit geschweiften Dächern; klassiz. Quertrakt. Barocker Gartenpavillon am See.

Museum. Ortsmuseum, im Conrad-Ferdinand-Meyer-Haus (s. S. 794). Sammlung von Porzellan aus der Kilchberger Manufaktur Schoren u.a.

RÜSCHLIKON. Ref. Kirche. Erbaut 1713–15 unter Verwendung des Turmes der schon 1314 erwähnten Niklauskapelle; grösstenteils neuerbaut 1828–29. Erweiterung der Kirche und Umbau des Turmes 1926–28 von Hans Vogelsanger und Albert Maurer. Erweiterung nach Osten und Umbau in weiten Querschiffraum mit 3 ansteigenden Estraden 1970–71 durch Paul Hintermann. Erhalten Barockkanzel 1714, Taufstein 1721. Glasgemälde 1927–28 von Carl Roesch. – Gasthaus Rose. Schöner Riegelbau, als Gesellenhaus erb. 1555, Um- oder Neubau 1822; Renov. 1949. – Haus Mühlestrasse Nr. 15. Neuklassiz. Villa, erb. 1918–19 von Hans Vogelsanger und Albert

Maurer; Stuckdecken von Otto Münch, Wandmalerei von Otto Vollenweider. – Untervogthaus, Seestrasse Nr. 58. Dat. 1606, Renaissancerelief am Türgewände. – Oetikergut, Bodengasse Nr. 1. Historisierende Villa um 1890. Ortsgeschichtliche Sammlung (s. unten). – Haus Böndlerstrasse Nr. 1. Neuklassiz. Villa, erb. 1917–18 von Walter Henauer und Ernst Witschi; Bauplastik von Otto Münch. – Im Böndler, Alte Landstrasse Nrn. 12–22. Gruppe aus Flarzhaus um 1750 und Riegelhaus von 1748 und um 1830. – Riegelhaus, Nidelbadstrasse Nr. 58. Erb. um 1750. – Ehem. Trotte, Alte Landstrasse Nr. 110. Riegelhaus mit Weinkeller, erb. 1786. – Haus Nidelbadstrasse Nrn. 86–88. Historisierende Villa, erb. um 1890 von Hermann Aug. Stadler und Jak. Emil Usteri. – Pförtnerhaus an der Nidelbadstrasse Nr. 72. *Auf dem Zimmerberg.* Nidelbad, seit 1908 Chronischkrankenheim. Altes Schwefelbad, 1553 von Conrad Gesner erwähnt. Neuerb. 1721 als Unteres oder Hinteres Nidelbad. Langgestreckter Bau unter Walmdach, 1931–32 verlängert. Am Hauptportal Rokoko-Oberlichtgitter. – Turbenberg auf Oberrüti, Säumerstrasse Nrn. 43–47. Als Oberes oder Vorderes Nidelbad erstellt 1713–16 durch Umbau aus einem Torfschuppen. Hier wohnte 1874 Johannes Brahms; ab 1899 Sitz der Malschule und Künstlerkolonie um Hermann Gattiker (1865–1950). Langgestreckter Fachwerkbau unter Krüppelwalmdach. Barocke Bauernmalerei an der Decke des ehem. Speisesaales. – Langhaldenstrasse Nr. 1. Ehem. Atelier des Kunstmalers Hermann Gattiker. Erb. 1900 nach Plänen des Künstlers, umgeb. um 1930. Stark gegliederter kubischer Flachdachbau, an der Fassade farbiger Mosaikfries. – Friedhof Langhaldenstrasse, Abdankungskapelle. Erb. 1943 von Hans Vogelsanger. An der Aussenwand Grabplatte für den Wirtschaftspionier Gottlieb Duttweiler (1888–1962) von Otto Münch. – Park im Grüene, seit 1947 öffentliche Stiftung. Angelegt 1930–32 für Gottlieb Duttweiler nach Plänen von Hermann Gattiker. Strohdachhaus 1933 von Hans Vogelsanger und Albert Maurer, Steinhaus 1940–42 von Jos. Beeler. – Theologisches Seminar und Zentrum der europäischen Baptisten, Gheistrasse Nr. 31. Als Villa erb. 1925–26 von v. Sinner und Beyeler. Grosse neubarocke Anlage im Stile der bernischen Landschlösser des 18. Jh. Oktogonale Kapelle 1958–59 von Hans v. Meyenburg. – Säumerstrasse: IBM-Forschungsinstitut, Nr. 4. Erb. 1961–62 von Max E. Haefeli, Werner M. Moser, Rudolf und Peter Steiger. – Haus Nr. 14. Villa, erb. 1923 von Hermann Haas. – Haus Nr. 19. Villa, erb. 1908–09 von Heinr. Müller.

Museum. Ortsgeschichtliche Sammlung, im Oetikergut (s. oben).

***THALWIL. Ref. Kirche*.** *Bedeutender klassizistischer Bau, später Vertreter des ref. Zürcher Kirchentyps.* Erbaut 1846–47 nach Plänen lokaler Meister, begutachtet von Ferd. Stadler. Nach Brand wiederhergestellt 1943–46. Längsrechteck von 3 × 5 Achsen, durch tiefe 3achsige Flankenrisalite zu einer kreuzförmigen Anlage erweitert. Walmdach auf 3zonigem Gebälk, der W-O-First höher als die Querfirste. An 3 Fronten je ein von Rundbogenfenstern flankiertes Portal unter breiterem Rundbogenfenster mit Masswerk. Im O 5geschossiger Turm mit Kolossallisenen, über dem Glockengeschoss ein abschliessendes Konsolgesims; der krönende Aufbau 1946 von Heinr.

Müller ersetzt die urspr. den Zürcher Grossmünstertürmen nachgebildete schlanke Haube. In 3 Kreuzarmen Emporen, an der östl. Turmwand die von einem grossen Blendbogen umrahmte Kanzel. Die flache Decke ist über dem mittleren Quadrat in den Dachraum hinaufgezogen. Taufstein aus der Bauzeit von Bildhauer Hautmann, München. Glasgemälde 1945–46 von Max Hunziker. – *Dorfkern.* Platte, schöner Platz bei der ref. Kirche. – Gasthof Adler. Giebelhaus, erb. um 1740, mit prächtigem Wirtshausschild in Rokokoformen um 1770. – Gemeindeverwaltung. Stattliches klassiz. Giebelhaus, als Schul- und Gemeindehaus erb. 1824. – Neubrunnen, Dorfstrasse Nrn. 28–30. Riegelhaus von 1709. – Sekundarschulhaus. Erb. 1910–11 von Heinr. Müller. – Ref. Kirchgemeinde- und Pfarrhaus. Erb. 1966–67 von William Dunkel und Walter Schindler, Brunnen von Otto Müller. Im Innern Bild, Not und Hilfe, von Hermann Huber. – Alte Landstrasse: Doktorhaus, Nr. 95. Klassiz. Kubus unter Walmdach um 1830. – **Trotte,** Nrn. 100–04. Stattliches Giebelhaus von 1752 in Bruchstein und Fachwerk. Portal mit Oberlichtgitter und Allianzwappen, darüber Balkon. Bemalte Dachuntersicht. – **Riegelhaus,** Isisbühlweg Nrn. 3–7. Dreiteiliger stattlicher Bau von 1675. Über dem Portal hölzerne Groteskmaske und Engelskopf. – Schloss, Mühlebachstrasse Nr. 51. Grosse Villa in Neurenaissanceformen, erb. um 1875. Wohnsitz des Kunsthistorikers Hans Jenny (1894–1942), Autor des 1934 erstmals erschienenen «Kunstführers der Schweiz». – Friedhof, Tannsteinkapelle. Erb. 1930–31 von Heinr. Müller und Joh. Alb. Freytag. – Sekundarschulhaus Im Feld. Erb. 1952–54 von Rudolf Joss. Wandbild 1955–57 von Heinr. Müller. – Schulhaus Berghalde. Erb. 1964–65 von Armando Dindo. – Neutannstein Nrn. 1–5: Symmetrischer Jugendstilkomplex, erb. 1897 von Albert Müller und Franz Frisch. – Reihenhäuser Freie Strasse Nrn. 1–17 und Nrn. 19–33. Zwei 5teilige Jugendstilbauten 1897 von Albert Müller. – Flachdachhaus, Brunnenstrasse Nr. 5. Erb. 1938 von Georg Berther. – Alte Landstrasse: Ehem. Institut, Nr. 57. Klassiz. Giebelhaus um 1825. – Haus Nr. 165. Riegelbau von 1692. – Kath. Kirche St. Felix und Regula. Erb. 1898–1900 von Joh. Meyer. Turm 1924 von Ant. Higi. – Postgebäude, beim Bahnhof. Jugendstilbau mit plastisch gestaltetem Mansartdach 1905 von Rudolf Ludwig und Ulr. Ritter. Bauplastik 1953 teilweise entfernt. – Villa Diana, Bahnhofstrasse Nr. 20. Erb. um 1875; neubarocke Orangerie. – *Seestrasse.* Ehem. Heimarbeiterhaus, Nr. 1. Erb. 1796, Freitreppe mit klassiz. Geländer. – Tischenloo, Nr. 2. Ländlich-klassiz. Giebelhaus, als Geschäftshaus erb. 1826–27. – **Zehntenhof,** Nr. 83. Erb. 1898 von Albert Müller. Reichgegliederte Fabrikantenvilla des Späthistorismus von farbig-malerischer Gesamtwirkung. – Haus Nr. 121. Spätklassiz. Villa um 1850 mit reicher Fassadengliederung. – Am Gstad, Nr. 135. Stattliches Giebelhaus um 1820. Neubarocke Erweiterung mit Jugendstilelementen um 1910 für den Färbereibesitzer Aug. Weidmann. Faunsbrunnen 1912 von Franz Wanger. – Haus Nr. 147. Ländlich-klassiz. Giebelbau von 1825 mit grossem Quergiebel. – Ehem. Zum Freudenkranz, Nr. 183. Klassiz. Tanzsaaltrakt des damals gegenüberliegenden Hotels Krone, erb. um 1830.

OBERRIEDEN. Ref. Kirche. Erb. 1761 von Joh. Ulr. Grubenmann;

Rest. 1961. Frontturm mit hohem Spitzhelm über geschweiften Uhrgiebeln, Turmeingang 1961. Am flachen Tonnengewölbe des 3seitig geschlossenen Saalraumes elegante Rokokostukkaturen. Achteckiger Taufstein mit reichen Ornamenten und Kanzel aus der Bauzeit. Orgel 1962 nach einem Entwurf von Otto Münch. – Alte Landstrasse: Freihof, Nr. 40. Erb. 1833 von Jak. und Joh. Staub. Dreistöckiger klassiz. Kubus unter Walmdach mit flachem Mittelrisalit unter Dreieckgiebel. – Kreuzbühl, Nr. 46. Erb. 1798 für Amtmann Peter Hotz. Schönes Giebelhaus mit 2 klassiz. Portalen. – Bindern, Nr. 72. Stattliches Riegelhaus von 1793 mit grosser Lukarne. – Riegelhaus Hueb, Oberer Stünziweg Nr. 10. Erb. 1729, mit bemalten Falläden. – Dörflistrasse: Spielhof, Nr. 21. Breitgelagertes Giebelhaus von 1729 mit Rokokoterrassengeländer. Hervorragende Wohnstubenausstattung. – Zur Treu, Nr. 35. Schöner Riegelbau von 1713. Treppenhausanbau von 1799 unter Mansartdach. – Speicher Länzweg. Blockbau von 1553 mit Klebdach und Aussentreppe. Anlässlich der Rest. 1938 Einrichtung einer kleinen ortsgeschichtlichen Sammlung. – Haus Pünt, Püntstrasse Nrn. 5–13. Grosses Fachwerkgiebelhaus des 18. Jh., bergseitige Giebelfront in Mauerwerk. – **Winkelhalde,** Winkelhaldenstrasse Nrn. 6–8. Erb. 1796 für Forstmeister Heinr. Hotz. Langgestreckter Bau unter steilem Walmdach, Rokokobalkon; schöner Innenausbau. Scheune mit klassiz. Nischenbrunnen, erb. 1807.

Museum, im Speicher Länzweg. Kleine ortsgeschichtliche Sammlung.

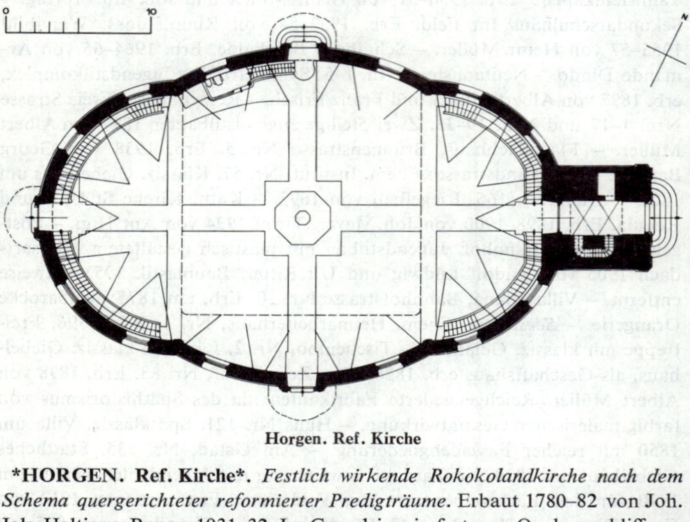

Horgen. Ref. Kirche

***HORGEN. Ref. Kirche*.** *Festlich wirkende Rokokolandkirche nach dem Schema quergerichteter reformierter Predigträume.* Erbaut 1780–82 von Joh. Jak. Haltiner; Renov. 1931–32. Im Grundriss ein fast zum Oval verschliffener Vierpass. In den Mittelachsen je ein reichgeschmücktes Portal mit Freitreppe und geschweiftem Vordach, dazwischen rundbogige Haupt- und hochovale Oberfenster; mächtiges Walmdach. An der östl. Schmalseite der 5geschossige

Turm mit Uhrgiebeln und Spitzhelm. Der helle, quergerichtete Predigtraum durch toskanische Pilaster gegliedert, auf denen ein weitgespanntes Spiegelgewölbe mit Stichkappen ruht. Elegante Rokokostukkaturen von Andreas Mosbrugger. An 3 Seiten ansteigende Emporen, deren kühn freitragende Konstruktion durch hängende Kapitelle betont wird; Orgel 1883 und Kanzel über dem Portal der nördl. Breitwand 1890, beide von Alfred Chiodera, das Schnitzwerk von Jos. Regl. Seitlich der Kanzel Fresken 1874 von Ant. Barzaghi. Zentral gestellter Taufstein 1782, Deckel 1890 von Jos. Regl.

Unterer Dorfteil. **Villa Seerose.** Erb. 1901–04 von Konr. v. Muralt für den Seidenfabrikanten Jacques Huber, jetzt öffentlicher Besitz. Reichgegliederte historisierende Villa mit Türmen. Innenausstattung von Carl Brägger. Schönes Jugendstil-Parkgitter mit Pflanzenmotiven von H. Eduard v. Berlepsch, erhalten der seeseitige Teil. In die Seemauer eingefügt halbrunder Podest mit Mädchenfigur, Seerose, von Richard Kissling. – Haus Seegartenstrasse Nr. 45. Spätklassiz. Villa, erb. 1841–42 von Leonhard Zeugheer und Wilh. Waser für den Seidenfabrikanten Heinr. Hüni-Stettler. Neuklassiz. Umgestaltung, hauptsächlich des Innern, 1926–27 von Nikolaus Hartmann. – In der Anlage beim Bahnhof: Plastik, fliegender Schwan, um 1955 von Franz Fischer. – See-Apotheke, Bahnhofstrasse Nr. 30. Spätklassiz. Kubus von 1852 mit differenzierter Fassadengliederung. – Am See: **Alte Sust,** heute Ortsmuseum (s. S. 800). Erb. 1552, in der Folge mehrmals verändert. Umbau mit steilem Walmdach um 1780 von Joh. Werdmüller. Letzter Umbau für Museumszwecke 1965–66. – Gerberei Im Hof. Erb. um 1700 für den Gerber Andreas Hüni. Giebelhaus mit 2 Lukarnen. Rokokotreppengeländer und Portal-Oberlichtgitter. Schöne getäferte Innenräume, 2 Öfen von Meister Koelliker in Horgen 2. H. 18. Jh. – Gemeindezentrum. Erb. 1963–68 von Werner und Ernst Stücheli. – *Seestrasse.* Sog. Agentenhaus, Nr. 175. Riegelbau von 1735 mit gemauerter Strassenfront. – **Altersasyl Stapferheim.** Erb. um 1785 für Landrichter und Seckelmeister Heinr. Stapfer. Dreigeschossiger Bau unter Walmdach mit geschweifter Lukarne und schönem Portal. – Friedau, Nr. 184. Stattliches Giebelhaus um 1770 mit geschweifter Lukarne und bemalten Dachuntersichten. Klassiz. Portal und Balkon, Rokokofenstergitter. – Alte Kanzlei, Nr. 195. Giebelhaus um 1775 mit mächtiger geschweifter Lukarne. – Talacker, Nr. 207. Durch Lisenen gegliederter spätklassiz. Kubus von 1843–44. Portalnische mit eingestellten Säulen und Freitreppe. Auf der andern Strassenseite 2 symmetrische, axial auf das Haus angelegte Ökonomie- und Stallgebäude. – Talhof, Nr. 227. Erb. 1849–50 von Wilh. Waser. Spätklassiz. Kubus mit gerahmter Portalnische.

Mittlerer Dorfteil. **Ref. Kirche*** (s. S. 798). – Ref. Pfarrhaus. Frühklassiz. Bau mit steilem Walmdach, 1784–85 von Joh. Meyer. Am Portal Rokoko-Oberlichtgitter und klassiz. Relief. – Gasthaus Schwanen. Erb. 1679–80 als Gesellenhaus; Renov. 1938. Stattlicher Giebelbau; Rokoko-Wirtshausschild; klassiz. Portal. Schwanenbrunnen 1891 von Jos. Regl. – Gasthof Schlüssel. Klassiz. Wirtshausschild um 1825. – Schulhaus Baumgärtli. Erb. 1852 von Joh. Chr. Wolff. – Kath. Kirche St. Joseph. Erb. 1933–34 von Anton Higi. Einfacher Kubus mit Apsis. Turm unter Flachdach. – Ref.

Kirchgemeindehaus. Erb. 1962–65 von Claude Paillard und Robert Bass, Glasfenster von Max Truninger. Am Hang gestaffelte, mannigfach gestufte Baumasse. – Schulhaus Berghalden. Knabenplastik 1952 von Luigi Zanini, Fresko in der Eingangshalle 1953 von Reinhold Kündig. Erweiterungsbau 1965–67 von Egon Dachtler, farbige Gestaltung von Max Wiederkehr. – Schulhaus Rotweg. Jugendstilbau 1905–07 von Ferd. Kuhn mit plastisch gestaltetem Mansartdach, an den hohen geschweiften Giebeln Ornamentik.
Oberer Dorfteil. Gehöft Einsiedlerstrasse Nrn. 23–25. Grosses Giebelhaus des 18. Jh. mit klassiz. Portal. Waschhaus von 1796 mit Spätrokoko-Wandbrunnen. – Schulhaus Tannenbach. Drei Glasgemälde 1959 von Heinr. Müller. – Restaurant Bahnhof. Ausgezeichnetes Beispiel des sog. Schweizer Holzstiles. Vielgliedriges Chalet um 1870 mit Terrasse und Veranda, im Innern Kassettendecke. – Gehöft Waldegg. Blockständerbau und daneben Riegelbau 17. Jh. – **Landhaus Bocken*.** Schönster barocker Herrensitz am linken Zürichseeufer. Im Bockenkrieg 1804 Schauplatz eines erbitterten Kampfes zwischen aufständischen Bauern und Truppen der Mediationsregierung. Erb. um 1675 für Andreas Meyer-Werdmüller, Seidenfabrikanten und späteren Bürgermeister von Zürich. Ab 1775 Kur- und Badeanstalt; 1805–1911 Gasthaus zum Bären, das klassiz. Wirtshausschild um 1805, jetzt am Nebengebäude. Als Privathaus umgeb. 1911–12 von Joh. Rudolf Streiff und Gottfried Schindler, gleichzeitig Bau des Seitenflügels. Geschlossener Baukörper unter hohem Satteldach, Verfeinerung des regionalen Giebelhauses. An den Giebelseiten je ein Rustikaportal über Freitreppe. Im Innern schöne Steintreppe 1911–12 nach alten Vorbildern (Freulerpalast, Näfels). Im 1. Stock grosser Saal mit verzierten Türen und Fensternischen, die reiche Stuckdecke um 1675 von Samuel Höscheller in 25 Feldern mit Emblemen und im Mittelfeld mit dem Meyer-Wappen geschmückt. In den südöstl. Eckzimmern Fenstersäulen, Felderdecken, geschmückte Türen, Täfer und Buffets aus der Bauzeit; 2 Turmöfen 18. Jh. – Alte Bocken. Riegelbau von 1644.
Horgener Berg. Hof Obere Hinterrüti. Riegelbau mit Klebdächern, erb. um 1700. – Klausen: Weiler auf der Anhöhe über dem Bergweiher. Mehrere Riegelhäuser und Flarzbauten 18. Jh.
Museum. Ortsmuseum, in der alten Sust (s. S. 799).

AU-WÄDENSWIL. Siedlung Gwad. Erb. 1943 von Hans Fischli und Oskar Stock. Am Hang gestaffelt 28 flachgedeckte Holzhäuser, in verschiedenen Einheiten versetzt aneinandergebaut. – Haus Schellerstrasse Nr. 6. Riegelhaus von 1746, mit steinernen verzierten Eckpilastern; Zürcher Wappenrelief am Türsturz. – *Halbinsel Au.* Die 1316 erstmals erwähnte Halbinsel, deren Wald das Holz für die Kriegsflotte des alten Zürich lieferte, war bis 1835 Zürcher Staatsdomäne; 1832 Funde von bronzezeitlichen Waffen. Bekannt durch Klopstocks Besuch 1750 («Ode an den Zürichsee») und als Schauplatz von C. F. Meyers Novelle «Der Schuss von der Kanzel», die sich mit General Joh. Rudolf Werdmüller, Bauherrn eines 1651 hier errichteten Landhauses, befasst. – Schloss Au. An Stelle von Werdmüllers Landhaus neuerb. 1928–29 von Joh. Alb. Freytag. Neubarocke Villa.

WÄDENSWIL. Ref. Kirche (Abb. 261). *Das schlichte Äussere birgt einen festlichen Innenraum, Höhepunkt in der Entwicklung der quergerichteten reformierten Emporenkirche.* Erb. 1764–67 von Joh. Ulr. Grubenmann, vielleicht unter Benützung von Plänen Joh. Jak. Haltiners; Innenrest. 1950–51. Querrechteckige Anlage mit Pilastergliederung, an der rückwärtigen Breitfront durch einen Risalit erweitert. Dem Risalit angebaut der Turm mit hoher

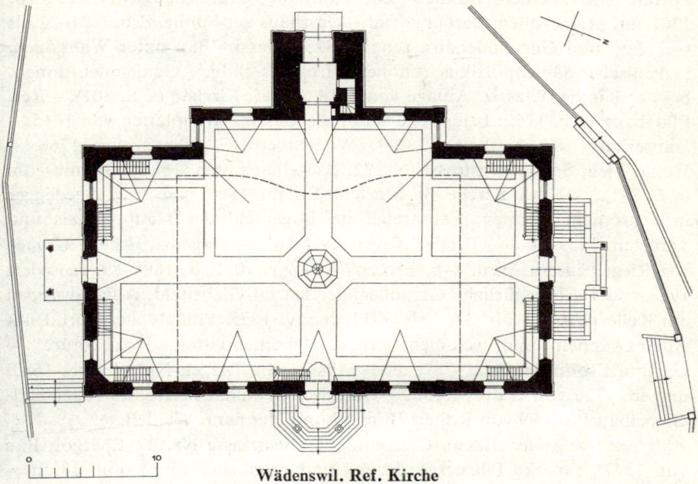

Wädenswil. Ref. Kirche

Spitzhaube auf Dreieckgiebeln. Im Turmeingang schmiedeisernes Torgitter 1765 von Heinr. Dietzinger. An den übrigen Fronten je ein reichgerahmtes Portal mit Haubendach auf Pfeilern. Der *Innenraum* ist von Pilastern gegliedert und durch rundbogige Haupt- und hochovale Oberfenster belichtet. An der Decke elegante Rokokostukkaturen von Peter Ant. I Mosbrugger. Von demselben die Kanzel aus schwarzweissem Stuckmarmor, Bekrönung des Schalldeckels aus durchbrochenem, krausem Stuckwerk. Die an 3 Seiten steil ansteigenden Emporen scheinen frei im Raum zu schweben. Die Kühnheit dieser Konstruktion wird durch hängende Kapitelle betont, zu denen in späterer Zeit demontierbare Holzsäulen geschaffen wurden. An der vordersten Stuhlreihe der Emporen 52 Familienwappen, von der urspr. Bestuhlung 1767. In zentraler Lage der erhöhte Taufstein aus schwarzem Marmor. Glasmalereien der O-Wand von Joh. Jak. Röttinger anlässlich der Renov. 1860–67. Orgel 1950–51.

Dorfkern. **Zum Friedberg,** Friedbergstrasse Nr. 7. Klassiz., 2stöckiger Block von 1811 über streng symmetrischem Grundriss; Mansartdach. Vor der Freitreppe 2 toskanische Säulen, die einen Balkon tragen. – Zur Gerbe, Gerbestrasse Nr. 6. Klassiz. Mansartdachbau von 1814–15. – Kirchgemeindehaus. Als Villa Rosenmatt erb. 1898–99 von Albert Müller. Reichgegliederte historisierende Anlage mit Jugendstilelementen. – Denkmal für Bundesrat Walter Hauser (1837–1902), errichtet 1904 von Adolf Meyer. – Florhofstrasse: Nr. 2., Zur Treu. Stattlicher Giebelbau von 1769; schöne Portalanlage mit Balkon. – Neuhof, Nr. 3. Klassiz. Villa, erb. um 1835. – **Gemeindehaus zum Freihof.** Erb. 1811 als Spinnereigebäude. Langgestreckter Dreiflügelbau unter Mansartdach, Mittelteil mit Volutengiebel; 3 klassiz. Portale mit Oberlichtgittern. – Zur Hoffnung, Traubengasse Nr. 8. Erb. 1701, mit prunkvollem Barockportal. – Gasthaus zur Sonne. Erb. 1821–22 als Gesellen- und Gemeindehaus, renov. 1923. Klassiz. Bau unter Walmdach, toskanischer Säulenportikus, schönes Wirtshausschild. – Gemeindebrunnen, bei der Kirche. Klassiz. Anlage von 1814. – **Ref. Kirche*** (s. S. 801). – Ref. Pfarrhaus. Erb. 1759; beidseits des Portals klassiz. Grabplatten von 1815. – Hauserhaus, Kirchweg Nrn. 2–4. Weinbauern-Riegelhaus von 1766. – Hohle Eich, Schönbergstrasse Nr. 22. Riegelhaus von 1685; Ortsmuseum (s. S. 803). – Kath. Kirche St. Marien. Erbaut 1896 von Aug. Hardegger in neuroman. Formen. Betonrelief im Bogenfeld des Hauptportals und Taufstein 1959–60 von Bruder Xaver Ruckstuhl. – *Türgasse.* **Schöne Gruppe von Riegelhäusern:** Nrn. 4–6. Erb. 1673. – Nr. 10. Erb. 1688–89, renoviert 1928 und 1957. Figürliche Grisaillemalereien im Giebelfeld, Allianzwappen am Kellerportal. – Nr. 14. Erb. 1711, renov. 1955. Prachtvolles Portal mit Allianzwappen und schmiedeisernem Oberlichtgitter, Rokokotüre. – Gasthof Frohburg. Erb. 1781, renov. 1946. – Im Riegel, Nr. 18. Erb. 1683, umgeb. 1926 von Hans Streuli. – Glärnisch-Schulhaus. Grosser Jugendstil-Giebelbau 1907–09 von Robert Bischoff und Hermann Weideli.

Äusseres Dorfgebiet. Ehem. Giessenmühle, Seestrasse Nr. 27. Spätgot. Bau von 1577; barocke Pilastergliederung und origineller Firstkamin 18. Jh. – Meierhof, Meierhofstrasse Nrn. 24–26. Mächtiger Riegelbau von 1722; an 2 Portalen Oberlichtgitter und Wappenreliefs. – **Schloss,** jetzt Eidg. Versuchsanstalt für Obst-, Wein- und Gartenbau. Urspr. Anlage erb. 1550–60, bis 1799 Landvogteisitz. Neues Schloss, an Stelle des im Bockenkrieg 1804 abgebrannten Hauptgebäudes erb. 1812–18 von Hans Conr. Stadler als Sitz des Oberamtmannes und des Amtsgerichts. Dreigeschossiger klassiz. Baukörper unter Walmdach, an der Seeseite flacher Mittelrisalit unter Dreieckgiebel mit Lünettenfenster, an der Bergseite Balkon auf dor. Säulenportikus. Aus der Landvogteizeit stammende, später teilweise veränderte Bauteile: Zehntenscheune mit Treppengiebeln, 2 Portale, Ringmauer. Am Ökonomiegebäude 6eckiger klassiz. Nischenbrunnen um 1815. – Krankenhaus. Erb. 1934–35 von Adolf und Heinr. Bräm. – Gottfriedhaus, Lehmgasse Nr. 12. Stattlicher Riegelbau von 1726. Am Nebengebäude Allianzwappenrelief. Fuhrstrasse: **Zur Langen Stege,** Nr. 2. Barockes Weinbauernhaus, in Fachwerk erb. 1724–28. Symmetrische Hauptfassade mit Eckpilastern, Freitreppe und Lukarne, an den Reihenfenstern bemalte Falläden. Ofen mit Rocaillemalereien 1777 von Matthias Neeracher. – **Unterer Lehmhof.** Riegelhaus von 1678, im Innern durchgreifend umgeb. 1939 von Hans Fischli und Oskar Stock. Gegenüber mächtiges Giebelhaus von 1693, Scheune in Fachwerk von 1753, klassiz. Brunnen um 1800. – Sekundarschulhaus. Bronzeplastik,

Jüngling, 1953–54 von Otto Charles Bänninger. – Vordere Fuhr, Fuhrstrasse Nr. 30. Giebelhaus von 1784. Über der Freitreppe schöne Rokokoportalanlage und Balkon auf Pfeilern. – **Haus Auf Bühl,** Rotweg Nr. 12. Erb. 1717, renov. 1927. Prächtiges 3teiliges Fachwerk-Reihenhaus mit 2 grossen Lukarnen und Freitreppen, am gemauerten Unterbau gemalte Eckpilaster, Allianzwappenrelief. Die Falläden, Läden und Dachuntersichten bemalt. – Friedhof. Grabmal des Lyrikers Karl Stamm (1890–1919) von Ernst Keller. Engel, Bronzeplastik von Emilio Stanzani, 1960 aufgestellt. – **Burgruine Alt-Wädenswil.** Stammsitz der seit 1007 bezeugten Freiherren v. Wädenswil. Seit 1287 Johanniterkomturei, 1549 von Zürich erworben. Abdeckung und Ausräumung 1557, nachdem von der Tagsatzung der Abbruch verlangt worden war; in der Folge als Steinbruch benutzt. Letzte Konservierung 1958. Reste von 2 Wohntürmen des 11. und 15. Jh. sowie von Wehrbauten des 15. Jh. – Neugut. Klassiz. Gutshof von 1816. Haupt- und Nebengebäude durch Treppenanlage verbunden (siehe dazu das Gut Hinter-Mühlenen in Richterswil). – Waisenhaus. Spätklassiz. Bau von 1847–48 mit Seitenrisaliten und Walmdach. In der Hauptachse Freitreppe vor 3teiliger Portalarkade, der abschliessende Giebel später aufgesetzt. – **Hof Rötiboden.** Stammsitz der Familie Hauser; Sitz des letzten Untervogtes der Herrschaft Wädenswil. Breites Giebelhaus von 1679, am Barockportal Allianzwappenkartusche (Hauser-Aeschmann); Anbau unter Mansartdach um 1790. Daneben: Speicher 17. Jh., Scheune 1793, klassiz. Giebelhaus 1819. – Hof Untermosen. Riegelhaus von 1739. – **Hof Bühlen.** Blockbau von 1542, Frühform des Weinbauernhauses. Gegenüber Giebelhaus von 1765, das angebaute Riegelhaus am Portal dat. 1811, davor klassiz. Brunnen. – Hof Letten, Bürglistrasse Nr. 20. Grosser Riegelbau von 1748.

Wädenswiler Berg. Furthof. Blockständerbau um 1680. Scheune in Fachwerk um 1720. – Hof Untere Oedischwend. Breiter Blockständer-Giebelbau um 1680 mit Klebdächern und Laube. An der Rückfront gemalte Eckpilaster und got. Giebelfenster. Speicher in Fachwerk. – **Hof Obere Oedischwend.** Prächtiger Ständerbau mit Holz- und Steinausfachung von 1686. Das traufseitig tiefgezogene Satteldach mit grosser Lukarne von geschnitzten Balken gestützt; am hölzernen Türsturz got. Kielbogen. – **Hof Hintere Widen.** Als Widum-Hof bezeugt im 14. Jh. Heutiger Bau um 1680, interessanter Ständerbau mit Holz- und Steinausfachung. – St. Anna-Kapelle, Weinenschürweg. Erb. 1955 von Ferd. Pfammatter; Chorfenster von Pater Karl Stadler. – Hof Bachgaden, Gerenstegweg. Ständerbau um 1680. Rokokoportal von 1787 zum ehem. Webkeller. – **Hof Burstel.** Prachtvolle Baugruppe von 3 Giebelhäusern, 4 Scheunen und anderen Nebengebäuden. Das Hauptgebäude von 1690 teilweise in Fachwerk, die untern 3 Geschosse um 1800 klassiz. umgebaut; Waschhaus 1762. – *Stocken.* Blockständerbau von 1707. – **Hof Vordere Rüti.** Mächtiger Ständerbau mit Holz- und Steinausfachung erb. 1654; Renov. 1945. Dach mit geschnitzten Bügen, Reihenfenster mit bemalten Falläden. In der Stube Täfer mit Grisaillemalereien um 1770. **Museum.** Ortsmuseum in der Hohlen Eiche (s. S. 802). Eingebautes Täferzimmer; Sammlung der Graveure und Stecher Brupacher 18.–19. Jh.

HIRZEL. Ref. Kirche. Erb. 1616–18; Renov. 1972. Dreiseitig geschlossene Saalkirche mit N-Turm. An der Aussenwand 7 Grabplatten der Gemeindepfarrer, errichtet zwischen 1795 und 1916. Polygonale Holzkanzel aus der Bauzeit. – Pfarrhaus, erb. 1620. – Ehem. Schulhaus. Riegelbau von 1659–60; Renov. um 1930. – **Bürgler-Haus.** Schöner Fachwerkbau um 1730. Symmetrische Hauptfassade mit Freitreppe, Reihenfenstern und Falläden. – Leuthold-Haus, am Hang unterhalb des Dorfkerns. Blockständer-Riegelbau von 1636; Renov. 1937. – Meta Heusser-Heim. Erb. 1820 für den Gatten der Dichterin Meta Heusser. Geburtshaus ihrer Tochter Johanna Spyri-Heusser (1827–1901), Verfasserin des berühmten Jugendbuches «Heidi». – Gasthof Morgental. Erb. 1846–48 von Wilh. Waser. Spätklassiz. Bau unter Walmdach, der zurückgesetzte Mittelteil durch Freitreppe und grossen Dreieckgiebel ausgezeichnet. – Spreuermühle. Erwähnt 1408. Hauptgebäude 1623; jetzt Gasthof. Stattlicher Fachwerkbau, an der Talfront Klebdächer. Gegenüber Riegelbau um 1750 und ehem. Gasthof von 1833 mit Balkon auf toskanischen Säulen. – *Chalbisau.* Ehem. Gasthof Löwen, teilweise in Fachwerk erb. 1758. Gemalte Eckpilaster, gemalter schreitender Löwe. – **Dürrenmoos-Höfe.** Erwähnt M. 13. Jh., seit M. 14. Jh. Lehenshöfe des Klosters Kappel. Oberes Dürrenmoos. Erb. 1656, das Riegelhaus um 1750. Mittleres Dürrenmoos. Blockständerbau und 2 Riegelhäuser erb. um 1660. Unteres Dürrenmoos. Erb. 1656, Wohnhaus, Speicher und Waschhaus in Fachwerk. – **Tobelmühle.** Die schöne Häusergruppe erb. 1675 für Beat Baumann, der das Mühlenpatent als Belohnung für seine Verdienste im 1. Villmergerkrieg (1656) erhielt. Grosses Wohnhaus mit verputzter Giebelfront. Ehemals Mühlengebäude, Speicher und Bäckerei in Fachwerk. Klassiz. Scheune um 1820. – Hof Harhalden. Stattliches Doppelwohnhaus in Fachwerk um 1740. – **Hof Kieleren.** Als Viehzüchterhaus erb. um 1680. Blockständerbau unter steilem Satteldach mit zwei Klebdächern, Freitreppe und Reihenfenstern im Erdgeschoss.

SCHÖNENBERG. Ref. Kirche. Mit Pfarrhaus und Friedhofmauern als befestigte Anlage erb. 1702–03 vom Zürcher Stadtingenieur Hans Casp. Werdmüller. Dreiseitig geschlossene Kirche mit Barockkanzel; W-Turm 1897. – Haus des Hauptmanns Hauser. Riegelbau um 1760 mit 2 grossen symmetrischen Lukarnen. – Kath. Kirche Hl. Familie, erb. 1922. – *Mühlestalden.* Sog. Hausermühle. Erwähnt im 14. Jh.; als Riegelhaus neuerb. 1779; Renov. 1950. – *Tannen.* Die 6 Giebelhäuser erb. zwischen 1780 und 1830, am Gasthof Tanne ein klassiz. Wirtshausschild. – Riegelhaus in Hinteregg. Erb. 1746, Ofen mit Wappenkacheln. – Wolfbühlschanze. Errichtet 1712 im 2. Villmergerkrieg; Erdwallsystem auf Moränenhügel. – Riegelhaus am Rain, erb. um 1720. – **Hof Rechberg.** Stattliches Riegelhaus, erb. um 1750. Daneben ein herrschaftliches Giebelhaus von 1764; Ofen 1767.

HÜTTEN. Im 19. Jh. ein bekannter Molken- und Badekurort. – Ref. Kirche. Erbaut 1855–56 von Joh. Casp. Wolff, renoviert 1953. Spätklassiz.-neugot. Saalbau mit Frontturm unter niedrigem Zeltdach. Taufstein von 1752. – Kath. Kirche. Erb. 1969 von Kurt Federer. – Gasthof Krone. Klassiz. Wirtshausschild 1833. – Gasthof Kreuz. Klassiz. Wirtshausschild

1839. – Hüttener Schanze. Alte Wehranlage auf steilem Hügel südl. des Ortes. Im 1. Villmergerkrieg erweitert 1655 von Feldzeugmeister Hans Georg Werdmüller; im 2. Villmergerkrieg erneuert 1712 von Stadtingenieur Hans Casp. Werdmüller. – **Hof Untere Laubegg.** Blockständerbau um 1700. Daneben Giebelhaus, erb. 1777. Doppelwohnhaus mit gemalten Eckpilastern und schön gerahmten Portalen; Täferstube mit Kachelofen von 1778.

RICHTERSWIL. Das Ortszentrum entwickelte sich um den alten, heute aufgefüllten Hafen, der besonders für den Pilgerverkehr nach Einsiedeln von Bedeutung war. – Ref. Kirche. Neugotischer Bau 1902–05 von Jacques Kehrer. – Gasthof Drei Könige. Erbaut 1794–95, einst mit Badehaus. – **Wohnhaus Hof,** Hornstrasse. Als Gasthof Raben erb. um 1775. Frühklassiz. Bau unter mächtigem Walmdach; klassiz. Treppenhaus 1811, anlässlich des Umbaus zum Wohnhaus. – Poststrasse: Ehem. Gasthof Engel, Nr. 2. Erb. 1765, umgeb. um 1905. Wirtshausschild. Ortsmuseum. – **Doktorhaus,** Nr. 16. Baugruppe um 1760; unter Arzt Joh. Hotze bis 1794 eine weithin berühmte Stätte des geistigen und gesellschaftlichen Lebens (Gedenktafel am vorderen Arzthaus). Dahinter das Wohnhaus, erb. um 1760. Um 1840 Dachumbau mit belvedereartigem Fechtsaal; Ofen um 1760 mit Bildnissen des Ovid und Hippokrates. Im Nebengebäude das «Goethesäli», Nachtquartier des Dichters 1775 und 1779, mit zeltartiger stuckierter Decke von 1760 und Malereien um 1840. Im Doktorhaus verkehrten als Gäste Hotzes u. a. sein Freund Lavater, Herzog Karl August v. Weimar und Goethe, Barbara Schulthess, die spätere Freundin des Dichters, ferner Fichte, Pestalozzi, Ulrich Bräker, Joh. Georg Zimmermann, Schillers Vertraute Charlotte v. Lengefeld und Herzog Leopold v. Anhalt-Dessau. – Villa Steinburg, Dorfstrasse Nr. 72. Spätklassizistischer Bau von 1872–73, an der Strassenseite Loggienrisalit unter Dreieckgiebel. – Kirchgemeindehaus, ehem. Villa Rosengarten. Erb. 1829–31, umgebaut 1962–63. Klassiz. Kubus unter Walmdach mit Freitreppe und Säulenportikus. – Vom ehem. Bruchmeisterhaus, abgebrochen 1969, befinden sich im Bauamt der Gemeinde Richterswil ein got. Portal mit Allianzwappen; Kopie einer reichverzierten Barocktafel mit Allianzwappen Schmid-Müller 1684; Kopie der Gedenktafel für den Steinbruchmeister Hans Rud. Schmid 1697. – **Ehem. Gasthof Bären,** Dorfbachstrasse Nr. 12. Prachtvoller spätbarocker Riegelbau von 1749; am Hauptportal eine Allianzwappenkartusche, an den Kellerportalen schöne Rokoko-Oberlichtgitter; bemalte Fensterläden.

Museum. Ortsmuseum, Poststrasse Nr. 2 (s. oben).

Ausserhalb des Dorfkerns. **Heimatwerkschule Mühlenen.** Gebäudegruppe der seit dem 13. Jh. bezeugten Mühle. Restaurierung und Umbau zur Heimatwerkschule 1949–50 und 1958 durch Max Kopp und Peter Sennhauser. Hauptgebäude 1578 mit Treppengiebeln, got. Portalen und Reihenfenstern mit Fenstersäulen; Renaissancekassettendecke. Obere Mühle dat. 1666 und 1716; Kellerportal mit rustizierter Rahmung, darüber schöne barocke Sandsteintafel von 1666 mit Allianzwappen Müller-Egli und figürlichen Darstellungen, kopiert 1958. – Hinter-Mühlenen, Zürcherstrasse Nrn. 87–91. Erb. um 1795 angeblich von einem Baumeister Bachmann. Zwei frühklassiz., mit Treppenanlage verbundene Gebäude unter Mansartdächern. Vorläufer des Neugutes in Wädenswil. – Kath. Pfarrkirche. Erb. 1913–14 von Adolf Gaudy in Formen des Neubarocks und des Jugendstils. – Breiten-Schulhaus. Mächtiger Jugendstil-Giebelbau 1914–15 von Heinr. Müller und Joh. Alb. Freytag. – Haus an der Burghaldenstrasse. Blockbau von 1645 mit Allianzwappen am Kellerportal. – Althus. Riegelbau um 1740, renov. 1960. Daneben: Neuhus. Geburtshaus des Schriftstellers Ernst Eschmann (1886–1953). – Mühletobel-Viadukt der Nationalstrasse. Erbaut 1962–65 mit zwei getrennten Fahrbahnplatten, getragen von acht paarweise angeordneten 8eckigen Pfeilern. – Sternenschanze. Eine ältere Wehranlage um 1655, anlässlich des 1. Villmergerkrieges erweitert von Festungsbaumeister Hans Georg Werdmüller. Anlässlich des 2. Villmergerkrieges vergrösserter Neubau 1712 von Feldzeugmeister Hans Casp. Werdmüller. Viereckiger Erdwall, die Aussengräben 1872–73 ausgefüllt.

SIHLTAL

ADLISWIL. Ref. Kirche. In neugot. Formen erb. 1897–98 von Paul Reber. Daneben: Abdankungshalle mit Wandbild 1956 von Helen Dahm. – Kath. Dreifaltigkeits-Kirche. In neugot. Formen erb. 1903–04 von Aug. Hardegger. – Primarschulhaus. Wandbild 1947 von Hans Fischer. – Villa, Leberenstrasse Nr. 28. Erb. 1963 von Manuel Pauli. – Ehem. Fabrikgebäude Schwarzenbach. Als damals grösste mechanische Seidenweberei Europas erb. 1861–62 durch den Grossindustriellen und bedeutenden Mäzen Robert Schwarzenbach. Langgestreckter Haupttrakt von 53 Achsen. – Arbeitersiedlung Sihlau. Symmetrische Jugendstilanlage von 1912. – Gutshof Mühlematte, Stigstrasse. Heimatstilanlage von 1919. Riegelhaus und Scheune unter einem First, an der Talfront Balkon auf toskanischem Säulenportikus. Davor 2 symmetrische Ökonomiegebäude. – Ehem. Spinnerei Sood. Zwei mächtige Giebelhäuser, erb. 1836–42 für den Spinnerkönig Heinr. Kunz.

LANGNAU. Ref. Kirche. Saalbau 1709–11 mit 3seitigem Schluss und Dachreiter. – Pfarrhaus, erb. 1709–11. – Kath. Kirche St. Marien. Erb. 1967–69 von Eduard Ladner; Bildhauerarbeiten von Rico Galizia. Schöner neugot. Altar mit Bild von Paul Deschwanden und neugot. Kanzel aus dem Vorgängerbau, 1876–77 von Wilhelm Keller. – Schloss, Dorfstrasse Nr. 13. Mittelalterl. Wohnturm um 1250; Sitz der 1383 erwähnten Herren von Langnau, Dienstleute der Habsburger. Fachwerkanbauten dat. 1548; Renov. 1932. – Gemeindehaus. Erb. 1962–63 von Rudolf Kuenzi; am Eingang 2 Eisenreliefs von Silvio Mattioli, Brunnen von Jos. Wyss, Zürcher Wappenscheibe 1964 von Max Hunziker. – Spinnerei. Erb. 1827–29 als mächtiger 7stöckiger Giebelbau von 3 auf 14 Fensterachsen. – Im Höfli. Gartensiedlung am Langenberg. Erb. 1960–64 von Eberhard Eidenbenz, Robert Bosshard, Bruno Meyer und Gartenarchitekt Willy Neukom. Gutes Beispiel einer differenzierten Grossüberbauung.

ALBISKETTE. Schnabelburg. Erb. um 1170 für Walter v. Eschenbach (Schnabelburg-Schwarzenberg), Inhaber der Reichsvogtei Zürich als Untervogt der Zähringer. Die Burg wurde zerstört 1309 in der Blutrache gegen

Freiherrn Walter IV. v. Eschenbach, Mitverschworenen beim Königsmord von Windisch. Totalausgrabung und Konservierung 1953–55. Nördl. Wohnturm, südlich Gesinde- und Ökonomiegebäude, Ringmauer. – *Albis-Passhöhe*. Chalet, erb. 1872. Wohnsitz der Dichterin Nanny v. Escher (1855–1932). Nebenan Gedenkbank, errichtet 1955. – Felsenegg. Richtstrahlzentrum der PTT. Erb. 1961–63 von Edwin Schoch; 50 m hoher Betonturm mit Parabolantennen. – Burgstelle Baldern. Nach der Sage erb. im 9. Jh. für König Rudolf den Deutschen (Stifter der Fraumünsterabtei Zürich), später im Besitz der Lenzburger und der Regensberger. Zerstört 1268 durch die Zürcher unter Rudolf v. Habsburg; bis 1850 Mauerreste vorhanden. Gedenkstein. – Berghaus Baldern. Erb. 1929–30 von Otto Honegger. Giebelhaus im Heimatstil mit typischer Ausstattung. – *Uetliberg Kulm*. Wälle und Gräben des bronze- und eisenzeitlichen Refugiums. – Gräberfeld aus der frühen La-Tène-Zeit (5.–4. Jh. v. Chr.) bei der Station. – Burgstelle Uetliburg. Vermutlich im 10. Jh. erbaut als Sitz der Herren v. Uetliberg, Lehensleute der Freiherren v. Regensberg. Zerstört 1268 durch die Zürcher unter Rudolf v. Habsburg.

GATTIKON. Ehem. Mühle, erwähnt im 13. Jh. Grosser Gebäudekomplex, in klassiz. Formen um- und neugeb. um 1830. 1973 abgebrochen.

SIHLWALD. Forsthaus. Erb. 1733; Neugestaltung mit halbrundem Treppenturmanbau 1903–04 von Gustav Gull, renov. 1957. Das Forsthaus war Sommersitz der Sihlherren, städtischer Aufseher über Fluss und Wald seit dem 14. Jh. Gedenktafel für den Sihlherrn Salomon Gessner (1781–87). Reliefdarstellung der Fraumünster-Gründungssage. An Giebel und Seitenfassade Sprüche von Gottfried Keller.

SIHLBRUGG. Gasthof Krone und Post. Stattliches Giebelhaus von 1809 mit klassiz. Treppengeländer, Portal, Oberlichtgitter und Wirtshausschild. – Gedeckte Holzbrücke, Hof Sennweid. Erb. 1849–50 von Oberst Dietzinger, 1960 von Sihlbrugg hierher versetzt.

LIMMATTAL UND KNONAUER AMT

OBERENGSTRINGEN. Kath. Kirche St. Mauritius. Erb. 1962–65 von Fritz Metzger. Altarzone gestaltet von Albert Schilling, Glasfenster und Wandteppich von Paul Stöckli, Kreuz und Tabernakel von Godi Hirschi. In der Marienkapelle Pietà 17. Jh. – Ankenhof. Landhaus von 1668–71 mit steilem Walmdach. – Gelbes Haus. Klassiz. Fabrikantenvilla von 1826 mit 2 symmetrischen Nebengebäuden. – Turn- und Sportanlage Brunnewiis. Erb. 1963–64 von Heinz Hertig, Walter Hertig und Robert Schoch. Plastik von Silvio Mattioli.

UNTERENGSTRINGEN. Sonnenberg. Barockes Landhaus um 1700 mit steilem Satteldach und Turm; umgeb. um 1920. Mehrere Nebengebäude um 1830. – **Sparrenberg.** Barockes Landhaus unter steilem Walmdach, erb. um 1650. Wandmalereien um 1760 in der Art Joh. Balthasar Bullingers; 3 grosse Turmöfen des 18. Jh. Bewohnt vom Orientalisten Hans Heinrich Hottinger (1620–67), einem der berühmtesten Gelehrten seiner Zeit.

WEININGEN. Ref. Kirche. Um 1150 nachgewiesen, in spätgot. Formen neuerb. um 1650 mit Käsbissenturm; Rest. 1926. Sakramentshäuschen mit

Eisentüre. – Ehem. Schloss, Regensdorferstrasse Nr. 9. Neu- oder Umbau 1736, zum Schulhaus umgeb. 1838–39. Einfaches Giebelhaus mit Freitreppe, im Keller teilweise verbaute Sala terrena. Sitz der Meyer v. Knonau, Inhaber der Gerichtsherrschaft Weiningen 1435–1798. Bekanntester Bewohner war der mit Wieland befreundete Fabeldichter und Maler Joh. Ludw. Meyer v. Knonau (1705–85), dessen dekorative und satyrische Täfermalereien teilweise freigelegt sind. – Ehem. Landhaus der Meyer v. Knonau, Kirchstrasse Nr. 7. Barocker Giebelbau von 1647 mit Quertrakt. – Ehem. Zehntenscheune, jetzt Wohnhaus, Oberdorfstrasse Nr. 8. Riegelbau um 1720. – **Gasthaus Löwen.** Als Taverne des Klosters Fahr erb. 1678. Origineller Dacherker mit Holzreliefs; schönes Wirtshausschild 18. Jh. – Ehem. Schmiede, Zürcherstrasse Nrn. 4–6. Grosser Fachwerkbau um 1700 mit vorkragendem Windengeschoss. – Drei Dorfbrunnen, in Rokokoformen errichtet 1755–56.

SCHLIEREN. Alte ref. Kirche. Erwähnt 1243, St. Agatha geweiht; erweitert 1713; Umbau und Verbindung mit der neuen Kirche 1937, Innenrenov. 1953. Einfaches Kirchlein mit Chorturm unter hohem Spitzhelm. Portal mit Dreieckgiebel und Wappenkartusche dat. 1713; 4 Grisaillewappenscheiben von 1713. Neben der Kirche aufgestellt 2 reichverzierte Glocken 1628 von Peter Füssli und 1677 von Heinr. Füssli. – Neue ref. Kirche. Erb. 1936–37 von Walter Henauer und Ernst Witschi, gleichzeitig Wandbild in der Vorhalle von Karla Götz und 4 Glasfenster von Marcel Poncet. – Kath. Kirche St. Joseph. Erbaut 1959–60 von Karl Higi. Plastisch empfundener Bau mit abgerundeter Dachschale; schlanker freistehender Glockenturm. Verglasung von Ferd. Gehr. – Drei Dorfbrunnen. In einfachen klassiz. Formen errichtet 1768, 1779, 1782. – Schulhaus Hofacker. Platzbrunnen 1958–59 von Paul Speck; Wandteppich 1956 von Robert Wehrlin.
Museum. Kleines Ortsmuseum.

DIETIKON. Ref. Kirche. In neuklassiz. Formen erb. 1924–25 von Emil Schäfer. Kanzel und Taufstein 1925 von Otto Münch. – Kath. Kirche St. Agatha. Erb. 1926–27 von Adolf Gaudy an Stelle der ehem. paritàt. Kirche. Grosser neuklassiz. Bau mit Frontturm; Kreuzwegbilder 1927 von Jos. Heimgartner. – Gasthaus Krone. Als Taverne des Klosters Wettingen erb. 1703. Mächtiger Giebelbau, schönes gerahmtes Portal mit barockem Wappenrelief. – Schulhaus Fondli. Erb. 1964–66 von Rudolf und Esther Guyer und Conradin Alder. Aussenwandbilder von Eva Pauli. – Schulhaus Wolfsmatt. Betonrelief 1960 von Emanuel Jacob. – Burgruine Schönenwerd. Erwähnt 1240, Sitz der Herren v. Schönenwerd, habsburgische und kyburgische Dienstmannen. Ehem. auf einer natürlichen Limmatinsel gelegen; 1334 und 1371 von den Zürchern zerstört, ausgegraben 1930–35. – *Glanzenberg.* Ehem. Städtchen und Burg im Wald am rechten Limmatufer, gegr. um 1240 vermutlich von Freiherrn Lüthold V. v. Regensberg. Zerstört 1267 von den Zürchern unter Rudolf v. Habsburg; teilweise ausgegraben 1937–40. Modell und Funde im Ortsmuseum. – Sicherungswälle der französischen Artillerie vom September 1799, im Wald am rechten Limmatufer.
Museum. Ortsmuseum, Obere Reppischstrasse Nr. 17. Ehem. sog. Schwenkhüsli der Dietikoner Rotfärber, Riegelbau 2. H. 18. Jh.

URDORF. Ref. Kirche. Erwähnt 1184, St. Niklaus geweiht; nach der Reformation Schullokal; als Kirche wiederhergestellt und erweitert 1650; Renov. 1948. An der Aussenwand 2 Grabplatten 1736 und 1748. Flachgedecktes Schiff, leicht von der Achse abweichender spätgot. Chor um 1490, im Kreuzgewölbe skulptierter Schlussstein und gemalte Evangelistensymbole. Taufstein und Kanzel um 1680. – Kath. Bruder Klaus-Kirche. Erb. 1962–64 von Otto Sperisen. Plastische Ausstattung von Albert Wider; Glasfenster, Weihwasserbrunnen und Taufstein von Piero Travaglini. Marienstatue E. 15. Jh. – Gasthaus Sonne. Als Badgebäude erb. 1526 für Ratsherrn Hans Steiner von Zürich, erweitert 1578–83. Als Bad aufgegeben um 1755; umgeb. 1945–47. Mächtiger Kubus unter Krüppelwalmdach, über dem Portal Renaissancewappenrelief. – Schulhaus Feldstrasse. Bronzeplastik, Stier, 1952 von Hans Jak. Meyer, Brunnen 1960 von Jos. Wyss. – Hof Unter-Reppischtal, ehem. St. Georgs-Kirche. Erwähnt 1173, nach der Reformation zum Bauernhaus umgebaut. Das ehem. Schiff bildet den bergseitigen Teil des Hauses. Erhaltene roman. Bauteile: Chorbogen in der O-Wand, Fenster und Portal in der S-Wand, W-Portal. – Sog. Heidenkeller, nordöstl. Oberurdorf am Abhang. Villa, erb. vor M. 1. Jh. n. Chr. und Badhaus erb. kurz vor 100 n. Chr., eines röm. Gutshofes. Zerstört wohl um 259–60, ausgegraben 1967 und 1972. Gelände überbaut.

Museum. Ortsmuseum, im Kindergarten, Bahnhofstrasse.

UITIKON. Ref. Kirche. Erb. 1625–26 als Stiftung der Gerichtsherren Hans Peter und Hans Jak. Steiner; Rest. 1960–61. Schiff und dreiseitig geschlossener Chor unter Satteldach mit Dachreiter. Beidseitig des 1960 rekonstruierten Portals Grabplatten von 1675 und 1749. Wappenscheiben und Kanzel aus der Bauzeit. Skulptierter Taufstein von Ernst Heller und Glasfenster von Heinr. Müller 1961. – Schloss. Erziehungsanstalt. Als Sitz der Gerichtsherren von Uitikon-Niederurdorf erb. 2. H. 16. Jh., Umbauten 1650 und 1783. Einfacher Giebelbau; Türmchen und Fensterverdachungen entfernt. – Schulhaus Schwerzgrüb. Tonplattenmosaik 1966 von Max Truninger. – Schülerheim Ringlikon. In Form einer «Terrassenstadt» erb. 1963–66 von Jak. Frei.

BIRMENSDORF. Ref. Kirche. Erwähnt 876. Langhaus und Chor neuerb. 1659; Innenumbau 1900 und 1908, damals Ausgrabung älterer Anlagen; Renov. 1933. Roman., 1960 restaurierter Turm; gedrungener Bau mit Blendbogenfriesen auf 3 Geschossen, gekuppelte Schallöffnungen mit Mittelsäule; das quer zum Kirchenfirst gestellte Satteldach ist wohl spätmittelalterlich. Das im Verhältnis zum Turm grosse Schiff mit Rundbogenfenstern und der gleichbreite, 3seitig geschlossene Chor unter gemeinsamem Satteldach. Das breite Langhaus durch hohe schlanke Säulen in 3 Schiffe geteilt, hölzernes Tonnengewölbe 1900 durch Gipsdecke ersetzt. Errichtung der Chorempore mit Steinbalustrade und Kanzelwand 1908, Kanzel 1667. – Reppisch-Schulhaus. Brunnen 1965 von Jos. Wyss.

AESCH. Gemeindehaus. Erb. als Schulhaus 1709, renov. 1967. Fachwerkbau mit Dachreiter.

Museum. Dorfmuseum, im Fachwerkbau der ehem. Dorfschmiede, 18. Jh.

STALLIKON. Ref. Kirche, am Bergabhang oberhalb des Dorfes. Dem Hl. Stephan geweiht 1439, nach Brand im Alten Zürichkrieg neuerb. 1444–48, Weihe des Chores 1482, Ausbau 1515. Ausbruch des Chorbogens und glatte Gipsdecke 1846; Renov. innen 1895, aussen 1936. Langhaus und eingezogener polygonaler Chor unter gemeinsamem Satteldach; spätgot. Masswerkfenster. Frühgot. Käsbissenturm an der N-Seite des Chores mit runden und spitzbogigen Schallöffnungen. – Burg Sellenbüren, oberhalb des gleichnamigen Weilers. Einfache hölzerne Wehranlage am Ort einer spätbronzezeitlichen Siedlung (1. Jahrtausend v. Chr.). Im 11. Jh. erbaut von den Herren v. Sellenbüren, Gründer des Klosters Engelberg. Ausgrabung 1950–51.

BONSTETTEN. Ref. Kirche. Erb. um 1484 an Stelle einer älteren St. Mauritius-Kapelle; Rest. 1954. Langhaus und eingezogener polygonaler Chor unter gemeinsamem Satteldach, spätgot. Masswerkfenster. Massiger Käsbissenturm an der N-Seite des Chores. Taufstein und Sakramentsnische aus der Bauzeit. – Neuer Friedhof. Mal und Brunnenplastik 1965–66 von Jos. Wyss. – Gasthaus Löwen. Klassiz. Bau von 1840 mit schönem Wirtshausschild.

HEDINGEN. Ref. Kirche. Neuerb. um 1510 an Stelle einer 1116 erwähnten St. Michaels-Kirche; Renov. 1937. Langhaus und eingezogener polygonaler Chor unter gemeinsamem Satteldach, Käsbissenturm an der N-Seite des Chores. Kanzel wahrscheinlich 1811. – Schulhaus Zelgli. Wandbilder 1957 von Mario Comensoli. – Blockständerbau bei der Säge um 1600. – Hof Maienbrunnen. Blockständerbau um 1700. – Hof Ismatt. Stattlicher Blockständerbau mit Klebdächern um 1700.

AFFOLTERN. Ref. Kirche. Erwähnt 1213, neuerb. 1645–47 unter Verwendung des Turmuntergeschosses und der westl. Langhausmauern von 1597. Erweiterung der Fenster 1787, gleichzeitig Vergrösserung der Empore, neue Kanzel, Stuckierung der Wände mit Pilastern und der flachen Tonne mit Blattgirlanden. Am Turm neugot. Aufbau mit Treppengiebel 1860–61 nach Plänen von Gottfried Semper. O-Anbau für die Orgel 1901. Querrechteckige Saalkirche. – Kath. Kirche St. Joseph. In neugot. Formen erb. 1892. – Märtyrer-Denkmal. Einfacher Obelisk von 1876 für die im Bockenkrieg 1804 hingerichteten Volksführer. – Bauernhof Hüsli. Fachwerkbau 18. Jh. – Schulhaus Butzen. Plastik 1966 von Jos. Wyss.

OTTENBACH. Ref. Kirche. Erb. 1485 von Christian Brabander aus Zürich; Verlängerung des Schiffes 1748 und 1830. Eingezogener Polygonalchor mit abgetreppten Strebepfeilern und Langhaus unter gemeinsamem First, Turm mit Kreuzgiebeln an der N-Seite des Chores. Spitzbogenfenster mit spätgot. Masswerk, im Chor Netzrippengewölbe auf Konsolen, renov. 1953 von Karl Knell. – Zum Engel. Mächtiger Riegelbau um 1600, vergrössert 1802; Rest. 1956.

OBFELDEN. Ref. Kirche. Erb. 1847–48 von Ferd. Stadler. Neugot. Bau mit Frontturm, das Innere vollständig umgeb. 1932–33 von Albert Heinr. Steiner.

MASCHWANDEN. Ref. Kirche. Erb. kurz nach 1500, vielleicht von Hans Felder d. Ä.; Renov. innen 1918, aussen 1935. Langhaus und eingezogener polygonaler Chor mit 3fach gestuften Strebepfeilern unter gemeinsamem

Satteldach. Käsbissenturm an der N-Seite des Chors. Spitzbogenfenster mit Masswerk. Portale mit profilierter Umrandung. Im Schiff Holzdecke von 1918 mit geschnitzten Friesen nach dem Muster der originalen Decke im Landesmuseum Zürich. Im Chor reiches Netzgewölbe mit Schildbogen und spitzansetzenden Rippen. Glasfenster nach den Originalen im Landesmuseum Zürich von Oswald Göschel (Leodegar und Mauritius) und Lukas Zeiner 1506. Spätklassiz. Kanzel und Taufstein in Stuckmarmor 1834. – Gemeindehaus. Als Untervogthaus erb. 1759; Rest. 1965–66. Stattlicher Riegelbau mit Klebdächern, Ofen mit Schriftkacheln von 1759. – Gasthaus Kreuz. Klassiz. Wirtshausschild um 1810. – Haus Auf der Platte, im Ausserdorf. Riegelbau von 1811 mit Klebdächern. – Hof Feld. Riegelhaus von 1802 mit Klebdächern. – Gstad. Ehem. Standort von Burg und Städtchen Maschwanden, erwähnt 1260. Wahrscheinlich Gründung der Freiherren v. Eschenbach; zerstört 1309 im Rachefeldzug der Habsburger.

METTMENSTETTEN. Ref. Kirche. Die 998 erwähnte St. Peter und Paul-Kirche neuerbaut um 1500–21 unter Verwendung des Turms aus der 2. H. 15. Jh.; neugot. Turmaufbau 1898 von Paul Kuder. Anlässlich der Rest. 1961–62 4 Bauetappen vom 8.–12. Jh. nachgewiesen; Baureste unter dem Chor zugänglich. Langhaus und eingezogener Polygonalchor mit Strebepfeilern, Spitzbogenfenster mit Fischblasenmasswerk. Im Schiff prächtige *spätgot. Holzdecke* mit Flachschnitzereien von Jak. Winkler dat. 1521; an den Kreuzungsstellen der Mittel- und Querleisten drei Medaillons mit den Kirchenpatronen, der Muttergottes sowie Reichs- und Zürcher Schild. Spitzbogiger Chorbogen mit dekorativen Malereien des 17. Jh. Im erhöhten Chor sehr schönes Netzgewölbe mit gekreuzt in der Wand auslaufenden Rippen und dekorativen Malereien, auf den 3 Schlusssteinen Petrus, Paulus, Zürcher und Reichsschild. Inneres Turmfensterchen und Sakramentshäuschen in spätgot. Formen. Beachtliche Grabplatte von 1499 mit Standbild des Dekans und Leutpriesters Joh. Keller von Felben, Förderer des Kirchenneubaues, Kopie 1964 nach Original im Landesmuseum Zürich. Kanzel und Taufstein 1962 von Otto Münch; Orgel 1962 nach Entwurf von Paul Hintermann. – Hof Grüt. Doppelwohnhaus, schöner Ständerbau mit Klebdächern dat. 1798 und 1799. – *Unterweissenbach.* Mühlehof. Schöne Häusergruppe 18. Jh. Zwei Wohnhäuser (das eine dat. 1774) und mehrere Nebengebäude in Fachwerk.

RIFFERSWIL. Ref. Kirche, in ummauertem Friedhof oberhalb des Dorfes. Erwähnt im 12. Jh., St. Martin geweiht. Frühgot. Langhaus mit Käsbissenturm an der N-Seite, 1720 um den beidseitig vorstehenden polygonalen Chor erweitert. Frühgotischer Taufstein, Renaissancekanzel auf Steinsäule. – Stattlicher Blockständerbau von 1679 mit Klebdächern, Freitreppe und Doppelportal. Weitere Ständerbauten und Riegelhäuser 18. Jh. – Schulhaus. In Formen des frühen Heimatstils erb. 1912–13 von Franz Frisch. – Jonenhof. Moderner Bauernhof, erb. 1962–63 von Heinz Hess.

AEUGST. Ref. Kirche. Erb. 1667, rest. 1967. Verschindelter Dachreiter 1967. Langhaus und eingezogener quadratischer Chor unter Satteldach; Spitzbogenfenster. Über dem Chor rippenloses Kreuzgewölbe mit Wappenstein im Scheitel. Dekorative Wandmalereien an Chorbogen und Fensterleibungen. Spätrenaissance-Holzkanzel auf Steinsäule.

HAUSEN. Ref. Kirche. Erb. 1751 von David Morf; vom spätgot. Bau von 1491–94 übernommen das Untergeschoss des Turmes und die Sakramentsnische im Chor. Umbau des Turmes mit Wimpergen und Spitzhelm 1905 von Paul Kuder; nach Brand renov. 1925. Rechteckige Saalkirche mit Rundbogenfenstern. Erneuert 1968–69 von Max Ziegler. – Mühlehof. Stattlicher Riegelbau von 1790. – Primarschulhaus. Brunnen 1958 von Jos. Wyss. – *Türlen.* Doppelwohnhaus, stattlicher Riegelbau von 1780. – *Vollenweid.* Blockständerbau 17. Jh. – *Teufenbach.* Zwei stattliche Doppelwohnhäuser in Fachwerk mit Klebdächern, erb. 1723 und 1732. – *Heisch.* Blockständerbau von 1785 und mehrere stattliche Riegelbauten 18. und 1. H. 19. Jh. – *Albisbrunn.* Landerziehungsheim. Als Wasserheilanstalt erb. 1839–42 von Leonhard Zeugheer und Wilh. Waser. Langgestreckter spätklassiz. Block unter Walmdach mit Mittel- und Seitenrisaliten. – *Hausertal.* Zwei Riegelbauten mit Klebdächern 1781 und 1805.

EBERTSWIL. Riegelbauten von 1742, 1789 und 1811. – *Hirzwangen.* Haus Unterhirzwangen, Riegelbau mit Klebdächern 18. Jh. – Schweikhof. Haus Unter-Schweikhof. Stattlicher Riegelbau 18. J., Scheune 1786.

KAPPEL. Ehem. Zisterzienserabtei (Abb. 259). *Die jüngste der schweiz. Zisterzienserkirchen ist einer der bedeutendsten got. Sakralbauten des Landes, ausgezeichnet durch Klarheit und Konsequenz in Grundrissgestaltung und Aufbau, ausgestattet mit bemerkenswerten frühgot. Pontifikalsitzen und hervorragenden hochgot. Glasgemälden A. 14. Jh.* Gestiftet 1185 durch die Freiherren v. Eschenbach-Schnabelburg-Schwarzenberg, von Mönchen des Klosters Hauterive besiedelt. Im 13. Jh. Vergabungen von zahlreichen Geschlechtern der Gegend, die im Kloster begraben wurden. Hauptblüte nach der Verwüstung im Alten Zürichkrieg 1443. Reformation 1527 unter dem letzten Abt Wolfgang Joner, der das Kloster der Stadt Zürich übergab und 1531 an der Seite Zwinglis in der Schlacht bei Kappel fiel. Bis 1834 Verwaltung der ehem. Klostergüter durch zürcherische Amtmänner, seither Armenanstalt und Krankenasyl des Amtes Knonau. – *Ehem. Klosterkirche St. Maria.* Von dem einst umfangreichen, mauerumzogenen Gebäudekomplex ist nur die auf freier Anhöhe gelegene Kirche in weitgehend urspr. Zustand erhalten. Ihr Chor stammt vielleicht noch aus der Gründungszeit um 1185. Nach anderer Ansicht ist er der älteste Teil eines zwischen 1250 und 1310 errichteten Neubaus, der nach einheitlichem Plan sukzessive von O nach W entstanden ist. Dem Chorbau folgten die Querhausarme und die urspr. 1geschossige N-Kapelle, vor Fertigstellung des südl. Querhausflügels Erhöhung der Aussenmauern, Bau der von Anfang an 2geschossig geplanten S-Kapellen und Erhöhung der N-Kapellen. Weihe des Hochaltars 1283, danach in letzter Bauetappe das Vierungsgewölbe und das ganze Langhaus; letzte Rest. 1956–59. – *Aussenbau.* Kreuzförmige Anlage, bestehend aus basilikalem Langhaus, stark vorstehendem Querhaus und rechteckigem Chor, an den sich seitlich je 2 weniger hohe Chorkapellen anschliessen, im Schnittpunkt der steilen Satteldächer ein turmartiger Dachreiter von 1641. An der O-Partie teilweise Lisenengliederung und Spitzbogenfriese, welche den urspr. Dachansatz bezeichnen. Den Strebepfeilern der Seitenschiffe entsprechen an den Hochwänden flache Lisenen; die Ecken zur W-Front sind durch je 2 rechtwinklig zueinander gestellte Streben verstärkt. Von den Masswerkfenstern mit profiliertem Gewände bezeichnen besonders das schöne 3teilige Chorfenster und das kompliziert aufgeteilte, jüngere W-Fenster die Stilentwick-

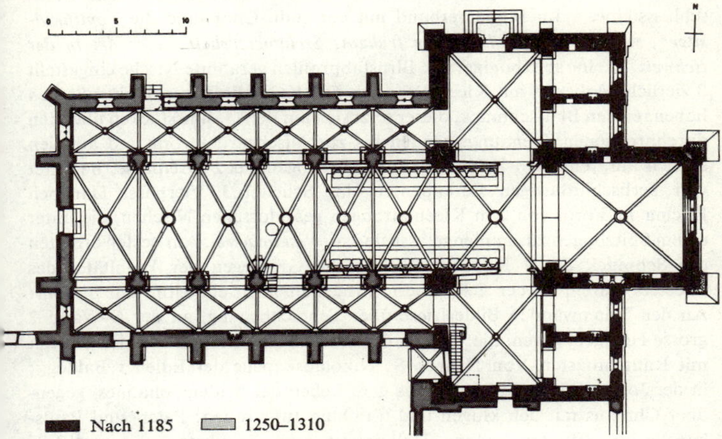

Kappel. Klosterkirche

lung von der Früh- zur Hochgotik. Heutiger Eingang durch das Seitenportal im nördl. Querschiff; auf seinen eingestellten Gewändesäulen derbe Knospenkapitelle, von denen das eine den bärtigen Kopf eines Gekrönten zeigt. An der W-Front das verstümmelte, spitzbogige Hauptportal, an der S-Seite 2 Türen vom ehem. Kreuzgang. – Der *Innenraum* beeindruckt durch ausgewogene Proportionen und Einheitlichkeit, nur die unterschiedliche Gestaltung einzelner Bauglieder weist auf verschiedene Etappen oder eine lange Bauzeit hin. Kreuzrippengewölbe mit Schlusssteinen in allen Raumteilen, mit Ausnahme der spitztonnengewölbten Seitenkapellen. In der O-Partie sitzen die Rippen, Schildbogen und Vierungsbogen auf Kapitellen mit einfachen oder doppelten frühgot. Blattreihen, während die Langhausgewölbe kapitellos durchgehend vom Pfeilerfuss entwickelt sind. Die rechteckigen Arkadenpfeiler sind nach dem Mittelschiff durch rechteckige Vorlagen verstärkt, die auf unterer Kämpferhöhe den Querschnitt von halben Sechsecken annehmen; nach den Seitenschiffen halb 6eckige Vorlagen. An der W-Wand und den Aussenwänden der Abseiten enden die Gewölbe auf verschieden geformten Konsolen. Auf der Höhe der Rippenanfänge des Hauptgewölbes spannt sich ein kräftiges Gesims zwischen die Wanddienste, auf dem die 3teiligen Spitzbogenfenster sitzen; ihr Masswerk zeigt die reichsten und fortgeschrittensten Formen, teilweise schon Fischblasen. Im nördl. Querhausgiebel Rundfenster mit Masswerkrosette. Die Tür oben im südl. Querhausarm führte urspr. über eine steinerne Stiege zu den Mönchszellen. Die *Schlusssteine* zeigen im Chor Agnus Dei (roman. Spolie), im Querhaus N-Flügel den Löwen des Evangelisten Markus, im S-Flügel den Adler des Johannes, in der Vierung und den Mittelschiffjochen reiche, urspr. polychrome Blattmasken, im W Löwen, der seine Jungen durch Belecken zum Leben erweckt; in den Seitenschiffen einfachere Rosetten- und Blattwerkschlusssteine. – Im Mauerverband mit der südl. Chorwand die *Pontifikalsitze*, wohl die formvollendetste frühgot. Steinmetzarbeit dieser Art in der Schweiz.* In eine spitzbogige, von Birnstabprofilen gerahmte Nische eingestellt 3 zierliche Arkaden mit Kleeblattbogen. Die Kapitelle der schlanken Säulen haben reichen Blattschmuck, dieser setzt sich auf den Gesimsstücken über den durchbrochenen Trennungswänden bis zur Nischenrückfront und auf den seitlich ausgreifenden Kämpfern fort. Im Bogenfeld 2 Dreipässe, begleitet von kerbschnittartigen Ornamenten, im Scheitel 1 Vierpass. Daneben Piscina in Form von 2 in Kleeblattbogen geschlossenen Nischen, die unter einem Spitzbogen zusammengefasst sind. – *Wandmalerei.* Am besten erhalten der Schmuck der 4 Kapellen, welche die Grablegen der Wohltäter des Klosters waren. In der 2. H. 14. Jh. ausgemalt nach einheitlichem System: An den Seitenwänden Bilderfriese über Teppichbehang, an der O-Wand 2 grosse Heiligenfiguren, die Tonnen der innern Kapellen gestirnt, der äussern mit Rautenmuster. Von N nach S: Nikolauskapelle der Edlen v. Baldegg; in der Johanneskapelle Szenen aus dem Leben der beiden Johannes, gegenüber Christus mit den klugen und törichten Jungfrauen; Peter- und Paulskapelle, in Rundmedaillons Halbfiguren von Propheten, Evangelisten, Heiligen und der Muttergottes, an der O-Wand die Hl. Petrus und Paulus; in der Stephanskapelle der Familie Gessler Kreuzigung mit 11 Aposteln, gegenüber 10 Heilige und die Hl. Drei Könige, neben dem Fenster Maria und Christus der Anbetung, auf der andern Seite der Hl. Christophorus, an den Leibungen des Eingangsbogens 2 leuchtertragende Engel. An der N-Wand des Querhauses der Hl. Martin und an der Rückwand des Chorgestühls Rautenmuster 14. Jh. Grosse Darstellung der thronenden Muttergottes an der nördl. Chorwand 14. Jh. Halbfigur eines teppichhaltenden Engels am nordöstl. Vierungspfeiler und stehende Muttergottes mit Heiligem hoch an der S-Wand des Querhauses sowie Allianzwappen der Baldegg und der Freiherren v. Aarburg an der N-Wand des Querhauses 16. Jh. Heraldische Malereien an den Pfeilern der Kapellen und des Chores 17. Jh. – *Glasmalerei*. Nach Königsfelden die reichste got. Glasgemäldefolge des 14. Jh. in der Schweiz.* Von dem einst umfangreicheren, in einer grösseren Werkstatt zwischen 1310 und 1320 entstandenen Zyklus sind die Füllungen der 5 Fenster in der nördl. Hochschiffwand erhalten. Sie zeigen in jeder Lanzette eine stehende Heiligenfigur unter Tabernakel vor abwechselnd blauem und rotem Grund. Von O nach W: der Gekreuzigte zwischen Maria und Johannes, darunter Verkündigung und der Stifter Walter v. Eschenbach; Madonna zwischen Apostel Andreas (oder Philippus) und Evangelist Johannes; Johannes d. T. zwischen Apostel Jakobus major und Hl. Oswald; Bernhard

v. Clairvaux (oder Hl. Benedikt) und 2 Hl. Bischöfe des Zisterzienserordens; Jesus, der ungläubige Thomas und Johannes Evangelist. Die Glasgemälde im Chorfenster 1965 von Max Hunziker. – Das eichene *Chorgestühl* von 1280–1300 gehört zu den ältesten in der Schweiz. Erhalten sind die Rücksitze mit je 17 Plätzen, aufgestellt in der Vierung und den 2 östl. Mittelschiffsjochen; die von Wimpergen bekrönten Durchgänge nach den Querhausflügeln und besonders die östl. Abschlusswangen sind reich geschnitzt; Ergänzungen 1896 von Jos. Regl. – Kanzel. Unterbau mit Steintreppe und spiralförmig gekehlter Säule 1527, Kanzelkorb und Schalldeckel mit Spätrenaissance-Ornamentik geschnitzt 1664. Achteckiger Taufstein 1528. Chroniktafel im nördl. Seitenschiff verfasst 1635 von Amtmann Rudolf Schwytzer. – Grabplatten des Konstanzer Chorherrn Hartmann v. Baldegg (gest. angeblich 1462) in der Nikolauskapelle, der Edlen v. Hünenberg-Friedingen (2. H. 14. Jh.) im südl. Seitenschiff. Die übrigen meist im Boden von Chor, Querhaus und Kapellen eingelassenen Grabplatten stammen von den Familien der zürcherischen Amtmänner. – Die Grabkapelle der Edlen v. Hallwyl in der Ecke zwischen südl. Querhaus und Seitenschiff, vom ehem. Kreuzgang aus zugänglich, geweiht 1345. Das spitzbogige Kreuzgewölbe mit Birnstabrippen; Glasabschluss 1958. – *Klostergebäude.* Ehemalige, später stark veränderte Konventbauten umschliessen im Viereck den Innenhof; in diesem bis 1791 der Kreuzgang. Unter dem W-Flügel imposanter 3schiffiger, durch 6 8eckige Pfeiler gestützter Keller. Amtshaus, ehemalige Abtswohnung, umgeb. 1661 von Felix Bär. Freistehendes massiges Giebelhaus mit Zwerchhaus und Dachreiter. Im Erdgeschoss die ehem. Abtskapelle; im Obergeschoss Wappentafel der zürcherischen Amtmänner 1522–1822 und grosser getäferter Saal E. 17. Jh. – *Pfarrhaus.* Dreigeschossiger Giebelbau teilweise neuerb. 1736 unter Amtmann Hirzel. Im Hochparterre Dekorationsmalerei von 1624. – Lierenhof. Stattlicher Riegelbau um 1700. – Weiler Naefenhäuser, ehem. Sennhof des Klosters Kappel. Riegel-Blockständerbau des 16. Jh. – Zwinglidenkmal. Granitblock mit Schrifttafeln, errichtet 1838 am angeblichen Sterbeplatz Zwinglis in der Schlacht bei Kappel 1531. – *Uerzlikon.* Stattlicher Riegelbau von 1746 mit Klebdächern. – Hof Leematt. Riegelbau um 1750.

KNONAU. Ref. Kirche (Abb. 262). Erwähnt 1045, den Hl. Sebastian und Gertrud geweiht. Die Grabung anlässlich der Rest. 1959–61 ergab den Nachweis von drei Bauetappen im 8.–12. Jh. Spätgot. Neubau vollendet 1519. Innenumbau 1769–70. Langhaus und eingezogener polygonaler Chor unter gemeinsamem Satteldach. Turm unter Satteldach neben dem Chor. Im Innern über beiden Raumteilen Flachtonnen mit hervorragenden *Stukkaturen* in Grün- und Rottönen 1769 von Lucius Gambs aus Laufenburg, von demselben auch die Stuckmarmorkanzel mit kronenartigem Schalldeckel. Neue Emporensäulen aus Stuckmarmor und Orgel 1960. – **Schloss.** Als Wasserschloss vielleicht an Stelle einer älteren Anlage erb. 1507–08 oder 1512. Sitz des zürcherischen Landvogtes bis 1798 und des Oberamtmannes 1815–32. Schöner freistehender Block mit Treppengiebeln; Portal mit Wappenkartusche. Die Inneneinteilung fast unverändert erhalten: Breiter

Mittelgang in allen Stockwerken, im Anbau stützenlos 3läufige Nussbaumtreppe mit schmiedeisernem Empiregeländer. Friesbretter mit den Wappen der Landvögte; Turmöfen 18. Jh. Gartenportal um 1780 in Spätrokokoformen. Ehem. Wachthaus und Gefängnis erb. 1815 als symmetrisch vorgelagerte Eckbauten. – Pfarrhaus. Als Zehntenhaus erb. im 16. Jh.; erweitert um 1650, dat. 1669. Mächtiger 3geschossiger Fachwerkbau über gemauertem Erdgeschoss. – Gasthof Adler. Klassiz. Wirtshausschild um 1830. – *Baregg*. Ehem. Pachtgut des Klosters Kappel. Zwei stattliche Blockständerbauten um 1720 mit Klebdächern. – Langacker. Heimsiedlung für Knaben der Pestalozzistiftung. Erb. 1965–68 von Hans und Annemarie Hubacher, Peter Issler und Oern Gunkel.

RECHTES ZÜRICHSEEUFER

ZOLLIKON. Ref. Kirche. Erwähnt 1223. Neuerb. 1496–99; Spitzhelm des Turmes 1795 von Joh. Volkart. Anlässlich der Renov. 1937 Schiff nach N erweitert; letzte Rest. 1966–67. Langhaus und eingezogener Polygonalchor unter Satteldach; Masswerkfenster; Stuckdecke 1742 von Joh. Meyer. Zürcher Standesscheiben 1520. – Schifflände. Finnisches Fliegerdenkmal. Plastik eines sterbenden Kriegers 1956 von Henry Moore. Plastik, Stier, 1967–68 von Franz Fischer. – **Zum Traubenberg,** Seestrasse Nr. 83. Typisches Zürcher Landhaus, dessen dekorativ bemalte Balkendecken des 17. und 18. Jh. zu den schönsten im Kanton gehören. Sitz dreier Bürgermeister aus der Familie Escher. Errichtet 1599 für Jak. Hottinger als seeseitiger Anbau an das 1446 erwähnte Bauerngut «In der Hell» (Hölle), das damit Lehenshaus wird. Im Besitz der Escher 1672–1763, der Hirzel 1763–1864 und seither der «Rosen»-Meyer; Rest. 1964–65. Langgestreckter Giebelbau quer zum See, grosse Lukarnen in Fachwerk; Sala terrena. – Zur Tiefenau, Sägegasse Nr. 27. Erb. 1547, umgeb. um 1700 und um 1830; Rest. 1965–67. Stattliches Giebelhaus mit Lukarne; im Innern 7 bemalte Balkendecken zwischen 1780 und 1826. Nebenan Trotte in Fachwerk. – Gasthaus Rössli. Riegelbau, als Gesellenhaus erstellt 1562; umgeb. im 18. Jh.; Wirtshausschild um 1800. – Schulhaus Buchholz. Erb. 1935–37 von Jean Kräher und Edwin Bosshardt; Erweiterungsbau von A. C. Mueller 1952–53. Marmormosaik, Spielende Kinder, 1937 von Jak. Gubler. – Gemeindehaus. Im Sitzungssaal Fresken mit Szenen aus der Gemeindegeschichte 1941–45 von Paul Bodmer. – *Zollikerberg*. Fünfbühl. Fünf keltische Grabhügel um 1000 v. Chr. auf einem Höhenzug im Wald; Inschrifttafel. – Ref. Kirchliches Zentrum. Erb. 1959–60 von Hans und Annemarie Hubacher. Wandgestaltung, Bronzerelief an der Türe und Turmhahn 1960–62 von Robert Lienhard; Glasfenster 1966 von Paul Stöckli. – Siedlung Trichtenhausenstrasse. Erb. 1943–44 von Max Aeschlimann und Armin Baumgartner. – Kranken- und Diakonissenanstalt Neumünster. Erb. 1931–33 von Otto und Werner Pfister. – Kath. Kirche St. Michael. Erb. 1964–66 von Karl Higi. Glasfenster von Max Rüedi, Tabernakel von Meinrad Burch, Altar und Ambo von Jos. Wyss, Taufstein von Reinhard Stutz. Im Andachtsraum Decke von Verena Loewensberg, Pietà von Jak. Kopp, Seitentisch von Jos. Nauer. – Schulhaus. Wandbild 1955 von Hans Falk. – Gasthaus Trichtenhausermühle. Erwähnt

942, als Riegelbau neuerb. 1666; Innenumbau 1963. – Am Gasthaus gegenüber klassiz. Schild um 1820.

Museum. Ortsgeschichtliche Sammlung, Zollikerstrasse Nr. 91.

ZUMIKON. Ref. Kirche. Neuerb. 1730–31. Saal mit 3seitigem O-Abschluss und spitzem Dachreiter; Taufstein 1608. – Golfplatz mit Klubhaus. Erb. 1929–30 von Walter Henauer und Ernst Witschi.

FORCH. Gasthaus Krone. Erb. um 1725; umgeb. 1783. Dreistöckiger Bau unter hohem Walmdach; klassiz. Wirtshausschild um 1830. – Wehrmännerdenkmal 1921–22 von Otto Zollinger. Steinerne Stufenpyramide mit eherner Opferflamme.

KÜSNACHT. Ref. Kirche. Erwähnt 1188, St. Georg geweiht. Kirche der Johanniterkomturei 1358–1531. Die urspr. einschiffige roman. Anlage mit nördl. Annex und Turm im SW wird 1336 zur 3schiffigen Basilika mit polygonalem Chor umgestaltet und nach W verlängert. Bau des heutigen Chores und Verlängerung des Schiffes um eine Achse über den Turm hinaus 1482. Umbau und Renov. 1885–86 von Jacques Kehrer und Karl Knell d. Ä., gleichzeitig archäologische Untersuchung; purifizierende Renov. 1939–40 von Karl Knell d. J. Langhaus und überhöhter langgestreckter, 3seitig geschlossener Chor unter Satteldächern, Spitzbogenfenster mit Masswerk. Auf dem Chor Dachreiter; an der SW-Seite des Schiffes Turm mit vermutlich roman. Unterbau und neugot. Glockengeschoss von 1856–57. Im Innern spitzbogige Pfeilerarkaden. Chorbogen und Emporen von 1885–86. Im Chorschluss Fresko von 1482: Engel, einen Damastteppich haltend, in der Mitte Schmerzensmann mit dem Stifter Komtur Werner Marti (1478–96) und seinem Wappen. Reste eines gleichzeitigen Chorgestühls, Rückwände und Bekrönungen ergänzt. Reichskulptierte spätgot. Steinkanzel mit Masswerk und Stabfüssen, vermutlich 1528. Taufstein, dat. 1528, mit Masswerkrelief und 3 Wappen, u. a. des letzten Komturs Konrad Schmid (1519–31). Glasgemälde 1970 von Gian Casty. – Kant. Lehrerseminar, ehem. Johanniterkomturei, gegr. 1358 von Graf Hugo v. Werdenberg. Erb. bis 1373, erweitert 1411. Gedenktafel für den letzten Komtur Konrad Schmid. Zürcherisches Amtshaus 1531–1833; zum Lehrerseminar 1834 durchgreifend umgebaut. Langgestreckter Bau unter Walmdach; im 1. Stock Reste einer spätgot. Wandmalerei mit allegorischen Figuren und späterem Rollwerk. Im Hof Amtsbrunnen von 1781 in Rokokoformen.

Goldbacherhof, Seestrasse Nr. 29. Ehemaliges Landhaus der Familie Meyer v. Knonau, erb. um 1720. Stattlicher Massivbau unter Satteldach mit Quergiebel; Portal mit schmiedeisernem Gittertor um 1760. – Schulhaus Im Erb. Wandbilder 1952 von Hans Fischer und 1953 von Heinr. Müller. – **Gasthaus Sonne.** Turm 13. oder 14. Jh. mit steilem Zeltdach; daran angebaut stattliches Giebelhaus um 1650. Im Turmzimmer 3 spätgot. Fenstersäulen mit Wappenschilden. Trakt von 1839 mit grossem Saal in Neurenaissanceformen; Renov. 1965. Klassiz. Wirtshausschild um 1810. – Höchhus, Seestrasse Nr. 123. Wahrscheinlich Sitz der im 13. und 14. Jh. am untern Zürichsee begüterten Mülner, Ministerialenfamilie der Fraumünsterabtei Zürich. Roman. Wohnturm, im Spätmittelalter erweitert und durch ein Fachwerkgeschoss unter Krüppelwalmdach abgeschlossen. – Parkanlage im Horn. Bronzeplastik, Schwebende, um 1945 von Hermann Haller. – *Hornweg*. Nr. 16. Ehem. Landhaus, erb. 1676 von Junker Hans Rudolf Grebel. Zwei aneinandergebaute Trakte unter hohen Satteldächern; spätgot. Reihenfenster; Freitreppe mit Rokokogeländer um 1760. Im Korridor barock gerahmte Türen. – Nr. 24. Ehem. Gasthaus Krone, vom 15.–E. 17. Jh. eines der bekanntesten Gasthäuser am See. Neuerb. oder umgeb. 1666, später als Lehenhaus des Seehofs in Lochmannschem Besitz. – Seehof, Nr. 28. Als Landhaus erb. um 1650 wahrscheinlich für Oberst Hans Peter Lochmann. Bis 1815 im Besitz der Lochmann, die sich in französischen und holländischen Kriegsdiensten auszeichneten; 1832–34 Sitz des neugegründeten Seminars. Gedenktafel an den Aufenthalt C.F. Meyers 1868–72. Stattlicher Steinbau, urspr. mit Treppengiebel. Im 1. Stock verzierte Nussbaumtüren und getäfertes Prunkzimmer in Spätrenaissanceformen; Ofen 2. H. 18. Jh.

Theodor-Brunner-Weg. Pfarrhaus, Nr. 3. Erb. 1769 von Heinr. Vogel; Renovation 1969–70. – **Ehem. Zehntentrotte,** Nr. 4. *Einzigartiges Beispiel kirchlicher Malerei an einem Profangebäude*. Erb. im 13. Jh. durch das Kloster Kappel; gelangt 1409 an die Johanniterkomturei; Rest. 1961–63. Gedrungener Bau unter steilem Walmdach. An der seeseitigen Fassade *got. Freskenzyklus* im «weichen Stil» um 1410: Wappen Werdenberg-Montfort und des Komturs Hermann Schulthess von Güebwiler, Taufe Christi, Hl. Martin, Muttergottes mit Stifterfigur, Johannes Evangelist, Laurentius, Jakobus, Christophorus und Wappen des obersten Meisters des Johanniterordens Hemmann ze Rhyn (1407–11) sowie Johanniterkreuz. – Nr. 7. Ehem. Amtshaus des Klosters Engelberg (bis 1744). Erb. 1695–98 vom Erlenbacher Baumeister Hans Jak. Hoffmann. Stattliches Giebelhaus; Terrassen- und Treppengitter um 1760 in Rokokoformen. – *Seestrasse*. Nr. 228, Wohnhaus des Psychologen Carl Gustav Jung (1875–1961); erbaut 1908–09 von Hans Baur nach Plan E. Fiechters, erweitert 1926. Zürcher Giebelhaus mit Lukarne und Treppenturm. Über dem Portal Inschrift: VOCATUS ATQUE NON VOCATUS DEUS ADERIT (Gerufen und nicht gerufen wird Gott da sein). – Strandbad. Erb. 1929–30 von Adolf P. Steger und Karl Egender. – Pflegeheim am See. Als Villa Seeried erb. 1936–37 von Otto Rudolf Salvisberg. Gehöftartige Anlage in gutem Heimatstil. – Schulhaus Heslibach. Erbaut 1946–48 von Rudolf Joss. Bildfenster 1949 von Heinr. Müller. In der Sportanlage Bronzestatue 1953 von Franz Fischer.

Kath. Kirche St. Georg. Erb. 1903–04 von Max Meckel in neuromanischen Formen. – Gasthaus Ochsen, ehem. Lochmannsches Landhaus. Giebelbau von 1651 mit 2 gerahmten Portalen und Wappenrelief; Renov. 1967–68. – Gemeindehaus. Im Innern zwei Wandbilder 1961 von Alois Carigiet und Kalksteinrelief Ritter Georg 1964 von Franz Fischer. – Rokokobrunnen von 1781. – Sog. Jürgehus. Von der Reformation bis 1829 Schulhaus. Grossenteils neugeb. um 1780; Innenumbau und Rest. 1966–67. – Altersheim Wangensbach. Als Landhaus erb. um 1620 durch den Politiker und Grosskaufmann Beat Werdmüller. Umbauten um 1800 (Entfernung von Treppengiebel und Turmaufbau) und um 1870. Gedenktafel an die Aufenthalte des italienischen

Patrioten Giuseppe Mazzini 1854 und Conrad Ferdinand Meyers 1876–77. – **Wohnhäuser Goldbacherstrasse Nrn. 64 und 72.** Erb. 1931–32 und 1933–34 von Max Ernst Haefeli. Zwei kubisch komponierte Flachdachbauten; hervorragende Beispiele des «Neuen Bauens» der 1930er Jahre. – Friedhof Hinterriet. Anlage 1966–68 von Willy Neukom, Bauten von Konr. Jucker, Kapelle von Balz König. Zwei Reliefs und Monumentalskulptur Auferstehung von Arnold d'Altri. – Burgruine Wulp, im Küsnachtertobel. Erb. um 1090 wahrscheinlich unter den Herren v. Küsnacht als Verteidigungsanlage für die kaiserlichen Positionen am rechten Seeufer. Um 1218 Besitz der Freiherren v. Regensberg; zerstört 1267 von den Zürchern unter Rudolf v. Habsburg. Letzte Grabungen 1961–62. Mächtige Fundamente des Turmes um 1090 und Reste der Burganlage der Regensberger.

ERLENBACH. Ref. Kirche. Erb. 1888–90 von Friedr. Wehrli als Ersatz für die Kirche St. Agnes, erstmals genannt 1370. Neugot. Bau mit Frontturm unter Spitzhelm, origineller Innenraum. Aus der alten Kirche barocker Taufstein von 1703 und Fragmente der geschnitzten Holzdecke 1497 von Blesi Wercher. Rest. 1972. – Hotel Schönau, ehem. Lochhaus. Um 1100 Wachtturm und Sitz eines Seevogtes; 1548 Erweiterung als Sitz des Einsiedler Amtsmannes. Massivbau unter Satteldach, ehem. mit einem Treppengiebel; grosses Korbbogenportal zum ehem. Schiffsunterstand, spätgot. Portal von 1548 im 1. Stock. – Zur Friedau, Bahnhofstrasse Nr. 1. Giebelhaus von 1782. Skulptiertes Portal. – Gegenüber Brunnen von 1923 mit Mädchenfigur von Hans Gisler. – Seestrasse. Gehrenhof, Nr. 92, und Säulenhaus, Nr. 100. Zwei neuklassiz. Villen, erstere von Heinr. Müller und Joh. A. Freytag 1919–20. – Kinderheim Mariahalden. Erb. 1769–70 als Landhaus Hintere Schipf für einen der beiden letzten Bürgermeister von Zürich, Heinrich Kilchsperger; 1817–49 bewohnt vom deutschen Politiker, Schriftsteller und Kunstsammler Christian Ernst v. Bentzel-Sternau. Langgestreckter frühklassiz. Block unter steilem Walmdach, quer zum See angeordnet. Fassaden mit Pilastergliederung; an der Seefront Portal, toskanischer Pfeilerportikus mit Balkon und grosse volutengerahmte Lukarne mit Segmentgiebel. Terrassierter Garten gegen den See; Rokokobrunnen. Im Innern Treppengeländer und Öfen im Stil des Rokokos. – Schulhaus. Erb. 1911–13 von Heinr. Müller. Im Erweiterungsbau Wandbild 1953 von Hans Fischer. – Turmgut. Erbaut 1924–25 von Hans Vogelsanger und Albert Maurer. Neuklassiz. Landhaus, verbunden mit einem Rebturm des 17. Jh. – Gasthaus Kittenmühle. Erb. 1621 durch Untervogt Ulr. Fierz, vergrössert 1688 durch Heinr. Kitt; Renov. 1955–56. Grosser Giebelbau in Fachwerk.

***HERRLIBERG.** Ref. Kirche. Erb. 1686–87 an Stelle einer got. Kapelle St. Theodorich und Erhard; Rest. 1962–63. Dreiseitig geschlossene Saalkirche mit nördl. Flankenturm unter Spitzhelm. Unter dem Schiff sind die Fundamente des Vorgängerbaus mit Resten spätgot. Malerei 1. H. 15. Jh. sichtbar. Barockkanzel von H. Isler und Taufstein aus der Bauzeit. – Kath. Kirche St. Marien. Erbaut 1955–56 von Ferd. Pfammatter. Gitterartig aufgelöste Giebelwand mit Glasmalereien von Hans Stocker. Taufstein 1958 und Blaues Fenster 1959 von Joh. Jak. Zemp, Muttergottesstatue von Albert

Wider. – Schulhaus Im Rebacker. Erb. 1966–68 von Hans v. Meyenburg. Metallplastik 1967–68 von Silvio Mattioli. – Vogtei, im Busenhard. Altbau von 1692, erweitert um 1735; langgestreckte Scheune 1679. – **Landhaus Schipf*.** *Repräsentativster barocker Herrschaftssitz am Zürichsee mit vorzüglicher Ausstattung.* Zugänglich bei öffentlichen Konzerten im Sommer. Gebäudekomplex inmitten eines schönen Rebgeländes, worauf urspr. die Burg der Meyer v. Herrliberg stand. Das Gut erworben 1582 vom Tuchhändler David Werdmüller (1548–1612) im Seidenhof, Begründer der Seidenindustrie in Zürich. Im Besitz der Werdmüller bis 1723, durch Kauf an die Escher, durch Heirat 1859 an Friedrich v. May und 1875 an die v. Meyenburg. Besuch Goethes 1797 bei Freihauptmann Joh. Escher; Besuch Winston Churchills als Gast der Zürcher Universität am 19. September 1946. – *Wohnhaus.* Neuerb. 1617 unter Verwendung älterer Bauteile, umgeb. 1648; Renov. 1964. Stattliches Giebelhaus parallel zum See mit 2 grossen Lukarnen. Dachuntersichten bemalt nach Entwürfen von Georg Lasius um 1880. Ausstattung des Speisezimmers um 1745, u. a. blau-weisser Turmofen von Heinr. Bleuler mit 40 Ansichten hauptsächlich zürcherischer Burgen, Schlösser und Landsitze. Grüner Turmofen mit blau-weissen Phantasielandschaften 1758 von Leonhard Locher. Vorgelagerter Seegarten von 1648 mit 2 symmetrischen Pavillons. In der NW-Ecke des Gebäudekomplexes *Festsaalbau* von 1723–32 über hohem gewölbtem Keller und der Pächterwohnung. Grosser und kleiner Saal sowie offene Loggia mit reichen Stukkaturen und mythologischen Deckenfresken vom Lombarden Jacopo Appiani. Mobiliar, Cheminée, Spiegel und dekorative Tafelbilder aus der Bauzeit. Barocke Hausorgel 1694 von Jak. Mesmer, umgebaut 1732 von Joh. Conr. Speisegger; 2 blau-weisse Barocköfen mit Veduten um 1740. Zahlreiche, mit dem Haus in Beziehung stehende Gemälde, u. a. 3 Damenporträts 1626 und 1629 von Samuel Hofmann und 1870 von Ernst Stückelberg, grosses Tafelbild, Allegorie der Musik, süddeutsch um 1500. Klassiz. Gestaltung der Ufermauern, des Stallgebäudes, des Nischenbrunnens, der Gartenterrasse und der Pavillons unter dem Architekten und Industriepionier Hans Casp. Escher (1775–1859), dessen Pläne im Hausarchiv aufbewahrt werden. Im Hof frühklassiz. Urnenbrunnen 1793, im Garten Brunnenfigur um 1880 von Viktor v. Meyenburg.

WETZWIL. Ref. Kirche. Erwähnt 1370. Das roman. Kirchlein im 14. und 15. Jh. umgebaut. Verlängerung nach W, polygonaler Chorschluss und Käsbissenturm an der N-Seite 1750; Rest. 1930–31. Klassiz. äusserer Emporenaufgang von Hans Casp. Escher um 1835. Wandmalerei: In einer Nische Christus am Kreuz 2. H. 13. Jh.; Schutzmantelmadonna und Anbetung der Könige 1. V. 15. Jh. Im Chor spätgot. Männerstühle, Taufstein von 1630. – Landhaus, nördl. Hasenacher. Guter Heimatstilbau 1938 von Albert Heinr. Steiner.

MEILEN. Bezirkshauptort. – **Ref. Kirche.** Die Kirche 965 dem Kloster Einsiedeln geschenkt. Wie die Ausgrabungen 1968 im Chor ergaben, steht die heutige Kirche über Vorgängerbauten aus der Zeit um 700 und um 1000, wobei letzterer um 1300 einen Chorturm erhielt. Um 1400 Bau eines nördl. Chorflankenturmes; Neubau des Chors und Erhöhung des Turms 1493–95 vermutlich von Hans Felder. Um- oder Neubau des Schiffs 1683, Verlängerung nach W und neuer Dachstuhl 1786; Renov. 1932, Chor rest. 1969. Stattliche Landkirche mit eingezogenem spätgot. Polygonalchor, der von Eckstreben mit Dreieckgiebeln eingefasst wird. Viergeschossiger Turm mit spätgot. Masswerk-Schallöffnungen, Käsbissen mit fialengekrönten Lisenenunterteilungen. Vorhalle mit doppeltem Emporenaufgang 1936. Im Schiff Lisenengliederung und Stuckierung in spätesten Rokokoformen 1786. Im Chor reizvolles, aus einem Stern entwickeltes Netzgewölbe auf Wanddiensten mit Schildbogen, nur in den W-Ecken und zwischen den S-Fenstern auf Konsolen; hier Brustbild eines schildhaltenden Engels. Auf den 3 Schlusssteinen Madonna, Lamm Gottes und Hand mit Ankerkreuz. Fünf 2- und 3teilige Spitzbogenfenster mit Fischblasenmasswerk. Sakramentshäuschen von einer hohen Fiale bekrönt. Glasgemälde 1969–70 von Max Hunziker. Im Turmerdgeschoss Sakristei mit Netzrippengewölbe auf breiten, tartschenbesetzten Konsolen 1493–95. Wappenscheiben 1687. Neugot. Kanzel und Taufstein um 1870. – Im Hausacker, Villa, erb. 1957–58 von Marcel Breuer. – **Landgut Mariafeld.** Ehem. Bauernhof, seit 1588 Junkernsitz der v. Escher; Besitz des einen der beiden letzten Bürgermeister von Zürich, David v. Wyss, seit 1760. Erziehungsanstalt 1839–48, im Besitz der Familie Wille seit 1851. Zur Zeit des Ehepaares François (1811–96) und Eliza Wille kam hier die berühmte «Tafelrunde auf Mariafeld» zusammen, mit den Dichtern Georg Herwegh, Gottfried Keller, Conrad Ferdinand Meyer, den Komponisten Franz Liszt, Richard Wagner, dem Architekten Gottfried Semper, den Historikern Wilhelm Mommsen, Gottfried Kinkel und den Ehepaaren Wesendonck und Plater. Sitz des Generals Ulrich Wille. Einfaches Hauptgebäude 1. H. 17. Jh., erweitert 1750–53, sog. Kapellenhaus (ehem. Festsaal), neugot. umgeb. um 1840. Barocker Turmofen 1723 von Joh. Reiner. Im Hof Barockbrunnen und Statuen. – **Landgut zum Grünenhof,** General-Wille-Strasse Nr. 256. Erb. um 1680 wahrscheinlich für Landvogt Ziegler. Barocke Anlage mit Wohnhaus und mehreren Nebengebäuden. Über der Freitreppe schönes Portal mit bewegtem Rokoko-Oberlichtgitter. Im 1. Stock des Wohnhauses bemerkenswerte Grisaillemalereien von 1684.

Seestrasse. Landgut Im Horn, Nr. 409. Grosses Giebelhaus, quer zur Strasse, 1. H. 17. Jh., Umbau 1695; Renov. 1955. Im 1. Stock Spätrenaissancetäfer von 1695, im 2. Stock grosser Festsaal (heute unterteilt) um 1725, mit eleganten Régencestukkaturen und Cheminées aus farbigem Stuckmarmor. – Denkmal für den Dichter des Schweizerpsalms, Leonhard Widmer (1808–68), Knabenfigur auf Stele 1958 von Meinrad Marti. – **Landhaus Seehalde,** Nr. 467. Ehem. Weinbauernhaus des 17. Jh., 1767–68 in Rokokoformen vollständig umgebaut wahrscheinlich von David Morf für den Kaufherrn Felix Oeri-Lavater; Rest. 1959–60. Schlichtes Giebelhaus, geschmückt mit guten Steinhauerarbeiten; mehrere hervorragende schmiedeiserne Gitter von Sixtus Kambli. Im Innern ornamental bemalte Balkendecke des 17. Jh. und qualitätvolle Rokoko-Ausstattung: Getäfer, Stuckdecken, Cheminées aus schwarzem Stuckmarmor, u. a. 4 blau auf Weiss gemalte Turmöfen 1767–68 von Heinr. Bleuler, 3 davon mit Malereien von Jak. Kuhn. – Ehem. Lehenhaus der Seehalde, Nr. 444. Erb. wohl 1767. Zweigeschossiger Bau mit gemalten Eckpilastern unter ausladendem Walmdach mit 4 grossen gewalmten Lukarnen. – Schifflände: Plastik, Tänzerin, um 1945 von Hermann Haller.

Gasthof Löwen. Barockes Giebelhaus von 1616. Wirtshausschild um 1750. – Ref. Pfarrhaus. Neuerb. 1790–91 durch das Kloster Einsiedeln. Frühklassiz. Bau mit Ecklisenen unter geschweiftem Satteldach. – **Seehof,** Seestrasse Nr. 642. Erb. 1767 unter Benutzung älterer Teile wahrscheinlich von David Morf für den Kaufherrn Felix Oeri-Lavater; Sitz des Oberamtmannes 1815–20; Wohnsitz des Dichters Conrad Ferdinand Meyer 1872–76. Grosses Giebelhaus mit gemalten Eckpilastern und gewalmten Lukarnen. Im Innern Rokoko-Ausstattung. Die Schmiedeisenarbeiten von Sixtus Kambli, Hans Jak. Ochsner und Joh. Heinr. Daelliker, die zu den schönsten zürcherischen Erzeugnissen des 18. Jh. gehören, grösserenteils seit 1907 im Landesmuseum in Zürich. – Strandbad. Bronzeplastik, Badende, von Otto Charles Bänninger um 1955. – Winkelstrasse. Haus Im Grund Nr. 15. Ehem. Gerbe, erb. 1504; umgeb. um 1790. Stattlicher Bau unter Mansartdach, Giebel in Fachwerk. Schöne skulptierte Eckpilaster, Freitreppe mit balkontragendem toskanischem Säulenportikus. – Untere Mühle, Nr. 25. Erwähnt im 13. Jh. Riegelbau aus dem 16. Jh., umgeb. 1777; über dem Portal Wappentafel von 1756. – Der **«Bau»,** Sterneggweg Nr. 5. Erb. 1635 für Hans Jak. Bürkli; Rest. 1957–61. Beherbergt kleine ortsgeschichtliche Sammlung (s. unten). Grosses Giebelhaus über mächtigem Keller. Werdmüller-Stube mit grauen Rankenwerkmalereien an der Balkendecke. Dekorative Täfer- und Deckenmalereien. Blau bemalter Ofen 1766 von Casp. Neeracher. – Haus Kirchgasse Nr. 14. Klassiz. Bau um 1835. – Kindergarten Dorf. Bronzeplastik, Hund, 1962 von Franz Fischer. – Rothaus. Riegelbau von 1771, am Portal Rokoko-Oberlichtgitter. – Post. Fassadenplastik um 1955 von Theo Wetzel. – Kath. Kirche St. Martin. Schiff 1950–51 von Otto Glaus; Turm 1969 von Glaus und Hans R. Kuhn. Wandbild 1951 von Mario Comensoli, Glasfenster 1962 von Aug. Frey. – Bezirksgericht. Glasfenster 1958 von Max Hunziker.

Dorfteil Dollikon. Am Seeufer wurden im Winter 1853–54 erstmals in der Schweiz Überreste einer «Pfahlbau»-Siedlung entdeckt. – Landhaus zum Schinhut, Seestrasse Nr. 976. Erb. 1704 über älterem Keller für Hans Jak. Pestalozzi. Einfacher Kubus unter steilem Walmdach. – Landhaus zum Sonnenhof, Alte Landstrasse Nr. 34. Grosses Giebelhaus des 17. Jh.; skulptiertes frühklassiz. Portal von 1784. – Weiler Burg. Dreiteiliges Reihenhaus von 1673 und 1687 mit 2 grossen Lukarnen. – Gasthaus zur Burg. Erb. 1676 für Untervogt Hans Jak. Wunderli. Stattliches Riegelhaus mit Freitreppe, bemalten Falläden und Reihenfenstern; Fachwerklukarne mit Uhr und Glocke. In der Gaststube Getäfer und Buffet in Frühbarockformen. – Burgruine Friedberg. Wahrscheinlich oberer Abschluss einer vom Zürichsee heraufziehenden Letzi; gelangt 1218 an die Freiherren v. Regensberg. Zerstört vermutlich im Alten Zürichkrieg 1444, ausgegraben 1903. – Asyl für Gemütskranke Hohenegg. Grosser Gebäudekomplex, erb. ab 1911–12 von Robert Rittmeyer und Walter Furrer.

Museum. Kleine ortsgeschichtliche Sammlung, im «Bau» (s. oben).

UETIKON. Ref. Kirche. Erb. 1682 unter Verwendung von Chor und Turm der Kapelle von 1429; Verlängerung des Langhauses nach W und Erweiterung nach N 1908; Renov. 1924. Langhaus und eingezogener polygonaler Chor unter Satteldach; Käsbissenturm an der N-Seite des Chores. Chorgewölbe 1908. Mittelfenster im Chor 1954 von François de Ribaupierre; am Chorgestühl Flachrelief 1953 von Max Hunziker. – Landhaus zum Langenbaum. Erb. 1643 für Heinr. Lochmann d. Ä., Oberst in französischen Kriegsdiensten; Renov. um 1910. Grosses Giebelhaus quer zum See; über den Lukarnen einst Spitzhelme. – Riegelhaus, Rankweg Nr. 6. Erb. um 1750 über hohem gemauertem Untergeschoss, mit bergseitigem Vorbau. – Waekkerling-Stiftung. Erb. 1899–1902 von Hermann Fietz d. Ä. in Formen des Jugendstiles und der Neugotik.

MÄNNEDORF. Ref. Kirche. Erwähnt 998, den Hl. Stephan und Lorenz geweiht. Die Grabung 1961 erbrachte den Nachweis von 4 Bauetappen vor dem 17. Jh. Heutige Anlage 1655–57 unter Verwendung des Turms im SW aus der Zeit um 1500. Aussenrest. und vollständige Neugestaltung des Innern 1961–62 von Hans v. Meyenburg, wobei die originelle neugot. Arkadendisposition, 1862–63 von Casp. Jos. Jeuch, geopfert wurde. Saalraum ohne Chorabtrennung unter flachgeneigter Holzdecke; Seitenempore aus Beton mit Schriftrelief von Max Kämpf, Taufstein und Kanzel mit Reliefs von Peter Meister, Glasmalereien von Hermann Alfred Sigg. – Seestrasse. Haus Nr. 80. Grosse neugot. Villa in Haustein, erb. 1904–05 von Richard Kuder und Alb. Müller. – Nrn. 103 und 131. Zwei klassiz. Fabrikantenvillen um 1840. Schifflände. Bronzeplastik Vogelzug 1967 von Charlotte Germann-Jahn. – Untervogtshaus, Dorfgasse Nr. 37. Spätgot. Portale von 1543; im Anbau des 18. Jh. Prunkzimmer mit einer bemerkenswerten Stuckdecke und Wandmalereien um 1790. – Landhaus zum Grossen Zieglerhof, Nr. 233. Erb. 1727–29 für die Brüder Leonhard und Jak. Christoph Ziegler. Barockes Giebelhaus mit Rokokogittern an Freitreppe und Balkon. Im Innern Rokokostukkaturen. – Landhaus zur Mittelwies, Bahnhofstrasse Nr. 44. Erbaut wahrscheinlich im 17. Jh., erweitert im 18. Jh. Baukomplex aus 3 Giebeltrakten, dazwischen Türmchen unter Zeltdach. – Zum Liebegg, Alte Landstrasse Nr. 220. Erb. 1835 wahrscheinlich nach Plänen des Malers Jak. Billeter. Spätklassiz. Villa mit 2 symmetrisch angelegten Ökonomiegebäuden. – Friedhof. In der Abdankungshalle keramisches Wandrelief 1964 von Maja v. Rotz. – Schulhaus. Bronzeplastik 1959 von Hans Jak. Meyer. – Kath. Kirche St. Stephan. Erb. 1893–94 von Aug. Hardegger; purifizierende Innenrenov. 1966–67. Neugot. Bau in Haustein mit freistehendem polygonalem Turm unter Spitzhelm. Plastische Innenausstattung 1967 von Franco Annoni.

STÄFA. Ref. Kirche. Erwähnt 1217, St. Verena geweiht. Neuerb. 1688–89, Verlängerung um 1 Joch und neuer Innenausbau 1788; Renov. 1930. Saalkirche unter gewalmtem Dach mit 3seitigem Abschluss und Eckpilastergliederung. Drei frühklassiz. Portale von 1788 mit vorgesetzten Haubendächern auf Säulen oder Pfeilern. Turm: Erdgeschoss wohl Turmchor einer roman. Kapelle mit Kreuzrippengewölbe um 1280, Aufbau 1484, klassiz. Glockengeschoss und Spitzhelm 1837–38 von Ferd. Stadler. Im Kircheninnern stichbogige Gipstonne und ansteigende W-Empore auf 2 Holzsäulenpaaren; die frühklassiz. Wand- und Deckenstukkaturen sowie Taufstein und Kanzel 1788 vom Tiroler Joh. M. Zobel. – Zum Sonnental, Alte Landstrasse (beim Strandbad Männedorf). Klassiz. Bauerngut von 1827. – *Dorfteil Oetikon.* Haab. Geschlossene Hafenanlage mit Häuserzeile des 17.–19. Jh. – Denkmal zur Erinnerung an den Stäfnerhandel 1794–95: Bronzefigur, kettenzerreissender Freiheitskämpfer, 1898 von August Bösch. – Notariat. Als Wohnhaus in Neurenaissanceformen erb. 1850–53 von Ferd. Stadler. – Grünenhof, Spittelstrasse. Erb. 1748; Renov. 1962–63. Spätbarocker Bau; Lukarne und Portal wohl um 1790. – *Dorfteil Kehlhof.* Mühle. Häusergruppe des 18. und 19. Jh. Mühlehaus von 1754, klassiz. erweitert 1818. Originelles Stallgebäude von 1845. – Privatpension Sunneschy. Als Villa erb. um 1912 von Otto Pfleghard und Max Haefeli. – *Dorfteil Oberhausen.* Gasthaus zur Alten Krone. Wohnhaus von Goethes Freund Heinr. Meyer (1760–1832), Akademiedirektor in Weimar. Gedenktafel an den Besuch Goethes 1797. – Verwaltungsgebäude der Ventilator AG. Erb. 1962–64 von Justus Dahinden. Stahlskelettbau mit rückspiegelnder Glashaut. – Kath. Kirche St. Verena. Erb. 1946–48 von Viktor Schaefer. – *Dorf.* Haus zur Farb, mit Ortsmuseum. Als Färberei erb. 1. H. 17. Jh.; Gerichtsstube eingeb. 1. H. 18. Jh. durch Untervogt Pfenninger. Grosser Fachwerkbau unter mächtigem Satteldach; bemalte Falläden. Im Trotthaus Baumtrotte 18. Jh. – **Mies.** Schöne Baugruppe des Rokokos, um einen Hof angeordnet. Langgestrecktes Doppelwohnhaus, Mittelbau von 1743, Seitenflügel angefügt 1762 für den Baumwollfabrikanten Hans Ulr. Baumann. Graubraune Täfermalereien um 1785 mit mythologischen Szenen und Bildern Friedrichs des Grossen und der Königin Marie-Antoinette, nach französischen Vorlagen, rest. 1959; zwei bemalte Neeracher-Öfen von 1762. Wohnhaus und Wollfabrik, 2 stattliche Giebelhäuser von 1785, über den Portalen des letzteren 2 Wappenreliefs. Scheune und Waschhaus um 1800. Brunnen von 1785.

Museum. Ortsmuseum, im Haus zur Farb (s. oben).

UERIKON. Sog. Ritterhäuser, am See. Guterhaltener Baukomplex des 13.–16. Jh. Sitz der 1229 genannten Herren v. Uerikon, Meier des Klosters Einsiedeln und ihrer Nachfolger aus der Familie Wirz (um 1390–1555). *St. Johannes-Kapelle*, erb. wahrscheinlich 1315 unter Ritter Albrecht v. Uerikon zum Andenken an seine 3 am Morgarten gefallenen Söhne. Chor in spätgot. Formen 15. Jh.; Gesamtrest. 1946. Dachreiter rekonstruiert 1954. Chorfenster 1952–53 von Max Hunziker. – *Sog. Burgstall.* Wahrscheinlich auf Mauern der ehem. Wasserburg neuerb. um 1492 für Heinrich Wirz. Spätgot. Bau unter Krüppelwalmdach. In der Ammännerstube spätgot. Balkendecke mit Wappen des Bauherrn und seiner Gemahlin Agnes v. Cham. – *Ritterhaus.* Unter Verwendung eines älteren Kernes erb. um 1520–30 für Hans Wirz oder seine Söhne; Rest. 1959–61. Riegelbau mit gemauerten Giebelwänden unter Krüppelwalmdach. An den nördl. Vordachbügen Wappen Wirz und Nöggi, Johanniterschild und Narrengestalt. In der Ritterstube Renaissancebalkendecke von Ludw. Nöggi um 1530 und Neeracher-Ofen von 1780 aus Hadlikon.

HOMBRECHTIKON (Abb. 260). *Im Gemeindebann stehen einige der schönsten Bauernhäuser des Kantons.* – **Ref. Kirche.** Neuerb. 1758–59 von Jak. Grubenmann unter Verwendung des spätgot. Turmes; anlässlich der Rest. 1959–60 Nachweis der Fundamente der roman. St. Niklauskapelle, erwähnt 1308, und des spätgot. Neubaus von 1513–24. Langhaus und eingezogener Polygonalchor unter gemeinsamem Satteldach, im N zwischen Schiff und Chor der Turm mit geschweiften Uhrgiebeln und Spitzhelm. In beiden Raumteilen Flachdecken mit reichem Rokokostuck. Polygonale Kanzel 1708, darunter gleichzeitiger Pfarrstuhl, an dem Groteskschnitzereien um 1660 wiederverwendet sind. Taufstein 1759. W-Empore und Orgel 1960, Orgelprospekt 1912. – *Hombrechtikon-Dörfli.* Friedhofhalle. Plastik 1937 von Paul Speck und Fresko 1949 von Hans Stocker. – Schulhaus. Granitplastik 1959 von Hans Jak. Meyer. – Kath. Kirche St. Niklaus. Erb. 1968–69 von Walter Moser; Glasgemälde von Max Hellstern.

Unterschirmensee. Schöne um einen Hof angeordnete Häusergruppe. Ehem. Gasthaus Rössli. Erb. wahrscheinlich um 1650, umgeb. 1707; Rest. 1958–59. Stattliches Giebelhaus mit Lukarne; Sala terrena mit 3 Kreuzgewölben. Daneben Riegelhaus auf hohem gemauertem Unterbau, erb. 1673, umgeb. 1725. Im Korridor ländliche Figurenmalerei 2. H. 18. Jh., Ofen 1759 von Casp. Neeracher. Nebengebäude mit skulptiertem Eckstein (Kopf) von 1596.

Feldbach. **Prächtige Häusergruppe,** erb. von der seit ca. 1500 hier ansässigen Familie Bühler, genannt «Bauernkönige von Feldbach». Ehem. Mühle: Verputzter Giebelbau von 1636; 2 spätgot. Portale mit Wappenkartuschen. Trotthaus: Sehr schöner Fachwerkbau von 1719. Oberhaus: Grosses Giebelhaus von 1743 mit Freitreppe. Unterhaus: Erb. 1679 von Maurer Hans Willi und Zimmermann Jak. Zollinger für Hans Heinr. Bühler; Riegelbau mit Klebdach. Zum Sunneschy: Stattlicher Bau um 1680 mit Freitreppe; im Giebel Uhr und Glocke. – Landhaus zum Rosenberg. Erb. 1832–33 nach Entwurf des Malers Jak. Billeter. Klassiz. Villa mit 2 symmetrisch angelegten Ökonomiegebäuden. Wandmalereien um 1833 von David Alois Schmid.

Lützelsee. **Haus Menzi.** Schöner Riegelbau um 1680 über hohem gemauertem Sockelgeschoss mit Freitreppe; bemalte Falläden. – **Haus Hürlimann.** Grosses Riegelhaus von 1709 und Nebengebäude; bemalte Dachuntersichten und Fensterläden. – *Lautikon.* **Haus Egli** (Abb. 260). Erb. 1665–66; Rest. 1959–60. Malerischer Riegelbau mit Klebdächern und figürlichen Schnitzereien an den Stützen der Dachvorsprünge. Die Dachuntersichten, Falläden und Türen dekorativ bemalt 1766. Im Innern Kassettendecke von 1668 mit figürlichen Schnitzereien und Ofen mit Veduten 1776 von Matthias Neeracher. – Klassiz. Arzthaus, erb. 1823. – *Langenried.* **Haus Dändliker.** Verputzter Giebelbau von 1683 mit Klebdächern und Freitreppen. Reichgeschnitzter Barockschrank von 1675.

ZÜRCHER OBERLAND

GOCKHAUSEN. Meisenrainweg. Grosses Atelier- und Bürohaus, erb. 1956–60 und erweitert 1967 von Rudolf Brennenstuhl und Eduard Neuenschwander. – Atelierhaus, Nr. 29. Erb. 1959 von André Studer. – Burgruine

Dübelstein. Erb. um 1250 von Ritter Konrad v. Dübelstein, Ministeriale der Grafen v. Rapperswil; nach 1314 im Besitz verschiedener Zürcher Ratsgeschlechter, 1484–89 Ausbau zum Landsitz unter Bürgermeister Hans Waldmann. Bis zum Brand 1611 im Besitz der Escher; Ausgrabung, Rest. 1942–43.

DÜBENDORF. Ref. Kirche. Neuerb. 1969–71 von Hans v. Meyenburg. – Kath. Kirche Maria Frieden. Schiff 1950–52 und Turm 1962–63 erbaut von Ferd. Pfammatter und Walter Rieger. Glasfenster von Paul Monnier und Max Spielmann. – Gasthof Hecht. Erb. 1663; klassiz. Wirtshausschild um 1800. Am Nebengebäude barockes skulptiertes Kellerportal von 1755. – Kehlhof, Bahnhofstrasse Nr. 15. Riegelbau um 1700, mit grosser Lukarne. – Ref. Kirchgemeindehaus. Mosaik 1952 von Eugen Häfelfinger, Relief 1953 von Hans Jakob Meyer. – Militärflugplatz. Anlage mit Grossflugzeughalle und Werkstattgebäude 1922–23; Empfangsgebäude, Hangar und Werft 1932–33 von Karl Kündig und Heinr. Oetiker. Soldatenhaus: Standesscheiben 1918 von Paul Boesch. Fliegerkaserne: Wandbild 1941 von Karl Hügin. Direktionsgebäude: Wandbild 1963–64 von Hermann Alfred Sigg. – *Gfenn.* Ehem. Lazariterkirche. Konventskirche eines nach 1217 von Vogt Rudolf III. v. Rapperswil gegründeten, 1250 erwähnten Lazaritenhauses, das bis M. 14. Jh. von Brüdern, später von Schwestern besiedelt war. Die auf einem Hügel gelegene Kirche diente seit Aufhebung des Konvents 1524 als Bauernhaus; parität. Kirche seit der Rest. 1961–63. Kleine roman. Saalkirche mit Rechteckchor; Treppengiebel um 1505. Am Kreuzgewölbe des Chors got. Fresken M. 15. Jh.: Krönung Mariä und 4 Evangelisten. Neue Innenausstattung von Rolf Keller, Relief am Portal von Max Rüedi, Maueranker und Glockenträger mit Hahn von Silvio Mattioli. Nebenan Bauernhaus auf den Grundmauern des 1828 abgebrannten Konventshauses.

WANGEN. Ref. Kirche (?). Neuerb. 1874 in neugot. Formen von Otto Wolff; purifizierend renov. 1967–68 durch Paul Hintermann.

HEGNAU. Sog. Kappeli. Ehem. Liebfrauenkapelle, vielleicht erbaut im 12. Jh. durch die Meier von Hegnau, erwähnt 1504. Spätbarocke Turmhaube um 1790 über dem erhöhten spätgot. Polygonalchor; Umbau des Schiffes zum Schulhaus 1811.

VOLKETSWIL. Ref. Kirche. Erwähnt 1360, St. Agatha geweiht. Spätmittelalterl. Bau mit Polygonalchor; Dachreiter von 1584. 1956–57 durch Max Ziegler umgewandelt in einen modernen Saalraum unter Beseitigung des Chorbogens; Taufstein 1957 von Franz Fischer, Glasgemälde 1962–66 von Max Hunziker. – Landgasthof Wallberg mit Gemeindesaal. Erb. 1966–68 von Manuel Pauli.

NÄNIKON. Denkmal auf der sog. Blutmatte. Anstelle einer ehemaligen Gedenkkapelle errichtet 1842, zur Erinnerung an die im Alten Zürichkrieg 1444 hingerichtete Besatzung von Greifensee. – Denkmal für Minister Jean Hotz (1890–1969): Plastik, Pferd mit Bändiger, 1960 von Emilio Stanzani.

GREIFENSEE.** *Aus Geschichte und Literatur bekanntes Landstädtchen am Seeufer, mit Burg («Schloss») und einzigartiger hochgot. Kirche.* Gründung durch die Herren v. Rapperswil vermutlich 1. H. 12. Jh., in Zusammenhang mit der wenig älteren Burg, deren Geschichte das Schicksal des Städtchens bestimmte. Die hufeisenförmige Reihung der äusseren Häuser und der Kirche bezeichnet den Verlauf der ehem. Stadtmauer, über die sich der zu dörflicher Bedeutung herabgesunkene Ort bis in neuere Zeit nicht entwickelte. – **Ref. Pfarrkirche. Gestiftet um 1330–40 von Elisabeth v. Schellenberg, Gattin des Marschalls Hermann v. Landenberg-Greifensee; St. Gallus geweiht; Renov. 1908–09. Kleine 3eckige Anlage unter steilem Zeltdach, das an der SW-Ecke von einem 5seitigen erkerartigen Spitztürmchen überragt wird; die mehrfach gebrochene Rückwand mit spitzbogigen Fenstern ist Teil der ehem. Stadtmauer. Aussentreppe zur Empore. In der Mitte des Raumes ein schlanker Rundpfeiler, welcher mit Wandstützen ein unregelmässiges Sterngewölbe mit birnstabförmigen Rippen trägt. Laubwerkkapitelle; Schlusssteine mit Agnus Dei, Christuskopf, Maria (?) und Engel sowie den Wappen des Stifterehepaares. Heraldische Malereien von 1696, Wappen Zürich und Greifensee. Hölzerne Empore mit Bauinschrift 1638; Rokokokanzel 1780. Taufsteinbecken 1603. – **Schloss.** Von den Herren v. Rapperswil um 1100 errichtet, 1369 an die Grafen v. Toggenburg verkauft. Seit 1402 im Besitz Zürichs; im Alten Zürichkrieg 1444 von den Eidgenossen erobert und teilweise zerstört («Mord von Greifensee»), Wiederaufbau 1520. 1402–1798 Sitz der Zürcher Landvögte, unter denen der originelle, 1780–86 amtierende Salomon Landolt durch Gottfried Keller ein literarisches Denkmal erhielt. Seit 1935 Evang. Diakonenhaus; Wiederherstellung des Bauzustandes von 1520 anlässlich der Rest. 1948–53. Der teilweise aus Findlingen erbaute ehem. Wehrturm mit bis zu 4,5 m starken Grundmauern steht auf einem Sandsteinkopf und ist von einem Graben umgeben; Erweiterungsbau und das Satteldach mit Treppengiebeln und Aufzugstüre 1520. An der SO-Seite got. Fensterchen der ehem. Burgkapelle; Sonnenuhr und grosses gemaltes Standeswappen 1536 vermutlich von Heinr. Zeiner. Im Korridor Wappen der Landvögte; im grossen Saal u.a. Malereien angeblich vom obenerwähnten Salomon Landolt um 1785. – Pfarrhaus. Schöner Riegelbau, 1812–13 teilweise neuerbaut. Glocken aus der Pfarrkirche 18. Jh.

SCHWERZENBACH. Ref. Kirche. Erbaut 1812–14 von Hans Conrad Bluntschli d. J., Zugangstreppen 1816–17. Klassiz. Querkirche über rechteckigem Grundriss mit gerundeten Ecken; auf dem First des Walmdaches Türmchen mit kuppelartigem Abschluss. 1937 renov. und neu gestaltet.

FÄLLANDEN. Ref. Kirche. Erb. im 13. Jh.; Renov. 1920 von Otto Zollinger; Turm 1933. Malerei am Vordach und Figurenintarsien an der Kanzel 1920 von Paul Bodmer. Beim Eingang Glocke von Peter Füssli 1623. – Jugendherberge. Kubischer Holzbau 1937 von Emil Roth.

MAUR. Ref. Kirche. Erb. vor 874, St. Martin geweiht; Neubau 1507–12. Neugotischer Turmaufbau von 1874–75; Rest. 1969–70. Polygonalchor mit vier Spitzbogenfenstern und Netzgewölbe, Schlussstein mit Jahrzahl 1509. Schöne Holzdecke mit dekorativen bemalten Flachschnitzereien 1511 von Tischmacher Hans Inniger aus Landshut; Sakristeitüre mit Flachschnitzereien von 1510. Renaissanceholzkanzel von 1599. – Pfarrhaus. Erb. 1563 vom Zürcher Stadtbaumeister Bartholomäus Käufeler. Schöner Fachwerkbau mit vorkragenden Giebelgeschossen; im Wohnzimmer spätgot. Balkendecke. – Schloss. Seit dem 9. Jh. Sitz der Edlen v. Maur, Meier des Fraumünster-Klosters in Zürich. Aus dem Meieramt ging später die Gerichtsherrschaft hervor, die 1749–75 der bedeutende Kupferstecher David Herrliberger innehatte. Mittelalterl. Turm, im 19. Jh. teilweise abgebrochen und stark umgebaut; neuer Wohntrakt von 1750.

EGG. Ref. Kirche. Erwähnt 853; neuerb. 1742; Verlängerung nach O und Abbruch des Chores 1821, Stukkaturen von 1821. – Haus Schützenmeister. Grosser frühklassiz. Giebelbau um 1790.

OETWIL AM SEE. Ref. Pfarrkirche. Langrechteckiger Saalbau mit Frontturm erbaut 1725. Taufstein von 1725; Kanzel 17. Jh. und Pfarrstuhl von 1687 aus der abgebrochenen vorreformatorischen St. Niklauskapelle. – Haus Dahm. Ehem. Bauernhaus 19. Jh., bewohnt seit 1918 von der Malerin Helen Dahm (1878–1968).

MÖNCHALTORF. Ref. Pfarrkirche. Genannt 902, ursprünglich St. Gallus und Otmar geweiht. Neubau 1519–22 unter Verwendung der Fundamente des roman. Rechteckchores und des Turmes aus dem späten 11. Jh.; Rest. 1958–59. Einfache Saalkirche unter Satteldach, Turm mit Käsbissen. Sehr schöne Holzdecke mit dekorativen und figürlich bemalten Flachschnitzereien 1522 von Meister Ulr. Schmid; im Chor spätgot. Rippengewölbe.

GOSSAU. Ref. Kirche. Erwähnt 877, St. Martin geweiht 1339. Neuerb. 1820–21 wahrscheinlich nach modifizierten Plänen von Joh. Jak. Haltiner durch Maurermeister Vogel und durch Hans Casp. Stadler. Renov. aussen 1959, innen 1969–70. Klassiz. Saalkirche unter Walmdach. O-Turm mit hohem 8seitigem Spitzhelm, Unterbau vorreformatorisch. Querraum mit Emporen. Wandgliederung durch ion. Pilaster. Stukkaturen von Gotthard Geissenhof aus Pfronten. Taufstein evtl. nach Entwurf Conr. Stadlers 1842; neue Orgelempore und Orgel 1962. – Ref. Pfarrhaus. Riegelbau von 1769, auf Untergeschoss des 15. Jh. mit mächtigem Weinkeller; Renov. 1958. – Kath. Kirche Mariä Krönung. Erb. 1958–59 von Fritz Metzger. – Fähnderihaus, im Mitteldorf. Erb. 1758 für Hauptmann Hans Rudolf Homberger, Amtsfähnrich der Herrschaft Grüningen. Stattlicher verputzter Riegelbau mit grossen Lukarnen und Freitreppe. – Unterottikon. Dürstelerhaus 16.–17. Jh.; Rest. 1972. Ortsmuseum.

***GRÜNINGEN** (Abb. 263). *Auf einem Hügelrücken gelegenes, reizvolles Landstädtchen mit Schloss.* Im Zusammenhang mit der Burg A. 13. Jh. von den Freiherren v. Regensberg als Vögten des Klosters St. Gallen gegründet; 1274 an Rudolf v. Habsburg verkauft, 1331 an die Herren v. Landenberg-Greifensee verpfändet, Übernahme durch Zürich 1408; Stadtbrand 1685. – **Ref. Kirche.** Anstelle der ehem. Burgkapellen an das Schloss angeb. 1782–83, wahrscheinlich nach Plänen von David Vogel; Freitreppe nach Auffüllung des Burggrabens 1806–07 angelegt. Langgestreckter Saalbau mit schräggestellter O-Fassade, die über dem Dreieckgiebel von einem hölzernen Turm mit geschweifter Haube bekrönt ist. Nach Brand 1970 der Aussenbau rekonstruiert, das Innere vollständig umgebaut 1973 von Markus Dieterle. – **Schloss.** Urspr. eine der grössten Burgen im Gebiet der O-Schweiz, im wesentlichen vor 1229 für die Freiherren v. Regensberg erbaut. Sitz Zürcher

Landvögte 1442–1798, seit 1832 Pfarrhaus; Teilabbruch 1835–37. Von der urspr. 3seitigen Burganlage erhalten der 1564 um 2 Stockwerke erhöhte Palas und anschliessend neben der Kirchenfront der Bergfried, der 1783 auf heutige Höhe abgebaut und unter einem einheitlichen Walmdach mit dem Palas vereinigt wurde. Durch Brand 1970 teilweise zerstört. Im Innern kleine hist. Sammlung, Modell des Städtchens um 1750. – Sog. Stadtmannhaus, Gemeindeverwaltung. An der südöstl. Einfahrtsstrasse vor dem ehem. Stadttor erb. 1819 für Heinr. Stadtmann, Hauptmann in französischen Diensten. Grosser klassiz. Bau unter Mansartdach; vorgelagerte Gartenanlage mit Gartenhaus und Pavillon. – Gasthof Hirschen. Stattlicher Treppengiebelbau von 1604, schönes Wirtshausschild. Im 1. Stock getäferte Wirtsstube mit Felderdecke und Einbaumöbel aus dem 18. Jh.; im 2. Stock Renaissancefenstersäulen mit Allianzwappen dat. 1604, 1607. – Ehem. Gerichtshaus, gegenüber Gasthaus Hirschen. Im Kern wahrscheinlich aus dem 1363 an die ehem. Stadtmauer angebauten Wohnturm der Herren v. Aspermont bestehend; 1613 und E. 19. Jh. stark verändert. Im 2. Stock die unterteilte ehem. Gerichtsstube der Landvogtei, Fenstersäule mit reichem figürlichem Spätrenaissancedekor dat. 1613. – Stadtbrunnen. Zwischen zwei 6seitigen Becken eine toskanische Brunnensäule mit fahnenhaltendem Löwen 16. Jh. – Riegelhaus beim Stadtbrunnen. Reicher Fachwerkbau von 1678; Renov. 1960. – Ehem. Zehntenscheune. Zweigeschossiger Bau 1552. – Altes Pfarrhaus. Beim ehem. S-Tor erb. 1678, erneuert 1770; Renov. 1949. Schöner Fachwerkbau auf hohem gemauertem Sockel. – Im Chratz. Ehem. Marktplatz im S-Teil des Städtchens (Marktrecht 1416); Sodbrunnen, 1963–64 wiederhergestellt.
Museum. Historische Sammlung, im Schloss.

BINZIKON. Gasthof Adler. Klassiz. Bau von 1832 mit grossem Wirtshausschild. – Riegelhaus von 1726; Rest. 1962. – Haus Auf der Büchlen. Bauernhaus des 17. Jh. mit barocken Malereien an der Dachuntersicht.

BUBIKON** (Abb. 264). **Ref. Kirche.** Erwähnt im 12. Jh. Chor und Turm neuerb. 1498 von Meister Simon von Rapperswil für die Johanniter. Erweiterungsbau des Langhauses nach W 1764; Rest. 1956–58. Langhaus und eingezogener 3seitig geschlossener Chor unter Satteldächern, mittelalterl. Turm mit neugot. Aufbau von 1903. Flache Decken. Im Chorhaupt Freskenreste aus der Bauzeit: Apostelfiguren mit Spruchbändern des Glaubensbekenntnisses, in den Spitzbogenfenstern Kopien der 3 Glasgemälde Lukas Zeiners von 1498: St. Agatha, Andreas Gubelmann (Komtur zu Küsnacht) und Oberstmeister Graf Rudolf v. Werdenberg. – Hof Barenberg. Grosser verputzter Giebelbau von 1707 mit Sonnenuhr von 1788; klassiz. Freitreppe und Portal um 1830. Am Waschhaus klassiz. Wandbrunnen um 1800. – **Sog. Ritterhaus, ehem. Johanniter-Komturei (Abb. 264). *Einziges, in seiner mittelalterl. Anlage guterhaltenes Ordenshaus der Malteserritter in der Schweiz.* 1192 gegründet durch Freiherrn Diethelm I. v. Toggenburg, Erweiterung 13.–15. Jh.; nach Verwüstung im Alten Zürichkrieg 1443 wiederaufgebaut. Aufhebung der Kommende in der Reformation 1528, Rückgabe an die deutsche Ordensprovinz 1532 nach Anerkennung der Gutsverwaltung durch protestantische Zürcher Schaffner; Umbau und Renov. 1570 unter Grosskomtur Adam v. Schwalbach; E. 16. Jh. Umwandlung der Schaffnerei in eine Statthalterei und als solche an Zürcher Bürger verpachtet bis 1789. Seit 1936 im Besitz der «Ritterhausgesellschaft», von ihr etappenweise rest. 1939–59. – Zugang von der Spitze eines ungefähr 3seitigen Hofes, dessen Rückseite durch die Fronten der ehem. Komtureibauten gebildet wird; Hofbrunnen auf alten Fundamenten neu errichtet 1944, Brunnenstatue eines Ordens-

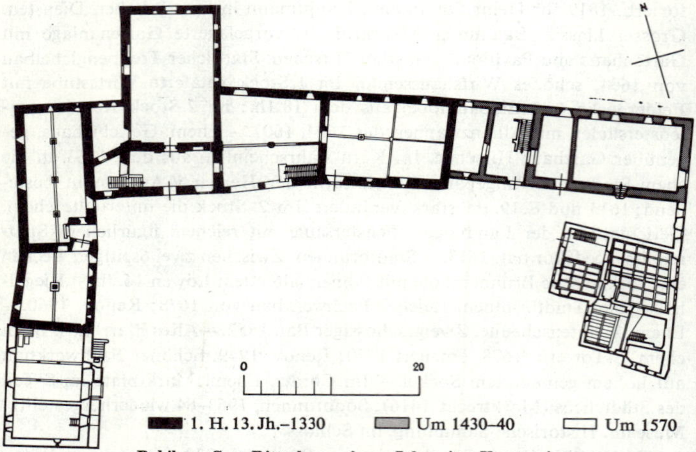

Bubikon. Sog. Ritterhaus, ehem. Johanniter-Komturei

ritters von Paul Adam. Langgestreckte Baugruppe mit ungleich vorstehenden Flankenhäusern. Links das Alte Bruderhaus und in seiner Verlängerung das sog. Neuhaus, rechtwinklig dazu die Vorhalle zur dahinter emporragenden Kapelle, folgend das Konventshaus und das Neue Bruderhaus mit dem abschliessenden Trakt des Rittersaales, vor dem das abgewinkelte Sennhaus den rechten Flügel der Baugruppe bildet. – *Altes Bruderhaus.* Im Kern wahrscheinlich die Kapelle des Gründungsbaues von 1192, erweitert und erhöht um 1300 und nach 1443; roman. und got. Fenster, im 1. Stock ungedeutete Freskenreste. Das Neuhaus angeb. um 1570, stark umgeb. um 1840. – *Kapelle.* Die roman. Anlage vielleicht ab 1192 freistehend erbaut, mit dem Alten Bruderhaus um 1300 durch den sog. Winterling (ehem. Gefängnis) und durch die A. 14. Jh. erbaute Vorhalle mit Beinhaus verbunden. Roman. Portal mit skulptiertem Kämpferkapitell, das linke Kapitell ergänzt; bedeutende Freskoreste eines Jüngsten Gerichtes um 1250. Flachgedeckte roman. Saalkirche mit schlitzartigen Rundbogenfenstern; in der vermutlich E. 13. Jh. unter dem Chorbogen errichteten Wand 2 Mauernischen für Kultusgeräte und dazwischen ein got. Portal, das in den 1450 neuerbauten und 1810 abgetragenen got. Chor führte (rechteckige Fundamente im Garten). An der Schlusswand Freskoreste um 1300: Szenen aus dem Marienleben und

Gnadenstuhl; rechts davon Reste von Passionsszenen um 1360. Über dem Chorbogen Wandgemälde um 1220, Christus als Weltenrichter zwischen Maria und Johannes d.T., begleitet von den Familien der Stifter Diethelm I. v.Toggenburg und links Rudolf III. v.Rapperswil, darunter Gründungsinschrift. Undeutbare Freskoreste an den N- und S-Wänden um 1300. Nische in der N-Wand 1.H. 13.Jh., darin Bodenplatte mit Kugelornament; als Heiliggrab ausgemalt vor 1400: Auferstehung, Stifterfigur und Schutzpatron. Beidseits einer Nische in der S-Wand die Bilder von 4 betenden Komturen nach 1450; daneben kleine Nische mit steinernem Waschbecken auf Säule. In der Raummitte Tischgrab des Stifters Diethelm I. v.Toggenburg um 1450 (Kopie). – *Konventshaus.* Bestehend aus der um 1300 an die Kapelle angebauten späteren Schaffnerei und anschliessend aus dem um 1250 errichteten Komturhaus; beide Bauteile 1570 durch Stoffel Wehrli um ein Stockwerk erhöht und unter einheitlichem Treppengiebeldach vereinigt; an der Hoffront 2 Ordenswappen und Sonnenuhr. Im Erdgeschoss der Schaffnerei 2 rundbogige Eingänge in eine tiefe Halle, deren Balkendecke von einem mächtigen Holzpfeiler getragen wird; im 1.Stock grosse Laube mit grauer Rautenmusterbemalung des 14.Jh.; im 2.Stock ehem. Konventssaal, jetzt Bibliothek, mit Rokokoturmofen 18.Jh. Im Erdgeschoss des Komturhauses Trottraum mit Trotte aus Wollerau; im 1.Stock der sog. Schwalbachsaal mit dekorativ gemalten Fensterumrahmungen von 1570. Im 2.Stock der 1570 für Adam v.Schwalbach eingerichtete Komtursaal mit profilierter Balkendecke; Täfer und Scheintäfer; Wandmalereien zürcherischer Burgen, Landhäuser und Klöster um 1770, vermutlich von Christoph II Kuhn; 2 reichskulptierte Fensterpfeiler mit Wappen Schwalbach und des Schaffners Marx Vogel. – *Neues Bruderhaus und Rittersaaltrakt.* Der urspr. freistehende Bau des Rittersaales von 1430 durch den links stehenden Zwischenbau des Neuen Bruderhauses 1440 in die Baugruppe einbezogen und mit ihm unter einem gemeinsamen Treppengiebeldach vereinigt. Im 1.Stock ehemalige Kornschütte; im 2. Stock Gedenkraum für Prior Joh. Stumpf (s. Museum), grüner Reliefturmofen 16.Jh. aus Schloss Wartensee (SG). Im Rittersaal dekorative Wandmalereien um 1548, Fenster- und Kaminumrahmungen, Scheinpilaster, Rankenwerk. – *Sennhaus*, an der rechten Hofecke. Das lose mit dem Rittersaaltrakt verbundene Wirtschaftsgebäude, erb. 1570, mit tiefgezogenem steilem Satteldach.

Museum. Johannitermuseum, in verschiedenen Räumen der Komturei. Dokumente zu der Geschichte der Ritterorden; Waffensammlung 15.–19.Jh.; Gedenkstätte für den bedeutenden Chronisten und Kartographen Prior Joh. Stumpf (1500–78), Sammlung von Stumpf-Ausgaben.

RÜTI. Ref. Kirche (Abb.270). Gotteshaus des 1208 von Graf Lütold IV. v.Regensberg gestifteten Prämonstratenserklosters. 1525 säkularisiert und 1559 aufgehoben; die Konventbauten 1706 grossenteils abgebrannt. Erhalten haben sich der frühgot. Chor sowie der S-Flankenturm und das Erdgeschoss des unvollendet gebliebenen N-Turms, je mit einer kreuzgratgewölbten Kapelle. Das Schiff unter Verwendung der alten N- und S-Wand der ehem. Pfeilerbasilika neuerb. 1771–73 von Heinr. Vogel; Äusseres und

Schiff renov. 1935–36, Turm 1972. Grabungen bei der Chorrest. 1962–63. Der eingezogene roman. Rechteckchor aussen durch Lisenen und Rundbogenfriese gegliedert. Im Chorinnern tragen Ecksäulen mit roman.-attischen Basen und Knospenkapitellen ein Kreuzrippengewölbe; Schlussstein mit Schwurhand. Am Chorbogen vorzügliche Malereien dat. 1492, Hans Haggenberg zugeschrieben: Halbfiguren von Propheten, Aposteln, heiligen Frauen sowie der klugen und törichten Jungfrauen in Nischen und Rankenwerk; am Bogenscheitel Schweisstuch der Veronika. An den Chorwänden Stifterwappen der Grafen v. Regensberg und v. Toggenburg; dekorative Gewölbemalerei. Im Chorboden Vertiefung mit den Fundamenten eines Kastenaltars; 4 Grabplatten für einen Abt nach 1503, für Amtmänner nach 1600 bzw. 1612 und nach 1655. An der östl. und südl. Chorwand wappengeschmückte Grabplatten aus der Toggenburgergruft der alten Klosterkirche, die Fussplatte vom Tischgrab des Grafen Diethelm VII. v. Toggenburg (2. von links) 2. H. 13. Jh., 4 weitere Platten 2. H. 14. Jh.; ganz rechts eine spätgot. Platte nach 1450 für Margaretha Villiger-Schultheiss. Spätgotischer Wandtabernakel dat. 1490 mit reichem Krabbenwerk und den Wappen des Klosters und des Abtes Markus Wyler. Steinkanzel von 1662 auf 2 8eckigen Pfeilern mit Inschrift und Wappen. Guter neugot. Taufstein 1904 von Jos. Regl. Im Schiff das um 1390 errichtete Tischgrab des Ritters Joh. v. Klingenberg auf Hohentwiel, gefallen als Anführer der Österreicher 1388 in der Schlacht bei Näfels und mit weiteren gefallenen Adeligen in der alten Klosterkirche beigesetzt; sein Grab 1962 in neuentdeckter Wandnische am urspr. Ort neu aufgestellt. – Ehem. Amtshaus, bei der Kirche. Erb. 1706–07 an Stelle des kurz zuvor abgebrannten W-Flügels des ehem. Klosters. Grosser Giebelbau mit Rundbogenportal und Wappenrelief. – Krematorium und Abdankungshalle. Erb. 1928 von Joh. Meier; im Krematorium Wandbild 1928 von Alfred Marxer. – Kath. Dreifaltigkeitskirche, im Ortsteil Tann. Erb. 1966–67 von Jos. Ant. Weber. Plastische Ausstattung und Glasbilder von Albert Wider, Wandteppich von C. Forster. – Werner-Weber-Strasse Nr. 10. Fabrikantenvilla um 1865. – Schulhaus Alpenblick. Wandbild 1954 von H. Fischer. – Schulhaus Schanz. Mosaik 1950 von C. Roesch.

WALD. Typisches Oberländer Industriedorf, bestimmt durch Fabrikanlagen, Kosthäuser und Fabrikantenvillen 2. H. 19. Jh. – **Ref. Kirche.** Neuerb. 1757 von Jak. Grubenmann unter Benützung des Chores von 1508–10 und des älteren Turmes; Erweiterung des Chores 1784; Turmaufbau mit Spitzhelm 1890; Renov. 1949–50. Breitanlage mit leichter Verengung zur östlichen Schmalseite; an der N-Ecke Turm und Treppenhaus eingezogen. Emporen an beiden Schmalseiten mit eleganten Rokokostukkaturen; Fresko 1939 von Aug. Frey, Orgel 1950. – Kath. Kirche. Erb. 1927 von Jos. Steiner. – *Windegg.* Grosser Giebelbau mit Klebdächern in beherrschender Lage. Erb. im 17. Jh. über den (teilweise erhaltenen) Fundamenten der Burg der Herren v. Windegg, erb. um 1270. – *Blattenbach.* Zum Roten Schwert. Ehem. Wirtshaus an der Pilgerstrasse Bodensee–Einsiedeln. Blockständerbau von 1621; Renovation 1944. Schöne ländlich-barocke, handwerkliche Details. – Burgruine Ballikon. Fundamente eines 5eckigen Tur-

mes aus dem 11. oder 12. Jh.; zerstört wahrscheinlich im 15. Jh.; konserviert 1940.
Museum. Heimatmuseum, Zentralstrasse. Reichhaltige Sammlung zur Ortsgeschichte.

DÜRNTEN. Ref. Kirche. Die ehemalige St. Wendelins-Kirche genannt 2. H. 8. Jh. Neubau 1517–21 unter Verwendung des wahrscheinlich im 13. Jh. erbauten Turmes; Renov. 1930. Spätgot. Anlage mit eingezogenem Polygonalchor; Turm mit Käsbissen, Quergiebel von 1843. Chor mit Netzgewölbe, Schlusssteine mit Wappen Zürich und des Abtes Felix Klauser von Rüti. Im Schiff *Holzdecke* 1521 von Ulr. Schmid mit prachtvollen bemalten Flachschnitzereien: Im Mittelfeld Wappen Zürich und Grüningen, im Randfries Meisterinschrift und 4 Tartschen mit Meisterzeichen und Wappen Dürnten, des Abtes Felix Klauser und Zürich. Flachschnitzereien an der Emporenbrüstung ebenfalls von Ulr. Schmid. Achtseitige Kanzel auf mächtiger Konsole und Taufstein von 1628. – Friedhofhalle. Fresko 1958 von Willy Fries.

HINWIL. Ref. Kirche. Genannt 2. H. 8. Jh.; Neubau 1786–87 von Franz Schmid unter Verwendung des Turms aus dem 15. Jh.; Renov. 1942, Innenrenov. und Grabung 1969. Die barocke Querkirche mit Walmdach teilweise über den Fundamenten einer roman. Anlage, die anscheinend an der SW-Ecke einen Rundturm aufwies. Portiken mit Dreieckgiebel 1856. Spätgot. Turm mit Wendeltreppe von 1456 und geschweiften Uhrgiebeln von 1836. Der Predigtsaal durch Wandpfeiler gegliedert und in Formen des ausgehenden Rokokos stuckiert. Die Flügelemporen 1969 tiefer gesetzt. Marmorierte Kanzel an der S-Längswand, zentral gestellter Taufstein. – Gemeindehaus. Davor schöne Bronzeplastik eines Mädchens 1959 von Hans v. Matt. – Verwaltungsgebäude des Armeemotorparks. Majolikawandbild, Wilhelm Tell, 1957 von Hans Affeltranger. – Burgruine Bernegg, im Falletschtobel beim Gyrenbad. Sitz der 1229 genannten Herren v. Bernegg, Dienstleute des Klosters St. Gallen. Nach Verkauf an das Johanniterhaus Bubikon niedergelegt 1283; ausgegraben und konserviert 1923.
Museum. Ortsmuseum, in schönem Riegelbau des 18. Jh. Interieurs und reichhaltige Sammlung von bäuerlichem Gerät.

BÄRETSWIL. Ref. Kirche. Bedeutende klassiz. Querkirche, erb. 1825–27 vom Stukkateur Gotthard Geissenhof; Grabung und Innenrest. 1968–69. Schlichter Baukörper unter Walmdach, an der nördl. Längsfront ein Risalit unter niederem Dreieckgiebel, dem ein gleicher Giebel an der S-Seite entspricht; an allen Fronten ein Säulenportikus mit Dreieckgiebel, derjenige vor dem Haupteingang an der S-Seite aus der Bauzeit, die übrigen von 1927. Der Turm in der nordöstl. Risalitecke gehört in seiner Gesamtheit dem spätgot. Neubau von 1502–04 an. Das im Schlussstein vorkommende Lamm Gottes dürfte eine Spolie des 1276 erwähnten Vorgängerbaus sein. Eindrücklicher Saal unter Spiegelgewölbe, Wandgliederung durch korinth. Pilasterpaare mit Gebälkstücken, schlanke Rundbogenfenster. Emporen an den Schmalseiten und Orgelempore im Risalit. Kanzel aus graublauem Stuckmarmor über dem Haupteingang, wohl Arbeit von G. Geissenhof. Im Turmuntergeschoss Kreuzgewölbe mit spätgot. Rippenquerschnitt und roman. Agnus Dei. – Burgruine Greifenberg. Vogteisitz des Klosters St. Gallen vom 13. Jh. bis 1798; von verschiedenen Lehensträgern bewohnt bis 1552, später verfallen. Dreiteilige, von Gräben getrennte und umgebene Anlage. – *Tisenwaltsberg*. Oberländer «Flarzhäuser» des 18.–19. Jh., d.h. ländliche Reihenhäuser von 5 bis 10 Einheiten, früher meist mit Webkellern.

WETZIKON. Ref. Kirche. Erste Erwähnung einer St. Ratpoldskirche 857. Heutiger Bau in aufwendiger Neugotik 1895–97 von Paul Reber. – Schloss. Sitz der 1263 nachgewiesenen Freiherren v. Wetzikon, deren Geschlecht 1298 erlosch; später u.a. in Besitz der Familie v. Breitenlandenberg (um 1439–1526) und der Zürcher Junker v. Meiss (1606–1755). Urspr. eine von Wassergräben geschützte Burganlage mit 2 Türmen und verbindendem Laufsteg. Unter Hans Rud. v. Meiss 1614–17 wurde der W-Turm zu einem 4geschossigen Wohnhaus ausgebaut; O-Turm abgebrochen 1832. Teile des alten Burggrabens erhalten. Über dem spätgot. profilierten Renaissanceportal das Wappenpaar v. Meiss und v. Ulm; gleiche Allianzwappen im Erdgeschoss (dat. 1617) und an 2 prächtigen spätgot. Fenstersäulen im 1. Stock. – Kath. Kirche St. Franziskus. Erb. 1923–24 von Jos. Steiner. Tabernakel 1962 von Willi Buck. – Leuthold-Brunnen, beim Bahnhof. Errichtet 1944 zum Gedenken an den Lyriker Heinr. Leuthold (1827–79); Brunnenplastik von Otto Teucher. – Kantonsschule. Erb. 1956–57 und erweitert 1962–66 von Max Ziegler. Plastik 1957 von Ueli Schoop, Mosaik 1957–59 von Hermann Alfred Sigg. – Sekundarschulhaus am Lendenbach. Plastik 1951 von Arnold d'Altri. – Schulhaus Guldisloo. Marmormosaik 1934 von Karl Hügin; Keramikwandbild 1960 von Maja v. Rotz. – *Robenhausen*. Altertümliche Flarzbauten. – *Medikon und Aatal*. Typische Oberländer Industriezone mit Fabrikanlagen aus der M. 19. Jh.

Museum. Ortsmuseum, Farbstrasse Nr. 1. Funde aus den 1858 entdeckten und erstmals gedeuteten Pfahlbausiedlungen Robenhausen am Pfäffikersee.

SEEGRÄBEN. Malerisches Dörfchen auf einer Anhöhe über dem Pfäffikersee. Erwähnt 1219 als Gutshof des Klosters Rüti; unter Zürcher Herrschaft seit 1529 Handlehenshof der Messikommer und später auch der Hasler. – Ref. Kirche. An Stelle eines wohl karoling. Gründungsbaues neuerb. 1885; Renov. 1952. Im Friedhof grosses Wandrelief 1927 von Hermann Haller. – Haslerhof, gegenüber der Kirche. Sitz der 1683 eingesetzten Lehensleute Hasler bis 1824; Rest. 1965–66. – Riegelhaus Prof. Bösch, an der Kirchhofmauer. Das ehem. Bauernhaus erb. 1834; teilweise unter dem erweiterten Satteldach des im Kern wesentlich älteren Haslerhofes. – Messikommer-Lehenshof. Neuerbaut 1719 von Heinr. Hoffmann; anlässlich der Renov. 1954 das Riegelwerk und Bauinschrift am Dachbalken freigelegt. Mächtige Giebelfront mit Hängekreuzen und bemalter Dachuntersicht.

***IRGENHAUSEN. Römerkastell*.** *Eine der grössten und besterhaltenen Wehrbauten der Römer in der Schweiz*. Nach dem Fall des Limes errichtet Ende 3. Jh. unter Kaiser Diokletian als Sperre an der Strasse Kempraten–Oberwinterthur; ausgegraben 1898–1908. Quadratische Anlage von 61 m Seitenlänge, auf einem Moränenhügel über dem See gelegen; quadratische

Ecktürme und schmale Wasserschlitze in den Achsen sowie Reste von Binnenmauern. Freigelegte Fundamente einer kleinen doppelräumigen Apsidenanlage mit Zwischenraum; wohl von einem Kaltwasserbad stammend.

USTER. Ref. Kirche. An Stelle einer romanischen Vorgängerkirche vom E. 11. Jh. durch Joh. Volkart neuerb. 1823–24, Turm 1827. Klassiz. Bau in beherrschender Lage, steiles Walmdach; über breiter Freitreppe monumentaler Giebelportikus mit 4 toskanischen Säulen, Turm an der Rückseite mit Spitzhelm und geschweiften Uhrgiebeln. Querraum mit Emporen auf 3 Seiten; Kanzel in Stuckmarmor an der Turmwand, 1838 von Joh. Jos. Mosbrugger, nach Entwurf von Heinr. Bräm. Taufstein aus weissem Marmor von Lukas Ahorn. – Schloss. Erb. A. 11. Jh.; vom 13. Jh. bis 1534 im Besitz der Freiherren v. Bonstetten; Erneuerung und Bau eines Wohnhauses rings um den Turm 1751–52 für Wilh. Schärer, alt Landammann im Thurgau; 1853ff. tiefgreifend umgebaut und erweitert. 1918 ff. Umbau des Wohntraktes und freie Rekonstruktion des Turmes; seit 1917 Haushaltungsschule. Renov. und teilweise Neubau 1917–19 von Joh. Meier; neue Platzgestaltung. – Auf dem Hügel Zimiker oberhalb des Friedhofes erinnert ein Denkstein an die Volksversammlung von 1830, welche die Lösung von der Herrschaft der Stadt Zürich forderte. – Bezirksgebäude. 1914–15 von Walter Henauer und Ernst Witschi. – Gemeindehaus. 1960–62 von Bruno Giacometti, Plastik 1962 von Max Bill. – Bezirksspital. 1960–63 von Hans und Jost Meier. Plastiken 1963 von Ernst Heller und Ernst Hebeisen. – Primarschulhaus. Sgraffito 1948 von Hans Fischer. – Kath. Kirche St. Andreas. Neubau 1959–65 von André Studer. St.-Andreas-Figur von Hans v. Matt. – Florastrasse Nr. 18. Spätklassiz. Fabrikantenvilla von 1847. – *Nossikon.* Gasthaus Krone, Giebelbau 1806.

WERMATSWIL. Kleinjogg-Brunnen mit Bronzestatuen 1941 von Walter Hürlimann. In Erinnerung an den bäuerlichen Philosophen Jak. Gujer, genannt Kleinjogg (1716–85), der u.a. mit Goethe und Herzog Ludwig Eugen von Württemberg zusammentraf. – Gujer-Haus. Blockständerbau von 1740–53 mit dekorativen Malereien und umfangreichen Inschriften von 1753.

PFÄFFIKON. Alte ringförmige Dorfanlage. – **Ref. Kirche.** Eine St. Benignuskirche vermutlich im 7. Jh. nach Pfäffikon verlegt, 811 erwähnt, 960 St. Martin geweiht. Neubau 1484–88, mit roman. Turmunterbau aus dem 12. Jh.; Turmgeschosse und Spitzhelm 1890 von Paul Reber; Rest. 1947. Spätgot. Anlage mit Strebepfeilern zwischen den Masswerkfenstern des eingezogenen Polygonalchores. Am Chorbogen ausgezeichnete *spätgotische Fresken* von 1488, Hans Haggenberg zugeschrieben: links Legende des Hl. Georg mit der ältesten Darstellung der Kyburg im Hintergrund; darunter das Martyrium der Zürcher Stadtheiligen; rechts interessante Darstellung des Jüngsten Gerichtes; in den Bogenzwickeln 2 Prophetenköpfe und darüber Bauinschrift. Im erhöhten Chor schönes Netzrippengewölbe mit plastisch geschmückten Anfängern. Taufstein um 1915 von Arnold Hünerwadel nach Entwurf von Robert Rittmeyer. – Gasthaus Hecht. Erb. 1752; prächtiges klassiz. Wirtshausschild. – Kehr, Gasse im alten Dorfteil gegen den See. Geschlossene, kleinteilige Baugruppe 18. und 19. Jh.; Flarzhäuser, Ortsmuseum.

– Seeanlage. Monumentalplastik, Knabe mit Fisch, 1962 von Hans Jak. Meyer. – Dorfbrunnen von 1846. – Altersheim, im oberen Dorfteil. Mächtiger Giebelbau von 1790 unter hohem doppeltgestuftem Dach mit geschwungenen Anläufen. – Kath. Kirche St. Benignus. Erb. 1962–64 von Richard Krieg. Tabernakel und grosser Chorkruzifix von Jos. Nauer. – Oberstufenschulhaus. Wandbild 1950–51 von Ernst Staub; Brunnen mit Reiher von Ueli Schoop. – *Ruetschberg*. Vierteiliges Flarzhaus des 18. Jh. mit bemalten Falläden.
Museum. Ortsmuseum. Urgeschichtliche Funde aus Irgenhausen, Robenhausen u.a.

HITTNAU. Ref. Kirche. Einfache Landkirche von 1708 mit Dachreiter.

RUSSIKON. Ref. Kirche. Renov. 1934. An der Hauptfront des Langhauses origineller Treppenaufgang von 1724; Turmhelm 1792. Spätgotischer Chor mit Rippengewölbe und Malereien; hölzerne Barockkanzel 1792. – Schulhaus. Plastik 1953 von Arnold d'Altri.

FEHRALTORF. Ref. Kirche. Unterbau des Chorturmes wahrscheinlich von der 1275 erwähnten Vorgängerkirche; das im Kern mittelalterl. Schiff erneuert 1627; tiefgreifender Umbau und Erweiterung 1906 von Robert Rittmeyer und Walter Furrer. Turmbau 1911. Innenrest. 1970. Im Schiff spätgot. Fresken, jene in der Fensterleibung konserviert. – Gasthof Hecht. Die alte Poststation erb. A. 17. Jh.; Umbau A. 19. Jh. Stattlicher Bau mit 9achsiger Platzfront, schönes klassiz. Wirtshausschild. – Altes Sekundarschulhaus, an der Rückseite des Platzes. Erb. 1836, urspr. mit ungewöhnlichem Flachdach; Mansartwalmdach anlässlich der letzten Rest. 1924. – Gemeindehaus. Als Pfarrhaus erb. 1583, Gemeindehaus seit 1889; letzte Erweiterung anlässlich der Rest. 1923. Rest. 1972.

ILLNAU. Ref. Kirche. Wohl seit dem 8. Jh. bestehende St. Martinskirche. Massiger Chorturm mit Fundament aus grossen Findlingen vermutlich 12. Jh.; der offene hölzerne Turmaufbau mit Zeltdach aus unbekannter jüngerer Zeit. Roman. Kernbau des Schiffes um 1300 und vermutlich 1561 umgestaltet. Erweiterung der Empore und neue Vorhalle 1706; Rest. 1967. Im Innern roman. Chorbogen, Spitzbogenfenster und hinten Oculi. Glocke von 1436 mit Darstellung des Patrons.

WEISSLINGEN. Ref. Kirche. Spätgot. Bau unter Satteldach; gedrungener Chorturm mit Käsbissen 14. Jh. Holzdecke mit Flachschnitzereien 1509 von Peter Kälin aus Ulm. Reichgeschnitzte Kanzel in Spätrenaissanceformen 1687 von Ulrich Temperli.

ZÜRCHER UNTERLAND

WALLISELLEN. Ref. Kirche. In Jugendstilformen erb. 1907–08 von Robert Bischoff und Hermann Weideli. In der Vorhalle barocker Taufstein von 1704 aus der alten, 1931 abgebrochenen Kirche. – Kath. Kirche St. Antonius. Erb. 1956–57 von Karl Higi; Glasfenster 1957–58 von Ferd. Gehr; Kruzifix und Madonnenstatue 17. Jh. – Gemeindehaus. Erb. 1965–67 von Heinz Hertig, Walter Hertig und Robert Schoch; Plastik von Charlotte Germann-Jahn, Tapisserie von Lissy Funk, Glasgemälde von Max Hunziker. – Primarschulhaus Alpenstrasse. In neuklassiz. Formen erb. 1921–22 von

Karl Knell d.J. und Alfred Hässig. – Sog. Doktorhaus, Kreuzplatz. Als Gasthof Linde erb. 1733–34 für den Landrichter David Ziegler; grosser barocker Giebelbau. – Friedhof. Plastik 1955 von Ernst Hebeisen. – Schulhaus Mösli. Plastik 1960 von Ernst Hebeisen. – *Dorfteil Rieden.* Glockenturm von 1865–66; Rest. 1961.

DIETLIKON. Ref. Kirche. Saalbau 1698 mit neuem Dachreiter und 3-seitigem, strebenbesetztem Schluss; westl. Anbau für die Emporentreppen 1764; reichgeschnitzte Polygonalkanzel aus der Bauzeit. Glasgemälde von Willy Fries (Wattwil) anlässlich der Renov. 1954. – Pfarrhaus. Riegelbau 1681, umgeb. 1827. – Kath. Kirche St. Michael. Erb. 1969–70 von Jos. Marti.

BALTENSWIL. Landheim. Als Gasthof Schwanen erb. 1843–45 von Wilh. Waser. Neurenaissancekubus unter Walmdach; der durchgehende Saal im 1. Stock ist aussen mit figürlich-ornamentalen Reliefs, innen mit reichen Wand- und Deckenmalereien geschmückt. Rest. 1972.

EFFRETIKON. Ref. Kirche. Erb. 1959–61 von Ernst Gisel; stark plastisch durchgestalteter Baukomplex in beherrschender Lage, interessantes Beispiel des modernen Kirchenbaus; Glasmosaik 1960–61 von Otto Staiger. – Ruine Moosburg. Erb. um 1254 unter Graf Hartmann d.Ä. v. Kyburg; 1264–1395 Sitz der Herren v. Schlatt, habsburgisch-österreichischen Lehensträgern, und 1395–1444 der Familie Schwend von Zürich. Im Alten Zürichkrieg 1444 von den Eidgenossen zerstört; ausgegraben 1953. – Schulhaus Im Watt. Erb. 1964–66 von Manuel Pauli. – *Rikon.* Erwähnt 774. Mittelalterliche, ehem. St. Stephan geweihte Kapelle, 1647 erweitert; Rest. 1970–71. Von den Wandgemälden 2. H. 14. Jh. Fragmente eines Passionszyklus erhalten.

LINDAU. Ref. Kirche. Neugot. Bau mit Frontturm 1895–96 von Jacques Kehrer und Karl Knell d.Ä.; Rest. 1967–68. Bronzeportal 1968 von Max Kämpf. – Pfarrhaus. Stattlicher Giebelbau von 1774 mit Eckpilastern und 2 grossen gerahmten Portalen; Renov. 1960–61. – Bläsihof. Ehem. Kapelle St. Blasius. Erwähnt 1223; säkularisiert 1525; auf den Kapellenfundamenten Wohnhaus von 1894.

KEMPTTHAL. Nahrungsmittelfabrik Maggi. Grosser Gebäudekomplex, ab 1865 in Etappen errichtet unter Julius Maggi (1846–1912).

BRÜTTEN. Ref. Kirche. In ländlich traditionellen Formen erb. 1907–08 von Robert Rittmeyer und Walter Furrer; Glasmalereien von Karl Montag.

NÜRENSDORF. Schloss. Erb. 1760 für Gerichtsherrn Salomon Hess; 1839–1902 als Brauerei dienend, damals stark umgebaut. – *Breite.* **Kapelle St. Oswald.** Kleiner, in gotischer Zeit vollständig ausgemalter Kirchenraum. Erwähnt 1353; Fenster im Schiff anlässlich der Renov. 1650, der Dachreiter 1775; Freilegung der Wandmalereien und Rest. 1920. Roman. Bau mit eingezogenem querrechteckigem Chor; barocker Dachreiter über dem Schiff. Im Innern flache Leistendecken, gedrungener Chorbogen; in der südlichen Langhauswand die 2 urspr. Rundbogenfensterchen freigelegt. Rest. 1969–70. *Wandmalereien* um 1400: Im Chor Apostel und (wohl etwas älter) grosse Christophorusfigur, Sockeldraperien und Ornamentbänder; an der Leibung des Chorbogens die Hl. Oswald und Ulrich; an den Schiffswänden, begleitet von horizontalen Ranken- und Blumenfriesen, Marienleben und Passion

Christi, jede Szene gerahmt von Arkade mit Kleeblattbogen. – Sog. Heidenburgen (bei Pt. 572), an der ehem. Römerstrasse Windisch–Oberwinterthur. Wahrscheinlich unter Kaiser Valentinian (364–375 n. Chr.) als Strassensicherungsanlagen erbaut. Das untere Kastell, am Rande der Terrasse über der Römerstrasse, ist eine quadratische Anlage mit einem 3seitig von Graben und Wall gesicherten Hof. Das obere, 300 m östl. auf dem Hügel gelegene, urspr. wohl gleichartige Kastell wurde nachträglich, vielleicht um 750–1000 n. Chr., zu einer kreisrunden Anlage mit Ringgraben und Wall umgebaut.

BASSERSDORF. Ref. Kirche. Das Kirchlein St. Johannes erwähnt 1370. Roman. Grundbestand über röm. Gutshof des 1. Jh. n. Chr. Verlängerung nach W und got. Chorturm mit Käsbissen zwischen 1509–18, Erweiterung nach W und N 1663; Rest. und Grabung 1963–64. Spiegelgewölbtes Schiff mit Wandmalereiresten um 1450; heute geschlossener, kreuzgewölbter Turmchor mit Masswerkfenstern. Neue Ausstattung. – Ehem. Gasthof Adler, Winterthurerstrasse Nr. 525. Grosser frühklassiz. Bau von 1789 mit Ecklisenen unter steilem Walmdach. Vor dem Haus klassiz. Urnenbrunnen von 1797. – Neuer Friedhof. In der Abdankungshalle Mosaik 1956 von Karl Hügin. – Schulhaus Mösli. Mosaik 1957 von Karl Hügin und Wandteppich 1957 von Cornelia Forster.

KLOTEN. Ref. Kirche. Bedeutende Spätrokoko-Landkirche im Schema quergerichteter ref. Predigträume. Neuerb. 1785–86 von Joh. Jak. Haltiner, Turm 1788–90 von Joh. Grubenmann d. J.; Renov. innen 1958–59, aussen 1963–64. Rechteckige Anlage, an den Breitseiten je ein von toskanischen Eckpilastern gerahmter, 3achsiger Risalit. Dieser wird von einem breit gelagerten Frontispiz mit geschweiften Seiten und flachem Dreieckgiebel abgeschlossen. Fünf auf 3 Fensterachsen mit rundbogigen Hauptfenstern und hochovalen Oberlichtern. Die Mitte der Risalite wie der westl. Schmalfront ist von je einer gequaderten Portalarchitektur mit Haubendächern betont, ein 4. Portal in frühklassiz. Formen führt durch den östl. vorgebauten Turm. Dieser wird von gequaderten Ecklisenen und Gurtgesimsen gegliedert und endet mit einer hohen Kuppelhaube. Der weiträumige Kirchensaal ist durch ion. Pilaster gegliedert, auf denen das Spiegelgewölbe mit Stichkappen ruht; Deckenstuckierung mit Rocaillekartuschen von hoher Qualität; Rokoko-Holzkanzel über dem Portal der S-Wand, an den übrigen 3 Seiten steilansteigende Emporen. – Ref. Pfarrhaus. Erb. 1698; an der Gartenfassade Relief mit den Wappen des Bauherrn Abt Basilius Reuty und des Klosters Wettingen. – Kath. kirchliches Zentrum. 1969–71 von Willi Egli und Ewald Viquerat. – Gasthaus Löwen. Grosser frühklassiz. Giebelbau um 1770 mit Pilastergliederung. – Haus zum Lindengarten, Lufingerstrasse Nr. 1. Klassiz. Bau von 1820 unter steilem Walmdach, an der Hauptfront Mittelrisalit unter Dreieckgiebel. – Schulhaus Lägernstrasse. Erb. 1963–64 von Heinz Hertig, Walter Hertig und Robert Schoch. – Flughafen. Pisten angelegt 1946–48; Aufnahmegebäude 1950–53 von Alfred und Heinr. Oeschger. Im Konferenzzimmer des Restaurants Mosaik 1952 von Eugen Häfelfinger; auf der Zuschauerterrasse Skulptur 1963 von Hans Aeschbacher. Gebäude und Anlagen seither in Etappen mehrmals erweitert. –

Butzenbühl. Denkmal für den Flugpionier Walter Mittelholzer (1894–1937). Hohe Stele mit Bronzeadler 1942 von Rud. Wening; urspr. in Dübendorf aufgestellt. – Swissair-Zentralverwaltung. Erb. 1964–67 nach Plänen von Georges Berger und Gerhard Müller. – Burghügel Alt-Rohr, südl. des Flughafens. Urspr. ein 1291 erwähnter und 1443 zerstörter Turm der Meier von Rümlang; als Jagdschloss neuerb. 1472 für Ritter Heinr. Göldli von Zürich. Abgebrochen 1892, Burgstelle gesichert 1959 und 1972 zerstört.

OPFIKON-GLATTBRUGG. Glockenturm. Erb. 1822–23 an Stelle des Kapellenturmes von 1765; zugehörige Kapelle erwähnt 1370, abgebrannt 1764. – Ref. Kirche und Pfarrhaus, 1956–57 von Rudolf Küenzi; Ausstattung von Josef Wyss. – Schulhaus Halden. Erb. 1952–58 von Oskar Bitterli; plastischer Schmuck von Hans Jak. Meyer; Mosaik 1962–66 von Karl Hügin und Ilse Weber-Zubler. – Kath. Kirche St. Anna, 1956 von Arthur Kopf.

Museum. Ortsmuseum, in Bauernhaus von 1640.

RÜMLANG. Ref. Pfarrkirche. Erwähnt 952. St. Peter geweiht; Neu- oder Umbau um 1471, Verlängerung des Schiffes 1508 und 1846; Renov. 1950. Langgestreckte Anlage mit nur leicht eingezogenem Turmchor und nördl. angebauter ehem. Sakristei; an der S-Seite des Schiffs barockes Epitaph von 1730. Massiger gedrungener Chorturm aus dem 14. Jh.; an der S-Seite barocke Sonnenuhr um 1700; über dem gezimmerten Glockengeschoss nach 1487 steiles Zeltdach, das auf einem 8seitigen Eichenpfeiler ruht. Flachgedecktes Schiff, dessen Boden sich nach O senkt. Am spitzen gekehlten Chorbogen polygonale Holzkanzel von 1632 auf Steinsäule. Im Kreuzrippengewölbe des Turmchores spätgot. Darstellung der Evangelistensymbole; spätgot. Sakristeitüre mit Kragsturzbogen und beschlagenem Flügel. Im Chorfenster 3 Rundscheiben 1508 von Lukas Zeiner: Wappen von Zürich, der Vogtei Rümlang und der Fürstäbtissin am Zürcher Fraumünster, Katharina v. Zimmern. Barocker Taufstein. – Schulhaus. Aluminiumplastik 1957 von Arnold d'Altri. – Katzenrütihof. Als Habsburgerbesitz erwähnt 1306, später Klostergut; seit der Reformation dem Zürcher Kornamt unterstellt; 1769 an Jak. Gujer aus Wermatswil verliehen, der es bis 1785 bewirtschaftet und zu einem Mustergut macht; Besuch Goethes 1775. Grosses Wohnhaus mit Reihenfenstern unter mächtigem Krüppelwalmdach; skulptierte Fensterstütze dat. 1612; Gedenktafel.

REGENSDORF. Ref. Kirche. Erwähnt 1280; St. Nikolaus geweiht. Neuerb. 1704–05 unter Benützung des alten Turmes, erbaut 1559 von Caspar Nöggi (Steinmetzzeichen); letzte Renov. 1964–65. Dreiseitig geschlossene Saalkirche; über dem Haupteingang barocke Wappentafel von 1705; in der Vorhalle spätgot. Sakramentsnische aus der früheren Kirche; Taufstein und Kanzel 1705. – **Niklaus-Kapelle** im Oberdorf. Erw. 1375; nach der Reformation als Speicher benutzt; dient seit der Rest. 1953–54 wieder kirchlichen Zwecken. Schiff und eingezogener tonnengewölbter Rechteckchor unter gemeinsamem Satteldach; Portal dat. 1543. Freskenreste um 1300. – Ref. Pfarrhaus. Riegelbau von 1761; Renov. 1959. – Kindergarten. Wandbild 1955 von Hermann Alfred Sigg. – Schulhaus Ruggenacher. Wandbild 1957 von Hermann Alfred Sigg. – Schulhaus Chrüzacher. Steinmosaik 1961 von Emil Mehr, Keramikmosaik 1961 von Henri Schmid. – *Altburg.* Burgruine

Alt-Regensberg. Erb. um 1040 als Stammsitz der Freiherren v. Regensberg, Nachkommen der Grafen v. Mâcon-Montbéliard; seit ca. 1340 im Besitz der Herren v. Landenberg-Greifensee, von den Eidgenossen im Alten Zürichkrieg 1444 zerstört; um 1460 vom Grosskaufmann Rudolf Mötteli neu ausgebaut, nach dem Übergang an Zürich 1468 zerfallen; Rest. 1956–57. Bergfried um 1040 auf hohem massivem Unterbau; grosse Zahl von Mauern verschiedener Bauetappen; Ringmauer wohl 14. Jh. – *Watt.* Ehem. Zehntenspeicher, Massivbau von 1606 mit dekorativen Fassadenmalereien.

DÄLLIKON. Ref. Kirche. Erwähnt 1228; St. Medardus geweiht. Das mittelalterl. Schiff wohl 1602 nach W verlängert, gezimmerter Emporenaufgang dat. 1662, neuer Chor 1708; Renov. 1928. Langgestreckter Saal mit 3seitigem Schluss und mittelalterlicher S-Turm, neues Glockengeschoss und Käsbissen 1708. Im Chor 8 Wappenscheiben von 1602, 1673 und 1708; Taufstein A. 16. Jh., Kanzel und Vogtstühle 1708, Hausorgel A. 18. Jh.

HÜTTIKON. Strohdachhaus, das einzige erhaltene im Kanton Zürich. Erb. 1652 in der Art des Aargauer Dreisässenhauses, das Wohnung, Stall und Tenn unter mächtigem Walmdach zusammenfasst. Fachwerk-Ständerbau mit konstruktiv bemerkenswerten «Hochstuden», d.h. Pfosten von gesamter Gebäudehöhe, die den Dachfirst tragen.

OTELFINGEN. Ref. Kirche. Erwähnt 1289, St. Otmar geweiht; neuerb. 1515–19; erweitert 1660–69; in neugot. Formen durchgreifend erneuert 1842–43; Renov. 1968–70. Ungegliederter ehem. Turmchor, in 4 Uhrgiebeln endend, hölzerner geschindelter Aufbau von 1842 nach dem Vorbild der Helme des Zürcher Grossmünsters. – *Bemerkenswerter Dorfkern.* Unter- oder Klostermühle. Spätgot. Bau von 1598 mit 2 Treppengiebeln; Renov. 1969–70. Am Tor Wappen Schlatter 1755; Erdgeschoss-Wohnstube mit steinerner Fenstersäule von 1598 und teilweise eingelegten Wand- und Deckentäferungen des 18. Jh. – Ehem. Herrenstube, am Mühlebach. Riegelbau des 18. Jh. mit Fassadenmalerei und Inschrift. – Haus Bräm, ehem. Bauernwirtschaft. Täferstube 1682. – Haus Schibli. Riegelbau von 1691, der Wohn- und Ökonomietrakt unter gleichem First vereinigt; durchgehender Balkon an der Giebelbasis.

BUCHS. Ref. Kirche. Erwähnt 1250; neuerb. 1631 unter Beibehaltung des gotischen Turmchores; Vorhalle in Riegelwerk anlässlich der Renov. 1713; Innenrenov. nach Brand 1950; Aussenrenov. 1967. Schiff mit flacher Stuckdecke; hinter schmalem niedrigem Spitzbogen kreuzgewölbter Chor um 1341, dessen Rippen unmittelbar aus den Ecken wachsen. Kanzel auf Stuckmarmorsäule wohl 1713, Taufstein um 1850.

DIELSDORF. Ref. Kirche. Erwähnt 861, St. Gallus geweiht. Schiff in neugot. Formen neuerb. 1864–66 von Joh. Rudolf Hoffmann und Jost Albert Schmid. Neugot. Turmhochbau 1893 von Joh. Rudolf Roth über den roman. Untergeschossen, ehem. Turmchörlein im heutigen Kellergeschoss. Purifizierende Renov. 1956. – Ref. Pfarrhaus. Grosser Riegelbau von 1657–62, umgeb. 1795; rest. und umgeb. 1967. – Geschlossener Dorfkern mit Riegelbauten des 18. Jh. – Kath. Kirche St. Paulus. Erb. 1960–62 von Justus Dahinden; plastische Ausstattung von Albert Wider. Unter 4 grossen Giebeldächern sind Schiff, Chor, Kapelle und Pfarrhaus zusammengefasst.

***REGENSBERG.** *Schloss und vorzüglich erhaltenes mittelalterliches Städtchen, weithin sichtbar auf einem steil abfallenden Ausläufer der Lägernkette.* Gegründet 1244–46 durch Freiherrn Lütold V. von Regensberg (über die Stammburg s. Regensdorf S. 840); Verkauf des Städtchens an Habsburg-Österreich 1302, an Zürich 1409; fortan bis 1798 Mittelpunkt der gleichnamigen Landvogtei. Im 14.Jh. Erweiterung nach W um die sog. Unterburg; 1540 Brand der Oberburg; seit 1946 besteht eine bauliche Schutzordnung. – *Anlage.* Das Vorburgstädtchen, Oberburg genannt, besteht aus einer einzigen, 120 m langen platzartigen Strasse in der Längsachse des Plateaus. Sie wird von aneinandergebauten Häusern gesäumt, deren Rückwände die Stadtmauer bilden; an der westl. Schmalseite ist die Burg, urspr. mit eigenem Hof und Toranlage, einbezogen; die östl. Plateauspitze war bis 1866 vom Dielsdorfertor geschlossen. Die von einem Zwinger umgebene Stadtanlage wurde im 17.Jh. durch Bastionen nach W, N und O verstärkt; ausserhalb des Befestigungssystems, am westl. Fuss des Burghügels, liegt die sog. Unterburg mit dem Hauptzugang. – *Sog. Unterburg.* Schulhausbrunnen. Wappenreliefs von 1689, kopiert 1944, und Portalrahmung, von den beiden 1866–67 abgebrochenen Stadttoren. An der Mauer nebenan Kopie der Grabtafel um 1280 für Freiherrn Ulrich I. v. Regensberg, aus der Barfüsserkirche in Zürich. – Gasthof Krone, mit Tordurchgang zur Oberburg; Empireschild um 1800. – *Sog. Oberburg.* Ref. Kirche. Erwähnt 1255, Johannes d.T. geweiht. Neuerb. 1506 und nach Brand 1540; Renov. 1821, 1953, 1969. Klassiz. geprägter Rechtecksaal, der mit der nördl. Schmalseite und dem danebenstehenden Turm in die Stadtmauer einbezogen ist. Zeltdach des Turms 1723. – **Schloss.** Als selbständig befestigte Anlage erb. um 1245; Landvogteisitz 1410–1798; Sitz des Oberamtmannes 1815–32; seit 1883 Erziehungsanstalt. Vom urspr. Bau erhalten der Bergfried, ehem. mit Hocheinstieg. Seine in der NO-Schweiz ungewöhnliche Rundform dürfte sich durch savoyischen Einfluss erklären; anstelle des Spitzhelms seit 1766 mit offener Zinne bekrönt. Der Wohntrakt auf den alten Fundamenten neuerb. 1583–85 unter Landvogt Sixt Vogel; langgestreckter spätgot. Bau mit 3 Obergeschossen unter Satteldach, urspr. mit Treppengiebeln; Barockportal von 1685 mit Wappenrelief; in der Eingangshalle Wappentafel der Landvögte und Oberamtmänner 1678–1828. Mehrere Erweiterungsbauten für die Erziehungsanstalt seit 1887. – Sodbrunnen. Mit 57 m ist er der tiefste der Schweiz, angelegt um 1245, benutzt bis 1632. – Stadtbrunnen. Errichtet 1632, erneuert 1743. Säule mit reichem Kompositkapitell und sitzendem Löwen als Schildhalter. – Altersheim. Als Kanzlei und Amtshaus erb. 1665–66 unter Landvogt Joh. Rudolf Grebel; umgeb. 1918–19. Grosser Giebelbau mit bemerkenswerter Ausstattung aus der Bauzeit; die Wandmalereien um 1770 im Jägerstübli werden Christoph II Kuhn zugeschrieben. Neben dem Haus Aussichtsterrasse auf einem Teil der barocken Schanzenanlage. – Engelfriedhaus, in der N-Zeile. Neuerb. 1671, unter Wiederverwendung einzelner Bauteile von 1541; Renov. 1950. Grosser spätgot. Giebelbau mit halbrundem Befestigungsturm an der Talfront. Im Erdgeschoss Wappenrelief 1598 des Landschreibers Matthias Engelfried; im 1.Stock dekorative Balkenmalerei und Wandbild um 1770,

Christoph II Kuhn zugeschrieben; im 2. Stock Spätrenaissance-Ausstattung von 1671: u.a. Rittersaal mit zentraler, das mächtige Gebälk stützender Eichensäule. – Pfarrhaus. Hoher Giebelbau von 1740. – Ortsmuseum. Vor dem Eingang Kanone, gegossen 1758 von Peter Ernst aus Lindau. – Burgruine Alt-Lägern, bei der Hochwacht. Erb. um 1245 von den Freiherren v. Regensberg im Zusammenhang mit der Stadtgründung, zerstört wahrscheinlich 1267; ausgegraben 1902–04. – Häusergruppe ehem. Ölmühle (jetzt Gärtnerheim) und ehem. Hirsmühle, Riegelbauten 1806 und 18. Jh.
Museum. Ortsmuseum. Objekte und Dokumente zur Stadtgeschichte aus dem Nachlass des ersten Direktors des Schweiz. Landesmuseums, Heinr. Angst (1847–1922). – Sammlung von Werken der Zeichnerin Lotte Günthart-Maag (geb. 1914) im Haus Rote Rose.

STEINMAUR. Ref. Kirche. Erwähnt 1175; neuerb. im 14. Jh., rest. 1952. Rechteckiger, 1755 und 1820 verlängerter Saal, gedrungener Chorturm mit gekuppelten Schallöffnungen und Satteldach in Längsrichtung. An der S-Seite Sonnenuhr 18. Jh. Neun Grabtafeln 17. und 18. Jh. von Geistlichen und ihren Angehörigen. – Burgruine Sünikon, an der Waldstrasse Sünikon–Regensberg. Sitz der Ritter v. Sünikon-Regensberg, erb. um 1300; im 16. Jh. wahrscheinlich als Pilgerherberge der 1501–40 in der Nähe bestehenden Kapelle Unserer Lieben Frau im Pflasterbach benutzt; ausgegraben 1962. Fundamente eines quadratischen Wohnturmes von 12 m Seitenlänge.

SCHÖFFLISDORF. Ref. Kirche. Als Margarethen-Kapelle erb. 1. H. 14. Jh.; Neubau mit nördl. Käsbissenturm 1706 von Rud. Wäber; Rest. 1963–64. Taufstein 1711, barocke Polygonalkanzel auf Steinsäule 1797. Chorfenster von Paul Eichenberger. Glocke vor der Kirche 1744. – Drei Speicher. Massivbauten unter steilen Satteldächern 1597, 1604 und 1766.

OBERWENINGEN. «Heinimürler.» Fundamente einer römischen Villa, ausgegraben 1888–1914. Bodenmosaiken und Wandmalereien im Landesmuseum in Zürich. – Speicher Surber. Riegelbau 18. Jh. – Untervogtshaus. Hofanlage des 18. Jh. in Fachwerk. Im Speicher von 1797 Ortsmuseum mit volkskundlicher Sammlung. Sog. Konzilsglocke von 1415.
Museum. Ortsmuseum, im Speicher.

NIEDERWENINGEN. Ref. Kirche. Erwähnt 1145 als Besitz des Klosters Schaffhausen; unter Beibehaltung des got. Turmchores neuerb. 1671, Turmhochbau 1811–13 von Joh. Volkart und Casp. Stadler; Renov. 1948. Saalkirche; am Chorbogen Barockkanzel 2. H. 17. Jh. Glasfenster 1948 von Konrad Grimmer. – Ref. Pfarrhaus. Giebelbau 1784 mit Klebdächern. – Schulhaus. Wandbild 1956 von Hermann Alfred Sigg. – Wirtschaft zur Mühle. Riegelbau mit Klebdächern dat. 1603, umgeb. im 18. Jh.

SCHLEINIKON. Mehrere grosse Riegelbauten, auch im Weiler Dachslern. Haus Bucher 1788 mit bemalten Falläden. – Zythüsli. Kleiner Riegelbau von 1777 mit Glockentürmchen; Rest. 1967.

NIEDERHASLI. Ref. Pfarrkirche. St. Bartholomäus-Kapelle erwähnt 1188; im Alten Zürichkrieg 1443 niedergebrannt. Neubau 1463, zur Saalkirche mit 3seitigem Schluss erweitert 1703; Renov. 1928. Auf dem Satteldach gezimmerter Dachreiter mit Spitzhelm; Barockkanzel 1703. – Zentralschulhaus Mettmenhasli. Wandbild 1950 von Hermann Alfred Sigg. – Gemeindehaus. Mosaik 1957 von Hermann Alfred Sigg.

OBERHASLI. Ref. Filialkirche. Kleines Kirchlein mit Polygonalschluss, erneuert 1619; massiger quadratischer Dachreiter unter spitzem Zeltdach. Taufstein 1616, Glasgemälde 1960 von Hermann Alfred Sigg.

OBERGLATT. Ref. Pfarrkirche. Sichtbeton-Neubau 1962–63 von Ernst Gisel. Emaillierte Kirchentüre von Max Hellstern, plastische Ausstattung von Piero Selmoni. – Gedeckte Holzbrücke über die Glatt. Erb. 1766–67 von Joh. Grubenmann; verstärkt 1926; flussaufwärts verschoben um 1960.

WINKEL. Röm. Gutshof bei Seeb. Die 1958–70 systematisch ausgegrabene und konservierte, ehemals mit Mauern umgebene symmetrische Anlage aus der Zeit zwischen 30 und 130 n. Chr. weist eine Ausdehnung von rund 210 × 400 m auf. Dem erhöht liegenden Herrenhaus sind nördl. am Hangfuss 2 Wohnhäuser vorgelagert, die mit einer inneren Hofmauer verbunden sind. Diese trennt das Umgelände der Villa vom anschliessenden Wirtschafts- und Werkhof, in welchem ein axial auf die Villa bezogenes Brunnenhaus und 4 symmetrisch die Anlage abschliessende Ökonomiegebäude stehen.

BÜLACH. *Reizvolle, guterhaltene Kleinstadt in der Ebene nahe der Glatt.* «Pulacha» (vom Landgut des Römers Pullius abzuleiten) erwähnt 811; Ritter v. Bülach genannt bis ins 13. Jh. 1384 erwirbt Herzog Leopold III. v. Österreich Bülach und verleiht ihm das Stadtrecht, da die Bülacher jedoch schon 1318 «burger» genannt werden, ist anzunehmen, dass die Befestigung des Ortes vor der Stadtrechtsverleihung erfolgt war. Verpfändung an Zürich 1409; zürcherische Obervogtei 1412–1798. In der Folge des Sempacherkrieges 1386 und im Alten Zürichkrieg 1444 von den Eidgenossen in Brand gesteckt. Seit 1831 Bezirkshauptort. – *Anlage.* Im südl. Teil der oval ummauerten Stadtanlage liegt der runde Kirchhügel, der in N-S-Richtung von der Haupt- und Marktstrasse und in O-W-Richtung vom Stadtbach tangiert wird. Das Obertor (gegen Eglisau) 1838 und das Untertor (gegen Zürich) 1840 abgebrochen, während die Ringmauer in Teilen erhalten oder in ihrem urspr. Verlauf erkennbar ist. – **Ref. Pfarrkirche.** Die Kirche St. Laurentius, genannt 811, war eine der Mutterkirchen des Kantons. Nach dem Brand von 1506 neuerb. 1508–14, umgeb. 1. H. 17. Jh., verlängert 1678; Turmumbau 1838–39 von Heinr. Bräm, Umbau des Schiffes 1870–71 von Joh. Jak. Hotz; Renovation, Grabungen und Umbau 1968–70 durch Fritz Schwarz. Spätgot. Anlage mit Polygonalchor; die 4 Portale in den Längsseiten mit neugot. Vorzeichen 1870–71. Turm im nördl. Choreinzug dat. 1510 und 1514; hoher neugot.-klassiz. Aufbau mit einspringendem Uhrgeschoss, Galerie und Spitzhelm. Die 5 Chor- und die Turmfenster mit Fischblasenmasswerk des 17. Jh. Betonemporen und neue Orgel 1969 von Fritz Schwarz, Glasgemälde 1969–70 von Hans Affeltranger. Hinter profiliertem Spitzbogen Chor mit hochgelegener stuckierter Flachdecke des 17. Jh. Taufstein 1678. Konserviertes alemannisches Frauengrab 7. Jh. mit reichen Schmuckbeigaben. Bei der Kirche Plastik, Guter Hirte, 1955 von Ernst Heller. – **Rathaus.** An den Kirchhügel stossender prachtvoller Fachwerkbau von 1672–73 über tiefem, von Pfeilerarkaden abgestütztem Keller von 1646; geschwungene Rückfront mit Treppengiebel 1687; Renov. und Freilegung des Fachwerks 1959–60. Der grosse Giebelbau mit 2 Voll- und 2 Dachgeschossen ruht auf einem gemauerten Erdgeschoss, in dessen nördl. Achse sich eine Arkade nach dem Treppenaufgang zur Kirche öffnet; symmetrisch dazu wurde 1959 die südl. Arkade geschaffen. Im Innern des Erdgeschosses mächtige Tragjochkonstruktion. Im 1. Stock Renaissancesaal aus der Bauzeit, mit Kassettendecke, Portalrahmungen und Einbaubuffet. Prachtvoller polygonaler Turmofen 1673 von Hans Heinr. Graf; die von Heinr. Pfau farbig bemalten Kacheln zeigen biblische Szenen, allegorische Figuren und Wappen. – Altes Schulhaus, Rathausgasse Nr. 1. Grosser Riegelbau von 1680. – Stadtbrunnen. In frühklassiz. Formen errichtet 1797 von Baumeister Hans Jak. Mathis. – Ehem. Sekundarschulhaus, Hans-Haller-Gasse Nr. 9. Klassiz. Bau 1835 von Heinr. Bräm. – Gasthaus Goldener Kopf. Erwähnt 1491; Um- und Erweiterungsbau 1760; nach dem Brand von 1962 Wiederaufbau 1965–66 von Hans Suter. Dem heutigen Massivbau ist Riegelwerk in Anlehnung an den alten Zustand vorgeblendet; erhalten das in die N-Fassade einbezogene Stück der Stadtmauer und der Massivteil des halbrunden Treppentürmchens von 1593. Spätrokoko-Wirtshausschild um 1760. Im sog. Goethestübli (Rast Goethes 1797) mythologische Deckenmalerei 1762 von Christoph II Kuhn, an den Wänden 14 Panneaux mit heroischen Landschaften E. 18. Jh., sig. J. S. – Zum Neuhof, Zürichstrasse Nr. 2. Klassiz. Villa von 1839–40. – Gasthof Kreuz. Erb. 1820 von Salomon Sulzer. Klassiz. Bau unter Krüppelwalmdach. – Kath. Dreifaltigkeitskirche. Neugot., 1903 von Aug. Hardegger. – Schulhaus Hinterbirch. Wandmosaik 1956 von Karl Hügin und Plastik 1956 von Ernst Hebeisen. – Schulhaus Hohfurri. Brunnenplastik 1958–60 von Robert Lienhard. – Schülerheim Heimgarten. Erb. 1964–66 von Hans und Annemarie Hubacher und Peter Issler; Wandbild von Hermann Alfred Sigg.

NEERACH. Ober- oder Vogtmühle. Als Habsburgerbesitz erwähnt 1305; heutiger Bau mit Fachwerkgiebel wahrscheinlich 18. Jh. – Geigermühle. Erb. 1570, erneuert 1636; Renov. 1942. Fachwerkbau mit Treppengiebel über 2 Massivgeschossen; in der Wohnstube wappengeschmückte Bretterdecke. – Untermühle. Fachwerkbau vor 1639 mit Treppengiebel. – Schulhaus mit hohem Dachreiter, erb. 1817.

STADEL. Ref. Kirche. Erwähnt 1173; Saalbau von 1736–38 mit Polygonalschluss und Turm unter Satteldach; Rest. 1953–54. Taufstein und marmorierte Holzkanzel aus der Bauzeit. – Verschiedene Riegelbauten E. 17. Jh., u. a.: Haus Maag von 1668, Dreisässenhaus unter mächtigem Satteldach. – Ehem. Speicher, an der Hauptstrasse. Massivbau von 1651 mit hölzerner Aussentreppe. – **Leuenbrunnen.** Bedeutendster Brunnen der Zürcher Landschaft, erstellt 1636 in Formen der Spätrenaissance. Achteckiges Becken mit Jahrzahl in Kartusche und Doppelwappen; die Säule mit Löwenmasken, Akanthusblättern, bemalten Familienwappen und Kompositkapitell, das von einem sitzenden schildhaltenden Löwen bekrönt ist. – Schulhaus. Wandbild und Sgraffito 1951 von Hermann Alfred Sigg.

BACHS. Ref. Kirche. Predigtsaal, mit dem Friedhof als militärischer Stützpunkt erb. 1713–14 von Hans Casp. Werdmüller; Renov. 1963–64.

Dachreiter 1761–62. Taufstein und Kanzel 1714; Glasfenster 1965 von Robert Wehrlin und Heinr. Bruppacher. – Stattliches Pfarrhaus, 1730.

WINDLACH. Altes Schulhaus und Speicher. Fachwerkbauten des 18. Jh.

WEIACH. Ref. Pfarrkirche. Die Vorgängerkirche wurde bis zur Reformation von der heute badischen Pfarrei Hohentengen aus versehen und wurde 1591 Pfarrkirche. Als militärischer Stützpunkt gegen die Grafschaft Baden und gegen Kaiserstuhl unter Einbeziehung des Pfarrhauses von 1591 und des Friedhofes vollständig neuerb. 1705–06 von Hans Casp. Werdmüller; Rest. 1966–68. Saalbau mit Polygonalschluss unter Satteldach; gezimmerter Dachreiter mit Spitzhelm. Reichverzierte Kanzel, Pfarrstuhl, Kirchenstühle und Taufstein aus der Bauzeit. – Römerwarte, an der Strasse nach Zweidlen. **Museum.** Ortsmuseum, im Liebert-Haus aus dem 16. Jh.

GLATTFELDEN. Ref. Pfarrkirche. Kapelle genannt 1275; die spätgot. Kirche renov. 1701, Turm erhöht 1863; Renov. 1930. Saalbau mit Turmchor, aussen 2 Grabsteine von 1753 und 1787. Kanzel 1745, Taufstein 1767. – Pfarrhaus. Erb. 1500, umgeb. 1541 und 1821; rest. 1965. – Altes Schulhaus Im Hof. Klassiz. Bau von 1837. – Gottfried-Keller-Brunnen. Errichtet 1940 von Ernst Heller mit sitzender Figur des «Grünen Heinrich» und Reliefköpfen. Glattfelden ist das Heimatdorf des Dichters Gottfried Keller (1819–90). Das «Keller-Haus», d.h. das Haus von Kellers Oheim, Arzt Heinr. Scheuchzer, stand gegenüber der Mühle und wurde 1956 abgebrochen. – Neues Schulhaus. Keramikmosaik 1967 von Hans Affeltranger.

EGLISAU (Abb. 274). *Malerisches Brückenstädtchen am Rhein.* Am wahrscheinlich schon von den Römern benützten Flussübergang wurde vermutlich Ende des 11. Jh. der Schlossturm als Kern des linken Brükkenkopfes erbaut; das Städtchen auf der andern Rheinseite als fester Platz angelegt 1. H. 13. Jh., 1238 im Besitz der Herren v. Tengen, die 1268 Sitz auf der Burg nahmen; Mitte 13. Jh. Brücke, Mauern und Türme erwähnt. Verkauf 1463 an den aus der Steiermark stammenden Freiherrn Bernhard Gradner; Verkauf 1496 an Zürich, in der Folge bis 1798 Landvogteisitz. – Rechteckige Anlage am N-Ufer des Flusses, bestehend aus 3 parallel verlaufenden Zeilen von zusammengebauten spitzgiebligen spätgot. Häusern von unterschiedlicher Dachhöhe. Die beiden Gassen gehen vom ehemaligen Obertor der westl. Schmalseite aus: die Obergasse verbindet geradlinig mit dem Wilertor (abgebrochen), die Untergasse führt zu Kirche und ehem. Brückenkopf in der SO-Ecke hinab. Der Bau des Kraftwerkes Rheinsfelden 1916 bedingte den Abbruch der gedeckten Brücke und des Salzhaus-Quartiers südöstl. der Kirche; die Rheinfront des Städtchens kam unmittelbar über den Wasserspiegel zu liegen; neue Brücke ausserhalb der Altstadt.

Ref. Pfarrkirche. *Schöne Barockkirche mit bedeutenden spätgot. Malereien im Chor.* Die roman. Kirche U. L. Frau wahrscheinlich A. 13. Jh. erbaut, erwähnt 1254; um 1350 durch eine got. Anlage ersetzt, von der der Chor erhalten ist. Schiff und Turm neuerb. 1716–17 wahrscheinlich nach Plänen von Heinr. Vogel; Ausgrabungen und Rest. 1960–61. Nahezu quadratisches Langhaus unter Satteldach mit Zwergwalm im O; über dem stark eingezogenen Rechteckchor mit unregelmässig abgestumpften Ecken ein niedrigeres

Satteldach. Im nördlichen Choreinzug kraftvoller Turm aus unverputzten Tuffsteinquadern, über dem Glockengeschoss mit Doppelöffnungen an allen vier Seiten rundbogige, von Pinienzapfen bekrönte Uhrgiebel, darüber die Zwiebelhaube. An der S-Front Sonnenuhr 1961 von Hans Schaad; an der N-Front und im anschliessenden Hof 13 barocke Grabplatten und Glocke von 1576. Das Innere wurde nach dem Vorbild der St. Peterskirche in Zürich von 1705 als 3schiffige Halle gestaltet. Die Seitenemporen auf toskanischen Holzsäulen sind durch die Orgelempore verbunden und öffnen sich in stichbogigen Arkaden auf gleichen Holzsäulen nach dem Mittelschiff; alle drei Schiffe sind von hohen, am Dachstuhl aufgehängten Stichbogentonnen überwölbt und wie die Chordecke mit profilierten Stuckspiegeln besetzt. Beidseitig des im Halbkreis geschlossenen Chorbogens Rokoko-Epitaphe für Landvögte 1762 und 1771. Taufstein, Kanzel am Chorbogen und Pfarrstuhl aus der Bauzeit. Im Chor bedeutende *spätgot. Fresken* um 1490, vielleicht von Hans Fischer und Hans Ott aus Schwaben: Marienleben, die Hl. Katharina und Ursula, Stifterfiguren des Freiherrn Bernhard Gradner und seiner Frau Veronika v. Starkenberg. Im Chor aufgestellt die Grabplatte des Freiherrn Bernhard Gradner (gest. 1489), stark plastisch gearbeitete Relieffigur des Ritters in got. Rüstung. – *Untergasse.* Ref. Pfarrhaus. Erb. 1542, umgeb. 1722. Über hohem Massivunterbau 2 Fachwerkgeschosse. – Gasthaus Hirschen. Doppelhaus mit got. Reihenfenstern über gemauerten Arkaden und hölzernen Pfeilern. – Haus Nr. 593. Barockportal mit Oberlichtgitter und bemalter Allianzwappentafel zwischen Voluten. – Haus Nr. 602. Allianzwappentafel von 1693. – Gasthaus Krone. Got. Massivfachwerkbau; klassiz. Wirtshausschild um 1810. – *Obergasse.* Schifferbrunnen beim Gemeindehaus, 1960 von Hans Jak. Meyer. – Zur Alten Helferei, Nr. 573. Erb. 1682 von Baumeister Joh. Wirth, mit got. Reihenfenstern. – Haus Nr. 567. Fassadenmalerei 1967 von Hans Schaad. – Haus Nr. 558. Spätrenaissanceportal um 1650. – Haus Nr. 557. Riegelbau von 1707. – Im Weiherbach. Sog. Totengräberhaus, grosser Riegelbau von 1670. – *Seglingen*, ehem. Brückenkopf. Schloss. Von der seit dem 11. Jh. erbauten und 1841–42 abgebrochenen Anlage ist die Schlossscheune des 17. Jh. mit 2 im Winkel aneinandergebauten Flügeln und die Brücke von 1671 über den einstigen äussern Burggraben erhalten. – Lochmühleplatz. Bronzefigur, Schwimmer, 1938 von Ernst Heller. – Eisenbahnbrücke. Erb. 1895–97 von Robert Moser. Langgestreckte hohe Steinbogenbrücke mit mittlerem Gitterbalken. – Kraftwerk Rheinsfelden. Architektonische Gestaltung der Anlage 1916–19 von Otto und Werner Pfister, Wohnkolonie 1918 und 1920 von Robert Rittmeyer und Walter Furrer. **Museum.** Ortsmuseum. Dokumentation zur Geschichte von Eglisau.

WASTERKINGEN. Ref. Kirche. Neuerb. 1852 an Stelle einer im 17. Jh. erneuerten Kapelle. Schlichte Saalkirche mit Dachreiter.

HÜNTWANGEN. Vogthaus. Riegelbau 18. Jh. – Speicher. Fachwerkbau 1672 auf gemauertem Sockelgeschoss.

WIL. Ref. Pfarrkirche. An Stelle einer schon 1216 erwähnten Kirche neuerb. 1858–59 von Heinr. Bräm. Die in neugot.-klassiz. Formen errichtete grosse Kirche mit inkorporiertem Frontturm und eingezogenem Polygonalchor liegt auf einer Anhöhe über dem Dorf und beherrscht das ganze Rafzerfeld. Grosser kahler Innenraum; Orgel und Stuckdecke anlässlich der Renov. 1931 von Otto Münch. – Geschlossener Dorfkern mit zahlreichen Riegelbauten des 18. Jh.

RAFZ. Ref. Pfarrkirche. An Stelle der ehem. St. Nikolauskapelle neuerb. 1585, Verlängerung des Schiffes nach W 1708; Renov. 1855, neuer N-Turm mit 8seitigem Spitzhelm 1910 von Joh. Jak. Graf. Langgestrecktes spätgot. Langhaus und trapezförmiger Chor, spitzbogige Masswerkfenster. Taufstein umgearbeitet 1836 von Hans Schweizer. – Zahlreiche Fachwerkbauten des 17. und 18. Jh. – **Gasthaus Goldenes Kreuz.** Erb. 1665, umgeb. 1748; Brand 1947, Renov. 1965. Langgestreckter prächtiger Giebelbau; Portalrahmungen mit figürlichen Schnitzereien und Wirtshausschild in Rokokoformen, wohl von 1748. – Haus an der Lottstetter Strasse. Grosser frühklassiz. Putzbau um 1785 unter steilem Walmdach, geschnitzte Portalrahmung. Nebenan langgestreckte Scheune von gleichem Typus.
Museum. Ortsmuseum. Heimatkundliche Sammlung in Riegelhaus.

TÖSSTAL

TEUFEN. Burgstelle Altenteufen, auf dem Guggisbuck am Irchel. Bis 1315 Sitz der 1116 erwähnten Freiherren v. Teufen, Lehensträger des Klosters Reichenau; berühmtestes Glied der Familie war der Minnesänger Wernher v. Teufen, bezeugt um 1220. Burg E. 15. Jh. aufgegeben. – Schloss Teufen, unterhalb der Burgstelle. Über den Fundamenten des Gerichtsherrensitzes von 1638 neuerb. 1850–56 für Eduard Merian. Vierteilige Baugruppe im englisch-neugot. Stil; der grosse Hof bergwärts von Ökonomiebauten des 18. Jh. geschlossen. Oberhalb ein weiterer, unvollendeter Schlossbau in der Art englischer neugot. Landhäuser, um 1850–56, mit zentralem Lichthof und darin umlaufender Galerie.

FREIENSTEIN. Sog. Römerbrücke. Dreibogige Tuffsteinbrücke mit steigender Fahrbahn 1806–08 von Joh. Volkart; Renov. 1961. – Burgruine Freienstein, nördl. über dem Dorf. Erwähnt 1254, Sitz der Freiherren v. Freienstein bis 1360; im Alten Zürichkrieg 1443 als Raubritterburg zerstört. Viereckige Turmruine von 15 m Höhe.

RORBAS. Ref. Pfarrkirche, in Hanglage über dem Dorf. Ehem. Johannes d. T. geweihte Kirche erwähnt 1268. Neuerb. 1585–86 von Bauherrn Oeri und Obmann Keller, nach W verlängert 1685; Innenrenov. 1951. Langhaus und eingezogener kreuzgewölbter Turmchor, auf dem Turm Käsbissen. Barockkanzel auf Pfosten 1677, Taufstein 1659; Barockepitaph 1628 für Gerichtsherrn Hans v. Meiss. – Pfarrhaus. In frühklassiz. Formen erb. 1773–76 von David Vogel; über dem Eingang Inschrifttafel von 1752. – Gasthof Adler. Erwähnt im 16. Jh., Umbau 1810; Rest. 1966. Langgestrecktes Riegelhaus unter Satteldach. – Lochmühle. Baugruppe des 18. Jh.; auf dem Platz Plastik 1944–45 von Ernst Heller. – Baumwollspinnerei. Grosser klassiz. Giebelbau, 1813–16 für den Spinnerkönig Heinr. Kunz errichtet.

EMBRACH. Ref. Pfarrkirche. Nachfolgerin der im 11. Jh. gegründeten Kollegiatskirche St. Peter und Paul; Neubau an anderer Stelle 1779–80 von

David Vogel. Predigtkirche auf kleiner Erhebung, zu der von drei Seiten Freitreppen emporführen. Die im Kern quadratische Anlage ist seitlich durch halbrunde Ausbuchtungen zum Querbau erweitert; an der Rückfront ein seichter Risalit und an der Hauptfront ein giebelbesetzter 3achsiger Portalvorbau, aus dem sich zwischen Treppenhäusern ein massiger Fassadenturm mit 4seitiger Kuppelhaube erhebt. Der nüchtern wirkende Raum mit Spiegelgewölbe nimmt in den halbrunden Seiten tiefe Emporen auf, die gegenüber der Kanzel durch eine schmale Orgelempore verbunden sind. Die Bankreihen sind in beiden Hauptachsen durch Gänge unterteilt; Taufstein hinter dem Quergang. – Altes Pfarrhaus, Oberdorfstrasse Nr. 609. Riegelbau aus dem 17. Jh.; Renov. 1959–60. – Ehem. Amtshaus. Auf dem Areal des ehem. Chorherrenstiftes 1547 erbauter Verwaltungssitz des 1525–1831 bestehenden Amtes Embrach. Umbauten 1709, nach Plan von Zunftmeister David Horner, und 1782. Langgestreckter Barockbau unter Walmdach mit Dreieckgiebel in der Mittelachse, S-Flügel. Rest. 1972–73.

LUFINGEN. Ref. Kirche. Die ehem. Margarethenkirche 1157 erwähnt; Langhaus neuerb. und Turm erhöht 1842. Im mittelalterl. Turmchor spätgot. Sakramentsnische und Wandgemälde 2. H. 15. Jh.: Engel, Muttergottes, Erasmus und Christophorus. Renov. 1916. – Ref. Pfarrhaus. Das sog. Schloss als einfaches Giebelhaus erb. 1663 für Landvogt Heinr. Waser, Sitz der bis 1765 bestehenden Gerichtsherrschaft Lufingen; zum Pfarrhaus umgeb. 1812–15. Im Studierzimmer Täfer und Stuckdecke aus der Bauzeit.

OBEREMBRACH. Sog. Rothus, am Dorfausgang. Fachwerkbau mit Klebdach, Reihenfenstern und Falläden, erb. 1797 von Zimmermeister Abraham Krebser für Landrichter Jak. Bänninger. – *Stürzikon.* Heimatort und Grabstätte des Dichters Jak. Bosshart (1862–1924). – Schöner Fachwerkspeicher 1672 von Zimmermeister Ulr. Brunner. – *Unterwagenburg.* Ruine Wagenburg. Erb. wahrscheinlich 1. H. 11. Jh. für die Herren v. Wagen, Gefolgsleute der Grafen v. Mömpelgard-Wülflingen; als Mittelpunkt der Herrschaft Wagenburg M. 13.–M. 15. Jh. Sitz kyburgischer und habsburgischer Ministerialen; nach Brand 1550 zerfallen.

PFUNGEN. Ref. Kirche. Neuerb. 1648–49 neben der 1875 abgebrochenen Burg der Herren v. Wart. Einfache Saalkirche mit polygonalem Schluss und Dachreiter. – Kath. Kirche St. Joseph. Neugot. Bau 1900–07 mit Dachreiter; im rechten Winkel angebaut das Pfarrhaus. – Villa Schlosshalde. Neugot. Bau von 1888; grosses Gärtnerhaus. – Holzbrücke über die Töss, erb. 1839.

DÄTTLIKON. Ref. Kirche; erwähnt 1275. Das roman. Schiff mit hochgelegenen Rundbogenfensterchen und der spätgot. Chor, geweiht 1522, gehen ohne Chorbogen ineinander über und bilden wegen ihrer Achsenabweichung einen nach S offenen Winkel; Rest. 1946–47. Im Schiff Wandgemälde eines Jüngsten Gerichtes um 1330. Wappenrelief des Pastors Casp. Schwerter 1600; Taufstein 1641, in Kopie erneuert 1921. Barockorgel um 1700 mit figürlichen Intarsien, aus der Kapelle der venezianischen Gesandtschaft in Zürich. – Ref. Pfarrhaus. Schöner Riegelbau auf Fundamenten des 16. Jh.; Rest. 1949.

NEFTENBACH. Ref. Kirche. Die 1209 erwähnte und 1466 erneuerte Kirche erhält 1842–43 ein klassiz.-neugot. Schiff und einen flachgedeckten

Turm mit Balustrade von Gustav Albert Wegmann; Rest. 1961 und 1965. Im spätgot. rippengewölbten Chor 3 Glasfenster 1957 von Max Hunziker. – Stadttrotte. Einfacher Giebelbau um 1620; Rest. 1967. – Schloss Wart. Neugot. Herrschaftssitz erb. 1889–93 von Ernst Jung für Max Sulzer-v. Wart. – Talgut. Landgut der Familie Ziegler von Winterthur in der Nähe der Burg Wart, welche 1309 als Sitz des Minnesängers Jak. v. Wart, Bruder des Königsmörders von Windisch, zerstört wurde. Wohnhaus erb. im 18. Jh., erhöht und erweitert um 1800; angebaute Ökonomie in Fachwerk 18. Jh.

WINTERTHUR UND UMGEBUNG (s. S. 854–867).

KYBURG. Schloss (Abb. 269). *Die historisch bedeutendste Burg zwischen Limmat und Bodensee hat im wesentlichen ihren Baubestand aus der Feudalzeit bewahrt.* Als Besitz des Grafen Wernher v. Kyburg, Freund des geächteten Herzogs Ernst v. Schwaben, 1027 zerstört; nach Übergang an die Grafen v. Dillingen, die sich fortan v. Kyburg nennen, abermals zerstört 1079 durch Abt Ulrich von St. Gallen. Das Geschlecht der Kyburger, das im 12. Jh. zu grosser Macht gelangt, 1172 die Lenzburger und 1218 die Zähringer beerbt, stirbt 1264 im Mannesstamm aus. Erben sind die Habsburger; als König verwahrt Rudolf v. Habsburg die Reichskleinodien in der Schlosskapelle Kyburg. Unter seinen Nachfolgern werden verschiedene Vögte ins Schloss gesetzt, bis 1424 bzw. 1452 die Stadt Zürich Burg und Herrschaft erwirbt und bis 1798 den Verwaltungssitz ihrer grössten Landvogtei auf dem Schloss unterhält. Nach Plünderung und einer Zeit der Verwahrlosung 1816 als Sitz des Oberamtmanns wiederhergestellt. 1831–1917 in wechselndem Privatbesitz. Seit 1917 Eigentum des Kt. Zürich; Rest. 1925–31, als Museum eingerichtet. – *Anlage.* Die Burg liegt auf einem 3seitig steil abfallenden Felsvorsprung südl. der Töss, die SO-Flanke ist gegen die Vorburg, das spätere Städtchen, durch 2 parallele Halsgräben geschützt; auf dem Wall zwischen den Gräben französischer Garten, angelegt 1700. Entlang der unregelmässig 4eckigen Burgmauer gruppieren sich die meist ins 11.–13. Jh. zurückreichenden Bauten um einen Innenhof. Der Zugang führt über die Gräben zum äusseren Tor in der NO-Ecke, erneuert 1579–80 mit heraldischen Malereien von Christoph und Josias Murer, Inschrift 1737. Der anschliessende Zwinger führt zum innern Tor, über welchem ein Gang angelegt ist, der den Vorder- oder Willenturm an der N-Spitze mit dem Palas verbindet. Das Tor liegt im Schutz des südl. stehenden *Bergfrieds* aus dem späten 11. Jh., Zinnengeschoss mit Zeltdach nach 1444; an der W-Front Sonnenuhr um 1530 von Hans Asper mit Wappen Zürich und Landvogt Lavater; ehem. roman. Hocheinstieg im Estrich des Grafenhauses sichtbar. Der Bergfried ist an 2 Seiten vom *Palas* oder Grafenhaus eingefasst, welches im 12. Jh. um das 2. Obergeschoss erhöht und 1527 umgebaut wurde, Sonnenuhr um 1530 von Hans Asper; im Erdgeschoss der 1683 unter Landvogt Beat Holzhalb eingerichtete Festsaal mit spätgot. profilierter Holzsäule in der Raummitte, Grisailledekorationen und Bauinschrift sowie einem Kaminaufsatz von 1723; im 1. Stock die 1682 eingebaute Küche und die Wohnung des Landvogts im Zustand des späten 18. Jh. In der Wohnstube frühklassiz. Winterthurer Kachelofen 1772 von Heller, im Schlafzimmer 5 Wappenscheiben um 1570–1671. Ein *Wehrgang*, mit Aborterker, dem sog. Taubentürmchen, und Fachwerkhoffront von 1787–88, führt zum Ritterhaus in der S-Ecke. Davor der 1578 angelegte Säulenbrunnen, heutiges Becken 1733, Säule mit schildhaltendem Löwen 1755 von Hans Sulzberger. Sog. *Ritterhaus.* Das 3geschossige ehem. Gästehaus, spätere Amtsgebäude und Audienzhaus erb. um 1100, verändert 1527 und 1776–88, das Walmdach mit bekrönendem

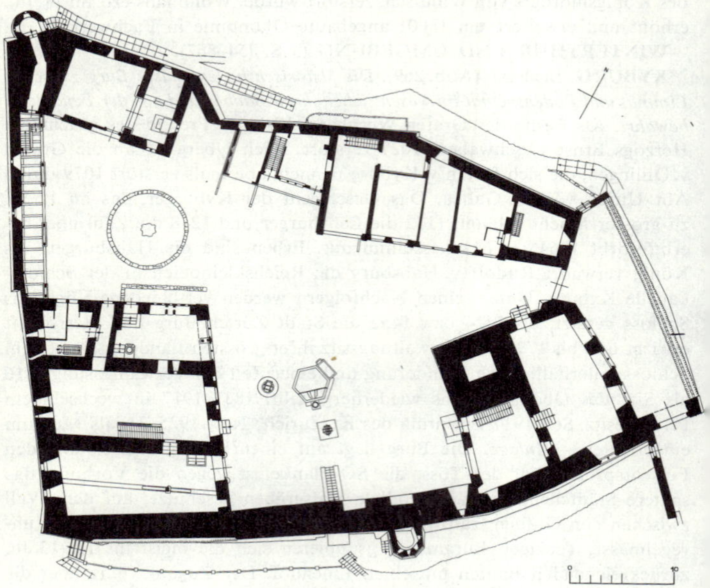

Kyburg. Schloss

Uhrtürmchen errichtet 1785–90; an der südl. Aussenfront grosses Standeswappen mit Reichsschild um 1500, renov. 1536 von Hans Asper. Im 1. Stock sog. untere Ritterlaube mit dekorativ gemalten Tür- und Fensterumrahmungen in Formen des Manierismus 1592 von Casp. Reutlinger, ergänzt 1609 von Christoph Murer; Rüst- oder Waffenkammer eingerichtet 1527; Amtsräume des Landvogts und des Seckelmeisters ausgeb. 1776–78. Im 2. Stock sog. obere Ritterlaube mit fragmentarischem Wappenfries der Landvögte aus dem 17. Jh. sowie Bildnissen von Landvögten, ergänzt und teilweise erneuert 1625 von Samuel Hofmann; Historiengemälde 1878 von Aug. Weckesser: Blutgericht der Königin Agnes gegen Rudolf v. Wart auf der Kyburg; Muttergottesgemälde angeblich von Guido Reni (1573–1642). In der 1786 an Stelle einer Kornschütte eingerichteten Gerichtsstube Zürcher Régencetapete und weisser Rokokoturmofen. Im Verbindungsgang farbige Tür- und Fensterumrahmungen, gemalt 1609 von Christoph Murer. Vom

Ritterhaus führt ein Wehrgang zur NW-Ecke, die der Graue oder Hintere Turm mit Ausfallpforte einnimmt; hier ehem. Folter- und Pulverkammer. – *Burgkapelle* (Abb. 269). Erbaut vermutlich im 12. Jh., erneuert A. 14. Jh.; nach der Reformation profaniert und u.a. als Zeughaus benutzt, rest. nach 1920. Rechteckbau, dessen O-Teil neben dem Chor die gleich grosse Sakristei oder Reichskammer enthält; darüber kleiner Zeltdachturm mit roman. Schallöffnungen. Im Schiff flache Holzdecke, die geschnitzten Teile 1497 von Blesi Wercher aus der Kirche Erlenbach (ZH); Chordecke mit Flachschnitzereien E. 15. Jh., aus dem Kloster Oetenbach in Zürich. Bedeutende *gotische Wandmalereien:* An den Längswänden des Schiffs Jüngstes Gericht, Passionsszenen und Heilige A. 14. Jh., gleichzeitig Heiligendarstellungen im Chor; von einer 2. Malschicht um 1480 Fragmente in Schiff und Chor sowie der Zyklus der Leiden der Hl. Regula in der Reichskammer, gestiftet um 1480 von Landvogt Felix Schwarzmurer; an der N-Wand des Schiffs auf Leinwand übertragene Wandgemälde: Passionsszenen und Martyrium der Zürcher Stadtheiligen A. 15. Jh., aus der Kirche Fällanden. Grabplatte und Gedenktafel für die ehem. Schlossbesitzer Graf Alexander Sobansky (1799–1861) und Eduard Bodmer (1837–1914). – *Ausstattung* der Burgkapelle und des übrigen Schlosses aus Beständen des Schweiz. Landesmuseums. An der südl. Umfassungsmauer Gedenktafel für den Restaurator der Burg, Kantonsbaumeister Hermann Fietz d. Ä. (1869–1931).

Dorf. Die urspr. Vorburg seit A. 14. Jh. Stadt genannt, ohne jedoch im Besitz des vollen Stadtrechts zu sein; Befestigungen nach der Zerstörung im Alten Zürichkrieg 1444 nicht wieder hergestellt, Dorfbrand 1819. – Ref. Kirche. Die 1379 erwähnte Katharinenkirche 1644 erweitert und nach Brand 1819 wiederaufgebaut. An das Schiff mit Walmdach schliesst der eingezogene, gedrungene Turmchor an, der von einem Dachreiter mit Spitzhelm gekrönt ist. – Ref. Pfarrhaus. Schlichter klassiz. Bau von 1820–23 unter steilem Walmdach. – Gasthof Hirschen. Als Pendant zum Pfarrhaus erb. um 1820–25. – Alte Kanzlei, bis 1831 Sitz des Landschreibers. Grosses Giebelhaus 1671–72 in Massiv- und Fachwerkkonstruktion; Umbau 1788.

ZELL. Ref. Kirche (Abb. 273). An Stelle einer röm. Portikusvilla eine erste Kirche erb. um 700, das darin bewahrte Einsiedlergrab vom nachfolgenden, den Hl. Johannes d. T. und Evangelist geweihten Bau des 9. oder 10. Jh. und dem heutigen Bau übernommen. Spätgot. Saalkirche mit eingezogenem Polygonalchor um 1500, Verlängerung nach W 1753; Rest. 1958–59, Grabungen. Neben dem Chor älterer gedrungener Chorturm 1. H. 14. Jh. mit verschaltem Glockengeschoss und tiefgezogenem Spitzhelm. Im Schiff flache Holzdecke von 1958, im Chor spätgot. Netzrippengewölbe; Taufstein 1789. Im alten kreuzrippengewölbten Turmchor bedeutende *Wandmalereien* in archaisierendem Stil M. 14. Jh., rest. 1959: Am Gewölbe die Evangelistensymbole; an der N-Wand Marientod; im O St. Michael als Seelenwäger, Christuskopf, Priester am Altar sowie die Hl. Johannes Bapt., Verena und Martin; an der S-Wand Märtyrer und Jesus unter den Schriftgelehrten; im W die Hl. Katharina. Von einer 2. Malschicht um 1470 sind am ehem. Chorbogen und beim Wandtabernakel von 1464 Reste erhalten, u.a. Rankenwerk sowie die Wappen der Kyburger und der Schenken von Liebegg. – *Lettenberg*. Haus zum Chloschter. Im S-Flügel die 1360–70 erwähnte ehem. Kapelle St. Oswald, Filiale von Zell; die Kapelle mit spitzbogigem W-Portal und Polygonalchor wurde in der 2. H. 17. Jh. zum Bauernhaus umgebaut. – *Rikon*. Fabrikkantine der Firma Kuhn. Als Schüttegebäude der ehemaligen Mühle erb. 1627, nach O erweitert 1795; Umbau zur Kantine und Rest. 1960–61 von Jak. Zweifel und Heinr. Strickler. Über tonnengewölbtem Keller massives Erdgeschoss und hölzerner Oberbau, auf dem Satteldach Dachreiter von 1762; Portal von 1627 mit Allianzwappen und Löwenköpfen. – *Langenhard*. Burgruine Liebenberg. Als Sitz der Schenken v. Liebenberg, Dienstleute der Grafen v. Kyburg erwähnt 1180; seit dem 14. Jh. mehrfacher Besitzerwechsel, nach M. 16. Jh. zerfallen. – *Kollbrunn*. Primarschulhaus. Wandbild 1952 von Hans Fischer.

SCHLATT. Ref. Kirche. St. Peterskirche erwähnt 1241. Neuerb. um 1480 oder um 1525–30; Renov. 1940–41. Einfache spätgot. Anlage mit eingezogenem Polygonalchor und gedrungenem Käsbissenturm. – Ref. Pfarrhaus. Als Wohnturm der Herren v. Schlatt erb. um 1050, Wiederaufbau nach der Zerstörung durch die Zürcher 1334, nach mehrfachem Besitzerwechsel seit 1531 Pfarrhaus. Erweiterung und Umbauten 1583 und 1748–49; Rest. 1958. Massiges Gebäude unter spätbarockem Krüppelwalmdach. Das unregelmässige geschichtete Mauerwerk der NO-Ecke gehört zum ehem. Turm, dessen rundbogiger Hocheinstieg an der N-Seite sichtbar ist. – Burghügel Schänis. Ehem. Sitz der im Gaster begüterten Herren v. Schänis. Erkennbar der Grundriss eines Turmes.

WILDBERG. Ref. Pfarrkirche. Kapelle erwähnt 853; spätgot. Neubau 1496 mit Kreuzrippengewölbe im Polygonalchor. Der übernommene hochgot. Chorturm der Liebfrauenkirche von 1320 erhöht 1512 und mit Käsbissen geschlossen; Renov. 1971–72. Glasmalereien von J. de Nère. Taufstein von 1824.

TURBENTHAL. Ref. Pfarrkirche. Galluskirche erwähnt 858. Spätgot. Neubau mit Polygonalchor 1510–12, Umbau des Langhauses 1703, Emporeneinbau 1765, neuer Turm mit Spitzhelm 1903–04 von Gustav Gull; Renov. 1927. Im Schiff einfache Holzdecke mit Flachschnitzereien. Im Chor schönes Rippengewölbe mit Wappenschlusssteinen Hohenlandenberg, Breitenlandenberg und Bischof Hugo von Konstanz; spätgot. Portal zum Turm. Beidseits des runden Chorbogens Wandbilder 1927–29 von Alfred Marxer, an Stelle damals abgelöster Fresken von Hans Haggenberg. Reichverzierte Kanzel und Pfarrstuhl von 1668, neugot. Taufstein 1927, Orgel 1957. Unter dem Chor Gruft der Herren v. Breitenlandenberg, Kollatoren der Kirche. – Kath. Kirche Herz Jesu. Erb. 1934 von Otto Linder; Plastiken von Emil Suter. – Schloss. Erb. 1666 für Junker Joh. Christoph v. Breitenlandenberg; bis 1797 zeitweise Sitz der Gerichtsherrschaft. Umbauten zur Taubstummenanstalt 1903–04 und 1941. Dreistöckiger Bau unter steilem Satteldach mit polygonalem, spitzbehelmtem Treppenturm an jeder Traufseite. – Sekundarschulhaus. Denkmal 1964 von Hans Brandenberger, zur Erinnerung an Wildhans v. Breitenlandenberg, den Verteidiger von Greifensee gegen die Eidgenossen im Alten Zürichkrieg 1444. – *Hutzikon.* Wohlfahrtshaus Boller-Winkler. Als Gasthaus Hirschen erb. 1711, umgeb. 1919. Auf gemauertem Erdgeschoss barocker Fachwerkbau mit grossen Lukarnen; klassiz. Wirtshausschild um 1800. – Burgruine Breitenlandenberg. Erb. A. 14. Jh. als Sitz der Herren v. Breitenlandenberg, Dienstleute des Klosters St. Gallen; als Mittelpunkt der gleichnamigen Gerichtsherrschaft bis 1732 in Händen derselben Familie, bis 1801 im Besitz der Werdmüller; nach 1804 als Steinbruch benützt, ausgegraben 1924–25. Fundamente des allseits von Mauern umgebenen Bergfrieds und des südl. vorgelagerten Torturms. – Ehem. Gesindehaus des Schlosses. Im 18. Jh. als langgestreckter Walmdachbau mit nördl. Fachwerkfront errichtet; zum Försterhaus umgeb. und renov. 1953.

WILA. Ref. Pfarrkirche. Die 1275 erwähnte ehem. Marienkirche liegt auf einem steilen Hügel mitten im Dorf. Bau des nördl. Turmchors um 1288, Erweiterung des Schiffs nach S, M. 15. Jh.; Anlage der Stützmauern, Bau des S-Chores und Erhöhung des Dachstuhls 1612; Renov. 1903 und Aussenrenov. 1950. Gedrungener Chorturm mit Spitzhelm von 1623; im Chor Kreuzrippengewölbe und Sakramentshäuschen von 1465. Reichverzierte Holzkanzel um 1613. Got. Fresken, darunter solche von Hans Haggenberg, übertüncht 1903. – Ref. Pfarrhaus. Erb. 1768–70 von Joh. Grubenmann; Renov. 1964–65. Pfarrhaus mit der 1855 und E. 19. Jh. zum Wohnhaus umgebauten ehem. Pfrundscheune unter einem Walmdach. – Haus zur Alten Post. Als Gerichtshaus Landenberg erb. 1736 für Gerichtsvogt Heinr. Lüssi, Veränderungen der markanten Fachwerkfront und Giebelerhöhung E. 19. Jh.; Renov. 1963–65, gleichzeitig Wappentafel Lüssi von Albert Walter. Im Innern Reliefgussplatte von 1593 aus Schloss Breitenlandenberg. – Hof Brenggau. Fünfteiliges Flarzhaus, ein Blockständerbau des 17. Jh. mit grosser Lukarne, erweitert 1734 und 1793. – Burgruine Hohenlandenberg. Erb. E. 13. Jh. als Sitz der Herren v. Hohenlandenberg, Zweiglinie des zweiten Hauses Landenberg (s. Bauma, unten); von den Zürchern und Österreichern zerstört 1343–44.

SITZBERG. Pfarrweiler der Gemeinde Turbenthal, ca. 6 km östlich der Station Wila. – **Ref. Kirche.** Einfaches Saalkirchlein mit Dachreiter, erb. 1837–38 nach Plan von Heinr. Heider; Renov. 1938. Hervorragende *Barockorgel,* für die St. Albanskirche von Laichingen in Württemberg erb. 1741–43 vom berühmten Orgelbauer Georg Friedr. Schmahl d. Ä., bemalt 1743 von Joh. Adam Bauer; die Orgel kam 1897 von Stein am Rhein nach Sitzberg; Rest. 1960–61.

STERNENBERG. Ref. Kirche. Einfaches Saalkirchlein von 1705–06 mit Dachreiter; Glasscheiben um 1965 von Hermann Alfred Sigg.

BAUMA. Ref. Pfarrkirche. Neubau der Saalkirche 1770–71 von Joh. Jak. Haltiner; Renov. 1926. Rechteckiger Walmdachbau mit Rundbogenfenstern und Käsbissenturm von 1651 an der Breitseite. Im Innern klassiz. Deckenstukkaturen. – Friedhof. Grosse klassiz. Grabanlage für den Fabrikanten und Schöpfer der Jungfraubahn, Adolf Guyer-Zeller (1839–99). Hochrelief von Baptist Hoerbst. – Kath. Kirche St. Antonius. Erb. 1903 von Hermann Sigrist d. Ä.; Deckenbild und Hochaltargemälde von Jos. Heimgartner, Glasfenster von Max Dagobert Meyner. – Hof Hinterwies. Flarzhaus E.17.Jh., teilweise in Blockständerkonstruktion mit Reihenfenstern und Falläden. – Baumwollspinnerei Neuthal. Erb. 1825, ausgeb. um 1865–69 unter Adolf Guyer-Zeller. Typische Oberländer Fabrikanlage mit mehreren Gebäuden in klassiz. und neugot. Formen. – **Burgruine Alt-Landenberg,** weithin sichtbar am westl. Ausläufer des Ragenhorns. Erb. im 12.Jh. als Sitz des 1.Hauses Landenberg, der späteren Ritter v.Werdegg und v.Bernegg, Dienstleute des Klosters St.Gallen. Im Besitz der Herren v.Turbenthal als 2.Haus Landenberg um 1200–1315; in der Folge im Besitz verschiedener Lehensträger. Seit dem Übergang an die Stadt Zürich 1549 zerfallen; Ausgrabung und Konservierung 1958–63. Fundamente des aus mächtigen Tuffquadern erstellten Palas mit Doppeltoranlage im S und langrechteckig ummauertem Hof mit 14 m tiefem Sodbrunnen im W. Daran anschliessend 2., von einer Polygonalmauer umgebene Hofanlage mit Ökonomiegebäuden und einer 2.Toranlage im NW. **Museum.** Ortssammlung Alt-Landenberg, in Bauma. Fundstücke aus der Burgruine.

FISCHENTHAL. Ref. Pfarrkirche. Die wohl kurz nach 878 gegründete Galluskirche wahrscheinlich 1469–70 unter Benützung des älteren Chorturms neuerbaut, Schiff erneuert 1711; Renov. 1936. An das barocke Langhaus mit Rundbogenfenstern und Satteldach schliesst der quadratische niedrige Chorturm unter Spitzhelm an, dem östlich ein 3seitiger Schluss angebaut ist. Stuckierte Gipsdecke im Schiff 1875; hinter dem halbrunden Chorbogen flachgedeckter Turmchor mit Masswerkfenstern. Taufstein 1875; Orgel mit Relief von Otto Münch und Kanzel 1936. – *Steg.* Haus Roswiesli. Ständerbau des 18.Jh. vom Typus des Toggenburgerhauses mit Reihenfenstern, Falläden und geschnitzten Sparren. Im Sockelgeschoss 2 Webkeller und Schmiede; Ofen dat. 1785. – In der Nähe 4teiliges Flarzhaus des 18.Jh. mit Reihenfenstern und bemalten Falläden. – *Enner-Lenzen.* Fünfteiliges Flarzhaus 19.Jh.

*WINTERTHUR UND UMGEBUNG (Abb. 265–268, 272)

Bis ins 12.Jh. bezeichnet der keltisch-röm. Name Vitudurum das heutige Oberwinterthur (s. S. 864). Südwestl. davon gründet Hartmann III. v. Kyburg um 1170 die Stadt Winterthur (Niederwinterthur) als Markt- und Stapelplatz. Seit 1180 eigene Pfarrei durch Loslösung von Oberwinterthur. Kommt 1264 an Rudolf v. Habsburg, dient als Stützpunkt gegen die Eidgenossenschaft; 1467 an Zürich verpfändet, bis 1798 zürcherische Untertanenstadt. Von 1803 an Bezirkshauptort. Seit Ende des Mittelalters Sitz von berühmten Keramikmanufakturen, Ofenbauern, Glasmalern, Uhrmachern und Webern. Im 19.Jh. rapider Aufschwung zur Handels- und Industriestadt, vorwiegend Maschinenbau und Textilmanufaktur. Berühmte private Kunstsammlungen. – Regelmässige, fast quadratische kyburgische Stadtanlage, wohl unter Einbeziehung älterer Teile im SW. Pfarrkirche mit Friedhof im Zentrum, doch abseits von der Hauptader, dem breiten Gassenmarkt, der parallel zur N-Mauer verläuft. Im 13.Jh. Einbeziehung der beiden Vorstädte um Obertor- und Untertorgasse. Bestimmende Veränderungen im Stadtplan nach Brand von 1313. Alle Befestigungen im 19.Jh. ge-

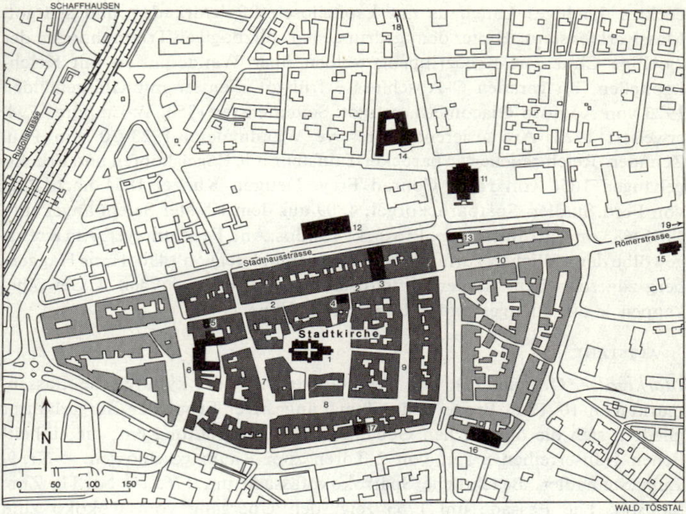

Ortsplan Winterthur

1. Ref. Stadtkirche. – 2. Marktgasse. – 3. Rathaus. – 4. Ehem. Waaghaus. – 5. Ehem. Oberes Spital. – 6. Ehem. Unteres Spital. – 7. Metzggasse. – 8. Steinberggasse. – 9. Obergasse. – 10. Obertorgasse. – 11. Stadthaus. – 12. Stiftung Oskar Reinhart. – 13. Zum Warteck. – 14. Kunstmuseum und Stadtbibliothek. – 15. Heimatmuseum im Lindengut. – 16. Alte Kaserne. – 17. Zum Hinteren Waldhorn. – 18. Sammlung Oskar Reinhart am Römerholz. – 19. Zur Pflanzschule

schleift, bis auf den Halbrundturm, der in ein Haus der Technikumstrasse einbezogen ist (s. S. 860). An deren Stelle Anlage einer teilweise parkartigen Ringzone mit locker angeordneten, öffentlichen Gebäuden. 1922 Eingemeindung der 5 Vororte.

Ref. Stadtkirche (Ortsplan, 1; Abb. 266). An Stelle einer vermutlich im 11. Jh. erbauten, St. Laurentius-geweihten Kapelle. Anlässlich der Erhebung zur Pfarrkirche 1180 wahrscheinlich Neu- oder Umbau. Chor wohl nach dem Stadtbrand 1313 erbaut, N-Turm nach Brand 1361, S-Turm 1486–90 von Hans Hettlinger, Conrad Gisler und Hans Weinmann. Neubau des Langhauses 1501–18 durch Ratsherrn Erhard v. Hunzikon. Neugot. Restauration 1853–56 von Ferd. Stadler, Renov. 1922–24. Dreischiffige, querschifflose Basilika mit eingezogenem, gerade geschlossenem Chor in kubischer Gliederung. Die beiden Chorflankentürme sind bis zum Uhrgeschoss ähnlich gegliedert, massiverer S-Turm mit barockem Aufbau in Anlehnung an die Stadtkirche Zofingen, 1659 von Hans Conrad Frey: Drachenwasserspeier, 4 rollwerkbesetzte Uhrgiebel und Laternenhaube; die einfachere, aber angeglichene Bekrönung des N-Turms 1794 von David Vogel. Haupt- und 3 Seitenportale spitzbogig mit profilierten Gewänden, 2 davon dat. 1509. Flachgedecktes 5jochiges Langhaus mit kapitellosen Pfeilerarkaden und spätgot. Masswerkfenstern. Hinter dem gedrungenen spitzbogigen Triumphbogen der 2jochige Chor mit Kreuzrippengewölben über Wanddiensten mit Kelchkapitellen. Im geraden O-Abschluss 3 frühgot. Fenster mit Glasgemälden 1923 von Augusto Giacometti, neugot. Seitenfenster 1853. W-Empore 1794, erweitert 1922. Archaisierend-expressive Wandmalerei 1923–30 von Paul Zehnder. Reich reliefierter barocker Taufstein mit Engelsköpfen und Fruchtgehängen 1656 von Hans Conrad Frey. Neugot. Kanzel 1854 nach Plan von Ferd. Stadler. Spätbarockorgel, 1809 aus dem Kloster Salem angekauft, 1766–68 von Carl Jos. Riepp, Prospekt von Jos. Ant. Feuchtmayer. Am Kreuzgewölbe der südlichen Turmsakristei Wappenmalerei von 1490, Hans Haggenberg zugeschrieben. In der Mittelrosette Stadtwappen, in den 4 Gewölbekappen je ein adeliges und 3 bürgerliche Wappen.

ALTSTADT

Marktgasse (Ortsplan, 2). Das alte Stadtzentrum, der kyburgische Gassenmarkt von 10–12 m Breite und 330 m Länge. Der Front der Bürgerhäuser gliedern sich die öffentlichen Gebäude mit Zurückhaltung ein; die einheitlichen Häuserreihen urspr. von 2 Toren zum Raum geschlossen. – Nr. 9, Zum Steinadler. Beachtliche Spätrokokofassade um 1765. – Nr. 11, Zum Samson. Die Fassade um 1765 zeigt den Übergang vom Rokoko zum Frühklassizismus. – Nr. 15, Gasthaus zur Sonne. Spätgot. Bau von 1557 mit Staffelfenstern. Im 1. Stock flachgedeckter Saal mit verzierten Fenstersäulen. Wirtshausschild um 1800. – Nr. 16, Berna. Spätbarockfassade um 1765. Rokokostuckdecken. – Nr. 20, **Rathaus*** (Ortsplan, 3). *Eine der bedeutendsten Leistungen des schweiz. Frühklassizismus.* Erbaut 1782–84 nach Plänen von Joh. Ulrich Büchel. Umgestaltung des Erdgeschosses und Durchgang 1872–74 von Jos. Bösch: Erdgeschoss als Ladengalerie, Hof mit Glasdach offensichtlich in Anlehnung an die wenig ältere Galleria Vittorio Emanuele in Mailand, Sgraffiti an der Fassade gegen die Stadthausstrasse; Rest. 1968–70. Schmale 3achsige Fassade innerhalb der Häuserzeile, das zweite Obergeschoss mit dem steilen traufständigen Satteldach überragt die Nachbarhäuser. Gliederung durch fein abgestufte Reliefschichten; die Mittelachse wird durch Balkon und Dreieckgiebel akzentuiert. In der Eingangshalle Kalksteinblock mit Bauinschrift vom Kastell Oberwinterthur aus dem Jahr 294 n. Chr., 1966 aus dem Konstanzer Münster zurückgeführt. Der *Gemeinderatssaal* im ersten Stock mit hervorragend stuckierter Decke des Augsburgers Lorenz Schmid ist der bedeutendste Innenraum des Klassizismus in Winterthur. – Nr. 22, Zur Geduld. Vorderhaus erb. um 1690, Hinterhaus 1717; Umbau zum Klubhaus 1921–22 von Rob. Rittmeyer und Walter Furrer. Harmonische Frühbarockfassade mit toskanischem Rundbogenportal und flachem Erker. Im Vorraum des Hinterhauses barocke Stuckbalkendecke; im Saal klassiz. Turmofen. Wandmalereien von Henry Bischoff und Karl Walser 1922–23. – Nr. 24, Zur Ceder. Ausstattung und Stuckdecken E. 18. Jh. Im Hinterhaus Zimmer und Saal mit neuentdecktem Getäfer und Kassettendecken um 1690, sehr schöne barocke Stuckdecke, dat. 1708, wahrscheinlich von Heinr. Bürkli. – Nr. 25, ehem. **Waaghaus** (Ortsplan, 4), jetzt Volksbibliothek und Kunsthalle. Erb. 1503 als Waaghaus für die Kaufleute und als Gesellschaftshaus für die Bürgerschaft. Die regelmässig gegliederte Fassade zeigt 4 kielbogige Arkaden im Erdgeschoss und über durchlaufendem Sims 4 3teilige Staffelfenster sowie 4 Kreuzstockfenster im 2. Obergeschoss. Rest. und umgeb. 1866 von Karl Bareiss (Treppenhaus, Kunsthalle). Wappenscheibe des Musikkollegiums 1658 von Hans Jak. Nüscheler. – Nr. 30, Zur Harfe. Spätgot. Fassade 1. H. 16. Jh. Im 3. Stock heute unterteilter Saal mit brillanter Rokokostuckdecke um 1740. – Nr. 37, Rothaus. Neuklassiz. Warenhaus erb. 1907–08 und erweitert 1930–31 von Rob. Rittmeyer und Walter Furrer. – Nr. 41, Zum Weissen Haus. Im 1. Stock spätgot. Balkendecke von 1506. Fragment eines Frührenaissance-Wandgemäldes und Allianzwappens dat. 1537. – Nr. 43, Zum Tiergarten. Rokokotäfermalereien um 1763 vielleicht von Hans Ulr. Studer. – Nr. 44, Zum Walfisch. Klassiz. Schild um 1820. – Nr. 46, Zum Geist, um 1765. Qualitätvolle Fassade und Innenausstattung des Spätrokokos. – Nr. 48, Zur Ilie. Erbaut um 1760 in Spätrokokoformen. – Nr. 49, Hotel Krone. Erwähnt 1434. Neurenaissancefassade von 1875; klassiz. Wirtshausschild um 1810. Wandbild von Hans Wildermuth um 1890. – Nr. 53, ehem. **Oberes Spital** (Ortsplan, 5). Erb. 1790 von Diethelm Schneider; Renov. 1966–67. Frühklassiz. Bau mit Pilastergliederung und Dreieckgiebel über 3achsigem Mittelrisalit. In der Hofdurchfahrt Gitterportal zum Treppenhaus von Jak. Strauss. Im 2. Stock getäferter Saal, hinter dem Täfer zugänglich Rest einer Architekturmalerei um 1630. – Ehem. **Unteres Spital** (Ortsplan, 6), heute Altersheim am Neumarkt. Neuerb. 1806–14 von Salomon Sulzer d. J. Langgestreckter klassiz. Bau unter Walmdach. Elfachsige lisenengegliederte Front mit flachem Mittelrisalit unter grossem Dreieckgiebel. N-Flügel erb. 1788–89 von Diethelm Schneider, als Verbindung zum ehem. Oberen Spital. Schöner Hof gegen die Spitalgasse mit klassiz. Brunnen von 1812. – *Kirchplatz*. **Ref. Stadtkirche** (Ortsplan, 1), s. S. 855. – Klassiz. Brunnen um 1830. – Ref. Pfarrhaus. Erb. 1794–95 wahrscheinlich von Heinr. Keller. Würfelförmiger frühklassiz. Bau unter Walmdach. – Gewerbemuseum. Als Mädchenschule erb. 1849–52 von Ferdinand Stadler. Dreigeschossiger spätklassiz. Kubus unter flachem Walmdach. Dreiteilige Portalarkade, dahinter Eingangshalle. – *Metzggasse* (Ortsplan, 7). Nr. 12, Zum Engel. Spätgot. Fassade um 1600. – Nr. 20, Zur Goldenen Traube. Bedeutendster Bürgerbau des Spätrokokos in der Stadt Winterthur. Eckhaus von 1772 unter Mansartwalmdach, mit Eckpilastern und urnengekröntem Prunkportal, im Scheitel das Wappen des Bauherrn Hans Jakob Ernst; auf flachem Kastenerker Hauszeichen. Rokokostuckdecken. – Schöne Baugruppe Ecke Metzggasse–Steinberggasse: Frühklassiz. Haus zum Maierisli um 1790. Riegelhaus zum Kirschbaum um 1810. Klassiz. Haus zum Silberberg um 1835. Pfarrhaus-Hauptfront (s. oben). – *Steinberggasse* (Ortsplan, 8). Saalartiger Strassenraum mit behäbigen kleinbürgerlichen Bauten. Fischermädchenbrunnen. Bronzeplastik 1938 von Max Weber. – Nrn. 31–47. Geschlossene Häuserzeile 18. Jh. – Nr. 13, ehem. Knabenschule. Louis-XVI-Fassade um 1760 mit urnengekröntem Portal. Im Innenhof offene Holzgalerien. – *Obergasse* (Ortsplan, 9). Nrn. 7–9, Zur Treue und Zum Ölberg. Spätgot. Doppelhaus um 1600 unter gemeinsamer Lukarne. – Nr. 40, Zum Marktegg. Durch toskanische Kolossalpilaster gegliederte Fassade um 1800. *Obertorgasse* (Ortsplan, 10). Nr. 3. Gasthaus Wilder Mann. Klassiz. Wirtshausschild um 1810. – Nr. 17, **Polizeiamt,** ehem. Haus zum Adler. Rokokobau von 1763–64 unter Mansartdach. Fassade von toskanischen Eckpilastern gerahmt, Mittelachsen durch Portal, Balkon- und Fenstergitter betont. – Nrn. 27–29, Zum Oberen und Unteren Gängli. Spätgot. Doppelhaus um 1600 mit Rundbogenportal und Reihenfenstern. – Nr. 31, Gedenktafel für den hier geborenen Ästhetiker Joh. Georg Sulzer (1720–79). – Neustadtgasse: Nr. 1a, Magazingebäude, ursprünglich für Baumwolle, erb. 1845. Der die Strasse beherrschende Block ist ein spätes Beispiel des romantischen Münchner Rundbogenstils. – Nr. 21, Zum Storchen. Spätgot. Bau um 1600. – Ehem. Bad- und Waschanstalt, Badgasse Nr. 6. Backsteinbau, erb. um 1865 von Karl Bareiss als «Türkisches Bad» mit minarettartigem Hochkamin. – Haus zum Blauen Schild, Innere Tösstalstrasse Nr. 14. Rokokohauszeichen von 1767. – *Oberer Graben.* Nr. 2, Zum Grabenfels. Erb. um 1850, mit feingliedriger Neurenaissancefassade. – Nr. 6, ehem. Freimaurerloge Akazia. Erb. 1864 von Karl Bareiss. Originelle neugot. Fassade. – Nr. 12, Zum Baumwollbaum. Rokokobau um 1765 unter hohem Mansartdach. Bedeutende Innenausstattung: Stuckdecken und Empire-Öfen. – Nr. 20, Zum Störchli. Rokoko-Aushängeschild um 1780. – Nr. 50, Zum Lindenhof. Im 18. Jh. Wohnsitz der Künstlerfamilie Schellenberg.

RINGZONE

Repräsentative Bauzone des 19. Jh., entstanden durch die Beseitigung der Schanzen 1763–1806 und die Einebnung der Stadtgräben 1790–1800 und 1835–39. – *Bahnhofplatz.* Bahnhof. Erb. 1894–95 von Ernst Jung und Otto Bridler, unter Verwendung des Altbaus von 1854. – Adler-Apotheke, ehem. Haus zum Maulbeerbaum. Frühklassiz. Block unter steilem Zeltdach um 1785, neuklassiz. Giebelaufbau und Portal von 1913. – Restaurant National. Kleiner Neurenaissancebau, als Villa erstellt 1861. – Hauptpost. Erbaut 1896–99 von Otto Dorer und Adolf Füchslin. Reichgegliederter historischer Komplex unter steilen Walmdächern. – Suva-Verwaltungsgebäude. Erb. 1904–05 von Ernst Jung und Otto Bridler. Stark gegliederter Hausteinbau in Verbindung von got. und Jugendstilelementen. – Hohes Haus, Bankstrasse Nr. 20. Jugendstilbau 1906 von Rob. Rittmeyer. – **Stadthaus*** (Ortsplan, 11; Abb. 267). *Eines der bedeutendsten Bauwerke des europäischen Historismus.* Verkörperung des Geltungswillens der Stadt Winterthur, die im 19. Jh. mit der Kantonshauptstadt wetteiferte. Erb. 1865–69 von Gottfried Semper; 1932–34 leider um zwei Achsen nach N erweitert, gleichzeitig Umbau des Konzertsaales. Die 3geschossigen Seitentrakte mit differenzierter Geschossgliederung unter flachen, von einer Attika verdeckten Walmdächern werden überragt vom 4geschossigen vorspringenden Mittelteil unter Giebeldach. Dieser zeigt nach S eine gewaltige korinth. Tempelfront (urspr. mit Plastiken geschmückt), zu der eine Monumentalfreitreppe hinaufführt; in der Portikusrückwand kolossales, ins 2. Geschoss reichendes Portal. Vestibül mit dorischen Säulen und 2seitiger Treppenanlage. Dahinter der durch 3 Geschosse reichende Grosse Saal mit Seitenemporen zwischen ion. Kolossalsäulen. – Primarschulhaus Altstadt. Spätklassiz. Block, erbaut 1864 von Ferd. Stadler. – **Stiftung Oskar Reinhart** (s. S. 867; Ortsplan, 12). Als Schule erb. 1838–42 von Leonhard Zeugheer. Vornehmer 3geschossiger Block unter flachem Walmdach. Über den Arkaden der Vorhalle die Statuen von Zwingli, Pestalozzi, Conrad Gesner und Joh. Georg Sulzer, erstere von Joh. Ludw. Keiser, letztere von Joh. Jak. Oechslin. In den flachen Eckrisaliten Wandbrunnen mit Nischenfiguren der Kunst und der Wissenschaft 1859–60 von Joh. Leeb. Beim Umbau zur Gemäldegalerie 1941–50 wurde das Innere völlig verändert, die Fenster des 2. Obergeschosses entfernt, die Fensterverdachungen des 1. Obergeschosses verändert sowie Portal und Freitreppe der Parkseite hinzugefügt. – *Stadthausstrasse*. Nr. 8. Spätklassiz. Wohn- und Geschäftshaus von 1841. – Nr. 39, **Zum Warteck** (Ortsplan, 13). Erb. 1857–61 von Leonhard Zeugheer. In beherrschender Eckstellung schöner Neurenaissance-Stadtpalazzo mit reicher Geschossdifferenzierung; Innenhof mit Brunnen. – **Rathaus*** (Ortsplan, 3) s. S. 856. – Nr. 75. Im 1. Obergeschoss vielfiguriges frühbarockes Fresko um 1600, mit Szenen aus dem Leben König Davids. – Nr. 85, Zur Toggenburg. Um- oder Neubau 1763, im 2. Obergeschoss bedeutende Rokoko-Ausstattung. – Nr. 109, Zum Falken. Frühklassiz. Aushängeschild um 1810. – Casino. Spätklassiz. Bau 1862 von Joh. Heinr. Meyer nach Plänen von Urban und Raschbacher; Aufstockung 1934. Im Theatersaal statuengeschmückter Bühnenrahmen um 1890 von Hans Wildermuth. – Nr. 135, Zur Gloria. Erb. um 1865 von Karl Bareiss. Stattliches neugot. Geschäftshaus mit Erker und Treppengiebel. In der Mittelachse Portal mit den Statuen von Hermes und Hephaistos. – *Museumstrasse*. Nr. 56, Zum Sulzberg. Frühklassiz. Wohnhaus um 1785. – **Zum Balustergarten,** im Stadtpark. Spätbarockes Lust- und Gartenhäuschen unter Satteldach, erb. um 1740. Im Innern Täfermalereien um 1763 vielleicht von Hans Conrad Kuster. – Stadtpark: Bronzeplastiken 1928 von Hermann Haller und 1942 von Gerhard Marcks. – **Kunstmuseum** und Stadtbibliothek (s. S. 867; Ortsplan, 14). Erb. von Rob. Rittmeyer und Walter Furrer 1912–16 mit privater Hilfe. Gliederbau mit teilweise klassiz. Dekor. Bauplastik von Hermann Haller, Friedrich Wield, Karl Geiser und Eduard Bick. Weites Treppenhaus mit Wandbildern 1916 von Ker-Xavier Roussel. Repräsentativer Sitzungsraum und vorbildliche Oberlichtsäle. – Kirchgemeindehaus Liebestrasse. Neuklassiz. Bau 1911–13 von Otto Bridler und Lebrecht Völki. – *Römerstrasse*. **Heimatmuseum im Lindengut** (s. S. 867; Ortsplan, 15). Als Wohnhaus erb. 1787 vermutlich nach Plänen von Franz Ignaz Krohmer für Joh. Seb. v. Clais. Frühklassizistischer 2geschossiger Bau unter Walmdach, die Fronten durch toskanische Pilaster gegliedert. Gitter wahrscheinlich von Jak. Strauss. Zwei symmetrische Ökonomiegebäude. Museale Ausstattung mit Wandmalereien des 17. und 18. Jh., u. a. von Christoph Kuhn,

Joh. Rud. Schellenberg und Casp. Kuster. Barocke Turmöfen der Winterthurer Meister Erhart, Graf und Pfau. – Winterthur-Unfall, Verwaltungsgebäude der Versicherungsgesellschaft. Erb. 1929–31 von Lebrecht Völki, Erweiterungsbau 1947–48 von Franz Scheibler. Grosse neuklassiz. Anlage mit markantem Turm. – Winterthur-Leben, Verwaltungsgebäude der Versicherungsgesellschaft. Erb. 1962–64 von Edwin Bosshardt; Freiplastik 1970 von Silvio Mattioli. – Primarschulhaus Geiselweid. Erb. 1899–1901 von Walter Furrer. – *Technikumstrasse.* **Alte Kaserne** (Ortsplan, 16). Als Baumagazin erb. 1765 von Salomon Sulzer d. Ä. Langgestreckter Riegelbau in beherrschender Stellung. Gemauertes Erdgeschoss mit Barockportal. – Justitiabrunnen von 1748. Achteckiger Trog und kannelierte ion. Säule mit allegorischer Figur. – Florabrunnen um 1790. Gleiche Anlage wie der Justitiabrunnen, jedoch in Formen des Frühklassizismus. – Technikum. Erb. 1874–75 von Theod. Gohl in schweren Neurenaissanceformen. Freiplastik 1953 von Otto Müller. Im Erweiterungsbau Fresken 1946–49 von Eugen Früh, Wandteppich 1960 von Rob. Wehrlin. – Nr. 26, **Zum Hinteren Waldhorn** (Ortsplan, 17). Vom Keller bis zum Dach mit (heute nur teilweise sichtbaren) Sgraffiti geschmückt. Wohnhaus des Malers Hans Haggenberg, 1490–94 von ihm mit einem umfangreichen Bilderzyklus in der nördl. der Alpen selten geübten Sgraffitotechnik dekoriert. Die Bilder künden den Durchbruch der Frührenaissance an. Im Keller guterhaltene Darstellung aus dem Küfergewerbe und Weinprobe. – Nr. 36, Zum Oberen Steinberg. Erb. um 1837, in das spätklassiz. Haus wurde ein mittelalterl. Stadtturm einbezogen und mit einem Belvedere aus toskanischen Säulen abgeschlossen. – Evang. Vereinshaus. Bethaus von 1872–73 in romantischem Spätklassizismus. – Nr. 81, Geschäftshaus. Erb. 1915 von Otto Bridler und Lebrecht Völki in Formen des späten Jugendstils und der Neugotik.

AUSSENQUARTIERE

Brühlberg, Neuwiesen. Altersheim Brühlgut. Als Landhaus in spätklassizistischen Formen erbaut 1858–62, umgeb. 1921. – Villa Brühlhof, Neuwiesenstrasse Nr. 11. Erbaut 1906–07 von Rob. Rittmeyer. – Verwaltungs- und Bürogebäude Gebr. Sulzer AG. Hochhaus mit 26 Stockwerken 1963–66 von Hans Rud. Suter und Peter Suter. – Kath. Kirche St. Peter und Paul. Neugot. Fronttturmanlage 1866–68 von Karl Bareiss, innerer Ausbau 1886–91 von Heinr. Viktor v. Segesser; innen und aussen purifiziert 1940–46 bzw. 1957. Flügelaltäre 1888–91 von A. F. Martin; Wandbilder von August Frey und Glasgemälde 1940–46 von August Wanner. In der Sakristei: Silberne spätgot. Turmmonstranz von 1551 und getriebener Rokokokelch von 1741, beide aus dem Kloster Rheinau. – Neuwiesenquartier an der Wartstrasse. Spätklassiz. Vorstadt. Schulhaus Neuwiesen 1875–76 von Joseph Bösch. – Eglise réformée française. Glasfenster 1958–60 von Rob. Wehrlin. – *Inneres Lind.* Denkmal für den ersten schweiz. Bundespräsidenten Jonas Furrer (1805–61) 1893–94 von Gustav Sieber. – Verwaltungsgebäude Gebr. Volkart. Erbaut 1927–28 von Rob. Rittmeyer und Walter Furrer. – Sekundarschulhaus St. Georgen. Erb. um 1885 von Ernst Jung. – Villa Bühler,

Lindstrasse Nr. 8. Erb. 1867–69 von Friedrich de Rutté. Neubarocke Anlage. Im Treppenhaus Fresken 1918 von Karl Walser. – Bezirksgebäude. Als Verwaltungsgebäude der Schweiz. Lloyd erbaut 1876–79 von Ernst Jung. Neurenaissancebau mit reicher Treppenanlage im zentralen Lichthof; Attikageschoss um 1925 aufgebaut. – Hermann-Goetz-Strasse Nr. 21. Villa, erb. 1874 von Ernst Jung. – *Äusseres Lind, Rosenberg, Rychenberg.* Kantonsspital. Bettenhaus, erb. 1954–58, und Frauenklinik (Hochhaus), erb. 1963–67 von Edwin Bosshardt. In der Eingangshalle des Bettenhauses Wandbild 1959 von Henri Schmid und Keramikmosaik von Ernst Egli. – Ref. Kirche Rosenberg. Erb. 1964–66 von Alfred Klaiber, Heinr. Affeltranger und Franz Zehnder; Glasfenster von Hans Affeltranger. – Waldfriedhof Rosenberg. Krematorium, erbaut 1910–11 von Otto Bridler und Lebrecht Völki, Umbau 1951–52 von Edwin Bosshardt; Fresko 1953 von Paul Bodmer. Eingangshallen, Kapelle und Kolumbarium 1914 von Rob. Rittmeyer und Walter Furrer; an der Kapelle Mosaik 1928 von Karl Hügin. Plastiken: Grosse Ruhende beim Bassin 1948 von Franz Fischer; Engel auf hoher Stete 1932–35 von Karl Geiser. Bedeutende Familiengräber mit Figuren, u.a. von Eduard Zimmermann (1906), Hermann Haller (1917, 1930, 1941, 1950), Hermann Hubacher (1924, 1925, 1926), Max Weber (1936), Rob. Lienhard (1947, 1950, 1960) und Karl Geiser.

Sammlung Oskar Reinhart*, am Römerholz, Haldenstrasse Nr. 95 (Ortsplan, 18). Vornehmes Wohnhaus 1915–16 von Guillaume Revilliod und Maurice Turrettini, erweitert durch Galerie 1924–25 für den Kunstsammler und Mäzen Dr. h.c. Oskar Reinhart. Seit 1970 öffentlich zugänglich (s. S. 867). – Eichwaldstrasse Nrn. 1–3. Grosses neuklassiz. Landhaus mit terrassierter Gartenanlage und Solarium 1908–09 von Rob. Rittmeyer und Walter Furrer. – Musikschule und Konservatorium. Als Villa erb. 1888–89 von Ernst Jung. Grosse historistische Anlage in Formen der französischen Renaissance. – Kantonsschule. Grosse neuklassiz. Anlage 1926–27 von Otto und Werner Pfister; Plastik von Otto Kappeler. Erweiterungsbau 1959–63 von Erik Lanter, Wandteppich 1963 von Rob. Wehrlin. – Reihenhäuser Leimeneggstrasse Nrn. 27–35 und 43–45. Markante Beispiele der schweiz. Zwischenkriegsarchitektur 1930–31 von Hermann Siegrist.

Geiselweid, Deutweg, Mattenbach. **Zur Pflanzschule*** (Ortsplan, 19; Abb. 265), St.-Georgen-Strasse Nr. 5. Als Landsitz erb. 1771–72 wahrscheinlich von Heinr. Keller; Rest. 1962. Um 1860–70 Mittelpunkt schöngeistigen Lebens mit den Schriftstellern Carl Spitteler und Josef Viktor Widmann, den Komponisten Theodor Kirchner und Hermann Goetz und dem Malerpoeten August Corrodi. Frühklassizistischer 2geschossiger Bau unter Mansartdach, die Mitte der 7achsigen Hauptfront in Sichtbackstein durch Freitreppe, Portal, Balkon und skulptierten Volutengiebel ausgezeichnet; im Hof Brunnen. – Seidenstrasse Nr. 8. Wohnhaus des Architekten Rob. Rittmeyer, erb. 1908. – Pflanzschulstrasse Nr. 36. Tennisklubanlagen, 1923–24 von Rob. Froebel, Klubhaus von Robert Rittmeyer und Walter Furrer. Bronzeplastiken von Hermann Hubacher 1922 und Hermann Haller 1924. – Zur Platane, Tösstalstrasse Nr. 19. Spätklassiz. Fabrikantenvilla von 1846. – Villa Flora, Tösstalstrasse Nr. 42. Erb. um 1853, erweitert 1875. Grosser Wohnraum und Gartenanlage 1908 von Rob. Rittmeyer. Wohnsitz des Sammlerehepaars Dr. Arthur und Hedwig Hahnloser-Bühler. In der (nicht zugänglichen) Privatsammlung vor allem Werke von Pierre Bonnard, Edouard Vuillard und Felix Vallotton. – **Adlergarten,** jetzt Altersheim. Bedeutendes Ensemble des Spätklassizismus. Hauptgebäude als Hotel erb. 1833. Langgestreckter 3geschossiger Baukörper unter Walmdach. An der Hauptfront ist dem flachen 6achsigen Mittelrisalit mit Dreieckgiebel ein von Säulen getragener Balkon vorgelagert. Gartenpavillon um 1822 vielleicht von Daniel Sulzer, rest. 1965–66. Symmetrischer Flügelbau mit vorgelagertem Portikustempelchen, an der Rückseite erhöhter Rundbau; im Innern gemalte Scheinarchitektur und Kuppeldekorationen. Erweiterungsbauten des Altersheims 1965–68 von Edwin Bosshardt, Hans Bremi und Rob. Steiner. Brunnenplastik 1968 von Franz Fischer. – «Selbsthilfekolonie», am Eigenheimweg. Neuklassiz. Reihenhaussiedlung 1925–26 von Franz Scheibler und Adolf Kellermüller. – Primarschulhaus Scheideggstrasse. Erb. 1964–67 von Ulr. Baumgartner. Betonrelief von Heinr. Eichmann, Freiplastiken von Paul Speck und Walter Hürlimann, Eichenrelief in der Eingangshalle von Karl Schmid. – Überbauung Grüzefeld. Erb. 1965–67 von Fred Cramer, Werner Jaray, Claude Paillard und Peter Leemann. – *Schönengrund, Sonnenberg, Heiligberg.* Siedlung Weberstrasse Nrn. 12–42. Erb. 1923 von Hans Bernoulli und Adolf Kellermüller. Gegenüber Arbeitersiedlung 1872 von Ernst Jung. – Ref. Zwinglikirche. Erb. 1938–40 von Jacques Wildermuth und Edwin Bosshardt. Bronzetüre 1940 von Otto Charles Bänninger, Glasgemälde 1943–44 von Louis Moilliet. – Kath. Herz-Jesu-Kirche. Erb. 1932–34 von Kasimir Kaczorowski. Glasfenster 1934–35 von Giuseppe Scartezzini und 1960 von Aug. Wanner. Zwei Seitenaltarfiguren 1934 von Meinrad Burch, Kreuzwegstationen 1939 von Alfons Magg. – Klassiz. Urnenbrunnen an der Langgasse. Urspr. in der Altstadt errichtet 1827. – Radfahrerkaserne II. Als Reithalle erb. um 1865 von Karl Bareiss. Grosser neugot. Holzbau auf Hufeisen-Grundriss. – Kinderheim Bühl. Als Wohnhaus für den Kaufmann und Mäzen Friedr. Imhoof-Hotze erb. 1849–50 von Joh. Jak. Breitinger; umgeb. 1894–95 von Ernst Jung und Otto Bridler. Spätklassiz. Anlage mit schönem Gärtnerhaus. – Schulhaus Heiligberg. Erb. 1909–12 von Otto Bridler und Lebrecht Völki. Grosse Anlage mit Elementen des späten Jugendstils und des Neuklassizismus. – Altersheim Sonnenberg. Als herrschaftliche Villa erb. 1901–02 von Gustav Gull; Umbau 1955. Neugot. Anlage; die Ausstattung von Hans Jak. Graf zeigt Elemente des Jugendstiles. – Villa Frohberg, Heiligbergstrasse Nr. 50. Grosse historistische Fabrikantenvilla mit englischem Garten 1881–83 von Ernst Jung. – Wylandstrasse Nr. 24 und Nr. 31, Villen erb. von Ernst Jung 1906–10. – Vogelsangquartier an der Jonas-Furrer-Strasse. Gartenstadt-Kolonie 1912–20 von Rob. Rittmeyer, Walter Furrer, Emil Fritschi und Hermann Zangerl.

VORORTE (eingemeindet 1922)

Töss. Ehem. Dominikanerinnenkloster, seit 1833 Maschinenfabrik Rieter & Co. Kloster gegr. 1233 von den Grafen v. Kyburg, aufgehoben 1525; Sitz der Zürcher Amtmänner bis 1798. Die seit 1854 für Fabrikzwecke benützte Kirche 1916 abgebrochen. Dem Abbruch des Kreuzganges 1851 sind die Wandmalereien von 1487–91 zum Opfer gefallen, sie galten als Hauptwerk des Winterthurer Malers Hans Haggenberg. Berühmteste Insassin des Klosters war die Mystikerin Elsbeth Stagel (gest. 1360). Erhaltene Bauten: Ehem. Priorat aus dem 18. Jh., jetzt Verwaltungsgebäude. Ehem. Mühle 16. Jh., mit Treppengiebeln, jetzt Lehrlingsheim. Spätrokokobrunnen mit Delphinrelief 1779 von Georg Hafner. – Ref. Kirche. Neugot. Anlage mit Frontturm 1854–55 von Joh. Caspar Wolff. – Ref. Kirchgemeindehaus, erbaut 1967–68 von Peter Leemann. – Zentrumüberbauung 1968–72 von Alfred Klaiber, Heinr. Affeltranger und Franz Zehnder. – Kath. Kirche St. Joseph. Erb. 1912–13 von Adolf Gaudy in Verbindung von Neugotik und Jugendstil. – Schulhaus Rosenau. Wandmosaik 1963–65 von Hans Affeltranger.

Wülflingen. **Schloss*.** Frühbarockanlage mit vorzüglichen Interieurs des 17. und 18. Jh. Erbaut 1644–45 für den Gerichtsherrn Hans Hartmann Escher von Zürich, 1725 im Besitz General Salomon Hirzels, 1767 des Schultheissen Johannes Sulzer von Winterthur. Unter der Genossenschaft Schloss Wülflingen Renov. 1907–08. Seit 1911 im Besitz der Stadt Winterthur. Die bedeutenden *barocken Interieurs* * gehören der Gottfried-Keller-Stiftung und sind zugänglich. Zweigeschossiger Bau mit Treppengiebeln und Quertrakt; an der Strasse schmiedeisernes Torgitter um 1735 vom «Königshof» in Winterthur. Erdgeschoss: Untere Gaststube, ehemals Gerichtsstube, mit Wand- und Deckentäfer von 1646. Die Rokokobemalung 1767 von Christoph Kuhn kommentiert in witziger Weise das Leben und den Auszug der drei Brüder Hirzel. Ofen 1776 von Matthias Neeracher (aus Grüningen). Salomon-Landolt-Stube: Getäfer und Balkendecke aus der Bauzeit mit dekorativen Malereien um 1761 von Christoph Kuhn. Ofen 1778 von Heinr. Bleuler mit Malereien von Christoph Kuhn. Obergeschoss: Herrenstube, Prunksaal von 1645 mit Kassettendecke, reichgeschnitztem Wandtäfer und Buffet. Einzigartiger 8eckiger Turmofen von 1647 mit Rückwand, vermutlich aus der Werkstatt Graf oder Erhart. Die grünglasierten Reliefkacheln zeigen dekorative biblische und allegorische Motive. Obere Gaststube mit Brusttäfer und Kassettendecke; Turmofen 1686 von Hans Heinr. Graf aus dem Haus zum Engel in Winterthur. Im 20. Jh. eingebaute Interieurs: Holzhalb-Zimmer aus dem Haus zum Wilden Mann in Zürich, mit Renaissancegetäfer, Buffet und Kassettendecke von 1616; Ofen von 1617 mit Szenen aus der Schweizergeschichte, vermutlich von Hans II Jäggi. Rosenzimmer aus dem Haus zur Rose in Winterthur mit Wandmalereien in blaugrüner Grisailletechnik 1763 vermutlich von Hans Conrad Kuster; Turmofen mit Landschaftsfriesen von 1757, aus Zürich. Tafelbilder von Christoph Kuhn, Balth. Bullinger, Heinr. Freudweiler, Salomon Landolt u.a.

Ref. Kirche. Neuerbaut 1681 unter Verwendung des Turmchors aus dem 13. Jh. Turmaufbau 1757, erhöht 1867–71 und 1929. Neugestaltung des

Schiffes 1826, Emporeneinbau und Renov. 1913. Der leicht erhöhte Turmchor mit Kreuzgratgewölbe öffnet sich in einem Rundbogen gegen das Schiff. Dieses hat klassiz. Wand- und Deckengliederung von 1826 mit ion. Pilastern und Gebälk, Rosetten und Lorbeer. Barocke 8eckige Holzkanzel auf gedrehter Säule und skulptierter Taufstein mit Nüscheler-Wappen, beide 1681. Fünf Wappenscheiben 17. Jh. – Brunnen vor der Kirche, um 1960 von Charlotte Germann-Jahn. – Gasthaus Post. Rokoko-Wirtshausschild von 1752. – Gasthof Hirschen. Klassiz. Wirtshausschild um 1830. – Schulhaus Talhofweg. Bodenmosaik 1960 von Hans Affeltranger. – Kath. Kirche St. Laurentius. Erb. 1957–59 von Hermann Baur; Fenster und Keramikfriese 1958 von Ferd. Gehr, plastische Ausstattung 1959 von Hans v. Matt, Albert Schilling und Albert Wider. – Schulhaus Hohfurri. Aluminiumplastik von Robert Lienhard und Sgraffito von Rob. Wehrlin 1956–58. – Fachschule Hard. Plastik 1962 von Robert Lienhard. – Fussgängersteg über die Töss. Elegante Betonkonstruktion 1934 von Robert Maillart und Walter Pfeiffer. – Wespimühle. Schöne Baugruppe: Das stattliche dreigeschossige Wohnhaus mit Ecklisenen unter Mansartdach um 1785, daneben Riegelhäuser 17. und 18. Jh. – **Pflegeanstalt.** Als Spinnerei erb. 1818–24 von Johann Beugger. Grosszügiger klassiz. Dreiflügelbau mit Walmdächern und Türmchen auf dem Haupttrakt. Gegen den Hof Mittelrisalite unter Dreieckgiebeln. – **Ehem. Spinnerei Hard.** Erste mechanische Grossspinnerei Europas, als grosszügige klassiz. Anlage erb. ab 1802. Entlang der Töss langgestreckte ehem. Spinnerei von 1811, ehem. Weberei von 1837 mit Fachwerkgiebel und ehem. Mühle von 1825. Schönes klassiz. Wohnhaus von 1802, 3geschossiger Würfel mit Eckpilastern unter Walmdach. – Ehem. Chorherrenstift Mariazell, auf dem Beerenberg. An Stelle einer geistlichen Stätte des 13. Jh., erb. 1355–62 von Franziskanerpriester Heinrich v. Linz, in der Folge bekanntes Zentrum der Mystik; aufgehoben 1525, nachher Zerfall. Grundmauern und Gedenktafel. – Burgruine Alt-Wülflingen. Keltisches Refugium, später Besitz der 897 genannten Grafen v. Wülflingen. Seit A. 13. Jh. im Eigentum der Grafen v. Habsburg-Kyburg, ab 1407 Mittelpunkt der Herrschaft Wülflingen-Buch. Nach dem Bau des Schlosses Neu-Wülflingen verlassen. Erhalten der Turm der um 1250 neuerbauten Burganlage; Renov. 1936.

Veltheim. **Ref. Kirche.** Erwähnt 1230, Langhaus erb. vor 1358, nach N verbreitert und erhöht 1892, polygonaler Chor 1482, Turm 1498 von Baumeister Stüdeli. Mehrere Fenster in reichen spätgot. Formen. Im Rippengewölbe des Chors Fresken von Hans Haggenberg, kurz nach 1482: Evangelistensymbole, Kluge und Törichte Jungfrauen, welche aus Blütenkelchen wachsen, Engel mit Spruchbändern, Stifterfiguren mit Wappen. – Klassiz. Dorfbrunnen von 1831. – Schulhaus Im Feld. Wandbild 1952 von Hans Affeltranger. Mosaik 1953 von Eugen Eichenberger. – Schulhaus Schachen. Freiplastik 1960 von Max Bill. – Schulhaus Wülflingerstrasse. In Jugendstilformen erb. 1905–06 von Rob. Rittmeyer und Walter Furrer.

Oberwinterthur. Helvetische, später römische Siedlung «Vitudurum» an der Strasse Basel–Bodensee. – **Ref. Kirche*** (Abb. 272). *Die romanische Pfeiler-*

basilika birgt einzigartige frühgot. Fresken, welche die Mittelschiffwände vollständig überdecken. Die Mutterkirche von Winterthur mit dem fränkischen Patrozinium Arbogast erhebt sich auf beherrschendem Hügel inmitten des röm., im Jahre 280 erwähnten Kastells. Archäologische Grabungen fanden im 19. Jh. sowie 1949–51 und 1958–59 statt. Teile der Ringmauer und eines halbrunden Wehrturms haben sich in der mittelalterl. Friedhofmauer erhalten. Eine erste frühmittelalterliche Kirche mit halbrunder Apsis ging in der 3schiffigen roman. Basilika auf, die dem 12. Jh. angehört. Gerade geschlossener Chor mit nördl. anschliessendem Turm E. 12., evtl. 13. Jh.; Turm erhöht 1361, Spitzhelm 1715, verändert 1910. Sog. Hegemer Chor an der SO-Seite des Langhauses sowie das Beinhaus 15. Jh., abgebrochen 1877. Vorhalle und Renov. 1951. An der S-Seite des Turms Steinrelief der Hl. Kümmernis 1. H. 15. Jh. Flachgedeckte fünfjochige Basilika, durch rundbogige Arkaden mit massigen gemauerten Viereckpfeilern in 3 Schiffe geteilt, im Obergaden je 6 Rundbogenfenster. Seitenschiffenster 1932 vergrössert. Hinter dem spitzen Triumphbogen rechteckiger spitztonnengewölbter Chor, 1932 Einbau der Orgel und Schliessung der Rundbogenfenster in der Stirnwand. Taufstein 1627. – *Wandmalerei** (Abb. 272). Um 1340, stilistisch verwandt mit der höfischen Buchmalerei (Manesse-Handschrift). Dem Zyklus liegt kein strenges ikonographisches Gesamtprogramm zugrunde; er zeigt im Mittelstreifen der S-Wand Szenen aus dem Leben Christi von der Verkündigung an Maria bis zur Erscheinung Christi vor den 3 Frauen. Die Szenen sind von Tabernakeln gerahmt, die ganze Folge durch waagrechte Rankenbänder begrenzt. Im entsprechenden Streifen der N-Wand von W nach O: Weihe Arbogasts zum Bischof; Siegbert, der Sohn König Dagoberts, wird auf der Eberjagd beim Sturz vom Pferd getötet, der herbeigerufene Bischof Arbogast erweckt ihn wieder zum Leben; als Dank stiftet der König dem Strassburger Münster, dargestellt durch die thronende Muttergottes, das Schloss Isenheim und die Stadt Ruffach; Beisetzung des Bischofs, mit dem Wappen derer v. Mörsburg und v. Hegi, die als Stifter der Malereien in Frage kommen; Schutzmantelmadonna, Anbetung der Könige. Zwischen den Fenstern weibliche und männliche Heilige sowie Christus mit der gekrönten Maria. In den Arkadenzwickeln die 3 Zürcher Stadtpatrone Felix, Regula und Exuperantius sowie der Hl. Gallus und Christus mit den Marterwerkzeugen. An der W-Wand grosses Christophorusbild, Kopf 1932 ergänzt. – Ref. Pfarrhaus. Riegelbau mit weit vorkragendem Dach um 1750; Renov. 1951. – Hollandhaus, auf der Kastellmauer. Im Mittelalter möglicherweise Sitz der Konstanzer Meier. Kern aus dem 12. Jh. (?), erweitert 1567; Renov. 1952. Giebelhaus, z. T. aus Fachwerk, mit got. Staffelfenster. – Riegelhaus Römerstrasse Nr. 162, erb. um 1750. – Schulhaus Guggenbühl. Wandbild 1953 und Brunnenmosaik 1955 von Bruno Bischofberger. – Schulhaus Rychenberg. Gruppenplastik in Bronze 1955–62 von Emilio Stanzani. – Schulhaus Lindberg. Erb. 1933–35 von Hans Hohloch, nach SW erweitert 1947. – Alte Römerstrasse Nr. 1. Wohnhaus des Architekten Adolf Kellermüller, erb. 1924. – Kath. Kirche Maria Hilf, erb. 1935 von Otto Linder. – Wohnhaus Frauenfelderstrasse Nr. 120. Sichtbetonbau mit

Dachgarten 1965–66 von Hermann Siegrist. – Wohnkolonie Stadtrain, beidseits der Johannisstrasse. Erb. 1929–38 von Hans Hofmann und Adolf Kellermüller. Zwei Wohnblöcke und 10 flachgedeckte Kreuzreihenhäuser.

Schloss Hegi (Abb. 268). Guterhaltener mittelalterlicher Baukomplex mit bemerkenswerter spätgotischer Ausstattung. Sitz der 1225 erwähnten Herren v. Hegi, kyburgische und bischöflich-konstanzische Ministerialen. Im Besitz der Herren v. Hohenlandenberg 1460–1519, nachher bis 1587 der Herren v. Hallwil (seit 1531 als Mittelpunkt einer Herrschaft und Vogtei), zürcherische Obervogtei von 1587 bis 1798. Von Prof. Friedrich Hegi 1915 erworben, restauriert und neu ausgestattet, seit 1947 im Besitz der Stadt Winterthur. Ehem. Weiherschloss mit quadratischem Wohnturm, um 1200. Ausbau der Schlossanlage 1496 durch den hier geborenen Bischof von Konstanz, Hugo v. Hohenlandenberg: Wohn- und Nebenbauten in 4eckiger Ummauerung mit 3 runden Ecktürmen, an der 4. Ecke die 2geschossige Kapelle. – *Turm.* Spätgot. Zimmer um 1500 mit gewölbter Decke, 2 Wappenscheiben 16. und 17. Jh., Ofen 17. Jh. aus Wagenhausen; im 2. Stock Rüstkammer mit Wappenfolge der Zürcher Obervögte 1588–1798, begonnen 1659; im 3. Stock Reste eines roman. Kamins mit Würfelkapitell 1. H. 13. Jh. – *Ritterhaus.* 3geschossiger Fachwerkbau unter Krüppelwalmdach; in der Unteren Vogtstube dekorative Malereien an O-Wand und Fensterleibung 1496 wahrscheinlich von Hans Haggenberg und 10 Glasgemälde 16. und 17. Jh. In der Oberen Vogtstube (Rittersaal) Reste von Wandmalereien E. 15. Jh. aus der Kirche Turbenthal und Tafelbild mit Priesterweihe um 1500. Obere Kapelle mit spätgot. Netzgewölbe, zierlichem Erkerchörlein mit Rippengewölbe und Masswerkfenstern. Im *Gessnerbau* von 1613 Jägerstübli aus dem Haus Trittligasse Nr. 20 in Zürich, mit Wandmalereien in der Art Joh. Balth. Bullingers 2. H. 18. Jh. und Turmofen von 1743. In der Sammlung Prof. Hegi Gegenstände bürgerlicher und bäuerlicher Kultur der Ostschweiz.

Mörsburg. *In der frühgotischen Burgkapelle beachtliche Stukkaturen um 1250.* Urspr. Wachtturm, später Sitz der Herren v. Winterthur und einer Nebenlinie bis 1124, der Kyburger bis 1273; vom Haus Habsburg-Österreich bis 1598 verliehen, seither im Besitz der Stadt Winterthur. Der quadratische, auf 3 Seiten bis ca. 5 m dickes Mauerwerk aufweisende Wohnturm besteht aus einem frühmittelalterl. Kern und einer Ummantelung mit Zyklopenmauerwerk unter Graf Hartmann d. Ä. um 1250. Damals dürfte die Vorburg (heute Gartenterrassen) angelegt und ein 3. Geschoss aufgebaut worden sein, wobei die kleine 2jochige kreuzrippengewölbte *Kapelle* auf der verbreiterten N-Mauer Platz fand. Dieser 1259 bezeugte Sakralraum birgt stuckierte Säulen- und Pfeilerkapitelle mit lebensvoller Pflanzenornamentik, Vögeln, Engelsköpfen sowie auf den Schlusssteinen das Lamm Gottes und eine Teufelsfratze. In der Reformation beschädigt, renov. 1931. Rundbogige Sakramentsnische mit ornamentalen Medaillons. Das 4. Obergeschoss aus der Zeit der Herren v. Goldenberg (1363–1569) wurde im 18. Jh. umgebaut und mit einem Walmdach versehen. Im Saal Schliffscheiben von 1735–40 und Ofen 1672 von Heinr. Pfau aus dem Schloss Wülflingen; Turmofen um 1750 von David Sulzer d. J. In der Sammlung ländliches Kulturgut der Gegend.

Seen. Ref. Kirche. Erb. 1648–49 von Balthasar Zölli, der Chor teilweise auf den Mauern der vorreformatorischen St. Urban-Kapelle. Um 1 Achse nach W verlängert 1886, renov. 1935. Turm an der N-Seite des Chores mit Spitzhelm von 1893. Flachgedeckter Rechtecksaal, im polygonalen Chor Kreuzgratgewölbe. Gedenkstein für den Hauptförderer der Kirche, Landvogt Hans Heinr. Waser, und Taufstein mit Stifterwappen 1649 bzw. 1652 von Hans Conrad Frey. Kanzel 1649. – Denkstein für den Dichter des Sempacherliedes, Heinr. Bosshard (1811–77). In neuklassiz. Formen errichtet 1911 von Arnold Hünerwadel und Rob. Rittmeyer. – Schulhaus Büelwiesen. Wandbild 1960 von Walter Kerker.

Museen. *Kunstmuseum* (s. S. 859; Ortsplan, 14). Sehr qualitätvolle Sammlung von Winterthurer und Zürcher Malerei des 17. und 18. Jh., u. a. Joh. Heinr. Füssli und Anton Graff. Schweiz. und internationale Malerei, Graphik und Plastik des 19. und 20. Jh. Im gleichen Gebäude Münzkabinett und Naturwissenschaftliche Sammlungen. – *Stiftung Oskar Reinhart** (s. S. 859; Ortsplan, 12). Bedeutende Kunstsammlung, 1951 von Oskar Reinhart (1885–1965) der Stadt Winterthur geschenkt. Schweiz., deutsche und österreichische Malerei, Graphik und Plastik des 18.–20. Jh. – *Sammlung Oskar Reinhart**, in der Villa am Römerholz (s. S. 861; Ortsplan, 18). Meisterwerke europäischer Kunst, 1958 der Schweiz. Eidgenossenschaft geschenkt. – *Heimatmuseum Lindengut* (s. S. 859; Ortsplan, 15). Dokumente zur Geschichte Winterthurs, von den Römern bis ins 19. Jh. Kunstgewerbe, Interieurs. – *Gewerbemuseum* (s. S. 857). Sammlung von Kunstgewerbe; Wechselausstellungen. – *Technorama*, Äussere Frauenfelderstrasse. Dokumente und Geräte zur Geschichte der Technik des 19. und 20. Jh. – *Schloss Wülflingen* (s. S. 863). – *Schloss Hegi* (s. S. 866). – *Schloss Mörsburg* (s. S. 866).

WEINLAND, SÜDL. DER THUR

ELSAU. Ref. Pfarrkirche. Die romanische St. Georgskirche um 1120 über den Mauern eines röm. Ökonomiebaues und eines Wohnturms des 10.–11. Jh. erbaut. Die heutige spätgot. Anlage um 1510, nach W verlängert 1787; Aussenrenov. 1943, Grabung und Innenrest. 1959–60. Südl. der gerade geschlossenen Chorpartie Käsbissenturm mit spitzbogigen Masswerkfenstern. Schiff und leicht erhöhter Chorteil flachgedeckt; in der südl. Chorwand Sakristeitür mit 1960 rekonstruiertem Kielbogen, Läuterfenster und Läutertor; Taufstein 1722. Glasgemälde 1959–60 von Rob. Wehrlin. – Pfarrhaus. Grosser Fachwerkbau von 1722.

***ELGG.** Wohlerhaltene konzentrische Stadtanlage des Mittelalters, mit bedeutender spätgot. Kirche. Eine der letzten mittelalterl. Stadtgründungen 1370–71 durch das Haus Habsburg-Österreich, später Verlust des Stadtrechts; Übergang an Zürich 1425. Im 17.–18. Jh. blühendes Hafnergewerbe. Um den frühmittelalterlichen Pfarrkirchbezirk legt sich die Gründungsstadt als quadratnahes Geviert; die Befestigung aus 3 Toren, Graben und Wall mit Palisade wohl schon seit dem späten Mittelalter offengelassen.

Ref. Pfarrkirche* (Abb. 271). *Stattlichstes spätgot. Gotteshaus der Zürcher Landschaft.* Wie die Grabungen (s. Krypta) anlässlich der Rest. 1962–65 ergaben, erhebt sich die heutige Kirche an Stelle der M. 8. Jh. über den Resten eines röm. Gebäudes errichteten Georgskirche; diese wurde um 1000 durch einen grösseren Bau ersetzt. Der gleichzeitig mit dem Bau eines quadratischen Chores um 1370 errichtete Turm wiederverwendet beim spätgot. Neubau von 1508–18, an dem möglicherweise Lorenz Reder und Hans Blum aus Konstanz mitgearbeitet haben. Das hohe Schiff und der über einer Krypta errichtete, eingezogene Polygonalchor mit Strebepfeilern zeigen beide spitzbogige Masswerkfenster und sind unter steilem Satteldach vereint. Im südl. Choreinzug die Sakristei mit Strebepfeilern unter Pultdach; im nördl. der kräftige Turm von 1370, mit Glockengeschoss und hohem Pyramidenhelm von 1514–16, die 3teiligen rundbogigen Schalllöcher von 1912. Im Schiff Spiegelgewölbe mit Stichkappen von 1823–24. Das von Pilastern getragene Gebälk an den Seitenwänden wird von den spätgot. Spitzbogenfenstern unterbrochen. Wandtäfer und -stühle 1618; am 1648–49 erneuerten Chorbogen reichgeschnitzte Kanzel von 1663. Auf der Empore von 1812–15 neue Orgel von 1965. Im *Chor* Netzfächergewölbe, dessen Rippen auf wappenbesetzten Konsolen ruhen; auf den Schlusssteinen 2 Heilige, Monogramm Christi, Jahrzahl 1514 und Maria mit Kind. Glasgemälde E. 15. Jh., um 1515, 1897 und 1967. Kielbogige Sakristei- und Turmtür; an der N-Wand Rest des Wandtabernakels, einer hochrechteckigen Nische über 2teiliger Blendarkade, gegenüber stichbogige Sitznische. *Wandmalerei.* An der N-Wand Reste der got. Ausmalung um 1370: Georgslegende, darüber Mahl der Jünger in Emmaus und Nolimetangere. Die hervorragende Ausmalung von 1514–18 ist wahrscheinlich Matthäus Gutrecht d. J. aus Konstanz oder einem seiner Werkstatt nahestehenden Meister zuzuschreiben: Reiches Blüten- und Rankenwerk an Fensterleibungen, Türumrahmungen, am Gewölbe und um die Sitznische, an deren Rückwand Vorhangmalerei; um den Wandtabernakel Scheinarchitekturen, Heiliggeisttaube und das von Putten gehaltene Schweisstuch der Hl. Veronika; die Heilige Sippe an der innern Chorbogenwand, der «Heiligenbaum» am Gewölbe sowie die Klugen und Törichten Jungfrauen sind als Halbfiguren dargestellt, die aus Blütenkelchen wachsen. Die *Krypta* von 1512–17 diente als Privat- und Gruftkapelle der Gerichtsherren, heute ist dort ein Teil der Ausgrabungen von 1962 zugänglich; an der S-Wand des tonnengewölbten Zugangs (Meister-?)Inschrift: Casper Fry de Frowenfeld 1517. Die 3schiffige Halle wird durch 4 Pfeiler in 9 kreuzgratgewölbte Kompartimente mit Gurtbögen unterteilt. Reste von Rankenmalereien. An den Wänden abgelöste Malereireste um 1370 aus dem Chor (Heilung der Wehmutter Salome) und um 1515 aus dem Schiff (Schweisstuch, Weihnachtsbild, Martyrium des Hl. Sebastian). Taufstein 1649. Bodenmosaik mit Darstellung der Baugeschichte der Kirche, 1960 von Emil Mehr. – Pfarrhaus, an die SW-Ecke der Kirche anschliessend. Fachwerkbau unter Krüppelwalmdach; durchgreifend umgeb. 1584 und 1814–15. Im Hausflur Holztafel mit den Wappen aller Elgger Pfarrer seit 1524. Elektrizitätswerk-Verwaltung. Als Schulhaus neuerb. 1596, Fachwerkaufbau und Walmdach anlässlich des Umbaus 1806. – Gasthaus Krone. Erwähnt 1530, seit 1678 auch Gemeindehaus; Umbau und Treppengiebel 1635; Innenumbau und Renov. 1924. Wirtshausschild in Rokokoformen 1956 von Karl Mietlich. Im Gemeindesaal reichgeschnitzter Waffenschrank von 1694. – Haus zur Meise, Vordergasse Nr. 294. Als Gasthaus erb. 1643–45. Grosser Giebelbau in verputztem Fachwerk, mit bedeutender Innenausstattung des 17. Jh.: Im 1. Stock Täferzimmer mit Felderdecke und Portalumrahmung, im 2. Stock Renaissanceportal, Täferzimmer mit bemalter Decke sowie Täferzimmer mit Kassettendecke. – Haus Obergasse Nr. 238. Grosser Fachwerkbau des 18. Jh., renov. 1948. – Gasthof Obertor. Mächtiges Giebelhaus des 16.–17. Jh. – Gemeindekanzlei. Als Schützenhaus neuerb. 1638, Umbau 1908. – Haus Hintergasse Nr. 226. Grosser Fachwerkbau des 18. Jh.; Umbau und Renov. 1960. – Primarschulhaus Im See. Brunnen 1959 von Ueli Schoop. – Oberstufenschulhaus. Wandmosaik 1964 von Hans Affeltranger. – Sog. Humbergtrotte, im Trottenacker. Der Fachwerkbau des 17.–18. Jh. umgeb. 1867. Grosser, guterhaltener Trottbaum 1744. – Sulzerhof, Aadorferfeld 15–18. Wohn- und Geschäftshäuser der 1833 gegründeten Rotfärberei. Eindrucksvolle spätklassiz. Gebäudegruppe, entstanden zwischen 1839 und 1866.

Schloss*, auf einer Erhebung südl. des Städtchens. Es bewahrt die Innenausstattung des 17. und 18. Jh. in hervorragender Geschlossenheit. Gegr. um 1000, erwähnt 1166; bis 1289 Sitz der st.-gallisch-äbtischen Meier v. Elgg; als Gerichtsherrensitz in Händen des Hauses Habsburg-Österreich bis 1425 und Zürichs bis 1798. Grosser Umbau und Erweiterung der mittelalterl. Burg 1580 unter Pannerherrn Hans Heinr. Lochmann. Erworben 1712 von Hans Felix Werdmüller (1658–1725) aus Zürich, dem verdienstvollen Generalmajor in holländischen Diensten, der 1715 das Fideikommiss stiftet und um 1712–20 die reiche Innenausstattung erstellen lässt. Bis heute im Besitz dieser Familie, die sich Werdmüller v. Elgg nennt. Umbau des Schlosses und Renov. 1793; Rest. 1932. – *Anlage*. Der Zugang führt durch den südl. vorgelagerten, bis 1846 ummauerten äusseren Burghof mit den Wirtschaftsgebäuden: ehem. Wagenschopf, Fachwerkbau M. 17. Jh.; Waschhaus von 1793 mit Wandbrunnen; Pächterhaus erb. 1793; gegenüber Scheune-Stall von 1583 und Trotte des 16. Jh. Die Kastanienallee über dem 1808 aufgefüllten Graben führt zum Gitterportal von 1807 in der runden Ummauerung des Vorhofs. Die Schlossgebäude über polygonalem Grundriss und unter einheitlichem Walmdach umschliessen einen zur Hälfte gedeckten trapezförmigen Innenhof. Der Turm als ältester Teil wurde 1667 in den obern Geschossen umgebaut und 1793 auf die Höhe der übrigen Wohngebäude abgetragen. Der nordöstl. anschliessende Bauteil mit starken Strebepfeilern bestand bereits im 13. Jh., das 2. Obergeschoss 1580 aufgestockt; W-Flügel 1580. Im Erdgeschoss Kapelle (ehem. Festsaal), mit Grabplatten der Gerichtsherren des 16.–18. Jh. und Kopie des Grabdenkmals für Generalmajor Hans Felix Werdmüller (in der St. Johannis-Kirche in Maastricht, Holland), alle urspr. in der Kirche Elgg. Im 1. Stock: Untere Spionenstube mit Wandteppichen des 18. Jh.; in der Gerichtsstube von 1586 eingelegtes Renaissancetäfer und Felderdecke sowie weisser Ofen um 1780. Im zweiten Stock: Obere Spionenstube mit reicher Kassettendecke M. 17. Jh. und Turmofen mit allegorischen Darstellungen 1668 von Hans Heinr. Graf; im

Weissen Saal Stuckdecke und Damasttapete, das Mobiliar 1.H. 18.Jh. aus dem Sonnenhof in Zürich. Grosse Gemäldesammlung, vorwiegend Familienbildnisse, mit Werken von Hans Asper, Samuel Hofmann, Jan Hackaert, Conrad und Dietrich Meyer, Joh. Melchior Füssli, Anton Graff und Joh. Melchior Wyrsch.

Museum. Heimatmuseum, im Gasthaus Krone (s. S. 868).

HOFSTETTEN. Sog. Doktorhaus. Grosser Fachwerkbau von 1708 über gewölbten Kellern; dreigeschossiger polygonaler Erkerturm mit Spitzhelm sowie die Malereien an Mauern, Läden, Dachuntersicht und einer Decke im Erdgeschoss wohl 1767 unter Richter Hans Heinr. Hofmann; Renov. 1952. – Ruine Schauenburg. Sitz der 1242 erwähnten kyburgischen Ministerialen v. Schauenberg; als Sitz des Raubritters Beringer III. v. Hohenlandenberg zerstört 1344. Im 17.–18. Jh. Hochwacht. Mauerreste auf der künstlich in 2 Teile zerlegten Kuppe.

BERTSCHIKON. Alte Mühle. Fachwerkbau um 1760, rest. 1968.

***WIESENDANGEN.** Reines Strassendorf; als Wisuntwanga (Wisentweide) erwähnt 804. – **Ref. Pfarrkirche*.** Spätgotische Landkirche mit vollständig ausgemaltem Chor. Die Heiligkreuzkirche 1155 als Besitz des Domstiftes Konstanz erwähnt; neuerb. um 1480 unter Bischof Hugo v. Hohenlandenberg; Turm 1512–14, Verbreiterung des Schiffs nach S und neuer runder Chorbogen 1662, Umbau 1829; Renov. 1914, 1967. An der S-Seite des gefluchteten Polygonalchores hoher Käsbissenturm; vor der Kirche Glocke 1713 von Tobias Schalch. Felderdecke im Schiff und Empore 1829, dekorativ bemalt 1914; Masswerk der Spitzbogenfenster 1914, Glasgemälde 1923–24 von Giuseppe Scartezzini. Taufstein A. 16. Jh., Deckel 1665; Kanzel und Wappentafel am Chorbogen 1665. – *Chor.* Das sternförmige Rippengewölbe mit skulptierten Schlusssteinen ruht auf schildchen- und maskenbesetzten Konsolen; an der N-Wand Sakramentshäuschen. Bedeutende, ikonographisch einzigartige *Wandmalereien** um 1480, Hans Haggenberg zugeschrieben; nach Stifterbild mit Hohenlandenberger Wappen wohl von dem aus Schloss Hegi stammenden Bischof Hugo von Konstanz in Auftrag gegeben; rest. 1967. An den Wänden wird in 21 z.T. zerstörten Bildfeldern die Legende vom Hl. Kreuz erzählt, ferner Darstellung der Hl. Oswald, Stephan und Antonius Ev.; in den Fensterleibungen Rankenwerk. Im Gewölbe Halbfiguren Christi, Gottvaters, der Apostel und Propheten, welche aus Blütenkelchen oder Wolken wachsen, dazu Streumuster von Kornblumen und Nelken. – Burg. Wahrscheinlich zur Zeit des Investiturstreites erb. um 1120 von Graf Berchtold v. Märstetten-Wiesendangen; seit dem 15. Jh. in bäuerlichen und bürgerlichen Händen; rest. 1965–67 und für öffentliche Zwecke eingerichtet. Der Wohnturm des ehem. Wasserschlosses aus Bruchsteinen erbaut und im 18. Jh. durch Mansartwalmdach abgeschlossen. – Sekundarschulhaus. Wandbild 1957 von Hans Fischer.

Museum. Heimatmuseum, in der Burg.

SEUZACH. Ref. Pfarrkirche. Kleines Landkirchlein in malerischer Hügellage, als Martinskirche 1131 geweiht. An das im Kern romanische Schiff schliesst sich der aufragende spätgotische Polygonalchor von 1497, mit

Dachreiter von 1626; Verlängerung des Schiffs 1791, neue Vorhalle 1951, Renov. 1967–68. Am Netzrippengewölbe des Chors dekorative Malereien von 1497. Kanzel am Chorbogen 1783; Taufstein mit Allianzwappenrelief 1672. – Pfarrhaus. Kubischer Bau von 1762 unter Krüppelwalmdach; im SW-Teil des Kellers Fundamente des Wohnturms der wohl bischöflich-konstanzischen Ministerialen von Seuzach, 13. Jh. Renov. aussen 1948, innen 1958. – Landsitz Heimenstein. Doppelwohnhaus und Scheune unter Walmdach, erb. 1810 für Abraham Reinhart; Umbau um 1910. Barocker bemalter Turmofen 1733 von David Sulzer. – Burgstelle Heimenstein, in der Nähe des Landhauses. Sitz der 1279 erwähnten Herren gleichen Namens; im 16. Jh. zerstört. – *Oberohringen*. Sog. Untervogtshaus, Trottenstrasse Nr. 6. Erb. 1692 für Landrichter Hans Jak. Keller, wahrscheinlich unter Benützung von Resten des hochmittelalterl. Wohnturms der Herren v. Ohringen. Grosser Fachwerkbau mit Brettergiebel und figürlich beschnitzten Bügen. – *Unterohringen*. Sog. Schlösschen. Einfacher spätklassiz. Kubus unter Mansartwalmdach, erb. 1831–32 für Bezirksrichter Joh. Heinr. Keller; Exilsitz des preussischen Freiherrn Job v. Manteuffel (1852–1911) und seiner Familie.

DINHARD. Ref. Pfarrkirche, mit dem Pfarrhaus in einem erhöht gelegenen, ummauerten Kirchbezirk. Die 1275 erwähnte Kirche St. Petronella neuerb. 1511–15 von Werkmeister Stephan Rützensdorfer, Umbau des Langhauses 1731–33; Grabungen und Rest. 1971–73. Spätgot. Landkirche mit Käsbissenturm nördl. des Polygonalchors; spitzbogige Masswerkfenster. Vor der Kirche Glocke 1490 von Ludwig Peiger aus Basel und ein Gedenkstein für den Humanisten Jakob Wiesendanger, genannt Ceporinus (1499–1525). Im Chor Netzgewölbe, dessen Rippen auf skulptierten Konsolen ruhen; auf den Schlusssteinen die Hl. Petrus und Petronella. Freskenreste um 1515. Chorgestühl mit gemalten Wappen 1575 und 1645. – Pfarrhaus. Erb. wohl im 16. Jh. über den Grundmauern des Wehrturms der Herren v. Dinhard aus dem 13. Jh.; Umbau 1831 von Hans Caspar Stadler. Einfacher Giebelbau über 2 m dicken Kellermauern mit Fensterschlitzen.

RICKENBACH. Ref. Pfarrkirche. Einfache Saalkirche mit Polygonalchor, neuerb. 1695; neuer Glockenturm anlässlich der Rest. 1966–67 von Adolf Kellermüller und Hans Rud. Lanz. An der Aussenwand des Chores 4 barocke Grabplatten des 18. Jh. – Primarschulhaus. Wandbild 1957 von Henri Schmid. – Sog. Hanseli-Spycher. Dreistöckiger Fachwerkbau von 1677 auf Massivsockel; als Ortsmuseum eingerichtet und rest. 1966–67. Bemalte Balken und Dachuntersicht von der ehemaligen Mühle. – *Attikon*. Bauernhof im Gieger. Moderne Anlage 1967 von Heinr. Frei.

Museum. Ortsmuseum, im Hanseli-Spycher.

ELLIKON AN DER THUR. Ref. Pfarrkirche. Die wahrscheinlich im 11. Jh. gegründete St. Quirinuskirche, neuerb. 1489, erweitert und renov. 1748; Renov. 1949. Einfache Saalkirche mit hohem Käsbissenturm; die Vorhalle unter geschweiftem Dach 1748. Kanzel 1866, Taufstein 1599. – Gemeindehaus. Das Untergeschoss des Fachwerkgebäudes wohl 16. Jh., die Obergeschosse E. 17. Jh. und 1888; Renov. 1962.

ALTIKON. Ref. Pfarrkirche. Die mittelalterliche Kapelle nach Erhebung zur Pfarrkirche, unter Aufgabe des Chorbogens erweitert 1642–52 von Konrad Schmid und Hans Müller, gleichzeitig neuer Turm; Umbau und neuer Spitzhelm 1895–96. In der Vorhalle barocke Grabtafel von 1734. – Schloss. Die urspr. Burg wohl im 13. Jh. als Sitz der kyburgischen Ministerialen v. Altikon erbaut; zürcherische Gerichtsherrschaft 1452–1696 und Obervogtei 1696–1798. Klassiz. Neubau mit Mittelrisalit unter steilem Walmdach 1791–94 von Joh. Feer; Umbau 1919. Scheune und Trotte 17.–18. Jh.

THALHEIM. Hiess bis 1878 Dorlikon. – Ref. Pfarrkirche. Die mittelalterl. St. Martinskapelle erneuert 1489, erweitert 1683–84; Renov. 1934. Langgestreckte Saalkirche mit 3seitigem Schluss; Dachreiter 1910 von Ulrich Landolt. In den Fenstern des kreuzgewölbten Chorraums 4 Wappenscheiben von 1684–85. Taufstein vermutlich 1764.

DÄGERLEN. Ref. Pfarrkirche. Erb. wahrscheinlich im 11. Jh., der Hl. Ursula und den 10000 Jungfrauen geweiht. Schiff erweitert 1595–96; auf dem durchgehenden Satteldach Dachreiter von 1890. Das flachgedeckte Schiff öffnet sich in rundem, eingezogenem Bogen gegen den halbrunden, aussen 4eckig hintermauerten Chor. Taufstein 1599.

HETTLINGEN. Untertanenort der Stadt Winterthur A. 14. Jh. bis 1798. Ref. Pfarrkirche. Spätgotische Landkirche mit Polygonalchor und hohem Käsbissenturm, neugeweiht 1523. – Pfarrhaus. Frühklassiz. Bau um 1785 unter steilem Walmdach. – Burgtrotte. Fachwerkbau von 1752, renov. 1952, an Stelle des ehem. Wasserschlosses der kyburgischen Ministerialen v. Hettlingen aus dem 13. Jh. – Ehem. Taverne «Zur Sonne». Guterhaltenes Dreisässenhaus in Fachwerk aus dem 17.–18. Jh. – Gasthof Eichmühle. Neubau in Fachwerk 1773, mit bemalten Fensterläden. Wasserrad 1958 rekonstruiert. Daneben sog. Hunfrybi (Hanfreibe). Fachwerkbau des 18. Jh. unter steilem Walmdach; Rest. 1960. Guterhaltene hölzerne Hanfquetsch- und Mahleinrichtung.

HENGGART. Ref. Pfarrkirche, in erhöhter Lage. Klassiz. Landkirche neuerb. 1820 von Joh. Volkart; Renov. und neue Orgel 1972. Der Rechteckbau mit schmalen Rundbogenfenstern und Satteldach ist im Innern gegen O 3seitig geschlossen; massiver, 2geschossiger Dachreiter mit Kuppelhelm. – Pfarrhaus. Frühklassiz. Bau von 1787 unter steilem Walmdach.

ANDELFINGEN. Der Name umfasst sowohl Andelfingen und Kleinandelfingen beidseits der Thur als auch den Bezirk, dessen Hauptort seit 1831 Andelfingen ist. Der Flecken am Kreuzungspunkt wichtiger Handelswege erhielt in der 2. H. 13. Jh. von den Kyburgern oder Habsburgern das Marktrecht; seit 1434 zürcherisch.

Andelfingen. Erhöht über der Thur gelegener, stadtartiger Siedlungskern um Kirche und Schloss. – Ref. Pfarrkirche. Die Kirche St. Plazidus und Sigisbert erwähnt 1260. Schiff neuerbaut 1666–67 von Hans Conr. Karrer, Ulr. Landolt, Bartholomäus und Junghans Hauser; Verlängerung nach O an Stelle des alten Chorturms 1860, Bau des neugot. Turms vor der östl. Giebelfront 1861–62 von Joh. Casp. Wolff; Renov. 1927–33, Turmrenov. 1951. Unter mächtigem Satteldach grosser flachgedeckter, kastenartiger Einheitsraum mit Spitzbogenfenstern; frühklassizistische W-Empore. 1968–70 von Paul Hintermann die neugot. Umbauten von 1860 entfernt, ebenso die dekorativen Malereien 1930 von Jak. Gubler; Rokokotaufstein 1773 mit figürlichem Relief. – Kirchgemeindehaus. Der frühklassiz. Walmdachbau 1785–87 als Pfarrhaus neuerbaut von Rud. Ziegler; Umbau 1961. – Haus Nr. 257 beim Kirchgemeindehaus und Haus Nr. 133 unterhalb der Kirche. Fachwerkbauten um 1750. – Schloss. Neuerb. 1780–82 von Joh. Ulr. Grubenmann, Joh. Casp. Vögeli und Joh. Casp. Fries, auf den Fundamenten des Vorgängerbaus von 1613–14; Landvogteisitz bis 1798; Oberamtssitz 1815–31. Einrichtung zum Altersheim und Renov. 1924–25. Neunachsiges frühklassiz. Wohngebäude unter Walmdach, vor dem Hauptportal toskanischer Säulenportikus mit Balkon um 1815. Westl. anstossend das ehem. Stallgebäude von 1645 mit Treppengiebeln. Nebengebäude um 1840, mit Treppengiebeln und Dachreiter. Hofbrunnen 1786. Ausgedehnter Park zwischen Schloss und Thur angelegt M. 19. Jh. – Haus Nr. 93, an der Schlossgasse. Grosser Fachwerkbau um 1750. – Alte Kanzlei, südwestl. des Schlosses. Neuerb. 1697 wohl unter Verwendung von Bauteilen der 1361 erwähnten Burg der kyburgisch-habsburgischen Ministerialen v. Andelfingen; von 1434 bis zum Bau des neuen Schlosses 1614 zürcherischer Vogteisitz. – Gasthof Löwen. Als Gasthof Bären neuerb. 1545–47; Umbauten 1840 und um 1875. Grosser Giebelbau mit Neurenaissancefassade und Schild um 1875. Talwärts schliesst der 1747 von Hans Casp. Hofmann neuerbaute alte Gasthof Löwen an, mit grosser rundbogiger Hofdurchfahrt. An den Hoffassaden beider Häuser 2stöckige durchlaufende Holzlauben. – Gemeinde- und Sekundarschulhaus. Grosser Neurenaissancebau unter Walmdach 1876–77 von Ernst Jung. – Gedeckte Holzbrücke über die Thur. Neuerb. 1814–15 von Hans Conr. Stadler d. Ä., später mehrmals verstärkt. *Kleinandelfingen.* Baugeschäft Landolt. Als Amtshaus in klassiz. Formen erb. 1817–19. – Gemeindehaus. Neurenaissancebau von 1866 unter steilem Walmdach. – Mehrere Fachwerkbauten des 18. und 19. Jh. – *Alten.* Burg Wespersbühl. Die als Wachtposten für die Thurschiffahrt erbaute Burg erwähnt 1238; bis 1346 Sitz der gleichnamigen Herren; Besitz der Familie Peyer im Hof von Schaffhausen ca. 1532–1650. Burganlage im 18. Jh. zerfallen. Das Herrenhaus nebenan, ein einfacher Giebelbau von 1553, umgeb. wohl 1718, enthält im 1. Stock eine Täferstube mit Wappenrelief von 1718 an der Kassettendecke. Aufenthalt des Dichters Christoph Martin Wieland 1752 beim damaligen Besitzer, Stadtrichter Joh. Christoph Billeter von Zürich.

DORF. Ref. Pfarrkirche. Die 1360 erwähnte Peterskapelle erweitert wahrscheinlich 1522 und anlässlich der Erhebung zur Pfarrkirche 1658; Rest. 1966–68. Spätgotisches Kirchlein mit leicht eingezogenem Polygonalchor; neuer Dachreiter mit Spitzhelm 1967 von Hans Bremi. Wandepitaph 1673 für den Stifter der Pfarrei, Junker Casp. Schmid v. Goldenberg; das Allianzwappen seiner Eltern findet sich am barocken, mit derben, bemalten Reliefs verzierten Taufstein von 1662. Neun Glasgemälde 1967 von Heinr. Bruppacher; gleichzeitig neue Kanzel und Orgel. – Pfarrhaus. Fachwerkbau von

1697. – **Schloss Goldenberg,** nordöstl. über der Ortschaft. Bis 1383 Sitz der kyburgisch-habsburgischen Ministerialen v. Goldenberg; danach in wechselndem Privatbesitz. Brand 1559, Neubau des Wohnhauses 1609 unter Jak. Holzhalb, Ausstattung um 1730 unter dem kaiserlichen Feldwachtmeister Junker Casp. Schmid v. Goldenberg, Erweiterung und Renov. 1773 unter Georg Ulr. Biedermann. An den quadratischen, A. 18. Jh. um 1 Stockwerk gekürzten und mit Mansartdach und Dachreiter versehenen mittelalterlichen Wohnturm schliessen sich nach N die beiden ungefähr rechtwinklig zueinander stehenden Wohngebäude des 17.–18. Jh. an. Schmiedeisernes Gittertor zum Hof um 1790. Südwestl. des Turmes französischer Ziergarten wohl 1. H. 18. Jh.; nordwestlich des Schlosses grosse 3teilige Gutshofanlage von 1894. *Inneres.* Im Keller- und Erdgeschoss des Turmes rippenlose Kreuzgewölbe; im 1. Obergeschoss Wandmalereireste E. 16. Jh. und Historienmalerei 1917 von Otto Plattner. Im S-Teil des grossen Wohntrakts mehrere reichstuckierte Decken um 1730, wohl von Vorarlberger Meistern. Zwei Turmöfen aus dem Rechberg in Zürich, bemalt um 1760 von J. Rusterholz und 1766 von Jak. Hofmann; 2 Turmöfen A. 18. Jh., bemalt von David Sulzer; weisser Polygonalofen um 1780; klassiz. Ofen um 1790.

FLAACH. Langgestrecktes typisches Strassendorf. Ref. Pfarrkirche. Anstelle der beiden mittelalterl. Kirchen St. Niklaus «im Moos» und St. Georg neuerb. 1610–19; Renov. innen 1972, aussen 1953. Rechteckiger Saalbau unter Satteldach; vor der östl. Schmalfront kräftiger Chorturm mit Käsbissen, im Glockengeschoss 2 Masswerkfenster dat. 1569, wahrscheinlich von der alten St. Georgskirche. Noch spätgot. profilierte Portale im W und S, eines mit gemaltem Allianzwappen um 1647. Das Schiff mit neuer Holzdecke öffnet sich in einem Rundbogen nach dem stark eingezogenen Turmchor mit rippenlosem Kreuzgewölbe. Barockkanzel von 1647 am Chorbogen; 3 Grabtafeln 1677, 1754 und 1772. – Pfarrhaus. Neuerb. 1573–75; stark umgeb. 1839, renov. 1963. Der stattliche Bau unter Krüppelwalmdach enthält einen Saal mit Alkovenwand und Deckenstukkaturen des 17. Jh. – **Schloss,** am nördlichen Dorfrand. Als Sitz der Gerichtsherrschaft Flaach-Volken erb. wohl E. 16. Jh.; Um- und Erweiterungsbauten 1612 für Tobias Peyer; Obervogteisitz 1694–1779; seit 1924 in 3 Bauernwohnungen aufgeteilt. Der als offenes Landhaus angelegte spätgot. Bau besteht aus Mitteltrakt mit 8eckigem Treppenturm unter Zeltdach an der N-Seite und 2 seitlichen Querflügeln mit Treppengiebeln, von denen der östliche nach S vorspringt. An der westlichen Schmalfront unregelmässiger Wirtschaftstrakt. Ehemaliges Trottgebäude 1671; Hofbrunnen um 1650, mit schildhaltendem Löwen. – **Gasthof Alte Post.** Dreisässenhaus von 1642; Rest. 1962–63. Am Wohntrakt grosser Quergiebel mit Lauben, reichverziertem Balkenwerk und Malereien an der Dachuntersicht; Scheunentrakt mit Laube. – **Gasthof Obermühle.** Erb. um 1760, renov. 1961. Wohn-, Mühle- und Stalltrakt bilden einen imposanten Rechteckblock, der sich aus gemauertem Erdgeschoss, 2 Fachwerkgeschossen und Walmdach aufbaut; an der Rückseite 2stöckige Laube. Offenes Treppenhaus mit gesägtem und geschnitztem Geländer. – Gasthof Untermühle. Erwähnt 1331 als Eigentum des Klosters

St. Katharinental; Neubau 1598, Umbau 1625, Renovation 1966. Grosser Fachwerkbau mit Treppengiebel; Mühlerad erhalten. – Haus zur Traube. Massivbau von 1642 mit Treppengiebel und offener Laube. – Mehrere Fachwerkbauten des 17.–18. Jh. – Dorfbrunnen 1956 von Ernst Heller.

BERG AM IRCHEL. Ref. Pfarrkirche. Liebfrauenkirche erwähnt 1268. Neuerb. 1654 unter Beibehaltung des mittelalterlichen Turmchores; Renov. 1920, Spitzhelm des Turmes 1939. Das flachgedeckte Schiff öffnet sich in rundem Bogen nach dem schwach eingezogenen, quadratischen Chor unter gedrücktem Kreuzgewölbe. Barockkanzel E. 17. Jh., Taufstein 1654 mit dem Wappenrelief des Stifters Joh. Riedtmann zu Eigenthal. Im Orgelprospekt sind Teile einer Orgel von 1755 aus dem Kloster Rheinau eingebaut.
Schloss, mit symmetrisch darauf bezogener Hof- und Gartenanlage. Wohnhaus unter Benützung von Bauteilen des ehem. Meierhofes der Propstei Embrach neuerb. um 1642 für Hans Heinrich Escher, Sitz der Gerichtsherrschaft bis 1798; bis 1867 im Besitz der Escher. Arbeitsaufenthalt des Dichters Rainer Maria Rilke im Winter 1920–21. Langgestreckter 2geschossiger Massivbau mit asymmetrischer Fensteranordnung und hohem Satteldach zwischen Treppengiebeln. Über dem Rundbogenportal Allianzwappenrelief Escher-Meiss. In den Wohnräumen des Erdgeschosses, die durch einen Querkorridor von Küche und Nebenräumen getrennt sind, 2 Fenstersäulen um 1650 mit gebuckelten Sockeln und Fruchtgehängen. Im Obergeschoss grosser Saal mit Renaissancetäfer, Buffet und Kassettendecke; Fenstersäule mit maskengeschmücktem Sockel und Volutenkapitell. Grosser Turmofen mit Fabelszenen 1705 von Hans Heinrich Pfau, ferner Ofen von 1744 und 5 Öfen um 1760–70. Das ehem. Wirtschaftsgebäude in der Flucht des Schlosses ist ein Giebelbau des 18. Jh. Orangerie um 1800, ihre klassiz. Tempelfront gegen den Garten wird durch toskanische Pilaster und Rundbogenfenster gegliedert; im Innern Ofen in Form eines kannelierten Säulenschaftes mit bekrönender Vase. Brunnen in Empireformen um 1800. Eine Allee verbindet die Schlösser Berg und Eigenthal. – Haus zum Kloster, ehem. Zehntengebäude des Klosters Rheinau. Grosses Doppelhaus mit Staffelfenstern und spätgot. profiliertem, 1558 datiertem Kielbogenportal. – Sog. Hohes Haus. Erb. um 1744 als Lusthaus der Gerichtsherren. Fachwerkbau unter Krüppelwalmdach; Treppenturm von 1880 mit Spitzhelm. – Riegelbauten des 18. Jh. mit Lauben und bemalten Läden.
Schloss Eigenthal, am Steilhang über dem Tobel des Langwiesbaches. Als Landsitz erb. 1588 von Hans Peyer für den Schaffhauser Junker Georg Riedtmann; Umbau 1667. Bis 1714 im Besitz der Riedtmann, 1765–1885 der Escher auf Schloss Berg. Der als selbständiger Baukörper zuerst entstandene obere Flügel und der schmalere untere Flügel sind beide an der S-Seite von einem Treppengiebel bekrönt und im N durch einen kurzen Zwischentrakt miteinander verbunden; Allianzwappentafel 1588 mit Bauinschrift. Turmofen 1. H. 18. Jh. aus der «Toggenburg» in Winterthur und 2 Öfen aus der 1. H. 19. Jh. Gitterportal um 1790 aus Schloss Kyburg; im Park Grabdenkmal 1791 von Jos. Maria Christen für Junker Hans Jakob Escher v. Berg.

BUCH AM IRCHEL. Ref. Pfarrkirche. Die 1080 erwähnte Kirche neuerbaut um 1650 unter Verwendung des wohl aus dem 12.Jh. stammenden massigen Chorturmes, Aufbau mit Uhrgiebeln und Spitzhelm 1824; Renovation 1923. Das flachgedeckte Schiff öffnet sich in einem ergänzten Halbkreisbogen nach dem nur innen eingezogenen, tonnengewölbten Quadratchor. Am Chorbogen Renaissancekanzel 17.Jh.; Taufstein 2.H. 17.Jh.

WEINLAND, NÖRDL. DER THUR

***MARTHALEN.** Geschlossenes Haufendorf mit zahlreichen Riegelbauten des 16.–18.Jh. – Ref. Pfarrkirche. Die 1126 geweihte Kapelle St.Gallus und Antonius neuerb. 1606, Verlängerung nach W um 1660 und Emporenanbau 1727; Renov. innen 1918, aussen 1928. Schmuckloser Rechtecksaal und schwach eingezogener Polygonalchor mit Dachreiter von 1747; Taufstein 1606. – Sog. Schloss. Als Landsitz erb. im 16.Jh.; 2geschossiger Fachwerkbau auf hohem steinernem Untergeschoss, mit Satteldach und Treppengiebel im W. Gedenktafel für den hier geborenen Archäologen Ferd.Keller (1800–81). – **Gemeindeverwaltung.** Als Gasthaus Unterer Hirschen erb. 1715. Grosser Riegelbau auf hohem gewölbtem Keller, mit Freitreppe an der S-Seite; reiche kunsthandwerkliche Details an Portal und Innenausstattung. – Bauernhaus Oberer Hirschen. Riegelbau von 1739, mit gemaltem Hauszeichen von 1818. – **Altes Gasthaus.** Beachtlicher langgestreckter Dreisässen-Riegelbau von 1660 mit Laube an der Rückfront; Innenausstattung in Renaissanceformen. – Gasthaus Rössli. Fachwerkbau des 18.Jh., mit Malereien an den Dachuntersichten. – Dorfbrunnen 1729 mit grosser Balustersäule. – Obere Mühle. Fachwerkbau des 18.Jh. mit Klebdächern. – Schulhaus. Brunnenplastik 1959 von Rob. Lienhard.

RHEINAU. Ehem. Benediktinerstift (Abb. 275). *Landschaftlich reizvoll auf einer Rheininsel gelegenes, traditionsreiches Kloster mit Kirche in feierlichem Hochbarock.* Karolingische Gründung, genannt 844; der irische Mönch Fintan, späterer Schutzpatron des Klosters, wird um 870 erwähnt. Seit E. 13.Jh. haben die Habsburger die Vogtei inne; während ihrer Auseinandersetzungen mit den Eidgenossen Niedergang des Klosters. Abt Eberhard Schwager stellt das freie Reichsstift 1455 unter den Schutz der eidg. Orte. Während der Reformation Bildersturm und Zerstörungen, Wiederaufbau nach dem 2. Kappeler Frieden 1531; 2.Verwüstung 1656 im Villmergerkrieg. Unter Abt Gerold II Zurlauben (1697–1735) Blütezeit des Klosters mit reger Bautätigkeit. Vorübergehend 1799–1803 und endgültig 1862 aufgehoben; Umbau zur Kant. Heil- und Pflegeanstalt 1864–67.

Ehem. Stiftskirche. Die 3schiffige, 1114 geweihte romanische Pfeilerbasilika wurde wohl nach Wiederauffindung des Fintangrabes 1446 stark nach N erweitert und A. 18.Jh. abgetragen; erhalten sind nur das Hauptportal und die westlichste Pfeilerstellung (im Keller der ehem. Abtei). Vollständiger Neubau 1704–11 von Franz Beer, dem die Beibehaltung des spätgotischen Fronturms, erb. 1572–78 von Hans Wellenberg, auferlegt war. – *Äusseres.* Der N-Turm der 1952–56 restaurierten Doppelturmfassade ist A. 18.Jh. analog zum Turm des 16.Jh. in strenger, noch got. Formensprache errichtet worden: auf den 4geschossigen, aus unregelmässigen Quadern geschichteten Turmstöcken mit (neuen) Masswerkfenstern im Glockengeschoss sitzt je ein 8eckiger Aufsatz, der von 4 3seitigen Erkern, Drachenwasserspeiern und einer Zwiebelhaube belebt wird. Posaunenblasende Engel auf hohen, als Kreuz gebildeten Turmspitzen, der nördl. 1710 von Hans Jak. Läublin. Das 2geschossige barocke Mittelstück der Fassade ist verputzt und leicht

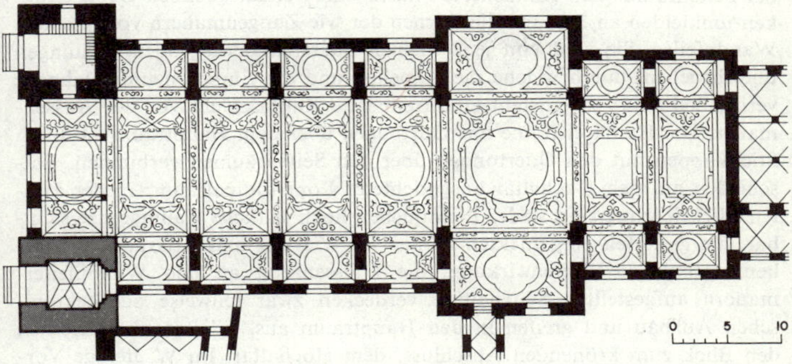

Romanisch und 1572–78 1704–11

Rheinau. Stiftskirche

zurückgesetzt, architektonisch ohne Beziehung zu den übergewichtigen Türmen. Im gesprengten Giebel des Hauptportals Wappenrelief des Bauherrn Gerold II Zurlauben, darüber grosses Rundbogenfenster, flankiert von 2 halbrunden Nischen unter flachen Giebeln. Darin und in der von Querovalfenstern gerahmten Nische des Volutengiebels Statuen der Muttergottes sowie der Hl. Petrus und Blasius 1709 von Jos. Tschupp. Am S-Turm Relief des Abtes Theobald Wehrlin v. Greiffenberg 1572. Langhaus, Querschiff und Altarhaus unter Satteldächern, die sich mit gleicher Firsthöhe über der Vierung durchdringen, über den Querhausenden je ein 8eckiger Dachreiter mit Zwiebelhaube. In den einfachen zweigeschossigen Längsfronten Rundbogen- über Stichbogenfenstern. In der ehemaligen Eingangshalle des S-Turms Sterngewölbe mit ornamentaler Renaissancebemalung; in der O-Wand das Hauptportal des Münsters von 1114, ein roman. Stufenportal, dessen eingestellte Dreiviertelsäulen mit Würfelkapitellen und ornamentiertem Kämpfergesims ausgestattet sind. Das Tympanon, eines der ersten seiner Art, besteht aus einer reliefierten Sandsteinplatte mit symbolischen Tierdarstellungen in krausem Rankenwerk. An der N-Seite das Grabmal der Familie Wellenberg. – *Innenraum*. Imposante Wandpfeilerhalle, eine wichtige Vorstufe für die Bauten von St. Urban (s. S. 396) und Weissenau bei Ravensburg. Die 4jochige Laienkirche ist durch das Chorgitter vom Mönchschor in der Vierung des wenig vortretenden Querhauses getrennt, dessen Arme die Bedeutung von Kapellen haben. Östl. folgt das leicht eingezogene 2jochige, gerade geschlossene Altarhaus. Das System der

Wandpfeilerhalle, aus breitem Mittelraum, begleitet von Kapellen mit darüber eingespannten Emporen, ist mit Nuancen in allen Raumteilen durchgeführt. Im Langhaus sind die Emporen auf halbe Tiefe der Seitenräume zurückgesetzt und ruhen auf besonderen Pilasterstellungen, die Brüstungen verlaufen in gerader Flucht, die sich auch im Querhaus fortsetzt; nur in den beiden Altarhausjochen nehmen die Emporenbrücken die volle Tiefe der Seitenräume ein. Kannelierte Pilaster mit weitausladenden Gebälkstükken umkleiden an 3 Seiten die Stirnen der wie Zungenmauern vortretenden Wandpfeiler. Sie sind von je 2 kleinen übereinanderliegenden Öffnungen unterbrochen, durch welche die Kapellen und die Emporen untereinander verbunden sind; so entsteht eine trennende Raumschicht vor der Aussenmauer. Die Halbkreistonne mit Gurtbogen über dem Hauptraum ist durch Stichkappen mit den Quertonnen über den Seitenräumen verbunden. Entschieden auf den Hochaltar ausgerichteter Longitudinalraum: in der axialen Blickrichtung sind weder Lichtquellen noch seitliche Raumgrenze sichtbar, die gestaffelt eingerückten Pfeiler von Vierung und Altarhaus verstärken optisch die Tiefenwirkung, die kulissenartig an den Wandpfeilermauern aufgestellten Seitenaltäre verdecken zwar teilweise den tektonischen Aufbau und greifen in den Hauptraum aus, geleiten aber feierlich den Blick zum krönenden Abschluss, dem Hochaltar. Im W 3teilige Vorhalle mit Orgelempore. – *Dekoration.* Die weissen Stukkaturen, 1708–10 von Franz Schmuzer aus Wessobrunn, sind auf die Gewölbe konzentriert. Sie zeigen vor allem Akanthus- und andere Blattmotive, Muscheln, Fruchtgehänge und geflügelte Engelsköpfe. Die Deckenfresken, 1708–09 nach vorgeschriebenem Programm vom Tessiner Francesco Ant. Giorgioli ausgeführt, zeigen Szenen aus dem Leben Mariens, der Hauptpatronin der Kirche: von W nach O Verheissung der Unbefleckt-Empfangenen, Geburt Mariä, Tempelgang, Verkündigung, Heimsuchung sowie im Altarhaus Darstellung im Tempel und Marienkrönung; in der Vierung Allerheiligenhimmel, in den Querhausarmen Anbetung der Hirten und der Könige; über den Emporen Zyklus aus dem Leben Christi; unter der Orgelempore Tempelreinigung, seitlich die Hl. Petrus und Maria Magdalena als Büsser. – *Ausstattung.* Vortreffliches perspektivisches Chorgitter mit phantasievollem Aufbau 1731 von Hans Jörg Allweiler aus Konstanz. Die Altäre, paarweise zwischen 1707 und 1750 gearbeitet, zeigen alle Stilstufen der 1.H. 18.Jh. Von W nach O: Josephs- und Schutzengelaltar 1722–25 von Joh. Jos. Auer, Gemälde von Jak. Carl Stauder d.J.; Deodat- und Theodora-Altar 1750 von Stephan Engist, Gemälde von Franz Ludw. Hermann, sitzende Reliquienfiguren von 1690; Fintans- und Basiliusaltar 1711–13 von Joh. Jos. Auer, Gemälde von Franz Carl Stauder, Reliquienschrein des Hl. Blasius 1652, des Hl. Fintan 1744 mit Zieraten vom Basiliusschrein; Kreuz- und Muttergottesaltar 1707–09 von Franz Xaver Widerkehr, neugefasst 1754, Gemälde von Franz Carl Stauder; am Muttergottesaltar Wappen des Klosters Muri, Tabernakel auf dem Kreuzaltar von 1745, Blasius- und Benediktsaltar in den Querhausarmen, 1726–28 von Judas Thadäus Sichelbein, Gemälde von Joh. Georg Bergmüller. – *Hochaltar.* Grandiose Ausformung eines barocken Ädikularetabels mit Kolossalwirkung, erweitert um 2 vorangestellte, torartig wirkende Säulenpaare. Das den ganzen Raum der letzten Travée umfassende Werk ist 1720–23 von Judas Thadäus Sichelbein gearbeitet, Gemälde der Himmelfahrt Mariä von Franz Carl Stauder. Kupferne Wolken und mächtige Draperien bilden den Hintergrund des Ganzen, über dem eine 5 m weite Krone schwebt. Auf Postamenten und Gesimsen Heiligengestalten und Engel; am Unterbau des linken Säulenpaares Klosterwappen, darüber Maria auf dem Salm, zu der ein Putto mit der Krone herabsteigt. Drehtabernakel mit reichen Dekorationsmotiven 1728 von Sichelbein; davor Kruzifix von 1675, gestiftet vom Zisterzienserinnenkloster Eschenbach. Reichgeschnitzte, mit Intarsien gezierte Levitensitze 1722–23 nach Entwurf des Malers Hans Martin Lampardt, die Bildhauerarbeiten von Joh. Jos. Auer. Prächtiges *Chorgestühl* beidseits der Vierung 1707–10 von Heinr. Fech aus Augsburg, Urs Füeg von Porrentruy, Jak. Kälin aus Einsiedeln und Adam Bertschi von Meiringen. Die hinterste der 3 Sitzreihen ist im Winkel um je 3 Sitze hinter dem Chorgitter fortgesetzt, hier die privilegierten Plätze für Abt und Prior. Auf den architektonisch gegliederten Rückwänden, mit reichgeschnitzten Hermenpilastern, die vierzehn Standbilder der Evangelisten mit Christus und Maria, von Jos. Ant. Tschupp aus Villingen. Zwischen dem Gestühl als Pendants das Grabmal des Hl. Fintan, an Stelle der 1446 wiederaufgefundenen Tumba des Heiligen, und die Chororgel, beide 1709–10 von Jos. Ant. Tschupp. Das Orgelgehäuse aus Holz, mit reichgeschnitzten durchbrochenen Füllungen, und das Grabmal aus Kalkstein, mit Reliefs aus der Legende des Heiligen Fintan, sind rechteckige Kästen mit polygonalem Schluss gegen O und Verdachung; über den Frontseiten die Standbilder der Hl. Fintan und Benedikt. Rokokokanzel 1756 von Joh. Reindl aus Konstanz. Geschwungene Beichtstühle mit Intarsien, den Seitenaltären gegenüber aufgestellt, 1755–59 von Stephan Engist. Taufstein in der S-Kapelle des W-Jochs, gemeisselt 1715 von Joh. Jos. Auer. Die *Hauptorgel* ist ein beachtliches Beispiel der Orgelbaukunst des 18. Jh.: Werk von Christoph Leu aus Augsburg, Gehäuse 1711–15 von Judas Thadäus Sichelbein. – *Grabplatten*. Vor dem Chorgitter 4 Sandsteinplatten mit Bronzegussplaketten: die älteste, das Grabmal für Abt Theobald Wehrlin (1565–98), diente als Vorbild für die Grabmäler der Äbte Eberhard v. Bernhausen (1613–42), Bernhard I v. Freyburg (1642–82), Romanus Effinger (1753–58) und für das Grabmal des Abtes Basilius Iten (1682–97) in der Vierung. An den Seitenwänden von Langhaus und Querschiff Epitaphien für einzelne frühere Äbte und jene nach 1700: Grosse ovale Tafeln mit goldenen Inschriften auf schwarzem Grund, gearbeitet zwischen 1710 und 1753 von Franz Schmuzer, Pontian Güggel und Michel Schnell sowie Jacopo Appiani und Sebastian Zureich.

Sakristei. Im Erdgeschoss des hinter dem Altarhaus anschliessenden niedrigeren Verbindungsflügels von 1711–17. Dreischiffige, gewölbte Pfeilerhalle von sechs Achsen, rest. 1958–59. Einfallsreiche Deckenstukkaturen vermutlich von den Wessobrunnern Pontian Güggel und Michel Schnell, 1959 teilweise ergänzt. Hervorragende Kunstschreinerarbeiten: An der W-Wand

Schrank und Altar 1721–23 von den Brüdern Balth. und Moritz Schmid, die heute fehlenden Teile 1869 durch Brand zerstört, Zinnlavabo von Joh. Jak. Colmar; an der S-Wand 16 m lange, reich eingelegte Paramentenschrankfront von 1734; an der O-Wand eingelegte und geätzte Schränke und Altar 1742 von Stephan Engist; an der N-Wand eingelegte Vertäferung und Schränke 1751 von Stephan Engist. Zwei Altargemälde 1744 von Franz Ant. Simon aus Feldkirch. Der hochbedeutende *Kirchenschatz* nach der Klosteraufhebung zerstreut, heute z.T. im Schweiz. Landesmuseum Zürich. An Ort und Stelle: Vortragekreuz 1473, Augsburger Monstranz und Ziborium 1696 bzw. um 1755, Ziborium 1711 von Thomas Pröll, 5 Kelche 1.H. 18.Jh., 2 Armreliquiare 1675 und 1676, silberne Madonnenstatue 1684; Brustbilder der Madonna 1679, des Hl. Joseph 1686, der Hl. Benedikt und Fintan 1805–06; Reliquientafeln 1661–65 und 1704; Altarleuchter aus Messing 1722 und 1729, aus Silber 1732; Mitra E. 17. Jh., Messgewänder 16.–18. Jh. Im Obergeschoss des Sakristeiflügels ein nie vollständig ausgebauter Konventsaal, rest. 1963.

Ehem. Klostergebäude. In verschiedenen Bauperioden entstandener, aber einheitlich wirkender Komplex, der beim Umbau zur Pflegeanstalt 1864–67 von Joh. Caspar Wolff vor allem im Innern stark verändert wurde; einzelne Teile abgebrochen. Den rechteckigen *Innern Klosterhof* mit Garten und spätgot. Kreuzgang (Masswerke 1864 entfernt) begrenzen im N Kirche und Sakristei, im W das Abteigebäude mit Front gegen den Äussern Klosterhof, im S der alte und im O der neue Konventbau. Der *alte Konventbau* wurde unter Verwendung des südl. Kreuzgangarmes 1628–32 unter Abt Eberhard III v. Bernhausen erbaut, nach Plänen von Jak. Kürer, Balthasar Cavasi, Roman Hey und Jodokus Metzler. Langgestreckter Bau unter Satteldach mit figürlich geschmücktem Wappenrelief von 1630. Im Innern Kassettendecken und Renaissancefenstersäulen sowie 2 Deckengemälde aus der Bauzeit, ferner eine Türarchitektur von 1722 und eine Stuckdecke mit Szenen aus der Vita des Hl. Fintan um 1760. In den Korridoren ornamentale und figürliche Deckenmalereien nach 1642 von Melchior Bürgisser; die Türumrahmungen im 1. Obergeschoss 1628–32, im 2. Obergeschoss 1711–17 aus dem neuen Konventbau. Der *neue Konventbau,* ein langgestreckter symmetrischer Barockbau, 1711–17 von Franz Beer, legt sich zwischen Konventgarten und Inneren Hof quer über die Insel. Die 25achsige O-Front ist durch pavillonartige Eckrisalite gegliedert, die Mitte durch flachen Risalit mit Wappenrelief von 1716 akzentuiert. Zwei monumentale Treppenhäuser, das eine hinter dem Mittelrisalit, das andere im Zwischenbau der beiden Konventflügel. Im Innern Stuckdecken teils ähnlich derjenigen in der Sakristei; das Tonnengewölbe der Bibliothek im 2. Stock des nördl. Eckrisalits zeigt ausgezeichnete Stuckornamentik vielleicht um 1730 von Jacopo Appiani. Türumrahmungen in den Korridoren 1628–32 aus dem alten Konventbau und 1711–17. Der *Konventgarten* nimmt den östlichen, 1602 ummauerten Teil der Insel ein. *Kapelle St. Magdalena,* heute ref. Anstaltskirche. Wegen ihrer malerischen Lage am östl. spitzen Ende der Rheininsel auch Spitzkirche genannt. Rechteckiger Satteldachbau mit

Dachreiter 1587 ff. unter Abt Theobald Wehrlin v. Greifenberg von den «welschen maurern gebrüder» Max und Michel Lang errichtet; Renov. aussen 1903, innen 1930–31. Im Innern, auch im halbrunden Chor Kreuzgewölbe; auf den Schlusssteinen Agnus Dei, Taube und Madonna. Die Ausmalung von 1612 zeigt Fensterumrahmungen mit Renaissance-Architekturen und die 14 Nothelfer sowie im Gewölbe die Evangelisten, die Leidenswerkzeuge und die Kirchenväter. Altäre 1761 nach Vorbild von Zwiefalten in Grottenwerk erneuert von Bernhard Heinz und Joh. Reindl; seit 1930 magaziniert. Der *Äussere Klosterhof* auf dem westl. Drittel des Inselareals wird im O von den Schaufronten der Kirche und des Abteigebäudes beherrscht; am S-Rand liegen Männergasthaus und Mühle, während ein Anstaltsgebäude von 1867 den W-Abschluss bildet (an seiner Stelle standen urspr. die Felix- und Regula-Kirche sowie einige Ökonomiebauten). Hofbrunnen mit Figur um 1935 von Walter Gygi. Das *Abteigebäude* unter Einbeziehung des westl. Kreuzgangflügels neuerb. 1604–18. Dreigeschossiger Satteldachbau mit nachgot. Kreuzstockfenstern; das von ion. Pilastern gerahmte Hauptportal von 1678 zeigt einen ädikulaförmigen Aufbau mit Oberlicht. In der alten Abtskapelle, urspr. mit Chörlein gegen den Innern Klosterhof, Kreuzgratgewölbe mit figürlichen Malereien 1612 von einem Lachener Maler. Im 1961 restaurierten Empfangszimmer eine Spätrokoko-Stuckdecke mit Wappen des Abtes Bonaventura Lacher (1775–89) und eine Kabinettscheibe von 1603. Im Audienzsaal reich eingelegte Täfer und Türen 1671–74 von Christoph Intrag; ausgezeichnete Stuckdecke eines Vorarlberger Meisters mit Phantasielandschaften, Veduten benachbarter Orte und einer Ansicht der Rheinau über dem Wappen des Abtes Januarius I im Mittelspiegel, 1760–61. Im Arbeitszimmer Renaissancefenstersäule. Die *Neue Abtskapelle* zwischen Abtei und Kirche erb. 1709; Rundbogenportal mit Obelisk im gesprengten Giebel. Im Keller ist die westlichste Pfeilerstellung des roman. Münsters von 1114 erhalten. – *Männergasthaus*. Ein langgezogener Satteldachbau von 1675–76, westl. Verlängerung 1726–34 von Joh. Michael Beer von Bleichten; Wappentafel 1675 von Joh. Jak. Heimlicher und Portal mit Wappentafel von 1726. Anschliessender *Mühlesaalbau* um 1550, erweitert und zum 4geschossigen Walmdachbau mit dekorativen Schornsteinen erhöht 1726–34 von Joh. Michael Beer von Bleichten. Über Mühle und Schüttböden, im 2. Obergeschoss urspr. grosser Festsaal mit Stuckdecke 1729 von Jacopo Appiani und grossem Dekkengemälde von Franz Carl Stauder, 1864 in 2 Stockwerke mit Zellen unterteilt. Gegenüber das Portierhaus, die ehem. Pfisterei, ein niedriger Walmdachbau von 1733 mit gleichzeitiger Wappentafel. Eine neue Brücke von 1935, mit Statue des Hl. Christophorus von Otto Münch, verbindet mit dem *Wirtschaftshof* auf dem N-Ufer. Er war bis 1864 gegen die Rheinauer Unterstadt durch das äussere Klostertor von 1698 abgeschlossen. An der N-Seite sog. Knechtehaus von 1619, rest. 1953, ein massiger Bau aus hohem gemauertem Erdgeschoss, Fachwerkgeschoss und Krüppelwalmdach; nördl. angebauter ehem. Wagenschopf 1. H. 18. Jh. An der W-Seite langgestreckter Ökonomietrakt von 1588 und 1619, in den 1698–99 das symmetrische Stallgebäude mit 3 Spitzgiebeln als Mittelakzent des ganzen Komplexes eingefügt wurde; Wappentafeln 1588 und 1699. An der O-Seite *Frauengasthaus* über dem 100 m langen Klosterkeller: Der westl. Kopfbau von 1585–88 mit Treppengiebel und Erkervorbau um 1631 und 1698–99 nach O verlängert, im Winkel dazu O-Flügel mit Theatersaal 1740–44 von Joh. Michael Beer von Bleichten; Wappentafeln 1585, 1699 und 1741.

Städtchen Rheinau. Die in den beiden Rheinschleifen liegenden Halbinseln Rheinau und Schwaben (letztere auf deutschem Gebiet) als Refugien in kelt. Zeit (1. Jh. v. Chr.) durch Querwälle gegen die Landseite gesichert. Die Unterstadt als Siedlung von Klosterhandwerkern entstanden, 1241 «civitas» genannt. Ab 1290 unter Rudolf v. Habsburg-Laufenburg Anlage der Oberstadt, wo im 15.–16. Jh. auf den Lehensgütern der Klosterministerialen die Ritterhäuser entstanden, und Ausbau zum militärischen Stützpunkt. Nach vielen Zwistigkeiten wird die Stadt 1798 als vom Kloster unabhängig erklärt. Von der ehem. Stadtbefestigung von 1290, die grossenteils auf dem ehem. Keltenwall des 1. Jh. v. Chr. verlief, sind am S-Rand der Oberstadt Graben und einzelne Teile der Mauer erhalten, konserviert 1963. – **Parität. Bergkirche St. Nikolaus.** Nach Einsturz 1578–79 über den Fundamenten des 12. Jh. neuerbaut durch «welsche» Maurer; zunächst reformiert, seit 1609 auf Betreiben des Abtes paritätisch; Renov. 1925 und 1971. Rechteckbau unter steilem Satteldach mit schwerfälligem Dachreiter des 19. Jh.; über den 3 Apsiden, von denen die mittlere etwas breiter ist, helmartige Spitzdächer. An der N-Seite Sakristeianbau von 1609 und Kruzifix von 1638. Spitzbogiges W-Portal dat. 1573 (irrtümlich) mit Wappenrelief des Klosters und des Abtes. Dem flachgedeckten Schiff mit spätgot. Masswerkfenstern schliesst sich nach O ein querschiffartiger Raum an, der durch 3, den Apsiden vorgelegte, kreuzgratgewölbte Joche gebildet wird, die auf 2 Sandsteinpfeilern ruhen. In der Mittelapsis spätgot. profilierte Sakramentsnische. Zwei barocke Statuen; Grabplatten 17.–19. Jh. – Pfarrhaus. Stattlicher Massivbau A. 16. Jh. mit Treppengiebeln. – Ehem. Zunfthaus zur Stube, Schulstrasse Nr. 72. Grosser Massivbau des 16. Jh. unter hohem Krüppelwalmdach; im 1. Stock grosser, heute unterteilter Saal mit sehr schöner spätgot. Balkendecke. – **Haus zur Post.** Erb. 1602 für Philipp Jak. v. Waldkirch, Herrn zu Schollenberg und Obervogt zu St. Blasien. Dreigeschossiger Massivbau mit Treppengiebeln und rundem, spitzbehelmtem Treppenturm an der N-Seite; über dem Portal Allianzwappen des Bauherrn, darüber 6teilige Fenstergruppe. – **Haus Wellenberg,** Poststrasse Nr. 16. Spätgot. Massivbau von 1551 mit Treppengiebeln und Kielbogenportal; frei eingebaute Holztreppe zum 1. Stock, hier Zimmer mit Kassettendecke und schraubenförmig gekehlter Fenstersäule von 1551.

Brückenkopf bei der untern Rheinbrücke. Gasthaus Salmen. Erb. 1691–92 von Franz I Beer; Renov. 1961. Symmetrischer 3geschossiger Giebelbau mit laternenartigem Dachreiter; über dem Portal Wappentafel des Abtes Basilius Iten 1691. – Ehem. Kornmagazin und Stallungen. Langgestreckte Giebelbauten von 1703 und 1723; in der heute unterteilten ehem. Lagerhalle schöne Kreuzgewölbe. – Gasthaus Hirschen. Langgestreckter 2geschossiger

Giebelbau, als Zoll- und Kornhaus erb. 1703–04; Rest. 1967. – Gedeckte Rheinbrücke. Erb. 1804 von Blasius Baltenschweiler; Bronzestatue des Hl. Nepomuk 1958–61 von Emilio Stanzani. – Römerwarte, an der Strasse nach Ellikon. Erb. in der 2. H. 4. Jh. n. Chr. als Teil der Rheinbefestigung Basel–Stein am Rhein; ausgegraben 1953. Auf einem erhöhten Platz unmittelbar über dem steilen Rheinbord liegt der von Doppelgraben und Wall umgebene rechteckige Turmunterbau; konserviert.

DACHSEN. Strassensiedlung mit Riegelbauten. – Ehem. Kapelle. Rechteckiger Bau des 15. Jh. mit steilem Satteldach und verschindeltem Dachreiter, der im Innern auf 2 Holzpfeiler abgestützt ist; in den Dachstuhl hineingebaute, gebrochene Holztonne. – Ehem. Vogtshaus. Riegelbau von 1757; Renov. 1949.

LAUFEN-UHWIESEN. Ref. Pfarrkirche. Als St. Hilariuskirche erwähnt 1155, erweitert 1492, Chor neuerbaut 1516; Erhöhung des Schiffs und des Dachreiters auf dem Chor sowie neue Vorhalle und Innenausstattung 1895; Renov. 1948. Im eingezogenen, von spätgot. Masswerkfenstern belichteten Polygonalchor Sterngewölbe, dessen Rippen auf Runddiensten, Konsolen und Tierfratzen ruhen. Herrschaftsstuhl 1647, Chorgestühl und Kanzel um 1650, Taufstein 1948. – Pfarrhaus. Riegelbau von 1760 unter Walmdach; Renov. 1939. – **Schloss Laufen,** in kühner Lage hoch über dem Rheinfall. Als Eigentum des Bischofs von Konstanz erwähnt 1123, Lehen der Herren v. Laufen; Besitz der Grafen v. Tengen 1290–1511. Von Zürich 1544 erworben, das einen Landvogteisitz in der Burg errichtet und 1544–48 von Jakob und Ludwig Nöggi Umbauten vornehmen lässt. Privatbesitz 1798–1941; unter Joh. Louis Bleuler (1792–1850) und seinen Nachkommen beherbergte das Schloss eine blühende Malschule, einen Kunstverlag von Rheinfallveduten und einen Gasthof; durchgreifende Umgestaltung in neugot. Formen 1841–48 von Ferd. Stadler. Seit 1941 wieder im Besitz des Kt. Zürich, der eine Jugendherberge und eine Gastwirtschaft im Schloss einrichtet und es 1956–57 purifizierend restaurieren lässt; Hotelneubau 1960–62 von Max Kopp. Die an 3 Seiten natürlich geschützte Burganlage wird landwärts durch Graben und Wehrbauten gesichert, von denen der östl. Rundturm auf die urspr. hochmittelalterl. Anlage zurückgeht, während der Torturm von den Erneuerungen 1546 stammt; Zürcher Wappen von Hans Asper, hohes Pyramidendach 1702 umgebaut und mit Wasserspeiern verziert. Hinter dem als Wirtschaftshof dienenden ehem. Zwinger der neue Hoteltrakt, eingebaut in der Schlossstube Teile eines Barockraums A. 18. Jh. aus dem Neuenhof in Zürich, in der Laufenstube wappengeschmückte Fenstersäule von 1580 aus Zürich, Turmofen 1680 von Hans Heinr. Pfau. Jugendherberge im ehem. Palas: 2geschossiger Bau mit meterdicken Mauern über trapezförmigem Grundriss, das vorkragende Fachwerkgeschoss wohl vom Umbau 1544–48. An der O-Seite des Äussern Hofes langgestrecktes 2teiliges Schlossgebäude von 1544–48 mit Treppengiebel; vom neugot. Umbau 1841–43 sind Fassadenteile, das originell gestaltete Treppenhaus und der grosse Ausstellungssaal mit ornamental bemalter, gewölbter Holzdecke erhalten. Am N-Rand des Plateaus, über der Treppenanlage zum Rheinfall, Aussichtspavillon von 1778.

Uhwiesen. Ehem. Kapelle. Erwähnt 1491, nach der Reformation profaniert. Einfacher Rechtecksaal mit Satteldach und sechsseitigem verschindeltem Dachreiter; Freskenreste um 1520. – Gemeindehaus. Langgestreckter Fachwerkbau des 18. Jh., erweitert 1838; Rest. 1963–64. Vierteilige Amtswappenscheibe 1649. – Sog. Klösterli. Zweiteiliger Fachwerkbau, wahrscheinlich 1643 als Sitz des bischöflich-konstanzischen Gerichtsuntervogtes erbaut; Rest. 1967–68. An der Kassettendecke des Täferzimmers Allianzwappen des Untervogtes H. J. Schenk; im Dachstock Gerichtsstube von 1643 mit dekorativen Malereien und Sprüchen. – Gemeinderatskanzlei. Als Amtsschreiberei erb. 1560; Umbauten 1625–28 und 1659; Rest. 1953–54. Massiver 2geschossiger Bau mit spätgot. Staffelfenstern und Treppengiebel; angebauter Fachwerktrakt aus dem 18. Jh. – Gasthof Drei Linden. Massiver Giebelbau, dat. 1811, mit originellem Fachwerkvorbau.

FEUERTHALEN. Brückenkopf von Schaffhausen. – Ref. Pfarrkirche. Die 1390 erwähnte St. Leonhardskapelle wird 1628–30 zur Kirche umgebaut und 1706 nach W verlängert; Renov. 1926. Rechteckbau unter Satteldach mit quadratischem Dachreiter. Kanzel und Taufstein 1630. – Haus zum Fürstengut, Trüllergasse Nr. 6. Grosser barocker Giebelbau um 1600; symmetrische, von Pilastern gegliederte Fassade mit 4 rundbogigen Portalen. – Oberstufenschulhaus. Wandmosaik 1940 von Carl Roesch.

BENKEN. Ref. Pfarrkirche. Die um 1165 geweihte Kirche St. Martin und Silvester neuerbaut 1617; Renov. 1965–66. Schiff und Polygonalchor unter Satteldach; neugot. W-Turm von 1869 mit Haupteingang. Flache Decke im Schiff von 1678, Chorgewölbe modern; Kanzel 1617. Pfarrstuhl 1681, skulptierter Taufstein 1618. – Ehem. Pfarrhaus. Riegelbau 1669. – Pfarrhaus. Stattlicher Massivbau des 18. Jh. mit turmähnlichem Anbau; Keller mit säulengetragenem Kreuzgewölbe. – Sog. Schlössli, ehem. Sitz des Untervogts. Giebelhaus mit spitzbehelmtem turmartigem Anbau an der nordwestlichen Schmalfront, nach Datierung im Trottraum von 1509; später erweitert. – Gasthaus Sonne. Giebelbau von 1618 mit säulengestütztem Kellergewölbe, Erweiterung um 1800; Innenausstattung 17. Jh. – Ehem. Doktorhaus, im Ausserdorf. Wohnhaus unter hohem Walmdach um 1790; Fachwerkscheune. – Dorfbrunnen von 1773. Sechsseitiger Trog mit figürlichen Reliefs und Gemeindewappen; skulptierte Brunnensäule.

TRÜLLIKON. Ref. Pfarrkirche. Neuerb. 1966–67 von Adolf Kellermüller und Hans Rud. Lanz. – Sog. Schloss. Der von Hans Heinr. Bürkli 1662 erworbene Landsitz 1695 nach W erweitert und reich ausgestattet für seinen Sohn Heinr. Bürkli v. Hohenburg, kaiserl. Feldmarschall; Brand 1758. Einfacher Giebelbau; im Obergeschoss hervorragend reiche Stuckdecke 1695 von Samuel Höscheller mit Wappen und Kriegstrophäen im Mittelfeld, rest. 1956. *Rudolfingen.* Ehem. Zehntenscheune. Langgestreckter Riegelbau unter Krüppelwalmdach von 1542. – «Schlossbuck». Höhensiedlung der Hallstattzeit; vollständig erhaltene Befestigungsanlage mit Abschnitts- und Vorwall.

TRUTTIKON. Ref. Pfarrkirche. Neuerb. 1959–60 von Adolf Kellermüller, an Stelle der um 1300 erwähnten St. Oswaldkapelle bzw. der neugot. Kirche von 1856. – Riegelbauten 18. Jh.

***STAMMHEIM.** Guterhaltenes Doppeldorf mit teils prachtvollen Fachwerkbauten, in landschaftlich reizvoller Situation. Der Grundbesitz im Stammheimer Tal gehörte vom 8. Jh. bis 1806 dem Kloster St. Gallen; die niedere Gerichtsbarkeit gelangte 1464 an die Stadt Zürich.

Unterstammheim. **Ref. Pfarrkirche,** in beherrschender Lage am Abhang des Stammheimerberges. Das Pfarrhaus 1779 an die W-Front angebaut. Ehem. Marienkirche erb. um 1300; Chor und nördl. Käsbissenturm neuerb. 1515–17, neues Schiff 1779–80; Renov. aussen 1907, innen 1922–23. Der Kirchensaal mit N- und W-Emporen öffnet sich in spitzem Bogen nach dem spätgot. Chor mit feinen Masswerkfenstern und Sterngewölbe, dessen Rippen auf männlichen Konsolköpfen aufruhen. Renaissancekanzel 1611, ergänzt 1923; Taufstein 1642. Chorgestühl 1517, ergänzt 1923; unter der Empore barocke Wandstühle 1673. Gewölbemalereien im Chor 1517 wohl von einem Maler aus der Familie Haggenberg; 1923 entdeckt und wieder übertüncht. – **Gemeindehaus.** Zweigeschossiger Riegelbau von 1531, auf gemauertem Weinkeller; umgeb. 1717, rest. 1960–61. Getäferte Gemeindestube mit Felderdecke, deren Unterzug auf einem profilierten Eichenpfosten von 1717 ruht; schöner weisser Turmofen mit grünen reliefierten Füllkacheln 1681 von Abraham Pfau. *Folge von 24 Wappenscheiben*, gestiftet 1531–1680, darunter 4 Gesellschaftsscheiben, die Tafelrunden von Stammheimer Bürgern darstellen. Im Dachstock Ortsmuseum. – **Baugruppe Kehlhof.** Haus Langhard, ein 2geschossiger Riegelbau auf gemauertem Kellergeschoss von 1797. Das Riegelhaus Girsberger über grossem Keller mit mächtigen Stützbalken neuerb. 1828; im 1. Stock klassiz. Zimmerdecken. Fachwerkspeicher des 18. Jh. – Furtmühle. Zweigeschossiger Fachwerkbau mit oberschlächtiger Mühlenanlage, neuerb. 1635 für Klosteramtmann Joachim Wehrli; Täferstube von 1804.

Oberstammheim. **Ref. Galluskapelle.** *Bewahrt ikonographisch interessante, ausdrucksstarke hochgotische Wandmalereien**. Die kleine Kapelle erstmals erwähnt 897, neuerb. im 12. Jh.; Verlängerung nach W um 1320, Dachreiter und spätgot. Veränderungen um 1485; Erweiterung des Schiffs nach O unter Aufgabe des Chors A. 17. Jh., seither stützt statt der Chorbogenwand ein Holzpfeiler den 8eckigen Dachreiter; Grabungen und Rest. 1966–68. Einfach rechteckiger Baukörper unter Satteldach mit hochliegenden roman. Rundbogen- und masswerklosen Spitzbogenfenstern; im Innern Neudisposition mit Kanzel von 1814 und moderner hölzerner Flachdecke und Chorscheibe 1967 von Hans Affeltranger. Beachtliche *Wandmalereien** um 1320 von einem Meister aus dem Umkreis der Manesse-Handschrift: An der S-Wand über Scheindraperie 3 Bildstreifen, im obersten die auf Fresken der Zeit sehr selten dargestellte Schöpfungsgeschichte und der Sündenfall, im mittleren durch gemalte Architekturteile getrennte Szenen aus der Jugend Christi und in den Rechteckfeldern des untersten Streifens die Passion. An der N-Wand Fragmente spätgot. Wandmalereien von 1504 mit Darstellung des Drachenkampfs des Hl. Georg und einer Szene aus dem Leben des Hl. Eligius. – «Chilebuck», neben der Galluskapelle. Englische Parkanlage und spätklassiz. Pavillon 1842 vom schaffhausischen

Stadtgärtner Schalch. – Talmühle. Mittlere Mühle mit Wohnhaus als Fachwerkbau auf massivem Untergeschoss errichtet 1643; klassiz. Treppengeländer, Turmofen und Stuckdecke 1821 eingebaut. Grosse Scheune in Fachwerk. – **Gasthof Hirschen.** Erb. 1684 als Wohnhaus für den st.-gallischen Klosteramtmann Joh. Wehrli, heute wieder im Besitz seiner Nachkommen; Renov. 1933 und 1969–70. Prächtiger Fachwerkbau mit 3geschossigem, vor die südl. Giebelfront gebautem Erker um 1730, unter Zwiebeldach, an der O-Front 2geschossige Laube; Wirtshausschild 1786. Gute Innenausstattung 18. Jh. mit gemalten Türfüllungen u. a.; Öfen 1761 von Bernh. Zimmermann in Diessenhofen, 1803 von Hans Ulr. Friedrich in Müllheim und 1813 von C. K. in Winterthur. – Schmiede, hinter dem Hirschen. Zweigeschossiger Fachwerkbau von 1776 mit bemalten Fensterläden; im Erdgeschoss Trottraum, im 1. Stock ehem. Tanzsaal. – **Alte Kanzlei,** Ecke Hauptstrasse-Hornergasse. Hoher Fachwerkbau von 1571 mit 2 vorkragenden Obergeschossen; Umbau 1630, Renov. 1957. – *Hornergasse.* Haus Nr. 64. Fachwerkbau 1713 für Klosteramtmann Joh. Wehrli errichtet, mit 3stöckiger Holzlaube an der Rückfront und bemaltem Allianzwappenrelief über dem Portal. – Nr. 65, Zum Irggel. An das Haus Nr. 64 angeb. 1741 für Untervogt Hans P. Wehrli. Verputzter Riegelbau mit bemaltem Allianzwappenrelief des Erbauers am Erker; an der Rückfront 3stöckige Holzlaube. – Haus Nr. 81. Grosser Fachwerkbau von 1682; Aussenrenov. 1930. – Alte Schmiede, an der Hauptstrasse. Grosser Fachwerk-Giebelbau des 18. Jh.; Renov. 1944. – Ehem. Gasthaus Ochsen. Hoher Fachwerkbau E. 16. Jh. – Gemeindehaus. Neubau in Fachwerk 1737; Renov. 1960. Im Obergeschoss durchgehender Gemeindesaal mit runder Zürcher Ämterscheibe von 1599. – Pflegeheim. Klassiz. Bau um 1825. Gedenktafel für den Juristen Eugen Huber (1849–1923), Schöpfer des schweiz. Zivilgesetzbuches. **Museum.** Ortsmuseum, im Gemeindehaus Unterstammheim (s. S. 885).

WALTALINGEN. Kapelle St. Antonius. Das malerische ref. Kirchlein am Dorfrand gegenüber dem Schloss Schwandegg wurde wahrscheinlich M. 13. Jh. erbaut; verbreiterte Verlängerung nach W um 1335, Verbreiterung des alten Teils nach S im 16. oder 17. Jh., Rest. 1956–57. Auf dem überhöhten Rechteckchor achteckiger Dachreiter mit Spitzhelm; an der N-Seite geschlossene Aussentreppe zum Dachreiter, vor der W-Front hölzernes Vorzeichen mit Emporenaufgang. Im Schiff gedrückte, mit Sternen bemalte Holztonne, im Chor rippenloses Kreuzgewölbe. Am runden Chorbogen Kanzel auf gemauertem Sockel 2. H. 17. Jh.; geschlossene Bestuhlung mit Inhaberwappen sowie eingebauter Archivschrank 1673. Spätgot. Wandmalereien in 3 Etappen im 15. Jh. entstanden: Im Schiff auf dem einspringenden Teil der N-Wand Passionsszenen um 1410; im verlängerten W-Teil Szenen aus dem Leben Christi, Heiligendarstellungen und Bruderschaftsbild um 1435; urspr. geschlossene Chorausmalung um 1485, mit den Kirchenvätern und den Evangelistensymbolen im Gewölbe und Heiligenlegenden (u. a. St. Antonius) an den Wänden. – Im Dorf Riegelbauten des 18. Jh. – Rietmühle. Fachwerkbau auf Massivuntergeschoss von 1546, erneuert 2. H. 18. Jh.

Schloss Schwandegg, auf einem Hügelrücken nördl. Waltalingen. Erb. wohl im 13. Jh.; bis ca. 1406 Sitz der 1288 erwähnten kyburgischen Dienstleute v. Schwandegg, seither in wechselndem Privatbesitz. Mittelalterl. Turm mit jüngeren Treppengiebeln, rechtwinklig dazu langer Gebäudeflügel um 1640, der gebogene Trakt zwischen beiden steht wohl auf mittelalterl. Fundamenten. An der NW-Seite des Turms Wohngebäude mit Treppengiebeln, nach Brand erb. 1935. Im grossen Saal des SO-Flügels umfangreiche Reste einer Grisaille-Ausmalung des 17. Jh. mit Darstellungen röm. Kaiser und Gottheiten.

Guntalingen. **Gemeindehaus.** Schöner barocker Riegelbau mit 2läufiger Freitreppe, als Doppelwohnhaus erb. um 1750. – **Schloss Girsberg,** auf einem Hügel nördl. Guntalingen. Im 13.–15. Jh. Sitz der in kyburgischen und habsburgischen Diensten stehenden Ritter Gyr v. Girsberg; im 16.–18. Jh. Besitz schaffhausischer Patrizier. Wiederaufbau nach Brand 1756–59 für Joh. Georg Friedrich Im Thurn; museal ausgebaut und renoviert 1920–21 für die Familie Bodmer. Rechteckiger, grossenteils mittelalterl. Turm, an den sich westl. niedrige Wirtschaftsgebäude anlehnen. Das östl. Wohngebäude von 1756–59 umsteht mit dem Turm einen etwa 3eckigen Hof, der nach N durch einen Verbindungstrakt abgeschlossen wird. In der Vorhalle des Wohngebäudes Sakramentshäuschen, wohl aus der ehem. Schlosskapelle im Turm. In mehreren Räumen prachtvolle, zarte Rokokostukkaturen um 1760; Öfen 1742 von Joh. Ruostaller, 1778 von Heinr. Bleuler mit Bemalung von Joh. Kuhn und 2 Öfen 1760 von Daniel und Heinr. Meyer, einer mit Bemalung von Christoph I Kuhn. Am Verbindungstrakt Wappenrelief Stockar 16. Jh. und über dem Portal Allianzwappen Im Thurn-Waldkirch 1759. Neben dem Sodbrunnen im äussern Vorhof versetzter Empirebrunnen.

OSSINGEN. Ref. Pfarrkirche. An Stelle einer mittelalterl. Kapelle erb. 1651, Käsbissenturm über dem eingezogenen Rechteckchor errichtet 1662; Innenrenov. und hölzerne Langhausdecke 1922, Aussenrenov. 1934. Hinter gestaffeltem rundem Chorbogen der vielleicht noch mittelalterl. Chor mit rippenlosem Kreuzgewölbe. Kanzel wohl von 1651, bereichert um 1700; Taufstein 1876. – In der Umgebung der Kirche mehrere Riegelbauten des 16.–18. Jh. – *Gisenhard.* Gasthaus Sonne. Riegelhaus von 1735 auf Massivunterbau; über dem Portal bemalte Allianzwappenkartusche des Erbauers, Quartiermeister Hans P. Wehrli.

Hausen. Die wenigen Häuser des hoch über der Thur gelegenen Weilers bilden zusammen mit der Kirche eine markante Baugruppe. Diese beherrscht mit dem gegenüberliegenden Schloss Widen den Ausgang des Lattenbachtobels. – **Kirche.** Die 1112 erwähnte ehem. Pfarrkirche von Ossingen geht in ihrem heutigen Zustand auf das Spätmittelalter zurück. Die Grabungen anlässlich der Rest. 1957–60 legten die Fundamente des roman. Rechteckchores frei. Langgestrecktes, teils roman., wahrscheinlich 1360 nach W verlängertes Schiff und eingezogener Polygonalchor aus der Zeit um 1490 unter Satteldach, mit verschindeltem spitzbehelmtem Dachreiter; Vorzeichen 1957. Vom Innenausbau 1578 stammen die flache Holzdecke, die Empore mit hölzerner Rautengitterbrüstung und dekorativer Bemalung am Unterzug, die am runden Chorbogen auf eichener Säule ruhende Kanzel und der Pfarrstuhl. In der Mauernische der S-Wand (ehem. Tür) Grabplatte von 1482 für Junker Hans den Alten v. Griessen zu Widen. Wandgestühl um 1585, 4plätziger Widener Herrschaftsstuhl 1550 und 1605 sowie niedrige Sitzbalken ohne Lehnen; Taufstein um 1490. Im Chor glatte Putzdecke und Spitzbogenfenster mit modernem Masswerk.

Schloss Widen. Die mittelalterliche, mehrmals transformierte Anlage beherrscht das Thurtal am Ausgang des Lattenbachtobels. Sitz des habsburgischen Dienstmannengeschlechts v. Widen 1243–1325, danach im Besitz von Schaffhauser Patriziern; Winterthurer Amtmannssitz 1650–1798, bekanntester Amtmann war der Maler Felix I Meyer (1653–1713). Seit 1903 im Besitz des Staatsrechtslehrers Max Huber (1874–1960) und seiner Nachkommen. Im Kern der Anlage Wohnturm des 13. Jh., Erweiterung M. 15. Jh. unter Hans dem Alten v. Griessen, umgestaltet 1546 unter Hans Casp. Stockar. Umbauten und Renov. 1890–99 und 1903–04; Wiederaufbau nach Zerstörung durch einen abgestürzten amerikanischen Bomber 1944 von Max E. Haefeli, Werner M. Moser und Rudolf Steiger. An den quadratischen Burgturm mit erneuertem Zeltdach des 18. Jh. und Treppentürmchen des 15.–16. Jh. schliessen nach 3 Seiten strahlenförmig die Wohngebäude an. Nach S ehem. Hof mit Fachwerküberbau und ehem. Kapelle, nach NO Wohntrakt aus der 2. H. 15. Jh., erhöht 1894–95; nach W neuer Trakt von 1903–04, der an die O-Mauer des 1875 abgebrochenen Ritterhauses aus der M. 15. Jh. angefügt wurde. Östlich vorgelagert die ehemalige Vorburg, heute Wirtschaftshof: Scheune und Trotte mit Treppengiebeln 15. Jh.; Gärtnerwohnung, als Scheune erb. um 1550.

ANHANG

FACHWORT-ERLÄUTERUNGEN

Abhängling. Hängeknauf oder -schlussstein eines spätgot. Gewölbes.

Ädikula (lat.: kleines Haus, Tempelchen). Ziergehäuse in der Art einer antiken Tempelfront.

Ambo (gr.: Erhöhung). Frühform der Kanzel; in der neuen Liturgie als Lesepult wieder gebräuchlich.

Ämterscheibe. Herrschaftsscheibe der Alten Eidgenössischen Orte mit Wappen der einzelnen Vogteien bzw. Ämter.

Anfänger. Unterster, oft plastisch geformter Stein des aus der Wand herauswachsenden Rippengewölbes.

Antependium (mittellat.: Vorhang). Altarverkleidung, s. auch Frontale.

Antistitium (lat.). Wohnsitz des ref. Oberpfarrers (Antistes) einer Stadt bzw. eines Kantons.

Auszug. Bekrönungsgeschoss architektonisch gegliederter Altaraufbauten.

Baluster (ital. balaustro). Untersetztes Stützelement als Träger eines Geländers oder einer Brüstung (Balustrade).

Bandelwerk. Abstraktes, lineares Ziermotiv der Régence, in der Schweiz um 1720–50.

Bandwerk. Flachornament der Renaissance, 2.H.16.Jh. Vgl. Roll- und Beschlagwerk.

Bankdocke. Verzierte Abschlussstütze am Ende des Chorgestühls oder der Kirchenbank.

Bärte. Seitliche Rankenornamente barocker Altäre, Orgelgehäuse und anderer architektonischer Gebilde.

Basilika (lat. und gr.: Königshalle). Drei- oder mehrschiffige Kirche mit befenstertem Mittelschiff.

Beginensamnung s.Samnung.

Beinhaus. Gebäude oder Raum zur Aufbewahrung der Gebeine aus wiederbelegten Gräbern, oft mit einer Kapelle verbunden.

Bekleidungsmadonna. Für das Tragen von Kleidern bestimmte Muttergottesstatue, die zuweilen nur an Kopf und Händen plastisch ausgearbeitet ist.

Belvedere (ital.: schöner Ausblick). Lustschloss in Aussichtslage oder Dachgeschoss mit Aussichtsterrasse.

Bering. Ringmauer einer Burg oder Stadt.

Berner Stock («Stöckli»). Wohnhaus neben dem Bauernhof, in das sich die Eltern oder die ledigen Geschwister des Hofinhabers zurückziehen.

Beschau. Amtliches Gütezeichen für den Feingehalt und die Qualität einer Silber-, Gold- oder Zinnarbeit.

Beschlagwerk s. Roll- und Beschlagwerk.

Bifore. Gekuppeltes Fenster, Zwillingsfenster in der frühmittelalterl. und roman. Baukunst.

Blende. Architekturmotiv zur Gliederung der Wand mittels Flächenschichtung.

Blockbau. Holzhaus aus geschichteten Stämmen oder Balken, die an den Ecken verzahnt sind, s. auch Strickbau.

Bohlenständerbau. Ständerbau mit eingenuteter Bohlenwandung.

Böhmische Kappe (Stutzkuppel). Kuppeliges Gewölbe, dessen Grundkreis im Unterschied zur Hängekuppel ausserhalb der Stützen liegt.

Bolusgrund. Grundierung aus Tonerde für Plastik und Tafelbild als Träger für die farbige Fassung oder Blattvergoldung.

Bosse. Allgemein Rohform einer Skulptur, speziell stehengelassener Buckel auf der Sichtfläche eines Quaders. Vgl. Rustika.

Bug, Büge. Schräge Vordachstrebe am Holzhaus, Fuss- und Kopfverstrebung des Senkrechtskelettes von Ständerbauten.

Burgunderbeute. Beutestücke der Eidgenossen aus den Schlachten gegen Herzog Karl den Kühnen von Burgund (1476–77).

Cabochon (frz.). Nach seiner natürlichen Gestalt, d.h. meist gerundet («mugelig») polierter oder geschliffener Schmuckstein.

Camaïeutechnik (frz.). 1. Steinschnitt; 2. Malerei mit verschiedenen Tönen einer einzigen Hauptfarbe (monochrom). Vgl. Grisaille.

Chorus minor (lat.). Ein in der Cluniazenserarchitektur seit dem 11. Jh. nachgewiesener und von der Hirsauer Reform übernommener, ins östl. Langhausjoch versetzter «kleiner» Chor, wo sich die am Chorgesang nicht aktiv beteiligten Mönche aufhielten.

Christus in der Kelter. Volkstümliche Veranschaulichung des Eucharistiewunders: Christus schenkt uns durch seinen Opfertod sein Blut. Vgl. Hostienmühle.

Confessio (lat.). Grabnische oder -kammer eines Märtyrers, Vorform der Krypta.

Cupa s. Kupa.

Dachreiter. Leichtes, meist gezimmertes Dachtürmchen, das auf das Dachgebälk abgestützt wird.

Deesis (gr.). Darstellung des thronenden Christus (vorzugsweise als Weltenrichter), umgeben von den beiden Fürbittern Maria und Johannes d.T.

Dienst. Säulenartige Wand- oder Pfeilervorlage, welche die Gurten oder Rippen got. Gewölbe aufnimmt.

Docke (mhd.). 1. Synonym für Baluster; 2. s. Bankdocke.

Dorsale (lat.). Hohe, architektonisch gegliederte und meist plastisch geschmückte Rückwand des Chorgestühls.

Dreipass. Drei Dreiviertelkreise, die dem Rund in Form eines Kleeblattes eingeschrieben sind.

Enfilade (frz.: Aufreihung). Lange Reihe von Repräsentationsräumen, deren Türen in einer Flucht liegen und geöffnet einen Durchblick gewähren.

Epitaph (gr.). An Wand oder Pfeiler angebrachtes Denkmal zum Gedächtnis eines Verstorbenen.

Erbärmdebild. Darstellung Christi mit allen Leidensmerkmalen als Inbegriff des Heilsgeschehens.

Expositorium (lat.). Nische über dem Tabernakel für die Aussetzung des Allerheiligsten in der Monstranz.

Falladen. Fensterladen, der über oder unter dem Fenster in einer Holzverkleidung angebracht ist und durch Zug geschlossen wird.

Fase. Abgeschränkte Kante eines Baugliedes.

Feiertagschristus. Darstellung Christi als Schmerzensmann, umgeben von jenen Werkzeugen, deren Gebrauch an Sonn- und Feiertagen nicht erlaubt ist.

Fensterwagen. Im Holzbau lange Reihe von gleichen Fenstereinheiten.

Feston (frz.). Dekoratives Gehänge von Blumen, Blättern und Früchten.

Flamboyant (frz.). «Flammenstil», letzte Phase der Gotik, so benannt nach geflammten oder blasenförmigen Motiven im spätgot. Masswerk.

Flarzbau. Niedriges, meist ärmliches Reihenhaus mit schwach geneigtem Dach, das vor allem im Zürcher Oberland vorkommt, 18.–19. Jh.

Flugdreieck. Dreieckige Zierformen («Züri-Vieri») an Giebeldächern, die aus Flugsparren (s. Sparren), Hängesäulchen und Stichbalken gebildet werden.

Frontale (lat.). An der Vorderseite angebrachte Verkleidung des Altarstipes, s. auch Antependium.

Frontispiz, Fronton (frz.). Giebeldreieck über einem formal ausgeschiedenen Gebäudeteil oder einem Altarretabel, in Anlehnung an den Tempelgiebel.

Gaube, Gaupe. Stehende Dachluke oder Dachfenster, wenn mit Pultdach versehen, auch Schleppgaupe genannt, s. auch Lukarne.

Gerschild. Abgeplattete Giebelspitze, s. auch Kropfwalm.

Gesprenge. Durchbrochener architektonischer Aufbau über got. Flügelaltären.

Gestrickter Bau s. Strickbau.

Gewetteter Bau. An den Ecken verzahnter Blockbau, s. auch Strickbau.

Gloriette (frz.). Tempelartiger Lustpavillon.

Grisaille (frz.). Malerei in Grautönen.

Gurt. Bandartiger Verstärkungsbogen des Gewölbes zwischen zwei Stützen.

Hallenkirche. Mehrschiffige, nur durch die Aussenwände belichtete Kirche, meist unter gemeinsamem Dach.

Hängekuppel. Kugeliges Gewölbe, dessen Grundkreis im Unterschied zur Böhmischen Kappe (Stutzkuppel) die Stützen der quadratischen Grundfläche umschreibt.

Herme. Plastisches Bildwerk, bei dem nur der Kopf ausgearbeitet ist, während der Körper durch einen kantigen, meist nach unten verjüngten Schaft vertreten wird.

Hostienmühle. Volkstümliche Veranschaulichung des Eucharistiewunders: Der Leib Christi wird im Mühltrog für uns das Brot des Lebens. Vgl. Christus in der Kelter.

Hypogäum (gr.: unter der Erde). Unterirdische Grabstätte.

Inkrustation (lat.). Farbige Verzierung von Flächen durch ornamentale Steineinlagen.

Johannesschüssel. Schüssel oder Teller mit dem abgeschlagenen Haupt Johannes' des Täufers.

Kabinettscheibe (auch Schweizerscheibe). Kleinformatiges Glasgemälde des 15.–18. Jh. zum Schmuck von Klarverglasungen.

Kalotte (frz.). Gewölbeform: Teil einer Kugelfläche.

Kämpfer. Deckplatte über Pfeiler oder Säule, über welcher der Bogen ansetzt.

Kartusche (frz.). Schildförmige Fläche mit Zierrahmen.

Käsbissen. In der Schweiz gebräuchlicher Ausdruck für ein steiles Satteldach als Turmabschluss.

Kasel. Messgewand des Priesters.

Katakombenheilige(r). Gebeine oder ganze Skelette von Christen Altroms, die seit dem späten 16. Jh. und bis ins beginnende 19. Jh. aus den Katakomben gehoben, kostbar eingekleidet und unter oder auf den Altären ausgestellt wurden; sie erhielten oft fiktive Märtyrernamen und erfreuten sich grosser Verehrung.

Kehrgiebelhaus. Giebelhaus mit traufständig anschliessendem Nebengebäude, vor allem häufig in der Ostschweiz. Vgl. Kreuzfirst.

Kenotaph (gr.). «Leeres Grab», Gedächtnisgrabmal für einen anderswo bestatteten Verstorbenen bzw. eine Familie.

Klebdach. Fensterdächlein mit leichter Stützkonstruktion. Vgl. Bug.

Kniestock. Halbgeschoss unter der Dachtraufe, konstruktiv meist dem Dach zugehörig.

Knorpelwerk. Abstraktes plastisches Ornament in höckerigen Formen, in der Schweiz um 1630–80.

Krabbe. Kriechblume in Form von Blattornamenten als Zierat got. Bekrönungsarchitektur.

Kreuzfirst. Kreuzförmig sich durchdringende Satteldächer.

Kreuzstock. Fensterstock mit Pfosten und waagrechter Unterteilung, im speziellen das got. Fensterkreuz.

Kropfwalm, Krüppelwalm. Über dem Giebel gekapptes Satteldach, s. auch Gerschild.

Kümmernis. Legendäre bärtige Heilige, die einen christusähnlichen Märtyrertod erlitt; nachweislich aber spätmittelalterl. Fehlinterpretation des bekleideten Kruzifixus in Lucca (Volto santo).

Kupa (lat. cupa). Schale des Kelches.

Lapidarium (lat.). Archäologische Sammlung geformter Architekturfragmente.

Laterne. Befensterte Kuppel- oder Turmbekrönung.

Leibung. Wandung von Maueröffnungen.

Leistendecke. Bretterdecke, deren Nuten durch profilierte Schmalhölzer (Deckleisten) verdeckt sind.

Lettner (lat. lectionarium = Lesebühne). Durchbrochener Einbau in mittelalterl. Stifts- und Klosterkirchen, der den Chor vom Schiff isolierte; im Obergeschoss stand ausser dem Lesepult oft auch eine Kreuzigungsgruppe, gelegentlich ein Altar.

Letzi. Talsperre, als Mauer, Faschinenwerk oder Erdwall errichtet.

Lichtgaden. Fensterzone im Mittelschiff einer Basilika.

Lisene, Lesene. Flache, schwach vortretende Wandvorlage ohne Kapitell und Basis.

Loretokapelle. Wallfahrtskapelle in formaler Anlehnung an das Haus der

Muttergottes, das der Legende nach durch Engel von Nazareth nach Loreto bei Ancona in Mittelitalien getragen wurde, wo es sich bis heute in der Domkirche erhalten hat.

Lukarne. Dachausbau zur Aufnahme eines Fensters vor allem in Giebelform. Vgl. Gaube und Zwerchgiebel.

Lünette (frz.). Halbmondförmiges Fenster, auch Bogenfeld.

Luzide. Schmales Fenster, Lichtschlitz.

Mandorla (ital.). Mandelförmig zugespitzter, die ganze Gestalt umfassender Heiligenschein.

Mansartdach. Dach mit gebrochener Dachfläche, wodurch ein Dachgeschoss mit nur schwach abgeschrägten Zimmern gewonnen wird; so benannt nach dem französischen Architekten Jules Hardouin-Mansart (1648–1708).

Mensa (lat.). Altarplatte, Altartisch.

Mezzanin (ital.). «Halbgeschoss», d.h. ein in der Höhe reduziertes Zwischen- oder Abschlussgeschoss in der herrschaftlichen Profanarchitektur.

Miserikordie (lat.). Oft figürlich bereicherte Konsole unter den Klappensitzen des Chorgestühls, die vom stehenden Priester zum Aufstützen benützt wurde.

Niello (ital., von lat. nigellus). Technik, bei der eine schwarze Paste aus Silber, Kupfer, Blei, Schwefel und Borax in die Gravur einer Edelmetallplatte eingeschmolzen wird und als schwärzliche Zeichnung erscheint.

Obergaden s. Lichtgaden.

Ochsenauge (frz. œil-de-bœuf). Rundes oder ovales Fenster, vorzugsweise in Dächern oder Kuppeln.

Oculus, Oculi (lat.: Auge). Gerundete Fensteröffnung.

Opus spicatum (lat.). Röm. und mittelalterl. Mauerwerk mit schräggestellten Steinlagen im Ähren- oder Fischgratverband.

Ossarium (lat.) s. Beinhaus.

Palas (lat. palatium). Herrenhaus der mittelalterl. Burg.

Palladiomotiv. Ein nach Andrea Palladio (1508–80) benanntes, aber auf Sebastiano Serlio zurückgehendes Architekturmotiv: dreiachsige Öffnung mit betonter, von Bogen überhöhter Mitte. Vgl. Serliana.

Paramente (mittellat.). Liturgische Gewänder, ferner alle Textilien zu sakralem Gebrauch.

Parusie (gr.). Christi Wiederkehr am Jüngsten Tag.

Pechnase. An der mittelalterl. Burg kleiner, unten offener Erker, durch den man siedendes Pech auf den Angreifer schütten konnte.

Pedum (lat.). Stab des Bischofs oder Abtes.

Pendentifkuppel. Eine Kuppel, deren Grundkreis von sphärischen Dreiecken (Pendentifs, Hängezwickel) ins Vier- oder Vieleck des Grundrisses übergeleitet wird.

Pfahlturm. Dachreiter des Biedermeiers, dessen Aussehen und Format eigentlichen Turmbauten angeglichen sind: z.B. Riegelwerk, Verputz, Schindeln, Blech usw.

Pfette. Parallel zum First verlaufender Dachbalken, der mit den Sparren zusammen die Dachhaut trägt.

Pietà (ital.) s. Vesperbild.

Pietra rasa (ital.). Auf röm. Technik zurückreichende Verputzart, bei welcher die Köpfe der Steine sichtbar belassen werden.

Piscina (lat.: Fischteich). Beckenförmige Mauernische mit Wasserablauf für die liturgische Händewaschung, meist rechts vom Altar.

Piséebau (frz.). Mauerwerk aus gestampftem Lehm oder Erdmasse.

Pluviale (lat.: Regenschutz). Liturgisches Gewand; rundgeschnittener, vorne offener Schultermantel ohne Ärmel.

Portikus (lat.). Von Säulen getragene Vorhalle.

Predella (ital.). Altarstaffel, Sockelzone des Altarretabels.

Prismeller Bauleute. Aus der jenseits des Monte Rosa gelegenen Walserkolonie Val Sesia (früher Prismell) stammend; berühmtester Vertreter war Ulrich Ruffiner, der Hofbaumeister Kardinal Schiners, 1.H.16.Jh.

Prospekt. Schauseite des Orgelgehäuses.

Pulpitum (lat.). Lesebühne, freistehende Kanzel.

Purtschert-Schema s. Singer-und-Purtschert-Schema.

Quadraturwerk. Gezogener Wand- und Deckenstuck in geometrischen Formen, im Gegensatz zu Kartuschen, pflanzlichem und figürlichem Stuck.

Rafen. Gleichbedeutend wie Sparren, ursprünglich nur die Auflager der Dachhaut, d.h. die Lattung.

Rayonnant (frz.). «Strahlenstil», reife Phase der Gotik, so benannt nach strahlenförmigen, zentral geordneten Motiven im hochgot. Masswerk.

Retabel. Altaraufbau.

Riegelwerk. Verfeinerte Ständerbauweise mit diagonalen und waagrechten Verspannungen, die oft dekorative Wirkung besitzen.

Risalit (ital.). In ganzer Fassadenhöhe vorspringender Gebäudeteil.

Rocaille (frz.). Asymmetrische Muschelform, dekoratives Leitmotiv des Rokokos.

Roll- und Beschlagwerk. Zusammenfassende Bezeichnung für Ornamente der deutschen Renaissance, die sich an ihren Rändern einrollen oder die wie geschmiedete Gebilde aus flachen Bandeisen erscheinen; die beiden Typen durchdringen sich häufig.

Ründe, Berner Ründe. Halbrunde Holzverschalung unter dem Hausgiebel.

Rundele. Rundes, kleinformatiges Glasgemälde, bevorzugte Form für Vogtei- und Ämterscheiben.

Rundschneggen s. Schnegg.

Rustika (lat.: «bäuerlich»). In der Sichtfläche roh belassenes oder buckelartig vortretendes Quaderwerk, das in der Regel einen Randschlag aufweist.

Rych (Zuger Rych usw.). Standeswappen eines eidgenössischen Ortes, überhöht von Doppeladler und Krone des Reichs, durch Verdoppelung des Standesschildes häufig als Wappenpyramide ausgebildet.

Saalkirche. Einschiffiger, ungeteilter Kirchenraum.

Sakramentshaus, Sakramentshäuschen. Wandnische oder schreinartig aus der Wand vortretender, oft durch reiche Bekrönung überhöhter Zierbau zur Aufbewahrung der Hostien; selten freistehend.

Sala terrena (ital.). Gartensaal, Festsaal im Erdgeschoss eines Palastes.

Samnung. Religiöse Gemeinschaft von Brüdern oder Schwestern (Beginen) ohne Bindung an ein Ordensgelübde.

Scagliola (ital.). Meist als Ersatz von Marmorintarsien (opus sectile) verwendete Stucktechnik: die Zeichnung kommt durch Auftrag farbiger Stuckpasten zustande. Seit E. 16. Jh. besonders an Altären angewandtes, ursprünglich italienisches Verfahren.

Schalldeckel. Über der Kanzel angebrachter Baldachin, der neben der akustischen meist auch eine künstlerische Funktion besitzt.

Schalltöpfe. Rundliche, in die Wand oder ins Gewölbe eingelassene Tontöpfe, welche angeblich die Akustik verbessern oder vielleicht nur Feuchtigkeitsregulatoren des Mauerwerks sind.

Schildbogen. Das Joch an der Wand begrenzender Gewölbebogen.

Schleppgaube s. Gaube.

Schliffmarmor. Auf Hochglanz zurückgeschliffene, farbige, marmorartig vermengte Stuckpaste. Im Gegensatz zum Stucco lustro bildet das musterbildende Gemenge den gesamten Auftrag. Vgl. Stucco lustro.

Schlussstein. Scheitelstein eines Rippengewölbes oder eines Bogens, oft plastisch geformt.

Schnegg. Schneckenförmige Wendeltreppe in rundem oder polygonalem Gehäuse.

Schützenbaschi. Sebastiansfigur als Patron der Schützenbruderschaft.

Seelenbalken. Schiebebalken oder -fenster in der Stube, um die Seele des Verstorbenen hinauszulassen.

Sepulkrum (lat.). Reliquiennische im Altarstipes.

Serliana. Vorzugsweise von der italienischen Kunstliteratur verwendete Synonymbezeichnung für das Palladiomotiv: je zwei Stützen mit geradem Gebälk tragen einen verbindenden Rundbogen.

Sgraffito (ital.: «Kratzputz»). Verschiedenfarbige Putzschichten werden unterschiedlich tief ausgekratzt, so dass ein polychromes Bild entsteht. Als schwarzweisses Dekorationssystem namentlich im Kt. Graubünden zum Schmuck von Fassaden verwendet.

Singer-und-Purtschert-Schema. Weiträumige, flachgewölbte Kirchen mit eingezogenem, halbrund oder polygonal geschlossenem Chor, wobei der Übergang vom Schiff zum Chor durch Abrundung der Ecken bzw. Schrägstellung der Seitenaltäre verschliffen ist.

Sinopie (ital. sinopia). Vorzeichnung von Fresken an der Wand, meist in Rötel oder Braun.

Sparren. Dachbalken, der von der Traufe zum First reicht und – meist in Verbindung mit den Pfetten – die Dachhaut trägt. Unter dem giebelseitigen Dachvorsprung sichtbare Sparren heissen Flugsparren. Vgl. Flugdreieck.

Spolie. Nicht zugehöriges, aus einem andern Bauwerk übernommenes Bauglied.

Ständerbau. Holzbauweise, bei der senkrechte Ständer das konstruktive Traggerüst bilden. Vgl. Riegelwerk.

Standesscheibe, Standeswappen. Heraldisches Emblem eines eidgenössischen Ortes, oft überhöht von Reichswappen und Krone. Vgl. Rych.

Stichkappe. Rechtwinklig zur Gewölbeachse einschneidender Zwickel.

Stipes (lat.). Altarunterbau.

Strickbau, gestrickter Bau. Holzbau mit horizontal geschichteten, an den Ecken verzapften (gewetteten) Balken.

Stucco lustro, Stucco lucido (ital.). Stucktechnik, wobei die oberste zu bemalende Schicht ein mit Kalkseife eingestrichener Freskoputz aus Marmorstaub ist, der nach der Einfärbung heiss abgeglättet und durch ein Wachs auf Hochglanz gebracht wird.

Sulèr (Söller). Grosser, gewölbter, vestibülartiger Eingang des Engadinerhauses, der auch als Durchfahrt zum Heustall dienen kann.

Supraporte. Schmuckfeld über dem Türsturz.

Tabernakel. Gehäuse zur Aufbewahrung der Hostie (seit dem 16. Jh.), in der Regel in Verbindung mit einem Altar. Vgl. Sakramentshaus.

Tartsche. Spielform des Wappenschildes, charakteristisch vor allem die seitliche Einbuchtung.

Tätschdach. Schwach geneigtes Satteldach, altertümliche Form, urspr. oft mit Steinen beschwert.

Thermenfenster. Dreiteiliges Fenster in Form eines halben Bogens oder eines Bogenabschnittes, aus der röm. Thermenarchitektur in den barocken Sakralbau übernommen.

Torckel (Torggel). Weinkelter.

Translation (lat.). Festliche Überführung von Reliquien.

Travée (frz.). Gewölbeeinheit einer Jochfolge.

Triumphbogen (kirchlich). Trennbogen zwischen Schiff und Chor, auch Chorbogen genannt.

Tumba (lat.). Kastenförmiges Grab bzw. Grabdenkmal mit Deckplatte.

Vesperbild. Figurengruppe der über dem Leichnam Christi trauernden Muttergottes; ital. Pietà.

Vierpass. Vier der Rundform eingeschriebene, kleeblattartig geordnete Kreisteile.

Vierung. Raumteil, wo sich Langhaus und Querschiff durchdringen.

Volute (frz.). Architektonisches Zierglied mit spiraliger oder schneckenartiger Einrollung.

Vorarlberger Schema. Eingebürgerte, heute umstrittene Bezeichnung für jene Varianten der Wandpfeilerhalle, welche im späten 17. und 18. Jh. durch Vorarlberger Baumeister entwickelt worden sind.

Vorwerk. Ausserhalb des Burgrings liegende Verteidigungsanlage.

Vorzeichen (von lat. porticus). Schweizerische Bezeichnung für kleine Vorhalle vor dem Kirchenportal.

Walmdach. Vierseitig abfallendes Satteldach, das anstelle der Giebel zwei Schrägflächen aufweist.

Wanddienst s. Dienst.

Welsche Haube. Turmabschluss mit zwiebelförmig geschweiftem Dach.

Wendeltreppe, Wendelstein. Spiralige, in der Regel um einen Mittelpfosten führende Treppe, besonders häufig in Burg- und Kirchtürmen des Spätmittelalters. Vgl. Schnegg.

Westwerk. Ein der frühmittelalterl. Kirche im Westen vorgelagerter Baukörper mit Eingangshalle, Obergeschoss, Mittelturm und seitlichen Treppentürmen; weil nur selten voll ausgebildet, übertrug man den Namen auch auf vor- und frühroman. Kirchenvorbauten mit Festungscharakter.

Zapfenstrick. Holzverkeilung mit Hilfe von schwalbenschwanzförmigen Zapfen.

Zeit. Dialektausdruck für Uhr, übertragen für Turmzifferblatt.

Zentralbau. Bauwerk ohne Richtungszwang mit architektonisch betonter Mitte, im Unterschied zum Längsbau.

Ziborium (lat.). Speisekelch zur Aufnahme der Hostien.

Zwerchgiebel, *Zwerchhaus.* Traufseitiger, fassadenbündiger Quergiebel.

ORTS- UND KÜNSTLERREGISTER

Abkürzungen:

A Architekt, Baumeister, Festungs- und Brückenbaumeister, Ingenieur, Gartenarchitekt
Al Altarbauer
B Bildhauer, Bildschnitzer, Plastiker
G Gold- und Silberschmied
Gg Glockengiesser
H Hafner, Ofenbauer, Ofenmaler
K Kunsthandwerker, Kunstgewerbler
M Maler, Fass- und Flachmaler, Glasmaler, Mosaist, Graphiker
O Orgelbauer
R Restaurator
Sch Schmied, Kunstschlosser, Erzgiesser
St Steinmetz, Maurer
Stu Stukkateur, Marmorierer
U Uhrmacher
Z Zimmermann, Schreiner, Tischmacher, Ebenist

Die *Kursivziffern* (z.B. Aarau, Laurenzenvorstadt 22, *26f.*) bedeuten, dass eine Region, ein Ort, ein Ortsteil, ein Kunstdenkmal usw. ausführlich beschrieben ist.

PHOTOGRAPHENVERZEICHNIS

Die Ziffern beziehen sich auf die Abbildungsnummern.

Aargauische Denkmalpflege 12
Abächerli, C., Sarnen 218
Ammon, P., Luzern 100, 103, 109, 111, 117, 119
Anderes, B., Rapperswil 5, 19, 31, 32, 33, 35, 37, 38, 39, 41, 44, 52, 54, 55, 56, 59, 60, 61, 63, 64, 68, 69, 70, 71, 73, 74, 83, 85, 86, 89, 93, 95, 96, 99, 115, 118, 122, 123, 129, 131, 132, 133, 134, 137, 138, 141, 143, 144, 145, 146, 147, 148, 151, 152, 153, 154, 177, 179, 181, 183, 184, 185, 190, 191, 192, 193, 217, 220, 222, 223, 225, 226, 227, 234, 236, 237, 238, 239, 240, 241, 242, 253, 254, 257, 258, 261, 267
Archiv für Schweizerische Kunstgeschichte, Basel 9, 14, 58, 66, 72, 80, 182, 212, 216, 272
Aschwanden, R., Altdorf 228
Baugeschichtliches Archiv der Stadt Zürich 245, 246, 248
Baumgartner, H., Steckborn 210
Benziger, Einsiedeln 189
Beringer & Pampaluchi, Zürich 98
Bernauer, L., Riehen 87
Bütler, M., Luzern 116, 121
Eidg. Kommission für Denkmalpflege, Zürich 229
Engadin Press AG, Samedan 81
Felder, P., Aarau 2, 18, 26
Fietz, W., St. Gallen 140, 149, 150
Filli, C., Celerina 82
Foto Marburg 120, 126
Foto Plattner, St. Moritz 90
Foto Wittwer, Binningen 219
Furter, O., Davos Platz 67, 84, 92
Ganz, J., Frauenfeld 204
Geiger, S. 75
Germann, G., Bottmingen 11
Grau, E., Zug 232, 233
Grau, J., Luzern 106
Gross, H., St. Gallen 30, 130, 135, 142, 206
Hauswirth, F., Zürich 186
Heller, C., Schaffhausen 160
Henn, H., Zürich 3
Hiltbrunner und Rast, Frauenfeld 195
Hinz, H., Basel 188
Hollenstein, L., Rapperswil 155
Hugentobler, P., Reinach AG 6
Iten, K., Altdorf 230, 231
Kant. Baudirektion Zürich 260
Kant. Hochbauamt Zürich 244, 247, 250, 251, 259, 262, 263, 264, 265, 268, 269, 270, 271, 273, 274, 275
Keller, K., Frauenfeld 205
Knecht, Aarau 1
Koch, C., Schaffhausen 158, 163, 164
Kunstdenkmäler des Kt. Aargau 22, 23
Kunstdenkmäler des Kt. Thurgau 129, 197
Lang, Chur 45, 47, 48
Laubacher, J., Luzern 113, 114
Mächler, W., Galgenen 192
Marti, H., Nebikon 127
v. Matt, L., Buochs 213
Maurer, F., Zürich 266
Moosbrugger, B., Zürich 8
Müller, A., Glarus 40
Müller, W., Gottlieben 211
Museum zu Allerheiligen, Schaffhausen 157, 159
Nefflen, W., Ennetbaden 10, 17, 20, 21, 26, 27, 28
Photoglob Wehrli, Zürich 44, 79, 108
Rast, P., St. Gallen 136
Reinhard, J., Sachseln 215, 221
Rüegger, W., Zofingen 13
Schildknecht, C., Luzern 16, 104, 110, 124, 180, 182, 243
Schlapfer, H., Luzern 101
Schneider, F., Rüschlikon 112
Schönwetter, H., Glarus 42, 43
Schulz, E., Basel 56
Schweiz. Institut für Kunstwissenschaft, Zürich 36, 77, 78
Schweiz. Landesmuseum, Zürich 4, 249, 256
Schweiz. Verkehrszentrale, Zürich 57, 62, 107, 161, 196, 200, 201, 255
Seeger, Th., Binningen 29, 34, 46, 49, 102, 105, 125, 156, 162, 165, 166, 167, 168, 172, 173, 175, 176, 178, 194, 198, 202, 203, 207, 208, 209
Staatsarchiv Schaffhausen 169
Städt. Hochbauamt Winterthur 267
Steiner, A., St. Moritz 91, 94
Steiner, H., St. Moritz 97
Swissair-Photo AG, Zürich 7, 15, 24, 76, 139, 170
Valsella, G., Zizers 50
Verlag für Architektur, Zürich 53
Vonow, Fotoatelier, Chur 51
Winizki, E., Dietikon 174
Zeller, W., Zürich 235

DONATOREN

An die Herstellungskosten des Bandes 1 dieses Werkes haben uns folgende Kantone Beiträge gespendet:
Aargau, Appenzell AR und IR, Glarus, Graubünden, Luzern, St. Gallen, Schaffhausen, Schwyz, Thurgau, Unterwalden (Ob- und Nidwalden), Uri, Zug, Zürich.
Spenden von Fr. 500.– und mehr sind von folgenden öffentlich-rechtlichen Stiftungen und Firmen (in alphabetischer Reihenfolge) überwiesen worden:
Stiftung Pro Helvetia; Aargauische Kantonalbank, Aarau; Banque cantonale vaudoise, Lausanne; Julius Bär & Co., Zürich; Basler Kantonalbank, Basel; Basler Versicherungsgesellschaft gegen Feuerschaden, Basel; Bell AG, Basel; J. Bobst & fils, Lausanne; Brasserie du Cardinal, Fribourg; Brauerei zum Warteck AG, Basel; Cementfabrik Holderbank-Wildegg AG, Holderbank; Ciba AG, Basel; Crédit Foncier, Lausanne; Ebauches SA, Neuchâtel; Elektro-Watt AG, Zürich; Fabriques de Tabac Réunies SA, Neuchâtel; Firmenich & Cie, Genève; Georg Fischer AG, Schaffhausen; Arthur Frey AG, Wangen bei Olten; Geigy AG, Basel; Graubündner Kantonalbank, Chur; Franz Haniel AG, Basel; AG Heinrich Hatt-Haller, Zürich; Helvetia-Allgemeine Versicherungsgesellschaft, St. Gallen; Hoffmann-La Roche AG, Basel; Isola-Werke, Breitenbach; Jura-Cementfabriken, Aarau; Kantonalbank von Bern, Bern; Lindt & Sprüngli AG, Kilchberg ZH; Lonza AG, Basel; Migros-Genossenschaftsbund, Zürich; La Neuchâteloise Assurances, Neuchâtel; Nordostschweizerische Kraftwerke AG, Baden; Papierfabrik Biberist, Biberist; Patria, Schweizerische Lebensversicherungsgesellschaft auf Gegenseitigkeit, St. Gallen; Portland-Cement-Werk Würenlingen-Siggenthal AG, Würenlingen; Sandoz AG, Basel; Schweizerischer Bankverein, Basel; Schweizerische Kreditanstalt, Zürich; Schweizerische Lebensversicherungs- und Rentenanstalt, Zürich; Schweizerische Mobiliar-Versicherungs-Gesellschaft, Bern; Schweizerische Unfallversicherungsgesellschaft, Winterthur; Maschinenfabrik Schweiter AG, Horgen; Société générale de l'Horlogerie suisse SA (Asuag), Bienne; Société suisse pour l'Industrie horlogère SA, Genève; Gebrüder Sulzer AG, Winterthur; Union Suisse, Cie générale d'assurances, Genève; Verein Schweizerischer Konsumvereine, Basel; Dr. A. Wander AG, Bern; Wassermann AG, Basel; Welti-Furrer AG, Zürich.
Diese Liste wurde auf Ende 1970 abgeschlossen. Spenden, die später eingegangen oder ausgesprochen für Band 2 bestimmt sind, werden in der Donatorenliste von Band 2 des «Kunstführers durch die Schweiz» aufgeführt.

HINWEISE

Karte der Kulturgüter. Diese Karte, herausgegeben von der Eidg. Landestopographie, 3084 Wabern, vermittelt einen Überblick über die Standorte der wichtigsten Denkmäler der Kunst und der Geschichte der Schweiz und des Fürstentums Liechtenstein und erleichtert dem Benützer des «Kunstführers durch die Schweiz» die Orientierung. Broschüre in Taschenformat mit Gesamtkarte 1:300000 und 100 Detailkärtchen 1:10000 bis 1:100000.
Burgenkarte. Auf dieser Karte, herausgegeben vom Schweizerischen Burgenverein und veröffentlicht von der Eidg. Landestopographie, sind die Schlösser, Burgen und Wehranlagen der Ur- und Frühgeschichte der Schweiz und des angrenzenden Auslandes besonders markiert. Kartonumschlag in Taschenformat mit Karte, Heftchen der Spezialkarten, Textheft und Koordinatenmesser.
Beide Karten sind durch den Buchhandel und bei den amtlichen Verkaufsstellen der Eidg. Landestopographie erhältlich.

Kunstführer durch die Schweiz Band 1